17824

DICTIONNAIRE DES CHASSES.

DICTIONNAIRE DES CHASSES.

TRAITÉ GÉNÉRAL
DES
EAUX ET FORÊTS, CHASSES ET PÊCHES.

TROISIÈME PARTIE.
DICTIONNAIRE DES CHASSES,

CONTENANT

L'HISTOIRE DE LA CHASSE CHEZ LES DIFFÉRENTES NATIONS,
LE PRÉCIS DES OUVRAGES ANCIENS ET MODERNES QUI EN ONT TRAITÉ,
LA DESCRIPTION DES ANIMAUX QUI FONT L'OBJET DE LA GRANDE ET DE LA PETITE CHASSE,
CELLE DES ARMES, INSTRUMENS, PIÉGES, FILETS, ENGINS ET PROCÉDÉS
DE TOUTE ESPÈCE EMPLOYÉS DANS CET ART,
L'EXPLICATION DES TERMES DE CHASSE, AINSI QUE LES LOIS ET LES DISPOSITIONS
RÉGLEMENTAIRES SUR L'EXERCICE DE LA CHASSE DANS LES BOIS ET EN PLAINE;

Par M. BAUDRILLART,
CHEF DE DIVISION A L'ADMINISTRATION DES FORÊTS.

Ouvrage revu, corrigé, augmenté sur le manuscrit,

ET

Dédié à M. le Lieutenant-Général Comte de Girardin,

PAR M. DE QUINGERY,
CHEVALIER DE L'ORDRE ROYAL DE LA LÉGION-D'HONNEUR,
ANCIEN CHEF DE BUREAU A L'ADMINISTRATION DE LA VÉNERIE ET DES CHASSES DE SA MAJESTÉ CHARLES X.

Paris,
ARTHUS BERTRAND, LIBRAIRE-ÉDITEUR, RUE HAUTEFEUILLE, N° 23;
MADAME HUZARD (NÉE VALLAT LA CHAPELLE), LIBRAIRE,
Rue de l'Eperon, n° 7.

1834.

TRAITÉ GÉNÉRAL

DES

EAUX ET FORÊTS, CHASSES ET PÊCHES.

TROISIÈME PARTIE.

DICTIONNAIRE DES CHASSES,

CONTENANT

L'HISTOIRE DE LA CHASSE CHEZ LES DIFFÉRENTES NATIONS;
LE PRÉCIS DES AUTEURS ANCIENS ET MODERNES QUI EN ONT TRAITÉ;
LA DESCRIPTION DES ANIMAUX QUI FONT L'OBJET DE LA GRANDE ET DE LA PETITE CHASSE;
CELLE DES ARMES, INSTRUMENTS, PIÈGES, FILETS, ENGINS ET PROCÉDÉS
DE TOUTE ESPÈCE EMPLOYÉS DANS CET ART;
L'EXPLICATION DES TERMES DE CHASSE, DES LOIS QUI LA RÉGISSENT ET LES DISPOSITIONS
RÉGLEMENTAIRES SUR L'EXERCICE ET LA CHASSE À TIR, À COR ET À COURRE;

PAR M. BAUDRILLART,

CHEF DE BUREAU A L'ADMINISTRATION DES FORÊTS.

Ouvrage revu, corrigé, augmenté sur la manuscrit,

DÉDIÉ A M. L. Lieutenant-Général Comte de Girardin,

PAR M. DE QUINGERY,

INSPECTEUR DE L'ORDRE ROYAL DE LA LÉGION-D'HONNEUR,
ANCIEN CHEF DE BUREAU A L'ADMINISTRATION DE LA VÉNERIE ET DES CHASSES DE SA MAJESTÉ CHARLES X.

PARIS.

ARTHUS BERTRAND, LIBRAIRE-ÉDITEUR, RUE HAUTEFEUILLE, N° 23;
MADAME HUZARD (NÉE VALLAT DE LA CHAPELLE), LIBRAIRE,
RUE DE L'ÉPERON, N° 7.

1834.

M. le Lieutenant-Général

Comte de Girardin.

Monsieur le Comte,

En vous dédiant le Dictionnaire général des Chasses, je remplis un devoir bien doux que m'impose la reconnaissance la mieux sentie. Et vous, Monsieur le Comte, en permettant que cet ouvrage paraisse sous votre honorable patronage, vous lui accordez un brevet de mérite aux yeux des véritables et bons chasseurs. Puisse-t-il obtenir votre suffrage éclairé ! C'est ce que j'ambitionne le plus, et ce fut constamment le but de mes travaux.

Je suis, avec respect,

Monsieur le Comte,

Votre très humble et très obéissant serviteur,

DE QUINGERY.

Paris, le 15 juillet 1834.

AVIS DE L'ÉDITEUR.

L'ouvrage que nous publions, et qui forme le complément du *Traité général des Eaux et Forêts, Chasses et Pêches* de M. Baudrillart, devait paraître en 1829. Plusieurs causes en ont retardé la publication.

Le grand nombre d'ouvrages sur les *chasses*, anciens et modernes, tant français qu'étrangers, que M. Baudrillart a été obligé de consulter et de traduire; la nécessité de coordonner entre elles les solutions souvent divergentes que présentent ces ouvrages; les occupations de l'emploi supérieur qu'il avait à l'Administration des forêts et les travaux dans les diverses commissions des sociétés savantes, dont il était membre, l'avaient empêché, malgré son ardeur et son zèle infatigables pour le travail, de donner à la publication du DICTIONNAIRE GÉNÉRAL DES CHASSES la même activité qu'il donnait aux autres ouvrages.

Cependant, dès l'année 1830, M. Baudrillart était parvenu à rassembler et à classer les matériaux qui devaient servir à la composition de ce Dictionnaire : déjà la presque totalité des articles était rédigée, ainsi que ceux qui devaient composer la *Bibliographie historique et critique* des nombreux ouvrages qu'il avait dû consulter; il ne lui restait plus qu'à soumettre tous ces résultats aux personnes qui, par leur position, avaient sur les chasses des connaissances pratiques, lorsque la mort est venue le frapper, le 15 mars 1832, à la suite d'une longue et douloureuse maladie.

Jaloux de remplir nos engagemens envers les souscripteurs qui attendaient impatiemment le *Dictionnaire général des chasses*, nous nous sommes empressés de traiter avec Madame veuve Baudrillart de la propriété du manuscrit; car c'était pour nous une question d'honneur, et cette considération a dû prévaloir sur toutes celles que pouvaient faire naître nos intérêts particuliers.

Ce que M. Baudrillart n'a pu faire, pour terminer son ouvrage, nous l'avons entrepris, et d'après les conseils même de ses amis, nous nous sommes adressés à M. *de Quingery*, ancien chef de bureau à l'Administration de la vénerie et des chasses de S. M. Charles X, qui a bien voulu se charger d'en revoir l'ensemble, d'y ajouter ou d'en refaire les articles trop imparfaits. Indépendamment d'un goût passionné pour la chasse, et d'une pratique constante pendant plus de vingt-cinq ans, M. de Quingery a étudié ce bel art sous l'un des grands maîtres de notre époque, M. le lieutenant-général comte *de Girardin*, premier veneur de la couronne, qui a bien voulu accepter la dédicace de cet ouvrage.

Le *Dictionnaire des chasses*, qui est précédé d'une *Bibliothèque historique et critique* de tous les ouvrages *théreutiques* anciens et modernes, contient l'histoire des animaux qui font l'objet de la grande et de la petite chasse, l'explication des termes de chasse, la description des armes, instrumens, piéges, filets, engins et procédés de toute espèce employés dans cet art, ainsi que les dispositions réglementaires sur l'exercice de la chasse dans les bois et en plaine. Enfin nous pouvons assurer que cet ouvrage est à la hauteur des connaissances actuelles, et qu'il peut tenir lieu de tous les nombreux volumes qui, jusqu'à ce jour, composaient la bibliothèque du chasseur (1).

---

(1) En 1827, M. Baudrillart avait déjà fait lithographier les 46 planches qui devaient composer l'atlas; la première contenait les douze principaux chiens de chasse. Comme ils se trouvaient figurés sur une trop petite dimension, nous avons cru devoir les faire dessiner de nouveau sur quatre planches, d'après M. *Francis,* qui a publié chez M. Bulla, à Paris, quatre livraisons qui représentent quarante-huit chiens de *race.* Ces quatre planches seront placées en tête de l'atlas.

DISCOURS PRÉLIMINAIRE.

Nous avons publié successivement un *Recueil des Réglemens forestiers*, un *Dictionnaire des Forêts* et un *Dictionnaire des Pêches*. Nous complétons aujourd'hui notre traité général sur les matières que nous avons embrassées, par la publication d'un *Dictionnaire des Chasses*.

Cette dernière partie de notre travail contient l'histoire naturelle des animaux qui font l'objet de la grande et de la petite chasse, l'explication des termes techniques, la description des armes, instrumens, piéges, filets, engins et procédés de toute espèce employés dans cet art, et les dispositions réglementaires sur le droit et l'exercice de la chasse dans les bois et en plaine.

Un atlas, du même format que celui du *Dictionnaire des Pêches*, représente les différentes races de chiens de chasse, les quadrupèdes et les oiseaux qui entrent dans le domaine de la chasse, et les instrumens et les piéges dont on fait usage.

Nous avons recherché et consulté tous les ouvrages théreutiques qui ont été publiés chez les Grecs, les Latins, les Français et les Allemands, et nous avons commencé par en faire un extrait que nous plaçons à la suite de ce discours. Le lecteur jugera par cette analyse, à laquelle nous donnons le nom de *Bibliothèque historique et critique des ouvrages théreutiques anciens et modernes*, de l'étendue de nos recherches et de nos soins à ne rien omettre de tout ce qu'il nous a été possible de découvrir d'intéressant sur la chasse. Il reconnaîtra qu'aucun des traités publiés jusqu'à ce jour ne présente un ensemble de théorie et de pratique aussi complet que celui qui se trouve dans notre ouvrage.

Nous allons exposer rapidement l'histoire de la chasse et celle de ses progrès chez les peuples anciens et modernes.

La chasse a été l'un des premiers exercices auxquels l'homme s'est livré, tant pour se défendre des animaux nuisibles que pour s'emparer de ceux dont la dépouille pouvait servir à ses besoins. Il a trouvé dans son intelligence, bien plus que dans sa force, les moyens de dominer tous les êtres de la création. Il a d'abord soumis à sa volonté les animaux les plus dociles pour en faire les compagnons de ses travaux, et il est parvenu ensuite à exercer sa puissance sur ceux que leur agilité, leur force ou leur férocité semblaient avoir placés hors de sa domination. Quelques animaux sont devenus eux-mêmes, par l'ascendant de son génie, les auxiliaires et les complices de l'esclavage auquel il a soumis les autres. Cet empire de l'homme sur les animaux, dit Buffon, c'est l'empire de l'esprit sur la matière. Si l'homme n'était que le premier de l'ordre des animaux, les seconds se réuniraient pour lui disputer son autorité; mais c'est par la supériorité de nature que l'homme règne et commande; il pense, et dès lors il est le maître des êtres qui ne pensent pas.

La chasse et la pêche sont les moyens qu'il emploie pour s'emparer des animaux qui fuient sa présence; mais, soit que l'agresseur veuille donner la mort ou faire des esclaves, il ne remporte pas toujours une victoire facile; souvent il a lieu d'admirer la force, le courage, l'adresse et les ruses que les animaux opposent à leur ennemi.

La pêche, moins noble et moins exercée par les hommes opulens, mais non moins difficile et d'une utilité plus remarquable, offre ses jouissances à toutes les classes de la société, au pauvre comme au riche; et l'aspect du sang et de la douleur n'écarte point de cet exercice la plus douce et la plus aimable partie du genre humain ; c'est encore parce que cet art n'est point sanguinaire, qu'il est permis aux gens d'église, à qui la chasse est interdite (1).

Le chasseur, semblable au guerrier, ne marche qu'avec des instrumens de mort ou de captivité ; il varie ses moyens d'attaque suivant les mœurs, les habitudes, la force ou la ruse des animaux ; il forme à son art destructeur le cheval, le chien, le lion même et les oiseaux carnivores. L'industrie multiplie et perfectionne ses armes, ses piéges et ses amorces trompeuses. C'est ainsi qu'il parvient à vaincre tous les êtres vivans et à les mettre en sa possession. Le tigre, le lion, l'ours, le loup, le léopard tombent sous ses coups ou dans ses piéges, et il perce de la même main l'animal terrible qui rugit dans les forêts, le quadrupède timide qui cherche son salut dans la fuite, l'oiseau qui vit de carnage et celui qui fait retentir les airs de ses chants mélodieux.

Les premiers chasseurs, en détruisant les bêtes féroces qui s'étaient multipliées dans les premiers âges du monde et lorsque la terre n'était habitée que par des peuplades éparses, ont dû leur illustration à leur courage et aux services qu'ils rendaient au genre humain. Habitués au maniement des armes, aux fatigues, aux dangers, ils furent aussi les premiers guerriers.

La chasse, à raison de sa grande utilité, devint un art très étendu, très exercé, et par conséquent fort honoré.

Les Hébreux, les Persans, les Grecs, les Romains, les Gaulois furent passionnés pour cet art.

L'exercice de la chasse, considéré comme l'école de la guerre, faisait l'occupation des héros de la nation juive : David, Samson, Banajas et tant d'autres chefs de cette nation étaient aussi habiles chasseurs que vaillans guerriers (2) ; et l'on assure que le premier royaume connu, celui de Sennar, fut fondé par le chasseur Nemrod.

Les rois mèdes (3), les rois de Pont (4) et surtout les rois de Perse (5) étaient également exercés dans l'art de la chasse comme dans celui de la guerre. Xénophon (6) rapporte que Cyrus avait une cour composée de chasseurs qui s'exerçaient sans cesse avec leur maître ; et Darius estimait si fort l'art de la chasse, qu'il ordonna qu'on écrirait sur son tombeau qu'il avait été bon chasseur (7).

La théologie des Grecs, dont le but était d'animer les hommes aux actions héroïques et utiles, ne crut pas devoir laisser sans patron une occupation devenue désormais d'une nécessité indispensable. Diane et Apollon en devinrent les protecteurs ; on les invoquait en partant pour la chasse ; on leur faisait des sacrifices, et on leur attribuait l'art de dresser les chiens. De là la fable de Chiron instruit par ces deux divinités dans cet art, pour honorer, dit-on, sa justice. La chasse des bêtes féroces avait trop de ressemblance avec l'art de la guerre pour que cette nation ne s'aperçût point que c'était le meilleur exercice à choisir pour former les hommes à l'art des combats ; et c'est alors que Bellone commença à partager, avec Diane et Apollon, l'encens des chasseurs. Platon, au VIIIe livre de sa République, soit qu'il considérât la chasse comme ayant

---

(1) Ecclesia abhorret à sanguine.
(2) Lydius Syntagma, *Sac. de re militari*, lib. V : Venationem veluti militiæ rudimentum cultum ab iis quorum animus in bellum propendebat Davide nimirum, etc.
(3) I. Samuel, 17, 34.
(4) Judic., 15, 4-2. Samuel, 23, 20.
(5) Hérodot, liv. I.
(6) Eustat., in *Comment. ad Dyonisionem*.
(7) *In Cyropedia.*

été l'exercice ordinaire de ceux que l'antiquité appelle des demi-dieux, soit qu'il la considérât comme donnée à l'homme par les dieux eux-mêmes, pour pourvoir à sa subsistance, défendit, par une de ses lois, que nul n'empêchât les chasseurs sacrés de faire la chasse en tel temps et en tel lieu qu'il leur plairait.

Xénophon, qui fut à la fois grand guerrier, historien judicieux et philosophe politique, a parlé de la chasse avec éloge. Elle accoutume, dit-il, les hommes à se lever de bon matin, à supporter le froid et le chaud; elle aiguise l'esprit, réveille l'industrie, contribue à la santé, perfectionne l'ouïe et la vue, recule et prévient les infirmités de la vieillesse, fait des hommes forts et robustes, et les dispose à supporter les fatigues de la vie militaire. Il a composé sur ce sujet un traité (1) dans lequel il considère l'âge le plus propre à cet exercice, ainsi que les qualités du corps et de l'esprit qu'il exige des chasseurs; il parle de l'usage des filets et des pièges qu'il décrit; il caractérise les différentes races de chiens dont on peut tirer des services; il indique les saisons, les terrains, et même les tons de musique qu'on doit choisir pour obtenir les plus grands avantages. Enfin il s'applique à faire voir combien la chasse influe sur les travaux militaires et entretient le goût pour la vertu. Il ne néglige même pas de réfuter la doctrine des sophistes qui se sont montrés contraires à ces sentimens. Cet auteur, pour exciter l'orgueil national de ses compatriotes, leur nomme les héros qui ont honoré leur pays, et qui étaient tout à la fois enfans de Latone et de Mars. « La chasse, dit-il, est une invention d'Apollon et de Diane. Ces deux divinités en donnèrent des leçons à Chiron pour récompenser sa justice; celui-ci les reçut avec joie et en profita. Ses disciples dans cette partie, comme en d'autres arts aussi nobles, furent Céphale, Esculape, Mélanion, Nestor, Amphiaraüs, Pélée, Télamon, Méléagre, Thésée, Hippolyte, Palamède, Ulysse, Mnesthée, Diomède, Castor, Pollux, Machaon, Podalyre, Antiloque, Énée, Achille, honorés des immortels chacun dans son temps.... Distingués par leurs vertus, grâce à leur passion pour la chasse et pour les autres exercices, ils ont obtenu notre admiration. » Le célèbre auteur raconte ensuite comment chacun de ces grands hommes se distingua et reçut la couronne de l'immortalité.

Tous les grands hommes qui, dans les premiers siècles de la Grèce, se rendirent remarquables par leur courage, comme Hercule, Thésée, Hippolyte son fils, et tous les chefs des colonies qui passèrent de l'Égypte dans la Grèce, furent en effet des chasseurs célèbres. Lycurgue croyait la chasse si nécessaire pour aguerrir et plier les Lacédémoniens aux fonctions de la guerre, qu'il ordonna que tous les enfans seraient, chaque jour, de bon matin, envoyés à la chasse (2). Cette loi ne regardait pas seulement les enfans, elle s'étendait aussi aux hommes faits, et même aux magistrats: il était établi que, lorsqu'ils ne seraient point occupés aux affaires publiques, ils se livreraient à cet exercice, pour entretenir l'habitude des travaux militaires (3). On voit aussi la même loi en observation chez les Macédoniens; personne ne pouvait être admis aux soupers publics qu'il n'eût tué un sanglier hors des filets (4); et c'est là l'espèce de gymnastique à laquelle s'exercèrent les Philippe, les Alexandre, les Persée (5).

Arrien de Nicomédie, l'historien d'Alexandre le Grand, a composé un traité sur la chasse,

---

(1) Ce Traité a été traduit en 1801 par J.-B. Gail, professeur de littérature grecque; il forme 1 vol. in-18.

(2) Isocrates in *Panathenaico*.

(3) Xenoph., *Lacedem. Repub.*

(4) Ex Athenæo *Dypnoso*.

(5) Extrait de Diod., trad. par l'abbé Terrasson, t. VII.

et Oppien d'Anazarbe est principalement connu par son poëme sur la chasse et la pêche. Nous rendrons compte des ouvrages de ces auteurs dans la bibliothèque historique placée à la suite de ce discours.

Quelques auteurs ont prétendu que, dans la république romaine, la chasse était tombée dans le mépris et devenue l'emploi des esclaves ; et, à cet égard, ils se sont fondés sur le témoignage de ce Mélancolique dont Salluste parle dans la Catilinaire, et qui, s'étant retiré des affaires publiques, ne put, dit-il, se résoudre à passer les heures de son loisir dans une oisiveté languissante et inutile, et employer le reste de ses jours à des exercices serviles, comme sont l'agriculture et la chasse. Mais Horace est venu, qui a vengé l'insulte faite à ce noble divertissement, en disant que la chasse est un exercice qui donne de la réputation, de la santé et une longue vie.

Il est certain que la chasse fut aimée des Romains ; le goût de cet exercice leur fut transmis par les Grecs (1). Nous apprenons de Polype et de Diodore de Sicile, que Scipion l'Africain, encore jeune, prit l'occasion de la guerre que les Romains portèrent en Macédoine, pour aller, dans ce pays, s'exercer à la chasse, et l'on assure qu'il réussit tellement dans cet art, qu'il surpassa ses maîtres (2). Sylla, Sertorius, Pompée, César, Marc-Antoine se firent aussi de cet exercice une affaire importante ; ils se formèrent à la guerre par la chasse des bêtes féroces (3). Enfin Pline (4) assure que la chasse fut l'exercice où se formèrent les grands capitaines de la république. « Dans cette école, dit-il, on se piquait d'agilité, et on disputait de vitesse avec les bêtes qui fuient ; de force et d'audace avec celles qui combattent ; de finesse et d'invention avec celles qui rusent ; et on ne remportait pas peu de gloire pendant la paix, quand on savait éloigner des campagnes les bêtes féroces et mettre les laboureurs à couvert de leur irruption. Ceux-mêmes d'entre les princes qui pouvaient le moins prétendre à cette sorte d'honneur, ont voulu se l'attribuer : ils faisaient renfermer des bêtes fauves, et, après qu'une partie de leur férocité avait été domptée, on les lâchait ; mais on se moquait de ces empereurs qui tiraient vanité d'une fausse adresse, quand ils les avaient tuées. Trajan joignit la peine de les chercher à celle de les prendre ; le plus grand, le plus agréable plaisir pour lui était de les trouver. Cicéron, en vantant la bravoure des guerriers romains, leur force et leur impétuosité dans les combats, s'exprime ainsi : *Ibant in prælium corpore tauri validissimi, impetu leonis acerrimi similes* (5). Salluste, en faisant la description de l'adresse et des pratiques dont se servait Catilina pour gagner l'amitié des jeunes gens qu'il voulait attacher à son parti, rapporte qu'il leur achetait des chiens et des chevaux, et il nous fait voir, par là, qu'à Rome la chasse était le divertissement des jeunes gens des maisons patriciennes aussi bien que des maisons plébéiennes.

Les empereurs romains du bas-empire firent aussi beaucoup de cas de cet exercice. Selon Claudien (6), l'empereur Honorius était aussi brave à la chasse des bêtes féroces, qu'il était vaillant guerrier ; et Jules Capitolin (7) nous apprend que l'empereur Maximin n'exerçait pas

---

(1) Epiced. apud Eustat.
(2) André Tiraquel, *Annot. in genial. dierum*, lib. VI, cap. 22. — Diod., Polyb., lib. XIII.
(3) Plut., *in Sertorio*, Cicéron. lib. I, de *Nat. deorum*, dit : Rudimenta militiæ a venatu auspicati fuerunt.
(4) *In Panegyr. Trajani.*
(5) *Ad Herrenium.*
(6) *In Stilicone et in Honorio.*
(7) *In Maximino.*

autrement les légions, qu'en les menant à la chasse. On voit encore, dans les statues antiques, quelques uns de ces empereurs tenant à la main le *venabulum*, espèce de pique dont ils se servaient à la chasse.

Nos aïeux furent tous chasseurs : pour eux la chasse était, après la guerre, celui des exercices dont ils s'occupaient le plus ; et la nation française passait pour être celle qui possédait le mieux cet art : *Vix in ulla in terris natio quæ in hac arte Francis possit equipari*, disait Éginard.

Le goût de la chasse s'est conservé parmi les nations modernes, parce que ce goût, aussi bien que celui de la pêche et de l'agriculture, est naturel à l'homme. « La chasse, dit Buffon, est le
» seul amusement qui fasse diversion entière aux affaires, le seul délassement sans mollesse, le
» seul qui donne un plaisir vif sans langueur, sans mélange et sans satiété ; mais, il faut en
» convenir, ce doit être le délassement des riches, et non l'occupation de l'utile artisan ni du
» modeste laboureur. » C'est principalement sur ce motif que la chasse, après avoir été libre à tout le monde pendant long-temps, fut ensuite interdite aux artisans et aux laboureurs, et que peu à peu elle est devenue le privilége des princes et de la noblesse (1).

Après avoir donné une idée générale de la chasse chez les anciens, qu'il nous soit permis de présenter quelques détails sur la chasse des Celtes ou Gaulois, dont nous descendons, et sur celle de quelques nations étrangères (2).

CHASSE DES ANCIENS GAULOIS.

Simon Pelloutier, dans le second livre, chap. 12, de son *Histoire des Celtes*, a donné, sur la chasse des Gaulois, une savante dissertation appuyée sur les auteurs grecs et latins qui en ont parlé. C'est en grande partie de cet ouvrage qu'ont été extraites les notes de MM. Lallemand, et que nous reproduisons en les abrégeant.

Dans les siècles de barbarie, la gloire des hommes consistait principalement à se distinguer dans les exercices corporels : la guerre et la chasse étaient au premier rang de ces exercices. Habitans des forêts, nos pères passaient leur vie à poursuivre les animaux sauvages, à se défendre des entreprises de leurs voisins, à manger et à dormir (3).

La chasse, comme une image et un apprentissage de la guerre, était dans la paix l'exercice favori de ces peuples.

Les jeunes Gaulois commençaient à faire la guerre aux bêtes pour la livrer ensuite aux hommes, et cet exercice était le prélude des grandes entreprises. Aussi ces peuples se plaisaient-ils aux chasses dangereuses, comme à celles du bison et du bœuf sauvage. Pour prendre le bison, on ménageait une fosse dans le fond d'un vallon, et sur la pente de ce vallon jusqu'au bord de la fosse, on étendait au loin des cuirs de bœuf frais et mouillés. Ce piége ainsi disposé, les chasseurs à cheval poursuivaient le bison, qui, ne pouvant assurer ses pas sur ces peaux tendues, glissait dans sa course précipitée, et tombait dans la fosse. On laissait le captif pendant quelques

---

(1) Voyez au mot *Chasse*, de ce Dictionnaire, ce que nous disons du droit de chasse chez les anciens et chez les modernes.

(2) Nous en parlerons d'après les notes historiques rassemblées par MM. Lallemand, éditeurs d'un ouvrage ayant pour titre : *L'École de la Chasse aux chiens courans*, par M. Leverrier de la Conterie, 1 vol. in-8, Rouen, 1763.

(3) *Quoties bella non ineunt, multum venatibus plus per otium transigunt, deditique somno ciboque.* Tacite, Germ., c. 15.

jours dans cette fosse, pour l'affamer. Bientôt la faim triomphait de sa première fierté ; on lui présentait le cordeau qui devait pour toujours l'associer aux travaux de son vainqueur; il s'apprivoisait, on l'attachait à un chariot, et bientôt il ne connaissait plus d'autres plaisirs que de flatter la main qui lui avait donné des chaînes. On prenait aussi le bœuf sauvage de la même manière. *Comme ces animaux ont une force et une agilité surprenantes, comme ils n'épargnent ni les hommes ni les bêtes qui se présentent devant eux, c'est par ce premier exercice*, dit César (1), *c'est par cette chasse que se formait la jeunesse gauloise. Ceux qui en tuaient le plus, et qui, pour preuve, en rapportaient les cornes, recevaient de grands éloges.* On exposait ces cornes dans les lieux publics, on les gardait soigneusement, on les faisait garnir d'or ou d'argent, et elles servaient de coupes dans les festins ; plus elles étaient grandes, plus elles rendaient recommandables l'adresse et le courage du chasseur qui avait tué une bête pourvue d'une semblable défense.

Il y avait autrefois dans les Gaules un nombre prodigieux de cerfs, de sangliers, de chevreuils, de boucs, de canards, etc. Quelques écrivains ont conjecturé, mais sans preuves suffisantes, qu'il y avait aussi des tigres et des lions ; on y voyait des troupeaux considérables de chevaux et d'ânes sauvages ; il y avait aussi des bonases (2) et d'autres animaux puissans. Chez un peuple où le besoin seul semblait présenter des plaisirs, on cherchait les voies les plus sûres et les plus courtes pour arriver au but. Quoique les Gaulois, comme on le voit dans Arrien, fissent la chasse au lièvre d'une manière qui approche de celle de nos jours, le cerf n'était cependant pas encore attaqué avec cette noblesse qui, depuis plusieurs siècles, fait l'agrément de cette chasse. Les pièges séduisans de l'amour paraissent avoir été les plus en usage pour triompher de ce sensible et beau quadrupède. Il paraît qu'on avait des cerfs privés dont on se servait à la chasse pour appeler les cerfs sauvages, comme les Lapons se servent encore du renne pour appeler. C'est ce que dénote la loi salique qui prononce de fortes amendes contre ceux qui volaient ou tuaient des cerfs élevés et dressés pour la chasse (3). Aujourd'hui on se sert d'appeal pour le même objet.

Les anciens auteurs mettent assez généralement la flèche au nombre des armes dont les Celtes se servaient à la chasse : la chose mérite d'être remarquée, dit M. Pelloutier, parce qu'il est constant qu'à la réserve des peuples qui étaient voisins des Sarmates, les autres ne connaissaient guère l'usage de l'arc et de la flèche. Strabon, *Lib. IV*, dit à la vérité que quelques peuples des Gaules avaient des arcs et des frondes ; mais il ajoute, dans le même endroit, que les Gaulois dardaient les oiseaux avec une sorte de trait qui se lançait de la main. Il y a donc toute apparence que la flèche dont les chasseurs se servaient doit se prendre ici, dans un sens général, pour un dard ou un javelot (4). Les chasseurs étaient encore armés d'une espèce d'épieu, que les Gaulois appelaient *spar*, et dont les Latins ont fait *sparus*, arme dont on se servait particulièrement pour l'attaque des aurochs, élans et autres puissans animaux.

---

(1) *Comment. Cæsaris*, lib. VI, n. 28. C'est de l'*urus* particulièrement que César parle ici.

(2) L'existence du bonase, qui a été révoquée en doute par Pelloutier, est attestée par Aristote, qui dit que sa chair est excellente, et par Lemery, qui assigne à ses cornes des propriétés particulières. La description qu'en ont donnée les anciens convient, à peu de chose près, à une espèce de bison.

(3) Si quis cervum domesticum signum habentem, aut occiderit aut furaverit.... I D C C C den. culpabilis judicetur. *Leg. salic.*, tit. 35.

(4) *Voyez* Strabon, lib. IV. Ce javelot des Gaulois ressemblait beaucoup au *rackum* des Hottentots, petit bâton d'un pouce de diamètre, et de douze ou quinze pouces de long, dont un des bouts est pointu

DISCOURS PRÉLIMINAIRE.

L'usage des arcs et des arbalètes est aussi fort ancien, et n'a cessé que lorsque les effets et l'utilité des armes à feu ont été généralement connus. Ce ne fut que sous le règne de François Ier que nos ancêtres commencèrent à joindre les armes à feu à leurs anciennes armes : il en est parlé pour la première fois sous le titre d'arquebuse et d'escopette, dans son ordonnance sur le fait des chasses, du mois de mars 1515. Il est encore fait mention de l'arc et de l'arbalète avec les armes à feu dans l'ordonnance de Henri II, du 7 avril 1548 ; l'usage de l'arc cessa peu de temps après, et l'arbalète, qui pousse des balles de plomb fort droit, avec beaucoup de vitesse et fort loin, fut seule conservée avec l'arquebuse et l'escopette, espèce de carabine de trois pieds et demi de canon. Il en est encore parlé dans les ordonnances de Henri III, des 14 août 1578 et 22 décembre 1582, ainsi que dans celles de Henri IV, du 14 janvier 1596 et du mois de juin 1601. Mais enfin, l'usage des armes à feu a prévalu, et, depuis le commencement du règne de Louis XIII, l'on ne s'est plus servi pour la chasse que du fusil, qui est bien plus commode et plus léger que l'arquebuse, et qui porte plus loin que l'escopette. Les fusils à deux coups se sont introduits vers 1750.

Les anciens Gaulois avaient coutume, comme les sauvages d'Amérique et d'Afrique, d'empoisonner les traits dont ils se servaient à la chasse, en les trempant dans le suc d'une plante que Pline appelle *limeum* (1). Ces traits ainsi empoisonnés faisaient mourir les bêtes, quelque légèrement qu'elles fussent atteintes (2) : la chair n'en était pas moins bonne à manger, au contraire elle en devenait plus tendre (3) ; on observait seulement de couper et de jeter la chair que la flèche avait touchée (4). Le même poison était funeste aux hommes qui étaient blessés de ces traits envenimés. De là vient que les anciennes lois des Francs et des Bavarois leur défendaient de s'en servir contre leurs compatriotes (5) ; rarement même s'en servaient-ils contre leurs ennemis : cette coutume barbare était plus en usage chez les Scythes orientaux de l'Europe.

Les Gaulois avaient d'excellens chiens de chasse. Xénophon s'est fort étendu sur différentes races de chiens, et il en a donné de très bonnes descriptions ; mais il paraît les avoir moins connues qu'Arrien, qui renvoie cependant à ce que son prédécesseur en a écrit. Les préceptes qu'Arrien nous a donnés sur la chasse aux chiens courans, il les tenait des Gaulois. Ces peuples avaient entre autres une très bonne espèce de chiens qu'ils appelaient *segusii* (6). Pelloutier ne

---

(1) Il résulte d'une note que nous trouvons dans l'*Ecole des Chasses*, partie historique, que le *limeum* forme la dixième espèce de renoncule de Linnæus ; que cette plante croît sur les montagnes de la Suisse et des Pyrénées ; qu'on la désigne sous le nom de *thora*, et que c'est d'elle que Haller a dit, dans son ouvrage sur les plantes de la Suisse : *Venenum atrocissimum esse ferè communi consensu scriptorum traditur, et hoc ipso Alpium cottiarum incolæ dicuntur olim sagittas suas imbuisse, quarum vel levissima vulnera certam mortem inferrebant.*

(2) Ovide, *de Ponto*, lib. IV, ep. 7, vers. 11 et suiv., a bien décrit l'effet de ces flèches :

Aspicis et mitti sub adunco toxica ferro
Et telum causas mortis habere duas.

(3) *Circum cisoque vulnere teneriorem sentiri carnem affirmant.* Pline, liv. XXV, ch. 5, n. 25 ; Aulu-Gelle, liv. XVII, c. 15.

(4) Les Hottentots pratiquent la même chose.

(5) Leg. salic., p. 322 ; Leg. bajuar., p. 411.

(6) Les savans ne sont point d'accord sur l'espèce de ces chiens ni sur leur origine.

Pelloutier nous dit qu'il y avait une espèce de bassets que les Gaulois appelaient *segusii*, et qu'il est porté

paraît pas avoir suffisamment approfondi ce que les anciens ont écrit sur cette espèce de chiens; il a même, à certains égards, perdu de vue ses modèles. Outre les chiens des Gaules proprement dits, les Gaulois en avaient encore de diverses contrées : Pelloutier remarque avec Strabon qu'ils tiraient de la Grande-Bretagne des dogues qui étaient non seulement excellens pour la chasse, mais qui leur rendaient encore service à la guerre (1). Grands guerriers et grands chas-

à croire que ce nom venait de ce qu'on tirait ces chiens du pays des Ségusiens, dans les environs de Lyon. Toutefois cet auteur n'ose pas affirmer cette étymologie, parce que le nom de *segusii* leur était donné dans toute la Germanie, et que peut-être est-il dérivé de *suchen*, mot allemand qui signifie chercher, parce que ces chiens entraient dans les terriers pour chercher les blaireaux et les renards.

Arrien, ch. 3, *de Venatione*, les dépeint ainsi : *Canes segusii specie turpi ac bruta, ad investigandum apti, hirsuti et aspectu turpes.* Cette peinture ne ressemble pas entièrement aux bassets, quoique sous le rapport du son de voix dont parle Arrien, et de quelques autres particularités, les chiens ségusiens tiennent beaucoup des bassets. Petrus de Crescentiis, lib. X, *de Agricultura*, dit que ce sont les mêmes que les bracs : *Canes segusii vel brachi vocantur;* mais la description d'Arrien a bien moins de rapport avec les bracs qui sont de beaux chiens et bien faits. Il paraît que, par *brachus*, Pierre de Crescentiis entendait un fort chien de race métive tenant de l'épagneul, comme les Italiens appellent l'épagneul *can di Spagna* ou *bracco*, expression de la basse latinité qui signifie un brac de la grande espèce, comme *brachetus* ou *bracetus*, signifiait un petit brac; aussi le mot italien *bracco*, par lequel on entend un épagneul, répond également à ce que nous appelons un brac. Le comte Nuénard, auteur exact et savant, dans son livre *de Origine Francorum*, interprète *segusios canes* par *porcarios vel doctos ad investigandos apros*. Wendelin ne s'écarte point de ce sentiment, et dit : *Canis sensius, id est qui aprorum venationi bonus est.* Tout cela ne nous rapproche pas de l'idée d'un basset; cependant, à quelques égards, on peut donner à cette espèce de chien le nom de basset, s'il est vrai qu'il y en avait de deux espèces, l'une pour la grosse bête, et l'autre pour le lièvre, le lapin, le renard, et propre à entrer dans les terriers. Les anciens parlent en effet de *sensii* ou *segusii porcarii* et de *segusii leporarii*. Daubenton fait mention de chiens burgos, qui proviennent du mélange des épagneuls avec les bassets, et qui ont les jambes courtes, le corps allongé comme le basset, et le poil long comme l'épagneul. Ces chiens ont beaucoup de rapport avec les chiens ségusiens décrits par Arrien, ce qui donne de la vraisemblance au sentiment de Pelloutier. Il y a des chiens burgos de la grande et de la petite espèce, ce qui peut rapprocher nos chiens ségusiens de ce qu'en dit le comte Nuénard et Wendelin, qui se sont appuyés sur le dispositif de quelques lois anciennes.

En définitive, il paraît que la grande espèce de ségusiens était la race métive dont parle Daubenton, et qui provenait d'un basset et d'un épagneul.

Quant à l'étymologie du mot *ségusien*, elle est réellement due à l'origine de ces chiens que l'on multipliait dans le pays des Ségusiens; c'est ce qui résulte de ce que dit Arrien, ch. 3, *de Venatione : Hos canes vocari segusios à gente gallicâ, cujus in finibus primùm nati sunt et in prætio esse cœperint.* Mais on a demandé encore dans quel pays des Ségusiens s'était formée la race métive de ces chiens. Adrien de Valois, dans son excellent ouvrage intitulé *Notitia Gallorum*, dit : *Et illi, gens Galliæ, qui segusiis canibus nomen dederunt, mihi videntur esse segusiani Alpini Ptolomæi, Segusionis et Brigantionis incolæ, potiusquam segusiani, quorum urbes sunt Lugdunum, forum Segusianorum et Rhodumna.* Ainsi Adrien de Valois pense que les *canes segusii* viennent plutôt du pays que nous nommons le Briançonnais et le Marquisat de Suze; il s'appuie sur plusieurs articles de différentes lois, soit des Francs, soit des Allemands; mais les raisons de cet écrivain ne prouvent rien autre chose, sinon que ces chiens viennent également de ces deux parties des pays ségusiens. Du Cange, dans son *Glossarium med. et inf. lat.*, a donné sur les anciens noms des différentes espèces de chiens un article fort détaillé.

(1) *Voyez* Strabon, liv. IV, *Geogr.* Au rapport du *Monachus Sangallensis*, lib. II, *de Carolo Magn.*, c. 14, les Germains avaient des chiens si alertes et si vigoureux, qu'ils étaient propres à l'attaque des tigres et

DISCOURS PRÉLIMINAIRE.

seurs à la fois, ils infligeaient une double amende à celui qui volait un chien : le voleur pouvait cependant se soustraire à l'amende en subissant une peine aussi risible en elle-même, qu'elle était honteuse dans l'idée de ces peuples (1).

Les Gaulois faisaient la plupart de leurs chasses à cheval, et leurs chevaux, quoique petits et fort maigres, étaient si légers et duraient si long-temps à la course, qu'on pouvait aisément, avec le même cheval, forcer le cerf le plus vite (2).

Plusieurs chasseurs gaulois célébraient une fête en l'honneur de Diane, et lui faisaient une offrande du produit d'une taxe qu'ils s'imposaient eux-mêmes, durant l'année, en raison de chaque pièce de gibier qu'ils prenaient : Ils mettaient, dit Arrien, pour chaque lièvre deux oboles, une dragme pour un renard, et quatre dragmes pour un chevreuil. On en achetait une victime pour le jour de la naissance de Diane.

Cette déesse n'était pas la seule divinité que les Gaulois invoquaient pour la chasse; ils rendaient aussi un culte à des dieux qu'ils nommaient *Cernunnos*, ou dieux cornus, dénomination qui venait des cornes qu'ils plaçaient sur la tête de ces divinités, par imitation des animaux auxquels ils faisaient une guerre continuelle, tels que les aurochs, les bisons, les élans, les cerfs. Ces Cernunnos sont vraisemblablement les mêmes que les dieux nommés *Alces*, chez les Naharvalles, peuples de la Germanie, entre la Suarte et la Vistule, et dont parle Tacite, *de Mor. German.*

La fête que les Gaulois célébraient en l'honneur de Diane ressemble assez, dit M. Pelloutier,

---

des lions, et, suivant Papias, les habitans de l'Albanie en avaient de semblables. Les Cimbres et les Péoniens faisaient aussi usage de leurs chiens pour la chasse et pour la guerre. On rapporte la même chose de plusieurs peuples de l'Asie-Mineure, des Magnésiens, des Colophoniens, des Castabales, etc.; ils avaient des escadrons de chiens qui commençaient le combat et souvent avec beaucoup de succès. *Voyez* Elien, *Hist. anim.*, lib. VII, c. 38; Solin, cap. 15; Pollux, lib. V, c. 6.

(1) Il y avait un très grand nombre de lois contre ceux qui volaient ou tuaient un chien de chasse. Voici le dispositif d'un article de ces lois : *Si quis canem veltranum* (ou *vertragum*, lévrier), *aut segutium*, aut petrunculum (canes petronii ou petrones, chiens courans) praesumpserit involare, jubemus ut convictus, coram omni populo posteriora ipsius osculetur, aut quinque solidos, illi cujus canem involavit, cogatur exsolvere, et mulctae nomine, solidos duos.* (*Lex Burgundion.*, addit. 1, t. X.)

A cette occasion, l'annotateur de la *Bibliothèque historique des chasses* rapporte la vengeance que l'empereur Frédéric Barberousse tira des Milanais : l'impératrice fut à Milan pour voir cette ville fameuse; le peuple, indisposé contre l'empereur qui l'avait chargé d'impôts, promena insolemment par toute la ville cette princesse assise sur un âne, le visage tourné vers la queue, qu'elle fut contrainte de tenir en main au lieu de bride. L'empereur, irrité, assiégea Milan, le prit, le détruisit jusqu'aux fondemens, et y fit semer du sel après avoir fait passer la charrue par dessus ses ruines. Quelque terrible que fût cette vengeance, l'injure faite à l'impératrice ne lui parut pas réparée; il n'accorda la vie aux vaincus qu'à condition qu'ils tireraient avec leurs dents une figue du derrière de l'âne sur lequel ils avaient si honteusement promené leur souveraine. Ils étaient obligés, après avoir ainsi tiré la figue, de la montrer en disant : *Ecce lo figo*, voilà *la figue*, paroles qu'il serait aussi dangereux d'adresser à des Milanais, que de dire aux Amiénois : *Combien valent les noix*. Quoi qu'il en soit, cette ridicule punition, qui parut si déshonorante aux habitans de Milan qu'un grand nombre préféra la mort à cette infamie, peut bien être mise en parallèle avec celle dont nos anciens Gaulois usaient à l'égard des voleurs de chiens de chasse.

(2) Pelloutier parle ici d'après Arrien; mais il faut observer qu'il n'est pas question des Gaules proprement dites : cet auteur met les Gaulois dans toute l'Europe sous le nom général de *Celtes*.

DICTIONNAIRE DES CHASSES.

à celle que nous appelons aujourd'hui la Saint-Hubert, et il n'est pas sans apparence que le saint patron des chasseurs a pris la place de quelque divinité païenne.

Voici, à cet égard, ce que nous lisons dans les notes qui accompagnent l'Extrait de l'ouvrage de M. Pelloutier : c'est l'analyse d'une dissertation du célèbre abbé Lebœuf sur les chasses d'Auxerre, et en particulier sur celle de Saint-Hubert, insérée dans le *Mercure de France*, du mois de janvier 1725.

« La chasse d'Auxerre n'est, à proprement parler, qu'une battue qui se fait le jour de la Saint-Hubert, où il se trouve un grand concours de monde, en sorte qu'il est aisé d'y prendre les lapins, les lièvres et les perdrix à la main, sans autres armes qu'un bâton. On y va, les uns à cheval, les autres à pied, les uns avec des chiens, et d'autres seulement avec un bâton. L'auteur assure que ces sortes de battues sont les premières chasses qui aient été en usage parmi les hommes : cela est bien probable, puisque tous les peuples sauvages font de semblables battues ; elles étaient fréquentes chez les Gaulois et les anciens Français. L'abbé Lebœuf prétend qu'il n'y avait guère que contre la grosse bête que l'on faisait usage des flèches ; mais la lecture des Anciens ne confirme pas cette opinion. On représente tous les ans à Autun, le premier jour de septembre, une espèce de combat dont le détail n'est point omis dans cette dissertation. C'est ce spectacle que le P. Théophile Phalengi, bénédictin, dans ses vers macaroniques, appelle *pitoyabile bellum* : l'abbé Lebœuf veut en relever l'honneur, et il assure que cette fête du 1er septembre attire la curiosité des habitants des environs.

» Saint Germain, évêque d'Auxerre, qui faisait son exercice de la chasse, avant d'avoir reçu la tonsure, n'est point oublié dans cette dissertation : ce saint avait coutume de suspendre à un grand arbre qui était au milieu de la cité les têtes des bêtes qu'il prenait. L'auteur discute si ces trophées étaient le résultat de la chasse à la grosse bête ; il rapporte le témoignage des Anciens sur les mêmes trophées théreutiques. A cet usage, conservé parmi les premiers chrétiens, en a succédé un autre à peu près semblable, moins connu dans notre siècle que dans les précédens, où le moindre chasseur se faisait un point d'honneur d'attacher à sa porte, soit à la ville, soit à la campagne, des têtes, des pieds, ou autres membres de différens animaux. M. Lebœuf assure avec fondement que l'arbre de Saint-Germain doit son origine à la coutume qu'avaient les paysans d'attacher aux arbres les bois de cerfs, et autres principales dépouilles de grandes bêtes, en conséquence du vœu qu'ils en avaient fait à quelque divinité : *Votivi cornua cervi*, dit Ovide, au douzième livre de ses *Métamorphoses*.

» De cet usage d'attacher aux arbres en offrande les cornes des animaux qu'on avait pris, sont venus sans doute les dieux cornus dont nous avons parlé. Les Celtes, ou premiers Gaulois, furent long-temps sans connaître d'idoles : ils adoraient d'abord la divinité dans le silence des forêts ; chasseurs par état de sauvages, accoutumés à attacher leurs offrandes à des arbres, ils les divinisèrent, se firent plusieurs dieux, et quand ils eurent l'usage des statues, ils leur donnèrent vraisemblablement pour attributs les offrandes qu'ils avaient vouées, ou les caractères de chaque passion qui multiplia les dieux.

» Mais revenons à la dissertation qui nous occupe. « Grande dévotion dans tout l'Auxerrois au
» glorieux saint Hubert, en l'honneur duquel, dit M. Lebœuf, il y a dans les vieux Missels
» d'Auxerre, une messe où, dans les oraisons, il est qualifié de *bienheureux Paton* ; ce qui fait
» voir, ajoute-t-il, combien nos ancêtres étaient grands et dévots chasseurs. »

» L'auteur dit que, dès le dixième siècle, on invoquait saint Hubert, que, dans quelques endroits, on invoque aussi saint Germain, évêque d'Auxerre, et que des forêts même ont été mises sous sa protection, telle est la forêt de Saint-Germain; de même que la forêt des Ardennes à *Ardoina*, *Ardouina*, ou *Arduenna*, la Diane des Gaulois (1).

» On conjecture encore, dans cette dissertation, que saint Hubert n'est devenu le patron des chasseurs qu'à l'occasion de la saison dans laquelle se fit la translation de son corps chez les moines d'Andain, dans la forêt des Ardennes. Elle se fit dans le temps où l'empereur Louis-le-Débonnaire avait coutume d'aller à la chasse du côté de l'abbaye d'Andain. Ce fut lui qui permit la translation, après en avoir fait parler dans le concile d'Aix-la-Chapelle : la cérémonie fit naître le fameux pélerinage. Les chasseurs qui accompagnèrent l'empereur y prirent part comme les autres, et communiquèrent ensuite leur dévotion à d'autres chasseurs du royaume. Il s'éleva alors une opinion que saint Hubert avait lui-même été chasseur avant d'être évêque de Liége. La dévotion devint si grande de la part des chasseurs, dans toute l'étendue des Ardennes, même avant le onzième siècle, que c'était une coutume universellement reçue chez tous les seigneurs de ce pays-là d'offrir à ce saint les prémices de leur chasse, et de lui consacrer la dixième partie de tout le gibier qu'ils prenaient chaque année. »

» L'opinion de Pelloutier, que saint Hubert, considéré comme le patron des chasseurs, a pris la place de quelque divinité païenne, était celle adoptée par plusieurs écrivains antérieurs, et elle n'est pas sans fondement. Les mêmes offrandes de la chasse que l'on faisait à saint Hubert, les Gaulois les avaient faites à Diane, avant qu'ils eussent l'usage de représenter les dieux sous des figures humaines. Sur la fin du paganisme, les Gaulois célébraient les mystères de cette divinité avec des chants excessifs et toutes les débauches que peuvent produire l'amour et le vin; c'est ce qu'ils pratiquaient vers la fin du sixième siècle, sur une montagne des Ardennes qui est dans le Luxembourg. Il y avait une idole de Diane, fort grande et fort célèbre, à quatre milles environ de la ville que nous nommons aujourd'hui Yvoy ou Carignan, et qui, dans ce temps, s'appelait *Epusum*, *Epoisus*, *Eposium* et depuis *Ivosium*. Voyez dans Grégoire de Tours, liv. VIII, c. 25, et dans l'*Histoire ecclésiastique* de Fleury, t. VIII, l. 35, n. 22, de quelle manière le sous-diacre Vulfilaïc s'y prit pour engager les peuples à détruire cette idole. Le saint, destructeur du culte de cette fausse divinité, jeta dans le même pays les fondemens d'un monastère et d'une église dédiés à saint Martin. Il est assez vraisemblable que saint Martin, qui a long-temps été le patron des chasseurs, a remplacé cette divinité des Ardennes. Le culte d'Arduenna subsista cependant encore long-temps dans d'autres parties de cette vaste forêt, puisque, près d'un siècle après, saint Remacle, ou vulgairement Rimail, fait évêque de Maëstricht par le roi Sigebert, travailla encore à y extirper le culte des idoles, y établit un monastère qu'il nomma *Malmundarium*, et qui est devenu une célèbre abbaye de Bénédictins et une petite ville. Saint Remacle lui donna ce nom, parce qu'il avait purgé ce lieu des impuretés des idoles : *Quia eundem locum à superstitionum emundavit pollutione, Malmundarium, quasi à malo mundatum, placuit vocitare.* (Heriger., *Vita S. Remacli*, c. 55.) L'auteur de la religion des Gaulois dit qu'on voit encore au dessus d'un bois qui est voisin d'Esternach, ville du pays de Luxembourg, un ancien monument de Diane, très bien travaillé, mais qui se ressent fort des injures du temps : on sait que tout ce pays faisait autrefois partie de la forêt des Ardennes. D'où l'on peut conclure que, de même qu'on avait pris Diane pour divinité protectrice de la chasse, on a successivement pris saint Martin et saint Hubert pour patrons des chasseurs; et l'usage des

---

(1) Ce n'est point là l'étymologie que nous avons donnée du mot *Ardenne* dans notre *Dictionnaire des Forêts*.

festins, qui s'est conservé le jour de la Saint-Hubert, a succédé à celui que faisaient les chasseurs gaulois après le sacrifice offert à Diane. »

Fauconnerie des anciens Français.

On trouve dans le neuvième volume des *Mémoires de l'Académie des Inscriptions et Belles-Lettres* une explication d'une tapisserie de la cathédrale de Bayeux, où est représentée la conquête de l'Angleterre, par Guillaume-le-Conquérant (1). L'auteur de la Dissertation explique le sujet de cette tapisserie, où *Harold,* autrement *Harauld,* la première personne d'Angleterre après Édouard, est représenté à cheval, l'oiseau sur le poing, ses chiens courans devant lui.

C'était alors, dit M. Lancelot, l'usage de la noblesse, de marcher soit en équipage de guerre, quand il y avait quelque expédition à faire, soit en équipage de chasse, quand la guerre ne l'occupait pas. On a vu précédemment quelle estime la noblesse avait pour la vénerie; un seul trait suffira pour montrer combien elle estimait la chasse à l'oiseau. Les anciennes lois capitulaires défendaient qu'on donnât son épervier ou son épée pour le prix de sa rançon (2). Ces deux choses paraissaient sacrées, et personne ne devait s'en défaire, pas même pour recouvrer sa liberté. Aussi les mêmes lois avaient-elles prescrit une peine bien singulière contre ceux qui auraient volé un oiseau (3).

Porter l'épervier ou le faucon était un droit réservé seulement à la noblesse. Elle était si jalouse de ce droit, que souvent elle portait ses oiseaux jusque dans les combats. Abbon, en décrivant *le Siége de Paris par les Normands,* sous le règne d'Eudes, dans le IXe siècle, dit que ceux qui défendaient le Pont, qu'on appelle aujourd'hui le *Petit-Pont,* désespérant de le conserver, et ne voulant pas que leurs oiseaux tombassent entre les mains des ennemis, les lâchèrent en l'air et leur rendirent la liberté (4).

Les sceaux et les miniatures sont des témoignages antiques de cet usage qu'avait la noblesse de porter l'oiseau sur le poing. Les jeunes seigneurs qui n'étaient point encore chevaliers, et qui par conséquent n'avaient point le droit de paraître ni d'être représentés armés avec l'épée nue, ou la bannière à la main, y avaient un oiseau. On a un sceau d'Albert, landgrave de Thuringe, fils du comte de Misnie, en 1263, où il est représenté avec l'oiseau sur le poing. Robert de Béthune, fils du comte de Flandre, en 1265, paraît aussi sur un sceau, l'oiseau sur le poing, avec un chien qui est dans l'action de chasser. Les femmes nobles, dans ces temps anciens, étaient également représentées portant l'oiseau sur le poing; on pourrait en fournir presque autant d'exemples qu'il s'est conservé de sceaux où des dames sont représentées. La noblesse française a long-temps conservé ce penchant pour les oiseaux, ainsi qu'il est aisé de le remarquer par les différens ouvrages dont nous avons parlé. Nos rois ont ensuite été les seuls tenant un grand état de fauconnerie;

---

(1) Cette tapisserie, appelée dans le pays *la Toilette du duc Guillaume,* est une pièce de toile de dix-neuf pouces de haut sur deux cent dix pieds onze pouces de long. On prétend que c'est un ouvrage de la reine Mathilde, femme de Guillaume-le-Conquérant : elle a été apportée à Paris sous le règne de Napoléon.

(2) *In compositionem Wirgildi volumus ut ea dentur quæ in lege continentur excepto Accipitre et Spatha.* (Lex Longob., lib. I, tit. 9, cap. 33.)

(3) *Si quis acceptorem alienum involare præsumpserit, aut sex uncias carnis acceptor ipse supertestones comedat; aut certè, si noluerit, sex solidos illi cujus acceptor est, cogatur exsolvere; mulctæ autem nomine solidos duos.* (Lex Burgund., additament. 1, tit. 11.)

(4) *Accipitres loris permisit ire solutis.* Abbon, *De obsessa à Normannis Lutetia.*

mais ce luxe, autrefois poussé à l'excès, même chez les particuliers, a subi le sort de tout ce qui passe les bornes de la modération; en sorte que ce qui en faisait l'objet est devenu presque inconnu parmi nous.

L'annotateur de la *Bibliothèque historique des chasses* rappelle l'usage où était l'abbaye de Saint-Hubert d'envoyer au roi tous les ans, au mois de juillet, six chiens courans et six oiseaux : celui qui les présentait était introduit dans les appartemens du roi par l'introducteur des ambassadeurs et le grand-maître des cérémonies ; il faisait un compliment à Sa Majesté, lui présentait une lettre de l'abbé, et le monarque faisait distribuer cent écus d'aumônes pour la chapelle de Saint-Hubert.

Le roi de France recevait aussi en présens des oiseaux de fauconnerie du roi de Danemark et du grand-maître de l'ordre de Malte.

CHASSE DES LAPONS.

La chasse est un des principaux exercices des Lapons ; elle n'est permise qu'aux hommes, et ceux qui vont se livrer à cet exercice regarderaient comme d'un mauvais augure si, en sortant de leurs cabanes, ils rencontraient une femme. C'est pour cette raison que, lorsqu'un Lapon se met en chemin pour chasser, il sort par la porte opposée à la porte ordinaire, et qu'il est défendu aux femmes d'aller derrière la cabane. Ce préjugé est d'autant plus extraordinaire, que les Lapons aiment à plaire aux femmes, qui chez cette nation relèvent par leurs suffrages la gloire attachée aux exercices, surtout à ceux de la chasse et des combats, comme on voit, dans Tacite et d'autres écrivains, qu'elles l'ont fait de toute antiquité chez les Gaulois, les Germains et presque tous les peuples du Nord.

Les Lapons n'entreprennent jamais de chasses un peu considérables sans avoir auparavant, avec leur tambour (1), tâché de reconnaître si le dieu leur sera favorable ce jour-là ; car ils croient aux jours heureux et malheureux. Ils ont des chiens qui courent très vite, et fort bien dressés, qui partagent leurs travaux thércutiques, qui arrêtent la bête ou la font lever, et vont avec autant d'adresse que de courage braver l'animal le plus furieux. Pour rendre ces chiens encore plus ardens à la proie, on les tient continuellement attachés à la cabane ; là, dans le repos, ils gardent le logis.

En hiver, les hommes font eux-mêmes fonctions de limiers ; ils observent les traces de la bête, imprimées sur la neige ; et ils jugent par la forme, ainsi que par la position des pieds, si la bête peut leur faire résistance, si elle est de compagnie, si elle est du pays, ou si elle est de passage.

Une des belles chasses des Lapons est celle du renne : ils ont sous leurs pieds deux planches ou patins dont la largeur n'excède pas celle de la plante du pied, qui sont d'inégale longueur, et dont les extrémités se terminent en pointe et se relèvent en décrivant une ligne courbe. La plus courte, qui a quatre pieds et demi de longueur, taille ordinaire des Lapons, est attachée au pied gauche, et l'autre est d'un pied plus longue. C'est au moyen de ces patins et d'un bâton terminé par une planche ronde, que les chasseurs courent avec une vitesse incroyable, et qu'on les voit

---

(1) Le tambour magique des Lapons est ovale, convexe en dessous, et recouvert en dessus d'une peau comme le sont les nôtres, couvert d'hiéroglyphes qui ont trait aux effets qu'on en attend ; et comme l'un des principaux usages de ce tambour est pour la chasse, on y trouve les figures de plusieurs bêtes sauvages. Il y a, suivant chaque famille, une sorte de distinction dans les figures représentées sur le tambour qui lui appartient, de même qu'il y en avait dans les figures que les Gaulois traçaient sur leurs armes et même sur leur corps avant qu'ils eussent l'usage des habits.

partir et disparaître, ainsi que le renne qu'ils poursuivent. La neige, qui fléchit sous les pieds aigus de l'animal fugitif, ralentit sa course, et le livre enfin au chasseur, dont elle augmente la vitesse par le glissant de sa surface. On ne saurait s'imaginer avec quelle agilité le Lapon, sur ses longs patins, avance, recule, se tourne, se précipite, se relève dans ses nombreuses culbutes ; comment en un instant il se transporte du fond d'un vallon au sommet des montagnes, revient sur lui-même, et déjà traverse de nouvelles vallées (1). Cette chasse est celle du printemps, lorsque la neige, extrêmement haute, couvre la terre.

Dans les saisons où la neige fondue ne se prête plus à la vitesse des Lapons, ils y suppléent par des pièges. On s'assemble ; les habitans de plusieurs cabanes se réunissent et construisent deux palissades fort hautes avec des pieux et des branches ; ces palissades, rangées sur deux lignes parallèles, forment une longue allée, fort vaste à son entrée, mais étroite vers son extrémité, qui est terminée par une fosse profonde. C'est là que les chasseurs à grand bruit conduisent adroitement les timides rennes, qui, croyant trouver leur salut dans ce réduit, redoublent leur course qui les précipite dans la fosse. Ce n'est pas le seul moyen auquel on ait recours pour prendre cet animal. Les pièges que tend l'amour ont de tout temps été connus parmi les hommes, et de tout temps ils s'en sont servis contre les animaux comme l'un des expédiens les plus sûrs pour leur ravir la liberté. Les Grecs s'en servirent, nos anciens Gaulois aussi ; long-temps avant eux, sans doute, ils n'étaient point ignorés, et les nations sauvages de notre siècle, comme les nations policées, en font encore usage. Dans la saison où les rennes sauvages sont en rut, les Lapons attachent à l'entrée des forêts des rennes domestiques ; celles-ci, auxquelles on a fait éprouver un long veuvage, appellent compagnie par leurs cris plaintifs et redoublés. Les mâles, pleins d'ardeur, accourent ; mais ils tombent bientôt ou dans les filets de l'homme ou percés sous ses coups.

Les pièges servent encore à prendre d'autres animaux : ce sont des trappes, des fosses, des filets, des lacets. On les emploie contre les hermines, les martres, les zibelines, les lièvres, les renards, les castors, les lynx, les loups, les jaerfs, ou goulus. La terre est çà et là couverte de pièges, et ces sauvages se gardent inviolablement entre eux une fidélité qui servirait d'exemple aux nations les mieux policées. Jamais aucun d'eux ne dérobe la bête qu'il a trouvée dans un lacet qui ne lui appartient pas : loin de se l'approprier, il va, plein de joie, la porter à qui elle appartient. Si les pièges mettent la désolation chez les quadrupèdes de petite espèce, la dent aiguë d'un chien agile et rusé ne leur est pas moins funeste ; il sait, sans ensanglanter leur peau, les livrer sans vie au chasseur qui les met en quête. Les Lapons prennent encore ces animaux par le secours des flèches. Les écureuils, les martres, les hermines, dont les peaux sont plus précieuses, demandent plus de ménagement ; les flèches dont on se sert pour cette chasse sont aplaties par le bout, comme nos fleurets, afin que le sang ne gâte point des peaux aussi précieuses. Les Lapons se servent aussi de flèches armées de pointe ; mais ils sont si adroits et dirigent leur coup avec tant de justesse, qu'ils jettent bas l'animal en le frappant directement sur le museau. Dans leur chasse aux oiseaux, ils se servent ordinairement de flèches ou de mousquets. Ces chasses varient suivant la diversité des oiseaux et des saisons. L'hiver, attirés par un appât trompeur, le besoin les livre aux lacets qu'on leur tend.

---

(1) Si les patins accélèrent la vitesse du chasseur, l'exercice y contribue encore davantage. Cet exercice et cette vitesse, inconcevables à l'Européen policé, sont communs à presque tous les peuples sauvages. Le Hottentot disparaît comme le Lapon en un clin-d'œil avec le gibier qu'il poursuit ; et le Hottentot qui court dans un pays de sables n'est porté ni sur des raquettes ni sur des patins. Les anciens Gaulois ne le cédaient pas en vitesse aux Hottentots et aux Lapons ; sauvages comme eux, ils avaient les mêmes exercices.

La chasse aux ours est une des plus grandes chasses des Lapons. En automne, lorsque les premières neiges commencent à tomber, il y a parmi eux une émulation singulière pour chercher à démêler les traces d'un ours, et à découvrir son repaire. Partout où il s'agira du droit de primauté, il y aura toujours de quoi intéresser l'homme sauvage comme l'homme policé. Il s'agit ici de mériter d'être roi d'une fête, et d'une des plus grandes fêtes de la nation. Aussi le Lapon qui fait la découverte d'un ours triomphe de joie, va trouver ses parens, ses amis, et les invite à cette chasse comme on inviterait à quelque grand festin; car l'ours est pour le Lapon le morceau le plus friand et le plus délicieux. L'assemblée n'a lieu cependant que vers le commencement du printemps, où la neige, plus haute et plus ferme, promet aux patins plus de vitesse. C'est alors que les chasseurs font la recherche de la bête avec leurs chiens, qui vont réveiller l'ours et le faire sortir de son repaire. Après que le chef a assemblé ceux qui doivent être de la partie, on fait choix de celui qui sait le mieux battre le tambour, afin de connaître quel sera le succès de la chasse. Le roi de la troupe marche en tête, et ne doit point avoir d'autres armes qu'un bâton dont la poignée est ornée d'un anneau de laiton : après lui marche celui qu'on a choisi pour porter le premier coup; les autres vont de suite en leur rang, et chacun a sa fonction. Armés d'arbalètes, d'arcs, de flèches, et surtout de hallebardes, c'est ainsi qu'ils avancent en ordre vers le repaire : l'action se passe avec vigueur; et si plusieurs ours se présentent à la fois, l'action redouble avec le danger. Au retour des chasseurs, l'air retentit de chansons et des éloges qu'on donne au héros de la chasse. Le roi de la fête, assis à la place d'honneur dans la cabane, autour d'un grand feu, boit la première rasade, et raconte ses exploits.

> « Et je suis sûr qu'Hector de Troye,
> » Chargé des dards et des écus
> » De mille Grecs par lui vaincus,
> » Dans sa démarche triomphante
> » N'avait pas l'ame plus contente. »
>
> Perrault, dans son poëme de *la Chasse*.

Les femmes en tout pays partagent la gloire de leurs époux, et l'on sait que la gloire est un appât qui nourrit et réveille l'amour; aussi les Laponnes, en ce moment délicieux, redoublent-elles leurs caresses; mais ce jour-là, malheureusement, il est une loi qui anime encore les caresses en y mettant des bornes.

Cette loi est portée fort loin chez les Hottentots. Le chasseur qui a triomphé d'une bête féroce doit, pendant trois jours, n'être occupé qu'à manger, boire et dormir, afin de réparer ses forces. La femme, pendant ce temps, évite la présence de son mari, se condamne à la retraite et à l'abstinence, et ce n'est que le matin du troisième jour qu'elle parait devant son époux.

CHASSES DE L'ORIENT.

Nous parlerons, toujours d'après la *Bibliothèque historique des chasses*, de celles qui se font dans la Circassie, la Perse et la Grande Tartarie.

La Circassie.

Les habitans de la Circassie sont un peuple de veneurs. Rien n'est plus agréable que de voir dans leurs forêts les Circassiens, ces beaux chasseurs, avec leurs admirables compagnes; on les prendrait, dit M. de la Motraye, pour autant d'Adonis et de Vénus. Souvent on rencontre à la chasse une troupe d'aimables Circassiennes, montées lestement sur un agile coursier, le carquois sur l'épaule et l'arc à la main, ou l'oiseau sur le poing. Quoiqu'en cette contrée, comme autrefois en tout pays, la chasse soit un bien commun, on ne saurait croire quelle quantité de venaison, de bêtes sauvages et de gibier de toute espèce, dédommage les chasseurs de leurs courses continuelles.

On y trouve des chèvres sauvages, si vites que le meilleur cheval arabe peut à peine les atteindre. Elles vont par troupeaux comme des chèvres privées, ne paraissant pas même redouter l'approche des hommes ; elles les voient venir, et broutent toujours paisiblement : mais à peine se jugent-elles à la portée du trait, qu'aussitôt on voit le troupeau tout entier se regarder, partir et disparaître. On a recours, pour les forcer, à un expédient qui mérite d'être cité. Le Circassien porte devant lui sur son cheval un alerte lévrier, et franchit les espaces à toute bride ; après une longue et rapide course, il lâche le lévrier, qui achève de forcer les fugitives. On voit quelquefois trente ou quarante Circassiennes dans cet équipage courir de front à la poursuite d'un troupeau de chèvres, qui, dans leur fuite, gardent entre elles un aussi bel ordre que ceux qui les attaquent. La nature semble avoir favorisé cette espèce de chèvre d'un réservoir propre à la respiration pour la rafraîchir dans des courses si longues et si violentes. Elle porte, dit M. de la Motraye, une espèce de bourse sous la gorge, qui s'enfle et se gonfle comme une cornemuse à mesure que sa course augmente.

La Perse.

Les Persans, fort adonnés à la chasse, ont recours à des moyens inconnus dans nos contrées : rarement parmi eux on se sert de chiens, parce que cet animal, les délices d'un chasseur européen, est en exécration parmi les Persans qui regardent le chien comme le plus impur des quadrupèdes. Il n'y a que l'empereur et quelques grands seigneurs qui osent se permettre d'en avoir, mais en petit nombre. On supplée au défaut de chiens par le secours des faucons, et de quadrupèdes que nous ne soupçonnerions pas faits pour aller, d'intelligence avec l'homme, attaquer leurs semblables. Que dirait un chasseur européen s'il voyait le tigre, ce farouche animal, en croupe (1) sur le même cheval du Persan qui va attaquer avec lui le daim, le cerf, la gazelle, etc.? Le lion même, ce fier et cruel tyran des forêts qu'il habite, se plaît à recevoir les caresses de l'homme, et docile à sa voix, il n'est glorieux d'employer sa valeur que pour le service de son maître. L'indocile et farouche panthère, devenue, par les soins du Persan, aussi souple que le chien le mieux dressé, ne redoute rien plus que de manquer la proie que le chasseur attend de sa force et de sa légèreté. Le féroce léopard, plus vorace, plus furieux qu'aucun autre de ces animaux, et qui par sa nature ne peut sans frémir soutenir les regards de l'homme, se calme cependant par des soins assidus, et ne sent renaître sa fierté que lorsqu'en trois sauts l'animal qu'on lui fait poursuivre n'est pas tombé sous ses griffes ; confus alors et désolé de n'avoir pu montrer à son maître autant d'adresse que de fidélité, il demeure transi, léchant la terre à l'endroit où le dernier de ses sauts a été inutile : le chasseur doit le rappeler avec douceur, le consoler de mille manières, et lui faire entendre qu'une autre fois ses efforts seront plus heureux ; l'animal, au moment même, se ranime, reprend sa gaieté, ne fait qu'un bond, et déjà le voilà sur la croupe du cheval à recevoir les caresses de celui qui l'a consolé. L'Once, que les anciens ont

---

(1) On le conduit les yeux bandés, et on ne lui ôte son bandeau que lorsqu'il se présente un animal sur lequel on veut le faire donner. Corneille Bruyn, dans son *Voyage au Levant*, dit que dans l'Asie-Mineure on fait aussi usage du tigre et du léopard, et que le chasseur les tient devant lui sans qu'ils aient les yeux bandés.

DISCOURS PRÉLIMINAIRE.

désigné sous divers noms, sous diverses figures, quadrupède féroce qu'ils redoutaient tant, dont le nom seul faisait frémir, et sur lequel ils ont débité tant de fables, est aujourd'hui le plus docile dont les Persans se servent à la chasse.

Si l'on se représente avec admiration ces fiers habitans des déserts, fidèles à attaquer le cerf, les gazelles et les daims qui n'ont de ressource que dans la fuite, et qui rarement échappent au troisième bond de l'animal agresseur, le spectacle devient plus intéressant encore lorsque le Persan lâche un lion ou un tigre d'une énorme grandeur (1) contre le redoutable taureau des forêts, contre le lion sauvage, le léopard ou le tigre. Il est plus aisé de s'imaginer que de rendre toute la vigueur d'un combat où l'un reprend sa férocité naturelle pour l'amour de son maître, tandis que l'autre ranime ses fureurs pour défendre sa liberté. A entendre les affreux rugissemens, à voir les efforts de son tigre ou de son lion affidé (2), le chasseur devrait, ce semble, redouter le retour de ce terrible serviteur; mais sa rage, après sa victoire, se change en douceur, en plaisir; et cette même queue, qui dans le feu de l'action agitait l'air à coups redoublés, imprimait la terreur par un horrible sifflement, devient l'instrument de ses caresses. Il paraîtrait que ces animaux, dès que l'homme se les est associés, depuis qu'ils ont sucé un lait étranger, n'ont d'ennemis que leurs semblables, et ne connaissent d'amis que l'homme.

Les rois de Perse ne sont pas moins adonnés à la chasse que leurs peuples. Ils font quelquefois des battues et des enceintes dont l'appareil magnifique est semblable à celui que déploient le Grand-Mogol et l'empereur de la Chine. On fait ordinairement dans les chasses du roi de Perse un abatis de sept ou huit cents animaux; il y en a, dit le chevalier Chardin, où l'on a tué quatorze mille bêtes. Pietro della Valle, surnommé l'illustre voyageur, cite dans la seconde partie de ses voyages, une pareille chasse de huit ou dix mille bêtes. Ces chasses, ajoute-t-il, sont souvent si considérables, qu'on voit à Ispahan, sur les écuries du roi, une pyramide fort élevée, construite de têtes d'animaux à cornes, et d'autres de différentes espèces, scellées avec symétrie; ce qui fut le produit d'une chasse générale. Plusieurs auteurs confirment la même chose.

Les armes dont le roi fait usage à la chasse sont les flèches, la lance, l'épée ou l'arquebuse. On a soin de ne pas prendre tous les animaux qu'on a rassemblés dans les enceintes dont nous venons de parler; le gibier serait bientôt détruit: tous les peuples policés ou sauvages qui font de semblables battues rendent la liberté à un grand nombre de femelles pour conserver l'espèce. Le roi de Perse prend quelquefois plaisir à attacher aux oreilles de quelques unes de petites plaques d'or sur lesquelles son nom est gravé: ce serait un crime capital que de chasser à l'avenir ces bêtes marquées du sceau royal sans la permission du souverain. Le roi mène ordinairement avec lui ses femmes. On leur prépare, dans l'endroit le plus favorable de l'enceinte, une grande galerie couverte et entourée de jalousies: les dames, à travers ce grillage, ajustent les bêtes qu'on prend soin de relancer devant elles. Quelquefois aussi le roi donne ordre au

---

(1) Quand on se sert de lions ou de tigres si puissans, on les porte ordinairement sur des traîneaux, et alors ils n'ont pas les yeux bandés.

(2) L'usage où sont les peuples de l'Orient d'apprivoiser des lions et des tigres paraîtra moins incroyable si l'on se rappelle combien de fois l'histoire ancienne nous représente ces animaux soumis au joug.

Pline, liv. VIII, cap. 16, n. 21, fait mention d'un char de triomphe attelé de lions apprivoisés, sur lequel Marc-Antoine entra dans Rome après la bataille de Pharsale. Lampridius, dans la *Vie d'Héliogabale*, dit que cet empereur attelait son char tantôt avec des lions, tantôt avec des tigres et tantôt avec des cerfs.

corps de chasseurs qui l'accompagne de s'écarter à certaine distance, et de former une large enceinte où les dames puissent chasser à découvert, sans que personne ose les approcher : alors elles montent à cheval avec beaucoup de grace et de légèreté, voltigent dans la plaine, et donnent des preuves de leur dextérité avec des flèches et des épées. C'est une grande faveur que d'accorder aux plus distingués des chasseurs du gibier tué des mains de ces belles dames : ce gibier, frappé des traits lancés d'une main délicate, acquiert un nouveau degré de bonté que l'imagination seule peut apprécier.

La Chine et le Japon.

L'empereur de la Chine fait des chasses si extraordinaires, qu'elles ressemblent plutôt à une expédition militaire qu'à une partie de plaisir. Ce souverain, dit le père du Halde, tome 4, mène à sa suite plus de cent mille chevaux et plus de soixante mille hommes, tous armés de flèches et de cimeterres, divisés par compagnies. Ils marchent en ordre de bataille sous leurs enseignes, au son des tambours et des trompettes. Le père du Halde donne la description d'une de ces chasses où le père Gerbillon accompagna l'empereur. Les Chinois investissaient, dit-il, les montagnes et les forêts, de même que si c'eussent été des villes qu'ils eussent voulu assiéger, suivant en cela la manière de chasser des Tartares orientaux. Cette armée avait son avant-garde, son corps de bataille, son aile droite et son aile gauche, avec leurs chefs ou *regulos*. Il a fallu, pendant plus de soixante-dix jours qu'elle a été en marche, conduire toutes les provisions sur des chariots, sur des chameaux, sur des chevaux et sur des mulets, par des chemins très difficiles, parce qu'on ne trouve que des rochers vers les limites de la Chine et de la Tartarie. Après avoir fait des battues considérables, on forme des enceintes; la cavalerie, les lances en arrêt, conduit dans une place avantageuse pour la chasse les animaux qui n'osent quitter le centre, effrayés par le bruit des tambours et des trompettes. Le lieu que l'on choisit est ordinairement le penchant d'une montagne, d'où le coup-d'œil de l'enceinte est admirable.

Le père de Charlevoix, t. 4, l. 9, c. 1, de son *Histoire du Japon*, décrit l'appareil d'une grande chasse de ce pays. Cette chasse de l'empereur Cabancundono est telle, que l'historien nous avertit qu'elle a quelque chose de merveilleux qu'on ne trouve que chez les Romains; mais, ajoute-t-il, on ne juge souvent des choses dénuées de vraisemblance que parce qu'on s'accoutume à ne mesurer la vraisemblance que sur les usages de son pays et d'après ses propres idées. Quoi qu'il en soit, plus de cent cinquante rois, princes, gouverneurs de provinces et grands officiers de la couronne; tous, avec une suite magnifique, accompagnèrent l'empereur à cette chasse; il y fut pris au moins trente mille oiseaux de toute espèce.

On ne peut douter de la magnificence des chasses que fait le grand-mogol, monarque puissant qui, disent les historiens, en quelque endroit qu'il se trouve, a toujours avec lui deux cent mille hommes de troupes et cinq cents éléphans superbement harnachés.

La Grande Tartarie (1).

Les Tartares sont continuellement occupés à faire des courses sur leurs voisins par l'appât du

---

(1) Cet article, que nous trouvons dans la *Bibliothèque des chasses*, a été tiré presqu'en entier des *Voyages de Marc-Paul*, Vénitien, qui voyagea dans toute l'Asie au xiiie siècle. Il est probable que depuis cette époque il s'est introduit des changemens dans la manière de chasser des Tartares, et que, par exemple, ils font aujourd'hui un usage beaucoup plus fréquent des armes à feu.

butin, ou à livrer la guerre aux animaux pour s'enrichir de leurs dépouilles et se nourrir de leur chair. Si l'on considère les petites chasses de ces peuples, elles présentent une variété vraiment intéressante, et qui demanderait une infinité de détails; mais nous n'en réunirons ici qu'un petit nombre, dont plusieurs sont communes aux peuples de l'Indostan. Les Tartares et les Indostans lancent des bâtons avec tant d'adresse et de vélocité, qu'ils en font à la chasse leurs armes favorites. Soit qu'ils aillent en troupe poursuivre les chèvres, les lièvres, les chevreuils, et rétrécir les espaces de leur liberté par des enceintes où des bâtons sont lancés de toutes parts sur le gibier, soit que le chasseur, seul à seul avec un quadrupède, dispute de vitesse à travers les plaines, on a peine à décider qui a triomphé dans l'adresse ou dans la légèreté. Si ces peuples attaquent aussi les oiseaux avec des flèches, ou des armes à feu, ou avec leurs bâtons, ils ont encore mille stratagèmes pour les prendre sans être vus. Tantôt ce sont des bœufs dressés à cet usage : le chasseur, armé de flèches, marche sous le ventre de ces paisibles conducteurs, qui les mènent où ils entendent des oiseaux (1); tantôt ce sont des buissons ambulans chargés de fruits, qui, par leur éclat et leur odeur, attirent les oiseaux, tandis que des flèches perfides, traversant le buisson, vont leur donner la mort; tantôt encore c'est aux oiseaux de passage qu'on va tendre des pièges sur les rivières. Rien de plus plaisant que la manière dont on prend ces oiseaux : ce n'est plus à la course que le chasseur doit exceller, mais à nager de façon que sa tête seule paraisse sur l'eau; encore faut-il qu'elle soit coiffée, et bien emmitouflée de plumes (2), représentant la figure des oiseaux qu'il veut prendre. Il avance vers l'endroit où ils se tiennent; ceux-ci, trompés par cette figure, laissent le chasseur prendre place au milieu d'eux. Il les saisit par les pieds, leur fait faire le plongeon, et les attache à sa ceinture sans que la troupe s'effarouche et se doute de la présence du ravisseur.

Les Tartares se plaisent aussi beaucoup au vol des oiseaux : avec leurs faucons, qui sont de la grande taille, ils ont des aigles faits à la chasse de la grosse bête, cerfs, sangliers, etc. L'équipage de fauconnerie du grand-cham est de dix mille hommes qui ont des faucons, des éperviers, etc. Un baron a l'inspection de la fauconnerie : s'il se trouve des oiseaux égarés, quiconque les reçoit est obligé de les lui apporter, sous peine d'être à l'instant traité comme voleur. Le grand-fauconnier, pour cet effet, a son étendard élevé sur une éminence pendant le temps de la chasse. En général, le grand-cham tient un magnifique état de vénerie. Deux barons font office de grands-veneurs : chacun de ces barons a sous lui dix mille hommes, qui ont l'intendance de toutes les choses nécessaires à la chasse; ils élèvent et dressent des chiens de forte taille. Lorsque le grand-cham veut faire une partie de chasse extraordinaire, les barons mènent leurs vingt mille hommes, et une troupe de cinq mille chiens et même plus : le souverain se tient avec sa cour au milieu de la plaine, les deux troupes se rangent sur deux lignes parallèles, et forment une enceinte considérable. L'enceinte fermée, les chiens sont lâchés sur le gibier, et l'on en fait un grand abatis.

Les peuples de la Tartarie, comme ceux de la Perse, font usage de léopards, de lions, etc., pour la chasse. Le grand-cham, particulièrement, se plaît à voir les bêtes apprivoisées aux prises avec une bête farouche : il a des lions plus grands que ceux de Babylone. Pour chasser, on en mène deux

---

(1) Nous employons un moyen analogue, celui de la *vache artificielle*. *Voyez* ce mot dans le Dictionnaire.

(2) On fait la même chasse à la Chine; mais au lieu d'imiter la figure des oiseaux pour les tromper, on emprunte celle d'une citrouille sèche, percée de quelques trous, et dans laquelle le chasseur met sa tête; il nage dans cet équipage comme le chasseur indostan. Le même usage est pratiqué dans les îles de l'Amérique.

sur un même traîneau : ils sont suivis chacun d'un petit chien. C'est avec une pareille meute que les Tartares font ordinairement la chasse à l'ours. Les petits chiens, se sentant appuyés par deux athlètes plus puissans que le gras animal qu'ils vont attaquer, font quête, avancent hardiment et vont eux seuls l'agacer à l'entrée de son repaire : celui-ci se jette dessus ; mais les petits chiens, plus alertes, gagnent le large ; adroits à éviter sa lourde patte, ils font autour de lui mille passe-passes, en aboyant toujours, comme des roquets qui se sentent soutenus. L'animal s'anime par le désir de la proie ; il poursuit le petit chien, qui se réfugie entre les deux lions ou les deux tigres apprivoisés. L'ours, apercevant ces énormes ennemis, s'éloigne avec toute la vitesse dont il est capable, mais il est bientôt atteint et vaincu. Ce combat est plus opiniâtre si les chiens ont amené deux ours, le mâle et la femelle : à l'aspect des lions, ceux-ci s'encouragent et se soutiennent : chaque ours se lève sur ses deux pieds, combat corps à corps avec son ennemi, et le presse étroitement entre ses deux bras ; mais la griffe et la dent du lion l'épuisent, le font fléchir : cependant ils se serrent encore, le vaincu dans sa chute entraîne l'agresseur avec lui ; tous deux se roulent sur la poussière, et l'ours en sang ne lâche prise qu'en rendant le dernier soupir. Les chiens jouent pendant ce temps un rôle assez plaisant ; ils aboient de loin autour des combattans, et croient par leurs abois avancer la défaite de l'ours ainsi mal-mené : le combat est-il fini, ils reviennent fort glorieux, levant la queue à côté des deux lions, dont ils reçoivent quelques caresses ; et tous vont ensemble partager celles de leur conducteur.

Nous pourrions étendre beaucoup l'histoire de la chasse, si nous voulions pousser nos recherches chez les autres nations, et principalement chez les nations sauvages ; mais nous dépasserions les limites que nous nous sommes tracées ; et il nous reste d'ailleurs une tâche importante à remplir, c'est de mettre sous les yeux du lecteur l'analyse des différens ouvrages théreutiques qui ont été publiés par les Grecs, les Latins, les Français et les Allemands.

BIBLIOTHÈQUE

HISTORIQUE ET CRITIQUE

DES OUVRAGES THÉREUTIQUES ANCIENS ET MODERNES.

On trouve en tête de l'*Ecole de la chasse aux chiens courans*, par Leverrier de la Conterie, ouvrage imprimé en 1763, chez les frères Lallemant, à Rouen, une analyse très bien faite des ouvrages publiés jusqu'à cette époque sur la chasse. Cette analyse, faite par les soins des éditeurs, forme un recueil de 156 pages in-8°, dans lequel les auteurs ont pris soin de rappeler les principales productions des auteurs grecs, latins et français qui se sont occupés de la théreutique, les traits distinctifs de leur caractère, les objets spéciaux et le mérite de leurs traités; et ils y ont joint des observations sur les commentateurs, les scholiastes, les traducteurs et les éditeurs principaux. C'est la meilleure notice qui ait été écrite sur les ouvrages de chasse.

On trouve encore, à la suite des *Lois forestières* par Pecquet, une *Bibliothèque chronologique* des auteurs qui ont traité de la matière des eaux et forêts, pêche et chasse.

Comme nous n'avons pas tous les ouvrages qui y sont mentionnés, nous serons obligés d'adopter, pour quelques uns, les jugemens qui en ont été portés par ces auteurs; mais nous abrégerons beaucoup leurs analyses, d'autant que nous avons encore à parler des traités de chasse qui ont paru postérieurement à ceux qui ont été l'objet de leur examen.

§ I. AUTEURS GRECS.

XÉNOPHON. Ce célèbre Athénien, qui vivait 400 ans avant l'ère chrétienne, et que la pureté de son style et la délicatesse de ses pensées firent surnommer l'Abeille attique, a eu pour objet, dans ses *Cynégétiques* ou *Traité de la chasse*, de tirer de sa léthargie le peuple athénien, épuisé par la guerre du Péloponnèse, et de le rendre à ce goût pour la chasse qui avait signalé ses aïeux. Mais, observe M. Gail, son élégant traducteur, la chasse étant moins alors un simple amusement qu'un dur apprentissage du métier des armes, qu'une véritable image de la guerre, on ne pouvait proposer cet exercice au peuple athénien qu'en embellissant les préceptes. Aussi, en orateur habile, Xénophon cache-t-il ses conseils sous des fleurs; il parle à l'amour-propre des Athéniens, il excite leur orgueil national, il rappelle à leur souvenir ces beaux jours où la Grèce rendait les mêmes honneurs aux chasseurs et aux athlètes couronnés dans ses jeux immortels; il leur nomme les héros qui ont honoré leur pays, et qui étaient tout à la fois enfans de Latone et de Mars, et lorsqu'il croit, dans un poétique et brillant exorde, se les être rendus favorables, il entre en matière, et s'applique à leur rendre la chasse agréable.

Il indique les qualités d'un bon chasseur, qui doit être âgé d'environ 20 ans, et avoir une taille svelte et un corps robuste; et il donne des détails curieux sur les filets dont il doit se servir.

Les chiens castorides et alopécides, le mélange de ces deux espèces et les qualités des chiens en général font l'objet des chapitres 3 et 4.

Dans les chapitres 5 et 6, il fait connaître les traces du lièvre, son gîte, ses mœurs, ses habitudes, sa conformation et la cause de son agilité; la chasse au lièvre avec les chiens et les filets, le costume du chasseur, le temps et les heures favorables pour la chasse.

Le chapitre 7 renferme des indications sur la procréation des chiens, des préceptes sur l'éducation de la famille naissante, et sur la manière de former ces animaux à la chasse.

L'auteur consacre les chapitres 8, 9, 10 et 11 à la chasse du lièvre en hiver; à la manière de chasser les faons et les cerfs, et à la description des pièges qu'on y emploie; à la chasse du sanglier, image de la guerre, et à celle des lions, des pardalis, des lynx, des panthères et des ours.

Dans le chapitre 12, qui traite de l'excellence et de l'utilité de la chasse, Xénophon se permet une sortie vive contre les sophistes de son temps; il fait voir combien la chasse influe sur les travaux militaires et entretient le goût pour la vertu.

Éditions. Il existe un grand nombre d'éditions en grec et en latin des œuvres de Xénophon, dans lesquelles se trouve son *Traité de la Chasse.*

M. Gail, professeur de littérature grecque au Collège de France, a donné une excellente traduction de ce Traité en 1801.

ARRIEN de Nicomédie, surnommé Xénophon-le-Jeune, vivait sous l'empire d'Adrien. Il parvint à tous les emplois de distinction. Général des armées, il humilia les ennemis les plus implacables des Romains. Digne de tous les titres dont il fut décoré, le consulat mit le comble à son illustration. Élevé dans les vertus stoïques par Épictète, on remarqua dans sa conduite, soit publique ou privée, les principes de sagesse de ce grand maître. Les expéditions d'Alexandre sont le chef-d'œuvre d'Arrien, son *Traité sur la chasse,* ouvrage composé de 36 chapitres, a beaucoup de traits semblables à nos usages. L'objet principal d'Arrien est de détruire le crédit que donnèrent les anciens aux rets, aux filets et à mille autres artifices. Il attribue le long détail qu'en a fait Xénophon au peu de connaissance qu'il avait des chiens gaulois; et il se propose, dans son Traité, de prouver que la chasse à force de chiens et de chevaux est beaucoup plus amusante et plus noble que la chasse aux pièges du vieil âge, de même qu'il est plus héroïque de triompher ouvertement de son ennemi que de le surprendre. Pour ses vues, il peint d'abord avec toutes les richesses et les agrémens du style le chien bien conformé : une juste proportion dans le corsage; une tête légère, nerveuse, avec les fibres à découvert; l'œil grand, clair et plein de feu; l'oreille grande, simple et pendante; un cou long, arrondi et flexible; une poitrine ouverte; les épaules dégagées; la jambe longue, droite et bien prise; les côtés fermes, le dos d'une bonne longueur, mais nerveux; le ventre descendu avec grace; la cuisse détachée; la queue bien nouée, fine, longue et flexible. Arrien trace ensuite le caractère d'un bon chien. Maître de lui-même, dit il, ce chien n'a jamais un air de surprise; s'il ne caresse pas indifféremment, il reconnait la main qui le nourrit : soit qu'il obéisse à la voix de son maître, soit qu'il la prévienne, il met de la noblesse dans tout ce qu'il fait; son sourcil est haut; il a le regard fier, la démarche légère, et porte quelquefois la tête comme le superbe coursier; toujours sobre, il dédaigne les alimens corrompus, et vit de peu; actif, il ne se repose en plain champ que dans la décrépitude de ses années. Après cette description, Arrien écarte ce qui peut être nuisible à la santé et à la vigueur des chiens; il prescrit la règle qu'on doit observer dans leur nourriture et leur traitement; et il avertit le chasseur qu'il est un temps d'exercice et un temps de repos. Il décrit la chasse du lièvre chez les Gaulois, qui se faisait à force de chiens. Il conseille de ne pas lâcher les chiens de trop près ni en trop grand nombre; le lièvre le plus vite, le plus adroit et le plus brave, intimidé par le son des cors et le tumulte, ne fait aucune action digne de lui. S'il a le loisir de reprendre ses esprits, il sort de son gîte les oreilles levées et à grands pas; les chiens le suivent de tous leurs membres, et le spectacle intéresse véritablement. Le lièvre qui cause le plus de plaisir gîte en plaine, d'où il semble provoquer les chiens. On ne le voit point fuir vers les forêts ou les bois voisins; il tient le champ de bataille. Ce n'est que dans sa défaite qu'il emploie les détours et cherche à gagner les forêts; le chasseur généreux fait alors cesser la poursuite en faveur d'une si belle défense. Arrien n'omet point l'obligation où est le chasseur d'appuyer de temps en temps ses chiens de la voix, si ce n'est au déclin de la chasse; l'encouragement pourrait alors les lancer dans des précipices sur les traces du lièvre, à qui la crainte de succomber ôte le sentiment de tout autre danger. Le chasseur doit, dans le succès, descendre de cheval, appeler les chiens par leur nom, et entretenir par de courtes expressions leur amour pour la gloire. Arrien prescrit l'application de ces principes à la chasse du cerf et des grosses bêtes; mais il réserve pour cette chasse les chiens les plus courageux. Il prétend que les chevaux scythes et illyriens forcent le cerf et le réduisent aux abois; qu'un enfant, monté sur un cheval numide, contraint l'âne sauvage, animal très vite et qui se lasse difficilement, à recevoir le cordeau et à suivre son vainqueur.

Cet ouvrage nous présente encore un grand nombre de détails : l'âge qu'on doit attendre pour faire chasser les chiens; la manière de leur former les pieds, de les dresser, de faire couvrir les lices, de les tenir en état après leur portée, d'élever les petits, et la différence qui se remarque dans les travaux de la chasse entre le mâle et la femelle. Après avoir essayé de former un chasseur, Arrien, plein de respect pour les dieux, réunit les plus puissans motifs pour l'engager à implorer leur secours par des sacrifices; il représente les héros d'Homère, vainqueurs ou vaincus aux jeux du trait, par la faveur ou la disgrâce de Diane. Il cite l'exemple de quelques Gaulois, qui, du produit d'une taxe par pièce de gibier, achetaient chaque année une victime, la lui immolaient et célébraient un banquet où les chiens paraissaient couronnés de fleurs.

Éditions. Les ouvrages d'Arrien, qui traitent de l'histoire, sont ceux qui ont le plus exercé nos savans, et qui, les premiers, ont été mis au jour. Le *Traité sur la Chasse*, découvert beaucoup plus tard, a été moins souvent imprimé. Ce Traité a été traduit en latin par Holstein, et imprimé avec le texte original à Rome, et à Paris en 1644, chez Cramoisy : il a été aussi traduit en français par M. de Fermat, et imprimé in-12 à Paris, chez Hortemels, en 1690. La traduction latine, quoique belle, n'est qu'une faible image du *Cynégéticon* d'Arrien, et les touches du français sont encore plus faibles que celles du latin.

OPPIEN naquit à Anazarbe, ville de Cilicie; il parut avec le plus grand éclat sous les règnes de Sévère et de Caracalla. Ses poëmes sur la chasse et sur la pêche réunissent à la beauté du style une riche érudition. Le début de son *Cynégéticon* est noble; son invocation aux dieux est simple et élevée. Nos modernes, quoiqu'avec de nouvelles découvertes, n'ont point éclipsé la beauté de ses leçons sur le choix des chevaux; la description qu'il fait de leur vitesse charme et ravit; c'est un tableau mouvant et animé. Oppien désigne les chiens par leur instinct, leur climat et leur patrie; il n'oublie aucun des prodiges de leur sagacité ou de leur courage. Son but principal est de bien faire connaître la nature des animaux que l'on entreprend de chasser, et il l'a très bien rempli. Ce qui semble d'abord difficile à saisir devient bientôt lumineux par le secours d'une comparaison juste et délicatement exposée. Le morceau qui a le cerf pour objet est d'un style admirable; mais ce qu'il dit de leur guerre continuelle avec les serpens et des remèdes qu'ils emploient contre leurs morsures n'est point confirmé par les observations des naturalistes. Les préceptes d'Oppien sur la chasse sont didactiques; mais ils n'ont point la sécheresse et l'aridité du genre doctrinal. On se représente avec plaisir un Éthiopien, revêtu de sa casaque d'osier surmontée d'une peau de bœuf, qui ose défier un lion et sait en triompher; le coursier prenant l'épouvante, à l'aspect du roi des animaux, est rassuré par le chasseur, qui, pour vaincre, emploie l'artifice et la bravoure. La panthère, trompée par l'appât séducteur d'un vin fameux, est le chef-d'œuvre du goût pittoresque. Dans ce poëme, la fable prête des agrémens à la vérité; elle y est embellie des traits les plus relevés de la mythologie. Pour suivre Oppien dans ses autres chasses, on serait obligé de franchir les bornes d'un extrait. On peut dire que ses poëmes sur la chasse et la pêche renferment des monumens très intéressans de l'histoire naturelle. Rien, par exemple, de si agréablement écrit, que la manœuvre du nautile, ce petit poisson que Pline appelle *nautilus*. Il vogue communément sur la Méditerranée, quand elle est calme. L'empereur Caracalla, à qui le poëte dédia ses ouvrages, frappé d'admiration, récompensa d'un écu d'or chaque vers du *Cynégéticon*. Oppien mourut à l'âge de trente ans; et sa patrie, jalouse d'entrer en participation de sa gloire, fit graver sur son tombeau cette courte et magnifique apologie : *Les Dieux ne se sont hâtés de rappeler Oppien, à la fleur de son âge, que parce qu'il avait surpassé les mortels.*

Éditions. On a fait un grand nombre d'éditions du *Cynégéticon*, ou *Traité de la Chasse* d'Oppien, et de son *Halieuticon*, ou *Traité de la Pêche*. Ces deux ouvrages ont presque toujours été imprimés ensemble.

Oppianii Opera, græce, cum versione latina, à Venise, chez Aldus, 1517, in-8.

Le même ouvrage, Oppianii Anazarbei libri V, *de Piscatu*, et libri IV, *de Venatione*, græce, cum versione latina, avec des notes de Jean Bodin, fut imprimé à Paris par Turnebe, en 1555, in-4.

Il le fut encore à Leyde en 1597, in-8, avec des notes de Conrard-Rittershuissen.

Le troisième et le quatrième livre de la *Vénerie* d'Oppien, et le *Traité de la Chasse* d'Arrien, Athénien, appelé *Xénophon-le-Jeune*, traduits du grec, formèrent, avec un *Traité de la pêche des Baleines*, et une Dissertation sur le tout, par le sieur Fermat, un recueil qui fut imprimé à Paris chez Hortemels en 1690, in-12.

Le même Traité d'Arrien, grec, avec la traduction latine de Lucas Holstenius, fut imprimé à Paris en 1644, in-4; à Amsterdam, en 1683; et à Leyden, en 1704, avec les notes de Gronavius.

Florent Chrétien a donné une traduction en vers français des quatre livres de la *Vénerie* d'Oppien, imprimée à Paris, par Robert Estienne, en 1575, et dédiée à Henri IV. Le style du traducteur, aussi bon qu'il pouvait être de son temps, n'est plus guère supportable aujourd'hui.

PHŒMON. Il est incertain quel est ce Phœmon, dans quel siècle il vivait, et quelle était sa patrie. Les meilleurs critiques pensent que l'ouvrage de ce prétendu Phœmon a été composé par Démétrius Pepagomene, médecin de l'empereur Paléologue vers l'an 1261. Le style convient parfaitement à cette époque; il est hérissé d'expressions éloignées de la pureté de la langue grecque. Démétrius, suivant quelques bibliographes, est aussi l'auteur d'un *Traité de fauconnerie*; son *Cynosophion* a été imprimé sous le nom de Phœmon philosophe, d'après un manuscrit trouvé au siége de Rhodes par un soldat qui le vendit à Jean Frefler, médecin de Dantzick. Le *Cynosophion* traite de la naissance, du choix, de la nourriture, de l'instruction, des maladies et des remèdes des chiens. L'auteur dit dans la préface qu'il a composé ce traité après celui de la fauconnerie, pour ne paraître pas avoir négligé les chiens en étudiant les faucons. Un aveu de cette nature semble décider que le *Traité des faucons* et le *Traité des chiens* sont d'un même auteur. Le style cependant est assez différent pour qu'on puisse en douter.

Éditions. Le *Cynosophion* a été peu de fois multiplié par l'impression; la première édition parut sous le titre : *Phœmonis philosophi Cynosophion, seu de cura canum*, græce, cum latina interpretatione et annotationibus Andreæ Aurifabri uratislaviensis. Wittembergæ, Joann. Lust, 1545, in-8. La version et les notes d'Aurifaber, médecin de Breslaw, sont estimables. Le même Traité a été joint sous le nom de Démétrius avec Ælien dans l'édition suivante : *Æliani de historia animalium*, libri XVII, latine, per Petrum Gyllium, cum *Elephantorum descriptione*. Accedit Demetrius *de cura canum*, eodem Gyllio interprete. Lugduni, Rovillius, 1562, in-8. Gylles a aussi traduit en latin le *Hieracosophion* qui se trouve avec le *Cynosophion* dans le recueil de Rigault *de re accipitraria*.

Le *Cynosophion* a encore été imprimé à Paris, en 1612, dans le recueil de Rigault, intitulé : *Accipitrariæ rei Scriptores*; in-4, à Leipsick, sous ce titre: *Phœmonis, seu potius Demetrii Pepagomeni liber de cura canum*, græce et latine, cum notis et variis lectionibus, curante Andreæ Rivino, Lipsiæ, 1654, in-4; et à Londres, par les soins de Thomas Johnson, en 1700, in-8.

§ II. AUTEURS LATINS.

Gratius et Némésien. — Gratius, le premier des poëtes latins qui ait entrepris de traiter en vers les préceptes de la chasse, composa cet ouvrage dans le siècle le plus favorable aux muses; il était contemporain d'Ovide. Sa versification, toujours facile, semble se jouer parmi les fleurs; ses images sont tracées des mains de la nature, et dans son style on reconnaît la touche d'un pinceau délicat et correct; on lui reproche de s'être trop attaché à plaire; mais il a si bien réussi que le lecteur se passionne pour lui, lors même qu'il aurait quelque sujet de le critiquer. Gratius, en entrant dans la carrière, représente le genre humain dans son enfance; l'homme triste habitant de sombres forêts, confondu avec les brutes auxquelles il devait donner des lois, se précipitant sans cesse dans l'erreur, sans aucun guide pour le redresser, jusqu'à ce que la raison apprivoisa ses mœurs, et ramena les hommes en corps de société : ce fut alors que Diane, les Dryades, les Nymphes des eaux, Faune, Ménalus, la mère des dieux et le vieux Sylvain, formèrent les premiers chasseurs; ainsi débute Gratius. De là passant à son sujet, il suit l'ancienne méthode inspirée aux premiers hommes, moins par le plaisir que par le besoin qui cherche les voies les plus courtes et les plus sûres pour attraper sa proie : la manière de faire des rets, leur contexture, l'espèce de fil qu'on y doit employer, leurs proportions suivant les occurrences remplissent ses premières leçons. Il traite des embûches dressées avec les plumes de certains oiseaux, comme celles du vautour dont l'odeur fait une impression singulière sur le gibier; il enseigne la manière de faire les lacs, les colliers, les halliers, et de s'en servir; puis il décrit les différentes espèces de traits et leur emmanchure. Il donne aussi quelques préceptes propres à la grande chasse. Ses observations sur les chiens, sur les remèdes contre leurs maladies, sur le renouvellement des races et sur les chevaux, méritent une attention particulière.

Némésien de Carthage florissait sous les empereurs Carus, Carin et Numérien, et se concilia la faveur de ces princes. Il fut l'ami et le rival de Numérien, qui quelquefois disputait avec lui le prix de la poésie. Son poème sur la chasse le rendit célèbre; il renferme des beautés que son siècle ne devait pas se promettre, et les matériaux qu'il emploie prouvent la solidité de son jugement. Engagé, dit-il, à chanter la chasse par les attraits de la nouveauté, il rappelle dans son exorde les différens sujets essayés avant lui par les poëtes; il descend habilement aux conquêtes de Numérien dont il donne une esquisse très poétique. Il paraît que Némésien dans son ouvrage, tel qu'il nous a été transmis, s'est principalement attaché à la partie qui concerne les chiens de chasse et les chevaux. Il y a dans ces deux morceaux des traits d'une grande recherche, des figures bien sorties, des ornemens distribués avec goût. Ce qui fait le plus de plaisir au lecteur, c'est que rien n'interrompt le fil de ses préceptes : il serait à souhaiter qu'il fût entré dans un plus grand détail; le peu de vers qui nous restent de lui fait juger qu'il eût été capable de s'étendre davantage. Cependant, inférieur en délicatesse à Gratius, il n'a ni l'invention ni l'abondance d'Oppien. On lui rendit dans le huitième et neuvième siècle une espèce d'hommage, en le proposant dans les écoles publiques; mais les critiques n'en ont point été éblouis; ils ont jugé du mérite des temps de Charlemagne, et ont su distinguer le crépuscule qui vient après les ténèbres, de la lumière qui les a dissipées.

Éditions. Le poëme de Némésien sur la *chasse* a paru avec celui de Gratius dans l'édition d'Augsbourg de 1534, in-8.

La même année 1534, on donna à Venise l'édition suivante : *Gratii Cynegeticon sive de venatione; item Nemesiani, Calpurnii et aliorum poemata*. Venetiis, apud Paulum Manutium, 1534, in-8.

Il parut une autre édition de Gratius et de Némésien chez Gryphe, à Lyon, en 1527 et en 1573, in-8.

Pierre Pithou, dans ses *Epigrammata et Poemata vetera*, imprimés à Paris chez Denis Duval en 1590, in-12, a donné l'*Halieuticon* d'Ovide, le *Cynégéticon* de Gratius, celui de Némésien, etc.

Dict. des Chasses. 4

On a une édition de Gratius et de Némésien avec les corrections, remarques et commentaires de Barthius, imprimée à Hanau en 1613, in-8.

Gratius et Némésien ont été mis dans une collection qui a pour titre : *Venatio nov-antiqua, sive Venatici et Bucolici Poetæ, Gratius, Nemesianus, Calpurnius*, etc. *Lugd.-Bat., Elzevir.*, 1645 et 1653, in-12. On y trouve aussi l'*Halieuticon* d'Ovide.

On a donné une autre édition de Gratius et Némésien, avec les notes de Vlitius, à Leipsick, en 1659, in-4. Elle a pour titre : *M. Lagii vindiciæ nominis Barthiani et poetarum venaticorum Gratii et Nemesiani adversus Janum Vlitium Batavum.* Cette édition a été donnée par Matthieu Lagius, qui y a pris la défense de Barthius, son compatriote, contre Vlitius dont il a examiné avec assez de rigueur la préface et les notes.

Nous avons une édition qui a pour titre : *Gratii et Nemesiani poematia de venatione ad Mss. Codices recensita, cum variis lectionibus et notis perpetuis, authore Thoma Johnson.* Londini, 1699, in-8. Les notes de Thomas Johnson sont estimées.

Les poëmes de Gratius et de Némésien ont été réimprimés dans la collection des poëtes latins donnée par Mettaire, à Londres, en 1713, in-folio, 2 vol.

Burman donna une édition de Gratius et Némésien dans la collection suivante : *Poetæ latini minores, sive Gratii Falisci Cynegeticon: M. Aurel. Olimp. Nemesiani Cynegeticon et ejusdem Eclogæ IV. T. Calpurnii Siculi Eclogæ VII. Claudii Rutilii Numatiani iter. Quintus Serenus Samonicus de medicina; Vinditiosus sive Marcellus de medicina. Q. Rhemnius Fannius Palæmon de ponderibus et mensuris, et Sulpiciæ satiræ, cum variorum notis; curante Petro Burmanno, qui suas adjecit annotationes. Lugd.-Bat., Wishoff,* 1731, 2 vol. in-4.

Ce sont les notes de Vlitius et de différens auteurs auxquelles Burman en a ajouté de particulières. Le goût n'était pas la qualité dominante de Burman : c'était un homme laborieux, mais aigre, entêté, et d'un jugement peu sûr. On préfère toujours l'édition pure de Vlitius d'Elzevir.

FRÉDÉRIC II ET ALBERT-LE-GRAND. — Frédéric, mort en 1250, prit les rênes de l'empire d'Allemagne au commencement du treizième siècle. Othon, jusqu'à sa mort, le lui disputa. Frédéric eut de toutes parts des orages à essuyer ; il y opposa sans cesse, mais pas toujours avec un égal succès, son courage et les maximes de l'autorité souveraine. Les troubles de son règne ne l'empêchèrent pas de cultiver les sciences. Son Traité de fauconnerie, ou plutôt d'ornithologie, renferme des préceptes utiles et des monumens de son érudition ; il paraît qu'il avait puisé dans d'autres sources que dans l'expérience, et la connaissance qu'il avait des Anciens lui servit beaucoup à faire de nouvelles découvertes. Bien des naturalistes ont, depuis, travaillé sur ses observations, les ont critiquées, et en ont profité. Frédéric divise son ouvrage en deux livres, le premier de 57 chapitres, et le second de 80. Le premier livre établit la division des oiseaux, qu'il distingue en aquatiques, terrestres et amphibiés : il parle d'abord des aquatiques, traite de leur nourriture, de leur manière de manger et de boire. La méthode est la même pour les terrestres et les amphibies. Il traite ensuite des oiseaux de passage et du passage des oiseaux.

Le deuxième livre traite des oiseaux de proie, de leurs nids, œufs, couvées, plumes, nourriture, instruction, chasse et passage ; de la distinction des faucons et de la manière de les apprivoiser. La partie thérapeutique est la plus étendue, non seulement dans cet ouvrage, mais dans tous les livres de fauconnerie du douzième au seizième siècle. Les réflexions de Frédéric sur le tempérament, sur les maladies des oiseaux, et sur les remèdes qu'on peut y apporter, offrent des détails intéressans, quoique pas en tout conformes à la méthode des modernes. Du Cange, dans son Glossaire de la moyenne et basse latinité, cite souvent l'ouvrage de Frédéric II. Il est en effet rempli de termes barbares. Il y a, par exemple, un chapitre intitulé *de Manieribus volatuum*, les différentes sortes de vols : on lit *aves de riverá*, oiseaux de rivière, et une infinité d'autres expressions semblables. Prætorius avertit, dans sa Préface, qu'il a eu le manuscrit de Joachim Camerarius, qu'il était mutilé dans beaucoup d'endroits, ce qui est cause des lacunes sans nombre qui se trouvent dans l'imprimé. Le manuscrit et l'imprimé sont dans la bibliothèque du roi. Albert-le-Grand a extrait de l'ouvrage de Frédéric quelques articles qu'il a insérés dans son Traité de fauconnerie, et auxquels il n'a presque rien changé. Mainfroy, fils naturel de Frédéric, a fait beaucoup d'additions à ce Traité, comme le remarque Prætorius. Il y a quelques chapitres intitulés *Rex*, quelques autres *Manfredus* ; mais le plus grand nombre n'est sous aucun de ces deux titres, quoique écrits indifféremment par Frédéric et son fils.

Albert-le-Grand, sorti de l'illustre famille des comtes de Bolstat, était de Lawingen, dans la Souabe : il entra en 1223 dans l'ordre de Saint-Dominique, et fut à Paris en 1245, où il enseigna avec beaucoup de succès; reçu docteur, il retourna à Cologne, et passa ensuite auprès du pape Alexandre IV. Il y exerça pendant quelque temps l'office de maître du sacré palais. En 1260, il fut élu évêque de Ratisbonne, mais l'amour de la solitude le rappela dans le cloître; il reprit ses exercices dans les universités, et mourut à Cologne, en 1280, âgé de quatre-vingt-sept ans. Albert-le-Grand avait une érudition si étendue, que les uns l'attribuaient au miracle, les autres à la magie; effet ordinaire de l'ignorance, qui juge du peu de pouvoir de la nature par la disette de ses idées. Albert en avait soigneusement étudié les opérations; on a de lui un traité considérable *de Animalibus*. Quoique son Traité des oiseaux de fauconnerie soit tiré en partie des livres qu'Aristote, à la sollicitation d'Alexandre (1), avait écrits sur ce sujet; quoique, dans ses descriptions, on reconnaisse toujours ce qu'avaient tracé les Anciens, il n'est pas difficile de voir qu'il a approfondi chaque objet, et que la nature, qui semble toujours changer de forme à mesure qu'on la pénètre, se présente dans ses réflexions avec une face nouvelle. Son Traité est divisé en vingt-quatre chapitres. Il y expose d'abord la nature des faucons, il assigne ensuite leurs différentes espèces; de là, il passe à la discipline et à l'art de la fauconnerie, et il finit par l'indication des maux et des remèdes qu'il est à propos d'y apporter. On peut observer qu'Albert, d'après les Anciens, distingue différentes espèces de faucons: mais les distinctions multipliées d'Albert occasionent souvent de la confusion. Quoi qu'il en soit, on ne peut nier qu'il y ait dans ce Traité des préceptes bien propres à guider le fauconnier; soit qu'Albert traite de la manière d'apprivoiser, d'affaiter l'oiseau, de seconder son audace ou de la faire naître; soit qu'il appuie sur le ton de voix propre à réclamer l'oiseau, ou sur la méthode qu'on doit suivre à l'égard de l'oiseau qui ne se rend point à la réclamation; ou bien s'il indique le régime qu'il faut observer en le paissant après avoir étudié son tempérament; ou bien encore lorsqu'il désigne la qualité du lieu où il doit reposer, en quoi il faut, autant qu'il est possible, observer la méthode de l'oiseau dans son aire : on ne peut nier que ces parties ne renferment de grandes connaissances.

A la suite du Traité d'Albert, on trouve une fable de quatre-vingt-dix-huit vers, sur l'origine de la fauconnerie. Voici le précis de la fable. Les Troyens refusent à Neptune le salaire qui lui était dû pour avoir élevé les murs de leur ville : ce dieu, pour se venger, se résout à les submerger; le Simoïs sort de son lit, le Xante se déborde, les campagnes d'Ilion ne sont plus qu'une vaste mer, et le sommet du Mont-Ida peut à peine servir de retraite aux malheureux Troyens. Pour comble de maux, Neptune amène contre eux tous les monstres de son empire, ces cétacées affreux, énormes, qui de leurs entrailles humides vomissent des torrens. Dans cette extrémité, les Troyens, au lieu de consulter les oracles, implorent le secours de leurs voisins; ils demandent du blé pour se garantir de la faim, et des vaisseaux pour attaquer les monstres. Hiérax, roi des Mariandyniens, équitable et bon, se rend à leurs prières, il va lui-même à leur secours. Mais sa démarche offense Neptune, le dieu s'irrite, il envoie contre Hiérax les foudres et les tempêtes, une nuée d'oiseaux paraît en même temps pour servir la vengeance du dieu des

---

(1) Pour fournir à la dépense de cette étude, Alexandre envoya 800 talens, qui, selon la supputation de Budé, font 1,420,000 de notre monnaie; et il lui donna un grand nombre de chasseurs et de pêcheurs pour travailler sous ses ordres et lui apporter de tous côtés de quoi faire ses observations. A cette riche et savante collection des animaux, on peut encore en ajouter plusieurs autres qui, à la vérité, n'offrent, pour la plupart, que des méthodes de nomenclature assez imparfaites.

mers; ils attaquent Hiérax, qui, pour se défendre, fait d'inutiles efforts. Il était prêt à succomber, prêt à périr. Jupiter alors le transforma en épervier, qui conserve sa haine contre les oiseaux, et son amitié pour les hommes.

Plusieurs poëtes ont traité le même sujet, et de Thou n'a pas ignoré ce qu'ils ont écrit.

Éditions. Reliqua librorum *Friderici II, Imperatoris, de arte Venandi cum Avibus, cum Manfredi Regis additionibus, ex membranis vetustis nunc primum edita. Albertus magnus de Falconibus, Asturibus et Accipitribus. Augustæ-Vindelicorum, Joan. Prætorius*, 1596, in-8. Cette édition est assez rare.

Le Traité de Frédéric II avait déjà été imprimé avec une version latine de la Fauconnerie de G. Tardif, à Venise, 1560, à Bâle, 1578, in-8.

On trouve aussi le *Traité de Fauconnerie* d'Albert, à la fin du 6ᵉ tome de ses OEuvres, imprimées à Lyon en 1651, in-folio, 21 vol. Ce fut le père Pierre Jammi Dominicain qui les fit imprimer; il y a inséré quelques Traités qui ne sont pas d'Albert, et en a omis d'autres qui lui sont attribués.

BELLISAIRE AQUAVIVA, duc de Nardo, était frère d'André Matthieu, duc d'Atri. Ils florissaient au commencement du seizième siècle, et relevèrent l'un et l'autre l'éclat de leur naissance par l'emploi de leurs talens. André Matthieu donna un ouvrage sous le titre si difficile à remplir d'*Encyclopédie*. Ses autres productions ne lui firent pas moins d'honneur, et son exemple enflamma l'émulation de Bellisaire. Celui-ci se distingua par plusieurs ouvrages qui sont encore recherchés. Ses Traités *de Venatione* et *de Aucupio* donnent une idée des graces de son esprit, de la facilité de son génie, et du fonds de connaissances qu'il s'était fait par la lecture des Anciens. On pourrait lui reprocher de s'en être trop rapporté à ce qu'il avait lu, et de n'avoir pas toujours assez approfondi les objets que l'expérience lui avait présentés.

Éditions. On connaît trois éditions des Traités de Bellisaire sur la *chasse : Aliquot aurei libelli de Principum liberis educandis, de Venatione, de Aucupio, de Re militari, de singulari certamine. Basileæ, apud Petrum Pernam,* 1518, in-folio. *Neapoli,* 1519. On en donna une autre à Bâle, en 1578, in-8, avec le *Poematium Michaelis Marcelli de Principum institutione, edente Joann. Leunclavio.*

Le cardinal ADRIEN CASTELLESI, appelé Corneto, du lieu de sa naissance, s'éleva par son habileté aux premières dignités de l'église. Il faillit, étant cardinal, d'être la victime de César Borgia. Il eut beaucoup à souffrir des démêlés de la cour de Rome sous Jules II. Après avoir échappé à ces dangers, son esprit toujours inquiet le porta à trahir Léon X, son bienfaiteur, et sa perfidie le perdit. Il est certain que Corneto avait de grandes qualités, et qu'il contribua beaucoup à la restauration des lettres. Son traité *de Sermone latino et de modis latinè loquendi* est plein d'excellentes recherches sur la pureté de la langue latine; indépendamment des nouvelles observations qu'on a faites depuis, il peut encore servir de modèle. Son poëme sur la chasse, dédié au cardinal Ascagne, est écrit en vers phaleuces, dans un style pur et exact. Il règne de la facilité dans sa versification, mais l'invention en est singulière et contraire au goût de notre siècle. Diane quitte les bois pour conduire Ascagne à une chasse : le poëte expose en cet endroit l'appareil des instrumens des anciens chasseurs. Diane atteint un sanglier furieux, Ascagne un cerf qui traverse le gué : c'en était fait cependant et des chiens et des chasseurs, si la poudre à canon, qu'un Sicambre apporte, ne les eût tirés d'embarras; bientôt la fatale poudre fait tomber une si prodigieuse quantité de gibier, que Diane en craint la destruction de l'espèce. La chasse finit; la déesse fait servir un grand repas à Ascagne dans un jardin plus beau que celui des Hespérides. Le poëte fait une pompeuse description des mets, du dessert, et principalement des différentes sortes de vins. Mais ce qui réjouit beaucoup, Diane fait un sermon pathétique à Ascagne sur la destruction de l'idolâtrie, sur l'établissement de notre religion et la pureté de sa morale; elle l'exhorte à s'élever au dessus des opinions populaires, et lui fait espérer qu'un avenir éternel prépare une récompense à sa vertu. Ascagne paraît convaincu : il fait un ample compliment à Diane, et l'appelle protectrice des bois, Proserpine, Hécate, Junon, Dictynne, Trivia. Diane, malgré ces éloges, s'enfonce dans le bois voisin, et chacun prend la route de la ville.

Plusieurs catalogues ont cité ce poëme sous le nom d'*Adrianus Florentius de Trajecto*. Ils ont confondu le cardinal Adrien avec le pape Adrien VI.

Éditions. Le poëme du cardinal Adrien a paru sous ce titre : *Adriani titulo Sancti Chrysogoni Presbyteri Cardinalis Venatio ad Ascanium Cardinalem.* Il a été imprimé avec quelques autres ouvrages à Strasbourg, en 1512, in-4; à Bâle, en 1518, in-4; à Cologne, en 1522 et en 1524, in-8; à Paris, chez Simon de Colines, en 1534, in-8. Il y a eu cette même année, 1534, une belle édition des poëmes sur la chasse de Gratius, de Némésien et du cardinal Adrien, à Venise chez Alde Manuce, in-8. On trouve aussi ce poëme dans la collection de Feyerabendius. Les ouvrages d'Adrien ont encore été imprimés, à Lyon, chez Junte, en 1581, in-8. L'édition est belle et assez correcte; on y trouve un index latin, italien et français.

Conrad Heresbach, né dans le duché de Clèves, en 1509, était autant élevé au dessus des hommes ordinaires par ses connaissances que par la noblesse de son origine. L'hébreu, le grec et le latin lui étaient très familiers, et il possédait les langues française et italienne aussi parfaitement que l'allemand, sa langue naturelle. Il ne fut pas moins estimé dans son siècle par ses mœurs que par son érudition : elles étaient douces et conciliantes. Ami intime d'Érasme, de Sturmius et de Mélanchthon, indépendamment des opinions, il mesurait son estime pour les hommes par leurs qualités personnelles; ce qui, dans tous les siècles, caractérisera toujours l'homme de mérite. Son ouvrage en deux livres sur l'éducation des princes est plein de bon sens, de principes sûrs et de vues étendues. Son Traité sur la chasse est le fruit du loisir qu'il allait, en certains temps, goûter à sa maison de campagne : il est fort estimé, particulièrement des naturalistes. C'est une espèce de dialogue, dont les interlocuteurs ont des noms significatifs qui se rapportent chacun à un genre particulier.

Philothérus commence et fait l'éloge de la chasse, de son antiquité, des avantages qu'elle procure à l'esprit et au corps, par la dissipation et la distraction. Comme il exagère un peu, *Elaphorrous* dit un mot des abus que la chasse entraîne; il déclame surtout contre la théreutimanie de quelques princes *quos insanabile venandi tenet Cacoathes*, et cite pour exemple le grand roi de Pont (1). Après ce début, il entre en matière, et distingue, avec Oppien, trois sortes de chasses, relativement aux trois genres d'animaux, terrestres, aquatiques, aériens : κυνηγετικη, αλιευτικη, ορνιτικη. Il propose trois manières de prendre les animaux : la ruse, la force et le poison. Les ruses renferment les lacets, les rets, les nasses, etc.; la force a recours aux arcs, aux armes à feu, aux pieux, aux fourches, etc. Il est rare, dit Philothérus, qu'on emploie le poison : mais lorsqu'on en fait usage, soit contre les quadrupèdes, soit contre les oiseaux, ou contre les poissons, on le mêle dans le manger qui sert d'appât. Cet interlocuteur entre dans le détail de l'équipage, et assigne les qualités du chasseur; puis il traite des chiens, de leur espèce, de leur éducation, soit pour les élever, soit pour les dresser. Ses réflexions roulent ensuite sur le temps propre à la chasse, et sur la saison la plus favorable.

Lagus prend la conversation après Philothérus, et traite successivement de la chasse du lièvre, de celles du renard, du blaireau, des lapins, des chevreuils et des daims.

---

(1) Volaterran, dans son *Anthropologie,* rapporte que Mithridate était tellement passionné pour la chasse, qu'il fut sept ans sans entrer sous aucun toit, soit à la ville, soit à la campagne. Héresbach, Gesner, Ravisius Textor et autres rapportent le même trait d'après Volaterran; mais il ne paraît point que d'anciens historiens en aient fait mention.

Elaphorroüs fait passer en revue les cerfs, les sangliers, les loups, les ours, le lion, la panthère, le tigre, l'élan, l'éléphant, le singe, le bœuf sauvage, le chamois, le crocodile ; il termine sa partie en disant un mot des parcs et des ménageries.

Ornitheuta parle des oiseaux, de la chasse à l'épervier, aux filets, aux trébuchets et à la glu ; il indique la façon particulière de prendre chaque espèce d'oiseaux.

Haliéus fait les plus grands frais du dialogue ; il disserte sur les diverses manières de pêcher, et sur la façon particulière de prendre chaque espèce de poissons. On remarque dans cet ouvrage un peu de facilité à adopter toutes les fables des naturalistes ; défaut qu'on peut reprocher à tous ceux qui ont écrit sur la chasse. Ces hommes qui avaient battu les sentiers les plus cachés, et qui, selon l'expression de Fontenelle, étaient à portée de prendre souvent la nature sur le fait, ont mêlé à leurs découvertes le faux merveilleux des naturalistes qu'ils auraient dû détromper. Héresbach débite, par exemple, sur le dauphin, des choses qu'on passe à la poésie, parce qu'on est averti que la fiction entre dans ses droits. Mais on ne pardonne pas à un écrivain théreutique, qui est comme l'espion de la nature, de nous conduire dans de fausses routes, et pour la réalité de nous présenter des observations mensongères et souvent superstitieuses.

Éditions. L'ouvrage d'Héresbach, *de Venatione, Aucupio et Piscatione*, se trouve à la suite de son ouvrage intitulé : *Rei Rusticæ libri IV*, imprimé à Cologne en 1571, in-8 ; et à Spire, en 1595, aussi in-8.

NOEL LE COMTE, de Venise, était contemporain d'Héresbach. Il s'appliqua principalement à l'étude des belles-lettres, et crut avoir assez étudié le génie de la langue grecque pour donner des traductions. La critique que Scaliger a faite de ses ouvrages paraît un peu outrée. Il faut cependant avouer que Noël le Comte n'était point heureux en traductions. Sa Mythologie a été estimée ; mais cette Mythologie et bien d'autres ont été éclipsées. Sa versification n'est pas fort élégante. Le poëme que nous avons de lui sur la chasse est divisé en quatre livres. Imitateur des anciens, il présente une partie de leurs préceptes ; mais rarement avec ces graces qui communiquent l'ame et la vie. Dans son premier livre, il étale d'abord beaucoup de doctrine sur ce qui concerne les chiens et les chevaux ; sa description du cheval mérite d'être lue, quoiqu'elle n'ait pas la beauté de celle d'Oppien : il y a de l'imagination dans la peinture des désordres que les jumens peuvent causer à un équipage. Noël le Comte passe ensuite aux qualités du chasseur. La vieillesse, dit-il, n'est pas propre à l'exercice de la chasse ; les combats de Mars, ceux du tendre Amour et de la déesse des bois n'admettent point les glaces d'un âge avancé. Il recommande au piqueur de se faire aimer de ses chiens ; et pour prouver qu'ils paient d'une sorte de retour les attentions de l'homme, il rapporte deux traits d'histoire ancienne qui forment un épisode : il termine ce premier livre en indiquant le temps commode pour la chasse dans chaque saison de l'année. Les trois autres livres réunissent aux préceptes des détails curieux concernant différens animaux sauvages. Il y traite de leur figure, de leur caractère, de l'intérêt particulier de chaque espèce, de leurs amours, du temps de leur portée, du nombre de leurs petits, de leur conformation au moment de la naissance, des soins du père qui défend et de la mère qui nourrit. On remarque dans la description de l'éléphant des traits bien surprenans et bien propres à décréditer le système cartésien sur l'automatie des bêtes.

Éditions. Ce poëme a été imprimé sous le titre suivant : *Natalis de Comitibus Veneti de Venatione libri IV carmine heroico, ab Hieronymo Ruscellio scholiis illustrati. Venetiis, apud Aldum*, 1551, in-8.

Le poëme sur la chasse a été joint depuis à plusieurs éditions de la Mythologie, comme à Venise, en 1581, in-4. Cette même année, on imprima aussi, à Venise, les trente livres que Noël le Comte avait écrits sur l'histoire de son temps, depuis 1545 jusqu'en 1581, avec deux index par Laurent Gottius. L'année 1581 vit encore paraître une édition du poëme de la chasse avec la Mythologie, à Francfort, chez Wechel, in-8. Ce poëme de la chasse a encore été imprimé à Paris en 1583 et en 1605, in-8. On en a donné une meilleure édition à Genève, en 1612, in-8. On y trouve la Mythologie des muses de Lonicer, et les observations d'un anonyme sur les différens dieux des nations.

Jérome Fracastor, gentilhomme de Vérone, consacra, à Padoue, ses jeunes années à l'étude des humanités et de la philosophie. Ses progrès lui ouvrirent la carrière de la médecine, dont il fit sa plus constante occupation. Il était né avec beaucoup de penchant pour la poésie. Sa syphilis est sa meilleure pièce, et une des plus belles qui aient été faites dans les derniers siècles. L'*Alcon*, ou Traité sur les chiens de chasse, tient le second rang. Jules Scaliger regarde Fracastor comme le plus excellent poëte après Virgile ; ses éloges ressemblent à ceux d'un enthousiaste, ils tiennent de l'idolâtrie littéraire. D'autres ont tenté de ravir à Fracastor l'estime qui lui est due ; il faut s'attacher aux critiques qui le louent d'avoir imité Virgile, mais qui observent qu'il n'a pas toujours compris les beautés de son modèle. Son poëme sur la chasse présente une division assez bien remplie ; il y traite du choix des chiens selon les différentes chasses, et dans un point de vue général. Il y développe aussi les mystères de l'art sur la cure de leurs maladies. Tel est le fond de l'ouvrage. Fracastor s'y désigne sous le nom d'Alcon ; c'est un vieillard aimable, qui, après avoir employé ses années de force et de vigueur aux exercices de la chasse, chérit son premier penchant auquel il ne peut plus se livrer, et dirige le jeune Acaste comme un père, comme un ami. Il ne suffit point, dit-il, au chasseur de se confier à ses armes : sans les chiens, ses travaux sont infructueux. Les chiens disputent d'agilité avec les cerfs, par eux on dompte et le fier lion et l'énorme sanglier. Voulez-vous avoir des chiens excellens, choisissez une race accoutumée à parcourir les forêts et à livrer la guerre à leurs habitans. Sparte, la Libye, les Iles Britanniques, la Pannonie, l'Hircanie, le pays des Serres, fournissent des chiens propres à attaquer les grosses bêtes et à braver le péril. Pour lancer un lièvre, chasser le chevreuil fugitif, ou le cerf timide, prenez des chiens nés en Macédoine ou chez les Sicambres. Il est réservé aux contrées voisines de Persépolis et aux Saxogélons de donner des chiens capables de pénétrer les retraites souterraines. Fracastor fait ensuite une élégante peinture d'un chien bien conformé : imitée des anciens, elle a un ton de couleur qui est propre à l'auteur. Après une courte observation sur les amours des chiens, il puise dans l'instinct maternel un moyen de distinguer ceux qui sont les plus courageux ; feignez, dit-il, de mettre en danger la postérité naissante ; vous verrez la mère courir au secours des plus braves. La manière d'essayer les chiens, de les former, de les fortifier pour chaque chasse, et de les mettre à commandement, occupe encore une partie de ce poëme. Puis Fracastor passe aux remèdes convenables contre les maladies des chiens.

Editions. On ne connaît point d'éditions particulières de l'*Alcon*, ou *de curâ Canum venaticorum*. Simler, dans son *Épitome de Gesner*, en cite une de 1637, in-8, à Genève, et dit qu'il croit qu'il y en avait eu une en Italie dont il ne sait ni le lieu ni la date. L'édition de 1637, que cite Simler, comprend tous les ouvrages de Fracastor. Ils ont été imprimés d'abord avec les oraisons et les poésies d'André Naugerius, à Venise, chez Junte, en 1555, 1574 et 1584, in-4. La collection des OEuvres de Fracastor reparut ensuite à Genève, en 1621, in-8, divisée en deux parties avec un index, et, en 1637, in-8, encore à Genève. On a donné une édition des poésies de Fracastor, à Padoue, chez Comine, en 1718, in-8, avec plusieurs autres poésies. L'*Alcon* a été imprimé dans le premier tome des *Délices des poëtes italiens*, et dans le tome second du recueil de Mathieu Toscan, intitulé : *Carmina illustrium poetarum italorum*. Paris, 1577, 2 vol. in-16.

Pierre Angéli, de Berga en Toscane, étudia dans la célèbre université de Bologne. Les belles-lettres et la jurisprudence y servirent avec succès aux premiers développemens de ses connaissances. Ses idées prirent une consistance nouvelle, par l'expérience que donnent les voyages, lorsque la réflexion aide à pénétrer plus loin que la surface des objets qu'ils présentent au vulgaire.

des hommes. La partie occidentale de l'Europe (1) ne fut pas le seul théâtre de ses recherches; la Grèce et diverses contrées de l'Asie lui offrirent un vaste champ. De retour en Toscane, il professa long-temps les belles-lettres dans la florissante université de Pise. Il s'est distingué par des productions qui passeront à la postérité avec le goût de la belle littérature. Poëte, orateur, savant profond, mais délicat, il força, pour ainsi dire, tous les savans de lui rendre un tribut d'éloges. Personne, dit Paul Manuce, ne le surpassera en esprit, en doctrine et en éloquence. Le Giraldi, Barthius et autres critiques, trouvent dans sa poésie du feu, de l'ame, de la force, de la noblesse et de l'élévation. Ses œuvres poétiques les plus estimées sont ses *Cynégétiques*, son *Ixeutique* et sa *Syriade*. Les *Cynégétiques* sont divisés en six livres, sur différentes sortes de chasses, sur diverses méthodes de chasser, sur un grand nombre d'usages et de coutumes pratiqués chez sa nation et chez les autres peuples. Les observations curieuses qu'il fait sur l'histoire naturelle, les particularités qu'il décrit sur toutes sortes d'espèces d'animaux, leurs allures, leurs stratagèmes, qui sembleraient presque n'être que le produit d'une réflexion combinée, offrent des détails que l'on assure être touchés de main de maître. On a encore de lui trois églogues sur la chasse.

Son *Ixeutique* ou *Traité de la fauconnerie* ne forme qu'un seul livre; il est aussi très estimé pour les sujets qu'il traite, et pour la manière dont ils sont présentés. La *Syriade* d'Angéli est en treize livres : elle ne se ressent guère des glaces de l'âge où les idées s'affaiblissent avec les forces; on en trouve la versification toujours heureuse et bien cadencée. C'est une histoire des expéditions de Godefroy de Bouillon à la prise de Jérusalem sur les Sarrasins. On y remarque une extrême abondance de choses qui sont décrites avec élégance, avec agrément.

Éditions. On donna une édition des *Cynégétiques* à Venise, sous ce titre : *Petri Angelii Bargæi Cynegeticorum libri sex, carmine heroico. Lugd., Sebast. Gryph.*, 1561, in-4. On y trouve ses *Églogues* sur la chasse. Son *Ixeutique* ou Traité *de Aucupio*, dédié à Ferdinand de Médicis, fut imprimé à Florence en 1566, in-4. La collection des Œuvres poétiques d'Angéli, revues et corrigées par lui-même, avec des augmentations, fut mise sous presse à Florence, chez Junte, en 1568, in-8.

On a une traduction des *Cynégétiques* en vers italiens, par G. P. Bergantini, imprimée avec la traduction du poëme de de Thou *de Re Accipitraria*, pareillement en vers italiens, par le même auteur, à Venise, chez G. B. Albrizzi, 1735, in-4.

Michel-Ange Blondus (2), Italien, était un célèbre médecin. Gesner, dans sa *Bibliothèque*, et Van-der-Linden, dans son *Catalogue des Médecins*, ont donné la notice de ses ouvrages. Le détail de Blondus sur la chasse se rencontre dans bien d'autres auteurs; mais s'il ne fournit presque rien de son propre fonds, sur les différentes manières de chasser, il en accompagne les préceptes de réflexions qui ne peuvent être le fruit que d'une étude particulière du système général des lois physiques, auxquelles il rapporte tout. Quoique la plus grande partie de cet ouvrage n'offre que les principes connus aux chasseurs, on peut le considérer dans son ensemble moins comme un traité concernant la chasse que comme une exposition méthodique de différentes espèces d'animaux dont cet art aide à démêler les caractères. Blondus se permet des réflexions peu ordinaires aux théreuticographes. Il semble que dans sa course rien ne doive échapper à ses recherches, et les végétaux sont quelquefois l'objet de ses observations, ainsi que l'animal qui broute. A chaque pas, c'est une suite de combinaisons et de rapports, qui sou-

---

(1) Ce fut dans son séjour en France, où il accompagna Henri II à la chasse, qu'il forma le dessein d'écrire son poëme sur cet art.

(2) Le nom italien de cet auteur est Biondo Ravaldini; mais il est plus connu sous la dénomination latine *Blondus*.

vent se perdent dans l'obscurité de la nature qu'il approfondit ; pour des réalités souvent il présente des chimères. On peut encore lui reprocher de s'être trop souvent arrêté dans des discussions frivoles, où il emploie autant d'adresse et de sagacité à développer de petits objets qu'il en eût fallu pour faire d'heureuses découvertes sur des matières plus importantes qu'il laisse échapper. C'est sur la partie des chiens, de leurs maladies et des remèdes qui leur conviennent que Blondus fait apercevoir que cet ouvrage est traité par un grand maître. Il y peint la profondeur de son art ; il semble qu'il n'a fait que changer d'objet. Il profite, pour ainsi dire, des aphorismes des anciens : attentif sur tout ce qui se passe sous ses yeux, il les développe et les enrichit de ses propres observations : c'est un guide excellent si on le rapproche des découvertes que l'expérience nous a procurées. Ce Blondus descend du célèbre Flavius Blondus, natif de la ville de Forli, dans la Romagne, et secrétaire du pape Eugène IV. Flavius, recommandable par ses ouvrages, n'a pas moins rendu de services à sa patrie par les cinq enfans qu'il lui donna, tous sujets dignes des éloges des savans.

Éditions. On ne connaît qu'une édition du Traité de Blondus, sur la chasse, avec plusieurs de ses autres ouvrages : *Michaelis Angeli Blondi, opuscula de Hominis cognitione per aspectum, de anticipatione Stellarum fixarum, de diebus decretoriis et crisi, de Canibus et Venatione. Romæ, Bladus,* 1544, in-4. On imprima deux ans après, à Venise, son Traité *de Ventis et Navigatione.*

JEAN DE KAIE naquit à Norwich en 1510. Après avoir puisé dans sa patrie les principes des sciences qui conduisent à une profession utile, il quitta de bonne heure l'Angleterre et alla prendre à Padoue des leçons de médecine du célèbre J.-B. Montanus. Décoré à son retour du doctorat à Cambridge, ses talens ne tardèrent pas à le faire connaître. Il fut successivement médecin d'Édouard VI, de la reine Marie et de la reine Élisabeth. Jean de Kaie a dédié son petit ouvrage sur les chiens au célèbre Gesner (1), son ami ; ou plutôt c'est moins un ouvrage qu'il lui dédie, qu'une lettre qu'il lui adresse sur les chiens bretons, ainsi qu'il lui en avait déjà adressé plusieurs sur différentes espèces de quadrupèdes, d'oiseaux, de poissons, de plantes, d'arbrisseaux et de fruits. De Kaie, dans son *Traité des chiens bretons,* divise l'espèce en trois classes. Les chiens de chasse occupent la première, qui renferme des détails très curieux et très utiles pour ceux qui ne peuvent puiser dans les grandes sources. Il recherche leurs étymologies, il indique le caractère de chaque espèce et l'usage auquel elle est propre. Il y a des chiens, dit-il, qui joignent à une vitesse incroyable une délicatesse d'odorat qui surprend ; il y en a qui ne chassent que le lièvre ou le renard, le cerf ou le chevreuil, le blaireau ou la loutre, la fouine ou le lapin. Ceux qui pénètrent dans les terriers ont rarement beaucoup de sagacité, mais ils savent tuer le gibier ou le pousser dans les filets. On en trouve d'une espèce singulière en Écosse et en Angleterre. Ils s'attachent non seulement à poursuivre le gibier, ils le découvrent encore lorsqu'après le coup il lui est resté assez de forces pour dérober aux chasseurs l'instant de sa mort ; et si quelqu'un vient à l'enlever, ils le poursuivent dans les forêts les plus épais et dans les endroits les plus inaccessibles (2). Enfin, continue Jean de Kaie, les uns chassent principalement du nez, les autres de l'œil, et il s'en trouve qui vont parfaitement à l'eau.

---

(1) On n'ignore pas que Gesner a enrichi l'histoire naturelle d'un grand nombre de productions, productions cependant qui, comme celles d'Aldrovande, de Jonston et de plusieurs autres, n'offrent que des distinctions méthodiques fort incomplètes, ainsi que le remarque M. Daubenton.

(2) Les chasseurs rapportent la même chose de plusieurs chiens de différens pays, français, baubis et autres.

Il en désigne aussi qui sont propres à la fauconnerie. L'auteur les présente tous par leurs noms et par leur figure, et il en raisonne à peu près comme nos Français. Nous ne parlerons pas des autres classes quine concernent point la matière des chasses.

Éditions. La première édition du *Traité des Chiens* fut donnée trois ans avant la mort de l'auteur, sous ce titre : *Joannis Caii de Canibus Britannicis liber. Londini*, 1570, in-12. Ce Traité a été imprimé avec *Francisci Paullini Cynographia curiosa, seu Canis descriptio. Norimbergæ*, 1685, in-4, et dans l'*Amphitheatrum Dornavii*.

JEAN DARCCI, né à Venose, lieu de la naissance d'Horace, dans le royaume de Naples, vivait dans le XIVe siècle. Son poëme plaît par l'élégance du style et la variété des tableaux. Il donne d'abord une idée générale du sentiment exquis qui caractérise le chien. On y voit ce fidèle serviteur de l'homme lire ses devoirs dans les yeux de son maître, le consulter, l'interroger et répondre à sa voix. Attentif à connaître les amis de la maison qu'il habite, il avertit dès que quelqu'un se présente. Est-ce un ami? tout à coup il devient immobile, comme honteux d'un aboi indiscret, il avance lentement et d'un air suppliant, puis il le flatte, puis il le lèche et l'introduit en le caressant. Entre-t-il quelqu'un d'indifférent? à peine y fait-il attention. Mais s'il survient quelque étranger qu'il suppose déplaire au maître du logis, il gronde, se met en colère et devient furieux; le sang même qu'il fait couler ne suffit pas pour le calmer, si la fuite de l'ennemi ne met le comble à sa victoire. Chaque espèce trouve son éloge dans le poëme de Darcci. Le portrait de ces petits chiens, qui font les délices des dames, est, dans la poésie, ce que, dans la peinture, est une miniature délicate; le sort du bichon y ravit, le plaisir y bondit avec lui, et les Graces accompagnent ses caresses. L'entente des couleurs est vive dans le tableau du chien de chasse; il y figure avec le plus grand éclat. Darcci, toujours guidé par une raison ornée, n'est jamais sec ni outré. Il peint si bien la vigilance et les mouvements du chien auquel on a confié la garde d'un troupeau! Aux approches de la nuit, ce fidèle gardien ramène des pâturages les brebis bêlantes après leurs agneaux : sous ses lois tout rentre dans le bercail; il veille et tout y repose : partout il fait la ronde; il sent de loin l'ennemi qui cherche à le surprendre, sonne l'alarme, prend les devants, avertit et combat. A-t-il attaqué pour ravoir ce qu'on lui avait enlevé? Content d'être vainqueur, il se repose sur les dépouilles qu'il garde sans y toucher. Bel exemple de courage, de tempérance et de fidélité! Le poëte n'a pas moins d'élévation quand il veut donner une idée des services que les chiens ont rendus aux hommes. On en a vu affronter les coups meurtriers de l'assassin, braver les glaives et le poignard, se consumer dans les flammes avec leurs maîtres, ou refusant tout aliment, expirer de douleur sur leur tombeau. Ce poëme doit être considéré plutôt comme un éloge du chien, dont la lecture est amusante, que comme un traité fait pour donner des préceptes aux chasseurs.

Éditions. Il y a une belle édition de ce poëme : *Joannis Darcii Venusini, Canes, recens in lucem editi*. Paris, Colinæus, 1543; il a été réimprimé dans l'*Amphitheatrum Dornavii*. Il se trouve encore dans le premier tome des *Deliciæ Poetarum Italorum*.

JACQUES-AUGUSTE DE THOU naquit à Paris en 1553. On remarqua dans ses études la jeunesse d'un grand homme; ses voyages d'Italie, de Flandre et d'Allemagne fournirent à son génie des sujets pour le développer. Sa famille l'avait destiné à entrer dans le clergé; le ciel lui traça une autre route. Il parvint successivement aux plus hautes places de la magistrature; il eut la confiance de Henri III et de Henri-le-Grand. Magistrat intègre dans les jugemens, homme ferme et désintéressé dans le conseil des rois, sincèrement attaché à la foi de ses pères, il servit ses concitoyens, l'état et la religion; sans se dérober aux affaires, il ne cessait de cultiver les lettres. Son histoire doit être à jamais proposée comme un modèle à la postérité; il aima mieux sacrifier son élévation que de rien altérer dans les faits qui lui parurent propres à éclairer sa patrie (1). Son poëme sur la fauconnerie est très élégant et lui a mérité une place parmi les poètes les plus distingués de son siècle.

Le poète réglant les accords de sa lyre sur les accens mélodieux du cygne de Mantoue, comme lui il s'élève dans son début. Je vais, dit-il, chanter les armées aériennes, les guerres des oiseaux, les stratagèmes des êtres volatile, leurs combats qui, dans notre siècle, font l'amusement des héros, et quels soins, quelles précautions sont nécessaires pour entretenir les faucons. O Muses, secondez-moi dans une telle entreprise : qu'il me soit permis de parcourir un champ jusqu'alors inconnu, et de cueillir un laurier dont personne encore n'a ceint sa tête. Plein d'enthousiasme, il fait une nouvelle invocation à François II, puis il s'adresse à Diane, et rappelle ces héros, ces demi-dieux, qui, les premiers, ont livré la guerre aux hôtes des bois, qui d'une flèche rapide et meurtrière ont atteint le daim dans sa course, qui ont rendu le chien compagnon de leurs travaux.... Je laisse à d'autres, dit-il, à célébrer tout ce que l'expérience a découvert de fatal à ces hôtes fugitifs.

M. de Thou donne d'abord une idée du terme générique qui comprend les différentes espèces d'oiseaux de proie : il distingue ceux que les hommes ont accoutumés à leur être fidèles d'avec d'autres qui semblent même ne pouvoir supporter les regards de l'homme. Parmi les premiers sont le faucon, le gerfaut, le sacre, etc. Au nombre des autres, sont le milan, le vautour, le chat-huant, le hibou, la fresaie, etc. Il faut avouer, dit-il, le peu d'accord qui se trouve dans les fauconniers : donnons donc à chaque oiseau un nom qui lui soit propre, et ornons des graces attiques et latines des objets peu connus des Grecs et des Latins. Le poète a si bien attrapé ce coloris des anciens, que vouloir analyser le détail de ses préceptes, c'est en affaiblir l'image. Tout, dans ce poëme, se présente sous les traits les plus ingénieux de la mythologie. L'auteur traite-t-il des oiseaux qu'on peut apprivoiser ? il les présente sous deux faces : les uns ne sont sensibles qu'au leurre qui les ramène, et les autres entendent avec plaisir la voix du maître qui les rappelle. Entre les faucons de même espèce, il assigne les différences qui désignent leur âge et le temps auquel on les a pris : la femelle surpasse les mâles en force, en grandeur et en courage; en sorte que de trois qui se trouvent dans une ponte, deux sont femelles, le mâle est le troisième, et reste le dernier au fond du nid, d'où il est appelé tiercelet (2). A ce trait qui ne se rappelle, dit le poète, les héroïnes du Thermodon, la guerrière Penthésilée..., l'intrépidité d'une Sémiramis..., le courage d'une Zénobie? etc. Après cette digression, qui est d'une grande beauté, le poète revient à son sujet. Parmi les oiseaux de proie qui peuvent être formés à la chasse par les soins de l'homme, l'aigle est celui par lequel il commence, parce que de tous les oiseaux l'aigle seul est à l'abri de la foudre, ce qui l'a fait appeler par les poètes l'oiseau de Jupiter. L'aigle est un roi formidable : toutes les nations aériennes tremblent à son aspect ; il n'est pas même impuissant après sa mort. La description des aigles de différentes espèces est d'une chaleur toute poétique : l'aigle royal, qui porte un manteau de couleur rousse et comme doré, paraît le premier avec des traits distingués, et cependant n'est remarquable que par sa grandeur. Le plus petit des aigles, appelé *valeria*, est le plus vigoureux : il terrasse le

---

(1) Cet ouvrage excellent le priva de la place de premier président au Parlement de Paris, place que Christophe de Thou, son père, avait remplie dans un temps de factions, avec l'estime et l'amitié des souverains et des peuples.

(2) M. Le Roi, qui a donné l'article *Fauconnerie* dans l'*Encyclopédie*, dit que le mâle s'appelle *tiercelet*, parce qu'il est d'un tiers plus petit que la femelle.

lièvre interdit, le rusé renard et le blaireau qui fuit la lumière ; il arrête l'âne sauvage, dont la timidité rend la course rapide. Ces aigles quelquefois se réunissent : l'un contrefait la voix des chiens (1), remplit de terreur les oiseaux et les quadrupèdes ; l'autre parcourt avec grand bruit les vastes espaces de l'air, l'ombre de sa marche obscurcit la clarté du jour : le cerf épouvanté fuit vers d'autres retraites ; l'aigle tombe sur lui, l'arrête et le dévore avec fureur. L'art de l'homme apprivoise l'aigle, mais rarement dans nos contrées, à cause des transports immodérés de son naturel féroce. De Thou passe ensuite aux faucons ; il enseigne à en connaître les différentes espèces, et le nom qui est propre à chacune. Décrit-il chaque pays qui les produit ? la fable, l'histoire, les phénomènes les plus surprenans de la nature servent à varier les lointains de ses tableaux, où l'imagination se plaît à s'égarer, et cependant où la raison trouve encore de quoi se fixer. Le même pinceau, toujours conduit de main de maître, excelle dans les nuances dont il décore l'habit des oiseaux qui changent avec l'âge et varient avec le climat.

Aux faucons succède l'autour. De Thou en dépeint la forme, la couleur et le caractère ; il indique des marques certaines pour faire un choix heureux. Sous un ciel sévère, vers l'axe boréal, l'autour devient plus courageux ; il soumet son humeur fière à la volonté du maître qui l'élève. Lorsqu'on le lâche, l'oiseau qu'il va poursuivre anime sa colère ; il fond sur lui et le rapporte à son maître. Ce n'est point comme dans le faucon l'appât de la proie, ce n'est point une passion avare qui le fait partir, c'est l'amour de son maître qui le conduit, qui le pousse, le rend victorieux et le rappelle.

Le poète, après avoir exposé les différens genres d'oiseaux de proie, leur origine et les régions qui les produisent, avec les qualités qui résultent du climat, avertit que la fauconnerie ne convient pas à tout mortel ; que l'humble toit d'une maison étroite ne peut impunément servir d'asile au fier gerfaut, et qu'il n'appartient qu'aux grands et aux souverains d'admettre chez eux tout l'appareil de la fauconnerie.

Le second livre commence par un précis des principales matières qu'il contient : le poète fait ensuite une invocation à sa muse, à Apollon et à François II ; ses leçons sur le choix des faucons sont de nature à guider un fauconnier. Il faut d'abord s'attacher à l'âge. Le faucon (2), pris jeune et presque sans plumes, oublie entièrement son origine, obéit volontiers à la main qui le nourrit, et reçoit de l'art une nouvelle nature. Ceux (3) qui, chassés du nid par leur mère, ne font encore que sauter de branche en branche, promettent plus de succès au fauconnier qui entreprendra de les former. Le meilleur et le plus estimé (4) est celui qui n'a point encore jeté ses premières plumes. Celui qui les a jetées (5), s'il est attentif à l'instruction et docile, sera le plus fort, le plus grand et le plus ardent à la proie, à moins qu'il ne cède à l'amour de la liberté ; car il est sujet à laisser son maître crier inutilement, et de ses cris, dit le poète, autant en emporte le vent.

Après avoir appris à connaître l'âge et le caractère de l'oiseau par des signes certains, de Thou s'étend sur la manière de le paître, sur les différentes chairs qui doivent former le pât, et sur le nombre de bécades convenable suivant les circonstances : sur la méthode de curer l'oiseau ; ce

---

(1) Cette histoire peut aller de pair avec celle des crocodiles, qui contrefont la voix des enfans pour attirer les passans, et avec l'histoire de la hyène, qui retient le nom d'un berger qu'elle a entendu nommer, va la nuit proche sa cabane, et l'appelle pour le faire sortir et le dévorer.

(2) Le faucon niais, ou faucon royal.

(3) Les faucons branchiers, ou faucons ramages.

(4) Le faucon sor.

(5) Le faucon agar, ou faucon de repaire.

qui augmente son appétit, ses besoins et ses chaînes. Il y traite du régime nécessaire dans la mue, de la situation du lieu où l'on doit renfermer l'oiseau et l'y entretenir. Il n'oublie pas les précautions qui sont nécessaires pour prévenir les maladies. A ces instructions, présentées avec toutes les graces de la poésie, en succèdent d'autres qui tiennent moins au genre didactique.

Est-il question de décrire le vol et les combats des oiseaux ? cette partie répond à l'enthousiasme du poète, qui, dans son début, annonce que, porté sur leurs ailes, il va s'élever, et que l'oiseau qui tient la foudre de Jupiter dirigera sa course comme l'éclair. D'abord, il fait connaître quels espaces peut franchir la rapidité du faucon : bientôt après il le suit dans sa course, et donne une image de ses combats; elle paraît aussi animée que l'action du faucon qui attaque et de l'oiseau qui se défend. A-t-on jeté le faucon ? il fond avec impétuosité : d'abord il rase la terre, et par de longs détours, revenant sur lui-même, il décrit de vastes circuits; puis rétrécissant ses cercles redoublés, il s'élève enfin et prend l'essor au plus haut des airs; de toutes parts les oiseaux se dispersent dans les champs, l'épouvante les pousse dans les ténèbres des forêts; ils s'enveloppent dans d'épais feuillages : la terreur règne sur la terre et dans les airs. Cependant, soit que le milan, soit que le héron se présente, un seul faucon ne suffit pas : jetez l'émerillon; bientôt il devient le héros de la scène : il va d'un vol hardi vers cet ennemi puissant; il le presse à coups de bec, le harcèle par ses morsures, et le force à cacher sa tête dans les nues : les deux faucons fendent l'air aussitôt, enveloppent le héron, et le fatiguent à coups d'ongles, à coups de bec; l'un d'eux de tout son poids se précipite sur lui, le dérange d'équilibre, et fait rétrograder son vol. Ils lui pressent les côtés, s'animent par sa résistance, l'attaquent par la tête, et l'attaquent par le dos : le héron ramasse ses forces, demeure comme suspendu à la renverse, ne présente que ses griffes étendues, et laisse à travers ses ailes passer son long bec qu'il tient malicieusement caché. Le fauconnier inquiet avertit ses faucons d'éviter le bec du héron. Le lévrier demeure l'œil élevé vers ce combat aérien : le héron, après avoir long-temps lutté, trop faible contre deux, tombe accablé : le chien le saisit dans l'étonnement de sa chute, et s'abreuve de son sang.

Les combats de l'autour ne sont pas décrits d'une manière moins intéressante. Lorsqu'il attaque l'oie ou le canard qui se cache dans les algues, le poète apprend au chasseur à le faire lever : alors l'autour donne dessus comme une balle lancée d'une catapulte, et l'abat immobile sur la terre. Faites attention cependant, quand vous lâchez l'autour, qu'il n'aille pas avec trop de vitesse frapper sa proie. Lorsque de son aile bruyante il fait résonner les eaux, le canard qui l'entend et le voit venir plonge sa tête, et s'enfonce dans un bourbier profond : l'autour, emporté par son ardeur, fond en même temps sur le marais, dont l'eau bourbeuse pénètre ses ailes, qui bientôt n'ont plus la force de porter le poids de son corps. En vain s'efforce-t-il de nager ? trois fois il fait un effort pour se soulever, trois fois il s'enfonce : l'onde fatale lui ravit enfin le courage et la vie. Le poète termine ce second livre par raconter la métamorphose d'Hiérax en épervier, il en rapporte deux fables qui occupent plus de la cinquième partie de ce livre.

Le poète trace ensuite tous les changemens qui arrivent dans la nature des oiseaux. La manière dont on montre à redresser ou remplacer quelques plumes froissées ou brisées plaît autant par les réflexions qui accompagnent cette opération que par la singularité de l'opération elle-même. Non seulement on peut rendre à l'oiseau des plumes lorsqu'il en a perdu, on peut même le dépouiller pour l'habiller de toutes couleurs, en sorte que l'oiseau qui naguère était désolé de gravir sans plumage, tout à coup devenu plus alerte, déploie ses nouvelles ailes, et glorieux de pouvoir, à l'aide de sa queue, planer, se balancer, il prend son vol et va former de nouveaux circuits que le plaisir accélère et multiplie.

En général, si l'on ne saurait assez admirer les beautés et les richesses de ce poëme, on peut aussi quelquefois se plaindre de la prodigalité du génie poétique, qui, par des digressions trop étendues et trop multipliées, interrompt le fil des préceptes, et les enveloppe sous des emblèmes souvent plus compliquées que les préceptes mêmes.

Éditions. Le poëme entier de *Re Accipitraria* a été imprimé sous ce titre : *Jacobi Augusti Thuani de Re Accipitraria libri tres, versibus heroicis, cum epistola ad Philippum Huraltum Chivernium Franciæ Cancellarium metrica.* **Mamert Patisson**, *Lutetiæ*, 1584, in-4. Morrichius porte ce jugement de ces deux morceaux de poésie. *Thuanus ut in Historiis seculi nostri secundus est nemini, ita Poeseos gloria cedit paucissimis; quod vel tribus ejusdem de Re Accipitraria libris discimus : nec Somnio illius epico ad Chivernium Franciæ Cancellarium quidquam vigilantius.*

Le poëme de *Re Accipitraria* se trouve encore dans le troisième tome des *Deliciæ Poetarum Gallorum*, et dans la collection des *Rei Accipitrariæ scriptores*.

On a une traduction du poëme de M. de Thou, en vers italiens, par G.-P. Bergantini, imprimée avec une traduction des *Cynégétiques* de Pierre Angéli, à Venise, G. B. Albrizzi, 1735, in-4.

JACQUES-TIMENT SAVARY était, dans le xve siècle, un des beaux esprits de la province de Normandie. La versification latine a fait sa principale occupation, et il composait avec une grande facilité. Outre les poëmes sur la chasse, nous lui sommes encore redevables d'un poëme sur l'hippiatrique, d'un autre sur les triomphes de Louis XIV depuis son avénement à la couronne, d'une traduction de l'Odyssée en vers latins, et d'un recueil de poésies mêlées. Le premier poëme qu'il composa sur la chasse est intitulé *la Chasse du lièvre*, et est divisé en sept chants : il annonce dans son début qu'il va chanter les délices d'une vie innocente, l'art de la chasse, les temps propres à ce noble exercice, les règles que l'on doit y observer, le choix du gibier, les travaux du chasseur, les ruses et les détours qui ne suspendent ses triomphes que pour prolonger ses plaisirs. Ce poëme renferme d'excellentes leçons sur les chevaux, les chiens, leurs maladies et les remèdes qui y sont propres : le poète y décrit les propriétés singulières des chiens qui naissent dans différens climats, anglais, écossais, gaulois, artésiens, spartiates, métis et autres; il donne des leçons pour les conduire, les dresser, les corriger, les tenir en état, en tirer race : enfin leurs maladies et les remèdes qui y sont convenables ne forment pas une médiocre partie de ses préceptes. Dans le troisième et quatrième chant, l'auteur ne semble inviter à regretter les douceurs du printemps où la chaleur tempérée de l'automne, que parce qu'avec la fuite de ces saisons on est privé de l'exercice de la chasse. Puis, s'élevant avec une sorte de courroux contre l'empire d'Éole qui assujettit la nature à ses rigueurs, il fait connaître au chasseur les vents, ses fiers adversaires, et lui indique des signes pour les prévenir. Le poète, dans le cinquième et septième chant, déploie son art pour apprendre aux chasseurs à choisir un coursier digne de partager leurs travaux : soit que son pinceau saisisse ses qualités ou ses défauts, soit que sensible aux maux qu'il éprouve, il essaie de rouvrir pour lui les sources de la santé, on s'aperçoit aisément qu'il opère d'après les meilleurs maîtres en ce genre; mais il règne dans sa versification un ton de négligence qui rend ce poëme aussi languissant qu'il est méthodique. Savary cependant s'est moins négligé dans certaines parties que dans d'autres. La chasse du lièvre contient des détails rapprochés avec choix et discutés avec goût. Le poète n'omet rien pour en faire sentir les plaisirs : s'il célèbre l'industrie du chien anglais, il lui oppose la vitesse du lièvre, lorsque, bondissant, il semble franchir et supprimer les espaces : il lui oppose ses ruses multipliées, son habileté à donner le change, ses détours combinés avec finesse, et les partis extrêmes qu'il prend dans le désespoir; le poète met un grand intérêt jusque dans sa défaite. Le poëme de la *Chasse du lièvre* eut un succès qui surpassa l'attente de l'auteur et qui l'engagea peut-être à composer ses ouvrages en vers sur la chasse du cerf, du chevreuil, du sanglier et du loup. Ces poëmes se rapprochent assez de nos manières pour le fond des choses; mais l'imagination de l'auteur ne lui a pas toujours présenté les objets sous ces images poétiques qui sont l'ame de la composition, lorsqu'elles sont ingénieusement assorties. L'auteur, dans ces derniers poëmes, a suivi du Fouilloux et Salnove (1). Il nous a donné aussi un très petit poëme sur la chasse du renard et du blaireau : cette dernière production (2) n'offre rien qui mérite une attention particulière. Les critiques conviennent que Savary avait de l'invention. M. Huet observe qu'il était moins poëte que versificateur, et que son feu ne pouvait souffrir la gêne de la correction. Cependant, quoique ses poëmes sur la chasse soient pleins de gallicismes et d'une latinité forcée, on ne saurait assez admirer sa constance d'avoir rendu dans cette langue des locutions inconnues chez les Romains, des termes durs et bizarres qui choquent également et le génie de la langue latine et l'harmonie de la poésie.

Éditions. Les poëmes de Savary sur la chasse n'ont eu qu'une seule édition : ils sont maintenant assez rares.
Album Dianæ Leporicidæ, sive Venationis Leporinæ leges, autore Jacobo Savary Cadomensi. Cadomi, 1655, in-16.
Venationis Cervinæ, Capreolinæ, Aprugnæ et Lupinæ leges, autore Jac. Savary Cadomensi. Cadomi, 1659, in-4.

JACQUES VANIÈRE, né en 1664, dans le diocèse de Béziers, effaça, au jugement de Santeuil, tous les poëtes modernes, dès qu'il parut sur le Parnasse. Son goût pour la poésie était soutenu par une santé robuste, et un attrait dominant pour le travail : tous ses ouvrages sont fort estimés. Le *Prædium rusticum* est regardé comme son chef-d'œuvre. Il y joint aux talens pittoresques une douceur et une aménité de style qui plaît en s'insinuant et qui échauffe. On croirait que Vanière est né dans les beaux siècles de Rome. Le fond de son seizième chant n'est pas moins riche que celui des autres : la plupart des matières qu'il y traite sont peu susceptibles des embellissemens poétiques, et Vanière semble n'avoir trouvé aucun sujet difficile. Il apprend ici à former un parc où l'on puisse à on gré goûter le plaisir de la chasse. Il décrit d'abord le parc du lapin et du lièvre, sa forme et son enceinte : mille traits ingénieux égaient cette peinture (3). Il indique ensuite différentes sortes d'hôtes des bois propres à entrer dans les parcs. C'est dans leur caractère et dans leurs mœurs, que souvent il saisit les moyens de s'en rendre maître. Le cerf, dont la beauté efface celle des autres quadrupèdes, est le premier auquel il veut qu'on donne entrée. On peut se servir de sa curiosité pour le surprendre, et l'attirer par le moyen d'un miroir, ou bien enlever le faon dupe de l'imprudence de sa mère. Le sanglier, docile aux lois de l'harmonie, se rend au piége qu'on lui tend. La perdrix, qui folâtre avec le chevreuil, l'attire par son chant dans les rets : la chevrette aussi par ses caresses fait tomber le chevreuil dans le piége. Le buffle, à l'aspect des chasseurs, cache sa tête, et laissant son corps à découvert, se croit fort en sûreté. Le jeune chamois, dont

---

(1) Le Traité de Salnove parut quatre ans avant le poëme *Venationis cervinæ leges* de Savary.
(2) Savary avait cinquante-deux ans quand ce poëme fut imprimé ; il mourut onze ans après.
(3) Vanière dit fort peu de chose qui convienne spécialement au lièvre ; mais il s'étend d'une manière particulière sur le lapin, quoiqu'il fasse beaucoup usage du mot *lepus* et très peu du mot *cuniculus*. Il faut observer que *lepus* est un terme générique qui se prend également pour le lièvre et pour le lapin. Il en était de même du mot λαγὼς chez les Grecs. Sous ce terme, Élien distingue trois espèces de lièvres, dont l'une, dit-il, est fort commune en Espagne (cette espèce est celle du lapin que les Ibères, anciens habitans de l'Espagne, ont, dit Élien, appelé κόνικλος : de là est venu le latin *cuniculus,* et l'ancien français *connil* ou *connin*). Aussi Pline, l. VIII, cap. 55, dit-il des lapins : *Leporum generis sunt quos Hispania cuniculos appellat.* Gesner, *Icon. animal. quadr.,* dit *lepus, vel lepusculus hispanicus.* Linnæus appelle le lapin *lepus cauda brevissima, pupillis rubris.* Klein, *Quadr. Hist. nat.,* l'appelle *lepusculus terram fodiens.* Plusieurs encore, tels que Martinius et autres, ont regardé le lapin comme une espèce de lièvre ; mais Buffon assure que, d'après l'expérience, on n'en peut pas même tirer des mulets. Quoi qu'il en soit, il est de fait que *lepus* a été admis comme un terme générique, à quoi il est bon de faire attention en lisant Vanière, autrement on croirait que Vanière aurait attribué au lièvre des choses qui n'appartiennent qu'au lapin.

l'amour pour sa mère cause sa perte, la suit et se rend captif avec elle. Les ruses du bouquetin présentent l'occasion de sa défaite. Le poète trouve aussi la fierté du bœuf sauvage digne de figurer dans un parc, et fait la description des combats du taureau, encore en usage en Espagne. Le loup n'est pas oublié : dupe de sa voracité, il se laisse prendre à l'hameçon ou dans une fosse couverte; et le renard, pour fuir l'odeur de quelques mauvaises herbes qu'on brûle à l'entrée de son terrier, sort avec vivacité, et se livre à la main qui l'attend. Enfin c'est une suite de petits tableaux propres à varier les plaisirs de la campagne. Le poète abandonne à d'autres la gloire de chanter les ruses du lièvre et du renard, la légèreté du chevreuil bondissant et la fougueuse résistance du sanglier, qui cèdent aux travaux réfléchis de la meute. Il ne suit au loin les traces de Diane, dans les bois et dans la plaine, qu'à la poursuite du cerf : rien n'est plus touchant que les derniers abois de ce beau quadrupède, et Vanière montre qu'on peut encore, ainsi que l'a fait Gratius, présenter les dons de Latone avec les nuances de la belle poésie. Vanière cependant a moins eu pour but de décrire les préceptes de la chasse que d'en chanter les agrémens; et on le cite ici, non pour en proposer les leçons, mais pour en faire admirer les beautés.

Éditions. Les dix premiers chants du *Prœdium Rusticum* ont été imprimés pour la première fois, à Paris, en 1710, in-12. Vanière l'augmenta de six autres chants, et il fut imprimé à Toulouse sous ce titre : *Jacobi Vanieri, Prœdium Rusticum, nova Editio auctior et emendatior Tolosæ apud Petrum Robert,* 1730, in-12. Au reste, voyez Moréri, article Vanière : cet article est bon; il est de M. Goujet. Cette édition passe pour la plus belle, quoiqu'en 1746 on en ait donné une in-12, à Paris, avec des figures à chaque chant.

M. Berland d'Halouvry, de Rennes, a traduit en français le *Prœdium Rusticum,* sous le titre d'*Économie rurale.* Paris, 1756, 2 vol. in-12. On peut dire que la plupart des graces de l'original ont passé dans la traduction : M. Berland, cependant, laisse quelquefois disparaître le fond de son auteur.

Le Père Philippe d'Inville était d'une très bonne famille de Paris, dont le nom propre est Amiot. Sa santé ne lui permit d'embrasser aucun genre de vues aussi étendues que son esprit aurait pu le lui promettre. Il mourut en la maison professe de Paris, âgé d'environ cinquante ans, entre 1710 et 1715. On n'a pu avoir d'époque plus certaine de sa mort.

Le père d'Inville n'est connu que par une seule production. C'est un poème de quatre cent cinquante vers qu'il composa étant professeur de rhétorique au collège de Rouen. On peut le regarder plutôt comme un jeu d'esprit que comme une production sérieuse. On ne voit pas pourquoi ce poème a été pris pour un ouvrage sur la fauconnerie. On a probablement saisi à la volée ces deux vers du poète :

> At nil profuerit species retulisse volucrum ;
> Ni simul aucupii doceam te tempus et artes.

Mais ce n'est ni un Traité complet d'ornithologie, ni un Traité de chasse très étendu. Le poète s'est attaché, non pas à dépeindre toutes les espèces d'oiseaux, mais à citer les noms de quelques unes; en sorte qu'à en excepter un petit nombre de tableaux, ce n'est, à proprement parler, qu'une légère nomenclature, qui plaît moins par le feu du génie poétique que par l'aisance qui règne dans la versification. L'auteur annonce-t-il quelle chasse il va faire aux oiseaux? loin d'avoir recours aux faucons, aux autours, etc., il déclare qu'il exclut de son poème ces implacables ennemis des habitants de l'air (1). Il n'a garde de se servir d'un oiseleur si cruel que le faucon,

---

(1) At quoniam accipitres avibus crudele minantur ;
Exitium, timidasque solent terrere, juvabit,
nfestum prohibere meis à versibus hostem.

qui, lorsqu'il enlève, empiète et lie sa proie, lui brise les entrailles avec ses serres; ou comme l'autour, qui, fondant sur les oiseaux, les assomme et leur porte la mort avec le coup qui les arrête. Le dessein du poëte n'est point d'enrichir sa table du produit de sa chasse. Ce ne sont point les pénibles travaux de Diane qu'il va chanter; sa muse sourit aux amusemens, aux ruses innocentes de la bergère ou du berger, qui n'en veut à la liberté des oiseaux que pour les associer à ses plaisirs.

Chaque oiseau passe en revue avec ses talens: la linotte au gosier flexible, la gentille fauvette au tendre ramage, le rossignol aux cadences battues, appellent la joie autour d'eux. Vient aussi la plaintive tourterelle; elle intéresse par ses symboles, par sa douceur. Vient encore le passereau familier qu'on forme à mille petits exercices qui occupent les loisirs du jeune âge. On n'a point oublié le geai qui ne sait point se taire; le pivoine, le sansonnet, la grive, la calande, qui retiennent difficilement, mais qui bien répètent ce qu'ils ont appris. Avec la gent babillarde paraît margot la pie, qui va, vient tout en sautant, tout en chantant quelque vieille chansonnette, dont le refrain réjouit l'amour-propre de la bergère qui la lui apprit. Le bruant joue son rôle, il règle ses ébats et l'étendue de sa liberté sur la longueur d'une chaîne légère qui le retient à sa demeure; il trouve des ressources ingénieuses dans la soif et dans la faim, qui lui apprennent l'usage de deux seaux suspendus à son juchoir: suivant le besoin, il les fait tour à tour monter, ou descendre.

Mais quel moyen d'attirer parmi nous ces joyeux habitans de l'air? Le poëte étale ici ce que l'art inventa de pernicieux à leur liberté: rets, tonnelles, collets, lacs, glu, trébuchets, pipée, et ces perfides miroirs, qui, fixant sur la terre l'image du soleil, piquent la curiosité de l'oiseau, qui, sans le savoir, se rend de lui-même dans les filets.

D'Inville apprend ensuite à préparer à ces aimables captifs une demeure agréable et commode; il donne quelques notions sur les maladies auxquelles ils peuvent être sujets, et sur les remèdes qu'on peut y appliquer.

Après ces détails, l'auteur finit par renvoyer les curieux aux superbes jardins de Versailles, où des oiseaux de toute espèce ont fixé leur demeure sur ces vastes bassins qui décorent, dit le poëte, la demeure du plus grand des rois.

Édition. Philippi d'Inville, Soc. Jesu, *Aves.* Lutetiæ-Parisiorum excudebat Antonius Lambin, 1691, in-12.

COLLECTIONS.

Epigrammata et poematia vetera, quorum pleraque nunc primum ex antiquis codicibus et lapidibus collecta sunt. Paris, Dion. Duval, 1590, in-12.

Cette collection, donnée par Pithou, renferme l'*Halieuticon* d'Ovide, le *Cynégéticon* de Gratius, celui de Némésien avec ses églogues, celles de Calpurnius, le *Culex* de Virgile et une infinité d'autres petites pièces. Pierre Pithou, d'une famille noble [1], originaire de Vire en Normandie, fut un des hommes de son siècle qui rendit le plus de services à la France. Citoyen zélé, il contribua au rétablissement de la concorde après la ligue. Sa candeur et son bon sens lui

---

[1] On trouve le nom de Pithou dans le catalogue des gentilshommes de cette province, qui firent le voyage de la Terre-Sainte, l'an 1190. Depuis, elle s'établit en Champagne, et Pierre Pithou fut avocat au Parlement de Paris.

méritèrent la confiance des membres qui composaient le conseil de la nation. Dans une condition privée, il jouissait de toute l'autorité de la plus haute magistrature. Ce n'est point ici le lieu de faire l'éloge de ce grand homme; nous observerons seulement que les objets les plus sérieux ne l'empêchèrent pas de communiquer à sa patrie, par ses savantes découvertes et par ses collections, le goût et l'esprit des anciens. On donna une autre édition des *Epigrammata et Poematia vetera*, revue et corrigée, à Genève, en 1596, in-8°, la même année qu'est mort Pierre Pithou : cette édition est supérieure à celle de Paris.

Venatus et aucupium, iconibus ad vivum expressa et succinctis versibus illustrata, per Joannem Adamum Lonicerum: accedunt Herculis Strozzd de Venatione carmen, et Adriani cardinalis de venatione aulica carmen; necnon Gratii, M. Aurel. Olymp. Nemesiani, et Joannis Darcii de Venatione et canibus carmina. Francof., Sigismundus Feyerabendius, 1582, in-4°.

Ce n'est là que l'abrégé du titre de ce recueil. L'épître dédicatoire adressée à Antoine de Pablentz est de Féyérabendius : cet imprimeur, à ce qu'il parait par sa préface, avait traduit en allemand un Traité français sur la chasse, et l'avait enrichi d'un grand nombre de figures qui représentaient les chasses de différentes sortes d'animaux : on ignore quel est le traité que Féyérabendius a traduit.

Le poëme d'Hercule Strozzi, qui entre le premier dans ce recueil, est l'ouvrage d'un de ces génies délicats qui embellirent (1) la cour la plus polie, la plus élégante, et malheureusement aussi la plus dissolue de l'Europe. Rien de si tendre que plusieurs de ses poésies : l'amour semble avoir pris plaisir à s'y peindre; mais trop voluptueux dans ses images, Strozzi dégrade l'ame en l'amollissant. Dans d'autres pièces, dissolu sans ménagement, il dégoûte de l'amour par l'image de l'amour même. Son poëme sur la chasse contient environ mille vers héroïques. Il serait difficile d'en retracer ici la conduite; un enthousiasme assez singulier y précipite l'imagination d'objets en objets : forêts, chiens, guerre, bêtes fauves, tout s'y confond. Cependant une versification heureusement tournée, des images brillamment présentées, des pensées quelquefois saillantes, entretiennent le lecteur dans une sorte d'admiration; mais sans qu'il soit possible, après la lecture, de se rendre compte d'un total qu'on puisse admirer. Ce poëme n'est, dans le fond, qu'une espèce d'oraison ou de poëme funèbre de César Borgia, duc de Valentinois, mort en 1507 : il est adressé à Lucrèce Borgia, sa sœur, duchesse de Ferrare. Le poète à tout propos retombe sur les louanges de ce héros de Machiavel, ce qui ne fait pas assurément l'éloge du poète.

La seconde pièce du recueil est le poëme du cardinal Adrien dont nous avons parlé. La conduite n'en est pas moins singulière que celle du poëme de Strozzi.

Après ces deux poëmes viennent les figures sur la chasse. Ces gravures, au nombre de quarante, sont en bois, mais fort bonnes, exécutées par un nommé Ammonius. Au haut de chacune est une espèce d'épigramme de Lonicer en vers latins : au bas de la gravure est la même épigramme traduite en allemand. Ces gravures sont peut-être les mêmes dont Féyérabendius avait décoré sa

---

(1) Hercule Strozzi, mort en 1508, âgé de trente-six ans, était fils de Tite Vespasien Strozzi, mort en 1502, âgé de plus de quatre-vingts ans. Ils étaient d'une famille illustre, et pouvaient être mis au nombre des poètes les plus galans de la cour des ducs de Ferrare, où les seigneurs se piquaient de délicatesse et de poésie. Cette famille fut animée d'un esprit de patriotisme qui ne le cédait en rien à celui des anciens Romains; mais cet esprit fut aussi fatal à leur maison qu'à leur patrie, lorsqu'en 1537 Philippe Strozzi tenta de la soustraire à la domination des Médicis.

traduction allemande d'un traité français de la chasse, auxquelles Lonicer avait ajouté un distique en vers latins : épigrammes que Féyérabendius a pu traduire en allemand, pour figurer avec sa traduction. Quoi qu'il en soit, les vers de Lonicer donnent une nouvelle expression à la gravure. Cet Allemand, né à Francfort en 1499, s'adonna à l'étude par un penchant dont les instances de ses parens ne purent triompher. Après s'être enrichi des dépouilles des savans de tous les âges et de tous les pays dont il avait appris les langues, il forma dans les différentes villes de sa patrie des disciples fameux, capables de perpétuer l'idée de son mérite.

Aux figures sur la chasse succèdent le poëme de Gratius, l'*Halieutique* d'Ovide et le poëme de Némésien.

La septième et dernière pièce de ce recueil est le poëme qui a pour titre : *Joannis Darcii Venusini Canes*, dont nous avons parlé à son article.

Hieracosophium, seu Rei Accipitrariæ scriptores nunc primum editi. Accessit Kynosophium, seu liber de cura canum, græce; ex Bibliotheca regia : curante Nicol. Rigaltio; cum versione latina ad calcem, et Lutetiæ. Drouart, Claud. Morel, 1612, in-quarto.

M. RIGAULT, à qui nous devons cette collection, succéda au savant Casaubon dans la place de bibliothécaire du roi. Il avait toutes les qualités nécessaires pour soutenir ce personnage délicat et intéressant dans la république des lettres. Il porta fort loin la science de la critique. La force de son génie était accompagnée des agrémens et des richesses de la littérature. M. Huet prétend que son style est plus enflé que celui de Sirmond. La comparaison de ce savant prélat n'a pas jusqu'ici diminué le prix des productions de M. Rigault; on avouera cependant avec M. Huet que, dans ses traductions, il ne s'attachait pas assez au choix de ses mots.

Le recueil de Rigault est dédié à Louis XIII, et la date est des calendes de septembre 1611. On y trouve : 1° *Demetrii Constantinopolitani de Re Accipitraria liber*; 2° *Alius liber de Re Accipitraria ad Michaelem Imperatorem*; 3° *Libellus de cura canum*. Ces trois traités sont en grec et se suivent dans la collection : viennent ensuite leurs traductions; les deux premières, *à Petro Gyllio*, la troisième, *ab Andræa Aurifabro Uratislaviensi medico*; 4° *Epistola Aquilæ, Symmachi et Theodotionis ad Ptolomæum Regem Ægypti de Re Accipitraria*, catalanica lingua; 5° *Jacobi Augusti Thuani de Re Accipitraria libri tres*; 6° *Hieronymi Fracastorii Alcon sive de cura Canum venaticorum*. C'est là tout ce que contient ce recueil. M. Rigault a jugé qu'il était difficile de rien dire de précis sur les premiers traités, et s'est contenté d'une assez courte préface, qui n'offre rien de bien intéressant. Le premier traité, intitulé *Hieracosophion*, est anonyme dans le manuscrit de la Bibliothèque du Roi. Gyllius, qui l'a mis en latin, possédait un manuscrit de ce traité, et du second, intitulé *Orneosophion*, où est en tête le nom de Démétrius de Byzance. Il a donné ce manuscrit à la Bibliothèque du Roi. C'est sur l'autorité de ce manuscrit qu'on a attribué ces deux livres à Démétrius. Comme le second traité est dédié à Michel Paléologue, et qu'on a une raison quelconque de l'attribuer à un Démétrius, on a dit que ce Démétrius était surnommé Pépagomène, parce qu'un Démétrius Pépagomène a dédié à cet empereur un traité *de podagra*. Cette opinion est-elle bien fondée ? La différence du style semble annoncer le contraire. Quelques uns ont attribué l'*Hieracosophion* à Phémonoé, fille d'Apollon, première prêtresse du temple de Delphes, à qui on attribue aussi l'invention des vers héroïques. Il est constant, par les chapitres troisième et huitième du dixième livre de l'*Histoire naturelle* de Pline, que Phémonoé avait écrit sur ce sujet. On peut consulter sur Phémonoé le premier tome de la *Bibliothèque grecque* de Fabricius. D'autres enfin ont attribué ce traité à Phæmon dont nous avons parlé. L'*Hieracosophion* est divisé en cent cinquante-sept chapitres assez courts, il traite uniquement des faucons. Le second traité, intitulé *Orneosophion*, attribué à Démétrius, ne peut pas être de lui, comme nous l'avons déjà observé. On y trouve les mêmes choses à peu près que Pline a citées de Phémonoé : donc, a-t-on conclu, ce livre est celui même dont Pline s'est servi, et Phémonoé en est l'auteur. Ce qu'il y a de plus apparent, c'est que l'*Orneosophion*, divisé en quatre-vingt-quatre chapitres, est une continuation de l'*Hieracosophion* : l'auteur du *Hieracosophion* n'ayant parlé que d'un petit nombre de maladies des faucons dans ses derniers chapitres, un écrivain postérieur a continué le même sujet, et depuis le premier chapitre jusqu'au dernier, il ne parle que de maladies et de remèdes pour ces oiseaux ; il a bien pu prendre dans Pline ce que Pline en dit, et on aura cru, au contraire, que Pline l'avait copié. On a pris le plagiaire pour l'auteur original et le véritable auteur pour le plagiaire. Ce traité, traduit en latin par Pierre Gylles, l'avait été précédemment par Conrad Gesner, qui l'a inséré dans son traité *de Avibus*. Nous avons parlé du *Cynosophion* à l'article Phœmon. Après ces trois ouvrages grecs et leurs traductions, suit l'épître catalane, sous les noms Aquila, Symmaque et Théodotion : l'idiome tient de l'italien, de l'espagnol, du latin, et particulièrement du languedocien. Cette épître est divisée en sept chapitres, c'est un fragment d'un naturaliste pseudonyme tout rempli de lacunes et de renvois : l'ouvrage entier était probablement en forme de dictionnaire et compilé de différens livres que l'auteur avait lus. Il distingue huit sortes de faucons et traite de leurs maladies. Nous avons parlé ailleurs du poëme *de Re Accipitraria* de M. de Thou, et de l'*Alcon*, de Jérôme Fracastor.

Poetæ latini Rei Venaticæ scriptores et Bucolici antiqui; videlicet, Gratii, Falisci, atque M. Aurel. Olymp. Nemesiani Cynegeticon, Halieuticon et de Aucupio, cum notis integris Barthii, Jani Vlitii, Thomæ Johnson, Ed. Brucei : accedunt M. Lagii dispunctio notarum Jani Vlitii, et Caii libellus de Canibus Britannicis, cum novis Kempheri observationibus et indicibus. Lugd.-Bat. et Ag.-Com. 1728, *in-octavo*.

Le commencement de cette collection rapproche les témoignages que la chasse a reçus de l'antiquité, les éloges qu'en ont faits Platon, Xénophon, Polybe, Pollux, Cicéron, Virgile, Horace, Sénèque, Pline-le-Jeune, Justin, Simmaque, Végèce, etc. : ce concert unanime prouve combien la chasse est utile aux princes et à la jeune noblesse destinée à soutenir l'état par sa bravoure. Le début est suivi des *Prolégomènes* de Vlitius : ce critique s'exerce sur l'origine de la chasse, et en suit heureusement les progrès. L'*Alcon* de Fracastor ferme les préliminaires, vient ensuite une Notice des éditions des trois poètes dont on a réimprimé les ouvrages avec les notes de plusieurs savans : sous le texte de Gratius sont imprimées les variantes avec les notes de Barthius et de Vlitius (1), celles de Johnson et Bruce : les notes qui accompagnent Némésien sont celles de Barthius, de Vlitius, de Johnson : il y en a quelques unes de Pithou, avec deux petits fragmens de vingt-huit vers du même auteur sur la fauconnerie : on a ajouté à Barthius et Vlitius les notes de Matthieu Lagus. Nous avons déjà parlé de ces trois commentateurs à l'article *Gratius*. Les *Bucoliques* de Némésien et de Calpurnius ont pour commentateurs Barthius, Vlitius, Titius et Martel. Vlitius ne fait pas grand cas de ces deux derniers ; mais Vlitius est de ces littérateurs que l'amour-propre rend difficiles.

A la suite de tous ces poëmes, on a fait réimprimer l'ouvrage de Jean de Kaie *de Canibus Britannicis*, après lesquels on trouve les commentaires de Diomède Guidalotti, Bolonais, avec

---

(1) On a suivi l'édition de Vlitius, 1653.

quelques variantes et quelques notes empruntées de l'édition des mêmes *Églogues*, faite en 1503 par Ascensius. Tout cela est terminé par les Commentaires de Gérard Kempher, vice-recteur de l'université d'Alcmaer, et l'un des meilleurs poètes de son siècle : ses observations ne s'étendent que sur les trois premières *Églogues* de Calpurnius ; elles sont considérables, pleines d'excellentes recherches et d'une grande littérature. Ces notes n'ont pas été insérées par Kempher ; ainsi il ne faut pas, comme dans quelques catalogues, mettre *cum novis Kempheri editoris Observationibus*. Quant aux index, ils ne sont ni très exacts, ni assez détaillés. Cette édition est décorée d'un grand nombre de vignettes tirées des sujets traités dans les poèmes qui représentent avec tant de graces les plaisirs de la chasse et les charmes de la vie pastorale. Il serait à souhaiter que l'exactitude répondît à l'élégance des vignettes.

Bibliotheca Scriptorum Venaticorum, continens autores qui de Venatione, Sylvis, Aucupio, Piscatura commentati sunt : studio Georgii Christophori Keysig ; Altemburgi, 1750, *in-octavo.*

Cet ouvrage ne nous est point parvenu. On ne peut douter qu'il ne doive beaucoup servir à faire connaître les auteurs qui ont écrit sur la chasse, pourvu qu'on y ait observé une sage et judicieuse critique, ce qui se rencontre rarement dans la plupart de ces bibliothèques, qui ne présentent guère que des titres.

OBSERVATIONS SUR QUELQUES OUVRAGES GRECS ET LATINS QUI ONT RAPPORT A LA CHASSE.

JACQUES LE PAUMIER, sieur de Grenteménil, était originaire de Caen, où il mourut dans sa quatre-vingt-troisième année, le 1ᵉʳ d'octobre 1670. Au sortir du collége, il porta les armes : de retour en son pays, il ne reprit ses études qu'à l'âge de quarante-huit ans. Il a composé en langue grecque un poëme sur la chasse à la bécasse. M. Huet, dans ses *Origines de la ville de Caen*, dit que M. de Grenteménil a écrit plusieurs ouvrages en prose et en vers, en français, en italien, en espagnol, en latin et en grec. Il paraît que ce poëme sur la chasse est moins un poëme qu'une épître en vers, que M. de Grenteménil écrivit à son ami le savant Samuel Bochart, en lui envoyant deux bécasses.

PIE II, ou ÆNEAS SYLVIUS. Ce pape, mort à Ancône l'an 1464, âgé de cinquante-huit ans, était un des grands génies de son siècle. On lui attribue un ouvrage sur la chasse. Trithème, abbé de Spanheim, et qui écrivait dans le même siècle que Pie II, parle de son ouvrage *de studio venandi* dans son *Traité des illustres écrivains ecclésiastiques*. Gesner et Possevin en parlent aussi dans leurs *Bibliothèques* : Brillon le cite dans son *Dictionnaire des arrêts* au mot CHASSE, et plusieurs autres encore en font mention.

SÉBASTIEN DE MÉDICIS, de la maison des Médicis, à Florence, a fait un Traité sur la chasse, la pêche et la fauconnerie. Josias Simler, dans son *Epitome* de la *Bibliothèque* de Gesner, et Simon, dans sa *Bibliothèque des auteurs de droit*, ont parlé de ses ouvrages.

Quoique Sébastien de Médicis entre dans quelques détails intéressans sur la chasse, son Traité est plutôt un ouvrage de droit qu'une suite de préceptes concernant la théorie des chasseurs. Il se divise ainsi : 1° *Venatio generice sumpta* ; 2° *Venatio oppressiva hominum* ; 3° *Venatio adulatoria* ; 4° *Venatio arenaria* ; 5° *Venatio saltuosa*.

Éditions. Le Traité de Médicis *de Venatione, Piscatione et Aucupio*, imprimé séparément à Cologne, en 1598, in-8, a été aussi inséré à la fin du tome 17 du recueil vulgairement connu sous le titre de *Tractus tractatuum Venetiæ*, 1584, in-folio.

Jules César Boulenger (1) n'est point un écrivain médiocre, ainsi qu'on pourrait le croire, d'après ce qu'en a dit l'abbé d'Aubignac dans sa *Pratique du théâtre*. Bayle donne une idée plus avantageuse de son mérite, et le savant Fabricius le cite comme un auteur qui entendait fort bien les antiquités grecques et romaines.

On a imprimé à Lyon deux tomes in-folio des ouvrages de cet auteur (2). Il y a dans le second tome un traité intitulé : *de Venatione Circi et Amphitheatri*. Cet ouvrage n'est pas, à proprement parler, un Traité de chasse. On a cependant cru devoir l'insérer dans cette bibliothèque, parce que l'auteur en emploie les premiers chapitres à parler de la chasse en général, y comprenant la fauconnerie et la vénerie. Il débute par la chasse des Anciens dans les forêts, par la chasse des rois et des seigneurs perses dans les jardins attenans à leurs palais, et par l'origine de la fauconnerie, qu'il semble attribuer aux anciens peuples de la Thrace.

L'auteur cherche l'étymologie du mot chasse pour les combats amphithéâtriques des animaux. Il montre le rapport que ces combats avaient avec la chasse proprement dite : dans le cours de l'ouvrage il revient souvent à cette comparaison de la chasse ordinaire avec la chasse amphithéâtrale, la seconde n'étant véritablement qu'une imitation de la première, de même que la naumachie, un des jeux du cirque, n'était autre chose que la représentation d'un combat naval.

Boulenger parle ensuite des divinités auxquelles étaient consacrées la chasse proprement dite et la chasse figurative. Il traite successivement du lieu où l'on donnait les chasses amphithéâtrales, des raisons qu'on avait de représenter ce spectacle, des personnes qui avaient le droit de le donner, et des dépenses qu'elles étaient obligées de faire.

A ces détails intéressans en succèdent d'autres qui ne sont pas moins curieux. Soit que l'auteur rapporte de quelle manière on prenait les animaux à force ouverte, soit qu'il traite de leurs sympathies et de leurs antipathies, dont on profitait pour les attirer ou les surprendre, et les rendre immobiles à l'aspect du vainqueur qui leur imposait des chaînes, soit enfin qu'il décrive les différentes espèces de cages en usage pour renfermer ces fiers captifs, on y trouve une suite singulière de recherches également instructives et amusantes.

Le spectacle redouble d'intérêt lorsque l'on voit s'avancer sur l'arène ces redoutables héros des forêts; on est étonné de la prodigieuse variété d'animaux qu'on osait y introduire malgré leur férocité. On voyait paraître dans le cirque des forêts ambulantes, où les bestiaires lâchaient des animaux de toute espèce, oiseaux et quadrupèdes, aigles, autruches, tigres, éléphans, rhinocéros, lions, léopards, panthères, etc. Flavius Vopiscus rapporte que « l'empereur Probus
» donna une chasse amphithéâtrique dans le cirque, où il avait fait planter un si grand nombre
» de gros arbres, que le cirque paraissait être devenu une forêt : on la remplit d'une infinité de
» quadrupèdes et d'oiseaux; on y mit entre autres mille autruches, mille cerfs, mille san-
» gliers, chamois et caméléopards (3), et autres animaux qui broutent l'herbe, autant qu'on en

---

(1) Jules César Boulenger ou Boulanger, mort à Cahors en 1628, âgé de plus de soixante-dix ans, était né à Loudun, où enseignait Pierre Boulanger son père.

(2) Ces deux tomes en un volume, imprimés à Lyon en 1621, ont pour titre : *Julii Cæsaris Bulengieri Juliodunensis doctoris theologi opusculorum systema duobus tomis distinctum*. Lugduni, Pillehotte, 1621, in-fol.

(3) Girafes.

» put trouver et nourrir. Probus fit encore paraître dans le cirque cent lions, cent lionnes, » cent léopards de Libye, cent autres de Syrie, trois cents ours. » Il y avait deux sortes de combats : celui des animaux entre eux, et celui des hommes contre les animaux. Dans le premier, ou les animaux étaient destinés à être immolés à la férocité du plus fort, ou bien on prenait les précautions nécessaires pour leur conserver la vie. Il en était de même du combat des hommes contre les animaux.

Voulait-on que les animaux ne perdissent pas la vie? on avait recours à différens moyens. Souvent c'était d'en introduire de désarmés; quelquefois c'était de mettre ensemble des animaux dont l'attaque vive devenait plutôt un jeu qu'un combat. On a vu sur l'arène le chien aux prises avec un lièvre; celui-ci, après la plus belle défense, tombait aux pieds du chien, épuisé de force plutôt que de courage : les spectateurs voyaient ce généreux adversaire s'arrêter tout à coup, et qui, d'un coup-d'œil inquiet sur la défaite du vaincu, paraissait plutôt l'admirer qu'être son vainqueur. Est-il étonnant, Alexandre, que tu aies admiré Porus?

On n'entrera pas dans le triste détail de ces combats, où la mort était le prix de la résistance du plus faible : on parlera encore moins de ces odieuses scènes, où l'homme voit son semblable broyé sous la dent du tigre féroce qui le dévore : cela n'entre plus dans l'ordre de la chasse, qui est le plaisir des ames nobles.

FRANÇOIS POMEY. Le père Pomey, mort à Lyon au collége de la Trinité en 1673, est connu par plusieurs ouvrages, mais particulièrement par son *Dictionnaire français-latin*, en un volume in-quarto (1). L'auteur a mis à la fin de ce dictionnaire une espèce de Traité de vénerie et un de fauconnerie : ils sont l'un et l'autre en français et en latin. Le Traité de vénerie consiste dans quelques descriptions, dans quelques définitions et dans l'explication de différens termes. Il renferme un petit nombre d'observations sur la nature et sur les ruses de plusieurs animaux ; du reste, il contient fort peu de préceptes : il en est de même du Traité de fauconnerie. Le principal mérite de ces deux ouvrages consiste à renfermer en peu de mots dans l'une et l'autre langue ce qu'il y a de plus essentiel dans l'un et l'autre art.

L'auteur a renvoyé au corps du *Dictionnaire* la description de chaque animal, suivant l'ordre alphabétique : quelques unes de ces descriptions ont l'avantage de réunir plusieurs traits curieux recueillis des Anciens, mais pas toujours avec choix.

§ III. THÉREUTICOGRAPHES FRANÇAIS.

LE ROI MODUS. Le roi Modus est un de ces titres allégoriques que la modestie, ou peut-être le ton du siècle, fait adopter à un auteur. Il nous dérobe le véritable nom de celui à qui nous sommes redevables de plusieurs dialogues sur la chasse. Ce qu'il y a de certain, c'est qu'ils ont été composés par un gentilhomme qui aimait beaucoup cet exercice : son ouvrage est divisé en cinq parties.

La première concerne la *vénerie du Cerf* et comprend vingt et un chapitres, dont le dernier traite des propriétés des chiens.

La seconde partie roule sur la chasse de la biche, du daim, du chevreuil, du lièvre, du san-

---

(1) Il y a eu des éditions de ce Dictionnaire faites après la mort de l'auteur, à Lyon, 1676 et 1687, in-4°. Il y en avait eu d'antérieures; mais les dernières sont plus amples. On en a encore donné d'autres depuis, dont l'une est de Lyon, 1701, in-4°.

glier, de la truie, du loup et de la loutre; ce qui forme vingt-trois chapitres, dont les derniers, depuis le dix-huitième inclusivement, traitent des maladies des chiens.

La tierce partie traicte du deduit royal et de plusieurs exemples qui sont dictes des cerfs, et comment il faut tirer de l'arc aux bestes sauvaiges; ce qui forme dix chapitres.

La quatrième partie *démontre l'art et science de Faulconnerie et des autres Oiseaux de proye, avec leurs maladies et médecines pour les guérir.* Cette partie est de onze chapitres.

Dans la cinquième partie on enseigne l'art de prendre toutes sortes d'oiseaux *au file, au latz, à la tonnelle, à la raitz, à la pipée,* etc. Tout cela est détaillé en quatorze chapitres.

Quant aux personnages interlocuteurs, le roi Modus est un pédagogue qui débite à ses écoliers toute sa science : un d'eux, désigné sous le nom générique d'apprenti, fait les questions, et Modus lui répond. La reine Ratio joue un rôle assez sot et débite en deux ou trois endroits des moralités allégoriques. Cet ouvrage renferme des singularités qui sont présentées avec une naïveté que permettait alors le génie de la nation. L'ancien langage était fait sans doute pour ces sortes de naïvetés : un idiome est toujours de nature à peindre les mœurs et le caractère du peuple qui l'adopte.

Ce livre est rempli de gravures en bois, fort mauvaises pour l'exécution et quelquefois bizarres pour le dessin.

Éditions. On trouve à la bibliothèque du roi un manuscrit de cet ouvrage qui est du xive siècle. Il a été imprimé à Chambéry, l'an 1486, in-4, grand format, sous ce titre : *Le livre du roi Modus et de la royne Ratio, qui devise de toutes matières de chasse,* avec figures.

L'édition sur laquelle nous rendons compte de cet ouvrage est un in-4 gothique, imprimé en 1526, sous le titre suivant : *S'ensuit le livre du roi Modus et de la royne Ratio, qui parle du déduit de la chasse à toutes bêtes sauvaiges, comme cerfs, biches, daims, chevreulx, lievres, sangliers, loups, renards et loutres,* etc. Les lignes de ce titre sont alternativement rouges et noires.

Le livre du roi Modus a encore été imprimé à Paris sous ce titre : *Le roi Modus, des déduits de la chasse, venerie et faulconnerie,* par un auteur anonyme, revu et corrigé par un auteur plus récent, aussi anonyme. Paris, Guillaume le Noir, 1560, in-12. On trouve la même édition sous le nom de Corrozet. Il y a eu depuis beaucoup d'autres éditions; mais les plus anciennes sont les plus recherchées.

GASTON PHŒBUS, comte de Foix, né en 1331, connu également sous le nom de *Gaston Phœbus* ou *le roi Phœbus,* était fils de Gaston II, comte de Foix, et d'Éléonore de Comminge. Il épousa en 1349 Agnès, fille de Philippe III, roi de Navarre et de Jeanne de France, et mourut en 1391. L'imagination de Gaston était vive; il crut avoir approfondi les principes flottans de l'astrologie judiciaire, et s'attacha avec constance aux objets chimériques qu'elle présente. Ce fut, dit-on, par cette raison qu'il prit un soleil pour devise, et il ne voulut avoir d'autre nom que celui de Phœbus, sous lequel la mythologie désigne le soleil (1). Brave, mais peu politique, il éprouva tour à tour la faveur et la disgrâce des rois de France. Son inclination pour la chasse était si forte, qu'il nourrissait, dit Saint-Yon, seize cents chiens (2). Ses observations le portèrent à

---

(1) Quelques uns veulent qu'il ait été ainsi nommé à cause de sa beauté, d'autres disent que ce fut parce qu'il était blond, et d'autres enfin croient que ce nom lui fut donné parce qu'il aimait la chasse.

(2) Ce nombre de chiens paraîtra sans doute moins incroyable, si l'on considère ce que l'on rapporte de plusieurs princes. Amurat, neuvième empereur des Turcs, employait, au rapport de Chalcondyle, cent hommes seulement pour la garde de ses chiens de fauconnerie. Hérodote raconte que Cyrus avait une si prodigieuse quantité de chiens d'Inde, que quatre villes étaient exemptes de tributs et d'impositions, à condition qu'elles nourriraient ces chiens. Pline et plusieurs autres parlent des chiens d'Inde qui méprisent les sangliers, les daims, et attaquent les lions et l'éléphant.

réduire en principes ce qu'il avait vu, et il avait beaucoup vu. Son ouvrage a été imprimé sous François Ier. Ses instructions sont précédées d'un discours dans lequel il prétend prouver qu'il n'est point de voie de sanctification plus sûre que l'exercice de la chasse : ses raisonnemens, comme on peut bien se le persuader, sont ridicules et nullement concluans. Gaston développe ensuite la méthode de chasser connue alors. Son traité contient quatre-vingt-cinq chapitres. Il y est parlé de différentes manières de chasser, de la nature des animaux qui sont l'objet de la poursuite du chasseur, de leurs propriétés, du temps de leur portée, de leurs ruses, des saisons où l'on doit les chasser, et des avantages qui peuvent résulter de chaque sorte de chasse. L'auteur n'a point oublié ce qui concerne les chiens, et il en traite suivant les différentes espèces.

Sans nous arrêter à ce que Gaston de Foix rapporte sur toutes sortes d'animaux dont les autres théreuticographes ont parlé, nous rendrons compte de quelques observations qui sont de nature à donner une idée du génie de cet écrivain.

Le rangier ou ranglier (1), de hauteur à peu près semblable à celle du daim, paraît avec sa tête plus grande et mieux chevillée que le cerf : il porte quatre-vingts cors. Ce bois énorme qui le couvre en entier lui sert pour sa défense lorsqu'il s'accule contre un arbre, et brave une meute entière : aussi ne forme-t-on pas contre lui la même attaque que contre le cerf.

On trouve dans Phœbus une description du daim, de son bois, de ses fumées, etc. Selon lui, le daim passe pour être de même espèce que le cerf, animaux cependant qui ne s'aiment guère, se fuient l'un l'autre et ne sauraient vivre ensemble. Le daim se plaît dans les terrains élevés, entrecoupés de petites collines. Quand on veut le chasser, on le juge par le pied, et l'on pratique en général la même méthode que pour le cerf, à l'exception qu'on ne va point en quête de limier, et que le chasseur ne fait point suite. Ce fugitif habitant des coteaux est-il attaqué ? rarement il prend congé de la meute par une longue fuite *à vau-vent;* mais il randonne, bat son canton, fait en petit les ruses du cerf, brouille les voies, s'accompagne, etc. Il ne cherche à se dérober des chiens que par les ruses et par le change. Commence-t-il à sentir que sa vitesse échappe avec ses forces, il raccourcit ses randonnées, ou bien finit par battre de petits ruisseaux : rarement, comme le cerf, il traverse de grandes rivières, encore moins a-t-il la force de les longer. Les ruses répétées du daim rendent cette chasse difficile : il laisse d'ailleurs sur terre et aux portées une impression si légère et si peu durable, que les chiens sont fort sujets à prendre le change : en sorte que lorsqu'on a un défaut à relever, rarement réussit-on à faire un beau rapproché. Gaston Phœbus avertit que les chiens préfèrent la chair du daim à celle des autres animaux ; lorsqu'ils en ont mangé, ils ont beaucoup de peine à garder le change sur le cerf et sur le chevreuil.

L'auteur distingue deux sortes de boucs : l'un s'appelle bouc sauvage et l'autre *ysarus* (isard)

---

(1) L'auteur dit que le rangier (qui est le renne) fuit en raison de la grande charge qu'il a en tête ; il semblerait par là que le renne ne serait pas un animal très vite, ce qui ne se rapporte guère avec l'idée que nous en avons. On sait qu'il se rend animal domestique, et qu'il est assez traitable, quoique quinteux et colère. Les Lapons se font tirer sur la glace dans leurs traîneaux par le renne ; il les mène avec une vitesse singulière, et fait jusqu'à quarante lieues par jour. Une poignée de mousse qu'on porte avec soi suffit pour l'entretenir dans la route.

On trouve dans les *Commentaires de César* un passage qui prouve que le renne existait alors dans les forêts de la Germanie, et ce qu'en a dit *Gaston Phœbus* ne permet pas de douter que cet animal n'a t existé dans les forêts de France ; ce devait être dans les Pyrénées. On ne le trouve plus aujourd'hui que sous les latitudes les plus froides.

ou sarris. Le bouc sauvage, autrement le bouquetin (1), est à peu près de la grandeur d'un cerf de moyenne taille. Semblable à la chèvre privée, comme elle il porte une barbe longue et noire. Ses cornes couchées sur son dos sont légèrement courbées en arrière vers leur extrémité supérieure : on en a vu qui, par une double inflexion, se redressent vers leur pointe. Elles sont rondes, sans andouillers, noires et rayées circulairement : chaque raie ou nœud est le produit d'une année. Ces cornes, dans leur force, sont de la grosseur de la jambe d'un homme, et plus longues : elles sont creuses jusqu'à trois ou quatre pouces de leur extrémité, et les raies, qui, en dehors, forment une éminence circulaire, sont concaves en dedans. Ces raies commencent à la racine de la corne et montent à peu près jusqu'à l'endroit où elle cesse d'être creuse ; l'extrémité, qui est massive, est la première dague ou tête de l'animal. Le poil du bouquetin, court et bien garni, est d'un minime mêlé de fauve. Une raie noire partage sa robe depuis l'échine jusqu'à la croupe ; ses jambes, de même couleur que cette raie, sont fauves sous les aisselles et sous les aines : le ventre est fauve, mais d'une teinte moins claire, et, sur la partie inférieure de la croupe règne une couleur fauve foncée. Les jambes du bouquetin sont fines, souples et nerveuses ; ses pieds sont semblables à ceux de nos boucs, et les traces de ce quadrupède sont plus grandes, plus rondes et plus fortes que celles du cerf : telle est à peu près la description que Gaston fait du bouquetin. Il parle ensuite du viandis de ces animaux, du temps du rut, du temps de leur portée, du changement de leurs fumées, par lesquelles on les juge, etc. C'est sur le sommet des montagnes que les bouquetins cherchent leur viandis. Lorsque la saison qui amène les neiges les chasse de ces lieux, ils descendent en troupes au pied des mêmes montagnes pour y trouver de nouveaux pâturages : rarement ils se hasardent en pays plat. Vers le milieu du printemps, lorsque la nature découvre et ranime leurs buissons, ils retournent à leurs premières retraites ; les chèvres alors quittent les boucs et vont faonner près des ruisseaux, où elles demeurent tout l'été. Dans le rut, le bouquetin raie horriblement : comme les cerfs, il attaque tout ce qu'il rencontre, frappe, non pas de l'extrémité de la tête, mais du milieu, et frappe avec une telle vigueur, qu'il rompt les bras et les cuisses de ceux qu'il atteint. Il est si fort, dit Gaston, que si on lui donne un coup de barre de fer sur l'échine, il ne la baissera point et même elle ne ploiera pas. Ce bouc est tellement constitué, ajoute le comte de Foix, qu'il peut tomber de dix toises de haut sans se faire aucun mal. Les bouquetins cependant tombent quelquefois d'une hauteur si considérable, qu'ils ne peuvent plus se tenir sur leurs jambes : alors ils donnent de leurs cornes contre les rochers, et par ce moyen ils rappellent leurs forces étourdies.

Quoique les préceptes que Gaston Phœbus propose pour la chasse du chamois conviennent également à celle du bouquetin, on peut dire qu'il n'a rien écrit de particulier sur la chasse de ce dernier.

L'autre espèce de bouc ou de chèvre sauvage, que Gaston de Foix appelle *ysarus* ou sarris, est ce que nous nommons le chamois, animal connu pour l'excellente qualité de sa peau, lorsqu'elle a été passée à l'huile chez les chamoiseurs. Ce bouc, dit le comte de Foix, est semblable au précédent pour la forme, pour le temps du rut et autres propriétés naturelles. Les femelles ont les cornes comme celles du mâle, mais pas si grandes. Pendant l'hiver, le chamois se nourrit ordinairement de bois de sapin et de pin, arbres qui ne se dépouillent point de leurs feuilles. Sa venaison n'est pas excellente, elle est même fiévreuse (2) : on la sale cependant, et bien des

---

(1) On trouve le bouquetin dans les Alpes, en Dauphiné, en Savoie, dans le Valais, ainsi que dans le pays des Grisons et dans les Pyrénées.

(2) Varron dit la même chose, et assure que les chèvres ont toujours la fièvre.

gens en font usage; mais sa peau, dit notre auteur, est particulièrement ce qui le fait rechercher. Gaston de Foix apprend à chasser le chamois au chien courant, à le quêter, à faire suite avec limier, ainsi qu'on le fait pour le cerf. Il veut au moins quatre relais de dix ou douze chiens de meute, parce que ce montagnard animal ne fait qu'escalader les rochers, puis les descendre et les remonter, ce qui crève les chiens. Ceux-ci quelquefois sont la victime du courage et de la la vitesse qui les emportent dans des précipices où le chamois se laisse rouler impunément. Commence-t-il à s'apercevoir que, malgré ses bonds, il n'échappera point aux chiens, dont l'odorat est toujours attentif à rechercher la voie, sa dernière resssource est de fuir la terre qui le trahit et de battre quelque rivière, stratagème qui lui réussit, lorsqu'on n'a pas disposé une meute pour le reprendre et suivre de près.

On doit bien juger que cette chasse est pénible pour qui l'entreprend, et, comme le remarque Gaston de Foix, on ne peut avoir l'agrément de suivre ses chiens ni à pied, ni à cheval. Il est d'autres manières moins fatigantes de prendre le chamois. Oppien et les anciens apprennent à lui dresser des pièges ou bien à l'atteindre par le secours des flèches, que les armes à feu remplacent aujourd'hui. Le chamois aime le sel, on en répand dans les lieux où l'on veut l'attirer. Chorier, dans son *Histoire du Dauphiné*, dit qu'on en voit sur les montagnes de ces contrées des troupes de plus de cinquante qui marchent sous la conduite d'un seul (1) d'entre eux, qui est à la tête. Fatale dignité! gloire d'être chef, qui souvent coûte cher: les chasseurs lui font essuyer les premiers coups, et s'ils le tuent, les autres demeurent dans un si grand étonnement, qu'il est aisé d'en prendre plusieurs. Le chamois, qui court sur la pointe de ses ongles avec la plus grande vitesse, souvent trouve dans ses ongles mêmes la cause de sa défaite: il les a si longs, si crochus, dit Gaston, qu'en se grattant il se les enfonce dans les cuisses, ne saurait plus les retirer et périt ainsi. Les chamois sont fort peureux de leur nature: Chorier rapporte que, pendant qu'ils paissent, l'un d'eux fait le guet à cent pas de là sur la pointe d'un rocher. Aperçoit-il quelqu'un? alors, par un sifflement aigu, il avertit les autres de prendre garde à eux. Il est rare, ajoute Chorier, qu'on en prenne de vivans: plus rarement, encore, dit-il, prend-on les petits. Oppien dit le contraire.

Gaston de Foix parle aussi du chevreuil, qui ressemble beaucoup au cerf, mais qui est de meilleure suite. Oppien, dont le pinceau est aussi vif que l'animal qu'il dépeint, n'a pas oublié ce joli quadrupède: souple et léger dans sa démarche, ses yeux brillans paraissent, dit-il, animés du sentiment le plus vif, et sa figure élégante est l'image de la gaieté. M. de Buffon, admirable dans ses descriptions, n'a point ignoré les morceaux des anciens les mieux touchés. Il en a transmis tout le coloris dans notre langue, avec de nouvelles observations. Le chapitre du chevreuil, dans son *Histoire naturelle*, est un morceau curieux pour un chasseur éclairé.

---

(1) Les daims vont aussi sous la conduite d'un chef. Cette espèce d'union sociale est si agréablement décrite par M. de Buffon, que je vais la rapporter telle qu'il la donne; cela ajoutera à ce que nous avons déjà dit du Daim. « Dans les parcs, lorsque les daims se trouvent en grand nombre, ils forment ordinairement
» deux troupes, qui sont bien distinctes, bien séparées, et qui bientôt deviennent ennemies, parce que les
» deux troupes veulent également occuper le même endroit du parc: chacune de ces troupes a son chef
» qui marche le premier, et c'est le plus fort et le plus âgé; les autres suivent, et tous se disposent à com-
» battre pour chasser l'autre troupe du bon pays. Ces combats sont singuliers par la disposition qui paraît
» y régner; ils s'attaquent avec ordre, se battent avec courage, se soutiennent les uns les autres, et ne se
» croient pas vaincus par un seul échec: car le combat se renouvelle tous les jours, jusqu'à ce que les plus
» fortes chassent les plus faibles, et les relèguent dans le mauvais pays. »

La chasse à l'ours n'est pas la partie de Gaston la moins intéressante. Retranchez-en quelques rêveries sur la nature de l'ours, qu'il a bonnement adoptées, vous y trouverez d'ailleurs à peu près la méthode de chasser, décrite par les Grecs et les Latins. Pour rendre ce que nous en allons rapporter plus intéressant, nous parlerons d'après les anciens, si heureux dans leurs descriptions. Si, pour se rendre maître de l'ours, on a recours à l'artifice, certains appâts, tels que le miel, dont il est fort friand, promettent un succès immanquable. Les rets sont d'un grand usage. On ne doit pas mépriser non plus l'emploi des fosses, quoiqu'elles ne réussissent que lorsqu'elles sont bien profondes, et lorsque l'ouverture va en élargissant dans le bas en forme de cône : il faut qu'une trappe couverte de mousse ou de gazon, artistement suspendue, cède aisément au poids de l'animal et se restitue avec la même facilité. On attaque aussi l'ours à force ouverte : une flèche portée d'une main sûre au défaut de l'épaule met l'animal hors d'état de revenir sur le coup ; une blessure à la tête lui est également funeste. La meilleure méthode est de le tirer du haut d'un arbre : il revient avec fureur vers cet arbre d'où est parti le trait qui l'a blessé ; il grimpe avec une vitesse qui n'a d'égal que le désir de la vengeance (1) ; mais le chasseur qui l'attend avec une hache tranchante lui coupe la main et le fait tomber. Veut-on encore l'attaquer aux lances, à l'épieu, aux épées ? un homme seul ne suffit pas pour cette attaque ; l'ours se lève debout et combat corps à corps. Il a une telle force dans les mâchoires, dans les ongles et dans les bras, que souvent il brise les lances qu'on lui présente : il pare et détourne les épieux avec une adresse et une force extraordinaires ; il les saisit avec vigueur, et lorsqu'il ne peut les casser, il va quelquefois jusqu'à les arracher des mains de son adversaire. Un homme seul ne serait pas même sûr d'en triompher après lui avoir passé sa lance à travers le corps : l'ours la saisit et se l'enfonce davantage pour atteindre l'ennemi qui le perce, et qui, s'il n'est secouru, devient la victime de sa fureur et périt avec lui. Deux chasseurs à pied, bien armés de lances ou d'épieux, et qui s'entendent, ne craignent point de céder à la force de l'ours : le plus vigoureux attaque le premier ; l'ours, à chaque coup qu'il reçoit, revient sur celui qui le porte : ainsi chacun frappant alternativement, il va tour à tour sur l'un et sur l'autre, et, trop faible contre deux, il succombe enfin.

On chasse aussi l'ours au chien courant. Le chasseur alors doit faire quête avec son limier : il faut détourner la bête, la laisser courre, et enfin en revoir comme on fait du sanglier. Les relais se placent pareillement de fort en fort et aux refuites (2). La meute doit être composée de lévriers et de mâtins qui puissent tenir contre l'ours. Quand ce lourd animal les sent ameutés et soutenus de la voix de l'homme ou de la trompe, il s'étonne du bruit, et peu vite de sa nature, il longe lentement quelque chemin, quitte la forêt et gagne la plaine : son pas augmente à mesure que le danger l'approche.

Lorsqu'enfin il se sent hors d'état de fuir long-temps, il fait volte-face, saisit le chien qui le premier ose tenter l'attaque, le range et le presse sous son train de derrière, en arrête un second et le contient sous son pied de devant ; de l'autre bras, il serr contre son épaisse poitrine tout autre chien qui se présente, culbute l'un d'un coup d'épaule (3), d'un coup de dent

---

(1) Cette vitesse que les anciens donnent à l'ours ne peut sans doute s'entendre que par comparaison avec la lenteur ordinaire de cet animal, qui, comme Gaston de Foix le dit très bien, ne va pas, dans sa course la plus précipitée, beaucoup plus vite qu'un homme.

(2) Tout ce que M. de la Conterie a écrit sur la manière de chasser le sanglier peut être appliqué à cette sorte de chasse, si on en excepte la résistance meurtrière que le sanglier fait avec ses défenses.

(3) Gérard Vossius, dans son *Etymologicon*, rapporte différentes étymologies sur le mot ours : il cite,

met l'autre hors de combat et les étourdit ainsi tour à tour : il n'y a que le grand nombre qui puisse en triompher, ou la force énorme de certaine espèce de mâtins. L'ours finit quelquefois par se jeter dans l'eau, et se souille ainsi que fait le sanglier.

Gaston s'étend beaucoup sur l'histoire naturelle de l'ours : il en distingue de grands et de petits. Les ours vivent d'herbe et de fruits, qu'ils vont cueillir au haut des arbres. La chair des animaux ne leur est point un mets inconnu ; ils osent même défier le bœuf et l'indomptable taureau, suivant que le besoin leur donne de forces. La conformation de leurs laisses dépend de la qualité des choses dont ils se sont nourris. S'ils ont fait leurs mangeures de chair, de raisins, de fruits et d'herbes, etc., leurs laisses sont en plateaux : s'ils ont fait usage de fèves, de pois, de glands, de fourmis, etc., leurs laisses sont en torches. La saison de l'ours dure depuis le mois de mai jusqu'en décembre, qu'ils entrent en chaleur. Le comte de Foix ne veut pas qu'on ignore que l'accouplement de l'ours se fait dans l'attitude de l'homme avec une femme. En parlant des diverses attitudes de l'ours, Athénée, qu'on peut nommer le Pline des Grecs, disait assez plaisamment que l'ours avait autant d'aptitude à devenir homme que certains hommes ont de disposition à se rendre ours.

Plusieurs motifs nous engagent à faire la guerre à cet habitant des bois et des cavernes. La satisfaction que l'on a naturellement à détruire toute bête nuisible est une partie du profit qu'on peut tirer de sa défaite. A cela joignez l'utilité de sa peau connue dans la pelleterie. Sa chair, quoique peu agréable, est un appât pour le peuple des contrées qu'habite cet animal. D'ailleurs ses pieds, dit Gaston, sont un excellent manger (1). On se sert de son sain, ajoute notre auteur, contre la goutte et pour l'adoucissement des nerfs. Tout le monde connaît la pommade d'ours et son usage.

Éditions. Le Miroir de Phœbus des déduits de la chasse des bêtes sauvaiges et des oiseaux de proye, par Gaston Phœbus de Foix, Seigneur de Béarn. Paris, Jean Treperel, in-fol. Cette édition est en lettres gothiques, avec figures sans date. Il y en avait eu une in-4 ; Paris, Antoine Vérard, pareillement sans date. Il y en a une encore in-4, Paris, Philippe le Noir, 1515. Elle est en gothique et porte pour titre : *Le Miroir de Phœbus des déduits de la chasse aux bêtes sauvaiges et des oiseaulx de proie, avec l'art de la faulconnerie, et la cure des bêtes et oiseaulx à cela propices.* Philippe le Noir en a donné une autre en 1520.

Gace de Vignes ou de la Vigne, autrement Gaston de la Bigne, gentilhomme normand du diocèse de Bayeux, florissait dans le xiv° siècle, et fut premier chapelain des rois Philippe de Valois, Jean et Charles V. Il fut élevé à la prêtrise par le cardinal Pierre des Prés, comme il le dit dans ces vers :

> Et quand fut grand il le fit prestre
> Le bon cardinal de Prenestre.

C'est de lui-même encore qu'il parle dans les vers suivans, que l'abbé Goujet attribue à Gaston de Foix.

> Le Prestre est né de Normandie
> De quatre costés de lignie,

---

entre autres, le sentiment de ceux qui disent qu'*Ursus* vient du participe d'*urgere*, presser, pousser, parce que cet animal renverse les antres en les poussant, et qu'il les presse et les étouffe sous lui.

(1) Pline et Plutarque rapportent que les pieds de l'ours sont un mets délicat. Michel Hérus dit qu'en Allemagne ils sont encore réservés pour la table des princes. On sert ordinairement ces pieds salés et fumés.

> Qui moult ont amé les oiseaux,
> De ceux de la Bigne et d'Aignaux.
> Et de Climchamp et de Buron
> Yssit le prestre dont parlon....
> Depuis il a faict grant vaillance,
> Car a servy troys roys en France,
> En leur chapelle souverain
> De tous troys maistre chapelain,
> Lesquelz lui ont faict tant de biens
> Qu'il m'a dit qu'il ne lui fault riens.

Gace de Vignes commença son roman des oiseaux pendant la prison du roi Jean, dont il était chapelain en 1359, et ne l'acheva qu'à son retour en France, sous le roi Charles V ; il le dédia à Philippe, duc de Bourgogne, quatrième fils du roi Jean.

Le poëme de Gace de la Vigne est un traité apologétique de la fauconnerie. L'histoire et la fable forment tour à tour des épisodes qui jettent de l'agrément dans la didactique des chasseurs, que le poète discute d'ailleurs assez superficiellement. Ses préceptes ont pour objet la nature des oiseaux de chasse, leurs propriétés, la méthode en usage de son temps pour les dresser, et la manière de les guérir des maladies auxquelles ils sont sujets. Chaque auteur donne la préférence à la partie qu'il traite, et l'on doit s'attendre qu'on relève ici la chasse aux oiseaux bien au dessus des autres chasses.

Éditions. Il n'est pas étonnant que la Croix du Maine, et plusieurs autres bibliographes, aient dit que le Roman des *Oiseaux* de Gace de Vignes n'a jamais été imprimé. Il ne l'a été que sous un nom étranger et d'une façon très tronquée, avec beaucoup de changemens dans les notes ainsi que dans les vers. La première édition parut chez Antoine Vérard, in-4, gothique, sans date. La seconde édition fut faite chez Jean Treperel, in-folio, gothique, sans date. La troisième parut en 1520, in-4, gothique, Philippe le Noir. Comme il n'est pas possible de connaître le vrai titre de ce poëme par les imprimés, nous le donnerons d'après celui d'un beau manuscrit transcrit dans le catalogue de M. Selle. A la tête du manuscrit, on voit une miniature. Gace y est peint en robe violette avec un scapulaire noir : un genouil en terre, il présente son livre à Charles V.

Gace de la Vigne, jadis premier Chapelain de très excellent Prince le roi Jehan de France, que Dieu absoulle, commença ce roman à Redefort, en Angleterre, l'an MCCCLIX du mandement dudit Seigneur, affin que Messire Philippes son quart fils, duc de Bourgoingne, qui adonc estoit jeune, apprist les déduits pour eschever (éviter) le peschéd oiseulx, et qu'il en fust mieulx enseigné en meurs, en vertus ; et depuys ledit Gace le parfist à Paris. Ici commence le roman des déduits.

JEAN DE FRANCIÈRES et ARTELOUCHE DE ALAGONA. Jean de Francières (1), chevalier de Rhodes, était commandeur de Choisy et grand prieur d'Aquitaine : il vivait sous le règne de Louis XI et avait une grande réputation parmi les savans de son siècle. Naudé, dans son addition à l'*Histoire de Louis XI* par Comines, pour répondre à Bodin et à plusieurs autres, qui, dans leurs écrits, reprochaient à la noblesse française d'avoir méprisé les sciences jusqu'au règne de François Ier, cite messire Jean de Francières comme un personnage capable de faire tomber cette flétrissante imputation. M. de Francières composa son *Traité de fauconnerie* à la sollicitation de M. de Vigean. Cet ouvrage a eu bien de la réputation : il annonce en effet beaucoup d'expérience, de lecture et de réflexion. Son principal mérite cependant ne peut guère consister aujourd'hui qu'à nous rappeler les usages et la naïveté du temps où il a été composé. La principale matière du *Traité des chiens de chasse* de Francières roule sur leur nourriture, leur éducation, les remèdes qui leur sont convenables, et sur leur génération. Il n'est chose au monde plus ridi-

---

(1) Ailleurs il est appelé de Franchières, et ailleurs, de Franquières.

cule et plus bizarre que le chapitre qui enseigne l'art de les mettre en chaleur. A la fin du livre on trouve cette remarque : *La pratique de prendre toute espèce de volatile et de vénerie est écrite en trois livres, qui sont intitulés, l'un,* Gasses, *l'autre,* Modus et Ratio, *et un tiers,* Phœbus (1).

Artelouche de Alagona, seigneur de Maravecques, était conseiller et chambellan du roi de Sicile. On ignore dans quel temps il écrivit. Il est beaucoup cité, et l'est souvent avec éloge par ceux qui ont traité les matières de fauconnerie ou l'histoire naturelle. On désirerait que l'auteur, dans l'ordre didactique qu'il a suivi, se fût permis un plan de réflexions moins rétréci. Son ouvrage est divisé en trente-neuf chapitres, qui ne remplissent que trente-huit pages d'un caractère assez gros. Quatre objets principaux y sont brièvement indiqués : les différentes sortes d'oiseaux de proie servant à la fauconnerie, le choix qu'on en doit faire, leur instruction et leurs maladies. La manière dont ces objets sont traités ne les rend pas susceptibles d'une analyse étendue.

Éditions. La première édition que l'on connaisse parut sous ce titre : *C'est le livre de l'art de Faulconnerie, lequel fi ère Jehan de Francières, Chevalier de l'Ordre de Saint Jehan de Hierusalem, Commandeur de Choisy en France, a extrait et assemblé, c'est assavoir des livres des trois Maistres Faulconniers cy-après nommés, lesquels en leur temps furent moult experts et savans audit art de faulconnerie et selon la nature des faulcons. Ensemble le déduit des chiens de chasse, comme cy-après ce monstrera et sera traicté en ce présent livre.* Paris, Pierre Sergent, in-4, gothique. On croit cette édition faite en 1511. Elle est extrêmement rare, ainsi que deux autres ouvrages sous le même nom de Pierre Sergent. Il y a eu une édition de Francières; Enguilbert de Marnef, à Poitiers, en 1567, in-4, avec figures. On y a joint la *Fauconnerie* de Guillaume Tardif, du Puy en Velay, lecteur du roi Charles VIII. On y trouve encore la *Vollerie* de messire Artelouche de Alagona. La *Fauconnerie* de Jean de Franchières a encore été imprimée avec Guillaume Tardif et Artelouche de Alagona à la suite de du Fouilloux. Paris, 1585, in-8, et 1628, in-4, figures.

Guillaume Tardif, originaire du Puy en Velay, était professeur en belles-lettres et en éloquence au collège de Navarre et lecteur de Charles VIII. Il a vécu jusqu'à la fin du quinzième siècle. Le célèbre Reuchlin, dans ses écrits, se fait honneur d'avoir été son élève. Guillaume Tardif, connu par d'autres productions que par son traité de fauconnerie, dédia ce traité à Charles VIII. La dédicace est de nature à donner une idée du plan qu'il a suivi : « Au roi très
» chrestien Charles huitième de ce nom, Guillaume Tardif, du Puy en Velay, son liseur,
» très humble recommandation, supplie et requier.

» C'est lorsque Dieu vous doua du nom de très chrestien roi de France, sire, mon souverain naturel
» et unique seigneur, je, votre très humble et très obéissant serviteur, vous dédiai mon médiocre
» engin et science. Car, après plusieurs œuvres que en votre nom ay composées par votre comman-
» dement et pour récréer votre royale majesté entre ses grandes affaires, vous ay en ung petit livre
» rédigé tout ce que j'ay pu trouver servir à l'art de faulconnerie et des chiens de chasse, lequel
» livret ay translaté en françois des livres en latin du roi Danchus (2), qui premier trouva et
» escrivit l'art de faulconnerie et des livres en latin de Moamus, de Guillinus et de Guicennast (3)
» et colligé dels aultres bien savans et experts en ladicte science et art. Brièvement et clairement
» mis en ordre par rubriches et chapitres, etc. » Guillaume Tardif écrivit moins d'après l'expé-

---

(1) Gasses est Gaces de Vignes, qui dans son roman des oiseaux, traite de la fauconnerie. Phœbus traite de la vénerie. Le roi Modus et la reine Ratio traitent de l'une et de l'autre.

(2) On n'a pu encore découvrir quel était ce roi Danchus, en quel pays et en quel temps il régnait.

(3) Moamus et Guicennast sont des auteurs arabes.

rience que d'après les préceptes de ceux qui l'avaient précédé, en sorte que son ouvrage n'est, à proprement parler, qu'une compilation des anciens.

L'index des chapitres paraît annoncer les mêmes sujets qu'on trouve dans les traités que le lecteur de Charles VIII avait pour modèles. Cette similitude varie cependant à l'égard de la partie qui concerne les maladies des oiseaux et des chiens.

Guillaume Tardif termine son traité par une péroraison (1) bien propre à compléter l'idée que sa dédicace donne de son ouvrage.

Éditions. L'art de faulconnerie et déduyt des chiens de la chasse. Paris, Philippe le Noir, in-4, gothique, sans date. On a aussi imprimé ce Traité en 1567, avec celui de Jean de Francières. On a traduit en latin la *Fauconnerie* de Tardif : cette traduction a été imprimée à Genève avec le *Traité* de Frédéric II, et à Bâle, en 1578, in-8. Guillaume Tardif a encore été imprimé avec Jean de Francières et Artelouche de Alagona, à la suite de Jacques du Fouilloux, avec un recueil de tous les oiseaux qui servent à la volerie et à la Fauconnerie. Paris, chez Félix Le Manguier, 1585, et Cramoisy 1628, in-4, figures.

CHARLES IX, *sur la Chasse au Cerf.* Charles IX avait un penchant si décidé pour la chasse, qu'il voulut composer un traité sur celle du cerf. Il employa, disent quelques écrivains, les hommes les plus savans de son royaume pour recueillir les matériaux qui devaient y entrer. Il règne en effet dans cet ouvrage un grand goût de recherches sur l'instinct et la nature du cerf. On prétend que M. de Villeroy, secrétaire d'État, y travailla avec Charles IX, et l'écrivit sous sa dictée; d'autres (2) disent que M. de Villeroy l'a recueilli et l'a mis en ordre lui-même. Ce traité est divisé en vingt-neuf chapitres. Par l'extrait suivant du chapitre premier, on jugera du style et de la méthode de Charles IX. *Puisque j'ay entreprins d'écrire par le menu les façons et manières comme il faut chasser et prendre les cerfs à force, de leurs condition et nature, je veux commencer par ce qu'il me semble qu'ont obmis tous ceux qui ont escript par cy-devant de telle matière ; c'est à sçavoir de la façon qu'il faut peupler une forêt où il n'y a point de cerfs, etc.* Depuis le second chapitre jusqu'au septième, Charles traite du rut, de la retraite, de la mue et des fumées des cerfs. Le sixième est long et plein d'érudition ; l'auteur y a ramassé une partie de ce que les anciens ont

---

(1) « Ceste œuvre, sire, j'ai par votre commandement entreprins et pour vostre plaisir hastivement assouvir; et combien qu'elle soit aymée, desirée et exercée des nobles seigneurs et grands princes de votre court, si n'ay je peu trouver aucteur qui l'ayt suffisamment traictée et ce qui a esté escript est en aulcunes manières et sans ordre et icelles encore si corrompues par l'ignorance et vice des escripvains ou autrement, que les m'a fallu vérifier par les experts en iceluy art et médecins et apoticaires. » (Il est bon de faire attention à cet endroit. La plupart des auteurs de ce temps-là qui ont traité de la chasse se sont étendus particulièrement sur la médecine des faucons et des chiens; les remèdes qu'ils indiquent sont dans la forme des ordonnances de nos médecins d'aujourd'hui, et comme ils emploient beaucoup d'abréviations, des copistes ignorans s'y méprenaient, c'est pourquoi Tardif avait recours aux apothicaires et médecins pour corriger ces fautes.) « Parquoy je prye ceulx qui ceste œuvre liront qui leur plaise l'excuser et prendre en gré. .
« Maintenant, sire, je retourne à mes études de humaine (c. à d. belles-lettres) et théologie, pour continuer vous composer ou translater ce qui me semblera plus utile et nécessaire à vostre très noble corps et ame. » Cy finist, etc. »

(2) MM. de Sainte-Marthe dans l'*Histoire généalogique de la maison de France, Vie de Charles IX*, parlent ainsi de cet ouvrage. « Le roi daigna prendre la peine de composer un traité de la chasse, recueilli et amassé par la diligence de ce grand et renommé conseiller et secrétaire d'état, Nicolas de Villeneuve, seigneur de Villeroy, œuvre qui peut être mis au rang de ceux que jadis sur pareil sujet écrivirent l'empereur Frédéric second et Gaston Phœbus, comte de Foix. »

dit de la nature du cerf. Depuis le septième chapitre jusqu'au dix-neuvième, il traite des chiens et de leurs maladies. Le reste est la didactique des veneurs. Le traité de Charles IX n'a été confié à l'impression que sous Louis XIII, auquel il est dédié.

Éditions. La Chasse royale composée par le roi Charles IX. Paris, Nicolas Rousset, 1625, in-8.

JEAN DE CLAMORGAN.—L'ouvrage de Clamorgan est dédié à Charles IX. On y traite de la nature du loup, des remèdes que l'on peut tirer de ses différentes parties, de la manière de dresser le limier et les chiens courans pour cette chasse; on y apprend à faire traînées et buissons. La quête et la chasse du loup avec chiens courans, ou avec lévriers, et la même sans limier, occupent une partie de ce traité. Il indique enfin les différentes façons de prendre les loups avec rets, filets, pièges et autres instrumens dont les planches rendent la description sensible. M. de Clamorgan avait étudié l'histoire naturelle dans les meilleurs livres connus de son temps; mais elle était alors renfermée dans le cercle étroit de quelques observations très difficiles à démêler du faux merveilleux. Cet auteur entendait bien la chasse : on ne doute pas qu'il n'ait été regardé comme un modèle. Bien d'autres titres le rendirent célèbre : il dédia à François Ier une nouvelle forme de mappemonde, avec les longitudes et latitudes, que ce prince fit placer dans sa bibliothèque de Fontainebleau. M. de Clamorgan, capitaine de la marine du Ponant, servit en mer pendant quarante-cinq ans sous trois de nos monarques. Il eut, pour son temps, des vues saines sur l'astronomie et la police de la navigation. On a éprouvé que les hommes ne sont pas faits pour avoir toujours les mêmes vues.

Éditions. La Chasse du loup, par Jean de Clamorgan, seigneur de Saane, premier capitaine de la marine de Ponant. Paris, Jacques Dupuis, 1576, in-4, avec figures. On en cite une édition de 1574. Ce Traité a été inséré dans la *Maison rustique* et dans quelques éditions de du Fouilloux.

JACQUES DU FOUILLOUX, gentilhomme poitevin, mourut pendant le règne de Charles IX, auquel il dédia son ouvrage sur la chasse. Issu d'une famille qui avait toujours eu du penchant pour cet exercice, lui-même il s'y était livré bien des années avant de se déterminer à écrire. Ses préceptes ont un caractère de vérité qui doit satisfaire tout lecteur attentif. On y remarque plus de liaison que dans les auteurs qui l'ont précédé. Du Fouilloux s'écarte cependant quelquefois de son but principal, et donne dans des digressions hors d'œuvre que l'érudition ne peut remplacer : il retourne encore trop souvent sur ses pas. Son style ne ressemble pas plus au nôtre que nos habits ne ressemblent à ceux de son temps. Mais on ne peut assez le louer d'avoir préparé de riches matériaux à ceux qui ont écrit depuis lui sur la chasse. Ses observations sur les différentes espèces de chiens de chasse, sur la manière de les élever, de les nourrir et de les dresser, la cure de leurs maladies, les devoirs des valets de chiens et du piqueur méritent particulièrement d'être lus. La chasse au cerf occupe une très grande partie de l'ouvrage. Les chasses au sanglier, au lièvre, au renard et au tesson ou blaireau, supposent beaucoup d'expérience dans celui qui les décrit, et font regretter qu'il ne se soit pas étendu davantage. Il y a dans du Fouilloux quelques morceaux de poésie : on y remarque des traits d'une naïve rusticité. Rien n'est plus comique que la peinture qu'il fait, dans la chasse au renard, de la situation du principal acteur. Il le place dans un chariot garni de bouteilles de vin, de jambons, de langues de bœuf, de coqs d'Inde froids; l'étend sur un lit fait de peaux remplies d'air, et à sa tête il met une jeune nymphe moins farouche que Diane : ce trait de galanterie, excusable dans du Fouilloux, se trouve dans le poëme de Savary.

Nous avons, dans plusieurs éditions de du Fouilloux, un extrait des matières traitées par Gaston

Phœbus, sous le titre du roi Phœbus, et la chasse au loup par Clamorgan. MM. de Buffon et Daubenton citent souvent du Fouilloux dans leur Histoire naturelle.

Éditions. La Vénerie de Jacques du Fouilloux, avec quelques additions : savoir le Traité de Gaston Phœbus, comte de Foix, de la chasse des bêtes sauvages, revu et corrigé, et plusieurs Traités des chasses du loup, du connil, du lièvre, et des remèdes pour les maladies des chiens. Plus le miroir de fauconnerie, pour choisir, nourrir et dresser toutes sortes d'oiseaux; par Pierre Harmont, d t Mercure, fauconnier de la Chambre. Paris, 1606, 1628 et 1640; Rouen, 1650; Paris, 1653; Rouen, 1656; Poitiers, 1661, in-4. Ce titre de la Vénerie de du Fouilloux est pris sur les dernières éditions, qui sont beaucoup plus amples que les premières : on a aussi une traduction italienne de du Fouilloux, par César Parona; elle imprimée à Milan en 1615, in-8, figures.

CLAUDE GAUCHET, de Dampmartin, aumônier de Charles IX, avait commencé ses quatre livres sur la chasse sous le règne de ce prince. En suivant son génie, il flattait la passion du souverain : c'était prendre la route qui conduit le plus sûrement à la faveur. Ses ouvrages ne furent rendus publics, comme la préface l'annonce, qu'après la mort de Charles IX. Ils furent dédiés à M. le duc de Joyeuse, amiral de France, et gouverneur de Normandie. La seconde édition, plus ample que la première, fut dédiée à M. le duc de Montbazon, grand veneur. On n'a pas de peine à croire que la versification française de Gauchet n'a ni la douceur, ni l'harmonie de la poésie moderne. A ne considérer l'ouvrage de Gauchet que comme un morceau de littérature, c'est une production des plus médiocres. Rien qui flatte ou qui anime : nul ordre dans la composition ; nulle flexibilité dans les digressions : ni délicatesse, ni régularité, ni hardiesse dans les figures ; ses images ont tout l'ensemble du dessin gothique. Enfin point de noblesse, point de finesses dans les plaisanteries par lesquelles le poète prétend quelquefois réjouir son lecteur.

Le début de Gauchet est une ample description du printemps, du prieuré de Beaujour, et de la forêt de Retz. Son prieuré est le théâtre des plaisirs qu'il va chanter. Il invite plusieurs beaux esprits à venir les partager. Daurat est des premiers que le prieur se fait fête de posséder. Il ne manque pas d'inviter le célèbre Ronsard, et lui dit de belles choses, ainsi qu'à l'abbé Desportes. Il fait aussi son compliment d'invitation à Baïf. D'Orléans lui paraît un héros digne de figurer dans cette partie : la fête n'irait pas bien sans son ami l'Escallay, et le bon prieur de Beaujour, qui ne veut oublier personne, dit honnêtement à deux autres qu'il n'est pas assez dédaigneux pour les oublier.

Avant de prendre le plaisir de la chasse, le poète fait une complainte amoureuse assez ridicule, et la termine par une chanson que Faune lui-même eût rougi d'entendre, et qui cependant ne fait pas rougir la bergère qui la répète.

Ici la chasse commence : deux renards successivement passent en revue, esquivent la dent qui les presse, font mille ruses, et se rendent. Ces deux chasses sont présentées de manière à n'intéresser que celui qui les a décrites. Les lapins paraissent aussi sur la scène. Mais les chiens méprisent ces faibles et imbéciles habitans des demeures souterraines. Un orage assez mal imaginé sert ici d'épisode ; Diane, la déesse des chasseurs, échauffait cependant l'imagination du poète : à ce songe succèdent deux sonnets qui ne signifient pas grand'chose. On se dédommage de tant d'ennui par la chasse du lièvre, qui est assez récréative. Malheureusement cela ne se soutient pas. La pêcherie, ou pêche, est un des plaisirs que l'auteur promet ; mais cette pêche n'offre rien d'intéressant ni pour le fond, ni pour la manière dont elle est traitée ; l'auteur emploie plus de vers à dire où il va, ce qu'il va faire et comment il s'en retourne, qu'à décrire ce qu'il a fait.

Editions. Les Plaisirs des champs divisés en quatre livres, selon les quatre saisons de l'année, par Claude Gauchet, Damp-

martinois, aumônier du roi. Paris, Chesneau, 1583, in-4. Le même, revu et augmenté d'un devis d'entre le chasseur et le citadin.... *avec l'instruction de la volerie et pescherie, et tout honnête exercice qui se peut prendre aux champs.* Paris, Abel Langelier, 1604, in-4.

Gommer. Nous citons l'ouvrage de MM. de Gommer pour prouver notre exactitude. Il ne paraît pas avoir mérité l'attention des critiques, ou peut-être n'en ont-ils point parlé, parce que le titre même aura échappé à leurs recherches. Ce livre est très rare, et nous n'avons pu le trouver. Nous ne connaissons d'ailleurs aucune anecdote, ni historique, ni littéraire, qui puisse faire connaître MM. de Gommer.

Éditions. De l'Autourserie et de ce qui appartient au vol des oiseaux, par Pierre de Gommer, seigneur de Lusancy, assisté de Gommer, seigneur du Breuil, son frère. Châlons, Guyot, 1594, in 8; le même, Paris, 1608.

Charles d'Arcussia, *vicomte d'Esparron* (1), était un gentilhomme instruit, qui avait long-temps vécu à la cour. Il joignait à ses talens toutes les ressources que fournit l'expérience (2). La fauconnerie, de son temps, faisait encore l'amusement des plus grands seigneurs, et lui-même était un très habile fauconnier. Avant lui, plusieurs avaient écrit en notre langue sur cette matière; mais leurs ouvrages n'ont ni la netteté, ni la méthode, ni le fond de réflexion que l'on trouve dans celui de M. d'Esparron : l'auteur fait remonter l'origine de la fauconnerie jusqu'aux Hébreux (3); il en cherche des preuves dans le prophète Baruch, dans les annales sacrées de l'histoire sainte, et même dans les chroniques de l'histoire fabuleuse. Quel homme, jaloux de rendre respectables les sujets qu'il traite, ne présente pas leur origine au dessus de toutes découvertes par l'éloignement et l'obscurité des premiers temps? Le vicomte d'Esparron cherche aussi des époques distinguées au siége de Troie. Il trouve encore des héros de fauconnerie dans Mérouée, dans Henri, roi (4) d'Allemagne, surnommé l'Oiseleur, dans l'empereur Henri VI (5),

---

(1) Charles d'Arcussia, fils de Gaspard d'Arcussia et de Marguerite de Glandève, descendait au douzième degré d'Élisée d'Arcussia, comte de Capre, ou plutôt de Caprée, général des galères de l'empereur Frédéric Barberousse. Élisée d'Arcussia faisait prendre dans son île de Caprée des faucons, des sacres, des laniers, etc., pour les présenter à cet empereur. Les écrivains de ce temps témoignent qu'il était très habile fauconnier (*), ainsi que son fils Pancellus d'Arcussia; et leurs descendans jusqu'à Charles d'Arcussia ont presque tous cultivé la fauconnerie; ce qui leur était facile par la situation de l'île de Caprée, qui est un grand passage pour les oiseaux : l'évêque de Caprée tire même une partie de son revenu des cailles qu'on y prend.

(2) Il avait près de 60 ans lorsqu'il donna son *Traité de fauconnerie*.

(3) On peut consulter sur l'origine de la vénerie et de la fauconnerie, *Joannes sarisberiensis de venatica et autoribus et speciebus ejus, et exercitio licito et illicito.* Cet auteur explique fort au long toutes les fables sur l'origine de la fauconnerie. On trouve son ouvrage dans la *Biblioth.* ●●●●● Lugd. 1677 à la pag. 247 du tome 23.

(4) L'empereur Henri Ier n'est appelé par les anciens Italiens que ●●● ●●●●●●●●, parce que lui-même il se contenta de ce titre, moins jaloux du pompeux titre d'empereur que de la gloire de rendre heureuse par de sages lois une nation qui l'avait choisi pour chef.

(5) Collenucio, dans son quatrième livre de son *Histoire de Naples*, dit que cet empereur fut le premier qui fit prendre des faucons en Italie.

(*) Il paraît que cet Elisée d'Arcussia a fait un Traité en latin sur la fauconnerie, suivant ce que dit M. d'Esparron, son descendant. Voici ce qu'il dit dans sa dix-neuvième lettre à Philofalco : « J'ay appris dans un Truicté faic par un de » mes ancestres, ce qui s'ensuit : *Ad bellum Ardeolæ, quam veteres Græci Herodium vocant, sacrarum et falcones admi-* » *rabiles sunt, Caprearum captos.* C'estait Elisée d'Arcussia, seigneur de cette isle de Capre, et général des galères de l'em- » pereur Fridéric (Barberousse), père et devancier de Henri VI. »

dans Frédéric II, son fils, dans Euphrosine, impératrice de Constantinople (1), dans Mahomet (2), fils d'Amurat, neuvième empereur des Turcs, dans le pape Léon X, etc., etc.

L'ouvrage de M. d'Esparron est rempli de recherches sur toutes sortes d'espèces d'oiseaux, et même sur l'histoire naturelle de différens autres animaux et de plantes dont il rapporte des particularités singulières. Il ne s'est pas toujours appuyé sur le témoignage d'auteurs dont la véracité soit à l'épreuve de toute suspicion : il ne s'en rapporte cependant pas à tout ce qu'on dit. Quelquefois il réfute fort judicieusement les erreurs des anciens naturalistes (3) et des historiens ; mais quelquefois aussi ses jugemens portent à faux, et montrent qu'il n'a pas toujours également approfondi les objets qu'il discute. On reconnaît dans cet ouvrage un grand fond de lecture qui n'est pas distribué avec économie, et l'on est bien surpris, au sujet de fauconnerie, de trouver à la fois de la morale, de la métaphysique, de la physique, de l'histoire, de la critique même, des étymologies (4) et des remarques de grammaire. Les rabbins, les pères de l'église, les orateurs, les poètes, les politiques, les mythologistes, souvent ne semblent avoir place dans cet ouvrage que pour montrer que l'auteur les avait lus. On ne doit pas laisser ignorer que dans ce fatras on trouve des remarques qui ne sont pas déplacées, et qu'au nombre de celles qui sont le plus hors de place, il est des observations intéressantes. Au surplus, passez sur l'ennui qu'entraîne avec soi l'érudition du siècle de d'Arcussia, retranchez quelques historiettes et quelques pratiques superstitieuses (5), vous aurez un traité de fauconnerie fort curieux

---

(1) Euphrosine prenait tant de plaisir au vol, qu'elle portait elle-même à la chasse son oiseau le plus favori sur le poing, avec un chaperon de fin or. Elle était femme d'Alexis Comnène, troisième du nom que quelques uns appellent *Porphyrogénète*, et qui commença à régner en 1165.

(2) Le vicomte d'Esparron dit que cet empereur (au rapport de Chalcondyle, liv. 7 de son *Histoire des Turcs*) fut si grand fauconnier, qu'il employait sept mille hommes à traiter ses oiseaux, et cent hommes pour la garde de ses chiens de fauconnerie. M. d'Esparron a donné là une fausse interprétation au texte grec de Chalcondyle, qui porte que Mahomet, à son avénement à l'empire, diminua le nombre de ses fauconniers qui était de sept mille, qu'il n'en réserva que cinq cents, et incorpora le reste dans les janissaires. Il diminua pareillement le nombre de ses valets de chiens et n'en réserva que cent. Ainsi, au lieu de citer Mahomet II, dans son siècle la terreur de l'Europe et de l'Asie, il fallait citer Amurat son père, dixième empereur des Turcs, conquérant à la vérité moins fameux, mais plus juste et non moins courageux à venger les injures qu'il recevait.

(3) Il réfute des naturalistes qui ont prétendu que le sang de bouquetin amollissait le diamant, que les pigeons conçoivent par le bec; que les lièvres sont hermaphrodites; que les renards nourrissent leurs petits de leur vomissement, et non de lait; que l'aigle éprouve ses petits aux rayons du soleil dont ils doivent fixer la lumière, etc.

(4) On y voit origine du mot poltron, qui vient de ce que les Perses faisaient couper le pouce aux soldats dos au combat. *A pollice truncato*. D'Arcussia assigne la différence qui est entre *prœlium et bellum; pinnas, pennas, plumas*, etc. Dans sa neuvième lettre à Philofalco, il explique le verset du psalmiste *si dormiatis inter medios cleros*, et dit qu'il était réservé à un chasseur d'en découvrir le sens. J'ai bien vu des dissertations sur ce verset, et je n'en connais pas de plus raisonnable que celle de d'Arcussia : elle est appuyée sur les expressions des anciens fauconniers.

(5) L'auteur déclame cependant beaucoup contre toutes sortes de superstitions ; il forme de très bons raisonnemens contre l'astrologie judiciaire, contre les jours heureux et malheureux : il assure que Virgile, Pline, Hésiode, Columelle et Constantin avaient trop de bon sens pour croire ce qu'ils ont écrit à ce sujet ; ils ne parlaient ainsi, dit-il, que pour contenir les peuples. Il tourne en ridicule ceux qui n'osent chasser le vendredi ; et ceux qui tirent un mauvais augure d'une salière renversée, ou de se trouver treize à table.

et très instructif. Il convient même d'appuyer sur ce traité avec une sorte de détail, parce que l'auteur a profité des lumières de tous les fauconniers et des naturalistes qui l'ont précédé. D'Arcussia ne parle presque toujours que d'après l'expérience; et cette expérience, éclairée par la réflexion, par une méditation particulière sur ce qu'il avait lu et entendu, l'a souvent conduit à de nouvelles découvertes. Or, comme il mérite d'être suivi, il mérite aussi qu'on prévienne qu'il n'est pas toujours un guide assuré.

La Fauconnerie du vicomte d'Esparron est divisée en six parties, qui sont précédées de seize conférences ou journées. Ces conférences renferment avec précision plusieurs règles qu'il développe dans le corps de l'ouvrage, et des préceptes sur différens vols. Sa première partie a pour objet l'instinct, le caractère et la figure des oiseaux de fauconnerie. Il traite dans sa seconde partie des maladies des oiseaux et des remèdes. La troisième partie roule sur le même sujet; elle est écrite en forme de lettres; le fauconnier peut y apprendre à prévenir la plupart des maladies par son attention, par sa vigilance. M. d'Esparron, dans la quatrième division de son ouvrage, fait le détail des parties intérieures (1) des oiseaux de fauconnerie, de leurs forme, situation, substance et fonctions, détail qui s'étend sur leur accouplement, leur ponte, leur façon de faire éclore les œufs, de nourrir leurs petits dans l'aire, de leur enseigner à voler et à prendre la proie.

La cinquième partie est un traité abrégé de l'autourserie; la description de l'autour, du niais, du passager; les précautions pour le tenir en état, le faire voler et prévenir ses principales maladies; les préparatifs et le temps du vol; les moyens de reprendre l'autour de mauvaise créance, de le soutenir à la remise; ses vols pour le canard et le lapin, ses écartemens, la défaillance ou boulimie à laquelle il est sujet, et la manière d'y obvier: telle est à peu près la suite des matières intéressantes de ce traité. La sixième partie dépare en quelque sorte l'ouvrage, si on en excepte quelques observations. Quelle petitesse dans un homme de cour de croire que les oiseaux sont sujets à la possession des esprits; que lorsqu'ils sont agités la nuit, c'est l'ame de quelqu'un de ses fauconniers qui fait pénitence après sa mort. La belle pénitence de venir lutiner les vivans, étriller des chevaux, soigner des ânes, et tourmenter des faucons (2)! Quand quelque chose va de travers dans la fauconnerie, l'auteur veut toujours que ce soient ou le diable ou des lutins. Toute cette partie consiste en formules de conjurations et d'exorcismes: il faut faire des aspersions sur le faucon qui va fondre sur l'innocente perdrix, pour le préserver de l'aigle qui, chemin faisant dans les airs, pourrait le détrousser et le croquer lui-même. Tels étaient les préjugés du siècle de M. d'Esparron, et du siècle de l'empereur Frédéric: préjugés qu'ont plus ou

---

(1) Plusieurs fauconniers citent Bélon sur l'inspection des parties intérieu___ ___ ___. Cet Ornithologiste s'est en effet fort étendu sur leur anatomie; il a fait graver un sque___ ___ carcasse d'un oiseau pour mettre en comparaison les os de celui-ci avec ceux de l'autre ___.

(2) Cependant Blefkenius, Danois, dans sa relation de l'Islande, dit que les Islandais ont des esprits familiers, que ces esprits les servent comme des valets, et les avertissent la nuit s'il fera bon le lendemain aller à la chasse ou à la pêche: les voyageurs rapportent que les Indes, surtout les contrées qu'habitent les sauvages, sont pleines de farfadets, petits démons ou esprits follets qui ont un commerce familier avec l'homme, et dont les uns sont méchans, et les autres bienfaisans. Pour moi, je mettrais volontiers ces esprits indiens et islandais au rang des vampires, si connus dans le Nord qu'on y porte les édits contre eux, et si étrangers à nos pays, que nous doutons qu'il en existe. Ce qu'il y a de certain, c'est que ces lutins, ces farfadets, etc., fuient d'un pays à mesure que les lumières dissipent les nuages qui accompagnent la barbarie et l'ignorante stupidité.

moins adoptés presque tous les fauconniers. Mais aujourd'hui, voulant secouer le joug de la superstition, on en est venu au point de n'admettre rien, et l'on pourrait dire :

Incidit in Scyllam cupiens vitare Charybdin.

On trouve enfin dans l'ouvrage de M. d'Esparron, quelques petites pièces de poésie qui n'intéressent guère la belle littérature.

Éditions. La Fauconnerie de Charles d'Arcussia de Capre, seigneur d'Esparron, de Pallières et du Revest en Provence, divisée en dix parties, avec les portraits au naturel de tous les oiseaux. Aix, 1598, in-8. Paris, 1604 et 1608, in-8, 1615, 1621 et 1627, in-4. Il a été aussi imprimé à Rouen, en 1644, in-4 ; cette édition passe pour la plus ample. Si pour juger du mérite de cet ouvrage le grand nombre d'éditions qui en ont paru ne suffisait pas, il est une appréciation qui n'est pas équivoque, c'est l'estime où il a été chez les nations les plus instruites dans l'art de la fauconnerie : il fut traduit en allemand en 1601. On en a fait aussi une traduction en italien : mais on ignore en quelle année. Les traductions étrangères sont très rares en France.

JEAN PASSERAT, originaire de Troyes en Champagne, après avoir rempli une carrière utile à la république des lettres, après bien des succès, termina cette carrière âgé de soixante-huit ans (1). L'étude des auteurs grecs et latins développa son génie et perfectionna son goût : la langue des Romains avait pour lui un attrait particulier. Pour la posséder à fond et entendre parfaitement Cicéron, il conçut qu'il fallait connaître la latinité des anciens jurisconsultes. Dans le dessein d'acquérir cette connaissance, il fut à Bourges avec Alphonse d'Elbene, évêque d'Albe (Alby); il y passa trois ans pour étudier le droit sous Cujas, ce célèbre restaurateur de la jurisprudence romaine parmi nous.

Passerat revint à Paris en 1569, enseigna d'abord les humanités au Plessis, et fut ensuite professeur royal en éloquence, en 1572, à la place du fameux Pierre Ramus (ou de la Ramée), qui, cette même année, fut assassiné, le 24 août, jour pour nous d'odieuse mémoire. Passerat eut un auditoire fort distingué, et ses leçons furent reçues avec applaudissement. Ses discours, ses poésies, et particulièrement ses commentaires et les recherches singulières qu'il fit sur la latinité lui méritèrent la plus belle réputation. Dans son style, dit M. Leclerc en parlant de ses productions latines, on croirait un élève du siècle d'Auguste, et dans les choses, on reconnaît un Français qui parle, qui badine, qui harangue et qui raille. Passerat fut bientôt mis de pair avec ces illustres savans, dont les noms seuls réveillent dans l'esprit de grandes idées de littérature et d'érudition, promettent beaucoup pour un ouvrage et vont plus loin que les éloges.

La réputation de Passerat ne nous éblouit cependant pas aujourd'hui à l'égard de sa versification française, et le poëme intitulé *Le Chien courant*, si estimé de Ronsard, de du Bellay, de Baïf et d'autres poëtes ses contemporains, est une de ses productions françaises de moindre valeur. Il ●●●●●●●● consiste que dans des détails quelquefois instructifs, à la vérité, souvent fautifs●●●●●●●●jours secs, toujours arides. Ces détails roulent sur le choix des chiens, sur la manière de les connaître, de les élever, de les former, sur leur usage et sur les maladies auxquelles ils sont sujets.

---

(1) Baillet met la mort de Passerat le jour de l'Exaltation de sainte croix, l'an 1602. M. de la Monnoie, dans ses notes sur Baillet, fait cette observation : « Passerat, selon Scévole de Sainte-Marthe, mourut « *pridie idus septembres*, c'est à dire, le 12 de septembre, et non pas le jour de l'Exaltation de sainte « croix, qui est le 14. »

Le début est une invocation naïve, mais peu animée, peu poétique : elle s'adresse à Henri III, qui avait engagé Passerat à composer le *Poëme de la chasse.*

> Dans ces forêts où bruit un doux zéphyre,
> Je veux des chiens et de la chasse écrire
> Sans invoquer Diane et les cent sœurs,
> Nymphes des bois, déesses des chasseurs.
> Henry, grand roi, fleur des princes du monde
> A qui Diane en la chasse est seconde,
> Donne courage et force à ton sujet
> De bien traiter un si noble sujet.

Le poëte veut qu'on ait un soin tout particulier pour la chienne en gésine ; ce qu'il exprime en vers fort prosaïques :

> S'ainsi alvient que ses chiens elle fasse
> En temps d'hyver, qu'elle ait une paillace
> Auprès du feu, à cause que l'hyver
> N'est guere propre à des chiens élever.

La description de la rage est si longue et si ridicule, que, pour l'honneur du poëte, l'on ne doit pas la rapporter. Il ne faudrait pas conclure de ce poëme que Passerat, pour son temps, ait mal réussi dans la poésie française.

Ses autres pièces sont beaucoup au dessus de celle-ci, non pas cependant qu'on pût, sans risquer de s'ennuyer, soutenir la lecture d'une pièce entière, pour peu qu'elle soit de longue haleine. Ses expressions et la tournure des phrases, en usage alors, déparent aujourd'hui ses idées, leur beauté s'est éclipsée avec les graces de la diction devenue surannée (1).

De ce qu'on vient de dire sur la versification française de Passerat, il en résulte seulement qu'il n'est point un poëte moderne : ce n'est point un Boileau, ce n'est point un Racine ; un siècle plus tard peut-être l'eût-il été. Ennius, au jugement de Cicéron et d'Ovide, était un poëte d'un grand génie ; deux siècles plus tard, Ennius, peut-être, eût égalé Virgile, qui adopta plusieurs de ses vers : l'or français de Passerat vaut bien celui du romain Ennius. On peut ajouter que Passerat, dans quelques unes de ses poésies, n'est pas éloigné de plaire encore. Il

---

(1) Tant qu'une langue n'est point fixée, on ne peut se promettre l'universalité de suffrages pour les siècles à venir. Celui de Passerat n'était point encore cet heureux siècle de Malherbe :

> Qui, le premier, en France,
> Fit sentir dans les vers une juste cadence ;
> D'un mot mis à sa place enseigna le pouvoir,
> Et réduisit la Muse aux régles du devoir.

Du temps de Passerat on se permettait toute licence, soit pour la diction, soit pour le retranchement des syllabes. Il n'y avait point de règle établie dans le choix des rimes. On n'était point encore délicat sur la rencontre de deux voyelles qui se heurtent sans s'éliser, et qui dans leur choc écorchent les oreilles. A peine alors osait-on penser d'après soi-même : idées, expressions, tout était calqué d'après les Latins, ou d'après les Grecs. Les poètes surtout ne donnaient qu'un latinisme ou un hellénisme à peine francisé : ce n'étaient que transpositions de mots, que constructions forcées. Passerat cependant, qui plus que tout autre s'était fait une étude de la latinité, était moins qu'aucun autre chargé des défauts de son siècle.

est des beautés qui, malgré la diction, ont des droits sur tous les siècles. Marot plaira toujours, et Passerat avait quelquefois un tour, une naïveté badine et polie qui ressemble fort à Marot. Sa fable de la métamorphose d'un homme en un oiseau que l'on nomme coucou, le rapproche même de La Fontaine : elle a beaucoup d'agrément dans la narration (1).

Éditions. Les Œuvres poétiques de *Jean Passerat.* Paris, in-8, 1606. Cette édition est la plus ample qu'on ait des poésies françaises de Passerat : ce fut J. de Rougevalet, neveu du poète, qui la donna et la dédia au duc de Sully. Elle renferme quantité de pièces qui n'étaient pas dans celle de Paris, Patisson, 1602. Il en avait paru encore d'antérieures dont on n'a pas les dates. Il y en a aussi de postérieures à celle de 1606, qui ne doivent être considérées que comme réimpressions. Le poëme du Chien courant est la première des pièces contenues dans le recueil des poésies de Passerat.

GUILLAUME DU SABLE, auteur d'un ouvrage ayant pour titre *La Muse Chasseresse*, nous apprend, dans la dédicace qu'il en a faite à Marie de Médicis, régente du royaume après la mort de Henri IV, qu'il avait été, en qualité de veneur, au service de six rois, et qu'il était, en 1611, époque de la publication de ses œuvres, au service du septième (de Louis XIII). Il se proposait de les dédier à Henri IV, lorsqu'une main parricide vint frapper ce bon prince, le père du peuple. C'est bien mal à propos que Guillaume du Sable a donné à son ouvrage un titre qui promet des préceptes sur la chasse : c'est un recueil de poésies où l'on trouve des sonnets, des anagrammes, des acrostiches, des épigrammes, des épitaphes, des rondeaux, des dialogues rimés, des épîtres et des quatrains adressés aux personnages du siècle et à ses contemporains Marot et Ronsard ; enfin une collection de toutes les petites pièces de vers qu'il avait composées pendant la longue durée de sa vie, toutes écrites dans le style et le goût de son temps,

---

(1) Un vieillard avait épousé beauté jeune et fraîche,

Il l'aima trop, si l'on peut trop aimer ;

puis il en devint jaloux et la tint renfermée ; mais ni serrures ni verroux ne peuvent l'arrêter ;

Mal est gardé ce que garde la crainte,
La belle s'enfuit avec son galant,
Sans dire adieu au bon homme endormi.
A son réveil il se trouve sans elle,
Saute du lit, ses valets il appelle ;
Puis ses voisins, leur conte son malheur,
S'écrie au feu, au meurtre, au voleur.
Chacun y court. La nouvelle entendue
Que ce n'était qu'une femme perdue,
Quelque gausseur de rire s'éclatant,
Va dire : O Dieux, qu'il m'en avienne autant!

Passerat raconte ensuite le désespoir du jaloux, qui demandait à tout le monde où sa femme était allée. Ne pouvant en apprendre des nouvelles, il dépérissait de chagrin, de langueur (*et n'avait plus que les os et la peau*). Les dieux alors le changèrent en cet oiseau qui vers le commencement du printemps vole d'arbre en arbre, criant partout *où ? où ?*

Parle aux passans et ne peut dire qu'*où?*
Rien que ce mot ne retient le coucou
D'humain parler. Mais par œuvres il montre
Qu'onc en oubli ne mit sa mal encontre ;
Se souvenant qu'on vint pondre chez lui,
Venge ce tort, et pond au nid d'autrui.

BIBLIOTHÈQUE HISTORIQUE ET CRITIQUE.

et qui ont pour objet l'amour, la politique, la religion, la philosophie et les affections particulières de l'auteur. Il n'est question de chasse, et encore d'une manière fort insignifiante, que dans trois ou quatre pièces de vers. L'une est intitulée : *Épitaphe d'un bon relais qui vient de la race des chiens gris*. C'est un éloge de cette race de chiens courans où l'auteur fait parler l'un de ces chiens qui avaient appartenu à la vénerie du duc de Bourgogne. Ce chien, historien de sa race, après avoir rappelé les pays, les forêts et les lieux témoins de son habileté, fait ainsi sa propre description :

> Je say qu'à mon honneur un seul ne porte envie,
> Oyez donc, s'il vous plaît, quelle a été ma vie :
> Mon poil, qui était gris, tirait fort sur le brun,
> Qui de la vieille race est le poil le plus commun.
> J'avais dos rablé, jarret droit, jambes souples,
> Qui plus au laisser courre, allais tousiours sans couples.
> De me coupler aussi n'était pas besoin,
> Car des valets de chiens je n'étais jamais loing,
> Accompagnée était ma sagesse de craincte,
> Mais quand le cerf lancé estoit dans son enceincte,
> Et qu'on sonnoit pour chien adonc marchois devant,
> Comme fait un bon chien qui conduit le devant.

Une autre pièce est consacrée à réfuter l'opinion de Phébus, comte de Foix, qui avait placé la fauconnerie au dessus de la vénerie. Guillaume du Sable n'entend pas raison sur ce chapitre : il relève l'honneur de la vénerie, et démontre combien le chien est supérieur à l'oiseau par sa fidélité, son adresse et ses ruses.

Dans une autre pièce, il donne des avis à ses compagnons veneurs, non sur l'art de la chasse, mais sur la manière de se conduire à la cour.

Édition. On ne connaît qu'une édition de la *Muse Chasseresse*, imprimée aux frais de l'auteur, en 1611, in-12. La rareté de cet ouvrage doit être la seule cause du silence que les critiques ont gardé sur les œuvres de Guillaume du Sable; car, quoique ces œuvres soient chargées de toute la rouille du siècle auquel elles appartiennent, elles méritaient cependant de trouver une mention à côté des ouvrages de Marot et de Ronsard.

François de Saint-Aulaire. L'ouvrage de M. de Saint-Aulaire n'est guère connu que par les catalogues; il paraît cependant moins rare que la *Muse Chasseresse*. Il y a eu un Antoine de Beaupoil, sénéchal de Périgord et chevalier de l'ordre du roi, dont François de Saint-Aulaire peut descendre.

Édition. La *Fauconnerie* de François de Saint-Aulaire, sieur de la Renaudie, en Périgord, gentilhomme limosin. Paris, 1619, in-4.

Louis Gruau. On trouve à la tête de son Traité une courte épître dédicatoire à Louis XIII, qui pour lors n'avait que douze ans. Cette épître ne renferme rien d'intéressant : elle est suivie d'une seconde dédicace à M. le duc de Montbazon, grand-veneur de France. Celle-ci, plus étendue, apprend que l'auteur, curé de Sauge, a fait prendre en peu de temps soixante-sept loups dans sa paroisse. Son ouvrage comprend quatre livres, et trois discours aux pastoureaux français. Le premier livre, qui est de sept chapitres, roule sur la définition de la chasse, sur ses avantages et ses inconvéniens. On y traite fort au long du loup, de son naturel, des lieux qu'il fréquente selon les saisons, de ses amours, des accouplemens, etc. Le chapitre qui a pour objet finesse et les ruses du loup présente différens stratagèmes qu'on trouve cités partout.

Dict. des chasses.

Dans le reste de l'ouvrage, l'auteur parle des pièges, des poches, des fosses à prendre les loups et les renards, avec différens secrets pour les attirer, de chasses, de battues et d'enceintes dans les forêts, que personne n'ignore et que rarement on pratique. Il discute fort au long sur la nécessité de chasser les loups de France, sur la possibilité de ce projet, et les moyens les plus propres pour les empêcher d'y entrer. Les frais qu'exigeraient cette expulsion générale et ce bannissement des loups sont examinés comparativement avec les dommages que ces animaux causent à la France. Si le dommage montait aussi haut que le calcul de M. Gruau, la chose en vaudrait la peine; il serait question de moitié de gain. Enfin, l'auteur disserte sur la variété des opinions concernant l'expulsion des loups faite en Angleterre. Quant aux trois discours adressés aux pastoureaux français, ils roulent sur les maux que causent les loups. On y apprend par quelle étrange aventure ces animaux font tant de mal, et l'on conclut que plus nous approcherons de la fin du monde, plus ils feront la guerre aux hommes. Pour tout dire, ils sont pleins d'une érudition conforme aux idées du siècle où ils ont été écrits.

Édition. Nouvelle invention de chasse pour prendre et ôter les loups de la France, par M. Louis Gruau, prêtre, curé de Sauge, diocèse du Mans. Paris, Chevalier, 1613, in-12, figures.

PIERRE HARMONT.—Il fut, pendant 45 ans, fauconnier de la Chambre sous Henri III et Henri IV: il s'acquitta, comme il l'apprend lui-même, des devoirs de cette charge avec la plus grande assiduité. Les lumières qu'il acquit par cet exercice nous ont procuré son *Miroir de la fauconnerie*. Le titre entier que nous plaçons, en indiquant les éditions, suffit pour donner une idée de cet ouvrage qui n'est pas considérable. Pierre Harmont le dédia à Charles d'Albert, duc de Luynes, grand-fauconnier, garde des sceaux et connétable de France.

Éditions. Le Miroir de Fauconnerie, où se verra l'instruction pour choisir, nourrir, traiter, dresser et faire voler toutes sortes d'oiseaux, les muer et essimer; connoître les maladies et accidens qui leur arrivent, et les remèdes pour les guérir; par Pierre Harmont, dit Mercure, fauconnier de la Chambre. Paris, Percheron, 1620, in-8, figures. Besoigne, 1635, in-8, figures. David, 1640, in-4, figures.

ROBERT DE SALNOVE.—Après avoir passé les années de l'éducation en qualité de page avec Henri IV et Louis XIII, Salnove fut conseiller-maître de l'hôtel, lieutenant de la grande louveterie de France, écuyer de Madame royale Christine de France, sœur de Louis XIII et duchesse de Savoie : il fut aussi gentilhomme de la Chambre de S. A. R. Victor-Amédée duc de Savoie.

Guidé par l'expérience que doivent procurer 35 années passées dans la vénerie et à la guerre, il composa son ouvrage, et le dédia à Louis XIV. Dans sa préface, il réclame avec confiance les suffrages des principaux seigneurs de la Cour et de tous ceux qui s'y distinguaient le plus dans l'art de la chasse, comme autant de garans de ses préceptes. Le jugement de cet écrivain sur lui-même n'était point dicté par un amour-propre aveugle, il fut bientôt justifié par la grande réputation que son ouvrage lui acquit.

Salnove paraît avoir eu particulièrement en vue de faire connaître l'ordre et la méthode qu'on doit observer pour les différentes sortes de chasses dans la vénerie du Roi. Il s'étend sur les places de la vénerie, dont il nomme les principaux officiers. Il désigne aussi avec éloges les princes qui s'adonnaient à la chasse. Le cérémonial qu'on doit observer à l'égard du Roi, des princes, du grand-veneur, du grand-louvetier et des autres officiers, n'est point un article sur lequel il passe légèrement.

Ce Traité est divisé en quatre parties. Les trois premières comprennent les chasses au cerf, au lièvre (1), au chevreuil, au loup, au sanglier et au renard (2). L'auteur donne aussi, d'après ses observations, et les préceptes des anciens, qu'il réfute quelquefois (3), une idée de la nature de chaque animal qu'il faut chasser, des qualités des chiens, de leur éducation, de leurs maladies et des remèdes qui leur sont propres. On trouve encore dans ces trois premiers livres les différens cris des chasseurs, leurs tons et leur manière de sonner, avec un grand nombre d'usages que le temps nous a rendus étrangers. La chasse au cerf contient la moitié de l'ouvrage. Comme Salnove connaissait parfaitement la Savoie et le Piémont, où il avait passé dix-huit ans, il termine sa chasse au cerf par un petit Traité sur la manière de courre le cerf en Piémont, avec des observations particulières suivant les différentes saisons ; il assigne aussi les quêtes et relais qui sont nécessaires, eu égard à la position des lieux. La Savoie, dit-il, est un pays tout de montagnes ; il est difficile d'y suivre les chiens de l'œil, on ne peut les suivre qu'à la voix. Le Piémont a plus de ressemblance avec la France : le pays est plat et l'on peut y accompagner les chiens ; mais il s'y décharge des torrens qui venant des neiges fondues des Alpes, grossissent plusieurs rivières ; les habitans les divisent en un grand nombre de canaux pour répandre la fertilité dans leurs terres. Les cerfs en France ne traversent les rivières que par nécessité : en Piémont, accoutumés à l'eau, ils la battent par inclination (4) ; dès qu'ils sentent les chiens, ils se jettent dans des torrens pour les longer : s'opiniâtre-t-on à les suivre ? ils en sortent pour rentrer dans d'autres torrens, et s'en vont toujours bondissant le change.

Enfin, la quatrième partie de ce Traité contient le dénombrement des forêts et grands buissons du royaume, avec les situations les plus convenables aux quêtes, relais et logemens pour y chasser. On se doute bien que, par les grands buissons de France, l'auteur entend tout bois qu'on n'a point dénommé forêt. Ces quêtes et ces relais ne peuvent guère convenir qu'à des chasses nombreuses, telles qu'en font nos Rois. Cela peut cependant être utile à quiconque court le cerf avec une meute considérable, pourvu toutefois que les chasseurs qui prendront Salnove pour guide fassent attention aux changemens que les temps ont produits dans le local de chaque pays. Voici les différentes provinces de France dont l'auteur désigne les forêts et grands bois, suivant l'ordre qu'il leur donne : le Gâtinais, la Brie, la Normandie, la Picardie, l'Orléanais, la Touraine, le Poitou, la Bretagne et la Bourgogne. Cette partie est très curieuse, et l'état détaillé que l'auteur présente des bois et forêts suppose beaucoup de connaissance.

Éditions. La vénerie royale, qui contient les chasses du cerf, du chevreuil, du sanglier, du loup et du renard, avec le

---

(1) Salnove accuse souvent du Fouilloux de manquer d'expérience, mais lui-même il donne des preuves qu'une expérience observatrice de tout ce qui peut s'apercevoir n'est point réservée à un seul homme. M. de Salnove dit, par exemple, qu'il n'y a point de différence entre le pied de la hase et celui du bouquin, en sorte qu'on ne peut les distinguer par leur empreinte, comme on fait le cerf ; M. de la Conterie, qui a beaucoup étudié la chasse au lièvre, en assigne cependant la différence d'une manière très satisfaisante.

(2) Il paraît, selon Salnove, que Louis XIII aimait beaucoup la chasse, et particulièrement la chasse au renard. Il assure que c'est ce prince qui l'a perfectionnée, qu'il a le premier chassé avec des chiens courans et avec un limier cet animal que jusqu'alors on n'avait chassé qu'avec des bassets. Louis XIII a même inventé une manière particulière de sonner pour le renard ; elle consistait en trois tons du grêle fort courts, et d'un ton gros sur la fin.

(3) Il attaque particulièrement du Fouilloux sur la nature des cerfs, sur leurs viandis, sur leurs allures, etc., sur la nature et l'éducation des chiens, etc.

(4) En France les cerfs font volontiers la même chose dans les pays où il y a beaucoup d'eaux.

dénombrement des forêts et grands buissons de France, où se doivent placer les logemens, quêtes, relais pour y chasser; par messire Robert de Sâlnove. Paris, Sommaville, 1655 et 1665, in-4. On cite dans quelques catalogues une édition de ce *Traité* en 2 vol. in-12. Nous en possédons un exemplaire in-12, imprimé en 1672.

CHARLES PERRAULT, élevé au sein des lettres, en fit son occupation la plus délicieuse, et ne négligea point les autres connaissances qui pouvaient le rendre utile à la société. Son habileté pour les arts, soutenue d'un grand fonds d'équité, lui mérita la confiance de ce célèbre ministre qui donna à la France le spectacle de l'universalité des grands hommes, par son choix et par ce soin si essentiel et si rare d'encourager les succès. Ce fut sous ce ministre, sous le grand Colbert, que Charles Perrault, dans la place qu'il occupa (1), montra son goût déclaré pour les arts, les sciences et les lettres, et pour tous ceux qui s'y distinguaient, un zèle constant à les servir (2). Toutes les fois que la justice et le mérite réclamèrent son crédit, le désir d'obliger fut pour lui une passion vive et délicate.

On a de Perrault un grand nombre (3) de productions : son imagination féconde lui fournit en poésie, ainsi qu'en tout autre genre, des sujets tantôt enjoués, tantôt sérieux, puisés dans la nature, et qui portaient l'empreinte du beau et du vrai. Né fort doux et avec un grand amour pour la paix, il eut cependant à essuyer les orages littéraires, que l'esprit et le savoir attirent souvent. On connaît les fameuses querelles qu'excita son parallèle des anciens et des modernes. Sans se laisser emporter à l'excessive chaleur que ses amis et ses adversaires mirent dans ces disputes, il aima mieux sacrifier une partie de son parallèle, que de rompre avec des personnes qu'il estimait : il connaissait le prix si souvent ignoré ou négligé de se faire des amis, et il essaya au moins de vivre en paix avec ceux-mêmes qui ne comptaient au nombre de leurs amis que les adorateurs des anciens.

Le poëme de Perrault sur la vénerie est moins une production utile aux veneurs qu'un de ces jeux d'esprit que se permet quelquefois un homme de lettres. Cette pièce, de quatre cent cinquante et un vers, dédiée à M. de Rozières, est écrite d'un style aisé, badin et plein de naturel. Le poète commence par une description des amusemens de la chasse, dont il fait valoir les agrémens. Puis, après avoir découvert au chasseur des routes semées de fleurs, il fait une peinture enjouée des épines qu'il rencontrera chemin faisant. Tout cela plaît par une infinité de traits également naïfs et saillans. Il serait difficile de donner un extrait de tout ce que le poète s'est permis dans ce narré ; il semble qu'il n'ait rejeté aucune des idées plaisantes qui se sont présentées à son imagination dans le feu de la versification.

Éditions. Le poëme intitulé *la Chasse* a été imprimé séparément à Paris en 1692, in-12. On l'a depuis imprimé dans le recueil de l'Académie, 1793, et récemment on l'a inséré dans le recueil qui a pour titre : *Passe-Temps poétiques*, *historiques et critiques*. Paris, du Chesne, 1757. Toutes les pièces que renferme le premier tome de ce recueil sont de Perrault, et le poëme de *la Chasse* est la dix-huitième.

LE SOLITAIRE INVENTIF, ou *Les Ruses innocentes*. Il n'y a point de livre qui ait été plus sou-

---

(1) Il fut contrôleur général des bâtimens du roi, dont Colbert était surintendant.

(2) Perrault s'appliqua à dresser des mémoires sur lesquels furent formées les Académies de peinture, de sculpture et d'architecture. Il entra des premiers dans l'Académie des sciences et dans celle des inscriptions : l'Académie française, dont il fut reçu membre en 1671, lui doit l'honneur de tenir ses séances dans le palais de nos rois.

(3) Le père Niceron, page 268 du trente-troisième tome de ses *Mémoires*, a donné une notice des ouvrages de Perrault.

vent mis sous les yeux du public, tantôt avec des altérations et changemens dans le titre, tantôt avec des augmentations extraite des auteurs qui ont écrit sur le même sujet. Cependant on ignore encore quel est le nom de son véritable père. Il s'exprime en plusieurs endroits de manière à laisser entrevoir que c'est un religieux (1) qui emploie à cette sorte de récréation les momens qui ne sont point remplis par les exercices de sa règle. Quelques unes des pratiques qu'il indique doivent être bannies d'un état policé : elles tendent à dépeupler une terre de gibier et à détruire les fonds de la pêche. Cinq livres forment la division de cet ouvrage. Le premier enseigne à faire des filets, que l'auteur juge propres à ses ruses innocentes; le second traite de l'art de prendre les oiseaux du pays; le troisième apprend à tendre les pièges aux oiseaux de passage; dans le quatrième, on en dresse aux quadrupèdes; le cinquième, enfin, comprend mille artifices dont on peut se servir à la pêche dans les étangs et dans les rivières. Cet ouvrage, d'ailleurs, ne renferme aucun précepte sur la chasse au chien courant : le chien n'y est employé qu'à quêter, rester en arrêt, ou lancer le gibier dans le filet. Notre solitaire dit aussi quelque chose de la chasse au furet, de la manière de le nourrir et de le ménager pour les terriers : il ne faut pas exposer ce petit animal dans les rochers, à cause des trous et des cavernes qui s'y rencontrent, parce que, ne pouvant sauter, il ne se retirerait pas des trous où il serait tombé. On trouve dans cet ouvrage quelques observations sur la nature des animaux relativement aux moyens de les prendre. Le blaireau, par exemple, fiente loin de son terrier; il fait un trou dans terre, y met son ordure, et y retourne toujours jusqu'à ce qu'il soit plein. Il n'est pas difficile de lui tendre un piége sur sa route, il suit ordinairement la même. L'édition in-quarto de Paris, 1700, dans laquelle nous avons parcouru l'ouvrage du *Solitaire inventif*, est terminée par un petit Traité de chasse pour prendre toute sorte de gibier, suivant les quatre saisons de l'année ; ce qu'on ne trouve pas dans les éditions précédentes.

Notre solitaire a puisé plusieurs de ses secrets dans la *Maison rustique*, dans Jean-Baptiste Porta, Alexis Piémontois, Albert, Pline, Cardan, Jean-Jacques Wecker, médecin allemand, etc. Il avait fait un *Traité d'ornithologie*, dans lequel il attaquait les naturalistes, qu'il assure avoir écrit avec peu d'intelligence sur la forme, la grosseur des oiseaux, et les couleurs de leurs plumages. Ce Traité renfermait des remarques particulières sur certains petits oiseaux dont les ornithologistes n'avaient point parlé. On ignore ce qu'est devenu ce manuscrit sur l'ornithologie, et s'il a été rendu public par l'impression.

Editions. Les ruses innocentes dans lesquelles on prend les oiseaux passagers et les non-passagers, et plusieurs sortes de bêtes à quatre pieds, avec les plus beaux secrets dans les rivières et dans les étangs, et la manière de faire tous les rets et les filets qu'on peut s'imaginer; par F. F. F. R. D. G., dit le Solitaire inventif: avec quantité de figures. Paris, 1668, in-4, Amsterdam, 1695, in-8, 2 vol. Paris, 1700, in-4. Autre édition sous le titre: *Délices de la campagne, ou les Ruses innocentes de la chasse et de la pêche.* Amsterdam, 1700, in-8, etc., etc.

CHARLES DE MORAIS, chevalier, seigneur de Fortille. Cet auteur écrit avec une précision et une netteté dignes du siècle de Louis XIV. Tous ceux qui, depuis lui, ont travaillé sur la fauconnerie l'ont imité dans les parties qu'il a traitées. On y reconnaît la même tradition et souvent les mêmes expressions. M. de Fortille paraît cependant toujours trop court; il eût pu s'étendre davantage ; mais le plaisir qu'il fait goûter à son lecteur est le principal motif de la plainte. Le

---

(1) On pourrait même assurer que *le solitaire inventif* était un religieux, comme *le jardinier solitaire* qui était un chartreux. Les lettres initiales qui sont dans le titre du livre signifient, sans doute, *frère François Fauvel* ou autre, *religieux de Grammont*, ou d'une autre communauté.

nom des oiseaux de fauconnerie, la manière de les choisir et de les dresser, les différens vols suivant les chasses, la nature des oiseaux, la quête des oiseaux égarés, les précautions pour redresser ceux qui charrient, leurs maladies et leurs remèdes brièvement détaillés; tels sont les objets présentés par succession d'ordre. L'auteur donne ensuite quelques leçons sur le choix des chevaux propres à la chasse, et les remèdes convenables à leurs maladies, sur le choix des épagneuls qui peuvent être agréables aux oiseaux, et sur la rage des chiens. Il déprime souvent les anciens : ce n'est pas là son plus grand mérite. Il assure que, de son temps, on a dégagé la fauconnerie d'une infinité de pratiques, d'observations et de détails, dont l'ignorance des anciens l'avait chargée. On n'ignore pas que les combinaisons et observations préliminaires de toute science se compliquent à l'infini avant qu'il en résulte la simplicité de la perfection; mais tous les détails qu'on a retranchés étaient-ils tous également superflus?

Édition. Le véritable Fauconnier, par maître Claude de Morais, chevalier, seigneur de Fortille, ci-devant chef du héron de la grande fauconnerie; dédié au roi. Paris, Gabriel Quinet, 1683.

JACQUES ÉPÉE DE SÉLINCOURT. — Nous nous croyons dispensé de rendre compte de chacun des sujets que renferme l'ouvrage de M. de Sélincourt. Il s'annonce suffisamment par son titre qui en détaille toutes les parties. Ce parfait chasseur est calqué, sans beaucoup de choix, d'après tous ceux qui l'ont précédé. Il s'est cependant un peu éloigné de cette érudition discoureuse qui caractérise ses modèles, et il est rare que, sous chaque titre, on rencontre autre chose que le développement de l'objet qu'il désigne; peut-être est-ce là sa meilleure qualité. Il est bon néanmoins de faire attention qu'il n'est point de Traité sur la grande chasse qui ne renferme des particularités intéressantes.

Édition. Le parfait Chasseur, ou Instruction à ceux qui aiment la chasse pour se rendre capables de cet exercice, apprendre aux veneurs, piqueurs, fauconniers et valets de chiens, à servir dans les grands équipages; sur la dépense qu'on veut faire, la manière de rendre les pigeonniers, les garennes, les basses-cours et les étangs féconds et profitables, et les remèdes pour les maladies des chiens; par Jacques Epée de Sélincourt. Paris, Quinet, 1683, in-12.

M. l'abbé DE FOURNEAUX. Nous avons un poëme par l'abbé de Fourneaux sur la chasse au loup : c'est moins un poëme qu'une pièce de poésie volante, qui n'est propre ni à enrichir la littérature, ni à éclairer l'école de la chasse.

Édition. La Chasse au loup, au château de Rhiney; par M. l'abbé de Fourneaux. Paris, 1708, in-12.

AMUSEMENS DE LA CAMPAGNE.—Louis Liger, né à Auxerre en 1658, a donné au public un grand nombre d'ouvrages : malheureusement il est au rang de ces écrivains qui n'ont qu'un petit cercle de doctrine empruntée, et qui font gémir les presses en se répétant sous différens titres. Les *Amusemens de la Campagne* qu'il nous a donnés apprennent peu de chose de nouveau. Les secrets rapportés dans les *Ruses innocentes* reparaissent dans Liger avec un style peu différent, et quelques additions : on peut enfin confronter cet auteur avec le premier, le second et troisième livre du *Solitaire inventif*. La fauconnerie est puisée particulièrement dans MM. d'Esparron et de Morais. Quant à la partie de la chasse, elle est tirée de du Fouilloux. Les *Amusemens de la Campagne* ont été réimprimés à Amsterdam en 1714. On a essayé de déguiser cette réimpression; mais les changemens sont peu importans.

Éditions. Les Amusemens de la Campagne, ou nouvelles Ruses innocentes, qui enseignent la manière de prendre au piège toutes sortes d'oiseaux et de bêtes à quatre pieds, avec les plus beaux secrets de la pêche dans les rivières et les étangs, et un Traité général de toutes les chasses; par Louis Liger, avec figures en bois. Paris, Prudhomme, 1709, in-12, 2 vol. Paris, chez Saugrain, 1753, in-12. Amsterdam, Roger, 1714, in-12, 2 volumes.

L'Art de toute sorte de Chasse et de Pêche. — C'est une compilation des ouvrages antérieurs, mais qui a le mérite de réunir un assez bon choix de préceptes. L'auteur annonce lui-même qu'il a fait usage des auteurs hébreux, chaldéens, syriaques, grecs, arabes, latins, français, espagnols, anglais, italiens, allemands et polonais. Il s'occupe d'abord de la chasse aux oiseaux : il indique les moyens de prendre les cailles, les merles, les grives et les perdrix avec des filets, en les attirant par le son d'un instrument qu'il appelle *reclin*, et qui imite la voix de ces oiseaux. Il décrit la manière de prendre les perdrix à force de chiens, chasse que l'on ne fait plus aujourd'hui; celle de prendre les faisans au collet, le long des bois ; de prendre la bécasse avec des lacets, les ortolans au filet, les alouettes au miroir, avec le filet, à la ridée et avec des lacets ; de prendre des pluviers et de faire les filets qui y sont propres ; de prendre les canards avec des filets, des collets, des lacets et des hameçons. Il s'occupe ensuite de la chasse aux piéges pour les lièvres, les lapins, les renards et les loups. Après la chasse aux piéges, l'auteur donne des instructions sur la chasse à courre : d'abord sur celle du lièvre, ensuite sur celle du cerf, du chevreuil, du loup, du sanglier et du renard. Le second volume est consacré à la fauconnerie, au traitement des chevaux et des chiens, et il est terminé par un *Traité sur la pêche*, et un *Dictionnaire des termes de chasse, de pêche et de fauconnerie*.

Édition. L'Art de toutes sortes de chasses et de pêches, avec celui de guérir les chevaux, les chiens et les oiseaux, et un Dictionnaire de la chasse et de la pêche, et une explication des termes de la fauconnerie, par demandes et par réponses. Lyon, Boudet, 1719, in-12, 2 volumes.

Théâtre d'Agriculture. — On trouve à la fin du cinquième livre de cet ouvrage, qui est encore de Liger, un *Traité de la chasse et de la fauconnerie*. Le *Traité de la chasse* est intitulé : *Le Fouilloux moderne*. Il est en effet extrait de la collection qui se trouve dans les dernières éditions de du Fouilloux. On saurait gré à Liger d'avoir substitué aux expressions surannées de ses modèles des expressions plus modernes, s'il ne nous avait pas privés de bien des principes que les amateurs recherchent toujours. Le Traité de la fauconnerie n'est qu'une réimpression du petit ouvrage de Morais sur la même matière.

Éditions. Le nouveau Théâtre d'agriculture, etc., le tout suivi d'un Traité de la pêche et de la chasse; par Louis Liger. Paris, 1722 et 1723, in-4. On trouve dans Moréri, à l'article Liger, une notice des ouvrages de cet écrivain.

Éloges de la Chasse. — Le chevalier de Mailly, filleul de Louis XIV et de la reine Anne d'Autriche douairière, présenta à Louis XV un éloge sur la chasse écrit en forme de lettre. Ce n'est pas à beaucoup près un des meilleurs morceaux de littérature qui aient paru. Aurait-on dû s'attendre que, pour célébrer un art toujours en considération chez les nations, on eût, dans un siècle tel que celui de Louis XIV, emprunté ses titres de gloire de prodiges romanesques et de faits évidemment controuvés (1). François de Launay, professeur en droit français, dans son

---

(1) Rien de si ridicule, par exemple, que l'aventure du lièvre charmé. Ce conte est copié mot à mot, d'un livre intitulé : *Essai des merveilles de nature*, par René François. Il faut qu'un auteur ne soit guère difficile sur le choix des matériaux, pour prendre ce qu'il y a de moins raisonnable dans un livre qui, quoique superficiel à quelques égards, est cependant écrit avec esprit, et renferme bien des connaissances. On sait que *René François* est le père Etienne Binet, jésuite, connu par d'autres ouvrages plus estimés. On trouve dans ce livre des merveilles de la nature, édition de Rouen, 1622, in-4°, un *Traité de vénerie* et

Traité du droit de la Chasse, imprimé à Paris en 1681, en a fait un éloge plus exact et mieux réfléchi. Nous en avons un aussi de Beneton du Perrin, Paris, 1734, in-12.

Les éloges de cet art ont été célébrés par plusieurs nations, par les Anglais, les Espagnols, les Allemands, et plus souvent encore par les Italiens qui lui ont, en différens temps, consacré des ouvrages en vers et en prose.

Quelques uns ont pris pour un *Éloge de la chasse* le discours de Dion Chrysostôme qui a pour titre l'*Euboïque*, ou *le Chasseur*; mais ce discours de l'orateur grec n'est, à proprement parler, qu'un éloge de la vie champêtre. Voici ce qu'en dit M. de la Fontelès () qui a traduit ce discours avec beaucoup de goût. Je compte trente-quatre écrits philosophiques dans le recueil des œuvres de Dion : parmi ce nombre, je n'en trouve point de plus intéressant que celui qui est intitulé l'*Euboïque*. Dans la première partie de ce discours, Dion représente toute la naïveté, toute l'innocence, tous les charmes de la vie champêtre que mène une famille retirée dans un lieu désert de l'île d'Eubée. Dans la seconde, l'orateur examine les ressources permises à l'indigence dans les villes. Ce discours, dit Synésius, est propre à humilier l'orgueil des riches en leur faisant voir un véritable bonheur dans le sein de la pauvreté, et à consoler les pauvres en leur offrant l'image des vrais biens qu'ils sont les maîtres de se procurer.

Édition. Éloge de la chasse, par le chevalier de Mailly. Paris, 1723, in-12.

M. DE SEREY. — On ignore de quel pays et de quelle profession était M. DE SEREY; son nom peut tenir un rang distingué parmi les écrivains théreutiques. Il a plus heureusement qu'aucun autre joint à l'utilité des préceptes les agrémens de la versification française. L'entreprise n'était pas médiocre, et si le succès n'a pas toujours été supérieur, il faut souvent s'en prendre à la scrupuleuse délicatesse du génie français, qui admet difficilement les termes d'art avec les cadences poétiques. Pourquoi aussi, comme dit Boileau, ne pas appeler un chat un chat ? Cette distinction singulière d'expressions d'une langue en fait deux, dont l'une en certaines rencontres devient comme étrangère et même barbare. Il semble que si l'esprit joue son rôle à l'égard de l'invention et de la tournure des phrases, le bon sens de son côté doit tenir bon pour l'acception des termes nécessaires à chaque objet; non pas qu'on doive prétendre justifier en tout M. de Serey sur le défaut d'harmonie qui règne dans son poëme. La prosaïque simplicité, qui caractérise plusieurs de ses descriptions et de ses tableaux, n'est pas excusable, ainsi qu'une fréquente monotonie qu'il eût pu éviter en admettant même les termes d'art.

M. de Serey a compris sous le titre de *Dons de Latone* le poëme de la musique et celui de la chasse. Ce dernier intitulé *Diane, ou les Loix de la Chasse du Cerf*, est divisé en six chants. C'est une version libre du *Cervinæ venationis leges* de Savary. L'auteur annonce dans sa préface qu'il a retranché beaucoup de choses abrogées par l'usage; qu'il a mis dans un plus grand jour ce qui avait déjà été écrit, et que son ouvrage est plein d'observations et de réflexions nouvelles.

Ce dernier poëme est terminé par un *Dictionnaire des termes de chasse*, et par la gravure des

---

un autre *de fauconnerie*. Ces deux Traités sont recueillis de divers auteurs théreutiques français, et ne me paraissent pas mériter un article particulier. C'est à la fin du *Traité de vénerie* que l'on trouve le chapitre qui a pour titre *Chasse gracieuse d'un lièvre charmé*.

(1) M. de Bréquigny de la Fontelès, de l'Académie de Rouen, est connu par l'*Histoire de la révolution de Gênes*, et par ses *Vies des anciens orateurs grecs*; avec la traduction de plusieurs de leurs discours : 2 vol n-12, Paris, 1752.

tons et fanfares. Tout l'ouvrage est orné de figures en taille-douce, et la partie typographique en est très bien exécutée.

Édition. Les Dons des enfans de Latone, la musique et la chasse du cerf, dédiés au Roi. Paris, Prault, 1784, in-8.

LA PIPÉE, PAR SIMON. — L'auteur n'épargne rien pour mettre la pipée en honneur ; sa préface promet à la fois l'agréable et l'utile. Il invite les dames par l'attrait du plaisir, et flatte les seigneurs en leur annonçant dans la pipée un moyen de conserver le gibier. Il entre dans le détail de ses préceptes, et rend compte avec ingénuité de l'amusement qu'il a trouvé dans la pratique.

Édition. Moyen de conserver le gibier par la destruction des oiseaux de rapine, et Traité de la pipée, par M. Simon. Paris, veuve Prudhomme, 1738, in-12.

NOUVEAU TRAITÉ DE VÉNERIE. — Cet ouvrage est attribué dans le privilége au sieur Pierre-Clément de Chappeville, ancien capitaine du régiment Vexin. M. de Chappeville n'est que l'éditeur. Il annonce dans sa préface que l'auteur est un gentilhomme de la vénerie, qui, après avoir servi dans ce corps sous le feu roi près de quarante ans, est mort quelques années avant que son livre ait paru : il se nommait Antoine Gaffet, sieur de la Brifardière.

Le plan de M. Gaffet est plus régulier que celui de Salnove, et ce serait lui faire une injustice que de le mettre en parallèle avec l'ouvrage de M. de Sélincourt, dont cependant il suit quelquefois la méthode. Quand il discute les mêmes sujets, il s'élève autant au dessus de lui qu'un grand maître l'emporte sur un élève. Voici l'ordre de son traité et les matières qu'il renferme. La chasse au cerf occupe le premier rang, et est traitée avec beaucoup d'intelligence ; viennent ensuite la chasse du chevreuil, celles du sanglier, du lièvre et du renard, qui n'annoncent pas une expérience consommée dans leur auteur. Il dit, par exemple, que lorsqu'on court le lièvre et que l'on change, *c'est d'une certaine conséquence* : il fallait dire *d'une très grande conséquence*. On sait le proverbe, que qui court deux lièvres n'en attrape aucun. La chasse au renard est suivie d'un fort bon essai sur la pipée. On trouve dans M. Gaffet des préceptes sur la manière d'élever et de dresser les chiens, particulièrement les chiens couchans ; sur les moyens de les mettre à commandement, de les faire rapporter et aller à l'eau. A ces préceptes, qu'on désirerait être plus étendus à l'égard des chiens courans, sont joints des instructions et des remèdes contre la rage et les maladies les plus essentielles, soit pour les prévenir, soit pour les guérir. M. Gaffet apprend aussi à connaître les chevaux propres à la chasse, à leur porter un secours prompt et efficace lorsqu'ils se blessent, à distinguer les différens équipages, et tout ce qui concerne les fonctions de piqueur.

La Chasse au chevreuil est suivie d'un Dictionnaire de la chasse au cerf et au chevreuil, avec tous les termes pour parler aux chiens.

Cet ouvrage est terminé par un essai de fauconnerie très abrégé, et tous les tons de chasse et fanfares. Le livre de M. Gaffet renferme bien des connaissances, mais il ne leur donne pas un développement suffisant. Il tombe quelquefois dans des méprises qu'il est difficile de pardonner à un ancien praticien, et il laisse apercevoir qu'il était peu instruit de l'histoire naturelle. On trouve à la fin de l'ouvrage de M. Gaffet un petit traité de la chasse au fusil, qui est très bon.

Éditions. Nouveau Traité de la vénerie, contenant la chasse du cerf, celle du chevreuil, du sanglier, du loup, du lièvre et du renard, etc.; par un gentilhomme de la vénerie du roi. Paris, Menier, 1742, in-8. Il y a une édition de 1750, in-8.

AMUSEMENS DE LA CHASSE ET DE LA PÊCHE OU LES DÉLICES DE LA CAMPAGNE. — Ces amusemens ne méritent que le titre d'édition. Les ruses innocentes s'y montrent à découvert : on y débute par une copie textuelle, dont on a seulement retranché le chapitre second. Le reste de l'ouvrage appartient à Liger, dont on a renversé l'ordre. On y a cependant ajouté un plus grand nombre d'extraits de M. d'Esparron, sur les remèdes des oiseaux de fauconnerie, et quelques recettes touchant les maladies des chevaux.

Édition. Amusemens de la chasse et de la pêche, où on enseigne la manière de prendre toutes sortes d'oiseaux et d'animaux à quatre pieds, avec des instructions sur la volerie et les oiseaux qui y servent; les plus beaux secrets de la chasse et de la pêche; la manière de faire les rets et les filets; la connaissance des chiens et des chevaux de chasse; la manière de les élever et de les instruire, avec les remèdes qui conviennent à leurs maladies; avec un dictionnaire des termes de la chasse et de la pêche. A Amsterdam et à Leipsick, chez Arkstée et Merkus, 1743, 2 vol. in-12, figures.

MAISON RUSTIQUE.—La *Maison rustique* a été originairement écrite en latin par Charles Estienne, frère du célèbre Robert. Charles avait beaucoup puisé dans les anciens, soit grecs, soit latins, et l'étude particulière qu'il avait faite de la nature l'éclaira dans son choix. Il confia cet ouvrage à l'impression en 1554, et le dédia à Guillaume Bailli, président de la Chambre des comptes, bisaïeul de M. Bailli, avocat général du grand Conseil, auquel il a dédié son Traité *de Nutrimentis*. Antoine de Baïf, dans ses vers adressés au roi Charles IX, fait l'éloge de Charles Estienne, qui, avec Ronsard, avait accompagné son père Lazare de Baïf dans son ambassade en Allemagne. Le goût particulier qu'avait Charles Estienne pour l'étude de la nature le conduisit à celle de la médecine, et l'engagea à donner plusieurs ouvrages en ce genre. Ce goût ne l'empêcha pas cependant de suivre avec succès la profession typographique qu'avait exercée son père, et de montrer son érudition par différens ouvrages de littérature.

Le *Prædium rusticum* de Charles Estienne a été traduit en plusieurs langues. Il en donna d'abord lui-même une traduction française; mais cet ouvrage n'était qu'un essai sur des sujets qui, pour être utiles, doivent être remplis avec autant d'étendue que de sagacité; il fut augmenté par Jean Liébaut, gendre de Charles Estienne, connu par plusieurs productions, particulièrement par ses Traités en latin sur la fécondité, les maladies des femmes et les moyens propres à entretenir leur beauté; on n'ignore pas que Liébaut n'était pas moins libre dans ses observations que l'Italien Marinelli, dont il a traduit en français un Traité à peu près semblable au sien. En voilà sans doute assez pour faire connaître les deux premiers auteurs de la *Maison rustique*. Ils étaient certainement très savans l'un et l'autre. Leur science, malheureusement, à l'égard des secrets qu'ils ont débités, était montée sur le ton que nous appelons empirique : mais il faut bien le leur pardonner; on était glorieux dans leur siècle d'avoir le cerveau meublé de choses semblables.

On trouve dans les anciennes éditions de la *Maison rustique* des instructions sur la chasse, depuis le vingt et unième chapitre du septième livre, jusqu'au chapitre quarante-cinquième du même livre. Liger a donné une nouvelle *Maison rustique*, en 1700, avec des additions considérables. Celui qui a travaillé à la dernière édition dit que Liger n'a fait qu'ébaucher son ouvrage. Il est vrai qu'en général il a chargé l'ancienne *Maison rustique* sans l'enrichir infiniment; mais, en jugeant de la dernière édition par la partie de la chasse et de la fauconnerie, il ne paraît pas qu'elle ait un grand avantage sur les précédentes. Il faut cependant avouer que l'auteur a été heureux dans le choix de quelques traits nouveaux; on y trouve aussi quelques corrections qui font regretter qu'elles ne soient pas en plus grand nombre. Malgré les imperfections de cet ouvrage, il renferme une infinité de connaissances qui doivent le faire rechercher, ainsi que les *Ruses innocentes*, par quiconque a du goût pour la vie champêtre. Nous avons encore différens autres ouvrages sur la *Maison rustique* ou *Maison des champs*. Ils traitent si peu de la chasse qu'on ne croit pas devoir les ranger dans l'ordre des ouvrages thérentiques.

On peut citer ici, dans la catégorie des *Maisons rustiques*, le *Dictionnaire économique*, 4 volumes in-folio, qui traite de différens pièges et secrets pour prendre les animaux. On y trouve des remèdes pour les chiens et les chevaux, qui peuvent être utiles à un chasseur, et en général une infinité de choses qui concernent la vie économique, ou *Maison rustique*.

Édition. La nouvelle Maison Rustique, ou Économie rurale de tous les biens de campagne, de la manière de les entretenir et de les multiplier, donnée ci-devant au public par le sieur Liger; septième édition, augmentée considérablement et mise en meilleur ordre, avec la vertu des simples, l'apothicairerie et les divisions du droit françois sur les matières rurales, enrichies de figures. Paris, Saugrain, 1755, in-4, 2 volumes.
Nous nous arrêtons ici à la nouvelle édition comme la plus ample.

L'ÉCOLE DE LA CHASSE AUX CHIENS COURANS, par *M. Leverrier de la Conterie*, écuyer, seigneur d'Amigny-les-Aulnets, etc.

Cet ouvrage est précédé d'une analyse raisonnée des auteurs qui ont écrit sur la chasse. Nous en avons tiré la plus grande partie des extraits que nous venons de donner.

L'*École de la chasse* a pour objet de former un élève : elle saisit l'art dans son berceau et insiste sur les principes élémentaires; l'auteur offre à l'esprit tout ce qu'il faut pour les développer; il donne des détails multipliés, et on y remarque toutes les ressources de l'art, puisées dans l'expérience et dans la méditation. Le style de l'auteur est simple et clair.

L'ouvrage est divisé par des sommaires ou titres et par des chapitres. Le titre Ier contient des principes sur le choix d'un commandant d'équipage et sur ses devoirs, et il traite des races de chiens propres aux différentes chasses, de la manière de faire couvrir les lices, d'élever les jeunes chiens, et des soins à donner aux chiens dans le chenil.

Le titre II est consacré à la chasse du lièvre et à des observations sur le temps et les vents favorables ou contraires à cette chasse; il indique les signes qui font distinguer, à la chasse, le lièvre mâle du lièvre femelle, la manière de connaître si un lièvre est du pays ou étranger, enfin les règles à suivre pour quêter et chasser un lièvre.

Dans le titre III, l'auteur donne la description du chevreuil et de la chasse vive et amusante de cet animal.

Le titre IV renferme la description du cerf et celle de sa tête; traite du rut, des connaissances du pied, du jugement des fumées, du jugement et des connaissances par les allures, les frayoirs, portées, foulées et abattures; de la quête avec les limiers, de la manière de dresser les limiers, des règles à suivre pour détourner le cerf, des relais, de la manière d'attaquer le cerf et de requêter un cerf manqué la veille.

La chasse du sanglier fait l'objet d'un cinquième titre.

Vient ensuite celle du loup, puis celle du renard, du blaireau et de la loutre.

L'auteur donne, dans un titre particulier, l'indication des remèdes applicables aux différentes maladies des chiens. Cette partie de son ouvrage n'est pas la plus recommandable, car il confond avec la rage beaucoup de maladies qui n'y ont aucun rapport.

L'ouvrage est terminé par un dictionnaire des principaux termes de chasse, et par un recueil de tons de chasse et de fanfares.

Édition. L'édition que nous avons sous les yeux a été imprimée à Rouen, in-8, 1763, chez Nicolas et Richard Lallemant. Elle est accompagnée de figures en bois assez bonnes, mais qui, à raison de l'orthographe des mots qui s'y trouvent, paraissent avoir appartenu à une édition beaucoup plus ancienne.

MÉTHODES ET PROJETS pour parvenir à la destruction des loups dans le royaume; par *M. de Lisle de Moncel*, ancien capitaine de cavalerie, chevalier de l'ordre royal et militaire de Saint-Louis, chargé des épreuves relatives à la destruction des loups sur la frontière des trois évêchés. Paris, de l'imprimerie royale, 1768, 1 vol. in-12.

Cet ouvrage, dédié au prince de Condé, et dont la publication a été récompensée par la munificence royale, contient la description de diverses méthodes employées par l'auteur pour détruire les loups dans son pays. C'est le travail d'un homme qui joignait à beaucoup de pratique un zèle ardent pour le bien public et une grande sagacité dans le choix de ses moyens pour diminuer le nombre des animaux cruels qui s'étaient multipliés dans les forêts de la Champagne et de la Lorraine : les succès qu'il a obtenus justifient la bonté de ses préceptes. Son ouvrage, qui est divisé par chapitres, renferme des observations sur les espèces de loups connues en France; des considérations sur l'utilité de la destruction de ces animaux, qui, à cette époque, causaient de grands ravages; des renseignemens curieux sur une espèce de loup étrangère qui s'était introduite en Lorraine, et qui était beaucoup plus méchante que l'espèce du pays; des indications sur la manière de détruire les loups au moyen de fosses et par l'empoisonnement; des observations d'un grand intérêt sur la manière d'organiser des battues et d'éviter les désordres qui les accompagnent le plus souvent, et sur la nécessité de reconnaître les enceintes où les loups se retirent avant de commencer les battues, comme aussi sur l'utilité de se pourvoir de limiers et de chiens qui donnent sur le loup pour faire ces battues avec succès; des méthodes sûres de détruire beaucoup de ces animaux avec les piéges et à l'affût, après les avoir attirés par des appâts; des moyens faciles de détruire les louveteaux; une méthode de former en peu de temps de bons tireurs; un moyen pour fusiller, de la manière la plus amusante, tous les loups d'un pays, et qui consiste à établir une voirie dans un bois de peu d'étendue, à y laisser venir les loups pendant un certain temps pour y manger les animaux morts qu'on y dépose, et, lorsqu'ils en ont pris l'habitude et qu'ils sont entrés dans le bois pendant la nuit, à entourer ce bois avec des cordes auxquelles sont suspendus des morceaux de drap de couleurs variées, et qu'on agite pour empêcher les loups de sortir, pendant qu'on les fusille dans le bois.

L'auteur présente ensuite un projet pour former et entretenir, sans être à charge à l'État, une troupe de chasseurs utile en temps de guerre, et appliquée en temps de paix à la destruction des loups; des observations sur le choix de la poudre, les moyens d'en augmenter la force et de charger les fusils pour les bêtes nuisibles; des avis sur les chiens et sur la rage; des indications pour composer divers appâts propres à attirer les loups; enfin, des certificats et des procès-verbaux constatant les effets des méthodes qu'il a employées.

L'ouvrage de *M. de Moncel*, malgré les nouvelles inventions qui ont pour objet la destruction des loups, sera toujours consulté avec fruit, et comme il est devenu très rare, nous nous sommes fait un devoir d'en extraire les meilleurs préceptes pour compléter notre article sur le loup.

TRAITÉ DE VÉNERIE ET DE CHASSES, par *Goury de Champgrand*. Paris, 1769, in-4°, avec figures, chez *Hérissant*.

Le traité de Champgrand a été mis à contribution par tous les auteurs qui ont écrit après lui; c'est dire assez que cet ouvrage est riche en préceptes et rédigé avec soin. L'auteur y fait connaître, dans la première partie, la composition en hommes, en chevaux et en chiens d'un équipage de chasse; les chevaux qui y sont propres; la manière de les traiter en santé et dans leurs maladies; les différentes espèces de chiens qu'on peut employer avec succès, leurs éducation et traitement; la description et la chasse du cerf, du daim, du chevreuil, du lièvre, du sanglier, du loup, du renard, du blaireau, de la loutre, du castor, de la belette, de la martre ou fouine, des putois, des chats-arrêts et du lapin.

Dans la seconde partie, il présente des instructions sur la chasse au fusil, les piéges et filets, la pipée, la fauconnerie, les maladies des oiseaux et l'autourserie.

L'ouvrage se termine par un Dictionnaire des termes de vénerie, de fauconnerie et de toute espèce de chasse.

Les figures, en taille-douce, sont généralement bonnes.

DICTIONNAIRE THÉORIQUE ET PRATIQUE DE CHASSE ET PÊCHE.

Cet ouvrage, imprimé sans nom d'auteur, à Paris, 1769, 2 vol. in-8°, est un abrégé des préceptes relatifs à la chasse et à la pêche que l'on trouve dans les anciens auteurs, avec une meilleure description des animaux, tirée principalement de l'*histoire naturelle* de Buffon.

Le libraire-éditeur annonce, dans un avertissement, qu'on a mis à contribution, pour composer ce dictionnaire, un grand nombre d'ouvrages dont il donne le catalogue.

L'auteur, dans sa préface, examine si les préventions de quelques hommes de lettres contre les dictionnaires se trouvent fondées. On a regardé, dit-il, les compilations alphabétiques comme un luxe littéraire: s'ensuit-il que la république des lettres doive les rejeter? On a trop déprimé l'usage des dictionnaires; il en est qui peuvent faire germer le talent dans les esprits susceptibles de culture, et s'ils sont faits par des hommes de goût, ils deviendront le dépôt public des connaissances humaines. Un dictionnaire bien fait épargne des recherches, toujours arides et souvent inutiles, aux jeunes gens; il rappelle aux personnes avancées en âge d'anciennes études, que le laps du temps a effacées de leur souvenir; il peut servir aux uns et aux autres d'une bibliothèque entière; il ne serait même pas surprenant qu'un dictionnaire fût un ouvrage de génie. Je suppose qu'après avoir donné, dans quelques discours sublimes, des notions préliminaires sur la beauté, la génération et la variété des êtres, M. de Buffon eût rangé, suivant l'ordre alphabétique, les matériaux de son *histoire naturelle*; qu'il eût traité chaque article dans mon plan avec autant de succès que dans le sien, c'est à dire qu'il y eût réuni la science de Pline à l'éloquence de Platon; que, par d'utiles renvois, il eût fait observer la chaîne insensible qui lie tous les êtres créés, et qu'enfin il eût présenté au public, sous la forme la plus commode, les travaux des Aristote, des Linnée et Aldrovande et, ce qui nous flatte encore plus, les siens: n'est-il pas certain qu'un tel ouvrage ne ravirait pas à son auteur le titre d'esprit du premier ordre, et que la postérité ne balancerait pas à mettre dans le même rang la *Henriade*, l'*Esprit des lois* et ce nouveau dictionnaire? Ce n'est point la forme d'un livre qui fait son mérite; c'est le travail et le goût de celui qui le compose: un *Abrégé chronologique* a immortalisé le président Hainaut, et Chapelain s'est déshonoré par un poëme épique.

Après cette apologie de la forme du livre adoptée par l'auteur, il parle de l'utilité de ce livre pour les grands seigneurs, qui y trouveront les préceptes de ce qu'ils pratiquent par goût; pour leurs imitateurs qui y puiseront quelques connaissances propres à les faire remarquer dans un art distingué; pour les guerriers qui voudront entretenir dans le sein de la paix des talens utiles à la patrie, par l'exercice de la chasse; pour les hommes de lettres, qui, sans sortir de leur cabinet, jouiront de ces plaisirs tumultueux qui ruinent les grands; pour le citoyen vertueux, qui, retiré à la campagne, emploiera à la chasse ou à la pêche le temps qu'il perdrait à parcourir de mauvais romans, et entretiendra ses forces et sa santé par un exercice vigoureux ; enfin pour le philosophe, qui reconnaîtra la supériorité de notre être dans les moyens par lesquels nous soumettons les animaux, et se plaira à étudier le cœur humain dans un amusement fondé sur les connaissances de la nature.

L'auteur a placé en tête de son ouvrage une dissertation littéraire sur la chasse et la pêche, et où il examine si la chasse est naturelle à l'homme, question qu'il résout affirmativement ; où il traite de l'origine de la chasse et de la pêche, du droit de l'homme sur les animaux, des connaissances des anciens sur la chasse et sur la pêche ; et enfin où il donne la liste des principaux auteurs qui ont traité de l'une et de l'autre.

On conçoit que l'auteur, ayant voulu renfermer dans deux volumes in-8° assez faibles tout ce qu'il avait à dire sur la chasse et la pêche, et ayant cependant embrassé une vaste nomenclature d'objets et d'animaux, n'a pu donner à ses articles le développement désirable.

Manuel ou Almanach du chasseur. Petit volume in-12, imprimé à Paris, 1772.

Le privilège du roi qui autorise l'impression de cet ouvrage est accordé à M. de Champgrand, dont nous avons déjà parlé. Il se compose d'un calendrier, de remarques sur la chasse du cerf, du daim, du chevreuil, du lièvre, du sanglier, du loup et du renard, et sur la chasse à tir. Un vocabulaire des termes de chasse et un recueil de fanfares terminent ce petit ouvrage, qui n'est qu'un abrégé de celui que le même auteur a publié en 1769.

Les Amusemens innocens contenant le Traité des oiseaux de volière, ou le Parfait Oiseleur; ouvrage dans lequel on trouve la description de quarante oiseaux de chant, la construction de leurs nids, la couleur de leurs œufs, la durée et le temps de leurs pontes, leurs caractères, leurs mœurs, la manière de les élever, la nourriture qui leur convient, les différentes ruses que l'on emploie pour les prendre, la façon de faire les filets, la pipée, etc., la manière de les apprivoiser, et la cure de leurs différentes maladies ; traduit en partie de l'ouvrage italien d'Olina, et mis en ordre d'après les avis des plus habiles oiseleurs. 1 volume in-12, Paris, chez Didot le jeune, 1774.

L'ouvrage se divise en deux parties : la première est consacrée à la description des oiseaux, et la seconde aux procédés employés pour leur faire la chasse et pour les prendre, à la manière de les nourrir, aux précautions à prendre lorsque les oiseaux perdent leurs plumes, au traitement de leurs maladies, et à la façon d'apprêter les peaux des oiseaux pour différens usages.

Cet ouvrage est principalement utile à ceux qui élèvent des oiseaux en cage et dans des volières.

Abrégé portatif de la chasse du cerf, tiré des meilleurs auteurs qui ont traité de cette matière et d'après la méthode pratiquée à la Cour du roi de Sardaigne ; avec cette épigraphe : *Romanis solemne viris opus, utile famæ vitæque, et membris.* Hor. lib. I, ép. 18, v. 49. 1 volume in-18, Turin, 1782.

Ce petit ouvrage, sans nom d'auteur, est dédié au comte Provana de Leyni, grand veneur e grand fauconnier du roi de Sardaigne, et gouverneur de la vénerie royale. Il est précédé d'une introduction, qui contient une historique de la chasse, et il se compose de huit chapitres qui traitent du temps où les cerfs mettent bas, des connaissances et du jugement des cerfs, du pied des jeunes cerfs, des allures de ces animaux suivant leur âge, des fumées, de la façon de détourner le cerf, de la manière de diviser la meute en relais, et de la manière d'attaquer les cerfs et de faire chasser les chiens; un dictionnaire des termes employés pour cette chasse termine l'ouvrage, qui, au surplus, ne renferme que ce que l'on trouve partout.

MÉTHODES SURES ET FACILES pour détruire les animaux nuisibles, tels que les ours, les sangliers, les loups, les renards, les loutres, les fouines, les belettes, les lapins, les loirs, les rats, les souris, les musaraignes, les taupes, les vipères; par M. *Buc'hoz*, 1 volume in-12, Paris, 1783, deuxième édition.

M. Buc'hoz a composé un grand nombre d'ouvrages sur la médecine, la chasse, la botanique, l'entomologie et l'économie rurale et domestique, lesquels ne sont en général que des extraits d'ouvrages plus considérables traitant des mêmes matières.

Celui dont le titre précède ne renferme également que des procédés que l'on trouve décrits dans les autres Traités de chasse.

LES AGRÉMENS DES CAMPAGNARDS dans la chasse des oiseaux, et LE PLAISIR DES GRANDS SEIGNEURS dans les oiseaux de fauconnerie, par *M. Buc'hoz*, 1 volume in-12, Paris, 1784.

Dans cet ouvrage, dont le titre est assez bizarre, l'auteur s'occupe de la chasse aux oiseaux, de la fauconnerie et de l'autourserie. La description des oiseaux forme la partie la plus considérable du livre; et quant aux procédés de chasse, ils sont tirés des ouvrages qui en ont traité. M. Buc'hoz convient lui-même que ce qu'il a dit de la fauconnerie et de l'autourserie n'est qu'un extrait d'un dictionnaire de chasse et de pêche, qui lui-même n'est qu'une compilation.

TRAITÉ DE LA CHASSE des principaux animaux qui habitent les forêts et les campagnes, tels que le cerf, le daim, le chevreuil, le bouquetin, le blaireau, le lièvre et la marmotte; *Pour servir de suite* à la Méthode de détruire les animaux nuisibles aux agrémens des campagnards dans la chasse des oiseaux, et un Traité de la pêche. 1 volume in-12, Paris, 1784.

Ce petit ouvrage, qui n'a que 126 pages, est encore une compilation assez indigeste d'ouvrages sur l'histoire naturelle et sur la chasse.

LA CHASSE AU FUSIL, par *Magné de Marolle*, ouvrage divisé en deux parties, contenant :

La Ire, des recherches sur les armes de trait usitées pour la chasse avant l'invention des armes à feu; savoir, l'arc et l'arbalète, un détail de tout ce qui concerne la fabrication des canons de fusil, tant à Paris et dans les différentes manufactures de France, qu'en Espagne, avec les marques des canonniers de Paris, l'examen de plusieurs questions touchant la portée des canons, eu égard à leur longueur, à leur calibre, à la charge, etc., et quelques notions sommaires sur les autres parties du fusil de chasse, avec des instructions pour parvenir à bien tirer.

La IIe, les renseignemens et connaissances nécessaires pour chasser utilement les différentes espèces de gibier qui se trouvent en France; la manière de dresser les chiens de plaine, les ruses dont on peut se servir pour approcher certains oiseaux, et le détail de plusieurs chasses particulières à quelques provinces et peu connues ailleurs.

Cet ouvrage, formant un volume in-8°, a été imprimé à Paris en 1788. C'est la seconde édition d'un ouvrage publié en 1781, sous le titre d'*Essai sur la chasse au fusil*.

On voit, par son titre, les matières qu'il traite. Toutes les instructions qu'il renferme sont exposées avec méthode et clarté. On lit avec intérêt les détails qu'il présente sur les armes en usage avant l'invention des armes à feu, sur la fabrication des canons de fusil, sur les causes qui les font crever et celles qui font que les fusils repoussent; une dissertation sur la question de savoir si un canon long porte plus loin qu'un canon court, s'il est des canons qui portent mieux la dragée les uns que les autres, s'il est des moyens de rectifier la portée des canons et s'il est possible de l'augmenter.

L'auteur, après ces premières notions, donne des instructions générales sur la chasse au fusil, et enseigne la manière de dresser les chiens couchans, la chasse des quadrupèdes et celle des oiseaux.

Le Traité de la chasse au fusil est au nombre des ouvrages théreutiques les plus estimés, et par conséquent au nombre de ceux qui ont été le plus souvent mis à contribution par les nouveaux auteurs.

TRAITÉ DE VÉNERIE par *M. d'Yauville*, premier veneur et ancien commandant de vénerie du roi, 1 vol. in-4°, Paris, de l'Imprimerie royale, 1788.

Ce traité n'a pour objet que la chasse du cerf; mais, comme la manière de faire chasser les chiens, de dresser et de mener un limier est la même, quel que soit l'animal qu'on veut chasser, l'ouvrage peut être utile pour toutes les chasses à courre. L'auteur, attaché pendant cinquante-six ans à la vénerie du roi, et passionné pour la chasse, fait part au public des connaissances que sa longue expérience lui avait procurées. Il enseigne la manière d'aller au bois, de juger et de détourner le cerf, de former et d'entretenir un bon équipage; il entre dans des détails sur la connaissance du cerf, de la biche et des chiens courans, et sur la manière d'élever et de former les jeunes chiens; il donne des renseignemens sur la vénerie du roi, et l'entretien des meutes, et des instructions sur le traitement des chiens malades; et il fait connaître les forêts du roi où se faisaient les chasses, et les endroits où se plaçaient les relais.

L'ouvrage contient trois vocabulaires : le premier pour les termes à l'usage du valet de limier; le second pour les termes usités à la chasse, et le troisième est un vocabulaire général qui rappelle tous les termes. A la suite de l'ouvrage se trouvent les fanfares de chasse.

Le traité de *M. d'Yauville* est un de ceux que nous avons consultés avec le plus de fruit pour la rédaction de nos articles sur la chasse à courre.

DICTIONNAIRE DE TOUTES LES ESPÈCES DE CHASSES, faisant partie de l'Encyclopédie, 1 vol. in-4 avec atlas, Paris, 1794 (an 3).

Ce dictionnaire est formé d'extraits pris dans l'*histoire naturelle* de Buffon en ce qui concerne les animaux sauvages, dans quelques ouvrages de chasse, et particulièrement dans un ancien *Dictionnaire de chasse et de pêche* publié en 1769, dans le *Traité de la chasse au fusil* de M. de Marolle, et dans les ouvrages de Goury de Champgrand et de d'Yauville. L'auteur de ce dictionnaire s'est moins attaché à recueillir les différentes méthodes de chasse, qu'à composer ses articles de pièces uniques, détachées des ouvrages qu'il avait sous les yeux; de sorte qu'il n'a présenté le plus souvent sur telle ou telle chose que les préceptes d'un seul auteur. Ses articles ne sont point liés entre eux par des renvois, et ce qui est encore un plus grand inconvénient, c'est que ses descriptions d'instrumens de chasse n'indiquent pas les planches de l'atlas où les figures de ces instrumens sont représentées. L'ouvrage se trouve surchargé, d'un autre côté, de descriptions d'animaux étrangers qui n'ont aucun intérêt pour les chasseurs européens, et de plusieurs vocabulaires placés à la suite de différens articles, tels que ceux qui concernent le cerf et la fauconnerie, tandis que les termes de ces vocabulaires se retrouvent encore dans l'ordre alphabétique du dictionnaire. On conçoit que ces doubles emplois et ces inutilités, en prenant la place des choses intéressantes que l'auteur aurait pu recueillir de la lecture d'un plus grand nombre d'ouvrages théreutiques et d'une analyse bien faite, ont grossi, sans aucun fruit pour le lecteur, le volume de son ouvrage. Ajoutons que cet ouvrage ne contient pas une ligne sur la jurisprudence relative à la chasse.

ORNITHOLOGIE ABRÉGÉE DE LA FRANCE, contenant les figures et la nomenclature en un grand nombre de langues de 134 espèces d'oiseaux, gravées en taille-douce, 1 vol. in-4, Neuwied-sur-le-Rhin, 1794.

Ce volume, qui se compose de 133 planches, est précédé d'une explication de ces planches, qui consiste à donner les noms français, latins, hébreux, chaldéens, syriens, persans, espagnols, allemands, polonais et anglais, des oiseaux qui y sont représentés. Les figures sont assez bonnes; elles sont établies d'après une échelle assez exacte pour les grosseurs.

TRAITÉ SUR L'ART DE CHASSER AVEC LE CHIEN COURANT, par *M. Boisrot de Lacour,* à Clermont, 1808, in-8, de l'imprimerie de *Landriot.*

Cet ouvrage, divisé en 52 chapitres, contient la manière de former, de conserver et de diriger une meute, ainsi que les principes et la théorie de l'art du veneur; on y traite, en détail, les chasses du lièvre, du chevreuil, du renard, du loup et du sanglier.

Les principes développés dans cet ouvrage sont le fruit d'une longue expérience et de connaissances acquises par la pratique.

LE PARFAIT CHASSEUR, OU TRAITÉ GÉNÉRAL DE TOUTES LES CHASSES, par *M. Auguste Desgraviers,* 1 vol. in-8; Paris, 1810, chez Demonville.

Cet ouvrage, qui est enrichi de figures et de musique, contient un appendice des meilleurs remèdes pour la guérison des accidens et maladies des chevaux de chasse et des chiens courans, ainsi qu'un vocabulaire général à l'usage des chasseurs.

On ne peut contester l'excellence des préceptes contenus dans cet ouvrage, seulement on désirerait qu'ils fussent traités avec plus de développement.

On regrette que l'auteur ait employé 80 pages pour indiquer les rendez-vous de chasse en différentes forêts, le placement des relais, etc., tandis qu'il lui eût été facile de mettre sous les yeux du lecteur des documens plus instructifs et plus intéressans.

ESSAI DE VÉNERIE, OU L'ART DU VALET DE LIMIER, par *M. Leconte Desgraviers,* 1 vol. in-8; Paris, 1810, suivi d'un Traité sur les maladies des chiens et sur leurs remèdes; d'un Vocabulaire pour l'intelligence des termes de chasse et de vénerie, et d'un état des divers rendez-vous et placement des relais dans les forêts qui avoisinent Paris.

Cet ouvrage paraît n'être qu'une copie assez fidèle de celui qui précède, à l'exception des articles qui concernent la chasse à tir et les chiens de plaine, qui ne devaient pas figurer dans un *Essai de vénerie,* et que l'auteur en a distraits.

DICT. DES CHASSES.

TRAITÉ GÉNÉRAL DES CHASSES A COURRE ET A TIR : contenant des principes sûrs pour la propagation du gibier et la destruction des animaux nuisibles ; un précis de la législation ; la meilleure méthode de dresser et soigner les chevaux et chiens de chasse ; des observations importantes sur le choix et l'usage du fusil, et enfin l'histoire naturelle des animaux qui se trouvent en France et la manière de les chasser : suivi d'un vocabulaire explicatif des termes usités par les chasseurs, et des nouvelles fanfares que l'on sonne en chasse. Orné de trente-six planches. Ouvrage entièrement neuf, par une société de chasseurs, et dirigé par M. *Jourdain*, Inspecteur des forêts et des chasses du Roi ; dédié à M. le lieutenant-général, comte de Girardin, premier veneur de la couronne. 2 vol. in-8°. Paris, 1823, chez Audot.

Cet ouvrage est l'un des meilleurs traités que l'on ait publiés sur la chasse. Il offre, en effet, une réunion de connaissances très étendues sur cet art. Il traite de la propagation du gibier considérée dans ses divers détails. Il présente ensuite les moyens de destruction des animaux nuisibles ; c'est surtout contre le loup, ce fléau des campagnes, que ces moyens sont les plus multipliés. Les chasses à courre sont décrites avec détail ; on donne d'abord la méthode de dresser les chevaux et les chiens de chasse, et les soins qu'exigent ces précieux animaux. Les chiens, plus négligés parce qu'ils coûtent moins, sont particulièrement l'objet d'un article fort étendu ; on s'y est occupé des meilleurs moyens de faire des élèves et d'entretenir la santé d'une meute, en donnant à cet effet, pour la guérison de ces animaux, des recettes qui sont basées sur la pratique. On traite ensuite de l'histoire des animaux, en ce qui concerne la chasse, et des principes pour les trouver et les chasser avec méthode et succès.

La chasse à tir offre des observations importantes sur le choix et l'usage du fusil de chasse, son entretien, la manière de le charger, l'emploi des nouvelles amorces de muriate suroxigéné de potasse et les procédés de fabrication de la poudre et du plomb ; la méthode pour dresser le cheval d'arquebuse et le chien couchant ou d'arrêt, les principes pour bien tirer, et enfin leur application contre les diverses espèces de gibier que l'on chasse à tir.

Cet ouvrage est orné de gravures qui représentent des scènes de chasse et les piéges les plus importans ; on y trouve aussi toutes les fanfares de chasse.

TRAITÉ DES CHASSES AUX PIÉGES, supplément au *Traité général de toutes les Chasses*, contenant la description de tous les piéges, et la manière de prendre les lièvres et lapins, et les diverses espèces d'oiseaux qui se trouvent en France ; par les auteurs du *Pêcheur français* ; orné d'un grand nombre de planches nouvelles, représentant les piéges, les ustensiles et les principales espèces d'oiseaux. 2 vol. in-8. Paris, 1823, chez Audot.

Cet ouvrage est divisé en deux parties : la première offre la description des piéges et des instrumens nécessaires ; la seconde, leur usage contre les oiseaux, les lièvres et les lapins, ainsi que les mœurs et habitudes de ces divers animaux.

ALBUM DU CHASSEUR, par M. *Doneaud du Plan*. 1 vol. in-18, Paris, 1823, chez Le Fuel.

Ce petit ouvrage, orné de gravures, est un abrégé des nombreux et volumineux traités de vénerie et de chasse à tir. Il est terminé par un recueil de fanfares de chasse au nombre de 17.

ART DE MULTIPLIER LE GIBIER ET DE DÉTRUIRE LES ANIMAUX NUISIBLES, contenant la meilleure méthode de propager, entretenir et conserver le gibier, tant en liberté que dans les parcs ; les moyens de le prendre vivant et de le transporter ; les fonctions des gardes-chasse ; un précis de la législation, et la description de tous les piéges employés pour la destruction des bêtes carnassières et des oiseaux de proie. *Extrait du Traité général des chasses,* dédié à M. le comte de Girardin, premier veneur de la couronne, par une société de chasseurs; avec 12 planches gravées. 1 vol. in-12, Paris, 1823, chez Audot.

Cet ouvrage, ainsi que son titre l'annonce, est extrait du *Traité général des chasses.* L'auteur prévient qu'il a puisé la plupart des moyens qu'il présente pour la multiplication du gibier à poil, dans l'ouvrage allemand de M. *Hartig.* Nous, nous avons consulté, pour la rédaction de notre dictionnaire, non seulement l'ouvrage de M. *Hartig,* mais encore le grand Traité des chasses publié en 4 volumes par *Bechstein.*

SECRETS DE LA CHASSE AUX OISEAUX, contenant la manière de fabriquer les filets, les divers piéges, appeaux, etc., l'histoire naturelle des oiseaux, etc., par M. *G.* 1 vol. in-12, fig., Paris, 1826, chez Raynal.

TRAITÉ DES CHIENS DE CHASSE, contenant l'histoire de l'espèce, les soins à prendre pour faire des élèves, croiser les races, entretenir une meute en santé, et guérir les maladies; la description des races propres à la chasse, avec la figure de chacune d'elles, et la meilleure méthode pour dresser les chiens; par un des collaborateurs du *Traité général des chasses.* Dédié à M. le marquis de Lauriston, grand-veneur. 1 vol. in-8°, Paris, 1827, chez Rousselon.

LA CHASSE, poëme en deux chants, par le comte *L. M. J. de Chevigné.* 1 vol. in-8°, avec quatre gravures, Paris, 1828, chez Firmin Didot.

Ce poëme a pour objet de faire partager au lecteur les jouissances du chasseur. Les oiseaux de nos contrées et ceux qui nous arrivent en diverses saisons, les animaux des champs et des bois, voilà ce que l'auteur a peint dans une poésie élégante et gracieuse.

On trouve à la suite de cet ouvrage les odes de *Grenau* et *Coffin* sur les vins de Bourgogne et de Champagne, traduites en vers; une ode originale sur le cidre, et la traduction aussi en vers du *Moretum* de Virgile, avec le texte.

PATHOLOGIE CANINE, ou TRAITÉ DES MALADIES DES CHIENS, traduit de l'anglais sur la dernière édition et annoté par M. *V. Delaguette,* vétérinaire des gardes-du-corps du roi, compagnie Grammont. 1 vol. in-8°, Paris, 1828, chez Raynal.

Cet ouvrage est le seul traité *ex professo* sur la *pathologie canine.* Il était intéressant de le faire connaître en France. On doit donc des remercîmens à M. *Delaguette* de la tâche qu'il s'est imposée, et des éloges pour la manière dont il l'a remplie.

§ IV. AUTEURS ALLEMANDS.

Nota. La liste de ces auteurs est extraite de l'ouvrage en 4 volumes de Bechstein, sur la chasse, ouvrage dont le 4° volume a paru en 1822.

Histoire naturelle.

J.-M. BECHSTEIN, Histoire naturelle de l'Allemagne dans les trois règnes. Ouvrage portatif à l'usage des forestiers, des étudians et des agriculteurs. Avec figures pour les mammifères et les oiseaux. *Leipsig,* 1791, in-4°; 2° édition, 1801, in-8°.

J.-N.-C. GOZE. La Faune européenne. *Leipsig,* 1791, III, in-8°.

J.-M. Bechstein. Revue des Animaux nuisibles. *Gotha*, 1792, in-8°; 2° édition, 1805.

Le même. Ornithologie allemande. *Leipsig*, I-III avec figures, in-8°.

Jos.-Léonard Frisch. Représentation des Oiseaux de l'Allemagne. *Berlin*, 1733-1763, in-folio.

J.-Wolf et J.-F. Frauenholz. Description et figures des Oiseaux qui font leur couvée en Franconie. *Nuremberg*, 1799, in-fol. et in-4°.

Borkhausen, Lichthammer et Becker. Ornithologie allemande. *Darmstadt*, 1800, in-fol.

S.-A. et F. Naumann. Description des Oiseaux de plaine et des Oiseaux aquatiques, avec figures. *Kothen*, in-fol. et in-4°.

Wolf et Meyer. Histoire des Oiseaux de l'Allemagne. *Francfort*, 1810, II, in-8°.

Traités de chasse.

J.-W. Dobel. Pratique des jeunes Chasseurs. *Leipsig*, 1746; in-fol., 3° édition, 1803.

J.-M. Georges. Traité complet de la chasse, à l'usage des Chasseurs de profession et des amateurs, publié par le professeur *Leonhardi*. *Leipsig*, 1797, in-8°.

J.-M. Bechstein. Manuel de la Chasse. I-IV, *Nuremberg et Altorf*, 1801, in-4°.

G.-F. Dietrich. Manuel pour les chasseurs, les personnes ayant le droit de chasse et les amateurs de la chasse. I.-III, *Leipsig*, 1805, in-8°, nouvelle édition, 1820.

G.-L. Hartig. Instruction pour les chasseurs et pour ceux qui veulent le devenir. I-II, avec figures. *Tubingen*, 1810, 2° édition; 1811, in-8, 3° édition, 1817.

J.-C. Jester. De la Petite Chasse, à l'usage des jeunes amateurs. 4 parties, nouvelle édition. *Kœnisberg*, 1817, in-8°.

J. Tanzer. Instruction sur la Chasse. *Copenhague*, 1619, in-fol.

Hanss-Heinreich de Demmig. Le Parfait Chasseur allemand. II, avec figures. *Leipsig*, 1719, 2° édition, 1724, in-fol.

Courte instruction sur l'art de chasser noblement. *Nordhausen*, 1733, in-8°.

J. Tanzer. Secrets de la Chasse, avec figures.

Charles de Heppe. Se donnant à lui-même des conseils sur la chasse. *Augsbourg*, 1753, in-8°.

Ch. Schoter. L'Art complet de la Chasse, avec figures. *Francfort*, 1755, in-8°.

Jos.-Jacq. Bachting. Courte esquisse sur l'Art de la chasse. *Halle*, 1756, 2° édit.; 1768, in-8°.

Nouvelle méthode claire et complète de faire la chasse tant aux oiseaux qu'aux autres animaux. *Leipsig*, 1762, in-8°.

François de Gochnhausen. Remarques sur la Chasse. *Veimar*, 1764, in-8°.

M.-Ch. Koepler. Ce qu'il y a d'indispensable dans les obligations des chasseurs. *Meiningen*, 1775, in-8°.

Le Baron de Mellin. Recherches sur les moyens d'établir, d'améliorer et d'entretenir la chasse tant en plaine que dans les parcs, avec 118 figures. *Berlin et Stettin*, 1779, in-4°.

Le même. Instruction sur la manière d'établir de grands parcs de chasse et de les conduire pour y élever du gibier utile et ne causant point de dommages, avec figures et vignettes. *Berlin*, 1800, in-4°.

Gatterer. Traité de l'utilité des animaux et des dommages qu'ils causent, avec la meilleure méthode de les prendre et de diminuer le nombre des animaux nuisibles. I.-II, 1781, in-8°.

Jos.-Chr. Heppe. L'Art de la Chasse, ou Instruction sur la grande et la petite chasse, 4 parties. *Nuremberg*, 1783, in-8°.

Jos.-Andr. Naumann. L'oiseleur ou l'Art de prendre avec tranquillité et en grande quantité toutes les espèces d'Oiseaux, soit avec soit sans le secours des filets. *Leipsig*, 1789, in-8°.

Principes pour prendre, renfermer et élever toutes sortes d'Oiseaux. *Nuremberg*, 1768, nouvelle édition revue par J.-M. Bechstein, 1796, in-8°.

C.-S.-R. Principes pour l'éducation d'un jeune chien couchant, avec une Instruction pour le dresser à la chasse à courre. *Brunswick*, 1791, in-8°.

Instruction pour dresser un chien de sang, un limier pour sanglier, et un basset. *Brunswick*, 1794, in-8°.

Ch.-W. Heppe. Éducation du Limier. *Munich*, 1763, in-8°.

D.-J.-M. Bechstein. La Science de la Chasse, considérée dans toutes ses parties, pour les chasseurs et les amis de la chasse. *Erfurt et Gotha*, 4 vol. in-8, 1820 à 1822.

Le 1er volume traite de la Zoologie, le deuxième de la Technologie, le troisième de l'Entretien des animaux, et le 4e de l'Exploitation de la chasse.

Armes à feu.

G.-F.-K. Timaus. Recherches sur les fabriques d'armes à feu, l'art de tirer à la chasse, avec des remarques tirées des auteurs anglais. *Leipsig*, 1792, in-8°.

Petit Manuel pour les amateurs de la chasse, les arquebusiers, les armuriers, ou l'Art d'essayer les armes à feu, d'en découvrir les défauts, et de les améliorer à peu de frais. *Gotha et Leipsig*, 1817, in-8°.

Gravure.

J.-C. Riedinger. Représentation des Animaux dans l'état où ils sont propres à être chassés. *Augsbourg*, 1750, fol.

Le même. 101 Planches de Cerfs monstrueux et d'autres Animaux rares. *Augsbourg*, 1740, fol.

Ouvrages élémentaires.

Ch.-W. de Heppe. Le Parfait Chasseur. *Ratisbonne*, 1763, in-8°.

H.-D. Wilkens. Les principes des termes de chasse tirés des animaux. *Brunswick*, 1801, in-8°.

Dictionnaires.

Jos.-Aug. Grosskopf. Dictionnaire complet des Forêts et Chasse. *Langensalza*, 1759, in-8°.

Dictionnaire des Forêts et Chasse. *Prague*, 1764, in-fol.

Onomatologia ou Dictionnaire de Forêt, Chasse et Pêche. *Francfort et Leipsig*, 1772, in-8°.

Manuel pratique de l'art du Forestier et du Chasseur, suivant l'ordre alphabétique; ouvrage rédigé par une société de forestiers et de chasseurs. I.-III. *Leipsig*, 1796, in-8°.

Ouvrages de jurisprudence.

F.-Ulr. Stisser. Histoire des Forêts et de la Chasse en Allemagne, revue et améliorée par D.-H.-G. Franken. *Leipsig*, 1754, in-8°.

J.-G. Pietch. Recherche des principes de droit sur les Forêts et la Chasse. *Leipsig*, 1779, in-8°.

F.-Ant. de Stubenrauch. Des Droits et facultés dans les forêts et à l'égard de la Chasse, entre le seigneur et ses vassaux. *Munich,* 1779, in-8°.

G.-U. Kleinschrod. Traité du Braconnage, de son histoire, des peines à y appliquer, et de l'état de la jurisprudence à cet égard. *Erlang,* 1790, in-8°.

Quelques réflexions sur le droit régal de la Chasse, et sur les dommages des animaux sauvages. *Francfort,* 1791, in-4°.

Codex augusteus systematicus ulnatorio forestalis : du droit de la Chasse et de la Jurisprudence forestière d'après les lois de la Saxe, ouvrage composé dans un ordre systématique. *Leipsig,* 1791, in-8°.

Des Suites fâcheuses de l'état de la Vénerie en Allemagne, d'après les principes admis à cet égard par la cour supérieure de l'empire. *Ulm,* 1794, in-8°.

D.-F.-Ludw. Walther. Des bases de l'Histoire forestière de l'Allemagne et du Droit de Chasse, de l'oisellerie, de la pêche, et de l'éducation des abeilles dans les forêts. *Ulm,* 1794, in-8°.

Ouvrages périodiques.

J.-G. Léonhardi. Calendrier pour les Forêts et la Chasse, 1794. *Leipsig,* 1800, in-8°, fig.

L.-C.-C. de Wildungen. Étrennes pour les Forestiers et les Chasseurs, pour l'année 1794, avec figures. *Marburg,* 1800, in-12.

Laurop et Ficher. Le Sylvain ou Manuel à l'usage des Forestiers, des Chasseurs et des amateurs de la Chasse, pour l'année 1813, avec figures. *Marburg,* 1817, in-8°.

Magasin général pour les Chasseurs et les Amateurs de la Chasse ou Instruction fondamentale sur la science et l'art de la grande chasse. *Gratz,* 1794, in-8°.

Diane, ou Entretien utile et agréable pour les Amateurs de la Chasse. *Leipsig,* 1794, in-8°.

Bechstein. Diane ou Écrit pour l'avancement de la Science naturelle, de l'art du Forestier et du Chasseur. I-IV. *Gotha et Marbourg,* 1794,-1816.

F.-G. Leonhardi. Magasin pour l'art du Forestier et du Chasseur. *Leipsig,* 1797, in-4°.

C.-P. Laurop. Annales des Forêts et Chasses. *Marb. et Cassel,* 1812 à 1817, 4 vol. in-8°.

Meyer. Journal pour les Forêts et la Chasse dans la Bavière, 4 années. *Munich,* 1812-16, in-8°.

G.-L. Hartig. Archives des Forêts et Chasses pour la Prusse. *Berlin,* 1816, in-8°.

Taxidermie.

Geor. Pistarus (Becker). Instruction sur la manière d'empailler et de conserver les oiseaux et les Mammifères. *Darmstadt,* 1799, in-8°.

J.-F. Naumann. Taxidermie ou Instruction sur la manière la plus simple et la plus convenable de préparer toutes sortes d'animaux pour les cabinets d'hist. natur., avec 5 pl. *Halle,* 1815, in-8°.

OUVRAGES FRANÇAIS SUR LE DROIT DE CHASSE.

1610. Edits et Ordonnances des Eaux et Forêts recueillis par *Saint-Yon.* Paris, 1610.

1621. Édits et Ordonnances des Eaux et Forêts, augmentés des Ordonnances du roi Henri-le-Grand, sur le fait des Chasses et Port d'arquebuses. *Paris, Cramoisy,* 1621, in-8°.

L'auteur de ce Recueil se nomme Durand, il le dédia à M. de Verdun.

1681. Traité du Droit et un Éloge de la Chasse, par *Fr. de Launay*. *Paris*, 1681, in-12.

On a beaucoup fait usage dans le Dictionnaire de Trévoux du Traité de *Fr. de Launay*, professeur en Droit français.

1688. Jurisprudence sur le Fait des Chasses. *Paris*, 1688, 2 vol. in-12.

1692. Instr. pour les Gardes des Eaux et Forêts, Pêches et Chasses. *Paris*, 1692, in-12.

1699. Traité des Eaux et Forêts de France, Pêches et Chasses. *Paris*, 1699, in-8°.

1711. Recueil d'Édits, Ordonnances et Arrêts depuis 1700 jusqu'en 1711. *Paris*, 1711, in-4°.

1713. Le Code des Chasses, ou nouveau Traité du Droit des Chasses suivant la jurisprudence de l'Ordonnance de 1669, mise en conférence avec les anciennes et nouvelles Ordonnances, Édits, Déclarations, Arrêts, Réglemens et autres jugemens rendus sur le Fait des Chasses; avec les notes des meilleurs auteurs et de nouvelles remarques pour l'intelligence de cette Jurisprudence. *Paris, chez Saugrin*, 2 vol. in-12.

Ce Code a été augmenté et réimprimé par Saugrin et Prault en 1720. *Paris*, 2 vol. in-12.
Il y a eu deux nouvelles éditions, même format, à Paris, en 1734 et en 1753.

1727. Instructions pour les Gardes des Eaux et Forêts, Pêches et Chasses. *Paris*, 1727, in-12.

On trouve dans ce Traité de M. de Froidouze, lieutenant-général du comté de Marle, et grand-maître des Eaux et Forêts du Languedoc, les Édits, Arrêts et Réglemens concernant les Priviléges des Gardes des Eaux et Forêts, Pêches et Chasses.

En 1750, on en a donné une nouvelle édition. *Paris, Prault*, in-12, 1 vol.

1737. Mémorial alphabétique des matières des Eaux et Forêts, Pêche et Chasse, avec les Édits, Ordonnances, Déclarations, Arrêts et Réglemens rendus jusqu'à présent. Ensemble les modèles des actes des grands-maîtres et des autres officiers des Eaux et Forêts, et des Instructions pour les gardes, etc. *Paris, Théodore-le-Gros*, 1737, in-4°.

1739. Dictionnaire des Chasses, contenant l'Explication des termes et le Précis des Réglemens sur cette matière, par l'Anglois. *Paris, Prault*, in-12.

1744. Plaisirs, varennes et capitaineries, par Bocquet de Chanterenne. *Paris*, 1744, in-12.

On peut encore lire, sur la Jurisprudence des Chasses, le Dictionnaire des Arrêts de Brillon au mot *Chasse*, et le titre 23, chapitre 3, livre 5 du Traité de la police du commissaire de la Mare, avec la citation des Ordonnances et des Arrêts concernant cette matière : elle y est bien discutée. On y trouve même des particularités qui regardent la théorie des chasseurs.

1752. Conférence de l'Ordonnance de Louis XIV, sur le Fait des Eaux et Forêts, avec les Déclarations, Arrêts, etc. *Paris, Nyon*, 1752, 2 vol. in-4°.

1753. Lois forestières par *Pecquet*, grand-maître des Eaux et Forêts.

1769. Dictionnaire des Eaux et Forêts par *Chaillaud*, 2 vol. in-4.

1821 à 1834. TRAITÉ GÉNÉRAL DES EAUX ET FORÊTS, CHASSES ET PÊCHES, par M. *Baudrillart*, divisé en 4 parties, dont le présent Dictionnaire forme la 3ᵉ partie, ouvrage qui se compose de 8 volumes in-4°, et de 4 atlas, savoir :

1°. RECUEIL CHRONOLOGIQUE DES RÉGLEMENS FORESTIERS, contenant les ordonnances, édits et déclarations des rois de France, les arrêts du conseil et des cours souveraines, les lois, arrêtés du gouvernement, décrets, ordonnances du roi, arrêts de la Cour de cassation, décisions ministérielles, circulaires et instructions administratives.

Cette partie forme 13 Livraisons, plus un Atlas de Tableaux dont la dernière comprend l'année 1833, savoir : Livraisons 1 à 5 ou années 1515 à 1821, 9 fr. chaque ; Livraison 6°, années 1822 et 1823, 8 fr.; Livraison 7°, année 1824, 7 fr.; Livraison 8°, année 1825, 6 fr. ; Livraison 9°, années 1826 et 1827, 9 fr. ; Livraison 10°, année 1828, 8 fr.; Livraison 11°, année 1829, 8 fr.; Livraison 12°, années 1830 et 1831, 15 fr.; Livraison 13°, années 1832 et 1833, 15 fr. Prix des 13 Livraisons : . . . . 121 fr.

Il paraît une livraison chaque année, et toutes se vendent séparément.

2°. DICTIONNAIRE GÉNÉRAL, RAISONNÉ ET HISTORIQUE DES FORÊTS, contenant l'analyse des lois, ordonnances, arrêts et instructions, la police et la conservation des Forêts; les diverses méthodes de culture, d'aménagement et d'exploitation ; l'architecture navale, la botanique, la minéralogie, etc., appliquées à l'économie forestière; avec l'étymologie et l'explication des termes forestiers et autres employés dans l'ouvrage, formant 5 Livraisons ou 2 forts vol. in-4, avec un Atlas divisé en trois Livraisons renfermant un grand nombre de planches. Prix : . . . . 60 fr.

Chaque Livraison se vend séparément. 12 fr.

3°. DICTIONNAIRE DES CHASSES, contenant l'Histoire de la Chasse chez les différentes nations, le précis des ouvrages anciens et modernes qui en ont traité, la Description des animaux qui font l'objet de la grande et de la petite Chasse, celle des armes, instrumens, filets, piéges et procédés quelconques qui y sont employés, l'Explication de tous les termes de Chasse, et les Lois et Réglemens sur la Chasse en plaine et dans les bois ; *ouvrage posthume,* revu, corrigé, augmenté et dédié à M. le comte DE GIRARDIN, ex-premier Veneur de la Couronne, par M. DE QUINGERY, chevalier de l'Ordre royal de la Légion-d'Honneur, ancien Chef de Bureau à l'Administration de la Vénerie et des Chasses de S. M. CHARLES X. Un très fort vol. in-4°, accompagné d'un Atlas contenant environ 48 planches in-folio représentant les différentes races de chiens de Chasse, les quadrupèdes et les oiseaux qui font l'objet d'une Chasse quelconque, et tous les instrumens et piéges qui servent à tuer ou à prendre ces animaux. *Paris,* 1834. Prix : . . . . 45 fr.

4°. DICTIONNAIRE DES PÊCHES, contenant l'Histoire des Poissons, l'Explication des termes de Pêche et de Navigation; la Description des appâts, instrumens, filets, engins et procédés de toute espèce qui sont employés pour prendre le poisson, avec les dispositions réglementaires, tant sur la Pêche fluviale que sur la Pêche maritime.

Un fort vol. in-4° accompagné d'un bel Atlas de 44 planches représentant au moins cent figures de poissons de mer et de rivière, et diverses sortes de pêcheries, avec les instrumens qui y sont propres. *Paris,* 1827. Prix : . . . . 34 fr.

Nota. *Les quatre ouvrages ci-dessus, dont M. Baudrillart est auteur, ont été publiés par* M. Arthus Bertrand, *libraire-éditeur.*

FIN DE LA BIBLIOTHÈQUE HISTORIQUE.

DICTIONNAIRE GÉNÉRAL,

HISTORIQUE ET RAISONNÉ

DES CHASSES,

CONTENANT

TOUT CE QUI A RAPPORT A LEURS DIVERSES PARTIES PHYSIQUE, ÉCONOMIQUE,
TECHNOLOGIQUE ET RÉGLEMENTAIRE.

ABA

ABAISSER. (Terme de fauconnerie.) Abaisser l'oiseau, c'est diminuer la quantité de sa nourriture ordinaire, lorsqu'il est trop gras, afin de le mettre en état de bien voler et de le rendre plus avide à la proie.

ABANDONNÉ, épithète que donnent les chasseurs à un chien courant qui prend les devants d'une meute, et qui s'abandonne sur la voie d'une bête quand il la rencontre.

ABANDONNER. (Fauconnerie.) Abandonner l'oiseau, c'est le lâcher dans la campagne pour l'égayer, ou le mettre en liberté pour chasser, ou le congédier pour s'en défaire, parce qu'il n'est bon à rien.

ABATIS. Ce mot se dit d'une grande tuerie de bêtes, de l'action d'un chasseur qui tue beaucoup de gibier : faire un *abatis*, un grand *abatis* de bêtes fauves, *ferarum cædem propagare*. — C'est aussi le nom qu'on donne aux traces que laisse après elle la bête fauve dans les taillis, et aux petits chemins que les louveteaux se font lorsqu'ils abattent et foulent l'herbe en allant et venant autour de l'endroit où ils sont nourris. — Quand des loups ont fait du ravage parmi les bestiaux, on dit: *Les loups ont fait cette nuit un grand abatis.* — *Abatis* se dit aussi des restes de menu gibier que la bête puante abandonne après avoir assouvi son appétit.

ABATTRE L'OISEAU. (Fauconnerie.) C'est tenir l'oiseau serré entre deux mains, afin de le garnir de jets, ou pour le poivrer, ou pour lui donner quelque médicament par force. L'oiseau *s'abat* quand il se baisse vers terre.

ABATTURES, *virgultorum dejectus*. Ce sont les traces et foulures que laisse une bête fauve en passant sur l'herbe, dans les broussailles ou dans les taillis. *On connaît le cerf par ses abattures.*

DICT. DES CHASSES.

ABR

ABÉCHER ou ABECQUER, *avi escam ingerere*. C'est donner la becquée à un oiseau qui n'a pas encore l'adresse de la prendre seul.

ABÉCHER L'OISEAU. C'est, en fauconnerie, lui donner une partie de son pât ordinaire, afin de l'exciter à voler peu après. On dit: *Il faut abecquer le lanier*.

ABOI. Mot qui vient d'aboyer, formé du latin *ad baubare*, qui a aussi formé *aboiement* et *aboyeur*. C'est le cri naturel du chien, *latratus*.

ABOIS. Ce terme marque l'extrémité où le cerf est réduit quand, excédé par une longue course, il manque de force, *cervi deficientis ultima necessitas*. Une bête *est aux abois*, ou *tient les abois* lorsque, fatiguée de courir, elle s'arrête et fait tête aux chiens. — Si elle tombe, on dit, *qu'elle tient les derniers abois*.

ABORDER. (Fauconnerie.) Lorsque la perdrix poussée par l'oiseau de proie gagne quelque buisson, *on aborde la remise sous le vent*.

ABOYER. Un cerf forcé attend les chiens qui aboient ; ce n'est que quand le cerf tient les abois qu'on se sert du terme *d'aboyer* ; on dit : *les chiens crient et non les chiens aboient*, lorsqu'ils chassent.

ABOYEUR, *latrator*. On appelle *aboyeurs* des chiens qui aboient à la vue du sanglier sans l'approcher.

ABREUVOIR. C'est, en général, un lieu propre à abreuver le bétail, *aquarium*. En terme d'oisellerie, on appelle *abreuvoirs* les lieux où les oiseaux vont se désaltérer ou se baigner. La chasse particulière qu'on leur fait dans ces endroits se nomme *chasse aux abreuvoirs*. Cette chasse est principalement un amusement des jeunes gens, quoique l'oiseleur de profession sache aussi en tirer un assez bon parti.

Elle se fait le long des ruisseaux et autour des

fontaines, et des fosses ou mares qui sont dans les campagnes et dans les bois. Les lieux les plus favorables sont ceux qui sont abrités, tranquilles, éloignés du passage des hommes et des animaux, et qui sont situés à proximité des vignes, des champs ensemencés, d'un taillis, ou qui sont enfoncés d'une centaine de pas dans un bois.

C'est vers la fin de juillet qu'on chasse à l'abreuvoir, parce qu'à cette époque les oiseaux, pressés par le besoin de se rafraîchir et trouvant peu d'eau, se rassemblent par bandes dans les lieux que nous avons indiqués; et d'ailleurs les dernières couvées étant finies, on n'a pas à craindre de nuire à la propagation des espèces. Les grandes chaleurs et la rareté de l'eau sont deux conditions essentielles pour réussir. Ainsi, on a peu de succès à espérer dans les lieux qui sont traversés par plusieurs ruisseaux, dans les temps de pluie et de brouillards, ou avant que la rosée se soit dissipée.

Toutes les heures du jour ne sont pas également favorables; on peut tendre à l'abreuvoir depuis huit heures du matin jusqu'à une demi-heure avant le soleil couché; mais le meilleur temps est le matin, depuis 10 heures jusqu'à 11 heures; l'après-midi, depuis 2 heures jusqu'à 3; et enfin le soir, une heure avant le coucher du soleil. Cette dernière époque du jour est la plus favorable, parce que les oiseaux, altérés par la nourriture qu'ils ont prise, viennent en foule à l'abreuvoir avant d'aller prendre leur repos au bois; et c'est ce qui rend si avantageuse la situation d'un abreuvoir sur la lisière d'une forêt.

La chasse aux abreuvoirs se fait avec un grand nombre de pièges : on y emploie les gluaux, les raquettes, les sauterelles, les rejets, les collets de toute espèce, la pince d'Elvaski, etc., suivant les circonstances, les localités et les espèces d'oiseaux qui fréquentent le canton.

Il faut avoir soin de préparer l'abreuvoir quelques jours avant d'y faire la chasse, afin de pouvoir le tendre dès qu'on voudra chasser et pour habituer les oiseaux à y venir. On choisit ses emplacemens dans les endroits où le soleil donne le moins possible, parce que les oiseaux aiment, dans ce temps, à boire à l'ombre; les bords en doivent être d'un accès facile, pour que l'oiseleur puisse les franchir; on les nettoie de tout ce qui pourrait empêcher les oiseaux d'approcher de l'eau, et si c'est une source ou un petit ruisseau qui forme l'abreuvoir, il convient, pour rendre l'emplacement plus favorable, d'élargir en forme de bassin l'endroit que l'on a choisi, et de couvrir avec de la paille, des herbages ou des ramilles, le cours supérieur et le cours inférieur de l'eau, ainsi que les sources ou autres endroits voisins où il y aurait de l'eau, afin de forcer les oiseaux à venir à l'emplacement même que l'on veut tendre. Quand l'abreuvoir est une mare, il faut avoir soin de la tendre dans toute sa circonférence sans qu'il reste un endroit abordable dégarni de pièges. Si cependant cette mare avait une étendue trop considérable pour qu'on pût en tendre entièrement les bords, il serait bon de garnir de petites branches ou d'herbes l'espace où l'on n'aurait pu placer aucun piège.

Quand tout est ainsi préparé, on s'occupe à la maison des pièges dont on veut faire emploi.

Chasse aux gluaux. Le plus souvent on se sert de gluaux. Ce sont des petits brins de saule ou d'orme, longs d'un pied, taillés en pointe par en-bas, lorsqu'ils sont destinés à être enfoncés en terre, ou coupés en forme de coin lorsqu'on les destine à être placés sur des branches de taillis. Avant de partir pour la chasse, on les couvre de glu jusqu'à 3 pouces du gros bout et on les emporte comme nous l'avons dit au mot *gluaux*. Quand on est arrivé à l'endroit préparé, on plante tout autour une haie de gluaux, que l'on incline les uns sur les autres jusqu'à deux doigts près de terre, afin que les oiseaux, en marchant, ne puissent pas passer sans s'y prendre. Cependant il faut éviter que les gluaux se touchent, et pour cet effet on dirige leurs pointes un peu de côté. On indique un autre moyen qui exige plus de peine, et qui consiste à employer deux ou trois cents aiguillées de fil de Bretagne, le plus gros et le plus fort, que l'on enduit de 2 onces de bonne glu. On plante de 2 pieds en 2 pieds un petit piquet de la hauteur de trois doigts, auquel on attache les aiguillées de fil, qui restent suspendues à deux doigts de terre. Ce procédé est long et n'a pas l'avantage de retenir les oiseaux comme le gluau.

La plupart des oiseaux ne se posent pas de suite sur le bord de l'eau; lorsqu'il y a des arbres, on les voit d'abord s'y percher, puis sautant de branche en branche, toujours en descendant, venir enfin à l'abreuvoir. Cette remarque a fait naître l'idée de garnir de gluaux les branches qui se trouvent près de l'eau, et s'il n'y a point d'arbres, d'y suppléer par des branches coupées. Ces branches, que l'on prend sur des arbres voisins, ont de 4 à 5 pieds de longueur au plus, et environ un pouce de grosseur; on les émonde depuis le milieu jusqu'à l'extrémité de la cime; on en taille le gros bout en pointe et on les pique en terre tout droit, de distance en distance, et à 6 pieds environ de l'eau; ensuite, on fait, avec une serpette, des entailles sur ces branches, de trois en trois doigts, pour y ficher les gluaux qu'on a taillés en forme de coin; ou bien, si les branches ou baguettes sont trop faibles pour recevoir la taille, on fend un peu le gros bout du gluau, et on le fait tenir au moyen de cette fente. Ces gluaux sont posés en penchant les uns sur les autres. Les feuilles qu'on laisse aux branches servent à inspirer plus de confiance aux oiseaux : on a remarqué qu'il s'en prenait un plus grand nombre et dans les plus grosses espèces aux branches qu'aux gluaux qui bordent l'eau.

Lorsque tout est ainsi disposé, le chasseur se retire dans un endroit hors de la vue des oiseaux, ou dans une loge faite de branchages et d'où il peut voir tout ce qui se passe. Il observe le plus grand silence, et dès qu'un oiseau est pris, il court le ramasser et le met dans une cage, et s'il manque quelques gluaux il les remplace; puis il s'écarte de nouveau. Lorsque l'on veut prendre des oiseaux pendant toute la journée, il faut avoir soin de changer les gluaux, au moins trois fois, parce qu'étant exposés au soleil et à l'air, ils se dessèchent.

Chasse au filet. Cette chasse se fait pendant la canicule, dans les endroits où les oiseaux se réunissent en grand nombre, comme le long des collines et dans les bas-fonds où se trouvent des sources et des petits ruisseaux. Le filet dont on se sert est d'une longueur et d'une largeur proportionnées à l'étendue de l'abreuvoir ; mais pour le tendre avec succès, il faut choisir l'endroit le plus commode et y former un petit abreuvoir d'environ 5 pieds de long et d'à peu près un pied de large. Le bord du côté où l'on veut tendre doit être un peu élevé, afin que les oiseaux n'y puissent point boire, tandis que l'autre côté doit être incliné comme un glacis vers le bord de l'eau, pour en faciliter l'accès aux oiseaux. On a l'attention de bien nettoyer la place où le filet doit être placé et de couvrir l'eau au dessus et au dessous de l'abreuvoir avec du chaume, des herbages, des brindilles et autres choses de même nature, que les oiseaux sont accoutumés à voir. Ces préparatifs se font quelques jours avant de tendre le filet, afin d'habituer les oiseaux à les voir et à s'en approcher sans crainte.

Manière de tendre le filet. La *Planche* 41, *fig.* 1re, représente l'abreuvoir tendu. Le filet *a* est ramassé dans sa longueur pour qu'il paraisse moins. On prend un bout de la corde dont le filet est enlarmé, et l'on passe dans la boucle qui termine cette corde un crochet de bois pointu *b*, qu'on fiche fortement en terre sur le bord du haut de l'abreuvoir, et l'on en fait autant à l'autre bout *b*, pour tendre raide ce côté du filet. On fiche encore de distance en distance des crochets de bois tout le long de la corde qui borde le filet de ce côté-là, afin de le bien arrêter et d'empêcher les oiseaux de passer dessous ; l'on prend ensuite un piquet ou un crochet que l'on fiche en terre à l'endroit indiqué par la lettre *d*, et on y arrête bien la corde *c*, du devant du filet. On passe de l'autre côté avec un autre crochet *d*, que l'on pique en terre, et dans lequel on passe l'autre corde *c*, qui se prolonge jusqu'à une loge faite exprès, ou jusqu'à un arbre ou un buisson, à quarante ou cinquante pas, où le chasseur se retire pour se cacher et faire jouer le filet.

On se sert aussi de guèdes *i i*, que l'on appelle quenouilles en certains endroits ; elles sont cochées par le bout et servent à appuyer la corde du devant du filet. Enfin on a des palettes *k*, qui sont de petits morceaux de douves, ou quelques pierres plates qu'on pique en terre pour arrêter les guèdes et les empêcher de reculer.

e est le ruisseau où les oiseaux vont boire ; *ff*, le courant de l'eau, qui doit être couvert de chaume ou d'herbages, pour empêcher les oiseaux de s'y abreuver ; le filet étant tendu doit tenir autant d'espace que la ligne ponctuée *h*.

Si l'on voit plusieurs oiseaux qui s'approchent de l'abreuvoir, il ne faut pas se presser de tirer la corde qui doit faire tomber le filet ; mais si on les voit à portée d'être couverts par le filet, alors on tire fortement la corde, qui fait jouer les guèdes et tomber le filet. On court aussitôt prendre le captif que l'on met dans une cage, et l'on retend le filet comme auparavant. On prend de cette manière une foule de petits oiseaux dont le plumage n'est point gâté comme celui des oiseaux pris aux gluaux.

On peut aussi tendre deux lignes, quand le terrain le permet, *des nappes à alouettes*, en observant que les lisières intérieures des filets soient tendues au bord de l'eau, et que l'abreuvoir soit l'intervalle que les nappes doivent couvrir en s'abattant. Enfin, pour attirer les oiseaux, on se sert quelquefois d'appelans.

Chasse avec divers pièges. On emploie toutes sortes de rejets suivant les oiseaux que l'on espère prendre ; on les pique en terre, au bord de l'eau, de distance en distance, et on a soin de disposer la marchette de manière à offrir aux oiseaux un juchoir commode d'où ils puissent atteindre l'eau.

Lorsque l'abreuvoir est dans le voisinage d'un bois, il convient d'en garnir les issues avec des *collets à piquets* et *traîneaux* pour les oiseaux marcheurs et avec des *collets pendus* et des *volans*, pour ceux qui viennent en voltigeant de branche en branche. On peut également tendre des *pinces d'Elvaski*, si des oiseaux d'eau fréquentent cet endroit.

La chasse aux abreuvoirs doit se faire avec le plus grand silence, elle est assez fructueuse : on y prend des gros et des petits oiseaux, tels que ramiers, tourterelles, geais, piverts, grives, merles, gros-becs, pinsons, verdiers, linottes, bouvreuils, chardonnerets, rouges-gorges, fauvettes, roitelets, etc.

ACCOMPAGNÉ. On dit que le cerf est *accompagné* lorsque, pressé par les chiens, il se joint à d'autres cerfs, ou se mêle dans une harde de bêtes pour donner du change. Lorsqu'on s'en aperçoit, on dit en parlant aux chiens : *Il est accompagné, valets, il y va, il y est.*

ACCOUER, vieux terme. Quand le veneur court un cerf qui est sur ses fins, et le joint pour lui donner le coup d'épée au défaut de l'épaule, ou lui couper le jarret, on dit : Le veneur vient *d'accouer* le cerf, ou le cerf est *accoué.*

ACCOUPLE. Lien dont on se sert pour attacher les chiens courans deux à deux, et quelquefois trois à trois.

ACCOURCIR. *Accourcir le trait*, c'est le ployer à demi ou tout à fait, pour tenir le limier plus court.

ACCOURES. On nomme ainsi les plaines ou landes situées entre deux bois, et dans lesquelles on place les dogues et lévriers, qui doivent coiffer l'animal au débucher.

ACCRUES. On nomme ainsi des boucles qu'on fait aux filets pour servir de mailles, afin d'augmenter l'étendue d'un filet. *Jeter des accrues*, c'est faire des boucles au lieu de mailles, pour accrocher le filet. (Voyez *Filet.*)

ACCUL. Signifie les extrémités des forêts et grands bois, et les endroits les plus reculés des terriers de renards, blaireaux et lapins ; les creux qui conduisent aux acculs se nomment carrefours. *Quand on voit que le renard est à l'accul, avant que de lâcher les bassets, il faut savoir où sont les acculs.*

ACCULER. Il se dit des sangliers, des loups, des renards, et autres bêtes. *Les chiens avaient acculé le sanglier, le loup, le renard ; le blaireau était acculé dans son terrier.*

ACHARNER. (Chasse et fauconnerie.) On *acharne* les chiens en leur donnant le goût et l'appétit de la chair. On dit *acharner* l'oiseau sur le tiroir, soit au poing avec le tiroir, ou en attachant le tiroir au leurre.

ADOUÉE. (Fauconnerie.) On dit *une perdrix adouée* pour *une perdrix appariée, accouplée.*

ADICNÈME D'EUROPE. C'est le grand pluvier. (*Voyez* ce mot.)

AÉRER. (Chasse.) Se dit des oiseaux de proie qui font leurs aires, ou leurs nids, sur les rochers.

AFFAIRE. (Terme de fauconnerie.) On dit : *c'est un oiseau de bonne affaire*, pour dire, *c'est un oiseau bien dressé pour le vol*, bien duit à la volerie. On dit aussi, *un chien de bonne affaire.* Mais ces expressions ne sont plus guère en usage.

AFFAISSAGE ou **AFFAITAGE.** (Terme de fauconnerie.) C'est le soin que l'on prend de l'oiseau pour le rendre de bonne affaire, c'est à dire pour l'apprivoiser, le dresser.

AFFAISSER ou **AFFAITER.** (Terme de fauconnerie.) C'est dresser des oiseaux de proie à voler et revenir sur le poing ou au leurre; c'est aussi les rendre plus familiers en santé, en leur ôtant le trop d'embonpoint. On dit, dans le premier sens: *l'affaissage est plus difficile qu'on ne pense.*

AFFRIANDER. *Affriander l'oiseau*, en fauconnerie, c'est le faire revenir sur le leurre avec du pât de pigeonneaux ou de poulets.

AFFUT. En terme de chasse, c'est un lieu caché où on se met avec un fusil tout prêt à tirer, et où on attend le gibier à la sortie du bois ou à la rentrée. *Affût*, dans le sens de la chasse, vient de *fuster* qui signifie dérober. Cette sorte de chasse, dédaignée par les véritables chasseurs, n'est guère pratiquée que par les braconniers. On dit: *il fait bon ce soir à aller à l'affût.* On va le matin à la rentrée. On reconnaît un lieu propre à l'affût par les fumées des bêtes fauves, et par leurs traces. Il faut souvent monter sur un arbre, et là, derrière le feuillage, prendre patience, et avoir l'œil au guet. Il faut surtout garder le silence le plus exact ; car le gibier est inquiet et s'épouvante au moindre bruit.

L'affût, comme toute autre chasse, est interdit sur le terrain d'autrui sans l'autorisation du propriétaire. (Voyez *Chasse*.)

Nous indiquons aux mots Cerf, Loup, Ours, la *manière d'aller à l'affût* pour ces animaux.

On donne encore le nom *d'affût* à une espèce de petite loge fermée avec des feuillages, pour se dérober à la vue des animaux dans les chasses ou battues.

AGASSE, AGACE ou **AJACE.** Nom de la pie en vieux français.

AGEASSE CRUELLE, AGEASSE BOISSELIÈRE, CRAOUILLASSE ou **CRAOUILLE.** Ces noms, suivant Salerme, sont donnés à la pie-grièche grise, dans la Picardie et aux environs de Verdun.

AGE. Les animaux, dans plusieurs espèces, prennent différens noms suivant leur âge. Ainsi l'on distingue :

Dans le cerf: le faon, le hère, le daguet, le cerf à sa seconde tête, le cerf à sa troisième tête, le cerf à sa quatrième tête, le cerf dix cors jeunement, le cerf dix cors, le gros cerf, le vieux cerf;

Dans le daim, les désignations sont les mêmes que celles qui s'appliquent aux cerfs;

Dans le chevreuil : le faon, le chevrotin, le daguet, le chevreuil, le vieux chevreuil, les jeunes et les vieilles ou grandes chevrettes;

Dans le sanglier : le marcassin, la bête rousse, la bête de compagnie, le ragot, le sanglier à son tiers an, le quartanier, le vieux sanglier, le grand vieux sanglier, la jeune, la vieille laie;

Dans le lièvre : le levraut, le lièvre, la jeune et la vieille hase ;

Dans le loup: le louveteau, le louvart, le loup, le grand loup, le vieux loup, la jeune et la vieille louve ;

Dans le renard : le renardeau, le jeune renard, le renard, le vieux renard, la jeune et la vieille renarde.

Les individus de chaque espèce portent des signes qui font distinguer leur âge, et la connaissance de ces caractères est nécessaire au chasseur. On distingue, par exemple, l'âge du cerf par l'ouverture de la tête, la grosseur du merrain, les rayures plus ou moins creuses, les perlures plus ou moins grosses, les andouillers plus ou moins nombreux, la largeur du talon, etc., etc. (Voyez *Cerf.*)

AGRENER. C'est donner de la nourriture au gibier à plumes pour le fixer quelque part.

AGROLLE, nom de la corbine ou corneille noire, dans quelques parties de la France. (Voyez *Corbine*.)

AIGAIL ou **AIGUAIL,** en latin *roscida pruina.* C'est la rosée qui tombe le matin dans la campagne. En terme de chasse, on dit que les chiens qui sont bons dans le haut du jour ne valent rien dans *l'aiguail*, et au contraire que ceux qui sont bons dans *l'aiguail* ne valent rien au haut du jour. On dit aussi : *l'aiguail ôte le sentiment du chien.*

AIGLE, *aquila.* Famille d'oiseaux du genre des faucons et de l'ordre des oiseaux de proie.

Il y a plusieurs oiseaux auxquels on donne le nom d'aigles : nos nomenclateurs, dit Buffon, en comptent onze espèces en Europe, indépendamment de quatre autres espèces, dont deux sont du Brésil, une d'Afrique et la dernière des grandes Indes. Ces onze espèces sont 1° l'aigle commun, 2° l'aigle à tête blanche, 3° l'aigle blanc, 4° l'aigle tacheté, 5° l'aigle à queue blanche, 6° le petit aigle à queue blanche, 7° l'aigle doré, 8° l'aigle noir, 9° le grand aigle de mer, 10° l'aigle de mer, 11° le jean-le-blanc.

Buffon réduit le nombre des espèces d'Europe à trois : 1° l'aigle doré, qu'il appelle *le grand aigle*; 2° l'aigle commun ou moyen; 3° l'aigle tacheté, qu'il nomme *le petit aigle.* Il retire de la liste des aigles le *jean-le-blanc*, l'aigle à queue blanche, qu'il appelle *pigargue*, l'aigle de mer, auquel il donne le nom de *balbuzard*, enfin le grand aigle de mer, qu'il désigne sous le nom *d'orfraie.*

Il fait deux variétés de l'aigle commun, savoir: *l'aigle brun* et *l'aigle noir.*

Buffon, en réduisant ainsi le nombre des espèces, s'est fondé sur ce que les nomenclateurs ont pris pour des caractères spécifiques ce qui n'était que de simples variations dans les couleurs et la grosseur, produites par l'âge, le sexe, les saisons, le climat et les maladies.

Sonnini doute de l'identité d'espèce de l'aigle brun et de l'aigle noir, et il trace les caractères qui lui paraissent en former deux espèces distinctes.

Bechstein, auteur allemand, en adoptant les motifs de Buffon, va plus loin que le célèbre naturaliste français : il ne reconnait qu'une seule espèce dans l'aigle brun, l'aigle noir et l'aigle doré ou grand aigle, et il donne à cette espèce le nom latin de *falco aquila*, et le nom allemand de *Stein-adler*.

Sans adopter ni rejeter l'opinion de Bechstein, nous croyons devoir, dans l'intérêt de la science, présenter ici la traduction des descriptions de cet auteur, en y joignant, pour compléter notre article, ce qui nous paraîtra utile.

Description. (Voyez la *Pl. 7, fig. 1.*) J'ai long-temps observé, dit Bechstein, l'aigle dont je donne la description ; M. Bein, fauconnier à Meiningen, en possède, depuis longues années, deux individus, le mâle et la femelle ; et j'ai remarqué sur ces deux oiseaux de fréquentes variations dans leurs couleurs, qui présentent tous les caractères qu'on a décrits pour en faire des espèces. Il est devenu évident pour moi que *l'aigle noir*, *l'aigle brun* et *l'aigle doré* (1) ne sont qu'une seule et même espèce, et que toutes les espèces qu'on en a faites ne doivent être attribuées qu'aux différences produites par le sexe, l'âge et les changemens qui arrivent dans les couleurs.

Le mâle a toujours les couleurs plus sombres que la femelle ; le plumage d'un noir foncé ou brun, marqué çà et là de taches rousses ; la tête et le cou d'un roux plus ou moins prononcé ; la queue plus ou moins blanche à sa naissance, quelquefois ondée de quelques bandes transversales et grisâtres. *La femelle* est plus grosse que le mâle et elle a les couleurs plus claires, au moins à la partie supérieure du corps ; le plumage d'un brun foncé ou gris avec des taches d'un gris rougeâtre ou blanchâtre ; la queue, à partir de sa naissance jusqu'à la moitié de sa longueur, d'un blanc plus ou moins pur ; et ce blanc se change en un gris cendré jusque vers l'extrémité, qui est d'un brun foncé.

Voici, au surplus, la description exacte des deux sexes. Le mâle a 2 pieds 9 pouces de longueur et 6 pieds d'envergure, et la femelle 3 pieds de long et 7 pieds d'envergure ; tous les deux ont le bec d'environ 3 pouces de long mesuré suivant sa courbure, et la queue de 1 pied à 1 pied 3 pouces ; ils pèsent de 18 à 20 livres ; ils ont le bec droit à sa base, très recourbé vers la pointe ; la mandibule supérieure armée d'une dent obtuse ; la base du bec tantôt jaune, tantôt bleuâtre, et la pointe noirâtre ; les coins du bec tantôt d'un jaune safrané, tantôt d'un jaune doré ; la peau qui couvre la base du bec d'un jaune de paille ; la tête aplatie, et le front étroit ; toutes les plumes, même celles qui recouvrent le cou, allongées

---

(1) On l'appelle aussi le *grand aigle*, l'*aigle royal*, l'*aigle noble*, l'*aigle roux* et l'*aigle fauve*.

et terminées en pointe, et plus pointues encore dans le mâle que dans la femelle, tombent droit en arrière, et se redressent lorsque l'oiseau est affecté de quelque sentiment violent ; des plumes bleues depuis le bec jusqu'aux yeux, avec des poils noirâtres ou gris ; les paupières bleues avec des bords nus et de couleur jaune ; l'iris d'un brun rougeâtre ; les jambes couvertes de plumes ; les doigts du pied très forts, de couleur jaune et armés d'ongles très longs, très forts, pointus et recourbés ; l'ongle du milieu de près de 4 pouces de long, et celui de derrière de 3 pouces ; de longues ailes qui pendent librement sur les côtés du corps et qui s'en écartent un peu ; la première penne de l'aile n'ayant que la moitié de la longueur des six autres qui extérieurement ont peu d'étendue ; les plumes qui recouvrent les jambes tombant presque jusqu'aux doigts ; la queue arrondie, composée de deux plumes et se terminant un peu en forme de coin.

Le *mâle*, dans un âge avancé, a le dessus et le dessous du corps d'un brun foncé ou tout noir, toujours avec des nuances rousses, particulièrement sur la nuque et sous le ventre, ainsi que quelques taches blanches sur la nuque et le dos, lesquelles proviennent du mélange de quelques plumes blanches ; les grandes couvertures des ailes ordinairement d'un brun grisâtre avec des taches blanches par places ; la tête aplatie ; les plumes du cou et de la nuque d'un rouge brun très vif, quelquefois jaunâtre et luisant, rarement d'un brun-châtaigne ; les couvertures supérieures de la queue de même couleur que celles du dos, et les couvertures inférieures d'un brun-roux ; les plumes des jambes d'un roux-grisâtre marqué de noir ; les pennes des ailes noires ou noirâtres, celles antérieures et celles de derrière plus ou moins tachetées de blanc ou marbrées ; les plumes inférieures des ailes d'un brun foncé, avec quelques nuances plus claires ; la queue noire, ou d'un brun noir, blanche à sa naissance, traversée jusque dans la moitié de sa longueur par des bandes d'un gris cendré, qui ne se retrouvent plus dans presque tout le reste, et qui ne sont remplacées que par quelques taches grisâtres vers l'extrémité.

La *femelle* est revêtue de couleurs qui sont, en général, beaucoup plus claires ; elle a le dessus du corps d'un brun clair ou gris avec des plumes d'un jaune roux ou d'un gris roux ; la tête pointue et les plumes supérieures du cou d'un jaune-roux parsemée de blanc ; les couvertures supérieures des ailes variées de jaune et de gris ; sur les pennes quelques taches blanches ; le croupion ordinairement blanc ; le ventre d'un noir brun ou d'un brun noirâtre avec des taches d'un gris roussâtre ou d'un blanc grisâtre ; les plumes du dessous du croupion, ainsi que celles des jambes, d'un roux clair, ces dernières mêlées de gris et de blanc ; les pennes des ailes d'un brun noir, et celles de derrière intérieurement marquées de gris cendré ; les plumes de la queue blanches à leur naissance, grisâtres sur les côtés, traversées dans leur milieu par des bandes irrégulières et d'un gris cendré, presque toute l'extrémité de la queue d'un brun foncé ou noir.

Variations. La femelle semble avoir des couleurs plus fixes que le mâle ; car, à l'exception de la naissance de la queue, qui est toujours d'un blanc plus ou moins pur ou d'un gris cendré, elle ne varie dans ses couleurs que sur la tête et le cou, qui deviennent plus ou moins roux ou d'un gris roussâtre. Mais le mâle éprouve des variations plus considérables, principalement à la naissance de sa queue, qui n'a souvent plus que très peu de blanc dans l'âge avancé et qui, dans toute la première partie de sa longueur, est marquée par des bandes d'un brun noir ou d'un gris cendré. Tel est (dit Bechstein) le vieux mâle que j'ai sous les yeux, et je vois qu'il n'y a plus que la quatrième plume du côté gauche de sa queue qui ait conservé le mélange de blanc et de gris cendré, qui affectait toute la première moitié de la queue, l'année précédente; d'où il résulte qu'il ressemble absolument à *l'aigle doré* décrit par Linné et par d'autres naturalistes. D'autres prennent la femelle pour *l'aigle doré*, quand la naissance de sa queue n'est point d'un blanc pur et que les plumes de sa tête sont rousses; mais, ainsi que j'ai eu l'occasion de l'observer pendant plusieurs années, la femelle n'a jamais, sur la tête ni sur le corps, les belles couleurs rousses ou d'un brun orange qui décorent le mâle.

Remarques. C'est avec raison que l'aigle est appelé le roi des oiseaux : sa force, son courage, sa grandeur, la fierté de son attitude, sa vue perçante, la hauteur étonnante et la rapidité de son vol lui assignent le premier rang parmi les oiseaux de sa classe. Cet oiseau a été célèbre dès la plus haute antiquité. La mythologie le consacre au roi des dieux, et dans les images de Jupiter, il est représenté portant la foudre dans ses serres. La figure de cet oiseau, placé au haut d'une pique, servit long-temps d'enseigne militaire aux Perses et aux Romains. Des souverains, dans les temps plus modernes, l'ont adoptée dans leurs armoiries.

L'aigle vit très long-temps; on en cite un qui a vécu à Vienne cent quatre ans privé de sa liberté. On prétend que c'est encore moins de vieillesse que l'aigle meurt, que de l'impossibilité de prendre de la nourriture, son bec se recourbant si fort avec l'âge qu'il lui devient inutile. Cependant on a vu, sur des aigles gardés dans les ménageries, qu'ils aiguisaient leur bec et que l'accroissement n'en était pas sensible pendant plusieurs années.

L'aigle peut jeûner long-temps, mais il prend aussi beaucoup de nourriture en une seule fois. Il est inhabile à saisir sa proie en volant; il faut qu'il l'enlève de terre. Ainsi tout animal qui l'aperçoit, et qui fuit soit en volant, soit en courant, est à l'abri de ses serres. Il fait souvent un cri *hiah! hiah!* surtout quand il est affamé; le mâle imite assez le cri d'une poule, quand, dans le mois de mars et d'avril, il sent le besoin de s'accoupler, et surtout s'il sait qu'une femelle se trouve à peu de distance de lui.

Habitation. Il habite les hautes montagnes et les forêts de l'Europe et du nord de l'Asie. On le trouve, en France, dans les montagnes du Bugey et dans les Pyrénées. Il y a quelques années, on en prit plusieurs dans le petit parc de Versailles et à Saint-Germain, au moyen du piége à poteau, et l'on se rappelle qu'en 1817, ou 1818, l'infortuné duc de Berry en tua un à Fontainebleau. Il est aujourd'hui très rare. Il aime à vivre isolé, et le mâle et la femelle se cantonnent dans un vaste territoire. Pendant l'hiver, ils errent autour des forêts.

Nourriture. Il se nourrit ordinairement de lièvres, d'oies sauvages et de la chair encore fraîche des bêtes mortes. Mais il prend aussi les petits des bêtes noires, des cerfs et des chevreuils, les faisans, les grues, les canards, les outardes, les perdrix, les pigeons, les chats, les hamsters, les couleuvres, etc., etc. Dans la captivité, on le nourrit avec du bœuf, des corneilles, des corbeaux, des pies, des pigeons, des souris, des chats, et avec presque toutes sortes d'animaux, ainsi qu'avec la chair des cerfs, des daims et des chevreuils que l'on prend à la chasse.

Propagation. Les aigles construisent leur aire dans le mois de mars, et ils choisissent pour cet effet les chênes ou les pins les plus élevés, les creux des rochers ou les ruines des vieux édifices placés sur les montagnes. Cette aire ou nid, qui a environ 5 pieds en carré, se compose de petites perches ou bâtons appuyés par les bouts et traversés par des branches souples recouvertes de plusieurs lits de joncs, de bruyères, de mousse et de laine. La femelle y dépose deux gros œufs, ronds, grisâtres et marqués de taches brunes, qu'elle couve pendant un mois. Les aiglons naissent couverts d'un duvet blanc tirant sur le bleu. Lorsqu'on veut les destiner à la fauconnerie, il faut les prendre avant qu'ils soient en état de voler, et entretenir leur goût pour la rapacité en leur jetant des animaux vivans : on les dresse alors facilement. Dans l'Asie, et particulièrement chez les Tartares indépendans, on les forme à la chasse de la grande bête, et pour leur apprendre à déchirer les yeux des animaux, on leur présente, lorsqu'ils sont affamés, un mannequin représentant un chevreuil ou toute autre pièce de gibier, dont on a rempli le creux des yeux avec de la viande. Cet appât leur est d'abord offert dans l'état d'immobilité, mais ensuite on les habitue à le prendre en courant, en faisant mouvoir le mannequin avec des roulettes.

Ennemis. Nul oiseau, quelle que soit sa force, n'ose se hasarder contre l'aigle, et il n'y a que les corneilles et les corbeaux qui ne craignent pas de le suivre et de l'agacer par leurs cris; mais il est tourmenté par des poux et des insectes ailés qui s'attachent à sa peau, et par des vers intestinaux.

Chasse. Les aigles sont aujourd'hui trop rares pour faire l'objet d'une chasse particulière. On les tue à coups de fusil, lorsqu'ils viennent se nourrir de bêtes mortes; on les prend aussi dans des piéges de fer placés près de ces appâts. V. *Oiseaux de proie.*

Qualités utiles et nuisibles. Les animaux qui servent à la nourriture des aigles font connaître en quoi ces oiseaux sont utiles ou nuisibles. Ils ne méritent pas plus de ménagemens que les loups dans les pays cultivés, puisque, n'étant utiles en rien, ils font d'ailleurs une destruction de gibier si considérable, qu'on a trouvé, dans l'aire d'un aigle, les squelettes de quarante lièvres et d'un grand nombre de canards. On sait qu'ils enlèvent même de jeunes enfans. Leur chair, quoique dure et fibreuse, ne sent point le sauvage, comme celle des autres oiseaux de proie. Il paraît que quelques peuples en faisaient usage, car la loi de Moïse l'interdit aux Juifs; mais ce n'est point un mets assez bon pour mériter une défense. On a tenté de tirer parti de la force et du courage du grand aigle pour la chasse du vol; mais on ne l'admet plus depuis longtemps dans les fauconneries; d'abord parce que son poids le rend difficile à porter sur le poing, et surtout à cause de l'indocilité et de la méchanceté de son naturel.

AIGLURES. Ce sont les bigarrures ou taches rousses qui sont semées sur le corps des oiseaux.

AIGRETTES, oiseaux du genre du héron et de l'ordre des *échassiers*. Belon leur a donné le nom d'*aigrettes*, à cause du beau parement de longues plumes soyeuses qu'ils portent sur le dos, et qui servent à embellir et à relever la coiffure des femmes. Ces plumes sont celles que l'on nomme *scapulaires*, c'est à dire qui garnissent les épaules.

Les aigrettes vivent à la manière des hérons sur les sables et les bords de la mer et des eaux douces; ce sont des oiseaux erratiques, c'est à dire qui, sans entreprendre de longs voyages, parcourent successivement plusieurs cantons. Ils se perchent sur les arbres, comme les autres hérons; leur voix est également rauque, leur cri dur et désagréable, leur chair huileuse et sentant le poisson; cette famille renferme cinq espèces connues, dont une seule, *l'aigrette proprement dite*, se trouve en Europe.

L'AIGRETTE PROPREMENT DITE (*ardea garzetta*, Lath.) ou GARZETTE est un oiseau de la grosseur de la poule domestique; il a 2 pieds 10 pouces d'envergure et 2 pieds de longueur, y compris le bec, qui a 3 pouces et demi, et la queue, qui a 4 pouces 9 lignes. Le bec est noir, l'iris jaune; il n'y a point de plumes entre le bec et les yeux, et cette peau nue est verdâtre; les pieds sont d'un vert noirâtre et de 4 pouces de haut. La tête est ornée d'une aigrette formée de plumes longues, flexibles et couchées en arrière; les scapulaires se composent de plumes longues, étroites, et douces comme de la soie, et se subdivisent en filets déliés qui s'étendent sur le dos et jusqu'au delà de la queue. Tout le plumage est d'un blanc de neige. Les jeunes, avant leur première mue, sont d'un gris cendré, et dépourvus d'aigrette sur la tête et de longues plumes scapulaires. Ces dernières manquent également sur les adultes après la mue.

Cette espèce habite les contrées méridionales de l'Europe, la Hongrie, les bords de la mer Caspienne et de la mer Noire, New-York, Madagascar, etc. Elle est rare en Angleterre, en France et en Allemagne, où l'on n'en voit que quelques individus. Elle se nourrit de petits poissons, et fait son nid dans les lieux marécageux abondans en roseaux, et rarement sur les arbres. Le nid, fort aplati, est fait avec de petites bûchettes grossièrement arrangées. Elle y dépose de quatre à six œufs blancs et de forme alongée.

Cet oiseau est précieux, à raison de ses belles plumes, qui se vendent fort cher.

AIGUILLE. (Fauconnerie.) Maladie des faucons causée par de petits vers courts qui s'engendrent dans leur chair. Ces vers sont plus petits et plus dangereux que les filandres.

AIGUILLES. On appelle ainsi les fils ou lardons que les valets de chiens pour sanglier doivent porter avec eux, pour panser et recoudre les chiens que les défenses du sanglier auraient blessés.

AIGUILLON. Ce mot, en terme de chasse, se dit de la pointe qui termine les fumées des bêtes fauves: ce n'est que lorsque les fumées sont formées qu'elles ont cette pointe.

AIGUILLONNÉ. Les fumées sont dites *aiguillonnées* quand elles sont terminées par une pointe.

AILE, du latin *ala*, dont on a fait *ale*, et ensuite aile. Les ailes sont les instrumens du vol des oiseaux.

AILE s'emploie ainsi en *fauconnerie*; on dit *monter sur l'aile, donner du bec et des pennes*, pour exprimer les différentes manières de voler. *Monter sur l'aile*, c'est s'incliner sur une des *ailes*, et s'élever principalement par le mouvement de l'autre; *donner du bec et des pennes*, c'est accélérer le vol par l'agitation redoublée de la tête et de l'extrémité *des ailes*.

AIR. Prendre l'air se dit, en fauconnerie, d'un oiseau qui s'élève beaucoup.

AIRE. C'est le nid des grands oiseaux de proie, tels que l'aigle, le faucon, l'autour, etc.: il est rond, aplati, peu concave et fort ample; des branches et de jeunes rameaux forment son tissu, et de la mousse, du poil, de la laine le garnissent en dedans; il faut le chercher sur les rochers et sur les arbres les plus élevés.

On dit, en fauconnerie, qu'un oiseau est de *bonne aire* pour exprimer qu'il est d'une bonne race et facile à dresser, comme on dit d'un autre oiseau qu'il est d'une bonne nichée, et des autres animaux qu'ils sont d'une bonne ou d'une mauvaise *portée*.

L'article 8 du titre 30 de l'ordonnance de 1669 fait défense de prendre des aires d'oiseaux, disposition qui n'a plus d'importance aujourd'hui pour la fauconnerie, mais qui en a toujours sous le rapport de l'économie forestière intéressée à la conservation des grands oiseaux, qui font leur nourriture d'insectes, de mulots et d'autres animaux destructeurs des bois.

AIRER. Ce mot se dit de l'action par laquelle les oiseaux de proie font leurs nids, appelés *aires*.

A LA MORT, chiens! (cris de chasse.) On parle ainsi aux chiens, lorsque le cerf est pris.

ALAIS, ALÈTHE ou ALETTE. On donnait ce nom, dans quelques fauconneries, à un oiseau de proie des Indes, de la famille des faucons, et qui, dressé, devient très propre au vol de la perdrix.

ALAN. Gros chien de la race des dogues.

ALBRAND, ALEBRAN, ALEBRENT ou HALBRAN, jeune canard sauvage; il porte ce nom jusqu'au mois d'octobre, époque à laquelle il prend celui de canard. (Voyez *Canard*.)

ALBRENÉ. Ce mot se dit des oiseaux de proie qui n'ont pas tout leur plumage ou dont le plumage est rompu ou manqué.

ALBRENER. C'est chasser aux *alebrans* ou aux canards sauvages. *Il fait bon albrener*, disent les fauconniers.

ALEBRANDE ou ALDEBRANDE, vieux nom

français de la sarcelle commune. (Voyez *Sarcelle*.)

A L'EAU. Quand on veut exciter les chiens à aller boire, on leur crie: *à l'eau!* et par corruption *houilleau*.

ALLAITES. Ce sont les mamelles de la louve.

ALLER AU VENT. Cela se dit d'un chien qui va le nez haut, parce que le vent lui porte le sentiment de voies ou d'animaux qui sont près de lui.

ALLER *de bon temps*. Cela se dit d'un animal, cerf, chevreuil ou sanglier, qui ne fait que de passer dans le lieu où l'on se trouve.

ALLER *au bois*. C'est *aller* chercher le cerf ou autres bêtes avec son limier.

ALLER *d'assurance*. Se dit de la bête lorsqu'elle va au pas, le pied serré et sans crainte.

ALLER *au gagnage*. Se dit de la bête fauve, cerf, daim, ou chevreuil, lorsqu'elle va dans les grains pour y viander. On dit aussi du lièvre qu'il va au gagnage.

ALLER *de hautes erres*. Se dit d'une bête passée il y a plusieurs heures.

ALLER *en quête*. Se dit du valet de limier, lorsqu'il va au bois pour y détourner une bête avec son limier.

ALLER *sur soi, se suraller, se surmarcher*. Se dit de la bête qui revient sur ses erres, sur ses pas, en retournant par le même chemin qu'elle avait pris.

ALLIER. Voyez *Hallier*.

ALLONS. Lorsqu'on est dans la voie du cerf, on dit: allons, mes valets, allons, mes tou-tou, pour appeler les chiens qui viennent chassant, et leur indiquer la voie. Lorsqu'ils chassent bien ensemble, on leur dit encore: allons, valets, allons.

ALLURES, manière de marcher des animaux. Distance de l'empreinte des pieds de devant à celle des pieds de derrière. Il est nécessaire de savoir juger des allures.

ALLY. Corruption de *allez*. Quand les chiens s'écartent et qu'on veut les faire rameuter, on dit, en leur parlant: *allez, chiens*, ou *allez*, ou encore, *tirez, chiens, tirez*.

ALONGÉ. Lorsqu'un chien fait de trop grands efforts en courant, le gros nerf de sa cuisse s'alonge, de façon que le jarret pose quelquefois par terre: c'est ce qu'on appelle *un chien alongé*. Voyez, pour la manière de le traiter, l'art. CHIENS, chap. 14, s. 31. Ce mot *alongé* a une autre signification, lorsqu'après avoir mis bas, un cerf a poussé sa nouvelle tête, et qu'elle est entièrement refaite; on dit, *ce cerf a tout alongé*.

ALONGER. En fauconnerie, on dit que l'oiseau *s'alonge* quand il se revêt de ses grosses plumes. En terme de chasse, *alonger* le trait à un limier, c'est le laisser déployé tout de son long.

ALOUETTE, genre d'oiseaux de l'ordre des passereaux, qui renferme plusieurs espèces connues en France.

ALOUETTE COMMUNE (*Pl.* 13, *fig.* 6), *alauda arvensis*, Lath. Se nomme en allemand *lerche*, *geimene lerche*, en anglais *wildlerche*, en italien *lodora* et à Paris *mauviette*. Le nom celtique est *alaud*, d'où nous avons formé *aloue*, puis *alonette*.

Description. L'alouette commune a 7 pouces environ de longueur totale, c'est à dire depuis le bout du bec jusqu'à celui de la queue, dont la longueur est de 2 pouces et demi; le bec, de 5 à 6 lignes de long, droit, noirâtre en dessus, est un peu blanchâtre en dessous; l'iris, d'un gris brun; les pieds d'un pouce de haut, et l'ongle du doigt postérieur très long; le plumage gris avec un mélange de roux, de noir et de blanc; la queue d'un roux foncé, avec une plume presque blanche de chaque côté. Lorsque l'alouette se trouve affectée par un sentiment de crainte, les plumes de sa tête se hérissent en huppe. Le mâle est un peu plus brun que la femelle; il a une espèce de collier noir et l'ongle postérieur plus long; il est aussi plus gros; mais la plus pesante des alouettes ne pèse pas 2 onces. On connaît le chant agréable de cet oiseau, qui se fait entendre depuis le commencement du printemps jusqu'au mois d'août, non seulement lorsqu'il s'élève dans les airs, mais encore lorsqu'il repose sur une motte de terre.

Habitation. Cette espèce se trouve partout dans les champs et dans les prés. Elle quitte nos climats dans l'arrière-saison, et elle y revient de très bonne heure au printemps. Mais l'émigration des alouettes n'est que partielle; il en reste dans nos pays une grande quantité, qui se retirent en hiver au bord des eaux qui ne gèlent pas.

Nourriture. Elle se compose de toutes sortes de grains, de petites semences d'herbes, de la jeune pousse des grains, de vers, de plusieurs espèces d'insectes, de leurs œufs et de leurs larves. L'alouette avale de petits grains de sable pour faciliter sa digestion.

Propagation. Les alouettes s'apparient dès leur arrivée au printemps; elles placent leur nid dans les champs labourés et dans les prés, entre deux mottes de terre, et la femelle y dépose de trois à cinq œufs, d'un gris blanc marqué de taches brunes, qu'elle couve pendant quinze jours. Il y a deux couvées par an.

Qualités. Les alouettes deviennent fort grasses en automne; on les vend à Paris sous le nom de *mauviettes*; c'est un gibier d'un excellent goût, sain et léger. Si ces oiseaux font du tort aux cultivateurs en mangeant du grain pendant les moissons, ils l'en dédommagent en détruisant les insectes et en se nourrissant des semences de plantes nuisibles.

Chasse de l'alouette commune. Le temps le plus convenable pour la chasse aux alouettes est depuis le mois de septembre jusqu'à la fin de l'hiver, surtout après des gelées blanches et de la neige.

On emploie un grand nombre de moyens et principalement le fusil, les nappes, la ridée, le traineau, la tonnelle, les fourchettes, les collets, les gluaux.

I. *De la chasse au fusil.* La manière la moins avantageuse est la chasse au fusil, parce qu'elle dédommage trop faiblement de la perte du temps, de celle de la poudre et du plomb, et de la peine qu'elle donne. Cependant il est un moyen de la rendre plus fructueuse, et ce moyen est un miroir qu'on nomme *miroir à alouettes*. Nous avons indiqué, sous ces mots, les différentes espèces de miroirs dont on se sert à cet effet. Cette chasse se fait jusqu'à la fin d'octobre, et par un temps clair, qui permette aux rayons du soleil de produire leur réflexion sur les glaces du miroir. On y procède depuis le lever du soleil jusqu'à midi. Les éclairs de lumière, que jette de toutes parts ce miroir en mouvement, excitent la curiosité des alouettes, au point qu'elles semblent tout oublier pour s'en approcher. Bruit, feu, fumée, rien ne les arrête, elles descendent quelquefois avec tant de précipitation, qu'on les croirait lancées du ciel, si elles ne s'arrêtaient tout à coup pour papillonner et badiner sur le miroir. Pendant que le mouvement imprimé à ce miroir étonne ainsi les alouettes, le chasseur, placé à portée, profite de leur curiosité pour les tirer. Comme il est rare que l'on en voie plusieurs planer à la fois au dessus du miroir, on n'en tue ordinairement qu'une d'un coup de fusil; cependant on ne laisse pas que d'en tuer plusieurs douzaines dans une matinée favorable, et cette chasse est d'ailleurs une des plus amusantes. On doit se servir, pour la chasse au fusil, du miroir à refront, qui, étant monté, peut tourner sans le secours d'un homme.

On peut encore s'amuser à tirer les alouettes en hiver, lorsqu'il y a un peu de neige sur la terre. Alors elles volent par grandes bandes, vont se remettre assez près lorsqu'on les fait partir, et si on les poursuit, elles se laissent plus aisément approcher qu'en tout autre temps. On peut en tuer une, deux et trois par coup.

II. *De la chasse avec les nappes et le miroir.* Cette chasse est beaucoup plus productive que la précédente, et il est assez ordinaire d'y prendre, en une matinée, douze, quinze et dix-huit douzaines d'alouettes.

Nous avons indiqué, sous le mot *nappes*, la composition de ces filets, et la manière de les tendre. Voici ce qu'on doit observer dans cette chasse.

Lorsqu'on a fait choix d'un emplacement convenable, et tendu les nappes, on plante entre elles le piquet du miroir, et l'on attache la ficelle qui doit le faire tourner, et qui se prolonge jusqu'à l'endroit où se place le nappiste, à la bobine d'un second piquet placé à cet endroit. Cette ficelle doit passer sous la corde de tirage, pour ne point gêner l'effet de cette dernière, et il y a même des chasseurs qui plantent un piquet à fourche à la jonction des deux cordes de tirage pour que cette fourche, élevée de 7 à 8 pouces, soutienne la corde de tirage et l'empêche de s'accrocher à terre. Si l'on ne fait point usage de ce moyen, on a soin, lorsqu'on tire la corde pour abattre les nappes, de la soulever un peu.

Le nappiste, ayant ainsi tout disposé, s'assied dans le trou ou *forme* qu'il a préparé, et tient entre ses jambes la corde de tirage, fixée à un piquet à crochet qu'il a tient convenablement tendue. En tirant la ficelle passée sur les bobines du piquet planté à côté de lui et de celui qui soutient le miroir, il donne à celui-ci le mouvement convenable, et aussitôt qu'il aperçoit une alouette voltiger au dessus du piège, il abandonne la ficelle du miroir, et, saisissant à deux mains une poignée en bois fixée à la corde de tirage, il tire cette dernière fortement à lui en se renversant, et les filets recouvrent l'oiseau que la lumière du miroir avait attiré.

Cette chasse se fait dans la même saison, par le même temps et aux mêmes heures que la chasse au fusil avec le miroir.

Pour exciter davantage les alouettes à s'approcher, on se sert de *moquettes* ou *perchans*, qui sont des alouettes vivantes qu'on attache, par les pattes, à un petit piquet enfoncé entre les nappes, ou que l'on fixe par un corselet à la boucle en ficelle qui se trouve à l'extrémité du sanglot dont nous avons parlé au mot *appelans*. L'oiseleur excite la moquette à voltiger, en tirant légèrement la ficelle à laquelle elle est attachée, et le mouvement que fait l'oiseau captif attire les autres alouettes. Quand on n'a point de moquette vivante, on s'en fait une artificielle qui consiste en deux ailes d'alouette qu'on attache à une petite baguette fort légère, nommée *verge de meute*, qu'on fait jouer comme une vraie moquette, et qu'on remplace par la première alouette vivante qu'on a prise.

On emploie encore quelques alouettes, pour appelans, que l'on place renfermées dans leurs cages auprès de la forme où se tient le chasseur.

III. *Chasse à la ridée.* Cette chasse est ainsi appelée, parce qu'elle ne se fait qu'en hiver, lorsque les alouettes s'élèvent peu et ne font que *rider*, en terme d'oiseleur, c'est à dire raser la terre. On se sert des nappes ordinaires que l'on réunit bout à bout, et que l'on tend sur une seule ligne, ainsi que nous l'avons expliqué au mot *nappes*. Comme cette chasse se fait dans un temps où le soleil paraît rarement, on n'y emploie pas le miroir; mais on y supplée par plusieurs moquettes qu'on attache en avant et à deux pieds du filet, et par des appelans que l'on place de l'autre côté. Lorsque l'oiseleur aperçoit dans l'air des alouettes qui ne s'abaissent point à la portée du filet, il fait voltiger les moquettes en tirant la ficelle qui les attache. D'un autre côté, on emploie trois traqueurs pour battre la campagne en avant de la ridée, et pousser doucement, vers elle, les oiseaux qui en sont encore éloignés. Aussitôt que le chasseur, qui est caché par un abri quelconque, les voit à portée, il tire la corde qui fait abattre le filet. Il ne faut pas tendre les nappes contre le vent; il est préférable que le chasseur l'ait à dos.

IV. *Chasse au traîneau.* Le traîneau est un des filets les plus destructeurs. (Voyez *Traîneau.*) La chasse où on l'emploie se fait ordinairement la nuit et dans les terres en friche : pour en assurer le succès, il faut aller, au coucher du soleil, reconnaître le terrain où les alouettes se cantonnent, et, pour ne pas se tromper en y revenant, on plante dans le canton quelques baguettes fendues par un bout, où l'on met des cartes à jouer ou des morceaux de papier blanc. Il ne faut cependant pas que la nuit soit obscure que les porteurs du traîneau ne puissent se voir

DICT. DES CHASSES.

et qu'on ne puisse distinguer à soixante pas. Cette chasse se fait en silence; chacun des porteurs tient sa perche obliquement, de façon qu'un bout est levé de 6 à 7 pieds, tandis que l'autre, auquel sont attachés des bouchons de paille, n'est éloigné de terre que d'un à 2 pieds : le bruit que fait la paille en traînant à terre fait lever les alouettes qu'on recouvre aussitôt du filet en le laissant tomber; alors on court sur le filet qui souvent recouvre toute une bande de dormeuses. On peut, à défaut du traîneau, se servir du filet de la ridée. Cette chasse est très abondante vers la fin d'octobre et en novembre : elle se fait quelquefois de jour, lorsque le soleil est caché par des nuages épais.

V. *Chasse à la tonnelle murée.* La tonnelle est aussi un filet avec lequel on prend une quantité considérable d'alouettes ; nous en avons donné la description au mot *Tonnelle.* Il est composé d'une grande bourse maillée, terminée en pointe, et dont l'ouverture ou entrée a au moins 10 pieds de haut; on le tend comme on le voit *Pl.* 37, *fig.* 3 : 1 est la queue du filet qui est attachée par un piquet, au fond d'un rayon de champ ; 2 est l'entrée qui est fixée par deux piquets, auxquels sont attachés, de chaque côté, les halliers 5 et 6, qui ont la hauteur de l'entrée de la bourse et 7 à 8 toises de long : on les tend en demi-cercle, ou de biais et en aile par le moyen de perches fichées autour ; 3 et 4 sont de longues ficelles garnies de plumes, qu'on tend au moyen de longs bâtons fichés en terre de manière que le tout forme une grande enceinte; 7, 7, 7 sont des appelans. Quand tout est ainsi disposé, les chasseurs se rendent, par un détour, à un long espace au devant du piége, et, en marchant doucement et courbés, ils chassent devant eux les alouettes vers la tonnelle, près de laquelle sont les appelans qui leur inspirent de la confiance. Lorsque les alouettes approchent des filets, les oiseleurs accélèrent leur marche, et au moment où il en est entré quelques unes dans la tonnelle, ils les y précipitent toutes en jetant un chapeau. Cela fait, on replie les filets des ailes ou halliers sur la tonnelle, et le gibier s'y trouve pris. Le temps propice pour cette chasse est après le coucher du soleil.

VI. *Chasse avec les fourchettes.* Toute espèce de filet convient pour cette chasse, pourvu qu'il soit grand et à mailles suffisamment serrées. On se munit de trois ou quatre douzaines de petites fourches de bois, appelées *fourchettes*, de la hauteur d'un pied, de la grosseur du petit doigt, et aiguisées par le bas. Plusieurs personnes se réunissent pour cette chasse, et lorsqu'elles ont découvert quelques bandes d'alouettes, elles les tournent trois ou quatre fois de suite, d'abord à la distance de cent pas, puis en s'en rapprochant jusqu'à celle de quarante, afin de les rassembler, observant de marcher courbées, doucement, et en allant de côté et d'autre. Pendant ce temps, d'autres personnes déploient le filet derrière les premières, à cent pas des alouettes et à travers les sillons; elles le soutiennent de distance en distance par des fourchettes qui le dépassent d'environ 6 pouces; on a l'attention de tendre ce filet de manière que la lisière de trois côtés touche à terre, tandis que la quatrième est soutenue en l'air par des fourchettes placées à 2 pieds l'une de l'autre. Ce côté ouvert est tourné vers les oiseaux. Dès que le filet est tendu, on gagne, par un détour, le derrière des alouettes, et l'on se dispose de manière à former un demi-cercle autour d'elles ; on marche alors vers le filet en les chassant devant soi, et dès qu'elles en sont assez près, on se hâte d'avancer pour qu'elles se précipitent dessous; puis, sans perdre un instant, on déplante les fourchettes qui soutiennent le bord resté ouvert, et les oiseaux se trouvent pris comme dans une cage. Il est utile, dans cette chasse comme dans les précédentes, d'employer des appelans, que l'on dispose sous le côté relevé du filet.

La chasse avec les fourchettes ne peut se faire qu'en automne, époque où la terre est découverte, et au moment du coucher du soleil, parce qu'alors les alouettes ne volent pas.

VII. *Chasse aux collets.* Cette chasse est fort divertissante et n'exige ni grands frais, ni grande fatigue ; on attire les alouettes dans un terrain particulier, où l'on s'est aperçu qu'elles se plaisent, en y jetant du grain d'orge ou de froment. On prend ensuite des ficelles longues de 4 à 5 toises ; on les tend au fond des sillons après les avoir garnies de collets faits de deux crins de cheval, à nœuds coulans, et qu'on attache aux ficelles, un peu couchés sur terre et à quatre doigts l'un de l'autre. On jette alors un peu de grain au long des ficelles, et l'on fait un tour loin des collets pour faire lever les alouettes et les envoyer vers le piége. Les oiseaux, attirés par le grain, se promènent dans les sillons, et s'y prennent aux collets les uns par le cou, d'autres par les pattes, etc.; mais comme les alouettes prises entraîneraient les ficelles si elles n'étaient arrêtées, on met de 2 en 2 pieds des petits crochets de bois, que l'on fiche en terre afin de les assujettir. Cette chasse se fait dans les mois de mars et d'avril. Quand il y a plusieurs endroits voisins où les alouettes donnent indifféremment, on y place des épouvantails faits de papier attaché à des bâtons fendus par le haut, afin que les alouettes donnent préférablement dans l'endroit tendu.

Dans cette chasse on prend d'autres oiseaux aussi bons à manger que l'alouette. Pour une alouette qu'on voit prise il ne faut pas courir aux collets, afin de donner aux autres le temps de se prendre à leur tour en se promenant.

VIII. *Chasse aux gluaux.* La chasse qui détruit le plus d'alouettes est celle aux *gluaux*. Pour la faire il faut commencer par préparer environ deux mille gluaux qui sont des branches de saule bien droites, longues d'environ 3 pieds 10 pouces, aiguisées et même un peu brûlées par l'un des bouts ; on les enduit de glu par l'autre bout à la longueur d'environ un pied ; on les plante par rangs parallèles dans un terrain convenable, qui est ordinairement une plaine en jachère, et où l'on est assuré qu'il y a suffisamment d'alouettes pour indemniser des frais qui sont assez considérables. L'intervalle entre les rangs de gluaux doit être tel que l'on puisse passer sans y toucher. L'intervalle des gluaux de chaque rang doit être d'un pied, et chaque gluau doit répondre aux intervalles des gluaux des rangs joignans, et faire ainsi une espèce de quinconce. L'art consiste à placer ces gluaux bien régulièrement, bien d'à-plomb et de manière qu'ils puissent rester en situation tant qu'on n'y touche point, mais qu'ils puissent tomber pour peu qu'une alouette les touche en passant. Lorsque tous ces gluaux sont plantés, ils forment ensemble un carré long qui présente l'un de ses côtés au terrain où sont les alouettes, c'est le front de la chasse; on plante à chaque bout un drapeau pour servir de point de vue aux chasseurs, et, dans certains cas, pour leur donner des signaux. Le nombre de chasseurs doit être proportionné à l'étendue de terrain que l'on veut embrasser.

A quatre ou cinq heures du soir, les chasseurs se partagent en deux détachemens égaux, commandés chacun par un chef intelligent, lequel est lui-même subordonné à un commandant général qui se place au centre. Chacun de ces deux détachemens se rassemble à l'un des drapeaux, et tous deux s'étendent en silence, chacun de son côté, sur une ligne circulaire pour se rejoindre à environ une demi-lieue du front de la chasse, et former un seul cordon qui se resserre en approchant des gluaux et pousse les alouettes en avant. Vers le coucher du soleil le milieu du cordon doit se trouver à deux ou trois cents pas du front. Alors on s'avance avec circonspection, tantôt s'arrêtant, tantôt se couchant ventre à terre, puis se relevant et se remettant en marche à la voix du chef. Cette manœuvre bien commandée et bien exécutée, toutes les alouettes, renfermées dans le cordon, et qui à cette heure-là ne s'élèvent que de quelques pieds, se jettent dans les gluaux et s'y prennent. Les curieux inutiles doivent se tenir aux drapeaux et un peu en arrière. On peut prendre à cette chasse jusqu'à cent douzaines d'alouettes dans les pays où les passages sont nombreux.

ALOUETTE BATARDE. (Voyez *Farlouse*.)
ALOUETTE DES BOIS. (Voyez *Cujelier*.)
ALOUETTE BRETONNE. (Voyez *Farlouse*.)
ALOUETTE DE BRUYÈRE. (Voyez *Calandre*.)
ALOUETTE BUISSONNIERE. (Voyez *Farlouse*.)
ALOUETTE DES CHAMPS. (Voyez *Alouette commune*.)
ALOUETTE DES CHEMINS. (Voyez *Cochevis*.)
ALOUETTE CORNUE. (Voyez *Cochevis*.)
ALOUETTE CRÊTÉE. (*Ibidem*.)
ALOUETTE FLUTEUSE. (Voyez *Farlouse*.)
GROSSE ALOUETTE. (Voyez *Calandre*.)
ALOUETTE HUPPÉE. (Voyez *Cochevis*.)
ALOUETTE DES JARDINS. (Voyez *Farlouse*.)
ALOUETTE LULU. (Voyez *Lulu*.)
ALOUETTE DES MARAIS. (Voyez *Rousseline*.)
ALOUETTE ONDÉE. (Voyez *Coquillade*.)
ALOUETTE PIPI, *alauda trivialis*, Lath. Cette espèce est ainsi nommée à cause de son cri *pipi*, qu'elle fait entendre pendant la nuit. C'est la plus petite de nos alouettes de France, elle a 5 pouces et demi de longueur, y compris la queue, qui a 2 pouces 3 lignes; le plumage d'un brun olivâtre varié de noirâtre sur les parties supérieures et d'un blanc jaunâtre moucheté de noir sur les inférieures; deux raies blanchâtres sur les ailes, dont les pennes sont noirâtres; le milieu de la queue brun, le bec et les ongles noirâtres et les pieds d'un jaune obscur.

La femelle se distingue du mâle en ce qu'elle a la gorge, le cou et la poitrine d'un blanc presque pur.

Le chant de l'alouette pipi, qu'elle fait entendre le plus souvent sur les arbres, depuis le printemps jusqu'en été, est agréable.

Cette espèce est moins nombreuse en France qu'en Angleterre. On la trouve dans les champs de bruyère et sur les lisières des bois où elle court très légèrement et sur les buissons. Elle nous quitte à l'approche de l'hiver, cependant il en reste quelques individus qui se réfugient près des marais et des fontaines. Elle se nourrit principalement de petits insectes, de leurs œufs et de leurs larves.

Elle fait son nid dans les grandes herbes et les petits buissons; la femelle y dépose quatre ou cinq œufs gris et marqués de brun vers le gros bout; elle les couve pendant quinze jours.

La chair de cet oiseau est délicate; mais le plus grand mérite de l'alouette pipi est de détruire une quantité considérable d'insectes.

ALOUETTE DE MER, *Tringa cinclus*, Lin., oiseau du genre des *vanneaux*, et de l'ordre des *échassiers*. C'est par conséquent un oiseau d'un genre fort éloigné de celui des alouettes, avec lesquelles il n'a de rapport que par la grosseur et quelque ressemblance dans le plumage; mais il est plus blanc sous le ventre et plus brun sur le dos que l'alouette commune, et il diffère de toutes les alouettes par les formes et les habitudes.

Dénominations. Cet oiseau se nomme en anglais, *stint*, en allemand *stein-bicker* ou *stein-beysser*, en hollandais *stond-looper*, et dans l'Histoire des Oiseaux, par Belon, *alouette de mer*.

Description. La longueur totale de cet oiseau est d'un peu plus de 7 pouces, et son envergure est d'environ 13 pouces. Un mélange de brun et de gris couvre la tête, le cou et tout le dessus du corps; il y a un trait blanc entre le bec et les yeux; la gorge et le devant du cou sont blanchâtres et tachetés de brun; tout le dessous du corps est blanc; les ailes sont variées de brun et de gris, et les grandes plumes blanches et terminées de blanc; celles de la queue sont grises, à l'exception des deux du milieu, dont le côté extérieur est d'un brun foncé et l'intérieur gris; ces deux plumes sont pointues et plus longues que les autres d'environ 3 lignes: le bec, fort menu, est noir, et les pieds sont d'un verdâtre foncé et quelquefois noirs.

Quelques naturalistes distinguent une *petite alouette de mer*, qu'ils considèrent comme une variété de l'alouette de mer commune, mais qui n'en diffère qu'en ce qu'elle est un peu plus petite, différence qui n'est vraisemblablement que l'effet de l'âge.

Les alouettes de mer sont de petits oiseaux vifs, agiles et remuans.

Habitation. Ces oiseaux ne quittent point le bord

des eaux, et se tiennent de préférence sur les bords de la mer, quoiqu'ils s'en éloignent quelquefois à une assez grande distance; on en voit fréquemment autour des étangs et le long des rivières des Vosges et des Pyrénées. Ce sont des oiseaux de passage, du moins dans plusieurs contrées de l'Europe. Ils vont fort loin au Nord; car on en trouve en Suède, sur les bords de la mer Caspienne, et dans toute la Sibérie. Il y en a aussi de grandes quantités dans les contrées septentrionales et méridionales de l'Amérique. Ils sont fort communs pendant l'hiver en France, et principalement sur les côtes de la Bretagne et du Bas-Poitou. Hors le temps des nichées, ils se réunissent en troupes souvent si serrées, que l'on peut en tuer un grand nombre d'un seul coup de fusil.

Nourriture. Les alouettes de mer se nourrissent principalement de vers marins, qu'elles prennent le long du rivage, où on les voit courir en secouant incessamment la queue.

Propagation. Elles ne construisent point de nid; elles pondent sur le sable quatre ou cinq œufs très gros relativement au volume de l'oiseau; l'on ne sait pas si elles font deux pontes par an, ce que leur grande multiplication rend néanmoins très probable.

Qualités. Les alouettes de mer sont un assez bon gibier quand il est frais, mais il prend un goût d'huile si on le garde. On en apporte quelquefois au marché, à Paris, dans le commencement du printemps et en automne, avec des barges, des chevaliers et d'autres oiseaux de rivages; mais elles sont peu recherchées.

ALOUETTE DE MER A COLLIER. C'est le nom donné au *cincle*, par Brisson. Le cincle paraît n'être qu'une espèce secondaire et subalterne de l'alouette de mer : il est un peu plus petit et moins haut sur ses jambes; il a les mêmes couleurs, avec la seule différence qu'elles sont plus marquées; il a d'ailleurs les mêmes mœurs, et on le trouve fréquemment avec elle.

ALPHANETTE, ou ALPHANESSE. C'est le faucon *tunisien* ou *punicien* : il est plus petit que le faucon pèlerin. On le trouve en Barbarie, et plus particulièrement à Tunis, où il est très estimé pour le vol des oiseaux d'eau; il chasse aussi le lièvre et tout autre gibier de terre. Cette espèce est peu connue dans la fauconnerie d'Europe. (Voyez *Faucon*.)

AMBLE. Tous les veneurs ne sont pas persuadés que le cerf aille l'*amble*, mais il a quelquefois un pas allongé qui le rend difficile à juger : il faut observer qu'alors les allures sont droites et plus grandes.

AMBLEUR. Se dit d'un cerf dont les allures sont droites et dont le pied de derrière dépasse de quatre doigts celui de devant.

AMEUTER les chiens : c'est l'action de les mettre en meute, pour les faire chasser ensemble.

AMONT. (Fauconnerie.) On dit : tenir *amont*, quand l'oiseau se soutient en l'air, en attendant qu'il découvre quelque gibier. On dit aussi : *mettre l'oiseau à amont*, le jeter.

AMORCE. Ce mot vient du latin *admorsare*, composé de *morsus*, morceau, partie d'un tout, et de la préposition *a*. C'est, en terme de chasse, la portion de poudre que l'on met dans le bassinet des armes à feu. (Voyez *Fusil*, § XXI et XXXV.) C'est aussi l'appât dont on se sert pour attirer le gibier dans le piège qu'on lui tend.

AMOUR. En fauconnerie, on dit : *voler d'amour*, en parlant des oiseaux qu'on laisse voler en liberté, afin qu'ils soutiennent les chiens.

AMPHIBIES. Ce sont des animaux qui peuvent vivre alternativement sur la terre et dans l'eau.

ANDOUILLERS. Ce sont les branches, ou premiers cors, qui sortent le long du marrain, du cerf, du daim et du chevreuil, et qui forment aussi l'empaumure. Les *surandouillers* sont les seconds cors. (Voyez *Cors*.)

ANGEL. Il paraît que l'oiseau connu sous le nom d'*angel*, à Montpellier, est le même que le *ganga*. (Voyez ce mot.)

ANGUICHURE, espèce de baudrier, dont les veneurs se servent pour porter un cor de chasse.

ANIMAL. On donne ce nom aux corps organisés, doués de vie et locomobiles, c'est à dire qui ont un mouvement volontaire, ou qui peuvent changer de place.

ANIMAUX. On comprend sous ce nom les êtres dont on vient de parler, à l'exception de l'homme, qui est placé dans une catégorie particulière. Les animaux se divisent en deux séries : les animaux domestiques et les animaux sauvages. Sous le rapport de la chasse, les animaux domestiques dont nous avons à nous occuper sont le chien et le cheval. (Voyez ces mots.)

Parmi les animaux sauvages, il en est d'utiles, de nuisibles et d'indifférens à l'économie rurale et forestière, et à la société en général. Nous ne parlerons ici que des animaux nuisibles, et ce sera principalement pour indiquer les moyens d'en diminuer le nombre.

ANIMAUX NUISIBLES. Les espèces malfaisantes qui méritent que l'on s'arme contre elles se divisent en deux classes : les *quadrupèdes* et les *oiseaux de proie*.

§ Ier. *Des Quadrupèdes.*

Les quadrupèdes nuisibles, soit à la société en général, soit à l'agriculture, soit à la conservation de la chasse, sont l'ours, le loup, le renard, le blaireau, le chat sauvage, la loutre, le putois, la belette, le loir, l'hermine, le rat, la souris, le hulot; mais on met au premier rang des animaux nuisibles le loup et le renard.

Plusieurs réglemens ordonnent des mesures pour la destruction des animaux nuisibles. Un arrêté du directoire, du 19 pluviose an 5 (7 février 1797), inséré dans notre *Recueil des réglemens forestiers*, tome I, page 526, rappelle les dispositions de ces anciens réglemens et en contient de nouvelles. Les ordonnances du roi des 15 et 20 août 1814, et des instructions ministérielles renferment également des dispositions qui tendent au même but. (Voyez les mots *Chasse*, *Loup*, *Louveterie*.

Comme nous faisons connaître dans le cours de cet ouvrage les qualités nuisibles des espèces principales que nous venons de nommer, nous nous contenterons de rappeler les moyens qu'on doit employer contre elles.

Le *loup*, étant de tous les animaux de notre pays le plus dangereux, est aussi celui contre lequel on a imaginé le plus de moyens de destruction. L'un des meilleurs moyens, comme étant le plus sûr, le plus prompt et le moins sujet aux inconvéniens de détruire le loup, est l'emploi de l'arme à feu, soit dans des battues, soit à l'affût. Les autres moyens sont les *traquenards*, les *hameçons*, la *chambre*, la *double enceinte*, les *fosses*, le *piége de fer*, le *hausse-pied*, l'*empoisonnement*. (*Voyez* ces différens mots et surtout l'article du *Loup*.)

Le *renard*, moins fort que le loup, mais encore plus rusé, détruit beaucoup de volaille et de gibier, qu'il surprend avec une adresse étonnante. Cependant, comme sa peau n'est dans toute sa beauté qu'en hiver, il y aurait, à moins de circonstances particulières, de l'avantage à ne lui faire la chasse que dans cette saison. Les moyens indiqués pour détruire le loup sont également employés contre le renard. Ainsi, les *traquenards* amorcés avec de la chair fraîche et les *hameçons* peuvent être mis en usage contre lui. La *chambre*, dans laquelle on place une poule vivante, réussit encore très bien, et on peut se servir de la *double enceinte* en donnant seulement un pied de largeur à la galerie circulaire, et en plaçant dans le carré quelques poules et un coq. Le *hausse-pied* et les *lacets* peuvent aussi être employés en les plaçant sur les terriers, mais en ayant soin de rendre le piége invisible au renard; enfin, on le prend dans son terrier. Tous ces moyens sont décrits avec détail au mot *Renard*.

Le *blaireau* doit être compris parmi les animaux nuisibles, car s'il rend service à l'agriculture, il cause des dommages considérables aux chasses en détruisant un grand nombre de rabouillères et tous les nids de perdrix et de faisans qu'il rencontre. On le chasse à l'*affût*, aux *piéges*, avec des *chiens bassets* et des *chiens courans*. (*Voyez* Blaireau.)

Le *chat sauvage* est l'un des animaux qui font le plus de ravage parmi le menu gibier : il détruit les levrauts, les lapereaux, les perdrix et les cailles; la facilité qu'il a de grimper lui donne les moyens de franchir les clôtures et de dénicher tous les jeunes oiseaux qu'il peut découvrir. On emploie pour le détruire le *fusil*, le *traquenard*, les *collets* et les *assommoirs*. (*Voyez* Chat.)

Le *putois*, la *belette*, l'*hermine*, la *fouine*, le *loir* et le *rat*, font aussi de grands ravages parmi les levrauts, les lapereaux, les perdreaux, les cailleteaux et les jeunes oiseaux de basse-cour. Il n'est pas facile de se garantir des excursions de ces quadrupèdes rongeurs, pour qui le moindre trou peut servir de passage, et qui grimpent avec assez de facilité pour franchir le plus grand nombre des clôtures. Le piége qui réussit le mieux pour la destruction de ces animaux, et que l'on emploie exclusivement dans les faisanderies et les tirés du roi, est la première espèce d'*assommoir* décrite sous ce mot. On emploie encore l'autre espèce d'assommoir, qui est décrite après celle-là. (*Voyez* Assommoir.) Enfin on se sert du traquenard simple ou double (*voyez* Traquenard) et de l'*arbalète*. (*Voyez* Arbalète.)

§ II. *Des Oiseaux de proie.*

Comme nous en avons parlé à l'article des *oiseaux de proie*, nous renvoyons à cet article, et nous ferons seulement connaître ici les indemnités qui sont accordées pour leur destruction.

§ III. *Des indemnités qui se paient pour chaque animal, suivant les reglemens du grand veneur.*

Quadrupèdes.

Le loup mâle 12 fr., la louve pleine 18 fr., la louve non pleine 15 fr., et le louveteau 3 fr.
Le renard mâle ou femelle 2 fr., le renardeau 1 f. 50.
Le blaireau mâle ou femelle 1 fr. 50 cent., le jeune 75 cent.
La fouine 75 cent., la jeune 35 cent.
Le putois mâle 50 cent., femelle 75 c., jeune 25 c.
La marte mâle ou femelle 50 cent., la jeune 25 c.
Le chat mâle 1 fr., la femelle 1 fr. 50, le jeune 75 cent.
La belette, l'hermine et le loir, mâle ou femelle, 50 cent.
Le hérisson 25 cent.
La loutre 1 fr. 50 cent.
Le rat 50 cent.
Les chiens errans 1 fr. 50.

Oiseaux de proie.

Le faucon mâle ou femelle 2 fr., le jeune 75 cent.
La buse 2 fr., et le jeune 1 fr.
Le milan, l'autour et la crécerelle, soit mâle, soit femelle, 1 fr. 50, et le jeune 75 cent.
Le hobereau 1 fr. 50, et le jeune 50 cent.
L'émérillon 1 fr., le jeune 50 cent.
La corneille et la pie 25 cent., et la jeune 15 cent.
Le geai, la pie-grièche, le chat-huant, le hibou et la chouette, mâle ou femelle, 15 cent., et le jeune 5 cent.

ANTANAIRE, *Antan*, signifie de l'année précédente; *antanaire*, fait *d'antan*, signifie, en fauconnerie, un oiseau qui a son pennage de l'année précédente, qui n'a pas mué.

ANNUER *des perdrix*. C'est choisir, quand les perdrix partent, le moment favorable pour les tirer.

APERCHER. (Terme d'oiseleur.) On dit : J'ai *aperché* tel oiseau, quand on a remarqué l'endroit où il se retire pour y passer la nuit.

APOLTRONIR *l'oiseau*. (Fauconnerie.) Ce mot se dit d'un oiseau à qui on a coupé les ongles des pouces, c'est-à-dire des doigts de derrière, qui font sa force, et sans lesquels il n'est plus propre pour le gros gibier.

APPAREILLADE. C'est la formation des couples

de perdrix pour la reproduction. (Voyez *Pariade*.)

APPAREILLER. (Terme de fauconnerie.) On appareille les oiseaux en mettant un mâle avec une femelle de même espèce.

APPAT, *pastus*. C'est la pâture, la mangeaille qu'on met à des piéges pour attirer et prendre des quadrupèdes ou des oiseaux. Les appâts varient, suivant la connaissance que l'on a des habitudes et des appétits des animaux. Nous ferons connaître, en parlant de chaque espèce, les appâts qu'il convient d'employer, et la manière de les préparer et de les disposer.

APPATER. C'est donner la pâtée aux oiseaux pour les engraisser; c'est mettre un appât à un piége, pour attraper du gibier, ou quelque bete nuisible.

APPATER, en terme d'oiseleur, c'est mettre du grain ou quelque autre amorce dans un lieu pour y attirer les oiseaux qu'on veut prendre. On dit : *Appâter les perdrix*, pour les prendre au filet.

APPEAU. Ce mot vient du latin *appellare*, appeler. Il signifie tout ce qui sert à appeler et attirer les animaux par l'imitation du son de leur voix. On nomme aussi *appeau* ou *appelant* un oiseau dont on se sert pour appeler les autres oiseaux de son espèce.

Les appeaux sont plus employés contre les oiseaux que contre les quadrupèdes. Ce sont le plus souvent des sifflets particuliers, au moyen desquels on imite le cri de réclame des oiseaux. Ils sont indispensables dans un grand nombre de circonstances. Il y en a quelques uns qui servent à appeler plusieurs espèces d'oiseaux ; mais d'autres ne conviennent qu'à une seule espèce.

Les oiseleurs distinguent les appeaux en deux classes : les *appeaux naturels* et les *appeaux artificiels*. Mais les premiers ne sont, à proprement parler, que des moyens de suppléer les appeaux, puisqu'ils ne consistent que dans l'art du chasseur à appeler les animaux, sans aucun instrument, et par le seul secours de ses doigts et de sa bouche. Ce moyen, toutefois, lorsqu'il est perfectionné par l'exercice et l'expérience, vaut mieux que les instruments qui semblent le plus ingénieusement établis; et l'on voit des hommes qui se sont fait une habitude d'imiter, d'une manière si parfaite, les cris des oiseaux, qu'ils attirent à leur voix les alouettes, les cailles, les perdrix, les tourterelles, les canards, les coucous, les grives, les merles, les mésanges, les pinsons, les rouges-gorges, les moineaux, etc. Ce talent, il est vrai, n'appartient qu'à certains hommes, qui ont, à cet égard, une disposition heureuse, qu'ils ont cultivée avec soin ; et, d'ailleurs, il est rare que le même homme puisse imiter les cris de toutes les espèces d'oiseaux.

Les appeaux, que l'on nomme *artificiels*, se distinguent en plusieurs sortes : *les appeaux à sifflet*, dont on se sert comme de sifflet, en poussant ou en aspirant l'air; *les appeaux à languettes*, dans lesquels une petite bande de ruban, ou autre chose semblable, étant agitée par l'air, lui donne différentes modulations ; et *les appeaux à froncs*, qui imitent, lorsqu'on souffle dessus, le cri d'un oiseau, ou son vol, ou le bouclement de la chouette, et quelquefois même des cris imaginaires, qui excitent la curiosité des oiseaux.

Quel que soit l'appeau dont on se sert, on n'en tirera un bon parti qu'autant qu'on se sera long-temps exercé à le faire jouer, après avoir écouté attentivement le cri de l'oiseau qu'on veut contrefaire.

Assez généralement, c'est le cri de la femelle qu'il convient d'imiter, parce que c'est à son appel que le mâle croit répondre ; cependant, à l'égard de quelques espèces, et notamment pour celles qui ne s'apparient point, et qu'on appelle polygames, c'est le cri des mâles qu'il faut faire rendre à l'appeau, parce que les femelles se rassemblent à la voix des mâles, et que ceux-ci accourent aussi pour en disputer la possession.

Nous allons parler des appeaux, dans l'ordre alphabétique des oiseaux pour lesquels ils sont employés.

Des appeaux à alouettes. Le cri naturel aux alouettes se compose de petits sifflemens aigus, répétés à des intervalles marqués. C'est ce cri qu'il s'agit d'imiter.

Il y a grand nombre d'espèces d'appeaux à alouettes. L'un des plus anciens est un noyau de pêche, usé des deux côtés sur une meule à aiguiser les outils, percé, dans son milieu, par un trou, dont les deux orifices sont d'égale grandeur, et vidé ensuite. Voyez la Pl. 32, *fig*. 1ʳᵉ. Sa bonté consiste dans un ton clair et nourri, imitant le cri d'appel des alouettes. Cet appeau est moins en usage aujourd'hui qu'il ne l'était autrefois, quoiqu'on puisse cependant l'employer avec succès.

La *fig.* 2 représente un autre appeau, en forme de bouton, plat d'un côté, convexe de l'autre, auquel est soudé un petit anneau *a*, pour y passer un fil destiné à le pendre à l'habit. Cet appeau est creux et ses deux tables sont percées diamétralement d'un trou rond. Pour le faire résonner et en tirer des sons doux et imitatifs, il ne faut que serrer un peu les lèvres, en les avançant d'un demi-travers de doigt. On l'emploie avec avantage, non seulement pour les alouettes, mais encore pour les bec-figues, les linottes, etc.

La *fig*. 3 est celle d'un autre appeau à alouettes, qui ne diffère du précédent qu'en ce que ses deux côtés sont unis ; ce qui le rend moins propre à être appliqué sur la bouche, et par conséquent moins commode.

Ces trois espèces d'appeaux se mettent entre les dents et les lèvres ; le sifflement est causé par l'air extérieur qu'on aspire, et qu'on module avec la langue.

La figure 4 représente un appeau à alouettes, d'une structure toute différente, et dont quelques oiseleurs vantent le mérite. Il se compose d'un tuyau *P*, long de 3 pouces et demi, dont l'ouverture a environ 2 lignes de diamètre, et va en se rétrécissant jusqu'à l'extrémité *b*, où elle n'a qu'une demi-ligne. Une petite branche plate *i*, soudée le long de ce tuyau, forme un anneau en *s*, pour y passer un fil, et descendant vers le petit bout *b*, embrasse et fixe une petite boule lenticulaire *T*, qui est creuse et de la forme d'un fort noyau de bigarreau. En face de *b*, elle est percée d'un trou de 2 lignes de diamètre, dont l'ouverture se présente obliquement à l'extrémité *b* du tuyau. On souffle par le bout *A*, et l'air, répercuté dans la boule *T*, rend le son que l'on désire. La *fig.* 6 est celle d'un appeau que les auteurs de la chasse aux pièges indiquent comme imitant bien la nature, et dont ils donnent la description suivante : Cet appeau se fait en ivoire et en os. Sa longueur est de 4 à 5 pouces. Il se compose de trois pièces, unies les unes aux autres par des vis. Ces trois pièces sont creuses : la première, *A*, est terminée à son extrémité supérieure par un petit bouton plein ; sa longueur est de 14 à 15 lignes, et sa grosseur, celle d'une plume à écrire; l'autre extrémité est tournée en vis pour être reçue dans la seconde pièce. Son ouverture est bouchée par un morceau de liége rond, auquel on a coupé environ un quart de cercle, pour le passage de l'air. Ce liége se prolonge jusqu'au trou *b*, qui est celui du sifflet, et le côté plat du liége est tourné dans le sens de ce trou. La seconde pièce, *B*, est vissée intérieurement, à ses deux extrémités, pour recevoir un des bouts de la première et de la troisième pièce ; son diamètre est un peu plus grand que celui des deux autres pièces, et sa longueur est de neuf lignes environ. La troisième pièce *c*, longue d'environ 2 pouces et demi, et plus mince que la première, a son extrémité supérieure terminée par une vis qui est reçue dans la seconde pièce *B*, et l'autre moitié est percée, au point *e*, d'un trou, qui est celui par lequel on souffle. Pour se servir de cet appeau, on met entre les lèvres l'extrémité *e*, et on souffle, en cadençant, le sifflement interrompu de l'alouette.

Appeaux à bec-figues. Les appeaux, *fig.* 2 et 3, qui servent aux alouettes, peuvent servir aussi pour les bec-figues et autres oiseaux que l'on comprend vulgairement sous la même dénomination.

Cependant on a fait une espèce particulière d'appeau pour les bec-figues, qui est représentée *Pl.* 32, *fig.* 5. Cet appeau, qui est en ivoire, a sa table de dessus convexe et d'une épaisseur moitié moindre que celle de la table de dessous, qui est concave ; ces deux tables sont percées à leur centre d'un trou rond, pour le passage de l'air, et elles sont vissées l'une sur l'autre. Cet appeau, qui est sur le même modèle que l'appeau à perdrix grise (*Pl.* 33, *fig.* 8), mais d'une dimension moitié moindre, s'emploie de la même manière.

Appeau à bécasse. Cet appeau, que l'on fait en corne, est représenté *Pl.* 32, *fig.* 7. Sa longueur est de 27 à 30 lignes ; son extrémité *a*, en bec de sifflet, a un demi-pouce ; elle est d'un diamètre une fois plus grand que celui de son extrémité *b*. On se sert de cet appeau pendant la saison des amours de la bécasse, et à l'époque où elle élève ses petits, seul temps où cet oiseau fait entendre son cri.

Appeaux à cailles. Il y a plusieurs espèces d'appeaux à cailles : les uns sont à bourse plate, les autres à bourse en andouille et d'autres à bourse en spirale ; l'on fait aussi des appeaux à cailles doubles et des appeaux à canne creusée.

Les appeaux à bourse plate se nomment *courcaillet.* L'un de ces appeaux est représenté *Pl.* 32, *fig.* 12. Le sifflet *a*, de cet appeau, se fait avec l'os de la cuisse d'un mouton que l'on a poli à l'extérieur et surtout à l'intérieur. On en fait aussi avec l'os de la cuisse d'un lièvre ou d'un chat, et encore mieux avec le gros os de l'aile d'une oie ou d'un vieux héron quand on peut en avoir ; mais comme on néglige de les polir intérieurement, ils ne rendent pas toujours le cri de la caille aussi bien que le premier. On coupe cet os horizontalement, en lui laissant une longueur de 18 lignes à 2 pouces, et, aux deux tiers de sa longueur, on perce sur le côté un trou rond *e*, dont on amincit les bords. Puis on bouche les deux extrémités du sifflet avec deux morceaux de liége, auxquels on pratique un vide pour le passage de l'air, et à cet effet on les coupe carrément ou en angle. On ne se servait pas de liége autrefois pour boucher les extrémités du sifflet, on employait de la cire molle, et avec une épingle on formait l'ouverture nécessaire au passage de l'air. Il est à observer que plus l'ouverture pratiquée dans le liége ou dans la cire qui bouche le canal supérieur de l'os laisse passer d'air, plus le son est clair : ce qui convient mieux en avril, mai et juin ; tandis que si ce trou est plus petit, il en résulte un sifflement plus grave qui convient en juillet et août. Quelques auteurs conseillent d'employer des appeaux de cette espèce, dont le sifflet soit en argent, parce que les sons en seraient plus vrais.

La seconde partie du courcaillet est la bourse *b*, qui est destinée à fournir de l'air au sifflet. Cette bourse, qui est en peau unie ou mieux en peau de chat ou de lapin velue, comme elle est représentée, est plate, de la largeur de deux doigts, et de la longueur de 3 ou de 4 pouces. On a soin de la coudre bien exactement pour que l'air n'en puisse sortir, et on la remplit de crin frisé, qu'on a obtenu dans cet état en le faisant bouillir, ensuite on l'attache fortement au sifflet dont elle doit embrasser l'extrémité.

Pour bien jouer de cette espèce d'appeau, on en étend la bourse à plat sur la paume de la main gauche, et on la maintient avec le doigt index de la même main ; on frappe ensuite mollement sur le doigt avec le dos du pouce de la main droite en cadençant les coups de manière à imiter le cri de la caille femelle, qui approche assez du cri du *grillon*, et qui semble rendre les syllabes *tri-tri-tri*, avec un intervalle marqué entre la première et les deux dernières.

Il y a un autre courcaillet *Pl.* 32, *fig.* 13, que l'on distingue par le nom de *réveil à caille*, et qui diffère de celui qu'on vient de décrire, en ce que son sifflement est beaucoup plus fort.

Une troisième espèce d'appeau à bourse ne diffère du courcaillet que par la forme de cette bourse, qui est ou en spirale, comme l'indique la *fig.* 9, *Pl.* 32, ou pliée horizontalement plusieurs fois sur elle-même, ainsi qu'on le voit par la *fig.* 11.

Le cuir dont on se sert pour cette bourse doit être un peu plus fort que celui qu'on emploie pour le courcaillet, on le coud bien exactement pour empêcher l'air d'en sortir. Plusieurs moyens sont employés pour lui donner la forme qu'on désire ; l'un des plus anciens, et qui est indiqué dans les *Amusemens de la Campagne*, consiste à se servir d'un moule ou morceau de bois, façonné suivant la forme même que doit avoir l'appeau, c'est à dire en spirale, si elle doit être en spirale; et en degrés arrondis et horizontaux, si elle doit avoir cette dernière forme. On mouille le cuir, on y fait entrer le moule de bois sur lequel on l'étend bien exactement, puis on le serre avec une ficelle entre chaque révolution, et quand le cuir est sec on coupe la ficelle et on retire le moule de bois. L'appeau conserve alors la forme qui lui a été donnée. Un autre moyen consiste à monter la bourse sur un fil de fer tourné en spirale et qui se termine par un anneau où l'on passe une attache l, *fig.* 11. Enfin un troisième moyen, qui paraît plus expéditif, consiste à se servir d'un mandrin rond qui entre juste dans la bourse de cuir que l'on a mouillée; ensuite on l'entoure et on la serre fortement avec une ficelle en formant la spirale, si la bourse doit avoir cette forme, ou de distance en distance, si elle doit avoir l'autre forme; on a un trou dans l'établi sur lequel on travaille qui ne permet que l'entrée nécessaire au mandrin; on y introduit un bout de celui-ci, et on frappe sur l'autre avec un maillet, de manière à faire serrer sur elle-même la bourse de cuir ainsi ficelée; on la laisse sécher en cet état, on ôte la ficelle et la bourse conserve sa forme.

On ferme cette bourse par le bas avec un petit morceau de bois d, *fig.* 9, qui est tourné comme une moitié d'olive, on attache au milieu de ce morceau de bois une petite bande de cuir e, pour faire mouvoir l'appeau. On peut aussi terminer la bourse par un brin de fil de fer que l'on tourne et que l'on serre fortement autour, et auquel on attache une lanière de cuir en double.

Cela fait, on fourre un peu de crin dans le fond, et on attache le sifflet qui est le même que pour le courcaillet.

Pour faire jouer cet appeau on le tient d'une main, par son sifflet, entre le pouce et l'index de la main gauche, et l'on tient, de la même manière, de la main droite, la lanière de cuir qui termine la bourse, que l'on tire et repousse alternativement et à petits coups.

On recommande le courcaillet comme étant préférable, pour l'imitation des sons, à l'appeau que nous venons de décrire, et comme étant d'ailleurs plus commode à porter.

Tous ces appeaux se trouvent trop communément chez les marchands, pour qu'on se donne la peine de les fabriquer soi-même.

Les auteurs du *Traité des chasses aux piéges* donnent la description suivante de deux autres appeaux à cailles, dont le mécanisme est absolument semblable au courcaillet :

« Le premier, qu'on appelle *appeau double*, *fig.* 20, *Pl.* 32, se compose de deux appeaux bb, semblables à celui *fig.* 8, d'une longueur d'environ 4 pouces. Ces deux appeaux sont fixés par un morceau de bois a, long de 5 pouces, épais de 9 lignes, terminé en pointe et creusé sur ses côtés à la profondeur de 3 à 4 lignes pour recevoir une portion des appeaux; trois bandes de cuir c, larges de 6 lignes, fixent ces appeaux sur le morceau de bois, et deux bouts de galon de soie d maintiennent, dans leur longueur, les bourses des appeaux, et sont assujettis sous les seconde et troisième bandes de cuir c. Ces deux appeaux rendent chacun un son qui diffère de ton, et par conséquent suffisent à toutes les saisons.

» Le second appeau se compose des pièces représentées par les *fig.* 15 et 16, *Pl.* 32. La *fig.* 14 est une bourse semblable à celle de l'appeau *fig.* 12. Au lieu d'un sifflet en os on y adapte un tube en corne, contourné et terminé par une vis au point a.

» La *fig.* 15 de la même planche représente le sifflet de l'appeau semblable à celui qui a déjà été décrit. Il est assujetti à un cône de cuir b, coupé à jour à l'extrémité d.

» La *fig.* 16 représente les deux extrémités d'une canne creusée dans toute sa longueur, qui est celle d'une canne ordinaire, excepté à l'extrémité i, qui est pleine. C'est sur cette canne que se monte l'appeau. On visse le bout a de la bourse, *fig.* 14, dans le pas de vis f de la canne *fig.* 16, et l'on emmanche l'autre bout e, de cette canne, dans le cône de cuir b, qui tient au sifflet, *fig.* 15. De cette manière on peut, en battant l'appeau, faire, sans se baisser, sortir le son tout près de terre, en inclinant vers elle l'extrémité de la canne à laquelle on a ajusté le sifflet, ou le faire venir d'en haut en élevant cette extrémité au dessus de sa tête. »

Appeau à canards. On se sert ordinairement de canes privées pour attirer les canards sauvages dans les piéges. Cependant on a inventé un appeau qui imite parfaitement le cri de ces oiseaux.

Cet appeau, *Pl.* 32, *fig.* 17, dont la forme est celle d'une petite barrique, a 2 pouces et demi de longueur sur 6 ou 8 lignes de diamètre à ses extrémités, et de 10 à 12 au milieu. Il est percé d'un côté par un trou S, garni d'un renflement qui sert d'embouchure. Les pièces 18 et 19, qui le composent, se vissent l'une sur l'autre. La pièce 18, qui forme la partie supérieure, est creuse, à l'exception de son extrémité V, qui est pleine; l'autre extrémité g, reçoit la vis T de la seconde pièce, *fig.* 19. Cette dernière pièce est percée dans toute sa longueur; mais l'ouverture, qui, vers l'extrémité x, a la même dimension que cette extrémité, diminue en remontant vers la vis T, où elle n'a plus que 3 lignes de diamètre. Cette ouverture est fermée par un morceau de bois blanc z, qui, d'un côté, est rond, et de l'autre, est plat, creusé en gouttière, et recouvert d'une anche de cuivre ou de fer-blanc y. Les deux pièces de la barrique étant vissées l'une sur l'autre, au moyen de la vis T, l'anche se trouve placée sous l'embouchure s. On applique les lèvres contre cette embouchure, et l'on souffle fortement, en modulant le *can can can* des canards.

Appeaux à cerf. Pendant le rut, les cerfs ont un cri qu'il est utile d'imiter, lorsqu'on va à l'affût, pour attirer la bête à portée du coup de fusil. Pour cet effet, on se sert, en Allemagne, de plusieurs sortes d'appeaux.

Le meilleur est celui qu'on fait avec une grande coquille de mer pointue, de la longueur de 8 à 10 pouces, et dont on scie la pointe à une distance telle, que l'ouverture ait environ 9 lignes de diamètre. On garnit les bords extérieurs de cette ouverture en argent, et l'appeau est terminé.

On fait usage aussi d'un appeau fait en plomb. C'est un cône tronqué et creux, de 8 pouces de longueur, dont le diamètre inférieur est de 3 pouces, et le diamètre supérieur, de 9 lignes. Le bord supérieur est un peu relevé et arrondi, pour ne pas blesser les lèvres.

Quand on veut se servir de l'un de ces appeaux, on le porte à la bouche, comme un cor de chasse, et on y fait le cri du cerf.

On peut encore imiter ce cri avec un pot de terre d'une certaine longueur, ainsi que M. Hartig l'a vu faire souvent par un vieux charbonnier dans les forêts du Hartz.

Appeau à chevreuil. Cet appeau sert à imiter le cri chevrotant de la femelle, pour attirer le mâle, dans le temps du rut, à la portée du fusil. On rend parfaitement ce cri en se servant d'une feuille de poirier, ou de toute autre feuille lisse et dure, ou d'un morceau d'épiderme de bouleau. Le chasseur qui ne sait point en faire usage doit se procurer un appeau à chevreuil. Cet appeau, dit M. Hartig, est organisé de la même manière que les petites trompettes de bois de Nuremberg; et l'on aura une figure assez exacte de cet instrument, si l'on démonte la partie inférieure de ces trompettes, et si l'on en examine le mécanisme du ton. On le fabrique ordinairement en argent. Chacun peut fabriquer soi-même un instrument de cette espèce, en plomb, et en y fixant une lame de cuivre bien mince, et obtenir le son désiré en l'entourant de fil plus ou moins fort.

Appeau à chouette, coucou, tourterelle et pigeon ramier. La *fig.* 1re, *Pl.* 33, représente un appeau à coucou et à tourterelle, qui a à peu près la forme d'une lunette de spectacle, et dont la longueur est d'environ 4 pouces, sur 1 pouce et demi de diamètre à son extrémité supérieure, et 9 lignes à son extrémité inférieure. Il se fabrique en corne, os, ivoire et même en bois. L'embouchure du sifflet est à son extrémité la plus large. L'autre extrémité est fermée et percée dans son milieu d'un petit trou *t*, qui, étant bouché avec le doigt, baisse le son de deux tons, et qui, par conséquent, étant ouvert, l'élève d'autant. On fait rendre à cet appeau le cri du coucou, dont les tons sont ceux d'un *fa* dièse et d'un *ré* de la seconde octave d'une flûte ordinaire; on lui fait rendre aussi le roucoulement monotone de la tourterelle, qui est sur le ton du *fa*, que produit le trou de l'instrument, quand il est débouché. Cet appeau était assez vanté autrefois; mais il est aujourd'hui remplacé par un autre, dont nous trouvons la description dans le *Traité des Chasses aux pièges*.

La *fig.* 2, *Pl.* 33, est celle de cette dernière espèce d'appeau, qui se fait des mêmes matières que l'autre, et dont la longueur est d'environ 4 pouces. Le bec du sifflet *A* est de 10 lignes de diamètre. La partie *B*, qui est creuse, a la forme et la grosseur d'un œuf d'oie; elle est percée d'un petit trou rond *i*, que l'on bouche pour rendre le son plus grave. Si on veut imiter le cri du cou ou, on souffle, une première fois, le trou étant débouché, et la

seconde fois, le trou étant bouché avec le doigt; de cette manière, on obtient les deux tons qui forment le cri de cet oiseau.

Le roucoulement du ramier et de la tourterelle s'obtient en soufflant dans l'appeau, le trou étant bouché, et en modulant les sons avec la langue. Le cri de la chouette s'imite, tantôt avec le trou bouché, et tantôt en le laissant ouvert, suivant l'expression qu'on veut donner à ce cri.

Appeau à coqs de bruyère ou *tétras.* Il y a plusieurs sortes d'appeaux dont on se sert pour attirer les coqs de bruyère, lors de la saison des amours, où il est facile de les approcher, pendant qu'ils font entendre leur voix éclatante.

L'un de ces appeaux, représenté par la *fig.* 3, *Pl.* 33, a la forme d'une petite trompette, et se compose de deux pièces en corne, *fig. A* et *B*, qui se vissent l'une sur l'autre. La première pièce, *fig. A*, est percée dans toute sa longueur; le bout *A* est d'un diamètre plus petit que l'extrémité *b*, qui est tournée intérieurement en vis pour recevoir la seconde pièce. Celle-ci, *fig. B*, est également percée dans sa longueur, mais l'ouverture s'évase à l'extrémité *d*. L'autre bout est tourné en vis *c*; l'ouverture, vers ce point, est bouchée par un morceau de cuivre *e*, creusé en gouttière, et recouvert d'une anche *f*, également en cuivre. Les deux pièces étant vissées, on souffle par le bout *A*, qui sert d'embouchure, et les vibrations que l'air imprime à l'anche *f* lui font rendre le cri du coq de bruyère.

On peut attirer les jeunes *tétras* de l'espèce à queue fourchue, pendant qu'ils sont encore conduits par leur mère, avec un autre appeau, qui n'est autre chose qu'un os de l'aile d'un autour qu'on bouche avec de la cire, et dans lequel on ménage des ouvertures propres à rendre le piaulement de ces jeunes oiseaux. La mère, trompée par ce bruit, accourt, rappelle le petit qu'elle croit égaré, et amène à sa suite le reste de la couvée, qu'elle livre ainsi au fusil ou au filet du chasseur.

Dans le nord de l'Europe où l'on fait de grandes chasses aux *tétras*, on se sert d'appeaux pour les attirer.

Appeau à gélinottes. Ces appeaux, au moyen desquels on imite le cri des gélinottes, sont employés à attirer ces oiseaux à la portée du fusil, ou dans des filets qu'on leur a tendus. (Voyez *Gélinotte*.)

On les fait ordinairement avec l'os de l'aile d'une oie, que l'on coupe, avec une lime, par les deux bouts, à une longueur d'environ 3 pouces; on pratique aussi, un trou dans le bout, et l'on fait un sifflet ordinaire en en bouchant l'extrémité avec de la cire, mais en cherchant à lui donner le ton qu'on veut imiter.

On peut aussi rendre le cri entrecoupé de la gélinotte en se servant des excroissances coniques que l'on trouve souvent sur les feuilles du hêtre. On saisit, entre les deux doigts, ce cône détaché de la feuille, et l'on souffle dans l'ouverture; ce qui, avec un peu d'exercice, produit le son que l'on désire.

Appeau à coucou. (Voyez *Appeau à chouette*.)

Appeaux à frouer. (Voyez *Appeaux à piper et à frouer.*)

Appeau à grives. Cet appeau (*fig.* 4, *Pl.* 33) se compose, comme le courcaillet, de deux pièces principales :

Le sifflet *A* et la bourse *B*.

Le sifflet n'a qu'un pouce de long, et son diamètre est plus petit que celui du sifflet à cailles. Un morceau de liége, taillé pour le passage de l'air, garnit l'intérieur de ce sifflet et bouche l'extrémité qui s'adapte à la bourse. Un peu plus haut est un petit trou ; l'autre extrémité est vide, ce qui rend le son très clair. La bourse, en forme de cœur, longue de 2 pouces et large d'un pouce et demi, est plate, en peau unie et remplie de crins frisés.

On fait jouer cet appeau, soit en le frappant sur la crosse de son fusil, soit en le pressant dans la main droite, et il rend le cri de la grive, qui semble exprimer ces trois syllabes *pfistz, pfistz, pfistz.*

Appeaux à languette. (Voyez *Appeaux à piper.*)

Appeaux à perdrix. Il y a des appeaux à perdrix grises et des appeaux à perdrix rouges.

La *fig.* 5, *Pl.* 33, représente *un appeau à perdrix grises*, vu de côté, et la figure 6 le représente vu de face. Cet instrument, qui peut avoir un pouce et quelques lignes de diamètre, se compose de deux pièces ou tables rondes, parfaitement égales en tout, et percées à leur centre, où il s'élève un petit bouton en forme de mamelon.

La convexité de ce bouton, qui se trouve à chaque table, est la même; son épaisseur est beaucoup moindre que celle du reste de la table. Pour faire jouer l'instrument, on place le bouton entre les dents et les lèvres, et, en aspirant l'air, on parvient, mais après bien de l'étude et des tentatives, à contrefaire le cri de la femelle de la perdrix grise, qui est d'autant plus difficile à imiter, qu'il contient un roulement que doit faire la langue sur le passage de l'air de l'extérieur à l'intérieur.

Un autre *appeau à perdrix grise*, que l'on regarde comme très bon, est représenté par les *fig.* 7 et 8. Il est plat d'un côté et convexe de l'autre. Il s'accommode très aisément à la forme interne des lèvres, et réunit d'ailleurs tous les avantages des autres appeaux. La calotte, ou table supérieure (*fig.* 7), doit être de moitié moins épaisse que la table de dessous. On y soude une attache *o*, qui sert à y passer un fil. On fait jouer cet appeau en aspirant également l'air extérieur pour former le cri de la perdrix.

M. Hartig, dans son *Lehrbuch fur Yager*, indique un seul appeau à perdrix, qu'il dit excellent et qui est bien simple. On prend un dé à coudre de tailleur, ou autre chose semblable; on en recouvre l'ouverture avec un parchemin, comme un tambour; dans le milieu, on fait un petit trou avec une aiguille, et l'on passe dans ce petit trou un crin de cheval, arrêté par un nœud. Pour se servir de cet instrument, on le prend dans la main gauche, on se mouille un peu le pouce et l'index de la main droite, et, avec ces deux doigts, on tire, par petites secousses, le crin de cheval; ce qui rend très exactement le cri de la perdrix.

Beaucoup de chasseurs, en Allemagne, ne se servent même pas d'appeau; ils se contentent de souffler dans la paume de leur main, et produisent ainsi une illusion parfaite.

L'appeau à perdrix rouges, qui est représenté *fig.* 9, *Pl.* 33, est d'une invention fort ancienne, car on en trouve la description dans *le Solitaire inventif*, édition de 1695. La *fig.* 10 en fait voir l'intérieur. Il se compose d'un morceau de bois *CC*, de cormier ou de noyer, rond extérieurement, creusé en dedans et de la grosseur d'une moyenne pomme. Un tuyau *a*, de même bois, pénètre à l'intérieur, où il reçoit un second petit tuyau *b*, d'une plume à écrire, coupé à ses deux extrémités, dont l'une donne en face d'un troisième tuyau *e*, creusé jusqu'à moitié de sa longueur, et saillant à l'extérieur, où il est plein et en forme de bouton *E*. La *fig.* 9 représente ce même appeau vu de côté.

L'ancienne manière de fabriquer cet appeau et qui est encore en usage aujourd'hui, parce qu'elle est la plus solide, consiste à former le tuyau *a* et le bouton *E* du même morceau de bois que le corps de l'appeau *CC*. On y ajoute aussi un bout de tuyau de plume à écrire, et le tuyau *e* est également fait à part et enmanché dans l'intérieur du bouton *E*, un peu creusé pour le recevoir.

Pour faire usage de ces appeaux, on met dans la bouche le tuyau *a*, et on souffle l'air intérieurement, en modulant le son et tâchant de faire entendre le cri de la perdrix rouge femelle, qui semble exprimer à peu près les syllabes suivantes : *cod, codec, codcod, codec*, etc.

Appeau à pigeons ramiers. (Voyez plus haut *Appeau à chouette.*)

Appeaux à petits oiseaux et à ramage. L'un de ces appeaux, dont le *Traité des chasses aux pièges* donne la description et la figure, est représenté *fig.* 11, *Pl.* 33; il se compose des pièces n°s 1, 2 et 3.

La pièce n° 1 a un pouce et demi de longueur et la grosseur d'une plume à écrire; elle est percée de part en part; son bout supérieur est l'embouchure, et l'autre bout *c* est tourné en vis.

La pièce n° 2 a 9 lignes environ de longueur sur un diamètre de 4 lignes; elle est creuse, et ses deux extrémités sont tournées en vis intérieurement.

La pièce n° 3 est d'un pouce et demi de longueur, et d'une grosseur à peu près double de celle n° 1; elle a son extrémité supérieure *s* bouchée par un morceau de liége coupé carrément en dessus, et qui déborde la vis *s* d'environ une ligne et demie; au dessous est un trou du sifflet *t*, jusqu'au bord, duquel vient le morceau de liége; le reste de la pièce est creux.

Les trois pièces étant vissées, comme l'indique la *fig.* 11, la longueur de l'appeau est d'environ 3 pouces et demi. C'est avec le secours de cet instrument qu'un oiseleur exercé appelle la plupart des petits oiseaux, dont il imite les différens ramages; il sait lui faire rendre leurs cris particuliers, et dans d'autres circonstances, comme la pipée, il les entremêle avec art et fait entendre à la fois leurs ramages réunis, auxquels il donne l'expression ou de la crainte ou de la fureur, selon que les oiseaux ont besoin d'être plus ou moins excités.

Un autre appeau, beaucoup plus simple, se fait avec un tuyau de plume à écrire, que l'on coupe par les deux bouts; on bouche le gros bout avec de la cire, et on fait une entaille dans le milieu du tuyau : on souffle par le petit bout en le tenant entre les lèvres.

Il y a encore un autre appeau à petits oiseaux, qui consiste en un morceau de fer-blanc long de 2 pouces et large d'un pouce, que l'on coupe en forme de navette de tisserand; on perce dans le milieu un petit trou rond d'une ligne et demie de diamètre. On se sert de cet appeau en le mettant en travers entre les lèvres et en soufflant : le vent que l'on fait avec la bouche glisse de biais en traversant le petit trou, et fait un frôlement semblable à celui des petits oiseaux. Mais il faut être bien exercé pour se servir avec succès de ces appeaux.

Appeaux à piper et à frouer. Dans la pipée où a différens sons à imiter : le cri de la chouette qui attire les oiseaux, les cris de ces oiseaux, le bruit de leur vol et plusieurs bruits propres à fixer leur attention.

Les anciens appelaient *pipeaux* les instrumens dont ils se servaient pour imiter le cri de la chouette, et l'on emploie encore le mot *piper* pour exprimer l'action de rendre le cri de cet oiseau, tandis que l'on exprime, par le mot *frouer*, l'action de faire rendre à des appeaux les cris et autres bruits des oiseaux qui viennent à la pipée.

Appeaux à piper. On se servait autrefois des appeaux ou pipeaux représentés par les *fig.* 13, 14, 15 et 16 de la *Pl.* 33. La *fig.* 13 est celle d'un appeau de la plus ancienne date, qui consiste dans un petit morceau de bois entaillé et uni dans son entaille, servant de base à une languette faite d'un petit ruban de soie, qui était recouverte par une petite pièce de bois carrée; il y restait un intervalle où l'on aurait à peine passé la pointe d'un couteau.

La *fig.* 14 représente un appeau que l'on nomme *pratique*, à peu près aussi ancien que le précédent, et qui est fait d'une lame de fer-blanc ou de plomb, recourbée, à ses deux extrémités *bb*, sur une autre plaque de fer-blanc, et également moins longue. Une faveur, assujettie entre ces deux plaques, fait l'office de languette et sert à rendre le son qu'on veut imiter. Cet appeau est encore estimé aujourd'hui.

La *fig.* 12 est celle d'une feuille de chiendent, qui a servi aussi fort anciennement à la pipée, sous le nom générique de *gramen*, et qui est toujours employée avec le plus grand succès. Mais cette feuille, que les oiseleurs appellent *l'herbe à piper*, n'était pas employée dans les premiers temps avec l'habileté nécessaire, et il faut encore une longue pratique pour s'en servir avec avantage.

Le choix du chiendent est une chose importante. Les pipeurs en distinguent deux sortes; celle qui doit être préférée est le chiendent qui croit dans les bois sombres et frais, dont la feuille est mince, couverte d'un duvet presque insensible à la vue, et dont la côte du milieu soit petite et aplatie. On prend les feuilles qui tiennent au milieu de la tige, parce que celles d'en bas, étant épaisses, résistent trop à l'agitation de l'air, et rendent des sons durs et criards, et que celles du haut de la tige sont trop tendres et peuvent se rompre lorsqu'on en fait usage, ce qui expose à donner des tons faux. On cueille ces feuilles lorsqu'elles sont vertes, cependant elles sont encore bonnes, quoique fanées.

On peut remplacer ce chiendent, qu'on ne trouve pas dans tous les bois, par une autre espèce qui lui ressemble fort, et qui n'en diffère que parce qu'elle est fort velue et que ses soies sont grandes et raides. On en cueille une demi-douzaine de feuilles, trois heures au moins avant de s'en servir; on les met entre trois ou quatre feuilles de papier gris imbibées de vinaigre et d'un peu d'eau, où elles restent à macérer pendant quelque temps, ce qui rend des assouplit le duvet qui, sans cette préparation, porterait obstacle au contact de l'air, et pourrait faire saigner les lèvres. On les place ensuite dans une boîte de fer-blanc, d'où on ne les tire qu'au moment de s'en servir, afin qu'elles ne se durcissent point.

Pour piper avec cette feuille, on la prend avec l'index et le pouce de chaque main on la place entre les lèvres, en ayant soin de ne pas l'approcher jusqu'aux dents, et de ne pas la serrer avec les lèvres; la langue, en se baissant et s'élevant par intervalle contre le palais, augmente et diminue par mesure la capacité de la bouche, et sert à modifier l'air que le pipeur pousse contre la feuille; et ces modifications lui font rendre les cris lents et plaintifs de la chouette. Quant aux tremblemens monotones que le pipeur fait de moment à autre, ils doivent venir du gosier.

Comme il est très difficile de bien piper avec le chiendent, et qu'il y a peu de personnes qui y réussissent parfaitement, on n'a point encore abandonné les pipeaux de bois, de fer-blanc, etc.

La *fig.* 17, *Pl.* 33, est celle d'un appeau à languette qui est toujours fort en usage. Il se fait avec un morceau de bois de coudrier ou de chêne vert, que l'on entaille, comme la figure l'indique; on en polit bien la portion entaillée, puis on lève adroitement une languette de bois *a*, que l'on amincit avec un morceau de verre ou un canif. La *fig.* 18 représente la pièce de bois qui doit remplir le vide de l'entaille *c d* de la *fig.* 17, dont les extrémités, coupées obliquement, la maintiennent, quoiqu'on puisse encore la fixer en la liant, aux deux extrémités, avec un fil. Cette pièce, *fig.* 18, est également évidée à sa face inférieure, pour laisser assez de jeu à la vibration de la languette *a*.

La *fig.* 19 représente un autre appeau, qui consiste en deux pièces de bois évidées, entre lesquelles on met une feuille de chiendent ou bien une pièce d'épiderme de cerisier, c'est à dire une petite peau transparente qui recouvre la grosse écorce du cerisier. On lie les deux pièces ensemble par leurs extrémités, au moyen d'un fil.

La *fig.* 16 est celle d'un pipeau de l'espèce précédente, qui a une languette *a*. On le fait soit de saule, soit de chêne, de coudrier ou de sarment. L'écorce de ce dernier sert de languette. On lie les deux pièces avec un fil, aux deux bouts, comme dans la figure précédente.

La *fig.* 20 de la *Pl.* 33 représente un appeau à chouette que l'on fait aussi en bois, et qui ne diffère des espèces précédentes que par les deux boules qui le terminent. En voici la description d'après le *Traité des chasses aux piéges*. Cet appeau se compose de quatre pièces *a b c d*. Les pièces *a b* sont deux espèces de têtes creusées en dedans, ainsi que l'indique la *fig. b*, rondes, de la grosseur d'une bille d'enfant, et creusées à la profondeur de 3 lignes, d'un trou du diamètre de 3 lignes, tourné en vis intérieurement. *Voyez* les *fig. a b*. Les pièces *c d* sont deux moitiés d'un morceau de bois rond, de 2 pouces et demi de long, et de 5 lignes de diamètre; le centre de ces deux pièces est évidé de manière à laisser entre elles un intervalle de l'épaisseur d'une lame de couteau. La *fig. e i* représente une de ces pièces vue intérieurement, et la *fig. d i* la même pièce vue à l'extérieur. Elles sont toutes deux terminées en vis *i i*. Avant de rassembler les quatre pièces, comme on le voit *fig.* 20, on place entre elles deux un bout de faveur, *fig. e*, et on visse ensuite les pièces *a b*, qui fixent le bout du ruban qui se trouve pincé entre les extrémités *i i* des pièces *c d*. Dans cet état l'appeau est terminé, et, pour s'en servir, on le place entre les lèvres, et poussant l'air, en le modulant avec la langue, on fait vibrer le bout de la faveur; ce qui imite le cri de la chouette. Il faut observer que l'ouverture qui est entre *c d*, *fig.* 20, doit avoir un côté plus fermé que l'autre, et que c'est le côté le plus serré qu'il faut appliquer entre les lèvres pour y souffler.

On peut se servir aussi, pour piper, de l'*appeau à chouette*. (*Voyez* ces mots.)

La *fig.* 1re, *Pl.* 34, est un appeau à piper que quelques auteurs rangent dans la classe des appeaux à frouer. C'est une lame d'acier *oo*, qui n'est pas tranchante, mais qui est assez mince pour qu'en l'approchant des lèvres et soufflant dessus, l'issue de l'air, hors de la bouche, produise le chouchement de la chouette. Cette lame a pour manche un petit marteau aussi d'acier *i e*, dont on se sert pour appeler les pics. Quand on entend ces oiseaux frapper sur un arbre, on leur répond en frappant plus fort avec le marteau, et ayant l'attention de cesser presque aussitôt qu'eux. On les voit souvent s'approcher et se prendre aux gluaux. On peut aussi attirer les pics en frappant avec un couteau sur le manche d'une serpe.

Appeaux à frouer. Frouer, c'est produire, en soufflant sur un instrument quelconque, des sons qui imitent les cris et le bruit que font les oiseaux, tels que les grives, les merles, les geais, etc., lorsque ces oiseaux, animés contre la chouette, leur ennemi commun, cherchent à se venger, réclament du secours et s'enhardissent les uns et les autres à l'attaquer. Il faut que l'oiseleur s'attache à rendre, par les sons de l'appeau, les sentimens dont les oiseaux sont animés; leur crainte, leur envie de se venger, leurs cris d'alarme. Il doit se rappeler quels sont les cris des geais, quand après avoir entendu la chouette ils entendent aussi le cri d'un oiseau qu'ils croient en péril, et ne pas oublier que ces cris, dans ce moment, sont bien différens de leurs cris ordinaires d'appel. On sent que pour bien frouer, quoique cet art soit moins difficile que celui de piper, il faut avoir assisté plusieurs fois à une pipée.

L'un des plus anciens et des meilleurs appeaux à frouer est une feuille de lierre disposée en cône, *fig.* 2, *Pl.* 34. Sa préparation consiste à la percer dans le milieu d'un trou *a*, *fig.* 3, à un tiers de sa longueur, du côté de la queue; ce trou doit être assez grand pour y passer un grain de chenevis. On le fait en pliant la feuille de lierre en quatre, et en enlevant le petit coin avec ses dents, ou mieux encore en se servant d'un emporte-pièce carré. On roule cette feuille de manière qu'elle forme le cône représenté *fig.* 2, et pour s'en servir, on la tient entre les trois premiers doigts d'une main qui présente la pointe de ce cône à la bouche; puis on souffle par ce bout, et à l'aide des coups de langue on rend les sons que la circonstance exige.

La *fig.* 5, *Pl.* 34, est celle d'un appeau à frouer dont on se sert avec fruit. Il se compose de deux lames, l'une en argent et l'autre en ivoire. La lame d'argent est roulée en cône, comme la feuille de lierre de l'appeau précédent, et elle est également percée d'un trou *m*. La lame d'ivoire *n r*, lorsqu'elle est appliquée sur les côtés du cône en argent, en remplit imparfaitement les vides; elle est plus mince du côté *r* que du côté *n* où se trouve le tenon. On y attache un fil *d* pour pendre l'appeau au cou du pipeur.

On peut aussi faire cet appeau d'une seule pièce, en argent ou en fer-blanc.

La *fig.* 4, *Pl.* 34, est une pièce de monnaie pliée et trouée dans son milieu, dont quelques pipeurs se servent encore avec avantage, quoique beaucoup d'autres la regardent comme incommode.

Enfin on emploie, pour frouer, un appeau d'ivoire, *fig.* 11, *Pl.* 33, que nous avons décrit en parlant des appeaux à petits oiseaux, et qui imite parfaitement les cris confus de ceux qui viennent à la pipée.

Appeaux à pluviers. On en fait de deux espèces, qui ne diffèrent guère que par la forme.

La première espèce, qui est représentée *fig.* 6, *Pl.* 34, est la plus ancienne. On fait cet appeau avec l'os de la cuisse d'un mouton ou d'une chèvre, que l'on coupe par les deux bouts, à une longueur de 3 pouces et demi, et que l'on nettoie bien de sa moelle en le lavant dans l'eau bouillante. Son extrémité *a* est l'embouchure, on fait, à un travers de doigt de ce bout, un trou presque carré, et à 2 pouces plus bas un autre trou rond *b*, dans lequel on puisse passer une plume à écrire, enfin un autre trou un peu plus grand *c* par un des côtés de l'extrémité inférieure. On perce l'os d'un petit trou *d* à sa dernière extrémité, pour y passer une ficelle que l'oiseleur se pend au cou. Ensuite on introduit de la cire molle dans le trou *a* jusqu'à l'ouverture, puis on perce cette cire avec la pointe d'un canif ou autre chose semblable, tout près du bord de l'os jusqu'à ce trou *a*. Le trou *c* se bouche aussi avec de la cire, et si le son de l'appeau est trop grave, on y fait une petite ouverture avec une épingle. Le trou *b* s'ouvre et se ferme avec le doigt, lorsqu'on souffle dans l'appeau, de manière à lui faire imiter les syllabes *hui, hieu, huit*, qui rendent à peu près le cri de réclame du pluvier.

L'autre espèce d'appeau à pluviers est représentée *fig. 7, Pl. 34*. Il se fait également avec l'os de la cuisse d'un mouton, et sa longueur est de 2 pouces et demi à 3 pouces. On façonne sa partie supérieure *a* en bec de sifflet, et l'on pratique, dans sa longueur, les deux trous ronds *b c*, dont le dernier se bouche avec de la cire, et l'autre reste ouvert. De même que dans l'appeau précédent, si le son est trop grand, on perce, avec une épingle, la cire qui bouche le trou *c*. Quant à l'extrémité *a*, on la bouche entièrement avec un morceau de liége. On se sert de cet appeau en soufflant comme dans un sifflet ordinaire, et en bouchant et débouchant alternativement, avec le doigt, le trou *b*.

On peut aussi se servir, pour les pluviers, des *appeaux à vanneaux* (*voyez* ces mots), parce que ces deux espèces d'oiseaux, qui vivent ordinairement ensemble, répondent également au même cri.

Appeau à râle de genêt. Le cri du râle de genêt est *crex, crex, crex*, et ressemble fort à celui de la petite grenouille de haie; de là le nom de *crex* qu'on lui a donné en latin. C'est donc ce cri qu'il faut imiter, et on le produit facilement en frottant rudement une lame de couteau sur un os dentelé, ou en faisant usage d'un appeau particulier composé de deux os, qui sont ordinairement deux côtes plates de bœuf. L'un de ces os *a*, *Pl. 34, fig. 8*, large de 15 lignes et long de 7 pouces, est dentelé d'un côté; l'autre, *b*, est lisse, large d'un pouce et long de 6 pouces. Ils sont attachés l'un à l'autre par une ficelle à leurs extrémités *o o*. On se sert de cet appeau en frottant la partie *b* sur la scie *a*; ce qui produit un léger craquement que l'on répète vivement trois fois de suite, comme le cri du râle; et l'on recommence après une pause. Il faut observer que si on frotte l'os *b* sur celui *a*, en le tenant droit, il en résulte un son beaucoup plus fort, et que plus on l'oblique, plus il diminue.

Appeau à renard. (*Voyez*, au mot *Renard*, la chasse de cet animal à l'affût.)

Appeaux à vanneaux. L'un des plus anciens appeaux à vanneaux est celui qui est représenté dans le *Solitaire inventif*, liv. 3, tab. 7, *fig.* 23. Ce n'est autre chose qu'un petit bâton moins gros que le petit doigt, long de 3 pouces, fendu par le bout jusqu'au milieu pour y mettre un morceau de feuille de laurier. On siffle au travers pour imiter le cri du vanneau.

Un autre appeau, représenté *fig. 9, Pl. 34*, se compose de deux pièces *a* et *b*. La pièce, *fig. a*, est creuse, son extrémité *a* est l'embouchure, l'autre *b* est contournée en vis pour recevoir la vis *u* de la *fig. y, v, u*. Cette dernière figure, qui représente la partie *b* de l'appeau, est creusée d'outre en outre; son ouverture *v* en diminuant vers la vis *u*, où elle est fermée par un morceau de bois *v* taillé en gouttière, et couvert d'une anche *y*. Les deux pièces étant vissées, l'anche occupe le creux de la *fig. a*.

On se sert de cet appeau en soufflant par l'embouchure *a*, et on tâche de lui faire rendre un son semblable à celui que fait un van, ce qui imite le cri du vanneau.

APPEL (simple ou forcé). On sonne un appel ou des appels pour faire avancer un relais ou pour faire venir un ou plusieurs veneurs: il est *forcé* quand il est sonné sur le grêle, c'est à dire sur le cinquième ton. Il se sonne ainsi dans un cas urgent ou quand celui que l'on a appelé n'a point répondu.

APPELANS et PERCHANS. (Terme d'oisellerie.) On nomme *appelant* un oiseau que l'on tient en captivité pour appeler, par ses cris, ceux de son espèce lorsqu'on tend des piéges. Cet oiseau se nommait aussi *appeau*, nom qu'on a réservé pour désigner l'instrument dont on se sert pour imiter le cri d'un oiseau.

À l'égard des cailles et des perdrix, la femelle dont on se sert pour appeler les mâles et les faire tomber dans le hallier se nomme *chanterelle*. La saison de prendre les mâles, en les attirant de cette manière, est depuis le commencement de la pariade jusqu'au mois d'août. Cette chasse ne se fait que vers le soleil couchant jusqu'à la nuit, et depuis la pointe du jour jusqu'au lever du soleil. (*Voyez Caille, Perdrix.*)

On emploie pour appelans, dans la chasse aux miroirs, des alouettes, des bec-figues et des ortolans, pour faire donner ces oiseaux dans le piége. (*Voyez Alouette.*)

Les espèces que l'oiseleur emploie avec le plus de succès, comme appelans, sont les bruans, pinsons, chardonnerets, linottes, verdiers, cabarets, tarins, friquets et moineaux. On prend beaucoup d'oiseaux de ces espèces avec des nappes, dans les mois de septembre et d'octobre, époque à laquelle l'oiseleur choisit, parmi ceux qu'il a pris, des jeunes de l'année qu'il trouve les plus forts et les plus beaux. On ne doit point chercher à employer comme appelans des oiseaux pris dans le nid et élevés à la brochette, parce qu'ils ne valent rien pour cet emploi.

Après que le choix est fait, on place ces oiseaux dans une cage de bois à claire-voie, qu'on appelle *égrenoire* (*Pl. 34, fig. 11*), laquelle a 2 pieds de longueur, 1 de largeur et 5 pouces de hauteur, et se trouve séparée en deux compartimens égaux A et B, qui ont chacun leur porte C. Le fond et la moitié des côtés sont garnis d'une toile grise.

On met dans cette égrenoire du chenevis écrasé, que tous les oiseaux qu'on vient de désigner mangent aisément; on leur donne à boire, et on couvre la cage avec une toile claire, pour que les appelans n'aient qu'un demi-jour, car autrement ils se tourmenteraient jusqu'à se tuer.

De retour chez soi, on place l'égrenoire un peu au jour; on y laisse les oiseaux environ deux semaines, pour les habituer à manger de la graine, ce qu'on appelle les *égrener*, et on a soin de les découvrir progressivement jusqu'à ce qu'il n'y ait plus de toile sur eux. On prépare ensuite pour chacun une petite cage en bois et à claire-voie, de 6 pouces carrés, à laquelle on donne le nom de *cage d'appelant* (*fig. 12, Pl. 34*). On met dans les cages de ceux qui mangent du chenevis de cette graine sans être écrasée, et dans les cages de ceux qui se nourrissent de millet et de navette, du chenevis écrasé et mêlé avec une ou deux espèces de graines, en ayant soin, chaque jour, de diminuer la quantité de chenevis, pour les accoutumer à ne manger que de la petite graine, on place ces cages dans un endroit solitaire : on a soin de donner, chaque jour, à boire et à manger aux appelans, autant que possible à la même heure, et l'on choisit principalement celle de deux heures après midi.

On les garde ainsi pendant tout l'hiver, et au mois de mars, on les examine avec attention, pour reconnaître les bons d'avec les mauvais.

Il y a des oiseaux qui ne chantent jamais ; il en est qui se tuent dans leur cage, et d'autres qui sont très sales : il faut toujours préférer ceux qui sont gais et chantent bien, et qui, outre ces deux qualités, sont doux et propres.

Pour pouvoir faire un choix convenable, il faut mettre en cage quatre fois autant d'appelans que l'on en veut conserver.

Lorsqu'un oiseau, qu'on aura choisi, paraîtra ne pas répondre à l'opinion qu'on en avait conçue, on en fera l'essai plusieurs fois à la chasse ; et s'il ne chante pas en voyant passer un oiseau de son espèce, on ne devra point hésiter à le réformer.

Ces appelans, dont on se sert au mois d'avril, chantent encore jusqu'en juillet ; mais au mois d'août, ils tombent en mue, et ne chantent point du tout en septembre, octobre, novembre et décembre, époques où ils sont de la plus grande utilité. Pour remédier à cet inconvénient, il faut accélérer la mue et la faire passer, ce que l'on nomme, en termes d'oiseleurs *faire passer la mue forcée aux appelans*.

On sait que la mue est une maladie naturelle à tous les oiseaux, et qui a lieu tous les ans, pour le renouvellement de la plus grande partie de leurs plumes. Pour accélérer ce changement, qui fait perdre la voix aux oiseaux, voici le procédé que l'on suit à l'égard des appelans : on les laisse tranquilles jusqu'à la fin de mai, en leur donnant tous les jours de la verdure à manger, comme du mouron, de la chicorée, des feuilles de salade, etc. Au mois de juin, on dispose un cabinet de manière à pouvoir en retirer le jour quand on veut. Avant d'y placer les appelans, on leur arrache les plumes de la queue et des plus fortes des ailes ; mais pour le faire sans qu'ils saignent, on les tord en les arrachant. Cette opération, qui a pour objet d'accélérer la croissance des grosses plumes, étant faite, on place les appelans dans le cabinet, ce qui doit avoir lieu dans le premier quartier de la lune de juin, et on en diminue la clarté de jour en jour et de plus en plus, jusqu'au huitième jour, à partir duquel on les laisse entièrement dans l'obscurité pendant tout le temps qu'ils doivent rester dans le *trou*, nom que les oiseleurs donnent au cabinet noir. On leur donne à boire et à manger le soir, avec une lumière, et tous les huit jours, on leur donne du mouron et on leur laisse la lumière pendant une heure. Il faut apporter le plus grand soin dans la propreté et le choix de la graine qui doit être la meilleure possible ; on les nettoie chaque jour et on leur donne de l'eau fraîche.

Deux mois suffisent pour que la mue soit achevée ; cependant il faut laisser les appelans dans leur retraite depuis le commencement de juin jusqu'à la mi-septembre ; mais au commencement de septembre, on leur rend la lumière dans la même progression qu'on a observée pour la leur retirer : ensuite on leur donne de l'air tous les jours, en ouvrant la fenêtre pendant une heure ; on leur donne en abondance du mouron ; et si l'on éprouve de la difficulté pour s'en procurer, on le remplace par les feuilles les plus jaunes de chicorée.

La première fois qu'on les porte à la chasse, il faut choisir un temps beau et doux, pour qu'ils ne soient pas mouillés, parce qu'ils n'ont pas encore toutes leurs forces ; mais ensuite, ni la pluie, ni les gelées ne les empêchent de chanter.

On porte les appelans à la chasse dans les cages qu'ils habitent continuellement.

Ces cages se placent jusqu'au nombre de seize, sur quatre rangs, de quatre chacune, dans une hotte en osier, recouverte de toile grise, et garnie de chaque côté d'une poche B (*fig.* 10), destinée à placer différens instrumens. On place un carré de toile cirée entre chaque rang, pour empêcher que les appelans ne se voient et ne se tourmentent, et pour les garantir de la pluie.

On ne doit jamais déranger les appelans de place pour s'en servir ; et au retour de la chasse, on les replace au même endroit. Plus le lieu où on les met est caché et tranquille, plus ils s'y plaisent, et ils chantent dès qu'ils sont à l'air.

Outre les appelans, les oiseleurs emploient aussi des oiseaux captifs pour attirer, par le mouvement de leurs ailes, les oiseaux qui volent en liberté autour d'eux, et, comme on les attache à une perche ou baguette, on les nomme *perchans*.

Ces oiseaux, pris au filet et égrenés de la même manière que les appelans, sont attachés par un corset à une baguette que l'on nomme *sanglot*, qui, se levant à la volonté du chasseur, les oblige à agiter leurs ailes. Ils différent donc des appelans en ce que ces derniers attirent les oiseaux par leur chant ou leur appel, qu'ils font entendre de la cage qu'ils habitent, tandis que les perchans, placés à l'extrémité d'une baguette, y paraissent en liberté, et enhardissent, par leurs ébats, les oiseaux de même espèce à venir se jouer autour d'eux. Ces perchans sont appelés *moquettes* dans les anciens traités de chasse.

On n'emploie guère les perchans que dans les chasses aux filets, et on les place entre les nappes ; on leur passe autour du corps une bricole que les oiseleurs appellent *corset*, et qui permet un libre mouvement aux ailes. Ce corset s'attache par un nœud à la boucle de ficelle qui se trouve au bout d'une petite baguette appelée sanglot, de deux pieds de longueur, et un peu élastique, représentée *fig.* 13, *Pl.* 34. Son extrémité supérieure A est garnie d'une petite douille en cuivre, terminée par un anneau qui tourne à volonté ; une boucle de ficelle de 2 pouces de long est passée dans cet anneau. L'autre extrémité B du sanglot est garnie d'une ficelle ayant deux piquets *c c*, qui servent à assujettir le sanglot contre terre ; on l'y place à plat, et ou enfonce les piquets qui l'y maintiennent. Sous la partie A on place, soit une touffe de gazon, soit une motte de terre, pour y poser l'oiseau, que l'on attache à la boucle de ficelle par le moyen du corset. Au point *d* est attachée une lignette qui se prolonge jusqu'à l'endroit où est le chasseur; et lorsque celui-ci veut faire mouvoir son perchant, il tire à lui la lignette qui, forçant le bout du sanglot à s'élever, fait perdre terre à l'oiseau qui agite aussitôt ses ailes.

Pour que les perchans conservent bien leurs plumes, on les sépare et on les place un à un dans une cage suffisamment spacieuse, après qu'on les a habitués à la nourriture qu'on veut leur donner.

On remplace quelquefois les perchans par des moquettes artificielles, qui se composent d'oiseaux empaillés ou seulement de deux ailes. Ces moquettes s'attachent à l'extrémité du sanglot, et on les agite suivant l'occasion ; mais le succès n'est jamais aussi certain qu'avec les oiseaux vivans.

Vers l'arrière-saison, les oiseaux, devenus plus méfians par la quantité de piéges qu'on leur a tendus, ne viennent plus aussi bien à l'aspect des perchans ; ce qui oblige à disposer ceux-ci différemment : on attache l'oiseau par son corset à une ficelle longue de deux pieds, assujettie au moyen d'un piquet planté entre les nappes ; on met à sa portée ce qui lui est nécessaire pour boire et manger. De cette manière, l'oiseau peut se promener et paraît être en liberté; les autres oiseaux ne manquent point d'accourir près de lui pour prendre part à sa nourriture, et sont bientôt enveloppés sous les filets. (Extrait du *Traité de la chasse aux piéges*.)

APRÈS. Lorsque l'on suit une voie avec son limier, on lui dit : *Après! l'ami, après!* pour l'engager à suivre la voie.

APPUYER *les chiens*. Lorsque les chiens chassent l'animal de meute, on dit, en leur parlant : *Au coute! au coute!* et on nomme par leurs noms ceux qui sont à la tête : c'est ce qui s'appelle *appuyer les chiens*. On les appuie aussi de la trompe, par des tons que l'on ne sonne que quand ils chassent l'animal de meute.

ARAIGNE, *Areigne, Araignée*, ou *Aragne*. Ces dénominations sont celles sous lesquelles on connaît un filet à prendre des oiseaux, une petite pantière, que beaucoup d'oiseleurs nomment aussi *tramail*. Voyez la *fig*. 3, *Pl*. 38. — Elles paraissent provenir tant de la finesse du fil qui compose le tissu du filet, que de la manière dont on le tend, et qui ressemble assez à celle dont les toiles d'araignée sont attachées.

On emploie l'araigne à prendre des merles, et elle servait autrefois à prendre aussi des oiseaux pour la fauconnerie.

Elle est maillée en losange et ordinairement teinte en brun ou en vert.

Celle qui est employée contre les merles est en mailles d'un pouce de diamètre, d'un fil délié et retors en deux brins, et le plus souvent en soie. Elle a ordinairement de 7 à 8 pieds de hauteur sur 10 à 12 de longueur ; et on la monte sur une ficelle bien unie et un peu moins grosse qu'un tuyau de plume à écrire, que l'on passe dans toutes les mailles du rang supérieur, lesquelles doivent être assez larges pour glisser librement sur la ficelle, comme les anneaux d'un rideau sur une tringle. On se servait autrefois de bouclettes, dans lesquelles la corde était passée.

Aux deux bouts de cette corde sont liés deux bâtons de 4 à 5 pouces de longueur, taillés en coin à une de leurs extrémités, et que l'on nomme *traquets*. Quand, à l'endroit où l'on se propose de tendre l'araigne, il se trouve deux arbres ou deux arbustes assez forts et placés à une distance convenable, on fait une entaille sur une de leurs branches pour y faire entrer le coin de ces traquets ; à défaut d'arbres, on se sert de deux perches d'une dizaine de pieds de hauteur, enfoncées en terre et encochées à leur extrémité supérieure pour recevoir les traquets. Ceux-ci ne doivent être enfoncés qu'autant qu'il est nécessaire pour soutenir le poids du filet, afin de céder à la moindre impulsion que peut lui donner l'oiseau en se jetant dedans.

Il y a aussi une araigne contre-maillée, qui n'est autre chose qu'un petit raffle de 10 à 12 pieds de longueur et de 7 de hauteur. Les mailles des aumées sont carrées et ont 3 pouces de diamètre, et celles de la nappe sont en losange et ont 9 lignes. On la monte également sur deux perches, et on l'emploie aux mêmes usages que le raffle.

Pour les dispositions réglementaires concernant l'emploi des filets, voyez *Chasse* et *Piéges*.

ARANTELLES. C'est de ce nom qu'en vénerie on appelle les filandres qui se trouvent au pied du cerf, parce qu'elles ressemblent à des toiles d'araignée.

ARBALÈTE. C'est une arme que l'on employait à la guerre et à la chasse, et qui n'est qu'une modification de l'arc qui était usité chez les anciens. (Voyez ce que nous en disons au mot *Arc*.)

ARBALÈTE. On appelle aussi de ce nom un piége que l'on emploie pour prendre des petits quadrupèdes rongeurs, et notamment des rats et des loirs. Il est figuré *Pl*. 21, *fig*. 9. Pour faire cet instrument, on prend une planchette ou douve de tonneau *A*, un peu épaisse et pointue par le bout, afin de pouvoir la piquer dans un mur ; et on attache au milieu *g*, avec trois clous, une baguette de houx ou de coudrier *F*, de la longueur de 3 à 4 pieds ; à l'extrémité non pointue de la douve, on fait une entaille de la largeur d'environ 2 pouces, et de la longueur du tiers de la douve ; il doit y avoir une rainure des deux côtés *B*, *E*, en dedans de l'entaille. Cela fait, on y cloue une petite bande de bois plate *D*, de la largeur de 1 pouce, pour tenir en état les deux parties *B*, *E* de la douve où on a fait l'entaille et les empêcher de s'écarter.

Après ces dispositions, on prend un morceau de douve *C*, que l'on fait entrer juste dans les rainures *B*, *E*, et que l'on rend plus menu, afin qu'il coule plus aisément. Il doit être de 3 à 4 pouces plus long que les deux branches au milieu desquelles est l'entaille. Au bout de la baguette de coudrier *F*, on attache une corde *G*, qui lui fait faire l'arc, et cette corde doit encore passer dans une rainure pratiquée à l'extrémité supérieure *K* du morceau de douve qui entre dans les branches de la planchette principale.

Cet arrangement fait, on prend un petit bâton *d*, de la grosseur de la moitié du petit doigt et long de 7 à 8 pouces, que l'on attache par un bout avec une ficelle au milieu *g* de la douve, et à l'autre bout on fait une coche près de laquelle on attache un appât.

Outre toutes ces pièces propres à l'arbalète, il faut avoir un petit bâton *e*, gros comme la moitié du petit doigt, et long d'environ 2 pouces, que l'on attache au milieu de la bande de bois *D*, avec une petite ficelle, longue de 5 à 6 pouces seulement. Enfin, l'on fait en *H* une grande entaille qui sert à mettre le pied pour tendre l'arbalète. Ce piège ainsi préparé, on le tend en tirant fortement à soi la petite coulisse, en sorte que l'arc *F* soit bien bandé; on appuie le petit bâton attaché à la bande *D* contre la coulisse *C*, et on le coche dans un autre bâton attaché au milieu de l'arc; de manière que lorsque le loir vient pour manger les fruits, ou autre chose, auprès desquels ce piège est dressé, il fait décocher la marchette et se trouve pris par le milieu du corps. Lorsqu'on tend cette arbalète, il faut bien prendre garde qu'en la posant il ne se trouve point de branches sur lesquelles l'animal puisse se reposer, et d'où il puisse atteindre l'appât; il faut faire en sorte qu'il ne puisse se placer que sous la machine, sans quoi elle ne serait d'aucun effet.

La *fig.* 10 représente le même piège tendu.
La *fig.* 11 est le profil du même piège.

On peut, en donnant à toutes les parties de l'arbalète une plus grande force, le tendre à des quadrupèdes plus vigoureux que le rat et le loir.

ARBENNE. C'est, en Savoie, le *lagopède*.

ARBRET ou ARBROT. On appelle ainsi un petit arbre garni de gluaux, ou bien une forte branche bien garnie de rameaux, que l'on fiche en terre et qu'on garnit de gluaux, pour prendre des oiseaux. La chasse à l'arbret a beaucoup de rapport avec la pipée; et elle est employée principalement à prendre les oiseaux qui ne donnent pas à la pipée, comme les bouvreuils, les linottes, les chardonnerets et les tarins.

Cette chasse se fait à commencer du mois de septembre et se continue pendant l'hiver et au printemps. Le moment le plus favorable pour faire cette chasse est le matin, dès que le soleil est levé. L'emplacement le plus convenable est celui que fréquentent les oiseaux, près d'une chenevière, d'une vigne, d'une lisière de bois, mais à quelque distance de grands arbres, de haies et de buissons.

On peut former un arbret soit avec plusieurs branches, soit avec une seule. Dans le premier cas, on prend trois branches de 5 à 6 pieds de hauteur, que l'on fiche en terre, dont on entrelace les sommités, et sur lesquelles on fixe deux ou trois branches d'épine noire un peu garnies de rameaux. On couvre l'arbret d'une quantité suffisante de gluaux de 9 à 10 pouces de longueur, enduits de glu jusqu'à 2 pouces près du gros bout, que l'on fend avec un couteau, afin de le faire tenir sur l'arbret. On les assujettit aussi entre les pointes des épines, et on les penche les uns sur les autres, et de manière qu'ils ne se touchent point. Cette pratique est la plus ancienne.

Aujourd'hui, on se sert d'une seule branche également d'environ 6 pieds de longueur et suffisamment garnie de rameaux. (Voyez la *fig.* 1 *Pl.* 45.) On l'élague en laissant près du trou de petits prolongemens *a*, *b*, *c*, *fig.* 2, destinés à recevoir des bouts de sureau pleins de leur moelle, et d'un demi-pouce de longueur, qu'on appelle *dés*, et que l'on implante sur ces restes de branches, *fig.* 2. C'est dans la moelle de ces *dés* que l'on fiche le gros bout *z*, *fig.* 5, taillé en pointe, des gluaux. Ceux-ci doivent être de 6 à 7 pouces de long, et plus gros que ceux qu'on emploie pour la pipée, où il serait à désirer qu'ils fussent invisibles, tandis que, sur l'arbret, il faut qu'ils soient assez forts pour présenter aux oiseaux un point d'appui qui les engage à s'y poser; on les englue aussi plus fortement que les autres. Tout l'art de la tendue de l'arbret consiste à placer les gluaux de manière qu'au moindre attouchement des oiseaux ils tombent et les entraînent avec eux.

La *fig.* 1 représente un arbret tendu.

Pour attirer les oiseaux sur l'arbret, on se sert d'*appelans* et de *perchans*. (*Voyez* ces mots.)

Les appelans sont placés à terre, dans des cages, au nombre de trois ou quatre, autour de l'arbret, à dix pas environ (*Pl.* 45, *fig.* 6). Quant aux perchans ou moquettes, on en a également trois ou quatre de différentes espèces, qui, placés à terre, sur des sanglots, s'agitent lorsque le chasseur tire la lignette qui tient au sanglot et communique à une loge où il s'est établi.

Quand on ne se sert point du sanglot, on emploie la verge de meute ou paumille, représentée *fig.* 3 *Pl.* 45. A l'extrémité *g* du fil de fer est attaché un fil qui doit faire jouer le perchant. La longueur du fil de fer, depuis *s* jusqu'à *v*, est d'un pied; c'est à cette extrémité recourbée qu'est attachée une ficelle, avec un nœud coulant, qui arrête les perchans par les pattes. Lorsque l'oiseleur voit des oiseaux qui tourbillonnent sans vouloir descendre sur l'arbret, il fait jouer la moquette *v*, ce qui les invite à se reposer.

La *fig.* 4 représente le fil de fer qui sert à la paumille de la *fig.* 3. Il y a trois œillets, 1, 2, 3. C'est à l'extrémité 3 que s'attache la ficelle 4, 5, qui retient les moquettes par les pattes, et l'extrémité 1 sert à attacher le fil qui doit la faire jouer.

Dans le midi de la France, on fait la chasse au fusil et à l'arbret. Nous faisons connaître cette chasse au mot *Grive*.

ARC et ARBALÈTE. Ce sont des armes offensives, dont on se servait pour la chasse et la guerre, avant l'invention des armes à feu.

L'*arc* est une arme connue de toute antiquité et chez tous les peuples de l'univers, sans doute parce que l'invention en est si simple, que, dès l'enfance du monde, l'idée en sera venue naturellement aux premiers hommes. La fronde paraît moins ancienne, quoique cette arme, mentionnée dans les livres saints, soit aussi d'une haute antiquité. L'arc était, chez les anciens, la seule arme de trait pour la chasse, si l'on en excepte les dards ou javelots qui se lançaient à la main, et qu'on employait en quelques occasions à la chasse des grandes bêtes. On ne connaissait point encore l'arbalète, qui n'est qu'une modification de l'arc.

Les arcs se fabriquaient avec le bois d'if (*taxi torquentur in arcus*) (dit Virgile), et, de tout temps, ce bois a été préféré pour le même usage, à cause de sa raideur et de son élasticité. A son défaut, on y employait le cormier, l'orme, le frêne, l'érable, etc. Leur dimension variait suivant la taille et la force des hommes; ceux destinés à la guerre avaient environ 5 pieds de longueur, et il paraît que les arcs de chasse, et surtout ceux qu'on employait pour le menu gibier, étaient d'une moindre proportion. Les meilleures cordes étaient celles de soie; mais on en fabriquait aussi avec le chanvre et des boyaux de jeune bœuf cordés.

Les flèches se faisaient de frêne, de cormier, de hêtre et de bois de Brésil, et quelquefois aussi de bois tendre, comme le peuplier, le tremble, le saule. Mais il paraît que, chez les anciens, l'usage le plus général était de les faire de roseau; car Virgile, pour désigner une flèche, se sert presque toujours du mot *arundo*. La *coche*, c'est à dire l'extrémité qui embrasse la corde, se garnissait de corne ou d'os, et l'autre, d'un fer à andouille pointu et acéré, quelquefois uni, et le plus souvent armé de deux crochets, ainsi qu'on a coutume de représenter les flèches. Il s'en faisait aussi dont le fer se terminait en fourche, ou plutôt par une espèce de croissant, suivant ce que l'on voit par un passage de l'ancienne *Maison rustique*, où il est question de l'arc et de l'arbalète pour tuer des oiseaux.

Le bois des arcs et des flèches devait être *assaisonné*, c'est à dire trempé dans l'eau pendant un certain temps, et ensuite passé au feu, et il fallait que les pièces fussent bien assemblées et collées, et que les flèches fussent de bon bois sec, de 2 pieds et demi de long, et bien empennées; c'est ce qui est ordonné par les art. 21, 22 et 33 des statuts des maîtres arquebusiers de Paris, confirmés en 1575.

Le roi Modus, c'est à dire l'auteur anonyme d'un traité de chasse, qui paraît avoir été composé dans le 14ᵉ siècle, parle beaucoup de l'arc et de la manière de s'en servir; et l'on retrouve des instructions sur le même sujet, dans un autre traité, composé quelque temps après, par Gaston-Phébus. Nous ne transcrirons point ces instructions, parce qu'elles sont aujourd'hui sans objet; nous n'en parlons que pour faire connaître les époques où l'on se servait encore de l'arc comme arme de chasse.

Il paraît que les Anglais sont, de tous les peuples de l'Europe, ceux qui ont fait le plus d'usage de cette arme, et qu'elle s'est conservée chez eux beaucoup plus long-temps qu'ailleurs. Ils s'en servaient encore au commencement du 17ᵉ siècle, et l'on remarque qu'au siège de l'île de Ré, en 1627, il y avait des archers parmi les troupes anglaises. Deux traités sur l'exercice de l'arc, en anglais, ont été imprimés à Londres, l'un en 1589, et l'autre en 1634.

Suivant un traité *de Canibus et Venatione*, par Mich.-Angel. Blondus, imprimé à Rome, en 1544, l'arc n'était plus, à cette époque, usité en Italie pour la chasse; mais l'auteur de la *Chasse au fusil*, qui nous fournit ces renseignemens, regarde ce Mich.-Angel. Blondus comme un mauvais garant, qui n'avait aucune connaissance du sujet qu'il a traité.

L'arc n'était point une arme facile à manier en tous sens comme le fusil, et il paraît bien certain, nonobstant quelques témoignages contraires, qu'on ne s'en est jamais servi pour tirer au vol. L'ancienne *Maison rustique*, en parlant de cette arme pour la chasse aux oiseaux, spécifie que c'était pour tuer les oiseaux sur les maisons, les arbres et les buttes.

L'*arbalète*, qui est un arc un peu plus composé que l'arc simple, s'employait également à la guerre et à la chasse; mais elle n'était point usitée chez les anciens, quoiqu'ils en eussent le type dans la baliste (1). Il paraît que l'époque, où l'on a commencé à s'en servir en Europe, est fort ancienne, puisque les historiens font mention d'arbalétriers dans la vie de Louis-le-Gros, mort en 1137.

Il y avait des arbalètes différentes, soit dans leur dimension et leur forme, soit dans la manière de les bander, soit dans la détente; et l'on en distinguait qui étaient propres à la guerre, et d'autres à la chasse : les unes étaient faites pour lancer des traits ou flèches, et d'autres de petites balles de plomb ou de terre cuite : ces dernières étaient appelées *arcs à jalet*.

L'arbalète était composée de plusieurs pièces, dont chacune avait sa dénomination particulière. On distinguait l'*arbrier*, qui était le bois, ou fût, qui portait toutes les pièces; l'*arc* ou le *ressort*, qui était une bande d'acier en forme d'arc; la *corde*, qui était un assemblage de plusieurs fils entourés et serrés par une ficelle; la *noix*, qui était un cylindre de corne enchâssé dans la partie supérieure de l'arbrier, et pourvu d'un cran en dessus où la corde venait s'arrêter; la *gâche à ressort*, la *détente* et la *sougarde*; la *rainure*, pour recevoir le trait; le *fronteau de mire*, qui était une lame de fer de quatre pouces de haut, percée de plusieurs trous pour mirer les objets à différentes distances; le *bandage* ou *guindard*, qui servait à bander l'arbalète; la *boucle* ou l'*étrier*, qui terminait l'arbrier et servait à tenir l'arbalète de la main gauche, dans une position verticale, pendant que la droite agissait.

Il y avait des arbalètes qui avaient depuis 2 jusqu'à 3 pieds et demi de longueur : mais, dans les derniers temps, on substitua, en plusieurs pays, la crosse de fusil à l'ancienne forme, et alors l'arbrier n'avait plus qu'environ 2 pieds 6 pouces, et même que deux pieds pour les arbalètes de chasse. On fit encore d'autres changemens à différentes parties de l'arme.

Quant aux traits ou flèches qui se lançaient avec l'arbalète, il y en avait de différentes sortes : les uns étaient empennés, les autres de corne très mince; dans d'autres, le bois était simplement évidé sur trois sens, de manière à former trois lames fort minces disposées en triangle, qui tenaient lieu de plume ou de corne : ceux-ci étaient gros et courts; les uns étaient armés d'un fer plus ou moins pointu, les au-

---

(1) Machine dont les anciens se servaient pour lancer des pierres.

tres d'un fer obtus et dentelé, ou en losange. Tous ces traits avaient des noms différens suivant leur forme : *vire*, *vireton*, *sagette*, *garrot*, *bougon*. Ils étaient en général moins longs de plus de moitié que ceux des arcs, dont la longueur ordinaire était d'environ 2 pieds et demi.

Les arbalètes à jalet, ou *arcs à jalet*, étaient celles avec lesquelles on tirait des balles de plomb ou des petites boules de terre cuite ; elles étaient d'une construction plus légère que les autres, et d'ailleurs très différente. L'arbrier était creusé dans sa partie supérieure, et il y avait plusieurs pièces qui n'existaient point dans les arbalètes à trait. Ces arcs à jalet n'étaient faits que pour tirer aux petits oiseaux.

L'arbalète était encore en grand usage en France, en 1575, époque de l'un des statuts de l'arquebuserie de Paris, où il est dit que « le chef-d'œuvre des » aspirans à la maîtrise sera d'une arbalète garnie de » son bandage, et d'une douzaine de garrots brisés » suffisamment et duement faits de bon bois d'if ou » autre bois bien assaisonnés, et d'une trousse de flè » ches garnies d'un volet, ou d'une arquebuse à rouet » montée et affûtée, etc. »

L'usage de l'arbalète, pour la chasse, a été beaucoup plus général que celui de l'arc, sur lequel il avait l'avantage de porter plus juste et plus loin.

L'arbalète paraît avoir été autrefois, en Espagne, ce qu'était l'arc en Angleterre, c'est-à-dire qu'on y a perfectionné la confection et le maniement de cette arme plus qu'en aucun autre pays de l'Europe. Espinar, auteur d'un excellent traité sur la chasse, en espagnol, a décrit l'arbalète avec beaucoup de détail, et il nous a conservé les noms ainsi que les marques des anciens maîtres espagnols qui s'étaient fait une réputation en ce genre. Suivant cet auteur, qui donne d'ailleurs des instructions fort étendues sur les qualités d'une bonne arbalète et sur la manière de s'en servir, l'arbalète de chasse tuait à cent cinquante pas et plus, et l'arbalète de guerre, qui était d'une plus grande dimension, tuait à la distance de deux cents pas et au delà. L'auteur du *Traité de la chasse au fusil* rapporte que, d'après des expériences faites en sa présence, avec plusieurs arbalètes de la compagnie des arbalétriers d'Annecy, quelques unes ont porté le trait jusqu'à quatre cents pas, d'autres à trois cent vingt, et que la moindre portée a été de deux cent soixante.

L'arme à feu a sans doute de grands avantages sur l'arbalète ; elle est plus maniable, plus expéditive et plus meurtrière ; mais l'arbalète en avait un qu'on ne peut lui disputer, celui de tuer sans bruit et de ne point épouvanter le gibier.

Il fallait une grande justesse de mire de la part d'un chasseur qui se piquait de bien manier l'arbalète, puisque tirer avec cette arme était la même chose que tirer à balle avec un fusil. Comme l'arbalétrier ne tirait point au vol, et rarement en courant, un chien d'arrêt lui était bien plus nécessaire qu'il ne l'est aujourd'hui, surtout pour la perdrix et le lièvre. Il lui fallait aussi beaucoup plus de soins pour dresser son chien, une grande finesse de vue pour découvrir le gibier à terre, lorsqu'il le tenait arrêté, et enfin beaucoup d'adresse et de ruses pour suppléer à l'imperfection de son instrument, comparé à celui dont nous nous servons aujourd'hui.

L'usage de l'arbalète se conserva encore long-temps après l'invention des arquebuses, et ce ne fut que vers la fin du 16e siècle que cette arme fut presque totalement abandonnée, lorsqu'enfin l'emploi de l'arquebuse fut perfectionné au point de pouvoir tirer au vol.

Le lecteur qui serait curieux de prendre une plus ample connaissance de l'histoire de l'arbalète, de sa construction et des statuts des compagnies d'arbalétriers qui existaient en France, trouvera ces renseignemens, ainsi que des figures de plusieurs sortes d'arbalètes dans le *Traité de la chasse au fusil*.

ARCANETTE. Nom de la sarcelle en Lorraine.

ARGUILLE ou ARTILLE, dénomination vulgaire du motteux en Beauce. (*Voyez* ce mot.)

ARLE. (Voyez *Harle*.)

ARMER *un oiseau*. (Fauconnerie.) C'est lui attacher au pied des jets, des sonnettes, des vervelles, etc.

On dit aussi *armer* les cures de l'oiseau, ce qui signifie mettre un peu de chair auprès des remèdes qu'on donne au faucon, pour les lui faire avaler.

ARMURE. C'est une peau très épaisse que les sangliers ont au dessus et au défaut de l'épaule.

ARNÉAT. C'est, en Savoie, la *pie-grièche grise*. (*Voyez* ce mot.)

ARPENTEUR. Dénomination sous laquelle le grand pluvier est connu en Beauce. (Voyez *Pluvier*.)

ARME, du latin *armi*, les bras, les épaules.

§ Ier. *Précis de l'ancienne législation sur le port d'armes.*

Les dangers que peut occasioner l'usage des armes ont excité, dans tous les temps, l'attention du législateur.

Une ordonnance de 1548 porte, article 2 : « Nous avons ordonné et défendons à nos officiers des forêts et à tous autres demeurans à deux lieues à l'entour d'icelles, de ne porter ni avoir en leurs maisons arbalètes, arcs, escopettes, arquebuses ; excepté ceux qui ont droit de chasse, ou privilége de nous ; et quant à ceux qui ont châteaux ou maisons fortes et de défense, n'entendons défendre qu'ils n'en puissent avoir en leurs châteaux et maisons fortes ; et quant aux autres, afin que le pays ne soit dégarni d'arbalètes, ceux qui en auront, ou qui en voudront avoir pour leur défense et du pays, les pourront tenir et bailler en garde au plus prochain château. »

Un édit du mois de décembre 1558 défendait à tous autres qu'aux gens de guerre, de porter des arquebuses ou des pistolets, sous peine de mort.

Une déclaration du 23 juillet 1559 réitéra la même prohibition, à peine, pour la première fois, de confiscation des armes, de 500 écus d'amende, ou des galères à perpétuité, en cas d'insolvabilité, et d'être pendu, dans le cas de récidive.

Un édit du mois de juillet 1561 a défendu, à tous autres qu'aux gentilshommes de porter épées et dagues, à peine de punition corporelle et d'une amende de 50 écus d'or au soleil, ou de punition arbitraire en cas d'insolvabilité. Un autre édit du mois d'octobre suivant porte la même défense pour Paris. Mais ces lois permettaient tant aux maîtres qu'aux domestiques, *allant dans les champs et passant par les grands chemins, forêts et bois*, de porter des épées pour la défense de leur personne.

Une déclaration du 30 avril 1565 a renouvelé la défense de porter des pistolets et arquebuses, à peine de confiscation de corps et biens; mais les officiers et gens de guerre de la garde du roi étaient exceptés de cette disposition.

Par une autre déclaration du 4 août 1598, il fut défendu à tous les sujets du roi de porter des arquebuses ou des pistolets dans les campagnes, à peine, pour la première fois, de confiscation, de 200 livres d'amende et de prison jusqu'au paiement, et, en cas de récidive, à peine de la vie. La même loi permit seulement aux seigneurs, gentilshommes et hauts justiciers d'avoir des arquebuses dans *leurs maisons* pour chasser.

L'ordonnance de 1607 porte, article 4 : « Pour
» ôter toutes occasions à la licence que plusieurs
» prennent de tirer de l'arquebuse dans nos forêts,
» avons fait et faisons inhibitions et défenses à tous,
» de quelque qualité et condition qu'ils soient,
» excepté les quatre cents archers des quatre com-
» pagnies des gardes de notre corps, et les cent ar-
» chers de la prévôté de notre hôtel, lorsqu'ils servi-
» ront leur quartier, iront ou viendront de leurs
» maisons, où nous sommes pour le fait dudit ser-
» vice, portant leurs casaques, ou bien un certificat
» de leurs capitaines à chef, signé de leur main, et
» cacheté du cachet de leurs armes; les archers de
» la connétablie et maréchaussée de France, vice-
» baillis, vice-sénéchaux établis par les provinces,
» allans et venans pour l'exercice de leurs charges,
» portant aussi leurs casaques, de porter arquebuses
» dans nos dites forêts; et seront, les contrevenans,
» punis pour la première fois de confiscation des-
» dites arquebuses et amende de 10 livres qu'ils se-
» ront contraints de payer par emprisonnement de
» leurs personnes; la seconde fois, outre ladite con-
» fiscation, par doublement de l'amende payable en
» même sorte; en laquelle seront aussi condamnés
» ceux qui seront repris la troisième fois et davan-
» tage, et bannis pour un an à quinze lieues de la
» forêt. »

Les ordonnances de 1609 et 1601, article 7, et 1607, article 5 :

« N'entendons comprendre aux rigueurs du pré-
» sent édit les officiers de notre louveterie, pour le
» regard du port d'arquebuse, aux assemblées qui
» se feront pour courre et prendre les loups en nos-
» dites forêts, bois et buissons en dépendant, avec
» permissions des capitaines de nosdites chasses,
» en icelles, ou de leurs lieutenans et assistés de l'un
» des gardes ordinaires desdites chasses. »

Une déclaration du .. septembre 1609 défendit, sous peine de la vie, à toutes personnes, même aux nobles, de porter des pistolets de poche, et aux marchans d'en vendre. Le parlement de Grenoble a condamné un particulier à être pendu pour avoir contrevenu à cette défense.

Il fut défendu à toutes personnes, par la déclaration du 24 juillet 1617, de porter des armes à feu et surtout des pistolets de poche, à peine d'être punies selon la rigueur des ordonnances. Furent toutefois exceptés les gens de guerre munis de certificats de leurs capitaines et les huissiers allant en campagne.

La déclaration du 18 novembre 1660 défendit à toute personne de porter des armes à feu, l'épée et autres armes dans Paris et dans tout le royaume, excepté aux gentilshommes, officiers du roi, gardes, archers et sergens; cette défense fut renouvelée par une déclaration du 13 mars 1661, sous peine de confiscation des armes, de 300 livres d'amende, et même de punition corporelle, selon les circonstances.

L'ordonnance de 1669 contient plusieurs dispositions relatives au port d'armes et à l'usage de certaines armes qu'elle prohibe.

L'article 3 du titre XXX de cette ordonnance défend à toutes personnes, sans distinction de qualité, de temps ni de lieu, l'usage des armes à feu, brisées par la crosse ou par le canon, et des cannes et bâtons creusés, même d'en porter, sous quelque prétexte que ce puisse être, et à tous ouvriers d'en fabriquer et façonner, à peine, contre les particuliers, de 100 liv. d'amende, outre la confiscation pour la première fois, et de punition corporelle pour la seconde; et, contre les ouvriers, de punition corporelle pour la première fois. Cette défense avait déjà été faite par l'ordonnance de 1288, qui interdisait le port de couteaux pointus, de bâtons creusés, blouchiers, etc., et par l'ordonnance de 1532.

L'article 5 du même titre de l'ordonnance de 1669 permet aux sujets de sa majesté, de la qualité requise par les édits et ordonnances, passant par les grands chemins des forêts et bois, de porter des pistolets et autres armes non prohibées, pour la défense et conservation de leurs personnes.

Suivant l'article 13 du titre X, et l'article 6 du titre XXX, les gardes des plaines et les sergens à garde des bois du roi, pouvaient, lorsqu'ils exerçaient leurs fonctions et étaient revêtus des livrées de sa majesté, porter des pistolets tant de nuit que de jour, pour la défense de leurs personnes.

L'article 7 du titre XXX, ajoutait que les gardes-plaines des capitaineries royales ne pouvaient porter aucune arquebuse à rouet, sinon dans les forêts et plaines, s'ils n'étaient à la suite de leurs capitaines ou lieutenans, à peine de 50 livres d'amende et de destitution.

Dans tous les autres cas, il leur était défendu, de même qu'à tous les gardes en général, de porter le fusil. (Ainsi jugé par plusieurs arrêts rendus en la table de marbre de Paris, les 17 avril 1674, 1er mars 1706, 19 avril 1727 et autres.) Ce qui était conforme à la disposition des anciennes ordonnances, et notamment à l'ordonnance du 10 décembre 1581, article 6, et aux ordonnances des mois de janvier 1600 et juin 1601; ce qui a encore été jugé par un arrêt du Parlement du 13 décembre 1703, contre les gardes de la forêt de Montargis.

L'article 17 du chapitre 9 du réglement général rendu par la maîtrise des eaux et forêts d'Orléans, le 15 avril 1671, défendait aussi aux gardes-chasse de porter aucun fusil ou mousqueton, s'ils n'étaient à la suite de leurs officiers, à peine d'interdiction et confiscation.

Un jugement de la table de marbre, à Paris, du 1er mars 1706 (*au Recueil des Réglemens forestiers*), réitère, aux gardes-chasse et forestiers, la défense de porter des fusils, parce qu'ils en abusaient en se permettant de chasser.

Néanmoins, en quelques endroits, on avait donné aux gardes la permission de porter un fusil, par des motifs particuliers, exprimés dans les arrêts du conseil qui accordaient cette permission.

Ainsi, par arrêt du conseil du 11 avril 1724, il fut permis aux officiers, gardes et arpenteurs du département de Metz, de porter des fusils, en remplissant leurs fonctions. (*Recueil des Réglemens forestiers*, t. I er.)

Par un autre, du 15 août 1724, les officiers forestiers du Hainaut furent autorisés à porter des armes défensives. (*Ib.*)

Par un autre, du 22 février 1729, il a été permis à tous les gardes généraux de porter le fusil.

Par autre, du 1er octobre 1732, cette permission a été donnée à ceux de la maîtrise de Boulogne-sur-Mer en particulier.

Par autre du 20 mars 1753, la même permission a été donnée aux gardes de la maîtrise de Sainte-Menehould. (*Ib.*)

Un arrêt du 26 février 1784 permit aux gardes généraux et particuliers de la maîtrise de Chateau-du-Loir de porter des fusils et des armes défensives, en faisant leurs fonctions dans les forêts. (*Ib.*)

Même permission fut accordée aux gardes généraux et particuliers de l'apanage de MONSIEUR, frère du roi.

L'article 14 du titre X de l'ordonnance de 1669 punissait les gardes qui avaient abusé de leurs armes, chassé ou tiré aucun gibier dans les forêts ou à la campagne, par amende, destitution de leurs charges ou bannissement des forêts, même de punition corporelle, suivant les circonstances.

Un arrêt du conseil, du 28 août 1753, a jugé en conformité contre un garde qui avait chassé.

« Les gardes, dit le commentateur de l'ordonnance de 1669, ne peuvent désarmer ni prendre le fusil de ceux qu'ils trouvent chassant, en contravention aux réglemens, ni même leur demander leurs fusils ou autres armes. (*Ainsi jugé par arrêt du 31 juillet 1705, rapporté au Journal des audiences; et par un autre du mois d'août 1735, rapporté par Fromentat au mot* Chasse, page 57.)

» Il suffit qu'ils dressent un procès-verbal de la contravention. Le pouvoir de se saisir des armes de ceux qui sont en contravention ne peut se faire qu'en vertu d'une ordonnance de justice; l'expérience ayant fait connaître qu'il arrivait de très grands malheurs, lorsque les gardes voulaient se saisir des fusils des chasseurs, et que les inconvéniens étaient trop grands pour tolérer cette entreprise des gardes, dans une matière d'aussi légère conséquence que celle d'un fait de chasse.

» Au surplus, il faut observer que si un garde ôte le fusil à quelqu'un qui chasse indûment, cela donne lieu à le renvoyer de l'assignation du garde, tous dépens compensés. (*Ainsi jugé, par arrêt du Parlement, du 31 juillet 1705.*) »

C'est par les motifs ci-dessus exprimés, que la loi du 30 avril 1790, art. 5, tout en prononçant la confiscation des armes avec lesquelles un délit de chasse aurait été commis, défend néanmoins aux gardes de désarmer les chasseurs.

Une déclaration du 4 décembre 1679, fondée sur les abus que l'on faisait alors du port d'armes, et les querelles et meurtres qui en résultaient, fit défenses à toute personne, de quelque qualité et condition qu'elle fût, de porter, soit de jour ou de nuit, sous prétexte de défense ou sûreté, aucuns épées, pistolets et autres armes à feu, à l'exception des gentilshommes faisant profession des armes. (*Au Code des chasses*, tome I er, page 312.)

L'ordonnance du 9 septembre 1700 rappela les précédentes déclarations sur le port d'armes, et en ordonna l'exécution. (*Au Recueil des Réglemens forestiers*, tome 1er, page 140.)

L'ordonnance du 14 juillet 1716 défendit à tous les sujets de sa majesté, notamment à ceux qui habitaient les frontières, et qui n'étaient pas enrôlés pour les milices entretenues, de porter des armes, de quelque espèce que ce fût, à l'exception des gentilshommes, gens vivant noblement, officiers de justice royale, gens de guerre et compagnies d'arquebusiers autorisées par lettres-patentes. (*Au Recueil des Réglemens forestiers.*)

Suivant la déclaration du 23 mars 1728, il était défendu à toutes personnes de porter des couteaux en forme de baïonnettes, poignards, pistolets de poche, épées en bâtons et autres armes offensives et secrètes, à peine de 500 livres d'amende et de six mois de prison; à tous couteliers, fourbisseurs et armuriers, de fabriquer et vendre des armes de cette espèce, à peine, contre les maîtres, de 100 livres d'amende et d'interdiction de leur maîtrise pour la première fois, et de privation pour la seconde; et contre les ouvriers travaillant en chambre, du fouet et de la flétrissure pour la première fois, et des galères pour la seconde.

Une déclaration du roi, du 9 mars 1780, ordonne l'exécution des précédentes ordonnances sur le port d'armes, et sur les attroupemens avec armes. (*Recueil des Réglemens forestiers.*)

Une ordonnance de police du 21 mai 1784, concernant la sûreté et la tranquillité publiques, défendit également de vendre, débiter et porter des pistolets de poche soit à fusil, soit à rouet, poignards, couteaux en forme de poignards, dagues, bâtons et cannes à dards, épées, baïonnettes et ferremens autres que ceux qui sont serrés par le bout, à peine de 300 fr. d'amende contre ceux qui les porteraient, et de confiscation et 500 fr. d'amende contre les fabricans et marchands. La même ordonnance défendit aux ouvriers, artisans et autres personnes, si elles n'en ont le droit, de porter épées, cannes et bâtons ou autres armes, sous les peines portées par les ordonnances.

§ II. *Nouvelle législation sur le port d'armes.*

La législation actuelle sur le port d'armes se compose d'une partie des dispositions que nous venons de rappeler et de celles que renferment plusieurs lois nouvelles, quelques décrets et ordonnances. Elle aurait besoin d'être refondue en un seul corps de loi; mais, en attendant cette amélioration, nous devons faire connaître les dispositions qui régissent la matière.

1. *Les prohibitions des anciennes lois sur le port d'armes ont-elles été abrogées par les lois rendues depuis la révolution, jusqu'au décret du 4 mai 1812, qui a réglé la pénalité du délit de port d'armes?*

M. Merlin, qui examine cette question dans son *Répertoire de jurisprudence*, au mot Armes, la résout négativement. Il considère que les lois qui ont supprimé le privilége de la noblesse, à l'égard du port d'armes, n'ont pu rendre ce privilége commun à tous les Français, et qu'il en résulte seulement que les nobles sont assujettis, comme tous les autres citoyens, aux réglemens sur la police du port d'armes.

Il établit même que l'on ne peut pas conclure des lois des 4 août 1789 et 30 avril 1790, qui accordent le droit de chasse à tout propriétaire sur son terrain, que le port d'armes est devenu libre à tout Français qui a une propriété foncière. Il cite une circulaire du département de la police, du 7 vendémiaire an 13, aux préfets du premier arrondissement de la police générale, dans laquelle il est dit que le port d'armes n'est pas une conséquence nécessaire du droit de chasse.

Il est vrai que, pendant la révolution, le port d'armes a été regardé comme libre à tous les Français. Mais la désuétude des lois relatives au port d'armes ne s'est pas prolongée assez long-temps pour empêcher que ces lois n'aient pu être remises en vigueur par l'administration, sans l'autorité d'une loi nouvelle, puisque, dès l'an 9, tous les préfets ont été chargés de prendre des arrêtés pour interdire le port d'armes à tous ceux qui n'en auraient pas obtenu d'eux la permission expresse.

Cette opinion s'est trouvée confirmée par les dispositions que nous allons rappeler.

Un décret du 2 nivose an 14 (23 décembre 1805) a ordonné que toute personne qui, à dater de sa publication, serait trouvée porteur de fusils et pistolets à vent, serait poursuivie, et traduite devant les tribunaux de police correctionnelle, pour y être jugée et condamnée conformément à la déclaration du 23 mars 1728.

Un autre décret, du 12 mars 1806, porte « que la déclaration du 23 mars 1728, concernant le port d'armes, sera imprimée et exécutée conformément au décret du 2 nivose an 14. » (*Voyez*, à la fin de l'article, *Armes prohibées*.)

« Et qu'on ne dise pas, ajoute M. Merlin, que ces décrets, ne rappelant que les dispositions de la déclaration du 23 mars 1728, supposent l'abrogation des autres lois concernant le port d'armes. »

Ces décrets n'ont pas ôté aux officiers municipaux le droit qu'ils tiennent de l'art. 46 du titre Ier de la loi du 22 juillet 1791, de faire publier de nouveau ces lois. Les officiers municipaux peuvent donc exercer ce droit; à plus forte raison les préfets, et, à plus forte raison encore, le ministre de la police générale.

Aussi le ministre a-t-il, le 7 vendémiaire an 13 (29 septembre 1804), adressé aux préfets une instruction qui ramène tous leurs arrêtés à un mode uniforme d'exécution; et, le 6 mai 1806, il leur en a transmis une autre, qui contient notamment les dispositions suivantes :

» Art. 3. Chaque permis (de port d'armes délivré par le préfet) contiendra l'âge, le signalement, la profession et la signature de l'impétrant; il y sera déclaré qu'il n'est valable que pour un an. — L'époque du renouvellement des permis est fixée au 1er janvier de chaque année.

» 4. Il ne pourra être refusé de permis à ceux qui se livrent particulièrement à la destruction des animaux malfaisans; mais ils seront tenus de payer la rétribution, et de se conformer aux réglemens concernant ce genre de chasse.

» 5. Les gardes champêtres ne pourront être armés de fusils; quant aux *gardes forestiers*, il sera ultérieurement statué à cet égard. (*Voir* l'article 30 de l'ordonnance du 1er août 1827, sur l'exécution du *Code forestier*, qui autorise les gardes à porter un fusil simple, lorsqu'ils font leurs tournées dans les forêts.)

» 6. Seront aussi soumis au paiement du droit ceux qui, pour leur défense personnelle, ne sont armés que de pistolets et d'armes blanches.

» 7. Les braconniers pourront être désarmés à domicile par la gendarmerie, lorsqu'elle sera requise par le préfet; aucun désarmement ne s'effectuera sans l'assistance du maire du lieu ou d'un commissaire de police.

» 8. Il ne sera fait aucune poursuite contre celui qui a un fusil pour sa défense et celle de ses propriétés; pourvu qu'il n'en fasse pas d'autre usage.

» 9. Les infractions aux réglemens pour le port d'armes seront poursuivies de la même manière que celles pour fait de chasse.

» 10. A mesure des délivrances des permis, le préfet en donnera avis au capitaine de gendarmerie, qui sera tenu d'envoyer les noms de ceux qui les auront obtenus aux brigades de l'arrondissement de leur domicile.

Un décret du 11 juillet 1810 régularise ainsi les mesures prises dans l'instruction qu'on vient de lire :

« Art. 1er. L'administration de l'enregistrement sera chargée de fournir, à compter du 1er octobre prochain, les... permis de port d'armes de chasse, conformément au modèle annexé au présent décret.

» 2. Ils seront uniformes, et timbrés à Paris pour toute la France. L'empreinte naine portera la légende : *Police générale*.

» 3. Les permis de port d'armes seront à talon ou souche, et reliés en registre.

» 10. L'administration de l'enregistrement adressera, au directeur de chaque département, des registres de permis de port d'armes de chasse.

» 11. Le prix en sera payé aux receveurs de l'enregistrement du chef-lieu du département, et il en sera fait un article particulier de recette.

» 12. Les permis de port d'armes de chasse ne seront valables que pour un an, à dater du jour de leur délivrance. (Disposition confirmée par un arrêt de la Cour de cassation, du 17 mai 1828.)

» 13. Le prix des permis de port d'armes de chasse est fixé à 30 francs, y compris les frais de papier, timbre et expédition. »

Enfin en présentant au Corps législatif, le 10 février 1811, l'art. 484 du *Code pénal* portant que, dans les matières non réglées par le Code, les tribunaux continueront d'appliquer aux crimes, délits et contraventions, les lois et réglemens actuellement en vigueur, l'orateur du gouvernement a dit, de l'ordre exprès du Conseil d'état, que cette disposition avait notamment pour objet les lois et réglemens relatifs au port d'armes.

2. *Modifications au décret du 11 juillet 1810 sur le prix du permis de port d'armes. Dispositions relatives aux chevaliers des ordres royaux. Gratification aux gendarmes et gardes.*

Le décret du 11 juillet 1810 fixait à 30 francs le prix du permis de port d'armes; les décrets du 22 mars 1811 et 12 mars 1813, et l'ordonnance du roi du 9 septembre 1814, accordaient aux chevaliers des ordres français le privilége d'obtenir un permis de port d'armes moyennant 1 franc; mais la loi du 28 avril 1816, article 77, a réduit à 15 francs le prix du permis pour tous les citoyens sans distinction, et une ordonnance du roi, du 17 juillet de la même année, a déclaré supprimée la faveur qui était accordée par le décret et ordonnance précités, aux chevaliers des ordres royaux. La même ordonnance a porté à 5 francs la gratification accordée à tout gendarme, garde champêtre ou forestier, qui constate des contraventions aux lois et réglemens sur la chasse. (Voyez *cette ordonnance au Recueil des Réglemens forestiers.*)

La gratification de 5 francs par procès-verbal doit être allouée pour toutes les contraventions aux lois et réglemens sur la chasse, ainsi que sur le port d'armes, quelle que soit la propriété où le délit a été commis; mais il n'y a lieu de faire payer que la gratification simple de 5 francs toutes les fois qu'un seul et même procès-verbal constate un double délit de chasse et de port d'armes. (*Décision ministérielle du 1er octobre 1823.*)

Les greffiers des tribunaux ne peuvent être contraints à délivrer gratuitement aux gendarmes qui ont constaté des délits en matière de port d'armes les extraits des jugemens qui condamnent les auteurs de ces délits. (*Arrêt de la Cour de cassation du 22 mai 1828.*)

Les gardes forestiers doivent surveiller les braconniers et ceux qui portent des armes sans autorisation; mais ils ne doivent pas se borner à faire exécuter la loi; il faut encore qu'ils donnent eux-mêmes l'exemple de la soumission, en se conformant aux réglemens sur la vénerie qui leur défendent de chasser. (*Circulaire du 28 février 1808.*)

3. *Un permis de port d'armes est-il nécessaire à celui qui ne porte une arme qu'en voyageant et pour sa défense personnelle?*

L'article 8 de l'instruction ministérielle du 6 mai 1806 faisait entendre que non; et c'est ce que décide formellement un avis du conseil d'État du 10 mai 1811, approuvé le 17 du même mois. Cet avis déclare que les gens non domiciliés, vagabonds et sans aveu doivent seuls être examinés et poursuivis par la gendarmerie et tous officiers de police, lorsqu'ils sont porteurs d'armes, à l'effet d'être désarmés et traduits devant les tribunaux, pour être condamnés, suivant les cas, aux peines portées par les lois et réglemens.

4. *Procès-verbaux des gendarmes.*

Les simples gendarmes ne sont point officiers de police judiciaire; les procès-verbaux qu'ils dressent ne font pas foi jusqu'à inscription de faux ou jusqu'à preuve contraire; ce ne sont que des dénonciations officielles; mais les gendarmes qui ont dressé un procès-verbal de chasse sans permis de port d'armes peuvent être entendus comme témoins à l'audience, et ils le peuvent même en cause d'appel. (*Arrêt de cassation du 3 février 1820.*)

5. *Devant quels tribunaux doivent être poursuivis les contrevenans aux lois prohibitives du port d'armes?*

Les contrevenans doivent être punis des peines que ces lois prononcent (pourvu néanmoins qu'elles ne soient ni infamantes ni afflictives; car, aux termes du dernier article du *Code pénal du 25 septembre 1791*, il ne peut plus être infligé de peine afflictive ni infamante en vertu de ces anciennes lois.)

Or, parmi les peines que ces lois prononcent, il n'en est pas une seule qui n'excède la compétence des tribunaux de police.

C'est donc devant les tribunaux correctionnels que les contrevenans doivent être traduits; et c'est précisément ce que portent l'art. 9 de l'instruction ministérielle du 6 mai 1806 et le décret du 4 mai 1812, et ce qui a été décidé par les arrêts de la Cour de cassation des 12 février 1808, 15 mars 1810, 23 février 1811 et 5 février 1819.

6. *Décret du 4 mai 1812 qui a réglé la pénalité des délits de port d'armes, et fait cesser la diversité des peines qui étaient prononcées par les différentes lois.*

Art. 1er. Quiconque sera trouvé chassant, et ne justifiant pas d'un permis de port d'arme de chasse, délivré conformément au décret du 11 juillet 1810, sera traduit devant le tribunal de police correctionnelle, et puni d'une amende qui ne pourra être moindre de 30 francs, ni excéder 60 francs.

2. En cas de récidive, l'amende sera de 60 francs au moins et de 200 francs au plus. Le tribunal pourra, en outre, prononcer un emprisonnement de six jours à un mois.

3. Dans tous les cas, il y aura lieu à la confiscation des armes; et, si elles n'ont pas été saisies, le délinquant sera condamné à les rapporter au greffe ou à en payer la valeur, suivant la fixation qui en sera faite par le jugement, sans que cette fixation puisse être au dessous de 50 francs.

4. Seront, au surplus, exécutées les dispositions de la loi du 30 avril 1790 concernant la chasse.

7. *Jurisprudence sur l'application de l'article 1er du décret de 1812, qui défend de chasser sans un permis de port d'armes de chasse.*

Le délit de chasse sans permission et le délit de port d'armes donnent lieu à une double amende. C'est ce que décident plusieurs arrêts de la Cour de cassation.

Un arrêt du 4 décembre 1812 porte annulation d'un jugement du tribunal correctionnel de Gand, qui avait jugé le contraire. Cet arrêt est ainsi conçu : « Vu l'art. 1er de la loi du 30 avril 1790; vu pareillement les art. 1, 3 et 4 du décret du 4 mai 1812 ; considérant qu'il a été constaté par un procès-verbal du 7 juin 1812, reconnu régulier par le jugement dénoncé, que les nommés Charles Vaude Mergelle et Corneille Collyas ont été trouvés en délit de chasse et en délit de port d'armes sans permis, que, dès lors, ils devaient être condamnés aux peines respectivement établies contre ces deux délits par la loi du 30 avril 1790 et par le décret du 4 mai 1812 précités; que la nécessité de cumuler ces deux peines résulte clairement de l'art. 4 dudit décret; qu'elle eût été d'ailleurs une conséquence naturelle et nécessaire de la destination différente des amendes ordonnées par la loi du 30 avril 1790 et par le décret de 1812; d'où il suit qu'en ne prononçant, contre lesdits délinquans, que la peine établie contre le seul délit de port d'armes sans permis, le tribunal correctionnel de Gand a ouvertement violé les dispositions pénales de la loi : d'après ces motifs, la Cour casse, etc. »

Le même principe a été confirmé par plusieurs arrêts de la même cour, que nous avons rapportés dans notre *Recueil des Réglemens forestiers*, et spécialement par ceux des 26 janvier 1816, 31 décembre 1819 et 28 novembre 1828, portant que l'individu trouvé chassant avec un fusil, sans justifier du permis de port d'armes, doit être condamné à deux amendes, l'une à raison du délit de chasse, l'autre à raison du délit de port d'armes sans permis, et, en outre, à la confiscation du fusil. (*Voyez ces arrêts au Recueil des Réglemens forestiers*.)

Le délit de chasse se punit d'après la loi du 30 avril 1790, et celui de port d'armes sans permission d'après le décret du 4 mai 1812. (*Arrêt de cassation, du 15 octobre 1813*.)

Observons que si le fait de chasse n'est pas légalement constaté, le tribunal n'est point tenu de condamner le prévenu pour défaut de permis de port d'armes, attendu que le port d'armes de chasse sans permis, ne peut constituer un délit isolé; qu'il faut qu'au fait de port d'armes se joigne le fait de chasse. C'est ce qu'a décidé la Cour de cassation, par un arrêt du 17 août 1821, que nous avons rapporté dans notre *Recueil des Réglemens forestiers*.

Mais la peine prononcée par défaut de permis de port d'armes de chasse, est toujours applicable, soit que le fait de chasse constitue ou non un délit; il suffit qu'on ait fait acte de chasse, avec une arme qu'on n'avait pas le droit de porter. Ainsi jugé par les arrêts de cassation des 23 janvier, 7 et 29 mars 1823. (*Recueil des Régl. for.*)

Des prévenus d'un délit de chasse sans permis de port d'armes ne peuvent être renvoyés des poursuites, sous prétexte : 1° qu'ils n'ont chassé que le renard ; 2° que cette chasse avait été autorisée verbalement par le maire; 3° qu'ils ignoraient les lois de la matière et ont agi de bonne foi. (*Arrêt du 1er juillet 1826*.)

Des arrêts de la Cour de cassation des 24 décembre 1819, 11 février 1820 et 7 mars 1823 décident qu'il ne suffit pas que le chasseur soit en instance pour obtenir un permis de port d'armes de chasse, ni même qu'il en ait acquitté les droits; il est nécessaire qu'il soit porteur d'une permission en forme. Ainsi tout fait de chasse quelconque, avec armes, est réputé délit aussi long-temps que l'individu trouvé chassant, n'a point justifié d'un permis de port d'armes, obtenu au moment de la chasse. C'est à lui à proposer cette exception; et un tribunal ne peut déclarer non recevable et inadmissible l'action du ministère public contre un prévenu du délit de chasse sans permis, de port d'armes, sur le motif que ce prévenu n'aurait pas été préalablement mis en demeure de produire son permis. (*Arrêt de cassation du 26 mars 1825*.)

Un permis de port d'armes, ainsi que nous l'avons déjà dit, n'autorise pas à chasser en temps prohibé, et le propriétaire, qui fait acte de chasse, même sur son terrain, hors le temps permis, doit être condamné, indépendamment de l'amende déterminée par la loi, à la confiscation de son arme. (*Arrêt du 10 février 1809*.)

Le fait de chasse sans permis de port d'armes et dans un temps prohibé, constitue deux contraventions passibles de deux peines différentes, et qui doivent être cumulées. (*Arrêt de la Cour de cassation du 28 novembre 1828*.)

L'exception pour le cas où le fait de port et d'usage d'armes de chasse aurait lieu dans un enclos fermé ne peut être invoquée, si cet enclos n'est lié sans intermédiaire à l'habitation et n'en forme une dépendance. (*Arrêt du 29 mars 1823*.)

On ne peut chasser sur son propre terrain sans un permis de port d'armes — Une baraque de chasseur ne peut être assimilée à une maison habitée, et il y a lieu à l'application de l'amende contre le chasseur qui, posté dans cette baraque, tire un coup de fusil sur du gibier, s'il n'est muni du permis de port d'armes. (*Arrêt du 18 juin 1823*.)

Les officiers de louveterie et leurs piqueurs sont dispensés de se pourvoir de permis de port d'armes de chasse et d'en acquitter la taxe, lorsqu'ils se livrent exclusivement à la chasse des loups ou autres animaux nuisibles; mais, dans tous les autres cas, ils sont tenus de se munir de ce permis et d'en payer le prix. (*Décision ministérielle du 3 octobre 1823.*)

Un procès-verbal de contravention aux réglemens sur le port d'armes est valable, quoique non enregistré. (*Arrêt du 16 janvier 1824.*)

La faculté de porter des armes en voyage ne s'applique qu'aux armes apparentes. (*Arrêt du 6 août 1824.*)

L'autorisation du conseil d'État ou de l'Administration générale des forêts n'est pas nécessaire pour mettre en jugement un garde forestier prévenu de délit de chasse et de port d'armes sans permis, sur un terrain ensemencé, situé *hors du canton de bois confié à sa garde*, ce délit étant étranger à ses fonctions. (*Arrêté de cassation du 16 avril 1825.*)

La Cour de cassation avait décidé, par un arrêt du 4 mai 1821 (au *Recueil*, tome 2, page 968), qu'il n'y avait point lieu à la double amende pour le port d'armes sans permis et la chasse en délit, quand le délit de chasse avait été commis dans une forêt de l'État; et cette décision était fondée sur ce que le décret du 4 mai 1812 n'ordonne la cumulation de l'amende pour le défaut de permis de port d'armes avec celle du délit de chasse, que relativement à ceux des délits qui sont prévus et punis par la loi du 30 avril 1790; que cette dérogation à la disposition générale de l'article 365 du *Code d'instruction criminelle* doit demeurer restreinte au cas pour lequel elle a été faite, et qu'elle ne peut, par conséquent, être étendue aux délits de chasse commis dans les forêts de l'État, dont la peine est déterminée par l'ordonnance de 1669. Mais comme la même Cour a jugé par des arrêts subséquens, et notamment par celui du 30 mai 1822, que les délits de chasse commis dans les bois de l'État doivent être punis d'après la loi du 30 avril 1790, il en résulte que la double peine doit être prononcée à l'égard de ces délits quand il s'y joint un délit de port d'armes, comme à l'égard de ceux qui sont commis sur les autres propriétés, et qu'il n'y a que les délits de chasse commis dans les bois de la couronne et qui restent sous le régime répressif de l'ordonnance de 1669, à l'égard desquels la cumulation des peines ne puisse pas avoir lieu.

8. *Par quel espace de temps se prescrit l'action publique pour le délit de port d'armes?*

La Cour de cassation a prononcé à cet égard par un arrêt du 1er août 1811 sur le réquisitoire dont suit la teneur:

« Le procureur général expose qu'il est chargé par le gouvernement de requérir, dans l'intérêt de la loi, la cassation de trois jugemens du tribunal de police du canton de Villeneuve-sur-Vannes, département de l'Yonne.

» Le 2 février et le 2 mars 1811, les gardes champêtres des communes de Vareilles et de Theil ont trouvé Etienne et Gilbert Robillard.... chassant avec des fusils qu'ils n'avaient point obtenu la permission de porter; et ils ont dressé des procès-verbaux en bonne forme, qu'ils ont affirmés dans les vingt-quatre heures.

» Dans les derniers jours de mars et le 6 avril suivant, le maire de la commune de Villeneuve-sur-Vannes a fait citer ces huit particuliers, par trois exploits séparés, devant le tribunal de police du canton, pour se voir condamner aux peines infligées par la loi à ceux qui portent des armes à feu sans permission.

» Ces huit particuliers se sont présentés et ont soutenu, en invoquant l'article 12 de la loi du 30 avril 1790 sur la chasse, et l'article 8 de la loi du 28 septembre 1791 sur la police rurale, que les contraventions dont ils se trouvaient prévenus étaient prescrites, faute d'avoir été poursuivies dans le mois du jour où elles avaient eu lieu.

» Le maire a répliqué « que le port d'armes à feu n'était ni un simple délit de chasse, ni un délit rural; qu'ainsi il n'était pas compris dans les *lois particulières* dont parle l'article 643 du *Code d'instruction criminelle*; et qu'aux termes de l'article 640 du même Code, l'action pour la poursuite de ce délit durait un an. »

» Par trois jugemens du 8 avril, le tribunal de police a déclaré le maire non recevable pour n'avoir pas agi dans le mois; et cela « attendu (a-t-il dit) 1° que, quoique la demande dont il s'agit n'ait pour objet que la répression d'une contravention aux réglemens sur le port d'armes, le rapport sur lequel cette demande est motivée, en constatant cette contravention, ne constate pas moins, en même temps, un délit de chasse, dont, à la vérité, la répression n'est poursuivie ni par la partie publique ni par la partie civile; 2° que si le port d'armes n'est pas toujours suivi du délit de chasse, ce dernier, au contraire, est presque toujours accompagné du port d'armes, puisque la chasse ne peut se faire sans armes; d'où il suit que les dispositions de l'article 12 de la loi du 30 avril 1790 sont applicables au port d'armes simple, comme au fait de chasse, ce qui s'induit encore de l'article 11 de l'arrêté de la préfecture de l'Yonne qui se réfère à la loi du 23 thermidor an 4, laquelle fixe à trois journées de travail *le minimum* de l'amende encourue pour tout délit rural; 3° que si, comme on n'en peut douter, le fait de port d'armes doit être assimilé à un délit rural, il en résulte nécessairement que les dispositions de l'article 8, sect. 7 du titre 1er de la loi du 28 septembre-6 octobre 1791, lui sont applicables; attendu encore que la contravention aux réglemens sur le port d'armes n'étant pas nommément prévue par le nouveau *Code pénal*, elle reste classée parmi celles dont, par l'article 643 dudit Code, il est fait exception à la prescription d'un an, fixée par l'article 640 du même Code.....

» La Cour voit, à la seule lecture de ces motifs, combien ils sont inconsidérés.

» D'abord, le tribunal de police aurait dû sentir que, du moment qu'il envisageait les contraventions sur lesquelles il était appelé à prononcer comme des délits de chasse, la loi lui en interdisait la connaissance: il n'aurait pu en connaître, d'après les articles 138 et 139 du *Code d'instruction criminelle*, qu'autant que la peine n'en aurait pas excédé 15 fr.

Or, l'article 1er de la loi du 22 avril 1790 élève jusqu'à 20 francs l'amende qu'encourent tous ceux qui chassent illégalement.

» Au fond, le port, non autorisé, d'armes à feu, n'est ni un délit rural ni un délit de chasse proprement dit.

» Ce n'est point un délit rural : la cour l'a ainsi jugé, le 25 mai 1810, au rapport de M. Schwendt, en rejetant le recours en cassation exercé contre un jugement du tribunal de police du canton de Wolstein, *attendu*, a-t-elle dit, que la loi du 23 thermidor an 4 n'a pour objet que les délits ruraux, absolument étrangers au port d'armes.

» Ce n'est pas non plus un délit de chasse proprement dit, et c'est une vérité qui se sent d'elle-même.

» Sans doute, le délit de chasse est presque toujours accompagné de celui du port d'armes.

» Mais le port, non autorisé, d'armes à feu n'en forme pas moins un délit à part et d'une nature tout à fait distincte.

» Celui qui, avec des armes à feu qu'il n'a pas permission de porter, chasse en temps non prohibé sur son terrain, ou même sur le terrain d'un autre qui ne s'en plaint pas, n'encourt sûrement point la peine prononcée par la loi du 22 avril 1790, et cependant il encourt celle que prononcent la déclaration du 18 décembre 1660 et 4 décembre 1679, et l'ordonnance du 14 juillet 1716.

» La Cour l'a ainsi jugé plusieurs fois, notamment le 12 février 1808, en cassant un arrêt de la cour de justice criminelle du département d'Indre-et-Loire ; et le 28 février 1811, en cassant un jugement du tribunal de police du canton de Feurs.

» Il étàit même impossible qu'elle jugeât autrement : la déclaration du 18 décembre 1660, celle du 4 décembre 1679, et l'ordonnance du 14 juillet 1716, en sévissant contre le port d'armes, ne parlent point du tout de la chasse. Il est donc indifférent, pour encourir la peine prononcée par les lois, que le porteur d'armes chasse ou ne chasse pas.

» Mais dès là, comment la prescription du délit de chasse pourrait-elle entraîner celle du délit de port d'armes ?

» Celui qui a porté illégalement une arme à feu sans chasser peut, aux termes de l'article 640 du *Code d'instruction criminelle*, être poursuivi pendant un an.

» Et il ne pourrait l'être que pendant un mois, lorsqu'il aurait chassé avec des armes à feu ? Peut-on rien imaginer de plus absurde ?

» De deux choses l'une : ou le fait de chasse a été licite par lui-même, ou il a constitué un délit de plus.

» S'il a été licite par lui-même, à quel propos abrégerait-il, relativement au port d'armes, le délai de la prescription ?

» S'il a constitué un délit de plus, il ne peut pas rendre meilleure la condition de celui qui, en le commettant, y a joint le délit de port d'armes.

» Ce considéré, il plaise à la cour, vu l'article 441 du *Code d'instruction criminelle*, et les autres lois ci-dessus citées, casser et annuler, dans l'intérêt de la loi, les trois jugemens du tribunal de police du canton de Villeneuve-sur-Vannes, dont expédition est ci-jointe, et ordonner qu'à la diligence de l'exposant, l'arrêt à intervenir sera imprimé, et transcrit sur les registres dudit tribunal.

» Fait au parquet, le 12 juillet 1811. Signé *Merlin*.

» Ouï le rapport de M. Favart de Langlade.

» Vu l'article 12 de la loi du 22 avril 1790, et l'art. 8, section 7, du titre Ier de la loi du 28 septembre 1791....; attendu que le port d'armes, sans permission, ne peut être considéré ni comme un délit de chasse, ni comme un délit rural ; qu'il constitue une infraction à des lois de haute police et un délit de police ; que, dès lors, on ne saurait lui appliquer ni la loi du 30 avril 1790, sur la chasse, ni celle du 28 septembre 1791 sur la police rurale, non plus que les règles de prescriptions fixées par ces lois pour les délits qui en sont l'objet ; que néanmoins le tribunal de police du canton de Villeneuve-sur-Vannes a déclaré prescrite la demande du maire de cette commune, en vertu de l'art. 12 de la loi du 30 avril 1790 ; que, par conséquent, il a fait une fausse application de cette loi : par ces motifs, la Cour casse, dans l'intérêt de la loi, les jugemens, etc. »

9. *Armes prohibées par le Code pénal de 1808.*

« Article 314. Tout individu qui aura fabriqué ou débité des stylets, tromblons ou quelque espèce que ce soit d'armes prohibées par la loi ou par des réglemens d'administration publique, sera puni d'un emprisonnement de six jours à six mois.

» Celui qui sera porteur desdites armes sera puni d'une amende de 16 francs à 200 francs.

» Dans l'un et l'autre cas, les armes seront confisquées.

» Le tout sans préjudice de plus forte peine, si le cas y échet, en cas de complicité de crime. »

Nous avons vu que le décret du 2 nivose an 14 a rangé au nombre des armes prohibées les fusils et pistolets à vent, et que celui du 12 mars 1810 a ordonné l'exécution de l'ordonnance du 23 mars 1728, et son insertion au *Bulletin*. Il résulte de là que toutes les armes prohibées par ces lois le sont encore aujourd'hui, ainsi que toutes celles qui seraient défendues par des réglemens d'administration publique. Quant à la pénalité, elle se trouve réglée par l'article du Code que nous venons de transcrire.

Armes saisies sur les personnes qui chassent en contravention aux lois doivent être confisquées. *Loi du 30 avril 1790, art. 5. — Décret du 4 mai 1812, art. 3.*

Elles doivent être déposées au greffe des tribunaux. (*Circulaire du 8 mars 1809.*)

Les gardes ne peuvent désarmer les chasseurs. (*Loi du 30 avril 1790, article 5.*)

10. *Armes des gardes.*

Les gardes étaient autorisés à avoir un fusil, et il leur était défendu de s'en servir pour la chasse.

(*Circulaire de l'administration des* 12 *vendémiaire an* 14, n° 283, *et* 31 *juillet* 1806, n° 328.)

Ces circulaires font mention des ordres donnés, par le ministre des finances, à des préfets, de rapporter des arrêtés qui avaient prescrit le désarmement des gardes. Son excellence avait décidé que le droit de porter une arme était inhérent à la commission de garde; mais cette arme a toujours été restreinte au fusil simple, et il a été même recommandé de munir es gardes d'une carabine au lieu de fusil de chasse

Aujourd'hui le droit de porter un usil simple dans les forêts est accordé aux gardes par l'art. 30 de l'ordonnance du 1er août 1827; mais cette autorisation n'entraîne pas pour eux la faculté de chasser, qui leur est toujours interdite.

Ils doivent s'abstenir de faire usage de leur arme envers les délinquans, hors le cas d'une légitime défense. (*Circulaire du* 11 *décembre* 1816.)

11. *Arrêtés des préfets concernant le port d'armes.*

Nous avons dit précédemment que les préfets étaient autorisés à publier les lois et réglemens qui interdisent le port d'armes à tous ceux qui n'en ont pas obtenu l'autorisation, et qu'ils tenaient ce droit de la loi du 22 juillet 1791; mais les arrêtés qu'ils prennent sur le port d'armes ne peuvent être attributifs de juridiction, ni constituer légalement des peines, attendu qu'au législateur seul appartient de déterminer la compétence des tribunaux et les peines qu'ils doivent infliger. (*Arr. de cassat. des* 4 *mai* 1810 *et* 23 *février* 1811.)

12. *Poursuites par l'administration forestière.*

L'administration forestière a qualité pour poursuivre les délits de chasse commis dans les bois soumis au régime forestier, mais non pour poursuivre la contravention aux réglemens sur le port d'armes; d'où résulte la nécessité, lorsqu'un même individu est prévenu des deux sortes de délits, de dresser deux procès-verbaux, dont l'un est poursuivi par l'administration, et l'autre par le procureur du roi. (*Circulaire de la direction générale des forêts, du* 30 *octobre* 1828.)

ARQUEBUSE. C'est une arme à feu qui n'est plus en usage, et dont on commença à se servir dans les premières années du 16e siècle, un peu avant l'avénement au trône de François 1er, qui arriva en 1515. Cette arme, montée sur un fût et propre à être mise en joue, s'appela d'abord *hacquebute* et ensuite *harquebuse* ou *arquebuse*. Outre les arquebuses à la main, il y en avait d'autres appelées *arquebuses à croc*, qui ont précédé les premières de quelques années, et dont le canon, plus fort, d'un plus grand calibre, et portant une balle de plomb de 3 onces, était soutenu, ajusté et braqué sur un chevalet en forme de trépied : on y mettait le feu comme à un canon. Ces arquebuses servaient à garnir les créneaux et meurtrières des anciens châteaux et forteresses, et on les employait aussi en campagne.

Quant à l'arquebuse à main, il y en avait de deux sortes : l'une qu'on appelait *arquebuse à mèche*, et l'autre *arquebuse à rouet*.

L'arquebuse à mèche avait une platine d'un jeu fort simple : elle portait à son extrémité d'en bas un chien nommé *serpentin* à cause de sa figure, à la mâchoire duquel s'ajustait la mèche; en pressant avec la main une longue détente, à peu près semblable à celle d'une arbalète, on faisait jouer une espèce de bascule intérieure qui abaissait le serpentin garni de sa mèche allumée sur le bassinet, où il enflammait la poudre. Ces premières arquebuses furent d'abord très pesantes : il fallait, pour les porter, des soldats vigoureux et choisis, et ceux qui en étaient armés portaient en même temps un bâton ferré par le bas et garni en haut d'une fourchette sur laquelle ils appuyaient l'arquebuse pour la mettre en joue.

Les arquebuses à rouet se tiraient par le moyen d'une pierre à feu, mais dont la platine était toute différente de celle d'aujourd'hui : le chien, garni d'une pierre brute, était situé à la partie inférieure de cette platine, dans un sens opposé à ce qu'on voit dans nos fusils; ce chien s'abattait sur le bassinet, où se renversait en arrière avec la main au moyen d'un ressort extérieur sur lequel il roulait par en bas. Au fond du bassinet qui se fermait par un couvercle en coulisse d'un ressort, une petite roue d'acier, cannelée dans son pourtour, présentait de champ une portion de sa circonférence; c'est ce qu'on appelait le rouet, et ce rouet était traversé dans son centre par un essieu saillant en dedans et en dehors. Au bout intérieur de cet essieu tenait une chaînette de trois chaînons, attachée par son autre extrémité à un ressort. Lorsqu'on voulait tirer l'arme chargée, on commençait par découvrir le bassinet; ensuite on montait le rouet avec une *clef* ou manivelle, dans laquelle s'ajustait le bout extérieur de l'essieu, et on le faisait tourner de gauche à droite jusqu'à ce qu'un petit trou, pratiqué en dedans, se rencontrât avec un pivot qui s'y engrenait et l'arrêtait. En faisant un tour ou environ, le rouet bandait le ressort avec lequel il correspondait par la chaînette; cela fait, on amorçait, on ramenait le couvercle sur le bassinet, et on abattait le chien de manière que la pierre portât sur le couvercle : alors, en appuyant sur la détente, le petit pivot à ressort dont on vient de parler sortait de son trou; le rouet se détournait avec beaucoup de vivacité, renvoyait très vivement le couvercle du bassinet et enflammait l'amorce par son frottement contre la pierre. Ce rouet de la platine ancienne faisait l'office de la batterie dans la platine moderne; son essieu, qui, en dedans, n'était pas carré comme au dehors, mais aplati d'un côté et renflé de l'autre, faisait à peu près l'office de la noix, et le ressort, qu'il bandait en tournant, celui du grand ressort. Enfin la chaînette, qui tenait à l'un et à l'autre, était précisément le modèle de celle qu'on a imaginé d'adapter à la griffe du grand ressort et à celle de la noix, pour éviter un frottement, et rendre le jeu de la platine plus doux. Au reste, toutes les platines à rouet n'étaient pas faites exactement sur le modèle qu'on vient de décrire : dans la plupart, le rouet et son ressort étaient en dedans, et dans quelques autres, ils étaient en dehors. Il y avait aussi quelques variations dans le mécanisme du couvercle du bassinet.

Il paraît que la platine à rouet fut inventée en Allemagne, vers l'an 1540. Les arquebuses à rouet, qu'on fit beaucoup plus courtes et moins pesantes que celles à mèche, devinrent l'arme d'une cavalerie légère, qu'on appela arquebusiers à cheval; et les arquebuses à mèche furent, avec la pique, l'arme de l'infanterie. Ces arquebuses à mèche portaient une balle de 2 onces; on les appela par la suite mousquet, et alors le nom d'arquebuse fut réservé pour des armes plus légères et de moindre calibre, dont une partie seulement des compagnies de gens de pied fut armée, tandis que l'autre l'était de mousquets. Ces arquebuses, qui se donnaient aux soldats les moins vigoureux, se tiraient sans fourchette; mais, quoique les mousquets fussent moins massifs que n'avaient été les arquebuses dans leur première origine, il n'en fallait pas moins une fourchette pour les tirer, et cette fourchette faisait partie de l'armement du mousquetaire jusque bien avant dans le 17e siècle. Les mousquets ayant été rendus plus légers et de moindre calibre vers la fin de ce siècle, on abandonna la fourchette; mais en 1696, ils s'exécutaient encore avec la mèche. Les grenadiers seuls étaient armés de fusils dans le goût de ceux d'aujourd'hui. Ce ne fut que vers 1700 que les fusils furent substitués aux mousquets dans toute l'infanterie; mais la platine de ces fusils, telle qu'elle existe encore, avait été imaginée bien auparavant, et il est fait mention dans un ouvrage imprimé en 1617 de pistolets avec la platine actuelle.

Pendant long-temps, on s'est servi à la chasse concurremment de la mèche, du rouet et de la platine telle qu'elle est aujourd'hui, et qui enfin, comme la plus commode, la plus simple et la plus expéditive pour l'exécution des armes à feu, est restée seule et a fait condamner les autres à l'oubli.

L'ordonnance de François Ier, de l'année 1515, fait déjà mention des *hacquebutes* et *éschoppettes*, comme instrumens de chasse : c'est la plus ancienne où il en soit parlé. A l'époque de 1525, il y avait déjà, en plusieurs villes du royaume, des compagnies de chevaliers de l'arquebuse, formées en corps, qui s'exerçaient à tirer de cette arme en certains temps de l'année; mais, dans ces premiers temps, on s'en servait très peu : l'arbalète était, et fut encore bien des années après, l'arme dominante pour la chasse, et on ne commença à l'abandonner, ainsi que nous l'avons dit au mot *Arbalète*, que lorsqu'on eut perfectionné le maniement de l'arquebuse au point de pouvoir tirer au vol; ce qui arriva vers 1590.

Nous renvoyons au *Traité de la chasse au fusil* le lecteur curieux de connaître plus en détail l'histoire de l'arquebuse et la composition de cette arme.

L'ordonnance de 1669, tit. 30, art. 7, défendait aux gardes-plaines des capitaineries, tant à pied qu'à cheval, de porter aucune arquebuse à rouet ou fusil dans les forêts et plaines, s'ils n'étaient à la suite de leurs capitaines ou lieutenans, à peine de 50 livres d'amende et de destitution de leurs charges. (Voyez *Armes* et *Fusils*.)

ARQUEBUSIER. C'est le nom de artisan qui fabrique des armes à feu, telles que les fusils et pistolets. (Voyez *Armes*.)

ARRÊT. (Chasse.) On appelle *arrêt* l'action d'un chien couchant, qui s'arrête quand il sent la perdrix ou quelque autre gibier. On dit *le chien est en arrêt*; et, en parlant d'un excellent chien, on dit qu'il arrête ferme poil et plume.

ARRÊTER. On arrête un limier dans la voie pour connaître s'il y est bien juste; on arrête les chiens qui chassent du change; on arrête un ou plusieurs chiens qui sont en avant pour attendre les autres.

ARRIÈRES ou DERRIÈRES (prendre les). C'est, dans un défaut, rechercher avec les chiens la voie de l'animal sur le chemin par lequel il est venu. — Prendre *les grands arrières*, c'est continuer ses recherches plus loin.

ASSEMBLÉE ou RENDEZ-VOUS. C'est l'endroit où les veneurs et les chiens se rassemblent avant que la chasse ne commence; c'est aussi là que les valets de limier se trouvent pour faire leur rapport.

ASSENTIMENT. C'est une odeur qui frappe le nez du chien, et qui le porte à se rabattre sur les voies de l'animal de qui elle procède.

ASSIETTE DE FER. C'est un piège en usage en Allemagne, qui est quelquefois employé très utilement, quoiqu'il soit moins avantageux que le traquenard. Il y en a de deux sortes : des grandes, pour prendre les renards et les loutres, et des petites, pour prendre les fouines, les putois et les oiseaux de proie.

L'assiette de fer à prendre les renards et les loutres est représentée *Pl.* 22, *fig.* 7. Elle se compose de deux pièces en demi-cercle, qui sont garnies de dents aiguës, de deux forts ressorts opposés l'un à l'autre, et d'un cercle de 1 pouce et demi de large, et de 20 à 22 pouces de diamètre, dans lequel se trouve une assiette ronde, trouée et se tournant sur son axe. On tend ce piège en rapprochant, au moyen de vis, les deux ressorts, et en écartant les deux pièces en demi-cercle; ensuite on retire les vis des ressorts, et l'on a interposé entre les pièces en demi-cercle. Pour détendre ce piège, il suffit d'appuyer légèrement sur l'assiette avec un bâton; la détente se fait avec la promptitude de l'éclair.

L'assiette à prendre des martes et des putois est beaucoup plus petite; elle n'a que 12 à 15 pouces de diamètre, et un seul ressort : les deux pièces en demi-cercle ne sont pas ordinairement garnies de dents. Les assiettes de cette espèce, qu'on fait plus grandes, peuvent, comme la première, être employées à prendre des renards, des blaireaux, des chats sauvages, pourvu que le ressort soit assez fort. Il y a encore d'autres sortes d'assiettes, beaucoup plus petites, qui servent à prendre des belettes, des rats et des souris. Enfin on trouve de grandes assiettes de fer, carrées, qui ne diffèrent des précédentes que par leur forme.

Ces différentes sortes de pièges, dont parle M. Hartig, dans son *Traité de la chasse*, n'étant pas connues en France, du moins à ce que nous sachions, et la figure que cet auteur en donne étant fort incomplète, il nous paraît qu'on ne pourrait les exécuter qu'en faisant venir un modèle d'Allemagne. L'instrument se nomme en allemand *tellereisen* ou *tritteisen*.

ASSOMMOIR. Il y a plusieurs sortes de piéges, que l'on nomme ainsi, parce que leur effet est d'assommer les animaux qu'on y prend. Les uns sont employés contre les petits quadrupèdes, tels que les chats, les belettes, les fouines, les putois, les rats, etc.; les autres servent à prendre des oiseaux.

Première espèce d'assommoir, pour les quadrupèdes. Cet assommoir, qui est exclusivement employé dans les faisanderies et les tirés du roi, est regardé comme le meilleur moyen de détruire les animaux dont nous venons de parler. Voici la description qu'en donne le *Traité général des chasses à tir* (*Pl.* 21, *fig.* 5): *a b* est le fond immobile de ce piége; *a c* est une planche mobile fixée en *a* sur le fond *a b*, au moyen d'un boulon en fer, qui lui permet de se lever et de se baisser; *a d* est une languette sur laquelle les animaux sont obligés de poser les pattes; *c d*, bilboquet ayant un cran qui reçoit l'extrémité taillée en biseau du support *g*, et dont l'extrémité inférieure est retenue par un cran qui termine la planchette *a c*. De cette manière, le moindre poids qui pèse sur la planchette la fait échapper; le bilboquet, n'étant plus retenu, cesse de soutenir la planche *a c*, qui tombe d'autant plus vivement qu'elle est chargée d'une pierre.

Autre espèce d'assommoir, destiné au même objet, et décrit dans le même ouvrage. A (*même Pl., fig.* 4) est une pièce de bois épaisse, dans laquelle on implante deux montans *bb*. On a une pièce de bois de chêne B, à laquelle on fait deux trous pour y passer les deux montans. Cette pièce B peut monter et descendre aisément sur ces deux montans, que l'on assemble ensuite par la traverse *b*. La pièce de bois A est échancrée entre les deux montans *bb*, pour recevoir la marchette D. Pour tendre ce piége, on soulève la pièce de bois B, et on la maintient dans cette position au moyen d'un petit bilboquet *a*, fixé à cette pièce par une ficelle qui passe en *c*; ce bilboquet a son extrémité supérieure engagée dans un des crans pratiqués à la pièce A, et l'autre dans un cran de la marchette *d*. Le moindre poids qui pose sur cette dernière la fait baisser; le bilboquet s'échappe, et la pièce de bois B tombe de son propre poids.

Assommoir du Mexique. Ce piége est une espèce de trébuchet, qui est employé par les Mexicains pour prendre non seulement des oiseaux, mais encore des quadrupèdes. Dans ce dernier cas, ils lui donnent une plus grande dimension, quelquefois jusqu'à 40 pieds, et ils garnissent le battant de l'assommoir de plusieurs pointes d'acier fort aiguës, qui, en tombant sur l'animal, le déchirent et le mettent à mort.

L'assommoir pour prendre les oiseaux est d'environ deux pieds de longueur. Il y en a de deux sortes, qui ne diffèrent l'un de l'autre qu'en ce que l'un se détend dans le châssis, et l'autre en dehors.

L'auteur de l'*Aviceptologie* rapporte qu'avec une douzaine de piéges de cette espèce, un jeune oiseleur de ses amis est parvenu à prendre, dans un hiver, plus de quatre cents oiseaux, tant mésanges que moineaux, pinsons et chardonnerets. Les mésanges entraient dans ce nombre pour deux tiers. On ne prenait des moineaux que lorsque le piége était tendu à terre. C'est principalement contre ces oiseaux qu'on doit faire usage de l'assommoir.

La *Pl.* 21, *fig.* 7, représente un assommoir qui se détend en dedans du châssis. Il se compose de quatre pièces de bois, dont les deux plus longues *a a*, qu'on nomme arbres, ont deux pieds de longueur, et une grosseur telle qu'elle ne nuise point à leur élasticité. Ces deux arbres sont assemblés au moyen de deux montans *c d*, et, dans cet état, le châssis a la forme de limons de voiture. Le montant *c* a 1 pied de long; il réunit les extrémités des arbres, soit par des mortaises et des chevilles, soit par des fils de fer. Le montant *d*, qu'il est bon de faire un peu plus long que l'autre, pour faire arquer un peu les arbres, s'enchâsse par des entailles dans les deux arbres, et y est fixé par une cheville, comme la figure le représente; ou bien chacun des deux bouts de ce montant entre dans une mortaise qui est pratiquée dans l'épaisseur des arbres, et alors il n'a pas besoin d'être chevillé, puisque le montant *c*, d'une part, et la corde *e*, de l'autre, tendent à faire serrer les arbres sur le second montant qui les maintient à distance convenable. Quelques personnes attachent ce piége sur une planche légère *a a*, de 2 pieds et demi de long, ainsi qu'on le voit par la figure; mais cela n'est pas d'une grande nécessité quand on tend le piége à terre.

Le battant *f*, qui fait assommoir, est une planche de 12 pouces de long, et qui ne doit avoir que 11 pouces de large, afin qu'elle ait 1 pouce de jeu entre les arbres; au milieu de cette planche, du côté *g*, est pratiqué un mentonnet d'environ 2 pouces, légèrement échancré au milieu de chacun de ses côtés, et qu'on engage dans les doubles d'une forte ficelle *e e*, qui forme ressort, et que l'on tord en faisant faire au battant plusieurs révolutions entre les arbres. Si le battant doit, comme dans la figure, se détendre dans le châssis, il est évident qu'il faut tordre la corde en dehors, et que, si, au contraire, le battant doit se détendre en dehors, il faut la tordre en dedans.

La *fig.* 6 représente un assommoir qui se détend en dehors du châssis, et que l'on établit à terre sans l'attacher à une planche. On l'arrête au moyen de trois crochets que l'on fiche fortement en terre: l'un accroche le montant 2, et les deux autres assujettissent les arbres 1, 1; les deux montans 2 et 3 s'attachent solidement aux deux arbres, soit comme nous l'avons dit, soit par le moyen d'un fil de fer ou d'une forte ficelle *o, o, o, o*, après qu'on les a enchâssés dans les arbres. La corde *h h*, que l'on bande, comme nous venons de le dire, en la tordant par des révolutions faites, en dedans du châssis, sur le mentonnet *m*, fait partie de la planche *s s* de l'assommoir. Il faut, dans ce piége, comme dans l'autre, que cette planche puisse passer et repasser dans le châssis, puisque c'est ainsi qu'on bande et débande la corde. Le triquet *d* s'attache dans le milieu de la planche.

Il y a plusieurs sortes de détentes qui peuvent

convenir aux deux manières de tendre l'assommoir. Celle qui est le plus en usage est représentée par la *fig.* 8. Elle se compose de la marchette et de la détente proprement dite. La marchette ressemble assez à celle du trébuchet battant. C'est un petit bâton léger, traversé par six ou sept fils de fer, entre lesquels l'oiseleur peut entrelacer quelques brins de paille, pour que les oiseaux n'aient pas de méfiance. Une petite pièce de fer *v* sert de point d'appui à cette marchette. Un triquet en fer est attaché par un fil *a* au battant de l'assommoir (voyez *d*, *fig.* 6). Ce fil doit passer dans la mortaise du piquet, et reposer, par son extrémité *b*, sur un cran de la gâchette *q*, qui est en fer. L'oiseau, en se posant sur la marchette, fait baisser le levier *t*, et, en tirant le fil *i*, fait échapper le triquet de son cran. On proportionne, au moyen du cran, la dureté de la détente à la force des oiseaux qu'on veut prendre.

Quand on fait jouer l'assommoir en dedans, la marchette se trouve dans le châssis, et le détraquement derrière ; dans le cas contraire, la marchette se trouve en dehors du châssis, et le détraquement entre les deux montans 2, 3, *fig.* 6.

Les mêmes appâts qui servent aux autres pièges peuvent servir à celui-ci. Quand on ne se sert pas de marchette, on attache une amorce à un fil qui ait assez de force pour tirer la gâchette, et on passe ce fil dans un petit crochet que l'on fiche en terre, près de l'amorce.

ASSURANCE. Un cerf va *d'assurance*, lorsqu'il va le pas sans aucun effroi ; c'est l'allure la plus avantageuse pour le bien juger.

En fauconnerie, on dit *assurance*, en parlant d'un oiseau bien assuré, qui n'est plus attaché par le pied, et qui est hors de filière.

ASSURER *l'oiseau*. (Fauconnerie.) L'apprivoiser de manière qu'il ne s'effraie de rien.

ASTHMÉ. (Fauconnerie.) Ce mot se dit d'un oiseau pantois, qui a le poumon enflé, qui respire difficilement. On dit : ce tiercelet est *asthmé* ; il faut s'en défaire.

ATANAIRE, ou ANTANNAIRE, ou SOR. (Fauconnerie.) C'est un oiseau de proie qui est né de l'année précédente, et qui n'a pas encore mué.

ATTAQUER. On attaque un cerf lorsqu'on met les chiens sur l'animal, et qu'on le lance ; on attaque à trait de limier, lorsqu'on lance le cerf avec le limier avant que de découpler les chiens courans. On dit aussi : les chiens ont attaqué du change.

ATTOMBISSEUR. (Fauconnerie.) Oiseau qui attaque le premier le héron dans son vol. On dit : Cet oiseau est bien *attombisseur*.

ATTREMPÉ. (Fauconnerie.) Se dit de l'oiseau de proie, qui n'est ni gras, ni maigre. On dit : Ce faucon est *attrempé*.

AU COUTE, AU COUTE! C'est un cri dont on se sert pour appuyer les chiens, lorsqu'ils chassent le cerf de meute.

AU LIT, AU LIT, CHIENS! On se sert de cette expression pour faire quêter les chiens, quand on veut les lancer sur un lièvre.

AUMÉE. Nom que les fabricans de filets propres à la chasse et à la pêche donnent aux grandes mailles des filets qui sont triples, telles que les mailles qui sont des deux côtés d'un tramail ou d'un hallier. (Voyez *Filet*.)

AU RETOUR! Lorsque les chiens manquent de voie, et que l'on juge que le cerf a fait un retour, on engage les chiens à retourner, en leur disant : *Au retour, valets! allez au retour!*

AUTOUR, *falco palumbarius*, Lin. Oiseau du genre du faucon et de l'ordre des éperviers.

Dénominations. Il se nomme en grec *asterias*, en latin moderne *astur*, et en italien *asterias*. Le nom grec *asterias*, qui veut dire *étoilé*, est une description abrégée de l'autour, dont le plumage est couvert de grandes mouchetures semblables à de petites étoiles. Les Allemands le nomment *huhner-habicht*, parce que cet oiseau est principalement employé pour la chasse des perdrix, et les Anglais le nomment *gooshawk*. En Lorraine, l'autour est connu sous le nom de *chasserot*, de même que l'épervier.

Description. L'autour (*Pl.* 7, *fig.* 8) est un bel oiseau, beaucoup plus grand que l'épervier, avec lequel il a d'ailleurs plusieurs traits de ressemblance. Dans cette espèce d'oiseau de proie, il existe une disparité remarquable entre le mâle et la femelle. Celle-ci est d'un tiers au moins plus grosse, et d'environ 3 pouces plus longue que le mâle.

L'autour est à peu près de la grosseur d'une poule domestique ; il a, suivant le sexe, de 2 pieds à 2 pieds 3 pouces de longueur, y compris la queue, qui a de 7 à 8 pouces ; sa grosseur est de 3 pieds et demi à 3 pieds 9 pouces ; ses ailes sont courtes et n'arrivent qu'à la moitié de la queue. Il a le bec d'un pouce de longueur, très recourbé, pointu et d'un bleu sale ; la membrane qui en couvre la base est d'un jaune verdâtre ; l'iris est jaune, et, au printemps, il est d'un rouge orangé ; les pieds sont d'un jaune de soufre ; les jambes et les doigts sont très forts et armés de fortes griffes ; les jambes ont de 2 pouces 9 lignes à 3 pouces de hauteur, et sont couvertes de plumes sur la partie antérieure et jusqu'au genou ; tout le dessus du corps est d'un bleu varié de gris ou de brun foncé ; les yeux sont entourés d'un trait blanc, et la nuque est tachée de même couleur ; le dessous du corps est blanc, rayé transversalement, et jusqu'au croupion, par des bandes d'un brun foncé ; les pennes des ailes sont également d'un brun foncé, avec de grandes taches d'un brun cendré qui sont plus marquées sur les couvertures inférieures ; la queue est d'un brun cendré avec cinq, et quelquefois seulement quatre raies transversales larges et noires, qui sont cendrées en dessous, et qui s'effacent quelquefois dans une teinte sombre, de sorte que la queue paraît n'avoir pas de raies ou n'en avoir que d'insensibles.

Quand la couleur du dessus du corps est variée de bleu sur le mâle, elle est d'une teinte plus brune dans la femelle ; celle-ci a le dessous du corps d'un blanc moins pur ou d'un blanc jaunâtre, et des raies plus grandes et plus écartées.

Le jeune autour a la tête et la nuque rousses avec

des raies d'un brun foncé, le reste du dessus du corps d'un brun cendré, et les plumes bordées de roux ; le dessous du corps, qui est d'un blanc rougeâtre dans les femelles, roux et souvent cuivré dans les mâles, a des taches longitudinales noires ; la queue est d'un brun cendré, et a quatre ou cinq raies transversales d'un brun foncé. L'oiseau conserve ces couleurs jusqu'à la deuxième année, époque où il commence à muer à la Saint-Jean, et alors il prend les couleurs que nous avons décrites plus haut ; il y a donc une différence notable entre le jeune autour et l'autour qui est adulte, et c'est cette différence qui, pendant si long-temps, les a fait considérer comme des espèces distinctes.

Indépendamment de ces disparités, il y a des variétés de l'autour : une *blanche*, une *tachée* et une de *couleur pâle*. Dans cette dernière, presque toutes les couleurs sont effacées, et il arrive souvent que la première variété se change en la dernière. Bechstein en a eu l'exemple dans un autour blanc, qui, pendant trois mues, avait conservé sa couleur, et qui, à la quatrième, présenta sous le corps des spirales d'un gris pâle.

Propriétés remarquables. L'autour est un oiseau très fort, hardi, courageux et sanguinaire, qui attaque et dévore même les oiseaux qui appartiennent au même genre que lui, c'est à dire les oiseaux de proie qui sont plus faibles, tels que l'épervier et d'autres faucons. Il ne tombe pas directement, et de haut en bas, sur sa proie, comme le fait un véritable faucon ; il l'attaque en volant de côté ; mais il la vise toujours si juste qu'il ne manque pas les pigeons et les perdrix, qui sont les oiseaux qu'il convoite avec le plus d'ardeur. Il tombe à terre avec sa proie, l'étrangle et la met en pièces. Comme il a les ailes courtes, il ne peut s'élever aussi haut que les autres faucons.

Il fait entendre au printemps un cri rauque, qu'il répète souvent, et qui est à peu près : *grih, grih, ya.*

Habitation. On trouve l'autour dans tout l'ancien continent ; cependant il n'est pas très commun en France ; il l'est davantage en Allemagne. Il habite les forêts situées en montagnes et celles qui sont en plaine, et de préférence celles qui sont composées d'arbres résineux ; il s'en écarte souvent à de grandes distances pour chercher sa nourriture dans les champs. Considéré comme oiseau voyageur, il part au mois d'octobre et revient au mois de mars ; mais il paraît qu'il ne fait que se rapprocher des lieux plus tempérés que ceux de sa demeure ordinaire.

Les lieux qu'il habite, en France, sont les montagnes de Franche-Comté, du Dauphiné, du Bugey, et même les forêts de Bourgogne et des environs de Paris.

Nourriture. Il se nourrit de tous les oiseaux sauvages et domestiques dont il peut s'emparer, tels que pigeons, jeunes oies, poules, perdrix, et même de jeunes oiseaux de proie, de corneilles, ainsi que de lièvres et autres quadrupèdes ; il est très friand du faisan. Il mange, au besoin, des souris, des mulots, des taupes, et même de la charogne.

Propagation. Il construit son aire ordinairement sur les grands arbres, tels que les pins, sapins, chênes et hêtres ; ce nid est spacieux et composé de branches d'arbre ; la femelle y dépose trois ou quatre œufs, qui sont d'un jaune rougeâtre avec des taches et des raies noires. L'incubation dure trois semaines. On ne peut pas, dit Bechstein, employer pour la chasse les oiseaux qu'on a enlevés du nid, car ils ne savent ce qu'ils doivent faire lorsqu'on veut s'en servir ; c'est pourquoi il faut d'abord les laisser s'envoler, et tendre auprès du nid quelques filets, dits araignées, pour les prendre en vie. Ceux que l'on prend de cette manière valent mieux que les autours que l'on prend au passage, en automne ou au printemps, dans des pièges à oiseaux de proie. Mais si on voulait se servir d'autours pris dans le nid, il faudrait les déposer dans un autre nid qu'on aurait placé en un lieu libre, leur donner à manger du pigeon et du bœuf, les laisser voler, et ensuite les prendre dans leur nouveau nid, au moment où ils viendraient faire leur repas.

Ennemis. Les corneilles, les lavandières et les hirondelles poursuivent l'autour quand il les met en danger, et il est tourmenté par des vers intestinaux.

Chasse. Il arrive quelquefois que, pendant une chasse, les éperviers et les autours suivent les chasseurs pour s'emparer du gibier qu'ils font lever ; ce qui donne l'occasion de les tirer. On peut aussi les attirer en plaçant à terre un pigeon blanc ou varié de couleurs, qu'on attache à un piquet par un corset, et qui a la liberté d'aller et de venir ; alors le chasseur, placé derrière un arbre ou dans une hutte de feuillage, profite, pour tirer l'oiseau de proie, du moment où celui-ci cherche à saisir le pigeon, et se trouve à portée du coup de fusil. On se sert également d'un chat-huant placé sur un billot, pour attirer les autours et les tirer. On les prend souvent avec des nappes à alouettes. (Voyez *Nappes.*) On se sert aussi, avec beaucoup de succès, de quatre filets de 9 à 10 pieds de hauteur, qui renferment un espace de la même étendue en longueur et en largeur. Au centre de cet espace, on met un pigeon blanc, afin qu'il soit vu de plus loin : l'autour arrive obliquement et s'embarrasse dans les filets. (Voyez *Oiseaux de proie.*)

Qualités utiles et nuisibles. Le fauconnier emploie l'autour pour prendre le héron, le lièvre, la perdrix et la caille ; mais, pour les deux premiers, il faut employer une grande et forte femelle. L'autour est un des meilleurs oiseaux de vol ; c'est celui qu'on emploie le plus fréquemment, pour la perdrix, lorsqu'on n'a pas une fauconnerie montée ; c'est probablement aussi le premier oiseau de proie qu'on ait employé pour le vol, avant que l'on connût les meilleures espèces, d'où lui serait venue la dénomination de *falco gentilis* (faucon noble), sous laquelle il est désigné par les naturalistes et les auteurs de fauconnerie.

Les dommages que l'autour occasione parmi les oiseaux et la volaille sont assez indiqués par son genre de nourriture.

AUTOURSERIE. Ce mot tire son nom de l'oiseau que l'on emploie à la chasse du vol, comme la fausonnerie tire le sien du faucon que l'on fait servir à une chasse de même genre. Mais on distingue la fauconnerie proprement dite de l'autourserie, et cette distinction est ancienne, car les Romains avaient aussi l'*ars falconaria* et l'*ars accipitraria*. L'autourserie est l'art d'élever et de dresser les autours pour la chasse du vol; et celui qui en fait profession se nomme *autoursier*.

On compte les autours au nombre des oiseaux de *basse volerie*, et qui sont de *poing* et non de *leurre*, parce qu'ils ne chassent, pour l'ordinaire, que les perdrix et les autres oiseaux qui ne s'élèvent pas fort haut, et qu'ils fondent sur le poing dès qu'ils sont réclamés.

Comme l'autourserie n'est plus une chasse en usage, il est superflu que nous entrions dans les détails qui la concernent et qui se trouvent d'ailleurs dans tous les anciens ouvrages de chasse et de fauconnerie, et nommément dans l'ancien *Dictionnaire de chasse et de pêche*, dans celui des *Chasses de l'Encyclopédie*, et dans le *Dictionnaire d'histoire naturelle*.

AUTOURSIER. C'est celui qui dresse les autours et les fait voler.

AVALE (ventre qui). Se dit d'une lice pleine lorsque son ventre tombe.

AVALER *la botte à son limier*. C'est lui ôter son collier pour le laisser aller en liberté. On avale la botte à un jeune chien pour exciter son ardeur en le faisant courir après les animaux ; le limier *avale sa botte* lorsque lui-même il la passe par dessus son oreille, et s'échappe.

AVANCE. Lorsque le cerf est fort longé, on dit : *Ce cerf a beaucoup d'avance*, comme on dit *qu'il a peu d'avance*, lorsqu'il est près des chiens.

AVANCER (s'). Le cerf s'*avance* lorsqu'il met le pied de derrière devant le pied de devant, en allant d'assurance.

AVENUES. Routes ou sentiers qu'on fait dans les pipées.

AVEUER ou AVUER *une perdrix*. Se dit en fauconnerie, quand on la suit de l'œil, qu'on la garde à vue, et qu'on l'observe lorsqu'elle part et va s'appuyer dans les remises.

AVICEPTOLOGIE. Ce terme signifie traité, discours sur les différentes manières de prendre les oiseaux ; il est composé de deux mots latins: *avis*, qui signifie *oiseau*, et *capere*, prendre ; et du grec *logos*, qui signifie discours.

AVILLONNER. (Fauconnerie.) C'est quand l'oiseau donne des serres de derrière ; on dit : ce faucon *avillonne* vigoureusement son gibier.

AVILLON. (Fauconnerie.) Ce sont les serres du pouce de l'oiseau de proie.

AVISER. Terme usité par les chasseurs pour celui d'apercevoir.

AVIVES. Nom que l'on donne au gonflement des parotides dans les chevaux et dans les chiens. (*Voyez* l'article *Chien*, chap. 14, § 6.)

AVOCETTE, *recurvirostra*, genre d'oiseaux de l'ordre des *palmipèdes*, et de la division des *palmipèdes* à longs pieds. Les caractères de ce genre sont : le bec aplati, comprimé latéralement, en alêne, recourbé et aminci à son extrémité, qui est flexible ; les pieds palmés et quatre doigts à chacun ; le doigt postérieur, court, dégagé de membranes et placé haut.

Les avocettes ont les jambes fort longues et la queue fort courte, en comparaison du volume du corps ; la forme très singulière et unique du bec, les fait distinguer au premier abord, en ce que la courbure, au lieu d'être tournée en bas, comme c'est l'ordinaire dans les oiseaux qui n'ont pas le bec droit, se trouve dirigée en haut, de sorte que le dessus du bec présente une profonde cavité en arc de cercle relevé. Ce bec renversé est, en même temps, fort long, mince, grêle, faible, et d'une substance tendre et presque membraneuse à sa pointe.

On ne connaît que deux espèces dans le genre de l'avocette : l'une particulière à l'ancien, et l'autre au nouveau continent ; ce sont l'avocette proprement dite, et dont nous allons parler, et la grande avocette qu'on trouve dans le nord de l'Amérique, et dont nous n'avons pas à nous occuper.

AVOCETTE PROPREMENT DITE [l'] (*recurvirostra avocetta*) se nomme, en italien, *beccotorto*, en allemand, *fremder vasser vogel* et *schabel*. (*Pl.* 19, *fig.* 3). Elle est de la grosseur du vanneau, mais elle est plus grande ; sa longueur est de 12 à 15 pouces ; son vol a près de 4 pouces ; ses jambes sont hautes de 7 à 8 ; et son bec, qui est noir et trois fois plus long que la tête, en a près de 3 et demi ; elle a du noir à la partie supérieure de la tête et du cou, sauf chaque aile, où il forme une large bande lustrée sur les pennes des ailes. Le reste du plumage a la blancheur éclatante de la neige ; l'iris de l'œil est couleur de noisette, et les pieds sont bleuâtres. Plus l'oiseau vieillit, plus il a de noir sur son plumage. La femelle est un peu plus petite que le mâle, et celui-ci a la tête plus ronde, et le tubercule qui est près des yeux plus enflé. Le cri de l'avocette est : *Crex, crex*.

Habitation. La plupart des ornithologistes ont dit mal à propos que les avocettes venaient des pays méridionaux. Elles préfèrent, au contraire, les contrées du nord, qu'elles quittent aux approches de l'hiver pour descendre plus au midi, et elles y retournent au printemps. Dans leurs fréquents voyages, elles ne vont guère vers le sud au delà des régions tempérées. On les voit rarement en Italie. Elles se rendent en grand nombre deux fois l'année, au printemps et à la fin de l'automne, sur une partie de nos côtes de l'Océan. Elles remontent fort haut dans les terres, en suivant le bord des eaux.

Nourriture. Il paraît que les eaux salées les attirent plus particulièrement, parce qu'elles peuvent apparemment y fouiller avec plus de facilité une nourriture plus abondante. Cette nourriture consiste en frai de poisson, en petits vers aquatiques et autres matières sans consistance, que peut saisir leur bec flexible.

Propagation. Les avocettes font leurs nichées sur

nos côtes, et on dit que les gens de la campagne cherchent à prendre leurs œufs pour les manger. C'est sur le sol que la femelle les dépose au nombre de trois ou quatre ; ils sont légèrement teints d'olivâtre, avec des taches brunes. On ignore la durée de l'incubation.

Ennemis et chasse. L'avocette, privée de tous moyens de défense, doit avoir un grand nombre d'ennemis qui lui font la guerre ; aussi elle est dans une défiance continuelle : elle fuit à la moindre apparence du danger, et, comme elle court avec légèreté, même sur des fonds couverts de 5 à 6 pouces d'eau, et que, dans les eaux plus profondes, elle nage avec une grande agilité, il est très difficile de l'approcher et plus encore de la prendre.

AVRIL, *le petit avril*. On appelle le *petit avril* l'époque où les cerfs commencent à entrer en rut, parce qu'alors ils se font chasser long-temps, et se montrent aussi vigoureux que dans le mois d'avril.

AYRES. Nids des oiseaux de proie. (Voyez *Aires*.)

BAB

BABIL, BABILLER. On dit, en vénerie, qu'un limier *babille* lorsqu'il donne de la voix mal à propos.

BABILLARD. C'est un chien qui crie à droite et à gauche sans raison.

BAGUETTE. Nom que l'on donne aux bâtons que portent les fauconniers, propres à fourrer dans les buissons pour faire partir les perdrix, ou pour tenir les chiens en crainte.

Les *baguettes* des autoursiers se nomment *chassoires*.

BAGUETTE de fusil. (Voyez *Fusil*, § XX.)

BAIGNER. Se dit, en fauconnerie, de l'oiseau de proie, lorsque, de lui-même, il se jette dans l'eau, ou qu'il se mouille à la pluie, ou qu'on le plonge dans l'eau, après l'avoir poivré.

BAIGNER (se). Les oiseaux vont souvent aux abreuvoirs autant pour se *baigner* que pour se désaltérer, et, s'ils ont les plumes humides, ils échappent souvent aux gluaux qu'on leur tend.

BALAI. C'est ainsi qu'on nomme, en fauconnerie, la queue d'un oiseau de proie : on dit qu'un faucon a un *beau balai*, pour exprimer qu'il a une belle queue. *Balai* se dit aussi du bout de la queue d'un chien.

BAILLEMENT. Maladie particulière des faucons.

BALANCER. On dit que les chiens *balancent* lorsqu'ils ne chassent pas franchement, soit parce qu'il se montre du change, soit parce qu'ils ont de la peine à maintenir la voie. Une bête *balance* lorsqu'épuisée de fatigue elle chancelle à chaque instant, et paraît près de tomber. En fauconnerie, un oiseau se *balance* lorsqu'il reste en l'air en observant sa proie.

BALBUZARD (*falco haliætus*, Lath.). Oiseau du genre des faucons et de l'ordre des oiseaux de proie.

Dénominations. En grec, *aliætos* ; en latin, *aquila marina* ; en italien, *angiusta piomb no* ; en allemand, *fluss-adler* ou *fisc-aar* ; en anglais *bald-buzzard*, *osprey*. Les nomenclateurs l'appellent *aigle de mer* ; en Bourgogne, il se nomme *craupêcherot*, nom qui signifie *corbeau-pêcheur*, et qui vient de *crau* ou *craw*, cri du corbeau, et de *pêcherot*, pêcheur.

Descriptions. Le balbuzard (*Pl.* 8, *fig.* 2) tient le milieu, quant à ses formes, entre l'aigle et le busard, et cependant il se rapproche un peu plus du premier par ses habitudes et par sa taille. Le mâle a 2 pieds de longueur, y compris la queue, et 5 pieds et demi d'envergure ; la femelle a 2 pieds 3 pouces de longueur et 6 pieds de vol. La queue du premier a 8 pouces, et celle de la femelle 9 pouces. Le balbuzard a le bec noir, de 1 pouce 9 lignes à 2 pouces de long, robuste et crochu à l'extrémité qui est pointue ; la membrane de la base du bec bleuâtre ; l'iris des yeux jaune ; les jambes non garnies de plumes, les pieds robustes, revêtus de fortes écailles, bleus et quelquefois jaunes, les serres très amples et fortes ; les ongles longs, crochus et acérés ; la tête rayée de jaune, de blanc et de brun foncé, fort avant sur le cou ; quelquefois le derrière de la tête tout blanc, avec quelques bandes brunes ; le dessus du corps d'un brun foncé, avec des taches blanches et roussâtres, particulièrement sur les ailes ; une large bande d'un brun foncé qui descend des yeux et s'étend jusqu'aux ailes ; le dessous du corps blanc, avec une teinte rougeâtre vers le croupion ; des bandes noires à la gorge, et des taches triangulaires, ou plutôt en forme de flèche, et d'un brun foncé ou roux, sur la poitrine ; les pennes des ailes d'un brun foncé, avec des bandes transversales blanches ; la queue, blanche à sa naissance et ensuite d'un brun foncé, avec des bandes d'un blanc sale, de telle sorte que l'on peut compter distinctement 7 bandes blanches et 7 brunes.

La femelle a le derrière de la tête moins blanc, mais les bandes des ailes et de la queue plus claires. Les jeunes ont le dessus du corps presque couleur d'ardoise, et le dessous presque entièrement blanc, avec quelques taches sur la poitrine, et on remarque une bande d'un brun foncé sur le devant du cou.

Propriétés remarquables. Le balbuzard a la vue perçante ; il aperçoit de haut, en volant, le poisson dans l'eau ; il voltige, déploie et agite ses serres jusqu'à ce qu'il soit arrivé au dessus du poisson et qu'il en soit rapproché à la surface de l'eau : alors il fond sur sa proie avec impétuosité, et la saisit avec ses vigoureux crochets. Il se balance en l'air au dessus des endroits où le soleil ne donne point, afin que son corps ne fasse pas d'ombre. Il part pour la chasse, le matin, à huit ou neuf heures, et à midi ou une heure, et, lorsqu'après avoir fait deux fois le tour d'un étang, il n'a point pris de poisson, il va à un autre, et ensuite à un troisième, jusqu'à ce qu'il ait trouvé sa proie. Il pêche aussi dans les rivières et les ruisseaux. On peut le dresser pour la pêche, de même que le cormoran. Son cri est *crau* et *caie*.

Habitation et émigration. Cet oiseau n'est pas très abondant; mais on le trouve dans toute l'Europe, dans l'Asie-Mineure et le nord de l'Asie, en Amérique, en Afrique et même dans les îles des mers du Sud; il paraît assez commun en Bourgogne. Il se tient ordinairement dans les forêts, à la proximité desquelles il y a des rivières, des étangs, des lacs. Comme la congélation des eaux le privera de sa nourriture, il nous quitte sur la fin d'octobre, et ne revient que dans le mois de mars.

Nourriture. Le balbuzard se nourrit principalement de poissons, qu'il pêche avec beaucoup d'adresse, et on dit qu'il se nourrit aussi d'oiseaux aquatiques, et d'autres petits gibiers à poil et à plumes. Il enlève des carpes du poids de 5 livres; mais son ardeur lui devient quelquefois funeste, et lorsqu'il fond sur un poisson dont le poids surpasse ses forces, il est lui-même entraîné dans l'eau, ainsi qu'on en a eu des exemples par des squelettes de balbuzards trouvés dans des étangs à carpes et à brochets. Les truites paraissent être son mets favori, car il s'attache particulièrement à cette proie. Lorsqu'il a des petits, il se perche sur un arbre, près d'un étang, parce qu'alors il lui est plus difficile de se livrer à des courses lointaines. Il dévore sa proie ordinairement sur un arbre. Lorsque ses petits sont en état de voler, ils vont se poser sur des pierres, non loin de l'eau, et c'est là qu'ils prennent leur nourriture.

Propagation. Le balbuzard niche sur les grands arbres, les chênes ou les sapins; il construit son aire avec des ramilles, de la mousse et du gazon; la femelle y dépose trois ou quatre œufs blancs et tachés de roux. L'incubation dure trois semaines.

Qualités. Cet oiseau ne paraît avoir aucune qualité utile, et l'on juge, par sa nourriture, que c'est une espèce nuisible. Il dépeuple avec ses petits les rivières situées près des forêts où il se tient, surtout celles qui contiennent des truites. Sa chair, qu'on ne mange point, a une forte odeur de poisson.

Chasse. Le chasseur le guette, à des époques déterminées, sur le bord des eaux, et le tire, soit au moment où il enlève du poisson, soit lorsqu'il fond dessus. On tend aussi des nourritures, qu'on attache à des piquets autour des étangs où le balbuzard a l'habitude d'aller pêcher. Enfin, on emploie les moyens indiqués à l'article des *Oiseaux de proie*.

BALLE. C'est ainsi qu'on nomme le projectile que l'on met dans le fusil, lorsqu'on n'en emploie qu'un pour la charge. La *balle* de calibre est celle qui remplit exactement le canon du fusil.

BANCS. Ce sont les planches sur lesquelles les chiens se couchent dans le chenil.

BANDER AU VENT. (Terme de fauconnerie.) On dit de l'oiseau qui se tient sur les chiens: *Cet oiseau bande au vent.*

BARBET. Race de chien à gros poil frisé, qui va à l'eau et qu'on dresse à la chasse du canard; c'est pourquoi on l'appelle aussi *canard ou caniche.* (Voyez *Chien.*)

BARBILLAU. Maladie qui vient à la bouche des chevaux, des bœufs et des oiseaux. On croit que cette maladie vient à la langue des oiseaux de proie par un rhume chaud qui tombe sur les glandes de la gorge et les fait enfler.

BARBOTER. Ce mot se dit des canards et autres oiseaux aquatiques, quand ils boivent et fouillent dans la boue.

BARGE, *scolopax.* On donne ce nom à des oiseaux de rivage, dont les habitudes et les formes se rapprochent de celles des *bécasses.* Cependant leurs jambes sont encore plus élevées et leur bec plus alongé, droit et à pointe mousse; mais ils vivent de la même manière, et leur chair est aussi agréable à manger.

Il y a plusieurs espèces de barges, dont la plupart habitent des pays étrangers. Nous ne parlerons que de l'espèce commune.

LA BARGE COMMUNE, *scolopax limosa,* Lin., a le plumage généralement gris, la gorge et le front roussâtres, le croupion et le ventre blancs, la queue noirâtre et bordée de blanc, les grandes pennes des ailes noirâtres en dehors, et blanchâtres en dedans; les pennes moyennes et les grandes couvertures ayant beaucoup plus de blanc; les jambes de plus de 4 pouces et demi de hauteur; le bec de 4 pouces de longueur. Cet oiseau a une longueur totale, de la pointe du bec au bout de la queue, de 16 pouces, et de 18 jusqu'au bout des doigts. Sa voix est grêle et chevrotante. Il est timide et soupçonneux, ne se laisse point approcher, et il prend rapidement la fuite, à travers les roseaux, dans les bois marécageux.

Habitation. Les barges se plaisent à l'entour des marécages, sur les grèves limoneuses, elles aiment la boue et y plongent continuellement leur bec pour y chercher des vermisseaux et des petites plantes. Pendant le jour, elles se tiennent tranquilles dans l'obscurité des herbes humides, et ne sortent que le soir, ou vers l'aube du jour. On ne les rencontre qu'en bandes, et seulement en automne dans nos pays, car ce sont des oiseaux de passage, que la chaleur chasse dans les contrées froides et humides. On en voyait jadis dans les Vosges; mais il paraît qu'il n'y en a plus.

Nourriture. Elle consiste en vermisseaux.

Propagation. Comme les barges sont [des oiseaux de passage, en France, elles ne nichent pas chez nous.

Qualités. La chair de la barge est un mets délicat. « *La barge,* dit Belon, *est un oiseau ez delices des Françoys.* »

Chasse. La chasse de cet oiseau est difficile; celle au fusil est la seule qu'on puisse lui faire. Ce n'est que le matin et le soir qu'on peut les rencontrer, aux époques des passages, c'est à dire en septembre et octobre, et en les quêtant dans les lieux fangeux qu'il habite. On a besoin, pour cette chasse, d'un chien couchant.

BARRER *une enceinte.* C'est passer à travers une enceinte avec un limier, pour tâcher de mettre le cerf debout. On dit d'un chien qu'il *barre,* lorsqu'il balance sur la voie, et la cherche à droite et à gauche.

BARRES. En terme de chasse, on nomme *barres* les défenses d'un sanglier. *En fauconnerie*, on appelle *barres* les bandes noires qui traversent la queue de l'épervier.

BARREUR. On appelle *chien barreur* celui qui est le plus propre à la chasse du chevreuil.

BARTAVELLE. *Perdix rufa*, Lath. Oiseau du genre des perdrix et de l'ordre des *gallinacés*, qu'on appelle aussi *perdrix grecque*, parce qu'elle est commune dans la Grèce.

Description. Cette perdrix (*Pl.* 16, *fig.* 5) a beaucoup de rapport avec la perdrix rouge, dont elle diffère néanmoins par sa grosseur qui est presque double, et par des couleurs moins vives. Elle a le dessus du corps d'un gris cendré, la poitrine d'un brun terne, le ventre d'un roussâtre clair, une grande plaque blanche sur la gorge, et, au dessous, un demi-collier noir; une double raie de la même couleur sur chaque plume des flancs; la queue cendrée et les pennes latérales rousses à leurs extrémité; le bec et les pieds rouges.

Habitation. La bartavelle est un oiseau des pays chauds; on ne la trouve que dans quelques unes de nos contrées méridionales. Elle se tient sur les lieux élevés et ne descend guère dans les plaines que pour y nicher, et, en automne, pour chercher un abri dans les broussailles et les bruyères.

Nourriture. Celle des autres perdrix.

Propagation. La bartavelle ne fait point de nid; elle dépose sur de l'herbe ou des feuilles mortes, depuis huit jusqu'à seize œufs, de la grosseur d'un petit œuf de poule, et qui présentent des points roussâtres sur un fond blanc.

Les mâles se disputent les femelles avec plus d'acharnement que dans les autres espèces de perdrix, et montrent aussi près d'elles une ardeur plus vive à laquelle elles répondent également.

Qualités. La chair de cette grosse perdrix est encore plus délicate que celle des autres, même de la perdrix rouge. Ce serait une utile acquisition pour les propriétaires de parcs s'ils pouvaient y alimenter cette espèce; mais les essais qu'on a faits à cet égard ont été inutiles.

Chasse. Malgré le naturel sauvage de cette espèce, les mâles sont tellement transportés et tellement enivrés de désirs dans le temps des amours, lorsqu'ils entendent le cri de leurs femelles, qu'ils ne voient ni ne fuient le chasseur, et viennent quelquefois se poser sur lui. On a profité de cet abandon, de cet oubli d'eux-mêmes pour les attirer dans le piège, soit en leur présentant une femelle, vers laquelle ils accourent avec empressement, soit en leur présentant un mâle sur lequel ils fondent pour le combattre.

En Grèce, l'on chasse les bartavelles au fusil; mais cette chasse est extrêmement pénible en France, à cause de la difficulté de les chercher sur des montagnes coupées par des torrens et des précipices; il est plus commode et plus profitable de leur tendre des pièges, comme on le fait en Dauphiné et en Savoie. Ceux que l'on emploie avec le plus de succès, surtout dans le temps des amours, sont les collets et des halliers courts avec lesquels on barre les sentiers et les clairières des bois qu'elles fréquentent. On en prend encore avec les pochettes, comme les perdrix rouges; mais il faut, tant pour les halliers que pour les pochettes, avoir une femelle que l'on place auprès du piège, de manière à ce qu'elle soit visible; car on ne peut guère espérer d'en garder pour chanterelle, parce que les bartavelles périssent en captivité, et l'on ne connaît point d'appeau qui imite l'appel de la poule. Dès qu'on a entendu le mâle; on peut tendre un hallier ou une pochette, et placer du côté opposé une femelle, si l'on a pu s'en procurer une. Aussitôt qu'un mâle l'apercevra, il se précipitera dans le piège. (*Voyez Perdrix.*)

BAS-VOLER. On dit *bas-voler*, en parlant de la perdrix ou des autres oiseaux qui n'ont pas le vol élevé.

BASSET. Chien de chasse qui a les jambes courtes et quelquefois tortues, les oreilles longues, le corps long et le poil ordinairement roux. Cette race de chien dont le nez est exquis, est employée pour fouiller en terre; elle est excellente pour chasser les renards et les blaireaux. (*Voyez Chien*, chapitres I et 13.)

BATARD. Ce qui n'est point de la véritable espèce, mais qui en approche, et qui en est comme dérivé. On appelle *lévriers bâtards* ceux qui sont nés de l'espèce des lévriers et de celle des mâtins.

Les chiens qui sont issus d'une lice anglaise et d'un chien français, ou d'une lice française et d'un chien anglais, se nomment *bâtards anglais*. On fait grand cas des chiens bâtards. *En fauconnerie*, un oiseau bâtard est celui qui tient de deux espèces, comme du sacre et du lanier.

BATON CREUSÉ. (*Voyez Arme.*)

BATTERIE. (*Voyez Fusil.*)

BATTRE. On dit d'une bête qu'elle se fait battre, lorsqu'elle se fait chasser long-temps dans le même canton sans débucher. Lorsque le cerf ou le chevreuil fatigué va dans l'eau pour se rafraîchir et ruser, on dit alors l'animal *bat* l'eau, et quand il en est sorti, il a *battu* l'eau. On dit, en parlant aux chiens : *il bat l'eau*, ou *il a battu l'eau, valets, ha bat l'eau, ha bat l'eau!* M. de Dampierre, gentilhomme des plaisirs du roi Louis XV, et commandant de la meute du daim, a fait une fanfare qu'on sonne quand le cerf est à l'eau, et une autre quand il en est sorti; on nomme la première *la fanfare de l'eau*, et la seconde *la sortie de l'eau*.

On dit, en fauconnerie, que l'oiseau bat de l'aile, quand il agite fortement ses ailes, pour se soutenir en l'air en se battant.

BATTUE. Sorte de chasse que l'on fait au moyen de rabatteurs soit dans les bois, soit en plaine. Les tireurs sont placés sous le vent et en silence du côté opposé à celui d'où viennent les rabatteurs pour attendre et tirer le gibier qu'ils poussent devant eux. Il est arrivé de graves accidens dans des battues qui ont eu lieu en Allemagne. (*Voyez* les détails de cette chasse aux mots *Cerf* et *Lièvre.*) Il y a, sous ce dernier mot, un projet de réglement de police à observer parmi les chasseurs, qui paraît propre à prévenir les accidens.

BATTUES *pour la destruction des loups*. (Voyez *Loup*.)

BAUBIS. Chiens anglais, qui ont le corsage plus épais, la tête plus courte, et les oreilles moins longues que les chiens français. On leur coupe presque toute la queue; ils sont bas sur pattes, et longs. Ils hurlent sur la voie. Ils ont le nez dur, et le poil demi-barbet. (*Voyez* au mot *Chien*.)

BAUD. Race de chiens originaire de Barbarie, et propre à la chasse du cerf. On les appelle aussi chiens-cerfs et chiens muets. Ce dernier nom leur vient de ce qu'ils ne disent rien jusqu'à ce que le cerf soit hors de change. Ces chiens sont bons chasseurs, requérans, de haut nez, et de meilleure créance que les autres. On les nomme encore *greffins*. Ils sont ordinairement tout blancs.

BAUDIR. Mot qui vient d'*esbaudir*, égayer, et du latin barbare *exbaldire*. Terme de chasse qui signifie exciter les chiens du cor et de la voix.

Baudir un faucon, c'est l'exciter, l'encourager au combat contre un héron. Un bon chasseur doit savoir *baudir* et *rebaudir* à propos.

BAUGE. Lieu sale et bourbeux, dans lequel repose le sanglier ou autre bête noire et mordante. Le sanglier fait ordinairement sa *bauge* dans des épinières et lieux fourrés. (Voyez *Sanglier*.)

BEAU CHASSEUR. On dit qu'un chien est beau chasseur, quand il crie bien dans la voie, qu'il court avec grâce, et qu'il porte bien sa queue.

BEAU-REVOIR. Quand le terrain est frais et garde l'empreinte du pied d'un animal, on dit qu'il fait *beau-revoir*, et *mauvais-revoir*, quand le sol est sec et dur.

BEC. C'est une matière dure, cornée, à bords tranchans, qui sert de mâchoires aux oiseaux. La forme du *bec* varie dans les différentes espèces d'oiseaux, en raison de leur genre de vie et de leurs besoins naturels, ou plutôt leurs besoins et leurs mœurs dépendent de la conformation des organes dont ils se servent.

Il y a un rapport entre le *bec* et les autres organes du corps.

Le *bec* des oiseaux de proie est crochu et fait pour arracher, déchirer des lambeaux de chair.

Les oiseaux granivores ont des becs de figure conique et pointus; ceux des petits insectivores, tels que les bec-figues, sont plus petits et plus aigus, ce qui donne à leur voix un son plus doux et plus flûté. Dans les merles, le bec a une espèce de rebord; celui des oiseaux gallinacés est un peu crochu, et semble formé pour ramasser les semences, tandis que celui des petits granivores est fait pour briser les envelopes des grains, comme chez le moineau, le gros-bec et surtout le bec croisé. Dans les bruans, les ortolans, le dedans de la mandibule supérieure est garni d'une éminence dure pour briser les semences. Le bec des choucas est formé pour extraire les semences des pommes de pin, et en ôter les écorces.

Plusieurs oiseaux de rivage ont le bec alongé, recourbé, ou en forme de spatule ou de cuiller.

Parmi les oiseaux d'eau, les oies, les canards ont le bec large, plat, arrondi, avec des dentelures cartilagineuses sur les bords. Dans les pélicans, la mandibule inférieure du bec a une poche large, membraneuse dans laquelle ces animaux déposent du poisson. Les plongeons sont armés d'un bec dentelé, qui empêche les poissons glissans et écailleux de s'échapper lorsqu'ils sont pris. Enfin, on peut deviner le genre de nourriture d'un oiseau à la vue de son bec, de même qu'on reconnaît l'aliment qui convient à un quadrupède en considérant ses dents. La forme de ces organes influe sur les mœurs et les habitudes de ces animaux.

On appelle encore *bec* les mâchoires alongées de quelques poissons, et les mandibules cornées des sèches, qui ressemblent à celles des perroquets.

BEC COURBÉ. C'est l'*Avocette*. (*Voyez* ce mot.)

BEC-CROISÉ. Oiseau d'une espèce voisine de celle du *gros bec*. (*Voyez* ce mot.)

BEC-FIGUE, *Sylvia ficedula*, Lath. Oiseau du genre de la fauvette, qui forme une espèce particulière, quoique dans nos pays méridionaux on appelle *bec-figues* toutes les espèces de fauvettes.

Description. Cet oiseau (*Pl.* 14, *fig.* 4) a la grosseur de la linotte, près de 5 pouces de longueur; le bec de 6 lignes et demie de long, et noir; la queue de 1 pouce trois quarts; le dessus du corps d'un gris brun, le dessous jusqu'au ventre, d'un gris blanc; le ventre d'un blanc roussâtre; la queue noirâtre, bordée de blanc; les pieds et les ongles noirs. Son cri est *bzi, bzi*.

Habitation. On trouve les bec-figues dans les pays chauds; ils arrivent au printemps, en troupes nombreuses dans le midi de la France, et se dispersent dans nos climats tempérés, sans cependant s'étendre jusqu'à Paris. Ils habitent les bois et vivent dans la solitude.

Nourriture. Ces oiseaux se nourrissent d'insectes dans les bois, mais ils quittent leur solitude lorsque les fruits tendres, les figues, les mûres et les raisins sont en maturité; ils en font une grande consommation et s'engraissent promptement.

Propagation. On croit qu'ils font leur nid dans le creux des arbres.

Qualités. Le bec-figue est aussi recherché que l'ortolan.

Chasse. La saison favorable pour chasser les bec-figues est l'automne, époque où ils sont communs dans les vignobles. On les chasse au *fusil*, au *miroir*, aux *collets*.

La chasse *au fusil* se fait en parcourant les vignes, ou en les attendant auprès d'un arbre où l'on sait qu'ils ont l'habitude de se reposer. M. Bosc dit que, lorsqu'ils sont gras, ils se lèvent aux pieds du chasseur, et vont se poser si près qu'il faut souvent reculer pour pouvoir les tirer.

Pour la chasse au miroir, on emploie les filets ou nappes qui servent aux alouettes, mais dont les mailles doivent être plus petites; on se sert aussi de gluaux placés sur un petit arbre disposé à cet effet, ou d'un fusil. On doit, dans ce cas, se servir d'appeaux semblables à ceux des alouettes, et multiplier les perchans et les appelans, c'est à dire les oiseaux vivans attachés à un fil contre terre, car les bec-figues sont attirés par le cri ou la vue des autres petits oiseaux, et surtout de ceux de leur espèce. On peut se servir des premiers qu'on a pris pour attirer les autres. L'endroit le plus favorable pour y placer les filets est entre deux coteaux de vignes, et le meilleur temps, lorsque le soleil brille et qu'il ne fait pas de vent. Cette chasse aux filets et aux gluaux est amusante et très productive.

La chasse aux collets se fait en attachant ces collets aux branches des haies et des vignes dans les petites clairières qui se trouvent entre elles; l'on met un appât à chaque collet.

Enfin on chasse avec le filet nommé *araigne* (*voyez* ce mot). On tend ce filet dans le milieu d'une haie; on l'attache à deux perches légères, de 9 à 10 pieds de haut, pointues et ferrées du gros bout, au haut desquelles il y a une poulie pour le hisser avec plus de facilité et l'étendre. Une fois tendu, on le lie par en-bas, vers la terre, à différens coins de bois que l'on nomme *triquets*, avec les ficelles qui pendent, et qui sont à environ 2 pieds de distance les unes des autres. Alors le filet se trouve détendu et ramassé en tas : on l'attire avec un bâton par le carré de l'armure, surtout vers le milieu. Pour que les oiseaux puissent s'y embarrasser plus qu'ailleurs, on fait, à chaque carré, une espèce de bourse quand on soulève le filet ; et, lorsque tout ce travail est fait, l'on se rend à l'extrémité de la haie; on fait du bruit en frappant avec un bâton sur les broussailles, et en y jetant des pierres et des mottes de terre, afin d'amener les oiseaux au piége, ces oiseaux ne quittant la haie que lorsqu'ils ont été poussés à son extrémité.

On observera de ne se montrer et de ne battre que du côté opposé au filet : l'on doit choisir pour cette chasse un temps couvert et calme. Elle se fait ordinairement de grand matin et le soir vers les quatre heures, époques du jour où les oiseaux sont dans les haies.

BEC-FIGUE. En Lorraine, on donne quelquefois ce nom à la *farlouse;* dans quelques parties de la France, au *lariot;* dans le Bugey, à l'*alouette pipi*, et, en Provence, à la *linotte*.

BÉCASSE, *scolopax*. Genre d'oiseaux de la famille des échassiers, qui se reconnaît à la longueur de son bec et qui renferme plusieurs espèces ou variétés.

BÉCASSE ORDINAIRE (la), *scolopax rusticola*, Lath., est un oiseau de passage dont les chasseurs ont le plus grand cas.

Dénominations. En grec, *skolopax*; en italien, *becassa*; en allemand, *schnepfe*, *waldschnepfe*; en anglais, *woodkock*, qui signifie *coq de bois*.

Description. La bécasse (*Pl*. 17, *fig*. 5) se distingue par une tête petite, un front élevé et des yeux placés très en arrière. Elle ne se tient point, comme les autres oiseaux de marais, dans les plaines près des eaux et dans les prairies humides ; elle habite les forêts de plaines et de montagnes ; aussi la nature ne l'a-t-elle pas pourvue de longues jambes nues pour marcher dans les vases. Elle a la grosseur de la perdrix, mais moins de chair, et, par conséquent, moins de poids.

Sa longueur est de 14 pouces, y compris la queue, qui a 2 pouces et demi. Son envergure ou son vol est de 19 pouces. Le bec, qui a 3 pouces de long, est droit, effilé, flexible, un peu arrondi vers la pointe, jaune en haut et brun à la pointe ; les jambes ont 1 pouce et demi de haut ; elles sont d'un gris cendré, et les doigts rougeâtres. Cet oiseau a le haut de la tête, le cou, le dos, les couvertures des ailes variés de marron, de noir et d'un peu de gris; quatre larges bandes sur le cou, transversales et noires ; de chaque côté de la tête, une petite bande de la même couleur, qui s'étend depuis les coins de la bouche jusqu'aux yeux ; la partie inférieure du dos, le croupion, les couvertures du dessus de la queue, la poitrine, le ventre d'un blanc sale et rayés transversalement ; le devant du cou jaunâtre ; les pennes des ailes brunes, avec des taches triangulaires rousses ; la queue arrondie, bordée de roux, et terminée de cendré ; les pieds couleur de chair.

La femelle est un peu plus grosse que le mâle ; elle a des couleurs plus pâles, et ordinairement plusieurs plumes blanches aux couvertures des ailes.

Les bécasses varient non seulement en couleur, mais encore en grosseur. Celles qui arrivent au printemps sont ordinairement beaucoup plus petites, et pèsent un quart de moins que celles qu'on vient de décrire, et que, dans plusieurs endroits de l'Allemagne, on appelle *têtes de hibou* (*eulenkopfe*):

Les chasseurs, en France, distinguent trois sortes de bécasses : l'une un peu plus petite, et l'autre un peu plus grande que celle dont nous venons de parler. La plus petite, que l'on nomme en Picardie *martinet*, a le bec plus long, le plumage roussâtre, et les pieds de couleur bleue; elle arrive après les autres. La grosse, qui est d'un tiers plus forte que celle ordinaire, a le plumage plus rembruni ; elle hante peu les bois, et habite de préférence les grosses haies doubles dans les pays couverts. Outre celles-ci, l'on trouve plusieurs variétés accidentelles; telle est la *bécasse blanche* ou mélangée de blanc, avec le bec et les pieds d'un jaune pâle; la *bécasse rousse*, dont le fond du plumage est roux, et les ondes d'un roux clair; la *bécasse isabelle*, qui est d'une couleur totalement jaune, très légère; la *bécasse à tête rouge*, qui a tout le corps blanc, les ailes brunes et la tête rougeâtre ; la *bécasse aux ailes blanches*, qui ne diffère de la bécasse ordinaire qu'en ce que ses ailes sont blanches.

Le vol de la bécasse n'est pas très rapide; il n'est ni élevé ni long-temps soutenu; aussi cet oiseau ne vole pas volontiers; il s'abat avec tant de promptitude, qu'il semble tomber comme une masse abandonnée à toute sa pesanteur; dès qu'il est posé à terre, il court avec vitesse ; c'est pourquoi on ne le trouve pas là où il s'est abattu.

Le mâle ne fait entendre sa voix que dans le temps de ses amours, le soir et le matin. Ses cris ont des tons différens, passant du grave à l'aigu : *go*, *go*, *go*, *go*; *pidi*, *pidi*, *cri*, *cri*, *cri*; ces derniers semblent être de colère entre plusieurs mâles rassemblés. Ils ont aussi une espèce de croassement, *couan*, *couan*, et un certain grondement, *frou*, *frou*, lorsqu'ils se poursuivent.

Habitation. La bécasse est universellement répandue dans l'ancien continent, au nord et au sud; mais, observe M. Vieillot, ce n'est pas la même race que l'on trouve dans l'Amérique septentrionale; elle forme une espèce séparée comme celle de Cayenne. Les bécasses habitent les hautes montagnes où il se trouve des marais, des prairies, des pâturages, à la proximité des champs. Il y a deux époques où elles arrivent dans nos climats : l'une est vers le *milieu du mois d'octobre*, lorsque les feuilles des arbres jaunissent. Elles voyagent la nuit, et quelquefois le jour, par un temps sombre, toujours une à une, ou tout au plus deux ensemble, mais jamais en troupe. Elles se tiennent alors sur les hautes montagnes pendant le jour; mais elles n'y restent pas long-temps. *A leur retour en mars*, elles choisissent des situations différentes : elles se placent volontiers dans les taillis des terrains bas et marécageux, et si le temps les y oblige, elles demeurent plusieurs jours, et jusqu'à ce que les montagnes vers lesquelles elles dirigent leur voyage, ou sur lesquelles elles veulent prendre leur quartier d'été, soient en grande partie débarrassées des neiges qui les recouvrent. Pendant ce temps, elles volent, vers la brune, et en faisant entendre le bruit dont nous avons parlé, vont d'une partie de bois dans une autre, et s'abattent dans les lieux humides, les prairies, les pâturages ou les champs ensemencés, pour chercher de l'herbe. Lorsqu'elles sont rassasiées, elles partent de là pour aller ailleurs, ou bien elles y rentrent jusqu'au lendemain matin, et reviennent dans un canton de bois voisin. Elles font de semblables excursions pour se procurer de la nourriture, dans les endroits où elles font leur couvée; mais le jour, elles sont ordinairement retirées dans les jeunes taillis et les buissons les plus épais, où elles ne bougent pas. Elles sont tellement immobiles qu'il faut des chiens pour les faire lever, et que souvent elles ne partent que sous les pieds du chasseur.

Plusieurs auteurs prétendent qu'il ne reste pas de bécasses dans nos contrées après la fin de mars. Cependant, M. Desgraviers, dans son *Parfait chasseur*, nous dit en avoir vu tuer des jeunes, au mois d'août, dans les bois de la Brie, et il existe un canton de la forêt de Compiègne, appelé *la Michelette*, où l'on trouve des bécasses à toutes les époques de l'année.

Nourriture. Leur nourriture consiste en vers, limaçons, escarbots et autres insectes; elles mangent aussi de petites racines pourries et de l'herbe tendre. Pour retirer les vers, elles enfoncent leur bec de toute sa longueur dans la fange et la terre. Elles aiment beaucoup les vers qui se trouvent dans la fiente des animaux, qu'elles recherchent soigneusement.

Propagation et accroissement. Les bécasses s'apparient ordinairement aussitôt leur arrivée; au printemps, ou dès qu'elles sont parvenues à leur demeure d'été. Lorsqu'elles partent pour retourner sur les montagnes, elles volent rapidement et sans s'arrêter pendant la nuit ; le matin, elles se cachent dans les bois pour y passer la journée, et en partent le soir, pour continuer leur route. Arrivées à leur destination, elles se fixent dans les endroits les plus solitaires et les plus élevés des montagnes, où elles se nichent. La femelle fait son nid par terre, et le compose de feuilles et d'herbes sèches, entremêlées de petits brins de bois, le tout rassemblé sans art, et amoncelé contre un tronc d'arbre ou sous une grosse racine, ou dans de grandes herbes; elle y dépose quatre ou cinq œufs, oblongs, un peu plus gros que ceux du pigeon commun, d'un gris roussâtre, et marbrés d'ondes plus foncées et noirâtres. On dit que ces œufs sont un mets très friand. Lorsque les petits sont éclos, ce qui arrive après dix-sept à dix-huit jours d'incubation, ils quittent le nid et courent, couverts seulement de poil follet : les premières plumes qui paraissent sont celles des ailes, et ils commencent à voler sans en avoir d'autres; c'est ainsi qu'en volant et courant ils fuient, quand ils sont découverts. On a vu la mère ou le père en prendre un sous leur gorge, et l'emporter ainsi à plus de mille pas. M. Vieillot dit qu'il a vérifié ce fait en Amérique; que ce n'est point sous la gorge que le petit est placé, mais qu'il se cramponne sur le dos. Le mâle ne quitte pas la femelle, tant que les petits ont besoin de leurs secours. Quand la femelle couve, le mâle est presque toujours couché près d'elle, et ils reposent naturellement le bec sur le dos l'un de l'autre. Les mâles d'un caractère jaloux se disputent une femelle, en se battant jusqu'à se jeter à terre, et se piquer à coups de bec.

Ennemis. Les chats sauvages, les renards, les martes, les belettes et tous les oiseaux de proie sont les ennemis des bécasses. Elles ont des poux gris sur la peau et une grande quantité de vers intestinaux.

Qualités. La chair de la bécasse est ferme, noire, et n'est pas fort tendre; il faut la conserver pendant quelque temps pour qu'elle le devienne et pour qu'elle prenne le fumet qui la fait rechercher. Les gourmets ont une manière de connaître le point où cette chair est parvenue au degré qui lui convient. On suspend l'oiseau par une penne du milieu de la queue; lorsque le corps s'en détache et tombe, c'est le moment de la manger. On la cuit sans ôter les entrailles, qui, broyées avec ce qu'elles contiennent, font son meilleur assaisonnement. On observe que les chiens n'en mangent point ordinairement, et que quelques uns ont de la répugnance à la rapporter. La chair des jeunes a moins de fumet, mais elle est plus tendre et plus blanche que celle des vieilles.

Les bécasses sont charnues et grasses depuis novembre jusqu'en février; mais, à leur arrivée et depuis la fin de février, elles le sont beaucoup moins. Celles qu'on prend en mars sont maigres, parce qu'alors elles sont en amour. Celles qui restent en été sont, dans cette saison, dures et sèches et d'un fumet très fort.

Chasse des bécasses.

Plusieurs moyens sont employés pour la chasse des bécasses : *l'affût*, *le chien d'arrêt*, *la battue*, *pantière*, *les collets*, *les rejets*.

On a soin de reconnaître les endroits équentés par les bécasses; les indices qui s'offrent à cet égard sont les *miroirs* ou *fientes* grisâtres qu'elles y laissent, et les feuilles mortes qu'elles ont rangées de droite et de gauche pour chercher des vers.

I. *L'affût.* On sait que les bécasses, lors de leur arrivée, au printemps, traversent les forêts à la brune et en plusieurs sens, pour aller aux mares voisines se laver le bec et les pieds, et ensuite dans les champs, pour y véroter toute la nuit, et que, dès le crépuscule du matin, elles reviennent à l'eau, et rentrent ordinairement dans les bois touffus pour y rester pendant le jour. Le chasseur profite de ces excursions ou passées, surtout de celles du soir, pour tirer les bécasses. Comme elles préfèrent, au printemps, les jeunes bois situés dans les lieux bas et abrités, et que le soir elles vont dans les marais, les prairies, les champs ensemencés, les pâturages et autres lieux semblables, le chasseur se choisit un poste à leur proximité, dans un bois fourré et de peu d'élévation. Il s'y rend avant la brune, ou dès que l'étoile du soir paraît, s'établit dans un endroit commode, et, autant que possible, entre des buissons de 3 à 10 pieds de haut, place près de lui un chien d'arrêt pour rapporter, et profite de la passée des bécasses pour les tirer. On ne doit point se placer sous un arbre, parce que les branches empêchent de tirer, et on ne doit pas davantage s'établir dans un vide ou une clairière d'une certaine étendue, parce que, dans ces endroits, les bécasses s'abaissent quelquefois trop bas, pour qu'on puisse les bien voir dans l'obscurité de la nuit.

Si l'on veut chasser à la passée du matin, il faut être rendu sur les lieux avant le jour; car les bécasses arrivent dès le crépuscule et s'abattent promptement. La chasse du matin ne dure donc que pendant quelques minutes, tandis que celle, beaucoup plus agréable, qui se fait le soir, dure pendant une demi-heure.

II. *Chasse avec un chien d'arrêt.* Dans les localités où il se trouve beaucoup de jeunes bois dans lesquels les bécasses aiment à se retirer, cette chasse est agréable et fructueuse, lors du passage du printemps. On chasse devant soi avec un chien d'arrêt bien assuré, que l'on retient toujours à peu de distance. Cette chasse se fait dans les jeunes taillis et les broussailles, en allant contre le vent, et l'on tire les bécasses que le chien fait lever, ou qu'il tient en arrêt. Il est utile, toutes les fois qu'on a découvert une bécasse, de la suivre, autant que possible, jusqu'à ce qu'on ait pu la tirer; car il arrive souvent qu'on n'en trouve plus ensuite, et l'expérience apprend qu'il y a plus de profit à poursuivre ardemment les bécasses qu'on a découvertes, qu'à en chercher d'autres. On ne doit pas oublier non plus qu'au printemps, ces oiseaux recherchent de préférence les forêts dont le sol est bas et humide, tandis qu'en automne ils se retirent dans les forêts dont la situation est élevée et sèche. Le plomb que l'on emploie avec le plus de succès, est celui n° 4 ou 5; ce dernier paraît préférable, en ce qu'il garnit mieux, et qu'il est reconnu que la bécasse tombe pour peu qu'elle soit touchée.

III. *La battue.* Comme les bécasses se laissent poursuivre assez volontiers devant le chasseur, on profite de cette disposition pour les rabattre, au printemps et en automne. La battue que l'on fait à cet effet ne diffère de celle que nous avons indiquée pour la chasse du lièvre en forêt (voyez *Lièvre*, § IV), qu'en ce que l'enceinte doit être plus petite, et que les traqueurs, également munis de bâtons, doivent battre le fourré, et n'être éloignés que de trois ou quatre pas l'un de l'autre. S'il arrive que les bécasses viennent à rétrograder, il est à propos de recommencer les battues jusqu'à ce qu'on soit parvenu à les tirer. Comme dans cette chasse on n'a pas toujours égard à la direction du vent, on peut, dans ce cas, rompre à volonté la battue, ou la raccourcir, et placer les tireurs tantôt d'un côté, tantôt de l'autre.

IV. *La pantière.* On tend aux bécasses la pantière simple et la pantière contre-maillée (voyez *Pantière*). Les mois de novembre, décembre et janvier sont les plus propres à cette chasse, et ceux où les bécasses sont plus grasses; les jours de brouillards sont les meilleurs. Le moment favorable commence une demi-heure avant le coucher du soleil, et ne dure qu'une heure.

La *Pl.* 38, *fig.* 4, représente une pantière tendue entre deux arbres. Lorsque l'oiseau donne dans le filet, le chasseur, placé au loin, le laisse tomber, et l'oiseau est pris. Les chiffres 1 et 2 sont les cordes qui lient le filet au pied des arbres; 3, 4, les anneaux du filet; 5, le tourniquet pour le tendre; 6, 7, les cordeaux. On tend ce filet dans de jeunes bois, et il arrive souvent qu'on y prend une douzaine de bécasses dans une soirée.

V. *Les collets.* On peut prendre des bécasses, lors de leurs passages, au printemps et en automne, et surtout à la première époque, en faisant usage des *collets*, que nous avons décrits sous les noms de *collets à piquets en arc et en triangle.* (*Voyez* ces mots, et la *Pl.* 41, *fig.* 2, 3, 4 et 5.)

Pour cet effet, on établit, dans un canton de forêt où l'on sait qu'il y a des bécasses, des claies à jour, faites avec des brins de coudrier, et ayant 18 pouces de hauteur et 8 pieds de longueur. On dispose ces claies en zigzag dans les endroits les plus fourrés, et l'on ménage un petit intervalle d'une claie à une autre, pour y tendre un collet, afin que les bécasses, en voulant passer par les petites ouvertures qui séparent les claies, puissent se prendre aux pièges. On forme avec ces claies plusieurs lignes, que l'on espace de 40 à 50 pas, et il n'est point rare d'y prendre un grand nombre de bécasses. Mais, si l'on n'a point de claies, on dresse les collets sur des sentiers anciennement pratiqués par les bestiaux, ou bien on peut encore former une enceinte de 40 à 50 pas de large, en établissant une petite haie de 7 à 8 pouces de hauteur, avec des genêts et autres petits bois que l'on pique en terre, ou qu'on lie ensemble, s'ils existent sur le terrain, et en laissant de distance en distance des ouvertures suffisantes pour le passage d'une bécasse. On pratique aussi des petits sentiers qui conduisent à ces ouvertures, que l'on garnit chacune d'un collet à piquet, ouvert à la hauteur de l'estomac de l'oiseau. On peut encore en mettre un à plat sur la terre. Lorsque l'oiseau, en cherchant à manger ou à sortir du bois, rencontre cette haie, il la suit jusqu'à la première passée, où il s'engage et se prend, soit par le cou, soit par les pieds. Il est entendu qu'on doit visiter les pièges tous les jours, pour enlever les oiseaux captifs, et empêcher qu'ils ne deviennent la proie des renards.

Les claies dont nous avons parlé sont préférables aux haies de genêts, parce qu'on les tend où l'on veut, et qu'elles peuvent servir pendant plusieurs années, si on a soin de les mettre à couvert.

VI. *Les rejets.* Comme les bécasses vont la nuit, le long des fontaines, des ruisseaux et des mares, on peut y tendre utilement le *rejet corde à pied*, que nous avons décrit au mot *rejet*. On commence par fermer toutes les avenues de la pièce d'eau avec les claies ou au moyen de la haie artificielle dont nous avons parlé dans le paragraphe précédent, et l'on tend ensuite des rejets ou des collets à chacune des ouvertures ménagées dans la haie.

BÉCASSEAU, *tringa ochropa*, Lath. Oiseau du genre du vanneau, que l'on nomme vulgairement *cul-blanc des rivages, petit chevalier*, en Picardie, et *bécassine à cul blanc*, en Lorraine.

Description. Cet oiseau (*Pl.* 17, *fig.* 8), dont la grosseur est à peu près celle de la bécassine, a 10 pouces de longueur, y compris la queue de 2 pouces; le bec, long de 1 pouce 3 lignes, un peu recourbé à la pointe, d'un vert foncé, et noir vers le haut; l'iris noisette; les jambes verdâtres, d'un pied 4 lignes de haut; les doigts extérieurs et celui du milieu liés par une petite membrane; la tête petite, le cou long et le corps arrondi; le sommet de la tête et le haut du cou d'un gris cendré, avec des taches brunes et blanches; le dessus du corps d'un brun foncé, avec des petites taches rousses, blanches et noires, les unes triangulaires, les autres carrées, ces dernières se reflétant en vert; toutes les autres parties blanches, tachetées de brun, la queue rayée de noirâtre et de blanc. C'est, au total, un bel oiseau. Il vole avec une grande rapidité, en faisant entendre continuellement son cri: *gu, gu*. Il court également très vite, et il répand une odeur de musc très prononcée.

Habitation. Les bécasseaux fréquentent les rivages de la mer, des rivières, des lacs et des étangs; on en voit, dans le mois de juin, sur le Rhône et la Saône; il s'en trouve même sur la Seine; ils arrivent en Lorraine dans le mois d'avril, et repartent dès le mois de juillet; enfin il y en a, sur les côtes de la Picardie, pendant les deux tiers de l'année. Ces oiseaux sont sans cesse en mouvement, allant d'un étang ou d'une rivière à l'autre.

Nourriture. Du frai de poisson, des vermisseaux, des limaçons, des scarabées et autres insectes, et des jeunes plantes aquatiques.

Propagation. Le bécasseau fait son nid dans les mêmes lieux que le vanneau; la ponte est de 5 à 6 œufs, d'un blanc verdâtre, tacheté de brun.

Ennemis. Ceux du vanneau.

Qualités. Chair délicate, mais ayant un goût de musc.

Chasse. On le chasse au fusil, aux gluaux, avec un appeau et aux collets. Il est difficile à approcher, passant et repassant d'une rive à l'autre quand on le fait partir. Il plonge quelquefois dans l'eau, lorsqu'il n'est que blessé ou poursuivi, et on le rencontre presque toujours seul, si ce n'est au temps de la ponte, où le mâle et la femelle ne se quittent pas, et en petites troupes lorsqu'ils voyagent.

BÉCASSINE, *scolopax gallinago*, Lath. Oiseau du genre de la bécasse, qui est très bien nommé, puisqu'on ne le considérant que par la figure, on pourrait le prendre pour une petite espèce de bécasse. En effet, la bécassine a, comme la bécasse, le bec très long, la tête carrée et le plumage madré de même, excepté que le roux s'y mêle moins, et que le gris blanc et le noir y dominent. Voici, au surplus, ses caractères distinctifs:

Description. La bécassine (voyez *Pl.* 17, *fig.* 6) a 10 pouces de longueur, y compris la queue, qui en a 2; le bec de 2 pouces 3 lignes de long, droit, effilé, s'élargissant en forme de masse vers la pointe, garni de points anguleux, d'un jaune verdâtre, et noirâtre à l'extrémité; l'iris noisette, les jambes de 1 pouce 3 lignes de haut et d'un vert brun; le dessus de la tête partagé par deux raies longitudinales noires et trois rougeâtres; la poitrine et le ventre blancs; le reste du plumage d'un brun roussâtre, mêlé de brun foncé et de noir, avec des taches blanches sur les ailes. La bécassine se cache volontiers dans les grandes herbes: lorsqu'elle s'élève, elle fait d'abord plusieurs crochets, et file ensuite en ligne droite, mais elle ne va pas fort loin: elle fait entendre en s'élevant un petit cri court et sifflé qu'on ne peut décrire.

Habitation. On trouve la bécassine dans presque tous les pays et surtout vers le nord: elle se tient dans les marais, les prairies humides, les herbages et les osiers, au bord des rivières. En France, elle se montre en automne, disparaît pendant les grands froids, revient au printemps, et nous quitte de nouveau pendant l'été. Cependant, quelques individus passent l'hiver dans nos marais, et on en voit en Auvergne, qui y nichent pendant l'été.

Nourriture. La même que celle de la bécasse.

Propagation. Les bécassines s'apparient dans le mois d'avril. Leur nid est ordinairement placé sur un bouquet d'herbes dans les marais: la ponte est de 4 à 5 œufs olivâtres et tachetés de brun foncé et de gris; l'incubation dure trois semaines; les jeunes suivent leur mère dès qu'ils sont nés et ne tardent point à voler.

Ennemis. Les mêmes que ceux de la bécasse.

Qualités. La chair de la bécassine est d'une saveur fine et délicate; mais, si on tarde trop à la manger, elle contracte un goût fort, surtout quand elle est chargée de graisse.

BÉCASSINE (grande), *scolopax major.* Cette bécassine, que mal à propos on a regardée comme une variété de la bécassine ordinaire, est ainsi décrite par M. Hartig:

Description. Elle a 16 pouces de longueur, y compris la queue, qui en a trois; le bec de près de 2 pouces de long, droit, arrondi et creusé vers la pointe;

marqué de plusieurs points, d'un brun foncé à l'extrémité et jaunâtre à sa base; l'iris d'un châtain foncé; les jambes de 1 pouce 9 lignes de haut et d'un jaune verdâtre; la tête étroite, ayant à son sommet deux raies noires et une rousse dans le milieu, et sur les côtés des points d'un gris blanc et noirs. Le reste de son plumage a beaucoup de ressemblance avec celui de la bécasse; mais celle-ci est d'un tiers plus pesante.

Habitation. Cette espèce habite presque tous les pays de l'Europe, où elle recherche les marais et les lieux humides plantés de bois. Elle arrive en août, venant des contrées septentrionales; elle ne fait chez nous qu'un court séjour pour passer dans le midi, et elle repasse en mars et avril pour retourner dans le nord. Elle ne voyage jamais en troupe, et on la trouve toujours isolée. D'après les auteurs français, on la voit dans les marais de la Picardie, et elle serait assez commune en Provence, où elle serait connue sous le nom de *bécasson*.

Nourriture. Celle de la bécasse.

Propagation. Les grandes bécassines s'apparient dès leur arrivée dans les lieux qu'elles ont choisis pour leur séjour pendant l'été; elles construisent un nid sans art, avec quelques bûchettes de bois, dans un trou, sous un buisson, ou dans de grandes herbes. La ponte est de 4 à 5 œufs olivâtres, tachetés de brun, que la femelle couve pendant trois semaines; les jeunes suivent leur mère dès qu'ils sont éclos, et ils ne tardent pas à voler.

Ennemis. Ceux de la bécasse.

Qualités. La chair de cet oiseau est très délicate et d'un excellent goût.

BÉCASSINE (petite), *scolopax gallinula*, Lath.: elle est aussi connue sous le nom de *sourde*.

Description. Elle a 8 pouces de longueur, y compris la queue, qui a 1 pouce 3 lignes; le bec semblable à celui de la bécassine commune, et seulement d'un pouce et demi de long; les jambes d'un pouce de haut; la tête d'un brun noir avec des bandes roussâtres; un trait de même couleur sur les yeux; le cou, la poitrine et le ventre blancs, avec des taches brunes sur le cou; le dessus du corps d'un bleu rougeâtre luisant; quatre bandes d'un jaune pâle qui partent du cou et s'étendent jusque sur la nuque; les couvertures des ailes d'un brun foncé avec des taches blanches; tout le plumage doux et soyeux, d'où lui est venu son nom allemand de *haarschnepfe* (bécassine velue). Du reste, elle partage tous les autres caractères de la bécassine ordinaire.

Habitation. On la trouve dans les mêmes lieux que cette dernière; mais elle arrive un peu plus tard en automne, et nous quitte en même temps. On a de la peine à la faire lever, ce qui lui a fait donner le nom de *sourde*.

Nourriture. Celle de la bécassine ordinaire.

Propagation. Semblable à celle de l'autre.

Ennemis. Ceux de la bécasse et tous les oiseaux de proie.

Qualités. Chair très délicate, mais devenant d'un goût fort, si on tarde trop à la manger.

Chasse des bécassines.

Cette chasse se fait au *fusil*, aux *collets*, aux *filets*, à peu près de la même manière que pour les bécasses, puisque ces deux espèces principales ont les mêmes habitudes, à l'exception que les bécassines ne fréquentent point les bois, mais seulement les marais et les lieux humides.

I. *Chasse au fusil.* La chasse des bécassines au fusil, dans le temps de leur passage en automne, est à la fois amusante et instructive pour le chasseur, auquel elle procure une bonne occasion d'exercer son adresse. On cherche alors ces oiseaux dans les prairies marécageuses et sur les bords des étangs garnis d'herbes, et l'on se fait précéder par un chien d'arrêt, devant lequel elles tiennent ordinairement assez bien. Le meilleur plomb, pour ces oiseaux, est celui n° 6. Il ne faut pas se presser de tirer, parce que les bécassines, après s'être levées, font des crochets sur une longueur de 45 à 50 pieds, après quoi elles filent horizontalement.

La double bécassine est plus facile à tuer, parce qu'elle part de moins loin, et que son vol est droit, mou et sans crochets: on la chasse avec le chien couchant, de la même manière que le râle.

La petite bécassine, très difficile à faire lever, part de très près, et ne se remet jamais loin; son vol est d'ailleurs moins rapide et plus direct que celui de la bécassine ordinaire. Sa chasse est néanmoins difficile, par rapport aux cantons où on la trouve.

II. *Collets.* On emploie avec avantage les mêmes collets que pour la bécasse; on les dispose au bord des marais, dans les plantes aquatiques et les joncs.

III. *Filets.* Dans les lieux où les bécassines sont abondantes, on se sert du *traîneau portatif* (voyez ce mot), dont les mailles en losange doivent avoir au plus 18 lignes de large. Cette chasse se fait la nuit, et quelquefois pendant le jour, lorsque le temps est sombre: on porte le traîneau sur le bras, à la hauteur de 3 pieds, et l'on bat de temps en temps les herbes; les bécassines s'enlèvent le bec en l'air, et s'embarrassent dans le filet qu'on laisse tomber.

En Allemagne, on fait usage de la grande tirasse dont nous avons parlé au mot *Tirasse*, et l'on se fait précéder d'un chien d'arrêt, de la même manière que pour la même chasse aux *perdrix*.

On peut également prendre des bécassines, en tendant, dans des marais et queues d'étangs, des pantières, comme pour la bécasse.

BECCADE. (Fauconnerie.) Les fauconniers disent faire prendre la *beccade* à l'oiseau, pour dire lui donner à manger.

BÉCHOT. Nom vulgaire du beccasseau en Provence.

BÉCOT. C'est la petite bécassine.

BECQUABO ou BIQUEBO. Nom vulgaire que porte en Picardie le pivert. En patois lorrain, toutes les espèces de pics se nomment *becquèbois* ou *baquebo*.

BECQUER, BECQUETER, ou BÉCHER. Se dit en fauconnerie de l'action d'un oiseau qui prend la *becquée*, tant qu'il en peut attraper d'un coup de bec. Il signifie aussi donner des coups de bec.

BECQUEROLLE, ou **BOURIOLE**, dénomination vulgaire de la petite *bécassine*, en quelques lieux de la France. (Voyez *Bécassine*.)

BECQUILLON. Terme de fauconnerie, qui désigne le bec des oiseaux de proie encore jeunes.

BÉDAUDE. C'est la corneille mantelée en quelques endroits de la France. (Voyez *Corneille*.)

BÉDOUIDE. En Provence, c'est la farlouse. (Voyez *Farlouse*.)

BÉJAUNE. C'est, en fauconnerie, un oiseau *niais*, ou sortant du nid, qui ne sait encore rien faire. Ce terme vient de ce que les très jeunes oiseaux de proie ont le *bec jaune*; il est, au figuré, le synonyme de l'ignorance.

BELETTE, *Mustela vulgaris*, Linn. En allemand, *kleine wiesel*; en anglais, *common weasel*. C'est un quadrupède du genre *marte*, de la famille du même nom, et de l'ordre des *carnassiers*, que l'on confond quelquefois avec l'*hermine*, avec laquelle la belette a beaucoup de ressemblance par sa conformation et ses habitudes. Cependant l'hermine est un peu plus grande, rousse ou jaunâtre en été, blanche en hiver.

Description. La belette (Pl. 6, *fig.* 9), dont la longueur varie entre 6 et 11 pouces, a le dos et les côtés du corps, la face extérieure des jambes jusqu'aux pieds d'un fauve clair; le bout de la queue d'un poil brun approchant du noir, le reste étant de la même couleur que le dos, à l'exception d'une teinte jaune qui s'étend au dessous jusqu'à la moitié de sa longueur; le front et les côtés de la mâchoire supérieure d'un brun noirâtre; les joues, le menton, le bord des oreilles et les tarses blancs; et le reste du corps, l'intérieur des cuisses et des jambes d'un blanc lavé de jaune de soufre.

La belette, de même que le *putois* et le *furet*, a l'odeur si forte, qu'on ne peut la garder dans une chambre habitée; sa démarche est silencieuse; elle ne donne jamais de la voix si on ne la frappe; son cri aigre et enroué exprime bien le ton de la colère.

Habitation. La belette est également répandue dans les climats les plus chauds et les plus froids de notre continent; cependant le vrai pays natal de ce petit animal paraît être la partie septentrionale de l'ancien monde. Elle est en grand nombre en Suède, en Laponie, en Norwége; elle devient toute blanche pendant l'hiver en Sibérie; et l'été, son poil, d'un brun noirâtre, n'a ni la vivacité ni la beauté de celui des belettes du midi de l'Europe. La *belette* ne demeure pas, comme l'*hermine*, dans les déserts; elle habite les maisons, les jardins, les haies, les vieux murs, les tas de pierres, le bord des rivières, le creux des arbres, les bois.

Nourriture. La belette, quoique beaucoup plus petite que le furet et la fouine, fait, comme eux, la guerre aux volailles, aux moineaux, aux rats, aux souris. C'est pendant l'été qu'on la trouve plus éloignée des maisons. Elle attaque alors les couleuvres, les rats d'eau, les taupes et les mulots; elle prend les perdrix et les cailles lorsqu'elles couvent, et les dévore avec leurs œufs; elle mange les lapereaux, les levrauts, et elle attaque quelquefois les vieux lièvres et lapins. Plusieurs auteurs ont écrit qu'elle ne mange que la nuit, qu'elle laisse pendant trois jours la viande fraîche avant d'y toucher, et que c'est aussi la nuit qu'elle va chercher sa proie. Ces assertions ne sont pas exactes, car nous avons vu plusieurs fois des belettes chasser, prendre en plein jour, non seulement des lapereaux, mais encore des vieux lapins.

Propagation. La belette est en amour dans le mois de mars, et elle fait ses petits cinq semaines après, ordinairement dans le creux d'un vieux saule, après leur avoir préparé un lit avec de l'herbe, de la paille, des feuilles et des étoupes; les portées sont depuis quatre jusqu'à huit petits, qui sont d'un gris rougeâtre. La mère les nourrit pendant long-temps; on peut les apprivoiser.

Ennemis. La belette a pour ennemis les chiens, les chats, et même la cigogne blanche, qui, au rapport de Bechstein, sait s'en emparer.

Qualités utiles ou nuisibles. L'odeur très désagréable de la *belette* fait rejeter cet animal de nos tables; sa fourrure, dans nos pays, n'a presque point de valeur; et, si on lui déclare la guerre, ce n'est que dans la vue de détruire un ennemi, qui fait lui même une guerre cruelle aux oiseaux de basse-cour, et au gibier dans les champs. Cependant la belette rend des services à l'agriculture, en dévorant les rats, les souris et les mulots, qui font tant de tort aux moissons et aux forêts. Les vertus médicales, qu'on avait attribuées aux différentes parties de cet animal, sont aujourd'hui démenties par l'expérience.

Chasse de la belette. On tue la belette à coups de fusil; mais ce moyen est fort lent et peu efficace, la belette se laissant surprendre difficilement.

On empoisonne les belettes en plaçant dans les trous qu'elles fréquentent une pomme ou une poire bien mûre, qu'on a fendue par le milieu pour y introduire de la noix vomique en poudre très fine, que l'on recouvre en rapprochant les deux parties du fruit. On les fait sortir de leur retraite en y mettant de la rue; mais le moyen le plus assuré de détruire les belettes est de leur tendre des pièges; le meilleur est celui qu'on nomme *traquenard*; on y met pour appât une volaille ou des œufs, dont les belettes sont très friandes.

BELETTE D'EAU. Nom que l'on donne quelquefois à la *petite loutre* du nord.

BELLE-DE-NUIT. Dénomination vulgaire de la rousserolle dans plusieurs cantons de la France.

BELLEMENT. Terme de chasse dont on se sert pour modérer les chiens lorsqu'ils ont trop de fougue et d'ardeur. On s'en sert aussi quand les chiens balancent et qu'on s'aperçoit qu'il y a du change; alors on dit, en leur parlant : *Ha, tout bellement, ha, tout bellement, ha, tout bellement.*

BELLÈQUE. L'une des dénominations vulgaires de la foulque, suivant Belon.

BENARIS ou **BENARRIE.** Noms vulgaires de l'ortolan, en Languedoc.

BÉQUILLON. Terme de fauconnerie, qui signifie

Dict. des chasses. 18

le bec des oiseaux de proie, lorsqu'ils sont encore jeunes. On dit : *Cet oiseau n'a encore que le béquillon.*

BERGERETTE. (Voyez *Bergeronnette*.)

BERGERONNETTE. Oiseau de l'ordre des *passereaux*, et du genre *hoche-queue*. Il y en a de plusieurs espèces qui fréquentent l'Europe. Ces oiseaux, et notamment l'espèce dite *du printemps*, se plaisent à la suite des troupeaux, d'où leur est venu le nom de *bergeronnettes*.

BERGERONNETTE GRISE (la), *motacilla cinerea*, Lath., dont on a fait une espèce, n'est autre chose, suivant M. Vieillot, que la *lavandière* dans son jeune âge. (Voyez *Lavandière*.)

BERGERONNETTE JAUNE (la), *motacilla boarulla*, Lath.; *motacilla sulphurea*, Bechstein (*Pl.* 13, *fig.* 11).

Elle a mal à propos reçu le nom de *bergeronnette jaune*; ce nom convient mieux à celle de *printemps*, parce qu'elle n'a de jaune qu'au croupion et au ventre.

Description. Longueur, environ 7 pouces, y compris la queue, de près de 4 pouces; le bec brun, la tête grise; le dos olive foncé, sur un fond cendré; le croupion jaune verdâtre; la gorge en partie noire; la poitrine, le ventre et les couvertures inférieures de la queue jaunes; les couvertures et les pennes des ailes brunes et légèrement frangées de cendré clair; du blanc à l'origine des moyennes; le bord extérieur des trois secondaires les plus proches du corps d'un jaune pâle; la penne la plus extérieure de la queue, blanche, excepté une tache noire en dedans; les deux suivantes blanches, du côté intérieur seulement; les autres noirâtres.

La femelle a les couleurs plus ternes, le jaune moins étendu, point de noir sur la gorge, mais du gris blanc.

Habitation. Cette bergeronnette habite le bord des eaux stagnantes et des ruisseaux qui coulent avec lenteur; elle s'approche des habitations quand les eaux sont gelées. Elle est solitaire et rare.

Nourriture. Des vers et des insectes aquatiques.

Propagation. La femelle place son nid dans les creux au bord des eaux, dans les prairies; elle y dépose de cinq à six œufs d'un blanc sale avec des taches jaunes. L'incubation dure quinze jours; il y a ordinairement deux couvées par an.

Utilité. Cet oiseau est utile par la destruction qu'il fait des insectes.

BERGERONNETTE DE PRINTEMPS (la), *motacilla vernalis*, Lath. (*Pl.* 13, *fig.* 10).

Description. Longueur, un peu moindre que celle de l'espèce précédente, la tête cendrée, mêlée d'olivâtre sur le sommet; un trait jaune au dessous des yeux; le dessus du cou et du corps, les petites couvertures des ailes d'un vert d'olive obscur; les moyennes couvertures brunes et terminées de jaune, ce qui forme une raie transversale sur les ailes, dont les pennes sont brunes et bordées à l'extérieur de blanchâtre; tout le dessous du corps d'un beau jaune, avec quelques mouchetures noires sous la gorge; les huit pennes intermédiaires de la queue noirâtres et bordées extérieurement d'olivâtre; les deux plus proches de celles-ci noirâtres à leur origine, ensuite blanches avec une ligne noirâtre qui s'étend dans le blanc selon la longueur de la tige.

La femelle se distingue par des teintes plus faibles sur le corps; par la couleur grise qui remplace le jaune, et par le trait du dessus des yeux qui est blanc.

Habitation. Les bergeronnettes de printemps sont, parmi les oiseaux voyageurs, ceux qui reparaissent les premiers; ils sont aussi au nombre de ceux qui nous quittent les derniers en automne. Il en reste même quelques unes pendant l'hiver. En automne, elles se réunissent par bandes nombreuses; elles fréquentent alors plus volontiers les terrains élevés et les terres labourées, où elles trouvent une nourriture plus abondante, à la suite des troupeaux.

Nourriture. Elle est la même que pour l'espèce précédente.

Propagation. La bergeronnette de printemps pose son nid dans les prairies et quelquefois au bord de l'eau sous une racine d'arbre; la ponte est de six à huit œufs, d'un blanc sale, marqués irrégulièrement de taches et de lignes brunes. Le mâle partage l'incubation avec la femelle, comme le font la plupart des insectivores.

Utilité. L'utilité de cet oiseau résulte de la destruction qu'il fait des insectes. Sa chair acquiert en automne une délicatesse qui la fait rechercher, mais elle est bien inférieure à celle du *bec-figue*.

Chasse aux bergeronnettes.

Comme ces oiseaux sont utiles, on ne devrait point leur faire la chasse; cependant on les prend au filet des *alouettes* ou nappes, dont les mailles sont un peu plus petites. On tend ces filets le long des eaux, dans une prairie ou en plaine. Il faut s'y construire une petite loge de feuillage, et avoir des appelans de leur espèce, mais le miroir est inutile. On en prend aussi dans toutes les saisons, à l'abreuvoir, avec les gluaux. (Voyez le mot *Abreuvoir*.)

BERICHON ou BERICHOT. C'est le nom du *troglodite* en Anjou.

BERNACHE. Oiseau de l'ordre des oies et du genre des canards, qui est un peu plus gros que le cravan, et dont le plumage est agréablement coupé par de grandes pièces de blanc et de noir, d'où lui est venu le nom d'*oie nonnette*. La bernache habite le Groenland, la Sibérie, la Laponie et les baies d'Hudson et de Baffin. Elle se montre dans plusieurs parties du nord de l'Europe, et quelquefois en France, mais seulement dans les grandes gelées. C'est un gibier d'eau fort estimé.

BÊTE. On désigne par ce nom toutes les espèces d'animaux que l'on chasse à courre. On dit, en ce sens, *détourner la bête, lancer la bête*.

BÊTES FAUVES. Ce sont les cerfs, daims, chevreuils, ainsi que leurs femelles et leurs faons.

BÊTES NOIRES. Les sangliers, laies et marcassins.

BÊTES ROUSSES ou CARNASSIÈRES. Les

loups, renards, blaireaux, fouines, putois. On appelle aussi *bêtes rousses* les jeunes sangliers depuis six mois jusqu'à un an.

BÊTES DE COMPAGNIE. On nomme ainsi les jeunes sangliers, depuis l'âge d'un an jusqu'à deux.

On donne également la qualification de *bêtes puantes* aux renards, fouines, putois, belettes, etc.

BICHE, femelle du cerf. Elle est plus petite que le mâle, et ne porte pas de bois. Elle entre en rut au mois d'août et de septembre, et ne fait ordinairement qu'un faon. Elle porte huit mois, et par conséquent met bas en avril ou mai. (Voyez *Cerf.*)

BIQUETER. Ce mot se dit des chèvres qui font leurs petits.

BIEN CHEVILLÉ. Les veneurs se servent de cette expression pour désigner *un cerf*, *un daim* ou *un chevreuil* dont la tête est chargée d'un grand nombre d'*andouillers*. (Voyez *Cerf.*)

BIEN JUGER DES ALLURES. C'est voir quand la bête met les pieds dans une même direction. Il est aisé à un bon chasseur *de bien juger des allures* du cerf qu'il chasse.

BIÈVRE. Nos ancêtres appelaient ainsi, et quelquefois *bifre*, le *castor*.

BIGARRURES. Ce sont des taches rousses ou noires, ou des diversités de couleurs qui rendent le pennage d'un oiseau de proie bigarré. On dit ce faucon a beaucoup de *bigarrures*.

BIGLE ou **BICLE.** Chien de chasse qui vient de l'Angleterre. Il est propre à chasser le lièvre et le lapin. (Voyez *Chien*, chapitre I*er*.)

BIHOREAU, *ardea nycticorax*, Lin. En allemand, *nacht-reiher* ou *focke*; en anglais, *night-heron*. C'est un oiseau de l'ordre des *échassiers* et du genre du *héron*.

Description. Il a 20 pouces de longueur environ; le bec noir et jaunâtre à sa base; l'iris jaune; le dessus de la tête verdâtre; trois plumes très étroites d'un beau blanc qui partent de la nuque du cou; le dessus et les côtés du cou cendrés; le haut du dos d'un noir verdâtre; le bas, le croupion, les ailes et la queue d'un cendré pâle; le front et le reste du corps blancs; les pieds d'un vert jaunâtre. La femelle est privée des trois longues plumes qui ornent la tête du mâle. Elle a le dessus de la tête d'un beau brillant, ainsi que le dessus du corps, mais avec une teinte grise. Le cri du bihoreau est *ka, ka, ka*, et ses sons ressemblent aux sanglots du vomissement d'un homme. Il les fait entendre après le coucher du soleil.

Habitation. Le bihoreau est un oiseau de passage, ou plutôt erratique, qui quitte nos climats à l'automne, et y revient au printemps. Il fréquente les rivages de la mer, les rivières et les marais de l'intérieur des terres. On le trouve au nord et au midi de l'Europe, en Asie et en Amérique.

Nourriture. Elle consiste en petits poissons, grenouilles, grillons, limaces, insectes.

Qualité. Sa chair n'est pas agréable au goût.

BILLAUD. En oisellerie, c'est un instrument, un morceau de bois long de 2 pieds, se terminant en pointe d'un bout, et recourbé de l'autre au moins d'un pied, dont se servent les oiseleurs.

BILLEBAUDER. Quand les chiens chassent mal, qu'ils chassent du change, ou qu'ils rebattent leurs voies, on dit *les chiens ne font que billebauder, ou chassent à la bille' aude*. Fouler à la *billebaude*, c'est fouler un canton sans avoir préalablement détourné un animal.

BINERIL. Nom qu'on donne, dans l'Orléanais, au *bruant* de France et à l'*ortolan*.

BISET ou **BIZET.** Pigeon sauvage, et la souche de toutes les races et variétés de pigeons que la domesticité a produites.

Les *bisets* sont très fuyards; on n'en approche que très difficilement, surtout en plaine, où il faut une vache artificielle, afin de pouvoir les tuer à coups de fusil. (Voyez *Pigeon.*)

BISTANDE. Nom de l'*outarde* en vieux français.

BIVAI. C'est, dans quelques parties de la France, le *pivert*.

BIZARRE (tête). Tête de cerf mal faite.

BIZERT. Oiseau de passage, qu'on appelle en Languedoc *pérengue*. Il passe les monts Pyrénées, près Bagnères, au mois d'octobre, en grande quantité.

BLAIREAU. *Ursus meles*, Linn. Quadrupède de la famille des *ours*, et de l'ordre des *carnassiers*, appelé aussi *taisson*, ou *tesson*, ou *grisard*. Se nomme en italien *tasso*; en espagnol *tasugo*; en allemand *dachs*; en anglais *badger*.

Description. Ce quadrupède (*Pl. 6, fig. 3*) est plus gros, plus alongé et plus rablé que le renard. Sa forme a des rapports avec celle de plusieurs animaux, tels que l'ours, le cochon et le hérisson. Sa tête ressemble à celle du renard, avec la différence que son museau se rapproche davantage de celui du chien. Il a, depuis le museau jusqu'à l'origine de la queue, 1 pied 9 pouces de long; environ 1 pied de haut; la gueule armée de dents aiguës et très fortes; les yeux petits et d'un brun noir; les oreilles courtes et arrondies; la queue de 9 pouces de longueur, forte, garnie de poils et assez large; les jambes courtes; les ongles blancs, longs et très fermes; une espèce de poche sous la queue, de l'ouverture de laquelle suinte une liqueur grasse et fétide. Il pèse de 18 à 20 livres, et rarement plus de 24 à 30.

La couleur ordinaire du blaireau est un gris mêlé de noir; sa tête est grisâtre avec une bande noire sur chaque œil; sa poitrine et son ventre sont noirs ou d'un brun noirâtre; les poils qui recouvrent son corps sont de deux sortes: un est rude et d'environ 2 pouces de longueur, l'autre est court et soyeux. La couleur du pelage varie rarement dans cet animal. Cependant on a vu des blaireaux tout à fait blancs, jaunes et mouchetés; mais il n'est pas vrai qu'il y en ait à groin de cochon. Comme il a les jambes très courtes, il n'y a point de chien d'arrêt qui ne puisse l'atteindre à la course; aussi ne s'éloigne-t-il jamais de son terrier, et si cela arrive quelquefois, c'est dans le temps de la chaleur de ces animaux, ou parce qu'il y est forcé par la faim.

La femelle est plus petite, plus mince, d'une couleur plus claire; elle a deux tettes à la poitrine et quatre au ventre.

Habitation. On trouve le blaireau dans toute l'Europe, jusque dans la Norwége, et dans l'Asie jusqu'au Japon et à la Chine; mais nulle part il n'est abondant. Il se plaît dans les climats tempérés et dans les forêts situées au milieu des plaines cultivées, parce qu'il trouve commodément sa nourriture dans les champs voisins. Le plus souvent il préfère les forêts de chênes, de hêtres. Il creuse son terrier, autant que possible, non loin des champs et des vignes, ordinairement sur le revers méridional d'un coteau, ou dans un fond à l'abri du vent; il le compose de plusieurs galeries tortueuses, se communiquant entre elles et placées l'une au dessus de l'autre, et d'une chambre principale un peu plus large, qu'il garnit d'un lit de mousse, de feuilles et d'autres choses semblables: il y reste tout le jour dans le repos le plus parfait, et il n'en sort que la nuit pour aller chercher sa nourriture.

Au printemps et en été, le blaireau quitte son terrier dès qu'il fait nuit, et il y revient le matin avant le jour, à moins que quelques circonstances ne l'obligent à se réfugier dans le creux d'un arbre ou dans quelque buisson épais; mais autrement, surtout quand il est déjà bien gras, il le quitte toujours plus tard, et quelquefois seulement une heure avant minuit. Il arrive même alors, si le temps est mauvais ou si les lieux ne sont pas sûrs, qu'il passe plusieurs nuits de suite dans son trou. Toutefois, il fait de temps en temps des excursions, tant qu'il n'y a point de fortes gelées, ou qu'il ne tombe point de neige. Mais dans le cas contraire, il se tient constamment renfermé, et il attend pour en sortir que la neige ait disparu. Il n'y a que le besoin pressant de la faim et de la soif qui l'oblige quelquefois, dans les mauvais temps extrêmement prolongés, à sortir de sa demeure; et s'il a fait en automne une ample provision de graisse et que le mauvais temps ne se prolonge pas au delà du milieu ou de la fin de février, il ne bouge pas de son manoir, parce que sa propre graisse qu'il suce de sa poche, située entre l'anus et la queue, suffit pour le nourrir.

Nourriture. Le blaireau se nourrit de toute sorte de racines, principalement de cumin et de tormentille, de navets, de carottes, de fruits de toute espèce, de glands, de faînes, de fèves, de pois, de raisins, de myrtille, de truffes. Il mange aussi toutes sortes d'insectes, des scarabées, des hannetons et des vers qu'il cherche dans la terre, des mulots, des lézards, des limaçons, des œufs et des jeunes oiseaux. On a des exemples qu'il a enlevé de leurs nids des faisans qui couvaient, et même de plus gros oiseaux, et l'on sait qu'il prend les jeunes lapereaux. On dit qu'il aime le miel.

Propagation. Il entre en chaleur dans le mois de novembre, et à cette époque on trouve quelquefois plusieurs mâles dans le terrier d'une femelle. Celle-ci porte pendant dix à douze semaines, et met bas en janvier ou février, depuis trois jusqu'à six petits qui naissent les yeux fermés. La mère les allaite et les nourrit dans le terrier pendant deux mois; et alors ils peuvent courir et pourvoir eux-mêmes à leurs besoins. Les jeunes blaireaux entrent en amour dès l'automne suivant, et leur accroissement est complet à la deuxième année. Si on les prend fort petits, on peut les apprivoiser et les nourrir facilement en leur donnant du pain, des carottes, des fruits et généralement de tout ce qui forme la nourriture de l'homme; mais l'odeur qu'ils répandent en dégoûte bien vite.

Ennemis et maladies. Le plus grand ennemi du blaireau est le chien, et surtout le basset. Le blaireau est tourmenté par des vers intestinaux, et il est sujet à la gale et à la rage comme le chien.

Particularités remarquables. Le blaireau a la vue mauvaise, l'ouïe meilleure et l'odorat très fin; il est peureux, paresseux et frileux; il ne sort que la nuit; il a un cri assez clair et qui ressemble à celui du cochon; il vit environ douze ans, et lorsqu'il est vieux, il arrive souvent qu'il devient aveugle. Il se nourrit pendant l'hiver, de sa propre graisse, qu'il suce de l'ouverture qu'il a près de l'anus. Lorsqu'il est poursuivi dans son terrier, par un petit chien, il cherche à se mettre en sûreté, en formant un rempart entre lui et le chien, c'est à dire en bouchant derrière lui avec la terre la galerie par laquelle il est poursuivi. Le blaireau a la vie extrêmement dure; quel que soit le moyen que l'on emploie pour la lui ôter promptement, on ne réussit pas toujours; cependant il est bien rare qu'il résiste à un coup violent qu'on lui applique sur le nez. Cet animal est très méchant; il cherche à mordre tout ce qui se trouve autour de lui, et sa morsure est d'autant plus à craindre qu'elle est ordinairement profonde et longue à guérir. On le tue aussi en le frappant vigoureusement avec un bâton sur le derrière de la tête, quand on n'a pas d'épieu à la main. (Voyez *Épieu.*)

Traces ou pieds du blaireau. On les distingue facilement: il a l'allure courte, la sole large, les ongles alongés. (Voyez la *Pl.* 6, *fig.* 4.)

Qualités utiles et nuisibles. La chair du blaireau a un goût désagréable pendant la plus grande partie de l'année; cependant, à l'époque de la maturité du raisin dont cet animal fait une grande consommation, elle n'est point absolument mauvaise. Il y a des pays où les pauvres gens la mangent; mais dans un pays grand nombre, elle est rejetée de la nourriture de l'homme, de même que celle de tous les quadrupèdes carnassiers. La graisse dont le blaireau est rarement très pourvu à l'intérieur, et qui est en grande partie répandue sur la surface de son corps, pèse ordinairement de 4 à 6 livres; elle est employée pour la guérison des blessures intérieures et extérieures et pour l'éclairage; sa peau, qui est assez de valeur en automne, sert à faire des fourrures grossières, des colliers pour les chiens, des housses pour les chevaux, des gibecières de chasse, des couvertures de malles, etc. Son poil fait d'excellentes brosses pour les peintres. Comme le blaireau se multiplie rarement en grand nombre, les dommages qu'il cause sont presque insensibles, et il n'y a guère que les vignes et les semis de glands et de faînes où il fasse un dégât de quelque importance. D'ailleurs il rend des services à l'agriculture en détruisant les mulots, les taupes, les hannetons, les guêpes et beaucoup d'insectes. Au total, il est peut-être plus utile que nuisible.

C'est donc sans un motif bien réel qu'il a été compris au nombre des animaux nuisibles, par l'arrêté du 19 pluviose an 5, et le règlement du 1er germinal an 13.

Chasse du blaireau.

La chasse du blaireau n'est pas aussi commune aujourd'hui qu'elle l'était autrefois, car nous voyons dans l'ouvrage de Jacques du Fouilloux, l'un des plus anciens auteurs de vénerie, qu'elle se faisait avec un certain appareil par les Français de distinction sous le règne de Charles IX. Il est curieux de voir avec quelle scrupuleuse exactitude et quelle naïveté l'auteur décrit tout ce qui devait composer l'équipage et les provisions de chasse. Il suppose un seigneur allant à la chasse du blaireau : il le place dans un chariot garni de bouteilles de vin, de jambons, de langues de bœufs, de coqs d'Inde froids ; il l'étend sur un lit fait de peaux remplies d'air, et à sa tête il met une jeune fillette moins farouche que Diane, trait de galanterie qu'on n'excuse dans du Fouilloux qu'à raison de la simplicité des mœurs de son siècle.

La chasse du blaireau se fait de plusieurs manières : à l'affût, au fusil, aux pièges, avec des chiens bassets. Voici comment on procède à ces différentes chasses.

I. *A l'affût.* Le blaireau, comme nous l'avons dit, ne sort que la nuit et fort tard ; il ne s'écarte pas beaucoup, et il regagne son terrier avant le jour. En temps de neige, par les grands froids et les mauvais temps, il ne sort de son habitation que forcé par la faim ; il sera quelquefois deux ou trois jours sans sortir ; ce qu'il est aisé de vérifier lorsque la neige a bouché l'entrée de son terrier. On ne peut donc guère tuer de blaireaux au fusil qu'en le guettant, à la sortie du terrier, par le clair de la lune, depuis la fin du jour jusque vers minuit. Lorsque l'on sait où une femelle a mis bas, ce qui arrive au mois d'octobre, alors on peut s'y mettre à l'affût en plein jour, attendu que les petits, dès qu'ils commencent à marcher, viennent, comme les renardeaux, s'ébattre au bord du terrier, et souvent accompagnés de leur mère. Voyez, au surplus, ce que nous disons au mot *Renard,* pour la chasse à l'affût.

II. *Au fusil.* S'il arrive, ce qui est fort rare, qu'on rencontre des blaireaux pendant le jour hors de leurs terriers, il est d'autant plus facile de les tirer, qu'ils ne courent pas très vite.

III. *Avec le fusil monté sur des fourches.* Cette manière de tuer le blaireau est ainsi indiquée dans les anciens ouvrages de chasse. Piquez à l'endroit du trou d'un *blaireau* un bâton long de demi-pied, qui soit au niveau de l'ouverture, et un autre gros comme le pouce, et long d'un pied ; de l'autre côté du trou, à 2 pouces près ; ce piquet doit avoir une coche à la hauteur de 4 pouces de terre ; prenez ensuite un troisième bâton, dont une des extrémités aura un crochet et l'autre une coche ; ce crochet doit être de quatre doigts plus long que l'espace contenu entre les deux premiers bâtons dont nous avons parlé.

Après ces arrangemens, choisissez un lieu éloigné du terrier de dix à douze pas, et braquez juste dans l'ouverture un fusil : cette arme doit être posée sur deux fourchettes un peu plus hautes l'une que l'autre. Ce fusil s'attache aux fourchettes avec une ficelle, afin qu'il ne se déplace point ; on passe la ficelle par dessus le fusil, dans les fourchettes, et on y attache une pierre de 7 ou 8 livres, tandis qu'on met à l'autre bout un petit bâton gros comme la moitié du petit doigt, et long d'environ 2 pouces.

Tirez ce bâton et la ficelle jusqu'à ce que la pierre soit proche de la crosse du fusil, et faites en sorte que ce bâton puisse être mis d'un bout dans la coche du second piquet, et de l'autre dans celle de la marchette, de façon que la marchette soit élevée dessus d'un pouce, et que la pierre, par sa pesanteur, tienne le tout en état.

Placez encore sur la marchette un petit ais long de 8 à 9 pouces, et large de 4, couvert de feuilles vertes ou de terre : bandez enfin le fusil, liez à la détente le bout d'une petite ficelle, attachez à la pierre l'autre bout qui passera dans la fourchette, et retirez-vous jusqu'au lendemain : si la machine est bien tendue, le premier *blaireau* qui entrera ou qui sortira du trou fera tomber la marchette qui fera agir avec succès tout le reste de la machine. (*Voyez* la Pl. 22, f. 4.)

IV. *Chasse du blaireau à un collet particulier.* Ce piège se tend dans un sentier où l'on sait que l'animal doit passer : on prend deux bâtons pointus par le bas et longs de 1 pied et demi, mais dont l'un aura un peu plus gros que l'autre ; le premier aura un trou à quatre doigts de l'extrémité d'en haut, et l'autre une mortaise percée au même endroit pour y mettre une poulie.

On pique ces deux bâtons à 1 pied de distance l'un de l'autre, et à 2 pieds au delà on en plante encore un autre de 5 pieds de long, gros comme le bras, fourchu par le petit bout et pointu par le gros.

Après ces préparatifs, on prend une corde, à laquelle tient une boucle de fer qu'on attache à l'extrémité supérieure du grand bâton ; puis une autre qu'on passe dans le trou du second, dans la mortaise, dessous la poulie du troisième, et enfin dans la boucle ; et là doit être un petit nœud qu'on arrête avec une petite cheville grosse comme le doigt.

On bande la corde, et on laisse pendre au bout une pierre de 30 ou 40 livres. Le collet doit être tendu à côté du second bâton. Ce piège se dresse dans un sentier ou dans une haie ; dans le premier cas, il faut faire une haie artificielle avec des branches d'arbres.

Quand le piège est attaché avec adresse, la bête s'y prend ; en vain cherche-t-elle à se débarrasser, en se remuant, elle fait tomber la cheville qui servait d'arrêt à la corde, et se sent arrêtée par le cou. Ce moyen est d'autant plus sûr que le *blaireau* ne retourne jamais en arrière lorsqu'il trouve un chemin fermé ; il cherche, au contraire, à s'y faire un passage, malgré tous les obstacles qu'il rencontre.

Pour éviter que la pierre, en tombant, se trouve arrêtée par la haie, et ne rende l'effet de la machine inutile, il faut toujours que le grand bâton qui la tient suspendue soit penché en dehors de cette haie. (Voyez la *Pl.* 22, *fig.* 6.)

V. *Autre chasse au collet.* On cherche dans une haie une grosse branche fourchue, et l'on passe dans la fourche une corde, au bout de laquelle pend une grosse pierre; on pose la pierre légèrement sur la branche la plus proche.

On fiche ensuite en terre deux forts piquets à l'endroit où doit passer le *blaireau* : on les perce tous deux, afin d'y passer la corde où la pierre est attachée, et au bout de cette corde se met le collet justement dans la passée de l'animal.

Dès que le *blaireau* y a passé la tête, il fait tomber la pierre et s'étrangle.

VI. *Assiette de fer.* En Allemagne, on fait usage d'un piége qui consiste en une sorte d'assiette de fer. (*Voyez* ce mot et la *Pl.* 22, *fig.* 7.) On bouche les ouvertures du terrier, et on n'en laisse intact qu'un nombre égal à celui des assiettes de fer que l'on a à sa disposition. On place tout près de chaque trou laissé ouvert une forte assiette bien propre, que l'on attache, par une chaîne de fer d'une grosseur suffisante et de la longueur de 2 pieds, à un piquet enfoncé en terre; on ne la recouvre que d'un peu de terre et de mousse fine, et on n'y met point d'appât. L'important est de placer l'assiette de manière qu'elle ne change point la forme de la sortie du terrier, et de faire le moins de bruit possible. Ordinairement le blaireau ne se laisse pas prendre la première nuit, surtout s'il est vieux; mais la deuxième, la troisième ou la quatrième nuit, il s'y prend, et on l'y assomme à coups de bâton.

VII. *Chasse avec des chiens bassets.* On dresse pour cette chasse des chiens bassets à jambes torses (voyez *Chiens*), qu'on introduit dans les terriers avec des sonnettes au cou, qui servent à la fois à faire fuir les blaireaux au fond de leurs demeures, ce qui s'appelle les *acculer* et encore pour faire connaître au chasseur la marche des bassets, et l'endroit où ils s'arrêtent après avoir acculé le blaireau.

Lorsqu'il est *acculé*, on a les instrumens nécessaires pour fouiller la terre et ouvrir le terrier par le dessus. Quand on a découvert l'animal, on le saisit par la mâchoire inférieure avec de fortes et longues tenailles de fer; on le muselle et on le met dans un sac pour l'emporter dans une cour bien fermée, où l'on se procure le plaisir de le voir combattre avec les chiens, contre lesquels il se défend courageusement et avec vigueur, en se mettant sur le dos. Mais, pour cette chasse, il faut que le chasseur ait la précaution d'être muni de bottes, car le blaireau, irrité dans le combat qu'il a à soutenir contre les chiens, ne se borne pas à se ruer impétueusement sur eux, mais il se jette aussi sur les hommes à la manière des sangliers.

VIII. *Chasse du blaireau avec limier et chien courant.* On fait, en Allemagne, la chasse au blaireau avec un limier qu'on dresse à cet effet, et qui ne doit chasser absolument que cet animal. (*Voyez Chien.*) On emploie en même temps le chien courant pour étrangler le blaireau qu'a découvert le limier. Voici, d'après M. Hartig, la manière d'exécuter cette chasse, qui se fait la nuit :

Vers le milieu du mois d'octobre, on bouche les trous des terriers, à l'exception de trois ou quatre ouvertures les plus fréquentées, et pour cet effet on se sert d'épines qu'on fixe solidement avec des pieux qu'on passe à travers et qu'on enfonce en terre. Cela fait, on égalise bien la terre devant les trous laissés ouverts, et on examine quelques jours après si les blaireaux sont sortis. Dans ce cas, et si l'on se décide à chasser la première nuit, on se rend le matin, et sans bruit, aux terriers, et on marque les ouvertures en piquant une petite bûchette de bois bien mince et fourchue, ou quelques brins d'herbe, que le blaireau, en sortant, doive nécessairement faire tomber. On se retire ensuite sans faire le moindre bruit, et on fait en sorte que pendant le jour la tranquillité ne soit point troublée dans les environs du terrier.

Lorsque tout a été ainsi disposé, on se rend, vers dix à onze heures du soir, aux terriers, en observant de ne point faire de bruit en passant dans les endroits où peuvent alors se trouver les blaireaux; on est accompagné de deux ou trois aides, d'un limier pour le blaireau, et d'un chien courant (voyez *Chien*.); on doit être aussi muni de quelques fourches et d'autant de filets qu'il y a de trous restés ouverts; de plus on doit avoir une lanterne éclairée par une bougie, et portée dans un étui. Lorsqu'on est arrivé, on examine si la brisée est renversée à l'un ou à l'autre trou. Si on la trouve dans le même état que le matin, ou si elle est tombée dans un ou plusieurs passages, et qu'elle ait été entraînée un peu en avant dans le trou, on doit regarder la partie comme manquée, parce que, dans le premier cas, le blaireau n'est pas encore sorti de son terrier, et que, dans le second, il en est bien sorti, mais qu'il y est rentré. Si, au contraire, la brisée est renversée devant le trou, c'est l'indice que l'animal est dehors. Dans ce cas, on ferme les trous avec les poches ou filets dont nous avons donné la description au mot *Poche;* on fixe l'ouverture de chaque poche avec les petits piquets qui y sont attachés, à l'entrée du trou du terrier, et on enfonce solidement au dessus du trou le plus gros piquet qui tient à la corde, ou bien on attache la corde à une racine.

Lorsque les poches sont tendues, ce qui a dû se faire dans le silence, on laisse une personne de la société auprès du terrier; elle est chargée, lorsqu'un blaireau se présentera devant un trou, de faire de suite un peu de bruit pour le chasser dans la poche, et de retirer, à l'instant, cette poche avec l'animal hors du trou, pour le tuer avec une fourche.

Après ces premières dispositions, on s'occupe d'amener le blaireau à son terrier, et pour cet effet le reste de la société lâche le limier, qui doit alors suivre la piste du blaireau, et le chercher dans les champs ou dans les bois, et qui, par conséquent, doit avoir toute liberté d'aller où il veut. On suit avec le chien courant qu'on tient à la laisse, et l'on va dans les endroits où l'on présume que le blaireau doit se trouver; si le limier perd la piste du blaireau, on cherche en décrivant d'abord un cercle auprès du terrier, et ensuite en s'éloignant toujours davantage. Enfin, si le limier donne de la voix, on lâche le chien courant, on va au secours des chiens le plus vite possible, et on tâche de tuer à coups de fourche le blaireau qu'ils ont coiffé; on se sert alors de la lanterne pour ne pas blesser les chiens. On continue la chasse de cette manière jusqu'au matin, ou aussi long-temps qu'on a l'espoir de prendre quelque chose; et l'on s'éloigne tantôt plus, tantôt moins du terrier, dans la recherche que l'on fait.

2. Cette sorte de chasse est un bon moyen de tuer les blaireaux dans les cantons de chasse où l'on n'a pas à craindre de troubler le gibier la nuit, et dans les lieux où les blaireaux établissent leurs terriers dans les rochers, et où les trous souterrains sont souvent trop profonds pour qu'on puisse déterrer les blaireaux; mais, observe M. Hartig, elle n'est agréable que pour ceux qui ont la passion de la chasse, et singulièrement pour les jeunes gens qui ne craignent pas de tomber dans des fossés pendant la nuit, ou de se heurter la tête contre les arbres. Il dit s'en être amusé beaucoup pendant sa jeunesse, et qu'il lui est arrivé plusieurs fois de prendre jusqu'à trois blaireaux dans une nuit, ce qui est un succès assez rare.

Voyez le mot *Renard* pour le complément de ce qui concerne la chasse à l'affût et la manière de déterrer les blaireaux.

Voyez aussi le mot *Chien* pour l'éducation du limier qu'on emploie à la chasse du blaireau, et les mots *Fourche, Pince* et *Crochet*.

BLANC-CUL. Nom du *bouvreuil* dans Belon.

BLANCHE-QUEUE. On nomme ainsi, dans les campagnes, le *jean-le-blanc*.

BLÉ ou BLED. L'article 18 du titre XXX de l'ordonnance de 1669 défendait de chasser dans les blés, à compter du moment où ils sont en tuyau jusque après la récolte, à peine de 500 francs d'amende et de tous dommages et intérêts.

L'article 17 de la déclaration du roi du 11 juin 1709 ordonnait, qu'outre la privation du droit de chasse et l'amende de 500 francs prononcées par l'article ci-dessus, les seigneurs seraient condamnés à 500 francs d'amende, applicables aux pauvres du lieu, et que les dommages et intérêts ne pourraient être liquidés à moins de 100 francs; que les mêmes peines auraient lieu contre les roturiers contrevenans, outre celles portées par l'article 28 du titre XXX. (*Voyez* la loi du 30 avril 1790, et l'article *Chasse*.)

BLUETTE. Nom que l'on a donné quelquefois à la *pintade*.

BLEU-MANTEAU. C'est le goëland à manteau gris sur nos côtes d'Océan.

BLOC. En terme de fauconnerie, c'est la perche sur laquelle on met l'oiseau de proie : elle doit être couverte de drap, dans la crainte que l'oiseau n'amasse la chirargue. Quant au mot *bloquer*, les fauconniers l'entendent sous deux acceptions : la première lorsque l'oiseau de vol a *remis* la perdrix, et la tient à son avantage; la seconde, lorsqu'il reste comme suspendu dans les airs, sans battre de l'aile, ce qui s'appelle aussi planer.

BLONGIOS, *ardea minuta*, Lath. Oiseau du genre du héron, qui se trouve depuis la Sibérie jusqu'à l'Arabie; qui est rare en France, et qu'on rencontre quelquefois dans les environs de Rouen, où il vit retiré et solitaire dans les prairies marécageuses et les plantations d'osier. Le blongios se perche volontiers sur les arbres et place son nid à terre; il le construit avec des bûchettes qu'il entremêle de glaïeuls. Sa ponte est de quatre œufs blancs, de la grosseur de ceux du merle. Cet oiseau a 14 pouces environ de longueur, le bec verdâtre, le dessus de la tête, le dos, les pennes des ailes et de la queue noirs, à reflets verdâtres; le cou, la poitrine, le dessus des ailes d'un roux-marron mêlé de jaunâtre; le ventre blanc, les pieds verdâtres.

BLOQUER. En fauconnerie, ce mot se prend en différens sens : il se dit de l'oiseau qui a remis la perdrix, et la tient à son avantage, gagnant le haut de quelque arbre voisin. Ce mot se dit aussi de son vol, lorsque l'oiseau reste suspendu en l'air sans battre de l'aile, ce qui s'appelle aussi planer.

BLOT. Petit chevalet de bois où l'oiseau se repose.

BLOTTIR. On dit que la perdrix se blottit, lorsque pour se cacher elle s'abaisse et se ramasse le plus qu'elle peut.

BOEUF. Dénomination vulgaire du *bouvreuil*, en Sologne. En d'autres cantons, c'est le *troglodite* qu'on appelle *bœuf* et *bœuf de Dieu*.

BOEUF DE MARAIS. Nom donné au *butor*, oiseau de marais, à cause de son cri.

BOIS. Ce sont des tiges rameuses qui croissent et s'élèvent sur la tête de plusieurs quadrupèdes, tels que le *cerf*, le *chevreuil*, le *daim*, etc. Les bois different des cornes, qui surmontent la tête de plusieurs autres animaux, par leur substance et leur forme, qui les rapprochent des productions végétales, et par la faculté qu'ils ont de croître, lorsqu'ils sont tombés naturellement, au lieu que les cornes sont permanentes et ne se renouvellent pas. (*Voyez* les mots *Cerf, Chevreuil* et *Daim*.)

Les veneurs disent que le cerf touche *au bois* ou *fraie* quand il a *refait* sa tête, et qu'il la frotte contre des arbres pour détacher la peau qui la recouvre. Dans un autre sens, *faire le bois*, c'est aller en quête avec le limier, pour détourner un animal.

BON. En fauconnerie, *voler bon* se dit des oiseaux de proie qui sont bien dressés ou affaités.

BON CONNAISSEUR. On dit d'un veneur qui a toutes les connaissances nécessaires pour diriger la chasse des bêtes fauves, des sangliers, etc., qu'il est *bon connaisseur*, de même qu'on dit un *bon piqueur* de celui qui a l'expérience nécessaire pour faire chasser les chiens courans.

BOND. Saut d'une bête fauve.

BONDIR. Quand un *cerf*, un *daim* ou un *chevreuil* part de la reposée, ou se fait relancer, on dit qu'il a *bondi*; j'ai vu, ou entendu *bondir le cerf*; le *cerf a bondi devant les chiens*.

Faire bondir se dit d'un *cerf*, d'un *daim* ou chevreuil qui fait partir d'autres bêtes fauves de la reposée.

BONDRÉE, *falco apivorus*, Lath. Oiseau du

genre des faucons, et de l'ordre des oiseaux de proie, qui diffère peu de la buse. Elle a le bec court et noirâtre; la tête plate et grosse; le cou court et fort garni de plumes; le dessus du corps de couleur brune; le ventre blanc marqueté de brun; la queue large et traversée au dessus de raies d'un brun foncé.

La bondrée a assez le naturel du milan; mais elle ne s'élève pas comme lui; elle ne vole guère que d'arbre en arbre, de buisson en buisson, et toujours bas; mais elle court, sans s'aider de ses ailes, presque aussi vite que nos oiseaux de basse-cour; elle prend les mulots, les grenouilles, les lézards, les chenilles, etc., et nourrit ses petits de chrysalides, et particulièrement de celles des guêpes. L'aire de la bondrée est formée de bûchettes, et garnie de laine à l'intérieur. Sa ponte est de deux ou trois œufs d'une couleur cendrée, et marquetés de petites taches brunes et roussâtres.

Les fauconniers ne font aucun usage de la *bondrée* pour la chasse du vol; mais sa chair, qui se charge de graisse en hiver, est assez bonne à manger. La chasse qu'on lui a faite en a beaucoup diminué l'espèce en France, où elle était autrefois commune.

Il n'y a, dit Belon, petit berger de la Limagne d'Auvergne, qui ne sache connaître la bondrée et la prendre par engin avec des grenouilles. On l'attrape aussi aux gluaux, à différens pièges, et le plus souvent au lacet, que l'on tend près de terre. On devrait la conserver à cause de la chasse qu'elle fait aux mulots, aux chenilles et autres animaux nuisibles. Il n'est pas difficile d'approcher assez ces oiseaux pour pouvoir les tirer. On les trouve ordinairement dans les bois peu fréquentés, où souvent on les voit immobiles sur une branche d'arbre, attentifs à guetter leur proie.

BONNET CARRÉ. Quand un cerf a du refait à la hauteur des oreilles, on dit qu'il porte le bonnet carré.

BOSOTE. On appelle ainsi, en Bourgogne, le *rouge-gorge*; nom qui vient probablement de *boscote*, c'est à dire oiseau des bois.

BOSSES. Ce sont les deux petites éminences qui poussent sur le massacre du jeune cerf, lorsqu'il a six mois. (Voyez *Cerf*.)

BOTTE DE LIMIER. Collier de cuir large de 4 à 5 pouces, qu'on met au cou du limier; on attache à ce collier un cuir large d'un pouce et long d'un pied, que l'on nomme *plate-longe*, à laquelle est attaché le trait qui est une corde de crin. (Voyez la *Pl.* 2, *fig.* 7.)

Avaler la botte au limier, c'est lui ôter son collier pour le laisser aller en liberté. Le limier *avale la botte* lui-même, lorsqu'il s'en débarrasse, en la faisant passer par dessus les oreilles.

BORDER UN FILET. C'est attacher avec du fil, de 3 pouces en 3 pouces, une corde autour du filet pour le rendre plus solide.

BOUC. C'est le mâle de la chèvre.

BOUCLETTES. On dit une pantière à *bouclettes*, parce qu'elle a dans le haut de petites boucles attachées comme on en voit à un rideau de lit.

Les bouclettes sont ordinairement de petits anneaux de fer, ronds et étamés.

BOUFFE. Race de chiens à poils longs, fins et frisés; elle provient du mélange des races du barbet et du grand épagneul. (Voyez *Chien*.)

BOUQUETIN, *Capra ibex*, Linn., ou *bouc sauvage*, ou *bouc des rochers*, autrefois *bouc-estain*. En allemand, *stein-bock*, mot composé de *stein*, pierre ou rocher, et de *bock*, bouc, c'est à dire, bouc de rocher. Cet animal, sans appartenir, comme on l'avait cru, à l'espèce du bouc domestique, est cependant du même genre.

Description. Le bouquetin (*Pl.* 4, *fig.* 7) a la forme de nos boucs; mais il est plus grand, plus vigoureux et plus agile; il a la tête plus courte, le front plus cintré, le cou plus court, le corps plus épais et plus charnu; les jambes plus grosses, celles de devant plus courtes que celles de derrière; la corne du pied plus fendue; ses yeux sont petits, mais vifs. Le mâle porte, à un certain âge, une petite barbe d'environ 2 pouces de longueur; ses oreilles sont grandes et écartées l'une de l'autre. Les bouquetins les plus forts ont des cornes qui ont de 2 à 3 pieds de long et pesant de 8 à 10 livres; elles sont droites, inclinées en arrière, grosses vers leur racine, où elles ont de 9 à 11 pouces de circonférence, diminuent de grosseur jusqu'à la pointe, et sont couvertes de nodosités demi-circulaires, au nombre de quinze à trente sur chacune, et qui indiquent l'âge de l'animal, parce qu'il s'en forme une nouvelle à chaque corne, d'une année à l'autre. Les cornes des femelles ressemblent davantage à celles des chèvres domestiques; elles n'ont point de nodosités remarquables, et leur longueur n'a qu'environ 18 pouces. Elle est, en général, beaucoup plus petite que le mâle, et elle est dépourvue de barbe. Les deux sexes ont le pelage d'un gris rougeâtre pendant l'été; les pieds d'un brun foncé; une bande noire le long du dos; le ventre blanchâtre, et la queue courte et noire en dessus. En hiver, ces animaux sont recouverts d'un poil long et rude, et entremêlé de petits poils gris, fins et touffus qui conservent la chaleur; la raie du dos s'efface à cette époque. Ils se dépouillent en été, et reprennent leur teinte d'un gris rougeâtre.

Le bouquetin mâle a de 4 à 5 pieds de long, de 2 pieds et demi à 3 pieds de hauteur, et il pèse de 100 à 200 livres. La femelle ne pèse que de 70 à 90 livres.

Qualités remarquables. Le bouquetin a les organes de la vue, de l'odorat et de l'ouïe parfaits. Il est d'une agilité extraordinaire, et quoique d'une charpente plus forte que le chamois, il a plus d'habileté à franchir les précipices, à bondir d'un rocher à un autre, à sauter, pour peu qu'il ait d'espace, sur la pointe d'un rocher et même sur un mur. Il est toujours sur ses gardes, toujours attentif et prêt à fuir; et lorsqu'il n'a pas besoin de manger, il se retire sur les lieux les plus escarpés, et c'est là qu'il repose. La durée de sa vie paraît être de trente à quarante ans.

Les jeunes bouquetins bêlent, et les vieux ont une espèce de sifflement.

Habitation. Le bouquetin habite ordinairement,

les mêmes montagnes que le chamois, et comme il est plus fort et plus agile, il gagne le sommet des plus hautes montagnes, au lieu que le chamois n'en habite que le second étage. On le trouve sur les glaciers de la Suisse, les montagnes du Valais, de la Savoie, du Tyrol, de Saltzbourg, les Alpes, les Apennins, le Jura, les Pyrénées, les monts Carpathes, le Caucase, les monts de Crète, la chaîne du Liban, l'Ararat, le Taurus, les lieux élevés de l'Arménie, du Korazan, la chaîne de l'Oural, et les diverses montagnes de la Sibérie et du Kamtschatka.

Cet animal est devenu rare en Europe, et il n'y a guère que les glaciers inaccessibles de la Savoie où il s'en trouve encore quelques uns. Les bouquetins marchent en troupes ou hordes de cinq à quinze bêtes (cependant les vieux vont isolément); ils se tiennent sur les plus hautes montagnes pendant la nuit, et sur les rochers les plus nus pendant le jour; ils ne descendent sur des montagnes moins élevées que lorsqu'ils y sont forcés par le manque de nourriture; mais ils retournent ensuite sur les premières, et ce n'est que lorsque le froid a trop d'intensité et la neige trop de hauteur, qu'ils se déterminent à rester dans les forêts des régions inférieures.

Nourriture. Le bouquetin se nourrit des herbes fines qui croissent sur les montagnes, de lichens, des bourgeons, des feuilles et des jeunes pousses des bois. Il aime à lécher les terres salées, comme tous les animaux qui appartiennent aux genres des cerfs, des gazelles et des chèvres.

Propagation. Les bouquetins entrent en rut vers le mois de janvier, et ils se livrent alors des combats opiniâtres. « A cette époque, dit Gaston Phœbus (*Traité de la vénerie* de du Fouilloux), ils courent sur les passans, qu'ils attaquent, non à coups de cornes, qu'ils ont renversées sur le dos, mais à coups de tête, comme les béliers, et ils heurtent si rudement qu'ils cassent la cuisse ou la jambe d'un homme; c'est ce que Gaston dit avoir vu. » La femelle met bas au bout de cinq mois, en juin ou juillet, entre des rochers inaccessibles. Elle ne produit ordinairement qu'un petit cabri, ou deux au plus, qui bientôt suivent leur mère.

Les jeunes cabris que l'on prend s'apprivoisent assez facilement, et dans l'état de domesticité, les bouquetins s'accouplent avec nos chèvres, et produisent des métis.

Ennemis et maladies. Les ennemis de cette espèce de gibier sont les aigles, les vautours, les ours, les lynx et les loups, qui enlèvent les petits; mais ces animaux n'ont aucune prise sur le bouquetin, qui sait les éviter par son agilité et la faculté qu'il a de franchir, en sautant, de grands espaces. On dit que le bouquetin, forcé de se retirer sur les montagnes couvertes de neige, et exposé aux reflets continuels d'un soleil brillant, est sujet à la cécité. Il est aussi sujet à des vertiges, et on dit que, dans ses accès, il vient quelquefois se mêler avec les bœufs et les chevaux. Enfin, on trouve des *bezoards* ou *calculs* dans ses intestins comme dans le chamois.

Voies. Les voies du bouquetin ont à peu près la grandeur de celles d'un cerf daguet, mais elles ont la forme de celles d'une chèvre, et les côtés du pied sont tranchans.

Qualités utiles ou nuisibles. La chair de cet animal est dure et de mauvais goût; mais celle des jeunes bêtes est bonne. Sa graisse s'emploie aux mêmes usages que celle du cerf; et sa peau, bien qu'elle ne soit pas aussi bonne que celle du chamois, sert à faire des culottes et des gants. Dans quelques pays, les chasseurs, qui font la chasse du chamois, emploient les cornes du bouquetin à se faire des vases à boire. Le sang de cet animal passait autrefois, en médecine, pour spécifique contre les pleurésies, les péripneumonies et autres affections de la plèvre et des poumons. Aujourd'hui elles sont décréditées avec raison, parce qu'elles étaient fondées sur des motifs absurdes. Rarement on a à se plaindre des dommages que peut causer le bouquetin, parce qu'il vit dans des endroits où il n'y a ni culture ni exploitation de bois.

Chasse. La chasse du bouquetin est très pénible et très dangereuse; il faut le suivre au travers des précipices et des glaces; souvent même, lorsqu'il est pressé, il s'élance sur le chasseur, l'accule contre un arbre, l'y serre à l'y étouffer, ou le culbute dans quelque abîme, où il tombe écrasé contre les rochers, tandis que l'agile quadrupède bondit avec légèreté sur les pics les plus escarpés. Les chiens sont presque inutiles à cette chasse, le bouquetin n'habitant que les lieux les plus élevés des hautes montagnes, en sorte que le chasseur qui se fatigue à les gravir ne peut devoir qu'au hasard la rencontre d'un gibier qui lui échappe par sa légèreté, s'il n'a l'adresse de le jeter bas du premier coup de fusil.

C'est en août et septembre que le bouquetin a le plus de venaison; c'est aussi à cette époque qu'on lui fait plus particulièrement la chasse. Pour cet effet, deux ou trois chasseurs se réunissent: ils visitent les rochers où il se tient dans le jour, et cherchent à le surprendre avant qu'il ne quitte les forêts.

BOUQUIN, lièvre mâle. Il faut, si l'on veut avoir beaucoup de levrauts, tuer les *bouquins* aux mois de janvier et de février; car, s'il y en a trop, ils écrasent les hases, et les tuent quelquefois.

BOUQUIN. Se dit aussi d'un lapin mâle.

BOUQUINER. Se dit d'un lièvre ou d'un lapin qui s'accouple ou qui court les hases.

BOURRE. Poil de quelques animaux, comme de bœuf, vache, cerf, chèvre, lièvre et autres. C'est aussi ce que les chasseurs mettent dans le canon du fusil pour en tenir la charge. La matière dont est composée la bourre d'une arme à feu n'est pas indifférente. (Voyez, à cet égard, ce que nous en disons au mot FUSIL, § XXIV.)

BOURRÉE. Espèce de chasse qu'on fait avec un hallier.

BOURRER. Un chasseur *bourre* son fusil quand il met sur la poudre ou sur le plomb du papier ou de la *bourre*. On dit aussi qu'un chien *bourre* lorsqu'il poursuit le gibier qui s'envole, et que l'oiseau *bourre* la perdrix.

BOURRICHE. C'est une espèce de panier fait en forme d'œuf, dans lequel les oiseleurs portent en vie les oiseaux de marécage. On donne aussi ce nom à un panier dans lequel on fait des envois de gibier.

BOURSE. Poche ou extrémité d'un filet, dans laquelle le gibier se trouve embarrassé, sans pouvoir en sortir.

En fauconnerie, la *bourse* de l'oiseau est sa gorge.

On nomme encore *bourses* de longues poches de réseaux qui se mettent à l'entrée d'un terrier, pour prendre des lapins qu'on chasse au furet. (Voyez *Poches*.)

BOUSARDS ou BOUZARDS. Ce sont des fientes de cerf, qui sont molles comme la bouse de vache, dont elles ont pris le nom, et qu'on nomme autrement *fumées*. Le cerf les jette en mars, avril et mai.

BOUT DE VOIE. Le limier est *à bout de voie*, lorsqu'en la suivant il la perd. Quand les chiens cessent de chasser, et qu'ils perdent la voie de l'animal, on dit : *les chiens sont à bout de voie, les chiens sont tombés à bout de voie à tel endroit*.

BOUTE-QUELON. C'est, en Bourgogne, le nom vulgaire du *mauvis*.

BOUTIS ou FOUILLURES. C'est ainsi qu'on appelle, en vénerie, tous les lieux où les bêtes noires ont remué la terre avec leur boutoir. On dit : ces forêts sont remplies de boutis. Plus le sanglier est grand, plus les boutis ou les trous qu'il fait sont profonds. (Voyez *Sanglier*.)

BOUTOIR ou BOUTOI. C'est, en vénerie, le bout du nez des bêtes noires. On dit : *ce sanglier a le boutoir fort*.

BOUTON. On dit, en fauconnerie, qu'un oiseau *branche et prend le bouton*, pour marquer qu'il se *branche* à la cime des arbres.

BOUTON. Se dit aussi de la vulve de la lice, qui se gonfle, quand elle est en chaleur.

BOUTURES. Jointures des jambes de devant des chiens. (*Voyez*, pour la manière de traiter les tumeurs aux boutures des chiens, l'article *Chien*, chap. XIV, § 29.)

BOUVIER. Nom donné au *gobe-mouche*, parce qu'il suit les bœufs pour saisir des mouches. (Voyez *Gobe-mouche*.)

BOUVREUIL, *loxia pyrrhula*, Lath. Oiseau du genre du *gros-bec*, et qu'on nomme, en allemand, *gimpel*, *rothbrüstiche-gimpel*, ou *dohmepfaffe*, et, en anglais, suivant Latham, *bullfinch*.

Description. Le bouvreuil (*Pl.* 1, *fig.* 6) a la grosseur du moineau, 6 pouces 3 lignes de longueur, y compris la queue, qui a 2 pouces 9 lignes ; le bec de 6 lignes de long, épais et noir ; les jambes de même couleur et de 8 lignes de haut ; l'iris brun ; le dessus de la tête noir ; le haut du cou et la nuque gris cendré ; la poitrine et le ventre d'un beau rouge carmin ; les plumes inférieures du croupion blanches ; les pennes des ailes et la queue à reflets violets. La femelle a le plumage généralement plus pâle, et sa poitrine est d'un rouge sale. Il y a des oiseaux de cette espèce qui sont presque entièrement noirs, blancs et marqués de plusieurs couleurs.

Qualités remarquables. Le bouvreuil est d'un joli plumage et d'un naturel très doux. C'est l'oiseau favori des dames. Sa voix, qui, dans l'état de nature, est rude et criarde, devient, par l'effet de l'instruction, flûtée et agréable. Il apprend facilement à siffler et à parler. Bechstein dit avoir vu deux bouvreuils qui chantaient en partie : l'un faisait la première voix, l'autre la seconde. Les bouvreuils qu'on instruit avec la bouche ont la voix bien plus agréable que ceux qu'on instruit avec la serinette. Ils deviennent très familiers, et s'attachent beaucoup. Leur cri d'appel, *tui*, *tui*, qu'ils répètent souvent, est doux et flûté. Ces oiseaux sont si fidèles et si attachés à ceux de leur espèce, qu'il est très rare de voir un bouvreuil se reposer ou voler seul.

Habitation. On trouve des bouvreuils dans toute l'Europe et la Russie. Ils habitent les forêts montueuses, et, de préférence, celles qui confinent à des champs et à des prairies. Ce sont des oiseaux voyageurs qui se rassemblent au mois d'octobre.

Nourriture. Toutes sortes de graines et des boutons d'arbres ; on les nourrit à la chambre avec du chenevis et de la navette.

Propagation. Deux couvées par an, le nid placé sur un buisson élevé, quatre à cinq œufs bleuâtres et tachetés de brun à la pointe ; l'incubation dure quinze jours. Les petits sont d'un gris sombre en dessus et rougeâtres en dessous.

Maladies. Les bouvreuils, dans l'état de domesticité, sont sujets à plusieurs maladies : par exemple, à la constipation, à la diarrhée et à l'épilepsie, maladies qui sont occasionées par les friandises que l'on donne, comme des sucreries, de la tarte, etc. Pour les tenir toujours en santé, il faut leur donner de temps en temps des baies de sorbier.

Ennemis. Les éperviers et les autres oiseaux de proie.

Qualités de la chair. La chair du bouvreuil est saine et de bon goût ; et il y a beaucoup de personnes qui ne haïssent pas l'amertume que lui donnent les baies de sorbier dont l'oiseau se nourrit.

Chasse. On prend les bouvreuils aux *gluaux*, à l'*arbret*, à l'*abreuvoir*, avec des *rejets*, des *raquettes*, des *sauterelles*, au *trébuchet*, amorcé avec des graines de morelle vivace, avec des *halliers* tendus dans les haies, et avec des nappes, en se servant d'*appelans*. (*Voyez* ces mots.)

Les époques les plus favorables pour le chasser sont le printemps, l'automne et l'hiver. Les femelles de sont de très bons appelans pour la chasse du printemps.

BOUVREUX, BOURGEONNIER. C'est le nom vulgaire du bouvreuil, en Normandie.

BOUZARDS. (Voyez *Bousards*.)

BRAC. (Voyez *Braque*.)

BRACONNAGE. (Voyez *Braconnier*.)

BRACONNER. Chasser sur les terres d'autrui, furtivement et sans permission, pour faire son profit du gibier.

BRACONNIER. C'est celui qui chasse furtivement sur les terres d'autrui, pour y prendre et voler du gibier.

Il paraît que la qualification de braconnier ne s'est point toujours prise en mauvaise part, et que l'emploi de braconnier était autrefois un emploi licite et non prohibé; qu'il était regardé comme utile et nécessaire pour la chasse. Voici, à cet égard, ce que dit M. *Boucher d'Argis* père dans le *Répertoire de jurisprudence*.

Ce terme (celui de *braconnier*) vient du latin *braccus* ou *bracco*, qui a été formé de l'allemand *brack*, et, en français, *brac*, qui signifie un chien de chasse d'une espèce particulière, bon quêteur et excellent à découvrir le gibier par l'odorat, *canis indigator*.

Les braconniers étaient, dans l'origine, des chasseurs qui avaient le talent de dresser ces sortes de chiens, qui avaient soin d'eux, qui étaient chargés de les conduire, et qui s'en servaient pour la chasse, à la différence des autres chasseurs qui chassaient avec d'autres espèces de chiens, ou qui étaient occupés à quelque autre espèce de chasse.

La fonction de braconnier était alors aussi honnête que celle des fauconniers, louvetiers, loutriers, perdrisseurs et autres dont il est parlé dans les coutumes et dans les anciennes ordonnances, lesquelles étaient occupées par leurs maîtres, chacune pour quelque espèce particulière de chasse.

L'ancienne *chartre*, ou coutume du comté de Hainaut, qui fut réformée par l'empereur Charles-Quint, en 1534, fait mention des braconniers dans deux chapitres.

L'un est le chapitre 99, intitulé *de la Vénerie des Braconniers*. Il y est dit, art. 2, que « nuls braconniers ne s'avancent de prendre ou lever quelque
» chose de profit pour prise de loups, sur les églises,
» leurs cours et maisons, laboureurs, ni sur autres
» du pays de Hainaut, ni sur leurs blanches bêtes,
» se n'est qu'ils aient le leur, et que de cette prise
» ils aient lettres suffisantes de leurs maîtres du
» lieu et place là où il aurait été pris et du jour. »

Le même article porte que « le louvier, si la prise
» se fait, ne pourra pourchasser qu'à une lieue à la
» ronde du lieu où il l'aura pris, et ne prendre au
» plus prochain fond de blanches bêtes, qu'un
» mouton au plus, quelque nombre de chiens qu'il
» puisse avoir, et que le censier pourra le racheter
» de 20 sols tournois. »

On voit, par là, que l'emploi du braconnier était licite, qu'il chassait aux loups par ordre de son maître; il lui était seulement permis de prendre pour son salaire, quand il avait pris un loup, un mouton dans le fond le plus prochain.

Le chapitre 100 est, intitulé *des Braconniers, Fauconniers, Loutriers et autres.* « Item (dit ce cha-
» pitre), que nuls braconniers, fauconniers, loutriers,
» louviers, perdrisseurs, ménestriers, chevaucheurs,
» messagers, ni autres, soit qu'ils soient à nous ou
» autrui, se ingèrent ou avancent d'aller aux églises
» ou abbayes en notre pays de Hainaut, aussi à leurs
» cours et maisons de leurs censiers, ni des autres
» manans en icelui pays, boire, manger, ni faire
» quelque dépense, sinon de leur gré et consente-
» ment, sur amende de 10 livres tournois. »

Le prince et les autres seigneurs avaient donc chacun leurs braconniers, qui étaient autorisés à chasser : il leur était seulement défendu de prendre, ni d'exiger des églises, ni d'aucune autre personne, quoi que ce fût pour leur nourriture.

La nouvelle coutume de Hainaut, réformée en 1619, sous les archiducs Albert et Isabelle, fait aussi mention des *braconniers*.

C'est dans le chapitre 132, intitulé : *Touchant l'état et offices des veneurs, louviers, loutriers, et de l'ordre, conduite des braconniers, fauconniers, perdrissiers, chevaucheurs et messagers du pays de Hainaut, et des corvées.*

Les articles 3, 4 et 9 renouvellent les défenses portées par la chartre de 1534, relatives aux braconniers, fauconniers et autres veneurs, etc.

On ne connaît point d'autre coutume qui ait parlé des braconniers, du moins dans le sens où ce terme est employé dans la coutume de Hainaut.

Mais, dans les ordonnances, le terme de *braconnier* ne se prend plus qu'en mauvaise part, et signifie un chercheur de gibier, un homme qui chasse furtivement, et sans aucun droit ni permission, sur les terres d'autrui, pour avoir du gibier et en tirer du profit.

On comprend sous le terme de *braconniers*, non seulement ceux qui chassent furtivement avec un fusil, mais aussi tous les tendeurs de lacs, lacets, tirasses, tonnelles, traîneaux, bricoles, rets, collets, halliers, filets, bourses, panneaux et autres engins propres à prendre du gibier.

M. Boucher d'Argis termine son article en observant que, bien que les ordonnances concernant les braconniers s'appliquent à ceux qui chassent sur les terres d'autrui, sans aucun droit ni permission, on ne doit pas cependant confondre les premiers avec les derniers, parce que le délit, en fait de chasse, est bien moins grave lorsqu'il est commis une seule fois, ou par méprise, légèreté, ou excès d'ardeur pour la chasse, que lorsqu'il est le résultat d'une habitude.

Les anciennes ordonnances punissent les braconniers et les receleurs de gibier de peines très graves, telles que le fouet, la flétrissure, le bannissement, outre de fortes amendes, et en cas de menaces ou de récidive, la condamnation aux galères. (*Ordonn. de* 1515, *de* 1601 *et* 1607.)

La peine de mort était même prononcée pour le cas de troisième récidive et lorsque les condamnés bannis enfreignaient leurs bans, par les ordonnances de 1515 et 1601 ; mais cette peine a été abolie par l'art. 13 du titre 30 de l'ordonnance de 1669.

L'art. 12 du même titre prononce contre les tendeurs de lacs, tirasses, tonnelles et autres pièges, la condamnation au fouet, pour la première fois, et 30 livres d'amende ; et, pour la seconde fois, il prononce la peine du fouet, la flétrissure et le bannissement, pendant cinq ans, hors de l'étendue de la maîtrise, soit que les délits aient été commis dans les forêts du roi, celles des ecclésiastiques, communautés, ou des particuliers.

Dans le cas d'attroupement des braconniers, l'article 4 de la déclaration du roi, du 9 mars 1780, prononce la peine des galères.

La nouvelle législation est beaucoup moins sévère sur les délits de braconnage : elle a aboli les peines afflictives et infamantes ; mais les peines pécuniaires, prononcées par l'ordonnance de 1669, ont été maintenues par le Code pénal de 1791 et l'arrêté du gouvernement du 18 vendémiaire an 5, lorsque les délits sont commis dans les bois du domaine et autres soumis au régime forestier. (Voyez *Armes, Chasse, Port d'armes*, et la *loi du 30 avril 1790*.)

Nous ne terminerons point cet article sans rapporter quelques observations sur le braconnage et l'immoralité de ce métier.

François I*er*, dans le préambule de son ordonnance du mois de mars 1515, sur la chasse, considère que les laboureurs et gens de métiers perdent à la chasse un temps qu'ils devraient employer au labourage et à l'exercice de leurs professions ; ce qui cause un grand détriment à la chose publique.

Henri II fait les mêmes observations dans le préambule de son ordonnance de 1549, sur les graves inconvéniens du métier de la chasse exercé par le menu-peuple, qui néglige de vaquer au labourage, aux arts et autres exercices et négoces licites et utiles, et sur les attroupemens des braconniers, qui souvent commettent des meurtres et des larcins. Pour leur ôter l'espérance du bénéfice qu'ils retiraient de la chasse, il défend aux pâtissiers, rôtisseurs, etc., de vendre aucune espèce de gibier, sinon en plein marché, et au dessus des prix qu'il fixe par cette ordonnance.

L'ordonnance de Henri III, du 10 décembre 1581, présente les mêmes considérations, et porte que la tolérance des ports d'armes aux gens de métiers, aux laboureurs, les rend fainéans, vagabonds, inutiles, et occasione de grands meurtres, des assassinats et autres crimes.

Enfin, le même esprit et les mêmes motifs de prohibition se retrouvent dans les ordonnances de Henri IV, de Louis XIV, et notamment dans la déclaration du 14 mars 1780, contre les attroupemens de braconniers qui attaquaient les gardes-chasse, faisaient rebellion à la maréchaussée, exerçaient des voies de fait, exigeaient des contributions, etc.

Nous trouvons dans les *Annales forestières allemandes* de M. Laurop, année 1813, un article du prince de Linange contre le braconnage. Ce prince établit que la plupart des voleurs, des brigands, des chefs de bandes, qui ont infesté l'Allemagne à diverses époques, ont débuté par le métier de braconniers, et il en cite de nombreux exemples puisés dans les archives criminelles. Il s'étonne du relâchement de la législation sur ce délit, et de ce qu'on surveille avec plus de rigueur des marchands forains, des porte-balles, et autres gens qui parcourent les campagnes, que les braconniers, gens qui commettent leurs vols à main armée. Il ne réclame point la trop dure sévérité des anciens réglemens ; mais il voudrait que la législation actuelle fût moins indulgente, parce qu'il est bien persuadé que le vil métier de braconnier conduit à tous les crimes.

Il est certain que les braconniers sont des gens dangereux et redoutés généralement par leur immoralité.

BRAI. Piége avec lequel on prend les petits oiseaux par les pattes. Ce nom, suivant quelques auteurs, aurait pour origine le mot *bras*, parce que le piége qu'il désigne ressemble à un bras tendu hors de la hutte où se place l'oiseleur, et, suivant d'autres, il aurait été imposé à ce piége, parce qu'on s'en sert en même temps qu'on imite le *brai*, ou le cri que fait un oiseau à l'approche d'un animal qui menace ses petits.

La chasse au brai, que l'on appelle aussi la petite pipée, paraît fort ancienne : elle est principalement pratiquée dans les ci-devant provinces de la Lorraine, du Dauphiné, de l'Auvergne, de la Bourgogne et du Languedoc.

On y procède depuis le commencement d'août jusqu'à la chute des feuilles, au soleil levant, ou une heure avant le soleil couchant, et elle dure une heure chaque fois.

Le piége qui est représenté *Pl.* 44, *fig.* 14 est d'un mécanisme fort simple : il se compose de trois pièces en bois A *b c*. La première A est la poignée par laquelle on fait jouer ce piége ; elle est indiquée séparément par la *fig.* 15 ; sa longueur est de 6 à 7 pouces, et sa grosseur d'environ 1 pouce d'équarrissage ; un trou d'un pouce de profondeur et de 6 lignes de diamètre, qui est pratiqué en *a*, reçoit les deux extrémités des baguettes *b c*, comme on le voit dans la *fig.* 14 ; une espèce de mortaise *b*, longue de 3 pouces, profonde de 7 lignes et large de 6, reçoit un petit morceau de bois *d*, qui sert de détente, et qui est fixé au moyen d'une goupille en fer, dont on voit la tête sur la poignée en *i*. L'autre extrémité de la détente est percée d'un trou pour le passage de la ficelle qui fait jouer le brai. On donne quelquefois à la poignée la forme d'une fourche *k* (*fig.* 19), quand on ne veut pas être obligé de la tenir à la main.

Les deux pièces *b c* sont longues de 2 pieds et demi : celle *b*, plus grosse que l'autre, est creusée en gouttière pour recevoir la pièce *c*, qui est ronde et d'environ 12 lignes de grosseur. La forme de ces deux pièces se voit mieux par la *fig.* 16, qui représente l'extrémité d'un brai tendu. La *fig.* 17 représente aussi l'extrémité d'un brai tendu ; mais la pièce *c* est taillée en angle, et celle *b* est creusée dans sa longueur d'une rainure triangulaire ; ce qui produit le même effet.

La *fig.* 14 représente le brai tendu : les pièces *b c* sont emmanchées dans la poignée *a*; une ficelle *m m*, ordinairement du fouet, bien savonnée, passe dans le trou de la détente *d*, où elle est arrêtée par un nœud, traverse les trous pratiqués sur les pièces *b c*, aux points 1, 2, 3, et s'arrête, par un nœud qui se voit en *m*, sur la pièce *c*. La longueur de la ficelle doit être telle, que la détente *d*, étant tout à fait hors de la mortaise, permette aux pièces *b c* de s'écarter d'un demi-pouce au moins à leurs extrémités supérieures, et pour qu'en rentrant cette détente dans la mortaise, les pièces *b c* s'appliquent l'une dans l'autre et puissent pincer les pattes de l'oiseau, ainsi qu'on le voit par la *fig.* 18.

Les explications que nous venons de donner, et qui sont tirées de l'*Aviceptologie* et du *Traité des chasses aux piéges*, concernent un brai d'une confection soignée ; mais quelques oiseleurs en exécutent un qui est bien plus simple : un bâton de sureau, dont ils ôtent la moelle à 3 ou 4 pouces de profondeur, et dont ils lient fortement le bout supérieur avec une ficelle, pour qu'il n'éclate point lorsqu'on y introduit les deux baguettes, forme le manche du brai. Quant aux baguettes, elles consistent en un jet d'églantier, gros comme le petit doigt, qui est fendu dans sa longueur en triangle, et de manière à présenter les deux bras du piége, qui s'appliquent l'un dans l'autre, comme dans le brai précédent : le reste du mécanisme est le même.

On se sert, à la chasse au brai, des appeaux à petits oiseaux, et notamment des appeaux à plumes, que nous avons indiqués, pour la pipée, à l'article *Appeau*.

Mais, pour surprendre les oiseaux, il faut que le chasseur soit caché, et, pour cet effet, on se sert de la *hutte ambulante* ou de la *vache artificielle*. (*Voyez* ces mots.) On se sert aussi d'une sorte de buisson portatif, que l'on forme avec trois branches bien garnies de feuilles, dont on lie les gros bouts ensemble, et qu'on écarte de manière à former l'éventail, après qu'on a coupé ou replié avec soin les rameaux qui pourraient servir de juchoir aux oiseaux. Le chasseur se cache derrière ce buisson, en présentant son piége au travers. Quelques oiseleurs se font avec de la fougère bien longue, qu'ils lient par les gros bouts, une sorte de capuchon semblable au chapeau qu'on place sur les petites meules de blé, et s'essayant à terre, les jambes croisées comme les tailleurs, se placent ce capuchon sur la tête, de manière à en être totalement couverts.

L'oiseleur, muni de son piége, de ses appeaux et de l'appareil propre à le cacher, se rend aux lieux fréquentés par les petits oiseaux, ordinairement sur la lisière des bois, dans les broussailles, ou près des haies ; il s'établit dans sa loge, passe le brai à travers, par une ouverture qu'il y a pratiquée, le tient horizontalement et de manière que l'oiseau ne puisse se poser que sur la branche c ; il fait jouer son appeau, en fixant l'œil sur le brai, et lorsqu'un oiseau vient s'y placer, il tire la détente ; si l'oiseau est pris, il retire le brai pour se saisir du captif. Il recommence à piper comme auparavant et continue ses captures. Mais on fait une chasse plus fructueuse, si l'on a plusieurs brais dont la poignée a une espèce de fourche, au moyen de laquelle on la fait tenir à un bâton placé horizontalement.

Quand on n'a point l'habitude de faire jouer l'appeau, on se sert d'une chouette, que l'on place à 15 ou 20 pieds de la loge, où l'on fiche en terre un piquet de 4 à 5 pieds de hauteur, surmonté d'un bâton transversal, sur lequel la chouette puisse se percher. L'oiseau est attaché à un pied, par une ficelle de 8 à 10 pieds de longueur qui tient au piquet. Il est très utile de placer des petits oiseaux dans une cage, que l'on attache à la partie supérieure du piquet : leurs cris multipliés à la vue de la chouette attirent, près de la loge du chasseur, une foule d'oiseaux, qui, après avoir voltigé long-temps, viennent se poser sur le brai ; si la chouette ne fait point de mouvement, ou que les oiseaux se retirent ou ne viennent pas, le chasseur l'excitera à voler sur la potence du piquet, en lui jetant, de sa loge, des petites pierres ou mottes de terre, et à chaque mouvement qu'elle fera, les cris des petits oiseaux en cage redoubleront et attireront les autres oiseaux. A défaut de chouette, on en imite le cri avec l'*appeau à chouette*. (*Voyez* ce mot.)

BRAILLER. On dit qu'un chien braille quand il crie sans être sur la voie.

BRAMER. Terme par lequel on exprime le cri du cerf, lorsqu'il est en rut ; mais on dit mieux *crier*.

BRANCHER. Ce mot se dit des oiseaux qui se perchent sur des branches d'arbres : *ce faisan branche*.

BRANCHIER. En fauconnerie, c'est un jeune oiseau de proie qui commence à se percher sur les branches des arbres.

On dit encore *brancher* les oiseaux de proie pour les nourrir et les élever, lorsqu'ils sont encore *niais*, c'est à dire pris dans le nid.

BRANDES. Ce sont les plantes et les bruyères qui croissent dans les clairs et autour des forêts, dont les cerfs mangent la pointe et la fleur.

BRAND-HIRCH. Cerf d'Allemagne que nous nommons *cerf d'Ardennes*, et que les anciens appelaient *tragelaphe*, c'est à dire *bouc-cerf*. C'est une variété de l'espèce du cerf.

BRANES. Synonyme d'*allaites*. (*Voyez* ce mot.)

BRANLE. Terme de fauconnerie, qui se dit lorsqu'un faucon se tient au premier degré sur la tête du fauconnier et qu'il tourne et remue ses ailes.

BRANLOIRE. On dit, en terme de fauconnerie, dans le sens de l'article précédent, qu'un héron est à *la branloire*.

BRANLE-QUEUE. C'est la lavandière.

BRAQUE ou BRAC. Race de chiens à museau épais, à poil ras et à oreilles larges et pendantes, bien coupés, légers, bons quêteurs, vigoureux et assez fins de nez. Ils sont bons pour la plaine et pour les broussailles. Ils résistent à la chaleur et sont moins sensibles aux épines que les autres. On dresse cette espèce de chiens à arrêter et à rapporter.

Voyez Chien, chap. Ier, où ce chien est décrit ; chap. XIII, où il est parlé de son éducation.

BRAYER. En fauconnerie, c'est le derrière d'un oiseau de proie ; l'on dit qu'une marque de la bonté d'un faucon est quand il a le *brayer* net et lorsqu'il lui tombe bien bas le long de la queue, et qu'autour il est bien émaillé de taches noires et rousses.

BRÉANT. C'est, en Normandie, le nom du *bruant*. (*Voyez* ce mot.)

BRÉHAIGNE, BREHAINE ou BREHAGNE. Expressions d'usage en vénerie, pour signifier une biche qui ne porte plus, que l'âge a rendue stérile ; alors elle laisse un pied large, assez semblable à celui du cerf, et qui trompe quelquefois les chasseurs.

BRESSAGUE ou FRESACO. Nom de l'effraie en Gascogne.

BRICOLE. Filet de petites cordes ou de fils d'archal, fait en forme de bourse, qui sert pour prendre les grandes bêtes.

L'article 12 du titre XXX de l'ordonnance de 1669 défend de s'en servir, et d'en faire ni d'en avoir, à peine de 30 livres d'amende pour la première fois. Le même article prononçait la peine du fouet et du bannissement, qui est abolie par la nouvelle législation, et remplacée par l'emprisonnement.

BRICOLER. On dit qu'un *chien bricole* quand il s'écarte à droite et à gauche, sans *rester collé* à la voie de l'animal qu'il chasse.

BRICOLER. Se dit aussi d'un cheval qui passe adroitement entre les cépées et les arbres.

BRIDER *un filet*. Un des inconvéniens des mailles en losange, c'est de changer beaucoup de forme, suivant qu'on tire le filet dans un sens ou dans un autre, et on y remédie en le bordant ou en le bridant.

BRIDER *les serres d'un oiseau*. C'est, en fauconnerie, en lier une de chaque main, et par ce moyen l'empêcher de déchirer sa proie.

BRISÉES. Marques que laissent les valets de limier et les veneurs dans un chemin où la bête a passé. Ce sont des branches d'arbres qui doivent être rompues et non coupées. *Aller aux brisées*, c'est aller attaquer. *Frapper aux brisées*, c'est attaquer l'animal. On met le gros bout du côté où il a la tête tournée.

Les brisées sont fausses quand les marques éloignent de la voie : on en pratique quelquefois pour tromper son compagnon.

BRISER. En vénerie, c'est marquer la voie d'une bête par des branches rompues. On brise au rembuchement et sur la voie. *Briser bas*, c'est rompre des branches et les jeter par où la bête a passé. *Briser haut*, c'est rompre les branches à demi, à la hauteur de l'homme, et les laisser pendre au tronc de l'arbre. On brise deux branches pour le cerf ou un autre animal, et une seule pour une biche.

BRISE-MOTTE ou CASSE-MOTTE. C'est, en Sologne, l'oiseau connu sous le nom de *motteux*.

BRISE-OS. Nom de l'*orfraie* dérivant de celui d'*ossifrague*, que les anciens avaient donné à cet oiseau, parce qu'ils avaient remarqué qu'il cassait avec son bec les os des animaux, dont il fait sa proie. (Voyez *Orfraie*.)

BROCARD. C'est le chevreuil mâle.

BROCHES. Première tête du chevreuil. On donne encore ce nom aux défenses du sanglier.

BROSSER. Lorsqu'on entend un cerf marcher dans le fort, ou qu'il fuit, on dit : *J'ai entendu un cerf qui brosse dans ce fort*, car son bois fait du bruit contre les branches en les froissant.

BROSSES. Paquet de poils qui vient aux bêtes fauves sur le haut des canons des jambes de derrière, en dehors.

BROUSSER. C'est marcher à travers bois sans suivre les chemins.

Lorsqu'un veneur est constamment à la queue de ses chiens, on dit qu'il brousse bien.

BROUT. Bourgeons et écorce du jeune bois que le cerf, le chevreuil et le daim mangent en avril et mai, et qui les enivrent. On dit : *les animaux sont au brout*.

BROUTANT, *qui broute*. Bêtes *broutantes*, en terme de vénerie, sont le cerf, le daim, le chevreuil, etc.

BRUANT, *emberiza citranella*, Lath. Oiseau du genre du même nom et de l'ordre des passereaux, qu'on nomme, en allemand, *goldammer*, et en anglais, *yellow bunting*.

Description. Cet oiseau (*Pl.* 11, *fig.* 10) a 6 pouces et demi de longueur, y compris la queue, qui a 2 pouces 9 lignes de long ; le bec fort, pointu et de 5 lignes de long ; l'iris brun, les jambes de même couleur et de 9 lignes de haut ; la tête d'un beau jaune, et souvent rayée d'un vert grisâtre ; le dessus du corps noir avec un mélange de vert ; le cou, la poitrine et le ventre d'un beau jaune doré avec des taches oranges ; les pennes des ailes et de la queue noirâtres et bordées d'un jaune verdâtre. La femelle a les couleurs jaunes plus pâles, et elle est rayée d'un brun olivâtre. Le bruant est, avec la grive, le premier oiseau qui, au printemps et même sur la fin de février, fasse entendre son chant dans les forêts et les jardins. Ce chant est court, mais clair. Son cri d'appel, lorsqu'il est assis, est *zip*, *zap*, et lorsqu'il fuit, *ziap*, *ziap*, *zerre*. En liberté, il est vif et léger, et en chambre, il est indolent. Le chant de cet oiseau est assez insignifiant.

Habitation. On trouve cet oiseau dans toute l'Europe et le nord de l'Asie. Il est commun dans les bois situés au milieu des champs, sur les lisières des bois, dans les jardins et dans les haies. Un grand nombre des individus de cette espèce voyagent vers le midi pendant l'automne ; ceux qui restent se rassemblent avec les *pinsons*, les *verdiers*, les *friquets*, etc.

Nourriture. Des insectes, des chenilles, du blé, de menues graines, de millet, de chenevis et surtout d'avoine.

Propagation. Cet oiseau niche dans les haies et quelquefois sous un buisson dans la mousse qui repose sur le sol et entre des pierres. Son nid se compose de brins d'herbe secs et intérieurement de poils. La ponte est de quatre à cinq œufs d'un blanc sale, avec des taches d'un brun clair. L'incubation dure quinze jours. Il y a ordinairement deux couvées par an.

Qualité. La chair du bruant est délicate, et elle est très grasse en automne et en hiver. On engraisse cet oiseau dans des chambres obscures en lui donnant du pain blanc avec du lait, du millet et de l'avoine. Le bruant est un oiseau fort utile par la grande quantité d'insectes nuisibles qu'il détruit dans les jardins et les forêts.

Ennemis. Les renards, les chats, les martes et les putois, qui dévastent le nid du bruant, et les éperviers, les faucons et les autres oiseaux de proie, qui poursuivent cet oiseau.

Chasse. On prend beaucoup de bruans, en automne, dans les champs nouvellement moissonnés, avec des *nappes à alouettes*, le *rets saillant*, et, pendant l'hiver, lorsqu'ils sont attroupés, à la *tendue d'hiver*. Cette dernière chasse, bien connue des gens de la Champagne, et qui consiste à se servir de claies sous lesquelles on place du grain ou de la menue paille d'avoine, se fait avec avantage lorsque la neige couvre la terre depuis quelque temps. (Voyez *l'enque d'hiver.*)

BRUIT. Chasser avec bruit ou à grand bruit, c'est chasser avec grand équipage, avec nombre de veneurs, de chiens courans, etc.

BRUNETTE. Nom vulgaire de la bécassine.

BRUNIR. Un cerf, un daim ou un chevreuil brunit sa tête, lorsqu'après avoir touché au bois, il en a détaché la peau velue qui la couvrait; alors elle devient rouge, grise ou brune.

BRUTIER. Dénomination quelquefois employée pour désigner la *buse*.

BUCHER. En *bûcher* l'oiseau, c'est le mettre sur un bloc ou sur une perche.

BUFFETER. En fauconnerie signifie donner en passant contre la tête d'un plus fort, comme contre le duc ou contre l'aigle, ou contre la tête du lièvre, quand on le fait battre aux oiseaux. On dit : *cet oiseau a buffeté la proie.*

BUISSON. C'est un bouquet de bois détaché. On dit que les cerfs prennent *buisson*, quand ils choisissent un lieu secret pour faire leur tête, après qu'ils ont mis bas.

Buisson creux, c'est faire rapport d'un animal rembuché dans une enceinte où l'on ne le trouve pas. Lorsqu'un veneur a manqué à laisser courre, on dit : il a fait *buisson creux.*

C'est au printemps et en été qu'on attaque les cerfs dans les buissons.

BUISSON ENGLUÉ. C'est un buisson artificiel, que l'on charge de gluaux, pour y prendre des petits oiseaux. On fait cette chasse depuis le mois de septembre jusqu'au mois d'avril.

On choisit dans une pièce de terre un endroit éloigné des grands arbres et des haies, où l'on pique en terre trois ou quatre branches de taillis hautes de 5 ou 6 pieds, et l'on entrelace leurs cimes les unes dans les autres, afin qu'elles aient l'apparence et la solidité d'un buisson. On peut couvrir le haut avec deux ou trois branches d'épines noires et touffues, qu'on fait tenir par force. On prend ensuite quatre ou cinq douzaines de petits gluaux longs chacun de 9 à 10 pouces; on en fend le gros bout avec un couteau, et on les met en divers endroits du buisson, en les arrangeant de façon qu'un oiseau ne puisse se placer dessus sans engluer son plumage.

Il y a un moyen de faire venir le gibier dans le piège qu'on lui tend, c'est d'avoir des oiseaux apprivoisés de l'espèce que l'on veut prendre, et de les placer sur des petites fourchettes de bois élevées de terre d'environ 6 pieds, et piquées à environ une toise du buisson.

Si l'on veut augmenter le nombre des appelans, et par conséquent multiplier ses prises, il faut, à mesure qu'on en prend, les attacher sur quelques baguettes au haut du buisson, se retirer à trente ou quarante pas, et tirer de là une ficelle attachée par une de ses extrémités aux baguettes; les oiseaux captifs remueront alors leurs ailes, et ceux qui sont libres, s'imaginant qu'il y a sur ce buisson de la nourriture, viendront s'y abattre et s'y faire prendre.

BURETTE. C'est, en Berry, la dénomination vulgaire de la *fauvette d'hiver*. On l'appelle *bunette*, en Normandie.

BURGOS. Race de chiens issue de l'épagneul et du basset.

BUSARD, *falco aruginosus*, Lath. Oiseau du genre des *faucons*, et de l'ordre des oiseaux de proie. On l'appelle aussi *busard des marais*, dénomination qui indique les lieux où il se tient. Nos aïeux le connaissaient sous le nom de *fau-perdrieux*, et quelques fauconniers sous celui de *harpaye à tête blanche*. Il se nomme, en allemand, *sumpfweyhe*, et en anglais, *moor-buzzard*.

Description. Le busard (*Pl.* 8, *fig.* 3) est un oiseau dont les formes sont élégantes. Le mâle a 21 pouces de longueur, y compris la queue, qui a 8 pouces, et 3 pieds 9 pouces d'envergure; le bec de 1 pouce 6 lignes de long, tranchant, crochu et de couleur noire; la cire, qui en recouvre la base, d'un jaune verdâtre; l'iris de couleur safran; les jambes minces, de 3 pouces de haut et jaunes; les ongles très crochus et noirs; le sommet de la tête d'un jaune-rougeâtre rayé de brun; la gorge roussâtre; le dessus du corps d'un brun foncé avec des taches rousses; le dessous d'un brun un peu plus clair; la queue brune comme le dessus du corps, avec des taches roussâtres sur les pennes extérieures. La femelle est plus grosse que le mâle; elle a 24 pouces de longueur et 4 pieds d'envergure; elle pèse de 20 à 27 onces; elle a plus de taches sur la partie supérieure du corps, et le sommet de la tête d'un jaune plus pâle.

Les couleurs du busard varient : on trouve des individus de cette espèce qui ont le dessus du corps brun, le dessous roussâtre, et la queue couleur de brique; d'autres qui ont le dessus du corps d'un roux brun avec des taches d'un jaune foncé, le sommet de la tête de cette dernière couleur et la queue marquée par des bandes d'un gris foncé; d'autres, enfin, qui n'ont point de jaune sur le sommet de la tête.

Les busards se posent souvent sur les bornes et sur la terre, et volent à peu de hauteur, si ce n'est à l'époque des amours, où ils s'élèvent dans les airs, et miaulent comme les chats. Leur cri d'appel est *pitz, pitz.* Ils sont très timides.

Habitation. Les busards habitent l'Europe, le nord de l'Amérique et le midi de la Russie; ils se tiennent ordinairement sur la lisière des forêts, dans les bois isolés, et particulièrement près des étangs, des marais et des lacs. Ils nous quittent dans le mois d'octobre pour chercher des climats tempérés, et reviennent dès le commencement d'avril. Mais il en reste toujours quelques individus pendant l'hiver.

Nourriture. Elle consiste principalement en oiseaux aquatiques, et de préférence en jeunes poules d'eau, râles, bécassines, canards, et en poissons et grenouilles. A défaut de ces oiseaux, et notamment au printemps et en automne, les busards recherchent les cailles, les perdrix, les alouettes et même les jeunes lièvres.

Propagation Le busard niche ordinairement dans les lieux marécageux sur des buissons de peu d'élévation, ou sur quelques éminences garnies de grandes herbes. La ponte est de trois à quatre œufs bleuâtres, que la femelle couve pendant trois semaines.

Ennemis. Le balbuzard poursuit les busards pour leur dérober le poisson qu'ils ont pris. Ils sont tourmentés par de gros poux qui s'attachent à leur peau, et ils sont sujets à avoir le ver solitaire.

Dommages. Les dommages qu'ils causent ressortent de leur manière de vivre. Ce sont des oiseaux plus nuisibles qu'utiles.

Chasse. On trouve assez souvent l'occasion de tirer des busards le long des endroits marécageux, en chassant des oiseaux aquatiques. (Voyez *Oiseaux de proie.*)

BUSE, *falco buteo*, Lath. Oiseau du genre des faucons et de l'ordre des oiseaux de proie. Il se nomme en allemand *mause bussard*, et en anglais *common buzzard*.

Description. La buse (*Pl.* 7, *fig.* 5) a à peu près la grosseur de la poule domestique. C'est l'un des oiseaux de proie le plus connu, et cependant celui dont les couleurs sont les plus sujettes à varier. Le mâle a 2 pieds de longueur, y compris la queue, qui a 10 pouces, 4 pieds d'envergure; et il pèse une livre et demie. La femelle a 2 pieds 4 pouces de longueur, 5 pieds d'envergure, et son poids est de 2 livres. La buse a le bec de 1 pouce 6 lignes de long, fort crochu, et couleur de corne; la membrane qui en recouvre la base, de couleur orange, ainsi que les pieds; les doigts petits; les jambes courtes et n'ayant pas plus de 3 pouces et demi de haut; les ongles recourbés, de peu de longueur et noirs. Cet oiseau change tellement de couleur qu'il est presque impossible d'en rencontrer deux individus semblables. Ainsi les couleurs du dessus du corps varient du brun foncé au noir, du brun clair et du roux au gris, avec des taches et des raies d'un blanc jaunâtre; celles du dessous sont variées par de grandes taches d'un brun foncé ou rousses, et de forme ovale ou triangulaire, régulière ou irrégulière; le ventre et le croupion sont marqués par des lignes ondoyantes. Souvent le dessus et le dessous du corps sont presque de la même couleur noire, grise ou rousse. D'après la règle, le mâle dans les oiseaux, a des couleurs plus foncées que la femelle; ici, le mâle a le dessus du corps et la gorge d'un brun foncé; quelques rangées de plumes d'un jaune roussâtre sur les couvertures des ailes; la poitrine et le ventre d'un blanc jaunâtre avec des bandes transversales, larges, irrégulières et d'un brun foncé; les pennes des ailes d'un brun grisâtre avec du blanc et du noir; la queue d'un gris cendré et mêlé de roux, avec dix ou onze bandes transversales d'un brun foncé, et dont celles supérieures sont peu apparentes. La femelle a le dessus du corps un peu plus clair, avec des rangées de plumes d'un gris rougeâtre; des taches blanches à la gorge; la poitrine et le ventre blancs avec des lignes d'un brun foncé; la queue rousse avec des liserés blancs, et onze à douze bandes transversales d'un brun foncé.

Il y a aussi une variété de la buse, qui est blanche ou mélangée de blanc.

La buse est un oiseau stupide et paresseux. Elle reste souvent, pendant plusieurs heures, perchée et sans mouvement sur un arbre, pour guetter une taupe ou un mulot. Son vol est lourd. Elle répète constamment et d'une voix haute et criarde ce monosyllable : *cria, cria*.

Habitation. La buse est répandue dans toute l'Europe, le nord de l'Asie et l'Amérique ; elle se tient dans les forêts, et de préférence sur les lisières des bois et dans les boqueteaux situés en plaine où elle peut trouver sa nourriture. Dans les contrées du nord, c'est un oiseau de passage, qui se rend dans les pays méridionaux en septembre et octobre, et qui voyage souvent en troupe. Il revient au mois d'avril, à cette époque on le trouve fréquemment dans les plaines

Nourriture. La buse, moins agile que les autres oiseaux de proie, se contente de prendre à terre les animaux qui servent à sa nourriture, et qui sont les levrauts, les lapereaux, les perdrix, les cailles, les mulots, les taupes, les grenouilles, les couleuvres, les limaçons, les jeunes oiseaux. Elle se nourrit aussi de charogne.

Propagation. Elle construit son nid sur les arbres élevés et le compose de petites branches, de mousse et d'autres matières molles. Elle se sert aussi du nid abandonné de la corneille qu'elle agrandit. La femelle y dépose de trois à quatre œufs d'un blanc verdâtre, tachés de brun et de jaune, qu'elle couve pendant trois semaines.

Ennemis. On trouve trois espèces de poux sur sa peau, et dans son intérieur le ver solitaire et plusieurs autres vers intestinaux.

Utilités et dommages. Cet oiseau appartient, comme on peut en juger par sa nourriture, à la classe des oiseaux de proie, qui sont aussi utiles que nuisibles.

Chasse. On le chasse au fusil, et on le prend dans des pièges qu'on amorce avec une souris, une taupe, etc. (Voyez *Oiseaux de proie.*)

BUTÉ. Ce mot se dit d'un chien qui a une grosseur à la jointure d'une jambe.

BUTOR, *falco stellaris*, Lath. Oiseau du genre du *héron*, et de l'ordre des *échassiers*.

Dénominations. Le nom de *butor* paraît avoir été donné à cet oiseau à cause de sa voix qui ressemble au mugissement du taureau : *botaurus, quasi boatus tauri*. Le nom d'*asterias* ou de *stellaris*, donné au butor par les anciens, vient, suivant Scaliger, de ce qu'il vole le soir et s'élance droit vers le ciel, et suivant d'autres auteurs, des taches dont est semé son plumage. On le nomme en allemand, dans les différens idiomes, *rohrdommel, gemeiner* ou *grosserohrdommel, rohrtrump, sprump*, etc. ; en anglais, *bittern* ou *mererum*; en hollandais, *pittor*; en italien, *trombone*.

Description. Le butor est à peu près de la grosseur du coq domestique ; il pèse 2 livres et demie à 3 trois livres; sa longueur est de 2 pieds et demi, y compris la queue, qui a 5 pouces ; son envergure est de 4 pieds. Il a le bec droit, fort, pointu, de 3 pouces et demi de long, brun en dessus pendant l'hiver, et vert pendant l'été, d'un jaune verdâtre en dessous, jaune à la base et sur les côtés; l'iris d'un jaune doré; les pieds d'un jaune verdâtre; les jambes de 1 pied et demi de hauteur; le doigt du milieu de 5 pouces de long; le dessous de l'ongle du milieu dentelé en scie. La couleur de cet oiseau est un mélange de roux et de jaune avec des raies et des mouchetures en zigzag, brunes et noires. Il a le sommet de la tête d'un brun noir; la gorge blanche avec une bande noire sur les côtés; les joues et les côtés du cou d'un jaune roux avec des bandes en zigzag de couleur brune; de longues plumes en avant du cou, d'un brun roux et noir ; le dessus du corps d'un roux mêlé de jaune avec de longues taches noires et transversales; de longs scapulaires; le ventre d'un blanc jaunâtre et rayé de brun foncé; les pennes primaires noires avec des bandes rousses, les pennes de la queue d'un jaune roussâtre, tachetées irrégulièrement de brun foncé et rayées en travers. La *femelle* a les plumes du cou un peu plus courtes, les couleurs rousses moins vives, la gorge d'un blanc moins pur, les raies noires des côtés du cou moins longues, moins larges et moins noires.

Le butor est un oiseau solitaire et indolent. Il est rare d'en voir plusieurs ensemble, même sur un lac d'une certaine étendue. Il fait entendre, le soir et pendant la nuit, particulièrement au printemps, à l'époque des amours, une voix grave, une sorte de mugissement, *hi-rhoûd*, *hou*, *hou*, et telle qu'on avait cru, mais mal à propos, qu'il plongeait son bec dans l'eau pour faire ce cri. Autant il est sauvage et peureux, autant il est courageux quand il est pris blessé par un chasseur ou attaqué par des oiseaux de proie. Il faut avoir soin de se garantir de son bec redoutable, qu'il plonge comme un trait dans les yeux ou dans les jambes. Il se tient caché pendant le jour dans les roseaux, où il est souvent immobile, le cou et le bec tendus, de telle sorte qu'on ne le distingue pas facilement parmi les tiges jaunes des roseaux ; il ne prend son vol que la nuit pour aller d'un lieu à un autre.

Habitation. On trouve le butor en Europe, dans le nord de l'Asie et en Amérique, mais pas tout à fait dans le nord. Il habite les étangs garnis de roseaux, les marais, les bords des rivières et des lacs. Il les quitte en automne pour aller dans des climats plus doux, et revient au mois de mars. Il en reste quelques individus pendant l'hiver.

Nourriture. Elle consiste en petits poissons, grenouilles, coquillages, vers de terre, reptiles, insectes aquatiques, etc. Il alonge son cou sur sa proie, la perce de son bec, la déchire et avale des poissons et des souris tout entières.

Propagation. Dès leur arrivée au printemps, les butors préparent leur nid, qu'ils placent sur une éminence dans les roseaux; ils le construisent avec des joncs et des roseaux, et le mettent à l'abri de l'inondation en cas de crue d'eau. La femelle y dépose depuis trois jusqu'à six œufs d'un blanc sale et verdâtre, qu'elle couve pendant trois semaines. Les jeunes quittent bientôt leur nid et suivent leur mère.

Ennemis. Les chats sauvages, les fouines, les putois, les belettes et les gros oiseaux de proie.

Qualités utiles ou nuisibles. Le butor fait beaucoup de tort aux étangs où il mange le frai du poisson ; mais il est utile, d'un autre côté, par la destruction des animaux nuisibles dont il se nourrit. La chair de cet oiseau est de mauvais goût; et cependant on dit qu'on la trouve délicate à Londres.

Chasse. On le chasse au fusil avec un chien d'arrêt dans les roseaux. Lorsqu'on connaît sa demeure, on peut, en usant de précautions, le prendre avec un filet. On le prend aussi avec un hameçon qu'on a appâté avec une grenouille ou avec un poisson de la grosseur du doigt; sa voracité cause sa perte. Enfin on le chasse avec le faucon, et par les autres moyens indiqués à l'article du *héron*.

BUTURE, maladie. C'est quand la jointure au dessus du pied du chien grossit, ce qui le rend boiteux ; cela arrive assez souvent par quelque piqûre d'épine.

BUZARD. Voyez *Busard*.

CABANE. Petite loge couverte pour la pipée ou pour se mettre à l'affût.

CABARET, *fringilla linaria*, Lath. Oiseau de l'ordre des *passereaux* et du genre des *pinsons*, et qui, suivant Gmelin, serait une variété de la linotte de montagne, et, suivant Latham, une variété du sizerain. Buffon observe que le changement des couleurs de cet oiseau suivant l'âge et les saisons est la cause de l'incertitude qui règne à cet égard. Il n'y a, dit-il, que deux espèces d'oiseaux à qui l'on ait donné le nom de *petite linotte* : l'une qui ne chante point, qui ne paraît que tous les six ou sept ans, arrive par troupes très nombreuses, ressemble au tarin, etc.; c'est la petite linotte de vigne de M. Brisson ; l'autre est le *cabaret*.

Description. La longueur totale est de 4 pouces et demi; son vol est de 8 pouces ; son bec un peu plus de 4 lignes, sa queue 2 pouces ; elle est fourchue et ne dépasse les ailes que de 8 lignes. Cet oiseau a le dessus de la tête et le croupion rouges ; une bande roussâtre sur les yeux ; le dessus du corps varié de noir et de roux ; le dessous du corps roux, tacheté de noirâtre sous la gorge ; le ventre blanc ; les pieds bruns, quelquefois noirs ; les ongles fort alongés, et celui du doigt postérieur plus long que ce doigt. La femelle n'est pas entièrement dépourvue de belles couleurs ;

DICT. DES CHASSES.

elle a du rouge sur la tête, mais elle n'en a point sur le croupion : quoique plus petite que la linotte ordinaire, elle a la voix forte et plus variée.

Le cabaret a une telle analogie dans la taille, les habitudes et le plumage avec le *sizerain*, qu'il est difficile de ne pas les confondre; mais le *sizerain* est très commun pendant certains hivers, et, outre cela, il a les couleurs de la gorge d'un beau rose.

Habitation. Cet oiseau est assez rare en Allemagne et en France. C'est un oiseau de passage qui arrive en automne, dans le milieu de cette saison, et disparait au printemps; il ne voyage pas par bandes, et il est en tout temps solitaire ou en compagnie peu nombreuse. Il habite les buissons et se plaît sur les arbrisseaux.

Nourriture. Celle des oiseaux de son genre.

Propagation. Il place son nid sur les arbrisseaux. Il le construit avec des petites racines qu'il entrelace ensemble d'une manière lâche et peu serrée; le fond est garni d'un mélange de mousse, de foin et de chaume, et de quelques crins noirs. La ponte est de cinq à six œufs, d'un bleu blanchâtre, tachetés de rouge, marqués de zigzags isolés sur la coque, et qui suffisent pour distinguer ces œufs de ceux des autres linottes.

Chasse. Le cabaret n'est point méfiant; il donne facilement dans les piéges qu'on lui tend pendant l'hiver. Il n'est pas rare chez les oiseleurs dans cette saison.

CABRI, CABRIT ou CABRIL, nom que l'on donne au chevreau lorsqu'il n'a pas encore six mois. Sa chair est alors délicate comme celle de l'agneau.

CACABER. Signifie le cri de la perdrix.

CAGE. On appelle ainsi une petite loge portative de bâtons d'osier ou de fil de fer pour mettre des oiseaux.

Il y a plusieurs sortes de piéges qui portent aussi le nom de cage, parce qu'ils en ont la forme. (*Voyez* au mot *Trébuchet*.)

CAGIER. On appelle ainsi ceux qui portent des faucons, sacres, laniers et autres oiseaux pour les vendre.

CAILLE, *perdix, coturnix*, Lath. Oiseau du genre de la perdrix.

Dénominations. Elle se nomme, en grec, *ortus*; en latin, *coturnix*; en espagnol, *cuaderviz*; en italien, *quaglia*; en allemand, *wachtel* ou *klein feldhuhn*; en anglais, *commonquail*.

Description. La caille (*Pl.* 16, *fig.* 6) est un oiseau aussi connu que la perdrix, et qui a beaucoup de rapports avec elle; aussi lui donne-t-on le nom de perdrix naine, ou petite perdrix; mais elle est bien plus petite; elle ne pèse que 7 ou 8 onces. Sa longueur totale, y compris la queue, qui est fort courte et n'a que 1 pouce et 4 lignes, est de 7 pouces, et son vol est d'environ 14 pouces. Elle a le bec couleur de corne, et de 1 demi-pouce de long; l'iris olivâtre; les pieds sont de couleur de chair, et les ongles blanchâtres; le dessus du corps d'un brun noir tacheté de roux avec des bandes blanches; la gorge, dans le mâle, d'un brun foncé avec deux bandes de couleur châtaigne, qui quelquefois entourent toute la gorge; la poitrine d'un roux pâle avec des bandes plus claires; le ventre d'un blanc sale; les cuisses d'un gris rougeâtre; les pennes des ailes d'un gris foncé, avec un grand nombre de raies étroites, transversales et de couleur roussâtre; la queue d'un brun foncé avec des raies transversales rougeâtres. Le collier des jeunes mâles est blanc; c'est pour cette raison qu'on les nomme *colliers blancs*.

La femelle se distingue facilement du mâle, en ce que sa gorge, au lieu d'être d'un brun foncé, est blanche, et que sa poitrine a des couleurs plus claires, et se trouve tachetée de noir. Les jeunes, avant la première mue, ressemblent à la femelle.

On ne connait en France qu'une seule espèce de caille, bien qu'il y en ait de beaucoup plus grosses les unes que les autres, et dont les nuances des mouchetures varient.

Bechstein distingue plusieurs variétés de cailles : 1° la caille qu'il appelle *standwachtel*, et qui a la gorge châtaigne et la poitrine presque toute blanche; 2° la caille qu'il nomme *mohren-wachtel*, et qui a la gorge noire, et souvent les joues de même couleur; 3° la *caille blanche*, qui est tout à fait blanche ou d'un blanc jaunâtre; 4° *la caille variée*, qui a des taches blanches sur plusieurs parties du corps, des ailes et de la queue; 5° *la caille cendrée*, dont la couleur est un fond cendré clair, avec des marques ordinairement foncées; 6° *la caille noire*, qui est d'un noir de suie, et dont le ventre est cendré : la domesticité produit quelquefois cette dernière variété.

Tout le monde connait le cri du mâle; cri qu'il répète plusieurs fois de suite, et qu'on a traduit de bien des manières : *dic cur hic; cat-caillat; paie tes dettes*, etc. Avant de faire entendre ce cri, il prononce une ou plusieurs fois ce mot : *vara*. Il a encore plusieurs autres tons qui expriment sa colère, sa faim, sa jalousie. On prétend que lorsqu'il fait entendre son premier cri, il est toujours éloigné de sa femelle, et qu'au contraire, lorsqu'il fait *ouan, ouan, ouan*, il en est proche. Le cri de la femelle ne lui sert que pour appeler le mâle; et quoiqu'il soit très faible, les mâles l'entendent et accourent de fort loin. C'est ce cri que l'on imite avec l'appeau pour attirer les mâles dans le filet. La femelle a encore un cri qui est tremblotant : *cri, cri*.

Les cailles sont des oiseaux craintifs, très vifs, et qui courent rapidement, mais dont le vol est pesant et peu élevé. Elles se tiennent toujours à terre, et ne se perchent jamais. En cage, elles sont gaies et propres, et elles y vivent jusqu'à six ou sept ans. La durée de leur vie doit être plus longue en liberté.

Nourriture. Elles se nourrissent de toutes sortes de grains, de blé, de millet, de chenevis, d'herbes vertes, d'insectes, etc.; elles boivent peu, souvent elles s'étendent sur le sable et en avalent quelques grains pour faciliter leur digestion.

Propagation. Le mâle de caille est polygame; il recherche les femelles avec ardeur. Les mâles se livrent entre eux des combats sanglans. La femelle fait, à terre, dans les blés, ou dans les prairies naturelles ou artificielles, son nid qu'elle compose de feuilles et d'herbes. La ponte a lieu à la même époque que celle des perdrix ; elle est de douze à quinze œufs assez gros, d'un gris verdâtre, mouchetés de brun. L'incubation dure vingt et un jours. Les cailleteaux naissent couverts d'un duvet gris brun et peuvent suivre leur mère presqu'en sortant de la coque, ainsi que le perdreau ; ils ont atteint leur entier développement avant l'automne et sont en état de voyager trois mois après leur naissance.

Il n'est point encore reconnu que les cailles nichent en Afrique pendant l'hiver, bien qu'on ait lieu de le présumer. Leur ponte ordinaire est, comme celle des perdrix, de douze à quinze œufs, et si elle n'avait lieu qu'une fois par an, le nombre des cailles devrait être moins considérable que celui des perdrix, qui, dans leur état sédentaire, ne sont point exposées aux accidens et aux dangers de toute espèce inséparables des longs voyages, tandis que ces oiseaux de passage sont beaucoup plus nombreux. Ce qu'il y a de positif, c'est que les cailles muent deux fois par an, et qu'en général, dans tous les oiseaux, la mue a lieu aussitôt après que les couvées sont assez fortes pour se passer des soins des pères et mères. Un autre fait certain, qui ferait croire à l'existence de la double ponte, c'est qu'à la fin de juin on voit paraître les *colliers blancs*, qui sont de la même espèce, et qui semblent être les cailleteaux africains, qui n'ont pu se mettre en voyage que deux mois plus tard.

Habitation. Les cailles sont répandues dans toutes les parties de l'ancien monde, à l'exception des contrées les plus septentrionales. Elles préfèrent les pays chauds et tempérés. Elles arrivent dans nos contrées au mois d'avril ou au mois de mai, suivant que le printemps est plus ou moins chaud, et plus tôt dans les départemens méridionaux que dans ceux du nord. A cette époque, les cailles recherchent les expositions les plus abritées, et se trouvent plus particulièrement dans les prés et les blés verts, ce qui fait qu'on les appelle *cailles vertes*.

Elles regagnent les climats méridionaux et nous quittent à la fin de septembre. C'est la seule époque où on les voit rassemblées ; mais cette réunion n'est que l'effet du besoin qu'elles éprouvent toutes à la fois d'aller dans les mêmes contrées. Elles voyagent toujours la nuit, et l'on a remarqué que la lune paraissait leur être nécessaire pour guider leur vol, et que, par cette raison, elles étaient plus abondantes, lorsque le temps était serein, pendant les pleines lunes d'avril et de mai. On a remarqué aussi qu'elles savent profiter du vent, qu'elles se rendent en Afrique où elles séjournent pendant l'hiver, lorsque le vent du nord souffle, et qu'elles reparaissent dans nos contrées avec le vent du sud.

Le besoin de voyager est tellement inné chez cette espèce d'oiseau, que les cailleteaux qu'on élève facilement dans une volière sont tourmentés d'une inquiétude périodique, et frappent de la tête contre la toile qui leur sert de couverture, pendant tout le temps qui correspond à celui des deux passages, c'est à dire pendant les mois d'avril et de septembre. Cependant elles supportent les plus grands froids ; il en reste quelques unes pendant l'hiver dans les expositions abritées et garnies d'herbes. Nous en avons tué deux fort grasses au mois de janvier, sur la neige, près la lisière des bois de Meudon, dans la plaine de Vélisy. On en a trouvé à la même époque dans les Alpes, le long des sources qui ne gèlent point, et où sans doute elles avaient été retenues par quelque cas fortuit.

Il en reste beaucoup pendant l'hiver en Italie.

Ennemis et maladies des cailles. Leurs ennemis sont tous les oiseaux de proie, les renards, les chats, les putois, les fouines, les belettes, etc. Dans l'état de domesticité et même en liberté, elles sont sujettes aux convulsions. On traite cette maladie par une saignée qu'on opère en leur coupant un ongle, ou bien on les plonge dans de l'eau très froide.

Elles meurent aussi de consomption et du mal de narines.

Qualités. La chair des cailles est d'un goût exquis, surtout quand elle est grasse : aussi les engraisse-t-on dans des cages faites exprès, en leur donnant en abondance du millet et du chenevis. Il arrive souvent que cette dernière nourriture donne aux cailles une graisse jaune, d'une odeur forte et peu agréable.

La meilleure manière de les engraisser, et qui est peu connue, c'est de leur donner du riz légèrement crevé dans l'eau bouillante et qu'on a fait refroidir ensuite. Nous en avons fait l'expérience et elle nous a parfaitement réussi.

La chair de la caille est d'un bon suc ; elle excite l'appétit et convient à tous les âges et à tous les tempéramens.

Chasse des cailles.

La véritable saison pour la chasse des cailles est en août et septembre, époque où les cailleteaux ont pris toute leur croissance, et où les cailles sont, en général, devenues grasses. On les trouve alors dans les chaumes garnis d'herbes, les vignes, les prairies artificielles, et dans les champs où la récolte ne se fait que fort tard. Il y a plusieurs manières de faire la chasse aux cailles.

I. *Chasse au fusil.* Cette chasse se fait de la même manière que pour les perdrix ; mais, comme les cailles sont presque toujours seules ou au plus deux ou trois ensemble, excepté aux époques des passages, il est rare d'en faire lever plus d'une à la fois. Leur vol est moins élevé que celui de la perdrix ; elles filent horizontalement, et vont se poser à peu de distance ; cependant il est difficile de les relever sans le secours d'un bon chien d'arrêt, parce qu'elles tiennent beaucoup et qu'elles ont, comme la perdrix rouge, l'habitude de s'éloigner en marchant, et qu'ensuite elles se rasent. Il faut, lorsqu'une caille prend son vol, la laisser filer quelques pas avant de la tirer, parce qu'à son départ elle fait deux ou trois petits crochets.

On trouve, dans le *Traité de la chasse au fusil*, la description suivante d'une chasse aux cailles grasses, qui se fait à l'époque du passage d'automne, aux environs de Marseille :

« Lorsque le temps du passage des cailles pour retourner en Afrique est arrivé, c'est à dire depuis le 15 août jusqu'aux premiers jours d'octobre, il se fait, aux environs de Marseille, dans toute cette étendue de terrain couverte de bastides, qu'on appelle le Taradou, une chasse très agréable, pour laquelle on se sert d'appeaux vivans. Ce sont de jeunes mâles de l'année, pris au filet, et qui se conservent d'une année à l'autre, dans des chambres ou en volière, ayant soin de ne pas leur donner de millet, qui les engraisse trop. Au mois d'avril, on les aveugle, en leur passant légèrement sur les yeux un fil de fer rouge; opération qui en fait mourir quelques uns. Au mois de mai, on les plume en partie sur le dos, aux ailes et à la queue, sans trop les déshabiller, pour avancer leur mue, parce que s'ils muaient dans le temps du passage, cela les empêcherait de chanter. A l'entrée du mois d'août, on les met en cage, pour les y accoutumer; et lorque le temps de la chasse est arrivé, on plante dans les vignes, de distance en distance, des pieux de 8 à 10 pieds, auxquels on attache, transversalement de l'un à l'autre, deux rangs de planches garnies de clous à crochet, pour y suspendre des cages.

» Lorsqu'on a peu d'appeaux, on se contente de clouer longitudinalement, sur chaque pieu, une planche d'environ 3 pieds de longueur et de 8 à 10 pouces de large, dans laquelle on fiche trois clous pour recevoir autant de cages. On multiplie les pieux et les cages, à proportion de l'étendue des vignes. Elles restent ainsi suspendues tant que dure la saison du passage. Un homme est chargé de donner à manger aux appeaux et de les garder, pendant la nuit, dans une cabane construite exprès sur le lieu, lorsque cette chasse se fait en pleine campagne; car on peut se dispenser de cette précaution lorsqu'elle se fait dans des vignes enfermées de murs qui font partie de l'enclos d'une bastide.

» Les cailles appelantes, qui sont au nombre de trente, quarante, cinquante, et quelquefois cent, suivant que le terrain où l'on chasse est plus ou moins étendu, chantent dès l'aube du jour, et attirent autour des cages non seulement celles qui passent, mais celles qui se trouvent répandues dans les environs. Deux heures après le soleil levé, lorsque la rosée est essuyée, le chasseur se rend sur les lieux, sans chien, et bat les vignes doucement et à petit bruit, pour ne pas trop effaroucher les cailles rassemblées autour des cages, qui partiraient par douzaines, s'il en faisait trop. Cette première battue faite, il va chercher, ou se fait amener un chien, qui fait lever celles qui ne sont point parties. Un seul chasseur peut tuer cinquante ou soixante cailles dans une matinée; mais pour que cette chasse réussisse, il faut que la mer soit calme; pour peu qu'elle soit agitée, il n'y fait pas bon, et les cailles ne passent point.

» La chasse est bien plus abondante, lorsqu'on enferme un terrain, ainsi garni d'appeaux, avec des filets suspendus à des pieux disposés autour de l'enceinte, qui se tendent le matin, et dans lesquels les cailles viennent se jeter, à mesure qu'on les fait partir en battant les vignes; ce qui n'empêche pas qu'en même temps on ne puisse les tirer au fusil. Alors, celles qui échappent au coup sont prises dans les filets. Mais ces filets, qui sont de soie verte, font un article de dépense considérable, et il n'y a que les gens riches ou fort aisés qui les emploient dans les vignes encloses de murs qui accompagnent leurs bastides. On peut prendre de cette manière jusqu'à quinze cents ou deux mille cailles pendant les six semaines que dure cette chasse, suivant que le terrain est plus ou moins étendu. »

II. *Chasse avec le hallier et l'appeau.* On prend les cailles avec le *hallier* (*voyez* ce mot) et en se servant de l'un des appeaux que nous avons décrits. Cette chasse se fait en avril et jusqu'à la mi-mai; elle a lieu au soleil levé, à neuf heures du matin, à midi, à trois heures, et au coucher du soleil. Le chasseur se rend dans les blés verts ou dans un pré, lieux où se tiennent les cailles à leur arrivée, et il écoute si la voix d'un mâle ne se fait point entendre, ou bien il essaie, par trois ou quatre coups d'appeau, à en exciter un à répondre : s'il a réussi, il dresse le hallier de manière à barrer tout le chemin que la caille doit prendre pour venir vers lui, et il se retire ensuite derrière le filet, à la distance d'environ 10 pieds. Il se couche alors le ventre contre terre, et dès qu'il entend chanter la caille, il fait jouer son appeau. Quand elle cesse, il doit cesser aussi. Par cette adresse, il engage le mâle à venir trouver ce qu'il croit être une femelle, et il finit par se prendre dans le filet. Si l'oiseau passe le long du filet ou vole par dessus, il faut se tenir tranquille, le laisser s'écarter, et quand il est assez éloigné pour n'être plus à portée de voir le chasseur, celui-ci passe de l'autre côté, donne deux ou trois coups d'appeau, et la caille, rebroussant chemin, vient se précipiter dans le hallier.

Il est important de bien faire jouer son appeau, car un seul coup donné à faux fait partir les mâles qui vont chanter à cent pas. Il ne l'est pas moins de se dérober avec soin à la vue de l'oiseau, et on ne doit pas ignorer non plus qu'un mâle qui a sa femelle répond quelquefois à l'appeau, mais ne s'approche point du chasseur, tandis que celui qui n'est pas apparié ne tarde pas à accourir. Enfin le chasseur doit savoir que les cailles n'aiment point à se mouiller dans les herbes, et que si le champ est couvert de rosée ou de pluie, elles volent d'un seul trait jusqu'à l'endroit où elles entendent l'appeau; circonstance qui doit engager l'oiseleur à se coucher tout près du hallier, afin qu'elles ne le dépassent point.

III. *Chasse avec le hallier et à la chanterelle.* Cette chasse est plus sûre que celle qui se fait avec l'appeau, et elle est la seule d'ailleurs que puisse faire celui qui n'est pas habitué à tirer des sons très vrais de cet instrument. La chanterelle est une caille femelle qui sert d'appelant. Pour l'habituer à chanter, on l'enferme dans un lieu obscur, et, soir et matin, on lui donne du millet, en entrant dans la chambre avec une lampe allumée; on bat de temps en temps l'appeau auprès d'elle, pour l'apprendre à rappeler. Lorsqu'elle est instruite, on la porte dans une calotte de chapeau recouverte d'un filet, au champ où l'on veut chasser, et on la place dans une cage d'environ 9 pouces de largeur sur 6 de longueur et 3 de hauteur, que l'on pique en terre et que l'on entoure de halliers. Cette femelle ne tarde pas à attirer dans le piége tous les mâles qui sont à portée de l'entendre, et le chasseur qui est couché contre terre à dix ou douze pas, et immobile, va s'emparer des prisonniers.

IV. *Chasse à la bourrée.* La manière de prendre les cailles, en août et septembre, époque où elles ne sont plus en amour, et où par conséquent elles ne répondent plus à l'appeau, est toute différente de celle que nous venons de décrire. Elle se nomme *bourrée*, parce qu'on bourre en effet le gibier pour le forcer à se jeter dans le hallier qu'on oppose à son passage. Lorsqu'on a remarqué un champ où les cailles se rassemblent, et qu'il n'y a plus que quelques sillons à moissonner, on tend les halliers à travers les sillons récoltés, autour de ceux qui ne le sont pas ; ensuite on se rend aux deux extrémités, qu'on traque à pas lents, en jetant de la terre à droite et à gauche ; par cette manœuvre on conduit au piége toutes les cailles qui sont dans le champ, et qui, étant alors très grasses, sont peu disposées à voler.

On pratique également cette chasse dans les chenevières où les cailles se retirent, mais si elles y ont séjourné quelque temps, leur chair a acquis une graisse huileuse qui lui donne un goût désagréable.

Quand on ne veut pas fouler un champ non encore moissonné, deux hommes tiennent chacun le bout d'une longue corde garnie de grelots, qu'ils passent par dessus le champ, en se dirigeant vers les filets, et en ayant soin de l'agiter continuellement et de la faire toucher à terre de temps en temps, surtout quand ils sont plus près du piége.

V. *Chasse avec la tirasse et à l'appeau.* Lorsque les cailles sont en amour, c'est à dire à l'époque de leur arrivée, on emploie la *tirasse* (*voyez* ce mot) concurremment avec l'appeau. Cette chasse se fait une heure avant le coucher du soleil, époque du jour où les femelles se promènent et où les mâles les recherchent avec le plus d'empressement. Elle a lieu dans les endroits unis, tels que les prés, les prairies artificielles et les blés verts. Le chasseur étend le filet sur les blés ou les herbes des prairies, et il se cache derrière un buisson ou se couche à plat ventre contre terre ; là, il se sert de l'appeau pour attirer insensiblement les cailles sous la tirasse, et, lorsqu'il s'aperçoit par leur chant qu'elles s'approchent de lui, il diminue graduellement le son de son appeau ; enfin, lorsqu'il juge qu'elles sont sous le filet, il se lève vivement et y jette quelque chose, ou son chapeau, ou une motte de terre, afin de les effrayer et de les forcer à s'élever. Il se hâte alors de s'en emparer, parce qu'autrement elles échapperaient en filant rapidement sous les herbes. On en prend quelquefois deux ou trois du même coup.

Les nappes que l'on emploie à cette chasse sont très légères, attendu qu'elles doivent être soutenues sur les sommités des herbes. On ne doit point la faire lorsque les champs sont mouillés, parce qu'alors les cailles n'aiment point à marcher ; enfin le chasseur ne doit point répondre, avec son appeau, à tous les mâles qu'il entend chanter, parce qu'ils n'ont pas tous la même voix ; il doit s'attacher à ne répondre qu'au premier qu'il a entendu, en continuant d'imiter sa voix, car, s'il répondait indistinctement à tous, il n'en prendrait aucun. Une caille manquée ne se reprend jamais, et deux ou trois coups d'appeau suffisent au chasseur exercé pour juger si une caille est *rabattue*, nom que l'on donne à celle qui a déjà échappé au piége.

VI. *Chasse avec la tirasse et le chien couchant.* Lorsque les cailles ne sont plus en amour, ce qui arrive en automne, la chanterelle ou l'appeau ne sont plus d'aucune utilité. Il faut quêter ces oiseaux avec un chien couchant qui soit bien instruit à arrêter la plume, car souvent les cailles restent blotties de manière à tromper le chasseur ; mais alors l'immobilité du chien décèle leur présence et rend leur ruse inutile. On choisit un temps calme, parce qu'elles tiennent alors davantage que lorsqu'il fait du vent. Il faut aussi quêter sous le vent pour que le chien sente mieux le gibier et fasse des arrêts plus fréquens. Dès qu'il s'arrête, les deux hommes qui portent la tirasse la déploient et s'avancent doucement jusqu'à ce que le chien en soit couvert. Si la caille ne part point, on fait un peu de bruit ; alors elle s'envole et se trouve enveloppée sous le filet.

Une seule personne peut aussi pratiquer cette chasse, en se servant d'un bâton de la grosseur d'un manche de fourche, long de 3 ou 4 pieds, et garni à son petit bout d'une pointe de fer de la longueur d'un demi-pied, pour l'enfoncer en terre. Quand le chien marque un arrêt, le chasseur plante le bâton à gauche ou à droite du chien, à une distance égale à la moitié de la largeur de la nappe ; il y attache un des cordeaux de ce filet, à 8 ou 9 pouces de terre, et, tenant le bout opposé, il s'éloigne du piquet de toute la longueur de la corde, afin de déployer la nappe ; il la ramène ensuite vers le chien jusqu'à ce que le piquet, le chien et le chasseur se trouvent sur la même ligne ; il abandonne alors son cordeau, et effraie le gibier pour s'en emparer.

VII. *Chasse avec le filet triangulaire et le chien couchant.* Le filet triangulaire offre l'avantage de pouvoir être manié facilement par une personne seule, et on s'en sert utilement lorsque les cailles sont grasses et tiennent bien à l'arrêt. (Voyez *Tirasse triangulaire.*) Le chasseur se sert également du piquet dont nous avons parlé plus haut, et qu'il plante lorsqu'il a vu son chien former un arrêt ; il attache à ce piquet un des angles de la tirasse ; ensuite il vient se placer vis à vis du nez du chien, met sous un pied le second angle du filet qu'il y tient ferme ; alors, prenant le troisième angle, auquel il a lié un poids ou une pierre, il le lance à la droite du chien, si le piquet a été planté à gauche, ou *vice versâ.* Si l'arrêt a été bien formé, il y a espoir deux ou trois cailles enfermées sous le filet. Cependant, comme ce filet occupe moins d'espace que le précédent, il offre moins d'avantages.

VIII. *Chasse avec le traîneau.* Elle se fait de la même manière que pour les *alouettes* (*voyez* ce mot) ; on a soin de laisser traîner le bord du filet garni de bouchons de paille ou de petites branches, pour forcer les cailles à se lever, parce qu'elles sont très paresseuses en automne, époque où l'on fait cette chasse, et où l'on en trouve plusieurs ensemble.

Dispositions réglementaires. L'ordonnance de 1669, tit. 30, art. 8, défendait de prendre les œufs de cailles en quelque lieu que ce fût, à peine de 100 livres d'amende pour la première fois, du double pour la seconde, du fouet et du bannissement à six lieues de la forêt pendant cinq ans pour la troisième.

Mais aujourd'hui les contraventions relatives à la chasse des cailles sont soumises à la nouvelle législation sur la chasse en général. (*Voyez* la loi du 30 avril 1790.)

CAILLETEAUX. On nomme ainsi les petits de la caille. (*Voyez* ce mot.)

CAISSES ou CAISSONS. Lorsqu'on prend des animaux vivans pour peupler des parcs, on les transporte dans des caisses ou dans des *paniers.* (*Voyez* ce mot.) On se sert, en Allemagne, de caisses de différentes sortes, suivant l'espèce d'animal qu'on veut faire voyager.

I. *Caisse à cerf.* Cette caisse, représentée *Pl.* 25, *fig.* 5, se compose de planches de sapin d'un pouce d'épaisseur : elle a 6 pieds de long, 7 pieds de hauteur, 3 pieds et demi de largeur en haut, et 1 pied et demi en bas. Aux deux extrémités sont des portes à coulisses, qui sont fixées à la partie supérieure par une targette en fer, et qui peuvent se fermer au moyen d'une serrure. Douze fenêtres sont distribuées sur les différens côtés et à la partie supérieure de cette caisse, afin de donner beaucoup d'air à l'animal, qui, étant fort échauffé lorsqu'on l'y place, étoufferait si la caisse n'était pas pourvue d'un grand nombre de jours. Les lattes, ou traverses en bois qui maintiennent la caisse, sont, pour plus de solidité, renforcées aux angles par de forts liens de fer. Sur chaque côté, il y a deux gros anneaux en fer, dans lesquels on passe des bâtons pour transporter la caisse commodément, et lorsqu'elle est sur la voiture, pour l'y attacher solidement. Lorsque le transport doit être long, et que, par conséquent, l'animal est destiné à rester plusieurs jours dans la caisse, il est utile de la matelasser avec du foin ou de la mousse fixé avec de la grosse toile. Il faut aussi, dans ce cas, y placer une petite auge et un râtelier, pour y mettre de l'avoine, du foin et de l'eau, et avoir soin de renouveler ces provisions. Mais, si le transport doit être de peu de durée, de 24 heures, par exemple, il n'est pas nécessaire d'y placer à manger, d'autant qu'il est rare que, pendant ce court espace de temps, l'animal veuille toucher au manger qu'on lui donne.

II. *Caisse à chevreuil.* Elle ne diffère de la précédente que par sa moindre grosseur : elle a ordinairement 3 pieds et demi de longueur et autant de hauteur, 2 pieds de largeur en haut, et 1 pied et demi en bas ; elle doit être matelassée sur les quatre côtés et en haut, si le transport doit durer pendant plus de quelques heures, parce que le chevreuil est ordinairement plus agité que le cerf.

III. *Caisse à sanglier.* Cette caisse, représentée *Pl.* 25, *fig.* 6, est en planches de chêne de 18 pouces d'épaisseur, assemblées le plus solidement possible : elle a 6 pieds de longueur, 4 pieds de hauteur, 3 pieds de largeur en haut, et 1 pied et demi en bas. Une caisse de ces dimensions est destinée au plus fort sanglier, mais, pour un sanglier de moindre grosseur, il suffit que la caisse ait 4 pieds et demi de long et 3 pieds de haut. On pratique sur les côtés et dans la partie supérieure six fenêtres de 3 pouces de hauteur et de 6 pouces de longueur, qui se ferment avec de fortes barres de fer ; indépendamment de ces fenêtres, on fait en haut et sur les côtés plusieurs trous de 18 pouces de diamètre. Les angles de la caisse sont maintenus par de forts liens de fer, et les portes à coulisses sont pourvues, à leur partie supérieure, de verroux de fer solides. Ces diverses précautions sont nécessaires, parce que les gros sangliers sont ordinairement violens, et qu'ils ont besoin de beaucoup d'air. Il faut à cette caisse, comme à celle du cerf et du chevreuil, deux anneaux de fer de chaque côté, pour la transporter avec des bâtons, et pour la fixer ensuite sur la charrette.

Caisse à lièvre. Quand on veut transporter des lièvres vivans, on emploie une caisse en bois léger de sapin, comme celle représentée *Pl.* 25, *fig.* 6, laquelle a 12 pieds de long, 2 pieds de large et 1 pied de haut, et se partage en douze chambres, pourvues chacune d'une petite porte à coulisses. Il y a, en face de chaque porte, sur l'autre côté, des fenêtres de 4 pouces de long sur 3 pouces de large ; la caisse est, en outre, pourvue de deux poignées à ses extrémités pour la transporter.

Il y a encore des caisses pour l'éducation des *faisans.* (*Voyez* ce mot.)

CALANDRE ou GROSSE ALOUETTE, *alauda calandra*, Lath.

Description. Cette alouette, plus grosse que l'alouette commune, a 7 pouces 3 lignes de longueur totale ; le bec plus court et plus fort ; la gorge et le ventre blancs ; un demi-collier noir qui forme, dans quelques individus, une grande plaque sur le haut de la poitrine ; le bec, les pieds et les ongles blanchâtres ; et elle ressemble du reste, par les couleurs et les habitudes, à l'alouette commune. Son chant est plus fort et aussi agréable ; elle sait imiter le ramage de plusieurs oiseaux. Le mâle est plus gros, et a plus de noir autour du cou, que la femelle, dont le collier est très étroit.

Habitation. Cette espèce ne se trouve que dans le midi de la France ; elle est commune en Provence, où elle est connue sous le nom de *coulassade*, et où l'on a coutume de l'élever pour son chant.

Nourriture. Celle de l'alouette commune.

Propagation. La calandre niche à terre, sous une motte de gazon ; sa ponte est de quatre à cinq œufs.

Qualités. Cet oiseau devient fort gras en automne, et sa chair est alors un manger délicat.

Chasse. On le prend avec des collets et des filets, que l'on tend à portée des eaux où il a coutume d'aller boire.

CALANDRE. Ce nom a été donné aussi au cochevis, en Provence, et dans l'Orléanais. (*Voyez Cochevis.*)

CALIBRE. Diamètre du canon de fusil. (Voyez *Fusil*.)

CANARD. Dénomination donnée vulgairement au *chien barbet*, parce qu'il va à l'eau comme les canards. Dans le même langage vulgaire, la femelle du *chien canard* s'appelle *Caniche*. (Voyez *Chien*.)

CANARD, *anas*. Genre d'oiseau de l'ordre des *palmipèdes*, qui renferme un grand nombre d'espèces, dont plusieurs se montrent en France, à diverses époques de l'hiver. Nous ne nous occuperons, dans cet article, que du *canard sauvage*, et, en suivant l'ordre alphabétique, nous renverrons, pour les autres espèces de *canards* qui se montrent dans nos contrées, aux dénominations spécifiques sous lesquelles elles sont décrites dans ce Dictionnaire.

CANARD A LARGE BEC. C'est ainsi qu'est dénommé, dans l'*Ornithologie* de M. Salerne, le petit morillon. (Voyez *Morillon*.)

CANARD A LARGE BEC ET AUX PIEDS JAUNES (de M. Salerne). C'est le *souchet*. (Voyez ce mot.)

CANARD GARROT. (Voyez *Garrot*.)

CANARD DE HONGRIE. C'est sous ce nom qu'est connu le *garrot* en Lorraine. (Voyez *Garrot*.)

CANARD HUPPÉ. C'est le *canard siffleur* ou *vingeon*. (Voyez ce dernier mot.)

CANARD MACREUSE. (Voyez *Macreuse*.)

CANARD MILOUIN. (Voyez *Milouin*.)

CANARD MORILLON. (Voyez *Morillon*.)

CANARD NOIR (de M. Salerne). C'est la double macreuse. (Voyez *Macreuse*.)

CANARD PAILLE-EN-QUEUE. C'est le *pilet*.

CANARD PILET. (Voyez *Pilet*.)

CANARD A LONGUE QUEUE. (Voyez *Pilet*.)

CANARD RIDENNE. (Voyez *Ridenne*.)

CANARD SAUVAGE A TÊTE ROUSSE. C'est le *morillon*. (Voyez ce mot.)

CANARD SIFFLEUR. C'est le *vingeon*. (Voyez ce mot.)

CANARD SOUCHET. (Voyez *Souchet*.)

CANARD SPATULE. (Voyez *Souchet*.)

CANARD TADORNE. (Voyez *Tadorne*.)

CANARD A TÊTE ROUSSE. C'est, dans l'*Ornithologie* de M. Salerne, le *canard siffleur* ou *vingeon* (Voyez *Vingeon*.)

CANARD AUX YEUX D'OR. M. Salerne a désigné ainsi le *garrot*. (Voyez ce mot.)

CANARD SAUVAGE, *anas boschas*, Lath., est de la même espèce que le canard domestique, qui est une conquête de l'homme sur le premier.

Dénominations. Le canard se nomme, en grec, *nessa* ou *netta*, selon Varron ; en latin, *anas* ; en italien, *anitra* ; en allemand, *ente* ; en anglais, *duck*.

Le canard sauvage reçoit dans les différentes langues une épithète qui caractérise cet état. La femelle du canard se nomme *cane*, et le petit, *caneton* ou *halbran*.

Description. Le canard sauvage (Pl. 19, fig. 4) est la souche de nos races domestiques. Le mâle, plus grand que la femelle, a 2 pieds de longueur, y compris la queue, qui a 4 pouces ; son vol est de 3 pieds, et il pèse 2 livres et demie. Il a le bec de 2 pouces et demi de long, un peu aplati en dessus et d'un vert jaunâtre ; l'iris d'un brun clair ; les jambes de 2 pouces de haut et de couleur orange, ainsi que les pieds ; la tête et le haut du cou d'un vert foncé et à reflets ; un petit collier blanc sur la poitrine qui est d'un brun pourpré, le dos rayé de blanc et de noirâtre, sur un fond gris et roussâtre ; les ailes grises avec une bande blanche et une autre d'azur bordée de gros bleu velouté ; la queue grise, liserée de blanc, excepté aux quatre plumes du milieu ; le ventre d'un blanc sale, avec des lignes transversales brunes. Le mâle se distingue particulièrement de la femelle par une petite boucle de plumes relevées sur le croupion.

La femelle a le plumage varié d'un brun clair et de gris, avec des taches noires, brunes et blanches ; le ventre d'un blanc sale ; les reflets verts des ailes moins vifs que dans le mâle. Enfin les deux sexes ressemblent en général au canard gris domestique.

Les canards sauvages sont sujets à muer ; savoir, le mâle au mois de mai, après la pariade, et la femelle au commencement de juin, après la nichée. Les mâles perdent quelquefois, en une seule nuit, toutes les pennes des ailes, tellement qu'ils sont quelque temps sans pouvoir s'élever dans leur vol, et que les chiens peuvent les attraper ; mais les femelles ne perdent leurs plumes que petit à petit. Le cri du canard sauvage est absolument le même que celui du canard domestique.

On connaît plusieurs variétés dans l'espèce du canard sauvage, et qui se distinguent par la différence notable de leurs couleurs et de leur grosseur.

1°. Le *grand canard sauvage*, que les Allemands appellent *grosse ente*, *gross-wild-ente*, et qui ressemble à la race commune, si ce n'est qu'elle est un peu plus grande, et que les plumes de son dos sont couleur de suie ; 2° le *grand canard sauvage gris*, en allemand, *schmael ente*, *schmil ente*, qui est d'une couleur cendrée, et dont le bec, les pieds et les doigts sont noirs ; 3° le *petit canard sauvage*, qui paraît être la petite sarcelle ; 4° le *canard sauvage noir* (*anas nigra*, Linn.), qui n'a de noir que la tête et le cou, et qui du reste ressemble au canard commun ; 5° le *grand canard sauvage tacheté*, en allemand, *ros ente*, *mertz ente*, qui ne diffère du canard commun qu'en ce que son dos est tacheté de jaunâtre sur un fond noir.

M. Hartig dit avoir tué un canard sauvage mâle, qui pesait 5 livres, lequel faisait partie d'une bande nombreuse.

Le canard sauvage forme aujourd'hui deux tribus distinctes : l'une qui a conservé sa liberté, et l'autre qui est élevée dans nos basses-cours. Les individus de la première, quoique très défiants, s'apprivoisent très bien, pourvu qu'on en prenne soin.

M. Hartig a vu, à Mergentheim, dans les canaux et étangs d'un jardin anglais, quelques centaines de canards sauvages qui, quoiqu'on ne leur eût fait éprouver aucune opération pour les empêcher de se sauver, se laissaient approcher à une très petite distance. On leur avait construit, dans une petite île, une réunion de cabanes, qui servait très avantageusement à en attirer d'étrangers. Les canards se retiraient, pour faire leur ponte, dans ces cabanes, qui servaient aussi de refuge aux jeunes dans les grandes pluies.

Habitation. Le canard sauvage est un oiseau voyageur que l'on trouve sur une grande partie du globe, dans les lacs, les étangs et les rivières. Il ne séjourne pas long-temps dans les mêmes contrées; il ne fait que passer et repasser en hiver dans nos pays, et va en grand nombre s'enfoncer dans les régions du nord. Ce sont des oiseaux très défians; leur vol est élevé, et on les reconnaît aux lignes inclinées, aux triangles réguliers tracés par la disposition de leurs troupes; ils ne s'abattent jamais sans avoir fait plusieurs circonvolutions sur le lieu qu'ils ont choisi, comme pour le reconnaître, et s'assurer s'il ne recèle aucun ennemi; ils ne s'abaissent qu'avec précaution, et lorsqu'ils nagent, c'est toujours loin des rivages. Ils se reposent sur l'eau, et on les y voit souvent la tête cachée sous une aile, dans l'attitude d'un oiseau qui dort; mais il y en a toujours quelques uns de la bande qui veillent à la sûreté commune, et donnent l'alarme dès qu'il y a péril; aussi sont-ils fort difficiles à surprendre, et la chasse aux canards est une de celles qui exigent le plus de finesses, de ruses, de peines et souvent de patience. Les canards, de même que tous les oiseaux nageurs, en sortant de l'eau, s'enlèvent verticalement; et comme ils sont fort pesans, ils font beaucoup de bruit de leurs ailes au moment qu'ils partent, et le sifflement de leur vol les décèle pendant la nuit, car leurs allures sont plus de nuit que de jour. Ils quittent les eaux une demi-heure avant le coucher du soleil, et c'est ordinairement dans l'obscurité qu'ils voyagent et qu'ils paissent. Ceux que l'on voit pendant le jour ont été forcés de prendre leur essor par les chasseurs ou par les oiseaux de proie. Leurs voyages se font en troupes nombreuses, et ils vivent presque toujours en société. Ils aiment les étangs couverts de hautes herbes, situés à proximité des champs de blé, sur lesquels ils se jettent. Pendant les gelées, ils vont à la lisière des bois ramasser les glands, qu'ils aiment beaucoup. Quand les eaux stagnantes commencent à se couvrir de glace, ils se rabattent sur les rivières encore coulantes, auprès des sources. Les hivers les plus rudes ne les incommodent point; ils vont, dans les contrées les plus âpres, chercher un climat froid, dès que le nôtre commence à s'adoucir. Cependant, leur départ de nos pays n'est pas général, et il reste quelques uns qui passent l'hiver en France, et même dans des contrées plus tempérées.

Nourriture. Ils se nourrissent de petits poissons, de grenouilles, de vers, de limaçons, d'insectes, d'herbes aquatiques, de blé et d'avoine.

Propagation. Les canards sauvages ne font qu'une couvée par an; la pariade a lieu dès la fin de février ou le commencement de mars: elle dure environ trois semaines. A l'époque de la ponte, ces oiseaux cessent de vivre en troupes; les mâles recherchent les femelles, se les disputent même par des combats; les couples s'isolent et se tiennent cachés dans les joncs et les roseaux, pendant la plus grande partie de la journée, et n'en sortent que la nuit. Avec un naturel vorace, les *canards* ont aussi beaucoup d'ardeur pour l'acte de la génération; et les femelles, à cet égard, ne le cèdent point aux mâles. C'est ordinairement dans une touffe de joncs, épaisse et isolée, au milieu d'un étang, que la femelle fait sa ponte, en pliant et coupant les joncs, et les arrangeant en forme de nid. Cependant, elle préfère souvent des bruyères assez éloignées des eaux, des meules de paille dans les champs, des chênes tronqués dans les forêts. Quelquefois même, la *cane* s'empare de vieux nids abandonnés par les pies et les corneilles, sur des arbres très élevés. Elle garnit l'intérieur de son nid avec le duvet qu'elle s'arrache sous le ventre. La ponte est depuis huit jusqu'à seize œufs, plus ordinairement seize. Ils sont fort obtus, sphéroïdes, à coquille dure et blanchâtre; et, suivant la remarque de Belon, à moyeu rouge, au lieu d'être jaune, comme dans les œufs des oiseaux terrestres. L'incubation dure trente jours, et la femelle s'en charge seule; mais il paraît que le mâle veille à sa sûreté.

Tous les petits naissent dans la même journée; et dès le lendemain, la mère descend du nid et les appelle à l'eau. Si le nid est trop élevé, le père et la mère les transportent avec leur bec, un à un, et les conduisent à l'eau. Une fois sortis du nid, les petits n'y rentrent plus; le soir, la mère les rallie dans les roseaux, et les réchauffe sous ses ailes. Si un chien s'approche de cette jeune troupe, la mère s'avance avec de grands cris, hors de l'eau, pour attirer sur elle le danger, et l'éloigner de ses petits, qui alors vont se cacher dans les herbes, ou gagner le rivage opposé. Ils sont long-temps couverts d'un duvet jaunâtre; leurs plumes, et surtout les pennes des ailes, ne poussent que fort tard; et ce n'est guère qu'à trois mois, vers les mois de juillet et d'août, qu'ils commencent à pouvoir voler. Dans cet état, on les nomme *halbrans*. Du reste, ils acquièrent, en six mois, tout leur accroissement et toutes leurs couleurs. Si l'on prend des *halbrans*, on ne parvient à les apprivoiser qu'en leur brûlant le bout des ailes, qui sont long-temps à revenir, et en les mettant avec beaucoup de canetons domestiques.

Ennemis des canards sauvages. Ils ont pour ennemis les renards, les chats sauvages, le putois, la fouine, la belette, et tous les gros oiseaux de proie.

Qualités utiles et nuisibles. Les anciens attribuaient un grand nombre de propriétés aux différentes parties du canard sauvage; mais il n'y a de bien constaté que l'excellence de sa chair, plus fine, plus succulente, et de meilleur goût que celle du canard domestique. C'est un mets recherché pour les meilleures tables; et les pâtés de canards d'Amiens sont en grande réputation chez les gourmands. Les plumes du canard sauvage sont employées, comme celles des oies, à faire des lits de plumes. Les canards sauvages sont nuisibles dans les étangs où il y a de jeunes poissons ou du frai, parce qu'ils s'en nourrissent; mais, d'un autre côté, ils sont utiles par la quantité d'insectes qu'ils détruisent.

Chasse aux canards et autres oiseaux aquatiques.

Comme le canard sauvage est un gibier abondant et estimé, on a imaginé un grand nombre de moyens de s'en emparer, et qui varient suivant les localités. Ces moyens s'appliquent assez généralement aux différentes espèces de canards décrites dans le cours de cet ouvrage, et qui sont : le *pilet*, le *siffleur*, le *ridenne*, le *souchet*, le *milouin*, le *morillon*, le *garrot*, la *macreuse* et le *tadorne*. Ils s'appliquent également à plusieurs autres espèces d'oiseaux aquatiques.

La plupart de ces espèces arrivent en France, à la fin de l'automne, et peuplent, pendant l'hiver, nos étangs, nos lacs et nos rivières. Il en reste des individus de quelques espèces, que l'on peut chasser pendant toute l'année.

La chasse aux canards exige des précautions particulières pour la sûreté et la santé du chasseur, à raison des lieux qu'il est obligé de fréquenter. Quelques marais n'offrent qu'une croûte superficielle, sur laquelle on ne se confie pas impunément ; il faut donc bien connaître les localités pour ne pas s'exposer à des accidens graves. L'humidité des lieux et la saison ordinaire de la chasse aux oiseaux aquatiques compromettent la santé du chasseur le plus robuste, s'il n'a soin de se vêtir convenablement, et surtout de se munir de bottes très hautes, et d'un cuir fort et imperméable. Les moyens suivans sont indiqués comme propres à rendre ces bottes d'un usage avantageux : avant de s'en servir pour la première fois, on bouche soigneusement, avec du suif, tous les trous faits par les pointes de l'ouvrier, à la semelle et au talon, quand même ces trous ne seraient plus apparens ; puis on porte ces bottes par un temps sec, ou bien on les expose au soleil ou à un feu doux, afin d'en dissiper l'humidité. La veille du jour où l'on veut s'en servir à la chasse, on en frotte les tiges, les pieds et la semelle, après qu'on les a bien chauffées à un feu clair, avec un cirage composé ainsi qu'il suit : 8 onces de graisse de bœuf, 4 onces de graisse de porc, 2 onces d'huile de térébenthine, 2 onces de cire jaune, et 2 onces d'huile d'olives, que l'on fait fondre, en remuant le mélange dans un pot de terre ; et on y ajoute, si l'on veut, un peu de noir de fumée. Comme cette composition se durcit, on la fait fondre toutes les fois qu'on veut s'en servir.

Principes généraux pour la chasse au fusil des canards et autres oiseaux aquatiques.

Le *Traité général des chasses* indique quelques règles importantes à observer pour la chasse au fusil des canards et autres oiseaux aquatiques ; en voici l'exposé :

1°. Comme les oiseaux aquatiques sont fournis de plumes nombreuses et élastiques, qui les garantissent mieux que ne le sont ordinairement les oiseaux de plaines, on ne doit pas les tirer à une aussi grande distance ; ainsi, la grande portée étant, en plaine, de quarante-cinq pas, elle doit être réduite, au marais, à trente-cinq, et il faut, de plus, employer du plomb plus fort que celui dont on ferait usage en plaine pour des oiseaux de même grosseur.

2°. Lorsqu'on tire un oiseau sur l'eau, il faut ajuster de manière à ce que le dessous du corps de l'oiseau soit au niveau du point de mire ; ainsi, pour un canard sauvage, on ajuste à environ 2 lignes au dessous de la partie du corps qui surnage. Pour les oiseaux dont le corps entre dans l'eau plus profondément, on se règle d'après leur conformation, en partant du principe ci-dessus ; quant aux oiseaux plongeurs, on doit tirer sur l'eau à 3 ou 4 pouces en avant du corps. Il arrive le plus souvent qu'on les manque, surtout si l'on tire en tête, parce que l'oiseau plonge sur le coup ; mais comme il doit bientôt reparaître à peu de distance pour prendre haleine, on se tient prêt, on saisit l'instant où sa tête se montre au dessus de l'eau ; et si on est bon tireur, on l'atteint plus sûrement de ce second coup que du premier.

3°. Si l'on chasse plusieurs ensemble, il ne faut pas perdre de vue que le plomb qui touche à fleur d'eau ricoche ; ce qui devient dangereux, si l'on tire précipitamment et sans calculer l'effet que peut produire le ricochet.

4°. A cette chasse, comme en plaine, il ne faut pas avancer trop promptement ; il est au contraire essentiel de battre les lieux avec soin, en prenant l'avantage du vent, parce qu'il y a des oiseaux d'eau qui tiennent autant que la caille, lorsqu'ils sont gras, ou qui courent tellement en zigzag, que le chien a beaucoup de peine à les faire lever ou à les marquer. On doit aussi observer la remise des oiseaux et ne pas craindre de rebattre le même canton plusieurs fois.

5°. Si l'on veut dresser un chien à la chasse des canards, on doit le tenir constamment sous la main, et user, surtout dans le commencement, pour ne pas le rebuter, de beaucoup de douceur, à moins qu'il ne coure après le gibier ; défaut d'autant plus préjudiciable dans ce cas que l'étendue de la portée du fusil est, comme on l'a dit précédemment, plus rapprochée qu'à la chasse en plaine ou au bois.

Il est à remarquer que le nez des meilleurs chiens perd souvent de sa finesse dans la chasse au marais, particulièrement dans les journées chaudes de l'automne. Si le chien est déjà formé, il faut le ramener dans un lieu sec, l'y laisser reposer et se ressuyer avant de recommencer la chasse ; si le chien est jeune, et c'est alors que cet accident se manifeste le plus souvent, il est prudent, pour lui donner de l'assurance, de ne le faire chasser d'abord que sur les lisières des marais. Là, le gibier est plus rare ; on est plus le maître de diriger sa marche et de le châtier à propos, surtout lorsqu'il s'emporte.

Des différentes espèces de chasse au fusil pour les canards et autres oiseaux aquatiques.

Les canards sont si défians, qu'on ne pourrait en tuer qu'un bien petit nombre, si l'on n'employait que la ressource des armes à feu ; le fusil n'est donc, le plus souvent, employé dans cette chasse qu'avec le secours de la ruse.

I. *Chasse des jeunes canards en été.* Lorsqu'il y a

dans un étang une couvée de jeunes canards qu'on appelle *halbrans*, et qu'ils commencent à voler autour de cet étang, on est sûr de les rencontrer, dès le grand matin, barbotant sur les bords, dans les grandes herbes, où ils se laissent approcher de fort près : il est encore assez ordinaire de les y trouver vers l'heure de midi. On peut aussi, à toutes les heures du jour, les chasser sur l'étang en bateau, ce qui réussit surtout dans les petits étangs, où il est aisé de tuer jusqu'au dernier, attendu qu'ils s'écartent moins, et qu'on ne les perd point de vue. La chose est encore plus facile, si le hasard permet qu'on tue leur mère. Alors on prend une cane domestique, qu'on attache par un pied avec une ficelle à un piquet, sur le bord de l'étang, de manière qu'elle ait la liberté de se promener un peu sur l'eau, et l'on se tient caché à quelque distance. Bientôt la cane se met à cancter, et dès que les halbrans l'entendent, ils ne manquent pas de s'approcher d'elle, la prenant pour leur mère. Si l'on veut les avoir sans tirer, il ne s'agit que de jeter sur l'eau, aux environs de l'endroit où est la cane, des hameçons garnis de mou de veau, de glands, grenouilles, etc., et attachés à des ficelles retenues par des piquets plantés au bord de l'eau.

II. *Chasse au fusil sur de petits étangs.* Il n'est presque point d'étang qui, dès le commencement de l'automne, ne soit hanté par quelques bandes de canards sauvages, qui s'y tiennent habituellement, pendant le jour, cachés dans les joncs. Lorsque ces étangs ne sont que d'une médiocre étendue, deux chasseurs placés d'un côté et de l'autre de l'étang, en faisant du bruit et jetant quelques pierres dans les joncs, les font partir, et trouvent souvent l'occasion de les tirer, surtout lorsque l'étang n'a que peu de largeur, et se resserre vers la queue. Mais le moyen le plus sûr est de se faire conduire en bateau sur l'étang, et de traverser les joncs par les clairières qui s'y trouvent, en observant de faire le moins de bruit possible. De cette manière, les canards se laissent ordinairement approcher d'assez près pour les tirer au vol ; et il arrive même quelquefois que, lorsqu'on les a levés, après avoir fait un circuit assez grand dans la campagne, ils reviennent s'abattre sur l'étang, au bout de quelques momens, et alors le chasseur tente de nouveau de les approcher. Si l'on est plusieurs chasseurs de compagnie, on se partage de manière qu'un ou deux montent sur le bateau, tandis que les autres se tiennent sur les bords de l'étang, pour tirer les canards au passage.

III. *L'affût.* On a encore, pour tuer les canards sauvages en hiver, la ressource de l'affût, surtout dans les temps de gelée, où ils circulent et sont en mouvement plus qu'en tout autre temps. On peut les attendre vers la brune, au bord des petits étangs où ils viennent se jeter, et on les tire, soit au vol, soit à leur chute dans l'eau. Lorsque la gelée est très forte, et que les étangs et rivières sont fermés par la glace, on se met à l'affût près des sources ou des fontaines, et la chasse alors est d'autant plus sûre, que les canards sont restreints à ces seuls endroits pour se procurer quelques herbes aquatiques, qui sont presque la seule nourriture qui leur reste. Mais dans ces temps de grande gelée, ce sont surtout les petites rivières et ruisseaux qui ne gèlent point, qui offrent la chasse la plus facile et la plus abondante de ces oiseaux. En suivant les bords de ces rivières, à toutes les heures du jour, mais surtout dès le grand matin, il est immanquable d'y en rencontrer, qui le plus souvent enfoncés sous les berges, et sous les racines des arbres, pour y chercher des écrevisses, de petits poissons et des insectes, ne partent que lorsqu'on arrive sur eux, et quelquefois même attendent pour partir que le chasseur soit passé.

Cependant il est avantageux que le chasseur qui est à l'affût ait le vent du côté d'où viennent les canards, parce qu'ils nagent très vite et qu'ils prennent la fuite au moindre bruit.

Il n'est point de pays en France où il se tue plus de canards sauvages de toute espèce, et où il s'en prenne plus aux filets que les marais de la Picardie, particulièrement ceux qui règnent le long de la Somme, depuis Amiens jusqu'à son embouchure à Saint-Valery, et c'est ce canton qui, en grande partie, approvisionne Paris d'oiseaux aquatiques.

IV. *Chasse à la hutte.* La chasse à la hutte est celle qui détruit le plus de canards. La hutte est une petite cabane très basse, propre à contenir une ou deux personnes seulement, qui se construit dans le marais, avec des branches de saule recouvertes de terre, sur laquelle on plaque du gazon. On l'établit près d'un endroit où le terrain se creuse et fait la jatte, et où l'on conduit l'eau de quelque fossé voisin ; ce qui forme une petite mare de cinquante à soixante pas de diamètre, plus ou moins, à une extrémité de laquelle est la hutte, qui doit être avancée de quelques pas dans l'eau, et dont le sol est assez exhaussé pour qu'on puisse y être à sec.

Le hutteur est muni de deux ou trois appelans, c'est à dire un canard et deux ou trois canes domestiques, pour attirer et faire descendre dans la mare les canards sauvages. Ces appelans se placent dans l'eau, à quelque distance du bord, attachés par la patte avec des ficelles de 2 ou 3 pieds de longueur, à des piquets qui n'excèdent point la surface de l'eau. Le hutteur a des bottes pour cette opération, ainsi que pour gagner sa hutte ; il les quitte lorsqu'il s'y est renfermé. Là, couché sur la paille, enveloppé dans une couverture pour se garantir de la rigueur du froid, et accompagné d'un barbet, qui va chercher les oiseaux lorsqu'ils sont tués, il attend patiemment, pendant les nuits entières, que les canards, pilets, sarcelles et autres espèces qu'attire également la voix des canards appelans, viennent descendre dans la mare, où il les tue par des meurtrières pratiquées à sa cabane. Outre les appelans, on place quelquefois dans les mares des figures de canards faites en bois peint ou avec de la terre et du gazon, qu'on y dresse sur des piquets à fleur d'eau, et qu'on appelle des *étalons*.

Cette chasse commence au mois de novembre, qui est le temps où arrivent du nord la plupart des diverses espèces de canards sauvages, et dure jusqu'au mois de mars. Elle ne se fait que la nuit, et non pendant le jour, si ce n'est les premiers jours d'une gelée ou d'un dégel, parce qu'alors les canards vont et viennent, et sont dans un mouvement continuel. Le clair de lune n'est pas le temps le plus favorable; les canards sont alors plus défians, et s'abattent moins près de la hutte. Il se tue de temps en temps quelques oies sauvages à la hutte. Il s'y tue aussi quelquefois des hérons, lorsque l'on hutte pendant le jour; et il est arrivé plus d'une fois qu'un renard est venu la nuit pour prendre les appelans et y a perdu la vie. Les hutteurs sont, pour la plupart, des paysans qui font métier de cette chasse, et qui en obtiennent la permission, moyennant quelque redevance.

Outre les chasseurs à la hutte, il y en a d'autres qui se logent, pendant une partie de la nuit, dans des trous creusés en terre le long de la Somme, et tout au bord de l'eau. Ils ont trois ou quatre appelans comme ceux des hutteurs, qu'ils attachent de même par la patte à des ficelles arrêtées près d'eux à des piquets, de manière qu'ils ont la liberté de se promener un peu sur l'eau. Ces appelans font descendre dans la rivière, de même que dans les mares, diverses espèces de canards. Tous ces chasseurs ont des fusils de gros calibre, où ils n'épargnent ni la poudre ni le plomb, et tuent très souvent douze ou quinze canards d'un seul coup.

V. *Chasse dans des mares.* La chasse qui se fait aux *canards* sauvages dans des mares, sur les côtes de la basse Normandie, est un peu différente de celle dont on vient de parler. Ces mares sont en grand nombre, surtout dans le Cotentin. Elles sont situées dans des marais à une lieue ou deux de la mer, et de l'étendue d'environ un demi-arpent. A 6 ou 8 pieds du bord de la mare, est une petite île ou jetée, couverte de roseaux, et d'un assez grand nombre de jeunes plantes de saule ou d'osier; et, au milieu de cette île, est une petite cabane couverte en chaume, et si basse, qu'un homme à genoux en touche le toit avec sa tête. Pour faire descendre les canards sauvages et autres oiseaux dans la mare, le chasseur attache sur le bord un ou deux canards privés, et, en outre, il a dans sa cabane un canard mâle, qu'il lâche en l'air, dès qu'il aperçoit une volée de canards sauvages : celui-ci va se joindre à eux, les amène dans la mare, et il a l'instinct particulier de s'en séparer, et de se ranger à part dès qu'il est dans l'eau, afin de n'être pas tué avec eux. C'est le soir, à la chute du jour, et le matin, avant qu'il paraisse, que se fait cette chasse; l'habitude des canards sauvages, sur les côtes, étant de venir au marais le soir, et de les quitter de grand matin pour retourner à la mer.

VI. *Chasse dans les prairies.* On fait une autre chasse à Chaource, petite ville de la Champagne, à trois lieues de Bar-sur-Seine, sur les bords de l'Armance, petite rivière dont les eaux ne gèlent point, et qui coule dans des prairies fort étendues et très unies, qui, pendant les hivers, sont recouvertes par les eaux de cette rivière, et des ruisseaux qui la grossissent dans son cours. Les eaux de l'Armance sont très abondantes en canards sauvages proprement dits; des autres espèces y sont assez rares.

L'équipage de chasse consiste dans des bottes à l'épreuve de l'eau, une canardière, et une hutte de 3 pieds de large sur 4 de long et 6 de hauteur, très légèrement en osier, enduite de torchis, et fer-mée également avec de l'osier et le même enduit. Cette hutte, qui n'a point de plancher en bas, mais seulement deux traverses pour y poser les pieds, est montée sur des rouleaux placés de manière qu'on peut leur donner telle direction que l'on veut; il est aisé à celui qui s'y loge de la conduire à l'aide d'une perche armée d'un croc, qu'il enfonce dans la glace : en appuyant du pied contre une des traverses, et faisant effort pour tirer le croc, il la fait avancer. Les prairies où se fait cette chasse sont partagées entre les chasseurs : chacun a ses limites qu'il ne franchit pas. Tous les soirs, ils entrent dans leur hutte, après avoir observé les endroits où les canards se sont portés en plus grande abondance pendant le jour; ce sont ordinairement ceux où la rivière coule en serpentant et forme des angles. Là, ils attendent tranquillement que le bruit des canards leur annonce qu'ils sont en grand nombre, et, dirigés autant par l'oreille que par les yeux, ils tirent à l'endroit d'où vient le bruit par une lucarne pratiquée à la hutte, se renferment ensuite pour attendre que les canards se soient rassemblés de nouveau; et si le point de ralliement se fixe en un autre endroit, ils s'y traînent avec leur machine, tirent leur coup, et recommencent cette manœuvre jusqu'au jour. Mais ils sont rarement obligés de se déplacer, et de faire de longs trajets avec leur hutte. Le jour venu, ils vont ramasser leur chasse, qui est ordinairement très abondante. Cette chasse dure autant que les gelées, les canards ne quittant point la rivière, quelque vif que soit le froid.

VII. *Chasse avec des bateaux.* Il se tue beaucoup de canards en Bourgogne, pendant tout l'hiver, sur la Saône, et sur les prairies qui la bordent, lorsqu'elles sont inondées. La chasse se fait avec des bateaux légers, longs, étroits et pointus sur le devant, appelés, dans le pays, *fourquettes.* Il y en a de trois sortes; la plus petite fourquette, construite en sapin, pour plus de légèreté, n'a que 9 à 10 pieds de longueur, 2 pieds de large dans le fond, et 1 pied de bord; les chasseurs lui donnent le nom d'*arlequin* ou *nageret.* La moyenne est en planches de chêne, et a 14 ou 15 pieds de long, 2 et demi de large dans le fond et 1 pied de bord. La plus grande, appelée *grosse fourquette*, pareillement en bois de chêne, est de 18 ou 20 pieds de longueur, de 3 pieds de large au moins dans le fond, et de 1 pied et demi de bord. Celle-ci est faite pour chasser par les grands vents, contre lesquels les deux autres espèces de bateaux ne tiendraient que difficilement. Un chasseur seul peut monter la première par un temps bien calme; quant à la seconde, il lui faut un rameur, et pour la troisième, ou grosse fourquette, il en faut souvent deux. Une partie essentielle de l'équipement de ces bateaux est un fagot de menu bois, bien garni, d'environ 2 pieds et demi de long, qui se couche en travers à l'extrémité sur l'avant, où il est fixé par deux chevilles de fer ou de bois. Ce fagot sert à couvrir le chasseur et le rameur, assis à plat sur le fond du bateau. Il est percé, dans son milieu, d'un trou rond, en forme de chatière, par lequel on passe le bout du fusil, ou plutôt de la canardière; car on se sert pour cette chasse de fusils longs et de gros calibre. Ces canardières sont de trois sortes:

l'une est appelée la grosse canardière, l'autre la moyenne, et la troisième le grand fusil. La première, qui a 6 à 7 pieds de canon, se charge d'environ 1 once de poudre et de plomb à proportion, la moyenne de quelque chose de moins. L'une et l'autre restent toujours le bout passé dans le trou du fagot. Quant au grand fusil, on peut s'en servir pour tirer au vol. Ces armes se commandent exprès à Saint-Étienne ou à Pontarlier, et chacun les fait fabriquer à sa guise, pour la longueur et le calibre. Les chasseurs suivent, dans ces bateaux, le cours de la rivière, où il se trouve de fréquentes occasions de tirer sur les canards de diverses espèces. Le succès de la chasse dépend, en grande partie, de celui qui conduit le bateau, et de son adresse à bien prendre son tour pour approcher le tireur du gibier. Elle ne réussit guère par les grands vents et lorsque le temps est fort clair : un temps calme et sombre est le plus favorable. Dans les débordemens de la rivière, on conduit le bateau sur les prairies inondées, où le gibier se trouve en plus grande abondance que sur la rivière, lorsqu'elle est resserrée dans son lit. Dans ces occasions, un chasseur peut tuer, dans sa journée, 30 à 45 canards, sarcelles et autres oiseaux.

VIII. *Chasse au réverbère et au flambeau.* Cette chasse nocturne aux canards se fait de la manière suivante. Plusieurs chasseurs se mettent la nuit sur un bateau bien couvert de roseaux, à l'avant duquel est fixée horizontalement une longue perche, dont l'extrémité porte une terrine remplie de suif avec trois mèches. (Voyez la *Pl.* 11, *fig.* 1, *qui représente les perches et les réverbères.*) On laisse aller le bateau au fil de l'eau, en le gouvernant avec un croc seulement, parce que des avirons feraient trop de bruit. Les canards, voyant cette lumière qui se répand au loin sur l'eau, quittent les bords de la rivière, et viennent se placer dans l'espace éclairé, où les chasseurs peuvent les tirer à leur aise. On obtient le même avantage, lorsque de deux chasseurs qui suivent, pendant la nuit, les bords d'une rivière, l'un d'eux, marchant le premier, porte à son cou un chaudron nouvellement écuré, dans lequel est placé un vase rempli d'huile, et garni de quatre à cinq mèches allumées : il fait en sorte que la réflexion de la lumière donne sur l'eau à une portée de fusil ordinaire. S'il y a des *canards*, ils s'annoncent de loin par quelques cris d'admiration pour un objet nouveau ; ce qui doit avertir le porte-réverbère et les chasseurs cachés derrière lui, qu'il faut aller très doucement, et marcher le plus légèrement possible.

Quand on fait cette chasse sur un étang, une personne suffit ; elle attache le chaudron à un piquet, avec une corde et deux chevilles ; elle met le vase à une distance du chaudron qu'on ne peut fixer ici, étant relative à la forme du réverbère et à l'éloignement qu'on veut donner à la réflexion de la lumière sur l'eau ; lorsqu'elle a dressé et apprêté son réverbère, elle allume les mèches et se retire derrière le chaudron, où il suffit qu'elle soit pour n'être point aperçue. Les canards s'assemblent bientôt pour venir rendre visite à ce qui leur paraît extraordinaire, et le chasseur attend qu'ils soient à portée pour les tirer commodément.

Après l'explosion de son coup de fusil, le chasseur perdrait son temps de rester au même endroit ; mais il peut aller camper ailleurs, en recommençant le même procédé, observant toujours que tout soit préparé avant d'allumer les mèches.

C'est au commencement de l'automne que cette chasse se fait avec le plus de fruit ; on y tue des canards, des poules d'eau, des plongeons, des morelles, etc., etc. On la pratique beaucoup en Bourgogne.

IX. *Chasse à la battue.* Cette chasse décrite par Hartig, dans son *Lehrburch für Yaeger*, a beaucoup de rapports avec celles indiquées sous les n°ˢ 1 et 2. Lorsque des canards fréquentent des étangs couverts de roseaux, plusieurs tireurs se placent sur les bords, en se cachant autant que possible, et un chasseur bat l'étang avec un chien barbet, pour forcer les canards à se présenter aux tireurs. Rarement on doit faire plus d'une décharge, parce que les canards se retirent dans un autre lieu, et qu'ils ne reviennent pas de suite dans l'étang où ils ont été chassés.

Cette chasse est avantageuse lorsqu'il y a des halbrans ou des canards dans leur mue, qui ne peuvent nager que sur l'étang, sans être en état de le quitter ; ce qui arrive ordinairement dans le milieu de juillet.

Si l'étang a beaucoup d'étendue et s'il est fort couvert d'herbes et de roseaux, il faut, au commencement de juillet, faucher, à travers les herbes, plusieurs passages, et, le matin, où les canards se promènent ordinairement au milieu de l'eau, venir les observer de temps en temps pour s'assurer s'ils sont bons à tirer. Dans ce cas, on place les tireurs en avant des passages, ou, si les lieux le permettent, dans des batelets, et on fait battre l'étang, soit avec quelques chiens seulement, soit, le plus souvent, avec des chiens et des hommes, en allant contre le vent. Si, alors, les canards se débandent, ils viennent s'exposer aux coups des chasseurs, et s'ils se pressent les uns sur les autres, les chiens en font une riche capture.

Lorsque les jeunes halbrans sont accompagnés de leur mère, celle-ci se présente devant le chien, et, si ses petits sont encore faibles, elle gagne lentement, mais avec bruit, le rivage, pour détourner le chien, écarter le danger de sa jeune famille, et l'attirer sur elle. Mais si les halbrans sont déjà forts, la mère prend son vol et fait plusieurs circuits autour de l'étang avant de s'abattre de nouveau, ou bien elle s'éloigne promptement. Il faut donc tâcher, dans la première battue d'un étang, de tuer les vieux canards, parce que, si on les tourmente plusieurs fois, ils conduiront les jeunes dans des eaux voisines.

Lorsqu'on commence à faire cette chasse, les jeunes canards montrent la moitié de leur corps, hors de l'eau ; mais lorsqu'on les a tourmentés ou tirés, ils se cachent dans l'eau, ne laissant voir que leur tête, et souvent même que le bec pour respirer. On ne remarque alors qu'un frémissement sur l'eau, sans rien apercevoir du canard. Enfin, si on les tourmente beaucoup, il arrive souvent qu'ils abandonnent l'étang pour se retirer dans les broussailles,

les prairies et les champs voisins, où il est très facile de les faire prendre par les chiens.

X. *Chasse par surprise.* Le même auteur indique une ruse qui se trouve également dans nos auteurs. Comme le canard sauvage est méfiant, et qu'il prend la fuite à la première apparence de danger, ou lorsque le vent l'avertit de quelque piége, il faut non seulement se dérober à sa vue, mais encore choisir le vent. Lorsque le local n'offre point d'abri naturel, le chasseur se place dans une espèce de guérite de roseaux, portative, de 7 pieds de haut et de 4 pieds de large, un peu recourbée en arrière, ayant la forme d'un buisson de roseau. Le chasseur, caché derrière, la porte devant lui, en observant de marcher lentement et en droite ligne sur les canards jusqu'à ce qu'il soit à portée de les tirer.

On s'affuble aussi d'un habit de toile, descendant depuis la tête jusqu'aux pieds, ayant la couleur du poil des vaches ou des chevaux, d'un bonnet imitant la tête de ces animaux, de manches pendantes qui en imitent les pieds. Dans cet équipage, on marche le dos courbé en présentant toujours le bout du fusil aux canards, en allant de côté et d'autre comme un animal qui pait, et toujours en s'avançant vers les oiseaux.

C'est ordinairement le matin qu'on prend ce divertissement, parce que c'est le moment où les canards reviennent des champs, et que, n'arrivant pas tous en même temps, on peut tirer plusieurs fois.

Une autre espèce de ruse, qui est plus sûre, consiste à se servir de l'appareil suivant. On attache trois cerceaux avec des cordes, et on met tout autour des branches d'arbres légères, que l'on ajuste de manière qu'une personne qui y est renfermée ne puisse être vue par le gibier. Elle s'avance au petit pas, portant sa machine, et approche les canards d'aussi près qu'elle veut pour les tirer sûrement. On prend de même les hérons, les cygnes, les grues, les cigognes, et presque tous les oiseaux aquatiques.

On emploie aussi, pour se dérober à la vue des canards, un cheval dressé à cet effet, et derrière lequel se place le chasseur. (*Voyez* au mot *Cheval.*)

XI. *Chasse au fusil sur les bords de la mer.* Sur les côtes de l'Océan, les oiseaux aquatiques, tant ceux de rivage, comme le courlis, la barge, le pluvier, le chevalier et autres, que les oiseaux nageurs, comme les canards de diverses espèces, se tiennent, à marée basse, sur les rochers et les vases, pour y chercher les coquillages, le frai, les petits poissons et quelques herbes marines dont ils se nourrissent, et regagnent la terre à la mer montante. De plus, la plupart des oiseaux nageurs quittent régulièrement la mer tous les soirs, pour gagner des marais ou prairies, où il y a des eaux douces, soit qu'on y ait formé des mares artificielles, soit qu'elles soient le produit des pluies retenues dans les bas-fonds, et ils quittent les eaux douces dès la pointe du jour, pour retourner à la mer.

C'est dans ces marais ou prairies que les chasseurs les attendent le soir, cachés dans des trous. Pour mieux les attirer, ils emploient des figures d'oiseaux appelées formes, posées sur le bord de l'eau. Ces formes sont faites avec des peaux d'oiseaux écorchés, remplies de paille ou de gazon. Le matin, lorsque ces oiseaux regagnent la mer, ils les attendent sur le rivage dans des huttes construites en pierre, et recouvertes de varech ou de terre. Quelques chasseurs, au lieu de se mettre à l'affût le soir dans les marais, les attendent dans ces mêmes huttes, pour les tirer au passage, lorsqu'ils sortent de la mer. Mais il est une circonstance particulière, où ces oiseaux sont obligés de quitter la mer pendant le jour; c'est lorsque les grands vents les en chassent, ne pouvant s'y tenir à flot : alors ils se répandent dans les marais et les prairies des environs. Dans ces occasions, on peut les tirer au vol en plein jour, en se tenant sur le rivage, dans les huttes dont on a parlé. Les oiseaux qui passent ainsi de la mer aux eaux douces, et des eaux douces à la mer, sont des canards de plusieurs espèces; mais il y en a quelques uns qui restent toujours à la mer et ne hantent point la terre, de nombre sont le cravan, la bernache et le digeon. On tue peu de ces derniers au fusil, si ce n'est des cravans; mais il se prend beaucoup au filet des uns et des autres. Le digeon, qui est un oiseau plongeur, se prend aux filets tendus sur fond horizontalement; les autres avec des filets à trois mailles, tendus verticalement, à mer basse, à 200 toises du rivage, sur des perches plus élevées que le niveau de l'eau. Lorsque ces oiseaux sont chassés par les hautes marées, par la fin du jour, et quelquefois par des vents forcés, ils donnent dedans et s'y prennent. Quant aux cravans, il s'en tue souvent au fusil, mais ce n'est qu'à la faveur de la nuit; car le jour ils sont inabordables. On les approche alors, à marée basse, avec de petits bateaux plats, qu'on fait glisser sur la vase, ou bien on va les forcer à mer haute avec ces bateaux; mais on ne peut guère les tirer qu'au vol, ce qui réussit malgré l'obscurité de la nuit, parce que ces oiseaux volent toujours en très grandes bandes. Par les vents forcés, les cravans, ainsi que la bernache et le digeon, au lieu de quitter la mer comme les autres, se rapprochent seulement de la côte : alors il est possible de les surprendre, et de les tirer sur l'eau, en se cachant à marée basse, dans les rochers. Telle est la chasse des diverses espèces d'oiseaux aquatiques, du genre des canards, sur la côte de Poitou, vers Beauvoir, et l'île de Noirmoutier, et qui est à peu près la même sur les autres côtes de l'Océan. Cette chasse ne peut avoir lieu sur la Méditerranée, attendu que, n'ayant point le flux et le reflux de l'Océan, elle ne dépose point sur ses bords cette quantité de coquillages dont se nourrissent les oiseaux aquatiques; aussi n'y voit-on que très peu de ceux de rivage. Quant aux oiseaux nageurs et plongeurs, ils ont sur les côtes de la Méditerranée, comme sur celles de l'Océan, l'habitude de sortir de la mer au déclin du jour, pour s'en aller passer la nuit dans les marais, lacs ou étangs voisins, soit salés, soit d'eau douce, tels qu'il s'en trouve plusieurs en Languedoc et en Provence; ce qui fournit aux chasseurs une occasion de les tirer au vol, en se postant soir et matin aux endroits par où ils ont coutume d'aborder dans ces marais ou étangs, et d'en sortir pour retourner à la mer.

CHASSE DES CANARDS AUX PIÉGES.

On prend les canards à la glanée, à la pince ou lacet, aux hameçons, aux filets, à la nasse, à la glu.

XII. *A la glanée.* De toutes les chasses aux canards, la plus simple et en même temps la moins dispendieuse, et l'une des plus productives, est celle qu'on nomme *glanée.* (Voyez *Pl.* 41, *fig.* 7.) Il faut, pour cette chasse, avoir des tuiles plates, les plus grandes de celles qui servent à couvrir les toits; on en perce le milieu d'un trou, à travers lequel on passe quatre fils de fer de moyenne grosseur, et longs d'un pied; on les tord et on en courbe les quatre extrémités, à chacune desquelles on attache solidement un collet de six ou huit crins *a a a a*; on garnit de terre glaise le dessus de la tuile, et on y sème du blé cuit dans de l'eau commune; on répand aussi du blé à l'entour du piége pour servir d'amorce. Cette chasse se fait à la sourdine, de manière qu'un canard se prend à côté de son voisin, sans l'apercevoir et sans se douter du piége, qui se place sur le bord d'une rivière, d'un étang, d'un marais ou dans des prés inondés, en sorte que la tuile soit recouverte de 4 pouces au moins, étant indifférent que les collets surnagent horizontalement ou entre deux eaux. Les canards s'y prennent également, en plongeant pour manger le grain cuit qui sert d'appât, et sans qu'ils puissent s'en débarrasser. Pour empêcher qu'en se prenant le canard ne déplace le piége, on en attache plusieurs après un même cordeau, qu'on passe par dessus, à travers l'anneau qu'on a formé avec les fils de fer qui tiennent les collets : dans ce cas, on place les piéges à une certaine distance les uns des autres, et on y prend différentes espèces d'oiseaux nageurs. La *fig.* 7 de la même planche représente le derrière de la tuile. Il faut que les fils de fer forment un anneau *d*, dans lequel passe le cordeau *m m m*.

XIII. *A la pince.* Aux mêmes endroits où l'on place le piége que l'on vient de décrire, on peut tendre une sorte de pince qu'on nomme d'*Elvaski*, du nom de son inventeur. (Voy. *Pl.* 22, *fig.* 9.) Cet instrument ressemble en grand à celui dont les fumeurs se servent pour prendre les charbons ardens dont ils allument leurs pipes. La *pince*, en se détendant par le moyen d'un ressort, attrape le canard par les pattes ou par le cou. (Voy. *Pince*.)

XIV. *Au lacet.* Cette chasse a beaucoup de rapport avec la première. Elle se fait dans les prairies inondées et dans tous les endroits où il n'y a pas plus d'un pied et demi d'eau.

On répand plusieurs fois du grain dans ces endroits pour y attirer les canards : quand on les a assez amorcés, on prend des lacets faits de trois crins de cheval; on en tend, si l'on veut, deux ou trois douzaines, et on les attache deux à deux à un piquet de 2 bons pieds de longueur. Les piquets doivent être fichés en terre, de manière que le bout supérieur soit un peu caché dans l'eau : les canards s'y prennent aisément, soit par le cou, soit par les pattes. On a soin, quand les lacets sont tendus, d'y jeter encore du grain pour attirer plus aisément le gibier.

Les chasseurs tendent ces lacets d'une autre façon encore; ils prennent un piquet de 2 pieds de long, ils le percent en croix du côté du gros bout, et passent dans chaque trou un bâton de la grosseur du petit doigt, et long de 2 pieds : ces deux bâtons doivent entrer avec force. On prend ensuite les lacets de crins dont on a parlé plus haut, et on en attache deux ou trois à l'extrémité de chaque bâton. La machine ainsi préparée se porte à l'endroit où l'on veut tendre le piége; on la pique fortement en terre, de manière que l'eau couvre les bâtons, et que les lacets surnagent. On sème du grain tout autour; et si par hasard la longueur des herbes en empêchait l'effet, on y remédierait en plaçant des pierres plates autour des piquets, et en les couvrant de grains. Les piquets doivent être éloignés d'au moins 7 ou 8 pieds les uns des autres.

XV. *Aux hameçons.* On prend des hameçons un peu forts; l'appât qu'on y met doit être des morceaux de pain ou de chair, des fèves, des vers de terre, des grenouilles ou des petits poissons; on attache ces appâts avec une ficelle de la longueur de 6 ou 7 pieds, et on la place confusément. Il suffit que, dans l'endroit où l'on tend le piége, il y ait 1 pied et demi ou 2 pieds d'eau. Pour mieux réussir, on jette du grain deux ou trois jours de suite dans l'endroit où l'on doit planter les piquets; les canards amorcés viennent se prendre aux hameçons.

XVI. *Chasse des canards au tric-trac, ou aux halliers.* On appelle tric-trac le bruit que font plusieurs chasseurs pour effaroucher les canards et autres oiseaux aquatiques qu'ils veulent faire donner dans leurs panneaux. Cette chasse se fait au mois de juillet, lorsque la mue des oiseaux aquatiques les empêche de voler.

Les chasseurs se partagent pour cet exercice; les uns restent dans les bateaux le long des bords de l'eau; les autres se dépouillent, et se placent dans les grands roseaux qui sont autour de l'étang où se fait la chasse.

On tend d'abord des panneaux d'espace en espace et éloignés d'environ cinq cents pas; ces panneaux sont des filets composés de plusieurs pans de mailles carrées ou en losange.

On se munit ensuite d'un grand bâton qui sert de perche pour conduire le bateau, et on commence le tric-trac en allant doucement; c'est alors qu'on voit les oiseaux, dont les petits commencent à essayer leurs ailes, marcher devant les chasseurs au bout des panneaux. Pendant cette manœuvre, d'autres personnes observent quand les canards donnent dans le piége; quand on est arrivé aux premiers panneaux, on passe outre, et il y a peu de canards qui puissent échapper à la poursuite du grand nombre de chasseurs qu'on emploie à cet exercice.

XVII. *Aux filets.* Sur les bords de la mer, lorsque les canards en sortent vers la nuit, ou lorsqu'ils y reviennent à l'aube du jour, non-seulement les chasseurs, cachés dans des huttes, les tuent au vol, mais ils leur font, ainsi qu'aux autres oiseaux nageurs, une guerre qui est encore plus sûre et plus productive; elle consiste à tendre à marée basse, à deux cents pas du rivage, des filets contre-maillés qu'on place verticalement à l'aide de perches plus élevées que le niveau de l'eau ; lorsque ces oiseaux sont chassés par les hautes marées ou par des vents forcés, ils donnent dans ces filets et s'y prennent. Pour les espèces qui ne quittent pas la mer, on tend d'autres filets moins élevés, mais également contre-maillés, et dont le bas est maintenu dans l'eau, au moyen de balles de plomb ; ces filets, qui sont couverts à marée haute, se découvrent un peu lorsqu'elle descend, et arrêtent les canards qui y donnent. Ils doivent barrer une grande étendue et être soutenus par de fortes perches solidement plantées.

XVIII. *Aux nappes.* Dans les marais, dans les étangs dont les bords sont peu profonds et dans les prairies inondées par le débordement des rivières, on prend beaucoup de canards avec des filets d'alouettes, qu'on tend de la même manière que pour la chasse *au miroir.* La différence que nécessite le local, c'est qu'on se sert de barres de fer pour monter et fixer les nappes au fond du marais, de l'étang ou de la prairie noyée, sur laquelle on tend ; et que si la monture des nappes est en bois, on la garnit de balles de plomb pour la faire tenir à fond, en observant encore de placer les nappes dans un endroit couvert de 2 pieds d'eau, et au lieu d'avoir un miroir et une alouette pour appeau, il faut avoir plusieurs canes privées, que le chasseur attache entre la rive et les nappes qu'il fait jouer de la hutte qu'il a établie sur les bords, et cela par le même procédé et dans les mêmes circonstances que pour la chasse au miroir. Pour assurer davantage le succès de cette chasse, on a dans la hutte quelques canards mâles privés, que le chasseur lâche lorsqu'il aperçoit une volée de canards sauvages ; les privés les joignent, les appeaux femelles les rappellent, les mâles privés se rendent à leurs voix, et sont suivis par les sauvages, et lorsque ceux-ci traversent les *formes ou nappes,* le tendeur fait jouer, et on prend souvent plus d'une douzaine de canards à la fois. Si les appeaux sont des femelles sauvages, cela n'en vaut que mieux. Cette chasse ne se fait que la nuit au clair de la lune et avant l'aube du jour ; tout chasseur intelligent reconnaîtra les différences que le local exige, entre la manière de monter les *nappes* aux alouettes et celles aux canards.

La *Pl.* 36, *fig.* 4, représente une nappe tendue dans un endroit de rivière où il y a au moins un demi-pied d'eau. Il faut que le piége soit bien caché, et placé de manière qu'en plongeant l'oiseau ne puisse s'échapper par dessous. On attache au devant du filet des appelans privés. Lorsque les canards sauvages sont placés à la distance convenable, on lâche le filet ; qui tombe avec d'autant plus de vitesse qu'il est chargé de petits poids de plomb. *A*, le filet ; *b*, *c*, les appelans ; *d*, *d*, les canards sauvages ; *e*, *f*, partie supérieure chargée de plomb. Ce piége joue comme les autres filets ; sa partie *g*, *h* plonge dans l'eau ; *M*, chasseur qui attend la chute des oiseaux pour les tirer au fusil.

XIX. *A la nasse, ou grand piége.* La plus grande et la plus productive des chasses est celle qui se pratique sur le bel étang d'Arminvilliers, et qui peut être faite sur d'autres étangs qui présentent la même facilité. Sur un des côtés de cet étang, qu'ombragent des roseaux et que borde un petit bois, l'eau forme une anse enfoncée dans le bocage, et comme un petit port ombragé où règne toujours le calme ; de ce port on a dérivé des canaux qui pénètrent dans l'intérieur du bois, non pas en ligne directe, mais en arc sinueux ; ces canaux, nommés *cornes,* assez larges et profonds à leur embouchure dans l'anse, vont en se rétrécissant et en diminuant de largeur et de profondeur à mesure qu'ils s'enfoncent dans le bois, où ils finissent par un prolongement en pointe et tout à fait à sec. Le canal, à peu près à moitié de la longueur, est recouvert d'un filet ou berceau, d'abord assez large et élevé, mais qui se resserre et s'abaisse à mesure que le canal se rétrécit, et finit à la pointe en une nasse profonde et qui se ferme en poche. Tel est le grand piége où des troupes nombreuses de canards, mêlés de rougets, de garrots et de sarcelles, viennent s'abattre sur l'étang dès le milieu d'octobre ; mais, pour les attirer vers l'anse et les fatales cornes, voici comme on s'y prend : au centre du bocage et des canaux on bâtit une petite maison où loge un garde qu'on nomme *le canardier.* Cet homme va trois fois par jour répandre le grain dont il nourrit, pendant toute l'année, plus de cent canards demi-privés, demi-sauvages, et qui, nageant tout le jour dans l'étang, ne manquent pas à l'heure accoutumée, et au coup de sifflet, d'arriver à grand vol, en s'abattant sur l'anse, pour enfiler les canaux où leur pâture les attend. Ce sont ces oiseaux que le canardier appelle *traîtres,* qui, dans la saison, se mêlant sur l'étang aux troupes des sauvages, les amènent dans l'anse, et les attirent ensuite dans les cornes, tandis que, caché derrière une sorte de claie de roseaux, le canardier va jetant du grain devant eux pour les amener jusque sous l'embouchure du berceau de filets ; alors, se montrant dans les intervalles des claies, disposées obliquement, et qui jusqu'alors le cachaient aux canards arrivans, il effraie ceux qui sont avancés sous le berceau de filets, et qui se jettent dans le cul-de-sac, d'où ils vont pêle-mêle s'enfoncer dans la nasse : on en prend ainsi jusqu'à soixante à la fois, et par milliers dans le cours d'une saison. Il est rare que les demi-privés entrent dans la nasse ; ils sont faits à ce jeu, et retournent sur l'étang recommencer leur manœuvre, et engager une nouvelle capture.

XX. *A la glu.* On prend 2 ou 3 livres de la plus forte glu, qu'on brouille avec un peu de paille brûlée ; on bat le tout ; on en frotte une corde un peu grosse et longue de 15 à 20 pieds : cette glu doit former une couche assez épaisse pour arrêter les ailes vigoureuses des canards. On entre dans l'eau tout botté ; ou bien, montant dans un petit bateau, on porte cette corde dans les joncs ou roseaux où les oiseaux qu'on veut prendre ont choisi leur retraite. Là, on plante deux piquets ; on les enfonce jusqu'à ce que les bouts sortent à fleur d'eau ; on y attache la corde bien tendue, en y liant d'espace en espace de petits paquets de jonc sec pour la soutenir sur l'eau. On peut tendre ainsi plusieurs cordes si on veut multiplier la capture. On se retire ensuite dans le bateau sur le bord de l'eau, en attendant que la proie donne dans le piége.

Les canards, qui ne se doutent point de l'artifice, viennent heurter la corde, et s'embarrassent les plumes des ailes; plus ils font d'efforts, plus le piége devient inévitable; ils tombent enfin en voulant prendre leur vol, et se noient.

CANARDIÈRE. C'est le nom d'un lieu couvert et préparé dans un étang pour prendre des canards sauvages.

Voici la description d'une *canardière* établie sur une petite île, environnée d'un côté des dunes, et de l'autre côté fortifiée d'une digue, faisant un ovale dans la mer, occupant environ 7 arpens de terrain sur le Queller Duyn, proche le Helder et le Tessel en Hollande.

Le bassin ou réservoir où les canards se jettent ou tombent représente un hexagone, contenant trois cent trente-cinq toises d'eau, où sont habituellement environ six cents de ces oiseaux, savoir, deux cents à qui on a tiré les grosses plumes d'une aile, afin qu'ils ne puissent plus voler, mais rester toujours dans le réservoir, aux autres quatre cents on a seulement coupé les plumes volantes dont il sera parlé ci-dessous, après qu'ils sont apprivoisés et instruits, sur un petit bois flottant, à faire leur devoir pour séduire les sauvages. Il y a aussi six canaux courbés en corne de bouc, longs de 12 toises du côté du rond et extérieur, avec une barrière de roseaux, qui forme un petit talus au dedans du canal d'un bout à l'autre; et du côté intérieur qui est courbé, avec dix petites barrières d'environ une toise de longueur, qui passent l'une devant l'autre; et à chaque barrière une autre petite barrière, où les chiens doivent sauter, pour conduire les oiseaux sauvages.

Les six bords unis du bassin, qu'on nomme *place du repos*, destinés pour donner à manger aux oiseaux apprivoisés et les faire reposer, font un croissant de lune: son milieu est large de 27 pieds: il y a de petites digues par dessus ces digues, des barrières de roseaux d'un bout à l'autre; et au milieu un trou, avec une planche, qui s'ouvre et se ferme, où les petits chiens peuvent venir sur la place du repos. Les susdits canaux sont hauts et larges de 17 pieds, et se courbent en arrière, où le filet est posé à 4 pieds en hauteur, et il a un arc couvert de petites lattes de 4 en 4 pieds, large de 17 pieds à l'embouchure, et élevé, au dessus de l'eau, de 17 pieds, au milieu, et ainsi en diminuant jusqu'au derrière à la hauteur de 4 pieds, où est étendu d'un côté à l'autre un filet goudronné, dont les mailles sont si étroites, que le moindre oiseau qu'on a coutume de prendre à la *canardière* n'y pourrait passer.

Au bout et environ à la distance de 7 pieds de l'un des canaux, est une cage destinée à apprivoiser les canards: c'est un carré d'eau environné de verdure, pour élever et apprivoiser l'oiseau sauvage, et lui apprendre à manger; cette cage est environnée d'une barrière assez haute pour qu'un homme puisse facilement y présenter la moitié de sa personne, afin que l'oiseau s'accoutume à le voir.

Les allées sont plantées de toutes sortes d'arbres et arbrisseaux, savoir, entre les canaux, sur des alignemens en carré, à 4 pieds de distance l'un de l'autre, en sorte qu'il n'y reste qu'un passage étroit auprès de la barrière, pour chasser les canards dans les canaux; ce qui fait un bois fort sombre, où il se trouve une allée en cercle avec des arbres fruitiers, large de 15 pieds. Le reste du terrain est planté en allées de traverse et en croix, larges de 15 pieds de chaque côté, avec des haies fort élevées; et dans les parcs intérieurs, comme entre les canaux, sont toutes sortes d'arbres pour former un haut et sombre bocage, afin que les hommes ne soient point aperçus ni découverts des oiseaux sauvages, et pour donner du calme dans les canaux et réservoirs.

À l'égard de la prise, voici comment elle se fait avec les six cents oiseaux sauvages mentionnés ci-dessus, qui sont apprivoisés. Les deux cents auxquels on a ôté les grosses plumes d'une aile sont ainsi affaiblis, afin qu'ils restent toujours dans l'eau: pour les autres, dont les grosses plumes sont coupées, on les apprivoise dans la cage; puis avec de la graine de chanvre sur un petit bois flottant, on les accoutume à aller d'un canal à l'autre, en se remuant et faisant du bruit dans le bassin pour encourager les sauvages, ce qu'on appelle *chasser à la canardière*.

Les plumes de ces canards dont nous avons parlé ci-dessus étant tombées et crues de nouveau, ils deviennent en état de voler dehors; et s'entremêlant avec les oiseaux sauvages, ils les mènent à leur retour au réservoir, qui les conduit aussi sur le bois flottant, au canal le plus près sous le vent: l'homme de la *canardière* se doit toujours servir d'une tourbe brûlante, quand il doit aller au dessus du vent, afin que les oiseaux sauvages n'en sentent rien; alors on fait passer le petit chien par une des barrières sur la digue de la place de repos, les oiseaux sauvages sont très attentifs à regarder les chiens; plus ces chiens sont velus et bigarrés, particulièrement d'une bigarrure rouge, foncée et blanche, mieux ils valent pour cette chasse. Les oiseaux suivent, tant en nageant qu'en volant, continuellement les chiens, qui sont aussi toujours en mouvement, et sautant d'une barrière au delà de l'autre, reçoivent toujours du chasseur, pour les encourager, un petit morceau de fromage frais, et se montrent continuellement tout de nouveau, jusqu'à ce qu'ils parviennent et arrivent à l'endroit le plus étroit du canal, et qu'ils se soient fourrés dans la nasse qui est derrière, laquelle alors est élevée; et l'oiseau étant pris, on lui tord le cou.

Pour bien nourrir les oiseaux apprivoisés, il faut leur donner du blé, du seigle, de l'orge, et surtout du chenevis.

CANARDIÈRE. C'est aussi le nom d'un long fusil dont on se sert pour tirer les canards et autres oiseaux aquatiques, et généralement ceux qu'on ne peut tirer que de loin. (Voyez *Fusil*, § XXIX.)

CANE. Femelle du canard.

CANELUDE ou CANELADE. (Terme de fauconnerie.) C'est une sorte de curée que les fauconniers préparent pour le vol du héron, composée de sucre, de cannelle et de moelle de héron. Ils en donnent à leurs oiseaux pour les échauffer à ce vol.

CANEPETIÈRE. Nom vulgaire de la petite ou-

CAP — CAS

tarde; ce nom, dit M. Sonnini, vient, selon toute vraisemblance, de quelque rapport que *la petite outarde* présente par sa figure et son vol avec le canard, et aussi de ce qu'elle se plaît parmi les pierres. On l'appelle encore *canepétrace*, et en Berry, *canepétrote.* D'autres naturalistes ne voient, dans le surnom donné à cet oiseau, que la traduction altérée du latin *pratensis* (*anas pratensis*), cane des prés. (Voyez *Outarde.*)

CANETON et CANETTE. Petits du canard.

CANICHE. C'est la femelle du chien vulgairement appelé *canard.*

CANNE. Le port des cannes et bâtons creusés est prohibé. (Voyez *Armes.*)

Voyez aussi l'art. 101 du *Code pénal* de 1810.

CANON DE FUSIL. (Voyez *Fusil*, chapitre Ier.)

CAPITAINE DES CHASSES. Les capitaines des chasses royales avaient une juridiction qui était déterminée par les articles 32 et 33 du titre 30 de l'ordonnance de 1669.

Quant aux capitaines des chasses non royales, ils ne connaissaient des délits que concurremment avec les officiers des maîtrises. (*Voyez* les articles 31, 34 et 35 du même titre.)

Aujourd'hui les officiers des chasses du Roi et ceux de la louveterie n'exercent aucune juridiction, et les délits de chasse en général sont jugés par les tribunaux ordinaires, sur les poursuites des agens de l'administration des forêts, pour les bois de l'État, et sur celle des agens forestiers de la couronne pour les bois du domaine du Roi.

CAPITAINERIE. C'était l'étendue de la juridiction d'un capitaine des chasses. Sous le règne de François Ier, on a commencé à ériger en capitaineries certains cantons mis en réserve ; mais par une déclaration du 12 octobre 1699, le plus grand nombre des capitaineries établies par les rois, et toutes celles formées par les particuliers dans leurs gouvernemens ou dans leurs seigneuries, furent supprimées, et il ne fut réservé que les capitaineries de la varenne du Louvre, bois de Boulogne, Vincennes, Saint-Germain, Livry, Fontainebleau, Monceaux, Compiègne, Chambord, Blois, Hallate, Corbeil et Limours, la capitainerie générale de Bourgogne, et celles du duché d'Orléans.

Une autre déclaration du 27 juillet 1701 réduisit le nombre des capitaineries dans le duché d'Orléans, et ne laissa subsister que celles d'Orléans, du pays de Sologne, de Montargis, de Villers-Cotterets et de Laigue.

Les propriétaires dans l'étendue des capitaineries royales étaient assujettis à plusieurs obligations, et il leur était défendu de chasser ou faire chasser dans leurs parcs, clos et jardins sans une permission expresse. (*Voyez* le titre 30 de l'ordonnance de 1669, et l'arrêt du conseil du 17 octobre 1707.)

Par l'article 3 du décret du 4 août 1789, toutes les capitaineries même royales, et toute réserve de chasses, ont été abolies.

Depuis, il est intervenu des décrets et ordonnances qui ont réglé la police des chasses dans les bois de la couronne. (Voyez *Chasse.*)

CARABINE. (Voyez *Fusil*, § XIII.)

CARBATINE. On donne ce nom en général à toute bête nouvellement écorchée.

CA-REVEAU. Cri de chasse pour avertir que le cerf retourne dans son canton ou sur lui.

CARNAGE. Chair de cheval mort, il est bon d'en faire manger de temps en temps aux chiens pour les purger. On appelle aussi *carnage* toute espèce de charogne, et l'on dit que le loup va au carnage.

CARNASSIÈRE ou **CARNIER.** Espèce de sac que les chasseurs portent sur le dos et où ils renferment d'un côté leurs provisions, et de l'autre le gibier qu'ils ont tué.

CARREFOUR. Endroit ou plusieurs chemins se croisent et aboutissent.

CARRELET. Instrument dont se servent les oiseleurs. (*Voyez* ce mot). C'est aussi un filet léger qui sert à prendre de petits oiseaux.

CASEMATE. Trou d'environ 2 pieds de diamètre, dans lequel les blaireaux et les renards font tête aux bassets.

CASSE-MOTTE. Nom vulgaire du motteux.

CASSE-NOISETTE. C'est le nom d'un oiseau qu'on trouve à la *Guiane.* C'est aussi le nom que porte la *sitelle* en Normandie.

CASSE-NOIX. (*Corvus caryocatactes*). Oiseau de l'ordre des *pies*, et du genre des *corbeaux.* On l'appelle, en allemand, *tannenheher*, geai des sapins.

Description. Plumage remarquable par ses mouchetures blanches et triangulaires répandues sur un fond brun, qui est la couleur dominante ; plus petites sur la partie supérieure et plus larges sur la poitrine ; les ailes et la queue d'un noir brillant ; le blanc bordant quelques pennes claires vers leurs extrémités, et terminant celle de la queue; l'iris, noisette ; le bec et les pieds noirs ; les narines rondes et couvertes par de petites plumes blanchâtres, étroites, flexibles et dirigées en avant ; grosseur un peu inférieure à celle de la *pie* ; longueur, près de 13 pouces. Le cri du casse-noix ressemble à celui de la pie. C'est, du reste, un oiseau peu défiant et peu rusé. On prétend qu'il est plus babillard que la pie.

Variétés. On distingue deux variétés de *casse-noix* ; l'une plus petite, ayant le bec plus menu, plus arrondi ; les mandibules inégales, la supérieure plus longue ; l'autre ayant le bec anguleux et fort et le plumage moucheté.

Habitation. Il habite de préférence les hautes montagnes, et on le trouve communément en Auvergne, en Savoie, en Lorraine, en Suisse, dans le Bergamasque, en Autriche, sur les montagnes couvertes de sapins, et il étend ses courses jusqu'en Russie, et même dans le nord de l'Amérique. Quoique les casse-noix ne soient point des oiseaux de passage, ils sont quelquefois erratiques. Dans certaines années, ils se réunissent en troupes très nombreuses, quittent leurs montagnes, se répandent dans les plaines, et toujours de préférence dans les lieux où ils trouvent des sapins. Leur passage ou leur voyage se fait en automne ; ces voyages sont souvent occasionés

DICT. DES CHASSES.

par une disette de nourriture dans leur pays natal.

Nourriture. Le casse-noix se nourrit habituellement de noisettes qu'il casse ou perce, de glands, de faines, de baies sauvages, de graines de pin et de sapin, qu'il épluche assez adroitement, et même d'insectes. Au besoin, il vit de toute sorte de proie et de jeunes oiseaux qu'il prend dans les nids. Il cache ce qu'il n'a pu consommer.

Propagation. La ponte est de cinq à six œufs, d'une couleur jaunâtre, et parsemés de petites taches noirâtres. L'incubation dure 21 jours. C'est dans les trous des arbres que le casse-noix fait son nid.

Qualités utiles ou nuisibles. La chair de cet oiseau n'est point désagréable, et il est utile par la destruction qu'il fait des insectes. Mais on prétend qu'il cause un grand préjudice aux forêts, en perçant les gros arbres à la manière des *pics*; cependant M. Hartig, qui parle du séjour de cet oiseau dans les forêts de sapins, ne dit rien de cette circonstance.

Chasse. Lors du passage des casse-noix, ils sont quelquefois tellement affaiblis par le défaut de nourriture, qu'ils se laissent approcher, et tuer à coups de bâton, et même prendre à la main. Il suffit alors de leur présenter des appâts, et ils donnent en foule dans tous les pièges qu'on leur tend.

CASSE-NOIX, CASSE-NOYAUX, CASSE-ROGNON, dénomination vulgaire du *gros-bec*, en Champagne.

CASTAGNEUX, *podiceps minor*, Lath. Oiseau de l'ordre des pennatipèdes et du genre du *grèbe*, qu'on nomme aussi *castagneux de rivière*; en allemand, *kleine steissfuss* ou *kleine taucher*, et en anglais *little grebe*.

Description. Le castagneux (*Pl.* 19, *fig.* 1) est un des plus petits des oiseaux navigateurs : il n'est pas plus gros qu'un petit poulet. Il a 9 pouces de longueur; le bec d'un pouce de long, droit, pointu et noirâtre; l'iris jaunâtre; les pieds noirs; les jambes d'un pouce 3 lignes de haut; le dessus de la tête et du corps couleur de châtaigne, d'où lui est venu le nom de castagneux; la poitrine et le ventre d'un blanc argenté, dans quelques individus, et gris cendré sale dans d'autres; les joues et les côtés de la tête d'un rouge brun; les plumes soyeuses.

La femelle a le dessus du corps d'un brun foncé; le ventre gris de cendre; les joues et la gorge d'un gris jaune.

Les jeunes ont le dessus du corps noirâtre, avec un peu de brun, et le cou et les joues blancs, avec des taches et des raies d'un brun noir; mais en automne et en hiver, c'est à dire après la mue, ils ont le dessus du corps et le sommet de la tête d'un gris noirâtre; les côtés du cou d'un jaune roussâtre, et le dessous du corps d'un blanc sale et grisâtre.

Il y a une variété du castagneux qui est toute blanche.

Cet oiseau est privé de la faculté de se tenir et de marcher sur la terre; la disposition de ses pieds, traînans et jetés en arrière, ne lui permet que de nager. Il plonge avec beaucoup de facilité et s'envole difficilement; mais une fois élevé, son vol est assez soutenu.

Habitation. On trouve ce petit grèbe dans presque tous les lacs et les étangs de l'Europe, de l'Asie et de l'Amérique. Il part très tard en automne, et revient de bonne heure au printemps.

Nourriture. Elle se compose d'insectes aquatiques, de vers, de frai de poissons et de plantes.

Propagation. Il fait son nid dans les roseaux; la femelle y dépose de quatre à cinq œufs, d'un blanc jaunâtre, qu'elle couve pendant trois semaines; les petits, couverts de duvet, suivent leur mère à la nage dès leur naissance; ils font entendre constamment un petit sifflement.

Ennemis. Les mêmes que ceux des autres espèces de grèbes. (*Voyez* ce mot.)

Chasse. Comme cet oiseau est très méfiant et qu'il plonge dès qu'il aperçoit quelqu'un, il faut que le chasseur se tienne caché derrière quelque buisson s'il veut le tirer. On prend les jeunes à la main lorsqu'on pêche dans les étangs en automne : on peut aussi les prendre avec des filets en forme de poche.

Qualités. La chair du castagneux a un goût moins fort que celle des autres espèces de grèbes, et on la mange volontiers. Ses œufs, lorsqu'ils sont cuits, ont un goût d'anguille : l'albumen de l'œuf est vert, et ce qu'on appelle le jaune est d'un rouge vif.

CATEROLLES. C'est ainsi qu'on appelle les lieux souterrains où les hases de lapins font leurs petits, et qu'on dit qu'elles rebouchent toutes les fois qu'elles sortent. (Voyez *Rabouillères*.)

CATTICHE. Retraite de la loutre au bord des étangs et des rivières.

ÇA-VA-LA-HAUT. Manière de parler aux chiens quand ils chassent.

CAUVETTE. Nom vulgaire du *choucas*, en Savoie et en Normandie.

CAVÉE. Lieu dans une forêt, creux et entouré de montagnes.

CENDRÉE. Les chasseurs appellent *cendrée* un très petit plomb propre à tirer les petits oiseaux; l'on s'en sert aussi pour les bécassines. (Voyez *Fusil*, § XXIII.)

CERCEAUX. Ce sont, en terme de fauconnerie, les premières pennes de l'aile des *oiseaux de vol*. Les éperviers ont trois *cerceaux*, et les autres oiseaux de proie n'en ont qu'un.

CERCELLE et CERCERELLE. C'est la SARCELLE dans Belon. (Voyez *Sarcelle*.)

CERF, *cervus elaphus*, Linn. Quadrupède du genre *cervus* et de la seconde section de l'ordre des ruminans.

Nous diviserons cet article, en raison de son importance, en deux sections : l'une pour l'histoire naturelle, et l'autre pour la chasse du cerf.

1re SECTION. — *Histoire naturelle*.

Dénominations. Le cerf se nomme en grec *elaphus*; en latin, *cervus*; en italien, *cervo*; en espagnol, *ciervo*; en allemand, *kirsch*, *rothwild* ou *roshkirsch*; en anglais, *stag* ou *hart*.

Le cerf mâle prend différens noms suivant son âge :

à sa naissance et jusqu'à six mois, il s'appelle *faon*, puis *hère*, ensuite *daguet, jeune cerf, cerf dix cors jeunement, cerf dix cors*, enfin *vieux cerf*.

La femelle se nomme *biche*; elle prend aussi le nom de *faon* dans son enfance; ensuite celui de *jeune biche*, elle se nomme *brehaigne* lorsque l'âge l'a rendue stérile.

Description. Le cerf (*Pl.* 3, *fig.* 1re) est le plus bel animal de nos forêts. Il a la forme élégante et légère; la taille svelte et bien prise; les membres flexibles et nerveux; la tête parée d'un bois vivant qui se renouvelle chaque année, l'œil bon, l'odorat exquis, et l'oreille excellente. Le cerf est l'objet de la chasse la plus brillante et la plus digne de la magnificence des princes et des rois.

La plupart de nos auteurs de vénerie et d'histoire naturelle se sont contentés d'esquisser les traits de cet important animal; ils en ont fait une description plus pittoresque que physique, et ils se sont peu attachés à l'ordre dans la peinture qu'ils en ont faite.

C'est suivant nous un défaut réel que ne rachètent point les graces du style; et ce défaut, nous ne craignons point de le dire, se remarque dans beaucoup d'ouvrages d'histoire naturelle. Les auteurs, préoccupés du désir de plaire, négligent trop l'ordre méthodique et l'exactitude des descriptions, conditions qui sont cependant essentielles dans tout ouvrage destiné à l'instruction.

Notre description du cerf sera aussi complète que possible, et nous nous aiderons des ouvrages allemands de *Hartig* et de *Bechstein*, qui réunissent à un degré remarquable les conditions que nous venons de rappeler.

Le cerf commun, parvenu à son entier accroissement, a de 6 à 7 pieds de longueur, depuis le museau jusqu'à l'anus, et 3 pieds et demi de hauteur. Son poids, qui varie suivant que les lieux qu'il habite sont plus ou moins abondans en nourriture, est de 3 à 4 quintaux; et il y a, mais rarement, des individus qui pèsent depuis 500 jusqu'à 800 livres. Les vieux cerfs ne pèsent quelquefois que de 180 à 250 livres. Le cerf a la tête bien faite et légère, un peu allongée, et le front large; les oreilles assez grandes, ovales, terminées en pointe, écartées l'une de l'autre et mobiles; les yeux grands, bruns et également écartés l'un de l'autre. Il a, au dessous de l'angle de l'œil et sur un os spongieux, une fente de 1 pouce de profondeur et d'autant de longueur, sur 8 lignes de largeur, qu'on appelle *larmier*, et dans laquelle des glandes donnent lieu à la sécrétion d'une humeur grasse et semblable au cérumen des oreilles, qui d'abord est comme de la cire molle, d'une odeur agréable, et qui peu à peu se durcit en se mêlant avec le poil, acquiert la dureté de la corne, prend une couleur d'un jaune foncé et brillant, et conserve son odeur agréable; on appelle cette sécrétion les *larmes du cerf*. On ignore quelle est l'utilité de cet organe. Les narines sont larges, arrondies et fendues obliquement vers les côtés. Le cerf a trente-quatre dents; huit sur le devant de la mâchoire inférieure, et six sur chacun des côtés; pareillement six dents à chacun des côtés de la mâchoire supérieure, et de plus une espèce de coin arrondi, qui prend en vieillissant une belle couleur brune et quelquefois noire.

Les dents de devant de la mâchoire inférieure, que le cerf apporte en naissant, tombent ensuite jusqu'à l'âge de quatre ans, et sont remplacées par d'autres plus fortes, plus larges et plus recourbées. Les dents placées sur les côtés des deux mâchoires sont tranchantes et aigues. Le cerf a donc, comme les carnivores, plus de dents propres à déchirer que de dents molaires, comme les herbivores; c'est un caractère distinctif de l'espèce. Son bois, qui se compose d'une perche et de plusieurs branches qu'on appelle *andouillers*, et dont les pointes sont recourbées, est osseux et de forme arrondie; il repose presque entièrement sur le dos lorsque l'animal fuit; mais dans le combat que le cerf livre à ses adversaires, ou lorsqu'il entend le bruit d'un homme ou d'un chien, il redresse son bois en avant. Son cou est assez long, élevé et recourbé en arrière; il se gonfle et double de grosseur dans le temps du *rut*, et se couvre de longs poils durs. Le cerf a le dos plat, les cuisses agréablement arrondies, la queue de 8 à 10 pouces de longueur, la verge mince, les *daintiers* (testicules) de la grosseur d'un œuf d'oie, mais plus gros et plus saillans hors du corps pendant le *rut*; les jambes sont hautes, fortes à la partie supérieure, minces par en bas, et d'une grande vigueur; les pieds sont fendus et d'un noir brillant; il y a au dessus des pieds un os que l'on nomme *jambe*, et dont on n'aperçoit la trace que lorsque le cerf court, ou qu'il marche sur un terrain meuble ou sur la neige.

La femelle ou *la biche* se distingue facilement du cerf, non seulement par les organes de la génération et par ses quatre tettines molles, mais encore par ses formes et sa grosseur. Elle est plus petite et ne pèse guère que 200 à 250 livres; elle n'a point le port et les belles formes du cerf; son cou n'est point, comme celui-ci, revêtu d'un poil long et rude; ses cuisses n'ont ni la rondeur ni la grace qui distinguent cette partie du cerf; sa tête est dépourvue de l'ornement qui appartient au premier; et ce n'est que rarement que l'on voit de vieilles biches pousser des petites cornes, comme on voit, dans les animaux en général et même dans l'espèce humaine, des femelles prendre, après la puberté, quelques uns des caractères qui n'appartiennent qu'au mâle, tels que la barbe, etc.

De la tête du cerf. Le plus bel ornement et le caractère le plus apparent du cerf, c'est son bois, que les chasseurs nomment *tête*; la véritable tête se nomme *massacre*. (Voyez la *Pl.* 3.) La tête du cerf diffère suivant les âges.

1°. *Tête d'un cerf adulte.* Elle se compose des *meules* ou *couronnes*, du *merrain* ou des *perches*, des *cors* ou *andouillers*, et de l'*empaumure*. (Voyez la *Pl.* 3, *fig.* 8 et 9.)

La meule est le rebord en forme d'anneau qui entoure l'extrémité inférieure de chaque perche; elle est parsemée de tubercules appelés *pierrures*, et dont l'ensemble se nomme *fraise*; le merrain, qui est la principale branche ou la perche qui soutient les andouillers, présente, ainsi que la partie inférieure des andouillers, d'autres tubercules plus petits, qu'on appelle *perlures*. Ceux-ci sont séparés, dans quelques endroits, par des sillons qu'on nomme *gouttières*. Chaque perche est armée de trois andouillers : le premier, qui est auprès de la meule et se recourbe un peu, se nomme *maître-andouiller* : c'est le plus long et le plus meurtrier des andouillers ; le second, qu'on nomme *surandouiller*, est beaucoup plus court ; le troisième est appelé *chevillure*. Quelquefois il y a un quatrième andouiller, que l'on nomme *trachure*, on le comprend assez souvent avec *l'empaumure*. Celle-ci termine le merrain ; elle n'a que deux branches simples dans les jeunes cerfs, et elle en jette plusieurs dans les années suivantes. Elle s'élargit alors et forme la figure imparfaite d'une main, dont les andouillers qui la composent semblent être les doigts. Il arrive quelquefois, mais très rarement, qu'il se forme une seconde empaumure à l'extrémité du troisième andouiller, ou que le maître-andouiller pousse une petite branche.

Manière de compter les andouillers. On suppose toujours existans les trois andouillers qui doivent se trouver sur le merrain, qu'ils y soient réellement ou non. On compte le côté le plus garni des deux empaumures, on y ajoute les trois andouillers, et on double ce nombre, sans avoir égard au nombre d'andouillers qui garnissent l'autre empaumure. Ainsi, supposant que l'empaumure la plus garnie offre trois andouillers, on dira : trois andouillers de l'empaumure et trois du merrain donnant six, six et six font douze, donc le cerf portera douze ; si elle en offre quatre, on dira : quatre et quatre font huit et six font quatorze ; s'il y a cinq andouillers à l'empaumure, on calculera de la même manière : cinq et cinq font dix, et six font seize, et ainsi de suite. Seulement pour distinguer les cerfs qui ont à chaque perche un nombre d'andouillers égal de ceux où ce nombre est inégal, on dira des derniers qu'ils portent huit, dix, douze, etc., *mal semés.* On compte tous les andouillers de l'empaumure, même les plus petits, pourvu, dit d'Yauville, qu'on y suspende avec une ficelle la bouteille du chasseur. Une tête (le bois) garnie de nombreux andouillers s'appelle une tete *bien chevillée*.

Tête des jeunes cerfs. Le faon mâle ne porte ce nom que jusqu'à six mois ; vers le mois d'octobre ou de novembre, il quitte la livrée (*les taches blanches*), et prend le nom de *hère.* C'est alors qu'il paraît sur le *test* (l'os frontal) deux élévations que l'on nomme *bosses* et qui prennent par la suite le nom de *pivots.* Ces élévations se prolongent lorsque le jeune cerf a un an accompli et forment deux tiges, sans aucune branche, de 8 à 10 pouces de hauteur. (Voyez *Pl.* 3, *fig.* 4.) On leur donne le nom de *dagues*, et au cerf celui de *daguet*, tant qu'il est dans sa seconde année. Il y a, mais rarement, des daguets qui ont un ou deux andouillers, et que pour cela on appelle *daguets fourchus.*

Au commencement de la troisième année, vers le mois de mai, ces deux dagues tombent et le cerf pousse sa seconde tête, dont chaque perche jette deux ou trois branches ou andouillers. (*Pl.* 3, *fig.* 5.) L'animal prend alors le nom de *jeune cerf*, qu'il conserve jusqu'à la sixième année. Ce qui le distingue encore plus du daguet, ce sont les meules qui se forment pour la première fois.

Le bois de la quatrième année, ou la troisième tête, porte six ou huit andouillers. (*Pl.* 3, *fig.* 6.)

A cinq ans, il en peut porter de huit à douze ; cependant on ne l'appelle *cerf dix cors jeunement* qu'à six ans, quoique alors il puisse porter dix, douze ou quatorze andouillers. (*Pl.* 3, *fig.* 8.) A sept ans, on le nomme *cerf dix cors* (*Pl.* 3, *fig.* 9), et ensuite *grand ou vieux cerf.* Alors, on fait plus attention à la grosseur et à la conformation du bois qu'au nombre des andouillers, qui n'est jamais assez fixe dans les mêmes circonstances pour servir de base positive.

Observations. Plus un cerf acquiert d'années, plus les meules sont grosses et près du pivot, et plus aussi les gouttières sont creuses, et les perlures grosses et saillantes. Les jeunes cerfs n'ont presque point de perlures, et les gouttières sont à peine marquées.

Il arrive aussi quelquefois qu'un cerf porte six andouillers d'empaumure, et que, de l'autre côté, il n'y a qu'une *perche* et le premier andouiller au dessus de la meule ; de pareilles têtes s'appellent *têtes bizarres.* Il y a plusieurs autres bizarreries soit naturelles, soit accidentelles.

La disette et le manque de tranquillité retardent l'accroissement du bois, et en diminuent le volume très considérablement. Les cerfs qui habitent les pays abondans où ils viandent (mangent) à leur aise, où ils ne sont troublés ni par les hommes ni par les chiens, ont toujours la *tête* belle, haute et bien couverte ; ceux, au contraire, qui habitent un pays où ils n'ont ni repos, ni nourriture suffisante, ceux qui se portent mal, qui ont été blessés, ou qui sont seulement été inquiétés ou courus, prennent rarement une belle tete et une bonne *venaison*, ils n'entrent en rut que plus tard ; il leur faut plus de temps pour refaire leur tête, et ils ne la mettent bas qu'après les autres.

Le cerf se sert de son bois dans les combats, et il cherche à en piquer son ennemi : il s'en sert aussi pour chasser devant lui les biches et les autres cerfs réunis en troupe ; mais alors il ne leur fait sentir que de légers coups. Les cerfs qui n'ont pas refait leur *tête* combattent avec leurs pieds de devant contre ceux qui veulent leur nuire. Du reste, ils sont d'un naturel doux et craintif ; mais, dans le temps du rut, ceux qui sont renfermés dans des parcs, les cerfs privés, ceux qui sont chassés ou blessés, deviennent quelquefois très dangereux pour les hommes et pour les chiens, et il est fort difficile d'échapper à leur fureur, à moins qu'on ne puisse se retrancher derrière un gros arbre.

De la mue des cerfs ou *du refait.* C'est au printemps que les cerfs *mettent bas ;* la *tête* (le bois) se détache d'elle-même ou par un petit effort qu'ils font en s'accrochant à quelque branche ; il est rare que les deux côtés tombent précisément en même temps, et souvent il y a un jour ou deux d'intervalle entre la chute de chacun des côtés de la tête. Les vieux cerfs sont ceux qui mettent bas les premiers, vers le commencement de février ; les cerfs *dix cors* ne mettent bas que vers la fin du même mois ou dans le courant de mars ; ceux *dix cors jeunement* dans le courant d'avril; les jeunes cerfs en mai; et les *daguets* au commencement de juin; mais il y a sur tout cela beaucoup de variations, et l'on voit quelquefois de vieux cerfs mettre bas plus tard que d'autres qui sont plus jeunes. Au reste, la mue de la tête des cerfs avance lorsque l'hiver est doux, et retarde lorsqu'il est rude et de longue durée.

Pendant l'hiver, les cerfs se rassemblent en troupes ou *hardes*, et se tiennent serrés les uns contre les autres dans les endroits les plus fourrés. A la fin de cette saison, ils gagnent le bord des forêts et sortent dans les blés. C'est alors qu'ils mettent bas. Dès qu'ils sont débarrassés de leur *tête*, ils se séparent les uns des autres, et il n'y a plus que les jeunes qui demeurent ensemble; ils ne se tiennent pas dans les forts, mais ils gagnent les beaux pays, les buissons, les taillis clairs, où ils demeurent tout l'été pour y refaire leur *tête*; et dans cette saison, ils marchent la tête basse, crainte de la froisser contre les branches, car elle est sensible tant qu'elle n'a pas pris son entier accroissement. La *tête* des vieux cerfs n'est encore qu'à moitié *refaite* vers le commencement de juin, et n'est tout à fait alongée et endurcie que vers le milieu d'août. Celle des jeunes cerfs, tombant plus tard, repousse et se refait aussi plus tard; mais dès qu'elle est entièrement alongée et qu'elle a pris de la solidité, les cerfs la frottent contre les arbres pour la dépouiller de la peau dont elle est revêtue; ce qui s'effectue ordinairement la nuit contre des perches flexibles de bois blanc, et souvent en une seule nuit. Les vieux cerfs choisissent cependant des arbres plus forts, et ils les atteignent à une plus grande hauteur; et on peut juger par les empreintes de ces frottemens de l'âge des cerfs qui fréquentent un bois. La *tête* est alors grisâtre, mais elle change bientôt de couleur; et comme les cerfs continuent à la frotter pendant plusieurs jours de suite, quelques auteurs de vénerie ont prétendu qu'elle se teignait de la couleur de la sève du bois contre lequel ils la frottent; qu'elle devenait rousse contre les hêtres et les bouleaux, brune contre les chênes, et noirâtre contre les charmes et les trembles. Mais il est difficile d'admettre cette cause; la couleur du bois comme celle du pelage dépendent d'abord de l'âge et de la nature de l'animal; les jeunes cerfs ont le bois plus blanchâtre et moins teint que les vieux. A l'intérieur, le bois dans tous les cerfs est à peu près également blanc; mais ces bois diffèrent beaucoup les uns des autres en solidité et par leur texture plus ou moins serrée; il y en a qui sont plus spongieux, et où même il se trouve des cavités assez grandes; cette différence dans la texture suffit pour qu'ils puissent se colorer différemment, et il n'est pas nécessaire d'avoir recours à la sève pour expliquer cet effet. D'ailleurs plusieurs autres causes peuvent encore y concourir, telles que le fluide naturel dont le bois est pénétré, la souille où les cerfs vont prendre le frais et la température des lieux qu'ils habitent. Il n'y a que la pointe des andouillers qui reste blanche, et cela est dû à ce que le cerf s'en sert souvent et en donne contre terre, soit en jouant, soit par colère.

Lorsque la production de la *tête* est presque complète, les *pierrures* de la meule entre lesquelles passent les principaux vaisseaux sanguins prennent de l'accroissement, resserrent peu à peu ces vaisseaux, et, continuant à croître, finissent par les oblitérer totalement. Leur extrémité, qui porte la nourriture à la *tête*, ne recevant plus de substance, se flétrit, et la peau se dessèche. Le cerf éprouve probablement des démangeaisons qui l'engagent à la dépouiller, et il y a apparence qu'il trouve, pendant quelque temps, un certain plaisir à se frotter contre les arbres.

La couleur du poil varie suivant l'âge de l'animal et les saisons. Le *faon*, ou jeune cerf de six mois (*Pl.* 3, *fig.* 3), porte la livrée comme le *marcassin* (jeune sanglier); son pelage est parsemé de taches blanches sur un fond mêlé de fauve ou de brun. Les jeunes cerfs de deux à cinq ans ont ordinairement le pelage d'un fauve clair et délayé. Ceux qui sont d'un âge plus avancé l'ont, le plus souvent, d'un roux vif ou d'un brun roussâtre, mais plus clair sous le ventre. En septembre et octobre, le cerf se couvre d'un poil long, plus épais, d'un gris sale, et mêlé de duvet sur la peau. Ce poil tombe en avril ou mai, et il est remplacé par un poil plus court, plus fin et d'un rouge foncé ou roux.

Les parties intérieures du corps sont presque entièrement semblables à celles du bœuf; seulement les os ne sont pas aussi forts que dans ce dernier. Tous deux sont ruminans, ils ont de nombreux rapports dans la conformation des viscères et du squelette. La différence la plus sensible est dans le défaut de vésicule du fiel, qui ne se trouve pas dans le cerf.

Variété. La taille et la couleur des cerfs varient suivant les lieux qu'ils habitent: ceux qui fréquentent les plaines, les vallées, les collines abondantes en grains, ont le corps beaucoup plus grand et les jambes plus hautes que les cerfs des montagnes sèches, arides et pierreuses: ceux-ci ont le corps bas, court, trapu; ils ne peuvent courir aussi vite, mais ils vont plus long-temps que les premiers; ils sont plus méchans; ils ont le poil plus long sur le massacre (la tête); leurs bois sont ordinairement bas et de couleur noire. Ces petits cerfs trapus n'habitent guère les futaies; ils se tiennent presque toujours dans les taillis, où ils peuvent plus aisément se soustraire à la poursuite des chiens: leur venaison (chair) est plus fine et de meilleur goût que celle des cerfs de plaines.

Le cerf de Corse (*cervus corsicanus*, Lin., *Syst. nat. gen.*) paraît être le plus petit de tous ces cerfs de montagnes; il n'a guère que la moitié de la hauteur des cerfs ordinaires; c'est, pour ainsi dire, un basset parmi les cerfs; il a le pelage brun, le corps trapu, les jambes courtes.

Bechstein, dans sa zoologie *Yagd-Zoologie*, décrit les variétés suivantes: 1°. Le cerf de montagne, *berghirsch*, qui est plus ramassé, plus fort et plus pesant que le cerf ordinaire, qui a le pelage d'une couleur plus foncée, la tête couverte d'un poil long, le pied plus rond, le bois plus court, et qui habite dans le fond des forêts en montagnes. Ce cerf, suivant Sonnini, est une variété du cerf des Ardennes. 2°. Une race, connue sous le nom de *landhirsch*, qui est plus allongée, plus légère, d'un pelage plus clair, dont l'armure est plus grande et plus belle, et qui habite les forêts de plaine, et principalement celles dont le sol est sableux. 3°. Le *brandhirsch*, que l'on trouve notamment dans les forêts de la Bohême, qui a de longs poils noirs sur le cou, le pelage d'un brun très foncé, et qui se tient volontiers dans les lieux découverts. Ce *brandhirsch* est, suivant Buffon, le *cerf des Ardennes* de nos chasseurs, l'*hippélaphe* d'Aristote, et le *tragélaphe* de Pline. 4°. Le *cerf blanc*, *weiss-hirsch*, que l'on voit non seulement dans les ménageries, mais encore en liberté. Si l'on veut multiplier sûrement cette variété, il ne faut pas faire accoupler un cerf blanc avec une biche blanche; l'accouplement doit se faire d'un cerf blanc avec une biche rousse, parce que, dans ce dernier cas, le faon qui en proviendra aura plus de blanc que dans le premier cas. Cette variété est d'une organisation plus délicate et d'une venaison plus fine. 5°. Le *cerf tacheté*, *gefleckte hirsch*, qui a le corps parsemé de taches blanches régulières ou irrégulières. A cette variété appartient le *blasswildpret*, le *cerf chanfrein blanc*, qui a une tache blanche qui s'étend depuis le front jusque sur le nez, les jambes plus ou moins marquées de blanc, et des raies blanches sur les cuisses. 6°. Le *cerf argenté*, *silberfarbene hirsch*, qui est d'un gris blanc, tantôt clair, tantôt foncé; une raie d'un brun foncé ou noire sur le dos, et les jambes blanches. Les chanfreins blancs se montrent aussi sous les mêmes couleurs. On trouve le cerf argenté assez souvent dans les parcs de Wernigerode. 7° Le *cerf noir*, *schwarze hirsch*, qui a le pelage noir ou d'un gris noir. Le comte d'Erlach en possédait un semblable dans son parc, en 1804.

Habitation. Le cerf est un animal très répandu : on le trouve dans toute l'Europe, dans l'Asie, depuis la Sibérie méridionale jusqu'à Ceylan, dans les parties septentrionales de l'Afrique, où il est de petite taille, et dans la partie méridionale de l'Amérique. En France et en Allemagne il est très commun, d'une belle taille et d'un beau port. Son séjour est dans les forêts, aux endroits les plus retirés et les plus tranquilles. Il aime les grandes forêts calmes des montagnes; il cherche celles qui renferment des ruisseaux et des espaces couverts d'herbes, et il préfère les forêts qui sont peuplées de bois à feuilles aux forêts d'arbres résineux. Il se cantonne dans les lieux où il peut trouver une nourriture abondante, et il ne les quitte point facilement; mais il abandonne son séjour habituel dans plusieurs circonstances : quand la neige recouvre la terre et le prive de nourriture, il se rend alors dans les taillis, vers les lisières des bois, et sur les revers méridionaux des montagnes; et il arrive quelquefois, à cette époque, que tous les cerfs d'un canton se réunissent en une ou plusieurs troupes, et s'associent aux biches, avec lesquelles ils cherchent de la nourriture dans les taillis et dans les champs. Mais, aussitôt que la neige a disparu, les cerfs des montagnes retournent à leur retraite, et ils se séparent des biches et des jeunes cerfs, qui, petit à petit, se séparent également pour former des associations moins nombreuses. Le cerf quitte aussi son séjour à l'époque du rut, quand il ne trouve point de biche dans son voisinage : il le quitte, quand son bois doit se refaire, pour se rendre dans de jeunes taillis, et enfin il l'abandonne quand il s'opère quelques changemens dans son canton, tels que des coupes de bois, etc. Pendant l'hiver, il choisit volontiers un fort qui le protège, et, s'il ne jouit point d'une parfaite tranquillité, il recherche un couvert qui puisse le cacher. Les cerfs se mettent en hardes ou troupes, hors le temps du rut. Les vieux, c'est à dire ceux qui ont au moins cinq ans, forment une harde particulière, et demeurent unis jusque vers le milieu du mois d'août, où ils ressentent les impressions de l'amour ; alors ils se séparent pour ne se réunir qu'après le temps du rut. Les biches, accompagnées de leurs faons, et de jeunes cerfs jusqu'à trois ans et des deux sexes, forment une seconde harde ; et les jeunes cerfs, depuis trois jusqu'à quatre ans, en forment une troisième. Cependant, cette séparation n'est point toujours très pure, car, dans l'hiver, il n'est pas rare de trouver, ainsi que nous l'avons dit plus haut, des vieux cerfs mêlés avec des biches et les jeunes cerfs ; mais ils s'en séparent lorsqu'une forte harde a trouvé des lieux tranquilles, et ils vont alors, soit isolément, soit en petites troupes ; quant aux vieilles biches, elles sont rarement sans suite.

Nourriture. Elle est beaucoup plus diversifiée que celle des autres animaux du même genre, par exemple, du chevreuil; elle varie suivant les saisons, et se compose en général de bourgeons, de feuilles, de fleurs et de fruits, d'herbes, de grains mûrs ouverts, de tubercules, tels que pommes de terre, de mousse, et de l'écorce des arbres. Le cerf préfère les végétaux les plus savoureux ; il recherche les prairies couvertes d'herbes fraîches de préférence aux arides bruyères. On a énuméré les plantes qui servent à la nourriture du cerf ; mais, observe Bechstein, cette énumération est encore incomplète, par rapport à l'Allemagne, et, à plus forte raison, par rapport aux autres parties du monde. Dans l'hiver, lorsque la neige couvre la terre, le cerf recherche les jeunes pousses des grains en herbe, du trèfle, de la luzerne, du sainfoin, de la vesce, de l'orobanche, de la pimprenelle, du cresson de fontaine, du baccahunga, du genêt commun, de la bruyère, de la ronce, du hêtre, de l'érable, du frêne, du mélèze, du pin, du sapin, des peupliers et des saules ; et, au moyen de cette nourriture, il récupère bientôt ses forces épuisées. Lorsqu'il a perdu son bois, il prend sa nourriture dans les jeunes taillis voisins de sa demeure, dans les coupes de fontaine, et les prairies forestières, en broutant les jeunes pousses du bois et les herbes qui abondent. S'il ne trouve pas la tranquillité qui lui est nécessaire dans les bois isolés ou sur les lisières des forêts, il se retire dans la profondeur des fourrés ou dans les futaies, où il trouve les mêmes ressources. Mais les cerfs qui se trouvent en sûreté dans les taillis ne les abandonnent pas ; ils parcourent tous les lieux où ils trouvent des grains mûrs ou verts, des pois, des lentilles, des vesces, des fèves, du lin en graine, des choux, des navets, des regains, et ils obtiennent dans cet état le plus haut degré de force et d'embonpoint, qui les met en état de combattre avec énergie et courage au moment du rut.

Lorsque cette époque est arrivée, ils mangent peu,

et ils cherchent seulement, pour apaiser leur faim, les champs plantés de choux, de navets, de pois et d'avoine, et ils mangent alors plusieurs sortes de champignons, les uns nuisibles à l'homme, et d'autres qui ne le sont pas. Leur nourriture d'automne se compose de fruits sauvages, de glands, de faînes, de châtaignes, des fruits du marronnier, du sorbier, du cormier, du néflier, de choux, de carottes, de pommes de terre, de raisins, etc. Dans l'hiver, ils recherchent, autant qu'ils le peuvent, les grains en herbe cachés sous la neige, et tâchent, d'ailleurs, de se nourrir de lichens, des sommités des genêts et des bruyères, d'herbes, de l'écorce des jeunes trembles, peupliers, saules et sapins, des boutons et de rameaux de hêtre et de bouleau, du gui qui se trouve sur les arbres rompus par le vent, de genêt et de feuilles de ronce, de cresson, et d'autres plantes aquatiques, etc. Telle est la misérable nourriture qu'ils peuvent trouver et qu'ils mangent volontiers, à moins que le propriétaire de la forêt n'ait l'attention de faire abattre, avant l'hiver, dans les coupes qui doivent être mises en exploitation, les trembles et les saules, dont l'écorce peut être mangée par les cerfs, ou de leur donner des bottes de foin et de paille dans des râteliers suspendus. Lorsque l'hiver est rude, ils vont jusque dans les jardins, où ils écorcent les arbres fruitiers et mangent les légumes qu'ils peuvent découvrir sous la neige.

Le cerf va chercher sa nourriture pendant la nuit. Il se lève un peu avant le coucher du soleil, parcourt pendant quelques instans les lieux garnis d'herbes qui se trouvent à sa portée dans le fourré; puis, à la nuit tombante, il gagne les jeunes taillis, les prés et les champs, pour y *viander* (manger) à son aise pendant la nuit. Vers le crépuscule, il se retire dans le bois; mais s'il lui faut plus de temps pour trouver une nourriture suffisante, il ne quitte le *gagnage* (pâturage) qu'au jour. Cela arrive ordinairement dans l'hiver et au commencement du printemps, où il ne trouve pas beaucoup à manger; mais dans l'été et en automne, où il lui faut peu de temps pour se repaître, il se retire avant le jour.

Il mange lentement; il choisit, lorsqu'il le peut, sa nourriture; et lorsqu'il a viandé (mangé), il cherche un lieu sûr pour ruminer, opération qui, chez lui, est plus difficile que dans le bœuf, à cause de la longueur et de la direction arquée de son cou.

Outre les végétaux que nous avons indiqués comme servant à la nourriture du cerf dans l'état sauvage, les cerfs privés mangent du pain, de la viande, du suif, du cuir, des étoffes, du papier, etc. Ils lèchent volontiers le sel, ce qui a déterminé, en Allemagne, à leur donner non seulement dans les parcs, mais encore dans les forêts où ils sont en liberté, une sorte de pain salé, qui se fait en pétrissant de l'argile avec du sel. On leur donne ce pain au printemps et en été, dans des endroits tranquilles et retirés. On dispose à cet effet un endroit pour le recevoir, et qui consiste en un carré de 3 à 4 pieds, formé avec des morceaux de bois fixés en croix les uns sur les autres, ou avec des planches de 3 pouces d'épaisseur. (*Voyez*, au mot *Parc*, ce qui concerne le pain salé.) On y amène une voiture d'argile que l'on pétrit bien en la mélangeant avec environ vingt-cinq livres de sel, et on en forme une hutte que l'on entoure de piquets qui ne puissent être franchis que par le cerf. Il faut, pour une forêt qui contient environ quatre cents cerfs, huit pains salés. Cette composition est très recherchée par les animaux; elle contribue à leur santé, elle les fixe dans le même séjour et contribue, par conséquent, au repeuplement.

Le cerf boit très peu lorsqu'il se nourrit de végétaux aqueux; mais dans les grandes chaleurs de l'été, il va boire aux étangs, aux ruisseaux et aux fontaines limpides. Dans le temps du rut, il est si fort échauffé, qu'il recherche l'eau partout, non seulement pour apaiser sa soif brûlante, mais encore pour se baigner et se rafraîchir le corps. Il se couche aussi, pendant l'été, dans l'eau et dans les mares fangeuses. Pendant l'hiver, lorsqu'il n'a qu'une nourriture sèche, il se désaltère en léchant la neige.

Du rut, de la reproduction et de l'accroissement. Le rut est le temps où les cerfs sont en amour. Il commence avec le mois de septembre, et dure jusque vers le milieu d'octobre. Les vieux cerfs quittent alors les buissons (leurs demeures d'été); ils vont dans les forts, souvent à une grande distance, pour trouver des biches, qu'ils cherchent le nez à terre, à la manière des chiens couchans. Lorsqu'ils trouvent une harde, ils en chassent tous les jeunes cerfs; et s'il se rencontre alors deux cerfs d'égale force, ils se livrent un combat meurtrier (1). Le vainqueur jouit de tous ses droits et demeure ordinairement avec la harde pendant tout le temps du rut, c'est pourquoi les Allemands l'appellent *platz-hirsch*, cerf de harde. Cependant il n'est pas le seul qui s'approche des biches; les jeunes cerfs, qui se tiennent à une certaine distance de la harde, épient le moment favorable et s'en approchent à leur tour. Ils se font chasser alternativement par le cerf de harde, et pendant son absence, un rival alerte satisfait ses désirs, et n'éprouve point de résistance de la part des biches, effrayées du combat. Ces manœuvres ont lieu ordinairement pendant la nuit et avant le jour, et comme l'acte de l'accouplement ne dure que quelques secondes, le jeune cerf favorisé a toujours le temps d'échapper à la vengeance du cerf de harde. Quoique l'accouplement se renouvelle assez souvent, il est difficile de l'observer, parce qu'il n'a lieu que la nuit. Il paraît que le cerf de harde s'attache de préférence à la biche qu'il a possédée en premier lieu. Il y en a qui sont assez vigoureux pour servir de douze à vingt biches.

Dans les premiers temps du rut où l'accouplement a lieu le plus fréquemment, les cerfs ne *raient* (crient) point du tout ou que rarement; ils ne font entendre qu'un petit bruit en poursuivant les biches dont aucune n'ose s'éloigner de la harde. Mais, vers le 20 septembre, ils commencent à raire d'une voix forte; ce qui augmente de plus en plus le gonflement de leur cou. Leur cri, que l'on entend très rarement hors la saison du rut, ressemble alors au mugisse-

---

(1) On a des exemples que des cerfs, s'étant pris par leurs bois, ne purent se dégager, et moururent de faim sur la place.

ment d'un taureau en courroux, et se fait entendre à une grande distance pendant les nuits calmes. Les vieux cerfs raient d'une voix plus forte et plus grave que les jeunes ; et l'on peut juger, d'après cela, de l'âge des cerfs que l'on entend. C'est principalement vers le soir et le matin, et lorsque la température est froide, qu'ils se font entendre ; on les entend aussi la nuit, mais rarement avec la même continuité que le matin et le soir. Dans les endroits où il y a beaucoup de vieux cerfs en chaleur, on les entend jusqu'à dix heures du matin et dès quatre heures du soir ; et, dans les parcs, on les entend quelquefois à midi et même à toute époque du jour.

Dès que le jour paraît, le cerf se retire dans le bois avec sa harde, qu'il chasse devant lui ; mais rarement il se couche dans le même endroit où les biches reposent pendant le jour. Ordinairement il les quitte avant qu'elles y soient arrivées, et va se reposer seul, à une distance plus ou moins grande, au milieu d'un fourré. Mais, le soir, il rejoint de nouveau la harde, et ordinairement il annonce son arrivée par un cri perçant. Si la harde est nombreuse, il y demeure pendant tout le temps du rut ; autrement, il la quitte après avoir rempli son but, et il se met à la recherche d'une harde plus nombreuse. Il n'y a que les jeunes cerfs qui soient fidèles : ils suivent une ou plusieurs biches pendant tout le temps du rut, et reposent avec elles, dans les mêmes lieux, pendant le jour.

Les cerfs, notamment les vieux, éprouvent de grands changemens à cette époque : ils mangent peu tant que dure leur chaleur ; et cette circonstance, jointe à l'acte de l'accouplement et aux efforts qu'ils font en criant, les épuise tellement, qu'à la fin du rut ils sont dans un état complet de maigreur. Leur *venaison* contracte une odeur de bouc, et leur chair en est pénétrée. Le poil de leur ventre se rembrunit, ce qui est dû sans doute à l'influence de la liqueur séminale ; celui du cou s'allonge et se raidit. Les cerfs paraissent perdre leur timidité : leur regard est celui de l'assurance et du courage. Si un cerf aperçoit un rival vigoureux, il gratte la terre avec les pieds de devant, frappe les arbres de son bois, et semble ainsi appeler le combat. A cette époque, il n'est pas sans danger de rencontrer dans un parc un vieux cerf en chaleur ; mais où n'a rien à craindre dans les forêts où les animaux ne sont pas trop nourris et où ils conservent toujours leur crainte à l'aspect de l'homme.

Il est à remarquer qu'à l'époque du rut, les cerfs se réunissent tous les ans dans les mêmes lieux, à moins que le bois n'ait éprouvé un changement notable, tel que celui qui résulte d'une coupe. Les Allemands appellent *brunftplatze*, place du rut, le lieu habituel de leur rassemblement. Les cerfs choisissent de préférence un lieu éminent, clair-semé de bois, dans le voisinage d'une clairière ou d'une prairie et d'un jeune fourré, où il se trouve des fruitiers sauvages, des chênes et des châtaigniers, ainsi que quelques terres plantées de navets ou semées en avoine, et près de quelque mare.

La durée totale du rut est d'un mois à six semaines ; elle n'est que de quinze jours pour chaque cerf. Les jeunes cerfs n'entrent en chaleur que quinze jours ou trois semaines après les vieux. Il n'y a que ceux-ci qui raient, et dont le cou se gonfle. Les cerfs de quatre ans ne font qu'un cri étouffé, et les plus jeunes accomplissent en silence l'acte de la génération.

En Allemagne, quelques princes, amateurs de la chasse, font disposer, soit dans les forêts, soit dans les parcs, des endroits pour le rassemblement des cerfs au temps du rut, et ils choisissent, à cet effet, des lieux tranquilles, à portée d'une mare, d'une prairie, d'un champ d'avoine, et ils les font entourer de larges fossés, de haies, etc. Là, on peut, étant placé dans une loge, épier les cerfs et tuer les meilleurs. Il y a même des localités, par exemple à Altembourg, où l'on se place dans des caveaux murés, placés devant les lieux du rassemblement et percés de trous, où l'on peut tous les jours voir les hardes.

A la fin du rut, vers le milieu d'octobre, les vieux cerfs abandonnent les hardes pour se rendre dans leurs anciennes demeures. Les jeunes cerfs reviennent avec les biches, et comme ils sont encore en chaleur, n'y étant entrés que les derniers, ils s'accouplent avec celles des biches qui, également, n'ont éprouvé l'influence du rut qu'après les autres. Les biches pleines restent avec la harde jusqu'à l'époque où elles doivent mettre bas : alors elles s'éloignent l'une après l'autre de la harde, et cherchent un lieu tranquille. Elles portent huit mois et demi, ne produisent ordinairement qu'un faon, très rarement deux. Elles mettent bas dans la seconde quinzaine de mai, ou dans la première de juin, selon que le rut a commencé plus tôt ou plus tard. C'est dans un taillis ou un fourré épais, et sur un lit de mousse, de feuilles ou d'herbes, qu'elles déposent leurs petits. Elles le font soit étant debout, soit couchées. M. Bechstein a remarqué l'un et l'autre. Cet auteur a vu une biche privée mettre bas dans une écurie du parc de Meiningen, le 28 mai 1802. Cette bête était agitée le matin, et comme elle était encore accompagnée de son daguet, elle le chassa hors de l'étable. Vers onze heures, elle se coucha, et les douleurs commencèrent. Bientôt après les eaux percèrent, la tête parut, et lorsque le corps fut à moitié sorti, elle fit des cris douloureux qu'elle répéta plusieurs fois, et qui ressemblaient à ceux du cerf dans le temps du rut. Enfin, elle jeta encore quelques cris, et le faon parut tout entier. La mère se leva aussitôt, lécha son petit ; et comme l'arrière-faix s'avançait, elle l'arracha et le dévora en un clin-d'œil, comme si c'eût été une chose friande. Le jeune cerf se leva ensuite et fit le tour de l'étable. Tout ce travail dura à peu près une heure.

Dans l'état de liberté, les jeunes faons restent de deux à quatre jours sur le lit où ils ont été déposés, et leur mère s'éloigne à petit bruit, pendant qu'ils dorment, pour aller chercher sa nourriture ; ensuite ils l'accompagnent dans ses courses, se tenant derrière elle dans les premiers temps, et la précédant plus tard. Ils croissent très vite dans leur première jeunesse. La mère a pour son faon la plus grande tendresse ; elle accourt au moindre bruit pour le secourir, et si le danger est pressant, elle le cache dans les broussailles, et cherche, par ses manœuvres, à éloigner et à tromper l'ennemi. Elle allaite son petit jusqu'à ce qu'elle soit pleine de nouveau, époque à laquelle elle n'a plus de lait; mais elle continue à lui donner des soins. Le jeune faon conserve la livrée, c'est à dire ses taches blanches et brunes, jusqu'à trois mois; elles disparaissent alors, et il n'en reste plus dans le mois d'octobre.

Vers la Saint-Martin, le faon femelle prend le nom de jeune biche, et le mâle celui de hère, qu'il conserve jusqu'au printemps suivant, où il lui pousse des dagues, et prend le nom de *daguet*. Il conserve ce nom tant qu'il est dans sa seconde année. Nous avons dit plus haut qu'au commencement de la troisième année, le cerf pousse sa seconde tête, et prend alors le nom de *jeune cerf*. Ainsi un cerf est à sa seconde tête dans sa troisième année; à sa troisième tête dans la quatrième, et à sa quatrième tête dans la cinquième. A six ans, il se nomme cerf *dix cors jeunement*, puis cerf *dix cors*, et enfin *vieux cerf*.

Les biches terminent ordinairement tout leur accroissement en trois ans; mais les cerfs croissent jusqu'à huit ans, et on a des exemples que des cerfs ont vécu jusqu'à trente ans dans des parcs, et il paraît qu'en liberté, ils vivent encore plus long-temps. On s'accorde à dire qu'ils vivent de trente à quarante ans. Ce qu'on a débité sur la longue vie des cerfs n'est appuyé sur aucun fondement ; ce n'est que par suite d'un préjugé populaire, qui régnait du temps d'Aristote, qu'on y a ajouté foi. Ce philosophe a dit avec raison que cette grande longévité n'était d'accord ni avec le temps de la gestation, ni avec la durée de l'accroissement. Cependant ce préjugé s'est renouvelé, dans un temps d'ignorance, par une histoire que l'on a faite d'un cerf qui fut pris, sur la fin du XIVe siècle, par Charles VI, dans la forêt de Senlis, et qui portait un collier sur lequel était écrit: *Hoc mihi Cæsar donavit*; et l'on a mieux aimé supposer mille ans de vie à cet animal, et faire donner ce collier par un empereur romain, que de convenir que ce cerf pouvait venir d'Allemagne, où les empereurs ont, dans tous les temps, pris le nom de César. Peut-être aussi quelque particulier des environs aura-t-il voulu donner carrière aux conjectures, en attachant ce collier à quelque jeune cerf.

Quelques biches ne sont pas fécondes : on les nomme *bréhaignes*; ces biches sont plus grasses et prennent beaucoup plus de venaison que les autres ; elles sont les premières en chaleur.

Le cerf est en état d'engendrer à dix-huit mois, car on a vu des *daguets* couvrir des *biches*, et l'on s'est assuré que ces accouplemens sont productifs. Dans l'homme, la barbe, le poil, le gonflement des mamelles, l'épanouissement des parties de la génération précèdent la puberté. Dans les animaux en général, et dans le cerf en particulier, la surabondance de nourriture, qui produit tous ces effets dans l'homme, se marque par des effets encore plus sensibles ; elle produit la *tête*, le gonflement des *daintiers* ou *testicules*, l'enflure du cou et de la gorge, le rut, etc.; et comme le *cerf* croît fort vite dans le premier âge, il ne se passe qu'un an depuis sa naissance jusqu'au temps où cette surabondance commence à se marquer au dehors par la production du bois; et, à mesure que ce bois prend de la consistance, l'animal achève de se charger de *venaison*, qui est une graisse abondante produite aussi par le superflu de la nourriture, qui dès lors commence à se déterminer vers les parties de la génération, et à exciter le cerf à cette ardeur du rut qui le rend furieux ; et ce qui prouve évidemment que la production du bois et celle de la liqueur séminale dépendent de la même cause, c'est que, si l'on détruit la source de la liqueur séminale en supprimant, par la castration, les organes nécessaires pour cette sécrétion, on supprime en même temps la production du bois; car si l'on fait cette opération dans le temps qu'il a mis bas sa *tête*, il ne s'en forme pas une nouvelle ; et si on ne la fait, au contraire, que dans le temps qu'il a *refait sa tête*, elle ne tombe plus; l'animal, en un mot, reste pour toute sa vie dans l'état où il était lorsqu'il a subi la castration; et comme il n'éprouve plus les ardeurs du rut, les signes qui l'accompagnent disparaissent aussi : il n'y a plus d'enflure au cou ni à la gorge, et il devient d'un naturel plus doux et plus tranquille. Les cerfs coupés ne laissent pas de devenir gras, mais leur graisse ne s'exalte ni ne s'échauffe pas comme la venaison des cerfs entiers, qui, lorsqu'ils sont en rut, ont une odeur si forte, qu'elle infecte de loin; leur chair même en est si fort imbue et pénétrée, qu'on ne peut ni la manger ni la sentir, et qu'elle se corrompt promptement; au lieu que celle du cerf coupé se conserve fraîche, et peut se manger dans tous les temps. On a remarqué que les cerfs coupés et les biches mangent moins que les cerfs entiers ; en effet, ces animaux, n'ayant point de *bois à refaire*, n'ont pas besoin d'une aussi grande quantité de nourriture.

Apprivoisement des cerfs. Les jeunes cerfs s'apprivoisent facilement et ils s'habituent très vite à boire du lait qu'on leur présente dans un vase, et même à téter les vaches. On peut les élever comme les veaux. Ils connaissent bientôt celui qui prend soin d'eux, et ils le suivent volontiers. Nous avons rappelé, en parlant des anciennes lois sur la chasse, que la loi salique prononçait des peines contre ceux qui tuaient ou dérobaient un cerf domestique, dressé pour la chasse, ce qui prouve qu'à cette époque on en faisait usage pour cet objet. On élève des biches, en Allemagne, pour s'en servir, à l'époque du rut, à rappeler les cerfs, en les plaçant dans les lieux qu'ils fréquentent. Les empereurs romains, et dans les derniers siècles quelques princes, employaient des cerfs privés pour former des attelages. Ils sont, en effet, dociles au mors, actifs au coup de fouet, et se prêtent à tout ce qu'on exige d'eux, ainsi qu'on le voit dans le cirque de MM. Franconi, où des cerfs dressés concourent, avec les chevaux de ces habiles écuyers, aux amusemens du public. On est même parvenu à leur imprimer une telle confiance qu'aujourd'hui les aéronautes font des ascensions montés sur le dos d'un cerf que l'on a placé dans la nacelle attachée à leur ballon. M. Hartig a possédé un cerf, qu'il avait pris jeune, et qui était devenu si familier qu'il le suivait dans ses courses forestières, et qu'il prenait beaucoup plaisir à courir avec les chiens dans les plaines. On sait qu'à l'Ile-de-France, les habitans avaient apprivoisé des cerfs et en possédaient des troupeaux. Mais ceux qui veulent apprivoiser des cerfs mâles ne doivent pas oublier que ces animaux éprouvent, à l'époque du rut, la même ivresse que les cerfs sauvages, et qu'ils deviennent très dangereux alors, même pour leur maitre. Il faut, pour éviter ce danger, leur faire subir la castration lorsqu'ils sont jeunes; mais alors ils ne se parent point de leur plus bel ornement : leur tête reste dépourvue de bois.

Ennemis du cerf. Les ennemis du cerf sont : le loup, le lynx, le chien, le renard, le chat sauvage, le sanglier, l'aigle et le chat-huant. Il est vrai que les renards, les chats, les sangliers, les aigles et les hiboux ne peuvent nuire au cerf lorsqu'il est fort; mais ils sont très dangereux pour les jeunes faons. Les corbeaux même attaquent quelquefois les très jeunes faons, et les détruisent.

Le cerf a encore pour ennemis plusieurs insectes, tels que le *taon*, l'*œstre nasal* et le *pou*.

1°. *Le taon des bœufs* (œstrus bovis) est un insecte qui ressemble à un petit bourdon d'abeille, qui a le corselet et l'abdomen noirâtres, et les ailes transparentes et veinées de brun. Il tourmente les cerfs, et dépose en automne ses œufs sur leur peau. Les larves ou vers auxquels ces œufs donnent naissance s'insinuent dans la peau, s'y développent, occasionent des boutons ou des tumeurs sur le dos et les cuisses de l'animal, et en sortent au printemps pour se cacher dans la mousse ou dans la terre où elles se changent en nymphes. Ces larves sont grosses, d'un blanc jaunâtre, et leur tête est armée de deux crochets noirs et mobiles. Ce sont ces insectes qui, au printemps, percent d'un grand nombre de trous la peau des cerfs, et la rendent presque sans valeur; mais dans les mois de juillet et d'août, époque où ces animaux sont en pleine cervaison, les trous sont entièrement fermés. Les cerfs mal portans sont ceux qui ont le plus à souffrir de ces insectes, parce qu'ils supportent tranquillement le taon à l'époque où celui-ci dépose ses œufs, tandis que les autres cherchent à l'éloigner par la vivacité de leurs mouvemens.

2°. *L'œstre nasal* (œstrus nasalis). Cet insecte est presque aussi grand que le précédent ; il a le corps noir avec des poils jaunes et les ailes sans taches. Il dépose ses œufs dans le nez des cerfs pendant qu'ils dorment. Ces œufs donnent naissance à des larves qui se glissent dans les deux bourses ou poches remplies d'humeur qui se trouvent près de la racine de la langue, où elles se nourrissent jusqu'en juillet, époque où elles ont pris tout leur accroissement. Elles occasionent quelquefois la mort des animaux.

3°. *Le pou du cerf* (pediculus cervi) est brun. Cet insecte peut encore être compté au nombre des ennemis du cerf, quoiqu'il le tourmente moins que ceux dont nous venons de parler.

Enfin on trouve dans l'estomac et dans les intestins du cerf des vers nuisibles, tels que le *tœnia*, le *fasciola elaphi*, le *festucaria*.

Maladies du cerf. Les animaux sauvages ne sont pas sujets à autant de maladies que les animaux domestiques; cependant ils n'en sont point tout à fait exempts. Voici celles qui affectent le cerf :

1°. *Les boutons*, qui couvrent tout le corps de l'animal, le rendent très malade et le font souvent périr. C'est, dit Beschstein, une peste qui attaque les bestiaux aussi bien que les cerfs. Un très grand nombre d'animaux de ces deux classes en fut affecté dans les étés de 1748 et de 1778, dans la Thuringe. Ils étaient couverts de gros boutons remplis d'une matière jaune. Les cerfs étaient si affaiblis qu'on les prenait avec les chiens; on leur ouvrait les boutons, et on pansait les blessures avec du sel et du vinaigre. On en a sauvé quelques uns par ce moyen. Le docteur Glaser, dans son *Traité de la maladie mortelle du cerf et des bestiaux*, a faussement attribué cette maladie à la guepe des bois (*sirex gigas*), qui n'a point d'aiguillon pour piquer ni de venin capable de donner la mort.

2°. *La pourriture*, qui se manifeste par des pustules au foie, et qui fait périr beaucoup de cerfs. Elle paraît avoir pour cause les rosées.

3°. *Le devoiement*. Il a lieu quand, après un hiver rigoureux, les chaleurs du printemps arrivant tout à coup, et hâtant la germination, les cerfs affamés mangent avec excès les bourgeons des arbres et les herbes. Ils éprouvent une forte diarrhée, qui souvent devient mortelle, et peut faire périr tout le gibier d'un canton. Des fourrages donnés en quantité suffisante aux cerfs, pendant l'hiver, préviennent toujours cet accident.

4°. *Les égagropiles.* Les cerfs, comme les autres animaux ruminans, ont l'habitude de se lécher, et les poils qu'ils avalent forment, dans leur estomac, des pelotes dures et enduites d'une concrétion bilieuse. Elles deviennent quelquefois mortelles.

Particularités remarquables du cerf.

Parmi les particularités propres au cerf, on peut remarquer celles-ci :

1°. De se dépouiller de son bois chaque année, et d'en refaire un nouveau.

2°. De n'avoir pas la vessie dans le corps, et de sembler la concentrer sous la queue.

3°. D'avoir un larmier sous les yeux.

4°. De faire remonter les alimens de son estomac par secousse, au lieu de ruminer comme le bœuf.

5°. De se jeter à l'eau ou de se retirer sur des rochers escarpés, lorsqu'il est chassé pendant longtemps, et quelquefois de se réfugier au milieu d'un troupeau de bœufs, pour échapper aux poursuites.

6°. De se retirer quelquefois sur de larges troncs d'arbres, de 5 à 6 pieds de hauteur, entourés de taillis, et de laisser passer tout près de lui les chasseurs et les traqueurs. M. Hartig, qui fait ces remarques, rapporte qu'un très gros cerf s'était établi, pendant l'été, pour échapper aux chasseurs, sur une île couverte de broussailles, au milieu d'un vaste étang, et qu'il y demeura plusieurs semaines.

7°. On peut aussi considérer comme digne de remarque, que les voies du cerf peuvent faire juger de son âge et de son sexe; que s'il sort d'un petit taillis ou de quelque autre endroit à demi couvert, il s'arrête pour regarder de tous côtés, et cherche ensuite le dessous du vent pour sentir s'il n'y a pas quelqu'un pour l'inquiéter; que, quoique d'un naturel assez simple, il est curieux et rusé; que lorsqu'on le siffle ou qu'on l'appelle de loin, il s'arrête tout court, regarde fixement ; qu'il considère avec une espèce d'admiration les voitures, le bétail, les hommes, et que s'ils n'ont ni armes, ni chiens, il continue à marcher d'assurance; qu'en général, il craint beaucoup moins les hommes que les chiens; qu'il paraît écouter, avec autant de tranquillité que de plaisir, le chalumeau ou le flageolet des bergers, moyen que les veneurs emploient quelquefois pour le rassurer.

La voix du cerf est différente suivant qu'il est affecté. Il raie, pendant le temps du rut, d'une voix forte, qui ressemble beaucoup au mugissement d'un taureau en courroux. Hors ce temps, les cerfs et les biches, à moins qu'ils ne soient dans un danger pressant, ne font entendre qu'un cri très court ; et les biches, lorsqu'elles nourrissent leur faon, l'appellent d'un ton plaintif et doux.

Qualités utiles et nuisibles.

1°. *La chair* varie de qualité suivant l'âge, le sexe et les saisons. Celle du faon est très bonne, celle du daguet, de moyenne qualité, celle de la jeune biche est délicate et de meilleur goût, celle du cerf de trois à quatre ans occupe le troisième rang, celle du cerf qui a depuis quatre jusqu'à sept ans est déjà dure, celle de la biche est toujours plus tendre et plus estimée que celle du mâle. Seulement à l'époque où les gros cerfs sont en cervaison, leur chair est de très bon goût ; mais avant ce temps elle est mauvaise, et après elle est plus mauvaise encore. Le cerf qui a la chair ferme et grasse, principalement la partie qui se trouve depuis la queue jusqu'aux fausses côtes, et qu'on appelle le râble, et le dos lui-même fournissent les meilleurs rôtis. Ensuite viennent les cuisses, et les filets près des reins; on estime aussi les filets qui se trouvent sur la gorge ; enfin on mange la chair qui provient des autres parties de l'animal. On mange aussi en fricassée les oreilles coupées menu, ainsi que les pieds et la chair du ventre et la fressure. Quelques personnes trouvent que les bosses qui précèdent la pousse du bois sont un mets délicat, lorsqu'elles sont encore tendres et bien préparées.

2°. *La peau*, que les chasseurs appellent *nappe* lorsqu'elle n'est pas trouée par les taons, fournit, après avoir été préparée par l'art du mégissier, un cuir propre à faire des guêtres, des gants, des guides pour les chevaux, des baudriers et des bottes molles et chaudes. On peut la teindre en jaune lorsqu'on veut l'employer à ce dernier usage. Si on lui laisse son poil, on peut en faire des manchons et autres ouvrages de pelleterie. La peau dont le poil est rougeâtre est meilleure que celle dont le poil est gris, notamment pendant l'été. Les plus mauvaises peaux sont celles du commencement du printemps.

3°. Les poils servent à rembourrer les selles, les chaises et les malles.

4°. *Les bois*, s'ils se font remarquer par leur grandeur, leur force ou d'autres signes extraordinaires, sont recherchés pour orner les châteaux de chasse, les galeries d'histoire naturelle, et les maisons des chasseurs, où ils sont suspendus. On les emploie bruts ou travaillés pour en faire des manches de couteaux de chasse, de couteaux de table, etc. Les cuisiniers en font une gelée nourrissante, et on clarifie le café et la bière avec de la corne de cerf râpée et brûlée. On en fait aussi un noir qui est employé comme le noir d'ivoire. On trouve, chez les apothicaires, de la corne de cerf brûlée, qu'on emploie comme absorbant, et un esprit de corne de cerf très fort. Mais l'huile et les autres médicamens qu'on en tirait ne sont plus guère en usage.

5°. La moelle des os est bonne pour frotter le canon des armes à feu, et on dit que l'on fait un usage utile du suif pour la guérison des gerçures et des écorchures à la peau. On l'emploie aussi à l'éclairage, et elle donne une belle lumière.

6°. Les tourneurs font des anneaux et autres petits ouvrages avec la corne des pieds.

Quant aux dommages que causent les cerfs dans les forêts et dans les champs, ils sont très considérables, lorsqu'on laisse ces animaux multiplier. On ne doit en conserver qu'un nombre limité dans les forêts ouvertes, pour éviter les plaintes des riverains; et dans les pays où les grands seigneurs aiment beaucoup la chasse du cerf, c'est dans des forêts closes ou des parcs qu'il convient de le multiplier pour en garantir les autres forêts ou domaines et pour n'avoir point de difficultés avec les cultivateurs. Dans une seule année, la liste civile de Charles X paya 100,000 francs d'indemnités aux propriétaires riverains des forêts de la couronne pour les dégâts que la fauve avait commis dans les récoltes, cet excellent prince ne voulant pas que ses plaisirs fussent une charge pour ses sujets. Bechstein, auteur allemand, auquel nous empruntons beaucoup de détails, indique un moyen de préserver les champs de l'invasion des cerfs. Ce moyen consiste à prendre des petits pots percés sur leurs côtés, et munis d'un couvercle; on remplit ces pots avec des chiffons imbibés d'huile, que Bechstein appelle de l'huile de France, et que nous croyons être de l'huile d'olives ; ou suspend ces pots à des piquets dont on a frotté le pied avec de l'*assa fœtida* bouilli avec de l'huile de pétrole. Ces piquets s'enfoncent en terre dans les angles des terrains, et l'odeur que répand la composition fait fuir les cerfs et les éloigne à une grande distance. On peut aussi préserver les jardins de l'approche des cerfs, en tendant autour des cordes appuyées sur les haies, ou sur des pieux placés de distance en distance.

2e Section. — Chasse du cerf.

La chasse du cerf est la plus belle et la plus instructive de toutes les chasses ; c'est là que se déploient tout l'art, et toute l'habileté du veneur. Elle se fait le plus souvent pour l'agrément, et quelquefois aussi pour le profit. Elle prend différens noms suivant les moyens qu'on emploie et le but qu'on se propose. Ainsi il y a la *chasse à courre*, l'*affût*, la *chasse au fusil*, les *traques* ou *battues*, la *chasse aux pièges*.

CHAPITRE PREMIER. — DE LA CHASSE A COURRE OU AUX CHIENS COURANS.

La chasse du cerf aux chiens courans est le partage exclusif des rois, des princes et des grands seigneurs; eux seuls peuvent jouir de ce plaisir, qui exige un grand appareil d'hommes, de chevaux, de chiens dressés, et par conséquent de grandes dépenses; elle est aussi la plus savante et la plus difficile. Nos rois lui ont toujours donné la préférence; et c'est sans doute pour cette raison que les étrangers l'appellent *la chasse française*. Il est certain, cependant, qu'elle n'a pas été inventée en France; elle nous vient des Persans, des Tartares et des Romains; mais ce sont les Français qui en ont amélioré les règles, et qui l'ont portée au degré éminent de perfection où elle est maintenant en France, en Angleterre et dans quelques pays de l'Allemagne. Elle réunit tout ce que les véritables amateurs peuvent désirer : la science de la guerre, l'éclat d'une fête et les avantages d'un noble et salutaire exercice.

La chasse à courre consiste principalement à ne faire poursuivre qu'une seule bête par une meute de chiens et plusieurs veneurs à cheval, jusqu'à ce qu'elle tombe épuisée de fatigue et qu'elle puisse être tuée par le principal personnage de la chasse, soit avec le couteau de chasse, soit avec le fusil ou le pistolet. Elle a lieu pour le cerf ou le daim; elle se fait aussi pour les forts sangliers; mais, à défaut de ces animaux, on la pratique pour le chevreuil et le renard. Enfin la chasse à courre se fait en plaine et au bois pour le lièvre.

Les auteurs qui ont écrit en vers et en prose sur cette belle chasse sont en très grand nombre. On connaît les ouvrages de Xénophon, d'Arrien, d'Oppien, de Gratius et de Némésien, chez les Grecs et les Romains; ceux de Noël le Comte, Frascator, Angéli, Jacques Savari, et du savant père Vanière; mais principalement ceux du roi Modus et de Gaston Phœbus, qui vivaient dans le 14° siècle; de Charles IX, roi de France, et de Jacques du Fouilloux, qui mourut pendant le règne de ce prince; de Louis Gruau, qui dédia son ouvrage à Louis XIII; de Robert de Salnove, qui dédia le sien à Louis XIV; de Jacques-Epée de Selincourt, de Gaffet, de Leverrier de la Conterie, de Goury de Champgrand, de d'Yauville, et de plusieurs autres auteurs qui ont réuni, dans des traités, les principes des écrivains qui les avaient devancés. Nous avons parcouru une partie de ces ouvrages, et nous avons reconnu que celui de d'Yauville était, à tous égards, le plus complet et le plus instructif; c'est celui que presque tous les auteurs plus modernes ont copié ou analysé dans leurs ouvrages. M. Desgraviers, dans son *Parfait Chasseur*, y a ajouté le fruit de son expérience, et les auteurs du *Traité général des Chasses* en ont élagué quelques longueurs, en mettant plus d'ordre et de concision dans les détails.

La chasse à courre a aussi inspiré un grand nombre de poètes; et, pour ne rappeler que ceux qui en ont parlé dans les derniers temps, nous nous bornerons à citer Jacques Delille, Saint-Lambert et Rocher, qui en ont fait de pompeuses descriptions.

Enfin l'immortel Buffon lui a prêté le charme de sa prose élégante et facile.

Nous allons exposer les principes de cette chasse d'après les meilleurs auteurs.

De l'équipage nécessaire pour la chasse à courre.

Nous faisons connaître, au mot *Vénerie*, ce qui doit composer l'équipage nécessaire pour cette chasse, ainsi que les qualités et l'instruction à exiger d'un bon veneur. Nous indiquons aussi, sous les mots *Sanglier* et *Vautrait*, ce qui concerne la chasse à courre du *sanglier*. (*Voyez* ces mots.)

CONNAISSANCES NÉCESSAIRES POUR LA CHASSE DU CERF.

On juge un cerf par la *tête*, le *pied*, les *allures*, les *foulées*, les *portées*, les *manœuvres de nuit*, et par les *fumées*.

1°. *De la manière de juger les cerfs par leur tête.*

Nous l'avons indiquée au commencement de cet article, en donnant la description du cerf.

2°. *De la manière de juger le cerf par le pied et les allures.*

Il faut, surtout pour la chasse à courre, que le veneur, aidé d'un bon limier, puisse, en découvrant les voies d'un cerf, juger son âge et sa grandeur. Mais, avant tout, il doit connaître les différentes parties qui composent le pied du cerf, et savoir que l'ensemble de ces différentes parties est connu sous cette seule dénomination de *pied*, et qu'on donne le même nom à l'empreinte qu'il laisse sur la terre.

Le pied d'un cerf (*Pl.* 3, *fig.* 14) est composé des *pinces*, de la *sole*, du *talon*, des *côtés* et des *os*. Les pinces sont les deux extrémités antérieures du pied; la sole, le dessous du pied, renfermé entre les pinces; le talon et les côtés; le talon, l'extrémité postérieure du pied; les côtés en sont la circonférence. Les os sont les ergots; pris séparément, ils se nomment *os*; et pris ensemble, ils se nomment *la jambe*; ils sont placés à environ 1 pouce au dessous du talon, ou plutôt des éponges, qui sont la partie postérieure du talon. Il y a de plus la comblette, qui est l'intervalle des deux parties du talon, à la naissance de la fourche. On concevra aisément comment toutes ces parties font juger un cerf; elles s'usent toutes à proportion que l'animal acquiert de l'âge. Les pinces deviennent plus rondes, quoique la totalité du pied prenne plus de volume; le talon diminue; les côtés et les os s'usent en devenant plus gros. La jambe, qui, pour un jeune cerf, se trouve éloignée du talon, à la distance de deux travers de doigts, s'en rapproche à mesure que l'animal acquiert de l'âge par l'effet de son poids; et on dit qu'un cerf est *bas* ou *haut jointé* selon que la distance est plus ou moins grande entre les os et le talon.

On appelle *allures* la façon de marcher des cerfs et des biches; les cerfs croisent leurs allures plus ou moins, selon leur âge; les biches ont les allures droites. On appelle aussi *allures* la distance de l'empreinte des pieds de devant à celle des pieds de derrière.

« Un cerf va d'assurance lorsqu'il va le pas sans aucun effroi; c'est l'allure la plus avantageuse pour le bien juger.

La connaissance du pied et des allures varie selon la conformation de l'animal : un cerf, grand de corsage, aura les allures plus grandes et ordinairement plus de pied qu'un autre cerf du même âge, qui sera d'une conformation plus faible. Les variations que l'on remarque sont occasionées par la nourriture et la nature du sol. Les cerfs qui habitent les pays de plaines bien cultivées, ou des bois entourés de bons *gagnages* (lieux où les cerfs peuvent aller manger) ont ordinairement plus de pied, et sont plus grands de corsage que ceux qui habitent les grandes forêts; ces derniers ont le corsage plus petit, moins de pied et des têtes moins belles. On remarque encore que dans un pays dont le sol est dur, pierreux, rocailleux, les cerfs ont les côtés, les pinces et le talon plus usés que ceux qui marchent ordinairement sur un terrain doux. Enfin, dans les pays marécageux, le pied se conserve mieux, la corne se renfle, les côtés ne s'usent pas, ils restent tranchans; et ce sont ces pieds qu'on appelle *pieds de gondole*, parce que les côtés rentrent par la sole, qui est creuse ; de sorte que, dans un terrain dur, si on ne revoit que des égratignures, on est tenté, au premier coup-d'œil, de prendre des cerfs pour des biches. Un veneur se tromperait souvent si, pour juger un cerf, il ne s'attachait qu'à la grosseur du pied et à la grandeur des allures; il est donc essentiel qu'il commence par étudier le pays et même les pays voisins, surtout lorsqu'il travaille dans une grande forêt qui peut renfermer deux ou trois sortes de cerfs.

Les connaissances dont nous venons de parler exigent un examen attentif; cependant on peut les acquérir en peu de temps, surtout quand on se trouve à portée d'un parc d'animaux convenablement situé et où l'on peut, tous les jours, examiner l'empreinte des pieds des cerfs de tout âge et des deux sexes, et s'assurer, par la vue même des animaux, du rapport de leurs pieds avec leur âge. Bechstein, auteur allemand, conseille aux jeunes veneurs de se faire une collection de pieds d'animaux dont ils auront remarqué les traces, avant qu'on les ait pris ou tués, parce que cette collection les mettra à portée d'étudier à chaque instant la conformation des pieds de toute espèce de cerfs. Cet auteur assure que les élèves chasseurs de l'école de Dreyssigackre, près de laquelle se trouve un parc de chasse, se procurent en six mois les connaissances nécessaires à cet égard.

Quoique l'on ne puisse assigner une grandeur précise aux pieds des cerfs de différens âges, il ne peut être inutile de mettre sous les yeux du lecteur un tableau que M. Hartig a composé d'après un grand nombre d'observations qu'il a faites dans le Wurtemberg, et dont il a pris le terme moyen pour déduire la grandeur ordinaire des pieds et la distance des allures.

TABLEAU

De la largeur ordinaire du pied du cerf, mesurée près du talon, et de la grandeur des allures ordinaires en plaine.

	Largeur du pied de devant.	Largeur du pied de derrière.	Grandeur des allures.
	lignes.	lignes.	pouces.
Faon, en été..................	14 1/2	13 1/2	12
Id., en automne............	16 1/2	15	13
Jeune biche, en été.........	20 1/4	18 3/4	15
Daguet, en été...............	21	19 1/2	17 3/4
Cerf à la seconde tête et biche.	22 1/2	20 1/2	18 1/2
Cerf de 6 cors...............	23 1/2	21 1/2	19
Cerf de 8 cors...............	24 1/2	22 1/2	19 1/2
Cerf de 10 cors..............	25 1/2	23 1/2	21 1/2
Cerf de 12 cors..............	27	24 1/2	22
Cerf de 14 cors..............	28 1/2	25 1/2	22 1/2
Cerf de 16 cors..............	30	27	23

On conçoit que ce tableau ayant été dressé d'après des observations faites dans un seul pays, on ne peut le prendre pour règle dans toutes les localités ; mais il a cet avantage qu'il donne des rapports très curieux entre les différens âges et les sexes, quant à la largeur des pieds et à la grandeur des allures.

Voici, au surplus, d'autres indications applicables aux cerfs et aux biches suivant leurs âges.

Pied de biche. La biche (*Pl.* 3, *fig.* 2) a le pied (*fig.* 15) étroit, la pince et les os pointus, le talon étroit; elle est haut jointée, place mal ses os et ses pieds; ce qu'on appelle *se méjuger*. Lorsqu'elle est prête à mettre bas, elle paraît avoir plus de pied qu'à l'ordinaire, parce qu'elle est alors plus pesante et qu'elle appuie plus du talon, et ouvre la pince; souvent même, elle se tarde, c'est à dire qu'elle met le pied de derrière moins en avant que celui de devant.

On pourrait confondre le pied de la biche avec celui du daguet, si on ne faisait pas attention à quelques différences qui consistent en ce que la biche a le pied plus petit, les côtés plus tranchans, la jambe et la sole plus étroites, les pinces plus aiguës, les os plus mal tournés, et en ce qu'elle est plus haut jointée. Si elle se trouve avoir le pied plus gros que le daguet, on le distingue encore, parce qu'il est plus mal fait, et que celui de derrière est égal à celui de devant; d'ailleurs la biche chancelle dans ses allures, ce que ne fait pas le daguet. Si la biche a les pinces aussi grosses, on remarque un talon étroit, une jambe droite, des os placés trop droits. Enfin si la jambe paraît large, les os sont mal tournés et bien tranchans. Il faut, quand on a des doutes, suivre le pied de trois ou quatre longueurs de trait, et on reconnaîtra que c'est celui d'une biche, lorsque les voies seront mal tournées et le plus souvent de côté et en dehors. De plus, lorsqu'un jeune cerf accompagne une biche, il rentre toujours au fort le dernier; ce que doit observer attentivement le jeune valet de limier, en voyant les voies du jeune cerf par dessus les voies de la biche.

Les vieilles biches ou *bréhaignes*, étant plus grasses que les autres, ont plus de pied, et on les juge souvent pour un cerf à sa quatrième tête et même pour un cerf dix cors jeunement; mais elles n'ont jamais les allures aussi larges, et d'un autre côté elles ont le pied, la sole, les côtés, le talon et la jambe plus étroits et les os plus mal tournés. Dans tous les cas, les fumées et les portées sont d'un grand secours.

Pied du daguet (*fig.* 10). Le daguet a, comme nous venons de le dire, le pied assez semblable à celui de la biche; mais il a la jambe et le pied bien faits; il marche les quatre pieds ouverts; il a celui de devant un peu plus grand que celui de derrière, et ce dernier en avant du premier, ce qu'on appelle *outre-passer*; les pinces du pied de devant sont moins pointues que celles de derrière; les côtés sont tranchans, et les os tournés en croissant et loin du talon. Le daguet, à raison de sa faiblesse, se méjuge, c'est à dire qu'il ne règle pas ses allures.

Pied du cerf à sa seconde tête (*fig.* 11). Ce cerf a la pince plus grosse et moins pointue que le daguet, les côtés moins tranchans, les os plus pointus, le talon plus plein et plus large; il est moins haut jointé; il se méjuge moins, c'est à dire que ses allures sont plus larges et mieux réglées, et il ferme un peu le pied de derrière.

Pied du cerf à sa troisième tête (*fig.* 12). Le cerf à sa troisième tête se distingue autant du cerf à sa seconde, que ce dernier se distingue du daguet. Il a les pinces un peu plus grosses et plus rondes que le cerf à sa seconde tête, les côtés moins tranchans, les os plus arrondis et la jambe plus large, le pied de derrière presque fermé et beaucoup plus petit que celui de devant. Il est plus bas jointé et ses allures sont plus larges et mieux réglées.

Pied du cerf à sa quatrième tête. Ce cerf diffère encore plus des trois jeunes cerfs dont nous venons de parler: il a le pied proportionné à sa grandeur, c'▓▓▓▓re qu'il a les pinces plus rondes, la sole et ▓▓▓▓▓ ▓▓▓ larges, les os plus pleins, plus arrondis ▓▓ ap▓▓ haut plus près du talon, ce qui s'appelle plus bas jointé. Il a le pied de devant bien plus grand que celui de derrière; il se tarde plus que les jeunes cerfs et ses allures sont plus larges et plus longues; cependant il faut observer que la longueur des allures ne provenant que de celle du corps, il arrive quelquefois qu'un jeune cerf moins avancé en âge a les allures longues, s'il provient d'une grande et vieille biche. Quant à la largeur des allures, elle dépend de l'épaisseur du corps, et c'est beaucoup plus par la largeur des allures que par leur longueur qu'on doit juger de la grosseur et de l'âge du cerf. En effet, un jeune cerf marchant avec vivacité a les allures longues, tandis que le cerf dix cors se raccourcit en se ralentissant dans sa marche; mais le jeune cerf, ayant le corsage de peu d'épaisseur, a les allures plus étroites.

Pied du cerf à sa cinquième tête (*fig.* 13). Le cerf, à sa cinquième tête ou cerf dix cors jeunement, a bien plus de pied que le cerf à sa quatrième tête; il a aussi beaucoup plus de pied devant que derrière, et celui de devant n'est presque point ouvert; il a les pinces plus rondes et plus grosses, la sole plus large, les os plus ronds et plus près du talon; il se juge bien, parce qu'il met toujours son pied de derrière dans celui de devant, et il commence à attirer la terre à lui avec le bout des pinces du pied de devant, ce que ne font pas les jeunes cerfs.

Pied du cerf dix cors (*fig.* 14). Ce cerf a le pied de devant plus gros encore que le cerf dix cors jeunement, et moins de pied de derrière; il a les pinces tout à fait rondes, la sole large, remplie et unie; les côtés tout à fait usés et larges, le talon et les éponges larges, presque au niveau de la sole; la jambe très large, les os gros, courts et usés, à la distance de deux petits doigts du talon, les allures bien réglées et larges, mettant le plus ordinairement son pied de derrière sur le talon de celui de devant; il attire toujours, en marchant, la terre avec ses pinces, et plus que ne le fait le cerf dix cors jeunement, et il imprime aussi davantage son pied en terre, à cause de la pesanteur de son corps.

Le gros cerf a tous les caractères des dix cors, mais ils sont plus marqués suivant sa vieillesse, car plus il avance en âge, plus ses os se rapprochent du talon; son pied de devant s'alonge et s'use, celui de derrière se rapetisse, et quelquefois le bout des pinces se recourbe; il se tarde davantage. Il y a des vieux cerfs qui placent le pied de derrière à 4 pouces en arrière de celui de devant.

Outre toutes ces connaissances du pied, il y a encore celles que peuvent donner quelques accidens, et qui aident beaucoup tant pour détourner un cerf que pour le laisser courre; car, en examinant bien le pied d'un animal, il est rare de n'y pas trouver quelque marque ou quelque indice qui le fasse distinguer de celui des autres. Enfin, il faut observer, comme nous l'avons déjà dit, qu'il y a une grande différence dans les pieds des cerfs suivant les pays qu'ils habitent; que, dans un pays humide, les cerfs ont les pieds longs, un peu creux, les côtés un peu tranchans, la jambe bonne et bas jointée, tandis que dans un pays sec, pierreux ou de montagnes, où les cerfs usent beaucoup plus, ils ont le pied court, les pinces rondes, les côtés et les éponges plus usés, la sole plus unie, le talon plus large, les os plus courts et plus ronds, et la jambe à proportion.

« Pour distinguer à l'instant, dans plusieurs pieds levés de différens cerfs, le pied droit d'avec le pied gauche de devant, de même le pied droit de derrière d'avec le gauche, et enfin le pied de devant d'avec le pied de derrière, on doit, dit M. Desgraviers, observer qu'au pied de devant, l'os du dehors est presque toujours plus bas que l'os du dedans (au chevreuil toujours); mais une remarque plus sûre et plus infaillible, c'est qu'à chaque pied de devant, au dessus des os, le poil est toujours renversé en dehors du canon, c'est à dire, si c'est le pied droit, le poil au dessus des os de ce pied sera de gauche à droite de dedans du canon; si c'est le pied gauche, il sera de droite à gauche : en outre, on voit dans la jambe un épi couché du même sens que le poil qui est au dessus des os. Pour le pied de derrière, on voit toujours la sole du dedans plus étroite que celle du dehors; il en est de même de l'épi qui se trouve dans la jambe; et de plus, ce pied, tant le droit que le gauche, a en dehors un épi au défaut du jarret. Ainsi donc, ce qui fait distinguer le pied de derrière de celui de devant, c'est : 1° l'épi au défaut du jarret; 2° qu'il est plus haut jointé que celui de devant; 3° que la sole du dedans est plus étroite. »

Des foulées, des portées et du frayoir.

Il y a plusieurs circonstances où les traces des cerfs sont nulles, par exemple, lorsqu'il a neigé ou plu par dessus les voies; dans les temps de sécheresse, lorsque la terre est fine comme de la cendre, ou enfin sur un terrain dur et pierreux. Dans ces circonstances, lorsqu'il s'agit de quêter un cerf pour le détourner, c'est à dire lorsque, la veille d'un jour fixé pour la chasse, on veut s'assurer du lieu où le cerf repose, ou bien lorsqu'après l'avoir détourné, il s'agit de le lancer ou de le courre, ou enfin quand on en recherche la voie, après qu'il a donné le change aux chiens, il faut, en l'absence des indices que donne le pied,, chercher ceux que donnent les *foulées* et *portées*.

Les *foulées* sont les empreintes que le pied du cerf laisse sur l'herbe ou sur les feuilles. Lorsque le veneur a besoin de ces indices, il doit les chercher en se traînant sur les genoux et sur les mains, le long du chemin que l'animal est soupçonné avoir suivi dans les bois ; là, la terre ombragée conserve plus d'humidité et de fraîcheur, et l'herbe, la mousse et les feuilles tombées, conservent encore assez l'empreinte du pied du cerf pour en montrer la forme et faire connaître son âge, que décèle le plus ou moins de profondeur de la trace. La foulée peut encore servir à indiquer de quel côté l'animal avait la tête tournée dans sa marche: on met le doigt dans l'empreinte, et la partie la plus profonde, en indiquant l'impression des pinces, fait juger de quel côté le cerf dirige ses pas.

Les *portées* sont les branches que le cerf touche et ploie avec sa tête, dans la coulée par laquelle il se rembûche, c'est à dire dans le chemin étroit qu'il suit pour se rendre à l'endroit du bois où il se repose, cet indice est moins sûr que les précédens, et doit seulement les suppléer.

Quant au *frayoir*, les connaissances en sont assez sûres. A la mi-juillet, les cerfs frottent leur tête nouvellement refaite contre les arbres, pour en détacher la peau velue qui l'enveloppe ; c'est ce qui s'appelle *frayer* ou *toucher au bois*. Le frayoir dure huit ou dix jours, pendant lesquels on peut juger, par l'écorce déchirée des arbres, la grosseur de la tête des cerfs. D'ailleurs les plus forts vont frayer les premiers et aux plus gros arbres.

Des fumées.

Les fumées sont les fientes du cerf et de la biche, et qui servent à les faire juger.

Les cerfs qui, pendant l'hiver, n'ont que de mauvaise nourriture, et qui souvent n'on trouvent pas assez, ne jettent, par cette raison, que de petites fumées dures et sèches, dont on ne peut tirer aucune connaissance.

Mais lorsqu'au printemps ces animaux commencent à trouver du vert dans les champs et dans les jeunes taillis, cette nouvelle nourriture les rafraîchit, leur fait faire corps neuf, et, en conséquence, change leurs fumées. Selon l'ancien usage, on n'apporte pas de fumées au rendez-vous avant le trois de mai ; les cerfs pour lors les jettent en *bouzars*, c'est à dire, molles et amassées. (Voyez *Pl*. 3, *fig*. 18.)

Dans le mois de juin, lorsque les herbes et les grains sont plus avancés, les fumées sont moins molles, et peuvent se détacher, quoique encore en bouzars ; on les nomme pour lors *fumées en plateau*. (*Fig*. 19.)

Au mois de juillet, elles sont en *troches* ou *demiformées*. (*Fig*. 16.)

Au mois d'août, ou même à la fin de juillet, lorsque les grains sont mûrs, elles sont rondes et longues, et tout à fait détachées les unes des autres : c'est ce qu'on appelle *fumées formées* (*fig*. 17). Elles sont jaunes pour l'ordinaire, aussi les appelle-t-on *fumées dorées*. Il y a encore des fumées en *chapelet*, ainsi nommées parce que, quoique formées, elles se tiennent par une espèce de glaire. Les gros cerfs ne jettent ainsi leurs fumées que quand ils sont bien gras, et les jeunes se chargent ou s'engraissent rarement assez pour les jeter de même.

Lorsque les biches mettent bas, elles jettent aussi des glaires avec leurs fumées : mais ces glaires sont ordinairement mêlées avec du sang qu'on ne trouve jamais avec les fumées d'un cerf, à moins que l'animal n'ait quelque dérangement dans le corps : d'ailleurs les fumées des biches ont une forme différente de celles des cerfs, comme on le verra dans la suite.

Les fumées d'un gros cerf changent plutôt que celles d'un jeune : au mois de mai, par exemple, lorsque les gros jettent des fumées en bouzars, les jeunes en jettent alors de sèches comme dans l'hiver ; et lorsque les gros les jettent en plateau, les jeunes commencent à les jeter en bouzars : ainsi du reste pendant tout le temps des fumées. On ne peut se servir de cette connaissance que depuis les premiers jours de mai jusqu'au mois de septembre ; vers le 8 de ce mois, les cerfs commencent à s'échauffer pour entrer en rut, ce qui fait que leurs fumées sèchent et changent de forme ; comme les gros s'échauffent plus tôt, leurs fumées changent plus tôt aussi.

Les fumées d'un gros cerf sont non seulement plus avancées, mais encore plus ridées, mieux moulées et plus lourdes que celles d'un jeune. Lorsque le gros les jette en bouzars ou en plateau, elles sont larges et épaisses, et le bouzar ou le plateau gros à proportion ; lorsqu'il les jette en torche ou formées, elles sont de même grosses et pesantes ; il en jette peu à la fois, et il les sème, c'est à dire qu'il les jette l'une après l'autre et de distance en distance.

Un jeune cerf jette beaucoup de fumées à la fois, et elles sont légères et mal moulues, parce que l'animal, pour l'ordinaire, mange avec avidité ; ses fumées sont unies et non ridées, les aiguillons sont menus et alongés, au lieu que les aiguillons des fumées d'un gros cerf sont gros et courts. Les fumées d'un jeune cerf sont souvent entées, c'est à dire que deux se tiennent et sont enchâssées l'une dans l'autre, de façon que deux petites n'en paraissent qu'une grosse ; au moyen de quoi, le veneur qui n'y ferait pas attention pourrait les juger d'un cerf dix cors ; celui-ci ne jette jamais de fumées entées, mais souvent il jette des grumelures, qui sont de petites fumées de la grosseur à peu près d'un noyau de cerise, et même plus petites, et qui se trouvent mêlées avec d'autres beaucoup plus grosses. Il y a des cerfs qui ne jettent que des grumelures sans être mêlées avec d'autres fumées, et qui par cette raison doivent être jugés très vieux. Certaines biches échauffées jettent souvent de petites fumées sèches qui ressemblent beaucoup aux grumelures ; mais il faut que le veneur sache que celles d'un cerf sont toutes égales et lourdes, et qu'en général les fumées d'une biche sont inégales et légères. Comme les biches sont fort échauffées avant que de faire leur faon, elles jettent pour lors des fumées formées et ridées, qui pourraient les faire juger d'un gros cerf : mais il est premièrement à observer que, dans le temps que les biches mettent bas, les cerfs jettent leurs fumées en bouzars ; que d'ailleurs les fumées de biche sont presque toujours aiguillonnées par les deux bouts lorsqu'elles sont formées (celles des cerfs ne le sont jamais que par un bout) ; que les aiguillons sont longs et menus ; que les fumées sont inégales, c'est à dire que, dans le nombre, il y en a de petites et de grosses ; et qu'enfin de quelque forme que soient les fumées, celles d'une biche sont toujours vaines et légères, et bien moins moulues que celles même d'un jeune cerf.

Le veneur doit remarquer quels sont les grains ou les herbes qu'un cerf aura mangés pendant sa nuit, parce que les différentes espèces des uns et des autres changent la forme des fumées. Un cerf, par exemple, qui aura mangé des herbes rafraîchissantes, jettera des fumées liquides, qu'à peine on pourra juger ni même lever : un autre cerf de même âge, qui dans la même nuit aura mangé du blé ou autre grain mûr, jettera des fumées formées et dorées ; enfin, celui qui aura fait sa nuit dans les tailles et en pleine forêt jettera des fumées dures et noires. Il est à remarquer encore que dans la même matinée on peut lever des fumées de forme différente, quoique jetées par le même cerf : la raison est d'autant plus simple, que des fumées digérées de la veille doivent être plus dures et plus sèches que celles qui ne le sont que de la nuit ou du matin. Il est certain d'ailleurs que si l'animal a fait son avant-dernière nuit dans les tailles, ses fumées s'en ressentiront, quoique jetées dans les gagnages ; au lieu que les suivantes et celles qu'on pourra lever au rembûchement seront jaunes et molles, et peut-être en bouzars, selon le suc et la fraîcheur des grains qui auront été mangés. Si un cerf a été couru depuis peu de temps, ou s'il est malade ou blessé, il donnera peu, ou même il ne donnera pas aux gagnages ; au moyen de quoi, ses incommodités, jointes au défaut de bonne nourriture, lui feront jeter de petites fumées sèches qu'on ne pourra juger, ou qui le feront juger biche. Les fumées, dans un temps de pluie, peuvent tromper encore, par la raison que, les gagnages étant mouillés, les cerfs jettent leurs fumées si molles et même si liquides, que souvent il n'est pas possible de les ramasser, et par conséquent de les juger.

Avec toutes les observations précédentes, il faut encore que le veneur remarque si les fumées qu'il lève sont de temps, c'est à dire si elles sont du matin ou de la nuit au plus tard : des fumées de relevée se conservent, et souvent paraissent nouvelles le lendemain, lors surtout qu'elles se trouvent dans un endroit où le soleil ne donne pas : au moyen de quoi, il est très possible que le veneur, dans un mauvais revoir, lève dans la voie d'une biche allant de temps, des fumées qu'un cerf aura jetées la veille, et qu'en conséquence il rembûche, et laisse courre la biche, comptant laisser courre un cerf, qui est peut-être détourné dans la quête voisine. Il faut donc, pour ne pas y être trompé, qu'il casse quelques unes de ces fumées, et qu'il les sente : si elles sont de la veille, elles auront une odeur aigre et forte que n'ont jamais les nouvelles, et il y aura d'ailleurs au milieu de celles qui étaient sur terre des petites bêtes qui y entrent et qui les mangent.

Des manœuvres nocturnes.

La manœuvre des cerfs pendant leur nuit, quand ils vont aux gagnages, ou quand ils se rembûchent, offre encore quelques indices pour les faire juger. Lorsqu'un gros cerf va aux gagnages, il suit les fauxfuyans et les petits chemins, ou les coulées spacieuses ; il fait peu de chemin dans les plaines : il s'éloigne peu du bois, ou du moins il ne s'en éloigne qu'autant qu'il le faut pour trouver une pièce de blé ou de pois, selon la saison ; il ne fait que le chemin qu'il faut pour y arriver, et ne le quitte que pour se rembûcher. Dans le printemps, cependant, les cerfs font beaucoup de chemin ; ils restent très tard dans les plaines, et y reviennent même souvent au milieu du jour. Quand le gros cerf veut se rembûcher, il fait la même manœuvre qu'au relevé ; il suit les sillons plutôt que de traverser les guérets ; il cherche une coulée ou un faux-fuyant pour rentrer dans le bois : s'il est trop épais et lui présente des obstacles, il va plus loin chercher un endroit commode : s'il trouve une berge un peu élevée, il évite de la monter, il longe un fossé qu'il rencontre jusqu'à ce qu'il ait trouvé un passage facile : est-il forcé de le passer, il descend dans le fond et remonte la berge. Il va rarement avec des cerfs beaucoup plus jeunes que lui, et jamais avec des biches. Il faut observer que cela ne doit s'entendre que pour le temps difficile du bois, c'est à dire depuis la fin d'avril jusqu'au mois de septembre.

Des lieux où l'on doit quêter les cerfs suivant les saisons.

Nous avons fait connaître les lieux qu'habitent les cerfs ; mais, comme ils changent de demeure dans les différentes saisons de l'année, nous devons présenter à cet égard le résultat des observations qui ont été faites.

Sur la fin de *janvier* et en *février*, les cerfs quittent les hardes des autres bêtes, et se retirent, au nombre de trois ou quatre ensemble, sur le bord des forêts, pour être plus à portée des blés verts, dans lesquels ils vont au gagnage.

En *mars*, ils choisissent chacun leur buisson, pour jeter et refaire leur tête.

En *avril* et *mai*, ils restent recélés dans leur fort, près de quelques jeunes tailles où ils vont faire leur viandis sans boire, à cause de la rosée qui se trouve sur l'herbe et sur les feuilles.

En *juin*, *juillet* et *août*, ils se tiennent dans les taillis, sur le bord des forêts, pour être plus proche des grains, et à portée des endroits où il y a de l'eau.

En *septembre* et *octobre*, époque où ils sont en rut, ils n'ont point de demeure fixe; ils ne sont occupés qu'à chercher les biches, principalement dans le fond des forêts, où elles se tiennent ordinairement. L'embarras est de les en séparer, et de les lancer dans l'enceinte où on les a détournés, car souvent les désirs qui les agitent les en font sortir un instant après que le valet de limier a achevé sa manœuvre. Ce qu'il y a de mieux à faire, si on veut être sûr de chasser, c'est d'indiquer l'assemblée dans le centre de la résidence des biches, et d'envoyer les valets de limier au bois. Lorsqu'ils ont connaissance d'un bon cerf, l'un vient en faire rapport pendant que l'autre observe. Il faut, dans ce cas, être en mesure d'attaquer sur-le-champ.

En *novembre*, ils s'attroupent et se recèlent dans les grands forts. On en trouve quelquefois, mais rarement, avec les jeunes cerfs et même avec des biches; pour en avoir plus tôt connaissance, il faut prendre les devants des grands forts.

En *décembre* et dans les premiers jours de *janvier*, ils accompagnent les biches et se tiennent en hardes avec elles dans les grands forts au fond des forêts, ou dans les lieux où quelques coteaux peuvent les abriter des vents, des neiges et du froid.

De la manière de détourner un cerf.

La manière de détourner un cerf, de disposer les relais, et d'attaquer, forme la partie principale de la chasse à courre. Les détails des manœuvres que l'on emploie sont assez difficiles à décrire, parce que l'on risque d'être obscur, si l'on veut être court, et d'être trop long si l'on veut tout dire. D'Yauville, l'un des auteurs de vénerie des plus instruits, a consacré un volume in-4° à la seule description de la chasse à courre, et d'autres auteurs, en mettant plus de concision dans leurs écrits, ont négligé beaucoup de détails importans. M. Jourdain, auteur du *Traité général des chasses à courre et à tir*, nous paraît avoir adopté un cadre plus convenable; c'est à peu près celui dans lequel nous nous renfermerons, en nous aidant de l'analyse très méthodique qu'il a faite, des principes développés dans le grand ouvrage de d'Yauville.

La manœuvre du valet de limier pour détourner un cerf est la plus difficile et la plus pénible de toutes celles que nécessite la chasse du cerf: elle exige la réunion de toutes les qualités d'un bon veneur, c'est à dire de l'intelligence, les connaissances dont nous venons de parler, de la vigueur, de l'activité et de l'exactitude. Il faut, en outre, que le valet de limier soit secondé par un bon chien, qui ait l'habitude de travailler avec lui. Enfin, il faut qu'il sache faire un rapport clair et suffisamment détaillé du résultat de sa quête, et des moyens qu'il a employés pour juger le cerf.

La saison de l'année où le valet de limier rencontre le plus d'obstacles est l'été, à cause de la sécheresse, et c'est principalement dans cette saison qu'il est essentiel d'avoir un bon limier, pour éviter les faux rembûchemens.

Les cerfs, après avoir été chercher leur nourriture pendant la nuit, rentrent, avant le lever du soleil, dans les grands bois pour y passer la journée. Il faut donc, pour les trouver, que le veneur se rende à sa quête, peu après leur rentrée, et qu'il ne la commence que lorsqu'ils ont eu le temps de se rembûcher tranquillement. S'il la commençait trop tôt, le cerf pourrait le voir ou avoir vent de lui et de son chien; ce qui le ferait fuir et rendrait la manœuvre plus difficile. Le cerf, d'ailleurs, pourrait être resté dans les gagnages plus tard qu'à l'ordinaire, ou s'être mis au ressui, sur le bord d'un taillis, avant de se rembûcher; et alors le veneur n'en aurait pas connaissance, puisqu'il ne serait pas encore rentré. On ne doit point non plus attendre, pour arriver au bois, que la matinée soit avancée, principalement s'il fait chaud et sec, parce que le limier aurait à se rabattre des animaux rembûchés avant le jour, et pourrait même les suraller. Pour éviter l'un et l'autre inconvénient, le veneur doit, en tout temps, commencer sa quête au lever du soleil, en observant cependant que, si la quête est en belles demeures ou dans des buissons, il peut la commencer plus tôt que dans les pays clairs et en pleines forêts.

Si la quête est éloignée de la résidence du veneur, il doit, la veille de la chasse, aller coucher dans une maison qui en soit à proximité, afin que lui et son chien se trouvent plus en état de travailler le lendemain, et afin aussi qu'il puisse, la veille, se promener dans les gagnages pour revoir et prendre connaissance des animaux qui y donnent.

Le veneur, arrivé au bois, prend les grands devants le long de la plaine, si c'est pendant l'été, et les devants des taillis, si c'est pendant l'hiver. Prendre les grands devants d'une quête, c'est faire les plaines, les routes et les chemins qui la séparent d'avec les lieux voisins. A l'instant que le veneur veut commencer sa quête, il déploie le trait du limier, et l'encourage en lui parlant ainsi: *Va outre! Nicanor* (si c'est son nom); *va devant, Nicanor, trouve, l'ami, trouve!* Il faut parler à demi-voix, afin de ne pas effrayer le cerf, qui pourrait se trouver à peu de distance. On casse une branche, dont on dirige le bout du côté où l'on va. Si le limier se rabat, on lui dit: *Eh! Nicanor!* on raccourcit le trait jusqu'à la plate-longe, et on ne lui parle pas trop souvent dans la crainte de lui donner trop d'ardeur. S'il continue à donner sur le trait, on regarde à terre pour s'assurer s'il y a des voies du cerf ou d'un autre animal dont il rencontre. Si c'est une biche, le veneur raie l'empreinte du pied par devant, ce que l'on nomme *rayer en pince*, casse une branche et passe outre. Si, un peu plus loin, son chien se rabat encore, et si cependant il ne revoit de rien, parce qu'une pelouse ou le terrain trop dur n'aurait pas conservé l'empreinte du pied, il suit alors le contre-pied, de quelques longueurs de trait; s'il revoit alors, et que ce soit d'un jeune cerf, il examine s'il n'y a pas d'autres voies qui aillent à côté. S'il n'en trouve pas, il retourne au premier endroit, où ayant déjà cassé une branche, pour se reconnaître, il en casse une seconde. S'il y avait eu une seconde voie, et qu'elle eût été d'un beau cerf, il en aurait cherché le rembûchement. Enfin, lorsque le limier rencontre d'un cerf dont les connaissances du pied sont bonnes, c'est à dire dont la forme du pied est grande, et dont les pinces sont usées, le veneur met un genou en terre pour mieux s'en assurer et faire ses remarques. Ensuite il caresse son chien, en lui disant : *Après, Nicanor; après, l'ami, tu dis vrai*; et il le laisse suivre la voie dont il vient de se rabattre, en l'arrêtant de temps en temps, quand il est dans la pleine voie, et l'empêchant de crier si l'ardeur l'emporte.

Comme il peut se faire qu'il ait trouvé la vraie rentrée du cerf, il ne doit pas en faire suite plus de deux longueurs de trait, de peur de le lancer. Il examine son chien qu'il arrête court; et s'il le voit tenir ferme dans la voie, il le trait bien tendu, c'est une preuve que la voie est devant lui. Dans ce cas, il raccourcit le trait, caresse son chien, casse deux branches, l'une haute, l'autre basse, ce qui s'appelle briser haut et bas, et retire doucement le chien pour le faire rabattre au contre-pied. Cette manœuvre a pour but de revoir du cerf à plusieurs allures, de bien juger, et de faire prendre au chien un meilleur sentiment de la voie de son cerf. S'il trouve des fumées, il en lève et revient par le droit à sa brisée.

Mais s'il arrive qu'après avoir fait suite une ou deux longueurs de trait, le limier se trouve à bout de voie et ne puisse la retrouver ni à droite ni à gauche, le veneur regardera cette rentrée comme un faux rembûchement, et jugera que son cerf est allé et venu. Cette ruse est ordinaire aux cerfs qui ont été attaqués et manqués. Il en est qui font jusqu'à trois et quatre rembûchemens, et finissent par aller demeurer bien loin, sur les derrières. Dans ce cas, il faut d'abord visiter le chemin à droite et à gauche. Si l'on trouve plusieurs rentrées, on remarquera celle à laquelle le limier se rabat avec plus de chaleur, parce que ce sera sans doute celle du vrai rembûchement. Il faut bien examiner, à terre, si les voies ne sont pas doublées, et ne négliger les portées et les abattures. Au surplus, il faut prendre les grands devants avec attention et sans bruit. Si les rentrées et sorties que le veneur trouve lui font présumer que le cerf est retourné dans le canton d'où il est venu, il prendra alors les grands arrières de la brisée. Enfin si, par l'un de ces moyens, il est parvenu à le bien juger et à le rembûcher, il le brise et le détourne.

Pour détourner un cerf, il faut prendre les grands devants, c'est à dire faire par les routes le tour de l'enceinte dans laquelle il est rembûché. Si le cerf a passé une de ces routes, le chien qui s'en est rabattu aux brisées et qui de plus en a goûté la voie, en suivant le contre-pied, s'en rabattra certainement. S'il ne rabat pas aux routes, le cerf est resté dans l'enceinte, et il est par conséquent détourné. Revenu aux brisées, on y fait encore rabattre son chien, on l'arrête et on le caresse comme la première fois; après quoi, si l'on est dans la saison, on lève les fumées.

Pour lever des fumées, il faut suivre le contre-pied jusqu'à ce qu'on en ait trouvé. Le veneur doit arrêter souvent son limier, pour s'assurer qu'il est bien ferme dans la voie. S'il le voit balancer, il tâchera d'en revoir ; mais si le terrain ne le permet pas, il manœuvrera de manière à ce que son limier retrouve la voie, soit en enveloppant au dessus et au dessous le point où il se trouve et qu'il a remarqué pour y revenir, soit en donnant de l'avantage au limier, en le mettant le nez au vent ou en lui donnant des portées le long des blés. Quand le veneur a levé les fumées, il les couvre d'herbes et de feuilles pour les conserver. Il revient prendre encore une fois les devants de son cerf, en ayant soin d'observer si le limier se rabat chaque fois qu'il passe devant les brisées. Toutes ces manœuvres ayant pris du temps, le cerf doit être plus rassuré; le veneur peut, en conséquence, laisser suivre à son chien une demi-longueur de trait de plus pour se convaincre qu'il n'a pas fait un faux rembûchement.

Quand, après avoir pris les devants une seconde fois, on ne trouve pas le cerf sorti, il faut le raccourcir, si les demeures sont bonnes et si l'enceinte est grande. Cette manœuvre demande à être faite avec le plus grand silence. *Raccourcir une enceinte*, c'est faire un chemin qui la coupe en deux, ou la diminue d'un tiers; l'enceinte devenant plus petite, le cerf sera plus aisé à attaquer. Si en faisant ce chemin, le chien se rabat, il ne faut le laisser aller qu'une demi-longueur de trait, parce que l'on est plus près du cerf et par conséquent dans le cas de l'inquiéter. Comme très souvent, dans ces occasions, on a beaucoup de peine à revoir de l'animal, soit à cause de la sécheresse, soit à cause du peu d'espace de terrain, c'est alors que les foulées peuvent être d'un très grand secours; l'herbe ployée indique de quel côté l'animal a la tête tournée, parce qu'elle est toujours couchée de ce même côté. Ainsi on verra si cette voie rentre dans la même enceinte dans laquelle on brise le cerf, ou si elle en sort. On observe aussi la forme du pied, s'il pèse et s'il a les allures aussi grandes que celui qu'on a brisé; quand le veneur s'est assuré que c'est le même cerf, il achève d'en prendre les devants pour voir s'il n'a pas été inquiété par cette manœuvre. Lorsqu'il est revenu à ses brisées, il fait suivre le contre-pied à son limier, et si le chien le ramène à ses brisées, il n'y a plus de doute que ce ne soit le même cerf. On éprouve alors une vraie satisfaction, que le limier semble partager.

On a pu juger, par cet exposé, de la manœuvre du valet de limier, des peines et des fatigues qu'elle exige; cependant cette opération est souvent contrariée par un plus grand nombre d'accidens que eux que nous avons indiqués. La chaleur et la sécheresse sont les deux plus grands obstacles à la réussite. Le veneur sera parvenu, avec beaucoup de peine, à juger son cerf, il en aura déjà pris les devants une fois ; mais quand il revient après en avoir levé des fumées, il trouve des biches ou quelques jeunes cerfs qui entrent ou qui sortent de son enceinte : il faut premièrement qu'il s'assure si ces voies y entrent ou en sortent, si son cerf n'est pas sorti lui-même, et si la voie en est effacée par ces animaux. Une autre fois, plusieurs voies l'embarrassent dans une route ; ou s'il n'a pas eu soin de rayer le matin toutes les voies qu'il a rencontrées, soit que son chien s'en soit rabattu ou non, il arrive que le soleil réchauffe ces voies de la nuit ou de relevée et que le limier en rencontre sur le haut du jour, ce qui embarrasse le veneur, qui ne sait plus si ce sont des voies nouvelles ou réchauffées. Dans tous ces cas, le veneur doit employer toutes les ressources de son intelligence pour lever tous les doutes. S'il y a plusieurs voies à la rentrée de son cerf, il faut qu'il enveloppe une plus grande enceinte pour tâcher d'en revoir et s'assurer qu'il soit bien rembûché. Si c'est dans une route que plusieurs voies l'embarrassent, il enveloppera dessus et dessous pour tâcher de les démêler. S'il soupçonne que son limier se rabatte de voies réchauffées sur le haut du jour, il le laissera suivre quelques longueurs de trait et l'arrêtera en lui parlant ferme ; quoiqu'il suive froidement, il se tiendra sur son trait si les voies sont bonnes, et s'échauffera bientôt en tâtant aux branches ; s'il reste bien juste dans la voie, le veneur le ramènera au contre-pied pour voir s'il s'en rabattra de même ; mais il devra s'en méfier si, mettant le nez aux branches, il reste froid et ne cherche pas à aller en avant.

Quand, après avoir épuisé toutes les ressources de son expérience, le piqueur a encore quelque doute, il lui reste à faire usage d'une manœuvre qui réussit quelquefois, mais qui ne doit être employée que lorsque toutes les autres n'ont pas eu un succès certain ; c'est de mettre la bête sur pied. Cette manœuvre est délicate, surtout en pleine forêt ; mais on peut en user avec plus de confiance dans un buisson fourré. Elle a lieu ordinairement vers le haut du jour. Pour l'exécuter, le piqueur tient son limier de très court, presqu'à la plate-longe, et le laisse suivre au droit ; il tâche de s'assurer, soit par les foulées, soit par les autres connaissances, si le limier est bien dans la même voie ; cela est essentiel, parce que si le limier trouvait d'autres voies, on risquerait de laisser courre un jeune cerf, ou même une biche au lieu d'un cerf dix cors. En continuant de suivre le même cerf, s'il est dans l'enceinte, on le met sur pied ; mais du moment qu'on l'entend bondir, il faut ne plus remuer et tâcher de se retirer avec le limier le plus doucement possible. Le cerf effrayé ne fuit pas ordinairement aussitôt : souvent même et presque toujours, dans les bonnes demeures, il écoute pendant quelques momens ; s'il n'entend plus de bruit, il fait quelques pas et se remet sur le ventre. Ainsi, quand on est resté en place assez long-temps pour le rassurer, on se retire sans bruit et on prend les devants de l'enceinte, sans perdre de temps.

Il est utile qu'il y ait deux valets de limier dans chaque quête, parce qu'ils s'aident et s'éclairent réciproquement, lorsqu'ils sont dans l'embarras. Souvent un seul valet de limier se prévient : quelques connaissances avantageuses le séduisent et l'aveuglent sur celles qui pourraient lui donner des doutes ; son camarade lui communique ses observations et le fait revenir. S'ils sont embarrassés, ils se font part de leurs idées et manœuvrent d'intelligence. Un limier plus vigoureux et plus confirmé assure la manœuvre d'un autre sur lequel on a moins de confiance. Enfin les deux valets de limier ont plus de moyens d'observer ce qui est essentiel. Si, après avoir fait usage de toutes leurs ressources, ils se déterminent à mettre le cerf sur pied, l'un d'eux se place au coin de l'enceinte du côté par où ils pensent que le cerf doit naturellement sortir, et l'autre pousse la voie et croise l'enceinte, si les voies sont trop vieilles pour que le chien puisse suivre.

Il est important d'observer qu'un cerf effrayé et détourné sur le haut du jour est ordinairement inquiet, et que souvent il se met sur pied sans être effrayé de nouveau. Soit qu'il cherche l'ombre, ou qu'il soit tourmenté par les mouches, il cherche un autre abri. Il est donc essentiel que les valets de limier l'observent le plus tard qu'ils peuvent. Pour cet effet, ils se mettent chacun à un des carrefours des routes qui entourent l'enceinte, et, autant que le local le permet, aux deux angles opposés ; et de demi-heure en demi-heure, celui qui a détourné le cerf en prend les devants, parce que son limier en ayant connaissance, il doit moins le laisser aller ; il n'y a pas de mal cependant d'en prendre les devants aussi avec l'autre, parce qu'un limier fatigué peut suraller, et d'ailleurs le piqueur ne doit négliger aucun moyen de confirmer sa manœuvre.

Les veneurs ont remarqué qu'en général on entend crier les pies et les geais dans une enceinte, lorsqu'il y a des animaux sur pied.

Il est essentiel que le rapport soit bien fait. Le veneur doit détailler les moyens qu'il a employés, rendre compte de toutes les connaissances qu'il a pu remarquer ; et, s'il a des doutes, il doit se garder de rien affirmer. C'est par les détails qu'il donne et l'accord que l'on remarque entre les connaissances qu'il a observées, que l'on peut juger du fonds que l'on peut faire sur son rapport, et prendre une détermination.

Des relais.

Dans presque tous les équipages, on fait trois relais, sans y comprendre la meute, que l'on forme d'abord avec les chiens les plus vites et les plus vigoureux. On forme ensuite les trois relais : le premier se nomme la *vieille meute*, que l'on compose des meilleurs coureurs après ceux de la meute ; le second se nomme la *seconde vieille meute*, ou seulement la *seconde* ; et le troisième relais se nomme les *six chiens* : l'on ne sait pas pourquoi ce nom lui a été imposé, car il est ordinairement aussi nombreux que les autres ; il se compose des chiens les plus sages et les moins allans.

Le nombre des chiens de relais doit être proportionné à la totalité de ceux qui composent l'équipage ; s'il est de cent vingt chiens, la meute sera de quarante-huit, la vieille meute de vingt-huit, et chacun des deux autres relais de vingt-deux chiens. Mais on n'en doit mener à la chasse que quatorze ou seize par relais, parce que si l'on en mettait un plus grand nombre, on courrait risque de les estropier ou de les étrangler, surtout lorsqu'on est obligé de les avancer long-temps avant de les découpler.

Il est important que chaque relais soit assorti ; car si les chiens ne sont pas à peu près du même pied, les plus vites laissent le gros de la meute derrière eux, forlongent le cerf, et souvent le font manquer. On ne doit jamais mettre aux relais des chiens qui ne gardent pas le change ou que l'on n'arrête pas aisément ; il faut les laisser de meute jusqu'à ce qu'ils deviennent sages ; et si l'on ne parvient à les corriger, il faut les réformer.

Chaque relais, composé de deux hardes, chacune de huit chiens au plus, est mené par deux valets de chiens, l'un à cheval et l'autre à pied. Quand celui qui mène le relais le fait avancer, il ne doit aller qu'au trot ; autrement il court le risque d'étouffer ou d'étrangler quelques chiens. S'il s'en trouve qui ne vont pas bien à la harde, il faut les déharder, parce qu'ils se feraient trainer et s'étrangleraient ; et même, lorsqu'il y a loin à avancer, il est prudent de déharder les chiens et de les mener coupler, sauf à les reprendre à la harde en rejoignant la chasse. Toutes les fois qu'en conduisant un relais on trouve l'occasion de faire boire les chiens, il ne faut pas la négliger. Il faut aussi avoir soin de s'arrêter de temps en temps pour écouter ; car si la chasse retournait, on ferait trop de chemin ; il est donc important que le valet de chiens connaisse bien le pays pour pouvoir abréger sa route. On doit placer les relais de manière qu'on puisse les donner en peu de temps ; c'est en général dans les carrefours ou sur quelque hauteur qu'on les place ; de façon que les valets de chiens puissent voir et être vus, et toujours sur la route que l'on suppose que prendra la chasse.

Les relais de chevaux sont placés comme ceux des chiens ; dans l'été, il faut avoir l'attention de tenir ces animaux à l'ombre, parce que le grand soleil les échaufferait et les fatiguerait.

De l'attaque.

Du Fouilloux dit que, de son temps et même avant lui, on attaquait un cerf à trait de limier. Mais cette manœuvre était longue et souvent infructueuse. Sous Louis XIV, tous les valets de limier se trouvaient au rendez-vous et frappaient ensemble aux brisées. Sous Louis XV, chaque veneur faisait son rapport au rendez-vous ; on ne pouvait plus y rassembler les valets de limier ; il ne s'y en trouvait qu'un ou deux ; alors les veneurs à cheval foulaient l'enceinte avec eux. Cette méthode n'était pas encore satisfaisante ; on prit le parti de découpler les chiens de meute aux brisées et de fouler avec eux. Dans ce cas, les chiens jeunes et fougueux, en sortant du couple, attaquaient et chassaient avec furie le cerf dont on avait fait rapport quand ils le trouvaient devant eux ; mais ils perçaient quelquefois un ou deux enceintes, lorsque celui-ci se rasait ou ne partait pas d'effroi ; ou bien s'ils attaquaient une biche, on ne les arrêtait qu'avec peine, et souvent ils étaient rendus, que l'animal que l'on voulait chasser n'était pas sur pied. Le verrier de la Conterie conseilla, pour maîtriser cette ardeur, de découpler les chiens au rendez-vous, et de les conduire aux brisées en les contenant. Un piqueur, de son fouet, les empêche de passer outre, tandis que les chasseurs s'opposent à ce qu'ils s'écartent : de cette manière ils ont moins d'ardeur et foulent l'enceinte plus sagement. Cependant cette méthode d'attaquer n'était pas sans inconvéniens.

Voici celle qui est tracée par d'Yauville, et que l'on suit aujourd'hui.

Elle consiste à découpler aux brisées quelques chiens vieux ou trop lents pour tenir aux relais et à fouler avec eux.

Il est certain, dit d'Yauville, que lorsque ces vieux animaux sont dans l'habitude de fouler, ils mettent le nez à terre en entrant dans l'enceinte ; qu'ils rapprochent si les voies sont encore bonnes, et que souvent ils vont lancer un cerf dans une autre enceinte, s'il est sorti de la sienne depuis peu de temps ; que s'il fait chaud et sec, et que le cerf soit rembûché de très grand matin, ces chiens, ne pouvant le rapprocher, mettent le nez aux branches, vont au vent, et font partir l'animal : comme ils n'ont ni ardeur ni vitesse, on les arrête aisément lorsqu'ils attaquent des biches ou quelque jeune cerf ; ce qui fait qu'on rentre aussitôt dans l'enceinte et qu'on ne perd pas de temps.

Lorsque ces vieux chiens ont lancé le cerf qu'on veut attaquer, et qu'ils lui ont fait passer une route ou un chemin, on y avance les chiens de meute qui sont tenus à la harde au coin de l'enceinte, et on les découple dans la voie ; au moyen de quoi le cerf essuie toute leur fougue, et n'étant pour lors occupé que de fuir, il n'a pas le temps de faire des retours ni de mettre du change sur pied ; ce qui est d'un très grand avantage au commencement d'une chasse. Les chiens de meute doivent être découplés bien juste dans la voie, et il faut avoir l'attention de commencer par les meilleurs ; les plus jeunes enlèveraient les autres, et tous ensemble perceraient l'enceinte sans mettre le nez à terre. Avant que de découpler les chiens de meute, on doit laisser prendre un peu d'avance aux vieux, lesquels allant toujours leur petit train, dressent et maintiennent la voie, que les autres, par ce moyen, ont le temps de goûter avant que d'en être les maîtres. Afin que ces vieux chiens ne se crèvent pas, les valets de chiens ont ordre de les attendre dans la voie, de les reprendre le plus tôt qu'ils peuvent ; d'ailleurs ces vieux routiers connaissent le chemin de la maison et reviennent souvent seuls. De plus, comme de douze qui sont toujours au chenil, on n'en mène que six ou huit à la chasse, on peut aisément donner du repos aux plus fatigués ; ils servent long-temps, quoique plusieurs d'entre eux soient dans le cas de la réforme, quand on les emploie à cet usage.

Le cerf étant lancé, les veneurs tâchent d'en revoir ; ils examinent la forme du pied, les pinces, la jambe, etc. Celui qui a vu débucher le cerf tâche de juger comment il a la tête faite, et, s'il est possible, combien il porte ; chacun s'informe de ce qu'il n'a pu voir ; enfin la chasse est commencée.

De la manière de chasser et de forcer le cerf.

Voici, d'après le *Traité général des chasses*, les principes à suivre pour forcer le cerf :

« Les veneurs doivent, autant que possible, se tenir à la queue de leurs chiens, sans trop les presser, ce qui les empêcherait de manœuvrer sûrement. Cependant il serait, dans le moment de leur première vigueur, imprudent de vouloir les suivre à travers bois. Il faut, dans ce cas, couper par les chemins pour s'en rapprocher autant que l'on peut. Les veneurs s'arrêtent à tous les carrefours, pour écouter si les chiens chassent toujours bien, et s'ils ne s'éloignent pas. Lorsqu'ils les entendent retourner, les uns retournent eux-mêmes, les autres attendent un moment ; enfin, ils s'arrangent de façon que les chiens, tournant à droite ou à gauche, il y ait toujours quelqu'un prêt à les servir. Mais une fois la première fougue passée, ils doivent s'en tenir le plus près possible, afin de les aider dans les changes et dans les défauts.

» Si les chiens demeurent, les piqueurs s'arrêtent et attendent un peu pour les laisser manœuvrer d'eux-mêmes ; si les chiens ne retrouvent pas la voie, les veneurs les appellent au retour, mais d'une voix modérée. Lorsque quelques uns ont repris la voie, ils laissent écouter les autres, et ne sonnent que quand ils sont ralliés. En général, on ne doit sonner que derrière les chiens ou à côté d'eux, et encore lorsqu'on est sûr que la tête chasse bien franchement. Si on sonnait devant eux, on courrait le risque de les enlever et de les empêcher de travailler d'eux-mêmes, s'ils manquaient de voie.

» Partout où le change est à craindre, il faut briser dans tous les endroits où l'on revoit du cerf de meute, afin d'avoir recours à sa dernière brisée, si le change avait lieu.

» Lorsqu'il en paraît et que les chiens y tournent, les veneurs qui s'en aperçoivent s'y portent dans le même moment : mais comme il est resté quelques chiens après le cerf, un ou deux veneurs se détachent bientôt pour les maintenir, de sorte qu'il en reste au moins deux pour arrêter ceux qui chassent le change, car un homme seul se donnerait beaucoup de mal, et ce serait un hasard s'il parvenait à les arrêter. Ces chiens arrêtés, ou au moins en grande partie, les veneurs ne perdent pas de temps pour tâcher de les rallier ; ils les enlèvent, mais au trot ; un des deux reste derrière pour les faire tirer ; comme ils ne les mènent pas trop vite, ils n'en laissent pas derrière eux, et les chiens ne sont pas essoufflés lorsqu'ils rejoignent la chasse ; s'ils trouvent une mare ou un étang, ils les y font boire et rafraîchir : cela paraît faire perdre du temps, mais on le regagne bien en ralliant une quantité de chiens assez considérable, qui, étant bien en état de chasser, rendent le même service qu'un relais.

» Mais quand tous les chiens sont demeurés à cause du change, il faut promptement envelopper le lieu du défaut, en sonnant une requête aux chiens, et leur criant : *laisse-là valets, laisse-là mes tou-tou, laisse-là, retrouve la voie, au retour, au retour!* Si quelques uns des chiens redressent la voie, il faut s'en assurer et les appuyer vivement en leur criant : *ah rapidant, y a rapidant, il dit vrai, elaha, elyaha, laha!* Il faut remarquer sur quelle main le cerf aura tourné, car il tournera toujours du même côté pendant le reste de la chasse.

» Lorsqu'aucun chien n'a redressé la voie, il faut que deux piqueurs, avec quelques bons chiens, prennent d'autres devants et arrières plus grands que les premiers, tandis que les autres manœuvreront de leurs côtés, que les cavaliers iront aux informations, et que les bons chasseurs visiteront attentivement les chemins qui avoisinent le défaut pour tâcher d'en revoir. Si par hasard cela arrivait, ils sonneront et crieront : *volce l'est!* Comme il pourrait se faire que quelques chiens écartés redressassent d'eux-mêmes la voie au loin, il faut écouter attentivement ; car, s'ils le faisaient sans être entendus, ils pourraient forlonger le cerf et faire manquer la chasse.

» Enfin, si en prenant ces nouveaux devants et arrières, on n'a pas trouvé la voie, ce qui indique que le cerf n'est pas passé, il faut fouler avec beaucoup d'exactitude l'enceinte que les veneurs ont formée en cernant le défaut, parce que si le cerf est déjà mal mené, il ne se levera qu'à l'instant qu'on sera prêt à lui passer sur le corps ; mais s'il ne l'est pas encore, il faut examiner quelle est la refuite la plus probable ; alors les veneurs font, avec quelques bons chiens, les chemins qui y conduisent ; lorsqu'ils sont arrivés, ils ralentissent le pas, afin que les chiens aient le temps de se rabattre. Ils en laissent passer quelques uns devant eux, et ne perdent pas de vue leurs manœuvres ; ils encouragent les meilleurs en leur parlant par leurs noms ; tous mettent le nez à terre ou flairent les portées. Enfin l'un d'eux donne de la voix, et tous se remettent à chasser. Le veneur qui dirige la manœuvre doit juger, par la façon de faire de ses chiens, s'ils ont réellement relevé la voie du cerf de meute. Il tâche d'en revoir pour s'en assurer ; s'il ne peut y parvenir, mais qu'il voie ses chiens continuer à chasser, et qu'il les connaisse bien, il sonne et appuie comme s'il en avait revu. Le second piqueur va avertir ; on rallie les chiens, on les amène au trot, et la chasse reprend son activité.

» Toutes les fois que le cerf reparaît, le veneur qui le voit sonne fanfare, après s'être placé dans la voie, la tête de son cheval tournée du côté où va le cerf. S'il se trouve à portée de donner un relais, il le fait découpler dans la voie ; mais il a soin d'attendre que la meute soit passée, afin que les chiens du relais aient le temps de goûter la voie avant d'atteindre la tête. C'est un principe général de ne jamais perdre l'occasion de donner les relais chaque fois qu'on le peut, mais toujours comme on vient de le dire. Il ne faut jamais les donner pendant qu'il paraît du change, parce que les chiens, n'ayant pas connaissance de la voie, pourraient y tourner et seraient plus difficiles à rompre. La même raison doit faire éviter de les donner lorsqu'il y a défaut, parce qu'ils ne serviraient à rien pour le relever.

» Quelquefois le cerf débuche et se forlonge ; les chiens tiennent la voie avec peine dans les terres labourées, ou sur un terrain dur, où la poussière les suffoque ; le revoir devient incertain, et la chasse languit. Dans cette circonstance, il arrive que quelques chasseurs, qui ont vu ou cru voir le cerf de meute à un quart de lieue, plus ou moins, proposent d'enlever les chiens pour les conduire à l'endroit où le cerf a été vu. Les veneurs doivent bien se garder d'adopter légèrement ce parti, parce que, comme on l'a dit, cette manœuvre gâte ordinairement les chiens, et les rend libertins et volages, en les habituant à quitter la voie, ce qui est contre toutes les règles de l'art; car le meilleur moyen de ne pas la perdre, c'est d'y rester. D'ailleurs, c'est qu'il arrive souvent que, lorsque l'on a enlevé les chiens et qu'on les a conduits à l'endroit indiqué, on ne trouve aucune voie, ou bien on trouve la voie d'un autre cerf que celui de meute. On a perdu beaucoup de temps pour avoir suivi un mauvais conseil; et, en définitive, on est obligé de revenir à la voie que l'on a quittée, et sur laquelle, par précaution, on a dû jeter une brisée pour se reconnaître. Il ne faut donc se décider à enlever les chiens que lorsqu'il n'y a pas d'autre ressource.

» Quand on remarque que les chiens commencent à se fatiguer, que les meilleurs traînent et ne chassent plus que les uns après les autres, quelques cavaliers gagnent la tête des chiens et les arrêtent; lorsqu'ils sont bien ralliés et qu'ils ont soufflé un instant, on les voit demander à passer; alors on reprend la voie. Pour cela, un veneur met son cheval sur la voie, le tourne du côté où va le cerf, et excite les chiens à s'y rabattre, en leur parlant doucement. On ne doit sonner et les appuyer que lorsque tous ont bien repris la voie et que la tête chasse franchement.

» Il est impossible d'indiquer toutes les ruses que l'instinct de sa conservation inspire au cerf pour échapper aux chiens et aux chasseurs. Tantôt il fuit en s'accompagnant d'un jeune cerf qu'il espère livrer à sa place ; tantôt il se mêle aux hardes les plus nombreuses, en mettant debout tous les animaux qu'il rencontre, et cherche à s'esquiver en multipliant le change; d'autres fois, il se forlonge. Lorsqu'il a de l'avance, il revient sur sa voie; et, redoublant d'efforts, il bondit de côté et va se relaisser dans un taillis où il se met sur le ventre. S'il trouve de l'eau, il s'y jette, quelquefois il la traverse; dans d'autres circonstances, il en suit le cours pour en sortir plus bas, ou bien il se relaisse dans les joncs; enfin, il n'est aucun moyen qu'il ne tente et qu'il ne renouvelle dans la même chasse; mais l'expérience des veneurs, et leur manière de manœuvrer et de tirer parti des qualités de leurs chiens, rendent tous ses efforts inutiles. C'est surtout lorsqu'il est sur ses fins, qu'il redouble de ruses: il traverse une route à la vue des chasseurs, il rassemble ses forces, relève la tête et la franchit légèrement, au point qu'on le prendrait pour un cerf frais: mais s'il croit n'être plus aperçu, il baisse la tête et tire la langue. Lorsqu'il est mal mené, il laisse plus de sentiment aux chiens, ce qui les maintient mieux dans la voie; et, quoiqu'ils se fatiguent aussi, les émanations qu'il leur laisse les raniment et les excitent. Ils redoublent d'ardeur, et si l'on peut alors découpler un relais, bientôt l'animal épuisé se montre, pouvant à peine se soutenir,

et peu d'instans après, il se fait relancer au milieu des chiens qui l'entourent de toutes parts.

» Quelquefois le cerf tient les abois dans l'eau où les chiens finissent par le noyer; d'autres fois, il les tient sur terre. L'ancien usage était de lui couper le jarret; maintenant on a recours au fusil, pour épargner la vie des chiens, contre lesquels le cerf se défend de ses andouillers et des pieds de devant, avec le courage du désespoir.

» Tout ce que nous venons de dire ne donne qu'une idée imparfaite des ruses du cerf et de la conduite de la chasse. Il est impossible de prévoir tous les accidens qui peuvent arriver; c'est en chassant souvent que les veneurs acquièrent toutes les connaissances de leur art, qui ressemble, en cela, à celui de la guerre: la théorie n'est rien sans la pratique.

» Cependant, comme il est des choses qu'on ne saurait trop répéter, nous allons résumer les principes généraux qui assurent le succès d'une chasse.

» Il faut d'abord que les veneurs connaissent bien leurs chiens, et sachent distinguer ceux sur lesquels ils peuvent compter dans les occasions difficiles. Il importe qu'ils sachent leurs noms pour pouvoir les nommer quand c'est nécessaire. Ils doivent se tenir le plus près d'eux possible, sans les presser; c'est le seul moyen d'apprendre à les bien connaître, en voyant leur façon de faire. Ils doivent toujours chasser ensemble avec le plus de chiens qu'ils peuvent rallier. Un beau laissez-courre dépend de l'accord des veneurs et des chiens.

» En commençant la chasse, les veneurs doivent prendre les connaissances qui peuvent les guider dans la suite de l'animal. Cette précaution est essentielle pour relever les défauts et parer le change.

» Nous avons suffisamment indiqué comment il faut manœuvrer toutes les fois que les chiens sont à bout de voie, ou qu'il paraît du change. Il nous reste à dire quelque chose sur l'emploi des relais.

» Aussitôt que le cerf est lancé, on donne la meute, peu après la vieille meute, ensuite la seconde et enfin les six chiens.

» Lorsqu'après le lancer, la chasse prend une route qui l'éloigne des relais, il faut aussitôt faire avertir les piqueurs qui les mènent, pour qu'ils les fassent avancer. Quelquefois, pour obvier à ces inconvéniens, on a un relais volant, conduit par un piqueur intelligent, qui manœuvre en raccourcissant les chemins et en ménageant les chiens le plus possible, de manière à être toujours à portée de la chasse. Un relais ainsi conduit est souvent fort utile.

» Les valets de chiens à cheval doivent, pendant la chasse, rallier et recoupler les chiens écartés, en les conduisant sagement, les faisant boire, quand c'est possible; on peut les donner comme en relais, et, souvent, ces chiens, repris et rafraîchis, rendent le même service.

» Telles sont généralement les manœuvres à exécuter à la chasse du cerf; la pratique indique des modifications dont ces principes généraux sont susceptibles; mais les veneurs doivent toujours y avoir recours; c'est en les pratiquant et en s'aidant de leur expérience, qu'ils peuvent s'assurer du succès, ensuite, il faut donner quelque chose au hasard. Mais, dans toutes les occasions, il faut prendre son parti promptement; le moindre retard est toujours préjudiciable. »

De la curée.

Il y a deux sortes de curées, la curée chaude et la curée froide.

La première est celle qui se fait au moment de la mort du cerf et sur les lieux mêmes; c'est la meilleure pour former un équipage, en ce qu'elle accoutume les jeunes chiens à bien goûter la voie; elle a aussi l'avantage d'empêcher que les chiens qui comptent sur cette récompense ne s'écartent trop, et de les rallier promptement au bruit des autres.

Lorsque le cerf est pris, le premier piqueur lève le pied droit, ainsi que les daintiers et la langue, pour les remettre au commandant, qui les présente au maître de l'équipage lorsqu'il assiste à la chasse; si le commandant ordonne de faire curée chaude, les valets de chiens déshabillent le cerf; on lève les filets destinés au commandant, et chacun des veneurs a sa part des cuisses et des épaules, suivant l'usage des équipages; le reste est destiné à faire curée.

On recouvre la carcasse du cerf de sa nappe, on rapproche la tête, on sonne des fanfares en tenant les chiens sous le fouet, jusqu'à ce que le commandant ordonne la curée, en se tournant du côté du cerf, et criant : *hallali, hallali!*

On veille pendant la curée à ce que les chiens ne se battent pas; et, lorsqu'il n'y a plus que les os, on les fait retirer; puis on les ramène au chenil en sonnant la retraite prise, et après les avoir recouplés et mis en hardes.

La curée froide ne se fait que le soir ou le lendemain, lorsqu'on est de retour. Elle a lieu ainsi quand le cerf n'a pas tenu long-temps, et qu'on se décide à en attaquer immédiatement un autre. Dans ce cas, on ne doit pas faire curée du premier, parce que les chiens ayant mangé, ne pourraient plus chasser.

CHAPITRE II. — DE L'AFFUT POUR CERF.

Le cerf sort le soir de son fort, et se rend dans les jeunes taillis, dans les prés et les champs, pour y *viander;* et le matin, il en revient pour retourner à son fort. Il recherche aussi le soir et le matin, les pains salés (1), et il aime à se rafraîchir dans les mares, notamment dans les après-midi où la chaleur se fait sentir. Lorsque le chasseur aura remarqué l'endroit où un cerf a l'habitude de se rendre, il s'y placera avec un chien courant, tenu à la laisse, pour y attendre l'animal. Voici les principales règles à observer :

1°. On doit se placer sous le vent;

2°. Le lieu et les environs doivent être tranquilles et calmes;

_____

(1) *Salzlecken*, terme allemand, qui signifie un mélange d'argile et de sel, que l'on prépare, et que les cerfs, les daims et les chevreuils lèchent avec plaisir, et qui est aussi recherché par les pigeons sauvages.

3°. Il faut être rendu sur le lieu au moins une demi-heure avant que le cerf n'y soit attendu, et s'y cacher le mieux possible, sans s'approcher du fort où il se tient;

4°. Il ne faut pas non plus se trop éloigner de ce fort, et on doit choisir une place où l'ombre des arbres ne puisse occasioner l'obscurité de trop bonne heure;

5°. Il ne faut pas se placer, s'il est possible, plus près du fort qu'à quarante pas; et on doit être dans une situation telle que lorsque le cerf paraît, on ne soit pas obligé de le tirer en face; il faut être près du chemin, de manière à pouvoir le tirer de côté;

6°. Le chasseur s'assiéra au milieu de branchages, qu'il aura élagués en faisant le moins de bruit possible, et sur des pierres rassemblées et recouvertes avec sa gibecière, et de telle manière qu'il ne soit pas obligé de tourner sensiblement le corps pour tirer;

7°. S'il a l'habitude de fumer du tabac, il évitera de faire beaucoup de fumée, et avant que sa pipe soit éteinte, il allumera un morceau d'amadou, qu'il placera dans son tabac, afin de n'être pas obligé de battre le briquet. Mais s'il a négligé cette précaution, il mettra la pipe de côté, ou bien il aura au moins l'attention de battre le briquet dans son chapeau tenu entre ses genoux, afin que le cerf ne puisse, de son fort, apercevoir les étincelles ni entendre les coups du briquet. Mais ce qu'il a de mieux à faire, c'est de s'abstenir de fumer pendant qu'on est à l'affût, car il arrive souvent que l'odeur seule du tabac éloigne le gibier, qui, comme on le sait, a l'odorat exquis.

Là, le chasseur attendra tranquillement l'arrivée du cerf, qui s'annonce ordinairement par le cri du geai ou du merle, ainsi que par le bruit des branches sèches qu'il casse en marchant, ou par celui du feuillage sur lequel il marche, par celui du bois qu'il froisse en passant, ou par son éternument. Si c'est un cerf *(tirable* (bon à tuer), le chasseur s'avancera doucement avec son fusil, et de manière que l'animal ne puisse apercevoir son mouvement, et s'il a l'espoir que l'animal lui présentera le flanc, il attendra cette occasion, et alors il le tirera, après l'avoir bien ajusté, à la partie antérieure du corps, s'il est possible. Pendant le coup, il observera bien si le plomb frappe, et il examinera si l'animal donne quelques signes indiquant qu'il est blessé, à quel endroit il se trouve au moment du coup, et quelle direction il prend ensuite. Lorsqu'on n'entend pas le plomb frapper, que la bête continue de courir suivant sa manière ordinaire, et que, sans donner aucun signe particulier, elle s'arrête à quelque distance pendant plusieurs secondes pour observer son ennemi, il n'y a nul doute qu'elle ne soit manquée; mais si elle tombe au moment du feu, on y court aussitôt, et lorsqu'on s'aperçoit que le coup l'a frappée vers le dos, on lui donne un coup de couteau de chasse à la gorge ou au défaut de l'épaule, ou bien dans la poitrine si on ne peut faire autrement. Dans le cas où l'un et l'autre seraient impossibles, il faudrait lui couper le jarret, parce qu'un cerf dans cet état devient très dangereux, s'il peut se relever; mais si l'animal est blessé dans les reins ou dans les os du cou, on n'a point à craindre qu'il puisse se relever. Cependant les jeunes chasseurs, qui ne sont pas encore habitués à bien juger du coup, doivent, lorsque la bête tombe au moment du feu, courir sur elle, et pour leur sûreté lui donner un coup de couteau de chasse au cou, ou bien lui lâcher un second coup de fusil (1).

Mais si le chasseur a bien entendu frapper le plomb, si le cerf a éprouvé une forte agitation au moment du coup, s'il a pris la fuite avec vitesse, ou s'il a fait un saut de derrière, ou enfin s'il a fait un mouvement extraordinaire, ces signes annoncent qu'il a été bien tiré. Dans ce cas, on reste tranquille jusqu'à ce qu'il ait quitté la place ; mais on observe sa marche avec attention, on se rend avec le chien à l'endroit où il a été tiré, pour examiner s'il a perdu du sang ou du poil, et si l'on remarque l'un ou l'autre, ou tous les deux à la fois, on fait une brisée sur l'endroit du tiré, que l'on continue de dix en dix, ou de vingt et vingt pas sur la trace du sang, jusqu'à ce qu'on arrive au premier fourré ; et le lendemain matin, on continue ses recherches avec le chien ; mais si c'est le matin même qu'on a tiré, on doit faire ces recherches quelques heures après. On ne doit chasser le cerf, aussitôt après le coup, que lorsqu'on voit ou que l'on peut juger qu'il a une jambe cassée, ou lorsqu'on craint que la pluie ne vienne effacer la trace du sang. Dans tout autre cas, il vaut mieux laisser affaiblir le cerf blessé, pour ensuite le chasser avec le chien.

M. Hartig donne la description d'instrumens dont on se sert en Allemagne pour appeler les cerfs, et qui imitent leur voix. Il conseille de se servir d'un appeau (voyez *Appeau à cerf*), lorsqu'on va à l'affût dans le temps du rut. Il a fait aussi les remarques suivantes relativement à la couleur du sang que la bête perd après être blessée, et qui peuvent faire juger de la place de la blessure.

1°. *Un coup dans les intestins* saigne en général peu, surtout si la bête est grasse ; le sang a la couleur rouge ordinaire, mais il est mêlé avec le viandis sorti des entrailles, et ordinairement il tombe par grosses gouttes près du pied du cerf lorsqu'il s'arrête, tandis que lorsque la bête court, il tombe par petites gouttes isolées. Le cerf blessé de cette manière se couche bientôt dans le fort, si on le laisse tranquille ; mais si on le poursuit, il gravit souvent les plus hautes montagnes, et quelquefois il demeure debout, surtout si la blessure ne touche que les petits intestins. Il est donc à propos, lorsqu'on le peut, de laisser tranquille pendant quelques heures le cerf blessé aux entrailles, et d'attendre qu'il s'affaiblisse avant de le poursuivre.

2°. *Une blessure au poumon* occasione la perte de beaucoup de sang, d'un rouge orangé et rempli d'écume ; dans la fuite de l'animal, il se répand quelquefois au loin, et il s'échappe aussi par la bouche. Une bête blessée de cette manière cherche à éviter les montagnes, tousse beaucoup et meurt promptement.

3°. *Une blessure au foie et à la rate* donne beaucoup de sang d'un rouge brun, qui dans la suite jaillit de tous côtés. Une bête, ainsi blessée, a quelquefois le dos arqué, et elle périt également en peu de temps.

4°. *Une blessure au cœur* produit du sang d'un rouge foncé, et fait tomber promptement l'animal.

5°. *Une blessure au cou* produit beaucoup de sang de couleur ordinaire, qui ne se répand pas au loin, à moins qu'elle n'ait atteint une grosse veine. Lorsqu'une bête ainsi blessée prend la fuite, il y a peu d'espoir de l'avoir si le chien ne la poursuit sans relâche.

6°. *Une blessure à la cuisse* donne peu de sang ; il a la couleur ordinaire, coule près ou sur l'empreinte du pied ; et à moins que l'os de la cuisse ne soit cassé, le meilleur chien n'est pas capable d'arrêter la bête.

7°. *Mais si le cerf reçoit une blessure profonde vers le bas de la jambe*, il perd son sang le plus souvent dans ses voies ; et, si l'os est tout à fait cassé, la bête saigne d'un seul côté de l'empreinte du pied ; le sang a la couleur ordinaire, et souvent on trouve des esquilles d'os soit à côté de l'empreinte du pied, soit dans l'empreinte même.

8°. *Quand une bête est percée de part en part*, le sang s'échappe des deux côtés, tandis que, dans le cas contraire, et lorsqu'elle est blessée au pied, le sang ne s'échappe que d'un seul côté.

9°. *Quand une bête est effleurée par le coup*, on trouve ordinairement, soit seulement de longs poils, soit un petit lambeau de la peau, et peu ou point de sang.

Si la bête que l'on attend à l'affût ne vient pas, on doit se retirer sans faire le moindre bruit, dès que la nuit arrive, si c'est le soir que l'on chasse, et lorsqu'il fait grand jour, si c'est le matin, afin de ne pas l'effrayer si elle est dans le fort, et de ne pas perdre ses peines lorsqu'on reviendra à l'affût.

CHAPITRE III. — DE LA CHASSE AU FUSIL.

Celui qui n'a pas assez de patience pour la chasse à l'affût trouvera dans celle-ci plus d'avantages encore. Pour cette chasse, on se rend dans le fourré le soir ou le matin ; ou bien, s'il y a eu une forte pluie, on s'y rend avant ou après midi, et l'on cherche à s'approcher du cerf. Il viande ordinairement dans les petites clairières avant de se rendre le soir dans les jeunes taillis, les prés et les champs, ou le matin avant de se reposer dans le fort ; il recherche aussi les clairières après une forte pluie pour s'y ressuyer. Voici, d'après M. Hartig, les principales règles à observer :

1°. On prend sa direction à travers les taillis, de manière à avoir toujours bon vent, c'est à dire le vent en face.

2°. On marche avec la plus grande précaution, et on fait attention de ne point passer sur des branches sèches, et d'éviter d'ailleurs toute espèce de bruit.

3°. Quand on soupçonne que le cerf n'est pas loin, on s'avance doucement et en redoublant de précaution, on regarde de tous côtés autour de soi, et de temps en temps on s'arrête une minute pour écouter.

4°. Si on arrive à une clairière où l'on pense que

---

(1) Il est important qu'ils sachent manier le couteau avec adresse. L'essentiel est que l'on frappe la bête juste entre la tête et le cou, de haut en bas, et presque parallèlement au front, et de séparer ainsi la moelle épinière d'avec le cerveau. Si on manque ce coup, et que le couteau enfonce à côté de l'os, l'animal ne meurt point sur la place.

le cerf puisse se trouver, il ne faut pas s'y montrer entièrement, on doit sortir seulement la tête du fourré pour reconnaître la clairière.

5°. Enfin, si on acquiert la certitude, soit par l'œil, soit par l'oreille, qu'il s'y trouve un cerf *tirable*, on cherche à se cacher *sous le vent*, soit derrière un gros arbre ou des cépées de taillis, soit dans un fossé : ou bien, si la bête s'approche, on l'attend tranquillement dans une position convenable qu'on aura choisie pour la tirer. Mais si on ne peut espérer qu'elle s'approche, ou bien si la place qu'on occupe ou le vent n'est point favorable, il faut combiner son plan de manière à pouvoir approcher le cerf d'un autre côté qui présente plus de chance de succès. Si dans le trajet il se trouve des endroits où le chien, que le chasseur doit toujours conduire avec lui, puisse être aperçu du cerf, il faut l'attacher dans un endroit caché, et y déposer aussi sa gibecière et son chapeau ; alors on se rendra à l'endroit où la position et le vent seront le plus favorables.

6°. Dans tous les détours que l'on fait, on doit observer cette règle, *de ne se mouvoir que lorsque la bête a la tête à terre*, ou *qu'elle la détourne*. Mais, dès qu'elle regarde autour d'elle, on doit rester immobile, si la place où l'on se trouve n'est pas encore favorable pour tirer, sans quoi on perd toutes ses peines.

Enfin, lorsqu'on est parvenu à se mettre en position de tirer, soit par quelques détours, soit par l'emploi de l'instrument avec lequel on appelle le cerf en temps de rut, on procède comme nous l'avons dit pour la chasse à l'affût (1). Du reste, on ne doit jamais tirer à une distance trop grande ; et, autant que possible, il faut que l'animal présente le flanc. En procédant de cette manière, on s'exposera rarement à tirer des coups ou à faire des chasses inutiles ; le gibier sera moins tourmenté, et on aura bien plus d'occasions de tuer que si l'on allait tirer souvent au hasard et donner l'effroi aux animaux par des chasses mal entendues.

Si l'on a un canton de chasse à exploiter, on doit pratiquer des laies ou sentiers dans les endroits les plus convenables, et, au besoin, des chemins de chasse pour y aller à cheval et en voiture. Dans ce cas, le chasseur précède son maître à pied ou à cheval, ou monte avec lui en voiture et tâche de le placer le mieux possible ; puis il cherche à s'approcher de la bête, soit à cheval, soit en voiture, en parcourant une ligne spirale, et il doit chercher quelquefois à tromper le cerf en chantant ou en sifflant, et à le faire lever.

Mais en général cette chasse ne se fait à cheval ou en voiture que dans les parcs ou dans les réserves de chasse bien entretenues et défendues, et où le cerf, ayant l'habitude de voir des chevaux et des voitures sans qu'on le tire, prend assez de confiance pour s'en laisser approcher à cinquante pas, lorsque le temps de la chasse est arrivé.

Cependant le chasseur peut se servir utilement d'un cheval dans les cantons où la chasse n'est pas aussi bien conservée, pourvu que son cheval soit dressé à cet effet. Dans ce cas, il se place derrière ce cheval qui s'avance en resserrant toujours le cercle vers la bête, et il s'approche ainsi petit à petit, jusqu'à ce qu'il soit à portée de tirer (1).

CHAPITRE IV. — Des traques ou battues.

Les traques ou battues consistent à entourer une enceinte, et à faire mettre le gibier en mouvement par des hommes ou par des chiens, et à le chasser sur les tireurs. Les traques au moyen de chiens sont désavantageuses, en ce que le gibier abandonne le pays où il est souvent chassé par les chiens. Celles qui se font avec des hommes effraient peu le gibier, surtout si elles ne se répètent pas trop souvent, et dans plusieurs cas, il suffit de très peu de monde pour chasser le cerf sur les tireurs.

Les chasseurs se placent d'un côté de l'enceinte et attendent que le gibier leur soit amené par les traqueurs. Voici les règles principales à observer dans cette chasse :

A. *Règles pour celui qui est chargé d'ordonner la chasse et de placer les tireurs.*

1°. On place les tireurs après leur avoir recommandé la prudence en tirant, et leur avoir fait connaître l'espèce de gibier qu'il s'agit de tirer ; leur place doit être sous le vent et dans l'endroit par où le gibier sort le plus volontiers (2).

2°. On doit recommander aux tireurs d'observer la plus grande tranquillité, de ne point parler haut, ni siffler, ni frapper les chiens, et enfin de ne faire aucun bruit.

3°. On les place à une distance l'un de l'autre,

---

(1) Il arrive quelquefois, dans cette chasse et dans celle aux battues, que le cerf s'échappe très promptement, quoique sans courir, par un passage étroit, de telle sorte que le chasseur n'a pas le temps de tirer. Dans ce cas, on appelle le cerf aussitôt qu'il enfile le passage, en disant d'une voix modérée *ho!* ou bien en contrefaisant le ton avec lequel les biches appellent leur *faon*. Mais il faut avoir déjà mis le fusil en joue, et ne pas tarder à tirer, car l'animal effrayé prend la fuite promptement s'il a quelque soupçon, ou s'il aperçoit le chasseur.

(1) Pour bien entendre cette chasse indiquée par M. Hartig, il faut savoir qu'en Allemagne on dresse des chevaux à marcher devant les chasseurs, soit en avant, soit de côté, soit en circuit, et à s'arrêter lorsqu'on le veut. Un cheval ainsi dressé s'appelle *schiesspferd*, cheval de tir.

(2) M. Hartig, qui trace ces règles, recommande, lorsque cela est possible, de donner des numéros aux tireurs, pour déterminer l'ordre successif de leur placement, et éviter que si une mauvaise place revienne pendant toute une journée. Il suppose qu'il y ait douze tireurs ; à la première traque, le n° 1 prend la première place, et le n° 12 la dernière. A la seconde, le n° 12 prend la première place, et le n° 1 la seconde. A la troisième traque, le n° 11 à la première place, le n° 12 la deuxième, et le n° 1 la troisième. De cette manière, personne ne peut se plaindre d'avoir été humilié, et le directeur de la chasse s'évite beaucoup de désagrémens.

Nous avons souvent assisté, en Allemagne, à des chasses du genre de celle-ci, et nous avons toujours vu que les meilleures places étaient données, soit aux bons tireurs, soit aux personnes à qui on voulait faire les honneurs de la chasse. Aussi M. Hartig ne donne-t-il le conseil ci-dessus que pour les cas où il n'y a point de préférence à accorder.

assez rapprochée pour que la bête, passant juste au milieu de deux tireurs, puisse être atteinte par le coup de l'un ou de l'autre.

4°. Il faut, autant que possible, que les tireurs soient distribués en ligne droite, ou en angle obtus, en circuit ou alongé, et de telle manière que chacun puisse voir son voisin ; mais, quand on est obligé, comme cela arrive quelquefois dans les fourrés, à cause des chemins qui se coupent à angle droit, de placer les tireurs dans une telle direction, ou en angle aigu, il faut au moins n'en point mettre à l'angle même, et avertir ceux qui se trouvent soit à gauche, soit à droite de l'angle, de se garantir du danger qui peut résulter pour eux d'un coup de fusil imprudent.

5°. Quand la ligne occupée par les tireurs est un chemin de voiture ou une allée, on les fait approcher tout près de l'enceinte où doit se faire la battue.

De cette manière, un chasseur maladroit sera moins exposé à blesser son voisin, que si les tireurs eussent été de l'autre côté du chemin. En effet, un chasseur inexpérimenté ou imprudent tire rarement au moment même où la bête franchit la ligne de tireurs placée tout près du taillis ; il est obligé d'abord de viser, et le retard de quelques secondes peut rendre son coup de fusil beaucoup moins dangereux pour ses camarades. Tout le contraire arriverait si les chasseurs avaient le chemin ou l'allée devant eux. Dans cette position, un mauvais chasseur n'aura ajusté la bête qu'au moment où elle traversera la ligne des tireurs, ou s'il en est très près, on aura encore tout à craindre de son coup de feu.

6°. Le forestier ou garde du triage doit toujours être le dernier à prendre place dans le rang des tireurs, parce qu'il doit auparavant s'assurer que tous sont à leur poste, et donner de sa place, soit en sifflant, soit en appelant, le signal aux traqueurs pour s'avancer.

B. *Règles que doivent observer les tireurs.*

1°. Tous les tireurs, sans exception, doivent obéir au commandement et sans faire d'observations ;

2°. Ils ne doivent jamais quitter la place qui leur a été assignée.

3°. Ils doivent, quand ils arrivent à leur place, se conduire avec prudence, c'est à dire se faire voir à leurs voisins, écarter les feuilles ou la neige de l'endroit où ils sont postés, couper sans bruit les petites branches qui les gênent, armer leur fusil, et observer le plus grand silence et la plus grande tranquillité ; et s'ils avaient besoin de tousser ou d'éternuer, ne le faire que dans leur mouchoir de poche qu'ils auront tiré d'avance.

4°. Lorsqu'ils tirent, ils doivent en remarquer exactement l'endroit, ou y faire une brisée, afin de pouvoir, après la battue, faire les recherches nécessaires.

5°. Lorsque les traqueurs ne sont plus qu'à environ cent pas, les chasseurs ne doivent plus tirer dans l'enceinte si *c'est en plaine* ou *en descendant*; ils doivent attendre que la bête soit arrivée sur le chemin des tireurs, afin d'éviter les malheurs qui ne sont que trop fréquens.

6°. Quand la battue est finie, on doit siffler son voisin, et ne pas quitter sa place que celui-ci n'ait fait connaître qu'il a entendu.

C. *Règles pour le chasseur chargé de diriger les traqueurs ou les chiens.*

1°. Quand la traque doit se faire seulement avec des chiens, que dirige ordinairement un seul chasseur, celui-ci n'a rien autre chose à faire que d'attendre le signal pour commencer ; il y répond par un cri ou par un coup de sifflet soit avec un instrument, soit avec la bouche, ou bien il annonce lui-même qu'il va commencer la traque, délie les chiens qu'il tient hors de l'enceinte et vis à vis du centre ; il les accompagne en traversant lentement le canton, et en allant successivement de droite à gauche et de gauche à droite, et au besoin en les excitant à chercher.

2°. Mais si la battue doit avoir lieu avec un petit nombre d'hommes, on place ces hommes, armés seulement d'un bâton, à une certaine distance l'un de l'autre, et seul à seul ; on leur fait signe de commencer, après les avoir avertis qu'ils doivent toujours garder leur première distance entre eux, donner seulement de temps en temps quelques coups de leur bâton sur les arbres ou sur les brins de taillis, tousser et siffler par intervalles, mais sans faire un bruit nuisible au succès de la chasse, et enfin qu'ils doivent traverser l'enceinte en droite ligne, sans chercher à éviter les endroits fourrés.

3°. Mais quand la battue se fait avec un grand nombre d'hommes, ou les divise en trois sections dont le commandement est confié à autant de chasseurs ou gardes. L'une des sections forme le centre, une autre l'aile droite, qui doit s'étendre, s'il est possible, jusqu'aux tireurs, et la troisième section forme l'aile gauche, qui doit également s'étendre jusqu'à la ligne des tireurs ; et lorsqu'on peut disposer encore de quelques gardes ou chasseurs, on les ajoute aux trois autres, pour établir l'ordre nécessaire dans la battue et faire avancer au signal donné.

Telles sont les règles principales à observer dans les traques ordinaires ; mais quand il s'agit de procurer le plaisir de cette chasse à des personnes de distinction, il faut procéder de la manière suivante.

1°. On doit avoir pour chaque jour de chasse un plan écrit, qui fasse connaître :

a, les cantons où les battues auront lieu ; *b*, l'ordre successif des battues ; *c*, l'endroit où l'on doit placer les traqueurs dans chaque battue ; *d*, celui que doivent occuper chaque fois les tireurs et nommément le prince (1) pour lequel se fait la chasse ;
e, et enfin l'endroit le plus convenable pour le repas.

2°. Lorsque ce plan est approuvé par le directeur de la chasse, on pratique des abris dans les différens endroits où le prince doit se placer, et lorsque cela

---

(1) Nous disons le *prince*, quoique cette chasse puisse se donner pour des personnes d'une qualité moins éminente.

est nécessaire, on fait auprès des abris un abatis de 4 à 6 pieds de large pour faciliter le tir.

3°. On doit mettre en bon état le chemin qui conduit à la forêt, ainsi que les chemins de l'intérieur, les rendre praticables pour le cheval et la voiture, et avoir l'attention de les marquer avec des pieux surmontés de bouchons de paille, pour éviter toute méprise lors de la chasse.

4°. On pratique une cabane propre et d'une étendue suffisante, soit en planches, soit avec des branches d'arbres, pour y servir le repas.

5°. Le personnel nécessaire pour la chasse doit être organisé deux jours d'avance, et on doit s'assurer par des billets de convocation que chaque société viendra très exactement, accompagnée de ses chefs, au lieu du rendez-vous.

6°. On aura soin aussi de faire apporter du fourrage et de l'eau pour les chevaux de la chasse, dans l'endroit où l'on doit prendre le repas.

7°. On se pourvoira de chiens courans en nombre suffisant, et on fera tendre chaque fois un filet derrière la place qu'occupera le prince.

8°. On fera placer des voitures dans un endroit déterminé pour emporter le gibier.

9°. Afin que tous les chasseurs et gardes soient bien instruits du plan de la chasse, et puissent concourir efficacement à son exécution, il faut, chaque soir, et au besoin le matin, leur en donner une explication suffisante, leur bien faire entendre dans quel ordre les traques doivent se succéder, et leur faire connaître les places que doivent avoir chaque fois les tireurs et les traqueurs.

10°. Le jour de la chasse, des piqueurs précèdent le prince à une distance convenable pour lui montrer le chemin, et aussitôt qu'il est arrivé au lieu de la première battue, on tend le filet derrière lui, à la distance de cinquante pas.

11°. Mais pour qu'il n'attende pas long-temps la battue, les traqueurs se rendront sur les lieux avant lui, et aussitôt le signal donné, ils devront s'avancer.

12°. Quand la localité le permet, on peut, en attendant l'arrivée du prince, faire quelques battues dans des cantons voisins, pour en chasser le gibier dans l'enceinte où doit avoir lieu la première battue, et augmenter ainsi le nombre des bêtes qui peuvent s'y trouver.

Le reste des mesures à prendre se règle d'après les lieux et les circonstances.

CHAPITRE V. — De la chasse a l'aide de toiles, de filets et de piéges.

Cette chasse consiste à faire usage de panneaux de toiles, etc., pour prendre le gibier, ou de cordes auxquelles sont attachées des plumes ou des morceaux de draps pour l'effrayer. M. Hartig la divise en six sortes que nous allons essayer de faire connaître ; malgré la difficulté de traduire un grand nombre de termes techniques allemands, dont nous n'avons pas toujours les équivalens.

I. *Première sorte de chasse avec cordes, toiles*, etc.

C'est celle qui consiste à entourer de cordes, de toiles ou de filets, une enceinte d'une étendue peu considérable, et à faire tuer le gibier qui s'y trouve par les veneurs qu'on y a placés. Cette chasse, que les Allemands appellent *kessel-yage* (1), est très agréable, parce qu'elle exige peu d'attirail, peu de monde, et à peine un jour pour la disposer. Quand on veut la rendre plus sûre, on envoie le matin un homme avec un limier pour détourner le cerf ; mais lorsqu'on a la certitude qu'il s'en trouve un dans une enceinte, on la fait entourer.

M. Hartig fait observer qu'on peut employer pour cette chasse, soit des épouvantails ou cordeaux à plumes ou à loques (2), soit des filets et des toiles. Mais ces engins ne sont point destinés ici à prendre le gibier ; ils n'ont pour objet que de l'empêcher de sortir de l'enceinte. Lorsqu'on se sert d'épouvantails à plumes, il faut en employer deux et même trois sur la même ligne, s'il est possible, et à l'égard des épouvantails à loques, il est bon aussi de les *doubler*, parce que l'animal ne respecte pas long-temps ces artifices, surtout si, dans une chasse semblable, il a déjà eu occasion de les connaître. Le plus sûr est, au surplus, de se servir de filets ou de toiles. Il est vrai que tous les chasseurs n'en ont point, et que plusieurs n'aiment pas à s'en servir souvent.

Lorsqu'on veut procéder à cette chasse, d'une manière ou d'une autre, on fait porter les engins en quantité suffisante pour l'enceinte dont on a mesuré au pas la circonférence, et on les dépose du côté de l'enceinte par où la bête peut avoir l'habitude de sortir, en observant le plus grand silence. Là, on détache les engins les uns des autres, et on les étend, à partir des deux ailes, jusqu'à ce qu'ils se rejoignent. Quand on se sert d'épouvantails, on ne doit jamais les placer tout près du fourré ; il faut les en éloigner assez pour que la bête puisse les apercevoir avant d'y être arrivée ; on établit plusieurs paysans sur la longueur de la corde, un tous les trente à quarante pas, sous l'inspection de plusieurs veneurs ; ces paysans doivent observer le plus grand calme et se contenter de mouvoir la corde, lorsqu'ils voient ou entendent venir le cerf, afin de l'éblouir ou de l'effrayer par l'agitation des plumes ou des morceaux de drap qui sont attachés à cette corde. Mais quand on se sert de filets ou de toiles, il faut placer en dedans et à cent pas les uns des autres, des hommes, pour renvoyer le gibier qui se présente, et pour réparer de suite le désordre qui peut survenir aux engins, ou l'indiquer aux veneurs qui se trouvent là. Ces hommes veilleront pendant la nuit près des filets ; et pour épargner les feux de garde, ils se promèneront sans interruption sur toute la ligne

---

(1). *Kessel* veut dire *chaudière*, et *yage* signifie *enceinte de chasse*. C'est donc une enceinte dont la forme serait celle d'une chaudière renversée ou d'un entonnoir.

(2) Ces épouvantails sont des cordeaux de 150 pas de longueur, auxquels sont attachées des plumes d'oie ou des morceaux de drap, de distance en distance. On les tend sur des bâtons fourchus, et on les agite quand le gibier paraît, pour l'effrayer, et l'empêcher de franchir le chemin qui sépare l'enceinte. (Voyez la *Pl.* 23, *fig.* 14 et 15 ; et le mot *Cordeau.*)

des toiles ou filets ; de leur côté, les gardes feront des inspections soigneuses.

Quant à la chasse dans laquelle on emploie les cordes à plumes ou à draps, elle doit être terminée le même jour, parce que ces artifices n'effraient pas le gibier pendant la nuit, à moins qu'on ne place tous les trente à quarante pas autour de l'enceinte un feu flamboyant ; mais dans la chasse avec filets ou toiles, il est assez ordinaire que l'on ne commence à tirer que le lendemain matin. Dans cette dernière chasse, on place les tireurs au milieu de l'enceinte sur une allée, ou dans une place convenable, et dans la chasse à la corde, on les place près de la corde, et on fait chasser le gibier sur eux, soit par un petit chien de chasse, soit par des hommes. Il est indifférent, pour la chasse avec filets ou toiles, que ce soient des hommes ou des chiens qui fassent la traque ; mais dans la chasse à la corde, il vaut mieux que ce soient des hommes, surtout lorsque l'enceinte est étroite, parce que le gibier poursuivi par le chien n'est pas arrêté long-temps par l'épouvantail, tandis qu'il se hasarde moins à le franchir, lorsqu'il n'est chassé que par des hommes.

Du reste, on suit les règles que nous avons indiquées pour les battues, pour la manière de tirer et pour la recherche de la bête après qu'elle a été tirée.

II. *Deuxième sorte de chasse avec toiles, filets, etc., ou contre-chasse.*

On appelle *contre-chasse*, dit M. Hartig, celle qui a pour objet de barrer le chemin à une harde, pendant la nuit, et de l'obliger à se retirer dans un fourré voisin, déjà entouré d'engins, en grande partie, et que l'on ferme ensuite entièrement.

Supposons, par exemple, que l'on veuille renfermer, dans un fourré contigu à la campagne, une harde de cerfs, ou seulement un cerf, qui va la nuit viander dans les champs, et qui en revient le matin de très bonne heure, on entoure cette enceinte de toiles, pendant le jour, du côté opposé au champ, et, dans le milieu de la nuit, on les prolonge, si, d'après le rapport du chasseur qu'on a envoyé en observation, le cerf est sorti dans les champs ; on les étend alors jusqu'à l'endroit par où le cerf passe, et de manière à lui barrer entièrement le chemin. Lorsque cette opération, qui doit se faire avec le plus grand silence, est terminée, et que l'on s'est servi d'une corde à loques doublée, on place des hommes près de cette corde, du côté par où la bête doit revenir, et à trente ou cinquante pas de distance les uns des autres, et on fait observer la bête pour savoir quel chemin elle prendra, lorsqu'elle trouvera son rembûchement fermé. Si, comme cela arrive presque toujours, elle se retire dans le fourré voisin, qu'on aura eu soin d'entourer en grande partie, on s'empresse de tendre la lisière du bois qu'on avait laissée ouverte du côté des champs, et l'on procède ensuite comme nous l'avons dit, en parlant de la première sorte de chasse. Ces chasses sont quelquefois très avantageuses, et peuvent, au besoin, s'exécuter au moyen de la corde à loques doublée ou triplée ; mais elles sont toujours plus sûres, quand on se sert de toiles ou de filets.

III. *Troisième sorte de chasse avec toiles ou filets, etc.*

Cette chasse, que les Allemands appellent *Bestatigtes-yagen*, consiste à détourner les cerfs avec un limier, à les environner de toiles ou de filets, et à les tuer dans une enceinte ainsi entourée. Cette enceinte se nomme *lauf*, en allemand ; ce qui signifie cours, ou carrière : lieu destiné à la course. Nous l'appellerons donc le *cours*.

Cette chasse, dont les apprêts durent plusieurs jours, est une des grandes chasses de l'Allemagne. Elle a pour objet de réunir, dans une petite enceinte, le gibier d'une grande étendue de forêt.

Quand il s'agit de faire cette chasse, il faut, le matin, détourner les cerfs, en procédant suivant les règles prescrites à cet égard, et les environner de toiles ou filets ; mais pour rendre la chasse d'autant plus assurée, il convient de placer en avant des filets un chasseur avec un limier.

Lorsque le canton de bois est entouré de toiles, on s'occupe de resserrer la chasse petit à petit ; ce qui se fait en employant une quantité d'hommes suffisante (1), qui, placés de distance en distance, traversent le canton, et en séparent chaque fois, par des toiles, la portion du canton qui a été traquée.

Dans ces traques, les batteurs, entremêlés de chasseurs, et conduits par eux, doivent être très rapprochés, et placés chaque fois tout près des toiles ou filets, afin de ne laisser retourner aucune bête ; lorsqu'on peut les disposer sur toute la ligne, le commandant de la chasse, qui, ordinairement, se place à l'aile droite, doit crier : *ho, ha ho! en ordre, en ordre.*

Ces cris, ainsi que tous les ordres donnés de cette manière par le commandant, sont répétés par les chasseurs qui conduisent les hommes employés aux battues, et lorsque le dernier traqueur est placé, le même cri se renvoie jusqu'au commandant, pour faire connaître que tout le monde est à sa place. Alors le commandant donne l'ordre d'avancer, par ces mots : *Ho, ha ho! allons, allons, allons!* cris que répètent de suite les chasseurs ; et quand la battue doit s'arrêter et se remettre en meilleur ordre, le commandant crie : *ho ha ho! halte! En ordre, en ordre!* A-t-il alors à demander s'il n'y a rien en arrière ? il crie : *ho! quoi! en arrière?* et si les chasseurs répondent : *rien en arrière* ; il commande alors : *ho ha ho! allons, allons, allons!* Mais si les chasseurs répondent : *cerf en arrière!* le commandant crie : *ho, ha ho! en arrière en arrière!* Est-il question de dresser les filets? il crie : *il faut dresser!* Dans le cas du cri *allons!* les batteurs vont en avant ; lorsqu'on crie : *en arrière!* ils se partagent par le milieu, et se retirent vers les filets pour recommencer la battue ; enfin, dans le troisième cas, ils s'arrêtent jusqu'à ce qu'on ait tendu derrière eux les toiles ou

---

(1) M. Hartig dit plusieurs centaines ou un mille.

filets dont on se sera pourvu d'avance. Il est important d'avoir toujours, sur les ailes des batteurs, une provision de toiles ou de filets suffisante pour pouvoir les tendre partout où il est besoin, et empêcher le gibier de sortir. Il faut aussi placer, pendant la nuit, autour de l'enceinte, des feux de cent pas en cent pas, et, toutes les heures, envoyer un chasseur de feu en feu, ou, ce qui vaut encore mieux, des rondes de chasseurs, pour s'assurer si les personnes chargées de veiller et d'entretenir les feux font leur devoir, et si les filets sont en bon état (1).

On continue ainsi jusqu'à ce que l'enceinte soit réduite au point de n'avoir plus besoin, pour être entourée, que de dix longueurs de toiles. Alors cette enceinte, *Pl.* 25, *fig.* 4, que nous appellerons *réduit*, du mot allemand *zwangtreiben*, doit être entourée d'un filet double, disposé en circuit vers la base de la figure, afin que le gibier ne puisse sortir(2). Il faut aussi, quand le *réduit* manque de nourriture et d'eau pour le gibier, lui procurer le fourrage convenable, selon la saison, et faire apporter de l'eau propre dans des auges ou des baquets dont le fond et les côtés seront garnis de gazons et de pierres, pour les rendre semblables aux endroits où le gibier boit ordinairement. Si on négligeait de lui procurer ces secours, et qu'il fût plusieurs jours sans boire et sans manger, il s'affaiblirait extraordinairement et finirait par périr.

Lorsque tout ce qu'on vient de dire a été bien préparé et exécuté, on pratique, dans le réduit, l'endroit destiné au *cours* ou *tir* ; et d'après le plan de la chasse, dressé dans le principe, le réduit doit aboutir à une clairière ou à une futaie très claire, à un jeune taillis, à un pré ou à un champ, et il ne doit avoir de ce côté que la largeur d'une toile. C'est là qu'on forme le cours (lieu du tir) dont la clôture, composée ordinairement de cinq toiles et de celle qui sépare le réduit, a la forme indiquée par la partie *h*, *i*, *k* de la *fig.* 1re, *Pl.* 25, ou par toute autre figure analogue ; mais cette clôture, fixée par des perches inclinées et fortement enfoncées en terre, doit être disposée de manière qu'elle, doublées à l'extérieur par des filets, ne soient éloignées de chaque côté de l'embuscade *g* (3) que d'environ cinquante à soixante pas, et que l'on ne puisse apercevoir ni perches ni aucune corde dans l'intérieur du tir. (La *Pl.* 24 représente plus en grand le lieu du tir.) Enfin, il faut pratiquer, du côté par où la *haute compagnie* doit entrer dans l'enceinte du tir, une espèce de portique en toile, soutenu par des fourches, et marquer, des deux côtés de l'embuscade,

par de grandes branches attachées à la toile, la distance à laquelle la compagnie peut tirer sans danger pour les autres hommes. Si l'on voulait faire chasser par des chiens, dans l'enceinte même, les cerfs après qu'ils auraient été tirés, il faudrait faire pour les chiens une baraque en branches d'une étendue suffisante, soit en *h* et *i*, soit près de l'embuscade, en *k*, *Pl.* 25.

Le lendemain matin, avant que la haute compagnie arrive, on fait avancer les cerfs vers le lieu du tir, et on tend une toile à une certaine distance de celle *a b*, ce qui forme la chambre *A*, qui n'est entourée que de quatre toiles.

Enfin, lorsque la société est arrivée, elle monte sur l'embuscade *g*, *Pl.* 25, *fig.* 1re, ou bien elle se place sous le pavillon qui occupe le milieu du tir, *Pl.* 24. Toute la chasse en uniforme est placée sur un ou plusieurs rangs, à côté de l'embuscade, et sur l'alignement de la toile transversale, et tous les chasseurs sont armés de bâtons de chasse, qui doivent être *écorcés*, si les cerfs n'ont pas encore refait leur bois, et *écorcés* dans le cas contraire ; plusieurs valets de limier tiennent les braques ou les chiens courans accouplés. Le chef de la chasse, placé devant les chasseurs, qui ont le chapeau bas, ainsi que tous les autres, attend l'ordre pour entrer dans le bois. Cet ordre se donne dès que les équipages ou les chevaux de la compagnie sont sortis de l'enceinte du tir, et que la toile étendue, en forme de portique sur des fourches, pour servir d'entrée, est descendue et fixée pour continuer la clôture. Alors le rang de chasseurs se partage en deux sections, par le milieu ; chacun remet son chapeau, et ils marchent au commandement ordinaire de chasse : Yo, ho ho, ha ho ! yo, ho, ha ho, yo ! etc. ; le chef se rend à l'aile droite *a* (*Pl.* 25, *fig.* 1re) avec la première section, et le chasseur qui le suit en grade conduit l'autre section, à l'aile gauche *b* ; ensuite plusieurs personnes, placées derrière la toile transversale *a b*, la détachent des perches pour ouvrir la chambre, et alors les piqueurs se placent avec les chiens courans et les gros chiens de chasse dans les baraques *h* et *i*, où ils attendent de nouveaux ordres.

Les chasseurs, qui sont entrés dans le bois avec des braques, et qu'on a placés à l'avance sur la seconde toile, se divisent pour commencer la battue, lâchent les chiens, et s'avancent jusqu'à la toile *a*, *b*, qu'on rétablit alors pour empêcher le gibier de rentrer dans la chambre ; quant au corps des chasseurs, il reste dans l'enceinte du tir en *a* et *b*, où d'ailleurs sont placés les sonneurs de cor, pour en donner lorsque les cerfs entrent dans cette enceinte, et de temps en temps pendant la chasse.

On force les cerfs à avancer dans le lieu du tir en attachant à la toile transversale des perches garnies de morceaux de drap qui les effraient. Quand les cerfs sont tués, des porteurs vêtus de jaquettes, de pantalons verts, et de chapeaux ronds, les emportent sur des brancards et les déposent en rang, d'après leur taille, au point *k*, de manière que leur tête soit dans la direction de l'embuscade. Alors les chasseurs des deux ailes, au cri accoutumé, se rapprochent, se remettent dans l'ordre précédent devant l'embuscade, ayant la tête nue, et le chef de la

---

(1) Il faut faire porter du bois pour ces feux, et ne pas permettre que chacun en coupe à sa volonté.

(2) L'expérience a fait connaître que le gibier, ainsi réduit, cherche à s'échapper sur plusieurs points, lorsque les filets sont disposés en pointe, en ligne droite ou en angle peu obtus. Mais lorsqu'ils sont disposés en circuit, ou qu'ils forment un angle obtus, le gibier court ordinairement dans l'intérieur, sans chercher à sauter par dessus ; ou à passer à travers.

(3) Cette embuscade est le lieu où la haute compagnie, c'est à dire les personnes notables de la chasse, attendent les cerfs. Il est fait en planches, ou en branchages, ou en toiles.

chasse présente au prince et aux autres personnes de qualité des rameaux de chêne, pour être attachés à leurs chapeaux comme signe de bonne chasse. Pendant cette cérémonie, la musique, placée sur la ligne *a*, *b*, joue des airs de chasse jusqu'à ce que la haute compagnie se soit retirée; laquelle, si elle l'ordonne, doit être précédée à cheval, tant à son arrivée qu'à son retour, par quelques chasseurs ou par toute la chasse.

M. Hartig fait observer que, dans cette chasse, il ne s'agit que du cerf; mais que si d'autre gibier se trouvait renfermé dans les toiles et qu'on ne voulût pas le laisser entrer dans l'enceinte du tir, il faudrait le séparer d'avance, et le faire sortir, afin d'éviter le ridicule de voir, dans l'enceinte où l'on attendrait un cerf dix cors, apparaître un misérable lièvre ou une pauvre chevrette, etc. Cette séparation peut se faire en grande partie dans les battues, en laissant passer en arrière les espèces de gibier qu'on ne doit point chasser. Mais si on avait réuni des cerfs tirables de jeunes cerfs ou des vieilles biches, et qu'on ne voulût point, comme de raison, les laisser paraître sur le tir, il faudrait en faire sortir, pendant le jour, la séparation dans le réduit et les faire sortir. On sépare les biches, les chevreuils, les sangliers, en levant le dessous de la toile *c d*, *fig*. 4, *Pl*. 25, par des fourches de 2 pieds et demi de haut; ces ouvertures suffisent pour le passage des biches, des daguets, des chevreuils, des sangliers, des lièvres et des renards, qui passent alors dans la chambre A; mais les forts cerfs sont presque toujours retenus par leur bois. S'il se trouve encore des jeunes cerfs à séparer des grands, on y procède, après les avoir fait entrer dans la chambre A, en employant quelques perches à poulie au moyen desquelles on fait baisser ou lever la toile *c d*, *fig*. 4. On laisse approcher les uns et les autres de ces perches, et on les sépare en levant ou abaissant la toile selon qu'il se présente un jeune ou un vieux cerf. Enfin, quand malgré toutes les précautions qu'on aura prises, on n'a pas encore atteint son but, il ne reste souvent d'autre parti que de prendre les cerfs dans des filets, et de mettre les jeunes en liberté.

Et comme en tout la variété est agréable, on contribuera à augmenter le plaisir de cette chasse, en diversifiant la manière de la faire, ainsi que la forme du tir. On peut tirer les cerfs soit du dedans, soit du dehors de l'embuscade, et on peut aussi courre le cerf à cheval avec des pistolets; mais dans ce dernier cas, il faut que le cours ou l'enceinte du tir soit plus grand et plus long.

On ajoute encore beaucoup à l'agrément de cette chasse, en faisant sortir le gibier des deux côtés du cours ou tir, comme il est représenté par la *fig*. 2, *Pl*. 25. Pour cet effet on pratique deux chambres opposées A et B, ayant chacune la largeur d'une toile, et seulement la moitié en longueur. Lors de la chasse, les toiles *a b* et *c d*, sont renversées, et quand le gibier est chassé par les chiens d'une chambre dans l'autre, on le tire de l'embuscade X.

On peut, quand la localité le permet, obliger le cerf à sauter de la chambre dans le lieu du tir, soit par une petite terrasse, soit au moyen de perches soutenues en travers, par des fourches de trois pieds de haut; ou bien s'il passe un ruisseau dans le tir, en retenir les eaux pour en former une petite rivière, forcer le cerf et les chiens à s'y jeter, ou enfin convertir tout le tir en un étang, pour y faire la chasse qu'on appelle *chasse à l'eau*; mais, dans ce cas, il faut que les toiles ou les filets, qui entourent le tir, soient fixés à quatre pieds au dessous de l'eau par des pierres scellées en terre, et que le tir soit placé sur un radeau, ou qu'on se serve d'un batelet. Enfin, un chasseur intelligent a une foule de moyens de diversifier la chasse, et d'en augmenter l'agrément.

Les principales règles à observer dans cette chasse sont celles-ci après :

1°. Il faut, avant tout, faire des quêtes très exactes dans les bois;

2°. Pendant qu'on tend les filets, on doit encore s'assurer de nouveau de la présence du gibier, afin de ne point s'exposer à faire une chasse vaine;

3°. Il faut, dans les battues, laisser passer le gibier qui ne doit point paraître au tir;

4°. Il ne faut pas priver de toute espèce de couvert le cerf qu'on a entouré de toiles ou filets, parce qu'il se tourmenterait trop, s'il ne pouvait se reposer; on doit toujours veiller aux toiles ou filets, et faire des feux pendant la nuit.

5°. Il faut, autant que possible, diriger les battues de manière que le gibier trouve, sur la route, jusqu'à l'endroit du tir, de l'eau et de la nourriture; mais lorsque cela n'est pas possible, on lui procure un fourrage agréable et de l'eau propre, ainsi qu'on l'a dit.

6°. On ne doit pas négliger de doubler avec des filets à mailles carrées les toiles qui entourent le réduit et le tir; on choisit pour le réduit un gaulis lorsqu'on doit y séparer le gibier.

7°. On écarte toute espèce de gibier qui ne doit point paraître dans le tir; on ne laisse que des cerfs, et, s'il est possible, que des cerfs tirables.

8°. Le tir doit être placé dans une situation pittoresque, et avoir une forme agréable.

9°. On doit varier aussi souvent que possible le mode de chasse et la forme du tir.

10°. Enfin on doit, dans cette chasse comme dans toute autre, pourvoir à ce que la société puisse arriver commodément, et pour que, dans aucun endroit, la difficulté ou le danger ne puisse interrompre ses plaisirs.

IV. *De la même chasse en grand*.

La chasse que nous venons de faire connaître, d'après la description qu'en donne M. Hartig dans son *Lehrbuch fur yager*, se fait aussi en grand. Alors on entoure une enceinte d'une étendue considérable avec des toiles ou des filets, et petit à petit on concentre un grand nombre de gibier dans un espace resserré.

M. Hartig assure que dans le royaume de Wurtemberg, où il était grand maître des forêts en 1811, il s'en faisait plusieurs chaque année, dans lesquelles on tuait ordinairement de quatre à cinq cents grosses bêtes en peu d'heures.

Voici, d'après cet auteur, comment on y procède. Il faut un grand nombre de filets ou de toiles, de chasseurs et de traqueurs. On s'occupe d'abord du plan de la chasse et, pour cet effet, il faut parcourir les lieux à cheval, et les examiner attentivement avec les gardes de chaque canton et des chasseurs instruits des demeures des animaux; on rédige alors un plan général, et on en fait part aux chasseurs assemblés, pour que chacun connaisse et remplisse ses devoirs avec exactitude. On doit observer, pour former son plan, les règles suivantes:

1°. Il ne faut pas embrasser une étendue trop considérable pour les engins et les hommes qu'on doit employer.

2°. On doit pousser le gibier, tant qu'il est en liberté, vers les endroits où l'on sait qu'il se rend le plus volontiers.

3°. Quand, dans le commencement des battues, on ne peut envelopper la totalité du canton par des toiles ou des filets, et que, dans quelques parties, on y supplée par des cordes garnies de morceaux de drap, par des hommes et par des feux de nuit, on doit au moins, dans ce cas, chercher à garantir par des filets permanens les côtés de la battue dont on aura débusqué le plus grand nombre de bêtes, parce qu'elles chercheront à retourner à leurs demeures pendant la nuit, et que souvent rien ne peut les en empêcher, si ce n'est les toiles et les filets.

4°. On doit presser les battues autant que possible, et pour cet effet employer, pendant les deux premiers jours, plutôt trop de monde que trop peu.

Lorsque le plan général de la chasse est arrêté qu'on a mesuré et noté le périmètre du canton où il sera nécessaire d'établir en premier lieu des engins de chaque espèce, et qu'on a donné les ordres nécessaires aux gens de la chasse, on prescrit aux chasseurs chargés des attirails de se rendre ponctuellement aux endroits indiqués avec les différens engins dont on a besoin; on commence le matin, de bonne heure, à faire la battue sur tous les côtés de la forêt à la fois, et lorsqu'on arrive sur une ligne qui a besoin d'être entourée de toiles, on fait faire halte aux traqueurs qui s'avancent de tous côtés. Ensuite on place des toiles ou des filets sur les différens endroits qu'on a déterminés et mesurés à l'avance, en commençant par les deux ailes, et à mesure que les toiles se tendent, on fait passer les traqueurs devenus superflus dans les parties de la ligne où l'on n'a point établi de toiles ou de filets, afin d'en renforcer la garde. Lorsqu'on peut parvenir, avant le soir, à entourer toute une enceinte de toiles capables de la garder, c'est une très bonne opération; mais, si cela n'est pas possible, et qu'on soit obligé de laisser une partie de la circonférence ouverte ou seulement entourée de cordes garnies de morceaux de drap, il faut y placer les hommes à des distances très rapprochées pour y passer toute la nuit, et de plus établir à l'extérieur de toute cette ligne des feux suffisans pour effrayer le gibier et l'empêcher de la franchir (1). Le lendemain matin, on fait avancer une forte troupe de traqueurs que l'on conduit, tant qu'il se trouve des endroits non entourés, par les toiles qu'on a tendues en premier lieu, et l'on termine ainsi la battue. Lorsque cette opération, dans la-

quelle, à la vérité, il s'échappe quelques pièces de gibier, est faite, c'est à dire lorsque toute l'enceinte est entourée de toiles, on fait faire des battues dans les endroits clair semés de bois, en ayant soin de ne point placer les traqueurs trop près du fourré; puis on lève les toiles et on les replace derrière eux. Par ce moyen, on réduit la circonférence de l'enceinte, et il reste alors assez de toiles pour pouvoir en placer derrière les traqueurs après ces dernières battues, avant de dégarnir l'espace déjà traqué.

On continue tous les jours les battues; comme il a été dit à l'article précédent, on procure au gibier de la nourriture et de l'eau, s'il en manque. Lorsque les battues tirent à leur fin, on double les filets, on établit des feux derrière pendant la nuit, et on chasse enfin le gibier dans un réduit d'une étendue suffisante, aboutissant au lieu du tir. S'il se trouve des sangliers dans la chasse, il faut, aussitôt que l'enceinte se rétrécit un peu, doubler les toiles à l'intérieur avec des filets, et, dès le commencement, fixer fortement en terre, avec des piquets placés de 3 pieds en 3 pieds, les cordes inférieures des toiles et du reste, ne point négliger la garde de nuit ni les feux, parce que cette espèce de gibier se fait jour facilement (1).

Il s'agit maintenant de savoir si l'on fera entrer dans le tir les animaux mêlés, ou si, ce qui est plus agréable, on séparera la bête fauve d'avec la bête noire et les cerfs d'avec les biches. Lorsqu'on se décide pour le premier parti, il n'y a rien autre chose à faire, pour que le gibier n'entre point tout à la fois dans le tir, que de le partager dans le réduit en deux ou trois chambrées : pendant que les animaux de la première chambrée sont dans le tir, on fait passer ceux de la seconde dans la première, et ensuite ceux de la troisième dans la seconde. Mais, si on veut faire entrer, séparément et successivement dans le tir la bête fauve et la bête noire, les cerfs et les biches, auquel cas il est d'usage de commencer par les sangliers, de passer ensuite aux biches, aux daguets et aux chevreuils, et de finir par les cerfs, il faut procéder à la séparation, la veille de la chasse, comme il a été dit à l'article précédent : on n'a alors que trois chambres à faire dans le réduit, et qu'à chasser les sangliers de la chambre B dans la chambre A.

Pour effectuer cette séparation, on lève la corde inférieure de la toile transversale c d, fig. 4, Pl. 25, qui se trouve devant la chambre vide A, au moyen de fourches ayant seulement 1 pied de haut ; on chasse doucement le gibier devant soi, et on laisse passer les sangliers par dessous la toile. S'il arrive que quelques chevreuils passent avec eux, ce à quoi il faut bien faire attention, on cherchera à les faire entrer dans la chambre B, soit en employant des perches à poulies, soit en les chassant dans l'angle c ou d, et après y avoir un peu levé le dessous de la toile, en les poussant dans ladite chambre B, soit, si ce moyen

---

(1) Chaque soir on renvoie les hommes devenus inutiles.

(1) On ne doit pas permettre que l'on coupe chaque fois sur place la grande quantité de piquets nécessaire pour fixer les toiles; cela causerait un dommage énorme aux forêts ; il faut en faire conduire en quantité suffisante, et les rassembler pour s'en servir au besoin.

ne peut réussir, en les prenant dans des filets, et en faisant ainsi une séparation complète.

On procédera, dans tous les cas, de manière à ce que les sangliers occupent la chambre A, les biches, les daguets et les chevreuils la chambre B, et les cerfs la chambre C. C'est dans cet ordre qu'on les chassera. Mais si l'on voulait disposer la chasse de manière à laisser à la *haute compagnie* à déterminer par quelle espèce de gibier elle veut commencer, il faut que la toile de traverse *a b*, *fig.* 3, *Pl.* 25, soit à poulie, et que les chambres A B C soient disposées de manière que chaque espèce de gibier puisse sauter par dessus la toile *a b*, lorsqu'on la baissera et être chassée à volonté.

Comme dans cette grande chasse il arrive beaucoup de gibier à la fois dans le tir, et que s'il n'était pas chassé par de petits chiens qui l'obligent à circuler en trottant dans l'enceinte du tir, il se presserait avec force sur l'arc *g h*, quelquefois même le franchirait, ou si c'était de la bête noire, se ferait jour à travers, il est nécessaire de former la chambre D, qu'on entoure de toile en double, et qu'on masque au besoin, de manière à ce qu'on n'en puisse rien voir de l'endroit du tir. Indépendamment de la grande embuscade destinée à la haute compagnie, on en construit encore quelques unes plus petites pour les personnes de la suite, et on a soin de tirer vers l'arc *g h*, à cause de la grande quantité de spectateurs qui se trouvent placés sur les lignes *a g* et *b h*, ou sur des échafaudages construits à cet effet. Du reste, la chasse se fait comme nous l'avons dit à l'article précédent. Cependant, il faut observer qu'il est nécessaire de placer à l'intérieur du tir une toile à hausse et à baisse, pour mettre en liberté l'espèce de gibier qu'on ne voudrait pas tuer, et que, quand on a tué une grande quantité de bêtes, on doit les ranger de manière que les gros cerfs et les forts sangliers soient placés devant l'embuscade, les daguets et les biches, les chevreuils et les marcassins derrière, ayant tous la tête dirigée vers l'embuscade.

V. *De la chasse avec appareil et festin.*

La chasse que nous venons de décrire, et que l'on peut prolonger d'ailleurs en prenant quelques pièces de gibier vivant, se fait quelquefois avec un grand appareil: les chasseurs paraissent en grand uniforme; l'embuscade est ornée avec élégance; et en général on emploie tous les moyens qui peuvent embellir la chasse. Voici ceux de ces moyens qu'indique M. Hartig:

On donne à l'embuscade la forme d'un temple de Diane (*Pl.* 24), soutenu par six ou huit colonnes, et entouré d'une espèce de parapet de 3 pieds et demi de haut; on revêt les colonnes de petits sapins, ou de branches de pin ou d'autres bois, ainsi que l'extérieur et l'intérieur du toit, qui doit avoir une belle forme voûtée; on pose la partie inférieure du toit sur les colonnes, et on place sur la coupole des têtes de cerfs ornées de leurs bois; ou, si c'est à la Saint-Hubert, on y place la croix de saint Hubert; on entoure les colonnes de guirlandes de chêne, et on attache de semblables guirlandes un peu épaisses d'une colonne à l'autre, vers la partie inférieure du toit, ainsi qu'au parapet circulaire; on garnit le sol de planches qu'on recouvre de mousse bien verte. Par ces moyens, on donne à l'embuscade, si d'ailleurs elle est dans de justes proportions, un aspect très agréable, et l'ensemble du tir présentera un coup-d'œil charmant, si, après avoir enfoncé des pieux tout près des toiles qui forment l'enceinte du tir, on les entrelace de rameaux flexibles et qu'on garnisse le treillage de branches d'arbres résineux, de manière que le pourtour du tir ressemble à une belle haie vive, et qu'on n'aperçoive aucun vestige de toile ou de filets.

On fait aussi préparer, hors du lieu de la chasse, dans une place convenable, un salon orné dans le même genre, où l'on puisse servir à la haute société un repas froid, soit avant, soit après la chasse; on ne néglige point la musique, et, en général, rien de ce qui peut donner à la chasse le plus de pompe et d'agrément possibles. (*Voyez* la *Pl.* 24, qui donne une idée de cet appareil.)

On voit des espèces de portiques sous lesquels les cerfs sont obligés de passer pour entrer dans le tir; des couronnes sont suspendues à la voûte de ces arcades par des liens qui cèdent à l'effort que fait le cerf en passant, et qui laissent la couronne suspendue au bois de l'animal.

VI. *De la prise des animaux vivans.*

Quelquefois on veut prendre les cerfs et d'autres gibiers en vie pour les transporter dans quelques lieux. Dans cette chasse on procède comme nous l'avons dit précédemment: on entoure une enceinte avec des engins solides, des toiles, s'il est possible, et on prend les cerfs dans des filets, soit dans le réduit dont nous avons parlé, soit dans une enceinte de cent vingt pas de large et de deux cents pas de long. Quand on veut faire la prise dans le réduit, il faut l'établir dans un lieu qui ne soit pas trop garni de bois ni de broussailles; et qui soit placé de manière qu'il s'y trouve une large allée, ou un vide d'une étendue suffisante pour y établir des filets. Mais il est plus agréable de faire cette chasse dans une enceinte dégarnie de bois, attenant au réduit, et contenant, comme il est dit plus haut, cent vingt pas de large et deux cents de long.

On procède de la manière suivante pour la prise des cerfs: on établit à travers le cours, et en passant par le milieu, un panneau propre à prendre les cerfs, et on fait placer des deux côtés de la toile les caissons ou paniers nécessaires pour les transporter. Lorsque tout est disposé, on chasse le gibier, mais en petit nombre à la fois, du réduit dans le cours, et, lorsqu'il est passé, on relève la toile de traverse, afin qu'il ne puisse rétrograder. Lorsqu'une bête est tombée dans le filet, il faut que des chasseurs ou d'autres hommes très forts y courent pour s'en emparer. L'important pour la prise d'un cerf est que deux hommes le saisissent par le bois, et qu'un troisième, qui le prend par le museau, cherche à lui tenir la tête tout près de terre: d'autres viennent au secours pour le saisir par les côtés et par le derrière; le débarrassent avec précaution du panneau; et, après lui avoir passé une corde autour de son bois, le poussent devant la caisse ou le caisson qu'on a apporté près de là, et qui est ouvert d'un côté; alors on passe les deux extrémités de la corde à travers la caisse et le trou destiné à donner de l'air, qui se trouve à la porte opposée qui est alors fermée, et, tirant le cerf avec cette corde, et le poussant d'ailleurs, on le force d'entrer dans la *caisse*. (*Voyez* ce mot.) Pendant cette manœuvre, un autre homme placé à la caisse pousse la porte petit à petit, et la ferme. Après quoi, l'on quitte l'un des bouts de la corde passée autour du bois du cerf, et on tire l'autre bout pour la faire sortir de la caisse; puis on reporte cette caisse à sa première place. Lorsqu'on a pris ainsi tous les cerfs, on élève les caisses qui les renferment sur des voitures qu'on a préparées à cet effet; on y place deux caisses sur chacune, on les assujettit d'une manière solide, et on les transporte de suite à leur destination sous la surveillance de gardes forestiers, et au moyen de relais qui vont jour et nuit.

Dans quelques endroits, on a l'habitude de coucher sur le dos le cerf qu'on a pris, de lui croiser les pieds et de le porter ainsi à la caisse. M. Hartig dit avoir employé ce moyen; mais il regarde le premier comme plus commode et moins dangereux pour la bête et pour les hommes qui la saisissent, surtout quand on approche la caisse le plus tôt possible.

Quand la haute compagnie veut assister à la prise des animaux, on lui prépare un local à l'un des côtés du panneau, et on place à l'autre côté des musiciens qui exécutent des fanfares toutes les fois qu'un cerf est tombé dans le panneau. Quant à la manière d'employer les filets, de les dresser, etc., nous l'avons indiquée en parlant des filets. (*Voyez* ce mot.)

On a l'usage, dans quelques pays, de verser un baquet d'eau entre les pieds de derrière du cerf qu'on a pris, et de lui fourrer dans la gorge trois pilules de poudre à tirer mouillée, chacune de la grosseur d'une noix. M. Hartig, sans vouloir décider que cette pratique ne soit pas utile, assure qu'elle n'est pas d'une grande nécessité.

Il est important, dans cette chasse, de commencer par séparer de tout autre le gibier qu'on veut prendre, et de ne point le faire courir inutilement et l'échauffer. Mais quand on veut prendre les cerfs d'une harde dans laquelle il se trouve des biches et même des chevreuils, il arrive ordinairement que les biches et les chevreuils tombent les premiers dans les filets, et qu'on est obligé de faire courir çà et là les cerfs avant de les prendre. Dans cette opération, il arrive souvent qu'un grand nombre de biches et de chevreuils périssent, et souvent aussi que les cerfs sont si fatigués et si échauffés, qu'ils meurent avant d'arriver au lieu de leur destination.

Quand le transport doit durer pendant plusieurs jours ou plusieurs semaines, on place, comme nous l'avons déjà dit, un petit râtelier dans la caisse, qui doit d'ailleurs être matelassée dans tout son intérieur, et on donne aux cerfs trois fois par jour, le matin, à midi et le soir, de l'eau fraîche, de l'avoine, des fruits, des navets, des pommes de terre, du trèfle vert, ou du bon trèfle sec, nourriture qu'ils prennent souvent avec avidité dès le deuxième jour, surtout quand, avant la prise, ils n'en ont pas eu beaucoup. M. Hartig rapporte qu'une daine à qui il présenta un morceau de pain, aussitôt qu'elle fut prise, le saisit et le mangea; mais il attribue cela au trouble extraordinaire que cette bête éprouvait. Dans cette même chasse, il n'eut point assez de caisses pour six daims. Il leur fit lier d'abord les pieds de derrière, puis les pieds de devant avec des courroies, enfin les pieds de derrière avec ceux de devant, les fit porter ainsi sur des chariots à ridelles qu'on avait bien garnis de paille, et transporter à plusieurs lieues de distance sans qu'il arrivât le moindre accident.

M. Desgraviers conseille d'employer, de préférence aux caissons en usage en France, des paniers en osier fort, ayant un petit jour ou une fenêtre de chaque côté, excepté au fond. (Voyez *Paniers*.) Les cerfs, les daims ou chevreuils s'y trouvent mieux et sont moins fatigués que dans un caisson, où, étant plusieurs ensemble, ils se tourmentent.

Le même auteur ajoute que lorsqu'un cerf a donné au panneau, on lui scie la tête (le bois) jusqu'au premier andouiller, dont on scie aussi le petit bout, afin qu'il ne puisse blesser personne. Quatre hommes l'enlèvent et le placent dans le panier, et, s'il n'y a pas de panier, on attache au pied de l'animal une courroie de cuir, longue de 6 pieds ; deux hommes à sa tête, l'un d'un côté, l'autre de l'autre, le font marcher ainsi. S'il veut forcer les deux hommes qui le tiennent à la tête, celui qui tient la courroie par derrière tire le pied à lui, et ôte par ce moyen toute force à l'animal, qui finit par se rendre, et se laisser conduire comme s'il était privé. Mis dans le panier, on lui jette un peu d'eau sur le corps par la petite fenêtre, ce qui le rafraîchit.

Piéges que l'on tend aux cerfs. On choisit un arbre haut de 10 à 12 pieds, et dont la tige n'ait que la grosseur d'une perche; on l'ébranle jusqu'à la cime du côté par où l'on suppose que le cerf passera, et on y attache un collet de corde; on cherche ensuite vis à vis un arbre près duquel on attache un piquet auquel on fait un crochet à la hauteur de 4 ou 5 pieds, après cela, on tire par la corde du collet l'arbre auquel il est attaché, on lui fait faire l'arc et on l'arrête dans la coche du piquet; le collet doit être mis à la hauteur de l'animal, de manière qu'il y mette la tête quand il voudra passer. Si le piége réussit, l'arbre, par son élasticité, sortira de la coche avec violence, enlevera le cerf et l'étranglera.

On peut imaginer différentes sortes de piéges pour prendre le cerf, et quelques uns de ceux que l'on tend au loup peuvent convenir.

CHAPITRE VI. — Dispositions réglementaires.

Dans notre ancienne législation, la chasse du cerf et de la biche était royale; elle était particulièrement réservée pour la personne du roi et des princes, et elle n'était accordée par les coutumes d'Anjou, tit. Ier, article 36, du Maine, tit. II, article 40, du Hainaut, chap. 104, article 3, qu'aux châtelains ayant forêts ou longue possession. L'article 15 du titre XXX de l'ordonnance de 1669 défendait même aux gentilshommes et nobles de chasser les cerfs et les biches.

Les peines prononcées contre ceux qui tuaient des cerfs, biches et faons, par les articles 12, 13, 14, 15 et 16 des ordonnances de janvier 1600, et juin 1601, étaient celles ci-après : amendes de 83 écus un tiers pour la première fois ; en cas de récidive, le délinquant était battu de verges autour des forêts, et banni à quinze lieues ; et pour la troisième fois, envoyé aux galères, ou battu de verges, et banni perpétuellement du royaume, et ses biens confisqués. Ces articles ajoutaient que ceux qui auraient chassé plusieurs et diverses fois aux *cerfs*, *biches* et *faons*, sans avoir été punis, seraient condamnés en 166 écus deux tiers d'amende, s'ils avaient de quoi payer, et, à défaut de paiement, qu'ils seraient battus de verges aux environs des forêts, et bannis à trois lieues à l'entour, avec confiscation de la venaison, chiens et filets.

La peine capitale prononcée par l'article 14 de l'ordonnance de 1601 avait été supprimée par l'ordonnance de 1669, qui défend (art. 2, tit. XXX) de condamner au dernier supplice pour le fait de chasse.

Les peines corporelles ne se prononçaient que contre les roturiers. (Ordonnance de 1600, article 24, et de 1669, tit. XXX, art. 13.)

Le droit exclusif de la chasse a été aboli par les lois des 4, 5, 7, 8 et 11 août 1789, et il a été seulement défendu par la loi du 30 avril 1790 de chasser sur le terrain d'autrui sans son consentement.

La chasse, dans les forêts royales, a été interdite à toute personne par la même loi du 30 avril et par l'arrêté du 28 vendémiaire an v.

D'un autre côté, les peines infamantes ont été supprimées pour les délits de chasse et tous les délits forestiers.

Ce nouvel ordre de choses a rendu sans application la plupart des anciennes dispositions réglementaires concernant cette matière. (*Voyez* à cet égard le mot *Chasse*.)

CERF DE MEUTE. On nomme ainsi celui que l'on a lancé et qu'on suit.

CERVAISON. Saison où le cerf est gras, depuis la fin de juin jusqu'à la mi-septembre. On dit d'un cerf bien gras qu'*il est en pleine cervaison*.

CERVEAUX ou CERF-VA-AUX. Terme dont on se sert pour appuyer les chiens lorsqu'ils chassent en crainte ou qu'ils rapprochent. On prononce *cerf-va-aux*.

CERVIER, *loup-cervier*. C'est le lynx.

CHAIR. En fauconnerie, on doit remettre un oiseau maigre en *chair*, c'est à dire l'engraisser. Être bien à la *chair*, c'est chasser avec ardeur. Ainsi on dit d'un oiseau ou d'un chien qu'il est bien à la *chair*, pour faire entendre qu'il chasse bien.

CHAMBRE. On appelle *chambres* les vides qui se trouvent dans le canon d'un fusil qui n'a pas été bien travaillé. Les fusils qui ont des chambres se salissent et crèvent facilement.

CHAMBRE DU CERF. Vieux terme qui signifie son *lit*, ou sa reposée pendant le jour.

CHAMBRE A PRENDRE LES LOUPS. (*Voyez* au mot *Loup*.)

CHAMOIS, *antilope rupicapra*, Lin. Quadrupède du genre des *antilopes*, et de la seconde section de l'ordre des *ruminans*.

Dénominations. En vieux français, *ysard, sarris* ; en allemand, *gemswild*; en anglais, *chamois*.

Description. Le chamois (*Pl.* 4, *fig.* 8) ressemble pour la grandeur et la forme au bouc domestique; mais il a le cou plus tendu, les jambes plus hautes, le corps plus court et plus ramassé, et il n'a point de barbe sous le menton. Sa longueur est de 4 pieds ; sa hauteur de 2 pieds et demi, et sa queue a 4 pouces de long. Les vieux chamois pèsent depuis 60 jusqu'à 100 livres. Le chamois a la lèvre supérieure un peu fendue ; les yeux grands, bruns et vifs ; les oreilles de 5 pouces de hauteur et garnies intérieurement de poils blancs ; les pieds assez longs, creux en dessous, pointus et écartés. Les deux sexes sont pourvus de cornes, avec la seule différence que celles du mâle sont plus grandes ; elles sont droites à leur naissance, se courbent en arrière vers les deux tiers de leur longueur et se terminent en pointe ; elles sont noires, creuses à leur base, marquées de stries longitudinales et d'anneaux transversaux peu apparens. Chaque année, on observe sur la plupart de ces cornes un anneau de plus, comme dans les animaux de ce genre. Le chamois est très chargé de longs poils qui couvrent la tête, le ventre et les pieds comme les autres parties du corps. Sa couleur est, au printemps, d'un gris blanc ; en été, d'un brun roussâtre ; en automne, d'un brun foncé et souvent noir.

La femelle est plus petite et plus alongée que le mâle, elle a aussi les cornes plus petites et plus minces, plus rapprochées à leur sommet et terminées par un crochet plus petit ; elle a quatre tettes.

On trouve, mais rarement, une variété de chamois qui est blanche et tachetée. L'âge rend aussi quelquefois les chamois tout blancs.

Le chamois est un animal hardi, rusé, prévoyant, fort, courageux et prompt à prendre la fuite. Il franchit les rochers avec la plus grande vitesse, saute par dessus les précipices les plus profonds, et se tient suspendu sur la pente des rochers. Il est l'emblème de la surveillance, et il est merveilleusement secondé pour cet effet par la finesse de l'odorat, de la vue et de l'ouïe. Les hardes ont leur chef qui veille à la sûreté commune, et qui, s'il aperçoit quelque chose de suspect, avertit par un sifflement toute la troupe, qui prend la fuite et se réfugie dans un lieu plus sûr. Outre ce sifflement, la femelle fait entendre une sorte de bêlement, et elle s'en sert pour appeler ses petits. On estime que le chamois peut vivre de vingt-cinq à trente ans.

Habitation. Les chamois habitent les Alpes du midi de l'Europe, et les chaînes des montagnes de l'Asie. On les trouve sur les montagnes du Dauphiné, du Piémont, du Tyrol, de la Savoie, de la Suisse, de la Carinthie, de l'Ukraine, de la Stirie, de Saltzbourg. On en voit aussi dans quelques unes des provinces de France qui bordent les Pyrénées. Ils craignent la chaleur, et ils habitent pendant l'été les plus hautes montagnes, les régions voisines des neiges et des glaces ; en automne, ils descendent un peu plus bas, et en hiver ils viennent dans les forêts des étages inférieurs ; ils se tiennent de préférence dans celles qui sont les plus épaisses, ou sous les vieux sapins et à l'aspect de l'ouest et du sud. Ils évitent les lieux fréquentés. Ils vivent par bandes de six, huit, dix, vingt et quelquefois davantage. Il y a de vieux boucs qui vivent solitaires.

Nourriture. Le chamois se nourrit des meilleures herbes; il choisit les parties les plus délicates des plantes, comme les fleurs et les bourgeons tendres des bois à feuilles; il est très friand de quelques herbes aromatiques, particulièrement de la *carline* et du *génippy*. Il boit très peu. L'hiver, il vit de racines, d'herbes, de jeunes pousses de sapins et de quelques herbes vertes qu'il découvre sous la neige, de plantes sèches, de mousses et de lichens. Ces plantes se pelotonnent quelquefois dans son estomac et forment des balles dures et rondes, semblables à des billes de billard. Elles sont ordinairement brunes et luisantes; on les employait autrefois dans les pharmacies.

Les chamois vont au gagnage vers le soir, et ils regagnent le matin les forêts, les rochers et les montagnes couvertes de neige, pour y reposer pendant le jour. Il n'y a que lorsque la nourriture est rare, qu'on les voit paître dans le jour. Tant qu'ils le peuvent, ils ne quittent point les hautes montagnes; mais lorsque la neige est trop épaisse, le froid trop rigoureux, le manque de vivres trop pressant, ils descendent dans les régions inférieures, où ils demeurent jusqu'à ce qu'ils puissent retourner à leur séjour ordinaire.

Propagation. Les chamois sont sociables entre eux, cependant les gros mâles se tiennent seuls et éloignés des autres, excepté dans le temps du rut, qu'ils s'approchent des femelles, et en écartent les jeunes. Ils ont alors une odeur comme celle des boucs, et même encore plus forte; ils bêlent souvent, et courent d'une montagne à une autre. Le temps de leur accouplement est en octobre et novembre. Les femelles font leurs petits en avril et en mai; elles prennent le mâle à un an et demi; elles font ordinairement un petit, et assez rarement deux. Le petit suit sa mère jusqu'au mois de septembre, quelquefois plus long-temps, si les chasseurs ou les loups ne les dispersent pas.

Ennemis. Le chamois est, ainsi que les autres animaux qui paissent en troupes, poursuivi par les animaux carnassiers, mais particulièrement par les *loups.* Les jeunes chamois ont à craindre les attaques des vautours et des aigles : lorsqu'ils sont très petits, ces oiseaux les enlèvent dans leurs serres ; et, lorsqu'ils sont plus forts, ils les poursuivent et les battent de leurs ailes pour les faire tomber dans des précipices. Les mères les défendent souvent contre ces oiseaux et sont attentives à ne point les conduire dans des endroits périlleux, jusqu'à ce qu'ils soient assez forts pour gravir et descendre les rochers.

Qualités. La viande du chamois est assez bonne à manger; celle des jeunes est délicate et d'un bon goût. Cet animal, quand il est bien gras, donne jusqu'à 10 ou 12 livres de suif, qui surpasse en dureté et en bonté celui de la chèvre. Son sang est extrêmement chaud; on prétend qu'il approche beaucoup de celui du bouquetin pour les qualités et les vertus; ce sang peut servir aux mêmes usages que celui du bouquetin; les effets en sont les mêmes en en prenant une double dose; il est très bon, dit-on, contre les pleurésies ; et il a la propriété de décailler le sang et de rétablir la transpiration. Les chasseurs mélangent quelquefois le sang du chamois et du bouquetin, d'autres fois ils vendent celui du chamois pour celui du bouquetin.

On fait usage des cornes du chamois pour les porter sur des cannes ; les cornes de la femelle sont plus petites et moins courbes; les maréchaux s'en servent pour tirer du sang aux chevaux. Les poils sont employés dans les matelas. Les peaux de chamois que l'on fait passer à l'apprêt de la chamoiserie sont très fortes, nerveuses et bien souples : on en fait de très bonnes culottes en jaune et en noir, pour monter à cheval, de très bons gants et quelquefois des vestes pour la fatigue. Ces sortes d'habillement sont d'une longue durée et d'un très grand usage.

Du pied du chamois. Le pied de cet animal a beaucoup de ressemblance avec celui de la chèvre ; cependant il est plus régulier et plus étroit. On le reconnaît aussi, comme nous l'avons dit, à l'empreinte du sabot dont le bord est saillant sur le côté extérieur. Comme le mâle est beaucoup plus gros que la femelle, l'empreinte de son pied est aussi plus forte.

Chasse du chamois. La chasse du chamois est très pénible, et en même temps très dangereuse ; elle ne peut guère être pratiquée que par les montagnards nés sur les lieux, et accoutumés, dès l'enfance, à gravir les rochers, et à marcher d'un pas ferme sur le bord des précipices : encore sont-ils souvent dans le cas de recourir à des expédiens, pour se garantir des chutes et glissades périlleuses auxquelles ils sont exposés. Par exemple, dans les montagnes où il se rencontre des amas de glace et de neige endurcis, qu'ils sont obligés de franchir, ils adaptent sous la semelle de leurs souliers, avec une courroie, un instrument de fer qui est une espèce de patin, composé de quatre grappins.

Dans certaines roches calcaires, où ils ne peuvent marcher avec des semelles de cuir, ils se servent de semelles de gros drap. Enfin, tel de ces chasseurs, ayant à passer sur le penchant d'un rocher presque à pic, s'est vu obligé de se déchausser, et de scarifier avec son couteau la plante de ses pieds, afin que le sang, venant à couler, formât une espèce de glu qui l'empêchât de glisser et de se précipiter.

La nature du terrain qu'habitent les chamois ne permet guère de les chasser de la même manière que les autres bêtes fauves, si ce n'est dans certains bois qui se trouvent sur des pentes peu escarpées, où ils en rencontre quelquefois, et où les chiens peuvent les suivre pendant quelque temps. Mais, lorsque le chamois a été mis debout, il ne faut pas s'attendre à le voir revenir au lancer, après une randonnée, comme font la plupart des autres bêtes ; il perce toujours, s'en va à deux ou trois lieues sans se détourner, et finit par gagner les rochers, où les chiens sont forcés de l'abandonner.

Voici comme on s'y prend ordinairement pour tuer les chamois : plusieurs chasseurs vont ensemble à la montagne, de très grand matin : ils connaissent les endroits que hantent ces animaux. Le plus souvent, ils n'ont pas de chiens, qui, en général, sont peu utiles, et souvent nuisibles pour cette chasse, parce qu'ils les dispersent et les éloignent trop promptement. Lorsqu'ils sont arrivés sur les lieux où doit se faire la chasse, ils se partagent. Les plus dispos escaladent les roches escarpées qui servent de retraite aux chamois pendant le jour, tandis que les autres vont les attendre à certains passages connus, où les précipices et les cordons de rochers doivent les ramener. Dès que les batteurs, qui font un grand bruit de cris et de huées, ont fait lever une bande de chamois, ils donnent le signal à leurs compagnons, en leur criant de se tenir sur leurs gardes.

Il arrive quelquefois, dans ces battues, qu'un chasseur se trouve serré contre un pan de rocher fort escarpé, n'ayant sous ses pieds qu'une corniche de quelques pouces, et que l'animal poursuivi n'a d'autre voie pour échapper que ce petit sentier. Alors s'il ne le tue pas venant à lui, le seul parti qu'il ait à prendre est de se coller exactement contre le rocher : car, si le chamois qui craint, en passant devant le chasseur, de se précipiter, aperçoit le moindre jour par derrière, il s'élancera pour y passer, et le chasseur sera lui-même précipité : s'il n'en voit point, il retournera sur ses pas, ou quelquefois résoudra à passer par devant, auquel cas il se précipitera de lui-même, ou poussé par le chasseur d'un coup de crosse de fusil.

On peut aussi tuer les chamois à l'affût, en les guettant le soir et le matin dans les endroits où ils viennent paître ; mais la chasse la plus usitée dans les montagnes du Dauphiné consiste, lorsqu'on en découvre quelque bande de loin, pendant le jour, à tâcher d'en approcher à bon vent, et de les surprendre, en se glissant adroitement de rocher en rocher, et profitant de tous les avantages du lieu pour se couvrir le mieux qu'il est possible, jusqu'à ce qu'arrivé à portée de tirer, en ôtant son chapeau, et quelquefois couché derrière quelque grosse pierre, on puisse faire son coup : ce qui n'a lieu ordinairement qu'à une grande portée : c'est pourquoi la plupart des chasseurs de chamois se servent de carabines rayées, qui ont plus de justesse que les fusils de chasse ordinaires, et tirent à balle seule.

La saison la plus favorable pour la chasse de ces animaux est depuis la Notre-Dame d'août jusque vers la Toussaint. Leur peau et leur chair sont meilleures alors qu'en tout autre temps de l'année.

Les chamois, pris jeune, s'apprivoisent assez facilement. Lorsqu'on les rencontre encore trop faibles pour suivre la mère, il est aisé de les prendre ; et voici, suivant *Scheuchzer*, un stratagème usité dans les montagnes de la Suisse, par lequel on réussit à s'en emparer, lorsqu'ils sont plus forts. Dès qu'un chasseur a tué la mère, il se couche à terre, et dresse à côté de lui l'animal sur ses pieds, du mieux qu'il est possible. Le petit chamois s'approche alors de sa mère pour la téter, et en ce moment il le saisit. Quelquefois même, sans cela, il le suit de son gré, voyant sa mère chargée sur ses épaules. Arrivé à la maison, il nourrit ce petit animal de lait de chèvre ; et il devient tellement privé, qu'il accompagne le troupeau de chèvres dans la montagne, et revient avec elles à la maison. Il arrive néanmoins quelquefois que la fantaisie lui prend de quitter le troupeau, et de gagner le plus haut des montagnes, pour y reprendre la vie sauvage. (*Extrait de la chasse au fusil.*)

CHAMPIGNON. Maladie à laquelle les chiens sont sujets.

CHANCRE, du latin *cancer*, petit ulcère. (Fauconnerie.) Cette maladie vient aux oiseaux, et on prétend qu'on la fait disparaître avec du miel et du vin blanc bouillis ensemble, dont on leur lave la bouche, et en mettant ensuite sur la plaie de la poudre de cerfeuil.

CHANCRES AUX OREILLES. (*Voyez*, pour la manière de les traiter dans les chiens, l'art. *Chien*, chap. XIV, § 21.)

CHANDELIER. On dit d'un vieux cerf qu'il porte le chandelier, quand le haut de sa tête est large et creux.

CHANGE. *En vénerie*, ce mot se dit d'une bête qui est substituée à celle que l'on chasse. Une bête fait *bondir le change*, lorsqu'elle fait courir une autre à sa place. — Les chasseurs font *bondir du change*, lorsqu'eux ou leurs chiens mettent sur pied une autre bête que celle de meute. — Un cerf *pousse le change*, lorsqu'il fait aller d'autres cerfs ou biches devant lui, et qu'il retourne dans ses voies, ou se met sur le ventre. — Un cerf *va devant le change*, lorsqu'après l'avoir mis sur le pied, il le quitte et perce en avant. — Les chiens *prennent le change*, *font valoir le change*, *tournent au change*, quand ils abandonnent la voie de la bête de meute, pour suivre celle du change ; *ils gardent le change*, *ils maintiennent le change*, *ils ne tournent pas au change*, quand ils ne perdent pas la voie de la bête qui se fait accompagner. — On dit d'un chien qu'il est *hardi dans le change*, quand il le garde, et qu'il est *timide dans le change*, quand il a peine à démêler la voie du cerf de meute.

En fauconnerie, on dit que l'oiseau prend le change, quand il quitte son entreprise pour une nouvelle, ou qu'il prend des pigeons ou autre gibier qu'il ne doit pas voler.

CHANTERELLE. On nomme ainsi la poule de perdrix et la caille femelle que l'on renferme dans une cage faite exprès pour appeler les mâles de leur espèce.

CHAPELET. Les fumées sont en *chapelet*, lorsqu'elles sont presque formées et liées par des glaires ; ce sont les fumées que le cerf jette en juillet.

CHAPERON. (Fauconnerie.) Morceau de cuir dont on couvre la tête des oiseaux de leurre. Les *chaperons* sont marqués par points, depuis un jusqu'à quatre pour les différens oiseaux. Celui d'un point est propre au tiercelet de faucon. L'oiseau qui souffre sans peine le *chaperon* s'appelle *bon chaperonnier*.

CHAPERONNER. C'est couvrir la tête d'un oiseau de proie de son chaperon.

CHAPERONNIER. C'est la qualité des oiseaux de proie qui sont doux. On dit : ce faucon est bon *chaperonnier*, il porte patiemment le *chaperon*.

CHARBONNIÈRE. C'est la grande mésange. (Voyez *Mésange*.)

CHARBONNIÈRES. On appelle ainsi les terres glaises et rougeâtres auxquelles les cerfs, les daims et les chevreuils vont frotter leur tête quand ils veulent enlever la peau velue qui couvre leur bois naissant; ce qu'on appelle *brunir*.

CHARDONNERET, *fringilla carduelis,* Lath. Nom d'un oiseau du genre des pinsons, et qui lui a été imposé, parce qu'on le voit communément sur les chardons, et qu'il vit, en grande partie, de leurs semences. On le nomme, en allemand, *stieglitz* ou *distel-zeisig,* et, en anglais, *goldfinch.*

Description. Le chardonneret (*Pl.* 12, *fig.* 6) a 5 pouces et demi de long, compris la queue, qui a 2 pouces; le bec de 6 lignes de long, très pointu, un peu aplati sur les côtés, et blanchâtre; l'iris des yeux brun; les jambes de 6 lignes de haut et brunes; le sinciput, les joues et le haut de la gorge d'un rouge éclatant, bordé de noir sur les parties antérieures; le sommet de la tête et l'occiput noirs; le dessous du cou et le dos d'un brun rougeâtre; les côtés de la tête, du cou et le ventre blancs; les petites couvertures, les pennes des ailes et de la queue noires; les grandes couvertures moitié jaunes, et les pennes alaires, à l'exception de la première, de cette même couleur sur le côté extérieur; les côtés de la poitrine d'une teinte rougeâtre; la queue un peu fourchue.

La femelle est un peu plus petite que le mâle; ses couleurs sont moins vives, et ce qui est noir dans le mâle est, chez elle, d'un brun foncé. Tout le monde connaît le chant agréable du *chardonneret,* qu'il fait entendre dès les premiers jours du printemps et pendant toute cette saison.

Il y a deux sortes de *chardonnerets :* le grand et le petit; l'un habite les bois et l'autre les jardins. On distingue aussi 1° *le chardonneret à tête grise,* qui n'est autre chose que le jeune chardonneret avant la première mue; 2° *le chardonneret à ventre jaune;* 3° *le chardonneret blanc;* 4° *le chardonneret noir,* qui ordinairement a été élevé en cage; 5° *le chardonneret à tête noire;* 6° *le chardonneret varié,* et qui est diversement tacheté de blanc.

Habitation. On trouve des chardonnerets dans toute l'Europe, une grande partie de la Sibérie et dans quelques endroits de l'Afrique. Ils se tiennent dans les lieux un peu élevés, sur les lisières des bois et dans les vergers, et se réunissent, en automne, au nombre de dix à vingt, et vont d'un endroit à l'autre pour manger des semences de chardon. Ce sont plutôt des oiseaux sédentaires que des oiseaux voyageurs, car ils demeurent dans les mêmes cantons, à moins que la neige et la gelée ne les privent des moyens de se nourrir et de se désaltérer. Dans ce cas, ils gagnent des climats plus tempérés.

Nourriture. Ils se nourrissent de toutes sortes de menues graines.

Propagation. Ils nichent sur la cime des arbres fruitiers et forestiers : leur nid se compose de mousse, de petites racines ou brindilles, des filamens cotonneux que forment le chaton du chardon, de laine et autres matières molles et des crins, le tout bien enlacé et cimenté. La ponte est de quatre à six œufs verdâtres, tachetés de rouge, que la femelle couve pendant quinze jours. Les vieux chardonnerets font ordinairement deux couvées par an. On obtient du chardonneret mâle et de la femelle du canari une jolie espèce bâtarde.

Qualités. La chair du chardonneret est excellente, mais la beauté de cet oiseau et l'agrément de son chant le font rechercher principalement comme oiseau de volière et de cage. Il s'apprivoise parfaitement; il vit jusqu'à l'âge de quinze, vingt et vingt-quatre ans dans l'état de domesticité.

Ennemis. L'épervier est le grand ennemi des chardonnerets; il les poursuit pendant l'hiver, et il est cause qu'ils ne sont pas plus multipliés.

Chasse. Les chardonnerets sont peu méfians; ils donnent dans presque tous les piéges, surtout quand on emploie pour appelans des mâles de leur espèce, que l'on choisit parmi les meilleurs chanteurs.

On les prend à l'arbret, aux différens trébuchets qu'on appâte avec des têtes de chardons; avec des nappes et des appelans; à l'abreuvoir; aux tendues d'hiver et aux gluaux. Cette dernière chasse se pratique en Lorraine sous le nom de *chasse aux chardons ;* elle se fait en automne; et, pour cet effet, on pose sur les têtes des chardons quelques gluaux, qui sont des brins de jonc très fins et englués dans leur longueur, à l'exception d'un bout pour les manier. On place aux environs un appelant dans une cage couverte de branches. Les chardonnerets, invités par le chant du prisonnier, viennent sur les chardons pour en manger les graines, et se prennent aux gluaux.

CHARGE. C'est la quantité de poudre et de plomb que le chasseur emploie pour un coup. Cette quantité doit être proportionnée à la force de l'arme, à l'espèce de gibier, et à la distance à laquelle on est quelquefois obligé de tirer. (Voyez au mot *Fusil,* chap. 3, § XXVII.)

CHARNAIGRES. Race de chiens issue du lévrier et du chien courant, dont ils ont les oreilles pendantes. Ces chiens métis, qui se trouvent en Espagne et en Portugal, sont fort bons pour la chasse dans les plaines incultes ou couvertes de broussailles; ils chassent de gueule, et bondissent plutôt qu'ils ne courent.

CHAROTTE. Hotte ou panier d'osier, qui sert aux preneurs de pluviers à mettre leurs instrumens et les oiseaux qu'ils ont pris.

CHARRETTE. On se sert d'une petite charrette chargée de paille pour approcher de certains oiseaux. (*Voyez*-en la description au mot *Vache artificielle.*)

CHARRIER. (Fauconnerie.) C'est ainsi qu'on appelle un oiseau de vol qui emporte la proie qu'il a saisie, et qui ne revient qu'après qu'on l'a réclamé, ou celui qui se laisse emporter lui-même dans la poursuite de la proie.

CHASSE. Mot qui vient de l'italien *caccia,* formé du latin barbare *caciare,* qui se trouve dans les Capitulaires de Charlemagne, et qui signifie *chasser.*

Le mot *chasse*, dans son acception la plus étendue,

signifie toutes les espèces de guerres que l'on fait aux animaux sauvages, et c'est dans ce sens que l'on dit : *la chasse est défendue, est permise, le plaisir de la chasse, aller à la chasse.* On restreint cette acception, en la déterminant, quand on dit : *la chasse aux chiens courans, au lévrier, à l'oiseau, la chasse à tir, la chasse aux piéges.* — Chasse signifie encore les chasseurs, les chiens et tout l'équipage pris collectivement ; on dit alors : *la chasse s'approche, la chasse s'éloigne.* Enfin, ce mot est quelquefois synonyme de gibier, comme quand on dit : *il vit de sa chasse, je vous ferai manger de ma chasse.*

Nous avons fait connaître, dans le discours préliminaire, l'histoire de la chasse en général et celle de la législation dont elle a été l'objet en différens temps.

Nous exposerons ici les principes de la chasse en elle-même, et les lois et réglemens qui en déterminent l'exercice.

Première Section. — *Principes sur la chasse.*

CHAPITRE Ier. — De la définition de la chasse et de sa division.

La chasse, telle qu'elle est définie par les auteurs de vénerie et comme la conçoivent d'ailleurs les véritables chasseurs, n'est point un art de destruction et de carnage pour toutes les espèces d'animaux ; ce ne serait que l'art de l'avide braconnier. La chasse, considérée sous son véritable point de vue, est une science qui a pour objet, 1° *la destruction, ou au moins la diminution des animaux sauvages nuisibles ;* 2° *la conservation des animaux utiles, pour ne les prendre ou tuer qu'à propos et suivant des principes établis.*

La chasse se divise en *grande* et en *petite chasse :* la première, qui est la plus agréable et la plus profitable, est celle qui a pour objet la poursuite du gros gibier, tandis que la petite chasse ne comprend que le menu gibier.

M. Hartig, en observant qu'en Allemagne les seigneurs sont assez dans l'usage d'abandonner la petite chasse à leurs vassaux, détermine de la manière suivante la classification des animaux qui appartiennent à la grande et à la petite chasse.

La *grande chasse* comprend :

1°. Dans les animaux à poil, d'un naturel paisible : le *cerf*, le *daim*, l'*élan*, le *chevreuil*, le *chamois*, le *bouquetin* et le *sanglier* ;

2°. Dans les animaux à poil, carnassiers, l'*ours*, le *loup*, le *lynx.*

3°. Dans les oiseaux : le *grand coq de bruyère*, le *petit tétras* ou *coq de bruyère à queue fourchue* , le *faisan*, l'*outarde*, la *grue*, le *héron* et le *cygne.*

La *petite chasse* comprend tous les autres gibiers. Cependant celui à qui il est fait concession de la petite chasse peut tuer les animaux nuisibles, tels que l'ours, le lynx et le loup.

On admet aussi une chasse intermédiaire, la *moyenne chasse*, qui comprend le *chevreuil*, quelquefois même la *bête noire*, ainsi que le *loup*, le *petit tétras*, la *gélinotte des bois* et le *courlis.* Cependant cette classification n'est pas généralement suivie ; car dans quelques pays on ne range, dans la grande chasse, que le cerf, le daim, la bête noire et l'ours, et on abandonne à la petite chasse tous les autres gibiers.

Indépendamment de cette division, la chasse se partage encore en plusieurs branches :

1°. *La chasse à tir ou au fusil* ;

2°. *La chasse à courre* ;

3°. *La chasse aux piéges et aux filets* ;

4°. *La fauconnerie.*

Cette dernière chasse est presque oubliée en France, mais les autres sont toujours en grande faveur, notamment la chasse à courre dans les plaisirs des princes.

La chasse a sa langue particulière, sa théorie et sa pratique. Elle exige plus de connaissances qu'on ne le suppose ordinairement.

CHAPITRE II. — Des qualités physiques d'un bon veneur (1).

Un bon chasseur doit :

1°. Être sans infirmités, ni défauts corporels, qui puissent nuire à son état ;

2°. Avoir la vue bonne et distinguer parfaitement, soit de près, soit de loin, pour bien tirer, et exécuter toutes les manœuvres qui peuvent intéresser la chasse et prendre ses mesures en conséquence ;

3°. Avoir l'ouïe fine, pour entendre la voie des animaux, le cri des chiens, les signaux qui se donnent par la voix, le sifflet et le cor, juger des coups intéressans sous plusieurs rapports, et du mouvement des animaux à une certaine distance ;

4°. Avoir une bonne santé et de la vigueur pour supporter la fatigue et les intempéries, et une poitrine forte pour les courses à cheval et à pied, et pour donner du cor ;

5°. Avoir un goût inné pour la chasse, car il ne suffit pas qu'il soit courageux, diligent et soigneux, il faut encore qu'il soit animé de l'amour de son art ;

6°. Avoir des mœurs honnêtes, de la tempérance, de la probité et de l'honneur ;

7°. Avoir une éducation suffisante ; il doit surtout savoir bien lire, avoir une écriture pure et correcte, savoir calculer, et, s'il est possible, posséder quelques connaissances de géométrie.

Lorsqu'un jeune homme a toutes ces qualités, il doit apprendre la théorie de la chasse, et s'occuper de la pratique sous un bon maître, ou sous plusieurs maîtres et dans plusieurs endroits, s'il ne peut acquérir dans une seule localité toutes les connaissances théoriques et pratiques qui lui sont nécessaires.

CHAPITRE III. — Aperçu des connaissances que doit avoir un chasseur.

La théorie de la chasse est fondée en grande partie sur des connaissances d'histoire naturelle. Il faut que

---

(1) Nous n'entendons point parler des chasseurs ordinaires ; il n'est ici question que des veneurs de profession.

le chasseur connaisse bien les différens noms sous lesquels on désigne les animaux, et, autant que possible, leur classification méthodique, leurs formes et leurs couleurs, les lieux qu'ils habitent, les objets qui servent à leur nourriture, le temps de leurs amours, et ce qui a rapport à leur propagation et à leur accroissement, leurs maladies, leurs ennemis, les particularités qui se rapportent à leurs mœurs et à leurs habitudes, les dommages qu'ils causent, et l'emploi qu'on peut faire de leur chair, de leur peau, etc., etc. Toutes ces connaissances, qui appartiennent au domaine de l'histoire naturelle, seront développées dans les différens articles consacrés à la description des animaux.

Il en est d'autres qui ne sont pas moins indispensables : il faut que le chasseur soit instruit des moyens d'entretenir et de conserver le gibier soit en liberté dans les bois, soit renfermé dans des parcs; qu'il sache monter à cheval, et qu'il connaisse les races de chevaux les plus propres à la chasse, la manière de les gouverner, leurs maladies et les traitemens qui y sont applicables; qu'il ait les mêmes connaissances relativement aux chiens, et qu'il sache les élever, les dresser et les diriger; qu'il connaisse l'emploi des armes, des instrumens, filets, toiles, piéges et de tous les objets en usage dans les chasses; les localités, les temps et les circonstances les plus favorables et les plus propices pour prendre ou tuer chaque espèce de gibier, etc., etc. (Voyez aux mots *Cerf* et *Vénerie*, pour les connaissances particulières qu'exige la chasse à courre.)

Donnons quelques idées principales sur ces divers objets.

CHAPITRE IV. — DE L'ÉDUCATION ET DE L'ENTRETIEN DU GIBIER EN ÉTAT DE LIBERTÉ.

Sous ce titre, on comprend les moyens de favoriser la multiplication, en quantité raisonnable, des animaux utiles, soit en les introduisant dans le pays, s'il n'en existait pas, soit en les y entretenant, s'ils ne s'y trouvaient pas en nombre suffisant. Il est entendu que ces moyens de multiplication ne doivent s'appliquer qu'aux animaux sédentaires, c'est à dire à ceux qui ne s'éloignent que peu ou point des lieux qui les ont vus naître, et non aux animaux voyageurs. Ainsi, ordinairement, l'entretien ne doit comprendre, 1° en ce qui concerne les animaux à poil, que le *cerf*, le *daim*, le *chevreuil*, le *sanglier*, le *lièvre*, le *lapin*; 2° en ce qui concerne les oiseaux, que le *grand* et le *petit coq de bruyère*, la *gélinotte des bois*, la *perdrix*, le *faisan*.

Tous les animaux à poil ci-dessus dénommés s'élèvent aussi bien en liberté que dans les parcs; mais, à l'égard des oiseaux, les moyens sont plus bornés; car il n'y a que le faisan qui, ayant été privé, s'habitue à la vie sauvage.

§ Ier. — *Comment on peuple de cerfs en liberté une forêt où il n'en existe point.*

L'expérience fait connaître que les cerfs ne se plaisent pas dans toutes sortes de forêts, et que si on y expose en liberté des animaux de cette espèce sans prendre de précautions, ils n'y demeurent pas, et que souvent ils s'en éloignent à plusieurs lieues, et qu'ils savent même quelquefois aller rejoindre leur patrie, quoique fort éloignée. Il faut donc, quand on veut faire venir des cerfs dans un pays, en bien examiner les localités, pour ne pas s'exposer à perdre ses peines et ses frais.

On sait que le cerf ne se plaît que dans les forêts qui s'enchaînent les unes aux autres, ou qui sont d'une certaine étendue et tranquilles, et qu'il se tient le plus volontiers dans celles de ces forêts qui présentent beaucoup de fourrés et sont coupées par de bonnes prairies, de bons pâturages, des champs cultivés de petite étendue, des marais plantés de bois et un grand nombre de ruisseaux, et dont les essences sont en bois à feuilles, particulièrement en chêne et hêtre, ou lorsque ces essences sont mêlées de bois résineux, et dont la situation présente d'ailleurs quelques montagnes et rochers. L'expérience démontre, au contraire, que le cerf ne demeure guère ou point du tout dans les petits bois situés au milieu des champs, ni dans les forêts qui sont trop fréquentées ou qui manquent de pâturages, d'eau et de fourrés.

Quand on a fait choix d'un endroit convenable, on doit procéder de la manière suivante pour y établir des cerfs :

On fait entourer d'un treillage ou d'une palissade en planches, de la hauteur de 9 pieds, un espace d'environ 8 ou 9 hectares, au centre du canton qu'on a choisi. Cet espace doit, autant que possible, présenter une figure carrée, parce que cette figure, étant celle qui offre le moins de circonférence, on économisera les frais de clôture. La palissade doit être construite de manière que les chiens ne puissent pénétrer dans l'enceinte.

Il faut que cette enceinte soit placée dans l'endroit le plus tranquille de la forêt; qu'elle présente, au moins dans l'une de ses parties, une pente exposée au sud ou au sud-ouest; qu'elle soit, dans la majeure partie de sa surface, peuplée de jeune bois fourré, dans lequel le cerf puisse se retirer; qu'elle soit traversée par un ruisseau d'eau limpide; qu'on puisse y établir quelques souilles; qu'il y ait quelques portions de terrains propres à être cultivées, et qu'il s'y trouve, s'il est possible, un peu de prairie.

Lorsque cette place est close, on sème en raves, dans l'été, une petite partie du champ destiné aux cultures, et l'autre partie, plus considérable, est semée en seigle de bonne heure en automne, afin de préparer aux habitans futurs de ce petit parc une nourriture agréable; d'un autre côté, on place dans une clairière, ou sur la petite prairie, une *saunière*(1).

Après qu'on a ainsi disposé le local, et lorsque le rut du cerf est passé, c'est à dire vers le mois de novembre, on fait prendre de six à dix vieilles biches et deux ou trois jeunes cerfs, qu'on transporte avec

---

(1). Nous traduisons ainsi le mot allemand *sultze*, employé par M. Hartig. Cette saunière est un mélange d'argile et de sel, que l'on introduit, en la battant, dans un châssis parré, en bois, de 3 pieds de large et de ½ pied à 18 pouces de haut. Les cerfs viennent lécher cette composition, qu'en France on appelle *pain salé*.

la précaution d'usage dans le petit parc. On les nourrit non seulement avec du bon foin, mais encore, tant qu'il ne gèle pas, avec des glands, des châtaignes, des fruits sauvages, des pommes de terre, des carottes et des choux ; on place ces fruits et ces légumes en petits tas dans un endroit sec : quant au foin, on en fait des bottes très serrées avec des liens d'osier, et on place ces bottes soit dans un endroit sec élevé de 3 pieds de haut entre des perches plantées les unes près des autres, pour que le foin y soit bien serré, soit sur des pieux enfoncés en terre et pointus (1).

Au printemps suivant, on sème extérieurement à la clôture un terrain en avoine et en vesce, on renouvelle la saunière (pains salés) ; et, lorsque les biches ont mis bas, on enlève, vis à vis du champ d'avoine, environ 10 verges de la clôture, en évitant de faire du bruit, et on laisse ainsi les animaux en liberté, mais sans les inquiéter en aucune manière. Par ce moyen ils oublient leur patrie, s'habituent bientôt à leur nouveau séjour, et ils forment des hardes sédentaires qui s'augmentent à volonté par la suite, si on a l'attention de maintenir la tranquillité dans les forêts, d'entretenir des saunières dans tous les endroits où il s'établit une harde, et de les pourvoir de fourrages ou de feuillages secs pendant l'hiver, lorsqu'il y a de la neige, et enfin d'observer plus tard les règles que nous exposerons tout à l'heure.

Ces feuillages secs forment un excellent fourrage pour le cerf, le daim et le chevreuil, et on se le procure à bon marché. On fait couper, dans le mois d'août, des rameaux de 3 à 5 pieds de long sur des têtards de chêne, de charme, d'orme, de frêne, de tilleul, etc. ; on en forme de petites bottes en boules, qu'on fait sécher au soleil le plus promptement possible, et qu'on renferme sous un toit jusqu'à ce qu'on s'en serve. Ce fourrage est aussi agréable que sain, et comme il ne coûte que les frais nécessaires pour le couper, le botteler et le charrier, et que, d'un autre côté, le bois qui reste est bon à brûler, on ne peut pas trop le recommander.

§ II. — *Comment on repeuple de cerfs en liberté une forêt où il en existe déjà.*

Quand il s'agit d'augmenter des hardes ruinées ou affaiblies, on doit procéder ainsi :

1°. Laisser au gibier beaucoup de repos ;

2°. Ne tirer aucune biche ni même les cerfs qu'autant que ceux-ci peuvent être tués sans dommage pour la propagation (il faut environ un cerf pour six biches) ;

3°. Exercer la chasse avec le moindre bruit possible, et par conséquent tuer devant soi tout ce qui doit être tiré, et ne lâcher qu'un chien dans la forêt pour poursuivre, au besoin, la pièce qui serait blessée ;

4°. Établir dans les clairières ou près que fréquente le gibier des saunières, et les entretenir ;

5°. Ne pas fréquenter les forêts pendant le rut, depuis le commencement de septembre jusqu'au milieu d'octobre, ni lorsque les bêtes mettent bas, depuis le milieu du mois de mai jusque vers la fin de juillet ;

6°. Semer, dans les endroits où les animaux se rassemblent au temps du rut, des navets, de l'avoine tardive, des pois et de la vesce, et y planter des arbres fruitiers et autres propres à donner des fruits sauvages (ces endroits doivent être clos jusqu'au temps du rut, époque à laquelle on en enlève la légère clôture en brindilles qu'on y a établie) ;

7°. S'il se présente une année de glands et faînes, excepter absolument du passage quelques endroits favorables au gibier, et ne pas permettre, dans les autres endroits qu'il fréquente, que les porcs y mangent tous les fruits ;

8°. Avoir soin de lui procurer, lorsque la neige est épaisse, du foin et des feuilles sèches en quantité suffisante, comme on l'a dit au paragraphe précédent, et aussitôt que la nourriture devient trop chétive pendant l'hiver, faire faire les coupes de bois, principalement dans les cantons peuplés de bois tendres, afin de procurer au gibier le moyen de se nourrir des boutons et de l'écorce des branches laissées sur le parterre.

Par ce traitement, on parvient à améliorer chaque année l'état du gibier, et en peu de temps à le porter au degré de prospérité désirable.

§ III. — *Comment on parvient à fixer des hardes de cerfs en liberté dans un endroit où il n'y a que des cerfs vagabonds* (1).

Il y a des endroits qui conviennent parfaitement aux cerfs, et où cependant il ne se trouve que des cerfs vagabonds qui y viennent s'établir pendant l'été, et qui, au commencement du rut, retournent à leur harde dans les demeures voisines. Dans ce cas, on emploie le moyen indiqué au premier paragraphe de ce chapitre, c'est à dire qu'on y établit des biches, et l'on voit, à mesure que le nombre des biches s'accroît, les hardes de cerfs s'augmenter chaque année par ceux qui arrivent. Mais si une partie de la troupe voyageuse était composée de biches, qui, au commencement du rut, partiraient avec les cerfs pour les demeures voisines, il faudrait, dans ce cas, observer les règles indiquées au deuxième paragraphe, et ne pas se permettre, pendant deux ans, dans la forêt où reste le gibier, de tirer un seul coup de fusil,

---

(1) M. Hartig observe qu'il est avantageux que le foin destiné aux animaux sauvages soit bottelé de la manière suivante : on en forme d'abord une boule d'un pied de diamètre, qu'on lie fortement en croix avec des liens d'osier ; puis on y ajoute une pareille quantité de foin, qu'on serre encore en croix avec des liens d'osier. Ces sortes de bottes rondes, étant fichées sur des pieux de 3 pieds de haut, que l'on a enfoncés en terre cà et là, le foin en est mangé jusqu'au dernier brin par les cerfs, et n'est point gaspillé et piétiné sur terre, comme cela arrive ordinairement dans les parcs d'animaux. De cette manière, aussi, le cerf mange le foin avec plus de plaisir, que si on l'eût placé dans des crèches, ainsi que cela se pratique dans les mêmes parcs.

(1) Les Allemands appellent *wechselwild* le gibier qui n'a point de demeure fixe, et qui va et vient d'un endroit à l'autre. Nous traduisons ce mot par celui de *vagabond*, qui est opposé à celui de *sédentaire*.

et encore moins d'y laisser chasser les chiens; on verra que ce gibier, qui était errant, formera petit à petit des hardes sédentaires, parce qu'ayant une demeure tranquille et sûre, il ne sera plus tenté de s'écarter. Cependant, si les localités ne convenaient point au cerf sous tous les rapports, et qu'elles ne consistassent qu'en de petits bois au milieu des champs, où les cerfs viennent ordinairement pendant l'été, pour n'y séjourner que le temps où la retraite est tranquille, et jusqu'au moment où les récoltes sont enlevées, on ferait de vaines tentatives pour les y fixer.

§ IV. — *Comment on peuple de daims une forêt où il n'en existe point.*

On procède comme il est dit au paragraphe premier pour le cerf, en observant toutefois que le daim se plaît dans un climat doux, et dans des forêts dont le sol est sec, et où il se trouve de bons pâturages et un grand nombre de champs cultivés ; qu'il préfère les forêts de bois à feuilles à celles des arbres résineux ; et que, par dessus tout, il aime à rester dans celles où les bois à feuilles alternent fréquemment avec les bois résineux, et qui présentent beaucoup de fourrés.

En ayant soin de choisir de semblables localités, et en procédant absolument d'après les principes indiqués au paragraphe premier, on est certain de réussir. Seulement, on observera que le daim, étant beaucoup plus petit que le cerf, il suffira que la clôture ait 8 pieds de haut au lieu de 9, et, d'un autre côté, qu'il est inutile qu'il y ait des souilles dans le local, parce que le daim ne s'y repose jamais. Pour la suite du traitement du daim, on observe toutes les règles établies dans le deuxième paragraphe.

§ V. — *Comment on repeuple de daims une forêt où il en existe déjà quelques individus.*

On doit suivre ici toutes les instructions contenues dans le deuxième paragraphe, concernant la régénération des hardes de cerf, dans les mêmes circonstances. Mais comme le daim entre en rut un mois plus tard que le cerf, et que la femelle ne met bas également qu'un mois après la biche, il faut que la forêt soit en défends ; savoir : pour le rut, depuis le commencement d'octobre jusqu'au milieu du mois de novembre, et pour le temps où les daines mettent bas, depuis le milieu de juin jusqu'à la fin de juillet.

§ VI. — *Comment on établit des chevreuils dans une forêt où il ne s'en trouve point.*

Les chevreuils se plaisent dans les forêts situées sur le penchant des montagnes et en plaines, et préfèrent celles qui sont composées de bois à feuilles à celles qui consistent en arbres résineux, et ils aiment particulièrement à se tenir dans les forêts basses, lorsqu'elles sont entrecoupées, çà et là, de prairies sèches et de champs de grains, comme aussi de quelques marais plantés de bois, et qu'enfin il y

règne la plus grande tranquillité. Dans les bas-fonds des forêts situées en montagnes, on ne trouve que des chevreuils isolés, et dans les petits bois situés au milieu des champs et fréquentés, on n'en trouve que très rarement.

Lorsqu'on aura, d'après ces observations, une localité convenable pour y établir une population de chevreuils, on suivra encore les règles posées dans le paragraphe premier, concernant le cerf. Mais les haies ou clôtures ne devront avoir que 7 pieds de haut, et il est inutile qu'il y ait des souilles. D'un autre côté, il faut attendre jusqu'à la fin de janvier pour prendre et apporter les chevreuils dans le petit parc, attendu que ce n'est qu'à cette époque que le temps du rut est entièrement passé.

M. Hartig ne conseille pas de donner à ces petits parcs, destinés aux chevreuils, une étendue moindre de 4 à 5 hectares, parce que ces animaux n'aiment pas à être à l'étroit, et que le chagrin que leur cause la privation de leur liberté les fait mourir ou dépérir. Comme le bois nécessaire à la clôture ne doit servir que pendant six mois à cet usage, il conserve ses qualités pour le chauffage, et d'ailleurs les frais d'établissement de cette clôture temporaire ne sont pas considérables. Il convient donc de donner à ces réserves un peu plus que moins d'étendue, et on complètera le succès de l'opération en observant toutes les règles qui vont être établies dans le paragraphe suivant.

§ VII. — *Comme on repeuple en chevreuils une forêt où il s'en trouve déjà.*

Rien de plus facile que d'établir une population de chevreuils dans un lieu où il se trouve déjà quelques individus isolés, ou un restant d'ancienne population. Il suffit de pratiquer les règles suivantes :

1°. Avoir soin que la tranquillité dans la forêt ne soit troublée que le moins possible ;

2°. Y détruire les renards le plus possible ;

3°. Être pendant quelques années sans tirer aucun chevreuil, et, plus tard, ne tuer que les brocards superflus (il faut à peu près un brocard pour trois chevrettes) (1), et les vieilles chevrettes isolées ; on tue ces dernières en automne ;

4°. Ne pas chasser avec des chiens, et tirer le gibier soit à l'affût, soit en parcourant la forêt, et en y faisant des battues avec des hommes ;

5°. Établir des *saunières* dans les endroits secs

---

(1) Le Verrier de la Conterie, Goury de Champgrand, et M. Desgraviers, sont d'accord sur ce point, que le chevreuil est monogame, qu'il aime sa compagne avec une constance et une tendresse infinies, et que la mort seule est capable de les séparer. Nous ne balançons pas à nous ranger à l'opinion de ces auteurs justement estimés ; opinion que nous partageons d'autant plus, que notre expérience nous en démontre la justesse.

Nous avons néanmoins laissé subsister l'assertion que nous combattons, parce qu'elle est émise par un auteur allemand aussi savant que consciencieux, et que d'ailleurs elle pourra donner lieu à des essais dont les résultats pourront être très intéressants pour l'histoire naturelle.

des clairières ou pâturages qui se trouvent dans la forêt, et y favoriser la croissance du trèfle et des herbes de bonne qualité, en y répandant, au printemps, des semences de ces plantes et de la cendre;

6°. Cultiver, dans les endroits où le chevreuil se tient le plus volontiers, des places vides, dans lesquelles on sème, au printemps, de l'avoine, des pois et de la vesce, et, en automne, du seigle;

7°. Aussitôt que les feuilles sont tombées, commencer les coupes de bois, et, si cela est possible, sous le rapport forestier, laisser sur le parterre des coupes, les branches sans être liées, jusqu'au printemps, afin que les chevreuils puissent en manger les boutons et l'écorce;

8°. S'il y a une certaine épaisseur de neige, avoir soin de procurer, sans délai, aux chevreuils une nourriture suffisante, en leur donnant des gerbes d'avoine sans être battues, du bon foin et des boules de feuillages secs, comme on l'a dit au deuxième paragraphe, et placer ces fourrages dans la forêt, avec les précautions indiquées au paragraphe premier.

Ce traitement assurera l'accroissement annuel de la population du chevreuil, et la portera bientôt au degré de prospérité convenable.

§ .VIII. — *Comment on peuple une forêt de sangliers, lorsqu'il n'y existe aucun individu de cette espèce.*

Une population de sangliers ne convient que dans un pays où il n'y a point de cultures, et qui est couvert de grandes forêts de chêne et de hêtre, parce que ce gibier fait beaucoup de tort à l'économie rurale, dans les contrées où il peut se répandre dans les champs cultivés. On procède de la manière suivante pour l'établir dans les lieux convenables :

On se procure, vers le mois de décembre, un sanglier mâle d'environ deux ans [un *ragot*] (1), et on le place dans un petit jardin, clos d'un mur d'au moins 7 pieds de haut, ou entouré d'une palissade solide et de la même hauteur, et dans lequel il se trouve quelques buissons, ou bien, si on ne peut faire autrement, on le place dans une écurie spacieuse et planchéiée; on lui donne alternativement des glands, des pois, des féveroles, de l'avoine, de l'orge, des pommes de terre, etc., et de l'eau (2). Alors on se procure plusieurs truies privées, de l'âge de deux à trois ans, qui soient en chaleur, et dont le poil soit gris; on les introduit l'une après l'autre dans la demeure du sanglier, et on les y laisse, chacune jusqu'à ce qu'elle ait été montée plusieurs fois. Lorsqu'on en a la certitude, on fait disposer, dans le canton destiné à l'établissement des sangliers, une place d'environ un demi-hectare, dans laquelle il y ait un peu de fourré et des buissons, de plus de l'eau vive et un endroit humide ou une *souille*. On entoure cette enceinte d'une palissade enfoncée en terre de 18 pouces, et de la hauteur de 7 pieds; vers le mois de février, on transporte dans ce petit parc les jeunes laies encore privées, qui ont été fécondées par le sanglier. On les soigne dans cet endroit, mais non tout à fait comme des cochons privés. On leur donne, en plein air, la nourriture nécessaire, qui doit consister, lorsqu'il gèle, en toutes sortes de grains, mêlés de pommes de terre; on place cette nourriture dans des endroits secs, et en plusieurs petits tas, afin que les laies plus faibles ne soient pas maltraitées par les plus fortes. Enfin, quand les laies ont mis bas, on enlève une partie de la clôture, mais on continue, pendant un an, à déposer de la nourriture dans le même local, toutefois en en diminuant toujours un peu la quantité; et, ensuite, on cesse tout à fait d'en donner, à moins que la neige, étant trop épaisse, et un manque évident de nourriture, n'obligent à en apporter.

Au moyen de ce traitement, et si on a soin que le lieu où se tiennent les laies soit tranquille, elles deviendront bientôt farouches; leurs petits, qui s'accoupleront entre eux à vingt mois environ, seront presque sauvages en naissant, et la deuxième génération ne se distinguera plus de la race sauvage. La grande multiplication connue du sanglier fournira, en peu d'années, une population suffisante dans tout le canton de la forêt, si on maintient la tranquillité, et si on pourvoit, dans les mauvais temps, à la nourriture des animaux.

§ IX. — *Comment on repeuple de sangliers un canton où il s'en trouve déjà.*

Quand la population des sangliers est déchue dans un canton, et qu'on veut la remonter, il faut leur procurer de la tranquillité, être plusieurs années sans en tuer aucun, et ensuite ne tuer que les mâles, enfin leur procurer des grains en quantité suffisante pendant l'hiver.

§ X. — *Comment on repeuple de lièvres en liberté un canton où l'espèce en est détruite par une circonstance quelconque.*

On peut établir des lièvres dans tout pays de grandes cultures. Si les champs sont vastes, entrecoupés de bois, de remises et de buissons, ou bornés par des lisières de forêts et des vignes, et si en outre le climat est plus doux que rigoureux; toutes ces circonstances sont extrêmement favorables pour l'éducation des lièvres.

Lorsqu'on veut repeupler de lièvres un semblable canton, il faut, avant toutes choses, détruire par tous les moyens possibles, les renards, les chats qui courent les champs, les belettes et les oiseaux de proie; puis, au printemps, établir un nombre suffisant de *hases* qu'on aura prises quelque part, et le tiers autant de *bouquins*, dans un bois situé au milieu d'une plaine ou dans un endroit où il y ait beaucoup de remises ou de buissons dans les champs.

---

(1) Il n'est pas toujours nécessaire de le prendre dans des toiles ou pièges; on peut le faire chasser avec des chiens courans, et s'il n'a éprouvé pas de blessure trop forte, surtout aux parties génitales, il conviendra pour la propagation.

(2) Il faut avoir soin que la clôture du jardin soit faite de manière que le sanglier ne puisse la forcer; ce qu'il cherche à faire souvent, lorsqu'il trouve un petit espace.

Cette nouvelle colonie ne cherchera point à s'éloigner et ne tardera pas à se multiplier beaucoup, si l'on a soin de détruire, autant que possible, tous les animaux de proie, et si d'ailleurs on ne commence à chasser et tirer les lièvres que lorsque la population le permettra sans inconvénient. Si, par la suite, l'hiver était assez rigoureux et la neige assez épaisse pour que les lièvres souffrissent du manque de nourriture, il faudrait leur donner des choux et du foin dans les champs, et leur ménager autant que les localités le permettraient, des abris contre le froid, en établissant, surtout dans les champs d'une grande étendue, des remises et des buissons.

§ XI. — *Comment on repeuple un canton de lièvres, quand il y en existe encore quelques uns.*

Lorsqu'il s'agit d'augmenter le nombre actuellement trop petit de lièvres dans un canton qui leur convient, ou d'y favoriser leur propagation, il faut, pendant quelques années, et autant que cela est nécessaire, s'abstenir d'en tuer aucun, leur donner pendant l'hiver, dans les circonstances pressantes, des choux et du foin, diminuer le plus possible le nombre des renards, des chats errans, des putois et des oiseaux de proie, et interdire l'entrée des chiens de toute espèce dans les champs, enfin planter des remises épaisses dans les plaines d'une grande étendue pour fournir un abri aux lièvres contre les attaques de ses ennemis. Par ces moyens, on atteint promptement le but qu'on s'est proposé.

§ XII. — *Comment on élève des lapins en liberté.*

L'histoire naturelle du lapin fait connaître que cet animal se multiplie d'une manière incroyable, que souvent il devient un véritable fléau, et que le profit qu'on en retire n'offre pas toujours le dédommagement des dégâts qu'il cause. Il est donc aussi peu raisonnable de conserver ceux qui peuvent nuire, que d'en établir dans la plupart des localités. Mais il existe des terrains infertiles, tels que les landes, les bruyères, les terrains sableux, etc., où il est avantageux de former des *garennes*. (*Voyez* ce mot.)

Quand on veut peupler un bois de ce gibier, il suffit d'y mettre quelques lapins (un bouquin pour six hases), de ne les point chasser pendant quelques années, et d'écarter ce qui pourrait en causer la destruction; bientôt on sera étonné de leur multiplication.

§ XIII. — *Comment on peuple un canton de coqs de bruyère, c'est à dire de tétras.*

Le grand coq de bruyère ou le *tétras*, qu'on appelle aussi *coq des bois*, *coq de montagnes*, *faisan sauvage*, habite de préférence les forêts d'une grande étendue situées sur les montagnes, dont il choisit ordinairement le sommet; rarement on le trouve dans les forêts de plaines.

Quand dans une partie de forêt qui lui convient, on y en trouve quelques individus, il suffit d'employer les moyens de conservation suivans :

1°. Laisser cette partie de forêt dans la plus grande tranquillité, notamment pendant le temps des amours et de l'incubation;

2°. Détruire, autant que cela est possible, les renards, les martes, les chats sauvages, les belettes et les oiseaux de proie;

3°. Demeurer pendant quelques années sans tuer aucun oiseau de cette espèce, et plus tard ne tuer qu'environ la moitié des coqs, mais jamais les poules.

Avec ces précautions on améliore, chaque année, la population des coqs de bruyère, et on l'empêche de jamais s'éteindre.

M. Hartig ne croit pas qu'il ait encore été fait des tentatives pour établir des coqs de bruyère dans des endroits, d'ailleurs favorables, où il n'en existerait pas, et il observe que quand on y en mettrait de vieux qu'on serait parvenu à prendre ailleurs, on ne réussirait certainement point à les y fixer, et qu'ils ne tarderaient pas à s'en éloigner.

D'un autre côté, on assure qu'on n'a jamais réussi à élever de jeunes tétras, et que ceux qu'on avait fait couver par des poules ont toujours péri après quelques jours. Toutefois M. Hartig propose de les élever d'une manière qui paraît plus appropriée à leur nature sauvage. Voici ce moyen.

Si l'on voulait, dit-il, peupler de *coqs de bruyère*, ou *tétras*, un canton de forêt qui leur serait d'ailleurs couvenable, on en ferait couver des œufs par des poules domestiques; et comme les jeunes *tétras* ne peuvent supporter une demeure étroite, on les placerait, aussitôt qu'ils seraient éclos, avec les poules qui les auraient couvés, dans une enceinte de quelques arpens, dont l'accès serait interdit aux quadrupèdes voraces, par une clôture en planches serrées les unes près des autres, et de la hauteur de 8 pieds. Cette enceinte ou jardin devrait être situé au sud d'une montagne propre à l'établissement des coqs de bruyère, et renfermer des arbres isolés, des broussailles, des bruyères, de la myrtille, une place gazonnée et une source d'eau. Là on placerait les poules dans une place couverte de litière et abritée en haut par des branches très rapprochées; on leur distribuerait chaque jour la nourriture nécessaire, et quant aux jeunes tétras, on leur donnerait, dans le commencement, un mélange de blancs d'œufs cuits durs et hachés très menu avec des graines de pavot et des œufs de fourmis, et plus tard, c'est à dire environ quinze jours après, un mélange de blanc d'œuf haché menu, de millet et d'œufs de fourmis; et par la suite, on leur donnerait, tous les jours, des œufs de fourmis, toutes sortes de graines et de baies d'arbres ou d'arbustes forestiers, à mesure qu'elles seraient mûres, jusqu'à ce que les tétras prissent leur vol, et allassent chercher leur nourriture hors de l'enceinte, désormais inutile.

Quoique ce moyen n'ait peut-être jamais été essayé, M. Hartig pense qu'il serait plus sûr qu'aucun autre. C'est à peu près du reste le mode généralement adopté pour l'éducation des faisans.

Il observe que les œufs de *tétras* qu'on veut faire couver doivent être empaquetés soigneusement dans de la laine ou du foin, et être ainsi transportés au lieu de leur destination, parce que tous les œufs qui éprouvent de fortes secousses deviennent impropres à l'incubation.

§ XIV. — *Comment on peuple un canton de petits tétras ou coqs de bruyère à queue fourchue.*

Le petit tétras ou coq de bruyère à queue fourchue, qu'on appelle aussi, quoique improprement, *coq sauvage*, *coq de bouleau*, *faisan noir*, *faisan de montagnes*, *perdrix*, *gélinotte*, se plait dans les forêts de bois à feuilles situées sur les montagnes froides, et peuplées d'arbres, de broussailles et de bruyères, et particulièrement dans celles où il se trouve beaucoup de bouleaux.

Quand, dans des situations semblables, il se trouve encore quelques oiseaux de cette espèce, et qu'il ne s'agit que d'en favoriser la multiplication, on observe les règles que nous avons exposées dans le paragraphe précédent; et si le canton en est totalement dépourvu, on peut tenter également le moyen indiqué, dans ce cas, pour le *grand tétras*. Mais alors, les poules domestiques qui conviendront le mieux pour couver et conduire les jeunes *coqs de bruyère* sont les grises, qui n'éveillent pas autant l'attention des oiseaux de proie.

§ XV. — *Comment on élève des faisans en liberté.*

Comme ce qu'on aura à dire en parlant d'une faisanderie peut s'appliquer à l'éducation des faisans en liberté, nous renvoyons le lecteur à l'article *Faisanderie*.

§ XVI. — *Comment on peuple de gélinottes un canton de forêt.*

La gélinotte, qu'on appelle aussi *poule des bois*, *poule sauvage*, *poule des coudriers*, se plait dans les forêts montueuses et froides, peuplées d'un mélange de bois à feuilles et d'arbres résineux, de beaucoup de coudriers et d'arbustes portant des baies.

Lorsque, dans un canton de cette nature, il se trouve quelques gélinottes, le moyen d'en favoriser la multiplication consiste à les garantir, autant que possible, des animaux voraces de toute espèce, à ne le laisser fréquenter ni par les bestiaux, ni par les hommes, ni par des chiens, surtout à empêcher qu'on n'y établisse des piéges, et à rester plusieurs années sans tirer aucune gélinotte.

Mais quand il ne s'y trouve aucun oiseau de cette espèce, il faut en porter quelques paires qu'on aura prises ailleurs, dans différents endroits de ce canton, et faire ce transport le soir, ou mieux encore par un temps nébuleux; ces oiseaux n'ont pas l'habitude de s'éloigner beaucoup, surtout quand on les laisse en repos, et qu'on cherche à les garantir des animaux destructeurs.

Cependant il est toujours très difficile d'établir des coqs de bruyère et des gélinottes dans des lieux où il n'en existe pas. C'est pourquoi on doit traiter ces oiseaux avec ménagement dans les cantons où il s'en trouve, et ne jamais laisser éteindre la population.

§ XVII. — *Comment on peuple un canton de perdrix.*

Comme les perdrix grises et les perdrix rouges n'ont pas en tous points les mêmes habitudes ni les mêmes besoins, il est nécessaire, lorsqu'on veut multiplier l'une ou l'autre espèce, de prendre en considération les propriétés qui les distinguent.

Les perdrix grises se plaisent principalement dans les plaines fertiles, chaudes, un peu sablonneuses, et où la récolte est hâtive. Elles y fuient les terres froides, ou du moins elles ne s'y multiplient jamais à un certain point. Cependant, si des terres naturellement froides sont échauffées par de bons engrais, si elles sont marnées, etc., l'abondance des perdrix peut y devenir très grande: voilà pourquoi les environs de Paris en sont peuplés à un point qui paraît prodigieux. Tous les engrais chauds que fournit cette grande ville, y sont répandus avec profusion, et ils favorisent autant la multiplication du gibier que la fécondité des terres. En supposant les mêmes soins, les meilleures récoltes en grains donneront la plus grande quantité de gibier.

La terre étant bien cultivée, les animaux destructeurs étant pris avec soin, il faut encore, pour la sûreté et la tranquillité des perdrix grises, qu'une plaine ne soit point nue; qu'on y rencontre de temps en temps des remises plantées en bois, ou de simples buissons fourrés d'épines: ces remises garantissent les perdrix contre les oiseaux de proie, les enhardissent à tenir la plaine, et leur font aimer celles qu'elles habitent. Quand on n'a pour objet que la conservation, il ne faut pas donner une grande étendue à ces remises; il vaut mieux les multiplier; des buissons de 6 perches de superficie seraient très suffisans s'ils n'étaient placés qu'à 100 toises les uns des autres; mais si l'on a le dessein de retenir les perdrix après qu'elles ont été chassées et battues dans la plaine, pour les tirer commodément pendant l'hiver, on ne peut pas donner aux remises une étendue moindre que celle d'un arpent. La manière de les planter est différente aussi, selon l'usage qu'on en veut faire.

On peut être sûr que, dans un pays ainsi disposé et gardé, on aura beaucoup de perdrix; mais l'abondance étant une fois établie, il ne faut pas vouloir la porter à l'excès. Il faut tous les ans ôter une partie des perdrix, sans quoi elles s'embarrasseraient l'une l'autre au temps de la ponte, et la multiplication en serait moindre. C'est un bien dont on est contraint de jouir pour le conserver. La trop grande quantité de coqs est surtout pernicieuse. Les perdrix grises s'apparient, les coqs surabondans troublent les ménages établis, et les empêchent de produire. Il est donc nécessaire que le nombre des coqs ne soit qu'égal à celui des poules; on peut même laisser un peu moins de coqs: quelques uns se chargent alors de deux poules, et leur suffisent; elles pondent chacune dans un nid séparé, mais fort près l'une de l'autre; leurs petits éclosent dans le même temps, et les deux familles se réunissent en une compagnie sous la conduite du père et des mères. Voilà ce qui concerne la conservation des perdrix grises.

Les rouges cherchent naturellement un pays disposé d'une manière différente; elles se plaisent dans les lieux élevés, secs et pleins de gravier; elles cherchent les bois, surtout les jeunes taillis et les fourrés de toute espèce. Dans les pays où la nature seule les a établies, on les trouve sur les bruyères, dans les roches; et quand on n'a d'elles que des soins ordinaires, elles ne paraissent pas se multiplier beaucoup. Les perdrix rouges sont plus sauvages et plus sensibles au froid que ne sont les grises: il leur faut donc plus de retraites qui les rassurent, et plus d'abris, qui, pendant l'hiver, les garantissent du vent et du froid. Les perdrix grises ne quittent point la plaine lorsqu'elles y sont en sûreté; elles y couchent et sont pendant tout le jour occupées du soin de chercher à vivre. Les perdrix rouges ont des heures plus marquées pour aller aux gagnages; elles sortent le soir deux heures avant le soleil couchant; le matin, lorsque la chaleur se fait sentir, c'est-à-dire, pendant l'été vers neuf heures, elles rentrent dans le bois et surtout dans les taillis, que nous avons dit leur être nécessaires; il faut donc que le pays où l'on veut multiplier les perdrix rouges soit mêlé de bois et de plaines; il faut encore que ces plaines, quoique voisines des bois, soient fourrées d'un assez grand nombre de petites remises, de buissons, de haies, qui établissent la sûreté de ces oiseaux naturellement farouches. Si quelqu'une de ces choses manque, les perdrix rouges désertent. Les grises sont tellement attachées au lieu où elles sont nées, qu'elles y meurent de faim plutôt que de l'abandonner; il n'y a que la crainte extrême des oiseaux de proie qui les y oblige. Les perdrix rouges ont besoin d'une sécurité plus grande; si vous les faites partir souvent de leurs retraites, cet effroi répété les chassera, et elles courront jusqu'à ce qu'elles aient trouvé des lieux inaccessibles. On voit par là que le projet de multiplier dans une terre les perdrix rouges à un certain point entraîne beaucoup de dépense et de soins, qui peuvent et doivent peut-être en dégoûter. Les perdrix rouges s'apparient comme les grises, et il est essentiel aussi que le nombre des coqs ne soit qu'égal à celui des poules. On peut tuer les coqs dans le courant de l'année à coups de fusil; avec de l'habitude on les distingue des poules en ce que celles-ci ont la tête et le cou plus petits, et la forme totale plus légère: si l'on n'a pas pris cette précaution avant le temps de la ponte, il faut au moins la prendre pendant ce temps pour l'année suivante. Dès que les femelles couvent, elles sont abandonnées par les mâles, qui se réunissent en compagnies fort nombreuses. On les voit souvent vingt ensemble. On peut tirer hardiment sur les compagnies; s'il s'y trouve quelques femelles mêlées, c'est de celles qui ont passé l'âge de produire. Cette opération se doit faire depuis la fin de juin jusqu'à celle de septembre; après cela, les vieilles perdrix rouges se mêlent avec les compagnies nouvelles, et les méprises deviennent plus à craindre.

Quand il s'agit d'accroître le nombre trop faible de perdrix de l'une ou de l'autre espèce dans un canton qui leur convienne, et d'y former une réserve qui en mérite le nom, il faut observer les règles suivantes:

1°. Détruire par tous les moyens possibles les bêtes carnassières, les oiseaux de proie, les chats errans dans les champs, et interdire aux chiens l'entrée de la réserve, depuis le printemps jusqu'à l'automne;

2°. Dès que la neige empêche les perdrix d'atteindre jusqu'aux semis de grains, leur procurer du grain de blé, de seigle, d'avoine et d'autres espèces, ainsi que du chou, que l'on place dans des huttes en forme de buissons, faites avec des branches entrelacées ensemble, et où les perdrix se retirent pour se garantir des oiseaux de proie;

3°. Défendre sous des peines sévères la tendue des filets aux perdrix;

4°. S'abstenir pendant plusieurs années d'en tuer aucune;

5°. Plus tard, épargner dans la chasse en automne le tiers de chaque compagnie pour la propagation, et chercher jusque vers la fin de septembre à détruire le vieux mâle de chaque compagnie, parce que dans l'arrière-saison et en hiver il excite ordinairement la compagnie à émigrer.

Au moyen de ces attentions, la population des perdrix augmente d'une manière satisfaisante, et on l'entretient par la suite en bon état, à moins que des hivers extraordinairement défavorables ne fassent périr ces excellens oiseaux, ou qu'une température froide et humide long-temps prolongée et des pluies excessives au printemps ne s'opposent à leur propagation. Il n'y a pas de remède contre ce dernier accident; mais on peut prévenir jusqu'à un certain point les pertes que peuvent occasioner des hivers rigoureux, en fournissant aux perdrix une nourriture suffisante, lorsqu'elles en manquent, et même réparer ces pertes, en ayant la précaution, chaque année, dans l'arrière-saison, de prendre un nombre suffisant de perdrix, que l'on nourrit pendant l'hiver, et que l'on met en liberté au printemps dans les remises en les apparriant.

Lorsqu'on veut employer ce dernier moyen, on fait prendre les perdrix destinées au repeuplement vers la fin d'octobre ou seulement dans le mois de novembre, et on se sert du filet appelé *hallier*, parce qu'à cette époque elles ne se laissent pas prendre facilement à la *tonnelle;* on a soin de conserver dans des caisses particulières faites exprès les perdrix de la même compagnie, parce que si on mettait ensemble des perdrix de différentes compagnies, elles se harcelleraient et se becquetteraient continuellement. Ces caisses doivent avoir de 10 à 12 pieds de long, 3 pieds de large et seulement 10 pouces de haut. Le côté fermé de devant, les deux côtés étroits sont garnis d'un filet ou d'un grillage en fil de fer, et dans ce dernier côté, on place une petite porte pour y déposer de la nourriture et de l'eau. Mais pour que les perdrix ne se blessent pas en se débattant lorsqu'on les prend pour les faire sortir de la caisse, on place dans l'autre côté étroit de la caisse, opposé à la petite porte, une planche mobile presque de mêmes hauteur et largeur que ce côté, et qu'on puisse pousser en avant dans la caisse au moyen d'un manche; on fait agir cette planche mobile pour chasser les perdrix vers la petite porte et les y resserrer étroitement lorsqu'on veut les perdre; ce qui se fait sans secousse et sans leur causer le moindre dommage. On fait construire plusieurs de ces caisses, on les place les unes sur les autres dans une chambre éclairée et aérée par des ouvertures de fenêtres garnies d'un grillage serré en fils de fer, pour empêcher l'introduction des animaux destructeurs des perdrix. On garnit le fond de la caisse d'un pouce de sable fin de rivière, et on y introduit les perdrix auxquelles on fournit tous les jours de l'eau fraîche et une nourriture variée de froment, sarrasin et seigle, et quelquefois aussi de chou cru, jusqu'à ce que la température du printemps permette de les exposer dans les remises ; ce qui se fait en les appariant, et par un temps nébuleux ou le soir.

En procédant comme il vient d'être dit, on sauve un bien plus grand nombre de perdrix pendant l'hiver, et, d'un autre côté, on se procure bien plus de perdreaux que si on commençait à les prendre dès la fin d'août ou bien au commencement de septembre. On forme ainsi une bonne réserve de perdrix pour le repeuplement. Quand il ne se trouve plus de perdrix dans un canton qui leur convient d'ailleurs, et qu'on veut y en établir, il faut en faire venir quelques paires d'un autre canton, les lâcher dans les remises au printemps, et observer d'ailleurs toutes les règles que nous avons rappelées.

§ XVIII. — *Comment on forme une réserve de canards sauvages.*

Nous avons décrit à l'article *Canard* le procédé employé à Arminvilliers pour former une belle réserve de canards sauvages. (*Voyez* cet article.)

M. Hartig indique un autre procédé que voici :

Quoique les canards sauvages soient des oiseaux dont le plus souvent il n'y a que les femelles qui demeurent dans le même endroit, jusqu'à ce que leurs petits soient assez forts pour les suivre dans un autre étang ou rivière, il est cependant possible de former une réserve de canards au moins à demi sauvages.

Si donc on a à sa disposition un local commode, c'est à dire un étang considérable couvert de roseaux et tranquille, ou un lac, on cherche à se procurer une quantité suffisante d'œufs de canes sauvages, qu'on fait couver par des canes domestiques. Lorsque les jeunes *halbrans* sont éclos, on les gouverne comme les canards privés ; on leur donne la même nourriture ; on les mène une fois par jour à l'eau dans un lieu à proximité et de peu d'étendue, et on les renferme tous les soirs avec leur mère dans une écurie. Lorsque les petits ont acquis la moitié de leur grosseur, on leur coupe à une aile la jointure antérieure, afin que par la suite ils ne puissent aller loin s'il leur prenait envie de s'échapper.

On continue à les traiter, comme les canards domestiques, jusqu'au printemps suivant. Mais alors il faut, dès qu'ils veulent s'accoupler, les porter par paire à l'étang destiné à former la canardière ; on construit sur le bord de l'étang dans les roseaux, ou si cela est possible, dans une île, plusieurs huttes très simples, ayant 6 pieds de long, 4 de large et 3 de haut, couvertes à plat avec des roseaux, et ouvertes de toutes parts, sous lesquelles, par la suite, on apportera tous les jours un peu de nourriture aux canards, et qui, en même temps, leur serviront de retraite contre les oiseaux de proie. Ces canards à demi sauvages, si on a soin de les garantir des animaux carnassiers, ne tarderont pas à faire des œufs, à couver et à produire de jeunes *halbrans*, qui, plus tard, seront traités comme canards sauvages. Ces derniers quittent quelquefois l'étang, soit de leur propre volonté, soit qu'on les effraie ; mais ils ne sont pas tous perdus sans retour, et il arrive très souvent qu'ils reviennent accompagnés de canards étrangers pour retrouver leurs mères, et qu'ils procurent au propriétaire de la réserve l'occasion de tuer beaucoup de ces étrangers.

Mais, quoique les mères qu'on a placées dans l'étang soient incapables de voler à cause de l'opération qu'on leur a faite, la fréquentation des hommes et les coups de fusil qu'on y tire les rendent peu à peu tellement farouches, qu'il devient impossible, à l'époque où l'étang est gelé, d'en prendre plusieurs d'entre elles, sans beaucoup de difficultés. Il faut, dans ce cas, rassembler au printemps, aussitôt que les canes commencent à pondre, une quantité d'œufs suffisante, et les faire couver par des canes domestiques, comme nous l'avons dit précédemment ; les jeunes halbrans qui proviendront de ces couvées seront exposés dans la réserve au printemps suivant, après qu'on leur aura fait à l'aile l'incision dont nous avons parlé. Par ce procédé, l'entretien de la réserve sera assuré, et la chasse procurera autant de plaisir que si les jeunes canards eussent été couvés par des mères non estropiées.

À l'égard de la manière de dénicher les œufs, on doit n'en laisser qu'un seul chaque fois dans le nid, et en total n'en prendre que trois ou quatre de chaque nid. Il n'en faut pas enlever davantage parce que la cane n'en conserverait pas assez pour sa propre couvée.

Le *Dictionnaire des chasses* de l'Encyclopédie contient la description d'une carnadière qui a quelques rapports avec celle de M. Hartig, dont nous venons de parler, et avec celle des étangs d'Arminvilliers que nous avons décrite à l'article *Canard* sous le titre de *Chasse à la nasse* ou *grand piège*.

Cette canardière a été construite par *Guillaume Ockers* sur le Queller Dayn, proche le Helder et le Texel en Hollande ; elle est située sur une espèce de petite île, environnée d'un côté des dunes, et de l'autre côté fortifiée d'une digue, faisant un ovale dans la mer ; elle occupe environ 7 arpens de terrain.

Elle consiste en un réservoir ou bassin, en canaux, cages à apprivoiser les animaux, en filets et allées d'arbres.

Le bassin où les canards se jettent ou tombent représente un hexagone, contenant 335 toises d'eau, où sont environ six cents de ces oiseaux, savoir : deux cents à qui on a tiré les grosses plumes d'une aile, afin qu'ils ne puissent plus voler et qu'ils restent toujours dans le réservoir ; aux autres quatre cents, on a seulement coupé les plumes volantes, après qu'ils ont été apprivoisés et instruits à faire leur devoir pour séduire et attirer les canards sauvages.

Comme la description de cette canardière n'en donne point une idée bien claire, et que d'ailleurs le procédé pratiqué à Arminvilliers nous paraît plus simple et d'une application plus générale, nous ne transcrivons point cette description qu'on peut voir, au surplus, dans l'Encyclopédie.

§ XIX. — *Dans quelle proportion on peut favoriser la conservation du gibier, pour qu'il ne cause pas trop de dommages à l'économie rurale et forestière.*

Les opinions sur cette question sont très partagées, et elles le seront encore long-temps, parce que chacun veut ordinairement la décider d'après le pays où il vit, d'après les rapports dans lesquels il se trouve, et surtout d'après sa passion pour la chasse. Mais celui qui sera autant ami de l'économie rurale et forestière que de la chasse, et qui aura eu occasion de faire sur cet important objet des observations dans un grand nombre de cas et sous divers rapports, trouvera que l'on ne doit jamais dépasser les données ci-après :

I. Dans un pays où les forêts sont attenantes les unes aux autres et d'une assez grande étendue pour que jamais le gibier ne puisse gagner les champs, on peut, sans craindre de faire un tort très sensible au bois, admettre comme terme moyen les quantités suivantes de bêtes par 1,000 arpens (1), en supposant qu'elles forment l'état du gibier au printemps :

A. Dans les forêts de bois à feuilles, peuplées de chênes et de hêtres et suffisamment pourvues de bons pâturages, et d'ailleurs riches en herbes, huit cerfs, huit chevreuils et six sangliers ;

B. Dans les forêts d'arbres résineux, seulement six cerfs, six chevreuils et trois sangliers.

II. Si, au contraire, les forêts de la contenance de plusieurs mille arpens se trouvent limitées par les terres, on ne peut, sans nuire à l'économie rurale, admettre par 1,000 arpens le nombre de bêtes plus considérable que celui ci-après :

A. Dans les forêts de bois à feuilles comme celles ci-dessus, quatre cerfs, huit chevreuils et deux sangliers ;

B. Dans les forêts de bois résineux, trois cerfs, six chevreuils et un sanglier.

III. Mais quand les parties de forêts situées au milieu des champs ne contiennent que quelques centaines d'arpens et moins, on ne peut, sans s'exposer à causer un grand dommage aux récoltes, entretenir tout au plus, par 1,000 arpens :

A. Dans les bois à feuilles, que deux cerfs, et huit chevreuils ;

B. Et dans les bois résineux que deux cerfs et six chevreuils. Dans ce cas, on ne doit souffrir aucun sanglier.

Supposons maintenant qu'un arrondissement forestier contienne 6,000 arpens (2,420 hectares). L'état du gibier, au printemps et sans accroissement, devra être composé ainsi : dans la première hypothèse, quarante-huit cerfs, quarante-huit chevreuils et vingt-quatre sangliers ; dans la seconde hypothèse, vingt-quatre cerfs, quarante-huit chevreuils et douze sangliers ; dans la troisième, douze cerfs et quarante-huit chevreuils. On ne peut conseiller, dans aucun des cas ci-dessus, d'entretenir une population plus considérable, et il sera même nécessaire, en la bornant aux nombres indiqués, de procurer au gibier, pendant l'été, de bons pâturages dans les forêts pour préserver les jeunes coupes de bois, de lui donner une nourriture suffisante, pendant l'hiver, pour l'empêcher d'endommager le jeune bois, et, lorsqu'il est dans l'habitude de fréquenter les champs au printemps et en été, de l'en faire chasser par des gardes. Si, nonobstant ces observations, on voulait entretenir une population de gibier plus considérable, il en résulterait de grands dommages pour les forêts et pour les champs, à moins qu'on n'entourât les jeunes coupes et les cultures forestières de clôtures permanentes, et qu'on ne protégeât les cultures rurales par une garde très active, composée de plusieurs individus ; moyens qui sont très coûteux.

Nous devons encore faire observer que les lièvres, lorsqu'ils sont trop multipliés, causent des dommages très sensibles dans les champs, aux jeunes arbres à fruit et dans les vignes, et que l'excès de population de la volaille sauvage a aussi des conséquences nuisibles. Un trop grand nombre de coqs de bruyère cause du tort au jeune bois résineux, pendant l'hiver, en en mangeant le bouton terminal, et les faisans et perdrix, multipliés avec excès, deviennent nuisibles, notamment en enlevant le grain des semailles, et en mangeant le grain mûr des moissons. Cependant ces dommages ne sont jamais aussi considérables que ceux occasionés par le cerf et la bête noire.

CHAPITRE V. — Des parcs.

Nous venons d'indiquer les moyens d'élever et d'entretenir le gibier en liberté ; mais on l'élève aussi dans des parcs plus ou moins étendus, où l'on pourvoit à sa sûreté et à sa subsistance.

L'établissement d'un parc, la manière de le peupler et d'y entretenir les animaux, exigent des détails qui trouveront leur place aux art. *Parc*, *Garenne* et *Faisanderie*. (*Voyez* ces mots.)

CHAPITRE VI. — Des dangers et accidens auxquels le gibier est exposé.

La conservation de la chasse consiste à défendre les animaux sauvages contre les dangers qui les menacent, et à les préserver, autant que possible, contre tout ce qui peut leur être nuisible.

M. Hartig place, en première ligne, les dommages et accidens ci-après, qui feront la matière d'autant de paragraphes dans ce chapitre :

1°. Dommages de la part des bêtes carnassières ;
2°. Pertes occasionées par le manque de nourriture ;
3°. Destruction occasionée par les maladies ;
4°. Destruction occasionée par l'intempérie ;

---

(1) M. Hartig entend parler des arpens du Rhin, dont la contenance est de 40 ares 34 centiares, ce qui fait, pour les 1,000 arpens, 403 hectares 40 arqs.

5°. Destruction occasionée par le fait des habitans du pays ;

6°. Destruction occasionée par les délits de chasse ;

7°. Destruction occasionée de la part des chasseurs, par des moyens que l'usage réprouve.

§ Ier.—*Du dommage que les bêtes carnassières causent au gibier.*

L'histoire naturelle des animaux de chasse nous fait connaître que toute espèce de gibier à poil ou à plume est poursuivie par les bêtes carnassières, et que depuis le loup jusqu'à la belette, et l'aigle jusqu'à l'épervier, et même la pie-grièche, toutes ont à peu près le même instinct pour enlever tout ce qu'elles peuvent dompter, et que cet instinct n'abandonne jamais entièrement les animaux carnassiers en état de domesticité, tels que les chiens et les chats. Le gros gibier, savoir : le cerf, le daim, le chevreuil et le sanglier, n'a guère à craindre, lorsqu'il est dans toute sa force, que le loup et le lynx ; mais, dans sa jeunesse ou lorsqu'il est malade, il a encore pour ennemis le renard, le chat sauvage, l'aigle, le chathuant et même le corbeau ; quant au menu gibier, il est plus ou moins tourmenté pendant toute sa vie, notamment par le renard, le chat sauvage, la marte, le putois, la belette et les oiseaux de proie de toute espèce.

Lorsqu'on veut préserver les animaux sauvages utiles contre leurs ennemis, il faut tâcher de diminuer le nombre de ceux-ci par tous les moyens possibles, et encourager les gardes à les tuer, en leur accordant, par chaque peau de bête carnassière et par chaque oiseau de proie, une récompense proportionnée à l'importance de l'animal, et toujours la même dans chaque saison.

Les chats domestiques qui errent dans les champs et les forêts, ainsi que les chiens qui les parcourent, sont très nuisibles à la conservation du gibier. Ils détruisent les jeunes élèves, tourmentent les mères dans le temps qu'elles mettent bas, ou à l'époque des couvées, et causent ainsi un grand préjudice à la propagation. On doit, à leur égard, exécuter les réglemens de police contre les animaux errans. (Voyez *Animaux nuisibles*, pour la description des moyens à employer contre eux.)

§ II. — *De la destruction du gibier par le défaut de nourriture.*

Le défaut de nourriture est un mal qui, souvent, a causé la ruine plus ou moins complète de beaux cantons et de belles réserves de chasse. Ce n'est qu'en hiver qu'il se fait sentir, et il se manifeste par l'usage où sont alors les animaux de devenir extraordinairement familiers et d'aller chercher de la nourriture à des heures inaccoutumées.

Lorsqu'on s'en aperçoit, il n'y a pas de temps à perdre pour fournir à chaque espèce de gibier au moins le plus nécessaire de sa nourriture habituelle; c'est à dire, au cerf et au daim, du bon foin et des bottes de feuillages secs; au chevreuil, aussi du feuillage sec et des bottes d'avoine non battues; au sanglier, des fèves, des pois gris ou de l'avoine ; au lièvre, du foin et du chou ; à la perdrix, du froment, de l'épeautre, du seigle ou de l'orge; au faisan, du froment, de l'épeautre ou de l'orge. Ces objets se distribuent de la manière que nous avons indiquée dans les différens paragraphes du quatrième chapitre. Si on néglige de leur donner cette nourriture, soit par insouciance, soit par esprit d'économie, une grande partie du gibier meurt de faim, ou il se manifeste, au printemps, des maladies propres à chaque espèce, qui, souvent, anéantissent toute la population du gibier.

Ainsi le moins que puisse faire un chasseur pour la conservation de son gibier, pendant l'hiver, est de lui donner la nourriture indispensable, lorsque la disette se manifeste d'une manière absolue. Mais s'il veut remplir complétement son devoir, et comme chasseur et comme forestier, il n'attendra pas, pour secourir les animaux, qu'ils soient déjà dépérissans, et que les signes de la famine dont nous avons parlé se soient manifestés. Il faut, dès que la nourriture devient rare, faire abattre les chênes et les peupliers, qui sont d'ailleurs destinés à être abattus, et continuer les coupes sans interruption, afin que le gibier puisse se nourrir de l'écorce et des boutons des bois à feuilles. Indépendamment de cela, il faut faire transporter un peu de foin et de feuillages secs dans les places à ce destinées. Ces places ne doivent jamais être situées dans l'enceinte ni dans le voisinage des jeunes coupes ou des cultures forestières ; elles doivent être dans les gaulis et hauts taillis, pour empêcher la dégradation des rejets dans les jeunes coupes, dommage qui souvent est bien plus considérable que la dépense de la nourriture.

Mais pour prévenir, dans d'autres saisons que celle de l'hiver, les dommages que le gibier pourrait commettre sur le jeune bois, il faut que le chasseur et le forestier aient l'attention de former des prairies ou pâturages produisant des herbes de bonne qualité et d'une nature convenable aux animaux, et de les entretenir en bon état par des irrigations et en y répandant de la cendre et d'autres substances salines. Il faut, en outre, conserver, dans les forêts, les arbres fruitiers, en planter de jeunes, s'il est nécessaire ; et lors de la glandée, éviter qu'on enlève au gibier une trop grande quantité de fruits sauvages, soit par le ramas qu'on en fait, soit par le passage excessif et trop long-temps prolongé des porcs qu'on introduit en forêt.

En suivant les règles indiquées ci-dessus, on est assuré que le gibier, qui conserve sa force et sa santé pendant l'hiver, est bien plus en état de supporter les accidens imprévus que s'il est affaibli par les privations, et, d'un autre côté, les forêts et les récoltes sont bien plus épargnées par le gibier que lorsqu'on ne s'occupe pas de sa nourriture, et qu'on se borne à faire des vœux continuels pour qu'il ne puisse plus causer de dommages.

§ III. — *Des maladies du gibier.*

On sait que les animaux sauvages sont, en général, moins exposés aux maladies que les animaux domestiques ou privés ; cependant il règne quelquefois parmi eux des maladies très dangereuses et contagieuses, qui se développent au printemps, qui proviennent en partie de la disette de nourriture pendant l'hiver, et que, par conséquent, on pourrait prévenir, en leur donnant, dans cette saison, une nourriture suffisante.

Les maladies les plus importantes de chaque espèce de gibier se trouvent indiquées aux différens articles de cet ouvrage qui les concernent ; il est donc inutile de les énoncer ici, d'autant qu'on ne peut y porter aucun secours.

Quant aux maladies des faisans et des faucons, on les trouvera décrites aux articles *Faisanderie* et *Fauconnerie*.

§ IV. — *Perte du gibier occasionée par l'intempérie.*

Quoique les animaux sauvages supportent mieux les intempéries que les animaux domestiques, il se présente cependant des cas où leurs forces s'épuisent, et où le gibier, tant à poil qu'à plume, éprouve un grand préjudice par la température.

Les intempéries les plus nuisibles sont :

1°. La chute d'une grande quantité de neige, qui recouvre la terre pendant long-temps ;

2°. Un froid excessif et de longue durée, lorsqu'il y a beaucoup de neige ;

3°. Un verglas dur et long-temps prolongé.

Dans toutes ces circonstances, les forces du gibier s'épuisent, le manque de vivres est inévitable, et il arrive qu'un grand nombre de bêtes qui s'abattent dans la neige, ou s'enfoncent dans le verglas, ne peuvent s'en retirer ou s'y rompent les pattes par les efforts qu'elles font pour en sortir ; dans cet état, les bêtes carnassières, plus légères, courent sur le verglas, attaquent et mettent en pièces le gibier, et souvent le mangent en partie vivant.

Il faut, dans de semblables intempéries, procurer au gibier une nourriture suffisante, dans les lieux où il se rassemble, le laisser dans le plus parfait repos ; et, si les animaux ne sont plus en état de marcher, les soigner dans des étables spacieuses, jusqu'à ce que la température permette de les remettre en liberté.

4°. Une circonstance très nuisible aussi à la santé des cerfs, des daims et des chevreuils, c'est quand, à un hiver rigoureux, il succède tout à coup une température douce, et qu'en peu de temps il se développe une grande quantité d'herbes et de feuilles. Les animaux affamés en mangent avec excès et se donnent un dévoiement qui dégénère en dyssenterie, et fait souvent périr toute une population.

5°. Ce qui n'est pas moins contraire à la grande multiplication du lièvre, c'est une température extraordinairement douce pendant l'hiver, et qui plus tard est suivie d'un retour de froid. Dans ce cas, les lièvres entrent en chaleur à contre-temps, et leurs premières portées sont perdues.

6°. Il est également nuisible à la propagation du gibier à plumes qu'il survienne de fortes pluies ou de la grêle à l'époque de la ponte, ou lorsque les jeunes oiseaux sont éclos et en traine. La rosée mielleuse et un froid humide leur causent beaucoup de maladies, particulièrement aux faisans.

On n'a aucun remède à apporter contre l'intempérie ; mais le chasseur doit au moins faire ses efforts pour en diminuer les suites, et procurer, toutes les fois qu'il le peut, du soulagement aux animaux.

§ V. — *Perte du gibier occasionée par les habitans du pays.*

M. Hartig, dont l'ouvrage est écrit pour un pays où le droit de la chasse est encore exclusif, observe qu'on doit sévèrement interdire aux habitans les pratiques qui peuvent nuire à la propagation du gibier, et il cite au nombre des choses à défendre : 1° la destruction des jeunes bêtes et des œufs lors de la fauchaison des prés, des prairies artificielles et des grains ; 2° le trouble de la tranquillité dans les forêts pendant le temps que les animaux sont en chaleur ou qu'ils mettent bas ; 3° la construction de haies piquantes autour des champs et des jardins. Ces choses ne peuvent être interdites en France, où le gibier appartient au propriétaire du fonds, que par ce propriétaire à ses fermiers ou à ses ouvriers.

Il pourra faire observer les règles suivantes :

Lors du fauchage des prés, il arrive que, par inattention, on détruit les nids des faisans et des perdrix qui s'y trouvent. Pour prévenir ces accidens, il faut, dans les réserves de gibier de ce genre, faire passer sur les prés un long cordeau tendu qui frotte l'herbe, pour faire partir les oiseaux, et marquer toutes les places où il se trouverait un nid, en y plantant un petit bâton blanc, et défendre sévèrement qu'on approche de ces signaux ; on ordonne aux faucheurs de laisser autour une verge carrée d'herbes, de trèfle ou de grains qu'on ne fauche qu'après que les jeunes sont éclos. En outre, il faut ordonner, à l'égard des forêts, qu'on n'en trouble point la tranquillité pendant que les animaux mettent bas, c'est à dire depuis le milieu de mai jusqu'à la fin de juin, et pendant le temps du rut, c'est à dire depuis le commencement de septembre jusqu'au milieu du mois d'octobre ; et, lorsqu'il s'agit d'une réserve de gibier, ne jamais y permettre le pâturage, et prescrire que toutes les opérations forestières s'y fassent à des jours déterminés dans la semaine, et avec le moins de bruit possible.

§ VI. — *Des suites fâcheuses des délits de chasse sur la conservation du gibier.*

Le vol du gibier est une chose qui est non seulement fâcheuse pour les amateurs de chasse, mais encore très nuisible à la conservation du gibier, parce que les voleurs de gibier détruisent tout sans distinction, et qu'ils n'ont aucun égard aux règles admises entre les chasseurs. Ces délits doivent être punis suivant la rigueur des lois. (Voyez *Braconnier*.)

§ VII. — *De la perte du gibier par l'inobservance des règles de la chasse.*

L'une des causes les plus fâcheuses de la perte du gibier est l'inobservance des règles de la chasse. On peut placer en première ligne :

1°. La chasse au temps prohibé, dans laquelle l'on fatigue ou l'on tue les bêtes pleines et le jeune gibier encore faible, où l'on détruit les couvées, et enfin où l'on met à l'écart toutes les règles que l'humanité et l'intérêt prescrivent;

2°. Le défaut d'attention à maintenir la proportion nécessaire entre les mâles et les femelles pour le gibier dont le sexe peut être distingué lors de la chasse;

3°. La chasse dans un temps où le gibier n'est pas dans sa plus grande valeur, et par conséquent où il faut en tuer une grande quantité pour en tirer un certain profit;

4°. La chasse par calculs d'intérêt, ou l'excès dans son exploitation; abus qui tend à affaiblir la population du gibier et à la ruiner petit à petit;

5°. La répétition trop fréquente des chasses à bruit, qui tourmentent le gibier et le forcent à fuir le canton.

On ne peut porter trop d'attention à éviter ces causes de destruction et à faire punir, à cet égard, les contraventions aux réglemens.

CHAPITRE VII. — DES ANIMAUX, INSTRUMENS ET TRAVAUX D'ART NÉCESSAIRES POUR LA CHASSE.

Les animaux que l'on emploie à la chasse sont le chien, le cheval, le furet et diverses espèces d'oiseaux dont on se sert soit pour attaquer le gibier, soit pour l'attirer. (*Voyez* Cheval, Chien, Furet, Faucon, Appelans, Perchans, Pipée.)

Les armes à feu sont le fusil, la canardière et le pistolet. (*Voyez* Fusil.)

Les instrumens tranchans ou piquans sont le couteau de chasse, l'épieu, la pince à blaireau, etc.

Les piéges sont: 1° pour les quadrupèdes, le traquenard, le hameçon, le piége de fer, le hausse-pied, les assommoirs, les trébuchets, les collets, les chambres et enceintes, les trappes, les panneaux et les toiles; 2° pour les oiseaux, les filets, les collets, les lacets, les trébuchets, les hameçons, le brai, les gluaux, les tendues d'hiver, etc. (*Voyez* ces mots.)

Les instrumens qu'on emploie pour attirer le gibier sont les appeaux, les pipeaux, les sifflets et les miroirs. (*Voyez* ces mots.)

Ceux qui servent à tromper le gibier et à l'approcher sont la vache artificielle, la hutte ambulante, la charrette. (*Voyez* ces mots.)

Les instrumens à vent sont le cor de chasse et les appeaux dont nous avons parlé.

Les machines à transporter le gibier sont les voitures, les caisses, les paniers, les cages.

Les constructions et travaux nécessaires pour la chasse sont les loges, les huttes, les chenils, les faisanderies, les parcs, les souilles, les saunières. (*Voyez* ces mots.)

CHAPITRE VIII. — DE L'HABILLEMENT DES CHASSEURS.

La manière dont les chasseurs sont habillés n'est point indifférente pour le succès de la chasse et pour leur santé. La couleur de leurs habits est encore une chose importante. Le vert est, sans contredit, ce qui convient le mieux pendant la belle saison, et tant que les feuilles sont sur les arbres. S'ils sont vêtus d'une couleur tranchante avec la verdure de la campagne, le gibier les aperçoit plus aisément et de plus loin. En hiver, ils doivent être habillés de gris foncé, ou de quelque couleur approchant de la feuille morte. (*Voyez Uniforme de chasse.*)

CHAPITRE IX. — PRATIQUES EN USAGE DANS LA CHASSE.

La chasse a son langage et ses usages particuliers.

Le langage de la chasse est très important à connaître, et rien ne serait plus inintelligible qu'un rapport ou un récit où les termes de chasse ne seraient point convenablement employés. D'ailleurs un chasseur serait ridicule s'il employait des expressions impropres et dans un sens différent de celui qu'on est convenu de leur accorder. Il faut donc respecter ce langage, tout barbare qu'il est dans un grand nombre de cas.

Quant aux usages, ils varient suivant les pays; cependant il y en a qui sont généraux. Nous les ferons connaître à mesure que l'occasion s'en présentera.

M. Hartig indique dans son ouvrage ceux qui ont lieu en Allemagne; tels sont:

1°. *Le salut du chasseur* (voyez, à l'article *Cerf*, la grande chasse que nous avons traduite de l'allemand);

2°. *Les cris de chasse* (voyez le même article);

3°. *Les cris des chasseurs entre eux.* Lorsqu'un chasseur veut faire connaître à ses voisins qu'une pièce de gibier va sur eux, il crie:

Si c'est un cerf, *tayo!*
Si c'est un sanglier, *vallo!*
Si c'est un lièvre, *harro!*
Pour les autres gibiers à poil, *qui là!*
Pour la plume, *tire haut!*

4°. *La manière de tirer le couteau de chasse, lorsqu'une bête est prise.* Quand un cerf courable ou un sanglier quartanier ou un vieux sanglier est pris, les chasseurs tirent le couteau de chasse, la main nue, et ils crient trois fois, *tayo*, si c'est un cerf, et *vallo* ou *hillo* si c'est une autre bête.

5°. *Rameaux en signe de distinction.* Lorsque, dans une grande chasse, un chasseur ou une société a heureusement terminé une chasse au cerf, et qu'on a tué une ou plusieurs pièces, le veneur qui a tué la bête place à l'instant à son chapeau une branche de chêne, ou, à défaut de chêne, une branche de pin, et à la fin de la chasse tous les chasseurs en font autant. Mais si l'animal qu'on a tué est un *vieux cerf* ou un *vieux sanglier*, ce signe de triomphe est arboré à l'instant même par tous les chasseurs, et sans attendre la fin de la chasse.

6°. *Pieds du cerf donnés en signe d'honneur.* Lorsqu'un cerf est pris dans une chasse à courre, on lui lève les quatre pieds, en laissant de la peau jusqu'à la jointure du genou. On fait une incision dans cette peau, et après qu'on en a replié par plusieurs fois les bouts, on l'attache au couteau de chasse en signe d'honneur. Le pied droit se donne au veneur qui est le premier en rang. Mais, observe

M. Hartig, cet usage n'est pas général. (Voyez *Cerf*, art. *Chasse à courre.*)

7°. *Bâtons de chasse.* Quand on chasse la grosse bête au tir, il est d'usage que tous les chasseurs, en entrant dans le bois, soient munis d'un fort bâton de 5 pieds de long. Si les cerfs qu'on doit chasser ont touché au bois, les bâtons sont dépouillés de leur écorce; mais dans le cas contraire, ou lorsqu'il s'agit de chasser le sanglier, ils en sont revêtus.

8°. *Punition infligée au moyen du couteau de chasse.* M. Hartig nous dit qu'en Allemagne, dans les grandes chasses, on punit toute faute contre le langage, et les règles de la chasse, en donnant au coupable des coups avec le plat du couteau de chasse. On procède ainsi : le patient se couche sur un gros cerf ou sur un sanglier, et là il reçoit du chef de la chasse ou du garde général forestier, ou de tout autre, suivant le grade qu'il occupe, trois coups du plat du couteau de chasse sur le derrière. Au premier coup, celui qui est chargé de compter crie : *ho, ho!* celui-là est pour le prince, ou le seigneur, ou le maître, etc.; au deuxième coup : *ho, ho!* celui-là est pour le chevalier et le valet, et au troisième : *ho, ho!* celui-là est pour le noble droit de la chasse. Pendant cette cérémonie, la musique joue, et les chasseurs qui sont en cercle doivent avoir la main droite nue à leur couteau de chasse, qu'ils ont tiré de quelques pouces de son fourreau. Ensuite le chasseur puni s'incline vers la société pour remercier de la juste punition qu'il a reçue.

9°. *Réception des chasseurs.* On procède ainsi en Allemagne à la réception des chasseurs. Lorsqu'un jeune homme a étudié l'art de la chasse, il subit une épreuve en présence de plusieurs chasseurs instruits; c'est son maître ou le maître de la chasse qui l'interroge, et chaque membre a également le droit de lui faire des questions. S'il répond d'une manière satisfaisante à celles qui lui sont faites sur les diverses parties de la chasse, on lui attache au côté un couteau de chasse qui pose par terre, et on lui délivre un certificat de capacité préparé par le maître, et revêtu de l'attestation du reste de la compagnie. Mais M. Hartig a observé qu'il y a beaucoup d'endroits où cet examen n'a plus lieu, et où l'on se contente de délivrer des lettres de capacité aux jeunes gardes qui se sont occupés de la chasse seulement pendant quelque temps; ce qu'il regarde comme très fâcheux pour la science.

(*Voyez* l'article *Cerf*, pour le surplus des usages pratiqués en Allemagne et pour ceux qui ont lieu en France.)

CHAPITRE X. — Chasses particulières pour les différentes espèces d'animaux.

Les diverses connaissances dont nous venons d'exposer les objets ont pour but de préparer le succès des différentes chasses et de les rendre utiles et agréables; mais chaque gibier ayant ses ruses et ses ressources propres, ce n'est qu'en traitant de chacun d'eux qu'on peut donner les règles qui leur sont applicables. Nous renvoyons donc à chaque espèce de gibier pour connaître la manière particulière de la chasser ou de la prendre.

CHAPITRE XI. Exploitation de la chasse en général.

L'exploitation de la chasse embrasse les connaissances suivantes :

1°. La connaissance de la saison la plus favorable et la plus convenable pour la chasse;
2°. La connaissance de la quantité de gibier qu'il faut conserver pour l'entretien de la chasse;
3°. La connaissance des règles d'après lesquelles on doit tuer le gibier pour ne pas lui faire perdre de son prix ;
4°. La manière de vider le gibier ;
5°. La connaissance des moyens à employer pour transporter le gibier ;
6°. La manière de dépouiller le gibier ;
7°. La manière de couper le gibier mangeable ;
8°. La manière de conserver les peaux et de les préparer pour les vendre ;
9°. La tenue d'un registre de chasse.

Nous allons exposer en quoi consistent ces différentes connaissances.

§ Ier. — *Saison et temps favorables pour la chasse.*

Il y a des époques dans l'année où il est nécessaire de suspendre la chasse de telle ou telle espèce de gibier, ou de ne la faire qu'avec de grandes restrictions, soit à raison de l'état de la population du gibier, soit à cause de la propagation, soit enfin pour ménager les récoltes.

Il est contraire aux règles de la chasse et même à la pitié que les animaux utiles doivent inspirer à l'homme, de les chasser lorsque les femelles sont pleines ou qu'elles couvent, ou qu'elles viennent de donner naissance à des petits qui ne peuvent encore se passer de leur mère.

Il est contraire à l'intérêt de la société de chasser lorsque les récoltes peuvent en éprouver des dommages, et à l'intérêt particulier du chasseur, de le faire aux époques de l'année où le gibier a le moins de valeur.

Voici quelques règles pour la chasse en plaine, dans les différentes saisons, en différens lieux, et à différentes heures du jour. Nous en donnerons ensuite de plus particulières pour chaque espèce de gibier, eu égard à toutes les circonstances que l'on doit prendre en considération pour la conservation et l'utilité de la chasse.

Saison pour la chasse en plaine. Le temps de l'année le plus propre à cette chasse est depuis la mi-août jusqu'au printemps. D'abord, jusqu'au mois d'octobre, c'est la pleine saison des perdreaux et des cailles ; c'est celle des râles de genêt, des tourterelles, des halbrans, des lapereaux et des lièvres. Viennent ensuite les grives, qui sont excellentes, surtout dans les pays de vignoble, où elles ont mangé du raisin. Vers la Toussaint, arrive la bécasse, et c'est alors aussi qu'on trouve en grand nombre, dans les marais et autour des étangs, des bécassines, qui, après les premières gelées, sont grasses et bonnes à tirer. On tue aussi dans l'automne les bêtes fauves qui sortent des taillis.

Pendant l'hiver on trouve beaucoup de gibier; c'est surtout pendant les grandes gelées, que les marais, les étangs et les petites rivières qui ne gèlent point, offrent une chasse abondante de canards, sarcelles, poules d'eau, hérons, butors et autres oiseaux aquatiques, dont les espèces sont très nombreuses et très variées, suivant les lieux et les différens pays. Dans le dégel, on guette les oiseaux marécageux; c'est aussi le temps de prendre les pluviers et les sarcelles. La chasse des ramiers se fait dans cette saison pendant la nuit. Lorsque la neige couvre les terres, on tue sans peine les perdrix, car on les aperçoit de loin; on en approche alors en tournoyant, on fait aussi la chasse aux lièvres jusqu'à la fin de janvier.

Quant au printemps et au commencement de l'été, c'est à dire, dans les mois d'avril, de mai, de juin et juillet, c'est en général une saison morte pour la chasse en plaine. Il y a seulement quelques cailles vertes, au mois de mai, dans les cantons où il se trouve beaucoup de prairies, et quelques oiseaux de passage particuliers à certains pays.

L'été jusqu'à la mi-août, on ne chasse pas davantage en plaine que pendant le printemps; si ce n'est la caille qu'on fait lever avec le chien couchant et qu'on tire au fusil.

Mais il y a dans tous les pays des réglemens qui déterminent les saisons où il est défendu ou permis de chasser, et ces réglemens sont fondés sur l'intérêt des récoltes et celui de la conservation du gibier. M. Hartig, en considérant ces deux intérêts, indiqués dans son *Lehrbuch für yager*, les époques de l'année que l'on doit observer pour la chasse des espèces d'animaux ci-après désignées, toutefois en les variant un peu suivant les climats.

Pour la chasse du cerf.

1°. Le cerf proprement dit ne doit être chassé que depuis le commencement de juillet jusqu'à la fin de septembre;

2°. Le daguet et le faon peuvent être chassés depuis le commencement de juillet jusqu'à la fin de décembre;

3°. Les biches non pleines, depuis le commencement de juillet jusqu'au milieu de septembre;

4°. Les vieilles biches ou bréhaignes, depuis la mi-août jusqu'à la mi-septembre;

5°. Mais si on avait un besoin indispensable de tuer une pièce de gibier depuis le commencement de janvier jusqu'à la fin de juin, ce ne devrait être qu'un daguet ou un faon.

Pour la chasse du daim.

1°. Le daim, seulement depuis le commencement de juillet jusqu'à la fin d'octobre;

2°. Le jeune daim, le daguet et le faon, depuis le commencement de juillet jusqu'à la fin de décembre;

3°. Les daines non pleines, depuis le commencement d'août jusqu'au milieu d'octobre;

4°. Les vieilles daines ou bréhaignes, depuis le commencement de septembre jusqu'au milieu d'octobre.

5°. Mais si on avait besoin de tuer un daim, depuis le commencement de janvier jusqu'à la fin de juin, ce ne pourrait être qu'un faon ou un daguet.

Pour le chevreuil.

1°. Le brocard et le faon, depuis le commencement de juillet jusqu'à la fin de décembre;

2°. Les vieux chevreuils, depuis le commencement de septembre jusqu'à la fin de novembre.

Pour le sanglier.

En général, on ne doit chasser le sanglier que depuis le commencement de septembre jusqu'à la fin de janvier; quant aux laies, on doit les épargner dès le mois de décembre.

Pour le lièvre.

On ne doit chasser le lièvre que depuis le commencement de septembre jusqu'à la fin de janvier.

Pour les quadrupèdes carnassiers.

On peut les chasser en tout temps.

Pour les coqs de bruyère.

Les mâles ou coqs peuvent être chassés en tout temps; mais on ne doit jamais tuer les femelles ou poules, parce que les animaux de proie en diminuent assez le nombre lors de l'incubation.

Pour les faisans, gélinottes, perdrix et alouettes.

On ne doit les chasser que depuis le commencement de septembre jusqu'à la fin de janvier.

Pour les bécasses.

Depuis le commencement de juillet jusqu'à la fin de mars, ou pendant tout le temps du passage. Ainsi, on doit épargner celles qui restent dans les mois d'avril, de mai ou de juin.

Pour les canards sauvages.

Depuis le commencement de juillet jusqu'à la fin de janvier.

Pour les autres oiseaux.

Quant aux autres oiseaux, on doit les épargner pendant le temps de la ponte et de l'incubation, à l'exception des oiseaux de proie, qu'on chasse en tout temps.

M. Hartig observe que tout a été pris en considération dans cette fixation des époques de la chasse, et qu'il en résulterait un grand avantage si on la consacrait par les réglemens. (*Voyez* la *seconde section* de cet article.)

§ II. — *Comment on doit exploiter la chasse pour la conserver.*

Nous avons indiqué précédemment les procédés à employer pour l'éducation des animaux, et pour le repeuplement des cantons ou réserves de chasse, et le nombre des animaux à réserver pour la propagation. Ces indications et celles que nous avons données en parlant de la conservation de la chasse, enfin la fixation des époques de la chasse, telle qu'elle vient d'être exposée, forment l'ensemble des règles à observer dans l'exploitation du gibier.

§ III. — *Règles sur la manière de tuer le gibier.*

Nous avons deux moyens de mettre en notre possession le gibier destiné à notre utilité : la *capture* et le *tiré*. On emploie tantôt l'un de ces moyens, tantôt l'autre, selon les circonstances et la dépense que l'on veut faire, ou le but qu'on se propose. Sous le *rapport de l'économie*, il faut que la passion de la chasse entraîne le moins de dépense et de perte de temps possible, et qu'il y ait aussi dans le gibier le moins de perte possible. Sous le *rapport moral*, il faut que le chasseur emploie des moyens tels que les animaux qu'il tue ou qu'il prend ne souffrent qu'autant que les circonstances le veulent.

Au nombre des espèces de gibier pour lesquelles l'*emploi des filets et des lacets* doit toujours être préféré sous le rapport de l'économie, parce que la chasse au tiré consomme des munitions dont la valeur dépasserait celle du gibier, on doit placer la grive, l'étourneau, l'alouette et tous les petits oiseaux ; relativement aux bêtes qu'il est plus facile de prendre que de tuer, et pour lesquelles, par cette raison, on fait aussi plus souvent usage des filets que du fusil, ce sont le lapin, le blaireau, la loutre, et en général les diverses espèces de martes ; les animaux qui, sous le rapport économique, doivent être l'objet tantôt de la chasse aux piéges, tantôt de la chasse au fusil, sont le renard, le chat sauvage, le faisan, la perdrix, l'oie et le canard sauvages, et les oiseaux de proie. Quant aux autres animaux, la chasse au fusil exige moins de difficultés et de dépenses, et on n'en fait point la *capture*, à moins que ce ne soit par amusement ou pour les transporter vivans dans d'autres lieux.

Pour que le coup endommage le moins possible la peau, et même la chair du gibier, on emploie une ou deux balles pour les grosses bêtes dont la peau perdrait de son prix si elle était percée des deux côtés ou par un grand nombre de trous, et on fait usage de postes ou de *cendre de plomb* pour les animaux dont la peau n'est pas velue, ou qui sont trop petits pour être tirés à balle. Par ces considérations d'économie, et d'ailleurs par la raison que le plomb, lorsqu'on tire de loin sur les grosses bêtes, ne peut en percer la peau épaisse et les os, il est d'usage que le chasseur se serve d'une balle presque du calibre du canon de fusil pour tirer le cerf, le daim, le che-vreuil (1) et le sanglier ; quant aux autres petits animaux, on les tire avec de la dragée (2).

Il y a aussi des règles de chasse à observer pour tuer le gibier que l'on prend dans des piéges, ou qui n'est pas mort du coup qu'il a reçu ; les voici :

1°. Le gros cerf. On lui donne un coup de couteau de chasse, soit de côté et derrière la hampe, soit en avant dans le creux de la poitrine.

2°. Le jeune cerf, le daguet, les vieilles biches, le faon et le chevreuil. On les tue avec le couteau en forme d'alêne, qu'on leur enfonce à la nuque entre la tête et le cou, en allant de haut en bas, et presque parallèlement avec le front de l'animal et de manière à séparer la moelle épinière du cerveau.

3°. Le sanglier est tué de la même manière que le cerf.

4°. Le lièvre et le lapin. On leur donne de la main droite des coups sur le derrière de la tête près de la nuque, tandis que de la main gauche on les tient suspendus par les pattes de derrière. Il y a encore un moyen plus expéditif : on saisit d'une main les oreilles d'un lièvre ou d'un lapin, et de l'autre main les deux pattes de derrière. On alonge l'animal jusqu'à ce qu'un petit craquement indique que la moelle épinière est rompue.

5°. Le loup, le renard, le chat, le blaireau, la loutre, la marte et tous les animaux carnassiers. On les tue, soit avec une fourche dont on les embroche, soit avec de forts bâtons dont on les frappe à grands coups sur le derrière de la tête ou sur le nez.

6°. Les oiseaux qui appartiennent à la grande chasse, excepté le faisan. On les égorge avec le couteau que l'on enfonce par le cou dans la tête.

7°. Les faisans et les autres oiseaux un peu plus petits. On les tue avec une forte plume de l'aile, qu'on leur fait passer par le cou dans la tête.

8°. Tous les petits oiseaux. On les tue en leur pressant la gorge.

M. Hartig fait observer avec raison qu'un chasseur ne serait pas digne de ce nom, si, contrairement à l'usage reçu, il voulait tuer un sanglier comme on tue un chevreuil, et un chevreuil en l'assommant comme on fait pour le sanglier ; et qu'un chasseur qui tourmente et fait souffrir à dessein un animal se rend très blâmable.

Quant à la manière de *vider* le gibier, de le *dépouiller*, de le *découper*, d'en étendre et conserver la peau, et de tenir note des recettes et dépenses relatives à la chasse, nous traiterons ces différens objets à l'article *Gibier*. (*Voyez* ce mot.)

CHAPITRE XII. — DES DIFFÉRENTES ESPÈCES DE CHASSE.

Nous avons dit que la chasse se divisait en plusieurs espèces :

La chasse à tir ou au fusil ;

---

(1) Lorsqu'on ne tire pas un chevreuil à plus de trente ou trente-cinq pas, on le tue facilement avec du plomb n° 4, et même du n° 5 ; mais il faut qu'il soit frappé au cou.
(2) On appelle ainsi le plomb à giboyer.

La chasse à courre ou aux chiens courans;
La chasse aux piéges ou aux filets, lacets, gluaux, etc.; et la fauconnerie ou chasse avec des oiseaux de proie.

Toutes ces espèces de chasse se font également dans les bois et en plaine.

§ Ier. — *De la chasse à tir ou au fusil.*

Cette chasse, peu dispendieuse, et qui fait l'amusement de gens de tout état, est moins savante que la grande chasse; cependant elle exige des connaissances pour être pratiquée agréablement. Le chasseur doit connaître les saisons, les heures du jour, le temps et les lieux les plus favorables pour chasser. Il faut qu'il sache bien tirer, car sans cela il manquera le gibier, et ne formera jamais un bon chien, gâtera même celui qu'on lui confiera, tandis qu'un bon chasseur et adroit tireur, qui presque toujours tue le gibier à l'arrêt de son chien, lui inspire de la confiance.

Vers la fin d'août et en automne, le chasseur cherchera les lièvres et les perdrix dans les plaines, lieux découverts et dans les prairies artificielles encore sur pied; mais il doit savoir que, dans les grandes chaleurs, le gibier habite volontiers les endroits frais et humides, certains marais où il y a peu d'eau et beaucoup de grandes herbes, les bords des rivières et ruisseaux, et les coteaux exposés au nord; qu'en hiver il se tient le plus ordinairement sur les coteaux exposés au midi, le long des haies, dans les bruyères, les pâtis garnis de broussailles et de fougères; et par les grands froids, dans les lieux bas et les plus fourrés, et dans les marais, où il trouve à se garantir du froid comme de la chaleur. Cela ne veut pas dire que, lorsque le temps est très chaud ou très froid, les lièvres ou perdrix désertent entièrement les plaines, mais seulement la majeure partie. D'ailleurs, le gibier tient beaucoup mieux dans les lieux couverts que dans les lieux ras; ainsi il y a un double avantage à l'y chercher.

La *chasse* du matin, en toute saison, à commencer lorsque la rosée est essuyée, est toujours la meilleure et la plus favorable. A cette heure tout est calmé: les bergers et leurs troupeaux ne sont point encore répandus dans les champs, et n'ont point fait fuir une partie du gibier, comme il arrive lorsqu'on se met en chasse plus tard; ajoutons à cela que les voies de la nuit sont plus fraîches, et que les chiens rencontrent mieux. En outre, pour n'être pas matineux, on perd souvent des occasions qui ne se retrouvent plus. Ce sont certains oiseaux de passage qui, s'étant abattus la nuit en quelque endroit, auront été rencontrés le matin par des bergers qui les auront fait lever. Une autre fois ce sera un chevreuil qui, s'étant écarté d'une forêt voisine, aura passé la nuit dans un bosquet, d'où il aura été renvoyé le matin par quelque chien de ferme, et autres hasards qu'on peut imaginer, et qui sont fort ordinaires.

Il est à propos, autant que cela se peut, de chasser toujours à bon vent, tant pour dérober au gibier le sentiment du chasseur et du chien, que pour mettre le chien à même de l'éventer de loin; nous disons, autant que cela se peut, parce qu'il n'est pas possible qu'en allant et revenant sur ses pas, pour bien battre le terrain, on conserve toujours l'avantage du vent. Ainsi, toutes les fois qu'on se proposera de battre quelques portions particulières de terrains, où l'on s'attend à trouver du gibier, il est indispensable de prendre le vent.

Il ne faut jamais se rebuter de battre et de rebattre, surtout les terrains couverts de bruyères, de broussailles et de grandes herbes, de même que les jeunes taillis. Un lièvre, un lapin laissera passer plusieurs fois, à quatre pas de son gîte, sans se lever. Il faut encore s'obstiner davantage lorsqu'on a remis des perdrix dans ces endroits. Souvent, lorsqu'on les a déjà relevées plusieurs fois, elles se laissent pour ainsi dire marcher sur le corps avant que de partir, surtout si ce sont des perdrix rouges. Il en est de même d'un faisan, d'une caille, d'une bécasse. Tout en marchant, on doit avoir sans cesse l'œil au guet, et regarder soigneusement autour de soi, ne laissant jamais passer un buisson, une touffe d'herbes, sans frapper dessus du bout du fusil. Il est bon aussi de s'arrêter un instant de temps à autre: souvent cette interruption de mouvement détermine le gibier à partir. Le chasseur qui bat, foule et refoule le terrain sans se rebuter est toujours celui qui tue le plus de gibier. S'il chasse en compagnie, il en trouve le plus souvent où les autres ont passé sans y rien rencontrer.

Lorsqu'après avoir tiré on recharge son fusil, il est important de rappeler son chien, et de le tenir derrière soi jusqu'à ce qu'on ait rechargé; sans quoi il arrive souvent qu'on a le regret de voir lever du gibier lorsqu'on n'est point en état de le tirer.

Un des points essentiels de la chasse en plaine, est de bien observer la remise des perdrix. Lorsqu'au départ on en tue une, ce n'est pas d'aller ramasser ou faire rapporter à son chien la perdrix tuée qu'on doit s'occuper d'abord; mais de suivre les autres jusqu'à ce qu'on les voie se poser, ou du moins autant que la vue peut s'étendre, et qu'elle n'est point interceptée par quelque obstacle, tel qu'un bois, une haie, etc. Dans ce dernier cas, si on ne les a pas vues se poser, au moins peut-on savoir à peu près où elles sont, surtout si l'on connaît le canton où l'on chasse. Lorsque deux chasseurs sont ensemble, et que la compagnie se divise, chacun doit remarquer avec soin celles qui tournent de son côté. Ce qu'on dit des perdrix doit s'entendre de toute autre espèce de gibier-plume. Il est même utile très souvent, lorsqu'un lièvre part de loin, de le suivre de l'œil, parce qu'on le voit quelquefois se relaisser dans la plaine, et qu'après l'avoir laissé s'assurer pendant quelque temps, il pourra souffrir qu'on l'approche d'assez près pour le tirer au départ. Si on le voit entrer dans quelque bois de peu d'étendue, l'occasion est encore plus favorable: on fait passer son chien dans le bois où il est probable qu'il sera resté, et on l'attend à la sortie du côté par où l'on croit qu'il pourra déboucher.

C'est ici le lieu de parler d'une manière particulière de chasser en plaine, qui est une espèce de battue en petit. Quatre chasseurs se réunissent, et avec eux quatre hommes armés seulement de bâtons. Cette bande de huit hommes marche sur la même ligne, les batteurs placés dans les intervalles qui séparent les chasseurs, en sorte qu'entre chaque homme il se trouve une distance de dix à douze pas, ce qui forme un front de bandière de quatre-vingts à cent pas, au moyen duquel on balaie une grande étendue de terrain. Ces batteurs, pour faire lever le gibier, font du bruit de la voix et de leurs bâtons. Lorsqu'il part une compagnie de perdrix, si quelqu'un des chasseurs a tiré, tous les autres s'arrêtent et suspendent leur marche jusqu'à ce qu'il ait rechargé, ayant soin en même temps de bien remarquer les perdrix. Si quelqu'une s'écarte du gros de la compagnie, et qu'on la voie se remettre, un des chasseurs se détache pour aller la relever, et les autres font halte pour l'attendre. On ne mène point de chien à cette chasse, ou l'on en mène un seulement, qu'on tient attaché pour le lâcher, en cas de besoin, après un lièvre blessé ou une perdrix démontée. S'il se rencontre quelque petit bois, on y fait entrer les batteurs pour le fouler, et les chasseurs se postent au passage. Cette sorte de chasse est fort usitée en Italie, où on l'appelle *il rastello* (le râteau), à raison de ce qu'elle est ordinairement fort meurtrière. Elle convient particulièrement dans les lieux où il y a peu de gibier.

On peut aussi, au lieu d'entremêler les batteurs avec les chasseurs, distribuer les premiers en demi-cercle sur une ligne, et les faire rabattre sur les chasseurs placés sur une autre ligne à l'opposite. Dans ce cas, l'enceinte ne doit pas être étendue, parce que le gibier passerait sur les côtés. (Voyez *Lièvre.*)

Le chasseur doit être muni d'un bon fusil, de bonne poudre, de plomb de bonne qualité et propre à la chasse qu'il veut faire; il doit connaître la manière de charger son arme, et la force de la charge qui convient. (Voyez *Fusil* et la *Pl.* 14.)

§ II. — *Chasse à courre ou aux chiens courans.*

Nous avons suffisamment détaillé les principes de cette chasse aux articles *Cerf* et *Vénerie*. (Voyez ces mots.) Elle se fait aussi en plaine pour le lièvre. (Voyez *Lièvre.*) Quant à la manière de dresser les chiens courans, voyez *Chiens.*

§ III. — *Chasse au piége.*

C'est de toutes les chasses la plus industrieuse et la plus lucrative. On a inventé une foule de moyens pour attirer les animaux sauvages et pour s'en rendre maître. La force, la vitesse, la ruse des animaux cèdent ici au génie de l'homme. Comme nous faisons connaître ces moyens dans les divers articles de ce Dictionnaire qui sont consacrés aux animaux, et que nous donnons la description des piéges dans l'ordre alphabétique de leurs dénominations, nous nous bornerons à les énoncer ici.

On peut distinguer les moyens à l'aide desquels on s'empare des animaux sauvages en trois classes principales : 1° les instrumens et outils nécessaires dans les chasses aux piéges; 2° les instrumens et machines employés pour attirer les animaux ou pour s'en approcher; 3° les piéges proprement dits.

I. Les outils et instrumens qu'on emploie dans les chasses aux piéges sont : 1° pour la chasse des quadrupèdes, les pieux en fer pour enfoncer les piquets qui servent à soutenir les filets ou machines, les maillets, marteaux, crochets, tenailles, etc., qui servent au même objet; 2° pour la chasse aux oiseaux, des serpes, serpettes, couteaux, ciseaux, broches de fer, carrelets, perçoirs, masse à pic, genouillère, boîte, carton, cage, etc. (Voyez *Pl.* 31.)

II. Les instrumens et machines dont on se sert pour attirer les animaux et pour en approcher sont : les divers appeaux et pipeaux (*Pl.* 32, 33 et 34) ; la vache artificielle, la hutte ambulante, le réverbère à canard, les miroirs à alouettes (*Pl.* 35).

III. Les piéges sont de diverses sortes et de diverses forces, selon les animaux qu'on y veut prendre : ceux qu'on emploie pour les quadrupèdes sont le traquenard, l'assiette de fer, les hameçons, les pinces, les trappes, les bascules, les chambres, enceintes et fosses, les toiles, les panneaux, les trébuchets, les collets (*Pl.* 20, 21, 22, 23). Ceux qui sont en usage pour la chasse aux oiseaux sont les plus nombreux ; ils se divisent en deux classes :

1°. Les piéges qui n'ont ni ressort ni poids pour mobile : comme les pantières (*Pl.* 36); les nappes à alouettes, la tirasse, la rafle, le hallier ou tramail, l'araigne (*Pl.* 38); les collets et lacets (*Pl.* 41 et 42); les gluaux, le brai, et tout ce qui sert à une pipée (*Pl.* 45).

2°. Les piéges à ressort, tels que les trébuchets de Salerne, le trébuchet battant (*Pl.* 40); le collet à ressort (*Pl.* 42); la pince d'Elvaski (*Pl.* 40); l'assommoir du Mexique (*Pl.* 21); le trébuchet sans fin (*Pl.* 39 et 40); la raquette ou repenelle, les rejets, la mésangette (*Pl.* 42 à 44); les piéges servant aux tendues d'hiver (*Pl.* 46); les cages à prendre les oiseaux de proie.

(*Voyez* ces différens mots, et les articles *Pipée, Gluaux, Fauconnerie, Faisanderie.*)

II° Section. — *Du droit de chasse, et des lois qui en règlent l'exercice.*

CHAPITRE Ier. — Du droit de chasse en général.

Le droit de chasse a donné lieu à de grandes discussions parmi les jurisconsultes, et il en est résulté la preuve évidente que la chasse a été considérée comme un droit naturel chez les anciens; que par conséquent elle y était libre à tous les hommes; qu'il en a été de même dans les premiers temps de la monarchie française, et que ce n'est que vers le commencement du quatorzième siècle que ce droit a été restreint en faveur des classes privilégiées de la nation.

Aujourd'hui qu'il n'existe plus ni fiefs, ni justices seigneuriales, ce n'est plus de la féodalité que peut dériver le droit de chasse.

Les décrets des 4, 5, 7, 8 et 11 août 1789, en abolissant le régime féodal, ont attribué à tout propriétaire, indistinctement, le droit de détruire et faire détruire sur ses possessions toute espèce de gibier, sauf à se conformer aux lois de police. Ces lois ou réglemens de police sont: la proclamation du roi du 13 novembre 1789, la loi du 30 avril 1790, l'arrêté du gouvernement du 19 octobre 1796 (28 vendémiaire an 5), celui du 7 février 1797 (19 pluviose an 5), les divers décrets et ordonnances sur la vénerie et la louveterie, ainsi que les réglemens locaux.

Il résulte de ces lois et réglemens:

1°. Que la chasse est interdite à toutes personnes sans distinction dans les forêts royales, à moins d'une permission du grand veneur (1);

2°. Qu'elle peut être affermée au profit des communes et des établissemens publics dans leurs bois;

3°. Qu'il est généralement défendu de chasser sur le terrain d'autrui, en quelque temps et de quelque manière que ce soit, sans le consentement du propriétaire;

4°. Que les propriétaires et possesseurs d'immeubles ont la faculté de chasser ou faire chasser en tout temps dans leurs lacs, étangs et forêts, ainsi que dans leurs possessions qui sont séparées des héritages voisins par des murs ou des haies vives, mais qu'ils ne peuvent chasser ni faire chasser dans leurs possessions non closes que durant le temps que la chasse est déclarée libre par l'autorité locale.

CHAPITRE II. — DE LA CHASSE CONSIDÉRÉE COMME DROIT ROYAL.

I. Il était de maxime certaine en France que le droit de chasse était un droit royal, qu'il résidait dans la personne du roi, comme propriétaire primitif de tous les fiefs, et comme premier suzerain de tous ceux qui étaient devenus eux-mêmes suzerains, par suite des concessions et des bénéfices accordés par la puissance royale: bénéfices convertis depuis en possessions héréditaires directes et puis collatérales, sous le nom de fiefs et d'arrière-fiefs.

II. La législation sur la chasse et la jurisprudence sur la poursuite des délits de chasse ont éprouvé, depuis 1789, de grands changemens, tant à l'égard des forêts royales qu'à l'égard des autres propriétés. Nous ne nous occuperons que de la législation et de la jurisprudence qui régissent actuellement la matière, et nous ne parlerons des anciennes ordonnances qu'autant que quelques unes de leurs dispositions n'auraient point été abrogées.

CHAPITRE III. — DE LA CHASSE DANS LES FORÊTS DU ROI.

I. Le décret du 4 août 1789 avait supprimé toutes les capitaineries et toute réserve de chasse.

Mais la chasse dans les forêts royales a continué

---

(1) Aujourd'hui que le chef du gouvernement n'a ni chasses, ni grand veneur, les permissions dans les forêts de l'Etat, non louées, sont délivrées par l'administration forestière; et celles dans les forêts de la couronne, par l'intendant général de la liste civile.

d'être interdite à toute personne sans distinction, par la proclamation du roi du 3 novembre 1789, par la loi du 30 avril 1790, et par un arrêté du directoire du 28 vendémiaire an 5. (Voir ces lois au *Recueil des Réglemens forestiers*.)

Le décret du 4 août 1789 portait, art. 3, qu'il serait pourvu à la conservation des plaisirs personnels du roi, par des moyens compatibles avec le respect dû aux propriétés et à la liberté, et le 30 avril 1790, l'assemblée constituante décréta que son président se retirerait par devers le roi, pour supplier sa majesté de faire connaître à l'assemblée les limites des cantons qu'elle voulait se réserver exclusivement pour le plaisir de la chasse.

II. Cette réserve fut faite provisoirement par l'article 16 de la loi du 30 avril 1790. Mais, en 1814, il s'éleva la question de savoir si, en vertu de cet article, *le roi avait le droit exclusif de la chasse sur les propriétés privées, enclavées dans les forêts appartenant à sa majesté et dans les parcs attenans aux maisons royales, et désignées par ledit article.*

La cour de cassation a, par son arrêt du 2 juin 1814, décidé qu'en effet le roi a ce droit, et que les particuliers ne peuvent chasser sur leurs fonds enclavés dans les domaines de la couronne. (Voyez au *Recueil des Réglemens forestiers*, t. 2, page 618.)

III. Le privilége attaché aux chasses du roi dans les forêts de la liste civile ne consiste pas seulement dans le droit exclusif de sa majesté de chasser sur les propriétés qui y sont enclavées, il consiste encore dans une exception aux dispositions de la loi du 30 avril 1790, concernant la prescription des délits de chasse et les peines prononcées par cette loi.

Ainsi la prescription des délits de chasse commis dans les propriétés privées et dans les bois des communes et des établissemens publics, et même dans les bois de l'Etat, est acquise par le laps d'un mois, d'après les arrêts de la cour de cassation, des 23 août 1818, 30 mai et 30 août 1822 (*Recueil des Réglemens forestiers*); tandis que, d'après les arrêts des 2 juin 1814 et 30 août 1822, la prescription n'est acquise pour les mêmes délits dans les forêts de la liste civile que par le laps de trois mois.

La même cour a décidé, par les arrêts déjà cités des 30 mai et 30 août 1822, que les délits de chasse dans les forêts de la couronne devaient continuer d'être punis des peines prononcées par l'ordonnance de 1669, et que les mêmes délits, lorsqu'ils sont commis dans un bois communal et même un bois de l'Etat, sont punis d'après la loi du 30 avril 1790, à moins que les délits de ce genre ne fussent point prévus par la loi du 30 avril 1790, auquel cas ils restaient sous le régime répressif de l'ordonnance de 1669.

IV. Il est défendu à toutes personnes de chasser à feu et d'entrer ou de demeurer de nuit dans les forêts du roi, bois et forêts en dépendant, avec armes à feu, à peine de 100 francs d'amende (*ord. de 1669, tit. 30, art. 4*);

D'y prendre aucunes aires d'oiseaux de quelque espèce que ce soit, ainsi que des œufs de cailles, perdrix et faisans, à peine de 100 francs d'amende pour la première fois et du double pour la seconde (*ib.*, *art.* 6);

D'ouvrir et ruiner les halots ou raboulières dans les garennes, à peine d'être puni comme voleur (*ib.*, *art.* 10);

D'y tendre des lacs, tirasses, tonnelles, traîneaux, bricoles de corde et de fil d'archal, pièces et pans de rets, colliers, halliers de fil ou de soie, à peine de 30 livres d'amende (*ib.*, *art.* 12);

D'y tirer ou chasser à bruit sans titre ou permission, à peine des amendes prononcées par l'édit de 1601 (*ib.*, *art.* 13). (*Voyez* l'ordonnance de 1601 dans le *Recueil des Régl. for.*, t. 1, p. 30.)

Cette ordonnance de 1601, dont les dispositions ont été maintenues par l'article 1er du titre 30 de celle de 1669 en tout ce qui n'est pas contraire à cette dernière loi, prononce (*art.* 12) une amende de 250 livres pour avoir chassé aux cerfs, biches ou faons, et une amende de 124 livres pour avoir chassé aux sangliers et chevreuils.

Observons que les peines afflictives et infamantes prononcées par les anciennes ordonnances sur les chasses et par celle de 1669 ne peuvent plus être appliquées aux simples délits, et par conséquent aux faits de chasse, d'après le dernier article du *Code pénal* du 25 septembre 1791, et d'après les dispositions du *Code pénal* de 1810, qui n'appliquent les peines afflictives et infamantes qu'aux faits qualifiés crimes, et ne prononcent pour les simples délits que l'emprisonnement à temps, l'interdiction de certains droits civiques ou de famille, et l'amende.

Mais ces peines peuvent être remplacées par l'emprisonnement sur la réquisition du ministère public, ainsi qu'il a été décidé le 18 thermidor an 4, par le ministre de la justice, à l'égard des délits forestiers pour lesquels l'ordonnance de 1669 prononçait des peines corporelles. (Voyez dans *notre Dictionnaire des forêts*, t. II, au mot *Emprisonnement*, la jurisprudence relative à cet objet.)

CHAPITRE IV. — DE LA CHASSE DANS LES FORÊTS DE L'ÉTAT.

Nous avons vu, dans le paragraphe précédent, que l'article 16 de la loi du 30 avril 1790 avait réservé des forêts et des parcs affectés pour les plaisirs personnels du roi; mais la chasse dans toutes les forêts du domaine de l'État n'en est pas moins un droit royal dont nulle personne ne peut user sans la permission de sa majesté. Les seules différences qui existent sous ce rapport entre les forêts de la liste civile et les forêts de l'État consistent en ce que, dans les forêts et parcs affectés aux chasses du roi, sa majesté a le droit exclusif de chasser sur les propriétés particulières qui y sont enclavées, en ce que les délits de chasse ne s'y prescrivent que par trois mois, et que, dans tous les cas, ces délits sont punis des peines prononcées par l'ordonnance de 1669, tandis qu'à l'égard des forêts de l'État, les particuliers qui ont des propriétés enclavées dans ces forêts peuvent chasser sur ces propriétés; que la prescription des délits de chasse est acquise par le laps d'un mois, et qu'enfin les peines prononcées par la loi du 30 avril 1790 s'appliquent à tous les délits prévus par cette loi.

DICT. DES CHASSES.

Des lois et réglemens intervenus sur la chasse dans les forêts de l'État.

I. La loi du 30 avril 1790 semblait n'avoir eu pour objet que le droit de chasse et la répression des délits de chasse sur les propriétés des particuliers. Les considérans qui la précèdent favorisaient cette opinion, que fortifiait son texte, et notamment le dernier article qui fait défense de chasser et de détruire aucune espèce de gibier dans les forêts appartenant au roi (et à cette époque toutes les forêts appartenaient au roi, puisque la liste civile n'a été établie que par la loi du 9 juin 1790). Cette défense n'était suivie d'aucune spécification de peines, ce qui semblait laisser subsister pour les délits de chasse commis dans les forêts en général les peines prononcées par l'ordonnance de 1669 et les ordonnances précédentes que cette dernière avait maintenues; cette opinion était encore corroborée par l'arrêté du directoire du 28 vendémiaire an 5, qui cite les articles de l'ordonnance de 1669, en ce qui concerne les forêts. Enfin la jurisprudence de la cour de cassation, à l'égard des délits de chasse dans les bois de l'État et même dans ceux des communes, paraissait ne laisser aucun doute sur l'application exclusive des peines de l'ordonnance de 1669 à ces délits. Mais nous avons vu précédemment et nous verrons encore par la suite que la loi du 30 avril 1790 s'applique aux délits de chasse commis dans les forêts de l'État, des communes et des particuliers, tant pour les peines que pour la prescription, et qu'il n'y a que les délits non prévus par cette loi qui restent sous le régime répressif de l'ordonnance de 1669.

II. L'arrêté du directoire du 19 octobre 1796 (28 vendémiaire an 5) est ainsi conçu :

« Le Directoire exécutif, sur le rapport du ministre des finances, considérant que le port d'armes et la chasse sont prohibés dans les forêts nationales et des particuliers par l'ordonnance de 1669 et par la loi du 30 avril 1790;

» Que l'article 4, titre XXX de l'ordonnance de 1669, fait défense à toutes personnes de chasser à feu, et d'entrer ou demeurer de nuit dans les forêts domaniales, ni même dans les bois des particuliers, avec armes à feu, à peine de 100 livres d'amende et de punition corporelle, s'il y échoit; que les articles 8 et 12 du même titre défendent d'y prendre aucune aire d'oiseau, et d'y détruire aucune espèce de gibier, avec engins, tels que tirasses, traîneaux, tonnelles, etc., sous les mêmes peines; que l'article 1er de la loi du 30 avril 1790 défend à toutes personnes de chasser, en quelque temps et de quelque manière que ce soit, sur le terrain d'autrui, sans son consentement, à peine de 20 livres d'amende envers la commune du lieu, et de 10 livres d'indemnité envers le propriétaire des fruits, sans préjudice de plus grands dommages-intérêts s'il y échoit;

» Arrête ce qui suit :

» Art. 1. La chasse dans les forêts nationales est interdite à tous particuliers sans distinction.

» 2. Les gardes sont tenus de dresser contre les

contrevenans des procès-verbaux dans les formes prescrites pour les autres délits forestiers, et de les remettre à l'agent national près la ci-devant maîtrise de leur arrondissement.

» 3. Les prévenus seront poursuivis en conformité de la loi du 3 brumaire an 4, relative aux délits et aux peines, et seront condamnés aux peines pécuniaires prononcées par les lois ci-dessus citées. »

III. Un autre arrêté du directoire du 7 février 1797 (19 pluviose an 5) ordonne l'exécution de l'arrêté du 28 vendémiaire précédent, et contient des dispositions pour la destruction des animaux nuisibles dans les forêts nationales et dans les campagnes. (*Voyez* cet arrêté au *Recueil des Régl. forest.*, t. I, p. 526.)

IV. Une loi du 28 juin 1797 (10 messidor an 5) a déterminé les primes à accorder pour la destruction des loups. (*Recueil des Régl. forest.*, t. I, p. 527.)

V. Une circulaire de l'administration des forêts du 7 février 1802 (18 pluviose an 10) ordonne aux agens forestiers de se concerter avec les préfets et sous-préfets, pour faire des battues à l'effet de détruire les loups, renards, blaireaux et autres animaux nuisibles. (*Recueil des Régl. for.*, t. I, p. 564.)

VI. Un décret du 8 fructidor an 12 et un réglement du grand veneur du 1er germinal an 13 réglèrent la surveillance et la police des chasses dans toutes les forêts de l'Etat;

Ces réglemens ont été refondus dans les ordonnances du roi des 15 et 20 août 1814, sur les chasses et la louveterie dans les mêmes forêts.

L'ordonnance du roi du 15 août 1814 est ainsi conçue :

« Art. 1er. La surveillance et la police des chasses dans toutes les forêts de l'Etat sont dans les attributions du grand veneur.

» 2. La louveterie fait partie des mêmes attributions.

» 3. Les conservateurs, les inspecteurs, sous-inspecteurs et gardes forestiers, recevront les ordres du grand veneur pour tout ce qui a rapport aux chasses et à la louveterie.

» 4. Nos ministres secrétaires d'Etat aux départemens de notre maison et des finances sont chargés, chacun en ce qui le concerne, de la promulgation des présentes. »

Nous parlerons de l'organisation de la louveterie au mot *Louveterie*. (Voyez ce mot.)

Réglement du 20 août 1814 sur les chasses dans les forêts et bois des domaines de l'État.

Dispositions générales.

Art. 1er. Tout ce qui a rapport à la police des chasses est dans les attributions du grand veneur, conformément à l'ordonnance du roi, en date du 15 août 1814.

2. Le grand veneur donne ses ordres aux conservateurs forestiers, pour tous les objets relatifs aux chasses; il en prévient en même temps l'administration générale des forêts.

3. Il est défendu à qui que ce soit de prendre ou de tuer, dans les forêts et bois royaux, les cerfs et les biches.

4. Les conservateurs, inspecteurs, sous-inspecteurs et gardes forestiers, sont spécialement chargés de la conservation des chasses sous les ordres du grand veneur, sans que ce service puisse les détourner de leurs fonctions de conservateurs des forêts et bois de l'Etat. Tout ce qui a rapport à l'administration de ces bois et forêts reste sous la surveillance directe de l'administration forestière, et dans les attributions du ministre des finances.

5. Les permissions de chasse ne seront accordées que par le grand veneur; elles seront signées de lui, enregistrées au secrétariat général de la vénerie, et visées par le conservateur dans l'arrondissement duquel ces permissions auront été accordées.

Le conservateur enverra au préfet et au commandant de la gendarmerie le nom de l'individu dont il aura visé la permission.

Les demandes de permission seront adressées soit au grand veneur, soit aux conservateurs, qui les lui feront parvenir.

Ces permissions ne seront accordées que pour la saison des chasses, et seront renouvelées chaque année, s'il y a lieu.

6. Il sera accordé deux permissions de chasse : celle de chasse à tir, et celle de chasse à courre.

7. Tous les individus qui auront obtenu des permissions de chasse sont invités à employer ces permissions à la destruction des animaux nuisibles, comme loups, renards, blaireaux, etc. Ils feront connaître au conservateur des forêts le nombre de ces animaux qu'ils auront détruits, en lui envoyant la patte droite. Par là, ils acquerront des droits à de nouvelles permissions, l'intention du grand veneur étant de faire contribuer le plaisir de la chasse à la prospérité de l'agriculture et à l'avantage général.

8. Les conservateurs et inspecteurs forestiers veilleront à ce que les lois et les réglemens sur la police des chasses, et notamment le décret du 30 avril 1790, soient ponctuellement exécutés. Ceux qui chasseront sans permission seront poursuivis conformément aux dispositions de ce décret.

TITRE PREMIER. — *Chasse au tir.*

Art. 1er. Les permissions de chasse à tir commenceront, pour les forêts de l'Etat, le 15 septembre, et seront fermées le 1er mars.

2. Ces permissions ne pourront s'étendre à d'autre gibier qu'à celui dont elles contiendront la désignation.

3. L'individu qui aura obtenu une permission de chasse ne doit se servir que de chiens couchans et de fusil.

4. Les battues ou traques, les chiens courans, les lévriers, les furets, les lacets, les panneaux, les piéges de toute espèce, et enfin tout ce qui tendrait à détruire le gibier par d'autres moyens que celui du fusil, est défendu.

5. Les gardes forestiers redoubleront de soins et

de vigilance dans le temps des pontes et dans celui où les bêtes fauves mettent bas leurs faons.

TITRE II. — *Chasse à courre.*

Art. 1er. Les permissions de chasse à courre seront accordées de la manière mentionnée à l'article 5 des dispositions générales.

2. Elles seront données de préférence aux individus que leur goût et leur fortune peuvent mettre à même d'avoir des équipages, et de contribuer à la destruction des loups, des renards et blaireaux, en remplissant l'objet de leurs plaisirs.

3. Les chasses à courre dans les forêts et dans les bois de l'Etat seront ouvertes le 15 septembre, et seront fermées le 15 mars.

4. Les individus auxquels il aura été accordé des permissions pour la chasse à courre obtiendront des droits au renouvellement de ces permissions, en prouvant qu'ils ont contribué à la destruction des renards, loups, blaireaux et autres animaux nuisibles, ce qu'ils feront constater par les conservateurs forestiers.

Au château des Tuileries, le 20 août 1814.

Signé Louis.

L'exécution de cette ordonnance a été recommandée par une circulaire du directeur général des forêts, du 12 septembre 1814 (1).

VII. *Les agens et gardes forestiers ne peuvent chasser ni faire chasser sans permission, dans les bois soumis à leur surveillance.* (*Circul. de l'admin. des forêts, des 19 octobre 1804, 4 octobre 1805, 28 février 1808, 14 février 1816 et 1er août 1817.*)

VIII. *Poursuites des délits de chasse dans les bois de l'État.*

Il y a lieu de poursuivre tout fait de chasse, même à la bête féroce, lorsqu'il est commis dans les bois de l'Etat, sans permission, et sans la participation des officiers de la louveterie; il y a également lieu de poursuivre tout particulier qui, ayant obtenu une permission pour chasser le loup, se permet de tirer sur toute autre sorte de gibier. (*Arrêt de cassation du 13 brumaire an 11.*)

La cour de cassation avait décidé, par ses arrêts des 2 juin 1814, 27 juin 1817 et 4 mai 1821, que les délits de chasse dans les forêts de l'Etat devaient être punis des peines déterminées par l'ordonnance de 1669. Mais un arrêt du 30 mai 1822 et le réquisitoire de M. le procureur général établissent que les bois de l'Etat ne doivent pas, plus que les bois des communes et des particuliers, être exceptés de l'application des dispositions pénales de la loi du 30 avril 1790, et que les bois de la liste civile sont seuls dans le cas de cette exception.

Cependant cette loi ne peut, d'après le même arrêt, recevoir d'exécution que pour les délits qu'elle

---

(1) Comme nous l'avons dit plus haut, la charge de grand veneur ayant été supprimée depuis la révolution de 1830, les dispositions ci-dessus rappelées se trouvent abrogées de fait.

a prévus et spécifiés, et l'on doit continuer d'invoquer l'ordonnance de 1669 pour tous les délits de chasse non spécifiés par la loi de 1790, notamment ceux qui sont désignés par les articles 4, 8 et 12 du titre XXX de l'ordonnance.

Un autre arrêt du 30 août 1822 a pareillement décidé que l'action pour les délits de chasse commis dans les bois de l'Etat était prescrite et éteinte par le laps d'un mois, conformément à ladite loi du 30 avril 1790.

Ainsi les peines prononcées par cette loi pour les délits qu'elle prévoit, et la prescription d'un mois pour la poursuite des actions, s'appliquent aux délits de chasse commis dans les bois de l'Etat, de même qu'à ceux commis dans les bois des communes, des établissemens publics et des particuliers; et il n'y a que les bois de la couronne qui ne soient point, quant à ces délits, soumis aux dispositions de ladite loi.

CHAPITRE V. — DE LA CHASSE DANS LES BOIS DES COMMUNES ET DES ÉTABLISSEMENS PUBLICS.

L'ordonnance de 1669 ne contient point de dispositions spéciales sur la chasse dans les bois des communes et des établissemens publics, parce que la chasse dans ces bois appartenait aux seigneurs hauts justiciers, et que tout ce qui était réglé à l'égard de leurs droits exclusifs de chasse s'appliquait aux bois des communautés d'habitans comme aux autres propriétés.

Mais le décret du 4 août 1789 ayant aboli le droit seigneurial de chasse, il en est résulté que la chasse dans les bois des communes et des établissemens publics est redevenue un droit inhérent à la propriété. Toutefois les habitans des communes ne pouvant user individuellement des droits attachés aux propriétés communales, nul n'a pu chasser dans les bois de ces communes sans une autorisation.

Il s'est élevé la question de savoir si l'arrêté du Directoire du 28 vendémiaire an 5 (voyez *au paragraphe précédent*, n° II), qui interdit la chasse dans les forêts domaniales, était applicable aux bois des communes.

La Cour de justice criminelle du département de la Roër avait jugé que non, en déchargeant, par arrêt du 7 floréal an 11, deux particuliers d'Aix-la-Chapelle des poursuites exercées contre eux par l'administration forestière, pour avoir chassé dans un bois appartenant à cette ville; mais cet arrêt a été annulé par la Cour de cassation le 21 prairial suivant : « attendu que l'article 1er de l'arrêté du gouvernement du 19 ventôse an 10 assimile, sans aucune restriction et sous tous les rapports, l'administration des bois communaux à l'administration des bois nationaux; que de cette assimilation absolue il s'ensuit que la chasse étant légalement interdite dans les bois nationaux à tous particuliers sans distinction, elle est également interdite dans les bois communaux; et que, dès lors, le jugement attaqué, en autorisant la chasse dans un bois communal, a contrevenu à l'article ci-dessus cité. »

Cette jurisprudence a été confirmée par des arrêts des 21 prairial an 11, 10 juin 1803, 28 janvier 1808, etc.; et elle s'applique aux bois des établissemens publics comme aux bois des communes.

Le *Code forestier*, ayant maintenu les mêmes lois sous le régime forestier, la jurisprudence précédemment établie conserve toute sa force.

Ce que nous avons dit dans le paragraphe précédent, relativement à l'application de la loi du 30 avril 1790 aux délits de chasse commis dans les bois de l'État, en ce qui concerne la prescription et les peines prononcées par cette loi, s'applique *à fortiori* aux délits de chasse commis dans les bois des communes et des établissemens publics. Ainsi la prescription est acquise à l'égard de ces délits par le laps d'un mois, et les peines que prononce la loi du 30 avril 1790 sont applicables à tous les délits prévus par cette loi, ainsi que l'a décidé la cour de cassation par ses arrêts des 28 août 1818, 30 mai et 30 août 1822.

Les maires sont autorisés à affermer le droit de chasse dans les bois de leur commune, à la charge de faire approuver les conditions de la mise en ferme par le préfet et le ministre de l'intérieur. (*Décret du 25 prairial an 5.*)

Lorsque la chasse est affermée dans un bois communal, il n'y a que le fermier ou la partie publique qui ait qualité pour actionner ceux qui portent atteinte aux droits de ce fermier. (*Loi du 30 avril 1790, article 8.* — *Arrêt de la cour de cassation du 28 juillet 1809.*)

CHAPITRE VI. — DU DROIT DE CHASSE SUR LES PROPRIÉTÉS DES PARTICULIERS.

I. Les lois de 1789 et de 1796 ont totalement changé l'ancienne législation sur le droit de chasse.

Les décrets des 3, 5, 7, 8 et 11 novembre 1789 ont aboli le régime féodal, les justices seigneuriales et le droit exclusif de la chasse et des garennes ouvertes, et déclaré que tout propriétaire avait le droit de détruire et faire détruire, seulement sur ses possessions, toute espèce de gibier, sauf à se conformer aux lois de police qui pourraient être faites relativement à la sûreté publique. Il a pareillement prononcé l'abolition des procédures relatives à des faits de chasse.

La loi du 30 avril 1790 a réglé le droit de chasse, le mode de constatation des délits et contraventions en cette matière, et les peines et dommages-intérêts. Elle est conçue en ces termes :

« Art. 1er. Il est défendu à toutes personnes de chasser, en quelque temps et de quelque manière que ce soit, sur le terrain d'autrui, sans son consentement, à peine de 20 livres d'amende envers la commune du lieu, et d'une indemnité de 10 livres envers le propriétaire des fruits, sans préjudice de plus grands dommages-intérêts, s'il y échet.

» Défenses sont pareillement faites, sous ladite peine de 20 livres d'amende, aux propriétaires ou possesseurs, de chasser dans leurs terres non closes, même en jachères, à compter du jour de la publication de la présente jusqu'au 1er septembre prochain, pour les terres qui seront alors dépouillées ; et pour les autres terres, jusqu'à la dépouille entière des fruits, sauf à chaque département à fixer, pour l'avenir, le temps dans lequel la chasse sera libre dans son arrondissement, aux propriétaires, sur leurs terres non closes.

» 2. L'amende et l'indemnité ci-dessus statuées contre celui qui aura chassé sur le terrain d'autrui seront portées respectivement à 30 livres, et à 15 livres quand le terrain sera clos de murs et de haies ; et à 40 livres et 20 livres, dans le cas où le terrain clos tiendrait immédiatement à une habitation, sans entendre rien innover aux dispositions qui protègent la sûreté des citoyens et de leurs propriétés, et qui défendent de violer les clôtures, et notamment celles des lieux qui forment leur domicile ou qui y sont attachées.

» 3. Chacune de ces différentes peines sera doublée en cas de récidive : elle sera triplée s'il survient une troisième contravention ; et la même progression sera suivie pour les contraventions ultérieures : le tout dans le courant de la même année seulement.

» 4. Le contrevenant qui n'aura pas, huitaine après la signification du jugement, satisfait à l'amende prononcée contre lui, sera contraint par corps, et détenu en prison pendant vingt-quatre heures pour la première fois ; pour la seconde fois, pendant huit jours ; et pour la troisième fois ou ultérieure contravention, pendant trois mois.

» 5. Dans tous les cas, les armes avec lesquelles la contravention aura été commise seront confisquées, sans néanmoins que les gardes puissent désarmer les chasseurs.

» 6. Les pères et mères répondront des délits de leurs enfans mineurs de vingt ans, non mariés, et domiciliés avec eux, sans pouvoir néanmoins être contraints par corps.

» 7. Si les délinquans sont déguisés ou masqués, ou s'ils n'ont aucun domicile connu dans le royaume, ils seront arrêtés sur-le-champ à la réquisition de la municipalité.

» 8. Les peines et contraintes ci-dessus seront prononcées sommairement à l'audience, par la municipalité du lieu du délit, d'après les rapports des gardes-messiers, bangards, ou gardes-champêtres, sauf l'appel, ainsi qu'il a été réglé par le décret de l'assemblée nationale du 23 mars dernier : elles ne pourront l'être que soit sur la plainte du propriétaire ou autres parties intéressées, soit même dans le cas où l'on aurait chassé en temps prohibé, sur la seule poursuite du procureur de la commune.

» 9. A cet effet, le conseil général de la commune est autorisé à rétablir un ou plusieurs gardes-messiers, bangards ou gardes-champêtres, qui seront reçus et assermentés par la municipalité, sans préjudice de la garde des bois et forêts, qui se fera comme par le passé, jusqu'à ce qu'il en ait été autrement ordonné.

» 10. Lesdits rapports seront ou dressés par écrit, ou faits de vive voix au greffe de la municipalité, où il en sera tenu registre. Dans l'un et l'autre cas, ils seront affirmés, entre les mains d'un officier municipal, dans les vingt-quatre heures du délit qui en sera l'objet, et ils feront foi de leur contenu jusqu'à la preuve contraire, qui pourra être admise sans inscription de faux.

» 11. Il pourra être suppléé auxdits rapports par la déposition des témoins.

» 12. Toute action pour délit de chasse sera prescrite par le laps d'un mois, à compter du jour où le délit aura été commis.

» 13. Il est libre à tous propriétaires ou possesseurs de chasser ou faire chasser en tout temps, et nonobstant l'art. 1er de la présente, dans ses lacs et étangs, et dans celles de ses possessions qui sont séparées, par des murs ou des haies vives, d'avec les héritages d'autrui.

» 14. Pourra également tout propriétaire ou possesseur, autre qu'un simple usager, dans les temps prohibés par ledit art. 1er, chasser ou faire chasser, sans chiens courans, dans ses bois ou forêts.

» 15. Il est pareillement libre en tout temps, au propriétaire ou possesseur, et même au fermier, de détruire le gibier dans ses récoltes non closes, en se servant de filets ou autres engins qui ne puissent pas nuire aux fruits de la terre, comme aussi de repousser avec des armes à feu les bêtes fauves qui se répandraient dans lesdites récoltes.

» 16. Il sera pourvu par une loi particulière à la conservation des plaisirs personnels du roi; et, par provision, en attendant que sa majesté ait fait connaître les cantons qu'elle veut réserver exclusivement pour sa chasse, défenses sont faites à toutes personnes de chasser et de détruire aucune espèce de gibier dans les forêts à elle appartenant, et dans les parcs attenant aux maisons royales de Versailles, Marly, Rambouillet, Saint-Cloud, Saint-Germain, Fontainebleau, Compiègne, Meudon, bois de Boulogne, Vincennes et Villeneuve-le-Roi. »

Location de la chasse.

II. Chacun pouvant chasser ou faire chasser sur son propre fonds, pourvu que le chasseur soit muni d'un permis de port d'armes, il n'y a point de doute que les particuliers ne puissent affermer la chasse sur leurs terrains.

Quant à la mise en ferme de la chasse dans les forêts de l'État, elle a été plusieurs fois provoquée par des soumissionnaires, et l'administration des forêts avait même demandé à cet égard des renseignemens aux conservateurs, par une circulaire du 3 messidor an 9; mais à cette époque, et depuis, sous l'empire et la restauration, on a été retenu par la crainte de donner entrée dans les forêts à des hommes dangereux, et d'avoir des fermiers qui, pour augmenter leurs bénéfices, laisseraient multiplier à outrance certaines espèces de gibier dangereuses pour les bois, telles que le lapin, le sanglier, le fauve, etc., ou qui détruiraient d'autres espèces selon leur convenance ou la durée de leurs baux.

La chambre des députés n'a pas été arrêtée par la gravité de ces considérations, et sur la proposition l'un de ses membres, une disposition législative a autorisé le ministre des finances à affermer la chasse, dans les forêts de l'État, pour un an, c'est à dire depuis le 15 septembre 1832 jusqu'au 1er mars 1833. Qu'est-il arrivé de cette mesure qu'on peut appeler au moins imprudente, c'est que les fermiers, en raison de la trop courte durée de leur bail, et de la crainte qu'ils éprouvaient de ne point en obtenir le renouvellement, non seulement n'ont pas cherché à peupler de gibier les bois qui faisaient l'objet de la location, mais encore ont employé tous les moyens possibles pour détruire celui qui s'y trouvait, et malheureusement ils ont trop bien atteint leur but.

L'administration s'étant aperçue, mais trop tard, de la faute qu'elle avait commise a, par suite de l'art. 5 de la loi des finances du 24 avril 1833, mis en ferme le droit de chasse dans les forêts de l'État; mais cette fois, les baux sont consentis pour six saisons, lesquelles ont commencé le 15 septembre 1833 et finiront le 15 mars 1839. Le revenu annuel de cette location est évalué à 50,000 fr.

En Allemagne, les princes n'affermnent point la chasse dans leurs forêts; mais ils ont des chasseurs très instruits, qui ne s'occupent que de cette partie, et qui l'exploitent au profit des propriétaires. C'est une des branches de revenu assez considérable des forêts.

III. Le droit de chasse n'est point un fruit ordinaire censé compris dans le bail d'un domaine; c'est une dépendance du droit de propriété, qui n'appartient au fermier qu'autant qu'il lui a été conféré par le bail. Cependant le fermier dont le bail ne comprend point le droit de chasse, mais qui croit que ce droit n'a point été réservé par le propriétaire, ne commet point un délit en chassant; toutefois il peut lui être fait défense de chasser à l'avenir, sous les peines de droit. (*Arrêt de la cour royale de Paris, du 19 mars 1812.*)

IV. *Chasse avec domestiques.* Un propriétaire peut faire chasser sur ses terres par ses gardes ou domestiques, en son absence comme en sa présence, pourvu que ceux-ci aient obtenu un permis de port d'armes.

V. *La chasse doit se faire sans causer de dommage à autrui.* Ce principe est de toute ancienneté.

La loi du 30 avril 1790 détermine les dommages-intérêts dus au propriétaire pour les contraventions à la défense de chasser sur le terrain d'autrui sans son consentement. (Voyez Lapin.)

C'est à l'autorité administrative à déterminer l'époque à laquelle la chasse peut être ouverte dans chaque arrondissement. (*Loi du 30 avril 1790. — Proclamation des 12 et 20 août 1792.*)

VI. *Suite du gibier.* On a beaucoup agité la question de savoir si le propriétaire qui fait lever une bête sur son domaine pourrait la suivre sur les terres de son voisin.

La loi du 30 avril 1790 est muette sur cette question; mais, observe M. Merlin, la négative est évidemment dans l'esprit de cette loi.

VII. *Chasse sur le terrain d'autrui.* La chasse est permise sur le terrain d'autrui avec le consentement du propriétaire, et il est évident si deux ou plusieurs propriétaires ont des terres enclavées les unes dans les autres, ils sont les maîtres de se cantonner respectivement pour le droit de chasse. Mais, par la même raison, nul ne peut contraindre au *cantonnement* un propriétaire qui ne voudrait pas s'y prêter de gré à gré. C'est ce qui résulte de l'article 1er de la loi du 30 avril 1790.

VIII. *Chasse avec chiens.* L'art. 14 de la loi du 30 avril 1790 défend aux particuliers de chasser avec *chiens courans*, dans leurs bois et forêts, pendant le temps que la chasse est prohibée en plaine. Mais, lorsque la chasse est ouverte, tout propriétaire peut chasser avec chiens sur son terrain, puisqu'aux termes du décret du 4 août 1789, il a le droit de détruire ou faire détruire le gibier sur ses possessions.

IX. *Chasse à feu.* L'article 4 du titre XXX de l'ordonnance de 1669 défendait à toute personne de *chasser à feu*, parce que cette chasse tend à détruire trop de gibier ; mais cette défense ne peut plus exister quant à la manière dont chacun peut chasser sur ses possessions. (*Voyez* l'article 3 du décret du 4 août 1789.)

X. *Défenses de prendre des aires d'oiseaux, œufs de caille,* etc. L'article 8 du titre XXX de l'ordonnance de 1669 défend de prendre aucunes aires d'oiseaux dans les forêts et les œufs de caille, perdrix et faisan en tout autre lieu.

La première défense subsiste toujours. Quant à la seconde, elle ne subsiste plus par rapport au propriétaire du fonds sur lequel peuvent se trouver les œufs de caille, perdrix ou faisan. (Voyez *Engins de chasse, Port d'armes.*)

CHAPITRE VII. — DES DÉLITS DE CHASSE ET DE PORT D'ARMES.

La loi du 30 avril 1790, que nous avons rapportée textuellement, ch. VI, n° 1, détermine les délits et contraventions en matière de chasse sur les propriétés de l'État, des communes et des particuliers, les peines à y appliquer, ainsi que les dommages-intérêts à prononcer, la responsabilité civile en cette matière, et la prescription des actions qu'elle fixe à un mois, à compter du jour où le délit a été commis.

Nous avons fait connaître les exceptions qui doivent s'appliquer aux délits de chasse commis dans les forêts de la couronne, soit quant à la prescription, soit quant aux peines ; et nous avons fait remarquer, en parlant de la chasse dans les bois de l'État et dans ceux des communes, que tout ce qui était prescrit par la loi du 30 avril 1790 s'appliquait aux délits de chasse commis dans ces bois, et qu'il n'y avait que les délits non prévus par cette loi qui restaient sous le régime répressif de l'ordonnance de 1669, sans toutefois que l'on puisse appliquer les peines afflictives et infamantes, prononcées par l'ordonnance de 1669, pour délit de chasse.

Il nous reste à rappeler les principales dispositions des lois relatives aux délits de chasse et de port d'armes. Les délits que nous citerons se trouvent, suivant l'ordre de leurs dates, dans notre *Recueil des Réglemens forestiers.*

§ I. — *Des peines et condamnations pour délits de chasse et de port d'armes sans permission.*

L'ordonnance de 1669, titre XXX, art. 2, avait déjà défendu de condamner au dernier supplice pour fait de chasse, à moins que la contravention ne fût accompagnée d'un crime qui méritât cette peine, et elle avait, en conséquence, abrogé l'article 14 de l'ordonnance du mois de juin 1601, qui autorisait les juges à prononcer la peine de mort contre les délinquans obstinés et incorrigibles.

L'article 24 de cette dernière ordonnance portait qu'il ne pourrait être prononcé de peine afflictive pour fait de chasse que contre les personnes viles et abjectes.

Les peines afflictives et infamantes que prononçaient les anciennes ordonnances et qu'avait maintenues celle de 1669 ont été abrogées par les nouvelles lois, et notamment par le dernier article du *Code pénal*, du 25 septembre 1791.

L'arrêté du directoire exécutif du 28 vendémiaire an 5 a maintenu seulement les peines pécuniaires portées par l'ordonnance de 1669 contre ceux qui chassent sans permission dans les forêts de l'État.

À l'égard des peines qu'encourent aujourd'hui ceux qui, sans le consentement du propriétaire, chassent sur le terrain d'autrui, et les propriétaires qui chassent, en temps prohibé, elles sont déterminées, comme nous l'avons vu précédemment, par la loi du 30 avril 1790.

Il y a lieu, d'après la loi du 30 avril 1790 et d'après les dispositions de l'ordonnance de 1669, qui statuent sur des délits non prévus par cette loi, de prononcer : 1° une amende de 20 francs et une indemnité de 10 francs envers le propriétaire, sans préjudice de plus grands dommages-intérêts, s'il y échet, contre celui qui chasse sur le terrain d'autrui, sans son consentement. (*Loi du 30 avril 1790, art. 1er.*)

Nota. Il suffit qu'un homme ait été trouvé sur le terrain d'autrui, portant une arme et dans l'attitude d'un chasseur, pour qu'il y ait délit de chasse et application de la peine prononcée par la loi. La prohibition de la chasse sur le terrain d'autrui, sans la permission du propriétaire, comprend la chasse aux oiseaux comme celle de tout autre gibier. Il ne suffit donc pas qu'un individu trouvé chassant dise qu'il ne chasse aux oiseaux pour être acquitté. (*Arrêt de cassation du 13 novembre 1818.*)

2°. Une amende de 20 francs contre les propriétaires ou possesseurs qui chassent dans leurs terres non closes, même en jachères, hors le temps fixé pour la chasse. (*Ibid.*)

3°. Une amende de 30 francs et une indemnité de 15 francs, pour fait de chasse sur le terrain d'autrui, si le terrain est clos de murs ou de haies, et une amende de 40 francs et une indemnité de 20 francs, si le terrain clos tient immédiatement à l'habitation. (*Ibid., art. 2.*)

4°. Le double de ces peines en cas de récidive ; le triple, s'il survient une troisième condamnation ; et une semblable progression de peines pour les contraventions ultérieures, dans le courant de la même année seulement. (*Ibid., art. 3.*)

5°. La confiscation des armes avec lesquelles la contravention a été commise. (*Ibid., art. 5.*)

6°. Une amende de 100 francs contre toute personne non munie d'une permission de chasser à feu, qui entre ou demeure de nuit dans les forêts royales avec armes à feu. (*Ordonnance de 1669, tit. XXX, art. 4. Arrêté du 28 vendémiaire an 5.*)

7°. La même amende de 100 francs contre celui

qui y prend des aires d'oiseaux, œufs de cailles, perdrix et faisans, et le double pour la seconde fois. (*Ib.*, art. 8).

8°. Une amende de 30 francs pour tendue de lacs, tirasses, tonnelles, traîneaux, bricoles, rets, colliers, halliers. (*Ib.*, art. 12.)

9°. Une amende de 250 francs pour fait d'avoir tiré sur des cerfs ou biches. (*Ordonnance de* 1601, *maintenue par l'art.* 1er *du tit. XXX de l'ord. de* 1669.)

L'autorité administrative a le droit de prohiber la chasse dans certains temps et dans certains lieux par des réglemens, et l'infraction de ces défenses donne lieu aux peines de police portées par les lois des 16 et 24 août 1790 et 3 brumaire an 4. (*Arr. de cass. du* 27 *novembre* 1823.)

Indépendamment des peines ci-dessus spécifiées, quiconque est trouvé chassant et ne justifiant pas d'un permis de port d'armes, délivré conformément au décret du 11 juillet 1810, doit être traduit devant le tribunal de police correctionnelle, puni d'une amende, qui ne peut être moindre de 30 fr., ni excéder 60. (*Décret du* 4 *mai* 1812, *art.* 1er.)

En cas de récidive, l'amende doit être de 60 fr. au moins, et de 200 fr. au plus. Le tribunal peut, en outre, prononcer un emprisonnement de six jours à un mois. (*Ib.*, art. 2.)

Dans tous les cas, il y a lieu à la confiscation des armes, et si elles ne peuvent être saisies, le délinquant doit être condamné à les rapporter au greffe, ou à en payer la valeur suivant la fixation qui en est faite par le jugement, sans que cette fixation puisse être au dessous de 50 fr. (*Ib.*, art. 4.)

Le décret du 4 mai 1812, n'ayant voulu punir le port d'armes sans permis qu'autant qu'il serait joint au fait de chasse, il en résulte une abrogation implicite des lois antérieures relatives au port d'armes. Le délit de chasse se punit d'après la loi du 30 avril 1790, et celui de port d'armes sans permission d'après le décret du 4 mai. (*Arrêt du* 15 *octobre* 1813.)

Un individu trouvé chassant en délit et sans permis de port d'armes doit être condamné à deux amendes, l'une pour le délit de chasse en lui-même, et l'autre pour le défaut de permis de port d'armes, attendu qu'il y a à la fois contravention à la loi du 30 avril 1790 et au décret du 4 mai 1812. (*Arrêt de cassation du* 4 *décembre* 1812).

Non seulement il doit être condamné à deux amendes, mais encore à la confiscation des armes dont il s'est servi. (*Arr. du* 26 *janvier* 1816.)

L'arrêt du 26 janvier 1816 que nous venons de citer statuait que ces amendes, *non compris la confiscation*, n'excédaient pas 100 francs, elles pourraient être prononcées sur le procès-verbal d'un seul garde forestier.

Aujourd'hui et d'après l'article 177 du *Code forestier*, le procès-verbal d'un seul garde ne fait preuve suffisante que lorsque le délit ou la contravention n'entraîne pas une condamnation de plus de 100 fr., tant pour l'amende que pour les dommages-intérêts. Cet article ne parle point de la confiscation, d'où l'on peut conclure que la jurisprudence consacrée par l'arrêt du 26 janvier 1816 subsisterait toujours.

L'article 5 de la loi du 30 avril 1790 porte que, dans tous les cas, les armes avec lesquelles la contravention aura été commise seront confisquées, sans néanmoins que les gardes puissent désarmer les délinquans. Il suit de cette disposition que la confiscation des armes avec lesquelles on a chassé en temps prohibé est une conséquence de ce délit; qu'elle doit être prononcée, quand même le prévenu aurait obtenu un permis de port d'armes, et que le procès-verbal ne déclarerait point la saisie de l'arme. (*Arr. de la cour de cass. du* 10 *février* 1809, *Recueil des Régl. for.*, t. II, p. 251.)

Tout fait de chasse quelconque avec armes est réputé délit aussi long-temps que l'individu trouvé chassant n'a point justifié d'un permis de port d'armes obtenu au moment de la chasse : c'est à lui à proposer cette exception; ainsi un tribunal ne peut déclarer non recevable et inadmissible l'action du ministère public contre un prévenu de délit de chasse sans permis de port d'armes, sur le motif que ce prévenu n'avait pas été préalablement mis en demeure de produire son permis. (*Arr. de cass. du* 26 *mars* 1825.)

Le port d'armes de chasse sans permis, si le fait de chasse n'est point constaté, ne peut constituer un délit isolé; il faut, pour constituer le délit de port d'armes sans permis, qu'il y ait un fait de chasse. (*Arr. de cass. du* 17 *août* 1821.)

Mais dès qu'un fait de chasse est constaté, la peine prononcée pour défaut de permis de port d'armes de chasse est toujours applicable, soit que le fait de chasse constitue ou non un délit, c'est à dire qu'il ait lieu en temps prohibé ou en temps permis, avec ou sans la permission du propriétaire, ou même par le propriétaire sur son propre terrain. (*Arr. de cass. des* 23 *janvier,* 7 *et* 29 *mars et* 18 *juin* 1823.)

Le fait de s'être pourvu pour obtenir un permis de port d'armes et d'avoir consigné la somme requise ne peut suppléer au défaut de la représentation du permis. (*Arr. de cass. du* 7 *mars* 1823.)

Une cabane de chasseurs n'est pas réputée maison habitée. Ainsi celui qui fait usage d'une arme de chasse dans une semblable cabane, et qui ne s'est pas pourvu d'un permis de port d'armes, encourt l'amende prononcée par le décret du 4 mai 1812. (*Arr. de cass. des* 7 *mars et* 18 *juin* 1823.)

L'exception pour le cas où le fait de port et d'usage d'armes de chasse aurait lieu dans un enclos fermé ne peut être invoquée, si cet enclos n'est lié sans intermédiaire à l'habitation et n'en forme une dépendance. (*Arr. de cass. du* 29 *mars* 1823.)

Un arrêt de la cour de cassation du 4 mai 1821 statuait que lorsqu'un individu était trouvé chassant en délit *dans un bois de l'État* et sans permis de port d'armes, cet individu ne pourrait être condamné à l'amende pour défaut de permis de port d'armes, attendu que le décret du 4 mai 1812, qui a établi une peine correctionnelle contre le port d'armes sans permis, n'a ordonné la cumulation de cette peine avec celle du délit de chasse que relativement à ceux de ces délits prévus et punis par la loi du 30 avril 1790, et que cette dérogation à l'article 365 du *Code d'instruction criminelle* ne pourrait s'étendre aux délits de chasse commis dans les bois de l'État, dont la peine était déterminée par l'ordonnance de 1669.

Mais comme, depuis cet arrêt, la cour de cassation a décidé que les peines prononcées par la loi de 1790 s'appliquaient aux délits de chasse commis dans les bois de l'Etat, il en résulte que la cumulation des deux amendes doit avoir lieu pour ces délits lorsqu'il s'y joint le défaut de permis de port d'armes.

La faculté de porter des armes en voyage ne s'applique qu'aux armes apparentes, et le port de pistolet de poche sans autorisation est un délit. (*Arr. du* 6 *août* 1824.)

Les officiers de louveterie et leurs piqueurs sont dispensés de se pourvoir de permis de port d'armes de chasse et d'en acquitter la taxe, lorsqu'ils se livrent exclusivement à la chasse des loups ou autres animaux nuisibles; mais, dans tous les cas, ils sont tenus de se munir de ce permis et d'en payer le prix. (*Décis. minist. du* 3 *octobre* 1823.)

§ II. — *A qui appartenait et à qui appartient aujourd'hui la poursuite des délits de chasse et de port d'armes? — Procès-verbaux. — Prescription.*

Il faut distinguer si le délit a été commis dans les forêts royales ou communales ou sur les possessions des particuliers, et si au délit de chasse il se mêle une contravention aux réglemens sur le port d'armes.

Sous le régime des maîtrises, la poursuite des délits de ce genre, commis dans les forêts du roi, appartenait aux officiers des maîtrises, et celle des délits commis dans les capitaineries, aux officiers des chasses.

Aujourd'hui, les agens et gardes forestiers sont spécialement chargés, par le règlement du 1er germinal an 13 et par celui du 20 août 1814, de veiller à la conservation de la chasse dans les *forêts royales,* et par conséquent de dresser des procès-verbaux des délits et contraventions concernant la chasse et le port d'armes qu'ils y reconnaissent.

Ils sont pareillement chargés de la poursuite des délits de chasse commis dans *les bois des communes et des établissemens publics*, en vertu des lois et réglemens qui ont soumis ces bois à la même surveillance que les forêts de l'État. (*Arr. de cass. des* 21 *prairial an* 11 *et* 28 *janvier* 1808.)

Il faut cependant observer que lorsque la chasse est affermée dans un bois communal, il n'y a que le fermier qui ait qualité pour actionner ceux qui portent atteinte aux droits de ce fermier. (*Loi du* 30 *avril* 1790, *art.* 8; *arr. de cass. du* 28 *juillet* 1809.)

À l'égard des délits de chasse commis sur *les propriétés des particuliers*, il existait, sous les *justices seigneuriales*, une diversité de jurisprudence entre quelques parlemens.

Celui d'Aix, ayant été saisi d'une contestation dont l'objet était de faire déclarer nulles des poursuites faites à la requête du seigneur au sujet d'un délit de chasse, sous prétexte que ces poursuites auraient dû être faites à la requête du procureur fiscal, cette cour rendit un arrêt, le 22 mars 1730, qui déclara la procédure valable.

Le parlement de Paris avait une jurisprudence contraire; on y jugeait que le fait de chasse était un délit qui, donnant lieu à une condamnation d'amende, ne pouvait être poursuivi qu'à la requête du procureur fiscal. Les nommés Duzou, ayant été condamnés pour fait de chasse, à la requête de la dame d'Abancourt, par le juge de Bernapré, où la haute justice appartenait à cette dame, ils interjetèrent appel de la sentence, sur le fondement que le juge d'un seigneur ne pouvait connaître d'une action où le seigneur était intéressé, et que, dans ce cas particulier, les poursuites auraient dû être dirigées au nom du procureur fiscal : la table de marbre du Palais, à Paris, adopta ces moyens; et, par jugement du 10 avril 1767, elle infirma la sentence dont était appel.

On trouve au *Journal des Audiences* un arrêt du 13 septembre 1706, par lequel il avait été jugé qu'un seigneur ne pouvait, pour fait de chasse, faire informer à sa requête devant son juge.

Il y a dans le même recueil un arrêt de réglement qui confirme cette jurisprudence, et que le parlement de Paris a rendu le 8 août 1712 pour la justice de Leuty en Champagne.

« Cette diversité de jurisprudence, dit M. Merlin, est devenue sans objet depuis que les justices seigneuriales sont supprimées et que les ci-devant seigneurs n'ont plus, comme tels, aucun droit de chasse.

» Mais on peut aujourd'hui élever une question analogue à celle qu'ont diversement jugée les arrêts cités : c'est de savoir si la poursuite des délits de chasse appartient exclusivement aux propriétaires, ou si elle peut aussi être exercée par le ministère public.

» L'art. 8 de la loi du 30 avril 1790 fait, à cet égard, une distinction. S'agit-il d'un délit commis dans un temps où la chasse est libre à tout propriétaire sur son terrain, le propriétaire lui-même, ou *autre partie intéressée*, peut seul en poursuivre la punition. S'agit-il d'un délit commis en temps prohibé, le ministère public est admis à agir concurremment avec la partie à qui le délit a pu causer du dommage.

» Mais cette distinction n'a-t-elle pas été abrogée par l'article 4 du *Code des délits et des peines* du 3 brumaire an 4, suivant lequel *tout délit donne essentiellement lieu à une action publique*? et ne peut-on pas dire, d'après cet article, qu'aujourd'hui le ministère public est, dans tous les cas, chargé de poursuivre les délits de chasse, sauf aux parties civiles à se joindre à lui pour leurs intérêts privés? Non. En fait de chasse sur le terrain d'autrui, dans les temps non prohibés, il n'y a de délit qu'à défaut de consentement du propriétaire. Si donc le propriétaire ne réclame pas, si, par son silence, il est présumé approuver ce qui a été fait sur son terrain, le ministère public a nécessairement les mains liées. C'est ce qui résulte des arrêts du 5 février 1807 et du 10 juillet suivant, 28 juillet 1809 et 22 juin 1815. Mais si les délits ont lieu en temps prohibé, le ministère public a le droit d'agir seul, ainsi que le porte l'article 8 de la loi précitée. Il en est de même si avec un fait de chasse concourt un délit de port d'armes; et, dans ce cas, les gardes forestiers et tout autre officier de police judiciaire et les gendarmes peuvent dresser des procès-verbaux, qu'ils doivent remettre au procureur du roi chargé de la direction des poursuites.

Remarquons encore que si un propriétaire, s'étant pourvu devant le tribunal correctionnel contre un particulier trouvé chassant sur son terrain, pour le faire condamner à la réparation du dégât qu'il y a causé, le tribunal correctionnel décharge celui-ci de l'amende, sur le fondement que le propriétaire lui avait permis de chasser sur son terrain, il ne peut plus connaître de la demande de ce dernier en dommages-intérêts, et qu'il est obligé de la renvoyer aux juges civils. (*Arrêts de la cour de cassation des* 13 *octobre* 1808 *et* 13 *juillet* 1810.)

Le *Répertoire de jurisprudence* contient les lois sur la chasse, qui étaient particulières à l'Artois, à la Flandre, au Hainaut et au Cambrésis, de même que celles qui étaient particulières à la Lorraine. Mais, comme toutes ces lois sont devenues sans objet, nous n'en parlerons point ici.

Un procès-verbal de contravention aux réglemens sur le port d'armes est valable, quoique non enregistré. (*Arrêt du* 16 *janvier* 1824.)

Le délit de chasse est un délit personnel : chacun des individus qui le commettent est personnellement passible de l'amende et de l'indemnité fixées par la loi. Dès lors, on ne peut réunir les amendes et indemnités encourues par plusieurs personnes, chassant ensemble, pour faire déclarer nul un procès-verbal qui donnerait lieu à une condamnation au dessus de 100 francs, si le procès-verbal n'était dressé que par un seul garde et non appuyé d'un second témoignage. (*Arrêt du* 17 *juillet* 1823.)

L'action en réparation des délits de chasse commis dans les bois des communes et des établissemens publics se prescrit par le délai d'un mois. (*Arrêt de la cour de cassation du* 28 *août* 1818.)

Il en est de même à l'égard des délits de même nature commis dans les bois de l'État, quoique, par des arrêts des 2 juin 1814, 27 juin 1817, 4 mai 1821, la cour de cassation eût décidé que la prescription n'était acquise que par le délai de trois mois. (*Arrêts de la cour de cassation des* 30 *mai et* 30 *août* 1832.)

Quant aux actions pour délits de chasse dans les bois de la couronne, elles ne se prescrivent que par le laps de trois mois. (*Arrêts de la cour de cassation des* 2 *juin* 1814 *et* 30 *mai* 1822.)

La prescription d'un mois pour la poursuite des délits de chasse n'est pas acquise faute d'assignation donnée au prévenu, si, avant l'expiration du mois, il y a eu plainte de la part du ministère public et information. (*Arrêt de la cour de cassation du* 28 *décembre* 1809. *Recueil des Réglemens forest.*, t. II, p. 321.)

La prescription d'un délit de chasse est interrompue par les actes de poursuites, lorsqu'ils se succèdent tous à des intervalles plus courts qu'un mois. (*Arrêt du* 11 *novembre* 1825.)

Les gendarmes qui ont dressé un procès-verbal de chasse sans permis de port d'armes peuvent, si leur rapport est nul ou insuffisant, être entendus comme témoins sur les faits de ce procès-verbal ; ils peuvent même être entendus en cause d'appel. Leurs procès-verbaux ne font pas foi jusqu'à inscription en faux ; ils ne sont considérés que comme des dénonciations officielles. (*Arrêt de cassation du* 5 *février* 1820.)

§ III. *Compétence des tribunaux correctionnels pour connaître des délits de chasse et de port d'armes.*

Sous le régime des maîtrises des eaux et forêts et des capitaineries de chasse, les officiers forestiers et les capitaines des chasses connaissaient concurremment, et par prévention entre eux, de ce qui concernait la capture des délinquans, la saisie des armes, bâtons, chiens, filets et engins défendus, les contraventions à l'ordonnance de 1669, et faisaient la première information seulement. Quant à l'instruction et au jugement, ils appartenaient aux lieutenans de robe longue, à la poursuite des procureurs du roi ; mais les capitaines et lieutenans de chasse et les officiers forestiers pouvaient assister à l'instruction et au jugement, et ils y avaient voix délibératives. (*Ord. de* 1669, *tit. XXX, art.* 31.)

Toutefois les capitaines de maisons royales pouvaient instruire et juger tous les procès civils et criminels pour fait de chasse avec les lieutenans de robe longue et autres juges. (*Ib., art.* 32 *et* 33.)

Les juges gruyers des seigneurs pouvaient connaître des faits de chasse sur leur territoire. (*Ord. de* 1669, *tit. I, art.* 11, 12 *et* 13 ; *édit. de mars* 1707.)

Les juges royaux des eaux et forêts pouvaient aussi en connaître. (*Ib.* ; *déclaration du* 8 *janvier* 1715.)

Il n'y avait au surplus que les officiers du roi qui pouvaient connaître de la chasse du cerf et de la biche. (*Ord. de* 1601, *confirmée par l'art.* 1 *du tit. XXX de l'ord. de* 1669.)

Les maîtrises des eaux et forêts ont été, même avant leur suppression, dépouillées, par la loi du 22 avril 1790, de la connaissance des délits de chasse.

L'art. 8 de cette loi l'attribuait, du moins pour les délits de chasse en plaine ou sur les propriétés des particuliers, à la municipalité du lieu du délit, sauf l'appel.

Mais cette disposition a été abrogée par l'art. 596 du *Code des délits et des peines* du 3 brumaire an 4.

Et comme il n'y a point d'amende pour délit de chasse, qui n'excède, soit la valeur de trois journées de travail à laquelle était bornée la compétence des tribunaux de police, sous le Code du 3 brumaire an 4, soit une amende de 15 francs, qui forme aujourd'hui le *maximum* des peines que peuvent prononcer les mêmes tribunaux, c'est nécessairement, aux termes de l'art. 601 du même Code, et de l'art. 179 du *Code d'instruction criminelle* de 1808, à l'audience correctionnelle des tribunaux de première instance, que doit être portée toute affaire relative à un délit de cette nature. (*Arrêts de la cour de cassation des* 3 *avril et* 10 *octobre* 1806.)

Il en est de même du délit de port d'armes. (*Arrêts de février* 1808, *des* 15 *mars* 1810, 23 *février* 1811 *et* 15 *février* 1819.)

Les procès-verbaux constatant les contraventions aux réglemens sur le port d'armes doivent être remis aux procureurs du roi.

Il est de règle aujourd'hui, comme avant la loi du 30 avril 1790, que nul prévenu d'un délit de chasse ne peut invoquer son privilége en matière de juridiction, et c'est sur ce fondement qu'un avis du conseil d'état, du 30 frimaire an 14, porte que, les contraventions et délits pour fait de chasse intéressant les règles de la police générale et de la conservation des forêts, la répression n'en peut appartenir aux tribunaux militaires, même à l'égard des militaires; et que si de pareils délits n'étaient prévenus par la bonne discipline des corps et par les exemples des chefs, la poursuite en appartiendrait, conformément au droit commun, aux tribunaux correctionnels.

Les dispositions du *Code de procédure civile* relatives aux formalités des exploits en matière civile ne sont point applicables en matière correctionnelle, et par conséquent en matière de délit de chasse. (*Arr. du 2 avril 1819.*)

Celui qui a obtenu du propriétaire d'un terrain la permission de chasser sur ce terrain, et qui y commet des dégâts, peut être condamné à des dommages-intérêts envers le propriétaire; mais, comme nous l'avons déjà fait observer, ces réparations civiles ne peuvent être prononcées par un tribunal correctionnel, attendu qu'il n'y a point d'amende à prononcer, et que les tribunaux correctionnels ne peuvent statuer accessoirement sur les dommages-intérêts, que lorsqu'ils ont statué au principal sur le délit dont ils ont été légalement saisis. En conséquence, une cour royale, en réformant le jugement, quant à l'amende, qu'un tribunal aurait prononcé dans ce cas, ne peut se dispenser de renvoyer la cause devant les juges civils. (*Arrêts des 13 octobre 1808 et 13 juillet 1810.*)

§ IV. *Des appels en matière de chasse.*

D'après l'art. 37 du titre XXX de l'ordonnance de 1669, les condamnations concernant des faits de chasse qui n'excédaient pas la somme de 60 livres, pour toute restitution et toute réparation, sans autre peine, devaient être exécutées par provision, et sans préjudice de l'appel.

L'art. 38 voulait que, s'il y avait appel d'un jugement pour fait de chasse, et que la condamnation ne fût que d'une amende pécuniaire, pour laquelle l'appelant se trouverait emprisonné, il ne pût obtenir sa liberté devant l'appel qu'en consignant l'amende.

La première de ces dispositions n'est plus applicable aux amendes prononcées pour fait de chasse par les tribunaux correctionnels. L'art. 194 du *Code des délits et des peines* du 3 brumaire an 4, et l'art. 203 du *Code d'instruction criminelle* de 1808, veulent qu'aucun jugement, en matière correctionnelle, ne puisse être exécuté tant que dure la faculté d'appeler.

Les appellations des jugemens rendus en fait de chasse devaient être relevées dans le mois, et jugées dans les trois mois. C'est ce qui résultait, tant de l'art. 3 du titre XIV de l'ordonnance de 1669, que de deux arrêts du conseil, des 7 janvier 1687 et 23 août 1703.

Aujourd'hui, ces appels doivent être interjetés dans les délais fixés par les articles 203 et 205 du *Code d'instruction criminelle*. L'appel est jugé dans le mois, d'après l'art. 208; mais les juges conservent la faculté de proroger ce délai pour les délits poursuivis par les agens forestiers, afin de donner à ceux-ci le temps de se procurer l'autorisation nécessaire pour poursuivre sur l'appel. (*Circulaire de l'admin. des forêts, du 31 août 1811, n° 453.* Voy. *Appels* dans le *Dictionnaire des Forêts.*)

§ V. — *Gratification accordée aux gardes et aux gendarmes qui constatent des délits de chasse et des contraventions aux réglemens sur le port d'armes.*

Une ordonnance du roi du 17 juillet 1816 accorde une gratification de 5 francs par chaque procès-verbal suivi de condamnation pour contravention aux lois sur la chasse et le port d'armes.

Une décision du ministre des finances, du 11 août 1818, portait que cette gratification était accordée aux gardes et aux gendarmes pour chaque condamnation prononcée sur les procès-verbaux; mais qu'il n'y avait lieu d'allouer plus d'une gratification à raison d'un procès-verbal rédigé par plusieurs agens ou contre plusieurs individus, que lorsqu'il était prononcé plus d'une condamnation sur un procès-verbal.

Une autre décision du 1er octobre 1823, en statuant que la gratification de 5 francs par procès-verbal doit être allouée pour toutes les contraventions aux lois et réglemens sur la chasse, ainsi que sur le port d'armes, quelle que soit la propriété où le délit a été commis, porte qu'il n'y a lieu de faire payer que la gratification simple de 5 francs, lorsque le même procès-verbal constate un double délit de chasse et de port d'armes.

Il n'y a lieu, quant à présent, d'allouer aux gardes des particuliers la rétribution de 5 francs accordée aux gendarmes, et aux gardes champêtres et forestiers, pour rédaction de procès-verbal de délit de chasse ou de contravention aux réglemens sur le port d'armes. (*Décision ministérielle du 23 juillet 1823.*)

Il n'est pas nécessaire d'attendre la vente des armes de chasse saisies pour payer la gratification. Le ministre des finances, consulté à cet égard, a répondu au préfet du Gers, qu'aux termes du décret du 8 mai 1811, la gratification accordée aux gendarmes, et autres agens qui constatent des délits de chasse doit être, acquittée sur le permis de port d'armes, lorsque le prix de la vente des objets saisis est insuffisant; que la réunion de ces différens produits doit fournir les moyens d'effectuer le paiement de la gratification, et que l'ordre public et le trésor sont également intéressés à ce que le zèle des gendarmes à réprimer les contraventions soit entretenu par le paiement de la récompense accordée par l'ordonnance du roi du 17 juillet 1816; que l'on doit donc, et sans attendre la vente des objets saisis dont le produit entrera, en définitive, dans les caisses du trésor, acquitter les mandats délivrés par les préfets sur les caisses de l'administration, à raison des gratifications dont il s'agit.

On a demandé également : 1° si la gratification de 5 francs, accordée par chaque condamnation aux agens qui ont constaté des délits de chasse, doit être payée, lorsque l'insolvabilité du condamné ne permet pas de recouvrer l'amende?

2°. A quel exercice doivent appartenir les dépenses de l'espèce, dans le cas où, par le défaut ou l'insuffisance du prix de la vente des armes saisies, ou de l'amende, ces dépenses sont payables sur le produit des ports d'armes?

Le décret du 8 mai 1811, qui autorise le paiement des gratifications dont il s'agit, n'ayant imposé d'autre condition à ce paiement qu'une condamnation contre le délinquant, les préposés du domaine, lorsque le jugement est rendu, doivent acquitter la gratification de la manière prescrite par le nombre 3 de l'instruction n° 543.

Pour l'ordre de la comptabilité, la dépense résultant du paiement de ces sortes de gratifications appartient à l'année pendant laquelle l'amende a été recouvrée. S'il n'y a pas eu d'amende, ou si elle n'a pu être recouvrée, on doit suivre la date du jugement pour déterminer l'année, et, par suite, l'exercice auquel la dépense appartient.

Pour le complément de l'article *Chasse*, voyez, dans le *Dictionnaire forestier*, les mots *Amende*, *Délits forestiers*, *Procès-verbaux*; dans le présent Dictionnaire, les mots *Armes, Capitainerie, Garenne, Gibier, Lièvre*; et dans le recueil l'*ordonnance du roi du 15 août 1814*, qui place la surveillance et la police des chasses dans toutes les forêts de l'État, ainsi que la louveterie, dans les attributions du grand veneur, et le *règlement du 20 du même mois*, qui charge spécialement les conservateurs, les agens et gardes forestiers de la conservation des chasses sous les ordres du grand veneur, et leur enjoint de veiller à l'exécution des lois sur la police de la chasse, notamment à celle de la loi du 30 avril 1790.

Quant à la chasse du loup et des autres animaux nuisibles, voyez *Loup* et *Louveterie*.

Nous rapportons au mot *Lièvre* un modèle de réglement de police à observer parmi les chasseurs dans les battues, et qui paraît propre à prévenir bien des accidens. (Voyez *Lièvre*.)

CHASSE A COR ET A CRI. C'est la chasse qui se fait avec appareil, la chasse royale, qui était réservée anciennement à nos rois. (Voyez *Chasse royale*.)

CHASSE A COURRE. C'est la chasse aux chiens courans que l'on fait au cerf, au lièvre, au loup, etc. (*Voyez* ces mots.)

CHASSES MEURTRIÈRES. Ce sont celles qui se font en Allemagne et en Italie, dans lesquelles on abat une grande quantité de gibier, qu'on ne force point à la course, mais qu'on enferme dans des toiles et des filets, et qu'on tue avec des épieux, des arquebuses et des fusils.

Cette espèce de chasse se faisait aussi en France, dans les domaines de Marly, Saint-Germain, Compiègne et Fontainebleau. On leur donnait le nom de *houraillemens*. Le roi et les princes ne se servaient que de fusils.

CHASSE ROYALE. On appelle ainsi la chasse à bruit, c'est à dire la chasse à cor et à cri, qui se fait aux chiens courans avec meute et équipage; on y force les cerfs, daims, chevreuils, sangliers, lièvres et renards.

CHASSE. Ce mot, employé d'une manière absolue, signifie la guerre que l'on fait à toute sorte de gibier. On dit *chasser le cerf, le lièvre*, etc. ; *chasser au fusil; chasser avec le chien; chasser avec une meute de chiens courans; chasser à beau bruit, à grand bruit; chasser à cor et à cri; chasser avec l'oiseau*.

CHASSER DE GUEULE. C'est laisser aboyer un limier quand on le laisse courre; on ne laisse pas *chasser de gueule* en tout temps; le matin, par exemple, le limier doit être secret pour ne pas lancer la bête. *Chasser de gueule* se dit aussi d'un chien braque ou d'un épagneul qui mène à voix un lièvre ou un lapin.

CHASSER DE HAUT VENT. C'est quand le chien chasse contre le vent.

CHASSER (le). On dit *le chasser* est bon ou mauvais suivant le temps.

CHASSEUR. Celui qui s'est fait un métier, ou du moins un exercice habituel de la chasse. (Voyez *Chasse*.)

CHAT-HARET. (Voyez *Chat sauvage*.)

CHAT-HUANT, *strix stridula*, Lath. Oiseau nocturne de proie, et du genre auquel il a donné son nom. On l'a souvent confondu avec la *hulotte* et quelquefois avec l'*effraie*. Mais on le reconnaît aisément à son cri *huant*, faible et triste, *hohó, hohó, hohó, hohoho*, ou *hohou, hohouhou*.

Description. Cet oiseau (*Pl.* 9, *fig.* 4) a 14 pouces de longueur, y compris la queue, qui en a 6; la grosseur du pigeon commun; le bec d'un pouce 3 lignes de long, recourbé et d'un jaune verdâtre; l'iris d'un bleu foncé; les yeux entourés de plumes dont les barbes sont séparées les unes des autres, d'un gris sale mêlé de roussâtre, s'étendant en rond et formant, de chaque côté de la tête, un cercle dont la circonférence est terminée par des plumes raides; le dessus du corps d'un roux ferrugineux, varié de noirâtre, les pennes brunes transversales et en zigzag ; le dessous est varié de blanc jaunâtre, de noirâtre et de roux avec des lignes et zigzags pareils à ceux du dessus ; les pennes des ailes et de la queue couvertes de bandes transversales, alternativement brunes et rousses; les pieds couverts jusqu'aux ongles de plumes d'un blanc sale avec des petits points bruns et roussâtres, et les ongles couleur de corne. La forme des lignes et des raies varie sur certains individus, et les couleurs sont aussi plus ou moins foncées; de là résultent des rapprochemens avec la hulotte, et des variétés qui ne le sont que d'âge ou de sexe.

Habitation. Les chats-huans, ainsi que tous les oiseaux du même genre, se tiennent dans les troux des arbres ou des murailles, ou blottis sur de grosses branches.

Nourriture. Ils se nourrissent de souris, de mulots, de campagnols, de taupes, et quelquefois de jeunes lièvres et de petits oiseaux.

Propagation. La femelle dépose quatre à cinq œufs

blancs dans un nid d'oiseau de proie abandonné ou dans le trou d'un arbre, et les couve pendant trois semaines.

Qualités. Les chats-huans sont plus utiles que nuisibles.

Des différentes espèces de chats-huans. Les autres chats-huans, c'est à dire les oiseaux du genre *strix*, sont le grand duc ou grand chat-huant, le moyen duc ou le hibou qu'on appelle aussi chat-huant de bruyère, en Sologne, la hulotte, la chevèche, la chouette qu'on appelle également la grande chevèche, l'effraie ou simplement la fresaie. (*Voyez* ces mots.)

Chasse. On tue ces oiseaux en les cherchant au crépuscule du soir dans les bois ou auprès des vieux bâtimens. On trouve encore l'occasion de les tirer pendant le jour, en se promenant dans l'intérieur d'un bois et en les faisant sortir du creux des arbres sur lesquels on frappe avec la crosse du fusil. Mais on leur fait peu la chasse par plaisir; c'est avec les piéges qu'on les détruit; et comme ils sont plus utiles que nuisibles, on n'a pas même de motifs pour employer ce moyen.

CHAT SAUVAGE, *felis ferus.* On le nomme aussi, en terme de chasse, *chat-haret*; il ne doit pas être confondu avec certains chats domestiques, qui, ayant pris goût à chasser, désertent les maisons et s'établissent dans les bois. Ceux-ci sont de différentes couleurs, et ne sont pas à proprement parler, des chats sauvages; car le vrai chat sauvage est toujours d'une couleur uniforme, ainsi que le dit M. de Buffon.

Description. Le fond de cette couleur est un gris terne et peu foncé, mélangé d'une légère teinte de fauve, avec des bandes ou plutôt des mouchetures peu tranchantes, d'une autre espèce de gris plus foncé, et quelque taches noires au poitrail et sous le ventre; le bas-ventre est d'un blanc jaunâtre; les épaules, les cuisses, les pattes sont rayées de bandes noires, ainsi que la queue, où il y a quatre de ces bandes en anneaux, et dont l'extrémité est entièrement noire. Mais ce que ces animaux ont de plus distinctif dans la couleur de leur poil, c'est une raie noire qui règne le long du dos, depuis la naissance de la queue jusque sur la tête, où elle s'élargit et se partage en plusieurs raies. Les chats sauvages sont généralement de plus grande taille et plus alongés que les chats de maison. Ils ont d'ailleurs le poil plus long, ce qui les fait paraître plus gros qu'ils ne sont en effet. Une autre différence constante, c'est qu'ils ont toujours les lèvres et le dessous des pieds noirs. La queue est plus grosse et plus garnie que dans l'espèce domestique. Les chats sauvages, comme tous les animaux de proie, ont les sens de l'ouïe, de l'odorat et de la vue excellens; et quoiqu'ils se fatiguent à la course, ils trouvent, par leur adresse, les moyens d'échapper aux chiens. Leur voix est la même que celle du chat domestique; ils ne la font entendre que lorsqu'ils sont en chaleur.

La femelle est plus petite que le mâle, et a le corps plus effilé.

Habitation. Ces animaux multiplient peu, et leur espèce est assez rare en France; on n'y en voit guère que dans quelques provinces où il y a beaucoup de grands bois. Dans certaines contrées, on les connaît à peine. Il s'en trouve quelques uns dans les forêts du Berry, de l'Auvergne et de la Bourgogne; mais les provinces qui en fournissent le plus sont le Languedoc et la Guienne, dans les parties voisines des Pyrénées; le Béarn, le Bigorre, et autres pays limitrophes de l'Espagne, où ils sont beaucoup plus communs qu'en France. Ils se tiennent, pendant la belle saison, dans les fourrés, et lorsqu'il fait mauvais temps et pendant l'hiver, dans les creux des rochers, dans les terriers des lapins et des renards, ou dans le creux des arbres.

Nourriture. Le chat sauvage est grand mangeur de lapins, de levrauts, de perdrix et d'autre gibier. Il se nourrit aussi de rats, de souris, de mulots, d'oiseaux, etc.; et de charogne, lorsqu'il est pressé par la faim.

Propagation. Les chats sauvages entrent en chaleur dans le mois de février, et leurs amours ressemblent à celles des chats domestiques avec lesquels ils s'accouplent volontiers, et produisent des chats bâtards d'un naturel très peureux. Au bout de neuf semaines de gestation, la chatte sauvage met bas quatre ou six jeunes chats dans le creux des arbres, dans les trous de blaireaux ou de renards, le creux des rochers, ou les souterrains. Elle les nourrit d'abord de son lait, et, ensuite, elle y ajoute des souris, des petits oiseaux, etc., qu'elle leur apporte. A deux ans, ils ont pris tout leur accroissement et sont en état de propager.

Qualités utiles et nuisibles. La peau du chat sauvage tué pendant l'hiver donne une belle fourrure; mais celle dont les poils viennent de tomber est peu estimée. Ces peaux se vendent ordinairement moitié moins que celles des renards. Les ravages que font les chats sauvages parmi le menu gibier, en mangeant les levrauts, les lapereaux, les cailles, les perdrix et les petits oiseaux sont très considérables, et c'est pourquoi les chasseurs les regardent comme des concurrens dangereux qu'ils s'efforcent de détruire. La chair du chat sauvage est blanche et a beaucoup de rapport avec celle du lapin. Nous en avons mangé étant en Allemagne, et fait manger à beaucoup de personnes qui l'ont prise pour du lapin.

Chasse. Les chats sauvages ne chassent guère que la nuit. Le jour, ils se tiennent cachés dans leur retraite, d'où ils ne sortent ordinairement qu'après le soleil couché, pour y rentrer dès le point du jour; si, par hasard, ils sont rencontrés par des chiens et serrés de trop près, ils grimpent dans un arbre; mais si cette ressource leur manque, et qu'ils soient forcés de faire tête, ils se défendent valeureusement des dents et des ongles, et maltraitent cruellement les chiens. On emploie des *bassets* qui les font partir de leur repaire et les forcent à monter sur les arbres, où il est aisé de les tuer à coups de fusil. On les prend aussi avec le traquenard simple à bascule; mais on a soin que les branches du piége soient garnies de dents serrées, car c'est ordinairement par une patte que le chat se fait prendre, et on en a vu parvenir à la retirer d'un traquenard dont les branches n'étaient pas armées de pointes. On amorce le piège avec de la viande ou quelque oiseau mort; et on attache assez bien l'appât sur la bascule, pour que l'animal fasse détendre le traquenard, en cherchant à s'en emparer. On lui tend encore des collets dont on proportionne la force à la sienne, et que l'on dispose, suivant les localités, partout où l'on remarque les traces de cet animal, qui ne diffèrent de celles du chat domestique qu'en ce qu'elles sont plus grandes.

On le prend aussi avec un assommoir que l'on place à tous les passages des haies et clôtures, et aux barbacanes des murs par lesquels les chats peuvent s'introduire. Cet assommoir se compose d'une grosse pierre, ou simplement d'une planche chargée d'une pierre ou d'un poids quelconque. Cette planche est plus longue que large; elle pose d'un bout sur la terre, et elle est soutenue à l'autre extrémité par un quatre de chiffre dont la manchette barre assez bien le passage, pour qu'un animal ne puisse s'y glisser sans faire tomber l'assommoir.

On peut employer également l'*assommoir du Mexique* et les autres espèces d'*assommoirs* que nous décrivons sous ce mot.

CHASSOIRE. Baguette des autoursiers. (Voyez *Baguette*.)

CHATIER. En terme de vénerie, c'est frapper un chien de la houssine, quand il est en faute.

CHAUSSER. En fauconnerie, *chausser la grande serre de l'oiseau*, c'est entraver l'ongle du gros doigt d'un petit morceau de peau.

CHAUVE-SOURIS. Famille de quadrupèdes de l'ordre des carnassiers, et du sous-ordre des cheiroptères, caractérisée ainsi qu'il suit: peau du corps prolongée latéralement jusque vers le bout des doigts, et faisant l'office d'aile; doigts des mains beaucoup plus longs que ceux des pieds de derrière; face supérieure des incisives inférieures point sillonnée longitudinalement; ongles peu ou point crochus ni tranchans. Ces derniers caractères la distinguent de la famille des galéopithèques, dont les doigts des mains n'excèdent pas en longueur ceux des pieds de derrière, dont la face supérieure des incisives inférieures est sillonnée longitudinalement, et dont les ongles sont crochus et tranchans.

La famille des chauves-souris se divise en plusieurs genres et en plusieurs espèces. (*Voyez-en* la description dans le *Dictionnaire d'histoire naturelle*.)

Les chauves-souris, que l'on s'est plu à rapprocher des oiseaux, sont cependant de vrais quadrupèdes, qui produisent comme les autres des petits vivans, que les femelles nourrissent de leur lait.

Elles fuient la lumière, n'habitent que les lieux ténébreux, n'en sortent que la nuit, et y rentrent au point du jour pour demeurer collées contre les murs.

Dans leur vol, les chauves-souris ne laissent pas de saisir les moucherons, les cousins, et surtout les phalènes qui ne volent que la nuit; elles les avalent, pour ainsi dire, tout entiers, et l'on voit dans leurs excrémens les débris des ailes et des autres parties sèches qui ne peuvent se digérer. Les grottes, les cavernes, uniquement fréquentées des chauves-souris, sont souvent remplies d'une espèce de terre noire, totalement composée des déjections de ces animaux.

On assure que les chauves-souris femelles ne portent que deux petits, qu'elles les allaitent et les transportent, même en volant. C'est en été qu'elles s'accouplent et qu'elles mettent bas; car elles sont engourdies pendant l'hiver; les unes se recouvrent de leurs ailes comme d'un manteau, s'accrochent à la voûte de leurs souterrains par leurs pieds de derrière et demeurent ainsi suspendues; les autres se collent contre les murs ou se recèlent dans des trous; elles sont toujours en nombre pour se défendre du froid: toutes passent l'hiver sans bouger, sans manger, ne se réveillent qu'au printemps, et se recèlent de nouveau vers la fin de l'automne. Elles supportent plus aisément la diète que le froid; elles peuvent passer plusieurs jours sans manger, et cependant elles sont du nombre des animaux carnassiers; car lorsqu'elles peuvent entrer dans une office, elles s'attachent aux quartiers de lard qui y sont suspendus, et elles mangent aussi de la viande crue ou cuite, fraîche ou corrompue.

La chauve-souris commune est à peu près de la grandeur d'une souris; elle en a aussi la couleur. Elle a le museau épais et alongé, le nez large, la mâchoire inférieure plus alongée que la supérieure, les yeux petits, les oreilles ayant autant de longueur que la tête, arrondies, et portant en devant un oreillon étroit, pointu, et presque aussi long que la moitié de l'oreille, la queue à peu près de la longueur du corps et enveloppée par la membrane des jambes.

Il y a des chauves-souris très grandes et très dangereuses, surtout dans les climats chauds; les habitans ont grand soin de les détruire.

CHENIL. C'est le bâtiment destiné à loger les chiens de chasse. (Voyez le mot *Chien*, où se trouvent les détails relatifs au chenil.)

CHEMISE. En fauconnerie, on appelle *chemise* le duvet de l'oiseau.

CHEVAL, *equus caballus*, Lin.; en grec, *ippos*; en latin, *equus*; en italien, *cavallo*; en espagnol, *cavallo* ou *caballo*; en anglais, *horse*; en allemand, *pford*; en flamand, *paerdt*; en russe, *korn* ou *loshad*.

Nous tâcherons de rendre cet article aussi complet que possible, sans cependant dépasser les limites de l'objet que nous nous proposons; et pour qu'il ne contienne que des notions certaines et des principes éprouvés, nous consulterons les meilleurs ouvrages en cette matière, et spécialement l'excellent article du cheval, par M. Huzard, inséré dans le *Dictionnaire d'histoire naturelle*; le *Traité général des chasses* de M. Jourdain, et l'ouvrage allemand de Bechstein sur la chasse.

Nous diviserons notre article en deux sections: dans la première, nous parlerons du cheval en général, et dans la seconde, des chevaux de chasse.

PREMIÈRE SECTION. *Du cheval en général.*

Description. La couleur est la première chose qu

frappe la vue dans l'examen du cheval ; celle qui paraît naturelle est le bai (couleur châtaigne) ; mais, dans l'état de domesticité, la couleur varie beaucoup. Il y a des chevaux d'une seule couleur, et de plusieurs couleurs avec toutes les nuances possibles. Les principales couleurs sont le bai, le noir et le blanc ; la première donne le bai châtain, le bai doré, le bai brun, le bai cerise, le bai miroité ; la seconde, le noir mal teint, le noir jais et le noir miroité ; la troisième, le gris sale, le gris argentin, le gris sanguin, le gris brun, le gris charbonné, le gris truité, le gris de souris, la soupe au lait, etc.

On nomme *cheval alezan* celui qui a des poils de diverses nuances et qui n'a pas les extrémités noires ; *gris pommelé*, celui qui a des marques assez grandes de couleur blanche et noire, parsemées sur tout le corps ou sur une partie du corps ; *rouan*, celui dont les poils sont mêlés de blanc, de gris et de bai ; *isabelle*, celui qui est jaune et blanc ; *pie*, celui qui est coupé par de grandes taches d'un poil tout à fait différent du reste de la robe, surtout à l'épaule et à la croupe (la couleur des taches détermine l'épithète, et on dit : *pie noir, pie alezan*, etc.); *balzan*, celui qui a un, deux, trois ou les quatre pieds blancs à leur partie inférieure.

La plupart des chevaux ont sur leur tête, au dessous du front, une tache blanche, qui les fait appeler *marqués en tête*. Les chevaux qui n'ont qu'une couleur simple, sans aucune marque, portent le nom de *zains*. Il est des peuples qui estiment beaucoup ces derniers, et d'autres qui les repoussent comme vicieux. M. Huzard et tous les auteurs instruits s'accordent à dire que la couleur du poil n'a aucune influence sur les qualités de l'animal. Il est cependant un cas où la couleur du poil annonce, dans tous les animaux, un certain degré d'affaiblissement des organes, c'est lorsque ces animaux sont tout blancs et ont les yeux de même couleur. Ces sortes d'yeux, qui, dans les chevaux, s'appellent *yeux vairons*, sont meilleurs pendant la nuit que les autres.

On appelle *épis* les poils qui, prenant une direction contre nature, se réunissent de manière à présenter la figure d'un épi de blé.

Le cheval se divise en trois parties : l'*avant-main*, le *corps* et l'*arrière-main*.

L'avant-main comprend la tête, le cou, l'encolure, le garrot, le poitrail, les épaules et les extrémités antérieures.

Le corps renferme le dos, les reins, les côtes, le ventre, les flancs, les testicules et le fourreau dans le cheval, et les mamelles dans la jument.

L'*arrière-main* se compose de la croupe, des hanches, des fesses, du grasset ou la rotule, des cuisses, du jarret, des extrémités postérieures, de l'anus ou du fondement, de la queue, et, dans la femelle, de la nature.

Dans la tête, on distingue les oreilles, le toupet, le front, les salières, qui sont des enfoncemens placés au dessus des sourcils, les larmiers, qui répondent aux tempes de l'homme, les sourcils, les yeux, les paupières, le chanfrein, qui est la partie antérieure qui s'étend depuis les sourcils jusqu'aux naseaux, les naseaux, la bouche, le bout du nez, les lèvres,

le menton, la barbe et la ganache qui est formée par la partie postérieure des os de la mâchoire inférieure.

On distingue, dans l'*encolure*, la partie supérieure ou la crinière, et la partie inférieure ou le gosier.

Le *garrot* est cette partie élevée, plus ou moins tranchante, et située au bas de la crinière ; il est formé par les apophyses épineuses des sept ou huit premières vertèbres dorsales.

Le *poitrail* occupe la face antérieure de l'animal. Les extrémités antérieures comprennent les épaules, le bras, l'avant-bras, le coude, la châtaigne ou cette espèce de corne spongieuse, dénuée de poils, placée du côté interne au dessus du genou ; le genou, le tendon, le fanon ou toupet de poils qui se trouve derrière le boulet, l'ergot ou les cornes, semblables à la châtaigne, mais dont le volume est plus petit ; enfin le sabot ou l'ongle qui forme le pied du cheval. La partie supérieure en est la couronne ; la partie inférieure, la fourchette et la sole ; la partie antérieure, la pince ; la partie postérieure, le talon. La sole est toute la partie cave du pied, et la fourchette une élévation en V qui se trouve au milieu de cette même partie.

La connaissance des *dents* du cheval est d'une grande importance, puisqu'elle sert à faire connaître l'âge de l'animal. Le poulain, en naissant, a six dents molaires à chaque mâchoire. Vers le dixième ou douzième jour après, les pinces sortent aux deux mâchoires ; un mois après, les mitoyennes sont également sorties. Les coins paraissent vers le quatrième mois, de manière que le poulain se trouve avoir six dents incisives à chaque mâchoire ; on les appelle *dents de lait*. Elles subsistent jusqu'à deux ans et demi ou trois ans, époque où elles commencent à tomber les unes après les autres, et d'où l'on part pour la connaissance de l'âge de l'animal. Néanmoins, il est très aisé de tirer une induction de l'âge du poulain qui a encore ses dents de lait, par l'observation de ses incisives et de ses molaires.

A quatre mois, les coins paraissent ; à six mois, ils sont de niveau avec les mitoyennes, d'un quart moins creux qu'elles à la couronne, et celles-ci de moitié moins que les coins.

Les quatre premières dents s'usent peu à peu, de façon qu'à un an le trou supérieur est à moitié rempli ; à dix-huit mois, les pinces sont pleines, ou peu s'en faut, et moins larges ; le col est plus sensible.

A deux ans, elles sont toutes rases ; les mitoyennes sont dans l'état où étaient les pinces à dix-huit mois. Ces dents se maintiennent dans cet état jusqu'à deux ans et demi, quelquefois jusqu'à trois ans, bien qu'elles montent et s'usent toujours et deviennent moins larges, c'est à dire qu'elles ne servent plus d'indice certain ; mais en examinant les molaires, on trouvera qu'à un an le poulain en a trois de chaque côté, deux de lait et deux de cheval ; qu'à deux ans, les premières dents molaires de lait de chaque mâchoire tombent, car les chevaux en ont six à chaque mâchoire, qui sont celles avec lesquelles ils naissent ; quant aux autres, elles ne tombent pas.

A deux ans et demi ou trois ans, les pinces tombent ; à trois ans et demi, les secondes molaires tombent. La chute des moyennes arrive aussi dans le même temps.

A quatre ans, il y a six dents molaires de chaque côté, cinq de chevaux et une de lait. A cette même époque, ou peu après, les coins tombent, et en même temps la dernière dent molaire de lait.

A cinq ans, pour l'ordinaire, les crochets percent, et le cheval parfait a, en tout, quarante-deux dents.

D'après cela, on voit que, pour juger de l'âge du cheval, il ne s'agit que d'examiner d'abord sa mâchoire inférieure.

En effet, si les pinces sont peu usées, il a moins de cinq ans; si elles sont usées ou rasées, comme on le dit vulgairement, il a six ans; si les mitoyennes sont rasées, il a sept ans; si les coins sont rasés, il a huit ans. La marche est la même pour les dents de devant de la mâchoire supérieure, qui suivent la progression de celles dont on vient de parler; ainsi les pinces rasent à neuf ans, les mitoyennes à dix ans, et les coins à onze ou douze ans; alors on dit que *le cheval a rasé* ou *est hors d'âge*.

Ce n'est point par addition de matière dans la cavité supérieure des dents qu'elles cessent de marquer; c'est par l'usure et par la poussée continuelle de leur partie inférieure; cette poussée a lieu jusqu'à la vieillesse. Certains chevaux et beaucoup de jumens marquent plus long-temps que les autres; on les appelle *bégus*. On trouve néanmoins dans l'inspection de la figure, de la largeur, de l'implantation et du sillonnage de leurs dents, des marques certaines de leur âge, pour peu qu'on ait l'habitude de les observer, mais un simple acquéreur peut y être facilement trompé; il peut l'être également par la friponnerie de certains maquignons qui creusent avec un burin les dents des *chevaux rasés*, colorent le trou avec de la poix, et les vendent comme de jeunes animaux. Mais avec un peu d'habitude, on peut juger approximativement de leur âge par l'ensemble de leurs parties, par la configuration de leurs traits, comme on juge de l'âge des hommes par l'inspection de leur visage.

Passé douze ans, les crochets servent encore d'indice de l'âge de l'animal, mais c'est par la considération de leur figure qui est plus arrondie, et des sillons de leur surface qui sont alors plus ou moins effacés. A quinze ans, les pinces sont triangulaires et plongent en avant; à vingt, on aperçoit les deux cannelures qui sont aux deux côtés des dents, parce qu'elles sont devenues plus petites; à vingt et un ans, quelquefois à vingt-deux, les premières dents molaires tombent, ou sont tellement usées qu'on voit leurs trois racines; à vingt-trois, ce sont les secondes qui tombent; à vingt-quatre, les quatrièmes; à vingt-cinq, les troisièmes; à vingt-six, les cinquièmes; quelquefois, cependant, cet ordre est interverti. Il y a des chevaux qui perdent toutes leurs dents molaires avant vingt ans, et d'autres qui les conservent au delà de trente.

Le jeu des mâchoires du cheval se fait de droite à gauche et de gauche à droite, ce qui facilite le broiement des graines, souvent très dures, qu'on lui donne à manger. Ses dents antérieures ou ses pinces ne lui servent qu'à couper et prendre l'herbe dont il se nourrit également.

Les *sens* du cheval, à l'exception du goût et du toucher, sont supérieurs à ceux de l'homme. Cet animal a l'ouïe très fine, et chez lui ce sens paraît être le plus perfectionné. Après celui-là, le meilleur est la vue; mais les yeux, dans l'état de domesticité, sont sujets à des altérations nombreuses. Le sens de l'odorat paraît être très délicat, à en juger par le soin que le cheval prend de flairer tous les objets qu'on lui présente à manger, et par la faculté qu'a le mâle de sentir les femelles en chaleur à une très grande distance. Quant au goût et au toucher, ils sont loin de pouvoir être comparés aux mêmes sens dans l'homme; cependant le cheval est délicat sur son manger, et très sensible aux impressions extérieures.

La voix du cheval s'appelle *hennissement*. On distingue : 1° le hennissement d'allégresse, dans lequel la voix se fait entendre assez longuement, monte et finit à des sons plus aigus, et où le cheval rue en même temps, mais légèrement, et ne cherche point à frapper; 2° le hennissement du désir, soit d'amour, soit d'attachement, dans lequel le cheval ne rue point, et où la voix se fait entendre longuement et finit par des sons graves; 3° le hennissement de la colère, qui est court et aigu, et dans lequel le cheval rue et frappe dangereusement; 4° celui de la crainte, qui n'est guère plus long que celui de la colère, et où la voix est grave, rauque et semble sortir des naseaux, et se rapprocher du rugissement du lion; le cheval rue aussi pendant ce hennissement; 5° celui de la douleur, qui est moins un hennissement qu'un gémissement ou toussement d'oppression qui se fait à voix grave et suit les alternatives de la respiration.

Les chevaux qui hennissent le plus souvent, surtout d'allégresse et de désir, sont les meilleurs et les plus généreux. Les chevaux hongres et les jumens ont la voix plus faible et hennissent moins fréquemment. Dès la naissance, les mâles ont la voix plus forte que les femelles.

Lorsque le cheval est passionné d'amour, de désir ou d'appétit, il montre ses dents et semble rire; il les montre aussi dans la colère et lorsqu'il veut mordre. Il tire quelquefois la langue pour lécher son maître lorsqu'il en est traité avec douceur. Il se défend par la rapidité de sa course, par ses ruades et ses morsures. Dans ces deux derniers cas, on est toujours prévenu de ses intentions par l'abaissement de ses oreilles en arrière.

Les *allures* d'un cheval sont les différens mouvemens progressifs au moyen desquels il se transporte d'un lieu à un autre. Il y a deux sortes d'allures, les *unes naturelles* et les *autres artificielles*. Les allures naturelles sont le *pas*, le *trot* et le *galop*; on y comprend aussi l'*amble*; mais cette allure est défectueuse, et elle n'est naturelle que dans un petit nombre de chevaux. Les allures qu'on nomme artificielles ou *airs*, en terme de manége, sont, ou celles qui ont lieu près de terre, comme le *passage*, la *galopade*, la *volte*, le *terre-à-terre*, le *mezair*, etc.; ou celles qui sont relevées, comme la *pesade*, la *courbette*, la *croupade*, la *ballottade*, etc.

Le *pas* est la plus lente de toutes les allures. Il faut qu'il ne soit ni trop alongé, ni trop raccourci. On compte quatre temps dans le mouvement.

Le *trot* doit être ferme, prompt et également soutenu. Le cheval, dans cette allure, élève plus ses jambes que dans la précédente, et les pieds sont entièrement détachés de terre. Il n'a que deux temps et un mouvement, de sorte que des quatre foulées on n'en entend jamais que deux.

Le *galop* est une allure dans laquelle les jambes du cheval s'élèvent encore plus que dans le trot; les pieds semblent bondir sur la terre. Il a ordinairement trois temps.

Qualités. « La plus noble conquête, dit Buffon, que l'homme ait jamais faite, est celle de ce fier et fougueux animal, qui partage avec lui les fatigues de la guerre et la gloire des combats; aussi intrépide que son maître, le cheval voit le péril et l'affronte; il se fait au bruit des armes, il l'aime, il le cherche et s'anime de la même ardeur. Il partage aussi ses plaisirs : à la chasse, aux tournois, à la course, il brille, il étincelle; mais, docile autant que courageux, il ne se laisse point emporter à son feu, il sait réprimer ses mouvemens; non seulement il fléchit sous la main de celui qui le guide, mais il semble consulter ses désirs; et obéissant toujours aux impressions qu'il en reçoit, il se précipte, se modère ou s'arrête, et n'agit que pour y satisfaire. C'est une créature qui renonce à son être pour n'exister que par la volonté d'un autre, qui sait même la prévenir; qui, par la promptitude et la précision de ses mouvemens, l'exprime et l'exécute; qui sent autant qu'on le désire, et ne rend qu'autant qu'on veut; qui, se livrant sans réserve, ne se refuse à rien, sert de toutes ses forces, s'excède, et même meurt pour mieux obéir (1).

» Voilà le cheval dont l'art a perfectionné les qualités naturelles, qui, dès le premier âge, a été dressé au service de l'homme. Disons mieux, voilà le cheval réduit en servitude. La nature est plus belle que l'art, et dans un être animé la liberté des mouvemens fait la belle nature. Voyez ces chevaux qui se sont multipliés dans les contrées de l'Amérique espagnole et qui vivent en chevaux libres : leur démarche, leur course, leurs sauts ne sont ni gênés, ni mesurés; fiers de leur indépendance, ils fuient la présence de l'homme, ils dédaignent ses soins, ils cherchent et trouvent eux-mêmes la nourriture qui leur convient; ils errent, ils bondissent en liberté dans des prairies immenses, où ils cueillent les productions nouvelles d'un printemps toujours nouveau.

» La nature de ces animaux n'est point féroce, ils sont seulement fiers et sauvages; quoique supérieurs par la force à la plupart des autres animaux, jamais ils ne les attaquent, et s'ils ne sont attaqués,

---

(1) C'est surtout au manége qu'il montre son admirable flexibilité. Les anciens rapportent de nombreux exemples de chevaux qui étaient dressés à danser, à s'accroupir, à prendre à terre, avec les dents, une massue, un sabre, etc. Aujourd'hui, toutes ces merveilles sont surpassées par les chevaux que dressent les écuyers, qui ont fondé des spectacles sur l'intelligence et la docilité de cet animal.

ils les dédaignent, les écartent, ou les écrasent : ils vont aussi par troupes et se réunissent pour le seul plaisir d'être ensemble, car ils n'ont aucune crainte; mais ils prennent de l'attachement les uns aux autres. Ils ont les mœurs douces et les qualités sociales; leur force et leur ardeur ne se marquent ordinairement que par des signes d'émulation; ils cherchent à se devancer à la course; à se faire et même à s'animer au péril en se défiant à traverser une rivière, sauter un fossé; et ceux qui, dans ces exercices, donnent l'exemple, ceux qui, d'eux-mêmes, vont les premiers, sont les plus généreux, les meilleurs et souvent les plus dociles et les plus souples, lorsqu'ils sont une fois domptés.

» Le cheval est, de tous les animaux, celui qui, avec une grande taille, a le plus de proportion et d'élégance dans les parties de son corps : la régularité des proportions de sa tête lui donne un air de légèreté qui est bien soutenu par la beauté de son encolure. Il semble vouloir se mettre au dessus de son état de quadrupède en élevant sa tête : dans cette attitude, il regarde l'homme face à face; ses yeux sont vifs et bien ouverts, ses oreilles sont bien faites et d'une juste grandeur; sa crinière accompagne bien sa tête, orne son cou, et lui donne un air de force et de fierté; sa queue traînante et touffue couvre et termine avantageusement l'extrémité de son corps. »

Les chevaux sont naturellement doux et très disposés à se familiariser avec l'homme et à s'attacher à lui; aussi n'arrive-t-il jamais qu'aucun d'eux quitte nos maisons pour se retirer dans les forêts ou dans les déserts; ils marquent, au contraire, beaucoup d'empressement pour revenir au gîte, qu'ils savent reconnaître au milieu des plus grandes villes. On a vu des chevaux, abandonnés dans les bois, hennir continuellement pour se faire entendre, et accourir à la voix des hommes.

La vitesse de la course de quelques chevaux est telle qu'à *New-Market*, lieu célèbre des courses en Angleterre, des chevaux ont fait 54 pieds par seconde. On assure même que trois fameux coursiers anglais ont fait 84 pieds et demi dans ce bref espace de temps; et comme en Angleterre la vitesse du vent le plus impétueux n'est que de 66 pieds par seconde, il en résulte qu'à proprement parler ces chevaux ont été plus vite que le vent.

La persévérance dans la fatigue est encore une qualité remarquable dans le cheval; on sait que les chevaux arabes font souvent cent milles en vingt-quatre heures. Ceux de Tartarie supportent, dès l'âge de six à sept ans, des courses de deux ou trois jours sans s'arrêter, même sans manger ni boire, ou en ne mangeant qu'une poignée d'herbe.

La charge ordinaire d'un cheval de bât de première force, en Allemagne et en Angleterre, est de 400 à 450 livres : ceux qui, à Vienne, charroient les marchandises de la douane, traînent 3,000 livres; et on a des exemples, à Londres, de chevaux qui ont traîné 60 quintaux sur un terrain uni, et à une petite distance.

On a fréquemment cherché, dit M. Huzard, à décrire un cheval parfait; mais chaque écrivain, abusé par les préjugés de son enfance, n'a jamais fait connaître que le cheval qui passait pour le plus beau dans son esprit. Le vrai est qu'il y a dans chaque race, comme dans chaque genre de service, des beautés propres qui sont des défauts dans un autre. Des jambes fines sont l'apanage des chevaux de course, et des jambes fortes celui des chevaux de trait. Il faut donc choisir les individus les plus approchans de la perfection de chaque race, et s'en servir comme de type pour juger de la beauté des autres; mais, comme les races varient sans fin, on ne peut établir de règle absolue. On peut dire cependant que, dans toutes les races, une construction solide, qui se manifeste par l'aplomb des extrémités sur le terrain, par la franchise et la liberté des mouvemens, par la légèreté et la diversité, par la vigueur soutenue dans l'exercice; des muscles qui se prononcent bien et ne sont point empâtés dans la graisse ou cachés sous l'épaisseur de la peau; le poil fin; les crins doux et peu abondans doivent distinguer particulièrement les animaux de choix.

Ainsi, la beauté d'un cheval de selle ne sera pas celle d'un cheval de carrosse.

Les qualités que l'on exige d'un cheval sont relatives au service auquel on le destine :

On demande, par exemple, que le *cheval de manége* ait de la beauté et de la grace, du nerf, de la légèreté, de la vivacité et du brillant; des mouvemens souples et lians; la bouche belle, et surtout des reins et des jarrets solides;

Que le *cheval de voyage* ait une taille raisonnable, un âge fait, tel que celui de six à sept ans; des jambes sûres; des pieds parfaitement conformés; un ongle solide; une grande légèreté de bouche; beaucoup d'allure et une action simple et douce ;

Que le *cheval de chasse* ait du fond et de l'haleine, des épaules plates et très libres, le corps pas trop raccourci, la bouche bonne et pas trop sensible; qu'il soit plutôt froid qu'ardent à s'animer, et qu'il ait de la légèreté, de la vitesse, etc. ;

Que les *chevaux de domestique*, *de cavalier* ou *de dragon*, *de piqueur*, etc., qui sont dans le genre des chevaux de selle, mais de ceux qu'on regarde comme des chevaux communs, soient d'un âge fait, bien membrés, susceptibles d'obéissance, et propres à résister à des travaux pénibles.

Dans les chevaux de trait, on exige pareillement des qualités physiques qui sont propres à leur genre de travail.

Ainsi, lorsqu'on veut acheter un cheval, il faut surtout examiner s'il est propre au service auquel on le destine. On doit le considérer dans l'état de repos et en action. D'abord on étudie les pieds comme le fondement sur lequel repose tout l'édifice, ensuite le devant, puis la croupe, enfin la tête. On jugera le tout séparément et dans l'ensemble. Il sera aussi nécessaire de chercher à reconnaître les tromperies auxquelles on n'est que trop exposé.

La beauté de chaque objet réside dans la convenance et les rapports des parties. C'est ce qui a engagé à fixer ce qu'on appelle des proportions aux divers êtres, afin de pouvoir les comparer entre eux sans les voir. Dans l'homme et les animaux, c'est la tête qu'on a prise pour type de leur mesure ; mais comme cette partie peut elle-même pécher par défaut ou par excès, il a fallu en fixer la mesure par rapport au corps. Ainsi, on a reconnu que, dans le cheval, le corps devrait avoir, en longueur, en comptant depuis la pointe du bras jusqu'à la pointe de la fesse, et en hauteur depuis la sommité du garrot jusqu'à la tête, deux têtes et demie; ainsi, dès que la tête de tel individu donnera plus que cette mesure, elle sera trop longue, et, si elle ne les donne pas, elle sera trop courte.

La longueur d'une tête bien proportionnée, ainsi fixée, elle sert à mesurer les différentes parties extérieures du cheval pour reconnaître si elles sont dans de justes proportions. (*Voyez* l'application de ces mesures dans l'article du *cheval*, du *Dictionnaire d'histoire naturelle.*)

La justesse des proportions dans les formes d'un cheval ne constitue pas seulement la beauté de l'animal; elle influe généralement sur sa bonté, et principalement sur la durée de son service.

Le cheval dont la tête est trop longue pèse à la main, fatigue le cavalier ou le cocher, porte bas, et s'use promptement du devant. Une tête trop volumineuse ou charnue est lourde, indique une bouche dure et un cheval peu vite. L'animal est, dans ce cas, sujet aux fluxions et maux d'yeux. Pour être bien placée, il faut qu'une ligne, partant du front, tombe perpendiculairement au bout du nez. Si cette partie se porte en avant, le cheval *porte au vent*, il est sujet à s'emporter, déréglé dans ses allures et peu sûr dans sa marche ; on remédie à ce défaut par une martingale. Si le nez se rapproche trop de l'encolure, on dit que le cheval *s'encapuchonne*; il a alors des dispositions à se défendre et devient difficile à emboucher; il a presque toujours un mauvais appui.

Des oreilles droites, fermes et bien placées, annoncent un cheval vigoureux; c'est le contraire, si elles sont molles et vacillantes.

Des yeux enfoncés donnent un air triste à l'animal, et sont un indice presque certain qu'il est vicieux. Il est essentiel qu'ils soient nets, sans taches ni tares.

Les naseaux doivent être ouverts et bien dilatés; c'est une preuve que l'animal est un bon coureur.

La bouche mérite beaucoup d'attention; trop fendue, elle empêche la bride de faire son effet, et le cheval n'est jamais bien embouché; trop petite, le mors porte sur les crochets et incommode l'animal. Les barres grasses, charnues et rondes indiquent une bouche dure et une tête pesante; il faut alors un mors à canons minces. Les barres maigres et tranchantes sont sensibles, et exigent un mors doux et une main légère.

Une encolure courte est ordinairement épaisse et chargée; elle rend le cheval pesant à la main et peu maniable; une encolure longue et effilée est cause que le cheval bat sans cesse à la main, et obéit lentement aux mouvemens de la bride, parce qu'il manque de force dans cette partie. Il faut donc que l'encolure ne soit ni trop courte ni trop longue.

Le cheval dont le corps est trop court est dur sous l'homme, a les reins raides, alonge peu au trot, tourne difficilement, et il est ordinairement dur à la bouche. Quand, au contraire, le corps est trop long, le cheval se berce, il est presque toujours ensellé, il a les reins faibles, et il est d'autant plus sujet aux efforts dans cette partie, que les muscles ont une plus grande résistance à vaincre pour ramener en avant le train de derrière, surtout lorsqu'en même temps il faut tirer ou porter un fardeau. Celui dont le devant est trop bas, toujours surchargé par la chasse du poids du train de derrière, ne peut quitter le terrain, et il est sujet à buter; il forge, est dangereux pour le cavalier qu'il met à chaque instant dans la crainte de tomber, et dont il fatigue la main employée à le soutenir. Si le devant est trop haut, ou le derrière trop bas, le cheval trotte sous lui, n'avance point, le train de derrière ne peut chasser celui de devant; la facilité d'enlever cette partie et la difficulté de faire quitter le sol à celui de derrière l'obligent à se défendre, à se cabrer, à se renverser même quelquefois. Il en est de même lorsque les jambes sont trop fortes ou trop faibles. Lorsqu'un cheval a les côtes plates, on juge qu'il n'a point d'haleine; le ventre doit être plein, c'est un indice que l'animal se nourrit bien; lorsque cette partie est avalée et relevée du derrière, le cheval est délicat et peu propre à la fatigue; il en est de même des flancs.

Le garrot doit être sec et élevé; le cheval est alors moins sujet à être blessé par la selle, que lorsqu'il a cette partie grasse et charnue.

Le poitrail doit avoir une largeur proportionnée au reste du corps; un poitrail resserré dénote un cheval faible de l'avant-main.

Les épaules doivent être plates : l'animal est pesant, lorsqu'elles sont grosses et chargées de chair; il se lasse facilement, bronche, et se trouve bientôt ruiné du devant par le poids énorme qu'il a à soutenir.

Le bras doit être plat; l'avant-bras nerveux et suffisamment long.

La croupe doit être ronde, et dans la proportion des reins.

Des hanches trop courtes rendent le cheval difficile à asseoir; des hanches trop longues rendent les mouvemens de progression faibles et lents.

Les jarrets, partie qui fatigue le plus, puisque c'est elle qui chasse le corps en avant, doivent être secs, larges, plats, et ne jamais se toucher. Les jarrets charnus, pleins ou gros, sont sujets aux humeurs.

Les pieds doivent être plutôt petits que larges; la marche en est plus sûre.

Bechstein, dans son *Traité des chasses*, a résumé de la manière suivante les qualités extérieures qui constituent la beauté d'un cheval de selle : il doit, dit-il, avoir la tête un peu longue, maigre et mince; les oreilles petites, étroites et relevées; les yeux grands, clairs et vifs; les paupières minces, et les cavités des yeux remplies; la ganache étroite et maigre; le nez un peu relevé; les naseaux larges et rouges intérieurement; la bouche un peu fendue et rouge en dedans; le front étroit et un peu élevé; le cou un peu alongé et haut, étroit à sa partie supérieure, se relevant droit sur les épaules, et se recourbant vers la tête en forme de cou de cygne; une belle crinière; la poitrine large; les épaules plates et maigres; le corps tendu et rond; le dos uni; la croupe arrondie et forte; les cuisses épaisses; les jambes fines; le sabot haut et d'un beau noir, et la queue longue et épaisse.

Nous avons dit que le repos absolu était plus nuisible que l'excès du travail; mais nous devons dire aussi que le défaut de repos, après l'excès de la fatigue, fait périr annuellement une quantité incroyable de chevaux. Le sommeil est encore plus propre à la réparation des forces que le repos. Quatre à six heures de sommeil suffisent à la plupart des chevaux.

Nourriture. M. Huzard, dont nous analysons les préceptes, donne sur la nourriture du cheval les indications dont suit l'extrait :

Cet animal, dit-il, est essentiellement herbivore; mais il est plus difficile sur le choix de sa nourriture que les autres animaux domestiques. Ce sont, en général, les plantes des plaines que le cheval préfère; il maigrit, et quelquefois même il périt en peu de temps dans les pâturages marécageux. L'herbe verte suffit au cheval qui n'est point condamné à des travaux pénibles; mais elle ne nourrit pas assez celui qui travaille beaucoup; celui-ci demande une nourriture plus substantielle sous un petit volume, telle que celle que fournissent les diverses espèces de grains.

Le cheval nourri à l'écurie mange presque exclusivement du fourrage sec; mais il est bon, au printemps surtout, de le mettre quelque temps au vert. Le foin doit être de couleur verte, légèrement aromatique, fin, sec et cassant. Tout foin blanc, jaune ou noir, gras et ligneux, humide, de mauvaise odeur ou boueux doit être rejeté. Il faut le conserver dans un magasin exempt d'humidité et le remuer souvent quand le temps est sec. Si par hasard il acquiert une odeur de moisi, ce qui est toujours un commencement de décomposition, il faut l'étendre à terre et l'arroser d'eau dans laquelle on fait fondre du sel avant de le donner aux chevaux.

La *luzerne*, donnée en vert, sans mélange, sans discrétion, avant l'épanouissement des fleurs, occasione des tranchées, des indigestions, des météorisations, etc. Le mélange que l'on fait de cette plante avec de la paille ne fait que diminuer ces accidens, lorsqu'on n'en règle pas la quantité. Il faut donc habituer petit à petit les chevaux à cette nourriture qu'ils aiment avec fureur, et ne jamais outre-passer la dose de 24 livres par jour. Il en est de même de ce fourrage donné après sa dessiccation; il produit des effets funestes lorsqu'on le donne en trop grande abondance. On a observé que 30 livres suffisent pour le plus fort cheval de travail pendant vingt-quatre heures.

Le *sainfoin* n'est pas d'un usage aussi périlleux que la luzerne; mais il est bon de le mélanger avec des pailles, et de ne le donner, soit en vert, soit en sec, qu'à des animaux qui travaillent. C'est un aliment très nourrissant, très appétissant et très échauffant.

Les diverses espèces de *trèfles*, dont le cheval est très friand, produisent à peu près les mêmes effets que la luzerne. Ces plantes, dont l'usage modéré le rafraîchit lorsqu'elles sont vertes, et l'engraissent lorsqu'elles sont sèches, doivent lui être données avec ménagement et toujours mélangées : elles conviennent surtout aux *jumens poulinières* dont elles augmentent le lait.

La *paille de froment* est un excellent aliment, lorsqu'elle est blanche et qu'elle se trouve réunie avec les plantes qui croissent ordinairement dans les champs. Si le foin convient mieux aux chevaux qui fatiguent beaucoup, la paille est plus propre à entretenir en bonne santé les chevaux de selle, de carrosse, etc.; mais il faut qu'elle ne soit pas altérée par la moisissure, la pourriture, etc. Il faut aussi qu'elle ne soit pas trop nouvelle, car, dans ce cas, elle cause des tranchées.

Il y a infiniment plus d'avantages à donner aux chevaux la paille hachée menu et mouillée, que de la donner entière; mais il faut qu'ils y soient accoutumés dès leur jeune âge, sans quoi elle les incommode quelquefois.

Les *pailles d'orge et d'avoine* ne doivent pas être rejetées : les chevaux en mangent très bien quand elles n'ont pas de mauvais goût, et surtout si elles ont été stratifiées avec le foin dès le moment de la récolte de ce dernier, dont elles prennent fortement l'odeur et le goût.

La paille d'avoine se donne soit en vert, soit coupée aussitôt que le grain est formé, et que la paille a été séchée ensuite, soit après qu'on en a retiré le grain.

On coupe l'avoine en vert lorsqu'elle est en fleurs; on en donne chaque jour aux chevaux qui l'aiment beaucoup; elle les rafraîchit et leur tient le ventre libre; mais il faut la leur ménager, car l'excès leur occasione des météorisations et d'autres maladies.

La paille d'avoine donnée avec le grain aussitôt qu'il est formé est une ressource précieuse dans les pays secs et chauds qui manquent de prairies. C'est également un excellent fourrage que les bestiaux aiment beaucoup.

La paille dépouillée de son grain n'est pas aussi nourrissante, mais elle est mangée avec plaisir, et elle entretient en bon état le corps des animaux.

Les pailles *d'orge et de seigle* sont peu en usage pour la nourriture des chevaux, surtout celle de seigle. Données en vert, l'une et l'autre purgent et rétablissent souvent les chevaux qui sont malades.

Les *feuilles du maïs*, cueillies avant leur dessèchement, et données aux chevaux, soit en vert, soit en sec, sont un aliment qu'ils mangent avec une telle avidité, à raison de la saveur sucrée de ces feuilles, qu'ils refusent toute nourriture tant que celle-ci leur est offerte.

L'*avoine* est, en France, et dans tout le nord de l'Europe, le grain qu'on leur donne le plus fréquemment; elle leur procure de la force et de la vigueur, les tient en haleine et dispos pour le travail; mais l'excès en serait nuisible aux chevaux trop jeunes, aux chevaux trop ardens, etc. Il est convenable de ne leur en point donner, ou de leur en donner peu, lorsqu'ils ne travaillent point, parce qu'alors elle peut provoquer à la fourbure.

Toutes les fois qu'on donne de l'avoine aux chevaux, il faut la cribler et la vanner pour débarrasser des corps étrangers et de la poussière qu'elle contient.

L'*orge* ne paraît pas, en France, leur procurer autant de vigueur que l'avoine; il est toutefois avantageux de leur en donner de temps en temps.

Le *froment* est très nourrissant; mais il échauffe beaucoup les chevaux et donnerait lieu à la fourbure s'il était employé seul. On en fait manger une ou deux poignées tous les jours aux étalons pendant la monte, et aux vieux chevaux dont l'estomac est affaibli.

Le *seigle* est peu employé, en France, pour la nourriture des chevaux. On a remarqué que ceux qui étaient nourris avec ce grain étaient plus gras, mais moins vigoureux que les autres.

Le *son* est employé pour nourrir et rafraîchir les chevaux. Il y en a de plusieurs espèces, qui sont plus ou moins nutritives; on les nomme *gros son*, *recoupe*, *recoupette*, *son gras*, *tressiot*, etc. Les artistes vétérinaires ont remarqué que le son est presque entièrement indigestible pour les chevaux, qu'il occasione des tranchées, des météorisations, qu'il retarde la cure de plusieurs maladies chroniques, etc. On doit donc ne le donner que modérément et seulement comme remède. On en fait de l'eau blanche qui est très utilement employée dans la médecine vétérinaire; mais il faut, d'après les observations qui précèdent, décanter l'eau blanche de dessus le son lorsqu'on veut la donner aux chevaux malades et aux poulains.

Le *maïs*, dans les pays où l'on cultive cette plante, est donné en grain aux chevaux, et l'on s'en trouve très bien. Il leur en faut peu pour les nourrir; mais peut-être a-t-il, comme le seigle, l'inconvénient de les rendre mous.

L'unique but qu'on doive se proposer dans la dispensation des alimens, c'est de maintenir les animaux en chair et en état de travail. Ils ne doivent être ni trop gras, ni trop maigres, si on veut en tirer un bon service et même conserver leurs belles formes. Il faut avoir égard, pour la quantité et la qualité des alimens, à l'âge, au tempérament et à la taille de l'animal. Le cheval, dans la force de l'âge et qui travaille journellement, doit être plus fortement nourri que le cheval plus jeune ou plus âgé. Il faut à ce dernier des alimens plus substantiels et de plus facile digestion. Le cheval ardent, vif et sanguin, doit être nourri modérément; il faut lui ménager surtout l'avoine et le foin. On doit préférer, pour celui qui est flegmatique et mou, les alimens secs et peu nutritifs. Quant à la taille, si on donne par jour à un cheval de carrosse de 5 pieds, assujetti à un travail continu, mais modéré, une botte de foin du poids de 10 livres, deux bottes de paille du même poids, et trois quarts de boisseau d'avoine, on doit en donner davantage au fort cheval de charrette, et moins au bidet. On augmente les quantités, en général, à proportion de l'augmentation du travail, mais en considérant, cependant, que la surabondance des alimens les plus convenables est plus nuisible que leur insuffisance ou leur défaut de qualité. Aucune fixation précise de la quantité des alimens ne peut être établie, parce qu'elle dépend du climat, du sol, des saisons, de la nature et de la qualité plus ou moins nutritive du fourrage, de la graine, etc.

L'*eau* est la boisson des chevaux ; elle doit être claire et pure ; il faut éviter qu'ils boivent des eaux trop vives ou trop fraîches, parce qu'elles peuvent susciter, surtout lorsque l'animal est échauffé, de fortes tranchées, etc. Les eaux de neige et de glace produisent les mêmes effets ; et, de plus, elles ne désaltèrent pas à raison du peu d'air qu'elles tiennent en dissolution. Celles des puits sont souvent chargées de sélénite, de terre calcaire, dont l'effet est nuisible. Il faut, en général, éviter de donner aux chevaux des eaux de puits qui n'aient point été exposées au soleil ou à l'air, au moins pendant vingt-quatre heures. On doit les corriger par l'addition du vinaigre, etc.

On ne doit jamais faire boire les chevaux lorsqu'ils sont échauffés par un exercice violent ; il en résulterait des effets qui pourraient être mortels.

L'heure la plus convenable pour abreuver les chevaux est celle de huit à neuf heures du matin, et de sept à huit heures du soir ; cependant il ne faut pas s'astreindre à des époques rigoureusement les mêmes. Il est des chevaux qui boivent peu, et d'autres qui boivent beaucoup ; il faut leur laisser la plus grande liberté à cet égard ; mais lorsqu'un cheval ne veut pas boire, il est bon de l'exciter par quelques poignées de son ou du sel mis dans l'eau qu'on lui présente.

Les repas se règlent de la manière suivante : le matin, on donne au cheval la moitié du foin ; et après le pansement, on le fait boire et on donne la moitié de l'avoine. Au dîner, on le fait boire, et on donne l'autre moitié de l'avoine et la moitié de la paille ; enfin, le soir, le reste du foin et de la paille. Il faut secouer le foin avant de le jeter dans le râtelier, et nettoyer la mangeoire avant de donner l'avoine.

IIe SECTION. — *Des chevaux de chasse.*

Nous distinguons en France deux sortes de chevaux de chasse, sous le rapport de l'emploi qu'on en fait : le cheval destiné à la chasse à courre, et le cheval destiné à la chasse à tir ou le cheval d'arquebuse.

Les Allemands divisent ces deux classes en plusieurs sections : ils distinguent, 1° dans le cheval destiné à la chasse à courre, celui que l'on emploie pour la grande chasse du cerf, le cheval dont on fait usage pour forcer le sanglier, le lièvre, le renard, etc., et le cheval de fauconnerie ; 2° dans le cheval d'arquebuse, le cheval de selle et celui de calèche pour la chasse au fusil, et le cheval pour la chasse des oiseaux.

Des races de chevaux que l'on emploie ou qu'on peut employer à la chasse.

En France, on emploie principalement des chevaux limousins et normands, et des chevaux anglais.

En Allemagne, Bechstein nous dit qu'on emploie des chevaux arabes, turcs, anglais, espagnols, polonais, hongrois, russes et allemands.

Nous allons donner une courte description des races qu'on emploie ou qu'on peut employer à la chasse.

Races françaises.

La race connue sous le nom de *limousine* est aussi distinguée par la figure, que par la légèreté, la finesse et la durée. Il est vrai qu'elle n'est en état de rendre un service utile qu'à six ou sept ans ; mais elle est encore bonne à vingt-cinq ou trente ans.

On tire aussi d'excellens chevaux de selle de l'*Auvergne* et du *Périgord*.

La Normandie a toujours fourni de très bons chevaux de carrosse et de selle pour la chasse. Ces derniers, moins souples et moins légers que les chevaux limousins, sont plus étoffés et plus durs à la fatigue. Ils s'usent plus vite, mais on peut les monter plus tôt. Ils ont encore sur les premiers l'avantage de se nourrir plus facilement, ce qui est un grand point pour un cheval de chasse.

La Gatine, dans le département de la Vendée, avait des haras particuliers où l'on élevait d'excellens chevaux de chasse.

La Guienne, la Navarre, le Béarn, le Condomois, le pays de Foix, le Roussillon, et quelques autres provinces voisines, possèdent une race recommandable par sa vigueur, sa souplesse et sa légèreté, et qui se ressent encore de son origine espagnole. Les chevaux navarrins surtout jouissent d'une grande réputation pour le manége et pour la guerre.

Le Rouergue et le Quercy ont une race de chevaux approchant des navarrins, et qui acquièrent beaucoup de vigueur, de nerf et de légèreté, lorsqu'ils sont attendus.

Races étrangères.

Les chevaux arabes se divisent en deux ou trois races : 1° celle dont la généalogie est connue et remonte à deux mille ans; les chevaux de cette race sont de moyenne taille, plutôt maigres que chargés de chair ; ils ont la tête sèche, les oreilles petites et aiguës, une belle encolure, la queue entière et bien développée, et les jambes fines ; ils sont pleins de feu et de noblesse, et ils durent très long-temps ; ils font les plus grandes courses et avec une rapidité incroyable, et passent des journées entières sans nourriture. Les étalons de cette race ont produit les plus beaux chevaux de l'Europe ; ils se vendent à des prix excessifs ; 2° la race moyenne et celle qui lui est encore inférieure renferment les chevaux dont on ne connaît point la généalogie, et qui sont beaucoup moins estimés que ceux de la première.

Dans les contrées voisines de l'Arabie, les chevaux sont moins bons que les chevaux arabes de première race, mais ils sont plus beaux. Ceux de la côte de Barbarie, et qu'on connaît sous le nom de *barbes*, sont très estimés en Europe, surtout quand ils viennent de Maroc.

Ceux de la Turquie d'Asie passent pour être beaux, pleins de feu, mais plus délicats que les chevaux arabes dont ils descendent, ainsi que les précédens.

Les chevaux de la Tartarie reçoivent une éducation très rude, mais propre à leur former le tempérament et à développer toutes leurs facultés pour la course.

Les chevaux espagnols sont au premier rang des chevaux de l'Europe. Ils ont 5 pieds 6 ou 8 pouces, des mouvements très souples, des formes bien prises, beaucoup de grace, de docilité, de courage, de feu et d'action; mais le peu de soin qu'on prend pour maintenir la race pure les rend déjà très rares. L'Andalousie est la province qui tient le plus à la conserver; et c'est pour cela qu'on ne dit plus les *chevaux espagnols*, mais les *chevaux andaloux*.

Ces chevaux, dit Bechstein, ont la tête sèche et légère, la ganache étroite, les oreilles petites, les yeux grands et vifs, les narines amples et ouvertes, le front agréablement arqué, le poitrail large, le garrot dégagé, les jambes bien proportionnées, la croupe arrondie et la queue forte; leur couleur est ordinairement d'un beau noir luisant.

Les chevaux anglais méritent, sous plusieurs rapports, la réputation dont ils jouissent; mais ils ont plusieurs défauts.

« Les plus beaux chevaux anglais, dit Buffon, sont, pour la conformation, assez semblables aux arabes et aux barbes dont ils sortent en effet; ils ont cependant la tête plus grande, mais bien faite, et les oreilles plus longues. Par les oreilles seules, on pourrait distinguer un cheval anglais d'un cheval barbe; mais la plus grande différence est dans la taille; les anglais sont plus étoffés et plus grands. Ils sont généralement forts, vigoureux, hardis, capables d'une grande fatigue, excellens pour la chasse et la course, mais il leur manque de la grace et de la souplesse; ils sont durs, et ont peu de liberté dans les épaules. »

Ce tableau, dit M. Huzard, tracé dans le milieu du siècle dernier, est encore très ressemblant aujourd'hui. Les chevaux anglais sont craintifs, ombrageux, fort rebelles au manége, très mauvais pour la guerre, et n'ont pas, en général, la réunion des qualités qu'on doit désirer dans un animal de cette espèce.

Le croisement du cheval arabe ou autre, voisin de cette race, avec l'ancienne race indigène, et le croisement de leurs productions entre elles ou avec la même race, ont donné naturellement une division de tous les chevaux anglais, en cinq classes bien tranchées.

La première est le cheval de course, résultat immédiat d'un étalon barbe ou arabe, et d'une jument anglaise, déjà croisée de barbe ou d'arabe, au premier degré, que les Anglais appellent *premier sang*, c'est à dire le plus près possible de la souche étrangère.

La deuxième est le cheval de chasse, résultat du croisement d'un étalon de premier sang et d'une jument d'un degré moins près de la souche. Cette classe est la plus multipliée; elle est plus membrée que la première, et d'un travail excellent.

Nous ne parlerons pas des autres races.

Les chevaux polonais sont petits, et de peu d'apparence; ils ont le corps alongé, la croupe un peu basse, la tête étroite et les jambes minces; mais ils sont bons coureurs, se fatiguent peu, et durent long-temps.

Les chevaux hongrois ressemblent aux chevaux polonais: ils ont la tête effilée, l'encolure forte et relevée, et le corps plus ramassé.

Les chevaux russes, surtout les chevaux cosaques, sont petits, ont la tête droite, portée en avant, le cou mince et recourbé en dessus, le corps d'une moyenne grandeur, la croupe droite, la crinière et la queue longues, et ordinairement d'un brun clair. Ils sont bons coureurs, et durent long-temps.

Parmi les chevaux allemands, on distingue ceux du Holstein et du Mecklembourg; ils sont grands, ont la tête forte, le cou long, le corps tendu, et les jambes musculeuses. Ceux du Holstein ont la tête large et le chanfrein arqué; et ceux du Mecklembourg ont la tête étroite, le corps et les jambes effilés. Ce sont de bons et beaux chevaux de chaise. Il y a aussi, parmi les chevaux du Mecklembourg, une race moyenne qui fournit de bons chevaux de selle; on s'en sert pour la chasse à cheval et en voiture.

DES CHEVAUX DESTINÉS A LA CHASSE A COURRE.

Des qualités qu'ils doivent avoir et des soins qu'ils exigent.

Il faut d'excellens chevaux pour les grandes chasses aux chiens courans, dont l'objet est de forcer les animaux sauvages dans les bois et dans les plaines.

On doit considérer, dans le choix du cheval qu'on veut y employer, l'âge, la race, la taille, la construction et les qualités de l'animal.

On ne peut employer un cheval au dur et fatigant exercice de la chasse à courre, avant qu'il ait cinq ans; autrement, il serait exposé à contracter un grand nombre de maladies et de défauts, ne durerait que peu de temps et serait bientôt impropre à toutes sortes de services. La rareté et le haut prix des bons chevaux de chasse sont des considérations puissantes pour qu'on cherche à en prolonger la durée.

Le choix de la race est important. Nous avons indiqué les chevaux limousins et normands comme étant ceux qu'en France on employait le plus aux chasses à courre. Les Allemands font usage aujourd'hui de chevaux polonais et hongrois, et de chevaux allemands, surtout de ceux du Mecklembourg, auxquels ils reconnaissent les qualités nécessaires à cet usage. Toutefois, on convient que les chevaux anglais sont préférables, car ils ont l'avantage de pouvoir être employés sur toutes sortes de terrains, de franchir de larges fossés, de courir dans les terrains humides et en pente, et de servir à forcer le lièvre.

La taille du cheval ne doit être ni trop grande ni trop petite, elle doit être moyenne, et cependant proportionnée à la taille et au poids du cavalier. Un cheval d'une taille moyenne est plus souple, plus maniable, et souvent plus vigoureux qu'un grand; d'ailleurs le cavalier qui le monte peut plus aisément pénétrer dans les fourrés.

La construction doit être légère, mais solide, le

corps plutôt un peu long que court, la poitrine pas trop large, ni trop étroite, et les épaules doivent être plates. En un mot, le cheval doit avoir les qualités extérieures qui constituent la beauté d'un cheval de selle, et que nous avons décrites plus haut.

Il faut qu'il soit sain, léger, prompt, sûr et de durée, qu'il ait du fond ou de l'haleine pour qu'il puisse soutenir des chasses de plusieurs heures, un tempérament plutôt froid qu'ardent, car un cheval qui a trop d'ardeur convient aussi peu à cette chasse, qu'un cheval tout à fait paresseux ; une bouche bonne et pas trop sensible, et des allures franches.

Nous avons déjà parlé de la nourriture des chevaux et des soins à leur donner en général. Nous rappellerons brièvement quelques observations applicables aux chevaux de chasse.

Comme un cheval de chasse doit avoir de l'haleine, il faut éviter de lui donner un gros ventre par excès de foin ; et il est bon d'en réduire la quantité à 6 livres au lieu de 10, un mois avant et pendant la saison des chasses ; mais on peut, pendant cette saison où le cheval travaille, lui donner un boisseau d'avoine au lieu d'un demi-boisseau, et 15 livres de paille au lieu de 10 livres. Cette dernière substance ne peut, au surplus, lui être nuisible, et ce qu'il ne mange pas, lui sert de litière.

On peut de temps en temps remplacer l'avoine par du son de froment mouillé, afin de rafraîchir le cheval. On lui en donne un boisseau par jour, mais on n'emploie cette nourriture, que lorsque le cheval ne doit pas travailler.

Si au printemps, un cheval n'est pas en bon état, et qu'il ait peu d'appétit, il faut le mettre au vert, soit à l'écurie, ce qui est préférable, soit dans une prairie. Dans le premier cas, on lui donne à discrétion de l'orge verte fauchée avant que la rosée soit essuyée. On lui en fait manger pendant tout le mois de mai ; et on ne lui fait faire pendant ce temps qu'une promenade au pas par semaine. Lorsqu'on le met en liberté dans une prairie, il faut auparavant le faire saigner, le déferrer du derrière et attacher les fers de devant, de manière à ce qu'il les perde bientôt.

Il ne faut jamais faire boire un cheval pendant qu'il a chaud, ni le faire courir aussitôt qu'il a bu, ni le faire aller à l'eau quand il est en sueur, et il faut, lorsqu'on s'arrête après une course, le faire promener au pas, pour qu'il se refroidisse progressivement.

Un cheval qui ne travaille pas doit être promené au moins deux fois par semaine ; la promenade doit durer deux heures, et se faire à plusieurs reprises, au pas et au trot.

Le lendemain d'un jour de chasse, il faut promener, pendant une heure, et seulement au pas, les chevaux qui ont chassé. Cette promenade est nécessaire pour rasseoir les épaules et les jambes.

De l'éducation du cheval destiné à la chasse à courre.

La destination de ce cheval indique ce qu'exige son éducation. Ce n'est point un cheval de parade ; et cependant il faut 1° qu'il soit dressé convenablement pour obéir à la main du cavalier et conserver son aplomb ; 2° qu'il comprenne les indications ordinaires qu'on lui donne ; 3° qu'il soit habitué à se porter avec une égale obéissance en avant, en arrière et de côté ; 4° qu'il puisse s'élancer promptement, s'arrêter court, et opérer ses mouvemens avec rapidité, légèreté et sûreté ; 5° qu'il soit en état de sauter les barrières et les fossés ; 6° enfin qu'il ait surtout une docilité parfaite ou, en d'autres termes, qu'il n'ait d'autre volonté que celle du cavalier, qu'il ne craigne rien et qu'il soit disposé à aller vers tous les objets qui se présentent.

S'il est nécessaire que le cheval soit bien dressé, il ne l'est pas moins que le veneur soit bon cavalier. Mais l'instruction de l'homme et celle du cheval sont l'objet de l'art de l'équitation, pour lequel il existe des ouvrages spéciaux auxquels nous renvoyons le lecteur qui voudrait en faire une étude particulière.

Nous supposons donc que le cheval de chasse est déjà dressé à la main. On complète son éducation en l'habituant à demeurer tranquille, malgré le bruit des armes ou du cor, et quels que soient les objets qui peuvent frapper sa vue.

I. Il faut surtout qu'un cheval soit tranquille lorsqu'on le monte, et qu'il y soit habitué dès le principe : pour cet effet, on doit avoir l'attention de ne point l'approcher brusquement ; de lui parler et de le caresser ; de prendre la bride un peu de court ; de le monter et d'en descendre jusqu'à ce qu'il demeure parfaitement tranquille ; de l'empêcher de courir pour regagner les autres chevaux, et de l'habituer à ne partir que lorsque le cavalier le lui permet ; s'il arrive, comme cela est assez fréquent, lorsqu'un cavalier met le pied à l'étrier, que le cheval détourne la croupe, on prend la bride de plus court pour ne point laisser d'espace libre à l'arrière-main, puis on saisit la queue que l'on tire du côté où l'on veut ramener le cheval, afin de le maintenir en repos. Il n'y a rien de plus fâcheux qu'un cheval qui se jette de tous côtés lorsqu'on le monte, et il ne convient nullement à la chasse.

II. Il ne suffit pas qu'un cheval soit immobile lorsqu'on le monte ; il faut encore qu'il s'arrête toutes les fois que le cavalier le veut. Il arrive ordinairement qu'un cheval part aussitôt qu'il est monté. Dans ce cas, et si d'ailleurs il ne reste pas tranquille, le cavalier le montera et en descendra plusieurs fois, et lui fera faire quelques pas en arrière jusqu'à ce qu'il remarque que le cheval demeure en repos, et ne se mette en mouvement qu'après y avoir été excité. Alors on lui fait faire une course ; on l'arrête ensuite en disant *ho !* et l'on continue cette leçon jusqu'à ce que le cheval soit habitué à s'arrêter aussitôt et aussi long-temps que le cavalier l'exige.

III. Une qualité essentielle dans un cheval de chasse est qu'il ne s'effraie pas à la vue d'un objet extraordinaire ni par le bruit. Pour obtenir le premier résultat, on fait manœuvrer dans le manége un fanion ou étendard de plusieurs couleurs. On commence par le faire porter devant soi, et on le suit en tenant le cheval ; ensuite on s'en fait précéder de plus près, on le fait agiter derrière et à côté du cheval ; on finit par faire avancer le cheval dessus. On peut aussi agiter son chapeau et son mouchoir devant lui et à côté de lui, etc. On l'exerce ensuite, mais avec des précautions, près des blanchisseries, des tanneries, sur les marchés, etc. Quant aux moyens de l'habituer au bruit, l'écuyer commence par frapper avec son fouet sur ses bottes et sur les murs; il fait fermer les portes avec éclat et battre le tambour; mais il faut, dans le commencement, que la caisse précède le cheval pour qu'il soit moins étonné du bruit. Enfin on l'exerce près des objets qui causent un grand bruit, tels que des moulins, des exercices militaires, etc.

IV. Il est important qu'un cheval de chasse ne s'effraie pas d'un coup de fusil, et qu'il reste en placé après la détonation. Il est cependant ordinaire que les chevaux s'en effraient plus ou moins, et il y a peu d'exemples qu'ils soient insensibles à ce bruit. On emploie plusieurs méthodes pour les y habituer. Voici celle qui paraît la plus sûre : on commence par faire brûler, à une certaine distance, une amorce de poudre par une personne qu'on a apostée en avant; le cavalier fait avancer son cheval doucement et en le caressant vers la fumée de l'amorce, et arrivé là, il lui donne un peu de pain, d'avoine ou de sucre. Lorsqu'on l'a habitué à cet essai, on fait, à la même distance, une plus forte épreuve, qui consiste à jeter dans le canon de l'arme la valeur d'une amorce de poudre, pour qu'elle produise une légère détonation, et on avance avec le cheval vers le lieu du bruit; ensuite les épreuves se font en rapprochant les distances, et en augmentant la charge; enfin on parvient à tirer une charge entière tout près du cheval, devant et derrière lui, à côté de lui, et monté sur lui. Mais si, par des épreuves trop fortes, on avait troublé et effrayé le cheval, il faudrait procéder par des moyens plus prudens : on ferait aller en avant un piéton qui, tout en marchant, verserait de la poudre dans le bassinet et brûlerait des amorces; on caresserait le cheval, on lui donnerait du pain ou de l'avoine, et on continuerait à marcher en faisant tirer d'abord des petits coups, et successivement des coups plus forts; on parlerait au cheval et on le caresserait pour dissiper ses craintes. Si, malgré ces précautions, le cheval continue à s'effrayer, le cavalier doit alors lui faire sentir toute sa force par le moyen de la bride et du fouet, et faire tirer un coup de pistolet, après quoi il le caressera de nouveau. Quand on a un cheval très peureux, il est bon, dans le commencement, de le faire accompagner d'un cheval tout dressé, que l'on met un peu en avant pour cacher le tireur. Bechstein, qui indique ces méthodes, en rapporte une autre contraire qui est enseignée par M. de Vinkell, la voici. On monte sur le cheval dans un lieu libre, et on a sur soi un pistolet chargé. Après qu'on a fait une course, on prend son arme sans que le cheval s'en aperçoive, on l'arme doucement et de manière qu'il n'entende pas le bruit du ressort, et on la tire. Lorsque le cheval a fait quelques sauts, on ne l'en punit point, mais on cherche par des caresses, à modérer ses mouvemens en avant, et on lui donne un peu de pain ou de sucre. Le premier jour, on ne tire point d'autre coup, et on ne lui fait voir ni sentir le pistolet. On continue cette épreuve pendant plusieurs jours de suite jusqu'à ce que le cheval commence à rester tranquille. Alors on prend une paire de pistolets chargés; on procède, comme on vient de le dire, pour en tirer un, et on ne tire le second que lorsque le cheval a oublié le premier. Si alors il ne manifeste plus sensiblement de crainte, on met pied à terre; on le tient par le bridon, et on se place de manière que le vent ne puisse porter la fumée du coup au nez du cheval; on charge les pistolets et on tire encore une fois. Mais il faut éviter de répéter trop souvent cette épreuve, afin de ne pas exciter l'impatience de l'animal. Chaque fois que le cheval reste tranquille au bruit de l'arme, on le caresse et on lui donne du pain ou du sucre. Petit à petit, on parvient à charger l'arme sur le cheval, et à le faire rester en repos pendant cette opération. Mais cela ne peut avoir lieu que lorsqu'il ne craint plus le bruit, et qu'il peut entendre le craquement des ressorts lorsqu'on est sur lui, autrement il ne resterait pas tranquille. Il faut éviter aussi de le brûler avec le feu de l'arme, car il ne l'oublierait pas facilement. Lorsqu'il ne craint plus le pistolet, on fait le même exercice avec un fusil léger. On commence par tirer l'arme, à pied, et à côté de lui, pendant que quelqu'un le tient par le bridon; on met ensuite le fusil sur la selle, on fait marcher le cheval quelques pas en se tenant à côté de lui, on l'arrête et on tire devant et derrière lui et à ses côtés. En trois semaines, on peut, avec cette méthode, aguerrir un cheval contre la détonation des armes.

On trouve, dans le *Traité général des chasses à courre et à tir*, une méthode qui paraît également bonne : on commence par tirer quelques coups de fusil à une certaine distance de l'écurie, pendant que le cheval mange l'avoine. On s'en approche ensuite en tenant son fusil; on le lui montre en le caressant, et on fait jouer la batterie devant lui. En le menant à la promenade, on emporte son fusil; et, chaque fois que l'on fait arrêter le cheval, on met en joue, en passant le canon, tantôt à droite, tantôt à gauche; et lorsqu'on a remarqué que ces mouvemens ne dérangent pas l'immobilité du cheval, on arme le fusil et on fait abattre le chien.

Lorsque le cheval entendra sans crainte et sans agitation les coups de fusil tirés hors de l'écurie, et qu'il sera parfaitement habitué aux mouvemens de l'arme et au bruit de la batterie, tant à l'écurie qu'à la promenade, il faudra brûler une amorce à la porte de l'écurie, en ayant soin, auparavant, de lui crier *ho!* afin qu'il ne soit pas surpris, et voie bien ce qui se passe. S'il témoigne de l'inquiétude, il faut le calmer en le caressant, et continuer ainsi jusqu'à ce que cela ne lui fasse aucune sensation; ensuite on brûle des amorces auprès de lui, derrière, à droite et à gauche. Pour l'accoutumer à la détonation de l'arme, on commencera par charger le fusil avec la valeur d'un plein dé de poudre, et on le tirera à la porte de l'écurie. On augmentera progressivement la quantité de poudre, jusqu'à ce qu'on soit arrivé à la charge ordinaire. On se guidera, dans cette gradation, par l'assurance que montrera le cheval.

Pendant le temps qu'on emploiera à familiariser le cheval avec la détonation du fusil à l'écurie, on continuera de le mener à la promenade, et on fera sur lui les mêmes choses qu'à l'écurie, en suivant la gradation indiquée, et en ayant soin de ne faire, en le montant, que ce qu'il a déjà vu et entendu à l'écurie ; enfin, on continuera ainsi jusqu'à ce qu'on soit parvenu à tirer sur lui la plus forte charge de poudre, sans nuire à son immobilité.

Cette méthode, de même que les méthodes allemandes que nous avons rapportées, demande beaucoup de prudence et beaucoup de suite dans son application. Elle exige de trois à quatre mois pour compléter l'affermissement d'un cheval contre le bruit des armes.

V. Il faut qu'un cheval de chasse ne s'effraie pas du claquement du fouet ; et, pour l'y habituer, on le fait entendre d'abord faiblement, et à une certaine distance ; ensuite on claque plus fort et de plus près ; enfin, on claque au dessus du cheval lui-même. Quand un cheval est craintif, on emploie les caresses ordinaires.

VI. Un cheval peut être aguerri à toute sorte de bruit, et cependant s'effrayer au son du cor. Pour l'y habituer, on procède, comme nous venons de le dire, relativement au bruit du fouet. On commence par le faire entendre à une certaine distance, et doucement ; et on se rapproche de plus en plus, en augmentant le ton. On remarque généralement que les chevaux s'effraient davantage du brillant et de la figure du cor, que du bruit même de cet instrument.

VII. Il est très important qu'un cheval destiné à la chasse à courre ne s'effraie pas des chiens. Les personnes qui dressent les chevaux entretiennent des chiens pour habituer de bonne heure les chevaux à la société de ces animaux. On prend, au manége, l'un de ces chiens, qu'on laisse courir à côté du cheval, ou que l'on tient à la laisse. Si le cheval témoigne de la crainte, on lui parle et on le caresse pour le tranquilliser. Lorsqu'il sera habitué à un chien, on en prendra plusieurs, et parmi ceux qui donnent de la voix. Une fois que le cheval ne craindra plus les chiens au manége, on pourra s'en faire accompagner à la promenade.

Manière de mettre les chevaux en haleine.

Cinq à six semaines avant l'ouverture de la chasse à courre, on doit mettre en haleine les chiens et les chevaux ; et pour cet effet, on les conduit à la promenade, où l'on augmente successivement la durée et la vitesse de leur exercice.

Quand il s'agit de mettre un cheval en haleine, sans être accompagné de chiens, on procède de la manière suivante : le premier jour, la promenade dure une heure ; on va d'abord au pas, ensuite au trot, puis de nouveau au pas, et enfin au galop ; le deuxième jour, on fait les mêmes manœuvres pendant une heure et demie, et l'on augmente la longueur de la course ; le troisième jour, les manœuvres durent pendant deux heures, et les jours suivans, on en augmente la durée, suivant que l'on s'aperçoit que le cheval conserve bien sa force. Il sera bon plus tard de le faire aller alternativement au pas et au galop ; on jugera par là s'il conserve plus long-temps sa force dans une allure que dans l'autre ; on le dirigera d'après cette connaissance, et le cheval acquerra toute l'haleine que sa nature comportera.

Harnachement du cheval, et manière de le monter.

Il est assez indifférent de seller un cheval de chasse avec une selle de telle ou telle forme. Cependant on donne la préférence aux selles françaises en volaque, parce que le cavalier y est plus solidement assis, surtout lorsqu'il monte à cheval en bottes fortes, ce qui est nécessaire pour percer aux forts. On doit chercher dans le harnachement la solidité et la légèreté. Il faut que la selle soit bien placée sur le dos du cheval, qu'elle ne gêne aucun de ses mouvemens, et qu'elle y soit maintenue par trois sangles, un poitrail et une croupière, quelle que soit d'ailleurs sa forme. Cela est essentiel, parce qu'en galopant dans les mauvais chemins, en montant ou en descendant, la selle n'avance pas sur le garrot qu'elle pourrait blesser, ou ne recule pas trop en arrière.

La selle doit être garnie de fontes, non pas qu'on porte continuellement des pistolets à la chasse, mais pour servir à y placer un grand nombre de petits objets utiles en cas de besoin, tels que bottes à limier, traits, couples, poudre à tirer, etc.

La bride doit se composer d'un filet ou bridon et d'un mors bien ajusté à la bouche du cheval, ce qui est de la plus grande importance, car un cavalier n'est maître de son cheval qu'autant qu'il est bien embouché ; il résulte de cette manière de le brider que si les rênes de la bride venaient à se rompre, on aurait encore celles du filet pour pouvoir le diriger.

Avant de monter le cheval, on s'assure que le harnachement soit bien ajusté et qu'il ne puisse le blesser en aucune manière ; que les sangles, le poitrail et la croupière soient en bon état, ainsi que la ferrure. Cette attention est d'une grande importance pour éviter qu'il n'arrive des accidens pendant la chasse, et qu'un fer ne se perde, ce qui exposerait le cheval à se blesser ou à rester boiteux pendant plusieurs jours, surtout quand on chasse sur des terrains pierreux et rocailleux, ou au milieu des bois, où les chicots peuvent endommager dangereusement le pied du cheval.

Il faut, lorsqu'on est à cheval, éviter tout ce qui peut occasioner un accident.

Se trouve-t-on dans des clairières où il est bien plus aisé de marcher que dans le fourré, il faut cependant ne pas abandonner les rênes et avoir toujours les yeux fixés sur le sol, parce qu'il se trouve souvent des chicots et des trous sur lesquels le cheval peut broncher ou s'enfoncer.

Si l'on marche dans une futaie, il faut bien tenir son cheval des rênes et des cuisses, pour le tourner plus facilement d'un côté et de l'autre, et esquiver tous les objets dangereux. On doit surtout examiner devant soi et de tous les côtés tout ce qui serait de nature à faire obstacle.

Si l'on va dans le fourré, il faut prendre les mêmes précautions ; cependant il y a ordinairement dans les taillis des sentiers que l'on peut suivre.

Si l'on monte une côte, il faut laisser de la liberté au cheval, pour qu'il puisse avancer la croupe avec facilité et promptitude. En le tenant trop en bride, on lui fatiguerait la respiration, et il faut en général qu'en montant, un cheval ait plus de liberté dans le bras.

Si l'on va en descendant, on fait tout le contraire. Le cavalier doit tenir son cheval en bride, porter son poids autant que possible sur la croupe, et par conséquent se tenir en arrière, afin que, si le cheval bronche, il ne soit pas jeté par dessus sa tête.

Des précautions à prendre pour ménager les chevaux et les empêcher de se refroidir lorsqu'ils ont très chaud.

Pour pouvoir suivre les chiens courans dans les chasses du cerf, du loup, du chevreuil, du daim et du sanglier, il faut nécessairement que les veneurs aient plusieurs chevaux placés à différens relais. Cela est surtout indispensable à la chasse du cerf qu'on ne tue jamais devant les chiens. Mais on peut, avec un seul cheval, forcer le lièvre et le renard, quoiqu'on les tue rarement devant les chiens, excepté le renard lorsqu'on craint qu'il ne se terre.

Toutes les fois que l'on change de cheval dans un relais, il faut que le palefrenier qui reprend le premier cheval lui jette une couverture sur le corps et le fasse aller au pas, mais point trop doucement, afin qu'il ne se refroidisse pas subitement, ce qui pourrait le rendre fourbu. Il est bon que la couverture soit placée plus en arrière qu'en avant du cheval, ou plutôt qu'elle soit également partagée en deux sur toute sa longueur. Ce soin est encore plus important pour les jeunes chevaux que pour les vieux. Si l'on manque de relais, il faut alors ménager son cheval pour ne pas le surmener; il vaut mieux manquer la chasse que de tuer son cheval; cependant on peut suivre en prenant les chemins et en coupant au court dans les retours, et trouver enfin un relais.

Lorsqu'on n'a qu'un cheval aux chasses de longue haleine, il faut, pour le ménager, couper au court, suivre les chemins aisés, monter les montagnes au petit trot, et s'il se trouve un défaut, mettre pied à terre, ce qui donne au cheval le temps de souffler. Mais si l'animal que l'on suit entreprend de grandes plaines, c'est le cas de l'abandonner.

Si l'on suit les chiens dans un bois, il faut profiter de toutes les clairières pour avancer, avoir son chapeau bien enfoncé sur la tête, éviter les branches et les écarter avec le manche du fouet.

Si l'on est obligé de traverser l'eau, ce qu'on doit éviter autant que possible, et qu'il faille nager, il faut rendre tout au cheval, c'est qui lui donne plus de liberté dans ses mouvemens, et serrer les genoux et les cuisses, afin de se lier à la selle et de ne pas être soulevé par l'eau.

Si, à la mort, l'animal tient les abois dans un lieu humide, il faut avoir soin de laisser son cheval dans une place sèche, afin qu'il ne se refroidisse pas les jambes.

Lorsque, après une course ou une chasse, on ramène un cheval à l'écurie, il faut éviter de le rentrer aussitôt, lorsque l'écurie est fraîche; on le promène un peu, mais pas trop long-temps, afin qu'il ne se refroidisse pas; on le rentre ensuite, et si on le desselle à l'instant, il faut lui mettre sur le dos une couverture après l'avoir bouchonné lestement; mais il vaut mieux ne pas le desseller de suite; on se contente d'ôter la croupière, et de desserrer un peu les sangles, et on attache le cheval assez court pour qu'il ne puisse pas se rouler avec la selle. On a soin de bouchonner fortement partout où la selle ne pose pas, et l'on ne desselle que deux heures après. Il faut qu'il ait une bonne litière; on évite de lui donner trop tôt à manger et encore moins à boire. Après deux et jusqu'à quatre heures de repos à l'écurie, suivant la constitution du cheval ou le degré de chaleur qu'il avait en arrivant, on le conduit à l'eau pour le baigner, en ayant soin qu'il n'ait de l'eau que jusqu'au ventre. Ce bain des pieds produit un très bon effet.

Des chevaux destinés à la chasse à courre du sanglier, du renard, du lièvre, etc.

On exige de ces chevaux les mêmes qualités que de ceux qu'on emploie à la chasse du cerf. Mais comme il faut souvent, dans les chasses aux sangliers, monter à cheval et en descendre promptement, on préfère les chevaux anglais de petite race. Cependant, quand il ne s'agit pas de chasse d'apparat, les Allemands se contentent d'employer des chevaux polonais et hongrois, qui sont vites et de longue durée, et ils emploient même des chevaux moyens provenant de leurs haras.

Il faut, pour dresser les chevaux à cette chasse, les prendre jeunes.

La nourriture est la même que pour les chevaux destinés à la grande chasse; elle doit être propre à donner et à soutenir la force et l'haleine dont ils ont besoin.

L'éducation doit être exactement celle d'un bon cheval de selle.

Il faut que le cheval soit habitué à rester en repos étant libre, car il arrive souvent qu'on le laisse dans cet état pendant une heure. On a, il est vrai, un moyen de l'y contraindre, en passant la bride par un crochet qui tient à la selle, et en la serrant de manière que le cheval, ayant le cou tourné en arrière, ne puisse plus bouger. Mais on l'habitue aussi à garder l'immobilité par une instruction donnée au manége. Pour cet effet, on lui passe par dessus le cou les rênes de la bride, de manière à lui faire croire que le cavalier est sur lui, on le laisse tranquille. Le cavalier fait d'abord quelques pas, et si le cheval se met en mouvement, il le force à rester en place, et il continue cet exercice jusqu'à ce que le cheval comprenne ce qu'on exige de lui. Ensuite on fait du bruit et quelques mouvemens qui puissent l'exciter à marcher, et on le force toujours à rester tranquille.

On doit pouvoir le monter à droite et à gauche, parce qu'il arrive souvent qu'on est obligé de le monter contre les règles ordinaires. Pour cet effet, les

DICT. DES CHASSES. 32

leçons consistent à le monter des deux côtés, et plus souvent du côté où il montre le moins de docilité.

Il ne doit pas être peureux, car un cheval qui s'effraierait du claquement d'un fouet ou du départ subit d'un lièvre mettrait son cavalier en grand danger. Il faut principalement l'habituer avec les chiens, car dans les chasses à courre, il doit se trouver avec eux. On le fera donc accompagner souvent par des chiens qui courront, tantôt à droite, tantôt à gauche. Il faut également qu'il ne s'effraie pas de sentir, sur son dos et pendans à ses côtés, des lièvres, des renards, etc., dont on peut le charger après une chasse pour les rapporter à la maison. On commencera par lui mettre ce gibier devant les yeux, on le lui fera flairer, puis on le mettra sur la selle, en commençant par une seule pièce, et petit à petit, on lui en mettra plusieurs. Il doit, sans s'effrayer, sentir l'odeur du sanglier, bien que cette odeur lui inspire ordinairement une sensation désagréable. On éprouve de grands embarras dans une chasse au sanglier, avec des chevaux qui ne peuvent en supporter l'odeur; mais on les y habitue en leur présentant de ce gibier à la maison, en les menant près des boucheries et en leur faisant sentir le sang des animaux.

Le harnachement du cheval destiné à la chasse à courre du sanglier est le même que celui du cheval employé à la chasse du cerf.

Du cheval d'arquebuse.

Il y a des chasseurs qui ne veulent pas ou ne peuvent pas aller à pied à la chasse au fusil, et qui prennent ce plaisir à cheval. Ils se servent du cheval pour quêter le gibier, soit daim ou chevreuil, et s'en approcher assez pour pouvoir le tirer de dessus le cheval, ou en se plaçant à côté de lui ou derrière lui. Il est d'ailleurs à remarquer qu'un gibier ne s'effraie pas autant ni d'aussi loin d'un cheval et de son cavalier, que d'un chasseur à pied.

Les qualités essentielles d'un cheval d'arquebuse sont d'être froid, doux, tranquille, docile et point peureux. On le choisit ordinairement de l'âge de cinq ou six ans, et d'une taille moyenne (4 pieds 4 ou 5 pouces), parce qu'un grand cheval est difficile à monter, et qu'un petit cheval ne couvrirait pas bien le chasseur, qui voudrait se placer derrière lui pour tirer. La race est une chose assez indifférente, pourvu qu'il ait les qualités qu'on vient de dire, et ainsi qu'une bonne charpente, des formes agréables et de l'aplomb. Il doit être coupé, pour que ses hennissemens n'effraient point le gibier. On aime assez qu'il soit de couleur brune ou de renard, parce que cette couleur est celle qui ressemble le plus à celle du gibier, et que c'est celle qui revient le mieux dans les forêts et les champs.

La nourriture du cheval d'arquebuse doit être la même que celle d'un cheval de selle.

Son éducation est également la même; et on exige de plus qu'il reste immobile chaque fois que le cavalier prononce l'exclamation *ho!* qu'il le suive, et qu'il ne craigne pas la détonation des armes, ni le gibier, ni les chiens.

Nous avons indiqué, en parlant des chevaux destinés à la chasse du sanglier, les moyens de les habituer à l'immobilité; on parvient au même but, avec le cheval d'arquebuse, en employant le moyen suivant. Le cavalier le visite souvent à l'écurie, l'habitue peu à peu à rester tranquille chaque fois qu'il prononce le mot *ho*, et il a soin de récompenser son obéissance en lui donnant du pain, du sucre ou toute autre chose qui lui fait plaisir. Il le monte et le conduit seul dans les champs; et là, il l'habitue à obéir aux aides, et surtout aux jambes. Il essaie de l'arrêter de temps en temps, toujours en prononçant *ho*, et ayant soin dans le même moment de laisser tomber les rênes sur le cou, afin de parvenir à l'arrêter court en les lui abandonnant et sans avoir besoin de lui parler. Dans cette leçon, qu'on donne tant à l'écurie qu'à la promenade, on doit prolonger autant que possible l'immobilité du cheval; et pourvu qu'on parvienne dans le principe à la lui faire garder deux ou trois minutes, on doit s'estimer heureux. On a soin de récompenser la docilité du cheval par des caresses et quelques friandises, et de corriger ses fautes sans rigueur comme sans colère; car la brutalité et surtout les coups à la tête, le rendraient ombrageux et incapable de devenir un cheval d'arquebuse.

Pour l'habituer à suivre, on lui passe la bride sur le cou, et s'étant muni d'avoine, de pain ou de sucre, on marche devant lui ou à côté, essayant de s'en faire suivre; si le cheval est doux et docile, on y parviendra bien vite, surtout en lui présentant des friandises et en le caressant. On répète souvent cette leçon à la promenade, et on l'habitue ainsi à marcher tranquillement derrière, et à côté de son maître, à s'arrêter, si celui-ci s'arrête, et à ne pas s'éloigner, lors même qu'on le laisserait sans bride. Mais si un cheval, qui aurait d'ailleurs toutes les bonnes qualités d'un cheval d'arquebuse, ne voulait pas se former à cette habitude au moyen des caresses et de la parole seulement, on placerait quelqu'un derrière lui, à une certaine distance, et si le cheval ne voulait pas suivre son maître, cette personne ferait entendre un fouet pour l'exciter à avancer. On aurait la précaution, si on craignait qu'il ne s'échappât, de le tenir avec une longe. La patience et de fréquentes leçons sont les principaux moyens de succès.

Nous avons, en parlant du cheval destiné à la chasse à courre, indiqué les moyens de l'habituer au bruit des armes. Cette instruction est de la plus grande importance pour le cheval d'arquebuse. Nous avons également indiqué les moyens d'habituer les chevaux à ne pas s'effrayer des chiens ou du gibier.

Si un cheval d'arquebuse a peur lorsqu'il voit voler le gibier devant lui, ce qu'on appelle avoir peur de l'*aile*, c'est un défaut assez difficile à corriger. On conseille, pour y remédier, de faire sauter souvent devant lui un oiseau empaillé, que deux personnes enlèvent au moyen d'une corde.

Le harnachement du cheval d'arquebuse peut être le même que celui du cheval de chasse, mais il convient d'ajouter à la selle deux bougettes ou petits sacs de cuir. On met dans l'une une ration d'avoine, et dans l'autre quelques provisions pour le chasseur. On devra adapter à l'arçon un porte crosse qui recevra le fusil, afin d'éviter au chasseur la peine de le porter. Il faut encore que le cheval soit couvert d'un chasse-mouche; car, quelle que soit sa patience, si une mouche le piquait pendant que le chasseur mettrait en joue, il ne pourrait s'empêcher de se défendre. Avant de se mettre en chasse, on a soin de visiter exactement la manière dont le cheval est sellé et bridé, afin de s'assurer qu'aucune partie du harnachement ne puisse le gêner, ce qui nuirait à son immobilité lorsqu'on aurait besoin qu'il la gardât.

Des chevaux destinés à la chasse en voiture.

Il y a des chasseurs, surtout en Allemagne, qui vont à la chasse dans des voitures découvertes ou des calèches de chasse, attelées d'un cheval ou de deux chevaux, et qui cherchent à s'approcher assez près du gibier pour le tirer avec sûreté et facilité. Ces voitures sont montées sur de petites roues pour la facilité de la montée et de la descente. On s'en sert principalement dans les réserves de chasse et dans les parcs, après s'être assuré du lieu où se trouvent les pièces qu'on veut tuer.

Les chevaux qu'on emploie à cet usage doivent être d'une taille moyenne, avoir les qualités des bons chevaux de voiture, principalement une bonne charpente, la poitrine large, et un tempérament doux et patient. On les emploie à l'âge de cinq à six ans. Leur nourriture est la même que celle des chevaux de chasse. Ils doivent être dressés comme ceux-ci, et, de plus, ne rien craindre et rester immobiles pendant qu'on tire. On les instruit, par les procédés ordinaires, à conduire la calèche; on les familiarise à la détonation des armes et à toutes sortes de bruits, et on les habitue à voir le gibier et à le sentir, le tout en employant les moyens que nous avons précédemment indiqués.

La voiture qui est à deux ou quatre roues doit être légère, découverte, peu élevée, et d'une forme qui peut être élégante, mais qui doit surtout être commode pour s'asseoir et tirer. Le chasseur se fait conduire par un cocher au fait d'un attirail de chasse, et accompagner par un bon chien qui est attaché dans la voiture. Il est muni d'un fusil simple ou double, ou d'une carabine, que l'on place dans un fourreau de cuir sur l'un des côtés de la voiture, et de toutes les provisions de chasse nécessaires, ainsi que de cordes pour lier le gibier. Il faut éviter, dans cette chasse, d'employer beaucoup de monde, afin de ne pas effrayer le gibier; le cocher doit servir de porte-arquebuse.

Le gibier ne fuit point la voiture; il la regarde venir, au contraire, avec attention et tranquillité. Le cocher continue son chemin, de manière que le gibier croit qu'il va passer outre. Le chasseur se met en position de tirer de dessus la voiture, et lorsqu'il est à soixante ou soixante-dix pas du gibier, il lâche son coup de fusil; mais il vaut mieux qu'il descende de voiture en se dérobant à la vue du gibier, laissant toujours aller les chevaux, et se cachant à côté de la voiture jusqu'à ce qu'il puisse tirer commodément, en se plaçant derrière un arbre ou à découvert. Les chevaux ne doivent pas s'arrêter avant que le coup ne soit parti. Si le gibier est tué sur place, on le charge sur la voiture et on le lie derrière dans une place ménagée à cet effet.

Les voitures à un cheval sont plus légères et plus commodes que celles à deux chevaux. Le chasseur les conduit ordinairement lui-même; ce sont des carrioles à deux ou à quatre roues. Le siège a la forme d'une chaise.

Des chevaux à employer pour la chasse aux oiseaux

On emploie différens moyens pour s'approcher des oiseaux sans en être vu, tels que la vache ambulante, le buisson, etc. L'un des meilleurs moyens est de se cacher derrière un cheval; et ce moyen est en usage en Allemagne pour la chasse des oiseaux qui fuient à l'aspect du chasseur, comme l'outarde, l'oie et le canard sauvages, la perdrix.

Le cheval destiné à cet usage doit être doux, tranquille, point peureux, et avoir la tête basse comme un cheval qui paît. Les chevaux âgés et auxquels on a donné quelques leçons particulières sont ce qu'il y a de mieux. Leur taille doit être proportionnée à celle des chasseurs qu'ils sont destinés à couvrir de leur corps.

L'instruction la plus importante est celle qui consiste à les familiariser avec la détonation des armes.

Ensuite il faut les habituer à se tenir la tête basse comme s'ils paissaient, et à marcher dans cette attitude, lorsqu'on l'exige. Voici le procédé qui est indiqué par Dœbel pour y parvenir. On prend une corde de bon chanvre, mince, et, s'il est possible, teinte en verte; on l'attache au cheval au lieu de bride de cuir. A la partie de cette corde qui doit passer sur le nez se trouvent trois nœuds ronds qui produisent l'effet du caveçon, et en dessous, on attache une petite corde qui tient lieu de sougorge, afin de donner de la solidité à cette bride. Au lieu de rênes, on laisse aux deux bouts de la corde une longueur de 12 pieds; ces deux bouts forment les rênes. Ensuite on met aux pieds de devant deux entraves d'un pouce de largeur, doublées de cuir garni de son poil, et qui ont à un bout une boucle, à l'autre une courroie percée de trous, et vers le milieu un anneau de laiton cousu. Ces entraves doivent être assez longues pour pouvoir se boucler autour et au dessus de la couronne et derrière le boulet. Comme le cheval ne doit point paraître avec une selle, en supposant qu'on l'ait sellé pour se rendre au lieu de la chasse, on doit lui ôter la selle avant de se servir de lui, pour approcher du gibier; on se contente de lui mettre une large sangle garnie d'un anneau de fer, qui doit être bouclé sur le dos. On fait passer les rênes par dessous la poitrine, et chacune à travers l'anneau qui se trouve sur l'entrave correspondante; on les fait passer ensuite dans l'anneau qui est sur le dos; puis on les prend ensemble par derrière le cheval, de manière qu'il ait la tête fixée sur la terre, et qu'il prenne l'attitude d'un cheval qui paît.

Pour l'habituer à cette attitude et l'obliger à la prendre quand cela est nécessaire, deux hommes sont employés à l'y exercer: l'un, placé en avant et de côté, le conduit lentement avec une fausse rêne; et l'autre, placé derrière et tenant la corde disposée comme nous l'avons dit, le force à baisser la tête vers terre. Dans le commencement, on doit peu le contraindre, et ce n'est que peu à peu qu'on l'oblige à baisser la tête jusqu'à terre, mais en marchant lentement, comme si le cheval paissait. Si le cheval ruait, l'homme qui tient la corde devrait se placer de côté, et marcher en la tirant dans cette direction. Si on ne pouvait pas d'abord l'obliger à baisser la tête droit devant lui, il faudrait le manier et le faire tourner, en tirant la corde tantôt à droite, tantôt à gauche, et même le faire marcher à reculons. Un cheval paisible comprend bientôt ce qu'on veut de lui, surtout si on récompense sa docilité par des caresses ou en lui donnant à manger dans la main; et il finit par le faire sans qu'on emploie la corde, et au simple mouvement de la bride ordinaire, et même si on appuie la main sur sa tête.

Jester, officier supérieur des forêts, trouve cette méthode incommode et fatigante pour le cheval; il en indique une plus simple : on met un licou au cheval; on attache au caveçon, qui est ordinairement pourvu d'un anneau, une double corde; et au moyen de cette corde, qui est passée dans les jambes du devant et nouée sur le dos, on tire la tête du cheval vers la terre, et on lui donne l'attitude d'un cheval qui pâture. On l'habitue à marcher doucement dans cette position, à côté des chasseurs, à s'arrêter lorsqu'on tire légèrement la corde, et à se tourner lorsqu'on l'y excite un peu, etc.

Lorsque le cheval est dressé, on l'emploie pour la chasse aux oiseaux.

1°. *Pour la chasse aux perdrix à la tonnelle.* Nous indiquons au mot *Perdrix* la manière de prendre cet oiseau à la tonnelle, en se servant de la *vache artificielle.* On se sert aussi du cheval en procédant de la manière suivante :

Les perdrix, étant habituées à voir des chevaux dans les champs, se laissent approcher sans crainte par le cheval qu'on a dressé pour les conduire dans la tonnelle. Lorsque ce filet est monté, un homme se place avec le cheval derrière les perdrix, il le conduit tourné un peu de côté, pour en être caché du côté opposé; il l'arrête un moment pour rassurer les perdrix, ensuite il le conduit un peu plus près pour les exciter à marcher; si elles avancent en effet et se dirigent vers la tonnelle, il les suit doucement avec le cheval en s'arrêtant de temps en temps; si les perdrix veulent s'écarter du chemin de la tonnelle, il dirige son cheval de leur côté pour les forcer à reprendre la direction convenable. Ces mouvements qu'on fait faire au cheval s'exécutent au moyen de la corde dont nous avons parlé; le cheval a pris l'habitude de tourner seulement du train de derrière, de manière que le chasseur est toujours caché par son corps, et peut, en le tirant d'un côté, se placer du côté opposé, sans être vu par les perdrix. C'est en regardant par dessus le dos du cheval qu'il observe le mouvement des perdrix. Lorsqu'elles sont sous la tonnelle, il se hâte d'en approcher pour les empêcher d'en sortir.

Chasse des oies et des canards sauvages avec le cheval. Nous avons rapporté aux mots *Canard* et *Oie* un grand nombre de moyens pour approcher de ces oiseaux farouches sans en être vu. Le cheval est encore employé à cet effet.

Lorsqu'un chasseur sait un endroit où se réunissent beaucoup de canards, il s'y rend avec son cheval, lui ôte sa selle à une distance suffisante, lui passe ensuite la corde et le dirige doucement contre le vent vers les canards jusqu'à ce que ceux-ci aient vu le cheval sans s'en effrayer, et que le chasseur soit assez près pour tirer; mais cela doit se faire avec bien de la prudence. Lorsque le chasseur est assez près, il tire sur les canards. Il faut encore plus de prudence quand on fait cette chasse aux oies sauvages, parce que ces oiseaux sont toujours sur leurs gardes.

Chasse des grues ou des outardes. Ces oiseaux sont également très farouches, et il faut beaucoup de précautions pour pouvoir les approcher, surtout les derniers, et quoiqu'ils voient souvent des chevaux de labour, la chasse qu'on leur fait avec un cheval dressé ne réussit pas toujours. Il faut le leur faire voir de très loin, et s'approcher d'eux insensiblement.

Chasse aux hérons. On peut aussi faire cette chasse avec le cheval.

Chasse des courlis et pluviers. Ces oiseaux sont si farouches, qu'on ne peut les approcher qu'à l'aide de quelque artifice, d'autant qu'ils se tiennent dans des endroits découverts, tels que les terres, les marais, les prairies. On se sert donc d'un cheval dressé pour y parvenir.

CHEVALET ou MOULINET. Bâton garni, aux deux extrémités, de chevilles en croix, dont on se sert pour apprendre au chien d'arrêt à rapporter.

CHEVALIER, oiseau de l'ordre des échassiers et du genre vanneau. (*Voyez* ce dernier mot.)

Plusieurs espèces d'oiseaux sont désignées sous cette dénomination. « Les Français, dit Belon, voyant un oisillon haut encruché sur ses jambes, quasi comme étant à cheval, l'ont nommé *chevalier.* » Il serait difficile de trouver à ce nom d'autre étymologie; les oiseaux chevaliers sont en effet fort haut montés. Le plus grand nombre des chevaliers est étranger à l'Europe; nous ne parlerons que des espèces qui s'y trouvent.

Le chevalier commun, tringa equestris, Lath., fréquente les bords des étangs et des rivières, lorsqu'il est dans l'intérieur des terres; mais il se plaît davantage sur les rivages de la mer, où il vit en petites troupes. Cette espèce, répandue en Europe, jusqu'en Norwège, se trouve aussi en Afrique, et particulièrement en Barbarie. Etant fort garnie de plumes, elle est en apparence de la grosseur du *pluvier doré,* mais elle est moins charnue. Tout son plumage est nué de gris blanc, de roussâtre et de noirâtre; cette dernière teinte occupe le milieu de chaque plume; les deux autres sont pointillées sur la tête et bordent les petites plumes des ailes; les pennes sont noirâtres; le dessus du corps et le croupion blancs; les pieds varient en couleur, les uns les ont gris, d'autres noirâtres; la longueur de l'oiseau est de près de 12 pouces du bec à la queue.

Le chevalier aux pieds rouges, que l'on C mm aussi *gambette*, *scolopax totanus*, Lath. et oiseau (*Pl.* 17, *fig.* 7) se distingue surtout de ses semblables par la couleur des pieds et d'une partie de la jambe; son bec est du même rouge à la racine, et noirâtre à la pointe; sa grandeur est celle du *chevalier commun*. Le blanc qui couvre le ventre est légèrement ondé de gris et de roussâtre sur la poitrine et le devant du cou; varié sur le dos de roux et de noirâtre, et par petites bandes transversales sur les petites pennes des ailes, dont les grandes sont noirâtres. Quelques individus ont le croupion et le ventre blancs.

Ce chevalier, plus rare que le *commun*, est aussi méfiant, et se laisse difficilement approcher. On le trouve dans diverses parties de la France, dans les Pyrénées, en Angleterre, en Suède, et même en Amérique. Ses œufs sont blanchâtres et tachetés de rouge.

Le chevalier rayé, *tringa stricta*, Lath., est à peu près de la taille de la grande bécassine. Voici les caractères qui le distinguent : les plumes de la tête noirâtres dans le milieu et roussâtres sur les deux côtés; celles du cou, brunes le long de leur tige; le manteau rayé de noirâtre transversalement sur un fond gris brun; la partie inférieure du dos, le croupion, la poitrine et le ventre blancs; ces deux derniers variés de bandes brunes transversales et longitudinales; les plumes de la gorge et du dessous du cou brunes dans le milieu et blanches sur les bords; le reste du plumage marqué de taches et de raies transversales et longitudinales, de brun noirâtre, de gris brun, de brun, de gris brun, et de blanc pur; le bec, noir à sa pointe, et rougeâtre à sa base, ainsi que les pieds; la longueur de l'oiseau, de 9 pouces 3 lignes. Buffon regarde le *chevalier tacheté*, dont Brisson a fait une espèce particulière, comme une variété d'âge ou de sexe de celui-ci.

Le chevalier rayé, qui se trouve en Europe et en Amérique, est très répandu dans le Groënland, sur le rivage de la mer, et se trouve, pendant l'hiver, dans les États-Unis. Là, comme la plupart des oiseaux erratiques, communs aux deux continens, les chevaliers sont peu méfians, et se laissent facilement approcher, lorsqu'ils ne sont pas effarouchés par un grand nombre de chasseurs. Ils se retirent pour nicher, au fond des golfes et des anses des mers du nord. Ils placent leurs nids sur la terre près de la côte, le composent de racines flexibles et de petites graminées arrangées sans art. Les œufs que la femelle y dépose dans les premiers jours de juin sont au nombre de quatre à six, un peu plus gros que ceux de l'étourneau, pointus à un bout, et d'un blanc sale tacheté de noir. Ces oiseaux rasent avec rapidité les vagues de la mer, ont la manière de voler et le cri de l'*hirondelle de fenêtre*; ils vivent de petits testacés, de vers marins, et mangent quelquefois de l'algue.

Le chevalier varié, *tringa littorea*, Lath., est à peu près de la grandeur du *chevalier aux pieds rouges*, il a 10 pouces 10 lignes de longueur; le sommet de la tête noirâtre; les plumes du scapulaire et du dos de cette même teinte vers la tige, et bordées de roux; celles des ailes pareilles, mais frangées de blanc et de roussâtre; les plumes du reste de la tête et de la partie supérieure du cou couvertes de brun dans le milieu, et bordées de gris; celles du croupion, d'un cendré brun, et marquées vers le bout d'une tache noirâtre; ces couleurs se mêlent au gris blanc et roussâtre sur tout le devant du corps et sur les pennes des ailes et de la queue; le bec et les pieds sont noirs.

Ces oiseaux nichent en France, selon Bélon, et même dès les premiers jours du printemps, mais pas également sur toutes nos côtes. Ils passent en Picardie au mois de mars ; y font un court séjour, et ne repassent qu'au mois de septembre; ils ont quelques habitudes des *bécassines* : on les prend de même au *rejetair*. On les trouve aussi en Danemarck, en Suède, et ils ne paraissent en Angleterre que pendant la saison des froids. (*Extrait du nouveau Dictionnaire d'histoire naturelle.*)

L'auteur du Dictionnaire des chasses de l'*Encyclopédie*, qui donne une description bien incomplète du chevalier commun, dit que cet oiseau a la chair délicate et d'une bonne saveur, et qu'on le chasse volontiers.

CHEVALIER BÉCASSEAU. *Voyez Bécasseau*.

CHEVALIER (petit), nom qu'on donne, en Basse-Picardie, au *bécasseau*. (*Voyez* ce mot.)

CHEVAUCHER. En fauconnerie, on dit d'un oiseau de proie qu'il *chevauche*, quand il se raidit et s'élève par secousses contre le vent qui souffle dans la direction opposée à son vol.

CHEVÊCHE, *strix passerina*, Lath.; *strix accipitra*, Gmelin; *strix noctua*, Retz. Oiseau du genre des chats-huans et de l'ordre des oiseaux de proie. Elle se nomme aussi en français *petite chevêche*, *petite chouette*, *petit hibou*; en allemand, *kleine-kauz*, *todtenvogel*; en anglais, *little owl*.

Description. Cette espèce (*Pl.* 9, *fig.* 7) est la plus commune parmi les espèces du même genre. Sa grosseur est celle du merle, elle pèse 12 onces; elle a environ 9 pouces de longueur, y compris la queue qui a 3 pouces; 1 pied 9 pouces d'envergure; le bec très recourbé, noirâtre à sa base et jaunâtre vers son bout; l'iris d'un beau jaune; les jambes de 15 lignes de haut, couvertes d'un duvet blanchâtre lavé de fauve; le dessus de la tête d'un brun sale, avec une bande longitudinale blanche sur chaque plume; la face variée de ces deux teintes; la gorge blanche ! le cou, la poitrine, le dessus du corps et des ailes bruns, avec des taches blanches plus nombreuses sur le cou; le ventre de cette dernière couleur, mais le brun occupe le milieu de chaque plume; la queue rayée transversalement de bandes roussâtres interrompues sur un fond brun; les ailes pliées dépassent un peu la queue. Elle a un cri ordinaire *poupou, poupou*, qu'elle pousse et répète en volant, et un autre cri qu'elle ne fait entendre que quand elle est posée, qui ressemble beaucoup à la voix d'un jeune homme qui s'écrierait, *aîme, hême, ême*, plusieurs fois de suite. Cette espèce voit pendant le jour, beaucoup mieux que les autres *chouettes*; elle s'exerce à la chasse des petits oiseaux, mais si infructueusement que ceux-ci ne craignent pas de s'en approcher, de l'insulter et de l'assaillir comme les autres. Elle diffère encore de ses semblables en ce qu'elle déchire les petits quadrupèdes, et plume les oiseaux avant de les manger.

Habitation. On trouve ce petit oiseau nocturne dans la plus grande partie de l'Europe; son domicile ordinaire est dans les masures écartées des lieux peuplés, les tours et les ruines d'anciens édifices abandonnés; on le trouve rarement dans les forêts, mais assez souvent dans les églises et les cimetières; il s'approche des maisons, surtout à l'automne, voltige autour, et se pose sur les toits, où il fait entendre un cri lugubre. Le peuple superstitieux, dit Frisch, auteur allemand, l'a appelé *oiseau de mort* ou *de cadavre*, s'imaginant qu'il présageait la mort des malades, parce qu'il se sera perché par hasard sur celle où il y avait un malade. Mais Buffon observe que c'est à l'effraie et non à la chevêche qu'appartiennent ces imputations, parce que cette petite chouette est très rare en comparaison de l'*effraie*. (*Voyez* ce mot.)

Nourriture. La chevêche se nourrit de souris et de scarabées, et fait, comme nous l'avons dit, la chasse aux petits oiseaux. Elle supporte long-temps la faim; M. Vieillot, qui nous fournit la description de cet oiseau, assure en avoir gardé une pendant douze jours sans lui donner aucune nourriture; elle ne parut nullement affectée de cette abstinence; mais deux jours après, elle mourut.

Propagation. Elle place son nid presqu'à nu, dans des trous de rocher ou de vieilles murailles, et y dépose quatre à cinq œufs blancs tachetés de jaunâtre, et de forme arrondie; l'incubation dure seize jours.

Utilité. Cet oiseau est beaucoup plus utile qu'il n'est nuisible, à raison de la guerre qu'il fait aux souris et aux insectes.

On le dresse à la chasse comme le hibou et le duc. (Voyez *Duc.*)

CHEVÊCHE (GRANDE). (Voyez *Chouette.*)

CHEVILLE. Ce sont les andouillers qui partent des perches de la tête du cerf, du daim et du chevreuil.

CHEVILLÉ. On dit d'un cerf qu'il est *bien chevillé*, lorsqu'il a beaucoup d'andouillers, et *mal chevillé*, lorsqu'il en a peu.

CHEVILLURE. On appelle ainsi le troisième andouiller du cerf qui pousse sur le merrain.

CHEVRETTE. Femelle du chevreuil.

CHEVREUIL, *cervus capreolus*, Linn. Quadrupède du genre des *cerfs*.

Dénominations. En latin, *capreolus* ou *capriolus*; en italien, *capriolo*; en espagnol, *zorlito, cabronzillo montes*; en portugais, *cabra montes*; en allemand, *reh, rehweid, gemeine rehe*; en anglais, *roedeer*; en flamand, *rhee.*

La femelle se nomme *chevrette*, et le mâle *brocard.*

Le jeune chevreuil s'appelle *faon*, en naissant, et lorsqu'il est à sa seconde année, on le nomme *daguet*

ou *brocard*, si c'est un mâle; il conserve le nom de *brocard* toute sa vie.

Description. Le chevreuil (*Pl.* 4, *fig.* 3) est beaucoup plus petit que le *cerf*, mais il lui ressemble plus que tout autre animal par la conformation des parties extérieures et intérieures. Cependant le chevreuil n'a point de *larmiers* comme le cerf, et sa queue ne paraît pas au dehors. Il a pour la manière de vivre des rapports avec la chèvre, et c'est à raison de ces rapports que son nom lui a été imposé. Un chevreuil, parvenu à toute sa croissance, a ordinairement de 3 pieds et demi à 4 pieds de longueur depuis le bout du museau jusqu'à l'origine de la queue, 2 pieds 6 pouces de hauteur, et il pèse, avant d'être vidé, de 50 à 60 livres. Il n'y a que le mâle dont la tête soit ornée de bois; cependant il se trouve, mais bien rarement, des chevrettes qui en portent; M. Hartig possède un *bois* de chevrette, très fort et portant six andouillers.

Le chevreuil a la tête bien proportionnée; les oreilles grandes, un peu velues en dedans; six dents incisives à la mâchoire inférieure; point de coins; six dents molaires très aiguës à chaque mâchoire; le cou long et élevé, le corps d'une belle construction; les jambes menues; sous la première jointure des jambes de derrière un bourrelet couvert de poils; M. Bechstein dit que le chevreuil a entre les cornes du pied de devant, au milieu de la fourche, un creux entouré d'un bord saillant et qui distille une matière grasse, d'une odeur forte et semblable à celle du vieux fromage, ce qui fait que les chiens suivent si volontiers et si facilement la voie du chevreuil; il pense que cette matière a du rapport avec les larmiers du cerf. La queue du chevreuil n'est point apparente; ce n'est qu'une sorte de pinceau; et dans les deux sexes, le conduit urinal est terminé par une touffe de poils. Le bois du chevreuil est mince, petit et court; la voix du chevreuil est claire, brève et glapissante, souvent plus grave dans le mâle que dans la femelle. Ordinairement, ils font entendre ce ton quand ils sont inquiétés par quelque danger qu'ils ne peuvent bien apercevoir et qu'à cet égard ils sont dans le doute. Quelquefois aussi ils font entendre ce cri quand ils ont vu distinctement leur ennemi ou qu'ils l'ont senti. Les chevreuils poussent aussi un cri plaintif, lorsqu'on les saisit rudement ou qu'ils sont pressés par les chiens. Les jeunes, s'ils sont inquiétés, font entendre le cri plaintif dont nous avons parlé.

Le chevreuil a des dagues comme le cerf et le daim, lorsqu'il est dans sa seconde année, et c'est ce qui lui fait donner le nom de *daguet* ou de *brocard*(1); à sa

---

(1) M. Hartig, à l'égard du chevreuil comme à l'égard du cerf, fait remonter la croissance du bois à l'âge de six mois, et il dit que ce premier bois ou ces dagues ont de 3 à 6 pouces de long; qu'elles sont rapprochées l'une de l'autre et presque droites, et que, pendant leur croissance, elles sont molles, couvertes d'une peau velue de couleur grise. Cette description s'applique bien aux dagues; mais nos premiers auteurs disent que les premières dagues ne paraissent que vers la fin de la première année, ou dans le commencement de la seconde. Il est probable que M. Hartig date la naissance des premières dagues de celles des deux éminences osseuses qui commencent en effet à pousser à cinq ou six mois sur l'os fron-

troisième année, chaque *perche* ou *dague* jette un *andouiller* en avant, à environ 3 pouces au dessus de la *meule*; ensuite elles ont chacune un second *andouiller* en arrière, à 2 pouces pour l'ordinaire au dessus du premier. Dans les années suivantes, il paraît encore d'autres *andouillers*. Lorsqu'il y en a huit ou dix, c'est à dire quatre ou cinq sur chaque perche, ou donne à l'animal le nom de *chevreuil dix cors*. La plupart des chevreuils n'ont jamais plus de six andouillers, et il paraît même, d'après l'observation de Buffon, qu'à mesure que l'animal avance en âge, la hauteur de la tête et le nombre des andouillers diminuent si fort, qu'à la fin, lorsqu'ils parviennent à un très grand âge, ils n'ont plus que deux grosses dagues ou des têtes bizarres ou contrefaites, dont le merrain est fort gros, et dont les andouillers sont très petits. Cependant M. Hartig dit qu'on rencontre quelquefois de très vieux chevreuils qui ont huit andouillers et plus. Il n'y a point d'animal, ajoute cet auteur, dont la tête (le *bois*) présente autant d'irrégularités que le chevreuil. Néanmoins, il est rare que le bois du plus fort chevreuil ait plus d'un pied de haut. Les vieux brocards se reconnaissent à la grosseur des dagues, à celle des *perlures* qui s'y trouvent, et à celle des meules qui s'abaissent sur l'os frontal (le têt), et qui sont par conséquent très courtes.

Le *bois* du chevreuil est, à proportion de la grandeur de l'animal, plus petit que celui du cerf; la partie inférieure du merrain ou des perches suit d'abord la direction des prolongemens de l'os frontal (les *pivots*); ensuite elle s'incline en dehors jusqu'au premier andouiller. La portion de chaque perche qui se trouve depuis cet andouiller jusqu'au second penche en arrière, et l'extrémité s'étend en haut. Le premier andouiller est ordinairement vertical, et le second horizontal. Il y a plus de *gouttières* sur le bois du chevreuil que sur celui du cerf; mais les perlures ne sont ordinairement bien apparentes que sur les côtés inférieurs et postérieurs des perches.

Le chevreuil met bas sa *tête* à la fin de l'automne, et il la *refait* pendant l'hiver. Lorsqu'il a refait sa tête, il la frotte contre les petits baliveaux pour la dépouiller de la peau dont elle est revêtue, et c'est ordinairement dans le mois de mars, avant que les arbres commencent à pousser. Ce n'est donc point la sève qui teint la *tête* du chevreuil; cependant elle devient brune à ceux qui ont le pelage brun, et jaune à ceux qui sont fauves ou roux, et par conséquent il est hors de doute que cette couleur du bois ne vient que de la nature de l'animal et de l'impression de l'air. Tant que la tête du chevreuil est molle, elle est extrêmement sensible; il marche alors avec précaution, et porte sa tête basse pour ne pas toucher aux branches.

La couleur du chevreuil a beaucoup de ressemblance avec celle du cerf. Il a le dessus du corps, c'est à dire la partie supérieure du cou, les épaules, les flancs, les faces extérieures et postérieures des cuisses, d'une couleur fauve foncé ou d'un roux clair; le dessus de la tête, le chanfrein et la face extérieure des oreilles, d'un fauve brunâtre plus ou moins foncé; le menton blanc, le reste du corps et les jambes de couleur fauve clair, presque blanchâtre sur les aisselles, le ventre et les aines. En hiver le pelage du chevreuil est d'un gris sale, et composé de poils plus longs, plus épais et plus raides que ceux du cerf. Les vieux chevreuils ont sur leur poil d'hiver une tache d'un blanc jaunâtre sur le devant du cou, au moyen de laquelle le chasseur distingue de loin le vieux chevreuil du jeune, parce que, dans ce dernier, la tache est à peine remarquable de près. Lorsque les chevreuils ont mis bas leur tête, on distingue le mâle par le pinceau de poil qu'il a sous le ventre.

La chevrette (*Pl.* 4, *fig.* 4) n'a point la tête ornée de bois comme le mâle, et ses formes sont en général plus déliées. Mais elle porte, beaucoup plus souvent que les autres femelles du genre des cerfs, de petites dagues qui se renouvellent; cette circonstance constitue le chevreuil comme formant le passage du genre des cerfs au genre de la chèvre.

Variétés. On voit, dit M. Hartig, des chevreuils tout à fait *noirs*; on en voit de *plombés*, de *bruns*, de *blancs* et de *mouchetés*. Cet auteur assure qu'il y a des chevreuils de cette dernière nuance dans le royaume de Wurtemberg et qu'il y en a des *noirs* dans les forêts de Schaumbourg en Westphalie. Bechstein qui parle des mêmes variétés comme se trouvant dans quelques forêts de l'Allemagne, dit que l'on voit aussi des *chevreuils bâtards*, et qui proviennent du chevreuil et d'une brebis, ou d'un chevreuil et d'une chèvre. Nous ne connaissons, en France, que les chevreuils roux ou fauves, qui sont les plus gros, et les bruns qui ont une tache blanche au derrière et qui sont les plus petits. Le *chevreuil d'Amérique* de Buffon est différent du chevreuil d'Europe, et constitue une espèce distincte dans le genre du cerf, sous le nom de *mazame*.

Habitation. Le chevreuil habite dans toute l'Europe, depuis la Suède jusqu'en Italie, et presque dans toute l'Asie, depuis la Sibérie jusqu'à Java et Ceylan; mais il est moins abondant que le cerf, et il est même fort rare dans quelques parties de l'Europe; Buffon dit qu'il n'y en a que très peu en Italie et point en Angleterre, quoiqu'il soit assez commun en Écosse. Les chevreuils ne se plaisent pas également dans tous les pays; et dans les mêmes pays, ils affectent encore des lieux particuliers; ils aiment les revers des montagnes et les plaines; ils se tiennent aussi dans les collines élevées, où ils sont ordinairement plus gros de corps qu'ailleurs. Ils préfèrent les forêts de bois à feuilles aux forêts d'arbres résineux; ils se plaisent dans les jeunes taillis, qui sont parsemés de clairières ou prairies sèches, environnés de terres labourables, et qui ne sont point d'ailleurs trop souvent troublés par la présence des hommes et des animaux. Ils recherchent aussi, pour jouir du repos, les lieux maréca-

---

tal, mais qui, loin de continuer à pousser à mesure que l'animal avance en âge, s'abaissent et diminuent de hauteur chaque année; en sorte que les meules dans un vieux cerf ou un vieux chevreuil appuient d'assez près sur l'os frontal, dont les apophyses ou éminences sont devenues fort larges et fort courtes. M. de Buffon donne cet aplatissement des apophyses comme l'indice le plus sûr pour reconnaître l'âge avancé des cerfs, des chevreuils et des daims.

geux plantés de bois, surtout quand il s'y trouve des places sèches, où ils vont se coucher, après avoir gratté et enlevé avec leurs pieds de devant les feuilles, la mousse ou la neige qui s'y trouvent; ces places s'appellent des *régalis*.

Les chevreuils changent de demeure suivant les saisons.

Au printemps, ils s'approchent des taillis pour y manger les jeunes bourgeons, ce qui s'appelle le temps du *brout*; ils en mangent avec tant d'avidité que cette nourriture, qui fermente dans leur corps, les enivre au point qu'ils ne savent où ils vont; qu'ils s'égarent jusque dans les moindres buissons, sortent des bois, et s'approchent quelquefois du bétail et des endroits habités.

En été, ils donnent quelquefois dans les gagnages, se retirent dans les buissons; et lors des grandes chaleurs, ils vont dans les marais, pour y boire, mais ne se mettent jamais dans la fauge comme le cerf.

En hiver, ils abandonnent les taillis, se retirent sous les gaulis et les grands forts, qui leur fournissent des ronces, des genets et des bruyères; ils préfèrent les endroits élevés, les coteaux exposés au soleil. Mais dans les grands froids, et quand ils manquent de nourriture, les chevreuils quittent les collines élevées des forêts, pour venir habiter les revers des montagnes, et les bois à proximité des champs; et dès que la température le permet, ils retournent à leurs premières demeures.

Rarement les chevreuils marchent en troupe nombreuse; au lieu de se mettre en *hardes* comme le cerf et le daim, ils demeurent en famille; le père, la mère et les petits vont ensemble, et on ne les voit guère s'associer à des étrangers. Il n'y a que dans l'hiver et au printemps, dit M. Hartig, que les chevreuils se rassemblent quelquefois au nombre de douze et plus; mais ils se séparent bientôt pour rester en famille.

Nourriture. Les chevreuils se nourrissent des herbes qu'ils trouvent dans les clairières, les prés, les jeunes taillis et les autres endroits des forêts. Ils ne *viandent* (mangent) pas avidement comme le cerf; ils ne broutent pas indifféremment toutes les herbes; ils mangent délicatement et avec choix; ils ne vont pas aussi souvent *aux gagnages* que les cerfs, parce qu'ils préfèrent la bourgène et la ronce aux grains et aux légumes. Cependant ils font des incursions dans les champs joignant les forêts, pour y manger du jeune trèfle, du seigle, de l'avoine, des pois, des lentilles et autres productions en herbe. Les chevreuils aiment aussi les glands et les baies, les fruits sauvages, les champignons et les truffes qu'ils savent, dit M. Hartig, très bien découvrir; mais ce qu'ils mangent de préférence, ce sont les boutons, les feuilles tendres et les jeunes pousses de la plupart des bois à feuilles et même des bois résineux. Pour chercher cette nourriture, ils quittent le fourré de la forêt vers le soir, comme le cerf, et ils y retournent dès le matin. Le plus souvent, c'est la chevrette qui ouvre la marche; elle est suivie par le brocard. Ils ne boivent pas beaucoup, et pour peu que la rosée soit abondante ou que les feuilles soient mouillées de la pluie, ils se passent de boire.

Les chevreuils, de même que les cerfs, aiment le sel, et lorsqu'on veut les fixer dans un endroit, il faut leur préparer des *pains salés*. (Voyez *Cerf*.)

Rut, propagation et croissance. Quoique les chevreuils de la même famille demeurent avec les femelles et ne s'en séparent point comme les cerfs, ils ne ressentent les ardeurs du rut qu'une seule fois par an. M. de Buffon dit que ce temps ne dure que quinze jours; qu'il commence à la fin d'octobre et finit avant le 15 novembre. Il paraît, en effet, que c'est à cette époque que se fait la fécondation; mais que, dès le mois d'août, les chevreuils éprouvent les ardeurs de l'amour. On a long-temps disputé, dit M. Hartig, et on n'est pas encore bien d'accord sur l'époque à laquelle a lieu la fécondation. La plupart des chasseurs prétendent que c'est dans le mois de décembre; d'autres soutiennent que c'est dès le mois d'août, parce qu'à cette époque les brocards poursuivent les chevrettes avec ardeur et qu'ils les saillissent en effet. Mais, dans ces derniers temps, on s'est assuré, par des expériences réitérées, que dans l'accouplement du mois d'août les chevrettes ne se donnent au mâle que par force, et qu'il n'en résulte point de fécondation. On n'a point trouvé dans le sein d'un grand nombre de chevrettes tuées depuis le mois d'août jusqu'au mois de décembre la trace d'une seule fécondation accomplie; tandis que cet indice s'est trouvé dans la plupart des chevrettes tuées sur la fin de décembre et dans le mois de janvier. Il ne reste donc plus aucun doute que la fécondation n'ait lieu dans le mois de décembre, époque à laquelle les chevrettes cèdent au brocard sans faire beaucoup de résistance. Celui-ci ne change point de *harde* comme le cerf et le daim; il reste fidèlement attaché à celle dans laquelle il a vécu jusqu'alors. S'il se trouve plusieurs brocards dans la même harde, ou s'il y en a dans les environs qui n'aient point de femelles, il s'engage, lors du *faux rut* du mois d'août, des combats opiniâtres, où il n'est pas rare qu'une partie des combattants demeure sur la place, ou ne soit dangereusement blessée. Mais dans le véritable *rut* du mois de décembre, ces combats ne sont point aussi dangereux, parce qu'alors les chevreuils ont mis bas leur tête, ou qu'ils n'ont que des bosses molles avec lesquelles ils ne peuvent point faire de mal. Les brocards ne *raient* (crient) point, soit pendant le rut du mois d'août, soit pendant celui de décembre. Mais les chevrettes, qui sont poursuivies jusqu'à la fatigue par les mâles dans le mois d'août, laissent entendre quelquefois un son plaintif et sifflé. Le chasseur imite ce ton, soit avec une feuille raide, soit avec l'appeau, pour appeler le mâle dans le mois d'août, et l'attirer dans un autre lieu. Mais il ne vient pas seul à l'appel, ce ton étant aussi l'imitation de la voix que les faons laissent entendre quand ils cherchent leur mère, ou qu'ils sont inquiétés, celle-ci vient également à l'appeau, notamment dans le temps où elle les allaite.

La chevrette porte cinq mois et demi (1); elle

---

(1) Seulement cinq mois et huit jours, ou 21 semaines, suivant Hartig et Becustein.

met bas dans le mois de mai ou au commencement de juin ; alors elle se sépare du chevreuil et se recèle dans le plus fort du bois pour éviter le loup qui est son plus dangereux ennemi. Elle fait deux petits qui sont ordinairement de différens sexes. Ces jeunes faons portent la livrée, en naissant, comme ceux du cerf ; ils sont d'un brun rouge tacheté de blanc. Il est curieux, dit Bechstein, de voir comment la chevrette se délivre elle-même, surtout quand elle fait ses petits pour la première fois. Dès qu'elle ressent des douleurs, elle se couche sur un côté et de manière à cacher presque entièrement sa tête dans ses cuisses, se tourne en rond, saisit de sa bouche un pied du jeune faon, et pendant les dernières douleurs le tire assez fort pour que la tête passe à moitié ; ensuite, elle saisit le second pied, et le tire de manière à faire sortir le petit tout à fait. Lorsque le second se présente, elle se retourne de l'autre côté et procède de la même manière. Enfin, elle saisit le délivre à l'instant où il se présente, le tire au dehors et le mange à l'instant en totalité. Elle se relève, et ensuite lèche ses petits qui, dans la première heure, essaient de se tenir sur leurs jambes et cherchent à téter. Ordinairement, ils restent couchés dans le même lieu pendant deux jours ; mais, s'ils sont inquiétés, ils suivent leur mère assez loin dès la seconde heure, pour chercher un lieu plus sûr. Au bout de douze jours, ils ont pris assez de force pour suivre leur mère, qui alors les amène à la harde ; elle les nourrit pendant quatre mois, les protège de son mieux, les cache dans quelque endroit fourré ; elle se laisse chasser pour eux, ou s'ils sont attaqués par de petits animaux de proie, elle cherche à les écarter et à les renverser avec ses pieds de devant.

Les faons restent avec leurs père et mère huit ou neuf mois en tout ; et lorsqu'ils se sont séparés, c'est à dire vers la fin de la première année de leur âge, leur première tête commence à paraître sous la forme de deux dagues beaucoup plus petites que celles du cerf.

On peut apprivoiser les chevreuils, mais non les rendre familiers ; ils retiennent toujours quelque chose de leur nature sauvage ; ils s'épouvantent aisément, et ils se précipitent contre les murailles avec tant de force, que souvent ils se cassent les jambes. Quelque privés qu'ils puissent être, il faut s'en défier ; les mâles surtout sont sujets à des caprices dangereux, à prendre certaines personnes en aversion, et alors ils s'élancent et donnent des coups de tête assez forts pour renverser un homme, et ils le foulent encore aux pieds lorsqu'ils l'ont renversé.

L'accroissement du chevreuil est plus prompt que celui du cerf, la durée de sa vie est plus courte, et ne s'étend guère au delà de douze ou quinze ans.

Ennemis et maladies. Les chevreuils ont les mêmes ennemis et ils sont sujets aux mêmes maladies que les cerfs. (*Voyez* ce mot.) Mais comme leur organisation est beaucoup plus délicate, ils succombent bien vite aux maladies. Ils meurent le plus souvent des suites de dévoiement et de consomption. Cette dernière maladie est occasionée par les rameaux qu'ils mangent pendant l'hiver, et qui, se replient dans leur estomac, ne se digèrent pas. Les jeunes chevreuils succombent à cette maladie. Le dévoiement provient des plantes grasses et aquatiques qu'ils mangent avec excès en une seule fois dans les longs hivers où ils ont été privés de nourriture. Ces deux maladies dépeuplent dans quelques hivers des cantons riches en chevreuils. Ils meurent aussi, à la suite de longs hivers humides, de la pourriture du foie, surtout quand il y a beaucoup de glands. Outre les animaux qui font la guerre au cerf, le chevreuil a pour ennemis les renards, les chats sauvages et la belette elle-même qui saute sur les jeunes faons, les saigne à la nuque et en boit le sang. Enfin, le chevreuil est tourmenté par les larves du taon, qui se fixent sous sa peau, et par le ver solitaire.

Remarques. Le chevreuil est, de toutes les espèces du genre du cerf, celle dont l'organisation est plus délicate ; il est sensible au froid et à l'humidité, et il n'a pas la vie dure ; mais il est gai, folâtre, fin et rusé. Il aperçoit le chasseur de loin, et il l'évente plus loin encore. Il ne se roule jamais dans la fange comme le cerf ; il éprouve, ainsi que nous l'avons dit, les ardeurs du rut au mois d'août, sans qu'à cette époque il en résulte de fécondation, il n'est point chargé comme le cerf, à l'époque du rut, d'une venaison surabondante, n'a point d'odeur forte, et, il se s'épuise pas dans les traques ou battues ; lorsque les traqueurs font beaucoup de bruit ; le chevreuil retourne ordinairement sur lui-même et passe à travers les traqueurs ; il cherche à éviter son ennemi par un grand nombre de détours ; il revient sur ses pas, retourne, revient encore, et lorsqu'il a confondu par ces mouvemens opposés la direction de l'aller avec celle du retour, lorsqu'il a mêlé les émanations présentes avec les émanations passées, il se sépare de la terre par un bond ; et, se jetant de côté, il se met ventre à terre et laisse sans bouger passer près de lui la troupe entière de ses ennemis ameutés. Quelquefois, lorsqu'il est pressé par le danger, il se jette dans quelque endroit fourré. Le chevreuil ne met point en hardes nombreuses comme le cerf et le daim ; il marque le lieu de sa reposée par des *régalis*, en grattant la terre et en enlevant les feuilles, la mousse ou la neige avec ses pieds de devant ; nos auteurs regardent ces *régalis*, qu'ils n'attribuent qu'au brocard, comme des traces de sa gaîté ; c'est une *connaissance* qu'on ne doit point négliger pour la chasse du chevreuil, parce que cet animal est si léger, qu'à moins qu'il ne fasse très beau *revoir*, l'on n'aperçoit guère que l'empreinte de ses pieds ; et, lorsqu'en faisant suite on trouve des *régalis*, on peut être sûr que c'est un mâle, parce que la chevrette n'en fait pas ou du moins très rarement. Enfin le brocard a l'habitude, même hors le temps du rut, qu'il touche au bois, de frotter sa tête (son bois) contre les jeunes brins de taillis des essences dont l'écorce est tendre.

Traces du pied. Les empreintes du pied du chevreuil ont beaucoup de ressemblance avec les traces du cerf, si ce n'est que ces dernières sont bien plus grandes. Comme les traces d'un brocard ne sont guère plus grandes que celles d'une vieille chevrette, on ne les distingue pas toujours d'une manière certaine ; cependant si on observe attentive-

DICT. DES CHASSES. 33

ment le pied du brocard, on y retrouve un grand nombre des indices propres à celui du cerf; il a surtout, quand il a atteint sa quatrième année, les pinces plus rondes, le talon plus gros, la jambe plus large, les os mieux tournés et les allures plus grandes que la chevrette, qui a le pied creux, les côtés tranchans et les pinces plus pointues. Mais, observe M. Hartig, il n'y a véritablement de certitude dans la connaissance du pied qu'en ce qu'elle fait distinguer positivement si c'est un faon, un daguet ou un vieux chevreuil. Toutefois, cet auteur convient que si l'on voit les traces de toute une harde les unes à côté des autres, il est possible de distinguer, par la comparaison de leur grandeur et par les indices cidessus, celles qui appartiennent au vieux brocard. Mais, ajoute-t-il, un bon chasseur ne se confiera pas aux indices du pied d'un brocard isolé, parce que les empreintes d'un fort chevreuil n'ont de largeur qu'une demi-ligne de plus que celles d'une forte chevrette, tandis que le pied d'un jeune brocard est à peine aussi fort que celui d'une vieille chevrette.

Moquettes. Ce qu'on appelle *fumées* pour le cerf se nomme *moquettes* pour le chevreuil; celles des brocards sont aiguillonnées comme les fumées du cerf.

Qualités nuisibles et utiles. Tout ce qu'on a dit à cet égard, en parlant du cerf, s'applique au chevreuil avec quelques modifications. La chair du chevreuil est, en général, plus délicate et d'un meilleur goût que celle du cerf; mais, sa qualité particulière dépend beaucoup du pays qu'il habite; les chevreuils des pays élevés et des collines, sont, sans comparaison, les meilleurs. Ceux dont le pelage est brun, ont la chair plus fine, que les roux; les mâles, qui ont passé deux ans, et que l'on appelle vieux brocards, sont durs et d'assez mauvais goût; les chevrettes, quoique du même âge, ou plus âgées, ont la chair plus tendre; celle des faons, lorsqu'ils sont jeunes, est mollasse, mais elle est parfaite lorsqu'ils ont un an ou dix-huit mois; ceux des pays de plaines et des vallées ne sont pas bons; ceux des terrains humides, sont encore plus mauvais; ceux qu'on élève dans les parcs ont peu de goût; enfin il n'y a de bien bons chevreuils que ceux des pays secs et élevés, entrecoupés de collines, de bois, de terres labourables, de friches, où ils ont autant d'air, d'espace, de nourriture et même de solitude qu'il leur en faut. Les chevreuils qu'on force à la course ont la chair molle et flétrie.

La peau du chevreuil, lorsqu'elle est préparée par l'art du mégissier, est employée à faire des culottes et des gants, et, dans son état naturel, à faire des housses de cheval. Le poil sert à rembourrer les chaises, les canapés, etc. On fait avec le bois du chevreuil des tuyaux de pipes, des têtes de cannes et de parapluies, des manches de couteaux, etc.

Le chevreuil, lorsqu'il est trop multiplié, fait plus de tort au jeune bois par l'abroutissement que le cerf; de plus, il déterre les glands, dans les semis de chêne, pour les manger, et il fait particulièrement du tort aux jeunes arbres résineux en y frottant souvent son bois, même hors le temps du *refait*, et en mangeant pendant l'hiver les pousses de ces jeunes arbres, surtout sur les montagnes exposées au soleil. Il est impossible d'élever du chêne dans les cantons où le chevreuil abonde. Comme il va moins aux gagnages dans les récoltes que le cerf, il y cause aussi moins de dommage; mais lorsqu'il peut pénétrer dans les jardins près des bois, il y mange les pois, les fèves et les autres légumes, et endommage les arbres. On emploie, pour en préserver les légumes, le moyen que nous avons indiqué en parlant des *qualités nuisibles du cerf*, et on l'éloigne des jeunes arbres en les barbouillant d'un enduit d'argile, de poudre à canon et de sable. Le chevreuil n'aime point à broyer le sable avec ses dents comme le lièvre.

Chasse du chevreuil.

Presque toutes les méthodes de chasse que nous avons indiquées pour le cerf sont employées pour le chevreuil, mais avec les modifications nécessitées par les mœurs, les habitudes et les ruses particulières de ce dernier. Voici quelques observations importantes à connaître : 1° le chevreuil ne se vautrant pas dans la fange comme le cerf, on ne doit pas chercher ses indices pour le chasser; 2° on emploie des filets et des toiles, mais ce n'est point pour amener les chevreuils dans une enceinte propre à les tirer; ainsi, quoique cela se pratique dans les grandes chasses allemandes pour le cerf, on ne s'en sert que quand on veut prendre des chevreuils vivans; 3° on imite la voix plaintive des jeunes faons et de la chevrette pour attirer le chevreuil et le tirer.

Nous ne répéterons point les différens procédés que nous avons détaillés pour la chasse du cerf; nous nous bornerons à donner quelques explications sur les deux principales manières de chasser le chevreuil, *celle au fusil et celle aux chiens courans.*

Chasse au fusil. Elle se fait soit au moyen de battues, soit avec des chiens, soit en imitant la voix de la chevrette ou du faon; les deux premières méthodes ont déjà été décrites à l'article *Cerf.*

La dernière se fait sans chiens, ou du moins on ne s'en sert que pour suivre l'animal quand il est blessé. Cette chasse consiste, de la part du chasseur, à se placer à portée de l'endroit où l'on sait qu'il y a du chevreuil. Nos auteurs disent que cette chasse doit se faire lorsque les chevrettes ont mis bas, et qu'elles sont prêtes à cesser l'allaitement de leurs faons, et qu'on imite le cri de ceux-ci en prononçant le mot *mu....mi*, qui attire plus ordinairement la mère que le brocard, ce qui est un inconvénient auquel le désir d'avoir une des meilleures pièces de gibier ne permet guère de faire attention, de la part surtout de ceux qui, n'ayant pas de chiens, n'ont pas le moyen ni l'intérêt de choisir.

Cette sorte de chasse est plus détaillée par M. Hartig. On sait, dit-il, que vers la fin de juillet et dans le mois d'août, époque où les brocards éprouvent les ardeurs du rut, il est facile de les attirer en imitant la voix plaintive des jeunes faons ou des chevrettes. Pour cet effet, on se sert d'une feuille d'arbre raide et lisse, ou d'un morceau d'écorce blanche de bouleau ou enfin d'un appeau fait exprès pour le chevreuil. (Voyez *Appeau à chevreuil*.) Par ce moyen, qui s'emploie aussi dans le mois de décembre, les brocards alors en rut sont attirés vers le chasseur où ils croient entendre la voix d'une chevrette; il en est de même des chevrettes qui allaitent : elles sont trompées par ce cri qu'elles attribuent à leurs jeunes faons et les croient en danger; elles se hâtent d'aller s'offrir à l'ennemi pour les sauver. Mais cette chasse se fait notamment dans les mois de juillet et d'août. Les Allemands l'appellent *rehblatten*, mot que l'on ne pourrait traduire que par celui de *chasse à la feuille*. C'est, dit M. Hartig, depuis dix heures du matin jusqu'à onze heures du soir que les brocards se rendent le plus volontiers à cette espèce d'appel; cependant ce moyen réussit quelquefois à toute autre heure du jour, et les chevreuils sont d'autant plus empressés à venir, qu'il y a peu de chevrettes dans le canton.

Quand on veut faire cette chasse, on se glisse, à bon vent, dans un endroit où l'on soupçonne qu'il y a un brocard; on se choisit une place où l'on puisse être un peu caché, mais cependant où l'on puisse tirer dans plusieurs directions; on prépare son arme, et de temps en temps, ordinairement de deux en deux minutes, on donne trois ou quatre coups de l'appeau ou avec la feuille. Le chevreuil se rend en courant à cet appel, à moins qu'il ne se trouve avec une chevrette ou qu'il n'ait déjà été dupe de cet artifice. Mais s'il se trouve à une certaine distance dans le fort, à écouter ou à se rembucher, on se contente de donner encore quelques sons bien bas, pour l'obliger à s'approcher. Si, après avoir donné deux ou trois sons, on n'entend point de mouvement, on s'avance doucement de quelques centaines de pas, pour recommencer cette manœuvre dans un autre endroit convenable. Enfin, si on trouve l'occasion de tirer, on le fait en ajustant l'animal, comme nous l'avons dit en parlant du cerf, et s'il ne tombe pas sur le coup, on suit la trace du sang et on le fait chercher par le chien courant.

On ne doit pas s'exposer témérairement à la furie d'un chevreuil blessé. M. de Buffon vit un jour un de ses amis tirer un coup de fusil si adroitement que la balle coupa l'un des côtés du refait de la tête naissante d'un chevreuil, l'animal fut si étourdi du coup qu'il tomba comme mort; le tireur qui était proche se jeta sur lui et le saisit par le pied; mais le chevreuil, ayant repris le sentiment et les forces, l'entraîna par terre à plus de trente pas dans le bois, quoique ce fût un homme très vigoureux, et il ne lâcha prise que quand on l'eut achevé à coups de couteau.

Lorsqu'on a tué un brocard, il faut avoir l'attention de lui couper les parties génitales, sans quoi sa chair contracte bientôt un goût de sauvagine qui le rend très désagréable.

II. *Chasse du chevreuil aux chiens courans*. La chasse du chevreuil aux chiens courans était considérée comme une chasse royale, et il n'était permis à ceux qui pouvaient chasser les chevreuils et les bêtes noires, de ne le faire qu'à la distance de trois lieues des plaisirs du roi. Cette chasse n'a pas moins d'agrément que celle du cerf et du daim, et elle n'est ni moins belle ni moins savante. Cet animal est à la vérité plus petit, mais il est plus léger et plus rusé que le daim. Son chasser, qui ressemble beaucoup à celui du lièvre, présente plus de difficultés, parce que les ruses du chevreuil se font toujours dans le couvert, tandis que celles du lièvre se font en plaine et le long des chemins.

Cette chasse, dit M. Desgraviers, exige de très bons veneurs et d'excellens chiens, quand on s'attache à forcer le chevreuil comme l'on force le cerf. Il est même nécessaire d'avoir comme pour le daim, des chiens vites qui ne lui donnent pas le temps de ruser. On emploie des chiens courans d'entre deux tailles, bien râblés; les clabauds y sont peu utiles, parce qu'ils rabattent les voies plusieurs fois; on écarte aussi les demi-mâtins, parce que, quand ils tournent, c'est toujours hors de la voie, et en prenant le grand détour. Il y a plus de plaisir à voir un brocard paré de sa tête devant les chiens, qu'une chevrette qui n'en a point; il se fait d'ailleurs mieux chasser.

La chasse aux chiens courans exige, comme on sait, que l'on s'assure d'abord de la demeure du gibier; c'est ce qu'on appelle le *détourner*; ce n'est qu'après cette reconnaissance, qu'on donne le *laisser-courre*. Cette chasse se termine par la curée.

1°. *Comment on détourne le chevreuil*. On doit le chercher dans les lieux qu'il affecte le plus particulièrement, suivant les saisons. On s'assure de sa demeure par l'empreinte de ses pieds, par les *régalis* et tous autres indices qui peuvent déceler sa présence.

Lorsque le limier rencontre du chevreuil, il faut lui parler dans les mêmes termes dont on se sert pour détourner un cerf ou un daim. La manière de détourner le chevreuil est la même que celle employée pour le cerf, avec cette différence que, pour s'assurer davantage, éviter un buisson creux, et donner une voie plus droite aux chiens de meute, il faut le mettre debout avec son limier; aussitôt qu'il est debout, on le brise, on se retire et on prend ses devants comme pour le cerf. Il faut, pour détourner le chevreuil, un chien bien discret, qu'on tient de court; et s'il vent jaser, on lui donne quelques saccades et on le gronde pour l'en empêcher. Une fois le chevreuil levé, si on se tient tranquille et sans l'inquiéter, on le voit se promener et revenir sur ses pas pour voir ce qui l'avait épouvanté. Si l'on n'observait pas le silence, et si on laissait jaser le limier, il arriverait que le chevreuil, croyant être poursuivi, percerait en avant et serait très difficile à rembucher. De cette manière, le valet de limier qui fait le bois pour le chevreuil est presque toujours sûr de son fait lorsqu'il fait son rapport.

2°. *Du laisser-courre*. Le rapport, le partage des relais, l'attaque et le laisser-courre sont les mêmes pour le chevreuil que pour le cerf. Mais il faut pour courre le chevreuil des chiens d'une grande vitesse; afin de lui donner moins de temps à faire de grands détours, on doit le pousser vivement avec des hardes découplées promptement. Les chiens fraîchement donnés prennent la tête des autres, dont ils augmentent la vitesse; le chevreuil a moins de temps pour ruser, et la chasse est plus animée.

A cette chasse, les veneurs ont moins d'avantage

qu'à celle du cerf pour en revoir et reconnaître le chevreuil de meute. Cet animal est si léger et a le pied si petit que, par un temps sec, il est très difficile d'en revoir, ce qui oblige les piqueurs de s'en rapporter à leurs bons chiens connus, lorsque le change paraît. Les vieux chiens, qui ont déjà beaucoup pris de chevreuils, montrent le change par leur façon de faire, car les bons gardent le change comme pour le cerf. Dans ce cas, les piqueurs doivent se séparer, suivre leurs chiens sans sonner pour avertir tous les veneurs d'arrêter partout, et de rallier à eux les chiens emportés sur le change.

Comme le chevreuil bondit toujours, que son corps ne touche pas aux branches comme celui du cerf, et qu'il ne laisse pas autant de sentiment après lui, il faut, pour démêler ses ruses multipliées, revenir toujours sur les mêmes voies, et reprendre les derrières, puis les devants au delà de l'endroit où il a fait son retour. Si cependant on ne retrouvait pas la voie, ni par les devants, ni par les derrières, il faudrait alors fouler exactement et avec patience les forts aux environs de l'endroit où l'on est resté en défaut.

S'il se trouve quelque petit ruisseau, ce sera le lieu que le chevreuil choisira de préférence pour se faire battre, parce qu'il aime à ruser dans l'eau, et dans les grandes herbes des places marécageuses. Très souvent un chevreuil qui s'est relaissé, soit dans l'eau ou dans les roseaux, dans une broussaille ou dans les pierres d'un rocher, n'en veut plus sortir, à moins qu'on ne l'en chasse à coups de fouet : aussi, dans un défaut, est-il nécessaire de faire prendre les devants, et de ne pas s'écarter beaucoup de l'endroit où les chiens sont tombés à bout de voie, ou en défaut quoiqu'il arrive néanmoins quelquefois qu'un chevreuil, après avoir fait ses ruses, fasse une pointe, et perce à deux lieues de là. Quand il est sur ses fins, il perd la tête et se relaisse dans tous les endroits où il s'imagine n'être pas aperçu. Il s'élance sur un tas de fagots, ou sur un vieux tronc d'arbre, ou sur une vieille muraille ; mais plus ordinairement il se met sur le ventre toujours avoir fait un grand saut à la fin de ses retours. Enfin, il entre quelquefois dans les jardins et dans les maisons : on en a pris dans les étables au milieu des vaches.

On reconnaît qu'un chevreuil est *mal mené*, et qu'il se rend lorsqu'il n'appuie plus que du talon, qu'il donne partout des os en terre, qu'il se méjuge, que ses allures sont tout à fait déréglées, qu'il raccourcit ses randonnées, enfin, qu'il perd la tête et ne sait plus que faire.

Cependant, il est assez difficile de forcer un chevreuil, et l'on n'en prendrait pas tant, s'ils n'étaient pas quelquefois surpris, et portés à terre par les chiens, qui, à un retour, se trouvent sur leur passage, ou les gagnent de vitesse, ou bien les surprennent relaissés et les étranglent.

3°. *De la curée.* La prise, la mort et la curée du chevreuil se font de la même manière que celles du cerf. Cependant, comme la chair du chevreuil est plus délicate et meilleure à manger, souvent on ne donne aux chiens que les dedans, avec le sang et du lait, dans lesquels on jette des morceaux de pain, pour leur faire une *mouée*. Il est à propos néanmoins de le leur laisser quelquefois manger en entier, surtout aux jeunes chiens, pour les mieux mettre dedans, et les accoutumer à préférer le chevreuil à tout autre animal ; car ce n'est que l'appât de la proie qui les engage à chasser.

CHEVRILLARD. Nom du faon de la chevrette.

CHEVROTIN. C'est encore le nom du faon de la chevrette, pendant les six derniers mois de la première année.

CHEVROTINES. (Voyez *Fusil.*)

CHICOTS. Éclats de bois qui peuvent blesser les pieds des chevaux.

CHIEN, *canis familiaris*, Lin. Quadrupède du genre et de la famille du même nom et de l'ordre des carnassiers. Le loup et le renard appartiennent au même genre.

Dénominations. Le chien se nomme, en hébreu, *kaleb*; en grec, *kuôn*; en latin, *canis*; en allemand, *hund*; en flamand, *hond*; en anglais, *dog*; en italien, *cane*; en espagnol, *perro*; en russe, *pes* ou *sobaka*.

Des différentes races de chiens et de leur origine.

Le chien est, de même que l'homme, répandu sur toute la terre ; mais, autant il est commun et connu de tout le monde, autant son origine et sa souche sont difficiles à établir. Il a subi tant d'altérations dans ses formes et ses couleurs, qu'il est presque impossible aujourd'hui de reconnaître ses traits primitifs, et qu'on serait même embarrassé pour désigner un seul caractère extérieur commun à toutes les races. Ces races sont si nombreuses qu'on ne peut en faire l'énumération ; mais il est évident que, tous les chiens, quelque différens, quelque variés qu'ils soient, ne sont qu'une seule et même espèce. Buffon a recherché les causes de ces variations, qu'il attribue aux influences physiques et morales qui ont agi sur les chiens ; à la faculté qu'ont les races qui diffèrent le plus les unes des autres de se mêler ensemble et de produire des individus qui peuvent se perpétuer en produisant eux-mêmes d'autres individus ; à l'état de domesticité de ces animaux, que l'homme a transportés de climat en climat, et qui a varié leur nourriture, leurs habitudes et leur manière de vivre ; au sentiment qui domine dans les chiens, et qui les a rendus dociles, obéissans et susceptibles de toutes les impressions ; à la courte durée de leur vie et au grand nombre d'individus qu'ils produisent ; au choix que l'homme a fait des variétés curieuses qu'il a remarquées, et qu'il a tâché de perpétuer en unissant ensemble ces individus singuliers ; aux altérations plus considérables que doivent nécessairement subir les espèces dont les individus ne vivent que peu de temps, puisque ces animaux sont plus loin de leur souche que ceux qui vivent plus long-temps.

Le célèbre naturaliste dont nous présentons l'opinion sur les causes des altérations que le chien a dû subir dans ses premières formes a cherché aussi à reconnaître quelle pourrait être la race primitive, la race originaire, la race-mère de toutes les autres races. « Les chiens, dit-il, qui ont été abandonnés dans les solitudes de l'Amérique, et qui vivent en chiens sauvages depuis 200 ans, quoique originairement de races altérées, puisqu'ils sont provenus des chiens domestiques, ont dû, pendant ce long espace de temps, se rapprocher, au moins en partie, de leur forme primitive; cependant les voyageurs nous disent qu'ils ressemblent à nos lévriers; ils disent la même chose des chiens sauvages, ou devenus sauvages à Congo, qui, comme ceux de l'Amérique, se rassemblent par troupes pour faire la guerre aux tigres, aux lions, etc.; d'autres, sans comparer les chiens sauvages de Saint-Domingue aux lévriers, disent seulement qu'ils ont pour l'ordinaire la tête plate et longue, le museau effilé, l'air sauvage, le corps mince et décharné; qu'ils sont très légers à la course; qu'ils chassent en perfection; qu'ils s'apprivoisent aisément en les prenant tout petits. Aussi ces chiens sauvages sont extrêmement maigres et légers, et comme le lévrier ne diffère d'ailleurs qu'assez peu du mâtin, ou du chien que nous appelons chien de berger, on peut croire que ces chiens sauvages sont plutôt de cette espèce que de vrais lévriers, parce que, d'un autre côté, les auteurs voyageurs ont dit que les chiens naturels du Canada avaient les oreilles droites comme les renards, et ressemblaient aux mâtins de médiocre grandeur de nos villages, c'est à dire à nos chiens de berger. Ainsi, ajoute Buffon, on ne peut guère douter que les chiens d'Amérique ne fussent tous, pour ainsi dire, d'une seule et même race, et que de toutes les races de nos chiens, celle qui en approche le plus ne soit celle à museau effilé, à oreilles droites et à poil rude comme les chiens de berger. »

Les recherches auxquelles Buffon s'est livré relativement aux chiens sauvages des autres contrées l'ont confirmé dans l'opinion que le chien de berger est de tous les chiens celui qui se rapproche le plus de la race primitive, puisque dans tous les pays habités par des hommes sauvages ou à demi civilisés, les chiens ressemblent à cette sorte de chien plus qu'à aucune autre.

Le grand danois, le mâtin (*Pl.* 1 ter, *fig.* 2) et le lévrier (*Pl.* 1 quater, *fig.* 3), quoique différens au premier coup-d'œil, ne font cependant que le même chien : le grand danois n'est qu'un mâtin plus fourni, plus étoffé; le lévrier un mâtin plus délié, plus effilé, et tous deux plus soignés; il n'y a pas plus de différence entre un chien grand danois, un mâtin et un lévrier, qu'entre un Hollandais, un Français et un Italien. En supposant donc le mâtin originaire ou plutôt naturel de France, il aura produit le grand danois dans un climat plus froid, et le lévrier dans un climat plus chaud; et c'est ce qui se trouve vérifié par le fait; car les grands danois nous viennent du nord et les lévriers nous viennent de Constantinople et du Levant. Le chien de berger, le chien-loup, et l'autre espèce de chien-loup, que nous appelons chien de Sibérie, ne font aussi tous trois qu'un même chien : on pourrait aussi y joindre le chien de Laponie, celui du Canada, celui des Hottentots, et tous les autres chiens qui ont les oreilles droites : ils ne diffèrent en effet du chien de berger que par la taille, et parce qu'ils sont plus ou moins étoffés, et que leur poil est plus ou moins rude, plus ou moins long et plus ou moins fourni.

Le chien courant (*Pl.* 1 ter, *fig.* 3), le braque (*Pl.* 1, *fig.* 1), le basset (*Pl.* 1 quater, *fig.* 1 et 2), et même l'épagneul (*Pl.* 1, *fig.* 2), peuvent encore être regardés comme ne faisant qu'un même chien; leur forme et leur instinct sont à peu près les mêmes, et ils ne diffèrent entre eux que par la hauteur des jambes et par l'ampleur des oreilles, qui, dans tous, sont cependant longues, molles et pendantes.

L'Angleterre, la France, l'Allemagne, etc., paraissent avoir produit le chien courant, le braque et le basset : ces chiens même dégénèrent dès qu'ils sont portés dans des climats plus chauds, comme en Turquie, en Perse; mais les épagneuls et les barbets sont originaires d'Espagne et de Barbarie, où la température du climat fait que le poil de tous les animaux est plus long, plus soyeux et plus fin que dans tous les autres pays. Le dogue (*Pl.* 2, *fig.* 1 et 2), le chien que l'on appelle petit danois (mais fort improprement, puisqu'il n'a d'autre rapport avec le grand danois que d'avoir le poil court), le chien turc, et si l'on veut encore le chien d'Islande ne font aussi qu'un même chien, qui, transporté dans un climat très froid comme l'Islande, aura pris une forte fourrure de poil, et dans les climats très chauds de l'Afrique et des Indes aura quitté sa robe; car le chien sans poil, appelé chien turc, est encore mal nommé : ce n'est point dans le climat tempéré de la Turquie que les chiens perdent leur poil, c'est en Guinée et dans les climats les plus chauds des Indes que ce changement arrive; et le chien turc n'est autre chose qu'un petit danois qui, transporté dans les pays excessivement chauds, aura perdu son poil, et dont la race aura ensuite été transportée en Turquie.

Dans nos climats, les animaux sauvages qui approchent le plus du chien et surtout du chien à oreilles droites, du chien de berger que Buffon regarde comme la souche et le type de l'espèce entière, sont le renard et le loup; la conformation intérieure est presque entièrement la même, et les différences extérieures sont assez légères. Buffon a voulu s'assurer s'ils pourraient produire ensemble; ses premières expériences furent infructueuses; mais depuis il a reconnu que les chiens et les loups pouvaient produire entre eux des individus féconds. Toutefois, le chien ne tire pas son origine du renard ni du loup, comme l'ont pensé quelques naturalistes qui ont regardé ces deux animaux comme des chiens sauvages, ou considéré le chien comme un loup ou un renard devenu domestique.

Il y a, dans les climats plus chauds que le nôtre, une espèce d'animal féroce et cruel, moins différent du chien que ne le sont le renard et le loup. Cet animal, qui se nomme *adive* ou *chacal*, est regardé par les naturels des pays qu'il habite comme un chien sauvage; cependant Buffon ne pense pas qu'il puisse se mêler avec nos chiens.

Pour donner une idée plus nette de l'ordre des chiens, de leur génération dans les différens climats, et du mélange de leurs races, Buffon a dressé une table, une espèce d'arbre généalogique, où l'on peut voir d'un coup-d'œil toutes ces variétés. Le chien de berger est la souche de l'arbre. Ce chien, transporté dans les climats rigoureux du nord, s'est enlaidi et rapetissé chez les Lapons, et paraît s'être maintenu en Islande, en Russie et en Sibérie; transporté dans les climats tempérés, et chez des peuples entièrement policés, comme en Angleterre, en France, en Allemagne, il aura perdu son air sauvage, ses oreilles droites, son poil rude, épais et long, et sera devenu dogue, chien courant et mâtin par la seule influence de ces climats.

Le chien courant, le braque et le basset ne sont qu'une seule et même race de chiens; car l'on a remarqué que dans la même portée il se trouve assez souvent des chiens courans, des braques et des bassets, quoique la lice n'ait été couverte que par l'un de ces trois chiens.

Le chien courant, transporté en Espagne et en Barbarie, où tous les animaux ont le poil fin, long et fourni, sera devenu épagneul et barbet.

Le mâtin, transporté au nord, est devenu grand danois; et, transporté au midi, est devenu lévrier. Les grands lévriers viennent du Levant, et ceux de médiocre taille d'Italie; et ces lévriers d'Italie, transportés en Angleterre, sont devenus levrons, c'est à dire lévriers encore plus petits.

Le grand danois, transporté en Irlande, en Ukraine, en Tartarie, en Épire, en Albanie, est devenu chien d'Irlande, et c'est le plus grand de tous les chiens.

Le dogue, transporté d'Angleterre en Danemarck, est devenu petit danois, et ce même petit danois, transporté dans les climats chauds, est devenu chien turc.

Toutes ces races, avec leurs variétés, n'ont été produites que par l'influence du climat, de la nourriture et de l'éducation. Les autres chiens ne sont pas des races pures, et proviennent du mélange de ces premières races.

Le lévrier et le mâtin ont produit le lévrier métis, que l'on appelle aussi *lévrier à poil de loup*.

Le grand danois et le grand épagneul ont produit ensemble le chien de Calabre, qui est un beau chien à longs poils touffus, et plus grand, par la taille, que les plus gros mâtins.

L'épagneul et le basset produisent un autre chien que l'on appelle *burgos*. — L'épagneul et le petit danois produisent le chien-lion, qui est maintenant fort rare. — Les chiens à longs poils, fins et frisés, que l'on appelle *bouffes*, et qui sont de la taille des plus grands barbets, viennent du grand épagneul et du barbet. — Le petit barbet vient du petit épagneul et du barbet.

Le dogue produit, avec le mâtin, un chien métis que l'on appelle dogue de forte race (*Pl. 2, fig. 2*), qui est beaucoup plus gros que le vrai dogue, ou dogue d'Angleterre, et qui tient plus du dogue que du mâtin. — Le doguin (*Pl. 2, fig. 1*) vient du dogue d'Angleterre et du petit danois.

Tous ces chiens sont des métis simples, et viennent du mélange de deux races pures. Mais il y a encore d'autres chiens qu'on pourrait appeler *doubles métis*, parce qu'ils viennent du mélange d'une race pure et d'une race déjà mêlée.

Le roquet est un double métis qui vient du doguin et du petit danois. — Le chien d'Alicante est aussi un double métis, qui vient du doguin et du petit épagneul. — Le chien de Malte, ou bichon, est encore un double métis qui vient du petit épagneul et du petit barbet.

Enfin, il y a des chiens qu'on pourrait appeler *triples métis*, parce qu'ils viennent du mélange de deux races déjà mêlées toutes deux : tel est le chien d'Artois, Islois ou quatre-vingts, qui vient du doguin et du roquet; tels sont encore les chiens que l'on appelle vulgairement *chiens de rue*, qui ressemblent à tous les chiens en général, sans ressembler à aucun en particulier, parce qu'ils proviennent du mélange des races déjà plusieurs fois mêlées.

Nous terminerons ici l'extrait des observations de Buffon sur l'origine des différentes races de chiens. Ces connaissances seront utiles aux chasseurs pour leur faire apprécier l'influence des climats, de la nourriture, de l'éducation et des croisemens sur les races de chiens.

Description du chien.

Les caractères distinctifs du chien sont à l'extérieur : les poils dont le corps est le plus ordinairement couvert, et qui sont épais, plus durs sur le dos, et à peu près de la même longueur sur toutes les parties du corps; la tête oblongue, se rétrécissant devant les yeux; le crâne élevé et son sommet en arête; le derrière de la tête terminé par des prolongemens de l'occiput, qui s'étendent en arrière en forme de crête et allongent la partie supérieure de la tête; la lèvre supérieure obtuse, et couvrant de chaque côté celle d'en bas, dont les bords sont dégarnis de poils et comme dentelés par des excroissances molles et charnues; des muscles très robustes donnant le mouvement aux mâchoires; sur la lèvre supérieure, des moustaches formées de soies raides; le nez obtus, nu, ridé et toujours humide, du moins quand le chien n'est pas malade; les ouvertures des narines arrondies; six dents incisives et deux canines à chaque mâchoire, cinq dents molaires de chaque côté à la mâchoire supérieure, et sept aussi de chaque côté à la mâchoire inférieure; en tout quarante-deux dents : mais ce nombre n'est point constant dans tous les sujets; toutes les dents incisives de la mâchoire supérieure marquées sur leur face antérieure par deux petites cannelures qui semblent les diviser en trois lobes; une pareille cannelure sur les premières dents, et quelquefois sur les secondes de la mâchoire de dessous; les sourcils peu apparens; plusieurs verrues sur la face; le cou un peu arrondi et presque aussi long que la tête; treize côtes, neuf vraies et quatre fausses de chaque côté; le même nombre de vertèbres dorsales, et sept lombaires; les os des hanches en forme de cuiller, étant convexes en dedans et concaves en dehors; les pieds de devant divisés en cinq doigts, ceux de derrière en quatre ou cinq; ces doigts séparés les uns des autres sur la longueur de la seconde et de la troisième phalange, et armés d'ongles convexes, obtus, creusés en gouttières; l'éperon, ou cinquième ongle des pieds de devant, se trouvant quelquefois double et même triple; sous chaque doigt un petit tubercule arrondi; derrière eux, la pomme est garnie d'un gros tuberculé figuré en trèfle ; une callosité au pli du poignet ; la femelle a dix mamelles, quatre à la poitrine, et six sur le ventre ; le mâle n'en a que six placées sur cette dernière partie ; mais ce nombre des mamelles varie beaucoup ; la queue ronde, couverte de poils ; l'animal l'agite en signe de joie, et il la laisse pendante entre ses jambes, lorsqu'il est affecté par la crainte ou par la rage. Il la porte toujours un peu inclinée du côté gauche, parce que lui-même s'incline de ce côté dans son allure naturelle.

Qualités remarquables du chien.

» Le chien, dit Buffon, indépendamment de la beauté de sa forme, de sa vivacité, de sa force, de sa légèreté, a, par excellence, toutes les qualités intérieures qui peuvent lui attirer les regards de l'homme. Un naturel ardent, colère, même féroce et sanguinaire, rend le chien sauvage redoutable à tous les animaux ; et cède dans le chien domestique aux sentimens les plus doux, au plaisir de s'attacher et au désir de plaire. Il vient en rampant mettre aux pieds de son maître son courage, sa force, ses talens ; il attend ses ordres pour en faire usage ; il le consulte, il l'interroge ; un coup-d'œil suffit ; il entend les signes de sa volonté ; sans avoir, comme l'homme, la lumière de la pensée, il a toute la chaleur du sentiment, il a de plus que lui la fidélité, la constance dans ses affections ; nulle ambition, nul intérêt, nul désir de vengeance, nulle crainte que celle de déplaire ; il est tout zèle, tout ardeur, tout obéissance ; plus sensible au souvenir des bienfaits qu'à celui des outrages, il ne se rebute pas par les mauvais traitemens ; il les subit, les oublie, ou ne s'en souvient que pour s'attacher davantage ; loin de s'irriter ou de fuir, il s'expose de lui-même à de nouvelles épreuves ; il lèche cette main, instrument de douleur qui vient de le frapper, il ne lui oppose que la plainte, et la désarme enfin par la patience et la soumission.

» Plus docile que l'homme, plus souple qu'aucun des animaux, non seulement le chien s'instruit en peu de temps, mais même il se conforme aux mouvemens, aux manières, à toutes les habitudes de ceux qui lui commandent ; il prend le ton de la maison qu'il habite ; comme les autres domestiques, il est dédaigneux chez les grands et rustre à la campagne. Toujours empressé pour son maître, et prévenant pour ses seuls amis, il ne fait aucune attention aux gens indifférens, et se déclare contre ceux qui, par état, ne sont faits que pour importuner ; il les connaît aux vêtemens, à la voix, à leurs gestes, et les empêche d'approcher. Lorsqu'on lui a confié pendant la nuit la garde de la maison, il devient plus fier et quelquefois féroce ; il veille, il fait la ronde, il sent de loin les étrangers ; et pour peu qu'ils s'arrêtent ou tentent de franchir les barrières, il s'élance, s'oppose, et par des aboiemens réitérés, des efforts et des cris de colère, il donne l'alarme, avertit et combat. Aussi furieux contre les hommes de proie que contre les animaux carnassiers, il se précipite sur eux, les blesse, les déchire, leur ôte ce qu'ils s'efforcent d'enlever ; mais, content d'avoir vaincu, il se repose sur les dépouilles, n'y touche pas, même pour satisfaire son appétit, et donne en même temps des exemples de courage, de tempérance et de fidélité.

» On sentira de quelle importance cette espèce est dans l'ordre de la nature, en supposant un instant qu'elle n'eût jamais existé. Comment l'homme aurait-il pu, sans le secours du chien, conquérir, dompter, réduire en esclavage les autres animaux ? Comment pourrait-il encore aujourd'hui découvrir, chasser, détruire les bêtes sauvages et nuisibles ? Pour se mettre en sûreté et pour se rendre maître de l'univers vivant, il a fallu commencer par se faire un parti parmi les animaux, se concilier, par douceur et par caresses, ceux qui se sont trouvés capables de s'attacher et d'obéir, afin de les opposer aux autres. Le premier art de l'homme a donc été l'éducation du chien, et le fruit de cet art la conquête et la possession paisible de la terre.

» La plupart des animaux ont plus d'agilité, plus de force et plus de courage que l'homme ; la nature les a mieux munis, mieux armés ; ils ont aussi les sens et surtout l'odorat plus parfaits. Avoir gagné une espèce courageuse et docile, comme le chien, c'est avoir acquis de nouveaux sens et les facultés qui nous manquent. Les machines, les instrumens que nous avons imaginés pour perfectionner nos autres sens, pour en augmenter l'étendue, n'approchent pas de ces machines toutes faites que la nature nous a présentée, et qui, en suppléant à l'imperfection de notre odorat, nous ont fourni de grands et d'éternels moyens de vaincre et de régner ; et le chien, fidèle à l'homme, conservera toujours une portion de l'empire, un degré de supériorité sur les autres animaux ; il leur commande, il règne lui-même à la tête d'un troupeau, il s'y fait mieux entendre que la voix du berger. La sûreté, l'ordre et la discipline sont les fruits de sa vigilance et de son activité ; c'est un peuple qui lui est soumis, qu'il conduit, qu'il protège, et contre lequel il n'emploie jamais la force que pour y maintenir la paix. Mais c'est surtout à la guerre, c'est contre les animaux, ennemis ou indépendans, qu'éclate son courage, et que son intelligence se déploie tout entière ; les talens naturels se réunissent ici aux qualités acquises. Dès que le bruit des armes se fait entendre, dès que le son du cor ou la voix du chasseur a donné le signal d'une guerre prochaine, brûlant d'une ardeur nouvelle, le chien marque sa joie par les plus vifs transports ; il annonce, par ses mouvemens et par ses cris, l'impatience de combattre et le désir de vaincre ; marchant ensuite en silence, il recherche à reconnaître le pays, à découvrir, à surprendre l'ennemi dans son fort ; il recherche ses traces, il les suit pas à pas, et par des accens différens, indique le temps, la distance, l'espèce et même l'âge de celui qu'il poursuit.

» Intimidé, pressé, désespérant de trouver son salut dans la fuite, l'animal (1) se sert aussi de toutes ses facultés ; il oppose la ruse à la sagacité ; jamais les ressources de l'instinct ne furent plus admirables.

---

(1) Voyez l'histoire du cerf.

Pour faire perdre sa trace, il va, vient et revient sur ses pas, il fait des bonds, il voudrait se détacher de la terre et supprimer les espaces. Il franchit d'un saut les routes, les haies, passe à la nage les ruisseaux, les rivières; mais toujours poursuivi et ne pouvant anéantir son corps, il cherche à en mettre un autre à sa place; il va lui-même troubler le repos d'un voisin plus jeune et moins expérimenté, le faire lever, marcher, fuir avec lui; et lorsqu'ils ont confondu leurs traces, lorsqu'il croit l'avoir substitué à sa mauvaise fortune, il le quitte plus brusquement encore qu'il ne l'a joint, afin de le rendre seul l'objet et la victime de l'ennemi trompé. Mais le chien, par cette supériorité que donnent l'exercice et l'éducation, par cette finesse de sentiment qui n'appartient qu'à lui, ne perd pas l'objet de sa poursuite; il démêle les points communs, délie les nœuds du fil tortueux qui seul peut y conduire; il voit, de l'odorat, tous les détours du labyrinthe, toutes les fausses routes où l'on a voulu l'égarer, et loin d'abandonner l'ennemi pour un indifférent, après avoir triomphé de la ruse, il s'indigne, il redouble d'ardeur, arrive enfin, l'attaque, et le mettant à mort, étanche dans le sang sa soif et sa haine.

» Le penchant pour la chasse ou pour la guerre nous est commun avec les animaux; l'homme sauvage ne sait que combattre et chasser. Tous les animaux qui aiment la chair, et qui ont de la force et des armes, chassent naturellement. Le lion, le tigre, dont la force est si grande qu'ils sont sûrs de vaincre, chassent seuls et sans art; les loups, les renards, les chiens sauvages se réunissent, s'entendent, s'aident, se relaient et partagent la proie; et lorsque l'éducation a perfectionné ce talent dans le chien domestique, lorsqu'on lui a appris à réprimer son ardeur, à mesurer ses mouvemens, qu'on l'a accoutumé à une marche régulière et à l'espèce de discipline nécessaire à cet art, il chasse avec méthode et toujours avec succès.

» Dans les pays déserts, dans les contrées dépeuplées, il y a des chiens sauvages qui, pour les mœurs, ne diffèrent des loups que par la facilité qu'on trouve à les apprivoiser; ils se réunissent aussi en plus grandes troupes pour chasser et attaquer en force les sangliers, les taureaux sauvages, et même les lions et les tigres. En Amérique, ces chiens sauvages sont des races anciennement domestiques; ils y ont été transportés d'Europe; et quelques uns ayant été oubliés ou abandonnés dans ces déserts, s'y sont multipliés au point qu'ils se répandent par troupes dans les contrées habitées, où ils attaquent le bétail et insultent même les hommes : on est donc obligé de les écarter par la force et de les tuer comme les autres bêtes féroces; et les chiens sont tels en effet tant qu'ils ne connaissent pas les hommes; mais lorsqu'on les approche avec douceur, ils s'adoucissent, deviennent familiers, et demeurent fidèlement attachés à leurs maîtres; au lieu que le loup, quoique pris jeune et élevé dans les maisons, n'est doux que dans le premier âge, ne perd jamais son goût pour la proie, et se livre tôt ou tard à son penchant pour la rapine et la destruction.

» On peut dire que le chien est le seul animal dont la fidélité soit à l'épreuve; le seul qui connaisse toujours son maître et les amis de la maison; le seul qui, lorsqu'il arrive un inconnu, s'en aperçoive; le seul qui entende son nom et qui reconnaisse la voix domestique; le seul qui ne se confie point à lui-même; le seul qui, lorsqu'il a perdu son maître, et qu'il ne peut le trouver, l'appelle par ses gémissemens; le seul qui, dans un voyage long qu'il n'aurait fait qu'une fois, se souvient du chemin et retrouve la route; le seul enfin dont les talens naturels sont évidens, et l'éducation toujours heureuse. »

La qualité la plus remarquable dans le chien est la finesse extraordinaire de son odorat, qui surpasse celle de presque tous les quadrupèdes, même celle du renard, et qui est si précieuse pour la chasse. Bechstein fait remarquer que cette finesse de l'odorat est due à la grandeur et aux plis très nombreux de la peau qui entoure les nerfs olfactifs du chien, et aux glandes nombreuses qui composent tout le système de son nez. Cet appareil, dit-il, des organes de l'odorat est propre à saisir les plus légères émanations. Si l'on étend et développe tous les plis de cette peau, elle aura assez d'ampleur pour recouvrir tout le corps de l'animal, tandis que la peau qui, dans l'homme, recouvre les nerfs olfactifs, étant déployée, peut à peine envelopper sa tête. Il n'est donc pas étonnant que le chien puisse, même lorsque la terre est sèche et au milieu des traces d'une harde, découvrir et démêler la voie du cerf qu'il doit poursuivre.

L'aboiement des chiens est plus fort dans les climats tempérés que dans les climats chauds ou froids, où, étant transportés, ils perdent, après quelques générations, leur faculté d'aboyer, et ne font plus entendre qu'une espèce de hurlement; de sorte que nous devons croire que la faculté d'aboyer est due à une éducation plus développée. Il arrive quelquefois que le chien fait entendre un hurlement lorsqu'il est frappé du bruit d'instrumens à vent, ou par le son d'une cloche et même lorsqu'il regarde la lune dans son plein. Enfin le chien se fait remarquer par un goût singulier, celui de se rouler sur toute espèce d'animal en putréfaction.

La surveillance est l'une des principales qualités du chien, et c'est pour l'exercer plus efficacement que la nature ne lui a accordé qu'un sommeil très léger. Il paraît souvent agité, en dormant, par de mauvais rêves qu'il manifeste par des murmures et quelquefois en aboyant.

Habitation.

Le chien s'est répandu avec l'homme sur toutes les parties du globe; on l'a trouvé dans le Nouveau-Monde, aux terres australes et dans presque tous les pays habités que l'on a découverts. Mais, ainsi que nous l'avons déjà fait remarquer, il a éprouvé de grands changemens par l'influence des climats.

Les lieux destinés à loger les chiens doivent être appropriés aux besoins de leur constitution; et comme on remarque qu'ils aiment la propreté et qu'ils souffrent également des grands froids et de l'excès de la chaleur, il faut que leurs loges soient propres, saines, à l'abri de l'humidité et des odeurs ou émanations malfaisantes; qu'elles soient suffisamment chaudes, et, par conséquent, garnies de paille ou de foin pendant l'hiver.

On peut laisser courir les chiens doux et tranquilles, et les admettre dans la maison du maître, s'ils ne sont point incommodés, et sans cependant les laisser coucher sous des poêles, ce qui nuirait à leur santé. Quant aux chiens méchans, on les enchaîne.

Chenil. Lorsqu'on a un certain nombre de chiens, on leur construit un logement spécial qu'on appelle *chenil*; et il faut apporter la plus grande attention au choix de l'emplacement et à la construction de ce logement, qui peut avoir une grande influence sur la santé des chiens. Voici, à cet égard, les excellentes indications que donne le *Traité général des chasses à courre* :

« Le bâtiment doit consister : 1° en une chambre au rez-de-chaussée d'une grandeur proportionnée à la quantité de chiens que l'on veut y loger; on peut même faire deux, trois, et un plus grand nombre de chambres, si on le juge nécessaire ; 2° en deux chambres au dessus, l'une destinée au valet de chiens, l'autre à conserver tous les instrumens nécessaires, tant pour la propreté du chenil que pour celle des chiens; ainsi que tous les objets indispensables à la chasse, comme bottes, traits, entraves, etc., etc.; 3° en un vaste grenier pour resserrer la paille et le grain destiné à la boulangerie du chenil. Les ouvertures de ce bâtiment seront, autant que possible, exposées au levant, mais jamais au sud, pour éviter les grandes chaleurs et les vents impétueux et malsains qui soufflent de ce point de l'horizon.

» La chambre des chiens doit être bien crépie, sans trous ni crevasses dans les murailles ; le pavé en sera bien fait, exactement joint, et on aura soin de ménager au milieu un petit ruisseau pour l'écoulement des urines et des eaux employées à la laver. Les eaux doivent y être apportées, autant que possible, par des conduits fermés avec un robinet, afin de pouvoir en faire couler suivant que le besoin l'exige. Pour que les chiens ne couchent pas à terre, on établira des bancs tout autour de la chambre : ce sont de fortes planches de chêne de 3 ou 4 pieds de largeur sur 2 ou 3 pouces d'épaisseur, que l'on pose horizontalement à 1 pied du plancher ; dans quelques chenils, on les attache au mur avec des charnières de fer, ce qui permet de les relever contre la muraille quand on veut balayer dessous. D'autres planches seront appliquées sur le mur en forme de lambris, et préserveront les chiens de la malpropreté, et surtout du froid qu'ils gagneraient en se mettant en contact avec la muraille. Les planches qui forment les bancs doivent avoir un petit rebord arrondi, d'un ou de 2 pouces environ de hauteur, pour retenir la paille ; elles seront couvertes d'un lit de paille de 3 ou 4 pouces d'épaisseur. Au fond de la chambre, et vis à vis de la porte, sera une vaste cheminée entourée d'un grillage pour empêcher les chiens d'approcher trop près du feu, et surtout pour éviter que les pailles éparses sur le pavé puissent s'enflammer. On pourrait encore, pour économiser le combustible, disposer un poêle au milieu de la chambre, et l'entourer d'une grille de 2 pieds et demi de hauteur environ, placée à 2 pouces de distance du poêle. Les fenêtres doivent être à une hauteur assez considérable pour que les chiens n'y puissent pas sauter; il sera bon, dans tous les cas, de les garnir en dedans d'une grille de fer. La porte fermera hermétiquement, mais avec un simple loquet, pour éviter une perte de temps, quelquefois bien fâcheuse, quand les chiens se battent. Elle doit être à deux battans ouvrant en dehors, pour que les chiens, qui sortent toujours avec précipitation, ne s'estropient pas en se jetant entre les carres qui doivent être arrondies. Il est important qu'une lampe d'écurie allumée toute la nuit soit suspendue au plafond; il est mille circonstances où il est urgent d'avoir du feu sous la main.

» Le valet de chiens arrangera son logement de la manière qui lui semblera la plus commode ; placé immédiatement au dessus de la chambre des chiens, il doit avoir ses fenêtres ouvertes sur la cour du chenil. Au milieu du plancher, une petite trappe d'un pied carré, qui s'ouvre et se ferme à volonté, laissera voir au valet tout ce qui se passera dans la chambre au dessous, et dans un coin, une plus grande trappe qui lui permettra d'y descendre au moyen d'une échelle toujours prête.

» La chambre destinée aux ustensiles sera garnie de clous à crochets et de râteliers commodes pour suspendre tous les instrumens qu'elle doit contenir.

» Le grenier, bien boisé, bien sec, à l'abri des incursions des rats et des souris, devra être construit selon les règles de l'art, et de manière à préserver de toute humidité la paille et le grain qu'il doit contenir.

» Lorsque le nombre de chiens, la grandeur du chenil et les localités le comportent, on établit à côté du bâtiment une petite boulangerie pour cuire le pain des chiens. Une salle de cette boulangerie sera destinée à préparer la *mouée* (soupe des chiens), et à ranger sur des planches les différentes drogues qui entrent dans la composition des remèdes que l'on administre le plus ordinairement aux chiens.

» La cour du chenil doit être aussi vaste que possible, sablée ou semée d'herbe dont les chiens aiment à manger les pousses au printemps ; on aura soin aussi d'y faire venir plusieurs touffes de chiendent qui les purge et les met en appétit. Quand cela sera praticable, on creusera au milieu de la cour un bassin qui sera toujours rempli de la plus belle eau, et dont les bords, taillés en pente douce, permettront aux chiens de s'y désaltérer facilement. Si l'on ne pouvait construire un semblable bassin, et amener toujours de l'eau vive, il faudrait établir, le long des murs de clôture, de petites auges d'un pied de hauteur, et de 20 ou 22 pouces de profondeur. Une seule ne suffirait pas, à moins qu'elle ne fût extrêmement large, parce que les chiens, quand ils ne sont pas pressés par la soif, n'aiment pas à boire plusieurs ensemble dans le même vase; les chiens hargneux harcellent les autres, et il s'ensuit quelquefois de violens combats. Quelques arbres plantés symétriquement, ou épars dans la cour, procureront aux chiens un ombrage salutaire pendant les grandes chaleurs de l'été. Comme, à cette époque, quelques uns aiment à passer la nuit dehors, à la fraîcheur, il faudra, pour cette raison seulement, placer dans la cour quelques bancs où ils pourront

DICT. DES CHASSES. 34

se coucher, en ayant soin de laisser la porte de la chambre ouverte pour qu'ils puissent y rentrer, s'ils se sentaient trop saisis par le froid. Il serait même préférable de disposer, autour des murs de l'enceinte, des appentis de 4 à 5 pieds de profondeur, sous lesquels on placerait les bancs. Les chiens y trouveraient l'ombre pendant le jour, et en tout temps un abri favorable.

» Il y a quelques chenils où l'on plante dans un coin de la cour un piquet de bois que l'on a soin de frotter de temps à autre de *galbanum* ou d'*assa fœtida*. On prétend que l'odeur de ces substances engage les chiens à pisser, et y excite même ceux qui seraient disposés à avoir une rétention d'urine.

» Il est bien important d'avoir une petite cour contiguë à la grande, ou ménagée dans un coin de son enceinte, pour y recevoir les chiens atteints, ou seulement soupçonnés d'être atteints de maladies contagieuses. On y établira plusieurs petites loges ou niches en bois pour les faire coucher séparément, s'il y a lieu.

» Quand on a des lévriers et des limiers, il faut les tenir à l'attache dans des loges séparées, à moins qu'ils ne soient d'un naturel très doux.

» Les chiennes en chaleur, celles prêtes à mettre bas, les nourrices et les jeunes chiens doivent être mis à part.

» En entrant dans le chenil, l'on peut, au premier coup-d'œil, juger le valet de chiens : si les auges sont à moitié pleines d'eau sale, si la cour est jonchée de paille, si la chambre est mal tenue et remplie d'ordures, si la paille des bancs est vieille et foulée, si son logement à lui-même est malpropre, si les ustensiles sont pêle-mêle dans la salle où ils doivent être rangés, si la paille n'est pas bottelée et entassée avec ordre dans le grenier, si la boulangerie n'est pas propre, on demeure convaincu qu'on a un mauvais serviteur qu'il est urgent de remplacer.

» Les chiens, comme on sait, exigent beaucoup de soins, et surtout beaucoup de propreté. Ce n'est qu'ainsi qu'on les sauve de beaucoup de maladies, qu'on les tient toujours en vigueur et en santé, et qu'on les conserve long-temps bons. Les ordures doivent être enlevées de la chambre et de la cour, au moins une fois par jour, et le pavé balayé et lavé à grande eau au moins une fois par semaine; pendant que les chiens sont à l'ébat ou à la chasse, pour qu'il ait le temps de sécher avant leur retour. Les bancs seront garnis de paille nouvelle au moins deux fois par semaine; s'il en était quelques uns qui eussent coutume de pisser ou de se vider sous eux, il faudrait changer leur paille tous les jours, afin qu'ils ne restassent pas sur leur fumier. Mais peu de chiens ont cette mauvaise habitude, et il est possible de les en corriger en leur donnant quelques coups de fouet quand on les prend sur le fait.

» Tous les chiens doivent être bouchonnés le matin; on doit les peigner, les brosser et les éponger la veille et le lendemain de la chasse. En bouchonnant un chien le matin, il faut le visiter pour s'assurer qu'il n'a pas, pendant la nuit, reçu quelques coups de dents dangereux.

» Le maître de l'équipage doit souvent venir lui-même examiner avec attention le chenil et les chiens; il verra ce qui manque, et il jugera de la négligence ou de l'activité de son valet. Le bon état de sa meute le dédommagera, avec usure, des soins qu'il y donnera, et de toute la peine qu'il y prendra. »

• *Nourriture*. Le chien est vorace et gourmand; son estomac est doué d'une force digestive telle que les os y sont ramollis et digérés. Sa nourriture naturelle est la chair des animaux : il la mange fraîche, mais il la préfère lorsqu'elle a un commencement de corruption; il aime surtout à broyer les os. Malgré son goût pour la chair, il refuse souvent celle des animaux de proie et de plusieurs espèces d'oiseaux. Il est rare que le chien mange des végétaux crus; mais il s'habitue à manger plusieurs substances tirées du règne végétal, qui sont préparées pour la nourriture de l'homme, surtout quand elles sont mêlées avec des substances animales. Le chien peut supporter la faim assez long-temps et sans danger; il n'en est pas de même de la soif, et il est prudent de tenir toujours de l'eau à sa portée, parce qu'il boit beaucoup et souvent, et qu'il y a du danger à le laisser privé d'eau.

• *Manière de nourrir les chiens*. On leur donne ordinairement du pain et de la soupe, dans laquelle on a fait bouillir des restes de viande, des os et des débris de cuisine.

Mais quand on possède une meute, on règle la nourriture des chiens. Le pain doit en former la partie principale; et quand on n'emploie pas celui qui est fabriqué dans le pays, et qu'on veut leur faire faire un pain particulier, on peut le composer de parties égales de farine d'orge et de seigle; ou de farine de seigle pour la moitié, et de farine de froment, d'orge et d'avoine pour l'autre moitié. Observons, au surplus, que si le pain de froment est plus cher, il nourrit plus que tout autre; et qu'en définitive, il n'y a pas toujours économie à en employer d'autre. Dans tous les cas, le pain doit être bien cuit; et il ne faut pas le distribuer aux chiens lorsqu'il est trop tendre ou trop rassis.

Le pain seul, que quelques personnes ont l'habitude de donner à leurs chiens, n'est pas une nourriture assez substantielle. Il peut bien composer le déjeûner de ces animaux; mais il est bon de leur donner de la soupe le soir. Dans les grands équipages, cette soupe se nomme *mouée*. Voici la manière de la faire, telle qu'elle est indiquée dans le *Traité des chiens de chasse*:

Avec des issues de boucherie bien nettoyées, on fait un bouillon que l'on sale convenablement. Le sel est sain pour tous les animaux, et les chiens se trouvent bien de son usage; mais il faut que la dose soit moitié moindre que pour l'homme. Le sel, donné à forte dose, peut affaiblir l'odorat de ces animaux, qui est leur qualité la plus précieuse. On fait bien tremper le pain dans le bouillon, en l'y laissant bouillir un instant, et l'on remue assez pour rendre cette soupe comme une bouillie. Il n'est pas nécessaire que la mouée soit faite tous les jours avec de la viande; on peut en faire avec du beurre ou de la graisse. Ce n'est même que dans les grands équipages que l'on fait de la mouée à la viande; et il y a des amateurs de chasse qui se bornent à donner pour nourriture à leurs chiens du pain et de la soupe faite avec des pommes de terre, et un peu de graisse ou de beurre. De temps en temps ils leur donnent du pain de suif, pour les rafraîchir et les purger modérément. On fait avec ce pain une soupe qui leur plaît beaucoup.

Il faut avoir soin de ne donner la mouée aux chiens qu'après s'être assuré qu'elle n'est que tiède, parce que leur avidité les porterait à la manger brûlante, ce qui leur ferait beaucoup de mal, et affaiblirait leur odorat. On ne doit en faire que pour un jour seulement, surtout en été, parce que si on la gardait d'un jour à l'autre, elle pourrait s'aigrir et devenir malsaine. La marmite dans laquelle on la fait et les auges dans lesquelles on la sert doivent être soigneusement nettoyées chaque fois qu'on s'en est servi. Enfin il faut, à chaque repas, après avoir rincé les auges, les remplir d'eau fraîche.

Une livre ou une livre et demie de pain (suivant sa qualité), donnée en deux fois, le matin et le soir, forme une nourriture suffisante pour un chien qui ne chasse pas, mais il faut avoir égard à la fatigue que ces animaux éprouvent. Dans le temps où ils travaillent beaucoup, on peut augmenter la ration ; toutefois il ne faut jamais qu'elle soit telle qu'ils puissent en laisser. On prévoit pour cela la quantité de pain qui paraît nécessaire, en la cassant dans les auges. Lorsqu'ils mangent avidement, et que l'on remarque qu'ils n'en ont pas assez, on en casse encore ; mais on n'attend pas que le tout soit mangé. Chaque repas ne doit durer que dix minutes ; et si, après ce temps, les chiens ont l'air de manger en jouant, il faut enlever les auges. De cette manière, on les rend diligens, ils ont plus d'appétit au repas suivant, et la meute s'entretient dans un état égal.

Il faut être présent au repas des chiens pour empêcher les querelles, et remarquer ceux qui ne mangent pas, afin de les mettre à part et de s'assurer de ce qui peut les incommoder. Il y a des chiens que la crainte empêche de manger ; il faut les encourager et leur donner à manger à part, jusqu'à ce qu'ils aient pris de la hardiesse ; d'autres mangent plus vite et davantage : il faut les retenir pendant une partie du repas, et ne leur permettre de manger que quelques instans après que les autres ont commencé.

Il faut donner peu de pain aux chiens le matin du jour où ils doivent chasser, à moins que le rendez-vous soit assez éloigné pour qu'ils aient le temps de se vider. On a remarqué que trop de nourriture prise avant la chasse les rendait lourds, essouflés et paresseux. Une demi-heure après la rentrée au chenil, on leur donne la mouée.

Il est assez ordinaire qu'au printemps les chiens mangent peu ; ils éprouvent le besoin de se purger ; et, pour cet effet, ils mangent du chiendent, qui les excite au vomissement ou les débarrasse d'une autre manière.

Quand on va donner à manger aux chiens, il faut entrer au chenil le fouet à la main, et crier : *Derrière, chiens, derrière!* Pendant que l'on apporte les auges, on doit les tenir immobiles, et ne les laisser approcher que lorsqu'on leur dit : *Allons, chiens, allons!*

Les particuliers qui n'ont que quelques chiens d'arrêt, trouvent, dans les résidus de la cuisine et de la table, des moyens de les nourrir. Cependant il est encore bon de leur donner une fois par jour de la soupe dans laquelle on fait bouillir des restes de viande, des os, ou des pieds de mouton ou de bœuf, des débris de boucherie bien nettoyés, et même de la chair fraîche ou sèche d'animaux qu'on a abattus, pourvu que ce ne soit pas pour cause de maladie. Le chien d'arrêt, comme le chien courant, ne doit pas manger avant de partir pour la chasse, parce qu'il aurait moins d'ardeur et moins de nez.

Les chiens se gâtent les dents en rongeant les os ; cependant, lorsqu'ils sont jeunes, c'est le meilleur moyen pour eux de se débarrasser de leurs dents de lait.

DE LA PROPAGATION DES CHIENS.

Du choix de la lice et du mâle. — Des soins à donner à la lice et aux jeunes chiens.

Propagation. Les chiens s'accouplent et produisent pendant une grande partie de leur vie. Ces animaux se propagent avec une telle facilité, que si l'on n'en détruisait pas un grand nombre au moment de leur naissance, ils deviendraient bientôt incommodes par leur multiplication.

Le mâle jouit de la faculté d'engendrer dès l'âge de neuf à dix mois. Il peut s'accoupler en tout temps ; mais la reproduction de l'espèce est déterminée dans les chiennes par des désirs dont le retour n'est pas régulier, et qui, dans les races sauvages, se montrent une fois l'an et à une époque qui permet aux petits de naître dans les circonstances les plus favorables pour eux : cette époque est le printemps. Dans les chiens domestiques, le pouvoir influent de l'éducation et des habitudes a beaucoup modifié les époques de la reproduction ; car les périodes de l'*œstrum* ou chaleur reviennent à des intervalles irréguliers, suivant que la réclusion ou une nourriture stimulante hâte les désirs sexuels. Cependant c'est ordinairement deux fois par an que ces désirs se manifestent et plus souvent en été qu'en hiver.

La chaleur, dans les chiennes, est la conséquence de l'action sympathique des organes de la génération qui, à ce moment, deviennent plus sensibles et plus vasculeux : ce qui est annoncé par la tuméfaction des parties externes, et par un écoulement séro-sanguinolent de la vulve. Il existe pareillement des signes d'une excitation générale du corps ; l'état pléthorique et nerveux est tel, que les chiennes qui ont été sujettes aux affections spasmodiques en sont alors fréquemment affectées, et que des convulsions surviennent souvent à celles qui, jusque-là, en avaient été exemptes. De là il résulte qu'une nourriture rafraîchissante, un exercice raisonné, des purgatifs doux, sont nécessaires à cette époque, surtout pour les femelles jeunes et délicates, et plus particulièrement encore pour celles auxquelles on ne veut pas donner de chien, car, dans ce cas, les désirs se font sentir beaucoup plus long-temps que lorsqu'ils sont satisfaits. Le mâle sent de loin une chienne en chaleur et la recherche avec ardeur. De son côté la chienne reçoit les caresses de tous les chiens qui s'approchent. Dans l'accouplement, ces animaux ne peuvent se séparer qu'assez long-temps après la consommation de l'acte de la génération. Le mâle a un os dans la verge ; et pendant l'érection, il se forme, au milieu, une espèce de bourrelet très apparent, qui ne peut franchir l'anneau vulvaire que lorsque l'état d'éréthisme est passé aussi bien dans le mâle que dans la femelle. Cette conformation est générale pour tous les animaux de l'espèce *canis*.

Les chiennes en chaleur sont très rusées et éludent souvent toute la vigilance que l'on apporte pour les éloigner du mâle. Lorsque l'on veut s'opposer à ce qu'elles soient couvertes, il faut les tenir enfermées et veiller avec attention à ce qu'elles ne puissent sortir. Le manque de précaution, dans cette circonstance, en fait périr un grand nombre chaque année; car une chienne, qui a pu se soustraire à la réclusion, s'unit souvent avec le premier chien qui se présente qui, pouvant être beaucoup plus fort qu'elle, influe sur la taille des petits ; il en résulte, vu la disproportion des sujets, un part difficile dans lequel la chienne peut succomber ; c'est pourquoi, lorsqu'une chienne s'est échappée, il est prudent de la suivre, non seulement pour prévenir un accouplement disproportionné, mais encore pour la garantir de la brutalité des enfans ou d'autres personnes qui, lorsque les chiens sont noués, jettent de l'eau dessus, où les tirent avec violence pour les séparer. On a vu les organes de la femelle renversés et d'autres accidens consécutifs à la suite de cette séparation forcée, qui n'est pas moins nuisible au chien par la rupture des vaisseaux sanguins ou par d'autres dilacérations.

Les chiennes portent neuf semaines, c'est à dire soixante à soixante-trois jours ; jamais moins de soixante ni plus de soixante-cinq. Cependant M. Delabère-Blaine, qui exerce en Angleterre la médecine humaine et vétérinaire, et qui s'est beaucoup occupé de cette dernière, par un goût particulier pour les animaux, dit avoir vu un seul petit chien venir le soixante-dixième jour après le dernier accouplement, et que, dans ce cas, il n'y avait pas lieu de penser qu'il y eût eu superfétation.

Les chiennes produisent depuis trois jusqu'à huit petits, rarement moins, mais quelquefois jusqu'à douze et quinze. Celles qui sont grandes et de la plus forte taille produisent un plus grand nombre que les petites, qui ne font souvent qu'un ou deux chiens, surtout dans les premières portées, qui sont toujours moins nombreuses que les autres. Cependant, nous avons vu une chienne d'arrêt de la race anglaise des pointers, d'une taille moyenne, faire onze chiens à sa première portée, époque à laquelle elle n'avait pas atteint son dix-huitième mois.

Les chiens naissent les yeux fermés et restent dans cet état pendant douze à quinze jours. La mère leur prodigue ses soins et ses secours au point de les emporter du lieu où ils se trouvent dans un autre endroit, si elle craint pour eux quelque danger. Le jeune chien a les os du crâne cartilagineux, le corps bouffi, le museau gonflé et sa forme n'est pas encore bien dessinée. Dans les premiers momens, toute la peau présente une belle teinte rose, qui disparaît graduellement et est remplacée par une couleur plus ou moins sombre ; le palais, le nez, les pattes, etc., prennent dès ce moment cette teinte. En moins d'un mois, il apprend l'usage de ses membres, et bientôt après son accroissement est rapide : il connaît son maître et s'y attache, et c'est le premier pas vers l'éducation. Au quatrième mois, il perd quelques unes de ses dents de lait, qui, ainsi que dans tous les autres animaux, sont bientôt remplacées par d'autres qui ne tombent plus. Dans le premier âge, les mâles comme les femelles s'accroupissent pour pisser ; ce n'est qu'au neuvième ou dixième mois que les mâles commencent à lever la cuisse, ce qui indique qu'ils sont en état d'engendrer. À un an, les jeunes chiens ont pris leur taille ; mais ce n'est que dans la deuxième année qu'ils complètent leur accroissement sous le rapport du volume et de la force.

Les dents incisives, qui remplacent celles dites de lait, ou caduques, sont trilobées à leur bord tranchant. On a comparé leurs formes à celles des fleurs de lis, et l'existence des fleurs de lis est une preuve de jeunesse. C'est ordinairement à deux ans que les pinces de la mâchoire inférieure rasent, c'est à dire que les lobes disparaissent ; à trois ans les mitoyennes ; à quatre ans et demi ou cinq ans, les coins. Les mêmes altérations se font ensuite sentir sur les dents de la mâchoire supérieure et dans le même ordre, de sorte que l'on peut reconnaître l'âge du chien jusqu'à huit ans. À cette époque, le poil commence à blanchir sur le museau, le front et autour des yeux.

Le chien est vieux à quinze ans ; et quoiqu'on ait des exemples que des individus aient vécu jusqu'à vingt-cinq et trente ans, sa vie ne se prolonge guère au delà de vingt ans.

Du choix de la lice et du mâle, et des soins à donner à la lice.

Il faut, pour avoir de bons chiens, être difficile sur le choix du père et de la mère. Nous venons de dire que les chiennes sont ordinairement en chaleur deux fois par an, au printemps et en automne ; mais lorsqu'à l'une de ces deux époques, elles n'ont pas été couvertes, il arrive quelquefois qu'elles redeviennent en chaleur trois mois après.

La chaleur du printemps est celle que l'on doit préférer, parce que les jeunes chiens naissent dans la belle saison et ont deux étés pour un hiver.

La lice dont on veut avoir des chiens, doit avoir, autant que possible, les caractères saillans de la race que l'on désire propager ; elle doit être bonne, sans défaut essentiel, de belle race, avoir beaucoup de corps et les flancs larges, enfin, elle doit être bien développée. On ne doit pas la faire porter avant l'âge de deux ans, afin que son tempérament soit mieux formé et que ses chiens soient plus forts. S'il arrive qu'une chienne soit en chaleur avant cet âge, il ne faut pas la faire couvrir, parce que ses produits seraient délicats, et qu'elle-même pourrait en souffrir.

Quelquefois la lice qu'on destine à donner des élèves n'entre pas naturellement en chaleur ; on peut l'exciter en lui donnant, en abondance, une nourriture échauffante et en l'enfermant avec le mâle. On a tenté aussi de développer l'*œstrum* dans les chiennes par des injections stimulantes, et quelquefois ce moyen a réussi ; mais comme c'est un acte surnaturel, et que tous les organes ne peuvent être sympathiquement d'accord, la fécondation, souvent, n'a pas lieu, ou, lorsqu'elle a lieu, les produits sont ordinairement d'une chétive santé.

Quoique les chiennes ne reçoivent le mâle que lorsque leur bouton commence à fluer, on doit les renfermer dès qu'elles sont en chaleur, parce que le flux arrive inopinément et que, lorsqu'un chien dont on ne veut pas avoir de race s'est accouplé avec une lice, tout espoir d'obtenir, pour cette fois, une bonne espèce est perdu.

Ainsi, lorsqu'une chienne, qu'on ne veut pas faire couvrir, commence à entrer en chaleur, il faut aussitôt l'enfermer et la soumettre, comme nous l'avons dit plus haut, à un régime très rafraîchissant, en ayant soin qu'elle ne manque jamais d'eau. Mais si l'on veut en tirer des produits, il est nécessaire de lui donner, dans la chambre où elle est renfermée, de la bonne soupe et de l'eau claire et abondante. Cette dernière précaution est essentielle, car on a vu des lices en chaleur devenir enragées. Il convient aussi de lui donner de temps en temps une poignée d'herbe de chiendent.

On choisit, pour la couvrir, un chien de bonne race, beau et bon, qui soit grand, vigoureux, et de l'âge de deux à six ans au plus. Si la lice est vieille, on lui donne un chien jeune et robuste; si elle est flegmatique et indolente, il faut que le mâle soit vif et ardent; si elle est colère, il faut que le chien devra être doux et soumis. C'est par de semblables combinaisons qu'on parvient à avoir des élèves doués de toutes les qualités qu'on recherche dans un chien de chasse. On peut encore remédier aux défauts de formes qui pourraient se rencontrer dans le père ou la mère, en accouplant deux individus dont l'un a surabondamment ce qui manque à l'autre. Ainsi, à une lice qui aura le train de derrière faible, on donnera un chien qui l'aurait trop fort. Il faut bien se garder de faire choix d'un chien qui serait affecté d'une maladie constitutionnelle ou chronique, telle que le tic, *l'absence d'odorat, la surdité*, etc., parce que ces maladies sont héréditaires.

On remarque même que la suppression accidentelle d'une partie peut se reproduire ou se transmettre; une amputation répétée sur plusieurs générations devient héréditaire; les braques qui naissent avec la queue courte en sont une preuve.

On a remarqué aussi que l'excitation de l'imagination influait sur l'organisation intérieure et sur les caractères extérieurs, tels que la robe, la couleur. Le fait suivant démontrera cependant que les impressions produites par la douleur peuvent être assez fortes pour influer sur l'organisation des fœtus. Dans la société linnéenne de Londres, M. Milne rapporta qu'une chatte pleine, à lui appartenant, eut le bout de la queue foulé avec force, ce dont elle ressentit une douleur violente. Lorsqu'elle mit bas, on trouva cinq petits chats bien conformés dans toutes leurs parties, à l'exception de la queue, qui, dans chacun d'eux, était tordue vers le bout, et portait une protubérance cartilagineuse.

L'auteur du *Traité des chiens de chasse* dit que, dans la propagation des chiens, il faut éviter les alliances de parenté, surtout au premier degré; que les produits sont plus petits; que lors même qu'on les élève et nourrit avec soin, leur stature reste toujours plus grêle; qu'on a essayé, en Angleterre, de tirer race des individus les plus rapprochés par la parenté, comme de pères et d'enfans, de frères et de sœurs, et que l'on a toujours observé de la dégénération; qu'enfin on s'est assuré qu'en continuant ce mode de génération parmi les animaux, il en résulte, à la longue, un abâtardissement et une faiblesse tels, que les individus sont rapetissés, et perdent la faculté de se reproduire.

On voit, par ce qui précède, que l'auteur du *Traité des chiens de chasse* condamne d'une manière absolue les *unions consanguines*; mais ce n'est pas l'opinion de M. Delabère-Blaine, et le lecteur nous saura gré sans doute de mettre sous ses yeux un extrait de la *Pathologie canine*, où cette question, fort intéressante pour les chasseurs et les éleveurs, est traitée avec un talent et une bonne foi remarquables.

Parmi les éleveurs praticiens et systématiques des animaux domestiques, dit M. Delabère-Blaine, et tout autant parmi les chasseurs qui se livrent à l'amélioration des chiens, il existe une grande diversité d'opinions sur les *unions consanguines*, qu'ils ont caractérisées par le terme in and in. Il y a lutte entre les autorités, et les avis sont contradictoires sur ce sujet; et il est probable que les doutes ne seront éclaircis que lorsque l'on pourra arriver à la vérité de ces expériences, que pourrait faire une société d'éleveurs instruits et observateurs. Quelques faits isolés ne peuvent rien décider; la théorie peut seulement aider par une direction philosophique les expériences que l'on voudrait faire. Je confesse que j'ai peu d'expérience comme éleveur praticien, mais j'ai cherché à profiter de celle des autres. Je ne suis pas exclusivement attaché au système de reproduction in and in, et, lorsque j'entends de graves autorités citer des faits (seuls guides pour parvenir à la vérité) contre ce système, je suis disposé à douter; mais, lorsque de nouvelles réflexions se présentent, je reviens sur mes pas, et deviens, comme auparavant, un défenseur (mais, je le déclare, pas outré) des unions consanguines. Néanmoins, je tâcherai d'établir de bonne foi le pour et le contre, et alors j'abandonnerai le sujet où il sera laissé par les expérimentateurs.

Le premier argument qui se présente est que les premières races humaines et animales doivent, de toute nécessité, avoir été reproduites par leur plus proche, et il n'est pas raisonnable de supposer que la nature aurait été établie sur un principe tendant à la détérioration de son ouvrage. Cet argument a été nommé l'argument de nécessité, et seulement applicable aux temps où il n'était pas possible d'établir d'autres unions. J'admets que c'est un argument de nécessité, pour ce qui est relatif aux temps primitifs; mais il reste d'ailleurs, quand nous réfléchissons que, dans les âges suivans, les mariages consanguins avaient lieu chez les nations policées, et qu'actuellement, dans quelques tribus sauvages, surtout parmi les chefs et leurs familles, les mariages ne sortent pas de leur sang, et que, dans aucune circonstance, on ne remarque de dégénération. Comme nous savons qu'une barrière insurmontable, produite par une aversion instinctive, existe contre la réunion entre les genres différens, afin que les formes spécifiques des espèces ne se perdent pas dans les productions hybrides. cela ne peut paraître une analogie forcée en supposant que, si de très mauvais effets devaient résulter de l'union consanguine, de même il se serait alors manifesté contre elle une aversion instinctive. Il ne paraît pas facile que l'on puisse établir *à priori* aucune raison physique ou théologique, pourquoi l'union dans la ligne consanguine doit de toute nécessité éprouver une détérioration dans ses productions. La même organisation, la même constitution, les mêmes aptitudes, quand elles ne sont pas accompagnées de défauts, doivent tendre, dans cette union, à produire une ressemblance parfaite. Mais les faits pour cet objet sont bien plus concluans que tous les argumens les plus spécieux.

Nous sommes assurés que les chevaux arabes de premier sang sont reproduits entre eux *in and in*, et nous savons qu'aucun peuple ne porte plus d'attention à l'amélioration de leurs chevaux; et comme ces chevaux ont conservé jusqu'ici leurs qualités, c'est une grande présomption en faveur de ce système. M. Backwell, dont le nom sera toujours au premier rang des éleveurs de bestiaux, obtient les principales améliorations par la consanguinité. M. Meynell, qui n'est pas moins célèbre comme chasseur et comme bon observateur de tout ce qui a rapport à l'économie rurale des animaux, obtient par ce système tous ses chiens pour le renard; et tous les aventureux *gentlemen* qui les ont suivis peuvent témoigner de leur excellence. On pourrait, je pense, conclure que les préventions contre la reproduction par les animaux de même sang sont moins le résultat de la raison ou de l'expérience que du préjugé établi depuis long-temps, et fondé sur un but moral et politique relatif à l'homme et non aux brutes.

J'ai dit plus haut qu'il existait de forts et nombreux opposans au système reproductif *in and in*, et dont les opinions ont de l'influence sur cette question (1). Sir John Sebright, qui a été long-temps connu comme un homme instruit et un éleveur-praticien, est regardé pour avoir toujours été l'ennemi de la reproduction consanguine : son opinion sur ce sujet a été mise sous les yeux du public, l'année dernière, dans une lettre sur l'*Art d'améliorer les races d'animaux domestiques*; et, comme on lui accorde justement une grande importance, je citerai avec franchise ce qui sera nécessaire pour faire connaître le but de ses argumens. Il dit : « Si une race ne peut être améliorée, ou toujours continuée dans le degré de perfection qu'elle a déjà atteint que par l'union d'individus choisis de manière à corriger leurs défauts réciproques (proposition qui ne peut être refusée), il en résulte que les animaux doivent dégénérer lorsqu'ils se perpétuent dans la même famille, sans mélange d'autre sang, ou par le système techniquement appelé engendré *in and in*. »

Contre l'autorité de M. Backwell, l'ingénieux baronnet raisonne ainsi : « Personne ne peut méconnaître l'habileté de M. Backwell dans l'art dont il se dit de bonne foi être l'inventeur; mais le mystère

___

(1) Le principal argument contre ce mode de reproduction est qu'il peut perpétuer et augmenter les maladies héréditaires, qui sont nombreuses dans quelques races, et que les défauts accidentels peuvent ne pas être aperçus.

» avec lequel on sait qu'il en agit dans toutes ses » opérations, et les différens moyens qu'il a em-» ployés pour mettre le public en erreur, me portent » à ne pas donner à ses assertions tout le poids que » j'accorderais à son opinion, si elle avait été jus-» tifiée. »

A l'opinion de M. Meynell, sur cet objet, il répond : « Ses chiens de chasse pour le renard (*fox » hounds*) sont cités comme une preuve victorieuse » de cette pratique *in and in*; mais, en causant avec » ce gentleman sur ce sujet, on voit qu'il n'attache » pas le même sens que nous à l'expression *in and in*; » il dit qu'il a fréquemment tiré race du père et de » la fille, et de la mère et du fils. Ceci n'est pas ce » que je considère comme l'union *in and in*; car la » fille n'est seulement que le demi-sang de son père, » et doit participer, probablement à un haut degré, » aux qualités de sa mère. »

Ce gentleman, dans un passage de sa lettre, établit aussi quelques faits importans sur cette matière, par ces mots : « J'ai tenté quelques expérien-» ces sur la reproduction *in and in* dans les chiens, » les oiseaux et les pigeons. Les chiens produits d'un » fort épagneul sont devenus de faibles bichons; les » oiseaux ont été montés plus haut sur jambes, d'un » corsage plus chétif, et ont été de mauvais pères. »

L'auteur du *Traité sur les lévriers* est aussi, en quelque sorte, contre l'union consanguine, il dit : « Si elle est continuée pendant quelques générations, » une infériorité manifeste dans la taille et une dé-» fectuosité dans les os se feront bientôt apercevoir, » aussi bien que le manque de courage et de force, » quoique cependant la beauté des formes, à la » taille près, ne soit pas altérée. »

Buffon raisonne de même : « Ce qu'il y a de singu-» lier, c'est qu'il semble que le modèle du beau et » du bon soit dispersé par toute la terre, et que, » dans chaque climat, il n'en réside qu'une portion » qui dégénère toujours, à moins qu'on ne la réunisse » avec une autre portion prise au loin; en sorte que, » pour avoir de bons grains, de belles fleurs, etc., » il faut en changer les grains, et ne jamais semer » dans le même terrain qui les a produits, et de » même, pour avoir de beaux chevaux, de bons » chiens, etc., il faut donner aux femelles du » pays des mâles étrangers, et réciproquement aux » mâles du pays des femelles étrangères. Sans cela, » les grains, les fleurs, les animaux dégénèrent, ou » plutôt prennent une si forte teinture du climat, » que la matière domine sur la forme, et semble » l'abâtardir; l'empreinte reste, mais défigurée par » tous les traits qui ne lui sont pas essentiels; en » mêlant, au contraire, les races, et surtout en les » renouvelant toujours par les races étrangères, la » forme semble se perfectionner, et la nature se » relever, et donner tout ce qu'elle produit de meil-» leur. »   (*Buffon, Hist. Nat.*)

M. Beckford, dans ses *Réflexions sur la chasse*, fait cette remarque : « Un fameux chasseur m'a dit » qu'il tirait fréquemment race des frères et sœurs; » comme je serais peu enclin à opposer quelque » chose à une telle autorité, on ferait mieux de » l'essayer; et si le succès répond à l'égard des » chiens de chasse, c'est ce qui n'a pas lieu habi-

» tuellement, je crois, pour les autres animaux. »

Il reste à dire que beaucoup d'éleveurs praticiens, moins célèbres, sont contraires à la reproduction consanguine, comme par les frères et sœurs, les pères et filles, etc.; mais plusieurs accordent que cette union, à un degré plus éloigné, peut être avantageuse. C'est particulièrement le cas de plusieurs éleveurs de coqs de combat, qui penchent à la reproduction par l'union consanguine au troisième degré, ce qu'ils appellent le *moment favorable* (*nick*). Tout ce qu'on peut déduire de cette divergence d'opinions est que ce sujet est encore problématique, et qu'il faut le cachet de l'expérience pour pouvoir décider d'une manière affirmative.

Tout en rapportant les avis pour et contre les unions consanguines, M. Delabère-Blaine laisse apercevoir qu'il ne les regarde pas comme aussi funestes que l'on pourrait le croire, et cette opinion est partagée par son savant traducteur, M. V. Delaguette, ancien vétérinaire des gardes-du-corps du roi.

La lice est en état de recevoir le mâle dès le premier ou le second jour de l'écoulement vulvaire; mais il ne faut la faire couvrir que le onzième ou le douzième jour de sa chaleur; c'est le temps où elle commence à décliner, et alors, la chienne retiendra mieux. Il suffit d'enfermer le chien avec elle, de les abandonner à eux-mêmes, et de leur donner le temps nécessaire. On doit seulement les observer, pour s'assurer que l'accouplement a eu lieu, et il paraît inutile que cet accouplement soit répété, parce que l'expérience prouve que, quand un chien et une lice sont bien noués, et qu'on leur donne le temps de se dénouer d'eux-mêmes, un seul accouplement suffit (1). La récidive ne peut que diminuer les forces et abréger l'existence du chien; et comme on choisit ordinairement, pour ce service, un animal précieux, il est important de le ménager.

Aussitôt que l'accouplement a eu lieu, on retire le mâle d'auprès de la femelle, et on a soin de l'éponger exactement, parce qu'en rentrant au chenil, les autres chiens, s'apercevant de ce qui se serait passé, pourraient le piller et le mordre jusqu'à l'étrangler.

On tient la chienne renfermée pendant sept à huit jours et jusqu'à ce que sa chaleur soit entièrement passée; ce qui se connaît lorsque le bouton est tout à fait retiré comme il l'était avant sa chaleur. Alors on la remet au chenil, on la fait faire chasser jusqu'à ce que le ventre lui *avale*. L'exercice lui sera utile; car, si on la laissait au chenil, elle s'engraisserait et éprouverait plus de peine à mettre bas.

On peut reconnaître qu'une lice est pleine, avant que son ventre commence à baisser, par la grosseur des mamelles et une certaine dureté au bout. Ces deux caractères sont certains; mais la grosseur des mamelles, sans dureté au bout, ne prouverait rien, car les différens organes de la génération ont tant de sympathie entre eux, que, lorsqu'on refuse le mâle aux femelles,

et que la période de la gestation ou de la mise-bas est passée, le lait n'en paraît pas moins dans les glandes qui le sécrètent; quelquefois la sécrétion est très abondante, et la chaleur et la tuméfaction sont très fortes. Ces accidens sont plus fréquemment observés dans les femelles qui ont déjà porté, et qui sont toujours plus souffrantes de la privation qu'on leur impose dans la suite. Dans ces occasions, on soulagera les femelles en faisant couler journellement le lait par une douce pression des mamelles, que l'on bassinera avec un mélange d'eau de vie et de vinaigre affaiblis par l'eau. La nourriture doit être donnée avec modération, et l'on administrera quelques purgatifs.

Une quinzaine de jours avant le terme, on met la chienne à part. On a soin de la faire promener tous les jours, et on lui donne alors peu de soupe, mais du pain tant qu'elle en veut. Comme il est rare que la nature n'opère pas d'elle-même la délivrance de la chienne, il est toujours préférable de la laisser agir. Cependant, si l'on s'aperçoit que la lice, près de mettre bas, soit souffrante, il serait bon de la surveiller. Si elle est jeune et vigoureuse, on peut, pour rendre le travail plus facile, employer la saignée, et quelquefois même des injections émollientes dans le vagin. Si, au contraire, elle est vieille et faible, on peut augmenter ses forces en lui faisant avaler un verre de vin chauffé avec de la cannelle et du sucre, et dans lequel on aura mis un peu de thériaque. Le moyen qui paraît réussir le mieux, c'est d'encourager, par des caresses, la lice en travail. Si un petit chien, mort ou vivant, est arrêté au passage, il faut le tirer avec précaution pour ne pas blesser la mère, en se servant d'un crochet de fer ou de bois. On emploie aussi le forceps ou le bistouri. On fend le crâne du petit sujet par le milieu de la tête, ou la comprime entre les doigts, on tire ensuite, et le part s'effectue; mais il faut, autant que possible, que cette opération soit faite par un artiste-vétérinaire.

La lice dévore le *placenta*, et s'empresse de lécher ses petits aussitôt qu'ils sont nés. Elle avale aussi toutes leurs déjections, tant qu'ils restent avec elle, afin que son lit soit propre.

On laisse ordinairement les chiens cinq ou six heures sous la mère, pour tirer le premier lait. Ensuite, si on veut qu'elle nourrisse, on lui en laisse deux ou trois, ou quatre au plus, lorsqu'elle est d'un bon tempérament. Il faut, pendant qu'elle nourrit, lui donner de bonne soupe, beaucoup de pain sec, et avoir soin qu'elle ne manque jamais d'eau. Il faut aussi, pour la soulager, si on lui a laissé un certain nombre de chiens, accoutumer les petits, le plus tôt possible, à prendre du lait bouilli et légèrement sucré; si on le donnait froid, il deviendrait purgatif, et le sucre le rend semblable à celui de la mère. Lorsqu'on ne garde pas tous les chiens d'une portée, on choisit ceux qui sont forts et bien conformés, et qui, par leur extérieur, ressemblent le plus au père ou à la mère, selon que l'on a reconnu plus de qualités dans l'un ou dans l'autre, parce que l'expérience prouve qu'un jeune chien qui ressemble au père ou à la mère, a ordinairement les qualités de l'un ou de l'autre. Toutefois, dans l'ac-

---

(1) La conception a souvent lieu dès le premier accouplement, quelquefois seulement après le deuxième, troisième ou quatrième; et, dans quelques cas, on a eu la preuve qu'elle n'avait eu lieu qu'au septième.

couplement de deux races différentes, les petits tiennent plus du père à l'extérieur et de la mère à l'intérieur.

Soins à donner aux jeunes chiens. Lorsque l'on ne veut pas que la mère nourrisse, ou qu'on veut élever plus de chiens qu'elle n'en pourrait nourrir sans se fatiguer, ou enfin lorsque la lice est morte en mettant bas, il faut donner les chiens à une autre chienne qui vienne aussi de faire des petits. Pour les lui faire adopter, on lui retire tous ses chiens sauf un, et on l'enferme avec ceux qu'on veut lui faire nourrir, et le sien propre, dans un endroit obscur. Si elle les grogne et ne donne à téter qu'au petit qu'on lui aura laissé, on frotte ce dernier d'eau de vie camphrée ou même d'eau de vie ordinaire, ou bien encore on l'arrose du lait de la mère étrangère, ainsi que les autres chiens, de façon que, ne les voyant pas et ne pouvant plus les reconnaître à l'odorat, elle les laisse tous téter. Nos auteurs français prétendent que la race de la chienne que l'on donne pour nourrice est assez indifférente; qu'il suffit qu'elle soit forte et de bon appétit, et qu'on ne lui donne pas plus de chiens qu'elle n'en pourra nourrir.

M. Delabère-Blaine ne partage nullement cette opinion. On lit ce qui suit dans sa *Pathologie canine :* « Si l'on donnait une autre mère aux petits
» que l'on a retirés, il faudrait, autant que possible,
» qu'elle fût de la même race. Par l'expérience que
» j'ai acquise sur cet objet, je suis fortement porté
» à croire que les qualités de la nourrice sont, à un
» certain point, transmises avec le lait; et si la
» race était distinguée, le mal serait plus grand.

» Je suis maintenu dans mon opinion par le té-
» moignage de quelques chasseurs observateurs.
» Une constitution maladive peut aussi résulter de
» cette pratique.

» Je connais une belle petite fille ayant les pau-
» pières ulcérées; elle est le seul enfant qui soit ainsi
» parmi ses frères; elle est aussi le seul enfant qui
» ait été mis en nourrice. La femme qu'elle a tétée
» a une nombreuse famille, et plusieurs de ses enfans
» ont la même maladie. »

Quand on ne peut pas se procurer une nourrice et qu'on veut élever des jeunes chiens précieux, on les nourrit au biberon. On prend un fort tuyau d'étain ou une forte plume que l'on coupe des deux bouts; on attache à l'un de ces bouts un petit morceau d'éponge couvert d'un linge fin; on trempe cette éponge dans du lait qui vient d'être trait et qu'on a eu soin de sucrer, et l'on remplit le tuyau du même lait par l'autre extrémité. Les petits chiens s'accoutument aisément à sucer cette espèce de biberon. On a même l'exemple qu'un garde s'est servi, pour élever des chiens dont la mère était morte en mettant bas, d'un sabot percé au bout du pied, et auquel il avait adapté un chalumeau. Il versait le lait tiède dans le sabot, et faisait successivement téter ses élèves, qui vinrent tous à bien.

On ne coupe point la queue aux chiens courans; mais, en France, on l'écourte aux chiens d'arrêt ou couchans, et cette opération se fait douze ou quinze jours après leur naissance. Pour s'assurer de la longueur qu'il convient de laisser à la queue, on la baisse sur les jambes de derrière, et on la marque avec de l'encre ou toute autre chose, à un pouce au dessus du jarret. On prend ensuite une pelle bien rougie au feu, et on en applique fortement le tranchant à l'endroit marqué. Quelques personnes la coupent avec un couteau en frappant dessus, et cicatrisent ensuite la plaie avec une pelle rouge; mais ce moyen ne vaut pas le premier. Il ne faut pas couper la queue très courte à un chien; cela ôte de la grace à l'animal, et empêche qu'on ne suive ses mouvemens lorsqu'il quête dans des prairies où l'herbe est grande, et dans les vignes et les taillis. Si, plus tard, et le chien étant déjà grand, on jugeait que sa queue fût trop longue, et qu'on voulût la raccourcir, il faudrait avoir soin, au préalable, de former une ligature solide au dessus du point où l'on se proposerait de faire l'amputation. Dans ce cas, on devrait attendre la force du chien, se servir d'un couteau, et cicatriser la plaie, comme on vient de l'indiquer. On ne retirerait la ligature que lorsque l'escarre serait bien formée, et qu'on n'aurait plus à craindre d'hémorrhagie.

En Angleterre, on raccourcit les oreilles des chiens courans en les arrondissant; on prétend, par cette méthode, éviter les chancres et autres maladies dont elles sont souvent affectées.

Quand les petits chiens ont de quinze à vingt jours, on les purge avec un peu de manne fondue dans du lait. A six semaines, on les sèvre, en leur donnant d'abord du lait, et ensuite de la mouée claire. Pour les habituer à cette nouvelle nourriture, on les sépare de leur nourrice pendant le jour, et on les remet avec elle pendant la nuit. Au bout d'une huitaine de jours, on les en sépare tout à fait, et on ne les nourrit plus que de mouée jusqu'à six mois, époque à laquelle on leur donne du pain et de la mouée deux fois par jour. Il est important, si on veut avoir de beaux chiens, doués de force et de vigueur, de les bien nourrir dans leur jeunesse.

Dans les premiers jours du sevrage, il faut les peigner souvent, parce qu'alors ils sont ordinairement couverts de puces qui les incommodent beaucoup, surtout si c'est pendant l'été. Si cette vermine se multipliait au point d'altérer sensiblement leur santé, il faudrait leur frotter, tous les deux jours, le cou et les oreilles avec un onguent composé du jus d'une poignée de cresson de fontaine, pilé dans un mortier et exprimé au moyen d'un linge, avec une cuillerée d'huile d'olives et une pincée de safran pilé, le tout bien battu et mélangé. Le même remède pourra être appliqué aux petits et à la nourrice, si les puces les tourmentaient trop pendant l'allaitement.

Quelquefois le changement de nourriture fait sortir une grande quantité de boutons accompagnés de démangeaisons, ce qui les rend malades et les fait périr. On peut les frotter alors avec un onguent composé de fleur de soufre mélangée à chaud à l'huile de noix ou de navette. On les tient renfermés pendant trois jours qui suffisent à ce traitement.

Jusqu'à dix ou douze mois on peut laisser les jeunes chiens libres, dans les basses-cours ou chez les fermiers, à la campagne; par ce moyen, ils jouissent de l'avantage de courir à volonté, ce qui les rend forts et vigoureux, et les habitue à vivre paisiblement avec la volaille et les moutons après lesquels on les empêcherait difficilement de courir, si on les menait à la chasse sans qu'ils aient été familiarisés avec ces animaux ; à cette ●●●●●, on les met au chenil, et leur éducation d● ●ommencer.

Pendant la première année, les jeunes chiens doivent être purgés de temps en temps, au moyen de la manne et du lait, pour prévenir ou au moins rendre moins dangereuse la *maladie* à laquelle ils sont sujets.

Manière de faire passer le lait ●●● lices. Il y a deux moyens également bons pour faire passer le lait des lices quand on sèvre les petits, ou qu'●●●e veut pas qu'elles nourrissent. Le premier consiste à frotter leurs mamelles avec de la terre franche délayée dans du vinaigre ; l'autre à les frotter avec du vin blanc, dans lequel on a fait bouillir du persil ; mais indépendamment de ce traitement externe, il est indispensable d'en appliquer un interne, tel que des purgatifs et une nourriture rafraîchissante donnée avec modération. M. Delabère-Blaine conseille, dans ce même cas, de faire couler journellement le lait par une douce pression des mamelles que l'on bassinera avec un mélange d'eau de vie et de vinaigre affaiblis par l'eau. En moins de huit jours, le lait est passé sans accident. Cependant il peut arriver qu'il se grumelle, ce que l'on reconnaît lorsque les mamelles sont dures et douloureuses : il faut alors les frotter légèrement devant le feu avec de l'onguent populéum, ou seulement de la graisse.

De la castration des chiennes. Bechstein, dans son ouvrage sur la chasse (*yagdwissenschaft*), fait observer que, dans quelques équipages, en Allemagne, on soumet les chiennes à la castration ; c'est lorsque, pour compléter une meute de chiens courans, on n'a pas assez de mâles. Rien ne serait plus embarrassant, dit-il, que d'avoir dans cette meute un grand nombre de chiennes entières, parce qu'elles seraient le sujet de combats parmi les chiens, et que, d'un autre côté, elles ne pourraient faire le service de la chasse lorsqu'elles seraient en chaleur ou pleines. On se détermine donc à châtrer toutes les chiennes qu'on ne destine point à devenir des lices portières, en observant les règles suivantes :

1°. L'opération doit se faire seulement au printemps et en automne, parce que, dans ces deux saisons, la température de l'air ne permet guère de craindre la gangrène.

2°. La chienne qu'on veut opérer ne doit pas être trop grasse ; il faut, au contraire, qu'elle soit peu nourrie, parce que souvent l'opération manque dans les chiennes chargées de graisse.

3°. Il ne faut pas opérer les chiennes au moment où elles sont en chaleur ; on les perdrait immanquablement.

4°. L'opération se fait très facilement et réussit le mieux, quand la chienne a été couverte une fois, ou qu'elle est pleine depuis quinze jours au plus.

En rapportant les observations de Bechstein, nous n'avons pas eu en vue de conseiller la castration des chiennes, qui nous parait présenter beaucoup d'inconvéniens : nous avons voulu seulement, dans le cas où l'on voudrait la pratiquer, faire connaître les précautions qu'elle exige.

DICT. DES CHASSES.

Nous croyons devoir également citer l'article de la *Pathologie canine* sur la castration, ainsi qu'une note du traducteur, M. V. Delaguette.

Castration des chiens.

Il devient quelquefois nécessaire de pratiquer cette opération, soit pour des affections du cordon spermatique, soit par des tumeurs squirrheuses des testicules. Lorsque ces cas se rencontrent, quoique la castration ne soit pas une opération dangereuse pour les animaux, il est bon cependant qu'elle soit faite par un homme de l'art. Chaque testicule doit être retiré séparément du scrotum, par une ouverture assez large, et l'on doit appliquer une ligature, serrée modérément, sur le cordon spermatique, à environ un travers et demi de doigt au dessus du testicule. On fera l'ablation du testicule en coupant le cordon entre cet organe et la ligature. On peut se passer de ligature en faisant l'amputation au moyen d'un fer rouge ; le premier mode est le meilleur.

Pour châtrer les chats, il suffit de faire une incision sur chaque côté du scrotum, de faire sortir les testicules et de les arracher avec les doigts. La seule rupture du cordon spermatique prévient l'hémorrhagie, et il n'en résulte aucun accident. Il est souvent difficile de fixer le chat pour cette opération ; mais on y parvient par les moyens suivans : on fait entrer la tête et les pattes de devant dans une boite ou un sac, ou bien on entoure tout son corps de plusieurs aunes de toile.

Castration des femelles. C'est une opération cruelle et inutile, qui est souvent pratiquée pour l'agrément des maîtres, et que l'humanité devrait faire rejeter, toutes les fois qu'elle n'est pas indispensable, comme, par exemple, lorsqu'il existe des causes qui mettraient en danger l'existence d'une chienne au moment de mettre-bas, ou lorsqu'elle a été couverte par un chien beaucoup plus fort et plus grand qu'elle. Dans ces circonstances, comme probablement la chienne pourrait mourir dans le travail, il peut être avantageux d'expulser les petits à trois ou quatre semaines de la plénitude.

On fait une incision à un des flancs, et à ce moment les ovaires, étant augmentés de volume par la grossesse, sont plus facilement distingués et amputés l'un après l'autre, après avoir assuré les extrémités par une ligature lâche, dont on laisse les fils au dehors de la plaie. Les maréchaux ne mettent souvent pas de ligature, et il n'en résulte pas d'inconvéniens. Après cette opération, les chiennes engraissent, sont bouffies et perdent leur vigueur ; communément elles vivent peu de temps. La nature punit ordinairement toute infraction notable à ses lois, et on observe, surtout parmi les animaux, que lorsque le grand œuvre de la génération est artificiellement interrompu, particulièrement dans les femelles, elles cessent d'être sous la protection de la nature et meurent promptement.

Note du traducteur. Lorsque la castration se fait par la ligature, il faut la serrer aussi fort que possible, pour interrompre toute communication entre le mort et le vif. C'est à ce défaut de comprimer for-

35

tement les cordons, qu'il faut attribuer les accidens qui accompagnent souvent la castration pratiquée sur les différens animaux domestiques. Au surplus, la castration dans le chien doit se faire par arrachement, et alors les accidens ne sont pas à craindre.

La castration des femelles offre toujours plus de danger que celle pratiquée sur les mâles; celle des chiennes est très rare en France, et probablement aussi en Angleterre, quoi qu'en dise l'auteur. Ce serait, je crois, un très mauvais moyen à employer dans le cas où il l'indique, et qui deviendrait pire que le mal. Effectivement, la castration faite pendant que la chienne est pleine amenerait nécessairement une inflammation considérable de l'utérus et des viscères de l'abdomen, qu'il serait très difficile de calmer. Néanmoins, si l'on avait à faire cette opération, il suffit d'arracher avec l'ongle les ovaires, sans poser aucune ligature; on se contente de faire quelques points de suture pour réunir la plaie des muscles incisés.

Maladie des chiens. (*Voyez* la section IIIe et dernière de cet article.)

Des chiens de chasse et de la manière de les dresser.

Tous les chiens chassent naturellement; mais il y a des races qui sont douées d'un instinct particulier et de qualités essentielles pour la chasse, que l'homme s'est attaché à perfectionner.

Chacune de ces races a des dispositions plus propres à une sorte de chasse qu'à une autre, et l'on a tellement profité de ces dispositions, qu'aujourd'hui on a presque autant de races qu'il y a d'espèces d'animaux auxquelles on fait la chasse. Les Allemands surtout divisent et subdivisent les races de chiens de chasse, non seulement suivant le genre de chasse, mais encore suivant les différens animaux sauvages pour lesquels ils les emploient. Mais comme toutes les chasses peuvent se réduire à deux genres : la *chasse à courre* qu'on nomme aussi *la chasse à cors et à cris*, et *la chasse à tir* ou *la chasse au fusil*, on peut de même réduire à deux grandes divisions toutes les races de chiens de chasse, savoir : les chiens courans, et les chiens d'arrêt ou chiens couchans.

C'est dans ces deux divisions que nous allons traiter des différentes races en nous aidant, pour la rédaction de cet article important, du *Traité des chasses à courre*, de l'excellent *Traité spécial des chiens de chasse*, et des ouvrages allemands de Hartig et de Bechstein.

PREMIÈRE SECTION. — *Des chiens employés dans les chasses à courre.*

Trois sortes de chiens sont employés dans les chasses à courre : 1° les limiers, avec lesquels on s'assure de la retraite de l'animal qu'on veut chasser; 2° les chiens courans, qui doivent le lancer, le poursuivre et le forcer; 3° les chiens de force dont l'emploi est d'arrêter et de combattre les animaux dangereux.

I. *Du limier et de son éducation.*

Le limier, que les Allemands appellent *leithund*, mot qui s[...] chien conducteur, et en latin *canis familiaris [...]aticus*, est le chien qui quête et détourne la bête que l'on veut chasser. C'est le principal chien d'une meute, celui dont les qualités importent le plus pour le succès des chasses.

Quoique l'on puisse dresser comme limier la plupart des chiens courans ordinaires, on désigne plus particulièrement [...] ce nom une race de chiens qui était plus commune en Normandie que dans toute autre province de la France, et qui ne donne point de la voix, qualité essentielle pour un limier. Cette race est aujourd'hui fort rare.

Les chiens que l'on emploie comme limiers doivent se rapprocher le plus possible des chiens de cette ancienne race, qui ont le corps épais et de moyenne grandeur (leur taille étant de 20 à 22 pouces), la tête grosse et carrée, les lèvres longues, le nez gros et très bon, les oreilles larges, longues et pendantes, la poitrine large, les jambes bien proportionnées, les cuisses charnues, la queue longue et un peu recourbée, et le poil ordinairement court. Il y en a de noirs, de bruns, et plus souvent d'un gris tirant sur le brun; mais rarement de tout blancs. Les noirs sont marqués de feu et ont aussi du blanc sur la poitrine. Ces chiens sont vigoureux, hardis et même méchans; ils se battent entre eux avec un tel acharnement qu'on est obligé de leur fourrer un bâton dans la gueule pour les séparer.

Aujourd'hui que cette race est fort rare, on choisit, le plus souvent, des limiers parmi les diverses variétés de chiens courans, et même parmi les griffons. On cherche, parmi les jeunes chiens d'un an, l'individu dont les formes annoncent de la force, et qui, dans ses yeux avec les autres, montre plus de courage et d'audace.

Comme le limier est destiné à indiquer au veneur qui le conduit les voies de l'animal qu'il est habitué à quêter, il faut ne l'employer que pour une seule espèce de bête; autrement ce chien étant en quête, se rabattrait de toutes les voies qu'il rencontrerait. Aussi, dans les grands équipages, on a des limiers pour chaque espèce d'animal sauvage que l'on trouve dans le pays.

On ne doit commencer à dresser le limier que lorsqu'il est suffisamment formé et en bon état; il faut qu'il ait un an au moins, mais il ne doit pas avoir plus de dix-huit mois: si on commençait à le faire travailler trop jeune, il s'effilerait, c'est à dire qu'il perdrait ses forces et s'énerverait; trop vieux, il deviendrait plus difficile à dresser. Le valet de limier, avant de mener son chien, doit l'habituer à porter la *botte*, et à se laisser conduire en laisse. La botte (*Pl. 2, fig. 7*) est un collier de cuir large de 4 à 5 pouces, que l'on passe au cou du chien, pour pouvoir le retenir par le moyen d'une longe de cuir; à la queue on noue une corde d'une certaine longueur, que l'on nomme *trait*. La largeur de la botte est essentielle, parce que les chiens ardens et qui tirent continuellement sur le trait seraient de suite essoufflés, si le collier était trop étroit. Le valet doit se rendre familier avec son limier, s'en bien faire connaître, et l'habituer, en toute occasion, à une grande obéissance, en employant toutefois des moyens de douceur, car un limier que l'on frappe ne fait jamais un bon service. Il faut s'attacher à lui faire distinguer l'odeur de l'animal à la quête duquel on le destine, et, pour cet effet, le promener souvent, et tâcher de trouver des voies de bon temps sur lesquelles on l'arrêtera ; si l'on a pris dans l'équipage quelque animal, on a soin de lui réserver une portion de la curée.

Après les préliminaires dont nous venons de parler, on procède à son instruction définitive, et on ne doit le faire que dans la saison et le temps le plus favorables, parce qu'on est moins exposé à lui laisser suivre d'autres voies que celle pour laquelle on le destine.

II. *Limier pour cerf.*

L'instruction d'un limier pour cerf étant celle dont on s'occupe principalement, c'est par elle que nous commencerons. On y procède vers la mi-septembre, parce qu'à cette époque les cerfs, tourmentés par l'ardeur du rut, font des courses continuelles, et répandent une odeur qui frappe aisément les sens du chien. Il faut aussi, la première fois qu'on mène un limier, choisir un beau temps ; mais, par la suite, on néglige ces premières précautions, parce qu'il faut habituer le jeune chien à se rabattre dans toutes les saisons et par tous les temps.

Voici le procédé indiqué par M. Hartig pour commencer à faire travailler un jeune limier. On s'assure d'avance de la demeure d'un cerf, par les voies qu'il a laissées le matin, et il est bon qu'il n'y en ait qu'un dans l'endroit où l'on se propose de quêter. On prend le jeune limier dès qu'il fait jour, on lui parle avec douceur, et on lui dit : *Allons, allons, Nicanor, allons!* On le caresse de la main, on prend la pelote du trait de la main gauche, et le trait lui-même de la main droite, et on dit au chien : *En avant, Nicanor en avant!* On marche, et on le laisse aller, en lâchant de la main droite assez de trait pour qu'il y ait un pied de distance entre le veneur et le limier. Si le limier ne va pas assez vite, on l'excite : *Là, là, Nicanor, allons, allons!* Mais s'il a trop d'ardeur, ou si, par excès de joie, il saute devant son maître, on lui dit : *Doucement, Nicanor, doucement!* S'il tire trop sur son trait : *Tout bellement, Nicanor, tout bellement!* S'il fait une faute qui mérite réprimande : *Fi, vilain, fi!* S'il faut le faire tourner à droite : *De là, Nicanor, de là!* si c'est à gauche, *de çà, Nicanor, de çà!* On répète ces instructions autant que cela est nécessaire, jusqu'au moment où l'on soit arrivé au bois où le cerf est rembûché. On se place à quarante ou cinquante pas de ce bois, en choisissant un terrain, non pas fraîchement labouré, mais tel que les pieds du cerf y soient bien marqués, et que le chien puisse les voir et apprendre à les connaître parfaitement. Si le jeune limier ne s'en rabat pas, et qu'il ne sache que faire, c'est le cas de faire venir un veneur avec un autre limier bien dressé, pour le faire travailler à côté du jeune et apprendre à celui-ci à l'imiter.

Lorsque le jeune limier tombe sur la voie d'un animal qu'il ne doit pas chasser, on l'en détourne, mais sans colère, en lui disant : *Fi, vilain! ah! fi, Nicanor!* Mais s'il tombe dans la bonne voie, on lui dit : *Ho, ho, tu dis vrai, Nicanor, allons, allons!* On raccourcit le trait de manière que le chien soit tout près du veneur, et s'il indique la voie du nez, on lui dit : *Après, Nicanor; après, l'ami, tu dis vrai!* On lui lève la tête en l'air, et on le caresse avec la main ou avec une petite branche qu'on tient à la main. S'il indique encore quelques empreintes, on lui dit : *En avant, Nicanor, continue!* S'il regarde autour de lui, on lui dit d'un ton ferme : *Attention, Nicanor, attention!* jusqu'à ce qu'il ait remis le nez à terre et qu'il se rabatte. C'est ainsi qu'on procède dans le commencement, et on laisse le chien dans la voie jusqu'à ce qu'il ait rencontré plusieurs empreintes ; on le caresse, et on l'enlève alors de quelques pas hors de la voie et contre le vent, en le prenant avec la main droite par les jambes de derrière, et en le soulevant de terre. On en use ainsi toutes les fois qu'il s'agit de mettre le chien hors d'une bonne voie, et cette manœuvre a pour objet d'apprendre au chien à distinguer une bonne voie d'une autre, dont on le détourne seulement avec le trait en le grondant. Après qu'on a enlevé le chien, on le ramène de nouveau vers la voie, en faisant un circuit, et on lui dit : *Attention, Nicanor, attention!* S'il attaque la voie, on en use comme la première fois, et, après l'avoir caressé, on l'enlève encore, et on se retire avec lui à une plus grande distance, pour éviter de le dégoûter en le laissant trop long-temps sur la voie, ou de lui donner trop d'ardeur. On fait de nouveau un retour en circuit sur ses pas pour reprendre la voie ; on répète cette manœuvre par la suite, autant que cela est nécessaire, pour apprendre au chien à bien distinguer la voie et à l'indiquer.

Dans le commencement, il ne faut pas mettre trop souvent le jeune chien sur la voie, ni le faire travailler trop long-temps ; et, en général, il ne faut pas laisser voir d'animal au limier, ni lui donner des voies trop chaudes, parce qu'il prendrait trop d'ardeur et qu'il crierait. Si le valet de limier aperçoit un animal, il doit empêcher que le limier ne le voie, en lui tenant les yeux fermés, ou en le détournant de côté jusqu'à ce que l'animal soit passé.

On exerce de cette manière le jeune limier tous les matins, pendant une heure, et par un bon temps ; plus tard, la leçon doit être plus longue et le temps peut être moins favorable. On ne doit pas commencer un jeune limier quand la terre est trop sèche ou trop mouillée, ou quand le vent est trop fort ; mais, lorsqu'il a déjà été exercé, on doit le faire travailler, même lorsqu'il y a beaucoup de rosée, ou lorsque le temps est très sec, ou que le vent est fort. Le grand vent est la circonstance la plus désavantageuse, parce que les chiens sont facilement détournés de leurs recherches.

Si le limier est de bonne race, il s'attachera à la voie dès la première époque (1), qui commence or-

---

(1) M. Hartig distingue trois époques pour l'exercice du limier.

dinairement vers le milieu de mai ou le commencement de juin, et dure jusqu'au milieu ou la fin d'août; il remontrera assez bien, et cependant s'attachera souvent aux mauvaises voies; mais, sur la fin de la deuxième époque, il ne manquera pas, du moins par un bon temps, de saisir les bonnes voies et de passer les mauvaises; et, à la troisième époque, son éducation sera complète.

Quand on veut dresser le limier à aller au contre-pied, c'est à dire à aller en remontant sur la voie, au lieu de suivre le *droit*, ou, ce qui est la même chose, de la suivre dans sa direction naturelle, on procède de la manière ci-après: vers le milieu de la première époque, ou à la seconde, on le laisse aller quelque temps au droit, en le tenant de court, et on le retourne alors sur la voie avec précaution, en lui disant: *Au retour, au retour sur la voie!* On le fait aller au contre-pied, et, lorsqu'il a remontré quelques empreintes, on le met hors de voie. Plus tard, on lui fait suivre le contre-pied plus long-temps, on l'enlève et on le détourne comme sur le droit, et on l'habitue à l'une et à l'autre manœuvre, de manière qu'aux mots *au retour sur la voie*, il reprenne de lui-même, soit le droit, soit le contre-pied, et suive les empreintes.

Quand le limier ne veut pas se rabattre dans la matinée sur la voie déjà froide du grand matin, on l'y habitue en procédant ainsi: on le retient dans le bois jusqu'à ce que la voie du matin, qu'on a brisée, soit refroidie; vers les huit heures, et plus tard par la suite, on ramène le chien sur la voie, on lui en fait revoir, après quoi on l'enlève et on le reconduit au chenil. On peut aussi, dans la même matinée, tourner autour de l'enceinte où l'animal s'est rembuché, et faire revoir de nouveau la voie devenue froide.

Mais, pour soutenir la bonne volonté du limier et prévenir son dégoût dans le travail, il ne faut pas se borner à des caresses; il faut le faire jouir réellement. Cela se fait de plusieurs manières; voici la plus facile: on fait quêter le limier, et on charge un autre veneur de suivre de loin : quand ce dernier rencontre les premières voies, que l'autre a brisées, il y place, sur la voie même et en avant du bois, soit la tête d'un cerf nouvellement tué, et encore revêtue du bois et de sa peau, auprès de laquelle il laisse un peu de venaison, soit les pieds de derrière, fraîchement détachés à la hauteur du genou, et sous la peau desquels on a fourré de petits morceaux de venaison; il doit éviter de marcher sur la voie et de l'effacer, et, lorsqu'il a fini, il s'éloigne à une distance suffisante. Cela fait, le veneur qui conduit le jeune limier va reprendre la voie pour la parcourir une seconde fois, en suivant les brisées jusqu'auprès du bois; alors il allonge le trait, pour que le limier approche de l'appât qu'on y a placé, et lui laisse manger les morceaux de venaison et un peu ronger la tête ou les pieds. Il y a une autre manière qui est plus importante: lorsqu'on a tué un cerf, on l'étend sur la voie dans le bois, et on place entre ses pieds de derrière la venaison destinée à la jouissance du chien. Cette jouissance, que l'on procure au limier une ou deux fois à chaque époque, lui donne beaucoup plus de sentiment et d'obéissance que ne le feraient de simples caresses.

A ces détails, que nous avons extraits de l'ouvrage allemand de M. Hartig, nous croyons devoir ajouter quelques observations de nos auteurs français.

Lorsque des chiens moins favorisés par leurs dispositions naturelles ne se rabattent pas dans les premières quêtes, il faut alors chercher les occasions de leur faire voir l'animal, et les mettre sur sa voie toute vive, en les excitant à la suivre. Si ce moyen ne réussit pas, il faut mener le chien en compagnie d'un limier dressé, pour qu'il puisse l'imiter et apprendre à se rabattre. Si, malgré ce soin, le jeune limier ne se rabat pas encore, il faut, quand on aperçoit un cerf, lui ôter la botte, et l'exciter à le poursuivre en liberté. Le suit-il, on a l'espoir d'en tirer parti; et, pour cet effet, on le ramène le lendemain sur le terrain, avec la botte au cou, et lorsqu'on trouve une voie fraîche, on l'encourage à s'en rabattre; et il est assez rare qu'il ne le fasse pas. Dans le cas contraire, on le laisse quelques jours en repos, et on tente un nouvel essai. On voit quelquefois des limiers se déclarer au moment qu'on s'y attend le moins; c'est pourquoi il ne faut pas perdre patience, surtout quand le chien est de bonne race. Mais lorsqu'on a acquis la certitude qu'il n'y a pas de moyens d'en faire un limier, on le rend à la meute.

Quand le jeune chien commence à se rabattre, il faut le laisser suivre, et l'arrêter de temps en temps, sur la voie pour l'y affermir et l'habituer à suivre juste.

Il est essentiel qu'un limier soit silencieux, car s'il donnait de la voie, le cerf dont il doit indiquer le rembûchement percerait l'enceinte et fuirait. Cependant, quand on commence à mener un limier, il n'est pas étonnant qu'il crie sur la voie; mais lorsqu'il est bien dedans et qu'il suit avec ardeur, il faut lui donner quelques saccades avec le trait, en lui disant: *Tout coi, chien, tout coi!* Peu à peu il comprendra qu'il ne doit pas crier. S'il avait pris à perdre cette habitude, il faudrait, pour l'en corriger et lorsqu'il serait plus vigoureux, lui donner de longues suites au droit et au contre-pied, c'est à dire en avant et en arrière. Observons toutefois que, lorsqu'on commence à dresser un jeune chien, il ne faut pas lui donner trop de longues suites, parce qu'il se fatiguerait et s'énerverait.

Dès le moment qu'un jeune chien sait se rabattre et suivre juste, il faut éviter de lui laisser voir des animaux; et on ne doit plus marcher sous le vent qui lui apporterait les émanations de l'animal, ce qui déterminerait le chien à porter le nez haut et à surralter toutes les voies.

Lorsqu'un limier se rabat des voies d'un animal, autre que celui qu'il est destiné à quêter, on lui donne quelques saccades avec le trait, en lui disant: *Fi, vilain, fi!* Mais le veneur ne doit jamais le corriger avec colère et brutalité; il ne faut pas qu'un limier soit trop craintif.

Il n'est pas seulement nécessaire qu'un limier sache suivre la voie dans le sens de la marche de l'animal, il faut encore qu'il puisse la suivre dans le sens opposé, ce qu'on nomme le *contre-pied*. Il arrive que le limier se rabat d'un cerf presqu'à bout de voie, c'est à dire près du lieu où il s'est recélé. On conçoit que, si on le laissait suivre au droit, il mettrait l'animal sur pied; et comme, dans le petit espace parcouru, le veneur a pu ne pas trouver assez de connaissances pour juger son cerf, il y a nécessité pour lui de prendre le contre-pied, pour lever les fumées et acquérir toutes les autres connaissances dont il a besoin pour faire son rapport. On doit, dès le commencement de l'éducation d'un limier, l'habituer à suivre, à volonté, le droit et le contre-pied; et pour cet effet, lorsqu'il se rabat, on le laisse suivre la longueur d'un trait, on l'arrête sur la voie, on raccourcit le trait, puis on le fait revenir sur la voie encore de la longueur d'un trait. Chaque fois qu'il obéit bien, on le caresse et on le récompense. Cette manœuvre a d'ailleurs l'avantage de développer la finesse de l'odorat du chien, puisqu'à mesure qu'on s'éloigne du lieu où l'animal est rembûché, la voie est moins fraîche. (Nous avons vu que M. Hartig conseille même d'enlever le chien hors de la voie, et de l'y ramener ensuite par un détour en arrière.)

Lorsque le jeune limier se rabat bien et qu'il suit juste au droit comme au contre-pied, il faut veiller à ce qu'il ne se rabatte pas de voies trop vieilles, et lorsque cela lui arrive, il faut l'en retirer doucement. S'il contractait cette habitude, il embarrasserait le veneur dans sa quête.

Le limier ne doit pas tirer sur son trait, parce qu'il s'essoufflerait au point de ne plus sentir la voie; il faut donc lui donner quelques saccades quand cela lui arrive, et avoir soin que le trait ne soit tendu qu'autant qu'il le faut pour ne pas traîner à terre.

Quand un limier commence à bien travailler, on peut, pour sa récompense, lui donner de temps en temps le plaisir de lancer un cerf; et pour cela, on lui en fait détourner un, et lorsque son travail est fini, on le laisse suivre jusqu'à ce qu'il arrive dessus; ensuite on le caresse bien.

Comme un limier doit être employé en tout temps, il faut, avant de lui faire détourner un cerf pour le donner à courre, l'avoir fait travailler dans toutes les saisons. C'est le moyen d'être bien sûr de lui.

Un limier peut se dégoûter de chercher toujours sans rien trouver; il est bien, pour l'encourager au travail, de faire placer de temps en temps, sur une bonne voie, un morceau de venaison. Le valet de limier le mène sur le terrain où il peut se rabattre de cette voie, et lorsqu'il l'a fait, il le laisse suivre. Le chien trouve la venaison qu'on lui laisse manger, en le caressant; et cette attention retrempe son ardeur. (Nous avons vu comment M. Hartig conseille de procéder dans ce cas.)

Tels sont les meilleurs moyens de dresser un limier; la douceur et la patience feront toujours un chien parfait, si le sujet a quelques dispositions. Mais, pour n'avoir jamais à punir, le valet de limier doit être soigneux de réprimer chaque faute dès le commencement, afin qu'elle ne dégénère pas en habitude. Un limier bien dressé est un trésor dans un équipage. C'est son intelligence qui assure le succès de la chasse. Le valet qui l'a dressé doit être celui qui le mène en quête; tel chien fort instruit et qui fera merveille avec le veneur qui a l'habitude de le conduire ne fera que des sottises avec un autre.

Le veneur doit toujours, quand il dresse un limier, se servir des termes consacrés par l'usage de la chasse.

III. *Limier pour sanglier.*

Il est assez difficile d'avoir de bons limiers pour le sanglier. L'odeur de cet animal, surtout lorsqu'il est vieux, et la difficulté que les chiens éprouvent pour percer dans les lieux fourrés et marécageux où il établit sa bauge, les découragent à la longue. C'est surtout au mois de décembre, époque du rut, que l'odeur du sanglier est le plus pénétrante; ce qui fait que souvent, à cette époque, un chien même bien dressé se rabat froidement même d'une voie de bon temps.

Il faut, pour faire un limier destiné à la quête du sanglier, choisir un chien vigoureux, hardi et entreprenant, et ne commencer à le dresser que lorsqu'il a au moins quinze mois. C'est pendant l'été qu'on commencera son instruction, parce qu'alors on trouve les sangliers sur la lisière des forêts, et que les lieux à parcourir pour en trouver les voies sont moins difficiles.

Il faut beaucoup d'attention pour dresser un limier destiné au sanglier. On ne lui permettra jamais de se rabattre de la voie d'un autre animal, parce que, s'il en avait goûté, il pourrait ne plus vouloir de celle du sanglier. On ne peut être sûr de lui qu'après l'avoir mené pendant l'hiver; car tel limier qui pourrait avoir bien fait dans les autres saisons se rebuterait dans celle-ci, à cause de la difficulté du terrain où les sangliers se retirent pendant l'hiver. Du reste, on s'y prend, pour instruire ce limier, de la même manière qu'à l'égard du limier pour cerf; mais il faut que le limier pour sanglier soit silencieux, parce que le moindre bruit épouvante cet animal, surtout la femelle, quand elle a des marcassins; le veneur doit tenir le trait plus court, pour être plus près de son chien, ce qui l'enhardit davantage; il doit lui parler ferme et l'encourager par tous les moyens possibles.

M. Hartig, dans son *Traité des chasses*, donne les indications suivantes pour former un limier tiné à la quête du sanglier. Le chien de berge paraît le plus propre à cet emploi. Ce chien, con on sait, a ordinairement le poil long, rude, gris ou noir ou fauve, les oreilles à demi pendantes, et la queue longue, velue et relevée en cercle. Les noms ordinaires des limiers de cette espèce sont: *Espion, Valdmann, Necker, Hardi, Courage, Arrêt*; et ceux des chiennes, *Valdine, Belline, Diane, Junon, Maîtresse*.

Il faut que ce limier se laisse conduire tranquillement par le trait, en se tenant à la gauche du chasseur, et qu'il soit attentif et docile à la voix et au sifflet; qu'il soit bon quêteur, qu'il ne quête que le sanglier et qu'il l'annonce de la voix. Les deux premières qualités se donnent facilement. Quant à celle qui consiste à bien chercher, c'est une qualité naturelle que l'on excite en faisant accompagner le jeune chien par un chien bon quêteur, et qu'on fortifie par la pratique. Mais il faut se donner beaucoup de peine pour l'habituer à ne chasser que le sanglier et à l'accompagner de la voix, parce que la plupart des chiens, même ceux de berger, suivent, dans la conmencement de leur éducation, la voie de tous les animaux. Cependant, comme le chien de berger ne tient pas long-temps sur la voie, et qu'il est d'un caractère docile, il ne tarde pas à distinguer ce qu'on exige de lui, si on le caresse lorsqu'il a chassé le sanglier, et si on le punit lorsqu'il a poursuivi un autre animal. On contribue beaucoup à son instruction dans sa jeunesse, si on l'excite à poursuivre des cochons domestiques, et si alors on le laisse long-temps donner de la voix. Mais, d'un autre côté, il faut le punir s'il court et aboie après d'autres animaux domestiques.

Quant à la manœuvre au bois, M. Hartig conseille d'y procéder ainsi : on lâche le chien dans un canton où il y a des sangliers, ou bien on le met sur des traces fraîches, et on le suit en parcourant le canton lentement et par des lignes sinueuses, et de temps en temps on le siffle pour lui faire connaître l'endroit où l'on est. Si le chien trouve des sangliers et donne de la voix, le chasseur se glisse avec précaution sous le vent et cherche à donner son coup de fusil, ou s'il a près de lui une meute, il procède comme nous le dirons en parlant des chiens courans pour sanglier. Mais si les animaux ne s'arrêtent pas, il faut que le chien les poursuive en criant, jusqu'à ce que le chasseur le siffle.

Lorsqu'on a tué ou pris un sanglier, il faut, en le vidant, donner un peu de sang et de fressure au chien pour le faire jouir, le récompenser et lui inspirer plus d'amour pour la chasse de cet animal.

Nous ne conseillons pas d'adopter cette méthode; car comment rendre silencieux un limier qu'on aurait excité pendant quelque temps à chasser à voix l'animal que plus tard il doit détourner secrètement ?

IV. *Limier pour loup.*

Il n'est pas facile d'avoir un bon limier pour loup; l'odeur de cet animal répugne aux chiens et beaucoup en ont horreur. Il faut un chien hardi, et ne commencer à le dresser que dans la saison des louveteaux, c'est à dire dans les premiers jours de juillet, époque où ils commencent à courir dans les bois. La voie du loup étant assez froide, on est plus sûr d'en trouver à raison du nombre des louveteaux.

Le valet de limier mène son chien sur le terrain où il espère en rencontrer, et là, sans l'animer ni l'exciter, il examine avec attention la contenance et les mouvemens du limier. Si, à l'odeur qui frappe le nez du chien, il le voit revenir à lui précipitamment, le poil hérissé, la queue entre les jambes et l'air inquiet, il y a peu d'espoir d'en obtenir un bon service, surtout si, en l'encourageant de la voix et du geste, il ne reprend pas de hardiesse ; dans ce cas, il faut y renoncer. Si, au contraire, le chien montre de l'ardeur, s'il s'échauffe, s'il flaire hardiment les endroits où le loup a pu laisser de son odeur, si enfin il se dispose à suivre pour trouver le rembuchement et qu'il tire sur le trait, on peut être assuré d'avoir trouvé un limier. Dans ce cas, il faut l'encourager en lui parlant ferme et en excitant son ardeur, et employer, pour achever de le dresser, les mêmes précautions que pour dresser le limier destiné à la quête du cerf. Mais il est important que le chien n'ait pas chassé d'autre animal que le loup, et qu'il ne se rabatte que des voies de celui-ci.

Lorsque le limier est enhardi, on peut le laisser suivre à bout de voie, et si l'on trouve le liteau du loup, il faut y faire flairer le chien long-temps, pour qu'il s'accoutume bien à cette odeur, jeter sur la place quelque friandise pour le récompenser, le caresser en même temps, et lui parler d'un ton ferme afin de l'encourager. Il faut aussi mener un limier pour loup dans toutes les saisons, pour être certain qu'il saura détourner par quelque temps que ce soit.

V. *Du limier pour blaireau.*

L'auteur du *Traité des chiens de chasse* donne la description et la figure d'un *doguin*, qui est un métis du dogue et du petit danois, et qu'on emploie beaucoup en Allemagne à la chasse du blaireau, après l'avoir dressé à indiquer la présence de cet animal dans le terrier, ou le chemin qu'il a pris lorsqu'il en est dehors. Ce chien est plus petit que le vrai dogue ; il a les lèvres plus minces et plus courtes, le museau moins large et moins retroussé, le front moins aplati et plus développé, et les formes du corps plus agréables. Lorsqu'il est bien dressé et qu'on veut le faire chasser, on le conduit à des terriers de blaireau. Si le terrier devant lequel on le présente recèle un blaireau, le doguin s'arrête à l'entrée de ce terrier ; mais si l'animal est sorti, le chien saisit bien vite la voie la plus fraîche, et se met à suivre. Alors on découple trois ou quatre bassets que l'on met également sur la voie, et le blaireau ne tarde pas à être joint. On trouve dans l'emploi de ce chien l'avantage de ne pas être obligé de faire fouiller les terriers par les bassets, ce qui occasionerait une perte de temps. Ensuite comme on ne cherche pas à détruire cette espèce dont la peau forme un certain produit, on aime mieux prendre le blaireau dehors que dans le terrier, qu'il faudrait défoncer et détruire.

Le limier pour blaireau, que les Allemands appellent *dachssucher* (chercheur de blaireau), est, suivant M. Hartig, une sorte de mâtin. On peut aussi se servir du limier dressé pour le sanglier.

Les noms qu'on donne au limier pour blaireau sont : *Espion*, *Arrêt*, *Quêteur*, *Necker*, *Castor*, *Pollux*, etc. ; ceux de la chienne, *Vénus*, *Bellotte*, *Brunette*, *Négresse*, etc.

C'est la nuit, lorsque les blaireaux sont sortis de leurs tanières, qu'on met le limier à leur poursuite. Il doit les accompagner de la voix et les arrêter jusqu'à ce que l'on envoie des chiens légers de meute pour les étrangler.

Les qualités essentielles d'un limier pour blaireau sont :

1°. De bien quêter la nuit ;
2°. De ne point chasser d'autre animal que le blaireau et de l'accompagner de la voix ;
3°. De saisir courageusement le blaireau et d'aider à l'étrangler.

Toutes ces qualités doivent être naturelles au limier de cette espèce, et on ne peut que les rectifier et les améliorer par un fréquent exercice et par l'exemple d'un vieux chien bien dressé.

Lorsqu'on veut dresser un chien qui montre des dispositions, il faut, aussi souvent que possible, lui faire piller un blaireau qu'on aura pris, mais auquel on aura mis un bâillon dans la gueule, ou lui faire étrangler des blaireaux chaque fois qu'ils seront près d'expirer. Par ces moyens, le chien apprend à connaître le blaireau et s'habitue à son odeur; il apprend en même temps qu'en poursuivant cet animal il se fait aimer du chasseur.

Après ces leçons préparatoires, on conduit ce jeune limier au cordeau en se faisant accompagner d'un bon chien de meute et, autant que possible, d'un vieux limier bien dressé; on se rend vers minuit à un terrier de blaireau, qu'on aura marqué le matin. Là, on lâche les limiers en avant du trou du blaireau, à l'endroit où l'on a planté des brisées, en criant : *Ho, cherche, blaireau, cherche, cherche !* et on les laisse suivre la piste du blaireau. Si les chiens cherchent en s'éloignant du terrier, on les suit vers l'endroit où ils cherchent, et où l'on pense qu'ils pourront trouver un blaireau, et lorsqu'ils donnent de la voix, on lance les chiens de meute, on se hâte d'arriver à l'endroit où l'animal est pris, et on le perce avec la fourche.

Mais si le jeune limier vient à chasser le lièvre ou d'autre gibier, il faut le punir chaque fois pour l'en déshabituer et pour le former à ne chasser que le blaireau. Ordinairement, on juge à la voix du chien et à la marche lente de sa chasse s'il poursuit un blaireau ou une autre bête. Mais lors même que le chien, par sa voix, mettrait le chasseur à portée de faire cette distinction, il faudrait l'amener petit à petit à ne point chasser les autres bêtes, parce qu'il troublerait les environs, et parce que les blaireaux se retirent dans leurs terriers, pendant que le chien poursuit un lièvre. (*Voyez*, pour le surplus, l'article *Blaireau.*)

VI. *Chien pour la suite du gros gibier qu'on a tiré.*

M. Hartig place à la suite du limier un chien connu, en Allemagne, sous le nom de *schweiss hund birch* ou *riemenhund*, que Bechstein appelle *canis familiaris scoticus*, chien d'Écosse.

C'est un chien qui suit la trace du sang du gros gibier, lorsqu'il est blessé, et qui sert à le faire retrouver.

Il est d'une taille moyenne; ses oreilles sont ordinairement grandes; sa queue est longue et très peu recourbée; son poil est uni et rude; sa couleur, qui varie beaucoup, est ou noire avec les extrémités brunes, ou jaune, ou brune, ou grise; et il y a des individus qui sont tout blancs, ou tachetés de blanc, ou gris de souris; mais M. Hartig observe qu'il n'en connaît point de ces dernières couleurs qui soient bons, et que d'ailleurs les chiens blancs ont l'inconvénient de se faire apercevoir de très loin par le gibier, et de faire remarquer le chasseur, à moins que la terre ne soit couverte de neige.

Voici, d'après M. Hartig, les qualités que doit avoir le chien dont il parle : il faut

1°. Que ce chien se laisse conduire tranquillement à la laisse, soit que le chasseur soit à pied ou à cheval;

2°. Qu'il demeure sans faire de bruit à l'endroit où son maître l'arrête ou l'attache;

3°. Que, lorsqu'il aperçoit un animal, il ne crie point tant qu'il est tenu à la laisse;

4°. Que, lorsqu'il est en liberté, il ne chasse point le gibier non blessé, ou que du moins il ne le chasse pas long-temps;

5°. Mais que, tenu à la laisse, il s'attache à sa voie, si le chasseur l'y excite;

6°. Que, si on le met sur la trace du gibier blessé, il la suive et la tienne exactement, soit lorsqu'il est à la laisse, soit lorsqu'il est libre, et quand même il rencontrerait plusieurs voies chaudes de bêtes non blessées;

7°. Que, quand on le lance sur une pièce de gibier blessée, il ne poursuive que celle-là, et qu'il donne de la voix aussi long-temps qu'il l'aperçoit, ou lorsqu'il en est très près, et jusqu'à ce qu'elle se représente ou qu'elle tombe;

8°. Qu'il n'entame pas le gibier qu'il trouve mourant, et, ce que font fort peu de chiens, qu'il y aboie.

Un chien qui possède toutes ces qualités peut être regardé comme un chien parfait; et la manière la plus sûre de lui donner est celle ci-après (1) :

Dès que le chien a un an, il faut commencer à le dresser et à lui donner les qualités que nous venons d'indiquer sous les n°s 1, 2 et 3. Pour cet effet, on le conduit à la laisse, soit en plaine, soit en forêt, et on l'habitue à marcher derrière et à la gauche du chasseur, sans faire le moindre bruit. Il suffit, pour cela, de quelques leçons et de quelques corrections avec une petite houssine; dès qu'il y est habitué, on lui fait faire la même chose à côté du cheval.

Ensuite on conduit le chien avec une chaine mince et recouverte de toile, on l'attache bien solidement à un arbre ou à un buisson, et le chasseur dépose près de lui, pour le tranquilliser, sa gibecière ou son mouchoir de poche, ou son chapeau, et il s'en éloigne toujours de plus en plus, et cependant à vue. Si le chien n'est pas tranquille, ou s'il cherche à se détacher, le chasseur revient sur lui, et lui donne une légère correction. Il s'éloigne de nouveau, et petit à petit il demeure éloigné pendant plus de temps. Lorsque le chien supporte cet éloignement sans murmurer, on le soumet à une autre épreuve : on l'attache à l'angle d'un taillis fourré en lui laissant le gage ordinaire, on tourne autour de cet angle et on écoute pour savoir s'il ne crie point et s'il est tranquille, lorsqu'il ne voit plus le chasseur. S'il n'est pas tranquille, on revient sur lui à l'instant pour le forcer au repos, en lui donnant deux ou trois coups de houssine; mais s'il est tranquille, on demeure d'abord quelques minutes éloigné, et on revient pour le rassurer; petit à petit, on s'éloigne pour plus de temps. De cette manière, le chien s'habituera à attendre tranquillement son maître pendant des heures entières. J'ai eu, dit M. Hartig, des chiens que j'attachais seulement à une gibecière, et que je voulais les arrêter dans un endroit pour aller à la recherche d'un animal. L'un de ces chiens restait couché tranquillement, même lorsque je tirais;

---

(1) M. Hartig donne cette méthode comme l'ayant éprouvée lui-même.

mais un autre sautait alors de joie, avec la gibecière, et se tenait prêt à faire son service.

Après cette leçon, on doit mener souvent le jeune chien à la laisse, pour lui faire voir le gibier qu'on ne veut pas tirer actuellement. S'il donne de la voix, s'il crie ou grogne, ou s'il veut courir après l'animal, on lui donne doucement une légère correction, et on l'emmène petit à petit jusqu'à ce qu'il marche tranquillement derrière ou à côté du chasseur, et que, si on l'attache alors, il demeure aussi paisible que s'il n'eût vu aucun animal.

La quatrième qualité dont nous avons parlé, et qui consiste en ce que le chien ne chasse point du tout, ou ne chasse que peu de temps l'animal non blessé, on la lui procure petit à petit, en ne le lançant jamais sur une bête en santé, et en ne le faisant chasser que celle qui est blessée ou malade ; et on lui en fait chercher souvent dans les endroits où, les voies étant vieilles, il n'a pour se diriger que la trace du sang. Cependant, quoique ce chien soit destiné à chercher par la trace du sang le gibier blessé, et qu'il y montre plus d'ardeur que sur les voies ordinaires, le chasseur doit le faire rabattre sur celles d'un animal sain, en le conduisant à la laisse et en lui disant : *En avant, Nestor! regarde!* et en lui faisant tenir exactement la voie comme au limier (1).

Quant à la qualité qui consiste à poursuivre longtemps et en donnant de la voix le gibier blessé, c'est une propriété naturelle de cette race de chien; propriété que le chasseur peut perfectionner, s'il est nécessaire, en faisant accompagner quelquefois le jeune chien par un vieux chien bien dressé, lorsqu'on l'envoie sur une bête blessée, afin qu'il n'en chasse pas d'autre. Mais si le chien qu'on dresse est naturellement muet; on n'a aucun moyen de lui donner de la voix lorsqu'il chasse. Ces chiens muets ne sont pas agréables, et il faut leur attacher une sonnette ou un grelot au cou, pour reconnaître la direction qu'ils prennent lorsqu'ils poursuivent le gibier.

Enfin nous avons dit que le chien devait donner de la voix près de l'animal expirant, et qu'il ne devait pas l'entamer. La première qualité est une excellente propriété de la race, que, par conséquent, on n'a pas besoin de donner au jeune élève, mais qu'on peut fortifier en lâchant souvent un tout jeune chien sur un animal expirant, et en le laissant japper long-temps devant l'animal. Quant à la seconde qualité, qui est de ne point entamer le gibier, on la fait naître en donnant au chien une légère correction lorsqu'il commet cette faute.

Faisons maintenant l'application de ces règles dans la pratique.

Lorsqu'on a instruit un chien d'après les principes ci-dessus, et qu'il est âgé d'au moins un an, ou de quelques mois de plus, on va à la chasse par un temps où la terre n'est ni trop sèche, ni trop mouillée ; on part le matin, et on évite de chasser un fort cerf ou un fort sanglier, parce que ces animaux pourraient blesser le jeune chien encore sans expérience; on tâche de blesser l'animal dans les intestins (1), avec du gros plomb. On marque le lieu où il a reçu le coup et quelques traces de sang avec des *brisées* (rameaux) qu'on renverse, la feuille à l'envers, et qu'on place de manière que le gros bout soit dirigé vers l'endroit où l'animal s'est sauvé; il va tomber ordinairement dans le fourré le plus voisin, et on le laisse tranquille pendant quelques minutes, pour qu'il soit tout à fait souffrant lorsqu'on arrivera. Alors on conduit le chien à l'endroit où le gibier a été tiré, on lui montre du sang, en lui disant : *Ah! blessé, Nestor; en avant, il est blessé!* et on le fait travailler doucement sur la trace ; s'il veut s'en écarter ou chercher au vent, on le ramène sur la voie, on l'arrête de temps en temps, on lui montre du sang, et quand il se rabat juste, on le flatte, en lui disant : *C'est ça, Nestor, blessé, blessé!* Si le chien a trop d'ardeur, on lui dit : *Tout beau, tout beau!* S'il perd tout à fait la voie, on le détourne, en lui parlant ainsi : *Ho, ho, tourne après! blessé, Nestor!* De cette manière, on conduit le chien jusqu'à ce que l'on aperçoive l'animal gisant, ou qu'on l'entende se lever, ou qu'on trouve sa *reposée chaude*. Alors, on lâche le chien, en disant : *Oui, prends! blessé!*

La poursuite se fait alors avec toute l'activité possible et avec bruit; et bientôt on découvre l'animal, soit dans une mare, soit sur une roche, soit dans un fourré. On laisse jouir et japper le chien pendant un temps suffisant, puis on achève la bête en lui tirant un coup de fusil à la tête et au dessus des yeux ; cependant, si c'est un sanglier, on le tire dans le derrière.

Aussitôt que l'animal est mort, on le vide, et on donne au chien, pour le faire jouir, un peu de sang caillé et la rate, sans lui permettre de toucher à l'animal ; puis on le remet à la laisse. Un jeune chien qui aura fait deux chasses heureuses de cette manière, et qu'on aura d'ailleurs laissé suivre de lui-même la trace d'un animal que le chasseur aura vu tomber à peu de distance du coup, s'améliorera de jour en jour, et bientôt on pourra entièrement compter sur lui. Mais on tâche, autant que possible, de ne pas mettre, dans le commencement, le jeune chien à la poursuite d'un animal qu'on aura mal tiré, et qu'il pourrait ne pas atteindre, parce que cela le dégoûterait et lui retirerait toute son ardeur et sa persévérance. Toutefois , si , malgré cette attention, un jeune chien venait à se dégoûter par une chasse malheureuse, il faudrait dès lors lui faire chasser plusieurs fois, avec un vieux chien bien dressé, un animal blessé à mort; c'est le moyen de lui rendre sa persévérance.

Le moyen le plus facile et le plus sûr est de faire chasser le jeune chien, lorsque la terre est légère-

---

(1) M. Hartig a possédé un excellent chien de cette espèce, qui lui servait en même temps de limier. Il se rabattait, il est vrai, de toutes les voies, et laissait le reste à juger à son maître; mais il ne passait jamais outre quand c'était la voie d'un gros gibier.

(1) M. Hartig conseille de tirer dans le flanc de l'animal, parce que la blessure dans cet endroit saigne beaucoup, et que le sang est mêlé de viandis; ce qui laisse une trace mieux marquée. Voyez, à l'article *Cerf*, l'effet des différentes blessures.

ment recouverte de neige, parce qu'alors on voit bien mieux les voies et la trace du sang, et qu'on les fait connaître au chien d'une manière bien plus précise. Mais lorsqu'on ne peut en user ainsi, il faut au moins, pour la première fois qu'on le lâche, ne le faire que sur un animal blessé à mort et qui laisse beaucoup de sang. Par la suite, on doit le lancer sur des animaux qu'on juge être en état de fournir une longue course, qui perdent peu de sang, ou même qu'on aurait tirés dès la veille au soir. Dans ce dernier cas, le chien n'a plus à s'attacher qu'à la trace du sang, parce qu'il ne peut plus s'aider des voies froides de la veille.

Mais il arrive malheureusement quelquefois que la trace de la veille a été tellement lavée par une forte pluie du matin qu'il n'en reste presque plus rien; dans ce cas et dans tout autre où l'on ne peut suivre bien loin soit les voies, soit la trace, il n'y a d'autre parti à prendre que de lâcher le chien sur la dernière trace qu'on rencontrera, et d'examiner si, par ses fréquens détours et ses circuits, il peut encore retrouver quelques traces, ou si, à l'aide du vent, il peut découvrir la bête souffrante. Les Allemands appellent cela *chercher ce qui est perdu*, *verloren suchen*. Il est bon, dit M. Hartig, que le chien qu'on y emploie ait été habitué au coup de sifflet, pour qu'on puisse s'en servir dans cette recherche. On attache aussi, dans ce cas, une sonnette au cou du chien, pour juger de ses allées et pour savoir si, lorsqu'il trouve l'animal mort, il donne de la voix. Quoique cette sorte de recherche soit souvent nécessaire, on ne doit jamais y employer un jeune chien, parce que cela l'habitue à divaguer et à chercher au vent. Il y a moins d'inconvéniens à y employer les vieux chiens; cependant M. Hartig assure qu'il est rare qu'on ne leur fasse perdre quelque chose de leurs bonnes qualités, et il dit ne s'être jamais décidé qu'à regret à y employer un bon chien, qui est un véritable trésor pour un chasseur.

Cet auteur observe que si l'on mène un troupeau de bêtes à cornes dans un canton de forêt où il y a un animal mort ou blessé à mort, ces bestiaux font entendre, auprès de l'animal, un mugissement extraordinaire, et que les chasseurs emploient quelquefois ce moyen pour retrouver la pièce qu'ils ont blessée.

VII. *Des chiens courans.*

Plusieurs races de chiens sont comprises sous la dénomination de chiens courans: ce sont le chien courant proprement dit, le limier, le basset et le lévrier. On y comprend aussi le matin et le dogue que l'on emploie dans la grande chasse.

Nous ne parlerons dans ce paragraphe que des chiens courans proprement dits.

On connaissait anciennement quatre races de chiens courans: l'une noire, avec des taches de feu aux extrémités et sur les yeux, d'une taille moyenne, ayant beaucoup de nez et peu de vitesse; la deuxième, blanche, plus grande, plus forte et plus légère, mais moins docile et moins fine que la première; la troisième, qu'on dit avoir été amenée d'Orient par Saint-Louis, et qui se composait d'individus gris,

hauts sur jambes, à oreilles longues, et ayant beaucoup de vitesse et de fougue, mais peu d'odorat; la quatrième, qui se forma sous Louis XII par l'accouplement d'une chienne braque et d'un chien de race blanche, et qui se distinguait par un poil blanc marqué de taches fauves ou marron, et par l'odorat du braque et la légèreté de la race blanche.

Ces quatres races se mêlèrent ensemble, et de ce mélange résulta la race de chiens courans français que nous possédons encore aujourd'hui. (Voyez *Pl.* 1 ter, *fig.* 3.)

Le *Traité des chiens de chasse* indique plusieurs autres races de chiens courans.

1°. *Chien normand* ou *baubis*; ancienne race, originaire de Normandie, qu'on a beaucoup vantée, et qui est assez rare aujourd'hui; elle a le corsage plus épais, la tête plus courte, et elle est moins vite que les chiens français; mais elle est plus sûre à la chasse et paraît avoir un odorat excellent.

2°. *Ancienne race de chiens courans anglais*, maintenant fort rare en Angleterre, et qui avait beaucoup de ressemblance avec le limier dont nous avons parlé dans le paragraphe précédent. Ces chiens étaient remarquables par un corsage épais, une grande vigueur, beaucoup de constance à la chasse, beaucoup de hardiesse et une grande sûreté dans le change; mais ils péchaient par trop de lenteur, défaut que les Anglais ont cherché à corriger par le mélange avec des races plus légères.

3°. *Chien normand actuel*, race plus légère que celle du même pays, qui fournissait autrefois les meilleurs limiers. Cette race tient des formes du limier dont nous avons parlé et de celles du chien courant français; et, quant à la robe, elle offre les mêmes mélanges.

4°. *Chien courant anglais actuel*. Il a la tête plus mince, le museau plus long et plus effilé, le corsage, les oreilles et les jarrets plus courts, la taille plus légère et les pieds mieux faits que notre chien courant. Les individus de race pure ont ordinairement le poil gris moucheté; cependant on en voit beaucoup qui ont des couleurs plus foncées, et même qui sont noirs. Ces chiens ne sont guère employés, en Angleterre, qu'à la chasse du renard. On les croise en France avec nos chiens courans.

5°. *Petit chien courant anglais*. Cette race, qui nous vient de l'Angleterre, se divise en deux variétés, l'une à poil ras, l'autre à poil long; cette dernière est celle qu'on connaît plus particulièrement sous le nom de *petit griffon*.

(*a.*) Le petit courant anglais, à poil ras, est noir et marqué de feu sur les yeux, au museau, sous le corps et aux quatre extrémités. Il est d'une taille moyenne, mais vigoureux, ardent et hardi. On l'emploie avec avantage contre le renard et le blaireau, et généralement contre les petits quadrupèdes puans, dont il paraît être l'ennemi juré. Lorsqu'il est dans toute sa vigueur, et bien dressé, il attaque le renard et le blaireau sans la moindre hésitation. Cette race paraît provenir du chien courant anglais actuel, dont elle est probablement une variété qui doit sa petite taille à quelques circonstances particulières.

(*b.*) La variété à poil long diffère seulement de

la première par la longueur du poil, qui est ou fauve, ou noir, avec des marques de feu aux mêmes endroits. Cette variété paraît avoir pour origine le mélange d'un petit courant anglais avec le petit épagneul, le pyrame ou le gredin. Elle est, du reste, employée au même service que la première variété.

6°. *Chien courant suisse.* Il a le poil ordinairement noir et marqué de feu, et ses formes sont plus épaisses que celles de notre chien courant. Cette race, dont le caractère est très méchant, et qui joint une grande vigueur à un odorat exquis, paraît propre à fournir d'excellens limiers.

7°. *Chiens connus sous le nom de corneaux.* Ces chiens, qui proviennent du mélange de notre chien courant avec le mâtin, sont moins sûrs pour suivre un animal en chasse; mais ils montrent plus de vigueur et de vitesse, et sont excellens pour les chasses dans un pays découvert, où ils risquent moins de perdre l'animal de vue, et conséquemment de prendre le change.

Indépendamment de ces races, il existe un grand nombre de variétés de chiens courans, qui sont dues aux localités, à la nourriture, au climat et surtout au mélange des races et des variétés.

Qualités physiques qu'on recherche dans un chien courant. (Voyez *Pl.* 1 ter, *fig.* 3.)

Il faut qu'il ait la tête bien attachée et plus longue que grosse; le front large, l'œil gros et gai, les naseaux ouverts et humides; l'oreille mince, large, tombante, plus longue que le nez; le corps d'une grosseur proportionnée à sa longueur; les épaules ni étroites, ni charnues; les reins élevés et courts, les hanches hautes et larges; la queue forte et velue à son origine, longue, déliée, presque sans poil à son extrémité, et recourbée en demi-cercle; la cuisse bien troussée et gigottée, le jarret droit, la jambe nerveuse, le pied petit, sec et pointu, les ongles gros et courts. Il doit être, en général, plus haut de derrière que du devant; les chiens qui ne sont pas conformés ainsi courent mal et ne sont bons qu'à faire des limiers. Un défaut essentiel, dans un chien courant, est d'avoir les jambes trop longues et les pieds gras.

La taille des chiens courans varie depuis 20 jusqu'à 25 pouces; mais il faut, autant que possible, qu'une meute soit composée de chiens de même taille et de même vitesse. Une meute de chiens de la taille de 25 pouces serait sans doute superbe, mais il serait impossible d'entretenir l'égalité dans cette taille. D'un autre côté, il est rare que des chiens de 25 pouces soient aussi vigoureux et aussi requérans que ceux d'une taille inférieure. Un chien courant pour cerf doit avoir 23 pouces et peu au dessus. Les chiens courans pour le daim, le chevreuil et le lièvre ne doivent pas avoir plus de 21 pouces.

Quant à la couleur, on préfère en général les chiens blancs et ceux qui à cette couleur réunissent des taches noires, brunes ou jaunes, parce qu'en chassant ensemble ils se détachent mieux sur la terre, et présentent un coup-d'œil plus agréable, que les chiens d'une couleur foncée. Mais on prétend que les chiens gris, noirs ou fauves sont plus vigoureux, plus entreprenans, moins sensibles au froid, chassent toute espèce de bête plus volontiers, et servent plus diligemment dans les défauts, tandis que les blancs sont beaucoup plus sages, plus dociles et gardent mieux le change.

Éducation des chiens courans. Les jeunes chiens doivent être mis au chenil à l'âge de dix à douze mois, et c'est alors que commence leur éducation. Elle exige beaucoup moins de peines, lorsqu'on a déjà une meute avec laquelle on peut les tenir au chenil, les mener à la promenade et à la chasse, que lorsqu'on est obligé de former une meute nouvelle, composée seulement de jeunes chiens.

L'éducation des chiens courans a pour objet de leur procurer les qualités suivantes:

1°. D'être dociles, dans toutes les circonstances, à la voix des piqueurs et au son de la trompe, et de se laisser conduire partout où le besoin l'exige et avec plus ou moins de vitesse;

2°. De se tenir à la meute ou de s'y rallier promptement, au bruit du cor, ou à la voix des piqueurs;

3°. De s'arrêter dans leurs courses, toutes les fois qu'ils en reçoivent l'ordre;

4°. De tenir exactement la voie de l'animal que l'on chasse, et de le poursuivre en donnant de la voix, sans se laisser détourner par aucune autre bête.

On commence d'abord par donner un nom à chacun des chiens qu'on veut dresser; et ce nom pour les chiens courans est ordinairement terminé par une syllabe sonore, comme *aut*, *or*, mais, pour les chiennes, les noms sont terminés en *elle*, *esse*, *aille*, *ante*, etc.

Voici les noms les plus usités:

Pour les chiens courans.

Bellaut.	Miraut.
Badaut.	Moricaut.
Brillaut.	Morgaut.
Baraut.	Mittaut.
Barillaut.	Nicanor.
Billaut.	Polidor.
Bittaut.	Ramonaut.
Finaut.	Robinaut.
Fettaut.	Rombaut.
Fringaut.	Rougeaut.
Gerbaut.	Rondaut.
Ligaut.	Souillaut.
Linaut.	Taraut.
Lorépaut.	Truaut.
Lifaut.	Tiravaut.
Lourdaut.	Taillaut.
Lorigaut.	Talifaut.
Marsillaut.	Verdaut.
Morpaut.	Ventaut.

Pour les chiennes.

Comtesse.	Gambade.
Coquette.	Moraille.
Charmante.	Ripaille.
Diane.	Topaze.
Drôlesse.	Toute-belle.
Gaillarde.	Vitesse.

On forme une liste de tous les chiens, et on les habitue à apprendre leurs noms, en leur répétant souvent, au chenil, à l'ébat et à la promenade.

Dans les grands équipages, on marque les chiens, pour pouvoir retrouver ceux qui s'égarent.

Chaque fois qu'on parle aux chiens, il faut prendre l'intonation usitée à la chasse et se servir des termes qui y sont propres, pour les y accoutumer. Enfin on doit les habituer à l'obéissance, en exigeant qu'ils attendent toujours le commandement, soit pour prendre leur repas, soit dans les différens exercices auxquels on les soumet. Toutes les fois qu'on gronde un chien, il faut avoir soin de le nommer.

Le cas le plus difficile pour l'éducation des chiens est lorsqu'on en a un grand nombre à dresser à la fois; ce cas est le plus rare, parce qu'on doit, autant que possible, entretenir une meute au fur et à mesure de ses besoins; mais comme il peut se présenter, c'est celui que nous supposerons.

Il faut que le piqueur que l'on charge de dresser les jeunes chiens courans, et qui est ordinairement celui qui doit plus tard les conduire à la chasse, soit intelligent, doux et patient. Son premier devoir est de se faire connaître des chiens, et de les familiariser avec lui. Pour cet effet, il entrera souvent dans le chenil; il les appellera chacun par son nom, les caressera, leur apprendra à venir à lui individuellement, ou tous ensemble, et il emploiera tous les moyens pour les rendre obéissans. Il assistera aux repas, aux ébats, à la promenade, où il devra les habituer aux commandemens et à marcher ensemble, et faire corriger, par les valets de chiens, les couples qui seraient indociles ou qui s'écarteraient.

Les jeunes chiens se mettent ordinairement à hurler les premières fois qu'ils entendent le cor. Pour les corriger de ce défaut, le piqueur leur sonnera souvent des fanfares, et les amènera insensiblement à se réjouir au son de cet instrument.

Ces soins préliminaires exigent un mois ou six semaines; et après ce temps on commence à dresser les chiens, qui alors sont moins farouches, se connaissent entre eux, et sont également habitués aux personnes qui les soignent, et savent déjà reconnaître à l'intonation du commandement de leurs conducteurs, s'ils sont mécontens ou satisfaits.

La saison la plus favorable pour commencer à dresser les chiens est le printemps; et, comme il faut quatre ou cinq mois d'exercice pour les bien dresser, on ne peut en jouir que dans le courant de l'automne, où ceux qui sont nés au printemps de l'année précédente ont dix-huit à dix-neuf mois. L'automne est d'ailleurs le meilleur temps pour les mettre tout à fait à la chasse, parce qu'alors les bêtes ont plus de sentiment et se laissent mieux chasser que dans l'hiver, où elles ont acquis plus de force et surtout plus d'expérience.

On remarque que les chiennes sont plus tôt formées que les chiens, et ceux de moyenne taille, plus tôt que les grands. En général, il ne faut faire chasser les uns et les autres que lorsqu'ils sont suffisamment forts et en bon état.

Première leçon. Quand les chiens ont reçu les premiers soins dont nous venons de parler, et qu'ils ont appris à connaître les personnes qui les leur ont donnés, et à obéir dans leurs repas, au chenil et sur les bancs, on s'occupe de leur donner la première leçon, qui n'a pour objet encore que de leur apprendre à marcher ensemble et en droite ligne, soit au pas, soit à une allure plus vive. On les fait coupler, et on les mène le matin, après que la rosée est passée, dans un endroit découvert, où l'on ne court pas de risque d'en perdre, tel qu'un champ fermé par des haies, une grande plaine, etc. Quatre hommes armés de fouets les accompagnent, le piqueur en avant, un homme derrière, et les deux autres de chaque côté. On les mène droit devant eux, tantôt au pas, tantôt en courant, et le piqueur les appelle souvent à lui par le terme usité; *Hau, hau, hau!* Il veille à ce qu'aucun couple ne s'emporte et ne passe devant lui, et corrige les chiens indociles, en les nommant par leurs noms et leur alongeant un coup de fouet en même temps. Il a soin, dans cette circonstance, de ne corriger que le chien fautif, et non celui qui dans un couple montre de la sagesse et n'est qu'entraîné par son voisin. Après deux ou trois heures d'exercice, on les reconduit au chenil, et on recommence la leçon le soir, deux ou trois heures avant le coucher du soleil. On la répète pendant douze ou quinze jours, et même plus s'il le faut, en ayant soin de bien étudier le caractère des chiens, et de distinguer ceux qui sont disposés à désobéir, ceux qui ont trop de fougue et ceux qui au contraire sont paresseux; on corrige ces défauts, en châtiant les premiers, en mettant les autres à la queue de la meute, et les paresseux à la tête.

Le piqueur emploie des termes et des tons différens suivant les manœuvres qu'il veut leur faire exécuter. Ainsi, quand il veut les porter en avant, il leur crie: *Allons, allons, mes petits chiens; allons, mes tou-tou;* s'il veut les faire courir, il répète les mêmes paroles en courant lui-même, ce qui les enlève. S'il veut ralentir leur marche, il leur dit, d'une voix grave et en levant la main : *Bellement, là, bellement!* Pour les arrêter, il leur crie, en se retournant et leur faisant face : *Oh! là, ho! tout beau!* Enfin, pour les tenir derrière, il leur en fait le signe de la main, en leur disant, *Derrière chiens, derrière là, derrière donc!* Le piqueur doit les accoutumer à le suivre paisiblement, lorsqu'il marche à pas posé, et à courir lorsqu'il court, mais en prenant garde, dans ce dernier cas, d'être dépassé par ceux qui sont sujets à s'emporter. Lorsque les jeunes chiens sauront bien ce qu'on exige d'eux, le piqueur, pour les familiariser au son du cor, sonnera les tons qui, dans le cours ordinaire de la chasse, se rapportent le plus aux mouvemens qu'il leur fait exécuter.

Cette première leçon est fort importante en ce qu'elle enseigne aux chiens l'obéissance que l'on attend d'eux; et il faut la répéter jusqu'à ce qu'ils la comprennent bien et y soient bien confirmés. Elle est également utile au veneur pour lui faire connaître les chiens, leur plus ou moins d'ardeur et de disposition à l'obéissance. Le piqueur aura soin, lorsque les chiens sauront bien ce qu'on leur demande, de leur faire faire plusieurs fois les manœuvres en montant à cheval, afin que les chiens s'habituent de même à le voir dans cette position.

Toutes les désobéissances doivent être vigoureusement réprimées, surtout lorsque la leçon a été répétée plusieurs fois. Mais chaque fois qu'un chien mérite d'être châtié, il faut le faire sans brutalité et sans colère, et toujours en le nommant.

Pour ne pas rebuter les élèves, chaque exercice ne doit pas durer plus de deux heures.

Deuxième leçon. La deuxième leçon, qui n'est que le complément de la première, a pour objet de leur enseigner à aller à volonté à droite et à gauche, ce que l'on obtient en se dirigeant du côté où on veut les diriger et en leur criant : *Allons, mes beaux, allons, allons!* Ensuite on leur fait décrire un grand cercle, comme il est souvent nécessaire de le faire à la chasse, quand on prend les devants et les arrières d'un défaut. On répète toutes ces manœuvres tantôt sur une main, tantôt sur l'autre. On a soin, en donnant cette leçon, de répéter ce qu'on a fait dans la première.

Troisième leçon. Dans cette leçon, il s'agit d'aller au retour ; pour cela, on mène les chiens droit devant eux, et après avoir marché quelque temps, on les arrête en leur criant : *Derrière là, derrière, chiens!* Un valet se place en avant pour les contenir, tandis que le piqueur, en passant au milieu, fait claquer ses doigts pour égayer les chiens, et leur crie : *Ah! au retour! ah! au retour!* Le valet de chiens frappe de son fouet à terre pour les forcer à faire volte-face et à suivre le piqueur. On répète également plusieurs fois cette manœuvre, jusqu'à ce que les chiens l'exécutent sans trouble et sans confusion.

Cette leçon est fort importante : il ne se rencontre presque point de chasse où l'on n'ait occasion de la pratiquer plusieurs fois. Il faut de même faire exécuter toutes ces manœuvres, le piqueur étant tantôt à pied, et tantôt à cheval.

Quatrième leçon. Lorsqu'on est parvenu à faire exécuter les différentes manœuvres dont nous avons parlé, on les leur fait répéter, étant découplés, non pas d'abord tous à la fois, parce qu'on n'en viendrait pas à bout, pour peu que la meute fût nombreuse. On commence par en découpler quatre ou six parmi les plus sages, et lorsqu'ils ont manœuvré plusieurs fois sans confusion, on en découple d'autres, et ainsi de suite jusqu'à ce qu'on soit arrivé à tout découpler. On continue alors à leur faire répéter toutes les manœuvres jusqu'à ce qu'ils les exécutent bien et avec docilité.

Promenades à la campagne. Les chiens n'ont été exercés jusqu'à présent que sur le terrain que nous avons indiqué ; il faut, s'ils vont bien ensemble, les mener couplés dans différens endroits en plaine, au bois, et dans les rochers, et veiller à ce qu'ils marchent en ordre, quels que soient les difficultés du terrain et le train qu'on les mène. Ces promenades ont pour but de leur faire connaitre le pays, ce qui les rend bien plus sûrs d'eux quand ensuite ils y chassent, et de s'assurer de la manière dont ils se comporteront, en ne manœuvrant plus sur le terrain où on les a dressés.

Comment on habitue les chiens à ne chasser qu'une espèce de bête. Lorque les leçons ont parfaitement réussi et que les chiens sont devenus très dociles et intelligens, ils peuvent chasser toute espèce de bête ; mais, comme ceux que l'on emploie à chasser plusieurs animaux, ne sont jamais sûrs dans le change, et le prennent au contraire plus souvent, il est d'usage, dans les grandes vèneries, d'avoir des équipages pour chaque espèce d'animal que l'on peut chasser. Dans ce cas, on détermine l'espèce de bête à laquelle on destine la meute, et on s'occupe de lui en faire connaître l'odeur, et de lui apprendre à ne pas goûter la voie des autres bêtes. Ils ne doivent connaître qu'un seul sentiment, et, en chassant un lièvre, par exemple, il faut que sur la voie d'un chevreuil ou d'un renard, ils passent sans y faire attention ; autrement, si la voie du chevreuil ou du renard était plus fraîche que celle du lièvre, ils quitteraient cette dernière pour suivre l'autre, et par conséquent *prendraient le change.*

Pour que les chiens s'accoutument à ne suivre que l'animal que l'on se propose de leur faire chasser exclusivement, on les mène couplés dans un endroit découvert où l'on sera à peu près sûr de rencontrer tout autre animal que celui qu'ils sont destinés à courir. Ainsi, supposant que les chiens sont pour loup ou pour cerf, on les conduit dans une plaine où il y a du lièvre. Arrivés sur le terrain, on les fait prendre à la harde par des valets de chiens ; et, après avoir fait placer convenablement toutes les hardes sur une seule ligne, on commande aux valets de marcher en avant. Toutes les fois qu'ils rencontrent une voie de lièvre, les plus vifs s'y jettent aussitôt en se récriant : le valet de chiens doit leur crier à l'instant : *Haut le nez, haut! fi de ça, vilain! fi!* et accompagner ces paroles de quelques coups de fouet bien appliqués sur les chiens qui tentent de s'emporter. Également, si un lièvre ou tout autre animal qu'ils ne sont pas destinés à chasser vient à partir devant eux, ils ne manqueront pas de s'élancer pour le poursuivre ; il faut de même les corriger. On répète plusieurs fois cette leçon, que l'on termine en conduisant les chiens d'abord couplés et ensuite découplés, et on ne cesse que lorsqu'on les a habitués à une telle obéissance, qu'un animal passerait au milieu de la meute sans qu'ils fissent le moindre mouvement. Pendant qu'on leur apprend ainsi à ne pas courir sur la voie d'un animal autre que celui auquel on les destine, on les met de temps en temps sur la voie de la bête qu'on se propose de leur faire chasser ; et lorsqu'ils s'y jettent avec ardeur, on les appuie de la voix et du cor.

Enfin, pour leur donner mieux le sentiment de l'animal, on cherche les occasions de leur en faire manger de la chair.

Jeunes chiens que l'on conduit avec une meute. Lorsqu'on a une meute toute formée, il ne s'agit que de l'entretenir, en faisant des élèves, et ces jeunes chiens sont bien plus aisés à dresser que ne l'ont été ceux qu'on a élevés pour composer le fond de la meute : il ne s'agit que de leur faire faire cinq ou six grandes promenades avec les autres ; ils obéiront aisément, à l'exemple des vieux. Les premières fois, on les menera couplés à la chasse ; ensuite on n'en découplera que quatre, et toujours à la meute, parce que, étant employés dans un relais, ils pourraient en prendre la tête et égarer les vieux chiens. Il est bien encore de leur faire faire curée avant de les mener à la chasse, pour leur faire mieux prendre le sentiment de la bête qu'ils doivent suivre.

De la traînée. Dans quelques endroits, on prépare les chiens courans à chasser, en les exerçant plusieurs fois à la *traînée*; voici, d'après M. Hartig, en quoi consiste cette méthode :

Peu de temps avant de faire chasser les chiens courans, on tue un cerf dont on coupe les jambes; on le place au bord d'un bois clair, dans une broussaille, comme s'il était en vie. Un valet de chasse, qu'on appelle le *traîneur*, attache les jambes du cerf qu'on a coupées à une longue corde; il les traîne à terre par les endroits qu'on a déterminés, tantôt en droite ligne, tantôt en circuit et en retour jusqu'à l'endroit où est déposé le cerf, en ayant soin de marquer le chemin par des brisées; il y laisse les jambes du cerf qu'il a traînées, et s'éloigne. Lorsqu'il est assez loin pour n'être pas aperçu par la jeune meute, on la met sur les brisées. On la lance avec de grandes exclamations, et en criant : *Volez, volez, mes chiens, volez!* Et quand les chiens sont bien acharnés sur la traînée, les piqueurs, qui sont en tête de la meute, se retirent en arrière, à l'ordre du commandant, qui le donne en ces termes : *Tau, tau!* Et dans le même moment toute la chasse suit la traînée au son de la fanfare destinée à annoncer le succès de la chasse, et l'on continue à crier comme si les chiens avaient devant eux la voie d'un cerf. Mais afin que la meute n'approche pas le *traîneur* de trop près, et afin aussi d'exercer les chiens, on fait arrêter la meute de temps en temps, en sonnant la fanfare d'usage en pareil cas, et alors on fait faire un retour à la meute, qui doit être indiqué chaque fois par les brisées que le traîneur a déposées; si, dans cette manœuvre, les chiens se débandent, les piqueurs vont en avant, en criant : *Hourvari! hourvari!* Ils sonnent alors la fanfare propre à cette circonstance, et ramènent les chiens à la traînée. Cela fait, on complète la contre-marche ou le circuit, et on affermit les chiens avec des exclamations et on sonne la prise du cerf jusqu'à ce que la meute soit arrivée auprès du cerf mort. Là, il faut empêcher que les chiens ne se jettent sur le cerf, et faire en sorte que la meute s'arrête devant lui, en donnant de la voix. Alors on tire un coup de pistolet, ou bien on perce le cerf d'un coup de couteau de chasse, et on fait la curée, comme si on eût exécuté une chasse à courre.

Quelques personnes ne font point usage du cerf dans cet exercice, et se contentent d'en faire traîner les pieds, qu'ensuite le traîneur met de côté; de sorte que les chiens n'ont, pour chasser, que la seule *traînée*. D'autres tirent un cerf et le font prendre par la meute; enfin il y a des équipages où l'on regarde les *traînées* comme inutiles; et de ce nombre, observe M. Hartig, était l'équipage de Hesse-Darmstadt, qui cependant pouvait le disputer à tout autre.

On ne fait point usage, en France, de ces traînées dont parle l'auteur allemand; et il paraît qu'il ne les regarde pas lui-même comme une pratique bien excellente; mais nous avons dû la faire connaître.

Education des chiens courans pour loup. Les chiens que l'on destine à la chasse du loup doivent être dressés et aguerris, sans quoi ils reculeraient, se hérisseraient et fuiraient au premier sentiment de la bête. Il faut, autant que possible, que ces chiens soient nés de père et de mère chassant cet animal; ils se montrent plus dociles aux leçons et plus entreprenans sur la voie du loup, qui rebute ordinairement tous les chiens. Si on a déjà une meute pour cette chasse, leur éducation devient facile : il suffit de les habituer à l'obéissance, à marcher couplés et découplés, et ensuite de les réunir à la meute. Mais lorsqu'on n'a pas de meute, il faut, après avoir appris aux jeunes chiens à manœuvrer, leur faire bien connaître l'odeur du loup; et, pour cet effet, on procède de la manière suivante : on met un homme à l'affût dans un endroit commode et fréquenté par les loups; on place auprès de lui un animal mort pour y attirer le loup. L'homme, armé d'un fusil, tâche de blesser celui qui se présente; alors on mène les jeunes chiens, on les met sur le sang, et on les excite à suivre; on les appuie vivement, et on les suit jusqu'à l'endroit où le loup blessé est allé tomber. Arrivés là, on les excite à l'attaquer et à le fouler. Ensuite on écorche le loup, on en fait cuire quelques morceaux qu'on mêle avec d'autres alimens, et que l'on enveloppe de la peau du loup, à laquelle on a laissé la tête. Alors on donne de ça pour appeler les chiens, qui, dans la peau de l'animal, sentent l'odeur du mélange et la déchirent pour le manger, ce qu'on leur laisse faire au son des fanfares. On a soin de leur donner une pareille curée dans la peau du premier loup qu'ils ont chassé et pris.

Quand on ne peut pas se procurer des chiens provenant de races qui chassent le loup, il faut faire choix de jeunes chiens normands. Ce sont principalement ceux qui sont noirs et marqués de feu qui conviennent le mieux à ce genre de chasse.

Education des chiens pour renard. Les chiens que l'on destine à la chasse du renard, et qui sont de la race du petit chien courant anglais dont nous avons parlé précédemment, doivent être dressés de la même manière que les autres chiens courans.

Meute et relais. Il est important que les chiens d'une meute soient toujours du même pied. Le piqueur, en formant ses relais, doit veiller à ce que le meilleur chien puisse toujours contenir la tête quand on découple; ce sont aussi les meilleurs de chaque relais qu'il faut découpler les premiers.

La meute se compose des chiens qui ont le plus de vigueur et de vitesse : c'est elle qu'on découple d'abord au lancer de l'animal, et immédiatement après que quelques vieux chiens ont dressé la voie; le commencement de la chasse étant le moment où l'animal que l'on suit mène les chiens le meilleur train, et où, comptant sur sa force et sa légèreté, il fait le moins de ruses, est, par cette raison, le moment où l'on doit découpler les jeunes chiens.

La vieille meute est le premier relais que l'on découple; elle se compose des chiens qui ont 1 cplu de vitesse après ceux de meute.

La seconde se découple ensuite, et enfin les *six chiens* ou le *troisième relais*, qui est composé des chiens les plus sages et les moins allans.

Tout cela doit être calculé de façon que chaque relais ait au moins un ou deux chiens bien sûrs dans le change, et qui, étant en état de tenir la tête du relais, puissent aussi tenir celle de tout ce qui est découplé.

Si l'on remarquait dans le relais un chien trop léger et trop étourdi, il faudrait le mettre de meute, afin qu'il n'égarât pas les autres; et, par contre, on fait passer aux relais les chiens de meute qui montrent beaucoup de sagesse, et qui sont sûrs dans le change et dans les défauts.

On ne compose pas les relais de plus de deux hardes, et chacune de plus de huit chiens. La proportion à suivre dans le nombre de chiens du relais et de la meute, en supposant une meute de cinquante à soixante chiens, est à peu près celle-ci : douze chiens pour la vieille meute; douze chiens pour la seconde; huit chiens pour le relais, improprement appelé *les six chiens*, puisque ce n'est pas toujours ce nombre qui le compose : le reste demeure à la meute, y compris quatre ou six vieux chiens destinés à attaquer, et qui, se trouvant les moins allans, restent derrière peu après avoir dressé la voie, et sont recouplés par les valets de chiens.

Dans les grands équipages, on double souvent les relais, et alors on les échelonne sur les refuites probables, et on les donne successivement; quelquefois aussi on ne les emploie pas tous; cela dépend du chemin que prend la chasse, et c'est pour cette raison que l'on double les relais, afin d'être gardé partout.

Dans les chasses que font les particuliers, chacun d'eux mène ses chiens pour en former une meute plus ou moins nombreuse; mais, comme ils ont rarement l'occasion de chasser les grands animaux, ils n'établissent le plus souvent pas de relais. Tous leurs chiens restant de meute, il est essentiel que les meilleurs chasseurs soient en état d'en tenir toujours la tête, et, s'il se trouve un jeune chien peu instruit ou trop léger à la course, il faut le tenir en laisse pour suivre la chasse, et ne pas l'y employer.

VIII. *Des bassets,*

Le basset que les Allemands appellent *dachshund*, et en latin *canis f. vertagus*, appartient à la classe des petits chiens.

On distingue deux races de bassets : l'une *à jambes droites*, et l'autre *à jambes torses*.

Le basset à jambes droites (*Pl.* 1 quater, *fig.* 1) ne diffère du chien courant que par ses jambes courtes. Du reste, la forme est la même. Sa taille varie beaucoup. Il est rarement blanc ou mêlé de blanc, de noir et de fauve; le plus souvent son poil est noir, épais, avec des taches de feu sur les yeux, sur la poitrine et au bas des jambes. On en connaît qui ont le poil du griffon, et qui proviennent sans doute du mélange du basset avec le barbet. Au reste, il n'est pas rare de rencontrer des barbets et des épagneuls ayant les jambes très courtes. Parmi cette variété de bassets-griffons, on estime les individus qui sont blancs avec de larges taches de café au lait.

Le basset à jambes torses (*Pl.* 1 quater, *fig.* 2) se distingue de l'autre par l'arqûre très prononcée de ses jambes de devant, que Buffon attribue au rachitisme qui sera devenu héréditaire dans cette race. Quoi qu'il en soit, cette race conserve parfaitement ce caractère, et elle reste plus pure que la première. Sa couleur, au surplus, est celle du basset à jambes droites. C'est principalement la race à jambes torses que l'on choisit pour pénétrer dans les terriers des renards et des blaireaux.

Les bassets sont employés soit à courir le renard, le lapin et le lièvre, soit à pénétrer dans les terriers des renards et des blaireaux, pour les en chasser ou les y bloquer, jusqu'à ce qu'on ait ouvert le terrier en dessus, pour s'emparer de ces animaux avec des filets ou les tuer à coups de fusil. Les bassets chassent en donnant de la voix, et, comme ils ne courent pas vite, le gibier fuit aussi avec moins de vitesse, ce qui donne plus de facilité pour le tuer.

Il y a des bassets qui suivent bien la trace du gibier blessé, et il en a aussi qui arrêtent : M. Hartig a eu un basset qui arrêtait parfaitement la perdrix.

Les noms que l'on donne aux bassets sont ordinairement ceux-ci : *Baistau, Blaireau, Terreau*, etc.; et ceux des chiennes : *Bergine, Coquette, Bellotte, Belline, Souris*, etc.

Les qualités d'un bon chien basset sont : 1° de bien fouiller les terriers; 2° de donner de la voix lorsqu'il y trouve un renard, un blaireau, un chat sauvage, une loutre, etc., et de poursuivre l'animal jusqu'à ce que le chasseur puisse percer le terrier et se rendre maître de la bête; 3° de bien quêter, lorsqu'on l'emploie sur terre, et de chasser toute sorte de gibier à poil. C'est une erreur de croire que les bassets qu'on fait chasser sur terre ne soient plus propres à fouiller les terriers; ils sont ordinairement propres à l'une et à l'autre chasse indistinctement. Le basset de bonne race n'a pas besoin de beaucoup d'instruction; cependant on développe et on perfectionne ses dispositions par les procédés dont nous allons parler.

De l'éducation des bassets. Les bassets que l'on emploie pour la chasse à courre doivent être dressés à peu près de la même manière que les chiens courans proprement dits.

Quand on veut dresser des bassets pour la chasse du renard, on commence à les instruire dès qu'ils ont huit ou neuf mois; plus tard, il devient plus difficile d'en obtenir tout ce qu'on désire.

Il faut toujours débuter par leur apprendre à marcher couplés, et par les habituer à l'obéissance. Ensuite, pour leur donner le sentiment du renard, on les accoutume à en manger la chair, ce qui exige quelques précautions, parce qu'elle ne leur plaît pas du tout. Pour parvenir à ce but, on leur en donne d'abord qui soit cuite et assaisonnée; et, de jour en jour, on diminue la cuisson et l'assaisonnement, de manière qu'en un mois ou six semaines on parvient à la leur faire manger toute saignante. Il arrive parfois que quelques uns refusent cette chair : dans ce cas, il ne faut pas leur donner d'autres nourriture, et ils se résigneront à la manger.

Lorsque les jeunes bassets sont bien accoutumés à l'odeur du renard, on tâche de se procurer des renardeaux, que l'on met avec eux dans une cour close, et où les excite à les attaquer et à les mettre à mort. Les renardeaux n'opposant qu'une faible résistance sont bientôt étranglés par les bassets, qui s'enhardissent ainsi à attaquer un renard. Quand on ne peut pas se procurer des renardeaux, on emploie au même usage le premier renard que l'on prend, et auquel on casse la mâchoire inférieure avant de le livrer aux bassets, afin qu'il ne puisse les décourager par ses morsures.

Après ces premiers exercices, on leur apprend à pénétrer dans le terrier du renard, ce qu'on ne doit faire que lorsqu'ils ont au moins un an. On procède de la manière suivante : on cherche, dans le mois de mai, un terrier dans lequel il y ait des jeunes renards, et dont on juge que les galeries soient assez près de la surface de la terre, pour qu'on puisse entendre parfaitement les chiens qu'on y fera entrer. Lorsqu'on a trouvé ce terrier, on tâche de tuer la mère à l'affût. Ensuite, on conduit les jeunes chiens, accompagnés d'un vieux chien bien dressé, jusqu'à l'entrée principale du terrier, où on les découple. On fait entrer le vieux chien le premier, en lui criant : *Coule-s-y, Finaut, coule-s-y, petit chien!* Les jeunes chiens que l'on a eu soin de prendre en laisse le regardent attentivement et témoignent bientôt l'envie de le suivre. On les caresse et on les encourage du geste et de la voix à pénétrer dans le terrier dont on retire le vieux chien. Si le basset que l'on dresse y pénètre hardiment, et ramène un renardeau au dehors, il faut le lui laisser étrangler, et donner ensuite toutes les parties intérieures de l'animal à manger aux chiens présens. Si on ne peut pas trouver un terrier de jeunes renards, on tâche de se procurer un renardeau ou un renard auquel on casse la mâchoire inférieure ; on le met dans un trou fait exprès et peu profond, et dans lequel on fait entrer de jeunes bassets. On a soin de garnir l'extrémité du trou opposée à son entrée de pierres et de terre, que l'on enlève ensuite avec des pelles et des pioches, comme on le fait quand un renard s'est terré, et que l'on a reconnu aux aboiemens du chien qui le tient bloqué. Par ce moyen, on habitue les chiens à ne pas s'étonner du bruit qui se fait dans cette opération, et au contraire à en être encouragés, parce qu'ils comprennent bientôt que c'est pour les secourir, et les empêcher d'être victimes du renard. On tire alors le renard avec des crochets de fer, et on le livre aux bassets.

Si la première fois qu'on fait chasser les jeunes bassets, le terrier recélait un vieux renard, il faudrait se contenter d'y faire pénétrer le vieux chien en leur présence, parce que, s'ils y entraient et que le renard n'en sortît pas, il s'y défendrait avec courage et pourrait les mordre de manière à les dégoûter pour toujours.

Lorsqu'un jeune basset refuse, malgré les caresses et les excitations qu'on lui fait, et lors même qu'il entend crier le vieux chien, d'entrer dans un terrier de renardeaux, on doit concevoir peu d'espérance de ce chien ; cependant il ne faut pas le contraindre à y entrer ; cela serait plus nuisible qu'utile ; on le laisse tranquille ; on fait une percée au terrier lorsque le vieux chien redouble de voix, et après que la percée est faite, on tâche de faire pénétrer le jeune chien sur les renardeaux et de les lui faire piller dans le trou. S'il le fait, on est certain qu'il n'hésitera plus une autre fois à entrer dans le terrier ; mais s'il s'y refuse encore, il y a peu d'espoir de le rendre meilleur. On attend qu'il ait un an de plus, parce que la plupart des chiens de cette race ne fouillent en terre qu'à deux ans. Alors on recommence les mêmes essais, et s'il montre la même obstination, c'est un chien dont il n'y a rien à faire.

Lorsque le jeune basset a bien fait son devoir la première fois qu'on lui fait chasser le renard, on doit lui faire chasser le blaireau avec le vieux chien qui lui sert de guide ; et plus tard, on pourra le faire chasser seul, ou accompagné d'un plus jeune chien.

Les bassets sont naturellement portés à chasser le lièvre et le lapin, et il y a, par conséquent, peu de difficultés à les dresser à cette chasse : il suffit de leur donner à manger de la chair de ces animaux, de temps en temps, et de les conduire souvent dans les endroits qu'ils fréquentent. Ils ne tardent pas à en goûter la voie, et après avoir chassé deux ou trois fois, ils le font avec toute l'intelligence désirable. On en emploie seulement trois ou quatre à cette chasse, où il ne s'agit pas de forcer l'animal, mais où il suffit de le suivre constamment pour que le chasseur puisse le tirer.

IX. *Des lévriers.*

Les lévriers forment, suivant Buffon, une variété de la race du matin, produite par le climat ; ces chiens ne diffèrent en effet du matin que par des formes plus délicées et plus élégantes.

Les diverses variétés de lévriers n'ont de différence entre elles que par la taille et le poil. Toutes ont le museau pointu, les lèvres courtes, le chanfrein très arqué, les oreilles minces, étroites et couchées sur le col, le dos voûté, le ventre rentré, les flancs rétrécis, les jambes sèches et longues, et la queue longue, mince et recourbée à l'extrémité.

Les noms qu'on donne ordinairement à ces chiens sont : *Azor, Achmet, Castor, Pollux, Apollon, Salon, Kusko, Ramir, Capello, Victor, Flatteur, Monsieur, Mâcon, Ozello,* etc.

Et ceux des chiennes : *Diane, Spadille, Manille, Basta, Maîtresse, Madame, Lucrèce, Grenade, Zima, Aurore, Blanca, Doris, Léda, Séville, Négresse, Semire, Coquette, Cybèle, Junon, Caliste, Festa,* etc.

Les lévriers à poil ras offrent trois nuances de grandeur : des grands, des moyens et des petits. La *Pl.* 1 quater, *fig.* 3, représente un lévrier de moyenne taille à poil ras.

Le grand lévrier à poil ras a l'œil très bon, mais peu de sentiment.

Le lévrier à poil long, et qui provient du mélange du grand lévrier commun et de l'épagneul de grande race, a un peu plus de sentiment. Cette variété, assez rare, a été, dit-on, proscrite en Angleterre, parce que les braconniers s'en servaient pendant la nuit pour enlever les lièvres et les lapins.

Les grands lévriers viennent d'Irlande et d'Écosse, et peuvent être employés comme chiens de force dans les chasses du loup, et quelquefois dans celles du sanglier. Mais quelle que soit la force de ces lévriers, ils ne viendraient jamais à bout d'étrangler un vieux loup, s'ils n'étaient aidés par des mâtins ou des dogues qu'on lâche sur l'animal quand ils l'ont arrêté. C'est donc plutôt pour arrêter le loup que pour l'étrangler qu'on emploie ces grands lévriers, qui l'atteignent bien vite, et le saisissent par un membre ou par la queue, ce qui suffit pour donner aux chiens de force le temps d'arriver. Comme les lévriers, à raison du peu de finesse de leur odorat, ne chassent qu'à vue, on ne peut les employer que dans les endroits découverts, par exemple, au bord des bois dont on chasse le loup avec des chiens courans.

De l'éducation des lévriers. La destination de ces chiens est de prendre à la course le lièvre, le lapin, le renard et le chevreuil, et d'arrêter le loup. Les qualités nécessaires à cet effet sont une bonne vue, de la vitesse dans la course, de l'adresse à bien saisir l'animal qu'ils doivent attraper, de la docilité, et l'habitude de se laisser conduire, soit que le veneur aille à pied ou à cheval.

On leur apprend à marcher couplés et à la harde, et à être obéissans, au moyen de quelques corrections données à propos, et lorsqu'ils ont au moins quinze mois, on s'occupe de les faire chasser.

S'il s'agit de la chasse du loup qui se fait avec les grands lévriers, on les mène sur le terrain, on les découple aussitôt que le loup sort du bois, et on les excite à courir dessus en le leur montrant.

Les lévriers de moyenne taille sont plus particulièrement employés à courir le lièvre et le lapin; et on y emploie aussi les lévriers de grande taille. Mais cette chasse ne peut avoir lieu qu'en plaine, car si le lièvre ou le lapin peut se jeter dans un endroit fourré avant d'être atteint par les lévriers, ceux-ci l'abandonnent dès qu'ils cessent de le voir. Enfin on emploie les lévriers à chasser le renard et le chevreuil.

Comme l'instinct particulier des lévriers est de courir le lièvre et le lapin pour en faire leur proie; on doit s'attacher à profiter de leur disposition à chasser ces animaux, mais aussi à les empêcher de les dévorer. Il faut essayer de leur apprendre à rapporter, en s'y prenant comme nous le dirons pour le chien d'arrêt; et quoique cela ne soit pas très facile, à cause de leur peu d'intelligence, on parvient cependant, à force de soins, à leur faire comprendre ce qu'on exige d'eux ou au moins à les rendre soumis.

Ensuite, pour les fixer positivement sur ce que l'on veut, on se procure un lapin qu'on lâche dans une cour fermée, afin de pouvoir observer le lévrier de près; où l'amène dans cette cour, on le lâche à son tour, et bientôt après il a atteint sa proie; mais aussitôt qu'il a saisi le lapin et lui a cassé les reins, on lui crie: *Apporte!* S'il ne le fait pas et qu'il se dispose à le manger, on lui fait lâcher prise par des coups de fouet bien appliqués et répétés jusqu'à ce qu'au moins il se couche à côté de sa proie, si on ne peut parvenir à la lui faire rapporter.

On procède aussi de la manière suivante pour la chasse du lièvre : on prend deux vieux lévriers et un jeune, ou bien un vieux et deux jeunes que l'on conduit au couple dans un champ vaste où il y a du lièvre. Lorsqu'il s'en présente un jeune, on lance les chiens, en leur criant : *Qui, là! qui, là!* Il faut les lancer de très près, à cinquante ou soixante pas, afin d'être bien sûr qu'ils ne manqueront pas le jeune lièvre. Lorsqu'ils l'ont pris, on le leur retire avant qu'ils aient pu l'entamer, en leur criant : *Laissez là! laissez là!* On les remet à la laisse, et on leur donne ensuite les entrailles et la fressure du lièvre, en les caressant, puis on les reconduit au logis.

Dans la suite, on peut leur faire courir de vieux lièvres; mais il faut surtout éviter de leur faire faire, dans le commencement, des chasses infructueuses, et ne pas trop fatiguer les jeunes chiens. Le lévrier est tellement ardent pour ce genre de chasse, que, quelle que soit sa fatigue, il est toujours prêt à s'élancer à la poursuite d'un lièvre ou d'un lapin, dès qu'il en aperçoit un. Il est bon de ne pas lui laisser courir plus de deux lièvres dans la même journée, et de le reprendre en laisse aussitôt qu'il a pris le second et de le ramener à la maison. Il ne faut jamais permettre qu'aussitôt après une course, les lévriers boivent, ni qu'ils mangent beaucoup; et lorsqu'ils ont fait une course excessive et qu'ils sont hors d'haleine, il est bon de leur faire prendre tout de suite une charge de poudre, et de les conduire lentement. Il y a des vieux chasseurs qui, dans ce cas, prennent les chiens par la poitrine, les soulèvent et les secouent fortement, afin, comme ils le croient, de faire sortir le sang du ventricule.

On ne fait chasser le renard qu'après que les chiens ont chassé le lièvre; et comme ils ont de la répugnance à saisir le renard, on les y encourage par l'exemple des vieux chiens dressés à cette chasse.

Ordinairement on fait courir ensemble au moins deux lévriers, et quatre au plus, soit qu'il s'agisse d'un lièvre, d'un renard ou d'un chevreuil. Mais on trouve des lévriers qui seuls et sans secours peuvent saisir et prendre un animal. M. Hartig a possédé un chien de cette qualité, qui prenait seul le lièvre, le renard et le chevreuil.

X. *Des chiens de force.*

Les chiens de force ne sont pas, à proprement parler, des chiens de chasse. Cependant on s'en sert contre les animaux qui, réduits aux abois, sont encore dangereux pour les chiens d'équipage, afin de ménager ceux-ci.

Parmi les chiens de force, on distingue le *mâtin*, le *dogue*, le *dogue de forte race*, le *dogue d'Allemagne*, le *doguin*, qui tous sont en état de combattre à force ouverte les animaux féroces et dangereux pour les hommes.

Le *mâtin* (*Pl.* 1 ter, *fig.* 2) est un chien de grande taille, vigoureux et léger; il a la tête longue et le museau pointu, le front aplati, les oreilles petites et à demi tombantes, le corps un peu élevé, les jambes fortes et hautes, la queue recourbée en demi-cercle, le poil assez court et rude, plus long aux parties inférieures et à la queue; sa couleur varie beaucoup chez les individus; il y en a de bruns, de fauves, de gris, de noirs, de blancs avec des taches jaunes, brunes ou noires. On emploie les mâtins à coiffer un sanglier dans un débûcher, en les découplant après que les lévriers l'ont arrêté; ils attaquent vigoureusement le loup et plus franchement que tous les autres chiens. On les emploie, en Allemagne, pour chasser les cerfs et les sangliers dans les tirés qui se font dans des enceintes formées de toiles où, après des battues considérables on a renfermé un grand nombre de ces animaux. (*Voyez* Cerf, et la *Pl.* 24.)

Le *dogue* (*Pl.* 2, *fig.* 1ʳᵉ) est aussi gros, mais moins élevé que le mâtin; il a la tête presque ronde, le front aplati, le nez écrasé, les lèvres pendantes, et les oreilles à demi pendantes; le poil presque ras, et de couleur assez généralement fauve, mêlé de noir et de gris, et le museau toujours noir. Ce chien se distingue par sa force et son courage; mais son intelligence est bornée et son odorat presque nul. Quand il a été dressé au combat, il devient d'une férocité extrême, ce qui le rend dangereux dans les classes où l'on s'en sert pour coiffer les animaux; il n'est pas facile de lui faire lâcher prise, et lorsque la bête qu'il a coiffée est mise à mort, il s'élancerait sur les chiens courans, si on ne se hâtait de le tenir, ce qui n'est pas toujours aisé, à cause de sa grande vigueur. Il serait imprudent alors de le corriger à coups de fouet, parce qu'il pourrait mordre les valets de chiens.

Les Anglais ont beaucoup perfectionné leur race de dogues, qu'ils exercent au combat et dont ils ont fait des chiens terribles pour les animaux, et d'une opiniâtreté incroyable.

M. Hartig décrit un dogue d'Allemagne sous le nom de *bullenbeisser* ou *bærenbeisser*, qui signifie dogue propre à la chasse de l'ours; ce dogue a presque la taille du dogue d'Angleterre; mais sa tête et tout son corps sont plus courts et plus ramassés; sa tête ressemble à celle du mopse. On trouve beaucoup d'individus qui ont le nez fendu et la queue très courte, ou qui sont tout à fait camus. La couleur de ce chien est le plus souvent jaune ou noire, avec le museau toujours noir. Il attaque tous les animaux, et on l'emploie de préférence pour la chasse de l'ours et du sanglier.

Le *dogue de forte race* (*Pl.* 2, fig. 2) provient de l'alliance du dogue et du mâtin, ou du grand danois; il ressemble beaucoup au dogue, mais avec des proportions plus grandes. Il est d'une force prodigieuse, peut être dressé au combat et remplacer le dogue avec avantage, parce qu'il est moins dangereux lorsqu'il est animé. Un seul de ces chiens peut étrangler un loup, et deux suffisent pour venir à bout d'un sanglier.

Pour dresser ces chiens à courir sur l'animal que l'on veut faire combattre, il suffit, dès qu'ils ont atteint un an, de les faire battre les uns avec les autres, et insensiblement on les habitue à attaquer tel animal qu'on leur montre, et contre lequel on les excite.

On a coutume de mettre aux chiens destinés à coiffer les grosses bêtes un large collier hérissé de pointes de fer.

XI. *Education des chiens de meute pour la chasse du sanglier.*

Les noms qu'on donne ordinairement à ces chiens sont les suivans : *Ajax*, *Adraste*, *Alphonse*, *Belleface*, *Brunaut*, *Badaud*, *Castor*, *Cupidon*, *Cerbère*, *Courage*, *Charmant*, *Crispin*, *Caton*, *Démon*, *Dragon*, *Favori*, *Fripon*, *Garçon*, *Hercule*, *Hector*, *Hasard*, *Annibal*, *Jason*, *Jupiter*, *Lyon*, *Mâcon*, *Mercure*, *Mustapha*, *Marco*, *Mico*, *Mars*, *Minotaure*, *Mamelouck*, *Morlan*, *Meran*, *Mufti*, *Néron*, *Neptune*, *Nestor*, *Orion*, *Pluton*, *Sultan*, *Solon*, *Superbe*, *Samson*, *Tyran*, *Victor*, etc.

Les noms des chiennes sont : *Amie*, *Alecte*, *Alène*, *Amante*, *Bellone*, *Balbine*, *Brunette*, *Blanche*, *Buffone*, *Calypso*, *Cérès*, *Circé*, *Comtesse*, *Diane*, *Dorine*, *Duchesse*, *Finesse*, *Fortune*, *Isabelle*, *Judith*, *Junon*, *Lucrèce*, *Lady*, *Léda*, *Lionne*, *Malette*, *Madame*, *Maîtresse*, *Marquise*, *Miss*, *Minerve*, *Négresse*, *Pallas*, *Pénélope*, *Palmyre*, *Palma*, *Rosette*, *Roxane*, *Rosalie*, *Russine*, *Sémire*, *Tigresse*, *Zima*, etc.

La destination des chiens employés dans la chasse à courre du sanglier et de l'ours est d'arrêter et de coiffer ces animaux, jusqu'à ce que le veneur puisse leur donner la mort.

Voici, d'après M. Hartig, les procédés qu'on emploie en Allemagne pour l'éducation de ces chiens.

Cette éducation doit avoir pour objet :

1°. De les habituer à se laisser conduire;
2°. De les rendre sociables entre eux;
3°. De les rendre tranquilles au moment du lancer;
4°. De leur apprendre, lorsqu'ils sont lancés, à coiffer l'animal du bon côté.

On leur donne les deux premières qualités, en les mettant à la chaîne dès qu'ils ont six mois, en les conduisant souvent à la laisse avec les vieux chiens, qui doivent former une meute avec eux, c'est à dire en les faisant travailler ensemble, et en leur infligeant une peine proportionnée à chaque faute (1). Quant à la qualité qui consiste à être tranquilles avant le lancer, ce n'est qu'à la chasse et petit à petit qu'on le leur procure; enfin, on perfectionne par l'éducation et par l'usage la disposition naturelle qu'ils ont de saisir le sanglier par les *écoutes* (oreilles). Les chiens de meute n'ont pas besoin d'autre éducation que de celle toute simple qu'on vient d'exposer, car les jeunes chiens apprennent des vieux, avec lesquels on les fait manœuvrer, à saisir et à coiffer le sanglier.

Quand il s'agit de faire chasser les jeunes chiens, on les conduit avec les meutes dans la formation desquelles ils entrent pour un tiers ou pour la moitié; un valet particulier les mène séparément et deux à deux avec

---

(1) M. Hartig observe qu'une meute de ce genre est composée, en Allemagne, de six à douze chiens, et qu'on la forme, pour la moitié, de chiens *lourds*, et pour l'autre moitié, de chiens *légers*; que cependant on la compose quelquefois, pour les trois quarts, de chiens lourds, et pour l'autre quart, de chiens légers. On doit entendre par *chiens lourds* les dogues et les mâtins de forte race, et par *chiens légers* les grands lévriers.

le cordeau. Lorsqu'on est arrivé au bois où se trouvent des sangliers, on s'occupe dans le plus grand silence du placement des meutes, qui chacune doivent être commandées par un piqueur à cheval, expérimenté; on choisit les meilleurs *débûchers* pour les placemens, en évitant de les établir dans des endroits tels que, si les sangliers viennent à sortir, les chiens puissent être arrêtés dans leurs poursuites par des fourrés trop épais. Les chiens et le valet doivent être placés derrière les veneurs, en être couverts le plus possible, et distribués dans un tel ordre, qu'au commandement de : *deux*, *quatre*, *six*, *huit*, etc., *en avant!* une partie de la meute ou toute la meute puisse avancer et être lancée, selon que le commandant de la meute le juge nécessaire; lequel s'en rapporte au valet de chiens pour la prompte et exacte exécution de ses ordres. Lorsque les sangliers avancent, on les laisse s'approcher assez, pour qu'après le lancer des chiens, ils ne puissent plus retourner dans le fort, et alors on ordonne de lancer tous les chiens ou seulement une partie à la fois, après qu'on leur a montré les sangliers, dans le cas où ils ne les verraient pas.

Pour la première fois, on lance les jeunes chiens de préférence sur les *marcassins* et les *laies*, afin de les faire jouir; mais ensuite on doit les lancer sur les vieux sangliers.

Pour coiffer un seul marcassin, on se contente de lancer quelques chiens légers (lévriers); pour un sanglier *tiers-an* ou *quartan*, on lâche ordinairement de quatre à six chiens, et sur un vieux sanglier on lance toute la meute. Quand il se présente une harde tout entière, on lâche en tête de la harde toute la meute, pour y mettre le désordre et en prendre plusieurs; quant aux vieux sangliers qui se présentent seuls, on doit de préférence les faire attaquer sur le côté ou par derrière.

Aussitôt que la meute est lâchée, tous les piqueurs suivent à pied et à cheval, et lorsque le sanglier est coiffé, le veneur le perce avec son couteau de chasse au défaut de l'épaule; alors les valets s'occupent de rattacher leurs chiens et de les empêcher de se mordre. Mais si quelques chiens se prenaient des dents, ou ne voulussent point quitter le sanglier, il faudrait les séparer avec un bâillon de la grosseur du doigt et de dix pouces de long, et pointu, que le commandant de la meute doit toujours porter dans ces sortes de chasse, ou bien on les oblige à se quitter en leur pinçant la queue. Alors le commandant examine si quelques chiens ont été blessés, pour les panser sur-le-champ. Il paraît, d'après ce que dit M. Hartig, qu'en Allemagne, un artiste-vétérinaire assiste ordinairement à toutes ces chasses. Dans tous les cas, on doit se munir d'aiguilles à coudre, de fil de soie et de bandages.

On ajoute beaucoup à l'agrément de cette chasse, lorsqu'on la fait à cors et à cris. (Voyez *Sanglier*.)

Section II. — *Des chiens employés à la chasse à tir.*

La chasse à tir convient au plus grand nombre des amateurs, parce qu'elle exige peu de dépenses. Un bon chien, bien dressé, est l'instrument le plus utile dans cette chasse. Les chiens qu'on y emploie et qu'on appelle *chiens couchans* ou *d'arrêt*, ou *chiens fermes*, servent à arrêter le gibier jusqu'à ce que le chasseur leur fasse signe de le faire partir, et à le poursuivre lorsqu'il est blessé. Il faut qu'ils obéissent à la voix, au sifflet, au geste et au regard du chasseur. Les animaux qu'on leur fait chasser sont le lapin, le lièvre, la perdrix, la caille, la bécasse, le canard, le faisan, etc.

Parmi les chiens qui montrent le plus de dispositions pour la chasse à tir, on distingue le braque, l'épagneul, le griffon et le barbet.

I. *Du braque.*

Le braque (*Pl.* 1, *fig.* 1, *Pl.* 1 bis, *fig.* 2, *Pl.* 1 ter, *fig.* 1) est un chien dont la taille varie depuis 18 pouces jusqu'à 2 pieds et demi; il a la tête forte, les oreilles pendantes, le museau long et carré, l'œil assez petit, les narines bien ouvertes, la gueule large et armée de fortes dents, le cou peu allongé, le corps épais et la poitrine large, le dos et la croupe arrondis, la queue charnue, courte et relevée, les pattes fortes et les pieds larges, le poil ras, plus fin sur la tête et les oreilles que sur le reste du corps, très rarement noir, quelquefois blanc, mais le plus ordinairement moucheté de taches brunes très serrées, ou marqué à la tête, aux oreilles, sur le dos et sur les flancs, de grandes plaques de même couleur. Il cesse de croître à douze ou quinze mois, et la durée de sa vie est de quinze à dix-huit ans. Il est très attaché à son maître.

Ce chien a de la légèreté et de la vigueur, beaucoup de finesse d'odorat et une quête brillante; il est bon pour la plaine et pour les broussailles; la chaleur ne l'incommode pas autant qu'elle incommode les autres races de chiens de plaine, et ne lui fait pas perdre la finesse de son odorat. Il arrête également le poil et la plume. On l'emploie aussi pour la grande chasse, parce qu'il recherche toute espèce de gibier, et qu'il tient long-temps.

Il y a une autre race de braque, connue sous le nom de *braque du Bengale*, dont les formes sont les mêmes que celles de notre race, mais dont la robe est mouchetée de blanc sur un fond marron, ou tigrée de brun sur un fond blanc.

On connaît encore une autre variété de braque, venue d'Espagne, et qu'on appelle improprement *à deux nez*, parce que ce chien a les narines séparées par une gouttière. Il paraît que cette variété, qu'on a beaucoup vantée, a cependant le nez moins fin que le chien français ou anglais.

II. *De l'épagneul.*

L'épagneul paraît être originaire d'Espagne, ainsi que l'indique son nom. Ce chien (*Pl.* 1, *fig.* 2, et *Pl.* 1 bis, *fig.* 3) a beaucoup de rapports avec le braque; il est nuancé des mêmes couleurs; mais il en diffère par son museau un peu plus mince, par ses formes moins musculeuses, par sa poitrine plus étroite, et surtout par son poil long, soyeux et presque lisse. Ce poil est plus long sur les oreilles, sur le cou, derrière les cuisses, sur la face postérieure des quatre jambes et sur la queue, que sur les autres parties du corps. On estime d'autant plus un épagneul, que son poil est plus long et soyeux sur les oreilles et à la queue. On recherche aussi les épagneuls marqués de taches de marron sur un fond blanc; le museau est alors ordinairement blanc, tandis que le front et les oreilles sont marrons; il y a aussi souvent des taches de feu aux yeux. L'épagneul doit avoir la taille du braque et les oreilles très longues.

L'épagneul est un bon chien d'arrêt, doux, souvent même timide, chassant mieux au marais ou dans les cantons couverts qu'en plaine, surtout lorsqu'il fait chaud, la chaleur altérant son odorat; il est, au reste, moins vigoureux que le braque, et il a ordinairement une quête moins brillante, parce qu'il porte le nez bas. Toutefois, il arrête également le gibier à poil et à plume. Il va à l'eau sans difficulté. Il y a même des épagneuls qui chassent le chevreuil et le sanglier, et qui ont beaucoup de courage. Ce chien, de même que le braque, est fort attaché à son maître.

Variétés de l'épagneul. L'épagneul dont nous venons de parler est le grand épagneul, qui est presque le seul qu'on emploie à la chasse; mais il y a aussi de petits épagneuls qui ne diffèrent du premier que par la taille : le gredin, qui est un petit épagneul noir, et le pyrame, qui ne diffère du gredin que par des taches de feu,

On possède depuis quelque temps des épagneuls tout noirs, petits, et qui ne paraissent être autre chose que des gredins améliorés dans leur taille et qu'on a dressés; ils chassent aussi bien que le grand épagneul.

Enfin, on connaît, en Angleterre, une variété de l'épagneul, qu'on nomme *épagneul d'eau*, et qui est figurée, sous le nom d'*épagneul anglais*, dans le *Traité des Chiens de chasse*, dont nous tirons une partie des instructions que nous présentons ici. Cette variété paraît provenir du braque et de l'épagneul. Elle diffère du braque par des formes moins musculeuses, et de l'épagneul par son poil long, soyeux et frisé sur le dos et les oreilles, tandis que la tête, les jambes et le dessus du corps sont à poil ras. Il y en a de grands et de moyens qui ont les mêmes formes. Cette variété, rare en France, est principalement employée, en Angleterre, à la chasse au marais et à l'eau.

III. *Le griffon.*

Le griffon (*Pl.* 1re, *fig.* 3) a le poil long, raide et peu touffu, quelquefois mêlé de noir, de gris et de blanc, et d'autres fois tout fauve ou bien fauve et blanc; on préfère, pour la chasse, ces dernières couleurs. Les oreilles sont à demi pendantes et plus courtes que dans le braque et l'épagneul. Le griffon est aussi plus petit et a les membres moins forts que ces deux races; sa tête est plus arrondie et son nez moins allongé que chez le braque. Il paraît originaire du Piémont et de l'Italie, et tenir de l'épagneul et du barbet. On en connaît de grands et de petits.

Le griffon, avec des formes moins belles que le braque et l'épagneul, offre les mêmes qualités pour la chasse, et montre une grande intelligence. Il va parfaitement à l'eau et convient mieux pour les chasses dans les marais et les lieux abrités et fourrés, que pour la chasse en plaine. Les griffons de la plus grande taille peuvent faire d'excellens limiers.

IV. *Le barbet.*

Le barbet, que l'on connaît aussi sous le nom de *caniche* et de *chien-cane* (*Pl.* 1 bis, *fig.* 1), a le poil long, très frisé et épais, le corps gros et court, les jambes médiocrement longues, la tête ronde, le museau court et les oreilles larges et pendantes. Sa couleur varie beaucoup, mais le noir et le blanc sont celles que l'on voit le plus souvent. Ce chien a un odorat exquis, une intelligence extraordinaire, et on peut le dresser à tous les services. Il est particulièrement propre à la chasse des oiseaux aquatiques, à raison de sa disposition à se jeter à l'eau.

Ce chien exige des soins pour être tenu propre, et par conséquent en état de santé; il faut le peigner souvent, détruire la vermine à laquelle il est sujet et le tondre particulièrement aux pieds, entre les doigts et sur le museau. On lui coupe la queue, comme au braque.

Le barbet est très employé, en Angleterre, à la chasse des oiseaux aquatiques. On le tient même à bord des bâtimens où on l'habitue à aller chercher ce qui tombe à l'eau, ainsi que les oiseaux de mer que l'on tue. Il peut être dressé à l'arrêt.

Il y a une variété du barbet : c'est le petit barbet, que l'on tient dans les appartemens.

V. *De l'éducation des chiens couchans.*

Les races de chiens que nous venons de décrire sont les plus intelligentes de toutes, et les plus aptes à recevoir un haut degré de perfection dans leur éducation. Mais, pour les bien dresser, il faut une bonne méthode, de l'intelligence dans l'emploi des moyens propres à leur faire comprendre ce qu'on exige d'eux, du discernement dans l'application des corrections et des récompenses, et par dessus tout beaucoup de patience et de douceur. Il serait de plus bien essentiel que les amateurs de la chasse se chargeassent eux-mêmes de dresser leurs chiens, au lieu de les confier à des gardes qui souvent ne connaissent que la rigueur des châtimens pour s'en faire obéir. Les chiens seraient plus attachés à leur véritable maître; ils connaîtraient sa manière et sa voix, et comprendraient l'intonation du commandement et ce qu'il exige d'eux; tandis qu'un chien dressé par un garde, et qu'on remet à son maître, se trouve tout à fait dérouté; ce n'est plus le ton ni la manière auxquels il était habitué à obéir, et l'on se voit souvent obligé de recommencer son éducation.

Les noms que l'on donne ordinairement aux chiens couchans sont : *Amico*, *Amiral*, *Brillant*, *Tarquin*, *Blanco*, *Bellant*, *Caron*, *Capellan*, *Néron*, *Cusco*, *Flanco*, *Milan*, *Milord*, *Marquis*, *Manco*, *Perdreau*, *Ponto*, *Catina*; et ceux des chiennes : *Amica*, *Bella*, *Blanca*, *Bellone*, *Brunette*, *Calypso*, *Diane*,

Donna, *Fanni*, *Junon*, *Léda*, *Sapho*, *Aline*, *Clio*, *Irla*, *Marquise*.

Nous avons dit que le chien couchant était destiné à la chasse du lièvre, de la perdrix, de la caille, de la bécasse, du canard, du faisan, etc., et qu'il devait chercher le gibier, le tenir en arrêt jusqu'à l'arrivée du chasseur, le faire partir lorsqu'il en reçoit l'ordre, le suivre après qu'il est tiré, et le rapporter sans l'endommager. Il faut, pour qu'un chien remplisse cette destination :

1°. Qu'il soit très docile à la voix de son maître ;
2°. Qu'il quête d'une manière vive, assurée, en portant le nez au vent, et sans tourner long-temps à la même place ;
3°. Qu'il tienne l'arrêt bien ferme jusqu'à ce que son maître arrive ;
4°. Que, lorsqu'il est devant une pièce de gibier, on puisse le rappeler, soit de la parole, soit en le sifflant, et le remettre à chasser de nouveau ;
5°. Qu'il cesse de poursuivre le lièvre dès que la voix de son maître le rappelle ;
6°. Qu'il suive, soit sur terre, soit dans l'eau, toute pièce abattue ou blessée, et la rapporte sans la secouer, la meurtrir ni la déchirer ;
7°. Qu'il ne coure pas au coup de fusil d'un autre chasseur que son maître.

Un chien d'arrêt qui a toutes ces qualités est un chien parfait ; mais il ne les acquiert qu'autant qu'il a les dispositions nécessaires et qu'il est bien dressé.

Il y a plusieurs méthodes vantées pour l'éducation des chiens d'arrêt. Celles qui sont décrites dans le *Parfait Chasseur* de M. Desgraviers, dans le *Traité général des Chasses*, et dans le *Traité des Chiens de chasse*, et qui ont beaucoup de rapport entre elles, nous paraissent très bonnes ; nous les rappellerons plus loin ; mais nous devons faire connaître la méthode qu'enseigne M. Hartig, dans son *Lehrbuch für Yager*, et qu'il a employée avec beaucoup de succès pour l'instruction de ses chiens.

Cet auteur conseille de ne commencer l'éducation du chien d'arrêt (en allemand *hühnerhund*) que lorsqu'il a un an, et même plus. On la commence vers Pâques, ou bien vers le milieu du mois de juillet. Cette éducation se divise en deux parties principales : *l'éducation au logis* et *l'éducation en plaine*. La première n'est, à proprement parler, que la *théorie* ; la seconde, qui complète l'instruction, est la *pratique*.

Avant de s'occuper de dresser un chien, on doit s'assurer s'il a des dispositions pour la chasse, afin de ne pas s'exposer à perdre son temps ; on le doit même lorsqu'on aurait la certitude qu'il est de bonne race. Pour cet effet, on le mène, au printemps, dans un champ nouvellement semé, et où l'on sait qu'il y a des perdrix ; et, en le conduisant avec un collier de cuir auquel est attaché un cordeau, on lui apprend à marcher *derrière*, en lui disant : *Derrière!* Arrivé au champ, on le lâche, et on l'excite à chasser, par ces mots : *Allons, cherche, cherche!* et on le laisse aller à sa volonté ; on le suit et on l'anime de temps en temps en sifflant. Bientôt on juge si le chien a ou n'a pas de dispositions naturelles. S'il cherche avec ardeur, s'il porte le nez haut, s'il fait lever des perdrix ou des alouettes, ou s'il s'arrête devant elles, et s'il les poursuit lorsqu'elles s'envolent, on a tout espoir qu'il fera un bon chien ; mais s'il ne veut point quitter son maître, et si, après plusieurs essais, et même lorsqu'il est auprès d'un bon chien, il ne montre aucune des dispositions que nous avons indiquées, il ne mérite point la peine qu'on s'occupe de le former, et on doit l'abandonner, quelles que soient d'ailleurs ses qualités physiques.

Quant au chien qui aura donné des espérances, on lui fera faire différentes excursions, et si, ce qui arrive assez souvent, il forme déjà un arrêt ferme devant les perdrix et les lièvres, on a acquis la certitude qu'on sera récompensé de ses peines, et on peut dès lors procéder à son éducation au logis.

Pour cet effet, on place le jeune chien dans une écurie propre, on le met à la chaîne, et on le soigne soi-même pendant tout le temps de son éducation, en lui donnant une nourriture suffisante, et on ne permettant pas qu'aucune personne ni qu'aucun chien n'approchent de lui. Lorsqu'il a passé trois ou quatre jours dans cette solitude, on lui met, un matin, le cordeau destiné à son éducation. Ce cordeau, de la grosseur d'un fort tuyau de plume, et de 12 ou 15 aunes de long, est terminé à l'un de ses bouts par une oreille de 2 pouces de long ; et, à 3 pouces de cette oreille, il y a des nœuds de la grosseur d'une noisette, et on nombre suffisant pour qu'en passant l'autre bout du cordeau dans l'oreille il en résulte un collier à nœuds. On le conduit avec ce cordeau, soit dans une aire de grange, soit dans une grande salle ou un vaste grenier. Observons, avant d'aller plus loin, que l'objet important de l'éducation du chien est, 1° de lui bien faire comprendre ce qu'il doit faire ; 2° de choisir le moyen convenable pour le lui apprendre ; 3° de ne le punir ni avec trop de rigueur ni avec trop d'indulgence, et de ne jamais s'emporter contre lui, mais de toujours conserver sa patience et son sang-froid.

On commence par lui faire entendre le sifflet, et ensuite ce mot : *Ici!* Lorsqu'il ne vient pas au sifflet ou à la voix, on tire à soi le cordeau, ce qui fait serrer le collier et lui fait sentir l'impression des nœuds. Mais si le chien est insensible à cette première secousse, on l'oblige à venir en retirant la corde avec force ; cependant on le loue et on le caresse en lui passant doucement la main sur la tête, afin qu'il prenne de la confiance et qu'il sache bien ce qu'on exige de lui. En répétant cette leçon et en le punissant lorsqu'il est indocile, on lui apprendra bientôt cette première manœuvre. Après cette leçon, qui doit durer une heure et être répétée deux fois par jour, une le matin et l'autre vers le soir, l'instructeur lui donne un peu de pain et le remet à la chaîne. Les jours suivans, à l'ordinaire, on répète la leçon de la veille, et on lui en donne une nouvelle également facile : elle consiste à lui faire entendre ces mots : *Tout beau!* On lui met doucement le nez à terre, en lui disant : *Tout beau!* et on lui donne une position telle que la tête tombe entre les pattes de devant, que celles de derrière rentrent en dessous, et que tout le corps repose sur la poitrine et le ventre. On ne le laisse en commençant qu'une minute dans cette posture, mais, ensuite on l'y laisse plus long-temps ; on reste devant lui, en continuant de dire : *Tout beau, Amicau* (si c'est son nom)! ou bien on tourne autour de lui, et ensuite on le fait avancer, en disant : *Ici, avance!* On répète cette leçon jusqu'à ce que le chien, aux mots *tout beau*, se mette lui-même dans la position qu'on vient de lui dire, et qu'aux mots *ici, avance*, il vienne, moitié en marchant, moitié en rampant jusqu'au chasseur, qui est de quelques pas en avant de lui. On a soin de le flatter et de le caresser chaque fois qu'il fait bien. Lorsqu'il est bien affermi dans cette leçon, on s'occupe de le faire rapporter. M. Hartig observe qu'il n'entreprend cette leçon qu'en dernier lieu, parce qu'elle est la plus difficile, et que le chien la concevra bien plus facilement s'il est préparé à une parfaite docilité envers le chasseur, par les premières leçons qu'il aura reçues.

Pour apprendre au chien à rapporter, il faut se servir du moulinet (1) ou d'un bâton entouré de toile, de la longueur de 8 pouces et de la grosseur du doigt. On tient le chien de très court à la corde, et on lui présente le bâton près de la gueule en lui disant : *Tiens!* et on le lui fourre entre les dents, en le tirant par le collier garni de nœuds de manière à le serrer un peu, jusqu'à ce qu'il ouvre la gueule, et qu'on puisse lui enfoncer le bâton entre les dents incisives. Cela fait, on lui tient doucement la gueule fermée en lui disant : *C'est bien, Amicau!* On lui laisse tenir le bâton pendant une minute, puis on le lui retire avec douceur en lui disant : *Donne!* On répète cela souvent à chaque leçon, en lui laissant petit à petit garder le morceau de bois plus long-temps, on le jette devant lui pour qu'il puisse, au mot *tiens*, le prendre lui-même, et le garder jusqu'à ce qu'on lui dise : *Donne!* Lorsqu'il exécute bien ces commandemens, on lui fait faire *tout beau*, on lui présente le bâton devant le nez, et on lui dit : *Tiens, apporte!* S'il le prend, on lui dit : *Avance ici, apporte!* On le fait venir et on l'assoeit doucement sur le derrière en lui disant : *Assis!* On lui lève la tête en haut et on lui retire le bâton en le caressant. Peu à peu, on lui fait rapporter de plus loin le bâton qu'on a jeté, et on ne le lui prend que lorsqu'au commandement *assis* il le présente dans cette position. Lorsqu'on a amené le chien à faire tout ce qu'on exige de lui dans cet exercice du bâton ou du moulinet, on lui fait rapporter un simple morceau de bois de toute forme et grandeur, des os, des pelotes de bourre ou de plume, des pierres, du métal, des oiseaux de proie, enfin tout ce qu'on veut, et que le chien puisse saisir; s'il fait des difficultés, on le fait travailler et on lui donne des saccades, en tirant la corde à soi, ou même on emploie, au besoin, le *collier de corail* (2) jusqu'à ce qu'il ne se refuse plus à rien. Lorsque le chien est bien affermi dans ces exercices, on l'habitue alors à *rapporter le lièvre*. Pour cet effet, on emplit de paille une peau de lièvre, dans le milieu de laquelle on met une pierre, on la place devant le chien, en lui disant : *Tout beau!* et on la lui fait rapporter toujours en augmentant les distances; et pour que, par la suite, le chien obéisse à la voix lorsqu'il se trouvera devant un lièvre, une perdrix, etc., on place la peau de lièvre assez loin devant lui, et on l'avertit par ces mots : *Tout beau!* Au commandement *avance*, on le laisse approcher un peu; à celui *tout beau*, on le fait coucher; et à celui *là, avance*, on le laisse aller tout à fait. Ensuite, on le retient un peu, puis on le laisse avancer comme précédemment, et enfin apporter la peau du lièvre. Cet exercice, dont les effets deviendront par la suite extrêmement utiles en plaine, doit être répété et continué jusqu'à ce que le chien en exécute parfaitement toutes les manœuvres à la chambre, même sans être tenu par le cordeau; on termine alors son éducation du logis, à moins qu'on ne veuille encore le tourmenter pour le forcer à présenter ce qu'il rapporte, étant debout sur les pattes de derrière et le dos tourné au chasseur. Cette gentillesse inutile donne ordinairement plus de peines au chasseur et au chien que tout ce qu'on vient de dire; et d'ailleurs il en résulte que, par la suite, les chiens qui n'oublient point de se dresser sur leurs pattes de derrière, mais qui oublient facilement de se tourner, sautent avec leurs pattes de devant sur la poitrine du chasseur et salissent ses habits. M. Hartig blâme donc cette pratique qu'il n'a jamais, dit-il, voulu mettre en usage pour ses chiens.

Dès que l'éducation à la chambre est terminée, ce qui exige trois semaines ou un mois si le chien est intelligent, et de cinq à six semaines s'il est très rétif aux instructions, on doit s'occuper de l'éducation en plaine. Là, on lui apprendra:

1°. A marcher à la gauche et derrière le chasseur, et lorsqu'on l'attache quelque part, à se coucher tranquillement jusqu'à ce qu'on vienne le prendre;

2°. A rapporter dans l'eau;

3°. A chercher et à rapporter ce qu'on a perdu;

4°. A chercher, quêter de près et à ne point se laisser détourner en courant après les alouettes;

5°. A se mettre fermement en arrêt devant le lièvre et la plume, et à obéir au rappel;

6°. A ne courir sur la plume et sur le lièvre que jusqu'à ce qu'on le siffle ou qu'on le rappelle.

Pour le faire marcher à côté et derrière le chasseur, et l'habituer à demeurer tranquille lorsqu'on l'attache, on procède comme nous avons dit en parlant de l'éducation du chien que nous avons décrit à la suite du limier, et qui est destiné à poursuivre le gros gibier qu'on a blessé.

Quant à l'habitude de rapporter dans l'eau, on la lui donne très facilement en procédant de la manière suivante : on le mène avec le cordeau près d'une rivière ou d'un étang dont l'eau soit basse sur le bord et toujours plus profonde à mesure qu'on avance. On jette un petit morceau de bois assez près du bord pour que le chien puisse le prendre sans enfoncer beaucoup dans l'eau. S'il le prend et l'apporte, on le caresse; et s'il s'y refuse, on l'y force en le tirant avec la corde, après s'être placé dans un lieu convenable et sec; et, au besoin, on lui donne quelques légères corrections. Petit à petit, on jette le morceau

---

(1) Le moulinet ou chevalet est un bâton entouré de drap, de la longueur d'environ 8 pouces, de la grosseur du doigt, et dont les deux bouts sont percés en croix, et traversés par deux petits morceaux de bois, afin que lorsqu'on le jette pour le faire rapporter, il ne tombe pas à plat sur la terre, et pour que le chien puisse le saisir et le lever plus facilement.

(2) M. Hartig dit *korallenhalsband*. C'est un collier formé de petites billes ou boules de bois, armées de pointes de fer, percées dans leur milieu, et réunies par une corde comme les grains d'un chapelet.

de bois un peu plus loin du bord, et dans un endroit plus profond, de manière que le chien soit obligé de nager; par ce moyen, on le force à rapporter dans l'eau, même lorsqu'elle est très profonde et très froide.

Quand le chien est bien habitué à rapporter dans l'eau, on lui fait chercher et rapporter ce qu'on a perdu. Pour cet effet, on mène le chien dans un champ et on laisse tomber sans qu'il s'en aperçoive un mouchoir de poche blanc. A vingt pas de là, on s'arrête, on lui montre le mouchoir blanc qui s'aperçoit facilement, et on l'excite à le rapporter en disant : *Cherche, j'ai perdu, apporte!* Le chien va le chercher et reçoit sa récompense. Petit à petit, on l'éloigne davantage de l'objet perdu; on jette aussi cet objet à côté du chemin, mais cependant *sous le vent*; et, par des exercices de ce genre, répétés avec soin, on amène le chien à retourner fort loin et à rapporter les objets perdus.

A l'époque où le chien aura appris tout ce qui précède, les seigles et les blés seront assez grands pour couvrir les perdrix déjà appariées (1). Alors on le conduit avec la corde qu'on lâche d'environ vingt pas, dans un canton où l'on sait qu'il y a des perdrix appariées. Alors on le fait chercher, en le tenant toujours à la corde, et sous le vent, et on l'excite par ces mots : *Allons, cherche, cherche!* et on fait bien attention à la manière dont il se comporte. S'il court après une alouette qu'il aura fait lever, on le réprimande en lui disant : *Fi donc! ah! fi!* Si on se doute qu'il s'approche des perdrix, on raccourcit le trait, on l'arrête, puis on le laisse avancer de nouveau, jusqu'à ce qu'il s'arrête ferme. S'il exécute bien cette manœuvre, on prend le trait tout près du cou du chien, on le caresse en lui répétant plusieurs fois : *Tout beau*, et lorsqu'on l'a arrêté pendant trois ou quatre minutes, on cherche à faire partir les perdrix en leur jetant une petite pierre ou une petite boule de terre, et si le chien veut courir après, on le punit par une saccade, c'est-à-dire en tirant le trait à soi. On répète souvent cet exercice pour les perdrix ou le lièvre, et par la suite on le tient toujours plus long-temps en arrêt devant le gibier. Mais si le chien poursuit les perdrix ou les lièvres, sans former l'arrêt, il faut le faire arrêter devant l'endroit où le gibier reposait, c'est-à-dire devant la place d'où il est parti, et lui répéter : *Tout beau*; et, s'il commet cette faute plusieurs fois, le punir chaque fois par un coup donné avec la corde. Lorsque l'éducation du chien est avancée au point que, tenu à la corde, il arrête ferme les perdrix et les lièvres, et qu'il soit habitué à revenir au commandement et à aller de nouveau, on tue devant son arrêt une perdrix ou un lièvre qu'on lui fait rapporter. Quand on est parvenu à lui faire exécuter *à la corde* tout ce qu'on vient de dire, on lui fait répéter sans plus s'en servir. Dans ce cas, on le suit de très près, et on fait bien attention à lui, pour l'avertir s'il voulait s'emporter, et forcer le gibier. Lorsqu'il est en arrêt, on doit chercher, tant qu'il ne sera pas bien ferme, à le prendre par le collier, afin qu'il ne poursuive pas le gibier qui partirait; mais si déjà il est à sa suite, et qu'il ne revienne aussitôt qu'on le rappelle ou qu'on le siffle, il faut, chaque fois qu'il commet cette faute, et jusqu'à ce qu'il en soit déshabitué, ainsi que ●●●●● te autre faute, lui infliger une correction co●●●●●●e, en lui disant : *Fi donc! ah! fi!* Cette punition se donne ordinairement avec un petit fouet, et on ne doit jamais lui donner de coups de pied ni le tirailler par les oreilles.

Les défauts les plus ordinaires de beaucoup de jeunes et même de vieux chiens couchans sont : 1° de meurtrir le gibier à plume qu'ils doivent rapporter; 2° de poursuivre les lièvres lorsqu'ils ne doivent pas le faire.

Souvent on parvient à leur faire perdre le premier défaut par le moyen suivant : on traverse en croix une pelote, ou encore mieux une perdrix, par des fils de fer pointus, et disposés de manière que si le chien saisit les objets avec trop de force pour les rapporter, il se pique la gueule. Quant à l'habitude de courir mal à propos sur les lièvres, il est plus difficile de la faire perdre, et souvent on n'y parvient pas. Le plus sûr moyen est de conduire le chien dans un endroit où il y a beaucoup de lièvres et où l'on n'en doit pas tuer devant lui. Il se fatiguera bientôt de courir après, s'il voit que cela n'aboutit à rien, et si chaque fois il reçoit une correction. Mais le chasseur qui n'a point cette facilité doit chercher par la correction ordinaire, graduée sur chaque faute, à l'en déshabituer petit à petit; quant aux autres moyens essayés jusqu'à ce jour, tels que de leur mettre *le bec de cigogne* (1), ou de leur faire traîner un lièvre, etc., ils ne servent à rien. Un remède qu'on emploie, en désespoir de cause, mais qui produit souvent de bons effets, lorsqu'on a un chien qui s'acharne à la poursuite d'un lièvre sans vouloir revenir lorsqu'on le siffle, est de lui lâcher, à vingt pas de distance, un bon coup de cendrée dans les fesses. Cela ne l'estropie pas, mais souvent cela l'effraie au point que, pour la suite, il est corrigé de l'envie de poursuivre les lièvres. Mais celui qui ne veut pas employer ce moyen n'a d'autre ressource que l'emploi du fouet, dont cependant il doit user avec une sage mesure; car le chien qui est trop battu devient à la fin tellement craintif, qu'après une course qui doit lui attirer un fort châtiment, il n'ose plus revenir auprès du chasseur, et que même il retourne au logis. Un chien semblable se redresse difficilement, et si on remarque qu'il y a encore de la ressource, il faut le confier à un chasseur tout à fait étranger, qui recommencera l'éducation au logis et en plaine, et qui tâchera de réparer, par un traitement plus doux, et de temps en temps par de légères corrections, le mal que le premier instructeur aura fait par son défaut de prudence.

Nous devons observer, à l'égard du chien dressé

---

(1) Si on a commencé l'éducation du chien au mois de juillet, on peut, dans le mois d'août, le faire chasser aux perdreaux, et le continuer dans cet exercice.

(1) Le bec de cigogne, dont parle M. Hartig, est un morceau de bois en forme de fourchette, qu'on leur met sous la mâchoire, pour les empêcher de mettre le nez trop près de terre.

au printemps, qu'il faut, de temps à autre, et tant que les champs seront fermés, lui répéter les leçons de la chambre, afin que, dans l'intervalle qui doit s'écouler jusqu'à l'ouverture de la chasse, il n'oublie pas ce qu'on a eu la peine de lui apprendre. Quant au chien dressé pendant l'été et qu'on a eu le temps d'affermir dans ses leçons de la chambre pour l'ouverture de la chasse, on peut dès lors procéder à son éducation en plaine, et le faire chasser aussitôt après. C'est un grand avantage de l'éducation d'été, que je recommanderais toujours, dit M. Hartig, si le travail dans cette saison n'était trop fatigant pour le chasseur et pour le chien.

Il y aurait bien encore des détails à donner sur la manière de traiter et de diriger le chien couchant; mais c'est à l'intelligence du chasseur à y suppléer dans les diverses circonstances qui peuvent se présenter. Toutefois nous allons terminer ce paragraphe par l'exposé de quelques règles de prudence :

1°. Il ne faut pas que le jeune chien couchant s'éloigne du chasseur ordinairement de plus de vingt à vingt-cinq pas et jamais de plus de quarante à cinquante pas, et le chasseur ne doit jamais le perdre de vue.

2°. Il ne faut pas que ce jeune chien chasse jamais avec un autre, et quand, dans une chasse, il se trouve plusieurs chiens, il faut s'en éloigner avec le jeune élève à une distance suffisante.

3°. Il ne faut le confier à aucun étranger et encore moins à un mauvais chasseur; on doit toujours le faire travailler soi-même.

4°. Aucune faute ne doit rester impunie, mais il faut aussi caresser le chien toutes les fois qu'il aura bien fait.

5°. Il ne faut pas trop lui parler parce qu'on le rendrait indifférent; mais, d'un autre côté, il ne faut pas non plus négliger de lui parler et de le siffler pour l'encourager et le diriger, parce qu'il oublierait ses devoirs.

Telles sont les règles données par M. Hartig pour dresser un chien de plaine; elles nous paraissent très sages, et très propre à former un excellent chien.

La méthode enseignée par nos auteurs et notamment dans le *Parfait chasseur* et le *Traité général des Chasses* a beaucoup de rapport avec celle de M. Hartig. En voici l'exposé :

1°. Il faut instruire le chien avec patience et douceur, et l'instruire soi-même si l'on veut avoir un chien bien dressé.

2°. Si l'on fait élever son chien par un garde, ce qu'on doit éviter autant que possible, on suivra la méthode du garde et on imitera ses intonations dans le commandement.

3°. Si le chien que l'on veut dresser est né chez soi, on se bornera, dans son jeune âge, à le rendre souple et docile.

4°. Lorsqu'il a cinq à six mois, on doit essayer de le faire rapporter, et de le faire aller à l'eau, mais en le ménageant beaucoup.

5°. Si l'on a l'attention de tenir son chien à l'attache, il faut l'y accoutumer insensiblement, et ne pas l'y tenir trop long-temps dans son jeune âge où il a besoin de prendre ses ébats.

6°. On commence l'éducation du chien par lui apprendre à *s'asseoir*, et, pour cet effet, on lui met un collier ordinaire auquel on attache une longue corde; on lui ordonne de venir à soi en disant : *Ici à moi !* Et s'il ne vient pas, on le fait approcher en tirant la corde, et on lui commande alors de s'asseoir en lui disant : *Sur le cul !* Et on l'aide à prendre cette position pour qu'il comprenne bien ce qu'on exige de lui ; on répète cette leçon.

7°. On lui apprend à se mettre à terre, c'est à dire à se coucher à terre, sur son ventre, les jambes de derrière ployées sous lui, et celles de devant allongées, et on l'habitue à prendre cette attitude, au commandement de *à terre !* prononcé d'un ton menaçant, et en élevant le bras comme si on allait tirer; on l'amène insensiblement à se coucher, seulement par le mouvement des bras. On le rend immobile dans cette position, en tournant autour de lui et en s'éloignant chaque fois davantage, sans lui permettre de faire aucun mouvement.

8°. Pour lui apprendre à rapporter, il faut de la patience et une sévérité graduée, et si l'on ne réussit pas, on doit recourir au collier de force, lui présenter le moulinet, pour l'engager à le prendre, lui dire *apporte*, le caresser s'il ouvre la gueule et le saisit; et s'il s'y refuse, lui frotter légèrement les dents avec le bâton. Lorsqu'il l'a pris, on le lui fait tenir assis long-temps qu'on le peut, et on le lui retire après lui avoir dit *donne*. On répète cette leçon et on corrige le chien s'il lâche le moulinet avant le commandement.

9°. On lui apprend ensuite ce qu'il doit faire au mot *tout beau*, et pour cela, on lui jette le moulinet, en lui disant *cherche* ou *apporte*; et lorsqu'il en approche, on lui crie *tout beau !* d'une voix forte, pour le faire arrêter; s'il n'obéit pas, on le retient au moyen du cordeau ; après l'avoir ainsi retenu quelques instans, on lui crie *pille !* en lui faisant signe de prendre le moulinet. Lorsqu'il l'a rapporté, on le fait asseoir en lui commandant, *sur le cul !* et ensuite *donne !* On répète cette leçon du *tout beau*, jusqu'à ce que le chien comprenne bien ce qu'on exige de lui; on lui fait sentir le collier de force quand il néglige de s'arrêter au commandement de *tout beau !* et on le caresse, au contraire, toutes les fois qu'il fait bien.

10°. Pour lui apprendre à quêter d'une manière sage et mesurée, on lui jette le moulinet, et on lui dit de chercher; on crie ensuite *attendez là !* et en même temps, on le retire au moyen du cordeau ; on se rapproche de lui et on le fait repartir, en lui disant *tout doucement*, et lui laissant la facilité d'avancer; ensuite, quand il est assez près du moulinet, on lui crie : *tout beau !* On répète souvent cette leçon.

11°. Pour l'habituer à bien garder son arrêt, on fait semblant, après avoir commandé *tout beau*, de mettre en joue le moulinet avec un bâton ou un fusil, et on tourne plusieurs fois autour en agrandissant peu à peu le cercle, et ensuite on prononce le mot *pille* (1). Le chien s'accoutume de cette manière aux

―――――――――――

(1) Nous ne partageons pas l'opinion des chasseurs qui commandent à leurs chiens en arrêt de sauter sur la pièce, en leur disant : *Pille !* Cette méthode est, selon nous, tout

façons de son maître, qui finit par prendre de loin ses cercles autour du moulinet, comme on le fait quand on tourne le gibier que le chien tient en arrêt, pour le découvrir et s'en approcher à bonne portée.

12°. On lui fait rapporter de la même manière une pelote de chiffons sur laquelle on a cousu des ailes de perdrix et une peau de lièvre, remplie de mousse et de foin et à chacun des bouts de laquelle on a attaché une pierre, pour habituer le chien à la pesanteur du gibier.

Lorsqu'on peut se procurer une perdrix vivante, on lui coupe les ailes; on la place au milieu d'une pièce d'herbes, et on y conduit le chien, que l'on tient par le cordeau, sur la voie de la perdrix; dès qu'il en a le sentiment, il faut calmer son ardeur en lui disant *tout doucement*; ensuite le faire arrêter; puis tourner autour de la perdrix, et en approcher jusqu'à la prendre à la main devant lui, après quoi la lui faire flairer et répéter cette manœuvre plusieurs fois, en lui laissant le cordeau traînant; on tue ensuite la perdrix devant lui d'un coup de fusil, et on la lui fait rapporter.

Leçons de la plaine.

13°. On commence ces leçons au printemps lorsque les perdrix sont appariées; et on les reprend au commencement de septembre, pour achever l'éducation du chien pendant la saison des perdreaux.

14°. Il faut laisser aller son chien le cordeau traînant; et pour être à même de le contenir, ne lui rien commander qu'on ne soit à même de saisir le cordeau. S'il court après tout ce qu'il rencontre, on lui répète ces mots *attendez là* et *tout doucement*; s'il s'emporte tout à fait, on lui crie d'une voix forte : *à terre!* et s'il n'obéit pas, on le corrige et on lui fait répéter cette leçon avec le collier de force.

15°. Pour l'accoutumer à croiser et à barrer devant soi, ce qui rend sa quête bien plus sûre, on lui tourne quelquefois le dos et on marche du côté opposé. Le chien, voyant son maître s'éloigner, se hâte de venir à lui; et si l'on répète cette manœuvre souvent, il craint de perdre son maître et ne quête plus sans tourner la tête de temps en temps, et bientôt, au moindre signe, il va du côté où on le désire.

16°. On habitue le chien à quêter à bon vent, si on a soin de le rappeler et de lui crier *haut le nez!* lorsqu'il quête à contre-vent, ce qui l'oblige à aller et venir, et lui procure quelquefois le sentiment du gibier que lui apporte le vent. Lorsque par ce moyen il aura trouvé trois ou quatre fois les perdrix, il cherchera toujours à prendre le vent et chassera le nez haut.

17°. Pour lui apprendre à reconnaître le coup de fusil de son maître, et à regarder, sans remuer, courir les autres chiens, on le conduira plusieurs jours de suite à la chasse des petits oiseaux le long des chemins, et on en tirera aussi souvent qu'on en trouvera l'occasion : le chien, qui a pris l'habitude de se coucher à terre chaque fois que son maître met en joue, ne doit faire aucun mouvement jusqu'à ce qu'il lui ait dit *cherche* ou *apporte*. On prie ensuite un autre chasseur de venir avec son chien, et lorsque celui-ci tire quelques oiseaux, et que son chien court, on veille à ce que le jeune élève reste immobile, et s'il se laisse entraîner, on l'arrête tout court en lui criant : *à terre!*

18°. Pour habituer un chien à aller à l'eau, on choisit une mare ou un abreuvoir dont le bord aille en pente douce, et on lui jette un morceau de bois, d'abord à peu de distance et progressivement plus loin. S'il refuse d'y aller, on le conduira à la mare avant de lui avoir donné à déjeûner, et on lui jettera toujours, à des distances graduées, des petits morceaux de pain. Lorsqu'il est habitué à nager, on place dans une pièce d'eau suffisamment profonde un canard auquel on a coupé le fouet de l'aile et on ordonne au chien d'aller le chercher; le canard fuit, et plonge lorsqu'il est serré de trop près : on laisse pendant quelque temps le chien s'efforcer de l'atteindre, et enfin on tue le canard devant lui d'un coup de fusil, et le chien s'empresse de le rapporter.

19°. On déshabitue les chiens de courir après la volaille et les bestiaux, en leur donnant des coups de fouet; et, si on n'y réussit pas, il est à propos de mettre le collier de force au chien qu'on voudra corriger, et de le conduire dans une basse-cour ou auprès des moutons, en laissant le cordeau très long et presque traînant, et lorsqu'il fera mine de courir après, on lui donnera une saccade.

Section III. — *Généralités sur les maladies et accidens qui arrivent aux chiens, et moyens proposés pour les guérir.*

Les chiens, en général, sont exposés à un grand nombre de maladies, à raison de leur état de domesticité; et ces maladies sont d'autant plus fréquentes, qu'on les nourrit plus ou moins bien, qu'on les fait coucher dans des lieux humides et mal tenus, et qu'on n'a pas soin de leur donner de l'eau propre et de la renouveler. Mais les chiens de chasse, en particulier, sont sujets à éprouver un bien plus grand nombre de maladies et d'accidens que les autres chiens, parce qu'ils fatiguent davantage, qu'ils ont à souffrir l'excès de la chaleur et du froid, qu'ils restent souvent dans l'eau froide pendant long-temps, et enfin, parce qu'ils ont à combattre avec des animaux qui leur occasionent des blessures graves. Il est important que le chasseur connaisse et puisse traiter les maladies qui affectent les compagnons de ses plaisirs.

Les instructions que nous allons présenter sur cette matière seront puisées dans les meilleurs ouvrages français et allemands, et notamment dans un *Traité des chiens de chasse*, publié en 1827.

L'ordre alphabétique étant le plus commode pour le lecteur, et d'ailleurs celui que nous suivons dans cet ouvrage, nous nous y conformerons dans la rédaction de notre article.

à fait vicieuse : elle a le grave inconvénient d'habituer le chien à forcer son arrêt, tandis qu'il doit être ferme et inébranlable, même après le départ de la pièce.

I. *Observations préliminaires, tant sur les symptômes généraux des maladies des chiens, que sur la thérapeutique générale qui leur convient.*

Symptômes généraux. La médecine vétérinaire présente, à l'égard des maladies internes, une difficulté qui ne se rencontre point dans la médecine humaine : l'animal ne peut expliquer sa maladie, ni en indiquer le siége, etc. ; ce n'est que par des conjectures qu'on peut arriver à reconnaître la partie affectée. On voit bien qu'un chien est malade, quand il cesse de manger, qu'il est triste, qu'il cherche les coins, et que son poil se ternit ; mais on ignore le genre d'affection qui le tourmente. On doit alors le visiter avec soin, et tâcher de reconnaître quelque autre symptôme qui puisse caractériser son mal. Si on y parvient, on le traite en conséquence ; mais, dans le cas contraire, il faut s'abstenir de lui administrer un remède qui pourrait aggraver le mal.

Thérapeutique.

Des bains. Lorsque les bains n'ont pour objet que la propreté de l'animal, ils n'exigent aucune préparation ; et il suffit de faire baigner le chien en pleine eau. Les bains, employés comme médicamens, sont utiles dans quelques cas, notamment dans les maladies de peau, ou lorsqu'il s'agit de tenir le chien pendant quelque temps, dans une atmosphère chaude, pour donner plus d'activité à la circulation des fluides. On les administre plus ou moins chauds, et on y ajoute diverses substances suivant les cas. Il faut que le baquet contienne assez d'eau pour que le chien puisse avoir le dos couvert et se tenir sur ses pieds, ou bien on le couche en lui tenant d'une main la tête hors de l'eau. On agite l'eau de l'autre main, et on lui frotte le ventre et les reins. Au bout d'une demi-heure, on le laisse sortir et se secouer ; on l'essuie ensuite avec un bouchon de paille, jusqu'à ce que le poil ne soit plus humide. L'hiver, on le tient auprès du feu, jusqu'à ce qu'il soit parfaitement sec.

Du feu. Le feu, quoique plus en usage pour le cheval que pour le chien, est cependant nécessaire dans certaines occasions, comme tonique et comme escarotique. On l'applique lorsqu'il s'agit de dissiper des épanchemens, comme ceux qu'on remarque quelquefois aux boutures des chiens, après avoir employé sans succès les dissolvans convenables. Cette opération, qui exige de l'habitude, doit être faite par un artiste-vétérinaire. Dans cette circonstance, le feu agit comme tonique, et le cautère ne doit être échauffé qu'au rouge cerise.

Mais lorsqu'il s'agit de détruire des chancres, ou le virus hydrophobique ou venimeux introduit par la morsure d'un chien enragé ou la piqûre d'un serpent, le feu agit alors comme escarotique. Le cautère doit être chauffé à blanc, et son application renouvelée jusqu'à ce que la place soit charbonnée, et qu'il y ait même à l'entour une ligne de chair saine atteinte par le feu.

Du gargarisme. Lorsqu'un chien a une maladie inflammatoire à la gorge, on fait une décoction d'orge dans laquelle on fait fondre deux cuillerées de miel et qu'on fait bouillir un peu. On écume et on passe la liqueur. On en fait avaler un verre au chien.

Des lavemens. La plupart des maladies des chiens proviennent d'échauffement, et les lavemens rafraîchissans les soulagent beaucoup. On les compose de petit-lait, d'eau de son, de décoctions de graines de lin, de laitue, de chicorée, de pourpier et de cerfeuil. On en fait aussi d'émolliens avec des décoctions de guimauve, de mauve, de mercuriale, de seneçon, de fleurs de violette, d'oignon de lis, de pariétaire, etc. ; on y joint quelquefois une once de miel commun ; d'autres fois de l'huile douce et autres corps gras. Un lavement doit contenir depuis une demi-pinte jusqu'à une pinte pour les plus gros chiens. On ne doit jamais le donner que quatre ou cinq heures après que le chien a mangé.

Du pansement des plaies. Le pansement des plaies, chez les chiens, n'est pas toujours très facile, à cause de la difficulté de fixer l'appareil. Toutes les fois qu'il y a nécessité d'appliquer un onguent, on en graisse bien la plaie partout, puis on la couvre avec de la filasse coupée court, dont on forme un plumasseau. Si l'on craint que le chien se lèche, on le muselle, ou bien on lui met au cou un chapelet qui l'empêche de plier le cou. Ce dernier moyen est en général préférable, et il convient de l'employer toutes les fois qu'on veut empêcher un chien de porter la langue ou les dents sur une plaie ou sur un appareil. Quelquefois on est obligé d'assujettir l'appareil par un bandage, dont les circonstances déterminent le placement.

Des purgatifs. Lorsqu'un chien n'a qu'une indisposition légère ou qu'il s'agit seulement de le préparer à un traitement, on se contente de lui donner une soupe faite avec une tête de mouton en poil, ou du pain de suif. La manne fondue dans du lait, sur un feu doux, à la dose d'une demi-once pour les plus jeunes chiens, et jusqu'à celle de 2 onces et demie pour les plus gros, ou 1 once de sirop de nerprun, également mêlé dans du lait, est encore un très bon purgatif et qui suffit dans les mêmes circonstances.

Lorsqu'on veut faire avaler un breuvage à un chien, on le tient entre les jambes, on lui ouvre la gueule et on y verse le liquide. Desgraviers conseille, au lieu de tenir les mâchoires ouvertes, d'introduire dans le coin de la gueule une tôle à sirop contenant le breuvage, de tirer les lèvres à soi pour former entonnoir, et d'y verser également le liquide, en ayant soin de laisser reprendre le chien chaque fois qu'il tousse. On risque moins par cette méthode d'être mordu, et le chien avale mieux. Toutefois les deux moyens offrent un inconvénient, résultant de la résistance du chien, qui peut occasioner l'introduction du liquide dans les poumons et étouffer l'animal. Il est plus simple, quand on veut le purger, de le laisser jeûner un jour ; il ne fera pas de difficulté de boire le lait avec la manne, ou avec le sirop de nerprun.

Lorsqu'il s'agit d'administrer un purgatif plus actif, comme c'est presque toujours en poudre qu'on le choisit, on l'incorpore à du beurre dont on fait des boulettes que l'animal avale facilement. La poudre de jalap, à la dose de 15 à 25 grains suivant la force de l'animal, et celle de rhubarbe à la dose de 36 grains à 1 gros, sont les meilleurs à employer.

Pour un vomitif tel que l'émétique et le kermès minéral, on le fait dissoudre dans de l'eau que l'on mêle ensuite à une petite quantité de lait seulement suffisante pour que l'animal ne refuse pas ce remède. Deux grains d'émétique sont la plus forte dose qu'il faille administrer à la fois à un gros chien, et l'on doit faire en sorte qu'il avale en même temps le plus de liquide possible, attendu qu'il n'y a guère de moyens de le faire boire quand il a commencé à vomir. Il est bon de lui donner du lait pur, après que le vomitif a produit son effet.

De la saignée. La saignée est une opération qui doit toujours être faite par un artiste-vétérinaire, parce que si elle est mal faite il peut en résulter des accidents. Elle se fait avec la lancette ou la flamme, et aux mêmes veines que pour les chevaux; on tire depuis 1 once jusqu'à 4 ou 5 onces de sang, suivant la taille de l'animal et l'espèce de maladie. Quand il n'y a pas de raison qui exige qu'on fasse la saignée dans un autre endroit, on la pratique au cou, que l'on noue avec un cordon, ce qui fait enfler la veine dont on tire du sang. L'écoulement s'arrête dès qu'on dénoue le cordon, et on rattache les deux côtés de la saignée avec une aiguille et du fil, en faisant deux ou trois points qui rapprochent la peau.

Lorsqu'il y a inflammation résultant d'une cause quelconque, l'application de sangsues est préférable à la saignée, et dans le cas même où l'on ne pourrait pas se procurer des sangsues, il vaudrait mieux encore employer les ventouses.

Pour établir une ventouse, il suffit de faire une scarification à la peau sur l'endroit malade, et d'appliquer dessus un petit verre à liqueur dans le fond duquel on a mis un peu d'étoupes enflammées. On voit bientôt le sang jaillir et se répandre dans le verre. Si une ventouse ne suffit pas, on recommence. Il faut, avant d'établir une ventouse, tondre le poil aussi près que possible, sur la place où on veut l'appliquer.

Il faut agir de même avant de poser les sangsues; et dans les affections locales, c'est toujours le plus près du mal qu'il faut les appliquer; dans les autres cas, c'est ordinairement au poitrail et au cou.

Des sétons. Dans plusieurs cas, il est nécessaire de passer un séton aux chiens; c'est ordinairement au cou qu'on le place. Pour cela, on pince la peau du cou et on la perce d'outre en outre avec une aiguille dont la pointe est tranchante, et dans l'œil de laquelle on a passé un ruban de fil; à l'aide de l'aiguille, on fait sortir le ruban, et on tire ensuite de façon à ce que le bout du ruban, fraîchement enduit, pénètre dans l'intérieur de la plaie.

Des onguens.

Il est bon d'avoir en réserve, pour le service d'une meute, un assortiment d'onguens, surtout quand on n'est pas à portée de s'en procurer dans une pharmacie; mais on doit n'en composer qu'une provision raisonnable et les mettre dans un lieu frais, parce qu'autrement ils se gâteraient et ne produiraient pas l'effet qu'on s'en promettrait. Voici la manière de préparer les onguens les plus employés.

Onguent d'althéa. On prend une livre d'huile de lin, une once et demie de cire jaune, une once et demie de résine et de térébenthine; on fait fondre le tout à un feu modéré; on coule le mélange, lorsqu'il est bien clair, à travers un linge serré; on le laisse se figer, et on enlève le sédiment qui se trouve dessous. On mêle l'onguent et on le conserve. Il est émollient et résolutif.

Onguent basilicum. On prend cire jaune, suif de mouton, résine, poix noire, térébenthine de Venise, de chacune de ces substances 2 onces; on divise la cire et le suif, on casse la résine et la poix noire, et on les fait fondre dans 10 onces d'huile commune, sur un feu doux; on passe ensuite au travers d'un linge; ou y mêle la térébenthine et l'on conserve l'onguent dans un pot.

Cet onguent est propre à faire suppurer les plaies et convient aussi pour les ulcères.

Onguent égyptiac. On prend 14 onces de bon miel, 7 onces de fort vinaigre, 5 onces et demie de vert-de-gris (oxide vert de cuivre acétaté). Il ne faut que 5 onces de vert-de-gris s'il est pulvérisé. On met le vert-de-gris dans une poêle de cuivre, sur un feu doux; on y ajoute du vinaigre et on délaie le vert-de-gris en l'écrasant avec un pilon de bois. Le mélange fait, on le coule sur un tamis, et s'il reste du vert-de-gris, on remet le restant dans la poêle pour l'écraser et le dissoudre dans le même vinaigre; on coule de nouveau par le tamis. On fait alors cuire avec le miel cette dissolution de vert-de-gris, en remuant le tout continuellement avec une spatule de bois, et jusqu'à ce que l'onguent ait acquis une consistance molle et une couleur rougeâtre. On le retire du feu et on le met dans un pot pour le conserver.

Cet onguent ne peut être employé qu'à l'extérieur, et il faut empêcher que le chien ne se lèche. On s'en sert contre les ulcères fongueux, il ronge les chairs baveuses, et s'oppose à la gangrène et à la putridité.

Onguent ou huile de laurier. On prend une livre de baies de laurier mûres et nouvellement cueillies, que l'on concasse et qu'on fait digérer pendant plusieurs heures au bain-Marie avec une livre de saindoux; on passe au travers d'un linge en tordant fortement, et l'on conserve en pot.

Cet onguent est employé en friction pour fortifier les tendons et les muscles, résoudre les humeurs, et dissiper les douleurs rhumatismales et celles des articulations.

Onguent de la mère Thècle. On prend beurre frais, saindoux, suif de mouton, cire blanche, litharge jaune pulvérisée, de chacun 1 once; huile d'olives, 2 onces. On fait fondre les graisses avec l'huile et on y mêle peu à peu la litharge en remuant avec une spatule; on retire le mélange de dessus le feu, et on continue de tourner avec la spatule, jusqu'à ce que l'onguent soit froid.

On le conserve dans un pot que l'on bouche bien hermétiquement; mais il convient d'en faire peu à la fois, parce qu'il perd de ses qualités en vieillissant.

Cet onguent est excellent contre les abcès et toutes les humeurs qu'on veut faire amollir et suppurer. Il convient aussi contre les chancres qui viennent aux mamelles, contre les ulcères malins, et généralement dans tous les cas où il s'agit d'attirer la suppuration. Pour l'employer, on l'étend sur une toile, et on l'applique, comme un emplâtre, sur la tumeur ou la plaie.

Onguent populéum. On prend une livre de bourgeons de peuplier noir, et une livre de saindoux purifié. On fait fondre le saindoux à une douce chaleur, et on y ajoute les bourgeons de peuplier, qu'on y laisse infuser sur un feu doux pendant toute une journée. On passe ensuite en tordant fortement, et l'on conserve en pot.

Cet onguent adoucit les inflammations et les brûlures; il est résolutif et calmant; il peut être employé avec succès contre le lait grumelé dans les mamelles.

Onguent de vieux lard. On prend du vieux lard bien rance que l'on coupe par morceaux, et on le fait fondre dans un pot de terre vernissé; quand il est bien fondu, on le passe par un tamis. Lorsque la graisse est à moitié refroidie, on y jette une once de vert-de-gris pulvérisé, deux onces d'eau de vie, et une once d'essence de térébenthine, et l'on mêle le tout avec une spatule, jusqu'à ce que l'onguent ait pris sa consistance.

Il est bon pour toutes sortes de plaies, se conserve long-temps, et acquiert des qualités en vieillissant.

Onguent pour la brûlure. On prend 4 onces d'huile d'olives et 1 once de cire vierge, que l'on fait fondre ensemble sur un feu doux. On met le tout dans un mortier, et on y ajoute le jaune de quatre œufs durs que l'on émiette et mêle bien à l'aide du pilon, jusqu'à consistance d'onguent.

Pour se servir de cet onguent, on en couvre la partie brûlée, soit en l'appliquant avec le doigt, soit, s'il y a possibilité, en l'étendant sur un papier brouillard dont on couvre la brûlure.

Pommade pour la brûlure. On bat ensemble deux blancs d'œufs frais avec une once d'huile d'olives, et l'on forme une pommade que l'on applique sur la brûlure.

II. *Particularités sur les maladies et accidens qui arrivent aux chiens, et manière de les traiter.*

Abcès. L'abcès est une tumeur contre nature qui renferme du pus. Il est quelquefois la suite d'une maladie; mais le plus souvent c'est la suite d'une contusion qu'on n'a pu résoudre, ou le résultat d'une plaie mal guérie.

Lorsqu'on a reconnu la présence d'un abcès, on rase le poil sur la partie affectée et à un bon pouce tout autour, et on applique sur le centre de la tumeur un peu d'onguent de la mère Thècle, puis un emplâtre épais du même onguent étendu sur du linge et non de la peau, et enfin un cataplasme bien chaud de farine de graine de lin. Lorsque l'abcès est amolli et qu'il ne résiste plus sous le doigt, on l'ouvre avec le bistouri ou la pointe d'un canif, vers la partie la plus déclive, et on fait l'ouverture assez grande pour que la matière coule et sorte aisément. Pendant quelques jours encore, on met sur la plaie un emplâtre du même onguent, et on le lave avec de l'eau végéto-minérale (extrait de Saturne alongé d'eau); on y étend de la charpie en plumasseaux, et bientôt elle se ferme et disparaît entièrement. Si l'abcès a été considérable, il est utile de purger le chien après la guérison. Pendant tout le temps du traitement, on donne au chien peu de choses échauffantes; on le nourrit autant que possible de soupe à l'eau de légumes et d'eau blanche, et on s'astreint de la faire chasser.

On peut aussi guérir un abcès en l'amollissant avec un cataplasme composé de farine, de miel et d'un oignon brûlé, en l'ouvrant, comme nous l'avons dit, avec une lancette, et en bassinant la plaie plusieurs fois avec une décoction de camomille. Selon nous, le meilleur moyen et le plus en rapport avec les progrès de la chirurgie, c'est d'ouvrir l'abcès, aussitôt que la présence du pus a été reconnue, et d'avoir soin de tenir les deux lèvres de l'ouverture béantes, au moyen d'une mèche de charpie enduite de cérat.

Aggravures. On appelle ainsi des écorchures qui se font à la sole des chiens. (V. *Sole.*)

Aggravé (chien). C'est un chien qui s'est écorché la sole. (V. *Sole.*)

Alongé (chien). Lorsqu'un chien fait des efforts extraordinaires pour courir, il arrive quelquefois que les muscles ou tendons de sa cuisse s'alongent assez pour que le jarret pose par terre. C'est ce qu'on appelle un *chien alongé.* (V. *Efforts.*)

Angine ou *esquinancie.* C'est une maladie à laquelle on ne saurait trop tôt remédier. Elle a pour causes ordinaires les fatigues, les courses forcées, le passage subit du chaud au froid; elle se manifeste par l'inflammation de la gorge, le gonflement de la langue, la difficulté de respirer, l'inflammation des yeux, quelquefois par des envies de vomir et la perte de l'appétit. La mort arrive promptement par l'impossibilité de respirer, si on ne porte secours à l'animal. Il faut appliquer sur-le-champ à la gorge une douzaine de sangsues, et cinq à six autres derrière chaque oreille; on injecte, d'heure en heure, dans la gorge de l'animal, une cuillerée à bouche de vinaigre tiède dans lequel on a mis du miel rosat; on donne deux fois par jour quelques lavemens émolliens.

Avives. On appelle avives le gonflement et l'adhérence des glandes parotides qui sont placées de chaque côté du cou et qui sécrètent la salive. Cet accident, qui est la suite d'un grand échauffement, affecte plus particulièrement les jeunes chiens. Quand ce gonflement a lieu, le chien perd l'appétit, il bâille souvent, sa gueule devient pâteuse, sa langue épaissit un peu et devient blanche ; enfin la strangulation et la mort suivraient bientôt ces symptômes, si l'on ne s'empressait d'y apporter remède. Il faut jeter dans la gueule du chien une demi-cuillerée de vinaigre pour l'exciter à saliver; on peut aussi lui donner quelques lavemens rafraîchissans. On a conseillé de rouler deux ou trois fois par jour ces glandes entre les doigts pour les empêcher d'augmenter ; mais ce moyen n'est propre qu'à empirer le mal, en occasionant une inflammation plus grande. Si la fièvre est forte, la langue sèche, et si l'engorgement est survenu promptement, il faut se hâter d'appliquer des sangsues autour du cou, de donner des lavemens rafraîchissans, et de faire avaler à l'animal une boisson d'eau d'orge miellée. On continue ce traitement jusqu'à ce que le gonflement diminue. Dans le cas où le mal résisterait, il faudrait renouveler l'application des sangsues et envelopper la tête et la gorge d'une peau de mouton.

Blessures. (V. *Plaies.*)

Boutures. On appelle boutures les jointures des jambes de devant d'un chien. Les fatigues de la chasse occasionent souvent une tumeur aux boutures, qui se durcit insensiblement et fait boiter l'animal. Mais, comme il y a aussi d'autres causes, il faut s'assurer de celle qui produit le mal. Lors donc qu'un chien boite du devant, on doit premièrement regarder s'il n'a pas une épine dans le pied entre les doigts, si le pied n'est pas rouge, s'il n'a pas les doigts enflés, ou si en lui remuant les jambes l'une après l'autre il ne se plaint point des épaules. Lorsque son mal n'est dans aucune de ces parties, il faut lui plier la jambe à la jointure; et si, pour lors, il se plaint, c'est de la bouture qu'il souffre. En ce cas, et si le mal n'est point invétéré, on la frotte avec de l'eau de vie camphrée et de l'eau de savon que l'on fait bien mousser, ou avec de l'huile de laurier, dans laquelle on aura pilé ou broyé de la racine de guimauve, et continuer le remède jusqu'à ce que le chien ne boite plus. Mais si le mal résiste, ou si, après être guéri, le chien, en travaillant, redevient boiteux, et que les boutures soient enflées, il faut y mettre le feu, et les frotter ensuite avec du miel et de l'eau de vie camphrée jusqu'à ce que l'escarre soit faite. Après cette opération, l'animal a besoin d'un long repos.

On met le feu à un chien à peu près comme à un cheval : on fait avec un fer chaud des raies autour des boutures, et on ne brûle que la superficie de la peau; ou bien on se contente de faire des trous, ce qu'en terme de cavalerie on nomme boutons de feu. Les deux manières réussissent également; mais il est important de ne pas toucher aux nerfs, ce qui estropierait le chien. Tant que le feu fait son effet, on se sert de suppuratif pour en aider l'action. Le jour de l'opération, on tire un peu de sang au chien pour prévenir la fièvre, et, pendant deux ou trois jours, on lui donne des lavemens.

Brûlure. Lorsqu'un chien se brûle, on doit, pour apaiser la douleur, appliquer sur la plaie de la pomme de terre râpée, et en renouveler souvent l'application, ou bien appliquer des compresses imbibées d'une forte dissolution de potasse. On graisse ensuite la plaie avec de l'onguent populéum.

On peut encore faire usage, aussitôt que l'accident est arrivé, d'un onguent composé de blanc d'œuf frais battu avec de l'huile d'olives. Le cérat produit aussi un bon effet; enfin de l'eau saturée d'alun, et employée en lotions fréquentes, est également un bon moyen de curation.

Chancres aux oreilles. Ces chancres s'annoncent d'abord par la chute de quelques poils qui sont remplacés par un petit bouton d'un gris foncé; ce petit bouton s'exfolie bientôt, il s'en détache sans cesse de petites écailles blanchâtres; le mal gagne insensiblement, ronge de jour en jour une petite portion de l'oreille; et, si on ne lui applique un prompt remède, il peut s'étendre assez pour la détruire entièrement, attaquer le tissu dermoïde de la tête, le tissu cellulaire, et causer la mort de l'animal.

De tous les moyens qu'on a proposés pour la guérison de cette affection, le plus sûr est le feu : il faut l'appliquer le plus promptement possible, quoiqu'on puisse l'employer dans tous les temps, mais la place que l'on emporte est moins grande à l'origine de la maladie, l'oreille reste moins déparée, et l'opération est moins douloureuse. On brûle avec un fer rouge, soit une pincette, soit un fer à coiffer, soit une tenaille ou une pince, toute la partie affectée; et même pour détruire entièrement le germe du mal, il est bon de brûler, tout autour, sur la partie qui paraît saine, la largeur d'une ligne. L'opération doit être faite sur-le-champ, d'un seul coup et sans reprise. Pendant qu'un homme la fait, un autre tient entre ses jambes la tête du chien enveloppée dans une serviette, car la douleur est si vive que, quelque doux que puisse être l'animal, il y a toujours à craindre qu'il ne morde l'opérateur. On panse ensuite la plaie deux ou trois fois par jour avec du beurre fondu, jusqu'à ce qu'elle soit guérie.

Les autres remèdes que l'on a conseillés, et qui, sans être mauvais, peuvent, lorsqu'on les emploie maladroitement, avoir des suites fâcheuses, sont la pierre de vitriol, l'eau forte, le beurre d'antimoine et l'orpiment jaune. On fait usage de l'une ou de l'autre de ces substances avec précaution et jusqu'à parfaite guérison.

Lorsqu'on ne veut employer ni le feu ni les caustiques, on peut essayer le remède suivant, qui est indiqué comme efficace par quelques cultivateurs.

Il consiste à tremper, deux ou trois fois par jour, l'oreille malade dans de l'huile de navette. Le mal s'apaise peu à peu, et le chancre finit par disparaître.

Chancres dans la gueule. Quelquefois il vient, au fond de la gueule des chiens, sur les parois de leur gosier, des petits boutons ou chancres qui leur occasionent des douleurs cuisantes et font qu'ils avalent avec peine. On fait alors un mélange de trois noix de galle et d'une drachme de sel ammoniac dans un verre de vinaigre ; on y ajoute deux ou trois pincées de papier brûlé, et on en frotte de temps en temps l'intérieur de la gueule du chien avec un pinceau; le vinaigre et le miel rosat, injectés plusieurs fois, sont encore excellens.

Coliques. Les chiens qui prennent peu d'exercice sont exposés aux coliques stercorales; elles ont pour cause l'accumulation d'une certaine quantité d'alimens dans les intestins. Cette agglomération se durcit, arrête le cours des matières fécales, produit l'inflammation et détermine la gangrène de l'intestin si on ne secourt pas l'animal. Les chiens affectés de ce genre de colique sont tristes et cessent de manger; leur ventre devient douloureux et gonflé; ils se couchent et se plaignent. Il faut, dans ce cas, leur donner un lavement dans lequel on aura fait fondre du saindoux ou de la chandelle, dans la proportion de 3 onces pour une demi-pinte d'eau; le mélange doit être bien battu et d'une chaleur suffisante. Les lavemens de décoction de mauve, de guimauve, de graine de lin, de fleurs de camomille, de mélilot et de matricaire sont également bons.

On n'administre ces remèdes que cinq ou six heures après que le chien aura mangé; et on en donne un deuxième et même un troisième, si le chien ne rend pas le premier après quinze ou vingt minutes. On a soin de le faire promener jusqu'à ce qu'il se soit vidé.

Lorsque les douleurs sont très fortes on donne le lendemain une légère purgation qui consiste dans de la manne et du lait.

Coliques causées par les vers. (Voyez *Vers.*)

Constipation. Les chiens, et particulièrement les jeunes, sont très sujets à la constipation; ils font souvent des efforts superflus pour se vider, et ces efforts sont accompagnés de tremblemens et de cris plaintifs. Il faut dans ce cas leur donner de deux heures en deux heures une cuillerée d'huile d'olives, dans laquelle on a battu trois ou quatre pincées de sucre en poudre. Si au bout de dix ou douze heures la cause du mal n'a pas cessé, on donne un lavement d'eau de savon tiède.

On prévient la constipation en donnant de temps en temps de la soupe faite avec une tête de mouton en poil, ou du pain de suif.

Contusion. (Voyez *Plaie par suite de contusion.*)

Courbature. C'est une lassitude extrême qui provient de courses fatigantes, et surtout de celles qui ont lieu dans les fortes chaleurs. Les chiens qui en sont affectés se couchent sur le côté, étendent difficilement leurs jambes et jettent des cris plaintifs, si on les remue. Ils restent quelquefois plusieurs jours, dans cet état, notamment quand, après avoir beaucoup couru par un temps chaud, ils se sont jetés dans une eau fraîche. Il faut les tenir une demi-heure le matin et autant le soir dans un bain chaud, où l'on a fait bouillir quelques herbes émollientes et sudorifiques, telles que la guimauve, la camomille, la fleur de sureau, la sauge, la marjolaine, et les couvrir avec de la laine, lorsqu'ils en sont sortis. En deux ou trois jours ils sont guéris et en état de reprendre leurs travaux. On peut aussi leur bassiner les jambes avec une poignée de genièvre cuite dans de l'eau.

Crampes. Lorsque, le lendemain d'une grande chasse, les chiens en se réveillant ont des crampes, on étend dans toute sa longueur le membre affecté, et on le frotte vigoureusement avec la paume de la main. (Voyez *Enflure.*)

Dartres. On connaît deux espèces de dartres auxquelles les chiens sont sujets, les dartres farineuses et les dartres ulcéreuses.

Les dartres farineuses se reconnaissent à une espèce de poussière grisâtre, qui s'élève des parties attaquées lorsqu'on les frotte, et qui provient du renouvellement continuel des lames de l'épiderme. On les remarque principalement aux oreilles, autour des yeux, aux pointes des coudes et à la face interne des cuisses. Cette espèce de dartre est peu dangereuse, et quelquefois vient et se passe sans cause. Une nourriture saine et rafraîchissante et quelques frictions avec un onguent à base de soufre suffisent généralement pour les faire disparaître.

Il n'en est pas de même des dartres ulcéreuses. Elles paraissent avoir pour cause un virus qui infecte la masse *totale* et qui porte particulièrement son action sur la peau. On les reconnaît en général aux traces profondes qu'elles y laissent, et à une espèce d'auréole qui entoure la partie ulcérée. Le remède que l'on regarde comme le plus efficace est l'huile empyreumatique employée en topique sur la partie malade, ou bien le cérat soufré ou le foie de soufre incorporé dans un liniment. On en fait l'application tous les matins, et l'on continue jusqu'à ce que la peau soit souple et ait perdu sa rougeur. On a soin de tenir le chien muselé pour l'empêcher de se lécher. On fait en même temps subir à l'animal un traitement interne qui consiste à lui donner alternativement les purgatifs et les diurétiques. On administre l'aloès succotrin à la dose d'un gros pendant quatre jours, et on lui substitue la résine à la dose de 2 gros pendant autant de temps.

Les autres moyens indiqués pour la guérison des dartres sont les suivans : on essaie d'abord de les faire passer en y appliquant du sel bien fin et mêlé avec de la salive, ou en les bassinant deux fois par jour avec un mélange de vinaigre, de sel et de poudre à tirer bien écrasée. Si les dartres sont invétérées, on saigne le chien, on le rafraîchit avec du petit-lait, et on le panse avec un mélange d'euphorbe, de mine de plomb et d'ellébore noir ; le tout réduit en poudre, en parties égales et délayé dans du vinaigre. Quelquefois on emploie le jus de l'euphorbe ; on éclaircit avec du vinaigre et du sel seulement. On guérit aussi les dartres en les couvrant avec du tabac râpé. Enfin, quelques personnes couvrent la dartre d'une charge de poudre à tirer et y mettent le feu. Lorsque les dartres résistent aux traitemens que nous venons d'indiquer, ou qu'elles reviennent à un chien après qu'il a été guéri, c'est une preuve qu'il a beaucoup d'âcreté dans le sang, il faut alors le faire traiter comme pour la gale et même employer l'onguent mercuriel.

Décousure. Un chien décousu est celui qui a reçu dans le ventre un coup d'andouiller de la part d'un cerf, ou de défense de la part d'un sanglier.

On ne devrait jamais chasser au sanglier sans être muni des objets nécessaires pour panser sur-le-champ les chiens auxquels il arrive des accidens. Mais comme on néglige souvent cette précaution, voici comment on procède en premier lieu. Quand un chien est décousu au point que ses entrailles sortent du ventre, on les rentre très doucement après les avoir nettoyées le mieux possible; on serre le ventre de l'animal avec un mouchoir et on le transporte à la maison la plus voisine pour y procéder à un pansement définitif.

Arrivé à la maison et si on n'a pas lavé les intestins sur place, on renouvelle totalement l'opération, on étend le chien sur une table ; et après s'être bien lavé les mains et les avoir enduites avec de l'huile, on retire les intestins qu'on place dans un grand plat où on les lave complétement avec de l'eau tiède, ôtant tous les caillots de sang et tous les corps étrangers ; puis, ayant bien soin de ne pas les contourner, on les replace avec attention et dans leur ordre naturel ; on lave la plaie avec de l'eau mêlée d'un peu de vin ou de quelques gouttes de vinaigre, ensuite prenant une forte aiguille courbe et un fil en double que l'on a passé dans de l'huile pour le rendre plus coulant, on recoud la peau à larges points, en piquant de dessous en dessus et en faisant un nœud à chaque point, afin que, l'un venant à s'échapper, les autres ne suivent pas. Si, pendant cette longue et douloureuse opération, l'animal ne paraissait pas disposé, malgré l'abattement où il est ordinairement, à rester tranquille, il faudrait que deux hommes le tinssent vigoureusement. On finit par enduire de cérat ou de saindoux ou même de suif toute la longueur de la couture ; ou bien on la couvre de charpie en plumasseau, et on met un bandage tout autour du corps, et un chapelet au cou du chien pour l'empêcher de toucher au bandage.

Aussitôt après l'opération, il faut lui donner à boire un peu d'eau blanchie, parce qu'il a très soif, et que d'ailleurs l'eau, coulant mieux dans les intestins qu'une substance solide, les aide à reprendre tout à fait leur place sans causer de violentes tranchées. Il faut que, pendant huit jours au moins, l'animal reste couché dans un endroit chaud. On le met à la diète pendant les dix premiers jours au moins, et on ne lui donne pour boisson que de l'eau d'orge avec du miel. Après ce temps, on commence à lui donner à manger quatre ou cinq fois par jour, mais très peu à la fois ; et à mesure qu'il reprend ses forces, on lui en donne davantage et même souvent, jusqu'à ce qu'il soit remis à son régime habituel, ce qui a lieu ordinairement au bout de six semaines ou de deux mois.

On ne doit lever l'appareil que le quatrième jour, à moins qu'il ne survienne un vomissement, auquel cas il faudrait examiner s'il n'y aurait pas quelque partie d'intestin pincée entre les lèvres de la plaie. Si cet accident existait, il faudrait la faire rentrer avec les doigts trempés dans l'huile. En levant l'appareil, on lavera la plaie avec du vin et de l'huile battus ensemble ; on mettra de nouvelle charpie, et on continuera le pansement tous les jours jusqu'à parfaite guérison.

Dessolé (Chien). Voyez *Sole.*

Diarrhée. La diarrhée, qui provient ordinairement du refroidissement et qui affecte les chiens, particulièrement au printemps, peut devenir dangereuse si elle dégénère en dyssenterie, puisque cette dernière maladie est contagieuse. Il faut, quand un chien est dévoyé, lui donner une nourriture saine et succulente, comme de la soupe faite avec du bon bouillon et des os de mouton. M. Hartig conseille de lui donner deux fois par jour un mélange de 8 grains de rhubarbe et de 4 grains de magnésie, et de lui faire prendre, le matin, une bouillie dans laquelle on aura mis 2 scrupules de terre sigillée ou bien de la magnésie blanche.

Durillons. Ce sont de petites callosités un peu dures, rugueuses, de la largeur d'une pièce de trente sous, quelquefois un peu moins, et qui se forment sur la peau ; le poil s'en détache et tombe, en sorte que si elles se multiplient, elles donnent au chien un aspect hideux. On les frotte d'abord avec de l'huile un peu chaude pour les amollir, et on y applique ensuite un emplâtre de cérat étendu sur un petit morceau de peau de gant ; s'ils résistent, ils faut les traiter comme les dartres.

On peut encore essayer de faire passer les durillons en les mouillant très souvent avec du vinaigre.

Dyssenterie. (Voyez *Flux de sang.*)

Écoulement des oreilles. Les chiens, en général, et plus particulièrement les barbets, sont sujets à un écoulement par les oreilles d'une humeur fétide, que l'on croit produite par une affection chronique de la membrane muqueuse du conduit auditif externe ; si l'on ne visite pas souvent l'intérieur des oreilles des chiens, il arrive qu'on n'est prévenu de la maladie que par l'odeur fétide qu'elles répandent, et alors il est bien tard pour y porter remède. Si le chien est vieux, cette affection est ordinairement compliquée d'autres maladies, et rarement l'animal guérit ; il devient le plus souvent sourd, aveugle ou paralysé. Il est donc à peu près inutile d'essayer aucun traitement, à moins que l'animal ne soit encore jeune ; dans ce cas, on place un séton à l'encolure ou derrière l'oreille malade, et on applique sur le canal auditif un cataplasme émollient que l'on maintient à l'aide d'un bandage approprié. On renouvelle ce cataplasme pendant quelques jours, jusqu'à ce que la suppuration du séton soit établie. Alors on lave l'oreille avec du vin dans lequel on a fait bouillir des roses de Provins, et on place dans la conque une boule de coton imbibée de cette même infusion. Cette boule est maintenue dans l'oreille à l'aide d'un bandage ; on la change deux fois par jour, et on injecte chaque fois dans l'oreille de l'eau de mauve avec une petite seringue.

Pendant ce traitement, on donne au chien quelques lavemens à l'eau salée, et une nourriture peu abondante, saine et rafraîchissante. On termine en purgeant le malade avec de la manne ou du sirop de nerprun dans du lait. (Voyez *Hydropisie des oreilles, Chancres aux oreilles.*)

Efforts. Si l'effort qu'un chien se sera donné est récent, il faut frotter la partie malade avec un mélange bien chaud d'une partie d'huile de laurier avec deux parties de bonne bière ou avec un bouchon de paille trempé dans l'eau de vie camphrée.

Si l'effort est ancien, ou s'il résiste à ce traitement, il faut saigner le chien aussi près que possible de la partie affectée, en appliquant cinq ou six sangsues, la frotter avec un mélange, par parties égales, d'eau de vie camphrée dans laquelle on a fait dissoudre du savon, et d'essence de térébenthine. On frotte fortement et dans tous les sens le membre malade. Après cette friction, on tient le chien au soleil ou devant un feu clair, ou, ce qui est préférable, on place une pelle rouge à une petite distance de l'endroit frotté, assez loin cependant pour ne pas brûler le poil de l'animal, et on l'y laisse jusqu'à ce que le liniment ait pénétré le cuir et que le poil soit entièrement sec. On renouvelle cette application deux fois par jour jusqu'à ce que l'accident ait cessé; et s'il résiste, il y a peu d'espoir de guérison. Cependant, quand l'effort vient des épaules et que le chien est jeune, il arrive quelquefois qu'en le faisant chasser, les épaules se débarrassent et que l'animal cesse de boiter.

Quelquefois la distension des muscles de la cuisse est telle que le jarret touche à terre; c'est ce qu'on appelle *chien allongé*. Il faut frotter la cuisse et tout le pied avec le mélange ci-dessus indiqué, et ensuite, avec un ruban de fil ou une bande étroite de linge faire un bandage qui prenne au dessus du jarret et descende le long du pied. Ce bandage doit être assez serré pour maintenir le membre et mettre le chien en état de s'appuyer dessus. On humecte souvent le bandage d'eau de vie camphrée. On le défait, pour la première fois, seulement après six jours, et ensuite tous les deux jours; on le remet chaque fois après avoir frictionné le membre avec de l'essence de térébenthine mêlée par moitié avec de l'huile de laurier. Lorsque le membre a pris assez de force, on ôte tout à fait le bandage et on continue à frotter, deux fois par jour, avec de l'eau de vie camphrée, jusqu'à parfait rétablissement.

Empoisonnement. Lorsqu'un chien est empoisonné pour avoir mangé des chairs préparées pour la destruction des loups, ou des boulettes de graisse mêlées de noix vomique, il faut le faire vomir sur-le-champ, soit avec 5 grains de sulfate de mercure jaune amalgamés avec une boulette de beurre grosse comme une noisette, soit avec de l'émétique, de l'ipécacuanha ou tout autre vomitif que l'on a sous la main; ensuite on lui donne de 10 à 15 grains de foie de soufre (sulfure de potasse) délayés dans du lait, ou, à défaut de foie de soufre, on lui fait avaler le plus possible d'huile d'olives, d'eau de savon, ou du lait, et surtout de l'eau de savon, s'il a été empoisonné avec de l'arsenic. On conseille encore des lavemens d'une décoction de camomille et de fleur de sureau dans du lait; ou bien de faire avaler à l'animal le plus possible d'eau mêlée de vinaigre. Mais le succès de ces remèdes dépend de leur application immédiate, car si le chien avait avalé depuis long-temps une forte dose de poison, il n'y aurait rien à espérer.

Enflure. Lorsqu'après de grandes fatigues, les jointures des chiens sont gonflées, et que l'enflure ne cède pas aux frictions que nous avons indiquées au mot *Efforts*, cette enflure se durcit et finit par rendre les chiens boiteux et estropiés. On applique le feu en forme de patte d'oie, et on fait deux petits boutons de feu au dessous du ligament; on panse avec un onguent suppuratif, tel que le *populeum*.

Engorgement laiteux. (Voyez *Lait*.)

Épilepsie ou haut-mal, ou rage mue. Cette maladie est regardée comme héréditaire, et, quoique souvent incurable, elle peut, mais rarement, être traitée avec succès. Elle se manifeste par des accès dans lesquels l'animal éprouve un tremblement général; il tombe, éprouve des convulsions, écume et pousse des plaintes et quelquefois des hurlemens. Il arrive aussi qu'il morde par un mouvement machinal et convulsif; il ne voit ni entend. L'accès dure plus ou moins long-temps; ensuite les convulsions cessent, l'animal se relève et a l'air hébété et souffrant; peu à peu, ces symptômes disparaissent, et le chien ne paraît plus malade jusqu'à un nouvel accès. Cette maladie ne paraît pas être contagieuse, néanmoins il faut éloigner du chenil le chien qui en est attaqué et bien laver le lieu où il a écumé.

Nous ne pouvons indiquer aucun traitement contre l'épilepsie, attendu que la multiplicité des causes qui peuvent la faire naître entraîne l'application de remèdes spéciaux à chaque cas. Il convient d'avoir recours au vétérinaire.

Il ne faut pas confondre avec cette maladie les accidens momentanés qu'éprouvent quelquefois les chiens qui ont chassé pendant les grandes chaleurs, et qui tombent et se débattent comme ceux qui sont attaqués d'épilepsie. Il suffit, dans ce cas, de faire avaler un peu d'eau de vie à l'animal, qui, après un instant de tranquillité, revient à lui.

Étruffure. Les veneurs appellent *étruffure* l'état d'un chien qui, par un accident quelconque, s'est dérangé les muscles de la cuisse ou démis le fémur. M. Desgraviers et d'autres auteurs conseillent le traitement qui a été indiqué au mot *Efforts*. Mais quoique ce traitement soit le seul convenable, il est rare que le chien n'en reste pas estropié, s'il est véritablement *étruffé*. Dans ce cas, sa cuisse s'appauvrit et se dessèche tous les jours davantage.

Everration. (Article extrait de la *Pathologie canine*.)

Les anciens avaient beaucoup d'idées erronées sur l'économie animale; cependant leurs méprises ont été graduellement reconnues. Il en existe encore pourtant quelques unes pour lesquelles des personnes même instruites conservent du respect. C'est ainsi que beaucoup de monde est persuadé qu'il y a un ver placé sous la langue du chien. Cette croyance existait long-temps avant Pline, et elle a pour origine la tuméfaction de la bouche produite par la rage; alors on a découvert sous la langue une substance ligamenteuse proéminente, dont on a fait un ver, auquel on a donné le nom de *lytta*; de là on crut pouvoir conclure que c'était la cause réelle de cette maladie. Je dois faire remarquer ici que c'est seulement par suite de cette erreur que l'on a donné, comme autre origine de la rage, le mal de dents causé par de petits vers (*maggots*) logés dans les dents.

Je suis honteux de traiter ce point gravement, dit M. Delabère-Blaine; mais j'y suis en quelque sorte contraint, lorsque je considère que des écrivains instruits prétendent que, s'il n'existe pas de ver sous la langue, au moins il y a *quelque chose* dont l'enlèvement, suivant eux, préserve les animaux de devenir enragés, ou du moins s'ils le deviennent, les empêche d'occasioner de plus grands malheurs.

L'anatomie démontre que beaucoup des organes libres sont doublés d'une membrane qui les entoure, et que cette doublure est fortifiée par des substances ligamenteuses. C'est de cette manière que la langue de l'homme et celle de beaucoup d'animaux sont maintenues et résistent aux efforts du vomissement, des convulsions, etc.; le frein ou bride paraît aussitôt que l'on ouvre la gueule d'un chien, et, en soulevant la langue, on l'aperçoit qui s'étend depuis la racine jusqu'à la pointe. Après une légère inspection, on reconnaît que l'usage de cette bride est de maintenir la langue ; et il faut bien se torturer l'imagination pour concevoir toute autre chose. Dans l'opération appelée *éverration*, la membrane servant d'enveloppe étant incisée, on voit la substance ligamenteuse appelée *ver*, dont l'extraction constitue la vertu de l'opération. Après avoir saisi un bout de ce ligament, on l'extirpe jusqu'à l'autre bout. La force que l'on est obligé d'employer pour étendre cette substance qui par son élasticité revient sur elle-même, une fois dehors de la gueule, fournit une preuve pour les gens crédules que c'est bien un ver.

Cependant quelques personnes instruites ne croient pas ridiculement que ce soit un ver ou un corps jouissant d'une existence indépendante ; mais des chasseurs, qui ne sont pas sans instruction, persistent à croire que cette opération rend les chiens attaqués de la rage incapables de mordre.

Dans la variété de la rage appelée *rage mue*, j'ai eu l'occasion de reconnaître que cette maladie consistait principalement dans une affection particulière des intestins, ordinairement accompagnée de la tuméfaction des parties de l'arrière bouche, de la base de la langue, et qui fréquemment rend le chien incapable de mordre. Lorsque cette maladie se déclare dans un chien qui a été *éverré*, sa douceur est attribuée à cette opération. On doit donc rencontrer fréquemment réunies et l'incapacité de mordre et cette opération, puisque la rage mue est une maladie fréquente du chien et l'éverration très commune parmi les chasseurs; cependant ces circonstances sont indépendantes l'une de l'autre.

Le retranchement d'une portion de membrane dans la gueule du chien ne porte aucune influence fâcheuse sur lui, pas plus que celui d'une partie de la queue. L'usage de cette partie est simplement mécanique, pour maintenir la langue. Quant à la cause qui empêche les chiens de mordre, elle consiste dans une tuméfaction d'espèce particulière à la base de la langue et des parties environnantes. Je n'hésite donc pas à déclarer que l'opération *d'éverrer* est fondée sur l'ignorance et l'erreur, lorsqu'on la pratique comme préservative des effets de la rage.

On *éverre* pour éviter l'action de *ronger* à laquelle les jeunes chiens sont portés, d'abord pour jouer, ensuite pour engourdir la douleur que produit la dentition. On remarque aussi, et pour les mêmes raisons, une semblable habitude dans les enfans. Dans ce cas, l'opération ne produit d'effet que par la plaie, dont la guérison permet le retour de l'habitude que l'on a cru prévenir.

Note du traducteur. En France, comme en Angleterre, on croyait, et l'on croit encore que le corps blanc s'étendant de la base à la pointe de la langue, dans sa ligne médiane à sa face inférieure, était un ver dont l'extraction pouvait empêcher les chiens de devenir enragés. Il est très probable que le peu de succès obtenu de cette opération l'a fait tomber dans le discrédit où elle se trouve actuellement auprès des hommes de l'art. Cependant quelques derniers faits ont donné à penser que dans quelques circonstances elle pouvait être utile, et plusieurs vétérinaires l'ont pratiquée, surtout dans le cas de la *maladie*.

M. Appert, vétérinaire, a extirpé plusieurs fois et avec succès ce corps vermiforme, dans une maladie particulière du chien, où ce corps paraissait être lui-même dans un état morbide, son volume étant beaucoup augmenté.

M. Liégard a obtenu aussi du succès de cette opération.

Comme aucuns faits de pratique, surtout lorsqu'ils sont annoncés par des hommes instruits, ne doivent être négligés, il est important que les vétérinaires qui ont occasion de traiter des chiens répètent ces expériences, dont le résultat donnera à connaître si les succès annoncés sont réellement dus à l'éverration.

Nous partageons entièrement l'opinion de M. Delabère-Blaine sur l'*éverration*. Cependant, comme on est encore dans l'usage de faire cette opération dans quelques pays, parce que l'on croit qu'elle fait prendre du corps au chien et l'empêche de mordre, nous allons indiquer la manière d'y procéder : c'est ordinairement à l'âge de six mois qu'on éverre les chiens. Il faut prendre l'animal, lui soulever et tenir les deux pieds de devant, tandis qu'une seconde personne, par derrière le dos du chien, lui ouvre la gueule, et lui passe un torchon en travers, et prend de chaque main une oreille qu'elle tient avec son torchon ; ce qui empêche le chien de tourner la tête à droite ou à gauche. Alors celui qui va éverrer, muni d'un linge blanc, prend avec ce linge la langue du chien, la retourne, en tient les deux bords, et passe un doigt au dessous dans le point milieu pour servir d'appui. Ensuite il fend avec un bistouri la langue immédiatement sur le milieu du ver de la longueur d'un pouce, et suffisamment pour qu'il paraisse. Il prend un poinçon qu'il passe entre le ver et la langue, et arrache le ver. L'opération se trouve faite ainsi sans qu'il en résulte d'accident.

Fièvre. Lorsqu'on s'aperçoit qu'un chien est triste et qu'il ne mange pas, il faut lui regarder la gueule ; si les gencives, de roses qu'elles étaient, sont devenues très pâles, c'est une preuve que l'animal souffre. Mais, pour savoir s'il a la fièvre, on doit lui tâter le pouls, non pas au défaut de l'épaule, parce que là est le battement du cœur, mais sur l'artère fémorale qui se trouve au dedans de la cuisse. Les principaux signes de la fièvre sont la dureté, la fréquence et les inégalités des pulsations. On commence par le saigner à la gorge, ou bien on lui applique une douzaine de sangsues au cou, et on lui donne deux fois par jour un lavement fait avec de la graine de lin ou du son. Il faut avoir soin, plus que jamais, de lui donner de l'eau à discrétion, parce que, s'il avait soif, et que ce fût surtout pendant les grandes chaleurs, il ne serait pas impossible que l'hydrophobie se déclarât. On doit le soumettre à une diète sévère. Quand le chien est guéri, ce qui arrive ordinairement dans le cours d'une semaine, on le purge avec de la manne et du lait, et on le laisse une huitaine de jours sans le conduire à la chasse.

La fièvre inflammatoire se reconnaît à des pulsations du pouls très fortes et très fréquentes, à un halètement continuel, à la blancheur des gencives et des lèvres, à la perte totale de l'appétit et à une maigreur progressive. Il faut, dans cette maladie, mettre le chien à la diète et lui appliquer au cou et au poitrail de douze à vingt sangsues, suivant sa force. Si, le lendemain, le pouls est aussi dur, on fera une nouvelle application de sangsues, que l'on renouvellera le lendemain, et même le surlendemain, si l'intensité du mal l'exige; mais, après le quatrième jour, il faut éviter de saigner. On lui fera avaler en même temps, et le plus souvent possible, un verre d'eau d'orge bouillie et sucrée avec du miel, et on lui fera prendre tous les jours un lavement fait avec des plantes émollientes. Si l'on n'a fait qu'une ou deux applications de sangsues, on pourra, dès le quatrième jour du traitement, faire prendre au malade un bain tous les jours. On continuera l'eau d'orge, les lavemens et les bains jusqu'au septième jour, époque où la fièvre doit cesser; dans le cas contraire, il faut suivre ce traitement jusqu'à guérison, et le terminer avec la manne et du lait.

Pendant le traitement, il ne faut donner à l'animal, pour toute nourriture, qu'un demi-setier de bouillon. Pendant la convalescence, on lui donnera de bonne soupe, dont on augmentera la ration jusqu'à ce qu'il ait bien repris.

Fièvre jaune. Voyez *Peau* (maladie de la).

Flux de sang et hémorrhagie. Les chiens qui fatiguent beaucoup sont sujets à rendre le sang par le nez, la gorge, l'anus et les voies urinaires. Dans tous ces cas, M. Hartig prescrit le traitement suivant: donner tous les matins une pilule grosse comme une noisette et composée de 1 scrupule de sel de nitre, 10 grains de *terra de catechu* et 8 grains d'alun, mêlés avec du miel et un peu de farine.

Lorsque, dans un chenil, on s'aperçoit qu'il y a par places des taches de sang, on doit rechercher le chien qui l'a rendu. On le reconnaît à son air triste, à son mauvais poil, à son éloignement de l'auge au moment de manger, à ses gencives pâles et quelquefois déjà à sa maigreur. Lorsqu'on ne peut le reconnaître, on examine les chiens à l'ébat où ils se vident ordinairement sur la pelouse, pour voir celui qui fait du sang. On le sépare de la meute pour éviter la contagion, et on le met dans un endroit chaud. Son traitement doit commencer par une saignée, ou par l'application d'une douzaine de sangsues au poitrail; on lui donne, pendant trois jours, une décoction de deux pincées de graine de plantain dans un demi-setier d'eau. Si le flux de sang s'arrête ou diminue, on se contente de continuer pendant quelques jours encore l'usage de cette tisane et de purger après; mais, s'il n'y a pas de mieux, il faut alors et pendant quatre ou cinq jours, donner un lavement dans lequel on aura fait fondre une chandelle. On nourrit le chien, durant tout le traitement, avec de la soupe grasse, et on finit par le purger avec une once de manne fondue dans du lait.

Fourbures. Voyez *Courbature.*

Fractures. Lorsqu'un chien a la cuisse ou la jambe cassée, on prend des blancs d'œufs mêlés avec un peu d'eau de vie. On bat le tout ensemble, et après avoir remis la partie cassée le plus droit qu'il est possible, on l'enveloppe avec de la filasse trempée dans les blancs d'œufs, ou bien dans de l'eau de vie camphrée; on contient la filasse avec des éclisses proportionnées à l'endroit de la fracture, et on assujettit le tout avec une ligature faite avec du linge. Il faut que cette ligature soit ferme et qu'elle ne coule pas; mais aussi il ne faut pas qu'elle soit trop serrée, parce qu'elle ferait enfler la partie malade. S'il arrive que la jambe ou le pied enfle, sans que la ligature soit trop serrée, il faut, avec un bistouri ou une lancette, piquer la peau en plusieurs endroits au dessous de la fracture, pour faire sortir les eaux rousses qui causent l'engorgement. Si on s'aperçoit que le chien cherche à arracher sa ligature avec les dents, il faut, pour l'en empêcher, lui passer un chapelet au cou, ou bien lui mettre une museroile de cuir, et ne la lui ôter que pour le laisser manger et boire. On humecte l'appareil deux fois par jour avec de l'eau et de l'eau de vie ou du vin chaud, et on le lève dix ou douze jours après l'accident; le second appareil, et même le troisième, s'il en est besoin, sont remis et humectés comme le premier. Il faut au moins un mois pour guérir une jambe cassée, et plus de six semaines pour une cuisse. Avant de remener le chien à la chasse, on doit, après sa guérison, lui donner un mois ou six semaines de repos pour fortifier la partie blessée, qu'il faut frotter de temps en temps avec du bouillon de tripes. Lorsque la cuisse d'un chien est cassée dans le gros, il est rare que l'animal ne s'en ressente pas toute sa vie; il est prouvé du moins que cette partie ne reprend jamais sa première force, et que le chien en boite presque toujours en travaillant. On ne met aucun appareil à un chien qui a un ou plusieurs doigts cassés; on le panse simplement avec de l'eau de boule, et moyennant du repos, les parties cassées se reprennent d'elles-mêmes.

Gale. Cette dégoûtante maladie est extrêmement contagieuse. Les chiens que l'on nourrit trop bien ou trop mal et ceux que l'on tient malproprement en sont très souvent attaqués. Les chiens courans, rassemblés en meute, y sont plus sujets que les chiens couchans et que les chiens de chambre, parce que l'air du chenil dans lequel les premiers sont renfermés se corrompt, malgré tous les soins que l'on met à entretenir la propreté, et, d'un autre côté, parce que l'activité dans laquelle ils sont toute l'année et la fatigue souvent répétée qu'ils éprouvent mettent leur sang en fermentation. Les curées fréquentes contribuent aussi à cette effervescence.

On sait aujourd'hui que la gale est causée, chez les animaux et chez l'homme, par la présence d'un insecte du genre des acares; et il paraît que, pour chaque espèce d'animal, c'est une espèce particulière d'acare qui occasione la maladie ; qu'ainsi, l'acare du cheval diffère de celui du mouton ; que celui du mouton n'est point l'acare du chien, etc. On n'est point encore bien fixé sur la question de savoir si la gale peut se communiquer du chien et des autres animaux à l'homme, *et vice versâ*; l'opinion la plus générale est que la possibilité de la contagion existe ; et dès lors on doit éviter un contact trop immédiat avec les chiens atteints de cette maladie. Jester assure qu'elle se communique des renards aux chiens, et qu'une année où il se trouvait beaucoup de renards galeux dans le pays où il chassait, presque tous les bassets qui suivaient ces animaux dans leurs terriers en furent infectés. Ce fait est très croyable, puisque le renard et le chien sont du même genre.

La gale se manifeste dans les chiens d'abord aux coudes, aux épaules ; elle gagne la poitrine, le ventre, la partie intérieure des cuisses et le dessous de la queue, et elle couvrirait ensuite tout le corps, si on ne se hâtait d'en arrêter les progrès. Le poil commence à tomber, la peau devient rugueuse et se couvre bientôt de boutons d'inégales grosseurs ; de vives démangeaisons excitent l'animal à se gratter, quelquefois jusqu'à se mettre en sang ; il perd l'appétit, maigrit insensiblement, et périrait s'il n'était soumis à un traitement.

Dès qu'on s'aperçoit qu'un chien a la gale, on le sépare des autres chiens.

Nos auteurs de vénerie indiquent différens traitemens pour la gale, et qui sont assez compliqués. Nous nous bornerons à exposer les méthodes les plus simples.

A l'école d'Alfort, tout le traitement consiste à faire prendre aux chiens galeux deux bains par jour, jusqu'à ce que les démangeaisons cessent, ce qui annonce la guérison. Ces bains sont composés d'une partie de sulfure de potasse sur trente-deux parties d'eau. On a bien soin, après le bain, de sécher l'animal très promptement, et de le tenir dans un lieu où il ne peut se refroidir. A cet effet, on le bouchonne jusqu'à ce qu'il soit sec.

Lorsque le chien est vigoureux, on le saigne la veille du jour où doit commencer le traitement, et le lendemain, on commence à le frotter avec une eau dans laquelle on a fait dissoudre du sulfure de potasse dans la proportion d'une demi-once sur un demi-setier d'eau.

On tient le chien enfermé sans le changer de paille et on le frotte avec cette eau, jusqu'à ce que les boutons et la démangeaison aient disparu ; alors on le purge avec de la manne ou du lait. Au reste, cette médecine n'est que de précaution.

Pendant le traitement, on doit tenir le chien à un régime délayant, c'est à dire le nourrir de soupe peu épaisse et de lait.

Quelques auteurs conseillent de frotter, avec de l'huile de lin ou d'olives, les places du corps où le poil est tombé, pour le faire repousser. Mais cela est inutile : le poil repoussera de lui-même, si les racines sont vivantes, avec la seule précaution de tenir l'animal propre ; mais si elles sont mortes, rien ne pourra les ranimer.

M. Hartig indique le traitement suivant : purger le chien une fois par semaine, pendant le traitement, avec 25 grains de rhubarbe et 10 grains de sel de Glauber, mêlés dans de la pâte de prune ; lorsque la médecine a fait son effet, prendre 1 drachme de mercure sublimé et autant de sel ammoniac, les délayer dans quatre litres d'eau et employer ce liquide à la température du lait chaud pour en laver trois fois par jour les parties affectées.

Ou bien, mêler une demi-once de foie de soufre dans 2 litres d'eau et en laver le chien, aussi trois fois par jour, après avoir fait tiédir la composition.

Ou bien encore, employer l'onguent mercuriel ordinaire, dont on frotte les parties affectées deux fois par jour. Ce remède produit des effets très efficaces. M. Hartig le recommande de préférence aux autres ; mais il faut employer l'onguent avec précaution et à petite dose. (Voyez *Roux-vieux*.)

Gonflement des articulations. (Voyez *Bouture*.)

Goutte. Les vieux chiens qui mangent et qui dorment beaucoup y sont sujets, et cette maladie est incurable chez eux.

Haut-mal. (Voyez *Épilepsie*.)

Hernie. On donne ce nom à une tumeur formée par le déplacement d'un ou plusieurs viscères ou d'une partie de viscère échappés de leurs cavités à travers une ouverture, soit naturelle, soit artificielle. Nous ne parlerons ici que des hernies propres à l'espèce canine, et seulement de celles qui sont les plus communes. Nous passerons sous silence les causes, les symptômes et le mode de formation des hernies, parce que nous ne pourrions être compris que par les hommes de l'art, et que nous ne saurions rien leur dire de neuf à cet égard. Nous nous arrêterons seulement à leur curation, parce que jusqu'à présent on a sacrifié les chiens de chasse qui avaient cette affection.

Hernie inguinale. Cette hernie, une des plus communes, peut être, comme toutes les autres, réductible ou irréductible. Les chiennes y sont plus sujettes que les mâles. Dans les deux, cette affection peut être guérie par une opération qui a été tentée pour la première fois avec succès, sur une chienne, par M. Laurens, docteur en médecine de la faculté de Paris. Son opération consiste à ouvrir le sac, à réduire la hernie, à faire plusieurs points de suture au col de l'ouverture herniaire et à laisser cicatriser les plaies. Voici l'observation que nous transmet cet habile praticien à l'appui de sa manière d'opérer :

« Une chienne de chasse, âgée de sept ans environ, de race anglaise (*pointer*), blanche et orangée, race que M. de Quingery, grand partisan du système des unions consanguines qui sont caractérisées par le terme *in and in*, a su conserver dans toute sa pureté, me fut présentée le 15 janvier 1834. Elle portait deux hernies inguinales dont la droite était quatre fois plus volumineuse que la gauche, que l'on pouvait facilement réduire. La droite était irréductible. Elle avait le volume et la forme de la tête d'un enfant de six mois. Je résolus, après l'avoir examinée attentivement, de l'opérer par le procédé indiqué ci-après.

Le 24 janvier 1834, je couchai la chienne sur une table; je la fis contenir par un nombre d'aides suffisant. Après avoir préparé tout ce qui m'était nécessaire pour l'opération, je fendis suivant l'axe du corps, avec le bistouri tenu comme un archet, le sac herniaire. En approchant de l'intestin, je pris la sonde cannelée et j'incisai sur la sonde, en tenant le bistouri en deuxième. A peine le sac est-il ouvert, que toute la masse intestinale sort de l'abdomen à cause de la contraction musculaire, et parce que je n'avais pas pu préalablement exercer une compression sur l'ouverture herniaire; à cause de la vessie, qui se trouvait dans le sac, et qui était remplie d'urine. Je fus obligé de suivre l'intestin et de rentrer successivement tout ce qui était sorti. Je n'y parvins qu'au bout d'une demi-heure, à cause de la contraction énergique des muscles abdominaux amenée par les souffrances auxquelles l'animal était en proie. Il me restait même, après la rentrée des gros et petits intestins, des parties graisseuses de la portion flottante de l'épiploon; j'en réséquai une partie de la grandeur de la main; je fis la ligature d'une petite artère, après quoi je me vis forcé, vu l'impossibilité où je me trouvais de sonder la vessie pour la désemplir afin de la réduire; je me vis forcé, dis-je, d'en faire la ponction vers sa partie supérieure. Je fis ensuite trois points de suture à l'ouverture herniaire; je mis en contact les bords de l'incision du sac que je maintins avec des points de suture très distans les uns des autres, et j'abandonnai l'animal à lui-même, en le tenant à l'eau de guimauve coupée avec du lait et édulcorée avec du miel. Je vis l'animal le 25; ses urines allaient bien et ses déjections de même; je continuai à le tenir à la diète et à la boisson. Dès le onzième jour après l'opération, la cicatrisation était complète et la chienne en pleine santé.

Je crois que, dans tous les cas de hernie, la même opération pourrait être tentée avec les modifications nécessitées par les circonstances. On pourrait aussi avoir recours à d'autres moyens thérapeutiques, selon les suites de l'opération.

Dans toutes les hernies, je crois qu'il est possible de faire oblitérer les orifices herniaires.

Hernie ombilicale. Les jeunes chiens y sont fort exposés : il suffit de leur rentrer la hernie plusieurs fois par jour, et, si elle continuait à descendre, de la retenir avec un bandage.

Hydrophobie. (Voyez *Rage.*)

Hydropisie. « Cette affection, dit M. Delabère-Blaine, dans sa *Pathologie canine*, n'est pas rare chez les chiens; ils sont très sujets à l'*ascite* ou *hydropisie* de l'abdomen; celle de la poitrine est à peu près aussi fréquente. On rencontre plus rarement des hydropisies enkystées, et l'anasarque ou hydropisie de la peau n'existe presque jamais, à moins qu'elle ne soit symptomatique de l'ascite.

» *L'ascite* ou hydropisie de l'abdomen n'est pas une maladie rare, comme je l'ai fait remarquer, et il se trouve quelquefois une immense quantité d'eau accumulée dans l'abdomen. Les causes en sont nombreuses. Les plus ordinaires sont un asthme long-temps prolongé ou une affection du foie. Une gale négligée peut très souvent occasioner l'hydropisie. La collection du fluide est quelquefois lente, d'autres fois très rapide, et la marche des symptômes varie suivant les causes. Dans quelques cas la maladie se déclare par une toux âcre; dans d'autres on ne remarque qu'un appétit vorace (1); et quoique le chien soit à même de satisfaire cet appétit, cependant il maigrit; néanmoins, le ventre commence à augmenter de volume, la respiration est laborieuse, et l'animal a de la peine à rester couché; il boit beaucoup, et quoique, dans les premiers momens il mange avec appétit, cependant, à mesure que la maladie fait des progrès, son appétit tombe, et tôt ou tard, il meurt suffoqué, le mouvement des poumons ne pouvant plus avoir lieu.

» L'ascite se distingue de l'obésité par une tumeur particulière que présente l'abdomen qui dans l'hydropisie est pendant, tandis que les os du dos sont apparens et semblent percer la peau : les poils sont hérissés et la peau est rude au toucher. On peut la distinguer de la plénitude par les mamelles, qui alors augmentent de volume en même temps que le bas-ventre. Dans la plénitude, l'addomen n'a pas cette tendance à descendre, ainsi que cette apparence luisante que l'on remarque dans l'hydropisie. Dans la plénitude, on remarque encore des bosses formées par les fœtus, et on distingue leurs mouvemens : le toucher est néanmoins le meilleur moyen de reconnaître la présence du fluide; si l'on applique la main droite sur un des côtés de l'abdomen, et qu'avec la main gauche on frappe sur le côté opposé, on sentira un mouvement d'ondulation, exactement semblable à celui qui aurait lieu si on faisait la même expérience sur une vessie pleine d'eau.

» *Traitement de l'ascite ou hydropisie du bas-ventre.* Le traitement de cette maladie est rarement couronné de succès, cette affection étant peu souvent idiopathique, et étant occasionée le plus souvent par des affections chroniques très graves, telles que l'asthme, les maladies du foie, des gales mal traitées, qui ont produit des ravages mortels dans toute la constitution organique. Cependant, j'ai vu des ascites qui n'avaient été précédées d'aucune de ces affections, et que j'ai guéries par l'évacuation de l'eau, et en prévenant la reformation. Mais ces cas sont très rares, en comparaison de ceux qui entraînent la perte de l'animal.

» J'ai répété plusieurs fois la ponction sur des chiens, et j'en ai tiré plusieurs quarts d'un fluide, quelquefois d'une consistance gélatineuse, et d'autres fois claire et séreuse. J'ai fait cette opération jusqu'à deux ou trois fois, ce qui a prolongé l'existence; mais cependant les malades ont fini par succomber. La ponction dans le chien se fait exactement comme dans l'homme. Un trois-quarts est l'instrument le plus convenable, cependant on peut se servir d'une lancette. Il faut éviter de ponctuer

---

(1) Alors il est plus que probable que les glandes mésentériques sont affectées; lorsque l'hydropisie est le résultat d'une affection du foie, l'appétit n'est pas aussi fort.

trop près de l'ombilic, ni dans le centre de la ligne blanche; on aura la précaution de ne pas piquer de gros vaisseaux, particulièrement l'artère épigastrique, que l'on peut facilement reconnaître au toucher. L'eau contenue dans l'abdomen peut être évacuée tout d'une fois, l'animal ne témoignant pas de faiblesse, et ne paraissant éprouver aucun changement; un bandage modérément serré sera appliqué autour du corps et maintenu quelques semaines, pour donner du ton aux vaisseaux absorbans.

» J'ai essayé divers autres moyens pour opérer l'évacuation de l'eau, mais je n'en ai obtenu que très rarement des avantages marqués. Dans très peu de cas, l'administration des diurétiques a produit des effets salutaires et durables : la digitale est le diurétique qui m'a le mieux réussi; cependant d'autres médicamens de cette classe ont été victorieux, lorsque la digitale avait été sans succès. Je vais donner les formules dans le rang où il est le plus convenable de les administrer, en observant, relativement à la digitale, qu'elle est plus certaine, dans ses vertus diurétiques, également dans le chien comme dans l'homme. La dose doit en être réglée de manière à éviter qu'elle agisse comme vomitif ou comme purgatif.

N° 1.

Poudre de digitale. . . . . . . 12 grains.
Antimoine en poudre. . . . . 15 id.
Nitrate de potasse (nitre). . . . 1 drachme.

» Mêlez et divisez en neuf, douze ou quinze parties, dont on en donnera une matin et soir.

N° 2.

Poudre de digitale. . . . . . . 9 grains.
Poudre de scille. . . . . 12 grains.
Surtartrate de potasse (crème de tartre.). . . . . 2 drachmes.

Mêlez, divisez et donnez comme le n° 1.

N° 3.

Oxymel scillitique. . . . . . . 1 once.
Infusion de tabac. . . . . . . 1/2 once.
Ether nitrique. . . . . 1/2 once.
Teinture d'opium. . . . . . . 1/2 drach.
Infusion de camomille. . . . 2 onces.

» Mêlez et donnez depuis deux cuillerées à café jusqu'à deux cuillerées à bouche; l'infusion du tabac se fait en jetant 2 onces d'eau bouillante sur 1 drachme de tabac.

» Dans quelques cas, j'ai combiné le calomélas avec les autres remèdes jusqu'à la dose d'un demi-grain à un grain, matin et soir, et avec un avantage sensible. J'ai aussi essayé les effets de forts purgatifs mercuriels donnés deux fois par semaine, les diurétiques n'avaient rien produit. On a employé aussi les frictions et les bains chauds, mais sans avantage (1).

---

(1) Dans une circonstance, des frictions d'une partie d'essence de térébenthine avec deux parties d'huile d'olives, répé-

Dans le petit nombre d'occasions où les diurétiques ont eu du succès, ils ont été suivis ou accompagnés de forts toniques stomachiques. On ne doit pas les oublier lorsqu'on pratique la ponction, et c'est le seul moyen d'empêcher le retour de l'hydropisie.

» *L'hydrothorax* ou hydropisie de la poitrine est également fréquent dans les chiens, et peut être chronique ou aigu ; c'est à dire que la collection aqueuse est lente ou rapide. Lorsque c'est une hydropisie chronique, elle est ordinairement le résultat d'une affection chronique, comme l'asthme, ou d'une gale négligée : cependant cette dernière donne plutôt naissance à l'ascite. La collection rapide du fluide est ordinairement le résultat d'une inflammation aiguë des poumons ; l'eau commence à se former dans la cavité thoracique, vers le troisième jour de l'invasion de la maladie, et augmente au point de suffoquer en peu d'heures l'animal. (Voyez *Inflammations des poumons*.)

» On peut croire qu'il existe une hydropisie de poitrine à l'anxiété que témoigne le chien lorsqu'il se couche, et à ses efforts pour maintenir alors la tête élevée. La poitrine paraît pleine, et le mouvement de l'eau se fait entendre. Le battement du cœur devient le signe caractéristique de cette affection ; car la main placée sur un des côtés du thorax ressent une espèce de tressaillement fort différent de ce que fait ressentir le mouvement du cœur dans l'état de bonne santé.

» On doit essayer, pour traitement, les mêmes moyens indiqués dans l'hydropisie de l'abdomen ; mais jusqu'ici je n'ai pas encore obtenu de succès (1).

» *Anasarque*. Comme je l'ai dit ci-dessus, cette maladie est rare, à moins qu'elle ne soit symptomatique de l'ascite. Quoi qu'il en soit, j'ai vu quelquefois cette affection, et c'était presque toujours dans les chiens vieux et faibles. Lorsqu'il reste quelque espérance de guérison, on emploiera le traitement indiqué pour l'hydropisie du bas-ventre ; et l'on pourra pratiquer avec la lancette quelques mouchetures sur la peau distendue.

» *Hydropisie enkystée*. On appelle ainsi une collection de sérosités, de graisse, ou d'une matière gélatineuse dans un sac particulier. L'hydropisie des ovaires est la plus fréquente de cette espèce, et se voit assez fréquemment dans les chiennes ; mais alors c'est plutôt un amas de graisse que de sérosités. J'ai cependant vu plusieurs fois de véritables hydropisies de l'ovaire, sous la forme d'hydatides, qui toutes

---

tées matin et soir sur le ventre, ont paru favoriser l'absorption ; mais il faut dire que l'on donnait intérieurement aussi la térébenthine deux fois par jour, à la dose de quarante gouttes.

(1) Je ne suis jamais parvenu à rétablir la santé, quoique j'aie plusieurs fois évacué l'eau en ponctuant avec précaution entre deux côtes, au moyen d'une lancette. Je n'ai pas éprouvé d'hémorrhagie ni d'autres accidens dans l'opération ; mais la terminaison a toujours été fatale, soit par la gangrène des poumons, soit par une nouvelle collection de fluide.

se sont terminées malheureusement, quoiqu'elles aient été très lentes dans leur marche.

» On reconnaît les hydropisies avec kyste à une tuméfaction moins étendue de l'abdomen et au contre-coup ou ondulation, qui se fait moins sentir. On peut remarquer aussi que la tuméfaction, dans ces cas, commence d'un seul côté, et se présente aux flancs, près des reins, sans descendre, à moins d'y être déterminée par le poids.

» Le *traitement* interne ne diffère pas de celui qui est indiqué pour l'ascite; mais je n'ai jamais vu qu'un seul cas terminé heureusement, et dans lequel j'avais évacué le fluide au moyen du trois-quarts; dans les autres circonstances, il n'y a pas eu de succès.

» Il se présente souvent des hydatides ailleurs que sur les ovaires. J'en ai trouvé sur le foie, les poumons, la rate et sur le cerveau. »

Hydropisie des oreilles. Cette maladie consiste dans la décomposition des membranes placées entre la peau et le cartilage du lobe de l'oreille. Cette partie devient énorme, vésiculeuse, douloureuse et remplie d'eau. Si l'on n'ouvre pas cette espèce d'abcès, il s'ouvre de lui-même, et il en découle une matière rougeâtre assez semblable à de la lie de vin épaisse. La peau se cicatrise, mais bientôt un nouveau dépôt se forme et se renouvelle jusqu'à quatre ou cinq fois.

Cette maladie, assez difficile à guérir, nécessite quelquefois l'amputation du lobe de l'oreille, et c'est souvent le meilleur parti à prendre. Ce n'est que lorsque le chien est précieux, et qu'on craint de le déparer, qu'il faut essayer un autre traitement.

Deux moyens de guérison sont indiqués. Le premier consiste à ouvrir l'abcès, par une large incision, aussitôt que l'on sent qu'il y a fluctuation; lorsqu'on a fait écouler entièrement le pus, on introduit dans la plaie des étoupes sèches ou imbibées d'eau de vie, et on les renouvelle tous les jours jusqu'à ce qu'elle prenne un aspect satisfaisant, et laisse écouler du pus blanchâtre.

Le second consiste à passer un séton sur la tumeur même. On a soin de le panser deux fois par jour avec un onguent suppuratif, et en changeant la bande chaque fois. Le séton favorise l'écoulement du pus, et on ne le retire que lorsque le pus devient de même blanchâtre.

Dans l'un et l'autre cas, il faut mettre un bandage autour de la tête du chien, en le disposant de façon qu'il assujettisse l'oreille, afin que l'animal ne puisse envenimer le mal en se secouant. (Voyez *Écoulement des oreilles.*)

Inflammation. L'inflammation, en général, est une excitation outre mesure de la vie, et d'où résultent divers accidens. Elle reconnaît pour cause le défaut de liberté dans la circulation du sang. Tous les organes peuvent en être affectés tant à l'intérieur qu'à l'extérieur.

Les inflammations intérieures ont le plus souvent pour cause un vice d'organisation, une impression trop vive produite par le passage subit d'une température trop élevée à une température trop basse, ou enfin des contre-coups qui ont été assez violens pour affecter une partie de l'organisation interne. Les inflammations extérieures sont la suite de coups plus ou moins violens, de blessures, et généralement de tout accident capable de désorganiser l'action d'un ou de plusieurs organes.

L'inflammation est une des lésions les plus communes dans les diverses maladies; nous allons indiquer quels sont ses effets en général.

Lorsqu'il y a inflammation, c'est la sensibilité qui la première est affectée. Le gonflement, la chaleur et la rougeur sont les suites de la contraction opérée par l'accroissement de la sensibilité. Les fluides poussés plus fortement dans la partie irritée s'y accumulent et donnent lieu au gonflement; la chaleur augmente à cause de l'affluence de la circulation, et la rougeur se manifeste quand des molécules rouges du sang pénètrent dans des vaisseaux où elles ne paraissaient pas dans l'état de santé. Enfin, lorsque l'inflammation est très forte, elles déchirent ces mêmes vaisseaux et s'épanchent dans le tissu de l'organe.

L'inflammation, après avoir duré plus ou moins long-temps, se termine soit par *résolution*, soit par *délitescence*, soit par *suppuration*, soit par *induration*, soit enfin par la *gangrène*.

La terminaison la plus favorable est celle qui a lieu par *résolution*, et dans laquelle l'inflammation diminue peu à peu jusqu'à ce que la partie affectée ait repris son état naturel. C'est vers ce but qu'il faut diriger les moyens par lesquels on combat une inflammation naissante.

La terminaison par *délitescence* est celle qui s'opère quand l'inflammation abandonne brusquement la partie qui en était affectée pour se porter sur une autre partie : elle est le résultat d'une irritation plus forte, produite sur cette dernière partie. Dans ce cas, si le nouvel organe affecté est moins important que le premier, il y a lieu de favoriser cette action; mais, dans le cas contraire, il faut s'y opposer en maintenant ou rappelant l'inflammation première par des moyens capables de produire une irritation suffisante.

La terminaison la plus ordinaire est celle par *suppuration*. C'est une réaction de la partie affectée qui tend à la débarrasser du sang qui s'y est accumulé. Pour cela, il éprouve une décomposition; les tissus se déchirent et lui ouvrent un passage. La matière qui se sécrète prend alors le nom de pus. Cette terminaison est naturelle, est toujours favorable, à moins que l'inflammation n'ait attaqué un organe trop délicat pour rejeter à l'extérieur le produit de la suppuration.

La terminaison par *induration* a lieu quand l'inflammation trop forte pour se terminer par résolution est cependant trop faible pour produire la suppuration. Dans ce cas, l'inflammation se maintient quelque temps avec irritation, et entretient dans la partie enflammée un abord plus considérable de fluides, ce qui en augmente le volume et en altère l'organisation; et lorsque l'irritation cesse, l'altération subsiste. Il arrive quelquefois qu'à la longue l'organe affecté revient à son premier état; mais lorsque l'altération est grave, l'organe reste malade, et souvent les parties voisines participent à cette altération.

La *gangrène* est la terminaison la plus funeste. Elle a lieu lorsque l'irritation a été assez forte pour désorganiser subitement la partie affectée, qui s'est trouvée frappée de mort avant que l'inflammation ait pu s'établir; lorsque l'inflammation, trop rapide, cause une telle affluence de fluide que les vaisseaux sont déchirés, et la texture de l'organe détruite; lorsque l'organe affecté ne peut pas se prêter à la réaction inflammatoire, et enfin lorsque l'individu sur lequel cet accident a lieu n'a pas assez de force vitale pour produire cette même réaction.

Inflammation des poumons. Cette maladie s'annonce par des intermittences de chaud et de froid, par la fièvre, par une respiration difficile, par une toux pénible, par la chaleur de la gueule et de l'air expiré.

Quelquefois ces symptômes diminuent, la toux devient plus fréquente, mais plus facile, et l'animal, en éternuant, jette quelque peu de matière par les naseaux; bientôt la respiration devient plus libre, le pouls plus régulier, la toux diminue de jour en jour, et après quelque temps l'animal est guéri.

D'autres fois, le poumon se remplit des fluides que l'inflammation y a fait affluer, et ne peut plus remplir ses fonctions; dans ce cas, la respiration devient de plus en plus pénible, un râlement succède et l'animal périt étouffé. Il arrive aussi que le poumon, au lieu de se remplir, se désorganise, et la gangrène s'en empare, l'haleine alors devient faible, froide, fétide, et la mort arrive bientôt.

Quelquefois la suppuration qui s'établit sur la poitrine, au lieu d'être générale, n'est que partielle; alors l'animal languit long-temps dans des alternatives de bien et de mal, et finit tôt ou tard par succomber à une nouvelle inflammation du poumon.

Enfin il arrive que le poumon devient lourd et dur, et sa substance assez semblable à celle du foie; dans ce cas, l'animal languit quelque temps, et sa respiration devient de jour en jour plus pénible, jusqu'à ce qu'elle cesse tout à fait.

Dès les premiers symptômes qui signalent cette inflammation, tous les efforts doivent tendre à la faire avorter. Pour cela, il faut appliquer une douzaine de sangsues au poitrail; y passer ensuite un séton, faire avaler au chien, pendant huit jours seulement, de l'eau d'orge miellée ou du petit-lait. On supprime alors cette boisson, et on la remplace par un petit verre de vin de quinquina, que l'on fait avaler tous les jours au chien; et l'on ne retire le séton que lorsque l'animal a recouvré sa santé. Pendant le premier jour du traitement, il faut le tenir à la diète, et lui donner ensuite une nourriture peu abondante, mais substantielle. On termine en purgeant avec la manne et le lait.

Inflammation du péritoine. Le péritoine est une membrane souple, assez forte, capable d'extension et de resserrement, qui revêt intérieurement toute la capacité du bas-ventre. Il arrive quelquefois que cette partie est attaquée d'une inflammation générale ou partielle. Cette affection, qui peut être le résultat d'une plaie, de coliques, d'une transpiration subitement arrêtée, ou d'un part laborieux, s'annonce assez souvent par des frissons et des coliques; l'animal se tourmente et ne peut trouver une position favorable; son poil se ternit, sa respiration est gênée, le ventre est brûlant et douloureux. Si l'affection est aiguë, ces symptômes vont en augmentant d'intensité; le pouls, de dur qu'il était, s'efface peu à peu; des mouvemens convulsifs se remarquent dans les muscles du tronc; le chien se plaint et s'agite, se couche et se relève, et succombe bientôt s'il n'est secouru.

Il faut appliquer sur le ventre dix sangsues, renouveler cette application une fois par jour pendant trois ou quatre jours, si les symptômes persistent; donner en même temps quelques lavemens adoucissans; si les douleurs de ventre sont violentes, appliquer dessus des herbes émollientes, qu'on aura fait bouillir dans l'eau, et les employer le plus chaud possible. On les maintient à l'aide d'un bandage. Il faut les retirer avant qu'elles soient refroidies, et envelopper aussitôt le corps du chien d'un morceau de couverture de laine sèche et chauffée. On peut encore faire prendre au malade quelques bains chauds, dans lesquels on aura fait bouillir des herbes émollientes. On lui fera boire du lait et de l'eau d'orge miellée.

Pendant le traitement, on le tiendra à la diète, et on le purgera avec de la manne et du lait.

Cette inflammation dégénère souvent en hydropisie du bas-ventre; dans ce cas, les symptômes paraissent se ralentir; mais bientôt, l'animal maigrit et dépérit peu à peu. Les toniques, les préparations de fer, et toutes celles qui poussent aux urines doivent être employés à grande dose.

Jaunisse. Le chien est sujet à une maladie qu'on appelle *jaunisse;* elle commence par une fièvre qui se continue et pendant laquelle le poil devient d'un jaune sale, les gencives prennent une teinte jaunâtre et le blanc des yeux se teint aussi de cette couleur. Dans cet état, il mange peu, porte la queue basse, ses urines sont chargées, et se vide difficilement. Il faut le séparer sur-le-champ des autres chiens, le mettre à la diète et à un régime rafraîchissant, lui faire boire de l'eau d'orge miellée, et lui donner une fois par jour, et pendant une semaine, des lavemens avec de l'eau dans laquelle on aura fait bouillir une laitue et une poignée de cerfeuil. Au bout de quinze jours, on purge le chien avec de la manne et du lait.

Jointures. (Voyez *Enflures*).

Lait. (Voyez, au mot *Chien, Propagation.*)

Maladie des chiens. Cette maladie est ainsi appelée, parce qu'elle est particulière à l'espèce du chien. Elle est aussi connue sous les noms de *morve* et de *maladie épidémique.* Il est peu de jeunes chiens qui ne la contractent; elle est contagieuse et se communique facilement; mais on ne l'a jamais observée deux fois sur le même individu. Dès qu'on s'aperçoit qu'un chien en est attaqué, il faut le séparer des autres chiens et purifier le chenil au moyen du dégagement de l'acide chlorique ou muriatique oxigéné. Il est même prudent que le valet de chiens qui le soigne n'approche pas de ceux qui sont biens portans.

Cette maladie peut être regardée comme une espèce de gourme, à laquelle on peut assigner pour cause une irritation permanente des membranes de l'estomac occasionée par des matières glaireuses qui troublent les digestions du chien; le dégoûtent, l'attristent, le font tousser et faire des efforts pour s'en débarrasser. Cette irritation produit la susceptibilité des nerfs, les tics, les convulsions, les paralysies, qui souvent accompagnent et suivent cette maladie.

Un moyen employé avec succès pour prévenir cette cruelle maladie est de purger les chiens régulièrement une fois par mois, depuis qu'ils sont sevrés, jusqu'à un an environ, avec de la manne fondue dans du lait, en commençant par une demi-once au moment du sevrage, et augmentant à mesure que l'animal grandit jusqu'à 2 onces et demie.

Si l'on a négligé de purger les jeunes chiens tous les mois, il faut alors s'empresser d'agir dès l'invasion de la maladie, qui s'annonce le plus souvent par de fréquens éternumens, la difficulté de respirer, la toux et des envies de vomir. Le chien a le nez sec et brûlant, les yeux rouges, la gueule chaude; il est triste et mange avec peu de plaisir. Plus tard, si la maladie n'est pas emportée par les moyens curatifs, la matière morbifique prend son cours par les naseaux et en obstrue le passage, ou bien elle se jette sur les organes intérieurs. Dans le premier cas, le poil se dresse, la tête enfle, les yeux s'enflamment et commencent à se couvrir d'humeur et de chassie; une matière purulente découle des narines et l'haleine devient fétide; cet état est suivi de l'engourdissement de l'animal, de la perte totale de l'appétit; enfin la mort est inévitable, si la maladie arrive à son dernier période. Dans l'autre cas, c'est à dire quand l'humeur rentre, il en résulte l'inflammation de la poitrine et de l'estomac, et la paralysie des reins; le chien maigrit et meurt ordinairement dans de violentes convulsions, et si l'on arrête le progrès de la maladie et qu'on parvienne à sauver la vie du chien, il éprouve encore long-temps, souvent même pendant toute sa vie, une grande faiblesse de reins; il perd ordinairement la finesse de son odorat, et n'est par conséquent plus propre à la chasse.

D'autres fois, les chiens qui se rétablissent conservent un mouvement convulsif.

On a indiqué plusieurs sortes de traitemens. Nous allons les faire connaître, en commençant par celui qui est recommandé par M. Hartig dans son *Lehrbuch für Yager*.

L'auteur assure que ce traitement a sauvé un grand nombre de chiens, surtout quand on l'a employé avant que le mal eût fait de grands progrès, et, ce qui est très important, quand on a eu soin de tenir les animaux, pendant tout le temps du traitement, dans un local propre et d'une chaleur tempérée, et qu'on a évité de les exposer à un froid humide encore pendant un mois après la guérison.

Dès qu'on remarque les premiers symptômes de la maladie, il faut donner à l'animal un vomitif composé de 8 grains d'ellébore et de 8 grains d'ipécacuanha. On mêle cette poudre avec un peu de beurre frais; on en forme de quatre à six pilules, et on en donne une, toutes les demi-heures, jusqu'à ce qu'elles produisent un effet suffisant. Mais si le vomissement devient trop considérable, on l'arrête en faisant prendre quelques cuillerées d'huile de graine de lin (1).

Le jour suivant, et jusqu'à ce que le chien soit guéri, on lui donne trois fois par jour une forte cuillerée à café de racine de pimprenelle en poudre. Si quelques jours après on ne remarque pas d'amélioration, il faut lui appliquer un séton au cou. Pour cet effet, on lui passe sous la peau, dans une longueur de trois pouces, et au moyen d'une lardoire bien effilée, un cordon de 6 à 8 pouces de long, et de la grosseur d'un tuyau de plume, graissé d'huile d'olives, et saupoudré de poudre de cantharides, et à chacun des bouts de ce cordon, on attache un petit morceau de bois en travers. Chaque jour on nettoie le cordon de la matière purulente qui s'y attache, on le fait aller et venir plusieurs fois, et on le saupoudre chaque fois avec de la poudre de cantharides, jusqu'à ce que la suppuration soit établie.

Pendant le traitement, on donne au chien, qui ordinairement a peu d'appétit, une soupe grasse faite avec du bon bouillon et du pain blanc, ou bien une soupe mucilagineuse, ou, s'il le préfère, une soupe au lait, aussi avec du pain blanc, et on continue ce régime jusqu'à ce qu'il ait repris son appétit ordinaire. On peut aussi, d'après l'expérience du docteur Walz, médecin vétérinaire de la cour de Berlin, faire manger au chien du carnage d'une odeur forte, c'est à dire de la charogne.

M. Hartig recommande de faire une application ponctuelle de ce traitement, d'éviter qu'il y ait communication entre le chien malade et les autres chiens, et de bien nettoyer et purifier le local où est mort un chien attaqué de la maladie. Du reste, il est complétement démontré, par les expériences du docteur Walz, que cette maladie ne peut jamais dégénérer en hydrophobie.

Voici le traitement prescrit dans le *Traité des chiens de chasse*: dès les premiers symptômes de la maladie, on met le chien à part, et on se hâte de le faire vomir; on lui fait avaler dans du lait 2 grains d'émétique, plus ou moins, suivant son âge et sa force. On peut remplacer l'émétique par l'ipécacuanha en poudre à la dose de 10 grains; on en fait autant de boulettes avec du beurre; on les lui fait avaler de demi-heure en demi-heure, et l'on cesse dès que les vomissemens commencent. Si ces derniers sont abondans, ce remède est quelquefois suffisant. On a soin, lorsqu'ils ont cessé, de donner du lait à boire au malade. Au reste, quel que soit son

---

(1) Les doses ci-dessus prescrites, de même que celles qui le seront par la suite, sont calculées pour des chiens de moyenne grandeur, tels que le mâtin, le chien couchant, etc.; il faut, par conséquent, les augmenter ou les diminuer selon la force de l'animal. Par exemple, elles doivent être de moitié moins fortes pour un basset.

En général, il est préférable d'employer les poudres plutôt que le breuvage. On les mêle avec du beurre frais ou du miel, et on en forme des pilules, qu'on recouvre de miel pour en déguiser le goût.

On prend le chien par les jambes de devant, on lui ouvre la gueule avec la main gauche; on lui approche le médicament aussi près que possible du gosier, et on lui tient la tête élevée et la gueule fermée jusqu'à ce que, par un léger mouvement de la gorge, il ait avalé.

état après l'émétique, il est bien, pendant quelques jours, de lui administrer des lavemens émolliens, afin de le rafraîchir et d'empêcher la constipation. Si, après quelques jours de ce traitement, le mal ne cède pas, si l'humeur qui s'écoule par le nez est d'un jaune verdâtre, il faut passer un ou deux sétons au cou, et avoir soin, deux fois par jour, de frotter la bande avec un onguent suppuratif, et de la changer de place. Toutefois, il ne faut recourir au séton que lorsque le mal est rebelle au premier traitement. Pendant sa durée, on a soin de laver souvent les yeux et les naseaux avec une décoction de mauve, et d'injecter les derniers pour empêcher le pus d'y séjourner et de les ulcérer. On ne doit pas employer les emplâtres de poix, l'eau de Luce et du vinaigre, pour être reniflés par le chien dans le but de procurer des évacuations par le nez. Ces deux derniers surtout causent une plus grande irritation sur les membranes muqueuses du nez, et il est dangereux, pour les chiens de chasse, d'amener le siége de la maladie sur l'organe dont il est si essentiel de conserver la délicatesse.

Il faut, pendant le traitement, ménager la nourriture et la composer presque uniquement de bouillon et de lait. On peut donner pour boisson habituelle de l'eau d'orge miellée, que l'on tiendra toujours à portée du chien. Des vétérinaires traitent cette maladie en administrant, au chien qui en est affecté, de 2 à 10 grains de turbith minéral enveloppé dans du beurre, afin de produire un prompt vomissement. Ils complètent le traitement par le sirop de quinquina, dont ils font chaque jour, jusqu'à guérison, avaler au malade une ou deux cuillerées.

Lorsque la maladie s'annonce sous un caractère nerveux, et seulement dans ce cas, on peut faire avaler au malade trente gouttes d'éther mêlées avec un demi-setier de lait, et battus ensemble dans une bouteille qu'on bouche pour empêcher l'évaporation. Quelquefois ce remède opère un grand bien, et l'animal est guéri peu de temps après.

Comme il n'est pas rare, surtout lorsque le traitement a été commencé trop tard, de voir quelques infirmités persister après la maladie, telles que la perte de l'odorat, de la vue, une faiblesse dans les nerfs, des tics; c'est encore par l'éther sulfurique qu'il faut les combattre, en l'administrant à plusieurs reprises et à petite dose à la fois.

Quand le mal a cédé, et que la guérison est certaine, il faut purger le chien deux fois, à huit jours d'intervalle avec de la manne ou du sirop de nerprun.

De tous les traitemens, les antiphlogistiques joints aux sétons nous paraissent réussir le mieux.

Morsure de serpent. Il est bien rare que les chiens soient mordus par les serpens et autres animaux venimeux. Mais lorsque cela arrive, il faut, le plus promptement possible, cautériser la blessure avec la pierre infernale, et ensuite la mouiller souvent avec de l'alcali volatil; mais, pour que l'application de ces substances produise son effet, il faut qu'elle soit faite immédiatement sur le venin, et avant qu'il ait passé dans la masse du sang.

M. Hartig conseille, lorsqu'un chien est mordu par une bête venimeuse, de bien laver la plaie avec du vinaigre, d'y appliquer un emplâtre agglutinatif saupoudré de cantharides, de ne pas laisser fermer la plaie avant le neuvième jour, et de ne donner à l'animal, pour toute nourriture, que du lait caillé et un peu de pain blanc.

Ophthalmie. Cette affection s'annonce par la sensibilité de l'œil affecté, par l'enflure des paupières, la rougeur, un écoulement de larmes, et la diminution de l'œil qui paraît plus fermé que l'autre. Elle a ordinairement pour cause l'introduction dans l'œil de corps étrangers irritans.

Il faut combattre l'inflammation en couvrant l'œil de cataplasmes émolliens, et deux ou trois jours après y substituer de légers résolutifs, comme des lotions fréquentes d'eau et d'eau de vie. Si l'inflammation était trop vive, ou qu'elle fût la suite de coups sur cette partie, il serait bien d'appliquer deux sangsues auprès de l'œil, et ensuite les cataplasmes émolliens.

Quand l'ophthalmie est la suite d'une maladie, on la voit disparaître en guérissant la maladie principale.

Nez (mal au). (Voyez *Polype du nez.*)

Onglet. On appelle ainsi une pellicule mince qui assez souvent couvre les yeux des jeunes chiens qu'on a élevés dans un endroit trop frais, surtout pendant le temps que la mère les allaite. Cette peau ne couvre l'œil que lorsqu'elle est enflammée et tuméfiée. Il faut donc commencer par calmer l'inflammation au moyen de compresses d'eau de guimauve appliquées sur les yeux, et en mettant le chien à un régime rafraîchissant. Si, après plusieurs jours de traitement, l'onglet ne revient pas à son état naturel, on peut alors, mais pas auparavant, essayer de l'enlever.

Pour cet effet, on le soulève légèrement avec une pince à disséquer, et on le coupe avec des ciseaux fins le plus près possible des paupières. Après cette opération, on bassine les yeux avec une eau tonique, telle, par exemple, que de l'eau de rose ou de plantain, et on continue ce soin pendant plusieurs jours. S'il restait quelques débris d'onglet, on ferait bien, pour les faire disparaître, de souffler dans les yeux, soir et matin, à l'aide d'un tuyau de plume, de la poudre de sucre candi ou d'ardoise.

On emploie aussi un autre moyen. On prend une aiguille dans laquelle on passe un très petit fil de soie terminé par un nœud. On perce avec adresse la peau qui couvre l'œil, en la détachant fortement, et lorsque le fil est passé à la moitié de sa longueur, on le tire à soi, et avec des ciseaux fins, on coupe l'onglet tout le long des paupières. Si l'opération est faite adroitement, il n'en résulte aucun accident; mais elle est délicate et difficile. (Voyez *Taies sur les yeux.*)

Oreilles (maladies des). (Voyez *Chancre, Écoulement,* et *Hydropisie des oreilles.*)

Oreillons. (Voyez *Avives.*)

Paralysie. Dans la paralysie générale ou locale, provenant d'échauffement et de refroidissement, les bains chauds, deux fois par jour, procurent de très bons effets, qu'on augmente encore d'une manière remarquable, si on fait cuire dans l'eau du bain des fourmilières avec les fourmis. Outre les bains, on fait prendre au chien malade une médecine composée de vingt-cinq grains de rhubarbe et de dix grains de sel de Glauber. On tient le chien chaudement jusqu'à parfaite guérison. Si la paralysie affecte particulièrement quelques parties, ou seulement une seule, on la frotte plusieurs fois par jour, avec du savon ou avec de l'esprit de camphre.

PAROTIDES. (Voyez *Avives*.)

PAUPIÈRES (ulcération des). (*Voyez* ces mots.)

PEAU (*maladies de la*). On donne ce nom à une maladie qui s'annonce par une fièvre ardente ; la peau se colle sur tout le corps, au point qu'on peut à peine la pincer ; une humeur âcre se manifeste autour des yeux ; le chien continue à manger, et cependant maigrit et finit par périr si la maladie dure quelque temps. On fait prendre tous les matins à l'animal, à jeun, et à une heure de distance, deux petits verres de vin blanc dans lequel on fait infuser de l'oxide d'antimoine hydrosulfuré ou kermès minéral. La dose est une demi-once pour une bouteille de vin. Le soir, pendant quatre ou cinq jours seulement, on donne un lavement émollient. Pendant tout le temps de la maladie, on ne donnera au chien pour nourriture que des choses rafraîchissantes, et pour boisson que du petit-lait et de l'eau de son. On aura soin de mettre de la fleur de soufre dans tous ses alimens. Après la maladie, on purgera avec de la manne et du lait.

Plaies. Une plaie est une solution de continuité faite aux parties molles du corps, causée par quelque accident, par quelque blessure, ou par la corruption des humeurs. On en distingue de plusieurs sortes, suivant leur cause et leur état.

Plaie simple. C'est la division d'une partie quelconque par un instrument tranchant. Quand elle n'affecte pas un organe important, et qu'elle est superficielle et placée dans un endroit où le chien puisse atteindre et se lécher, il n'y a rien à faire ; l'animal se guérit de lui-même.

Dans le cas contraire, il faut raser le poil à l'entour, la laver avec précaution, avec de l'eau tiède ou de l'eau et du vin, puis rapprocher les bords de la plaie, et appliquer dessus un morceau de toile couverte de diachylon gommé, lequel a pour but de maintenir les bords réunis jusqu'à ce qu'ils soient repris ou cicatrisés. On doit avoir soin, pendant cette opération, de ne point irriter la plaie, et de la laisser le moins de temps possible en contact avec l'air et le froid.

Plaie qui suppure. La guérison ne s'opère pas toujours par le seul traitement que nous venons d'indiquer. Quelquefois l'irritation provenant, soit de la nature de la blessure elle-même, soit des corps étrangers qui s'y sont introduits, ou enfin du trop long contact avec l'air, produit une inflammation qui ne se termine que par la suppuration.

On reconnaîtra bientôt que le traitement ci-dessus indiqué est insuffisant, si l'on voit les bords de la plaie se gonfler, les parties environnantes se tuméfier, devenir douloureuses, et en même temps la chaleur augmenter dans cette partie. Il faut alors aider à la suppuration, de peur que la plaie ne se ferme à l'extérieur, avant que l'intérieur soit guéri, ce qui pourrait occasioner un dépôt. On applique donc sur la plaie un emplâtre d'onguent de la mer, que l'on fixe par un bandage ; et quand on juge que la plaie, qu'il faut panser tous les jours, a suffisamment suppuré, on supprime l'emplâtre, et on nettoie la plaie tous les jours en la lavant avec de l'eau acidulée par un peu de vinaigre, et la recouvrant ensuite de charpie ou de filasse sèche et humectée de vin et de sucre.

Si, pendant la suppuration, l'inflammation devenait trop vive, on appliquerait deux ou trois sangsues autour de la plaie, on mettrait le chien à une diète plus sévère, et on emploierait quelques cataplasmes émolliens. Si, au contraire, la plaie tendait à se cicatriser malgré l'onguent de la mer, il faudrait exciter l'inflammation en la touchant avec le nitrate d'argent (pierre infernale).

Si, après avoir suffisamment fait suppurer une plaie, elle avait de la peine à se cicatriser à l'aide de la charpie, il faudrait humecter celle-ci avec un mélange battu d'huile d'olives et de vin (baume du Samaritain), ou enfin avec un mélange d'eau de vie et de savon.

Plaie par suite de contusion. Une contusion est une lésion superficielle ou profonde, apparente ou non, qui affecte une partie du corps par suite d'un coup ou d'un choc quelconque. Elle est ou non accompagnée de plaie.

Si la contusion est légère, elle se résout ordinairement d'elle-même ; et si elle ne se termine pas ainsi, il faut hâter cette guérison par des lotions résolutives, comme l'application de compresses d'eau salée ou acidulée par le vinaigre ; si la contusion est telle qu'il y ait une inflammation vive, il faut alors employer les cataplasmes résolutifs, souvent même suivant les cas, la saignée ou les sangsues. Mais quand les contusions sans plaie ne se résolvent pas d'elles-mêmes, ou par l'application des lotions résolutives et des cataplasmes, et que l'inflammation, allant toujours croissant, annonce devoir amener la suppuration, il faut agir alors comme pour les abcès. (*Voyez* ce mot.)

Quelquefois le choc du corps qui a produit la contusion a fait plaie en même temps ; si ce corps est fragile, il faut commencer par visiter la plaie pour reconnaître s'il n'est pas resté dans les chairs quelques morceaux de ce corps, ce qui produirait une suppuration indéfinie, ou bien la plaie se fermerait et se rouvrirait alternativement jusqu'à l'entière expulsion des corps étrangers. On la panse ensuite comme nous l'avons dit pour les plaies qui suppurent.

Plaies d'armes à feu. La première chose à faire pour panser une blessure faite par une arme à feu est de s'assurer si les plombs ou les chevrotines sont sortis de la plaie. Dans le cas contraire, il faut employer tous les moyens propres à les extraire, à moins qu'ils ne soient placés de manière à pouvoir être facilement rejetés par la suppuration. Il faut ensuite, en débridant la plaie, donner issue aux

DICT. DES CHASSES. 40

fluides épanchés, parce qu'en y séjournant ils pourraient aggraver le mal en formant des dépôts.

On cherche alors à favoriser la suppuration, et l'on surveille le gonflement inflammatoire, afin d'opérer, si la plaie est profonde, les débridemens nécessaires pour favoriser la sortie du pus, et empêcher qu'il ne s'infiltre dans les lames du tissu, ou que, si la plaie avoisine les os, il ne séjourne assez long-temps pour les carier.

Toutes les blessures d'armes à feu ne sont pas guérissables, il faut même n'essayer de traiter que celles qui sont peu considérables : quant à celles qui ont pénétré dans le corps et brisé les os en esquilles, elles doivent être abandonnées ; leur guérison serait trop longue et trop dispendieuse, et souvent même impossible.

Plaies envenimées. Ce sont des plaies occasionées par la morsure d'une vipère, d'un chien enragé, par la piqûre d'une abeille, etc.

Aussitôt que l'on soupçonne qu'une plaie accidentelle est envenimée, il faut chercher à neutraliser le venin. L'emploi des caustiques est le meilleur moyen. Le cautère doit être préféré, à cause de la promptitude de ses effets ; à son défaut, on peut le remplacer par un morceau de fer rougi à blanc et introduit plusieurs fois au fond de chaque plaie. Bientôt une escarre noire couvre la plaie ; elle tombe au bout de quelques jours, et la suppuration succède. Si la blessure avait lieu sur une partie qui pût être retranchée sans inconvénient, il faudrait ne pas hésiter à en faire l'amputation.

Dans le cas où on ne pourrait employer ni le cautère ni un fer chaud, il faudrait faire usage du beurre d'antimoine liquide, ou appliquer sur chaque plaie le nitrate d'argent, ou, enfin, faire usage du caustique le plus actif qu'on pourra se procurer.

Si, malgré ces soins, la lividité de la plaie, un gonflement douloureux, la sanie qui en découle, l'abattement de l'animal et son état de malaise général, annonçaient les ravages du venin, il faudrait employer, à grande dose, à l'intérieur, ou le quinquina, ou le camphre, ou l'ammoniaque, pendant que, par des stimulans extérieurs appropriés à la nature de la plaie, on s'efforcerait de la rendre belle et de produire une bonne suppuration.

Au moindre soupçon que la plaie est le résultat de la morsure d'un chien enragé, il faut, indépendamment des précautions rigoureuses indiquées plus haut, attacher ou enfermer le chien, et le tenir ainsi jusqu'à ce que la maladie se soit déclarée, ou qu'il n'y ait plus aucun danger à craindre. Il faut joindre, dans ce cas, aux soins déjà indiqués, celui de frictionner le tour de chaque morsure, après qu'elle aura été cautérisée avec de la pommade mercurielle.

On remarquera que les symptômes, dans cette circonstance, ne doivent pas engager à négliger aucune précaution. Par exemple, dans le cas d'une morsure de vipère, des signes de douleur se manifestent promptement, et une enflure toujours croissante se développe autour de la blessure, tandis que celle faite par un chien enragé peut, pendant quelques jours, ne montrer que les caractères paisibles d'une plaie ordinaire qui suppure.

Quant à la piqûre des abeilles, il faut faire en sorte d'arracher l'aiguillon, et laver la piqûre avec de l'alcali volatil.

Dans tous ces pansemens, il faut préalablement avoir rasé le poil, afin de mettre chaque morsure ou piqûre bien à découvert ; et si le chien est supposé avoir été mordu par un chien enragé, il faut briser le rasoir dont on se sera servi.

Les autres plaies sont les *abcès*, la *décousure*, les *piqûres*, la *brûlure*. (*Voyez* ces mots.)

Piqûres. Une piqûre est une plaie étroite, plus ou moins profonde, faite par une pointe aiguë. Lorsque l'on chasse dans un fourré épais, il n'est pas rare que les chiens se piquent aux ronces et aux épines à quelques parties du corps.

Quand on s'aperçoit d'une piqûre, il faut couper le poil à l'entour, et s'assurer si l'épine est restée dedans. Dans ce cas, on doit se hâter de l'extirper, surtout si c'est au pied que le chien est blessé. Il ne faut pas craindre d'agrandir la plaie pour l'en tirer.

Aussitôt que l'épine est extraite, il faut faire saigner la plaie en la pinçant ; ensuite, on la lave plusieurs fois avec de l'eau de guimauve, puis du vin ou de l'eau mêlée d'un peu d'eau de vie. Il est assez ordinaire que la guérison s'ensuive.

Mais si on ne s'est pas aperçu de la piqûre, et que l'épine y soit restée, il en résulte inflammation et suppuration. Il faut toujours, aussitôt qu'on s'en aperçoit, s'efforcer d'extraire l'épine, en débridant la plaie le plus possible, et autant que le permet la partie lésée. Il faut de même débrider la plaie quand la piqûre est profonde, afin que le pus qui peut se former au fond ait un écoulement libre à l'extérieur. Enfin, lorsque la plaie suppure, on la traite comme nous l'avons dit en parlant des *plaies qui suppurent* (*voyez* ces mots) ; et si, par suite d'une piqûre mal soignée, il se formait un *abcès* ; on le traiterait comme on l'a dit à cet article.

Polypes. On voit assez souvent des polypes se développer sur la membrane muqueuse du vagin et sur celle de l'utérus. Ils augmentent sans qu'on s'en aperçoive, ressortent quelquefois par la vulve, ou signalent leur présence par le pus qui s'écoule de cette partie. Il faut tâcher de les atteindre, et les amputer d'un seul coup de bistouri, le plus près possible de leur base. On cautérisera ensuite avec le nitrate d'argent, en continuant cette application, jusqu'à ce que le polype cesse de végéter.

Polype du nez. Ce mal se traite en injectant une décoction de racine de tormentille dans laquelle on a mis une goutte d'esprit de sel ammoniac par cuillerée à bouche. Néanmoins, l'extirpation est ce que l'on a de mieux à faire.

POUMON. (Voyez *Inflammation du poumon*.)

Poux. Lorsqu'un jeune chien a des poux, on le lave deux fois par jour sur tout le corps avec du vinaigre dans lequel on a fait infuser pendant vingt-quatre heures des feuilles de tabac ou des feuilles de noyer. Au bout de huit jours, la vermine aura disparu.

Si le chien est adulte, les poux sont quelquefois la suite d'une maladie interne ; dans ce cas, il faut, pendant quelques jours, lui faire boire de l'eau d'orge miellée, le purger ensuite, et le laver de même avec du tabac infusé dans du vinaigre. Si les poux ne disparaissent pas, il faudra frictionner le chien avec la pommade mercurielle aux endroits où cette vermine se remarquera le plus.

Rage ou hydrophobie. Cette épouvantable maladie est quelquefois spontanée chez les chiens, et le plus souvent communiquée.

La première est celle qui se déclare chez un individu, sans qu'il ait été mordu. Elle peut se déclarer en tout temps; cependant elle se montre plus ordinairement dans les grandes chaleurs et dans les hivers rigoureux, lorsque les sources sont taries ou gelées. Elle reconnaît pour causes le manque de boisson et d'alimens, de grandes fatigues, une exposition prolongée à l'ardeur du soleil, enfin la colère excitée au dernier degré.

La marche de la rage spontanée est très rapide, elle fait succomber promptement l'animal. Lorsqu'elle se déclare, il n'y a aucun moyen de s'y opposer; mais il est assez facile de la prévenir par quelques précautions, qui consistent à donner constamment aux chiens, surtout pendant l'été et les grands froids, une nourriture saine, et à tenir toujours à leur portée de l'eau fraîche en abondance.

On croit que les chiennes en chaleur sont susceptibles de contracter ce mal affreux, si on refuse de les faire couvrir lorsqu'elles sont en amour; cependant il paraît certain que la maladie qui les attaque alors est plutôt la rage mue, qui ne se déclare que quinze jours après que cet état a cessé. Il est toutefois prudent de les observer alors, et de détruire cette disposition par un régime rafraîchissant et même par la saignée.

On croit aussi que les petits chiens qui s'approchent d'une chienne de haute taille en chaleur, et qui, ne pouvant s'acoupler, s'excitent réciproquement, s'irritent et s'échauffent sans pouvoir se satisfaire, peuvent, surtout s'ils sont privés d'eau, contracter la rage.

La rage communiquée est la suite de la morsure d'un animal infecté de ce mal, et de la bave qui découle de sa gueule, et s'introduit dans la plaie. Cette rage se manifeste ordinairement le neuvième jour, mais quelquefois plus tard; cependant, après quarante jours, il y a peu d'exemples de son invasion.

Voici les symptômes de la rage : dans le début, l'animal est triste, abattu; il recherche l'obscurité et la solitude; il éprouve de temps en temps des soubresauts dans tous les membres; il aboie peu, mais grogne souvent et sans cause apparente; il refuse de boire et de manger; il connaît encore son maître et vient à sa voix, mais sa démarche est chancelante.

Deux ou trois jours après, la maladie est devenue plus intense; le chien fuit la maison de son maître; il erre de tous côtés; tantôt il marche d'un pas lent, tantôt il précipite sa course; son poil est hérissé, son œil est hagard, fixe et brillant; sa tête est basse, sa gueule ouverte, sa langue pendante et couverte d'une bave écumeuse; la queue est serrée entre les jambes. Il n'aboie plus; sa démarche est de plus en plus chancelante; de temps en temps il tombe en proie à des accès convulsifs; l'aspect de l'eau et des corps polis augmente encore ces accès; par intervalles irréguliers, il se montre furieux, il se jette sur tout ce qui se trouve sur son passage, et mord même son maître; enfin, après environ trente-six heures passées dans cet état, il succombe dans des convulsions.

Telle est la marche de cette maladie; on en connaît assez les affreux ravages pour qu'on ne doive pas hésiter à tuer le chien, autant dans un intérêt personnel que par le motif de la sécurité publique, et ce serait même se rendre coupable envers la société que de différer de prendre ce parti, en se fondant sur les précautions qu'on pourrait employer pour empêcher l'animal de s'échapper; car, s'il parvient à prendre la fuite, combien de malheurs n'aura-t-on pas à se reprocher !

Quand un chien est mordu par un autre individu enragé, il faut, à l'instant même, prendre les précautions que nous avons indiquées pour les *plaies envenimées* (*voyez* ce mot), et tenir le chien enfermé pendant cinquante jours, afin que, si quelque coup de dent avait échappé à la cautérisation, il fût hors d'état de faire du mal quand la rage se déclarerait. On lui donne, pendant ce temps, une nourriture saine et de l'eau en abondance. Mais aussitôt qu'il n'y a plus de doute sur l'invasion de l'hydrophobie, il faut lui tirer un coup de fusil.

On avait autrefois l'habitude d'éverrer les chiens, dans la vue de les garantir de la rage. Mais le prétendu ver que l'on extirpait sous la langue, n'étant qu'un nerf utile à ces animaux pour plier l'extrémité de cette partie lorsqu'ils veulent boire, on ne pratique plus cette opération. (Voyez *Everration.*)

On ne peut trop répéter, dans l'intérêt des personnes qui ont le malheur d'être mordues par un chien enragé, que le seul moyen préservatif est la cautérisation faite dans l'instant même, ou, au plus tard, dans les vingt-quatre heures. Cette cautérisation se fait avec les caustiques, ou mieux encore avec un fer chauffé à blanc, après avoir bien lavé la plaie et l'avoir fait saigner le plus possible. On ne peut trop prendre de précautions, lors même qu'on n'aurait pas reconnu dans l'animal tous les symptômes de la rage; il suffit d'avoir été mordu par un chien que l'on n'a pas provoqué, pour avoir un juste motif de recourir au chirurgien. Il est bon encore, dans ce cas, de ne pas tuer l'animal soupçonné, mais de l'enfermer et de l'observer, afin que, si son état ne laissait plus de doute, on pût traiter d'avance la personne mordue, et que, dans le cas contraire, la personne pût se tranquilliser.

On doit prendre toutes les précautions possibles pour n'être pas mordu, lorsqu'on enferme ou qu'on attache un chien suspect. Le plus sûr moyen, lorsqu'on veut l'enchaîner, est d'avoir des bottes fortes, des gants de peau épaisse et un ample manteau.

Rétentions d'urine. On remarque qu'un chien peut avoir une rétention d'urine quand il lève souvent la cuisse pour pisser, et qu'après quelques instans d'efforts il n'a pu satisfaire ce besoin. On lui donne, de deux heures en deux heures, une poudre composée de 2 grains de camphre et de 10 grains de sel de nitre, ou bien on met du sel de nitre dans sa boisson ou dans du lait, jusqu'à ce que le mal soit passé. On peut aussi lui faire prendre, chaque matin, pendant deux ou trois jours, un verre de vin blanc dans lequel on aura fait bouillir la moitié ou le quart d'une rave noire coupée par morceaux et une poignée de feuilles d'asperges.

Roux-vieux ou *rogne.* On appelle ainsi une espèce de gale qui attaque particulièrement les chiens dans leur vieillesse, et qui leur donne un aspect dégoûtant. Le poil commence par se salir; bientôt il tombe par places à la naissance des oreilles, sur la croupe et sur les flancs, et laisse voir une peau rugueuse sur laquelle il s'établit une suppuration qui se dessèche et se détache par petites écailles blanches. L'animal engraisse, devient lourd, pesant, sa vue s'affaiblit de jour en jour, et il meurt après trois ou quatre mois de souffrances.

Cette maladie paraît incurable chez les vieux chiens, mais chez les jeunes on peut employer le premier traitement que nous avons indiqué pour la *gale.* Si on ne réussit pas, on pourra en venir à bout par des frictions d'onguent mercuriel, ayant soin de commencer ce traitement par une saignée et d'employer l'onguent avec précaution et à petite dose.

Cette maladie paraît contagieuse, et il est prudent de tenir à part le chien qui en est attaqué.

Scorbut. Cette maladie affecte quelquefois les chiens, et plus particulièrement ceux qui ne font point ou que peu d'exercice. On reconnaît sa présence aux symptômes suivans: les gencives sont noires, les dents déchaussées, vacillantes et jaunâtres; elles tombent peu à peu; l'animal s'affaiblit, devient paresseux, il maigrit et succombe, si l'on n'y porte remède. Tous les antiscorbutiques employés dans la médecine humaine peuvent être mis en usage.

Sole. Lorsqu'on chasse dans un pays où il y a beaucoup de pierres et de graviers, ou par un temps de gelée qui a durci la terre, les chiens se dessolent, c'est à dire qu'ils s'enlèvent la peau de dessous les pieds. Pour les guérir, on fait un restrinctif composé de blancs d'œufs, de suie de cheminée, de vinaigre et de sel; on y trempe deux fois par jour les pieds écorchés, jusqu'à ce que la peau soit revenue. Quand un chien est dessolé jusqu'au vif, il lui faut au moins quinze jours pour se guérir; si on le mène avant que la peau soit dans son état naturel, il se dessole de nouveau, et pour lors sa guérison est plus longue et plus difficile.

Un chien est quelquefois dessolé sans que la première peau soit enlevée, elle n'est que boursouflée; lorsqu'on s'en aperçoit, il faut, avant d'appliquer aucun remède, couper ou arracher la peau boursouflée, autrement elle ne reprendrait pas; lorsque cette peau est ôtée, on traite le chien avec le restrinctif.

Taies sur les yeux. C'est une pellicule ou tache blanchâtre qui se forme sur la cornée transparente de l'œil. On a conseillé, pour ce mal, beaucoup de remèdes, dont le meilleur, quoique son effet ne soit pas encore certain, est de souffler dans les yeux du chien, avec un tuyau de plume, de la poudre fine de sucre candi, à laquelle on mêle une petite quantité d'alun pulvérisé.

Toux. Si la toux vient de la poitrine, on fait une forte décoction de graine de lin, qu'on laisse réduire jusqu'à consistance de gelée, et dont on fait prendre une cuillerée à bouche soir et matin. Mais si la toux vient de l'estomac, on donne au chien un vomitif composé d'ellébore et d'ipécacuanha; et, toutes les deux heures, on lui verse dans la gueule une cuillerée de vinaigre et de miel. (Voyez *Inflammation du poumon.*)

Tranchées. (Voyez *Coliques.*)

Ulcération des paupières. On voit quelquefois les cartilages des paupières s'ulcérer. Cette affection, fort difficile à guérir, exige le plus souvent l'amputation, par le bistouri, de la partie ulcérée; et quelquefois, malgré cette précaution, l'ulcération attaque de nouveau les parties conservées, et devient incurable. (Voyez *Ophthalmie.*)

CHILLER. En fauconnerie, *chiller l'épervier,* c'est lui coudre les paupières du côté du bec pour qu'il ne puisse voir que par derrière.

CHIPEAU. C'est le ridenne. (*Voyez ce mot.*)

CHIRAGRE. Maladie qui vient aux mains des oiseaux, où il se fait quelque amas de mauvaise humeur.

En fauconnerie, on regarde cette maladie comme la goutte.

Ventre [inflammation du bas-ventre]. (Voyez *Inflammation du péritoine.*)

Vers. Les chiens qui sont tourmentés par les vers ont des vertiges; ils se mordent sous le ventre, se traînent sur le derrière, et quelquefois ils ont des convulsions.

On distingue deux sortes de vers: les *vers ronds* et les *vers aplatis.*

Cette dernière espèce, qu'on appelle aussi le ver à ruban, le *ténia* et vulgairement le *ver solitaire*, est beaucoup plus rare que l'autre espèce de ver. Cependant il y a des pays, tels que la Suisse, l'Allemagne et l'Alsace, où les chiens ont très fréquemment le ver solitaire. Ce ver sort par lambeaux de l'anus de l'animal, qui, au surplus, ne paraît pas en souffrir beaucoup, car il ne perd pas l'appétit et n'éprouve aucun dérangement. On prétend qu'il y a peu de remèdes sûrs contre ce ver, et qu'il vaudrait mieux abandonner la cure à la nature que d'en essayer. Voici, au surplus, le traitement qu'indique M. Hartig. On fait bouillir 1 drachme de séné dans 4 onces d'eau, on passe, et on ajoute 1 drachme d'aloès succotrin en poudre et une demi-once de casse. On donne de cette composition une cuillerée à bouche, chaque matin, jusqu'à ce que les fortes évacuations aient emporté le ver par morceaux.

Quant aux autres sortes de vers et aux vers filamenteux, le traitement consiste à faire prendre, tous les matins, au chien qui en est tourmenté, 1 drachme de *semen-contra* ou *sermentine* avec du lait, et par semaine, une médecine composée de 25 grains de rhubarbe et de 10 grains de sel de Glauber, mêlés avec un peu de pâte de prunes. On emploie encore avec succès toutes les substances amères. Ainsi, l'absinthe et l'ail, bouillis ensemble dans un demi-setier d'eau, jusqu'à réduction à un verre, sont un très bon remède. Il en est de même de la camomille et du quinquina. Pendant le traitement, la viande crue est la nourriture la plus convenable.

CLABAUD. Chien courant qui crie mal à propos. On appelle aussi *chiens clabauds* ceux dont les oreilles passent le nez de beaucoup. On prétend que les chiens clabauds sont moins vigoureux, toutes choses égales d'ailleurs, que les autres chiens courans.

CLABAUDAGE. Le bruit que font plusieurs chiens qui clabaudent; on dit: *le clabaudage des chiens dans un chenil.*

CLABAUDER. Aboyer fréquemment. Ce mot ne se dit, au propre, que d'un chien de chasse qui aboie ordinairement sans être sur les voies de la bête.

CLABAUDEUR. C'est la même chose que clabaud.

CLAIRIÈRES. Espaces vides et dégarnis de bois dans une forêt.

CLAPIER. C'est un endroit destiné à élever et nourrir des lapins. Le *clapier* doit être dans une cour ou dans un jardin environné de bonnes murailles. Le *clapier* sert à peupler une garenne; on y place quelques loges pour servir de retraite aux lapins. Il suffit d'un mâle pour vingt femelles. On les nourrit l'été avec de l'herbe et du foin, et l'hiver avec du son. Quand les petits peuvent se passer de leur mère, on les met dans la garenne.

On appelle *lapins de clapier* ou simplement *clapiers* les lapins élevés dans cette sorte d'endroit. (Voyez *Lapins*.)

CLAPIR. Se clapir, se blottir, se tapir, se coucher dans un trou. Ce mot se dit particulièrement des lapins.

CLATIR. Ce mot exprime le cri du chien lorsque cet animal le redouble, et semble avertir le chasseur que le gibier qu'il presse à la piste n'est pas éloigné.

CLAVEAU. Maladie du chevreuil.

CLÉS. (Fauconnerie). Ce sont les ongles des doigts de derrière de la main d'un oiseau de proie.

CLÉS DE MEUTE. Ce sont les meilleurs chiens et les plus sûrs de la meute.

CLERAGRE. (Fauconnerie). Espèce de goutte qui vient aux ailes des oiseaux de proie.

CLUSE. (Terme de fauconnerie.) C'est le cri que le fauconnier fait entendre aux chiens lorsque l'oiseau a remis la perdrix dans le buisson; ainsi, *cluser la perdrix*, c'est exciter les chiens à la faire sortir du buisson où elle s'est remise.

CIGOGNE, *ardea ciconia*, Lath. Oiseau de l'ordre des échassiers et du genre du héron.

Il y a deux espèces de cigognes, la blanche et la noire.

Description. La *cigogne blanche* (Pl. 17, fig. 1re), plus grosse que la *noire*, a aussi plus de longueur; elle a 3 pieds et demi de la pointe du bec à l'extrémité de la queue, et jusqu'à celle des ongles, 4 pieds. Le bec, long de 7 pouces, est droit, pointu et rouge; la peau qui entoure les yeux est d'un noir rougeâtre; les jambes, dont la hauteur est de 9 pouces, et les pieds, sont rouges. Tout le reste de l'oiseau est blanc, à l'exception des plumes scapulaires, des grandes couvertures et des trente pennes des ailes, qui sont noirâtres.

Le seul bruit que la cigogne fasse entendre est une espèce de claquement sec et réitéré, qu'elle produit en agitant les deux mandibules de son bec l'une contre l'autre.

La *cigogne blanche* est d'un naturel assez doux, point défiante, point sauvage, s'apprivoisant assez bien et vivant dans nos jardins. On vante sa fidélité conjugale, sa tendresse pour ses petits, et la reconnaissance de ceux-ci.

Habitation. Les cigognes se plaisent dans les pays de plaines où il y a des lacs, des étangs, des rivières, etc.; il paraît qu'elles n'habitent point l'Angleterre, et qu'elles sont présentement rares en Italie; on en voit beaucoup en Hollande, en Allemagne, en Suisse, en Alsace et en Lorraine; elles se rencontrent assez rarement, et seulement par hasard, dans les autres parties du royaume. On en voit dans les contrées du nord, en Suède, en Russie et en Sibérie. L'Égypte et la Barbarie paraissent être les pays où elles se retirent, car à l'automne et pendant l'hiver les plaines de ces contrées en sont couvertes.

Migration. La saison du départ est vers la fin d'août; elles se rassemblent dans une plaine quelque temps auparavant, et cela une fois par jour; et, lorsque l'assemblée est complète, elles claquettent fréquemment. Le signal du départ donné, elles s'élèvent toutes ensemble, et en peu de temps se perdent au haut des airs; ce départ est d'autant plus difficile à observer, qu'il se fait en silence et souvent dans la nuit.

Ces oiseaux reviennent en Alsace dès la fin de février, paraissent en Suisse au mois de mars, arrivent en Allemagne dans les premiers jours de mai, et partout leur apparition annonce le printemps.

Ils reviennent constamment aux mêmes lieux, et si leur nid est détruit, ils s'occupent de le reconstruire avec des brins de bois, des joncs et d'autres herbes de marais, qu'ils entassent en grande quantité; ils le posent ordinairement sur les combles élevés, sur les créneaux des tours, et quelquefois sur les arbres qui sont au bord des eaux, dans les forêts ou dans les champs, ou enfin à la pointe d'un rocher escarpé ou sur le sommet d'une cheminée. En France on plaçait autrefois des roues au haut des toits pour les engager à y nicher; cet usage subsiste encore en quelques lieux; en Hollande, l'on dispose pour cela des caisses au faîte des édifices.

Propagation. La ponte est de quatre ou cinq œufs, d'un blanc sale et jaunâtre, un peu moins gros, mais plus allongés que ceux de l'oie. Ils les couvent pendant trois semaines; le père et la mère nourrissent leur petits avec grand soin, jusqu'à ce qu'ils soient en état de voler.

Nourriture. Les cigognes se nourrissent de jeunes oiseaux, de souris, de grenouilles, de poissons, de lézards, de serpens et autres reptiles, de vers et de toutes sortes d'insectes.

Qualités utiles ou nuisibles. Les services qu'elles rendent à l'homme, en purgeant les pays qu'elles habitent d'animaux nuisibles ou dangereux, les font respecter partout. Les Hollandais les protègent, les Vaudois ont une sorte de vénération pour elles; les Orientaux les regardent comme des oiseaux sacrés. En Thessalie, il y eut peine de mort contre ceux qui tuaient des cigognes, tant elles étaient précieuses au pays, qu'elles purgeaient de serpens. Les Maures défendent d'en tuer, parce qu'ils croient qu'à la prière de Mahomet, Dieu a transformé en cigognes une troupe d'Arabes qui volaient les pélerins de la Mecque; aussi la vallée de Moukasem semble être le réduit de toutes les cigognes de la Barbarie, et il y en a plus que d'habitans, dit Saint-Olon (*Relation de l'empire de Maroc*). Enfin les Romains les regardaient comme des oiseaux de bon augure, et on n'en mangeait pas chez eux sans s'exposer aux railleries du peuple.

L'accueil que l'on a fait partout et que l'on fait encore aux cigognes est justifié par leur utilité; cependant, observe M. Hartig, elles font du tort aux étangs peuplés de petits poissons, notamment quand les eaux sont basses; on prétend aussi qu'elles emportent de jeunes levreaux tout entiers pour la pâture de leurs petits; enfin on les accuse, lorsqu'elles font leurs nids, d'enlever dans les blanchisseries les dentelles et autres linges fins et blancs qu'elles trouvent pour en tapisser leurs nids.

Ennemis des cigognes. Ce sont les chats sauvages, les martes, les putois, les belettes et les gros oiseaux de proie.

Chasse. On doit d'autant moins faire la chasse aux cigognes, qu'outre qu'elles rendent de grands services, elles n'offrent au chasseur aucun avantage puisque leur chair n'est pas bonne à manger.

La *cigogne noire* (*ardea nigra*, Lath.) est un peu plus petite que la blanche; elle a 3 pieds de long; sa tête, son cou et la partie supérieure de son corps sont d'un brun changeant en violet et en vert doré, mais le dessous du corps est blanc. Elle est beaucoup plus rare que l'autre, et on ne la voit jamais se nicher dans les lieux habités. Elle aime le bord des lacs, des étangs, des marais et des rivières qui se trouvent dans les forêts. Le pays qu'elle fréquente le plus est la Suisse; on en voit en Lorraine, où elle ne fait que passer, au moment de sa migration.

Elle se nourrit comme la précédente. Elle place son nid sur les arbres élevés des forêts, y dépose de deux à quatre œufs d'un blanc sale, qu'elle couve pendant trois semaines. Ses petits sont gris la première année, et ce n'est que vers la troisième qu'ils prennent les couleurs que nous venons de décrire. Elle a pour ennemis les mêmes animaux que la cigogne blanche, et rend les mêmes services. Sa chair est également d'un mauvais goût.

CIGNE. (Voyez *Cygne*.)

CIMIER. C'est la croupe du cerf, du daim et du chevreuil. C'est du cimier que l'on lève les filets que l'on présente au maître de l'équipage. (Voyez *Cerf*.)

CINCLUS. Par cette dénomination latine, divers ornithologistes ont désigné différentes espèces d'oiseaux, telles que la *bécassine*, la *rousserolle*, l'*alouette de mer*, le *merle d'eau*, etc. (Voyez *Alouette de mer*.)

CINI, *fringilla serinus*, Lath. Petit oiseau dont le plumage a beaucoup d'analogie avec celui du serin qu'on appelle *serin gris*, mais dont la taille est inférieure. Ce *serin vert de Provence* se plaît avec le chardonneret. Il fait son nid sur les osiers; il est commun aux environs de Marseille et dans nos provinces méridionales jusqu'en Bourgogne. Les Italiens l'appellent *serin* ou *scarzerin*, et les Catalans *canari de montagne.*

CIRE. Les ornithologistes ont appelé *cera* en latin moderne la membrane épaisse et charnue qui couvre la base du bec de plusieurs oiseaux, et particulièrement des oiseaux de proie; les méthodistes français se sont approprié cette expression, qu'ils ont traduite par *cire.*

CIRCAETE, oiseau du genre *faucon*, qui est aussi connu sous le nom de *Jean-le-blanc*. (Voyez ce nom.)

CIVIÈRE. Nom vulgaire du bouvreuil.

CHOQUART, *corvus pyrrocorax*, Lath. Oiseau de l'ordre des *pies* et du genre *corbeau*, qui habite, par grandes bandes, le sommet des montagnes, qui se nourrit principalement de graines, dont la chair est un manger médiocre. Il a à peu près la grosseur du *choucas*, et 15 pouces de longueur. Son bec est assez court, aplati, convexe, courbé, très sensiblement arqué, et de couleur jaune. Tout son corps est couvert de plumes noirâtres; ses ongles sont noirs; et ses ailes, lorsqu'elles sont pliées, s'étendent presqu'aux trois quarts de la longueur de sa queue.

CHOPPARD. Nom qu'on donne au bouvreuil en Picardie.

CHOUC, *corvus monedula var.*, Lath. Oiseau de l'ordre des *pies* et du genre *corbeau*, dont on avait fait une variété des *choucas*, mais qui, d'après Brisson et Montbelliard, forme une race distincte.

Cet oiseau est moins commun que le *choucas*; il est d'une taille un peu inférieure; il a 12 pouces et demi de longueur, le plumage d'un noir brillant, à reflets verts et violets sur les parties supérieures, et sans éclat sur les inférieures. Il a sur chaque côté de la tête un croissant d'un noir très foncé, les yeux entourés de petits poils blancs, la prunelle noire, l'iris bleuâtre, et le bec, les pieds et les ongles, noirs. La femelle diffère par des reflets moins brillans et peu apparens.

On trouve cette espèce dans diverses parties de la France, à Tours, à Bordeaux, etc.

CHOUART. Dénomination vulgaire de l'*effraie* dans le Vendômois.

CHOUCAS. Oiseau du genre *corbeau*. (Voyez ce mot.)

CHOUCHETTE. C'est le *choucas.*

CHOUE. Augmentatif de *chouette*, qui est, en Bourgogne, le nom de la *hulotte*. (Voyez ce mot.) En Lorraine, le mot *choue* est la dénomination générique des oiseaux de nuit. On distingue, en Bourgogne, la *hulotte* par la désignation de *choue cornerotte*.

CHOUETTE ou **GRANDE CHEVÊCHE**, *strix ulula*, Lath. Oiseau du genre *chat-huant*, et de l'ordre *des oiseaux de proie*. Cette chouette s'appelle aussi *grande chouette brune, chouette des rochers, chevêche grimaut, machette, chouette hurleuse*.

Description. Cette chouette (*Pl.* 9, *fig.* 6) est à peu près de la grosseur du *chat-huant*; elle a de 12 à 13 pouces de long, y compris la queue, qui en a 4; le bec d'un pouce de long, et noir; l'iris jaune; les pieds de près de 2 pouces de haut, et couverts de plumes jusqu'aux doigts; les ongles noirs; la tête, le cou, la poitrine, les flancs et le ventre d'une couleur blanchâtre tirant sur le roux et nuancée faiblement de brun; des taches longitudinales et brunes sur chaque plume; la partie inférieure du dos, le croupion et les couvertures supérieures de la queue, d'un roussâtre mélangé de brun; les pennes des ailes rousses, et celles de la queue d'un blanc roussâtre, toutes ayant des raies transversales brunes; les plumes qui entourent les yeux forment un cercle noirâtre; ensuite elles sont d'un blanc sale mêlé de roussâtre et de brun foncé.

La femelle diffère par des couleurs plus ternes et des taches moins larges; le duvet des jeunes est d'un blanchâtre gris mêlé de brun.

Cet oiseau, au printemps, fait entendre jour et nuit la syllabe *gout*, prononcée d'un ton assez doux, et quand il doit pleuvoir, il change de cri, et semble dire *gohon*.

Habitation. On trouve cette espèce de chouette dans toute l'Europe; elle s'approche peu des habitations, se tient plus volontiers dans les rochers, les carrières abandonnées, les vieux châteaux isolés, préfère les pays de montagnes et cherche les lieux les plus solitaires; mais elle fréquente peu les bois, si ce n'est ceux où il y a des rochers; on ne la trouve pas dans les arbres creux.

Nourriture. La chouette se nourrit principalement de souris, de mulots et d'insectes; elle fait aussi la guerre aux petits oiseaux.

Propagation. Elle dépose ses œufs à nu dans des trous de rochers ou de vieilles murailles; ils sont au nombre de deux à trois, et quelquefois quatre, totalement blancs et ronds, gros comme ceux du pigeon ramier. Elle les couve pendant seize jours.

Utilité. Cet oiseau, comme tous ceux du même genre, est utile à l'agriculture par la grande quantité de souris et de mulots qu'il détruit.

Chasse aux petits oiseaux avec la chouette. Nous parlons, à l'article de la *pipée*, de l'antipathie des oiseaux contre la chouette. C'est cette antipathie qui leur fait jeter des cris multipliés, à l'approche de cet oiseau; cris qui rassemblent tous les oisillons d'un même canton.

Pour se servir d'une chouette à la chasse, on l'habitue à se tenir à terre sur un sanglot, où on l'attache au moyen d'une petite chaîne qui la tient par les pattes.

On chasse avec la chouette au printemps et en automne, le matin au crépuscule du jour, et le soir un peu avant le coucher du soleil. Les lieux les plus favorables sont les lisières des bois.

Lorsqu'on est arrivé sur le terrain, on place la chouette sur son sanglot et on pique, à l'entour, des plians de différentes hauteurs, que l'on garnit de gluaux, dont le gros bout, taillé en coin, entre dans les entailles faites aux plians.

Le chasseur se cache sur le bord du bois ou dans une cabane portative; et de là, au moyen d'une ficelle qui se prolonge jusqu'au sanglot sur lequel se trouve la chouette, il la force à sautiller. Il peut également frouer avec les appeaux destinés à cet usage. (*Voyez Appeau*.) Aussitôt que les oiseaux aperçoivent la chouette, ils viennent en foule, et ne trouvant que les gluaux pour se poser, ils s'y font prendre.

On prend à cette chasse, qui exige peu d'apprêts, les mêmes oiseaux qu'à la pipée, mais en moins grand nombre.

Chouette des clochers. (*Voyez Effraie*.)

Chouette (petite). (*Voyez Chevêche*.)

Chouette de Sologne, *strix soloniensis*, Lath. Cette chouette, de 15 à 18 pouces de long, a la face blanche, la collerette et le sommet de la tête variés de taches blanches et de roussâtres, le dessus du corps d'un brun noirâtre nuancé de fauve; le dessous des ailes et de la queue blanchâtre; le bec court et noirâtre, et les ongles de même couleur.

On trouve cet oiseau nocturne dans diverses contrées de l'intérieur de la France.

CHOU-PILE. Nom que l'on donne à un mauvais chien d'arrêt.

CHUE. Nom que les Savoyards donnent au *choucas* (*Voyez* ce mot.)

COCHER. Se dit de la jonction de tous les oiseaux mâles avec leurs femelles pour féconder leurs œufs.

COCHEVIS, ou *alouette huppée, grosse alouette huppée, alouette de Brie, alouette des chemins* (*alauda cristata*), Lath., Pl. 13, *fig.* 8). Le nom de cochevis, abrégé de coq-visage, lui vient de sa huppe qui lui donne un trait de ressemblance avec un petit coq.

Description. Cet oiseau a 6 pouces 9 lignes de longueur totale, plus de grosseur que l'alouette commune, le bec plus long, les ailes et la queue plus courtes, le dessus du corps d'un gris foncé avec une bordure d'une teinte plus claire, une bande d'un gris roussâtre sur les côtés de la tête, le dessous du corps d'un blanc obscur légèrement teint de roussâtre, et des taches brunes éparses sur le bas du cou et sur les flancs, la queue noirâtre et les deux pennes du milieu de couleur roussâtre, l'iris cendré, le bec brun en dessus et blanchâtre en dessous, les pieds et les ongles d'un gris blanchâtre. Le mâle a la tête plus grosse, la huppe plus haute, le bec plus fort, et la poitrine plus noire que la femelle. Le cochevis a un chant très agréable. On le voit rarement perché sur les arbres et les buissons; il ne vole point en troupe, s'élève moins que l'alouette commune, et, si on le chasse, il ne tarde pas à se poser.

Habitation. Il fréquente les champs, les prairies, les crêtes des sillons dans les terres, et la lisière des bois. On le trouve, pendant l'hiver, au bord des eaux, sur les routes, et quelquefois sur les fumiers dans les villages. Peu farouche, il chante à l'approche de l'homme.

Nourriture. Elle se compose d'insectes, de petites semences d'avoine et d'autres grains.

Propagation. Comme pour l'alouette commune.

Qualités. Sa chair est délicate et d'un bon goût.

Chasse du cochevis. La meilleure saison pour prendre des cochevis est l'automne, époque où ils sont plus en chair. On se sert, pour cette petite chasse, de collets et filets. (Voy. *Alouette.*)

En Béarn, on fait usage du *filet à nappe*. On choisit un endroit où les cochevis passent le plus fréquemment, et de préférence un terrain couvert de fougère ; on y laboure, à petits sillons, l'espace que doit envelopper le filet. Le chasseur, caché dans une loge de branchages, appelle le cochevis avec un petit sifflet de fer-blanc, qui imite parfaitement son ramage. On pose en outre, sur le terrain, trois ou quatre cages, dans chacune desquelles sont deux ou trois *appelans*, indépendamment d'un autre attaché au milieu de l'emplacement du filet, à l'extrémité d'une petite baguette d'environ un pied et demi de haut. Le chasseur fait voltiger ce perchant, en tirant de sa loge une ficelle qui répond à la baguette. Les cochevis, attirés d'abord par le sifflet, sont ensuite déterminés par le chant des oiseaux de leur espèce, et bientôt le filet se renverse sur eux.

Selon Frisch, les cochevis suivent l'appeau, ce que ne font pas les alouettes communes.

COIFFÉ. Un chien est bien coiffé lorsqu'il a les oreilles longues et pendantes ; ce qu'on estimait beaucoup plus autrefois qu'aujourd'hui.

COIFFER. Les chiens coiffent l'animal quand ils le prennent par les oreilles et l'entraînent à terre ; ce terme est plus usité pour le sanglier que pour le cerf. Les dogues ou mâtins coiffent un loup ou un sanglier. Les grands lévriers d'Espagne sont très adroits pour coiffer les sangliers.

COFFRE. En vénerie, le coffre du cerf, du daim et du chevreuil est la carcasse ou ce qui reste de ces animaux après que les principales parties ont été levées. On le donne à manger aux chiens.

COIN. (Fauconnerie.) Se dit des plumes qui forment les côtés de la queue de l'oiseau ; il y a les *deux premières*, *les deux secondes*, etc., de chaque coin ; les deux pennes intermédiaires prennent le nom de *couvertes*.

COLIQUES. Maladie qui affecte quelquefois les chiens, et qui leur cause de vives douleurs. (Voyez le mot *Chien*.)

COLLÉ à *la voie*. On dit qu'un chien est collé à la voie quand il ne s'écarte point de la voie ou de la piste de l'animal. Cela se dit aussi du limier qui suit très juste.

COLLET, en latin *laqueus*. On comprend sous la dénomination générale de *collets* toutes les espèces de lacs que l'on emploie pour prendre des oiseaux et quelques quadrupèdes. Ces pièges procurent à ceux qui s'occupent de les tendre d'assez bons produits.

La plupart des collets se font avec des crins de cheval, dont le nombre varie suivant la force du gibier. On emploie quatre brins pour les collets destinés à prendre des bécasses et autres oiseaux de cette grosseur, et trois pour les collets à grives. Les crins doivent avoir de 22 à 25 pouces de long ; on les noue dans le milieu, on saisit le nœud avec la main droite, et après avoir placé les crins entre le pouce et l'index de la main gauche, on les tord avec le pouce et le grand doigt de la main droite en les tenant suspendus en l'air ; lorsqu'ils sont tordus, on arrête les extrémités par un double nœud, on passe ce double nœud dans l'œillet qu'on a ménagé au dessus du nœud simple qu'on a fait dans le milieu. Mais ordinairement, lorsque les crins sont tordus, on les tient droit jusqu'au moment de s'en servir, pour qu'ils ne perdent pas leur élasticité.

On fait aussi des collets en fil de chanvre, en fil de laiton et en fil de fer pour les lièvres, les lapins, les belettes et les grands oiseaux. Dans ceux qui sont en fil de chanvre, l'œillet est remplacé par un anneau pour que le fil coule plus aisément.

On donne différens noms aux collets, suivant la manière dont ils sont composés, et celle de les employer. Quelques auteurs rangent, dans ce genre de pièges, les *rejets*, la *raquette* ou *sauterelle*, et autres pièges dans la confection desquels le collet entre comme principal agent. Nous ne nous occuperons ici que des collets proprement dits, nous réservant de traiter des autres pièges du même genre, suivant l'ordre alphabétique.

Les collets se nomment *collets piqués* ou *à piquets*, quand ils sont fixés à des piquets ; *collets pendus* ou *pendans*, quand ils sont suspendus par un fil ; *collets traînans*, quand ils sont attachés à une ficelle qui traîne à terre ; et *collets à ressort*, quand ils ont un ressort pour mobile. Les trois premières espèces des collets simples, dans lesquels le nœud coulant que forme le fil passé dans l'œillet se serre sur lui-même, lorsqu'un animal y est engagé et le tire dans un sens opposé au point d'attache.

Des collets piqués ou à piquets. Il y a plusieurs sortes de collets à piquets.

I. *Collet à piquet, simple.* La *fig.* 2, *Pl.* 41, représente ce collet. Le piquet, fait en coudrier ou autre espèce de bois vert et élastique, est fendu vers son extrémité supérieure en *i*. Cette fente ne se fait point par le bout du piquet ; elle se fait sur le côté avec la pointe d'un couteau, comme l'indique la figure. C'est dans cette fente que l'on introduit le bout B du collet, en la tenant bâillante avec la pointe du couteau. Ce bout s'y trouve retenu par l'élasticité du bois et par le nœud qui le termine. La longueur du piquet varie depuis 1 pied jusqu'à 2, suivant la circonstance.

II. *Collet double à piquet.* On peut placer deux collets opposés l'un à l'autre sur le même piquet ainsi qu'on le voit par la *fig.* 3. Leurs bouts B.B. sont également retenus dans une fente et par les nœuds qui les terminent.

III. *Collet à piquet courbé en arc.* Ce collet est représenté *fig.* 4, *Pl.* 41. La baguette, qui est de la grosseur du petit doigt, est fichée en terre par ses deux extrémités, de manière à former un arc auquel on donne 10 pouces de haut et 8 pouces de large, s'il s'agit de prendre des bécasses. Dans l'arc sont suspendus, à 3 pouces de terre, trois collets de huit crins de cheval, formant chacun un cercle de 3 pouces de diamètre. Mais quand on veut faire servir le piège à prendre des grives, le demi-cercle formé par la baguette ne doit avoir que 7 pouces de hauteur et autant de largeur, les collets formés de six crins de cheval n'ont que 2 pouces et demi de diamètre et ne sont suspendus qu'à 1 pouce et demi de terre.

IV. *Collet à piquet formant le triangle.* La *fig.* 5, même planche, représente ce piège. Il se compose de deux baguettes de la grosseur du petit doigt, qui sont enfoncées en terre de manière à former un triangle de 8 pouces de base et de 12 pouces de hauteur; à chacune des baguettes est suspendu un collet semblable à celui de l'espèce précédente, élevé à 3 pouces de terre pour les bécasses et à 1 pouce et demi pour les grives.

On tend les différentes espèces de collets dont nous venons de parler dans les taillis, les broussailles, le long des haies et partout où l'on remarque des passages d'oiseaux. Si la passée que l'on garnit de collets est trop large, même pour des collets doubles, on forme avec des branches de 12 à 15 pouces de hauteur, que l'on plante en terre, de petites haies, que l'on appelle *garnitures*, et qui forcent le gibier à donner dans le collet. On forme aussi de ces haies artificielles sur certaine longueur, soit en droite ligne, soit en ligne courbe, et on y laisse, de distance en distance, des trouées pour y placer des collets. On jette des grains dans les tendues pour engager les oiseaux à y passer, ou bien on amorce les collets avec des fruits de leur goût, et dont un oiseleur doit toujours faire provision pour le temps où la saison en sera passée. On peut encore suppléer ces fruits par des baies artificielles, que l'on fait avec de la cire blanche. Un petit bout de fil sert de queue à chaque grain et donne la facilité d'en composer des grappes que l'on trempe dans 2 onces de cire fondue où l'on a fait entrer 3 gros de vermillon, ce qui leur donne l'apparence des baies du buisson ardent. Quand les grives auxquelles cet appât factice est destiné abandonnent le canton, on réunit ces graines pour les faire servir pendant plusieurs années.

V. *Collet en croix.* On emploie également contre les canards les divers collets dont nous venons de parler, et que l'on tend sur l'eau ou entre deux eaux, à l'aide de piquets plus ou moins longs, suivant la profondeur de l'eau et l'état du fond. Mais on se sert assez souvent de collets disposés comme ceux qu'indique la *fig.* 6. Le piquet est traversé, dans sa partie supérieure, par deux bâtons de bois dur, qui forment la croix et à l'extrémité de chacun desquels se place un collet. On jette sous les collets quelques poignées de blé cuit pour inviter les canards à plonger.

VI. *Collets pour la glanée.* Ces collets sont également du genre de ceux à piquets; mais au lieu de bois, on emploie du fil de fer pour soutenir les collets et on les place sur des tuiles. (Voyez *Glanée*, et la *fig.* 7, *Pl.* 41.)

Des collets pendans ou pendus.

On donne ce nom aux collets que l'on attache aux branches d'arbres, aux buissons, aux haies, aux arbustes qui portent des baies, à l'aide de différens supports, auxquels ils sont suspendus. La forme de ces supports varie suivant l'imagination de l'oiseleur et les circonstances. La seule règle à observer est de disposer les collets au dessus d'un point d'appui qui puisse offrir à l'oiseau un endroit commode pour se percher, et d'où il ne lui soit pas possible d'atteindre au fruit qu'on y a placé pour appât, qu'en engageant sa tête dans le cercle que forme le collet.

VII. *Collets à marchette.* Ce collet est représenté par la *fig.* 8. Le montant l est plus ou moins long, suivant sa destination; il est garni d'une marchette n, qui, placée au dessous du collet, présente un juchoir commode aux oiseaux. Le collet est fixé à l'extrémité supérieure du montant, de la même manière que dans les collets à piquets. On calcule la distance à laisser depuis la tête du montant jusqu'à la marchette, de manière que l'oiseau, en s'y plaçant, puisse atteindre aux fruits qui servent d'appât, et qui sont attachés, ainsi qu'on le voit par la figure, à la tête du montant. La partie inférieure de ce montant, au dessous de la marchette, sert à lier le piège à une branche d'arbre ou à la cime d'un buisson. Si l'on veut employer ce piège comme un collet à piquet, on donne plus de longueur à la partie inférieure du montant et on l'enfonce en terre, de manière que la marchette soit élevée au dessus du sol dans les proportions que nous avons indiquées précédemment pour les collets à piquets. Lorsque les fruits, dont les merles font leur nourriture, commencent à devenir rares, ce collet est employé avec succès contre ces oiseaux, qui se jettent avidement sur les baies qu'on leur présente. C'est principalement dans ce cas qu'on peut employer des baies factices à défaut de fruits naturels.

VIII. *Collets à support volant.* Ces collets sont représentés par la *fig.* 12. Le support consiste dans une baguette de bois vert, dont les deux extrémités b d sont redressées carrément au moyen de deux petites entailles que l'on a faites aux points i i. Ces extrémités sont maintenues dans cet état par une ficelle fine et solide c, à laquelle on lie les collets $a a a$, et entre eux, des fruits pour appât. La partie m du volant, qui est destinée à servir de juchoir aux oiseaux, ne doit être éloignée de la base des collets que d'environ deux travers de doigt, afin que les oiseaux soient obligés de passer leur tête dans le collet pour atteindre le fruit.

Ces collets se placent avantageusement dans des buissons isolés, en face de quelques sentiers. On les tend principalement sur la fin de l'automne, époque où les grives quittent les vignes vendangées, et donnent dans ces piéges, amorcés avec des raisins. Lorsqu'on les tend dans la saison des merises, des prunes, des groseilles, on emploie ces fruits pour amorce.

IX. *Collet pendu à une branche demi-circulaire.* La *fig.* 14 est celle de ce collet. On fait dans une branche d'arbre *d* deux fentes, dans chacune desquelles on enfonce l'extrémité d'une baguette *v*, qui sert d'attache au collet *h*, qu'on amorce suivant la saison.

X. *Collets pendus à un arc.* Ce piége, qui est représenté par la *fig.* 9, a beaucoup de rapport avec le *volant*. Voici comment on le fait : on prend une baguette de bois souple, de 3 pieds de longueur, ayant 4 lignes de grosseur par le gros bout, et 2 lignes par le petit. On la tord comme une hart d'osier, à 7 pouces du gros bout, et l'on, en forme un arc qui doit avoir 5 pouces de hauteur ; l'on ferme l'arc en courbant en angle droit l'un des bouts de la baguette sur une longueur de 14 pouces, en en l'attachant à l'autre bout. C'est à cette partie horizontale de l'arc que l'on suspend, à 1 pouce et demi de terre, trois collets dont le diamètre doit avoir 2 pouces et demi ; on place, pour appât, des baies de sorbier au bas du piége, entre les montans de la baguette. M. Hartig observe que ce piége convient beaucoup dans les jeunes bois d'arbres résineux. On en suspend deux, à côté l'un de l'autre, que l'on fixe ensemble par une traverse commune.

XI. *Collets suspendus à un triangle.* La confection de ce piége, *fig.* 10, est très simple. On prend une baguette de bois flexible, de 32 à 34 pouces de long, et de 4 lignes de grosseur par le gros bout ; on la tord à 6 pouces de ce gros bout, qui est destiné à former la base d'un triangle aigu ; on la tord ensuite à 10 pouces plus loin, pour avoir l'un des côtés du triangle ; puis à la même distance encore pour avoir l'autre côté ; et l'on emploie ce qui reste à former trois révolutions autour de la base du triangle, qui a 6 pouces, puisque le gros bout de la baguette a été tordu à cette longueur. On attache les collets aux montans du triangle, en leur donnant le diamètre et l'élévation convenables pour les oiseaux qu'on veut prendre, et l'on place l'amorce au bas du piége. Si l'on avait une baguette qui formât naturellement la fourche, le piége serait encore plutôt préparé. Ce piége, que l'on peut tendre partout et accrocher à toute sorte de branches, est préférable à l'espèce précédente, pour être placé dans les taillis de bois à feuilles.

XII. *Autre espèce de collet pendu.* Ce piége, représenté *fig.* 11, se fait de même que celui de la *fig.* 9 ; seulement la partie supérieure fait une saillie en dehors de 3 pouces de long ; le bout qui forme cette saillie est taillé en forme de coin, pour être enfoncé dans un trou que l'on fait à un arbre ou à une branche avec un poinçon. Mais l'emploi de ce piége étant nuisible aux arbres doit être proscrit.

Collets traînans.

Ces collets, que les anciens auteurs appellent improprement *lacets*, ont reçu leur dénomination actuelle de la disposition même dans laquelle ils sont placés. La *fig.* 4, *pl.* 42, représente une tendue faite avec ces collets. Ce sont de fortes ficelles, de 24 à 30 pieds de longueur, dont les extrémités sont fixées à des piquets ; ces ficelles sont garnies dans toute leur longueur par des collets qui traînent à terre, et qui sont destinés à prendre par les pattes les alouettes, les perdrix et autres oiseaux marcheurs. Pour donner plus de solidité aux cordes, on les arrête de 2 pieds en 2 pieds par des petits crochets de bois que l'on fiche en terre. On laisse entre chaque collet une distance de 2 ou 3 pouces, afin qu'ils ne puissent se mêler. Les collets sont faits de deux crins seulement. On tend ces piéges dans le fond des sillons, aux lieux fréquentés par les alouettes, et l'on sème, dans les sillons et aux environs, quelques grains de blé ou d'orge, en observant de n'en laisser tomber que très peu à la fois. Les oiseaux, amorcés par les grains qu'ils trouvent de distance en distance, ne manquent pas de donner dans les piéges. Mais, pour rendre la chasse plus sûre, on observe, quelques jours à l'avance, les lieux où se tiennent les oiseaux, on y sème quelques grains pendant deux ou trois jours, et l'on tend alors les collets. Quand il y a plusieurs endroits voisins où les alouettes donnent indifféremment, on y place des épouvantails faits de papier, afin qu'elles se portent de préférence dans l'endroit tendu.

Cette chasse se fait, pour les alouettes, lors de leur passage, aux mois de mars et d'avril ; et, comme il reste une partie de ces oiseaux pendant l'hiver, on peut aussi faire des tendues dans cette saison.

Des collets à ressort.

Sous cette dénomination, on peut comprendre tous les collets qui se serrent par un mécanisme quelconque, lorsque l'oiseau touche à l'appareil, et fait détendre le ressort. C'est ainsi que le *rejet cordé à pied*, la *raquette* ou *rapenelle*, le *rejet à ressort à bowdin*, et le *rejet portatif de fil de fer*, ont été classés par quelques auteurs dans le genre des collets. (*Voyez* la description de ces piéges dans l'ordre alphabétique de notre Dictionnaire.)

XIII. *Du collet à ressort proprement dit.* Ce piége, qui s'emploie avec un grand succès contre les canards sauvages, les corbeaux, les pies, les geais, etc., est représenté tendu (*Pl.* 42, *fig.* 1re) ; il se compose d'un ressort de fil de fer et d'une base en bois sur laquelle il est fixé.

Le ressort EE, dont les branches ont de 12 à 14 pouces, est un fil de fer tourné en spirale. Ses deux extrémités sont terminées par deux œillets que l'on forme avec les bouts du fil de fer, et dans lesquels passe le collet. Ce ressort s'attache sur la base au morceau de bois plat A A, soit avec un fil de laiton, soit avec une ficelle qu'on serre peu, afin de lui laisser la liberté de jouer. A l'extrémité de la base, du côté du collet, est solidement fixé un anneau *m* de fil de fer, dans lequel passe le collet que l'on tend sur la marchette; c'est à cet anneau *m* que le gibier pris se trouve arrêté.

La marchette *r s* ne tient à la base du piége qu'au moyen d'une petite ficelle passée dans le trou *A* de la planche et dans celui de l'extrémité *q*. Cette attache est lâche, et ne sert qu'à joindre à demeure chaque marchette à son piége, parce qu'elles peuvent a-rement servir indifféremment les unes pour les autres.

Le collet *ttt* se fait ou de crin, ou de soie, ou de ficelle, qu'on a la précaution de savonner. On ne lui donne que la longueur que le ressort détendu doit employer, comme on le voit dans la *fig.* 2 de la même planche.

La force du collet et la grosseur de la marchette doivent être proportionnées à celles du piége. La marchette, *fig.* 3, se fait de bois léger et sec : on aplatit le tiers de sa longueur, et, à son extrémité *q*, on fait un petit trou, par où l'on puisse passer une ficelle pour l'attacher à la base du piége. Deux petits tenons de fer 2, 2, qu'on nomme *arrêts*, sont fichés avec assez de force dans toute son épaisseur, afin de pouvoir résister aux efforts du ressort quand il est tendu; et, si l'oiseau vient à toucher légèrement la marchette et la fait baisser, le ressort, après avoir vaincu la résistance que lui offraient les arrêts 2, 2, tire, avec une promptitude étonnante, le collet qui le saisit infailliblement par les pattes.

La *fig.* 2, même planche, est celle d'un collet à ressort détendu. L'oiseau se trouve arrêté à l'anneau de fer *m*. On reconnaîtra, par cette figure, que le collet doit être beaucoup plus long qu'un collet ordinaire, et par conséquent plus fort. Toutes les lettres qui servent aux détails du collet tendu représenté par la *fig.* 1re se retrouvent au collet détendu de la *fig.* 2.

Cette brève description nous paraît suffisante pour donner une idée du piége; et, quand nous en ferions une plus longue, cela ne pourrait suppléer l'inspection même de la machine.

C'est principalement contre les canards que l'on fait usage des collets à ressorts. On place plusieurs de ces piéges dans les lieux marécageux fréquentés par ces oiseaux. On cache la base, autant que possible, avec de la mousse ou des roseaux, mais sans gêner le mouvement des ressorts, et on fixe solidement ce piége au moyen d'un piquet enfoncé en terre par le trou pratiqué à la base, ou par un crochet. On sème du blé cuit ou des fèves aux environs. Lorsqu'un canard vient poser le pied sur la marchette, celle-ci, en se baissant, laisse échapper les branches du ressort, qui, en s'écartant, serrent contre l'anneau la patte du canard, que retient le collet, ainsi qu'on le voit par la *fig.* 2.

Quand on veut prendre des corbeaux, des pies et autres oiseaux carnivores, on attache aux marchettes des petits morceaux de chair, et on masque les piéges avec de la neige, ou de la terre, ou du sable, ou de la paille, observant toujours de fixer ces piéges avec des piquets. (Voyez *Lacet, Mésangette, Raquette, Rejet*.)

Nous rapportons aux mots *Chasse* et *Piége* les dispositions réglementaires sur l'emploi des *collets, lacets* et autres espèces de piéges.

COLLETER. C'est tendre des collets pour prendre du gibier. Celui qui les tend s'appelle *colleteur*.

COLLIER. Les anciennes ordonnances dénomment ainsi ce que nous appelons *collet*. (*Voyez ce mot*.)

COLLIER DE FORCE. C'est un collier dont on se sert pour instruire le chien couchant. Il y en a de plusieurs sortes : l'un de ceux représentés *Pl.* 2, *fig.* 5, se compose d'une bande de cuir fort, dont les deux extrémités sont garnies d'un anneau, et qui est armée de deux rangs de clous aigus dont les pointes sont tournées en dedans, et les têtes retenues par une seconde bande de cuir cousue sur la première, et qui les empêche de reculer. On passe dans les deux anneaux le bout d'un cordeau d'une certaine longueur dont on forme une boucle. Lorsque l'on veut corriger le chien, on tire ou on secoue le cordeau, ce qui fait serrer le collier et piquer le cou de l'animal.

L'autre espèce de collier, *fig.* 5, se compose d'un certain nombre de chaînons en gros fil de fer, entrelacés les uns dans les autres, et ayant à peu près la forme d'une porte d'agrafe; les deux bouts de chaque chaînon forment chacun une pointe aiguë tournée en dedans. Ce collier est préférable à celui de cuir, parce qu'il ne pique jamais le chien, à moins qu'on ne tire le cordeau; tandis que l'autre se fait souvent sentir sans qu'on le veuille.

Une troisième espèce de collier de force consiste en un simple cordeau garni de nœuds dans une longueur suffisante pour former le collier proprement dit. Nous l'avons décrite en parlant de l'éducation du chien couchant. (*Voyez Chien*.)

COLLIER DE LIMIER OU BOTTE. (*Voyez Botte*.)

COLOMBADE. Nom que l'on donne à diverses fauvettes, en Provence.

COLOMBE. (Voyez *Pigeon*.)

COMBATTANT ou PAON DE MER, *tringa pugnax*, Lath. Oiseau de l'ordre des échassiers et du genre du vanneau, que l'on a nommé *combattant*, à raison des combats que les mâles de cette espèce se livrent entre eux, dans le temps des amours.

Description. Le mâle est presque aussi gros qu'un pigeon; il a 10 pouces et demi de longueur, le bec droit et de 1 pouce 3 lignes de long; la queue de 2 pouces et demi de longueur, et les jambes de 1 pouce 9 lignes de haut. C'est le seul oiseau sauvage qui change de couleur aussi souvent que les oiseaux domestiques : le gris cendré, le noir, le violet et le roux se succèdent et se mêlent de différentes manières sur son plumage. Il mue deux fois par an, de même que plusieurs oiseaux de rivage. Au printemps, en avril et en mai, il a un plumage de guerre qui lui sert de bouclier; c'est une espèce de crinière composée de plumes longues, fortes et serrées, qu'il porte autour du cou, et qu'il hérisse lorsqu'il attaque, mais qui tombe vers la fin de juin. Cet ornement diffère de couleurs sur presque tous les individus. Le combattant éprouve aussi, à l'époque des amours, une surabondance de molécules organiques, qui se manifeste par l'éruption d'une multitude de papilles charnues et sanguinolentes qui s'élèvent sur le devant de la tête et à l'entour des yeux. Le bec et les pieds changent également de couleur; ils sont tantôt jaunes, tantôt rouges ou verdâtres. Le plus souvent, les couvertures supérieures des ailes sont variées de gris cendré et de roux, les pennes, de noir et de blanc, et la queue, de gris avec des bandes transversales noires et brunes.

La femelle varie moins dans ses couleurs. Elle a le bec d'un brun noir, les pieds rougeâtres, le dessus du corps noirâtre, avec des marques très prononcées de roussâtre et d'un peu de blanc, et le dessous du corps d'un gris clair, ondoyé de blanc roussâtre et tacheté de brun foncé.

Les jeunes, jusqu'à la première mue, ressemblent à la femelle; mais les jeunes mâles, après la mue de l'été, prennent les couleurs vives du mâle; seulement ils ont la crinière plus courte.

On trouve aussi une variété toute blanche.

Les combats que se livrent les oiseaux de cette espèce sont occasionés par l'amour et la disproportion que la nature a mise dans le nombre des mâles et des femelles. Non seulement, dit Buffon, les mâles se livrent entre eux des combats seul à seul, mais ils combattent aussi en troupes réglées et marchant l'une contre l'autre. Les femelles attendent l'issue du combat et restent le prix de la victoire. Cette petite guerre a lieu tous les jours le matin et le soir, aux mois d'avril et de mai.

Habitation. Les contrées septentrionales de l'Europe et de l'Asie sont celles qu'habitent les combattants; ils se tiennent dans de vastes marais, principalement dans ceux qui se trouvent auprès des lacs, des mers et dans les îles. Ils arrivent sur nos côtes de Picardie au mois d'avril, et ils en partent dans le mois de mai par les vents de sud et de sud-est, qui les portent en Angleterre, où ils nichent en très grand nombre. On en trouve aussi, au printemps, sur les côtes de Hollande, de Flandre et d'Allemagne; ils sont en grand nombre dans le Brandebourg, en Suède, en Islande, en Russie et en Sibérie. Ils arrivent régulièrement au printemps dans les lieux où ils nichent.

Nourriture. Ils se nourrissent d'insectes et de vers. Ils vont, après les pluies, jusque dans les terres labourées pour en chercher. On trouve aussi dans leur estomac beaucoup de limaces avec leurs coquilles.

Propagation. Ils font leur nid au mois de mai, sur la terre, dans de petits creux entourés de gazon. Leurs œufs sont au nombre de trois ou quatre, cendrés et parsemés, principalement au gros bout, de taches d'un brun rougeâtre. On dit que ces œufs sont bons à manger et qu'on les recherche aussi bien que ceux des vanneaux. L'incubation dure trois semaines. Les jeunes suivent leur mère aussitôt qu'ils sont éclos.

Ennemis. Les milans et les corbeaux enlèvent les œufs et les petits.

Chasse. On leur fait la chasse à coups de fusil, en s'approchant d'eux à l'aide de quelques moyens propres à cacher le chasseur. Dans le temps des amours, on pourrait les tirer facilement, s'il était toujours possible de les approcher dans les marais. En Angleterre, l'oiseleur saisit le moment où ces oiseaux se battent pour leur jeter son filet. On leur tend aussi des piéges.

Qualités. Les mâles, à moins qu'on ne les prenne au moment du passage, sont maigres et de peu de qualité; mais les jeunes et les femelles ont toujours un bon goût. Les Anglais et quelques autres peuples sont dans l'usage de les engraisser, en les nourrissant avec du lait et de la mie de pain, et du chenevis bouilli; ce qui en rend la chair très délicate. On en renferme aussi dans des jardins entourés de murs, pour détruire les vers, les limaces et les insectes nuisibles. Mais l'esclavage n'adoucit point leur humeur guerrière; ils se battent entre eux; et s'ils sont renfermés avec d'autres oiseaux, ils les défient tous, et pour posséder un coin de gazon vert, ils se battent à qui l'occupera.

COMBLETTE. C'est, en vénerie, la division des deux doigts du cerf ou la fente du milieu de son pied.

COMPAGNIE. On dit une *compagnie* de perdrix ou de *perdreaux*, de *faisandeaux*, pour dire une bande de perdrix, etc.

En terme de chasse, on appelle bêtes de *compagnie* les sangliers jusqu'à l'âge de deux ans; et on dit *qu'ils ont quitté les compagnies*, quand ils commencent à aller seuls.

La troupe ou compagnie de bêtes fauves s'appelle *harde.*

CONCLUDE. (Fauconnerie.) Curée de sucre de cannelle, de moelle de héron, pour animer les oiseaux à la chasse du héron.

CONGÉDIER. (Terme de fauconnerie.) [*Voyez Abandonner.*]

CONIL ou CONNIL. Nom que l'on donnait au lapin dans l'ancien langage, et qui se trouve souvent employé dans les vieilles ordonnances.

CONNAISSANCES. (Vénerie.) Indices de l'âge et de la forme du cerf par la tête, le pied, les fumées, etc.

Quand un chien met le nez à terre et se réjouit, on dit : Ce chien a *connaissance* de quelque chose ou de quelque voie.

Quand un cerf a une pince plus longue que l'autre, la plus longue se nomme *connaissance;* quand la connaissance se trouve à la pince droite du pied droit, elle est du dedans en dehors; et si elle est à la pince gauche du même pied, elle est du dehors en dedans.

Connaissance (avoir). Quand on revoit du cerf qui va de bon temps, mais cependant que les voies sont trop vieilles pour que le chien puisse se rabattre, on dit que *l'on a connaissance du cerf.*

CONNAISSEUR. (Vénerie.) Quand un veneur juge bien un cerf au bois, et qu'en chassant il le reconnaît par le pied, on dit : *Voilà un bon connaisseur.*

CONSERVATEURS DES CHASSES. C'étaient des seigneurs particuliers à qui le roi avait permis, par brevet, de conserver, pour leur plaisir, le gibier dans certains cantons désignés par le brevet, mais sans qu'ils pussent prendre connaissance de ce qui concernait la police des forêts, ni faire des réglemens sur le fait des chasses. (*Déclaration du roi du 12 octobre* 1699, *et arrêt du conseil du 29 juin* 1749.)

La suppression des capitaineries, prononcée par les lois des 4 août 1789 et 22 novembre 1790, avait entraîné celle des conservateurs des chasses.

Mais, par un réglement du grand veneur, du 1er frimaire an 13, il avait été créé des conservateurs des chasses, spécialement chargés de la destruction des animaux nuisibles, tels que les loups, blaireaux, renards, etc. Ils veillaient à ce que les dispositions des réglemens sur les chasses fussent exactement observées par ceux qui avaient obtenu des permissions de chasses dans les forêts de leur conservation. Ils devaient se concerter avec le conservateur des forêts pour concilier le service des chasses avec le service forestier. Ces conservations de chasses n'étaient données que pour une année seulement, et pouvaient être renouvelées.

L'ordonnance du roi du 15 août 1814 n'a point maintenu ces conservateurs, et le réglement du 20 du même mois, relatif aux chasses, porte que les conservateurs, inspecteurs, sous-inspecteurs et gardes forestiers sont *spécialement* chargés de la conservation des chasses sous les ordres du grand veneur. (Voyez *Chasse* ; *Gardes*, *Louveterie*.)

Néanmoins le grand veneur donnait quelquefois, sous l'autorisation du roi, la conservation de la chasse, dans telle ou telle forêt, à des grands dignitaires du royaume ou à des personnes qui se trouvaient dans une haute position sociale : ces conservations étaient données pour plusieurs années et pouvaient être renouvelées.

Une instruction du directeur général des domaines et forêts, du 1er août 1817, n° 794, charge les conservateurs des forêts, dans leur arrondissement respectif, de veiller à l'exécution des dispositions de l'ordonnance ci-dessus et du réglement du 29 du même mois.

CONSERVATION DU GIBIER. (Voyez *Gibier*.)

CONTRE-HARDE. (Voyez *Harde*.)

CONTRE-ONGLE. Signifie, en terme de chasse, au rebours ; c'est quand on a méjugé des allures du cerf et qu'on a pris le talon pour la pince.

CONTRE-PIED. Prendre le contre-pied, en vénerie, c'est retourner par où la bête est venue. Les chiens courans prennent quelquefois le contre-pied, surtout quand il fait mauvais chasser. On suit le contre-pied avec le limier, quand on va du côté par où l'animal est venu.

COQ. C'est le mâle de la perdrix et du faisan.

Coq de bouleau. C'est le petit coq de bruyère.

Coq de bruyère. Nous en distinguons deux espèces : le *grand* et le *petit coq de bruyère*.

Le *grand coq de bruyère* (*tetrao urogallus*, Lath.), ou *grand tétras*, oiseau du genre *tétras* et de l'ordre des gallinacés, que l'on connaît dans plusieurs pays sous les dénominations de *coq* ou de *poule sauvage*, de *faisan bruyant* ou *bruant*, ou *faisan sauvage*, de *coq de bois*, de *coq de Limoges*, de *coq de montagnes*, de *coq de marais*, etc. La dénomination de *grand tétras* est celle qui est adoptée par les naturalistes ; nous l'emploierons concurremment avec celle de *grand coq de bruyère*.

Description. Le grand coq de bruyère (*Pl.* 15, *fig.* 4) a la taille et la grosseur de la poule d'Inde. Sa longueur totale, depuis la pointe du bec jusqu'à l'extrémité de la queue, est de 3 pieds ; son vol est d'environ 4 pieds, et il pèse depuis 10 jusqu'à 14 livres.

Il a la tête d'un bleu noirâtre ; le bec fortement recourbé et effilé vers la pointe, de couleur de corne et d'un pouce 9 lignes de long ; les narines couvertes de petites plumes noires ; les yeux bruns et entourés d'une plaque mamelonneuse d'un rouge vif ; le cou et la poitrine d'un bleu noirâtre, changeant en vert lustré ; le dos et les couvertures des ailes d'un brun foncé parsemé de petits points gris ; une tache blanche vers l'épaule ; les pennes des ailes noires avec une bordure blanche ; le ventre noir, varié de quelques taches blanches ; la queue d'un pied de long, noire et traversée par plusieurs petites bandes blanches ; les jambes garnies de plumes brunes jusqu'à l'origine des doigts, et ceux-ci entourés de petites écailles dures. De loin, cet oiseau paraît tout noir.

La femelle, ou poule de bruyère (*Pl.* 15, *fig.* 5), est un tiers plus petite que le mâle ; elle ne pèse que depuis 7 jusqu'à 9 livres ; elle n'a point de barbe aux narines, et la plaque rouge de ses yeux est moins grande. Elle a le dessus du corps assez semblable, pour la couleur, à celui de la bécasse ; la poitrine rousse, et les plumes du cou et du ventre variées de roux, de noir et de blanc, et la plaque blanche des épaules beaucoup moins grande.

Ces oiseaux sont extraordinairement sauvages ; ils ne volent pas très vite, et de même que tous les oiseaux du même genre, ils font, en volant, un grand bruit, qui est occasioné par la petitesse de leurs ailes.

Habitation. On trouve des *tétras* ou *coqs de bruyère* dans toute l'Europe, où il y a de grandes forêts peu fréquentées, mais rarement en grand nombre. Ils aiment les montagnes et ils ne s'écartent jamais à une grande distance des lieux qui les ont vus naître, ni de ceux où on les a établis ; ils habitent, dans nos climats, les forêts de pins et de sapins ; mais il paraît qu'en Allemagne ils préfèrent celles peuplées de bois à feuilles. Il y a des grands coqs de bruyère en France, dans les Pyrénées, principalement dans le pays de Foix, le Conserans et le Comminge ; dans les montagnes de l'Auvergne, du Dauphiné, des Vosges, de la Haute-Alsace et des Ardennes.

Hors la saison des amours, ils sont presque toujours à terre, et ne se perchent guère que pendant la nuit pour éviter les quadrupèdes qui leur font la guerre.

Nourriture. Ils se nourrissent de bourgeons et de

toutes sortes de semences d'arbres et d'arbustes, principalement de glands et de faînes, et de baies de myrtille, de genièvre, etc.; d'insectes, de vers et d'œufs de fourmis. Comme toutes les espèces de gallinacés, ils avalent des grains de sable pour faciliter leur digestion, et grattent le sable et la poussière pour s'y reposer.

Propagation. Le temps des amours commence ordinairement dans la seconde quinzaine de mars, ou dès que la température est devenue douce, et il continue jusqu'à l'époque de la feuillaison du hêtre, c'est à dire jusqu'à la fin d'avril et le commencement de mai. Les coqs de bruyère, qui auparavant se tenaient isolés, se rassemblent alors, tous les soirs, dans des places que les Allemands appellent *balz-platzen* (places ou champs d'amour), et qui sont ordinairement situées sur une élévation inclinée à l'est et plantée d'arbres et de jeunes bois mêlés ensemble. Les femelles s'y rendent aussi tous les soirs, et c'est le lendemain matin qu'elles sont cochées le plus souvent par les mâles. Les uns et les autres arrivent en volant et sans faire entendre aucun cri; ils se perchent sur des arbres isolés, presque toujours dans le milieu de ces arbres, et en faisant entendre alors un grand bruit. M. Hartig a cependant remarqué plusieurs fois que les poules, en volant d'un arbre à terre, jettent un cri bruyant et aigu, et que les coqs, après s'être perchés, font entendre un cri très fort, surtout quand ils descendent des arbres pour cocher les femelles qui se trouvent dans le taillis; ce cri ressemble assez à celui d'un jeune cochon.

Quand, le soir, le temps est mauvais et qu'il fait du vent, les coqs restent silencieux jusqu'au lendemain matin sur les branches où ils se sont perchés. Mais si le temps est beau et l'air doux, ils ne tardent pas, après s'être perchés, à faire entendre leurs cris bruyans, qu'ils répètent de temps en temps. Le matin, dès que l'aurore paraît, le coq recommence ses cris, que l'on peut entendre à plusieurs centaines de pas, et qui se pressent les uns les autres dans une progression toujours croissante ; lorsqu'ils se succèdent avec une telle vivacité qu'on ne peut plus en apprécier les intervalles, il en résulte un bruit qui ressemble beaucoup à celui d'une faux qu'on aiguise, et que, pour cette raison, les Allemands appellent l'*aiguisement* (*das schleifen*.) Pendant ces bruyantes expressions de son amour que le mâle répète plusieurs fois jusqu'au jour, il a les ailes tombantes, la queue étalée, les plumes hérissées, la tête haute, et il se promène sur une branche d'arbre, en allant et venant, et semble, pendant quelques secondes et jusqu'à ce qu'il ait terminé son cri de rappel, être dans une extase qui l'empêche de voir et d'entendre. Enfin, lorsque le jour paraît, il quitte l'arbre et descend à terre pour y cocher les femelles qui se trouvent rassemblées, et qui l'accueillent ordinairement par un cri d'amour qu'exprime ce monosyllabe *cac, cac.* Après l'accouplement, les femelles se séparent des mâles, et les uns et les autres s'en vont dans des directions différentes, pour prendre leur nourriture.

Les expressions du désir dont nous venons de parler précèdent toujours l'accouplement, lorsque le temps est beau; mais il a lieu sans aucun prélude, si le temps est mauvais et pluvieux.

Lorsque le nombre des poules est beaucoup plus considérable que celui des coqs, un seul mâle suffit pour six femelles et plus; mais si le contraire arrive, il en résulte entre les coqs des combats où les plus jeunes succombent et reçoivent très souvent de graves blessures à la tête.

Lorsque le temps des amours est passé, les coqs retournent dans leurs anciennes demeures, souvent éloignées de quelques lieues, et les femelles, qui alors se séparent également, s'occupent de préparer leur nid dans un lieu solitaire, ordinairement dans un jeune taillis, et sous un buisson. Ce nid, extraordinairement simple, consiste dans un léger enfoncement en terre, garni de quelques brins de bois et d'herbe, recouverts par des plumes. La femelle y dépose depuis cinq jusqu'à huit œufs, rarement plus et rarement moins, de la grosseur de nos œufs de poule, d'un gris verdâtre, avec des petites taches brunes. L'incubation dure un mois. Les jeunes sont recouverts d'un duvet d'un brun varié; ils suivent leur mère dès qu'ils sont éclos ; elle leur cherche des insectes, des vers, des œufs de fourmis et des baies d'arbustes, les réchauffe et les abrite sous ses ailes, et les prévient de tout danger par un cri particulier, auquel toute la couvée se rassemble et se presse en se cachant sous les herbes et dans les buissons. En peu de mois, leurs ailes sont assez fortes pour qu'ils puissent se percher ; mais ils continuent de demeurer avec leur mère jusqu'à l'hiver et quelquefois jusqu'au printemps suivant. Des femelles parviennent à leur entier accroissement dans la première année ; mais les mâles n'acquièrent le leur que dans la seconde ; ils ont pour la plupart le cou et le dos d'un brun grisâtre dès la première année.

Ennemis. Les loups, les renards, les chats sauvages, les fouines, les belettes, des sangliers et tous les grands oiseaux de proie font une guerre active aux coqs de bruyère, tant aux vieux qu'aux jeunes, et détruisent leurs œufs, sans quoi ces oiseaux seraient bien plus multipliés qu'ils ne le sont.

Qualités utiles et nuisibles. La chair des jeunes coqs de bruyère est délicate et de bon goût ; celle des vieux est sèche et dure. Elle est sujette à contracter le goût des alimens dont l'oiseau s'est nourri, tel que celui de sapin et de genièvre. Quoi qu'il en soit, le coq de bruyère est un gibier rare et recherché. Dans les forêts de sapins où cet oiseau est très multiplié, il cause du tort aux jeunes arbres dont il mange les bourgeons ; mais dans celles de bois à feuilles, il ne peut causer beaucoup de dommage.

Manière de peupler un canton de bois, de grands coqs de bruyère. Nous avons traité de cet objet au mot *Chasse*, § 13.

Chasse du grand coq de bruyère. On fait la chasse au grand coq de bruyère de plusieurs manières ; mais le plus ordinairement au fusil. Voici trois méthodes décrites avec beaucoup de précision par M. Hartig, dont nous traduisons si souvent les excellentes leçons.

1. *Chasse au fusil, sans chiens.* Nous avons vu que les coqs de bruyère, hors le temps des amours, sont

extraordinairement craintifs et méfians, et qu'on ne les approche que très difficilement; mais qu'il n'en est pas de même lorsqu'ils sont dominés par le besoin de la reproduction, époque où ils semblent ne plus voir et ne plus entendre. Les cris d'ailleurs par lesquels ils appellent les femelles servent de guide aux chasseurs.

C'est donc à cette époque qu'on leur fait la chasse avec le plus de succès ; mais dans cette chasse, comme dans celle du faisan, on épargne les poules.

On se rend le soir, une heure avant la nuit, au champ des amours (1), et l'on se place de manière à être caché, autant que possible, et à pouvoir changer de place, sans être aperçu, dans le cas où les coqs de bruyère voudraient se percher sur des arbres voisins. Là on attend, dans l'obscurité, l'arrivée des mâles, et l'on remarque les arbres où ils se perchent. Lorsque la nuit est close, on se retire avec précaution, en laissant les coqs de bruyère dans la plus parfaite sécurité.

Un autre jour, il faut y être rendu à deux heures du matin, ou bien une demi-heure avant le point du jour, et se placer à bon vent, à la distance de cent à cent cinquante pas d'un arbre sur lequel un coq de bruyère est perché ; on attend qu'il commence ses appels ; il fait d'abord entendre ses premiers cris pendant lesquels on doit rester tranquille ; mais dès que ces cris imitent le bruit d'une faux qu'on aiguise, on s'approche en faisant trois grands sauts, et l'on reste immobile dès que ce bruit cessé. On attend, dans cette position, qu'un nouveau bruit semblable se fasse entendre, et l'on en profite encore pour s'avancer de la même manière ; l'on continue ainsi jusqu'à ce qu'on soit à portée de tirer, ce que l'on fait avec le plomb n° 1. Il est avantageux d'avoir toujours entre soi et l'oiseau, lorsqu'on avance, un arbre ou un buisson, parce que si l'on fait une petite faute en sautant, elle est moins facilement aperçue, et que d'ailleurs le chasseur n'est point alors obligé de rester comme une statue pendant les pauses. Cependant cet abri n'est point d'une absolue nécessité, car si l'on sait bien sauter, on peut s'approcher de l'oiseau, en passant par une clairière. Quand il y a plusieurs coqs réunis sur le champ des amours, il est rare qu'il s'en éloigne un seul après qu'on a tiré, s'il ne fait pas encore jour, et l'on peut souvent en tirer plusieurs avant de se retirer ; on peut même quelquefois, en revenant le soir, lorsqu'on les entend, avoir encore l'occasion d'en tirer.

Comme ils sont silencieux par le mauvais temps, il est bien plus difficile alors de les approcher, que lorsqu'il fait beau.

On ne peut guère manquer un coq de bruyère, pendant qu'il se livre à sa bruyante frénésie ; cependant cela arrive quelquefois par défaut d'attention, par une trop grande précipitation, ou parce qu'à raison de l'obscurité, on se trompe sur la distance. Mais si l'on tire juste pendant qu'il fait entendre ses cris précipités, et si d'ailleurs la fumée de la poudre ne va pas à lui, on aura, s'il n'a point été touché, le temps de tirer un second coup, car il est très ordinaire qu'il reste en place et recommence son manège.

II. *Chasse avec un chien de plaine.* Cette chasse ne peut avoir lieu que dans les cantons de forêt où l'on sait qu'il y a une couvée de jeunes tétras, déjà assez forts pour être tués. Plusieurs tireurs se placent à une petite distance les uns des autres, et un ou deux chasseurs avec un bon chien couchant cherchent à rabattre les jeunes tétras sur les tireurs.

III. *Chasse avec un chien criard.* Quand un jeune coq de bruyère est effarouché par un petit chien, il va ordinairement se percher sur un arbre à peu de distance et il s'y fait aboyer par ce chien. On profite de cette observation en accoutumant un basset à aboyer après les coqs d'Inde et les autres oiseaux de basse-cour, et en l'employant à quêter dans les cantons où il y a des jeunes coqs de bruyère à la moitié de leur croissance. Lorsqu'on entend le chien donner de la voix, on se rend à l'arbre où il s'acharne à crier, et on tire le coq de bruyère.

IV. *Chasse nocturne.* On trouve dans tous les traités de chasse le moyen suivant, qui ne nous paraît pas d'une exécution ni d'un succès bien faciles. Plusieurs chasseurs se réunissent pendant l'automne, et dans l'hiver, lorsqu'il y a peu de neige, et se rendent vers le soir dans le canton d'une forêt qu'ils savent être fréquentée par les grands tétras. Une heure avant la nuit, l'un d'eux monte sur l'un des plus grands arbres ; d'où il observe ceux où les tétras se posent à la chute du jour ; il vient en avertir ses camarades. Quelques heures après, tous s'acheminent vers les arbres désignés ; l'un des chasseurs marche en avant, portant sur sa tête un bassin plat, où brûlent des branches de pin ; un autre le suit, et, à la clarté du feu, tire sur les tétras. Il faut, pour le succès de cette chasse, une grande connaissance des lieux et beaucoup d'adresse de la part des chasseurs. On ne doit point la faire au clair de la lune, ni la répéter dans le même lieu, avant quinze jours.

V. *Chasse aux pièges.* En hiver, lorsque la terre est couverte de neige, on prend des tétras avec des quatre de chiffre, dont l'on charge d'une pierre plate ou creusée en gouttière. On a soin de placer dessous quelques uns des alimens qu'ils recherchent, et lorsqu'ils veulent s'emparer de cet appât, ils font tomber la pierre qui les recouvre.

On en prend encore, dans les mois de septembre et d'octobre, en tendant des collets à piquets sur leurs passées, dans les taillis qu'ils fréquentent alors pour y chercher des fruits sauvages. On peut également tendre des collets, dans la saison des amours, aux endroits où ils se rassemblent, en ayant soin de les y établir le jour avant leur réunion. Mais dans ce cas, on prend plus de femelles que de mâles ; ce qui nuit à la propagation, et ne doit point être toléré dans des chasses réglées. Il vaut mieux tendre des halliers, et remettre en liberté les femelles qu'on a prises. Enfin on tend des collets sur les arbres où ces oiseaux se perchent.

Le petit coq de bruyère, le coq de bruyère a

---

(1) Nous nous servons de cette expression, empruntée aux Allemands, parce qu'elle donne une idée nette du lieu où l'on doit se rendre et de l'objet de la réunion des coqs de bruyère.

QUEUE FOURCHUE, OU PETIT TÉTRAS, *tetrao tetrix*, Lath., est, comme le grand coq de bruyère, connu sous diverses dénominations, telles que celles de *coq sauvage*, de *coq de bouleau*, de *faisan noir*, de *faisan de montagne*, de *perdrix*, de *gélinotte*; mais le nom le plus généralement adopté est celui de *petit coq de bruyère*.

Description. Cet oiseau (*Pl.* 15, *fig.* 6) est beaucoup plus petit que l'espèce précédente; il ne surpasse guère le faisan en grosseur. Sa longueur totale est rarement de plus de 2 pieds, et son vol, à partir du bout d'une aile à celui de l'autre, est d'environ 3 pieds; il ne pèse ordinairement pas plus de 4 livres. La femelle, de même que dans l'autre espèce, est d'un tiers plus petite que le mâle.

Il a le bec de 1 pouce de long, épais, crochu et de couleur noirâtre; les narines couvertes de petites plumes; les yeux bleus, surmontés d'une membrane papillaire en forme de croissant, et d'un rouge vif, qui, dans le temps des amours, est d'un rouge de feu; la queue de 6 pouces de long, et dont le bout se partage en deux portions recourbées en sens opposé; les jambes garnies de plumes grises et brunes jusqu'à la naissance des doigts; la tête, le cou et la poitrine d'un beau noir avec des reflets violets; le dos noir marqué de petits points bruns et gris; les pennes de la queue noires, et celles des ailes brunes, avec des bordures blanches; les plumes du dessous des ailes blanches, et une tache blanche aux épaules. La femelle (*Pl.* 15, *fig.* 7) est de couleur roussâtre, avec des raies et des points noirs, blancs et gris, et la tache papillaire qu'elle a au dessus des yeux est moins grande et d'un rouge moins vif que dans le mâle; sa queue est aussi plus courte, et elle est moins fourchue.

Cette espèce est aussi craintive et méfiante que celle du grand tétras.

Habitation. Elle habite ordinairement les grandes forêts silencieuses des climats froids; cependant on la trouve aussi dans les climats tempérés; mais jamais dans les climats chauds. Elle est plus rare dans les Pyrénées que le grand coq de bruyère, mais elle est plus commune dans les montagnes du Dauphiné, et on la trouve sur presque toute la chaîne des Alpes. Elle aime les bois composés de broussailles, de bruyère et de grands arbres; et elle préfère surtout ceux où le bouleau est l'espèce dominante; rarement elle s'éloigne du lieu qui l'a vue naître, ce qui la range dans la classe des oiseaux sédentaires.

Nourriture. Les coqs de bruyère à queue fourchue se nourrissent de boutons, de chatons et de semences de toute espèce d'arbres, de baies, d'insectes, de vers, d'œufs de fourmis, etc.; mais ils préfèrent à tout les boutons et les chatons de bouleaux, les baies de genièvre et de bruyère. De même que les autres gallinacés, ils avalent de petites pierres pour faciliter leur digestion.

Propagation. Ils sont en amour dans les mois d'avril et de mai, par conséquent lorsque le grand coq de bruyère cesse d'y être; et de même que cette dernière espèce, ils se réunissent, mâles et femelles, dans des places particulières sur une élévation inclinée à l'est et plantée de bruyères, de quelques broussailles et d'arbres isolés. Dès l'aube du jour, les mâles commencent leurs démonstrations amoureuses et leurs combats; et, semblables aux coqs de nos basses-cours, ils ont les plumes hérissées, les ailes tombantes et la queue étalée; ils s'agitent avec violence, et font des sauts extraordinaires, en faisant entendre différens cris inimitables. Ces jeux et ces combats, qui ont lieu quelquefois sur les arbres, mais le plus souvent sur la terre, se terminent par la fuite des plus faibles ou par la possession des femelles qui, pendant ce temps, vont et viennent sur le champ de bataille. Lorsque le vœu de la nature est satisfait, les mâles et les femelles se perchent ordinairement sur des arbres voisins pour s'y reposer, et ils se dispersent ensuite dans la forêt pour y prendre leur nourriture. Ces ébats se continuent tous les matins pendant un mois ou six semaines; mais ce n'est que par le beau temps que les coqs se font entendre. Après le temps des amours, les coqs se retirent isolément dans leurs demeures habituelles, et les femelles fécondées se séparent également, pour préparer leur nid, qu'elles placent dans un lieu sûr, et qu'elles construisent de la même manière que les femelles de la grande espèce. Elles y déposent, par intervalles, depuis huit jusqu'à douze œufs, rarement plus, qui ont la grosseur des plus petits œufs de nos poules, et qui ont des mouchetures de couleur de rouille sur un fond blanc jaunâtre. Après trois semaines d'incubation, il en sort de jeunes poussins de couleur jaunâtre, qui suivent leur mère aussitôt qu'ils sont éclos, et en reçoivent les soins dont nous avons parlé à l'article précédent. Les femelles ont acquis leur entier accroissement au commencement de l'hiver; mais les coqs ne parviennent à cet état et ne prennent les couleurs sombres que nous avons décrites que dans le cours de la deuxième année, conservant pendant la première plus de gris au cou et sur le dos.

Ennemis. Les mêmes que ceux de la grande espèce.

Qualités utiles et nuisibles. La chair des jeunes tétras à queue fourchue est tendre et délicate; celle des vieux est moins bonne, et elle a besoin d'être marinée dans le vinaigre. Le tort que font ces oiseaux est de peu d'importance.

Manière de peupler un canton de forêt de petits coqs de bruyère. Nous renvoyons, à cet égard, au paragraphe 14 du mot *Chasse*.

Chasse du petit coq de bruyère.

Nous trouvons, dans l'*Histoire naturelle* de Buffon la description d'une méthode qui serait employée dans le nord de l'Europe pour prendre les petits tétras, qui y sont très nombreux.

I. Elle consiste à se servir d'un tétras empaillé, ou d'un tétras artificiel, qu'on appelle *balvane*, et qu'on attache au bout d'un bâton fixé sur un bouleau à portée du lieu où les tétras se réunissent dans le temps des amours. On prétend que les tétras, voyant cette balvane, se rassemblent autour d'elle, et se battent avec une telle fureur, qu'on peut les prendre sans coup férir. On les apprivoise, et, l'année suivante, on s'en sert, au lieu de *balvanes*, pour attirer les tétras sauvages, qui les attaquent avec la même fureur et se font tuer à coups de fusil.

II. Lorsque la saison des amours est passée, comme ils s'assemblent moins régulièrement, il faut une nouvelle industrie pour les diriger vers la hutte du tireur et près de ces balvanes. Plusieurs chasseurs à cheval forment une enceinte dont cette hutte est le centre, et, en se rapprochant insensiblement et faisant claquer leur fouet, ils chassent d'arbre en arbre les tétras du côté du tireur, qu'ils avertissent par des coups de voix s'ils sont loin, ou par un coup de sifflet s'ils sont plus près. Le tireur a eu soin de placer ces balvanes sur des rameaux flexibles, auxquels est attaché un cordon, qu'il tire de temps en temps pour faire imiter aux balvanes les mouvemens du tétras sur la branche. Lorsqu'il fait beaucoup de vent, on peut diriger la tête de ces balvanes contre le vent; mais, par un temps calme, on doit les mettre vis à vis les unes des autres. Lorsque les tétras se sont posés à portée du tireur, il en est averti par leurs cris; alors il se tient immobile pour leur donner le temps de bien s'établir sur leurs branches; et, lorsqu'ils commencent à manger, il les tire à son aise. Mais la troupe, fût-elle de cinquante et même de cent, on ne peut guère espérer d'en tuer plus d'un ou deux d'un seul coup, parce que ces oiseaux se séparent en se perchant. Quoique cette chasse soit plus facile lorsqu'ils se perchent que lorsqu'ils se tiennent à terre, cependant, s'il n'y a point de neige, on établit quelquefois les balvanes et la hutte dans les champs qui ont porté, la même année, de l'avoine, du seigle ou du sarrasin, et l'on couvre la hutte de paille. Un chasseur bien posté rassemble les tétras avec ses seuls appeaux; et, si le temps est beau, il fait une assez bonne chasse.

L'heure de cette chasse est chaque jour depuis le soleil levant jusqu'à dix heures; et l'après-midi, depuis une heure jusqu'à quatre; mais en automne, lorsque le temps est calme et couvert, la chasse dure toute la journée.

III. Dans le nord de la Russie, on emploie un autre moyen pour prendre en hiver les *coqs de bruyère à queue fourchue* : on choisit les places où ces oiseaux se rassemblent dans les forêts de bouleaux peu fourrées; on y fiche en terre, et près de quelques arbres, une fourche qui supporte un morceau de bois horizontal, dont l'autre bout pose sur le corps de l'arbre à une hauteur médiocre, et l'on y attache des épis de grains. A peu de distance, les chasseurs construisent, avec des perches de bouleau plantées en terre, une espèce de nasse de pêcheur en entonnoir, dont la pointe est sur le sol; on place à l'ouverture une roue faite de baguettes croisées les unes sur les autres, et posées sur son axe; on l'enveloppe de paille à sa circonférence, et on la garnit d'épis; elle est placée sur son axe de manière qu'elle puisse tourner facilement, et qu'il y ait de l'intervalle entre elle et l'entonnoir. Les tétras viennent se percher sur le bâton qui est en travers près de l'arbre; ils volent ensuite vers les épis qui garnissent la roue, et ne pouvant se poser que sur les pointes des baguettes qui dépassent la circonférence de cette roue, ils la font tourner, et ils tombent dans la nasse en entonnoir la tête en avant, sans qu'ils puissent en sortir. Ces entonnoirs, dit M. Pallas (*Voyage au nord de la Russie*), sont quelquefois remplis de tétras qui viennent s'y prendre successivement.

Nous avons dû rapporter ces méthodes de chasse comme se rattachant à l'histoire du *tétras*; mais, ainsi que l'observe M. Hartig, qui paraît les connaître aussi, elles ne seraient point praticables en Allemagne, et nous pouvons ajouter en France, où les tétras sont beaucoup moins nombreux que dans les parties très septentrionales de l'Europe. D'ailleurs, observe encore le même auteur, elles paraissent un peu fabuleuses.

Voici d'autres méthodes qui sont employées en Allemagne.

IV. *De la chasse dans des huttes*. La méthode la plus agréable de faire la chasse aux petits tétras est sans contredit de les tirer d'une hutte établie sur la place où ils se réunissent dans la saison des amours. On y creuse quelques fosses carrées de 5 à 6 pieds de large et de 3 pieds et demi de profondeur, que l'on garnit d'une muraille en pierres et d'un petit escalier. On plante au dessus de ces fosses, avant le temps des amours, plusieurs perches que l'on courbe en forme de berceau; on les couvre de branchages semblables à ceux qui se trouvent sur la place même, et l'on dispose le tout de manière à ce que l'extérieur de ces huttes ressemble à un buisson ordinaire et que l'intérieur présente un siège commode et des trous pour pouvoir tirer dans toutes les directions. Lorsque le temps du rassemblement des tétras est arrivé, on s'établit le matin, avant le jour, dans l'une de ces huttes, et l'on tire avec du gros plomb les tétras qui se présentent sur la place, en ayant l'attention d'épargner les femelles. Comme l'on n'est jamais certain de quel côté de la place les *coqs de bruyère* viendront se livrer le plus fréquemment à leurs ébats, il est utile d'avoir deux ou trois huttes, pour en changer suivant les circonstances.

V. *De la chasse avec un chien de plaine*. Dans les localités où il y a beaucoup de tétras à queue fourchue, et où les bois permettent de tirer, on peut les chasser avec un bon chien couchant dressé pour la perdrix, et les tirer lorsqu'il les arrête ou les fait partir. On peut aussi prendre les jeunes tétras avec des halliers et des tirasses comme ceux dont on se sert pour les perdrix.

Coq de bruyère a fraise. C'est la *grosse gélinotte*. (*Voyez* ce mot.)

Coq de Limoges. Dénomination que, dans quelques endroits de la France, on donne au *grand coq de bruyère*.

COQUARD ou FAISAN BATARD, *phasianus hybridus*, Lath. Oiseau métis, produit du mélange du faisan avec la poule commune.

Le coquard (*Pl.* 15, *fig.* 3) a la forme du faisan; mais il est plus petit; sa queue, quoique longue, l'est cependant moins que celle du faisan, et elle est plus fournie de plumes, étalée et un peu relevée dans son milieu; il a de même un cercle rouge autour des yeux, mais moins étendu; il se rapproche du coq ordinaire par les couleurs communes et obscures de son plumage.

Le mâle et la femelle, dans cette race bâtarde, ne produisent plus ensemble. Le mâle paraît stérile ; mais l'on prétend que la femelle donne, avec le coq faisan, des produits qui sont de vrais faisans.

Il est très difficile d'obtenir des coquards, parce que la poule commune se refuse obstinément aux avances du faisan. Il faut les enfermer, de sorte que celle-ci ne puisse se soustraire aux poursuites du faisan. Sonnini, dans le *Dictionnaire d'histoire naturelle*, dit que, dans plusieurs contrées de l'Allemagne, on élève des coquards, et qu'il n'y en a plus en France.

La chair du coquard est, dit-on, fort délicate. (*Voyez*, au mot *Faisan*, ce que nous disons du *coquard*.)

COQUILLADE, *alauda undata*, Lath. Espèce d'alouette qui a la tête ornée d'une petite huppe, couchée en arrière, formée de plumes noires bordées de blanc ; le dessus du corps varié de noirâtre et de roux, le dessous blanchâtre avec des taches noirâtres sur le cou et la poitrine ; le bec brun en dessus et blanchâtre en dessous, et les pieds jaunâtres. On trouve cette alouette en Provence et dans les climats chauds.

CORACIAS, *corvus graculus*, Lath. Oiseau de l'ordre des *pies* et du genre *corbeau*, qui ne diffère du corbeau qu'en ce qu'il a le bec un peu courbé en arc. Il a un plumage à reflets verts, bleus et pourprés, le bec et les pieds rouges et les jambes emplumées jusqu'à l'éperon ; il est moins gros que la corneille.

Les coracias habitent ordinairement les rochers ; ils fréquentent les Alpes, les montagnes de la Suisse et celles d'Auvergne.

La femelle établit son nid au haut de vieilles tours abandonnées et des rochers escarpés. Elle y pond quatre ou cinq œufs blancs et tachetés d'un jaune sale.

Ces oiseaux se nourrissent de grains et d'insectes. Il existe aussi un *coracias huppé*, *corvus eremita*, Lath., qui arrive sur les montagnes de la Suisse et sur les Alpes au printemps, et s'en va au mois de juin. Il est de la grandeur d'une poule. Tout son corps est couvert de plumes qui, au premier aspect, paraissent noires, mais qui jettent des reflets bleus, verts, pourprés, suivant les divers aspects de la lumière.

Les plumes qu'il a sur l'occiput sont plus longues que les autres, et forment une espèce de huppe pendante en arrière, qui ne commence à paraître que dans les oiseaux adultes, et disparaît dans les vieux.

La perte de ces plumes lui a fait donner en certains endroits le nom de *corbeau chauve*.

Il se nourrit d'insectes, de hannetons et de courtilières.

La ponte est de deux ou trois œufs. Les petits sont un mets délicat et recherché.

Cet oiseau est utile par la guerre qu'il fait aux insectes.

COR DE CHASSE. Instrument à vent à l'usage des chasseurs. Pour sonner du cor, on embouche le bocal en le pressant contre les lèvres, soit à un des coins de la bouche, soit au milieu, de manière que le bout de la langue puisse s'insinuer dans le bocal, et conduire le vent dans le corps de l'instrument. Il faut que le bocal soit si bien appliqué, qu'avec quelque violence que le vent soit poussé, il ne s'échappe par aucun endroit que par l'ouverture du bocal. Ce sont les mouvemens de la langue et des lèvres qui modifient le vent, et c'est le plus ou le moins de vitesse et de force du vent qui forme les différens tons. On fait des concerts à plusieurs *cors* ; alors il faut qu'il y ait un certain rapport entre ces instrumens. Si le plus grand cor a 6 pieds de longueur dans ses contours, il sera la quinte en bas de celui qui n'aura que 4 pieds ; et si l'on en a un troisième qui n'ait que 3 pieds de longueur, il sonnera la quarte du second. Il y a des cors à plus ou moins de tours ; il y en a même qui ont comme un retour ou espèce d'anneau dans le milieu.

Le mot *trompe* est plus usité aujourd'hui parmi les veneurs que celui de *cor de chasse*. (*Voyez* ce mot, où l'on fait connaître les dimensions et les différentes parties des trompes.)

CORBEAU, *corvus*. Genre d'oiseaux de l'ordre des *pies*.

Le nom de corbeau a été donné à plusieurs oiseaux, tels que les *corbines*, *corneilles*, *choucas*, *craves*, *freux*, etc. Nous parlerons sous ce nom du corbeau proprement dit, des corbines ou corneilles et du freux.

LE CORBEAU PROPREMENT DIT, *corvus corax*, Lath. Cette espèce est la plus grande et la plus grosse de toutes, et elle diffère des autres par ses mœurs et ses habitudes.

Description. Le corbeau (*Pl.* 9, *fig.* 8) est de la grosseur d'un coq, et sa longueur est de 24 pouces, non compris la queue, qui en a 9, et qui est presque entièrement recouverte par les ailes ; il a 3 pieds 7 pouces de vol ; un plumage noir avec des reflets pourprés et bleuâtres sur le dessus du corps et des nuances de vert chatoyant en dessous ; le bec long de 3 pouces 9 lignes, fort gros, noir, un peu convexe, droit et se recourbant vers la pointe ; la langue large et fendue ; les pieds, de 2 pouces 9 lignes de haut, noirs, écailleux et terminés par des ongles vigoureux, crochus et grands, principalement ceux de derrière, et l'iris entouré d'un cercle gris brun.

La femelle se distingue du mâle par un noir moins prononcé, un bec plus faible et une moindre grosseur.

La voix du corbeau est lugubre ; ses cris peuvent être exprimés par ces mots : *crau, crau*, et *crouc, crouc*. Il les fait entendre principalement dans le temps de l'accouplement et lors des changemens de temps.

Habitation. Le corbeau est répandu dans toute l'Europe, en Afrique et dans l'Amérique septentrionale. On le trouve dans les forêts, mais en petit nombre. En hiver, il abandonne les montagnes froides pour se retirer dans des endroits plus tempérés. Cependant le corbeau n'est point oiseau de passage ni voyageur, et il diffère en cela plus ou moins des corneilles. Il semble particulièrement attaché au rocher qui l'a vu naître, et ne le quitte que pour y retourner.

Nourriture. Il se nourrit de jeunes oiseaux, de levrauts, de souris, de grenouilles, de limaçons, de vers, d'insectes, d'œufs, de fruits et de charogne. Lorsqu'il est pressé par le besoin, il attaque les lièvres, les jeunes chevreuils, les perdrix et toute espèce de gibier malade. Il mange aussi du grain, et c'est avec raison qu'on le considère comme omnivore.

Propagation. Les corbeaux s'apparient dès le mois de mars, et bâtissent leur nid sur les grands arbres ou dans les fentes des rochers escarpés. La femelle y dépose de trois à cinq œufs d'un vert pâle, bleuâtre, marquetés d'un grand nombre de taches et de traits de couleur obscure, qu'elle couve alternativement avec le mâle pendant trois semaines. Ils nourrissent leurs petits jusqu'à ce que ceux-ci puissent prendre leur volée. On sait que la vie des corbeaux est fort longue, et il paraît avéré qu'ils vivent quelquefois un siècle et davantage.

Qualités utiles et nuisibles. La chair du corbeau n'est pas bonne à manger; néanmoins on assure qu'un corbeau écorché et bouilli avec un peu de bœuf fait un excellent bouillon. On emploie les pennes des ailes pour écrire, pour dessiner à la plume, pour emplumer les sautereaux des clavecins, etc.

Il cause du dommage par sa voracité; et les chasseurs s'attachent à le détruire, autant qu'ils le peuvent.

Le corbeau devient très familier dans l'état de domesticité; il est capable d'un attachement durable pour la personne qui l'a élevé; mais il est souvent dangereux pour les enfans et même pour les hommes. Il ne craint ni les chats ni les chiens.

Il apprend assez facilement à imiter le cri des chiens, le miaulement des chats et la parole de l'homme.

On a profité de sa souplesse naturelle pour l'employer à la chasse; on le dresse pour celle des perdrix, des faisans et même des autres corbeaux; mais il fait cette dernière chasse avec répugnance; il faut qu'il y soit excité par la présence du fauconnier.

Variété. On voit dans le nord, et même dans l'intérieur de la France, des corbeaux blancs ou variés de blanc et de noir. Outre cette variété de couleur, il y a aussi une variété de grandeur.

LE CORBEAU CORBINE, OU LA CORBINE, OU CORNEILLE NOIRE, *corvus corone*, Lath.

Description. Cette corneille (*Pl.* 9, *fig.* 9) est beaucoup plus petite que le corbeau. Sa longueur est de 18 pouces, non compris la queue qui en a 8, et qui est presque entièrement recouverte par les ailes; tout son plumage est d'un noir violet et luisant; l'iris de couleur noisette; le bec, qui a 2 pouces 3 lignes de long, est noir et de la même forme que celui du corbeau. Ses pieds sont également noirs. Il fait entendre un cri rauque : *rah, rah*, et dans le temps des amours *cra, cra*. C'est un oiseau rusé, qui distingue fort bien son ennemi.

La femelle est un peu plus petite que le mâle.

Séjour. Les corbines sont répandues sur les deux continens; elles passent l'été dans les forêts, d'où elles ne sortent que pour chercher leur nourriture. En hiver, elles vivent avec les *corneilles mantelées* et les *freux*; c'est alors qu'elles s'approchent fréquemment des habitations; mais elles se tiennent plus volontiers dans les terres labourées, et cherchent, à la suite de la charrue, les vers et les larves de hannetons. Le soir, elles se rassemblent de tous côtés, et se retirent dans les forêts où elles passent la nuit à la cime des plus grands arbres qu'elles paraissent avoir adoptés. La corbine quitte les pays où la neige et la gelée l'obligent à chercher ailleurs sa nourriture. On la voit arriver aux environs de Paris, en troupes nombreuses, dès le mois de novembre, et y rester tant qu'elle y trouve à vivre; mais si la terre vient à se geler trop fort et à se couvrir de neige, elle va plus loin.

Nourriture. Elle consiste en vers, larves d'insectes, limaçons, escarbots, œufs, jeunes oiseaux, mulots, charogne, crottin, grains, fruits, etc. Les corneilles attaquent aussi les perdrix, les jeunes lièvres, les jeunes chevreuils, etc. Elles font une grande consommation de noix, de raisins, d'œufs d'oiseaux, et de ceux de perdrix.

Propagation. Vers le mois de février, elles s'accouplent, font leur nid sur les arbres, dans les champs et aux bords des forêts. La ponte est de quatre à cinq œufs d'un vert bleuâtre, marquetés de taches brunes et grises. Le mâle et la femelle les couvent alternativement pendant trois semaines; ils donnent des soins à leurs petits jusqu'à ce qu'ils soient bien en état de voler. Quelques auteurs prétendent que cette espèce fait deux couvées par an; mais d'autres assurent que cela n'arrive que lorsque la couvée du printemps a été détruite.

Utilité et dommage. On ne mange pas ordinairement la chair de la corbine. Les pennes des ailes servent à dessiner à la plume. Cet oiseau fait beaucoup de tort à la chasse par la destruction des œufs d'oiseaux et du jeune gibier; il cause aussi de grands dégâts dans les terres ensemencées en blé, pois, vesces, etc. Mais, d'un autre côté, il rend des services importans à l'agriculture par la destruction qu'il fait des insectes et mulots.

LE CORBEAU GRIS OU LA CORNEILLE *mantelée, corvus cornix*, Lath.

Description. Cette corneille (*Pl.* 10, *fig.* 3) est ainsi appelée à cause d'une espèce de scapulaire ou manteau gris clair, varié quelquefois de taches noires et oblongues, qui s'étend par devant et par derrière, depuis les épaules jusqu'au bout du corps. Elle est un peu plus grande que la corbine. Sa tête, sa queue et ses ailes sont d'un beau noir à reflets bleuâtres; l'iris est de couleur cendrée approchant de celle de noisette; le bec, les pieds et les ongles sont noirs. Du reste, cette espèce varie beaucoup de couleur.

Elle a un cri très aigu : *groab, groab*, qu'elle fait en courbant chaque fois le cou et la tête.

Séjour. Elle se trouve dans toute l'Europe, arrive chez nous au commencement de l'hiver, et nous quitte de bonne heure au printemps, pour retourner dans les forêts du nord. Rarement elle niche en France; elle se répand en troupes assez nombreuses, dans les champs et les prairies, fréquente les bords de la mer, se réunit souvent avec les freux et les corbines, et va se reposer sur les mêmes arbres où les lisières des forêts et sur ceux qui se trouvent dans les champs. Il y a des contrées où elle reste toute l'année.

Nourriture. Sa nourriture est la même que celle du corbeau et de la corbine; mais elle semble préférer les poissons que la mer jette sur le rivage; elle les prend à la surface et s'éloigne même quelquefois des côtes à une distance assez grande.

Propagation. La corneille mantelée fait son nid sur les mêmes arbres où elle se retire pour passer la nuit; elle y dépose de quatre à six œufs d'un bleu verdâtre, avec de nombreuses taches de brun noirâtre, qu'elle couve pendant trois semaines. Il paraît qu'elle fait deux pontes dans l'année. Elle a, comme toutes les autres corneilles, un grand attachement pour ses petits, qu'elle défend avec courage contre les oiseaux de proie.

Elle rend les mêmes services, et fait le même tort aux agriculteurs.

Le CORBEAU FREUX, ou simplement le FREUX ou FRAYONNE, *corvus frugilegus*, Lath.

Description. Cette corneille (*Pl.* 10, *fig.* 1) est un peu moins grosse que la corbine et la corneille mantelée. Son caractère le plus distinctif est une peau presque nue, blanche, farineuse, qui environne la base de son bec et se prolonge sous le ventre, au lieu des plumes noires qui occupent la même place dans les deux espèces précédentes.

Séjour. Elle habite les mêmes pays et les mêmes lieux. Elle forme avec elles des bandes très nombreuses qui se répandent pendant l'hiver dans les champs et les prairies.

Nourriture. Cette espèce se nourrit plus particulièrement de grains, de petites racines et de vers, qu'elle sait aller chercher fort loin dans la terre en y enfonçant son bec, ce qui, à la longue, détruit les plumes qui l'entourent, et rend la peau nue à sa base. Elle n'attaque que rarement les jeunes oiseaux ou les lièvres, et par conséquent n'est point aussi nuisible que les autres à la chasse; mais elle l'est davantage à l'agriculture en dévastant les champs nouvellement ensemencés.

Propagation. Elle est la même que celle de la corbine; mais les freux se cantonnent dans les forêts pour y construire leur nid. On en voit jusqu'à dix ou douze sur le même arbre; ils se remarquent très facilement depuis la fin d'avril jusqu'à la mi-mai, temps où les chênes et hêtres n'ont pas encore toutes leurs feuilles, et où l'on peut s'amuser à tirer des cornilleaux et à en tuer une grande quantité. Ils sont déjà assez forts pour voler autour des arbres et trop faibles pour s'en éloigner, en sorte qu'après avoir fait un petit circuit en l'air, ils viennent à tout moment se reposer sur l'arbre où l'on peut les fusiller à son aise.

Utilité et dommage. Comme nous l'avons dit, le freux est moins nuisible à la chasse qu'à l'agriculture. La chair de cette espèce, qui ne se nourrit pas de charogne comme les *corbeaux* et les *corneilles*, n'est pas mauvaise; les jeunes, surtout au moment où ils quittent le nid, sont bons et même délicats. On les mange ordinairement en fricassée comme les poulets.

Variétés. On trouve dans ces *corneilles* les mêmes variétés que dans les *corbines*; les unes sont tout à fait blanches, d'autres variées de blanc et de noir; enfin Latham fait mention d'un *freux* brun, approchant de la couleur du *geai*.

LA PETITE CORNEILLE ou le CHOUCAS, *corvus monedula*, Lath. (*Pl.* 10, *fig.* 2), est beaucoup plus petite que les trois espèces précédentes.

Description. Sa grosseur est celle d'un pigeon; il a de 12 à 13 pouces de long, non compris la queue, qui en a 5, et qui est peu garnie de plumes; le bec long de 15 lignes, de forme conique, aplati sur les côtés, et noir; les pieds noirs et de 15 lignes de haut; l'iris blanchâtre; un noir changeant et violet couvre le sommet de la tête, le dos, le croupion, les couvertures, les pennes des ailes et de la queue; mais sur celles des ailes on remarque aussi des reflets verts; la couleur de l'occiput et le dessus du cou tirent au cendré; la gorge est noire, et chaque plume a dans son milieu un trait longitudinal blanchâtre, la teinte noire qui est répandue sur les autres parties du corps est moins foncée et beaucoup moins brillante. La seule différence qui distingue la femelle du mâle consiste dans les reflets qui sont moins apparens. Le cri de cet oiseau est *yac*, *yac*, prononcé d'une voix claire, ou *tian*, *tian*, *tian*.

Séjour. On trouve les choucas dans toutes les parties de l'Europe; ils sont plus répandus dans les pays de plaine que dans les montagnes. Ils se tiennent dans les vieux châteaux, les tours, les clochers, où ils font leurs nids.

Les choucas disparaissent vers les mois de juin et de juillet; ou du moins on n'en rencontre plus que très rarement dans les champs, et ils ne fréquentent plus les tours des églises. Ils reviennent à l'automne visiter leur ancien domicile, mais seulement au milieu du jour, et se répandent dans les terres nouvellement labourées, où on les voit souvent à la suite de la charrue.

A ces choucas indigènes à la France se joignent ceux qui n'habitent l'Allemagne et les autres pays du nord que pendant les beaux jours, et tous ensemble forment ces grandes bandes qu'on voit souvent avec les *freux*, mais formant toujours des bandes distinctes: comme ceux-ci, ils ne cessent de crier en volant; leur cri est plus aigu et plus perçant.

Nourriture. Ces oiseaux sont très peu carnivores, et ils ne touchent aux cadavres que dans une très grande disette de leur nourriture ordinaire; ils se nourrissent de vers de terre, de larves d'insectes, de scarabées, d'œufs, de jeunes oiseaux, de souris, de grains et de fruits.

Propagation. Les femelles pondent de quatre à six œufs d'un brun clair et tachetés; elles les couvent pendant trois semaines. Dès que leurs petits peuvent, sans inconvénient, supporter la fraîcheur de la nuit, elles les quittent le soir, vont avec les mâles se coucher dans les bois de haute futaie, et y conduisent les petits dès qu'ils peuvent voler.

Utilité et dommage. Ces oiseaux sont plutôt utiles que nuisibles par la grande quantité d'insectes qu'ils détruisent ; cependant ils nuisent aussi à la nourriture de l'homme en mangeant des grains et des fruits; leur chair n'est pas bonne à manger.

On distingue plusieurs variétés de choucas, mais qui sont très rares, et peut-être purement accidentelles, tels sont : le *choucas à collier blanc*, le *choucas blanc*, le *choucas brun clair ayant le gros des ailes blanc*, le *choucas tout noir à occiput blanc.*

La *pie* et le *geai* sont aussi du genre corbeau. (*Voyez* ces mots.)

Chasse aux corbeaux, corneilles, freux et choucas.

Ces oiseaux qui, en général, causent de grands dommages aux chasses et qu'on ne saurait trop s'attacher à détruire, sont très méfians et se laissent difficilement approcher. Cette extrême défiance a fait croire qu'ils *sentaient la poudre*, et elle en rend la chasse au fusil assez peu fructueuse, si on n'emploie des subterfuges pour les tromper. Mais ils sont voraces; tous les genres de nourriture leur conviennent, et dès lors on trouve facilement des appâts pour les attirer dans des pièges.

Chasse au moyen de la hutte ou de la vache artificielle. Si on s'enveloppe dans ces peaux préparées qu'on nomme *vache artificielle,* on peut les approcher en faisant des détours en allant doucement comme une vache qui pait ; on les approche aussi en se tenant dans ces petites cages appelées *huttes portatives.*

Embuscade. On en tue beaucoup le soir en se mettant en embuscade sous les arbres où ils viennent se percher pour passer la nuit. Dans les plaines, c'est presque toujours sur les mêmes arbres qu'ils se reposent , c'est à dire sur les plus élevés.

Piéges, collets, pipée. Les piéges à ressorts qu'on amorce avec une fève de marais, une noix, un morceau de viande sont de très bons moyens pour prendre les corbeaux. On en prend à la *pince d'Elwaski* et au *hameçon* garnis de morceaux de chair, d'un pois cuit, etc. Des *collets* de crin attachés à de longues cordes et fixés à 6 pouces du sol, au milieu des champs, en arrêtent souvent beaucoup, surtout si c'est pendant la neige, et qu'on ait jeté du blé ou de l'orge cuit à l'eau ou autre appât. On en détruit aussi en leur jetant des fèves de marais, dont ils sont très friands, et qu'on a eu la précaution de garnir en dedans d'aiguilles rouillées.

Pipée. On en prend à la *pipée*, comme les petits oiseaux, car ils partagent avec eux leur antipathie pour le *hibou*, et ils n'aperçoivent jamais cet oiseau sans jeter un cri. Cette chasse se fait aux gluaux ou avec le fusil. Dans le premier cas, on tend des gluaux sur les plus hautes branches. On imite le cri de la *chouette* ou bien on les attire par le moyen du *grand-duc* ou de tout autre oiseau de proie, qu'on élève sur un juchoir au dessus de la hutte dans laquelle le chasseur se place, ou dans un lieu découvert. (Voyez la description de cette *loge* au mot *Hutte*.) Ils viennent se poser sur les arbres ou sur la terre, et se prennent aux gluaux, ou bien on les tire de dedans la loge lorsqu'ils sont à la portée du fusil. Pour ne pas effrayer ceux qui se trouvent aux environs, il ne faut pas sortir de la loge pour enlever les corbeaux tués, tant qu'il s'en trouve de vivans. Lorsque le hibou n'est pas assez remarqué, il faut l'élever promptement en l'air au moyen de la perche ou du *juchoir* qui se trouve dans la loge, afin de le faire voltiger un peu et de le rendre plus visible.

Chasse avec le filet à alouette. M. Bosc assure avoir pris un grand nombre de corbeaux dans un hiver avec un filet à alouette (voyez *Alouette*), dont la corde répondait dans une maison, et dans l'entre-deux duquel était enterré un mouton écorché. Un corbeau empaillé servait de leurre.

Chasse avec une corneille vivante. Une façon très singulière de prendre des corneilles est d'en avoir une vivante, qu'on attache solidement contre terre, les pieds en haut, par le moyen de deux crochets qui saisissent de chaque côté l'origine des ailes. Dans cette situation pénible, elle ne cesse de s'agiter et de crier ; les autres corneilles ne manquent pas d'accourir de toutes parts à sa voix, comme pour lui donner du secours ; mais la prisonnière, cherchant à s'accrocher à tout pour se tirer d'embarras, saisit, avec le bec et les griffes qu'on lui a laissés libres, toutes celles qui s'approchent et les livre ainsi à l'oiseleur.

Chasse avec des cornets de papier. On se procure encore une chasse amusante en les prenant avec des cornets de papier englués intérieurement, et garnis de viande crue et hachée pour servir d'appât ; on fiche ces cornets dans des tas de fumier, sur des terres labourées ou dans la neige. Lorsque la corneille introduit la tête pour saisir l'appât qui est au fond, les bords du cornet s'attachent aux plumes de son cou ; elle en demeure coiffée, et ne pouvant se débarrasser de ce bandeau qui lui couvre entièrement les yeux, elle prend l'essor et s'élève en l'air à perte de vue, et presque perpendiculairement, jusqu'à ce que, ayant épuisé ses forces, elle retombe de lassitude, et toujours fort près de l'endroit d'où elle est partie.

Chasse lugubre des corneilles. Chomel, dans son *Dictionnaire économique*, décrit une autre chasse qui ne paraît pas mériter grande confiance : on se transporte le soir dans les bois que les corneilles fréquentent ; quand la nuit est venue, et que l'obscurité est la plus profonde, deux ou trois hommes s'habillent de noir, montent sur des arbres peu ou à ébranchés jusqu'à 5, 6 ou 8 pieds de haut, de manière que la tête seule de l'arbre demeure garnie. Deux autres personnes marchent dans le bois, font un peu de bruit, et secouent les arbres où il y a le plus de corneilles ; ces oiseaux épouvantés quittent leur asile, prennent essor dans le bois, et prenant les hommes habillés de noir pour des groupes des leurs, vont se placer sur eux et à l'entour ; c'est alors qu'on les saisit et qu'on les tue. Mais il est difficile de croire que cette chasse soit fructueuse, car on sait que les corneilles ont l'odorat très fin, et l'on doit penser que si l'œil les trompe, l'odorat les fait promptement sortir de leur erreur.

Chasse avec la noix vomique. Il y a un autre moyen beaucoup plus sûr de détruire les corneilles, mais qui est fort dangereux, et que pour cela on ne doit pratiquer qu'avec beaucoup de précautions. On hache de la viande, et on la mêle avec de la noix vomique en poudre. On laisse ces deux substances se pénétrer et s'incorporer pendant vingt-quatre heures. On en forme des boules que l'on répand sur les terres que les corneilles fréquentent, et elles s'empoisonnent en les dévorant. Comme les chiens peuvent s'empoisonner à ces dangereux appâts, on ne peut les guérir qu'en les forçant de boire de l'eau dans laquelle on a mêlé du vinaigre, du jus de citron ou quelque autre acide. M. Vieillot, qui parle de ce moyen de destruction dans le nouveau *Dictionnaire d'histoire naturelle*, observe avec raison qu'il devrait être prohibé, puisqu'il en peut résulter la perte d'animaux utiles, surtout des chiens de berger qui en sont presque toujours les premières victimes. Il pense que, pour se défaire d'oiseaux qui ne sont nuisibles que parce qu'ils détruisent le gibier, et particulièrement les perdrix, il suffirait d'ordonner aux gardes-chasse, au temps de la ponte, de tirer à balles dans le nid; ils tueraient aisément la mère posée sur les œufs ou sur les petits.

Chasse au chat emmiellé. On frotte un chat de miel sur tout le corps; on le roule dans la plume; on le lie ensuite par les reins assez fortement, et on l'attache au pied d'un arbre garni de gluaux. A peine s'est-on retiré, que le chat commence à miauler et à se tourmenter; les corneilles et d'autres oiseaux entendent le bruit, accourent pour se jeter sur leur proie, se posent sur l'arbre et tombent avec les gluaux.

CORBEAU AQUATIQUE. Dénomination faussement donnée au cormoran.

CORBEAU DE MONTAGNE. Nom vulgaire du *Cassenoix*. (*Voyez* ce mot.)

CORBEAU DE NUIT. Nom vulgaire donné au *Biloreau*, à la *Hulotte* et à l'*Engoulevent*. (*Voyez* ces mots.)

CORBEAU CHAUVE. Nom que l'on donne dans certains pays au *coracias huppé*, lorsqu'il est vieux et qu'il a perdu sa huppe. (*Voyez Coracias*.)

CORBICHET ou CORBIEGEAU. Noms par lesquels l'on désigne, en divers pays, le *Courlis*. (*Voyez* ce mot.)

CORBILLARDS ou CORBILLATS. Petits du corbeau.

CORBIN. Nom du *corbeau* en vieux français; nos pères se servaient de cannes à *bec à corbin*, qu'on appelait ainsi parce que la pomme était recourbée et formée comme le bec d'un corbeau.

CORBINE. (*Voyez Corbeau*.)

CORDEAUX ou CORDES. On se sert, à la chasse, de cordeaux pour effrayer le gibier, et le forcer de se diriger vers les chasseurs, ou pour l'empêcher de rétrograder. Il y en a de plusieurs sortes :

Le *cordeau à sonnettes* est garni de grelots. On s'en sert pour battre ou traquer les endroits où l'on peut avoir accès, comme dans les chasses de *bourrée*, qui se font aux cailles dans les chenevières.

Le *cordeau à plumes* est une forte corde d'environ 450 pieds de long (*Pl.* 23, *fig.* 14), à laquelle on attache, à chaque pied de distance, de grosses plumes d'oie ou autres; on préfère les plumes blanches; mais on en emploie aussi de plusieurs couleurs, pourvu qu'on y en mêle de blanches; plus elles sont grandes, plus elles font d'effet; celles qui ont moins de 8 pouces de long en produisent peu.

On fait usage de ce cordeau en Allemagne, ainsi que du *cordeau à loques*, dont il sera parlé plus loin.

Pour transporter facilement ce cordeau, on le roule sur un fuseau (voyez la *figure*) qui doit avoir 2 pieds de hauteur. Ce fuseau se meut autour d'une broche placée dans le milieu; c'est par le moyen de cette machine qu'on dévide et renvide le cordeau. On emploie aussi des fuseaux beaucoup plus grands, et qui ont, par exemple, 4 pieds de hauteur; ils servent pour les cordeaux qui ont 1,800 pieds de long; mais ils ne sont pas commodes, parce qu'il faut deux hommes pour les servir, tandis qu'un seul homme opère très bien avec le petit.

On emploie, pour dresser le cordeau, dix petits piquets, à raison de chaque fusée ou charge de fuseau; ces piquets, lorsqu'on chasse aux lièvres ou aux renards, n'ont que 3 pieds de longueur et la grosseur du petit doigt; mais pour la chasse à la grosse bête, ils doivent avoir 5 pieds et demi de longueur sur 1 pouce de grosseur, et être pourvus de trois crochets de 2 pouces de long, placés, l'un au bout supérieur, l'autre à 1 pied et demi plus bas, et le troisième à une même distance, encore plus bas, afin qu'on puisse y attacher le cordeau, le doubler et le tripler.

Lorsqu'on veut tendre les cordeaux, on fixe fortement en terre un piquet de 1 pied 3 pouces de long, attaché au bout du cordeau; on déroule la corde sur toute la ligne qu'on veut embrasser; on bande cette corde, et l'on enfonce en terre la broche à laquelle est fixé le second bout de la corde. Un second chasseur s'occupe de planter les piquets à quinze pas de distance et d'y attacher la corde. Quand les piquets dont on se sert ne sont pas fourchus, on fait faire un tour de corde autour du piquet, et l'on enfonce ensuite ce piquet. La corde se trouve fixée de la même manière, à chaque quinze pas de distance, et quand on retire les piquets, elle se dégage et ne laisse point de nœuds.

La corde garnie de ses plumes doit être suspendue à 4 pieds et demi de terre pour la chasse au cerf, à 3 pieds pour celle du daim et du chevreuil, et seulement à 1 pied et demi pour celle du lièvre et du renard, et il faut dans tous les cas que la corde à plumes soit placée de manière que la bête puisse l'apercevoir long-temps avant d'en approcher.

Le *cordeau à loques* (*Pl.* 23, *fig.* 15) est un cordeau de cent cinquante pas (450 pieds) de long, presque de la grosseur du petit doigt; sont cousus, de 2 en 2 pieds de distance, des morceaux de grosse toile blanchie au soleil, de 18 pouces de longueur sur autant de largeur. A l'un des bouts du cordeau est attaché un piquet de 18 pouces de long, et à l'autre un fort pieu de 3 pieds de long, surmonté d'un anneau de fer. C'est sur ce pieu qu'on roule le cordeau à loques, pour le transporter facilement. Il faut, pour chaque peloton ou rouleau de corde, dix piquets de 6 pieds de long et de 1 pouce 3 lignes de grosseur, qui doivent être pourvus de fourches et de crochets à leur partie supérieure et dans leur milieu, pour soutenir la corde à un ou deux rangs.

Lorsqu'on veut tendre le cordeau, on enfonce en terre le piquet fixé à l'un de ses bouts, on déroule ce cordeau qu'un homme porte sur son dos, on le tend, et l'on enfonce le pieu comme on l'a fait pour le premier piquet, ou bien l'on attache le bout d'un nouveau rouleau à l'anneau de fer, à côté du dernier cordeau. Ensuite l'on plante un piquet de quinze en quinze pas de distance, et on lève le cordeau sur les fourches de ces piquets. La distance du cordeau à la terre, c'est à dire son élévation, doit être de 5 pieds pour le cerf, 4 pieds pour le daim, 3 pieds pour le chevreuil et le sanglier. Du reste on doit, dans la tendue de ce cordeau, avoir soin de le placer toujours assez loin du fort de la bête, pour qu'elle puisse l'apercevoir avant d'en être tout près, parce qu'autrement elle ne serait pas plus effrayée des cordes à loques que des cordes à plumes, et qu'elle percerait à travers.

Nous parlerons de l'emploi de ces appareils aux articles du *cerf*, du *sanglier*, du *daim*, du *chevreuil* et du *lièvre*.

On se sert aussi du cordeau à plumes pour garnir la tonnelle à prendre des alouettes, des perdrix, etc. (Voyez *Tonnelle*.)

CORDE CABLÉE. C'est une corde dont on se sert dans la chasse aux oiseaux, et qui est composée de trois cordons faits chacun de trois autres.

CORDE DE CRIN. C'est le trait dont on se sert pour mener les chiens à la chasse.

CORLIEU. C'est le petit courlis. (Voyez *Courlis*.)

CORMORAN. Oiseau du genre pélican, et qui est, parmi les oiseaux aquatiques, le plus grand destructeur des poissons. Nous en parlons dans notre *Dictionnaire des Pêches*.

CORNE. Partie dure et saillante de la tête de plusieurs animaux, à qui elle sert de défense. En terme de vénerie, on ne dit pas les *cornes d'un cerf*, *d'un daim*, *d'un chevreuil*; cette partie s'appelle la *tête* ou le *bois d'un cerf*, etc. C'est une substance osseuse, à la différence des véritables cornes, qui sont d'une substance cornée proprement dite. Dans la jeunesse de ce *bois*, qui se renouvelle annuellement, sa superficie est entourée d'une peau velue qui sert de périoste. Cette *corne* ou ce *bois* du cerf, du chevreuil, etc., a des vaisseaux qui lui apportent les molécules dont elle s'augmente. (Voyez *Cerf*.)

CORNEAUX. Chiens engendrés d'un mâtin et d'une chienne de la race du chien courant. On donne aussi ce nom au produit d'un chien courant et d'une chienne d'arrêt, et vice versâ.

CORNEILLE. (Voyez *Corbeau*.)

CORNEILLE AQUATIQUE OU MARINE. Dénomination donnée à la *corneille mantelée*, parce qu'elle se tient au bord des eaux de la mer. (Voyez *Corbeau*.)

CORNEILLE CHAUVE. C'est le *freux*. (Voyez *Corbeau*.)

CORNEILLE D'ÉGLISE. Nom du *choucas* en Normandie. (Voyez *Corbeau*.)

CORNEILLE D'HIVER. C'est la *corneille mantelée*. (Voyez *Corbeau*.)

CORNEILLE DE MER. Nom que l'on donne, dans plusieurs pays, au *coracias huppé*. (Voyez ce mot.)

CORNEILLE MOISSONNEUSE. C'est le *freux*. (Voyez *Corbeau*.)

CORNEILLE NOIRE. C'est la *corbine*. (Voyez *Corbeau*.)

CORNEILLON. Nom vulgaire du jeune *freux* et de la jeune *corbine*, en Normandie. (Voyez *Corbeau*.)

CORNER. On disait autrefois *corner*, pour dire sonner de la trompe.

CORNETTE. (Fauconnerie.) C'est ce qu'on appelle la houppe ou le tiroir de dessus le chaperon de l'oiseau.

CORNILLON. Nom que porte, en Normandie, le *choucas*. (Voyez ce mot.)

CORS. (Vénerie.) Ce sont les pointes ou chevillons sortant de la perche du cerf: le premier cor s'appelle andouiller; le second surandouiller; les suivans cors, chevilles ou chevillures, doigts ou épois.

On distingue l'âge des cerfs par le nombre des cors; ainsi on dit: *un cerf dix cors jeunement*, *un cerf dix cors*. (Voyez *Cerf*.)

CORSAGE. Forme du corps du cerf. On dit: *ce cerf est gros ou petit de corsage*, *brun ou blond de corsage*.

CORZA. Nom de la femelle du daim, en espagnol et en portugais.

COTES. On nomme ainsi la circonférence du pied d'un animal.

COTURNIX. Nom latin de la caille.

COUAIS, *tout couais*. Terme pour faire taire les chiens qui crient mal à propos.

COUALE ou COUAR. Nom vulgaire de la *corneille noire*, en Sologne. (Voyez *Corbeau*.)

COUCHANT (chien). Nom qui se donne au chien dressé pour chasser la perdrix, etc., et qui a l'habitude de se coucher sur le ventre, quand il la voit ou qu'il la sent. (Voyez le mot *Chien*.)

COUCOU, *cuculus*. Genre d'oiseaux de l'ordre des pies. Les espèces de ce genre sont très nombreuses; mais, à l'exception de deux, le *coucou commun* et le *coucou roux*, elles sont étrangères à l'Europe.

LE COUCOU COMMUN, *cuculus canorus*, Lath.

Description. Cet oiseau (Pl. 10, *fig*. 12) est un peu plus gros et plus long qu'une tourterelle. Il a de 13 à 14 pouces de long, non compris la queue, qui en a 6 ou 7; le bec de 1 pouce de long, un peu recourbé, noirâtre en dehors, jaune à l'intérieur, et orangé à la base de la mandibule inférieure; l'iris noisette; les jambes jaunes de 1 pouce de haut, et terminées par quatre doigts dont deux antérieurs unis ensemble à leur base par une membrane, et deux postérieurs (ce qui donne à cet oiseau la faculté de grimper); la tête, le dessus du cou et du corps d'un cendré foncé et luisant; le dessous du corps jusqu'à la poitrine, d'un gris plus clair; le reste du dessous du corps rayé transversalement de gris sur un fond blanc sale; la queue d'un gris noirâtre et marquée par des taches blanches ovales. La femelle est un peu plus petite et de couleur plus pâle.

Le coucou est un oiseau peureux, qui cependant, et bien qu'il n'appartienne pas à la classe des oiseaux de proie, a beaucoup de rapport avec eux, et notamment avec l'épervier, par sa forme et sa manière de voler. Son nom français *coucou*, et celui analogue qui lui est donné dans toutes les langues, exprime le chant monotone de cet oiseau. Ce chant appartient, dit-on, exclusivement au mâle; il l'interrompt quelquefois par un râlement sourd, comme s'il prononçait *crou*, *crou*, d'une voix enrouée et en grasseyant. Outre ce cri, on en entend un autre assez sonore, quoiqu'un peu tremblé, semblable à celui du petit pigeon. Ceux qui l'ont bien entendu l'expriment ainsi : *Go*, *go*, *guet*, *guet*. On soupçonne que c'est celui de la femelle, qui, lorsqu'elle est bien animée, a encore un gloussement, *glou*, *glou*, qu'elle répète cinq à six fois d'une voix forte et assez claire, en volant d'un arbre à l'autre.

Habitation. On trouve le coucou partout en Europe. Il arrive en France dans le mois d'avril, et il commence à chanter quelques jours après. Il habite les bois, notamment ceux qui sont au milieu des champs, sur les coteaux et le penchant des montagnes, et il repart à l'arrière-saison, probablement pour se rendre en Afrique, puisqu'on le voit deux fois par an passer à l'île de Malte.

Nourriture. Il se nourrit principalement de chenilles et d'autres insectes.

Propagation. Une particularité du coucou est de ne point faire de nid, de ne point couver ses œufs, de ne point s'occuper de ses petits, et de laisser tous ces soins à d'autres oiseaux beaucoup plus petits que lui. Lorsque la femelle veut pondre, elle cherche le nid du rouge-gorge, de la fauvette, du verdier, du ramier, du pouillot ou d'un autre petit oiseau, et elle y dépose un œuf assez petit, d'un gris pâle, marqué de points d'un brun rougeâtre, et ne s'en occupe plus du tout. Il est couvé par la femelle étrangère, avec les œufs de laquelle il se confondu. On a rapporté un grand nombre de détails plus ou moins inexacts sur la conduite de la nourrice envers le jeune coucou, et sur celle du nourrisson envers les autres petits. Nous renvoyons au nouveau *Dictionnaire d'histoire naturelle* pour en apprécier le mérite. Nous nous contenterons de faire connaître ici ce que M. Hartig en dit dans son *Traité des chasses*. Lorsque le jeune coucou est éclos, dit cet auteur, et qu'il se sent assez de force, il cherche à pousser hors du nid les autres petits, pour profiter seul de la nourriture que le père et la mère apportent. Ceux-ci lui donnent tous les soins qui dépendent d'eux; et, lorsqu'il a quitté le nid, tous les autres petits oiseaux de chant du voisinage, qui vivent d'insectes, s'efforcent également de lui procurer de la nourriture, jusqu'à ce qu'il soit en état de se nourrir lui-même. Il est tellement dans la nature de ces petits oiseaux, ajoute M. Hartig, de pourvoir à la nourriture du jeune coucou, que l'on a vu de jeunes oiseaux eux-mêmes lui en présenter.

Utilité. Comme le coucou détruit un grand nombre de chenilles et d'autres insectes nuisibles, c'est un oiseau fort utile. Quelques auteurs prétendent que, sur l'arrière-saison, lorsque cet oiseau est gras, et lorsqu'il est pris jeune, sa chair est un mets délicat. Les anciens, disait-on, en faisaient beaucoup de cas; mais le fait est que, dans la plupart des pays, on ne le mange jamais ni jeune, ni vieux, ni gras, ni maigre. A son arrivée, il est très maigre, et c'est à cette époque que cette façon de parler proverbiale, *maigre comme un coucou*, a sa juste application.

En médecine, on attribue au coucou et à ses petits une vertu propre à guérir l'épilepsie, la pierre, les fièvres intermittentes et la colique : on en fait des bouillons qu'on fait prendre aux malades. On prétend que la fiente de cet oiseau, prise intérieurement, est un remède très efficace contre la rage : on en fait infuser pendant la nuit un demi-gros ou un gros dans un verre de vin tiède; on passe le tout le lendemain avec expression, et on en donne la colature au malade. D'autres attribuent à sa graisse la propriété de remédier à la chute des cheveux, si on l'emploie en liniment. Mais toutes ces qualités paraissent bien douteuses, d'autant qu'il est difficile de se procurer des coucous et de constater leurs propriétés dans la médecine.

Le coucou roux, *cuculus rufus*, ne se distingue du précédent qu'en ce qu'il a le dessus du corps d'un rouge brun ondé de noir, et la queue marquée d'un plus grand nombre de taches blanches.

Chasse aux coucous.

Le coucou se laisse difficilement approcher; et, lorsqu'il se trouve dans un bois, il exerce quelquefois long-temps la patience du chasseur, qui le poursuit d'arbre en arbre, parce qu'il ne s'éloigne pas beaucoup, et va se reposer sur un autre arbre où il recommence à chanter. Mais, lorsqu'on entend un coucou, il ne s'agit que de lui répondre en imitant sa voix avec la bouche ou avec un appeau. Il ne manque guère de s'approcher et de venir se poser sur quelque arbre, auprès duquel on se tient caché; et, s'il ne se pose pas, il passe à portée du fusil, et donne la facilité de le tirer au vol. L'appeau dont on se sert est fait de corne, ou d'os, ou d'ivoire, ou de bois; il y a à son extrémité un trou, qui, étant bouché avec le doigt, doit baisser le son d'un ton plein, et par conséquent l'élever étant débouché.

COULASSADE. C'est, en Provence, le nom de la *calandre* ou *grosse alouette*, à cause de son collier noir.

COULER. On dit qu'une lice (chienne) a *coulé*, quand elle a été couverte, qu'elle paraît pleine et qu'elle ne fait pas de chiens.

COULÉES. Faux chemins que les animaux tracent dans les bois.

COUP, *prendre coup*. (Fauconnerie.) On dit que l'oiseau a pris *coup*, quand il s'est heurté rudement contre sa proie, ou contre quelque autre chose.

COUPER. On dit d'un chien qu'il *coupe*, lorsqu'il quitte la voie de la bête qu'il chasse, qu'il se sépare des autres chiens, et va la chercher en coupant les devants pour prendre son avantage ; défaut auquel on doit prendre garde pour ne pas tirer race des chiens qui y sont sujets. On dit : *Ce chien ne vaut rien ; il ne fait que couper.*

COUPLE. C'est une corde ou lanière de cuir qui sert à coupler ou attacher deux chiens de chasse ensemble. (Voyez la *Pl.* 2, *fig.* 3.) On dit : *Voilà une belle couple de chiens*, pour dire *voilà deux beaux chiens* ; *où est la couple de ces chiens ? ils vont bien en couple* : de sorte que le mot *couple* signifie tantôt la corde qui sert à attacher des chiens, tantôt les deux chiens accouplés. Dans le premier cas, les chasseurs disent souvent, mais mal à propos, *le couple*, au lieu de *la couple*.

COUPLER. C'est attacher des chiens deux à deux avec une couple. On dit : *Il faut coupler les chiens.*

COUPLON. C'est un des deux côtés de la couple, formé par un nœud coulant qu'on élargit à volonté, selon la grosseur du cou du chien qu'on veut coupler.

COURABLE. Bête de chasse qui peut être courue, qui est bonne à courre. On dit : *Un cerf courable*, quand il est assez fort pour être couru, pour être *laissé courré*.

COURANS (chiens). Ce sont les chiens qu'on emploie à la chasse à courre. (Voyez *Chien*.)

COURCAILLET. Appeau à bourse plate qu'on emploie pour appeler les cailles. (Voyez *Appeau à cailles*, et la *Pl.* 32.)

COURLERU. Nom vulgaire du *courlis* en Picardie.

COURLIS. Genre d'oiseaux de l'ordre des échassiers, et qui est très nombreux en espèces, mais dont nous ne connaissons guère, en France, que deux espèces.

LE COURLIS COMMUN, *scolopax arquata*, Lin., *numenius arquata*, Lath. (*Pl.* 17, *fig.* 4), se nomme *turlu* dans le Poitou, *corbigeau* ou *corbichet* en Bretagne, *turlui* ou *courleru* en Picardie, et *corlui* en Normandie. C'est un oiseau de la grosseur d'un chapon, qui se reconnaît facilement à son plumage qui est un mélange de gris et de blanc, comme celui de l'alouette, et à son long bec un peu recourbé. Sa grosseur est celle d'un petit coq domestique, et il pèse 1 livre 4 onces. Il a 2 pieds de longueur et 3 pieds et demi d'envergure ; le bec d'au moins 5 pouces de long, grêle, arrondi, sillonné de rainures, également courbé dans toute sa longueur, terminé par une pointe mousse, faible et d'une substance tendre, de couleur noirâtre vers cette extrémité, brune en dessous et blanchâtre en dessus ; les pieds, la partie nue des jambes et les doigts bruns ; les jambes de 3 pouces et demi de haut ; le ventre et le croupion d'un blanc pur ; les plumes des parties supérieures brunes dans leur milieu, et frangées de gris blanc ou de roussâtre ; les grandes pennes de l'aile noirâtres ; les moyennes et les pennes de la queue de même couleur, et coupées de blanc et de brun ; ces dernières dépassant à peine les ailes pliées ; le cou et la poitrine marqués par de longues raies brunes.

La femelle et les jeunes, dans le premier âge, sont de couleur plus foncée que le mâle, excepté à la tête et au cou. Il y a, dit Bechstein, une variété de cette espèce, qui a des bandes blanches, et une autre, des bandes rougeâtres sur les plumes.

Le même auteur dit que les courlis sont très gais pendant l'orage, et que le chasseur peut alors tirer plusieurs fois sur eux, pourvu qu'il ne se fasse pas voir, parce que ces oiseaux prennent la détonation du fusil pour des coups de tonnerre. Ils aiment à vivre en famille ; on les voit passer en troupe, en automne et au printemps, et ils font entendre deux sortes de cris : *hai-i* et *clauï*.

Habitation. Ces oiseaux sont très répandus ; on les trouve dans les contrées septentrionales et les plus septentrionales de l'Europe, en Asie, en Amérique et dans quelques îles des mers du Sud. Ils habitent les rivages de la mer, des lacs et des fleuves, les grands marais et les prairies humides qui se trouvent aux environs.

Ils changent deux fois de demeure, suivant les climats qu'ils habitent ; ils s'éloignent des contrées du nord pour se rendre dans d'autres contrées, en automne ; et, pendant l'hiver, ils quittent encore les climats tempérés, par exemple la Thuringe, lorsque les neiges sont abondantes.

En France, ils s'arrêtent peu dans l'intérieur ; mais ils séjournent dans les contrées maritimes, et on en trouve beaucoup en Bretagne, en Normandie, dans l'Aunis, le Poitou et sur les bords de la Loire. On en voit aussi aux environs de Paris, surtout dans les grands froids. Lorsqu'ils voyagent, ils se reposent dans les friches, les terres ensemencées et les prairies humides.

Nourriture. Elle consiste en insectes, vers de terre, limaçons et en menus coquillages, qu'ils trouvent dans les sables et la vase des bords de la mer, et en jeunes pousses d'herbe ou de blé qu'ils mangent dans les champs. On les voit nager dans les rivières, les lacs et les étangs pour poursuivre les insectes, quand ils ne peuvent les prendre à pied.

Propagation. Ils s'apparient dans les mois d'avril et de mai ; ils construisent leur nid dans les marais et en lieu sec, avec quelques chaumes qu'ils entrelacent sur une touffe d'herbe. La femelle y dépose de quatre à cinq œufs olivâtres, parsemés de taches d'un brun mêlé de rouge, très rapprochées vers le gros bout. L'incubation dure trois semaines. Les jeunes courent avec leur mère dès qu'ils sont éclos.

Ennemis. Le courlis a les mêmes ennemis que la bécassine : ce sont les renards, les chats sauvages, les martes, les belettes et les grands oiseaux de proie. On trouve aussi le ver solitaire dans le courlis.

Qualités. La chair du courlis, mise autrefois au premier rang entre les oiseaux d'eau, est moins recherchée aujourd'hui, quoiqu'elle ait du fumet autant que celle de la perdrix. Mais celle des jeunes est délicate et de bon goût. Les œufs en sont excellens.

Chasse. On fait la chasse au courlis de la même manière qu'aux bécasses et aux autres oiseaux d'eau. Ils se laissent difficilement approcher et courent très vite; mais comme ils sont longs à prendre leur essor, on a le temps de les tirer. On les appelle aussi avec un appeau qui imite les deux cris qu'ils font entendre, et on les tire lorsqu'ils sont à portée. Bechstein dit qu'on peut de cette manière tirer plusieurs coups, attendu que les courlis, qui ne sont pas atteints, ne veulent point abandonner ceux qui sont tués ou blessés.

LE CORLIEU OU PETIT COURLIS, *numenius phæopus*, Lin.; *scolopax phæopus*, Lath., a la grosseur de la bécasse, 16 pouces de longueur, y compris la queue, qui a 4 pouces; le bec de 3 pouces de long, grèle, fortement recourbé, noirâtre, et rougeâtre à sa base; les pieds verdâtres; les jambes de 2 pouces 3 lignes de haut; le plumage plus foncé et le bec plus courbé que le courlis commun, ce qui l'en distingue facilement; le dessus de la tête brun, avec une bande longitudinale d'un gris blanc sur le milieu; une tache blanche entre le bec et l'œil; la gorge de cette même couleur; les côtés de la tête; le cou et la poitrine couverts de plumes brunes, bordées de gris blanc et de fauve; celles du dos d'un brun foncé et grises sur les bords; la partie inférieure du dos, le croupion, le ventre, les flancs et les couvertures du dessous de la queue blancs; les couvertures des ailes d'un gris brun avec des taches d'un gris blanc, les pennes des ailes noirâtres avec des taches blanchâtres sur les bords; celles de la queue cendrées en dessous et d'un gris brun en dessus.

Cet oiseau, que l'on nomme *regenvogel*, oiseau de pluie, en Allemagne, parce qu'il annonce la pluie par ses cris : *Hü, hü, hü, hü, dlai*, habite l'Europe et l'Amérique; on le trouve en Angleterre, dans la Livonie, la Hongrie, sur les bords de la mer Caspienne, etc. Il passe en petites troupes dans les autres parties de l'Allemagne, en automne et au printemps. Il séjourne sur les bords des rivières, des lacs et dans les marais. On le voit rarement en France. Il se nourrit comme le courlis commun, et sa chair passe pour être délicate. Il ne niche point en Allemagne, ni en France.

On le chasse comme le précédent.

COURIR ou COURRE. On dit, en termes de chasse : *Courre le cerf, courre le lièvre, laisser courre les chiens,* c'est à dire les découpler après la bête. On dit aussi d'un pays commode pour la chasse que *c'est un beau courre.*

COURONNE. Duvet qui environne le bec de l'oiseau, à l'endroit où il se joint à la tête, et qu'en fauconnerie on appelle *sa couronne.*

COURONNE. On nomme ainsi sept ou huit menus cors qui se trouvent au sommet de la tête du cerf, rangés en forme de couronne.

COURRIER. Nom que l'on donne, sur la Saône, au *chevalier aux pieds rouges.* (*Voyez* ce mot.)

COURT-JOINTÉ. On dit, en fauconnerie, un oiseau *court-jointé,* quand ses jambes sont de médiocre longueur.

COURTOISIE. (Fauconnerie.) Faire *courtoisie* aux autours, c'est leur laisser plumer le gibier.

COUVÉE. On appelle ainsi tous les œufs que la femelle des oiseaux couve en même temps, ou les petits qui en sont éclos. En mai et juin, il ne faut pas inquiéter les perdrix ni les autres oiseaux pendant le temps de la couvée.

COUVERTE. Nom que l'on donne, en fauconnerie, aux deux grandes pennes du milieu de la queue des oiseaux.

Le vol à la *couverte,* c'est quand on approche le gibier à couvert de quelque haie.

CRA. Nom que portent, en Lorraine, la corneille mantelée, les corbeaux et les autres espèces de corneilles. (Voyez *Corbeaux*.)

CRABIERS. Famille d'oiseaux du genre des hérons, auxquels on a donné ce nom, parce qu'il y a quelques espèces qui se nourrissent de crabes de mer et de terre. Ces oiseaux appartiennent en général à des contrées autres que la France.

CRAC. (Fauconnerie.) Maladie des oiseaux de proie. On dit : Ce faucon a la *crac.* Pour remédier à cette maladie, il faut purger les oiseaux avec une cure de filasse ou de coton, et ensuite les paître avec des viandes macérées dans l'huile d'amandes douces et dans l'eau de rhubarbe alternativement, puis leur donner encore une cure comme auparavant. On peut lier la cure avec de la rue ou de l'absinthe; et si l'on remarque que le mal soit aux reins et en dehors, il faudra faire tiédir du vin et en étuver ces parties. On ne dit point en quoi consiste la *crac.*

CRAIE. (Fauconnerie.) Infirmité qui survient aux oiseaux de proie; c'est une dureté des émeus si extraordinaire, qu'il s'y forme de petites pierres blanches, de la grosseur d'un pois, lesquelles, venant à boucher le boyau, causent souvent la mort aux oiseaux, si l'on n'a soin d'y remédier. Comme ce mal est causé par une humeur sèche et épaisse, il faut l'humecter et l'atténuer en trempant la viande des oiseaux dans du blanc d'œuf et du sucre candi battus et mêlés ensemble.

CRAPAUD-VOLANT. Nom que l'on donne à *l'engoulevent.* (*Voyez* ce mot.)

CRAQUER. Produire le bruit d'un bois qui s'éclate. Il se dit, en fauconnerie, du bruit que la grue fait en fermant son bec; il se dit aussi de son cri.

CRAQUETER. (Chasse.) Terme par lequel on désigne le cri de la cigogne.

CRAUPÊCHEROT ou CRAPÊCHEROT. C'est à dire corbeau-pêcheur. Nom du balbuzard, en patois de Bourgogne. (Voyez *Balbuzard*.)

CRAVAN, *anas bernicla,* Lin. Oiseau du genre des canards, qui, par le port et la figure, approche plus de l'oie que du canard; mais il est beaucoup plus petit que l'oie, moins épais et plus léger ; sa longueur totale ne va pas à 2 pieds, son vol a près de 3 pieds et demi, et ses ailes pliées dépassent les trois quarts de la longueur de sa queue. Il a le bec peu large et assez court ; la tête petite, le cou long et grêle, les narines grandes ; tout le plumage d'un gris brun uniforme ; le bas-ventre, les couvertures inférieures de la queue, et le croupion sur ses côtés, blancs ; une bande fort étroite de la même couleur, formant un demi-collier sous la gorge ; le bec et les pieds noirâtres ; l'iris des yeux d'un brun jaunâtre. Les teintes de la femelle sont plus claires ; et l'oiseau, dans le jeune âge, n'a pas la bande blanche du cou.

Les cravans sont des oiseaux des régions septentrionales ; ils n'étaient guère connus sur nos côtes de l'Océan avant l'hiver de 1740, où il en vint une quantité prodigieuse qui fit beaucoup de mal aux blés verts. Depuis cette époque, ils arrivent assez ordinairement pendant l'hiver, lorsque les vents du nord soufflent pendant douze à quinze jours. On en trouve surtout en Picardie, et on en tue quelquefois sur la Seine, près Paris. Ils sont communs, en hiver, dans les contrées maritimes de l'Angleterre.

Ces oiseaux sont d'un naturel timide et sauvage ; on peut les élever dans les basses-cours, en les nourrissant avec du grain, du son ou du pain détrempé.

La chair du cravan est très recherchée des habitans du nord. Elle est permise dans les jours d'abstinence religieuse.

CRÉANCE. En fauconnerie, c'est le nom de la filière ou ficelle avec laquelle on retient l'oiseau qui n'est pas encore bien assuré. On appelle oiseau de *peu de créance* celui qui n'est ni bon, ni loyal, qui est sujet à s'essorer ou à se perdre.

En terme de chasse, *créance* se dit des chiens qui ont plus d'adresse et d'obéissance que les autres, et auxquels on peut se fier.

CRÉCERELLE, *falco tinnunculus*, Lath. Oiseau du genre des faucons et de l'ordre des oiseaux de proie, que l'on appelle aussi *émouchet*.

Description. C'est un joli oiseau de proie (*Pl.* 8, *fig.* 9), qui a 1 pied 2 pouces de long, non compris la queue, qui a 6 pouces ; son envergure est de près de 2 pieds et demi ; il a un bec de 8 lignes de long, couleur de corne, très crochu, l'iris de l'œil d'un jaune vif ; les jambes de 2 pouces 3 lignes de haut, et jaunes, ainsi que les doigts ; les ongles noirs ; le sommet de la tête d'un beau gris cendré ; le reste du dessus du corps d'un roux vineux, tacheté de noirâtre ; les parties inférieures du corps roussâtres avec des lignes noires, excepté sous la gorge ; les pennes de l'aile noirâtres ; celles de la queue d'un gris cendré, avec leur extrémité noire, mais terminée par un liséré blanc.

La femelle, que l'on a prise souvent pour un oiseau d'espèce différente, a la tête rousse, des raies brunes sur toutes les parties supérieures, les mouchetures du dessus du corps d'une teinte moins foncée, les pennes des ailes bordées d'un blanc roussâtre, et celles de la queue d'un roux plus ou moins foncé. Cette femelle est aussi plus grande, plus hardie et plus entreprenante que le mâle.

Habitation. Cet oiseau se trouve dans presque toute l'Europe ; il nous quitte en automne et revient au mois de mars. Il est très nombreux, très répandu, et s'approche plus qu'aucun autre oiseau de proie de nos habitations ; il s'y fait entendre par un cri précipité, *cli, cli, cli,* qu'il ne cesse de répéter en volant, et qui ressemble au son d'une clochette. Le bruit ne paraît pas l'effrayer, car il vient s'établir sur les vieux bâtiments, au milieu des grandes villes, et y fait la chasse aux petits oiseaux dans les jardins. Aux champs, il choisit les anciens châteaux, les clochers, les tours abandonnées, et plus rarement l'épaisseur des bois.

Nourriture. Les insectes sont la première nourriture des jeunes crécerelles ; adultes, elles se nourrissent de petits oiseaux et même de perdrix et de pigeons, de mulots, de campagnols et d'escarbots.

Propagation. Cet oiseau fait son nid dans les murs et les rochers, quelquefois sur les arbres les plus élevés, et il se met aussi en possession des nids de corneilles abandonnés. La ponte est de quatre à six œufs d'un jaune sale et tachetés de brun. L'incubation dure trois semaines.

Ennemis. Les crécerelles se battent avec les autres espèces de faucons et avec les corneilles.

Qualités. Elles détruisent les jeunes oiseaux, les alouettes et même les perdrix, et, sous ce rapport, elles ne sont point aimées des chasseurs ; mais en définitive elles sont plus utiles que nuisibles, à cause de la grande quantité de mulots et d'insectes qu'elles dévorent. On peut les dresser pour la fauconnerie ; elles s'apprivoisent assez facilement, quand on les prend jeunes. On les nourrit de viande crue.

Chasse. Les crécerelles ne sont point aussi sauvages que les autres oiseaux de proie, et on peut les approcher pour les tuer à coups de fusil. On peut aussi les prendre à la pipée, en se servant de chouette. Enfin on les prend par les moyens qui sont indiqués dans l'article des *Oiseaux de proie*.

Variétés de la crécerelle. Les ornithologistes font mention de plusieurs variétés de la crécerelle : 1° celle qui a la tête et les deux pennes de la queue grises ; 2° *la crécerelle jaune* de Sologne ; 3° *la crécerelle à plumes grises* ; 4° *la crécerelle à pieds noirs* ; 5° *la crécerelle à tempes noires*.

CRÊTE. Excroissance de chair rouge et dentelée, qui vient sur la tête des coqs, des poules et autres oiseaux.

CRI. Voix haute et poussée avec force. Il se dit des sons ou de la voix de certains animaux, et qui prennent différens noms, suivant les espèces d'animaux. Les cerfs *crient* lorsqu'ils sont en rut (on disait autrefois qu'ils *bramaient*) ; les loups *hurlent* ; le lapin et le lièvre *crient*, lorsqu'ils éprouvent une vive douleur ; les sangliers *grognent* ; les oiseaux *crient* ou *chantent* ; les corbeaux *croassent*, etc.

CRI. Signifie aussi le bruit que font les chasseurs en parlant aux chiens. On dit : *chasser à cor et à cri*, pour dire chasser à grand bruit avec le cor et les chiens.

CRIARD. Épithète qui désigne un oiseau qui a le

défaut de crier. En fauconnerie, on dit que quand l'oiseau mord, ou qu'il est *criard*, il faut lui mettre un chaperon à bec couvert, comme un étui.

CRIER. Quand les chiens chassent, on ne dit pas les chiens *aboient*, mais les chiens *crient*.

CRIQUET ou CRIQUARD. Dénomination vulgaire de la *sarcelle d'été* ou *petite sarcelle*, en Picardie.

CRISTEL. Nom vulgaire de la crécerelle en Bourgogne.

CROASSEMENT. Cri des corbeaux.

CROCHET A BLAIREAU (*Pl.* 20, *fig.* 6). C'est un instrument dont on se sert pour tirer les blaireaux et renards de leurs trous; il consiste dans une tige de fer de 2 pieds et demi de longueur, pointue et recourbée en crochet à son extrémité, et garnie à l'autre extrémité d'une poignée en bois.

CROISER. Quand on a connaissance d'un cerf, on croise les enceintes, c'est à dire on passe à travers avec son limier pour tâcher de le mettre sur pied.

CROISER les chiens. C'est traverser la voie de l'animal qu'ils chassent.

CROISER la race des chiens, c'est faire couvrir une chienne par un chien d'une race.

CROIX DE CERF. (Vénerie.) C'est un cartilage ayant à peu près la forme d'une croix qui se trouve dans le cœur du cerf. Plus l'animal vieillit, plus le cartilage grossit et se durcit.

CROLER. En fauconnerie, ce mot se dit du bruit que font les oiseaux qui se vident par le bas. Quand l'oiseau de proie crole, c'est en lui une marque de santé.

CROTTE. On appelle ainsi la fiente des lièvres et lapins, à laquelle on donne aussi le nom de *repaire*.

CROUAS. Nom que les Auvergnats donnent à la corbine. (Voyez *Corbeau*.)

CROULER LA QUEUE (Vénerie.) Se dit du mouvement que l'animal fait de cette partie lorsque la peur le fait fuir.

CROUPE DE CERF. C'est ce qu'on appelle *cimier*.

CROUPION. C'est l'extrémité du corps des oiseaux qui soutient la queue; mais, dans les descriptions ornithologiques, l'on est convenu d'appeler *croupion* le bas du dos jusqu'aux pennes de la queue.

CRU. C'est le milieu du buisson où la perdrix se retire quelquefois pour éviter les poursuites des chiens. On l'appelle mieux le *creux du buisson*.

CUJELIER, *alauda arborea*, espèce, d'alouette. (*Voyez* ce mot.) On l'appelle aussi l'*alouette des bois*, non qu'elle s'enfonce dans les bois; mais parce qu'elle se perche sur les arbres, quelquefois à l'entrée des jeunes taillis.

Description. Cette espèce (*Pl.* 13, *fig.* 5) est beaucoup moins grosse que l'alouette commune. Sa longueur totale est de 6 pouces; son bec a 7 lignes, et la queue dépasse les ailes d'environ 13 lignes. Son plumage n'offre pas de différences bien remarquables avec celui de l'alouette : il y a en général moins de blanc; mais une sorte de couronne blanchâtre est plus sensible sur la tête du cujelier. La femelle a le dessus de la tête d'un brun moins foncé, la poitrine moins tachetée, une bordure plus claire aux pennes des ailes et l'ongle du doigt postérieur moins long que le mâle.

Le cujelier, de même que l'alouette commune, s'élève très haut en chantant, et se soutient longtemps en l'air ; mais son ramage diffère de celui de l'alouette, et approche davantage du chant du rossignol; on l'entend le jour comme la nuit, soit que l'oiseau se perche ou reste sur la terre, à la différence de l'alouette qui ne chante que durant son vol.

Habitation. Dans cette espèce, ainsi que dans celle de l'alouette, il y a des individus qui voyagent, et d'autres qui ne quittent pas nos pays pendant l'hiver. Les voyageurs partent au commencement d'octobre et reviennent en février. On la trouve le plus ordinairement dans les boqueteaux au milieu des champs, au bord des taillis clairs et peuplés de bruyères.

Nourriture. Le cujelier se nourrit, comme l'alouette ordinaire, de grains, d'herbes et d'insectes.

Propagation. Il fait son nid dans la bruyère, dans les touffes de grandes herbes, et sous les petits arbustes. Sa ponte est de quatre à cinq œufs, d'un gris blanchâtre tacheté de brun. L'incubation dure quinze jours. On dit qu'elle fait deux couvées dans l'année.

Utilité. La chair de cette espèce est extrêmement délicate et de bon goût.

On prend cette alouette, comme le cochevis, aux collets, aux traîneaux, etc. (Voy. *Alouette*.)

CUL-BLANC. Nom vulgaire, en plusieurs endroits, de la *Guignette*. (*Voyez* ce mot.)

C'est aussi le nom du *Moitteux*. (*Voyez* ce mot.)

CUL-BLANC DES RIVAGES. (Voyez *Bécasseau*.)

CUL-ROUGE. Nom vulgaire du *rossignol de muraille et de l'épeiche*.

CUL-ROUSSET-FARNON. C'est encore le nom vulgaire du *rossignol de muraille*.

CURE. (Fauconnerie). Remède que les fauconniers donnent aux oiseaux de proie, en forme de petites boules d'étoupe, de coton ou de plume, pour dessécher leur phlegme. *Armer les cures*, c'est mettre auprès quelques petits morceaux de chair, pour leur faire mieux avaler la cure. *Tenir sa cure* se dit de l'oiseau quand la pilule fait son devoir. On dit : *Les oiseaux se portent bien*, quand ils ont *rendu leur cure*.

CURÉE. Repas, que l'on fait faire aux chiens et aux oiseaux, après qu'ils ont pris le gibier.

Curée chaude. C'est quand on leur donne sur-le-champ quelque partie de la bête prise.

Curée froide. C'est celle qu'on leur donne au logis. (Voyez *Cerf*.)

CURER *les oiseaux*. C'est leur donner une cure : il ne faut point paître un oiseau qu'il n'ait *curé* ou rendu la *cure*.

CURLU. Nom vulgaire du *courlis* en Bourgogne. (*Voyez* ce mot.)

CYGNE. Oiseau de l'ordre des oies et du genre des canards. C'est l'un des plus grands oiseaux d'eau, et aucune espèce ne possède autant de grace et de beauté, aucune ne se distingue par autant d'élégance dans les formes et de noblesse dans le port et les attitudes. « A ce noble oiseau, dit Buffon, à la facilité, à la liberté de ses mouvemens, sur l'eau, on doit le reconnaître, non seulement comme le premier des navigateurs ailés, mais comme le plus beau modèle que la nature nous ait offert pour l'art de la navigation. Son cou élevé, et sa poitrine relevée et arrondie, semblent en effet figurer la proue du navire fendant l'onde; son large estomac en représente la carène; son corps, penché en avant pour cingler, se redresse à l'arrière et se relève en poupe; la queue est un vrai gouvernail; les pieds sont de larges rames, et ses grandes ailes demi-ouvertes au vent et doucement enflées sont les voiles qui poussent le vaisseau vivant, navire et pilote à la fois. »

Le cygne joint aux dons de la beauté, à la douceur et à la tranquillité du caractère, le courage et la force. Il ne craint aucun ennemi et on l'a vu souvent repousser avec succès les attaques de l'aigle et des autres oiseaux de proie pour défendre ses œufs et ses petits. Il a une grande force dans les ailes; il vole avec légèreté et peut entreprendre de longs voyages. Il nage si vite, qu'un homme marchant rapidement sur le rivage a grande peine à le suivre. La douceur de son naturel le porte, excepté dans le temps des amours, à chercher la compagnie de ses semblables, et même des autres oiseaux aquatiques; et l'on voit toujours les cygnes voyager et vivre en troupes.

On distingue plusieurs espèces de cygnes, dont deux se trouvent en Europe : le *cygne domestique* et le *cygne sauvage*.

LE CYGNE DOMESTIQUE, *Anas olor*, Lath., que les Allemands appellent *stumme schwan*, et les Anglais *mute swane*, dénominations qui signifient *cygne muet*; tandis que les noms qu'ils donnent au cygne sauvage signifient *cygne chanteur* ou *siffleur*. La dénomination de *cygne domestique* que nous donnons en France à cette espèce pourrait faire croire que cet oiseau ne serait qu'une variété du cygne sauvage produite par la domesticité; mais il n'en est point ainsi; le cygne que nous appelons domestique vit en liberté comme celui qu'on appelle sauvage; ce sont deux espèces distinctes.

Description. La blancheur éclatante du cygne domestique a passé en proverbe; le beau noir du tubercule charnu qui s'élève à la base du bec, de la peau nue qui couvre l'espace compris entre le bec et l'œil, des ongles et du bout du demi-bec supérieur relève encore cette parure blanche déjà si brillante. Le reste du bec est rouge; les pieds et les doigts ont la teinte du plomb. La longueur ordinaire du mâle est de 4 pieds et demi, y compris la queue, qui a 8 pouces, et le bec, qui a 4 pouces de long. Les jambes ont 3 pouces et demi de haut, il pèse de 20 à 30 livres.

La femelle ne diffère du mâle qu'en ce que sa taille est un peu plus petite et le tubercule de son bec moins gros.

Les jeunes cygnes, à leur naissance, sont revêtus d'un duvet gris, et ce n'est qu'au bout de deux mois qu'ils se couvrent de plumes, d'abord grises, ensuite grises et blanches. Leur plumage ne devient entièrement blanc qu'après la mue du mois de juillet de l'année suivante.

Le cygne parvient à un très grand âge : quelques personnes prétendent que son existence se prolonge jusqu'à cent ans, et suivant d'autres jusqu'à trois cents ans. Il est certain que des cygnes domestiques ont été nourris dans les mêmes maisons pendant plusieurs générations.

Cet oiseau n'est point farouche, il s'apprivoise facilement. Il fait l'ornement des parcs et des jardins où on l'entretient dans les étangs et les bassins. On remarque en Allemagne qu'à l'époque du passage des cygnes sauvages, qui se rendent dans les pays chauds, il témoigne le désir de les suivre; c'est pourquoi dans sa jeunesse on lui brise les ailes ou bien on lui coupe la première articulation de l'aile.

Ce qu'on dit du chant du cygne avant sa mort n'est qu'une fable, car cet oiseau ne fait entendre qu'une sorte de bourdonnement ou de bruit sourd et dans le temps des amours, un léger coassement.

Habitation. Le cygne domestique habite, pendant l'été, les côtes de la mer, les lacs et les fleuves des contrées tempérées et septentrionales de l'Europe, et ceux de l'Asie. On en voit dans presque toutes les parties de l'Allemagne, où il se tient dans les lacs de grande étendue, les étangs et les rivières d'un cours paisible et qui présentent des marais. On l'entretient dans les eaux des parcs et les fossés des villes. Les cygnes qu'on nourrit en liberté, comme cela a lieu en Allemagne, quittent les eaux libres qu'ils habitent, lorsque les gelées se font sentir, pour se rendre dans d'autres eaux, et ils retournent à leur première demeure après le dégel; quant aux cygnes de cette espèce, qui sont sauvages, ils partent dans le mois d'octobre pour se rendre dans les contrées méridionales, par exemple en Sardaigne, et reviennent dans leur patrie au mois de mars. Les cygnes privés que l'on tient dans les eaux closes, comme les bassins et les étangs, doivent être renfermés pendant l'hiver avec les oies et les canards domestiques.

Nourriture. Ils se nourrissent de vers, de toutes sortes d'insectes aquatiques, de graines, d'herbes et de plantes qu'ils trouvent dans les eaux. Ils ne mangent point de viande. On les nourrit, pendant l'hiver, comme les oies et les canards, avec de l'avoine, de l'orge, du pain, etc.

Propagation. Les cygnes s'apparient au mois de mars; la femelle fait son nid sur une touffe d'herbes sèches, au bord de l'eau, ou dans une île, avec des roseaux qu'elle réunit ensemble et qu'elle garnit de plumes qu'elle détache de sa poitrine. Elle y dépose de six à huit œufs à coque dure et épaisse, d'une grosseur considérable, de forme oblongue, d'un blanc sale et olivâtre, et légèrement tachetés de brun, qu'elle couve pendant trente jours : les petits cygnes sont revêtus d'un duvet gris; ils suivent leur mère à la nage aussitôt qu'ils sont éclos. Le père les défend avec intrépidité contre tout ce qui en approche. On construit pour les cygnes privés des cabanes dans lesquelles ils peuvent se retirer et construire leur nid.

Ennemis. Comme le cygne combat avec courage et qu'il a une grande force dans les ailes, il a peu d'ennemis à redouter; il n'y a que les gros animaux carnassiers, les renards, les chats sauvages, les aigles et les balbuzards qui peuvent lui nuire; et encore lui arrive-t-il de repousser avec succès les attaques de ces derniers.

Qualités. La chair des jeunes cygnes passe pour être délicate, et on la sert sur les tables recherchées, préparée de diverses manières, et principalement en pâtés. Celle des vieux est dure et d'un goût fort, et il faut, pour lui faire perdre ces défauts, la faire mariner ou la soumettre à d'autres préparations. Sur les bords de la mer Baltique, on la fait fumer et on la mange comme celle des oies domestiques. Les anciens faisaient engraisser des cygnes. Leur graisse passe pour adoucir et résoudre les hémorrhoïdes; cependant un médecin assure que l'on devient sujet à cette incommodité, lorsqu'on mange souvent du cygne. Cette même graisse passe aussi pour avoir la propriété d'enlever les taches de rousseur, si on la mêle avec du vin. On plume les cygnes domestiques deux fois par an; ils fournissent un duvet recherché dont on fait des coussins et des lits. Chaque année, la Lithuanie, la Pologne et la Prusse envoient à la foire de Francfort sur l'Oder plusieurs quintaux de plumes de cygnes. C'est aux environs de Postdam, de Spandau et de Berlin, sur la Sprée et le Havel, qu'on entretient le plus de cygnes; on les nourrit pendant l'hiver, et on les réunit dans le mois de mai pour les plumer. On fait avec la peau du cygne chargée de son duvet des manchons, des fourrures et des houppes à poudrer. Les grosses plumes des ailes sont employées pour écrire, et les autres plumes des ailes et celles de la queue servent à faire des pinceaux.

Chasse. Nous parlerons de la chasse du cygne domestique en même temps que de celle du cygne sauvage.

CYGNE SAUVAGE, *anas cygnus*, Lath., en allemand *singswan*, et en anglais *wistling*, c'est à dire cygne chanteur ou siffleur.

Description. Cette espèce est plus grande que celle du cygne domestique; elle s'en distingue principalement par la forme différente de son bec. Elle a près de 5 pieds de long, y compris la queue, qui a 8 pouces. Son poids varie de 18 à 25 livres. Le bec, qui a 4 pouces 3 lignes de long, est uni et sans caroncule, cylindrique jusqu'à la moitié de sa longueur, un peu carré près du front, noir, couvert d'une membrane jaune près de la tête; le tour des yeux est granuleux et jaune; les pieds sont noirs, et les jambes ont 5 pouces de haut. Les cygnes sauvages sont blancs comme les cygnes domestiques, et si l'on en voit de gris, c'est qu'ils sont encore jeunes; mais ils ont des marques un peu rousses sur le front et les côtés de la tête. Ce qui distingue surtout le cygne sauvage du cygne domestique; c'est la différence de la position et de la forme de la trachée-artère.

Les jeunes cygnes sont d'un gris cendré jusqu'à la deuxième mue, et ont plus de jaune autour du bec; lors de la mue, on remarque des plumes blanches mêlées avec les plumes grises.

Dans cette espèce, les mâles et les femelles font entendre, au moyen de la disposition de leur trachée-artère, un son distinct et qui, suivant quelques auteurs, serait doux et mélodieux et aurait été l'origine de la fable qui, chez les anciens, attribuait aux cygnes la faculté de chanter à l'approche de leur mort. Bechstein assure que les Islandais, pour attirer ces oiseaux, imitent leur voix avec le violon. Il résulte aussi des observations faites par l'abbé Arnaud et par Mongez, que des cygnes sauvages, qui s'étaient établis sur les eaux du château de Chantilly, avaient une sorte de mesure et de modulation dans leur voix; qu'ils répétaient à demi-voix et sur le même ton un son *couq, couq, couq*; qu'ils élevaient ensuite la voix en suivant les quatre notes *mi, fa* (le mâle), *ré, mi* (la femelle); et que cette espèce de chant, quoique très perçant, ne laissait pas que de plaire à l'oreille. Mais Valmont de Bomare, que son emploi à Chantilly avait mis à portée d'examiner les cygnes sauvages qu'on y nourrissait, dit que leur voix n'est qu'un cri perçant, et que celle du mâle et celle de la femelle, se faisant entendre ensemble, ressemblaient au bruit de deux petites trompettes de foire que font résonner les enfans.

Habitation. Les cygnes sauvages habitent les régions septentrionales de l'Europe, de l'Asie et de l'Amérique; mais les grands hivers et les fortes gelées les forcent quelquefois à abandonner leur demeure pour se rendre dans les régions tempérées; il en vient quelquefois en Allemagne et en France, où ils se tiennent dans les lacs, les rivières et les étangs dont les eaux ne sont pas gelées. Pendant le rigoureux hiver de 1784, il en parut un grand nombre en France, et on en tua beaucoup sur la Somme, en Picardie, et sur la Saône, en Bourgogne. Ils se laissaient aborder très facilement. Il en parut aussi de nombreuses quantités dans l'hiver de 1830; mais comme presque toutes les eaux étaient gelées, ils passèrent rapidement.

Nourriture. Elle est la même que celle des cygnes domestiques.

Propagation. La même aussi.

Ennemis. Les mêmes.

Qualités. La chair des jeunes cygnes sauvages est de bon goût. On la mange fraîche ou marinée. Les cygnes adultes ne sont pas un meilleur gibier que les cygnes domestiques; cependant, lorsqu'ils se nourrissent de prêle, d'épi d'eau, et surtout de racines de souci et de patience de marais, dont ils sont très avides, ils deviennent très gras et très bons à manger. En Russie, la race sauvage est celle qu'on apprivoise le plus ordinairement.

Chasse aux cygnes.

Le cygne dit domestique étant l'espèce la plus répandue dans les contrées tempérées, c'est principalement de la chasse de cette espèce que nous parlerons.

Le cygne forme avec ses ailes, en volant, un certain bruit sonore et harmonieux, qui lui est particulier, et qui s'entend de fort loin. Il ne vole pas très haut, et se trouve le plus souvent à la portée du fusil, lorsqu'on se rencontre dans la direction de son vol. Il ne paraît pas voler rapidement, à cause de son volume et de l'étendue de ses ailes, quoique chaque coup d'aile le porte fort loin en avant, et avec beaucoup de vitesse ; ce qui fait que bien des chasseurs y sont trompés, en l'ajustant seulement à la tête, comme les oies et les canards, et manquent leur coup. Il est donc à propos, pour tirer le cygne en volant, de le devancer d'un pied, et quelquefois davantage, suivant l'éloignement. Du reste un oiseau de cette taille doit être tiré avec du plomb très fort, quoique, malgré le duvet épais qui le défend, le cygne ne soit point aussi difficile à tuer qu'on pourrait se l'imaginer, le duvet étant fin comme de la soie, et ses os étant d'ailleurs très fragiles.

Quand les cygnes volent, c'est ordinairement par troupes. Ils ont, dit-on, chacun le bec appuyé sur le cygne qui précède et si celui qui est à la tête se trouve fatigué, il va se placer à la queue de la troupe.

Bechstein dit qu'en Allemagne où l'on trouve beaucoup de cygnes blancs dans les localités abondantes en grands lacs, étangs et rivières, on ménage ceux qui y séjournent. Mais lorsqu'ils se rassemblent par bandes de quarante à soixante, hors le temps du départ, on les chasse sans ménagement, à coups de fusil. Dans l'intérieur de l'Allemagne, ils sont rarement exposés à ce danger. Mais dans le Danemarck, la chasse de ces oiseaux se fait dans certaines saisons de l'année et devient un grand divertissement, surtout près des îles maritimes où ces oiseaux se tiennent. On en tue chaque année plusieurs centaines. Sur les côtes de l'Allemagne, par exemple dans la Poméranie, les pêcheurs les poursuivent dans le mois de juillet, époque où, à cause de la mue, ils ne peuvent nager, les amènent avec des perches armées de crochets et les mettent vivans dans leurs canots. On peut prendre les jeunes cygnes en vie, avec la main dans les étangs, ou les faire apporter par des chiens qui vont à l'eau. On les prend aussi avec des éperviers et d'autres filets qu'on jette sur eux.

CYGOGNE. Voyez *Cigogne*.

DAI

DAGUER. (Fauconnerie.) On dit que l'oiseau *dague*, lorsqu'il vole de toute sa force, et qu'il travaille diligemment de la pointe des ailes.

En vénerie, il signifie l'accouplement génératif du cerf avec la biche. On dit : *J'ai vu un cerf daguer*, au lieu de dire : *J'ai vu un cerf couvrir une biche.*

DAGUES. Du latin *daguæ*, qui pourrait avoir été formé du grec (*thégâ*) aiguiser, rendre aigu. C'est le premier bois du cerf et du daim pendant sa seconde année, d'où lui vient le nom de *daguet* qu'on lui donne à cet âge ; ce bois alors a 6 ou 7 pouces de longueur. Il ressemble à deux fuseaux et n'a point d'andouiller.

DAGUET. Jeune cerf à sa seconde année, poussant son premier bois, appelé *dagues*.

DAIM, *cervus dama*, Lin. Quadrupède du genre cerf, et de la seconde division des ruminans.

Dénominations. En latin, *dama* ; en italien, *daino* ; en espagnol, *daino* ou *corza* ; en allemand, *damwild* ou *damhirsch* ; en anglais, *fallow-der* ; en flamand, *dein* ou *darchert* ; en russe, *sorna*.

La femelle du daim s'appelle *daine* ; les petits portent le nom de *faons* dans les six premiers mois, et les jeunes mâles se nomment *hères* les six mois suivans. Ils prennent ensuite, comme les cerfs, les dénominations de daims dix cors, etc.

Description. Le daim (*Pl. 4, fig. 1re*) et le cerf ont un très grand rapport entre eux, non seulement par le naturel, mais encore par leur forme extérieure et la conformation de leurs viscères. Mais le daim a le port moins noble et il est beaucoup plus petit, il tient à peu près le milieu entre le cerf et le chevreuil. Il a 4 pieds de longueur, 3 pieds de hauteur ; il pèse de 250 à 300 livres, et il y a même des pays où son poids n'excède pas 200 livres. Le daim a les jambes et le cou, proportionnellement au corps, plus petits que le cerf ; mais sa queue est de moitié plus longue ; elle lui descend presque jusqu'aux jarrets.

La daine (*Pl. 4, fig. 2*) ne diffère du daim que par l'absence du bois qui orne la tête de celui-ci, et par sa taille plus petite.

La couleur naturelle des deux sexes, pendant l'été, est belle et agréablement variée.

La face et la partie supérieure du cou sont d'un brun noir ; le fond de la couleur de la partie supérieure du corps est d'un joli brun rougeâtre avec des petites taches blanches, et cette riche couverture est bordée par une large bande blanche très apparente, qui part des deux côtés inférieurs des épaules et va rejoindre la queue, qui est noire en dessus et blanche en dessous ; les côtés, sous la bordure blanche, sont, ainsi que les jambes, d'un jaune roussâtre, et le surplus de la partie inférieure du corps est d'un blanc jaunâtre. En novembre, la couleur change ; elle devient d'un brun olive sur le corps, d'un gris foncé sur les côtés, et d'un gris clair en dessous ; les taches s'effacent presque entièrement et ne s'aperçoivent plus que sur les cuisses. Cette robe d'hiver dure jusqu'au mois de mai ou de juin où l'animal reprend sa parure d'été.

Le bois du vieux daim est plus aplati, plus étendu en largeur, et, à proportion, plus garni d'andouillers que celui du cerf ; il est aussi plus courbé en dedans et il se termine par une longue et large *empaumure* aplatie et dentelée sur son bord postérieur et quelquefois même sur l'intérieur. La forme comprimée de son bois a fait donner au daim, par Pline, le nom de *platyceros*, et, par Oppian, celui d'*enryceros*.

C'est à huit ou neuf mois que le jeune daim commence à former son premier bois, qui consiste en deux dagues de 4 à 6 pouces de longueur; ces dagues, recouvertes d'une peau épaisse, sont ordinairement tout à fait formées et solidifiées vers la fin du mois d'août, époque où le daim touche au bois, c'est à dire où il frotte ses dagues pour les dépouiller de la peau velue qui les recouvre. L'année suivante, dans le mois de juin (il a alors deux ans), le jeune daim perd ses dagues, et il refait, en deux mois et demi ou trois mois, sa tête, qui se dépouille de la peau velue au commencement de septembre, comme dans les vieux daims. La troisième année, le jeune daim perd de nouveau son bois, et il en forme un autre sur lequel les empaumures commencent à paraître. Les années suivantes, le bois prend plus d'accroissement, et à mesure que le daim avance en âge, les empaumures deviennent plus grandes, les andouillers plus nombreux, les échancrures plus profondes et les meules plus hautes. Le bois d'un très fort daim pèse de 12 à 15 livres.

Les daims mettent le même nombre d'années à devenir daims dix cors que les cerfs. La façon de compter leurs têtes est de numérer le nombre d'andouillers qu'il y a depuis le bas jusqu'au haut de la palette, devant comme derrière. Si donc il y a six andouillers à chaque palette, il portera dix-huit bien semés; s'il y en a cinq d'un côté et six de l'autre, il portera dix-huit mal semés; de sorte que les têtes du daim se jugent et se comptent comme celles du cerf.

Variétés du daim. Le daim, étant un animal étranger, est, comme le sont tous les animaux transplantés, sujet à un plus grand nombre de variétés. On en connaît qui sont non seulement blancs et noirs, mais encore variés de différentes nuances, telles que le jaune paille, le jaune rougeâtre, le gris, le brun, le brun foncé, le noir, et enfin, quoique rarement, qui sont marqués ou tachés de toutes ces couleurs.

Les daims d'Espagne sont presque aussi grands que les cerfs, et Buffon parle d'un daim de Virginie qui a à peu près la taille du daim d'Espagne.

Les bois des daims offrent des variétés assez nombreuses et des bigarrures assez remarquables dans leurs formes comme ceux des cerfs.

Habitation. La patrie originaire du daim est le midi de l'Europe, la Moldavie, la Grèce, le Levant, l'Asie-Mineure, la Perse et la Chine. Il habite aujourd'hui les contrées méridionales et tempérées de l'Allemagne, de la France, de l'Angleterre, etc., où il a été élevé dans des parcs, et où il se trouve aussi en liberté dans les forêts. Il préfère les bois dont le sol est sec, élevé et entrecoupé de petites collines, de champs et de prairies, à ceux qui sont situés dans des fonds et même en plaine. Il se tient pendant l'hiver et l'été dans les fourrés. Il semble préférer les forêts de bois à feuilles à celles qui sont composées d'arbres résineux; il se plaît particulièrement dans celles qui ne forment pas un massif continu, et qui consistent en bois et en clairières. Lorsqu'il a choisi sa demeure, il ne la quitte pas facilement comme le cerf, et il ne s'en écarte point à d'aussi grandes distances. Il n'y a que le manque de nourriture, une grande quantité de neige sur la terre et des froids rigoureux, qui le forcent quelquefois à se retirer dans un canton plus favorable; mais rarement ses voyages s'étendent au delà de deux lieues de distance. Lorsqu'on le chasse, il ne fait que tourner et il cherche seulement à se dérober aux chiens par la ruse et par le change; cependant, lorsqu'il est pressé, échauffé et épuisé, il se jette à l'eau comme le cerf, mais il ne se hasarde pas à la traverser dans un aussi grand espace.

Les daims se tiennent ordinairement en hardes nombreuses; cependant les mâles d'un certain âge forment, comme les cerfs, hors le temps du rut, des petites troupes particulières, dans lesquelles on trouve également réunies des daines avec de jeunes daims. Lorsque des daims sont en grand nombre dans un parc, ils se séparent ordinairement en deux troupes bien distinctes, et qui bientôt deviennent ennemies, parce que chacune d'elles veut occuper le meilleur endroit. Chaque troupe a son chef qui marche le premier, et c'est le plus fort et le plus âgé; les autres suivent et tous se disposent au combat pour chasser l'autre troupe du bon pays. Ils s'attaquent avec ordre, se battent avec courage, se soutiennent mutuellement, et ne se croient pas vaincus par un seul échec; car le combat se renouvelle tous les jours, jusqu'à ce que les plus forts chassent enfin les plus faibles et les relèguent dans le mauvais pays.

Quoique le daim et le cerf aient entre eux beaucoup de ressemblance par leur conformation et leurs habitudes, ils ne peuvent se souffrir, ne vont jamais ensemble, se fuient, ne se mêlent point et ne forment, par conséquent, aucune race intermédiaire; il est même rare de trouver des daims dans les pays qui sont peuplés de beaucoup de cerfs, à moins qu'on ne les y ait apportés. Ils sont d'une nature moins robuste que le cerf, et ils sont aussi moins communs dans les forêts.

Nourriture. Le daim se nourrit des mêmes végétaux que le cerf, et il est encore plus avide que lui des jeunes pousses, des feuilles et des boutons de la plupart des bois à feuilles. Dans l'hiver, il mange aussi les boutons des arbres résineux, et il fait un tort considérable aux bois tendres en les écorçant. M. de Buffon dit qu'il mange de beaucoup de choses que le cerf refuse, ce qui fait qu'il conserve mieux sa venaison; il me paraît pas que le rut, suivi des hivers les plus rudes et les plus longs, le maigrisse et l'altère; il est presque dans le même état toute l'année. Il broute de plus près que le cerf; et c'est ce qui fait que le bois coupé par la dent du daim repousse beaucoup plus difficilement que celui qui ne l'a été que par le cerf. Les jeunes mangent plus vite et plus avidement que les vieux.

Parmi les choses que le daim recherche et mange avec avidité, on cite les châtaignes, les poires et les pommes sauvages ainsi que les glands. C'est pourquoi il faut planter ou conserver dans les parcs et les remises les arbres qui produisent ces fruits.

Tant que le daim trouve de la nourriture dans les bois pendant l'hiver, il ne les quitte pas pour en chercher au dehors; aussi fait-il beaucoup plus de dégâts dans les bois, et même dans ceux qui sont composés de jeunes arbres résineux, que le cerf. Cependant il va au gagnage; il y cause souvent des dommages très considérables dans les champs voisins qui se trouvent chargés de récoltes vertes ou mûres, ainsi que dans les prairies.

Propagation. Le rut des daims arrive quinze jours ou trois semaines après celui du cerf, c'est à dire vers le milieu d'octobre, et il dure jusque vers le milieu de novembre. Les vieux daims chassent alors les jeunes de la harde, et, pour cet effet, ils se livrent souvent des combats opiniâtres. Le plus faible cède ordinairement au plus fort. Celui-ci se met en tête de la harde; mais il n'y reste pas tout le temps du rut, et lorsqu'il le peut, il passe d'une harde dans une autre. Les daims ne s'excèdent ni ne s'épuisent par le rut autant que le cerf; ils ne s'écartent pas de leur pays pour aller trouver les daines; ils les cherchent dès la seconde année de leur vie; ils ne s'attachent pas à la même comme le chevreuil, ils en changent comme le cerf.

Un daim vigoureux, dit M. Hartig, peut servir douze à quinze daines et plus; mais comme les jeunes daims qui suivent la harde ne demeurent pas spectateurs bénévoles, et qu'ils cherchent à profiter de toutes les occasions favorables, on ne doit pas être étonné qu'une harde de vingt daines et plus, à la tête de laquelle ne se trouvera qu'un vieux daim, soit fécondée.

Dans le commencement du rut, les daims ne raient que rarement ou point; mais vers la fin jusqu'au moment où leur cou se gonfle fortement, ils raient fréquemment et quelquefois même à midi. Leur cri a bien quelque ressemblance avec celui du cerf, mais il est moins fort, moins prolongé, plus sourd, et forme un bruit particulier que Bechstein compare à celui d'un homme qui fait de grands efforts pour vomir. A cette époque, les daims ont une odeur de bouc, ainsi que leur venaison.

La daine porte huit mois et quelques jours comme la biche: elle met bas dans le mois de juin ou de juillet; elle produit ordinairement un faon, quelquefois deux, rarement trois.

Les faons tètent leur mère jusqu'au renouvellement du rut et recommencent même à téter encore après; ils portent la livrée comme les jeunes cerfs; mais ils ne suivent pas aussitôt leur mère au gagnage. Ordinairement, ils demeurent trois semaines ou un mois dans le fourré, pendant que la mère va au gagnage le soir; mais, plus tard, ils la suivent partout. A six ans, le daim mâle est parvenu à tout son accroissement, et la daine à trois ans.

Les faons que l'on prend se nourrissent avec du lait et s'apprivoisent très facilement. Cependant il est indispensable de châtrer de bonne heure les faons mâles que l'on veut rendre privés, parce qu'autrement ils deviendraient dangereux par leur bois.

Les daims sont en état d'engendrer et de produire depuis l'âge de deux ans jusqu'à quinze ou seize ans.

Enfin ils ressemblent au cerf par presque toutes les habitudes naturelles, et l'une des plus grandes différences qu'il y ait entre ces animaux, c'est la durée de leur vie. On sait que les cerfs vivent trente-cinq ou quarante ans, tandis que les daims ne vivent qu'environ vingt ans: comme ils sont plus petits, leur accroissement est encore plus prompt que celui du cerf; car dans tous les animaux la durée de la vie est proportionnelle à celle de l'accroissement.

Ennemis et maladies. Les daims ont les mêmes ennemis et les mêmes maladies que les *Cerfs.* (Voyez *Cerf.*)

Propriétés remarquables. Les propriétés qui appartiennent au cerf appartiennent également au daim. Cependant celui-ci ne se repose pas dans les souilles comme le cerf, et lorsqu'il est chassé par les chiens, il fait un plus grand nombre de détours et de sauts, et se laisse plus facilement resserrer dans le fort.

Quoique le daim soit vif et courageux et qu'au temps du rut il se batte avec ses rivaux, il est beaucoup moins violent que le cerf; il s'apprivoise aussi plus facilement.

Du pied du daim et de ses allures. Le pied du daim a beaucoup de ressemblance, quant à la forme, avec celui du cerf; mais il est bien plus petit. Le pied d'une vieille daine n'est pas ordinairement plus grand que celui d'un faon de cerf, et celui d'un vieux daim ressemble assez à celui d'un cerf daguet. Cependant, quelle que soit la ressemblance du pied de ces deux sortes de gibier, celui du daim se distingue par l'ensemble de sa forme et la comparaison qu'on en peut faire avec celui du cerf. Du reste, le pied du daim diffère de celui de la daine, le pied d'un vieux daim de celui d'un jeune, de la même manière que pour le cerf; c'est à dire que le daim a plus de pied de devant que de derrière, tandis que la daine, de même que la biche, a autant de pied de devant que de derrière; il a les pinces de devant plus rondes, la sole plus large, les côtés moins tranchans, plus de talon, les os mieux tournés et la jambe plus large que la daine, qui a le pied de devant plus creux, les pinces plus aiguës, la sole moins large, les côtés plus tranchans, plus mal tournés, et d'ailleurs est plus haut jointée. Le daim a aussi les allures mieux réglées, plus larges; il se retarde comme le cerf, à proportion de son âge.

Qualités utiles ou nuisibles. Tout ce qu'on a dit sur le cerf s'applique au daim. Mais le daim est ordinairement plus gras que le cerf, et sa venaison est en général plus délicate. Son goût participe de celui du chevreuil et du mouton. Sa peau est fine, mais moins forte. Le daim cause moins de dommages dans les champs; mais il en cause davantage dans les forêts, en ce qu'il mange plus volontiers les boutons, les feuilles et l'écorce des arbres.

Chasse. Toutes les méthodes de chasse indiquées pour le cerf peuvent être employées pour le daim; c'est à dire *l'affût*, la *chasse à tir*, les *traques* ou *battues*, les *pièges* et la *chasse à courre* ou aux *chiens courans*. Seulement, il est à observer que quand le daim est chassé par une meute de chiens courans, et sur le point d'être forcé, il fait ordinairement beaucoup de ruses et de retours, et qu'il se laisse plus tôt réduire dans le fort que le cerf, il faut donc faire attention à cette particularité dans la chasse du daim, afin de ne pas perdre l'animal de meute, et de ne pas s'exposer à chasser du change.

Le daim, étant moins sauvage et vivant en bandes ou hardes, dont on connait le cantonnement, il est inutile de le détourner avec un limier. Il suffit, au moment de la chasse, de faire fouler, par cinq ou six chiens sages, l'enceinte où la harde se trouve, afin de la mettre debout. Alors on en sépare l'animal qu'on veut chasser, on découple la meute, et on chasse de la même manière que pour le cerf. Il faut seulement observer que le daim ne se *forlonge* pas comme le cerf, c'est à dire qu'il ne s'éloigne pas du lancer. Il cherche toujours à revenir sur ses voies et à regagner sa harde dans laquelle il se mêle à tout moment, ce qui demande beaucoup d'attention pour parer le change. Observons encore que le daim, moins pesant que le cerf, laisse sur la terre une impression moins forte et plus fugace, d'où il suit que les défauts sont plus difficiles à relever; il faut aussi plus de temps pour former les chiens à garder le change.

Lorsque le daim est sur les fins, il se jette à l'eau comme le cerf; mais il ne se hasarde pas à la traverser si elle est large, et, le plus souvent, il en sort du même côté pour revenir dans le canton qu'il habite.

Les connaissances du daim, c'est à dire celles qu'il donne par ses fumées, ses foulées et ses portées sont en petit les mêmes que celles du cerf, et la curée se fait de la même manière. (*Voyez Cerf*.)

Il n'y a presque point de chiens courans qui ne puissent et ne veuillent chasser le daim.

Voyez, pour la multiplication du daim en liberté et dans les parcs, le mot *Chasse*; pour la manière de le prendre dans les toiles et de le transporter, le mot *Toiles*, et pour la manière de le dépouiller, le mot *Gibier*.

DAINE (que l'on prononce quelquefois et très improprement *dine*). C'est la femelle du daim. (*Voyez* ce mot.)

DAINTIERS. Ce sont les testicules du cerf.

DANGEREUX. En fauconnerie, on appelle *un oiseau dangereux à dérober les sonnettes* celui qui est sujet à s'écarter.

DANOIS. Il y a deux races de chiens auxquelles on donne ce nom, la grande et la petite, elles sont originaires du Danemarck.

DANSER sur la voie ou dans la voie. On dit: *Les chiens dansent sur la voie*, lorsqu'ils n'y sont pas justes, et qu'ils chassent tantôt à droite, tantôt à gauche. Cela se dit particulièrement du limier qui ne suit pas juste.

DANSEUR. Chien qui voltige, et qui ne suit pas la voie de l'animal qu'il chasse.

DEBOUT. En terme de vénerie, mettre un animal *debout*, c'est le lancer.

DÉBUCHER. Fanfare que l'on sonne lorsqu'un animal chassé quitte le bois et traverse une plaine pour gagner un autre bois.

DÉBUCHER. (Terme de vénerie.) Une bête *débû-che*, lorsqu'elle sort d'un bois et traverse une accourre ou une plaine pour regagner un autre bois.

DÉCELER. Un cerf se *décèle*, lorsqu'il quitte le buisson où il s'était retiré pour refaire sa tête.

DÉCHAPERONNER. (Fauconnerie.) C'est ôter le chaperon d'un oiseau, quand on veut le lâcher. On dit : *Déchaperonnez cet oiseau*.

DÉCHARGE. En fauconnerie, la *décharge* du héron est lorsqu'il vomit en fuyant tout ce qu'il a goulument avalé, pour se rendre plus léger dans la fuite.

DÉCHARNER. (Fauconnerie.) (Voyez *Leurre*.)

DÉCHAUSSIÈRES ou DÉCHAUSSURES. Ce sont les égratignures que le loup fait sur la terre après avoir jeté ses *laissées*.

DÉCOCHER. Se dit d'un oiseau de proie, lorsque, du haut d'un arbre ou d'un rocher, il part comme un trait, pour venir fondre sur le gibier.

DÉCOUPLER. C'est quand on détache les chiens couplés deux à deux, pour les laisser courir après la bête.

DÉCOUDRE. Se dit des plaies que les sangliers font avec leurs défenses au ventre des chiens.

On nomme ces plaies *décousures*.

DÉCOUSU (chien). Voyez, pour la manière de traiter un chien décousu par un sanglier ou blessé d'un coup d'andouiller, le mot *Chien*.

DEDANS. (Fauconnerie.) *Mettre un oiseau dedans*, c'est l'appliquer actuellement à la chasse.

DEDANS. (Vénerie.) On dit : *Voilà des chiens qui sont bien dedans*, lorsqu'ils sont bien dans la voie de leur animal, et qu'ils le chassent avec ardeur; on met des jeunes chiens *dedans*, en les faisant chasser souvent et en leur donnant la curée.

Faire le dedans d'une quête, c'est en battre les routes, les chemins et les taillis de l'intérieur. (Voyez *Quête*.)

DÉDORTOIR. (Vénerie.) Bâton de 2 pieds dont on se servait autrefois pour parer les gaulis. On se sert à présent du manche du fouet.

DÉFAUT. Les chiens sont en *défaut*, quand ils ont perdu la piste de la bête, et ils relèvent le *défaut*, lorsqu'ils la retrouvent ou qu'ils relancent le même animal ; les veneurs relèvent aussi le *défaut* lorsqu'ils voient le cerf ou qu'ils en revoient, et qu'ils mettent les chiens sur la voie. Les chiens *demeurent en défaut*, quand ils restent hors de la voie.

DÉFENSE. (Vénerie.) C'est beaucoup de monde rangé pour empêcher les loups de passer, et les forcer à se précipiter dans l'accourre ou dans les filets.

DÉFENSES. (Vénerie.) Ce sont les grosses et longues dents canines, qui, dans quelques quadrupèdes, sortent de la bouche par dessus les lèvres. Les défenses du sanglier sortent de la mâchoire inférieure; celles de l'éléphant, au contraire, sont implantées dans la mâchoire supérieure.

DÉGLUTINER. C'est enlever la glu qui s'est attachée au plumage d'un oiseau. Pour y parvenir, on poudre les ailes de cendre ou de sable, et on les laisse une nuit en cet état ; le lendemain on bat deux jaunes d'œufs, et on en met avec le bout d'une plume aux endroits endommagés par la glu ; cet appareil doit rester un jour et une nuit ; enfin, on fait fondre un peu de beurre ou de lard, on en graisse le plumage de l'oiseau, et quelques heures après on le lave avec de l'eau tiède, et ensuite on l'essuie avec du linge bien net ; l'oiseau, dès ce moment, sera en état de prendre son essor.

DEGRÉ. (Fauconnerie.) C'est l'endroit où l'oiseau, durant sa montée ou son élévation en l'air, tourne la tête, et prend une nouvelle carrière qu'on appelle *second*, ou *troisième degré*, jusqu'à ce qu'il se perde de vue au quatrième.

DÉHAITÉ. Un oiseau qui ne vole pas de bon gré se désigne, en fauconnerie, par oiseau *déhaité* de voler.

DÉHARDER. (Vénerie.) Quand on veut tenir plusieurs couples de chiens ensemble, on prend des couples particulières qu'on passe dans le milieu de celles qui les unissent deux à deux, c'est ce qu'on appelle *prendre des chiens à la harde* ; et quand on veut les remettre par couples de deux à deux, on ôte les couples particulières dont nous venons de parler ; c'est ce qui s'appelle *déharder*. (Voyez *Harder*.)

DÉJUC. Temps où les oiseaux juchés se réveillent et quittent le juc. Ce mot est vieux.

DÉJUCHER. Sortir du juc.

DÉLIÉES (fumées). Les fumées déliées sont celles qui sont bien mâchées et qu'on appelle aussi *moulues*. (Voyez *Fumées*.)

DÉLITS DE CHASSE. (Voyez le mot *Chasse* de ce Dictionnaire, et l'article *Délits* du *Dictionnaire des forêts*.)

DÉLIVRÉ. (Fauconnerie.) Un oiseau délivré est celui qui n'a point de corsage, et qui est presque sans chair. On dit que le héron est *délivré*, lorsqu'il est maigre, et que son vol n'est point retardé par le poids que lui donnerait sa chair, s'il en avait beaucoup.

DÉLONGER ou DÉLONGIR. (Fauconnerie.) C'est ôter la longe à un oiseau, soit pour le faire voler, soit pour quelque autre besoin.

DÉMÊLER LA VOIE. (Vénerie.) C'est trouver la voie de l'animal de meute parmi les voies d'autres animaux ; c'est suivre juste malgré le change. Lorsqu'un cerf est accompagné, et que les chiens, au lieu de tourner au change, séparent leur animal, on dit : *Les chiens ont bien démêlé la voie de leur cerf*.

DEMEURES. Les *demeures* sont des bois taillis où les cerfs se retirent le matin pour passer le reste de la journée ; on dit : bonnes ou *mauvaises demeures*, c'est à dire plus ou moins fourrées ; *demeures douces*, ce sont des taillis de cinq ou six ans ; les cerfs s'y plaisent en tout temps, et surtout quand ils ont refait.

DÉMONTÉE. On dit qu'une perdrix est *démontée*, lorsqu'elle a une aile cassée.

DÉNICHER. C'est enlever les petits oiseaux qui se trouvent au nid. Il se dit aussi des oiseaux qui quittent le nid : *Les oiseaux ont déniché*.

DÉNICHEUR. Celui qui cherche des nids pour prendre les oiseaux.

DENTÉE. Blessure d'un coup de dent, que donnent ou reçoivent les animaux à la chasse. On ne dit pas *ce chien a des morsures*, mais *des dentées* ; *dentée sourde* est une *dentée* que le poil couvre, et que l'on ne voit pas.

DÉPLOYER LE TRAIT. C'est allonger la corde de crin qui tient à la botte du limier.

DÉPOUILLER. C'est ôter la peau à un animal ; on ne dit pas écorcher un cerf, un lièvre, etc., etc., mais *dépouiller*, etc. (Voyez au mot *Gibier*, pour la manière de dépouiller le gibier.)

DÉROBER. (Fauconnerie.) Dérober les sonnettes se dit de l'oiseau qui emporte les sonnettes, c'est à dire, qui s'en va sans être congédié, en emportant les sonnettes de son maître.

DÉROBER LA VOIE. (Vénerie.) Un chien dérobe la voie lorsque, dans un défaut, il retrouve la voie du cerf et la suit sans crier, ce qui est une mauvaise habitude.

DÉROCHER, *dérogner* ou *déroguer*. Ce terme se dit des grands oiseaux qui, poursuivant les quadrupèdes, les contraignent de se précipiter du haut des rochers pour éviter leurs serres meurtrières. Il n'est pas rare de voir des faucons *dérocher* des biches et leurs faons. On dit encore qu'un oiseau *déroche* sur un autre oiseau, lorsqu'il tombe sur lui si rapidement de ses cuisses et de ses serres, qu'il lui rompt le vol, et le fait tomber tout meurtri.

DÉROMPRE ! Ce terme se dit d'un oiseau de proie qui fond sur un autre, et qui, avec ses serres, lui donne un coup si terrible, qu'il rompt son vol, l'étourdit et le renverse à terre, meurtri et déchiré. Ce faucon vient, dit-on, de *dérompre sa proie*.

DERRIÈRE. C'est le terme dont on doit se servir, quand on veut arrêter un chien, et le faire demeurer derrière soi.

DÉSACCOUPLER. (Voyez *Découpler*.)

DÉSAIRER. Tirer l'oiseau de son aire. On ne doit pas *désairer* les oiseaux, qu'ils ne soient en état de se soutenir sur la perche ou billot, afin qu'ils puissent tenir et mener leurs pennages sans les froisser.

DÉSARMEMENT. Les gardes ne doivent jamais entreprendre de désarmer une personne qu'ils trouveraient chassant sans permission dans les bois ou plaines confiés à leur surveillance. Cela leur est interdit à cause des accidens que pourrait occasioner une résistance naturelle ; ils doivent se contenter de dresser un procès-verbal. (Voyez *Armes*.)

DESCENTE. Se dit, en fauconnerie, de l'oiseau qui fond sur le gibier avec impétuosité pour l'assommer ; si la *descente* de l'oiseau est plus ␣␣␣ on dit simplement qu'il fond, ou qu'il file.

DÉSEMPLOTOIR. Fer avec ␣␣␣ on tire de la mulette des oiseaux de proie la vi␣␣␣ qu'ils ne peuvent digérer.

DESSOLÉ (chien). Lorsque la terre est dure ou couverte de pierres, les chiens s'enlèvent quelquefois la peau du dessous des pieds. Un chien qui est dans cet état s'appelle un *chien dessolé*. (*Voyez*, pour la manière de le traiter, le mot *Chien*.)

DÉTOURNER LE CERF. C'est tourner autour d'un endroit où un cerf est entré, en marquer l'enceinte, et s'assurer par le moyen du limier qu'il n'en est pas sorti. Ce mot se dit aussi d'un veneur qui, sans chien, fait le tour d'une enceinte et s'assure qu'un animal y est entré et n'en est pas sorti.

DESTRUCTION DES ANIMAUX NUISIBLES. (Voyez *Animaux nuisibles*.)

DÉTRAQUER un piége, c'est le faire partir en décochant sa gâchette ou *triquet*.

DÉTROUSSER. Signifie voler. En fauconnerie, on dit *détrousser*, quand un oiseau ôte la proie à un autre.

DEVANTS. Prendre *les devants d'une enceinte*, c'est en faire le tour avec un limier, afin qu'il se rabatte des voies qu'il rencontrera.

Prendre les grands devants, c'est, dans un défaut, rechercher avec les chiens la voie de la bête de meute, en avant de l'endroit où le défaut a eu lieu. On dit qu'un valet de limier *met devant*, lorsqu'il déploie le trait et commence sa quête.

DEVOIR. En terme de fauconnerie, *devoir* signifie la portion ou curée du gibier, qui est due à l'oiseau qui l'a pris.

DIX CORS. On appelle *cerf dix cors* celui qui est dans sa septième année, et *cerf dix cors jeunement* celui qui n'a que six ans. (Voyez *Cerf*.)

DIX-HUIT. Nom que l'on donne, d'après son cri, dans quelques cantons de la France, au vanneau. (*Voyez* ce mot.)

DOGUE. C'est un chien de la grande espèce, qu'on apprivoise facilement, et dont on se sert pour garder les maisons, ou pour combattre les taureaux, les sangliers, les loups et autres bêtes féroces. On nomme *doguins* les *dogues* de petite espèce. (Voyez, au mot *Chien*, la description du dogue et l'emploi qu'on en fait pour la chasse.)

DOGUIN. Race de chiens, que l'on nomme aussi *dogues de Bologne*, *dogues d'Allemagne* et *mopses*. Ils ressemblent presque entièrement aux *dogues*, excepté qu'ils sont beaucoup moins gros; la plus petite espèce se nomme *carlin*.

DONNER AUX CHIENS. C'est laisser courre. On dit d'un animal bien attaqué et promptement lancé, *qu'il est bien donné aux chiens*.

DONNER A COURRE. On dit : C'est un tel qui a donné *à courre*, c'est à dire qui a détourné et remis l'animal que l'on chasse.

DOUBLE ENCEINTE. Piége pour prendre les loups. (*Voyez* au mot *Loup*.)

DOUBLER ses voies. Un cerf *double ses voies*, lorsqu'après avoir été droit devant lui, il revient directement sur ses pas : c'est la ruse des cerfs chassés pour mettre les chiens en défaut.

DRAGÉE. On appelle ainsi le plomb de différente grosseur dont on se sert à la chasse. (Voyez *Fusil*, chap. 2, § XXIII.)

DRAINE, *turdus viscivorus*, Linn. Oiseau de l'ordre des passereaux et du genre de la grive.

Dénomination. Cet oiseau est connu, en Bourgogne, sous le nom de *draine*, et, dans beaucoup d'endroits, sous les noms de *mangeuse de gui* et de *grive de gui*.

Description. Cette grive (*Pl.* 12, *fig.* 12) est la plus grosse et la plus grande de toutes celles d'Europe : elle a 11 pouces de longueur, y compris le bec, qui a 1 pouce de long, et la queue, qui en a 3 et demi ; l'iris d'un brun foncé ; les pieds de 15 lignes de haut et d'un jaune sale ; tout le dessus du corps d'un brun olivâtre, tacheté de noir ; le cou et la gorge d'un blanc jaunâtre avec des taches brunes de formes triangulaires et rondes ; la queue d'un gris brun et luisant ; les trois premières pennes de la queue blanches à leur extrémité. La femelle est un peu plus petite et de couleur plus claire que le mâle. Le cri de cet oiseau est *tré*, *tré*, *tré*, *tré*, d'où lui est venu son nom de *draine*, qu'il porte particulièrement en Bourgogne.

Habitation. On trouve la draine dans toutes les forêts, mais en plus grand nombre dans les contrées du nord que dans celles du midi. Elle quitte nos climats fort tard en automne, et elle revient de bonne heure au printemps. Il en reste beaucoup dans les hivers dont la température est douce.

Nourriture. Cette grive se nourrit de vers, d'insectes, de cerises, de baies, de raisins et autres fruits, et surtout des baies du *gui*, ce qui lui a valu le nom de *grive de gui*.

Multiplication. Ces grives s'apparient dès avant le printemps ; elles construisent leurs nids sur des arbres de moyenne hauteur et sur de jeunes arbres ; la femelle y dépose de trois à cinq œufs d'un blanc grisâtre tacheté de violet et de brun. L'incubation dure quinze jours. En France, elles font ordinairement une seconde ponte.

Utilité. Leur chair n'est pas aussi recherchée que celle des autres grives, du moins dans nos pays septentrionaux, ce qu'on doit attribuer à l'espèce de nourriture qu'elles y trouvent, car elle doit acquérir la même saveur lorsqu'elles vivent de raisins, d'olives, et autres fruits succulens ; mais le gui, les graines de houx, de genièvre et diverses autres baies, dont la disette des bonnes les force de se nourrir, donnent à ces oiseaux un goût désagréable, et ne peuvent leur procurer cette graisse délicate qui fait des autres grives, surtout dans le temps des vendanges, un de nos meilleurs gibiers.

Les draines, ainsi que toutes les grives, rendent des services à l'agriculture par la grande quantité d'insectes nuisibles qu'elles détruisent.

Les draines sont fort défiantes, et très difficiles à surprendre, si ce n'est dans le temps de la ponte, où on les approche plus facilement ; elles couvent même avec tant d'ardeur, qu'on les prend quelquefois sur leur nid.

DRO — DUC

Les différentes manières de chasser, au fusil, au lacet, aux collets, leur sont communes avec les autres espèces de *grives*. (*Voyez ce mot*.)

DRAP DE CURÉE. C'est une toile sur laquelle on étend la mouée qu'on donne aux chiens, quand on leur fait curée de la bête qu'ils ont prise.

DRENNE. (Voyez *Draine*.)

DRESSER UN CHIEN. C'est lui apprendre à chasser, à arrêter, à rapporter, etc. (*Voyez* le mot *Chien*.)

DRESSER LA VOIE. C'est faire rabattre quelques chiens découplés, pour diriger et indiquer la voie à des chiens frais que l'on veut découpler. C'est encore se tirer d'un embarras causé par les ruses de l'animal que l'on chasse.

DROIT. Ce mot a plusieurs usages en vénerie.

C'est la part de la bête défaite qui appartient aux veneurs ou aux chiens.

Le pied *droit* du cerf est celui qu'on offre au roi ou au maître de la chasse.

Ce dernier a *droit* aussi aux daintiers, filets, cuisses, et cimier du cerf.

Le valet de limier a, pour *droit*, l'épaule droite.

Le *droit* des chiens est ce dont on leur fait curée, et les *menus droits*, en attendant pleine curée, sont la langue, le mufle et les oreilles, que l'on donne aux chiens au bout d'une fourche émoussée.

En fauconnerie, le droit de l'oiseau, lorsqu'on le paît de ce qu'il a volé, c'est la tête, la cuisse, le cœur, le foie de la perdrix, l'aile de la corneille, etc.

Prendre, tenir ou suivre le *droit*, se dit des chiens qui ne prennent pas le change, et sont sur la bonne voie. On dit qu'ils *chassent le droit*, ou qu'ils *tiennent le droit*.

DROIT DE CHASSE. Ce droit, tel qu'il était réglé avant la première révolution, était la faculté que les seigneurs hauts justiciers, les gentilshommes et autres possédant des fiefs avaient de chasser sur les terres qui relevaient d'eux.

Ce droit était purement personnel, c'est à dire qu'il ne pouvait être exercé que par le seigneur en personne. Cela résultait de l'esprit des ordonnances en général et de la disposition expresse de l'art. 26 du titre XXX de l'ordonnance de 1669, qui donnait le droit aux seigneurs hauts justiciers de chasser dans l'étendue de leurs justices, sans néanmoins qu'ils pussent y envoyer aucun de leurs domestiques ou autre personne de leur part.

Néanmoins il était d'usage, comme il l'est encore, que ceux qui avaient droit de chasse, mais qui par leur état ne pouvaient l'exercer eux-mêmes, comme les ecclésiastiques, les veuves, les personnes âgées et les valétudinaires, fissent chasser par telles personnes qu'ils jugeaient à propos, pourvu qu'ils en répondissent et que celui qui avait été commis eût fait enregistrer sa commission au greffe de la maîtrise du ressort. Cet usage était autorisé par une déclaration de Henri IV, du 3 mai 1604 (page 243 du *code des chasses*), et par une autre déclaration du 27 juillet 1701.

Le seigneur haut justicier avait droit de chasse dans l'étendue de sa haute justice. Mais il faut observer :

1°. Que, si la haute justice était divisée entre plusieurs cohéritiers ou particuliers, celui seul à qui appartenait la principale portion avait le droit de chasse; et si les portions étaient égales, celle qui procédait du partage de l'aîné avait seule cette prérogative. (*Art.* 27 *du titre* XXX *de l'ordonnance de* 1669.)

2°. Le seigneur haut justicier ne pouvait empêcher le propriétaire du fief de chasser dans l'étendue de son fief. (*Art.* 26 *du titre* XXX.)

Le droit exclusif de la chasse a été aboli par les décrets des 4, 5, 7, 8 et 11 août 1789. (*Voyez* le mot *Chasse*.)

DRU. Se dit des oiseaux prêts à s'envoler du nid.

DRUE. Espèce d'alouette. (Voyez *Proyer*.)

DUC. Nom que l'on donne aux oiseaux de nuit qui ont la tête ornée de deux aigrettes ou espèces d'oreilles. Brisson en a fait un genre particulier sous le nom de *hibou*, et Latham la première section de son genre *chouette*, *strix*.

Il y a plusieurs espèces de *ducs*, dont la plupart n'appartiennent point à l'Europe. Nous ne parlerons que de celles qui se trouvent le plus répandues dans cette partie du monde : le *grand duc*, le *moyen duc*, le *petit duc*.

LE GRAND DUC, OU GRAND CHAT-HUANT, *strix bubo*, Lath. Ordre des oiseaux de proie, genre du *chat-huant*, se nomme en allemand *grosse ohrheule* et *uhu*, et en anglais *great-eared*.

Description. La quantité de plumes dont cet oiseau est couvert le fait paraître presque aussi gros qu'une *oie*; mais il l'est réellement beaucoup moins : il a 2 pieds de longueur, y compris la queue d'environ 10 pouces; 4 pieds 11 pouces de vol; le bec gros, très recourbé, noirâtre, et de 1 pouce et demi de long; les pieds couverts de plumes, et de 3 pouces de haut; les ongles noirâtres; l'iris couleur orange; la tête forte, surmontée d'aigrettes noirâtres de 3 pouces de long, dressées en forme de petites cornes; la face couverte de plumes raides, blanchâtres et terminées de noir; la partie supérieure du corps, c'est à dire le dessus de la tête, du cou, le croupion, les scapulaires, les couvertures du dessus des ailes et de la queue variés de fauve, de roussâtre et de noirâtre; la gorge blanchâtre; le devant du cou et la poitrine couverts de plumes noirâtres dans leur milieu, et rousses sur les côtés; le ventre et les côtés roux, avec des bandes longitudinales, et des raies transversales noirâtres; les couvertures du dessous de la queue, et les plumes des tarses variées de lignes et de zigzags très étroits et bruns sur un fond roux; cette dernière teinte plus claire sous les ailes, et mélangée de taches brunes; les pennes des ailes brunes, et roussâtres à l'extérieur, fauves à l'intérieur, et rayées de noirâtre sur les côtés.

La femelle est un peu plus grosse que le mâle; ses couleurs sont plus sombres; et sa poitrine, de cou leur fauve, est marquée par de grandes raies noires.

Le grand duc, comme toutes les espèces de chats-huans, est un oiseau de nuit; cependant il supporte plus aisément la lumière du jour que les autres oiseaux nocturnes; les momens où il chasse avec le plus d'avantage sont le soir et le matin; et il le fait avec plus d'aisance que sa grosse corpulence ne paraît le permettre; il dispute sa proie aux divers oiseaux rapaces, se bat avec eux, et souvent l'enlève aux buses et aux milans. Son vol, qui se fait sans bruit, est assez élevé à l'heure du crépuscule; mais ordinairement cet oiseau ne vole que bas, pour pouvoir chasser, et, dans les autres heures du jour, il ne parcourt que de petites distances; et, dès que le jour paraît, il est lui-même poursuivi par les plus petits oiseaux, qu'il fuit en criant. Dans le silence de la nuit, son cri *hâihoû, hoûhoû, boûhoû, poûhoû* est effrayant; lorsque cet oiseau a faim, il fait entendre son cri *poûhoû*, et, dans d'autres circonstances, il commence d'un ton très haut et très fort, et le fait durer autant qu'il peut être de temps à reprendre haleine; mais lorsqu'il est agité par la peur, c'est un cri très désagréable et assez semblable à celui des oiseaux de proie diurnes.

Habitation. Le grand duc est répandu sur une petite partie du globe; on l'a trouvé au Cap-de-Bonne-Espérance; on le voit dans les contrées les plus septentrionales, au Kamtschatka et dans la Sibérie; mais il est rare en France; il n'habite que les rochers ou les vieilles tours abandonnées et situées au dessus des montagnes; rarement il descend dans la plaine, ou se perche sur les arbres; cependant, à l'automne, on le voit plus communément dans les plaines, ce qui paraît annoncer qu'il quitte alors ses rochers et ses montagnes pour voyager, car on n'est pas certain qu'il reste toute l'année.

Nourriture. Il détruit beaucoup de gibier, surtout dans le silence de la nuit; les jeunes faons de cerf et de chevreuil, les jeunes lièvres, les lapereaux sont ordinairement sa pâture; il se nourrit aussi de taupes, de rats, de souris, qu'il avale tout entiers, après leur avoir brisé, avec son bec, la tête et les os; et, au bout de quelques heures, il vomit les poils, les os et la peau pelotonnés dans son estomac par petites masses; il mange encore les chauves-souris, les serpens, les lézards, les grenouilles et les crapauds, et toutes les sortes d'oiseaux, sans même excepter, dit M. Hartig, ceux qui appartiennent au même genre que lui; au besoin, il se nourrit de charogne. L'époque où ce carnivore chasse avec le plus d'activité et fait un plus grand carnage est celle où il a des petits; alors son nid regorge de provisions, et c'est, de tous les oiseaux de proie, celui qui en rassemble le plus pour ses petits, qui sont des plus voraces. Dans l'état de captivité, on le nourrit de chair et de foie de bœuf; il s'accommode volontiers de poissons, petits et moyens; il les mange de la même manière que les petits quadrupèdes, car il dépèce les grands, et en rend par le bec les arêtes pelotonnées. Ces oiseaux peuvent se passer de boire; cependant, quand ils sont à portée de l'eau, ils boivent, mais en se cachant, comme le font plusieurs oiseaux de proie diurnes.

Multiplication. Il fait son aire dans des cavernes de rochers et les trous des hautes et vieilles murailles, et quelquefois sur des arbres creux; la ponte est depuis deux jusqu'à quatre œufs, d'un blanc grisâtre, de forme ronde, et d'une grosseur au dessus d'un œuf de poule. Les jeunes, comme ceux des autres oiseaux nocturnes, naissent couverts d'un duvet auquel succèdent les plumes au bout de quinze jours.

Qualités. Le grand duc fait beaucoup de tort au gibier; on l'emploie pour appeler les oiseaux de proie et les autres oiseaux, en l'attachant sur les huttes construites pour la pipée. On s'en sert aussi dans la fauconnerie pour attirer le *milan*; on attache au duc une queue de renard, pour rendre sa figure encore plus extraordinaire : il vole à fleur de terre, et se pose dans la campagne, sans se percher sur aucun arbre; le milan, qui l'aperçoit de loin, arrive et s'approche du duc, non pas pour le combattre ou l'attaquer, mais comme pour l'admirer; et il se tient auprès de lui assez long-temps pour se laisser tirer par le chasseur, ou prendre par les oiseaux de proie qu'on lâche encore à sa poursuite; la plupart des faisandiers tiennent aussi dans leur faisanderie un duc, qu'ils mettent sur des juchoirs dans un lieu découvert, afin que les corbeaux et les corneilles s'assemblent autour de lui, et qu'on puisse tirer et tuer un plus grand nombre de ces oiseaux criards, qui inquiètent beaucoup les jeunes faisans; mais, pour ne pas effrayer les faisans, on tire la corneille avec un fusil à vent.

Chasse. On le chasse comme les autres oiseaux de proie (voyez *Oiseaux de proie*), et de la manière que nous indiquons à la fin de l'article.

LE MOYEN DUC, *strix otus*, Lin., ou HIBOU; en allemand *mittlere ohreule*, et en anglais *long-eared owl*.

Description. Ce hibou (*Pl.* 9, *fig.* 2) a 13 pouces de longueur, y compris la queue d'environ 5 pouces, 3 pieds de vol; le bec très recourbé, noirâtre, d'un pouce de long; les pieds de 15 lignes de haut et couverts de plumes; l'iris d'un beau jaune; la tête surmontée de deux bouquets de six plumes chacune, fauves-brunâtres, la face entourée de plumes effilées, blanchâtres dans leur milieu, et terminées de noir; un mélange de brun, de roussâtre et de blanchâtre sur la tête, le cou et le dos; la même variété de couleurs sur les scapulaires et les couvertures supérieures des ailes, avec une grande tache blanche vers l'extrémité de quelques plumes; le croupion et les couvertures de la queue roussâtres, et mêlés d'un peu de brun; les plumes du devant du cou et de la poitrine brunes dans le milieu et roussâtres sur leurs bords; celles du ventre marquées par une tache longitudinale brune, qui s'étend sur la tige avec de petites bandes transversales et en zigzags; la même teinte; leur origine est rougeâtre, et leur extrémité blanchâtre; les pennes des ailes rousses, variées de bandes et de raies transversales brunes et roussâtres; celles de la queue présentant le même mélange et la même variété; les plumes qui couvrent les tarses et les doigts roussâtres; les ongles noirâtres.

Son cri est fort et s'entend de très loin; lorsqu'il s'envole, il en pousse un aigre et soupirant, qu'on attribue à l'effort des muscles pectoraux qui, dans ce moment, entrent en contraction.

La femelle est, comme dans toutes les espèces du même genre, plus grosse que le mâle, et ses couleurs sont plus foncées.

Habitation. Cette espèce se trouve non seulement en France, où elle est la plus commune et la plus nombreuse, et où elle reste toute l'année, mais encore dans le nord et le midi de l'Europe. On la voit plus souvent en hiver qu'en été, parce qu'alors elle quitte les cavernes des rochers, les forêts de montagnes, pour descendre dans les plaines et s'approcher des habitations; mais dans l'été il est rare de l'y rencontrer.

Nourriture. Le moyen duc se nourrit principalement de souris, de hamsters, de scarabées et autres insectes; il dérobe aussi les jeunes lièvres et les petits oiseaux.

Propagation. On assure qu'il se donne rarement la peine de faire un nid, ou qu'il se l'épargne presqu'en entier; tantôt la femelle pond dans un vieux nid de pie, tantôt dans celui d'une buse, ou d'autres gros oiseaux, quelquefois dans un nid d'écureuil, ou dans le creux d'un arbre; elle y dépose ordinairement de quatre à cinq œufs, ronds et blanchâtres. L'incubation dure trois semaines. Les petits, qui sont couverts d'un duvet blanc en naissant, prennent des couleurs au bout de quinze jours, époque où leurs plumes commencent à paraître. Lorsqu'on veut élever ce hibou, il faut le prendre très jeune; autrement il refuse toute nourriture dès qu'il est enfermé.

Qualités nuisibles ou utiles. Cet oiseau est utile en ce qu'il fait la guerre aux souris et aux insectes; on s'en sert, ainsi que du chat-huant, pour attirer les oiseaux à la pipée, et l'on a remarqué que les gros oiseaux viennent plus volontiers à la voix du premier, qui est une espèce de cri plaintif ou de gémissement grave et alongé, *clow-cloud*, qu'il ne cesse de répéter pendant la nuit; et que les petits oiseaux viennent en plus grand nombre au *hohô*, *hohô* du chat-huant, qui est prononcé d'un ton plus haut, et semble une espèce d'appel.

LE PETIT DUC, *strix scops*, Lath. Taille inférieure à celle de la petite chouette; longueur, 7 pouces 3 lignes; aigrettes courtes et peu distinctes; corps ramassé et court; dessus du corps brun, mêlé de nuances grisâtres et de fauve terne, de noirâtre et de brun; il y a plus de gris sur les parties inférieures; côtés extérieurs des ailes marqués de bandes transversales d'un blanc roussâtre; queue pareille au dos; iris jaune; bec noir; plumes des pieds d'un gris roussâtre mêlé de taches brunes; peu d'oiseaux offrent autant de variétés dans leurs couleurs que ceux-ci: ils sont tout gris dans leur premier âge; il y en a de plus bruns les uns que les autres; la couleur des yeux paraît suivre celle du plumage; les gris l'ont d'un jaune très pâle; d'autres l'ont couleur de noisette.

Habitation. Cette espèce est répandue dans la plus grande partie de l'ancien continent; mais l'on assure qu'elle ne se trouve point en Angleterre. Elle a des habitudes différentes des autres; elle est voyageuse, se réunit en troupes à l'automne pour passer l'hiver sous un climat plus doux, part quelque temps après les hirondelles, et revient à peu près en même temps. Quoique les petits ducs préfèrent habiter les montagnes, ils se rassemblent volontiers dans les endroits où il y a plus de mulots, et rendent, par la destruction qu'ils en font, de grands services à l'agriculture.

Le petit duc fait son nid dans les arbres creux; mais l'on ne connaît ni le nombre ni la couleur de ses œufs.

Chasse. Le grand duc est la seule espèce de son genre, qui soit considérée comme nuisible, à cause du tort qu'il fait à la chasse. On peut le tuer le soir à coups de fusil, dans les rochers où il se tient; et on le prend aussi avec des piéges tendus sur les trous où il se retire. Il en est de même des autres espèces.

Pendant le jour, on trouve encore l'occasion de les tirer, ainsi que les chouettes, si, en se promenant dans les bois, on frappe avec la crosse du fusil sur les arbres creux que l'on rencontre. Ces oiseaux sortent de leur trou, et comme leur vol est mal assuré, il est facile alors de les tirer.

DUIRE. C'est instruire, dresser des oiseaux de proie à la chasse. (Voyez *Affaiter*.)

DUVET. Plume la plus douce, la plus molle et la plus délicate, qui vient au cou et à l'estomac des oiseaux, et qu'en fauconnerie on appelle leur *chemise*.

DUVETEUX et DUVETEUSE. Noms que les fauconniers donnent aux oiseaux qui ont beaucoup de plumes molles et délicates proche de la chair.

ÉBO

EAU. *Battre l'eau* se dit, en terme de chasse, quand l'animal que l'on court est dans l'eau; on crie aux chiens: *Il bat l'eau*.

ÉBAT *des chiens*. C'est la promenade qu'on fait faire aux chiens de meute, pour leur santé. On dit: *ébat du matin*, *ébat du soir*, pour dire promenade du matin et du soir. On mène les chiens à *l'ébat*. (Voyez *Chien*.)

ÉBOUQUINER. C'est tuer au fusil, prendre au panneau ou d'une manière quelconque les bouquins qui sont de trop dans les bois ou plaines réservés aux chasses.

ECC

ECCLÉSIASTIQUES. Les ordonnances de 1600 et 1601 leur défendent de chasser; elles portent: d'autant que plusieurs religieux, prêtres et ecclésiastiques, contre la décence de leur profession, et au lieu de vaquer au service divin, s'abandonnent au fait de la chasse, nous voulons qu'ils soient punis de pareilles peines et amendes que les laïques et séculiers, selon que nous avons ci-dessus ordonné, sans qu'ils se puissent prévaloir de leurs tonsures et priviléges.

Chaillard rapporte, dans son *Dictionnaire des forêts*, plusieurs arrêts rendus pour l'exécution de ces dispositions.

ÉCHASSE, *charadrius himantopus*, Lath. Genre de pluvier, de l'ordre des échassiers.

On connaît trois espèces de ce genre, dont une seule habite l'Europe, et qui est celle dont nous allons parler.

L'échasse est remarquable par la longueur de ses jambes; sa grosseur est à peu près celle du pluvier doré; elle a 17 pouces de longueur, y compris la queue, qui a 3 pouces de long. Elle pèse de 4 à 5 onces. Elle a le bec noir, mince et effilé, l'iris rouge; les jambes grêles et les doigts du pied rougeâtres; sa couleur dominante est le blanc; mais un noir lustré de vert couvre le sommet de la tête, la nuque, le dos, les pennes et les couvertures des ailes.

La femelle est plus petite que le mâle, et la couleur noire de sa tête et du cou est plus terne. Les jeunes ont les pieds orangés, les genoux gros, le sommet de la tête gris, et le reste du corps d'un brun clair avec des bordures d'un blanc pâle sur les ailes.

Cet oiseau est répandu sur la plus grande partie du globe, où il habite les marais, les rivières et les bords de la mer. Il est abondant en Hongrie, et on le trouve en Allemagne sur les bords de la mer Baltique, sur les bords du Danube, etc. Au printemps et à l'arrière-saison, il se rend par petites troupes ou isolément sur d'autres rivages. Il est assez rare en France. Sa nourriture se compose d'insectes aquatiques, de frai de grenouilles, et principalement de scarabées. Il n'est point farouche; il se laisse facilement approcher et on le tue à coups de fusil. Sa chair est d'un bon goût. On vend beaucoup de jeunes échasses sur les marchés de Vienne, en Autriche.

ÉCHASSIERS. On donne ce nom au cinquième ordre des oiseaux, ainsi nommé à cause de la hauteur de leur tarse; ils paraissent en effet montés sur des *échasses*. On les nomme aussi oiseaux de rivage, parce qu'ils vivent ordinairement sur les rives des eaux vives ou stagnantes. Le héron, la cigogne sont des oiseaux *échassiers*.

Caractères de cet ordre: bec presque cylindrique; pieds géans à cuisses nues en partie; corps comprimé, à peau très mince, queue courte; chair savoureuse; nourriture d'animalcules des marais; nid le plus souvent sur la terre; noces diverses, monogames ou polygames.

ÉCHAUFFER. On dit que les chiens *s'échauffent* sur la voie, quand ils la suivent avec ardeur.

On dit aussi *échauffer* les faisans, quand on leur donne une nourriture échauffante, afin d'exciter à la ponte les poules enfermées dans les parquets.

ÉCHELETTE. Belon dit qu'à Clermont, en Auvergne, c'est le nom du *grimpereau de muraille*, nom, ajoute-t-il, qui est dû aux *pies*.

ÉCLABOUSSURES. Gouttes d'eau que la bête fait jaillir sur les branches, les herbes et les pierres qui sont des deux côtés du ruisseau qu'elle longe ou traverse.

ÉCOQUETER. C'est tuer les coqs surabondans parmi les faisans et les perdrix.

ÉCORCHEUR. Nom que l'on donne à la pie-grièche rousse; c'est le plus petit des oiseaux de proie.

ÉCOSSONNEUX. Nom vulgaire du bouvreuil.

ÉCOUER. C'est couper la queue à un chien, ou autre animal. On dit aussi *écourter*.

ÉCOUFFE ou ÉCOUFLE. C'est, en vieux français, le *milan*.

ÉCOUTES. Ce sont les oreilles du sanglier.

ÉCRECELLE. C'est, en vieux français, et encore dans quelques cantons de la France, la *crécerelle*.

ÉCUMER. En fauconnerie, c'est quand l'oiseau passe sur le leurre, ou sur la proie sans s'arrêter. Quand il passe sur la perdrix qu'il a poussée dans le buisson, on dit *écumer la remise*. Ce terme s'entend encore d'un oiseau qui court sur le gibier que lancent les chiens.

ÉCUREUIL, *sciurus vulgaris*, Linn. Quadrupède du genre et de la famille du même nom; en allemand, *eichhorn*, et en anglais, *common squirrel*. Il y a un assez grand nombre d'espèces d'écureuils; mais nous ne nous occuperons que de l'espèce commune en Europe.

Description. Tout le monde connaît ce joli petit animal. Il a la forme alongée; la tête comprimée sur les côtés et fort épaisse; le front plat; les oreilles de médiocre grandeur, terminées, en hiver, par un bouquet de poil fort long; le cou très court; le dos arqué, la queue longue et touffue; les pieds de derrière grands, et les doigts fort gros; le talon portant à terre, ce qui donne à l'animal la faculté de se porter sur les pieds de derrière; la face inférieure du cou, la poitrine, les aisselles, la face inférieure de l'avant-bras et le ventre de couleur blanche, et le reste du corps d'un roux plus ou moins brun. On trouve en Allemagne des écureuils de deux couleurs principales, le roux et le noir, mais qui ont toujours les parties inférieures blanches. Pendant l'hiver, les vieux écureuils ont le dos tacheté de grisâtre. On remarque dans ces deux races plusieurs variétés de couleurs, que Bechstein désigne ainsi: 1° le noir brun avec le ventre roux; 2° le gris foncé; 3° le gris clair; 4° le blanc; 5° le jaune plus ou moins foncé; 6° le mélange de noir et de blanc; 7° le mélange de roux et de blanc; 8° le roux avec la queue blanche et les pieds de même couleur; 9° le noir avec les extrémités blanches.

La femelle est plus petite que le mâle, et elle a la tête, le cou et le corps plus alongés; elle a huit mamelles.

Les écureuils se font remarquer par leur vivacité, leur gaîté, leur gentillesse. Ils grimpent avec rapidité, et font, à l'aide de leur queue, des sauts de 12 pieds, d'un arbre à un autre. Ils courent sur la terre avec une grande vitesse, et quoiqu'ils craignent l'eau, ils se hasardent quelquefois à nager. Ils se tiennent constamment sur leurs jambes de derrière, et relèvent leur queue en forme de panache, jusqu'au dessus de leur tête. Ils sont pourvus d'une grande perfection dans tous leurs sens. A l'époque de leurs amours, ils deviennent méchans, se poursuivent et se mordent. Leur voix se modifie suivant les passions qui les affectent; ils font entendre un sifflement éclatant, une sorte de claquement, ou de murmure, ou de grognement. Dans le danger, ils se cachent derrière les troncs des arbres et les branches, et cherchent à en gagner la cime. Ils vivent de six à huit ans.

Habitation. Ils sont répandus dans toute l'Europe et en Asie ; ils habitent les forêts, et de préférence celles qui sont composées d'arbres résineux. On les trouve en quantité dans ces dernières, lorsqu'il y a abondance de graines de pin. Ils construisent leur nid avec de petites bûchettes, de la mousse et des feuilles, et le placent tantôt vers le milieu, tantôt à la cime des arbres. Ce nid est, comme celui de la pie, couvert d'une voûte conique, percé par une petite ouverture placée dans la direction opposée au vent régnant. Chaque paire d'écureuils bâtit trois ou quatre de ces nids dont quelques uns n'ont point de dômes. Mais celui qui est destiné à recevoir les petits en est toujours pourvu. C'est dans ces nids qu'ils reposent, qu'ils se réfugient contre leurs ennemis, et qu'ils portent leurs provisions. Au besoin, ils s'emparent aussi des nids vides des pies et des corbeaux.

Nourriture. Ils se nourrissent de noix, de noisettes, de l'amande des fruits à noyau, de glands, de faînes, de graines de pin et de sapin, de semences d'érable, de pepins, de boutons à fleurs et à fruits, de feuilles de myrtille et d'airelle, et de plusieurs sortes de champignons. Ils font provision de glands, de faînes, de noix et de noisettes, qu'ils placent dans leur nid, dans le creux et sous les racines des arbres ou sous la mousse, et qu'ils consomment dans les jours de pluie et pendant l'hiver. Ils s'asseient sur leurs jambes de derrière pour manger, et se servent de leurs pieds de devant comme de mains.

Propagation. Ils entrent en amour pour la première fois dans le mois de mars ; et s'il y a abondance de graines, surtout de graines de pin, leur chaleur recommence une et deux fois dans l'année. Les mâles se poursuivent pour la possession des femelles. Celles-ci déposent dans un nid bien couvert, et après un mois de gestation, depuis trois jusqu'à six petits, qui naissent les yeux fermés, et qui demeurent dans le nid pendant quatre, cinq et six semaines. C'est dans le nid qu'il faut les prendre pour les apprivoiser ; on les nourrit d'abord avec du lait et du pain ; ensuite avec des noix, des noisettes, des faînes, etc. Ils deviennent très familiers et très amusans ; mais ils rongent tout si on n'a la précaution de les attacher à une chaînette. A l'époque des amours, les mâles ainsi privés sont assez ordinairement méchans et disposés à mordre. On peut leur rompre les dents de devant, les plus aiguës ; mais cela les met dans l'impossibilité de ronger les noix qu'on leur donne.

Ennemis et maladies. Les renards leur font la chasse sur la terre, les martes les poursuivent sur les arbres, et les rats enlèvent leurs petits. Les oiseaux de proie, tels que le duc, la crécerelle, etc., leur font aussi la guerre. Les écureuils sont tourmentés par des poux et des puces, et ils sont sujets à avoir le ver solitaire. La faim, les grands froids et particulièrement les longues gelées en enlèvent un grand nombre, et il semble quelquefois qu'il règne parmi ces animaux une sorte d'épizootie, car il y a des années où, au printemps, on en trouve de grandes quantités de morts de consomption. L'amande de la pêche et de l'abricot est pour eux un poison ; il ne faut donc pas en donner aux écureuils privés.

Chasse. La trace des écureuils sur la terre est très facile à reconnaître par l'écartement des doigts du pied. Ils sont empreints à côté l'un de l'autre, de deux pas en deux pas ; et tous les quatre pas, ils sont placés un peu l'un derrière l'autre. On tire les écureuils sur les arbres avec la sarbacane et le fusil ; on leur tend des pièges en bois et des lacets sur leur passée.

Qualités utiles et nuisibles. Ils font beaucoup de tort par la grande quantité de graines forestières qu'ils mangent sur les arbres et lorsqu'elles sont semées, de noix dont ils dépouillent les arbres qui sont à leur portée, et de poires qu'ils dépècent pour en manger les pepins. C'est surtout dans les forêts de pins qu'ils causent des dommages ; ils s'y réunissent en nombre quand la graine donne ; ils percent les cônes pour en manger la semence, et pendant l'hiver et au printemps, ils coupent les rameaux, principalement ceux qui portent les boutons des fleurs mâles, et les mangent. La terre est alors couverte de jeunes rameaux, qui sont regardés comme l'indice d'une année fertile en graines. Il est certain, en effet, que cette chute de branches est suivie d'une récolte abondante, parce qu'elle n'a eu lieu qu'à raison de la quantité considérable de boutons à fleurs qui ont attiré les écureuils, et déterminé ceux-ci à en couper beaucoup. Comme l'écureuil passe pour être un animal nuisible, les chasseurs le tirent partout et quand ils le rencontrent ; mais il conviendrait mieux de le tirer en automne et pendant l'hiver, époque où sa fourrure est bonne, et où sa chair peut être employée. Cette chair, en effet, n'est point désagréable, et beaucoup d'Anglais regardent l'écureuil comme un des meilleurs gibiers ; on la mange rôtie ou préparée avec une sauce piquante, ou aux oignons. Cette sauce contracte un goût d'amertume, quand l'animal s'est nourri de graines de pin. En France et en Allemagne, on ne fait pas grand cas de la peau de l'écureuil ; mais elle est très estimée dans les pays du Nord. C'est de la Sibérie que viennent les meilleures peaux ; on les transporte en Chine. On fait avec les poils de la queue des pinceaux pour les peintres.

ÉCUREUIL GRIS OU PETIT GRIS, *sciurus cinereus*, Lin. Cette espèce habite l'Amérique septentrionale. On trouve aussi, dans les contrées septentrionales de l'Europe et de l'Asie, une race d'écureuils très commune, et qui a reçu le nom de petit gris. Elle diffère de l'animal qu'on appelle du même nom en Amérique. Les peaux de petit gris de l'ancien continent forment une branche de commerce très considérable.

ÉCUYER. On donne ce nom à un jeune cerf qui en accompagne et suit un vieux.

EFFILÉ. Se dit d'un chien fatigué, énervé, pour avoir travaillé trop jeune, ou à outrance.

On court risque d'effiler ou d'énerver les chiens,

quand on les fait chasser trop jeunes ou trop long-temps les premières fois.

EFFLANQUÉ. Un animal fatigué s'efflanque, c'est à dire que ses flancs se retirent en dedans. On dit un *cheval efflanqué*, *un chien efflanqué*.

EFFRAIE, *strix flammea*, Lath. Oiseau du genre des *chats-huans* et de l'ordre des *oiseaux de proie*.

Dénominations. L'effraie est ainsi appelée parce qu'elle effraie en effet par ses souffleniens *ché*, *chéi*, *chéú*, *chiôû*, qui ressemblent à ceux d'un homme qui dort la bouche ouverte ; par ses cris âcres et lugubres, *grei*, *gre*, *crei*, qu'elle pousse en volant, et sa voix entrecoupée qu'elle fait entendre dans le silence de la nuit. Ces sons désagréables, et l'idée du voisinage des cimetières et des églises, inspirent de l'horreur et de la crainte aux personnes superstitieuses, qui regardent l'effraie comme l'oiseau funèbre, comme le messager de la mort. On l'appelle communément la *chouette des clochers*. Les Allemands lui donnent le nom de *schleyer-eule*, chouette voilée, parce qu'elle semble avoir la tête encapuchonnée. Dans l'Orléanais, la Sologne, etc., on la nomme *fresaie*; en Poitou, *présaie*; en Gascogne, *bresague* ou *fresaco*; dans le Vendômois, *chouart*.

Description. L'effraie (*Pl.* 9, *fig.* 5) est le plus beau des oiseaux de son genre, et se distingue aisément des autres chouettes par son plumage ; elle est à peu près de la même grandeur que le chat-huant, plus petite que la hulotte, et plus grande que la chouette proprement dite: elle a 1 pied ou 13 pouces de longueur, depuis le bout du bec jusqu'à l'extrémité de la queue, qui a 5 pouces de longueur ; le bec très recourbé, et de 1 pouce de long, blanc, excepté le bout du crochet qui est brun ; l'iris jaune; les pieds de 2 pouces de haut, couverts de duvet jusqu'aux doigts, qui sont blancs, et dont les ongles sont noirâtres ; les yeux environnés très régulièrement d'un cercle épais de plumes blanches, fines comme des poils, et qui, vers le bec, sont couleur brune café; les oreilles entourées de plumes dures, blanches, brunes et arrondies ; la tête et le dessus du corps ondés d'un beau gris cendré, avec des petites taches noires et blanches; le dessous du corps blanc, marqué de petits points noirs. Des individus sont d'un beau jaune sur la poitrine et sur le ventre, avec des points noirs ; d'autres ont les mêmes parties d'un jaune uniforme, et quelques uns les ont totalement blanches, sans aucune tache ; enfin on en voit dont le dessus du corps est roussâtre, avec des points bruns.

La femelle est plus grosse que le mâle; ses couleurs sont plus claires et plus distinctes.

Habitation. L'effraie est un oiseau très répandu ; on le trouve dans presque toute l'Europe, en Asie, en Afrique et dans les deux Amériques ; elle est, pour ainsi dire, domestique ; elle habite au milieu des villes les plus peuplées ; elle se retire, pendant le jour, dans les tours, les clochers, les toits des églises et les greniers des fermes; elle en sort après le coucher du soleil, et y rentre avant son lever; dans les beaux jours, ces oiseaux visitent le soir les bois voisins ; pendant l'hiver, lorsque le froid est rigoureux, on les trouve quelquefois cinq ou six dans le même trou, ou cachées dans les fourrages. Elle ne voyage pas.

Nourriture. Les souris, les mulots et les rats forment leur principale nourriture ; elles font aussi la guerre aux insectes et aux petits oiseaux. En automne, les effraies vont souvent visiter, pendant la nuit, les lieux où l'on a tendu des *rejetoirs* et des lacets pour prendre des bécasses et des grives ; elles tuent les bécasses qu'elles trouvent suspendues, et les mangent sur le lieu ; mais elles emportent quelquefois les grives et les autres petits oiseaux qui sont pris aux lacets; elles les avalent souvent entiers et avec les plumes, de même qu'elles mangent les souris et les mulots tout entiers ; elles en rendent, par le bec, les os, les plumes et les peaux roulés; mais elles déplument ordinairement, avant de les manger, les oiseaux qui sont un peu plus gros.

Propagation. L'effraie ne va pas, comme la hulotte et le chat-huant, pondre dans des nids étrangers ; elle dépose ses œufs à nu, dans des trous de murailles, ou sur des solives sous les toits, et aussi dans des creux d'arbres; elle pond de bonne heure au printemps, c'est à dire dès la fin de mars ou le commencement d'avril ; elle fait ordinairement de trois à quatre œufs, et quelquefois plus, d'une forme allongée et de couleur blanchâtre, qu'elle couve pendant trois semaines. Elle nourrit ses petits d'insectes et de morceaux de chair de souris; ils sont tout blancs dans le premier âge. Buffon dit qu'ils ne sont pas mauvais à manger au bout de trois semaines, époque à laquelle ils sont gras et bien nourris.

Utilité. Ces oiseaux sont beaucoup plus utiles qu'ils ne sont nuisibles, en ce qu'ils détruisent un grand nombre de souris et de rats ; c'est pourquoi les agriculteurs ne souffrent pas qu'on les inquiète, lorsqu'ils ont l'avantage d'avoir de ces oiseaux dans leurs granges ou leurs greniers.

Chasse. On ne devrait point les chasser; mais il est fort aisé de les prendre quand on veut en avoir de vivantes, en apposant un petit filet, une trouble à poisson, aux trous qu'ils occupent dans les vieux bâtimens.

EFFROI. Un cerf part *d'effroi*, quand quelqu'un ou quelque chose l'inquiète ou lui fait peur.

ÉGALÉ. En fauconnerie, un oiseau *égalé* est un oiseau moucheté.

ÉGALURES. Mouchetures blanches qui sont sur le dos d'un oiseau; on dit: *Ce faucon a le dos tout parsemé d'égalures*.

ÉGRATIGNURES. Quand la terre est dure, et qu'en marchant un cerf n'y fait que de très petites marques, on dit : *Je ne puis juger cet animal, je ne revois que des égratignures, il ne fait que des égratignures*.

EH ! Exclamation employée pour égayer le limier. Elle précède ordinairement toutes les autres manières de lui parler.

ÉLAVÉ. *Poil élavé.* C'est un poil mollasse et blafard en couleur ; en fait de bête à chasser et de chien, c'est une marque de faiblesse en eux.

ÉLIMER. Veut dire, en fauconnerie, *purger l'oi*-

seau, le mettre en état de voler au sortir de la mue.

ÉMAILLURE. Ce mot se dit des taches rouges qu'on voit sur les pennes des oiseaux de proie.

EMBLAVES ou EMBLAVURES. Terres semées en blés. La chasse est prohibée dans les *emblaves*, suivant l'art. 18 du tit. XXX de l'ordonnance de 1669, et la loi du 30 avril 1790.

EMBLER. En terme de chasse, ce mot se dit des cerfs, quand, à leurs allures, les pieds de derrière surpassent ceux de devant de quatre doigts.

EMBLEUR. Cerf ou cheval qui va l'amble.

EMBOUCHURE. Espèce d'entonnoir par lequel on souffle dans la trompe.

EMBUCHER (s'). On se sert de ce mot, en vénerie, pour dire une bête poursuivie, qui rentre ou qu'on fait rentrer dans le bois.

ÉMÉRILLON. Oiseau du genre des faucons et de l'ordre des oiseaux de proie. Il y a plusieurs espèces d'émérillons; nous n'avons à nous occuper que de celle d'Europe.

L'émérillon d'Europe présente, suivant son âge et le sexe, une telle variété de couleurs, que les naturalistes, qui l'ont observé dans différens états, en ont fait plusieurs espèces. Mais Bechstein et plusieurs autres ornithologistes ne reconnaissent qu'une seule espèce dans celles qui ont été décrites sous les noms d'*émérillon* et de *rochier* par Buffon, de *falco œsalon* par Gmelin, de *falco lithofalco* par le même, et de *falco casius* par Wolf. Il paraît bien certain en effet que, sous toutes ces dénominations, on ne doit voir qu'une même espèce. En voici la description d'après Bechstein.

Description. L'émérillon (*Pl.* 8, *fig.* 8) est le plus petit des oiseaux du genre faucon; car le mâle n'a que la grosseur de la draine, et la femelle celle d'une tourterelle. Le mâle a 10 pouces de longueur et 2 pieds d'envergure, et la femelle 11 pouces de longueur et 26 pouces d'envergure; et, dans l'un et l'autre, la queue a 4 pouces 6 ou 9 lignes.

Le mâle a le bec court (8 lignes de long), armé d'un petit crochet aigu, de couleur bleuâtre avec la pointe noire; la membrane de la base du bec, la paupière, la membrane nue qui entoure les yeux et les pieds de couleur jaune; les jambes de 1 pouce 3 lignes de haut, et le doigt du milieu de 1 pouce 4 lignes de long; le front d'un bleu mélangé et tout le dessus du corps d'un bleu cendré, avec des taches noires sur chaque plume; la queue également d'un bleu cendré en dessus, mais avec une large bande noire vers le bout, et plus haut quatre bandes noires qui sont bien plus apparentes en dessous; la gorge blanche; le reste du dessous du corps d'un roux clair avec de longues taches d'un brun clair, qui sont plus nombreuses sur la poitrine où elles forment une ligne d'un brun foncé; les pennes des ailes noirâtres, celles extérieures bordées de blanc et celles de derrière de gris.

La femelle, qui est un peu plus grosse que le mâle, a le dessus du corps d'un brun foncé, marqué de raies grises, avec des taches noires et des bordures rousses; le dessus de la tête et du cou d'un blanc rougeâtre, teinté de brun; la gorge blanche; le reste du dessous du corps d'un blanc roussâtre, varié de taches oblongues de brun roussâtre; les pennes des ailes d'un brun foncé avec des raies transversales en dessus, mêlées de blanc et de roux; la queue d'un gris rougeâtre avec cinq larges bandes transversales d'un gris cendré et dont la dernière est la plus large, et l'extrémité de la queue d'un blanc rougeâtre.

Les jeunes émérillons ont le bec bleu avec la membrane d'un jaune verdâtre, et les pieds de même couleur que la femelle. Les mâles ont le dessus du corps d'un brun gris avec des raies cendrées, mais les femelles ont, sur cette partie, des raies transversales rousses; les uns et les autres ont le dessous du corps roussâtre.

L'émérillon est courageux et hardi, et il fond sur les plus grands oiseaux. Lorsqu'il a saisi sa proie, il s'enlève avec la rapidité de l'éclair. Son cri, dans le printemps, est : *caia, caià*.

Habitation. Ce petit oiseau de proie habite l'Europe et vraisemblablement le nord de l'Amérique; on le trouve, en France et en Allemagne, dans les forêts montueuses qui confinent aux campagnes. C'est un oiseau voyageur qui s'en va en octobre et revient dans le mois de mars et le mois d'avril.

Nourriture. Il se nourrit de petits oiseaux, d'alouettes, de pinsons, de loriots, et il attaque même les pigeons, qui toutefois lui échappent s'il ne parvient promptement à les saisir et à les abattre. Comme tous les autres petits oiseaux de proie, il se nourrit aussi de sauterelles et d'insectes.

Propagation. Il niche dans les vieux nids de pies, les trous des rochers, les ruines qui se trouvent dans les bois, et les trous des arbres. La femelle pond depuis quatre jusqu'à six œufs marbrés de brun châtaigne.

Chasse. La grande défiance de l'émérillon en rend l'approche très difficile, et la rapidité de son vol permet rarement de le tirer. Le moyen le plus facile de le tuer est de l'attirer avec un pigeon et un chathuant, placé près d'une hutte de feuillages, dans laquelle le chasseur l'attend pour le tirer. On prend les petits dans des pièges.

Qualités. L'émérillon est l'un des plus courageux oiseaux de proie; les fauconniers l'emploient pour le vol des petits oiseaux, tels que l'alouette, la caille, l'étourneau, etc. Il est plus docile et s'ardent pour cette chasse que le hobereau. Son vol est bas, mais facile et rapide; il fait une chasse continuelle aux petits oiseaux des champs et des bois qui forment sa principale nourriture.

ÉMEU. Les fauconniers nomment ainsi l'excrément que rendent les oiseaux de proie; ils disent : *Ce faucon se porte parfaitement, car il rend bien son émeu.*

ÉMEUTIR. C'est rendre l'*éme* c'est la décharge du ventre des oiseaux de proie.

EMMENTELÉE ou plutôt MANTELÉE. *Corneille mantelée.* (Voyez *Corneille*.)

ÉMIAULE. Nom que l'on donne, en Picardie, à la *mouette*.

ÉMIGRATION. En ornithologie, ce mot signifie le passage annuel et régulier des oiseaux, d'une contrée à une autre.

ÉMOUCHET. Les oiseleurs de Paris appellent ainsi la *crécerelle*, et particulièrement la femelle de cette espèce.

C'est aussi l'*épervier mâle*. (*Voyez* ce mot.)

EMPAUMER LA VOIE. C'est prendre la *voie*, c'est suivre la piste, être dans la droite voie du gibier. On dit qu'un chien *empaume la voie*, lorsqu'il la trouve et se met à la suivre.

EMPAUMURE. C'est le haut de la tête, c'est à dire du bois du cerf et du chevreuil, qui est large, renversé, et terminé par plusieurs andouillers. Ce ne sont que les *cerfs dix cors* et les vieux chevreuils qui ont des empaumures.

Le haut de la tête du cerf est ainsi appelé, parce qu'il imite la paume de la main.

EMPELOTÉ. Se dit, en fauconnerie, d'un oiseau de proie qui ne peut digérer ce qu'il a avalé, sa nourriture se mettant en peloton. Pour lors, on la lui tire avec un outil nommé *désempelotoir*.

EMPIÉTER. Ce mot se dit d'un oiseau de proie, et particulièrement des vautours, quand ils enlèvent la proie avec les pieds; les faucons *empiètent*, quand ils l'assomment en la liant.

EMPOISONNEMENT DES LOUPS. (*Voyez* Loup.)

EMPORTER. Un chien emporte la voie lorsqu'il suit ou chasse sans difficulté; mais quand il suit ou ne chasse qu'avec peine, on dit pour lors qu'il ne peut *emporter la voie*, ce qui arrive dans les mauvais chasseurs, ou quand l'animal va de vieux temps ou est forlongé; on dit aussi : *Les chiens ne peuvent chasser, le vent emporte la voie.*

ENCEINTE. C'est une partie de bois dont on peut faire le tour par les chemins qui l'environnent. C'est aussi un endroit qu'on entoure de toiles, filets, ou de chasseurs pour y prendre ou tuer du gibier. Enfin, c'est le lieu où le valet de limier détourne les bêtes avec son limier.

ENCEINTE A PRENDRE LES LOUPS. (*Voyez* au mot *Loup*.)

ENCEINTE POUR PRENDRE LES SANGLIERS. (*Voyez Sangliers*.)

ENCHAPERONNER. C'est mettre un chaperon sur la tête de l'oiseau de proie.

ENDUIRE. C'est, en fauconnerie, quand l'oiseau digère bien sa chair, qu'il rend bien sa gorge; alors il *enduit* bien.

ENDORMEUR ou PRENEUR DE MOUCHES. C'est le nom vulgaire sous lequel on connaît, en Beauce, la *cresselle*.

ENFONCER. C'est, en fauconnerie, quand l'oiseau fond sur la perdrix, et la pousse jusqu'à sa remise. On dit : *L'épervier vient d'enfoncer la perdrix.*

ENFOURCHURE. Il se dit de la tête d'un cerf, dont l'extrémité du bois se termine en fourche, ou en deux pointes.

ENGINS. En terme de chasse, ce mot se dit de l'équipage nécessaire à une chasse quelconque, et, par exemple, pour la chasse des alouettes, il comprend le *miroir*, les *nappes*, les *guèdes*, les *cordeaux*, les *maillets*, etc.

Dispositions des anciens réglemens sur les engins de chasse.

L'ordonnance de 1669, tit. XXX, art. 12, prononçait contre tous tendeurs de lacs, tirasses, tonnelles, braviaux, bricoles, la peine du fouet et 30 livres d'amende pour la première fois; et, pour la seconde, le fouet, la flétrissure et le bannissement, pendant cinq ans, du ressort de la maîtrise; soit que les délits eussent été commis dans les forêts et garennes dépendant du domaine du roi, ou dans celles des ecclésiastiques, communautés et particuliers, sans exception.

Cette ordonnance ne parlait point des peines à appliquer aux fabricans d'engins prohibés; mais on avait recours aux articles 9 et 19 des ordonnances de janvier 1600 et juin 1601, confirmées, en général, par l'article premier du titre XXX de l'ordonnance de 1669. Ces articles sont ainsi conçus : « Faisons défenses à toutes personnes indéfiniment, de ne faire ouvrir et exposer en vente, avoir et eux aider de tirasses, tonnelles, traîneaux, panneaux, bricoles de corde et de fil d'archal, pièces et pans de rets et collets. (Art. 9.) Ceux qui auront ouvré, exposé en vente ou acheté, ou qui auront été trouvés saisis de tirasses, tonnelles, traîneaux, bricoles, pans de rets, collets et autres engins, seront, pour la première fois, condamnés en 5 écus d'amende, au double pour la seconde, et, pour la troisième, outre les amendes, bannis de la ville, prévôté ou bailliage où ils auront été trouvés, et les engins confisqués : lesquels seront ards et brûlés à jour de marché ès places publiques desdites villes, bourgs et villages ; et pour la première et seconde fois qu'ils n'auront de quoi payer, seront battus de verges sous la custode ou en place publique, à l'arbitrage des juges; et ceux qui enfreindront leur ban seront envoyés aux galères ou battus de verges, et bannis du royaume à perpétuité, et leurs biens confisqués. (Art. 19.) »

Nouvelles dispositions réglementaires.

Les délits de chasse n'entraînent plus de peines infamantes, telles que le fouet, le bannissement; ils ne donnent lieu qu'à des peines correctionnelles. (*Voyez Chasse*.)

Mais l'amende prononcée par l'art. 12 du tit. XXX de l'ordonnance de 1669, contre ceux qui tendent des lacs, tirasses, etc., dans les forêts royales et communales, doit toujours leur être appliquée.

A l'égard des propriétaires, ils peuvent chasser dans leurs bois, en tout temps et de la manière qui leur convient. Ils peuvent également, en tout temps, détruire le gibier dans leurs récoltes closes, en se servant de filets et autres engins, qui ne puissent nuire aux fruits de la terre. Ce sont les dispositions des art. 14 et 15 de la loi du 30 avril 1790. (*Voyez Chasse*.)

ENGOUANE-PASTRE. Dénomination vulgaire de la *lavandière*, dans les environs de Montpellier.

ENGOULEVENT, *caprimulgus*. Genre d'oiseaux de l'ordre des *passereaux*, qui renferme une vingtaine d'espèces connues, dont une d'Europe.

Engoulevent d'Europe, *caprimulgus europæus*, Lath.

Dénominations. Cet oiseau est connu sous plusieurs noms vulgaires, tels que ceux de *tète-chèvre*, de *crapaud volant*, d'*hirondelle à queue carrée*, de *corbeau de nuit*, dénominations tirées de ce qu'on croyait que cet oiseau avait l'instinct de téter les *chèvres*, de ce que son cri a quelque ressemblance avec celui du *crapaud*; de ce que son vol et sa manière de vivre et de prendre sa nourriture lui donnent quelques rapports avec l'*hirondelle*, et de ce qu'il est demi-nocturne, et ne quitte sa retraite que dans les crépuscules. Quant à son nom d'*engoulevent*, il peint assez bien l'oiseau, lorsque, les ailes déployées, l'œil hagard et le gosier ouvert de toute sa largeur, il vole avec un bourdonnement sourd à la rencontre des insectes, dont il fait sa proie, et qu'il semble *engouler* par aspiration.

Description. Cet oiseau (*Pl.* 12, *fig.* 7) a beaucoup de ressemblance avec le coucou; mais il est un peu plus petit, n'étant pas plus gros qu'un merle. Il a 11 pouces de long, y compris la queue de 5 pouces et demi, et qui est composée de dix plumes seulement; le bec de 4 lignes de long, mince, aplati, un peu courbé en devant, entièrement ouvert, et garni, dans sa partie supérieure, de poils raides et noirâtres; les narines relevées en forme d'entonnoir; la tête grosse, les yeux bleus, les pieds de 5 lignes de haut, un peu garnis de plumes en avant; le doigt du milieu du pied très long et couvert intérieurement d'écailles disposées en forme de peignes. Les couleurs de cet oiseau sont le noir, le gris cendré, le brun foncé, le roux, le jaune et le blanc, tellement mêlés qu'il est presque impossible de le décrire. Le dessous du corps est d'un gris cendré, avec une quantité innombrable de points bruns, de lignes irrégulières et de taches noires; le dessous est marbré de roux et de noir; la queue et les ailes sont d'un gris cendré avec des bandes transversales brunes et des taches noires et d'autres couleurs. Les mâles ont sur la pointe des deux pennes extérieures de la queue une tache blanche que n'ont point les femelles.

L'engoulevent ne vole que le matin et le soir pour chercher sa nourriture; et, sous ce rapport, ses yeux et ses oreilles lui donnent quelque ressemblance avec le hibou. Il se tient plus souvent sur terre dans les broussailles, que dans les grands bois, et, lors même qu'on le chasse, il ne s'éloigne pas ordinairement beaucoup; son vol est incertain; son cri, qui a quelque ressemblance avec celui du crapaud, et qu'il fait entendre dans les belles nuits d'été, consiste en un son plaintif répété trois ou quatre fois de suite: *irr*, ou *currr*; et, quand on le chasse, son cri est *bœæk, bœæk.*

Habitation. L'engoulevent est un oiseau voyageur qui habite l'Europe et l'Asie; il arrive dans nos contrées au printemps, et il nous quitte en automne. Les forêts situées en montagnes, où il y a des broussailles, sont les lieux que cet oiseau recherche de préférence.

Nourriture. Elle consiste dans toutes sortes d'insectes ailés, que l'oiseau se procure le soir et le matin, et qu'il va chercher souvent dans les lieux fréquentés par les bestiaux, et quelquefois même dans les étables, d'où est venue la fable qu'il allait téter les vaches et les chèvres.

Propagation. Il dépose dans un petit enfoncement en terre, ou dans une fente de rocher, deux œufs d'un blanc pâle, marbrés de taches grises et d'un brun clair, qui donnent naissance aux petits, après seize jours d'incubation.

Utilité. Elle résulte de la grande destruction que cet oiseau fait des insectes nuisibles; c'est pourquoi on ne doit jamais lui faire la chasse. Il est très bon à manger au mois de septembre, temps où il est gras.

Chasse. Si on se promène le soir sur la lisière des bois, ou près d'un étang, où il va prendre sa nourriture, on peut le tirer facilement. On peut aussi le prendre en barrant les avenues des bois avec une rafle qu'on tend un peu avant la nuit; mais cet oiseau n'est pas assez commun pour que la chasse en soit avantageuse.

ENGRAVÉ. Chien qui s'est écorché les pieds ou déraciné les ongles.

ENGUICHURE. C'est l'entrée de la trompe ou du cor de chasse.

ENGLUER. C'est enduire de *glu* de petites branches ou verges pour prendre les oiseaux.

ENLARMER UN FILET. C'est le border d'une espèce de lisière formée de grandes mailles qui sont faites avec de la ficelle: les unes servent à fortifier le filet, et d'autres, qui sont plus grandes, à passer une corde comme une tringle de rideau, et, en ce cas, les mailles servent d'anneaux.

ENLEVER les chiens. C'est les arrêter sur la voie du change et les ramener pour les rallier à ceux qui chassent la bête de meute. On *enlève* encore les chiens en leur faisant quitter la voie pour aller la rejoindre plus loin afin de leur épargner de longs détours.

ENTÉES (fumées). Ce sont des fumées de cerf ou de biche, dont deux ne font qu'une, qui se tiennent ensemble, et qui peuvent se séparer sans se rompre.

ENTER. C'est, en fauconnerie, rejoindre, raccommoder à l'aiguille, ou au tuyau, une penne qu'on a gardée, à celle d'un oiseau qui est rompue, froissée ou albrenée.

ENTES. Peaux d'oiseaux remplies de paille ou de foin, auxquelles on fiche un piquet par dessous le ventre, pour les présenter comme des oiseaux vivans qui sont sur un arbrisseau. C'est un moyen dont quelques chasseurs se servent pour attirer des oiseaux de la même espèce et les mettre à la portée du fusil, ou les faire prendre dans des piéges ou dans des filets.

ENTRAVER. (Fauconnerie.) C'est raccommoder

les jets de l'oiseau de proie, de telle sorte qu'il ne se puisse ôter le chaperon, ni se découvrir.

ENVELOPPE DE BALLES. (Voyez *Fusil*, § XXV.)

ENVELOPPER. Quand on est en défaut, on enveloppe avec des chiens au dessus et au dessous de l'endroit où le défaut a commencé.

ENVERGURE. C'est l'étendue qu'embrassent les ailes d'un oiseau, ouvertes comme pour le vol, à prendre du bout de l'une à l'autre. On dit aussi *vol* pour *envergure*.

ÉPAGNEUL. Race de chiens originaires d'Espagne. Il y en a de grands et de petits. Ils sont plus chargés de poils que les braques, et conviennent mieux dans les pays couverts ; ils chassent de gueule, et forcent le lapin dans les broussailles; quelquefois ils *rident* et suivent la piste de la bête sans crier. Ils sont bons aussi pour la plume, et chassent le nez bas. (Voyez l'article *Chien*, où il est donné plus de détails sur cette race et sur la manière de la dresser.)

ÉPEC. Nom vulgaire de *l'épeiche*, ou *pic varié*. (*Voyez* ce dernier mot.)

ÉPAULER. C'est appuyer la crosse du fusil contre l'épaule pour mettre en joue.

ÉPERVIER. Nom d'une division d'oiseaux de proie, appartenant au genre des faucons, et qui renferme un assez grand nombre d'espèces, mais qui presque toutes appartiennent à des pays étrangers et ne viennent point dans nos contrées.

L'ÉPERVIER COMMUN, *falco nisus*, Lath., est une espèce assez nombreuse dans nos climats. On la nomme, en allemand, *finken habicht* ou *sperber*, et en anglais *sparrow-hawk*. Le mâle de l'épervier, qui est plus petit que la femelle, se nomme *tiercelet*.

Description. L'épervier commun (*Pl.* 7, *fig.* 7) est un peu plus grand que le coucou, et un peu plus mince et plus alongé que le pigeon fuyard ; ses dimensions varient suivant le sexe : ainsi, il a de 1 pied à 1 pied 3 pouces de longueur, y compris la queue, dont la longueur est depuis 5 pouces 9 lignes jusqu'à 6 pouces; son envergure est depuis 1 pied 10 pouces jusqu'à 2 pieds 3 pouces, et il pèse de 5 à 8 onces. Il a le bec court (7 lignes dans le mâle et 9 lignes dans la femelle), très recourbé, de couleur noirâtre, et pourvu d'une dent apparente ; la membrane d'un jaune verdâtre; l'iris, les paupières et les pieds jaunes, et les jambes de 2 à 2 pouces 3 lignes de haut, suivant le sexe. Si l'on considère l'oiseau d'une manière générale, voici les différences qu'on remarque :

Le *mâle* a le dessus du corps d'un bleu cendré, et le dessous de couleur rousse avec des raies blanches en travers ; la *femelle* a le dessus du corps d'un brun foncé, et le dessous rayé de même couleur ; le *jeune* a le dessus du corps varié de roux, et le dessous tacheté de rougeâtre, cette dernière couleur tirant sur le jaune à la partie supérieure, et plus foncée à la partie inférieure.

Le *vieux mâle* a le dessus du corps d'un bleu cendré, ou d'un gris de plomb foncé, légèrement ondé de la même couleur plus prononcée, avec des taches blanchâtres plus ou moins apparentes sur la nuque, et des raies de même couleur sous les yeux ; les joues et les tempes rousses ; le dessous du corps blanc avec du roussâtre sur les côtés, des raies longitudinales d'un brun roussâtre sur la gorge, des raies transversales rousses sur la partie inférieure du corps, et quelques traits noirs sur la poitrine ; le croupion blanc; les pennes des ailes d'un brun foncé en dessus, et marquées en dessous de taches d'un roux clair en devant et blanches sur le derrière; la queue cendrée avec des teintes rougeâtres, cinq larges bandes transversales noirâtres, qui sont beaucoup plus prononcées en dessous qu'en dessus où souvent elles s'effacent entièrement; de sorte que le dessus de la queue est de la même couleur que le dos.

La *femelle* est, en général, plus foncée que le mâle ; elle a le dessus du corps d'un gris brun, le dessous, et principalement le ventre et les plumes des jambes, rayés de brun foncé plutôt que de roux, cette dernière couleur étant généralement plus rare.

Les *jeunes mâles* ont la partie supérieure du corps d'un gris brun ou d'un brun foncé, avec un mélange de plumes rousses ; la partie inférieure blanche avec des taches transversales en forme de cœur.

Les *jeunes femelles* ont le dessus du corps d'un brun grisâtre avec un mélange de plumes d'un jaune roux, et des taches blanches sur les scapulaires ; le dessous blanc, avec de grandes taches en cœur sur la gorge et le haut de la poitrine ; sur le reste, des ondulations d'un brun foncé, et des taches en forme de cœur vers le milieu du ventre.

Il y a une variété de l'épervier qui est toute *blanche*, et une autre qui est *mouchetée de blanc*. Ces deux variétés sont très rares.

L'épervier est un oiseau très courageux et hardi ; lorsqu'il a faim, il attaque des oiseaux beaucoup plus grands que lui, par exemple, la poule domestique, et s'il manque son coup, il fond de nouveau sur sa proie. Ses ailes, un peu courtes, ne lui permettent pas de s'élever autant que les autres oiseaux de proie ; mais il vole rapidement. Il fait entendre souvent son cri : *ga, ga*.

Habitation. L'épervier commun se trouve dans presque toutes les parties de l'ancien continent. Il est assez nombreux dans nos pays. Il passe, à l'approche de l'hiver, dans des contrées septentrionales dans les pays tempérés ; mais, en France et en Allemagne, il en reste des individus dans les hivers les plus rigoureux et qui se bornent à se rapprocher des pays de plaines et des villages. Les individus voyageurs reviennent au printemps. L'épervier aime le bord des bois et les boqueteaux situés au milieu des terres.

Nourriture. Le mâle fait ordinairement la guerre aux petits oiseaux, tels que les alouettes, les moineaux, les pinsons, les linottes, les bruans, les verdiers, les loriots, etc. ; et la femelle, qui est plus forte, attaque les pigeons, les grives, les étourneaux, les cailles, les jeunes perdrix. L'un et l'autre se nourrissent aussi de mulots et de scarabées.

Propagation. L'épervier fait son nid sur les grands arbres et les rochers. La femelle y dépose depuis trois jusqu'à cinq et même sept œufs d'un blanc sale, semés de mouchetures brunes, plus épaisses vers le gros bout où elles forment une espèce de couronne. L'incubation dure trois semaines. L'épervier s'empare aussi des vieux nids de la pie.

Qualités utiles et nuisibles. Il est nuisible par la destruction qu'il fait des oiseaux; utile par celle qu'il exerce sur les rats, les mulots; et il est employé très avantageusement dans la fauconnerie. On dit, dans le *Dictionnaire encyclopédique des chasses*, que le jeune épervier a la chair assez tendre, et qu'il est bon à manger. Mais il est certain que, lorsque l'épervier est adulte, il a la chair dure, sèche et de mauvais goût.

C'est un oiseau hardi, intrépide, assez docile, et s'apprivoisant aisément. On le dresse pour le vol; il chasse bien les faisans, les perdrix, les cailles, les grives, les merles, les étourneaux, les pies et les geais, et même les lièvres et les lapins. Les meilleurs éperviers pour la fauconnerie viennent d'Espagne et d'Esclavonie.

Éducation. Quand on veut élever des éperviers, on les met dans une chambre, en liberté; il faut qu'il y ait deux cages, l'une au levant et l'autre au couchant; dans le milieu de la chambre, sont plusieurs perches au haut desquelles on attache de la viande de mouton, de poule, de vieux pigeons; on leur en donne deux fois par jour; mais une fois seulement lorsqu'on veut les faire voler le lendemain, afin de les affamer un peu, et pour qu'ils poursuivent plus ardemment leur proie.

L'épervier quitte facilement son maître, pour peu qu'on le contrarie; et quelquefois, lorsqu'il n'a pu prendre l'oiseau qu'on le fait chasser, il va se percher sur un arbre et ne veut plus revenir.

Chasse de l'épervier. On prend quelquefois les éperviers aux gluaux, aux filets et aux pièges préparés pour d'autres oiseaux. Comme ils sont très méfians, on les approche bien difficilement pour les tirer. Il faut que le chasseur soit caché dans une hutte de feuillage ou un buisson, et qu'il les attire en plaçant à terre un pigeon attaché à un piquet par un corset, et ayant la liberté d'aller et de venir. On peut les attirer de même en plaçant un chat-huant sur un billot. Il faut seulement avoir l'attention de disposer cet oiseau de manière qu'il puisse être vu de loin, et l'on choisit, à cet effet, les clairières ou la lisière des bois. (Voyez *Oiseaux de proie*, et le mot *Appelant*.)

ÉPERVIER DES ALOUETTES. C'est la femelle de la crécerelle.

ÉPERVIER ROYAL. Qualification donnée, en fauconnerie, à l'épervier qui est dressé et instruit à la chasse du vol.

ÉPIÉ. Il se dit d'un chien qui a du poil au milieu du front, plus grand que l'autre, et dont les pointes se rencontrent et viennent à l'opposite. Les chasseurs prétendent que c'est une marque de vigueur et de force.

ÉPIEU. Arme dont on se servait beaucoup dans le temps qu'on se piquait de faire la chasse aux animaux les plus dangereux et les plus féroces. On s'en sert encore en Allemagne, pour tuer les sangliers et les ours, et elle est plus sûre, pour cet objet, que le couteau de chasse dont on fait aussi usage. L'épieu (*Pl.* 20, *fig.* 4) se compose d'un fer, d'une traverse et de la hampe. Le fer est en forme de pique, long de 8 à 9 pouces, large dans son milieu de 2 à 3 pouces, aigu sur ses côtés et pointu à son extrémité. Ce fer a une douille dans laquelle s'enfonce le bout du manche ou de la hampe. Cette hampe doit être en jeune bois de refente, essence chêne ou frêne, et sa longueur hors de la douille doit être de 4 pieds et demi à 5 pieds. On lui donne 1 pouce et demi de diamètre près du fer, et sur le reste de la longueur 1 pouce 3 lignes; et, pour pouvoir la tenir plus fermement, on y attache, avec des clous de sellier, des petites bandelettes de cuir, de 6 lignes de large, qui s'entre-croisent les unes sur les autres. Mais, pour que le fer ne pénètre pas trop avant dans l'animal, on attache, à l'endroit où se termine la douille, une traverse qui consiste en une pointe de bois de daim, ou un andouiller de bois de cerf. Il faut, de plus, un fourreau de cuir fort pour le fer, afin de ne blesser personne.

On dirige la pointe du fer dans le creux de la poitrine du sanglier; mais, si l'animal est déjà coiffé par des chiens, ou retenu par des hommes, on lui enfonce l'épieu au défaut de l'épaule. (*Voyez San- glier.*)

ÉPILANCE. (Fauconnerie.) Espèce d'épilepsie à laquelle les oiseaux sont sujets. Quand ils en sont attaqués, ils tombent subitement du poing ou de la perche; ils restent quelque temps comme morts; ils ont les yeux clos, les paupières enflées, l'haleine puante, et s'efforcent d'*émeutir*; ces accès les prennent deux fois par jour. On prétend que cette maladie est contagieuse.

ÉPOINTÉ. Se dit d'un chien qui a un effort à l'os de la hanche.

ÉPOINTURE. Maladie qui met les chiens hors d'état de servir. C'est quand l'os de la hanche, qui sort au dessus du râble, a reçu quelque heurt ou fait quelque effort, de façon qu'il est plus bas que l'autre.

ÉPOIS. Cors qui sont au sommet de la tête ou bois du cerf. Quand ils sont rangés en forme de couronne, on les appelle *épois de coronure*; il y a bien peu de ces bois en France, et on n'en trouve guère qu'en Allemagne et en Russie. Si les *épois* sont rangés en forme de main, on dit que la tête est *paumée*. S'ils sont tout à fait au sommet et comme un bouquet de poires, on les nomme *trochures*. La tête est *enfourchée* quand il y a deux *épois* faisant la fourche; quelquefois les épois se recourbent en bas.

ÉPONGES. C'est ce qui forme le talon des bêtes fauves.

ÉPREINTES. Ce sont les fientes de la loutre.

ÉPROUVETTE. Instrument qui sert à essayer la force de la poudre à tirer. (*Voyez* au mot *Fusil.*)

ÉPUISETTE. Sorte de petit filet propre à prendre

un oiseau dans une volière, ou un faisan dans l'enceinte d'une faisanderie.

ÉQUIPAGE DE CHASSE. Ce mot comprend hommes, chevaux et chiens destinés à la chasse. (Voyez *Chasse*, *Vénerie*, *Vautrait*.)

ERGOTS ou ÉPERONS, *calcariæ*. Ce sont des espèces de cornes placées sur les jambes (ou tarses) des oiseaux gallinacés mâles. Ces éperons sont de véritables cornes pourvues intérieurement d'une cheville osseuse comme la corne de bœuf, et croissant de la même manière. Un fait assez curieux, c'est que si l'on coupe l'ergot d'un coq et qu'on l'implante dans sa crête, il y prendra de l'accroissement, et fera un oiseau cornu. C'est une espèce de greffe animale.

Les mâles seuls ont des *ergots*; et, lorsqu'ils sont châtrés à leur naissance, ces armes ne leur poussent pas; il en est de même du bois des cerfs coupés.

Les verrues des jambes du cheval, du bœuf, etc., sont analogues aux ergots des oiseaux, et portent le même nom.

ERGOTÉ. Un chien est ergoté quand il a un ongle de surcroît au dedans et au dessus du pied.

ERRE. Train, allure. *Erres*, au pluriel, se dit des traces ou des voies du cerf; *hautes erres*, voies du relevé; un cerf va de *hautes erres*, quand il y a plusieurs heures qu'il est passé.

ÉRUCIR. Se dit d'un cerf, quand il prend une branche dans sa gueule, et la suce pour en tirer le suc. Ce terme est vieux.

ESCAP. Faire *escap* à un oiseau, c'est lui faire connaître son gibier.

ESCAPER. (Fauconnerie.) On *escape* les oiseaux qu'on a en main, lorsqu'on les met en liberté quelques instans, afin de lâcher sur eux les oiseaux de proie qu'on veut instruire.

ESCARTABLE. (Fauconnerie.) Se dit des oiseaux sujets à s'écarter, tels que sont les plus vêtus et les plus coutumiers de monter en essor, quand le chaud les presse.

ESCLAME. (Fauconnerie.) C'est ainsi qu'on appelle un oiseau dont le corps est d'une belle longueur, et qui n'est point épaulé. On dit que les *esclames* sont plus beaux voleurs que les *goussans*, ou ceux qui sont courts et bas assis.

ESPLANADE. (Fauconnerie.) C'est la route que tient l'oiseau lorsqu'il plane en l'air.

ESSAI. On nomme ainsi les écorchures que font aux branches faibles et flexibles les cerfs qui sont près de toucher au bois. On dit aussi du sanglier : *Il a donné de l'essai*, lorsqu'en rentrant du gagnage il est animé et a frappé avec ses défenses contre de jeunes arbres.

ESSIMER ou ESSEIMER, ôter le suif. (Fauconnerie.) C'est dégraisser l'oiseau de proie, l'amaigrir, en lui donnant diverses cures. C'est aussi l'instruire, le dresser, le mettre en état de voler, quand il est jeune ou qu'il sort de la mue.

ESSOR. Action des oiseaux, particulièrement de ceux de fauconnerie, qui s'élèvent librement en l'air.

ESSORER (s'). [Fauconnerie.] C'est prendre l'essor trop fort, mauvaise qualité dans un oiseau de proie.

ÉTOURNEAU, *sturnus*. Genre d'oiseaux de l'ordre des *passereaux*, qui renferme plusieurs espèces, dont la suivante est très répandue dans nos pays.

ÉTOURNEAU VULGAIRE, qu'on appelle aussi *sansonnet*, *sturnus vulgaris*, Lath. (*Pl.* 13, *fig.* 4.)

Description. Cet oiseau est moins gros que le merle; il a 8 pouces 6 lignes de longueur, y compris la queue de 2 pouces 6 lignes; le bec jaunâtre à son origine, et brun vers le bout, de 1 pouce de long, droit, fort, et un peu garni de plumes sur les narines; les pieds de 1 pouce de haut, et couleur de chair, et les ongles noirâtres; l'iris de couleur noisette; tout le corps d'un beau noir lustré, à reflets verts, pourpres et violets sur diverses parties, avec de petites taches blanches. Dans le mois de mai, le bec du mâle devient totalement d'un beau jaune orangé.

La femelle a le bec moins jaune, ne se colorant point comme celui du mâle; le plumage moins brillant, des mouchetures plus larges et plus nombreuses. Pendant la mue, peu d'oiseaux offrent des variétés de plumage plus nombreuses et plus agréables que les étourneaux. Les deux sexes portent, dans leur jeunesse, une robe si ressemblante, qu'il est impossible de les distinguer; comme le mâle est susceptible d'éducation, et par conséquent recherché, les oiseleurs le reconnaissent à cet âge par une tache noirâtre presque imperceptible qu'il a sous la langue. Il y a plusieurs variétés de l'étourneau; l'une *blanche*, qu'on trouve en Pologne, l'autre à *tête blanche*, et la troisième d'un *gris cendré*. Enfin, on voit des étourneaux totalement blancs, avec la tête noire; d'autres de couleur *soupe au lait*, parsemés de petits points blancs.

Habitation. Les étourneaux sont des oiseaux voyageurs qui viennent en mars, et qui nous quittent en octobre pour les pays chauds. On les trouve partout, dans les champs, les lisières des forêts; ils préfèrent les bois d'arbres à feuilles à ceux d'arbres résineux; et c'est principalement dans les forêts de vieux chênes qu'ils se tiennent. Avant et pendant la récolte des foins, on les voit se répandre en troupes nombreuses dans les prairies basses, et venir dans les endroits fauchés pour y prendre des vers et des insectes; ils se plaisent beaucoup avec le gros bétail, à cause des insectes qui accompagnent les animaux.

Nourriture. Ils vivent aussi de larves et d'œufs d'insectes, de différentes sortes de baies, telles que celles du sureau, de cerises, de raisins, et, au besoin, de charogne.

Propagation. Le temps des amours, pour les étourneaux, commence dans les premiers jours du printemps. A cette époque, ils font entendre leur chant, qui est un gazouillement presque continuel; ils ont, en outre, un cri qui n'est qu'un sifflement long et aigu. Une fois appariés, ils cherchent un endroit pour y déposer leurs œufs. Ils construisent leur nid dans le creux des arbres; quelques uns s'emparent du nid d'un pic-vert; d'autres font leur ponte dans les colombiers, sous les couvertures des maisons, des églises, et même dans les trous de rochers. M. Vieillot, dans le *Dictionnaire d'Histoire naturelle*, observe qu'il n'est pas certain qu'ils construisent leur nid sur les arbres, mais Hartig et Bechstein assurent qu'ils nichent dans les arbres creux. Leur nid se compose de feuilles sèches, de chaume et de plumes artistement arrangés. La femelle dépose de quatre à six œufs d'un gris verdâtre, qu'elle couve pendant quinze jours. Dans nos climats, les étourneaux font rarement deux couvées par an, et la seconde est peu nombreuse. Les jeunes sont d'un gris noir en dessus, et blancs en dessous; ils n'ont pas de taches blanches sous le ventre, mais de longues taches grises.

Qualités utiles ou nuisibles. Les jeunes étourneaux ont la chair tendre, mais de peu de goût. Les vieux étourneaux sont encore moins bons; leur chair est sèche, dure et de mauvais goût; toutefois ceux qui se nourrissent de raisins et de figues passent pour être assez bons. Ces oiseaux sont utiles par la destruction d'un grand nombre d'insectes; mais ils font beaucoup de dégâts dans les vignes, surtout dans nos contrées méridionales, à l'époque de la maturité des figues et des raisins.

Chasse aux étourneaux. Quoique la chair de l'étourneau ne soit pas fort bonne, on la recherche cependant assez dans quelques pays, comme en Hollande, en Italie, etc., pour que cet oiseau soit l'objet d'une chasse active et variée, et on s'y livre d'autant plus volontiers, que les étourneaux, se réunissant en troupes nombreuses, ne sont point méfians et donnent dans un grand nombre de pièges.

Chasse à la lumière. Lorsque la nuit est close, on tend, dans les marais fréquentés par les étourneaux, plusieurs filets qu'on attache à des pieux; ces filets sont garnis d'une lanterne où brûle une chandelle; on bat alors les joncs et les roseaux avec des perches, ce qui fait voler les étourneaux vers la lumière, où ils s'embarrassent dans les filets. On en prend ainsi à cette chasse plusieurs centaines à la fois.

Lacets, pantière et vache artificielle. On en prend aussi beaucoup au lacet, à la pantière et avec une vache artificielle. Pour cette dernière chasse, l'on s'enferme dans une vache d'osier recouverte d'une peau, et tellement imitée, que les oiseaux s'y méprennent. On la place au milieu d'un troupeau, et, de là, le chasseur peut tirer à son aise au milieu des volées d'étourneaux, qui suivent et se mêlent avec le troupeau dont ils ne se méfient pas, et en tuer plusieurs de suite; car, dès qu'il en tombe un mort ou blessé, tous les autres volent en cercle à l'entour.

Chasse aux filets ou nappes. Cette chasse se fait le long des mares, depuis la Saint-Jean jusqu'à la mi-août. On y emploie des *appelans.*

La méthode, qui est en usage en Italie, pour les attraper, consiste, au rapport d'Olina, dans le choix de l'emplacement; car, s'il est mal choisi, on en prendra peu. « Lorsque le temps est sec, dit-il, on cherche un endroit où il y ait de l'humidité, près d'un buisson ou d'une haie, à la portée des terres ensemencées, ou des bestiaux. Les *filets* qu'on emploiera pour cette chasse doivent être de sept pas; les *perches* auront huit palmes de hauteur, et la *corde* pour tirer sera longue de quinze pas. Il faut que les *filets* soient d'un fil fort, et que les mailles soient plutôt serrées que claires. On aura, en outre, une cage de cinq palmes, avec son entre-deux dans la partie supérieure; on y mettra environ une centaine *d'étourneaux;* et dans la partie inférieure, on tiendra ceux qui doivent servir d'appelans liés séparément l'un de l'autre par la queue avec un peu de ficelle, près des perches qui sont en dedans des filets, pour pouvoir les tirer au besoin. On pourra donner à manger à ceux-ci quand on voudra; mais, à l'égard de ceux qui sont dans la partie supérieure, comme ils doivent servir de *réclame*, on ne leur présentera à manger que dans un abreuvoir fort étroit, afin qu'étant pressés de la faim et de la soif, ils fassent plus de tapage. Il serait mieux encore, quand on voudra s'en servir le matin, d'ôter leur manger dès la veille; on place la cage au dessus du vent, afin que les cris des prisonniers puissent être portés aussi loin qu'il est possible; l'oiseleur se tiendra dans une cage pour tirer le filet, autrement il ne réussirait pas. Telle est la chasse de l'étourneau dans le temps du passage. Celle que l'on fait aux jeunes a lieu vers la Saint-Jean jusqu'à la mi-août. On se sert des mêmes filets, et on prend les mêmes précautions. On tend les filets dans des endroits frais, et près du bétail; une levée de quatre étourneaux suffit. C'est encore à peu près dans le même temps qu'on en fait une, nommée *chasse au gué*, parce qu'elle a lieu dans les endroits où ces oiseaux vont se baigner. On tend le filet dans quelque prairie où il se trouve de l'eau à la hauteur au moins de quatre doigts, et à la proximité des arbres; on met dedans la levée de quatre *étourneaux*, et on couche l'herbe qui pourrait cacher l'eau. »

La chasse avec le *filet aux alouettes* se pratique aussi en Allemagne, de la manière suivante : on l'exécute, dit M. Hartig, dans le mois de juin, près des étangs garnis de roseaux, où l'on a remarqué que les jeunes étourneaux se rendent en grand nombre pour passer la nuit. On y fauche les herbes dans une petite place où l'on établit le filet; on y répand une grande quantité d'œufs de fourmis et de vers de terre qu'on a tués. La hutte du chasseur doit être couverte de ces roseaux.

Les jeunes étourneaux arrivent le soir pour passer la nuit dans les roseaux; ils voient les *appelans* battre des ailes, et ils entendent en même temps les jeunes étourneaux qu'on a attachés au filet; cela les engage à se reposer sur les perches, et de là sur le filet; alors on en prend souvent une grande quantité d'un seul coup. Cette chasse ne dure jusqu'à ce que les prés soient entièrement fauchés; car à cette époque les étourneaux trouvent sur les prés une grande quantité de nourriture en insectes et vers, et ne s'approchent plus des filets. M. Hartig assure que, dans cette chasse, faite peu de temps avant la fauchaison des prés, il a quelquefois pris plusieurs centaines d'étourneaux d'un seul coup de filet.

Chasse au fusil. On peut tirer des étourneaux en se cachant derrière des buissons, dans des fossés ou sur des arbres isolés.

Éducation de l'étourneau. Cet oiseau n'est point

recherché pour son chant naturel, mais pour son plumage, et spécialement pour sa docilité et son aptitude à apprendre tout ce qu'on lui enseigne ; sa voix devient claire et sonore, il prononce facilement des mots, et quelquefois une phrase de suite, et il répète des airs de serinette à s'y méprendre ; enfin, son gosier souple se prête à toutes les inflexions, à tous les accens. Pour avoir un chanteur parfait, il faut le prendre dans le nid trois ou quatre jours après sa naissance, car s'il y reste dix à douze, il se ressouviendra toujours de son ramage naturel et de son cri désagréable ; on le tient à cet âge dans une petite boîte garnie de mousse, qu'on a soin de changer tous les jours, car de la propreté dépend le succès ; et on lui donne souvent à manger, mais peu à la fois ; dès cet instant, on lui répète ce qu'on veut qu'il apprenne. On lui donne pour nourriture du cœur de mouton haché par petits morceaux et dans la forme de petites chenilles ; on les lui présente au bout d'un bâton, jusqu'à ce qu'il veuille manger seul. Alors on le nourrit avec la pâte que l'on donne aux rossignols ; cependant on doit varier les alimens, car il s'accommode volontiers de tout. Il est sujet à l'*épilepsie*, maladie assez commune parmi les oiseaux que l'on tient en captivité.

On assure qu'on peut engraisser les étourneaux dans les volières ; mais, dit-on, il leur faut des juchoirs, les y nourrir de millet, de froment, et avoir soin de les abreuver d'eau nette ; il ne faut qu'un mois pour leur donner toute la graisse dont ils sont susceptibles, ils sont, pour lors, bons à manger et à vendre. Plusieurs personnes vivent de ce commerce. Mais ces moyens sont révoqués en doute par M. Vieillot, qui les rapporte dans son article *Étourneau*, du *Nouveau Dictionnaire d'histoire naturelle* ; il ne peut croire qu'on puisse nourrir ces insectivores et ces fructivores avec de pareilles graines.

ÉTRAQUER. C'est suivre un animal par la neige, jusqu'à son gîte.

ÉTRIGUÉ, ou plutôt ÉTRIQUÉ. Se dit d'un chien, d'un loup ou de tout autre animal qui est haut sur jambes, a peu de corps, et paraît alerte et léger.

ÉTRUFFÉ. Un chien *étruffé* est celui qui a un os de la hanche hors de sa place, ou celui dont une des cuisses ne prend plus de nourriture.

ÉTRUFFURE. Mal qui vient aux cuisses des chiens, quand le nerf ayant été foulé par quelque effort, ou trop serré dans quelque passage, l'une des cuisses se sèche et ne prend plus de nourriture. (*Voyez*, pour la manière de traiter cet effort, l'article du *Chien.*)

ÉVENTER. On dit *éventer la voie*, en parlant d'un chien qui rencontre une voie si fraîche, qu'il la sent, lors même qu'il ne met pas le nez à terre, ou quand, après un défaut, les chiens ont le vent de la bête qui se trouve dans une enceinte, ce qu'ils témoignent en portant le nez haut.

ÉVENTER UN PIÉGE. C'est en déguiser l'odeur en le frottant avec quelques substances qui attirent l'animal qu'on veut prendre. On dit encore qu'un animal *évente* un *piége*, lorsqu'il le sent et s'en méfie.

ÉVENTILLER. Ce sont, en fauconnerie, les secousses que l'oiseau de proie se donne en se soutenant en l'air, comme s'il faisait une cabriole.

On dit qu'un oiseau s'*éventille* lorsqu'il s'égaie et prend le vent.

ÉVERRER. (Voyez *Éverration*, au mot *Chien*, III° section de l'article.)

FAIRE SA NUIT. (Voyez *Nuit.*)

FAIRE SA TÊTE. (Voyez *Tête.*)

FAIRE TÊTE. Un cerf fait tête aux chiens lorsque, étant forcé, il les attend et se défend contre eux. On dit plus communément le *cerf tient aux chiens*, et l'expression *faire tête* s'applique particulièrement au sanglier et au loup.

FAISAN, *phasianus*. Genre d'oiseaux de l'ordre des gallinacés, qui renferme plusieurs espèces, dont une est répandue dans presque toute l'Europe. C'est de cette espèce que nous allons parler.

FAISAN COMMUN, *phasianus colchicus* ; en allemand, *fasan* ; en anglais, *common pheasant*.

Description. Le faisan (*Pl.* 15, *fig.* 2) est un oiseau superbe, et qui peut en quelque sorte le disputer au paon pour la beauté, ayant le port aussi noble, la démarche aussi fière et le plumage presque aussi distingué.

Cela ne doit s'entendre que du mâle ; car le plumage de la faisane a peu d'éclat, et ressemble à celui de la caille ; ce qui fait qu'à la chasse, il est très aisé de les distinguer et de ne pas tirer une poule pour un coq.

Le faisan mâle est de la grosseur d'un coq domestique ; il pèse 2 livres et demie à 3 livres ; il a 3 pieds de longueur depuis le bec jusqu'à l'extrémité de la queue, qui est très effilée et qui forme presque la moitié de la longueur de l'oiseau ; 2 pieds et demi de vol ; les plumes des ailes ne s'étendent pas au delà de la naissance de la queue, lorsqu'elles sont pliées ; le bec un peu recourbé d'un pouce de long et couleur de corne pâle ; les yeux entourés d'une membrane charnue d'un rouge écarlate ; l'iris jaune ; deux bouquets de plumes d'un vert doré s'élèvent, dans le temps des amours, au dessus des oreilles ; les jambes de 3 pouces de haut, couvertes d'écailles grises, ainsi que les doigts, et un ergot court et pointu ; la tête et la partie supérieure du cou d'un vert doré changeant en bleu et en violet ; le bas du cou, la poitrine, le ventre et les côtés d'un rouge bai luisant avec des mouchetures violettes et à reflets ; le dos et la queue d'un rouge brun avec des mouchetures et des taches noires, brunes et blanches ; les couvertures du dessus de la queue allant en diminuant et finissant en espèces de filets ; dix-huit pennes à la queue, celles du milieu plus longues que les autres, qui sont d'autant plus courtes qu'elles sont placées plus près des côtés ; les douze du milieu rayées transversalement de noir ; les plumes du cou et du croupion échancrées en cœur, comme quelques plumes de la queue du paon.

La *femelle*, que l'on nomme *poule faisane*, est moins grosse que le mâle ; elle ne pèse que 2 livres environ ; son plumage est beaucoup moins brillant ; elle a la tête et le cou d'un brun foncé mêlé de gris rougeâtre ; le dessus du corps d'un brun noirâtre, chaque plume variée de gris, tirant sur le rouge et le blanc ; la poitrine et le dessous du corps lavés de gris cendré ; les ailes d'un brun foncé avec des raies et des taches roussâtres ; la queue beaucoup plus courte que celle du mâle, d'un gris rougeâtre, avec des bandes transversales noirâtres sur le milieu, et de petites raies brunes sur les côtés. Les jeunes ont un plumage gris et uniforme, approchant plus de celui de la femelle que de celui du mâle ; mais, parmi ceux qui proviennent des premières éclosions, on peut facilement, dès le mois d'août, distinguer les jeunes mâles d'avec les femelles, attendu que, dès cette époque, ils commencent à prendre les couleurs des adultes, ce que les faisandiers appellent *marquer coq*. Les jeunes coqs se reconnaissent d'ailleurs à l'ergot qu'ils ont rond, court et obtus, tandis qu'il est long et pointu aux pieds des vieux coqs.

Les faisans sont des oiseaux farouches et stupides ; si on les prive de leur liberté, ils deviennent furieux, ils fuient la présence de l'homme et les lieux qu'il habite, ils semblent s'éviter eux-mêmes et ne se recherchent que pour obéir au vœu de la nature. D'un autre côté, ils donnent dans tous les pièges qu'on leur tend, et quand ils sont *rasés*, ils se laissent approcher et tuer à coups de bâton.

Les faisans ne volent pas loin ; mais ils courent avec une étonnante rapidité. Le cri du mâle, qu'il fait entendre dans le temps des amours, est rauque ; il peut être exprimé par les mots *kack, kack*. Mais la femelle ne fait entendre qu'un son très faible.

Il y a plusieurs variétés du faisan commun.

1°. *Le faisan blanc*, phasianus albus, var., Lath. Cet oiseau est tout blanc, sans mélange d'aucune autre couleur ; la membrane d'un rouge écarlate qui entoure ses yeux contraste agréablement avec la blancheur éblouissante de son plumage. La femelle est absolument semblable au mâle, à l'exception de la membrane qui a moins d'étendue.

2°. *Le faisan panaché ou varié*, phasianus varius, var., Lath. Des taches rousses qui réunissent toutes les couleurs du faisan commun sont semées sur le fond blanc du plumage de cette variété.

3°. *Le faisan à couleurs pâles*. Dans cette variété, le mâle et la femelle ont toutes leurs couleurs affaiblies et comme passées. On la connaît dans les faisanderies sous le nom de *faisan cendré*.

On obtient par le métissage divers produits auxquels on donne le nom de *faisan bâtard* ou *coquard*, (phasianus hybridus). Ces métis proviennent ou d'un coq faisan argenté avec une poule faisane commune, ou d'un coq faisan doré avec une poule faisane commune, ou bien encore d'un coq faisan commun avec une poule de basse-cour. Ce dernier, qui est très lascif, s'approche quelquefois des habitations isolées, pendant la saison des amours, et coche la poule domestique. Les produits de ces métissages ont un mélange des couleurs des deux espèces ; seulement, dans les deux premiers cas, ces produits sont frappés de stérilité, tandis qu'il résulte des expériences qui ont été faites en Allemagne que les mâles provenant du coq faisan commun et de la poule domestique sont stériles, mais que les femelles peuvent être fécondées par le faisan commun, et que les produits sont de l'espèce du père.

Habitation. La patrie du faisan est la Colchide, aujourd'hui Mingrélie, ainsi que l'indique l'épithète qui lui a été donnée. C'est là que son espèce est plus forte et plus belle ; à mesure qu'on la forcé à s'en éloigner, elle a perdu de ses qualités originelles. L'espèce est à présent répandue dans toute l'Europe, en Afrique, en Asie, même dans les contrées froides du Nord. Pallas a vu des faisans en grande quantité dans les bois de Kuma, aux environs du Terek, du Kuban, dans les places couvertes de joncs qui avoisinent la mer Caspienne et tout le Caucase. M. Michaud père, ainsi que son fils nous l'a assuré, a vu aussi de grandes quantités de faisans sur les bords de la mer Caspienne. Dans ses premiers voyages, Pallas avait observé que nulle part les faisans ne sont plus communs que près du fleuve Amour, en Sibérie. Quoi qu'il en soit, cet oiseau paraît préférer les climats doux, et réussir moins bien dans les pays froids.

Nous avons peu de cantons, en France, où il y ait des faisans vraiment sauvages, c'est à dire qui n'aient point été élevés dans des parcs avant d'être lâchés dans les campagnes ; et en recherchant bien l'origine de ces oiseaux dans les endroits où il y en a, on retrouverait probablement l'époque, plus ou moins reculée, à laquelle ils ont été apportés, ou bien celle où ils ont commencé à s'y propager par le voisinage de quelques terres qui en avaient été autrefois peuplées par les propriétaires. La ci-devant Touraine passait, avant la première révolution, pour être le pays de France où il y avait le plus de faisans sauvages. On en trouvait quelques uns dans la plupart des forêts de cette province, entre autres dans celles de Loches et d'Amboise, et une assez grande quantité dans la haute et basse forêt de Chinon, ainsi que dans les bois des communes voisines ; d'où ils se répandaient en plaine dans les landes et bruyères, quelquefois même dans des îles que forment la Vienne et la Loire, aux environs de Chinon.

On en trouvait aussi dans les montagnes du Forez et du Dauphiné, dans la partie qui avoisine le Piémont, dans les forêts du Nivernais et dans plusieurs îles du Rhin ; enfin on en voyait beaucoup en Corse.

Ces oiseaux se plaisent dans les bois en broussailles et les taillis qui se trouvent environnés de prairies et de terres en chaume ou ensemencées.

Dès que le soleil se couche, la plus grande partie gagne les gaulis et les cantons où il y a de grands chênes pour se brancher et y passer la nuit ; et en montant sur les arbres, ils ne manquent pas de crier, surtout en hiver ; en sorte qu'en se mettant sur le soir aux aguets dans les bois, on est averti, par leur chant, des lieux où il y en a de branchés. Pendant l'été et vers midi, ils se tiennent volontiers sur les collines. Ils n'aiment pas les forêts d'arbres résineux ni les lieux marécageux ; mais il leur faut une eau pure pour boire.

Nourriture. Les faisans se nourrissent de toutes sortes de graines, de froment, d'épeautre, d'orge, de pois, de vesce, de sarrasin, de chenevis, de graines de navette, de millet, de glands, de faînes, de châtaignes, des baies du sorbier, de genièvre, d'airelle et autres baies d'arbres forestiers ; ils mangent aussi les jeunes bourgeons des semences, le chou et autres herbes tendres, ainsi que les vers, les insectes et les œufs de fourmis. Ils se couchent volontiers dans le sable, et ils avalent, dit-on, de petits cailloux pour faciliter leur digestion.

Dans les pays où l'on élève des faisans dans un état de demi-liberté, l'on voit ces oiseaux se réunir en troupe, lorsque la terre, dépouillée des récoltes, les force de se rassembler aux remises dans lesquelles on les conserve ; alors ils sortent du bois pour chercher leur nourriture deux fois par jour : au soleil levant, et de cinq à six heures du soir.

Propagation. Le coq recherche la poule, qu'il appelle partout, le matin, par son cri *kack*, *kack* ; et il la coche après l'avoir circonvenue par plusieurs détours particuliers. Dans l'état sauvage, les mâles n'ont qu'un petit nombre de femelles chacun. Après la fécondation, la faisane construit son nid sous un buisson ; elle le compose de brins de bois et de débris de plantes sèches ; souvent même elle dépose ses œufs, au nombre de dix à douze, dans une cavité du sol où il n'existe qu'un peu d'herbe foulée. Ces œufs sont d'un tiers plus petits que ceux de nos poules ; ils sont d'un vert clair d'olive. L'incubation est de vingt et un à vingt-trois jours. Les jeunes, dès qu'ils sont sortis de la coque, suivent leur mère, qui les conduit pour prendre de la nourriture, et qui les réchauffe sous ses ailes. Chaque famille ou couvée ne reste pas unie jusqu'au printemps suivant, comme les perdrix ; dès le mois de septembre, on les trouve éloignés les uns des autres. Ils se rassemblent ordinairement dans le lieu de leur gagnage habituel ; mais en rentrant au bois, ils se séparent, et on les trouve souvent très éloignés les uns des autres. Ils ne partent pas ensemble, mais les uns après les autres. Les faisans vivent ordinairement six à sept ans ; c'est la durée de la vie de la poule commune.

Ennemis et maladies. Les renards, les chats, les putois, les belettes, les rats et tous les oiseaux de proie sont les ennemis des faisans ; souvent même les corbeaux, les corneilles et les pies enlèvent leurs œufs et leurs petits. Les faisans, surtout ceux qu'on élève dans les faisanderies, sont sujets à plusieurs maladies, au nombre desquelles les plus dangereuses sont : la *pépie*, le *haut mal*, la *diarrhée* et la *goutte*.

Qualités utiles et nuisibles. La chair du faisan est très délicate, savoureuse et d'un bon goût ; elle est, par conséquent, très recherchée et fort chère. Les œufs ont aussi un excellent goût. Lorsque les faisans sont très multipliés, ils causent beaucoup de dommages aux récoltes des champs voisins.

Chasse du faisan. On chasse cet oiseau de différentes manières : *avec les oiseaux de proie, au fusil, au chien couchant, aux filets, aux collets et lacets, etc.* La manière de prendre les faisans avec l'oiseau de proie est indiquée à l'article de la *Fauconnerie.* (*Voyez* ce mot.)

Au fusil. On chasse le faisan avec un chien d'arrêt, de la même manière que la perdrix. On peut en tuer aussi, en se tenant à l'affût au pied des grands arbres, où ces oiseaux se tiennent ordinairement perchés pendant la nuit ; et comme ils ne manquent pas de crier en y volant, ils se trahissent et indiquent eux-mêmes l'arbre qu'ils ont choisi pour y prendre du repos. Cette chasse meurtrière est fort pratiquée par les braconniers des environs de Paris dans les forêts où l'on entretient des faisans pour la chasse des princes : Elle est très facile, car le faisan, perché sur son arbre, se laisse approcher tant qu'on veut, et souffre même qu'on lui tire plusieurs coups de fusil sans quitter l'arbre. L'auteur du *Traité de la chasse au fusil* assure qu'en brûlant, pendant la nuit, une mèche soufrée au dessous de la branche sur laquelle un faisan est perché, il tombe suffoqué par la fumée. Cet auteur cite, à cette occasion, une aventure de braconniers surpris à cette chasse dans le parc du château de Richelieu. Mais pour que la fumée du soufre pût produire l'effet qu'on suppose, il faudrait que l'oiseau ne fût pas perché très haut, et que l'ascension de la fumée ne fût contrariée par aucune circonstance.

Chasse avec le chien couchant. Comme le faisan tient bien devant le chien couchant, on en fait une chasse agréable, dans les champs et les broussailles ; on le tire au moment où il vole. Le moment favorable est celui où, après s'être élevé à quelques pieds, il va prendre son vol horizontal. Si on ne fait que le démonter, on ne le rejoint pas aisément et les chiens même ont de la difficulté à l'atteindre, parce qu'il court avec une extrême rapidité, et lorsqu'il se trouve à une certaine distance, il se rase et se cache de manière à n'être point aperçu. Lorsqu'il est ainsi rasé, il laisse passer chasseur et chien près de lui sans bouger, aussi doit-on battre soigneusement le terrain.

Nous avons dit que cette chasse se faisait comme celle des perdrix ; mais un bon chasseur doit observer, dans les lieux où les faisans ne sont pas très multipliés, de ne pas tuer de poules ; et comme le coq se fait remarquer par sa longue queue, ses couleurs brillantes et par le cri d'effroi qu'il fait entendre lorsqu'il se lève, il ne peut guère se tromper. Néanmoins, il arrive quelquefois que des poules très vieilles prennent un plumage d'un roux foncé et qui approche de celui du mâle, dont elles revêtent en quelque sorte les couleurs. Le chasseur le plus expérimenté peut alors les prendre pour des coqs, et les rendre victimes d'une erreur, qui ne doit, du reste, causer aucun préjudice à ses plaisirs futurs, puisque ces poules ne sont plus propres à la reproduction.

Tirasse. La chasse au chien couchant se fait aussi avec un filet qu'on nomme *tirasse.* Elle exige trois personnes, l'une pour guider le chien, et les deux autres pour diriger le filet. Dans cette chasse, il ne faut point se hâter, tenir long-temps le chien en arrêt, et donner à ses compagnons le temps de s'approcher avec le filet, et d'en envelopper en même temps le gibier et le chien couchant.

Mais aussitôt que les faisans sont pris, il faut se jeter sur eux, car il est à craindre qu'ayant essayé vainement de s'enlever, ils ne courent sous le filet, et ne s'échappent par l'une des extrémités ou par l'un des côtés.

Chasse au hallier. On reconnaît les lieux habités par les faisans à leur chant qu'on entend le matin, et aux appâts, tels qu'avoine, orge, etc., qu'on leur jette dans les voies qu'ils doivent tenir. Lorsqu'on s'est aperçu que la quantité de graines diminue, on revient le lendemain à la pointe du jour, et on tend ses halliers dans le sentier où aboutissent les voies. On se retire alors derrière un arbre, l'œil fixé sur les piéges. Lorsqu'un faisan est pris, on tâche de le dégager en silence, afin de ne point effrayer les autres. Le hallier dont on se sert pour cette chasse est un filet à mailles carrées, large de 5 à 6 pouces, et haut de trois grandes mailles; sa longueur dépend du chemin où l'on veut tendre. Les piquets qui tiennent à ce filet doivent être éloignés l'un de l'autre de 2 pieds et demi; le fil qui en compose le tissu doit être retors et ferme, afin que le faisan ne puisse le rompre.

Chasse des faisans avec les poches à lapin. Voici la manière de tendre ce piége : on prend une petite baguette longue de 5 à 6 pieds, et un peu moins grosse que le petit doigt; on aiguise chaque bout et on la fiche en terre aux deux extrémités du chemin, en courbant la baguette en forme de demi-cercle; on prend ensuite la ficelle qui passe dans la boucle d'un filet, et on le place au haut du demi-cercle, de manière qu'il n'y tienne que fort légèrement; on suppose dans cette chasse qu'on a attiré le faisan par un appât dans le demi-cercle où il doit se prendre. Cette méthode est simple et n'en est que plus sûre.

Collets et lacets. On prend quelques branches d'arbres et des piquets de la hauteur de 1 pied ; on en fait une haie qui n'ait pas plus de 9 pouces de hauteur ; on jette du grain et des œufs de fourmis pour attirer le gibier près de ces haies, et on attache les lacets et les collets, faits de crins de cheval, aux piquets (*Pl.* 41, *fig.* 4). On observe seulement de laisser au milieu de chaque haie un espace pour laisser passer le faisan, et c'est l'endroit où le piége doit être tendu. Les lacets se posent à terre, et c'est d'ordinaire par le pied que se prend le gibier; mais les collets qui le prennent par le cou doivent être attachés plus haut, et être à portée des faisans.

On tend aussi ces lacets à quelque avenue où il y ait de l'eau : les faisans, en allant à l'abreuvoir, tombent dans le piége qu'on leur a tendu. Observons que ces chasses aux collets et lacets ne sont pas conservatrices, puisqu'on prend également les mâles et les femelles, et que presque toujours on devrait ménager ces dernières.

FAISANDERIE. C'est le lieu où l'on élève des faisans, et l'on comprend sous ce nom les bâtimens, parquets, clos, remises, etc., consacrés à cet objet.

C'est par l'éducation des faisans et des perdrix rouges que l'on parvient à les multiplier et à les entretenir dans les lieux que la nature ne leur avait pas destinés, ou dans une terre ou un parc qui en serait dépourvu, soit qu'il n'y en ait jamais existé, soit qu'on les ait chassés sans ménagement, soit enfin qu'un hiver long et rigoureux, durant lequel on ne leur aurait pas distribué une nourriture abondante, les ait fait périr.

La dépense qu'exige une faisanderie formée sur un vaste plan est très considérable; elle nécessite un grand emplacement et le service continuel d'un nombre de personnes proportionné à celui des faisans qu'on veut élever; aussi, antérieurement à 1814, il n'en existait que dans les domaines de la couronne; mais, depuis cette époque, un certain nombre de faisanderies particulières ont été formées sur un petit modèle par des propriétaires d'une fortune médiocre, qui non seulement peuplent leurs terres et leurs bois de faisans destinés à alimenter leurs chasses, mais encore savent en tirer un bon parti en les vendant aux marchands de comestibles ou à la vallée. C'est une branche d'industrie qui s'exploite communément aujourd'hui, et nous connaissons un établissement de cette nature dans l'intérieur même de Paris qui, par la vente des faisans et des œufs, produit un revenu assez considérable.

C'est dans le but d'être utile en même temps aux gros propriétaires qui en feront un objet de plaisir, et aux petits propriétaires qui voudront en faire un objet de spéculation, que nous allons indiquer dans cet article tous les moyens qui nous semblent devoir assurer un résultat avantageux.

On trouve dans presque tous les ouvrages de chasse des instructions pour l'éducation des faisans; mais les méthodes qui nous paraissent préférables sont celles indiquées par M. Hartig et par M. Jourdain, dans son *Traité général des chasses.* Nous allons les exposer ci-après, en y joignant des documens qui sont le fruit de notre expérience.

Emplacement d'une faisanderie. Le faisan aime un climat doux et tempéré, et il se plaît dans les bois de peu d'étendue, composés d'arbres à feuilles, entourés de champs cultivés, coupés par des prairies et des sources d'eau vive, et surmontés par quelques grands arbres, particulièrement de chênes et de hêtres, et pourvus d'ailleurs d'arbustes et d'arbrisseaux qui produisent des fruits succulens et charnus que l'on désigne sous le nom de baies.

Il faut choisir, pour l'établissement d'une faisanderie, une portion de parc ou de bois située en plaine ou en pente douce, exposée au levant et au midi, et qui réunisse, autant que possible, les conditions que nous venons d'exposer. Les arbres et arbustes les plus utiles dans une faisanderie sont le genévrier, le cornouiller, l'épine-blanche, l'épine-noire ou prunellier, le fusain, le merisier à grappes, le nerprun, le petit groseillier des haies, le groseillier à fruits rouges, le framboisier, la ronce, le sureau à fruits noirs et à fruits rouges, la viorne et autres arbrisseaux semblables, comme aussi le merisier des bois, le sorbier des oiseaux et l'alizier.

Étendue du parc. Lorsque le choix d'un emplacement convenable est fait, on en détermine l'étendue d'après le nombre de faisans qu'on veut élever chaque année. Dans les faisanderies du roi, on compte un arpent par cent faisans; M. Hartig dit qu'il faut près de deux arpens pour ce nombre; il est certain qu'une faisanderie est d'autant plus avantageuse qu'elle présente plus d'espace, parce qu'il est nécessaire que les faisans de différens âges ne se mêlent pas, à cause du danger qui en résulterait pour les plus faibles. Toutefois, la proportion adoptée pour les faisanderies du roi par M. le comte de Girardin, premier veneur de la couronne, est tout à fait rationnelle.

Clôture du parc. Il faut garantir, par tous les moyens possibles, l'intérieur de la faisanderie des incursions des animaux nuisibles. On construit, soit un mur en pierres de 8 pieds d'élévation ravalé en dehors, soit un palis en planches. Dans ce dernier cas, les poteaux qui le soutiendront seront plantés à l'intérieur, et les planches non seulement bien jointes, mais encore varlopées à l'extérieur, de manière à n'offrir aucune prise pour grimper, et quelle que soit d'ailleurs la clôture, il est important qu'elle soit couronnée par un auvent en planches incliné, et saillant à l'extérieur de 6 à 8 pouces, que l'on fixe solidement. Cet auvent formera un obstacle qui empêchera les quadrupèdes nuisibles de franchir la clôture. Pour prendre ces quadrupèdes, on pratique, dans la clôture même, au niveau du sol, de petites ouvertures connues sous le nom de *barbacanes*, ou en place des trébuchets ou des assommoirs, en observant pour ces derniers de tendre très bas, car autrement un faisan pourrait suivre la coulée et se faire prendre.

Disposition intérieure du parc. Après avoir clos l'enceinte destinée à l'établissement de la faisanderie, on doit commencer par déterminer la place qu'occuperont les parquets destinés à enfermer les faisans pour la ponte, et dont il sera parlé plus loin. On la partage en plusieurs divisions principales par des routes de 16 à 24 pieds de largeur; on pratique dans ces divisions plusieurs chemins sinueux de 6 pieds de large, et l'on donne à l'ensemble du parc à peu près la forme d'un jardin anglais. On établit des prairies et des gazons que l'on entretient le mieux possible, et l'on réserve quelques places pour y semer des grains que les faisans recherchent. On donne aux eaux une direction telle qu'elles ne puissent occasioner d'humidité sur les routes, et que les faisandeaux qui voudraient y aller boire puissent en approcher par une pente douce. On a soin d'abattre les arbres qui se trouveraient près de la clôture,

et qui pourraient, par leur rapprochement de ceux de l'extérieur, aider les quadrupèdes nuisibles à s'introduire dans la faisanderie. Les parties du parc qui ne sont point en gazons ou en grains, et qui en forment environ la moitié, sont consacrées à des remises à bois qui doivent s'élever à hauteur de ceinture, et offrir du couvert aux faisans. Un dixième environ de ces remises, et pris au centre, doit être planté de grands arbres où les faisans puissent se *brancher.* Enfin, on sable quelques allées pour leur procurer un ressui salutaire où ils puissent faire ce qu'on nomme *la poudrette,* moyen qu'ils emploient pour chasser la vermine qui les incommode. De cette manière, la faisanderie offre aux élèves de la nourriture, du couvert, du ressui et du brancher.

Constructions. Les constructions ordinaires sont celles ci-après:

1°. *Le logement du faisandier.* Il doit être placé près de l'entrée du parc, non loin des bâtimens de la faisanderie, et même être lié à ces bâtimens, afin que le faisandier puisse mieux surveiller tout l'établissement. Ce logement devra être pourvu des commodités nécessaires et d'une écurie pour quelques bestiaux.

2°. *Les parquets.* Ils doivent renfermer les faisans destinés à la ponte et leur nombre être proportionné à l'importance de la faisanderie.

On les adosse au mur de clôture, qui les garantit du vent du nord. On les place à côté les uns des autres; on donne à chacun de 12 à 15 pieds de long, 10 pieds de large et environ 10 pieds de hauteur. On les entoure d'un treillage en fil de fer ou en bois, et, dans ce dernier cas, ils peuvent être réduits à 12 pieds en carré, sur une hauteur de 4 à 5 pieds. On les couvre d'un filet de corde, ou, ce qui vaut mieux, d'un grillage de fil de fer supporté par un poteau planté au milieu du parquet et plus haut de 3 pieds que le treillage de clôture; on y met quatre ou cinq bâtons pour servir de juchoirs, et une petite hutte au milieu ou dans un coin, le tout peint à l'huile. On place dans un autre coin un paillasson de genêts pour y servir d'abri, et on recouvre le sol d'environ 3 pouces de sable fin; il est utile qu'il y croisse trois ou quatre arbustes. Il faut aussi que la cloison mitoyenne à deux parquets ne soit pas à claire-voie, parce que les coqs, étant extrêmement jaloux, se tourmenteraient s'ils se voyaient, et la ponte en souffrirait. Cette cloison doit être établie de la même manière que les autres faces, mais pleine; il faut y ménager une trappe pour établir, au besoin, la communication d'un parquet à l'autre. On laisse une porte à chaque parquet. Lorsqu'ils sont ainsi établis, les faisans s'y plaisent, et l'on récolte aisément les œufs de la ponte.

3°. *La couvoie.* Cette pièce doit être éloignée du bruit et de tout ce qui pourrait troubler l'incubation. Elle doit être proportionnée à l'importance de la faisanderie, et avoir néanmoins une étendue telle que la température n'y soit pas trop élevée, ce qui incommoderait les couveuses et nuirait aux éclosions. On couvre le plancher d'environ trois pouces de sable fin, on ferme les fenêtres, et on les bouche de manière à empêcher le grand jour d'y pénétrer pendant le temps de l'incubation. Dans cet état, on attend que la ponte ait assez fourni pour commencer à faire couver.

4°. *Le bâtiment des élèves.* Nous en ferons connaître l'usage plus loin.

5°. *La chambre d'hiver.* Dans les pays du nord, on construit une chambre, à laquelle on donne les mêmes dimensions qu'à la couverie, et dont nous indiquerons l'usage dans un paragraphe suivant.

Outre ces chambres et ces parquets, M. Hartig nous dit qu'en Allemagne, on construit en avant de chacune d'elles une autre enceinte de même largeur, mais quatre fois plus longue, formée par un palis de planches de 10 pieds de haut, couverte de filets à sa partie supérieure et dont le sol est gazonné, et où il y a un buisson et de l'eau claire. Cette enceinte est destinée à recevoir les faisans quand on veut les faire sortir momentanément de leur parquet.

6°. *Les hangars à manger.* Le même auteur donne la description suivante de ces hangars : on les établit dans différens endroits du parc sur de petites places gazonnées et entourées de buissons épais. On parvient à rendre ces buissons très épais et à en former un bon abri contre les oiseaux de proie, en en coupant les sommités à une longueur telle qu'ils pendent un peu, et en répétant cette opération de temps en temps. Les hangars ont de 10 à 12 pieds de largeur et de 15 à 18 pieds de long; ils sont formés par quatre piquets de 2 pieds et demi à 3 pieds de haut et couverts en paille ou avec des écorces. Les faisans peuvent manger sous ces hangars sans être aperçus des oiseaux de proie.

7°. *Le magasin pour conserver les grains et les ustensiles.*

Du peuplement de la faisanderie.

Lorsque la faisanderie est ainsi disposée, on s'occupe de la peupler, soit en se procurant, du 15 au 30 avril, des œufs de faisans, qu'on donne à couver à des poules domestiques, soit en rassemblant, dans les premiers jours de février, un certain nombre de poules faisanes et de coqs pour les placer dans les parquets. On ne doit point acheter d'œufs après le 15 mai, parce qu'alors la ponte est trop vieille et l'incubation trop avancée pour que les œufs réussissent. Le nombre de poules que l'on donne à un coq varie dans les différentes faisanderies. M. Hartig et quelques autres auteurs disent qu'on peut en donner jusqu'à dix à un seul coq; mais l'usage, dans les faisanderies du roi, est de n'en donner que cinq et au plus six; et ce nombre paraît être le plus rationnel, parce que, s'il s'élève au delà de six, il y a des inconvéniens pour la fécondation, et que s'il est moindre de cinq, le coq tourmente trop les poules, ce qui nuit à la ponte. On entretient ces poules et ces coqs dans les parquets pour recueillir la ponte, qui commence vers le 15 avril.

Les faisans pris dans les forêts doivent être mis en parquet dès les premiers jours de février; ceux pris dans les parcs ou réserves, dans la deuxième quinzaine du même mois; enfin, quand ce sont des élèves restés dans l'enceinte de la faisanderie, dans la première quinzaine de mars. Observons que ces distinctions tiennent à ce que plus les faisans sont sauvages, plus il leur faut de temps pour s'accoutumer à la perte de leur liberté et à la nourriture qui leur est donnée. Dans les pays septentrionaux, on ne met les faisans dans les parquets extérieurs, qu'après que les froids du mois de février sont passés, et on les laisse dans les pièces d'hiver jusqu'à cette époque.

Les faisans élevés dans le parc de l'établissement sont préférables à ceux que l'on prend dans les forêts, parce qu'ils sont moins farouches, se nourrissent mieux, et donnent une ponte plus abondante et plus sûre. On doit préférer les poules d'un an à celles de deux ans et au dessus; quant aux coqs, bien qu'ils soient bons à un an, il vaut mieux qu'ils en aient deux. Une fois que les coqs et les poules ont quatre ans, ils doivent être remplacés.

On n'élève point de faisans dorés et argentés pour les chasses, mais, si l'on veut en avoir pour l'agrément, il faut que les poules aient deux ans et les coqs trois ans.

On peut nourrir les faisans dans leur parquet, avec du blé, de l'orge et même de l'avoine; au commencement de mars, on y ajoute un peu de chenevis, ce qui les échauffe et hâte l'époque de leurs amours. Il faut les bien nourrir, mais prendre garde de les engraisser, car les poules cesseraient d'être fécondes, ou le petit nombre d'œufs qu'elles produiraient ne seraient recouverts que d'une coquille si molle, qu'il serait impossible de les faire couver. Deux onces et demie, ou une bonne cuillerée à bouche de grains, suffisent par jour pour la nourriture d'un faisan. L'eau qui compose la boisson doit être propre et renouvelée une ou deux fois par jour.

Voici, d'après M. Jourdain, comment on nourrit les faisans dans les parquets des faisanderies du roi. Pour un coq et six poules qui y sont ordinairement renfermés, on donne, par jour, jusque vers la mi-mars, 6 décilitres de blé. A cette époque, on retranche 2 décilitres de blé, et on ajoute 6 centilitres de chenevis avec un œuf de poule cuit dur, émietté avec du pain. On continue cette nourriture jusqu'à la fin de la ponte. Mais il est à remarquer que les faisans mangent moins alors, et qu'on peut diminuer la nourriture, si on s'aperçoit qu'ils en laissent. Le matin, on donne le blé et le chenevis, toujours dans des petites mangeoires couvertes appelées *trémies*; et, le soir, on donne les œufs émiettés sur une planche propre.

Dans la méthode de M. Hartig, on donne 2 onces et demie de blé par chaque faisan; et pour les échauffer et hâter l'époque des amours, on leur donne du sarrasin. Comme dans cette méthode, les faisans prennent leur nourriture dans l'enceinte qui précède le parquet, on a soin de les faire rentrer, le soir, dans le parquet, pour les préserver de tout accident. Ces oiseaux entrent bientôt en amour; et dans les mois de mai et de juin, la plupart des poules font leurs œufs, qu'elles déposent sous le buisson qui se trouve dans l'enceinte extérieure dont nous avons parlé, et qu'on a soin de ramasser tous les soirs. Plus tard, quand les faisans sont répandus dans le parc et hors du parc, on cherche, à l'époque de la ponte, avec un chien couchant dressé à cet effet, les nids de faisans, et tous les trois ou quatre jours, on enlève les œufs, à l'exception d'un seul. Mais si l'on veut que les faisanes couvent elles-mêmes, on n'enlève que les quatre ou cinq premiers œufs, et on ne touche pas à ceux qui sont déposés ensuite dans le nid.

Dans les faisanderies du roi, la ponte commence ordinairement vers le 15 avril et se prolonge jusqu'au 15 mai. L'expérience a prouvé que, lorsque les poules faisanes ont pondu chacune huit à dix œufs, il était avantageux de les mettre en liberté, ainsi que les coqs, ce qui donne presque toujours un *recoquetage*. Il y a de plus économie, parce qu'on n'a plus à les nourrir dans les parquets.

De l'incubation.

On fait couver les œufs de faisans par des poules domestiques ou par des poules d'Inde. On s'assure de leur disposition à couver, dès le commencement de la ponte. Le nombre des couveuses pourrait être égal à celui des faisanes; mais, par économie, on peut le réduire aux deux tiers de ce nombre, surtout si on ne laisse pondre que huit à dix œufs à chaque faisane.

Pour s'assurer qu'une poule est disposée à couver, on l'essaie, pendant deux ou trois jours, sur quelques œufs ordinaires, et, si elle y tient bien, on substitue à ces œufs des œufs de faisans, à raison de quinze par poule. Quand on emploie des dindes, on leur en donne vingt-cinq, et on les fait couver pendant toute la saison, en faisant adopter les élèves par des poules domestiques.

On dispose la couverie, comme nous l'avons dit précédemment; l'on ramasse, soir et matin, les œufs dans les parquets; lorsqu'on en a quinze, on les place dans un panier, au fond duquel on fait un lit avec du foin, qui doit être très vieux, pour qu'il ne s'échauffe point et n'incommode pas la couveuse; on devrait même préférer de la paille bien rompue à du foin trop nouveau. Le panier doit avoir 1 pied et demi de profondeur sur 9 à 10 pouces de large, et être établi de manière à en recevoir un autre pour tenir moins de place en magasin. Lorsque la poule est dans le panier, on la couvre d'une toile, on le numérote et on le place dans la couverie. On a soin d'aligner les paniers pour en rendre la visite plus facile.

En Allemagne, on dispose contre la paroi de la couverie des petites cellules en planches, de 2 pieds de haut sur autant de largeur et de profondeur, que l'on garnit de foin, comme les paniers dont on se sert en France, et que l'on numérote, afin de pouvoir toujours y replacer chaque couveuse, qui doit être aussi distinguée par un petit numéro en plomb que l'on attache à la queue. On tient note du jour où chaque poule commence à couver, pour connaître celui de l'éclosion.

L'incubation dure de vingt et un à vingt-trois jours, quelquefois un jour ou deux de plus. Pendant ce temps, on nourrit les couveuses de la manière suivante: elles ne doivent faire qu'un repas, qui a lieu de six à huit heures du matin, et plus tôt, s'il est possible. On les prend doucement par les ailes; on les enlève de dessus leur nid, et on les porte sous une mue d'osier, où on les place deux à la fois; on donne, pour chaque poule, 6 centilitres d'orge, et 12 pour chaque dinde; on place le grain dans une petite mangeoire, et on met auprès une tasse pleine d'eau fraîche. On les laisse une demi-heure sous la mue, après quoi on les reporte doucement sur leur nid, que l'on a eu soin de couvrir de leur toile ou d'un petit coussinet en laine, pour y entretenir la chaleur. Il faut nettoyer chaque fois l'emplacement de la mue, qui doit être sablé, afin qu'il n'y reste point d'odeur. Ces mues doivent, de même que les paniers, être établies de manière à en recevoir une autre pour être emmagasinées.

De l'éclosion et de la réunion des couvées. Voici les procédés suivis dans les faisanderies du roi, et décrits dans le *Traité général des Chasses*: on a, comme dans toutes les faisanderies, des caisses construites exprès pour y placer les jeunes faisans. Ces caisses, dont le nombre est égal à celui des compagnies, ont environ 4 pieds et demi de longueur sur 1 pied de hauteur et 15 à 18 pouces de largeur; elles sont représentées *Pl.* 46, *fig.* 9, 10 et 11. La fig. 9 est celle de la caisse sans son couvercle; le côté gauche est la loge où l'on met la couveuse, qui s'y trouve retenue par des barreaux de bois, qui permettent aux faisandeaux d'aller jusqu'à elle. On la fait entrer en levant le couvercle, que l'on referme ensuite. On ferme, dans le premier âge, l'extrémité de la caisse, au moyen d'une porte qui entre dans deux petites coulisses; devant cette porte est une grille à demeure, qui permet aux faisandeaux de passer. Cette caisse est couverte, pendant la nuit et dans le mauvais temps, de son couvercle (*fig.* 10). La *fig.* 11 est une caisse surmontée de son couvercle. Au moment des éclosions, on forme, par chaque poule, des compagnies de quinze faisandeaux, autant que possible, de même âge, et on les place dans une boîte sur du coton ou de la laine fine, au grand soleil ou auprès du feu. Au bout de vingt-quatre heures, on porte la caisse dans le bâtiment des élèves. On met la poule dans sa cellule, et les petits dans l'autre partie de la caisse, que l'on expose au soleil, en coulant la boîte sous des châssis pratiqués au midi. Mais, pendant la nuit, la pluie et l'orage, on a soin de fermer la caisse avec le couvercle et la porte. C'est après ces vingt-quatre heures que l'on commence à donner de la nourriture.

Distinction des âges. On divise la croissance des faisandeaux en trois âges: le premier âge se prolonge depuis le jour de l'éclosion jusqu'au quatrième jour, époque à laquelle ils commencent à voltiger par dessus la boîte; le second âge, du cinquième au douzième jour inclusivement, auquel ils volent par dessus le parquet volant, et le troisième, depuis le treizième jour jusqu'à leur entier développement.

Dans le premier âge, les faisandeaux, réunis dans une boîte avec la poule couveuse, sont placés dans le bâtiment des élèves. Dans le second âge, on place les boîtes dans l'emplacement réservé en avant des parquets, en en mettant deux vis à vis l'une de l'autre, à la distance de 6 pieds; on a soin de faire incliner les boîtes pour l'écoulement des eaux pluviales qui viendraient à tomber subitement. On établit, en avant des boîtes, un petit parquet, qu'on appelle *parquet volant*, avec des claies de 6 pieds de longueur sur 3 pieds de hauteur, et on retire les portes à coulisse des boîtes pour laisser libre la communication avec le parquet.

Dans le troisième âge, lorsque les élèves volent par dessus le *parquet volant*, on retire la couveuse et les élèves des grandes boîtes; on les place dans une boîte courte que l'on porte dans les routes parallèles en en mettant toujours deux en face l'une de l'autre; on attache les poules sous des huttes en paille de 1 mètre 50 centimètres de long sur 1 mètre de large et autant de hauteur, et dont le toit est également en paille, afin que le gibier, qui est en liberté, puisse trouver un abri contre le froid et la pluie. On peut alors disposer des grandes boîtes pour de nouveaux élèves.

Enfin, lorsque l'on veut placer les élèves dans des parties de bois ou de plaine où l'on se propose de chasser, ce qu'il faut faire dès qu'ils atteignent leur troisième âge, si les localités le permettent, on les porte avec les boîtes ou huttes le long des routes, que l'on sable un peu pour donner du ressui et de la poudrette. Lorsqu'ils ont pris connaissance du terrain, ce qui arrive au troisième ou quatrième jour, la moitié des poules couveuses est mise en liberté avec les élèves, et les boîtes qui leur servaient sont rapportées à la faisanderie. L'autre moitié des poules reste dans les boîtes ou sous les huttes jusqu'à ce que le gibier cesse d'y venir pour s'abriter et chercher sa nourriture. Alors on reporte ces boîtes à la faisanderie, et l'on prend ou tue les poules qu'on avait lâchées.

Nourriture des jeunes faisans. Quant à la manière de nourrir les faisandeaux, elle varie beaucoup dans les faisanderies.

On leur donne, dans quelques établissemens, des œufs de fourmis pendant les huit premiers jours, et cinq à six fois par jour. Ensuite on prépare une pâtée composée d'un mélange d'œufs durs, de mie de pain rassis et de feuilles de laitue hachées, dont on donne peu à la fois et qu'on renouvelle au moins trois fois par jour. Au bout de quinze jours, on mêle des grains de blé pétris avec des œufs de fourmis; enfin, on passe à la nourriture sèche que l'on alterne de temps en temps avec les œufs de fourmis.

Dans les faisanderies du roi, on donne par jour, pendant le premier mois, pour quinze faisandeaux, 4 litres de larves de fourmis, 66 centigrammes de mie de pain émiettée avec un œuf deux tiers cuit dur. On leur distribue cette nourriture d'heure en heure pendant les quinze premiers jours, et de deux heures en deux heures pendant les quinze jours suivans. On augmente la nourriture pendant le deuxième mois de 13 centilitres de petit blé, 10 décagrammes de pain et vingt œufs, en diminuant le nombre des repas; et, dans le troisième mois, de 33 centilitres de blé et de 5 décagrammes de pain, on passe ensuite à la nourriture sèche.

Dans plusieurs des faisanderies du roi, on donne aussi aux faisandeaux qui ont atteint leur troisième âge une certaine quantité de chair de cheval cuite et hachée, mais seulement lorsqu'elle est refroidie. On a remarqué que cette nourriture, qui est très nutritive, en même temps qu'elle est économique, fait développer promptement les jeunes élèves, qui en sont très friands. Quant aux poules, on les nourrit, le premier mois, de la même manière que pendant l'incubation, et on augmente, le second mois, leur nourriture de 7 centilitres, et de la même quantité encore le troisième mois. On a soin, tant qu'elles sont dans la caisse, de les bien nettoyer tous les jours, ce qu'il faut faire également lorsqu'elles sont aux piquets sous les huttes.

On a fait l'essai, dans les faisanderies de Versailles et de Saint-Germain, d'un moyen économique de nourrir les élèves, et qui est recommandé par M. Jourdain, dans son *Traité des chasses à tir*. Ce moyen consiste à employer le ver blanc qui est produit par les œufs que dépose, sur la chair qui se corrompt, la mouche bleue de la viande, *musca vomitoria* de Linnée. Ce ver peut remplacer non seulement les œufs de fourmis, mais encore tous les autres alimens que l'on donne aux faisans. Ces oiseaux, ainsi que les perdreaux, en sont très friands.

Pour obtenir les vers de viande, il faut faire putréfier de la chair à l'air libre. Les chevaux, les ânes, les chiens et tous autres animaux morts peuvent servir à cet usage. On les dépose sur une terre battue, exposée au midi, en les réunissant trois ou quatre au plus, surtout quand ce sont des chevaux; on peut découper les cuisses et autres portions de l'animal, et les mettre dans le coffre en les tournant vis à vis l'une de l'autre. Ces animaux doivent être entourés d'une rigole de 6 pouces de profondeur sur 6 de largeur, qu'on nettoie bien et qu'on bat avec une bêche sur les côtés, pour empêcher la fuite des vers, qui se perdraient sans cette précaution.

La putréfaction est plus ou moins prompte, suivant la température; mais il faut garantir les chairs de l'ardeur du soleil qui les dessècherait, et de la pluie qui empêcherait la ponte des mouches; pour cet effet, on les couvre avec des planches que l'on soutient par des fourches ou sur des tréteaux. Un temps chaud, calme, avec quelques coups de soleil par intervalles, est le plus favorable à la ponte et à l'éclosion des larves.

Les vers se montrent ordinairement après trois ou quatre jours; on ne doit remuer les chairs qu'autant qu'un froid subit les ferait rentrer ou les empêcherait de sortir. Quand ils quittent bien les chairs, ils vont tomber dans la rigole; on les balaie dans un coin et on les enlève aisément. Pour faire une récolte plus abondante, il faut se rendre à la rigole de grand matin. On a soin de couvrir les chairs tous les soirs, afin qu'elles ne soient point mouillées s'il venait à pleuvoir.

Quand les vers sont ramassés, on fait bouillir de l'eau dans une chaudière. On les y jette en les agitant, pour les faire mourir séparément et empêcher qu'ils ne se tassent. On les retire quand ils sont bien blancs, on les lave dans plusieurs eaux, on les met égoutter dans des paniers, puis on les saupoudre de son en les remuant, et, dans cet état, ils conservent peu d'odeur et peuvent être donnés aux faisandeaux.

Il ne faut pas les laisser vieillir, car ils se gâtent promptement et peuvent rendre les élèves malades.

DICT. DES CHASSES.

On peut les conserver pendant deux jours en les mettant au frais, mais le troisième jour, ils ne valent plus rien.

Un cheval de moyenne taille, sur lequel on n'éprouve pas de perte, doit produire de 4 à 5 boisseaux, ou de 48 à 60 litres de vers. On peut les donner seuls aux faisandeaux en quantité égale à la moitié des autres alimens, et cette nourriture, qui procure une économie de moitié sur celle ordinaire, réussit parfaitement, car sur douze ou quinze cents faisandeaux on en perd au plus cent cinquante.

Ce mode de nourriture fut ensuite adopté dans toutes les faisanderies royales, et l'expérience en a constaté les avantages. Néanmoins, il est arrivé plusieurs fois qu'une certaine quantité de vers blancs récemment préparée comme nous l'avons indiqué plus haut, s'étant corrompue subitement par l'effet d'une température élevée, ou par celui de coups de tonnerre, a occasioné la mort immédiate d'un grand nombre d'élèves de faisans. Dès lors on a dû chercher à prévenir ces accidens, et des essais faits à la faisanderie royale de Vincennes sur le ver vivant employé comme nourriture et préparé d'une manière particulière ont produit des résultats satisfaisans et avantageux, tant sous le rapport de la santé du gibier et de la facilité de l'emploi, que sous celui de l'économie.

L'introduction de la larve de *muscide*, appelée ordinairement ver de mouche, dans les faisanderies du roi, comme nourriture des élèves de faisans, due à M. le comte de Girardin, premier veneur de la couronne, a fourni des ressources bien utiles pour suppléer le manque de larves de fourmis. Différens essais ont été faits sur la préparation à donner à ces vers, et jusqu'à ce moment la cuisson avait paru la plus convenable : elle dégageait en effet les vers de la matière putréfiée et nuisible qu'ils possèdent dans leurs corps, mais elle les réduisait à un état de siccité tel, qu'ils ne présentaient plus, pour ainsi dire, que les anneaux qui forment leur enveloppe et ne contenaient que fort peu de matières nutritives. Cette observation a conduit à penser que, si on pouvait découvrir un moyen de purger le ver des matières corrompues, tout en lui conservant la sorte de limon humide qui se trouve à l'extérieur et à l'intérieur des anneaux, il fournirait une nourriture plus avantageuse et plus profitable aux jeunes élèves. Ce moyen paraît avoir été découvert en donnant la larve dans son état de vie, et le moyen de purifier le ver a été trouvé en lui faisant subir les préparations dont le détail suit.

Nous allons parler successivement : 1° de la manière dont il doit être préparé; 2° des avantages du ver vivant sur le ver cuit ; 3° et enfin de l'économie qui en est résultée.

I. *De la manière de préparer le ver vivant.*

La larve de mouche provenant des œufs de la mouche appelée bleue de la viande, *musca vomitoria*, et de la mouche carnassière, *musca carnaria*, après avoir été ramassée sur la viande sur laquelle elle s'est formée et où elle s'est nourrie, est déposée dans des baquets. Aussitôt après, on y mêle de la cendre à raison d'un litre par boisseau ; le tout est remué à la main et avec assez de soin, de manière à ne pas écraser le ver.

L'effet de ce mélange avec de la cendre est de faire dégorger le ver de toutes les matières dont il s'est nourri. Ce dégorgement se fait par l'action de l'alcali de potasse contenu dans la cendre, et qui est un des absorbans les plus actifs que l'on connaisse.

Le ver ne doit pas rester dans cet état plus de dix minutes, l'effet de l'alcali étant tellement violent qu'il ne pourrait y résister plus long-temps et perdrait la vie ; ce qu'il est important d'empêcher. Pour cela, il suffit de le mettre dans du son, et dans les proportions d'un boisseau de son pour un boisseau de larves. L'irritation produite par la cendre, ou, pour mieux dire, par l'alcali de potasse qu'elle renferme, est aussitôt calmée. Le ver se nourrit de la farine qui est restée attachée au son ; il s'y purge entièrement, devient de couleur tout à fait blanche, et se remplit d'une matière limoneuse et nourrissante pour les faisans, auxquels il peut être jeté douze heures après cette préparation. Il peut aussi, sans inconvénient être conservé dans cet état près de huit jours, parce qu'il continue à se nourrir de son : il faut avoir soin seulement de le disséminer dans assez de baquets, pour qu'il ne soit pas étouffé par le tassement. Il serait bon aussi de couvrir ces baquets de clayettes ou de tamis, afin de l'empêcher d'en sortir, tout en lui laissant assez d'air pour vivre.

Si la larve était conservée plus de huit jours, elle subirait la seconde métamorphose, qui est l'état de nymphe ; c'est la peau extérieure de la larve qui se durcit, devient calleuse et forme comme une coque oblongue, d'un brun rougeâtre, qui renferme toutes les parties de l'insecte ; cette coque renferme aussi une matière nutritive qui peut être donnée au gibier sans aucun danger ; ainsi, s'il se trouvait, à l'époque où le ver est donné aux élèves, quelques larves qui eussent déjà subi cette seconde métamorphose, il n'y aurait aucun inconvénient à leur jeter ces coques.

II. *De l'avantage du ver vivant sur le ver mort.*

Comme il a été dit plus haut, le premier reproche à faire au mode de cuisson des larves de mouches est de les priver des parties nutritives qu'elles renferment dans l'état de vie ; l'examen seul du ver cuit fait regretter de le voir réduit à une simple enveloppe dure et cutanéuse, et presque entièrement privée de principes nutritifs ; il en est bien autrement du ver vivant, dans lequel on découvre facilement une matière glaireuse et qui, dégagée de ce qu'il peut avoir de putride, ce qui a lieu par la préparation indiquée, doit devenir profitable au gibier, en même temps que l'enveloppe elle-même de la larve, qui conserve plus de mollesse.

L'expérience a prouvé encore que, par un temps d'orage, ou par une trop grande chaleur, le ver cuit pouvait se gâter, comme on le dit vulgairement, *il tourne*, et dans cet état il devient fort dangereux, puisqu'on a vu des faisandeaux mourir immédiatement après en avoir mangé ; ajoutez que cet état ne s'annonce par aucun signe extérieur ; et que jusqu'à présent, on n'a pu encore connaître d'une manière positive les moyens de distinguer du ver tourné d'avec le ver de bonne qualité.

Le ver vivant assure contre cet inconvénient; n'étant pas soumis à l'influence du fluide électrique, on est certain qu'il ne pourra s'opérer sur lui ni putréfaction, ni décomposition, et que, tant qu'il sera en vie, il conservera les mêmes qualités pour la nourriture des élèves.

On a prétendu aussi, mais ce fait n'a pas été, selon nous, suffisamment prouvé, que les vers provenant d'animaux morts d'une maladie contagieuse étaient dangereux pour les élèves. On ajoute aujourd'hui que la cuisson ne suffirait pas pour dépouiller les larves des matières vénéneuses qu'elles avaient puisées sur ces animaux; tandis que le dégorgement qui a lieu dans la cendre pour les vers vivans, l'action de cette matière pour leurs corps, et enfin le renouvellement qu'ils éprouvent en passant quelques jours dans le son, ne les rendraient pas dangereux, même s'ils avaient été recueillis sur des animaux morts dans un état de maladie pestilentielle : ce fait peut paraître probable, s'il n'est pas avéré.

III. *Comparaison du prix du ver vivant avec celui du ver cuit.*

Le ver cuit coûtait, d'après un marché passé avec un homme chargé de le recueillir et de le préparer dans un lieu qui y était destiné, au milieu d'un massif du parc de Vincennes, 3 fr. 50 c. par boisseau, dans lequel se trouvait un quart de boisseau de son. Ce marché ayant été passé après une combinaison exacte des prix d'acquisition des chevaux et de la journée de l'homme chargé de les abattre, de recueillir et de préparer le ver.

Plus tard, l'entrepreneur de la grande voirie de Paris se chargea de fournir du ver vivant, à raison de 3 fr. le boisseau, avant toute préparation. Ce marché, qui était avantageux parce que, à cause de la quantité de chevaux qui sont abattus journellement, ces fournitures pouvaient être régulières, était proportionné à la valeur de la fourniture et aux frais de transport; il était plus économique que si les chevaux étaient abattus dans le parc, parce qu'il aurait fallu, en outre, payer la journée d'un homme pour les recueillir. Enfin, le ver vivant offre une économie sur le ver cuit, conformément à la comparaison ci-après :

Le boisseau préparé en ver cuit coûtait......... 3 fr. 50 c.		
Comme on y mêlait un quart de son, il faut ajouter, pour arriver au boisseau pur, le quart du prix ci-dessus, ci. 0 86	}	4 fr. 36 c.
Le boisseau pur en ver vivant coûte, d'après le marché passé............ 3		
Comme on y mêle un boisseau de son, il faut en ajouter le prix, qui est de.... 0 60	}	3 fr. 60 c.
Économie..... 0 fr. 76 c.		

D'après cet exposé, le ver vivant présente, comme nous l'avons dit, des avantages pour la qualité, pour la facilité de se le procurer, et pour le prix auquel il revient.

Nous croyons devoir indiquer encore un autre mode de nourriture pour les faisandeaux; il n'a pas été mis en usage dans les faisanderies royales : mais plusieurs personnes en ont fait l'essai, et il a parfaitement réussi.

Lorsque les faisandeaux sont éclos, on leur donne de la mie de pain mouillée d'un peu de vin, l'on fait ensuite cuire du sarrasin; on le laisse sur le feu jusqu'à ce que l'amande sorte facilement de son enveloppe. On le lave alors pendant qu'il est encore chaud, pour lui retirer son âcreté, et pour que les grains ne s'attachent pas ensemble; ceci fait, on le leur donne à manger, lorsqu'il est tout à fait froid, et on ajoute à cette nourriture, une ou deux laitues par jour, suivant leur accroissement.

On a fait cette expérience sur des élèves libres dans un jardin et sur d'autres élèves enfermés dans une volière; elle a également bien réussi. On a répété l'expérience sur des élèves nourris d'abord avec du ver blanc et des œufs de fourmis. Ce changement subit d'aliment, la privation de leur mère et de sa chaleur, l'espace resserré où ils ont été mis au lieu de la liberté dont ils jouissaient dans une faisanderie, ne les ont pas empêchés de se développer tout aussi bien qu'auparavant !

Résultat.

Cinq faisandeaux ont mangé en trois jours un litre de sarrasin, à 12 fr. l'hectolitre et demi (ou 150 litres), ce qui donne 8 centimes pour un litre et une dépense de 16 centimes par mois pour chaque faisandeau, plus les laitues qu'on se procure facilement à la campagne.

M. Hartig, dans son *Lehrbuch fur jager*, fait connaître les différentes méthodes suivies en Allemagne pour la nourriture des jeunes faisans.

La première nourriture, dit-il, que l'on donne ordinairement aux jeunes faisans, vingt-quatre heures après qu'ils sont sortis de la coque, se compose, soit de mie de pain blanc, mêlée avec de la graine de pavot et des œufs de fourmis, soit de millet cuit dans du lait doux, et mêlé avec des œufs de fourmis et des blancs d'œufs durs, bien hachés. Lorsque les faisandeaux ont huit jours, on leur donne des œufs cuits dur, jaune et blanc, hachés et mêlés avec du fromage de lait doux, divisés très menu, et, au lieu de graines de pavot, on emploie des sommités de plantain et de mille-feuille, et l'on continue cette nourriture, que l'on mêle toujours avec des œufs de fourmis, jusqu'à ce que les faisandeaux aient la grosseur d'une caille; alors on y mêle du blé mondé jusqu'à ce qu'ils puissent manger le blé en grain. A cette dernière époque, le blé, ou l'épeautre, ou l'orge forment leur nourriture ordinaire; on leur en donne, à raison d'une once par jour et par chaque faisan, et c'est toujours sous les *hangars à manger* qu'on leur jette cette nourriture, afin qu'ils s'habituent dans ces endroits, et que, par la suite, ils sachent s'y rendre sans leur mère.

On sème aussi, dans le parc de la faisanderie, quelques portions de terrains en blé, orge, avoine, vesce, etc., et l'on permet au faisandier d'y avoir une pièce de trèfle; ce qui procure aux faisans une demeure agréable et une bonne nourriture.

La manière de nourrir les faisandeaux qui vient d'être exposée est la plus généralement suivie en Allemagne. Quant à celle qui est pratiquée dans les faisanderies du Wurtemberg, et qui est également décrite par M. Hartig, qui a été grand maître des forêts de ce royaume, elle en diffère un peu. On ne donne aux jeunes faisans, pendant les quatre premiers jours, que des œufs de fourmis mêlés avec des blancs d'œufs cuits dur et hachés très menu. Ensuite, on leur donne, pendant deux mois et demi, des œufs de fourmis, des œufs durs hachés, et du millet bien nettoyé de toute poussière, que l'on fait gonfler dans l'eau jusqu'à ce que la peau se crève. Après cette époque, on abandonne les œufs de fourmis, et on leur substitue le millet et une sorte de pâte ou vermicelle que l'on fait avec de la farine de froment et des œufs, et que l'on divise un peu après qu'on l'a fait cuire dans de l'eau et égoutter ensuite. Cette nourriture se continue pendant quinze jours, après quoi elle est remplacée par la nourriture en grains, comme nous l'avons dit plus haut.

Mais quelle que soit la manière de nourrir les faisandeaux, il est un soin de la plus grande importance : c'est celui de tenir toujours à l'entrée de la caisse une tasse d'eau très claire, et renouvelée souvent ; le défaut d'attention, à cet égard, expose le jeune gibier à une maladie commune aux oiseaux, appelée la *pépie*. M. Wenkel recommande de jeter dans l'eau un peu de verveine, de serpolet et de lierre terrestre, pour préserver les faisandeaux de la diarrhée.

Maladies des faisans.

Les jeunes faisans sont sujets à plusieurs maladies que l'on peut traiter tant qu'ils sont dans l'état de domesticité. Voici, dans l'ordre alphabétique, celles dont nous trouvons la description et le mode de traitement dans l'ouvrage de M. Hartig, et dans le *Traité général des chasses*.

Le bouton. Les glandes du croupion se gonflent, et il s'y forme des pustules. Elles sont extrêmement sensibles et enflammées; on doit bien se garder de les couper, parce que cette opération nuit beaucoup à l'oiseau, en épuisant ses forces. On se contente de les percer avec une épingle, et l'on frotte ensuite la partie malade avec du beurre frais ou de l'onguent de céruse.

La constipation. Cette maladie est dangereuse; on la reconnaît aux efforts que font les oiseaux, sans cependant rendre des excrémens. On les soulage en introduisant doucement dans le rectum, et à plusieurs reprises, une tête d'épingle enduite d'huile de lin.

La diarrhée. Cette maladie est occasionée par le froid et la rosée; elle se convertit quelquefois en dyssenterie, et l'âcreté des excrémens cause souvent au rectum une inflammation qui est très dangereuse. M. Walz, médecin-vétérinaire à Berlin, a trouvé que le meilleur remède était de faire manger aux faisans beaucoup de baies de genièvre, et de leur donner, pour boisson, de l'eau dans laquelle on a mis beaucoup de fer. On peut aussi leur donner de l'eau dans laquelle on a mis un peu de sel et plongé un fer rouge. On enlève les plumes gâtées par les excrémens ; on frotte la partie malade avec de l'huile de lin ou du beurre frais, et on introduit plusieurs fois dans le *rectum* la tête d'une épingle enduite d'huile de lin. Les oiseaux chez lesquels le mal a fait beaucoup de progrès ne sont pas toujours guéris par ce traitement ; mais les autres sont sauvés.

M. Wibbekink, inspecteur de la faisanderie de Louisbourg, donne, dans ce cas, le safran entier, dans l'eau destinée à la boisson des faisans, jusqu'à ce que la maladie soit passée; mais si le mal augmente, il donne tous les jours, par chaque faisan, une portion de rhubarbe plus ou moins forte, suivant l'âge des oiseaux (ordinairement ce qu'il en peut tenir sur la pointe d'un couteau), qu'il mêle avec la nourriture mouillée des oiseaux, et il continue ce traitement jusqu'à guérison.

Il est aussi nécessaire de séparer les oiseaux malades de ceux qui ne le sont pas, pour éviter la contagion, et de donner par précaution, à ces derniers, des baies de genièvre et de l'eau fortement ferrée.

La goutte. Les jeunes faisans contractent cette maladie quand ils courent beaucoup sur une herbe humide. M. le comte Mellin recommande le remède suivant :

Merc. subl. . . gr. x.
Sp. vini rect. . . un. iii.
Aq. flor. samb. . un. viii.
Syr. violar. . . un. i.

On met ces substances dans 2 livres d'eau ; on les fait réduire à moitié par l'ébullition, et l'on conserve le liquide dans une bouteille, pour s'en servir au besoin.

Avec cette composition, on frotte, le matin, les pieds des jeunes faisans, et on en met vingt-cinq gouttes par jour dans leur boisson, jusqu'à ce qu'ils soient guéris.

La paralysie des ailes. Cette maladie est quelquefois occasionée par un froid humide. M. le comte Mellin conseille de frotter, tous les jours, la partie paralysée avec un mélange d'égales parties d'huile de laurier, d'althéa et de peuplier. On emploie, comme préservatif contre l'effet des brouillards et de la rosée, l'huile de vers de hanneton ou de vers de terre dont on mêle cinquante gouttes dans l'eau à boire des jeunes faisans.

La pépie. Cette maladie se manifeste par une peau blanche et dure au bout de la langue, et par l'obstruction des narines. L'oiseau, s'il n'est traité, périt en peu de temps. Il faut enlever cette peau avec un canif bien tranchant, sans attaquer les parties saines; passer à diverses reprises dans les narines une petite plume imbibée d'huile d'olives, et faire prendre, sous forme de pilule, un peu d'ail cru, haché très menu, et mêlé avec du beurre frais.

Les poux. La vermine tourmente souvent les faisandeaux, ce que l'on remarque quand les plumes se hérissent et que la tête est un peu gonflée. Dans ce cas, on leur frotte la tête et le dessus des ailes avec de l'huile d'olives. Si ce moyen ne réussit pas, on les frotte avec de l'onguent mercuriel très doux, dans la proportion de moitié de la grosseur d'un petit pois pour chacun. On a soin, pendant ce traitement, de tenir les faisandeaux exposés au soleil, ou, si le temps est froid, de les tenir dans une chambre bien chaude. On doit faire la même opération à la poule, parce que c'est elle qui communique cette vermine aux petits; il faut aussi changer leur caisse, ou au moins la bien nettoyer.

A l'âge de deux mois, les faisandeaux sont presque sauvés; cependant ils ont encore une crise à subir. Ils perdent alors de leur appétit et de leur vivacité; ils maigrissent, et bientôt les premières plumes de leur queue tombent et font place à d'autres; en dix jours, la crise est passée. On la rend moins dangereuse en donnant aux faisandeaux des œufs de fourmis une fois le jour, et, le soir et le matin, des œufs durs hachés, mêlés avec un peu d'orge et des feuilles de laitue pilées.

A deux mois, les faisandeaux sont en état de se passer de mère; cependant on la tient captive ordinairement jusqu'au troisième mois. Les petits deviennent moins sauvages; ils s'éloignent peu de la hutte sous laquelle elle est abritée, et même la nuit ils se branchent sur les grands arbres les moins éloignés d'elle; enfin ils s'habituent à venir tous les jours auprès d'elle pour manger le grain que le faisandier apporte, en ayant soin de les appeler en sifflant. Lorsqu'on a rendu la mère à la liberté, on continue d'apporter tous les jours du grain au même endroit; ils finissent par s'attacher aux lieux où ils sont nés, et au printemps suivant ils y font leur ponte.

Des faisanderies privées.

M. Hartig parle des faisanderies privées, qui ne sont autre chose que des parcs dans lesquels on renferme, à l'âge de cinq à six semaines, des faisans auxquels on coupe le fouet de l'aile pour les empêcher de voler au dessus de la clôture, et les forcer à demeurer ainsi constamment dans le parc. La manière de les traiter est absolument la même; mais il faut que le parc soit, pour un nombre égal d'oiseaux, d'une étendue double de celui des faisans libres. On doit compter, par chaque faisan de l'âge adulte, un arpent d'Allemagne (40 ares), si pendant l'été on ne donne point à manger aux faisans.

Un parc à faisans privés peut aussi servir de remise pour les lièvres; et, dans ce cas, la dépense se trouve dans de plus justes proportions avec les profits.

FAISANDER, *se faisander*. Ce mot se dit du gibier qu'on garde, afin qu'il acquière du fumet. *Des perdrix qui se faisandent trop; vous avez laissé trop faisander ce lapin.*

FAISANDIER. Celui qui nourrit et élève des faisans. (Voyez *Faisanderie*.)

FANFARE. Air de trompette et d'autres instrumens de musique, en signe de réjouissance. On sonne des fanfares sur le cor, dans différentes circonstances, à la chasse; il y en a pour annoncer le lancer du cerf, l'âge du cerf que l'on chasse, quand il va à l'eau ou qu'il en revient, quand il tient aux chiens, quand il débuche, quand il est posté par terre, quand on revoit du cerf, quand on en voit du retour, quand on voit le cerf de meute, quand il s'agit de la retraite. La plupart de ces fanfares de chasse sont de M. de Dampierre. (Voyez l'*Atlas*, *Pl.* 25 à 30.)

FAON. (On prononce *fan*.) C'est le petit de la biche, de la chevrette et de la daine, jusqu'à six mois.

FAONNER. (On prononce *faner*.) Il se dit des biches, des chevrettes et des daines qui mettent bas leur faon : *Cette biche a faonné.*

FARLOUSE ou ALOUETTE DES PRÉS, *alauda pratensis*, Lath.

Description. Cette alouette (*Pl.* 13, *fig.* 7), qui ressemble beaucoup à l'alouette pipi, a 5 pouces et demi de longueur totale; un arc blanc forme une espèce de sourcil au dessus des yeux, et une bordure de même couleur de chaque côté de la queue; le plumage olivâtre avec un peu de noir sur le devant du corps, et des taches longitudinales de la même couleur sur le fond, légèrement jaunâtre, de la poitrine et des flancs; le bec noirâtre en dessus, et de couleur de chair en dessous; l'iris noisette; les pieds d'un jaune lavé, et les ongles bruns. Le mâle a plus de jaune sous le corps que la femelle. Le chant de la farlouse approche de celui du rossignol; elle se perche quelquefois, mais rarement sur les arbres. Il y a deux variétés de cette espèce, la *farlouse blanche* et la *farlouse à pieds noirs*.

Habitation. La farlouse se trouve dans la plus grande partie de l'Europe; mais elle est moins abondante que l'alouette commune; elle se plaît dans les bosquets, les bruyères, les clairières des bois, et, pendant l'automne, elle habite de préférence les prairies. Cette espèce est l'une des premières qui nous quittent à l'approche de l'hiver; et elle revient en même temps que le rossignol.

Nourriture. Des vermisseaux, des insectes, des petites graines et des herbes.

Propagation. La femelle dépose, au nombre de cinq à six, dans un nid placé à terre et caché par quelque touffe d'herbe, des œufs dont les couleurs, très variées, sont ou le gris sale, ou le brun foncé, ou le vert pâle, avec des taches plus foncées.

Qualités. Les mêmes que celles de l'alouette pipi. On élève, mais difficilement, des farlouses pour le chant, et on les nourrit comme les rossignols.

FAUCON, *falco*. Genre d'oiseaux dans l'ordre des *oiseaux de proie*, dont les caractères ornithologiques sont d'avoir le bec crochu, enveloppé à sa base par une membrane charnue, la tête revêtue de plumes serrées; la langue divisée à sa pointe.

Le mot *faucon* vient du latin *falco*, formé du grec *phalkôn*, ou du latin *falx*, faux, à cause que cet oiseau a des ongles recourbés comme une *faux*.

Il règne une grande confusion dans ce genre d'oiseaux, tel que le présentent les livres de nomenclature; on y trouve mêlés non seulement les *aigles* et les *harpayes*, mais encore les *milans*, les *buses*, les *busards*, les *autours*, les *laniers*, les *éperviers*, la *crécerelle* et jusqu'aux *émerillons*.

Nous ne parlerons ici que de l'espèce commune du faucon.

Faucon commun, *falco communis*, Lath.; *falco peregrinus*, Gmelin, Lin. (*Pl.* 8, *fig.* 4 et 5).

Description. Il est peu d'oiseaux dont les couleurs changent aussi fréquemment. On lui voit prendre de nouvelles teintes et même de nouvelles distributions dans le plumage, aux différentes mues, et ce n'est qu'au bout de trois ans que cet oiseau prend un plumage moins variable, mais qui n'est pas encore constant, car il change de nouveau dans la vieillesse.

A l'âge de trois ans, le faucon a le front blanchâtre; une espèce de moustache brune; une bande blanche au bas de la joue; la tête et tout le dessus du corps d'un brun noirâtre; tout le dessous blanc, marqué en long de quelques traits d'un brun foncé; les plumes scapulaires et celles qui recouvrent les ailes, d'un gris brun; les pennes des ailes et de la queue d'un brun noirâtre; celles de la queue rayées transversalement d'une teinte encore plus sombre. Les pieds et la membrane du bec sont ordinairement verdâtres; quelques uns les ont jaunes; ceux-ci, que les fauconniers appellent *faucons bec-jaune*, sont dédaignés pour la chasse du vol.

La grosseur du *faucon commun* est celle d'une poule ordinaire. Il a 18 pouces de long et 3 pieds et demi d'envergure; sa queue est longue d'un peu plus de 5 pouces, les ailes pliées atteignent presque son extrémité.

Jeune, le faucon est plus brun que dans les années suivantes: c'est le *faucon sors* (*Pl.* 8, *fig.* 4); vieux, il a plus de blanc que les jeunes: c'est le *faucon hagard* (*Pl.* 8, *fig.* 5).

Le mâle est d'un tiers plus petit que la femelle, et s'appelle *tiercelet de faucon.*

Le vol du faucon produit une espèce de sifflement qui imite celui d'une balle. Cet oiseau fait entendre un cri ressemblant à celui du hobereau, mais plus fort, et qui peut être rendu par ces mots: *kli, kli, kli*. C'est principalement à l'époque de la fécondation et quand le temps doit changer, qu'il répète ce cri. Son naturel est sauvage et féroce.

Habitation. Le faucon commun habite l'Europe, l'Asie et l'Amérique. On le trouve en France, en Allemagne, en Irlande, dans les îles de la Méditerranée, etc., toujours sur les rochers les plus hauts et les montagnes les plus escarpées. Les faucons des pays du nord sont ordinairement plus grands que ceux de nos montagnes, des Alpes et des Pyrénées: Il y en a qui sont voyageurs, et qui forment, dit-on, une espèce distincte: les fauconniers les appellent *faucons passagers*. On les prend, en France, aux deux époques de leur passage, c'est à dire en octobre ou novembre, et en février ou mars.

Nourriture. Il se nourrit des oiseaux qu'il peut prendre, tels que les bécasses, les canards, les jeunes oies, toutes sortes d'oiseaux de plaine ou de bois; il dérobe aussi les jeunes lapins, les jeunes lièvres, etc. Il fond perpendiculairement sur sa proie, et l'enlève, si elle n'est pas trop lourde, en se relevant de même d'à-plomb.

Les faucons occupent, dans les lieux où ils s'établissent, un espace considérable et chassent seuls ou quelquefois deux ensemble. Ils se tiennent alors sur une motte de terre ou sur une branche basse, d'où ils s'élancent sur le gibier. Quand un faucon aperçoit une compagnie de perdrix, il se jette dessus avec rapidité, la suit ou la croise; il en saisit une dans ses serres qu'il va dévorer dans un buisson. Il rase la terre en chassant, passe et repasse au dessus de sa proie pour la faire lever.

Propagation. Le faucon choisit les arbres élevés et exposés au soleil du midi pour y placer son aire, dans laquelle la femelle dépose ordinairement quatre œufs blancs tachetés de brun. L'incubation dure trois semaines, et dès que les petits sont en état de voler, ce qui arrive, dans nos climats, vers la mi-mai, le père et la mère les chassent et les forcent à s'éloigner du canton qu'ils habitent. De même que les autres grands oiseaux de proie, ceux-ci passent pour vivre très long-temps.

Qualités utiles ou nuisibles. Ses qualités nuisibles ou utiles résultent de son genre de nourriture. Il est, parmi les oiseaux de proie, l'un des plus vigoureux et dont le courage est le plus franc et le plus grand, relativement à ses forces. On a su profiter de la vigueur du faucon et de son courage pour le dresser à la chasse. Mais, à raison de son naturel, il a fallu beaucoup d'art et de peines pour parvenir à le dompter et à en faire un captif. Cet état d'esclavage est tellement opposé au naturel des faucons, que jamais ils ne produisent dans les fauconneries et que jamais on n'a pu ni en élever, ni en multiplier l'espèce.

Manière de prendre et de chasser le faucon. Comme les faucons sont farouches, il est très difficile de les approcher pour les tirer; mais comme ils ont aussi beaucoup de hardiesse pour s'emparer de leur proie, ils s'abattent volontiers sur les appelans que les chasseurs disposent pour prendre d'autres oiseaux. On peut aussi les attirer en disposant un pigeon ou un chat-huant auprès d'un endroit où l'on a établi une hutte de feuillage. On attend, dans cet affût, que les faucons viennent pour lier l'oiseau qu'on leur a offert. Nous renvoyons à l'article des *Oiseaux de proie*, pour les autres moyens de prendre les faucons.

Variétés du faucon et différentes dénominations données à cette espèce.

Le *faucon de Barbarie*. Variété du faucon passager.

Le *faucon bec-jaune*, faucon dont les pieds et le bec sont jaunes; l'on n'en fait point de cas en fauconnerie.

Le *faucon blanc*. Il se trouve en Russie, dans l'Islande et d'autres pays du nord; il y a des individus tout blancs, d'autres qui ont des taches brunes sur le dos, les ailes et la queue; il est de la même grandeur que le *faucon commun*. Les faucons blancs sont, dit-on, les plus estimés en fauconnerie.

Le *faucon bossu*. C'est un vieux faucon.

Le *faucon brun*, qu'on trouve en Allemagne, et qui fait la chasse aux pigeons et aux oiseaux aquatiques des étangs et des marais.

Le *faucon gentil*. C'est, en fauconnerie, le faucon qui a de belles formes et qui est bien dressé.

Le *faucon hagard*. Vieux faucon qui a plus de blanc sur son pennage que le *sors* ou jeune : *hagard*, en fauconnerie, est synonyme de *sauvage*.

Le *faucon de montagne cendré*, qui est cendré en dessus et blanc en dessous, et qui a les deux premières pennes de l'aile blanches et les pieds jaunes.

Le *faucon niais*. Celui que l'on prend au nid pour l'élever et le dresser à la chasse du vol.

Le *faucon passager* est celui qui est de passage dans nos pays. Il est beaucoup plus noir que le *faucon commun*.

Le *faucon pélerin*. C'est, en fauconnerie, le faucon passager.

Le *faucon rouge*. Il ne paraît avoir de rouge que quand il étend les ailes; les taches de son plumage sont noires et rouges; c'est la seule différence de couleur qu'il présente, comparé au *faucon commun*, mais il est moins grand; il a néanmoins le bec plus fort et les serres plus crochues. Ce faucon fréquente de préférence les lieux marécageux. Il est courageux, mais difficile à dresser.

Le *faucon sors*. Jeune faucon dans sa première année, et dont le plumage est d'un brun roux.

Le *faucon tacheté*. Il n'est, suivant Buffon, que le jeune du *faucon passager*. Il a les ailes tachetées de noirâtre.

Le *faucon à tête blanche*. Son plumage ne diffère guère de celui du *faucon commun* que par la blancheur de sa tête. Mais cet oiseau a un caractère spécifique bien tranché : ce sont des plumes qui recouvrent ses pieds jusqu'aux ongles, et qui s'y appliquent exactement. Ce *faucon pattu* poursuit toute espèce de proie. Frisch l'a pris mal à propos pour un vautour.

On peut voir, dans le *nouveau Dictionnaire d'histoire naturelle*, dont nous avons extrait une partie de ce qui précède, les dénominations et descriptions d'un grand nombre d'espèces de faucons, qui, pour la plupart, sont de pays étrangers.

FAUCONNEAU. C'est le jeune faucon.

FAUCONNERIE. Mot qui vient de *faucon*, parce que cet oiseau est le premier des oiseaux de proie appelés *nobles*, que l'on instruit pour l'exercice de la chasse.

La *fauconnerie* est donc l'art de dresser et de gouverner les oiseaux de proie destinés à la chasse. On donne aussi ce nom à l'équipage, qui comprend les fauconniers, les chevaux, les chiens, etc. La chasse elle-même porte plus particulièrement le nom de vol.

L'objet naturel de la chasse paraît être de se procurer du gibier; dans la fauconnerie, on se propose la magnificence et le plaisir plus que l'utilité, surtout depuis que l'usage du fusil a rendu faciles les moyens de giboyer.

La fauconnerie a été, de tout temps, la chasse la plus distinguée et la plus noble. Nos rois les plus anciens ne marchaient jamais sans leur *vol*. L'un des premiers officiers de la couronne s'honorait du titre de *grand fauconnier*; il accompagnait le cortège du monarque dans toutes les pompes ou cérémonies d'éclat. Aujourd'hui, la *fauconnerie* est totalement abandonnée en France; mais il paraît qu'elle est encore en honneur dans quelques parties de l'Allemagne.

Il existe un grand nombre d'ouvrages qui traitent de la fauconnerie, soit spécialement, soit concurremment avec les autres parties de la chasse. Nous en avons rendu compte dans notre *Bibliothèque historique et critique*, qui se trouve au commencement de notre Dictionnaire.

Aujourd'hui que la fauconnerie ne fait plus partie de la chasse, nous croyons inutile d'y consacrer un article spécial, ni de rapporter les figures qui y ont rapport. Nous nous bornerons à renvoyer le lecteur, curieux de connaître les détails et les principes de cet art, à l'article *Fauconnerie* du *Dictionnaire des chasses*, faisant partie de l'*Encyclopédie méthodique*. Cet article, d'ailleurs bien rédigé, est dû à M. Le Roi, lieutenant des chasses du parc de Versailles.

Quant aux termes de fauconnerie, nous les donnons dans le cours de notre ouvrage suivant l'ordre alphabétique.

FAUCONNIER. Officier de fauconnerie; c'est celui qui instruit et soigne les *faucons* et les autres oiseaux de proie que l'on élève pour la chasse. On le nomme *autoursier* lorsqu'il est spécialement chargé du soin des autours.

FAUCONNIÈRE. Espèce de sac ou de gibecière dont les fauconniers se servent pour porter les menues hardes dont ils ont besoin.

FAU-PERDRIEUX. C'est ainsi que nos aïeux appelaient le busard. (*Voyez* ce mot.)

FAUVE, du latin *flavus*, dont on a fait *fulvus*, et *fauve*, couleur qui tire sur le roux.

En vénerie, on appelle bêtes *fauves* les cerfs, les biches, les daims et les chevreuils; on dit : *chasser à la bête fauve; les bêtes fauves ravagent tous les blés autour de la forêt*.

FAUVE, est aussi un substantif masculin collectif, dont on se sert pour signifier *bêtes fauves. Il y a du fauve dans cette forêt*. Il se dit à la différence des autres bêtes noires ou rousses, comme les sangliers et les renards; et il n'est d'usage qu'au singulier.

FAUVETTE, *sylvia*. Genre d'oiseaux de l'ordre des passereaux, qui renferme une trentaine d'espèces dont plusieurs seulement vivent dans nos climats. Nous ne parlerons que de ces dernières.

La FAUVETTE COMMUNE, *sylvia hortensis*, Lath. (*Pl.* 14, *fig.* 1), est une des plus grandes de cette famille. Elle a 6 pouces de longueur totale; le bec noirâtre; les parties supérieures du corps d'un cendré brun; une tache blanche entre le bec et l'œil; le dessous du corps d'un blanc mêlé de roussâtre; les couvertures, les pennes des ailes d'un gris brun; une tache oblongue d'un blanc sale à l'extrémité des latérales; les pieds bruns. Son chant est un peu inférieur à celui du rossignol.

Habitation. Cette espèce, qui arrive en avril, se plaît dans les jardins, les bocages et les champs semés de légumes.

Nourriture. Elle se nourrit de vermisseaux, de toutes sortes d'insectes, d'œufs de fourmis, de groseilles et de baies de sureau.

Propagation. Elle place son nid dans les haies, les buissons et sur les arbrisseaux; la femelle y dépose ordinairement quatre œufs d'un blanc sale avec de petites taches brunâtres. L'incubation dure quatorze jours.

Qualités. Cette fauvette, de même que la plupart des autres, anime les lieux qu'elle habite par la gaieté de son chant, la variété et la vivacité de ses mouvemens, et rend des services importans par la quantité d'insectes nuisibles dont elle opère la destruction.

Il y a une variété de cette espèce qui se distingue principalement par la couleur des œufs, qui sont d'un blanc sombre, marbrés irrégulièrement de brun noirâtre vers le milieu et parsemés de petits traits noirs. Son chant n'est point remarquable. Elle a les yeux et la taille du rossignol.

La FAUVETTE DES ALPES, *motacilla alpina*, Lath. (*Pl.* 14, *fig.* 2), porte le nom de *pégot* dans les montagnes du Haut-Comminges, nom qui signifie stupide.

Description. Cet oiseau a 7 pouces de longueur; le bec noirâtre en dessus, jaune en dessous à la base, et long de 8 lignes; le dessus de la tête et du cou et la poitrine d'un gris cendré; le dos de même couleur et varié de brun; tout le reste du dessous du corps varié de gris plus ou moins blanchâtre et de roux; les couvertures inférieures de la queue marquées de noirâtre et de blanc; les supérieures des ailes noirâtres, tachetées de blanc à la pointe; les pennes brunes, bordées extérieurement, les primaires de blanchâtre, les secondaires de roussâtre; les couvertures du dessus de la queue d'un brun bordé de gris verdâtre, et vers le bout de roussâtre; toutes les pennes terminées par une tache roussâtre sur le côté inférieur.

Habitation. Les Alpes et les Pyrénées, sur les pointes les plus élevées des montagnes arides. Mais lorsqu'il s'élève en hiver des tempêtes ou des ouragans, les *pégots* se précipitent en troupes dans les vallées, où ils sont si effrayés et si hébétés, qu'ils donnent dans tous les pièges.

Nourriture. Insectes et graines.

Propagation. Le pégot place son nid dans le creux abrité d'un rocher, à l'exposition du midi. La ponte est de cinq à six œufs.

La FAUVETTE BABILLARDE, *sylvia corruca*, Lath.

Description. Longueur, 4 pouces et demi; bec, 6 lignes de long, noirâtre; queue, 2 pouces et un peu fourchue; ailes pliées ne la couvrant que dans le tiers de sa longueur; dessus de la tête cendré; un trait longitudinal de cette même teinte, mais plus foncé, passant au dessous des yeux, et s'élargissant sur les oreilles; le manteau d'un cendré brun; le dessous du corps blanc, un peu lavé de roussâtre; pli de l'aile de la même couleur que le ventre; couvertures d'un cendré brun; les pennes brunes; les primaires frangées de cendré, et les secondaires de gris roussâtre; toutes ayant leurs bords blanchâtres à l'intérieur; celles de la queue bordées de gris sur le même fond; pieds et ongles bruns. La femelle a des teintes moins foncées.

Habitation. Cette espèce fréquente rarement les jardins, s'il n'y a des bosquets; elle préfère les taillis et ne se plaît que dans le fourré; c'est là qu'elle fait entendre son chant, qui a de l'analogie avec celui de la fauvette des roseaux. Elle le répète souvent, et c'est ce qui paraît lui avoir fait donner le nom de *babillarde*.

Nourriture. Elle se nourrit plus volontiers de chenilles non velues et de larves que d'insectes parfaits; mais, à l'automne, elle mange, comme les autres fauvettes, des fruits tendres, et alors sa chair devient très délicate.

Propagation. Elle place son nid au milieu des buissons dans les taillis. La ponte est ordinairement de cinq à six œufs tachetés de points ronds, bruns et noirâtres sur un fond blanc.

La FAUVETTE GRISE, *motacilla sylvia*, Linn., est la plus commune de toutes les fauvettes; elle est connue, en Provence, sous le nom de *passerine*.

Description. Elle a 5 pouces et demi de longueur; le bec long de 7 lignes, noirâtre en dessus, blanchâtre à la base de la mandibule inférieure; l'iris de couleur noisette, jaunâtre dans le mâle; le dessus de la tête et du cou d'un cendré brunâtre; le dos et le croupion d'un cendré roussâtre; la gorge blanche jusque sous l'œil; la poitrine et les parties subséquentes blanchâtres et lavées d'une teinte roussâtre claire; les petites couvertures des ailes grises; les grandes brunes et bordées de roux; les scapulaires de la même teinte; les pennes brunes, les primaires bordées de gris, et les secondaires de roux, les pennes de la queue frangées de gris roussâtre sur un fond brun, excepté la plus extérieure de chaque côté, qui est au dehors d'un blanc légèrement teint de roussâtre, et à l'extérieur d'un cendré clair, bordé de blanc; les pieds d'un gris brun; la tache noirâtre qui est sur les tempes est moins marquée dans la femelle, et le blanc de la poitrine et du ventre est plus pur; du reste elle ressemble au mâle.

Cette fauvette, la plus commune de toutes, est l'une des plus agiles; elle est sans cesse en mouvement, voltigeant de l'un buisson à l'autre, et chantant une petite phrase vive, gaie, et toujours la même; elle a une espèce de cri fort grave : *bjie, bjie*, qu'elle fait entendre dans l'épaisseur des haies.

Habitation. Cette espèce est répandue en Europe, depuis l'Italie jusqu'en Suède. C'est une des premières qui paraît au printemps; on la voit partout, dans les jardins, les bosquets, le long des chemins, dans les bois, et presque toujours à la proximité des eaux; elle cesse de chanter à la fin de juillet, et nous quitte au mois de septembre.

Nourriture. La même que celle des autres fauvettes.

Propagation. Elle niche dans les haies, les buissons, souvent dans les champs de vesce et de pois ; la ponte est ordinairement de cinq œufs d'une teinte verdâtre et pointillée de brun ; elle fait deux ou trois couvées par an.

La FAUVETTE D'HIVER, *sylvia modularis*, Lath. (Pl. 14, *fig.* 3), est connue sous un grand nombre de dénominations. On l'appelle *traîne-buisson*, parce qu'elle va de buisson en buisson ; *mouchet*, parce qu'elle fait la chasse aux mouches ; *fauvette* ou *rossignol d'hiver*, parce qu'elle reste près de nous pendant cette saison ; *moineau de haie*, d'après quelques rapports dans les teintes de son plumage avec le moineau, surtout le *friquet*.

Description. La fauvette d'hiver a 5 pouces 3 lignes de longueur, y compris la queue de 2 pouces 3 lignes, le bec long de 5 lignes, noir et très pointu ; l'iris rouge ; les pieds de 10 lignes de haut et couleur de chair ; les plumes de la tête et du manteau, les pennes et les couvertures supérieures des ailes et de la queue noirâtres et bordées d'un brun roux ; les grandes couvertures des ailes terminées par une petite marque blanchâtre ; la gorge, le devant du cou et la poitrine d'un gris bleuâtre, et le ventre d'un blanc sale.

Cette fauvette, moins gaie et moins vive que les autres, a un ramage faible et plaintif. Son cri est doux et tremblant : *tit, tit, tit, tit.*

Habitation. Les fauvettes d'hiver se trouvent dans toutes les parties de l'Europe ; elles habitent, au printemps et pendant l'été, les lisières des bois, et les buissons fourrés ; à l'automne, elles se répandent dans les haies et les jardins, et lorsque les froids deviennent rigoureux, elles s'approchent des maisons et des granges, où elles cherchent dans la paille les petits insectes et les menues graines, d'où leur est venu le nom de *gratte-paille*.

Nourriture. Insectes, vermisseaux, petites baies et menues graines.

Propagation. Cette fauvette fait son nid dans les buissons fourrés, et dépose cinq à six œufs d'un bleu verdâtre, qu'elle couve pendant quinze jours.

Qualités. Elle est utile par la destruction qu'elle fait d'insectes nuisibles.

La PETITE FAUVETTE, *sylvia passerina*, Lath., est une espèce rare aux environs de Paris, et assez commune en Provence, où elle est connue sous le nom de *passerinette*.

Description. Cette fauvette qui, suivant l'observation de M. Vieillot, pourrait-être été confondue avec la *fauvette babillarde*, en diffère principalement par les pennes de la queue, qui sont toutes d'un gris brun en dessus et d'un cendré clair en dessous, et par son cri : *tip, tip*, qu'elle fait entendre à tout moment. Elle a 5 pouces 3 lignes de longueur ; le dessus de la tête et du corps, les couvertures des ailes et de la queue d'un gris cendré ; le croupion blanchâtre ; le dessous du corps d'un gris blanc; les pennes alaires et caudales d'un brun noirâtre, et bordées de gris ; l'iris marron ; le bec brun ; les pieds gris-bruns. Sa ponte est de quatre œufs d'un blanc sale avec des taches vertes.

La PETITE FAUVETTE GRISE, *sylvia sylviella*, Lath., est de la taille du *pouillot* ; elle a moins de 5 pouces de longueur totale ; la tête et les parties supérieures d'un gris cendré nuancé de brun ; les parties inférieures blanchâtres ; la queue un peu fourchue ; le bec jaunâtre en dessous et brun en dessus, ainsi que les pieds. On trouve la *petite grisette* dans les mêmes contrées de l'Europe où vit la *grisette commune* ; elle place son nid près de terre ; les œufs sont blancs et mouchetés de brun.

La PETITE FAUVETTE A POITRINE JAUNE, *sylvia hippolais*, Lath.

Description. Cette espèce est plus grande que le *pouillot*, et comme lui toujours en mouvement ; son ramage semble exprimer les syllabes *zri, ri, ri, ri, ri, ri, ri, ri*, chantées très vivement. Elle a 4 pouces 5 lignes de longueur ; le bec brun en dessus et jaunâtre en dessous ; le dessus de la tête, le manteau, le croupion d'un olivâtre tirant au jaune sur ce dernier et sur les couvertures supérieures de la queue ; les côtés, le devant du cou et la gorge jaunes ; la poitrine teintée de cette même couleur sur les côtés, et d'un blanc pur dans le milieu, ainsi que les parties subséquentes ; les couvertures, les pennes des ailes et de la queue brunes et frangées de jaune ; la queue un peu fourchue, couverte aux trois quarts par les ailes ; les pieds bruns.

Habitation. Cette petite fauvette, très commune dans les taillis pendant la belle saison, arrive du 12 au 15 avril, et nous quitte en août.

Propagation. Elle fait son nid près de terre ; la femelle y dépose de sept à huit œufs blancs avec des points rougeâtres et jaunâtres vers le gros bout.

La FAUVETTE ROUSSE, *sylvia rufa*, Lath.

Description. Cette fauvette, improprement appelée *rousse*, puisque peu de traits de cette couleur peignent assez faiblement quelques parties de son corps, aurait dû plutôt s'appeler *babillarde*. C'est un des oiseaux de son genre qui chante le plus souvent et le plus long-temps ; sa voix est agréable et son chant pur et sonore. On le voit le plus souvent à la cime des arbres de moyenne taille, toujours en mouvement, et parcourant toutes les branches.

Elle a 4 pouces 8 lignes de longueur totale ; la tête, le dessus du corps, les ailes et la queue d'un gris brun ; le dessous du corps blanchâtre, et d'un roussâtre lavé sur la poitrine et les flancs ; le bec et les pieds gris bruns.

Habitation. Cet oiseau ne paraît guère qu'au mois de mai. L'espèce est assez nombreuse ; on la rencontre partout, dans les jardins et les bois.

Propagation. Elle fait son nid dans les charmilles, les buissons élevés et sur des plantes rampantes ; ses œufs sont ordinairement au nombre de quatre ou cinq, et d'un blanc verdâtre.

La FAUVETET DES ROSEAUX de Buffon et de Brisson est connue, dans divers cantons de la France, sous le nom de *rossignol des saules* ou *des osiers*, parce qu'elle

DICT. DES CHASSES. 48

y fait entendre son ramage pendant le jour et pendant la nuit, surtout aux mois de mai et de juin. On l'appelle aussi *trou trou*, syllabes qu'elle exprime par son chant, ou plutôt par son cri.

Description. Longueur, 5 pouces 4 lignes; un trait jaunâtre au dessus des yeux; la tête et les parties supérieures d'un gris roussâtre; la gorge et tout le dessous du corps jaunâtres; les pennes alaires et caudales d'un cendré brun, le bec long de 7 lignes et demie, assez fort et brun rougeâtre; les pieds d'un jaune orangé, et les ongles gris.

Habitation. Cette fauvette se tient dans les osiers et les roseaux, d'où elle s'élance sur les demoiselles et les insectes qui voltigent sur les eaux. Elle nous quitte en septembre.

Propagation. Elle fait son nid dans les mêmes endroits qu'elle habite, et le place au dessus des eaux. La ponte est de cinq œufs d'un blanc sale, marbrés de brun.

La FAUVETTE EFFARVATTE, *sylvia strepera*, est une des plus communes, et paraît avoir été confondue avec la fauvette des roseaux de Buffon. Longueur totale, 4 pouces 6 lignes. Ce que nous venons de dire de la fauvette des roseaux se rapporte assez à cette espèce. On la nomme aussi *trah tran* dans les Vosges, et ailleurs *petite rousserolle*.

La FAUVETTE A TÊTE NOIRE, *sylvia atricapilla*. Lath.

Description. Cette espèce a 6 pouces de longueur, y compris la queue de 2 pouces et demi; le bec long de 5 lignes, conformé comme celui du rossignol, de couleur brune, et la mandibule inférieure jaunâtre à sa naissance; l'iris d'un brun châtain, et les pieds de 10 lignes de haut et de couleur de plomb; le dessus de la tête noir; les joues et le tour du cou d'un gris ardoisé; tout le dessus du corps d'un gris brun tirant sur l'olivâtre; le dessous du corps d'un gris clair; la queue et les pennes des ailes d'un brun foncé. La femelle diffère du mâle en ce que le dessus de la tête est d'un brun foncé, et que le dessus du corps est moins olivâtre. Le chant de cet oiseau est très agréable.

Il y a dans cette espèce plusieurs variétés, notamment la *fauvette noire et blanche*, et la *fauvette à dos noir*.

Habitation. Les mâles de cette espèce arrivent dans les premiers jours d'avril et les femelles vers le 15. Ils se tiennent sur des lisières des bois et dans leur intérieur, dans les haies, les buissons et dans les jardins où il se trouve des bosquets.

Nourriture. Insectes, et petites baies, telles que celles de l'auréole, de lierre, de troène et d'aubépine.

Propagation. Cette fauvette place ordinairement son nid dans les petits buissons d'églantier et d'aubépine; sa ponte est de quatre à six œufs d'un blanc jaunâtre, marbrés d'un jaune foncé et ponctués de brun; l'incubation dure quatorze jours. Il y a deux couvées par an.

Qualités. La fauvette à tête noire est utile, comme toutes les espèces du même genre, par la destruction qu'elle fait des insectes nuisibles; et elle est, de toutes, la plus recherchée pour la cage, à cause de son chant qui tient de celui du rossignol. Elle joint à cela une amabilité peu commune pour les personnes qui prennent soin d'elle.

CHASSE AUX FAUVETTES.

On les prend aux *gluaux*, aux *raquettes* ou *sauterelles*, au *collet*, au *lacet*, et à l'*abreuvoir*. (*Voyez* ces mots.)

La chasse qui réussit le mieux est avec des appelans et des gluaux, soit en plantant quelques perches que l'on garnit de gluaux, et auxquelles on suspend une cage d'appelant, soit en couvrant de gluaux la cage elle-même. Quand les cerisiers sont chargés de fruits, on peut également en prendre avec des gluaux.

On les prend facilement aux abreuvoirs, dans les mois d'août et de septembre, toujours avec des gluaux.

Enfin on les prend à la chasse à la chouette, et elles viennent aussi à la pipée.

FAUX-FUYANT. En terme de vénerie, c'est un sentier dans les bois pour les gens de pied.

FAUX-MARQUÉ. Inégalité des *cors* sur la tête du cerf, quand elle en a six d'un côté, et sept de l'autre; ce que les veneurs expriment en disant que le *cerf porte quatorze faux-marqués*, car le plus emporte le moins.

FAUX-REMBUCHEMENT. Ce mot se dit, en vénerie, d'une bête qui entre dans un fort, y fait quelques pas, et revient tout court sur elle par le même chemin, pour se *rembûcher* dans un autre endroit.

FAUX-REPAITRE. En passant dans une plaine, un cerf chassé et mal mené s'arrête, et prend dans sa bouche le grain ou l'herbe qu'il trouve devant lui; mais ne pouvant pas l'avaler, il le laisse tomber l'instant d'après; c'est ce qui s'appelle *faire un faux-repaître*; cela prouve que le cerf est tout à fait sur ses fins.

FERMÉES (pinces). Les gros cerfs ont les pinces fermées, c'est à dire serrées l'une contre l'autre, quand ils vont d'assurance.

FIENT ou FIENTE. Du latin *fimentum*, excrément, vidanges des animaux. En terme de chasse, on appelle *fiente* la vidange des loups, renards et autres bêtes puantes. Celle des sangliers et autres bêtes mordantes se nomme *laisses*; celle des bêtes de brout, *fumées*; celle de la loutre, *épreintes*; celle des lapins et lièvres, *crottes* ou *repaire*.

On donne aussi le nom de *fiente* aux excrémens des oiseaux.

La *fiente* est un excellent engrais pour les terres.

FILANDRE. On appelle ainsi, chez les fauconniers, des vers intestinaux fort déliés, qui, quelquefois, tourmentent beaucoup les oiseaux de proie dressés pour la chasse. Il est possible que ce soient des vers du genre des *filaires*. On n'a pas encore indiqué de moyen certain pour les en débarrasser.

FILER. (Vénerie et fauconnerie.) On dit que le

gibier file quand il vole ou court en ligne droite sans faire de crochets.

FILET. Mot qui vient du latin *filetum*, diminutif de *filum* : petit fil, filet délié.

En terme de chasse, *filet* se dit d'un rets ou réseau, fait de fil ou de ficelle, pour prendre des oiseaux et du gibier à poil.

Parmi les piéges que l'on emploie pour prendre le gibier à poil et à plumes, les filets sont les plus expéditifs ; ce sont aussi ceux qui nous procurent en ce genre les provisions les plus abondantes.

Comme nous traitons de leur fabrication dans le *Dictionnaire des pêches*, et que celle des filets à prendre les poissons ne diffère guère de celle des filets de chasse, nous renvoyons, pour cet objet, au mot *Filet* du *Dictionnaire des pêches*.

On se sert, en parlant des filets, de quelques termes techniques dont nous croyons devoir donner l'explication.

La *tête d'un filet* tendue verticalement est le bord d'en haut, et le *pied* en est le bord inférieur.

La *levure d'un filet* est le premier rang de mailles ou demi-mailles par lesquelles on le commence ; *lever un filet*, c'est en former la levure ; *poursuivre un filet*, c'est continuer à former les mailles.

On nomme *accrues* des boules qu'on fait servir de mailles pour augmenter l'étendue d'un filet, et *rapetisses* l'opération qui consiste à prendre deux fils dans le même nœud pour diminuer la largeur du filet.

Mailler un filet, c'est former les mailles.

Les *mailles doubles* sont celles que l'on forme en mettant sur l'aiguille deux fils au lieu d'un ; ce qui donne le moyen de détacher un fil d'un autre.

Enlarmer un filet, c'est le border d'une espèce de lisière formée de grandes mailles qu'on fait avec de la ficelle ; ces mailles, qui sont une fois plus grandes que celles d'un filet, ne servent qu'à le fortifier. D'autres sont très grandes, et on y fait passer une corde, comme une tringle de rideau ; et, en ce cas, les mailles servent d'anneaux.

Border un filet, c'est l'entourer d'une corde qu'on attache au filet, de 3 en 3 pouces, avec des révolutions d'un bon fil retors. Cette corde sert à le fortifier.

Coudre un filet, c'est joindre plusieurs filets ensemble pour en faire un grand.

Monter un filet, c'est le garnir de ses cordes, piquets, perches, etc., pour le mettre en état de servir.

Nomenclature de différentes sortes de filets qu'on emploie pour la chasse, soit des quadrupèdes, soit des oiseaux.

Il y a des filets *à mailles carrées* et d'autres à *mailles en losange*, et l'on dit qu'un filet est *maillé en carré* ou en losange, suivant la forme de ses mailles.

Les filets sont simples ou triples : on appelle ces derniers *tramails* ou *filets contre-maillés*.

Ces différentes sortes de filets peuvent se classer par genres ; mais comme l'ordre alphabétique est essentiellement celui de notre ouvrage, c'est dans cet ordre que nous en présenterons la nomenclature, en renvoyant aux articles spéciaux pour la description et l'emploi de ces filets.

Araigne, arcigne, araignée ou *aragne*. C'est sous ces différens noms que l'on connaît un filet qui est une espèce de petite pantière, et que beaucoup d'oiseleurs appellent encore *tramail*. (Voyez *Araigne*.)

Hallier. C'est un filet que l'on emploie contre un grand nombre d'oiseaux : les perdrix, les faisans, les cailles, les poules d'eau, etc. ; il varie suivant l'espèce de gibier qu'on veut prendre. (Voyez *Hallier*.)

Nappes. On entend par nappe toute pièce de filet, de quelque dimension que ce soit, dont le tissu est uni. Il y en a pour les alouettes, les pluviers, les canards. (Voyez *Nappes*.)

Panneaux. Ce sont des filets qu'on emploie contre un grand nombre de quadrupèdes : les cerfs, les daims, les chevreuils, les sangliers, les lièvres, les lapins. On en proportionne la force à celle des animaux qu'on veut prendre. (Voyez *Panneaux* et *Toiles*, et les noms des différens animaux contre lesquels ces filets sont employés.)

Panetière. C'est un filet fermé comme un sac. Il est fait de petites mailles d'un quart de pouce de large, et la levure a 4 pieds de long, de manière que, quand le sac est achevé, il a 1 pied de large. On change plusieurs fois de moule en le composant. Quand il est terminé, on attache une corde aux deux côtés, afin de le suspendre, et on passe deux ficelles par toutes les mailles du dernier rang de l'ouverture, pour le fermer comme une bourse. On se sert de la panetière pour transporter des oiseaux vivans et du gibier mort.

Pantaine ou *pantière*. On distingue deux sortes de pantaine ou pantière, la pantière simple et la pantière contre-maillée. (Voyez *Pantière* et le mot *Bécasse*.)

Poches ou *pochettes*. Ce sont des filets en forme de bourse, dont on se sert pour prendre des lapins en forêt, des faisans et des perdrix. (Voyez *Poche*.)

Rafle. C'est un filet contre-maillé qui sert à prendre des grives, des merles, des moineaux et autres petits oiseaux. (Voyez *Rafle*.)

Rets-saillant. Ce filet, maillé en losange, est employé à prendre les pluviers, les canards et les petits oiseaux. (Voyez *Rets-saillant*.)

Tirasse. C'est un filet que quelques oiseleurs nomment encore *nappe à cailles*, et qui est employé contre ces oiseaux et les perdrix. (Voyez *Tirasse*.)

Tonnelle. C'est un filet particulièrement employé à la chasse des perdrix, et qui consiste en une espèce de poche avec deux ailes formées par des halliers. (Voyez *Tonnelle*.)

Tramail. (Voyez *Hallier*.)

Traîneau. On en connaît de trois sortes : le traîneau simple, le traîneau composé et le traîneau portatif. Ce genre de filet est employé contre les perdrix, les alouettes, les bécassines.

Teinture des filets.

Les filets destinés à la chasse des oiseaux doivent être d'un gris sale ou d'un vert terne, parce que toutes les autres couleurs sont trop apparentes.

Si donc le fil qui a servi à la fabrication d'un filet est d'un gris foncé, il n'est pas nécessaire et il serait même nuisible de lui donner une couleur artificielle, car les filets qu'on ne teint point durent plus longtemps que les autres; mais si les fils sont d'une couleur trop claire, on les teint en vert ou en gris.

Teinture en vert. On fait tremper le filet dans une forte lessive de cendre de hêtre, et on le fait sécher ensuite. Puis l'on fait une forte décoction d'écorces fraîches de bouleau et d'aune, la première dans les proportions de deux tiers, et l'autre dans celle d'un tiers; on y plonge le filet, et on laisse le tout sur un feu doux de charbon pendant trois ou quatre heures, en ayant le soin de ne pas exciter le feu au point de produire une grande ébullition. On retire le filet, on le rince dans de l'eau pure, et on le fait sécher. Cette méthode est celle indiquée par M. Hartig.

Mais, en France, on se procure ordinairement, pour fabriquer les filets qu'on veut avoir verts, du fil teint de cette couleur par les teinturiers; ou bien on frotte le filet avec une bouillie de blé vert haché et pilé, puis on le laisse pendant vingt-quatre heures imbiber dans cette bouillie; on le retire ensuite et on le fait sécher.

La couleur verte est celle qui convient le mieux pour les halliers, les nappes à alouettes, les tirasses à cailles et à perdrix, parce que ces oiseaux s'en méfient moins par l'habitude qu'ils ont de la voir.

Teinture grise. On fait également tremper le filet dans une forte lessive de cendre de hêtre, puis dans une décoction d'écorce d'aune, de sciure de chêne et de brou de noix vertes; on le rince ensuite et on le fait sécher.

Teinture feuille morte. On se sert de tan ou d'écorce de chêne que l'on fait bouillir pendant vingt-quatre heures, et dans cette décoction on laisse tremper le filet pendant quelques heures.

On obtient la même couleur en faisant bouillir l'espace d'une heure de l'écorce de racine de noyer coupée en morceaux, et en laissant ensuite tremper dans cette liqueur le filet durant vingt-quatre heures.

Cette couleur est généralement adoptée pour les nappes à canard que l'on tend dans l'eau, pour les filets qui fatiguent le plus, et ceux dont on se sert à la fin de l'automne ou pendant la nuit.

Dispositions réglementaires concernant l'emploi des filets.

Les anciennes ordonnances, celles de 1515, article 11, de 1600, articles 9 et 19, et 1601, article 9, voulaient que ceux qui auraient ouvré, exposé en vente ou acheté, ou qui auraient été trouvés saisis de *tirasses*, *tonnelles*, *traîneaux*, *bricoles*, *pans de rets*, *collets* et autres engins prohibés, fussent, pour la première fois, condamnés en 5 écus d'amende; pour la seconde fois, au double; et pour la troisième fois, outre lesdites amendes, bannis de la ville, prévôté au bailliage, et les filets et engins confisqués et brûlés au jour de marché et sur la place publique. Elles ordonnaient que les délinquans qui n'auraient pas de quoi payer les amendes fussent battus de verges sous la custode.

L'ordonnance de 1669, titre XXX, article 12, voulait que tous tendeurs de *lacs*, *bricoles de corde* et *de fil d'archal*, *pièces* et *pans de rets*, *colliers*, *halliers* de fil de soie, fussent condamnés au fouet pour la première fois, et en 30 livres d'amende; et, pour la seconde, fustigés, flétris et bannis pour cinq ans hors l'étendue de la maîtrise, soit qu'ils eussent commis le délit dans les forêts royales, ou dans celles des ecclésiastiques, des communautés ou des particuliers sans exception.

Aujourd'hui, la vente des filets, de quelque nature qu'ils soient, ne peut plus être défendue, attendu que le libre exercice de la chasse ayant été rendu aux propriétaires dans leurs bois et sur leurs terres, ils peuvent employer tels moyens qu'ils jugent convenables pour y détruire le gibier, et, par conséquent, se procurer les filets et engins nécessaires à cet effet.

Quant à l'emploi de ces filets dans les forêts royales et communales, il est toujours prohibé sous les peines d'amende et de confiscation prononcées par l'ordonnance de 1669; mais les peines infamantes pour délits de chasse ont été abolies par les nouvelles lois. (Voyez *Chasse* et *Engins*.)

FILETS DE CERF. C'est la chair qui se lève en dessus et au dedans des reins; les *petits filets* ou *filets mignons* sont ceux qui se lèvent en dedans, et les grands ceux qui se lèvent en dessus.

FILIERE. (Fauconnerie.) C'est une ficelle de la longueur de 10 toises ou environ, attachée au pied de l'oiseau de proie, et que l'on tient pendant qu'on le réclame jusqu'à ce qu'il soit assuré.

FINS. On dit qu'un animal est sur ses *fins*, quand il est sur le point d'être forcé.

FIST DE PROVENCE, *sylvia massiliensis,* Lath. Oiseau de l'ordre des passereaux et du genre de la fauvette, dont le nom vient de son cri *fist*, *fist*. Cet oiseau se tient ordinairement à terre, et ne s'envole que lorsqu'il entend du bruit; il court se tapir à l'abri d'une pierre jusqu'à ce que le bruit cesse. Il a 7 pouces de longueur; le bec noirâtre; le dessus de la tête et du cou d'un brun roux, chaque plume terminée de noirâtre; le dos roux; les ailes bordées de roux; le dessous du corps d'un blanc rougeâtre, avec des petites taches noirâtres, et les pieds jaunâtres.

FLAIR. Ce mot se dit de l'odorat du chien.

FLAIRER. Sentir par l'odorat. On dit: *Les chiens flairent la bête.*

FLAMANT, *phœnicopterus ruber.* Genre d'oiseaux de l'ordre des palmipèdes, qui doit son nom à sa couleur rouge de feu et de flamme, et qui a les jambes très hautes (20 pouces environ); le cou de même longueur; le corps de 15 pouces de long et moins gros que celui de la cigogne; le cou et le corps blancs; les ailes mi-parties de noir et de couleur de feu, les jambes, les cuisses et les pieds rouges. Le flamant doit avoir plus de 5 pieds de l'extrémité du bec à celle des pieds. Quoiqu'il ne nage point, il se trouve toujours sur le bord des rivières et dans les marais. Les oiseaux de cette espèce vont en grandes troupes, et se posent dans les lieux découverts où il est très difficile de les approcher, parce qu'ils établissent des sentinelles, qui font une espèce de garde et avertissent la troupe par un grand cri. Dès lors, celui qui est en vedette s'envole le premier et tous les autres le suivent. Ils ont d'ailleurs l'ouïe et l'odorat si subtils, qu'ils éventent de loin les chasseurs. Nos anciens boucaniers, pour les tirer, se couvraient d'une peau de bœuf, et, en prenant le dessous du vent, ils parvenaient à les approcher, et en tuaient un grand nombre; car le bruit du fusil et la vue de ceux qui sont tués ne peuvent épouvanter les autres: ils demeurent les yeux fixés et pour ainsi dire étonnés, jusqu'à ce qu'ils soient tous tués, ou du moins la plupart. Leur chair est un mets excellent.

Ces oiseaux habitent l'ancien et le nouveau continent; sur le premier, ils n'avancent guère vers le nord au delà de nos contrées méridionales. On en voit en Languedoc, pendant l'hiver, sur les bords marécageux des étangs voisins de la mer, tels que l'étang de *Maguelonne*, près de Montpellier, ceux des salines de *Peccais*, et, en Provence sur les bords du *Vacarès*, grand étang salé de la Camargue, aux environs d'Arles.

FLATRER. Ce mot se disait de l'opération qu'on faisait autrefois aux chiens, en leur appliquant sur le front un fer chaud en forme de clef, dans l'intention de les garantir des effets de la morsure d'un chien enragé. L'expérience a prouvé que cette opération ne les préservait point de la rage.

On dit aussi du loup ou du lièvre qui s'arrêtent et se mettent sur le ventre, lorsqu'ils sont poursuivis, qu'ils *se flâtrent*.

FLATRURE. C'est le lieu où le lièvre et le loup s'arrêtent et se mettent sur le ventre, lorsqu'ils sont chassés par des chiens courans.

FOLLETS. C'est ce qu'on lève le long des épaules d'un cerf, après qu'il est dépouillé.

FONDRE. *Fauconnerie*. Ce mot se dit d'un oiseau de proie, lorsque, soutenu sur ses ailes à une grande élévation, il vole en descendant avec impétuosité pour se saisir d'un oiseau. *Le faucon fondit tout d'un coup sur les perdrix. Un milan qui fond sur un poulet.*

FORÊT. Grande étendue de terrain couverte de bois.

FORCEAU. En terme d'oiseleur, c'est un piquet sur lequel un filet est appuyé et qui le retient de force.

FORCER. *Forcer* un lièvre, un cerf, un daim, un chevreuil, c'est le prendre avec des chiens de chasse, après l'avoir couru et réduit aux abois.

FORHU. Ton que l'on sonne pour enlever les chiens et les faire revenir à soi.

FORHUS. Ce sont les intestins ou la peau du cerf que l'on porte au bout d'une fourche émoussée après la curée, pour exciter les chiens, et en sonnant le *forhu*. Ce mot se dit aussi de la carcasse dont on fait la curée.

FORHUIR ou FORHUER. C'est sonner du cor, sonner le *forhu* pour rappeler les chiens. On dit: *forhuir du cor*, du cornet et du *huchet*.

Les veneurs ne sont pas d'accord sur la véritable acception de ce mot. Du Fouilloux, d'Yauville et autres, s'attachant à l'étymologie, prétendent que *forhuer*, c'est *huer fort* ou crier fort, et que la voix est seule employée dans cette circonstance. D'autres veulent que la trompe ou le cor soit l'instrument obligé du *forhu*. C'est dans ce sens qu'on l'entend aujourd'hui.

FORLANCER. C'est faire sortir la bête de son gîte. Le lièvre ne *se forlance* point; il reste ferme et rasé dans son gîte, s'il n'est bien quêté.

FORLONGÉ. Un cerf est forlongé, quand il est loin devant les chiens; on dit indifféremment: *Le cerf est forlongé*, ou *le cerf a beaucoup d'avance*.

FORLONGER. Ce mot se dit des bêtes qui, étant chassées, s'éloignent beaucoup des chiens, ou qui sortent du pays ordinaire. On dit: *Le cerf forlonge*, quand il a bien de l'avance sur les chiens.

FORME. En terme de chasse, c'est le gîte d'un lièvre, celui d'un renard.

En fauconnerie, on appelle *formes* les femelles des oiseaux de proie qui donnent le nom à l'espèce, au lieu que les mâles s'appellent *tiercelets*, parce qu'en général la femelle de l'oiseau de proie est plus grande, plus hardie et plus forte que son mâle. Les *formes* ne sont point propres à la volerie.

On entend encore par *forme* un espace de terre sur lequel un filet est étendu en le couvrant, lorsqu'on le fait agir.

FORMÉES (fumées). (Voyez *Fumées*.)

FORMI. (Fauconnerie). Maladie qui attaque le bec des oiseaux de vol.

FORMUER. C'est faire passer la mue à un oiseau.

FORPAITRE et FORPAISER. Se dit, en vénerie, des bêtes qui vont chercher leur pâture hors de leur retraite ordinaire, dans des lieux éloignés.

FORPAYSER. (Voyez *Forlonger*.)

FORSENANT. Epithète qu'on donne, en terme de chasse, aux chiens courans qui sont ardens et vigoureux, qui chassent sans se lasser ni se rompre. Ce terme est vieux.

FORT. Canton de bois épais et fourré, où se retire la bête pendant le jour.

FORT. (Fauconnerie.) On dit *volée de poing fort*; c'est quand on jette les oiseaux de poing après le gibier.

FORTITRER. Se dit d'un cerf lorsqu'il évite de passer dans les endroits où il y a des relais ou des chiens frais pour le courre.

FOSSE. Trou creusé à-plomb pour prendre les loups. (Voyez *Loup*.)

FOSSETTES. On appelle ainsi les petites fosses que l'on creuse le long des haies, ou aux environs des buissons, pour y prendre des oiseaux, que l'on y attire par le moyen d'un appât. Cette petite chasse est amusante; elle est pratiquée par les gens de la campagne et principalement par les enfans.

La saison favorable pour la faire est l'hiver, parce que les oiseaux cherchent alors à se nourrir de vers qu'ils prennent le long des buissons où le soleil conserve encore quelque chaleur, et qu'ils se retirent dans les bois, où ils sont plus à l'abri des rigueurs des vents.

C'est surtout vers les buissons de houx que les chasseurs doivent se rendre; car les oiseaux aiment à gratter et à ronger les feuilles de cet arbrisseau. On fait en terre des fossettes de 4 ou 5 pouces de profondeur sur 6 de largeur et 12 de longueur.

On prend ensuite de petits bâtons un peu moins gros que le petit doigt, longs de 5 pouces, coupés en biais par un bout, et de l'autre se terminant en pointe. On en fiche un dans chaque fossette, de manière que le bout coupé en biais soit à fleur de terre; outre cela, on fait provision de petits bâtons un peu plus gros qu'un tuyau de plume, longs de 4 pouces, plats d'un côté et couchés de l'autre par un bout, et de petites fourchettes de bois un peu plus grosses que les deux bâtons, longues de 5 à 6 pouces, et taillées, par le bout, comme un coin à fendre du bois.

Outre cela, il faut couper des gazons plus larges de trois doigts que les fossettes, épais de 4 à 5 pouces, et taillés de façon qu'ils soient plus petits de trois doigts du côté des racines. Quand tous ces préparatifs sont faits, on dresse le piège de la manière suivante :

On prend le gazon, on le pose du côté le plus large à trois doigts du bord de la fossette, qui est aussi le plus large. On prend le bâton plat dont on a parlé plus haut, et on met le bois coché du côté plat sur le haut du bâton fiché en terre; on passe ensuite le bout de la fourchette dans la coche du bâton; on renverse le gazon dessus, en observant que le bout fourchu soit à l'endroit marqué; en un mot, on approche ou on recule le petit bâton ne porte la fourchette, en observant que le piège ne tienne qu'à un fil, et que l'oiseau, touchant légèrement le bout du bâton, fasse tomber le gazon sur lui, et s'enferme dans la fossette.

Au lieu de gazon, on peut aussi se servir d'une pierre plate ou d'une tuile d'une dimension égale à l'ouverture de la fosse. Cette pierre ou tuile est soutenue par un *quatre de chiffre*, représenté par la *fig.* 7 de la *Pl.* 44. Les oiseaux, en entrant dans la fosse, ne manquent pas de faire tomber la pierre.

Pour attirer les oiseaux dans ce piége, on enfile de gros vers de terre dans une épine, et on la met au fond de la fossette, de façon que le gibier puisse les apercevoir; et, afin qu'il ne les saisisse pas de côté, ce qui rendrait le piége inutile, on pique autour de la fossette de petites bûchettes, qui forment une enceinte, excepté à l'entrée qu'on destine aux oiseaux. Si on fait ces fossettes dans le temps de la forte gelée, il est bon de gratter un peu la terre au devant; car les oiseaux recherchent la terre fraîchement remuée, dans l'espérance d'y trouver les vers dont ils se nourrissent.

On amorce aussi les oiseaux en garnissant le fond de la fosse avec du chenevis, du blé, des baies, de genièvre, etc. On peut, par ce moyen, se procurer un assez grand nombre de merles, de grives de geais, de gros-becs, de rouges-gorges, et d'autres oiseaux.

Ce piége fait partie des *tendues d'hiver*. (*Voyez* ces mots.)

FOUAILLE. Part que l'on fait aux chiens, quand ils ont pris le sanglier. C'est ce qu'on appelle *curée* à la chasse du cerf.

FOUÉE. Chasse aux oiseaux qui se fait la nuit avec des verveux, à la clarté du feu, le long des haies, et qu'on appelle aussi *chasse à la soie*.

FOUGER. Se dit de l'action du sanglier, qui arrache des plantes avec son boutoir. La plante ou racine enlevée s'appelle *fougue*, et les troncs se nomment *affranchis*. *Fouger* se dit aussi du cochon.

FOUGUE. (Vénerie.) C'est la plante ou la racine que le sanglier arrache avec son boutoir. On dit que le *sanglier fouge*, quand il fouille la terre.

FOUILLER. C'est creuser pour chercher quelque chose. Quand on croit qu'il y a des renards ou des blaireaux dans un terrain, on y va avec des bassets et des outils; on fait entrer les bassets dans la garenne, après avoir posté du monde à tous les trous qu'il suffit de boucher avec des morceaux de bois pour ne pas ôter la respiration aux chiens, à qui l'on parle en ces termes, en frappant des mains : *Coule à l'y, basset, coule à l'y hou, hou, hou, hou!* L'animal, pour l'ordinaire, commence à tenir aux chiens dans la *maire*; alors on frappe sur la terre au dessus de lui pour accélérer sa retraite, et encourager les chiens auxquels on parle toujours par la gueule du terrier; mais bientôt l'animal fatigué fait sa retraite dans l'*accul*, après s'être encore défendu à l'entrée de la *fusée*. Quand, après le travail des chiens, on juge l'animal acculé, on commence la tranchée qui ne doit jamais s'ouvrir le long de la fusée, mais en croix sur la fusée. Quand on sent que l'on approche de l'animal, on est sur ses gardes pour l'empêcher de forcer et se sauver, et l'on s'apprête à le saisir avec des tenailles.

FOUILLURES ou **BOUTIS.** C'est le travail du sanglier.

FOUINE, *mustela foina,* Linn. Quadrupède du genre et de la famille des martes.

Description. La fouine (*Pl.* 6, *fig.* 6) ressemble beaucoup à la marte par sa grandeur, sa forme allongée, le brun de son corps et la tache de sa gorge; mais elle en est un peu plus petite, ses jambes sont moins garnies de poils à leurs parties inférieures, et la tache de la gorge est blanche, tandis qu'elle est jaune dans la marte. D'ailleurs la marte ne s'écarte jamais du bois, et la fouine s'introduit et vit dans les maisons.

La fouine a 16 à 17 pouces de longueur et seulement 7 pouces de hauteur; la tête petite, le museau pointu, le corps entièrement couvert de poils de couleur marron, à l'exception de la gorge qui est blanche; les jambes si courtes qu'elle semble plutôt ramper que marcher, et qu'elle est souvent obligée de sauter; cinq doigts à chaque pied, armés de petits ongles, à l'aide desquels elle grimpe le long des murailles; quatre mamelons sous le ventre qu'il est très difficile d'apercevoir, à moins que la femelle ne soit pleine; de chaque côté de l'anus, deux vésicules d'où découle une liqueur jaunâtre dont l'odeur approche de celle du musc.

Habitation. On trouve la fouine dans tous les pays de l'Europe. Elle aime les pays habités, et elle se tient ordinairement dans les rochers, les vieilles murailles, les amas de bois, les grandes constructions tranquilles, et particulièrement dans les granges remplies de foin et de paille. Elle se pratique un trou de forme angulaire, où elle dort pendant le jour, et dont elle ne sort que la nuit pour exercer ses ravages; elle fait souvent de longues excursions.

Nourriture. Elle mange les œufs, les pigeons, les poules et les oiseaux de toute espèce; elle prend aussi les souris, les rats et les taupes, et elle se nourrit également de fruits, tels que les pommes, les poires, les prunes, les cerises, etc.

Propagation. Les fouines sont en chaleur dans le mois de février; la durée de la gestation est de neuf semaines; elles déposent dans leur trou de trois à cinq petits qui restent les yeux fermés pendant quatorze jours, et que la mère nourrit jusqu'à ce qu'ils soient parvenus à la moitié de leur développement; ils sont aptes à la reproduction dès la première année.

Ennemis et maladies. Les chiens les chassent avec fureur; elles sont sujettes aux vers, et on en a compté jusqu'à deux cent cinquante vivans sur une seule fouine.

Qualités utiles ou nuisibles. La peau de la fouine est belle et d'un bon usage, et aussi estimée que celle du renard, mais moins que celle de la marte. On connaît les dommages que cause cet animal par sa nourriture, et qui sont ordinairement plus grands que les services qu'il peut rendre en faisant la chasse aux souris et aux rats.

Chasse. La trace de la fouine ressemble à celle de la marte (*voyez ce mot*); cependant elle s'en distingue en ce que l'impression des pommettes et des ongles est plus marquée, parce que les pieds sont moins garnis de poils. On lui fait la chasse de différentes manières: *à l'affût, en suivant la trace sur la neige, aux chiens bassets, et aux piéges.*

I. *L'affût.* Quand on a remarqué un endroit où des fouines ont l'habitude de passer d'un mur à un autre pendant la nuit, on s'y met à l'affût, au clair de la lune, en ayant le soin de se placer à bon vent; et on les tire à leur passage; mais quand on sait qu'il y a une fouine dans un bâtiment isolé, par exemple dans une grange, il faut que plusieurs chasseurs entourent le bâtiment, et qu'au moyen d'un tambour ou du bruit de quelques instrumens de fer, on force la fouine à quitter son trou pour la tirer. Il faut, dans ce cas, défendre aux personnes chargées de faire sortir la fouine de se montrer en regardant hors du bâtiment, parce qu'un chasseur trop pressé pourrait se méprendre et tirer sur la personne, ainsi que cela est déjà arrivé plusieurs fois. Les chasseurs doivent de leur côté avoir l'attention de ne tirer que lorsqu'ils voient la fouine bien distinctement; et il est entendu que, pour éviter le danger du feu, ils ne doivent point employer de papier pour bourrer leurs fusils; ils doivent se servir de tampons de feutre ou de poils de chevreuil, qui ne s'enflamment point.

Quelques personnes se contentent, étant à l'affût, de faire crier une poule pour attirer la fouine; mais cet animal, très rusé, et qui a la vue et l'odorat excellens, reconnaît le piége, et laisse le chasseur se morfondre pendant plusieurs jours sans se montrer.

D'autres emploient de petits chiens courans à jambes torses, dressés pour cette chasse, instruits à monter par des échelles, et qui poursuivent les fouines sous les toits des granges et des greniers, entrent dans leurs trous et les font partir; ce qui donne le moyen de les tirer.

II. *Chasse sur la neige.* La trace d'une fouine sur la neige nouvellement tombée se laisse facilement apercevoir. On la suit jusqu'à ce qu'on ait reconnu son trou. S'il est placé dans une fente de rocher, il n'y a ordinairement pas grand'chose à faire; mais s'il est placé dans les creux d'un arbre, on procède comme nous l'avons dit pour la marte (*voyez ce mot*); et si c'est dans un bâtiment isolé, on emploie le moyen que nous venons d'indiquer dans l'article précédent, en forçant l'animal à fuir par le bruit d'un tambour ou par celui de quelques morceaux de fer, et en le tuant à coups de fusil.

III. *Piéges de fer.* On peut se servir du petit traquenard et de l'assiette de fer, comme nous l'avons dit pour la marte; seulement on emploie pour appât soit un œuf frais que l'on fixe à un fil par le moyen d'une longue aiguille que l'on passe à travers de l'œuf, soit des pruneaux secs. Mais, quand on a remarqué un endroit où la fouine a l'habitude de sauter, en descendant d'un mur pour tout autre lieu, on peut placer le piége de fer dans cet endroit. (*Voyez Piége de fer.*) On n'a pas besoin de se servir d'appâts odoriférans quand on est assuré que la fouine descend toujours du même côté du mur; mais si on pense qu'elle descend aussi de l'autre côté, c'est le cas d'amorcer l'assiette de fer avec l'appât que nous avons indiqué pour le renard ou pour la loutre, et de placer à un pied du piége une petite botte d'épines, afin que la fouine, en sautant par dessus, tombe juste sur le piége et s'y prenne.

IV. *Le trébuchet.* On emploie le trébuchet double, représenté *Pl.* 16, *fig.* 13. (Voyez *Trébuchet.*) On le place dans des bâtimens fréquentés par les fouines, et de manière qu'elles ne puissent éviter le piége en s'y rendant. La fouine entre par les portes qui sont ouvertes, et qui, s'échappant à la moindre secousse, renferment l'animal. On n'a pas besoin d'appâter l'emplacement de ce piége; cependant il est utile d'y suspendre soit un œuf frais, soit un pruneau sec.

On prend encore les fouines avec le trébuchet simple, que l'on emploie contre les martes dans les parcs à faisans. (Voyez *Trébuchet*, *Poisons*.) Enfin on empoisonne les fouines avec de l'arsenic, du verre pilé ou de la noix vomique, qu'on insère dans des œufs dont on cache le trou, dans des petits oiseaux ou dans un cœur de mouton, qu'on fait frire avec de l'huile d'aspic; mais on doit être fort réservé sur l'emploi de ces moyens, à cause des dangers qui peuvent en résulter pour les animaux domestiques, et même pour les hommes.

FOULÉE ou FOULURE. C'est la trace légère que le pied de la bête a laissée sur l'herbe, les feuilles ou le sable.

En terre nette, la *foulée* ou *foulure* s'appelle *voie* pour le cerf, le daim, le chevreuil, le lièvre; *piste* pour le loup et le renard, et *trace* pour les bêtes noires.

FOULER. *Fouler* une enceinte, c'est la battre en tous sens, soit à pied, soit à cheval, soit avec un ou plusieurs limiers, soit avec des chiens courans. Lorsqu'on a enveloppé un défaut sans rien trouver, on *foule* l'intérieur du cercle pour trouver l'animal. Les chiens *foulent* un cerf, lorsqu'ils le mordent après l'avoir porté à terre. On fait *fouler* une tête de cerf à un jeune limier pour le faire jouir et lui donner de l'ardeur.

FOULQUE, *fulica*. Genre d'oiseaux de l'ordre des pinnatipèdes, qui renferme plusieurs espèces que Linnée avait réunies aux poules d'eau, dont elles ne diffèrent que par la membrane des doigts.

La FOULQUE NOIRE OU COMMUNE, *fulica nigra*, Lath. (*Pl.* 18, *fig.* 8), que, dans quelques provinces, on appelle aussi *morelle* ou *judelle*, est un oiseau que Buffon regarde comme formant la première famille par où commence la grande et nombreuse tribu des véritables oiseaux d'eau.

Description. Cet oiseau est de la grosseur d'une moyenne poule; il a 14 pouces de longueur, non compris la queue, qui a 2 pouces; le bec de 1 pouce de long, aplati sur les côtés et de couleur olivâtre; l'iris des yeux châtain; le front dégarni de plume, d'un rouge vif dans le temps des amours, blanc dans les autres saisons; les pieds de 2 pouces de haut, les doigts et les membranes bleuâtres ou d'un brun olivâtre; la portion de la jambe nue et cerclée de rouge; la tête, le cou, la gorge, les pennes et les couvertures du dessous de la queue noirâtres; le reste du plumage, excepté le bord de l'aile et l'extrémité de quelques pennes secondaires, qui sont blancs, d'un cendré plus foncé sur les parties supérieures et plus clair sur les inférieures. Aucune différence ne distingue le sexe.

La foulque, sans avoir les pieds entièrement palmés, ne le cède à aucun des oiseaux nageurs, et reste même plus long-temps sur l'eau qu'aucun d'eux, le plongeon excepté. Cependant il paraît que son habitude ordinaire est de nager lentement; elle branle constamment la tête en nageant. Elle ne vole point volontiers; elle se brasse sur l'eau dont elle rase la surface en battant des ailes, et laissant toucher ses pieds à l'eau. Il est rare de la voir voler à terre; elle y est tellement dépaysée qu'elle se laisse prendre à la main. Si elle met pied à terre, c'est pour passer dans un étang voisin, et si le trajet est long, elle le fait en volant. Mais elle ne vole dans le jour que pour éviter le chasseur, souvent même elle préfère se cacher dans la vase pour lui échapper. Cependant il est rare qu'elle plonge, et si elle le fait, elle reparaît bientôt. Sa voix a un son clair, qui peut être rendu par ces mots : *gueu*, *gueu*.

Habitation. Les lacs, les étangs, les rivières sont les lieux que les foulques habitent; elles préfèrent les étangs aux rivières. Elles restent sur les nôtres la plus grande partie de l'année, et quittent les petits à l'automne pour se réunir en grandes troupes sur les grands où elles restent, jusqu'au moment où les glaces les en chassent, pour se rendre dans les plaines où la température est plus douce, sur les lacs où l'eau ne gèle que très tard, ou bien elles se retirent dans les contrées voisines et plus tempérées; mais elles y restent fort peu de temps, car elles reparaissent dès le mois de février. En hiver, elles couvrent tous les étangs de la Sardaigne.

On trouve cette espèce dans toute l'Europe, depuis l'Italie jusqu'en Suède; on la rencontre aussi en Asie, en Perse, en Sibérie, en Chine, au Groënland, à la Jamaïque et dans toutes les contrées de l'Amérique septentrionale.

Nourriture. Comme les foulques voient très bien la nuit, c'est ordinairement alors qu'elles cherchent leur nourriture qui se compose d'insectes aquatiques, de petits poissons, de sangsues, des sommités des joncs et des roseaux. Les jeunes, moins défians, se montrent à toutes les heures du jour, rasent en courant la surface de l'eau, jouent entre eux, regardent, fixent le chasseur et plongent si prestement quand ils aperçoivent le feu, qu'ils échappent souvent au plomb meurtrier. Mais aujourd'hui que le fusil à piston est généralement adopté, on parvient plus facilement à tuer les oiseaux plongeurs qui ne sont plus prévenus et effrayés par le feu du bassinet des anciens fusils à pierre.

Propagation. Les foulques nichent de bonne heure au printemps; elles établissent leur nid dans les endroits noyés et couverts de roseaux desséchés; elles en entassent d'autres, en assez grande quantité, pour que le nid s'élève au dessus de l'eau. Le nid est gros, assez informe à l'extérieur, s'apercevant de loin, et garni en dedans de petites herbes. Il paraît qu'on n'est pas d'accord sur le nombre d'œufs que la femelle y dépose : suivant M. Vieillot, ce nombre serait de dix-huit à vingt; et suivant M. Hartig, seulement de quatre à six. Ces œufs, presque aussi gros que ceux de la poule, sont d'un blanc sale, un peu rougeâtres, avec des taches d'un gris brun. La femelle couve trois semaines; et dès que les petits sont éclos, ils quittent leur nid pour n'y plus revenir. La mère ne les réchauffe pas sous ses ailes; ils couchent sous les joncs, autour d'elle, et dès leur naissance nagent et plongent très bien. Si cette première couvée est détruite, elle est remplacée par une autre qui, suivant M. Vieillot, est de dix à douze œufs.

Ennemis. Cette espèce a pour ennemis les renards, les chats sauvages, les martes, les putois, les belettes et tous les oiseaux de proie, surtout le busard, qui mange les œufs, enlève les petits et souvent la mère ; quelquefois aussi les corbeaux, les corneilles et les pies enlèvent les œufs.

Qualités. La chair de cet oiseau est noire, et sent un peu le marais ; elle n'est, par conséquent, point estimée. Cependant, si, au lieu de plumer la foulque, on l'écorche, sa chair est assez bonne, surtout si elle est jeune.

Chasse aux foulques. On les prend au *tramail* ou *hallier* (voyez *Caille*), à la *pince d'Elvasky*, et on les tue au fusil. Voici la manière de les chasser, d'après le *Traité de la chasse au fusil.*

Il est assez difficile de tuer les foulques sans le secours d'un bateau, parce qu'elles ne s'approchent que rarement du rivage. Etant en bateau, on peut en tuer quelques unes, qu'on surprend au bord des joncs, lorsqu'elles prennent leur vol pour gagner d'autres joncs du côté opposé. Mais dans certains grands étangs, où elles se rassemblent en automne, il se fait tous les ans, pendant l'hiver, des chasses solennelles, dans chacune desquelles il s'en tue plusieurs centaines : de ce nombre est l'étang de Montmorency, à quatre lieues de Paris, qui n'a qu'environ une demi-lieue de tour, et où ces oiseaux se trouvent en très grand nombre à la fin de l'automne. Voici comme cette chasse s'y fait, et ce que j'en dirai donnera l'idée générale de toutes les chasses de cette espèce qui se font en différens endroits. Douze ou quinze chasseurs, plus ou moins, chacun avec plusieurs fusils, se réunissent, et sont distribués sur sept ou huit bateaux, qui suffisent pour la largeur de cet étang. Ces bateaux voguent en front de bandière de la chaussée vers la queue, espacés de manière que les intervalles qui les séparent ne soient pas assez grands pour que les foulques puissent passer entre deux sans être tirées. En même temps, d'autres chasseurs se placent à terre sur les bords de l'étang, le plus près des joncs qu'il se peut, pour tirer celles qui passent à leur portée. A mesure que ces bateaux avancent, les foulques fuient devant eux, en nageant vers l'extrémité de l'étang. Lorsqu'on en approche, on a l'attention de former un demi-cercle, afin de les renfermer dans le moindre espace possible. Chemin faisant, on en tire quelques unes de celles qui se trouvent cachées dans les joncs, et qui partent à l'approche des bateaux. Mais le moment le plus favorable, c'est lorsque, se voyant bientôt poussées jusqu'au bout de l'étang, elles prennent leur vol pour regagner la grande eau, ce qu'elles ne peuvent faire sans passer par dessus les bateaux. On en voit alors des nuages en l'air ; à peine les chasseurs suffisent à faire feu, et les foulques pleuvent dans l'eau de toutes parts. Les bateaux revirent ensuite du côté de la chaussée, et les acculant une seconde fois, les contraignent de repasser par dessus la tête des chasseurs, et d'essuyer une nouvelle salve. Cette manœuvre se répète plusieurs fois, et l'on peut juger de la déconfiture qui se fait de ces pauvres oiseaux tant par les chasseurs des bateaux que par ceux qui sont à terre. Il s'en est tué quelquefois sur cet étang cinq à six cents et plus en un jour.

Cette chasse se fait de la manière que je viens de le dire, dans les étangs de médiocre grandeur, et qui s'étendent beaucoup plus en longueur qu'en largeur ; mais sur les lacs et étangs d'une très grande étendue, elle ne se fait que partiellement, et dans certaines parties qui forment de petits golfes ou angles, où on conduit les foulques avec des bateaux rangés en demi-cercle, pour les y acculer ; on les pousse ensuite vers un autre angle opposé.

On chasse aussi les foulques en différentes provinces du royaume, sur les grands étangs, tant salés que d'eau douce, où ces oiseaux abondent. Je ne parlerai ici que de ceux de Berre, Istre et Marignane, en Provence, à six lieues à l'ouest de Marseille. Ce sont trois étangs salés, contigus, et qui communiquent l'un avec l'autre par des canaux. Celui de Berre, beaucoup plus grand que les deux autres, ayant huit à neuf lieues de tour, a une communication immédiate avec la mer, près la Tour de Bouc. De ces trois étangs, celui de Marignane, qui n'a que deux lieues de circuit, est le plus giboyeux en foulques, qu'on appelle *macreuses* en Provence, à cause d'une espèce d'algue très fine appelée *lapon* dans le pays, qui s'y trouve en abondance, et que ces oiseaux aiment beaucoup ; l'étang de Marignane est beaucoup plus propre, pour la chasse dont il s'agit, que celui de Berre, parce qu'il forme beaucoup d'angles, où l'on peut, avec peu de bateaux, se rendre maître du gibier, ce qui ne se rencontre pas dans l'autre ; qui, en outre, a l'inconvénient d'être d'une trop grande étendue. Il faudrait aller trop loin pour reprendre le gibier à la seconde battue, au lieu que dans celui de Marignane on est toujours en chasse.

On emploie un autre moyen pour chasser les foulques, tant sur l'étang de Marignane que sur ceux d'Istre et de Berre. Un homme seul se met dans très petit bateau appelé *néguéchin*, où à peine y place pour lui et un gros et long fusil ; il y est à plat dans le fond, et le fait mouvoir sans bruit, par le moyen de deux petits avirons, et quelquefois avec les mains seules. Il avance ainsi vers les foulques, qui, souvent, à la vue du bateau, ne font que se rassembler et se mettre en peloton, ce qui donne occasion à des coups d'autant plus meurtriers, qu'ils sont tirés horizontalement, et que ces chasseurs, pour l'ordinaire, n'étant pas gens à craindre le recul d'un fusil, chargent à outrance. Il n'est pas rare que d'un seul coup ils en tuent ou blessent au delà de cinquante.

Cette chasse se fait aussi la nuit, au clair de la lune, et non seulement pour les foulques, mais pour diverses espèces de canards, qui, en hiver, couvrent ces étangs. Il y a encore une manière de chasser les foulques, particulièrement usitée en Languedoc, qui consiste à les attirer, en imitant un petit cri qu'elles font entendre de temps en temps. Le chasseur se poste la nuit dans un endroit favorable pour les tirer, et lorsqu'elles entendent ce cri, elles ne manquent pas d'accourir vers lui. Mais cette chasse est pratiquée par peu de personnes, parce qu'il en est peu qui parviennent à une imitation parfaite du cri de ces oiseaux, sans laquelle on se morfondrait inutilement pour les attendre.

La grande chasse des foulques, avec plusieurs bateaux, est fort usitée en Corse, sur les étangs ou lacs salés qui se trouvent en certaines plages sur les côtes de l'île. Elle se fait aussi en Italie, notamment sur

DICT. DES CHASSES. 49

le lac de Bientina, à quatre ou cinq lieues de Pise, suivant le docteur Targioni, qui en donne le détail qui suit, dans ses *Mémoires sur l'histoire naturelle de la Toscane.*

« Il se fait, dit-il, en hiver, sur le lac de Bien-
» tina, une chasse fameuse et très abondante de ces
» oiseaux (*folaghe*). Pour cet effet, plusieurs petits
» bateaux, appelés dans le pays *gusci* ou *sciatta-*
» *famiglie*, semblables aux canots des sauvages, et
» où il ne peut entrer que deux hommes, un chas-
» seur et un rameur, s'assemblent et forment un
» demi-cercle d'une certaine étendue, entre la li-
» gne duquel et la terre ils renferment les foulques,
» qu'ils poussent toujours devant eux. Tant qu'elles
» peuvent avancer, elles ne s'envolent point ; mais
» lorsqu'elles se trouvent enfermées entre les ba-
» teaux et les bords du lac, alors elles prennent leur
» vol, et sont obligées de passer par dessus les ba-
» teaux, pour aller se poser de nouveau dans le
» lac, où, en s'en éloignant, et c'est alors que les chas-
» seurs en tuent une grande quantité. » Cette chasse est appelée *la tela*.

Suivant la nouvelle histoire naturelle de la Sardaigne, les foulques couvrent en hiver tous les étangs de cette île, autour desquels on se garde bien de semer du blé, attendu que ces oiseaux ne vivent pas seulement d'insectes et de plantes aquatiques, mais qu'ils sortent de l'eau, la nuit, pour manger l'herbe et les blés, lorsqu'ils en trouvent à leur portée, raison pour laquelle on ne sème que du lin autour de ces étangs.

FOULURES. Blessures des chiens. (*Voyez* à l'article du *Chien* le traitement des *foulures*.)

FOURCHE. Bâton à deux branches, au bout duquel on donne la curée aux chiens courans.

FOURCHE A BLAIREAU. (Voyez *Pl.* 20, *fig.* 7.) Cette fourche sert à arrêter et à prendre les blaireaux dans les chasses de nuit. Elle consiste en une fourchette à deux fortes dents de fer, de 6 pouces de longueur et de 2 pouces d'ouverture; elle est emmanchée à une hampe en bois, de 5 pieds de long, et de 1 pouce 3 lignes d'épaisseur, garnie de fer du côté de la fourchette. (Voyez *Blaireau*.)

FOURCHET. Abcès qui se forme entre les doigts du pied du chien. (*Voyez* l'article du *Chien*.)

FOURCHETTES. Chasse aux *fourchettes* ; elle a lieu pour les *alouettes*. (*Voyez* ce mot.)

FOURRÉ. Se dit d'un bois qui est fort garni de broussailles et d'épines. Ce mot s'emploie aussi substantivement et dans le même sens.

FRANCOLIN. Espèce de perdrix fort renommée par la délicatesse de sa chair, et à peu près de la grosseur de la perdrix rouge. Le francolin ne se trouve point en France ni dans les pays plus septentrionaux ; il est même fort rare en Italie, mais il est assez commun en Espagne et dans d'autres pays chauds.

FRANCOLIN. Ce nom a été donné mal à propos par Belon au *lagopède*. (*Voyez* ce mot.)

FRAISE ou PIERRURE. C'est la partie de la tête du cerf, du daim et du chevreuil, qui est immédiatement au dessus de la meule, et après laquelle commence la perche.

FRAPPER AUX BRISÉES ou A LA BRISÉE. C'est découpler des chiens aux brisées, pour attaquer l'animal dont on a fait rapport, ou, en d'autres termes, faire entrer les chiens dans l'enceinte pour lancer l'animal.

FRAPPER A ROUTE. C'est faire suite avec le limier, ou remettre les chiens à la trace de la bête et les ôter du défaut.

FRAYER. Signifie, en vénerie, le frottement que font les cerfs de leurs bois contre les arbres, pour faire tomber par parcelles une peau velue, qui couvre une masse de chair, qui, en s'allongeant, a formé leur tête.

FRAYER BRUNI. Quand le cerf vient de toucher au bois, sa tête est encore blanche ; mais, peu de temps après, elle prend une couleur plus ou moins brune ; alors il a *frayé bruni*.

FRAYOIR ou FRÉVOIR. On appelle ainsi le baliveau ou l'endroit d'un baliveau contre lequel les cerfs ont frotté leur tête, et dont ils ont enlevé l'écorce en touchant au bois. Les vieux cerfs *fraient* aux jeunes arbres du taillis ; plus ils sont vieux, plus tôt ils *fraient*. Quand on examine le frévoir, on connaît la hauteur de la tête du cerf par celle de l'endroit où les bouts de sa paumière ont touché. Voici l'usage qui se pratiquait autrefois : on coupait et apportait au rendez-vous le premier frévoir qu'on trouvait. C'était le premier valet de limier qui le présentait au commandant. Le frévoir devait être du même jour ou du moins de la nuit précédente. On le faisait sentir aux limiers, et lorsqu'ils s'en rabattaient, il était accepté.

Salnove, qui écrivait en 1672, prétend que, lorsqu'on présentait un frévoir qui n'était pas du matin, les chiens levaient la cuisse et pissaient dessus. On trouve souvent dans les anciens auteurs de vénerie de semblables assertions, qui prouvent les préjugés répandus alors dans toutes les sciences.

FRENEAU. Nom de l'*orfraie* en vieux français. (*Voyez Orfraie*.)

FRESAIE. (*Voyez Effraie*.)

FRESAIE. Salerne, dans son ornithologie, dit qu'en Sologne le nom vulgaire de l'*engoulevent* est *frésaie* ou *effraie*. (*Voyez Engoulevent*.)

FRESSURE. Il se dit de plusieurs parties intérieures de quelques animaux prises ensemble, comme sont le cœur, le foie, la rate et le poumon.

FRESSURES DE CERF, DE DAIM, DE CHEVREUIL, etc. Ces dernières sont excellentes à manger.

FREUX, ou GROLLE, ou GRAIE (*Pl.* 10, *fig.* 1). Espèce de corneille des bois ou sauvage, qui se répand communément dans les campagnes. Cet oiseau est très charnu, et tient le milieu entre le corbeau et la corneille ; il est fort criard, et vole en troupes. Les laboureurs écartent ces oiseaux parasites par le bruit des chaudrons et autres instrumens bruyans, ou par des épouvantails habillés, ou par le mouvement rapide des ailes d'un petit moulin attaché aux arbres.

Nous avons donné la description de cette espèce sous le mot *Corbeau*. (*Voyez* ce mot.)

FRIQUET, *fringilla montana*, Lath. Oiseau du genre du pinson et de l'ordre des passereaux (*Pl.* 12, *fig.* 4).

Description. Le nom de friquet a été donné à cet oiseau, parce qu'étant posé, il ne cesse de remuer, de se tourner, de frétiller, de hausser et baisser la queue. Cette espèce est souvent confondue avec celle du moineau, mais on la distingue facilement à son genre de vie, à sa taille et à son plumage. Il est moins gros que le moineau; il a le sommet de la tête rouge bai; le dessus du cou et du dos varié de noir et de roussâtre; le croupion et les couvertures de la queue gris; la gorge noire; la joue blanche, ainsi que le haut du cou par derrière; la poitrine et le ventre d'un gris bleu; les petites couvertures des ailes d'un rouge bai; les moyennes noirâtres et terminées de blanc; les plus grandes brunes, bordées de roussâtre, et terminées obliquement de blanc; trois bandes transversales sur les ailes, l'une brune, l'autre rousse et la troisième blanche; les pennes brunes, bordées de roussâtre, ainsi que celles de la queue; le bec noir, et les ongles gris.

La femelle n'a point le sommet de la tête d'un rouge bai, ni de noir sous la gorge et à la tête. La première couleur est remplacée par un brun roux, et la seconde par un brun noirâtre. Buffon regarde, comme oiseaux de la même espèce, le *moineau de montagne* et le *moineau à collier*; ils n'en diffèrent que par un collier blanchâtre autour du cou.

Habitation. Cet oiseau ne voyage point; il habite les champs, quelquefois les vergers; il fréquente les bords des chemins et les ruisseaux ombragés de saules, se pose sur les arbres et les plantes basses; se trouve aussi dans les bois, mais très rarement.

Nourriture. Le friquet, ainsi que le moineau domestique, se nourrit de froment, de cerises, de raisins, de groseilles, de salade tendre, de chenilles, de papillons, de scarabées, de vers, etc.

Propagation. Il établit son nid dans le creux des arbres, dans des crevasses de vieilles murailles, à peu de distance de terre. La ponte est au plus de six œufs d'un blanc sale et tachetés de brun. Il y a deux ou trois couvées par an.

Qualités. Il ne fait pas grand tort aux grains; il préfère les baies, les graines sauvages; il est utile par la quantité d'insectes qu'il détruit.

Chasse. Les friquets se rassemblent en troupes dès la fin de l'été, demeurent ensemble pendant l'hiver, et se joignent souvent aux bandes de pinsons, bruans et verdiers, avec lesquels on les prend dans les pièges qu'on leur tend; ils sont moins méfians que les moineaux, et donnent plus volontiers dans les pièges.

FRIST-FRAST. On appelle ainsi, dans les fauconneries, une aile de pigeon dont on se sert pour frotter les oiseaux de vol, quand on les instruit.

FROUER. C'est exciter, en soufflant sur une ma-chine quelconque, un bruit qui imite ou le cri de quelque oiseau, ou son vol, ou le *chouchement* de la chouette, quelquefois même des cris imaginaires, qui ne laissent pas d'exciter la curiosité des oiseaux, et de les inviter à la satisfaire.

De tous les appeaux à *frouer*, il n'y en a pas de plus usité et de plus commode que la *feuille de lierre* : on la dispose comme dans la *fig.* 2, *Pl.* 34; elle est tournée de façon qu'elle représente assez bien un cône, dont la pointe serait en bas : on la tient avec les trois premiers doigts d'une main, observant que la pointe de ce cône remplisse l'intervalle que laissent les extrémités des trois doigts unis entre eux.

Quoiqu'il ne soit pas si difficile de *frouer* que de *piper*, il faut encore de l'expérience pour y réussir : on ne peut se flatter de bien *frouer*, si on n'imite les différens cris des geais, merles, draines, etc. On se propose, en *frouant*, de peindre la crainte des oiseaux, l'envie de se venger, de crier l'alarme, en un mot, de demander du secours comme dans un moment pressant. Il faut donc étudier le caractère des oiseaux, leurs habitudes et leurs cris. Les pipeurs se rappellent de quelle espèce sont les cris des geais, quand, après avoir ouï la chouette, ils entendent un oiseau que l'on fait crier; on les voit sauter, comme par folie, de branche en branche, des arbres à terre, fondre sur la *cabane*, et marquer une valeur héroïque dans leurs yeux pleins de feu. Leurs cris, dans ce moment, sont bien différens de ceux qu'ils jettent quand ils s'appellent mutuellement; c'est sur ces exemples qu'il faut se régler, afin de saisir les occasions de les mettre à profit.

Préparation de la feuille de lierre, Pl. 34, *fig.* 3. Cette figure est celle d'une *feuille de lierre*, dans le milieu de laquelle on fait un trou; on a recours à l'instrument représenté par la *fig.* 12, *Pl.* 31, pour faire ce trou. On ne doit pas négliger de se munir, avant de commencer sa *pipée*, d'une douzaine de *feuilles de lierre*, toutes percées, et d'autant de feuilles de *chiendent*; sans cette précaution, on s'exposerait à manquer sa pipée.

Un autre instrument à *frouer* se trouve représenté dans les *fig.* 8 et 9 de la même planche; il est en acier, sa lame *oo* n'est pas tranchante, mais assez mince cependant pour qu'en l'approchant des lèvres, l'issue de l'air, hors de la bouche, produise un *frouement* et un *chouchement* très imitatifs : cette lame sert de manche à un petit marteau aussi d'acier *ie* (*Pl.* 34, *fig.* 1re), avec lequel on appelle les *pics*. On est presque sûr, quand on entend un *pic* aux environs d'une *pipée*, de le prendre bientôt : ces oiseaux frappent sur les arbres avec grand bruit, et s'appellent ainsi mutuellement; de façon que, quand on est prévenu qu'on a des *pics* pour voisins, on saisit le moment où ils frappent pour frapper plus fort qu'eux, faisant attention de cesser presque aussitôt qu'eux.

La *fig.* 5, *Pl.* 34, est celle d'une nouvelle machine à *frouer* inventée par un Hollandais, avec beaucoup de fruit; elle est d'argent et d'ivoire.

Lorsque la lame d'ivoire est fermée, elle remplit imparfaitement le vide que laissent les côtés de la machine d'argent, faite à l'imitation d'une *feuille de lierre* pliée, à laquelle on a fait un trou : elle est

mince du côté *r*, et épaisse du côté *n*, où se trouve attaché le tenon, de façon qu'on peut s'en servir d'abord comme d'une *feuille de lierre*, et encore comme de la machine décrite précédemment. On y attache un fil *d*, qui sert à la pendre au cou du *pipeur*.
Pièce de monnaie propre à frouer, fig. 4, *Pl.* 34. Toute incommode que soit la méthode de *frouer* avec une pièce de monnaie pliée, que la *fig.* 4 représente, nous trouvons encore bien des *pipeurs* qui ne laissent pas de s'en servir avec fruit. (Voyez *Pipée.*)

FUIE. Espèce de petit colombier où l'on nourrit des pigeons.
Sous l'ancien régime, les personnes qui n'avaient pas le droit d'avoir un colombier pouvaient avoir une *fuie*, pourvu que ce ne fût pas dans les villes.

FUIR. On ne dit pas que le cerf court ou galope; on dit qu'il *fuit*, qu'il va *fuyant*. La même expression s'applique au daim, au chevreuil, etc.

FUITES. Distance d'un élan à un autre quand le cerf fuit. Il fait de bonnes fuites lorsque la distance est grande, ce qui prouve qu'il est d'un grand corsage. *Fuite* se dit aussi, en fauconnerie, de l'oiseau qui s'écarte.

FULMINANTE (poudre). (Voyez *Fusil.*)

FUMÉES. On appelle ainsi les excrémens des cerfs et des biches. On en remarque de quatre sortes (*Pl.* 3, *fig.* 16 à 19) : les *fumées en plateaux*, et qui sont ainsi en avril et mai; les *fumées en troches*, celles qui ont lieu en juin et dans le commencement de juillet; les *fumées formées*, celles qui ont lieu depuis la mi-juillet jusqu'à la fin d'août, et les fumées en *bousard*.
On distingue encore les fumées par d'autres dénominations : *fumées dorées*, lorsqu'elles sont jaunes; *fumées aiguillonnées*, celles qui sont formées et terminées par une petite pointe; *fumées entées*, c'est à dire unies de manière que deux n'en font qu'une ; *fumées déliées*, lorsqu'elles sont bien mâchées, bien moulues; *fumées en nœud* ou *nouées* et *fumées martelées*, lorsqu'elles sont à peu près cylindriques et sans aiguillons ; *fumées vaines*, lorsqu'elles sont légères et rousses ; *fumées ridées*, celles qui proviennent des vieux cerfs et des vieilles biches. (Voyez *Bousards*, *Plateaux* et *Troches*.)

FUMER LES RENARDS. Il y a plusieurs manières de fumer les renards : les uns prennent des mèches de coton de la grosseur du petit doigt que l'on imbibe dans de l'huile de soufre où l'on jette du ver pilé ; on les roule pendant qu'elles sont chaudes dans l'orpin en poudre ou arsenic jaune ; on fait une pâte liquide de vinaigre fort et de poudre à canon, dans laquelle on trempe plusieurs fois les mèches jusqu'à ce qu'elles soient couvertes de cette dernière composition; puis on met tremper pendant vingt-quatre heures dans de l'urine des morceaux de linge dont on enveloppe chaque mèche. On bouche tous les trous au dessous du vent, à l'exception de celui dans lequel on met la mèche que l'on allume, et dont la fumée fait sortir tout ce qui se trouve dans le terrier ; c'est alors qu'on tue les renards à coups de fusil, où que l'on les prend dans des panneaux ou dans des bourses que l'on a mis sur toutes les gueules.
Il y en a qui bouchent généralement toutes les gueules, même celle par laquelle on a mis les mèches, et qui reviennent le lendemain chercher le renard, que l'on trouve étouffé à l'entrée du terrier.
Cette méthode de fumer peut convenir pour le lapin et toutes les espèces qui se terrent. (Voyez *Renard.*)

FURET, *mustela furo*, Linn. Petit quadrupède de la famille des martes et de l'ordre des carnassiers, que l'on nomme, en allemand, *frett*, et, en anglais, *ferret*.
Description. Le furet (*Pl.* 6, *fig.* 8) a le corps allongé et mince, les pieds courts, la tête étroite, le museau pointu, les oreilles larges et droites, les yeux vifs et rouges, le regard enflammé, les mouvemens très souples; sa longueur est de 14 à 15 pouces; la couleur de son poil varie : chez quelques individus, il est mêlé de blanc, de noir et de fauve plus ou moins foncé; et, chez le plus grand nombre, il est d'un jaune de buis mêlé de blanc. La femelle est beaucoup plus petite que le mâle.
Cet animal a une mauvaise odeur de musc en tout temps, et qui devient bien plus forte quand il s'échauffe et qu'on l'irrite. Il est paresseux, dormeur, irritable et méchant. Ce n'est qu'avec peine qu'il apprend à connaître son maître et qu'il s'habitue à s'en laisser toucher. Il fait entendre une sorte de murmure ou de grognement rauque. La durée de sa vie est de dix à douze ans.
Habitation. Le furet a été apporté d'Afrique en Espagne, où on l'a employé à la destruction des lapins, et d'où il s'est répandu dans les autres parties de l'Europe. Quand on a une certaine quantité de furets à entretenir, on leur donne une chambre particulière dans laquelle on les voit courir, jouer, se battre et être toujours en mouvement; mais si on les renferme par paire, dans des caisses ou des tonneaux, ils y dorment toute la journée et ne changent presque point de place. Dans ce cas, on leur fait un lit d'étoupe. L'hiver, il faut avoir soin de les mettre dans un endroit chaud.
Nourriture. On leur donne ordinairement de la soupe au lait dans laquelle on a mis du pain. On leur donne aussi du pain, du son et du lait pur. Mais on les entretient en meilleur état et plus disposés à chasser, si on leur donne de temps en temps un oiseau vivant ou un lapin; toutefois cette nourriture les rend moins faciles à apprivoiser. Semblables aux autres animaux du même genre, ils boivent le sang de leur proie vivante, et c'est pour eux une grande jouissance.
Propagation. La femelle est en chaleur ordinairement deux fois par an. Elle porte pendant neuf semaines et met bas depuis quatre jusqu'à huit petits qui naissent les yeux fermés. Lorsqu'elle est sur le point de mettre bas, il faut avoir soin de séparer le mâle, afin qu'il ne dévore pas les petits, ce qu'il fait quelquefois ainsi que la femelle. Il faut aussi, lorsqu'on entretient plusieurs furets dans une chambre, séparer les femelles de la troupe avant leur

mise-bas, et les renfermer dans des caisses particulières et garnies de foin ou d'étoupe, pour qu'elles puissent s'y reposer. Les jeunes furets restent les yeux fermés pendant quinze jours et même un mois; à cette époque, on les nourrit avec du lait et du pain blanc mêlés ensemble. A six semaines, on les sépare de la mère, et on les nourrit alors avec de la viande.

On peut obtenir du mélange de la femelle du furet avec le mâle du putois un *furet bâtard*, mais qui ne s'apprivoise pas aussi bien et ne vaut pas le furet pour la chasse aux lapins.

Maladies. Lorsque les furets sont renfermés dans un espace trop étroit et nourris seulement de soupe au lait, il arrive souvent qu'ils ont la dyssenterie, et qu'ils en meurent. Ils meurent aussi de consomption.

Utilité. Le furet est employé très utilement à faire la chasse aux lapins dans leurs terriers.

Réglemens.

La chasse au furet est prohibée dans les forêts royales par les anciens réglemens et par l'art. 4 du titre Ier du réglement relatif aux chasses, du 1er germinal an 13. Mais l'ordonnance de 1669, dans la vue de la conservation des bois, a prescrit (art. 11 du titre XXX) de faire fouiller et renverser les terriers, et d'employer le furet et les poches pour détruire les lapins. Cette disposition, toutefois, était limitée au temps et aux officiers des chasses pour lesquels elle était faite, et l'on ne doit pas en induire que cette ordonnance ait voulu permettre l'emploi du furet à d'autres personnes; d'autant que l'art. 10 punit comme voleurs ceux qui auront ouvert et ruiné les *halots* ou *raboulières*, c'est à dire les trous où les lapins se retirent. (Voyez *Lapins*.)

FURETER. Chasser au furet; fureter dans une garenne. On dit aussi activement *fureter* une garenne, un terrier, un bois.

FUSÉE. C'est la partie du terrier d'un renard qui s'étend depuis l'embouchure jusqu'à une des chambres.

FUSÉE (vermiller en). C'est lorsque le sanglier fait une espèce de sillon en *vermillant*, c'est à dire en fouillant la terre avec son groin pour y chercher des vers.

FUSIL. Arme à feu qui sert à la guerre et à la chasse, et dont le nom vient du mot italien *focile*, qui signifie également le caillou et l'instrument d'acier dont on se sert pour tirer du feu. On disait : *Des arquebuses à fusil*, pour dire *des arquebuses à platine moderne*, que l'on tirait comme nos fusils, au lieu de se servir du rouet, au moyen duquel on bandait les premières arquebuses. On a fini par appliquer la dénomination de *fusil* à l'arme même, en cessant de l'appeler *arquebuse*, lorsque les platines à rouet et à mèche ont été tout à fait abandonnées. (Voyez *Arquebuse*.)

Les anciens se servaient de l'arc et de l'arbalète pour la chasse ; ils se servaient aussi, dans quelques occasions, à la chasse des grandes bêtes, de dards et de javelots, qu'ils lançaient à la main. (Voyez *Arc* et *Arbalète*.)

Historique. Après l'invention de la poudre, on employa encore pendant long-temps l'arc et l'arbalète, concurremment avec l'*arquebuse*, arme à feu, qui se portait sur l'épaule, et qui était d'un usage peu commode. (Voyez *Arquebuse*.)

Enfin, le fusil remplaça toutes les armes, tant pour la guerre que pour la chasse.

Les fusils simples ont été les premiers en usage, et l'on s'en sert encore exclusivement pour la guerre, parce que la longueur et le calibre du fusil de munition ne permettent pas d'y employer des fusils doubles, qui seraient d'un poids trop considérable.

On fabriqua ensuite des fusils à deux canons, mais qui étaient bien différens de ceux dont on se sert aujourd'hui. Ces fusils, qu'on trouve encore chez quelques armuriers, s'appellent *fusils tournans* ; les canons ne sont point soudés ensemble, ils sont détachés et placés l'un sur l'autre. On les fait tourner au moyen d'une brisure pratiquée au défaut de la culasse. La platine, qui est aussi brisée, se divise en deux parties : l'une composée du chien qui sert pour les deux canons, et l'autre, d'une batterie et du bassinet pour chaque canon; de sorte que, lorsqu'après avoir tiré le premier coup on ramène en dessus le canon chargé, on ramène en même temps une autre batterie et un autre bassinet qui se présentent vis à vis du chien, et donnent le moyen de tirer le second coup. On sent qu'il est difficile de se servir de cette arme pour tirer la même pièce de gibier, à cause du temps qu'il faut employer pour retourner le second canon, et rebander le chien à chaque fois.

Outre les fusils doubles tournans, on a fabriqué des fusils à canons doubles, assemblés pareillement par des tenons et des vis, qui se séparent à volonté, et qu'on a appelés à *plate-bande détachée*. Ces fusils doubles sont formés de deux canons parallèles, avec deux platines, l'une à droite, l'autre à gauche. L'auteur du *Traité de la chasse au fusil*, qui nous fournit ces renseignemens, a vu, au Garde-Meuble de la couronne, deux anciens fusils de cette espèce, l'un de 38 à 40 pouces de canon, et du calibre d'environ 40, et l'autre de près de 4 pieds et demi de canon, calibre d'environ 24. Le premier avait des platines à rouet, et paraissait avoir été fait vers 1600, probablement pour Henri IV. Le second, quoiqu'il eût des platines à peu près construites comme celles d'aujourd'hui, ne paraissait guère moins ancien. La seule différence de ces fusils doubles avec ceux dont nous nous servons, c'est que les canons n'en étaient point soudés ; ils étaient simplement ajustés l'un contre l'autre, et maintenus d'abord par la queue de leurs culasses, et ensuite le long de la monture par trois ou quatre goupilles, passant dans des tenons placés à chacun des canons. Du reste, chaque canon avait sa visière et son guidon ; et l'entre-deux, n'étant point rempli par une plate-bande, formait une coulisse triangulaire.

Les fusils doubles à canons soudés ne sont point d'un usage fort ancien. Jean Leclerc, mort en 1739, est le premier qui ait fait de ces canons à Paris, vers 1738; cependant l'invention vient de Saint-Etienne, où, à cette époque, il s'en faisait déjà depuis quelques années.

On a fabriqué aussi des fusils à quatre canons tournans, qui sont composés d'après le même système que les fusils doubles tournans, si ce n'est que deux canons sont soudés ensemble. Il y a deux chiens, quatre batteries et quatre bassinets. Ces fusils sont fort pesans, car, pour être passablement solides, leur poids ne peut être moindre de 8 à 9 livres, dont environ 5 pour les canons, supposés de 30 pouces, et du calibre de 28 à 30. Enfin, on a imaginé des fusils à quatre coups non tournans. Ce sont quatre canons soudés ensemble, deux dessus, deux dessous; ces derniers plus courts de 3 pouces, et avec quatre plates-bandes pour remplir les vides extérieurs que forme cet assemblage. Le vide du milieu sert à placer la baguette. Ces fusils ont quatre platines et quatre détentes; ils ont sur les fusils tournans l'avantage d'une plus prompte exécution; mais, d'un autre côté, ils ont l'inconvénient du défaut de justesse dans la portée des canons de dessous, qui, tirés sous le même point de mire que les canons supérieurs, portent nécessairement beaucoup plus bas. Ils sont d'ailleurs encore plus pesans, et il y a peu de chasseurs qui voulussent se charger d'une arme de ce poids, d'autant que les occasions où l'on a besoin d'un fusil à quatre coups sont extrêmement rares.

Il paraît qu'en Allemagne on a fait des fusils à deux canons, dont l'un est celui de la carabine et l'autre celui du fusil ordinaire, et qu'il y a aussi des fusils à trois canons, deux à côté l'un de l'autre, et le troisième en dessous. Enfin on a vu à Paris un fusil à sept coups qui a été fabriqué à Londres. Il avait une seule platine devant laquelle tournaient successivement sept tonnerres, à chacun desquels s'adaptait le même canon. Chaque tonnerre était chargé avec une cartouche; et, lorsqu'on avait fait feu, le tonnerre suivant se présentait devant le bassinet, et on y vissait le canon. Mais toutes ces inventions sont plus curieuses qu'utiles, et l'on s'en tient généralement pour la chasse au fusil double à bande soudée.

CHAPITRE Ier. — Description des pièces qui composent le fusil.

Le fusil se compose de quatre pièces principales: le canon, la platine, le bois, que l'on appelle fût ou crosse, et la baguette.

Des canons de fusil.

Le canon se compose du canon proprement dit et de la culasse. On le divise encore en deux parties: le tonnerre, qui reçoit la charge, et le tube, qui est le reste du canon.

Il y a cinq sortes de canons: le *canon ordinaire*, le *canon tordu*, le *canon à ruban*, le *canon filé*, le *canon damassé*.

Nous n'entrerons point dans tous les détails de la fabrication de ces canons; il suffit au chasseur d'en avoir une idée sommaire; et c'est à lui présenter, à cet égard, quelques notions simples que nous nous bornerons, en renvoyant au *Traité de la chasse au fusil* le lecteur qui désirerait de plus grands détails.

I. *Du canon ordinaire.* Pour fabriquer un canon ordinaire, c'est à dire de 32 à 33 pouces de longueur, et du poids d'environ 2 livres et demie, on commence par forger et bien corroyer une barre de fer de 12 à 15 livres, jusqu'à ce qu'elle soit réduite en lame suffisamment aplatie, en ayant soin qu'elle soit renforcée à l'extrémité qui doit former le tonnerre. On plie ensuite cette lame sur l'enclume avec le marteau, et on la roule sur une broche de fer bien arrondie, de manière à ce que les bords croisent un peu l'un sur l'autre. On la forge de nouveau pour souder les deux bords, et à chaque chaude, on fait entrer la broche de fer dans le creux du canon. Les chaudes se donnent de 2 pouces en 2 pouces aux canons fins, et au nombre de six ou sept pour en terminer la forge. Il faut deux hommes pour forger: l'un chauffe le canon, tandis que l'autre souffle et tient la broche prête pour l'introduire dans le canon à l'instant où il sort du feu; après quoi tous deux battent ensemble sur l'enclume.

L'ouvrier, en chauffant son canon, a soin de donner, de temps en temps, de petits coups de marteau horizontalement sur l'extrémité qu'il tient de la main gauche, pour refouler et resserrer les parties du fer prêtes à se quitter lorsqu'il arrive au degré de chaleur qu'on appelle *blanc-soudant*, degré qui précède immédiatement la fusion; cette attention et celle qu'il a aussi de frapper l'autre extrémité du canon contre l'enclume, lorsqu'il le retire du feu, ont également pour objet d'empêcher que le canon ne se partage en deux, et de prévenir les *travers*, les *fentes* et les *pailles*, défauts plus ou moins considérables, selon leur profondeur et l'endroit où ils sont placés.

Lorsque le canon est forgé, il s'agit de le *forer*, c'est à dire de lui donner le calibre convenable. L'ame ou le creux du cylindre se trouve ébauché par la broche sur laquelle il a été forgé; mais elle est inégale, raboteuse, et a trop peu de diamètre. On se sert, pour forer le canon, d'une machine appelée *banc à forer*, à laquelle est adapté le foret qu'elle fait mouvoir et avancer dans le canon. Ce foret est une broche de fer garnie d'un carré d'acier de 4 à 5 pouces de long, qui, en tournant dans le canon, coupe et enlève toutes les inégalités que la forge y a laissées. On passe successivement dans le canon jusqu'à vingt ou vingt-cinq forets de différentes grosseurs, bien graissés d'huile. Après l'opération du foret, on dresse le canon en faisant rentrer à coups de marteau sur l'enclume les endroits excentriques, qu'on a remarqués au moyen d'un cordeau ou fil de laiton qu'on y a passé.

Le canon étant dressé et calibré, on le polit à la lime, en ayant soin de lui conserver une épaisseur suffisante et égale de tous côtés. On le culasse ensuite, en se servant de tarauds de différentes dimensions, que l'on y passe successivement. Cela fait, il ne reste plus que d'achever de polir le canon par dehors avec des limes douces et de l'huile, jusqu'à ce qu'il ne présente plus à l'œil, d'un bout à l'autre, et sur tous les sens, qu'une surface très unie.

Dans les manufactures, on exécute, au moyen de l'eau, les opérations qui consistent à forer et à limer les canons ; et une roue fait tourner plusieurs forets à la fois. De même, c'est sur une meule que l'eau fait mouvoir, que l'on ébauche et dégrossit les canons, au lieu de faire cet ouvrage à la lime.

II. *Du canon tordu.* Ce canon se fabrique comme le canon ordinaire, avec cette seule différence, qu'à mesure qu'on le forge, on le porte de temps en temps bien rouge à un étau, dans lequel on serre une de ses extrémités, tandis qu'on passe dans l'autre un fer coudé, au moyen duquel on le tord. Cette opération ajoute beaucoup à sa solidité, en donnant à la soudure et aux fibres du fer une direction en spirale, bien plus résistible à l'effort de la poudre que la direction longitudinale.

La plupart des canons qu'on appelle *tordus* ne le sont qu'en partie, et il y a au moins 6 pouces du devant, et, ce qui importe bien davantage, 7 à 8 de derrière, qui ne le sont pas. En voici le motif : comme il faut que le canon soit très chaud, lorsqu'on le porte à l'étau pour le tordre, si on ne le chauffait au même degré jusqu'à ses extrémités, alors le fer coudé qui sert à tordre n'aurait plus de prise, et ne tordrait pas ; mais il est aisé aux fabricans de parer à cet inconvénient, en forgeant le canon assez long pour pouvoir en retrancher la partie non tordue.

III. *Du canon à ruban.* Ce canon est très renommé pour la sûreté et la solidité ; mais sa fabrication exigeant plus de travail que celle des autres canons, il se paie aussi beaucoup plus cher. Voici comment on le fait : on forge une lame d'environ 1 ligne d'épaisseur, que l'on ploie et soude dans toute sa longueur, pour en former un canon à l'ordinaire, sauf qu'il est beaucoup plus mince ; ce canon, mince et léger, se nomme *chemise;* sur cette chemise, on roule en spirale une lame de 1 pouce de largeur et d'une épaisseur d'environ 3 lignes, mais plus épaisse à l'extrémité qui doit former le tonnerre ; cette lame, que l'on met au feu et qu'on fait chauffer à plusieurs reprises, est ce qu'on appelle le *ruban.* Quand le ruban est ainsi tourné sur toute la longueur de la chemise, et de manière à ce que le bord avance l'un sur l'autre d'environ un quart de sa largeur, on forge le tout ensemble, et on fore ensuite le canon jusqu'à ce que la chemise soit en grande partie usée par les forets, et qu'il ne reste à peu près que le ruban dont on l'a couverte. Il est évident qu'un canon fabriqué de cette manière doit être d'une solidité supérieure à celle des canons ordinaires, puisqu'il n'a, pour ainsi dire, point de soudure, ou du moins que la soudure se trouve presque transversale ; ce qui oppose bien plus de résistance que si elle était en long et même en spirale, comme dans les canons simplement tordus. Cependant on a observé qu'il suffirait de forger à ruban la partie renforcée du canon, c'est à dire sur une longueur de 15 pouces du côté du tonnerre, et de tordre simplement l'autre partie. On a même pensé que cette manière serait plus avantageuse, attendu que s'il se trouve le moindre défaut dans la soudure du ruban à la partie mince du canon, et que si, par quelque chute ou accident, il vient à se plier, il est alors sujet à se *criquer* et même à se rompre, ce qui peut arriver en le redres-

sant, si cela n'arrive pas dans la chute ; inconvénient qui n'est point à craindre dans les canons ordinaires. Il est très difficile de faire un canon à ruban sans défaut, et de bien souder toutes les spires du ruban. La moindre crasse glissée entre les parties du fer les empêche de se souder, et il est surtout assez ordinaire de rencontrer dans le charbon de terre de la *charmine,* espèce de pierre sulfureuse qui produit cet effet.

Pour s'assurer si un canon est à ruban, il ne s'agit que d'adoucir avec une lime douce une petite place dans le dessous du canon et d'y passer ensuite de l'eau forte avec la barbe d'une plume ; alors, si le canon est à ruban, on apercevra facilement la direction spirale du ruban. On peut s'assurer par le même moyen si un canon est tordu ; mais, dans ce dernier cas, il faut avoir l'attention de ne point faire l'essai aux extrémités du canon, attendu que les canons ne sont pas, pour l'ordinaire, tordus dans toute leur longueur, ainsi que nous l'avons observé en parlant des canons tordus.

IV. *Des canons filés.* Ces canons, dont l'invention est d'un nommé Barrois, qui en fabriquait à Paris, en 1771, sont faits d'après une méthode analogue à celle qu'on emploie pour les canons à ruban. Sur un canon forgé, limé et dressé à l'ordinaire, on tourne un fil de fer recuit, à peu près de la grosseur d'une plume de corbeau, qui d'abord ne couvre qu'environ un pied du canon, c'est à dire, cette partie renforcée qu'on appelle le tonnerre. On soude cette couche de fil de fer, on la blanchit ensuite légèrement à la lime, seulement pour la nettoyer ; et, sur cette première couche, on en soude une seconde du même fil de fer, mais qui embrasse les deux tiers du canon. On blanchit cette seconde couche, et on en ajoute enfin une troisième, qui couvre toute la longueur du canon. Ces canons seraient d'une grande solidité, si on pouvait les fabriquer sans défauts ; mais la difficulté de les dresser et de les polir paraît avoir fait renoncer à ce genre de fabrication.

V. *Des canons damassés.* Ces canons, que l'on fabrique depuis quelques années à Paris et à Versailles, sont faits avec un mélange bien corroyé de fer et d'acier, dans une proportion telle que le fer y entre pour un peu plus de moitié. Il faut environ 60 livres de matière pour faire un canon qui doit peser de 2 livres et demie à 3 livres. On forme avec ces deux métaux bien unis ensemble une espèce de lame étroite, et on l'applique sur la chemise du canon, à peu près comme pour les canons à ruban. Ces canons damassés, bien exécutés, passent pour être supérieurs à tous les autres sous le rapport de la solidité.

VI. *Des canons de différentes fabriques.* On fabrique des canons de fusil à Saint-Étienne, Charleville, Maubeuge, Tulle, Pontarlier, Versailles et Paris. On appelle *canons de Joux,* tous ceux qui sont faits à Pontarlier, parce que, dans l'origine, la manufacture où ils se fabriquaient était établie au pied de la montagne où est situé le fort de Joux, à une lieue de la ville de Pontarlier. Le travail s'y fait avec du charbon de bois de sapin, qui, dit-on, améliore la qualité de l'ouvrage.

Les canons de Paris ont acquis depuis long-temps la préférence sur tous les autres, tant parce qu'on n'y emploie que du fer d'une qualité supérieure, que parce qu'il y a toujours, dans cette capitale, de très habiles fabricans en ce genre. D'ailleurs, la main-d'œuvre étant fort chère, on y fait peu de canons communs. On y recherche surtout les canons de *Leclerc*.

L'arquebuserie de Versailles est renommée dans toute l'Europe, et se distingue par une exécution extrêmement soignée, et par la bonne qualité des armes.

Les fusils de Liége et de Charleville sont estimés. Ceux de la manufacture de la première ville sont répandus dans une grande partie de l'Europe et rivalisent avantageusement avec les armes à feu des autres fabriques étrangères. La manufacture de Charleville travaille uniquement pour le compte du gouvernement.

Celle de Saint-Etienne, département de la Loire, est remarquable par la modicité de ses prix et la bonne qualité de ses produits.

Les canons d'Espagne ont toujours été aussi en grande estime, tant à cause de la qualité du fer de ce royaume, que parce qu'ils passent pour être forgés et forés avec perfection. On estime surtout ceux de Madrid, qui se font presque tous avec des vieux fers de mulet choisis, et qui, au lieu d'être d'une seule pièce, sont composés de cinq à six pièces soudées au bout l'une de l'autre sur la broche; ce qui donne les moyens de mieux façonner le fer, de changer les pièces où il y a des défauts et de forger plus près de la lime, en proportionnant la force de chaque pièce à la place qu'elle doit occuper. Cependant on se sert peu en France des canons d'Espagne, où l'on ne s'accommode point de leur forme, de leur poids, de leur longueur, surtout depuis qu'on a adopté l'usage de faire des canons très courts et fort légers.

Les canons que l'on fabrique en Angleterre ont aussi de la réputation; mais, suivant l'opinion de plusieurs chasseurs, cette réputation tiendrait plus à la prévention favorable qu'on a trop généralement pour les produits des manufactures de l'Angleterre qu'à une supériorité réelle.

VII. *De l'épreuve des canons.* Les fusils de chasse, qui se font dans les manufactures royales, s'éprouvent avec une demi-once de poudre et une balle; quant aux canons qui se font à Paris, l'épreuve ordinaire est une charge double de poudre et de plomb, c'est à dire de 2 gros ou 2 gros et demi de poudre et 2 onces ou 2 onces et demie de plomb. Quelques personnes exigent l'épreuve de trois charges, et même davantage; mais c'est fatiguer inutilement le canon.

VIII. *Des causes qui font crever les canons.* On peut assurer en général qu'un canon ne crève point hors les cas où il est mal chargé, ou surchargé outre mesure. Toutes les fois, par exemple, qu'il se trouvera du jour entre la balle et la poudre, un canon sera en grand risque de crever; et, dans ce cas, il crèvera immanquablement, si la balle, chassée à force avec une baguette de fer, bouche le canon très hermétiquement. Cela se conçoit facilement : toute communication entre l'air extérieur et l'air renfermé dans le vide qui subsiste entre la poudre et le plomb est interceptée; il y a donc une résistance invincible de la part de la balle à l'effort de l'air qui se dilate; et cet air dilaté, ne pouvant la vaincre, agit alors d'une manière plus victorieuse sur les parois du canon. Il en est de même s'il glisse de la terre ou de la neige dans le canon, sans qu'on s'en aperçoive; et s'il ne crève pas, c'est lorsque ces corps étrangers ne le bouchent pas exactement. D'après cela, il est aisé de concevoir qu'en tirant un fusil dont le bout serait enfoncé dans l'eau, il ne peut manquer de crever, attendu que, par la nature de l'obstacle qui s'oppose à l'explosion de la poudre, le feu ne peut trouver aucun jour pour s'échapper. Hors ce cas et celui d'une charge démesurée, il est rare, comme nous venons de le dire, qu'un canon vienne à crever; et lorsque cela arrive, c'est par un défaut de fabrication, soit que le fer n'ait pas été chauffé à propos, que quelque partie n'ait été soudée qu'imparfaitement, soit qu'il s'y rencontre une paille profonde et pénétrante, soit enfin que, faute de soins en le limant, il se trouve plus d'épaisseur d'un côté que de l'autre, et ce dernier défaut est le plus grand et le plus ordinaire dans les canons à bas prix. Nous ne parlons pas de la mauvaise qualité du fer, parce qu'on doit supposer que, si le fer n'est point de la première qualité, il est au moins tel qu'il puisse être employé sans danger à cette fabrication.

IX. *Des causes qui font que les fusils repoussent.* Dans toutes les armes à feu, l'explosion ne peut se faire sans leur imprimer un mouvement de recul ou de répulsion, ce qui paraît provenir de plusieurs causes.

L'une des plus ordinaires, c'est lorsque le canon n'est pas calibré également, car, pour peu que le calibre se trouve plus étroit dans une partie que dans l'autre, la dilatation de l'air, occasionée par l'inflammation de la poudre, éprouvant plus de résistance dans certains points de ce calibre, réagit sur d'autres points et en arrière, d'où résulte une répulsion plus violente que si le cylindre creux était parfaitement égal. Il est donc bien important d'avoir un fusil bien dressé, bien fixé et dont l'intérieur soit bien propre.

Un canon repousse encore, si, faute d'avoir fait la culasse assez longue, il reste quelques écrous qui ne soient pas remplis, attendu que ces cavités où se niche une partie de la poudre forment un obstacle qui gêne et retarde son explosion.

Un canon fort léger repousse aussi davantage, à charge égale, qu'un canon plus étoffé, parce que la répulsion est toujours en raison de la pesanteur du projectile, eu égard au poids de toute l'arme.

Un canon monté sur une couche trop droite, doit repousser plus que celui qui est monté sur une couche fort courbée, attendu que la courbure rompt et amortit l'effet de la répulsion.

Quelquefois aussi un fusil peut repousser quand on *épaule* mal, ce qui a lieu lorsque la crosse ne porte pas en plein sur l'épaule. Alors l'effort de la poudre n'ayant qu'un faux point d'appui, on se sent frappé par la partie saillante du haut de la pièce de couche qui porte sur le milieu de l'épaule, tandis que la partie évidée de cette même pièce devait l'embrasser.

Enfin, on attribue le recul ou la répulsion d'un fusil à ce que la lumière ne serait pas percée à fleur de la culasse, parce que la poudre ne prendrait pas feu précisément à l'extrémité de sa base, d'où il arriverait qu'une partie de son effet agirait sur la culasse, au lieu d'agir sur le projectile. On a fait des expériences pour s'assurer si l'augmentation du recul que l'on attribue à une lumière percée trop au dessus de la culasse était une chose bien constante. Ces expériences ont eu lieu avec le même canon chargé de la même manière, et ayant plusieurs lumières dont l'une était percée au niveau de la culasse, la seconde à 2 lignes au dessus, et la troisième à un plus grand éloignement. Les lumières qui ne servaient point étaient exactement fermées avec une vis. Les résultats de ces épreuves, qui sont consignés dans le traité de la *Chasse au fusil*, présentent des différences peu sensibles; et cependant, en les comparant, l'avantage reste au canon dont la lumière est percée au niveau de la culasse. On a imaginé, pour remédier à ce défaut, de creuser les culasses en forme de dé; et, dans ces derniers temps, on a inventé des culasses chambrées, qui, entre autres avantages, présentent celui de diminuer la force de répulsion.

En résumé, le recul d'un fusil sera d'autant moins sensible, que le canon sera mieux dressé, que son calibre sera partout également le même, que la lumière communiquera le feu par dessous la poudre, que la culasse formera le tonnerre sans inégalité, qu'il sera monté sur une couche convenablement courbée, et qu'enfin il sera chargé dans de plus justes proportions.

Un chasseur ne doit point se servir d'un fusil qui repousse, malgré toutes les précautions qu'il aura prises, parce que, indépendamment du désagrément de faire usage d'une arme qui peut engourdir l'épaule et la meurtrir, il est difficile de se défendre d'un mouvement de crainte qui nuit toujours à la justesse du coup-d'œil et à l'assurance qu'il faut avoir pour tirer avec précision.

De la portée des différentes sortes de fusils.

Nous trouvons, dans la *Chasse au fusil*, l'examen des questions suivantes : 1° si un canon long porte plus loin qu'un canon court ; 2° s'il est des canons qui portent mieux la dragée les uns que les autres; 3° s'il est des moyens de rectifier et d'augmenter la portée des canons, etc.

Nous donnerons une brève analyse des observations présentées sur ces différentes questions, en y ajoutant ce que les inventions récentes ont fait connaître à cet égard.

X. *Un canon long porte-t-il plus loin qu'un canon court ?* Il est démontré, en artillerie, qu'une pièce longue, à charge égale, imprime plus de vitesse au boulet, et le porte par conséquent plus loin qu'une pièce plus courte; et voici la raison qu'on en donne :
« La poudre enflammée produit un fluide élastique » dont les pressions redoublées sur le boulet, continuant plus long-temps dans une pièce longue » que dans une pièce courte, doivent, par consé- » quent, le chasser plus loin dans l'une que dans » l'autre. » Il est donc certain qu'absolument parlant, un fusil long porte plus loin qu'un fusil court; mais il est vrai aussi que la différence est si peu sensible, que ceux qui ont du goût pour les armes courtes peuvent se satisfaire sans inconvénient quant à la portée. En effet, la portée ne diminue que très peu, à moins que les longueurs de canons ne soient extrêmement disproportionnées. L'auteur que nous analysons a fait beaucoup d'expériences avec des canons de fusil de 28, 30, 32, 36 et 38 pouces, et de calibre à peu près égal, c'est à dire de 24 à 28, et n'a trouvé aucune différence sensible dans les résultats. On peut conclure de là que si une canardière tue de plus loin qu'un fusil, ce n'est point à raison de sa longueur, mais bien à raison de l'augmentation de la poudre qu'on peut doubler, tripler et même quadrupler, lorsque le canon est étoffé du derrière comme il doit l'être, ce qu'on ne peut faire dans une arme courte, quoique aussi renforcée, attendu qu'un canon de 6 pieds, tel que celui d'une canardière ordinaire, pesant au moins 6 à 7 livres et l'arme tout entière 12 livres, on peut la tirer avec cette charge sans qu'elle repousse au point de blesser, tandis que, dans un fusil de 3 pieds de canon, une charge semblable produirait un recul qui ne serait pas supportable. Il suffit donc qu'un canon ait assez de longueur pour donner le temps à la plus grande partie possible de la poudre de s'enflammer avant de parvenir à l'embouchure; nous disons à la plus grande partie possible, parce qu'il y a toujours beaucoup de grains de poudre qui ne prennent pas feu.

Les observations que nous venons de rapporter, ont, depuis long-temps, déterminé les chasseurs à renoncer à ces fusils incommodes, qui avaient de 42 à 45 pouces de canon, pour adopter ceux qui n'ont que 33 à 34 pouces, et qui atteignent le gibier aussi loin. Un fusil très court présente aussi ses inconvénients : il est incommode à charger; on risque de se tuer soit en le chargeant, soit en se posant dessus, parce que le canon peut se trouver vis à vis du corps, et on n'ajuste jamais aussi bien avec cette arme qu'avec un fusil d'une longueur convenable.

XI. *Est-il des fusils qui portent mieux la dragée les uns que les autres ?* Cette question est résolue négativement par des expériences nombreuses, et il paraît bien certain que tous les canons de fusil ont une égale portée, toutes les fois qu'ils sont bien forés et dressés, et qu'on les a chargés de la même manière. Le même fusil qu'on tirera plusieurs fois de suite dans un blanc n'y portera jamais le même nombre de grains de plomb, et il y aura toujours des résultats très différens, parce que les circonstances qui font rassembler ou écarter la dragée sont très variées. Cependant on obtiendra des coups plus égaux et plus garnis si on se sert, pour bourrer le fusil, de tampons de chapeau faits avec un emporte-pièce, qui sont plus propres à rassembler le plomb que les bourres de papier.

Beaucoup de chasseurs prétendent que les canons de petit calibre serrent davantage le plomb que ceux d'un calibre plus large; mais cette opinion n'a pas été non plus confirmée par les expériences que l'on a faites. Enfin, on ne doit accorder aucune foi à ceux qui disent posséder un fusil portant tout son coup à quarante ou cinquante pas dans la forme d'un chapeau; car dans cent coups de fusil tirés à cette distance, on n'y réussit pas une fois.

Si quelques chasseurs trouvent qu'un fusil ou l'un des canons d'un fusil double porte plus juste qu'un autre, c'est qu'ils ont plus l'habitude de s'en servir; ou, à l'égard des fusils doubles, que la manière dont ils sont montés a quelque influence, non pas sur leur portée, qui doit être la même, mais sur leur justesse.

Ainsi, il paraît bien certain que si deux fusils sont également bien calibrés, et qu'on les charge de la même manière et avec les mêmes munitions, ils porteront le projectile à une égale distance.

Mais la différente manière de charger un fusil, une plus forte dose de poudre et la grosseur du plomb peuvent causer des variations sensibles dans la portée. Un fusil chargé d'une même quantité de poudre, mais bourrée plus fortement, porte plus loin qu'un fusil où la charge de poudre n'aura été que pressée; d'un autre côté, une plus forte charge de poudre chasse le projectile à une plus grande distance; enfin, plus le plomb est gros, plus il atteint un but éloigné, sans pour cela que la charge ait besoin d'être augmentée, parce que son poids résiste mieux aux molécules de l'air qu'il déplace dans son trajet.

XII. *Des moyens employés pour rectifier et pour augmenter la portée des canons.* D'après l'opinion presque généralement admise parmi les chasseurs, qu'il y a des canons qui serrent ou dispersent plus ou moins le plomb, on a cherché les moyens de remédier à ce défaut vrai ou supposé. Quelques arquebusiers ont, dans cette vue, pratiqué des rayures dans le canon; d'autres l'ont élargi à son embouchure; quelques uns ont donné plus de diamètre sur le derrière et sur le devant, laissant le milieu un peu moins large que le reste; d'autres enfin, et ce fut le plus grand nombre, ont rétréci insensiblement le calibre depuis la culasse jusqu'à l'embouchure. Mais, en supposant que les deux dernières méthodes fussent avantageuses pour l'objet qu'on se proposait, au moins devaient-elles avoir l'inconvénient de faire repousser le fusil.

On a fait aussi des recherches pour augmenter la portée des canons. Nous ne parlerons point ici des carabines ou armes rayées intérieurement, soit en ligne droite, soit en spirale, qui ne sont faites que pour tirer à balle, et que tout le monde sait porter plus loin que les fusils ordinaires; nous en traiterons dans un paragraphe particulier: nous n'entendons parler que des moyens employés pour augmenter la portée des fusils dont l'ame est lisse et polie. C'est un principe reconnu en artillerie, que dans toute arme à feu, plus la base par laquelle la poudre prend feu a de diamètre, plus il s'en enflamme; et c'est de ce degré d'inflammation plus ou moins grand que dépend celui de l'impulsion donnée au projectile. D'après ce principe, on a essayé de pratiquer dans des pièces d'artillerie, pour recevoir la charge de la poudre, une chambre plus large que le restant de l'ame du canon. Il a été reconnu qu'une chambre de forme sphérique produit la plus grande inflammation possible de la poudre; mais cette forme a des inconvéniens qui l'ont fait abandonner pour les canons d'artillerie. Le chevalier de Follard a imaginé une autre chambre à cône tronqué, c'est à dire notablement plus large à sa base qu'à sa partie supérieure, et qui n'a point, au même degré que l'autre, l'inconvénient de causer des secousses au canon. Cependant, l'usage de cette chambre, qu'on peut appeler chambre à poire, n'a point été adopté pour le canon d'artillerie, parce qu'elle ne permettait point d'écouvillonner exactement. On l'a employée pour certains mortiers. L'auteur de la *Chasse au fusil* l'avait fait exécuter dans un canon de fusil; mais à l'époque où il écrivait (1788), il n'en avait point encore fait l'épreuve. Cet auteur rend compte d'un petit traité en italien, imprimé à Anvers, en 1623, où l'on proposait des moyens fondés sur le même principe que la chambre à poire.

Des armuriers, tant français qu'anglais, ont fait dans ces derniers temps des changemens aux culasses de canons, qui consistent aussi en chambres de différentes formes, pour augmenter la portée des fusils, et qui paraissent avoir leur puissance dans ce que nous venons de rapporter.

Les culasses à chambres ou chambrées sont de trois sortes. Dans l'une, la poudre, introduite par le canon, remplit une chambre verticale, qui communique par un petit conduit à une chambre transversale aboutissant aussi par un petit conduit à la lumière. Dans la seconde espèce de culasse, la poudre communique du canon à la lumière par un conduit coudé à angle droit, qui prend au milieu du diamètre du canon et aboutit à la lumière. Enfin, la troisième sorte de culasse à chambre est creusée en entonnoir au fond duquel un conduit coudé établit la communication du feu de la lumière au canon.

On a trouvé que ces culasses à chambres, surtout la dernière, présentaient les avantages suivans: 1° de communiquer le feu à la charge de poudre par le centre inférieur de sa masse, ce qui doit produire une inflammation plus prompte et plus complète; 2° d'empêcher par la forme des chambres que la bourre ne presse trop la poudre, surtout celle qui avoisine la lumière; d'où résulte plus de facilité pour l'inflammation de la poudre, et par conséquent pour la rapidité de la combustion et de l'explosion; 3° de rendre le recul moins sensible, en ce que le feu de la lumière se communique à la poudre par-dessous, et en ce que la forme en entonnoir de la culasse amortit la répulsion.

Les armuriers de Paris savent ajuster ces culasses aux canons de fusil culassés à l'ordinaire.

D'autres changemens ont été faits aux culasses des canons de fusil; nous les ferons connaître en parlant des fusils perfectionnés.

XIII. *Des canons rayés et des carabines.* Les canons rayés ne sont destinés que pour tirer à balle. On en fait peu d'usage en France pour la chasse;

mais en Allemagne et dans les pays du nord, on s'en sert souvent pour la chasse des grandes bêtes.

Bechstein, dans le deuxième volume de son *Traité des chasses* (Gotha, 1820), p. 190, nous dit que l'on emploie deux sortes de fusils à canon rayé : l'un, qui est long et pesant, et qu'on appelle *scheiben* ou *standbüchse* (fusil à tirer au blanc ou fusil à appui), est employé pour tirer au blanc, à la cible ou à l'oiseau; l'autre, qui est plus court et plus léger, et qu'on appelle *birsbüchse*, *birschbürsche* ou *purschbüchse*, se manie facilement, et on le tire à la main comme le fusil ordinaire; on s'en sert pour la grande chasse, telle que celle du cerf, du daim, de l'élan et du chevreuil, ainsi que pour celle du chamois, du bouquetin, du sanglier, de l'ours et de quelques oiseaux, comme l'outarde, la gélinotte et le cygne.

Cette dernière arme, pour être d'un service commode et sûr, ne doit être ni trop lourde ni trop longue, et cependant ni trop courte ni trop légère. Son poids ne doit point excéder 8 livres et demie, ni se trouver au-dessous de 6 livres et demie; le canon ne doit pas avoir plus de 4 pieds ni moins de 3 pieds de longueur, et le poids de la balle doit être au plus de 1 once, et au moins de 6 gros. Si la balle était plus petite, elle ne blesserait pas assez le gibier, et si elle était plus grosse, elle produirait un coup dur. La culasse doit être vissée avec soin, la mire un peu échancrée, et le bouton en argent, pour qu'on puisse mieux la voir dans l'obscurité. Il ne faut pas que la lumière ait trop ni trop peu de largeur, parce que, dans le premier cas, la poudre du bassinet brûle souvent sans faire partir le coup, et que, dans le second, le coup perd de sa force par le trou de la lumière. Le mieux est que le trou ait une ouverture égale à la grosseur d'un grain et demi de poudre moyenne, parce que, dans le cas même où il se trouverait dans la lumière un grain de poudre de mauvaise qualité, ou réduit en poussière, cela n'empêcherait pas l'effet de l'amorce et le coup de partir.

Relativement aux rayures de la carabine, les unes sont droites, mais la plupart sont en ligne spirale, tantôt d'un demi-tour, tantôt de trois quarts de tour, et jamais de plus que le tour entier, et cela dans une longueur de 2 pieds ou 2 pieds et demi de canon. Les raies d'un tour sont, dit-on, les plus parfaites. Quant à leur nombre, cela est assez arbitraire, et dépend de la fantaisie de l'ouvrier. On n'en fait pas moins de 5, et quelquefois on en fait 7, 8, 9, et même davantage. Ces raies sont plus ou moins profondes; les plus profondes sont les meilleures, pourvu qu'elles n'affaiblissent pas trop le canon.

On trouve, dans le *Traité de la chasse au fusil*, une dissertation sur la question de savoir si, dans une carabine rayée en spirale, la balle qui, pour entrer et descendre sur la charge, a été contrainte, à coups de baguette, de se mouler dans les raies et de suivre leur direction, suit encore cette même direction en sortant du canon. L'auteur la résout d'une manière affirmative, et il s'appuie à cet égard sur les raisonnemens suivans du célèbre mathématicien Benjamin Robins. Dans les canons qui ne sont pas rayés, et dont l'âme est lisse et polie, le projectile acquiert, par le frottement qu'il éprouve contre les parois intérieures du canon, un mouvement de rotation, outre son mouvement progressif. La position de l'axe de ce mouvement de rotation par rapport au mouvement progressif doit être changée continuellement par la pression inégale de la résistance que l'air oppose au devant du boulet, résistance qui est considérable; et ce changement de position de l'axe de rotation doit déranger la direction du boulet, en le poussant tantôt d'un côté, tantôt de l'autre, en haut ou en bas. Il n'en est pas de même des canons rayés en spirale. Dans ceux-ci la zone dentelée de la balle suit la courbure des raies; et cette balle acquiert, outre son mouvement progressif, un mouvement qu'elle conserve encore au sortir du canon, et qui coïncide parfaitement et constamment avec sa ligne de direction, en sorte que la pression exercée par la résistance de l'air est égale sur toutes les parties de la surface qui se présente la première. Ainsi, dans une carabine, la balle suit en sortant la courbure des raies.

A l'égard des canons à rayure droite, ils ne paraissent pas avoir un grand avantage sur les canons lisses, surtout lorsque dans ces derniers la balle est juste au calibre et un peu forcée; mais si la balle n'y acquiert point, comme dans les canons rayés en spirale, ce mouvement de rotation autour de son axe, coïncidant avec la ligne de tir, qui l'empêche de s'en écarter, et qui d'ailleurs lui fait, en quelque sorte, percer l'air, il paraît au moins que les rayures droites dans lesquelles elle se trouve engagée empêchent cet autre mouvement de rotation pareil à celui d'une boule projetée sur une surface plane, que Robins suppose être celui d'une balle tirée dans un canon lisse, et nuisible, selon lui, à sa direction. Quelques chasseurs se servent de ces canons rayés droit pour tirer au plomb, prétendant qu'ils le rassemblent mieux et portent plus loin que les autres.

Il faut être bon tireur pour se servir d'une carabine très courte, parce que le plus léger mouvement détourne bien plus le coup que lorsqu'on emploie une arme plus longue.

XIII bis. *Longueurs et poids des armes.* Bechstein indique les proportions suivantes pour la longueur et le poids des armes à feu destinées à la chasse comme étant les plus avantageuses :

Le fusil à canon rayé doit avoir 2 pieds de canon, et toute l'arme, avec sa monture, 3 pieds 3 pouces, et peser 7 livres et demie.

Le fusil simple ordinaire, garni de son bois jusqu'au bout du canon, doit avoir un canon de 3 pieds, une longueur totale de 4 pieds et demi et un poids de 7 livres et demie. Le fusil simple à demi-bois doit avoir 3 pieds et demi de canon, 4 pieds et demi en tout, et peser 7 livres et demie.

Un fusil double doit avoir la même longueur qu'un fusil simple garni de son bois jusqu'au bout du canon ; mais les canons doivent être plus minces, et l'arme ne doit pas peser plus de 8 livres à 8 livres et demie.

Le pistolet ne doit avoir que de 10 à 12 pouces de canon, une longueur totale de 19 à 20 pouces, et peser 1 livre 12 onces à 2 livres.

XIV. *Des canons bronzés et damassés, et des orne-*

mens du fusil. On bronze les canons de fusil pour les rendre d'un entretien plus facile, en les préservant de la rouille, et aussi pour faire disparaître l'éclat métallique, qui serait aperçu de trop loin par le gibier. On se sert aussi de canons à rubans damassés, qui sont composés de fer et d'acier, et qui ressemblent aux armes de Damas et de Syrie.

M. Lucas, garde des galeries du Muséum d'histoire naturelle, à Paris, a présenté, en 1809, à la Société d'encouragement, diverses étoffes propres à la fabrication de ces fusils ; et, parmi les canonniers qui se sont le plus distingués en France dans l'art de fabriquer les canons de fusil à rubans damassés, le *Bulletin* de cette société, année 1809, p. 223, cite MM. Dezaga, de Pry, près Mézières, Dombret père et fils, à Mézières, Renette et Leclerc, à Paris, et Antoine Peyrard, de Henne, près Chaudfontaine, sur la rivière de Vesde.

Voici un procédé qui est décrit dans le même *Bulletin*, année 1821, p. 361, et qui est employé par les Orientaux pour obtenir le glacé ou vernis qu'ils donnent à leurs canons de fusil. On frotte d'abord le canon avec du gros papier brun et du sable fin ou de la brique pilée jusqu'à ce qu'il ait pris partout la couleur métallique du fer ordinaire. On met, à cet effet, dans le canon un bâton assez fort pour qu'on puisse le tenir fortement, sans être obligé d'y porter la main pendant l'opération. On fait une pâte avec un peu d'eau, du soufre, du sel ammoniac et du sel commun, dans les proportions suivantes : soufre 175 grammes, muriate d'ammoniaque 11, et muriate de soude ou sel commun, 14. On ne verse d'eau que la quantité nécessaire pour faire du tout une pâte à la consistance de l'argile de potier ; on couvre le canon de cette pâte de l'épaisseur d'un pouce, en ayant soin de l'appliquer de manière qu'aucun globule d'air ne puisse s'interposer, parce qu'alors le damassé ne prendrait pas. On expose le canon ainsi recouvert à l'humidité, plus ou moins de temps, suivant la saison et l'état de l'atmosphère. Enfin, au bout de vingt-quatre à trente heures, on découvre le canon, on le lave à grande eau, on l'essuie et on passe de l'huile dessus.

Quoique les ornemens dont on décore les canons et les pièces de garniture des fusils n'ajoutent rien à leur qualité, il n'est point sans intérêt cependant, pour les arts et le commerce, de satisfaire le goût des hommes qui recherchent ces ornemens. Le *Bulletin de la Société d'encouragement*, année 1809, page 220, nous offre encore l'indication des modèles qu'on peut désirer en ce genre. M. Lucas, que nous avons déjà cité, s'est beaucoup occupé de tout ce qui intéresse la beauté et la décoration des fusils de chasse ; il a offert à cette Société une collection de cent trente-deux sujets, que l'on peut représenter sur les armes de chasse, parmi lesquels on remarque la chasse de plaine, celle de marais, la chasse au bois et la grande chasse en forêt. Les ornemens qu'il a choisis pour les canons de fusil peuvent s'exécuter en gravure, en damasquinure, ou en or de rapport ; on peut aussi y employer le platine. Quant aux ornemens pour les pièces de garniture, on peut facilement les rendre avec intérêt par la gravure seule. Ces ornemens, transportés par un burin habile sur les pièces d'arquebuserie qui en sont susceptibles, ne peuvent que contribuer à l'avancement de cet art, déjà porté en France à un très haut degré de perfection.

Nous terminerons ce paragraphe en faisant connaître que le conseil général du département de la Loire a, dans la vue de perfectionner encore les fabriques d'armes de la ville de Saint-Etienne, proposé, par un arrêté du 30 décembre 1817, deux prix de 600 francs chacun pour des améliorations à faire dans la gravure d'ornement sur métal et la ciselure sur bois ou sur métal, applicables aux pièces de fusil ou de pistolet.

XV. *De l'épreuve de la portée d'un fusil.* Avant d'acheter un fusil, il est important d'en éprouver les canons, d'abord sous le rapport de la solidité, comme nous l'avons dit au paragraphe VII, et ensuite sous celui de la portée. Cette épreuve se fait de la manière suivante : on charge le canon dans ses justes proportions, on doit, à quarante pas, placer dans une feuille ordinaire de papier, fixée sur une planche de sapin de 6 lignes d'épaisseur, les deux tiers du nombre de grains de plomb n° 2 dont on compose la charge, et ces grains doivent percer la planche. On indique ce plomb, parce qu'un numéro plus petit n'aurait pas la même force. On doit examiner si le plomb garnit bien et s'il ne fait pas bouquet, ce qui n'est pas avantageux.

XVI. *Des fusils doubles.* Quoique le fusil simple soit agréable à cause de sa légèreté, et qu'à raison de la force plus considérable qu'on peut donner au canon, il soit rarement exposé à crever par imprudence, on lui préfère cependant le fusil à deux canons, qui mérite en effet cette préférence quand on a beaucoup à tirer. On estime particulièrement le fusil double à rubans damassés, qui repousse très rarement et qui chasse le plomb avec une grande force.

Si, dans l'opération qui consiste à assembler et ajuster deux canons, l'ouvrier n'a pas assez dégagé, sur le derrière, les côtés qui doivent se joindre, il arrive que ces canons sont bridés, c'est à dire trop serrés du devant, ce qui est désagréable à la vue, et influe d'ailleurs sur la direction. Un autre défaut, qui est encore nuisible, c'est quand ils ne se trouvent pas ajustés bien parallèlement, ce qui peut avoir été occasioné par un léger dérangement au moment où l'on a soudé la bande appliquée entre les deux canons. Pour s'assurer si deux canons sont bien parallèles d'un bout à l'autre, on place sur les culasses et sur les canons, auprès de l'embouchure, des bâtonnets bien droits, et on met en joue. Si les canons sont bien assemblés, les extrémités des bâtonnets seront exactement à la même hauteur ; mais s'il y a la moindre inclinaison, elle dénotera que l'un des canons est plus bas que l'autre.

Le point de mire dans les fusils ordinaires est disposé sur la bande qui unit les deux canons, de sorte qu'en ajustant, il faut, pour ne pas manquer le but, que ce point le couvre. Il résulte de cette disposition et de la propension qu'on a naturellement à découvrir encore en ajustant une partie du but, que la plupart du temps, on manque, parce que l'on tire trop bas. Pour remédier à cet inconvénient, on a imaginé les fusils à *bande relevée*. Dans ces fusils, la bande soudée est un peu plus élevée que les culasses, et va en s'inclinant vers l'embouchure des canons, où elle est même un peu plus haute que dans les fusils ordinaires. Ainsi, le rayon visuel ayant une direction plus basse que celle du plomb ou de la balle chassé hors du canon, on peut découvrir et suivre le gibier en ajustant; ce qui fait prendre beaucoup de faveur à ce nouveau procédé.

De la platine.

XVII. La platine se compose de toutes les pièces qui concourent à mettre le feu à la poudre. Les pièces sont représentées, *Pl.* 20. La *fig*. 1re est celle de la platine vue à l'extérieur, et qui se compose du chien, de la batterie, du corps de la platine, des mâchoires supérieure et inférieure du chien, de la pierre, du bassinet et du ressort de la batterie. La *fig*. 2 représente la platine vue à l'intérieur, où se trouvent le grand ressort, la noix, la bride de noix, la gâchette, la détente.

La connaissance de toutes ces pièces est nécessaire au chasseur pour qu'il puisse lui-même les démonter, les nettoyer et les remonter. Nous parlerons plus loin de la manière d'y procéder.

Les armuriers français ont fait, dans ces derniers temps, des changemens aux platines, afin d'employer pour amorce la poudre fulminante. Nous ferons connaître ces changemens dans l'un des paragraphes suivans, sous le titre de *fusils perfectionnés*.

De la monture et de la garniture des fusils.

XVIII. La *monture* ou le bois embrasse une partie du canon, retient la culasse au moyen de sa vis, porte la platine, reçoit l'extrémité inférieure de la baguette, la détente, la sougarde et le pontet de sougarde, et se termine par la crosse, qui fait le contrepoids de l'arme et sert à épauler.

On a employé différentes sortes de bois pour faire les montures de fusil : d'abord le poirier, le merisier, le cerisier et l'érable; mais le meilleur de tous les bois, tant pour les armes de guerre que pour les armes de chasse, est le noyer, parce qu'il réunit la durée, la légèreté et la beauté. On se sert aussi, à défaut de noyer, de bois d'érable, de bouleau et d'orme, dont on choisit les morceaux les mieux veinés et les plus variés dans le jeu de leurs couleurs. Cependant, il ne faut point oublier que, pour qu'une monture soit solide, il est indispensable qu'elle soit prise dans le droit fil du bois, et non en travers. Enfin, le bois doit être bien sec avant d'être travaillé, pour qu'il ne prenne point de retrait et ne se tourmente pas.

La longueur de la crosse doit être proportionnée à la taille du tireur. On reproche aux crosses courtes d'être difficiles à épauler, d'obliger à coucher la tête dessus pour chercher le point de mire, et de rendre le recul plus sensible; tandis que les crosses d'une longueur convenable et suffisamment recourbées présentent tous les avantages contraires. La courbure est surtout importante, parce que plus un bois est droit, plus le recul du fusil est sensible.

La crosse est terminée par la *plaque de couche*, qui est destinée à garantir le bois.

En Allemagne, et plus rarement en France, on pratique, dans la crosse du fusil, une petite caisse pour y mettre des balles, des enveloppes de balles, des pierres à feu, etc.

XIX. La *garniture* se compose de la plaque de couche dont nous venons de parler, de la contre-platine pour les fusils simples, de la sougarde et des porte-baguettes.

XX. *De la baguette.* La plupart des baguettes se font en baleine, qui n'a pas, comme le bois, l'inconvénient de se casser, mais qui est trop molle, trop flexible et sujette à se fendiller et à s'éclater; toutefois ces baguettes sont d'un assez bon usage. On en fait aussi avec le chêne vert, *quercus ilex*, qui croît dans le midi de la France, et dont le bois est doux, pliant, élastique et susceptible de prendre un beau poli : ces baguettes sont préférées par beaucoup de chasseurs à celles de baleine. Le micocoulier de Provence, connu des ouvriers sous le nom de bois de *Perpignan* et dont on fait à Paris la plupart des fouets de cocher, est encore un excellent bois pour les baguettes de fusil, quoique moins ferme et moins élastique que le chêne vert. Enfin l'épine noire, le cornouiller, le troène, le frêne et le noyer servent aussi à faire des baguettes de fusil. On en a fait dernièrement en corne de licorne, qui réunissent au plus haut degré la légèreté, la ténacité et l'élasticité, mais qui sont d'un prix excessif.

La baguette d'un fusil va en diminuant d'une extrémité à l'autre, et se termine par un cylindre de corne, d'ivoire ou de métal, dont la tête est d'un diamètre presque égal à celui du canon ; le petit bout de la baguette est garni d'un ferret tourné en pas de vis pour recevoir un tire-bourre; quelquefois même il est garni d'un tire-bourre vissé à demeure, et assez petit pour passer dans les tenons.

On place la baguette sous le canon du fusil, dans des anneaux ou tenons appelés *porte-baguettes*, et dans le trou ou fourreau pratiqué au bois du fusil.

XXI. *Des fusils perfectionnés.* Depuis une vingtaine d'années, on s'occupe de perfectionner les fusils; et il y a été fait des changemens importans, qui ont eu principalement pour objet de les rendre propres à être amorcés avec de la poudre fulminante, qui a la propriété de détoner avec flamme, lorsqu'elle subit le choc d'un corps dur. C'est donc pour produire ce choc que l'on a disposé les nouvelles platines, qu'on appelle platines à système.

Le *Bulletin de la Société d'encouragement* contient des rapports qui font connaître les diverses inventions de nos armuriers sur cet objet; nous en présenterons un bref extrait.

Fusil de Prélat. La platine exécutée par M. Prélat, arquebusier à Paris, rue de la Paix, n° 26, a un mécanisme entièrement différent de la platine ordinaire : la pierre à feu est supprimée, ainsi que le bassinet, et, par un mouvement très facile et prompt, le fusil est immédiatement amorcé. Le chien ordinaire est remplacé par une espèce de chien pareil à celui du fusil à vent. Les principaux avantages de cette invention consistent, d'après le rapport, dans ceux-ci :

1°. L'humidité et même la pluie ne peuvent jamais empêcher le coup de partir; il partirait même si le fusil était plongé dans l'eau;

2°. L'arme est beaucoup plus promptement amorcée;

3°. La poudre d'amorce étant d'une composition particulière, elle s'enflamme plus rapidement, et le coup part plus vite que par l'ancienne méthode;

4°. Enfin, l'inflammation de la poudre ayant lieu dans l'intérieur du fusil et nullement à l'extérieur, la personne qui tire n'est point exposée à recevoir le feu et la fumée de l'amorce dans la figure, ce qui souvent l'empêche de tirer juste et de voir l'effet du coup.

Le fusil se charge avec de la poudre ordinaire, et s'amorce avec de la poudre composée de muriate de potasse oxigéné, de soufre et de charbon. L'amorce est enveloppée de cire et a la forme d'une pilule; elle est placée dans une cavité réservée dans le chien. C'est la compression de l'air et la percussion qui font prendre feu à cette amorce. L'emploi de ces pilules ayant été reconnu incommode et salissant par les éclaboussures qui en résultent, on y a renoncé depuis long-temps.

Le rapport et la planche qui représente la nouvelle platine se trouvent dans le *Bulletin de mars 1810*.

Fusil de Lepage, arquebusier, rue Richelieu, n° 13, à Paris. Dans la platine de M. Prélat, dont on vient de parler, l'amorce s'enflamme par le choc d'un piston sur lequel s'abat la pièce qui fait les fonctions de chien. M. Lepage a voulu vaincre les difficultés qui s'opposaient à l'usage des amorces de poudre inflammable par le choc : il a composé dans cette vue une nouvelle platine, où il s'est efforcé de conserver les formes et les commodités des platines à poudre ordinaires. Dans cette platine, chaque amorce se met dans le bassinet, avec une petite poire à poudre, où une petite coulisse règle la quantité qui doit en sortir à chaque fois, et qui est d'un centigramme. Deux fusils de munition furent mis à la disposition des commissaires. On a chargé ces armes avec de la poudre de guerre, et on a tiré trois cents coups de chaque fusil, sans autres interruptions que celles nécessaires pour que la chaleur de l'arme diminuât seulement au point de pouvoir y toucher, pendant le tir, sans se brûler. On tirait entre trois et quatre coups par minute. On n'a pas eu un seul raté. On a chargé et amorcé un des deux fusils tellement échauffé par le tir, qu'on se brûlait en y touchant, et on l'a laissé refroidir; le coup est parti avec la même vivacité que les précédens. On les a rechargés et amorcés l'un et l'autre sans les nettoyer, après avoir tiré deux cent six coups, et on les a abandonnés pendant deux heures; puis on les a tirés avec le même succès. Les commissaires observèrent à M. Lepage que l'usage de la poudre de muriate suroxigéné pouvait être dangereux, attendu que cette poudre étant exposée, dans le transport et dans le service, à des chocs et à des frottemens in-prévus et fréquens, elle pouvait être sujette à s'enflammer, avec la même rapidité que dans les platines qu'ils venaient d'éprouver. M. Lepage assura que le danger disparaîtrait si l'on évitait le choc *très fort* de corps *très durs;* et pour appuyer son assertion, il enferma 130 grammes de cette poudre dans un petit baril, qu'on fixa sur une planche, qui fut traînée avec une grande vitesse sur un terrain très inégal, dans une longueur d'environ 600 mètres. On répéta la même expérience, après avoir introduit avec la poudre douze balles de plomb. Enfin on fit jeter le baril d'une hauteur d'environ 12 mètres sur un terrain très dur : dans aucune de ces épreuves, il n'y a eu d'inflammation.

Il paraît donc, ajoute le rapporteur, qu'avec quelques précautions dans l'usage de la poudre de muriate suroxigéné, et surtout quelques changemens dans sa confection, elle sera de la plus grande utilité pour les amorces des armes à feu. (*Voyez* le rapport, avec une planche, dans le *Bulletin de septembre 1810.*)

Dans la séance générale de la Société d'encouragement du 25 mars 1818, M. Lepage a présenté un fusil de chasse à percussion ordinaire et d'une exécution soignée, et un fusil impénétrable à l'humidité. Cette arme porte deux canons accolés et se charge avec une baguette comme les autres fusils; mais ce qui la distingue, c'est que rien n'est apparent, si ce n'est un levier en forme de chien servant à armer et faire partir un piston en fer, qui vient frapper contre le fond de la culasse percée de la lumière sur laquelle se place un grain de poudre d'amorce composée de mercure fulminant, et qu'on introduit par un orifice extérieur recouvert d'une petite plaque à ressort. Ce grain d'amorce s'introduit au moyen d'une petite poire à poudre très ingénieuse. Qu'on se représente une roue en cuivre ajustée dans une petite boîte de même métal, et taillée de trente dents, dans l'intervalle de chacune desquelles se loge un grain de poudre qui s'échappe par un petit canon aussi en cuivre, sous l'orifice duquel passe la roue recouverte par un rochet portant un pareil nombre de dents arrêtées par un déclic. En faisant tourner ce rochet, la roue qui est au dessous tourne en même temps, et lorsque ce mouvement ne s'opère que d'une dent sur l'autre, il s'échappe aussitôt un grain d'amorce. On est ainsi assuré qu'il ne peut en tomber deux à la fois, et que le fusil se trouvera convenablement amorcé.

Ajoutons que la poudre de mercure fulminant n'a point l'inconvénient d'oxider le fer comme celle de muriate suroxigéné de potasse, et qu'elle s'enflamme quand elle serait mouillée. (*Bulletin de 1818*, page 64.)

Fusil de Deboubert. M. Deboubert, arquebusier, rue du Helder, n° 14, a présenté un fusil à deux coups, dont les platines sont, comme celles dont on a déjà parlé, disposées pour recevoir une amorce de poudre de muriate suroxigéné, qui est renfermée dans une calotte en cuivre, sur laquelle le chien, en frappant comme un marteau, enflamme l'amorce aussitôt qu'on pousse la détente. Le mécanisme de cette platine se fait remarquer 1° par un petit levier à bascule, qui soulève la batterie au moment où le chien s'abaisse, et ne lui fait éprouver aucune percussion; 2° par le bassinet qui est soudé sur le canon, de manière que la fumée que produit la combustion de l'amorce ne peut pas pénétrer dans l'intérieur du corps de platine, ni, par conséquent, l'endommager par la rouille; 3° par différentes précautions que l'auteur a prises pour rendre l'entretien de l'arme facile et le maniement très commode; il s'est ménagé le moyen de déboucher la lumière en adaptant, à la partie antérieure du bassinet, une petite vis qu'on enlève pour introduire l'épinglette. Les commissaires ont trouvé la composition des platines de M. Deboubert simple, solide, ingénieuse et remplissant parfaitement son objet. (*Bulletin de la Société d'Encouragement du mois d'avril* 1811.)

Nous ajouterons que plusieurs chasseurs sont très satisfaits du fusil de M. Deboubert, et que c'est celui qui réunit le plus de suffrages.

Fusil de Pauly. M. Pauly, arquebusier, rue des Trois-Frères, n° 4, a présenté, en 1812, un fusil qui a paru avoir de grands avantages sur tous les fusils connus jusqu'alors. C'est un fusil qui se charge par la culasse, et dans le canon duquel on introduit en même temps la charge et l'amorce réunies dans une cartouche préparée d'une manière particulière; le feu prend comme dans les premiers fusils de M. Prélat, au moyen de la percussion de la poudre fulminante placée au centre de la charge; le service en est extrêmement commode et prompt; on peut facilement tirer dix à douze coups par minute. Il ne faut que la moitié de la charge ordinaire de poudre. Ce fusil a tiré trois cents coups sans faire long feu ni rater une seule fois. Les fusils de cette espèce, exécutés en fabrique, ne coûtent pas plus cher que les autres. (*Bulletin de septembre* 1812.)

M. Pauly a perfectionné encore ces fusils. Les perfectionnemens qu'il y a ajoutés consistent, 1° dans une nouvelle direction donnée au chien, qui permet d'introduire la cartouche avec beaucoup de facilité; 2° en une méthode et des instrumens qui rodent et mettent le canon dans un contact plus parfait avec le bloc d'acier qui lui sert de culasse; 3° en une machine qui donne aux culots une uniformité plus invariable; 4° dans une construction de cartouches plus parfaite et mieux entendue.

En un mot, dit le rapporteur, en comparant les fusils, tels qu'ils sont confectionnés maintenant, avec celui pour lequel le brevet d'invention a été obtenu, on voit que presque toutes les pièces qui en forment l'ensemble ont été perfectionnées et surtout simplifiées.

Les expériences faites par les commissaires sur la poudre d'amorce leur ont prouvé que l'inflammation de cette poudre exigeant absolument une percussion assez forte et brusque entre deux pièces de fer, elle ne peut avoir lieu par hasard, ce qui rend les amorces de cette poudre sans aucune espèce d'inconvénient. Le rapport contient la recette de cette composition de poudre. Les avantages des fusils Pauly sur toutes les armes connues jusqu'à ce jour sont, 1° de ne pouvoir jamais recevoir deux charges dans le même canon; 2° de présenter une grande facilité pour changer ou retirer la charge; 3° de la conserver à l'abri du brouillard ou de la pluie, attendu que le mécanisme de la détonation est entièrement dans l'intérieur de l'arme; 4° de ne pas exposer le chasseur aux accidens assez nombreux qui arrivent quand on charge à la baguette, sans avoir eu l'attention de désarmer son fusil; 5° de pouvoir se charger très vite et en marchant, ce qui est très avantageux quand on chasse en ligne ou en battue. Un amateur en a fait l'expérience confirmative : il a marché au pas ordinaire et a tiré huit coups dans une minute. La détonation se fait bien plus vite par la mécanique à muriate que par les batteries à silex, ce qui doit être d'un grand avantage, toutes les fois que la ligne que parcourt le gibier fait un angle quelconque avec la ligne de tir, ce qui, en terme de chasse, s'appelle *tirer en travers*.

Les fusils Pauly garnissent le coup aussi bien que ceux des meilleures manufactures, et en tirant à quarante pas (120 pieds), on a toujours mis de 30 à 40 grains de plomb dans une demi-feuille de papier. Ils portent plus loin que les autres, ayant un tiers de force de plus, ce qui donne au chasseur l'avantage de tirer de plus loin à dragée égale, et de se servir de dragée plus petite; par ce moyen, le coup est plus garni et moins de pièces de gibier y échappent. Ils exigent un sixième de poudre de moins que les fusils ordinaires ; ils ne font jamais long feu. Il paraît qu'ils ont aussi moins de recul.

Tous ces avantages placent ces fusils au premier rang parmi les armes de chasse connues. (*Bulletin de juillet* 1814.)

Les chasseurs ont observé qu'en effet les fusils à la Pauly étaient fort ingénieux, mais qu'ils exigeaient une exécution très soignée et une grande précision dans l'ajustement des pièces.

Fusil de Gosset. M. Gosset, arquebusier, allée d'Antin, n° 15, aux Champs-Elysées, a présenté une carabine dont la platine est destinée à enflammer l'amorce par la percussion du chien sur un poinçon d'acier qui pénètre dans la culasse. Cet artiste a, par cette disposition, supprimé le bassinet et la batterie. (*Bulletin de novembre* 1812.)

M. Gosset a exécuté depuis des fusils de chasse d'après le même système; l'idée de sa mécanique a pris sa source dans les pistolets écossais, où le chien, la batterie et le bassinet sont disposés dans la partie supérieure de la culasse. Comme la position de ces pièces dans un fusil empêcherait de voir le point de mire, M. Gosset les a placées dans la partie inférieure de la culasse, au delà de la sougarde. Une amorce particulière, recouverte d'un côté en plomb et de l'autre en cuivre, de forme lenticulaire, se place dans une cavité recouverte par une pièce élastique sur laquelle le chien s'abat et l'enflamme par un contre-coup.

Aujourd'hui, M. Gosset a beaucoup amélioré son système, en y adaptant les capsules en cuivre.

M. Gosset, qui jouit justement de la réputation d'un habile ouvrier, donne aux armes qui sortent de ses ateliers des soins particuliers et un fini d'exécution très remarquable.

Le *Bulletin* de 1819, p. 380, fait mention d'un brevet d'invention délivré à M. Goodlige, à Paris, pour une arme à feu, à l'aide de laquelle on peut tirer plusieurs coups sans avoir besoin de la recharger.

D'autres armuriers ont également disposé la platine pour employer, comme amorce, la poudre fulminante. Leurs procédés sont indiqués dans le *Traité général des chasses à tir*. En voici l'exposé :

Le procédé de M. Renette, arquebusier, rue de Popincourt, n° 96, consiste en ce que l'amorce est placée dans une cavité pratiquée sur le tourillon, et qu'elle s'enflamme par le choc du chien façonné en piston.

Celui de M. Pottet-Cadet, arquebusier, rue de Seine, n° 79, produit le même effet, au moyen du chien qui agit horizontalement et vient frapper sur la pilule placée dans une cavité. On a observé que l'écartement du chien, lorsqu'il est armé, rend l'usage de l'arme moins commode, surtout dans les bois, à cause des branches d'arbres.

On objecte contre ces deux systèmes et celui de M. Prélat, dont nous avons parlé en premier lieu, que les pilules qui servent d'amorce produisent, en s'écrasant, des éclaboussures désagréables, par rapport à la cire qui les enveloppe, et qui finit par salir l'arme ; que ces éclaboussures peuvent jaillir dans les yeux, et que les deux pièces employées seules ne peuvent, par leur forme, abriter l'amorce et la garantir du brouillard.

Le mécanisme des platines de Pirmet-Baucheron, arquebusier, rue de Richelieu, n° 64, est le même que celui de Lepage, mais disposé différemment. Lepage a conservé le ressort de batterie dessous la pièce en forme de vase qui remplace le bassinet, tandis que Pirmet l'a supprimé.

Pichereau, rue de Sartine, n° 8, a également modifié l'idée de Lepage. La pièce qui reçoit le grain de poudre fulminante ne renferme point de ressort à boudin ; sa forme est moins élégante, mais son effet paraît plus sûr.

Le système de Blanchard, rue de Cléry, n° 36, est un perfectionnement de celui de Renette. L'amorce est couverte par un cylindre qui enveloppe la circonférence d'un barillet pénétrant à l'intérieur de la chambre, et sur lequel l'amorce est logée. Ce cylindre a une ouverture qui vient se placer précisément à l'endroit où doit frapper le marteau du chien pour atteindre l'amorce. Ce mouvement a lieu par une conversion d'un quart de cercle que le chien, en s'abattant, fait faire au cylindre par le mouvement de sa volute, contre la volute du cylindre, lequel revient aussitôt à sa place.

Ce système, composé d'un marteau, d'une enclume et d'un recouvrement mobile, semble réunir les avantages désirés, sous les différens rapports de la simplicité, de la sûreté d'exécution, et de l'emploi de la poudre fulminante. L'inventeur a nommé ses fusils *fusils à foudre* ou *brontiques* ; les avantages qu'il attribue à sa méthode sont la promptitude avec laquelle le coup part, sans jamais faire long feu, et une plus grande force de pulsion, attendu qu'il s'échappe par la lumière beaucoup moins des gaz qui produisent cette force de pulsion.

Puiforcat, armurier, rue Mandar, a perfectionné le système de Renette par une pièce en équerre, dont un des angles a la forme d'un petit chapeau qui recouvre l'amorce. Le chien, en s'abattant, appuie de son ventre sur un autre angle de l'équerre qui tourne et laisse à découvert l'amorce sur laquelle le chien frappe. Ce mécanisme est d'une ingénieuse simplicité.

Fusil de Robert. Le mécanisme de cette arme ressemble, par sa disposition principale, à celui du fusil Pauly. Une pièce de culasse, suivant le contour supérieur de la poignée, tourne sur des tourillons fixés au canon, et découvre la tranche postérieure du tonnerre.

La cartouche se place dans le tonnerre sans être ouverte ; elle est reçue dans une chambre d'un diamètre plus fort que celui du canon dans lequel la balle est forcée. Elle porte, à sa partie postérieure, un petit tube de cuivre de la grosseur d'une paille, qui contient de la poudre fulminante, et qui est à découvert dans une longueur d'un centimètre environ. C'est ce tube qui sert d'amorce. Sa portion découverte reste en dehors de la chambre, et se trouve enveloppée par la pièce de culasse, lorsque celle-ci est fermée. Elle est frappée contre cette pièce par un marteau logé dans l'intérieur du bois, et elle s'enflamme sous cette percussion.

Le marteau dont on vient de parler est soutenu par un ressort, qui est fixé lui-même sur l'écusson au dessous du canon. L'écusson porte aussi une autre pièce faisant ressort, et qui sert en même temps de gâchette et de détente. La pièce de culasse a également, au dessous du canon, un prolongement au moyen duquel elle agit comme un levier sur le *ressort-marteau*, et le met à *l'armé*, pendant qu'on le relève pour ouvrir le canon. Après avoir placé la cartouche et refermé le canon, le fusil se trouve armé, et il n'y a plus qu'à appuyer sur la détente pour faire partir le coup.

On remarque une large ouverture pratiquée dans la monture au dessous de la tête du marteau, recouverte en partie par le *pontet*. Elle est nécessaire pour faire sortir les corps étrangers, les débris de cartouches, les parcelles de crasse durcie, qui, pendant le tir, s'introduisent entre les pièces du mécanisme. Elle donne aussi le moyen de reconnaître si le ressort est armé ou s'il ne l'est pas ; dans le premier cas, un appendice, formé au dessous de la tête du marteau, sort par cette ouverture et se laisse apercevoir.

La partie du bois, qui est creusée pour le logement du mécanisme, est recouverte d'une feuille de cuivre fixée par plusieurs vis. Cette garniture a pour objet de protéger le bois contre le frottement, et surtout contre les gaz développés par l'explosion de la poudre.

Ce fusil a été soumis au Comité de l'artillerie qui, après plusieurs examens et des essais répétés, a résumé ainsi qu'il suit les faits et les observations auxquelles ils ont donné lieu : le fusil de M. Robert, comme toutes les armes qui se chargent par la culasse, a, sous le rapport de la justesse de la portée, de la diminution de la charge, les avantages qui dépendent du tir à balle forcée.

La manœuvre de la charge paraît très facile, et le

tir peut avoir une grande célérité, au moins lorsque l'arme n'est pas encore encrassée.

Ces propriétés, qui appartiennent aussi à plusieurs autres mécanismes de chargemens par la culasse, sont loin de compenser les inconvéniens qui résultent de la nécessité de mettre la cartouche dans le canon, sans l'ouvrir. La poudre restant dans son enveloppe, après chaque coup, la chambre reste pleine de débris qui conservent du feu et qui déterminent quelquefois l'explosion d'une nouvelle charge au moment où elle vient d'être mise dans le canon, ou qui gênent pour l'introduire, et deviennent une cause de *ratés* en amortissant le coup du marteau.

Le mécanisme étant en bon état, les amorces de bonne qualité, et dans des circonstances favorables, l'arme peut donner très peu de *ratés*; mais les nombreux accidens qui ne pourraient manquer de se produire rendraient souvent son effet incertain.

Ces accidens sont l'altération du *ressort-marteau* ou celle des cartouches; une cartouche mal placée dans la chambre, ou déplacée par le mouvement de désarmer et d'armer; la complication de ce mouvement, et la nécessité de recommencer quelquefois; la difficulté de reconnaitre si le fusil est armé, difficulté qui expose à voir partir ce coup accidentellement, ou à ne pouvoir faire feu après avoir mis en joue.

Le crachement qui se produit est assez incommode pour le tireur, et peut même occasioner des accidens d'une certaine gravité, par ces éclats de tubes d'amorce qu'il projette.

L'entretien de l'arme serait très pénible; les nettoyages complets devraient être fréquemment répétés, soit pour enlever la crasse formée pendant le tir, soit pour essuyer l'humidité, qui s'introduirait entre les surfaces juxtaposées, et par de nombreuses ouvertures. Le remontage et le démontage exigent une adresse et des précautions qu'on ne peut pas, en général, attendre d'hommes inexpérimentés.

L'arme est exposée à des dégradations rapides qui, dans un service actif, nécessiteraient bientôt des réparations importantes.

L'exécution et l'assemblage des pièces du mécanisme présentent des difficultés que pourrait seul surmonter un excellent ouvrier.

La construction est vicieuse sur plusieurs points essentiels et qui sont inhérens au système.

La confection des cartouches comprend beaucoup de détails extrêmement minutieux, et elles restent exposées à de nombreuses altérations.

La garantie d'une vérification facile manque à l'égard des tubes d'amorce. (*Extrait du Registre des délibérations du Comité de l'artillerie.*)—(Séance du 26 février 1833.)

M. *Lelion*, arquebusier, rue de Richelieu, à Paris, a présenté un fusil d'une construction telle que, soit désarmé, soit armé, il est à l'abri de toute espèce d'accident. Un inconvénient grave se rencontrait, en effet, dans les fusils à piston: lorsque le chien est désarmé et reposé sur la capsule, il suffit d'un choc sur le chien de ces fusils pour déterminer l'inflammation; ce choc peut être d'autant moindre que l'énergie du grand ressort le comprime davantage sur la cheminée que porte la capsule. Le fusil dont il s'agit évite ce danger par l'addition d'un troisième cran à la noix, qui permet au chien de rester suspendu à une très petite distance au dessus de la capsule. L'espace entre le chien et la capsule est tel que, supposant que le bec de gâchette ou le cran de la noix vienne à se casser, le chien, même dans ce cas, ne peut point acquérir, avant de frapper, une vitesse assez considérable pour que la percussion soit capable d'enflammer la poudre fulminante.

Lorsqu'il est armé, ce fusil est mis à l'abri des accidens par un mécanisme qui rend impossible le mouvement des gâchettes dans tout autre moment que celui où le chasseur place son arme en joue pour la décharger.

Cet effet est produit par l'application de l'encliquetage de Dobo aux gâchettes dont la partie postérieure est limée en courbe, qui n'a point, suivant le principe de cet encliquetage, pour centre le centre même du mouvement de cette gâchette. Une petite bascule, dont une extrémité est également disposée en courbe à centre différent du mouvement de la pièce, vient à la rencontre des gâchettes; ces deux courbes, butant l'une sur l'autre, paralysent leur mouvement jusqu'à ce qu'en abaissant l'une d'elles, on laisse un passage au développement de l'autre. Cet effet d'abaissement se produit, sans aucune attention de la part du chasseur, par l'obligation de comprimer la poignée du fusil dans sa main pour l'appuyer contre l'épaule; le second doigt vient, dans ce cas, se placer nécessairement derrière la sougarde. Une pression inévitable s'exerce sur l'autre extrémité de la bascule dont on vient de parler, et la contraint de s'abaisser pour dégager les gâchettes et permettre l'action de la détente.

Ce fusil se charge par la culasse; la disposition et l'emmanchement de ses parties, néanmoins, sont plus solides que ceux du système à la Pauly; il a sur eux l'avantage de n'avoir point besoin de cartouches d'une longueur déterminée et rivées sur des culots en fer; il conserve en outre la possibilité d'être chargé avec une baguette, comme un fusil ordinaire. La parfaite exécution de ce fusil a fait penser à votre comité des arts mécaniques que M. Lelion, armurier, par lequel il a été confectionné, méritait pour son habileté une distinction.

Cette proposition ayant été soumise à votre commission des médailles, elle a jugé M. Lelion digne de la médaille de bronze. *Approuvé en séance générale, le 29 mai 1833.* (*Extrait du Bulletin de la Société d'Encouragement pour l'industrie nationale. Mai 1833.*)

Nous avons parlé des avantages que présentent les fusils à nouvelles platines; nous devons dire aussi que ces armes ne doivent être mises qu'entre les mains des chasseurs qui connaissent la promptitude avec laquelle s'enflamme la poudre fulminante par le choc des corps métalliques, et qui ont assez de prudence pour en éviter les dangers. Nous ajouterons que cette poudre a l'inconvénient d'oxider le fer beaucoup plus que la poudre ordinaire, et que les expériences qu'on a faites ont constaté que les fusils à système ont besoin de plus fréquentes réparations que les autres, motifs qui en avaient fait rejeter l'emploi dans les chasses du roi et des princes.

DICT. DES CHASSES. 51

Le muriate suroxigéné de potasse se prépare pour amorces sous différentes formes : la poudre miliaire, celle en grains de la grosseur du n° 6, recouverte d'un enduit imperméable; celle en pilules couvertes de cire molle et celle en pastilles. La nécessité de mettre cette poudre en sûreté pour la porter sur soi a fait imaginer plusieurs petits instrumens que l'on nomme *amorcettes*, et qui sont disposés de la manière la plus convenable à l'espèce d'amorce qu'ils sont destinés à contenir.

CHAPITRE II. — Des objets nécessaires pour l'emploi du fusil.

Ces objets sont la poudre, le plomb, les bourres, l'enveloppe de la balle et les pierres à feu.

XXII. *De la poudre*. La poudre est un mélange de charbon, de soufre et de salpêtre (nitre ou nitrate de potasse). Le salpêtre entre dans sa composition pour 78 parties, le charbon pour 12, et le soufre pour 10.

On a beaucoup disputé sur l'origine de la poudre à canon; mais ce qui est incontestable, c'est qu'elle était connue dans l'Orient et surtout en Chine, bien des siècles avant qu'on ait songé, en Europe, à l'employer dans l'art de la guerre.

L'introduction de la poudre, en Europe, a été attribuée à Bâcon, qui, en 1216, a publié quelques idées sur son emploi à la guerre; mais on pense assez généralement qu'un moine allemand, Berthold Schwartz, en fit la découverte en 1320, en pilant dans un mortier les matières dont on la compose; une étincelle qui tomba par hasard produisit une explosion dont le génie inventif de Schwartz sut tirer le plus grand parti.

Nous n'avons point à nous occuper des détails de la fabrication de la poudre; on peut consulter, à cet égard, les *Élémens de chimie*, par Chaptal, ou la *Chimie* de Thenard.

L'objet le plus essentiel, dans cette fabrication, est d'obtenir les matières premières extrêmement pures.

On raffine le salpêtre par des dissolutions, des filtrations, des évaporations et des cristallisations.

On purifie le soufre en le faisant fondre et en l'écumant, et quelquefois en le faisant sublimer.

Le charbon le plus estimé pour la fabrication de la poudre est celui qu'on obtient de la bourdaine ou bourgène, *rhamnus frangula*. On a remarqué que le bois carbonisé dans des fosses, suivant la méthode ordinaire, donne un charbon bien inférieur à celui qu'on obtient par la combustion dans des cylindres de fonte ou des fourneaux construits en plaques de métal, au moyen desquels on le débarrasse de l'acide pyroligneux. Le charbon pur est le résidu de cette espèce de distillation, et la différence entre la poudre faite avec ce charbon et celle que l'on fabrique avec des charbons obtenus par la combustion à l'air est très sensible.

La poudre se fabrique, en France, dans les manufactures du gouvernement, et il est défendu aux particuliers d'en fabriquer, à peine d'une amende de 3,000 francs et de la confiscation des matières et ustensiles. (*Loi du 13 fructidor an 5, art. 27*.)

La poudre de Suisse ou de Berne et la poudre anglaise sont très estimées; notre poudre, et surtout celle de l'arsenal de Paris, ne leur cède point en qualité.

Il y a plusieurs moyens d'essayer la force et la bonté de la poudre. On se sert d'un instrument appelé *éprouvette*, que l'on trouve chez tous les armuriers. La poudre, lorsqu'on l'éprouve dans cet instrument, doit, en s'enflammant, repousser fort loin l'obturateur, et marquer ainsi un grand degré de force. Nous recommandons aux chasseurs l'*éprouvette* en forme de peson, de l'invention de M. Regnier, dont la description et la figure se trouvent dans le *Bulletin de la Société d'Encouragement*, mois de janvier 1818, page 20.

Voici un moyen qui donne une idée assez exacte de la pureté de la poudre et même de sa force. Mettez deux ou trois petits tas de poudre, de cinquante grains environ, sur différentes feuilles de papier à lettre très blanc : mettez-y le feu avec un morceau de fil d'archal rougi. Si la flamme s'élève promptement et avec explosion, laissant le papier sans tache blanche et sans l'avoir brûlé à petit trous, la poudre est bonne; mais si elle laisse sur le papier des taches jaunes, il y a excès de soufre ou bien le mélange est mal fait; s'il y a des espèces de piqûres ou des grains grisâtres qui pétillent lorsqu'on y met le feu, c'est un indice qu'il y a trop de salpêtre; enfin, si elle noircit le papier, il y a trop de charbon.

On juge aussi, jusqu'à un certain point, de la bonne qualité de la poudre, si en la frottant dans la main avec le doigt, ayant ces parties bien sèches, elle ne les salit pas trop.

La force expansive de la poudre dépend essentiellement de la pureté du charbon employé dans sa fabrication.

La force explosive ne provient pas, comme on l'a cru pendant long-temps, de la vaporisation de l'eau par la combustion; mais elle est totalement l'effet de la quantité de gaz, générée pendant la combustion, et plus la combustion est rapide, plus il y a de gaz produit dans un temps donné, et plus, par conséquent, la force de la poudre est augmentée.

La poudre ne perd point de sa force en vieillissant, pourvu qu'on la conserve bien sèche. On la met, à cet effet, dans des petits barils en bois que l'on place dans un endroit sec, et, s'il est possible, sous le toit de la maison, afin que, dans le cas d'incendie, l'explosion cause moins de dommage. On ne doit jamais approcher du baril avec de la lumière ni avec une pipe allumée, lorsqu'on en veut retirer la poudre. On ne prend chaque fois que la quantité nécessaire pour remplir la poire à poudre, qui doit toujours être dans la gibecière. On place celle-ci dans un endroit sûr et hors de la portée des enfans, ainsi que les armes à feu.

L'état de parfaite siccité de la poudre est une qualité d'autant plus essentielle qu'il est difficile de le lui rendre lorsqu'elle l'a perdu, et que, dans tous les cas, elle s'enflamme moins subitement. Lorsque après un temps chargé d'humidité, on craint que la poudre ne soit un peu humide, on l'expose en couche légère pendant une ou deux heures aux rayons du soleil sur une feuille de papier, ou sur une assiette échauffée à un degré convenable. M. Hartig indique un autre moyen : on met du charbon dans un petit réchaud, sur lequel on place un plat de terre, et dans ce plat de terre une assiette d'étain. C'est dans cette assiette qu'on étend un peu de poudre, seulement la valeur de quelques charges, afin qu'elle se sèche également dans l'assiette échauffée. Après quelques minutes, on retire l'assiette et on étend tout de suite la poudre bien clair sur du papier. On continue cette opération jusqu'à ce qu'on ait fait sécher toute la quantité dont on a besoin. Il est entendu qu'on doit opérer avec la plus grande précaution, et qu'il ne faut pas se servir exclusivement, soit du plat de terre qui peut éclater, soit de l'assiette d'étain qui peut fondre.

On se sert, pour porter la poudre à la chasse, de poires à poudre, qui sont faites en carton, en corne ou en métal. On reproche à celles faites en carton d'avoir peu de durée, à celles en corne de se gonfler à la pluie et de se retirer au soleil, ce qui laisse des jours par où la poudre se perd, et à celles en métal de laisser dans la main une odeur désagréable ; cependant ces dernières sont généralement préférées, parce que la poudre s'y conserve bien, et que leur durée est considérable. On fait des poires à poudre auxquelles le couvercle est adhérent, d'autres dont il se détache ; les uns les préfèrent à piston, les autres à genouillère.

XXIII. *Du plomb.* Sous la dénomination générique de plomb, on entend toutes espèces de projectiles en plomb dont on se sert pour la chasse. Ainsi, les *balles*, les *postes*, les *chevrotines*, le *plomb à lièvre*, le *menu plomb*, la *cendrée* se trouvent compris sous cette dénomination.

La *balle* est un globule de plomb qui remplit le vide ou une assez grande partie du vide du canon de fusil. Le calibre des fusils de chasse ordinaires est généralement de 24, c'est à dire que la balle pèse un 24ᵉ de la livre. On en fait néanmoins de 26 et de 28. On se sert quelquefois de balles pour la chasse au cerf, au loup et au sanglier.

Elles doivent être en plomb bien pur, car s'il y entrait de l'étain, le poids en serait plus léger, et elles auraient moins de portée.

Lorsqu'on veut faire des balles, on met des morceaux de plomb dans une cuiller de fer épaisse, et pourvue, sur le bord à gauche, d'un petit goulot, et l'on tient cette cuiller sur le charbon allumé, jusqu'à ce que le plomb soit fondu et qu'il présente une couleur violette. On en écarte l'espèce d'écume ou de peau qui surnage, et on coule dans le moule, que l'on tient de la main gauche, jusqu'à ce que ce moule soit rempli, mais sans déborder. Alors on frappe un peu le moule en bas, on l'ouvre, et on renverse la balle, qui doit être parfaitement pleine et unie. On peut couler plusieurs balles avant de remettre la cuiller sur le feu, et continuer tant que les balles sortent du moule bien unies ; mais dès qu'on s'aperçoit que la balle présente un cercle, il faut remettre le plomb sur le feu. Lorsque les balles sont refroidies, on en coupe le jet avec le ciseau qui fait ordinairement partie du moule ; on enlève leurs inégalités en ratissant avec un couteau, de manière à rendre les balles parfaitement rondes. On place dans des sacs de peau particuliers et marqués les balles de différens calibres. Dans ce travail, on trouvera peut-être quelques balles qui seront plus ou moins creuses en dedans : il est inutile de dire qu'on doit les mettre de côté pour les faire fondre une autre fois.

La meilleure charge pour le bois, quand on chasse à la grosse bête, est de deux balles de calibre, ou d'une balle et d'un petit lingot. Une seule balle perce sans doute mieux que deux ; mais aussi deux balles, quoique avec un peu moins de force, tuent mieux qu'une, et d'ailleurs, si l'une manque, l'autre peut porter.

On trouve, dans le *Traité de la chasse au fusil*, un procédé pour ramer les balles que l'on destine à la chasse des grosses bêtes. On prend un fil de laiton un peu gros, de 4 à 5 pouces de longueur, que l'on roule en tire-bourre de la hauteur de 4 à 5 lignes, sur un petit cylindre de fer de la grosseur d'une forte plume d'oie ; on retire le cylindre, on détache une extrémité du laiton de la spirale, on la courbe un peu tout au bout, et on l'introduit dans le moule en la maintenant en l'air d'une main, de façon qu'en coulant la balle de l'autre, elle se trouve enveloppée par le plomb. On retire la balle, et l'on répète la même opération pour l'autre extrémité du laiton ; alors on a deux balles solidement accouplées ensemble, et il ne s'agit plus que de rajuster et de resserrer la spirale en tournant les balles avec les doigts.

Il y a aussi un procédé pour faire des balles partagées en quatre. Le moule dont on se sert est lui-même ainsi partagé par deux petites lames rondes de tôle ou de cuivre, se croisant à angle droit. La balle étant fondue dans le moule, on retire la cloison qui la partage en quatre, et on a soin, en coupant le jet, de lui laisser un peu d'excédant, afin que les quatre parties ne se séparent pas, et en la mettant dans le canon du fusil de la tourner de façon que le jet soit en haut. Cette espèce de balle s'ouvre et se déploie en frappant la bête, et fait, par ce moyen, une plaie bien plus large qu'une balle ordinaire ; mais on ne doit guère se fier à une pareille balle pour tirer de près.

Les *chevrotines* sont un diminutif de la balle ; elles ont la grosseur d'un pois moyen. On s'en sert surtout pour la chasse au chevreuil, en en mettant de quinze à dix-huit par coup. Elles ont beaucoup d'inconvéniens, car on a éprouvé qu'à la distance de 40 à 50 pas, elles couvraient un espace de plus de 5 à 6 pieds en carré. Si, à cette distance, la bête en reçoit une ou deux, c'est tout ce qu'on peut attendre, et, à moins que le hasard ne la porte dans quelque endroit mortel, la bête ne reste jamais. On voit par là combien il y a peu à compter sur une pareille charge, lorsqu'on ne tire pas à la distance de 25 à 30 pas ; et alors une charge de plomb à lièvre aurait suffi. Ajoutons à cela que la chevrotine est dangereuse pour les chasseurs, surtout dans les battues, parce qu'elle s'écarte prodigieusement.

Le plomb de chasse, dans le sens le plus ordinaire qu'on attache à ce mot, comprend toutes les sortes de plomb qu'on appelle *dragée*. Le choix en est important : le meilleur plomb est celui qui est le plus égal, le plus rond et le plus plein, c'est à dire, le moins mêlé de grains creux.

Le plomb se divise en trois séries principales par rapport à sa grosseur : le *plomb à lièvre;* le plomb à *lièvre second*, dont trois grains ne pèsent qu'un grain de plomb à lièvre ordinaire; la *cendrée*, qui n'est pas plus grosse qu'une graine de navette.

Mais ces séries se subdivisent en un plus grand nombre d'espèces ou de numéros. Les Allemands en font huit numéros depuis o, qui est le plus gros, jusqu'au numéro 7, qui est le plus petit. Nous les divisons davantage; savoir : depuis o jusqu'au numéro 12.

Les numéros o, 1, 2 et 3 servent pour le chevreuil, l'outarde, l'oie sauvage.

Les numéros gros 4, petit 4 et 5 pour le lièvre et la perdrix.

Les numéros 6, 7, 8, pour les grives et les bécasses.

Le numéro 9, qui est la cendrée ordinaire, pour les petits oiseaux.

Les numéros 10, 11, et 12 sont très peu en usage, parce qu'ils sont tellement fins qu'ils ne conviennent que pour tirer presqu'à bout portant, ou pour ménager le plumage des oiseaux qu'on veut empailler.

On a renoncé depuis long-temps à l'usage de mouler le plomb à giboyer, parce que le procédé qu'on employait était long, difficile et exigeait un appareil pour couper et ébarber les grains; d'ailleurs le plomb présentait toujours quelques protubérances qui restaient après qu'on avait coupé le jet, et, par cette raison, il portait moins ensemble et moins loin.

Le coulage à l'eau a le double avantage d'être beaucoup plus expéditif et d'un succès plus certain; il produit un plomb parfaitement rond et plein. On emploie aussi un autre procédé, qui consiste à précipiter le plomb fondu d'une grande hauteur; la matière se divise et tombe en grenailles de grosseur différente, qu'on passe dans des cribles dont les trous sont proportionnés aux numéros du plomb qu'on veut obtenir. Nous ne donnons point la description de ces procédés, parce qu'il y aurait peu d'économie à fabriquer son plomb soi-même, et que d'ailleurs il faudrait faire l'achat des appareils.

Le plomb, à charge égale de poudre, a une portée d'autant plus grande qu'il est plus gros; mais aussi plus il est gros, moins il se trouve de grains pour le même poids, et plus, par conséquent, le coup laisse de vides. Il y a donc avantage à tirer avec du plomb plus petit, toutes les fois que le but ne devra pas être éloigné, et qu'il sera assez gros pour tuer le gibier contre lequel on l'emploie. Ainsi les chasseurs emploient différentes grosseurs de plomb suivant l'espèce de gibier, la distance à laquelle ils doivent tirer et les saisons où ils chassent.

Voici les portées approximatives des différens numéros :

Les numéros 1 et 2 portent très bien de.............	110 à 120 pas.
Les numéros 3 et 4, de.....	90 à 100 pas.
Les numéros 5, 6 et 7, de....	60 à 70 pas.
Les numéros 8 et 9, de......	35 à 45 pas.

Ajoutons à ce tableau celui du nombre approximatif de grains de chaque numéro qui forme une once :

Numéros.	Nombre de grains par once.
3...........	72
3 petit.........	85
4...........	110
4 petit.........	190
5...........	250
6...........	375

Dans le commencement de la chasse aux perdreaux, vers la mi-août jusqu'aux premiers jours de septembre, comme ils partent alors de près, et qu'on ne tire guère au delà de 40 pas, il est à propos de ne se servir que du numéro 5, et il est rare qu'ils échappent, pour peu qu'on tire juste.

Les lièvres, dans cette saison, partant aussi d'assez près, et étant d'ailleurs peu garnis de poil, on les pelote très bien avec ce plomb, à la distance de 30 à 35 pas.

Il est encore à propos de se servir du numéro 5 dans les pays où il y a beaucoup de cailles, et il convient surtout pour la chasse des bécassines. Si l'on se sert de plomb plus gros, quelque juste que l'on tire, on manque fréquemment, parce que le gibier échappe dans les vides du coup. Il y a même des chasseurs qui ne tirent les cailles et les bécassines, ainsi que les grives, dans les pays où elles abondent, qu'avec le numéro 6, même avec le numéro 7, dit communément *menuise*. Beaucoup d'autres ne se servent, dans la primeur de la chasse, que du numéro 6; après la mi-septembre, que du numéro 7, et pendant l'hiver, que du numéro 4.

Vers la mi-septembre, lorsque les perdreaux sont *maillés*, et qu'ils ont l'aile plus forte, le numéro 4 ou *petit quatre* est le plomb le plus avantageux dont on puisse se servir. Il tient un juste milieu entre la dragée trop grosse et la dragée trop menue, forme une rose bien garnie, pelote un lièvre, et même un renard à 35 et 40 pas, et une perdrix à 50, pourvu que la poudre soit bonne. Il convient aussi parfaitement pour la chasse des lapins, enfin il est de toutes les saisons, et beaucoup de chasseurs s'en servent toute l'année. Les plus habiles tireurs ne se servent presque jamais d'autre plomb. Cependant il se présente à la chasse des coups lointains, qu'on peut manquer faute de gros plomb; mais ces coups, peu fréquens, qui auraient pu porter avec du plomb plus fort, ne peuvent entrer en compensation avec tous ceux que le gros plomb, qui ne garnit pas assez, fait manquer, surtout pour le gibier à plume, soit perdrix, bécasse, ramier, etc.; c'est ce qu'une longue expérience a appris.

Si l'on tire habituellement avec de la dragée numéro 3, une perdrix que, par hasard, un grain de plomb ira tuer à quatre-vingts pas, on en manquera vingt à cinquante pas, qui passeront dans le vide des coups.

Il est cependant des cas particuliers où il convient de se servir du numéro 3 ou *petit trois*. On s'en servira dans les plaines où il y a beaucoup de lièvres, et surtout dans les battues où l'on ne tire que cela ; dans des temps où les perdrix ne tiennent pas et partent de très loin ; pour tirer le lièvre et le renard, devant les chiens courans ; enfin ce numéro paraît être le plus gros dont un bon chasseur doive faire usage, même pour le chevreuil et les gros oiseaux d'eau ; il fait autant d'effet que les numéros 1 et 2, et garnit mieux ; ces deux derniers plombs doivent être réservés pour le daim, le cerf et le chamois, et même pour le loup et le sanglier à bonne portée.

XXIV. *Des bourres ou tampons.* La bourre sert à séparer, dans le canon d'une arme à feu, la poudre d'avec le plomb, et à fixer ensuite le plomb sur la poudre. On emploie diverses matières pour bourrer une arme : le papier ordinaire, le papier brouillard, le chiffon, la filasse, le feutre de vieux chapeaux, les rognures de buffle, le poil de vache et de chevreuil, etc.

Le choix de la matière pour la bourre qui se place sur la poudre n'est pas indifférent ; la bourre qui se place sur le plomb est moins importante, parce qu'elle n'a d'autre objet que de le maintenir.

La bourre qui se place sur la poudre doit être à plein dans le canon, sans cependant y être trop serrée ; il faut qu'elle soit d'une matière molle et maniable, mais assez consistante pour chasser la dragée et la conduire jusqu'à une certaine distance hors du canon. Si elle serre trop, si elle est d'une matière dure et raide, comme du papier très fort, le fusil repousse et la dragée s'écarte davantage. Si elle ne serre pas assez, et si elle est d'une matière très légère, comme de la laine, du coton, des feuilles sèches, elle n'a pas assez de consistance pour chasser et conduire le plomb, et le coup perd de sa force.

Le papier brouillard fin, roulé entre les doigts, se moule bien dans le canon, et fait une bourre assez égale et qui porte à douze ou quinze pas. Il faut que la petite boule soit un peu plus forte que le calibre, parce qu'alors elle essuie le canon lorsqu'on la chasse avec la baguette, ce qui est toujours avantageux pour la direction du projectile, parce que plus un canon est propre, mieux il porte.

Les tampons que l'on fait avec un vieux chapeau ou des rognures de buffle, au moyen d'un emporte-pièce assorti au calibre du fusil, et que l'on enfile comme des boutons d'habit, pour s'en servir au besoin, sont très estimés par plusieurs chasseurs, parce qu'ils embrassent bien le calibre de l'arme, laissent peu d'accès à l'air, retiennent la charge bien ferme et enlèvent la crasse du canon ; mais il faut que ces tampons soient un peu épais et fermes, et qu'ils aient un diamètre tel que l'on ait à employer un peu de force pour les enfoncer dans le fond du canon. Il est à observer que lorsqu'un fusil vient d'être nettoyé et que le canon est bien propre et uni, il convient, si on charge à balle libre ou à gros plomb, d'employer, pour le premier coup, une bourre un peu forte de papier brouillard, parce que le tampon de chapeau se laisse, dans ces cas, facilement déplacer par le poids du plomb. Mais cette précaution n'est plus nécessaire pour la seconde charge, si le tampon de feutre est fort.

Les rognures de buffle de 2 ou 3 lignes d'épaisseur, qui se vendent chez les ceinturonniers, sont encore préférables au tampon de chapeau, parce qu'ils ont à la fois la consistance, la souplesse et le moelleux que l'on peut désirer. On a reproché aux tampons de feutre et de buffle d'être incommodes à mettre dans le canon, de s'y tourner quelquefois et de se laisser difficilement conduire bien à plat sur la poudre. Nous sommes persuadé qu'avec un peu d'attention on évite ces inconvéniens.

On fait encore des bourres en papier avec un emporte-pièce fait exprès, qui, en coupant le tampon, donne à la face qui doit être tournée du côté du plomb une forme légèrement concave. Mais ces bourres, pour être bonnes, doivent avoir 2 lignes d'épaisseur.

Si l'on se sert de bourres de poil, il faut donner la préférence au poil de chevreuil ; on doit la donner aussi à la filasse de chanvre sur celle du lin, qui est trop molle et ne présente pas autant de résistance à l'écoulement du plomb. Mais les bourres de filasse et de chiffon présentent le double inconvénient d'entortiller quelquefois le plomb et de lui faire faire balle, et de s'enflammer toujours, ce qui peut causer des incendies, surtout dans la saison où les feuilles et les herbes sont sèches. Chaque année, des désastres, causés par le feu dans des forêts, sont attribués à l'imprudence des chasseurs. Les bourres de papier ne sont point exemptes de ce dernier inconvénient, que ne présentent pas les bourres de feutre et de poil, parce que le feutre ne s'enflamme point, et que le poil s'éteint aussitôt.

Dans les pays où il y a des pommiers, on trouve sur ces arbres une mousse fine, de couleur grisâtre, qu'on dit très bonne pour bourrer, et qui a l'avantage d'encrasser moins le canon que le papier brouillard. On peut encore bourrer la poudre avec un bouchon de liége de 2 à 3 lignes d'épaisseur, et quelques chasseurs préfèrent les tampons de cette matière à ceux de feutre, parce qu'ils ne se tourmentent point dans le canon ; mais, d'un autre côté, on dit que le liége n'accompagne pas aussi bien le plomb que la bourre de papier, et qu'il peut favoriser son écartement.

XXV. *Des enveloppes des balles.* Les enveloppes qu'on met autour des balles pour les faire glisser dans le canon et en remplir la capacité, sans qu'il puisse y rester du jour, se font en futaine, en toile ou en peau de gant mince, selon que la balle exige une enveloppe plus ou moins épaisse. On graisse avec du suif le côté uni du morceau qu'on destine à faire des enveloppes, et on leur donne une figure octogone ou ronde, et une étendue suffisante pour qu'en la mettant dans l'embouchure du canon et l'y enfonçant avec la balle, elle entoure entièrement cette balle. Si on se sert d'une carabine dont le canon soit profondément rayé, il faut employer de préférence des enveloppes de peau ou de futaine, parce qu'elles remplissent bien les cannelures du canon ; mais si le fusil est à canon uni ou finement rayé, on doit préférer les enveloppes en toile, pourvu qu'elle soit forte et neuve, parce que le vieux linge se déchire lorsqu'on enfonce fortement la balle.

XXVI. *De la pierre à feu.* C'est la dernière, mais très importante pièce de l'arme à feu ordinaire. On achète les pierres toutes préparées dans les boutiques ; on doit préférer celles de silex ou cailloux, les plus transparentes, qui ont une forme régulière et qui ne présentent point de taches à l'extérieur.

Il y a des chasseurs qui font usage de pierres d'agate, parce qu'ils prétendent qu'elles font plus de feu, mais il paraît que les pierres à feu ordinaires valent autant, sous ce rapport, et elles ont, d'un autre côté, l'avantage de s'écailler moins et de durer plus long-temps.

Quand on a une pierre qui est trop grosse du derrière ou des côtés, on la taille avec un petit marteau, après l'avoir mouillée et l'avoir placée sur un corps dur ; on en détache des parcelles petit à petit, pour la mettre dans la forme convenable. On la fixe entre les mâchoires du chien, après l'avoir placée soit dans une petite lame de plomb coupée à la mesure convenable, soit dans un morceau de peau ou d'étoffe de laine, et on l'établit de manière qu'elle puisse frapper sur toute la largeur de la batterie, sans toucher le canon par ses angles. Quelques chasseurs mettent le biseau de la pierre en dessus, d'autres en dessous ; mais il est assez indifférent, pour faire feu, qu'elle soit dans un sens ou dans un autre ; seulement, elle s'écaille moins quand le biseau est en dessus. Quand une pierre est émoussée, elle ne peut que très difficilement détacher de la batterie les particules d'acier que le frottement doit enflammer pour mettre le feu à la poudre. Il faut, dans ce cas, rétablir le tranchant ; pour cet effet, on bande la pierre, et on appuie fortement l'index de la main gauche sur la pierre, et avec un petit marteau ou une clef, ou mieux encore avec le dos d'une lame de couteau, on l'abat doucement sur le devant. Il s'en détache de petites parcelles de la face inférieure, ce qui diminue l'épaisseur. Mais il faut avoir la précaution de ne pas frapper trop fort, afin de ne pas détacher de gros éclats, car cette pierre, qui peut communément supporter quarante coups sans être détruite, serait bientôt hors de service (1).

CHAPITRE III. — DE LA MANIÈRE DE CHARGER LES ARMES A FEU.

La manière de charger une arme à feu est d'une grande importance, et la moindre négligence peut occasioner des accidens. Un fusil peut crever par une trop forte charge, par un intervalle laissé entre la poudre et la bourre ; et il peut crever encore si l'embouchure du canon se trouve bouchée par de la terre ou de la neige. Si cet accident n'arrive point, dans le cas d'une charge mal proportionnée ou d'une mauvaise manière de bourrer, au moins y a-t-il d'autres inconvéniens, tels que ceux de produire un recul plus sensible et d'écarter le plomb davantage.

XXVII. *Quantité de poudre et de plomb.* Quelle que soit l'arme que l'on veuille charger, il faut que la quantité de poudre et de plomb soit proportionnée à la force de cette arme, à l'espèce de gibier et à la distance à laquelle on est quelquefois contraint de tirer. Cependant il y a un terme moyen dont on ne s'écarte pas beaucoup, et qui a été déterminé par des expériences.

Espinar, auteur cité dans la *Chasse au fusil*, détermine la charge des fusils d'après le poids de leur balle de calibre, fixant le poids de la poudre au tiers du poids de la balle, soit pour tirer à balle, soit pour tirer à dragée, et celui de la dragée à moitié en sus ou tout au plus au double du poids de la balle.

On a fixé aussi la charge de poudre à deux fois et demie le volume de la balle dont le calibre est juste à celui de l'arme dont on se sert. Ainsi, lorsqu'on emplit deux fois et demie le moule à balle, sans comprendre l'orifice, on a la mesure de poudre nécessaire. Enfin, un auteur italien a donné pour règle, quant à la poudre, une mesure de même diamètre que le canon et double en profondeur de ce diamètre.

L'auteur de la *Chasse au fusil* assure qu'un gros, ou tout au plus un gros un quart de bonne poudre, et une once ou une once un quart de plomb suffisent pour les fusils de calibre ordinaire, c'est à dire depuis 24 jusqu'à 30. Cependant, ajoute-t-il, lorsqu'on veut se servir de grosse dragée, comme le n° 3, il est bon d'augmenter la charge de plomb d'un quart en sus, et d'avoir, à cet effet, une mesure particulière.

Toutes ces données ont beaucoup de rapports. En effet, une balle de calibre de 24 pèse environ 5 gros, dont le tiers est d'un gros deux tiers, et nous voyons que l'auteur de la *Chasse au fusil* conseille d'employer un gros ou un gros un quart de bonne poudre, ce qui suppose qu'on peut en employer un peu plus si la poudre n'est pas de la qualité qu'il suppose. Quant au plomb, les mêmes rapports existent, puisque, d'après Espinar, il faut que la dragée ait, en poids, une fois et demie ou deux fois celui de la balle, ce qui fait de 8 à 10 gros, poids qui est même que celui indiqué plus haut, et qui est effectivement adopté.

Rien n'est plus faux que ce vieil adage : *Chiche de poudre et large de plomb*. Il faut que les proportions indiquées soient observées ; car si on n'emploie pas une charge de poudre suffisante, ou si la charge de plomb est trop forte, la poudre n'a pas assez de force pour le chasser au but ; s'il y a excès de plomb, les grains se nuisent et se heurtent, et une partie tombe en chemin ; s'il n'y a pas assez de plomb, le coup ne garnit pas ; enfin, met-on une charge excessive de poudre, on court le danger de faire crever le canon ; l'explosion est plus forte, le plomb écarte davantage et le recul est plus fort.

XXVIII. *Manière de charger la carabine.* On em-

---

(1) Les fusils à système ayant été adoptés, depuis long-temps, par les chasseurs de toutes les classes, et les fusils à pierre ayant été généralement abandonnés, nous aurions pu nous dispenser de parler de *la pierre à feu* et *du fusil à pierre*; si nous n'avons pas agi ainsi, c'est que nous avons voulu nous mettre à l'abri du reproche qu'on aurait pu nous adresser sur une omission qui rendrait incomplet notre article relatif au fusil.

ploie, pour la charge de la carabine, plus de poudre que pour le fusil ordinaire. La charge de poudre, pour tirer à balle seule, est de deux fois et demie à trois fois la mesure du moule à balle.

Lorsqu'on charge cette arme, on enfonce dans le trou de la lumière une petite plume qu'on a un peu échancrée, ou, ce qui vaut mieux, on remplit le bassinet avec un chiffon, afin qu'aucun grain de poudre ne puisse sortir par la lumière. Cela fait, on pose l'arme sur terre, on l'appuie sur le bras gauche, ou bien on la place entre les cuisses, en l'inclinant un peu ; on tire la baguette, à laquelle est attachée la mesure à poudre ; on remplit cette mesure et on verse la poudre dans le canon ; puis on place par-dessus un très léger tampon de papier gris, ou d'étoupe, ou de poil. Ensuite on étend une enveloppe à balle, que l'on place sur l'embouchure du canon, le côté graissé étant dirigé par en bas ; on y pose une balle, en en tournant en bas la partie qui a été rognée, et on l'enfonce avec la baguette autant qu'elle peut aller. Lorsqu'elle ne veut plus glisser, on prend la baguette entre le pouce et l'index de la main droite, et on la lance sur la balle à plusieurs reprises et jusqu'à ce qu'elle rebondisse ; ce qui indique que la balle repose étroitement sur la poudre. On retire la plume qui bouche la lumière, ou le chiffon qu'on a mis dans le bassinet, on emplit ce bassinet de poudre, mais sans y en verser assez pour qu'en fermant le bassinet, le couvert puisse la comprimer.

M. Hartig observe que, lorsqu'on a tiré plusieurs coups avec une carabine, par un temps de pluie ou de brouillard, et que l'intérieur du canon se trouve humide, il y a une manière particulière de la charger, pour empêcher que la poudre ne reste attachée aux cannelures du canon, ou ne ramasse trop d'humidité. Ce moyen consiste à incliner fortement vers la terre la gueule du canon, à y introduire la poudre jusqu'à la culasse, au moyen de la baguette à laquelle est attachée la mesure à poudre, et à relever promptement la carabine. On conçoit que la poudre étant contenue dans la mesure qui s'introduit avec la baguette presque de bas en haut, l'arme étant fortement inclinée, elle ne touche pas aux parois du canon.

XXIX. *De la charge des canardières.* Les canardières ayant des calibres différens suivant le goût de ceux qui les font fabriquer, on ne peut indiquer que d'une manière générale la charge qu'il convient d'y mettre ; nous avons vu plus haut que, pour toute espèce d'arme, la charge de la poudre devait être d'un poids égal au tiers de celui de la balle de calibre, et la charge de plomb d'un poids double de cette même balle. C'est donc cette règle qu'il faut suivre. Du reste, la manière de charger une canardière est la même que pour le fusil ordinaire, puisque cette arme ne diffère du fusil que par la longueur et la largeur de son canon.

XXX. *De la charge du fusil.* Le fusil se charge avec moins de force que la carabine, c'est à dire que la poudre et le plomb ne doivent être battus que très légèrement.

Assez ordinairement on commence par amorcer avant de charger, parce que le reste de la poudre contenu dans la mesure, se versant ensuite dans le canon, on n'a plus qu'à s'occuper de bourrer et de mettre la charge de plomb ; mais cette pratique, qui ne pourrait être excusée que lorsque la lumière du fusil s'étant agrandie le fusil s'amorce de lui-même, présente trop de danger, parce qu'il peut arriver que le chien, mal assuré au repos, s'abatte pendant qu'on charge et fasse partir le coup. D'ailleurs on voit mieux, en amorçant en dernier, si la poudre de l'intérieur communique au bassinet. Cependant, si un chasseur tient à cette habitude, au moins doit-il prendre ses précautions pour éviter les accidens : il dirigera le canon de son fusil de manière à ce que, si le coup vient à partir, il ne puisse le blesser ni ceux qui se trouvent avec lui ; ou bien, ce qui est encore plus prudent, il aura un étui pour couvrir la pierre pendant l'opération de la charge. Par ce moyen, lors même que le chasseur aurait commis la faute grave de ne point mettre le chien au repos, il n'y aurait point d'accident à craindre.

Voici au surplus la meilleure manière de charger un fusil : mettre le chien au repos, fermer le bassinet et poser l'arme à terre, la sougarde tournée vers la cuisse gauche, le canon appuyé contre l'avant-bras, et de manière à avoir les deux mains libres ; prendre la poire à poudre et en mesurer une charge que l'on verse dans le canon, en ayant soin de le tenir, le plus qu'on peut, dans la ligne perpendiculaire, afin que la poudre tombe plus aisément au fond et qu'elle n'y forme pas le sifflet : il est bon même de frapper légèrement de la crosse du fusil contre terre, afin de détacher les grains de poudre, qui se fixent, en tombant, aux parois du canon ; mettre une bourre par dessus, que l'on enfonce un peu ferme avec la baguette, mais sans y mettre de force : il suffit d'appuyer deux ou trois fois la baguette sur le tampon, car si l'on comprime trop la poudre, une partie des grains s'écrase, elle prend feu plus difficilement et le fusil repousse davantage ; retirer ensuite la baguette, et la remettre à sa place ; prendre le sac à plomb ; en mesurer une charge que l'on verse dans le canon ; donner un léger coup de crosse en terre, comme pour la poudre, afin que le plomb se tasse un peu et s'arrange bien ; placer par dessus un tampon qui doit être moins fort que celui de la poudre, et que l'on enfonce de manière qu'il touche exactement le plomb et ne laisse aucun intervalle ; toutefois il ne faut pas battre le plomb, car, si on le bourre trop, le fusil repousse, la dragée s'écarte et porte mal.

La charge du fusil à deux coups exige une attention particulière ; et l'on doit surtout éviter l'erreur de charger deux fois le même canon. Pour cet effet, lorsqu'on a chargé le premier canon, on y laisse la baguette, et on ne la retire que pour bourrer le second et la remettre à sa place. M. Hartig observe que l'on évite bien des erreurs quand on est pourvu d'une mesure double pour la charge des fusils à deux coups. Il est certain que, par ce moyen, on ne risque point de mettre double charge, comme cela arrive quelquefois quand on met de suite les deux coups de poudre avec la même mesure. Il est évident que la mesure double ne dispenserait pas d'avoir une mesure simple dans laquelle on verserait, successivement, les deux charges et dont on se servirait lorsqu'on n'aurait qu'un canon à charger.

L'arme étant chargée, on la saisit de la main gauche, qui l'élève et en fait passer la crosse sous le bras droit; on découvre le bassinet de droite, on examine s'il y est passé quelques grains de poudre de l'intérieur, et, dans ce cas, on verse l'amorce, et on abat la batterie; si la poudre du canon n'a point communiqué avec le bassinet, on passe l'épinglette dans la lumière. On amorce ensuite le bassinet de gauche, en inclinant un peu l'arme à droite. Il est inutile d'observer que si l'on met trop de poudre dans le bassinet, elle s'écrase par la batterie et ne prend pas feu aussi facilement.

Cette manière de charger s'applique aux fusils à système aussi bien qu'aux fusils à pierre; seulement les amorces n'étant pas les mêmes ne peuvent être également appliquées aux uns et aux autres. Mais ce qui est important, c'est de ne pas négliger, avant de charger, de mettre au repos le fusil à pierre, de rabattre sur les cheminées les chiens de celui à système et de ne les amorcer l'un et l'autre que lorsque l'arme est chargée.

Lorsqu'on veut tirer à balle, on en met une ou deux après la bourre de la poudre, et on place, comme pour la dragée, une bourre par dessus la balle; ou bien, au lieu de bourre, on entoure la balle ou les deux balles, d'une enveloppe, de telle manière qu'elles remplissent exactement le canon, mais seulement au point que l'on puisse les enfoncer sans aucun effort, et, au besoin, les retirer avec un tire-bourre. Les balles légèrement enveloppées vont plus droit, et détériorent moins les canons minces des fusils doubles, que celles qui ne le sont pas.

Nous avons dit que l'on charge quelquefois son fusil, pour les bêtes fauves, de deux balles égales jointes avec un fil d'archal. C'est ce qu'on appelle *balle ramée*.

Il faut avoir bien soin, quand on charge à balle, de ne point laisser de jour entre la poudre et la balle, car autrement le canon pourrait crever, surtout lorsque la balle est chassée à force, avec une baguette de fer.

Quand on a tiré, il faut avoir soin de recharger aussitôt, afin d'empêcher le canon de devenir trop humide et de nuire à l'activité de la poudre. Il est bon aussi, après chaque coup, de passer l'épinglette ou plutôt une plume de perdrix dans la lumière pour la nettoyer.

On doit, autant que possible, ne charger son arme qu'en entrant en chasse; et il ne faut jamais oublier de la décharger avant de rentrer chez soi, pour éviter les dangers auxquels on est exposé par l'inobservation de cette utile précaution.

XXXI. *De la manière de charger le pistolet.* La manière de charger le pistolet est la même que celle employée pour la carabine ou pour le fusil, suivant qu'on veut le charger à balle ou à plomb; mais il faut avoir soin de n'amorcer qu'après avoir chargé, si la pierre n'est pas couverte d'un étui.

CHAPITRE IV. — Principes pour bien tirer.

XXXII. *De la manière de tirer la carabine.* La première condition, pour bien tirer la carabine, est d'avoir une bonne vue; il faut que le canon de l'arme soit tenu ferme, sans remuer d'aucun côté; que l'objet que l'on vise soit dans une ligne parfaite avec le guidon que l'on fixe par l'embouchure de la visière, et que, sans faire le plus léger mouvement, l'on presse doucement la détente pour faire partir le coup. Si la carabine est bonne, ce sera toujours la faute du chasseur s'il n'atteint pas le but. Mais si l'on tire toujours trop haut ou trop bas, et que cependant l'on ait précédemment donné dans le but avec la même carabine, c'est ordinairement parce que le but est trop près ou trop loin, ou parce que la qualité de la poudre est changée. Si l'on tire trop haut, parce que le but est plus près que la distance à laquelle on a précédemment tiré, il faut, dans ce cas, prendre du plus petit plomb, et, si ce moyen ne produit pas assez d'effet, il faut alors viser plus ou moins au dessous du point vers lequel on veut tirer; mais, si l'on tire trop bas ou trop court, parce que le but est trop éloigné, c'est le cas d'employer des balles de calibre, ou de viser au dessus du but, pour que la balle y arrive. Lorsqu'on tire trop haut, parce que la poudre a trop de force, ou trop bas, parce qu'elle n'en a pas assez, il faut, dans le premier cas, diminuer un peu la charge, et, si les enveloppes des balles sont trop épaisses, les remplacer par de plus minces; et, dans le second cas, augmenter un peu la charge de la poudre, jusqu'à ce que le coup ait la force qui lui est nécessaire. Lorsque la carabine, tirée par un homme habile, donne toujours trop d'un côté, il faut déranger le guidon ou la visière, ou tous les deux à la fois. Pour cet effet, on bat un peu le guidon du côté droit, si le coup donne trop à droite, et du côté gauche si le coup donne trop à gauche; ou bien on avance un peu la visière, savoir du côté gauche si le coup donne à droite, et, au contraire, du côté droit si le coup est trop à gauche. Lorsque ces moyens ne réussissent pas, il faut donner l'arme à un bon arquebusier, pour qu'il la mette en état; autrement, on s'exposerait à la rendre plus mauvaise. Lorsque la balle d'une carabine ne parcourt pas horizontalement la ligne de mire, et qu'elle décrit une parabole avant d'arriver au but, parce que la visière est plus basse que le guidon, il faut y remédier avec une grande attention, en limant un peu le guidon si la carabine tire trop bas, ou en donnant plus de profondeur à l'échancrure de la visière, si l'arme tire trop haut.

Cette courbe ou parabole, qui, le plus souvent, se prononce au milieu de la portée du coup, est cause que la meilleure carabine, lorsqu'on tire à demi-portée, fait passer la balle au dessus du point que l'on vise; c'est pourquoi l'on est, dans ce cas, obligé, pour ne point manquer le but, de viser un peu au dessous. C'est une attention qu'il ne faut pas négliger à la chasse, où l'on tire souvent à demi-portée. Un chasseur doit, par conséquent, chercher à s'assurer de la manière de tenir sa carabine, en s'éloignant toujours de vingt ou trente pas du premier but, et il doit aussi s'exercer à tirer dans différentes situations et positions du corps, les mains libres ou embarrassées, parce qu'à la chasse il y a des circonstances où l'on ne peut se placer dans la position la plus commode.

XXXIII. *De la manière de tirer le fusil.* Pour tirer le fusil, il ne faut point une vue aussi bonne ni une précision aussi grande que pour tirer la carabine, parce que le but est ordinairement plus rapproché et que la charge de plomb couvre un espace bien plus grand que la balle. Cependant il faut s'être longtemps exercé, pour tirer le fusil avec justesse. M. Hartig conseille, pour apprendre à bien tirer le gibier, soit au vol, soit en courant, de commencer par tirer sur un but fixe; ensuite on tire sur une balle qu'on a enveloppée de papier et qu'une personne fait rouler sur la terre, et enfin sur une pierre lancée en l'air. Quand on a acquis de l'habileté à cet exercice, on devient plus fort à la chasse, que si on eût commencé par tirer sur le gibier.

La longueur et la courbure de la crosse peuvent avoir quelque influence sur la manière de tirer; nous en parlerons dans un autre paragraphe.

Pour mettre en joue, on appuie la crosse ferme contre l'épaule, en élevant le bras droit autant que possible, sans cependant qu'il en résulte de gêne dans l'articulation de l'épaule; on incline la tête à droite, en fermant l'œil gauche, et dirigeant l'œil droit le long du canon. La main droite tient la poignée, et le doigt index se place de manière à faire jouer la détente. La main gauche soutient l'arme sans empoigner le canon, et se place plus ou moins loin de la sougarde, suivant l'habitude du chasseur ou à raison de sa taille. Beaucoup de chasseurs prétendent qu'il vaut mieux placer la main gauche auprès de la sougarde; d'autres, qu'il est préférable de la porter autant en avant que possible, et ce dernier avis est celui des auteurs du *Traité général de la chasse à tir*, qui se fondent sur ce que l'arme est plus solide, lorsque la main gauche est en avant, et sur ce qu'il y a moins de danger si le canon vient à crever, parce que l'explosion se fait ordinairement dans le tonnerre. Il faut, lorsque l'on vise, que le bouton paraisse comme fixé sur la culasse du canon, et que, dans cette position, il soit très exactement dirigé vers l'objet que l'on met en joue. Alors on tire la détente, en évitant de détourner l'arme le plus légèrement que ce soit de la direction qu'on lui a donnée. Si un fusil tire toujours trop haut ou trop bas, c'est un défaut qui ne peut guère être corrigé que par un armurier, à moins qu'en augmentant ou en diminuant la charge de poudre on ne parvienne à y remédier.

XXXIV. *De la manière de tirer le pistolet.* Il faut plus d'adresse pour bien tirer cette arme que toute autre, parce qu'on ne peut la fixer d'une manière aussi solide. On tire le pistolet, soit en ayant le bras un peu courbé, soit à bras tendu, ou bien on pose le pistolet sur l'avant-bras gauche placé horizontalement, selon que l'une ou l'autre de ces positions paraisse plus commode et plus propre à donner de la fixité à l'arme. Du reste, on vise et on tire comme avec la carabine, si le pistolet est pourvu de visière ou de guidon; et, comme avec le fusil, s'il n'est pourvu que d'un bouton et d'une détente ordinaire. Mais il faut avoir le bras solide et beaucoup d'exercice, pour bien tirer le pistolet, quoique le but ne soit pas ordinairement fort éloigné.

XXXV. *Instructions particulières pour tirer juste, soit au vol, soit en courant.* L'auteur de la *Chasse au fusil*, M. Magné de Marolles, qui a donné des instructions si exactes sur les armes à feu et sur la manière de s'en servir, établit les règles à suivre pour parvenir à tirer juste; nous les trouvons retracées dans presque tous les ouvrages nouveaux, avec ou sans indication de l'auteur dont ils reproduisent les préceptes. Ces règles sont précédées des observations dont voici l'analyse : chaque chasseur a sa manière d'*épauler*, c'est à dire de mettre en joue, et veut la couche du fusil à sa guise, soit courte, soit longue, droite ou courbe. Sur cela, point de règle à établir. Cependant on peut dire d'une manière générale, que, pour un homme de grande taille, la couche du fusil doit être plus longue que pour un homme de petite taille, et qui a les bras courts. Une couche droite convient à celui qui a les épaules hautes et le cou court, tandis qu'une couche de fusil bien courbée conviendra mieux à celui qui aura les épaules basses et le cou long, parce que si, dans ce dernier cas, elle était droite, le chasseur éprouverait, en baissant la tête pour atteindre l'endroit de la crosse où sa joue doit poser, une gêne qu'il n'éprouve pas lorsque, par l'effet de la courbure, la crosse s'y prête d'elle-même. Mais, indépendamment de ces principes dont l'application est sujette à beaucoup de modifications, il est plus avantageux de se servir d'une couche longue que d'une courte, et d'une courbe que d'une droite, par la raison qu'une couche longue est plus ferme à l'épaule, et qu'une couche droite, en découvrant tout le canon à l'œil, a l'inconvénient de faire tirer trop haut.

Le même auteur conseille encore d'avoir un fusil qui relève imperceptiblement du bout et dont le guidon soit fort petit et très ras. Quiconque, dit-il, connaît la chasse, sait qu'on ne manque presque jamais pour tirer trop haut, mais pour avoir tiré dessous. Il est donc utile qu'un fusil porte tant soit peu haut; et, d'un autre côté, plus le guidon est ras, plus la ligne de mire se trouve coïncider avec la ligne de tir, et par conséquent, moins le coup doit baisser.

Le vrai moyen pour ne pas manquer le gibier en travers, ou lorsqu'il barre, soit au vol, soit en courant, n'est pas seulement d'ajuster devant comme tout le monde fait, mais encore de ne pas s'arrêter involontairement, comme il arrive à beaucoup de tireurs, au moment où on lâche la détente. Pendant l'instant presque insensible où la main s'arrête pour donner le feu, l'oiseau, qui ne s'arrête point, dépasse la ligne de mire, et le coup porte derrière. Si c'est un lièvre ou un lapin qu'on tire en courant, surtout en tirant d'un peu loin, il ne reçoit tout au plus que quelques dragées dans la croupe, et c'est un hasard si on l'arrête. Lorsque l'oiseau file en ligne droite, alors ce défaut ne peut nuire. Il est donc très essentiel d'accoutumer sa main à suivre toujours le gibier sans s'arrêter : c'est un point capital pour bien tirer.

Il n'est pas moins essentiel de devancer le gibier lorsqu'on tire en travers, et toujours en proportion de la distance. Si une perdrix, par exemple, traverse à la distance de trente ou trente-cinq pas, il suffit de la prendre en tête, ou tout au plus à quelques doigts devant. Il en est à peu près de même de la caille, de la bécasse, du faisan, du canard sauvage, quoique ces oiseaux aient l'aile moins vive que les perdrix; mais si on tire à cinquante, soixante, soixante-dix pas, il est nécessaire alors de devancer au moins d'un demi-pied. On doit pareillement tirer en avant d'un lièvre, d'un lapin, d'un renard, lorsqu'ils traversent, suivant l'éloignement où ils sont, et suivant leur allure, qui n'est pas toujours la même. Il est encore à propos, lorsqu'on tire à une grande distance, d'ajuster un peu au dessus de la pièce de gibier, parce que la dragée, ainsi que la balle, n'a qu'une certaine portée de but en blanc, au delà de laquelle elle commence à décrire une ligne parabolique.

Lorsqu'un lièvre file, le guidon doit toujours être pointé entre les deux oreilles, sans quoi on risque de le manquer ou de le tuer mal.

L'usage apprend bientôt à connaître les distances où il convient de tirer. La bonne portée, celle où l'on doit tuer avec la dragée nº 4 *petit* une pièce de gibier quelconque, est depuis vingt-cinq jusqu'à trente-cinq pas pour le poil, et jusqu'à quarante ou quarante-cinq pour la plume. Passé cette distance, jusqu'à cinquante ou cinquante-cinq pas, on ne laisse pas que de tuer encore quelques lièvres et quelques perdrix; on peut même tuer des perdrix à soixante et soixante-dix pas, mais bien rarement.

Un chasseur ne doit jamais tirer plus de vingt à vingt-cinq coups sans laver son fusil. Il doit, à chaque coup, essuyer la pierre, le bassinet et la batterie; ce qui contribue à faire partir le coup plus promptement. Enfin il faut éviter de tirer avec une amorce de la veille.

CHAPITRE V. — Du nettoyage des armes a feu.

Si l'on veut qu'une arme fasse un bon service et dure long-temps, il faut avoir soin de l'entretenir en bon état. Il est important de la tenir à l'abri de l'humidité et toujours légèrement enduite d'un corps gras pour la préserver de la rouille.

On peut distinguer deux opérations dans l'entretien d'un fusil : le *lavage* et le *nettoyage* proprement dit.

XXXVI. *Du lavage.* Le lavage a pour objet d'enlever la crasse que la poudre laisse dans l'intérieur du canon. Cette crasse en rend les parois inégales, raboteuses, affaiblit le coup, occasione des longs feux, augmente le recul, et si elle est portée à certains degrés, elle rend plus difficile et quelquefois impossible l'introduction de la balle garnie de son enveloppe. On lave le canon plus ou moins souvent, selon l'usage que l'on fait de son arme, la qualité de la poudre que l'on emploie et le plus ou moins d'humidité à laquelle l'arme a été exposée. Quand la température est sèche et la poudre de bonne qualité, on peut tirer de quinze à dix-huit coups avec une carabine, et de vingt-cinq à trente avec un fusil, avant de les décrasser; mais si le temps est humide et la poudre de mauvaise qualité, il faut faire cette opération plus souvent; il faut aussi la faire quand, après s'être servi d'une arme, on doit être quelques mois ou un an sans s'en servir.

Si l'on tire au blanc avec une carabine, un fusil ou un pistolet, on peut, après chaque coup, en décrasser le canon à sec, en se servant pour cet effet d'une baguette de bois fendue à sa partie inférieure ou pourvue d'un œil, et garnie d'un linge passé dans la fente ou l'œil qui la termine. Mais, à la chasse, on ne peut pas faire cette opération après chaque coup, et lorsqu'on a tiré un certain nombre de fois, la crasse est d'ailleurs si dure que le nettoyage à sec ne produit plus d'effet. Il faut donc, dans ce cas, laver le canon pour enlever toute la malpropreté qui s'y trouve. On procède à cette opération, soit en démontant le canon tout à fait, soit en se contentant d'enlever la batterie.

Dans le premier cas, on démonte le canon en ôtant la batterie, les capucines et la vis de culasse; mais il ne faut pas à chaque fois dévisser la culasse, et d'ailleurs cette opération doit être faite par un armurier. Lorsque le canon est démonté, on plonge la culasse dans un vase contenant de l'eau chaude, et on introduit dans le canon une forte baguette de fer, garnie d'une poignée à son extrémité supérieure, et à l'autre, d'un œil pour y passer un chiffon; en la poussant et la retirant, elle fait piston, et fait monter et refluer l'eau qui s'introduit par la lumière; on passe ensuite dans le canon un linge sec, on l'essuie fortement à l'extérieur, d'abord avec du linge, et ensuite avec un morceau de drap gras; on passe plusieurs fois une petite plume dans le trou de la lumière pour le bien essuyer, et on expose le canon au soleil, ou à une petite distance d'un feu de cheminée ou d'un poêle, pour le sécher parfaitement à l'intérieur, après quoi on le remonte.

Dans le second cas, on ôte la batterie seulement, on bouche l'ouverture de la détente avec un chiffon bien serré pour qu'il ne s'y répande pas d'eau, et on introduit une cheville de bois dans le trou de la lumière. Cela fait, on remplit le canon avec de l'eau chaude, qu'on y laisse pendant quelques minutes pour dissoudre la crasse, on verse cette eau, on débouche la lumière, et avec la baguette de fer dont nous avons parlé, ou une forte baguette de bois garnie d'un linge, on frotte l'intérieur du canon dans lequel on a remis de l'eau, en continuant cette opération jusqu'à ce que le linge de la baguette ne détache plus de crasse lorsqu'on y met de l'eau propre. Alors on renverse l'arme pour en faire écouler l'eau, on remplace le linge mouillé par du linge sec, et on frotte en changeant ce linge jusqu'à ce qu'il sorte bien sec de l'intérieur du canon. Enfin on l'essuie à l'extérieur, comme nous venons de le dire, et on le place de même au soleil ou près d'un feu pour achever d'en enlever l'humidité intérieure. Cette méthode de laver le fusil sans le démonter est indiquée par M. Hartig; elle a pour objet de ménager les vis de la culasse, qui s'usent par un fréquent démontage, ce qui peut devenir dangereux pour le tireur.

Après le lavage du canon, on enlève avec un morceau de bois pointu et un peu de linge la crasse de la poudre qui se trouve à l'intérieur et à l'extérieur de la platine, puis on y passe très légèrement un peu de graisse de pied de bœuf, en évitant d'en mettre à la pierre et à la batterie, après quoi on replace la platine.

On ne doit se servir de l'arme ainsi lavée qu'après avoir tiré un demi-coup à poudre.

Lorsque le canon d'une arme à feu, après avoir tiré un grand nombre de coups, se trouve crassé de plomb, et qu'à raison de ce qu'il est devenu plus glissant, le coup a moins de force, on le lave comme on vient de l'expliquer, et ensuite on garnit la baguette à nettoyer d'un linge très fort, imprégné d'huile d'olives mêlée avec de l'émeri; on l'enfonce dans le canon, et on frotte vigoureusement, ce qui enlève la crasse du plomb. Si on ne veut pas se donner cette peine, on porte le canon à un armurier pour le faire décrasser.

XXXVII. *Du nettoyage proprement dit.* Quand on se sert souvent des armes à feu par les temps humides et la pluie, la rouille s'attache à la platine, au canon et aux autres parties de l'arme qui sont en métal. Il faut l'enlever dès qu'on s'en aperçoit, parce que l'oxidation mange le métal et y laisse des impressions permanentes. Pour nettoyer les parties en fer et en acier, on se sert d'émeri imbibé d'huile d'olives, et, pour les polir, de sanguine (*fer oxidé*, *hématite rouge*), et de mâchefer très fin; quant au cuivre jaune, on le nettoie avec du tripoli imbibé d'eau de vie; et pour l'argent, on se sert de la corne de cerf préparée et également imbibée d'eau de vie.

Pour démonter et nettoyer une arme, il faut avoir plusieurs espèces d'instrumens, qui sont un tournevis pour dévisser et revisser la vis, un monte-ressort pour démonter et remonter le ressort de la batterie, et le grand ressort lorsqu'on nettoie l'intérieur de la platine, un tire-balle, un tire-bourre, une lime, une pince, un petit marteau, une baguette en fer ou en bois pour laver le canon, et plusieurs morceaux de bois garnis et non garnis de feutre de chapeau. Lorsqu'on veut avoir un appareil plus complet, on se procure en outre un petit étau à mains, un grand étau et un contre-poinçon pour démonter la culasse.

Démontage de la platine.

Il y a plusieurs manières de démonter les pièces de la platine. Nous allons indiquer celle qui est pratiquée dans la troupe, comme étant la plus complète; elle concerne le fusil simple, et peut s'appliquer au fusil double, et même au fusil à système, moyennant quelques modifications.

Pour démonter la platine, il faut, après avoir ôté les vis de la contre-platine, et enlevé la platine de dessus le bois,

1°. Abattre le chien sur le bassinet; placer le monte-ressort en dedans, sur le rempart de la platine, la vis du monte-ressort sur le grand ressort de la noix;

2°. Placer la platine dans la main gauche; prendre le tournevis; faire deux ou trois tours à la vis de la gâchette, pour la dégager, et, avec le manche du tournevis, frapper sur le cul du ressort de la gâchette, et l'ôter de dessus la platine;

3°. Démonter la gâchette, ensuite la bride de la noix;

4°. Renverser la platine, la batterie du côté du corps, et démonter le clou du chien et ensuite la noix;

5°. Retourner la platine pour détacher le monte-ressort du grand ressort;

6°. Démonter la vis du grand ressort, et l'ôter du corps de la platine;

7°. Renverser la platine, la queue du côté du corps; placer la griffe du monte-ressort en pinçant la pointe du ressort de la batterie pour la dégager;

8°. Démonter la vis de la batterie, ensuite le ressort de la batterie;

9°. Renverser la platine, démonter la vis du bassinet, et ôter le bassinet;

10°. Prendre le chien de la main gauche, appuyant le premier doigt et le pouce sur les mâchoires, pour démonter la vis du chien.

Nettoyage de la platine.

Quand toutes ces pièces sont placées dans un ordre convenable pour les retrouver facilement, et chacune avec les vis qui lui appartiennent, on procède au nettoyage.

On nettoie le corps de la platine et toutes les pièces qui ne sont pas bronzées, avec de l'émeri imbibé d'huile d'olives; et on se sert pour frotter d'un morceau de bois tendre et pointu; on frotte jusqu'à ce que toutes les taches de rouille soient enlevées. Puis on frotte encore le côté extérieur de la platine, et toutes les parties qui s'y attachent extérieurement, avec du mâchefer ou du fer oxidé, pour leur donner plus de brillant. On nettoie ensuite, avec une plume, les trous des vis; et, après avoir essuyé toutes les pièces avec un linge fin imbibé de graisse de pied de bœuf, on remonte la platine.

Remontage de la platine.

Pour remonter la platine, il faut : 1° remettre les mâchoires et la vis du chien ; 2° placer le bassinet sur la platine; 3° remonter le ressort de la batterie ; 4° pincer le ressort de batterie avec le monte-ressort, et remonter la batterie ; 5° replacer le grand ressort ; 6° placer le monte-ressort sur le rempart de la platine, la vis du monte-ressort sous le grand ressort, et faire plusieurs tours avec la vis pour monter le ressort ; 7° remettre la noix, l'engager dans le carré du chien, en mettant ensuite le clou du chien ; 8° remettre la bride de la noix, remonter la gâchette, ayant soin de ne point la trop serrer ; 9° ôter le monte-ressort, prendre la platine et la replacer, et remettre les vis, la grande la première ; 10° replacer la pierre.

Mais, avant de replacer la platine, on trempe très légèrement une plume dans de la graisse de pied de bœuf, et, à son défaut, dans de l'huile d'olives très fine; on passe cette plume dans les endroits où le ressort de gâchette et le grand ressort touchent à la noix, dans les autres points de jonction du ressort et à l'endroit où le ressort de batterie touche au couvert du bassinet. Alors on rattache la platine au fusil, en replaçant les vis.

On a soin, lors du nettoyage d'un fusil, de passer un linge imbibé d'huile de noix dans la couche du fusil, ainsi que dans le canon, après qu'il a été nettoyé.

Quand on veut nettoyer les garnitures, on se sert des compositions dont nous avons parlé, suivant la nature des métaux.

CHAPITRE VI. Réglemens.

Les anciennes ordonnances, notamment celles du 10 décembre 1581, art. 61, de janvier 1600 et juin 1601, et des arrêts conformes de la table de marbre de Paris, défendaient aux gardes forestiers de porter aucun fusil ou mousqueton. L'ordonnance de 1669, tit. X, art. 13, et tit. XXX, art. 6, leur permettait des pistolets pour leur défense. On avait été obligé, dans plusieurs localités, de permettre le port du fusil aux gardes, à raison des dangers auxquels ils se trouvaient exposés; et depuis la révolution, cette permission est devenue générale. L'ordonnance du 1er août 1827, art. 30, a consacré et confirmé cet usage, en les autorisant à porter un fusil simple pour leur défense, lorsqu'ils font leurs tournées et visites dans les forêts.

Il est défendu aux gardes de désarmer ceux qu'ils trouvent chassant en contravention aux réglemens ; et même de leur demander leurs fusils ou autres armes. Cela avait été jugé par des arrêts du 31 juillet 1705, et du mois d'août 1735; la loi du 30 avril 1790 et les nouvelles instructions ont confirmé cette défense : on a senti que le pouvoir de se saisir des armes de ceux qui sont en contravention donnait lieu à de graves accidens, et que les inconvéniens étaient trop grands pour tolérer cette entreprise de la part des gardes, dans une matière d'une aussi légère importance que celle d'un fait de chasse. (Voyez *Armes, Chasse, Gardes.*)

FUSTER. On dit : Cet oiseau a *fusté*, c'est à dire il s'est échappé après avoir été pris, ou il a découvert les piéges qu'on lui tendait.

FUT. On appelle ainsi le bois sur lequel est monté le canon d'un fusil ou d'un pistolet.

FUYARD. On nomme ainsi, en fauconnerie, l'oiseau qui ravit la proie. On l'appelle aussi *pillard*.

Des pigeons *fuyards* sont des pigeons sauvages, qui sont dans les colombiers à pied, et qui ne s'arrêtent pas dans les volières et basses-cours.

GAN

GABETS. Gros vers qui se logent dans la peau du cerf, du daim et du chevreuil.

GACHETTE. C'est une des pièces de la platine du fusil, que la détente fait partir.

On doit entendre aussi, sous cette dénomination, une machine quelconque qui sert à détraquer un piége.

GAGNAGE. C'est ainsi qu'on nomme les terres ensemencées où les cerfs, les daims, etc., vont *viander*, c'est à dire pâturer pendant la nuit. On dit : *Aller, être au gagnage et revenir du gagnage.*

GAI ou GAYON. Le geai en vieux français.

GALERNE. Vent de galerne, vent froid de nord-ouest. Il est rare que les chiens chassent bien quand le vent est de galerne. Ce mot n'est guère en usage que dans certaines provinces de France.

GALIS. Endroit où le chevreuil a gratté la terre avec le pied.

GALLINACÉS. Ordre de la classe des oiseaux, qui contient onze genres. (Voyez *Ornithologie.*)

GALLINULE. Genre d'oiseaux de l'ordre des échassiers, qui forme la première division du genre *foulque* (*fulica*) de Linnæus, et le genre de la *poule d'eau* de Brisson.

GAMBETTE. (Voyez *Chevalier aux pieds rouges.*)

GANGA, *tetrao alchata*, Lath. Oiseau du genre des tétras et de l'ordre des gallinacés. C'est une gélinotte, nommée vulgairement *gélinotte des Pyrénées*, parce qu'elle se trouve dans les Pyrénées-Orientales ; elle est également répandue en Espagne, en Italie, en Turquie, etc. Elle paraît aussi quelquefois au milieu de la France. Le nom de *ganga* est espagnol.

GAR

Cet oiseau est de la grosseur de la perdrix grise, et de 13 à 14 pouces de longueur. Il a les ailes plus longues que celles de la gélinotte ordinaire, les deux pennes du milieu de la queue une fois plus longues que les autres, et fort étroites dans leur partie excédante, qui ressemble plutôt à un filet qu'à une longue plume ; le plumage agréablement varié en dessus d'olivâtre, de jaunâtre, de noir et de roux ; les joues fauves ; la gorge noire ; le devant du cou olivâtre ; un collier noir au bas du cou, avec une bande rousse au milieu ; le dessous du corps blanc ; le bec et les pieds cendrés, et les ongles noirs.

La femelle n'a, au lieu du large collier qui distingue le mâle, que deux bandelettes noires fort étroites, et ses teintes sont plus rembrunies.

Les gangas volent par troupes ; ils se tiennent volontiers dans les déserts. On les recherche, parce que leur chair est une nourriture saine et délicate. (Voyez *Gélinotte et Grandoule.*)

GARDE A TOI ! Terme dont le valet de limier se sert pour parler à son chien quand il veut se rabattre.

GARDES. Ce sont les ergots du sanglier.

GARDE-CHASSE. C'est celui qui est chargé de veiller à la conservation du gibier dans un canton limité, et de tenir la main à ce que l'on ne chasse point sans permission dans l'étendue du terrain confié à sa garde. Cette qualité est ordinairement réunie à celle de garde forestier ou à celle de garde champêtre.

On peut être bon garde-chasse sans être précisément un bon chasseur; et il serait même à désirer que les gardes-chasse se bornassent à conserver le gibier; mais comme beaucoup de propriétaires se font aider par leurs gardes dans les chasses, et que quelques uns laissent à ceux-ci le soin de tuer le gibier, on est assez dans l'usage, en France, d'exiger que les gardes-chasse soient bons chasseurs.

Nous avons indiqué au mot *Chasse*, chapitre 2, les qualités physiques et morales que doit posséder un bon chasseur, et au mot *Vénerie* les connaissances particulières qu'exige la chasse à courre. Ces qualités et ces connaissances sont nécessaires à ceux des gardes-chasse qui sont destinés à joindre à leurs fonctions, comme surveillans de la chasse, celles de chasseurs proprement dits.

Une santé robuste, une vue étendue, l'ouïe fine, une grande activité sont les qualités physiques qu'on doit exiger.

Des mœurs honnêtes, la tempérance, la probité, l'honneur, la fidélité, un caractère ferme et conciliant, du sang-froid, de la discrétion, une bonne mémoire, et de l'intelligence, sont les qualités morales qu'on doit désirer, et qu'on trouve rarement réunies.

Savoir lire et écrire; rédiger un procès-verbal avec clarté; posséder les élémens de l'arithmétique; connaître les lois et les réglemens sur la chasse; ne rien ignorer de ce qui concerne les armes et leurs différentes parties, le démontage, le nettoyage et le remontage d'un fusil; savoir tirer avec justesse; connaître les chiens et l'art de les dresser, de les nourrir et de les traiter dans leurs maladies; posséder les différentes méthodes relatives à la destruction des animaux nuisibles; connaître toutes les espèces de gibier, l'instinct naturel à chacune, les objets dont elle se nourrit, les lieux où elle aime à se fixer, et les moyens de les propager; telles sont les connaissances que doit avoir un bon garde.

Quant à ses devoirs, ils consistent à exercer une surveillance active, à varier ses courses et ses heures de sorties et de rentrées; à exécuter ponctuellement ses instructions; à étudier son terrain dans les plus petits détails; à calculer toutes les chances favorables pour la découverte des délinquans et de leurs ustensiles de braconnage; à s'attacher à connaître les personnes qui fréquentent les lieux soumis à sa surveillance; à rechercher les motifs de leur introduction dans ces lieux, s'ils ne sont pas clos; à ne point tolérer les chiens errans; à employer divers moyens pour s'assurer si son canton est fréquenté par des braconniers, tels que de petits jalons placés dans les sentiers, le soin d'effacer, à l'entrée de la nuit, les traces des pas marqués sur le terrain, d'y répandre un peu de terre fraîche, et de jeter des herbes ou des ramilles dans les trouées des haies; à se rendre avant le jour dans son canton, et à examiner, dès qu'on peut distinguer les objets, s'il n'y a pas quelques traces qui décèlent l'introduction d'un braconnier ou d'un tendeur de pièges; enfin, à rechercher les délits par tous les moyens possibles, et à rendre un compte fidèle et exact à son chef ou à son maître de tout ce qui est parvenu à sa connaissance.

S'il est nécessaire qu'un garde soit vigilant et actif, il ne l'est pas moins qu'il exerce ses fonctions avec sagesse et modération. Il ne doit jamais oublier que la vie d'un homme est plus précieuse que tout ce qui fait l'objet de sa surveillance. Il doit éviter d'exalter les passions de son maître par ses rapports, et d'exciter des haines entre les familles. Un garde qui reconnaît dans son maître un goût vif pour la chasse a besoin d'une grande prudence.

Un garde-chasse ne doit jamais entreprendre de désarmer un chasseur. C'est une voie de fait qui lui est interdite à cause des accidens qu'une résistance naturelle peut occasioner. Il doit se contenter de dresser son procès-verbal. Il ne faut pas même qu'il demande le fusil à ce chasseur; il suffit qu'il lui déclare qu'il en fait la saisie entre ses mains, et qu'il l'en établit le dépositaire pour le représenter lorsqu'il en sera requis. La défense de désarmer le chasseur est textuellement exprimée par l'article 4 de la loi du 30 avril 1790, portant que « les armes avec lesquelles la contravention aura été commise seront confisquées, *sans néanmoins que les gardes puissent désarmer les chasseurs.* »

Henriquez, dans le *Répertoire de Jurisprudence*, cite plusieurs arrêts rendus en 1702, 1710, 1712 et 1715, par la table de marbre de Paris, desquels il résulterait qu'on ne doit pas prononcer d'amende ni de confiscation contre le chasseur qui aurait été désarmé par un garde. Mais, observe M. Merlin, cette jurisprudence est vicieuse : si le garde-chasse commet une voie de fait, en désarmant un chasseur, il ne détruit pas pour cela le délit que le chasseur lui-même a commis. On doit les punir tous deux : l'un, d'une peine de simple police; l'autre, de l'amende déterminée par la loi du 30 avril 1790.

L'auteur que nous venons de citer prétendait encore, en s'appuyant sur la disposition de l'art. 6 du tit. X, et de l'art. 31 du tit. XXX de l'ordonnance de 1669, que, dans certaines circonstances, les gardes pouvaient désarmer des chasseurs inconnus.

Aujourd'hui, ils ne le peuvent en aucun cas. L'art. 7 de la loi du 30 avril 1790 porte que si les délinquans sont déguisés ou masqués, ou s'ils n'ont aucun domicile connu dans le royaume, ils seront arrêtés sur-le-champ, *à la réquisition de la municipalité*. Les gardes ne sont donc autorisés à les arrêter ou les désarmer, qu'à la réquisition de l'autorité municipale.

Quant aux gendarmes, l'art. 125, n° 7, de la loi du 28 germinal an 6, les charge « *de saisir les chasseurs masqués, lorsque les délinquans seront pris sur le fait.* »

Un propriétaire est-il civilement responsable des délits commis par son garde-chasse? Cette question a été décidée affirmativement, le 1er août 1778, par le tribunal des eaux et forêts au souverain.

Les gardes-chasse et les gardes forestiers étant, sous le rapport de la législation, placés dans la même position, nous renvoyons, à cet égard, aux mots *Gardes* et *Procès-verbaux* de notre *Dictionnaire des Forêts.*

Voyez aussi, dans le présent *Dictionnaire*, les mots *Armes, Chasse* et *Vénerie.*

GARDER LE CHANGE. (Voyez *Change.*)

GARENNE. Nom qui a la même origine que *gare*, et qui signifie un lieu, à la campagne, où il y a des lapins que l'on prend soin de conserver.

Des garennes à lapins.

On appelle *garenne à lapins* tout espace peuplé d'une grande quantité de lapins. Cependant les garennes, proprement dites, sont enfermées de murs, et, pour cette raison, on les nomme *garennes forcées*. Celles qui ne sont pas forcées, et qu'on appelle *garennes libres* ou *garennes ouvertes*, sont des lieux libres dans lesquels on a placé des lapins, et où ils vivent et se propagent en toute liberté. On a détruit ces sortes de garennes, qui causaient des dommages considérables à l'agriculture; la loi du 11 août 1789 a aboli le droit exclusif, qui était déjà bien restreint, d'établir des garennes ouvertes. Nous verrons plus loin à combien de plaintes elles avaient donné lieu avant la suppression du régime féodal. Cependant il existe en France des landes, des bruyères, des sables et des montagnes couvertes d'arbustes et de buissons, où l'établissement des garennes ouvertes pourrait avoir lieu sans inconvénient. Les dunes de la Hollande, où pullulent des lapins en grand nombre, forment la richesse de leurs propriétaires. Une sorte de culture très animée et très profitable donne la vie à un sol que la nature semblait avoir voué à la stérilité. Il en est de même en Angleterre et notamment en Irlande, ainsi que dans le Danemarck, où les dunes sont couvertes de lapins sauvages qui y sont naturalisés, et où les propriétaires retirent un grand produit de leur dépouille, qui est le principal objet d'une exploitation de ce genre. L'évêque de Derry obtient d'une grande garenne située sur les bords de la mer, en Irlande, douze mille peaux de lapin par année. Les garennes libres, dans les pays où elles ne peuvent nuire à l'agriculture, sont donc des établissemens fort utiles.

On a pensé qu'il n'était plus permis d'en avoir en France, parce que la loi du 11 août 1789 avait aboli les priviléges accordés à cet égard; nous ferons connaître plus loin que c'est une erreur : il n'y a que le droit exclusif d'en former qui ait été aboli; mais comme chacun a le droit de détruire le gibier sur sa propriété, et que, d'un autre côté, le propriétaire d'une garenne est passible des dommages causés par les lapins de cette garenne, il en résulte que les garennes libres seraient aujourd'hui peu profitables, à moins qu'elles ne fussent loin des récoltes auxquelles elles pourraient nuire. Ce n'est donc guère que dans des garennes forcées qu'on peut espérer de posséder un grand nombre de lapins.

De l'utilité des garennes forcées.

Les lapins, lorsqu'ils sont mis dans l'impossibilité de nuire aux productions agricoles et forestières, c'est-à-dire lorsqu'ils sont renfermés dans des espaces clos, sont au nombre des animaux dont la possession procure à la société des ressources très utiles par leur chair, leur poil et leur peau. On éprouve, en France, depuis la suppression des garennes libres, une grande disette de poil de lapin pour la fabrication des chapeaux et celle des gants, des bas et de quelques étoffes dans lesquelles il entre pour une quantité plus ou moins grande. On évaluait à 15 ou 20 millions le prix annuel des peaux de lapin qui se consommaient avant la révolution dans nos chapelleries; et l'on sait qu'en ce moment nos manufacturiers sont obligés de faire venir de l'étranger une partie de celles qu'ils emploient, tandis que notre climat, favorable à la production du lapin, pourrait nous permettre d'en exporter abondamment, si son éducation particulière et la perfection de ses races étaient convenablement dirigées.

Les peaux, lorsqu'on en a arraché le poil, servent encore à faire d'excellente colle. La multiplication des lapins est donc beaucoup plus importante qu'on ne le pense communément, et l'on n'a pas assez songé, en les détruisant, au tort que l'on faisait à l'industrie. L'agriculture n'aura rien à redouter de ces animaux si on les tient dans des garennes forcées. Ces établissemens sont très multipliés en Angleterre, notamment dans les provinces d'Yorkshire, de Lincolnshire et de Norfolk; quelques uns contiennent plusieurs centaines d'acres. Il y en a dans le Yorkshire, où l'on prend, dans une seule nuit, de mille à douze cents lapins. On a calculé qu'une garenne de 1,800 acres rapporte jusqu'à 300 livres sterling, ou 7,200 livres tournois, tandis que le sol, mis en culture, produirait à peine 1 schelling ou 24 sous par acre.

Olivier de Serres assure qu'une garenne forcée de 7 à 8 arpens (3 à 4 hectares) peut rapporter deux cents douzaines de lapins par année, si elle est bien gouvernée et bien entretenue. En évaluant chaque pièce seulement à 50 centimes, on a un produit de 1,200 francs; ce qui fait de 150 à 170 francs par arpent. Il est peu de bonnes terres qui donnent d'aussi beaux produits; et quand on considère que les garennes peuvent être établies dans les mauvais terrains, on a peine à croire à l'indifférence de nos cultivateurs sur ce genre d'industrie.

Les Anglais emploient le poil des lapins gris dans les manufactures de chapeaux; celui des blancs et des noirs est envoyé aux Indes occidentales, et le prix moyen de ces peaux est de 1 schelling la pièce. La douzaine de peaux de lapins, tués en bonne saison, c'est à dire pendant l'hiver, se vend sur le pied de 6 à 7 francs en poil gris ou commun, 7 à 8 francs en poil noir ou blanc, et 24 francs en poil argenté.

De la manière de former et de diriger les garennes closes ou forcées.

Pour qu'une garenne soit avantageuse, il faut que les lapins y soient bons, qu'ils y multiplient beaucoup et que les lapereaux y soient hâtifs.

La bonne qualité de la chair des lapins dépend beaucoup de la situation du terrain où ils vivent et de la nature des végétaux dont ils se nourrissent. On sait, en effet, que ce sont de tous les animaux ceux dont la chair garde le mieux le goût des herbes qu'ils mangent, et que celle des lapins nourris de choux et d'autres plantes d'une saveur désagréable décèle l'odeur rebutante de ces alimens qu'on est forcé de leur donner dans l'état de domesticité. Le choix de l'emplacement d'une garenne et celui des végétaux à y entretenir sont donc d'une très grande importance.

Olivier de Serres, M. de Lormoy et les auteurs des *Dictionnaires des chasses, d'Histoire naturelle et d'agriculture*, ont donné de bonnes indications sur la manière de former des garennes et sur les soins à prendre pour l'éducation des lapins. Nous ferons usage de leurs instructions.

On choisit, à portée de la maison, s'il est possible, un coteau regardant le midi ou le levant, dont le terrain soit sec, un peu serré et néanmoins plus léger que pesant, un peu sablonneux, et ombragé d'arbres et d'arbustes. Si la nature n'a pas fait les frais de la plantation, le propriétaire doit chercher à y suppléer, en formant un petit taillis de toutes sortes d'arbres fruitiers, tels que pommiers, poiriers, pruniers, cerisiers, noisetiers, mûriers, cormiers, cornouillers et cognassiers, dont les lapins aiment les fruits; de chênes, qui sont d'un bon rapport par leurs bois et leurs glands; d'ormes, dont les racines donnent à la chair des lapins qui s'en nourrissent, en fouillant sous l'arbre, une excellente odeur, semblable à celle du thym; de genévriers qui la parfument; de robiniers, dont les feuilles sont très nourrissantes; de bouleaux, qui viennent dans les terres maigres; d'arbrisseaux et d'arbustes qui donnent du fourré et qui conviennent dans les plus mauvais terrains, comme le houx, le sureau, les épines blanches, les framboisiers, les azéroliers, le cytise, les viornes, les spirées, le buisson ardent, le marsault.

On doit avoir soin d'environner les jeunes arbres d'une forte garniture d'épines, afin de les défendre de la dent des lapins; et, si on fait des plantations de petits plants, de les garantir par des clôtures jusqu'à ce qu'elles soient défensables. Les arbres verts, tels que les pins, sapins, mélèzes, thuyas, les cyprès, les ifs, les genévriers de Virginie, la sabine, les bruyères, les genêts, le genévrier ordinaire, n'étant pas aussi sujets à être dévorés que les autres arbres et arbustes, doivent entrer dans la plantation des garennes; mais, comme les arbres résineux ne fournissent aucune dépouille utile à la nourriture des lapins, et que lorsqu'ils sont en massif, ils étouffent les herbes, on sent qu'ils ne peuvent pas former exclusivement la plantation dont il s'agit.

Lorsque la terre est très mauvaise, la principale ressource est le genévrier; et l'on forme d'ailleurs un couvert artificiel. A cet effet, on assemble plusieurs branches d'arbres, de genêts, etc., que l'on couche, et qui servent de retraite aux lapereaux que les vieux lapins tourmentent dans les terriers pendant l'été.

Toutes les plantes odoriférantes, comme la lavande, le basilic, l'aspic, et principalement le thym et le serpolet, qui rendent si renommés les lapins des montagnes et des côtes ou garrigues des anciennes provinces du Languedoc et de la Provence, doivent être répandues dans la garenne; enfin on doit y mettre des graminées, comme avoine et orge; des plantes légumineuses, comme poix, vesces, etc.; des racines, comme carottes, pommes de terre et navets, lorsque l'étendue de la garenne ne fournit pas une nourriture naturelle assez abondante.

L'eau ne vaut rien pour les lapins; les prés humides, ceux où l'herbe se charge d'une grande quantité de rosée, leur donnent une constitution malsaine et un goût désagréable. Il faut donc, comme nous l'avons dit, que le lieu soit élevé. L'exposition que nous avons indiquée n'est pas moins nécessaire pour avancer la chaleur des bouquins et des hases.

Pour qu'une garenne soit productive, il faut qu'elle contienne une quantité de lapins proportionnée à son étendue, qu'ils y soient bien nourris pendant l'été et pendant l'hiver, et qu'il n'y reste que le nombre de bouquins nécessaire. Il ne faut pas moins de 2 à 3 arpens pour une centaine de lapins de fond; ainsi, dans une garenne de 100 arpens, il n'en faudra jamais laisser pendant l'hiver plus de quatre mille. Les garennes d'une grande étendue, quoiqu'elles contiennent, proportion gardée, autant de lapins que celles qui le sont moins, ont l'avantage de leur procurer plus de liberté et une plus grande variété de nourriture; ce qui fait qu'ils approchent davantage de la délicatesse des lapins sauvages.

Il est essentiel que la garenne soit exactement fermée de toutes parts. Des murs bâtis à chaux et à sable, hauts de 9 à 10 pieds, et dont les fondemens pénètrent assez avant en terre, pour qu'en creusant les lapins ne puissent passer par dessous, sont la clôture la plus durable comme la plus sûre. Ces murs doivent être garnis, au dessous du chaperon, d'une tablette saillante, qui rompe le saut des renards. Si la situation exige que l'on pratique des trous dans ces murs pour l'écoulement des eaux, ils doivent être fermés par une grille, et de manière que les belettes mêmes ne puissent y passer. Beaucoup de garennes, en Angleterre, n'ont pour clôture que des murs de terre, dont le chaperon, en paille, genêt ou jonc, dépasse l'aplomb des murs, et les garantit des dommages de la pluie; d'autres clôtures sont faites seulement en palis, enfoncés de 2 ou 3 pieds en terre. Lorsqu'on peut disposer d'eaux vives et courantes, la clôture la plus agréable et en même temps la plus utile est celle qui consiste dans des fossés profonds de 6 ou 7 pieds, et larges de 18 ou 20; s'ils n'avaient que 10 ou 12 pieds de largeur, les lapins, cherchant toujours à gagner la campagne, les franchiraient d'un saut; ils les traverseraient même à la nage quelque larges qu'ils fussent, ou pendant l'hiver sur la glace, si le bord extérieur de ces fossés, c'est à dire celui qui est opposé à la garenne, n'était relevé et taillé à pic, et d'environ 3 pieds de hauteur. On empêche les éboulemens et les brèches par un bâtis en maçonnerie ou par une plantation d'osiers très rapprochés. Quant à la rive intérieure des fossés, elle doit être en pente douce, afin que les lapins qui se jettent à la nage pour traverser le fossé, ou y tombent en jouant, puissent aisément regagner leur habitation sans risquer de se noyer, comme il leur arriverait pour peu que la rive intérieure fût élevée, car ces animaux ne peuvent gravir lorsqu'ils sont mouillés. Les poissons que l'on met dans ces larges fossés d'eau courante ajoutent au revenu de la garenne, dont l'enceinte présente tout à la fois l'amusement et le profit de la chasse et de la pêche. Cette opération, de pratiquer des fossés remplis d'eau autour de la garenne, produit encore l'avantage de pouvoir former dans l'intérieur quelques monticules favorables aux lapins avec la terre meuble qui est extraite des fossés, et de fournir à boire à ces animaux, lorsqu'ils en ont besoin. Mais observons qu'il est difficile de trouver une situation qui permette d'entourer ainsi une garenne d'eau vive, et qui soit propre à l'éducation des lapins, puisque ces animaux perdent beaucoup de leur qualité dans les lieux humides.

Pour peupler une garenne, l'on y porte successivement des lapereaux aussitôt qu'ils ont acquis assez de force, et l'on a soin de n'y mettre qu'un mâle pour vingt à trente femelles. Bientôt le nombre des mâles excédera celui des femelles, et l'on doit avoir l'attention de le diminuer dans une proportion convenable, par exemple, dans la proportion d'un bouquin pour cinq ou six hases.

Nous avons dit que, dans la garenne de 100 arpens, il ne fallait jamais laisser pendant l'hiver plus de quatre mille lapins, ce qui fait quarante lapins par arpent : ils pourront y trouver assez de nourriture dans les temps doux ; mais il faudra leur fournir un supplément pendant les gelées et une nourriture complète lorsque l'herbe sera couverte de neige ou de givre. Si les lapins manquaient de nourriture pendant trois ou quatre jours, ils maigriraient à l'excès, et la première portée, qui est à tous égards la plus avantageuse, en serait considérablement retardée. La meilleure nourriture qu'on puisse leur donner est le regain de luzerne ou celui de trèfle, le foin et l'orge. On peut aussi leur jeter des branches de saule et de tremble, dont l'écorce leur plaît et les nourrit bien. On accoutume les lapins à venir en troupeau recevoir leur repas journalier à un coup de sifflet ou à tout autre signal.

Pour ne rien perdre du fourrage, qui souvent est assez cher, on peut le leur donner sur de petits râteliers faits en forme de berceau comme ceux des bergeries, et élevés d'un demi-pied. On les place à portée des terriers. On peut les couvrir aussi d'un petit toit de planches, pour garantir l'herbe de la pluie et de la neige. La faim y accoutume les lapins en peu de jours. Il ne faut d'abord que les affriander ; et lorsqu'il ne reste rien aux râteliers, on augmente peu à peu.

Manière de prendre les lapins dans les garennes forcées.

Lorsqu'on veut prendre des lapins dans la garenne forcée, on se sert de pièges, de filets et de trappes. On emploie aussi le fusil et le furet ; mais ces deux derniers moyens sont dangereux. Lorsqu'on se sert du fusil, on est exposé à tuer des hases, on effarouche les lapins, et d'ailleurs, lorsqu'on a tiré n'est pas tué sur le coup, il rentre au terrier, y meurt et l'infecte.

Le furet force les lapins à abandonner leurs terriers, les effraie, et les en dégoûte ; cependant si on veut s'en servir, il ne faudra le faire que pendant l'hiver, après l'avoir muselé et attaché des bourses à l'entrée du terrier. (Voyez *Furet* et *Lapin*.)

Les filets ou panneaux sont à préférer, parce qu'ils offrent un moyen plus facile et plus avantageux ; ils se tendent depuis le mois d'août jusqu'au mois de novembre, vers le milieu de la nuit, entre les terriers des lapins et les lieux où ils vont pâturer. On file un panneau sur la longueur d'une petite route couverte, s'il est possible, d'un coteau ou d'un revers de fossé ; on l'attache à des fiches ou piquets de 2 pieds de haut ; on a soin d'enfoncer ces fiches assez pour qu'un lapin ne les renverse pas, et elles sont placées à 6 toises les unes des autres. Un homme reste à ce panneau, deux autres parcourent l'espace dans lequel les lapins sont répandus ; l'effroi les faisant revenir aux terriers, ils sont arrêtés par le filet, et saisis par celui qui le garde : c'est là ce qu'on appelle *faire le rabat*. Dans une garenne un peu étendue, on en peut faire jusqu'à trois dans une nuit, en commençant deux heures après la nuit fermée. Lorsqu'on a le vent faux, ou qu'il fait clair de lune, les rabats ne réussissent guère. On voit que de cette manière les lapins étant pris vivans, il est aisé de ne tuer que les bouquins, et de laisser aller les hases et les lapins qui sont trop jeunes ou trop maigres : on ne laisse qu'un mâle pour six à sept femelles. Moins on a de mâles surabondans, plus on sauve de petits, parce qu'ils les détruisent fréquemment ; on peut aussi châtrer les mâles à mesure qu'ils tombent sous la main, et les lâcher ensuite dans la garenne ; par cette opération, ils deviennent plus gros et d'un manger plus délicat ; ils ne sont plus dangereux pour les femelles, pour leurs portées ni pour les autres mâles, tandis qu'ils se livrent entre eux des combats cruels lorsqu'ils n'ont pas été coupés.

On pratique aussi de grandes fosses recouvertes d'un plancher, au milieu duquel il y a une porte avec une petite trappe ; ces fosses sont creusées aux environs des provisions de nourriture qu'on donne aux lapins ou dans les champs semés en turneps ou cultivés pour la nourriture d'hiver. La trappe reste fermée pendant quelques nuits, pour ne pas épouvanter les animaux ; on l'ouvre ensuite pour les prendre. En vidant la fosse, on fait le même triage que lorsqu'on les prend au filet. Il faut avoir grand soin de ne pas laisser trop emplir les fosses, car s'il y tombe un trop grand nombre de lapins, et qu'ils y restent pendant quelques heures, ils y sont étouffés et l'on ne peut plus tirer parti que de leurs peaux.

Quelques propriétaires ferment une grande quantité des terriers ordinaires des lapins, tandis que ces animaux sont au gagnage ; ils les effraient ensuite pour les obliger à chercher une retraite dans d'autres trous pratiqués exprès, et qui traversent les monticules. A l'un des bouts de ces passages, ils ont tendu un filet, et par l'autre, ils forcent les lapins, à l'aide d'une longue perche, à se sauver et à se prendre dans les filets. D'autres propriétaires suspendent à un arbre un large panier d'osier sur l'endroit où les lapins prennent ordinairement leur nourriture, ou bien sur la place où cette nourriture a été accumulée à dessein, et par le moyen d'une corde qui passe sur une poulie et vient aboutir à un cabinet dans lequel le chasseur est caché, ils laissent tomber doucement le panier sur eux, lorsqu'ils ont été rassemblés à l'aide d'un sifflet ou de la voix; ensuite on les tire un à un par une porte pratiquée latéralement sur le panier; il faut qu'il y ait plusieurs endroits garnis de ces paniers, ou bien qu'ils soient changés fréquemment de place, afin de ne pas effaroucher les lapins. On peut se servir encore d'une grande cage faite en osier ou autre bois, ayant des ouvertures posées au niveau de la terre, et qui, par leur forme évasée extérieurement, facilitent l'entrée aux lapins, et les empêchent de sortir par les pointes qu'elles présentent intérieurement; on met dans la cage une nourriture qui leur soit agréable, et lorsqu'il en est entré suffisamment, on les retire par une porte pratiquée dans le couvercle plein qui la recouvre. Il y a plusieurs autres moyens simples que les circonstances et l'industrie du propriétaire pourront lui fournir. Mais voici une disposition de garenne dont l'avantage est garanti par de longs succès. Cette garenne est composée de trois enclos entourés de murs, excepté dans les points par lesquels ils communiquent ensemble. Les lapins, en sortant du premier, qui est très étendu, et dans lequel ils terrent et se tiennent habituellement pour aller dans le troisième, où la nourriture sèche ou fraîche leur est abondamment fournie, passent dans l'enclos intermédiaire dont les murs sont garnis inférieurement, à fleur de terre, de pots de grès qui représentent de faux terriers; lorsque ces animaux sont au gagnage, on ferme la porte de communication avec l'enclos des terriers; ensuite on les effraie; ils vont tous se réfugier dans l'enclos intermédiaire, et se blottissent dans les pots de grès qui leur offrent une retraite apparente; là, on les prend sans peine et l'on choisit ceux qui sont dans le meilleur état, en remettant dans l'enclos des terriers les mères et ceux des mâles ou des jeunes qui n'ont point encore un embonpoint suffisant.

On a aussi des garennes domestiques ou clapiers pour l'entretien des grandes garennes; nous en parlerons au mot *Lapin*.

On devra aux soins que nous avons indiqués tout l'avantage qu'on peut tirer d'une garenne, si l'on y joint une attention continuelle à écarter et à détruire toutes les bêtes carnassières, qui sont ennemies des lapins. Les murs peuvent garantir des renards, des blaireaux, des putois, et même des chats; mais il faut des précautions journalières pour se défendre des fouines, que les murs n'arrêtent pas, des belettes auxquelles le plus petit trou donne passage, etc. Il est donc inutile d'avoir une garenne, si l'on n'en confie pas le soin à un garennier très intelligent et très exercé.

De la législation sur les garennes de lapins.

La législation sur les garennes se divise en deux époques: 1° avant la loi du 11 août 1789; 2° depuis cette loi.

Les règles qui étaient observées sur les garennes avant la loi du 11 août 1789 ayant été abrogées par cette loi et par des arrêts rendus subséquemment,

DICT. DES CHASSES.

nous n'avons point à nous en occuper, et nous ne parlerons que du régime actuel des garennes.

La loi du 11 août 1789, sanctionnée les 21 septembre et 3 novembre suivans, porte, art. 3, que le droit exclusif de la chasse et des garennes est aboli.

Cette loi ne concerne que les garennes ouvertes, et il est toujours libre aux propriétaires d'établir sur leurs terrains des garennes forcées, en prenant les précautions nécessaires pour que les lapins ne puissent franchir les clôtures des enceintes dans lesquelles on les renferme à peine de répondre des dommages qu'ils pourraient causer.

Quelque temps après la promulgation de la loi du 11 août 1789, des communautés d'habitans ayant voulu s'emparer des terrains sur lesquels il avait été établi des garennes, le comité féodal de l'assemblée constituante déclara, par un avis du 9 juin 1790, que l'assemblée nationale n'avait pas entendu priver de leur propriété les personnes auxquelles appartenaient les terrains qui étaient ci-devant à usage de garennes ouvertes; qu'en conséquence ces personnes pouvaient faire de ces terrains tel légitime emploi qui leur plairait, et qu'en un mot l'abolition du droit de garennes ouvertes n'avait ni détruit, ni gêné, ni étendu, ni resserré la propriété foncière des lieux sur lesquels le droit s'exerçait.

M. Merlin, dans le *Répertoire de jurisprudence*, observe qu'en abolissant *le droit exclusif* de garennes ouvertes, la loi ou les lois des 4 et 11 août 1789 ont permis à tout propriétaire de convertir son terrain en garenne, sans être pour cela tenu de le clore. Ainsi, il n'y aurait que *le droit exclusif* de garennes ouvertes qui aurait été aboli; et cela paraît incontestable, puisque la même loi a donné à chaque propriétaire le droit de tuer le gibier sur son terrain, de telle sorte que les garennes ouvertes n'ont plus aujourd'hui les mêmes inconvéniens qu'elles présentaient lorsque le droit de chasse était exclusif en faveur de quelques privilégiés. Toutefois, les dommages que peuvent causer les lapins d'une garenne ouverte sont encore à la charge du propriétaire de la garenne, ainsi qu'il a été décidé par un arrêt de la Cour de cassation, du 3 janvier 1810, rendu contre madame de Montmorency, à cause de la forêt de Fretteval, où il existait une telle quantité de lapins, que les récoltes voisines en étaient dévastées.

Observons cependant que le propriétaire d'un bois ne peut être responsable des dégâts causés par les lapins de ce bois, qu'autant qu'il aurait négligé de détruire ou empêché de détruire les lapins. C'est ce qui résulte d'un arrêt du 19 avril 1816. Voyez ces arrêts dans notre *Recueil des réglemens forestiers*, ainsi qu'un arrêt du 11 mai 1807, précédé d'un réquisitoire de M. Merlin, où se trouvent exposés les principes de la législation en cette matière. (Voyez *Gibier*.)

GARENNIER. C'est celui qui a soin d'une garenne, qui a une garenne en garde.

GARE-GARE! Cri du piqueur quand il entend partir le cerf de la reposée, pour avertir les chasseurs que cet animal est lancé.

GARRIÈRE. Terme d'oiseleur qui désigne une petite rigole pratiquée à l'effet de cacher le ressort d'un filet appelé *guide.*

GARS. C'est le nom du mâle de l'oie.

GARSOTTE. Nom de la sarcelle commune dans quelques cantons de la France.

GARZETTE. C'est l'aigrette ou héron garzette. (Voyez *Aigrette.*)

GARROT, *anas clangula*, Lath. Petite espèce de canard qu'on appelle, en Lorraine, *canard de Hongrie*; en Alsace, *canard pie*; dans d'autres parties de la France, *canard aux yeux d'or.*

Description. Longueur, 18 pouces; le bec court, n'ayant qu'un pouce 9 lignes de long; l'iris d'un jaune doré; les pieds d'un pouce et demi de haut, et d'un jaune orangé ainsi que les doigts; la tête et le haut du cou d'un noir lustré de vert et de violet; les plumes molles et veloutées de la tête et des joues se redressant et donnant à cette partie un volume extraordinaire; deux taches blanches posées aux coins du bec, qui de loin semblent être deux yeux placés à côté des deux autres; le dos, le croupion, les plumes des jambes et de la queue d'un noir foncé; les grandes plumes des ailes, ainsi que le bas du cou, la poitrine et le ventre blancs.

La femelle est un peu plus petite; elle a la tête brune, le cou gris, la poitrine et le ventre blancs; le dos d'un gris cendré avec des plumes d'un brun foncé, et le reste du corps d'un brun noirâtre; le bec et les pieds bruns. Elle n'a point de tache au devant des yeux.

Le garrot marche mal et avec beaucoup de peine; il n'avance que par bonds; et si on le presse, il tombe sur la poitrine; aussi il ne quitte guère l'eau, son élément naturel. Son vol est très rapide, quoique peu élevé, et ses ailes font, en frappant l'air, une espèce de sifflement.

Habitation. Les garrots habitent les eaux des contrées septentrionales de l'Europe et de l'Asie, et nous ne les voyons dans nos pays que pendant l'hiver; ils quittent nos étangs dès les premiers jours du printemps.

Nourriture. Elle consiste en coquillages, poissons, grenouilles et plantes aquatiques.

Propagation. Comme celle du canard sauvage.

Ennemis. Les mêmes que ceux du canard sauvage.

Qualités. La chair est d'un goût un peu fort; mais elle est ordinairement très grasse.

Chasse. Voyez l'article du *Canard sauvage.*

GAULIS. Ce sont des branches d'un bois de dix-huit à vingt ans.

GAVOU DE PROVENCE, *emberiza provincialis*, Lath. Oiseau du genre bruant, qui est connu, en Provence, sous le nom de chic-gavotte et sous celui de chic-moustache, à cause des bandes noires qu'il a autour du bec. Cet oiseau a 4 pouces 8 lignes de longueur; le dessus de la tête et du corps varié de roux et de noirâtre; un peu de blanchâtre autour des yeux et sur les grandes couvertures des ailes; une plaque noire sur l'oreille; une ligne de la même couleur qui descend de chaque côté du bec en guise de moustache; la partie inférieure du corps cendrée, les pennes des ailes et de la queue rousses à l'extérieur, et noirâtres en dedans.

Il se plaît dans les endroits cultivés et se perche volontiers sur les arbrisseaux. Son chant est agréable. Il est peu farouche, a le vol court, peu élevé, et assez semblable à celui du moineau.

Il se nourrit de grains. On le prend à l'abreuvoir. (*Voyez* ce mot.)

GEAI, *corvus glandarius*, Lath. Oiseau du genre corbeau.

Description. Le geai (*Pl.* 10, *fig.* 5) a 13 pouces et demi de longueur, y compris la queue de 6 pouces de long et recouverte par les ailes jusqu'à la moitié de sa longueur; le bec noir, épais, droit, un peu recourbé vers la pointe et d'un pouce de long; l'iris blanchâtre; les pieds d'un brun tirant sur la couleur de chair; le sinciput couvert de plumes variées de blanc, de noir et d'une teinte bleuâtre, assez longues, et se relevant en forme de huppe lorsque l'oiseau est affecté; les plumes qui recouvrent les narines d'un blanc sale; les joues, le cou, le dos, les couvertures des ailes, la poitrine et le haut du ventre d'un gris cendré; le croupion, les couvertures du dessus et du dessous de la queue blancs; la gorge et le bas-ventre blanchâtres; les plumes du bout de l'aile rayées transversalement de bleu clair, de bleu plus foncé et de noir à leur côté extérieur, à leur bout, et toutes noires à l'intérieur; l'aile composée de vingt plumes, dont la première est très courte, et la cinquième la plus longue de toutes; les primaires noirâtres en dedans et bordées de gris plus ou moins foncé; les secondaires noires et blanches; quelques unes variées de bleu plus ou moins clair et plusieurs de marron; les pennes de la queue, au nombre de douze, noires, excepté à l'origine qui est cendrée; la langue et le palais noirs. Le mâle se distingue de la femelle par la grosseur de la tête et la vivacité des couleurs; les jeunes diffèrent des vieux par des teintes plus faibles.

Le cri naturel de cet oiseau est très désagréable, et il le fait entendre souvent. C'est ordinairement un son clair qui peut être rendu par ces mots : *gaak, gaak* ou *kretche.* Il a aussi de la disposition à contrefaire celui de plusieurs autres oiseaux. Quelquefois il contrefait la chouette de manière à tromper le plus habile pipeur. Il lui échappe aussi des cris qu'on n'attendrait pas du tout de lui. Si les geais aperçoivent dans le bois un renard ou quelque autre animal de rapine, ils jettent un cri très perçant, comme pour s'appeler les uns les autres; tous se rassemblent en peu de temps, et semblent vouloir imposer par le nombre.

Habitation. Les geais sont répandus dans toutes les parties de l'Europe, et on les trouve aussi en Asie. Ils habitent les bois; mais, en automne, ils quittent le fond des forêts, viennent en habiter les lisières, et se retirent vers les climats plus chauds pour y passer l'hiver. Ceux qui restent avec nous pendant cette saison la passent dans des arbres creux, au milieu de leurs provisions de glands, de noix, de faînes et de légumes qu'ils ont amassés, et ne se montrent que dans les jours doux.

Nourriture. Indépendamment des fruits dont nous venons de parler, le geai se nourrit de cerises, de sorbes, de groseilles, de pois, de fèves, de raisin de vigne et de myrtille, d'insectes, de vers, etc. Il mange, comme la pie, les œufs de perdrix, faisans et cailles, les jeunes oiseaux et quelquefois les perdreaux et les oiseaux qui sont pris dans les collets.

Propagation. Les geais nichent volontiers sur les chênes de peu de hauteur; c'est au mois d'avril qu'ils construisent leur nid; l'extérieur se compose de bois sec, et l'intérieur est garni de racines et de filamens d'herbes; la femelle y dépose de cinq à six œufs moins gros que ceux de pigeon, cendrés et verdâtres, avec de petites taches faiblement marquées. La femelle et le mâle les couvent alternativement pendant quinze jours. Cette espèce fait ordinairement deux pontes par an. Les petits de la première couvée subissent leur première mue dès le mois de juillet, et suivent leurs père et mère jusqu'au printemps de l'année suivante, temps où ils s'accouplent et s'isolent pour former de nouvelles familles. Quand on veut élever les jeunes hors de leur nid, il faut attendre que les plumes de la base du demi-bec supérieur soient un peu saillantes. La meilleure nourriture que l'on puisse leur donner consiste dans des pois trempés dans du bouillon, et mêlés avec du cœur de mouton cuit et haché menu, et lorsqu'on le peut, avec des fruits. Dans l'état de domesticité, on leur apprend à imiter tous les cris d'animaux et même la parole humaine; ils se rendent très familiers; mais il faut se méfier d'eux, car ils se plaisent, de même que la pie, à dérober et à cacher ce qu'ils trouvent.

Qualités utiles et nuisibles. Les geais sont des oiseaux fort utiles dans l'économie forestière, en ce qu'ils répandent dans les forêts une grande quantité de glands et de faînes. La nature semble les avoir destinés à propager les bonnes espèces d'arbres, car ils sont sans cesse occupés à transporter d'une partie de forêt dans une autre des glands, des faînes et autres semences d'arbres. M. Hartig assure qu'il a vu des petits cantons de bois résineux, si abondamment semés de glands par les geais, qu'on a pu convertir ces cantons en de très beaux bois de chêne, en enlevant les bois résineux. La chair du geai n'est pas estimée, quoique son goût ne soit pas désagréable. C'est même un manger assez délicat quand il est jeune et gras. Il est assez ordinaire, dit-on, d'en voir manger pour des grives, quand on a eu la précaution de lui ôter la tête. On garnissait autrefois les robes des femmes avec les plumes azurées des ailes, qui sont variées de bleu, de noir et de blanc. Enfin cet oiseau est utile par la destruction des insectes dont il se nourrit. Mais sa trop grande multiplication est nuisible dans les campagnes où il vole les fruits et les semences. Les chasseurs lui font la guerre, parce qu'ils trouvent en lui un rival pour la destruction des oiseaux.

Variétés. Parmi les variétés que présente cette espèce, l'on doit distinguer la race des *geais* à cinq doigts, dont parlent les anciens, et qui, disent-ils, était susceptible d'une éducation plus parfaite que le *geai commun.* Les autres ne sont qu'accidentelles : tel est le *geai blanc* de Brisson, qui était totalement blanc avec l'iris rouge.

Dans d'autres individus, la blancheur n'est pas bien pure.

On connaît plusieurs autres espèces de geais qui sont étrangères à l'Europe.

De la chasse du geai.

Les geais sont plus pétulans et moins défians que la pie; aussi donnent-ils plus facilement dans les divers piéges qu'on leur tend. L'instinct qu'ils ont de se rappeler à la voix de l'un d'eux, joint à leur violente antipathie pour la chouette, offre plus d'un moyen pour les attirer. Voici différentes manières de chasser le geai, indiquées dans l'ancien *Dictionnaire des chasses.*

On dit qu'il y a une telle quantité de geais dans la forêt de l'Hermitage, près Quintin, en Bretagne, qu'il n'est pas rare d'en tuer six, huit, et quelquefois dix d'un coup de fusil. Pour faire cette chasse, on se met en embuscade au pied d'un arbre, et on imite le cri de la chouette, soit avec un petit ruban, soit avec une espèce de chiendent commune en cette forêt, qu'on appelle *flèche.* Les gardes en détruisirent tant pendant le mois de septembre 1779, qu'une dame qui était alors à sa terre recueillit assez de plumes azurées pour s'en faire garnir une robe. Il est à observer qu'on ne prenait que la seizième plume de chaque aile, de sorte qu'un oiseau n'en fournissait que deux.

Chasse du geai au lacet.

Prenez une grande gaule, grosse comme le pouce, et de la hauteur de 5 à 6 pieds, fichez-la en terre, joignez-y un lacet attaché à une ficelle, et au milieu de la gaule mettez une lanière qui tourne tout autour et la couvre en entier. A l'extrémité supérieure de la gaule, vous ajouterez un paquet de cerises, et vous le poserez vis à vis du lacet : l'oiseau ne saurait fondre sur les cerises, sans se trouver pris au piége. La simplicité de cette chasse fait un de ses agrémens.

Chasse du geai à la repenelle.

On coupe un bâton de saule d'environ 6 pieds de long, de la grosseur du pouce et bien droit; on aiguise le gros bout, et on met dans le petit un crochet auquel on attache des cerises ou des cosses de pois.

On perce ensuite ce bâton à 1 pied au dessous de l'extrémité supérieure, et à la hauteur d'un demi-pied de terre. On prend une baguette longue de 3 pieds, de la grosseur du petit doigt; on attache au petit bout une ficelle, et ensuite un collet.

Le gros bout de cette baguette doit passer dans l'ouverture inférieure du premier bâton, et le collet attaché au petit bout, dans l'ouverture supérieure. Remarquez qu'il faut que le nœud de la ficelle qui tient le lacet ne soit passé dans le trou qu'à la profondeur d'une ligne, et on l'y arrête par le moyen d'une petite cheville qu'on fiche légèrement.

La baguette fait alors un demi-cercle, et tient la ficelle tendue. Pour achever le ressort, on accommode le collet en rond sur le petit bâton, et il doit s'y trouver un petit arrêt pour empêcher que le collet ne se défasse.

Il faut avoir soin que l'appât de cerises ou de cosses de pois, dont on a parlé, soit directement au dessus du bâton où est le collet, et à portée de l'oiseau qui viendra s'y percher pour s'en nourrir.

Quand les geais aperçoivent cet appât, ils y volent; mais dès qu'ils sont posés, la marchette tombe, le nœud de la ficelle que le petit bâton retenait se lâche, la baguette se détend, et l'oiseau se trouve pris par les jambes.

La repenelle se tend sur les arbres ou sur les buissons. Si c'est un arbre, on accroche le piége de manière qu'il n'y ait point d'autres petites branches qui soient proches des cerises ou des pois; car les geais, en se perchant dessus, pourraient les prendre sans toucher la marchette, et la machine perdrait l'usage de son ressort. On emploie la même précaution sur un buisson.

Si l'on veut que le piége réussisse, il faut s'écarter dès qu'on a tendu la repenelle; car le geai est un oiseau rusé et défiant, et la vue du chasseur suffirait pour l'éloigner pendant toute la journée de l'arbre ou du buisson où on l'attend.

On prend aussi le geai à la pipée, à la fossette et aux abreuvoirs. (*Voyez* ces mots.)

GEAI D'ALSACE. C'est le *rollier*.

GEAI D'AUVERGNE. C'est le nom du *casse-noix*, en Franche-Comté.

GEAI DE BATAILLE. C'est le *gros bec*.

GEAI D'ESPAGNE. C'est le *casse-noix*.

GEAI DU LIMOUSIN ou de MONTAGNE. C'est encore le *casse-noix*.

GEAI DE STRASBOURG. C'est le *rollier*.

GÉLINOTTE, tetrao bonasia, Lath. Oiseau du genre des tétras et de l'ordre des gallinacés. Cet oiseau a des rapports avec la géline ou la poule, ce qui lui a valu le nom de gélinotte ou gélinette, c'est à dire petite géline ou petite poule. On l'a aussi appelée poule des bois, poule sauvage, poule des coudriers. « Qui se feindra, dit Belon, voir quelque espèce de perdrix métive entre la rouge et la grise, et tenir je ne sais quoi des plumes du faisan, aura la perspective de la gélinotte des bois. »

Description. La gélinotte, *Pl.* 15, *fig.* 8, est un peu plus grosse que la perdrix rouge. Elle a de 14 à 15 pouces de longueur, 24 pouces d'envergure, et son poids est rarement de plus de 2 livres. Son bec est court, noir et très peu recourbé. Au dessus de l'œil est une peau rouge, dénuée de plumes, et à l'entour trois taches blanches. Les plumes du sommet de la tête sont longues, et lorsque l'oiseau est affecté, il les redresse en forme de huppe; sa queue a 4 pouces et demi de long, et ses pieds, qui sont garnis en devant jusqu'à leur moitié supérieure de petites plumes effilées et grisâtres, ont environ 2 pouces de haut. La partie nue, recouverte de petites lames écailleuses, est d'un gris brun, ainsi que les doigts et les ongles. Le mâle se distingue de la femelle par le rouge plus vif de ses flammes ou sourcils, et par une large plaque noire, tiquetée de blanc sous la gorge. Du reste, la femelle a le même plumage; mais elle est un peu plus petite, et son bec est couleur de corne.

Les gélinottes ne sont point aussi farouches ni aussi méfiantes que les perdrix et les coqs de bruyères; le jour, elles reposent sur la terre ou sur les branches les plus basses des arbres. Quand elles se perchent, c'est de préférence sur les pins et sapins; elles se cachent entre les branches les plus touffues, et quelque bruit qu'elles entendent, elles n'en sortent pas.

Ces oiseaux courent plus souvent qu'ils ne volent; et lorsqu'ils s'enlèvent, c'est toujours avec effort et bruit, leurs ailes étant trop courtes pour que leur vol soit facile et léger. Leur cri est un sifflement assez clair, mais peu étendu.

Habitation. Dans presque tous les pays de l'ancien continent où il y a des forêts et des montagnes, on voit des gélinottes. Elles aiment de préférence les forêts composées d'un mélange d'arbres à feuilles et d'arbres résineux de différentes grandeurs, et où il se trouve beaucoup de coudriers. Ce sont des oiseaux sédentaires, qui ne s'écartent pas loin du lieu qui les a vus naître. Il s'en trouve dans plusieurs parties de la France : dans le Dauphiné, les Pyrénées, les Vosges, les Ardennes, etc. Elles sont communes dans l'Apennin, en Suisse, en Allemagne, en Bohême, en Silésie, en Pologne, et il y en a jusqu'en Sibérie.

Nourriture. Elle se compose de boutons d'arbres, de chatons de bouleau et d'autres arbres, de sommités de sapin, de baies de sorbier, de genièvre, de myrtille, de bruyère, de mûres sauvages et d'autres fruits, de vers, d'insectes, de fourmis, etc.

Propagation. M. Hartig dit que les gélinottes s'apparient dans les mois de mars et d'avril; mais les auteurs français disent que c'est dans les mois d'octobre et de novembre. La première époque est plus probable. Elles s'appellent alors par un cri assez clair, semblable au bruit d'un sifflet, et s'accouplent sur terre. Les femelles construisent ensuite un nid très simple sous un buisson touffu, des branches basses de coudrier, ou entre les touffes de bruyère, et y déposent depuis huit jusqu'à seize œufs, couleur de rouille claire, avec des taches plus foncées, un peu plus gros que ceux de pigeon, qu'elles couvent pendant trois semaines. Dès que les petits sont éclos, ils courent avec la mère, qu'ils suivent en compagnie jusqu'au commencement de l'hiver. Ils prennent tout leur accroissement en une année. On n'est pas d'accord sur la question de savoir si ces oiseaux vivent par paires. M. Hartig est disposé à le croire, attendu que, presque toujours, on les trouve par paire, et que dans les compagnies on trouve toujours le vieux coq.

Ennemis. Les gélinottes ont pour ennemis les renards, les chats sauvages, les martes, les putois, les belettes et tous les oiseaux de proie qui s'opposent à leur multiplication.

Qualités. La chair de la gélinotte est blanche à l'intérieur; c'est un mets extraordinairement délicat, savoureux et d'un goût exquis. On place ce gibier au premier rang pour sa qualité; et si quelques personnes lui en préfèrent d'autres, au moins conviennent-elles que c'est l'un des meilleurs gibiers. C'est, dit-on, de la délicatesse de sa chair que lui est venu le nom latin moderne de *bonasius, quasi avis bona.* Les Hongrois l'appellent en leur langue l'*oiseau de César,* comme nous disons un *morceau de roi.* Si l'on veut envoyer au loin cet oiseau avec toutes ses plumes, il suffit de le vider sans l'ouvrir, d'introduire dans son intérieur du sel, du poivre et des aromates; ainsi apprêté, il ne perd rien de sa saveur ni de son fumet.

Chasse de la gélinotte. Cette chasse se fait, en général, comme celle des faisans. Lorsque les gélinottes sont cachées dans les branches touffues des arbres, on a beaucoup de peine à les apercevoir, et quelque bruit que l'on fasse, elles ne partent point. On assure même que si le chasseur en aperçoit deux dans le même arbre, et qu'il en tue une, l'autre ne bouge pas de place, et ne fait que s'accroupir et rentrer dans sa plume, lui donnant tout le temps de recharger. Au printemps et en automne, on prend les gélinottes en les appelant avec une espèce de sifflet, qui imite le cri de la femelle, et les attire de très loin. On leur tend des filets, des lacets et des collets. L'appeau, qui imite leur sifflement, se fait avec un os de l'aile d'un autour ou d'un hibou, comme étant plus sonore que le même os dans d'autres espèces; à son défaut, on se sert d'un tuyau de plume. (Voyez *Appeaux à gélinottes.*)

M. Hartig décrit trois manières de faire la chasse aux gélinottes : la *chasse au fusil,* le *hallier,* les *collets.*

Chasse au fusil. Quand il y a des gélinottes dans une partie de forêt où il est facile de les tirer, les tireurs se placent à la distance de cent pas les uns des autres, et d'autres chasseurs cherchent à faire partir le gibier avec des chiens d'arrêt, qui quêtent de près, c'est à dire qui ne s'éloignent pas beaucoup de leur maître. S'il part des gélinottes, on les tire au vol, et on surprend celles qui sont perchées. Si l'on ne peut pas réussir de cette manière, et qu'on ait fait partir une compagnie de gélinottes, on reste en repos une demi-heure, après quoi on se sert de l'appeau. Ce moyen réussit quelquefois à faire revenir les gélinottes sur les arbres qui se trouvent aux environs, et sur lesquels on peut les tirer. Comme cet oiseau, à raison de sa précieuse qualité, mérite qu'on le ménage, on doit tuer moins de poules que de coqs; et cela avec d'autant plus de raison, qu'ordinairement le nombre des poules est plus petit. Il est vrai qu'au vol il est difficile de distinguer les sexes; mais quand ces oiseaux sont posés, on distingue bien les mâles à leur plaque noire de la gorge.

Chasse au hallier. Quand on veut se servir du hallier, ce qui est la méthode la plus avantageuse, puisqu'on est le maître de remettre les poules en liberté, on cherche à faire partir les compagnies de gélinottes, ou à les chasser vers plusieurs endroits. Cela fait, on dresse parmi les gélinottes, qui reposent isolément, le hallier en zigzag, et en le masquant autant que possible. On se sert de l'appeau; les gélinottes accourent de tous côtés, et se prennent dans le filet. On les tue en leur enfonçant une plume de l'aile, par la nuque dans la tête, ou bien on leur rogne les ailes. Mais on ne fait point cette chasse dans un temps humide, parce qu'alors les gélinottes ne courent point volontiers, et qu'elles préfèrent voler vers l'appeau.

Collets. La manière la plus simple de prendre des gélinottes est de faire couper, dans le fourré où elles se tiennent, une petite laie ou voie de 3 pieds de large seulement, ou de rechercher un ancien sentier, et de tendre sur les côtés de ce sentier, à la distance de six à huit pas, des collets semblables à celui qui est figuré *Pl.* 41, *fig.* 10, ou bien des lacets comme ceux des *fig.* 4 et 5. On attache des sorbes au bas du collet n° 10; et quant aux n°s 4 et 5, c'est entre deux de ces collets que l'on jette les sorbes : ils doivent être placés deux à deux, et à la distance de 1 pied seulement entre chaque paire; on les environne de petites branches de deux côtés, afin que les gélinottes ne puissent arriver aux fruits qui servent d'appât que du côté où pendent les lacets. De cette manière, on prend très facilement les gélinottes; mais on ne doit user qu'avec beaucoup de réserve d'une méthode qui a déjà détruit entièrement, dans des pays, ce précieux gibier.

(*Voyez,* pour la manière de peupler de gélinottes un canton de forêt, ce que nous avons dit au mot *Chasse,* section Ire, chap. IV, § XVI.)

Il y a plusieurs autres espèces de gélinottes qui sont étrangères à la France, et quelques oiseaux auxquels on donne improprement le nom de gélinottes. Voici la nomenclature de ces derniers.

1°. *Gélinotte huppée.* Dénomination appliquée à l'artagas et au lagopède.

2°. *Gélinotte des Pyrénées.* (Voyez *Ganga.*) On ne doit pas confondre cet oiseau avec la gélinotte commune, qui se trouve aussi dans les Pyrénées.

3°. *Gélinotte à trois doigts.* C'est le tétras à trois doigts.

GERFAUT, *falco gyrfalco,* oiseau du genre faucon, et de l'ordre des oiseaux de proie.

Description. Cet oiseau (*Pl.* 7, *fig.* 6) a 1 pied 10 pouces de longueur, y compris la queue qui a 9 pouces de long; le bec bleu, et vers sa pointe, de couleur noire, de 9 lignes de long, pourvu d'un croc très fort; la membrane bleue; les yeux d'un bleu foncé; les pieds de 2 pouces 9 lignes de haut, et d'un bleu clair; le dessus du plumage d'un brun foncé, avec des plumes d'un ton plus clair; le dessous varié de blanc et de brun; la queue grise avec des bandes transversales brunes.

Habitation. Il n'habite que les pays du nord, où il supporte les hivers les plus rudes.

Nourriture. Elle se compose d'oiseaux sauvages, de petits quadrupèdes et de charogne.

Qualités. Cette espèce de faucon est très estimée pour le vol. On le regarde comme étant, après l'aigle, le plus fort, le plus vigoureux et le plus hardi des oiseaux de proie. Il est très prompt et très actif; il est bon à toutes sortes de chasse; il n'en refuse aucune. On dit que, quand on a vu chasser cet oiseau, on est dégoûté des autres oiseaux de vol. Mais son éducation exige des ménagemens, de la douceur, de la patience; et si on les lui refuse, il se rebute et devient indomptable.

GENOUILLÈRE à l'usage des *oiseleurs*. (*Voyez* ce mot.)

GÉSIER. Le second ventricule de certains oiseaux qui se nourrissent de grains, comme les poules, les pigeons. En fauconnerie, on l'appelle *mulette*.

GIBECIÈRE. C'est un sac que portent les chasseurs, pour y mettre leurs provisions en plomb, poudre et autres choses dont ils se servent à la chasse.

GIBIER. Ce mot vient du latin *cibarium*, qui signifie nourriture. Il se dit des animaux qu'on prend à la chasse, et qui sont bons à manger.

On distingue le gros et le menu gibier, le gibier à poil et le gibier à plume, le gibier de bois, le gibier de plaine, le gibier de marais.

Dans le gros gibier, sont compris le cerf, le daim, le chevreuil, le bouquetin, le sanglier, etc.

Dans le menu gibier se trouvent les perdrix, les cailles, les grives, les mauviettes, et autres espèces de petits oiseaux.

On pourrait former une classe intermédiaire pour le moyen gibier, qui comprendrait le lièvre, le lapin, et quelques gros oiseaux, tels que les canards, les gélinottes, les tétras, etc.

Le gibier de bois se compose des cerfs, daims, chevreuils, bouquetins, sangliers, lapins, gélinottes, faisans, bécasses, etc.

Le gibier de plaine comprend les lièvres, les perdrix, les cailles, etc.

Le gibier d'étangs ou de marais renferme les canards sauvages, les pluviers, etc.

On ne donne point le nom de gibier aux animaux qui ne sont pas bons à manger, quoiqu'ils fassent l'objet d'une chasse quelconque. Ces animaux sont, dans la classe des quadrupèdes, le loup, le renard, le blaireau, le chat sauvage, la loutre, la marte, le putois, etc.; et dans la classe des oiseaux, ceux des genres, vautour, faucon, chat-huant, etc.

Quelques espèces de gibier ne demandent que des soins de surveillance; d'autres exigent des soins particuliers pour leur conservation et leur multiplication.

Certains animaux, parmi ceux qui vivent en liberté, font la guerre aux autres. C'est à ces carnassiers, qu'il faut faire la chasse, quand on veut favoriser la multiplication des bonnes espèces. Détruisez les loups, et vous aurez des cerfs, des chevreuils, etc.; faites périr les renards, les fouines, les belettes, etc., vos bois se peupleront de lapins, d'oiseaux utiles, et vos plaines se couvriront de lièvres, de perdrix, etc. La destruction des animaux carnassiers est donc un point essentiel pour la conservation de toute espèce de gibier. La moindre négligence rend souvent inutiles les soins qu'on peut prendre d'ailleurs, et cela demande, de la part de ceux qui en sont chargés, beaucoup d'attention et d'habitude.

Mais si les plaisirs de la chasse réclament la conservation du gibier, d'un autre côté, l'intérêt de l'agriculture exige que la multiplication n'en soit pas excessive.

Avant la supression du régime féodal, le gibier était un fléau pour les propriétaires dans un grand nombre de lieux; les anciens réglemens tendaient, il est vrai, à leur procurer des indemnités pour les dégâts qu'éprouvaient leurs récoltes; mais la difficulté d'obtenir ces indemnités et la crainte même du pouvoir faisaient souvent négliger les moyens de réparation qu'accordaient les lois existantes. La loi du 4 août 1789, en permettant à chaque propriétaire de tuer le gibier sur ses terres, a sauvé du danger de sa trop grande multiplication.

Les objets que nous venons d'exposer se divisent naturellement en deux parties; savoir: la *partie économique* et la *partie législative*. Nous ne traiterons ici que la partie économique, attendu que nous avons, sous le mot *chasse*, rappelé les dispositions des réglemens sur la chasse qui sont applicables au gibier. (*Voyez Chasse* dans ce *Dictionnaire*; et *Gibier*, dans notre *Recueil des réglemens forestiers*.)

PREMIÈRE SECTION. — *Partie économique.*

Sous ce titre, nous comprenons tout ce qui intéresse la conservation, la multiplication et l'emploi du gibier.

Comme nous avons déjà traité une très grande partie de ces sujets, sous le mot *Chasse*, nous nous bornerons à indiquer ceux dont nous avons parlé, et à exposer ce qui peut compléter l'instruction.

Voici ceux que nous avons traités au mot *Chasse*:

1°. *L'éducation et l'entretien du gibier en état de liberté*; ce qui comprend les différentes méthodes applicables au *cerf*, au *daim*, au *chevreuil*, au *sanglier*, au *lièvre*, au *lapin*, au *coq de bruyère*, à la *gélinotte*, à la *perdrix*, au *canard sauvage*;

2°. La proportion dans laquelle on peut favoriser la conservation du gibier, pour qu'il ne cause pas trop de dommages à l'économie rurale et forestière;

3°. Les dangers et les accidens auxquels le gibier est exposé, de la part des hommes et des animaux, par l'effet de la température, par les maladies et le défaut de nourriture;

4°. L'exploitation de la chasse, qui comprend ce qu'il est nécessaire de savoir sur la saison la plus convenable de chasser, la quantité de gibier à conserver, la manière de tuer le gibier pour ne pas lui faire perdre de son prix, etc. (*Voyez* sur ces différens objets, au mot *Chasse*, les chapitres 4, 6 et 20; et les mots *Garenne, Faisanderie, Parc.*)

Il nous reste à parler de la manière de vider le gibier, de le dépouiller, de le découper et d'en conserver la peau, et de la tenue d'un registre de chasse. M. Hartig donne à cet égard des instructions méthodiques, que nous allons traduire, en tâchant, malgré le grand nombre des termes techniques employés par l'auteur allemand, de rendre notre traduction aussi claire que possible.

CHAPITRE PREMIER. — De la manière de vider le gros et le menu gibier.

Lorsqu'on a tué une pièce de gros gibier destinée à être mangée, il faut de suite en retirer les entrailles, parce qu'autrement elle se gâterait bientôt. Toute simple que soit cette opération, il y a cependant des règles à observer.

I. Règles pour vider le cerf.

On couche le cerf sur le dos, les quatre pieds et le ventre en l'air, et son bois des deux côtés des épaules. Le chasseur se place devant la tête de l'animal, et, armé d'un couteau bien tranchant, il fait une incision à la peau, depuis le nœud de la gorge jusqu'au creux de la poitrine. Alors, il détache le gosier à l'endroit du nœud, et le pousse dans la poitrine en le dégageant de la trachée-artère; il coupe, dans le milieu du gosier, les chairs rouges extérieures qui l'entourent, sans entamer la partie blanche du tuyau, et les écarte en haut et en bas, dans une longueur de quelques pouces. Puis, il lie à cet endroit le tuyau de la gorge ainsi dégagé, afin que le viandis ne puisse sortir par là, et il rapproche des deux côtés les chairs rouges qui avaient été écartées. Lorsque le gosier est serré, le chasseur se place entre les jambes de derrière; il coupe la peau au milieu des *daintiers* et continue l'incision longitudinale sur le ventre, jusqu'à la poitrine, mais sans rien séparer que la peau. Ensuite, et après avoir dégagé la verge, on fait une incision dans les muscles de l'abdomen à partir également du milieu des daintiers, à l'endroit où le ventre aboutit au bassin; on enfonce dans cette ouverture les deux premiers doigts de la main gauche, on pousse un peu les intestins en arrière, on tient la pointe du couteau entre ces deux doigts, et on ouvre le ventre jusqu'à la poitrine. Cela fait, on saisit la panse, on tire par le creux de la poitrine le gosier toujours lié, et on jette les entrailles à côté du cerf à droite. Alors on ouvre le bassin et on détache le franc boyau près de l'anus, ou bien on laisse le bassin fermé, et avec un couteau on coupe ce boyau tout près de l'anus, en dehors. Puis on ouvre la veine iliaque sur les cuisses, on sépare d'avec les côtes les parties qui forment le ventricule, on coupe le nœud de la gorge, on fait descendre le tuyau de la gorge dans le ventricule; et alors on arrache avec force toute la fressure; on remplit le corps, bien nettoyé de sang, avec des rameaux chargés de feuilles, et on étend le cerf sur le côté. Ainsi se termine l'opération où tout doit se suivre dans l'ordre qui a été indiqué et sans interruption.

M. Hartig observe que, suivant l'ancien usage, le chasseur qui vide un cerf en public ne doit pas quitter son habit, son chapeau, ni son couteau de chasse, ni passer par dessus la bête, tant qu'elle n'est pas vidée, et que dans quelques endroits on forme un lit de brindilles vertes sur lequel on étend le cerf.

Dans tous les pays, la fressure et la graisse sont abandonnées au chasseur comme menus droits; dans la plupart, on lui donne aussi le gosier, la langue et les filets de chair qui se trouvent dans l'intérieur des reins; dans d'autres, on lui donne de plus la *hampe*; enfin, dans d'autres, on lui abandonne encore la tête, le cou, les trois premières côtes de la poitrine, et la peau. Le chasseur peut prendre de suite la langue et la hampe, lorsque ces objets lui sont abandonnés comme droit; quant à la tête, au cou, aux côtes et à la peau, il ne doit les prendre qu'autant que la bête est découpée; mais si l'on dispose soit pour vendre, donner ou autrement, de toute la pièce de gibier, de manière que le chasseur ne puisse recevoir son droit en nature, on lui en donne le dédommagement. (*Voyez* au mot *Cerf,* où nous avons parlé du droit des chasseurs.)

II. De la manière de vider les autres gros gibiers, tels que le daim, le chevreuil.

On procède de la même manière que nous venons de dire; seulement, dans quelques pays, on n'entame point le cou au chevreuil; on détache intérieurement le gosier, à la plus grande distance possible de la panse. Dans ce cas, il faut tenir le gosier bien serré, pour empêcher le viandis de sortir.

III. Comment on vide le sanglier.

L'opération ne diffère de celle indiquée pour le cerf qu'en ce que le cou n'est point entamé, que l'on détache intérieurement le gosier de l'estomac, et qu'on le tient fermé en retirant l'estomac. Lorsqu'il s'agit d'un sanglier mâle, on lui enlève de suite les génitales, et on détache autour de l'ouverture laissée par la verge, un morceau de peau de la largeur d'une carte à jouer, parce que, sous cette peau, il se trouve, principalement au temps du rut, une matière d'une odeur forte, qui, si elle n'était pas enlevée, communiquerait un mauvais goût à la chair. Quant aux menus droits du chasseur, ils sont les mêmes que pour le cerf; cependant il est rare que la tête en fasse partie.

IV. Comment on vide le lièvre.

On fend la peau entre les pattes de derrière en travers; on la détache sur le ventre, on fait au bassin une petite fente longitudinale dans les muscles du ventre, on y introduit les deux premiers doigts de la main gauche, et avec la pointe d'un couteau on ouvre le corps jusqu'à ce qu'on puisse y faire entrer la main, et en faire sortir les entrailles. Alors on détache le franc boyau en avant de l'anus, sans ouvrir le bassin; on fait une fente dans le ventre, et on y fait passer la queue, pour boucher l'ouverture.

V. Comment on vide les oiseaux.

L'ancien usage était de vider de suite les oiseaux qui font partie de la grande chasse; mais on ne le fait ordinairement que dans les grandes chaleurs, ou lorsqu'on doit les envoyer un peu loin. On ouvre l'oiseau près du croupion, soit en travers, soit en long, et on prolonge l'ouverture jusqu'à ce que l'on puisse y faire entrer quelques doigts, et en faire sortir les entrailles et l'estomac.

A l'égard des autres oiseaux, tels que *bécasses*, *grives*, *alouettes*, qu'on veut envoyer loin, on les vide en introduisant dans l'anus un petit couteau de bois, au moyen duquel on fait sortir avec précaution les entrailles et l'estomac.

CHAPITRE II. — DE LA MANIÈRE DE DISPOSER LE GIBIER QUI DOIT ÊTRE TRANSPORTÉ.

Pour transporter le gibier qu'on a tué, ou pour le suspendre plus commodément, il y a des procédés qu'il est utile de connaître.

S'il s'agit d'un *chevreuil*, et même d'un *petit cerf*, ou d'un *daim*, on procède ainsi : on fait, au dessus du genou des deux pattes de devant, une fente dans la peau dans la longueur d'environ 6 pouces, et l'on dégage le nerf de tous côtés, de manière à pouvoir y passer trois doigts. Alors on fait passer les deux pattes de derrière dans celles de devant : savoir la droite sous le nerf de la patte gauche, et la gauche sous le nerf de la droite, en les faisant sortir de manière que le genou soit passé entièrement ; en même temps on assujettit fortement la tête entre les pattes ainsi croisées. Mais, pour que celles de derrière ne se retirent point, on fiche entre le genou et le muscle de chacune des pattes de derrière un morceau de bois qui traverse la peau.

Quant au *lièvre* et au *renard*, on fait entre le muscle et l'os de la patte droite de derrière une petite fente, par laquelle on fait passer la patte gauche aussi de derrière.

De la manière de disposer les oiseaux pour les transporter ou les suspendre.

On arrache à l'oiseau une paire de longues plumes à l'aile ou à la queue, on en passe les barbes entre les doigts pour les assouplir, et l'on fait au bout un nœud croisé ; on passe le gros bout par la narine de l'oiseau, et même autour de la mandibule inférieure s'il s'agit d'un gros oiseau, afin qu'il n'ouvre point le bec ; ensuite on noue ensemble les gros bouts. Cette opération se fait isolément pour chaque pièce de gros oiseau ; mais pour les petits, on en attache plusieurs ensemble : on en met ordinairement quatre dans les grosses espèces du genre des grives, huit dans les petites espèces, et douze pour les alouettes.

CHAPITRE III. — DE LA MANIÈRE DE DÉPOUILLER LE GIBIER A POIL.

Dépouiller une pièce de gibier, c'est lui ôter la peau. Il y a pour cette opération des règles qu'un chasseur ne peut ignorer.

I. *Comment on dépouille le cerf.*

Lorsque cette opération doit avoir lieu dans une forêt, par exemple pour la curée après une chasse à courre, on place le cerf, soit sur le gazon, soit sur un lit de brindilles vertes, et on le couche sur le dos, ayant le bois des deux côtés du cou ; mais si c'est à la maison qu'on y procède, on étend l'animal sur la terre qu'on a balayée, ou sur une table destinée à cet usage, ayant 2 pieds de haut, 6 à 7 pieds de long et 3 pieds de large, comme sont les tables des bouchers.

Lorsque le cerf, qu'on suppose avoir déjà été vidé précédemment d'après les règles que nous avons rapportées, est étendu de la manière ci-dessus indiquée, on fend la peau, à partir de la bouche, par le cou et la poitrine, ensuite on prend la jambe droite de devant, on fait une incision circulaire dans la peau, à trois doigts au dessous de la jointure, et de là on fend la nappe jusqu'au milieu de la poitrine. On fait la même chose à la jambe gauche de devant, puis à la jambe droite et ensuite à la jambe gauche de derrière, toujours en faisant l'incision circulaire au dessous du jarret, et on coupe la peau des cuisses à partir de cette incision circulaire jusqu'au fondement. Lorsque cela est fait, on coupe la peau autour du bois, si on veut l'enlever avec le crâne, et on le fait sauter soit avec le couteau de chasse, soit avec une hache. Mais on est assez dans l'usage de laisser au cerf cet ornement jusqu'à ce qu'il soit entièrement dépouillé.

Alors on dépouille l'animal en commençant du côté droit et par les pieds de devant ; cela se fait avec le couteau ou avec le pouce, en ayant l'attention de ne point gâter la peau par des coupures ; quand tout un côté est fait et qu'on a coupé la peau autour de la racine de la queue qui ne doit pas être dépouillée, on passe au côté gauche, où l'on fait la même chose, et alors on fait sauter le bois de la tête, comme on vient de le dire.

Lorsque le chasseur procède à cette opération publiquement, il ne doit pas ôter son habit ni son couteau de chasse ; il doit faire attention aussi de ne point gâter l'aspect de la chair par du sang ou des poils.

II. *Comment on dépouille les autres gibiers, tels que le chevreuil et le daim.*

On procède de la même manière que pour le cerf.

III. *Comment on dépouille le sanglier.*

Il n'y a d'autre différence qu'en ce que la tête, que l'on coupe, près des oreilles, conserve sa peau avec laquelle on en fait l'envoi. Lorsque la tête est coupée, on procède comme il a été dit pour le cerf ; seulement, quand le sanglier est gras, on ne se sert que du couteau, et on enlève coup à coup tout le blanc qui se trouve sur le côté intérieur de la peau.

IV. *Comment on dépouille le blaireau.*

C'est encore le même procédé que pour le cerf, à la seule différence qu'on ne laisse pas de peau à la partie inférieure des pattes, et que l'on dépouille le fouet jusqu'à l'extrémité.

V. *Comment on dépouille les loups, les renards, les lynx, les chats sauvages, les loutres, les martes, etc.*

Pour dépouiller ces animaux, on les suspend ordinairement par les cuisses; on fend la peau d'abord sur les pattes de devant, depuis le pied jusqu'à la poitrine, et ensuite sur les pattes de derrière jusqu'au fondement. Lorsque cela est fait, on dépouille les deux pattes de devant, depuis les griffes jusqu'à la poitrine, et ensuite les pattes de derrière; et à l'égard du renard, on lui fend la queue à partir du fondement et aussi loin que possible, puis on en détache la peau; lorsque la queue et les cuisses sont dépouillées, on lève la peau en se servant du couteau et en tirant assez fort, jusqu'à ce que l'animal soit dépouillé jusqu'aux dents; alors on coupe les cartilages de l'oreille, pour que les oreilles restent attachées à la peau.

VI. *Comment on dépouille les lièvres et les lapins.*

On y procède comme on vient de le dire pour les bêtes carnassières; seulement on ne fend pas la peau des pattes de devant, on la fait glisser par dessus, et on la coupe à la jointure inférieure.

CHAPITRE IV. — COMMENT ON DÉCOUPE LE GIBIER.

Lorsqu'on a vidé et dépouillé le gibier, il convient de le découper. L'ancien usage de la chasse est d'y procéder ainsi:

I. *Découpe du cerf, du daim et du chevreuil.*

Lorsque l'animal est dépouillé, et étendu sur le dos et sur sa peau, on coupe d'abord les deux épaules en commençant par la droite, ensuite la hampe, et l'on place ces objets dans un panier garni de paille ou dans tout autre endroit propre. Puis on coupe les *flanquarts*, c'est à dire le flanc droit et le flanc gauche, à partir des cuisses, sans cependant aller trop avant, et on continue par une ligne droite jusqu'à l'endroit où la première côte s'attache à l'os du cou; il faut laisser aux côtes de l'échine environ une largeur de main. Les flanquarts se coupent avec le couteau de chasse ou un couperet bien tranchant, sur un morceau de bois qu'on place en dessous; alors on couche l'animal sur le côté gauche, de manière que les cuisses soient exactement l'une sur l'autre; on marque, par une petite incision que l'on y fait par derrière, l'endroit où elles doivent être séparées des reins; on détache d'abord la cuisse droite, avec un couteau bien tranchant, et on coupe l'os de la cuisse avec le couteau de chasse ou une hachette. On fait la même chose pour détacher la cuisse gauche, et ensuite on étend l'échine sur la nappe. On en fait ordinairement trois morceaux, savoir: le filet près de la queue, le filet du milieu, et le filet de l'épaule, et pour les couper et ne pas endommager la peau ou nappe, on passe un morceau de bois par dessous. Enfin on détache la tête près de la nuque, et on coupe le cou en plusieurs morceaux.

Nous avons dit que, pour détacher les cuisses, il fallait en couper l'os, afin de conserver un beau filet. Mais si on ne le voulait pas, on leverait la cuisse avec l'os.

Quand le chasseur a droit au cou et aux trois premières côtes, il prend ce droit après qu'on a levé les deux épaules.

M. Hartig nous fait encore observer que dans cette opération, lorsqu'elle se fait en public, le chasseur qui y procède ne doit point quitter son habit ni son *out eau de chasse*.

II. *De la découpe du sanglier.*

On procède comme pour le cerf; seulement il faut observer que, quand on coupe la tête, il faut tirer un peu les pieds de devant vers la poitrine, et détacher la tête de manière que l'amputation soit faite tout près des épaules, et un peu en biais vers le dos, afin de donner à la hure une plus belle apparence que si elle était coupée trop court.

III. *De la découpe du lièvre.*

Lorsque le lièvre est dépouillé, on lève les deux épaules, ensuite on détache les côtes, comme pour le cerf, on coupe la tête. Les cuisses restent avec le râble pour en faire un rôti. Le surplus est l'affaire du cuisinier.

CHAPITRE V. — DE LA CONSERVATION DE LA PEAU DU GIBIER.

Comme la peau du gibier forme une partie importante des produits de la chasse, et que cet objet est susceptible de perdre beaucoup de sa valeur si on ne le traite pas convenablement, il est essentiel que le chasseur connaisse les procédés à employer.

I. *Des moyens à employer pour conserver la peau du cerf, du daim, du chevreuil et du sanglier.*

Aussitôt que la peau de ces animaux est levée, on la saupoudre de cendre, et on l'étend aussi bien que possible, dans un endroit aéré, sur des perches ou des lattes, ou des cordes tendues. On la laisse dans cet état jusqu'à ce qu'elle soit bien sèche. Ensuite on la pend verticalement dans un endroit sec et aéré, où elle reste jusqu'à ce que le marchand vienne la prendre.

II. *De la conservation de la peau de blaireau.*

Pour que la peau du blaireau ne se retire pas trop en séchant, on l'étend, le côté du poil en dedans, sur une porte ou un mur sec, où on la fixe de tous côtés avec des clous, et on saupoudre le côté exposé à l'air, avec de la cendre.

III. *De la conservation des peaux de loup, de renard, de chat sauvage, de la marte*, etc.

On place ces peaux, le poil en dedans, sur des planches d'une largeur suffisante, et dont le sommet soit arrondi. On les étend sur ces planches, le mieux possible, et on les y fixe avec des clous, vers la queue et les pattes ; on place, entre la peau des pattes de devant, de petites traverses de bois pour l'empêcher de se rouler et pour la faire mieux sécher. Lorsque la peau, placée dans une chambre chaude, est à moitié sèche, on la retourne du côté du poil, qu'on laisse bien sécher ; ensuite on la bat et on la peigne proprement. Mais si la peau, avant qu'on la retourne, était tout à fait sèche, il faudrait la porter à la cave, avec la planche sur laquelle elle est fixée, pour la rendre plus souple, et pouvoir mieux la retourner.

On peut aussi employer ce procédé pour faire sécher les peaux de lièvre ; mais le plus ordinairement on se contente de les remplir de paille et de les pendre à l'air.

Lorsqu'il se trouve du sang sur les peaux, qui ne se laisse pas facilement enlever avec le peigne ou en frottant, il faut laver ces places avec de l'eau tiède ; et lorsqu'elles sont sèches, les peigner; autrement, et si on voulait ne se servir que du peigne pour nettoyer les places, on enlèverait beaucoup de poil.

Il est important, lorsqu'on doit conserver les peaux pendant tout l'été, de les envelopper serré, après qu'elles sont bien sèches, dans un morceau de toile double, nouvellement lessivé, dans lequel on répand un peu de camphre. C'est le meilleur moyen de les préserver des mites et autres insectes.

CHAPITRE VI. — Du registre a tenir par le garde-chasse.

Dans une exploitation de chasse bien montée, le garde doit se mettre en état de rendre compte des produits et dépenses, et pour cet effet avoir un registre sur lequel il les inscrit jour par jour. La forme de ce registre dépend des objets qu'on veut y faire entrer.

GIBOYER. C'est chasser avec le fusil, à pied, et sans bruit. On emploie aussi ce terme en fauconnerie, lorsqu'on chasse à l'oiseau, et qu'on vole le gibier. On appelle poudre à giboyer, celle qui est beaucoup plus fine que l'autre.

GIBOYEUR. Celui qui chasse beaucoup avec le fusil. On dit : *C'est un grand giboyeur.* Il est peu d'usage.

GIBOYEUX. Qui abonde en gibier. *Parc giboyeux, tiré giboyeux.*

GIGOTTÉ (chien). On dit qu'un chien est bien *gigotté*, quand il a les cuisses rondes et les hanches larges. C'est un signe de vitesse.

GIGOTTER ou GIGOTER. Ce mot se dit principalement d'un lièvre ou d'un autre animal semblable, qui secoue les jarrets en mourant.

GIRARD. Dénomination vulgaire du *geai*, dans quelques parties de la France.

GITE. Lieu où le lièvre repose pendant le jour, et où il est en forme. *Un lièvre au gîte. Il est retourné au gîte. Tuer un lièvre au gîte.*

GLANÉE. On appelle ainsi une chasse que l'on fait avec un grand succès aux canards sauvages, et dans laquelle le blé sert d'appât, et le collet de piège.

Ce piège est représenté *Pl.* 41, *fig.* 7. On le construit de la manière suivante : on prend des tuiles qu'on perce, dans le milieu, d'un trou à y passer quatre fils de fer de moyenne grosseur, et longs d'un pied ; on les tord comme la figure le représente, et on en courbe les quatre extrémités, à chacune desquelles on attache solidement un collet de six ou huit crins *aaaa*. On garnit de terre glaise le dessus de la tuile, et on y sème du blé cuit dans de l'eau commune ; on en répand aussi autour du piège quelques grains qui servent d'amorce.

Cette chasse est d'autant plus avantageuse qu'elle se fait à la sourdine, et qu'un canard peut se prendre auprès de son voisin, sans qu'il s'en aperçoive. La tuile doit être recouverte de 4 pouces d'eau ; les collets surnagent horizontalement, ou entre deux eaux, et les canards, qui plongent jusqu'à ce qu'ils aient satisfait toute leur avidité, ne manquent jamais de se prendre par le cou à un collet, sans pouvoir se débarrasser, ni souvent même se plaindre, parce qu'il arrive quelquefois qu'ils entraînent la tuile dans un endroit profond qui les fait noyer. Pour empêcher qu'ils n'emportent au loin la tuile, et que par conséquent elle ne soit exposée à être perdue, l'oiseleur ne la retrouvant pas où il l'avait mise, on en attache plusieurs après le même cordeau, qu'on place de distance en distance.

La même figure représente le derrière de la tuile ; il faut que les fils de fer forment un anneau *d*, dans lequel passe le cordeau *mmm*, qu'on n'attache que d'un nœud simple, afin de le pouvoir changer à volonté.

Il arrive souvent qu'on prend au même piège des poules d'eau, des morelles, des plongeons, etc.; et il n'est pas bien rare d'en prendre deux à la fois.

Quand on connaît quelque endroit où il y a beaucoup de canards, on peut facilement s'assurer des lieux où ils donnent de préférence pendant la nuit ; *l'herbe mangée, beaucoup de fiente, quelques unes de leurs plumes,* etc., sont autant d'indices sûrs qu'ils s'amusent dans ces endroits, et qu'ils s'y attroupent. Dans ce cas, on amorce en plein midi ces endroits, pendant deux ou trois jours, avec du blé cuit, et on y place ensuite les pièges : on peut y aller à coup sûr, le lendemain, au lever du soleil.

Quelquefois il y a, dans le même étang, plusieurs endroits où les canards vont indifféremment pendant la nuit ; il faut alors placer un épouvantail dans chacun de ces endroits, n'exceptant que celui où est la glanée ; on fiche en terre un bâton fendu, qui a, pour l'ordinaire, 3 pieds de hauteur, et on y attache deux feuilles de papier pendues à une aiguillée de fil. Le canard est un animal craintif, et le moindre mouvement, joint à la blancheur du papier, lui fait prendre la fuite, de façon qu'il est obligé de se rendre à la tendue.

Les Bourguignons prennent considérablement de canards à cette espèce de chasse : ils ne se servent pas de fil de fer, mais seulement d'une croix de bois, qu'ils attachent sur un piquet qu'ils fichent en terre.

GLAIRES. Matière qui se trouve dans les fumées des biches.

GLAPIR. Ce mot se dit en parlant de l'aboi aigre des petits chiens et des renards.

GLAPISSEMENT. Cri des renards et des petits chiens.

Le renard glapit sur la voie d'un lièvre de même qu'un chien courant, avec cette différence qu'il ne donne pas autant de la voix, et que le son en est plus faible et très aigu.

GLU ou GLUE, du latin *glux*. Substance végétale, visqueuse et tenace, dont on se sert pour prendre les oiseaux. Il y en a de plusieurs sortes : la *glu d'Angleterre*, que l'on retire des houx; la *glu des anciens*, que l'on prépare avec le gui ou avec son fruit; la *glu d'Alexandrie*, que l'on fait avec des sébestes. On retire aussi de la glu du glutier des oiseleurs, *hippomane biglandulosa*, Linn. Les Américains coupent le tronc de cet arbre, et ramassent, le jour suivant, le suc qui s'en est écoulé et qui s'est épaissi. Ils s'en servent pour attraper les perroquets et autres oiseaux.

La meilleure glu est celle qui provient du houx. Elle se prépare ainsi : vers le mois de mai, on écorce de jeunes branches de houx, et l'on fait tremper l'écorce dans de l'eau bouillante pendant sept ou huit heures; on retire ensuite la pellicule brune qui la recouvre, et qui ne serviroit qu'à salir la glu. On pile l'écorce dans des mortiers, et en fait une pâte, que l'on enterre dans un pot en un lieu frais; après qu'elle a fermenté, ordinairement pendant quinze jours, on la retire, on la lave dans l'eau, on enlève les filamens ligneux, et on réduit le tout en masse. Il faut environ 6 ou 7 livres d'écorce pour en obtenir une de glu.

On emploie le même procédé pour extraire la glu de l'écorce du gui.

Il y a encore d'autres méthodes de préparer la glu; mais il suffit d'en avoir indiqué une : d'ailleurs on s'en procure si facilement que l'on ne doit pas se donner la peine de la fabriquer.

« Comme les diverses espèces de glu, dit Bomare,
» et notamment celle du houx, qui passe pour la
» meilleure, perdent promptement leur force, on
» en compose une particulière, préférable à la glu
» naturelle. Voici comment il faut la préparer : Joi-
» gnez à une livre de glu de houx, bien lavée et
» bien battue, autant de graisse de volailles qu'il est
» nécessaire pour la rendre coulante; ajoutez-y en-
» core une once de fort vinaigre, demi-once d'huile
» et autant de térébenthine ; faites bouillir le tout
» quelques minutes à petit feu, en remuant tou-
» jours; et quand vous voudrez vous en servir, ré-
» chauffez-le. Cette glu est non seulement propre à
» faire d'excellens gluaux, mais elle sert aussi à
» sauver les vignes des chenilles, et à garantir plu-
» sieurs plantes particulières de l'attaque des in-
» sectes.

» On trouve, ajoute ce naturaliste, une forte glu
» dans les branches de sureau, dans les racines de
» narcisse et de jacinthe. »

Il arrive souvent qu'on est obligé d'acheter de la glu sale et mal faite, qu'on ne peut employer dans l'état où elle est. On la lave au courant d'une fontaine fraîche. On s'exposeroit à en perdre beaucoup, si l'eau était tiède et dormante. Ce n'est qu'en la déployant, la battant et la maniant long-temps dans l'eau, qui entraîne, par son courant, tous les corps qui lui sont hétérogènes, qu'on la rend propre et bonne.

C'est avec raison qu'on condamne ceux qui mettent de l'eau dans leur pot à glu, dans la crainte qu'elle ne s'y attache. Il y a bien plus d'avantages d'y mettre de l'huile, qui, en empêchant que la glu ne s'attache aux parois du vaisseau, la rend en même temps bien plus ductile, et par conséquent meilleure. La quantité d'huile qu'on doit mettre dans la glu dépend des différentes saisons où l'on se propose de l'employer. Il vaut toujours mieux en mettre moins que trop, car il est assez difficile d'en ôter. Il faut, pour l'ôter, exposer le pot à glu au courant d'un ruisseau, de façon qu'il reçoive l'eau un peu obliquement, pour qu'elle entraîne l'huile superflue.

L'huile d'olives est la meilleure qu'on puisse employer, pourvu qu'elle ne soit pas vieille; car l'odeur qui s'en exhalerait donnerait de la méfiance aux oiseaux, qui n'en approcheraient point. A son défaut, on peut se servir d'huile de navette, de noix, ou de lin.

(*Voyez*, pour la manière de prendre des oiseaux à la glu, les mots *Abreuvoir*, *Arbret*, *Buisson englué*, *Pipée*.)

GLUAU. C'est une petite baguette enduite de glu, que l'on dispose de différentes manières, mais toujours dans le but que les oiseaux qu'on veut y prendre puissent la toucher par les pattes ou par les ailes, et s'attacher à la glu qui la recouvre.

Les meilleurs gluaux se font avec des petites branches de saule, surtout de saule blanc ou commun. C'est ordinairement au mois de septembre qu'on les coupe, et l'on connaît que ces branches sont suffisamment mûres, lorsqu'on peut les dépouiller de leurs feuilles, et que les pointes ne cassent pas. Celles qui sont pâles et cassantes doivent être rejetées. On préfère les brins qui poussent sur le tronc et sur les grosses branches, ceux qui sont minces, droits, bien filés et d'une bonne couleur.

Dès qu'on les a cueillis, on les égalise par le gros bout, et on les étend au soleil pendant quelques heures, ou dans un endroit dont la température soit un peu élevée.

On donne aux gluaux différentes longueurs, suivant l'usage auquel on les destine.

Ceux qu'on emploie pour la pipée doivent avoir 15 ou 16 pouces de longueur; on taille les gros bouts en forme de coins pour les placer plus commodément dans les entailles faites aux branches de l'arbre de pipée. On met ces gros bouts sur de la braise allumée, ou seulement dans des cendres fort chaudes, afin de les durcir et de les empêcher de s'émousser par l'usage qu'on en fait. Toutefois, quelques pipeurs dédaignent ce soin, prétendant que le gluau, ne devant être que légèrement implanté dans l'entaille de la branche, aura toujours assez de force pour y être introduit.

Les gluaux pour l'arbret n'ont que de 6 à 7 pouces de longueur et sont plus gros que ceux de la pipée, devant être très apparens pour présenter aux oiseaux un point d'appui qui les engage à s'y poser, tandis qu'à la pipée, il faut que les gluaux soient minces et s'aperçoivent à peine. L'extrémité du gros bout est taillée en pointe pour être implantée dans la moelle d'un brin de sureau.

Les oiseleurs ont différentes méthodes pour engluer les saussaies. Les uns prennent de la glu avec le bout le plus mince d'un gluau, et après l'avoir étendue sur les autres gluaux, ils les frottent les uns contre les autres. D'autres se frottent les doigts avec de l'huile, afin que la glu ne s'y attache pas; ils prennent ensuite avec deux doigts de la main gauche la grosseur d'une noix de glu qu'ils étendent sur les gluaux qu'ils tiennent de la main droite, et ils recommencent l'opération jusqu'à ce qu'il y ait assez de glu; après cela ils battent des deux mains les gluaux, en les tortillant de manière qu'il n'y ait pas le moindre intervalle sans glu, excepté à quatre doigts du gros bout. Enfin la méthode la plus simple est de prendre une poignée de saussaies dans chaque main, d'en tremper les extrémités dans la glu, de croiser chaque poignée l'une sur l'autre, en écartant ensuite les mains pour les séparer; on continue ainsi à croiser les poignées dans la même main jusqu'à ce que les saussaies soient exactement enduites de glu.

Les gluaux, ainsi préparés, doivent être renfermés dans une toile cirée ou une bande de cuir, de parchemin et même une écorce de tilleul, de cerisier, qu'on a eu soin de frotter avec de l'huile, afin que les gluaux ne s'y attachent pas. Cette enveloppe, que les oiseleurs appellent *carton*, doit avoir une longueur à peu près égale à la hauteur des gluaux et une largeur suffisante pour faire environ deux tours. On les dépose dans un endroit frais, parce que la sécheresse ferait perdre à la glu sa viscosité et rendrait les gluaux cassans.

(Voyez *Abreuvoir*, *Arbret*, *Buisson englué*, *Pipée*.)

GOBBE. Sorte de composition en forme de bol, qu'on donne aux animaux pour les empoisonner.

On emploie la noix vomique en poudre avec un mélange de mie de pain et de viande pour former les gobbes dont on veut empoisonner les chiens errans, les loups, les renards, etc.

GOBER. C'est, en terme de fauconnerie, une façon de chasser la perdrix avec l'oiseau de proie. On l'appelle aussi *gobet*.

GOBE-MOUCHE, *muscicapa*. Genre d'oiseaux de l'ordre des passereaux, qui renferme un grand nombre d'espèces, dont deux seulement sont connues en Europe.

GOBE-MOUCHE VULGAIRE, *muscicapa grisola*, Lath.

Cet oiseau (*Pl.* 13, *fig.* 3), a la grosseur de la fauvette grise, 5 pouces 8 lignes de longueur; le bec, long de 8 lignes, environné de poils, noirâtre en dessus, blanchâtre à la base; la tête, le dessus du cou et du corps, les grandes et les petites couvertures et les pennes des ailes d'un gris brun; les grandes couvertures et les pennes bordées de blanchâtre; les pennes de la queue de la même couleur, mais sans bordure; les plumes de la gorge et de la poitrine, blanchâtres, marquées d'un trait gris brun; le ventre blanc; les jambes d'un roux clair; les pieds d'un brun foncé. Le mâle ne diffère de la femelle qu'en ce qu'il a le front plus varié de brun, et le ventre moins blanc.

Ce gobe-mouche arrive en France au printemps, habite les forêts, les vergers, et préfère les lieux couverts et fourrés; il se nourrit de mouches qu'il saisit en volant; il place son nid indistinctement sur les arbres et sur les buissons, plus souvent dans des trous d'arbre ou de muraille. Sa ponte est de quatre à cinq œufs blancs, tachetés de rougeâtre. Il quitte nos climats dès que le froid fait périr les insectes qui forment sa nourriture. Les individus de cette espèce sont nombreux dans les parties méridionales de l'Europe, et rares dans le nord.

On ne doit point faire la chasse à cet oiseau qui rend tant de services à l'homme, en détruisant des milliards d'insectes nuisibles et incommodes.

GOBE-MOUCHE NOIR A COLLIER OU GOBE-MOUCHE DE LORRAINE, *muscicapa atricapilla*, Lath. Cet oiseau (*Pl.* 13, *fig.* 2) change de couleur dans les quatre saisons de l'année. Lorsqu'il arrive en Provence et en Italie, il ressemble au bec-figue. Il est peu sédentaire. Il passe aux environs de Rouen, vers les premiers jours d'avril, et arrive le 15 en Lorraine. Il se tient dans les forêts, surtout dans celles de haute futaie, y niche dans des trous d'arbres quelquefois assez profonds, et à une distance de terre assez considérable, et d'autres fois sur les arbres même à fruits; son nid est composé de petits brins d'herbes, d'un peu de mousse, de crin et de quelques plumes; la ponte est de six œufs d'un bleu clair. Comme les autres oiseaux de ce genre, il se nourrit de mouches, descend très rarement à terre, et se tient fort élevé, voltigeant d'arbre en arbre. Il n'a point de chant, mais un accent plaintif, très aigu, roulant sur cette consonne aigre : *crri*, *crri*.

GOËLAND, *larus*. Ce mot est employé par plusieurs naturalistes comme synonyme de mouette, nom par lequel on désigne les espèces comprises dans une des plus nombreuses familles des oiseaux d'eau. Suivant Buffon, *goëland* n'indique que les plus grandes espèces du genre de la mouette, et ce dernier mot ne s'appliquerait qu'aux plus petites espèces. Les goëlands seraient des oiseaux dont la taille surpasserait celle du canard, et qui ont de 18 à 20 pouces de la base du bec à l'extrémité de la queue. Les mouettes seraient tous ceux qui n'auraient pas ces dimensions. Au surplus, les caractères génériques, les mœurs et les habitudes sont communs aux deux divisions de cette famille. (Voyez *Mouette*.)

Les goëlands et les mouettes sont des oiseaux de l'ordre des palmipèdes. Ils se tiennent sur les rivages de la mer, et couvrent, par leur multitude, les plages, les écueils et les rochers qu'ils font retentir de leurs cris; de tous les oiseaux d'eau, ce sont les plus communs; on en voit sur toutes les côtes, mais beaucoup plus sur les lieux abondans en poissons; on en rencontre en mer jusqu'à plus de cent lieues de distance, et sous tous les climats. Ils sont d'une grande voracité: poissons frais ou gâtés, chair sanglante ou corrompue, écailles, os, plumes, tout s'engloutit dans leur gosier et se digère dans leur estomac. Dans les pays peuplés, ils recherchent les rivages des étangs ou de la mer, couverts d'herbes maritimes, mais plus souvent les creux et les fentes des rochers. Le nombre des œufs par chaque ponte ne paraît pas fixe; l'on en trouve dans les nids depuis deux jusqu'à quatre. On prétend qu'ils sont sains et bons à manger; mais il n'en est pas de même de leur chair qui est dure, coriace et de mauvais goût. Les sauvages des Antilles et les Groenlandais s'accommodent cependant de ce mauvais gibier, qui, au surplus, n'est point malfaisant.

Voici les espèces de goëlands que l'on trouve sur nos côtes.

Le goëland a manteau gris, *larus glaucus*, Lath. Il a un peu moins de grosseur que le *cravan*; près de 20 pouces de long; un joli gris cendré sur le dos, le croupion, les plumes scapulaires et les pennes des ailes, dont le bout est terminé par du blanc, avec une tache noirâtre; celles-ci, à l'intérieur, de cette dernière couleur; le reste du plumage d'un beau blanc; le bec jaune dans les adultes, d'un jaune orangé dans les vieux; et presque noirâtre dans les jeunes; l'iris jaune et les pieds de couleur de chair terne. Il a plusieurs cris: *quiou*; *tia, tia*; *quiente* ou *piente*. Il fréquente en automne et pendant une partie de l'hiver nos côtes septentrionales.

Le goëland a manteau gris et blanc, *gavia grisea*, Brisson. Il est à peu près de la grosseur de celui à manteau gris. Buffon le regarde comme une variété de cette espèce ou de celle à manteau gris brun prise dans un âge différent. Cet oiseau a le plumage gris, mêlé de blanc, les pennes de la queue d'un minime obscur, le sommet de la tête gris, le bec d'un beau jaune et noirâtre à son extrémité; l'iris brunâtre et les pieds jaunes.

Le goëland a manteau gris brun, *larus fuscus*, Lath. Il a 2 pieds et demi de longueur; le dos et les pennes des ailes d'un gris brun, quelques unes terminées de blanc et les autres de noir; le reste du plumage blanc; la paupière et le bec rouges. Les jeunes sont bruns et tachetés de cendré.

Cette espèce, que les pêcheurs de baleine hollandais distinguent des autres par le nom de *bourgmestre*, habite l'Europe, le nord de l'Amérique et de l'Asie. Les harengs semblent être sa nourriture favorite. Il est redouté des autres goëlands. Son cri est celui du corbeau. Il place son nid dans les fentes des rochers les plus hauts, le compose de foin, et y dépose trois œufs parsemés de taches noirâtres, et aussi gros que ceux de poule.

Le goëland a manteau noir, *larus marinus*, Lath. Ce goëland est le plus gros de tous; il a 2 pieds et quelquefois 2 pieds et demi de longueur; le bec jaunâtre et robuste; la paupière jaune; le dos couvert d'un manteau noir ou noirâtre ardoisé; le reste du plumage blanc; les pieds couleur de chair et comme farineux. Son cri est *qua, qua, qua*, prononcé d'un ton rauque. Dans nos contrées, il niche dans les falaises des bords de la mer. La ponte est de trois œufs. Cette espèce est répandue sur les mers de l'Europe, de l'Amérique et de l'Afrique, et on la rencontre dans l'Océan austral.

Le goëland varié, *Larius navius*, Lath., est de la plus grande espèce; il a 5 pieds d'envergure et 21 pouces de longueur, depuis le bout du bec jusqu'à celui des doigts; la tête et le dessus du corps variés de blanc et de gris brun; l'iris gris; les pieds blanchâtres dans quelques individus, et couleur de chair dans les autres. Ce goëland est d'un gris sale et sombre dans le premier âge. La femelle est moins grande que le mâle. Suivant quelques auteurs, cet oiseau serait un jeune de l'espèce à manteau noir, et, suivant d'autres, ce serait la femelle. Il se trouve sur nos côtes maritimes, et, dans le nord, jusqu'au Groenland.

On chasse les goëlands avec le fusil, et on les prend facilement avec des hameçons amorcés avec des poissons.

GORGE. En *vénerie*, l'on dit qu'un chien a une *belle gorge* quand il a la voix forte; mais cette expression n'est plus guère en usage; on dit: *Voilà un chien qui crie bien*. Quand un chien vomit, on dit: *Ce chien rend gorge*.

En *fauconnerie*, on appelle *gorge* le sachet supérieur ou le jabot des oiseaux de vol, qu'on nomme aussi *poche*; *gorge chaude*, la chair du gibier qu'on distribue toute chaude à ces mêmes oiseaux, au moment où ils ont pris ce gibier; *bonne gorge*, quand on repait généreusement ces oiseaux; *demi-gorge* ou *quart de gorge*, suivant la quantité qu'on leur en donne; *grosse gorge*, la viande grossière qu'on leur présente, et qui n'a pas été trempée dans l'eau; c'est quand on leur fait faire une mauvaise chère. Un oiseau *digère sa gorge* quand l'aliment dont on l'a nourri passe vite, et que l'oiseau émeutit ou se décharge le ventre sans avoir eu le temps de faire la digestion. Cette incommodité mène au mal subtil. (Voyez *Fauconnerie*.)

Gorge-blanche. Nom qui désigne dans des auteurs la *nonnette cendrée* et la *fauvette grise*.

Gorge-bleue, *sylvia suecica*, Lath. Oiseau de l'ordre des passereaux, et du genre de la fauvette.

Description. Ce bel oiseau a la forme, la grandeur et la figure entière du *rouge-gorge*; mais il en diffère par la couleur, en ce qu'il a le dessus du corps d'un cendré brun, et la gorge et le devant du cou d'un beau bleu. La femelle se distingue du mâle, en ce que le bleu ne forme qu'une espèce de croissant qui tranche sur le fond blanc de la gorge et du devant du cou; le brun des parties supérieures est aussi plus sombre.

Habitation. Cette espèce est rare, et même inconnue dans une partie de la France. On la voit dans la partie basse des Vosges, vers Sarrebourg, elle est plus connue en Alsace; on la rencontre dans les Pyrénées, en Espagne, en Allemagne, en Prusse et en Suède; nulle part elle n'est nombreuse. On l'appelle en Provence *cul-rousset bleu*. Elle se tient à la lisière des bois, dans les marais, les prés humides, les oseraies et même les roseaux. Elle les quitte après la belle saison, et visite, avant son départ, les jardins et les haies, et se laisse approcher assez pour que l'on puisse la tirer à la sarbacane. Elle nous quitte en octobre, et revient en avril.

Nourriture. Elle est la même que celle du rouge-gorge, c'est à dire qu'elle se compose d'insectes et de diverses sortes de baies.

Propagation. La gorge-bleue place son nid aux bords des lieux humides, sur les saules, les osiers, les arbustes, et quelquefois dans la terre; il est construit d'herbes. Elle y dépose de cinq à six œufs, d'un vert bleuâtre, qu'elle couve pendant quinze jours. Les petits sont d'un brun noirâtre, et n'ont pas de bleu sur la gorge.

Qualités. Elles sont les mêmes que celles du rouge-gorge.

Chasse. La gorge-bleue devient grasse à l'automne, époque où on lui fait la chasse, soit au filet, comme pour le rossignol, soit à la pipée.

GORGE-ROUGE. (Voyez *Rouge-gorge*.)

GORGÉE. (Fauconnerie.) La même chose que *gorge*. On donne *bonne gorgée* à l'oiseau, c'est à dire une bonne portion du gibier qu'il a pris, surtout quand il commence à voler.

GORGER. Les fauconniers disent : Un oiseau est *gorgé*, quand il est repu.

GOUSSAUT. Nom que les fauconniers donnent à un oiseau trop court, et peu estimé pour la volerie.

Goussaut ou *goussant*, se dit aussi d'un chien lourd et trapu.

GOUTTIÈRE. Sillons dont le bois des cerfs, daims ou chevreuils est rayé; on les appelle aussi *canaux*.

GRAILLE ou GRAILLANT. C'est la corbine en vieux français. (Voyez *Corbine*.)

GRAILLER. Sonner du cor sur un ton qui sert à rappeler les chiens.

GRAIS. Ce sont les deux grosses dents que les sangliers ont à la mâchoire supérieure, lesquelles touchent contre les défenses, et semblent les aiguiser. (Voyez *Grès*.)

GRANDOULLE. C'est un oiseau des provinces méridionales, connu principalement sous ce nom vulgaire qu'on lui donne en Provence. Il paraît être le même que le *ganga*. (Voyez ce mot.) Il ne se tient que dans les grandes plaines incultes, particulièrement dans celle de la Crau, près d'Arles, où il s'en trouve plus que partout ailleurs. On en voit encore en assez grand nombre dans une plaine en friche qui n'est que sable et gravier, et fort étendue, appelée le plan de Diou, à trois lieues nord-est d'Orange. Il est connu, dans ce canton, sous le nom de *taragoule*. Sa grosseur est celle d'un pigeon bisct. Il a le bec de la perdrix, mais plus court, et les jambes moins hautes. Son plumage approche de celui du pluvier doré. Il ne se branche point, et niche à terre; les nichées habitent ensemble par troupes séparées. Il n'est point de passage, mais plus inconstant dans sa demeure que la perdrix. On en trouve, en toute saison, dans la Crau. Il se nourrit de diverses graines, est très sauvage, et se laisse difficilement approcher.

Ces oiseaux ont l'habitude de venir à l'eau, soir et matin, pour se baigner. D'après cette habitude, les chasseurs de la Crau font, en été, des saignées aux canaux qui traversent cette plaine, pour former une petite mare, au bord de laquelle ils les attendent cachés dans une hutte; mais il faut être alerte pour les tirer, car ils ne s'arrêtent guère, et reprennent leur vol, aussitôt qu'ils ont avalé deux ou trois gorgées d'eau. Au plan de Diou, près d'Orange, on les chasse différemment. On se place, pour les approcher, dans un tombereau ou charrette, qu'on fait avancer lentement et en tournant vers la troupe, jusqu'à ce qu'on se trouve à portée de tirer.

Parmi tous les oiseaux qu'a décrits Buffon, on ne trouve point l'analogue de celui-ci, dont la description a été envoyée de Provence par un habile chasseur. Mais on est persuadé que c'est le même qu'on appelle *angel*, aux environs de Montpellier, qui (dit Salerne), a été mal à propos confondu par quelques naturalistes avec le pigeon sauvage ou des bois, tenant plus par la forme et le caractère à l'espèce de la perdrix qu'à celle du pigeon.

GRANDS DEVANTS. Quand on prend les devants de sa quête, cela s'appelle prendre les *grands devants*. On prend les devants d'une enceinte, quand on en fait le tour avec son limier, afin qu'il se rabatte des voies qui vont et viennent.

GRAND-DUC. (Voyez *Duc*.)

GRAND VENEUR, GRANDE VÉNERIE. (Voy. *Chasse*, *Louveterie*.)

GRAND VIEUX CERF. On désigne ainsi le cerf depuis qu'il a cessé d'être dix-cors jusqu'à sa mort.

GRAS. (Fauconnerie.) On dit : *Voler haut et gras*, d'un oiseau qui vole bien.

GRAS. Mettre un chien au gras, c'est l'enfermer dans un chenil séparé pendant que les autres mangent.

GRATTE-PAILLE. Nom vulgaire de la *fauvette d'hiver*. (Voyez ce mot.)

GRAVELET. Nom du *grimpereau*, en Poitou. (Voyez ce mot.)

GRAVIÈRE. Le pluvier à collier s'appelle ainsi dans quelques cantons de la France. (Voyez *Pluvier*.)

GRAVISSET, GRAVISSEUR et GRAVISSON. Dénominations vulgaires du *grimpereau*, rapportées par M. Salerne. (Voyez *Grimpereau*.)

GRAYE. C'est, dans Belon, le *freux*. (Voyez ce mot.)

GRÈBE, *podiceps*. Genre d'oiseaux aquatiques, de l'ordre des pinnatipèdes, qui renferme un assez grand nombre d'espèces dont quelques unes viennent habiter nos climats.

Parmi ces espèces, les ornithologistes distinguent le *grèbe*, le *grèbe huppé* et le *grèbe cornu*; mais Latham prétend que ces trois oiseaux ne forment qu'une seule et même espèce : le premier étant l'oiseau d'un an; le second l'oiseau de deux ans, et le troisième l'oiseau parfait.

LE GRÈBE, *podiceps urinator*, Lath. (*Pl.* 18, *fig.* 9), est un peu plus gros que le foulque; il a 1 pied 5 pouces du bout du bec à celui du croupion; tout le dessus du corps d'un brun sombre lustré, et tout le devant d'un très beau blanc argenté; la tête petite, l'espace qui est entre le bec et l'œil dénué de plumes et de couleur rouge, le bec brun en dessus, rougeâtre sur les côtés et en dessous; les pieds, les doigts et les membranes de cette dernière teinte, et les ongles bruns.

Habitation. Cet oiseau de passage se trouve sur les lacs de la Suisse, et particulièrement sur celui de Genève; on le voit encore sur certains étangs de Bourgogne et de Lorraine.

Sa *nourriture* se compose de petits poissons, d'insectes qui fréquentent les eaux et de plantes aquatiques.

Propagation. Il construit son nid avec des roseaux et des joncs entrelacés. La ponte est ordinairement de deux à trois œufs; l'incubation dure trois semaines.

Qualités. La chair de tous les grèbes est très dure, et n'est point estimée comme nourriture.

LE GRÈBE CORNU, *podiceps cristatus*, Lath.

Description. Il a 21 pouces de long, y compris la queue, qui n'a que 2 pouces; le bec de 2 pouces et demi de long, droit, un peu aplati, pointu, d'un brun noir à la partie supérieure, blanc en devant, et couleur de chair en bas et sur les côtés; l'iris d'un rouge corail; les pieds d'un gris brun et de 2 pouces 3 lignes de haut; une houppe noire sur la tête, partagée en arrière, et divisée comme deux cornes; les plumes du cou longues, rousses à la racine et noires à la pointe, formant une espèce de crinière coupée en rond autour du cou, ce qui donne à cet oiseau une physionomie toute particulière; la poitrine et le ventre blancs; le dessus du corps et les ailes de couleur brune, avec des taches grises, blanches et noires; un miroir blanc sur le travers des ailes. La femelle diffère du mâle en ce qu'elle n'a point de houppe, ni que sa collerette, moins longue, est à moitié blanche. Le reste du plumage est aussi plus pâle que dans le mâle.

Habitation. Cette espèce est fort répandue; on la trouve en Italie, en Suisse, en Allemagne et en Angleterre. Mais, suivant M. Hartig, c'est principalement dans les grandes masses d'eau des pays du nord, qu'elle habite, et elle ne paraît que comme oiseau de passage, en automne et au printemps, dans les climats plus tempérés.

Nourriture. Elle se nourrit de petits poissons, d'insectes et de plantes aquatiques.

Propagation. Elle fait son nid dans les roseaux; y dépose de trois à quatre œufs blancs de la grosseur de ceux du pigeon, qu'elle couve pendant trois semaines. Les petits nagent avec leur mère aussitôt qu'ils sont éclos.

Ennemis. Tous les quadrupèdes carnassiers et les oiseaux de proie.

Qualité. Comme dans l'espèce précédente.

LE GRÈBE A LONG BEC. Cette espèce a été observée dans les Pyrénées par M. Picot Lapeyrouse. Elle a 14 pouces de longueur totale; le bec long de 2 pouces, comprimé sur les côtés; le plumage brun en dessus, d'un gris argenté en dessous; la gorge et les joues blanches et rayées de brun; un plastron roux sur le devant du cou et de la poitrine; la mandibule supérieure noire, et l'inférieure jaune; les pieds noirs. Ce grèbe recherche les eaux douces et bourbeuses; il est méchant, a un cri grondeur, ne vole pas et marche très mal.

LE GRÈBE MONTAGNARD, que M. Picot Lapeyrouse a également observé dans les Pyrénées, est le plus petit des grèbes, n'ayant que 8 pouces et demi de longueur; les coins de son bec sont recouverts d'une membrane teinte d'un mélange de blanc et de vert; ses pieds sont découpés en scie par derrière; une teinte brune, à reflets verts, couvre le dessus du corps, avec des nuances rousses sur le croupion; un mordoré brillant s'étend sur les joues, la gorge et le devant du cou; un gris nué de brun est sur le dessous du corps; le bec est noir, et les pieds sont d'un gris verdâtre.

LE PETIT GRÈBE, *podiceps minor*. C'est le *castagneux*. (*Voyez* ce mot.)

GREDIN. Race de chiens, que l'on nomme aussi *épagneuls d'Angleterre*, parce qu'ils sont originaires de ce pays. Leur poil est noir, et ils diffèrent en outre des *épagneuls* de France, en ce qu'ils ont le poil moins long, particulièrement aux oreilles, aux jambes et à la queue. Ces chiens sont, pour l'ordinaire, de petite taille.

GRÊLE. C'est le ton le plus élevé du cor. On le dit aussi du merrain du cerf, lorsque les perches sont minces.

GRENAGE. Manière de former les grains de poudre à canon dans les moulins où elle se fabrique.

GRENAILLE DE FER. C'est le fer réduit en menus grains. On s'en sert pour remplacer le plomb à tirer, qui est beaucoup plus cher. Cependant, la fabrication et la vente en ont été défendues par l'arrêt du Conseil, du 4 septembre 1731, dont voici les dispositions :

« Sur ce qui a été représenté au roi en son Conseil, par les grands maîtres des eaux et forêts des dix-sept départemens du royaume, que dans la plupart des endroits où il y a des forges établies, il s'y fabrique une espèce de grenaille en fonte de fer, dont on se sert au lieu de plomb; qu'il arrive même, à l'insu des maîtres de forges, que les ouvriers qu'ils emploient fabriquent de cette grenaille, la vendent à très bon marché, ou même la donnent aux ouvriers employés à l'exploitation des bois, à condition d'avoir part au gibier qu'ils détruiront : d'où il naît plusieurs inconvéniens; l'un, que cette grenaille étant donnée ou pour rien, ou à très bon marché, cela multiplie le nombre des braconniers; l'autre, que ceux qui usent de la grenaille, ne le peuvent faire sans de grands risques, parce qu'elle raie et fait crever les armes; au moyen de quoi, non seulement celui qui tire, mais encore ceux qui sont en sa compagnie, courent risque d'être blessés; que même lorsque le gibier n'est que légèrement touché de ce métal, il meurt et se corrompt lorsqu'il est tué, beaucoup plus tôt que s'il avait été tué avec du plomb; qu'indépendamment de cela, il est à observer que, lorsque le gibier tué avec cette grenaille est vendu dans les marchés, il n'est pas possible de le connaître, en sorte que lorsqu'il arrive qu'il s'y en trouve quelques grains, même imperceptibles, ceux qui mangent ce gibier courent risque de se casser les dents, et lorsqu'ils l'avalent, de se faire beaucoup de mal, attendu que cette grenaille, qui est par elle-même fort sujette à se rouiller, est contraire au corps humain, etc.; sa majesté fait défenses à tous maîtres de forges, et aux ouvriers et forgerons qui y travaillent, de fabriquer, vendre, ni débiter aucune grenaille ou fonte de fer qui puisse tenir lieu de plomb à tirer; fait défenses à toutes sortes de personnes, de quelque qualité et condition qu'elles soient, de se servir de cette grenaille, sous peine de 100 livres d'amende, qui demeurera encourue par chacun des contrevenans, et sera prononcée indépendamment de l'amende encourue pour le fait de chasse. Ordonne, sa majesté, que ceux des maîtres des forges qui auront vendu ou donné, fait vendre ou donner cette grenaille par leurs ouvriers, seront condamnés en 300 livres, comme garans et responsables des faits de leurs ouvriers, outre les anciennes amendes fixées par les anciennes ordonnances, et notamment par celle des eaux et forêts du mois d'août 1669. Enjoint sa majesté, aux grands maîtres des eaux et forêts des dix-sept départemens du royaume, de tenir la main, etc. »

L'usage de cette fonte de fer étant devenu très commun en Bourgogne, malgré cette prohibition générale, le parlement de Dijon, par arrêt du 13 août 1766, défendit d'en vendre et de s'en servir dans son ressort, et enjoignit aux officiers des maîtrises, à ceux de police et aux juges des lieux, de faire des visites dans les forges et dans les boutiques des marchands pour se saisir des fontes ou grenailles de fer qui pourraient s'y trouver, et les faire submerger sur-le-champ en leur présence, sans néanmoins aucune amende pour cette première fois; mais l'arrêt en prononce une de 500 livres contre ceux qui fabriquent et débitent les fontes, et de 300 livres contre ceux qui s'en servent.

Ces réglemens, qui n'ont point été abrogés par les lois nouvelles, sont encore aujourd'hui obligatoires, d'autant que la grenaille de fer a été prohibée comme dangereuse à la chasse, pouvant faire crever le fusil et occasioner beaucoup d'accidens. Cette grenaille, en effet, étant d'inégale grosseur, et présentant des aspérités et des inégalités dans sa forme, doit rayer le fusil, écarter beaucoup, et peut blesser les personnes qui auraient lieu de se croire en sûreté. Enfin, comme le dit l'arrêt de 1731, le bon marché de cette fonte donne aux braconniers la facilité de se livrer à leur passion pour la chasse.

Au surplus, l'art. 464 du *Code pénal* de 1810, ayant maintenu, comme l'avaient fait les Codes précédens, tous les réglemens qui ne se trouvaient pas abrogés par les lois nouvelles, il n'y a pas de doute qu'on ne puisse aujourd'hui en invoquer l'autorité. Il est même du devoir de MM. les préfets d'en rappeler les dispositions dans des arrêtés particuliers, quand les abus que ces réglemens avaient eu en vue d'arrêter reparaissent dans les lieux soumis à leur administration. (Voyez *Armes*.)

GRÈS. Ce sont les grosses dents de la mâchoire supérieure du sanglier, lesquelles touchent contre les défenses et semblent les aiguiser.

GRIANNEAU ou GRIANOT, nom du petit tétras dans le Bugey et dans les Vosges lorraines. (Voyez *Tétras*.)

GRIÈCHE. (Voyez *Pie-Grièche*.)

GRIFFADE. C'est la blessure faite par la griffe d'une bête onglée.

GRIFFER. Prendre de la griffe. Ce terme est d'usage en fauconnerie.

GRIFFES. Ce sont les ongles crochus et rétractiles dont sont armés les doigts de plusieurs espèces de quadrupèdes, le *chat*, le *tigre*, le *lion*, etc.

Les ongles acérés des oiseaux de proie s'appellent aussi des *griffes* ou *serres*.

GRIFFET. C'est le *martinet*. (Voyez ce mot.)

GRIFFON. Espèce de vautour. (Voyez *Vautour-Griffon*.)

GRIFFON. Chien à longs poils un peu frisés, et qui tient du barbet et de l'épagneul. (Voyez le mot *Chien*, où il est décrit.)

GRIFFON est aussi la dénomination vulgaire du *martinet noir*, en Champagne. (Voyez *Martinet*.)

GRIMAUD. (Voyez *Chouette*.)

GRIMPART. (Voyez *Grimpereau*.)

GRIMPEAU. (*Ibid.*)

GRIMPENHAUT. (*Ibid.*)

GRIMPEREAU, *certhia*, genre d'oiseaux de l'ordre des *pics*, qui contient un grand nombre d'espèces, dont deux sont communes en France.

Le GRIMPEREAU COMMUN, *certhia familiaris*, Lath. (*Pl.* 10, *fig.* 10), a de 5 pouces à 5 pouces et demi de longueur, y compris la queue, qui a 2 pouces et demi; le bec de 9 lignes de long, mince, courbé en forme de faucille, et brun; les pieds gris, et de 8 lignes de haut; l'iris brun noisette; le dessus du corps gris, avec des taches d'un jaune rougeâtre et noires; la queue brune et composée de pennes raides et pointues, et le dessous du corps d'un beau blanc. Ce petit oiseau est peu farouche; il grimpe sur les arbres de bas en haut, mais il ne peut courir en descendant. Son cri est : *Zie*, *zie*.

Habitation. On trouve cet oiseau dans presque tous les bois, et il habite les vergers en automne et en hiver.

Nourriture. Il se nourrit de petits insectes, de leurs larves et de leurs œufs, qu'il tire de l'écorce des arbres. Il mange aussi les semences d'arbres résineux.

Propagation. Il fait son nid dans les fentes et les creux des arbres, où la femelle dépose de cinq à sept œufs, et jusqu'à neuf suivant quelques naturalistes; ils sont d'un blanc cendré, parsemés de points bruns.

Qualités. Il est très utile par la destruction qu'il fait d'un grand nombre d'insectes nuisibles.

Le GRIMPEREAU DE MURAILLE, *certhia muraria*, Lath. (*Pl.* 10, *fig.* 11), est un peu plus gros que l'espèce précédente, et il s'en distingue en ce que le mâle a la gorge noire, et que la femelle a cette partie blanche, et aussi en ce que les couvertures des ailes sont roses à l'extérieur. Il paraît que cette espèce est beaucoup plus rare que l'autre, et qu'elle ne grimpe pas sur les arbres. On dit qu'elle se retire dans le Midi pour passer l'hiver.

GRIMPEUX. (Voyez *Grimpereau.*)

GRIMPLET. (*Ibid.*)

GRINETTE, *gallinula nævia*, Lath. Petite poule d'eau, plus commune en Italie qu'ailleurs, et qu'on trouve quelquefois dans les étangs des Vosges lorraines. Elle n'est pas tout à fait aussi grosse que le *râle d'eau*; sa longueur du bout du bec à celui de la queue est de 9 pouces 3 lignes; elle a le devant de la tête couvert d'une membrane jaune; les plumes du reste de la tête et de la partie supérieure du cou, noires et bordées de roux; celles du dos et des scapulaires ayant de plus une bordure blanche après la teinte rousse; le croupion et les couvertures du dessus de la queue pareils aux plumes de la tête; celle-ci ornée d'une bande d'un gris blanc, partant du bec et passant au dessus des yeux; la gorge d'un cendré bleuâtre, qui prend une teinte jaunâtre sur le devant du cou et sur la poitrine; le reste des parties inférieures roux; les flancs rayés transversalement de brun et de blanc, et les ailes bordées de cette dernière couleur; les couvertures d'un fond roux avec des bandes transversales blanches; les pennes noirâtres, ainsi que celles de la queue; celle-ci étagée; les yeux petits; l'iris d'un vert jaunâtre; le bec pareil; les pieds d'un vert sale.

Cet oiseau est assez rare en France; on le chasse de la même manière que la *poule* et le *râle d'eau*.

GRINSON. C'est le pinson dans quelques cantons en France.

GRISART. Dénomination vulgaire du *blaireau*. (*Voyez* ce mot.)

GRISET. C'est le nom qu'on donne, dans quelques pays, au jeune chardonneret, quand il est encore gris.

GRISETTE. C'est la fauvette grise.

GRIVE, *turdus*. Genre d'oiseau de l'ordre des passereaux, qui renferme une vingtaine d'espèces connues, dont quatre vivent sous notre climat : la *grive* proprement dite, la *draine*, la *litorne* et le *mauvis*. Les deux premières espèces passent toute l'année en France, et ont un ramage assez agréable, surtout la grive. On les distingue encore des autres, en ce qu'elles ne s'attroupent pas en bandes serrées pour voyager; leur plumage a plusieurs traits de conformité dans leur couleur et leur distribution. Les deux autres espèces ne paraissent guère dans nos contrées qu'à l'automne; elles y restent pendant l'hiver, y vivent en bandes nombreuses, y nichent rarement, et partent au printemps comme elles sont venues, c'est à dire en troupes.

Dans toutes les espèces de grives, le mâle et la femelle sont d'égale grosseur, et portent à peu près le même habit; seulement les couleurs sont plus vives et plus nettes sur celui des mâles. Toutes se nourrissent de baies, de fruits, d'insectes; elles mangent aussi les vers de terre qu'elles prennent après les pluies, et les limaçons qu'elles cherchent, pendant l'hiver, dans les endroits exposés au soleil, et surtout dans les lieux où la terre est dégelée.

Leur chair est un très bon manger, particulièrement celle de la grive proprement dite et du mauvis, lorsqu'elle est grasse; c'est surtout pendant les vendanges qu'elle acquiert cette délicatesse, ce goût exquis qui font rechercher ce petit gibier : les Romains en faisaient encore plus de cas que nous; et l'on peut voir, dans l'article *Grive* du nouveau *Dictionnaire d'histoire naturelle*, les détails que rapporte M. Vieillot sur la manière dont les Romains conservaient les grives pendant toute l'année, et les engraissaient dans des espèces de volières.

Aux approches des vendanges, des volées innombrables de grives quittent les régions du nord, et paraissent en Europe; leur abondance est telle sur la côte méridionale de la Baltique, que, suivant Klein, la ville de Dantzick en consomme, chaque année, quatre-vingt-dix mille paires; ces diverses espèces n'arrivent pas toutes en même temps; les grives proprement dites sont celles qui paraissent les premières, ensuite les *mauvis*, puis les *litornes* et les *draines*; elles s'arrêtent dans divers endroits, surtout dans ceux où elles trouvent une nourriture plus abondante et plus facile; elles continuent ainsi leur route vers le midi, arrivent dans certaines contrées plus tôt ou plus tard, en plus ou moins grand nombre, selon la direction des vents et les divers changements de température, ainsi qu'on le remarque dans tous les oiseaux chassés du nord par les frimas. Des grives voyageuses, les unes restent dans les îles de la Méditerranée, et les autres continuent leur course jusqu'en Afrique. Elles arrivent, dit Sonnini, en Egypte au mois d'octobre, et ne la quittent qu'au mois de mars. Toutes ne s'avancent pas aussi loin dans le sud; car il en reste, pendant l'hiver, dans nos contrées septentrionales, et l'on voit souvent, dans cette saison, des bandes nombreuses de litornes et de *mauvis*; elles fréquentent alors les prairies et les endroits frais qui avoisinent les bois; mais toutes en quittent l'intérieur et n'en fréquentent que les lisières. (*Extrait du nouveau Dictionnaire d'histoire naturelle.*)

LA GRIVE, *turdus musicus*, Lath. Cette espèce (*Pl.* 12, *fig.* 8) est la plus connue dans les pays vignobles et la plus délicate; elle a été confondue, dit M. Vieillot, par des naturalistes, avec le *mauvis*, et, dans beaucoup de cantons, on ne distingue pas ces deux oiseaux par des noms particuliers : aussi les appelle-t-on, aux environs de Rouen, *mauviards*; à Paris et en Bourgogne, *mauviettes*.

Description. La grive proprement dite a 8 pouces et demi de longueur, y compris la queue, qui en a 3; le bec brun et de 8 lignes de long; l'iris noisette; les pieds d'un gris jaune et de 1 pouce de haut; tout le dessus du corps d'un brun olivâtre et luisant, et les couvertures des ailes marquées de taches roussâtres; la gorge d'un blanc roussâtre avec une raie noire sur ses côtés; la poitrine et les côtés du cou d'un jaune rougeâtre avec un grand nombre de taches d'un brun foncé et en forme de cœur; le ventre blanc, parsemé aussi de taches brunes et ovales; les couvertures inférieures des ailes d'un jaune clair orangé; les pennes des ailes et de la queue brunes, et la penne extérieure de la queue bordée de blanc. La femelle a le plumage plus pâle et la raie noire du cou plus étroite.

On connait le chant agréable de cet oiseau, qui se fait entendre principalement le matin et le soir, dès les premiers jours du printemps, et qui ne cesse que fort tard dans la saison. En tout autre temps, les grives ne font entendre qu'un petit sifflement comme *zipp, zipp*. C'est surtout lorsqu'elles s'envolent qu'elles jettent un cri qu'on peut imiter parfaitement en plaçant le bout du doigt dans la bouche, le pressant fortement des lèvres et le retirant avec vitesse. On se sert de ce moyen pour les attirer dans les pièges, et pour les faire approcher à portée de fusil. Lorsqu'on les agace, elles manifestent leur colère par un craquement de bec.

Habitation. Cette grive se trouve répandue dans toute l'Europe, se plaît plus volontiers dans les bois qu'ailleurs, surtout dans ceux qui sont d'une certaine étendue, situés en montagne, et ceux qui abondent en érables; elle fréquente les pays de vignobles à la maturité des raisins; disparaît après la vendange, sur la fin d'octobre, et reparaît au mois de mars et d'avril. Elle ne voyage pas en troupes; cependant on en trouve p[lusieurs] ensemble ou peu éloignées les unes des autre[s]; elles ne voyageant pas; on en voit toujours pendant l'hiver, mais en petit nombre; elles s'approchent alors des habitations et se tiennent dans les haies.

Nourriture. Elle se compose de raisins, de baies de sorbier, de genévrier, de myrtille, et d'autres arbrisseaux ou arbustes. A défaut de fruits et de baies, les grives se nourrissent de vers, d'insectes et de limaces, c'est pourquoi on les trouve plus souvent à terre dans les bois, au pied des haies et des buissons, surtout ceux qui bordent les prairies qui sont submergées.

Pour élever cette grive en cage, il faut la prendre jeune afin qu'elle chante mieux; on la nourrit avec la pâte du rossignol, on lui en fait une avec de la mie de pain, de la graine de navette ou du chenevis écrasés, et de la viande hachée. On varie cette nourriture avec des raisins et autres fruits.

Propagation. La grive place son nid dans les buissons, et quelquefois contre le tronc d'un arbre, à 10 ou 12 pieds de hauteur, dans des branches touffues. Elle en construit l'extérieur avec des herbes sèches et de la mousse, et l'intérieur avec des brins de paille liés et terrassés ensemble avec de l'argile, du bois pourri et vermoulu. C'est sur cette terrasse nue que la femelle dépose ordinairement de quatre à six œufs d'un bleu pâle glacé de vert, avec quelques taches rougeâtres et noires; le mâle et la femelle partagent l'incubation, qui dure seize jours. Les vieilles grives font deux couvées et quelquefois trois, lorsque les premières ne sont pas venues à bien. Chaque couvée va séparément, et les petits finissent par se disperser lorsqu'ils sont assez forts pour se suffire à eux-mêmes.

Qualités. La chair de la grive est un excellent mets, et cet oiseau est encore utile par la grande quantité d'insectes qu'il détruit. Il est susceptible d'éducation, apprend même à parler, et siffle très agréablement plusieurs airs de serinette et de flageolet; il vit en captivité ordinairement sept à huit ans.

Variétés. On connaît plusieurs variétés de la grive proprement dite, mais toutes ne sont que des variétés accidentelles. Telle est la grive blanche, dont le plumage n'est pas généralement d'un blanc pur; on remarque sur quelques parties du corps des mouchetures plus faibles et moins tranchées. Dans d'autres individus, les plumes du dos sont mélangées de brun, et l'on voit du roux sur la poitrine; quelquefois il n'y a que le sommet de la tête qui soit blanc; d'autres n'ont qu'une espèce de demi-collier de cette couleur.

On a parlé aussi d'une grive huppée, mais dont on n'a trouvé qu'un seul individu en 1599.

Diverses dénominations de la grive proprement dite, de la draine et du mauvis :

* La GRIVE AUX AILES ROUGES. (Voyez *Mauvis*.)
* La GRIVE DES ARDENNES. (*Ibid.*)
* La GRIVE DE BROU. (Voyez *Draine*.)
* La GRIVE CHAMPENOISE. (Voyez *Mauvis*.)
* La GROSSE GRIVE. (Voyez *Draine*.)
* La GRIVE DE GUI. (*Ibid.*),
* La GRIVE MONTAGNARDE. (Voyez *Mauvis*.)
* La PETITE GRIVE. C'est la grive proprement dite.
* La PETITE GRIVE DE GUI. (*Ibid.*)
* La GRIVE ROUGE. (*Ibid.*)

Chasse de la grive, de la draine et du mauvis.

La chasse des grives est l'une des plus agréables et des plus lucratives que l'on fasse aux oiseaux, et c'est aussi celle où l'on emploie le plus de moyens.

Saisons et lieux favorables à la chasse des grives. C'est principalement dans les pays de vignobles que l'on fait les meilleures chasses aux grives. Enivrées par le raisin, elles se laissent approcher plus facilement dans les vignes et sur leurs bords que partout ailleurs. Elles sont encore très friandes des olives : elles trouvent l'un et l'autre dans nos provinces méridionales; ce qui fait qu'on y en voit en plus grande quantité qu'ailleurs, et qu'elles y sont, en général, plus grasses et de meilleur goût. Depuis que le raisin commence à mûrir jusqu'après la vendange, on en voit peu dans les pays où il n'y a point de vignobles; mais, ce temps passé, elles se répandent partout où elles trouvent du genièvre, du nerprun, des senelles, et autres baies dont elles se nourrissent. Vers la Toussaint, elles viennent en foule aux aliziers, dont le fruit leur plaît beaucoup, et en se mettant à l'affût sous un de ces arbres, on est assuré d'y faire bonne capture; souvent à peine donnent-elles le temps de recharger. Il en est de même des merises; mais la saison de la maturité de ces fruits étant le mois de juin, ce n'est guère la peine de s'amuser à cette chasse, attendu que c'est le temps où elles sont occupées du soin de leurs petits, et qu'elles sont maigres alors; que d'ailleurs en détruisant une grive, on détruit le plus souvent toute une famille de ces oiseaux, ce qui doit répugner à un chasseur.

La véritable saison pour prendre les grives est depuis la fin de septembre, temps où les raisins sont en maturité, jusqu'aux premières gelées, qu'elles commencent à disparaître.

Chasse au fusil. La chasse au fusil est un peu coûteuse, à raison de la cherté de la poudre et du plomb, et de la petitesse de l'oiseau. Cependant on fait cette chasse de plusieurs manières.

1°. *Au vol.* Pour tuer beaucoup de grives, il faut les tirer au vol, ce qui demande une certaine adresse et n'appartient pas au commun des chasseurs. On en tue peu, lorsqu'on les tire posées sur les arbres, les occasions en étant bien moins fréquentes que celles de les tirer au vol. Les pays couverts et coupés de haies sont très propres pour tuer des grives dans l'arrière-saison : deux chasseurs qui s'entendent pour battre une haie, en la longeant chacun de son côté, sont assurés de tuer des grives et des merles, en les tirant au vol à mesure qu'ils partent.

2°. *A l'arbret.* En Provence, et particulièrement dans cette étendue de terrain qui environne Marseille, et qu'on appelle le *Taradou*, on chasse beaucoup les grives à l'*arbret*. L'arbret (en provençal *aubret*) est un petit arbre planté exprès pour la chasse dont il s'agit, appelée aussi *chasse au poste*, parce que le chasseur se tient caché dans une petite cabane à laquelle on donne ce nom. Cette chasse qui se fait dans l'enceinte même des bastides, non seulement pour les grives, mais pour les ortolans et bec-figues, est un des amusemens les plus chéris de la jeunesse de Marseille, et l'on prétend qu'il se trouve au moins quatre mille postes dans le *Taradou*, qui forme un pourtour d'environ quinze lieues, couvert de quinze mille de ces habitations de campagne, appelées bastides. Voici le détail de cette chasse.

On choisit dans une vigne, de celles qui se trouvent encloses dans les bastides, un petit tertre ou monticule, qu'on se procure artificiellement, s'il ne s'en rencontre pas un sur le lieu. On y plante un petit bouquet de jeunes pins, et au milieu un arbre de 15 à 20 pieds de haut. L'amandier est celui qui convient le mieux, par la raison que sa feuille est fort petite, et cache moins les oiseaux. Au défaut d'un arbre naturel et vert, on peut se servir d'un arbre sec qu'on plante sur la terre. Les grives et même les autres oiseaux s'y perchent également, excepté néanmoins l'ortolan, qui préfère les arbres verts. Parmi les jeunes pins, on a soin de mêler quelques arbrisseaux de ceux qui portent des baies qu'aiment les grives, comme myrtes, genièvres, etc. On place à terre, entre ces pins et arbustes, dans des cages, pour servir d'appeaux, cinq ou six grives prises aux gluaux, et conservées dans des volières, où on les nourrit de figues hachées avec du son et du raisin noir. Ces cages sont suspendues à des piquets, à 2 ou 3 pieds de terre. A quelque distance de l'arbre, on construit une cabane fort basse, en creusant la terre de 2 ou 3 pieds, de manière qu'elle n'excède le niveau du terrain que d'à peu près autant, on la recouvre en dehors de ramée et de lierre qui est toujours vert, afin qu'elle effarouche moins les oiseaux, et que sa verdure se maintienne plusieurs jours. Il y a de ces cabanes construites en maçonnerie et avec quelques commodités, et autour desquelles, pour en dérober la vue aux oiseaux, on plante quelques arbustes. Le chasseur se tient tapi dans sa cabane, et au chant des oiseaux, il arrive de temps en temps des grives, qui viennent se poser sur l'arbre, et qu'il tire, à mesure qu'elles se présentent, par de petites ouvertures ménagées à la cabane. La saison de chasse est depuis les derniers jours de septembre jusqu'à la fin d'octobre. On la commence dès la pointe du jour; jusqu'à sept heures est le fort du passage : elle dure cependant jusqu'à neuf ou dix heures de la matinée. On peut y tuer jusqu'à trois ou quatre douzaines de grives.

3°. *A la hutte ambulante.* La hutte ambulante (*voyez* le mot *Vache artificielle*) est très commode pour tuer beaucoup de grives, surtout, comme nous l'avons dit, dans les temps de vendanges. Ces oiseaux ne couchent jamais dans les vignes; ils se retirent dans les bois ou bosquets voisins; mais ce n'est jamais sans se reposer une ou deux fois sur les arbres les mieux exposés. Les chasseurs ont chacun une hutte qu'ils placent près de l'arbre qu'ils jugent le plus avantageux, et là chacun attend le gibier, qu'il tue facilement. On a remarqué que plus le raisin est mûr, plus les grives se posent souvent.

Si l'on n'a point de hutte, on se cache derrière de gros arbres, des buissons, ou dans des ravins, des fossés, et toujours du côté où l'on est sûr qu'on sera le moins aperçu par les grives.

Chasse au collet. Cette manière de prendre les grives est connue dans presque tous les pays; elle est très en usage en Silésie et en Saxe, où les grives sont très abondantes. On emploie pour amorcer différentes sortes de baies, et notamment celle du sorbier. (*Voyez* Collet.)

Chasse aux repuces ou *raquettes.* On prend aussi les grives avec des repuces ou petites verges élastiques qu'on pique en terre le long des haies et des jardins, et surtout dans les vignobles, et auxquelles on attache une ficelle et un collet. Dès que l'oiseau aperçoit l'appât, il y vole; mais, en se plaçant sur la marchette, il la fait tomber, le nœud de la ficelle se lâche, l a baguette se détend, et le gibier se trouve pris par les pattes dans le collet.

Chasse aux lacets. Les lacets ne sont, comme on sait, que deux ou trois crins de cheval tortillés ensemble, et qui font un même coulant. On les place autour des genévriers, sous les aliziers, dans le voisinage d'une fontaine ou d'une mare; et, si l'endroit est bien choisi et les lacets bien tendus, on peut, dans le temps du passage, prendre par jour plusieurs centaines de grives.

On fait aussi de bonnes chasses aux grives sur les arbres chargés de gui, parce qu'elles sont friandes des baies de cette plante parasite, et qu'elles s'y portent volontiers. Pour cet effet, on emploie une baguette élastique de 3 à 4 pieds de long, dont le gros bout soit un peu moins fort que le petit doigt, on la plie en cercle, et on attache ensemble les deux extrémités. Ce cercle doit être garni de petits lacets en lacs courans, et suspendu directement au dessus du gui, qui se trouvera alors au centre du piége. Les lacs doivent être tendus, les uns bas, les autres plus haut, pour que les grives s'y prennent plus aisément; on doit aussi faire en sorte qu'elles ne puissent se placer, pour manger du gui, sans se prendre au cou ou bien aux pattes. Quand le piége est tendu, on s'en éloigne assez pour ne pas effrayer les oiseaux. On peut tendre plusieurs piéges sur le même arbre, surtout s'il est garni de plusieurs touffes de gui.

Chasse à la pipée. On prend considérablement de grives à la pipée. (*Voyez* ce mot.)

Chasse aux filets. Parmi les chasses aux filets, l'on distingue celles qui suivent:

La toile d'araignée ou *araigne* (*voyez* ce mot et la *Pl.* 38, *fig.* 3), ainsi appelée parce qu'elle enveloppe les oiseaux presque de la même façon que les araignées embarrassent les mouches dans leur toile, est employée pour prendre des grives. En Suisse, on fait usage de filets de la longueur d'environ 60 pieds sur 15 de hauteur. Plusieurs compagnies de chasseurs se réunissent, et chaque compagnie a douze ou quinze de ces filets, que l'on tend avec deux perches croisées et plantées perpendiculairement en terre, et avec des cordages, au bord d'un bois de haute futaie. On fait une battue d'une de lieue, et l'on force les grives à s'avancer doucement jusqu'aux filets.

Le rafle (*voyez* ce mot et la *Pl.* 38, *fig.* 2) ne s'emploie que la nuit, et la chasse est d'autant plus avantageuse, que l'obscurité est plus grande, qu'il y a moins de vent, et qu'il fait du brouillard. Voici comment on procède à cette chasse: quand on a connaissance de quelques haies qui servent de retraite aux grives et aux merles pendant la nuit, quatre personnes se réunissent: l'une porte une torche allumée, deux tiennent le filet, et l'autre traque les buissons. Celui qui porte la torche se tient à vingt pas du bout de la haie où est tendu le filet. Le traqueur commence par l'extrémité de la haie opposée au filet; et les deux autres se tiennent à la hauteur proportionnée. Il faut garder le plus profond silence, et n'allumer la torche que lorsqu'on commence à battre la haie. D'après ces positions des chasseurs, l'on voit que le rafle se trouve entre le porte-torche et le traqueur, et que les oiseaux se trouvent entre celui-ci et le rafle. Les oiseaux, éveillés par le bruit qu'ils entendent, fuient, dirigent ordinairement leur vol vers la lumière, et se jettent dans le filet. On ne doit l'abattre, pour en tirer les oiseaux qui sont pris, que lorsque le traqueur est proche. Il faut, autant que possible, placer le rafle du côté où le vent bat les buissons ou les haies, car on a remarqué que les oiseaux ne dorment jamais que la tête au vent. C'est lors des passages, à l'automne et au printemps, qu'on prend les grives et les merles en plus grande quantité, parce qu'alors ils couchent en troupe dans les haies à l'abri du vent. C'est aussi dans ce temps qu'on chasse à l'araigne.

Nos paysans se servent d'un reclin qui imite le son de la voix de la grive, ce qui la fait aller dans les buissons ou dans les genévriers; en s'abaissant, elle tombe dans les filets qu'on y a tendus, et on la saisit.

GROLLE. C'est, dans Belon et Albin, le nom du *freux*, et en Touraine celui de la *corbine*. (*Voyez* ces mots.)

GROS-BEC, *loxia.* Genre d'oiseaux de l'ordre des passereaux, qui renferme un grand nombre d'espèces, dont une, celle que nous allons décrire, est répandue en Europe.

LE GROS-BEC, *loxia coccothraustes*, Lath. (*Pl.* 11, *fig.* 4), est un oiseau qui appartient à la petite chasse.

Description. Il a 7 pouces de longueur, y compris la queue de 2 pouces 3 lignes; le bec de 9 lignes de long, très gros, conique, d'un bleu foncé en été, et couleur de chair en hiver; les pieds de 9 lignes de haut, et aussi couleur de chair; l'iris d'un gris clair; la tête et ses côtés couleur marron; le dessus du cou et le dos cendrés; les petites couvertures du dessus des ailes noirâtres, les grandes cendrées, les plus éloignées du corps d'un noir changeant en violet; une grande tache blanche sur chaque aile; le bout des cinquième, sixième, septième et huitième pennes alaires échancré; le devant du cou, la poitrine, le haut du ventre et les flancs d'une teinte rougeâtre; le bas-ventre et les couvertures inférieures de la queue blancs; les deux pennes intermédiaires de la queue noirâtres à leur origine, cendrées dans leur milieu, ensuite couleur marron, et blanches à leur extrémité.

La femelle diffère du mâle par des teintes moins vives. Les jeunes sont mouchetés de jaunâtre, et leur plumage est généralement terne.

Habitation. Cette espèce est répandue en Europe depuis l'Espagne et l'Italie jusqu'en Suède. Elle paraît sédentaire en France, car on en voit toute l'année; mais elle n'est pas nombreuse. Elle ne séjourne pas dans les pays plus froids pendant l'hiver; cependant elle s'en éloigne peu. Les bois sont sa demeure pendant l'été, et elle s'approche des lieux habités pendant l'hiver.

Nourriture. Le gros-bec se nourrit des fruits de toutes les espèces d'arbres sauvages et de plusieurs autres semences; il recherche particulièrement les faînes, les baies de genièvre, les semences de charme, d'érable et de frêne. Il casse les noyaux de cerises, d'olives, etc., avec facilité, pour en manger l'amande. Il se nourrit aussi de scarabées et d'autres insectes. Mais, ainsi que les bouvreuils, il a l'habitude d'ébourgeonner les arbres : on s'aperçoit facilement de sa présence à la quantité de boutons qui couvrent la terre, car il en coupe souvent dix avant d'en manger un seul.

Propagation. Il fait son nid sur les arbres, et le compose de petites racines et de lichens; la femelle y dépose de quatre à cinq œufs tachetés de brun olivâtre, avec des traits noirâtres sur un fond vert clair bleuâtre. L'incubation dure quinze jours. Les petits naissent couverts de duvet, et sont nourris, dans leur enfance, d'insectes, de chrysalides, etc.

Qualités. La chair de cet oiseau n'est point estimée en France; cependant, il paraîtrait qu'en Allemagne on en ferait plus de cas, et qu'on la trouverait d'assez bon goût. Le gros-bec est plus nuisible qu'utile, en ce que, s'il mange quelques insectes, il dévore beaucoup de semences forestières, et qu'il fait un tort considérable aux arbres fruitiers dont il coupe les boutons.

Chasse. On prend assez souvent des gros-becs à l'abreuvoir, avec des gluaux et avec des raquettes. M. de Buffon dit qu'ils ne viennent jamais à la pipée. Cependant l'auteur de l'*Aviceptologie* assure le contraire; mais c'est au fusil qu'on en tue le plus, lorsqu'au printemps ils viennent dans les vergers manger les boutons des pruniers qu'ils semblent préférer aux autres.

GROS-BEC-CROISÉ, *loxia curvirostra.*

Description. Longueur, 6 pouces 9 lignes, y compris la queue de 2 pouces 3 lignes ; bec de 1 pouce de long, gros, croisé; iris noisette ; pieds d'un brun corné, hauts de 9 lignes; plumage de couleur qui varie suivant les âges; les vieux mâles sont de couleur vert-gris, avec des taches d'un vert jaunâtre, et ont les ailes et la queue noires; les jeunes oiseaux ont souvent la tête, le cou et la poitrine d'un brun grisâtre ou rougeâtre.

Le bec-croisé n'est pas très farouche; il fait entendre en volant et lorsqu'il est assis, un petit cri : *gib, gib!*

Habitation. Il n'habite que les climats froids ou les montagnes dans les pays tempérés. On le trouve dans nos Alpes et dans nos Pyrénées. Il se tient volontiers dans les vastes forêts de pins et de sapins ; il vient aussi, dans ses émigrations, visiter les jardins des villages voisins des forêts. Il est sédentaire dans les pays constamment froids; mais il quitte au printemps ceux d'une température plus douce, pour ne revenir qu'en automne, parce que les étés y sont trop chauds pour lui.

Nourriture. Elle consiste en différentes sortes de graines, et de préférence en semences de sapin que cet oiseau dégage des cônes avec beaucoup d'adresse. Il mange aussi les boutons des arbres résineux.

Propagation. Il niche sur les arbres les plus élevés, et la femelle pond, pour la première fois, en décembre et janvier; la ponte est de quatre à cinq œufs d'un blanc verdâtre, marqués vers le gros bout de taches roussâtres. L'incubation dure quinze jours. Il y a deux couvées par an.

Qualités. La chair de cet oiseau est de bon goût.

Dans ses migrations, le bec-croisé cause beaucoup de dommages aux arbres résineux dont il mange les boutons et les bourgeons, à défaut de graines. On voit souvent, dans les forêts où cette espèce est abondante, tout le sol couvert de petits rameaux de sapin dont les boutons sont mangés.

M. Hartig, qui donne ces détails, dit qu'il existe une autre espèce de *gros-bec* un peu plus forte, qu'il appelle *loxia curvirostra major.* Elle se distingue de l'autre par son bec moins croisé, et par la grosseur de son corps, qui est sensiblement plus considérable. Cette espèce pond aussi, mais seulement au printemps, de quatre à cinq œufs blancs, marqués de taches rouges, dont l'incubation dure quinze jours. Elle se nourrit de semences de pin, et on l'appelle, pour cette raison, le *bec-croisé* du pin.

GROS-DÉNOMES. Ce sont les deux gros morceaux de la cuisse du cerf.

GROS GUILLERI ou PILLERI. Nom vulgaire du moineau en Normandie.

GROS PINSON. Dénomination vulgaire du *gros-bec*, en quelques endroits de la France.

GROSSE-TÊTE. Nom du *bouvreuil* et du *gros-bec* en Picardie.

GROS-TON. C'est le ton bas du cor.

GROULARD. Nom donné au *traquet* et au *bouvreuil.*

GRUE, *grus.* Famille d'oiseaux du genre du *héron* et de l'ordre des *échassiers*, qui renferme plusieurs espèces, dont une fréquente nos pays.

LA GRUE COMMUNE, *grus communis*, Linn., *ardea grus*, Lath., est un oiseau qui appartient à la grande chasse.

Description. La grue (*Pl.* 16, *fig.* 9), a 3 pieds et demi de long, 5 pieds 8 pouces de grosseur, et pèse de 8 à 12 livres. La femelle est d'un tiers plus petite et plus légère que le mâle. Le bec de la grue a 3 pouces et demi de long, il est d'un noir verdâtre, blanchissant à la pointe, l'iris est d'un brun châtain ; la queue est courte, les pieds ont 9 pouces de haut, ils sont noirs et couverts d'écailles.

Le devant de la tête est noir et garni de quelques poils de même couleur; le derrière est chauve, couvert d'excroissances de chair, et pourvu de quelques plumes soyeuses, d'un cendré très foncé ; les tempes sont blanches, et cette couleur descend à 3 ou 4 pouces sur le cou ; la gorge et une partie du devant du cou, les côtés de la tête depuis le bec et au dessous des yeux, sont d'un cendré noirâtre ; les grandes pennes des ailes sont noires, et les plus près du corps s'étendent quand l'aile est pliée au delà de la queue ; les moyennes et grandes couvertures ont leur côté intérieur et leur pointe de cette même couleur ; l'extérieur est d'un clair cendré ; de dessous ces dernières sortent de larges plumes flexibles en forme de panache, qui se courbent avec grace, et couvrent la queue dans leur état de repos. Les couleurs de la femelle sont d'un cendré plus clair, elle a le ventre un peu roussâtre, et le derrière de la tête moins chauve et rouge. Le cri des grues est connu de tout le monde, quand même on n'aurait pas vu ces oiseaux de près.

Elles sont très craintives et prudentes; il est très difficile d'en approcher.

Habitation. Cette espèce est répandue dans toute l'Europe. Elle quitte le nord à l'automne et va hiverner dans le sud. Elle est commune en Suède et très nombreuse en Pologne. Les grues paraissent en France à l'automne, depuis septembre jusqu'en novembre; mais elles ne font que passer rapidement, et elles reviennent au printemps, en mars et avril, lorsqu'elles retournent au nord. Elles nichent dans les grands marais garnis de bois et de roseaux, à la proximité des champs. Dans leurs voyages, elles volent fort haut, et forment ordinairement un triangle aigu. Leur cri indique leur passage.

Nourriture. Les grues vivent d'insectes, de vers, de grenouilles, de petits reptiles et de petits poissons, qu'elles cherchent dans les marais, et de graines nouvellement semées dans les champs. Elles avalent aussi quantité de petits cailloux.

Propagation. Les grues s'apparient dès leur retour au printemps; la femelle se construit, dans un lieu tranquille, sous un buisson, un nid qu'elle arrange avec art, et dans lequel elle dépose deux œufs d'un vert grisâtre, marqués de taches brunes, et de la grosseur des œufs de cygne, qu'elle couve pendant un mois.

Ennemis. Les renards, les chats sauvages, les putois, les belettes et les grands oiseaux de proie cherchent à s'emparer des grues vieilles ou jeunes, et à dérober leurs œufs.

Qualités. Les jeunes grues ont la chair d'un bon goût; mais les vieilles, au rapport de M. Hartig, ne sont pas un bon gibier. Il est probable que c'est des jeunes grues que les Romains faisaient grand cas, d'autant que ces oiseaux à qui l'on donne une longue vie doivent, comme tous ceux de cette catégorie, avoir la chair dure dans un âge avancé. On se sert des plumes de grue pour écrire, et de quelques-unes pour en faire des plumeaux à épousseter. Mais les grues font beaucoup de tort aux champs voisins des lieux où elles se tiennent en grand nombre. Les paysans de la Pologne sont obligés de se bâtir des huttes au milieu de leurs champs de blé de sarrasin pour les en écarter.

Chasse. Nous avons dit que les grues, dans leurs migrations du nord au sud, ne faisaient que passer rapidement en France. Il est donc très difficile de leur faire la chasse. Cependant, on en prend au *lacet* ou à la *passée*; on réussit quelquefois, quoique difficilement, à s'en approcher, en se cachant sous la hutte ou la vache artificielle, ou derrière des buissons, dans des fossés, etc., et à les tirer. Mais celles qui, dans les champs, se laissent approcher assez pour qu'on puisse les tirer, sont la plupart du temps malades. Quant aux grues qui sont nichées, on peut les chasser avec le chien d'arrêt. On leur fait aussi la chasse au vol, avec l'aigle et le faucon. Cette dernière chasse est en usage au Mogol et en Perse. Il paraît que nos anciens fauconniers étaient aussi parvenus à dresser des oiseaux de proie, qui se hasardaient de combattre les grues corps à corps, et qui finissaient par en triompher, parce qu'elles ne peuvent pas facilement se tourner en l'air. L'auteur du *Dictionnaire des Chasses de l'Encyclopédie méthodique* dit que la grue est facile à tromper, et qu'elle s'approche à la voix de l'homme qui contrefait son cri; on se sert, pour cet effet, de l'appeau; mais il fait observer que, sans un piége, les grues sont inaccessibles, parce qu'il y en a toujours un certain nombre aux aguets, et que la vue d'un chasseur suffit pour leur faire prendre leur essor.

GRUMELURES. Très petites fumées mêlées avec les autres: elles désignent un vieil animal.

GRUYER. On appelle *gruyer* un faucon, lanier, ou autre oiseau de proie dressé pour chasser aux grues.

GUAIRO. Cri que l'on fait en voyant partir les perdrix, pour avertir le fauconnier de lâcher l'oiseau.

GUÊDE ou GUIDE. C'est le bâton ou la perche qui guide le filet tendu, pour prendre les oiseaux avec un rets saillant. (Voyez *Filet*.)

GUÊPIER, *merops*, genre d'oiseaux de l'ordre des *pies*, qui renferme un grand nombre d'espèces.

Le GUÊPIER VULGAIRE, *merops apiaster*, Lath., qu'on appelle aussi *mangeur d'abeilles*, habite les provinces méridionales de l'Europe. Il est un peu plus gros qu'un merle. Son plumage est fort varié pour la couleur; il est rougeâtre derrière la tête, et d'un jaune verdâtre au cou. Les plumes des ailes sont vertes, mêlées de noir, de bleu et de rouge; le doigt extérieur de son pied tient au doigt du milieu par trois phalanges, et le doigt intérieur, par une phalange seulement. Cet oiseau a les jambes courtes et grosses, les griffes noires. Il se nourrit d'abeilles, de cigales, de scarabées et de certaines semences.

On en voit dans nos climats; mais il y est fort rare.

GUEULE. Ouverture à la tête des animaux qui leur sert à prendre leur nourriture. Ce nom se donne plus particulièrement à celle des *carnivores*.

En terme de chasse, on dit qu'un chien a fait sa *gueule* au bout de cinq mois; qu'il chasse de *gueule*, quand, étant sur les voies, il aboie pour appeler les autres chiens; qu'il est *chaud de gueule*, quand il crie sur la moindre voie, ou dès qu'il voit les autres s'agiter et mettre le nez à terre.

GUEULE-DE-FOUR. En Sologne, c'est la dénomination vulgaire de la mésange à longue queue.

GUIFFETTE, *sterna nævia*, Linn. Oiseau de l'ordre des *palmipèdes*, et du genre de l'*hirondelle de mer*. Ce nom *guiffette* lui est donné sur les côtes de la Picardie.

Description. Longueur, 10 pouces 6 lignes; plumage varié de noir derrière la tête, de gris blanc et de roussâtre sur le sinciput ou sommet de la tête, de brun nué de roussâtre sur les côtés; croupion et couvertures du dessus de la queue cendrés; une grande tache noire derrière l'œil; couvertures supérieures des ailes d'un gris blanc, ainsi que les pennes à l'extérieur; queue d'un cendré clair et fourchue; bec d'un brun noirâtre, et pieds d'un gris verdâtre.

Habitation. On voit cet oiseau sur la Seine et la Loire dans le temps de son passage.

Nourriture. Mouches et autres insectes ailés; quelquefois de petits poissons.

Propagation. Elle compose son nid de quelques brins d'herbe sèche, sur une touffe d'herbe ou de mousse, ou sur quelque motte au milieu de l'eau ou sur ses bords; la ponte est de trois œufs, et l'incubation dure dix-sept jours.

La GUIFFETTE NOIRE OU L'ÉPOUVANTAIL, *sterna fissipes*, Lath.

Description. Longueur, 9 pouces et demi; les ailes dépassent la queue de 3 pouces; la queue fourchue; le bec d'un pouce de long, très aplati, pointu et noir; les pieds de 8 lignes de haut, d'un rouge brun; la tête noire; le cou, la poitrine, les côtés et le ventre d'un noir brun; les couvertures inférieures de la queue blanches; les pennes et celles des ailes cendrées.

Habitation. Cette espèce se trouve sur les côtes de la Picardie; elle s'avance jusque dans les Vosges; mais elle y est plus rare que les autres hirondelles de mer; elle se tient sur les bords des fleuves et dans les marais. On en tue quelquefois sur la Seine, dans les environs de Paris.

Nourriture. Petits poissons et insectes ailés.

Utilité. Sa chair n'est point bonne, et on la mange rarement.

GUIGNARD, *charadrius morinellus*, Lath.; *charadrius pluvialis*, Linn. Oiseau de l'ordre des *échassiers* et du genre *pluvier*; qui appartient à la petite chasse.

Description. Longueur, 8 pouces et demi; grosseur inférieure à celle du pluvier doré; le bec et les ongles noirs, et les pieds bruns; le dessus de la tête, brun noirâtre; les côtés et la face tachés de gris et de blanc; le devant du cou et de la gorge d'un gris ondé formant un plastron terminé par un trait noir, en suite duquel est une zone blanche (caractère distinctif du mâle); la poitrine rousse; le ventre noir; le bas ventre bleu; le dessus du corps gris brun, et chaque plume bordée de roussâtre; les plumes du croupion et des couvertures du dessus de la queue ayant la même bordure sur un fond gris; les pennes des ailes grises, quelques unes bordées de roussâtre, et les autres de blanc; celles de la queue, brunes, et les latérales terminées de blanchâtre.

La femelle a la tête blanche, mêlée de gris brun et de jaunâtre; le dessous du corps, brun jaune; les deux pennes intermédiaires de la queue brunes, et les autres blanches. On la dit un peu plus grande que le mâle.

Habitation. L'auteur de la *Chasse au fusil* observe que c'est mal à propos que l'on croit que cet oiseau est particulier au pays chartrain; qu'on en voit en Picardie, aux environs d'Amiens, où on les appelle vulgairement *suriots*. Il y en a aussi en Normandie, où ils sont connus sous le nom de *petites de terra*, particulièrement aux portes de Falaise, sur le mont d'Airène, où ils passent, allant du midi au nord, depuis les premiers jours d'avril jusqu'à la fin de mai, et repassent du nord au midi, depuis les premiers jours d'août jusqu'à la fin de septembre. Ils sont meilleurs à ce dernier passage qu'au premier; mais il paraît qu'il s'en arrête moins aujourd'hui qu'autrefois sur cette montagne, qui est à présent cultivée partout; ce qui fait que ces oiseaux, qui se tiennent ordinairement dans les pelouses, les guérets et les friches, s'y plaisent moins.

Cet oiseau habite les marais pendant la plus grande partie de l'année, et se porte, dit Buffon, en avril et août, des marais aux montagnes, attiré par des scarabées noirs qui font la meilleure partie de sa nourriture, avec des vers et de petits coquillages terrestres. L'espèce est beaucoup plus répandue dans le nord, à commencer par l'Angleterre, qu'elle ne l'est en France. Si les guignards habitent les marais pendant tout le temps que nous ne les voyons pas dans les champs, comme on n'en peut douter, il ne paraît pas, au moins, que ce soit en France; ils vont, sans doute, gagner ceux des pays du nord. Cependant, l'auteur des *Ruses innocentes* prétend que dans les bandes de pluviers qui nous arrivent après le départ des guignards, et nous quittent avant que ceux-ci arrivent, se trouvent mêlés, outre les vanneaux, des guignards, qui, ajoute-t-il, sont de trois ou quatre sortes. Il est à croire que, par ce nom de guignard, il a voulu désigner des oiseaux différens de ceux dont il s'agit ici.

Chasse. Les guignards vont par troupes de quinze, vingt, trente, plus ou moins. Ils se laissent aisément approcher, surtout lorsqu'il fait chaud. On les conduit facilement dans les filets qui sont tendus pour les prendre. Il n'est pas bien rare de tuer presque toute la troupe, en plusieurs coups de fusil, particulièrement lorsqu'on en a tué un du premier coup. Alors, en laissant le mort sur la place, et contrefaisant leur cri avec un appeau, qui est un petit sifflet de terre cuite, ils passent et repassent à plusieurs reprises à portée du chasseur.

Le guignard est un gibier excellent et très recherché. (*Voyez Pluvier.*)

GUIGNETTE, *tringa hypolencus*, Lath. (*Pl.* 17, *fig.* 9). Oiseau du genre *vanneau*, de l'ordre des échassiers, qui appartient à la petite chasse.

Description. Grosseur un peu au dessus de celle de l'alouette des champs; longueur, 7 pouces, compris la queue de 1 pouce 9 lignes; le bec de 1 pouce de long, brun, étroit, droit, un peu courbé vers la pointe; l'iris couleur de noisette; les pieds, de 10 lignes de haut, et d'un brun verdâtre, ainsi que les ongles; le tour des yeux, à partir de l'angle du bec, marqué de blanc; la gorge, d'un gris blanc avec des taches brunes, et le ventre blanc; les plumes de la tête et du dessus du cou ayant leur côte d'un brun foncé sur un fond clair; celles des autres parties supérieures, marquées d'un des lignes transversales et en zigzags, d'un gris brun à reflets rougeâtres; les couvertures et les pennes des ailes brunes, bordées et terminées de blanc; la queue étagée, ayant les quatre pennes intermédiaires pareilles au dos, et les autres bordées et tachetées de blanc. La femelle se distingue du mâle en ce que le trait noisette ou brun de la côte des plumes, et les petites lignes transversales des ailes, sont doubles.

Cet oiseau secoue la queue en marchant; il est très farouche, et part de loin en jetant quelques cris : *Hi du, hi du.*

Habitation. On trouve cette espèce dans toute l'Europe, près des lacs, des étangs et des grands fleuves. Buffon dit qu'on en voit beaucoup vers les sources de la Moselle, dans les Vosges où elle est appelée *lambiche*, et que ces oiseaux quittent cette contrée de bonne heure, dès le mois de juillet, après avoir élevé leurs petits; mais il paraît que le séjour des guignettes se prolongerait, dans d'autres contrées, jusqu'au mois de septembre. Elles reviennent sur la fin d'avril ou au commencement de mai. C'est durant la nuit qu'elles passent, et qu'elles font souvent entendre leurs cris, qui ressemblent assez au bêlement d'une jeune chèvre.

Nourriture. Elle consiste en vers, limaces et insectes.

Propagation. Les guignettes s'apparient au mois de mai; la femelle dépose de quatre à cinq œufs, d'un blanc jaunâtre parsemé de taches noirâtres et rondes, dans un trou pratiqué sur une petite éminence, près des rivages. Les jeunes éclosent après quinze jours d'incubation, et courent aussitôt avec leur mère.

Ennemis. Les renards, les chats, les martes, les putois, les belettes et tous les oiseaux de proie sont les ennemis des guignettes; elles ont aussi à redouter les corbeaux, les corneilles et les pies qui leur enlèvent quelquefois leurs œufs.

Qualités. La guignette est un gibier délicat, mais qui quelquefois a le goût un peu fort.

GUIGNOT. Nom vulgaire du pinson dans plusieurs parties de la France.

GUILDILLE. (Voyez *Guède*.)

GUILDRE. (Voyez *Guède*.)

GUILLERI ou **GROS PILLERI.** C'est le moineau, en Normandie, selon Salerne.

GUINDER. Il se dit des oiseaux qui s'élèvent extrêmement haut.

GUINOT. (Voyez *Pinson*.)

GYNTEL, *fringilla argentoratensis*, Lath. Oiseau du genre *pinson*, qui habite la Lorraine, qui est de la même taille, et vit des mêmes graines que la *linotte*, a les mêmes habitudes, et pond des œufs de même couleur; il a le dessus du corps rembruni, la poitrine rousse et mouchetée de brun; le ventre blanc; la queue fourchue et brune, ainsi que les ailes; les pieds rouges.

GYPAÈTE DES ALPES, ou la **PHÈNE.** Oiseau de proie, qui avait été classé par quelques naturalistes parmi les vautours, et qui, d'après quelques autres, appartient au genre *gypaète*, nom grec qui signifie *vautour-aigle*. Les Allemands l'appellent *lammer-gesser* (vautour des agneaux), et il est, en effet, un fléau de l'Afrique et des moutons qui paissent dans les vallées des Alpes; il fait aussi la guerre aux chamois, aux marmottes et autres quadrupèdes sauvages. Il a 3 pieds 10 pouces de longueur totale, 8 pieds et demi d'envergure; le bec de 4 pouces de long, recouvert en dessus et à sa base de nombreux poils longs, et en dessous d'une touffe de mêmes poils, qui forme une vraie barbe d'un pouce et demi de longueur, d'où lui est venu le nom de *vautour barbu*, qui lui a été donné par quelques naturalistes; un duvet blanc sur la tête; le cou et le dessous du corps d'un blanc mêlé d'orangé; le dessous des ailes gris; la queue, les couvertures des ailes et celles du croupion d'un gris clair, et bordées de noir; le bout des couvertures des ailes moucheté d'orangé; la tige des plumes blanche; tout le reste du plumage d'un brun très foncé. On voit quelquefois de ces oiseaux, et particulièrement des femelles, qui n'ont pas d'orangé sur leur plumage : il est alors d'un brun roussâtre; l'iris des yeux est d'un rouge vif, et les doigts sont gris.

Cet oiseau habite les Alpes, les Pyrénées et les grandes montagnes les plus inaccessibles.

Chasse. Les lieux qu'habite cet oiseau ne permettent pas de lui faire la chasse au fusil; mais on parvient quelquefois à le prendre à l'aide des pièges. (Voyez *Oiseaux de proie*.)

HAB

HA! TOUT BELLEMENT! Lorsqu'on soupçonne qu'il y a du change et qu'on voit les chiens balancer, on crie, pour les rendre attentifs : *Ha! tout bellement! ha, haila, tout bellement!*

HA, HAI ou **HAHÉ.** Lorsque les chiens tournent au change, ou qu'ils s'emportent trop, on dit, en eur parlant et en les arrêtant : *Ha, hai, chiens, ha, hai!*

HABITATION et **MIGRATION.** On entend par *habitation* 1° le climat que préfère chacun des êtres vivans (*plantes et animaux*); 2° le lieu particulier que chacun d'eux s'approprie dans la même contrée. Celui-ci s'appelle plus particulièrement *station*.

Ainsi le lion choisit son habitation dans les climats ardens de l'Afrique et de l'Asie; mais la *station* de la loutre est près des rivières, et celle du lièvre dans les campagnes et les buissons du même pays.

Les *migrations* sont les voyages que les animaux font d'un climat dans un autre. Trois causes déterminent les migrations : 1° la recherche de la nourriture dans toutes les saisons; 2° le besoin de se reproduire; 3° la température de l'atmosphère. C'est surtout chez les oiseaux que l'on remarque l'instinct de *migration* au renouvellement des saisons; et ce qu'il y a de plus admirable, c'est que ces animaux reviennent dans les mêmes lieux chaque année.

L'ordre rigoureux que nous mettons dans nos articles exigeait que, pour chaque animal, son habitation fût toujours indiquée dans le même ordre c'est ce que nous avons fait.

HACHÉES, ou plutôt ACHÉES ou AICHE. Ce sont les vers cachés sous les feuilles d'arbres, et dont les pluviers font leur nourriture.

HAGARD. Un faucon *hagard* est celui qui n'a pas été pris au nid, et qui est difficile à apprivoiser. Le faucon *sor* est le contraire du faucon hagard ; c'est celui qui a plusieurs mues.

HAGLEURE ou HAGLURE. Nom qu'en fauconnerie on donne aux taches qui sont sur les pennes ; il est synonyme d'*aigluré*.

HAHALY. (Voyez *Hallali*.)

HAIL. On dit, en fauconnerie, *voler de bon hail*, c'est à dire de bon gré.

HALBRAN. Jeune canard sauvage, ainsi appelé jusqu'au mois d'octobre. Ce mot vient de l'allemand *halber-ente*, demi-canard.

HALBRENE ou ALBRENÉ. On appelle ainsi un faucon dont les pennes sont rompues.

HALBRENER. C'est chasser aux halbrans.

HALENER. Ce mot se dit des chiens de chasse qui prennent l'odeur, le sentiment de la bête. *Dès que les chiens eurent halené la bête*.

HALER. C'est faire courir les chiens.

HALLALI. Lorsqu'un cerf tient aux chiens, on crie *hallali! hallali!* et lorsqu'il est tombé, on crie *hallali, par terre!* Il y a une fanfare qu'on sonne en cette circonstance, et qu'on nomme aussi *hallali*. C'est le signe de joie et de victoire, auquel les hommes et les chiens accourent.

HALLIER ou TRAMAIL. C'est un filet contremaillé, qui est employé pour la chasse d'un grand nombre d'oiseaux, et qui varie par sa longueur, sa hauteur, et par la largeur des mailles et des rets dont il est composé, suivant qu'il est destiné à prendre des perdrix, des cailles, des faisans, des râles, des poules d'eau, etc. Le nom de *hallier* lui a été donné, parce qu'il forme une espèce de haie quand il est tendu ; et celui de *tramail*, parce qu'étant composé de trois rets posés les uns devant les autres, il présente en effet trois mailles en regard les unes des autres. Les deux rets extérieurs, qui sont à grandes mailles, se nomment *aumées*, et celui qui occupe le milieu est appelé *nappe* ou *toile*, ou *flue*.

Les aumées sont toujours à mailles carrées, et la nappe est à mailles en losange.

La nappe qui est destinée à flotter entre les aumées et à former des bourses ou poches pour prendre les oiseaux doit, pour cette raison, être beaucoup plus large et plus longue ; elle est ordinairement d'une largeur triple, et d'une longueur deux fois à deux et demie plus considérable.

Voici les dimensions ordinaires des halliers, suivant leur destination.

I. *Hallier à perdrix*. Ce hallier, lorsqu'il est monté, a de 40 à 50 pieds de longueur et 1 pied de hauteur. Les aumées sont en fil de Flandre, retors en trois brins, n° 8, et à mailles de 4 pouces en carré ; et comme l'aumée se replie dans le sens de sa largeur sur la nappe, elle doit avoir sept mailles dans sa largeur.

La nappe, faite pareillement en fil de Flandre, trois brins, n° 24, est à mailles en losange de 2 pouces de diamètre ; une ficelle, de la longueur de l'aumée, est passée dans toutes les mailles des bords supérieur et inférieur de la nappe, et sert à la faire froncer également dans toute sa longueur.

Voici la manière de monter le hallier et de le dresser verticalement : on étend l'aumée à terre et on pose la nappe dessus et de manière à ce qu'elle ne couvre que jusqu'à la troisième maille inclusivement (et l'on se rappelle qu'il en a sept) ; on replie sur la nappe l'autre moitié de l'aumée, ce qui place cette nappe entre les deux parties de l'aumée. La quatrième maille, qui occupe la moitié de cette aumée, et que l'on place toujours à la partie inférieure du hallier, se trouve perdue dans la lisière, et il ne reste, par conséquent, de chaque côté, que trois mailles de hauteur.

Pour dresser ce filet verticalement, on a des piquets de 18 pouces de long, de bon bois dur, pointus du côté inférieur, et dont la pointe doit entrer de 4 pouces en terre, et dépasser, par conséquent, de cette longueur la lisière du filet. On attache ces piquets, à distance de 5 pieds en 5 pieds, aux deux bords de l'aumée et de la toile avec un fil fort. Les deux piquets placés aux extrémités du hallier sont en outre passés dans les mailles des aumées et de la nappe. Ce filet, ainsi dressé, la nappe flotte entre les deux aumées et forme la bourse, dès qu'une perdrix vient à s'y jeter, de quelque côté que ce soit.

On se munit, quand on veut chasser, d'un nombre suffisant de halliers, et l'on s'en sert comme nous l'expliquons au mot *Perdrix*.

II. *Hallier à cailles*. Ce hallier diffère du précédent en ce qu'il n'a que la moitié de sa longueur et 7 à 8 pouces de hauteur ; que les mailles des aumées n'ont que 2 pouces et demi de diamètre, et celles de la nappe 1 pouce, et que la nappe se fait ordinairement en soie verte. Les piquets sont de la grosseur du petit doigt et se placent à la distance d'un pied et demi.

III. *Hallier à faisans et à canards*. On lui donne depuis 50 jusqu'à 60 et 70 pieds de long et une hauteur de 18 pouces. Les mailles des aumées ont 6 pouces de diamètre, et celles de la nappe 2 ou 3 pouces. Les piquets sont attachés à 3 pieds de distance. On se sert, pour faire la nappe, de fil de Flandre, n° 8, et pour les aumées, d'une ficelle solide, grosse comme une plume de corbeau. On peut prendre, avec ce filet, des jeunes lapins et des levrauts, pourvu que la toile soit neuve et de fil fort.

IV. Le hallier pour les râles est semblable à celui de la caille, et le hallier à poules d'eau est le même que pour les perdrix.

La *Pl. 36*, *fig.* 1re, représente un hallier avec ses piquets, *a*, *b*, *c*, *d*, déployé dans la largeur d'un piquet à un autre.

Voyez, au mot *Piége*, les dispositions réglemen-

DICT. DES CHASSES.

taires qui concernent l'emploi des halliers et autres filets dans les cas prohibés par la loi.

HALLIERS. On appelle ainsi des buissons fort épais dans lesquels le menu gibier se réfugie pour éviter le chasseur.

HALOTS. Ce sont des trous que les lapins font en terre dans les garennes pour se retirer, et où ils font leurs petits.

HALTE. Rendez-vous de chasse ; moment de repos pour les hommes et pour les chiens.

HAMAUX. Nappes de traîneaux à larges mailles.

HAMBOUVREUX. On avait décrit sous ce nom une espèce d'oiseaux commune aux environs de Hambourg, et qui ne paraît être autre que celle du friquet. (*Voyez* ce mot.)

HAMEÇON. Ce mot vient du latin *hamus*, qui, outre sa signification propre, signifie aussi harpon, croc, crochet. Le hameçon pour la chasse est un instrument qui a été inventé dans ces derniers temps ; il y en a de plusieurs espèces et de plusieurs grandeurs. Les deux espèces suivantes sont employées contre les loups et les renards.

I. *Le hameçon français*, qui est représenté *Pl.* 21, *fig.* 1re, consiste en une boîte A d'acier, de tôle ou de chêne, de 2 pouces 3 lignes de long, de 4 lignes de large et de 3 lignes d'épaisseur, percée à sa partie supérieure d'un trou rond *b* de 2 lignes de diamètre, destiné à suspendre l'instrument par une corde, ou mieux par une chaîne. Sur une des faces de cette boîte est une coulisse de 1 pouce 3 lignes de long et de 1 ligne et demie de large, qui se termine à 4 lignes de l'extrémité inférieure. La deuxième partie de l'instrument se compose de deux branches d'acier EE, longues de 2 pouces, larges de 2 lignes et épaisses de 1 ligne et demie, qui sont réunies au point *f* par une charnière qui a pour axe le clou *g*, qui doit couler avec facilité le long de la coulisse, et qui sert de point d'arrêt à ces mêmes branches ; celles-ci sont armées chacune de trois pointes d'acier *hhh* très aiguës, ayant 6 lignes de long et formant avec la branche un angle de quarante-cinq degrés. Quand cet hameçon est détendu, les deux branches EE sont maintenues dans l'écartement qu'indique la figure, au moyen du ressort d'acier *i* qui doit être fort et élastique, et qui est fixé sur une des branches par une vis. Pour tendre ce piége, on presse fortement les deux branches jusqu'à ce qu'elles se touchent, et on les fait entrer dans la boîte A au moyen du bouton *g* qui glisse dans la coulisse. Les branches sont maintenues par les côtés *d* de la boîte. Lorsque l'animal saisit l'amorce dont on a garni les pointes *hhh*, il la tire à lui ; cet effort fait descendre les branches que le ressort *i* fait écarter aussitôt dans sa gueule ; et lorsqu'il veut se retirer, il se trouve arrêté par les pointes d'acier qui pénètrent dans les chairs, et dont il ne peut se débarrasser.

II. *Le hameçon allemand*, *Pl.* 21, *fig.* 2, se compose de trois montans d'acier A, de 2 pouces et demi de long et de 2 lignes d'épaisseur, qui sont soudés ensemble sur une plaque *g*, représentée séparément *fig.* 3. L'extrémité inférieure *b* de chacun est faite en charnière, qui reçoit la base d'une pointe d'acier *c*, de forme triangulaire, de 2 pouces de long, et qui se meut dans la charnière de manière à pouvoir s'appliquer contre les montans ; et pour éviter, lorsque le piège se détend, que cette pointe ne s'écarte plus qu'il ne convient, un arrêt *e* détermine son écartement, de manière à ce qu'elle forme, avec le montant, un angle de quarante-cinq degrés. Les ressorts *dd*, qui produisent l'écartement des branches, sont fixés chacun sur leur montant en *f*, au moyen de deux vis. Leur partie inférieure est échancrée et embrasse un des angles de la pointe *c*. La plaque *g*, qui réunit les trois montans, a 9 lignes de diamètre, et est garnie en *hh*, *fig.* 3, de deux petits boutons destinés à recevoir un fil de fer pour suspendre l'appât. Cette plaque est échancrée en *ii* pour glisser avec facilité le long de l'étrier de fer *k*, *fig.* 2, haut de 1 pouce 3 lignes, large d'environ 2 lignes et ayant 6 lignes d'ouverture. Dans les branches de l'étrier est passé un anneau en fer *n*, de 7 lignes de diamètre, plat et de 1 ligne et demie de large, lequel est supporté par un rebord *nn* qui termine les branches de l'étrier, et qui est saillant d'environ 2 lignes. Dans la *fig.* 3, qui représente la plaque *g*, on voit, dans le milieu, la disposition des trois montans, en *hh* les boutons et en *ii* les échancrures.

Lorsqu'on veut tendre ce piége, on redresse les pointes et contre les montans, et on les pousse dans l'anneau de l'étrier jusqu'à ce qu'elles y soient engagées. L'animal, en saisissant l'amorce fixée aux boutons *hh*, tire les montans à lui ; les pointes, dégagées de l'anneau, obéissent aux ressorts qui les écartent rapidement et s'enfoncent dans sa gueule.

On doit éviter de tendre ces piéges dans des endroits fréquentés par des chiens, ou du moins avoir soin de ne les amorcer qu'avec des appâts dont ils soient peu friands.

HAMPE. Terme de vénerie qui signifie la poitrine du cerf.

HAMSTER, *mus crisetus*, Linn. Petit quadrupède de la famille des loirs, qui n'est du domaine de la chasse qu'à raison de l'utilité de sa peau et du dégât qu'il cause dans les campagnes.

Description. Il a 8 ou 10 pouces de long et un peu plus de 3 pouces de haut ; la queue de 2 pouces seulement, et garnie de quelques longs poils rares ; la tête un peu plus grosse, et dans la forme de celle des souris ; la lèvre supérieure tellement fendue, qu'elle laisse voir ses longues dents incisives ; les oreilles assez longues, arrondies et presque sans poil ; des abajoues de chaque côté de la bouche ; les jambes basses, et de longues griffes tranchantes ; le nombril nu, ayant dans son milieu un creux velu, qui renferme une substance grasse ; la peau ordinairement d'un fond gris foncé et couverte de poils blancs, jaunes, rougeâtres et noirs ; la gorge, les jambes et le bout de la queue blancs ; la poitrine, le ventre et l'intérieur des cuisses d'un brun noir.

Il y a aussi des hamsters blancs, noirs, jaunes et tachetés de diverses couleurs. Ces animaux sont extrêmement hardis, et se défendent avec fureur, non seulement contre les chiens, mais encore contre les hommes.

Habitation. Le hamster habite les régions du nord, la Russie, la Pologne et plusieurs contrées de l'Allemagne. On le trouve aussi en Alsace, où les habitans lui donnent le nom de *cochon de seigle.* On dit qu'il se multiplie tellement aux environs de la ville d'Oberehnheim, qu'il devient un fléau pour ce pays; les grands propriétaires lui font la guerre à l'arrière-saison, et les pauvres en recherchent le terrier pour profiter de ses provisions.

Ces animaux se tiennent constamment dans les champs ou à leur proximité; ils demeurent dans un terrier, composé, suivant l'âge des individus, de plusieurs chambres qui se communiquent par des galeries. C'est dans ce terrier qu'ils se renferment dès que le froid se fait sentir, et qu'ils restent engourdis, pendant l'hiver, jusqu'au dégel du printemps.

Nourriture. Elle consiste principalement en grains, racines, fruits à noyaux et semences qui commencent à lever; mais ils mangent aussi de la chair et des insectes : ils tiennent tout ce qu'ils veulent manger entre leurs pattes de devant, étant assis sur leur derrière. En été et en automne, ils déposent dans leurs terriers des provisions de grains et d'autre nourriture, qu'ils y transportent dans les poches ou abajoues dont ils sont pourvus de chaque côté de l'intérieur de la bouche; mais il arrive souvent qu'ils épuisent leurs provisions avant de tomber dans l'engourdissement.

Propagation. Les femelles produisent deux fois par an, en avril et en juin, et mettent bas au bout de quatre semaines; la portée est depuis quatre jusqu'à douze petits, qui ne tardent point à prendre tout leur accroissement. Les petits de la première portée se propagent dans la même année, ce qui explique la prodigieuse multiplication de ces animaux.

Ennemis. Les renards, les chats, les fouines, les putois, les belettes et tous les oiseaux de proie sont les ennemis des hamsters.

Qualités nuisibles ou *utiles.* Ils sont utiles par la destruction qu'ils font des souris, et par leur peau, dont on fait de bonnes fourrures; mais la dévastation qu'ils occasionent dans les champs, lorsqu'ils sont trop multipliés, les rend bien plus nuisibles qu'utiles. Quelques gens mangent le hamster; mais c'est un mauvais mets.

Chasse. L'homme, qui a tant d'intérêt à la destruction de cette espèce dévastatrice, y emploie son industrie : on ouvre les terriers, que l'on reconnaît à un monceau de terre placé près du conduit oblique qui y mène, et l'on enlève les provisions qui s'y trouvent pour faire périr les hamsters. Les quantités de grains que l'on trouve sont quelquefois considérables; elles vont jusqu'à deux boisseaux de grains dans chaque domicile. On détruit encore les hamsters avec une pâte composée d'arsenic ou de poudre d'ellébore, de farine et de miel, dont on répand des boulettes sur les champs; mais cette méthode, en usage dans plusieurs pays du nord, peut entraîner de trop graves inconvéniens pour être conseillée ni même permise.

HARDE, corruption de *horde.* Ce mot signifie une troupe de bêtes fauves ou noires, rassemblées.

On le dit en fauconnerie pour les oiseaux, comme en vénerie pour les bêtes.

Ce mot signifie aussi le lien qui attache les chiens six à six. (Voyez la *Pl.* 2, *fig.* 4.) On dit : *Mener les chiens à la harde, prendre les chiens à la harde.*

HARDÉES. Ruptures de branches causées par les cerfs et les biches dans les jeunes taillis où ils vont viander.

HARDER. C'est tenir plusieurs chiens courans couplés ensemble avec une longue laisse de crin, pour relayer. On *harde* les chiens nouveaux avec les vieux, pour les dresser.

On dit : *Harder les chiens dans l'ordre,* quand on les place, chacun suivant sa force, pour aller de meute, ou en relais.

On dit aussi que les chiens *se hardent,* lorsqu'ils s'embarrassent dans leurs couples.

HARDOIS. On nomme ainsi les petits brins de bois écorcé, où le cerf touche de sa tête, quand il veut la débarrasser de la peau velue qui la couvre.

HARDOIS ou HARDOUÉES. Se dit aussi des branches froissées et brisées, contre lesquelles les cerfs ont frotté leur tête, lorsqu'ils commencent à entrer en rut. Ces mots viennent de *harts,* parce que les branches sont comme tordues par les cerfs.

HARE. Terme dont les chasseurs font usage pour exciter les chiens.

HARLE, *mergus.* Genre d'oiseaux de l'ordre des *palmipèdes,* qui renferme plusieurs espèces, dont deux ou trois paraissent en France.

LE HARLE proprement dit, ou le GRAND HARLE, *mergus merganser,* Lath., est d'une grosseur intermédiaire entre celle du canard et celle de l'oie : il a 2 pieds 2 pouces de longueur; le bec, de 2 pouces et demi de long, noir en dessous et rougeâtre en dessus, étroit, et droit jusqu'à la pointe comme celui du *plongeon;* mais il en diffère par sa pointe crochue et fléchie en manière d'ongle courbe, d'une substance dure et cornée, et par ses bords dentelés; la langue hérissée de papilles dures; l'iris rouge; les pieds, de 2 pouces de haut, rouges, ainsi que la membrane des doigts; le doigt de derrière pourvu d'une petite membrane; la tête et le dessus du cou noirs et à reflets verts; leurs plumes fines, longues et soyeuses, se hérissant depuis la nuque jusqu'au front, ce qui grossit beaucoup le volume de la tête; trois couleurs sur le dos et les ailes, le noir sur le haut du dos et les grandes pennes, le blanc sur les moyennes et la plupart des couvertures, et le blanc liseré de gris sur le croupion; le devant du corps d'un blanc lavé de jaune pâle; les flancs ayant, sur un fond blanchâtre, des raies cendrées, très fines; la queue grise et étagée.

La femelle est beaucoup plus petite que le mâle; elle a 1 pied 10 pouces de longueur; l'iris brun; les plumes de la tête et d'une partie du cou conformées comme celles du mâle, mais d'un rouge bai; le dessus du cou, le croupion, la queue et les ailes d'un cendré bordé de gris blanc; la même couleur, sans bordure, sur le dos, les couvertures supérieures de la queue, et sur les pennes alaires, où elle se rembrunit; la gorge blanche, et le reste du dessous du corps d'un blanc un peu fauve; le bec brun en dessous et rouge en dessus, et les pieds rougeâtres. Cette femelle est le harle cendré ou le *bièvre* mâle de Brisson, le *mergus castor* de Linnæus.

Les jeunes ressemblent à leur mère jusqu'après la mue, qui n'a lieu qu'à la fin de l'hiver.

Le harle a le vol rapide, quoique ses ailes soient courtes; ordinairement il file au dessus de l'eau; il nage, le corps submergé, et la tête seule en dehors; il plonge à une grande profondeur, et parcourt un grand espace avant de reparaître.

Habitation. Il voyage du nord au midi aux approches de l'hiver; il n'est point commun en France: on ne l'y voit que de loin en loin, et dans les hivers rigoureux; celui de 1829 à 1830, qui a été généralement abondant en oiseaux du nord, a amené des individus de cette espèce.

Nourriture. Le harle est un grand destructeur de poissons, qui, quelque glissans qu'ils soient, sont arrêtés par les dentelures de son bec et celles de sa langue. Il est d'une telle voracité que, s'il prend un poisson trop gros pour l'avaler tout entier, il en retient la tête, qui s'engage seule dans l'œsophage, et se digère avant que le corps puisse entrer dans l'estomac. Il se nourrit aussi de vers, d'amphibies et d'insectes aquatiques.

Propagation. Les harles nichent ordinairement dans les grandes herbes et les roseaux, au bord des lacs et des fleuves: la ponte est de dix à douze œufs blancs; l'incubation dure trois semaines. Les jeunes nagent et suivent leur mère aussitôt qu'ils sont éclos. Le mâle et la femelle se séparent alors; les mâles pour se réunir entre eux, et les femelles pour former bande à part, avec leurs petits, jusqu'à la fin de l'hiver.

Ennemis. Les renards, les chats sauvages, les belettes, les putois et tous les oiseaux de proie sont les ennemis des harles.

Qualités. La chair du harle est sèche et de mauvais goût; elle n'est si peu estimée en France, qu'elle a donné lieu à un proverbe populaire cité par Bélon: *Qui voudrait régaler le diable, lui faudrait bièvre* (harle) *et cormoran.* La graisse est bonne à brûler dans les lampes, et les plumes servent à faire des lits, comme celles des oies et des canards.

Chasse. On chasse les harles au fusil; on peut les prendre, comme les grèbes, avec des halliers tendus entre deux eaux; on peut encore disposer contre eux des hameçons amorcés avec de petits poissons, et que l'on place de distance en distance dans les eaux qu'ils fréquentent, en ayant soin de faire des remarques aux endroits où on les tend.

Le HARLE HUPPÉ, *mergus serrator*, Lath., est de la grosseur du canard: il a 21 pouces de longueur, y compris la queue, qui a 3 pouces et demi; une huppe dirigée de l'occiput en arrière; la tête, le haut du cou et la gorge d'un noir violet changeant en vert doré; le dos noir; le croupion et les flancs rayés en zigzag de brun, de gris blanc et de cendré; des deux côtés de la poitrine, vers les épaules, d'assez longues plumes blanches, bordées de noir, qui recouvrent le coude de l'aile lorsqu'elle est pliée; la poitrine d'un roux varié de blanc; le ventre, les couvertures du dessous de la queue et le haut des jambes de cette dernière couleur; les plus petites couvertures des ailes d'un cendré brun, les moyennes blanches, les grandes noirâtres; les pennes d'un brun noir et variées de blanc; celles de la queue brunes, variées, bordées de gris blanc, et étagées; le bec noir ou rougeâtre en dessus, et l'inférieur rouge, et les pieds de même couleur.

La femelle a la tête et une partie du cou d'un roux sale; la gorge blanche; le bas du cou, le dos, le croupion, les côtés et les couvertures du dessus de la queue cendrés; le haut de la poitrine varié de roussâtre, de blanc et de noir.

Les jeunes ont le plumage d'un brun sale.

Habitation. Cette espèce est commune sur les lagunes de Venise; elle se trouve en Danemarck, en Norwége, en Laponie et quelquefois en France; mais plus rarement que l'espèce commune.

Ce qu'on a dit sur la nourriture, la propagation, les qualités et la chasse de l'espèce commune s'applique à celle-ci.

Le PETIT HARLE HUPPÉ OU la PIETTE, *mergus minutus*, Lath., est d'une taille au dessus de la sarcelle, et de la longueur de 15 à 16 pouces: il a la tête coiffée de plumes longues, effilées, blanches et noires; deux grandes marques ovales sur les côtés; une bande cerclée sur les côtés du cou; les scapulaires, le dos, les couvertures des ailes et les grandes pennes noirs; la queue cendrée; tout le reste du plumage blanc; le bec noir, et les pieds d'un gris bleuâtre.

La femelle est un peu plus petite: elle a le bec et les pieds cendrés; la tête privée de huppe, en rousse; le manteau cendré, et la couleur blanche disposée à peu près comme sur le mâle.

Cette espèce est, pendant l'hiver, abondante sur nos étangs, sur la Somme en Picardie, et dans la Suisse.

On a donné le nom de *harle étoilé* à un oiseau qui, suivant Buffon et Latham, ne serait que la femelle du petit harle huppé.

Les ornithologistes ont décrit, sous les noms de *harle à manteau noir*, de *harle blanc et noir*, de *harle noir*, des oiseaux qui ne paraissent être que des variétés d'âge ou de sexe.

HARLOUP! Terme dont on se sert pour engager le limier à suivre, lorsqu'il se rabat d'une voie de loup; le valet de limier lui crie: *Harloup! harloup! l'ami, après!* On se sert aussi de cette expression pour exciter les chiens courans à la chasse du loup.

HARNAIS. Nom que l'on donne à l'équipage qui sert pour la chasse des petits oiseaux.

HARPAILLE. Certain nombre de biches et de cerfs réunis. Ce mot est synonyme de *harde*.

HARPAILLER. Quand les chiens tournent au change, qu'ils se séparent, et qu'ils chassent des biches, on dit : *Les chiens chassent mal; ils ne font que harpailler.*

HARPAYE. Nom générique parmi les fauconniers, pour désigner le *busard*, la *soubuse* et l'*oiseau Saint-Martin*.

HARPAYE, *falco rufus*, Lath. Oiseau du genre des *faucons* et de l'ordre des *oiseaux de proie*, qui a plusieurs traits de ressemblance avec le *busard*. Sa longueur est de 1 pied et demi; son vol de 4 pieds. Tout son plumage est d'un roux clair sur la tête, le cou, la poitrine et les ailes; vif sur le ventre et les flancs, taché de brun, de noir et de cendré sur les ailes; ses pieds sont jaunes, et ses ongles noirs. Il a les sourcils avancés sur les yeux et la vue très perçante.

C'est une espèce rare, que l'on trouve en France et en Allemagne, le long des eaux, dans lesquelles on la voit prendre des poissons dont elle se nourrit.

Les fauconniers la distinguent par la dénomination d'*harpaye rousseau*.

HARPAYE ÉPERVIER. Ancienne désignation de la *soubuse*.

HARPAYE-ROUSSEAU. C'est ainsi que les fauconniers désignent le *harpaye* dont le plumage est roux. (Voyez *Harpaye*.)

HARPAYE A TÊTE BLANCHE. Quelques fauconniers ont donné cette dénomination au *busard*.

HARPE. Ce mot se dit d'un lévrier dont l'estomac est fort avancé et bas, et le ventre très haut.

HARY. C'est le terme qu'emploie le piqueur pour rendre les chiens attentifs, lorsque la bête qu'ils chassent se fait accompagner, et pour les obliger à en garder le change.

HASE. Nom que les chasseurs donnent à la femelle du lièvre et à celle du lapin.

Ce mot paraît provenir de l'allemand *hase*, qui signifie lièvre, ou de *hasen*, femelle du lièvre.

HAUBEREAU. (Voyez *Hobereau*.)

HAUSSE-PIED. C'est un lacs coulant que l'on tend ordinairement pour les loups, et dont le mécanisme est, sauf la proportion, semblable au rejet *corde à pied*. A l'endroit destiné à tendre le piége, on fait porter deux pieux de bois à crochet, longs de 4 à 5 pieds, pointus par un bout; on prépare ensuite deux bâtons de la grosseur du pouce, droits, bien unis, et de longueur convenable, pour servir de traverse aux deux pieux, et un petit morceau de bois plat, coché au milieu, pour être attaché à un endroit de la corde liée au haut du baliveau qui fait jouer le ressort et qui sert de détente; enfin, quatre ou cinq bâtons, gros comme le pouce, longs de 5 à 6 pieds, suivant qu'on le juge à propos, pour servir de marchette; ils doivent être égaux en dimensions et pointus par un bout.

Pour tendre ce piége, on choisit un endroit par où les loups ont l'habitude de passer, et aux environs, un jeune baliveau assez fort pour enlever le loup lorsqu'il est pris; on l'ébranche jusqu'au sommet, où l'on noue une corde de la grosseur d'une plume à écrire, de longueur convenable, pour y attacher le petit morceau de bois plat qui sert de détente; on passe ensuite le petit bout de la corde dans un canon de fer, pour que l'animal, pris par la patte, ne puisse la couper avec les dents; avec le reste de la corde on fait un nœud coulant de grandeur suffisante. Si l'endroit choisi n'offrait pas de baliveau commode pour ajuster le piége, on emploierait une bascule arrangée sur une espèce de poteau, comme celles dont on se sert pour tirer l'eau des puits, au bout de laquelle on attacherait, sur le derrière, une grosse pierre retenue par une bonne corde pour faire agir le ressort, ainsi que le fait le baliveau.

La corde étant fortement liée au bout du baliveau, on y attache le petit morceau de bois plat, coché, destiné à servir de détente; on passe la corde dans le petit canon, et on fait, avec le reste, comme on l'a dit, le nœud coulant.

Tout étant sous la main, on enfonce fortement en terre les pieux à crochets, à une distance et à une hauteur égales, de manière qu'ils puissent arrêter et fixer la raideur du baliveau qu'on ploie vers eux, ou soutenir le poids de la bascule qui fait ressort. On pose ensuite une des traverses sur les crochets des pieux, l'autre plus bas, et qu'une personne tient contre les pieux, pendant qu'une autre tire à elle la corde attachée au sommet du baliveau, le fait courber en axe, et le tient en état; on passe la corde où est le lacs coulant par dessus les deux traverses, et on fait entrer droit le petit morceau de bois plat qui est attaché à la corde et qui sert de détente, entre et contre les deux traverses, ce qui tiendra le piége tendu et en état de jouer.

On pose ensuite sur le bord de la traverse du bas quatre ou cinq petits bâtons, servant de marchette, un peu enfoncés en terre par les bouts pointus, presqu'à plat, pour qu'ils ne reculent pas, et à distance égale; on les couvre légèrement de menus branchages, de mousse, de feuilles ou de légers gazons, pour imiter les superficies voisines, et ne point effaroucher le loup; enfin, le plus adroitement que possible, on pose et on étend dessus le lacs coulant; d'autres le suspendent en l'air, mais la première méthode paraît préférable.

Le loup, arrivant, marche et appuie sur les bâtons qui servent de marchette, et qui reposent sur le bâton de traverse d'en bas; il le fait tomber, et dès lors nécessairement relever le baliveau où tient la corde du lacs coulant qui saisit et enlève l'animal par le pied. Si on est obligé de tendre ce piége dans un passage assez ouvert pour que le loup puisse passer à côté du lacs coulant et sans le toucher, on fiche en terre des branches des deux côtés du chemin pour le rétrécir et obliger l'animal de venir sur le piége.

HAUSSE-PIED. Oiseau de proie, espèce de *sacre*, ainsi nommé, parce qu'il tient presque toujours un pied en l'air. On le nomme aussi *hoche-pied*.

On donne encore le nom de *hausse-pied* au premier des oiseaux de proie qui attaque le héron dans son vol.

HAUSSE-QUEUE. Nom vulgaire de la *lavandière*.

HAUT. Mot usité en vénerie. On dit un chien de *haut nez*, lorsque son odorat le conduit sûrement sur la voie de l'animal qu'on chasse. Voler *haut et gros* se dit d'un oiseau de proie qui vole de bon gré et avec adresse. Le *haut vol* ou la *haute volerie*, c'est le vol du faucon sur le héron, les canards et les grues, et celui du gerfaut sur le sacre et le milan.

HAUT A HAUT. (Voyez *Ho*.)

HAUT DU JOUR. C'est, en terme de vénerie, quelques heures après que le soleil est levé. On nomme un valet de limier paresseux, *valet de limier de haut jour*.

HAUTES ERRES. (Voyez *Erres*.)

HAVA, HAILA. Lorsque le limier se rabat et qu'il est au bout de son trait, on lui dit: *hava, haila, ho, garde à toi!*

HAYE. Terme employé par les piqueurs pour arrêter et ôter de dessus la voie les chiens qui chassent le change.

HERBAUT. Nom qu'on donne aux chiens de chasse qui se jettent durement sur le gibier.

HERBEILLER. Ce mot se dit d'un sanglier qui va paître l'herbe. *Ce sanglier a herbeillé ici.*

HERBIER. Ce terme, en fauconnerie, signifie le tuyau ou le canal de la respiration du faucon.

HÈRE. Lorsque le faon mâle du cerf a six mois, il quitte le nom de *faon* et se nomme *hère*. Alors les bosses commencent à paraître. Il conserve le nom de *hère* jusqu'à un an.

HÉRIGOTÉ. On nomme chien *hérigoté* celui qui a une marque aux jambes de derrière.

On prétend que c'est un signe de bonté dans un limier, quand il n'y a qu'une de ces remarques.

HÉRISSON, *erinaceus europæus*, Linn. Petit quadrupède du genre et de la famille de ce nom, qui n'appartient point précisément à la classe des animaux de chasse, mais qui mérite d'être mentionné ici, parce qu'on le chasse quelquefois.

Description. Il a environ 1 pied de long et à peine 6 pouces de haut; la queue de 9 lignes seulement; la tête conique, à museau de chien; tout le dessus du corps garni de piquans durs, pointus, d'un pouce de long, variés de blanc, de brun et de noir; la tête et le dessous du corps couverts de poils jaunâtres. Il lève et abaisse à son gré ces épines, et, dans le danger, il se roule en peloton, de manière qu'aucun de ses membres n'est à découvert.

Cet animal est timide; il se défend sans combattre, et blesse sans attaquer ses ennemis. Il n'a point assez de force pour repousser les autres animaux, ni assez d'agilité pour les fuir. Il les attend en leur opposant de toutes parts son armure épineuse. Il se défend aussi en lâchant une urine dont l'odeur est infecte et insupportable. Les chiens se contentent d'aboyer après le hérisson et refusent de le saisir. Ceux qu'on anime à ce genre d'attaque se mettent le nez et la gueule en sang, et il n'en faut pas davantage pour qu'un chien perde l'odorat et ne soit plus propre à la chasse. Le hérisson ne craint ni la fouine, ni la marte, ni le putois, ni le furet, ni les oiseaux de proie: il n'y a que le renard qui, en se piquant les pieds et en se mettant la gueule en sang, a quelquefois la hardiesse d'en faire sa proie.

Le hérisson veut être en liberté pour conserver sa nature. Un naturaliste célèbre ayant renfermé une mère et ses petits dans un tonneau rempli de provisions, cette mère, au lieu de les allaiter, les dévora.

Habitation. Cet animal se tient sur les lisières des bois, dans les buissons des champs et les haies des jardins, parmi les racines et les pierres et dans les creux des arbres; il reste souvent fort long-temps dans la même demeure, et y passe tout l'hiver, ramassé en peloton. On prend les hérissons à la main, sous la mousse ou dans des creux qu'ils se font aux pieds des arbres; ils ne fuient point, ils ne se défendent ni des pieds ni des dents, mais ils se mettent en boule dès qu'on les touche; et pour les faire étendre, il faut les plonger dans l'eau.

Nourriture. Il ne sort que la nuit, se nourrit de fruits, et détache avec ses pattes les grappes de raisins. Il est assez plaisant de le voir se rouler sur ces grappes qui sont à fleur de terre, ou sur les fruits que le vent a abattus. Dès qu'il sent que ses pointes sont entrées dans ces fruits, il se retire avec sa charge dans les creux qu'il a choisis pour son domicile. Il se nourrit aussi de souris, de taupes, de limaçons, de vers, de scarabées et de racines.

On apprivoise quelquefois, à la campagne; le hérisson pour détruire les rats et les souris.

Propagation. Elle se fait en avril et mai; la portée est de trois à six petits, qui naissent six semaines après l'accouplement.

Qualités. La chair du hérisson d'Europe est astringente, difficile à digérer, et peu nourrissante. Il paraît qu'elle est de meilleure qualité en Espagne, où elle passe pour une viande de carême.

Cet animal est plutôt utile que nuisible, à raison des animaux dont il se nourrit.

HÉRISSONNER. Maladie des oiseaux de proie, dont les symptômes sont de lever les ailes et de les retirer, de lever un pied et de l'approcher de l'autre; d'avoir les yeux enfoncés et en partie couverts. La guérison s'en fait à la vapeur du vin chaud, qui fait transpirer doucement l'oiseau en le chauffant devant le feu.

HERLE. (Voyez *Harle*.)

HÉRON, *ardea*. Genre d'oiseaux de l'ordre des échassiers, que Buffon a divisé en quatre familles: celle du *héron* proprement dit, celle du *héron butor*, celle du *bihoreau*, et celle des *crabiers*. (Voyez *Butor, Bihoreau* et *Crabier*.)

Les hérons proprement dits, y compris les aigrettes (*voyez* ce mot), ont le cou très long, très grêle, et garni au bas de plumes pendantes et effilées; le corps étroit, efflanqué, et, dans la plupart des espèces, élevé sur de hautes échasses.

Les espèces du héron proprement dit, que l'on trouve en France, sont: le *héron commun*, le *héron blanc*, le *héron montagnard*, et le *héron pourpré huppé*.

Nous n'avons à nous occuper que de ces espèces.

Le **héron commun**, *ardea major*, Lath. *Pl.* 17, *fig.* 3, a 3 pieds 2 pouces de longueur, y compris la queue de 5 pouces, et 5 pieds 4 pouces de vol; le bec jaune et de 5 pouces de long; l'iris d'un jaune doré; les pieds de 6 pouces de haut et verdâtres; la peau nue des côtés de la tête, d'un vert jaunâtre; les plumes du sinciput blanches; des plumes d'un beau noir, partant du sommet de la tête, et dont quelques unes longues de 4 à 6 pouces, et fort étroites, forment une aigrette qui retombe sur la nuque; la gorge et le ventre blancs, ainsi que le devant du cou, qui a de plus des taches longitudinales noires sur le côté intérieur de chaque plume; une partie des grandes couvertures supérieures des ailes noire; l'autre partie, les petites et le dessous des pennes cendrés; les primaires noires; quelques unes des secondaires d'un cendré noirâtre, et celles de la queue pareilles au dos.

La femelle diffère par un peu moins de grosseur et de longueur; elle a des couleurs plus pâles et moins lustrées, n'a point de bandes transversales noires sur la poitrine, ni d'aigrette sur la tête.

Cet oiseau est craintif et défiant. Lorsqu'il vole, il raidit ses jambes en arrière, et renverse son cou sur le dos, de façon qu'on ne voit pas sa tête, mais seulement son bec, qui paraît sortir de sa poitrine. Le héron est un des oiseaux qui s'élèvent le plus haut dans les airs. Sa voix, qu'on n'entend guère que le soir et le matin, est un son aigre, que l'on peut exprimer par le mot *craigue*.

Habitation. Le héron est, de toutes les espèces de ce genre, la moins nombreuse dans les pays habités, et la plus isolée dans chaque contrée; cependant aucune n'est aussi répandue: on la trouve aux Antilles, au Chili, à Otaïti, au Japon, en Egypte, en Sibérie, sur les côtes de l'Afrique, dans l'Inde, enfin dans le nord de l'Amérique et de l'Europe. Il se tient dans les forêts qui sont situées près des grandes rivières, des lacs et des étangs. Les hérons viennent en automne dans les pays tempérés, et s'en vont ordinairement dans le mois de mars.

Nourriture. Elle consiste en petits poissons, grenouilles, limaçons, rats d'eau, lézards, coquillages, petits oiseaux, etc. Les hérons se tiennent, pour attendre leur proie, dans l'eau ou au bord, et ils restent immobiles à la même place, jusqu'à ce qu'elle vienne s'offrir et qu'ils puissent la saisir avec leur bec pointu.

Propagation. C'est au printemps, après leur retour dans les pays froids, que les hérons s'occupent de la propagation de leur espèce; ils choisissent, dans les forêts, les plus grands arbres, se réunissent plusieurs ensemble, et font leur nid sur le même arbre. Dans quelques contrées, ils nichent dans les rochers les plus élevés des bords de la mer; l'on voit en Angleterre plusieurs de ces héronnières. Leurs nids sont vastes, et composés de bûchettes, de beaucoup d'herbes sèches, de joncs et de plumes. La ponte est de trois à quatre œufs d'un bleu verdâtre, de la grosseur des œufs de poule; l'incubation dure trois semaines. Les jeunes sont nourris par le père et la mère, jusqu'à ce qu'ils soient en état de voler.

Ennemis. Les chats, les martes, les putois, les belettes et les grands oiseaux de proie sont leurs ennemis.

Qualités. On faisait anciennement, en France, beaucoup de cas de la chair du héron. Les grands seigneurs avaient alors dans leurs terres, et à proximité de leurs châteaux, des héronnières, qui étaient des lieux situés sur le bord de quelque étang ou canal, disposés et arrangés pour y élever de jeunes hérons. On appelait encore héronnières certaines guérites élevées sur des arbres plantés à dessein, au bord des eaux fréquentées par ces oiseaux, où l'on se postait pour les tirer.

La viande du héron était qualifiée de *viande royale*, et servie comme un mets de parade dans les banquets.

Dans toutes les ordonnances des chasses, depuis celle de François Ier, en 1515, jusqu'à celle de Henri IV, en 1600, les hérons et héronneaux se trouvent compris parmi les autres espèces de gibier dont la chasse est défendue. L'ordonnance du roi Henri II, du 5 janvier 1549, dans la vue de dégoûter les gens de la campagne du braconnage, et pour empêcher la survente arbitraire du gibier de la part des rôtisseurs et poulaillers, porte « qu'ils ne pourront dorénavant vendre
» aucunes perdrix, perdreaux, lièvres, levrauts, ni
» hérons, sinon en plein marché, et plus haut prix
» que 12 deniers tournois chacune perdrix, et en
» semblable le héron et le lièvre; et de 6 deniers
» tournois chacun perdreau, et en semblable le le-
» vraut et le héronneau, etc. »

Depuis long-temps on ne voit plus le héron figurer sur nos tables; sa chair est en effet dure et de mauvais goût; cependant on dit que les jeunes hérons sont un bon mets.

Les longues plumes étroites de la tête, du cou, du dessus du corps sont employées, par les plumassiers, comme ornement.

Les hérons détruisent beaucoup de poissons, et, sous ce rapport, on doit leur faire une chasse active.

Chasse du héron.

Chasse au fusil. Comme le héron est un oiseau très méfiant, il ne se laisse point facilement approcher, et ce n'est que par hasard qu'on peut le tirer. C'est toujours de loin qu'il faut le faire pour ne pas le faire partir. Mais on se sert très utilement de la *vache artificielle* et de la *hutte aux canards*. On se cache aussi derrière des arbres, des haies, dans des creux, des fossés, en prenant le bon vent, et en marchant avec beaucoup de précaution pour l'approcher. Mais le plus grand succès dépend de la situation du local.

Pièges. Il y a peu de moyens de prendre les hérons par les pièges. Celui qui offre le plus d'avantages est la pince d'*Elvaski*. (*Voyez* ce mot.) On en tend plusieurs sur les bords des eaux peu profondes et dans la fange des marais, en ayant soin toutefois que rien ne s'oppose au jeu de la marchette, et de l'amorcer avec un petit poisson ou une grenouille. Le piège doit être solidement fixé. Ce moyen s'emploie aussi contre les butors. On peut encore espérer de prendre quelques uns de ces oiseaux avec des hameçons amorcés de petits poissons ou d'une grenouille. On dispose ces hameçons, solidement fixés à des piquets, sur le bord des eaux peu profondes que fréquentent les hérons. Lorsque ces oiseaux aperçoivent le petit poisson, ils l'avalent tout entier, et, en même temps, l'hameçon qui le retient. Ces hameçons doivent être montés sur fil de laiton.

Comme les hérons nichent ordinairement sur les arbres, on peut employer le lacet pour les prendre.

Chasse au vol. La chasse du héron au vol était autrefois la plus brillante de la fauconnerie. On la faisait avec le faucon, dressé suivant les principes de l'art. Cette chasse était réservée aux princes. (Voyez *Faucon.*) Lorsque les champs étaient vides, en automne, on se rendait, en nombreuse compagnie, à cheval, accompagné de fauconniers portant l'oiseau sur le poing, dans un champ, à la proximité d'un bois où se tenaient les hérons; et, quand on en avait fait partir un, on lâchait quelques faucons sur lui, qui le suivaient souvent à une hauteur incroyable, et l'abattaient à terre. Pendant le combat, les spectateurs observaient attentivement l'endroit où le héron paraissait devoir tomber, et lorsqu'il était à terre, on le secourait et on s'en emparait; on lui passait, autour de la patte, un anneau d'argent portant le millésime de l'année et d'autres inscriptions ; puis on lui rendait la liberté. De cette manière, on avait souvent le plaisir de chasser le même héron et de le mettre en sa possession plusieurs fois. Ces chasses étaient très coûteuses par le luxe avec lequel les chasseurs et les cavaliers devaient y paraître.

Le HÉRON POURPRÉ HUPPÉ, *ardea purpurea*. Ce héron est moins gros que le commun; il a 2 pieds 10 pouces de longueur; les plumes de la tête d'un noir brillant; celles de la huppe longues et étroites; une bande noire partant des coins de la bouche et montant jusqu'à l'occiput; la gorge blanche; le cou roux dans sa moitié supérieure, et, sur les côtés, d'un cendré olivâtre en dessus, et d'un blanc roussâtre en dessous; le dos d'un olivâtre sombre et brillant; les plumes scapulaires, les unes de cette même teinte, les autres d'un cendré foncé, qui est la couleur de la partie inférieure du dos, du croupion et des couvertures supérieures de la queue; la poitrine et le ventre d'un marron pourpré très brillant; une large bande noire sur le ventre; les petites couvertures des ailes d'un olivâtre sombre mêlé d'un peu de roux; les grandes, d'un cendré noirâtre et bleuâtre; les pennes des ailes de différentes teintes, noirâtres, cendré olivâtre et cendré foncé; le dessus de la queue de cette dernière teinte; le dessous bleuâtre; la peau nue de la tête jaunâtre, et les tarses verdâtres.

Cette espèce se trouve en Italie, en Suisse, en France, sur les côtes de la mer Noire et de la mer Caspienne.

Le HÉRON BLANC, *ardea alba*, Lath., est de la grosseur du héron proprement dit, et a 3 pieds 1 pouce de longueur. Il a tout le plumage d'un blanc éclatant; la peau nue, qui entoure les yeux, verte et mêlée de jaune sur les bords; les jambes, les tarses et les doigts verdâtres; le bec et l'iris jaunes.

Cette espèce est moins nombreuse que celle du héron; mais elle est plus répandue. On la voit très souvent sur les côtes de la Bretagne; on la trouve en Angleterre, à la Nouvelle-Zélande, au Japon, à Madagascar, au Brésil et au Mexique.

Le HÉRON MONTAGNARD, *ardea monticola*. Cet oiseau, observé dans les Pyrénées par Picot Lapérouse, y fréquente les prairies arrosées par les rivières. Il a 3 pieds de longueur totale; le bec long de près de 6 pouces; une envergure de 4 pieds 5 pouces; le front noir; le dessus de la tête et du cou, rougeâtre; les plumes du dessus du corps brunes et bordées de rougeâtre; la gorge d'un blanc roussâtre et marquée de taches noires; la poitrine brune et rayée de rougeâtre; les flancs d'un cendré obscur; le ventre blanc; les pennes des ailes et de la queue noires; le bec d'un brun mêlé de jaune; l'espace nu autour des yeux d'un jaune verdâtre; la partie nue des jambes d'un jaune citron, et les pieds d'un jaune verdâtre en dessus et jaunes en dessous.

HÉRONNEAU. Petit héron.

HÉRONNER. C'est voler le héron; il y a des faucons très propres à héronner; il y en a même qui volent des oiseaux plus grands que le héron.

HÉRONNIER. Oiseau qu'on dresse à la chasse du héron.

HÉRONNIÈRE. Ce mot désigne : 1° le lieu où les hérons font leurs petits; 2° le nom de l'endroit où on les élève; 3° certaines loges élevées en l'air le long de quelques ruisseaux, couvertes à claire-voie, et où les hérons s'accoutument à dresser leur aire. Les petits qui sont dénichés sur ces héronnières sont très estimés.

HERPAILLE. Nombre de biches et de jeunes cerfs assemblés. C'est la même chose qu'*harpaille*.

HIBOU. On comprend, sous cette dénomination, plusieurs espèces d'oiseaux de nuit; et on appelle *hibou commun* le *moyen duc*, *hibou de clocher*, l'*effraie*, et *hibou sans cornes* la *hulotte*. (Voyez *Duc, Effraie* et *Hulotte.*)

HIRONDELLE. Genre d'oiseaux de l'ordre des passereaux, qui renferme un grand nombre d'espèces, dont quelques unes sont répandues en Europe.

L'HIRONDELLE DE CHEMINÉE, *hirundo rustica*, Lath., a une longueur totale de 6 pouces 9 lignes; la queue très fourchue; le bec de 4 lignes de long, noir, aplati à sa naissance, recourbé vers sa pointe; l'iris brun; les pieds de 5 lignes de haut et noirâtres; le front, la gorge et les sourcils d'un brun châtain; la poitrine et le ventre d'un blanc rougeâtre; tout le reste est noir, avec des reflets bleuâtres.

Habitation. Cette hirondelle habite les villes et les villages; elle nous quitte dans le mois de septembre, par troupes nombreuses, et revient dans le mois d'avril.

Nourriture. Elle se nourrit d'insectes ailés et d'araignées.

Propagation. Elle fait son nid dans les cheminées ou dans les vestibules ; elle en compose l'extérieur avec de la terre gâchée, mélangée de paille et de crin, et l'intérieur d'herbes sèches et de plumes, et elle lui donne la forme d'un demi-cylindre creux, n'y laissant qu'une petite ouverture. La femelle fait deux pontes par an : la première, de quatre à six œufs, et la seconde de trois ; ces œufs sont blancs, ponctués de violet ; l'incubation dure quinze jours.

Qualités. Cette hirondelle et toutes les autres espèces sont très utiles en détruisant des quantités innombrables d'insectes ; et c'est un motif pour qu'on les respecte avec le plus grand soin. Cependant il est des pays où on lui fait la chasse.

L'HIRONDELLE A CROUPION BLANC, OU L'HIRONDELLE DE FENÊTRE, *hirundo urbica*, Lath., a 5 pouces et demi de longueur totale ; la queue fourchue ; le bec de 4 lignes de long et noir ; les pieds de 9 lignes de haut ; les couvertures supérieures de la queue, la gorge, la poitrine et le ventre d'un blanc de neige, et tout le reste noir, avec des reflets bleuâtres.

L'*habitation* et la *nourriture*, comme pour l'espèce précédente.

Propagation. Elle construit son nid sous le toit des maisons, près des fenêtres, sur les portes, les entablemens et les saillies des corniches, mais jamais dans les cheminées ; elle le compose de terre à l'extérieur. La ponte est de quatre à six œufs blancs, ponctués de brun, que la mère couve pendant quinze jours. Il y a ordinairement deux ou trois pontes par an.

L'*utilité* de cette espèce est la même que celle de l'hirondelle de cheminée.

L'HIRONDELLE DE RIVAGE, *hirundo riparia*, Linn., *hirundo cinerea*, Lath., est la plus petite des hirondelles d'Europe : elle a 5 pouces de longueur, y compris la queue de 1 pouce 9 lignes ; le bec noirâtre et de 2 lignes et demie de long ; les pieds de même couleur et de 10 lignes de haut ; l'angle antérieur des yeux garni d'une petite huppe de poils durs et noirs pour protéger l'œil ; la tête et la partie supérieure du corps d'un gris cendré brun ; la gorge blanche avec un collier gris de souris ; les pennes des ailes et de la queue brunes ; la queue moins longue que les ailes pliées.

Habitation. Cette espèce se tient ordinairement sur les bords des rivières et des lacs. Elle n'arrive que dans le mois de mai, et nous quitte dès le mois d'août.

Nourriture. Elle se nourrit principalement d'insectes qui fréquentent les eaux.

Propagation. Elle niche ordinairement dans les creux au bord des rivières, dans les fentes des rochers et des vieux murs, et dans les carrières. L'endroit où est placé le nid est souvent à une profondeur de 18 à 24 pouces ; le nid est composé de paille, d'herbes entassées sans art, et l'intérieur est garni de plumes. Il y a deux pontes par année, de cinq à six œufs blancs, nués de rougeâtre et de gris cendré. L'incubation est de quinze jours. On a remarqué que les petits prennent beaucoup de graisse, et une graisse très fine, comparable à celle des ortolans.

L'*utilité* de cette espèce est la même que celle des espèces précédentes.

Chasse aux hirondelles.

Les services que les hirondelles rendent à l'homme, et qui, dans plusieurs pays, les ont fait regarder comme des oiseaux sacrés, ne les mettent point partout à l'abri de la destruction. Le chasseur exerce son adresse sur elles, et l'oiseleur avide leur tend des pièges, à l'automne, époque où, dit-on, elles sont très grasses et d'une saveur semblable à celle de l'ortolan. La chasse qu'on leur fait dans le Modénois, près de Rubiera, est décrite par Spallanzani. « Les chasseurs, dit-il, forment, au milieu des marais, une nappe d'eau, au dessus de laquelle ils attachent un vaste filet ; la chasse commence à nuit close : on a une corde qui traverse l'extrémité de la langue du marais opposée à la nappe d'eau ; des hommes la tiennent par chacun un bout, et l'agitent doucement parmi les roseaux ; ils s'avancent ainsi, formant une ligne courbe. A ce bruit inattendu, les oiseaux effrayés quittent leur place, et vont se percher un peu plus loin ; bientôt, troublés dans ce nouveau poste, ils l'abandonnent, et, poursuivis ainsi de place en place, ils sont forcés de se concentrer tous sur la portion de roseaux contiguë à la nappe d'eau. Alors les chasseurs donnent un mouvement rapide à la corde ; toute la multitude d'oiseaux se lève précipitamment pour gagner les roseaux situés à l'autre bord ; mais le filet suspendu sur leur tête, tombe tout à coup, les enveloppe dans ses mailles, et les entraîne ainsi à la surface de l'eau, où, se débattant inutilement, ils restent bientôt suffoqués. »

Cette chasse se fait aussi pour les *étourneaux*, et, sous ce rapport, elle serait utile, parce que ces oiseaux dévastent les vignes ; mais elle devient funeste aux intérêts de la société en détruisant un grand nombre d'*hirondelles*, de *lavandières* et de *bergeronnettes*, qui toutes nous rendent des services réels.

L'HIRONDELLE DOMESTIQUE. C'est l'hirondelle de cheminée.

L'HIRONDELLE DE FENÊTRE. C'est l'hirondelle à croupion blanc.

L'HIRONDELLE NOIRE. C'est le *martinet*. (*Voyez* ce mot.)

LA PETITE HIRONDELLE. C'est l'hirondelle à croupion blanc.

L'HIRONDELLE A QUEUE CARRÉE. Nom vulgaire donné à l'*engoulevent*. (*Voyez* ce mot.)

HIRONDELLE DE MER, *sterna*. Genre de l'ordre des *palmipèdes*. Les oiseaux de ce genre, quoiqu'ils diffèrent des *hirondelles de terre*, par leurs mœurs, la forme de leur bec et la conformation de leurs pieds, ont, avec ces dernières, des rapports qui semblent justifier leur dénomination : comme les hirondelles de terre, elles ont l'aile très longue, échancrée, et la queue fourchue ; elles volent constamment, s'élevant dans les airs et les sillonnant de mille manières, et s'abaissant à la surface des eaux qu'elles rasent avec rapidité; elles saisissent leur proie au vol comme les *martinets*, et jettent, en volant, des cris aigus et perçans. Les hirondelles de mer arrivent au printemps sur nos côtes maritimes ; la plupart y restent pendant l'été, et les autres se dispersent sur les lacs et les grands étangs; partout elles vivent de petits poissons qu'elles pêchent en volant, ou en se posant un instant sur l'eau sans les poursuivre à la nage, car elles n'aiment point à nager; elles mangent aussi les insectes ailés.

On connaît une quinzaine d'espèces d'hirondelles de mer, dont trois ou quatre fréquentent nos côtes. Ce sont 1°. la grande *hirondelle de mer* ou *pierre-garrin* (voyez ce mot) ; 2° l'*hirondelle de mer noire*, ou la *guiffette noire* (voyez ce mot); 3°. la *petite hirondelle de mer*, *sterna minuta*, Lath., qui n'est guère plus grosse que l'*alouette de mer* : elle a 8 pouces 9 lignes de longueur totale; le sinciput, le dessus du corps et la queue blancs ; le sommet de la tête, l'occiput et le haut du cou en dessus noirs ; le reste du cou et les autres parties supérieures, des couvertures de la queue et des ailes cendrés; les ailes variées de blanc, de noir et de cendré ; les pieds et le bec rouges ; cette espèce est criarde ; elle fréquente les côtes de nos mers, les lacs, les rivières, les marais ; 4°. l'*hirondelle de mer tachetée* ou *guiffette*. (*Voyez ce mot.*)

On chasse les hirondelles de mer au fusil ; mais, comme leur vol est rapide et sinueux, il faut de l'adresse pour les atteindre. On en prend assez souvent dans les filets contre-maillés que l'on tend sur les bords de la mer, pour prendre les canards à leur passage du soir et du matin. On prend également la petite hirondelle de mer au moyen d'une croix de bois que l'on place sur l'eau et qui est attachée à une longue ficelle. Au milieu de cette croix est lié un poisson, et aux quatre coins sont plantés des gluaux bien englués ; l'oiseau, apercevant le poisson, fond dessus et se prend aux gluaux.

HO à HO. Cri par lequel un veneur appelle un camarade. C'est encore le cri par lequel, en entrant dans une enceinte pour la fouler, on appelle les chiens : on dit alors : *hô, valets ! hô à hô !*

HOBEREAU, *falco subbuteo*, Lath. Oiseau du genre du *faucon*. (*Pl. 8, fig. 7.*)

Description. Cet oiseau est beaucoup plus petit et moins courageux que le *faucon* ; il a 1 pied 2 pouces de longueur, y compris la queue de 5 pouces de long ; le bec crochu, bleu de 8 lignes de long ; la membrane du bec de couleur jaune ; l'iris brun ; les pieds de 2 pouces de haut, et jaunes ; le sommet de la tête noirâtre ; les joues blanches avec une tache noire; la nuque et les côtés du cou, d'un blanc jaunâtre ; le dos et les couvertures des ailes d'un bleu noirâtre ; la poitrine et le ventre d'un blanc rougeâtre avec des taches longitudinales brunes; les plumes des cuisses et le croupion d'un rouge orangé, les premières quelquefois marquées de lignes d'un brun foncé; la queue blanchâtre en dessous et traversée de blanc ; les deux plumes du milieu quelquefois couleur gorge de pigeon.

Habitation. Le hobereau est commun en France, en Allemagne, en Suède, dans les déserts de la Tartarie et en Sibérie. Il habite de préférence les lisières des forêts et les bois situés au milieu des champs ; il nous quitte en automne et revient de bonne heure au printemps.

Nourriture. Il se nourrit de petits oiseaux, de souris, etc. Il est grand destructeur d'alouettes et de cailles ; il les poursuit devant le fusil du chasseur, et les saisit avec adresse. Il attaque aussi les jeunes perdreaux.

Propagation. Il niche sur les grands arbres et dans les fentes des rochers. La femelle pond de 3 à 4 œufs blancs, tiquetés de rougeâtre, qu'elle couve pendant trois semaines.

Qualités. Son utilité se juge par sa nourriture ; il était employé comme oiseau de leurre pour chasser les petits oiseaux, les perdrix et les cailles. On le portait sur le poing, et sans chaperon. Son vol est facile, et quoique l'alouette s'élève beaucoup dans les airs, il peut voler encore plus haut qu'elle. Dans quelques unes de nos provinces, on donnait le nom de hobereaux aux gentilshommes qui chassaient plutôt pour le profit que pour le plaisir.

Voyez, pour la destruction de cet oiseau, les moyens indiqués à l'article des *Oiseaux de proie*.

HOCHE-PIED (Fauconnerie). (*Voyez Hausse-pied.*)

HOCHE-QUEUE. Nom vulgaire de la *lavandière*. (*Voyez ce mot.*)

HO, LO, LO, LO, LO, LOOOO! C'est un cri que le valet de limier emploie le matin, quand il est au bois, pour exciter son chien à aller devant, et à se rabattre des bêtes qui passeront.

HOU, HOU, APRÈS L'AMI ! Termes dont se sert le valet de limier pour exciter son chien quand il détourne les bêtes fauves.

HOUILLEAU, ou HOU-L'EAU. Lorsqu'on veut faire boire les chiens et qu'ils sont dans l'eau, on leur dit : *houilleau, chiens, houilleau!*

HOUPER. Se dit d'un chasseur qui appelle son compagnon pour l'avertir qu'il a trouvé une bête qu'on peut courre, et qui sort de sa quête pour entrer dans celle de ce compagnon. On crie alors *houpe ! houpe !*

HOURAILLER. C'est chasser avec des hourets.

HOURAILLIS. Meute de mauvais chiens de chasse.

HOURET. On appelle ainsi un mauvais chien de chasse, soit de sa nature, soit par vice de son éducation, et on dit : *Il n'avait pour chiens de chasse que trois ou quatre hourets galeux.*

HOURVA. Lorsque le limier se rabat et qu'on veut le faire revenir dans ses voies pour se rabattre du côté opposé, ce qu'on appelle au contre-pied, on lui dit : *hé, hourva !*

HOURVARI. On dit qu'un animal fait un *hour-*

vari lorsqu'il ruse pour tromper les chiens et retourne sur ses mêmes voies. Les veneurs crient alors *hourvari!* pour faire connaître aux chiens que la voie est doublée, et qu'ils doivent rechercher la bête sur les arrières.

HOUX. Arbrisseau qui croît dans les lieux incultes et ombragés, et dont l'écorce sert pour faire la glu propre à prendre les oiseaux à la pipée.

Au mois de juin ou de juillet, on pèle ces arbrisseaux; on jette la première écorce, et on fait bouillir la seconde dans l'eau de fontaine l'espace de sept ou huit heures, jusqu'à ce qu'elle soit attendrie: on en fait des masses que l'on met dans la terre et qu'on couvre de cailloux: on laisse fermenter et pourrir, pendant quinze jours ou trois semaines, cet amas d'écorces, jusqu'à ce qu'elles se changent en mucilage: on les retire, et on les pile dans un mortier jusqu'à ce qu'elles forment une pâte; on les lave ensuite dans l'eau courante et on les pétrit pour en enlever les ordures; on met cette pâte dans des vaisseaux de terre; pendant quatre ou cinq jours pour la purifier; on finit par la renfermer dans un autre vaisseau, et on la garde pour son usage. Si cette glu est bien faite, elle sera verdâtre, et n'aura point de mauvaise odeur. (Voyez *Glu*.)

HOUZURES. Crottes que le sanglier met sur les branches où il se frotte, et qui servent à faire connaître sa hauteur.

HUAGE. Différens cris que l'on fait à la chasse, suivant les occasions, pour faire aller les bêtes dans certains endroits.

HUAU. Ce sont les deux ailes d'une buse ou d'un milan, qu'on attache avec trois ou quatre grelots ou sonnettes de fauconnerie, au bout d'une baguette.

HUCHET. Petit cor qui sert à la chasse pour appeler les chiens et lévriers.

HUÉE. Ce sont les cris que font les chasseurs après que le sanglier est pris, et ceux par lesquels on cherche à faire fuir le loup dans une battue. (Voyez *Loup*.)

HUER. Signifie, en terme de fauconnerie, le cri du hibou.

HUERON. Nom que la huppe porte dans le Brabant. (Voyez *Huppe*.)

HUET, HUETTE ou HULOTTE. (Voyez *Hulotte*.)

HUETTE. C'est le petit duc. (Voyez *Duc*.)

HUIR. Cri du milan.

HUIT. Nom vulgaire du *pinson*. (Voyez ce mot.)

HUITRIER, *hamatopus*. Genre d'oiseaux de l'ordre des échassiers, qui renferme trois espèces, dont une habite l'Europe.

L'HUÎTRIER COMMUN, *hamatopus ostralegus*, Lath., est un oiseau de la grosseur de la corbine, et qui a environ 16 pouces de longueur. On l'appelle vulgairement *pie de mer*, à cause de son plumage noir et blanc, et d'après le bruit continuel qu'il fait, surtout lorsqu'il est en troupe. Il a le bec rouge, long, comprimé, terminé en forme de coin, et assez fort pour briser les coquilles et ouvrir les huîtres; les paupières rouges; l'iris d'un jaune doré; au-dessous de l'œil une petite tache blanche; la tête, le cou, les épaules noirs, ainsi que les pennes des ailes et une partie de celles de la queue vers l'extrémité; tout le reste du plumage blanc; un collier blanc sous la gorge et une grande bande transversale de même couleur sur les ailes; les pieds rouges et les ongles noirs. La femelle ne diffère du mâle qu'en ce que la teinte noire est moins foncée; mais il n'est pas aisé de les distinguer. L'huîtrier fait entendre un cri aigre et court, qu'il répète sans cesse en volant et en repos, et qu'il redouble à l'aspect de l'homme; aussi, les chasseurs craignent de le rencontrer, car c'est un signal d'alarme pour les autres oiseaux d'eau.

Habitation. L'huîtrier, répandu en Europe, est rare sur la plupart de nos côtes; cependant on en voit quelquefois des troupes nombreuses sur celles de la Picardie, et même il y niche; mais il est commun en Angleterre, et on le trouve dans les îles du Danemarck, dans l'Amérique septentrionale et dans la Nouvelle-Hollande. Il habite les rivages de la mer, les rochers et les plages nues.

Nourriture. Elle se compose de vers marins, d'huîtres et d'autres coquillages, et de crustacés, tels que crabes et étoiles de mer.

Propagation. Cet oiseau ne fait point de nid; il dépose ses œufs sur le sable nu, hors de la portée des eaux, sur les dunes et les endroits parsemés de débris de coquillage. La ponte est de quatre ou cinq œufs grisâtres et tachés de noir; l'incubation dure vingt ou vingt et un jours; la femelle ne les couve point assidûment; elle les quitte, pour l'ordinaire, à neuf ou dix heures du matin, et ne s'en rapproche que vers les trois heures du soir, à moins qu'il ne survienne de la pluie. Un duvet noir couvre les petits à la sortie de l'œuf, et dès le premier jour, ils se traînent sur le rivage, courent peu de temps après, et se cachent alors dans des touffes d'herbages.

Qualités. Les huîtriers font du tort aux pêcheurs: dès que la mer baisse, et avant que ceux-ci soient parvenus à leurs filets, ils se jettent sur les poissons plats qui y sont retenus, et leur ouvrent le ventre pour y chercher les coquillages qu'ils renferment. La chair de l'huîtrier est noire, dure, et a un goût de marée qui plaît à quelques personnes, mais qui répugne au plus grand nombre. Celle des jeunes est préférable. On voit de ces oiseaux dans les marchés de Paris, pendant les hivers très rigoureux.

Chasse. Ce n'est guère qu'au fusil que l'on chasse cet oiseau, dont l'approche est difficile; on ne peut même espérer d'en tuer qu'en se tenant à l'affût dans les rochers, et cette chasse n'offre jamais de bien grands avantages.

HULOTTE, *strix aluco*, Lath. Oiseau du genre de la chouette et de l'ordre des oiseaux de proie. (*Pl.* 9, *fig.* 3.)

Dénominations. En allemand, *nachteule*; en anglais, *howlet*; en Bourgogne, *choue*; en Champagne, *trembleur*; selon Belon, *hibou*, *chat-huant*, *dame*, et selon Daudin, *chouette*, *chat-huant*. On pourrait aussi l'appeler *chouette noire*. Les Grecs l'appelaient *nyctioorax* ou le *corbeau de nuit*.

Description. De toutes les chouettes de l'Europe, celle-ci est la plus grande; elle a 15 pouces de longueur, y compris la queue; la tête très grosse; la face et les yeux enfoncés; ceux-ci environnés de plumes grisâtres et décomposées; l'iris d'un brun oncé; le bec de 15 lignes de long et d'un blanc jaunâtre; le dessus du corps, le sommet de la tête, les couvertures des ailes d'un roux ferrugineux, avec des taches noires, blanchâtres, linéaires et transversales; des bandes rousses et brunes sur les pennes des ailes et de la queue; celle-ci, longue de près de 6 pouces, et les ailes pliées s'étendant au delà de son extrémité; les plumes blanches, qui couvrent les pieds, tachetées de points noirs; le mâle a l'iris bleuâtre; la femelle est plus grosse, et son plumage est d'une teinte plus pâle et plus terne; les couleurs du jeune sont encore moins prononcées, et blanchâtres vers l'abdomen et les cuisses.

Son cri est effrayant dans le silence de la nuit, surtout quand il gèle; il ressemble assez au hurlement d'un loup, et semble exprimer *hou, ou ou ou ou ou ou* : de cette ressemblance sont venus ses noms latin, français et allemand.

Habitation. La hulotte se trouve dans toute l'Europe et dans les contrées asiatiques. Elle habite les bois durant l'été, et se tient pendant le jour dans les arbres creux, les fentes des rochers; elle se tient aussi dans l'épaisseur des taillis ou sur les arbres touffus, et y reste sans changer de place. Pendant l'hiver, lorsqu'elle est privée de nourriture, elle s'approche des habitations et vient dans les granges pour y faire la guerre aux souris et aux rats.

Nourriture. La hulotte se nourrit de mulots, de campagnols, de souris, de rats; elle chasse aussi les jeunes levrauts et les petits oiseaux.

Propagation. Ainsi que le hibou ou le moyen duc, elle s'empare des nids étrangers, surtout de ceux des crécerelles, des corneilles et des pies, pour y déposer ses œufs, qui sont ordinairement au nombre de quatre, d'un gris sale, de forme arrondie, et à peu près aussi gros que ceux d'une petite poule.

Utilité. Cet oiseau rend de grands services à l'agriculture par la quantité de petits quadrupèdes nuisibles qu'elle détruit; les peuples kalmouks, qui connaissent l'utilité de cet oiseau, ont pour lui une grande vénération, et le laissent habiter leurs tentes.

HUPETUT. Nom que les Flamands ont donné à la huppe. (*Voyez* ce mot.)

HUPPE. Touffe de plumes plus longues que les autres, et qui surmontent la tête de plusieurs espèces d'oiseaux. La huppe est toujours mieux fournie et plus belle sur la tête du mâle que sur celle de la femelle.

HUPPE, *upupa*. Genre d'oiseaux de l'ordre des pies, qui renferme plusieurs espèces dont une fréquente l'Europe.

La HUPPE, *upupa epops*, Lath., est un oiseau de passage qui tire son nom de la huppe ou crête dont sa tête est ornée.

Description. Longueur, 13 pouces, y compris la queue de 4 pouces; le bec, long de près de 2 pouces, crochu et d'un bleu de corne; les pieds, de même couleur, et de 11 lignes de haut, l'iris noisette; une huppe sur la tête, de 2 pouces et demi de haut, en éventail, d'un jaune brun, terminée par du noir; la tête, la nuque, le cou, la poitrine et les couvertures inférieures des ailes, d'un gris rougeâtre; la partie supérieure du dos et les couvertures supérieures des ailes d'un gris rougeâtre, avec des raies transversales noires et jaunes; le bas-ventre et le croupion d'un blanc sale; la queue noire, traversée dans son milieu par une bande blanche, qui présente un croissant lorsque les pennes sont étendues. Lorsque cet oiseau, qui est très vif, est affecté, il redresse sa belle huppe, qu'il balance sur sa tête. La femelle est aussi pourvue d'une huppe; mais son plumage a, en général, des couleurs moins vives. La huppe a divers cris : celui qui semble exprimer *zi-zi* est un cri de ralliement; lorsqu'elle est perchée, elle prononce la syllabe *poun* d'une voix forte et grave, presque toujours trois fois de suite; quelquefois aussi elle pousse un cri rauque et désagréable; enfin celui du mâle, au printemps, paraît exprimer *bou, bou, bou.*

La dénomination de *putput*, que porte cet oiseau dans plusieurs contrées, lui a été donnée, suivant quelques auteurs, à cause de son cri, et, suivant d'autres, à cause de l'odeur infecte de son nid, qui se communique aux petits.

Habitation. La huppe arrive en Europe au printemps, se répand dans les contrées les plus septentrionales, et quitte cette partie du monde en automne pour aller passer l'hiver en Afrique. Elle est solitaire; rarement on voit plusieurs huppes ensemble. Cet oiseau se plaît, à terre, dans les endroits humides, dans les pâtis et les bois fourrés où vont paître les bestiaux, et où il trouve des insectes; il ne se pose guère sur les arbres que lorsqu'on le fait partir, et, quand il se perche, c'est à une moyenne hauteur.

Nourriture. La huppe se nourrit d'insectes de toute espèce, mais principalement de ceux qui vivent dans le fumier. Elle se nourrit aussi de baies et de substances végétales.

Propagation. Elle place son nid dans les arbres creux, les trous de murailles, et quelquefois à terre dans les racines. Il paraît que l'odeur qui s'exhale de ce nid ne provient pas des matières dont il est composé, et qui consistent en mousse et feuilles sèches; mais bien des débris de scarabées, de vers, de mouches dont ces oiseaux font provision. La ponte est de quatre à sept œufs, d'un gris cendré, un peu plus gros que ceux du merle, que la femelle couve pendant quinze jours.

Utilité. La huppe devient très grasse en automne; sa chair est, dit-on, très recherchée en Italie; on la mange aussi dans divers cantons de la France; mais, dans d'autres, elle est rejetée à cause de son goût désagréable. On assure que, pour retirer cette odeur, il suffit de couper la tête aux oiseaux lorsqu'on vient de les tuer. Mais si la huppe n'est pas, sous le rapport de sa chair, un oiseau utile, elle rend des services à l'agriculture, en diminuant le nombre des insectes nuisibles.

Chasse. Il est très difficile de prendre cet oiseau à quelque piége que ce soit; cependant on peut assez souvent l'approcher à portée de fusil, et le tuer de cette manière.

La HUPPE DE MONTAGNE. (Voyez *Coracias huppé.*)
HURE. C'est la tête du sanglier.
HURLEMENT. Cri plaintif et soutenu du loup et de plusieurs espèces de quadrupèdes, lorsqu'ils sont pressés par la faim ou l'amour. Celui du chien qui a perdu son maître a quelque chose de lugubre; on le regarde, dans plusieurs pays, comme un présage sinistre, et le signal de la mort de quelque personne voisine.

HURLER. Se dit d'un long cri que font entendre les loups et les chiens.

HURON. C'est, en Espagne, le nom du furet.

HUTTE. Petite loge faite à la hâte avec de la terre, du bois, de la paille, des branches, etc. On fait différentes sortes de huttes, pour surprendre le gibier et le tuer. Il y en a qui sont fixes, et d'autres qu'on peut transporter à volonté. De cette dernière espèce est la *hutte ambulante,* que nous décrivons au mot *Vache artificielle.*

Hutte pour tirer des oiseaux de proie et autres. On se sert, pour attirer à portée du fusil les oiseaux de proie, les corbeaux, les corneilles et les petits oiseaux, d'un grand duc vivant ou artificiel. On établit la hutte, soit près d'une forêt, sur un point un peu élevé dans les champs; soit sur une clairière, dans une forêt; soit près d'une faisanderie, et, dans tous les cas, non loin de l'habitation du chasseur. Cette hutte a ordinairement de 7 à 8 pieds en carré, et autant de hauteur; elle est enfoncée à la moitié de cette hauteur dans la terre, et construite en murs ou avec des pieux garnis de planches. Elle est recouverte avec des gazons, et de manière que l'ensemble de la hutte ressemble à une petite éminence de terre. Sur l'un des côtés, est une ouverture servant de porte, que l'on bouche aussi exactement que possible avec une bourrée, et, sous le toit, il y a des trous dirigés dans tous les sens pour tirer les oiseaux qui se présentent. Dans le milieu du toit est un petit trou, par lequel on passe la perche à laquelle le grand duc est attaché. Cette perche ou juchoir, de 4 pieds de longueur, est terminé par une palette ronde, garnie d'une peau de lièvre, ou par une croix, pour y attacher l'oiseau; elle est, en outre, pourvue, à 1 pied au dessus, d'une traverse de bois qui dépasse la hutte, de la longueur d'un pied, et qui y entre sur une longueur de 3 pieds, et au moyen de laquelle on met l'oiseau en mouvement lorsque les circonstances l'exigent. Au lieu de cette traverse en bois, on peut employer une corde que le chasseur tire à lui quand il veut remuer l'oiseau. Enfin il y a, à quinze ou vingt pas de la hutte, cinq à six perches de 20 à 30 pieds de haut, dont les branches sont disposées comme dans les pipées, pour que les oiseaux puissent s'y poser. La hutte ainsi préparée, il ne s'agit plus que d'y attendre les oiseaux, et de se servir du grand duc comme il est dit au mot *Oiseaux de proie.* (*Voyez* aussi *Corbeaux.*)

HYDROPHOBIE. Mot d'origine grecque, qui signifie horreur de l'eau. C'est un symptôme de la rage, et c'en est aussi le synonyme. (Voyez *Chien.*)

HYÈNE. Quadrupède de la famille des *chiens,* et de l'ordre des *carnassiers,* qui habite les déserts de la Syrie et de l'Afrique. Nous n'avons pas à nous en occuper ici, puisque nos descriptions sont restreintes aux animaux qui se trouvent dans nos climats; et nous n'en faisons mention que parce que cet animal est cité dans les *Dictionnaires des chasses de l'Encyclopédie,* comme étant celui qui a causé tant de désastres, en 1764 et 1765, dans le Gévaudan, sous le nom de *bête du Gévaudan.* Il paraît qu'on s'est trompé sur l'espèce de l'animal, car le nouveau *Dictionnaire d'histoire naturelle,* article *Loup,* attribue ces désastres à un loup d'une taille et d'une férocité extraordinaires.

INC

IL BAT L'EAU. Terme qu'on emploie pour avertir les chasseurs et les chiens, lorsque la bête qu'on poursuit entre dans l'eau. On dit : *Elle a battu l'eau, quand elle en sort.*

IL VA LA, CHIENS. Terme dont on se sert pour parler aux chiens, lorsqu'ils chassent à la discrétion et à la prudence du piqueur.

IL PERCE. C'est à dire l'animal va en avant.

INCUBATION. Ce mot désigne l'action de couver des œufs pour faire éclore les embryons qu'ils contiennent. Lorsque l'œuf n'a pas été fécondé, l'incubation le fait putréfier, au lieu de développer un animal.

INDUIRE. (Fauconnerie.) On dit : *Cet oiseau a induit sa gorge,* c'est à dire qu'il a digéré la viande qu'il a prise.

INTRODUIRE. (Fauconnerie.) On dit : *On a introduit ce faucon au vol,* pour dire : *On a commencé à le faire voler.*

IXE

IXEUTIQUE. Façon de chasser aux oiseaux en les prenant à la glu : c'est même l'art de les prendre aux gluaux.

JABOT, *ingluvies*. Sac ou poche qui est près du cou des oiseaux granivores surtout : c'est une dilatation de l'œsophage, où ils gardent pendant quelque temps la nourriture qu'ils ont avalée sans la mâcher. Les semences déposées dans cette cavité y sont ramollies et macérées par une humeur lymphatique, qui les rend plus propres à être broyées dans le gésier, et plus susceptibles d'être digérées. Aussi les oiseaux carnivores ou rapaces n'ont pas de jabot proprement dit, parce que leur nourriture n'a pas besoin de cette macération préliminaire. Le jabot sert encore aux oiseaux à garder quelque temps l'aliment qu'ils portent à leurs petits.

Le *jabot* des oiseaux de fauconnerie se nomme *mulette*. Il y a plusieurs analogies entre le jabot des oiseaux granivores et les poches de l'estomac des quadrupèdes ruminans, appelées la panse ou le bonnet ; elles imbibent aussi les alimens d'une humeur lymphatique. Les gallinacés sont, dans la classe des oiseaux, ce que les ruminans sont parmi les quadrupèdes.

JAMBÉ. On appelle ainsi, dans les bêtes fauves, telles que le cerf, le chevreuil, la distance qu'il y a d'un os à l'autre, ou, ce qui est la même chose, on nomme *jambe* les *os* ou *ergots* pris ensemble, tandis que les ergots pris séparément s'appellent les *os*. Quand il y a beaucoup de distance d'un os à l'autre, on dit que c'est une *jambe large*; et quand il y en a peu, on dit que c'est une *jambe serrée* ou *rétrécie*, et telles sont ordinairement celles des vieux cerfs et des cerfs dix cors. Pour les bêtes noires, la *jambe* est la partie qui s'étend depuis le talon jusqu'aux *gardes*. On dit : *Jambe ravalée*, quand les os sont fort rabaissés vers le talon.

JAPPEMENT. Cri des chiens. Les chiens *jappent* en sentant le gibier ; leur *jappement* le fait lever.

JACQUES. Nom populaire du *geai* dans quelques parties de la France.

JARDIN. (Fauconnerie.) Lieu où l'on expose les oiseaux de vol au soleil, pendant la matinée.

JARDINER. C'est, en terme de fauconnerie, exposer les oiseaux le matin au soleil, à l'air, à la verdure, ou dans un jardin.

Les autours doivent être *jardinés* sur la barre ou sur la perche ; aux laniers et aux sacres, il faut donner le *jardin* sur la pierre froide.

JARRET. C'est la partie du corps qui est derrière le genou, et qui lui est opposée. Quand les chiens chassent une bête mal menée, on dit qu'ils lui *mangent les jarrets*.

Les anciennes ordonnances voulaient que les chiens de berger eussent le *jarret* coupé. (Voyez Chien.)

Un jarret droit est, dans les chiens, un signe de vitesse.

JARS. Oie mâle, qui est plus grosse que la femelle.

JASINE. C'est ainsi que les Brabançons nomment le bruant.

JAUNAR. C'est, en Auvergne, le nom du *rouge-gorge*.

JAY. Le geai, en vieux français. *Jayon*, même chose.

JEAN-LE-BLANC, *falco gallicus*, Lath., oiseau de proie du genre *faucon*, qu'on appelle aussi *premier oiseau saint-martin*, *chevalier blanche-queue*, *faucon français* et *circaète*.

Description. Cet oiseau, par son port et l'ensemble de ses formes, tient en même temps de l'*aigle* et de la *buse*. Il a 2 pieds de longueur totale ; plus de 5 pieds de vol ; les pieds dénués de plumes ; les jambes assez hautes ; la queue de 10 pouces de long ; le dessus du corps d'un brun cendré, et le dessous d'un blanc varié de taches rousses ; des bandes transversales d'un brun roux sur la queue ; l'iris des yeux d'un beau jaune citron ; la membrane du bec d'un blanc sale ; les pieds jaunes. La femelle est presque toute grise, et n'a du blanc sale que sur le croupion.

Il bat des ailes en volant, et ne s'élève pas comme les autres oiseaux de proie ; mais il vole le plus souvent bas contre terre, et principalement le soir et le matin. Les habitans des campagnes, dit Belon, le connaissent à leur grand dommage, car il mange leur volaille plus hardiment que le *milan*. Il fait entendre une espèce de sifflement aigu.

Habitation. Le jean-le-blanc est assez commun en France, et paraît rare dans les autres contrées de l'Europe ; aussi Linnæus et Latham l'ont-ils distingué par la dénomination spécifique de faucon français, *falco gallicus*. M. Hartig n'en parle point dans son *Traité des chasses* ; ce qui fait penser qu'il n'existe point en Allemagne, ou que du moins il y est très rare.

On le voit le long des haies et sur les lisières des bois. Il se montre aussi dans les villages pour y manger les poules.

Nourriture. Outre les volailles qu'il peut attraper et le menu gibier, comme les jeunes lapins, les perdrix et les petits oiseaux, auxquels il fait une chasse active, il mange encore les mulots, les souris, les lézards, les grenouilles.

Propagation. Son nid se trouve tantôt sur des arbres élevés, tantôt près de terre, dans les terrains couverts de fougères, de genêts et de joncs. Sa ponte est ordinairement de trois œufs d'un gris d'ardoise.

Utilité. Le jean-le-blanc est utile par la destruction qu'il fait des mulots et souris ; mais il est redouté des cultivateurs, par le ravage qu'il cause dans les basses-cours. Les chasseurs le regardent comme un rival dangereux.

Chasse. Il est bien difficile de rencontrer cet oiseau; et on ne peut le tirer que lorsqu'il vient se jeter sur la volaille.

JET. (Fauconnerie.) C'est une entrave qu'on met au pied d'un oiseau.

JETER. Un cerf *jette* sa tête, quand son bois tombe ou qu'il mue; ce qui arrive en février ou mars.

En fauconnerie, on jette l'oiseau du poing, lorsqu'on le donne après la proie qui fuit; cela s'appelle *voler à la toise.*

On jette le faucon; on lâche l'autour.

On dit d'un cerf, qu'il jette des fumées.

JEU. (Autourserie.) Donner *jeu* aux autours; c'est les laisser plumer la proie.

JEUNEMENT. Un cerf dix cors jeunement est un cerf qui a pris depuis peu un cor de dix andouillers de chaque côté; il est à sa cinquième tête, c'est à dire à la sixième année de sa vie. (*Voyez* le mot *Cerf.*)

JOINTÉ. Un cerf est *haut jointé* ou *bas jointé,* selon la distance qui se trouve entre les os et le talon.

JOUETTE. Trou que le lapin fait en jouant, et qui n'a pas de profondeur comme le terrier.

JOUIR. Les chiens courans *jouissent,* lorsque après avoir chassé ils prennent l'animal et font curée. Pour avoir de bons chiens, il faut les faire *jouir* souvent. On fait *jouir* le limier, en lui faisant lancer des animaux.

JUGER. C'est reconnaître l'âge, le sexe, la taille et l'espèce de bête par le pied, les fumées et les autres connaissances. (*Voyez Cerf.*)

LAC — LAG

LACS ou LACET. C'est un fil disposé en nœud coulant dont un bout est attaché à quelque chose de solide, et l'autre bout tenu par le chasseur, qui le tire lorsqu'il veut serrer le nœud et y prendre le gibier contre lequel le piége est tendu. Beaucoup d'auteurs et en général toutes les ordonnances confondent les lacets et les collets, comme ne formant qu'un seul genre de piége. Il y a cependant une différence notable entre ces deux piéges. Le lacet n'est, à proprement parler, qu'un nœud coulant, qui exige la présence de l'oiseleur pour être serré, tandis que le collet a une boucle à son extrémité dans laquelle passe l'autre bout du fil, et qu'il est mis en mouvement par l'animal lui-même.

La *fig.* 6, *Pl.* 42, est celle d'un lacet *a a a,* dont l'extrémité *b* est attachée à une branche d'arbre ou à toute autre chose; l'autre bout doit être lié à une lignette ou à un fil qui se prolonge jusqu'auprès du chasseur, qui épie le moment favorable pour le tirer.

Les lacets se composent de deux crins tordus, pour les petits oiseaux, et de quatre également tordus, pour les oiseaux plus forts; on en fait aussi en fil de chanvre.

Ce piége se place ordinairement sur les bords d'un nid, de façon que l'oiseau, une fois qu'il y est entré, soit pour pondre, soit pour couver, et tenant sa tête dressée, puisse être pris par le cou, lorsqu'on tirera le lacet. Mais cette chasse, dans laquelle on prend plus de femelles que de mâles, et où l'on sacrifie la reproduction, ne doit être employée que contre les espèces nuisibles.

Pour les dispositions réglementaires, voyez *Chasse* et *Piéges.*

LACEUR. Synonyme de *mailleur;* ouvrier qui fait des filets.

LACHER. (Fauconnerie.) C'est ouvrir la main pour faire partir un oiseau de proie.

LADRE. On appelle ainsi les lièvres qui habitent les lieux marécageux.

LAGOPÈDE, *tetrao lagopus,* Lath. Oiseau du genre des *tétras,* et de l'ordre des *gallinacés.*

Dénominations. Cet oiseau a été décrit sous différens noms par les naturalistes, à cause des changemens très remarquables qu'il éprouve dans les couleurs de son plumage. Dans son habit d'été, on en a fait une espèce séparée, que l'on a cru reconnaître pour l'*attagas* ou *attagen* des anciens; avec son manteau d'hiver, il a été appelé *attagas blanc;* on l'a nommé aussi, suivant l'époque où on l'a vu, *attagen blanc, gélinotte blanche, gélinotte huppée;* Belon l'a désigné sous les dénominations de *francolin* et de *perdrix blanche.* M. Picot Lapeyrouse a fait disparaître le chaos qui résultait de la multiplicité et de la confusion des noms, et il a prouvé que l'oiseau appelé *attagas* par les anciens et les modernes, dont on avait fait une espèce distincte, est le même que le lagopède.

Quant à cette dernière dénomination, elle lui a été donnée parce qu'on a cru remarquer quelque ressemblance entre ses pieds et ceux du *lièvre,* en ce que la plante de ses pieds serait garnie de poils. Mais il est facile de reconnaître que ce *gallinacé* n'a point de poils aux pieds, et qu'ils sont recouverts, aussi bien que les jambes, de vraies plumes, d'une sorte de duvet long et épais. Voici la description de cet oiseau:

Description. Le lagopède est un peu plus gros que la bartavelle; son poids est d'environ 19 onces; sa longueur, prise du bout du bec à celui de sa queue, est d'environ 15 pouces, et son envergure de 2 pieds; il a le bec court et noir; la mandibule supérieure légèrement arquée; la base entourée d'une large membrane charnue, festonnée dans son contour, et d'un rouge très vif; les ongles crochus, creusés en dessous; un trait noir de chaque côté du bec, s'étendant au delà de l'œil ; ce trait manque aux femelles qui ont d'ailleurs la membrane charnue du bec d'un rouge moins vif, et les teintes du plumage plus lavées que celles du mâle.

En hiver, ce plumage est d'un blanc éclatant sur la tête, le cou, le corps et les ailes, à l'exception des six premières pennes qui sont noires; il y a deux rangs de pennes à la queue; le rang supérieur a, comme le reste, la blancheur de la neige; l'inférieur est noir, terminé de blanc. L'oiseau commence à blanchir au mois d'octobre ; et il est tout à fait blanc en décembre : on rencontre néanmoins, pendant l'hiver, quelques individus qui conservent des taches sur le corps et le cou; les chasseurs prétendent que ce sont des jeunes de l'année.

C'est au mois de mai que les lagopèdes reprennent leur habit d'été, moins uniforme que celui d'hiver; il n'y reste de blanc qu'aux pennes des ailes et au bout de quelques plumes ; le reste devient noir, avec de grandes taches rousses ; des raies alternativement noires et fauves traversent la poitrine et les couvertures inférieures de la queue; un duvet gris roussâtre couvre le devant des pieds et les doigts ; le derrière et le dessous des pieds sont nus et d'une teinte plombée.

Ces oiseaux courent très vite, mais leur vol n'est pas très léger. Le mâle fait souvent entendre pendant la nuit un cri semblable à celui de la grenouille rousse; le cri de la femelle est le même que celui de la jeune poule.

Dans la première année de leur âge, les lagopèdes sont d'un gris pointillé de noir et mêlé de beaucoup de blanc, surtout sous le corps, aux ailes et aux pieds.

Habitation. Le lagopède est commun sur les Alpes, les Pyrénées, les montagnes les plus froides de l'Angleterre, sur celles d'Ecosse, en Sibérie, etc. Partout ces oiseaux habitent les cimes des hautes montagnes, dans des lieux inaccessibles et chargés de neige : aussi les Allemands les appellent-ils *schneehühner*, poule de neige. Cependant, lorsque tous les végétaux sont couverts de neige, ils descendent dans les endroits où la végétation se maintient ; mais ils regagnent bientôt leur première demeure, ordinairement placée à l'abri du soleil et du vent.

Nourriture. Ils se nourrissent des boutons et des chatons des arbres, des fruits de plusieurs végétaux, tels que le rhododendron, l'airelle, la bousserolle, et de vers, d'insectes, etc.

Propagation. Ils s'apparient en avril et mai, et forment un creux circulaire au bas d'un rocher ou d'un arbuste, dans lequel la femelle dépose depuis six jusqu'à dix œufs d'un gris roussâtre, tachetés de noir, qu'elle couve pendant trois semaines. Les petits, comme tous ceux des oiseaux de ce genre, suivent leur mère aussitôt qu'ils sont nés, et ils atteignent tout leur accroissement la première année. Ils vivent en société avec le père et la mère pendant l'hiver.

Ennemis. Les renards, les chats sauvages, les martes, les putois, les belettes et tous les oiseaux de proie sont les ennemis des lagopèdes, et en détruisent beaucoup.

Qualités. On regarde ces oiseaux comme un gibier délicat ; la chair des jeunes est exquise.

Chasse. La chasse aux lagopèdes est périlleuse : c'est à travers les précipices et au risque de la vie que le chasseur les poursuit. On peut prendre les petits à l'aide d'un chien. Au Groënland, on leur fait la chasse avec des lacets soutenus par une ligne que deux hommes tiennent en marchant; quelquefois aussi on les tue à coups de pierres.

LA HAUT, LA BAS! Lorsqu'on est dans un fond, et que les chiens, en chassant, montent une côte ou un rocher, on dit, en leur parlant : *Il va là haut, ha, là haut!* et quand on est sur une montagne et que les chiens descendent, on dit : *Il va là bas, ha, là bas!*

LAIE. C'est la femelle du sanglier ; elle a les pinces moins grosses que celles du mâle, mais les allures plus longues et plus assurées.

Dans le temps du rut, on remarque que les allures de ces deux animaux sont les mêmes pour la longueur, mais que celles du sanglier ont la face plus ronde.

On distingue la laie par les âges différens ; elle est jeune, ou grande, ou vieille. Elle met bas au commencement du printemps, et ses petits s'appellent *marcassins*. Il est rare que des chasseurs prudens poursuivent une laie : on la ménage à cause de ses petits. (Voyez *Sanglier*.)

LAISSE, que quelques personnes écrivent *lesse*, paraît provenir du latin *laxare*, laisser, lâcher. C'est une corde de crin, longue d'environ trois brasses, qui sert aux chasseurs pour accoupler les lévriers et autres chiens. On tient les chiens en laisse jusqu'à ce qu'on ait découvert le gibier sur lequel on les lâche.

Une *laisse de lévriers* se dit ordinairement de deux lévriers, soit qu'on les mène en laisse ou non.

LAISSÉES. On appelle ainsi, en vénerie, la fiente du loup, du sanglier et des autres bêtes noires et mordantes.

LAISSER ALLER. On dit d'un limier qu'il laisse aller les voies, lorsqu'il passe dessus sans s'en rabattre. On dit de même des chiens courans qui, en enveloppant un défaut, passent sur la voie sans la marquer.

LAISSER-COURRE. Cette expression, en vénerie, signifie découpler les chiens, afin qu'ils courent après la bête, c'est à dire faire attaquer la bête qui a été détournée ; c'est aussi le lieu où l'on découple les chiens, le terrain où a lieu l'attaque, et dans ce sens, on dit : *aller au laisser courre*. Un beau *laisser-courre* est un beau pays de chasse.

LAISSER SUIVRE. C'est donner au limier quelques longueurs de trait, soit pour s'assurer du rembuchement, soit pour lancer la bête.

LAITÉE. Portée de la femelle d'un chien de chasse. Il est vieux.

LAMBEAUX. Débris de la peau velue qui enveloppe la tête du cerf, et qui restent quelquefois suspendus le long des perches, ou qui sont tombés au pied du frayoir.

LANCÉ. C'est le lieu où la bête a été lancée par les chiens ; on dit : *la bête revient au lancé*. C'est aussi la chasse que les chiens courans donnent à la bête qu'ils ont fait partir. On dit, dans ce dernier sens : *Voilà un beau lancé ; ce lancé a été de longue durée ; le lancé du lévrier*.

LANCER. C'est faire sortir une bête de son fort ou de la reposée, et la faire partir pour donner à courre aux chiens.

On dit *lancer* le loup du liteau, le lièvre du gîte, et les bêtes noires de la bauge.

LANERET ou **LANNERET.** Nom que les anciens fauconniers donnaient au mâle dans l'espèce du *lanier*. (*Voyez* ce mot.)

LANGUARD ou **TIRE-LANGUE.** Noms vulgaires du torcol, en Provence.

LANIER, *falco lanarius*, Lath. Oiseau de proie du genre du faucon (*Pl.* 8, *fig.* 1re).

Description. Longueur, 1 pied 8 pouces, y compris la queue de 8 pouces et demi ; le bec de 9 lignes de long, de couleur bleue, avec une membrane d'un bleu verdâtre ; l'iris jaune ; les pieds forts, de 1 pouce et demi de haut, et bleus ; le dessus du corps brun avec des ondes plus claires ; une ligne d'un blanc sale ceignant la tête au dessus des yeux ; le dessous du corps blanc, avec des taches noires sur la longueur de l'oiseau ; la queue brune, rayée de brun en dessous et tachetée de blanc. La femelle a les taches des pennes plus blanchâtres. On la dit plus grosse que le mâle, qu'on nomme *laneret*.

Habitation. Le lanier se plaît sur les hautes montagnes ; il était commun en France, mais il en a disparu, ainsi que des pays voisins, pour se retirer dans des contrées plus septentrionales. Il se présente encore, néanmoins, comme oiseau de passage, en Angleterre et en Allemagne.

Nourriture. Il se nourrit principalement des oiseaux qu'il peut attraper.

Propagation. Il établit son aire sur les plus hauts arbres des forêts, ou dans les trous des rochers les plus élevés. On ne connaît point le nombre d'œufs que la femelle y dépose.

Qualités. Cet oiseau était autrefois recherché dans la fauconnerie, parce qu'on rencontrait en lui un naturel plus doux et une plus grande docilité que dans les autres oiseaux de proie. On choisissait le lanier à grosse tête. On l'employait tant pour le vol du gibier de plaine que pour celui des oiseaux aquatiques, mais principalement pour la perdrix et le lièvre.

LAPER. *Boire en tirant l'eau avec la langue. Il ne se dit proprement que du chien. *Les chiens lapent*.

LAPEREAU. Jeune lapin de trois ou quatre mois ou au dessous.

LAPIN, *lepus cuniculus*, Linn. ; en vieux français *connin* et *connil*. Quadrupède de l'ordre des rongeurs et de la famille des lièvres, qui appartient à la petite chasse.

Il a, dans la conformation du corps, autant de rapport avec le lièvre que l'âne en a avec le cheval ; cependant ces deux animaux ont l'un pour l'autre une antipathie singulière ; et, si l'on enferme ensemble des individus de chaque espèce, ils se font une guerre à mort.

Description. Le lapin de garenne (*Pl.* 6, *fig.* 13) n'a que la moitié de la grosseur du lièvre, et ne pèse ordinairement que quatre à cinq livres. Son pelage est gris (quelques individus cependant sont tout noirs) ; il est plus court et plus soyeux que celui du lièvre ; il a aussi les jambes postérieures un peu plus courtes, raison pour laquelle il ne peut soutenir la rapidité de sa course aussi long-temps. Il court très vite environ deux cents pas ; mais il se fatigue bientôt, et un chien d'arrêt peut facilement l'attraper en plaine. Aussi ces petits animaux ne s'écartent-ils jamais fort loin de leurs terriers ou des fourrés qui leur servent de retraite, et les mettent à l'abri des chiens, des loups, des renards et des oiseaux de proie. Aussi timides que les lièvres, ils sont sans cesse aux aguets, le moindre bruit les épouvante ; et, si l'on veut les tuer, il faut les surprendre avec beaucoup de précaution. Ils font entendre, dans la détresse ou lorsqu'ils éprouvent de la douleur, un sifflement aigu, et, lors de l'accouplement, un léger murmure.

Habitation. Les lapins sauvages se sont répandus des parties méridionales de l'Europe dans les régions septentrionales ; mais ils ne résistent pas, dans l'état de liberté, au climat des pays froids. Ils se tiennent volontiers dans les lieux sablonneux, coupés par des bois, des prairies et des terres. Ils creusent, comme les renards, des terriers où ils demeurent la plus grande partie du jour. Ce n'est que par un beau temps qu'ils en sortent pendant le jour ; mais ils ont encore la précaution de se tenir toujours à la proximité de leurs demeures, où ils se retirent au besoin. Le soir, ils vont au gagnage dans les taillis, les prés et les champs voisins.

Nourriture. Ils se nourrissent comme les lièvres, c'est à dire de grains, de fruits, de légumes, d'herbes, de glands, etc. Dans l'hiver, ils mangent de préférence le jeune blé, l'orge, le trèfle, les boutons et l'écorce des jeunes poiriers, pommiers, acacias, frènes, prunelliers, genêts et genévriers. C'est vers l'automne qu'ils ont le plus d'embonpoint.

Propagation. La multiplication des lapins est prodigieuse ; ils se propagent avec une telle rapidité, dans les lieux qui leur conviennent, qu'il est souvent fort difficile de les détruire. Pline et Varron rapportent qu'une ville entière de l'Espagne fut détruite par le nombre incroyable de lapins qui s'étaient logés sous ses fondemens ; et Strabon raconte que les habitans des îles Baléares, désespérant de pouvoir s'opposer à la propagation extraordinaire des lapins, prête à rendre leur pays inhabitable, envoyèrent à Rome des ambassadeurs, pour implorer des secours contre ce nouveau genre d'ennemis. Un voyageur anglais assure qu'une paire de lapins, ayant été transportée dans une île, il s'en trouva six mille au bout de l'année. Quoiqu'il y ait une exagération évidente dans ces récits, toujours est-il certain que la multiplication de ces animaux est vraiment étonnante.

Ils sont en chaleur depuis le mois de février jusqu'en automne. Dans l'accouplement, la femelle se couche sur le ventre, les quatre pattes allongées, en jetant de petits cris, et le mâle, pendant l'acte, la mord un peu sur le cou. La durée de la gestation est de trente jours, et la portée ordinairement de quatre à huit petits, rarement plus ni moins; la femelle est, bientôt après, en état de recevoir le mâle; de sorte que, toutes les cinq ou six semaines, elle met bas, jusqu'au mois d'octobre. Ses petits demeurent ordinairement trois semaines ou un mois dans le terrier, où ils sont nourris du lait de la mère; ils en sortent alors tous les soirs pour brouter l'herbe qui leur convient. Ils sont en état d'engendrer à leur tour dès l'âge de cinq à six mois; et, comme le lapin vit environ huit ou neuf ans, et que, pendant toute la durée de sa vie, il trouve dans son terrier une retraite contre la plupart des bêtes carnassières, on ne doit pas s'étonner de la grande multiplication de cet animal.

Ennemis et maladies. Les lapins ont les mêmes ennemis et les mêmes maladies que les lièvres. (*Voyez* ce mot.) Mais les ennemis les plus dangereux pour eux sont le furet, le putois, la belette et la fouine, parce que ces petits quadrupèdes les suivent dans les terriers, et savent les y trouver. Les renards et les chats sauvages s'introduisent bien aussi dans les principales galeries; mais ils ne peuvent pénétrer dans les galeries plus étroites; ce qui les force à borner leur rapine en plain champ.

Pieds ou trace. Les empreintes des pieds du lapin sur la terre sont les mêmes que celles d'un lièvre parvenu à la moitié de sa grosseur. (*Voyez* au surplus la *Pl.* 6, *fig.* 14.)

Qualités utiles et nuisibles. Les lapins prennent plus d'embonpoint que les lièvres; mais leur chair, qui est blanche, n'a pas le même fumet; celle des jeunes lapereaux est cependant délicate; mais celle des vieux est toujours sèche, dure et difficile à digérer; il lui faut un assaisonnement pour la rendre agréable. Les lapins sont en général beaucoup meilleurs en hiver qu'en été, et aucun gibier ne contracte au même degré le goût des alimens dont il se nourrit. On distingue très bien les lapins nourris dans les lieux secs, et semés de plantes odoriférantes, de ceux qui ont vécu dans les endroits moins favorables. Leur poil est employé aux mêmes usages que celui de lièvre. Voyez, au mot *Garenne*, ce que nous avons dit de l'importance du commerce des peaux de lapins. Mais ces animaux, lorsqu'ils sont en trop grand nombre, deviennent un fléau pour l'économie rurale et forestière. C'est dans des garennes closes qu'on doit les multiplier, ainsi que nous l'avons dit sous le mot **Garenne.**

Chasse du lapin de garenne.

Il y a plusieurs manières de chasser le lapin; mais, avant de les décrire, il convient de faire quelques remarques sur les habitudes de cet animal : il ne va guère que par bonds et par sauts; si un lapin change de terrain, il est ordinairement suivi par les autres; il ferme quelquefois, dit-on, l'entrée de son terrier avec du sable, dans la crainte d'être surpris; il le quitte souvent pendant le jour, surtout lorsque le temps est beau, et se tient dans les fourrés qui se trouvent à la proximité de sa demeure; c'est donc par un beau temps qu'il faut le chasser, soit avec des bassets, soit avec un chien d'arrêt. Le lapin court avec une rapidité étonnante, quand il n'a qu'une course de deux ou trois cents pas à faire; mais il se fatigue aisément. Lorsqu'il est poursuivi rapidement, il fuit vers son terrier, où il est en sûreté contre les attaques des chiens; mais lorsqu'il est chassé par des bassets, il se rase à chaque instant dans les fourrés, d'où l'on a souvent beaucoup de peine à le faire partir. Il tient si bien au gîte, que très fréquemment on le prend avec le pied, ou on le tue avec un bâton.

Chasse du lapin au fusil avec des bassets.

Lorsqu'une garenne est peuplée de lapins, on bouche, pendant la nuit et en silence, tous les terriers qu'on rencontre. Ensuite on lâche un ou plusieurs bassets à jambes torses, qui quêtent et font partir l'animal. La voix des chiens indique la direction que prend le lapin, ce qui met le chasseur à même de reconnaître vers quel terrier ou quelle clairière il doit l'attendre pour le tirer. Il faut avoir l'attention de faire le moins de bruit possible, et de ne courir, pour prendre les devants, que lorsque les chiens donnent de la voix, parce qu'alors les lapins sont occupés à les écouter et à fuir devant eux. Cette chasse, lorsque les terriers ne sont pas tous bouchés, comme cela arrive le plus souvent dans les bois ou les garennes d'une certaine étendue, présente cet inconvénient que, si le lapin blessé peut regagner son terrier, il y meurt et l'infecte, ce qui en éloigne les lapins qui le fréquentaient et les oblige à adopter ou à creuser un autre terrier. Du reste, cette chasse est très agréable, et convient à tous les âges, parce qu'elle ne cause aucune fatigue.

On peut aussi chasser le lapin devant soi, avec un chien d'arrêt; mais, comme il se tient toujours dans le fourré, il est difficile de s'apercevoir lorsqu'il part; il faut alors le tirer *au juger*, c'est à dire jeter son coup vers les *coulées*, qu'il est aisé de remarquer dans l'herbe où elles ont été tracées par les allées et venues des lapins.

Chasse à l'affût. L'affût est un lieu caché, où le chasseur armé attend son gibier au passage. Cette chasse, qui se fait ordinairement le matin à l'heure de la rentrée des lapins, et le soir à l'heure de leur sortie, exige un silence rigoureux et de la patience. On se cache ordinairement dans un fossé ou derrière un buisson, le vent au nez, afin de n'être point éventé et de manière à ne pas être aperçu quand le lapin se présentera. Mais, ce qui vaut encore mieux, le lapin ne regardant jamais en l'air, c'est de disposer des arbres peu élevés à la proximité des gagnages ou des terriers : on y monte et on s'y établit à son aise, en ayant soin de mettre un morceau de papier blanc sur le point de mire de son arme, afin de pouvoir ajuster dans l'obscurité, car il arrive souvent que les lapins, qui ordinairement sortent de leur terrier au soleil couchant, n'en sortent qu'à la nuit close, s'ils ont été effrayés. Cette chasse réussit surtout dans la belle saison et dans le temps des lapereaux.

Chasse au furet avec des bourses. Le furet est un petit quadrupède, plus grand que la belette, et l'ennemi déclaré du lapin. (*Voyez* Furet.) On transporte cet animal au lieu de la chasse, dans un sac de toile, lié par en haut avec une ficelle, auquel on pratique un trou de la grandeur d'un sou pour qu'il puisse respirer facilement, et au fond duquel on met de la paille pour le coucher. On aura eu soin de lui donner à manger avant de partir, mais en petite quantité. Lorsqu'on est arrivé sur le terrier qu'on veut fureter, on commence par tendre des bourses à chaque gueule; car, si l'on en oubliait une, il pourrait arriver que ce serait celle par où sortirait le lapin; si l'on n'avait pas autant de bourses qu'il y a de gueules, on pourrait boucher celles qui paraissent les moins battues et les moins fréquentées, avec des pierres ou de la terre. Les bourses doivent être bien tendues, en débordant les trous, sans que rien les arrête et les empêche de se fermer; elles doivent être attachées, par la ficelle qui leur sert de cordon, à une racine ou à une branche, ou bien à un petit piquet que l'on fiche en terre.

Lorsque les bourses sont ainsi bien tendues, on met le furet dans le terrier par une des gueules, la plus fréquentée, et l'on raffermit la bourse qui a été un peu dérangée. Il faut que cette manœuvre soit faite sans bruit, car si le lapin vous entendait, il ne voudrait pas sortir du terrier, et s'y laisserait plutôt étrangler. Le furet n'est pas plutôt introduit dans le terrier, qu'il cherche les lapins; et dès que ceux-ci en ont connaissance, ils veulent fuir avec précipitation, et donnent dans la bourse qui se ferme, et où ils sont pris; on ôte aussitôt la bourse et le lapin, pour retendre une autre bourse à la même gueule, car il est rare qu'il n'y ait qu'un seul lapin dans un terrier. Si le furet revient pour sortir, on lui souffle ou on lui crache au nez, ou bien encore on lui jette du sable pour le faire rentrer; mais s'il revient souvent et qu'on imagine qu'il n'y ait plus rien dans le terrier, on détend et l'on va faire la même opération à un autre terrier.

Quand il existe beaucoup de lapins dans un canton, il ne faut pas s'inquiéter s'il arrive une fois qu'on n'en prenne point dans un terrier dont l'entrée sera cependant fréquentée. Mais quand ces animaux ne sont point en grand nombre, on est exposé quelquefois à perdre son temps et sa peine en furetant plusieurs terriers. Pour éviter cet inconvénient, on conduit avec soi un chien couchant, qui, si cette chasse se fait souvent, s'habitue bien vite à faire connaître au chasseur la présence des lapins dans les terriers, soit en grattant dans les trous qui y conduisent, soit en arrêtant sur une des gueules, ce qui s'appelle *marquer au terrier*. M. Hartig dit avoir vu, et nous avons vu nous-même, de ces chiens qui ne s'y trompaient jamais.

Quand il arrive qu'un furet demeure plus longtemps que de coutume dans un terrier, c'est ordinairement parce qu'il aura pris un lapin, en aura sucé le sang et se sera endormi, rassasié. Dans ce cas, qui est assez désagréable, et qui se présente très souvent dans le temps des lapereaux, il n'y a souvent d'autre moyen que d'attendre qu'il ait terminé son somme et qu'il revienne. Mais s'il se fait trop attendre, on peut essayer de le faire sortir, en l'éveillant par un coup de fusil chargé à poudre et tiré dans le trou, de manière que la lumière et le bruit viennent le frapper. Ce moyen réussit quelquefois ; on en emploie aussi d'autres qui produisent parfois un bon effet et qui consistent à crier fortement dans les trous du terrier, ou à frapper dessus, soit avec des bâtons, soit avec le pied, ou enfin à brûler quelques chiffons à l'entrée du terrier. Mais toutes ces tentatives sont souvent infructueuses; dans ce cas, il faut laisser un garde près du terrier, pour y rester jusqu'à ce que le furet veuille en sortir; et si cela dure trop longtemps, il faut abandonner le poste; car il y a des exemples que des furets ne sont sortis qu'après huit jours, quand ils avaient trouvé des jeunes lapereaux incapables de courir, et en nombre suffisant pour leur fournir de la nourriture pendant tout ce temps. Cependant ces exemples sont rares, parce que ce sommeil de digestion ne dure que quelques heures, ou tout au plus une demi-journée ; ce qui, comme l'observe M. Hartig, est encore beaucoup trop long pour un chasseur impatient.

On conseille, pour éviter ces inconvéniens, de museler le furet, ou de lui casser les crocs au niveau des gencives. Le premier moyen peut, il est vrai, l'empêcher de sucer le sang des lapins et de s'endormir ensuite; mais s'il rencontre de jeunes lapereaux, il est probable qu'il s'y arrêtera long-temps, malgré sa muselière. Quant au second moyen, si, d'un côté, il met le furet dans l'impossibilité d'étrangler les lapins, d'un autre côté, il le prive d'une arme puissante pour les forcer à s'enfuir, lorsque ses griffes ne suffisent pas pour les y contraindre.

Lorsque les terriers que l'on furette se trouvent dans le fourré, il faut avoir soin de mettre un grelot au cou du furet, si l'on ne veut pas s'exposer à le perdre.

On chasse avec le furet depuis environ trois heures après le lever du soleil jusqu'à deux ou trois heures avant son coucher, parce qu'alors les lapins sont au terrier; mais, si l'on veut chasser à d'autres heures, on lâche quelques bassets qui les mettent sur pied et les forcent à se terrer.

Chasse au furet sans bourses. On chasse aussi le lapin, en se plaçant sur les terriers dans lesquels on introduit un ou plusieurs furets, en laissant les gueules ouvertes; on le tire à la sortie du trou. C'est un tiré vif, fort amusant, et qui convient aux chasseurs de tout âge, surtout à ceux qui ne peuvent supporter un exercice fatigant. Cette manière de chasser s'appelle *fureter à blanc*.

Chasse au panneau. On se sert généralement aujourd'hui de panneaux simples, de préférence aux panneaux contre-maillés, dont le service était incommode. Ceux qu'on emploie pour les lapins doivent avoir 4 pieds de hauteur. Quant à leur longueur, elle est arbitraire; les uns ont jusqu'à 300 pieds; d'autres n'ont que de 25 à 30 pieds.

Mais les panneaux très longs sont difficiles à manier; il vaut mieux avoir plusieurs pièces, qui, placées les unes au bout des autres, font le même effet.

On les fait en fil fort, retors et en trois brins. On donne aux mailles 1 pouce et demi de largeur, et on commence la levure de façon que le filet ait 4 pieds de largeur; la levure faite, on continue à mailler le filet sans décroître ni augmenter, afin qu'il soit partout d'une dimension égale. On a soin de lui donner un tiers de longueur de plus que l'espace sur lequel il doit être employé, parce que, étant tendu, il perd de sa longueur, et ensuite parce qu'il est essentiel qu'il fasse la poche pour mieux embarrasser les lapins.

On passe dans la lisière supérieure, et dans celle inférieure, un cordeau bien câblé et gros comme le petit doigt. Ces deux cordeaux, que l'on nomme *maîtres*, doivent avoir 6 pieds de plus en longueur que le panneau tendu, afin de servir à l'attacher.

Voici, d'après le *Traité des chasses aux piéges*, la manière de faire usage de ce filet.

On peut l'employer toute l'année contre les lapins; mais l'automne et l'hiver sont les saisons les plus convenables; les lapins se trouvent alors plus souvent hors des terriers.

On se rend au bois avec le nombre de pièces de panneaux présumées nécessaires, et une quantité suffisante de baguettes de 9 à 10 lignes de diamètre, longues de 3 pieds et demi, et ayant un de leurs bouts taillé en pointe. On déploie les panneaux sur le terrain, dans la direction qu'on veut leur donner, et on fixe à deux arbres, ou à des pieux, les extrémités des maîtres qui bordent le bas et le haut du panneau, et qui le dépassent à chaque bout. On a soin de ne pas tendre trop raide, et d'attacher le maître inférieur rez terre. Cela fait, on plante, le long du panneau, et à 15 ou 18 pieds de distance, les baguettes dont nous avons parlé, qu'on appelle *fiches*; et on relève dessus le maître supérieur du panneau, qui doit y poser assez légèrement pour tomber au moindre choc. Tantôt on dispose les panneaux sur une ligne droite, tantôt on leur fait former un demi-cercle; d'autres fois, enfin, on les replie en ailes comme les côtés d'un carré. La manière de les tendre dépend des accidens du terrain; tout ce qu'il importe d'observer, c'est que les fiches soient plantées et inclinées du côté par lequel doivent venir les lapins, et que ces animaux aient le vent dans le nez en courant dessus.

Quand les panneaux sont tendus, quelques chasseurs se tapissent derrière, à une certaine distance les uns des autres, et se tiennent immobiles. Les autres se partagent en deux bandes qui, placées chacune à une des ailes de la ligne des panneaux, marchent en avant en décrivant un cercle, et vont se réunir à une certaine distance. Alors, faisant demi-tour, ils reviennent vers les filets en battant soigneusement le terrain et frappant sur les buissons; mais ce qui vaut mieux encore, c'est d'avoir des chiens *choupilles* qui mettent le lapin sur pied et le poussent vivement. Lorsqu'un lapin donne dans le piège, le chasseur tapi derrière, et qui se trouve le plus à portée, se hâte de s'en emparer, afin qu'en se débattant, il ne détende pas le filet. Lorsque le gibier est abondant, il vaut mieux assommer les lapins dans le panneau que de les en débarrasser. On se sert, pour cela, d'un bâton à crosse. C'est surtout quand les traqueurs approchent qu'il faut être prompt à assommer le gibier, et à retendre, car c'est le moment où les lapins donnent en foule dans le piège.

L'heure la plus favorable pour cette chasse est le matin, avant le lever du soleil; cependant, on peut la faire durant toute la journée: c'est ainsi que cela se pratiquait dans les chasses du roi, lorsque des destructions de lapins étaient ordonnées.

Quand on veut tendre les panneaux dans l'été, il faut les placer autour de l'endroit où se trouvent les terriers, et boucher pendant la nuit toutes les gueules que l'on n'a pas pu enclore. On bat ensuite le terrain aux environs, en prenant le plus grand tour possible, et on pousse les lapins vers les panneaux. Ces animaux, en cherchant à regagner leur terrier, se précipitent en foule dans les filets. On peut, à cette chasse, se servir de quelques bassets bien dressés.

On se sert aussi de panneaux plus petits et qui n'exigent le service que d'un homme ou deux (voyez la *Pl.* 23, *fig.* 12). On peut tendre ces petits panneaux de la même manière que les grands; cependant, comme le maître supérieur doit être posé encore plus légèrement sur les petites fiches destinées à le soutenir, il arrive que, par un vent fort, le panneau se détend de lui-même. On peut, dans ce cas, se servir d'un panneau contre-maillé (*Pl.* 23, *fig.* 11), dans lequel le gibier s'embarrasse très bien, et que l'on peut tendre, quand même il fait du vent, parce qu'il n'est pas nécessaire qu'il tombe aussi facilement. Il y a néanmoins un moyen de tendre un panneau simple que le vent ne dérange pas. Pour cela, on attache, à environ 2 pieds de terre, et à des arbres ou à des pieux plantés exprès (*Pl.* 23, *fig.* 13), les deux bouts des maîtres supérieur et inférieur, auxquels on laisse une longueur de 10 à 12 pieds de plus que celle du panneau. Les mailles doivent couler sur les maîtres comme des anneaux de rideaux sur une tringle. Lorsque les maîtres sont fixés, on étend dessus les deux lisières du filet; on place ensuite à chaque extrémité du panneau, un bâton d'une longueur égale à sa largeur. Chacun de ces bâtons a ses deux bouts qui portent sur les deux maîtres, et maintiennent le filet ouvert dans toute sa largeur. On conçoit que, pour disposer ainsi le panneau, il ne faut pas que les deux maîtres soient trop tendus, parce que non seulement il serait difficile de les séparer, mais, supposant qu'on y parvienne, parce qu'ils serreraient les bâtons trop fortement, et les empêcheraient de se dégager au moindre choc.

De quelque manière qu'on ait disposé le panneau, il faut, après qu'il est tendu, se retirer à l'écart et se cacher dans un endroit d'où l'on puisse voir ce qui se passe. Lorsque le gibier suit le chemin sur lequel on a tendu, il faut attendre qu'il ait dépassé de quelques pas le lieu où l'on s'est tapi; sortant alors de sa retraite, on vient par derrière, et on le décide à se précipiter dans le panneau en l'effrayant, soit en frappant des mains, soit en lui jetant quelques mottes de terre.

Chasse avec des filets à poche. Nous avons décrit,

au mot *Poche*, la manière de fabriquer ce filet. Quand on veut s'en servir pour prendre les lapins, on en place un à chaque gueule de terrier, et l'on profite pour cela du moment où les lapins sont dehors; c'est à dire qu'on doit le faire la nuit. On se tapit aux environs des terriers, et l'on attend que les lapins viennent se prendre au piége, en voulant y rentrer. On peut aussi, et cela est plus prompt, faire, dès l'aube du jour, battre les environs par des traqueurs, ce qui force les lapins à revenir plus vite. On peut encore employer, à cette chasse, des bassets pour rabattre les lapins sur des terriers.

Chasse avec les collets. Les collets sont faits en fil de fer ou de laiton. (Voyez *Collet.*) On se sert de ceux qui sont en laiton pour les lapins. On les place presque toujours à l'embouchure des terriers; on en met à toutes les gueules, et on les cache, autant que possible, avec des feuilles sèches ou avec les herbes qui croissent sur le terrier. On les fixe au moyen d'un petit piquet qu'on enfonce en terre. Il est utile d'en placer à toutes les coulées qui avoisinent les terriers et les gagnages.

On tend encore des collets aux trouées des haies qui entourent les jardins potagers, et où les lapins vont manger les légumes.

Enfin, on peut employer contre les lapins le *rejet corde à pied* (*voyez* ces mots), en supprimant la marchette. Dans ce cas, on peut se servir d'un collet de crin, parce que le rejet, en levant le collet, étrangle l'animal qui ne peut pas couper le piége avec ses dents.

Manière d'enfumer les lapins. On ferme, avec des poches, toutes les gueules d'un terrier, à l'exception d'une seule. Ensuite, on introduit par la bouche restée vide, et que l'on choisit sous le vent, un morceau de drap soufré. On y met le feu; le vent fait pénétrer dans l'intérieur la fumée, qui chasse le lapin. On peut faire cette chasse aux mêmes heures que celle avec le furet.

Chasse du lapin à l'écrevisse. Cette chasse ne convient qu'aux personnes qui ne veulent employer ni furets ni armes à feu. On tend des poches à une extrémité d'un terrier, et à l'autre on glisse une écrevisse; cet animal arrive peu à peu au fond de la retraite du lapin, le pique et s'y attache avec tant de force, que le quadrupède est obligé de fuir, emportant avec lui son ennemi, et vient se faire prendre dans le filet qu'on lui a tendu à l'ouverture du terrier. Cette chasse demande beaucoup de patience, les opérations de l'écrevisse étant fort lentes; mais on dit qu'elle est quelquefois plus sûre que celle du furet. Nous doutons de l'efficacité de ce moyen; car comment admettre que la piqûre d'une écrevisse produise plus d'effet que les griffes du furet? Et cependant, tous les chasseurs savent que souvent un furet gratte un lapin pendant long-temps, le met en sang et revient avec les griffes remplies de poil, sans avoir pu le faire sortir du terrier.

Chasse à l'appeau. Cette chasse singulière se trouve décrite par Espinar; elle se fait en Espagne avec un appeau, au son duquel accourent de toutes parts, même du fond de leurs terriers, lapins et lapereaux, mâles et femelles pleines ou ayant des petits. Cet appeau peut se faire de plusieurs manières, soit avec un petit tuyau de paille, en forme de sifflet, soit avec une feuille de chiendent, de chêne vert, ou une pellicule d'ail, qui se posent entre les lèvres, et, en soufflant, produisent un son aigu, qui est l'imitation parfaite de la voix du lapin. Quelques chasseurs savent l'imiter avec la bouche seule. Espinar observe qu'il est difficile de rendre raison de l'effet que produit cet appeau sur tous les lapins, sans distinction d'âge ni de sexe. Cette chasse est appelée, en espagnol, *chillar los conejos*, ce qui signifie proprement *siffler les lapins*. Elle se fait dans le bois de la manière suivante : le chasseur, en traversant le bois, a soin de ne faire que le moindre bruit possible; il s'arrête de temps en temps dans les endroits les plus découverts, pour piper, observant de ne jamais le faire qu'avec le vent au visage. Il suffit, lorsqu'il s'arrête, qu'il se serre contre le tronc d'un arbre, ou contre une cépée, pourvu que sa tête ne passe point au dessus. Il reste dans cette situation, sans aucun mouvement, si ce n'est de la tête, qu'il tourne de côté et d'autre, pour voir ce qui se passe autour de lui, tenant le fusil ou l'arbalète de la main gauche, et s'aidant de la droite pour piper. Le premier coup d'appeau (*chillido*) doit durer l'espace d'une minute, et moins, si le chasseur voit ou entend des lapins arriver vers lui; alors il se tait, se tient en joue d'avance, et les laisse s'approcher à portée. S'il n'en vient point, il fait une pause, à peu près de la même durée, après quoi il recommence à piper. Dans les lieux où le lapin abonde, il faut piper moins fortement, afin que ceux qui sont un peu éloignés ne l'entendent point; attendu que, s'il en vient beaucoup, il est plus à craindre que dans le nombre de ceux qui accourent de tous côtés, à bon et à mauvais vent, il ne s'en trouve quelqu'un qui évente ou aperçoive le chasseur, et se mette à fuir d'effroi, ce qui suffit pour entraîner les autres.

Tous les temps ne sont pas également propres pour cette chasse. Dans les terres chaudes, les lapins viennent très bien à l'appeau, en mars et avril; et dans celles qui sont tardives, en mai et juin. Les jours les plus favorables sont ceux où il souffle un vent doux et chaud du midi, où le soleil se montre et se cache de temps en temps, et lorsque la terre est humide. L'heure la plus propice est depuis dix heures du matin jusqu'à deux de l'après-midi, temps de repos et d'inaction pour les animaux sauvages, et où ils sont plus disposés à prêter attention à tout ce qui peut frapper leurs oreilles. Les grands vents sont absolument contraires, l'agitation des feuilles et des branches tenant alors tous les animaux des bois dans une inquiétude continuelle. Comme cette sorte de chasse ou de pipée effarouche beaucoup les lapins, il ne faut pas espérer qu'elle réussisse une seconde fois dans le même endroit, à moins qu'il n'ait plu dans l'intervalle. Cette chasse est peu connue en France; elle est cependant pratiquée en Provence par quelques chasseurs, qui se servent, pour piper, d'une patte de crabe; on lui donne, dans ce pays, le nom de *chiller*, qui n'est autre chose que le mot espagnol *chillar*, francisé.

Chasse à l'oiseau de proie. Cette chasse est la même

pour le lapin que pour le lièvre. (Voyez *Lièvre.*)
Chasse aux chiens courans. Les chiens courans chassent le lapin comme le lièvre.

Réglemens concernant les lapins sauvages.

L'ordonnance de 1669 a voulu prévenir la multiplication de ces animaux dans les forêts royales, en enjoignant (tit. xxx, art. 11) aux officiers des chasses de faire fouiller et renverser tous les terriers de lapins qui se trouveraient dans lesdites forêts.
Mais cette disposition n'ayant pas empêché que par la suite les lapins s'y fussent multipliés au point de causer des dommages considérables sur les terres environnantes, il a été rendu au conseil d'état, le 21 janvier 1776, un arrêt pour ordonner la destruction de ces animaux et l'indemnisation des propriétaires. (*Voyez* cet arrêt au *Recueil des Réglemens forestiers.*)

LAPINE. On appelle ainsi la femelle du lapin domestique. Celle du lapin de garenne se nomme *hase*. (*Voyez* ce mot.)

LARDENNE. Nom vulgaire de la charbonnière.

LARDERA. C'est, en Savoie, la mésange bleue.

LARDERICHE. Dénomination vulgaire de la mésange charbonnière, en quelques cantons de la France.

LARGE. (Fauconnerie.) On dit qu'un oiseau est fort large, quand il écarte les ailes; ce qui est regardé comme une preuve de santé et de vigueur.

LARME DE PLOMB. On appelle ainsi le petit plomb qui sert à tirer aux oiseaux.

LARMIERS. On appelle ainsi les fentes qui sont au dessous des yeux du cerf; il en sort une liqueur jaune qu'on nomme *larmes du cerf.*

LASSIÈRE. Filet pour prendre les loups. C'est une bourse semblable à celle que l'on tend sur les terriers pour prendre les lapins, avec la différence qu'une *lassière* a 6 pieds en carré et les mailles 6 pouces; la ficelle dont on la fait à 3 lignes de diamètre, et la corde sur laquelle elle est montée, est grosse comme le pouce.
Pour tendre les lassières, il faut choisir un fossé, ou plutôt quelque haie bien fourrée, à laquelle on laisse plusieurs trous, dans lesquels on tend des bourses, pour chasser dedans les loups de la même manière qu'on les conduit dans les rets.

LAURIOT. (Voyez *Loriot.*)

LAVANDIÈRE, *motacilla alba*, Lath. Oiseau de l'ordre des *passereaux* et du genre du *hochequeue*, que l'on a souvent confondu avec les *bergeronnettes*, mais qui s'en distingue par son genre de vie : la lavandière se tient ordinairement au bord des eaux, et les bergeronnettes fréquentent le milieu des prairies et suivent les troupeaux; la lavandière s'approche d'ailleurs plus volontiers de l'homme et de ses habitations; mais les unes et les autres voltigent souvent dans les champs autour du laboureur pour saisir les vermisseaux et les larves, que la charrue met à découvert. Ce sont des insectivores aussi bienfaisans que les *gobe-mouches* et les *hirondelles.*

Description. La lavandière (*Pl.* 13, *fig.* 9) est un petit oiseau, qui a 7 pouces de long, y compris la queue, de 3 pouces et demi; le bec de 5 lignes de long, droit, rond, effilé, et noir, de même que les pieds, qui ont 1 pouce de haut; l'iris de couleur noisette; le dessus de la tête noir jusque sur la nuque; le dessous du corps, les côtés de la poitrine et les couvertures des ailes d'un gris cendré bleuâtre; le front, les joues et les côtés du cou blancs; un large plastron noir sur la gorge jusqu'au milieu de la poitrine; des bandes obliques de couleur blanche sur les pennes d'un brun foncé; la queue noire avec les deux pennes latérales blanches. Cet oiseau est toujours en mouvement. Il fait entendre un petit cri vif et redoublé : *guit, guit.*

Habitation. La lavandière est répandue dans toute l'Europe; elle nous arrive dès que les neiges sont passées, et s'en va dans le mois d'octobre. Elle fréquente, comme nous l'avons dit, le voisinage des habitations et des eaux, les pâturages et les champs fraîchement labourés. L'habitude qu'a cet oiseau de se tenir sur le bord de l'eau, et près des laveuses dont il semble imiter le battement du linge par le mouvement de sa queue, lui a fait donner le nom français de *lavandière.*

Nourriture. Elle consiste en vers et insectes.

Propagation. Elle fait son nid dans les creux sur le bord des eaux, dans ceux des arbres, dans les pierres, les rochers, sous les toits de paille, etc.; la ponte est de cinq à six œufs d'un blanc bleuâtre, tachetés de noir, qui sont couvés pendant quinze jours. Il y a ordinairement deux couvées par an.

Utilité. Les lavandières nous débarrassent d'une foule d'insectes nuisibles.

Chasse aux lavandières.

Les lavandières sont peu méfiantes; elles semblent connaître leur utilité; le bruit du fusil ne paraît point être pour elles un motif d'épouvante, car, si on les tire, elles ne fuient pas loin, et reviennent se poser à peu de distance du chasseur. Elles donnent facilement dans les pièges qu'on leur tend.

On les prend, comme les *bergeronnettes*, au filet, au miroir des alouettes, et l'on en détruit beaucoup dans les chasses que l'on fait aux *étourneaux* et aux *hirondelles.* Enfin celle de l'abreuvoir n'est guère moins destructive; elle se fait avec des *gluaux*, des *collets*, des *rejets* et des *raquettes.* (*Voyez* ces mots et le mot *Abreuvoir.*)

LAYE. (Voyez *Laie.*)

LAYLA, *láyla*, chiens. Termes dont le piqueur se sert pour tenir les chiens en crainte, et les obliger de garder le change, quand la bête courue est accompagnée.

LÉGER. En fauconnerie, un oiseau *léger* est un oiseau qui se tient long-temps sur ses ailes.

LÉGISLATION SUR LA CHASSE. (Voyez *Chasse.*)

LEINOTTE, *linotte*, en vieux français. (Voyez *Linotte*.)

LESSE. (Voyez *Laisse*.)

LEURRE. (Terme de fauconnerie.) C'est un morceau de cuir rouge, façonné en forme d'oiseau, garni de bec, d'ongles et d'ailes, que les fauconniers pendent à une laisse à crochet de corne, et qu'ils font servir pour rappeler les oiseaux de proie qui ne viennent pas au réclame : on le nomme aussi *rappel*. On dit : *Jeter le leurre en l'air ; l'oiseau étant réclamé fond sur le leurre, vient au leurre ; dresser un oiseau au leurre.*

On doit *acharner le leurre*, c'est à dire mettre un morceau de chair dessus. On le *décharne*, quand on ôte le morceau de chair.

LEURRER. C'est dresser un oiseau au leurre. C'est le rappeler lorsqu'ils ne revient pas, s'il n'y est convié par le *leurre* que l'on jette en l'air. On dit : *Ces oiseaux ne sont pas assez leurrés, ne se laissent pas leurrer facilement*. Il faut quelquefois *leurrer* l'oiseau, pour le faire revenir sur le poing, et *donner sans leurrer* signifie *duire au leurre*.

On dit enfin : *Leurrer bec au vent* ou *contre vent*, par rapport à l'autour et à l'épervier.

LÈVE-CUL. (Terme de fauconnerie.) C'est lorsque la perdrix part ou qu'on fait partir le héron. Le *vol à lève-cul* s'appelle aussi *vol à la sourie*.

LEVER. Lever le pied du cerf, c'est le couper, pour en faire honneur au maître de la chasse, ou à quelque autre personne.

On dit aussi faire *lever* le gibier, pour dire le découvrir, le faire partir, et le donner à courre.

LEVURE. Les mailleurs nomment ainsi les demi-mailles par lesquelles on commence un filet. *Lever un filet*, c'est en faire la *levure*, et le *poursuivre*, c'est continuer à faire les mailles. (Voyez *Filet*.)

LEVRAUT. Jeune lièvre. (Voyez *Lièvre*.)

LEVRETEAU. Petit levraut qui tète encore.

LEVRETTE. Femelle du chien lévrier.

LEVRETTER. Chasser au lièvre, le courre à force, ou avec des lévriers.

LEVRETTERIE. Manière d'élever les lévriers.

LÉVRIER, *canis graius*, Linn. Race de chiens distinguée par sa taille élancée, la longueur de son museau, sa forme déliée, ses proportions sveltes, et surtout par la légèreté et la vitesse de sa course ; mais elle manque de la finesse d'odorat, si exquise dans les autres races, et elle ne suit sa proie qu'à l'œil et non à la piste.

On distingue, dans la race des *lévriers*, trois variétés ou nuances assez nettement séparées. Il en est de grands, de taille médiocre et de petits. (*Voyez* l'article du *Chien*, et la *Pl*. 1 quater, *fig*. 12.) Les lévriers de forte race, qu'on appelle *lévriers d'attaque*, nous viennent d'Irlande et d'Écosse ; il en existe en Espagne qui sont excellens pour coiffer les sangliers. Un bon *lévrier* pour la chasse doit avoir le corps long, sans être décharné ; la tête pointue et bien faite, les yeux vifs et brillans, le museau très allongé, les dents aiguës, les oreilles petites et minces, la poitrine large et robuste, les jambes de devant droites et courtes, celles de derrière longues et souples, les épaules larges, les côtes rondes, les cuisses bien musclées, sans être grasses ; la queue longue, forte et nerveuse. On doit surtout avoir égard à la femelle pour l'accouplement de ces animaux : on fera en sorte de les choisir du même âge, qui ne doit pas excéder quatre ans.

En termes de vénerie, on appelle *lévriers nobles* ceux dont la tête est petite et allongée, l'encolure longue et déliée, le râble large et bien fait ; *lévriers harpés*, ceux qui ont les devants et les côtés fort ovales, et peu de ventre ; *lévriers gigottés*, ceux qui ont les gigots courts et gros, et les os éloignés ; *lévriers ouvrés*, ceux dont le palais est marqué de grandes ondes noires : ces derniers passent pour les plus vigoureux.

La nourriture la plus convenable aux lévriers est de la chapelure ou râpure de pain, avec des os tendres et des cartilages : on fait cuire ceux-ci dans du bouillon de bœuf ou de mouton, auquel on ajoute un peu de lait lorsqu'il est presque froid. Cette pâtée, donnée soir et matin, contribue puissamment à entretenir la santé et la force des lévriers. Si, malgré ce régime, ils deviennent faibles ou malades, on les rétablit promptement en leur donnant un bon consommé, préparé avec une tête de mouton garnie de sa laine, et bouillie dans une suffisante quantité d'eau, à laquelle on ajoute un peu de gruau d'avoine. On fait prendre ce consommé à l'animal malade, alternativement avec de la viande.

L'exercice convenable à un lévrier doit se borner à trois courses par semaine, et, si chaque fois on lui donne pour récompense le sang du gibier, son ardeur à le poursuivre augmentera de jour en jour. Lorsque la chasse est terminée, et qu'on est rentré au logis, on lui lave les pattes avec de la bière et du beurre, et on lui donne à manger environ une heure après. Quant à la manière de dresser les lévriers, nous l'avons décrite dans l'article du *Chien*.

Les anciennes ordonnances, de 1515, art. 16, de 1600 et 1601, art. 10, et de 1607, art. 6, défendaient, à ceux qui n'avaient pas le droit ou la permission de chasser, d'avoir ni de nourrir des lévriers chez eux.

Aujourd'hui que la chasse n'est plus un droit exclusif, il est libre à tout le monde d'avoir des lévriers ; mais il est défendu, à ceux qui obtiennent des permissions de chasse à tir dans les forêts royales, de se servir de chiens courans, et nommément de lévriers. (*Réglement du grand veneur, du* 1er *germinal an* 13. — *Réglement approuvé par le roi, le* 20 *août* 1814.)

LEVRON ou **LÉVRIER D'ITALIE**. C'est la plus jolie et la plus petite des variétés du lévrier, et c'est aussi la plus délicate. Ces charmans animaux, extrêmement sensibles au froid, sont toujours grelotans dans nos climats, et paraissent y souffrir sans cesse : leur instinct est d'ailleurs très faible ; leur naturel timide, et ils ne montrent presque point de sentiment. *Levron* est aussi le nom que quelques personnes donnent aux petits de tous les lévriers.

LICE. C'est la femelle du chien destinée à propager sa race. (*Voyez* l'article *Chien*, pour les soins à donner aux lices portières.)

Lice ouverte, chienne qui n'est pas coupée. Une *lice est nouée*, quand elle a été couverte, et qu'elle a retenu.

LIER. C'est, en fauconnerie, l'action du faucon qui enlève sa proie en l'air dans ses serres, ou quand, l'ayant assommée, il l'environne de ses serres, et la tient à terre. A l'égard de l'autour, on se sert du mot *empéiter*.

Quand deux oiseaux de proie poursuivent de compagnie le héron, ou d'autre gibier, et qu'ils le serrent de près, on dit aussi qu'ils le *lient*, comme s'ils le tenaient déjà entrelacé dans leurs serres.

LIEUTENANS DE LOUVETERIE. La lieutenance de louveterie n'est qu'une permission de chasse plus étendue que celles qui sont délivrées communément, accordée sous la condition d'avoir un équipage pour la destruction des loups; cette permission ne donne aucun titre à l'exemption du droit du permis de port d'armes. (*Décision du grand veneur. — Lettre du ministre des finances, du 26 décembre* 1812. — Voyez *Louveterie*.)

LIÈVRE, *lepus timidus*, Linn. Quadrupède du genre et de la famille qui porte ce nom, et de l'ordre des rongeurs. Il appartient à la petite chasse. Le mâle s'appelle *bouquin*, la femelle *hase*, et le petit se nomme *levraut*, jusqu'à ce qu'il ait atteint la moitié de son accroissement ; et, quand il est prêt à devenir bouquin ou hase, il se nomme *trois quarts*.

Description. Le lièvre (*Pl.* 6, *fig.* 10) est connu de tout le monde; son pelage est en général d'un gris plus ou moins roux, suivant la différence des contrées et même des cantons. Cette nuance mélangée est le résultat des trois teintes dont chaque poil du dos est coloré, savoir: blanc à sa base, noir à son milieu, et roux à sa pointe; le dessous de la mâchoire inférieure est blanc, de même que le ventre; le bout des oreilles est noir; la queue est noire en dessus et blanche en dessous. La nature du terroir influe sur la taille; la couleur et la qualité du lièvre: ceux qu'on appelle *lièvres ladres*, et qui habitent les lieux fangeux, ont la chair de mauvais goût; ceux qui vivent dans le fond des bois ne valent pas les lièvres qui restent à la lisière ou qui se tiennent dans les champs et dans les vignes; les lièvres du Milanais passent pour les meilleurs de l'Europe. Ceux des montagnes sont plus grands et plus gros que ceux des plaines; les premiers pèsent quelquefois 12 livres et plus, tandis que les autres pèsent rarement plus de 10 livres, et la plupart du temps leur poids est entre 7 et 9 livres; les lièvres des montagnes sont aussi plus bruns sur le corps, et ont plus de blanc sous le cou, au lieu que les lièvres de plaine sont presque rouges; ceux des pays chauds ont une couleur plus claire que ceux des pays froids.

Enfin l'on voit, quoique bien rarement, des lièvres rouges, noirs, bruns, blancs, tachetés, et d'autres qui ont les jambes blanches et le front blanchâtre. On prétend aussi avoir vu des lièvres cornus. Klein dit qu'ils ne sont pas rares en Norwége; mais cette assertion ne trouve point de confiance parmi la plupart des naturalistes : M. Sonnini ne la rapporte que comme une fable, et M. Hartig n'y croit pas davantage, en convenant cependant que, dans l'espèce du lièvre, il y a beaucoup d'exemples de monstruosités, comme des lièvres avec huit pattes, avec deux têtes, quatre oreilles, etc., ainsi qu'on en voit dans les cabinets d'histoire naturelle.

Le lièvre dort les yeux ouverts; sa vue même ne paraît pas bien perçante, et son odorat n'est pas plus parfait; mais la nature semble l'avoir dédommagé de l'imperfection de ces organes par une ouïe d'une finesse extrême. Il n'est muni d'aucun moyen de défense; aussi est-il extraordinairement craintif, et ne cherche-t-il son salut que dans la fuite. Lorsqu'on le saisit, il égratigne de toutes ses forces, et il y a des exemples de jeunes lièvres, peut-être parce qu'ils étaient serrés trop fort, ont mordu des enfans à la main. Dans l'accouplement, il fait entendre un léger murmure, et, lorsqu'on le saisit avec force ou qu'on le blesse, il lui échappe un cri douloureux et clair, qui ressemble beaucoup au cri d'un très jeune enfant.

Cet animal est doux; on l'apprivoise assez aisément, et il devient caressant; on en a même vu qu'on avait dressés à battre du tambour, à gesticuler en cadence, et à danser.

Quoiqu'il y ait un tel rapport entre la conformation du lièvre mâle et celle de la femelle, qu'il soit impossible d'y remarquer de la différence à une certaine distance, on trouve cependant quelques caractères distinctifs, si on les voit de près : le bouquin a la tête plus arrondie, la barbe plus forte, le pelage plus foncé, et toute la structure du corps plus ramassée; les oreilles plus courtes, plus larges et blanchâtres; la queue plus longue et plus blanche; le derrière tout blanc, et les épaules rouges. Lorsqu'il est assis, il tient les oreilles serrées sur les épaules l'une contre l'autre, tandis que la femelle les tient ouvertes et écartées des deux côtés du cou et des épaules. Le mâle a communément son repaire ou ses crottins petits, secs et pointus au bout; ceux de la femelle sont ronds, beaucoup plus gros, moins secs et bien moulés. Lorsque le mâle est chassé par des chiens courans, il perce en avant, va fort loin, et fait de grandes *randonnées*, c'est à dire de longs circuits aux environs du même lieu; la hase s'écarte moins, se fait battre autour du canton qu'elle habite, et revient plus souvent sur ses pas. Le bouquin a aussi plus de jambe et de talon que la hase; son pied est beaucoup plus court, plus serré et plus pointu (*voyez* la *Pl.* 6, *fig.* 11 et 12); il appuie plus de la pince que du talon; ses ongles sont gros, courts et usés, mais toujours très serrés et enfoncés. La hase, au contraire, a le talon étroit, le pied long, plus garni de poil, et elle appuie davantage du talon que de la pince; ses ongles menus et pointus s'écartent les uns des autres, et entrent peu dans la terre.

Pour distinguer si un lièvre est jeune ou vieux, il suffit, dit-on, de tâter avec l'ongle du pouce la jointure du genou des pattes de devant. Si les têtes des deux os qui forment l'articulation sont tellement contiguës que l'on ne sente point d'intervalle entre elles, l'on peut décider que le lièvre est vieux; s'il y a, au contraire, une séparation sensible entre les deux os, c'est une marque que le lièvre est jeune, et il l'est d'autant plus que les deux os sont plus séparés.

On prétend aussi que l'on peut reconnaître la jeunesse d'un levraut de trois quarts, ou qui est parvenu à sa grandeur naturelle, en lui écartant les oreilles; si la peau se relâche, l'animal est jeune et tendre; mais si elle tient ferme, c'est signe qu'il est dur, et que ce n'est pas un levraut, mais un lièvre. Au reste, les meilleurs levrauts sont ceux qui naissent en janvier.

Habitation. On trouve le lièvre dans toute l'Europe, soit dans les champs, soit dans les forêts; mais il se plaît principalement dans les climats tempérés et dans les lieux où les bois, les prairies et les plaines s'entrecoupent fréquemment. Dans ces situations, le lièvre quitte les champs, lorsqu'il y est tourmenté ou qu'il n'y trouve plus une température agréable, pour se retirer dans les bois; il en sort le soir pour aller au gagnage dans les terres et les prés; et, dès le matin, avant le jour, il regagne le bois, où il reste dormant jusqu'au soir sur la place qu'il a grattée avec ses pattes. Mais, lorsque la plaine est tranquille, couverte des fruits de la terre, ou trop éloignée des bois, il y reste pendant le jour, pour y être plus à portée de sa nourriture. Ainsi, dans les lieux fréquemment coupés de bois et de plaines, le lièvre se tient ordinairement dans les bois depuis novembre jusqu'en mai; et il fixe son séjour, depuis mai jusqu'en novembre, dans les champs, où, suivant la saison, il trouve une retraite tantôt dans les blés, tantôt dans les prairies artificielles, ensuite dans les champs de légumes et dans les terres labourées. Mais, si les plaines sont tellement étendues qu'il ne puisse jamais se retirer dans les bois, ou si ces derniers asiles ne sont pas tranquilles, le lièvre se tient alors, soit pendant l'automne, soit pendant l'hiver, de préférence dans les champs labourés et sur les terres ensemencées, et le plus souvent dans les endroits abrités du vent. Lorsqu'il est tranquille, il habite long-temps le même lieu, et il creuse assez son gîte pour que son dos dépasse à peine la surface de la terre, pour que l'œil même exercé du chasseur ne l'aperçoive qu'avec peine. Mais, quand le lièvre ne se croit point en sûreté, ou quand il est contrarié par le manque de nourriture ou par la température, il change alors très souvent de canton; toutefois il n'abandonne pas absolument le lieu où il est né, lors même qu'il y est chassé et poursuivi.

Nourriture. La nourriture des lièvres se compose de la plupart des fruits des champs et des jardins, surtout quand ces fruits sont verts et tendres; d'un grand nombre d'espèces d'herbes et de plantes, de glands, de fruits à noyaux, etc. En hiver, ils mangent de préférence le jeune blé, l'orge, l'épeautre, le trèfle, les choux, les boutons et l'écorce des bois tendres dans la classe des bois à feuilles, en choisissant particulièrement les pommiers, les poiriers, l'acacia, la viorne-aubier, le jasmin, le frêne, l'épine noire et le genêt. C'est dans les mois de novembre et de décembre qu'ils sont le plus en chair et le plus gras. Plus tard ils perdent de leur embonpoint d'une manière notable à cause du défaut de nourriture, et c'est dans le printemps qu'ils ont le moins de valeur, parce qu'ils sont le plus en chaleur, et que les femelles sont pleines.

Propagation. Une erreur qui était assez généralement répandue, et qui provenait de ce qu'il était d'abord assez difficile de distinguer le mâle d'avec la femelle, avait fait penser que les lièvres étaient pour la plupart hermaphrodites, et qu'ils changeaient de sexe en vieillissant; mais cette erreur s'est dissipée par les observations faites sur les parties de la génération des lièvres qu'on a disséqués; on a reconnu que les organes du sexe étaient très distincts.

Les lièvres multiplient beaucoup, et ils sont en état d'engendrer en tout temps; cependant il y a des époques dans l'année où ils sont plus particulièrement en chaleur. Buffon et quelques autres naturalistes français disent que c'est depuis le mois de décembre jusqu'en mars, et que c'est pendant ce temps qu'il naît le plus de *levrauts*. Il paraît que cette règle n'est pas générale, et qu'on peut en restreindre l'application aux pays où la température est très douce; car, suivant l'observation des Allemands, et nommément de M. Hartig, ce serait au printemps, dès que la température s'adoucit, que ces animaux entreraient en chaleur, et continueraient à y être jusqu'aux mois d'août et de septembre. On remarque alors, et principalement au printemps, que les bouquins accompagnent les femelles, même pendant le jour, et qu'ils les suivent comme des chiens à la piste. On voit souvent plusieurs mâles poursuivre une *hase*, et l'agacer pendant une demi-journée, jusqu'à ce qu'elle cède; et il n'est pas rare de les voir ces mâles ne témoignent leur fureur jalouse, en se livrant des combats à coups de dents et à coups de griffes. Un mois après l'accouplement, la femelle produit de deux à quatre petits, rarement moins ou plus, qu'elle dépose dans un buisson, ou dans une haie, ou sous une touffe de blé, de trèfle, d'herbes, ou en tout autre endroit qui lui paraît sûr; elle les allaite pendant quinze ou vingt jours; puis elle les abandonne à eux-mêmes. Ils acquièrent presque tout leur accroissement en une année. Comme les hases sont en chaleur très peu de temps après qu'elles ont mis bas, et qu'elles peuvent concevoir de suite, elles produisent le plus souvent toutes les six semaines. On a même des exemples nombreux de superfétations dans ces animaux, lesquelles sont attribuées à ce que les femelles ont deux matrices distinctes, qui peuvent agir indépendamment l'une de l'autre.

Une femelle d'un an produit, depuis le printemps jusqu'en automne, ordinairement trois fois, et une vieille hase quatre fois, rarement cinq; et le résultat de ces portées est en général de huit jusqu'à douze levrauts et quelquefois plus, mais qui ne réussissent pas tous, à cause de leur grand nombre d'ennemis. On élève facilement les jeunes lièvres en leur donnant du lait et du jeune trèfle, et l'on a même des exemples, dit M. Hartig, que de très jeunes lièvres ont été allaités et élevés par des chattes, sous lesquelles on les avait substitués aux jeunes chats.

Il est rare que les lièvres terminent naturellement leur carrière; mais lorsqu'ils ne deviennent pas la

DICT. DES CHASSES. 59

proie de leurs ennemis, la durée de leur vie ne s'étend pas au delà de sept ou huit ans.

Ennemis et maladies. Les lièvres ont pour ennemis tous les quadrupèdes et oiseaux de proie qui peuvent s'emparer d'eux; mais les plus dangereux sont les chiens, les renards, les chats sauvages et domestiques, les belettes, les grands oiseaux de proie, le corbeau, les sangliers et les cochons domestiques. M. Hartig indique les maladies suivantes comme étant celles qui affectent le plus ordinairement ces animaux :

1°. Une maladie dans laquelle le foie et les intestins sont couverts de vessies grosses comme des pois, et que cet auteur appelle du nom allemand *blasenkrankheit* (maladie à cloches ou vessies); c'est sans doute ce que nous nommons *ladrerie* ; elle est rarement mortelle;

2°. La *pourriture des foies*, maladie où l'on remarque des pustules remplies de matière sur le foie, et qui se termine assez souvent par la mort;

3°. Une sorte de maladie, qui a des rapports avec la *maladie vénérienne* dans l'homme, et où le poumon et les parties génitales dans les deux sexes sont couverts d'ulcères purulens : elle est très souvent mortelle.

Particularités remarquables dans le lièvre ; ses ruses, ses habitudes, etc.

Cet animal se distingue par des ruses et des particularités dont les plus remarquables sont celles-ci :

1°. Il dort les yeux ouverts, et il ne boit jamais, si ce n'est qu'il tète quand il est jeune.

2°. Il cherche à dérober son gîte par des détours et des sauts. En effet, lorsque, le matin, il veut aller reposer pendant le jour, il ne va pas directement à l'endroit où il doit se blottir, ainsi qu'on le remarque très bien par la neige : au moment où il s'en approche, il rétrograde sur sa trace, fait un grand saut sur le côté, s'élance de nouveau en avant, fait encore un retour, et enfin il se jette par un dernier saut dans son gîte. Le lièvre emploie les mêmes ruses toutes les fois qu'il les croit utiles à sa sûreté; mais quelquefois il court jusqu'auprès de son gîte et se contente de faire un grand saut pour s'y jeter.

3°. Quand le lièvre est poursuivi par les chiens, il cherche à les tromper en faisant plusieurs allées et venues dans un angle presque droit ; c'est ce que les chasseurs appellent faire des *randonnées.*

4°. Il emploie des moyens particuliers pour se soustraire à la poursuite des chiens courans ou pour faire perdre sa trace ; voici ceux que rapportent les auteurs de vénerie : il sort rarement de son gîte à moins qu'on ne le fasse relancer; et quand il est en plaine, à l'endroit le plus élevé, il se raccourcit, comme s'il appréhendait d'être vu. S'il entend la voix des chiens, il se jette dans les guérets, et cherche les endroits sablonneux, afin d'en faire voler la poussière, et d'ôter le sentiment de sa trace en recouvrant ses voies. Dans les temps de pluie, il longe les voies où il y a de l'eau, afin d'emporter de la terre à ses pieds et de ne laisser ainsi aucune impression de matière qui puisse frapper le nez des chiens qui le poursuivent. Quand il se trouve éloigné des chiens, il cherche le change, fait partir un jeune lièvre de son gîte en le battant, et se met à sa place; et si cette ruse ne lui réussit pas, et qu'il soit de nouveau relancé, on le voit faire les plus grandes diligences pour regagner son avantage, et s'éloigner des chiens, afin de ruser une seconde fois. On cite des exemples de lièvres qui, pressés par les chiens, ont pris le parti de se jeter dans des troupeaux de bétail; les chiens qui les poursuivent mettent en fuite les bestiaux, et cela suffit pour effacer les voies de la bête et en ôter le sentiment à la meute. D'autres fois, le lièvre, poursuivi, gagne un hameau, fait le tour des maisons, et monte sur des masures de 8 ou 10 pieds de haut. Il feint de traverser un bois, revient sur ses pas, s'élance ensuite dans une plaine, se met dans quelque fossé, et en sort en faisant un saut extraordinaire, afin de faire perdre ses voies. Du Fouilloux rapporte qu'il a vu des lièvres qui, au premier son de la trompe, sortaient de leur gîte et traversaient des étangs dont le moindre avait quatre-vingts pas de large, et d'autres qui se mettaient à la nage dans de petites rivières et les passaient plus de vingt fois de suite dans la longueur de deux cents pas. On a vu un lièvre, après avoir fait plusieurs retours sur lui-même, se raser, laisser passer les chiens et les chevaux, et reprendre le contre-pied, en ne courant que sur des voies surmarchées par eux; un autre se mettre à l'eau, se laisser entraîner au courant, jusqu'à la distance de cinq cents pas, et de là se jeter dans un petit îlot; un autre enfin se relaisser au milieu d'une mare, le bout du museau seulement hors de l'eau pour respirer. On cite aussi des exemples que des lièvres ont monté sur des saules dont le tronc était penché, et sur des souches de plusieurs pieds de haut dans des cépées. Enfin sa crainte est si grande, qu'il se précipite jusque dans les terriers des renards et des blaireaux, dans le creux des arbres, dans les trous des rochers et autres endroits semblables, où souvent il trouve la mort qu'il voulait éviter.

5°. Lorsque le lièvre est en fuite, et qu'il veut écouter ou observer, il s'asseoit sur son derrière. Les Allemands appellent cela faire le *petit homme* (*ein mannchen machen*). Mais, quand il veut voir à une certaine distance autour de lui, il se dresse quelquefois de tout son corps; ce que les Allemands appellent *faire la quille*, parce qu'en effet il ressemble de loin à une quille dressée.

6°. Comme le lièvre a les jambes de devant beaucoup plus courtes que celles de derrière, il court mieux en montant qu'en descendant; aussi, quand on le chasse, il commence par gagner la montagne. Son mouvement dans sa course est une espèce de galop; il marche sans faire de bruit.

7°. Le lièvre se laisse ordinairement approcher de fort près, surtout si on ne fait pas semblant de le regarder, et qu'au lieu d'aller directement à lui, on tourne obliquement pour l'approcher.

8°. Lorsque les lièvres se tiennent dans des champs de blé, de seigle, etc., dont les tiges sont très serrées, ils coupent quelquefois ces tiges pour se pratiquer un sentier étroit à travers le champ de blé, et pouvoir gagner plus commodément le trèfle ou d'autres pièces d'herbes qui sont dans le voisinage. Les Allemands ont une singulière expression pour désigner cette petite voie ; ils l'appellent le *chemin des sorciers* (*hexen steige*), sans doute parce que, dans les temps de superstition, on croyait qu'il n'y avait que des sorciers capables de passer par des sentiers aussi étroits.

9°. Quoique les levrauts se séparent et vivent chacun pour soi, dès qu'ils ont quitté leur mère, cependant ils ne s'éloignent pas beaucoup les uns des autres, avant d'être parvenus à la moitié de leur croissance. Ainsi, quand on trouve un levraut dans un endroit, on en voit ordinairement un ou plusieurs autres dans les environs, à moins que la famille n'ait été diminuée par les animaux carnassiers. On assure que si l'on trouve un jeune levraut *qui ait une étoile blanche au milieu du front*, c'est un signe certain qu'il n'est pas seul, et que le reste de la portée n'est pas éloigné, tandis que, si son pelage ne présente pas cette petite étoile, la portée n'a été que d'un seul levraut.

10°. On dit que, lorsqu'il doit pleuvoir, le lièvre évite de se retirer dans les bois, parce qu'il craint d'être mouillé par les gouttes d'eau qui tombent des branches, et qu'on le trouve alors bien plus sûrement sur le penchant d'un fossé, ou bien au milieu d'un monceau de pierres.

11°. On assure que, dans les beaux jours de l'hiver, on reconnaît dans un blé vert la présence d'un lièvre par une vapeur qui s'élève, et qui est l'effet de son haleine.

Voies du lièvre.

Lorsque le lièvre court ou trotte, il place ses pieds de devant droit l'un devant l'autre, et il en recouvre la trace avec ses pieds de derrière, de telle manière que les longues empreintes des pieds de derrière dépassent les traces des pieds de devant, et cependant se trouvent à côté l'une de l'autre, d'où résulte cette figure :

■■　■■　　■■　　■■

et, comme le lièvre appuie chaque fois ses pieds de derrière jusqu'au talon, la trace en est bien plus longue et plus large que celle des pieds de devant. Il est donc bien facile de distinguer l'une de l'autre.

Qualités utiles ou nuisibles. Le lièvre, surtout quand il est jeune, est un gibier de très bon goût et fort sain. La peau, qui est bien meilleure en hiver qu'en été, fournit un poil excellent pour la fabrication des chapeaux, des gants, des étoffes, etc. Elle est employée comme fourrure, et, dépouillée de son poil, elle sert ordinairement à faire de la colle. La France, avant la révolution de 1789, c'est à dire lorsque le droit de chasse était exclusif, et que, par conséquent, le lièvre était beaucoup plus abondant, était déjà tributaire de l'étranger pour des sommes considérables, employées à l'achat de peaux de lièvres; son commerce recevait annuellement, par le seul port de Marseille, trois à quatre cents ballots de ces peaux, chargées dans les Echelles du Levant, et évaluées à 4 ou 500,000 francs; l'on en tirait aussi de la Sicile. Aujourd'hui que le lièvre est beaucoup plus rare, la sortie d'une plus forte somme est devenue indispensable, et le prix de cette marchandise s'est élevé considérablement. Le sang du lièvre est vanté comme un fort bon topique, propre à faire disparaître les taches du visage ; et, au rapport des voyageurs, ce sang est mis en usage chez les colons du Cap-de-Bonne-Espérance, dans le traitement des érysipèles; ils en imbibent un linge, qu'ils laissent sécher, et qu'ils appliquent ensuite immédiatement sur la peau.

Le tort que les lièvres peuvent faire aux récoltes se juge par les productions dont ils se nourrissent; cependant ce tort n'est véritablement sensible que quand ces animaux sont multipliés avec excès, ou lorsqu'ils se trouvent dans des plantations de jeunes arbres fruitiers, dont ils rongent l'écorce; mais on peut remédier à cet inconvénient, si on entoure les arbres d'épines ou d'autres moyens de défense. On emploie aussi avec succès de la suie qui résulte des préparations chimiques ; on en frotte les troncs d'arbres, auxquels elle adhère fortement, tandis que la suie commune est trop légère pour demeurer en place. Quand on n'a que de cette dernière à sa disposition, on en met quelques pelletées au pied de chaque arbre ; son odeur suffit pour éloigner les lièvres pendant long-temps.

Le lièvre n'est donc réellement pas un animal nuisible, lorsque sa multiplication est renfermée dans des bornes raisonnables.

Chasse du lièvre.

Le lièvre étant répandu partout, et la chasse de ce gibier étant lucrative, amusante, et à la portée de tout le monde, on a dû inventer un grand nombre de méthodes de le prendre ou de le chasser.

Ces méthodes sont : 1° l'affût; 2° la chasse au cordeau; 3° la quête en plaine; 4° les battues ; 5° la chasse avec des bassets; 6° la chasse avec le lévrier ; 7° la chasse avec des chevaux ; 8° la chasse à courre, ou aux chiens courans; 9° la chasse à l'oiseau de proie ; 10° la chasse au filet ; 11° la chasse au collet.

Parmi ces chasses, il y en a quelques unes qui ne sont point décrites dans nos auteurs de vénerie; nous en prendrons la description dans l'ouvrage allemand de M. Hartig, auquel nous emprunterons d'ailleurs beaucoup de procédés pour les chasses qui sont pratiquées en France. En réunissant ainsi dans nos articles les instructions que nous puisons chez les étrangers, nous avons la satisfaction de composer un ouvrage aussi complet qu'on puisse le désirer.

I. *Chasse à l'affût.*

On sait que le lièvre, quand il n'y a point de grand blé dans les champs, se retire dans les bois; il en sort à la brune pour se rendre sur les terres voisines, et il retourne au bois le matin avant le jour. Cette connaissance est mise à profit par le chasseur, pour faire l'espèce de chasse dont nous parlons, principalement dans les mois d'octobre, de novembre et de décembre. Il se cache de préférence dans un endroit où il y a un champ semé de grains d'hiver, comme froment, seigle, etc., et qui aboutit à un jeune taillis non fréquenté, ou qui n'en est pas éloigné. On se place à trente ou quarante pas du fourré, derrière un arbre, dans un buisson, ou dans un fossé, pour attendre le lièvre. Il est essentiel d'être à bon vent, à moins qu'on ne soit monté sur un arbre. Dans ce dernier cas, quoique le chasseur soit à mauvais vent, les émanations de son corps ne frappent point l'odorat de l'animal au dessus duquel elles passeront. Il faut se poster de préférence à portée de quelque sentier ou chemin, et surtout aux endroits où plusieurs chemins viennent aboutir, parce que les lièvres ont coutume de suivre les chemins. S'il arrive qu'un lièvre passe à une trop grande distance, on doit, le lendemain, se poster à portée de la route qu'il a tenue, car il est rare qu'un lièvre s'écarte de celle qu'il a une fois adoptée.

Quand il y a beaucoup de lièvres, et que le poste est bien choisi, on peut y revenir plusieurs fois, et remarquer en même temps les endroits par où l'on voit des lièvres passer, afin de s'y poster. Il est sans doute inutile d'observer que l'on ne doit point, pour aller à l'affût, passer le soir à travers les bois, et le matin à travers les champs où se tiennent les lièvres; on sent que ce serait les effaroucher et s'exposer à les attendre inutilement.

Pour mieux réussir à cette espèce d'affût, et connaître plus sûrement le passage des lièvres, on peut, le soir, à la nuit tombante, longer le bord du bois avec un chien de plaine qu'on tient au trait comme un limier, afin qu'il ne s'emporte pas sur les voies. Lorsqu'il rencontre celle d'un lièvre sortant du bois, on la lui laisse suivre quelques pas pour mieux s'en assurer, et le lendemain matin on vient l'attendre sur son passage à la rentrée.

Dans les plaines, vers le mois de mai, lorsque les blés commencent à être grands, on choisit une pièce de blé isolée, et l'on se tapit sur le bord, au pied d'un arbre ou d'une haie, pour y attendre les lièvres le soir, lorsqu'ils viennent y chercher leur nourriture. Dans le fort de l'été, les blés, plus grands, leur servent de retraite pendant le jour, et ils en sortent après le soleil couché, pour aller aux avoines, orges, pois, etc., qui sont plus tendres, et dont ils se nourrissent. C'est donc à l'abord des menus grains qu'il faut alors les guetter, principalement des avoines et des pois, dont ils sont très friands.

Les lièvres, pendant la nuit, sont presque toujours en mouvement, et ils courent encore davantage lorsqu'il y a dans le canton quelque hase en chaleur. On peut, par un beau clair de lune, se poster à l'affût dans un carrefour où plusieurs chemins se croisent; mais ces chasses de nuit sont extrêmement nuisibles à la santé, et il n'y a guère que des braconniers de profession, endurcis au froid, qui puissent, dans les nuits d'hiver, rester immobiles pendant deux ou trois heures.

On peut aussi attendre les lièvres à l'affût pendant l'hiver, et au clair de la lune, dans les jardins où il y a des choux, et même se ménager cette chasse en plantant des choux dans un jardin favorablement situé, entouré d'une clôture légère, et pourvu d'une petite maison, ou bien encore en piquant des choux dans la neige à une distance convenable d'une petite maison.

Si, étant à l'affût, on aperçoit un lièvre venir de loin, et que, pour être plus sûr de son coup, on veuille le tirer arrêté, il faut le tenir en joue, avant qu'il soit à portée, et, lorsqu'il s'y trouve, on fait avec la bouche ce petit bruit qui se produit en pinçant les lèvres et en retirant son haleine. Il s'arrête aussitôt pour voir d'où vient ce bruit, et il donne le temps de le tirer; c'est ce qu'on appelle *piper* un lièvre. (*Voyez*, au surplus, à l'article du *Cerf*, ce que nous avons dit des règles à observer dans la chasse à l'*affût*.)

II. *Chasse au cordeau.*

Pour rendre plus agréable la chasse qu'on fait le matin aux lièvres, lors de leur rentrée dans le bois, on fait usage du cordeau à plumes dont nous avons parlé au mot *Cordeau*. On le tend, de la manière que nous avons décrite, à dix ou quinze pas du bois, et on laisse, suivant le nombre des tireurs, tous les cent cinquante ou tous les trois cents pas, un intervalle ou un vide de trente à quarante pas de largeur, où se place un tireur. Dès que le jour commence, les lièvres et quelquefois les renards, qui veulent regagner la forêt, viennent se présenter devant la corde garnie de plumes, et, comme ils n'osent passer ni en dessus ni en dessous, ils la suivent dans sa longueur, et arrivent aux endroits où sont postés les chasseurs.

Il est inutile de rappeler que dans cette chasse, comme dans toutes les autres, il faut se placer à bon vent, et il est également superflu d'observer qu'il faut garder le plus profond silence, et que tout doit être disposé avant l'aurore.

III. *De la quête, ou chasse au fusil.*

Cette chasse consiste à se mettre à la recherche des lièvres, le matin ou le soir, avec ou sans chien, suivant les circonstances. Le mot *quête* nous paraît plus propre, puisque cette chasse n'est pas la seule où l'on fasse usage du fusil. Elle se fait de différentes manières.

L'hiver, lorsqu'il est tombé nouvellement de la neige, on va avant le jour, et sans chien, faire sa quête dans les champs ou dans les bois, et, lorsqu'on remarque la voie d'un lièvre, on la suit jusqu'à ce que l'on rencontre les traces des retours et sauts que le lièvre fait avant de se gîter; il est probable alors que l'animal n'est pas loin, et l'on s'apprête à tirer. Si cependant la voie se prolonge encore, on continue de la suivre, jusqu'à ce que l'on puisse tirer le lièvre au gîte, ou à la course, si on l'a fait partir.

La seconde manière consiste à battre la plaine, les haies ou buissons dans les champs, en temps de chasse, avec un chien d'arrêt, et à bon vent; on tire le lièvre que le chien arrête ou qu'il fait partir. Dans cette chasse, il faut avoir un chien bien dressé, et qui ne s'écarte pas beaucoup du chasseur, et savoir mettre à profit la connaissance des habitudes du lièvre, lesquelles, ainsi que nous l'avons dit précédemment, consistent à se gîter de préférence à l'abri du vent, à se diriger volontiers vers les coteaux, et, lorsque les champs sont vides, à gagner les terres labourées, les champs ensemencés, les vignes, les remises et les buissons ou les haies.

On fait une autre chasse au fusil, vers la fin d'avril et en mai, lorsqu'on ne peut plus battre la plaine, tant pour ne pas dévaster les blés, qui sont alors du tuyau, que pour ne pas nuire à la ponte des perdrix. On peut tirer les lièvres à la raie dans les blés verts, où ils sont alors debout et occupés à paître pendant la meilleure partie du jour; cette sorte de chasse est assez agréable, et n'est point fatigante : c'est depuis le soleil levant jusqu'à huit ou neuf heures de la matinée, et le soir, deux heures avant le soleil couché, qu'elle doit se faire. Pour cela, il est bon que deux chasseurs se réunissent : l'un longe une pièce de blé par un bout, et l'autre par l'extrémité opposée, tous deux allant toujours du même pas, fort doucement, et regardant attentivement, chacun de son côté, le long des raies ou sillons. Celui qui découvre un lièvre cherche à l'approcher pour le tirer : si le lièvre, soit qu'il ait eu son vent, soit qu'il l'ait aperçu, prend la fuite, et file du côté de son camarade, et que la pièce de blé soit trop étendue pour que celui-ci puisse observer sa marche, alors il lui fait un signal convenu, tel que de lever son chapeau en l'air, de la main, ou sur le bout de son fusil, pour qu'il se tienne sur ses gardes. Ordinairement, lorsqu'un lièvre n'est point tiré ni poursuivi, et qu'il a seulement aperçu ou éventé l'un des deux chasseurs, il suit une raie sans chercher à traverser, et vient passer près de celui qui est à bon vent.

Nous avons parlé de la manière de chasser au fusil lorsqu'il y a de la neige; on peut aussi *quêter* pendant l'hiver, lorsque la terre est nue. Les jours clairs et sereins sont les temps les plus propres pour cette chasse; l'heure est depuis que le soleil commence à paraître jusqu'à deux heures après son lever : alors, en se promenant le long d'une vaste plaine de blé, la face tournée au soleil, on peut découvrir un lièvre gîté à une très grande distance, au moyen d'une vapeur produite par la chaleur de son corps et par son haleine, qui s'élève, et forme un petit nuage au dessus de son gîte. Plus le lièvre a couru avant de se gîter, plus cette vapeur se fait remarquer. On ne l'apercevrait point, si on avait le soleil au dos. On peut aussi, quand on a de l'habitude, et qu'on regarde attentivement autour de soi, apercevoir, dans d'autres temps, un lièvre gîté, lorsqu'on passe à une certaine distance de son gîte, et l'on sait que les braconniers ont à cet égard une supériorité extraordinaire.

On recommande, lorsqu'on voit un lièvre au gîte, de ne pas aller droit à lui, mais de s'en approcher en le tournant, et de le coucher en joue sans s'arrêter.

IV. *Des battues.*

Les battues pour la chasse au lièvre, ont lieu, soit dans les forêts, soit dans la plaine. Elles sont assez fréquentes en Allemagne. En voici la description d'après M. Hartig.

A. *Des battues dans les forêts.*

Elles se font dans les mois de novembre, décembre et janvier, et l'on observe, dans cette chasse, toutes les règles que l'on a établies pour les battues au cerf, dans l'article consacré à cet animal. Le lecteur, avant d'aller plus loin, doit donc revoir cette partie de l'article *Cerf*.

1°. Comme les lièvres, lorsqu'ils sont chassés par des hommes dans des forêts, ne courent pas très vite et qu'ils s'arrêtent bientôt pour retourner en arrière, quand l'enceinte de la battue n'est pas bien assurée, il faut que cette enceinte soit assez bornée, et que les traqueurs soient en nombre suffisant, rangés en bon ordre, et munis de *cliquettes à lièvres* (espèce de crécelle).

2°. On doit chercher à commencer la chasse et à la diriger, de manière que la battue se fasse à bon vent, et, lorsque cela est possible, à laisser la plus grande partie des batteurs vers la fin de l'enceinte, afin qu'à chaque battue, les tireurs n'aient qu'à aller en avant et se poster à l'extrémité opposée.

3°. Il doit être ordonné aux chasseurs qui dirigent la battue de faire faire halte aux traqueurs pendant deux minutes, ou de les faire aller fort doucement, dès qu'ils entendent un coup de fusil près d'eux, dans la ligne des tireurs, afin de donner le temps de recharger.

4°. Il doit être défendu aux chasseurs, et, au besoin, sous des peines déterminées, de tirer dans l'enceinte de la battue, dès que le coup peut atteindre la ligne des traqueurs; dans ce cas, les chasseurs doivent attendre que le lièvre ou tout autre gibier traverse la ligne du tiré, et ne lâcher le coup que dans ce moment. Comme il est assez ordinaire que les lièvres s'arrêtent en arrivant à la ligne des tireurs, et y demeurent jusqu'à ce que les traqueurs soient presque sur eux, c'est un motif de plus de ne pas tirer vers les traqueurs, si on veut éviter un malheur trop fréquent.

5°. Il doit être défendu aux tireurs qui ont des chiens d'arrêt de les lâcher dans l'enceinte de la battue pour apporter les lièvres tués ou poursuivre ceux qui sont blessés. On ne doit relever les lièvres tués sur place qu'après la battue; et à l'égard de ceux qui sont blessés, on ne doit les faire prendre à l'instant que dans le cas où ils seraient déjà hors de l'enceinte, ou assez blessés pour que le chien puisse les prendre promptement. On remet à faire la recherche des blessés après la battue, afin de ne pas troubler l'ordre de la chasse.

6°. Après chaque battue, on donne les lièvres tués aux gardes pour les compter en présence des tireurs.

7°. Les gardes tiennent note du nombre de pièces qui leur ont été livrées par chaque tireur, et veillent à ce que le gibier ne soit pas jeté ni mis dans la malpropreté, à ce qu'il soit transporté de suite par des hommes sûrs, soit au lieu de sa destination, soit dans les charrettes qu'on a fait venir à cet effet, et remis au garde chargé de le recevoir. Ce n'est que par ces précautions que l'on peut prévenir les difficultés et diminuer les pertes, toujours inévitables, que l'on fait de quelques pièces de gibier.

M. Hartig indique la forme suivante du tableau à tenir pendant la chasse:

Noms des Chasseurs.	1re Battue.	2e Battue.	3e Battue.	4e Battue.	5e Battue.	6e Battue.

Après chaque battue, on porte, dans la colonne qui lui appartient, le nombre de lièvres tués par chaque tireur, et, à la fin de la chasse, on fait l'addition.

Les voitures destinées au transport doivent être pourvues de ridelles sur lesquelles on place plusieurs perches pour y attacher les lièvres, afin que les peaux ne soient pas salies par le sang.

Quand cette chasse se fait en présence d'une personne de marque, on lui dresse une tente ou une loge commode, pour qu'elle puisse s'y mettre à l'abri avec son porte-arquebuse et le chasseur chargé de conduire un fort chien courant, dressé à rapporter.

On tend ordinairement derrière cet abri un filet d'environ 90 pieds de long pour arrêter les lièvres pendant assez de temps pour qu'on puisse tirer quelques coups. Du reste, on observe, parmi les règles que nous avons indiquées pour les battues du cerf, celles qui peuvent recevoir ici leur application.

B. *Des battues dans les plaines.*

Dans les pays de grandes plaines, et notamment dans ceux où la chasse est un droit exclusif, il est quelquefois nécessaire de faire des battues pour diminuer le nombre des lièvres. Cette chasse est très agréable.

Toutes les règles qu'on vient de poser pour les battues en forêt s'observent dans les battues en plaine; on doit, de plus, observer celles qui suivent:

1°. On fait ces battues seulement par la gelée ou la neige, pour ne pas nuire aux terres ensemencées, et on embrasse une enceinte aussi grande que le peut comporter le monde qu'on a rassemblé. On dispose les traqueurs, munis de crécelles, sur une ligne demi-circulaire, qui s'étend jusqu'à la ligne des tireurs, en observant entre eux une distance de vingt pas au plus.

2°. On place au centre de la ligne des traqueurs un chasseur à cheval, afin qu'il puisse, au besoin, rétablir promptement l'ordre sur les ailes.

3°. On tâche de placer les tireurs, soit près des haies ou des arbres qui se trouvent dans les champs, soit dans des chemins un peu creux, soit dans des fossés, ou près des haies de jardins, ou dans des trous de 3 pieds de profondeur, creusés à cet effet; mais, à défaut de couverts, on peut les placer en évidence, pourvu que ce soit à bon vent, et qu'ils observent la plus grande tranquillité et le plus grand silence. Toutefois il est toujours préférable qu'ils aient un peu de couvert; les lièvres courent plutôt vers eux et font moins de détours que quand les chasseurs sont à découvert; ils sont, il est vrai, forcés de passer devant eux, quand les traqueurs approchent de plus près; mais ils le font ordinairement avec une telle vitesse, que l'on ne peut pas en tirer plusieurs.

4°. Quand une personne de marque assiste à cette chasse, on lui dresse une tente dans l'endroit le plus favorable, et l'on tend un rets à trente pas derrière pour arrêter les lièvres, autant que possible, et donner la facilité de les tirer.

M. Hartig fait observer que, dans le royaume de Wurtemberg, où il a écrit son ouvrage, il arrive souvent de tuer, dans la réserve du roi, plusieurs milliers de lièvres en peu d'heures, ce qui ne serait pas possible si on ne plaçait pas des filets derrière la ligne des tireurs.

5°. Quand le garde ou chasseur, placé au centre des batteurs, est arrivé assez près de la ligne des tireurs pour juger que le tiré dans l'enceinte de la battue puisse être dangereux, il doit faire faire halte un moment, et indiquer par là aux chasseurs qu'ils ne doivent plus tirer dans la battue.

6°. Il faut, autant pour empêcher les accidens qui peuvent troubler les plaisirs de cette chasse, que pour tranquilliser les personnes qui y prennent part, et maintenir le bon ordre, qu'il y ait un règlement qui inflige des punitions aux chasseurs négligens, imprudens ou mal adroits. M. Hartig en propose un, qu'il a fait observer avec le plus grand succès, pendant vingt-quatre ans qu'il a été chargé d'instruire plusieurs centaines de jeunes gens dans la théorie et la pratique de la chasse, et où il a eu quelquefois jusqu'à cinquante de ces jeunes gens à une seule chasse. Il assure qu'il n'est jamais arrivé le moindre accident, quoique, parmi ces jeunes chasseurs, il s'en trouvât beaucoup à qui il avait récemment appris la charge du fusil.

Comme son règlement nous paraît pouvoir servir de modèle, nous allons le rapporter, en réduisant en francs et centimes les kreutzers qui forment le taux de l'amende.

Amendes.

fr. c.

1°. Celui qui n'arrive pas à l'heure indiquée au rendez-vous, ou qui ne s'y présente pas en habit de chasse.. » 25

2°. Celui qui vient avec une arme ou des instrumens en mauvais état................................ » 50

3°. Celui qui n'est pas pourvu de poudre et de plomb en quantité suffisante, et qui n'a pas toujours sur lui des balles.................................... » 25

4°. Celui qui vient à la chasse dans une forêt, sans avoir un couteau propre à tuer une bête blessée ou à l'ouvrir, ou qui, en ayant un, aurait apporté en même temps un couteau de chasse pour cerf.... » 25

5°. Celui qui ne paraîtrait pas avec un silex, pierre, pendu à la sougarde de son fusil.......... » 50

Il doit, de plus, tant qu'il se trouve en la compagnie des chasseurs, porter son arme sur l'épaule, comme un soldat.

Nota. Dans les chasses, en Allemagne, on a la précaution de couvrir la pierre à feu d'un étui en bois, lorsqu'on ne chasse pas ou lorsqu'on charge. Cela prévient bien des accidens; mais aujourd'hui que les fusils à système ont été généralement adoptés, même à l'étranger, ces précautions deviennent inutiles.

	Amendes fr. c.

6°. Celui qui porte sur l'épaule un fusil non armé, ayant sa pierre découverte............................ » 25
7°. Celui qui porte son fusil armé sur l'épaule, ou passé dans sa gibecière, de manière à faire craindre un accident pour la société :
  (a) Si la pierre est découverte................. 1 »
  (b) Si la pierre est couverte................... » 25
8°. Celui qui a son fusil armé suspendu à son épaule, ou qui marche avec l'arme dans cet état :
  (a) Si la pierre est découverte................. 2 50
  (b) Si la pierre est couverte................... » 50
9°. Celui qui s'appuie sur son arme, de manière à faire craindre un malheur, dans le cas où elle partirait :
  (a) Si l'arme est chargée...................... 1 »
  (b) Si l'arme n'est pas chargée................ » 50
10°. Celui dont l'arme part par suite d'imprudence, sans qu'il arrive d'autre accident........... 2 50
11°. Celui qui charge son fusil étant armé :
  (a) Si la pierre est découverte................. 1 25
  (b) Si la pierre est couverte................... » 50
12°. Celui qui se permet de maltraiter l'arme d'un autre... » 50
Il doit, de plus, payer à son camarade le tort qu'il peut avoir fait à son arme.
13°. Celui qui parle haut ou fait du bruit pendant une battue..................................... » 25
14°. Celui à qui on a assigné un poste, et qui en change à la plus petite circonstance.............. 1 »
15°. Celui qui, étant posté, n'a pas l'attention de se faire voir à ses voisins........................ » 50
16°. Celui qui n'est pas tranquille à son poste, qui bat son chien, qui tousse haut, ou qui fait d'ailleurs un bruit qu'il pourrait ne pas faire................ » 25
17°. Celui qui crie à son voisin, lorsque celui-ci est d'ailleurs attentif, qu'il vient une bête......... » 25
18°. Celui qui, lorsqu'il faut changer de poste, ne siffle pas ou n'appelle pas son voisin, ou ne le fait pas jusqu'à ce que celui-ci entende...................... » 50
19°. Celui qui tire imprudemment un coup qui peut être dangereux pour les chasseurs, les batteurs ou d'autres personnes................................ 2 50
20°. Celui qui tire avec des postes sur le cerf, le daim ou la bête noire............................... 1 60
21°. Celui qui tire sur un gibier prohibé doit être puni d'après les ordonnances.
22°. Celui qui tire sur toute pièce de gibier à une grande distance, et qui nuit ainsi à son voisin....... 1 »
23°. Celui qui ne fait pas de brisées sur les voies de la bête...................................... » 50
24°. Celui qui a tiré sur une pièce de gros gibier, et qui n'en donne point connaissance au directeur de la chasse.. 2 50
25°. Celui qui amène un chien qui n'est pas propre à l'espèce de chasse que l'on fait................ 1 »
26°. Celui qui, ayant un chien, ne s'est pas pourvu d'une laisse pour le retenir pendant la chasse....... » 25
27°. Celui qui ne tient pas son chien à la laisse dans le bois...................................... » 50
28°. Celui qui, dans une chasse aux perdrix, ou dans des chasses semblables, se tient, à dessein, hors de la ligne droite.................................. » »
29°. Celui qui quitte son poste à un affût, le soir ou le matin, avant d'avoir sifflé pour avertir son voisin... » 50
30°. Celui qui s'endort à l'affût.................... » 50
31°. Celui qui fait une faute contre le langage ou les usages de chasse............................... » 20
32°. Celui qui n'exécute pas à l'instant le commandement du directeur de la chasse.................. 1 »
33°. Le témoignage de deux personnes est nécessaire pour l'application de chaque peine.
34°. Les amendes, qui doivent se payer de suite, sont déposées dans une boîte dont le directeur de la maison des orphelins a la clef, et envoyées chaque année à l'administration de cette maison.

Ce règlement, pour qu'il puisse être mis à exécution en France et à l'époque où nous nous trouvons, aurait besoin de plusieurs modifications. Du reste, ses dispositions nous paraissent en général remplies de sagesse, et par conséquent dignes d'être observées.

V. *Chasse avec des bassets.*

Nous avons parlé, sous le mot *Chien*, de l'emploi des bassets pour la chasse et de la manière de les dresser. (Voyez au mot *Chien*.)
Lorsqu'on veut chasser le lièvre avec des bassets, plusieurs chasseurs se postent dans les endroits connus pour le passage des lièvres; le chasseur ou garde chargé de faire lever le gibier se rend à l'endroit où il doit commencer sa quête, et lâche le couple de chiens; lorsque les chiens ont fait lever un lièvre, et qu'il le chasse en donnant de la voix, les tireurs y prêtent l'oreille, et tirent l'animal au passage, ou bien ils attendent que le lièvre, suivant son habitude, retourne dans le canton où il a été lancé.
Quand on veut faire cette chasse, n'étant que deux chasseurs, l'un d'eux suit les chiens pour les appuyer. Celui qui ne veut pas se fatiguer reste en place, et attend que le lièvre soit lancé; lorsqu'il le sent approcher, il gagne les devants, et le tire au passage. S'il le manque et que les chiens chassent bien et ne quittent point prise, il a encore l'espérance de le tirer au même endroit, ou à peu de distance, après une seconde randonnée; car tous les animaux, en général, lorsqu'ils sont chassés, et plus particulièrement le lièvre, surtout si c'est une hase, reviennent plusieurs fois au lancé.
La chasse avec les bassets ne se fait pas ordinairement avant le mois d'octobre, et l'on ne doit jamais chasser avec ces chiens avant qu'ils ne soient habitués à aller au couple. On a plusieurs couples qu'on lâche l'un après l'autre, pour que les chiens fatigués puissent se reposer. Il faut avoir l'attention de ne point laisser boire ni manger les chiens aussitôt après un lancé de longue haleine, et tâcher aussi de les maintenir sur la voie, pour qu'ils ne prennent point le change, ou ne se fatiguent pas inutilement.

VI. *De la chasse avec le lévrier.*

Nous avons parlé du lévrier et de son emploi, au mot *Chien*. (*Voyez* ce mot.)
Dans cette chasse, que l'on ne fait que dans les grandes plaines et lorsqu'elles sont dépouillées, la société qui se donne cet agrément est à cheval; les cavaliers marchent à une distance convenable, et non trop grande, les uns des autres, sur une ligne droite, et, lorsque cela est possible, sur une ligne oblique, dans les raies des champs; et quand un lièvre part, celui des chasseurs qu'on a distribués parmi les cavaliers, qui se trouve le plus près du lièvre, lâche son lévrier, pour lancer l'animal. Ce chasseur et les amateurs qui font partie de sa section suivent le lancé; tandis que le reste de la société demeure en place, jusqu'à ce que le lièvre soit pris; alors, la partie de la chasse qui a été mise en mouvement va se remettre en ligne.
Lorsqu'il se trouve un bois isolé dans une plaine, on peut placer autour de ce bois les chasseurs char-

gés des lévriers, pour lancer dans la plaine les lièvres, renards et chevreuils qu'on aura fait sortir du bois, au moyen d'une battue avec des hommes ou avec des chiens de chasse.

Le lancé avec des lévriers, doit, comme nous l'avons dit, se faire à cheval; cependant, on en fait aussi lorsque les chasseurs sont à pied. Dans ce dernier cas, on fait explorer la plaine par un chien couchant, dressé à quêter très près de son maître, et lorsqu'il arrête ou fait partir un lièvre, on lance les lévriers. Mais il faut se hâter de courir, pour prendre le lièvre, car les chiens le mettraient en pièces, si un homme à cheval ne venait le leur enlever. M. Hartig fait observer que, dans les chasses avec le lévrier, il est d'usage, en Allemagne, que les chasseurs suspendent au pommeau de leur selle les lièvres qu'ils ont pris, et que, dans plusieurs endroits, ils en attachent la queue à leur chapeau, en signe de bonne chasse.

VII. *De la chasse avec des chevaux.*

Cette chasse est agréable pour les amateurs de grandes courses. Deux ou plusieurs chasseurs à cheval se rendent dans une grande plaine unie, lorsque les récoltes sont enlevées, pour courir un lièvre. Lorsqu'il en part un, l'un des cavaliers le poursuit, et les autres cherchent à le tourner et le couper, de quelque côté qu'il se dirige. Lorsque l'animal, après avoir couru environ un quart d'heure, ne peut plus aller et qu'il veut se blottir, on va au pas autour de lui pendant l'espace de cinq à six minutes. Ce repos le laisse dans un tel état de lassitude et d'abattement, qu'on peut le tuer à coups de cravache ou le prendre à la main. Cette chasse, inconnue en France, ne pourrait y être pratiquée que difficilement en raison du morcellement des propriétés.

VIII. *Chasse du lièvre aux chiens courans, ou chasse à courre.*

Cette chasse, décrite avec détail dans les anciens auteurs français, tels que du Fouilloux, de Salnove, de Salincourt et Leverrier de la Conterie, était autrefois bien plus en usage qu'elle ne l'est aujourd'hui, parce que le droit de la chasse, exclusivement réservé aux seigneurs, laissait à leur disposition des plaines d'une étendue suffisante pour s'y livrer. Aujourd'hui que chacun a le droit d'empêcher de chasser sur son terrain, que les terres sont très morcelées, et que les cultures sont plus multipliées, elle se pratique plus rarement. Cependant la permission ou la tolérance des propriétaires et l'existence de quelques grands domaines permettent encore l'usage de la chasse à courre dans les plaines.

Cette chasse n'est pas aussi brillante que celle du cerf; mais elle est amusante par les ruses de l'animal qui en est l'objet, et par le spectacle des chiens qui cherchent à les démêler.

Il faut, pour la faire avec agrément et succès, avoir un bon piqueur, qui connaisse parfaitement les habitudes et les ruses du lièvre, et le terrain sur lequel on chasse; posséder une meute de chiens dressés pour cette chasse, et choisir convenablement la saison, le temps et le terrain.

Les observations à faire sur ces divers objets, et en général les règles à suivre pour la chasse à courre du lièvre, si confusément présentées dans les anciens ouvrages de vénerie, ont été résumées avec clarté et précision dans le *Traité des chasses à courre* de M. Jourdain. Nous ne pouvons mieux faire que de les rapporter à peu près textuellement.

Ruses du lièvre. Nous les avons indiquées au commencement de notre article, en parlant des particularités remarquables du lièvre.

Distinction du bouquin et de la hase. Il importe à la conservation du gibier et aux plaisirs du chasseur de chasser le bouquin de préférence à la hase, qui pourrait être pleine, et qui d'ailleurs se défend moins bien et ne fait que randonner. Il est donc nécessaire que le chasseur ait des moyens de distinguer le mâle de la femelle. Nous avons indiqué, dans la description du lièvre, les principaux traits qui caractérisent les deux sexes. Mais, comme il n'est pas très facile de saisir ces traits à une certaine distance, le meilleur moyen de ne pas chasser les hases est de ne pas quêter aux approches des villages et des clos, parce que c'est dans ces lieux qu'elles se tiennent ordinairement.

Chiens. Pour avoir de bons chiens pour lièvre, et qui soient sûrs dans le change, il ne faut pas leur laisser chasser d'autre gibier; et, pour les rendre bons approcheurs, on ne doit jamais commencer par les faire chasser dans les bois, mais toujours en plaine; autrement, ils s'habitueraient à flairer les portées; et, lorsqu'ils seraient en plaine, il leur arriverait de suraller la voie, faute d'avoir le nez bien collé à terre. Les chiens pour lièvre doivent, en général, être sûrs, point criards, légers, de force à peu près égale, et avoir une belle gorge, c'est à dire une belle voix.

Saisons et temps convenables pour la chasse. Il est peu de chasses où le choix de la saison et du temps soit plus important : l'automne, le commencement et la fin de l'hiver, et le commencement du printemps sont les saisons les plus favorables.

Il faut une température douce, et éviter de chasser dans les grands froids et dans les grandes chaleurs.

La pluie et le beau temps, quoiqu'ils aient peu d'influence sur le succès de la chasse, méritent néanmoins d'être pris en considération, lorsqu'il s'agit de quêter le lièvre.

Les vents sont ce qu'il importe le plus d'observer : le vent du nord est favorable pendant l'été, et très contraire pendant l'hiver; celui du midi est contraire pendant l'été et favorable pendant l'hiver. Les vents d'est, d'ouest et de sud-ouest sont ordinairement bons; et, quand ils soufflent, et que la terre est plus humide que sèche, on peut espérer de chasser avec succès. En général, il faut que le vent soit doux, frais et humide ; les vents aigres, vifs, piquans et desséchans sont les plus mauvais.

La chasse est pleine (heureuse), dit Leverrier de la Conterie, *quand la terre est bonne, l'air doux, et qu'il ne fait ni vent, ni poudre, ni soleil.*

Terrains. Le choix des terrains mérite quelque attention : un terrain gras est favorable; mais, s'il est trop humide, la terre s'attache aux pieds du lièvre, et la voie reste froide; dans un terrain sablonneux, l'humidité est avantageuse; un trop grand froid, ainsi qu'on l'a déjà dit, est nuisible, parce que la terre est trop dure, qu'elle perd la voie, et que d'ailleurs les chiens sont exposés à se dessoler; si la terre est trop sèche, les chiens sont suffoqués par la poussière, qui leur dérobe le sentiment du lièvre. Quand le terrain est un peu couvert, les chiens ont plus d'avantage que sur un terrain trop nu, où le lièvre n'appuie que du pied; tandis que, sur le terrain couvert où son corps touche aux plantes, il laisse plus d'émanations.

Lieux où se tiennent les lièvres selon la saison, le temps, etc. Les lièvres habitent différens lieux, selon le temps qu'il fait et suivant les saisons.

Lorsqu'il tombe de la pluie, ou qu'il doit en tomber dans la journée, on trouve les vieux lièvres dans les lieux secs et pierreux, dans les carrières, dans les endroits où il y a beaucoup de chardons, dans les guérets secs et labourés depuis quelques semaines, sur les coteaux abrités, sur le côté d'un fossé exposé au midi, dans les bruyères et dans des petites cavités où il se trouve quelque hauteur sur laquelle ils puissent être sèchement et à l'abri du vent.

Lorsque les nuits sont froides, et qu'il gèle ou neige, les lièvres se gîtent dans les bois, dans les gros halliers, et dans les fossés sans eau et garnis de ronces. Les hases, à cette époque, se tiennent volontiers dans les haies qui servent de clôture aux jardins potagers.

Au mois de mars et d'avril, on trouve les lièvres dans les blés et dans les nouveaux hersis. Dans les pays de plaine, ils ne sortent point des blés tant qu'ils sont debout; après la récolte, ils gîtent encore dans les chaumes, surtout quand le temps est beau, et jusqu'à l'entrée de l'hiver.

Les lièvres des forêts se trouvent presque toujours dans les jeunes taillis. Tous ceux qu'on lance sur la lisière des bois ne sont pas pour cela des lièvres de forêts; ce sont souvent des habitans de la plaine qui s'y réfugient pour s'y mettre à l'abri, ou lorsqu'ils sont inquiétés.

On trouve les levrauts presque partout; il est rare qu'ils s'éloignent du lieu où ils sont nés. Leur chasse est désagréable, et leur faiblesse doit engager à ne pas les courre, parce qu'ils ne font pas autre chose que des retours, et de se relaisser à chaque instant.

De la quête. On ne doit jamais commencer la chasse avant que la rosée soit essuyée; les chiens que l'on découple auparavant prennent l'habitude de chasser par l'humidité, et n'ont plus de nez aussitôt qu'elle est séchée.

Lorsque le piqueur ou celui des chasseurs qui en fait l'office est arrivé au lieu où l'on se propose de quêter, il examine le terrain qu'il doit fouler, suivant les observations qui viennent d'être faites; il prend le vent, fait découpler les chiens et les encourage à quêter en leur disant: *Allons, chiens, lance, lance.* Pour ne pas être étonné de la difficulté qu'éprouvent les chiens à rapprocher le lièvre, il doit se rappeler ce que nous avons dit des tours et détours que fait cet animal pour gagner son gîte.

Il arrive nécessairement que les chiens, ayant commencé à démêler les voies, ont beaucoup de peine à réussir, parce que la voie devient plus froide à mesure qu'elle s'éloigne du gagnage. En effet, quoiqu'elle soit de meilleur temps, elle a reçu moins d'émanations, le lièvre n'ayant fait qu'y passer, tandis qu'il s'arrête au gagnage pour y viander, et que les herbes s'imprègnent du sentiment de son corps et de son haleine.

Le piqueur, qui doit seul commander aux chiens, tandis que les autres chasseurs observent à une certaine distance, examine la façon de faire de ses chiens et foule avec eux. Il ne les presse pas; il a l'œil à droite et à gauche, leur parle peu, et sonne de temps en temps un requêté. Si un chien crie, il ne se hâte pas de l'appuyer, il tâche de s'assurer que ce soit bien une voie de bon temps, ce qui n'est pas toujours facile, surtout lorsque le terrain ne permet pas d'en revoir. Il devra, néanmoins, connaître si le chien l'emporte au droit ou au contre-pied; il sera probable qu'elle est au droit si elle va du gagnage au bois, et le piqueur en sera bientôt certain si les chiens la suivent avec peine, parce que, comme on l'a dit tout à l'heure, elle doit aller en se refroidissant. Il appuie donc doucement son chien en lui criant: *C'est de l'y, l'ami, c'est de l'y, tu dis vrai.* Les autres chiens qu'il faut, autant que possible, tenir assez rassemblés pour qu'ils s'entendent, se voient et quêtent de concert, accourent au cri du chien qui a emporté la voie, et tous travaillent avec ardeur à démêler les détours qu'a faits le lièvre. Il n'est pas rare qu'après avoir suivi quelque temps, ils tombent tout à fait en défaut. Le piqueur devra en conjecturer qu'on approche le lièvre, et redoublera d'attention. En effet, le défaut a lieu assez souvent aux endroits où la voie se trouve interrompue par les sauts que le lièvre a faits avant de se gîter. Il faut alors fouler soigneusement les alentours du défaut, en prenant d'abord les petits devants et arrières et les agrandissant ensuite. Il ne faut pas se presser dans cette manœuvre.

Quelquefois, en allant et venant, le piqueur aperçoit le lièvre au gîte; il ne doit pas le montrer tout de suite à ses chiens; il tâche de reconnaître si c'est un mâle ou une femelle, et il fait signe à un chasseur de le mettre debout; il amène alors ses chiens au gîte sans se presser. Ils emportent ainsi bien mieux la voie en la goûtant au gîte, et commencent la chasse avec plus d'ensemble que si l'on agissait autrement. Le piqueur les fait chasser sagement et en crainte, en leur criant aussitôt: *Tout bellement, chiens, tout bellement*, et les maintient jusqu'à ce que leur première fougue soit passée.

Le lancé et la chasse. Le lièvre part quelquefois de lui-même en se faisant petit et se coulant pour ainsi dire; celui qui le voit crie: *Vol ce l'est!* et indique la voie au piqueur qui s'y place et y appelle ses chiens.

Voilà le lièvre lancé; le piqueur se tient auprès de ses chiens sans les presser, pour les laisser manœuvrer librement, et surtout revenir sur eux-mêmes, ce qu'ils ont besoin de faire souvent pendant la chasse; il leur parle peu et observe. Les autres chasseurs suivent la chasse sous le vent pour mieux l'entendre, et se diriger en conséquence. Ils ne doivent jamais être trop près des chiens, et surtout, sous quelque prétexte que ce soit, ne jamais leur

DICT. DES CHASSES.

parler. Ils observent aussi, et se rapprochent de la chasse dans les défauts pour aider à les relever.

Le lièvre chassé ne va pas toujours droit; malgré la vitesse de sa course, les forces lui manqueraient et il serait bientôt pris. Il ne cesse donc de ruser, de faire des crochets à droite et à gauche, de revenir sur sa voie, et de se relaisser dans les endroits où il croit pouvoir se cacher, après avoir fait un saut aussi grand qu'il le peut pour interrompre la voie, mettre les chiens en défaut et leur échapper.

On dit qu'un lièvre fait un *retour* quand il tourne à droite ou à gauche, qu'il fait un *hourvari* lorsqu'il revient sur sa même voie, et enfin que les chiens sont en *défaut* lorsqu'ils ont perdu la voie de l'animal qu'ils suivent.

Défaut. Les retours occasionent le plus souvent de légers défauts qui sont bientôt relevés par les chiens, car il est peu de meutes où il n'y en ait pas qui s'en aperçoivent. Il en est de même des hourvaris, beaucoup de chiens les marquent de suite; et s'ils vont jusqu'à ce que la voie leur manque, ils reviennent bientôt sur eux-mêmes et la reprennent au contre-pied. Le piqueur, qui doit connaître ses chiens, appuie ceux qui marquent les retours et les hourvaris, quand il est sûr de leur savoir-faire. Enfin, soit que le défaut provienne d'un retour, d'un hourvari ou de toute autre cause, voici les ressources que l'on a pour le relever.

Quoique l'opinion la plus générale soit qu'aussitôt que les chiens tombent en défaut, on doit se hâter d'envelopper le lieu où cela arrive, par devants et arrières, il paraît préférable de laisser d'abord agir les chiens d'eux-mêmes; il est rare, lorsqu'ils tombent à bout de voie, qu'ils ne fouillent pas de suite les alentours. Il convient donc de ne pas les distraire de ce travail, qui quelquefois suffit, surtout en leur parlant, parce qu'ils lèvent le nez pour tâcher de comprendre ce qu'on leur dit. Il est vrai que, pendant ce temps, la voie du lièvre se refroidit, et qu'ensuite les chiens peuvent la suraller; mais si l'on remarque que le piqueur a besoin, avant de prendre un parti, de bien observer la façon de faire de ses chiens et d'examiner le terrain sur lequel le défaut à lieu, on comprendra qu'il est préférable de les laisser manœuvrer d'eux-mêmes pendant qu'il fait ses observations.

Ainsi pendant que ses chiens chercheront à relever le défaut sans le secours du piqueur, celui-ci, bien convaincu que son lièvre ne peut qu'avoir percé en avant, ou tourné à droite, ou à gauche, ou fait un hourvari, ou enfin s'être relaissé en faisant un grand saut pour interrompre la voie, doit être presque certain de le retrouver avec du temps et de la patience.

Il remarquera d'abord le lieu du défaut, c'est à dire le dernier endroit où ses meilleurs chiens ont crié, pour y ramener toujours ses chiens après chaque manœuvre qu'il fera, si elle est inutile; ensuite il calculera quelle est celle des cinq ruses indiquées plus haut comme possibles au lièvre qui réunit dans la circonstance le plus de probabilités.

Si le lièvre n'est pas encore mal mené, s'il avait beaucoup d'avance, si le lieu du défaut est un endroit où la chasse soit difficile; s'il a plu, neigé ou grêlé sur la voie, si les chiens, par toutes ces raisons, le chassaient mal, il y a probabilité qu'ils l'ont laissé aller en avant; mais si le lièvre avait peu d'avance, si la voie est fraîche, le terrain favorable, le vent bon, si les chiens ont chassé franchement jusqu'au défaut, il est probable que le lièvre n'a pas percé en avant.

Si le vent est fort, l'animal n'aura pas fui de son côté; s'il est doux et mou, il peut s'en être allé le nez dedans. Si le lièvre a fait plusieurs randonnées, le piqueur se rappellera le canton vers lequel il les a faites, s'il a tourné à gauche ou à droite, parce qu'il est de son instinct de ruser du même côté; il examinera si, par les remarques qu'il a faites en le lançant, il a lieu de croire qu'il soit étranger ou habitant du canton. Dans le premier cas, s'il avait de l'avance, il peut être retourné vers le canton d'où il est venu; dans le second, il est probable qu'il a fait un retour ou un hourvari; si c'est une hase, il est à peu près sûr qu'elle n'aura pas percé en avant, à moins pourtant qu'elle n'ait des petits, auquel cas elle entreprend souvent une longue fuite pour éloigner d'eux le danger; enfin, si l'animal est sur ses fins, il peut présumer que toutes ses ruses seront en retour. Si c'est un gros lièvre que l'on chasse, il ne se relaissera que sur ses fins; si c'est un levraut, il se relaisse à chaque instant; si du côté où allait le lièvre il se faisait du bruit, il est probable qu'il aura fait un retour; si le défaut a lieu près d'un troupeau, il est probable que le lièvre s'y sera jeté; si c'est près d'une rivière et qu'elle soit peu large, on peut penser qu'il la traverse; si l'animal n'est pas mal mené, et qu'au moment du défaut il avait la tête tournée du côté du lancé, il est à présumer qu'il y sera retourné.

Si, après avoir laissé faire ses chiens pendant quelques instans, le défaut n'est pas relevé, le piqueur n'a pas d'autre ressource que d'envelopper le lieu du défaut, d'abord par de petites enceintes, ensuite par de plus grandes. Dans cette manœuvre, qui a lieu comme il a été dit pour la chasse du cerf, le piqueur doit observer:

1°. De commencer son enceinte par le terrain le plus nu et le plus mauvais pour la chasse, par la raison que la voie s'y refroidit plus vite;

2°. D'aller doucement pour donner le temps à ses chiens de bien coller le nez à terre, le sentiment du lièvre étant très léger, et surtout en passant dans les chemins et les terrains pierreux;

3°. De tâcher d'en revoir lui-même sur la terre humide et dans tous les endroits qui le permettent, et d'engager les chasseurs expérimentés à faire la même recherche.

Si le piqueur a des raisons, d'après les observations ci-dessus, de présumer que son lièvre a pris une refuite plutôt qu'une autre, c'est de ce côté qu'il doit commencer ses enceintes, car il est bon d'observer qu'il n'est pas toujours nécessaire de décrire un cercle parfait autour du défaut, mais qu'on peut de même l'envelopper exactement, en prenant des enceintes qui n'embrassent qu'un quart ou moitié du cercle. Cette méthode offre même l'avantage de traverser la surface du cercle par un plus grand nombre de lignes, ce qui peut faire retrouver plus tôt la voie;

elle permet mieux aussi de commencer les enceintes par les terrains les moins propres à conserver la voie.

Lorsque le piqueur a enveloppé trois fois à des distances différentes le lieu du défaut, il doit présumer que son lièvre y est demeuré, car souvent il laisse passer les chiens et les chasseurs à trois pas de lui sans faire aucun mouvement. Il faut donc fouler l'enceinte avec la plus grande attention, faire tâter à ses chiens les ornières, les coulées, les sillons, les fossés, même ceux où il y a de l'eau, surtout si le lièvre s'y est déjà fait battre, et généralement tous les sentiers et chemins, en les longeant, et en tâchant toujours d'en revoir partout où la terre est bonne.

Change. Si, en prenant les devants et les arrières du défaut, ou en foulant l'enceinte, il part un lièvre, il faut encore bien observer si c'est le lièvre de meute; dans le doute, il faut faire chasser les chiens en crainte en leur criant : *Tout bellement!* On reconnaît qu'il y a du change, lorsque les bons chiens paraissent contrariés et chassent mollement, et ensuite à la manière de fuir de l'animal; car si ce n'est pas le lièvre de meute, il ne prendra pas la même refuite que lui; s'il est en vue, il sera aisé de le reconnaître, surtout si le lièvre de meute était déjà mal mené : si donc on reconnaissait qu'il y eût change, il faudrait rompre de suite les chiens et les ramener à l'endroit du défaut; mais si c'est le lièvre de meute, les bons chiens l'indiqueront bientôt par leur ardeur, et il sera bon de les appuyer. En général, le change n'est bien difficile à garder que lorsqu'il a lieu au commencement de la chasse; car alors on a à peine vu le lièvre, les chiens n'ont pas encore bien goûté la voie, et on n'a pas pu juger de quelle manière le lièvre lancé se défend. Si l'on s'aperçoit que, sans qu'il y ait eu défaut, les chiens redoublent d'ardeur, il est probable qu'il y a du change; si, dans ce cas, les chiens se séparent, il faut toujours rameuter aux meilleurs. Le succès de la chasse du lièvre dépend principalement de la bonté des chiens; car ce léger animal laisse peu de moyens de le bien juger, et le piqueur et les chasseurs sont le plus souvent obligés de s'en rapporter aux chiens; c'est encore un motif de leur parler peu, car il vaut mieux ne rien dire que de risquer de leur faire faire des fautes.

Les lièvres se défendent plus ou moins long-temps, suivant la bonté des chiens, la saison et le jour de la chasse; les bouquins durent plus que les hases et les levrauts.

Lièvre sur ses fins. On connaît qu'un lièvre est las, sans le voir, quand il raccourcit ses randonnées; quand, après s'être fait chasser long-temps sans ruser beaucoup, il commence à multiplier les ruses; quand il se relaisse souvent; quand il se fait battre dans le même canton, et qu'il ne s'en écarte plus; quand l'empreinte de ses pieds n'est plus droite, qu'elle est inégale et vacillante, et que ses doigts sont écartés. Si on l'aperçoit alors, il paraît efflanqué et a le dos arrondi; ce qu'on appelle porter la *hotte.*

Un lièvre sur ses fins n'est pas encore pris; c'est, au contraire, le moment où il faut redoubler d'attention; il laisse alors moins d'émanations, et les chiens ont plus de peine à emporter la voie. C'est aussi l'instant où l'animal redouble de ruses; il rebat sans cesse les vieilles voies et se relaisse à tout instant. Les chiens sont constamment occupés à faire des retours, et les défauts se multiplient souvent. C'est encore alors qu'il est essentiel d'avoir de bons chiens bien collés à la voie, et qu'il faut se garder de les presser. Dans les défauts qui arrivent sur la fin du lièvre, il est presque certain qu'il est relaissé; on doit donc ne prendre que de très petites enceintes, en commençant toujours par les arrières, parce qu'il est rare qu'un lièvre se relaisse sans revenir au moins quelques pas sur sa voie. Il faut aussi parler peu aux chiens, les laisser manœuvrer d'eux-mêmes; ou, si on leur dit quelque chose, ce ne doit être que *tout bellement!* pour les engager à chasser sagement et en crainte. Il n'est pas de petit recoin qu'il ne faille visiter, quand on foule l'enceinte pour redresser un défaut, parce que le lièvre, pour se dérober à ses ennemis, se tapit partout où il pense ne pas être aperçu. Une motte de terre, une ornière, un trou d'arbre, la moindre cavité suffisent pour le cacher. Ce n'est donc qu'à force de soins et de persévérance qu'on parvient à le découvrir et à le relancer pour la dernière fois.

Curée. Lorsque le lièvre est pris, il faut le laisser fouler aux chiens, surtout s'il y en a de jeunes dans la meute. La curée doit être faite chaude, c'est à dire sur-le-champ, parce qu'elle leur fait plus de plaisir. Le piqueur a quelquefois l'habitude de lever le pied droit pour le présenter à celui des chasseurs que le maître de l'équipage désigne ; c'est ordinairement pour avoir la pièce. Cet usage peut être toléré ou proscrit.

Après avoir levé le pied, le piqueur dépouille son lièvre; s'il a du pain, il en trempe de petits morceaux dans le sang pour augmenter la portion des chiens. Il découpe ensuite l'animal de manière à ce que tous les chiens en goûtent. Il sonne alors une vue pour faire lever les chiens, et les tient sous le fouet autour de la curée qu'il leur livre enfin. S'il y a de l'eau auprès de l'endroit où l'on fait la curée, il est bien de faire boire les chiens ; et, s'ils ne sont pas trop las, on peut leur faire chasser un second lièvre.

IX. *Chasse à l'oiseau de proie.*

On faisait autrefois la chasse du lièvre avec des oiseaux de proie, tels que le faucon, le milan, l'autour, le lanier et le gerfaut; on dressait aussi à cette chasse le corbeau et la corneille. Mais c'était principalement le grand faucon d'Islande que l'on y employait.

Dans cette chasse, on fait chercher le lièvre par un chien couchant, et quand il est parti, on lâche l'oiseau de proie, qui se précipite bientôt sur lui, et le tient dans ses serres jusqu'à ce que le fauconnier le lui fasse relâcher par l'appât d'une cuisse de pigeon.

On peut dresser le faucon par le moyen suivant : on élève un lièvre à la maison, et, après l'avoir apprivoisé, on lui attache un morceau de viande crue sur le cou, et on le fait courir en plain champ; on lâche ensuite l'oiseau de proie, qu'on rabat sur le lièvre pour faire sa pâture du morceau de viande, et il s'habitue d'autant plus aisément à cette chasse, qu'on lui donne du lièvre pour nourriture.

X. *De la chasse du lièvre au filet.*

La chasse du lièvre au filet était autrefois très en usage, parce que l'on se servait moins de fusil qu'aujourd'hui, et parce que, la chasse n'étant pas libre, le gibier était plus abondant.

Nous avons décrit, au mot *Panneau*, le filet dont on fait usage pour les lièvres. La manière de tendre ce panneau est la même que celle employée pour le panneau à lapin. (Voyez *Lapin*.)

La chasse du lièvre au panneau se fait, soit dans une plaine, lorsqu'il y a beaucoup de lièvres, soit sur la lisière d'un bois, au passage de ces animaux.

Lorsqu'elle se fait dans une plaine, on entoure une enceinte avec le filet, et on fait battre la plaine par des batteurs qui chassent les lièvres dans le panneau.

La chasse qui se fait sur la lisière d'un bois a lieu le soir ou le matin, afin d'arrêter les lièvres à leur passage du bois à la plaine, ou de la plaine au bois, ce qui vaut mieux encore. Le soir, le filet doit être tendu pour le coucher du soleil, et les baguettes, appelées fiches, qui le soutiennent, doivent être placées et inclinées du côté du bois, parce que c'est de là que viennent les lièvres pour aller aux champs; le matin, il doit être tendu avant le jour et tourné vers la plaine pour arrêter les lièvres à leur rentrée au bois. Du reste, cette chasse se fait comme celle pour le *lapin* (voyez ce mot), excepté qu'il faut nécessairement assommer les lièvres, parce qu'on serait mordu vigoureusement; il faut aussi que les personnes destinées à prendre les lièvres dans le panneau se tiennent sur les côtés de ce filet et non par derrière, pour que le gibier ne les évente pas. Il faut encore être plus prompt à assommer les lièvres que les lapins, parce que, étant plus vigoureux, ils parviennent plus vite à se débarrasser.

A l'époque où les blés sont grands, les lièvres s'y tiennent pendant le jour et vont faire leur nuit dans les avoines, les orges et les pois; on peut alors tendre des panneaux, le soir, au soleil couchant, le long des champs ainsi couverts, pour prendre les lièvres lorsqu'ils s'y rendent, et, le matin, lorsqu'ils en sortent.

Si on veut conserver les lièvres en vie pour peupler des parcs, on les transporte dans des caisses semblables au modèle, *Pl.* 25, *fig.* 6, qui sont construites avec des planches légères de sapin; elles ont 12 pieds de longueur, 2 pieds de largeur et un pied de hauteur. Elles contiennent douze cases pourvues chacune d'une petite porte. Au dessus de chaque case, et en face de chaque porte, se trouve une ouverture pour l'introduction de l'air, de 4 pouces de long sur 2 pouces de large. Ces caisses se portent à bras, au moyen des manivelles dont elles sont pourvues, ou d'un bâton qui les traverse. Lorsque le transport doit durer plusieurs jours, il est nécessaire de mettre de la nourriture dans les caisses, et si le voyage est de longue durée, on leur donne plusieurs fois par jour du trèfle vert ou des feuilles de choux.

On tend aussi des filets semblables à ceux représentés *Pl.* 23, *fig.* 11, 12 et 13, dans une passée connue, près d'un bois, et le matin avant le jour. Le filet, *fig.* 11, regarde le côté d'où l'animal doit venir; il est soutenu sur des piquets très aigus et peu enfoncés, de manière que l'animal, effarouché par le bruit qu'il entendra derrière lui, et se précipitant sur le filet, le fera tomber et s'y prendra. Pour que le succès soit plus assuré, on place, à une certaine distance en avant dans le champ, une corde garnie de petits grelots que l'on attache à un piquet de 5 pieds de haut; lorsque les lièvres se présentent le matin devant le filet, des chasseurs postés çà et là agitent la corde à grelots, ce qui effarouche les lièvres et les fait se précipiter dans le panneau. (*Voyez*, au surplus, ce que nous avons dit de la tendue des filets, au mot *Lapin*.)

XI. *Chasse du lièvre au collet.*

Pour prendre les lièvres aux collets, il faut se servir de ceux qui sont en fil de laiton. (Voyez *Collet*.)

On visite les haies et buissons voisins des champs ensemencés pour reconnaître s'il y a des passées de lièvre; ce dont on s'assure par l'examen des terrains où la voie est marquée, et par celui des branches qui entourent la passée, et qui conservent quelquefois du poil. Si quelque indice porte à croire qu'on ait effectivement trouvé la passée d'un lièvre, il faut y tendre un collet. Mais, pour déguiser l'odeur de l'homme, le chasseur doit avoir soin de se frotter les mains et de frotter le collet avec des plantes aromatiques, telles que du thym, du serpolet, du genêt, et même du blé vert. La disposition du terrain et celle de la passée décident la meilleure manière de placer le collet. Il faut, autant que possible, profiter, pour le fixer, de l'une des branches qui se trouvent auprès de la passée, ce qui est toujours préférable à un piquet, attendu que le lièvre est si méfiant, que, lorsqu'il voit sur sa route quelque chose d'extraordinaire, il rebrousse chemin. Il faut avoir soin que le collet enveloppe bien la passée. Comme il n'est pas rare de voir des lièvres assez rusés pour gratter dans la passée avant de s'y engager, pour peu qu'ils soupçonnent quelque chose d'extraordinaire, il est utile de disposer à plat sur la terre un second collet au dessous du premier; de cette façon, si l'animal parvient à détourner celui qui est pendu, il se prendra infailliblement par les pieds.

On peut employer également contre les lièvres un collet semblable à celui qui est connu sous le nom de *rejet corde à pied* (*voyez* ces mots), en supprimant la marchette; et, dans ce cas, on peut se servir d'un collet de crin, parce que le rejet, enlevant le collet, étrangle l'animal, qui ne peut pas couper le piége avec ses dents.

On peut, dans les cantons où les lièvres sont rares, se servir d'un chien couchant pour trouver les passées de ces animaux. Pour cela, il est bon de le tenir en laisse et de se promener le soir, après le coucher du soleil, ou le matin avant son lever. On fait des remarques à tous les endroits qu'il indique, et on vient examiner ensuite si les autres indices peuvent faire conjecturer que ce soit réellement la passée d'un lièvre.

LIÈVRE CHANGEANT, *lepus variabilis*, Linn. Espèce particulière de lièvre, propre aux climats froids, et qui est plus grand d'un quart que le nôtre. Sa couleur, d'un gris rougeâtre en été, devient blanche en hiver. Il n'est point farouche, notamment en hiver, et il paraît qu'il ne s'accouple jamais avec l'espèce commune. Ce lièvre habite l'Ecosse, le Danemarck, la Suisse, la Livonie, la Norwége, les hautes montagnes de Saltzbourg, du Tyrol et de la Suisse. On ne le voit point dans les climats tempérés. On dit qu'il n'est pas un aussi bon gibier que le lièvre commun.

LIGNER ou LIGNIER. On dit qu'un loup ligne une louve, lorsqu'il s'accouple avec elle.

LIMES. Ce sont les deux grosses dents inférieures du sanglier, que l'on nomme aussi *dagues*, *armes de la barre*, et plus communément *défenses*.

LIMIER. Chien ordinairement épais et trapu, qu'on dresse pour détourner ou quêter le cerf et autres grandes bêtes, et les lancer hors de leur fort ; ses qualités sont d'être secret, d'avoir le nez fin et de suivre juste. Il y a des limiers dressés pour la chasse du matin, et d'autres pour la chasse du soir. (*Voyez*, au mot *Chien*, où il est décrit, et où il est parlé de son éducation.)

LINETTE. (Voyez *Linotte*.)

LINOT. (Voyez *Linotte*.)

LINOTTE. Les linottes sont des oiseaux de l'ordre des passereaux et du genre du pinson. Il y en a de plusieurs espèces. Nous ne parlerons que de celle qui est commune en France.

Cette linotte est décrite, par les ornithologistes, sous le nom de *linotte grise* et de *linotte rouge*. Quelques uns en font deux espèces distinctes ; d'autres n'en font qu'une seule espèce, et assurent que les linottes grises ne sont que des jeunes ou des femelles de la linotte rouge, ou des individus élevés en cage. Nous ne partageons point cette dernière opinion, qui est contraire à ce que l'expérience nous a appris ; car il nous est souvent arrivé de prendre à l'abreuvoir des linottes grises mâle et femelle, dans le temps où elles nourrissaient leurs petits, ce qui dénotait qu'elles étaient âgées au moins d'un an. D'ailleurs les œufs des deux espèces varient dans les taches dont ils sont parsemés. Du reste, comme, dans tous les cas, ces oiseaux se ressemblent beaucoup dans tout ce qui ne tient pas à la couleur de leur plumage, nous bornerons notre description à la linotte rouge.

La LINOTTE ROUGE, *fringilla cannabina*, Linn. (*Pl.* 12, *fig.* 5), a 5 pouces 3 lignes de longueur, y compris la queue de 2 pouces 3 lignes ; le bec de 6 lignes de long, pointu, un peu aplati sur les côtés, et d'un gris bleu ; l'iris brun et les jambes noires et de 8 lignes de haut. La couleur de son plumage, dit M. Hartig, varie suivant l'âge de l'individu et la saison de l'année. Le vieux mâle a le front d'un rouge cramoisi au printemps, et le reste du corps d'un gris rougeâtre avec quelques taches noires sur le sommet de la tête ; le dos d'un brun marron avec quelques plumes d'une teinte plus claire ; la gorge et le cou d'un blanc jaunâtre avec des taches grises-rouges ; la poitrine rouge ; le dessous du corps d'un blanc rougeâtre ; les plumes des ailes, ainsi que la queue, noires, avec une bande blanche. En automne, après la mue, on remarque sur les vieux mâles très peu de rouge, de même que sur tous les jeunes oiseaux, parce que les plumes ne se colorent que plus tard.

La femelle est grise et tachetée de brun et de blanc jaunâtre ; elle n'a un peu de rouge que sur le dos.

Tout le monde connaît le ramage doux et agréable de cet oiseau, qui s'apprivoise aisément, et est susceptible d'éducation.

Habitation. Les linottes sont communes en France, en Angleterre, en Italie, en Allemagne, etc. ; elles se tiennent sur la lisière des bois et dans les haies qui traversent les champs ; elles se réunissent en nombre dans le mois de septembre, restent en société pendant l'hiver, volent très serrées, s'abattent, s'élèvent toutes ensemble et se posent sur les mêmes arbres, et, de préférence, sur ceux dont les feuilles, quoique sèches, ne sont pas encore tombées, tels que les chênes, les charmes, etc. Elles fréquentent alors les terres en friche et les champs cultivés.

Nourriture. Elles se nourrissent de divers petits grains ; elles piquent aussi les boutons des peupliers, des tilleuls et des bouleaux. Le nom de linotte leur a été donné, parce qu'elles mangent de préférence la graine de lin. Elles aiment aussi beaucoup la graine de navette.

Propagation. Elles nichent dans les buissons et les haies d'épines ; la ponte est de quatre à six œufs d'un blanc bleuâtre, ponctués de rouge. L'incubation dure quinze jours. Il y a deux pontes par année.

Qualités. La chair de la linotte est délicate ; mais on recherche principalement ce charmant oiseau pour l'élever en cage et en volière.

Chasse. La chasse aux linottes se fait en automne, de diverses manières : à l'*arbret* (*voyez* ce mot) ; il ne faut point de cages, mais des moquettes apprivoisées ; aux *abreuvoirs*, avec des *gluaux* (voyez *Abreuvoir*) ; au filet d'*alouette* (*voyez* ce mot) ; car, lorsqu'elles sont attroupées, elles descendent très bas pour s'approcher du miroir, et se posent quelquefois au milieu des filets ; on est certain de les y attirer, si on a des linottes mâles pour servir d'appelans ; mais les mailles des filets doivent être très serrées.

On les prend aussi avec un seul filet du *rets saillant*, et enfin au *rets saillant* lui-même, ou au *filet volant*. Voici la description de cette chasse.

Le terrain doit être peu élevé ; les vallons conviennent assez ; il ne faut pas qu'il y ait aux environs ni arbres, ni haies sur lesquels les oiseaux puissent se percher ; plus les arbres sont éloignés, plus la chasse est lucrative. La place que l'on prépare doit avoir au moins 50 brasses de long et 25 de large; l'espace qui entourera les filets tendus sera couvert d'un rang de petites plantes ayant au plus un demi-pied de hauteur, et qui seront ou de la lavande mâle, ou du lentisque, ou du buis, ou du genévrier; le tout sera rangé de manière qu'il cache les cordes auxquelles sont attachés les filets; on pratique autour de cet espace, sur les côtés, une sorte d'allée large d'environ une brasse, et on termine cette allée par un espalier fait avec les mêmes plantes, mais beaucoup plus fortes et plus hautes que la première rangée. C'est au milieu de cet espalier que l'on place les cages des *appelans*; il faut avoir soin d'élaguer les petites branches ou de les contenir avec un cerceau, afin d'éclairer la place où doivent être les *moquettes*. Aux coins des quatre poulies qui font couler les cordes des filets, on dresse quatre touffes de semblables plantes, et on y place quatre cages d'oiseaux choisis et des meilleurs chanteurs: il est encore à propos, pour attirer les oiseaux, de faire, au milieu du bosquet, à droite, une rangée d'osiers rouges et de tilleuls, longue de 3 brasses et large de 2; du même côté, on aura encore l'attention que le sol soit un peu relevé, et descende insensiblement pour favoriser le jeu des filets.

Il faut, en outre, construire une petite loge en roseau pour contenir deux ou trois personnes, et la couvrir partout de verdure; un siège, pour l'oiseleur, sera placé au milieu, vis à vis le *rets saillant*; on fait à cette loge une ouverture en forme de fenêtre, afin que le chasseur puisse diriger sa vue sur ce qui se passe autour de lui. Lorsqu'on destine cette place à servir pendant plusieurs années, on fait la loge en maçonnerie ou en bois; elle doit, dans tous les cas, être couverte de verdure, souvent renouvelée pendant tout le temps de la chasse; en outre, pour s'éviter le renouvellement des plantes et arbrisseaux, on entretient cette plantation que l'on a soin de contenir à la hauteur dite ci-dessus.

Les filets qu'on emploie pour le *rets saillant* doivent être d'égale longueur; celui de la droite a seulement une demi-brasse ou une brasse de plus de largeur; ces filets sont garnis à leur bout de deux perches d'aulne, autrement piquets, qui servent à les lier, et qu'on plante vers le bosquet, aux quatre coins où on veut attacher ces filets; d'autres les adaptent à une petite pièce de bois, qui a des poulies, et qu'on fiche en terre; l'extrémité du piquet est un fer qui entre dans une clochette; le fer qui les tient ensemble et les cordes qui partent de la clochette et vont au filet se nomment *maîtresses*, tandis qu'on nomme *coucrines* celles qui sont du côté de la place en dessus; les maîtresses cordes se joignent à un nœud qu'elles font elles-mêmes; après quoi, à la distance de 2 ou 3 brasses, plus ou moins, selon l'avantage de l'oiseleur, est un bâton qui sert à tirer les filets et qui donne de la force pour les fermer, en les rapprochant l'un contre l'autre; il faut renforcer les cordes et les ficelles qui servent pour les filets, et on leur donne une couleur de terre verte.

Pour prendre un grand nombre de petits oiseaux, il faut des appelans de chaque espèce, car rarement un oiseau s'abat, s'il n'y a de sa race. A ce moyen, on peut prendre, à cette chasse, des linottes, char-donnerets, pinsons, lavandières, bergeronnettes, verdiers, bruans, etc.

Variétés accidentelles de la linotte.

On en voit de totalement blanches; d'autres qui n'ont que la tête, les ailes et la queue de cette couleur; d'autres où le blanc est dominant, mais qui ont les pennes des ailes et de la queue noires, et seulement bordées de la première couleur, avec quelques vestiges de gris sur les couvertures des ailes, d'autres enfin de la couleur des serins qu'on nomme *agates*.

La PETITE LINOTTE. C'est le cabaret.

La PETITE LINOTTE DE VIGNE. C'est le sizerin.

La LINOTTE AUX PIEDS NOIRS. On avait regardé cette linotte comme une simple variété; mais M. Sonnini la considère comme une espèce. Elle se trouve en Lorraine, et on en voit quelquefois, pendant l'hiver et au commencement du printemps, dans les environs de Paris, ainsi que dans la Picardie. Sa taille est plus svelte que celle de la linotte commune; son plumage plus varié de raies longitudinales, et d'une teinte plus prononcée; elle a le bec verdâtre, la queue très fourchue, les pennes des ailes bordées d'un blanc sale; les pieds noirs.

La LINOTTE ROUGE. C'est la linotte commune.

La LINOTTE DE STRASBOURG. C'est le gyntel.

La LINOTTE DES VIGNES. C'est la linotte commune.

LISSEAU. Les faiseurs de filets nomment ainsi ce qu'on appelle communément *peloton*.

LITEAU. Lieu où le loup se repose pendant le jour.

LITORNE, *turdus pilaris*, Lath. Oiseau du genre de la grive (*voyez* ce mot) et de l'ordre des passereaux.

Description. Cette grive (*Pl.* 12, *fig.* 10), un peu moins grosse que la *draine*, a 10 pouces de longueur, y compris la queue de 3 à 4 pouces; le bec de 10 lignes de long, de couleur jaune avec le bout noirâtre; les jambes de 1 pouce 3 lignes de haut et d'un brun noir, ainsi que l'iris; le dessus de la tête, les joues, le dessus du cou, le bas du dos et le croupion d'un gris cendré avec quelques taches noirâtres sur la tête; le haut du dos et les couvertures des ailes d'un brun roussâtre; la gorge blanche; le devant du cou, la poitrine roussâtres avec une tache noirâtre sur le milieu de chaque plume; le ventre, les couvertures subalaires et les inférieures de la queue blancs, avec quelques taches d'un cendré brun sur ces dernières; les pennes des ailes brunes en dessus, cendrées en dessous; les primaires bordées de gris blanc à l'extérieur, et les secondaires de brun roussâtre; les deux intermédiaires de la queue d'un gris brun et cendrées en dessous, les latérales pareilles aux pennes alaires et bordées de gris brun. La femelle diffère du mâle par des couleurs plus ternes et par celle de son bec qui est d'une teinte plus obscure. Le chant de cet oiseau est rauque et dépourvu d'agrément. Son cri d'appel est : *cha, cha, chak.*

Habitation. Ces grives du nord arrivent en troupes, en novembre et au commencement de décembre ; plus l'hiver est rigoureux, plus elles abondent ; plus il est long, plus long-temps elles séjournent parmi nous, et, tant qu'elles se font entendre, les chasseurs et les habitans des campagnes disent que l'hiver n'est pas passé ; elles se plaisent dans les friches, les lieux où croît le genièvre, préférant, surtout à la fin de l'hiver, les prairies humides, et ne fréquentant guère les bois que pour y passer la nuit. Elles se perchent toutes ensemble sur le même arbre et sur les arbres les plus proches ; et il n'est pas rare d'en voir deux ou trois mille dans les endroits où croissent les aliziers.

Nourriture. Elle consiste en vermisseaux, insectes et toutes sortes de baies, notamment celles des aliziers et des genévriers.

Propagation. Comme ces oiseaux ne font leurs nids que dans les pays très reculés dans le nord, on ne sait rien de positif sur leurs amours.

Qualités. La chair de la litorne n'est pas aussi estimée que celle des autres grives ; il paraît qu'elle a beaucoup de fumet quand l'oiseau s'est nourri de genièvre.

Chasse. On prend les litornes au filet, à la pipée, au collet, au rejet, etc. (Voyez *Grive.*)

LIVRÉE. On nomme ainsi, en vénerie, les marques et les barres que les faons et les marcassins ont sur le corps jusqu'à six mois.

LIVRÉE se dit aussi du plumage des jeunes oiseaux.

LOIR, *myoxus glis.* Petit quadrupède de l'ordre des rongeurs, qui ressemble assez à l'écureuil par les habitudes naturelles, et qui, comme lui, habite les forêts, grimpe sur les arbres, saute de branche en branche, se nourrit de faînes, de noisettes, de glands et d'autres fruits sauvages, et qui mange de plus des petits oiseaux qu'il prend dans leurs nids. Il se gîte dans les fentes des rochers élevés, craint l'humidité, et descend rarement à terre. Les loirs font leurs petits en été, et vivent à peu près six ans. Ils restent, pendant l'hiver, dans un tel état d'engourdissement, causé par le froid, qu'ils paraissent privés de tout usage des sens, et on ne les fait sortir de cet état que par une chaleur douce et modérée. Les Romains servaient des loirs sur leurs tables, et, en Italie, on est encore dans l'usage de les manger. On fait des fosses dans les bois, en un lieu sec et à l'abri d'un rocher exposé au midi. On les tapisse de mousse et on les recouvre de paille, puis on y jette de la faîne. C'est là que les loirs se rendent en grand nombre, et on les y trouve engourdis vers l'automne, époque où ils sont les meilleurs à manger. (Voyez, aux mots *Arbalète* et *Traquenard* la manière de les prendre à ces pièges.)

LONG. (Fauconnerie.) Voler en *long*, c'est voler en ligne droite, ce qui arrive lorsque l'oiseau a envie de dérober ses sonnettes et de s'échapper.

LONGE. Lanière de cuir qui sert à attacher l'oiseau de proie sur la perche, quand il n'est pas assuré. Elle est quelquefois de corde ; et on la nomme aussi *filière, longe-cul.*

On dit tirer à la *longe*, c'est à dire, de la part de l'oiseau, voler pour venir auprès de celui qui le gouverne.

LONGER. Se dit des bêtes qui mènent la chasse fort loin.

La bête *longe* une route ou un chemin lorsqu'elle va le long de l'un ou de l'autre sans le quitter.

LONGUE-LANGUE. Dénomination vulgaire du *torcol*, dans quelques endroits de la France.

LORION, LOURION, LOURIOU. C'est le loriot.

LORIOT, *oriolus galbula*, Lath. Oiseau de l'ordre des *pies* et du genre *loriot* (*Pl.* 10, *fig.* 8).

Description. Ce bel oiseau a la grosseur du merle ; 9 pouces de long, y compris la queue de 3 pouces et demi ; le bec de 1 pouce de long, gros, droit, conique, et d'un rouge jaune ; l'iris d'un brun grisâtre ; les jambes de 1 pouce de haut et d'un gris cendré ; la tête, le cou, le dos, la poitrine et le dessous du corps d'un jaune doré ; les ailes et la queue noires, mais la queue est bordée de jaune dans presque la moitié des pennes, à l'exception des deux intermédiaires.

La femelle diffère du mâle en ce que, chez elle, le jaune de celui-ci est remplacé par le gris ou le vert olivâtre, et en ce qu'elle n'a que les ailes et la queue qui soient parsemées d'un jaune doré.

Le chant du loriot a donné lieu aux différens noms qui lui ont été imposés : les uns ont cru entendre *yo, yo, yo* ; d'autres, *oriot*, ou *loriot*, ou *compère loriot* ; les Allemands disent qu'il prononce *filoo*. Au surplus, son chant est flûté, et, quoiqu'il soit sans art, on aime à l'entendre dans les forêts.

Habitation. Les loriots aiment les climats doux et chauds ; ils se tiennent au bord des bois et dans les boqueteaux qui se trouvent au milieu des terres. Ils arrivent de bonne heure au printemps, et nous quittent aussi de bonne heure, en automne.

Nourriture. Elle consiste principalement en chenilles, insectes et vermisseaux ; mais ils se nourrissent aussi de cerises, de raisins, de sorbes et autres sortes de baies et de figues.

Propagation. Ils nichent sur les grands buissons, ou sur les petits arbres, ou sur les branches basses des grands arbres ; ils construisent un nid, en forme de bourse, avec beaucoup d'industrie, l'attachent à la bifurcation d'une petite branche, de manière qu'il est suspendu, mais assez solidement pour que le vent ne puisse l'emporter. La femelle y dépose de quatre à cinq œufs d'un blanc sale, semés de petites taches d'un brun noirâtre, qu'elle couve alternativement avec le mâle pendant quinze jours.

Qualités. Le loriot est un oiseau fort utile par la destruction qu'il fait d'un grand nombre de chenilles et d'insectes ; sa chair est d'ailleurs d'un bon goût ; elle est très grasse, lorsque l'oiseau s'est nourri de figues ; mais, au printemps, à l'époque de son arrivée, elle est très maigre.

Chasse. Cet oiseau est très défiant, et on ne l'approche que par surprise ; il faut user de précaution, si on le chasse au fusil, parce qu'il se fait souvent suivre d'arbre en arbre, pendant des heures entières, avant qu'on puisse être assez près pour le tirer ; on l'attire en sifflant comme lui, sans le secours d'aucun appeau ; mais il faut imiter son chant parfaitement, car il s'éloigne si on donne un coup de sifflet à faux ; on prend les loriots aux abreuvoirs, et, dans la saison des cerises ou merises, on lui tend des rejets et des collets qu'on amorce avec ces fruits ; il vient aussi à la pipée, et on le chasse avec différentes sortes de filets.

LOUETTE. Dénomination vulgaire de l'alouette en Guienne.

LOUP, *canis lupus*, Linn. Quadrupède du genre et de la famille des *chiens*, et de l'ordre des *carnassiers*. C'est une espèce tellement rapprochée de celle du chien, que l'on remarque à peine, entre l'une et l'autre, quelque disparité constante ; et ces deux espèces produisent ensemble, quoique rarement, des métis dont on a suivi la reproduction jusqu'à la cinquième génération.

Description. (Voyez la *Pl.* 5, *fig.* 8.) C'est principalement avec le *chien de berger* que le loup a des rapports particuliers ; il en a aussi avec le *renard*. Sa tête, qui ressemble à celle de ce dernier animal, est grosse, oblongue, et se termine par un museau pointu ; mais ses yeux sont encore plus obliquement placés que ceux du *renard*, tandis que l'ouverture des paupières est horizontale dans les *chiens*. Ses dents sont plus fortes, proportion gardée, que celles des chiens de la plus forte race ; il a les oreilles droites et pointues ; la queue un peu recourbée et garnie de poils longs et touffus, moins épais cependant que dans le renard ; son corps et ses pieds ont plus de rapports avec ceux du chien ; mais il a moins de souplesse. Quand il marche ou qu'il trotte, il traîne un peu de derrière ; ce qui lui donne une allure particulière et le fait paraître comme déhanché. Sa taille ordinaire est cependant plus forte que celle du chien ; la longueur de son corps est de 3 pieds et demi et celle de sa queue de 18 pouces. Les poils qui recouvrent son corps sont rudes et fourrés, et leur couleur, pendant l'hiver, est d'un gris jaunâtre, varié de noir à l'extrémité des poils ; dans l'été, leur couleur ressemble beaucoup à celle du renard ; elle blanchit dans la vieillesse. Le poids d'un loup, parvenu à tout son accroissement, est ordinairement de 70 à 90 livres, mais rarement de plus de 100 livres. Tout le corps de la bête répand une odeur forte qui est en horreur à tous les animaux.

Cet animal est doué de sens très fins : il a l'ouïe très bonne ; la vue perçante et l'odorat exquis ; sa vigueur est extraordinaire, et l'armure de sa gueule est forte et redoutable. C'est presque sans faire d'efforts qu'il entraîne un mouton, un chevreuil. Son amour pour le carnage est tel qu'il ne se contente pas d'étrangler l'animal dont il veut faire sa pâture ; on a vu jusqu'à neuf moutons étranglés par lui en peu de minutes ; et dont il n'avait emporté qu'un seul pour le dévorer dans un bois voisin (1). Il attaque et déchire des animaux plus gros que lui : le cerf, le daim et presque tous les animaux sauvages deviennent sa proie. Cependant, le loup est craintif de sa nature ; il fuit l'homme et les chiens, quand la faim ne le presse pas ; il est ennemi de toute société, et on ne voit plusieurs loups ensemble que quand ils veulent attaquer quelque gros animal, comme un cerf, un bœuf, ou quelque mâtin redoutable. Il n'y a pas même une grande habitude entre le mâle et la femelle ; ils ne se recherchent qu'une fois par an, et ne demeurent que peu de temps ensemble.

Habitation. On trouve le loup non seulement en Europe, mais encore dans quelques contrées septentrionales de l'Afrique, en Asie, et au nord de l'Amérique.

Il n'en existe plus en Angleterre ; et, suivant M. Hartig, on était parvenu aussi à le détruire en Allemagne, de sorte qu'il n'y avait plus de loups indigènes au pays ; mais, depuis une vingtaine d'années, on y a vu arriver, soit de la France, soit de la Bohême, des loups étrangers qui, cependant, ont été bientôt détruits. C'est dans les forêts de grande étendue, peu fréquentées, entrecoupées de rochers et de vallées marécageuses, que les loups se retirent de préférence.

Nourriture. Les quadrupèdes grands et petits, tous les oiseaux qu'il peut attraper, sont la pâture du loup. Mais il préfère exercer ses ravages sur les animaux domestiques, dont la capture lui coûte moins de peine. Il emploie la ruse pour approcher des troupeaux, et c'est principalement pour les moutons, les chèvres et le jeune bétail qu'il est redoutable, et s'il est pressé par la faim, il brave le danger et attaque les bestiaux même sous les yeux du gardien. Il rôde autour des habitations, cherche à entrer dans les bergeries, en grattant sous les portes, et s'il y entre il y fait un horrible carnage. Au besoin, les loups se nourrissent de menu gibier, de rats, de mulots, et même de grenouilles. Ils peuvent passer quatre ou cinq jours sans manger, pourvu qu'ils ne manquent pas d'eau. Mais lorsqu'ils éprouvent le pressant besoin de la faim, ils sont alors furieux. Ils recherchent les charognes, enlèvent les chiens dans les villages, et s'élancent sur les enfans et même sur les hommes. On a des exemples que des loups affamés et réunis en troupe ont attaqué des cavaliers et, malgré la plus vigoureuse résistance, ils ont dévoré les hommes et les chevaux. On prétend que, lorsqu'un loup a dévoré de la chair humaine, il n'en veut plus d'autre ; aussi, à la fin des longues guerres, les loups, qui ont contracté cet appétit en se nourrissant de cadavres à la suite des armées, se rendent-ils très redoutables dans les campagnes. Leur tempérament ardent, l'habitude du sang les altèrent beaucoup, et ils ont besoin de boire fréquemment. Ainsi que les chiens, ils sont sujets à devenir enragés.

---

(1) Ce fait est rapporté par M. Hartig.

Plusieurs écrivains ont assuré que les loups s'entre-dévoraient, et que si un de ces animaux était grièvement blessé, les autres le suivaient au sang, et s'attroupaient pour l'achever. M. Hartig est du nombre des auteurs qui prétendent que les loups mangent leur espèce. Mais M. Sonnini rapporte que des observations faites à cet égard semblent infirmer cette assertion; de sorte, dit-il, qu'au figuré, comme dans le sens propre, il demeure à peu près constant que *les loups ne se mangent pas*.

Lorsqu'un loup veut enlever un animal, il cherche à le surprendre à la manière du renard, et à l'atteindre par quelques élans qu'il fait à une certaine distance. S'il le manque, il lui donne la chasse jusqu'à ce qu'il puisse le saisir ou que l'animal trouve son salut dans la vitesse de sa fuite. Lorsqu'il peut le prendre, il le saisit à la gorge et l'étrangle sur place. Si l'endroit ne lui offre pas assez de sécurité, il emporte sa proie dans un bois voisin, s'en repait, et lorsqu'il le peut, il en enterre les restes à la manière des chiens; mais il en fait rarement la recherche, parce qu'il ne demeure pas assez long-temps au même endroit dans les lieux habités, et qu'en général il mène une vie errante.

Propagation. Les louves entrent en chaleur en janvier ou février, suivant la température; la chaleur ne dure que douze ou quinze jours, et commence par les plus vieilles; celle des plus jeunes louves n'arrive que plus tard. Les mâles n'ont point de rut marqué; ils pourraient s'accoupler en tout temps. L'accouplement se fait comme celui des chiens.

Les naturalistes ne sont point d'accord sur la durée de la gestation: Buffon avait dit, d'après du Fouilloux, qu'elle était de cent jours; M. Hartig annonce qu'elle est de neuf à dix semaines, et M. Sonnini assure qu'elle n'est que d'environ soixante-douze jours, de même que dans l'espèce du chien; ce qui paraît bien probable. La louve, pour mettre bas, choisit le creux d'un rocher, ou d'un arbre ou tout autre endroit semblable. La portée est de quatre à six petits, quelquefois moins, quelquefois plus; ils ont les yeux fermés pendant neuf à dix jours. Leur mère devient terrible pour les défendre, et lorsqu'elle juge que l'endroit n'est plus sûr, elle les emporte ailleurs. Après les avoir allaités pendant quelques semaines, elle leur apporte du gibier, et elle les instruit ensuite à chasser eux-mêmes; elle ne les quitte qu'au bout de dix ou douze mois, lorsqu'ils ont acquis assez de force pour se passer de tout secours. A deux ans, les loups sont parvenus à toute leur croissance, et ce n'est qu'à cet âge qu'ils sont en état d'engendrer.

Les jeunes louveteaux s'apprivoisent assez facilement, ils sont même caressans et gais; mais ils retournent bientôt à leur naturel sauvage et sanguinaire, et il est toujours dangereux d'en élever. Les métis que l'on obtient par l'accouplement d'un loup avec une chienne sont toujours méchans et enclins à mordre.

Ennemis et maladies. Il n'y a que très peu de chiens et seulement ceux de forte race qui puissent attaquer un loup; aucun des petits chiens et très peu des gros le suivent à la piste; lorsqu'ils en ont le sentiment, ils hérissent leur poil et s'arrêtent. Le loup n'a rien à redouter des autres animaux. Il est rarement malade; cependant il est sujet à la gale et à la rage.

Remarques particulières sur le loup. Quoique cet animal soit d'une force considérable et qu'au besoin il montre un courage extraordinaire et même une grande férocité, cependant il a en général une telle crainte de l'homme, que si l'on fait entendre un bruit inaccoutumé ou une sorte de tintement, ou qu'on fasse feu avec un briquet ou autrement, il prend la fuite aussitôt. Lorsqu'un loup a dévoré sa proie dans une parfaite sécurité, on trouve ordinairement ses laissées (sa fiente) à la place. Le loup qui est chassé dans une forêt garde toujours les lieux fourrés, de même que le renard, et il marche ordinairement sur les voies du renard. Quand un loup a étranglé un mouton ou une autre pièce de bétail, et qu'il s'en est repu, il se tient alors dans le fourré le plus voisin, pour venir, s'il le peut, en manger le reste; mais à la seconde nuit, il s'éloigne presque toujours, afin d'éviter d'être poursuivi.

Qualités utiles ou nuisibles. La peau de cet animal sert à faire des fourrures et des pelisses d'une longue durée, des manchons, des housses de cheval, etc. Son poil entre dans la confection des chapeaux, et ses dents servent à polir l'or et l'argent. Mais sa chair est si mauvaise, que les chiens eux-mêmes ne peuvent la souffrir. Le loup est le fléau des campagnes par sa force et sa voracité, et l'ennemi redoutable des animaux sauvages auxquels il fait la guerre. Cependant il rend service à l'agriculture en détruisant les fouines, les belettes, les rats, les campagnols, les mulots et autres quadrupèdes nuisibles, et de même que le renard, il détruit les hannetons. Mais que sont ces légers services en comparaison des dommages et des malheurs qu'occasione sa férocité?

Chasse du loup.

Nous diviserons en deux parties ce que nous aurons à dire de la chasse du loup: la première partie contiendra l'exposé des différentes méthodes de chasse; et la seconde, l'analyse des réglemens relatifs à cette chasse.

Première partie. — *Des différens procédés employés pour la destruction des loups.*

Les divers moyens employés pour la destruction des loups peuvent se réduire à ceux-ci:
1°. La chasse à courre;
2°. La chasse au fusil;
3°. Les toiles et filets;
4°. Les fosses, enceintes et piéges;
5°. L'empoisonnement.

Chasse à courre. Cette chasse est aussi agréable qu'elle est utile; mais comme le loup, dès qu'il est âgé de deux ans, est extrêmement vigoureux, qu'il tient très long-temps devant les chiens, et qu'il fait ordinairement des fuites de sept à huit lieues, il est difficile à forcer; on ne peut y parvenir sans un nombreux équipage, sans le secours de relais de chiens et de chevaux, et encore faut-il que les hommes soient forts, robustes, accoutumés à la fatigue qu'occasionent les longues courses, et que les chiens et les chevaux aient du train et du fond.

Termes usités à la chasse du loup.

On dit : *les voies du loup*, comme des autres animaux ; on dit aussi : *les loups se suivent à la piste* ; voici *la piste du loup*. Lorsqu'un loup a mangé quelque bête morte qu'il a rencontrée, on dit qu'*il a donné au carnage*, et s'il a tué quelque animal, on dit : qu'*il a fait des abatis* et qu'*il s'y est repu*.

La fiente du loup se nomme *laissée*.

Lorsque le loup a couvert la louve, on dit que le loup *a couplé* ou *a couvert*, comme on le dit pour le chien.

Les tettes d'une louve s'appellent *allaites*.

L'endroit où se couche le loup se nomme *liteau*.

Lorsque les loups sont en amour, on dit qu'ils *sont en chaleur*.

Les loups n'aboient pas, *ils hurlent*.

Les égratignures qu'ils font à la terre avec leurs pieds s'appellent *déchaussures*. *Le loup s'est déchaussé*.

Les termes pour parler aux chiens sont *velelaü*, *velelau*, quand on aperçoit le loup ; *harlou*, *chiens*, *harlou*, lorsqu'on est en chasse.

Il y a bien d'autres termes dont nous parlerons plus loin, lorsque leur emploi sera nécessaire.

Des voies du loup.

Il est souvent difficile de s'assurer des voies du loup, et cependant le succès de la chasse dépend de cette connaissance. La saison la plus favorable pour les distinguer est celle qui comprend la dernière partie de l'automne, l'hiver en entier et le commencement du printemps ; il est rare que, pendant tout ce temps, il ne tombe une assez grande quantité d'eau pour humecter suffisamment la terre. L'hiver, on ne peut cependant pas juger un loup par le pied, lorsque les gelées sont noires et sans poussière, par la raison que la terre est trop dure. Il n'en est pas ainsi les jours d'une gelée blanche et avant qu'elle soit fondue par le soleil ; jusqu'à ce moment le jugement est facile et sûr. Le lendemain de la chute de la neige, on juge facilement les loups ; mais il faut, pour cela, que cette neige ne soit pas fondante, parce que, si elle fondait, il n'y aurait plus de certitude de jugement ; il n'y en a pas non plus quand la neige sur laquelle marche le loup est gelée, parce qu'elle se casse et tombe par petits morceaux dans la forme du pied, qui alors se trouve absolument changée. Dans l'été, on éprouve un autre embarras : les chemins et les terres labourées sont en poussière. Il n'y a que le matin, de très bonne heure, qu'il soit possible de juger un loup, parce que la rosée jusqu'au lever du soleil, donne une certaine consistance à la poussière.

On voit qu'à moins d'une longue expérience de la chasse du loup, on peut souvent faire de fausses conjectures, et commettre des erreurs. Aussi, trouve-t-on peu de bons valets de limier pour détourner le loup.

Voici comment on reconnaît son pied et comment on distingue l'âge et le sexe (*Pl. 5, fig.* 9, 10, 11 et 12).

En général, les empreintes du pied d'un loup ont beaucoup de rapports avec celles d'un gros chien mâtin. Cependant il est facile d'en faire la distinction : le loup a le pied serré et plus long que large ; le chien, au contraire, va le pied ouvert, épaté, aussi long que rond. Le loup a le talon fait en cœur ; l'empreinte de son pied imite une fleur de lis, tandis que celle du pied du chien offre une forme ronde. Le loup a aussi les ongles plus gros que ceux du chien, et ses deux grands doigts sont aussi plus gros ; il a les allures plus grandes et mieux réglées que le chien, qui les a courtes et se *méjuge* toujours.

Le vieux loup a le pied gros, le talon large et gros, dont il forme trois fossettes en terre ; il a les ongles gros et courts ; son pied de devant est beaucoup plus gros que celui de derrière ; l'un et l'autre sont très serrés. Un vieux loup qui va d'assurance ne se méjuge pas, c'est à dire qu'il met régulièrement le pied de derrière dans celui de devant ; s'il trotte, le pied de derrière se trouve placé à deux ou trois doigts de celui de devant. (Voyez *Pl. 5, fig.* 11.)

La louve a le pied plus long, plus détaché, et beaucoup plus étroit que celui du loup ; ses ongles sont plus petits ; en un mot, elle a le pied moins gros, plus serré, plus étroit, et le talon plus petit. (Voyez la même planche, *fig.* 10.)

Le jeune loup, n'ayant pas les nerfs aussi forts que le vieux, a le pied plus ouvert ; et il a aussi les ongles plus pointus et plus petits ; ses allures sont moins réglées, moins longues, et son pied, au total, est moins fort. (Voyez *Pl. 5, fig.* 9.)

Du choix et de l'éducation d'un limier, et de la manière de détourner le loup.

Le choix et l'éducation d'un limier sont très importans, puisque la chasse du loup avec des chiens courans ne commence qu'après la quête du limier. Il faut que ce limier soit bien traversé, qu'il ait la tête carrée, l'œil gros et étincelant ; il faut qu'il soit ardent et même méchant, et de vraie race pour loup ; il faut aussi ne pas lui faire travailler d'autres animaux, et il est nécessaire de le mener souvent au bois. On l'accoutume au trait de la manière que nous avons indiquée au mot *Chien*.

Le temps des louveteaux, c'est à dire les mois de juin, juillet et août, époque à laquelle ils commencent à courir dans le bois, est le plus favorable pour dresser un limier, parce qu'alors on trouve des louveteaux dont l'odeur ne l'intimide pas autant que celle d'un vieux loup.

Il faut, dans ce temps, aller en quête dans les buissons et sur le bord des plaines. Si l'on trouve deux loups entrer et sortir plusieurs jours de suite dans un buisson, on doit présumer qu'il y a des louveteaux ; les loups font alors plusieurs faux rembûchemens pour mieux les cacher. On croyait généralement que lorsqu'on parvenait à tuer une louve, avant que ses louveteaux eussent la force d'attraper leur proie, ils ne mouraient pas de faim, parce que le loup pourvoyait à leur subsistance : « Mais il est reconnu, » dit Leverrier de la Conterie, que, lorsque la louve » apporte pâture à ses petits, le loup la dévalise et, » si elle n'a rien dans la gueule, il la lui flaire, pour » voir si elle n'a point fait d'abat : s'il s'aperçoit

» qu'elle en ait fait quelqu'un, il prend son contre-
» pied pour y aller. Voilà pourquoi la louve, par
» tendresse pour ses enfans, se sépare, dans ses
» expéditions, autant qu'elle le peut, de son glouton
» de mari. Je dis autant qu'elle le peut, parce que,
» demeurant d'habitude ensemble, ils se rejoignent;
» et c'est sans doute cette réunion, qui, les ayant
» fait trouver entrés ensemble dans le buisson où
» l'on a découvert des louveteaux, a fait croire qu'il
» en partageait le soin, mais il ne s'en soucie pas
» plus qu'un chien ne le fait des petits chiens qu'il a
» faits. »

M. Desgraviers ne partage pas cette opinion; il assure que le loup, pendant le temps que la louve ne quitte pas ses petits nouveau-nés, lui apporte à manger, et que lorsque les louveteaux sont assez forts pour prendre de la nourriture, le père et la mère dégorgent à demi digéré ce qu'ils ont dans l'estomac, en mettant leur patte dans leur gueule, et que les louveteaux s'en nourrissent. Beaucoup de chasseurs sont de ce dernier avis.

Lorsque les jeunes ont acquis de la force, la louve reste rarement avec eux pendant le jour, et si on veut les chercher, ce doit toujours être au contre-pied de l'endroit où elle se rembûche. Il est bon aussi de savoir qu'elle n'établit ses louveteaux dans un bois ou en pleine forêt, ou sur les bords des plaines, qu'il n'y ait des taillis de cinq à quinze ans, et des mares d'eau où ils puissent aller boire et prendre des grenouilles.

Les marques auxquelles le valet de limier reconnaîtra qu'il y a des louveteaux dans le bois où il fait sa quête sont l'herbe abattue et foulée par ces jeunes animaux et les débris de leurs repas.

C'est aux mares, aux queues d'étangs, aux ruisseaux, que le valet de limier prendra plus facilement connaissance des louveteaux.

Quand on veut commencer un jeune chien, il faut que le veneur se fasse accompagner d'un camarade qui amène un vieux et bon limier, pour mettre le jeune dans la voie; on ne lui donne connaissance que de cette voie, afin qu'il en veuille parfaitement, et que, par un temps sec et un mauvais revoir, on puisse avoir confiance en lui lorsqu'il se rabattra. On observe bien sa manière de faire, et l'on remarque que, si c'est d'un loup que le chien se rabat, il ne manque pas d'aller sentir les branches ou les herbes que le loup a touchées. De suite, le veneur se met en devoir de suivre, et si le loup va de bon temps, on voit le chien suivre gaiement et avec ardeur. Mais il faut qu'un chien ait un bien excellent pour pouvoir détourner un loup qui irait depuis plus de trois heures.

Il faut mener un jeune chien au bois tous les deux ou trois jours, lui faire lancer de jeunes loups avec son vieux conducteur, qui doit marcher devant lui, arrêter souvent dans les voies pour caresser le jeune chien, puis le laisser repartir jusqu'au bout du trait, aller à lui, le caresser et recommencer plusieurs fois cette manœuvre, qui donne au chien une ardeur extraordinaire en même temps qu'elle lui apprend à être juste dans la voie. Arrivé au liteau, il faut lui parler et le caresser beaucoup pour l'enhardir, puisque le loup inspire naturellement de la crainte aux chiens. Les loups lancés, il faut, au premier chemin,

prendre les devants; si le chien se rabat, on brise devant lui et on lui fait suivre les voies d'un vieux loup, comme plus droites, pendant un moment; un autre jour, on lui donne des voies de plus hautes erres afin de lui apprendre à vouloir des voies de la nuit; enfin, on lui fait faire des suites au contre-pied; on répète ces leçons souvent, pour accoutumer le jeune limier à ne vouloir uniquement que du loup. On observe, au surplus, ce qui a été dit, au mot *Chien*, pour former un limier pour cerf.

Quant à la manière de détourner les vieux loups, il faut y procéder avec précaution pour ne pas les mettre sur pied. Ainsi, quand on voit que des loups entrent et sortent plusieurs fois, ce qu'ils font souvent, on procède comme il a été dit en parlant du cerf, pour savoir s'ils y restent. Il faut avoir un limier bien discret, et ne jamais serrer les loups de trop près, attendu qu'ils prennent facilement vent du trait.

Lorsque dans une quête on trouve des louveteaux que l'on n'a pas envie de chasser, on se retire aussitôt, parce que la louve ne manquerait pas de les déplacer si elle avait vent du chasseur ou du chien; ce n'est que lorsqu'on veut dresser un jeune limier qu'on doit les lui faire chasser.

Jamais une louve ne se *déchaussera* dans l'endroit où elle a des *louveteaux*; mais, observe M. Desgraviers, c'est à tort que l'on pense qu'un loup ne se rembûche pas aux environs de l'endroit où il s'est déchaussé.

La quête du loup est la plus désagréable et la plus fatigante; cet animal est très difficile à trouver, parce qu'il varie beaucoup ses heures de rentrée et de sortie, et les lieux où il se retire; il reste souvent sur pied, et prend aisément vent du trait. Il faut donc, comme nous l'avons dit, procéder avec précaution et ne point l'approcher à mauvais vent. Pendant l'été, les loups n'ont point de demeure fixe; ils restent souvent au milieu des grains, et les louves y font quelquefois leurs petits. On commence sa quête dans la campagne et autour des villages et des fermes; car le loup ne fait sa nuit sous le bois qu'autant qu'il aurait traîné quelque animal qui suffirait à sa nourriture pendant plusieurs jours; encore sa gloutonnerie et sa prévoyance l'engagent-elles à venir à la chasse, après qu'il s'est repu. D'un autre côté, le loup fait tant de chemin pendant la nuit et même le matin quand quelque chose l'inquiète, que l'on a vu plusieurs fois un vieux loup traverser la quête de sept à huit valets de limiers, qui tous en avaient connaissance de bon temps, sans qu'aucun pût le détourner. Pour être assuré de son laisser-courre, il ne faut pas quitter son enceinte; car comme cet animal est souvent sur pied, le valet de limier pourrait perdre le fruit de son travail; et dans l'instant que l'on irait frapper à la brisée, il se pourrait que le loup fût déjà à une lieue de là.

Lorsque le veneur voit que son chien se rabat d'un loup, il doit lui parler pour l'animer, en lui disant : *Qui va là, mon ami; qu'est-ce là, mon ami; après, mon ami; après, tu dis vrai : volci allé; harlou, harlou!* Dans cette occasion, il hâtera son travail, parce qu'il est toujours à craindre que les voies ne vieillissent, et que, comme elles sont d'ailleurs très froides et que peu de chiens les goûtent, le limier ne les suraille au premier carrefour. Il faut aussi avoir grand soin de donner le vent à son limier et de le mener toujours près du bois du côté où rentre le loup.

Les carrefours sont les endroits où les loups s'arrêtent ordinairement pour jeter leurs *laissées* et se *déchausser*, c'est à dire gratter la terre à la manière des chiens, ou pour y pisser. Si c'est un loup, ses laissées sont plus dures que si c'est une louve, et il les jette presque toujours sur une pierre, sur une motte ou une taupinière, au lieu que la louve les jette au milieu du chemin. Le loup, en se déchaussant, gratte la terre avec plus de violence, et ses ongles, qui sont plus gros, y pénètrent plus profondément. On peut encore distinguer le loup de la louve par leur manière de pisser, ce que le limier indique, quoique la place soit sèche et ne soit plus apparente : le vieux loup, pour pisser, lève la jambe contre une branche, que le chien va flairer du haut en bas, tandis que la louve pisse au milieu du chemin en s'accroupissant comme fait la chienne; ce que le chien marque également, en portant le nez tout autour de la place. Après cette cérémonie, les loups reprennent les chemins, percent quelquefois bien loin, souvent aussi ils cherchent à ruser; et, au lieu de suivre le chemin dans lequel ils sont entrés d'abord, ils en prennent un autre, vont et viennent sur leurs mêmes voies et saisissent le premier faux-fuyant ou quelque coulée favorable pour entrer dans le fort. Quand la terre est mouillée, et par un beau revoir, le valet de limier, convaincu par ses yeux du bon travail de son chien, doit avancer d'une ou de deux longueurs de trait à petit bruit pour dresser les voies, caresser son chien, pour lui donner de l'ardeur, se retirer secrètement, briser, et prendre les grands devants de l'enceinte pour s'assurer si le loup y est resté; car si l'animal n'a pas trouvé assez à manger pendant la nuit, il ira encore en avant pour chercher de quoi se rassasier.

Si, après avoir pris les devants, le veneur s'est assuré que le loup n'est point passé et qu'il connaisse assez le travail et la bonté de son chien, pour croire qu'il n'a point suraillé la voie, il doit faire son rapport, et dire si c'est un loup seul qu'il a détourné, ou si l'animal est accompagné d'une louve, etc.; il devra dire aussi s'il y a un bel *accourre*, et quels sont les endroits avantageux pour placer les lévriers ou les relais de chiens courans.

Choix et éducation des chiens courans. Chasse du loup.

Il est indispensable, pour chasser le loup, d'avoir une race de chiens qui veuille bien de cette voie, et lorsqu'on est assez heureux pour la posséder, il n'est point de sacrifices qu'on ne doive faire pour la conserver.

Les chiens courans destinés à chasser le loup doivent avoir l'œil vif et plein de feu, être grands, bien taillés, alertes, et surtout hardis, car les chiens en général craignent tellement le loup, qu'ils se mettent derrière les chevaux des piqueurs, la queue entre les jambes et le poil hérissé, lorsque, chassant soit un cerf, un daim ou un chevreuil, ils ont vent d'un loup. Il en est de même des limiers qui ne sont pas dressés pour cet animal.

Il est également nécessaire que les chiens destinés à la chasse du loup aient le nez très fin, attendu que sa voie est froide, ou, en d'autres termes, que le sentiment du loup étant plus délicat que celui des autres animaux, il s'évapore aussi plus promptement.

On ne doit faire chasser les chiens courans qu'à quatorze ou quinze mois. Leur éducation est bien essentielle, car faute de la bien soigner on s'expose à deux inconvéniens lorsqu'on veut se donner le plaisir de courre le loup : il arrive ou que les chiens, n'ayant été ni dressés ni aguerris, reculent, se hérissent, et se sauvent au premier sentiment de la bête, comme nous l'avons dit plus haut, ou que, pour s'être engagés étourdiment dans le buisson, ils en deviennent la proie; au lieu que le veneur qui aura pris la peine de les dresser à cette chasse est sûr de n'en perdre aucun, tant qu'ils seront obéissans et dociles au requêté.

Pour procéder avec méthode à cette éducation, il est d'abord fort à propos de choisir des chiens de la race de ceux qui aiment à chasser le loup, et de les réunir, afin que, vivant et croissant ensemble, ils se connaissent, prennent de l'attachement les uns pour les autres, et se portent mutuellement secours quand l'occasion s'en présente.

Si l'on n'a point de chiens de cette race qui puissent servir de chef de meute et d'exemple en chassant, il faut faire l'éducation entière des jeunes chiens, et en prendre patiemment toute la peine. D'abord on fait mettre vers quelque moulin, au delà de la rivière ou du ruisseau qui le fait aller, ou bien dans un lieu quelconque, une charogne, en plaçant en même temps non loin de là un bon tireur qui blesse le loup dès qu'il se sera présenté. Alors on s'empresse d'amener les jeunes chiens, de les mettre sur le sang, de les animer à suivre la trace, de les conduire jusqu'à l'endroit où le loup sera tombé, et de le leur faire fouler. Ensuite on écorche le loup, on en fait bien cuire quelques morceaux, qu'on mêle avec du pain de froment, du lait et du fromage, et qu'on enveloppe dans la peau du loup, à laquelle on laisse la gueule ouverte. Quand le tout est ainsi apprêté, on donne du cor pour appeler les chiens, qui, dans la peau de l'animal, sentent l'odeur du mélange, la déchirent pour en manger; ce qu'on leur laisse faire en toute liberté. Il convient de leur faire le même régal dans la dépouille du premier loup qu'ils auront pris après l'avoir chassé.

Le temps des louveteaux est le plus favorable pour dresser les jeunes chiens courans, de même que les jeunes limiers. Dès qu'un veneur aura détourné une portée de louveteaux dans un buisson, il faut s'y transporter avec l'équipage. Rendu aux brisées, on place les jeunes chiens autour du buisson, et l'on attaque avec des vieux chiens bien sûrs dans la voie. Aussitôt que les loups sont lancés et qu'on en a aperçu un jeune, on découple les jeunes chiens; le mieux est de découpler dans le fort plutôt que dans un chemin, afin qu'ils se rallient bien aux vieux, tandis que, donnés de loin, ils pourraient revenir au valet de chiens. Alors les piqueurs doivent beaucoup sonner et parler aux chiens pour les animer, en leur disant : *Harloup, mes bellots, harloup, mes amis; velci allé, ça va hau,* etc.

Quand les chiens de meute ont bien empaumé la voie, il faut se presser de découpler les hardes, car, pour forcer et prendre un louveteau, il faut tous les mettre à bout, attendu qu'ils se font chasser chacun à leur tour et se relaient. Aussi dès qu'on en a forcé un, on prend en un instant toute la portée, parce que les autres sont aussi mal menés que le premier pris, et que jusqu'à ce que les jeunes loups aient mis le pied dans les chaumes (au mois de septembre), ils ne sont pas encore accoutumés à courir et n'ont pas acquis de vigueur.

Si, pendant la chasse, quelques jeunes chiens quittent, il faut les reprendre, les caresser, pour ne pas les rebuter sur le loup, et les redonner dans un autre moment et lorsque les chiens chasseront bien.

Après avoir pris un ou deux louveteaux, on les fait fouler aux chiens, et si quelques jeunes s'y refusent, ce qui arrive à leurs premières chasses, il faut les caresser et les animer pour les engager à prendre de la hardiesse.

La chasse finie, on sonne la retraite; on requête et rassemble tous les chiens, et on emporte les loups pris pour faire la curée au chenil.

Si on attaque un vieux loup, il faut fouler et percer l'enceinte le plus habilement possible, parce que le loup sort du liteau au premier bruit, et qu'il pourrait s'éloigner et se forlonger avant que les chiens aient empaumé la voie.

Dans un défaut, il faut, sans perdre de temps, prendre les grands devants de la refuite ordinaire des loups; et si l'on ne le trouve pas passé, on retourne sur les derrières à l'endroit du défaut qu'on aura eu soin de marquer avec des brisées hautes et basses pour le reconnaître. Comme les loups percent toujours, on voit peu de défauts à cette chasse, et pour faire une bonne meute il faut mettre en pratique les mêmes principes que pour la chasse du cerf, tant pour les hardes que pour la manière de tenir les chiens.

Nous venons d'indiquer la manière de chasser et de forcer les jeunes loups; mais s'il s'agit d'un grand loup, alerte et vigoureux, il faut, indépendamment d'une bonne meute de chiens courans, employer des lévriers qui le saisissent quand il débûche d'une forêt à une autre. Voici la manière de procéder à cette chasse.

Chasse du loup avec les lévriers.

On a vu précédemment qu'il est très difficile de forcer un vieux loup, à moins qu'il n'ait été estropié par quelque accident ou qu'il ne soit malade; sans cela, il se fait chasser pendant huit ou dix heures, et quelquefois bien davantage. Il faut donc employer tous les moyens possibles pour le détruire. Pour y parvenir plus sûrement, on joint à l'équipage de chiens courans au moins huit laisses de lévriers.

Choix du lévrier. Pour qu'un lévrier pour loup soit beau, et réunisse la vitesse à la force et au courage, il faut qu'il soit grand, qu'il ait la tête un peu plus longue que large, qu'il soit bien coiffé, qu'il ait l'œil gros et plein de feu, le cou long, l'épaule sèche et décharnée, le rein haut et large, les hanches larges, le jarret droit, la jambe sèche et nerveuse, le pied petit, les ongles gros et point d'ergots. Les lévriers sont bons, quel que soit leur poil; mais ceux qui l'ont gros sont moins sensibles au froid, ordinairement plus vaillans et plus durs à la fatigue.

Voici, d'après M. Desgraviers, comment on procède à la chasse du loup avec les lévriers.

Les lévriers destinés à cette chasse se partagent en trois laisses différentes; les uns s'appellent *lévriers d'étric*; les seconds, *lévriers compagnons* ou *lévriers du flanc*, et les troisièmes, *lévriers de tête*; ordinairement on a deux laisses de chaque espèce, et chaque laisse est composée de deux ou trois lévriers. On place d'abord les deux laisses d'étric au bord du buisson où les loups ont été détournés, près de l'endroit où l'on présume qu'ils pourront donner en sortant. Ces deux laisses doivent être séparées l'une de l'autre d'environ cent pas, selon la situation des lieux. Chaque laisse, tenue par un valet de chiens, doit être appuyée d'un cavalier, qui aura grand soin de se cacher avec les lévriers dans le bord du bois, à bon vent, afin de pousser les loups quand les *lévriers d'étric* seront lâchés, et pour le faire enfoncer dans l'accourre.

On place les *lévriers compagnons* entre les deux buissons à moitié chemin et à six cents pas des *lévriers d'étric*. Les deux laisses de *compagnons* doivent être portées vis à vis l'une de l'autre, le passage du loup entre deux.

Ces lévriers doivent être encore mieux cachés que les autres, de peur que le loup ne les aperçoive, et les valets de chiens ne les lâcheront qu'au moment où l'animal sera prêt à passer.

Enfin les *lévriers de tête* doivent être placés près du buisson où l'on pense que le loup doit rentrer; et lorsqu'on le verra s'approcher, poursuivi par les autres chiens, on s'avancera avec les *lévriers de tête*, la laisse détachée pour les lâcher sur le loup à son arrivée. Plus grands, plus forts et plus animés que les autres, ces lévriers auront bientôt fait de réduire le loup. Dès que les chiens tiendront le loup, les valets de chiens, qui doivent être munis d'un gros bâton court, s'avanceront promptement pour le lui enfoncer dans la gueule, afin que cet animal, qui ne lâche jamais ce qu'il mord, exerce sa furie sur le bâton, et ne blesse pas les chiens; ce bâton sert aussi à faire lâcher prise au loup quand il tient un chien. Lorsqu'on trouve le moment favorable de percer le loup avec un couteau de chasse, il faut lui donner le coup à travers le corps, près de l'épaule, en ayant soin de tenir la main sur la pointe du couteau, pour ne point blesser les lévriers.

Pour cette chasse, il est important de savoir bien choisir l'accourre. Le veneur, en faisant son rapport, doit donner des renseignemens à cet égard, et l'on va reconnaître les lieux, pour décider l'endroit le plus propre pour placer les lévriers, et à bon vent, c'est à dire qu'il faut que le vent vienne du côté du buisson où le loup a fait sa rentrée, afin qu'il n'évente pas les lévriers. Il faut aussi que l'accourre soit en pays plat, sans aucuns buissons, et que personne n'y passe quand les lévriers y sont placés.

Tout étant ainsi disposé, et des cavaliers étant placés à mauvais vent autour de l'enceinte, pour faire du bruit, et forcer le loup à donner dans l'accourre, on l'attaque avec des chiens courans, et s'il le faut, à cause du vent, au lieu de découpler aux brisées, on foule en sens contraire, toujours pour forcer le loup à donner dans l'accourre.

Il est essentiel que les valets de lévriers ne lâchent leurs laisses qu'à propos, c'est à dire, pas avant que le loup ne se soit avancé dans l'accourre au moins de quarante pas: ils doivent s'avancer la laisse à la main, dénouée, et faire voir le loup aux lévriers avant de les lâcher. Quand les deux premières laisses sont lâchées, celui qui tient celle *de tête* doit s'avancer, aller au devant du loup, et lâcher ses lévriers en tête avant que le loup ne soit à eux.

Autre manière de chasser le loup aux chiens courans et avec des lévriers.

Cette manière de chasser a beaucoup d'analogie avec celle qui précède; seulement on y emploie des hommes concurremment avec les chiens courans et les lévriers. Voici comment on y procède.

On place les lévriers de la manière et dans le sens qu'on vient d'expliquer; puis du côté du buisson où l'on ne veut pas que le loup débouche, sont postés une douzaine d'hommes ayant chacun une crécelle pour s'en servir au signal donné, lesquels, à soixante pas les uns des autres, plus ou moins, selon la largeur du buisson, en enveloppent tout le côté désigné.

Ces dispositions faites, le chef de la chasse donne l'ordre, et à l'instant les chiens sont conduits aux brisées et sur-le-champ découplés. Le piqueur les appuiera et les animera sans cesse par les cris: *hola, ila, là tuyau, velleci aller!* et il sonnera de temps en temps pour les faire bien quêter.

Il est certain que tout ce bruit et la voix des chiens feront sortir le loup de son liteau. Si le veneur l'aperçoit, il crie aux chiens: *Velelau, velelau, harlou, harlou, velleci aller!* Il sonne ensuite pour faire prendre les voies, puis il crie: *Harlou, chiens, harlou, velleci aller!* A l'instant où les chiens ont empaumé les voies, ils crient, et chassent le loup avec la plus vive ardeur, et néanmoins le piqueur doit les animer encore en sonnant souvent. Ainsi poursuivi, il est possible que le loup fasse quelques tours dans le buisson, ne voulant point sortir avant d'avoir le vent; mais les crécelles placées aux défenses, commençant à jouer, elles empêchent l'animal de sortir de ce côté, et ne lui laissent, pour toute sortie, que l'accourre à bon vent. Cependant tandis que le loup balance sur la voie qu'il doit prendre, les chiens le pressent toujours vivement, appuyés du piqueur qui criera sans relâche: *Há, il fuit là, chiens, il fuit là, há há!* puis, après avoir sonné deux mots, c'est à dire deux tons prolongés, il recommence à crier: *Hou, velleci aller, velleci aller!*

Enfin, pressé par les chiens, étourdi du bruit des défenses et de la voix des chasseurs, le loup se détermine à fuir par l'endroit qui lui semble calme et où il n'entend rien, c'est à dire précisément par celui de l'accourre. Arrêté un instant au bord du bois, pour voir de tout côté s'il n'y a personne, il part rapidement et prend la plaine; c'est alors, qu'après l'avoir laissé avancer d'une centaine de pas, comme nous l'avons déjà dit précédemment, on lâche vivement les *lévriers d'étrie*, puis les autres dans l'ordre ci-dessus décrit; deux cavaliers piquent en même temps à lui, pour le forcer à s'avancer dans l'accourre; c'est là le point essentiel, sans cela il est manqué, car il est bien rare et bien difficile de forcer le loup à la course vive et en toute liberté.

Il faudrait, pour y réussir, avoir de nombreux relais, que les chiens fussent dressés uniquement pour le loup, et qu'aucune voie de sanglier ou de bêtes fauves ne pût les détourner; et encore avec cet avantage, assez rare, cette chasse, peut devenir aussi longue que pénible; car le loup est toujours, comme nous l'avons dit, bien en haleine en quelque temps et dans quelque circonstance qu'on l'attaque et qu'on veuille le courre; et très communément il tiendra devant les meilleurs chiens et les plus vites, pendant huit à dix heures de suite, et quelquefois beaucoup plus longtemps.

A l'instant où le loup est pris, on l'abandonne aux chiens courans, qui arrivent presque aussitôt; mais on a soin auparavant de faire retirer et de remettre en laisse les lévriers pour éviter qu'ils ne se jettent sur quelque chien courant et ne le mordent cruellement.

Quand le loup est mort, on sonne trois mots du gros ton du cor, on descend de cheval et on caresse les chiens pour les exciter à le fouler; c'est au premier piqueur à lever le pied droit de la bête, qu'il présente au maître ou au commandant de l'équipage.

La manière de courre la louve est la même que celle du mâle; mêmes dispositions, mêmes poursuites et mêmes cris.

Observations sur la chasse du loup aux chiens courans.

Afin de réussir complètement dans la chasse du loup aux chiens courans, d'après la méthode qu'on vient d'exposer, le veneur doit encore faire attention à quelques remarques de du Fouilloux sur ce sujet. Le loup, vivement poursuivi, et sentant ses forces diminuer, a quelquefois recours à la ruse : ou il gagne une grande tanière de blaireaux, et il s'y enfonce la queue la première; alors on l'environne de chiens qui l'attendent à la sortie : ou il se sauve dans quelque fort hallier d'épines et de ronces; alors il faut accourir, débarrasser son asile, l'y attaquer, sans lui donner le moment de se reconnaître.

On a vu des loups qui, quoique vivement poussés par des chiens que rien n'était capable de détourner des voies, se faisaient chasser une journée entière, et, pendant tout ce temps, conservaient toutes leurs forces et leur haleine, parce qu'ils avaient l'attention de tourner souvent du côté d'une grande mare, au fond du bois, et de s'y rafraîchir ; il est donc bien essentiel, ou d'éloigner le loup des eaux qui peuvent se trouver dans les forêts lorsqu'on le court, ou de les faire préalablement garder, ainsi que les fontaines, s'il y en a, par des gens qui, avec l'arme à feu, obligent l'animal de s'éloigner au plus vite.

Curée du loup.

Comme l'odeur de cet animal est extrêmement forte, les chiens n'en tâteraient point si on n'avait le soin de la leur déguiser. Il faut emporter le loup au logis, le dépouiller, le vider, et laver la tête à laquelle on laisse la peau et les oreilles. On sépare les quatre quartiers, que l'on fait rôtir avec le reste du corps dans un four bien chaud. Pendant que le tout rôtit, on met dans un ou plusieurs baquets quantité de petits morceaux de pain; on jette dessus les quartiers du loup, coupés en menus morceaux au sortir du four; on verse sur ce mélange de grandes chaudières d'eau bouillante, dans laquelle on a jeté, pendant qu'elle bouillait, 3 ou 4 livres de graisse; le tout est remué bien ensemble; lorsqu'on voit qu'il est bien trempé, on renverse ce qui est dans les baquets sur une grosse toile faite exprès, et on remue encore une fois, afin que ce mélange, encore un peu chaud, puisse servir de nourriture aux chiens.

Tout étant prêt, le premier piqueur prend les houssines de la main du premier valet de chien; il en présente au commandant de l'équipage, qui en donne une au maître, à qui il appartient; on en donne aussi par ordre à tous les spectateurs de la curée, selon la qualité de chacun. Alors on ouvre le chenil, les piqueurs sonnent la curée, comme dans les autres chasses. On tient, pendant ce temps, la peau et la tête du loup devant les chiens, afin qu'ils s'accoutument à le voir. Quand ils ont mangé la mouée, on leur présente, à trente pas de là, le corps du loup rôti, auquel on rejoint la tête. Le meilleur moyen de leur en faire manger est de la leur montrer au bout d'une fourche, et de les animer de la voix et du son de la trompe; alors on les voit se précipiter dessus et la dévorer à l'envi l'un de l'autre.

Cette curée se fait l'hiver; celle d'été a quelque différence: dans cette saison, après que la chair est rôtie et coupée en petits morceaux, au lieu d'eau bouillie avec de la graisse, on prend deux ou trois seaux de lait, dans lequel on met beaucoup de morceaux de pain bien menus, ou de la farine d'orge; le tout étant mêlé, on présente aux chiens cette mouée de la même façon que la précédente; on remarque qu'ils en mangent volontiers, et elle est très rafraîchissante pour eux; on donne ensuite le corps comme on vient de le dire.

II. De la chasse du loup au fusil.

La chasse du loup au fusil comprend les *battues*, la *chasse avec un limier*, la *traînée*, la *détente du fusil*, la *hutte*, l'*affût*. Nous allons exposer successivement ces diverses méthodes.

Des battues.

Les battues offrent, sans contredit, le moyen le plus prompt et le plus expéditif de détruire les loups; mais on ne l'emploie pas toujours d'une manière aussi fructueuse qu'il pourrait l'être.

Pour bien exécuter une battue aux loups, il faut observer toutes les règles que nous avons indiquées, d'après M. Hartig, sous le mot *Cerf*. Mais on doit particulièrement recommander le silence en plaçant les traqueurs et les tireurs, parce qu'autrement on ferait fuir le loup avant que l'enceinte soit entourée, surtout si elle est d'une certaine étendue. Il faut aussi que les batteurs ou traqueurs, lorsqu'ils parcourront une enceinte, évitent de faire trop de bruit, afin de ne pas faire partir les loups qui se trouveraient dans les enceintes voisines, d'où il résulterait qu'à chaque enceinte on arriverait trop tard. On doit se rappeler aussi qu'un loup traqué garde ordinairement le fourré, de même que les renards, et qu'il ne se hasarde pas volontiers à courir dans la plaine. Enfin, il ne faut pas oublier qu'un loup, même étranger à un buisson, se tient presque toujours sur les passages ordinaires des renards.

M. Sonnini, dans l'article du loup du nouveau *Dictionnaire d'histoire naturelle*, où il a analysé les différentes méthodes de faire la chasse au loup, fait remarquer les défauts d'ordre qui accompagnent presque toujours les battues, et le peu de succès qu'on en obtient. Nous pensons qu'il n'en serait pas de même si on observait bien les règles que nous avons fait connaître pour les battues du cerf. Les Allemands, beaucoup plus silencieux que nous dans leurs grandes chasses, et peut-être aussi mieux disciplinés pour cet exercice, obtiennent des succès prodigieux; ils sont parvenus à détruire les loups dans leurs immenses forêts; tandis qu'en France, où les forêts sont généralement peu d'étendue, nous sommes encore infestés de ces cruels animaux.

M. Sonnini conseille de faire faire des battues, sous les ordres de veneurs expérimentés, par des troupes de ligne commandées et contenues par leurs chefs, assujetties à une discipline rigoureuse, tant pour les cris que pour la marche. Il est certain qu'en France c'est le seul moyen de réussir.

Chasse au loup avec un limier.

Cette chasse est l'une des plus sûres et des plus expéditives. Au lieu de batteurs, c'est un chasseur qui entre avec un seul limier en laisse dans le buisson où l'on sait qu'un loup s'est rembûché, pendant qu'un nombre suffisant de tireurs sont postés autour de l'enceinte avec des fusils chargés à balles ou à lingots, et ce qui vaut mieux encore, avec du plomb *double zéro*. Le loup, beaucoup moins effrayé de la voix du limier que des cris de plusieurs chiens courans, fuit moins rapidement au sortir du *liteau*, d'où il arrive que les chasseurs peuvent le tirer plus aisément ou qu'ils ont le temps de se placer autour d'une seconde enceinte peu éloignée, où l'animal, moins vivement poursuivi, ne manque pas de se retirer. Il est entendu que, dans ce cas, le chasseur qui conduit le limier ne pénètre dans la seconde enceinte qu'après que les chasseurs sont repostés autour de cette enceinte.

On peut aussi, lorsqu'on a lieu de conjecturer qu'il se trouve un ou plusieurs loups dans un bois, placer des tireurs du côté des refuites, découpler ensuite les chiens et quêter au hasard. Dès qu'un chien se rabat d'un loup, on l'appuie et on opère comme on l'a déjà dit.

M. Desgraviers, dans son *Parfait chasseur*, indique un autre moyen de traquer qu'il assure lui avoir réussi : on va au bois le matin quand il a neigé, et sans chien si l'on veut. Lorsqu'on a détourné un ou plusieurs loups, on place des tireurs autour de l'enceinte, les meilleurs à bon vent et aux bons passages, les autres dans les endroits moins avantageux pour y faire du bruit et forcer le loup à passer aux bons tireurs. Lorsque tout est disposé, un veneur, muni d'une sonnette dont il a arrêté le battant, pour ne faire du bruit que lorsqu'il en sera temps, frappe aux brisées et démêle les voies du loup sans dire mot. Arrivé au liteau, qu'il reconnaît être chaud, il fait agir sa sonnette, ce qui annonce aux tireurs qu'ils doivent être sur leurs gardes; puis il suit les voies du loup, en sonnant de temps en temps, pour indiquer aux tireurs où se dirige le loup qui, éventant tout le monde, se fera battre long-temps dans l'enceinte avant d'en sortir ; mais, fatigué du bruit de cette sonnette qui le suit partout, il finira par franchir la ligne des tireurs. On peut, après avoir tué un ou plusieurs loups dans une enceinte, se transporter à d'autres brisées et y faire la même manœuvre. Lorsque la neige dure long-temps, il est possible de détruire beaucoup de loups de cette manière.

Chasse du loup à la traînée.

Dans cette chasse, on tâche d'attirer les loups dans un lieu commode pour les tirer, au moyen de quelques appâts. On prend, par exemple, un chat écorché, vidé, rôti au four et frotté de miel; on le porte tout chaud vers les endroits où l'on sait qu'il y a des loups; on traîne l'appât avec une corde jusqu'au lieu où l'on veut attirer les loups ; bientôt ils sortiront, suivront la traînée, et viendront s'offrir aux coups du chasseur.

En temps de neige, on prend l'estomac d'un bouc, que l'on traîne avec une corde depuis la retraite des loups jusqu'à un arbre dans les environs de son domicile; on suspend cette chair contre l'arbre, en sorte que le loup y puisse atteindre, et on y attache une autre corde qui réponde à une des fenêtres de la maison et à des sonnettes disposées de manière à faire connaître les premières tentatives du loup pour s'emparer de l'appât. Dès lors, on prend son arme et on tire à coup sûr. Il est entendu que cette chasse ne peut réussir que la nuit, temps où les loups sortent pour chercher leur nourriture; il est aussi à désirer que le clair de la lune favorise le chasseur. Enfin, il serait à souhaiter qu'on pût traîner les appâts étant à cheval, afin de ne pas laisser au loup, qui a le nez très fin, le sentiment de l'homme sur la traînée; cette précaution est surtout importante quand l'appât a moins d'odeur que ceux dont nous venons de parler.

Détente du fusil.

Nous avons décrit au mot *Blaireau*, et indiqué dans la *Pl.* 22, *fig.* 4, la manière de disposer un fusil pour qu'un blaireau le fasse partir lui-même.

Il y a peu de différence dans la manière de dresser l'appareil pour le loup.

Lorsqu'on connaît le passage ordinaire d'un loup, on rétrécit ce passage en plantant quelques branches en forme de haie, à l'endroit où l'on veut tendre le piége. Ensuite, on prend un bâton, de grosseur ordinaire, plus long d'un demi-pied que la largeur du chemin, et pourvu d'un crochet à l'un de ses bouts ; ce bâton s'accroche au bas d'une branche contre terre. On fait une coche à 2 pouces près de l'autre bout. Cela fait, on enfonce à l'autre bord du chemin un piquet de la même grosseur, et long de 1 pied, auquel on fait aussi une petite coche, à 1 pied et demi de terre, du côté de la haie ou du bois. Puis, à douze ou quinze pas dans le bois, on plante deux fourches comme celles qui sont représentées dans la *Pl.* 22 ; on y pose le fusil que l'on fixe solidement, et qu'on ajuste vers le milieu du chemin. On attache une pierre de 10 à 12 livres pesant, à une corde légère qui passera dans les fourchettes ; et à l'autre bout de la corde, on fixe un petit bâton de la grosseur du doigt, de 4 pouces de long, et taillé en coin aux deux bouts; on tire la corde jusqu'à ce que la pierre joigne la crosse de l'arme, et que le petit bâton touche le piquet, pour mettre un de ses bouts dans la coche, et l'autre dans la coche de la marchette ou bâton crochu qui traverse le chemin, en sorte que ce bâton ou marchette soit élevé de terre de 1 pouce.

Ce travail étant terminé, on attache une corde à la pierre, et l'autre bout de la corde à la détente de l'arme; on met ensuite plusieurs petits bâtons longs d'un pied., portant d'un bout sur les marchettes et de l'autre à terre; on couvre le tout de feuillage et on en jette négligemment de côté et d'autre du chemin, on bande l'arme, et on se retire jusqu'au lendemain, au soleil levant.

Si le loup, en passant, pose le pied sur les petits bâtons, il fait tomber la marchette; celle-ci fait décocher le bâton qui tient la pierre en l'air, et la pierre, en tombant, fait débander l'arme, qui, tirant dans le passage, frappe le loup. Quelquefois, au lieu d'un seul fusil, on en place quatre ou cinq, tous dirigés vers le même but ; et alors ce piége s'appelle *batterie*.

Tous les auteurs qui ont décrit ce piége ne manquent pas d'observer, et avec raison, qu'il peut être fort dangereux pour les hommes dans les lieux fréquentés, et qu'on ne doit le dresser qu'aux endroits où l'on est bien assuré qu'il n'y passera personne. On court encore le risque de perdre l'arme qu'on y emploie.

Chasse du loup à la hutte.

La hutte dans laquelle le chasseur se cache pour différentes sortes de chasse, et que nous avons décrite aux mots *Vache artificielle*, et représentée dans la *Pl.* 35, *fig.* 3 et 4, consiste en branches que l'on enfonce en terre et qu'on rapproche assez pour masquer le chasseur. Celles que l'on construit pour la chasse du *loup* ou du *renard* doivent être faites d'une manière plus industrieuse et plus solide.

Il y a deux sortes de huttes pour la chasse du *loup* et du *renard*; savoir, celle que l'on pratique en terre, et celle qu'on place dans un arbre. La première est plus agréable, parce qu'on y a plus chaud et que le chasseur peut se faire relever par un camarade sans être aperçu.

Lorsqu'on veut construire une hutte en terre, on cherche dans le bois, à une distance qui ne soit pas trop éloignée de son logis, une pente exposée au midi, au bas de laquelle il y ait, s'il est possible, un petit ruisseau, et l'on choisit un endroit qui ne soit point trop garni de bois, ni cependant loin d'un fourré. La précaution de se placer à l'exposition du midi est importante, afin d'avoir la lune en face, et pour que la hutte et l'appât qu'on placera en avant soient toujours éclairés. Dans cet endroit, on creuse un trou, pour y établir une loge qui ait de 5 à 6 pieds de large et 7 pieds de haut, et qui doit en grande partie être assise en terre. Là, on dresse des poteaux en chêne, entre lesquels on assemble des planches également en chêne; on recouvre la hutte d'un petit toit en planches, toujours de chêne. Cette hutte doit être pourvue d'une porte sur le derrière, d'un banc dans son intérieur, et d'une ouverture ou canardière à coulisse de 8 pouces de haut et de 12 pouces de largeur sur le devant, et recouverte dans tout son extérieur de branchages, de manière qu'on la remarque le moins possible. Il faut de plus former, dans le ruisseau qui est en avant de la hutte, de petites cascades bruyantes en y amassant des pierres; et au delà du ruisseau, à 3o pas de la hutte, essarter le bois dans une largeur suffisante pour pouvoir y placer plusieurs bêtes mortes comme appâts. Il faut enfin qu'aucun arbre voisin ne porte son ombre au clair de la lune, sur les appâts ni sur la canardière.

Quand on ne trouve pas une pente exposée au midi pour l'établissement de la hutte, on peut la construire dans un endroit plat et uni, en lui donnant la forme d'une petite butte; on en couvre le pourtour avec de la terre et le dessus avec des branches. Enfin, si l'on ne trouve pas d'endroit commode pour cet objet, on place la hutte sur un arbre. Dans ce cas, on a une petite cabane construite avec des montans et des planches, que l'on fixe dans les branches d'un arbre; on y monte au moyen d'une échelle, et une fois monté on tire un peu l'échelle à soi dans l'arbre afin qu'elle ne soit point aperçue par les loups ou renards qui viendront au carnage.

C'est principalement en hiver, où les loups recherchent le carnage (la charogne), que l'on fait usage de ces moyens. On fait porter une bête morte devant la hutte sur la place à ce destinée, et on la fait placer de manière qu'elle ait les pattes de derrière tournées du côté de la hutte, afin que, lorsqu'un loup ou un renard viendra se jeter sur le corps de la bête morte, les plombs ou postes ne rebondissent pas sur les côtes.

Lorsqu'on s'est aperçu qu'un loup a donné au carnage, on vient la nuit dans la hutte avec un fusil chargé de plombs n° 0 ou de postes; on tire le loup à la tête ou comme on peut, aux parties antérieures du corps. Lorsqu'on le touche par derrière, souvent il va encore fort loin, et comme très peu de chiens veulent de la voie du loup, et que le plus grand nombre d'eux, lorsqu'ils la sentent, hérissent leur poil et s'arrêtent, on a ensuite beaucoup de peine d'achever un loup blessé. Cependant, il y a, ainsi que nous l'avons déjà dit, des chiens que l'on dresse très bien à la chasse du loup et du renard, et ces chiens sont très précieux.

De l'affût.

Les auteurs de vénerie indiquent différentes manières de faire cette chasse. En voici plusieurs que nous trouvons rapportées dans le nouveau *Dictionnaire d'histoire naturelle* et dans l'ouvrage allemand de M. Hartig.

1°. On prend une livre du plus vieux oing qu'il soit possible de trouver; on la fait fondre avec une demi-livre de galbanum; on y ajoute une livre de hannetons pilés, et on fait cuire le tout à petit feu, pendant quatre ou cinq heures. Cette mixtion se passe chaude dans un gros linge neuf, dont on exprime tout ce qu'on en peut obtenir, et qui est déposé dans un pot de terre neuf où il est gardé, car plus il est vieux et meilleur il sera. On en frotte la semelle de ces souliers, et on se promène lentement dans les endroits du bois ou des buissons où l'on croit que les loups passent ordinairement; puis on vient à l'affût à bon vent, c'est à dire de manière que le loup arrive au chasseur avec le vent, afin qu'il ne puisse en avoir aucun sentiment, et alors il ne faut pas perdre patience : on doit attendre l'animal au moins jusqu'à minuit.

2°. Quelques chasseurs attirent le loup à l'affût en contrefaisant son hurlement dans un sabot, ce qui, dit-on, ne peut manquer de l'attirer, surtout quand les louves sont en chaleur, et, à cette époque, il a coutume d'approcher d'assez près de l'arbre de l'affût, pour qu'on puisse le tirer aisément.

M. Hartig indique plusieurs autres moyens d'attirer les loups dans le temps où ils sont affamés : on contrefait le cri du lièvre ou d'un petit cochon, ou d'un mouton. Le cri du lièvre s'imite avec le poing ou avec l'appeau à lièvre; et pour les autres animaux on les mène avec soi pour plus de sûreté : lorsque le loup les entend, il s'approche et on le tire.

3°. Dans les nuits de mai et juin, si on rencontre des *louveteaux* encore à la mamelle, on fait une traînée avec l'un deux, et on y attend la mère qui ne tardera pas à se présenter.

4°. L'occasion la plus favorable pour l'affût, c'est lorsque les loups, ayant fait quelque abat de cheval ou de vache, et ne pouvant être rassasiés, emportent le reste; ils ont coutume de sortir du liteau la nuit suivante, pour venir continuer à dévorer là proie.

A cet effet, il faut, une heure avant le coucher du soleil, faire traîner la bête morte par un homme à cheval, si cela est possible, le nez dans le vent, le long de quelque chemin peu fréquenté, ou à travers le bois, toujours par les endroits les plus clairs, dont le loup se défie beaucoup moins que les lieux couverts, et cela dans une longueur de mille ou douze cents pas, pour donner au loup le temps de s'assurer, car on est certain que d'abord il ne suivra la voie qu'avec crainte et beaucoup d'hésitation.

Au bout de ces mille ou douze cents pas, le chasseur se détourne du côté qui paraît le plus à propos; après avoir marché deux ou trois cents pas, il s'arrête, le vent au dos, et laisse la bête placée dans un endroit découvert; en sorte que le tireur, caché dans un arbre, une haie, ou un trou pratiqué exprès, ne puisse être éventé par le loup que la traînée doit attirer.

S'il fait clair de lune, le tireur doit s'établir dans l'obscurité, et de manière que ses rayons ne donnent pas sur lui, et ne fassent pas paraître son ombre; car il passe pour constant, en vénerie, que l'ombre d'un homme produit sur les bêtes le même effet que le corps, et sur-le-champ les détermine à la fuite, ce qui, ajoute-t-on, a aussi bien lieu pour le soleil que pour la lune. Le seul cas où cet inconvénient ne soit point à craindre, c'est lorsqu'on a la lune ou le soleil en face, parce qu'alors l'ombre se trouve couverte par le corps.

III. *Chasse du loup avec des toiles et filets.*

Il y a plusieurs manières d'employer les toiles, filets, etc.

1°. Nous avons décrit, sous le mot *Cerf*, une sorte de chasse qui consiste à entourer une enceinte de toiles et de filets. On pratique aussi cette chasse pour le loup. Voici la description qu'en donne M. Hartig :

Lorsqu'on a vu la piste de cet animal sur la neige, ou que l'on sait qu'il s'est rembûché dans un buisson, on forme une enceinte avec des toiles doubles ou des filets et des toiles, comme nous l'avons dit en parlant du *cerf*. Seulement on observe de ne pas faire l'enceinte aussi étroite et de ne pas l'approcher trop près du fourré où le loup se tient ordinairement; on doit faire le moins de bruit possible en dressant les toiles, et tâcher de terminer promptement la tendue des toiles jusqu'aux endroits où elle doit aller; on les dresse sur quatre points à partir des deux ailes, et à tous les vingt pas, on place un homme au cordeau garni de loques (voyez *Cordeaux*), pour l'agiter continuellement (1).

Quand on a cerné le loup avec des toiles doubles dont le bas touche à terre, ou, dans le cas de nécessité, avec des cordes à plumes doubles, on peut procéder de suite à la chasse. On place une ligne de tireurs à travers l'enceinte, et on leur fait chasser le loup sans faire beaucoup de bruit ; si l'enceinte est entourée de toiles hautes et de filets, on peut, si cela est jugé utile, attendre le jour suivant pour la chasse. Mais, dans ce cas, il ne faut pas oublier d'entretenir des feux tous les trente pas près des toiles si elles sont légères, et tous les soixante pas si elles sont fortes, parce que le loup pourrait s'en approcher la nuit et les déchirer. Le jour suivant on fait parcourir l'enceinte par une ligne de tireurs pour tuer l'animal, ou bien on le pousse vers les toiles pour le prendre vivant. Mais comme il est très dangereux de saisir un loup sans précaution, on lui fixe la tête contre terre au moyen d'une fourche qu'on

---

(1) Ce cordeau, qui ferme l'enceinte, est destiné à effrayer l'animal et à le faire rebrousser chemin du côté des toiles, quand il se présente.

lui appuie sur le cou, et lorsqu'on l'a garrotté et muselé, on le met dans une caisse semblable à celle qu'on emploie pour les sangliers, et qui est figurée dans la *Pl.* 25, *fig.* 7, ou dans une caisse à peu près de la même forme, dont la hauteur et la largeur soient égales.

On se sert en France de rets et de lassières.

2°. Le *rets* est un grand filet de 8 pieds de haut et de 4 ou 500 pieds, fait de ficelle de 3 lignes de diamètre, et dont les mailles ont 5 ou 6 pouces en carré; on le teint en vert et en brun ; il est monté haut et bas sur deux landons, que l'on nomme câbles. On attache, pour le tendre, le câble d'en bas à des crocs fichés en terre; celui d'en haut est porté sur des fourches, placées l'une d'un côté, l'autre de l'autre. Quand le loup vient à donner dedans, il en fait tomber une partie dans laquelle il s'enveloppe et se prend. On tend le rets, quand on a reconnu la demeure du loup, du côté où l'on veut qu'il passe, et tout le reste de l'enceinte est bordé par des gens de la campagne que l'on a rassemblés. On leur donne un signal, et alors tous se mettent en mouvement vers le côté où est tendu le rets, en criant et faisant du bruit avec des bâtons dont ils frappent les cépées; le loup fuit vers l'endroit où il n'entend pas de bruit, et va donner dans le rets qu'il fait tomber sur lui. Quand on a des chiens pour aider les traqueurs, cela n'en vaut que mieux, car ils font doubler le pas au loup, qui se prend d'autant plus aisément qu'il donne dans le rets avec plus de force.

3°. La *lassière* est une poche ou bourse semblable à celle que l'on tend sur les terriers pour prendre les lapins avec le furet, avec cette différence qu'une lassière a 6 pieds en carré, et que les mailles ont 6 pouces. La ficelle dont on la fait a 13 lignes de diamètre, et la corde sur laquelle elle est montée, et qui sert de cordon à la bourse, est grosse comme le pouce; quand un loup s'est jeté dedans, plus il fait d'efforts pour en sortir, plus il se bourse et s'y enferme. Pour tendre les lassières, il faut qu'il y ait quelque fossé ou haie bien fourrée à laquelle on laisse quelques trouées, dans lesquelles on tend les bourses, et on y conduit les loups de la même manière qu'on les chasse dans les rets.

Voyez au surplus, pour la tendue des toiles et filets, ce que nous avons dit, aux mots *Cerf et Filets.*

IV. *Enceintes, trappes et fossés.*

Les moyens de détruire les loups, qui se trouvent à la portée de tout le monde, sont d'autant plus précieux que, pouvant être employés sur un grand nombre de points, ils contribuent à prévenir la multiplication de ces redoutables animaux, et à arrêter les dangers partout où ils se présentent.

Enceintes pour prendre les loups.

1°. *Enceinte* ou *parc.* On choisit une enceinte dont les bords soient escarpés ou garnis de palissades, en sorte que les loups peuvent bien y entrer en sautant à bas, mais n'en peuvent pas sortir; on met pour appât dans l'enceinte ou parc quelques charognes que les loups viennent dévorer, et on peut les fusiller à son aise.

2°. *Autre enceinte.* Voici la description d'une autre enceinte que l'on construit en Allemagne. On choisit, dans le milieu d'un fourré, bien peuplé de bois, et convenablement situé pour prendre des loups, un endroit uni et plat qu'on entoure de palissades de 9 à 10 pieds de haut et bien rapprochées. Cette enceinte, à laquelle on donne une forme ronde ou ovale, doit avoir de 150 à 200 pas de circonférence; on y construit une porte à bascule, et on place à 6 pieds en avant de cette porte, dans l'enceinte, un appareil comme celui qui est figuré *Pl.* 23, *fig.* 6, et décrit au mot *Sanglier.* (*Voyez* ce mot.)

On y attire les loups ou renards en y traînant des entrailles de lièvre, ou une brebis morte, ou un autre appât; on fixe l'appât au moyen d'une petite corde attachée à la marchette *e* de l'appareil, *fig.* 6 de la *Pl.* 23, afin que l'animal, en saisissant l'appât, fasse détraquer le piége et se prenne lui-même. On peut, dès l'automne, avant le moment de se servir de ce moyen, jeter de temps en temps des charognes dans l'enceinte; les loups et les renards, attirés par l'odeur, viendront rôder autour de l'enceinte dont la porte sera fermée; ils prendront plus de confiance, et l'hiver, il sera bien plus facile de les prendre, surtout si la clôture de l'enceinte touche de bien près, en dehors et en dedans, le bois qui peuple le canton, et si elle est recouverte par les branches du bois en dehors, de manière à avoir une apparence rustique.

On peut, au lieu de charogne, mettre dans l'enceinte un animal vivant, tel qu'une brebis, une poule, un canard, etc., que l'on place au delà du piége, *fig.* 6, *Pl.* 23, qui est masqué par des branches, et on attache, comme nous l'avons dit, à la marchette *e*, une ficelle, de manière que le loup, voulant aller en avant, marche sur la ficelle et fasse détraquer le piége.

Lorsqu'on a pris un loup, on peut le tirer dans les sentiers étroits qu'on a percés à travers le parc, ou le prendre vivant et le déposer dans une caisse.

3°. *Chambre à prendre des loups.* Cette chambre, qui doit former un carré long d'environ 36 pieds de surface, se construit avec des pieux de 3 à 4 pouces d'épaisseur, que l'on plante à 6 pouces de distance les uns des autres, et en les inclinant un peu en dedans. Ils doivent être fortement fixés en terre, et s'élever au dessus du sol de 6 à 8 pieds, pour que le loup, lorsqu'il sera renfermé dans l'enceinte, ne puisse la franchir et se sauver. Pour lier entre eux ces pieux et les affermir, on y attache intérieurement de grandes perches en travers. On ménage un espace vide sur un des côtés de cette chambre, et on y adapte une porte à claire-voie, qui peut se fermer seule à raison de la pente donnée à la palissade. Quelques auteurs conseillent de la munir d'une serrure; mais la rouille pourrait en arrêter le jeu. Il est préférable de charger le derrière de la porte d'une grosse pierre attachée à une corde, pour qu'elle se ferme avec plus de vitesse et plus sûrement. On place dans le fond de la chambre une pièce de charogne ou une volaille en vie, à laquelle est liée une ficelle qui passe dans un anneau de fer attaché à un pieu. Cette ficelle tient, de l'autre bout, à un bâton d'environ 2 pieds, et qui sert à maintenir la porte ouverte.

Lorsqu'on veut faire usage de ce piége, on ouvre la porte d'environ 2 pieds; on la maintient dans cette position au moyen du bâton dont on vient de parler. Le loup, attiré par l'appât, va passer son museau de pieu en pieu, jusqu'à ce qu'il arrive à l'ouverture de la porte ainsi disposée. Il pénètre alors à l'intérieur; et lorsqu'il veut s'emparer de la proie, il fait tomber le bâton; la porte se ferme. Le bâton doit être assujetti de manière à tomber facilement, sans cependant céder au moindre choc que le loup pourrait communiquer à la porte en entrant.

Cette chambre est représentée *Pl.* 22, *fig.* 12. Les lettres *aaaa*, *bbbbb* et PP, indiquent le bâtis de la chambre. L'animal, attiré par l'appât qu'on y a placé, entre par la porte qui est en M; il va jusqu'en Y, où se trouve l'appât qu'il saisit, et tire la corde passée dans l'anneau attaché au pieu X; cette corde tire à son tour le bâton que l'on voit entre T et V à la partie supérieure de la porte, et qui la tient ouverte; le bâton se trouvant déplacé, la porte M se ferme et l'animal est enfermé.

4°. *Double enceinte.* Il est fait mention de ce piége dans plusieurs ouvrages, tels que, *le Cours d'agriculture* de l'abbé *Rozier*, *le Nouveau Dictionnaire d'histoire naturelle* et celui *d'agriculture;* et il est particulièrement recommandé par une instruction du ministre de l'intérieur, du 9 juillet 1818, sur la destruction des loups. On l'emploie, avec un grand succès, en Norwége, en Suède, dans plusieurs autres contrées du nord de l'Europe, en Suisse, dans la Lorraine et dans la Camargue. On dit que les habitans de cette dernière contrée en sont les inventeurs.

M. *Hartig* en a donné une description complète, et la figure dans ses archives allemandes des forêts et chasses, en 1816, époque où les loups, qui étaient antérieurement très rares au delà du Rhin, avaient reparu en quantité dans la Pologne, la Prusse, et d'autres parties de l'Allemagne. Ces animaux, habitués à manger de la chair humaine par suite de la fatale campagne de Russie, attaquaient, surtout en Pologne, les hommes de préférence aux troupeaux.

Voici la description de ce piége d'après M. *Hartig* et ceux de nos auteurs qui en ont parlé.

On choisit un endroit convenable, soit dans un bois, soit dans un paquis voisin, soit en rase campagne. On fixe en terre un piquet auquel est attaché un cordeau d'environ 30 pieds de longueur, et qui devient mobile en tout sens, au moyen d'un œillet fixé à l'une de ses extrémités; on adapte à l'autre bout un morceau de bois ou un plantoir de jardinier, avec lequel on décrit, comme avec un compas, une première circonférence. (*Voyez* la *Pl.* 22, *fig.* 14.) On raccourcit alors la corde d'environ 18 pouces, et on trace un second cercle, de manière que l'intervalle entre les deux cercles soit d'un pied et demi.

On trace ensuite, au milieu du premier cercle, un carré sur lequel on construit une espèce de chambre en palissade, destinée à enfermer une bête à laine.

Comme c'est principalement en hiver qu'on emploie ce piége, il est bon de couvrir la chambre pour garantir de la rigueur du froid l'animal qu'on y renferme.

Sur le cercle intérieur, on établit une palissade bien serrée, dont les pieux, de 3 à 4 pouces de grosseur et de 12 pieds de longueur, sont enfoncés en terre de 2 pieds, et s'élèvent par conséquent à 10 pieds au dessus du sol. On laisse une ouverture pour la porte. Pour donner plus de solidité à la palissade, on y attache une traverse comme on le voit dans la *fig.* 13, ou bien on entrelace des branches à son extrémité supérieure. Autour de cette première enceinte et sur le second cercle, on établit une autre palissade semblable à la première, et qui l'entoure dans toute sa circonférence. On y ménage également une ouverture pour la porte. On peut, au lieu de traverses, lier les pieux les uns aux autres par des liernes clouées sur leur extrémité supérieure. On peut encore réunir les pieux des deux cercles par des liernes clouées de l'un à l'autre. On recouvre la partie supérieure des palissades d'un toit léger en paille, roseaux ou branchages.

On place une porte fermant à clef à l'ouverture laissée au cercle intérieur. (*Voyez* la *fig.* 14.)

Quant à l'ouverture ménagée en A à la seconde palissade, et qui doit avoir 15 pouces de large, on y ajuste une porte de 10 pieds de hauteur et de 18 pouces de largeur. Le mouvement de cette porte destinée à se fermer dans la direction de la ligne ponctuée doit être très facile. On l'attache de manière que, si on la laisse aller à son propre mouvement, elle ferme obliquement l'un des côtés du circuit A, formé par les deux palissades, et laisse toujours l'entrée ouverte si elle n'est pas poussée par derrière, c'est à dire du côté A. Pour cet effet, il suffit qu'à la hauteur de la traverse appliquée sur les pieux (*voyez* la *fig.* 13), elle soit attachée au premier pieu de la palissade extérieure par un lien quelconque ou seulement par une hart très lâche, et que son pivot, taillé en pointe arrondie, entre dans un piquet creusé et enfoncé en terre, à 4 pouces de distance en dedans du circuit, et aussi à 4 pouces en avant du pieu, auquel elle est attachée par le haut.

Quand on veut se servir de ce piége, et c'est ordinairement lorsque la terre est couverte de neige, on place dans le carré qui est au milieu de la première enceinte un ou plusieurs moutons, cochons ou chèvres, avec la nourriture qui leur est nécessaire. Le loup, attiré par la voix de ces animaux ou par le bruit d'une sonnette qu'on leur met au cou, vient pendant la nuit pour en faire sa proie ; il se glisse par l'ouverture de la porte A dans le circuit ; mais comme la porte de l'enceinte par laquelle on a introduit l'animal dont la voix l'a attiré est soigneusement fermée, et que, d'un autre côté, il ne peut pas retourner sur lui-même, puisque la longueur de son corps est plus grande que la largeur de la galerie, il est obligé de continuer à suivre cette étroite galerie jusqu'à ce qu'il arrive à la porte A. Il la pousse et la ferme lui-même, puis continue à parcourir le même cercle sans pouvoir s'échapper. Comme la porte reste toujours ouverte, tant qu'elle n'est pas poussée par derrière, plusieurs loups peuvent être pris en une seule nuit. Aucun d'eux, une fois entré dans le circuit, ne peut rétrograder ni le franchir. Le chasseur vient le matin visiter son piége, et lorsqu'il y a un loup, il peut le tirer sans danger.

On doit établir ce piége dans les endroits où les loups viennent souvent pendant la nuit ; le chasseur évitera d'y rester long-temps pendant le jour, parce qu'autrement les loups en auraient le sentiment et s'éloigneraient du piége. Il est bon aussi de faire une traînée avec des entrailles fraîches de lièvre jusqu'à l'enceinte, pour attirer les loups qui passent dans les environs.

On pourrait, au lieu de pieux, clore l'enceinte avec des claies semblables à celles dont on se sert pour les parcs à moutons, en leur donnant une hauteur suffisante : elles offriraient la facilité de pouvoir être transportées à volonté.

Nous ne pouvons trop insister sur les avantages de ce piége et sur la nécessité de l'employer de préférence à tous autres dans les pays où les loups sont communs : il est simple et n'offre aucun danger.

Les autres procédés indiqués pour prendre les loups, et que nous allons rapporter, sont d'un succès moins certain et d'un emploi qui n'est pas toujours exempt de danger.

Fosses et trappes.

1°. *Trappe pratiquée en Allemagne.* Cette trappe a beaucoup de rapport avec toutes celles dont nous parlerons plus loin, et notamment avec celle décrite ci-après, sous le n° 2.

On creuse dans l'endroit d'une forêt, convenable au but qu'on se propose, une fosse de 12 pieds de long, d'autant de largeur, et de 12 à 14 pieds de profondeur, dont on garnit les parois verticales avec des poteaux droits et bien lisses. Dans le milieu de la fosse, on dresse un poteau de 14 à 16 pieds de hauteur, également bien uni, et on fixe une roue, sur laquelle on placera une brebis vivante, ou un canard, ou des entrailles de gibier, ou autre appât du goût des loups. On recouvre la fosse avec deux couvercles ou portes en planches, que l'on attache à des gonds sur deux côtés opposés, et qui reposent l'un et l'autre sur le poteau du milieu, mais de manière que la plus petite pression les fasse tomber dans la fosse. On couvre cette trappe de mousse, de feuillages et de branchages, ainsi que ses environs, et on place des signes pour avertir les hommes de la présence du piége. Cela fait, on place l'appât sur la roue. Pendant qu'on établit l'appât, une personne fait des traînées avec de la charogne sur plusieurs côtés aboutissant à la trappe, pour y attirer les loups.

2°. *Trappe masquée au pied d'un poteau.* On creuse une fosse d'une grandeur convenable, au milieu de laquelle on dresse un poteau, qui est surmonté d'une roue de carrosse ou autre ; on attache à cette roue une brebis vivante, dont le bêlement attire les loups ; on recouvre la fosse avec des menus branchages ou feuillages, et lorsque les loups veulent sauter jusqu'à la brebis, ils retombent dans la fosse, où on les tue, ou bien on peut les prendre vivans. (*Voyez* là *Pl.* 23, *fig.* 1, où cette trappe est représentée.)

3°. *Trappe mobile.* La même *Pl., fig.* 2, représente une fosse couverte d'une trappe circulaire ou carrée, mobile sur un axe horizontal. Cette trappe doit être couverte de mousse, d'herbes, etc., en sorte qu'elle soit à peu près semblable au sol des environs. On ferme aussi les côtés de la fosse vis à vis les extrémités, de manière que la trappe étant placée dans une coulée, les loups ou renards ne puissent la traverser que dans le sens où elle est mobile. En cet état, il faut placer une poule vivante au milieu de la trappe, et l'y attacher. Si alors il vient un loup ou un renard pour la dévorer, à peine aura-t-il passé le bord de la trappe, que sa pesanteur le fera enfoncer, et l'animal tombera dans la fosse, où il demeurera enfermé, la trappe reprenant tout de suite la situation horizontale. On voit dans la figure un renard qui tombe dans la fosse, et plusieurs autres qui le regardent.

4°. *Trappe à fosse découverte.* Dans cette espèce de trappe, la fosse est découverte; on établit sur le bord de cette fosse, et dans l'alignement de la culée où elle est placée, une planche en équilibre, en sorte qu'une des extrémités de cette planche réponde au centre de la fosse : c'est à cette extrémité que l'on place la poule. Un loup et un renard venant pour s'en saisir, et ne trouvant d'autre chemin que la planche, l'animal passera dessus et tombera dans la fosse, d'où il ne pourra sortir : là, on pourra le fusiller à son aise. (*Voyez* la *Pl.* 23, *fig.* 3.)

5°. *Autre trappe.* Cette trappe a beaucoup de rapport avec celle du n° 4. Elle est représentée dans la *Pl.* 23, *fig.* 4.

On choisit, pour l'établir, un chemin écarté où l'on sait que les loups passent ordinairement. On y fait creuser une fosse de 12 pieds de longueur, de 6 à 8 de large et d'au moins 9 de profondeur; il faut qu'elle s'élargisse un peu vers le fond, afin que l'animal qui s'y précipite ne puisse grimper ni remonter. On place sur la fosse un châssis de bois dont les extrémités la débordent, et on le fait entrer à fleur de terre. Sur un des petits côtés du châssis, il y aura deux entailles également éloignées l'une de l'autre et des deux bouts du châssis. Au milieu de chaque pièce des grands côtés doit être aussi une coche pour y faire tourner les pivots de la trappe; celle-ci sera faite d'ais, comme une porte, et garnie de deux barres aux deux bouts et au milieu; les deux pivots s'attachent au milieu, et on laisse avancer au bout de la trappe des morceaux de planche de grandeur convenable pour remplir les deux entailles du châssis, de peur que la trappe ne baisse de ce côté: il est nécessaire qu'il s'en faille de trois ou quatre doigts que l'autre bout ne touche au bord du châssis, pour que la trappe puisse baisser facilement de ce côté.

Cela fait, on attache une corde de 6 pieds de long, d'un bout au côté du châssis, et de l'autre au côté de la trappe, afin que la charge, étant sur le côté qui balance, ne fasse pas tout à fait tourner la trappe, qui ne se refermerait pas si la corde, qui la retient penchée en biais et non à-plomb, ne l'y obli-geait par le saut qu'elle lui fait faire. Le côté qui se ferme doit peser un peu plus que l'autre, mais pas trop, afin que l'animal puisse faire verser la machine. Pour tromper le loup, on couvre la trappe de feuilles ou de branches sèches, et on en met aussi autour, à environ 12 pieds de chaque côté, afin qu'il ne s'effarouche pas, ce qu'il ferait, si le piége seul en était couvert.

Pour attirer les animaux carnassiers à la trappe, on se sert de l'appât d'un mouton ou d'une oie, parce qu'étant seuls, le mouton bêlera toute la nuit et tout le jour et que l'oie ne cessera pas de crier de toutes ses forces, de manière que les loups, avertis continuellement par les clameurs de ces animaux, accourent pour en faire leur proie; ils en approchent, et, au moment de les saisir, ils tombent dans la trappe.

L'oie qui sert d'appât se place sur une branche ou un fort brin de taillis, qui penche à la hauteur d'environ 6 pieds vers le milieu de la trappe; on l'y fixe par les deux pieds, pour qu'elle ne puisse ni se défaire, ni verser. A l'égard du mouton, on lui attache les quatre pattes directement sur la trappe, en observant de charger le côté qui ne doit point balancer de quelque fardeau proportionné, afin que la machine reste en état, jusqu'à ce que le loup, en se jetant sur sa proie, fasse pencher la balance.

On se sert aussi du moyen suivant : on attache quelque charogne avec une corde à la queue d'un cheval, et on la fait traîner dans la plupart des chemins qui mènent au piége, en la faisant sans cesse passer par dessus la trappe; on pend ensuite cette charogne à un arbre voisin de la fosse, de manière qu'aucun animal n'y puisse toucher sans se placer auparavant sur la machine.

Il est dit, dans l'*Encyclopédie méthodique*, que, quand un loup tombe dans ce piége, il est tellement et si long-temps épouvanté, qu'on peut lui mettre un collier, l'enchaîner, le museler et le conduire où l'on veut, sans qu'il fasse le moindre signe d'emportement; et Gesner rapporte qu'une femme, un renard et un loup étant tombés pendant la nuit dans la même fosse, ils restèrent chacun à leur place, sans oser remuer, jusqu'au lendemain matin, qu'on trouva ensemble les trois prisonniers; on commença par tuer le renard et le loup, et on retira ensuite la femme, qui n'avait éprouvé d'autre mal que la frayeur.

Cependant, il est prudent de prendre des précautions lorsqu'on veut s'emparer d'un loup vivant, qui serait tombé dans une fosse.

Nous devons faire observer aussi que l'usage des trappes est, en général, dangereux pour les hommes et les animaux domestiques: on a vu des chasseurs tomber dans ces trous, et l'on y a trouvé quelquefois des chevaux, des chiens, des bœufs, etc. Il faut, lorsqu'on les pratique, le faire savoir dans les lieux habités aux environs.

6°. *Galerie.* Le piége suivant, que nous trouvons décrit dans le *Dictionnaire d'histoire naturelle*, peut être employé sans aucun danger.

On pratique une fosse de 9 à 10 pieds en carré et d'autant de profondeur, et plus large dans le fond et les côtés qu'en haut, pour que l'animal pris ne puisse grimper ni s'enfuir. On prépare un carré de quatre pièces de bois de la dimension de l'ouverture de la fosse; peut-être serait-il à propos de le poser d'abord en place sur terre, à l'endroit où l'on veut faire la fosse; on la creuse en dedans, et on enfonce les pièces de bois au niveau du terrain, de manière que les deux pièces de côté débordent l'entrée de la fosse de deux pieds, tant par le haut que par le bas; que les 2 traverses entaillées pour être enchâssées dans celles des côtés soient plus épaisses de moitié que celles des côtés, et qu'elles excèdent de 4 pouces au moins, des deux bouts, et paraissent plus élevées de moitié, par l'épaisseur du bois, que les côtés.

On fait ensuite le couvercle de ce carré de planches minces, et qui en remplissent l'ouverture; il doit être partagé en deux parties égales, en sorte qu'il s'ouvre par le milieu et en dedans de la fosse; pour cela, on pratique de chaque côté deux tourillons gros comme le doigt, un en haut, l'autre en bas de chaque pièce du couvercle, et posés dans deux mortaises pratiquées sur les traverses, proche la pièce des côtés.

Quelques personnes, pour former le couvercle, se servent de deux claies accommodées juste, au lieu de planches, en y pratiquant également des tourillons de chaque côté et garnissant les vides d'herbe, de fougère, de genêt ou de bruyère pour imiter le terrain du voisinage.

Il est essentiel, pour le succès du piége, que le couvercle se referme de lui-même: à cet effet, on attache, à chacun de ses côtés, un contre-poids, et à chaque contre-poids une petite ficelle nouée au piquet, pour que le couvercle se referme, de manière néanmoins que la ficelle le retenant, il n'ouvre pas trop et ne puisse se refermer de lui-même.

Alors on place en terre, autour et près du carré, une suite de piquets gros comme le poignet, à un pouce l'un de l'autre, ayant, hors de terre, 3 pieds et demi de haut; on chasse en terre un pareil rang de piquets à 2 pieds de distance des premiers; tous ces piquets sont établis de manière que, se joignant par le haut, ils imitent le toit d'une maison; à cette jonction, on attache une perche liée fortement avec des barres, comme au faîte d'une charpente, ce qui forme une espèce de galerie tout autour de la fosse, et dans laquelle on met un chien, qui, accoutumé à être libre, et ne pouvant que parcourir la galerie, se dépite et hurle toute la nuit: on peut également y mettre un mouton, dont le bêlement continuel fait le même effet.

A ces cris, le loup arrive, examine, tourne rapidement autour de la galerie pour s'efforcer d'atteindre l'animal captif, qu'il ne peut joindre; enfin, ennuyé de tant de fatigues inutiles, et ne pouvant point entrer par dehors, il saute par dessus la galerie, dans l'espoir de surprendre la proie, et il tombe dans la fosse; de cette manière, il est possible de prendre plusieurs loups durant la même nuit: la hauteur des piquets empêche les hommes et les animaux domestiques égarés de tomber dans le piége.

Il est entendu que, pour le tendre solidement, il faut choisir un terrain non sablonneux, qui se soutienne et ne s'éboule pas lorsqu'on le creuse; qu'il soit près du bois et sur la route des loups, lorsqu'ils en sortent ou qu'ils y rentrent.

V. *Piéges en fer.*

Les principaux piéges de ce genre sont le *traquenard*, l'*hameçon* et le *piége de fer*. Ce que nous avons dit du danger des trappes et fosses masquées s'applique à l'usage des piéges de fer.

Traquenard. Ce piége est l'un des meilleurs du genre des piéges de fer. Il faut que celui qu'on emploie pour le loup soit très fort, et surtout que son ressort soit très assuré. Il s'attache à un arbre par le moyen d'une chaîne de fer. Pour le tendre, on emploie les moyens que nous avons indiqués au mot *Traquenard.* (*Voyez* ce mot.)

Il faut attirer les loups par quelque appât dans les lieux où l'on veut tendre ce piége. Voici le moyen que l'on emploie: on commence par traîner quelque animal mort dans une plaine que les loups ont coutume de fréquenter, et on laisse cet appât dans un guéret; on passe le râteau sur la terre des environs pour juger mieux la voie du loup, et en même temps le familiariser avec la terre égalée qui doit couvrir le piége. Durant quelques nuits, le loup, après avoir rôdé, inquiet et défiant, autour de l'appât sans oser en approcher, s'enhardit à la fin, et on le laisse dévorer en paix plusieurs fois de suite. Alors on tend plusieurs piéges autour, on y ajuste des morceaux de charogne, et on a l'attention de couvrir les piéges de 3 pouces de terre, pour en dérober la connaissance. Cependant le remuement de la terre et l'odeur de l'homme qui demeure quelque temps réveillent d'abord toute l'inquiétude du loup, et il ne faut pas espérer qu'il approche même pendant plusieurs nuits; mais enfin l'habitude le calme peu à peu, et le fait donner dans les piéges qu'on lui a tendus.

On vante un autre appât comme attirant bien plus puissamment les loups, mais qu'il n'est pas facile de se procurer: c'est la matrice d'une louve en pleine chaleur; on la fait sécher au feu et garder dans un lieu bien sec. On place, dans plusieurs endroits du bois ou de la plaine, des pierres autour desquelles on répand du sable; on frotte la semelle de ses souliers de cette matrice, et surtout les différentes pierres qu'on a placées; l'odeur s'y conserve plusieurs jours, les loups des deux sexes l'éventent de très loin; elle les attire et les occupe fortement. Lorsqu'ils se sont accoutumés à venir gratter à quelqu'une de ces pierres, on y tend le piége, et rarement, dit-on, sans succès, quand il est bien établi et bien couvert.

Tous les auteurs qui ont traité des moyens de prendre les loups observent que ces animaux sont extrêmement méfians, et qu'ils ont l'odorat très fin. Ils sentent de fort loin l'odeur d'une corde de chanvre vieille ou neuve, et n'approchent jamais des piéges où les cordes sont employées, à moins qu'on en ait déguisé l'odeur. Pour cet effet, on prend, dans une bergerie, de la fiente la plus fraîche, on la délaie dans un vase plein d'eau, on y trempe la corde pendant vingt-quatre heures, on la fait sécher, non au soleil, mais sur des perches, au vent et à l'air, et on l'emploie ainsi aux piéges où elle est nécessaire. On peut encore frotter la corde de fiente de loup fraîche, ce qui en ôte le sentiment à l'animal comme celle du mouton.

Il est bon, quand on tend le traquenard ou tout autre piége, d'éviter d'y laisser aucune émanation qui puisse trahir l'homme; il faut même se servir de gants pour le tendre et pour le toucher, pour que le loup ne l'évente pas. (Voyez *Traquenard*.)

Hameçons. Nous avons parlé de différentes espèces d'*hameçons* sous ce mot. (Voyez *Hameçons*.)

On attache de forts hameçons avec une corde de la grosseur du petit doigt à une branche d'arbre dans un endroit fréquenté par les loups et à une hauteur à laquelle ils puissent atteindre le morceau de chair qu'on y met pour appât. C'est pendant l'hiver, la neige et la forte gelée, que ce piége a le plus de succès, parce qu'alors le loup, plus affamé, y donne plus facilement.

Piége de fer. Voyez la description de cet instrument aux mots *Piége de fer*.

Lacs coulans. On prend aussi des loups avec des lacs coulans, dont on attache la corde à une grosse branche coupée, afin que le loup puisse la traîner, ou bien à un petit arbre, qui ploie aisément, et que l'animal ne puisse arracher sans s'étrangler. On amorce ces lacs avec de la charogne, comme les autres piéges.

Aiguilles. On prend des aiguilles pointues des deux bouts, et qu'on met en croix, attachées l'une sur l'autre par un crin de cheval, que l'on passe d'un côté et de l'autre, afin de fixer cette croix; puis, en les forçant un peu, on les replie presque ensemble pour les enfoncer dans un morceau de viande. Le loup, qui mange goulument et mâche fort peu, avale les aiguilles et la viande; quand elle est digérée, les aiguilles reprennent leur première situation et revenant en croix, piquent les intestins du loup et le font bientôt mourir.

VI. *L'empoisonnement*.

L'empoisonnement des loups est, de tous les moyens de destruction qu'on emploie contre ces animaux, celui qui est regardé comme devant être préféré, à cause des avantages qu'il présente. C'est aussi celui qui est le plus particulièrement recommandé par le ministre de l'intérieur dans son instruction du 9 juillet 1818.

Cette instruction, adressée aux préfets par le ministre, indique les points principaux qu'il recommande à la sollicitude de ces administrateurs, et qui sont les suivans:

1°. La publicité des primes promises pour la destruction des loups, et des mesures à prendre pour leur prompt paiement;

2°. Des battues générales à deux époques de chaque année, et une bonne organisation à donner à ces sortes de chasses;

3°. De l'activité dans les chasses particulières pendant le temps où elles sont praticables;

4°. L'emploi, avec les précautions requises, des piéges, fosses, enceintes et batteries;

5°. Enfin, et surtout l'empoisonnement, qui devra être continué tant qu'on aura connaissance de loups existans dans le pays.

Lorsqu'il s'est agi d'arriver à l'exécution de ces dispositions à laquelle devaient concourir les lieutenans de louveterie, plusieurs d'entre eux ont fait des observations pleines de sens et de justesse que nous rappellerons ici le plus succinctement possible, en y joignant nos réflexions. Nous espérons qu'un jour viendra où elles pourront être prises en considération, et tous les gens de bien y applaudiront dans l'intérêt de l'agriculture et dans un autre plus grand, plus important encore, celui de l'humanité.

L'instruction ministérielle charge les préfets d'établir le mode de paiement le plus convenable pour les primes, insistant seulement sur une très grande exactitude, qui sera plus utile qu'une très grande élévation du taux. Il semble que la déclaration et la présentation d'un animal détruit ainsi que la prime, passant par l'intermédiaire des lieutenans de louveterie, seraient une occasion de rapprochemens utiles entre gens occupés du même objet.

Il n'est pas un seul lieutenant de louveterie qui ne ferait volontiers l'avance de la prime à quiconque viendrait lui présenter un loup et le charger de faire ce recouvrement, qui n'y joindrait ses encouragemens particuliers et le plus souvent quelques gratifications. Ainsi donc serait obtenu d'abord le résultat des plus grandes exactitude et promptitude possibles. De tels rapports établis entre les lieutenans de louveterie et les tendeurs habitués d'un canton seraient très utiles par les renseignemens réciproques qu'on se communiquerait. Le nombre et les allures des loups fréquentant ce canton seraient mieux connus, l'émulation plus excitée, les appâts plus multipliés. Un lieutenant de louveterie, qui serait par là au courant des animaux fréquentant tel parage, fournirait tantôt un piége, tantôt le poison à des hommes dont il aurait reconnu le zèle et la sagacité. Tel loup qui aurait éventé un piége, déconcerté une mesure serait pris à une autre; et on partirait presque toujours de renseignemens certains sur l'à-propos et les auxiliaires possibles d'une battue locale.

Les battues générales, si elles ont pu être utiles quand elles se combinaient avec d'autres réglemens que ceux qui existent et avec des habitudes d'ordre et de subordination, il est démontré aujourd'hui qu'elles ne sont plus qu'un désordre dangereux. Les vrais chasseurs, les gens vraiment utiles, qui en ont l'expérience, n'y viennent plus. Par suite de cet abus des armes que nos révolutions ont placées dans toutes les mains, il afflue à ces cohues tumultueuses un grand nombre d'enfans avec des fusils tels qu'il est impossible que leur mauvais état et de la maladresse de ceux qui les manient il ne résulte pas des accidens. Cependant chacun de ces *bambins* à la prétention de tirer, se dispute les meilleurs postes, court et s'agite comme s'il était question d'une chasse particulière pour chacun. A peine peut-on trouver des traqueurs. Ceux-ci, croyant faire une corvée plus pénible en comparaison des autres, se cachent et désertent en partie dès la première enceinte. A la seconde, l'exemple entraîne le reste. Après quoi celui qui s'était chargé de diriger une telle chasse, épuisé et enroué jusqu'à extinction, n'a rien de mieux à faire que de s'en aller lui-même, laissant tirailler à tort et à travers son armée débandée, qui, rentrée chez elle, a, du moins des accidens pour sujet de ses récits.

Quel moyen de subordination existe-t-il, seulement pour obtenir du silence et de l'ordre, sans lesquels on ne peut cependant rien faire? Quant à la désertion, la présence même de la gendarmerie ne l'empêcherait pas. Quelle est la peine contre les contrevenans? Que répondre même à ceux qui disent avoir faim et demandent à manger? Les loups auront beau se multiplier, il est absolument inutile de rien espérer des battues générales avant qu'il n'y ait un réglement sur l'appel et les devoirs de ceux qui devront y concourir, et sur les peines pour les contrevenans. Il faut que ce soit une corvée obligatoire ; qu'il y ait injonction de se munir de vivres pour la journée; qu'il y ait un conducteur de chaque commune, maire, adjoint ou garde champêtre, qui connaisse les individus appelés et en réponde ; qu'il y ait un appel au commencement et un appel à la fin de la chasse; que l'absence à l'appel et tout désordre volontaire ou indiscipline puissent être l'objet d'une amende ou punition quelconque, qui puisse être appliquée et poursuivie efficacement par qui de droit; sans quoi tout cet appareil de battue ne sera jamais bon à rien que sur le papier.

M. Delisle de Montcel, célèbre jadis dans la Lorraine par ses succès contre les loups, avait tiré d'une institution d'alors un excellent parti. Il avait obtenu, pour une quarantaine d'hommes choisis, une exemption de la corvée de route, à charge de faire leurs journées en corvées contre les loups. Ces gens, habituellement exercés au tir et à une tactique régulière pour les tracs, piqués d'honneur même par une distinction qu'ils craignaient de perdre, faisaient des merveilles. Les états annuels de destruction présentés par M. Delisle de Montcel sont à peine croyables; et telle est la différence d'opérer avec quelques hommes disciplinés, et non avec des cohues de deux à trois cents paysans incapables et indociles, comme il en avait éprouvé lui-même l'inutilité. Encore y avait-il alors plus de subordination qu'aujourd'hui, des habitudes d'ordre, des réglemens locaux. Maintenant une battue générale semble n'avoir plus d'autre résultat que d'établir un ridicule contraste entre une théorie et les faits : nos paysans ne font plus que rire et de l'autorité dont l'ordre émane et des autres bonnes gens qui se tourmentent pour son exécution.

Ajoutons encore que rien n'est plus chimérique que la supposition énoncée dans l'instruction ministérielle que, faisant les battues en même temps sur une grande étendue de territoire, les loups échappés à une battue retomberaient dans une autre. Le seul motif pour faire traquer à la fois une grande étendue de territoire serait la certitude de trouver les loups quelque part, parce qu'autrement les bois traqués pourraient se trouver n'être pas ceux où les loups se seraient recelés ce jour-là. Mais une fois surpris et levés, il ne faut pas penser que les loups, doués d'une finesse et de sens exquis, iraient retomber au milieu d'une horde bruyante dont ils éventeraient l'appareil et le tumulte à une distance énorme.

Quant aux piéges, fosses, traquenards, etc., etc., nous observerons que l'expérience n'est point du tout favorable à l'invention de la double enceinte de pieux décrite par l'abbé Rozier. L'idée en paraît ingénieuse autant que l'exécution en est facile; et cependant nous ne savons pas qu'aucun succès l'ait encore recommandée. Peut-être cela tient-il aux approches trop fréquentes des curieux, dont les traces doivent laisser une odeur d'homme toujours suspecte aux loups. La fosse à bascule paraît généralement réussir mieux. L'essentiel est d'en bien choisir l'emplacement, sur des têtes de terrain, de manière à ce que le loup en approche de bas en haut.

Les traquenards, chausses-trapes, sont très bons en hiver, moyennant de grandes précautions pour les conserver exempts de rouille, de malpropreté et d'odeur : les avoir tenus un certain temps dans une chambre d'habitation suffirait pour les rendre inutiles pendant plusieurs mois. Leur plus grand inconvénient, c'est d'être souvent volés. Quelque recommandable que soit l'industrie des tendeurs, il leur arrive toujours d'être épiés par quelque mauvais sujet qui finit par leur dérober leurs piéges.

C'est avec raison que l'instruction regarde l'empoisonnement comme le moyen le plus efficace pour détruire beaucoup de loups. L'expérience qui en a été faite depuis long-temps, mais surtout il y a une dizaine d'années, dans le département de la Côte-d'Or, par un des lieutenans de louveterie très habile et très expérimenté, autorise bien à affirmer avec la commission que c'est le moyen par excellence, et à lui surtout qu'il convient d'appliquer la recommandation de simultanéité et d'ensemble général invoquée sans résultat pour les battues. Les loups donneront d'autant plus sur les appâts empoisonnés, qu'ils les rencontreront plus souvent et en divers lieux. Lorsqu'ils n'en trouvent qu'un seul et par hasard, la nouveauté de l'objet les dispose à la méfiance. Ils éventent, réfléchissent, soupçonnent de l'homme et s'abstiennent. Mais que le même objet, dans les longues nuits, leur devienne familier en se multipliant ; qu'un loup ne puisse tenir du pays sans rencontrer inévitablement la même proie sur plusieurs points différens ; à la fin, la tentation ainsi renouvelée, et l'appétit plus puissamment excité le feront succomber, et il suffira d'un hiver pour diminuer considérablement leur nombre.

Le ministre et la commission qu'il a établie pour cet objet, ne pouvaient donc, ainsi qu'ils l'ont fait, trop insister sur ce moyen ; mais il faudrait l'assurer par un mobile plus puissant que l'insouciance de certains maires. Les lieutenans de louveteries conviendraient mieux pour en assurer le succès, sauf à les accréditer, et à préciser à cet égard leur genre d'attributions et de surveillance ; comme encore à concerter avec l'administration forestière des moyens quelconques de les faire seconder par les gardes de la part de qui quelques déférences ne tireront jamais trop à conséquence.

Ensuite il faudrait, conformément à l'article transcrit de l'abbé Rozier, pourvoir à ce que chaque commune fût tenue de fournir les chiens ou vieilles brebis sacrifiées à l'empoisonnement, ce qu'il ne faut pas attendre que la simple persuasion puisse obtenir, surtout lorsque l'on aura reconnu l'importance d'opérer en même temps et sur tous les points à la fois. On a souvent à regretter la difficulté d'obtenir les appâts qu'on pourrait employer utilement.

Quant aux recherches que l'instruction recommande sur l'activité et les convenances des diverses substances vénéneuses, il est certain que la noix vomique a généralement, avec le plus d'efficacité spéciale, le moins de dangers accessoires. Cependant l'altération dont elle est susceptible, quand elle est une fois pulvérisée, semble devoir faire prévaloir un extrait chimique de la noix vomique sur lequel il a été fait et publié des expériences, il y a quelques années. Ce que l'on rapporte des effets merveilleux de cette substance infiniment subtilisée mérite bien d'être approfondi, et, dans le cas où il se trouverait confirmé par de nouveaux essais, d'être utilisé pour l'empoisonnement des loups, au moyen de nouvelles instructions que l'administration aurait soin de répandre.

Deuxième partie. — *Réglemens concernant la destruction des loups.*

Nous avons vu, par ce qui précède, que le loup, si redoutable pour l'espèce humaine et pour les bestiaux, si rusé, si méfiant, si habile à éviter les piéges qu'on lui tend, était encore l'un de ces animaux les plus féconds et celui dont la multiplication faisait le plus de progrès, lorsqu'on négligeait les moyens de le détruire.

L'histoire de la législation vient ici confirmer ce que l'histoire naturelle et l'art du chasseur déposent à ce sujet. Elle nous fait connaître que ce n'est que par une attention soutenue et de bons réglemens que l'on peut parvenir à la destruction des loups.

Nous ne rapporterons pas les anciens édits, lois et ordonnances sur cette matière, attendu qu'ils sont abrogés; nous nous bornerons à rappeler les arrêtés et réglemens aujourd'hui en vigueur.

La loi du 11 ventose an 3 (voyez au *Recueil*) avait déterminé les primes à accorder pour la destruction des loups, et le mode de paiement de ces primes.

L'arrêté du directoire exécutif du 19 pluviose an 5 a ordonné qu'il serait fait des battues dans les forêts domaniales, tous les trois mois, d'après les ordres des administrations centrales et sous la surveillance des agens forestiers. (Voyez au *Recueil*.)

Les dispositions de la loi du 11 ventose an 3, relatives aux taux des primes, ont été changées par celles de la loi du 10 messidor an 5. (Voyez au *Recueil*.)

Plusieurs décisions ministérielles et instructions de l'administration forestière ont eu pour objet de faire exécuter ces lois et d'encourager les porteurs de permissions de chasse et autres à détruire les loups dont les ravages excitaient les plaintes dans plusieurs départemens.

Telles sont, de la part de l'administration forestière, l'instruction du 7 prairial an 9, art. 42, la circulaire du 18 pluviose an 10, celle du 12 pluviose an 11, et celle du 20 germinal an 12. (*Voyez* ces instructions au *Recueil*.)

La dernière instruction de son excellence le ministre de l'intérieur, du 9 juillet 1818, fait connaître que la prime, pour la destruction des loups, a été fixée ainsi qu'il suit : 18 francs par louve pleine; 15 francs par louve non pleine; 12 francs par loup, et 6 francs par louveteau.

L'exécution de cette instruction a été recommandée aux agens forestiers par une circulaire de l'administration du 7 septembre 1818, qui se trouve au *Recueil des Réglemens forestiers*.

(*Voyez*, pour le complément de cet article, les mots *Armes*, *Chasse*, *Délits de chasse*, et *Louveterie*.)

Loup-cervier. Voyez *Lynx*.

LOUSOT, nom vulgaire du loriot en quelques lieux de la France.

LOUTRE, *Mustela lutra*, Linn. Quadrupède du genre du même nom, de la famille des *martes* et de l'ordre des *carnassiers*, sous-ordre des *carnivores*.

Description. La loutre (*Pl.* 6, *fig.* 5) a la taille et la grosseur d'un petit renard ou d'un blaireau ; mais elle est conformée bien différemment : elle a les jambes beaucoup plus courtes; la tête plate; le museau fort large; les lèvres épaisses et les dents fortes et aiguës ; les yeux petits; les oreilles courtes et rondes; le cou court et presque de la même grosseur que le corps, qui est fort allongé; la queue grosse à l'origine et pointue à l'extrémité; les doigts des pieds de derrière plus largement palmés que ceux de devant. Le mâle a, près de l'anus deux glandes, la femelle, au dessous des parties génitales, un pli qui, l'un et l'autre, contiennent une humeur qui répand une odeur de musc.

La couleur de la loutre est ordinairement d'un gris brun et luisante; mais elle est grise sur la gorge, le ventre et les pattes. Le duvet court et épais qui forme la base du pelage est soyeux et de couleur grise jaunâtre, et les poils qui le dépassent sont longs et fermes, de couleur brune et luisans. De même que les plumes des oiseaux aquatiques, ils ne s'imprègnent point d'eau, tant que l'animal est vivant. La peau est belle en toute saison; mais elle est meilleure en hiver. La loutre, dont les membres sont courts, nage beaucoup plus vite qu'elle ne peut marcher. Elle plonge avec facilité, et revient en peu de minutes respirer près de la surface de l'eau, où elle ne montre que le bout de son nez. Elle a la vue, l'ouïe et l'odorat extrêmement fins. Elle est très timide, et cependant elle combat courageusement au besoin.

Habitation. On trouve des loutres dans toutes les parties de l'Europe ; mais, comme on les recherche beaucoup à raison du prix de leur peau, le nombre n'en est pas considérable dans les pays cultivés. Elles se tiennent dans les creux, aux bords et sur les digues des rivières, des lacs et des étangs ; elles descendent et remontent les rivières à des distances considérables, et vont même gagner les petits ruisseaux, surtout quand les grandes rivières ont du flux. Elles se

Dict. des Chasses.

retirent quelquefois dans les creux et sous les racines des arbres sur le bord des étangs, des rivières et des ruisseaux, et au besoin dans les terriers des renards et des blaireaux qui se trouvent à la proximité.

Nourriture. La loutre se nourrit principalement de poissons et d'écrevisses; mais elle mange aussi des grenouilles, des rats d'eau, et des oiseaux aquatiques quand elle peut en attraper, ce qui est assez rare. Le jour, elle demeure immobile dans son trou; mais, la nuit, elle va chercher sa nourriture, et elle fait sa pêche ordinairement contre le courant. Lorsqu'elle a pris un poisson, elle le porte, soit sur un banc de sable, soit sur un rocher au dessus des eaux, soit sur le rivage, pour le manger. Elle mange les petits poissons tout entiers; quant aux gros, elle en laisse la tête et beaucoup d'écailles; elle laisse également la plus grande partie de la peau de l'écrevisse.

Propagation. Les loutres sont en chaleur dans le mois de février. Elles font entendre pendant l'accouplement une espèce de sifflement aigu. La femelle dépose, neuf semaines après, dans le creux d'un rivage et sur un lit de bûchettes et d'herbes, depuis deux jusqu'à quatre petits, rarement plus, qui, à la deuxième année, arrivent à tout leur accroissement, et sont vraisemblablement en état d'engendrer la première année.

Remarques. Quand la loutre pêche dans un étang gelé et dont la glace présente quelques ouvertures çà et là, elle sait parfaitement retrouver celle par où elle est entrée. Quand elle remonte d'une rivière principale dans un ruisseau d'embranchement ou dans un étang, elle ne reste jamais long-temps dans ces dernières eaux.

La trace. La trace de la loutre est un peu plus forte que la voie d'un renard; elle se distingue parfaitement par l'empreinte de ses pieds, qui sont palmés, et il est très facile de la reconnaître. Les empreintes sont ordinairement placées deux à deux et obliquement l'une à l'autre.

Qualités. La peau de la loutre fait une fort bonne fourrure, qui dure long-temps et se vend fort cher. On en fait aussi des bonnets. Celle d'une vieille loutre, prise pendant l'hiver, se vend, en Allemagne, de 15 à 20 florins; celles des loutres prises en été se vendent moitié moins. La chair est dure et d'un mauvais goût de poisson. Cependant, elle se vend assez cher dans les pays catholiques où l'abstinence est observée, parce qu'elle passe pour *maigre* comme le poisson. Les poils sont employés à faire des chapeaux fins, et l'on fabrique des pinceaux notamment avec ceux de la queue.

Les dommages que cause la loutre résultent de sa nourriture pour laquelle elle fait une grande destruction de poissons. On la regarde comme le loup des rivières; quand elle pénètre dans un vivier, elle tue tout le poisson qu'elle peut saisir.

On a tiré parti de l'adresse de la loutre à saisir le poisson, pour la faire pêcher au profit de l'homme. Un académicien de Stockholm a fait connaître la manière de la dresser pour cet objet dans un mémoire fort curieux, dont le *Dictionnaire des chasses* de l'*Encyclopédie* contient un extrait. C'est principalement en Suède que cette espèce de pêche est usitée.

I. *Chasse de la loutre.*

Il y a plusieurs manières de chasser la loutre : 1° *l'affût*; 2° *la chasse avec des chiens*; 3° *les filets*; 4° *les piéges*.

1. *L'affût.* Quand on s'est assuré, par la trace d'une loutre, qu'elle passe pendant la nuit soit sur une plage de sable, soit dans un lieu sec près d'une rivière, on sur une digue, on s'y rend, au clair de la lune et à bon vent, à peu de distance de sa passée, en se cachant autant que possible, et l'on tâche, en la tirant à la tête avec du gros plomb, de la tuer sur place; car une loutre blessée qui peut se sauver est très difficile à retrouver, et la plupart du temps elle est perdue pour le chasseur. Il faut être fort attentif et toujours prêt à tirer, parce qu'ordinairement on ne voit et on n'entend rien avant que la loutre arrive, et que le plus souvent elle passe avec une telle vitesse, qu'à peine a-t-on le temps d'ajuster. Aussi l'affût pour la loutre, qui entraine quelquefois la perte de plusieurs nuits, est-il une chasse fort ingrate. Cependant, comme cet animal a pour habitude d'aller fienter sur une pierre blanche lorsqu'il en rencontre près de l'eau, on peut, si cette pierre manque, y en transporter une, et lorsqu'on aura remarqué que l'habitude est contractée, on se postera près de la pierre pour attendre l'animal, et le tirer de très près.

II. *Chasse de la loutre avec des chiens.*

Pour cette chasse, on se sert ordinairement de bassets ou de briquets, ou de chiens de plaine qui ne craignent point l'eau, et que l'on mène les premières fois avec des chiens accoutumés à cette chasse pour les mettre dedans. Le jour que l'on veut chasser, on va, dès la petite pointe du jour, quêter avec ses chiens autour des étangs ou rivières où l'on imagine trouver quelque loutre : il faut remarquer qu'on ne doit pas quêter la loutre en suivant le cours de l'eau, mais toujours en remontant, parce que le courant de l'eau apporte aux chiens le sentiment de l'animal. Si l'on remarque du pied sur le rivage ou dans la boue, on met les chiens dessus, et l'on cherche à lancer la loutre. Un homme seul peut aller à cette chasse, mais pour plus grande réussite il faut y aller plusieurs, avec les chasseurs, qui portent des fusils, qu'il y ait encore d'autres personnes avec des bâtons ou des fourches, pour battre sous les banques, les racines, les souches et les touffes de roseaux et d'herbes, dans lesquelles on fourre les bâtons, pour ne point laisser l'animal derrière soi. Si les chiens trouvent la nuit d'une loutre, ils s'en rabattent chaudement : il faudra les échauffer encore davantage en leur faisant flairer son *épreinte*, que l'on trouve sur le bord de la rivière d'espace à autre; et, comme elle entre et sort souvent de l'eau, il faut bien remarquer de quel côté elle a la tête tournée, ce qui est aisé à reconnaître par son pied, que l'on voit imprimé dans la boue. Comme la loutre ne cherche que les endroits où elle puisse trouver du poisson, et qu'elle habite également les grandes rivières, les étangs, les ruisseaux, et tous les endroits marécageux, il faut, autant que l'on peut, chercher à la lancer où il y a moins d'eau, et dans ces sortes d'endroits elle ne peut guère échapper, car on partage ses chiens moitié d'un bord, moitié de l'autre, et les chasseurs se partagent de même. Il faut qu'il y en ait toujours un, cent pas en avant des chiens, pour voir passer la loutre, et pouvoir la tirer dans les endroits les plus clairs, et où il y a moins d'eau. Un autre reste cent pas au dessous des chiens et un troisième avec les chiens pour les appuyer et les faire chasser. S'il arrive que la loutre, pressée par les chiens, passe au poste de celui qui est au dessus ou au dessous sans y être tuée, celui qui l'a manquée crie *tayaux*, pour avertir celui qui mène les chiens qu'il est passé, et regagne le nez et les jambes un autre endroit clair à cent pas plus loin pour tâcher de prendre sa revanche. On recommence la même opération jusqu'à ce que l'on ait réussi à tuer l'animal.

La quantité prodigieuse de poissons que mange la loutre fait qu'elle n'habite pas long-temps les endroits où il y en a peu, parce qu'elle n'y trouverait pas de quoi vivre; de sorte qu'il y a des terriers de distance en distance dans lesquels elle se voit pressée des chiens. Lorsqu'elle y est une fois, il est dangereux d'y laisser entrer les chiens, car la loutre a la dent très venimeuse, et leur coupe le nez et les oreilles : il vaut donc mieux boucher la gueule du terrier, et faire une tranchée au dessus pour la prendre ensuite avec des tenailles.

Voici la méthode de M. Hartig pour la même chasse. On place des tireurs sur les bords soit d'un ruisseau, soit d'une petite rivière, où l'on soupçonne qu'il y a une loutre, soit sur le sable, soit sur la neige, où l'on a remarqué des traces fraîches; on leur assigne leurs postes dans tous les endroits secs d'où ils puissent voir l'animal s'il vient à passer; on fait quêter des chiens d'arrêt, habitués à aller à l'eau, sur les bords de la rivière, ou des bassets qui, employés souvent à cette chasse, y deviennent ordinairement excellens, et l'on fait fouiller les trous du rivage par plusieurs personnes armées de longues perches. Cette opération fait partir les loutres, qui sont obligées de passer devant les tireurs. Ceux-ci ne doivent pas quitter leur poste jusqu'à la fin de la chasse, et il faut qu'ils soient très attentifs, parce que la loutre étant pressée va tantôt suivant le cours de l'eau, tantôt en remontant, et qu'avant qu'on l'aperçoive dans une direction elle est déjà dans une autre.

On emploie quelquefois, et avec beaucoup d'avantage, de gros chiens courans. M. Hartig rapporte qu'à Dillenbourg un garde amenait toujours deux énormes dogues d'une ferme voisine, et que ces chiens découvraient parfaitement les lieux où il y avait une loutre; que même ils cherchaient avec ardeur dans l'eau, mordaient et rompaient les racines et tout ce qui leur faisait obstacle, et que souvent ils attrapaient la loutre quand elle voulait fuir, ou qu'elle se cachait sous le rivage. On prenait de cette manière six loutres et quelquefois plus dans une seule année.

Chasse de la loutre au filet. Il ne paraît pas qu'on fasse usage du filet en France pour prendre les loutres; cependant, cette méthode, qui est décrite dans l'ouvrage allemand de M. Hartig, mérite d'être employée.

Le filet à loutre est composé de deux pans latéraux de 6 pieds de levure, entre lesquels est attaché un filet en forme de sac, de 6 pieds de large et de 16 pieds de longueur, que l'on peut fermer dans le milieu au moyen d'une longue corde que l'on tire du dehors. Le filet est fait de fil très fort; les mailles ont 1 pouce et demi de large; la corde inférieure est garnie de morceaux de fer creux pour la tendre à fond comme les filets de pêcheur, et la corde supérieure se soutient sur l'eau au moyen d'une garniture de liége ou de morceaux d'autre bois léger.

Quand on veut prendre les loutres, on emploie deux filets de cette sorte, que l'on tend à travers un ruisseau ou une petite rivière, l'un en haut et l'autre en bas; et, comme la poche du filet d'en haut serait repoussée par le courant, on la soutient contre ce courant au moyen d'un piquet. Lorsque les filets sont tendus, on place à chacun un chasseur avec une autre personne, qui doit, dès qu'elle verra qu'une loutre est entrée dans la partie inférieure du sac, le serrer et le fermer en tirant la corde qu'elle tiendra toujours dans la main, et, pour que la loutre n'ait pas le temps de couper les mailles du filet, cette personne le tirera de suite sur le rivage pour tuer l'animal.

On fait battre les bords de la rivière entre les deux filets par des hommes et par des chiens, pour forcer la loutre à sortir de sa retraite, et, si elle part et se jette à l'eau, elle ne peut échapper à l'un ou à l'autre filet.

Cette manière de prendre les loutres dans les ruisseaux et les petites rivières est la plus assurée, la plus facile et la plus agréable; observons d'ailleurs que les filets sont faciles à faire, ou qu'ils ne sont pas très chers, surtout quand la largeur de l'eau n'exige pas que les ailes du filet soient fort étendues.

Piéges. Lorsqu'il y a beaucoup d'eau, comme dans un étang, ou dans une rivière un peu grande, l'on ne peut faire usage du filet dont nous venons de parler, et la chasse aux chiens courans est aussi plus difficile. Dans ce cas, on tend des piéges que l'on place sur les rives ou sur une petite île que l'on sait être fréquentée par les loutres.

On peut se servir de *l'assiette de fer* ou du *traquenard.* (*Voyez* ces mots.) Mais, dans ce cas, voici une composition dont on a recommandé l'emploi : on prend 4 onces de graisse de porc, fraîche ou fondue, ou de beurre frais, ou de graisse d'oie, et on la fait fondre dans un poêlon de terre neuf, sur un feu de charbon modéré. On y jette alors 4 grains de castoréum, 3 grains de camphre blanc, un demi-grain de musc, on remue bien le tout ensemble, et on conserve le mélange dans un vase de verre ou de terre, que l'on bouche bien hermétiquement.

Lorsqu'on veut prendre une loutre, on étend de cette composition sur un morceau de laine bien propre, et on en frotte non seulement toutes les parties du piége, mais encore l'appât, qui doit être soit une écrevisse nouvellement morte, soit une truite, ou un petit oiseau. Cela fait, on place le piége sur un endroit où l'on a remarqué que la loutre passait souvent, et on l'attache à une petite chaîne de 4 pieds de long, également frottée de graisse, et que l'on recouvre de sable; on y lie, si cela est nécessaire, une corde, et l'on fixe le piége à un pieu, de manière pourtant que la loutre prise puisse entraîner le piége dans l'eau, et s'y noyer elle-même. Il est très avantageux de tendre le piége à loutre dans les basses eaux, sur le sable, et, lorsqu'on a choisi un banc de sable sec ou une petite éminence pour l'y placer, de le recouvrir avec du sable fin et un peu de mousse, de feuilles de saule et d'herbe.

LOUVART. Jeune loup d'un à deux ans.

LOUVE. Femelle du loup.

LOUVETEAUX. Petits de la louve. (Voyez *Loup*.)

LOUVETERIE. On entend, par ce mot, l'équipage de la chasse aux loups et le personnel des officiers qui ont commission pour faire cette chasse.

La révolution amena la suppression de toutes les charges; il n'y eut plus ni grand veneur, ni grand louvetier, ni grands maîtres des eaux et forêts. Mais on sentit bientôt la nécessité de s'opposer à la multiplication des loups, et cette nécessité fut l'objet des lois, arrêtés, décrets et ordonnances dont nous allons parler.

Un arrêté du Directoire exécutif du 19 pluviose an 5 (Voyez au *Recueil des Réglemens forestiers*, tom. Ier, pag. 526) autorisa les corps administratifs à permettre aux particuliers qui avaient des équipages et autres moyens pour la chasse aux animaux nuisibles de s'y livrer, sous l'inspection et la surveillance des agens forestiers.

La loi du 10 messidor an 5, motivée sur les dévastations que commettaient les loups dans les départemens, porte que les fonds accordés aux administrations départementales pour la destruction de ces animaux seront alloués au ministre de l'intérieur, et fixe un nouveau taux d'indemnité à accorder à ceux qui auront tué des loups, et le mode de paiement. (*Voyez* cette loi au *Recueil*.)

Mais le service de la louveterie avait besoin d'être régularisé et d'être soumis à une direction particulière.

Un décret du 8 fructidor an 12 plaça la louveterie dans les attributions d'un grand veneur, et elle y a été maintenue par l'ordonnance du roi du 15 août 1814.

En conséquence de ces réglemens, les conservateurs, inspecteurs, sous-inspecteurs et gardes forestiers reçoivent les ordres du grand veneur pour tout ce qui a rapport à la louveterie.

Le 1er germinal an 13 (22 mars 1805), le grand veneur fit un réglement sur les chasses dans les forêts domaniales et sur la louveterie.

Les dispositions de ce réglement ont été reproduites dans celui approuvé par le roi, le 20 août 1814.

Voici le texte de ce dernier réglement, en ce qui concerne la louveterie.

Réglement sur la louveterie, approuvé par Sa Majesté le 20 août 1814.

« La louveterie est dans les attributions du grand veneur. (*Ordonnance du 15 août 1814.*)

» Le grand veneur donne des commissions honorifiques de lieutenant de louveterie, dont il détermine les fonctions et le nombre, par conservation forestière et par département, dans la proportion des bois qui s'y trouvent et des loups qui les fréquentent.

» Ces commissions sont renouvelées tous les ans.

» Les dispositions qui peuvent être faites, par suite de différens arrêtés concernant les animaux nuisibles, appartiennent à ses attributions.

» Les lieutenans de louveterie reçoivent les instructions et les ordres du grand veneur pour tout ce qui concerne la chasse des loups.

» Ils sont tenus d'entretenir à leurs frais un équipage de chasse, composé au moins d'un piqueur, deux valets de limier, un valet de chiens, dix chiens courans et quatre limiers.

» Ils seront tenus de se procurer les piéges nécessaires pour la destruction des loups, renards et autres animaux nuisibles, dans la proportion des besoins.

» Dans les endroits que fréquentent les loups, le travail principal de leur équipage doit être de les détourner, d'entourer les enceintes avec les gardes forestiers, et de les faire tirer au lancé. On découple, si cela est jugé nécessaire; car on ne peut jamais penser à détruire les loups en les forçant. Au surplus, ils doivent présenter toutes leurs idées pour parvenir à la destruction de ces animaux.

» Dans le temps où la chasse à courre n'est plus permise, ils doivent particulièrement s'occuper à faire tendre des piéges avec les précautions d'usage, faire détourner les loups, et, après avoir entouré les enceintes de gardes, les attaquer à traits de limiers, sans se servir de l'équipage, qu'il est défendu de découpler; enfin faire rechercher avec grand soin les portées de louves.

» Ils feront connaître ceux qui auront découvert des portées de louveteaux. Il sera accordé, pour chaque louveteau, une gratification, qui sera double, si on parvient à tuer la louve.

» Quand les lieutenans de louveterie ou les conservateurs des forêts jugeront qu'il serait utile de faire des battues, ils en feront la demande au préfet, qui pourra lui-même provoquer cette mesure : ces chasses seront alors ordonnées par le préfet, commandées et dirigées par les lieutenans de louveterie, qui, de concert avec lui et le conservateur, fixeront le jour, détermineront les lieux et le nombre d'hommes. Le préfet en préviendra le ministre de l'intérieur et le grand veneur.

» Tous les habitans sont invités à tuer les loups sur leurs propriétés; ils en enverront les certificats aux lieutenans de louveterie de la conservation forestière, lesquels les feront passer au grand veneur, qui fera un rapport au ministre de l'intérieur, à l'effet de faire accorder des récompenses.

» Les lieutenans de louveterie feront connaître

journellement les loups tués dans leur arrondissement, et tous les ans enverront un état général des prises.

» Tous les trois mois, ils feront parvenir au grand veneur un état des loups présumés fréquenter les forêts soumises à leur surveillance.

» Les préfets sont invités à envoyer les mêmes états, d'après les renseignemens particuliers qu'ils pourraient avoir.

» Attendu que la chasse du loup, qui doit occuper principalement les lieutenans de louveterie, ne fournit pas toujours l'occasion de tenir les chiens en haleine, ils ont le droit de chasser à courre, deux fois par mois, dans les forêts de l'État faisant partie de leur arrondissement, le chevreuil brocard, le sanglier ou le lièvre, suivant les localités. Sont exceptés les forêts ou les bois du domaine de l'État de leur arrondissement, dont la chasse est particulièrement donnée par le roi aux princes ou à toute autre personne.

» Il leur est expressément défendu de tirer sur le chevreuil et le lièvre ; le sanglier est excepté de cette disposition, dans le cas seulement où il tiendrait aux chiens.

» Ils seront tenus de faire connaître, chaque mois, le nombre d'animaux qu'ils auront forcés.

» Les commissions de lieutenant de louveterie seront renouvelées tous les ans ; elles seront retirées dans le cas où les lieutenans n'auraient pas justifié de la destruction des loups.

» Tous les ans, au 1er mai, il sera fait, sur le nombre des loups tués dans l'année, un rapport général qui sera mis sous les yeux du roi. »

A la suite de ce règlement se trouve l'uniforme des louvetiers. *Voyez* dans notre *Recueil des réglemens forestiers*, t. II, p. 632.

Lorsque les préfets ordonnent des battues pour la destruction des loups, le conservateur des forêts doit veiller à ce que toutes les formalités prescrites à cet égard par l'arrêté du Gouvernement du 19 pluviose an 5 soient ponctuellement exécutées. Il doit recommander qu'il soit rapporté des procès-verbaux contre les individus appelés qui abandonneraient les battues pour se livrer à la chasse du gibier, et il doit proposer la destitution des gardes qui auraient contrevenu aux dispositions des lois et réglemens. (*Instruction de l'administration des forêts du 23 mars 1821, art. 62.*)

Nous avons parlé, à la fin de l'article *Loup*, de l'instruction de son excellence le ministre de l'intérieur, du 9 juillet 1818, sur la destruction des loups.

Les agens forestiers sont appelés à concourir à l'exécution des mesures qu'elle prescrit.

Il leur a été recommandé de donner la publicité convenable au tarif fixé par le gouvernement pour les primes d'encouragement : ces primes sont de 18 francs par louve pleine ; de 15 francs par louve non pleine ; de 12 francs par loup, et de 6 francs par louveteau.

La prime pour un louveteau, qui, d'après une décision du 25 septembre 1807, n'était que de 3 francs, se trouve actuellement doublée. Son excellence le ministre de l'intérieur a annoncé que cette dernière disposition recevrait son exécution à compter du 1er juillet 1818.

Ces primes, sauf les cas extraordinaires, seront payées régulièrement dans la quinzaine qui suivra la déclaration de la destruction de l'animal, pourvu que cette déclaration ait été faite dans la forme prescrite et avec les preuves d'usage.

Si, à raison des circonstances, la prime paraissait devoir excéder le taux ordinaire, elle serait ordonnancée par son excellence le ministre de l'intérieur, et acquittée immédiatement après sa décision.

Autant qu'il sera possible, la partie intéressée touchera le montant de la prime sans être obligée de se déplacer.

Les préposés forestiers pourront être requis de concourir aux chasses générales ou battues qui auront été indiquées par MM. les Préfets : ils rempliront, à cet égard, les intentions de ces magistrats, sans perdre de vue les autres parties du service. Ils auront également soin de se conformer au règlement sur la louveterie. (*Instruction de l'Administration du 7 septembre 1818.*)

Observons, en terminant, que les officiers de la louveterie et leurs piqueurs sont dispensés de se pourvoir de permis de port d'armes de chasse et d'en acquitter la taxe, lorsqu'ils se livrent exclusivement à la chasse des animaux nuisibles ; mais que, dans tous les autres cas, ils sont tenus de se munir de ce permis et d'en payer le prix. Cela résulte d'une décision du ministre des finances du 3 octobre 1823.

LOUVETIER. Officier attaché à l'équipage du loup. (Voyez *Louveterie*.)

LULU ou PETITE ALOUETTE HUPPÉE, *alauda cristata minor*, Briss. ; *alauda arborea*, Schw.

Description. Cette alouette, qui est plus petite que le cochevis, et dont la huppe est plus longue, a 5 pouces de longueur totale, le dessus du corps noirâtre, varié de roux, et le dessous blanc avec des petites taches noirâtres ; le bec brun en dessus et couleur de corne en dessous ; les pieds rougeâtres et les ongles gris. Son chant, qu'elle fait entendre lorsqu'elle est perchée, n'est point sans agrément. Le mâle, à l'époque des amours, tire de son gosier des sons mélodieux, surtout après le coucher du soleil.

Habitation. On trouve des lulus dans les Pyrénées, aux environs de Rouen, de Paris et dans la Lorraine. Ils habitent, au printemps, les coteaux où croissent des épines, des bruyères, sur la lisière des bois. Pendant l'hiver, ils se réunissent en bandes nombreuses dans les champs pierreux ; c'est alors qu'ils font entendre leur cri plaintif, *lulu*.

Nourriture. Celle de l'alouette commune.

Propagation. Cette alouette fait son nid, au bord des bois, dans un sillon couvert d'herbe ou de bruyère ; elle y dépose de quatre à cinq œufs d'un blanc sale, teintés de brun et piquetés de rougeâtre.

Qualités. La chair du lulu, comme celle des autres espèces d'alouettes, est délicate.

Chasse. On se sert, dans le Médoc, des nappes à

alouettes, mais dont les mailles sont plus petites que celles des nappes ordinaires. Comme ces oiseaux ont un grand attachement les uns pour les autres, on emploie des appelans avec beaucoup de succès.

LYNX, *felis lynx*. Quadrupède du genre et de la famille des chats, qui est ordinairement de la grandeur du renard, et qu'on trouve dans les grandes forêts du nord de l'Allemagne et dans toutes les parties septentrionales de l'ancien continent.

Cet animal, qu'on appelle aussi *loup cervier*, a été trouvé, en 1777, dans les Pyrénées, et on en a tué un individu, en 1787, sur les montagnes des environs de Saint-Gaudens, en Comminges.

Il vit de chasse, et poursuit son gibier jusqu'à la cime des arbres; les chats sauvages, les martes, les hermines et les écureuils ne peuvent lui échapper; il saisit aussi les oiseaux; il attend les cerfs, les chevreuils et les lièvres au passage, et s'élance dessus; il prend sa victime à la gorge, lui suce le sang et lui mange la cervelle, après quoi, souvent, il l'abandonne pour chercher une autre proie.

Comme cet animal ne se rencontre, en France, que de loin en loin, nous bornerons à ce peu de mots ce que nous avions à en dire.

MAC

MACAREUX, *arca arctica*, Lath. Oiseau de l'ordre des *palmipèdes* et du genre du *pingoin*.

Description. Cet oiseau (*Pl.* 19, *fig.* 9) est d'une taille un peu inférieure à celle du guillemot. Il a 1 pied de longueur, y compris la queue qui a 2 pouces; son poids est de 12 onces. Son large bec aplati, est remarquable: il est presque ovale, d'un gris de fer à sa base et rouge à la pointe, de 15 lignes de longueur, ayant la figure de deux lames de couteau très courtes, appliquées l'une contre l'autre par le tranchant; la pointe de ce bec est cannelée transversalement par trois ou quatre sillons; l'espace près de la tête est lisse et teint de bleu; les deux mandibules étant réunies sont presque aussi hautes que longues. Les narines sont placées assez près de la tranche du bec; les paupières sont rouges; l'iris est blanc; les pieds n'ont qu'un pouce de haut; ils sont de couleur orange; les joues et le ventre sont blancs; le dessus du corps est noir, et le cou est entouré d'un collier de même couleur.

La femelle a le dessus du corps d'un noir plus terne. Les jeunes, dans la première année de leur âge, ont le bec petit, faible et sans rainures; ce n'est qu'à la deuxième année qu'il prend la forme ordinaire.

Habitation. Le macareux habite les parties boréales des deux continens, et s'avance pendant l'hiver dans les régions tempérées. On le rencontre quelquefois sur nos côtes, à Belle-Ile, dans le golfe de Gascogne et sur la côte du Croisic, où il est connu sous le nom de *gode*. Il se tient sur la plage la plus voisine de la mer. Il ne vit sur terre que retiré dans les cavernes.

Nourriture. Il se nourrit de langoustes, de crevettes, d'étoiles, d'araignées de mer, de coquillages et de divers poissons qu'il saisit en plongeant dans l'eau.

Propagation. Les macareux ne font point de nid; ils pondent dans des trous qu'ils creusent eux-mêmes, ou dans des creux de rocher. Il paraît qu'ils ne font qu'un seul œuf, qui est blanc et long.

Qualités. Les habitans du nord recherchent les œufs et les jeunes macareux, qui passent pour être fort bons à manger. Il n'en est pas de même la chair des vieux macareux, qui a une saveur désagréable d'huile rance.

MACREUSE, *anas nigra*, Lath. Oiseau du genre des canards. (Voyez *Pl.* 19, *fig.* 6.)

Description. La macreuse est à peu près de la taille du canard commun; mais elle est plus ramassée et plus courte. Elle a 20 pouces de longueur, y compris la queue, qui a 3 pouces et demi. Son poids est de 2 livres. Le bec, qui a 2 pouces de long, est gros, aplati et noir, avec du jaune dans le milieu. Son plumage est partout d'un noir brillant, si ce n'est au ventre où cette couleur est terne; il y a du jaune sur les paupières, au milieu du tubercule membraneux et d'un beau rouge qui s'élève à la base de la mandibule; les pieds et les ongles sont d'un brun noirâtre. Les femelles ont le plumage moins foncé que les mâles; il est encore plus clair lorsqu'elles sont jeunes; et elles sont alors connues sous le nom de *grisettes* par les habitans de nos côtes de l'Océan. Elles n'ont point de tubercule à la base du bec.

Cet oiseau vole presque toujours bas et en rasant la surface de la mer; mais il nage avec beaucoup d'aisance et de vitesse.

Habitation. Il fréquente de préférence les côtes et les îles septentrionales de notre continent; on le voit en Écosse, en Angleterre, en Laponie, en Norwége, en Russie et en Sibérie. Nos côtes de Picardie sont, pour ainsi dire, couvertes de *macreuses* pendant l'hiver, lorsque les vents de nord et de nord-ouest y soufflent; elles disparaissent dès que le vent passe au sud, et l'on n'en voit plus au printemps.

Nourriture. Leur nourriture se compose de coquillages, de poissons, d'insectes et de plantes aquatiques.

Propagation. Il paraît que les macreuses sont aussi fécondes que les canards, car le nombre qui en arrive tous les ans est prodigieux; et, malgré la quantité qu'on en prend, il ne paraît pas diminuer.

La macreuse est un assez mauvais gibier, qui n'a guère d'autre mérite que d'offrir à l'abstinence religieuse un mets qui passe pour maigre.

Chasse. Nos pêcheurs prennent une grande quantité de macreuses, en profitant de l'appétit de ces

MAI . .MAR

oiseaux pour les coquillages. Lorsqu'ils s'aperçoivent que, suivant leur expression, les macreuses *plongent aux vaimeaux*, ils tendent leurs filets horizontalement, mais fort lâches, au dessus de ces coquillages, et à 2 pieds au plus du sable ; peu d'heures après, la mer, étant dans son plein, couvre les filets de beaucoup d'eau, et les *macreuses*, suivant le reflux à deux ou trois cents pas du bord, la première qui aperçoit les coquillages, plonge, toutes les autres la suivent, et rencontrant le filet qui est entre elles et l'appât, elles s'empêtrent dans ses mailles flottantes ; ou si quelques unes plus défiantes s'en écartent et passent dessous, bientôt elles s'y enlacent comme les autres en voulant remonter après s'être repues ; toutes s'y noient, et lorsque la mer est retirée, les pêcheurs vont les détacher des filets, où elles sont suspendues par la tête, les ailes ou les pieds.

Un filet de 50 toises de longueur, sur 1 toise et demie de large, en prend quelquefois vingt ou trente douzaines dans une seule marée; mais, en revanche, il arrive souvent qu'on tend ses filets vingt fois sans en prendre une seule; il arrive aussi de temps en temps que les filets sont emportés et déchirés par des marsouins ou des esturgeons.

Macreuse double, *anas fusca*, Lath. Elle est presque du double plus grosse que la macreuse commune ; elle en diffère encore par le blanc de sa paupière inférieure, et par la grande tache ou *miroir* de ses ailes ; par la couleur de ses pieds et de ses doigts, qui sont rouges en dehors et d'un jaune citron en dedans ; enfin par le noir de ses ongles et des membranes qui unissent ses doigts. La femelle est brune, et ses œufs sont blancs.

Cette espèce habite les mêmes contrées que la macreuse ordinaire; elle arrive en même temps qu'elle sur les côtes de Picardie. Elle paraît de temps en temps, en hiver, sur les petits étangs des Vosges, mais plus rarement que la macreuse commune : toutes deux y montrent une défiance extrême, et sont difficiles à approcher.

MADRÉ. Ce mot se dit d'un oiseau de proie qui a mué plusieurs fois.

MADRURES. Mouchetures du plumage des perdreaux lorsqu'ils se *maillent*.

MAHUTES. Ce terme, en fauconnerie, désigne le haut des ailes près du corps des oiseaux de proie.

MAIGRE. On dit, en fauconnerie, *voler bas et maigre;* c'est à dire de bon gré.

MAILLE. Ouverture ou espèce d'anneau dont plusieurs ensemble font le tissu d'un filet; il y a des mailles carrées, des mailles en losange, des mailles doubles, des grandes et petites mailles. (Voyez *Filet.*)

MAILLÉ. On dit qu'un perdreau est maillé quand il est couvert de mouchetures.

MAILLER. Se dit des perdreaux quand il leur vient des taches, madrures ou mouchetures; ils ne sont bons que quand ils sont *maillés*.

On dit aussi : *Il faut mailler les chiens*, c'est à dire, les *armer de mailles* pour la chasse du sanglier.

MAILLEUR. Synonyme de *laceur :* ouvrier qui fait des filets.

MAILLURES. On nomme ainsi, en fauconnerie, les taches, mouchetures et diversités de couleurs qui font des espèces de mailles sur les plumes des oiseaux de proie. On les appelle encore *émaillures, tavelures,* et celles de devant *paremens.*

MAIN. En fauconnerie, on dit la main du faucon. Le faucon a la main *habile, fine, bonne, gluante, forte, déliée et bien onglée*. Si, au contraire, elle est de mauvaise qualité, on dit qu'il l'a *grasse, charnue,* etc. On dit aussi les *doigts* et les *ongles* du faucon, excepté les ongles de derrière, qui s'appellent *arillons.*

MAIRIN. (Voyez *Merrain*.)

MAITRE. On appelle ainsi les cordes qui bordent le haut et le bas des pièces de toiles et des panneaux, et qui servent à les tendre.

MAITRE DE FORGES. Il est défendu à tu maître de forges, par l'arrêt du conseil du 4 septembre 1731, de fabriquer et de vendre de la grenaille de fer qui puisse tenir lieu de plomb à tirer. (Voyez *Grenaille de fer*.)

MALADIE DES CHIENS. (*Voyez* le mot *Chien*, où il est parlé très en détail des différentes maladies des chiens et notamment de celle connue sous le nom de *maladie des chiens.*)

MAL CADUC. Un grand nombre d'oiseaux est sujet à ce mal.

MAL MENÉ. Un animal est mal mené lorsqu'il a beaucoup couru et qu'il est sur ses fins.

MAL MOULU. On dit des fumées des jeunes cerfs qu'elles sont *mal moulues* ou mal digérées.

MAL SEMÉ. En vénerie on se sert de ce terme quand le nombre des andouillers, aux têtes du cerf, du daim et du chevreuil, n'est pas le même de chaque côté. Ainsi, un cerf porte dix, douze, etc., *mal semés*, lorsqu'il a plus d'andouillers à une empaumure qu'à l'autre, et il porte *bien semé*, lorsque le nombre des andouillers est égal aux deux empaumures.

MANGEURE. Terme de vénerie, qui signifie la pâture du sanglier ; pour celle du cerf, on dit *viandis*.

MANTEAU. Ce terme, en fauconnerie, signifie la couleur du poil des animaux et du pennage des oiseaux de proie.

On dit : *Ce faucon a le manteau bien bigarré.*

Manteau signifie aussi le pelage des chiens.

MANTELURE. On se sert, en vénerie, de ce terme pour faire la distinction du poil du dos du chien d'avec celui des autres parties quand le poil de dessus le dos diffère de celui du reste du corps.

MARAIN. (Voyez *Merrain*.)

MARCASSIN. Nom que l'on donne au petit sanglier jusqu'à six mois. (Voyez *Sanglier*.)

MARCHA, MARE ou MARCHAI. Terme d'oisellerie par lequel on désigne les trous remplis d'eau qui se trouvent dans les bois et servent d'abreuvoirs aux oiseaux.

MARCHE DU LOUP. C'est ce qu'on appelle *piste* ou *voie*.

MARCHER. On dit qu'un cerf marche bien quand le pied de derrière est bien placé sur le talon du pied de devant et que les allures sont bien croisées.

MARCHETTE. Ce terme désigne ordinairement un petit bâton qui tient un piége tendu et sur lequel l'oiseau ou l'animal qu'on veut prendre doit *marcher* ou se poser pour détendre le piége. Il s'applique aussi à toutes sortes de machines de quelques formes et matières qu'elles soient, qui font le même office dans la tendue d'un piége.

MARGANDER. Cri que fait la caille, de la gorge, avant de chanter.

MARIER LES PIÈCES. C'est en tendant les toiles ou panneaux pour prendre des animaux, joindre les pièces au moyen d'œillets et de bâtonnets faits exprès.

MAROUETTE, *gallinula maculata*, Lath.; *rallus pozzana*, Linn. Oiseau de l'ordre des échassiers et du genre gallinule.

Description. Cette espèce de râle, qu'on désigne sous différens noms, suivant les provinces, tels que *cocouan, girardine, grisette, petit râle d'eau*, est plus petite que le râle de genet, et n'a guère que 9 pouces de longueur; elle a le bec d'un jaune verdâtre; l'iris d'un noisette rougeâtre; la tête brune nuée de noir; une strie d'un gris pâle au dessus des yeux; les côtés de la tête, la gorge et le devant du cou aussi d'un gris pâle nuancé de brun; la poitrine d'une teinte plus foncée, tachetée de blanc; les côtés rayés de cette dernière couleur; le ventre cendré; le bas-ventre et les couvertures inférieures de la queue d'un blanc jaunâtre; le dessus du cou d'un brun cendré; le dos et les couvertures des ailes d'un brun teint d'olive; le pli de l'aile bordé de blanc; enfin toutes les parties supérieures paraissent comme émaillées de blanc et de noir, ce qui l'a fait appeler *râle perlé*; les pieds sont d'un brun jaunâtre. Son cri est aigre et perçant, assez semblable à celui d'un petit oiseau de proie. Si un de ces oiseaux le fait entendre, aussitôt un autre lui répond.

Habitation. La marouette paraît, dès le mois de février, en Italie et dans nos provinces méridionales; mais ce n'est guère qu'à la fin de mars ou au commencement d'avril qu'elle vient habiter les contrées plus septentrionales, telles que la Normandie et la Picardie. Elle disparaît dans le fort de l'hiver. Cet oiseau se tient dans les marais, se cache dans les grandes herbes et les roseaux.

Nourriture. Elle est la même que celle des autres râles.

Propagation. Elle place son nid, qui a la forme d'une gondole, dans les roseaux; il est composé de joncs entrelacés; elle l'amarre à une tige de roseau, de manière que ce berceau flottant peut s'élever et s'abaisser avec plus ou moins d'eau. Sa ponte est de sept à huit œufs, d'un brun clair, tachetés de brun foncé; les petits naissent couverts d'un duvet noir, courent, nagent et plongent dès qu'ils sont éclos; bientôt ils se séparent et vivent solitaires et sauvages. Le mâle n'approche de la femelle qu'au temps des amours.

Qualités. De tous nos gibiers de plumes, celui-ci est le meilleur : sa graisse succulente et savoureuse est au dessus de celle de l'ortolan; sa chair est plus fine que celle de la guignette, et surpasse, par sa délicatesse, celle de la caille. Le bec-figue seul peut le balancer dans ce goût exquis qui lui fait donner une préférence bien méritée sur tous les oiseaux connus. Mais c'est à l'automne qu'il faut se procurer la marouette, si l'on veut jouir de tous ses avantages; elle est si chargée de graisse à cette époque qu'elle peut à peine voler. Hors cette saison, sa chair, privée de graisse, la met au rang du gibier commun.

Chasse. La manière de chasser la marouette est la même que pour les autres râles. Cet oiseau tient si fort devant les chiens, que souvent on peut le prendre à la main ou l'abattre avec un bâton. Si dans sa fuite il rencontre un buisson, il y monte, et, de cette manière, met les chiens en défaut; il plonge, nage, et même entre deux eaux, lorsqu'il cherche à éviter son ennemi. (Voyez *Râle*.)

MARQUER. On dit que le coq de la perdrix grise *marque*, lorsque sa crête commence à rougir. Les perdrix rouges mâles *marquent*, lorsqu'elles ont aux jambes un tubercule qu'on nomme *ergot*.

MARRAIN. (Voyez *Merrain*.)

MARTE, *mustela martes*, Linn. Quadrupède du genre du même nom, de l'ordre des carnassiers, sous-ordre des carnivores.

Description. La marte a beaucoup de rapports avec la fouine; cependant elle est un peu plus grosse; elle a la tête plus courte et les jambes plus longues. Sa grosseur est à peu près celle d'un petit chat parvenu à la moitié de la grandeur ordinaire. Sa tête, qui est arrondie par derrière, se termine vers le museau en forme de cône; ses oreilles sont courtes et rondes; son cou a presque la même grosseur que la tête et le corps; ses jambes sont courtes et très garnies de poil jusque sous la plante du pied; les doigts du pied sont liés jusque dans leur milieu par une membrane velue; deux petites glandes, placées près de l'anus, contiennent une humeur qui répand une odeur de musc; la queue est garnie de longs poils en forme de verge; le fond du pelage, qui est extraordinairement fin, est de couleur jaunâtre, et les longs poils raides et luisans qui s'y trouvent implantés sont d'un brun châtain; la gorge est couleur jaune d'œuf, mais plus pâle dans les jeunes martes.

La marte ne court pas très vite, mais elle a une grande facilité à grimper et à sauter d'un arbre à l'autre. Elle est très craintive, rusée et rapace. Son cri, glapissant et grognant, ne peut pas être exprimé.

Habitation. La marte habite toutes les parties de

l'Europe, mais on la trouve principalement dans les régions septentrionales, où cependant elle a cessé d'être en grand nombre, parce que le haut prix de sa peau lui a fait donner une chasse active. Elle est rare dans les climats tempérés, et l'on dit qu'elle ne se trouve point dans les pays chauds. Nous en avons quelques unes dans nos bois de la Bourgogne, et il s'en trouve aussi dans la forêt de Fontainebleau; mais, en général, elles sont aussi rares en France que la fouine y est commune. La marte se tient de préférence dans le fond des grandes forêts, et se cache pendant le jour, soit dans le creux d'un arbre, soit dans les anciens nids des oiseaux de proie ou d'autres grands oiseaux. Il n'y a qu'une faim excessive qui la force à s'approcher quelquefois des villages situés près des forêts et à pénétrer dans les constructions isolées et non habitées qui se trouvent dans les bois.

Nourriture. Elle prend les petits oiseaux de préférence, et lorsque les circonstances la favorisent, elle fait aussi sa proie d'oiseaux plus grands, de jeunes lièvres, d'écureuils et de mulots. Si la faim la presse vivement, elle mange de la chair des animaux morts. Elle aime les merises, les sorbes, le fruit de la myrtille; elle suce volontiers les œufs et le miel qu'elle trouve; enfin elle mange les limaces et les escarbots. Ce n'est que pendant la nuit qu'elle va chercher sa nourriture; elle repose pendant le jour, qu'elle passe en grande partie à dormir.

Propagation. L'époque de l'accouplement est le mois de février; mais si la température est douce, les vieilles martes entrent en chaleur dès la fin de janvier. La durée de la gestation est de neuf semaines; la femelle dépose ses petits, au nombre de trois à quatre, dans le creux d'un arbre ou dans l'ancien nid d'un grand oiseau; elle les nourrit jusqu'à ce qu'ils aient à peu près la moitié de leur accroissement et qu'ils puissent chercher eux-mêmes leur nourriture. Ils acquièrent toute leur croissance dans la deuxième année, et sont dès lors en état de se reproduire.

Maladies. On ne connaît d'autre maladie aux martes qu'une espèce de gale que l'on trouve quelquefois répandue par places sur leur corps.

Trace. La trace que la marte laisse sur la neige paraît être celle d'une grande bête, parce qu'elle ne va qu'en sautant et qu'elle marque toujours des deux pieds à la fois. Cette trace est, le plus souvent, semblable à la figure ci-après :

```
 ■    ■      ■    ■
   ■    ■      ■    ■
 ■    ■      ■    ■
```

Et quelquefois à celle-ci :

```
 ■  ■       ■  ■       ■  ■
```

Comme le dessous des pieds est fortement garni de poils, de même que dans le lièvre, les doigts et la sole se trouvent peu marqués, et autant par cette raison que par la direction des empreintes, la trace de la marte a beaucoup de ressemblance avec celle d'un lièvre à la moitié de sa grandeur.

Qualités. La peau de la marte tuée pendant l'hiver donne une belle fourrure qui est de longue durée. Elle se vend ordinairement le double de celle du renard. Le dommage que cause cet animal se juge d'après sa nourriture. Il nuit aux tendues d'oiseaux en mangeant ceux qui y sont pris, et les sorbes que l'on place pour appât.

Chasse de la marte.

Il y a plusieurs manières de prendre les martes : 1° En en cherchant la trace sur la neige; 2° en employant les pièges de fer; 3° en se servant de trébuchets et autres pièges.

Voici, d'après le *Lehrbuch für yager* de M. Hartig, l'exposé de ces différentes méthodes.

1°. *Chasse en suivant la trace sur la neige.* Comme la marte ne sort de sa retraite que la nuit pour aller chercher sa nourriture, on ne peut reconnaître cette retraite qu'en suivant la trace de l'animal sur la neige nouvelle. Cette chasse est moins fatigante si la neige ne tombe qu'après minuit, et seulement quelques heures avant le jour. Dans ce cas, les martes se hâtent de regagner leurs repaires, et l'on n'est point obligé de les chercher aussi long-temps que si la neige fût tombée le soir.

On se munit d'un fusil chargé avec du gros plomb, et d'un chien habile à saisir le gibier, et l'on se rend dans la forêt en croisant les clairières et les grands chemins, où l'on espère trouver des traces. Lorsqu'on en rencontre une, on la suit jusqu'à l'endroit où la marte a monté sur un arbre; là, on examine si elle est cachée dans l'arbre, ou dans un nid qui se trouverait sur les branches, ou si elle a pu passer de cet arbre à un autre. Lorsque l'arbre est placé de manière que, de toutes parts, ses branches soient éloignées d'au moins 8 à 10 pieds des arbres voisins, on peut être assuré que la marte est sur l'arbre ou dans l'arbre même; mais si les branches de cet arbre touchent à celles des arbres voisins, ou ne sont qu'à une petite distance des grosses branches, il faut s'assurer si elle a changé d'arbre et fait bien du chemin à l'aide des branches.

Pour cet effet, on tourne autour de l'arbre en décrivant une spirale dont on étend le diamètre à mesure qu'on s'éloigne du point de départ, et l'on fait attention s'il est tombé quelque masse de neige plus considérable dans une direction que dans une autre; ce qui arrive quand une marte, parvenue au haut d'un arbre, a sauté sur un autre.

Lorsqu'on a découvert sa retraite, et qu'on la sait dans un nid d'oiseau ou d'écureuil, on y tire un coup de fusil, qui ordinairement la fait sauter hors du nid et tomber; on la fait prendre alors par le chien, ou si elle est tuée raide on va la chercher. Quand la marte est placée dans le creux d'un arbre, le moyen le plus sûr est, quand on le peut, de faire abattre l'arbre; et pendant qu'on y procède, d'avoir un chien libre et un fusil à la main, afin que si la marte veut se sauver au moment de la chute de l'arbre, on puisse la tuer. Si elle reste dans l'arbre abattu, ce qui est le cas le plus ordinaire, on bouche les uns après les autres tous les creux où les recherches les plus exactes n'ont pas fait découvrir l'animal, afin de lui fermer toute issue, et de parvenir enfin à sa demeure, si d'ailleurs le chien ne l'a déjà indiquée en grattant et en mordant l'arbre. Quand on a bouché toutes les issues de la demeure, on fait un trou vis à vis l'endroit où peut être la marte, et on la retire avec un tire-bourre de fusil assez hors du trou pour pouvoir la tuer; ou bien on applique bien serrée sur le trou la manche d'un sarrau où d'un habit dont on a eu soin de lier la partie antérieure, puis on fait encore un autre petit trou derrière la marte, et l'on y fourre et agite un bâton sur l'animal, jusqu'à ce qu'il se jette dans la manche et qu'on puisse l'y tuer. Il est bon, pendant qu'on s'occupe de chercher la marte et de boucher les trous, qu'un homme armé d'un fusil soit aux aguets, car quelquefois la bête s'élance avec rapidité, et rend ainsi un grand travail inutile.

Lorsque l'on ne doit pas, ou qu'on ne peut pas abattre l'arbre dans lequel la marte s'est retirée, circonstance fâcheuse qui arrive très souvent, il n'y a d'autre moyen à employer que d'enfumer l'animal. Pour cet effet, on pratique du côté d'où vient le vent un trou au bas de l'arbre, on y allume un feu qui produise beaucoup de fumée, l'on tâche, en la conduisant dans le creux de l'arbre, de forcer la marte à gagner les branches, et on lui donne un coup de fusil. Ce moyen réussit quelquefois, mais il manque souvent son effet, même lorsqu'on introduit une mèche soufrée dans l'arbre, parce que, la plupart du temps, la marte se tient dans le trou d'une branche latérale, et que la fumée n'y peut arriver. Il faut aussi, dans cette opération, prendre les plus grandes précautions pour éviter un incendie.

Observons que les deux moyens que nous venons de rapporter ne pourraient guère se pratiquer en France, où il n'est permis à personne d'abattre un arbre dans les forêts sans autorisation ou d'y porter du feu; mais, au rapport de Pallas, ces méthodes sont communément employées en Russie, et notamment par les Baschkirs qui suivent les traces des martes sur la neige avec des patins, et tuent ces petits animaux avec des fusils ou avec des flèches émoussées, et souvent abattent les arbres pour les faire prendre par des chiens.

2°. *Pièges de fer.* On peut se servir, soit d'un petit *traquenard*, soit de l'*assiette de fer.* (*Voyez* ces mots.)

On emploie le traquenard de la même manière que pour le renard, avec la seule différence qu'on le tend dans les petites clairières ou prés situés dans les bois, et qu'on y met pour appât soit un oiseau fraîchement tué ou un morceau de chair de lièvre, soit la cuisse d'un petit écureuil ou un hareng frit dans du beurre. Du reste, on observe les mêmes précautions quant à la tendue du piége et à la manière d'attirer l'animal. (Voyez *Renard.*)

L'assiette de fer s'emploie aussi de même que pour le renard.

3°. *Trébuchet.* Une très bonne méthode de prendre des martes est de leur tendre des trébuchets, tels que ceux décrits sous les n°s 1, 2, 3 et 4, au mot *Trébuchet.* On emploie pour appât un petit oiseau nouvellement pris, et on tend le piége après qu'on a traîné dans différens sens y aboutissant des entrailles de lièvre. Lorsqu'on est quelque temps sans rien prendre, on fait de nouvelles traînées avec des entrailles de lièvre, et l'on remplace par un autre oiseau fraîchement tué celui qui servait d'appât, attendu que la marte y donne plus volontiers. On peut aussi, dans ce cas, se servir d'un hareng frit dans du beurre ou de la graisse d'oie, ou d'un morceau d'écureuil.

Marte domestique. On donne improprement ce nom à la *fouine.*

MARTELÉES. Ce mot se dit des fientes ou fumées des bêtes fauves qui n'ont point d'aiguillon au bout.

MARTELER. Se dit des oiseaux de proie quand ils font leurs nids.

MARTIN-PÊCHEUR, *alcedo*, genre d'oiseaux de l'ordre des *pies*, renfermant un grand nombre d'espèces, qui, toutes, à l'exception d'une seule, vivent dans les climats chauds.

Le martin-pêcheur de notre climat, *alcedo ipsida*, Lath., a reçu différens noms : on l'a désigné sous celui de *martinet-pêcheur*, d'après son vol, qui ressemble à celui du *martinet*, sous celui d'*alcyon*, dont Ovide raconte la métamorphose, sous les dénominations de *pêche-véron*, de *merle d'eau*, de *merle d'aigue*, de *merlet bleu*, de *merlet-pêcheret*, de *pivert bleu*, de *bleuet*, de *pivert d'eau* et de *tartavieu*; sous le nom de *vire-vent*, parce qu'on croit que cet oiseau tourne au vent comme une girouette, et sous celui de *drapier* ou *grande-boutique*, parce que l'on suppose, quoique sans fondement, que cet oiseau desséché a la propriété de conserver les étoffes.

Description. Le martin-pêcheur (*Pl.* 11, *fig.* 5) se distingue facilement des autres oiseaux : sa grosseur est celle de l'alouette, et sa longueur totale d'environ 7 pouces : il a la tête grosse; le bec long d'un pouce et demi, gros, aplati et de couleur brune foncée; le cou, les pieds, les ailes et la queue très courts; le corps rond et ramassé; les pieds d'un jaune rougeâtre, et le doigt extérieur lié avec celui du milieu; l'iris d'un rouge brun; les plumes de la tête d'un bleu verdâtre et luisant; une large bande d'un rouge orangé depuis les narines jusque derrière les yeux; une tache blanche sur les joues, et une ligne d'un vert brun, qui s'étend depuis l'angle du bec jusque sur le cou; la gorge d'un blanc rougeâtre; tout le reste des parties inférieures d'un rouge de feu, et la queue d'un bleu foncé et luisant en dessus et brune en dessous.

La femelle a plus de vert que de bleu sur son plumage.

Le martin-pêcheur fait entendre en volant un cri aigu : *ki, ki.*

Habitation. Cet oiseau se tient toujours sur les bords des lacs, des fleuves et des rivières; il ne voyage pas, ou du moins tous les individus de son espèce ne nous quittent point pendant l'hiver.

Nourriture. Elle consiste en petits poissons et en toutes sortes d'insectes aquatiques.

Propagation. Il niche dans les creux des rivages; la ponte est de six à huit œufs blancs; l'incubation dure quinze jours.

Qualités. Cet oiseau est utile par la destruction qu'il fait des insectes; le tort qu'il peut faire à la pêche n'est d'aucune importance. Sa chair n'est pas bonne à manger; elle a une odeur de faux musc; sa graisse est rougeâtre.

Chasse. On chasse les martins-pêcheurs de plusieurs manières; on les prend à la pointe du jour ou à la nuit tombante avec un trébuchet tendu au bord de l'eau; on les attrape aussi à la glu et aux raquettes; on leur tend deux petits halliers de soie pareils à celui qu'on place aux buissons et qu'on nomme *pinsonnière*, et à celui qui sert pour les becfigues; on tend l'un de ces halliers en dessus et l'autre en dessous du cours de l'eau, et on a surtout l'attention que ces filets soient tout placés près du ruisseau.

Comme le martin-pêcheur est difficile à approcher, il est rare qu'on puisse le tuer au fusil.

MARTINET, *hirundo apus*, Lath. Oiseau de l'ordre des *passereaux*, et du genre de l'*hirondelle*.

Description. Longueur, 7 pouces, y compris la queue, qui a 3 pouces; la queue fourchue; le bec de 2 lignes et demie de long et noir; les pieds de 6 lignes de haut couverts de plume; la gorge d'un blanc cendré et le front gris; tout le reste du plumage noirâtre avec des reflets verts. Le cri perçant de cet oiseau, *i, i, i*, est connu de tout le monde.

Habitation. Le martinet habite les hautes tours, les murailles, les fentes des rochers; il nous quitte en août et revient en avril ou mai.

Nourriture. Insectes ailés.

Propagation. La femelle dépose dans les trous des murs ou les fentes des rochers de deux à quatre œufs d'un blanc de lait, marqués de gris, qu'elle couve pendant quinze jours.

Utilité. Cet oiseau, comme toutes les hirondelles, rend des services importans à l'agriculture par la grande destruction qu'il fait d'insectes nuisibles. La chair du martinet ne vaut rien, excepté quand il est jeune et sortant du nid.

Chasse. Quoique les martinets soient des oiseaux utiles et que leur chair ne vaille rien, on leur fait la chasse.

Il est difficile de les tirer à cause de l'élévation et de la rapidité de leur vol; cependant, si on monte dans un clocher ou sur une tour, on se met alors plus à portée de le faire; il suffit de les attendre et de leur porter le coup lorsqu'on les voit venir directement à soi, ou bien lorsqu'ils sortent de leur trou; on peut encore les ajuster plus à son aise dans une plaine ou dans un port de mer où l'on en voit beaucoup. Spallanzani indique un moyen simple d'approcher ces oiseaux : il consiste à agiter avec la main un mouchoir hors d'une fenêtre près de laquelle les martinets volent; le jeu a plus d'effet si l'on fait voltiger le mouchoir au bout d'une perche. Alors ils s'élancent vers ce fantôme, et l'effleurant de leurs ailes, ils passent outre, emportés par l'impulsion de leur vol, ou bien changeant de direction, ils fléchissent de côté; le moment après ils y retournent, puis s'en éloignent de même, allant et venant continuellement à la rencontre de l'objet qui offusque leur vue; les chasseurs pratiquent souvent cet artifice pour faire arriver les martinets à la portée de leurs armes; quelquefois ils se contentent de jeter à plusieurs reprises un chapeau en l'air, ce qui leur réussit également : d'autres fois, on jette au vent quelques plumes légères, que ces oiseaux recherchent pour faire leurs nids, et qu'ils sont obligés de saisir dans l'air, attendu qu'ils ne se posent jamais à terre.

On prend encore des martinets avec des petits hameçons garnis d'une plume de duvet ou de coton, que l'on suspend à une tour, à un clocher ou bien au haut d'une maison, en ayant soin de les éloigner un peu du bâtiment pour rendre la plume plus visible. Ces oiseaux, voulant prendre la plume, ils s'accrochent à l'hameçon et on les tire à soi. Comme ils ont l'habitude, avant et après la pluie, de raser la surface de l'eau, on peut aussi, dans ces occasions, suspendre des hameçons de dessus un pont.

MASSACRE. C'est la tête du cerf, du chevreuil, du daim, séparée du corps. Sonner le *massacre*, c'est appeler au son du corps les veneurs et les chiens pour faire la curée. *Massacre* signifie encore une grande tuerie de sangliers, de chevreuils et autres bêtes et gibier.

MASSE A PIC. Instrument propre aux *oiseleurs*. (*Voyez* ce mot.)

MATIN, *canis mastinus*, Linn., *canis villaticus*. Race de chiens, grande et vigoureuse, qui a la tête allongée, le front aplati, les oreilles droites et demi-pendantes, la taille longue et assez grosse, sans être épaisse, la queue recourbée en haut, les jambes longues et nerveuses, le poil assez court sur le corps, plus long aux parties inférieures et sur la queue. La couleur varie beaucoup chez les individus de cette race.

Le mâtin est le protecteur des fermes et des bestiaux; il ne craint pas de se mesurer avec les loups. Afin de lui donner plus d'avantage et d'empêcher ces animaux de le saisir par le cou, on lui attache, dans plusieurs pays, un large collier hérissé de longues pointes de fer.

Voyez le mot *Chien* où nous avons décrit le mâtin et parlé de son éducation pour la chasse.

MAUBÊCHE, *tringa*. Oiseau du genre du bécasseau, et dont on distingue quatre espèces. La première est de la grosseur du chevalier; elle a le dessus du corps d'un brun noirâtre bordé d'un marron clair. C'est la maubêche vulgaire, *tringa calidris*. La seconde est un peu moins grosse; elle a le dessus d'un cendré brun tacheté de noir et de roux. C'est la maubêche tachetée, *tringa nævia*. La troisième est grise avec des bords d'un gris blanchâtre; c'est la grande maubêche grise, *tringa grisea*. La quatrième, plus petite que la précédente, est grise avec de petites taches noires; mais la partie antérieure de la tête, les joues et le ventre sont d'un blanc de neige.

Ces oiseaux vivent en troupe et habitent les bords de la mer où ils courent sur le sable avec beaucoup de vitesse.

Ils sont répandus dans le nord des deux continents. On a peu de notions sur leur genre de vie.

La maubêche commune et la maubêche tachetée se trouvent en France.

MAUVIETTE. Nom donné dans divers endroits à la grive et au mauvis.

MAUVIETTES. A Paris, les marchands de gibier et les cuisiniers appellent ainsi les *alouettes grasses*.

MAUVIS, *turdus iliacus*, Lath. Oiseau du genre de la grive et que l'on confond souvent avec celle-ci.

Description. Le mauvis (voyez *Pl.* 12, *fig.* 11) se distingue de la grive par son plumage plus lustré, son bec plus noir, un plus petit nombre de mouchetures sur la poitrine, et surtout par la couleur orangée du dessous des ailes, qui lui a fait donner dans plusieurs langues et nommément en allemand le nom de *grive rouge*. Le mauvis n'est pas aussi gros que la grive : il a 8 pouces de longueur, y compris la queue de 3 pouces ; le bec de 7 lignes de long et noirâtre ; l'iris brun ; les pieds d'un pouce de haut et d'un gris clair ; tout le dessus du corps d'un brun olivâtre ; une bande jaunâtre de chaque côté de la tête, depuis les narines jusqu'à l'occiput ; la gorge, e cou et la poitrine d'un fond jaunâtre, varié d'un grand nombre de taches noirâtres de forme triangulaire ; le reste du dessous du corps blanc ; les côtés et le dessous des ailes de couleur rouge orangée ; les couvertures supérieures des ailes pareilles au dos ; les moyennes ayant un peu de roussâtre à leur extrémité, et les grandes les plus proches du corps bordées à l'extérieur de cette même couleur ; les pennes des ailes d'un gris brun et cendrées en dessous, ainsi que celles de la queue. On reconnaît la femelle à la bande des côtés de la tête, qui est moins vive, et quelquefois totalement blanche.

Cet oiseau fait entendre un gazouillement doux et assez semblable à celui de la linotte ; son cri est : *tau, tau, kau, kau*.

Habitation. Le mauvis habite les régions très septentrionales, et ne paraît chez nous que comme oiseau de passage ; il arrive ordinairement en France après la grive et avant la litorne ; c'est au mois de novembre qu'on le voit en grandes bandes, qui disparaissent ordinairement avant Noël ; cependant il en reste quelques uns pendant l'hiver ; il reparaît au printemps vers le mois de mars, et l'on n'en rencontre plus au mois d'avril.

Nourriture. Elle consiste en vermisseaux, insectes, raisins, baies de sorbier, de genévrier, de myrtille et autres espèces de fruits tendres.

Propagation. Elle n'a pas lieu dans nos climats.

Qualités. La chair du mauvis n'est pas moins délicate que celle de la grive.

Chasse. Les moyens de prendre cet oiseau sont les mêmes que pour la *grive*. (*Voyez* ce mot.) On dit cependant que les mauvis sont moins méfians et qu'ils se prennent plus fréquemment au lacet qu'aucune autre grive, mais qu'ils évitent les lacets qui ne sont faits que de crin blanc ou que de crin noir ; raison pour laquelle on les fait en Bourgogne de crins noirs et de crins blancs tortillés ensemble.

Le MAUVIS BLOND est une variété du mauvis, ainsi nommée par Picot La Peyrouse, parce que le fond de son plumage est blanc roussâtre ; ce savant l'a trouvée dans les Pyrénées.

MÉJUGER. C'est se tromper dans l'examen des connaissances de la bête dont on fait suite. Un cerf se *méjuge* lorsque ses allures ne sont pas réglées, c'est à dire lorsqu'il porte les pieds de derrière au delà ou en deçà des pieds de devant du même côté. Un valet de limier *méjuge* un cerf lorsqu'il ne reconnaît pas celui qu'il a ailleurs jugé plus gros. Un veneur *méjuge* pareillement un cerf de meute lorsqu'en le voyant il ne le reconnaît pas pour tel ; il *méjuge* aussi un cerf par le pied et par les fumées, lorsque par ces connaissances il ne le juge pas ce qu'il était.

MENÉE. C'est la droite route du cerf lorsqu'il fuit. On dit, dans ce sens, suivre la *menée ;* être toujours à la *menée*.

On dit aussi une bête est mal *menée*, lorsque, fatiguée de la poursuite des chiens, elle est sur ses fins.

Enfin on dit : Un chien a la *menée belle*, une *belle menée*, quand il chasse droit et crie bien.

MENER. *Mener la quête*, c'est la battre et rebattre pour trouver des perdrix. *Mener* les chiens à l'ébat, c'est les faire promener, attention que l'on doit avoir deux fois par jour.

MENTEUR. Un chien *menteur* est celui qui cèle la voie pour gagner le devant, ou qui crie à faux.

MENUS DROITS. Ce sont la langue, les molettes et les petits filets du cerf. Anciennement on les portait chez le roi.

MERLE, *turdus merula*, Lath. Oiseau du genre de la grive et de l'ordre des *passereaux*.

Description. Cet oiseau (*Pl.* 13, *fig.* 1), que les Anglais et les Allemands appellent *l'oiseau noir*, la *grive noire*, a 9 pouces et demi de long, y compris la queue, de 3 pouces ; le bec jaune et de 10 lignes de long ; l'iris brun, et les pieds de 1 pouce 3 lignes de haut, et noirs comme le reste du corps. La femelle diffère du mâle, au point qu'on les prendrait l'un et l'autre pour deux oiseaux d'espèce différente ; tout son plumage est d'un brun foncé sur les parties supérieures du corps, les ailes et la queue, et d'un brun plus clair, mélangé de roux sur la poitrine, et de gris sur le ventre ; le bec et les pieds sont d'un brun noirâtre. Le chant de cet oiseau, qu'on entend dès les premiers beaux jours du printemps, n'est pas harmonieux ; cependant il n'est pas désagréable. Son cri d'appel ou d'avertissement est : *Tac, tac ;* il le fait entendre en levant la queue en l'air, et en battant vivement des ailes.

Habitation. Les merles se plaisent dans les forêts bien fourrées, et qui ne sont pas trop escarpées ; ils ne nous quittent pas en totalité pendant l'hiver ; ceux qui restent dans cette saison habitent alors les lisières des bois, les haies, les buissons, et viennent jusque dans les jardins situés au centre de Paris, et dans lesquels ils nichent.

Nourriture. Elle consiste en vermisseaux, insectes, baies de genièvre, de sorbier, d'épine noire et blanche, raisins, cerises, myrtille, etc.

Propagation. Ces oiseaux s'apparient de très bonne heure au printemps, et placent leur nid dans des buissons fourrés, sur des troncs d'arbres étêtés, quelquefois dans des tas de ramilles ou de bois de corde. La femelle y dépose de quatre à six œufs d'un vert bleuâtre, marbrés de taches couleur de rouille. L'incubation dure seize jours. Les vieux merles font deux couvées par an.

Qualités. La chair du merle est bonne, surtout celle des jeunes; mais elle est moins délicate que celle des grives. Cependant, elle est presque aussi recherchée dans le temps des vendanges, où elle acquiert beaucoup de saveur. Elle contracte un goût d'amertume, si l'oiseau ne se nourrit que de baies de genièvre, de graines de lierre et d'autres fruits semblables.

Variétés du merle. On trouve, dans les variétés accidentelles du merle, des individus à plumage tout blanc; on en voit à bec roux; d'autres à plumage d'un rose jaunâtre; d'autres à tête blanche avec des taches noires; d'autres à plumage varié de noir et de blanc; enfin, il y en a à queue et ailes blanches, avec le reste du plumage noir, etc.

Espèces. Il y a un grand nombre d'espèces de merle, qui sont étrangères à l'Europe, et quelques unes qui, outre l'espèce dont la description précède, habitent plusieurs parties de la France. Nous ne parlerons que de ces dernières.

Le merle brun. On connaît sous ce nom, et sous celui de *merle-grive,* une espèce qui se distingue du merle commun, par un peu plus de grandeur et par son bec constamment brun. On l'a confondu, et on le confond encore avec la femelle du merle *à bec jaune.* On dit que cette espèce est commune en Lorraine.

Le merle bleu, *turdus cyaneus.* Cette espèce, un peu moins grosse que l'espèce commune, se trouve dans les Pyrénées, en Italie, dans l'Archipel et même dans l'Inde.

Le merle d'eau, *turdus cinclus,* Lath., *cinclus aquaticus,* Linn. Cet oiseau, auquel on a donné le nom de *merle,* que Latham a placé dans ce genre, a été rangé, par d'autres naturalistes, dans le genre *étourneau* ou dans le genre *bécasseau.*

Description. Sa longueur totale est de 8 pouces; son bec, qui a 9 lignes de long, est droit, étroit, pointu, et de couleur noire, de même que ses pieds, dont la hauteur est de 1 pouce 3 lignes. Tout son plumage est noir, plus ou moins mêlé de gris; une grande tache blanche s'étend de la gorge jusque sur la poitrine. La femelle est noire, avec des raies d'un gris brun; la tache de la poitrine est d'un blanc sale. Le chant de cet oiseau, qu'il fait entendre même par les grands froids, n'est pas très fort, mais il est très agréable. Son cri d'appel est : *Zerk, zerk.*

Habitation. Le merle d'eau fréquente les lacs et les ruisseaux des hautes montagnes, les eaux vives et courantes, où il est toujours solitaire. On le trouve en France, dans les montagnes du Bugey et des Vosges, dans les Pyrénées et les Alpes, et dans toute l'Europe.

Nourriture. Il se nourrit de petits poissons et d'insectes aquatiques, qu'il attrape avec beaucoup d'adresse en plongeant.

Propagation. Il fait son nid dans les trous des rivages; la femelle y dépose de quatre à six œufs blancs qu'elle couve pendant seize jours.

Qualités. Sa chair n'est pas désagréable; mais pas très bonne non plus.

Le grand merle des Alpes. Nom vulgaire donné au *choquart,* d'après son bec jaune et son plumage noir.

Le grand merle de montagne. Oiseau plus gros que la *draine,* tacheté de blanc, sans plastron, qui passe en Lorraine à la fin de l'automne, époque où il est très gras; il se nourrit principalement de limaçons, et mange aussi la graine de lierre. Il a la voix aigre et triste. C'est un beau gibier, mais qu'on prend très rarement.

Il existe un autre *grand merle de montagne,* qui a le plumage d'un noir de suie, et les plumes du dessous du corps bordées de blanc. Cet oiseau est encore peu connu, et rare dans les Vosges.

Le merle de montagne, *merula montana,* Brisson, a la grosseur du merle ordinaire; les plumes de la tête, du cou, du dessus et du dessous du corps d'un brun noirâtre et entourées d'une bordure grise; une espèce de collier noirâtre nuancé de roux; le bec noirâtre; les couvertures inférieures de la queue brunes dans leur milieu et sur leurs bords; les pennes et les grandes couvertures des ailes d'un blanc noirci, et bordées de blanchâtre; celles de la queue d'un noir uniforme, et les pieds bruns.

Le merle a plastron blanc, *turdus torquatus,* Lath., est un peu plus gros que le merle commun; il a 10 pouces et demi de longueur, y compris la queue de 3 pouces et demi; le bec de 10 lignes de long, jaune dans un tiers de sa longueur, et noir dans le reste; les pieds de 1 pouce 3 lignes de haut, et d'un brun foncé, ainsi que l'iris; le plumage noir avec des bordures grises; un large plastron d'un blanc sale, nuancé de noirâtre au haut de la poitrine.

Il remue les ailes et la queue toutes les fois qu'il crie, et son cri semble exprimer *crr, crr, crr,* ou (suivant M. Hartig) *tac, tac, tac;* son chant est moins fort que celui du merle.

Habitation. Cette espèce est commune sur les hautes montagnes du nord de l'Europe, sur celles de l'Auvergne, de la Savoie et de la Suisse. Elle habite également les Vosges. Il paraît que ces merles ne voyagent que par famille, car on n'en voit guère ensemble plus de huit à douze. Il en arrive assez régulièrement aux mois d'avril et d'octobre, sur les montagnes qui environnent Rouen. Dans l'une et l'autre saison, le passage ne dure guère que quinze à vingt jours.

Nourriture. Vermisseaux, insectes, et toutes sortes de baies, principalement celles de sorbier, de genévrier et de myrtille.

Propagation. Le merle niche sur les sapins, place son nid à une petite distance de terre, soit sur une roche couverte de bruyère et de broussailles, soit au pied d'un buisson. La femelle y dépose quatre œufs de mêmes grosseur et couleur que ceux du merle ordinaire, mais très remarquables par de grandes taches rougeâtres.

Qualités. La chair de cet oiseau, qui est toujours chargée de graisse, est un mets délicat.

Chasse aux merles, et notamment au merle commun.

Il y a différentes manières de prendre les merles : à l'*araigne*, à la *repenelle*, à la *fossette*, aux *gluaux*, aux *collets*, au *rejet portatif*, à la *rafle*. Mais comme ces oiseaux sont méfians et rusés, il est important que le chasseur se cache avec soin.

Chasse du merle à l'araigne.

Cette chasse se fait ordinairement sur la fin d'avril : on choisit un jour de brouillard, parce qu'alors les merles volent le long des haies, et s'il y en a, ils se lèveront et se placeront à trente ou quarante pas du chasseur.

Remarquez l'endroit où ces oiseaux sont posés : avancez de vingt pas, et étendez votre *araigne*, comme on va l'enseigner.

On suppose qu'il y a une haie correspondante à celle où vous voulez vous arrêter : vous attachez des deux côtés votre filet à des branches d'arbres qui avancent un peu dans le chemin, qui auront environ 5 ou 6 pieds de hauteur.

Remarquez que le filet doit être tendu au niveau de la haie où les merles se sont placés : vous ferez ensuite le tour, et approcherez d'eux jusqu'à ce que vous les fassiez lever ; ces oiseaux voleront alors le long de la haie ; vous les suivrez au petit pas, et insensiblement ils donneront dans le filet qu'ils feront tomber sur eux à force de se débattre : à ce signal, vous courrez sur votre proie, afin de la saisir.

Il n'arrive pas toujours qu'on trouve un chemin entre deux haies propre à tendre le piège : dans ce cas, munissez-vous d'un bâton de 6 pieds de haut, fendu par un bout, et pointu par l'autre ; fichez-le en terre, et attachez-y un des bouts du filet tandis que l'autre sera lié à la haie. Un arbre placé à une distance convenable fait le même effet que votre piquet.

La plus grande attention qu'on doit avoir dans cette sorte de chasse, c'est d'arranger les coins du filet, de manière que la moindre secousse le fasse tomber sur l'oiseau. (*Voyez* aux mots *Araigne* et *Filet*, pour la manière de faire l'araigne et de s'en servir.)

Chasse du merle à la repenelle ou raquette.

Cette chasse s'exécute à la fin des vendanges ; on va dans les taillis qui sont peu éloignés des vignes : on choisit un arbuste droit et élevé : où l'émonde jusqu'à environ 5 pieds de hauteur, et on le perce avec une vrille à environ 4 pieds et demi.

Ensuite, on prend un autre arbuste éloigné du premier d'environ 4 pieds, on en ôte toute la ramille, et on attache à l'extrémité supérieure une petite ficelle longue de demi-pied, à laquelle on noue un collet de crin fait en nœud. On prend alors l'extrémité supérieure de ce dernier arbuste, on le courbe de façon qu'il avance presque jusqu'à l'autre, et on passe le collet dans l'ouverture qu'on a faite dans le premier arbuste, en tirant jusqu'au nœud de la ficelle qui vient au niveau du trou.

Outre ces préparatifs, il faut avoir un petit bâton long de quatre doigts, fait d'un côté en forme de petit crochet, et arrondi par l'autre, qui se terminera un peu en pointe : on l'insère un peu dans le petit espace qui doit rester depuis le nœud jusqu'au bord de l'ouverture de l'arbuste, et on l'y place fort à l'aise ; après quoi on étend dessus le collet qu'on ouvre en rond, et qu'on pose à plat sur la marchette du petit bâton.

Le piège est achevé si vous mettez au dessus une grappe de raisin : l'oiseau qui viendra la becqueter se placera sur la marchette du bâton, elle tombera, l'arbuste plié reprendra sa première direction, et le merle se trouvera saisi par le lacet.

Chasse du merle à la fossette.

On fait une petite fosse large de 8 pouces dans un sens, et de 5 dans l'autre : elle peut en avoir 6 de profondeur. On met au fond des baies de laurier ou des vers de terre piqués à travers le corps d'une longue épine : ensuite on prend un gazon ou une tuile de pareille grandeur, et on les place sur un quatre de chiffre arrangé sur la fossette ; de façon que l'oiseau, voulant prendre à manger, pose le pied sur le bâton, ce qui fait mouvoir le ressort, et fait tomber la tuile sur le gibier qui se trouve renfermé dans la fossette.

Il y a des personnes qui, pour attirer plus sûrement les merles, attachent à côté du piège un bâton, où un de ces oiseaux vivans est lié par le pied. (*Voyez Appeau*.)

Cette dernière chasse se fait ordinairement en hiver ; car alors les merles affamés volent inconsidérément partout où ils trouvent de quoi se nourrir.

Quant aux autres manières de prendre les merles, voyez *Gluaux*, *Bécasse*, *Grive*.

MERRAIN, MERAIN ou MAIRAIN. C'est le nom que l'on donne à la *perche* ou *tige* qui supporte les andouillers du bois d'un cerf ou des autres quadrupèdes ruminans à cornes caduques. On dit qu'un cerf a le *merrain grêle*, lorsque la perche est menue ; qu'il a le *merrain bien nourri*, lorsque la perche est grosse. Un cerf a le *merrain* grêle ou bien nourri à proportion de son âge, et souvent à proportion de la bonne ou mauvaise nourriture qu'il a trouvée en faisant sa tête.

MÉSANGE, *parus*. Genre d'oiseaux de l'ordre des *passereaux*, qui a pour caractères le bec court, droit, un peu aplati sur les côtés; les narines rondes et recouvertes par les plumes du front, qui reviennent en avant; la langue tronquée à son extrémité, et terminée par trois ou quatre filets; quatre doigts, trois en avant, un en arrière, tous divisés à leur origine; l'ongle du doigt postérieur grand et fort.

Tous les oiseaux de cette famille, quoique petits, sont courageux, même féroces; ils attaquent la *chouette* avec plus de hardiesse que tout autre, s'élancent toujours les premiers, et cherchent à lui crever les yeux; ils mordent vivement la main qui les tient, et semblent par leurs cris appeler les autres à leur secours, ce qui ne manque pas de les faire accourir en foule, et procure à l'oiseleur une chasse abondante. On trouve dans leurs mœurs des traits de conformité avec les *corbeaux*, les *pies* et les *pies-grièches* : même appétit pour la chair, même manière de déchirer les alimens en morceaux pour les manger.

Les mésanges, d'un naturel vif et agissant, sont sans cesse en mouvement; on les voit continuellement voltiger d'arbre en arbre, sauter de branche en branche, grimper sur le tronc, s'accrocher aux murailles, se suspendre de toutes les manières, souvent même la tête en bas; quoique féroces, elles se plaisent en société, recherchent leurs semblables, forment de petites troupes plus ou moins nombreuses, et, si quelque accident les sépare, elles se rappellent mutuellement, et sont bientôt réunies; alors elles cherchent leur nourriture en commun, visitent les fentes des rochers et des murailles, déchirent, avec leur bec, le lichen et la mousse des arbres, pour y trouver les insectes et leurs œufs, se nourrissent aussi de graines, qu'elles percent à coups de bec; elles pincent aussi les boutons naissans des arbres; la plus grosse espèce (*la charbonnière*) joint à ces différens alimens les abeilles et même les petits oiseaux, si elle les trouve affaiblis par la maladie ou embarrassés dans les piéges; mais elle ne leur mange ordinairement que le crâne.

Presque toutes les espèces de mésanges sont très fécondes; il y a des pontes qui vont jusqu'à dix-huit à vingt œufs; elles nourrissent leur nombreuse famille avec grand soin, et la défendent avec courage.

Les mésanges sont répandues dans l'ancien continent, du nord au midi de l'Europe, en Afrique, dans l'Inde et en Chine; on en trouve aussi en Amérique, principalement dans le nord. (Extrait du *Nouveau Dictionnaire d'histoire naturelle*.)

Les naturalistes comptent une trentaine d'espèces de mésanges, mais qui, pour la très grande partie, sont étrangères à nos climats. Voici celles que l'on trouve en France.

La GRANDE MÉSANGE OU CHARBONNIÈRE, *parus major*, Lath., est la plus grande espèce des mésanges d'Europe.

Description. Cet oiseau (*Pl.* 14, *fig.* 7) a 5 pouces 10 lignes de longueur, y compris la queue de 2 pouces et demi; le bec de 6 lignes de long, fort, et de couleur noire de même que l'iris; les jambes de 9 lignes de haut, et couleur de plomb; le dessus de la tête d'un noir lustré; la gorge noire, se liant avec la nuque, par cette couleur qui entoure ainsi de noir les joues et les tempes, qui sont blanches; la nuque d'un jaune verdâtre; le dos d'un beau vert d'olive; la poitrine et le ventre d'un vert jaunâtre, et partagés par une longue bande noire; les deux premières pennes des ailes d'un cendré brun, et les autres bordées de cendré bleu; la queue noire, avec une tache blanche sur les côtés. Cette mésange est particulièrement courageuse, pétulante et méchante; son chant n'est point désagréable, et son cri d'appel est : *fiuk, fiuk*.

Habitation. On la trouve partout, dans les forêts, les jardins, les plaines et les prés. On la voit en France dans toutes les saisons; mais c'est en automne qu'on la voit en plus grand nombre, parce qu'alors celles qui habitent pendant l'été les hautes montagnes les quittent pour descendre dans les plaines, où les attire une nourriture plus abondante.

Nourriture. Elle se nourrit d'insectes, de semences, de baies et de plusieurs autres fruits. Elle mange aussi de la chair, et on la voit sur les animaux morts.

Propagation. Elle niche dans les trous des arbres et des murailles, etc.; la ponte est de huit à dix œufs blancs, tachetés de rouge; l'incubation dure quatorze jours. Elle fait deux couvées par an, comme toutes les mésanges.

Qualités. Cette mésange est utile par la grande quantité d'insectes qu'elle détruit; mais elle mange aussi les abeilles. Sa chair n'a rien d'exquis; rarement elle est grasse; mais on peut la manger. C'est un oiseau auquel on ne devrait pas faire la chasse avec excès, car les services qu'il rend sont au dessus des torts qu'il peut causer.

La PETITE CHARBONNIÈRE, *parus ater*, Lath., est plus rare que la précédente; elle en diffère par la taille et les couleurs.

Description. Elle a 4 pouces 3 lignes de longueur, y compris la queue de 1 pouce 9 lignes; le bec de 3 lignes de long, et noir de même que l'iris et les jambes, qui ont 8 lignes de haut; le dessus de la tête et le cou noirs; une bande blanche qui descend de la nuque; les joues et les côtés du cou blancs; le dos d'un bleu cendré; la gorge noire, la poitrine et le dessous du corps blancs; les ailes d'un cendré brun, bordées d'une double bande blanche; la queue d'un gris brun. Cette mésange a les mêmes mœurs que la précédente, elle est peu rusée et se prend à tous les piéges. Son cri d'appel est *sifi, sifi*.

Habitation. Cette espèce se tient dans les forêts de sapins, se plaît dans les bois où il y a en tout temps des arbres verts, fréquente dans l'arrière-saison les vergers et les jardins.

Nourriture. Elle est la même que celle de la grosse charbonnière; mais cette espèce montre de la préférence pour les semences d'arbres résineux; elle aime aussi beaucoup la graine de tournesol.

Propagation. Elle niche ordinairement dans les petits trous en terre, quelquefois dans ceux des arbres; la ponte est de six à huit œufs, ponctués de brun. L'incubation dure quatorze jours. Il y a deux couvées par an.

Qualités. Comme pour l'espèce précédente.

La MÉSANGE BLEUE, *parus cœruleus*, Lath., *Pl.* 14, *fig.* 9, est de toutes nos mésanges la plus connue et la plus commune.

Description. Cette mésange a 4 pouces et demi de longueur, y compris la queue de 2 pouces; le bec de 3 lignes de long et noirâtre; l'iris d'un brun foncé; les jambes de 8 lignes de haut et plombées; le front et les côtés blancs; un petit trait noir qui part du bec, passe à travers les yeux et s'étend jusqu'à l'occiput, qui est d'un bleu plus foncé que la partie antérieure; la même couleur s'étendant au dessous des joues et formant une espèce de cintre qui se réunit au noir de la gorge; le dessus du cou d'un gris blanc nué de bleu, le dos d'un vert olive clair, ainsi que le croupion et les plumes scapulaires; les couvertures des ailes d'un bleu clair; le dessous du corps jaune, avec une raie longitudinale bleue; les premières pennes des ailes noirâtres et bordées d'un bleu clair, et la queue d'un bleu pâle.

Habitation. On trouve ce bel oiseau presque partout, dans les forêts et les jardins. Les mésanges bleues restent plus long-temps réunies que les autres; mais, dès le mois de janvier, elles s'isolent, et, peu de temps après, on ne les voit plus que par couple ou seule à seule.

Nourriture. Les insectes, leurs œufs et les chrysalides, plusieurs sortes de semences et de baies forment la nourriture de ces mésanges.

Propagation. Elles nichent dans les creux des arbres; la ponte est de huit à dix œufs blancs, tachetés de brun, qui sont couvés pendant quatorze jours.

Qualités. Les mêmes que celles de la charbonnière.

La MÉSANGE BRULÉE. C'est le nom vulgaire de la charbonnière.

La MÉSANGE HUPPÉE, *parus cristatus*, Lath., (*Pl.* 14, *fig.* 10).

Description. Elle a 4 pouces et demi de longueur, y compris la queue de 1 pouce 9 lignes; le bec noir, de 4 lignes de long; l'iris brun; les pieds plombés et de 7 lignes de haut; une jolie huppe noire et blanche; le front blanc; les joues de même couleur et entourées d'un cercle noir, qui part des deux côtés de la plaque noire de la gorge; une bande noire verticale derrière l'œil; le dessus du corps d'un gris roux; la poitrine et le ventre blanchâtres; les ailes et la queue d'un gris brun.

Habitation. La Normandie serait, suivant Montbelliard, la partie de la France où cette espèce serait la plus commune; mais il paraît qu'elle n'y est pas généralement répandue. Elle habite principalement les forêts de pins du nord de l'Europe et celles de l'Allemagne; M. Hartig dit qu'elle n'est même pas abondante dans cette dernière contrée. On la voit, en automne et en hiver, en compagnie avec la petite charbonnière et le roitelet.

Nourriture. Celle de la petite charbonnière.

Propagation. Elle niche dans les creux des arbres et des souches, ainsi que dans les nids abandonnés des pies et des écureuils. La ponte est de huit à dix œufs blancs, ponctués de rouge, qui sont couvés pendant quatorze jours. Il y a deux couvées par an.

Qualités. De même que pour la petite charbonnière.

La MÉSANGE DES MARAIS OU NONNETTE CENDRÉE, *parus palustris*, Lath. (*Pl.* 14, *fig.* 8).

Description. L'espèce de voile noir que cet oiseau a sur la tête lui a fait donner le nom de *nonnette*. Il a 4 pouces et demi de longueur, y compris la queue de 2 pouces, et le bec de 4 lignes de long; celui-ci noir; l'iris d'un brun foncé; les jambes plombées et de 5 lignes de haut; le dessus de la tête noir jusque sur la nuque; les joues, les côtés et la partie inférieure du cou blancs; le dessus du corps gris cendré; le haut de la gorge noir; le dessous du corps d'un blanc sale; les ailes et la queue d'un cendré brun en dessus.

Habitation. Cette espèce fréquente de préférence les bords des bois et les vergers; elle aime mieux les taillis et les broussailles que les bois élevés, et elle se tient volontiers au bord des eaux.

Nourriture. Les insectes, leurs œufs et les chrysalides, les graines et les baies composent sa nourriture.

Propagation. Comme celle de l'espèce précédente.

Qualités. De même que pour la charbonnière.

La MÉSANGE MOUSTACHE, *parus biarmicus*, Lath. La physionomie du mâle est caractérisée par une petite touffe de plumes noires, assez longues, qu'il porte sur chaque côté de la tête; ces plumes, par leur disposition, ressemblent en effet à des moustaches; de là le nom qu'on a donné à cet oiseau. Le bec est d'une couleur orangée lorsque l'oiseau est vivant, et d'un jaune terne peu de temps après sa mort. La tête d'un gris de perle et l'iris jaune; la gorge et le devant du cou sont d'un blanc argenté, moins pur sur la poitrine, teint de gris dans quelques individus et de couleur rose dans d'autres; le reste du dessous du corps est roussâtre; les couvertures inférieures de la queue sont noires, celles des ailes d'un blanc jaunâtre, les petites du dessous noirâtres, les grandes bordées de roux, ainsi que les pennes moyennes; les primaires frangées de blanc à l'extérieur; celles de la queue entièrement rousses, excepté la première de chaque côté, qui est noirâtre à sa base, et d'un cendré roux vers son extrémité; les pieds sont noirs. Grosseur, au dessous de la mésange à longue queue, et longueur totale 6 pouces un quart. La femelle diffère du mâle, en ce qu'elle est un peu plus petite, et qu'elle n'a point de moustaches; que sa tête est ferrugineuse, et le reste des parties supérieures d'un gris rembruni; les flancs et les couvertures inférieures de la queue sont d'un gris roussâtre, et ses pennes de la couleur du dos; elle n'a point de moustaches noires; le dessus de la tête est quelquefois tacheté de noir. Ces oiseaux sont nombreux en Hollande, et l'on en voit assez fréquemment, en Angleterre, dans les marais où abondent les roseaux dont les graines leur servent de nourriture. Ils vivent aussi de petits insectes, et, à leur défaut, ils se nourrissent de limaçons aquatiques qu'ils avalent entiers, avec leur coquille. Je dois cette observation à M. Baillon fils, qui ajoute, dans la note qu'il m'a remise, que la moustache paraît quelquefois à Abbeville, pendant l'hiver; qu'elle n'a aucune des habitudes des mésanges ordinaires; qu'elle court sur la glace, dans les roseaux, comme une lavandière, au bord de l'eau, et que les douze individus qu'il a eus avaient tous le jabot rempli de ce petit coquillage, qu'il croit être l'ambrette de Geoffroy. On voit aussi ces oiseaux aux environs de Rouen, mais très rarement (1). Latham les regarde comme indigènes de la Grande-Bretagne, puisqu'il dit qu'on y en voit pendant toute l'année, et qu'ils y nichent, surtout dans les marais qui sont entre Erith et Londres.

Leur nid, selon cet ornithologiste, est fait de matériaux mollets et duveteux, et est suspendu entre trois roseaux que ces oiseaux ont l'adresse de rapprocher les uns des autres. Dans les figures qu'on en a publiées, le nid est placé près de terre, dans des joncs; il est d'une texture assez serrée et composé de sommités d'herbes sèches mélangées de roseaux et de joncs, et entremêlées de petites feuilles longuettes. La ponte est de quatre ou cinq œufs d'un blanc rougeâtre, tachetés de brun. Si l'on doit juger de l'oiseau en liberté par l'oiseau en captivité, ses mœurs sont plus douces et plus sociales que celles des autres mésanges; le mâle et la femelle montrent beaucoup d'attachement l'un pour l'autre, et se prodiguent ces petits soins familiers aux serins, du moins c'est ainsi que se sont conduits ceux que j'ai possédés vivans, et l'affection du mâle pour sa femelle serait encore plus remarquable, si, comme on le dit, lorsque ces oiseaux reposent, il a soin de couvrir sa compagne de ses ailes. Un pareil naturel, joint à quelques dissemblances génériques, éloigne cette espèce des autres mésanges, qui, quoiqu'elles paraissent avoir beaucoup d'attachement les unes pour les autres, si l'on en juge à leurs cris d'appel sans cesse répétés dès qu'elles sont un peu dispersées, semblent craindre de s'approcher de trop près, « jugeant, dit le collaborateur de Buffon, des dispositions de leurs semblables par les leurs propres: elles sentent qu'elles ne doivent pas s'y fier; telle est la société des méchans. » Les mésanges moustaches se trouvent en Danemarck et en Suède, mais rarement elles sont communes aux environs de la mer Caspienne, aux Palus-Méotides, où elles habitent les roseaux; mais elles ne s'avancent pas en Asie à des latitudes plus élevées. Selon Pennant, on n'en voit pas en Sibérie. (Extrait du *Nouveau Dictionnaire d'histoire naturelle*.)

(1) Nous avons tué une mésange moustache mâle, dans la forêt de Bondy, près Paris, en 1817.

La MÉSANGE A LONGUE QUEUE, *parus caudatus*, Lath.

Description. Elle a 6 pouces de long, y compris la queue, qui a 3 pouces 9 lignes; le bec noir, n'ayant que 2 lignes de long; l'iris brun, les jambes brunes et de 8 lignes de haut; la tête blanche, le reste du dessus du corps noir avec des taches rougeâtres; le dessous blanc avec une teinte rouge sur le ventre; les grandes pennes des ailes noirâtres, ainsi que les secondaires et les pennes de la queue. Le cri d'appel de cet oiseau est *i i*, *ü* et *gué*, *gué*.

Habitation. Elle habite les lisières des bois et les boqueteaux situés en plaine; en automne et en hiver, elle s'approche des jardins et des vergers.

Nourriture. Elle se nourrit de petits insectes et de leurs œufs, qu'elle cherche avec beaucoup de soins dans l'écorce des arbres.

Propagation. Cette espèce construit son nid sur une branche, près de la tige d'un arbrisseau, à 3 ou 4 pieds de terre, lui donne une forme ovale et presque cylindrique et le ferme en dessus. La ponte est de dix à quinze œufs blancs, ponctués de rouge, qui sont couvés pendant quatorze jours.

Qualités. Cet oiseau est très utile par la grande quantité d'insectes qu'il détruit. Sa chair n'est pas un bon manger.

La PETITE MÉSANGE A TÊTE NOIRE. C'est la *nonnette cendrée*.

La MÉSANGE-PINSON. C'est la *charbonnière*.

La MÉSANGE A TÊTE DE FAÏENCE. Nom vulgaire de la mésange bleue.

La MÉSANGE A TÊTE NOIRE. C'est la *charbonnière*.

Chasse aux mésanges.

Parmi ces oiseaux, ceux qui donnent plus volontiers dans tous les pièges sont les *charbonnières*, les *mésanges à tête noire* ou *nonnettes*, et celles à *tête bleue*, mais il est rare d'y prendre les *huppées*, celles *à longue queue* et les *moustaches*.

On peut prendre des mésanges toute l'année, et y employer divers moyens.

1°. On met un certain nombre de mésanges dans une cage qu'on garnit de gluaux, et qu'on place dans un endroit fréquenté par ces oiseaux; à peine le chasseur s'est-il retiré que les mésanges, qui aiment les oiseaux de leur espèce, volent autour de la cage, s'y perchent et ne peuvent s'en détacher.

2°. On peut aussi former une loge avec des branches d'arbres, et en garnir le dessus de gluaux. La personne qui y est renfermée contrefait avec la voix ou avec un instrument le cri des mésanges; les oiseaux volent à la loge et se prennent aux gluaux.

3°. On prend encore des mésanges à la *rapenelle* ou *raquette*. (*Voyez* ce dernier mot.) Il faut que l'arrêt qui est au bout du bâton soit pointu, afin de l'ajuster dans une noix à demi cassée, et ne point faire la machine aussi forte que celle employée à la chasse du geai.

4°. En Allemagne, on prend une centaine de mésanges dans un jour à une chasse qu'on appelle,

DICT. DES CHASSES. 65

aux environs de Nuremberg, la *grande chasse aux trébuchets*. Elle se fait par le moyen d'une loge triangulaire établie sur trois grands sapins qui servent de colonnes : chaque face de cette loge est percée d'une espèce de fenêtre sur laquelle on pose un trébuchet : chaque fenêtre a le sien, et chaque trébuchet a sa chanterelle. L'oiseleur est au centre, ayant l'œil sur le tout, et rappelant lui-même avec un appeau qui se fait entendre de loin.

5°. On prend les mésanges au *petit filet d'alouette*, aux *lacets*, aux *collets*. (*Voyez* ces mots.)

6°. Au *brai*. (*Voyez* ce mot.)

7°. Au *trébuchet édonologique* et au *trébuchet sans fin*. (*Voyez* ces mots.)

8°. On tend aux mésanges un piége nommé *mésangette*. (*Voyez* ce mot.)

9°. On en prend encore à la chasse à la chouette, avec des gluaux et des appelans, et à l'arbret également avec des appelans.

Les appâts qu'on emploie, quand on se sert des trébuchets, de l'assommoir du Mexique, des collets et de la mésangette, sont du chenevis ou des noix cassées.

MÉSANGÈRE, MÉSANGLE ou MUSANGÈRE. C'est, dans quelques cantons, la dénomination vulgaire de la *grosse mésange* ou *charbonnière*.

MÉSANGETTE. C'est un piége ainsi appelé, parce qu'il est employé à prendre des mésanges ; il réussit cependant aussi contre tous les petits oiseaux granivores, si on le tend pendant l'hiver, surtout en temps de neige. On le place partout, dans les jardins, les cours, près des murs, sur le fumier et même sur des bouchons de paille qui engagent les oiseaux à s'en approcher par l'espérance d'y trouver du grain.

La *fig*. 1re de la *Pl*. 44 représente une mésangette tendue au moyen d'un quatre de chiffre, et la *fig*. 2 une mésangette commencée.

Ce piége est d'une construction très simple : A, *fig*. 2, est une planche aux quatre coins de laquelle on fixe des piquets, dont deux, *bb*, plus longs de 2 pouces que les autres, sont destinés à former le derrière de la mésangette ; au point E est le support du quatre de chiffre planté sur le bord de la planche, hors de la ligne des piquets *cc*.

Des bâtons, dont la forme est représentée *fig*. 3, et dont la longueur est proportionnée à la distance des piquets, sont destinés à remplir les intervalles qui se trouvent entre ces piquets et à former les quatre côtés du piége. On place d'abord un de ces bâtons de *b* en *b*, et de manière que les échancrures *oo* (*fig*. 3) embrassent les deux piquets *bb*; puis un second de *c* en *c*, dont les échancrures embrassent également les piquets *cc*; ensuite un autre sur chacun des petits côtés de *c* en *b*, de sorte qu'on a un rang formé sur les quatre côtés de la planche ; mais, comme les bâtons placés sur les petits côtés portent sur les bâtons des grands côtés, ils laissent un vide, entre eux et la planche, qu'il faut avoir soin de remplir avec de la terre glaise ou autre chose semblable, pour retenir la graine que l'on met comme appât dans le fond de la mésangette. On continue de placer des bâtons dans le même ordre jusqu'à la hauteur des piquets ; ce qui forme une espèce de coffre à claire-voie, à travers lequel les oiseaux peuvent apercevoir l'appât qu'on y met.

Pour former l'ouverture supérieure de ce coffre, on attache une porte H aux piquets *bb*, au moyen d'une forte ficelle passée dans des trous, percés avec une vrille dans l'épaisseur de la planche ; cette dernière doit être d'une pesanteur proportionnée à son usage, et ne doit, étant fermée, laisser sur les bords de la mésangette aucun vide qui puisse laisser passage à un oiseau.

Il faut, lorsque le piége est tendu, que la porte ne soit élevée qu'à 6 pouces au plus du bord antérieur de la mésangette, car moins l'ouverture est grande, moins la porte met de temps à la fermer.

D'après l'auteur de l'*Aviceptologie*, on se sert, pour soutenir la porte élevée, de deux planchettes fort minces, que l'on met en croix dans l'intérieur de la mésangette sur un pivot moins long d'un pouce que les piquets *cc*, et sur lesquelles on pose un petit morceau de bois de la longueur du petit doigt, qui soutient la porte, de manière que le premier oiseau qui vient à toucher à ces planchettes les fait culbuter, et que la porte en se fermant l'emprisonne. Mais les auteurs du *Traité de la chasse aux piéges* conseillent d'employer de préférence le quatre de chiffre, comme étant d'un effet plus sûr.

Voici, d'après eux, la description de ce quatre de chiffre ; il se compose : 1° du *pivot*, *fig*. 4, qui est ordinairement planté en terre droit et verticalement, dont la tête se termine en coin, et qui a au milieu et sur le côté une entaille *c* de haut en bas ; 2° du *support*, *fig*. 5, qui est un bâton taillé en coin par le bas *d*, ayant une coche *a* à un tiers de sa longueur vers le haut ; 3° de la *marchette*, *fig*. 6, qui est un bâton d'une longueur proportionnée au piége sous lequel on veut le cacher ; ayant à l'un de ses bouts *c* une coche dont le biseau est dans le sens de sa longueur, sur le côté une seconde coche *i* dont le biseau est dans le sens opposé à celui de la première ; l'extrémité *f* est ordinairement garnie de fils de fer ou de quelques brins de bois.

Pour réunir ces pièces et en former le quatre de chiffre, *fig*. 7, on plante en terre le pivot, *fig*. 4 ; on engage dans sa coche *c* la coche *i* de la marchette, *fig*. 6, ce qui forme la croix, et, dans la coche *c* de cette marchette, le coin *d* du support dont la coche *a* repose sur l'extrémité du pivot. Dans cet état, on sait que le support, appuyant sur la marchette, tend à le faire baisser par sa pesanteur ; celui-ci, cependant, n'obéit pas, ayant son extrémité cunéiforme *d* retenue par la coche *e* de la marchette, qui est elle-même maintenue dans cette position par la coche *c* du pivot qui serre fortement contre la coche *i*. Mais le moindre mouvement qui ébranle la marchette fait échapper les coins des coches, et le support, n'ayant plus de point d'appui, laisse tomber le piége.

Pour tendre la mésangette, au moyen du quatre de chiffre, on fiche sur le bord antérieur de la planche le pivot à 1 pouce environ du coffre ; la coche *c* est un peu au dessus du bord pour que la marchette puisse passer sous la porte de la mésangette. On a soin de tenir les fils de fer qui sont à l'extrémité de la marchette, d'une longueur suffisante pour qu'un oiseau ne puisse entrer dans le piége sans toucher à l'un d'eux.

METTRE BAS. Ce mot se dit des animaux qui font leurs petits; des cerfs, lorsque leur ancienne tête (bois) tombe pour faire place à la nouvelle; des chiens, lorsqu'ils demeurent épuisés de fatigue.

MEULE. On nomme ainsi une espèce de brosse qui vient sur le haut de la tête du cerf, et d'où sort sa ramure, ou bois, ou merrain. On appelle encore cette meule *base* ou *cailloux*. Les meules recouvertes sont celles où il vient un amas de sang, quelques jours après la chute de la tête.

MEUNIÈRE. Nom vulgaire de la *mésange à longue queue* et de la *corneille mantelée*.

MEUTE. Assemblage de plusieurs chiens courans. Les chiens de *meute* sont les premiers qu'on découple pour attaquer. Lorsque ceux-ci prennent un cerf sans relais, on dit : *Ce cerf a été pris de meute à mort;* lorsqu'un cerf est détourné dans un endroit avantageux pour donner les relais, on dit : *Il faut aller attaquer ce cerf, c'est une belle meute*. (Voyez *Vénerie*.)

MÉZANGE, MÉZENGE, MÉSENGE, MEZENGERE. Noms vulgaires de la *mésange charbonnière*.

MÉZERINE ou **MUSARAIGNE.** Espèce de petite souris. On dit que sa morsure fait venir des abcès aux chiens.

MEZI. Nom vulgaire de la crécerelle, en Sologne.

MIGRATION. Un grand nombre d'oiseaux changent de régions et de climats à certaines époques de l'année pour y revenir ensuite. Ils y sont déterminés par trois causes : 1° la recherche de la nourriture dans toutes les saisons; 2° le besoin de se reproduire; 3° la température de l'atmosphère. Ce sont ces voyages que l'on appelle *migration*. (Voyez *Habitation*.)

MILAN, *milvus*. Famille d'oiseaux de proie que les auteurs modernes d'ornithologie ont ajoutée à leur genre *faucon*, et dont M. Sonnini a fait un genre à part, qui renferme plusieurs espèces, dont une est assez commune en France.

Le MILAN proprement dit ou le MILAN ROYAL, *falco milvus*, Lath. (*Pl.* 7, *fig.* 4).

Description. La longueur de cet oiseau est de 2 pieds 3 pouces, y compris la queue, qui a presque 1 pied de long; ses ailes étendues présentent une envergure de 5 pieds. Il a le bec d'un pouce et demi de long, droit depuis sa base jusqu'au milieu, très crochu à sa pointe, qui est noire, d'un brun clair sur le reste, et armé d'un croc un peu recourbé; la membrane de la base du bec, l'iris des yeux et les pieds jaunes; les tarses courts; les ongles noirs; la tête et la gorge d'une teinte blanchâtre avec des raies brunes et noires; le reste du plumage roussâtre, parsemé de taches d'un brun noirâtre et jaunes; la queue très fourchue, également rousse et terminée par du blanc sale. La femelle a le plumage mélangé de brun foncé et clair, la tête et le cou mêlés de plus de blanc, et les ailes ferrugineuses.

Habitation. Le milan se trouve dans presque toutes les parties de l'Europe, dans diverses contrées de la Sibérie et en Afrique. Il habite les revers des montagnes et les bois situés en plaine. Il n'est commun, en France, que dans les pays de montagnes. Lorsque les hivers sont froids, il s'éloigne en novembre et revient en mars ou avril; mais dans les pays méridionaux et ceux dont la température est douce, il ne paraît pas voyager.

Nourriture. Il se nourrit de taupes, de souris, de grenouilles, de couleuvres, de lézards, de vers de terre, de limaces et de charogne; il dérobe aussi les oiseaux et les jeunes lièvres. Cet oiseau est lâche : il n'assouvit sa voracité que sur des êtres plus faibles que lui, et prend la fuite devant un ennemi moins grand et moins fort, à la poursuite duquel il se soustrait par la rapidité et l'élévation de son vol.

Propagation. Il place son nid sur les arbres les plus élevés. La femelle y dépose de trois à quatre œufs blancs, tachetés de jaune et de roux, qu'elle couve pendant trois semaines.

Qualités. Son utilité se juge d'après sa nourriture. Cet oiseau poltron n'a reçu le surnom de *royal* que parce que les princes se faisaient un plaisir de le faire poursuivre et combattre par des oiseaux plus courageux, tels que le faucon et l'épervier.

Chasse. On lui fait la chasse comme aux *autres oiseaux de proie*. (*Voyez* ces mots.)

Cet oiseau vient quelquefois planer au dessus des habitations pour s'emparer des jeunes volailles. Comme son vol est très élevé, ce n'est que par hasard qu'on trouve l'occasion de le tirer; on peut cependant le faire descendre à portée en lui présentant un pigeon blanc, et l'on se tient caché pour le tirer lorsqu'il est assez approché.

MILOUIN, *anas ferina*, Lath. Espèce de canard la plus nombreuse après le canard sauvage dont elle a à peu près la taille, mais dont la tête est plus grosse, le corps plus court, et la démarche plus lourde.

Description. Longueur totale, 17 pouces; le bec de 2 pouces de long, large, creux et propre à fouiller dans la vase; couleur de plomb et noir à la pointe et en dessous; l'iris noisette, les pieds de 1 pouce 3 lignes de haut, couleur de plomb foncé; les ongles noirâtres; la tête et les deux tiers du cou d'un brun marron suivi d'un brun noirâtre, qui se termine en rond au haut du dos et de la poitrine; le dos et le dessus du corps d'un gris de perle rayé de zigzags noirs; les teintes beaucoup plus pâles sous le ventre; les ailes et la queue d'un gris nué de noirâtre. La femelle est plus petite que le mâle; elle a la tête, le dessous du cou, le haut du dos et la poitrine d'un brun roussâtre; le tour des yeux, la gorge et le devant du cou d'un blanc marqué de roussâtre; de grandes taches brunes aux flancs; les ailes cendrées et pointillées de blanc; le milieu du ventre blanchâtre, et le bec d'un brun terne en dessus.

Les ornithologistes distinguent trois variétés dans l'espèce du milouin : le *milouin noir*, le *milouin brun* et le *milouin à cou roux*.

Le milouin marche très difficilement, et il a besoin de battre de temps en temps des ailes pour conserver son équilibre; mais son vol est plus rapide que celui du canard sauvage. Son cri est un sifflement grave.

Habitation. Il arrive du nord de l'Europe et de l'Asie dans nos contrées, au mois d'octobre, en troupes de vingt à quarante. Il ne fréquente que les grands étangs ; on le trouve pendant l'hiver assez abondamment dans la Picardie, en Brie et dans la Bourgogne. Il quitte nos climats au printemps pour aller nicher dans le nord. M. Hebert, cité par Buffon, en a vu quelques individus en Brie pendant l'été.

Nourriture. Elle consiste en vermisseaux, petits poissons, crustacés et plantes aquatiques.

Propagation. Elle a lieu dans les régions septentrionales.

Qualités. Sa chair est un mets excellent.

Chasse. Cet oiseau est inquiet et farouche; on l'approche difficilement sur les grands étangs, et l'on ne peut espérer de le tuer, comme le canard sauvage, qu'à la chute du jour sur les petits étangs et les petites rivières. (Voyez *Canard sauvage.*)

MI-MAI. En vénerie, on dit *mi-mai, mi-tête,* en parlant des cerfs qui ont leur tête à moitié refaite; on dit aussi *mi-juin, mi-graisse,* parce qu'alors les cerfs commencent à être gras; mais ils ne le sont pas encore autant que dans le mois de juillet. Aussi dit-on, *en juillet tout y est,* c'est à dire que dans ce mois ils sont en pleine graisse, et que leur tête est refaite.

MIRÉ. Les chasseurs donnent ce nom au sanglier de cinq ans.

MIROIR A ALOUETTES. C'est une petite machine dans laquelle on a incrusté des morceaux de glace ou des clous d'acier, qui réfléchissent les rayons du soleil, et dont on se sert pour exciter la curiosité des alouettes, et les attirer dans les pièges qu'on leur a tendus. Il n'est point de moyens qui soit suivi de plus de succès : les alouettes, frappées par l'éclat des glaces du miroir, semblent tout oublier pour s'en approcher; elles descendent quelquefois avec tant de précipitation qu'on les croirait lancées du ciel, si elles ne s'arrêtaient tout à coup pour voltiger autour du miroir. On les voit même étendre leurs pattes comme si elles voulaient se poser sur cet objet nouveau, et le contempler plus à leur aise.

On fait des miroirs à alouettes de plusieurs formes différentes : les uns représentent un quart de cercle; d'autres sont ronds en dessus et plats en dessous; d'autres encore sont plats et ronds comme une assiette; enfin il y en a qui forment un carré long.

Le miroir représenté par la *fig.* 2, *pl.* 35, est droit, et celui que représente la *fig.* 1 est courbe en dessous. Cette dernière forme, qui, lorsque le miroir est mis en mouvement, lui donne l'apparence d'un globe lumineux, est regardée comme la meilleure.

Le miroir le plus en usage se compose d'un morceau de bois pesant, ordinairement du poirier, de 9 à 10 pouces de long sur 2 pouces à 2 pouces et demi de hauteur, et 1 pouce et demi à 2 pouces d'épaisseur à sa base. Les grands côtés sont taillés en biseau pour former deux grands plans inclinés, mais qui ne doivent pas être terminés en vive-arête. Dans d'autres, au lieu seulement de deux grands plans inclinés, les côtés sont taillés de manière à en former chacun deux ou trois plus étroits. Les deux extrémités sont également taillées en biseau, et forment des plans semblables à ceux des grands côtés. Chacun de ces plans est incrusté de divers petits morceaux de glace, mastiqués dans des entailles à l'aide d'un enduit composé de trois parties de poix noire sur quatre de ciment rouge tamisé, le tout fondu ensemble. On peint tout le miroir d'une couleur rouge brun, mélangée avec de la colle seulement, en observant de conserver le brillant des glaces. Ce miroir est percé par dessous, dans son milieu, d'un trou carré à la profondeur d'un pouce, dans lequel on fait tenir une broche de fer *b, fig.* 2, également carrée.

Il est supporté par un *piquet* P, de 9 pouces de longueur, fait en bois dur, ayant à peu près la forme d'un gousset de menuisier, et dont la partie supérieure, large de 2 pouces, a une entaille de 15 lignes de hauteur sur autant de profondeur. Le bec *v* et le bec *r* de l'échancrure sont percés chacun d'un trou rond qui s'arrête à la moitié de l'épaisseur du bec *r*, et ce trou est garni intérieurement d'une petite plaque de fer ou de cuivre. La broche *b*, fixée au dessous du miroir, traverse le trou de la partie supérieure du piquet, la bobine *y*, et tourne dans le trou inférieur *r*; cette broche est ronde seulement aux endroits par lesquels elle traverse les trous *v* et *r*, où elle doit tourner, et partout ailleurs elle est carrée, la bobine étant destinée à lui imprimer le mouvement circulaire qu'elle doit communiquer au miroir. La partie inférieure du piquet est taillée en pointe et garnie d'une douille en fer longue de 3 pouces, pour être enfoncée en terre, et la partie supérieure est surmontée d'un morceau de bois rond *s* d'un demi-pouce de hauteur sur autant de diamètre, et entouré d'un cercle de fer de 2 lignes d'épaisseur. C'est sur cette tête que l'on frappe pour enfoncer le piquet.

Un second piquet T ne diffère du premier que parce que la branche qui traverse les deux becs de l'échancrure y est fixée, et que la bobine *x* tourne autour de cette branche, coupée au niveau du bec supérieur de l'échancrure.

Voici maintenant la manière de disposer le miroir pour la chasse aux nappes. On commence par tendre ces filets, comme il est expliqué au mot *Nappes ;* ensuite on plante dans l'espace qui les sépare le piquet P, sur la broche duquel on pose le miroir ; puis on plante, auprès de l'endroit qu'on a disposé pour s'asseoir, le second piquet T, de manière que les faces *o* des deux piquets se regardent. Alors on engage sur la bobine *y* du piquet P une ficelle fine et forte, ordinairement du fouet, et on passe les deux bouts de cette ficelle par les deux trous faits à la face *o* du piquet, ainsi qu'on le voit aux points *ll, fig. a, l*, qui représentent le côté *o* du piquet. On prolonge cette ficelle jusqu'au second piquet T ; on en passe un bout par l'un des trous, et après lui avoir fait faire le tour de la bobine *x*, on le fait ressortir par le second trou; après quoi on noue les deux bouts ensemble au moyen d'un nœud qui puisse passer par les trous *ll* des piquets. Dans cet état, la ficelle *mm* doit être tendue, et en tirant un bout continuellement vers lui, l'oiseleur imprime au miroir le mouvement circulaire auquel il peut donner la rapidité et la lenteur que les circonstances exigent. Mais, en général, il doit observer que les tours soient égaux et doux. Il doit être assis à terre et caché dans une loge ou dans un creux.

Si l'on chasse au fusil, il faut que le chasseur ait un *tourneur*, c'est à dire une personne qui fasse jouer le miroir, parce qu'il ne peut s'occuper à la fois de cet objet et tirer les alouettes. Mais on a inventé, pour y suppléer, une mécanique semblable au tourne-broche, qui est renfermée dans une boîte en tôle D, *fig.* 1re, et qui se monte avec une clef comme une pendule. La partie supérieure de cette boîte est surmontée d'une broche en fer *i*, qui la dépasse d'un pouce; cette broche, de la grosseur d'une forte plume à écrire, est carrée à son extrémité supérieure, ronde au centre, et contournée à sa partie inférieure comme une vis. Les dents d'un des rouages auquel le mouvement est communiqué par l'ensemble de la machine, en portant sur les crans de la vis, font tourner la broche de fer. Cette machine, une fois montée, peut aller pendant une heure et demie, et on la remonte de nouveau.

Le miroir que l'on emploie dans ce cas doit avoir un morceau de glace qui couvre l'arête, parce que la réflexion que produit cette glace engage les alouettes à planer au dessus de la machine, et que c'est l'instant que le chasseur choisit pour tirer. Quant au miroir employé avec les nappes, il ne doit pas être pourvu de ce morceau de glace, parce qu'il est nécessaire que les alouettes s'approchent davantage pour pouvoir être enveloppées sous les filets.

L'*Aviceptologie* contient la description et la figure d'une autre machine que l'on fait mouvoir en tirant, de quart d'heure en quart d'heure, et alternativement, deux ficelles attachées à deux cordes à boyaux roulées dans un sens contraire l'une à l'autre sur la même bobine. Cette machine a pour moteur une roue dont les dents s'engrènent dans une vis sans fin. Elle présente l'avantage de n'avoir pas besoin d'être remontée. Il y a un miroir qu'on appelle *miroir anglais*, qu'un chasseur peut faire mouvoir en même temps qu'il peut tirer. Ce miroir, qui est figuré dans l'*Aviceptologie*, est ainsi construit : une machine de bois en forme de plateau, garnie intérieurement d'une pelote sur laquelle sont attachés des boutons d'acier, ou, à leur défaut, quelques morceaux de miroir, soutenue diamétralement par deux tenons sur un demi-cercle de fer, conserve un équilibre qui n'exige point, à beaucoup près, l'assiduité et l'attention d'un *tourneur*. Le demi-cercle sur lequel est monté le miroir est en acier, et susceptible d'un peu d'élasticité; de la moitié de ce demi-cercle part une queue à l'extrémité de laquelle est emmanché un piquet qui sert à soutenir le miroir. Le plateau doit être horizontal, afin de recevoir verticalement les rayons du soleil; c'est au moyen d'une ficelle, passée par un petit piquet, qu'on communique à cette machine un mouvement qu'elle conserve d'autant plus long-temps qu'elle est dans un plus juste équilibre. Ce mouvement, quoique borné, devient régulier, au moyen d'un petit ressort très flexible attaché au plateau, et dont les deux extrémités touchent, par intervalles, et dessus et dessous, le demi-cercle; on sent bien qu'entre les deux extrémités du ressort il doit y avoir une distance de trois doigts ou environ, afin que le plateau puisse être balancé en décrivant une portion de cercle.

On a remarqué que ce miroir, dont le mouvement est lent, était peu propre à la chasse avec les nappes, parce que les alouettes peuvent s'y mirer sans en approcher d'assez près pour être enveloppées par les filets; mais on peut s'en servir pour la chasse au fusil, où il n'est pas nécessaire que les alouettes approchent d'aussi près.

On peut, à l'aide d'un miroir, d'une *moquette*, qui est une alouette vivante, d'un appeau et d'un filet à nappes, prendre un nombre considérable d'alouettes. La saison de cette chasse commence sur la fin de septembre et dure jusque vers le 15 novembre. L'heure est depuis le lever du soleil jusqu'à dix ou onze heures; les jours de gelée blanche sont les plus favorables, parce que les alouettes prennent leur essor aussitôt que le soleil paraît, et qu'il est alors facile de les attirer.

MITERNE. Synonyme de *jonchère*. (*Voyez* ce mot.)

MOINEAU, MOINEAU FRANC, *fringilla domestica*, Lath. (*Pl.* 12, *fig.* 3). Oiseau du genre des *pinsons* et de l'ordre des passereaux. Cet oiseau a plusieurs noms vulgaires : on l'appelle *moinet, moinot, moigneau, guillery, gros pillery, pierrot*. Cette dernière dénomination lui vient de son cri, qui semble lui exprimer ce mot.

Description. Tout le monde connaît le moineau, que l'on rencontre à chaque pas à la campagne, à la ville, près des habitations. Sa longueur totale est de 5 pouces 6 lignes, et son poids d'un peu plus d'une once. Le mâle a le dessus de la tête et les joues d'un bleu cendré sombre; une bande d'un rouge bai, qui s'étend d'un œil à l'autre en passant par l'occiput; le tour des yeux noir, ainsi que l'espace entre le bec et l'œil; le dessus du cou et du dos varié de noir et de roux; le croupion d'un gris brun; une plaque noire sur la gorge et le devant du cou; la poitrine, les flancs et les jambes d'un cendré mêlé de brun; le ventre d'un gris blanc; les ailes et la queue noirâtres en dessus et cendrées en dessous; sur chaque aile une bande transversale d'un blanc sale; l'iris couleur noisette; le bec épais et court, noirâtre, avec un peu de jaune à sa base; enfin les pieds couleur de chair sombre et les ongles noirâtres.

La femelle, plus petite que le mâle, a la plaque de la gorge et du devant du cou d'un gris clair; le dessus de la tête d'un brun roux, et les autres nuances du plumage généralement plus claires.

Il y a quelques variétés accidentelles dans l'espèce du moineau franc; savoir, le *moineau blanc*, qui est la moins rare, le *moineau noir* ou *noirâtre*, le *moineau jaune*, le *moineau roux*.

Habitation. Les moineaux sont répandus dans les pays les plus chauds et les régions les plus froides. Ils ne sont pas moins nombreux dans les villes qu'aux champs; ils se logent et se nichent dans les trous des murailles et sous les tuiles des toits; ils se réunissent le soir, pendant la belle saison, sur les grands arbres, se répandent en bandes sur les haies qui bordent les récoltes, et dans les jardins; ils fréquentent pendant l'hiver les cours, les granges et tous les lieux où ils peuvent pénétrer pour exercer leurs rapines.

Nourriture. Elle se compose de froment, de cerises, de raisins, de groseilles, de jeune salade, de chenilles, de papillons, de scarabées, de vers, etc.

Propagation. Les moineaux sont très lascifs; il y a peu d'oiseaux aussi ardens et aussi puissans en amour. Pour jouir de la femelle, ils se livrent des combats opiniâtres: ils établissent leurs nids dans les trous sous les toits, dans les murailles, dans les vieux nids d'hirondelles, les boulins de pigeons, quelquefois sur des arbres, etc. La ponte est de cinq à six œufs, d'un cendré blanchâtre, avec beaucoup de taches brunes. L'incubation dure quatorze jours; il y a ordinairement trois couvées par an.

Qualités utiles ou nuisibles. La chair des moineaux n'a point un goût désagréable, mais elle n'est pas estimée, et celle des vieux est un peu dure et amère. Ces oiseaux rendent quelques services en diminuant la quantité des insectes nuisibles; mais ces services ne compensent pas les dégâts qu'ils causent par la consommation des grains et des fruits qu'ils dévorent. Ils sont encore nuisibles à l'agriculture en mangeant les abeilles, et ils vont même dans les colombiers crever le jabot aux jeunes pigeons pour manger le grain qu'il renferme.

M. Rougier de la Bergerie a calculé qu'en évaluant le nombre des moineaux à dix millions seulement pour la France, et la nourriture de chacun d'eux à un boisseau de grains de 24 livres pesant, dix millions de boisseaux se trouvent soustraits à la consommation des hommes.

Chasse des moineaux. On ne peut faire une chasse trop active à ces oiseaux déprédateurs, que rien ne peut éloigner, et dont la multiplication est si rapide; mais ils sont fort rusés et s'aperçoivent aisément des piéges qu'on leur tend : aussi on ne les surprend qu'avec peine; et comme ils volent fort bas, il est encore difficile de les abattre à coups de fusil. Quoi qu'il en soit, on emploie plusieurs moyens pour les détruire.

On les prend au *trébuchet* dans les tendues d'hiver, aux nappes, aux *piéges*, aux *gluaux*, aux *pois*, à la *fossette*, et par les divers autres moyens dont on se sert pour la chasse des autres petits oiseaux. Voici quelques uns de ces moyens dont on recommande l'emploi.

Le *fusil.* C'est la meilleure arme qu'on puisse employer; il doit être d'un grand calibre, afin de supporter une forte charge en cendrée de plomb. On accoutume les moineaux à venir manger dans l'endroit le plus commode pour les tirer, et pour cet effet, on fait une traînée de graine de foin de 20 pieds de longueur et d'une largeur inégale, pour que l'oiseau s'en défie moins; elle doit être commencée à 40 pieds environ du tireur, et suivant la portée de l'arme. Quand on a long-temps accoutumé les vieux moineaux à y venir manger paisiblement avec leur couvée, et qu'on les y voit réunis en grand nombre, on peut faire feu sur eux tous les deux ou trois jours; mais non plus souvent ni plus tôt. On a remarqué que, lorsqu'on prend toutes ces précautions, on peut tuer jusqu'à soixante moineaux d'un coup. Du reste, ceux qui échappent ne manquent pas de revenir à la traînée.

La *pinsonnée.* Cette chasse se fait de nuit. (Voyez *Pinsonnée.*) Les chasseurs se rendent le long des haies qui, à la campagne, servent de retraite aux moineaux. Ils sont munis de palettes, et, chacun, d'une chandelle tenue de la main gauche, et qui ne la dépasse que d'environ 2 pouces. Le chasseur interpose entre ses yeux et la lumière la main droite étendue, s'approche des haies où il a aperçu, au coucher du soleil, une troupe de moineaux se retirer. Aussitôt qu'il les découvre, il saisit de la main droite le battoir qu'il porte sous le bras, frappe avec la palette ce qu'il aperçoit à la faveur de la lumière; ses coups doivent être forts et précipités, pour que les branchages n'en arrêtent pas l'effet, ou que les oiseaux n'aient pas le temps de se sauver.

Plus la troupe des chasseurs est nombreuse et plus la chasse est fructueuse; alors on doit se tenir à vingt pas les uns des autres et observer le plus grand silence. Lorsque les premiers coups ont été frappés, il faut se porter à une certaine distance; car le bruit a sûrement effrayé et fait fuir les oiseaux des environs.

La *rafle.* Autre chasse de nuit, dans laquelle on prend le plus de moineaux, lorsqu'on la dirige avec intelligence et avec adresse. (Voyez *Rafle.*)

La *fossette.* Cette espèce de chasse est lente et peu fructueuse. (Voyez *Fossette.*)

L'*arbret.* Cette chasse se fait depuis le mois de septembre jusqu'en avril, en pleine campagne et dans un lieu découvert, à quelque distance d'une haie et pas trop près. On pique en terre quatre ou cinq branches de 5 à 6 pieds de haut, dont on entrelace fortement les rameaux, pour que le tout ait plus de consistance; on en couvre le sommet de quelques branches d'épine noire, les plus touffues que possible, et on les engage, par leurs extrémités inférieures, entre les rameaux des branches plantées en terre. Les gluaux dont on se sert doivent être enduits dans toute leur longueur, excepté à 2 pouces du gros bout, fendu au milieu, pour pouvoir être piqués aux pointes de l'épine noire, et appuyés dans leur longueur sur quelque rameau. Du reste, on place les cages des appelans, et on procède, comme nous l'avons dit au mot *Arbret.* (*Voyez* ce mot.)

Gluaux de paille. Lorsqu'on remarque que des bandes de moineaux s'abattent souvent dans un endroit, on peut y placer un grand nombre de brins de paille englués et posés sur la terre, sur laquelle on jette quelques poignées de grains. On emploie aussi quelquefois ces gluaux passés dans un petit morceau de mie de pain, et on ne laisse pas de prendre ainsi une certaine quantité de moineaux.

Chasse dans les greniers ou dans les granges. C'est surtout dans ces endroits que les moineaux causent les plus grands dégâts, et dont il serait plus important de leur interdire l'entrée que d'employer des moyens dont le succès n'est que passager.

Quoi qu'il en soit, s'il s'agit d'en purger un grenier, il faut fermer toutes les fenêtres, à l'exception de deux; laisser tous les volets ouverts; tendre, à une des croisées demeurées ouvertes, un filet contremaillé qui la bouche bien exactement; attacher à l'autre croisée, demeurée libre, une corde prolongée au dehors du grenier, et aboutissant à un endroit caché d'où on puisse la tirer, et disposée de manière qu'en la tirant, on ferme promptement cette seconde croisée. On tire cette corde quand on a vu entrer dans le grenier une quantité suffisante d'oiseaux.

A l'instant, on ouvre la porte qu'on referme bien vite; à ce mouvement, les moineaux effrayés se précipitent en foule vers la croisée garnie du filet, sur lequel ils se jettent, et dans lequel on les prend. On peut, pour attirer plus sûrement les moineaux, et les faire pénétrer plus avant dans le grenier, répandre quelques grains de blé ou de la mie de pain sur le bord de la croisée restée libre, et en former une faible traînée aboutissant à un tas plus considérable, vers le bout du grenier. Les moineaux arrivés à ce tas n'ont pas le temps, au premier mouvement de la corde, de regagner la croisée.

Pour une grange, il suffit d'y laisser une seule fenêtre ouverte, s'il y en a plusieurs; et lorsqu'il n'y en a aucune, on pratique un trou dans le mur; on y passe, ou dans la fenêtre, une nasse à prendre le poisson, le bout évasé tourné en dedans de la grange, et le bout étroit bouché avec du foin. On s'en sert pour clore les espaces que la nasse ne fermerait pas dans le trou ou la fenêtre. On répand quelques grains en dehors ou en dedans de la porte, par le dessous de laquelle, communément assez mal clos, les moineaux ont coutume de s'introduire. En dedans, est une traînée de grains qui aboutit à un tas dans un éloignement suffisant. Quand on présume que les moineaux sont réunis en assez grand nombre, on entre vivement, et on ferme la porte en faisant grand bruit. Les oiseaux n'osant reprendre la route, et cherchant à sortir par la nasse, s'y plongent et y demeurent en captivité jusqu'à ce que, par dehors, on les retire.

Pots à moineaux ou pots à paisse. Tout le monde connaît ces pots que l'on place sur les murs. Quoique ce piége ne produise pas une grande destruction, on peut être assuré qu'il peut détruire les deux chefs et leur famille. Ce qu'il y a de bien étonnant dans des oiseaux aussi portés à se défier de tout ce qui leur paraît neuf ou suspect, et qu'on assure ne revenir jamais au lieu qui a trompé ou mis en fuite leurs compagnons, c'est qu'il est avéré que le père et la mère, à qui dans ces pots on a enlevé toute une géniture, y reviennent s'ils les aperçoivent à la même place, et ils y déposent, en toute assurance, de nouvelles nichées.

La mue. On se procure un nid de jeunes moineaux que l'on place dans une cage d'appelant, et on met cette cage sous une mue d'osier que l'on porte auprès de quelque buisson, à portée d'un champ ensemencé. On laisse au haut de la mue une ouverture garnie en dedans d'un goulet d'osier, semblable à celui qui s'adapte à une nasse de pêcheur. Ce goulet permet aux moineaux d'entrer, mais non pas de sortir. De cette manière, on en prend beaucoup qui, accourus aux cris des petits, s'introduisent dans la mue. Pour les occuper, on a soin de jeter quelques poignées de grains sous la mue.

Trébuchet sans fin. On se sert encore d'un nid de jeunes moineaux que l'on place dans la cage d'appelans d'un trébuchet sans fin. (Voyez *Trébuchet.*)

Moineau friquet. (Voyez *Friquet.*)

Moineau soulcie ou des bois. (Voyez *Soulcie.*)

MOLETTES. Tendons des épaules et des cuisses du cerf.

MONDAIN. Race de pigeons de volière, la plus estimée, parce qu'elle donne le plus de produits.

MONNIER. C'est le *martin-pêcheur.*

MONSTRE. Nom donné à la mésange à longue queue par les villageois, parce que ses plumes sont presque toujours hérissées.

MONTAIN. C'est le pinson de montagne, connu aussi sous le nom de pinson des Ardennes.

MONTÉE. Vol de l'oiseau de proie qui s'élève à angles droits, par carrière et par degrés, en poursuivant le héron, le chat-huant, ou d'autre gibier.

Montée d'esson. C'est lorsque l'oiseau va chercher le frais dans la moyenne région de l'air, et qu'il se perd de vue.

Montée parfaite. C'est quand l'oiseau, qui en craint un plus fort que lui, s'échappe à grandes gambades.

MONTER. Terme de fauconnerie qui signifie voler.

On dit aussi *monter* un filet, c'est à dire placer toutes les cordes pour s'en servir.

MONTURE DES FUSILS. (Voyez *Fusil.*)

MOQUETTES. On appelle ainsi les alouettes et autres oiseaux qui servent à attirer dans le piége ceux auxquels on fait la chasse. (Voyez *Alouette* et *Arbret.*)

Moquettes. Se dit aussi des fumées du chevreuil.

MORELLE. (Voyez *Foulque.*)

MORILLON, *anas fuligula*, Lath. Petite espèce de canard.

Description. Le morillon (*Pl.* 19, *fig.* 5) a 15 pouces de longueur totale; le bec large, recourbé à sa pointe et bleu; l'iris d'un jaune brillant; les pieds larges et bleuâtres ainsi que les doigts, les ongles et la membrane noirs; une huppe sur la tête qui retombe sur le cou; presque tout le plumage d'un beau noir luisant, à reflets pourprés et verdâtres;

du blanc seulement sur le ventre, le haut des épaules et le milieu des ailes.

La huppe de la femelle est moins longue que celle du mâle, et le noir de ses plumes moins brillant.

Avant la mue, les jeunes sont plutôt bruns que noirs.

Habitation. On le voit en France pendant l'hiver; il fréquente les étangs et les rivières, et se trouve aussi sur la mer; il plonge assez profondément. On le trouve fréquemment dans les étangs des Hautes-Vosges.

Nourriture. Il fait sa pâture de petits poissons, de crustacés et de coquillages, ou de graines d'herbes aquatiques, surtout de celles du jonc commun.

Propagation. Il ne niche point en France.

Ennemis. Les mêmes que ceux du canard sauvage.

Qualités. Le morillon s'apprivoise facilement, et s'il ne peut soutenir la concurrence pour l'utilité avec le canard domestique, il embellirait du moins nos basses-cours par sa belle couleur, ses formes plus élégantes, et sa démarche moins ignoble que celle des autres canards.

Chasse. Il est moins défiant, moins prêt à partir que le canard sauvage; on peut l'approcher à la portée du fusil sur les étangs, ou mieux encore sur la rivière quand il gèle, et lorsqu'il a pris son essor, il ne fait pas de longues traversées. (*Voyez* Canard sauvage.)

LE PETIT MORILLON ne paraît former qu'une variété du précédent. Il ne s'en distingue que pa sa longueur, qui est seulement de 12 pouces et demi

MORVE DE CHIENS. On donne ce nom à la maladie connue sous le nom de *maladie des chiens*, parce que, dans le commencement, elle est accompagnée d'un flux par les naseaux. (*Voyez* le mot Chien.)

MORT AUX CHIENS. Nom vulgaire du colchique automnal, ou mieux de son oignon, qui empoisonne les animaux du genre *chien*.

MOSQUILLON. C'est la bergeronnette grise; *motacilla*, nom latin commun aux lavandières et aux bergeronnettes.

MOTERELLE. En Beauce, c'est le nom vulgaire du *motteux*. (*Voyez* ce mot.)

MOTS. Sonner un ou deux *mots*, c'est donner un ou deux tons longs du cor. Le piqueur sonne ainsi pour appeler ses compagnons.

MOTTE. On dit, en fauconnerie, qu'un oiseau *prend motte* quand il se pose à terre, au lieu de se percher.

MOTTER. Se *motter*, c'est se cacher derrière les mottes de terre, comme font les perdrix.

MOTTEREAU. Nom vulgaire donné à l'hirondelle de rivage, parce qu'elle niche dans la terre.

MOTTEUX ou CUL-BLANC, *motacilla œnanthe*. Oiseau du genre de la *fauvette* et de l'ordre des *passereaux*. On l'appelle aussi *tournemotte*, *brisemotte* et *terrasson*.

Description. Cet oiseau (*Pl.* 14, *fig.* 6) a 6 pouces de long, y compris la queue de 1 pouce trois quarts de long; le bec effilé, long de 7 lignes, et noir de même que l'iris et les pieds; le front blanc et une tache de même couleur au dessus des yeux; une large tache noire qui part des narines et se porte sous l'œil; les couvertures supérieures de la queue et le croupion blancs; les couvertures du dessus des ailes brunes et noires dans des individus; les grandes et les pennes de cette dernière couleur; toutes frangées de gris blanc; celles de la queue blanches et noires; les joues, la gorge, le devant du cou, la poitrine, le ventre et les couvertures du dessous de la queue roussâtres. La femelle n'a point de bandelette blanche ni de plaque noire à la tête; ses couleurs, sur les parties supérieures, sont d'un gris roussâtre, et brunes sur les ailes; le roux des joues et des parties inférieures du corps plus terne.

Le *cul-blanc cendré* est une variété du mâle, qui n'en diffère essentiellement qu'en ce que le croupion est d'un cendré mêlé de gris brun.

Habitation. Le motteux se rencontre le plus souvent dans les endroits pierreux, et particulièrement dans les pâturages et les terres fraîchement labourées, toujours posé sur les mottes, d'où lui est venu son nom; il se perche rarement sur les arbres et les buissons; il nous quitte en septembre, et reparaît en avril.

Nourriture. Insectes et vers.

Propagation. Il niche ordinairement dans les fentes des rochers, dans le creux des pierres, ou dans les trous des rivages; la ponte est de cinq à six œufs d'un blanc verdâtre, dont l'incubation dure quatorze jours.

Utilité. Il détruit les insectes nuisibles aux récoltes.

Le CUL-BLANC ROUSSATRE, *sylvia stapazina*, est une variété du motteux, qui n'est pas aussi grosse; elle a la tête, la gorge, le devant du corps, la partie supérieure du dos, le croupion, les couvertures du dessus et du dessous de la queue blancs, avec un peu de roussâtre à la tête, au devant du cou et sur le dos; une bande noire sur les côtés de la tête, comme dans le mâle de la précédente variété; les deux plumes du milieu de la queue noires, les autres blanches et bordées de chaque côté de noir à leur extrémité. La femelle a la tête, le devant du corps et la poitrine d'un blanchâtre mêlé d'un peu de roux; le ventre et le croupion d'un blanc plus clair; le dessus du cou et du dos d'un roussâtre pâle.

Cet oiseau se trouve en Lorraine, vers les montagnes, mais moins fréquemment que le *motteux commun*. On en trouve en Languedoc, et on l'appelle à Nîmes *reynauby*.

Du reste, cette variété partage les mêmes habitudes que le *motteux*.

Chasse. On prend un grand nombre de ces oiseaux en Angleterre, surtout dans la province de Sussex, vers le commencement de l'automne, où ils sont gras et d'un goût délicat. Pour faire cette petite chasse, on coupe des gazons que l'on couche en long, à côté et au dessus du creux qui reste en place du gazon enlevé, de manière à ne laisser qu'une petite tranchée, au milieu de laquelle on tend un lacet de crin ou des collets traînans.

MOUCHET. Oiseau de proie; espèce d'*épervier*. (*Voyez* ce mot.)

MOUCHET. C'est, dans Belon, la *fauvette* d'hiver. (*Voyez* ce mot.)

MOUÉE. C'est la soupe ordinaire qu'on donne aux chiens. (Voyez *Chien*.)

MOUETTE. Genre d'oiseaux de l'ordre des palmipèdes, qui habitent les mers, et qui ont pour caractères principaux : le bec fort, droit, crochu à la pointe; le corps léger; les ailes longues, et dépassant la queue; les pieds petits et sans plumes au dessus des genoux; quatre doigts, trois en avant, joints ensemble par des membranes entières, un en arrière.

On trouve quelques espèces de ce genre sur nos côtes.

La GRANDE MOUETTE CENDRÉE OU MOUETTE A PIEDS BLEUS, *larus marinus*, Lath., est connue, sur les côtes de Picardie, sous le nom de *grande émiaulle*. Elle a les pieds et le bec de couleur bleuâtre, une longueur de 16 à 17 pouces, depuis la pointe du bec jusqu'à celle de la queue; le manteau d'un cendré clair; plusieurs pennes de l'aile échancrées de noir; tout le reste du plumage d'un blanc de neige. M. Baillon observe que cette mouette prend diverses couleurs, suivant ses différens âges; dans la première année, les pennes des ailes sont noirâtres, et, dans la seconde, elles sont d'un noir décidé et variées de taches blanches.

La PETITE MOUETTE CENDRÉE, *larus cinerarius*, Linn., édit. 13, diffère de la précédente par son bec d'un rouge très foncé, et ses pieds d'un rouge orangé; par une tache noire derrière l'oreille; par moins de grosseur et un peu moins de longueur. Elle est de la grandeur d'un gros pigeon, mais d'une moindre épaisseur de corps; fort remuante, moins méchante que la grande, et plus vive; elle mange beaucoup d'insectes. Elle remonte les rivières à la marée montante, et quelquefois s'avance dans les terres jusqu'à plus de 50 lieues de la mer. Cette espèce, qui est fort criarde, se nomme, sur les côtes de Picardie, *petite émiaulle*; on la nomme aussi *tattaret*, d'après son cri.

La MOUETTE RIEUSE A PATTES ROUGES, *larus rudibundus*, Lath., a 15 pouces de longueur, la queue de 4 pouces et demi de long, dépassée de 2 pouces par les ailes; le bec de 1 pouce 9 lignes de long, mince et de couleur rouge, de même que les pieds; la tête et la gorge noires; une petite tache blanche sur la paupière; le cou, la poitrine, le dessus du corps et la queue blancs; le dessus et les ailes cendrés.

Les mouettes nourrissent de petits poissons et d'insectes aquatiques; elles paraissent sur nos côtes dans l'arrière-saison et au printemps, et nichent dans les rochers des rivages, où elles font de trois à quatre œufs dont l'incubation dure trois semaines. Ce sont des oiseaux peu recherchés et dont on mange rarement la chair, qui est coriace.

MOULINET ou CHEVALET que l'on fait rapporter aux chiens. (Voyez la *Pl. 2, fig. 6*, et le mot *Chien*.)

MOUSQUET. Ancienne arme à feu, que l'on tirait par le moyen d'une mèche allumée mise sur le serpentin.

MOUSQUETON. Espèce de fusil dont le canon est plus court que celui des fusils ordinaires et le calibre gros comme celui d'un mousquet.

MOUSTILLE. Vieux nom français de la belette.

MUE. Changement qui se fait dans les animaux, en certain temps de l'année et à certain âge, de plumes, de poils, de cornes (bois), de voix, ou autres dispositions du corps; ce qui arrive communément au printemps.

On nomme aussi mue l'endroit obscur et serré où l'on enferme les oiseaux, soit pour les faire chanter dans la saison où ils se taisent ordinairement, soit pour les engraisser.

MUE. (Vénerie.) Changement du bois de la tête des cerfs, qui a lieu au commencement du printemps. Une mue est le bois d'un seul côté de la tête que l'animal a mis bas; lorsque les deux côtés en sont dégarnis, on les nomme alors les *deux mues*.

Dans un autre sens, le mot de *mue* s'applique aussi aux chiens courans. Les mettre à la *mue*, c'est les empêcher de chasser. On mettait autrefois les chiens à la *mue* depuis la fin d'avril jusqu'au commencement de septembre.

MUET. En vénerie, c'est un chien qui quête et suit la bête sans crier.

MUETTE. Maison bâtie dans une capitainerie pour y loger le capitaine, ou quelques officiers des chasses, ou les chiens, ou l'équipage.

MUFLE. C'est le bout du nez des bêtes fauves. On dit le mufle d'un cerf, comme le mufle d'un bœuf ou d'une vache.

MULET ou MULE. Quadrupède produit par l'union des espèces de l'âne et du cheval.

Ce mot signifie aussi les métis des animaux.

MULET. (Vénerie.) Lorsqu'un cerf a mis bas et qu'il n'a pas encore de refait, on lui donne le nom de mulet; on dit : *Nous courons un mulet*, ou *nous avons pris un mulet*.

MULETTE. En fauconnerie, c'est le gésier des oiseaux de proie. Quand cette partie est embarrassée par une humeur gluante et visqueuse, on dit que *l'oiseau a la mulette*.

MULOT. (*Voyez* ce mot dans le *Dictionnaire des Forêts* où nous avons parlé de plusieurs moyens de détruire les mulots.)

MULOTER. C'est l'action du sanglier qui fouille les caveaux de mulots, où il se repait du grain qu'ils y ont amassé.

MULOTER se dit aussi des chiens courans: Un chien *mulote* lorsqu'il rebat ses voies; un limier *mulote* lorsque, sans se rabattre, il s'arrête et s'amuse à tout ce qu'il rencontre. C'est un grand défaut pour un limier, et qui prouve presque toujours que le valet de limier est indécis et tâtonneur, et par conséquent peu au fait de son métier.

DICT. DES CHASSES.

MUSARAIGNE. Petit quadrupède qui semble remplir l'intervalle entre le rat et la taupe. Elle a une odeur particulière qui n'empêche pas le chat son ennemi de la tuer, mais seulement de la manger; elle habite pendant l'hiver dans les greniers à foin, dans les écuries et dans les granges; dans les autres saisons, elle vit à la campagne et dans les bois. Les portées sont aussi abondantes que celles de la souris, mais moins fréquentes. On prend assez aisément la musaraigne, parce qu'elle court mal et qu'elle voit fort peu. Le dégât qu'elle cause dans la campagne oblige les cultivateurs à lui tendre les mêmes piéges qu'au mulot.

La morsure de cet animal passe pour très dangereuse.

Il y a une musaraigne d'eau qui est amphibie. Cet animal reste caché pendant le jour dans les fentes des rochers; il met bas au printemps et produit neuf petits; quand on veut le prendre, il faut le chercher à la source des fontaines vers le lever ou le coucher du soleil.

MUSER. Un cerf *muse*, quand il commence à entrer en rut, et qu'il court la tête basse pour trouver la voie des biches.

MUSSE. Passage étroit d'un fort, ou dans une haie, pour les lièvres, lapins, et autre gibier.

MUTIR. Fienter, se décharger le ventre. Il se dit des oiseaux de proie.

NAP

NAGER. (Fauconnerie.) On dit qu'un faucon *nage* entre les nuées, c'est à dire qu'il plane.

NAPPE. On nomme ainsi la peau du cerf, qu'on étend, quand on veut donner la curée aux chiens.

NAPPES. Sous cette dénomination, on entend en général toute pièce de filet, quelle que soit sa dimension, dont le tissu est uni. Lorsque la nappe est montée, elle prend un nom particulier suivant sa destination. C'est ainsi qu'on appelle *toile* ou *flue* la nappe qui, dans un trainail ou hallier, en occupe le milieu. (Voyez *Hallier*.)

Mais, parmi les filets, il n'y a que ceux qui sont employés contre les *alouettes*, les *ortolans*, les *pluviers*, les *canards*, qui conservent le nom de *nappes*, lorsqu'ils sont montés. On leur donne encore le nom de *rets saillans*, quand on les tend d'une certaine manière. Toutes les nappes se font à mailles en losange.

I. *Nappes à alouettes*. Ces nappes sont représentées dans la *Pl.* 34, *fig.* 14. — Elles ont ordinairement 8 toises de longueur et 8 pieds de largeur; c'est à dire que la proportion de la hauteur à la longueur est comme un est à six. Le fil dont elles sont tissues, quoique fin, doit être fort et retors en deux brins; le fil de Flandre, n° 36, est celui dont on se sert. Les mailles ont 1 pouce de diamètre; mais si l'on veut que ce filet serve aussi à prendre d'autres oiseaux, des *ortolans*, par exemple, on ne donne aux mailles que 9 lignes de diamètre; et, dans ce cas, le fil doit être très fin, si on veut donner aux nappes la même étendue, car, absorbant plus de matière, elles seraient plus pesantes.

La hauteur de la nappe, qu'on nomme *levure*, doit être de cent mailles, et sa longueur, qu'on nomme l'*enlarmure*, doit par conséquent en avoir six cents. Dans chacune des dernières mailles des deux côtés de l'enlarmure, on passe un cordeau de la grosseur d'un tuyau de plume à écrire, mais qui n'y est pas fixé, parce que l'on doit pouvoir faire glisser à volonté le filet sur ce cordeau.

Plusieurs objets sont nécessaires pour monter le filet. En voici la description d'après le *Traité de la chasse aux piéges*.

Les guides. On appelle *guides*, ou *guèdes*, ou *guilles*, deux bâtons ou perches d'une longueur qui dépasse un peu la largeur de la nappe, et qui, attachés à chacune de ses extrémités (A B, *fig.* 14), servent à la tenir étendue et à la diriger suivant l'intention du nappiste.

Ces guides, qui sont en bois flexible, comme frêne, orme ou coudrier, ont environ 2 pouces de grosseur. A leurs extrémités est pratiquée une gorge pour retenir le nœud qui les lie à la nappe et aux cordes de piquet et de tirage. Pour attacher les guides aux boucles qui se trouvent à chaque coin de la nappe, on passe, sous l'extrémité A, *fig.* 14, Pl. 34, les deux branches *a b* de la boucle réunies, on les ramène par dessus la guide, ensuite dessous la boucle *a*, puis on ouvre cette boucle, et on engage dans son ouverture l'extrémité A de la guide, de façon que la branche *a* de la boucle soit dessus, et l'autre branche *b* dessous. Dans cet état, on tire la partie *a*, et on serre le nœud d'une manière solide.

Pour monter les nappes, on fixe, à chaque extrémité, une guide dont les deux bouts sont pris dans les boucles, au moyen du nœud qu'on a fait. Ensuite, on étend les nappes à terre vis à vis l'une de l'autre, laissant entre elles un espace de terrain un peu moindre que la largeur des deux nappes, de manière qu'il soit exactement recouvert, lorsque ces deux filets s'abattent, et que l'un d'eux croise un peu sur l'autre.

Les piquets. Il y en a de plusieurs sortes :

1°. *Le piquet simple* ou à cordes, n° 2. C'est un morceau de bois rond, de la grosseur d'environ 3 pouces, et de la longueur de 1 pied, pointu à son extrémité inférieure, et terminé en haut par une gorge et un renflement qui forme sa tête. On a une corde de 2 pieds de longueur, et de la même grosseur que celle qui borde les nappes, qu'on met en double, dont on noue les deux extrémités, et qu'on fixe à la tête du piquet par un nœud semblable à celui décrit pour attacher la guide à la nappe. C'est avec l'excédant de cette corde que l'on fixe le bout inférieur de la guide, en faisant encore le même nœud, mais en observant de prendre dedans la boucle qui attache cette guide au filet; ce qui rend l'un et l'autre nœud plus solide. Il faut quatre piquets de cette espèce pour tendre les deux nappes.

2°. *Le piquet à broche et anneau.* Le piquet n° 3 est un morceau de bois de hêtre, aplati à sa partie supérieure, terminé en pointe par le bas, de la longueur d'un pied et d'une forme à peu près semblable à celle d'un gousset de menuisier. Sa partie supérieure *a* est épaisse d'un pouce et de la largeur de 2 pouces et demi. Dans cette largeur est pratiquée une entaille carrée *a*, de 9 lignes d'ouverture sur 2 pouces de profondeur. Cette entaille fait l'effet d'une fourche carrée. Chacune de ses branches est percée transversalement d'un trou pour le passage d'une broche en fer de la grosseur d'une plume à écrire; cette broche est fixe ou mobile. Dans le premier cas, elle est rivée des deux côtés sur le piquet. Alors le bout de la guide est garni d'une douille en fer terminée par un œillet incisé à sa partie inférieure pour pouvoir embrasser la broche. Cette douille est longue d'au moins 6 pouces, et son diamètre va en augmentant depuis l'anneau jusqu'à son ouverture, pour y embrasser toute la grosseur de la guide, dont le bout est taillé pour être emmanché juste. Quelques personnes remplacent cette douille par un piton n° 4, dont l'œillet est également incisé au point *i*, et dont la pointe est enfoncée en long dans l'extrémité de la guide qu'il faut avoir soin de viroler pour l'empêcher d'éclater. L'incision faite à l'œillet du piton doit être oblique pour que la broche ne puisse pas en sortir seule. Ce piton a 5 à 6 pouces de longueur, et son épaisseur, qui se termine en pointe, est, auprès de l'anneau, d'environ 5 lignes. Quand la broche est mobile, elle a, d'un côté, un anneau pour pouvoir la saisir quand on veut la placer ou l'ôter; l'autre bout doit passer aisément dans les trous des branches du piquet. Ce bout est percé d'un trou pour recevoir une clavette qui retient la broche. Dans ce cas, l'œillet du piton ou de la douille est plein, et la broche le traverse. Cette broche, dans l'un et l'autre cas, sert d'axe à l'anneau de la guide qui pivote sur elle. Le n° 3 représente le piquet et la guide qui se meut sur lui.

Ayant quatre guides garnies d'une douille à anneau, comme celle dont on vient de parler, on les monte d'une autre manière encore. Dans l'anneau *a* de la douille qui termine la guide, n° 5, est passée une broche en fer, longue de 3 pouces et d'un diamètre d'environ 3 lignes. Cette broche se termine des deux côtés par un anneau *ss*, d'un pouce de diamètre, dont l'un est forgé après le passage de la broche dans l'œillet de la douille. Deux piquets *tt*, longs d'un pied, et enfoncés en terre, traversent chacun un de ces anneaux, et fixent la broche en fer; de manière à ce qu'elle serve de point d'appui au mouvement de la guide.

La *fig.* n° 6 représente une guide qui offre une autre disposition. Un piton, enfoncé dans la guide virolée à son extrémité, forme une fourche à branches aplaties *ii*, ayant 3 pouces d'ouverture et 4 pouces de longueur. L'extrémité de chacune de ses branches est percée d'un trou par lequel passe une broche en fer à anneau d'un côté et à clavette de l'autre. Cette broche, qui a environ 3 lignes de diamètre, traverse également, dans son épaisseur, la partie supérieure d'un piquet en bois *o*. Ce piquet, enfoncé en terre, soutient la guide qui tourne dessus la broche en fer qui lui sert d'axe.

Enfin la *fig.* n° 7 représente une guide disposée encore d'une autre manière. A est la guide que l'on suppose fixée à la nappe. Elle est également garnie d'une douille; seulement, au lieu d'être terminée par un anneau, elle l'est par un bouton. B est un piquet en fer, long de 9 pouces, ayant en haut 1 pouce d'équarrissage et pointu en bas. Il est rivé dans le milieu d'une branche *cc*, également en fer, de 6 lignes d'équarrissage et d'une longueur de 6 pouces. Cette branche est courbe, et chacune de ses extrémités *cc* est terminée en anneau du diamètre d'un pouce. La courbure de cette branche élève les anneaux à 3 pouces au dessus du niveau du piquet rivé. Ces anneaux reçoivent une corde fine, passée plusieurs fois dans chacun, et légèrement tendue. Au milieu de cette corde, on engage le bouton *i* de la douille, et on la tourne comme on fait pour le bâton de la monture d'une scie. Lorsqu'elle est suffisamment tordue, on repousse la douille pour que le bouton soit près de la corde, et on y emmanche la guide.

Manière de tendre les nappes. Le terrain sur lequel on établit les filets doit être aplani; et c'est ce qu'on appelle *la forme*, nom que l'on donne aussi au trou que l'on fait à environ trente pas du filet, et dans lequel l'oiseleur s'assied pour trouver un fort appui à ses pieds dans le moment qu'il fait jouer les nappes. Nous avons dit qu'on plaçait ces nappes vis à vis l'une de l'autre à une distance telle, qu'étant rabattues, elles se croisent un peu. Le côté des nappes tourné vers l'endroit où le chasseur veut se placer se nomme *la tête du filet*, et le côté opposé *la queue*. (*Voyez* A et B, *fig.* 14.) Le nappiste, placé à la tête A, commence par attacher à l'extrémité de la nappe C la guide destinée à faire mouvoir le filet, et cela au moyen des boucles que la corde qui bande le filet forme à chaque coin. Il enfonce ensuite le piquet *a* sur lequel doit pivoter la guide qu'il y fixe. Cela fait, il se transporte à la queue de la nappe, y fixe la guide, soulève ensuite la nappe en la secouant, puis la tire à lui pour la faire tendre parfaitement, et enfonce le second piquet *b* exactement sur l'alignement du premier, et de façon que la lisière de la nappe soit tendue aussi raide que possible. Pour tendre le côté extérieur de la nappe, il emploie deux cordes *cc* d'une longueur triple de la largeur de la nappe; l'une des extrémités de chaque corde est fixée à un piquet à crochet, et l'autre est terminée par une boucle; au moyen de cette boucle, il enlace l'extrémité supérieure de la guide, et prend dans l'enlacement la boucle qui fixe la guide à la nappe pour l'empêcher de glisser; il tire à lui la corde de manière à ce qu'elle vienne diagonalement de la tête de la guide sur l'alignement de la lisière intérieure de la nappe, et là il enfonce le piquet à crochet *d*, qui la maintient dans l'état de tension convenable. Dans cette position, la guide placée sur une ligne droite doit être à plat sur terre. Après avoir ainsi fixé le bout supérieur de la guide du côté de la tête, le nappiste en fait autant du côté de la queue au moyen du piquet *c*, et veille à ce que la lisière extérieure de la nappe soit tendue aussi raide que celle de l'intérieur.

On tend la nappe D, en procédant de la même manière que pour la nappe C, observant seulement que la guide du côté de la tête soit à environ 6 pouces en dessous ou en dessus de l'alignement de la guide de gauche, afin qu'en faisant mouvoir le filet, les guides ne puissent se rencontrer.

Lorsque les nappes sont posées, on dégage la terre qui pourrait empêcher les guides de poser bien à plat, ou porter obstacle au pivotement sur les piquets intérieurs.

Pour faire jouer les abattans de cette tendue, on fait usage de deux cordeaux *ff*, terminés par des boucles qui s'attachent à l'extrémité des deux guides de la tête du filet. Ces cordeaux doivent avoir, à partir des boucles jusqu'à l'endroit de leur réunion en G, une longueur égale à quatre fois la largeur des nappes; la corde de tirage G, qui est formée de la réunion des deux premières, aboutit à l'endroit où se place le chasseur, et se termine par un nœud coulant; on la tire à soi pour s'assurer si les abattans tombent bien en même temps, et dans le cas contraire, on rapproche vers le centre l'un des piquets ou les deux piquets de l'abattant dont le mouvement est trop lent. Si le vent retarde la chute d'un abattant, on raccourcit le bras de la corde de tirage qui doit le faire mouvoir, afin de compenser par une plus grande puissance l'effort du vent.

Tout étant ainsi disposé, le chasseur conduit la corde de tirage jusqu'à l'endroit où il s'établit, et, à l'aide d'une pioche, il y creuse une place pour mettre ses pieds, et relève la terre pour se faire un siège.

Tels sont tous les moyens indiqués dans l'ouvrage que nous avons cité, pour faire jouer les nappes à alouettes, et qui conviennent à toutes les nappes, tant pour les petits oiseaux que pour les pluviers et les canards.

II. *Nappes à canards.* Les mailles sont en losange et de 3 pouces de diamètre; la longueur est de 50, 60 ou 70 pieds, et la largeur de 8 à 9 pieds. On les enlarme des deux côtés, et lorsqu'on les tend dans l'eau, on garnit la lisière inférieure de balles de plomb pour opposer un poids assez fort aux canards. On emploie aussi des guides en fer, dont le bout supérieur est plus lourd que celui qui est attaché aux piquets. Le fil de ces nappes doit être bon et retors en deux brins. On les teint en brun et on les trempe dans l'huile, afin qu'ils se conservent mieux dans l'eau. (*Voyez* la *Pl.* 36, *fig.* 4.)

III. *Nappes à pluviers.* Ces nappes sont semblables à celles qu'on emploie pour les canards, à l'exception que les mailles n'ont que 2 pouces de diamètre.

Tendue des nappes sur une seule ligne. Dans les chasses aux pluviers et aux canards, on tend ordinairement les filets sur une même ligne; il en est de même pour la chasse qu'on fait aux alouettes en hi-ver, et que l'on nomme *la ridée.* Dans ce cas, les deux nappes se réunissent par leurs extrémités, et par le moyen d'une guède ou guide commune aux deux nappes, et qui occupe ainsi le milieu du filet qu'elles servent à composer. Ce filet a donc trois guides au lieu de deux qu'avait chaque nappe dans la description précédente; mais celle qui se trouve dans le milieu ne tient point à un piquet comme les autres. Pour faire mouvoir le filet et le renverser, il faut que la corde de tirage soit passée dans une poulie fixée sur un piquet fiché en terre à 15 pieds du filet. Le cordeau est d'une longueur suffisante pour arriver à l'oiseleur placé dans sa *forme* ou dans une loge de feuillée pratiquée à une distance convenable.

Nous renvoyons, pour les détails particuliers, aux chasses dans lesquelles on emploie les nappes, aux mots *Alouette*, *Canard* et *Pluvier*.

NASILLER. On dit, en terme de chasse, que le sanglier se souille et *nasille* dans la boue.

NASSE. Filet pour prendre les oiseaux. Il est rond à l'ouverture et se termine en pointe; on le soutient par plusieurs cerceaux qui vont toujours en diminuant, et dont les verges sont éloignées au moins de 12 lignes. On fait ordinairement les *nasses* avec de l'osier.

La *nasse* pour prendre des oiseaux se place auprès d'un buisson, autour duquel on aura semé du grain. On met au dedans de petits moineaux, qui attirent leurs compagnons : le gibier entre aisément dans la nasse, mais il ne peut plus en sortir.

NERF DU CERF. C'est son membre; la partie de cet animal qui sert à la propagation de son espèce.

NETTOYAGE des armes à feu. (*Voyez* au mot *Fusil.*)

NEZ. Organe de l'odorat. *Nez fin* se dit d'un chien qui a le flair bon, qui chasse bien pendant la chaleur et dans la poussière. Un chien de *haut nez* est celui qui chasse *le nez haut*.

NIAIS. Oiseau de proie qu'on a pris dans le nid.

NICHÉE. On appelle ainsi tous les oiseaux d'une même couvée, trouvés ensemble dans le même nid.

NICHER. Se dit d'un oiseau qui fait son nid. *Les petits oiseaux nichent sur les arbres, dans les buissons.*

NID. Lieu préparé par les oiseaux pour pondre et couver leurs œufs.

On appelle *aire* le nid de l'aigle et des autres oiseaux de proie.

NOIX VOMIQUE. L'arbre qui produit ce fruit s'appelle *vomique*, *strychnos*. C'est un grand arbre de l'Inde, dont les feuilles sont opposées, entières, ovales et les branches sans épines, les fleurs disposées en grappes latérales, et les fruits consistant en une baie, qui renferme plusieurs semences rondes, aplaties et un peu velues : ce sont ces graines qu'on vend dans les boutiques sous le nom de *noix vomique*, et qu'on emploie pour empoisonner les *loups*.

Pour cet effet, on fait, avec un couteau, des trous dans une charogne, et on met dans chaque trou une pincée de poudre de *vomique*. Il faut que les trous soient assez rapprochés pour qu'un loup puisse en entamer un à chaque bouchée, mais pas assez pour que la poudre communique son amertume à la chair. Lorsque cette opération est faite, on traîne la charogne près d'un bois et on la dépose dans le lieu le plus solitaire et le moins à la portée des chiens. C'est ordinairement l'hiver que l'on choisit pour cette opération, parce que c'est alors que les loups sont réunis pour l'accouplement, qu'ils éprouvent le plus le besoin de la faim, et qu'on connaît mieux par l'empreinte de leurs pas sur la neige les cantons où ils se trouvent. Les *loups* et les *renards*, qui ont mangé seulement quelques pincées de poudre de *vomique*, ne tardent pas à mourir. Comme cette poudre produit le même effet sur les chiens, on doit prendre beaucoup de précautions pour éviter les accidens.

NOIX DE CERF. Morceau levé de l'épaule.

NOMBRES et PETITS FILETS. C'est ce qui se prend en dedans des cuisses et des reins du cerf.

NOUÉE (chienne). On dit qu'une chienne est nouée, lorsque l'on reconnaît qu'elle est pleine.

NOUÉES. On nomme ainsi les fumées que les cerfs jettent depuis la mi-mai jusqu'à la fin d'août.

Il y a de la différence entre les fumées du relevé du soir et celles du matin; les premières sont mieux digérées que celles du matin, à cause du repos et du temps que le cerf a eu pour faire son ronge et digérer son viandis.

NOUER. En fauconnerie, *nouer la longe*, c'est quand on met l'oiseau en mue, et qu'on lui fait quitter la volerie pour quelque temps.

NOUER ENTRE DEUX AIRS. Cette expression marque une manière de voler des oiseaux de proie.

NUIT (faire sa). Les bêtes fauves sortent des bois pendant la nuit, pour aller viander dans les champs ou dans les taillis; c'est ce qu'on appelle faire sa nuit. On dit : *Le cerf a fait sa nuit dans tel endroit*, c'est à dire qu'il y a mangé.

Défaire la nuit d'une bête, c'est la rencontrer dans l'endroit où elle a fait sa nuit.

OIE

OBSERVER. Un valet de limier qui a détourné une bête se place à un carrefour, et *observe* si elle ne sort pas de son enceinte.

OFFICIERS DES CHASSES. (Voyez *Capitaines des chasses*, et le mot *Chasse*, IIe section.)

OIE, anas anser, Lath. Oiseau du genre des canards, de l'ordre des *palmipèdes*, et dont le mâle s'appelle *jars*. On distingue l'*oie sauvage* et l'*oie domestique*, quoiqu'elles ne forment toutes deux qu'une même espèce. Nous ne parlerons que de l'oie sauvage.

Description. L'oie sauvage, *anser ferus*, ou *cinereus*, est moins grosse que l'oie domestique; et ses couleurs sont constantes, au lieu que celles de l'autre sont très variées, suivant les individus; sa longueur est de 2 pieds 9 lignes, et son poids depuis 6 jusqu'à 10 livres. Son bec a 2 pouces 3 lignes de long; il est d'un jaune orangé, et conformé absolument comme celui de l'oie domestique; l'oie sauvage ressemble d'ailleurs à cette dernière par la forme de son corps et par son cri. Elle a le dos d'un gris brunâtre, le ventre blanchâtre, et tout le corps nué d'un blanc roussâtre, dont le bout de chaque plume est frangé.

Il y a une variété de l'oie sauvage, qui se distingue de l'autre, en ce qu'elle est plus petite et que son bec et ses pieds sont d'un brun foncé. Quelques personnes l'appellent l'*oie des marais*.

Les oies sauvages sont craintives et prudentes; elles ne se laissent pas facilement approcher, ayant ordinairement des sentinelles qui veillent à la sûreté de la troupe, et ne se posant d'ailleurs que dans les grandes plaines découvertes.

Habitation. Les oies sauvages habitent les pays du nord de l'Europe et se tiennent dans les marais de grande étendue. Ce sont des oiseaux voyageurs, qui viennent en automne dans nos régions, où ils recherchent les plaines ensemencées et les eaux découvertes. Dans leurs voyages, ils volent presque toujours très haut, forment ordinairement un angle aigu, et s'annoncent par des cris non interrompus. Dès que les neiges sont passées, ils se rapprochent des pays du nord.

Nourriture. Les oies sauvages se nourrissent de grains, des semences en herbe, et d'autres herbes tendres, de petits poissons, de vers, d'insectes, etc.

Propagation. Elles ne nichent que dans les pays du nord. Elles y construisent leur nid, au mois d'avril ou de mai, dans les endroits secs et élevés des marais, où elles déposent depuis huit jusqu'à quatorze œufs, de couleur un peu verdâtre, qu'elles couvent pendant quatre semaines. Les petits, qui ressemblent absolument à ceux des oies domestiques, suivent, dès qu'ils sont éclos, leur mère à la nage, et ils parviennent à tout leur accroissement dans l'automne.

Ennemis. Les renards, les chats sauvages et les gros oiseaux de proie sont les ennemis des oies sauvages.

Qualités utiles et nuisibles. La chair des jeunes oies sauvages est assez bonne; mais celle des vieilles est extrêmement dure. Les plumes de ces oiseaux sont employées, comme celles des oies domestiques, pour écrire, pour faire des lits, etc. Lorsque les oies sauvages tombent sur les champs nouvellement ensemencés, elles y font de grands dégâts en mangeant les grains et coupant et arrachant le blé; de sorte que l'on est obligé, dans quelques pays, de faire garder les champs pour les éloigner par des cris.

De la chasse des oies sauvages:

La chasse des oies sauvages est très difficile à cause de la défiance de ces oiseaux, qui ne se laissent point approcher, soit lorsqu'ils paissent dans les campagnes, soit lorsqu'ils reposent sur les eaux. Rarement on peut les prendre en défaut, parce qu'ils ne dorment ni ne mangent jamais tous à la fois, et que, lorsque la troupe sommeille, il y a toujours une sentinelle qui veille, et qui, à la moindre apparence du danger, donne un signal auquel la bande s'envole à la fois.

La chasse des oies n'est facile et abondante que dans les temps de grandes gelées, lorsque les rivières et les étangs sont fermés par la glace, et surtout quand la terre est couverte de neige. Alors, outre qu'on en voit beaucoup plus qu'en tout autre temps, elles sont bien moins farouches; on les aborde aisément dans les plaines; et lorsqu'elles partent, c'est pour aller se remettre à peu de distance. Mais si la chasse en est facile alors, au moins n'est-elle pas très profitable, attendu qu'en pareil temps, les oies, ainsi que tout autre gibier, souffrant de la disette, maigrissent, et ne sont pas en chair.

Plusieurs des méthodes employées pour la chasse aux canards sont également employées pour celle des oies sauvages. (Voyez *Canard.*) La plupart de celles que nous allons rapporter sont extraites de l'ouvrage allemand de M. Hartig.

I. *L'affût ou l'embuscade.*

Lorsque l'on connaît un endroit où les oies sauvages viennent se reposer, soit sur les étangs et les rivières, soit dans les plaines, l'on s'y cache bien soigneusement; par les moyens qui seront indiqués plus loin, et on les tire avec du plomb qui doit être double de celui qu'on emploie pour le lièvre, attendu que l'on est souvent obligé de tirer de loin, et que d'ailleurs elles ont le plumage très fourni et serré. On peut cependant en tuer plusieurs d'un coup.

Si c'est dans un champ que les oies viennent se reposer, on y construit, en terre, une petite hutte comme celle décrite pour la chasse des *coqs de bruyères* (*voyez* ce mot), et l'on place, sur les arceaux du toit, du fumier long, afin que toute la hutte ressemble à un amas de fumier.

Si c'est sur l'eau qu'elles viennent s'abattre, et qu'on ne puisse pas les atteindre en se plaçant dans une hutte au bord de l'eau, on enfonce dans l'eau, à l'endroit que l'on juge le plus convenable, et au moyen de quelques pierres, une grande futaille ouverte à sa partie supérieure, et de manière que cette partie se trouve au dessus de l'eau, à la hauteur de 1 ou 2 pieds, suivant que l'ondulation l'exige; et, afin que l'eau ne renverse pas cette futaille, on enfonce, autour, de quatre à six forts pieux, qu'on laisse dépasser la futaille de quelques pieds; on établit par dessus un toit grossier et de forme plate, avec des roseaux négligemment placés et tombant de tous côtés ; on dispose ce toit de manière qu'en entrant ou en sortant, il puisse un peu se refermer. Lorsque la hutte est convenablement construite, et qu'on a disposé dans son intérieur un siège commode, on s'y rend, au moyen d'une nacelle, quelque temps avant le moment où les oies ont coutume de venir s'établir sur l'eau ; on les tire, par dessus la futaille, avec d'autant plus de facilité, qu'elles s'en approchent souvent de très près. Le succès sera plus assuré encore si l'on cherche à apprivoiser une jeune oie sauvage, qu'on aura blessée, et qu'on l'emploie dans cette chasse comme *appelant.* On lui passe une courroie à la naissance des ailes et autour du corps, on l'attache à un pieu enfoncé dans la terre ferme ou dans l'eau, à une distance de la hutte qui soit à la portée du fusil ; et l'on place autour d'elle, pour appât, des feuilles de choux, de salade, des carottes coupées en morceaux et autres choses semblables. Lorsque les oies sauvages viennent à passer, elles sont attirées, par les cris de l'*appelant,* à la portée du fusil. On peut aussi employer, comme *appelant,* une oie domestique grise.

Au lieu de futaille, on se sert aussi d'une nacelle, que l'on conduit à l'endroit que ces oiseaux ont coutume de fréquenter; on l'attache au milieu de l'eau, et on l'y laisse pendant trois ou quatre jours, afin que les oies s'accoutument à la voir. Au bout de ce temps, on se place, avant la nuit, dans la nacelle, et on y reste à l'affût, armé d'une canardière ou d'un fusil de gros calibre.

II. *De la chasse des oies avec le chien couchant.*

On se sert avantageusement pour chasser les jeunes oies, dans les lacs et les étangs, de chiens dressés pour aller à l'eau. On fait faucher plusieurs places dans les roseaux ; on y place des chasseurs, qui doivent être cachés autant que possible, et l'on fait fouiller les roseaux par un chien ou par des traqueurs. Alors, les jeunes oies, qui ne peuvent pas encore voler, se sauvent dans les endroits fauchés, où on les tire avec le plomb n° 2.

Dans cette chasse, comme dans toutes les chasses à l'eau, il est très important de tirer avec beaucoup de prudence, parce que le plomb, tombant à la surface de l'eau, se détourne souvent, et peut causer des accidens à une distance considérable.

III. *Des pièges de fer pour prendre des oies sauvages.*

Dans les pays où les oies sauvages viennent en grandes troupes s'abattre dans les champs ensemencés, on leur tend des pièges, tels que les *assiettes de fer* (*voyez* ce mot), de même que pour le renard ; on nettoie bien ces assiettes, on les tend et on y met pour appât un morceau de carotte ; on répand aussi, autour du piège, quelques morceaux de cette racine. Ce moyen est le meilleur qu'on puisse employer dans les champs de grande étendue, et lorsqu'on ne veut pas attendre les oies sauvages à l'affût.

IV. *Manière de prendre les oies sauvages dans des parcs.*

Lorsque les oies sauvages viennent en grand nombre dans un pays, on les prend dans des parcs établis dans les eaux basses, où elles sont attirées par des oies attachées qui servent d'appelans. Cette pratique a lieu en Hollande.

V. *De la chasse aux oies sauvages par ruse.*

Comme les oies sauvages sont très prudentes et faciles à effaroucher, il est extraordinairement rare qu'on puisse les approcher à portée du fusil, si l'on n'est favorisé par un fossé, par une haie ou par un brouillard épais ; rarement même elles attendent assez le cheval de chasse pour qu'on puisse les tirer : il faut donc, pour les surprendre, y mettre bien de la prudence. Les principaux stratagèmes en usage consistent à se revêtir, en temps de neige, de chemises blanches, afin de n'être point aperçu, ou de s'envelopper de feuillages ou de la peau d'une vache, pour avoir l'apparence d'un buisson ambulant ou d'une vache paissante. On a recours aussi à la *vache artificielle* (*voyez* ce mot).

VI. *Du filet à prendre les oies sauvages.*

Quand, par la gelée, les champs sont secs, on choisit un lieu propre à coucher un long filet, assujetti et tendu par des cordes, de manière à pouvoir être promptement abattu, à peu près comme les nappes à alouettes, mais sur un espace plus long, qu'on recouvre de poussière ; on y place quelques oies privées, les grises de préférence, pour servir d'appelans. Il est essentiel de faire tous ces préparatifs le soir, et de ne pas s'approcher ensuite du filet ; car, si, le matin, les oies voyaient la rosée ou le givre abattu, elles en prendraient défiance. Elles viennent donc à la voix de ces appelans, et, après de longs circuits et plusieurs tours en l'air, elles s'abattent ; l'oiseleur, caché à cinquante pas, dans une fosse, tire à temps la corde du filet, et prend la troupe entière, ou en partie, sous sa nappe.

OISEAU, *avis*. Animal bipède, couvert de plumes, qui a des ailes et un bec de substance de corne. Son corps aigu par devant, et grossissant peu à peu, le rend propre à fendre l'air. Tous les oiseaux viennent d'œufs. Les naturalistes les partagent en plusieurs ordres ou familles, qui se distinguent entre elles par des caractères naturels. M. Hartig, dans son ouvrage sur les chasses, en a formé dix familles ; M. Vieillot, dans son article sur les *Oiseaux*, du *Nouveau Dictionnaire d'Histoire naturelle*, les réduit à six, savoir : les *oiseaux grimpeurs*, les *oiseaux de proie*, les *oisillons*, les *gallinacés*, les *oiseaux de rivage*, les *palmipèdes*. Voici les principaux caractères de ces six familles, d'après M. Vieillot.

1°. Les OISEAUX GRIMPEURS se distinguent par la forme de leurs pieds, qui sont courts et robustes, avec deux doigts en avant et deux doigts en arrière ; ils ne se tiennent presque jamais à terre ; on les voit sur les arbres autour desquels ils grimpent, en s'aidant de leur queue comme d'un point d'appui, et quelquefois de leur bec pour s'accrocher aux branches. Ceux qui ont le bec droit et pointu, comme les *pics*, s'en servent comme d'un coin pour pénétrer dans l'écorce des arbres, et y chercher les larves d'insectes. D'autres espèces à bec crochu sont frugivores. On compte dans la famille des grimpeurs, sans parler des *perroquets*, des *touracos*, des *torcols*, et autres espèces étrangères, les *loriots*, les *martins-pêcheurs*, les *grimpereaux*, les *huppes*, etc. ; et on considère comme formant un sous-ordre de cette famille les oiseaux analogues qui ne grimpent pas, comme les *corbeaux*, les *pies*, les *rolliers*, les *pies-grièches* ; ces dernières espèces vivent de menue proie, d'insectes, d'ordures, de charognes. Ce sont les *picoïdes* ou les *coraces*.

Les oiseaux *grimpeurs* et les *picoïdes* ont la voix forte et criarde, la vie dure, la chair sèche, tenace, tendineuse, d'assez mauvais goût. Tous posent leurs nids dans les plus hauts arbres, sont monogames, s'apparient ; le mâle nourrit sa femelle lorsqu'elle couve. Ils ont en général des couleurs très prononcées, cherchent les pays, les lieux secs, les bois retirés.

2°. Les OISEAUX DE PROIE ou les *rapaces* se distinguent des autres oiseaux par des caractères particuliers et par la manière de se nourrir. (*Voyez* Oiseaux de proie).

3°. Les OISILLONS ou les petites espèces de volatiles granivores, frugivores et insectivores, qui forment la plus nombreuse et la plus aimable famille, ont communément un bec conique, droit, pointu, capable de briser les grains de même qu'une pince, des pieds délicats, grêles, à doigts séparés, trois devant, un derrière. Leur démarche est toujours sautillante, inquiète ; leur corps grêle, leur taille svelte ; leur chair est d'une saveur agréable, excepté celle des insectivores. Ils ont presque tous un chant agréable, les habitudes douces, le caractère sensible et timide. Leur plumage est en général peint de couleurs diverses plus ou moins mélangées. Presque toujours ils habitent dans les bosquets, les bois et les buissons, où ils construisent des nids qui sont quelquefois travaillés avec beaucoup d'industrie et une adresse surprenante. Ces espèces sont monogames, et les père et mère apportent la becquée à leurs petits. Les genres principaux sont ceux des *gros-becs* et des *bruants*, des *pinsons*, des *moineaux*, des *fauvettes*, des *becs-fins*, des *hirondelles*, des *rossignols*, des *alouettes*, des *mésanges*, des *linottes*, des *étourneaux*, des *merles*, des *grives*, etc. Beaucoup d'espèces émigrent chaque hiver dans les pays chauds, et reviennent au printemps dans les climats tempérés.

4°. Les GALLINACÉS sont des oiseaux remarquables par leur corps épais, leur vol très lourd ; leurs ailes courtes, leurs pieds propres à la course et à gratter la poussière ; leur bec recourbé comme une dent de râteau pour ramasser les graines ; leurs doigts sont communément au nombre de trois en avant et un en arrière ; celui-ci manque dans les espèces qui courent très rapidement, et le dessous des pattes est dur et scabreux. Ces oiseaux ne se tiennent point sur les arbres, comme toutes les familles précédentes, mais demeurent à terre, où ils aiment à se rouler dans la poussière : c'est pourquoi on les nomme *pulvérateurs*. Leur chair est ordinairement blanche ; leur graisse est un peu solide, comme le suif, et ce sont de tous les oiseaux les plus estimés sur les tables. Ils vivent de toutes sortes de semences, qui, ramollies dans leur jabot, sont ensuite écrasées dans leur gésier par une double digestion. Ces oiseaux déposent leur nid à terre, sans industrie, et pondent un grand nombre d'œufs; les mâles, qui sont polygames, se battent entre eux pour jouir des femelles, qui sont seules chargées de la nourriture des petits ; mais elles se contentent de leur montrer la nourriture sans la leur préparer. On compte dans cette famille les genres des *outardes*, des *faisans*, des *poules*, des *coqs de bruyère*, des *perdrix*, des *cailles*, etc.

Ces oiseaux s'apprivoisent aisément, et sont presque tous utiles à l'homme. Les couleurs du plumage des gallinacés sont ternes aux femelles, mais vives et quelquefois éclatantes dans les mâles; leur cri est fort et sonore. Ces oiseaux se plaisent dans les friches, les lieux échauffés du soleil.

5°. Les Oiseaux de rivage, *à longues jambes*, qu'on nomme quelquefois *échassiers*, parce qu'ils semblent portés sur des échasses, ou *scolopaces*, à cause de la bécasse (*scolopax*), qui est de cette famille, se reconnaissent aisément : leurs longues jambes (ou tarses) nues au dessus du pli ; leur bec allongé, plus ou moins rond, et semblable à un bâton, pour sonder les marécages où toutes ces espèces aiment à barboter; leur odorat assez actif; leur corps grêle, aplati sur les flancs, avec une queue courte, un peu délicate, une chair très savoureuse, un plumage grisâtre, terne, sombre en général; de petits yeux, une vue basse et courte; une tête mince ; un caractère peureux et fort sot, pour l'ordinaire, les font aisément reconnaître. Toujours *patrouillant* dans la fange des marais, la retournant avec leur long bec, la pétrissant de leurs longues jambes, ils aiment les temps sombres, les brouillards de l'automne, ne voient bien que dans le crépuscule. Leur cri soupirant et mélancolique ne se fait entendre que le soir et le matin. Lorsqu'ils volent, ils laissent pendre en arrière leurs longues jambes, qui leur tiennent lieu du gouvernail de la queue. Leur nourriture est composée de vermisseaux, de larves, et d'autres immondices qui pullulent dans les mares d'eau croupie. Ils passent leur vie dans les joncs et à terre; les mâles, qui sont polygames, se battent entre eux, et la femelle conduit seule ses petits à la pâture. Les genres de cette famille, qui fréquentent nos climats, sont les *grues*, les *hérons*, les *cigognes*, les *butors*, les *bécasses*, les *pluviers*, les *vanneaux*, les *courlis*, les *chevaliers*, les *poules d'eau*, les *râles*, etc. Les oiseaux de rivage arrivent dans les pays tempérés en automne des pays du nord où ils retournent au printemps.

6°. Enfin les Palmipèdes, ou *volatiles à pieds palmés*, dont les doigts sont réunis ensemble par une peau ou membrane, sont remarquables par leur bec ordinairement large, quelquefois dentelé ou crochu, pour retenir leur proie; par leur démarche boiteuse, à cause que leurs pattes sont placées trop en arrière; par leur corps aplati et taillé comme la quille d'un vaisseau, pour mieux fendre les eaux ; par leurs plumes huilées et impénétrables à l'humidité ; par leurs jambes courtes faites en rames ; leur corps plein d'une graisse rance, couvert d'une peau épaisse ; par une chair d'un goût huileux; des couleurs de plumage souvent sombres et sales. Ils ont une voix très criarde, retentissante et nasillonnante, un odorat fort développé, et se tiennent presque toujours sur l'eau, dans les fleuves, les lacs, les mers où ils vivent de poissons, de plantes aquatiques. Ils volent mal, mais nagent très bien ; déposent leur nid, grossièrement façonné, à terre, près de l'eau, où la mère mène presque aussitôt ses petits, leur montrant leur nourriture : les mâles sont communément polygames. Ces oiseaux préfèrent les pays froids et aquatiques; plusieurs espèces émigrent, dans les grands froids, dans les contrées tempérées. Ce sont des oiseaux très voraces, très stupides, des races brutes et grossières, dont plusieurs sillonnent les mers et fondent sur les poissons pour les dévorer. Les principaux genres sont ceux des *grèbes*, des *mauvis* et *goélands*, des *oies*, des *canards*, des *plongeons*, des *harles*, des *guillemots*, des *pélicans*, des *frégates*, des *cormorans*, etc.

M. Vieillot ajoute aux caractères qui distinguent chaque famille d'oiseaux les analogies qui peuvent se trouver entre cette famille et une famille de quadrupèdes. Ainsi il fait remarquer que les oiseaux grimpeurs sont analogues aux quadrupèdes grimpans, tels que les *singes*, les *makis*, etc. ; les oiseaux de proie, aux quadrupèdes carnivores, tels que les *chats*, les *chiens*, les *tigres*; les oisillons aux quadrupèdes rongeurs; les gallinacés, aux quadrupèdes ruminans; les oiseaux de rivage aux bêtes brutes, telles que les *cochons*; enfin les palmipèdes, aux quadrupèdes amphibies, tels que les *phoques*, les *morses*, etc.

Les oiseaux ont été l'objet de savantes recherches et de brillantes descriptions de la part des naturalistes ; mais notre ouvrage n'admettant que de brèves observations, propres seulement à faciliter la connaissance des espèces les plus recherchées pour la chasse, nous renvoyons aux traités spéciaux d'ornithologie pour tout ce qui tient aux connaissances générales sur cette partie intéressante de l'histoire naturelle. C'est là, et particulièrement dans le discours de Buffon sur les oiseaux et dans l'article qui leur a été consacré par M. Vieillot, dans le *Nouveau Dictionnaire d'histoire naturelle*, que le lecteur trouvera le tableau général de la nature des oiseaux, de leur chant et de leur langage, de leurs amours et de leur génération, de leur instinct, de leur intelligence et de leurs mœurs, de leur éducation, de leur genre de vie, des moyens qu'ils emploient pour pourvoir à leur nourriture, et de la durée de leur vie.

Ces objets n'ont dû trouver place dans notre ouvrage que pour les espèces qui y sont décrites, et aux articles particuliers qui leur sont consacrés. Mais c'est ici le cas de considérer les oiseaux sous les rapports de leur utilité.

Des oiseaux considérés dans leurs rapports avec l'économie rurale et forestière.

Nous trouvons, dans le *Journal des Maires* du mois de novembre 1818, les observations suivantes sur l'utilité des oiseaux pour l'agriculture :

« Il est bien peu de choses sur la terre qui ne soient mêlées de bien et de mal ; aussi lorsqu'il s'agit d'adopter ou de proscrire ce qui existe ou se présente, la prudence ne consiste souvent que dans un simple calcul ; et la sagesse dira toujours d'accueillir ou conserver ce qui en dernier résultat est plus avantageux que nuisible.

» On voit un geai déraciner quelques pois, et un corbeau fouiller de toute la longueur de son bec dans le milieu des blés; on aperçoit le bouvreuil, le pinson, le loriot, la fauvette à tête noire, la mésange bleue, le rossignol, et beaucoup d'autres, éplucher le bouton à fruit et le calice des fleurs sur les arbres, la cupidité s'alarme et l'on répète : *Les oiseaux dévorent tout, ils causent les plus grands dommages*. Observez attentivement, et vous apercevrez le geai, le corbeau, enlever d'un air triomphant une larve ou le gros ver blanc du hanneton, quelquefois même une petite souris, ou bien une courtilière; vous verrez le bouvreuil, la bergeronnette, la mésange, porter à leurs petits les chenilles qui rongent vos pommiers, et se nourrir des œufs et des larves de l'insecte qui se serait logé dans l'intérieur de vos fruits et les aurait fait tomber avant leur maturité.

» Ces oiseaux sont donc vos alliés et même vos amis; vous les nourrissez, il est vrai, et en grande partie; ils sont en quelque sorte à votre solde ; mais pouvez-vous le regretter, puisque, sans leur secours, vos récoltes seraient dévorées en entier?

» Nous pouvons en dire autant du pigeon fuyard que l'on voyait autrefois couvrir les terres récemment ensemencées; depuis que la loi les a proscrits, a-t-on des moisons plus abondantes? Ils dévoraient les graines parasites, qui, aujourd'hui plus que jamais, étouffent nos blés et infestent nos potagers.

» Observez aussi l'hirondelle ; cet oiseau, si exact à revenir chaque année, annonce le retour du printemps à l'hôte hospitalier qui respecta son nid ; dans son vol rapide, elle saisit, avec une inconcevable dextérité, les tipules dont les vers labourent la terre autour des plantes, et mettent leurs racines à nu, les chenilles des avoines, et tous les petits insectes qui mangent les fruits en bourre ou en fleurs, attaquent les laines jusque dans nos matelas. Sans égard pour leur admirable intelligence, et malgré tant de bienfaits, on proscrit encore aujourd'hui ces zélés serviteurs de l'humanité.

» Les anciens, qui se montraient partout si bons observateurs, appréciaient mieux que nous les hirondelles ; ils les mettaient sous la protection de leurs dieux pénates, et, pour les faire respecter encore davantage, ils accréditèrent cette fable utile, que toutes les fois qu'un de ces oiseaux se sentait maltraiter, il allait piquer les mamelles des vaches ou des chèvres, et leur faire perdre leur lait.

» Cessons donc de faire une guerre destructive aux oiseaux entomophages, pour réunir tous nos efforts contre le moineau, oiseau pillard et rusé, et que l'insouciance turque peut seule favoriser.

» Cet ennemi de toutes les productions rurales, véritablement omnivore, dédaigne de se fixer dans les pays peu fertiles. Depuis 1800, on le trouve jusque sur les bords du Pellidoni, près de la mer glaciale, parce que depuis cette époque on commence à y cultiver les céréales. S'il dévore quelques insectes, c'est lorsqu'il ne trouve pas d'autre nourriture.

» On estime qu'il existe en France autant de moineaux que d'habitans, et M. Rougier de la Bergerie porte à 10 kilogrammes de blé la consommation annuelle de chacun de ces voraces destructeurs de nos moissons; ces deux évaluations fussent-elles exagérées, il n'en est pas moins reconnu que l'agriculture n'a pas d'ennemis plus nombreux, sans que rien de leur part compense leur dégât ; mais, en leur déclarant une guerre à mort, gardons-nous de confondre dans la même proscription ces autres habitans de l'air qui, en détruisant dans leurs germes les insectes et les plantes parasites, nous indemnisent si amplement du peu de bons grains qu'ils consomment. »

Si les oiseaux sont utiles pour la conservation des récoltes, ils ne le sont pas moins pour la conservation des forêts; et il suffit, pour s'en convaincre, de considérer les ravages que chaque année les insectes occasionent dans ce genre de propriété.

Le préfet de Rhin-et-Moselle avait pris, dans le mois de pluviose an 9, un arrêté contenant des mesures relatives aux abus de la chasse, qu'il interdisait dans les saisons et les lieux où elle était préjudiciable aux fruits de la terre et à la reproduction des animaux utiles. Le considérant de cet arrêté porte que, par la grande destruction du gibier et d'oiseaux de toute espèce, les forêts ravagées semblent désertes, et qu'il est devenu nécessaire de prendre autant de précautions, pour empêcher l'extermination entière de ces animaux innocens, qu'on fut obligé d'en prendre dans le temps de la féodalité pour écarter les bêtes nuisibles. Ce texte a fourni à M. Masson le sujet de réflexions intéressantes consignées dans la *Décade philosophique*, 3e trimestre an 9.

« Maintenant, dit-il, on assassine la tendre *perdrix* couvant sa naissante famille ; on tue la femelle timide du *lièvre*, qui porte dans son sein sa postérité, et le poids ralentit sa course; on se fait un jeu barbare de tirer la *fauvette* qui chante sur la branche, et d'abattre l'*hirondelle* confiante qui apporte la nourriture à ses petits. Bientôt les forêts, sans ombrage et sans habitans, seront d'affreuses solitudes; aucun oiseau ne planera dans le vide immense des airs, et le printemps ne trouvera pas un *rossignol* pour annoncer son retour.

» Cependant les peuples anciens avaient des lois pour faire respecter la vie des animaux dans le temps de leur reproduction. Moïse défend expressément d'enlever les œufs à la mère qui couve ; et la coutume antique, d'où est venu notre carême, de s'abstenir, au commencement du printemps, de manger de la viande et des œufs, a eu primitivement pour but la conservation des animaux.

» En effet, si l'on a cru devoir recommander la

destruction des animaux sauvages et dangereux, on devrait au moins protéger ceux dont l'innocence est reconnue, ceux qui servent à notre nourriture, comme le *lièvre* et un grand nombre d'*oiseaux :* ceux qui nous rendent des services moins immédiats, en purgeant la terre et les airs d'immondices et d'insectes, comme les *cigognes*, les *corneilles* et une foule de petits oiseaux ; ceux, enfin, qui ne sont qu'agréables, comme le *linot*, le *chardonneret*, le *rossignol* et la *fauvette*. En connaissant mieux les mœurs des animaux, on serait peut-être étonné de voir combien il en est qu'on a cru nuisibles, et qui sont cependant de la plus grande utilité. Les heureux préjugés, qui, chez plusieurs peuples de l'Europe, ont rendu la *cigogne* et l'*hirondelle* sacrées et inviolables, ont, ainsi que beaucoup d'autres, leur source dans la raison et dans les lois d'un peuple antique plus sage que nous. Ces oiseaux ne vivent que de reptiles et d'insectes dont la multiplication serait un fléau terrible, comparable aux plaies de l'Egypte. Que l'on compte, s'il est possible, le nombre de mouches et de moucherons que doit détruire une hirondelle durant l'été pour nourrir ses deux ou trois nombreuses couvées. Sans la destruction continuelle qu'elle en fait, ces moucherons offusqueraient l'air autour des bâtimens environnés de fossés marécageux, et l'on ne pourrait respirer sans les avaler par milliers. »

M. Masson pensait même que le *moineau* ne devait pas être chassé avec trop de rigueur, parce que cet oiseau détruit des millions d'insectes au printemps, époque où il élève sa famille et ne trouve ni fruits ni grains.

Il est certain que le moineau, à la fois insectivore et fructivore, peut rendre quelques services à côté des dégâts qu'il occasione, et l'on a dit qu'on avait été obligé de le rappeler dans quelques pays où l'on était parvenu à en détruire la race, parce que certains insectes s'y étaient ensuite prodigieusement multipliés. Quoi qu'il en soit, le moineau sera toujours regardé comme un fléau pour l'agriculture.

« Les *corneilles* et les *corbeaux*, continue M. Masson, qui détruisent les insectes en suivant le sillon du laboureur, ne touchent pas aux grains de blé.

» En l'an 6, les forêts de la Saxe, et surtout les pins et les sapins, furent attaqués par un insecte qui les dévorait intérieurement jusqu'à l'écorce. Sur le rapport des naturalistes et des forestiers experts, la multiplication extraordinaire de ce ver fut attribuée à la disparition totale de quelques espèces de *pics* et de *mésanges*, que, depuis quelques années, les chasseurs ne voyaient plus dans les forêts. Or, l'on sait que les pics sont pourvus d'un long bec et d'une langue plus longue et plus effilée encore, qu'ils introduisent dans les trous et gerçures des arbres, pour en retirer les vers ou les œufs qui y sont déposés. On entend quelquefois ces oiseaux frapper à coups redoublés sur les troncs d'arbres pour en faire sortir les insectes, qui deviennent leur proie. Quant aux mésanges, on les voit sans cesse suspendues aux extrémités des rameaux, pour découvrir les larves ou les œufs attachés sous le revers des feuilles. Un autre oiseau, le *grimpereau*, est toujours à courir le long du tronc et des branches, pour en enlever la vermine qui se cache dans les fentes et gerçures de l'écorce.

Ces animaux mériteraient d'être protégés dans nos bois, au moins en reconnaissance des services qu'ils nous rendent, puisque ce n'est que par intérêt que le fort épargne le faible. »

Nous ne pouvons mieux terminer cette partie de notre article qu'en mettant sous les yeux du lecteur le tableau que l'éloquent naturaliste dont s'honore la France a fait des services que rendent aux hommes tous les petits oiseaux mangeurs d'insectes.

« Sans eux, sans leur secours, dit Buffon, l'homme ferait de vains efforts pour écarter les tourbillons d'insectes volans dont il serait assailli ; comme la quantité en est innombrable, et leur pullulation très prompte, ils envahiraient notre domaine, ils rempliraient l'air et dévasteraient la terre, si les oiseaux n'établissaient pas l'équilibre de la nature vivante, en détruisant ce qu'elle produit de trop. La plus grande incommodité des climats chauds est celle du tourment continuel qu'y causent les insectes; l'homme et les animaux ne peuvent s'en défendre, ils les attaquent par leurs piqûres, ils s'opposent aux progrès de la culture des terres ; dont ils dévorent toutes les productions utiles ; ils infectent de leurs excrémens ou de leurs œufs toutes les denrées que l'on veut conserver. Ainsi, les oiseaux bienfaisans qui détruisent ces insectes ne sont pas assez nombreux dans les climats chauds, où néanmoins les espèces sont très multipliées. Et, dans nos pays tempérés, pourquoi sommes-nous plus tourmentés des mouches au commencement de l'automne qu'au milieu de l'été? Pourquoi voit-on, dans les beaux jours d'octobre, l'air rempli de myriades de moucherons? C'est parce que tous les oiseaux *insectivores*, tels que les *hirondelles*, les *rossignols*, les *fauvettes*, les *gobe-mouches*, etc., sont partis... Ce petit temps, pendant lequel ils abandonnent trop tôt notre climat, suffit pour que les insectes nous incommodent par leur multitude plus qu'aucune autre saison. »

Ces observations, dont on reconnaît toute l'importance, devraient nous engager à ménager au moins dans nos moyens de destruction les petits oiseaux dont la dépouille a si peu d'intérêt pour nous, et dont l'existence nous est si utile. (*Voyez* les articles *Insectes* et *Mulot* dans le *Dictionnaire des forêts.*)

Dispositions réglementaires concernant la chasse aux oiseaux.

L'ordonnance de 1669, titre XXX, art. 8, défend à toutes personnes de prendre dans les forêts, garennes, buissons et plaisirs du roi, les aires d'oiseaux, de quelque espèce que ce soit, et en tous autres lieux, les œufs des cailles, perdrix et faisans, à peine de 100 livres d'amende pour la première fois, 200 livres pour la seconde, et de plus fortes peines pour la troisième.

L'art. 9 du même titre porte que les sergens, dans la garde desquels se trouveront des aires d'oiseaux, seront chargés de leur conservation par acte particulier, et en demeureront responsables.

Quoique la conservation de la chasse dans les plaisirs du roi paraisse avoir été le principal motif de ces dispositions, leur exécution n'en doit pas moins être recommandée dans toutes les forêts royales et communales, comme intéressant l'économie forestière.

L'art. 8 du titre XXX de l'ordonnance de 1669, et les ordonnances de 1518, art. 25, de janvier 1600, art. 2, et de juin 1601, art. 2, qui défendaient en outre de tendre et chasser aux bécasses, pigeons ramiers, pluviers, bisets et autres oiseaux de passage, sans la permission du roi ou des officiers de chasse, s'exécutaient non seulement dans les forêts du roi, mais encore dans les terres des seigneurs particuliers, lorsqu'ils portaient leurs plaintes aux capitaines des chasses et officiers de la maîtrise du lieu.

Un réglement du siége de la Table de Marbre de Paris, du 13 avril 1600, pour la communauté des oiseleurs de ladite ville, défendait de tendre aux menus oiseaux dans les forêts et terres du domaine du roi, sans sa permission ou celle du maître particulier, et dans celles des particuliers sans leur permission ou celle de leurs officiers ; comme aussi de tendre aux menus oiseaux depuis la mi-mars jusqu'à la mi-août. Les ordonnances de mars 1515, art. 14, de janvier 1549, février 1567, art. 9, de novembre 1577, voulaient que les réceptateurs fussent punis des mêmes peines que les chasseurs contrevenans, et défendaient aux rôtisseurs, pâtissiers, poulaillers et autres vendeurs ou revendeurs, de vendre aucunes perdrix, perdreaux, lièvres, levrauts ni hérons, si ce n'était en plein marché. Il existe aussi des réglemens de la Table de Marbre de Paris sous les dates des 8 avril et 4 décembre 1511, 15 mars 1656, dernier décembre 1658, 18 avril 1659, 19 février 1669, 17 avril et 16 juillet 1674, et un arrêt des juges en dernier ressort, du 1er mars 1706, qui défendaient à tous marchands forains, pâtissiers, rôtisseurs, lardiers, cabaretiers et autres, d'acheter, vendre ni exposer aucuns lièvres, depuis le premier jour de carême de chaque année jusqu'au dernier du mois de juin suivant, et aucunes perdrix depuis le même temps jusqu'à la mi-août de chaque année. (Voyez *Oiseleurs.*)

Aujourd'hui, il est défendu de chasser sur les terres d'autrui sans la permission du propriétaire, et la chasse aux oiseaux n'est point exceptée de cette prohibition, puisque les oiseaux sont, comme le reste du gibier, un fruit de la terre où ils se trouvent.

A l'égard des époques de l'année où il est défendu ou permis de chasser, elles sont déterminées par des arrêtés de MM. les préfets.

OISEAU APRE A LA PROIE. C'est, en fauconnerie, celui qui fait un usage courageux de son bec et de ses ongles pour saisir sa proie.

OISEAUX AQUATIQUES. Ils forment la seconde division de la classe des oiseaux. (Voyez *Oiseaux de passage* pour les dispositions réglementaires relatives à la chasse de ces oiseaux.)

OISEAU BRANCHIER. C'est, en fauconnerie, celui qui n'a encore la force que de voler de branche en branche.

OISEAUX CARNASSIERS. Ce sont les oiseaux de proie.

OISEAU CÉLESTE. Le grand aigle portait ce nom chez les anciens.

OISEAUX DE BONNE COMPAGNIE. Ce sont, en fauconnerie, ceux qui ne sont point sujets à dérober leurs sonnettes, c'est à dire à s'enfuir.

OISEAU TROP EN CORPS. C'est, en fauconnerie, celui qui est trop gras et qui a de la peine à voler.

OISEAU DÉPITEUX. C'est, en fauconnerie, celui qui ne veut pas revenir quand il a perdu sa proie.

OISEAU DUNETTE. C'est le nom vulgaire de la grive proprement dite.

OISEAU DE GLACE. C'est le *martin-pêcheur.* (*Voyez* ce mot.)

OISEAU DE BON GOUT. C'est, en fauconnerie, celui qui veille sa proie et qui prend son temps à propos pour voler.

OISEAUX IGNOBLES. Ce sont, en fauconnerie, les oiseaux de bas vol.

OISEAUX DE LEURRE. Ce sont, en fauconnerie, les oiseaux que l'on dresse pour prendre le gibier, tels que le faucon, le sacre, le lanier, le gerfaut, l'émérillon et le hobereau, et qui reviennent sur le poing lorsqu'on leur jette le *leurre.*

OISEAU DE MORT. Nom que le peuple donne en quelques lieux à la *fresaie.*

OISEAU DE NEIGE. Pinson des Ardennes.

OISEAUX NOBLES. Ce sont les oiseaux de haut vol.

OISEAUX DE PASSAGE. Ce sont les oies sauvages, les canards, les sarcelles, les bécasses, les bécassines, les pluviers, les vanneaux, etc., qui ne paraissent qu'en certaines saisons de l'année.

L'ordonnance de 1669, tit. XV, art. 30, permettait aux seigneurs et gentilshommes de tirer aux oiseaux de passage, même sur les étangs et rivières appartenant au roi, pourvu que ce fût à une lieue des plaisirs de Sa Majesté.

La chasse aux oiseaux de passage pouvait être affermée par les propriétaires des étangs et rivières, pourvu que ce ne fût qu'à un seul. (*Arrêt du conseil du 21 mai 1737.*)

Aujourd'hui la chasse des oiseaux aquatiques, dans les rivières où l'administration forestière a le droit d'affermer la pêche, fait partie de cette amodiation comme revenu de l'état. (*Décision du ministre des finances insérée dans une circulaire de l'administration du 7 juillet 1812.*)

Mais, pour que la faculté donnée à l'administration d'affermer la chasse aux oiseaux aquatiques sur les rivières dont la police lui appartient ne puisse inquiéter les propriétaires riverains, ou ceux qui possèdent des îles, et pour qu'elle ne compromette pas d'ailleurs la sûreté publique, il a été recommandé aux conservateurs d'exprimer, dans le cahier des charges, que l'adjudicataire du cantonnement de pêche qui jouira de la faculté dont il s'agit ne pourra la céder au sous-amodiateur, qu'il ne l'exercera que dans son bateau, et sur le cours de la rivière compris dans son cantonnement. (*Circulaire du 4 septembre 1812.*)

OISEAUX DE POING. (Voyez *Oiseaux de vol et Fauconnerie.*)

Oiseaux de proie. Ces oiseaux forment, comme nous venons de le dire, en parlant des oiseaux en général, la deuxième famille du système de M. Vieillot ; ils se distinguent facilement par leur bec crochu, garni à sa racine d'une membrane appelée *cire*, par leurs jambes fortes, leurs doigts gros et armés de fortes griffes crochues, acérées, et le dessus de chaque patte garni de durillons ; par leurs ailes grandes, leur vol élevé et rapide, leur tête et leur cou robustes, musculeux ; par leur corps solide et une peau dure, et leur chair désagréable au goût. Tous vivent de rapine, de cadavres, d'animaux vivans. Les femelles sont plus belles et plus grosses d'un tiers que les mâles. Tels sont les *vautours*, les *aigles*, les *faucons*, les *éperviers*, les *milans*, les *ducs* et les *hiboux*. Ces oiseaux posent leurs nids dans les rochers les plus élevés et les déserts sauvages ; ils ne pondent guère que depuis 2 jusqu'à 4 œufs, et sont monogames. Leurs couleurs sont fauves, brunâtres en général, leur tempérament est féroce et sanguinaire comme celui des quadrupèdes carnassiers, et leur voix est âcre, aiguë ou perçante.

Ces oiseaux se divisent en deux classes : les *diurnes* et les *nocturnes*. Les premiers, plus forts, plus entreprenans et mieux armés, exercent leur rapine pendant le jour, et sacrifient à leur appétit un grand nombre d'oiseaux et de quadrupèdes ; ce sont les plus nuisibles et ceux dont l'économie rurale et la conservation des chasses réclament la destruction. Les seconds, moins bien conformés, ne se nourrissent presque généralement que de petits animaux nuisibles à l'agriculture, et qui, comme eux, sortent la nuit pour chercher leur nourriture.

Les oiseaux de proie sont nombreux en espèces, surtout les diurnes ; on connaît en France, parmi ces derniers, les *aigles*, la *phène* ou le *gypaète des Alpes* ; le *circaète*, la *soubuse*, les *buses*, les *faucons*, le *milan* et les *éperviers*, qui se nourrissent d'oiseaux ou de quadrupèdes vivans ; le *balbusard* et le *busard* qui sont plutôt pêcheurs que chasseurs, et les *vautours* qui recherchent les cadavres, et généralement la chair morte et même puante.

Parmi les nocturnes se trouvent les *chouettes*, les *chats-huants*, le *grand duc* et les *hiboux* qui, tous, se nourrissent de proie vivante.

Plusieurs moyens sont employés pour empêcher la trop grande multiplication des oiseaux de proie. Voici ceux qui sont indiqués dans le *Traité des chasses à tir*.

Destruction des nids. L'un des plus sûrs est la destruction de leurs nids ; mais ce n'est point le plus facile, car ces oiseaux les placent ordinairement sur des rochers escarpés et sur des arbres élevés. Lorsqu'on ne peut y arriver, on tire dessus et à balle. C'est principalement contre les oiseaux de proie diurnes que ce moyen doit être employé ; et il importe à l'économie rurale et forestière de ménager les oiseaux de proie nocturnes, pour purger les campagnes et les forêts des mulots, des souris, des rats et autres petits quadrupèdes nuisibles.

Appâts. On attire les oiseaux de proie dans les pièges et les filets, en leur présentant des appâts : savoir : des animaux vivans pour ceux qui se nourrissent de proie vivante, et de la chair morte pour les autres.

Le fusil. Le fusil est le meilleur moyen de diminuer le nombre des aigles et des vautours, qui, se tenant dans des lieux élevés, sont les plus difficiles à atteindre. On emploie aussi le fusil, en se cachant dans une *hutte* disposée comme celle décrite sous ce mot, et en se servant, pour attirer les oiseaux, d'un *grand duc* vivant ou artificiel.

Nappes. On peut prendre les éperviers, les émerillons, les hobereaux et même des faucons et des autours avec des nappes semblables à celles qu'on emploie pour les alouettes, en observant cependant qu'elles doivent être plus fortes et à mailles plus grandes. (Voyez *Nappes*.)

Il suffit, pour prendre ces oiseaux, après avoir tendu les nappes dont la corde de tirage va communiquer à une loge que l'on s'est préparée, de placer un pigeon, que l'on choisit ordinairement blanc, dans l'intervalle qu'elles doivent recouvrir. Ce pigeon est attaché, au moyen d'un corselet, à une corde soutenue à quelques pouces de terre par deux piquets, et le long de laquelle il peut se promener. Cet appareil réussit avec la plupart des oiseaux de proie déjà cités, surtout lorsqu'ils sont affamés. Mais il en est, et le faucon entre autres, qui, étant bien repus, dédaignent une proie fixée à terre et immobile. Pour attirer leur attention, quelques personnes conseillent de planter, dans l'intervalle des nappes, un piquet garni d'un anneau dans lequel on passe une longue ficelle. Un bout de cette ficelle reste dans la loge ; à l'autre extrémité, on attache le pigeon par son corselet, et on manœuvre comme nous le dirons plus loin.

Le chasseur, pour être averti du passage des oiseaux de proie, et surtout du faucon, qui vole à une grande hauteur, se sert d'une pie-grièche privée, qu'il place sur une petite loge en gazon ; et qu'il fixe au moyen d'une ficelle attachée par un bout à un piquet planté en terre près de cette loge, et dont l'autre bout est lié à la boucle du corselet de l'oiseau captif. S'il paraît quelque oiseau de proie dans les airs, la pie-grièche en annonce aussitôt la présence, et même l'espèce par ses mouvemens, car si c'est une buse ou tout autre oiseau peu dangereux, elle ne s'agite que faiblement ; mais si c'est un faucon ou tout autre oiseau redoutable, elle se précipite dans la petite loge de gazon et cherche à se cacher le plus possible.

Le chasseur lâche ensuite le pigeon, dont la vue et le vol, qui paraît libre, engagent l'oiseau de proie à descendre à portée de l'œil. S'il s'en tient là, le chasseur ramène à lui le pigeon et le renvoie une seconde fois. Ce retour irrite le faucon qui fond sur lui et le lie. Alors, au moyen de la ficelle passée dans l'anneau du piquet qui se trouve planté au milieu des nappes, le chasseur entraîne les deux oiseaux sous ses filets et court s'en emparer.

A l'aide d'un oiseau de proie privé, on peut encore attirer dans les nappes d'autres oiseaux de son espèce. On l'attache au bout d'une gaule d'un bois pliant et élastique de 15 à 20 pieds de longueur, dont l'autre extrémité est plantée en terre. Au même bout où l'oiseau de proie est lié par les pieds, on attache une forte ficelle qui passe de même dans l'anneau d'un piquet planté au milieu des nappes. On emploie également la pie-grièche pour signaler l'approche de l'oiseau de proie; et lorsqu'on la voit s'agiter, on tire la ficelle; la gaule s'abaisse et plie en arc vers la terre. Dans cet état, l'oiseau, les ailes pendantes et la tête tournée en bas, a l'air de s'abattre sur une proie, et celui de son espèce qui l'aperçoit du haut des airs se précipite vers lui et donne dans le piége.

L'antipathie des oiseaux de proie diurnes contre ceux de nuit fait que l'on peut employer ces derniers pour prendre les autres. On se sert de préférence du *grand duc*, parce qu'avec lui on peut prendre des oiseaux de proie de la plus forte taille, tandis qu'avec l'effraie, le chat-huant et le hibou, on ne prend que des corneilles, des pies et des geais et quelques oiseaux de proie des petites espèces.

On peut donc mettre un de ces oiseaux de nuit au milieu de deux nappes, à la place du pigeon qu'on a indiqué plus haut. Mais il faut le placer sur un sanglot, à l'extrémité duquel on attache une ficelle qui communique à la loge. Au moyen de cette ficelle, on force l'oiseau à s'agiter lorsqu'on aperçoit un oiseau de proie; et celui-ci ne manque pas de s'abattre dessus.

Filets dits araignées. On emploie surtout le grand duc pour faire donner les oiseaux de proie dans les araignées tendues légèrement, et sous lesquelles ils tombent enveloppés. Mais il faut que préalablement le grand duc ait été dressé de la manière suivante : on lui apprend à voler d'un bout à l'autre d'une corde de 100 pieds de longueur, attachée à deux billots sur lesquels cet oiseau se pose; et, pour y parvenir, on l'enferme dans une chambre où l'on a placé deux billots en ligne droite, à quelques pieds de distance, et auxquels est attachée une corde qui va de l'un à l'autre. Cette corde est passée dans un anneau assez large pour glisser facilement; une ficelle est liée d'un bout à cet anneau, et de l'autre à un second anneau fixé aux menottes que l'on met aux pattes du duc. Cette disposition terminée, on pose le duc sur un des billots, et on lui présente sa nourriture sur le billot opposé, de façon qu'il ne peut y atteindre qu'en filant le long de la corde, sans que la ficelle qui l'y tient attaché soit assez longue pour lui permettre de se poser à terre. Lorsqu'il a pris une beccade, on transporte le pât sur l'autre billot, et on continue ainsi pendant chaque repas, en ayant soin, chaque jour, d'éloigner les billots. Peu à peu cet oiseau s'habitue à voler d'un billot à l'autre, seulement pour changer de place et sans y être poussé par le besoin de nourriture.

Quand l'oiseau est ainsi dressé, on dispose le lieu destiné à la chasse des oiseaux de proie, et, pour cet effet, on élague quelques arbres sur la lisière d'un taillis, et on pratique une ouverture qui conduit à une espèce de chambre, qu'on a aussi disposée convenablement. L'ouverture supérieure est fermée par quelques branches, qui, en permettant de voir ce qui se passe dans l'intérieur de la chambre, empêchent un oiseau de proie d'y pénétrer de plein vol; au dessous de ces branches, on tend une araignée, et les quatre faces intérieures en sont également garnies. Ces dernières doivent descendre jusqu'à 3 pieds de terre, et toutes doivent être suspendues de manière à tomber au moindre choc d'un oiseau. On a eu soin de placer au milieu de cette chambre un billot, et, à cent pas plus loin, hors du taillis et en ligne droite, un second billot, avec une corde tendue de l'un à l'autre. Sur le billot placé hors du taillis, on pose l'oiseau attaché à la corde, comme nous l'avons dit, et on se retire dans une loge que l'on a pratiquée aux environs.

Lorsque le duc baisse la tête en tournant le globe de l'œil vers le ciel, on juge qu'il découvre quelque oiseau de proie. Bientôt il quitte son poste et vole vers le billot de l'intérieur, en passant par dessus les filets. L'oiseau de proie ne le perd pas de vue et se précipite vers lui, ou il donne de plein vol dans une des araignées qui ferme les côtés et qui tombe avec lui, en l'embarrassant; ou, après s'être posé sur une branche, il cherche à pénétrer dans l'intérieur par la partie supérieure où il rencontre également un filet qui retombe sur lui. Il faut aussitôt se hâter de s'en emparer.

Les araignées destinées contre les oiseaux de proie ont des mailles de 2 ou 3 pouces et une hauteur proportionnée à l'emplacement où l'on veut en faire usage.

On prend encore des éperviers et des autours avec des araignées de 10 pieds environ de hauteur. On plante quatre pieux sur lesquels on suspend légèrement les araignées. On place au milieu du carré un pigeon blanc attaché à un piquet. L'oiseau, en voulant s'en emparer, s'empêtre dans l'araignée, qui tombe et l'enveloppe.

Trébuchets. On se sert encore avec avantage, contre les oiseaux de proie, de deux espèces de trébuchets qui diffèrent peu l'un de l'autre, et dont le mécanisme est simple et l'effet sûr. (Voyez *Trébuchets.*)

Gluaux. On prend encore plusieurs espèces d'oiseaux de proie avec des gluaux. On dispose une hutte avec des branches de verdure, et on place au dessus de cette loge, sur une raquette pareille à celle dont on se sert pour jouer à la paume, un pigeon blanc entouré de gluaux longs et menus. Une ficelle attachée à la raquette communique à l'intérieur de la loge, et le chasseur, qui y est renfermé, s'en sert pour faire remuer le pigeon lorsqu'un oiseau de proie se présente. Celui-ci ne l'a pas plutôt aperçu qu'il fond dessus, s'englue et tombe au pied de la loge où le chasseur se hâte de le saisir.

Pipée. Il arrive aussi et même assez souvent que l'on prend, à la pipée, des chouettes, lorsqu'on imite bien leur cri, et des buses, qui, en voulant s'emparer de quelques oisillons, se trouvent arrêtées par les gluaux.

Traquenards. Enfin, on dispose, contre les oiseaux de proie, un traquenard semblable à celui qui est décrit sous le nom de *traquenard simple à bascule* (voyez ces mots et la *Pl. 20, fig. 9*), et que l'on tend à terre après l'avoir amorcé d'une manière convenable; on se sert également du *traquenard à poteau*, *Pl. 20, fig. 13*; ce dernier piége ne diffère du traquenard simple à bascule que par son ressort plié en dessous et parce qu'il est garni de deux branches de fer, percées de deux ou trois trous pour le fixer sur le poteau. Il est principalement dirigé contre les oiseaux de proie nocturnes, surtout contre ceux qui ont l'habitude de se poser pour guetter leur proie. Si on place, à quarante ou cinquante pas sur la lisière des bois et du côté de la plaine, des poteaux d'une vingtaine de pieds, armés de ce traquenard, on est sûr de prendre beaucoup d'oiseaux de nuit, parce que ces oiseaux, en sortant de leur retraite, vont se poser de préférence sur les troncs d'arbres isolés. Lorsqu'il se trouve quelques arbres morts, on peut, après en avoir coupé les branches, placer un traquenard sur le tronc. L'oiseau, en voulant se poser sur la marchette, la fait tourner et se fait prendre par les pattes. On y prend aussi des oiseaux diurnes. Ce piége et le traquenard simple tendu à terre sont, de tous, les plus employés dans les forêts du domaine de la couronne. La *fig.* 14 est celle de la marchette représentée à part pour mieux laisser voir la composition du traquenard. La *fig.* 15 représente le traquenard tendu.

Moyens à employer contre les corbeaux, corneilles, pies, geais et pies-grièches.

Comme ces espèces sont très nombreuses et qu'elles détruisent une grande quantité d'œufs et de jeunes élèves, on doit chercher à les éloigner des endroits où l'on élève du gibier avec non moins de soin que les autres oiseaux de proie.

La destruction de leurs nids, de leurs œufs, de leurs petits est le moyen qu'on doit d'abord employer, parce qu'il est le plus efficace. Ce soin est ordinairement confié aux gardes.

Le trébuchet à filet et à ressort de corde (*voyez* au mot *Trébuchet*), fait sur une dimension convenable, est utilement employé contre les corbeaux, corneilles, pies et geais. On l'appâte avec un petit morceau de viande à demi gâtée pour les corbeaux, corneilles et pies, et avec des fèves, des noix, des glands, des cosses de pois, des cerises et différentes sortes de baies pour les freux, les choucas et les geais.

Nous avons décrit au mot *Corbeau* plusieurs autres méthodes de prendre ces oiseaux, les corbines, les pies, les geais, les freux et les choucas. (Voyez *Corbeau*.)

Pour encourager les gardes à détruire les oiseaux de proie dans les lieux où l'on s'occupe de la conservation de la chasse, on leur accorde des récompenses qui sont calculées d'après les difficultés que présente la prise des différentes espèces et les dommages qu'elles peuvent causer. Nous en avons parlé à l'article des *animaux nuisibles*. (*Voyez* ce mot.)

OISEAUX RAMEURS. (Voyez *Oiseaux de vol*.)

OISEAUX DE RAPINE. Ce sont les oiseaux de proie.

OISEAUX DE RIVAGE. Ce sont les oiseaux qui fréquentent le bord des eaux sans y entrer pour nager, à cause de la conformation de leurs pieds. Ces oiseaux forment, dans la méthode de Latham, le septième ordre, celui des *échassiers*.

OISEAU SAINT-MARTIN, *falco cyaneus*, Lath. Oiseau du genre des *faucons* et de l'ordre des *oiseaux de proie*, qui a reçu différens noms, tels que celui de *faucon bleu*, de *faucon lanier*, de *lanier cendré*, de *soubuse bleuâtre*, et que quelques naturalistes regardent comme le mâle de la *soubuse*.

Description. Un peu plus gros que la corneille ordinaire ; longueur totale, 18 pouces ; des poils noirs à la base du bec, avec une bande blanchâtre ; plumage d'un cendré plus ou moins foncé ; les plumes du ventre, des flancs, des jambes et les couvertures inférieures de la queue blanches ; les grandes pennes des ailes noires ; un trait blanc terminant les moyennes ; la queue d'un gris blanc en dessous, et bordée en dessus d'un gris roussâtre ; le bec, et les ongles noirs ; les pieds jaunes. Cet oiseau vole presque toujours fort bas, cherchant des petits oiseaux sur les buissons et des reptiles dans les herbes.

Habitation. En France, en Allemagne, en Angleterre. C'est vers l'automne que cet oiseau paraît dans nos pays ; d'où lui est venu son nom d'*oiseau Saint-Martin*.

Nourriture. Celle des oiseaux de proie.

OISEAU SAINT-MARTIN. On donne aussi ce nom au *martin-pêcheur*.

OISEAU DE SAUGE. C'est la *fauvette des roseaux*.

OISEAU SINISTRE. (Voyez *Effraie*.)

OISEAUX TERRESTRES. Première division de la classe des oiseaux.

OISEAUX DE VOL. Ce sont les oiseaux de proie que l'on dresse pour la chasse du vol. Les fauconniers les distinguent en *oiseaux de haut vol* ou de *haute volerie*, qui sont destinés spécialement à poursuivre et atteindre à toute hauteur les autres oiseaux qui traversent les airs : tels sont le *faucon*, le *gerfaut*, le *sacre*, etc. ; et en oiseaux de *bas vol* ou de *basse volerie*, comme l'*autour* et l'*épervier*, qui poursuivent le gibier près de la surface de la terre et des eaux. (Voyez *Fauconnerie*.)

M. Huber de Genève a publié, en 1784, un ouvrage sur le vol des oiseaux de proie, qu'il distingue, d'après le mécanisme de leurs ailes, en *oiseaux rameurs* ou *oiseaux de haut vol*, et en *oiseaux voiliers* ou *oiseaux de bas vol*.

OISEAUX DE VOLIÈRE. Ce sont ceux que l'on garde en cage pour le plaisir des yeux ou pour l'agrément de leur chant.

OISEAUX VOILIERS. Ce sont les oiseaux de vol.

OISELER. C'est dresser un oiseau, l'instruire. On *oiselle* un faucon pour le faire bon gruyer, bon héronnier.

OISELER, signifie aussi chasser aux oiseaux, tendre des filets, préparer des gluaux ou autre chose pour les prendre.

OISELLERIE. Métier de prendre, d'élever et de vendre des oiseaux.

OISELEUR, du latin *aucellarius*. Celui qui fait métier de prendre des oiseaux à la pipée, aux filets, aux lacets, ou autrement. Autrefois ce mot signifiait celui qui aimait la chasse à l'oiseau.

Il y a cette différence entre l'oiseleur et l'oiselier, que le premier s'occupe de la chasse aux oiseaux, tandis que l'autre s'occupe de les élever et de les vendre; l'un les détruit, l'autre les conserve.

Les auteurs des traités sur l'art de prendre les oiseaux exigent des qualités particulières de la part d'un oiseleur : ils veulent qu'il ait du goût pour son métier, parce que le goût donne l'industrie et l'adresse, qualités essentielles pour la réussite; ils le désirent fin, vif, actif et prévoyant : fin, pour qu'il puisse tromper et surprendre les oiseaux; vif, parce qu'il y a des chasses, comme la pipée, la chasse au brai, etc., qui seraient presque toujours infructueuses, si le chasseur n'était doué d'une grande promptitude; actif, parce que c'est un métier qui ne souffre pas de paresse, et qui exige au contraire que celui qui s'y livre soit matinal, et ne craigne ni la fatigue ni l'intempérie; prévoyant, parce que les ruses, l'adresse et les efforts du gibier rendraient souvent les piéges inutiles, s'il n'avait pas prévu les accidens qui peuvent arriver, et faire manquer sa proie. Enfin, l'oiseleur doit avoir l'esprit de ressource et d'invention, pour suppléer, dans beaucoup d'occasions, les règles ordinaires, le défaut ou le vice des machines et instrumens qu'on emploie communément, et pour remédier aux inconvéniens que présentent les circonstances de temps et de lieu.

Il est certain que, sans ces qualités, la chasse aux oiseaux serait souvent sans fruit et sans agrément; c'est une guerre où la force est comptée pour peu de chose, mais dont la ruse prépare presque tous les succès.

Les oiseleurs doivent être munis de plusieurs outils et instrumens, et savoir les employer de la manière la plus utile; ils doivent aussi être instruits des réglemens qui les concernent. Ces deux principaux objets seront traités séparément dans cet article.

SECTION PREMIÈRE. — *Des outils et instrumens que doit avoir un oiseleur.*

I. *Outils nécessaires à un oiseleur.* (Voy. la *Pl.* 31.) *La serpe, fig.* 1, est un des outils les plus essentiels à un oiseleur; elle sert à la construction de presque toutes les autres machines; dans les *pipées*, on l'emploie à abattre les grosses branches, à préparer l'arbre, etc. Son extrémité *a* conserve beaucoup de son épaisseur, et fait très peu le crochet.

La serpette, fig. 2, sert à couper les petites branches dans la construction d'une *pipée*; il faut toujours que l'endroit *b* soit très tranchant, afin de pouvoir commodément aiguiser les bouts des *raquettes*, *rejets*, *volans*, etc., qu'on appuie sur le genou, garni d'une *genouillère, fig.* 15.

Le canif, fig. 3, a deux lames : il sert à aiguiser les *gluaux*, les *murchettes* des *rejets*, *raquettes*, etc.; la lame courbée *c* est celle dont on se sert préférablement à l'autre.

Le couteau camard, fig. 4, est très commode et très expéditif; sa lame est arrondie à son extrémité *d*, afin qu'elle ne blesse point en la fermant : le manche se fait tout en fer, ou bien on l'en garnit solidement : les creux *a*, *b* se nomment *arrêts*. Lorsqu'on veut couper un petit morceau de bois, de la grosseur du petit doigt par exemple, on le met dans un *arrêt*; puis, fermant la lame et la pressant avec force, on le coupe unimeut, observant de le tourner dans l'*arrêt* pour que la lame avance toujours de la circonférence au centre. Il est très commode pour les tendues des *raquettes* et des *rejets*, et n'est pas plus coûteux qu'un autre.

Le couteau eustache, fig. 5, est préférable à tout autre dans les tendues des *collets à piquets*; l'étoffe en est tendre; on peut, sans beaucoup de précaution, l'affiler sur le tranchant d'une *serpe*, et il casse plus rarement que des couteaux de prix.

La masse à pic, fig. 5, est indispensable pour tendre les *filets à alouettes*, la *ridée*, et en général, tous les piéges dont un certain nombre de piquets doivent être solidement fichés en terre ; sa partie supérieure, en forme de masse *b*, sert à planter les piquets; et l'inférieure *a* se terminant en pointe, comme un *pic*, sert à creuser la terre dans l'occasion : par exemple, dans la chasse du *filet à alouettes*, l'endroit où se met le chasseur est une fosse creusée en terre, qu'on nomme *forme*; il faut un *pic* pour la faire.

La broche, fig. 7 et 8. La figure 7 représente une broche *m*, avec laquelle on perçait autrefois les *raquettes* ou *sauterelles*; quelques uns sont encore dans cet usage. Le manche se nomme *matrice* : il est construit de façon qu'il y a une *vis a*, qui sert à maintenir les différentes *broches*, qu'on y met lorsqu'elles sont rougies au feu. L'avantage qu'on tire de là, c'est qu'on ne se brûle point, et qu'on est exempt d'attendre, puisque, pendant qu'on se sert d'une *broche*, les autres sont au feu.

De ces broches, les unes sont rondes, les autres carrées; mais les extrémités *oo, fig.* 8 et 9, qui doivent entrer dans la *matrice*, doivent toujours être égales entre elles.

Le perçoir, fig. 10. Cet instrument, propre à percer les *raquettes*, a bien des avantages sur les précédens, ne fût-ce que parce qu'il ne faut pas de feu, et qu'on va beaucoup plus vite. On se sert d'une *vrille*, que l'on casse au dessus de sa *vis* : on en affile l'extrémité *n*, en forme de petite *gouge*; il faut que ses côtés soient tranchans. Il y a de l'agrément à se servir de cet instrument; car, quand il est bien fait, l'on en perce aisément le bois sans le faire éclater, et le trou est net et fort rond. Cet outil devient inutile à ceux qui font leurs *sauterelles* ou *raquettes* à trous carrés.

Le ciseau plat, fig. 2, est un petit outil dont l'extrémité *p* est aiguisée, et les deux côtés sont tranchans; il sert à faire les trous carrés des *raquettes*; mais on préfère les *raquettes* à trous ronds.

Le carrelet, fig. 12, est un instrument de nouvelle invention, qui sert à tailler la feuille à *frouer*; l'extrémité *q* est creuse, carrée et coupante; le trou qu'elle fait est net et n'expose point les *froueurs* à donner de faux tons; les pipeurs sont dans l'usage de faire ce trou avec leurs dents ou des ciseaux, après avoir plié la feuille en quatre; mais il arrive presque toujours qu'elle se casse, et, ne conservant plus l'élasticité qui lui est nécessaire, on s'expose à donner de faux coups, inconvénient que prévient l'usage du *carrelet*.

La genouillère, *fig.* 15, est une calotte de chapeau, à laquelle on attache deux forts rubans de fil; le côté *a* se trouve devant la rotule qu'il garantit des coups de *serpette*, que la maladresse pourrait laisser échapper; l'échancrure, aux angles de laquelle sont attachés les rubans *bb*, embrasse le bas de la cuisse. On lie cette machine assez fort pour qu'elle ne tourne pas : ceux qui n'ont pas l'habitude d'aiguiser sur leurs genoux sont exempts de se servir de *genouillère*.

Le *carton*, *fig.* 13. Les pipeurs se servent, pour envelopper leurs *gluaux*, d'un large morceau de cuir ou de toile cirée ou d'écorce de cerisier, qu'ils nomment *carton*; à un des côtés *d*, ils attachent une bandelette de cuir ou seulement un fort ruban de fil, faisant attention de rouler toujours, sur les gluaux *oo*, le côté opposé à celui où est attaché le ruban.

La *boîte*, *fig.* 14, est en fer-blanc ou en cuivre; elle sert à renfermer les instrumens à *piper* et à *frouer*.

II. *Différens nœuds à l'usage de l'oiseleur (même planche* 31). Il y a très peu de pièges dans la composition desquels il n'entre quelques *cordeaux*, *lignettes*, etc., qui exigent différentes espèces de nœuds dont la connaissance est utile à un oiseleur.

Le *nœud coulant* simple, *fig.* 17, est le premier et le plus usité des *nœuds*; il est *simple*, parce qu'il n'a qu'un chef *a* et une *boucle b* : c'est le nœud de toutes les espèces de *collets*.

Le *nœud coulant* double, *fig.* 18, est à deux chefs *dd*.

Le *nœud chaînette*, *fig.* 19. Ce nœud est appelé ainsi, parce qu'il représente assez bien les anneaux d'une chaîne. C'est cette espèce de nœud qui se pratique ordinairement dans les cordes de *raquettes* : ce n'est pas que bien des gens ne les fassent à *nœud fixe*; mais cela est bien moins commode, et la détente en est plus dure, car le principal avantage qu'on retire de ce nœud est qu'il adoucit la détente, et qu'on l'avance, qu'on le recule à volonté, depuis *m* jusqu'à *o*; le *nœud coulant double* qui retient l'arrêt se fait à son extrémité H.

Le *nœud* proprement dit, *fig.* 20, est toujours à deux chefs entièrement opposés *aa*. C'est ce nœud qui est d'usage dans les *lacets*; un des chefs est solidement attaché, tandis que l'autre est libre, pour être tiré par l'oiseleur quand l'occasion s'en présente.

Le *nœud fixe*, *fig.* 16, diffère du dernier en ce que les deux chefs sont unis intimement; et, lorsqu'on a mis le cordeau en double, on fait un nœud proprement dit en *k*. On ne fait pas d'autres nœuds aux *cordes à sauterelles* ou *raquettes*, à l'extrémité opposée à celle où se trouve l'*arrêt*.

Le *nœud de capucins*, *fig.* 21, ainsi appelé parce que les cordons des Capucins étaient ainsi noués de distance en distance, est employé pour la corde à nœuds.

III. *Appeaux et pipeaux* (*Pl.* 32, 33 et 34). La description en est faite sous le mot *Appeau*. (*Voyez* ce mot.)

IV. *Vache artificielle* (*Pl.* 35, *fig.* 7). Les oiseleurs, pour surprendre les oiseaux et s'en approcher sans leur inspirer de crainte, se couvrent la tête d'un masque qui ressemble à la tête d'une vache. (Voyez *Vache artificielle*.)

V. *Hutte ambulante* (*Pl.* 35, *fig.* 3). Ils se servent aussi, pour se cacher, d'une hutte faite de branchages, qu'on appelle *hutte ambulante*. (*Voyez* ces mots.)

VI. *Réverbères et miroirs* (*Pl.* 35, *fig.* 1, 2, 5). Les objets qui fixent l'attention des oiseaux et piquent leur curiosité, comme les corps lumineux, sont au nombre des moyens qui servent à l'art de l'oiseleur : tels sont *les réverbères à canards*, *les miroirs à alouettes*. (Voyez *Canards* et *Alouettes*.)

VII. *Lacets et collets* (*Pl.* 41 et 42). Ces instrumens sont d'un fréquent usage dans l'oisellerie. Nous les avons décrits aux mots *Collet* et *Lacet*.

VIII. *Glanée* (*Pl.* 41). C'est un piège qui a beaucoup de succès dans la chasse aux *canards*. (*Voyez* ce mot.)

IX. *Filets* (*Pl.* 36, 37 et 38). Les filets sont des moyens de faire des chasses très lucratives. (*Voyez* les mots *Araigne*, *Filet*, *Hallier*, *Nappes*, *Pantière*, *Rafle*, *Ridée*, *Tirasse*, *Tonnelle*, *Traîneaux*.)

X. *Pipée* (*Pl.* 45). C'est l'art d'attirer les oiseaux à un poste fixe et de s'en emparer. (Voyez *Pipée*.)

XI. *Arbret* (*Pl.* 45). C'est un arbre que l'on charge de gluaux auxquels les oiseaux viennent s'attacher par les plumes. (Voyez *Arbret*.)

XII. *Raquettes*, *trébuchets*, *rejets*, *assommoirs* (*Pl.* 39, 40, 42, 43 et 44). Au nombre des moyens de s'emparer des oiseaux et d'en prendre une grande quantité, se trouvent les pièges à ressort que nous venons de dénommer. Voyez-en la description aux articles qui les concernent.

Les différens articles auxquels nous venons de renvoyer, et ceux qui sont spécialement consacrés à la description des oiseaux, et à la manière de les prendre, renferment les instructions nécessaires sur toutes les sortes de chasses que l'on fait aux oiseaux. Nous avons dû, par conséquent, nous borner dans cet article à rappeler les noms des instrumens, machines et moyens qui y sont employés.

Section II. — *Réglemens.*

Il y avait à Paris une communauté d'oiseleurs, pour laquelle divers réglemens avaient été faits.

Charles VI à Paris en 1402, Henri III en mars et août 1575 : « Aux pauvres oiseleurs et autres menus gens, prenant et vendant oiseaux en la ville de Paris, en considération de ce qu'ils sont tenus bailler et délivrer quatre cents oiseaux, quand nous et nos successeurs rois sommes sacrés, et pareillement quand notre très amée et très chère compagne la reine vient et entre nouvellement en notre ville de Paris : leur avons octroyé et octroyons de grace spéciale, que dorénavant ils puissent porter et vendre leurs dits oiseaux sur le grand pont du rang des orfèvres, par la forme et manière qu'ils ont fait et accoutumé de faire au temps passé, sans iceux attacher à perches, ni les mettre sur tables. »

Chaillaud rapporte, dans son *Dictionnaire*, plusieurs arrêts du parlement de Paris, qui ont maintenu les oiseleurs dans leurs priviléges ; savoir :

1°. un arrêt du 17 mai 1573, ainsi conçu : « Vu par la cour la requête présentée par les pauvres oiseleurs prenant oiseaux, et autres menues gens vendant oiseaux en cette ville de Paris, tendante, pour les causes y contenues, à ce qu'il plût à ladite cour permettre aux supplians de jouir de leurs priviléges, et en ce faisant suivant iceux qu'ils puissent porter et vendre leurs oiseaux sur le Pont-aux-Changeurs de cette ville de Paris, aux jours des fêtes et dimanches, ainsi qu'ils avaient accoutumé de faire, nonobstant les défenses à eux faites par le prévôt de Paris et officiers du Châtelet; vu les pièces attachées à ladite requête, avec les conclusions et consentement du procureur général du roi, et tout considéré : ladite cour a permis et permet aux supplians, suivant leurs priviléges, de vendre leurs oiseaux sur le Pont-aux-Changeurs de cette ville de Paris, ès jours qu'ils ont accoutumé faire, et ce faisant a ôté et levé les défenses à eux faites. »

2°. Un autre arrêt du 11 mars 1577, qui, sur la demande des oiseleurs, tendant à la vérification des lettres de confirmation de leurs priviléges du 7 août 1576, et à l'entérinement d'une lettre-patente du 26 mars de la même année, et sur l'appel d'une sentence rendue par le prévôt de Paris le 7 juin 1575, ordonne que « les oiseleurs jouiront des priviléges à eux ci-devant donnés et octroyés, ainsi que bonnement, justement et raisonnablement ils en ont ci-devant joui et usé; à la charge qu'ès jours de processions solennelles, actes publics et autres qui leur seront dénoncés, ils s'abstiendront et retireront du Pont-au-Change, et qu'ils ne vendront et débiteront aucune marchandise que leurs oiseaux, sur peine de confiscation desdites choses. »

3°. Un autre arrêt du 8 juin 1577, qui ordonne l'exécution du précédent arrêt, et enjoint aux orfèvres et changeurs du Pont-au-Change d'y obéir, à peine de 400 livres *parisis* d'amende.

4°. Un autre arrêt du 4 mars 1578, qui, pour les empêchemens, désobéissances et contraventions faites par le nommé Filacier, orfèvre, à l'exécution de l'arrêt donné au profit desdits oiseleurs, à l'encontre des orfèvres, changeurs, manans et habitans du Pont-aux-Changeurs de Paris, le 11 mars 1577, l'a condamné en 20 écus envers les oiseleurs, et 10 écus envers le roi, etc.

5°. Un réglement de la table de marbre de Paris, du 13 avril 1600, portant :

« Art. 1er. Inhibitions et défenses sont faites à toutes personnes de chasser et tendre aux menus oyseaux de chant et plaisir, soit linottes, chardonnerets, pinçons, sereins, tarins, fauvettes, rossignols, cailles, alouettes, merles, sansonnets et autres de semblable qualité, ni les prendre à la glue, pipée, feuilles; et avec harnois, filets et engins ou autrement; sçavoir ès forêts, buissons, parcs, garennes, terres et seigneuries du domaine du roi, qu'ils n'en aient permission de sa majesté, ou de nous, ou du maître particulier desdites eaux et forêts de Paris, ou son lieutenant; et autres chacun en leur détroit et ressort; et aux dedans des forêts, buissons, parcs, garennes, fiefs, terres et seigneuries des gentilshommes et seigneurs hauts justiciers, sans leur congé et permission, ou de leurs juges et officiers.

» Art. 2. Et d'autant que tous oyseaux commencent à s'accoupler dès la fin de feuvrier pour faire leurs nids, et les femelles sont communément œugnes dès la mi-mars, et demeurent en amour jusqu'à la mi-août, et que ce seroit perte et dommage en prenant l'un des oyseaux pendant ledit temps d'être occasion à l'autre d'abandonner son nid, œufs et petits ; défenses sont faites à toutes personnes, quelque congé et permission qu'ils aient de chasser et tendre depuis la mi-mars jusqu'à la mi-août auxdits menus oyseaux de chant et de plaisir des années précédentes, mais seulement les jeunes de l'année en âge compétent pour nourrir, pourront estre pris et dénichés ès nids et aires étant ès forêts, buissons, parcs et garennes du roi, par congé et permission des officiers en ayant la charge, et en celles des seigneurs ou ès clostures et héritages des particuliers propriétaires par leur congé et permission.

» Art. 3. Oyseaux de toute sorte, genre et qualité dont la chasse et prise n'est prohibée et défendue par les édits et ordonnances du roi, pourront estre exposés en vente par les oyseleurs soit de la ville ou forains, bourgeois et autres en la place de la vallée de Misère de cette ville de Paris, à jours de fête ainsi que l'on a accoutumé, depuis neuf heures du matin jusqu'à une heure après midi, fors et excepté ès jours des quatre fêtes solemnelles, et la première des féries suivantes, chaqu'une d'icelles de la Trinité, l'Ascension, du Saint-Sacrement et de l'Octave, de Notre-Dame, des premiers dimanches du carême et de l'avent, ou quand il y aura jubilé et procession générale, lesquels jours nuls ne pourront exposer aucuns oyseaux en vente.

» Art. 4. Pour discerner les oyseleurs de la ville, parce qu'ils vendent ordinairement plus cher, d'avec les forains et bourgeois, les oyseleurs de la ville seront tenus, étant arrivés en ladite place de Misère, d'attacher et suspendre leurs cages le long des murs et maisons, et quant aux forains et bourgeois seront tenus de les avoir en main et au lieu de ladite place, sinon en temps de pluye que les uns et les autres se pourront garer le long des maisons, sans que lesdits bourgeois puissent porter auxdites places plus de deux ou trois oyseaux en vente.

» Art. 5. Ceux qui apporteront de dehors sereins communs et canariens en cette ville de Paris, ne les y pourront exposer en vente en ladite place de Misère ou ailleurs, qu'ils n'aient été au préalable mis et posés depuis dix jusqu'à douze heures sur la pierre étant au bas des grands degrés en la cour du palais, à jour d'entrée au parlement, dont ils seront tenus de

DICT. DES CHASSES.

prendre acte du maître particulier ou son lieutenant.

» Art. 6. Et à ce que le maître et gouverneur de vollière du roi premièrement, et après lui les bourgeois se puissent fournir d'oyseaux qui seront apportés de dehors, avant les oiseliers qui y pourraient apporter la chèreté, défenses sont faites à iceux oyseleurs, d'achepter aucuns oyseaux exposés en vente par les forains, sçavoir en ladite place de Misère qu'après onze heures, et en ladite cour du palais après midi.

» Art. 7. Pour éviter aux tromperies que l'on a commises par ci-devant, en vendant oyseaux femelles pour mâles, combien qu'elles ne soient à beaucoup près pareilles en bonté et valeur pour le chant, et par conséquent qui doivent estre de moindre prix que les mâles, ceux qui exposeront oyseaux en vente en quelque lieu que ce soit, ne mettront les femelles qu'en engrenoirs ou cages basses et muettes, et non en cages hautes et chanteresses ; et outre ceux qui en auront multitude et quantité, ensemble seront tenus de mettre les mâles à part et séparément d'avec les femelles et en engrenoirs et cages distinctes, et sur celles des femelles d'y avoir un escriteau faisant mention qu'elles sont de ce genre et qualité.

» Art. 8. Et afin de faire cesser tous différends sur ce qu'aucuns oyseaux se rencontrent mal sains, rompus, avallés et meshaignes, pourront les achepteurs les faire visiter si bon leur semble avant que de les prendre, par oyseleurs et gens à ce connoissants, en les payant de leur peine et salaire raisonnablement et de gré à gré.

» Art. 9. Nuls oyseleurs, et autres personnes, ne pourront aller par les chemins au-devant des marchands d'oyseaux forains, à ce que les apportans jusqu'en la ville, l'on en puisse avoir meilleur marché : ceux toutes fois qui voudront aller sur les ports de Dieppe et du Havre, où les perroquets, sereins communs, canariens et autres oyseaux arrivent de pays estrange, ou bien sur les lieux où la prise s'en fait, faire le pourront sans qu'ils puissent estre repris ni recherchés.

» Art. 10. Les oyseleurs seront tenus aux jours et feste du Saint-Sacrement, et aux entrées des rois et reines, de lâcher, en signe d'allégresse, telle quantité desdits menus oyseaux qui sera arbitrée suivant la coutume ancienne.

» Art. 11. Outre les officiers des eaux et forêts de la maîtrise particulière de Paris, les trois plus anciens oyseleurs de la ville auront l'œil et regard à ce que le présent réglement soit bien et étroitement gardé et observé, et où aucunes contraventions seroient faites, en pourront faire rapport au siége de la maîtrise, mesme procéder, s'il y échet, par saisie et arrest de toutes sortes de marchandises d'oyseaux, et seront les contrevenans condamnés pour la première fois, en 24 sols d'amende, pour la seconde au double, et pour la troisième, les oyseaux et marchandises, cages, harnois, filets et engins, déclarés acquis et confisqués au roi ; excepté toutes fois les marchands forains, lesquels seront excusés d'estre venus à jour de jubilité et procession générale, exposer leurs oyseaux en vente, pourvû qu'estant avertis de la solennité du jour, et leur estant fait commandement et injonction de se retirer, ils ne soient refractaires et refusans d'y obéir.

» Art. 12. Et à ce qu'aucun n'en puisse prendre cause d'ignorance, sera ledit réglement publié judiciairement au siége de la maîtrise particulière, et à son de trompe et cry public, à jour de feste, à ladite place de la vallée de Misère, et autant d'iceluy y apposé par affiches. »

Un arrêt du conseil du 15 octobre 1621 a maintenu les officiers de la maîtrise de Paris dans la possession de connaître des rapports des maîtres et gardes des oiseleurs, et des différens qui pouvaient naître entre lesdits oiseleurs, et autres marchands d'oiseaux en la vallée de Misère, à l'exclusion des officiers de la varenne du Louvre.

Des lettres-patentes du mois de Mars 1647 ont confirmé les oiseleurs de Paris dans les priviléges portés par les précédentes.

Un arrêt du parlement de Paris du 14 mars 1648 ordonne l'enregistrement desdites lettres, à la charge que les jours de Noël, Circoncision, Pâques, Pentecôte, du Saint-Sacrement et de la Toussaint, et en toutes les fêtes de la Vierge, les oiseleurs ne pourront exposer en vente leurs oiseaux, ni pareillement ès autres fêtes et des dimanches, que depuis quatre heures de relevée, et qu'ils ne débiteront autre chose que des oiseaux, à peine de confiscation et d'amende.

Une ordonnance du roi du 2 avril 1658 fait défenses aux oiseleurs de chasser et prendre dans l'étendue de la varenne du Louvre autres bêtes que des oyseaux.

Une sentence de la Table de Marbre du 29 janvier 1697 permet aux bourgeois de Paris de faire couver chez eux des serins de Canarie, sans néanmoins pouvoir en faire commerce.

Des statuts et réglemens faits par le maître particulier des eaux et forêts de Paris, le 10 juillet 1697, concernent le régiment de la communauté des oiseleurs.

Des lettres-patentes du mois de novembre 1698, confirment et autorisent lesdits statuts.

Une sentence de la maîtrise de Paris, du 27 mai 1735, fait défenses à toutes personnes de faire le métier et commerce d'oiseleur directement ni indirectement, sous quelque prétexte que ce puisse être, à moins qu'ils ne soient préalablement reçus maîtres oiseleurs, à peine de saisie et confiscation des marchandises et oiseaux au profit de la boîte de la communauté, de 100 livres d'amende au profit du roi, et de tous dépens, dommages et intérêts envers ladite communauté.

Une autre sentence du même siége du 18 mai 1736, condamne plusieurs particuliers en 10 livres d'amende, et aux frais liquidés à 12 livres, pour avoir, le 2 avril précédent, exposé en vente, le long du parapet du quai de la Mégisserie, des marchandises de la profession des maîtres oiseleurs, avec défenses de récidiver sous plus grandes peines.

Mais le roi ayant permis ensuite à toutes personnes de faire librement le commerce des oiseaux, la bonne police exigeait que le public fût instruit que cette liberté n'était que dans la vente des oiseaux, et non dans les moyens arbitraires de les prendre.

C'est pourquoi les juges en dernier ressort des eaux et forêts de France, au siége général de la Table de Marbre à Paris, rendirent à ce sujet, le 3 septembre 1776, un arrêt de réglement, qui ordonne l'exécution des anciennes ordonnances rendues sur la matière, et notamment des articles 8 et 12 du titre XXX de l'ordonnance de 1669, qui défendent de prendre *dans les forêts du roi* aucune aire d'oiseaux de quelque espèce que ce soit, et *en tous lieux*, les œufs de cailles, perdrix et faisans. Voici les dispositions de l'arrêt du 3 septembre 1776 :

» Art. 1er. Aussitôt la publication du présent arrêt, ceux qui désireront faire la profession d'oiseleur seront tenus de faire leur déclaration devant le maître particulier en la maîtrise des eaux et forêts de Paris, ou son lieutenant, de se faire inscrire au greffe de ladite maîtrise sur un registre qui y sera tenu à cet effet, lequel sera coté et paraphé par ledit maître particulier ou son lieutenant, laquelle déclaration contiendra les noms, surnoms, âges et demeures de ceux qui se présenteront, et sera reçu sans aucuns droits ni frais, desquelles déclarations et inscriptions le greffier de ladite maîtrise sera aussi tenu d'envoyer le rôle tous les trois mois au lieutenant général de police.

» 2. Les oiseleurs seront tenus d'observer la coutume ancienne d'allégresse, en lâchant, aux fêtes du Saint-Sacrement, au sacre du roi, à son entrée et à celle de la reine en la ville de Paris, la quantité, pour le moins, de quatre cents oiseaux.

« 3. Les oiseleurs ne pourront tendre aux menus oiseaux ès forêts du roi, sans sa permission ou celle de ses officiers des eaux et forêts, non plus qu'ès terres des seigneurs, sans leur permission spéciale ou celle de leurs juges. — Défenses sont faites aux oiseleurs de prendre ès forêts du roi, et en ses garennes, buissons et plaisirs, aucune aire d'oiseaux, de quelque espèce que ce soit, et en tous autres lieux, les œufs de cailles, perdrix et faisans.

» 4. Tous tendeurs de lacs, tirasses, tonnelles, traîneaux, bricoles de corde ou fil d'archal, pièces ou pans de rets, colliers, halliers de fil ou de soie, seront condamnés au fouet pour la première fois, et en 30 livres d'amende; et pour la seconde fois, fustigés, flétris et bannis pour cinq ans, soit qu'ils aient commis le délit dans les forêts, garennes et terres du roi, ou en celles des ecclésiastiques, communautés et particuliers du royaume, sans exception. »

Ces deux derniers articles sont copiés des art. 8 et 12 du titre XXX de l'ordonnance de 1669, dont les dispositions, à l'exception de celles qui prononcent des peines infamantes, sont maintenues par les nouveaux codes. Observons cependant, à l'égard des terres des particuliers, que suivant la loi du 22 avril 1790, « il est libre, en tout temps, au propriétaire ou possesseur, et même au fermier, de détruire le gibier dans ses récoltes, en se servant de filets ou autres engins qui ne puissent pas nuire aux fruits de la terre. »

Quant à la vente des oiseaux comme gibier, nous avons rapporté au mot *Gibier* les ordonnances de police qui en déterminent les règles. (Voyez *Gibier* et *Chasse*.)

Les réglemens dont nous venons de parler n'ont pas seulement pour objet de conserver les oiseaux comme gibier; ils ont aussi en vue de s'opposer à la trop grande destruction des oiseaux qui se nourrissent d'insectes, et qui sont, par conséquent, très utiles sous ce rapport à la conservation des récoltes et même des arbres que les chenilles dévorent au printemps. (Voyez *Oiseaux*.)

OISELIER. Celui dont le métier est d'élever et de vendre des oiseaux.

OISILLONS. Petites espèces d'oiseaux. On dit : Chasser aux *oisillons*, prendre des *oisillons*.

Les oisillons forment une famille qui se compose des petites espèces de volatiles granivores et insectivores, ainsi que de plusieurs frugivores. (Voyez *Oiseaux*.)

OISON. Jeune oie.

ONGLE. Nom qu'on donne, en fauconnerie, à une taie qui vient sur l'œil des oiseaux, et qui provient du chaperon trop serré ou de quelque rhume. On la nomme aussi *vérole*.

ONGLES. Ce sont les griffes de plusieurs animaux, qui leur servent à s'accrocher, à saisir, à marcher, à attaquer ou à se défendre. On ne dit pas les griffes d'un chien; on dit : *Les ongles d'un chien*.

ONGLET. On appelle ainsi une excroissance de chair, au coin de l'œil, ou la peau qui couvre les deux yeux aux jeunes chiens. (*Voyez*, pour la manière de l'ôter, l'article du *Chien*.)

ONGUENS. Ils sont prescrits dans un grand nombre de cas pour les chiens. (*Voyez*, quant à la manière de les composer et d'en faire usage, l'article du *Chien*.)

ORÉE. Bord d'un bois. Les braconniers se mettent à l'affût à l'orée du bois.

Ce mot est vieux et peu usité.

ORDONNANCE SUR LES CHASSES. (*Voyez* l'introduction à ce Dictionnaire, dans laquelle nous avons rappelé les principales dispositions des anciennes ordonnances sur la chasse. *Voyez* aussi l'article *Chasse*, 2e section.)

ORFRAIE, *falco ossifragus*, Lath. (*Pl.* 7, *fig.* 3.) Espèce d'aigle, auquel les Latins donnèrent le nom d'*ossifraga*, d'où nous avons fait *orfraie*, parce qu'ils savaient qu'il casse avec son bec les os des animaux dont il fait sa proie. On l'appelle aussi *grand aigle de mer*, quoiqu'on le trouve aussi souvent dans l'intérieur des terres que sur les bords de la mer. En 1829, on en a tué une dans le parc de Vincennes, près Paris. La barbe de plumes qui pend sous son menton le fait nommer aussi *aigle barbu*.

Description. L'orfraie a 3 pieds 5 pouces de long, y compris la queue, dont la longueur est d'un pied; le bec très crochu, tranchant, de 3 pouces et demi de long, avec une membrane à la base de couleur jaune, quelquefois bleuâtre; l'iris des yeux d'un rouge brun; les jambes de 4 pouces de haut, couvertes de plumes jusqu'à la moitié; la partie nue des jambes, les pieds et les doigts couverts, de petites écailles d'un jaune vif; les ongles arqués en demi-cercle, d'un noir brillant; les plumes de la tête et du cou, longues, étroites, raides et d'un brun foncé, avec leurs extrémités plus claires; un bouquet de plumes blanchâtres sous le menton; le reste du plumage d'un brun foncé, avec des ondes plus claires et des taches d'une teinte plus foncée; les plumes du dessous du corps d'un cendré obscur. La femelle a les teintes moins sombres que le mâle; les plumes de sa tête et de la partie supérieure de son cou tirent sur le gris; le menton souvent blanchâtre, et des taches de même couleur sur la poitrine et le ventre.

Habitation. L'orfraie habite les forêts des hautes montagnes, mais plus souvent les rochers sur la mer et aux embouchures des fleuves, et près des eaux où il y a des poissons.

Nourriture. Elle se nourrit principalement de poissons; elle dérobe aussi les petits faons des cerfs et des chevreuils, les agneaux, les lièvres, les gros oiseaux, etc., et elle se repait volontiers de charogne.

Propagation. Elle établit son aire sur les arbres élevés et dans les fentes des rochers. La femelle y pond deux œufs d'un blanc sale, tachetés de rouge et fort gros, qu'elle couve pendant trois semaines. L'espèce de l'orfraie n'est commune nulle part.

Qualités. Cet oiseau est utile en ce qu'il enlève, sur le rivage des eaux, les poissons corrompus et autres cadavres d'animaux; mais il fait un grand tort à la chasse. Sa voracité est telle qu'on a des exemples qu'il a enlevé et lacéré de jeunes enfans.

ORTOLAN, *hortulanus*. Nom que l'on donne à une famille d'oiseaux du genre du *bruant*. On désigne aussi sous ce nom plusieurs petits oiseaux renommés par la délicatesse de leur chair, et la finesse de leur graisse, tels que les *bec-figues*, les *motteux*, les *tariers*, les *torcols*. Le vrai ortolan, célèbre par sa graisse, la doit plus à l'art qu'à la nature, car il est plus souvent maigre que gras lorsqu'on le prend. Nous indiquerons plus loin la manière de l'engraisser.

On distingue plusieurs espèces d'ortolans dont la plupart appartiennent à des pays étrangers. Les trois espèces que l'on voit en France sont l'*ortolan ordinaire*, l'*ortolan des roseaux* et l'*ortolan de Lorraine*. Nous ne parlerons que de ces trois espèces, en commençant par la première.

Description. L'ORTOLAN, *emberiza hortulanus*, Lath. (*pl.* 11, *fig.* 7), est un petit oiseau, moins gros que le moineau franc, qui ressemble beaucoup au mâle, avec lequel on le confond assez souvent. Il a 6 pouces et demi de longueur, y compris la queue de 2 pouces et demi; le bec de 6 lignes de long, gros à sa base, pointu à son extrémité et jaunâtre; l'iris brun; les pieds de 10 lignes de haut et couleur de chair; la tête et le cou d'un cendré olivâtre; la gorge d'un jaune vif; le dessus du corps varié de marron brun et de noirâtre; la poitrine et le ventre roux, avec quelques mouchetures brunes; les pennes des ailes et de la queue noirâtres et bordées de roux, et les deux plus extérieures de la queue bordées de blanc.

Le plumage de la femelle a des couleurs moins vives et tire davantage sur le gris.

Le chant de l'ortolan a de l'analogie avec celui du bruant.

Habitation. Les ortolans sont des oiseaux de passage, que quelques personnes regardent comme originaires d'Italie, et que d'autres, au contraire, placent parmi les oiseaux du nord. Mais il paraît que, dans le midi, ils ne tiennent pas plus à un pays qu'à un autre, et qu'ils se fixent volontiers dans les lieux qui leur offrent une nourriture plus abondante ou plus de tranquillité pour s'y perpétuer. Ils passent chez nous au printemps, à peu près à la même époque que les hirondelles; mais leur passage n'est pas régulier dans les mêmes cantons, surtout aux environs de Paris; ceux qui viennent de la Basse-Provence remontent, dit-on, jusqu'en Bourgogne, et fréquentent les vignes, où ils se nourrissent d'insectes sans toucher aux raisins. Ils se tiennent aussi sur les bordures des bois, et dans les boqueteaux situés au milieu des champs.

Dans les premiers jours du mois d'août, les jeunes prennent le chemin des provinces méridionales, et les vieux ne se mettent guère en route qu'au mois de septembre et même sur la fin. Ils passent dans le ci-devant Forez, s'arrêtent aux environs de Saint-Chaumont et de Saint-Etienne, où ils s'engraissent dans les champs d'avoine; mais, dès que le froid se fait sentir, ils continuent leur route pour les provinces méridionales.

On en voit beaucoup, dans les deux passages, aux environs de Bordeaux, et surtout dans le Béarn.

Nourriture. Elle se compose de toutes sortes d'insectes, de petites semences et de grains.

Propagation. Cet oiseau fait son nid dans les petits buissons, et souvent aussi à terre; la femelle y dépose quatre ou cinq œufs, d'un gris rougeâtre, et tiquetés de brun, qu'elle couve pendant quatorze jours. Il y a ordinairement deux pontes par an.

Qualités. La chair de l'ortolan passe pour le manger le plus délicat, et cette qualité le fait rechercher à tout prix.

L'ORTOLAN DE LORRAINE, *emberiza lotharingica*, Lath. (*pl.* 11, *fig.* 11), est un oiseau assez commun en Lorraine. Il y est généralement connu sous le nom de *bec-figue*.

Description. Cet oiseau a, de longueur totale, 6 pouces et demi; la queue, de 2 pouces 4 lignes, dépassant les ailes de 15 lignes; le bec, de 5 lignes et demie et d'un brun roux; les pieds moins rembrunis; la gorge, le devant du cou, la poitrine, d'un cendré clair, moucheté de noir; le reste du dessous du corps d'un roux foncé; le dessus de la tête et du corps roux, moucheté de noir; un trait noir sur les yeux; les petites couvertures des ailes d'un cendré clair, sans mouchetures; les autres mi-parties de roux et de noir; les premières pennes des ailes noires, bordées de cendré clair; les suivantes, de roux; les deux pennes du milieu de la queue, rousses, bordées de gris; les autres mi-parties de noir et de blanc.

La femelle a une espèce de collier mêlé de roux et de blanc; tout le reste du dessous du corps, d'un blanc roussâtre; le dessus de la tête, varié de noir, de roux et de blanc; mais le noir disparaît derrière la tête, et le roux va s'affaiblissant, en sorte qu'il en résulte un gris roussâtre presque uniforme; elle a le bec d'un jaune orangé à la base, noir à la pointe, et les pieds noirs.

Habitation. L'ortolan de Lorraine se réunit en bandes assez nombreuses, à l'arrière-saison, dans les champs qui avoisinent les bois. Il se blottit à l'approche du chasseur, de manière qu'il est très difficile à apercevoir; et lorsqu'on le fait lever, il jette à plusieurs reprises un cri qu'on peut rendre par ce mot : *Trou-lé,* et il va se percher sur quelques arbres, dans le bois voisin.

L'ORTOLAN DES ROSEAUX, *emberiza schœniclus,* Lath. (*Pl.* 11, *fig.* 8).

Description. Le mâle a 5 pouces trois quarts de longueur totale; les pieds de couleur de chair rembrunie; l'iris brun et la paupière blanche; le dessus de la tête noir; la gorge et le devant du cou variés de noir et de gris roussâtre; un collier blanc sur la partie supérieure du cou; le dessous du corps d'un blanc teinté de roux; les flancs un peu tachetés de noirâtre; les pennes des ailes et de la queue d'un beau noir et frangées de roux, excepté les deux latérales de chaque côté de la queue, dont l'une n'est que bordée, et l'autre entièrement d'un blanc de neige. Dans la saison des amours, cet oiseau a le bec jaunâtre, la gorge noire, et le dessous du corps d'un blanc pur, avec des taches noires sur les côtés. Il fait entendre, au printemps, un chant qui se rapproche de celui de la *fauvette des roseaux.*

La femelle diffère par la privation du collier et de la teinte noire sur la gorge, par la tête variée de brun et de roux clair, et par la couleur blanche de son plumage, moins pure et très souvent teintée de roux.

Habitation. Ces oiseaux se plaisent dans les lieux humides, particulièrement dans les roseaux; mais ils les quittent à l'automne pour fréquenter les plaines et les hauteurs, où ils cherchent leur nourriture le long des haies et dans les champs cultivés; ils s'élèvent peu de terre, et ils ne se rassemblent jamais en troupes nombreuses. Quelques uns se retirent pendant l'hiver dans nos contrées méridionales, et d'autres restent dans nos pays septentrionaux; l'espèce est répandue dans le nord, et rare en Italie.

Nourriture. Ils se nourrissent d'insectes et de graines. On donne, à ceux qu'on tient en cage, de la navette, du chenevis, du millet blanc.

Propagation. L'ortolan des marais niche près des rivières, des lacs et des étangs; construit son nid avec des herbes, et l'attache le long des tiges par des espèces d'anneaux, de manière qu'il puisse remonter à mesure que l'eau s'élève. La ponte est de quatre à cinq œufs, d'un blanc terne, avec des veines et des taches d'un pourpre foncé.

Chasse aux ortolans.

Il y a deux saisons pour prendre les ortolans : le mois d'avril, temps de leur arrivée, et les mois de juillet, août et septembre. Mais la chasse, dans la dernière saison, est la meilleure, parce qu'on prend beaucoup de jeunes, qui sont toujours plus délicats que les vieux, et que d'ailleurs les ortolans sont plus gros à cette époque qu'au moment de leur arrivée.

On les prend de plusieurs manières; et la plus usitée est celle qui se fait, en Provence, avec un filet composé de deux nappes, tel que celui dont on se sert pour prendre les alouettes au miroir, et avec une demi-douzaine d'appelans, que l'on place, entre les deux nappes, dans de petites cages légèrement couvertes de quelques feuillages. On choisit, pour tendre le filet, une pièce de terre à portée d'une vigne, d'un champ d'orge ou d'avoine, qui sont les endroits où l'ortolan se plaît par préférence. Il est bon que le lieu où l'on tend soit éloigné de cent pas des arbres et des haies.

Dans les campagnes, aux environs de Nancy, les ortolans se prennent quelquefois aussi aux filets, avec les alouettes.

Les oiseleurs des environs de Paris se servent également de deux nappes, au milieu desquelles ils placent quelques petits oiseaux, et les ortolans les premiers pris, qu'ils attachent par des ficelles à des piquets; il y a aussi du millet répandu à terre. Les ortolans, observe M. Sonnini, passent par petites bandes de quatre à cinq, à une assez grande hauteur; ils volent par saccades, et à l'opposé du vent; les oiseleurs savent les distinguer au vol, et ils prétendent qu'ils ne passent jamais que par le vent du nord. Toutes les petites troupes d'ortolans ne s'abattent pas; elles ne se succèdent pas non plus très fréquemment; en sorte que la chasse est fort bonne lorsqu'on prend huit, dix ou douze de ces oiseaux dans une journée; et le passage ne dure guère qu'une quinzaine de jours.

En Guienne, et particulièrement dans l'Agenois, on se sert, pour les prendre, de certaines cages en trébuchet, appelées dans le pays *matoles,* que l'on entoure de quelques appelans. Ces appelans se gardent d'une année à l'autre dans des volières.

On prend encore les ortolans aux gluaux et au trébuchet. Cette dernière manière est assez usitée dans le midi de la France. Un ortolan est dans une cage hissée au haut d'une perche, et au pied sont placés plusieurs trébuchets, qui ont aussi chacun leur appelant; quelques personnes y tendent des filets, au milieu desquels on met diverses graines pour appât; alors les appelans ou moquettes sont dans des cages ordinaires, ou attachés à des piquets de la même manière qu'un chardonneret à la galère.

On tue beaucoup d'ortolans, dans les bastides des environs de Marseille, à la chasse au poste ou de l'arbret, et, pour cela, on a dix ou douze appelans dans des cages qui s'attachent à des piquets ou à des arbrisseaux à 2 ou 3 pieds de terre. On joint à ces appelans deux ou trois pinsons mâles, dont le chant attire l'ortolan et quantité d'autres petits oiseaux, qu'on tue aussi à cette chasse, qui dure depuis la fin de juillet jusqu'au mois d'octobre. L'heure est depuis le soleil levé jusqu'à dix ou onze heures du matin.

En Lombardie et en Toscane, où il y a quantité

d'ortolans qui s'y engraissent, au point qu'on en trouve qui pèsent de 3 à 4 onces, on en tue beaucoup au fusil. Lorsqu'on les envoie à Rome ou ailleurs, on les range dans des boîtes, plumés et saupoudrés de farine.

Manière d'engraisser les ortolans.

On les met dans une chambre appelée mue, où le jour ne puisse pas pénétrer, et qui n'est éclairée que par une lampe qui leur procure seulement la clarté nécessaire pour voir leur nourriture et leur juchoir. Quelques personnes les laissent libres dans la chambre, et d'autres les tiennent dans des cages basses et couvertes, où les augets seuls sont éclairés. Dans l'un et l'autre cas, on leur donne une grande quantité de graines, telles qu'avoine, millet, panis, etc., et on tient leur eau et leur abreuvoir toujours très propres. La porte de la mue est ordinairement très basse; les murs sont teints de gris, et doivent être bien crépis, pour empêcher l'introduction des rats, des souris et autres petits animaux, qui mangent le grain et tuent souvent les ortolans. A chaque coin de la chambre est placée, pour leur servir de juchoir, une grande perche garnie de traverses; on en place, le long du mur, de plus petites garnies de même, et à la distance l'une de l'autre d'environ un demi-pied; les traverses d'en haut sont moins longues que celles d'en bas. A côté de la mue, il y a une petite chambre éclairée qui y communique par une porte que l'on n'ouvre qu'aux époques où l'on a besoin d'oiseaux. Ceux-ci, attirés par une plus grande clarté, passent de l'une à l'autre; mais, dès que le nombre désiré est complet, on les y enferme, en tirant la porte par le moyen d'une ficelle; de cette manière, ceux qui restent ne sont point effarouchés en voyant prendre leurs compagnons, ce qui, souvent, les jette dans la mélancolie et l'inquiétude, et les fait maigrir si l'on agit autrement. Avec ce régime, on les engraisse très promptement: il ne faut que huit jours pour qu'ils soient au point convenable, et même ils prennent une telle quantité de graisse, qu'ils finiraient par mourir de gras-fondure, si on ne prévenait cet accident en les tuant à propos, ou en n'engraissant à la fois que le nombre dont on a besoin. On peut employer les mêmes moyens pour les *cailles*, les *tourterelles*, les *grives*; mais on nourrit ces dernières de diverses baies et de farine pétrie avec des figues sèches. Quoique le chenevis engraisse facilement les oiseaux, on doit en donner peu, et même il est mieux d'en priver ceux que l'on destine pour la table, car il donne à leur graisse un goût huileux et désagréable. Si on veut faire passer d'un pays éloigné des ortolans engraissés dans les lieux où ils sont chers, comme à Paris, on les met tout plumés dans une mallette pleine de millet, que l'on envoie par la poste.

Un ortolan gras est un excellent manger; mais, sans le talent du cuisinier, il perd de son mérite; il faut savoir conserver à la graisse sa saveur, son fumet et son goût exquis; pour cela, on le fait cuire, soit au bain-Marie, soit au bain de sable ou de cendre, et même dans une coque d'œuf naturelle ou artificielle, comme les Romains le faisaient pour les bec-figues dans des œufs de paon.

OS. C'est l'ensemble des ergots que les cerfs ont à la jambe, au dessus du talon.

OSFRAGUE, OSFRAYE, OFFRAYE, FRENAU, BRISE-OS. C'est l'orfraie, en vieux français.

OSTARDE. Nom de l'outarde, en vieux français.

OSTARDEAU. C'est, dans Belon, le grand pluvier.

OTARDE. C'est ainsi que les anatomistes de l'Académie des sciences écrivaient le nom de l'outarde, dans les *Mémoires pour servir à l'histoire des animaux.*

OURS COMMUN, *ursus arctos*, Linn. Quadrupède du genre et de la famille de ce nom. Les naturalistes distinguent trois races dans l'espèce de l'ours commun: l'*ours brun*, qui forme la race la plus commune, du moins en Europe; l'*ours noir* ou plutôt noirâtre; et l'*ours blanc*, qui est répandu dans les climats les plus rigoureux de l'Europe et de l'Asie.

Description. L'ours commun (*Pl.* 5, *fig.* 13) est trop connu pour qu'il soit nécessaire d'en présenter ici une description détaillée. La plupart des ours sont d'un brun noirâtre mêlé de gris sale, ou d'un gris sale mêlé de brun. Leur poil ferme et hérissé n'a pas moins de 3 à 4 pouces. Leur taille varie comme la teinte de leur poil; leur longueur est, pour l'ordinaire, de 5 pieds à 5 pieds et demi, et ils pèsent de 200 à 300 livres. Ils ont les sens de la vue, de l'ouïe et du toucher fort bons, les dents tranchantes, de fortes griffes, et une force extraordinaire dans les pieds de devant, avec lesquels ils peuvent frapper des coups vigoureux, saisir en embrassant, et exercer de puissantes étreintes. Ils sont très courageux, mais ils n'attaquent l'homme que quand ils sont pressés par la faim, ou qu'ils sont irrités.

Habitation. Depuis long-temps, on ne voit plus d'ours dans les pays cultivés. Ceux qui habitent l'Europe sont retirés dans les vastes forêts de la Russie, de la Pologne, de la Bohême et de l'Autriche, sur les Alpes, les Pyrénées, les Apennins, les montagnes de l'Helvétie, et d'autres régions analogues, et ils y sont même bien plus rares qu'autrefois. Ils choisissent pour retraite les lieux les plus solitaires, les forêts les plus sombres et les montagnes les plus escarpées; ils se retirent dans les cavernes des rochers ou dans le creux des grands arbres, ou dans les fourrés les plus épais. C'est là qu'il se rendent tous les matins, tant qu'ils croient cette retraite assurée. Dans les temps rigoureux de l'hiver, ils y restent constamment sans nourriture. Leur antre est alors disposée pour la saison, et garnie d'une grande quantité de mousse. Souvent l'entrée en est bouchée par la neige, et il n'y reste qu'une petite ouverture par où l'air extérieur communique en dedans; mais dès que la température s'adoucit, les ours recommencent leurs courses nocturnes pour pourvoir à leur subsistance.

Nourriture. Les ours se nourrissent principalement des fruits d'arbres et de baies de toute espèce, de racines, d'herbes, d'insectes, et notamment de fourmis; ils aiment beaucoup le miel; enfin ils mangent tous les animaux dont ils peuvent s'emparer. Mais c'est dans le règne végétal qu'ils cherchent le plus souvent leur subsistance, et ils deviennent très gras lorsque les forêts sont abondamment pourvues de fruits, comme glands, faînes ou châtaignes.

Propagation. Le temps de l'accouplement est le mois d'août; alors les ours quittent leur solitude; le mâle recherche la femelle, demeure quelque temps avec elle; et lorsque le but de la nature est atteint, il la quitte pour retourner dans sa tanière. La durée de la gestation est de 212 jours (environ 7 mois); la portée est d'un ou deux, rarement trois petits, dont la mère prend un soin extrême, et qu'elle défend avec courage. Ils parviennent à tout leur accroissement à la sixième année.

Ennemis et maladies. L'ours ne peut être dompté que par une meute de grands chiens qui l'attaquent à la fois; sa force et son courage le mettent à l'abri des insultes des autres animaux. On ne lui connaît point de maladies. Quant aux ours privés, ils sont sujets à devenir aveugles.

Remarques.

1°. L'ours attaque toujours son ennemi en se dressant sur ses pieds de derrière, et il cherche, en l'embrassant de ceux de devant, à l'étouffer.

2°. L'ours grimpe avec beaucoup d'adresse et descend de fort haut sans accident.

3°. Lorsque cet animal repose dans son antre pendant l'hiver, il lèche presque continuellement ses pattes et surtout la plante des pieds de devant.

4°. Un vieil ours qui habite un canton de forêt, même d'une grande étendue, s'y maintient toujours seul, et ne souffre point qu'un autre s'y établisse.

Traces. La trace du pied de derrière d'un ours a beaucoup de ressemblance avec l'empreinte du pied d'un homme; mais elle s'en distingue par l'empreinte aiguë des griffes; on ne peut, du reste, la confondre avec celle d'aucun autre animal, à cause de sa longueur.

Qualités utiles ou nuisibles. La chair de l'ourson est assez délicate; mais celle de l'ours, que les pauvres gens mangent dans quelques pays, est d'un mauvais goût. Les pieds seuls passent pour un mets délicat. La graisse est très abondante dans cet animal; on la mange; elle est employée dans les pharmacies, et on s'en sert pour l'éclairage. Celle du vieil ours est un mauvais manger. De toutes les fourrures grossières, celle de l'ours a le plus de prix; elle dure très long-temps, et elle est fort recherchée aujourd'hui qu'elle est employée à la coiffure des troupes.

L'ours ne peut pas être regardé comme un animal nuisible, si ce n'est lorsqu'il a pris l'habitude du carnage; et cela n'a pas lieu ordinairement dans les contrées de la France où il se trouve.

Chasse de l'ours commun.

Il y a plusieurs manières de chasser les ours: 1° l'*affût*; 2° les *battues*; 3° la *chasse avec des chiens*; 4° les *pièges*.

Quelle que soit la méthode que l'on emploie, elle ne peut avoir lieu qu'avant l'époque où les ours se recèlent dans leurs tanières pour y passer la saison la plus rigoureuse.

1°. *L'affût.* C'est la chasse la plus ordinaire. On se place, pour l'affût, à l'entrée de la nuit, à couvert de quelque buisson, ou quartier de rocher. Ce qui dirige ordinairement le chasseur dans le choix d'un poste, c'est lorsqu'il rencontre des endroits où l'ours a fouillé la terre pour y chercher des racines de réglisse sauvage, que ces animaux aiment beaucoup. Il est d'usage que deux chasseurs au moins se réunissent ensemble, pour se poster à quelque distance l'un de l'autre, et que chacun soit armé de deux fusils, non pas tant pour se défendre de l'ours, dans le cas où on n'aura fait que le blesser, que parce que cet animal est rarement tué du premier coup: car lorsqu'après l'avoir tiré et blessé, le chasseur est resté immobile sans bouger de sa place, il est, dit-on, sans exemple, que l'animal soit revenu sur lui: au contraire, si après l'avoir tiré, il quitte son poste, par crainte ou autrement, l'ours, quoique blessé, s'il est encore en état de courir, le saisira au corps, et le mettra en danger de périr, s'il n'est promptement secouru; c'est pourquoi il est prudent de ne pas faire cette chasse seul. Un coup de sifflet étonne et arrête l'ours, qui se dresse alors sur ses pieds de derrière; c'est le moment de l'ajuster sous le ventre, où le poil est moins serré et la peau moins épaisse.

2°. *Des battues.* Une autre manière de chasser l'ours, ce sont des battues, telles à peu près que celles qui se font pour les loups. Ces battues ont lieu, lorsque quelqu'un de ces animaux s'est annoncé aux pâtres qui gardent leurs troupeaux sur les montagnes, par l'enlèvement de quelque bête, ou lorsqu'avant qu'il ait eu le temps de faire son coup, il est éventé par leurs chiens, qui sont des mâtins de la plus grande taille. Ces chiens décèlent son arrivée par un certain hurlement craintif et lugubre, auquel les pâtres ne se trompent point. Avertis par ce moyen, ils ne cessent de crier: ces cris ne l'effarouchent pas, au point de le faire éloigner, mais ils l'empêchent d'avancer sur les troupeaux. La nuit, ils parviennent à l'écarter, en jetant en l'air des tisons ardens. Lorsque l'ours s'obstine à demeurer dans la montagne, alors un des pâtres se détache, et descend pour avertir dans les villages. Trente ou quarante hommes, plus ou moins, se rassemblent, dont une partie armés de fusils, les autres de fourches de fer, pertuisanes, etc. Les fusiliers vont se poster aux endroits où il y a apparence que l'ours doit passer en quittant la montagne, tandis que les autres foulent le bois, en faisant le plus grand bruit qu'il est possible, et tirant même, de temps en temps, quelques coups de fusil ou pistolet, chargés à poudre. Malgré tout ce tapage, il arrive quelquefois que l'ours ne bouge point, et qu'on le laisse derrière.

Le plus souvent, néanmoins, s'il est encore dans la montagne, il déguerpit, sans trop se hâter; et alors, si la chasse est heureuse, et qu'il vienne à passer aux endroits où on l'attend, on le tue: mais ces chasses ne réussissent pas bien souvent, parce que l'ours, communément, ne s'arrête pas long-temps dans la même montagne; et que, pendant le temps qu'un pâtre met pour descendre dans les villages et avertir les chasseurs, et celui qui s'écoule avant qu'ils soient rassemblés et rendus sur les lieux, il a disparu, et s'en est allé à deux ou trois lieues et davantage de l'endroit où on l'avait aperçu, sans qu'on sache de quel côté il a tourné. (*Voyez* ce que nous avons dit des battues pour cerf.)

3°. *De la chasse avec des chiens.* Outre ces battues déterminées par l'apparition de quelque ours dans une montagne, il s'en fait d'autres, de temps en temps, par les chasseurs du pays, qui se réunissent, en certain nombre, pour battre les bois qu'habitent ces animaux, avec de gros mâtins accoutumés à cette chasse.

Il se fait aussi des chasses particulières, en voyant à la montagne, surtout dans un temps de pluie, reconnaître, par les traces fraîches de ces animaux, les endroits où il y en a; et lorsqu'on en a pris connaissance, les chasseurs se rendent sur les lieux, avec les mâtins dont on a parlé. Les chiens, après avoir goûté la voie, vont lancer l'animal, qui, pendant le jour, se tient ordinairement dans les endroits les plus fourrés du bois; et l'ours lancé est tué, blessé, ou manqué par quelqu'un des chasseurs postés sur les passages par lesquels on s'attend qu'il fera sa retraite. L'ours tient rarement devant les chiens; mais il est paresseux à se lever, et donne quelquefois le temps aux plus courageux de lui sauter sur le corps, mais il s'en est bientôt débarrassé, et ses agresseurs s'en trouvent mal pour l'ordinaire.

M. Hartig fait observer que la chasse de l'ours avec des chiens se fait absolument comme celle du sanglier. On entoure une enceinte avec une forte meute de gros chiens; on en lâche de petits pour chasser l'ours; et lorsqu'on est assez près de lui, ou qu'il s'arrête devant les petits chiens, on le fait coiffer par dix ou douze mâtins; quand il est dompté, on le perce avec l'épieu, soit au défaut de l'épaule, soit dans la poitrine, soit entre les deux yeux.

Remarques sur la chasse de l'ours.

L'auteur du *Traité de la chasse au fusil* rapporte plusieurs traits singuliers qu'on prétend être arrivés dans des chasses aux ours, mais dont quelques uns paraissent au moins douteux.

La chasse de l'ours, dit-il, n'est pas sans danger: cependant elle n'est pas aussi périlleuse qu'on se l'imagine communément. Quoique blessé, il attaque assez rarement les hommes, à moins qu'il ne soit harcelé de trop près; alors il se retourne pour faire face: si l'homme est assez leste pour lui échapper dans ce premier moment, il ne s'obstine pas ordinairement à le poursuivre; mais, s'il le joint, il se dresse, et l'embrassant de ses deux pattes du devant, il l'étreint de manière à l'étouffer, s'il n'est secouru promptement par quelque camarade, qui vient tirer sur l'ours à bout portant. On a vu quelquefois, en pareil cas, l'ours quitter son adversaire, pour se jeter sur celui qui venait de le tirer. Comme cette chasse se fait dans les montagnes, il est arrivé souvent, par la pente du terrain, que l'ours et l'homme ainsi embrassés ont roulé fort bas, et que la chute les a séparés sans qu'après cela l'ours soit revenu à la charge. Du reste, cet animal, lorsqu'il attaque l'homme, use rarement de ses dents. Cependant il arrive parfois qu'en fuyant, il donne un coup de dent ou un coup de patte à un chasseur qui se trouvera sur son chemin, sans s'acharner davantage. Mais, on le répète, un principe reçu parmi les chasseurs d'ours, c'est qu'il ne revient jamais sur l'homme qui l'a tiré, tant qu'il ne le voit point courir, ni changer de place.

La conformation de l'ours, qui tient de celle de l'homme et du singe, en ce que, dressé sur ses pieds de derrière, il se sert de ceux de devant comme de mains, lui permet d'exécuter certains mouvemens dont les autres animaux sont incapables. Cette faculté, jointe à sa force, à son naturel capricieux et à un certain degré d'intelligence, qui le rend susceptible d'éducation, donne lieu quelquefois à des singularités remarquables de la part de cet animal. Par exemple, dans les montagnes du Béarn, on assure que, lorsqu'il est chassé, il cherche à gagner certains endroits où la fonte des neiges et les pluies des grands orages ont formé des amas de pierres, appelés en ce pays *araillères*; et qu'une fois arrivé là, il fait tête aux chiens, qu'il renvoie à grands coups de pierres, et qu'il faut plusieurs coups de fusil pour l'en faire déguerpir. Au reste, ceci paraît une habitude commune à tous les ours, et peut n'être pas regardé comme une singularité; mais voici quelques traits d'un caractère particulier.

On lit dans un traité de vénerie ajouté par Argotte de Molina à la suite de celui d'Alphonse, roi de Castille, qu'à une chasse où se trouvaient l'empereur Ferdinand Ier et Philippe II, roi d'Espagne, un ours, ayant aperçu un chasseur posté en embuscade, le saisit et le porta sur une roche élevée, d'où il le précipita et le tua; que, dans une autre occasion, un de ces animaux, ayant été détourné dans un bois peu éloigné de Madrid, et renfermé dans une enceinte dont tous les passages étaient gardés par des chasseurs, et quantité d'autres gens qu'on avait rassemblés pour cette chasse, trouva moyen de forcer l'enceinte, se défendit contre les chiens courans, lévriers et dogues lâchés sur lui, échappa à plusieurs dards qui lui furent lancés, et, ce qu'il y eut de plus étonnant, ramassait, tout en fuyant, ces dards, et les rejettait contre ceux qui les lui lançaient. Voici une anecdote plus récente:

Au village d'Arète, dans la vallée de Baretons, à huit lieues de Pau, il se fit une chasse où l'ours fut blessé. Plusieurs chasseurs, sans fusil, le suivaient au sang: ils le rencontrèrent couché dans une broussaille, d'où il sortit pour donner sur eux; il blessa un homme, *s'agrafa* à un autre, roula avec lui fort bas dans la montagne, et s'en sépara par la chute. Tout cela n'a rien de bien remarquable; mais le singulier de l'aventure, c'est qu'un chasseur armé

(*Pierre Soubie*) étant accouru au secours des autres, l'animal se dressa sur ses pieds vis à vis de lui, et au moment où il le couchait en joue pour le tirer, lui enleva son fusil, et le jeta à dix ou douze pas.

On ne connaît aucun pays où l'on chasse l'ours à cor et à cri, pour le forcer avec les chiens courans; et, en effet, les lieux qu'il habite sont peu propres pour cette chasse. Cependant elle s'est pratiquée autrefois, au moins en Espagne, du temps d'Alphonse XI, roi de Castille, qui, suivant le traité de vénerie qu'il nous a laissé, paraît avoir affectionné particulièrement cette chasse, la seule, pour ainsi dire, dont il fasse mention ; car il ne dit fort peu de chose de celle du sanglier, et à peine parle-t-il de celle du cerf.

En lisant les anciens auteurs qui ont écrit sur la vénerie, on voit que l'usage de prendre les bêtes à force de chiens et de chevaux, sans y employer aucune arme, n'était pas autrefois aussi commun qu'aujourd'hui, même dans les pays où l'égalité du terrain favorise cette chasse. La manière la plus ordinaire alors de les chasser, soit qu'on les détournât avec le limier, soit qu'on chassât seulement à la trolle, était de placer, autour des enceintes, des veneurs à cheval, armés de lances, de dards et d'épées, ou à pied avec des arcs et arbalètes, et en même temps des lévriers et dogues tenus en laisse : en d'autres endroits, étaient des gens sans armes, dont quelques uns avec des tambours et des trompettes, qui n'étaient faits que pour renvoyer la bête aux veneurs, à force de bruit, si elle se présentait pour passer de leur côté. Quelquefois, venant à passer aux endroits gardés par les veneurs, elle était coiffée par les lévriers et dogues, et tuée à coups d'épée et de lance ; d'autres fois, elle n'était que blessée, en passant, d'un dard ou d'une flèche, et souvent s'échappait sans blessure. Dans le second cas, on lâchait, sur la voie de la bête, des chiens courans, que Phœbus, comte de Foix, appelle *chiens pour le sang*, et le roi Modus, *brachets*, pour la suivre et l'atteindre s'il se pouvait : dans le dernier cas, on n'en faisait aucune suite. Mais ce n'est point ainsi que le roi Alphonse chassait l'ours : il le forçait et le mettait à mort à force de chiens et de relais. Souvent un ours se faisait chasser deux ou trois jours ; la nuit venue, les piqueurs s'arrêtaient dans les habitations les plus voisines du lieu où le jour leur manquait, recueillant leurs chiens, dont les plus ardens ne quittaient souvent prise qu'après avoir suivi une partie de la nuit; et le lendemain, dès la pointe du jour, se remettaient en quête de la voie, qu'ils leur faisaient reprendre. On trouve, dans le livre du roi Alphonse, des récits détaillés de plusieurs chasses de cette espèce ; d'une, entre autres, où l'ours ne fut mis à mort qu'après s'être fait chasser pendant cinq jours et quatre nuits : et ces récits sont tellement circonstanciés, que tous les veneurs et même plusieurs chiens y sont désignés par leurs noms.

4°. *Des piéges.* On prend les ours dans des fosses comme celles qu'on fait pour le loup. (*Voyez* ce mot.) Mais, pour être plus certain du succès, on place sur la fosse une vieille ruche dans laquelle il y a un peu de miel.

Dans les pays du nord, on tend des piéges pour prendre les ours. On place un appât sous une trappe très pesante suspendue en l'air ; l'ours, bientôt attiré, vient pour dévorer la proie, et en ébranlant le faible support qui soutient la trappe, il se trouve pris et écrasé.

Mais, de toutes les manières de prendre les ours, la moins dangereuse consiste à les enivrer en jetant de l'eau de vie sur le miel qui sert d'appât.

OURSE. C'est la femelle de l'ours.

OURSON. C'est le petit de l'ours.

OURVARI. Ruse des bêtes qui, après avoir longé quelques cent pas, reviennent à l'endroit d'où elles sont parties, et mettent souvent ainsi les chiens en défaut. C'est aussi le cri aux chiens lorsqu'ils tombent à bout de voie ; les piqueurs leur crient : *Ourvari, chiens, au retour!*

OUTARDE, *otis*. Genre d'oiseaux de l'ordre des gallinacés, qui renferme un assez grand nombre d'espèces, dont deux sont des oiseaux de passage en France.

L'OUTARDE PROPREMENT DITE, OU GRANDE OUTARDE, *otis tarda*, Lath. (*Pl.* 16, *fig.* 8). Pline dit que les Espagnols de son temps l'appelaient *ovis tarda* à cause de sa lenteur.

Description. Cet oiseau, le plus grand de ceux de nos climats, a 3 pieds et demi de long., y compris la queue ; dont la longueur est de 9 pouces ; une envergure de plus de 6 pieds ; et il pèse de 16 à 24 livres ; on a vu des mâles qui pesaient 25, 30 et jusqu'à 32 livres. Les dimensions de la femelle sont d'un tiers moins fortes que celles du mâle.

L'outarde a le bec de près de 3 pouces de long, droit, un peu recourbé à sa pointe, et d'un gris brun ; l'iris orangé ; les jambes de 5 pouces de haut, fortes, nues jusqu'aux genoux, et couvertes de petites écailles cendrées ; les ongles courts et convexes en dessus et en dessous ; la tête d'un gris cendré ; des plumes longues, effilées et d'un cendré clair, qui forment de chaque côté du demi-bec inférieur une barbe tombante sous le menton ; ces plumes manquent à la femelle ; le dessus du corps d'un gris cendré avec des taches et des ondes variées de noir et de roux ; deux places nues et de couleur violette sur les côtés du cou ; le tour des yeux d'un blanc roussâtre ; la poitrine, le ventre, les cuissses et le dessous des ailes blanchâtres, la queue blanchâtre en dessous et roussâtre en dessus avec des bandes transversales noirâtres. La femelle a la gorge et les côtés de la tête de couleur brune, et le dessus de la tête et du cou varié comme le dos.

Sous la langue se trouve l'orifice d'une espèce de poche très ample.

Les outardes sont craintives et défiantes ; elles courent avec rapidité et fournissent de longues courses, mais elles ne prennent leur volée qu'avec peine ; toutefois, elles peuvent se soutenir quelque temps en l'air. Elles ne s'élèvent qu'après avoir parcouru un certain espace les ailes étendues ; il leur arrive souvent, lorsqu'il y a du verglas, de ne pouvoir s'enlever, ce qui en rend la capture facile.

Habitation. Les outardes habitent les pays du nord

de l'Europe qui ne sont pas très froids ; elles sont moins nombreuses au midi. Il paraît que ce n'est guère que pendant l'hiver, c'est à dire depuis les premiers jours de décembre jusqu'en mars qu'elles se montrent en France, tandis que la petite outarde, dont nous parlerons plus loin, habite la France dans la belle saison. Les grandes outardes se réunissent en petites troupes, qui fréquentent les plaines découvertes, spacieuses, sèches et loin du voisinage des eaux. Elles passent d'un champ ensemencé à un autre; de loin, on les prendrait pour des troupeaux de veaux. Toutes les fois que l'hiver est rigoureux et la terre couverte de neige, on apporte au marché de Paris des outardes, qui viennent toutes de la Champagne ou de la Picardie. Le canton où l'on en trouve le plus est la partie de la Champagne, que l'on nomme *pouilleuse*, surtout depuis La Fère-Champenoise jusqu'à Sainte-Menehould ; quelques unes, dit-on, y font leur ponte. Ces oiseaux se montrent aussi en Lorraine, dans le Poitou, dans la plaine de la Crau, aux environ d'Arles, dans le Trentin, près d'Avignon, entre le Tor et Saint-Saturnin, etc. Lorsque les hivers sont très froids et les neiges abondantes, les outardes se répandent presque partout, à l'exception des contrées couvertes de forêts montagneuses ou aquatiques.

Nourriture. Elles se nourrissent d'herbes, de grains, de choux, de carottes, d'insectes, etc. Dans les temps de neige, l'écorce des arbres leur tient lieu d'autre nourriture. Elles avalent des petites pierres, comme tous les gallinacés, pour aider à leur digestion.

Propagation. Les outardes s'apparient dans les mois de mars et d'avril; le mâle a plusieurs femelles. Celles-ci choisissent ordinairement les champs de seigle pour y faire leur ponte; elles ne construisent point de nid ; elles se contentent de creuser un trou en terre, où elles déposent de deux à quatre œufs, de la grosseur de ceux de l'oie, et tachés de brun rougeâtre sur un fond olive. L'incubation dure quatre semaines. Les jeunes suivent leur mère aussitôt qu'ils sont éclos; les jeunes poules parviennent à leur entier accroissement au commencement de l'hiver ; mais les coqs grandissent jusqu'à l'année suivante, époque à laquelle ils prennent la barbe qui les distingue.

Ennemis. Les renards, les chats, les fouines, les putois, les belettes et tous les gros oiseaux de proie sont les ennemis des jeunes et des vieilles outardes ; et ils mangent leurs œufs.

Qualités. La chair des jeunes outardes est excellente ; mais celle des vieilles est un peu dure; les cuisses sont préférées par les gourmets; on se sert des plumes pour écrire et pour garnir des lits, comme de celles d'oie et de cygne. Le dommage que ces oiseaux peuvent causer se juge d'après leur nourriture.

Chasse de l'outarde.

Cette chasse se fait de plusieurs manières :

1°. *Chasse par ruses, au moyen d'un cheval, de la vache artificielle, de la charrette et de la hutte ambulante.* Les outardes étant très défiantes et se tenant toujours dans les plaines rases, loin de tous les arbres, haies et buissons, il est très difficile au chasseur de les approcher; et si l'on y parvient quelquefois, au moins est-on obligé de les tirer à de grandes distances, avec le plus gros plomb, ou même des chevrotines, et le plus souvent avec des canardières. Cependant, si les localités présentent un chemin creux, quelque haie ou une élévation de terrain, propre à masquer le chasseur, celui-ci peut s'y glisser, et se mettre à la distance convenable pour tirer.

Mais il y a plusieurs moyens de tromper leur défiance, et à la faveur desquels on peut les approcher à la portée ordinaire du fusil. Ces moyens sont : le cheval, la vache artificielle, la charrette et la hutte ambulante.

Le *cheval*, loin d'effrayer les outardes, semble les attirer. Nous avons indiqué à l'article *Cheval*, II° section, la manière de se servir de cet animal pour approcher des oiseaux farouches. (Voyez *Cheval*.) Dans la chasse aux outardes, le chasseur se penche sur le cou de son cheval, ou se cache de toute autre manière, derrière ou à côté de lui, et se dirige vers ces oiseaux, jusqu'à ce qu'il soit arrivé à portée de tirer. Mais on ne doit pas s'attendre que ce moyen puisse réussir plusieurs fois de suite.

La *vache artificielle* est un moyen de tromper les outardes, comme tous les oiseaux farouches. (Voyez *Vache artificielle*.)

La *charrette* est traînée par un seul cheval, autour de laquelle on accroche des gerbes de paille qui cachent deux hommes, dont l'un conduit la charrette, et l'autre est armé d'un fusil. On avance à bon vent, et l'on se dirige obliquement jusqu'à ce que le chasseur puisse tirer les outardes.

La *hutte ambulante* (voyez ce mot) est la représentation d'un buisson d'environ 6 pieds de haut, exécutée par l'assemblage de branches d'arbres attachées à trois cercles ou montans. Un chasseur, placé dans cette hutte, la transporte où il veut par le moyen des cercles ; un jour ménagé sur le devant sert pour le conduire et pour découvrir le gibier. Arrivé à la portée, il pose doucement la hutte, et se met en devoir de tirer.

2°. *L'affût.* Comme les outardes se cantonnent par bandes, et s'éloignent peu des endroits qu'elles ont choisis pour résidence habituelle, le chasseur se construit une petite hutte sur le lieu, pour s'y mettre à l'affût, à certaines heures du jour favorables pour les attendre. Cette hutte doit être faite promptement, et dans les momens où elles sont éloignées à quelque distance, pour aller chercher leur nourriture, de manière qu'elles ne puissent en avoir connaissance. Elle doit être très basse; et pour cela on commence par faire un trou en terre qu'on recouvre de branchages, fougère, gazon, etc., et dans ce toit on se ménage seulement quelques petits jours pour passer le fusil. Si c'est en temps de neige, on couvre cette hutte d'un drap blanc; d'autres la couvrent avec la neige même, et cela pour qu'elle soit moins visible, et afin d'ôter toute défiance aux outardes.

Tapi dans cette hutte, le chasseur attend patiemment qu'un heureux hasard les amène à sa portée.

3°. *Chasse à la course et aux filets.* On chasse encore les outardes avec des lévriers qui les prennent de vitesse, avant qu'elles se soient élevées de terre. Cette chasse a quelque succès dans les grandes plaines, surtout au point du jour, par un brouillard épais qui les empêche de faire usage de leurs ailes mouillées. Cependant, il paraît qu'on prend difficilement de cette manière les outardes adultes; les jeunes échappent plus rarement.

Pallas dit qu'en Crimée, où cet oiseau vit en troupes, principalement pendant l'hiver, on le prend souvent à la main ou à l'aide de chiens, lorsque des morceaux de glace s'attachent à ses ailes, ce qui arrive dans les temps de neige et de verglas. Hartig, dans son *Traité des chasses*, dit qu'en Allemagne on le prend de la même manière. Un chasseur, dans la Vétéravie, en a pris quatre qu'il a vendus en vie dans les environs de Wetzlar.

Lorsque les outardes sont jeunes et incapables de voler, on peut les chasser dans les champs avec un chien couchant, et les tirer ou les faire prendre par le chien; mais, dès que l'outarde est grande, cette chasse n'est plus praticable.

On prend les outardes à la course, en les poursuivant avec le cheval. Pour cette chasse, plusieurs personnes se réunissent; quelques unes sont à pied, et d'autres sont à cheval. Celles qui sont à pied se rendent, avant le commencement de la chasse, à l'endroit vers lequel on se propose de pousser les outardes. Les chasseurs qui sont à cheval vont les faire partir, et comme elles ne volent pas long-temps, ils les relèvent aussitôt qu'ils le peuvent, et les fatiguent tellement, que, lorsqu'elles arrivent auprès des hommes à pied, ceux-ci peuvent aisément les atteindre et les assommer à coups de bâton.

La chasse des outardes avec des *filets* est un moyen plus sûr et plus lucratif. On choisit ordinairement le bord d'un étang ou d'une rivière, planté d'arbres auxquels on puisse attacher les filets; mais s'il n'y a pas d'arbres, on plante sur une ligne droite plusieurs piquets, gros comme le bras et hauts d'environ 8 pieds. On attache à ces piquets deux filets longs d'une cinquantaine de pieds chacun, faits en cordonnet solide, et à mailles en losange, et bordés en haut et en bas, de deux maîtres bien câblés, et gros comme le pouce, qui servent à tendre le filets. On les dispose sur la même ligne l'un au bout de l'autre, en laissant entre eux un intervalle suffisant pour qu'un homme à cheval puisse y passer. Ces filets sont tendus lâches pour former des bourses capables d'embarrasser les outardes. Plusieurs personnes sont nécessaires pour faire cette chasse. L'une d'elles est à cheval, les autres s'embusquent derrière les filets, sur le bord de l'étang ou de la rivière.

Après tous ces préparatifs, un des chasseurs monté à cheval, se couche sur le cou de sa monture pour n'être pas vu, et se dirige vers les outardes qu'il voit au loin dans la plaine. Dès que les outardes aperçoivent le cheval, elles vont au devant de lui en courant et déployant les ailes. Lorsqu'elles sont suffisamment approchées, le cavalier fait demi-tour, et revient vers les filets; ordinairement les outardes le suivent, et, lorsqu'elles sont à quelques pas du piége, elles s'arrêtent et regardent. Pendant ce temps le chasseur monté à cheval passe dans l'intervalle qui sépare les filets; il en fait le tour, pousse son cheval, et gagne le derrière des outardes qu'il effraie, et force à se jeter dans les filets; alors les chasseurs embusqués se lèvent et assomment à coups de bâton les outardes qui s'y sont embarrassées.

Le succès de cette chasse serait, dit-on, fondé sur l'amitié que l'on suppose aux outardes pour le cheval. Les anciens avaient cru remarquer cette singulière sympathie entre des animaux si différens; mais en la supposant réelle, on l'explique en disant que l'outarde s'approche du cheval, parce qu'elle trouve dans la fiente de cet animal des grains à demi digérés. C'était le sentiment de Plutarque, qui a été adopté par Buffon. *Otidus amicitia cùm equis quibus appropinquare et fimum dejicere gaudent.* Plut. de Soc. Ani.

4°. *L'hameçon.* Lorsque la terre est couverte de neige et que les outardes trouvent difficilement de la nourriture, on peut les prendre avec de forts hameçons montés sur fil de laiton, et amorcés avec des morceaux de pomme ou de la viande. On plante dans les lieux qu'elles fréquentent une certaine quantité de piquets auxquels on fixe solidement ces hameçons. Les outardes ne manquent pas d'avaler les appâts qu'elles rencontrent et restent alors prises par le bec.

OUTARDE (PETITE) OU CANEPETIÈRE, *otis tetrax*, Lath. (*Pl.* 16, *fig.* 7). Les dénominations de *canepetière*, de *canepetrau* ou *canepetrotte*, ont été imposées à cette espèce d'outarde, parce que son vol a quelque ressemblance avec celui du canard, ou plutôt parce qu'elle choisit son habitation dans les prés, de sorte que la dénomination de *canepetière* ne serait que la traduction du latin *anas pratensis* ou *campestris*.

Description. Elle est beaucoup moins grande que l'outarde proprement dite. Sa longueur est d'environ 1 pied et demi; son vol de 28 pouces, et sa queue de 4 pouces; elle a la tête couverte d'une calotte noire, rayée de roussâtre; les tempes et la gorge de cette dernière couleur, parsemée de traits noirâtres; un demi-collier blanc au dessous de la gorge, qui remonte en s'amincissant, et une bande transversale blanche au dessous de ce collier; ensuite et près de la poitrine, une bande noire; le dessus du corps varié de zigzags noirs, fauves, roussâtres et blancs; tout le dessous blanc; l'aile variée de blanc et de noir; les quatre pennes du milieu de la queue fauves, les autres blanches avec des bandes noirâtres; le bec, les pieds et les ongles gris. Belon a peint d'un seul mot le plumage de cet oiseau : Qui voudra, dit-il, avoir la perspective d'une *canepetière*, s'imagine, voir une caille beaucoup *madrée* (tachetée). La femelle n'a pas le double collier; le dessus de sa tête et son cou sont mélangés de noir et de roussâtre, et les taches du dessus de son corps sont plus grandes que celles du mâle; sa poitrine est d'un blanc teinté de roux.

Habitation. La petite outarde se plaît dans les prairies naturelles et artificielles, ce qui lui a fait donner, en Italie, le nom de *gallina pratazuola*, poule des prés. Elle fréquente aussi les champs ensemencés d'orge ou d'avoine. On voit ces oiseaux assez communément en quelques endroits de la France, comme dans les ci-devant provinces de la Normandie, de la Beauce et du Berry, entre Bourges et Châteauroux; mais ils n'y sont que de passage et ils vont seuls ou deux à deux, excepté à l'époque de leur départ, où ils s'assemblent. Dans les pays où les petites outardes sont sédentaires, comme en Sardaigne, elles se tiennent l'hiver en compagnie quelquefois de quinze. En France, elles arrivent en avril et partent en automne.

Nourriture. Elle se compose d'herbes, de grains et d'insectes.

Propagation. Le mois de mai est le temps de l'accouplement; un mâle suffit à plusieurs femelles; il les appelle par un cri particulier : *brout* ou *prout*, qu'il répète surtout la nuit, et qui s'entend de très loin. La place du rendez-vous est battue comme l'aire d'une grange. La ponte est de trois ou quatre œufs d'un vert luisant, et, lorsque les petits sont éclos, la mère les conduit comme la poule conduit ses poussins.

Ennemis. Les mêmes que ceux de la grande outarde.

Qualités. La chair de la petite outarde est noire, et passe pour meilleure encore que celle de la grande espèce.

Chasse. Les petites outardes ne sont ni moins défiantes ni moins farouches que les grandes. Au temps de Belon, nos ancêtres disaient *faire de la canepetière*, pour signaler les personnes rusées et soupçonneuses. Du plus loin que ces oiseaux aperçoivent quelqu'un, ils s'éloignent d'un vol raide et bas à quelque distance, puis ils se mettent à courir avec une extrême rapidité. On emploie, pour les prendre, les mêmes ruses que pour la chasse de la grande outarde. On peut encore prendre les mâles de cette espèce en les attirant avec une femelle empaillée dont on imite le cri.

Quelques naturalistes ont considéré le grand pluvier de Buffon comme une espèce d'outarde. (*Voyez Pluvier.*)

OUTRE-PASSER. Ce mot se dit des chiens qui s'emportent au delà des voies.

OUVERTES (TÊTES). Ce sont les têtes de cerf, de daim, de chevreuil, dont les perches sont larges et écartées; ce qui constitue la beauté.

OUVERTES (PINCES). Un jeune cerf va ordinairement les *pinces ouvertes*.

OUVERTURE DE LA CHASSE. (*Voyez au mot Chasse.*)

OYE. (*Voyez Oie.*)

OYÉ. (*Voyez Hoyé.*)

PAN

PAIN SALÉ. En allemand, *salzleck*. C'est une composition d'argile et de sel battus ensemble, et qu'on place dans des châssis disposés dans les parcs à cerfs, daims et chevreuils, pour que ces animaux puissent venir lécher cette composition qui les entretient en bonne santé. (*Voyez Parc.*)

PAIS. C'est, en terme de vénerie, un bois; les veneurs disent un *grand*, un *petit pais*.

PAISSE. C'est, en quelques endroits, le nom du *moineau franc*.

PAISSE DE BOIS. C'est le *pinson des Ardennes*.

PAISSE BUISSONNIÈRE. C'est, en Anjou, la *fauvette d'hiver*.

PAISSE PRIVÉE (PETITE). On connaît sous ce nom, dans quelques endroits de la France, la *fauvette d'hiver* ou *traîne-buisson*, parce qu'elle approche des maisons pendant les froids et qu'elle semble être familière. (*Voyez Fauvette.*)

PAISSE DE SAULE. C'est ainsi que le friquet est désigné en Anjou. (*Voyez Friquet.*)

PAISSE SOLITAIRE. C'est le *merle solitaire*.

PAISSORELLE. A Nantes, l'on nomme ainsi le *moineau franc*.

PANIERS à *transporter le gibier vivant*. On se sert, pour transporter vivans les cerfs, les daims et chevreuils, soit de *caisses* semblables à celles que nous avons décrites sous ce mot, soit de grands paniers d'osier fort. Ces paniers ont quatre barres en bois pour soutenir le fond, trois anneaux aux couvercles pour le bien fermer et quatre mains pour le transporter. A chaque côté du panier est pratiquée une petite fenêtre pour que l'animal ait de l'air. Ces paniers sont proportionnés à la grosseur de chaque animal, et on les y place couchés. Ils sont moins commodes que les caisses dont nous avons parlé, et que les caissons paillassonnés en dedans et établis sur des roues basses.

PANNEAU ou PAN. C'est un filet que l'on tend autour d'un bois ou d'une partie de bois, ou sur une ligne quelconque pour prendre des lapins, des lièvres et autres animaux. Son nom paraît provenir de ce qu'étant tendu, il ressemble à un pan de mur.

Nous avons parlé, au mot *Toile*, des panneaux à prendre le gros gibier; nous nous occuperons ici de la description des différentes espèces de panneaux propres à chaque espèce d'animal.

Les panneaux sont, en général, des filets que l'on dresse avec des piquets ou perches que les animaux font tomber en donnant dans le panneau où ils s'enveloppent eux-mêmes.

1°. *Panneau pour la chasse du cerf.* Ce panneau,

dont une pièce se trouve représentée (*Pl.* 23, *fig.*

est un filet à mailles en losange, qui, développé dans toute son étendue, a jusqu'à 450 pieds de long sur 10 pieds de hauteur. Mais, quand on le dresse pour la chasse, il perd, comme tous les filets de ce genre, un tiers de sa longueur et un cinquième de sa hauteur, à cause des poches qu'il forme dans cet état, ce qui réduit sa longueur à 300 pieds et sa hauteur à 8 pieds. Observons que la longueur que nous venons d'indiquer peut être réduite sans inconvéniens, sauf à placer plusieurs pièces les unes au bout des autres, qui feront le même effet et seront plus faciles à tendre. Le fil, ou plutôt la ficelle dont ce panneau est composé, doit avoir 4 lignes de grosseur; les mailles ont 6 pouces d'un nœud à l'autre, et les cordes (ou maîtres) qui passent dans les lisières supérieure et inférieure ont 9 lignes de diamètre, et 530 pieds de long, si le filet a la longueur que nous avons indiquée. Les onze piquets, qui sont nécessaires pour dresser le filet, ont 9 pieds de longueur, 1 pouce 9 lignes de grosseur, et leur partie supérieure est pourvue d'une entaille de 4 pouces de longueur, ou d'une forte cheville enfoncée à angle droit dans le bois du piquet, ou d'un clou à crochet, pour soutenir la corde ou le maître de la partie supérieure du filet.

Lorsqu'on veut se servir de ce filet, on commence par attacher les deux bouts de la corde inférieure, qui doit être un peu tendue, à des pieux ou à des arbres; on fixe ensuite la corde supérieure, qui ne doit pas être aussi tendue, aux mêmes points d'appui, ou à d'autres pieux plantés en droite ligne, et on élève la corde supérieure, au moyen de fourches, sur les piquets placés à égale distance. Ces piquets doivent, toutes les fois qu'on rabat le gibier sur le filet, être placés du côté d'où vient le gibier, afin qu'il renverse le filet sur lui et s'y emmaille.

Dans quelques endroits, on n'attache pas la corde supérieure d'une manière fixe; on a un fort piquet entaillé d'en haut, comme on le voit au bas de la *fig.* 9, et sur lequel on tire la corde au moyen d'un morceau de bois autour duquel elle est attachée. Si un cerf donne de la tête dans le filet, on lève aussitôt la corde des deux bouts hors des piquets échancrés; ce qui donne moins de raideur et plus de poche au filet, et empêche que la corde ne frappe aussi rudement sur le dos ou la tête du cerf et ne le blesse. (*Voyez*, pour l'emploi de ce panneau le mot *Cerf*, § 15.)

2°. *Le panneau pour la chasse du sanglier* a la même longueur que le précédent; mais il n'a que 8 pieds de haut et les mailles n'ont que 5 pouces de largeur. Tout le reste est le même que pour l'autre filet, si ce n'est que les piquets ne doivent avoir qu'une longueur suffisante pour soutenir la corde supérieure à 6 pieds de terre.

3°. *Le panneau pour la chasse du chevreuil, du daim, des petits sangliers et des loups* n'a ordinairement que la moitié de la longueur du panneau pour cerf; sa hauteur réelle doit être de 6 pieds; mais elle se réduit à 4 ou 5 pieds quand il est étendu pour la chasse. Les mailles ont 4 pouces de largeur,

et le fil qui les compose doit avoir un demi-pouce de grosseur. Les cordes d'en haut et d'en bas ont la grosseur du petit doigt; les piquets, qui ont 6 pieds et demi de long, s'enfoncent en terre de 6 pouces de profondeur, et ils sont pourvus d'une entaille à leur partie supérieure, à 4 pieds et demi et 5 pieds et demi de haut. Les cordes d'en haut et d'en bas sont nouées ensemble et attachées à chaque bout à un seul picu.

4°. *Les panneaux à lièvre*, qui servent aussi à prendre des renards, peuvent avoir jusqu'à 450 pieds de long, et 5 pieds de haut, qui se réduisent, par les poches que fait le filet, lorsqu'il est tendu, à 300 pieds de long, et à 3 pieds et demi de haut; mais comme les panneaux très longs sont d'un usage incommode, il est préférable d'avoir plusieurs pièces, qui, placées les unes au bout des autres, font le même effet et sont plus faciles à manier et à tendre.

Les mailles, composées de fil fort retors et en trois brins, ont ordinairement 2 à 3 pouces de largeur. Les cordes d'en haut et d'en bas sont d'un tiers plus petites que celles du filet pour chevreuil; elles s'attachent d'un côté à un pieu de 3 pieds de long, et de l'autre à un piquet de 16 pouces de haut. Les dix piquets qu'on emploie pour dresser le filet sont d'un bois léger, et de 4 pieds et demi de long, dont 6 pouces pour la coche ou entaille qui sert à retenir la corde supérieure, et 6 pouces pour l'enfoncement du piquet en terre. Ces piquets s'appellent *fiches*.

La *Pl.* 23, *fig.* 11, représente un panneau à lièvre, que l'on tend dans une passée connue. Il regarde le côté d'où l'animal doit venir; il est soutenu par des piquets très aigus et peu enfoncés, de manière que l'animal, effarouché par le bruit qu'il entendra derrière lui, et se précipitant étourdiment, le fait tomber, et s'y enveloppe. (*Voyez Lièvre*.)

Les dispositions réglementaires concernant les panneaux et autres filets ayant été rapportées au mot *Piège*, nous y renvoyons.

PANNEAUTER. C'est tendre des panneaux pour prendre des lapins, des lièvres et des grands animaux.

PANTAINE. (*Voyez Pantière*.)

PANPORCEAU. Nom que les chasseurs aux pluviers donnent à un fort piquet qui soutient leur filet.

PANETIÈRE. Filet en forme de sac. (*Voyez Filet*.)

PAITRE. Manger. On dit, en fauconnerie, *paître l'oiseau*, lui donner à manger.

PALE. C'est, dans Belon, le nom de la *spatule*.

PAN. Pan de rets, filet connu sous le nom de panneau. (*Voyez ce mot*.)

PANIER. Piège particulier qu'on tend aux oiseaux, et qui réussit aux personnes les moins intelligentes. On prend un panier qu'on couvre de fougère ou d'autre verdure, on le met sur sa tête ou sur ses épaules. On place vers le sommet du piège un petit morceau de bois qui s'avance en dehors, auquel on attache par les pieds avec une ficelle une chouette ou quelque autre oiseau nocturne.

On choisit ensuite un cœur de bois, épais d'environ 1 pouce; on le fend par un bout, directement au milieu, et on fait en sorte que cette fente s'étende jusque vers la moitié du bâton : au bout de la fente on met un petit ressort qui tient le bâton ouvert, et on attache à deux ou trois doigts au dessous du bout fendu une corde, dont l'extrémité, en la tirant, aille se rendre sous le panier; ce qui sert à faire joindre les deux morceaux de bâton que le ressort tenait écartés.

On va avec cet équipage le long des haies : il faut que le panier qui est sur la tête du chasseur couvre presque tout son corps, et de temps en temps on fait voltiger la chouette : les petits oiseaux, qui détestent cet animal, viennent en criant pour le becqueter et ne pouvant se poser sur le panier, se placent sur le bâton entr'ouvert. L'oiseleur voyant sa proie, tire la corde, et les oiseaux se trouvent pris.

PANTIÈRE ou PANTAINE. C'est un filet particulier pour prendre les bécasses et d'autres oiseaux. Il y en a de deux sortes : la *pantière simple* et la *pantière contre-maillée*.

La pantière simple (*Pl.* 36, *fig.* 2.) est un filet composé d'une seule nappe, *h*, *h*, d'une longueur proportionnée à l'espace que l'on veut barrer, et qui est quelquefois de 100 pieds; mais la hauteur de la pantière est toujours de 30 à 36 pieds. Les mailles de cette nappe ont ordinairement de 15 à 16 lignes d'ouverture; on y emploie du fil de Flandre, n° 24.

Les auteurs du *Traité des chasses aux piéges* blâment l'usage où l'on est de faire cette pantière à mailles en losange; et à cet égard, ils font observer que, dans ce cas, il faut que la levure ait le double de largeur que celle qu'on veut donner à ce filet, et un tiers de plus de longueur, parce qu'étant tendu, il n'aura que les dimensions désirées; que, par conséquent, on emploie plus de fil et plus de temps; que cette pantière fronce toujours à quelque endroit, ce qui offre des places plus obscures les unes que les autres, et qui peuvent effrayer les bécasses; et qu'enfin le filet étant destiné à tomber à terre chaque fois qu'un oiseau s'y prend, il s'y accroche toujours quelque brin de bois que l'on a beaucoup de peine à ôter. D'après toutes ces raisons, ils conseillent de faire la pantière à mailles carrées, parce que ces dernières sont moins visibles et plus aisées à débarrasser des ordures qui s'y attachent. La manière de border la nappe est absolument la même.

La pantière contre-maillée se compose de trois rets placés les uns sur les autres. Comme dans le hallier, les deux extérieurs se nomment les *aumées*, et sont faits à mailles carrées, de fil de Flandre, en trois brins, n° 8, et d'un diamètre de 10 pouces; la nappe, qui est le filet intérieur, se fait à mailles en losange, ou plutôt carrées, d'un diamètre de 2 pouces, en même fil que la pantière simple. Cette nappe doit avoir deux fois et demie l'étendue des aumées, afin de pouvoir faire des bourses convenables. Pour attacher ensemble les trois rets, on les couche les uns sur les autres, la nappe au milieu, dans une place propre, et l'on passe, dans le dernier rang de mailles, des quatre côtés des aumées et de la nappe, une ficelle très forte et grosse comme une plume à écrire. On a soin de faire froncer la nappe également, pour que les bourses qu'elle doit former soient réparties partout. On forme, aux quatre coins de la pantière contre-maillée, avec la ficelle qui a servi à l'enlarmer, une boucle destinée à recevoir les cordes dont il faut la garnir pour la faire jouer.

Autrefois on garnissait la partie supérieure de cette pantière d'anneaux ou bouclettes dans lesquels on passait la corde destinée à la tendre, et sur laquelle on la plissait ou l'étendait comme un rideau sur une tringle, au moyen d'une ficelle attachée au premier anneau d'un côté. Mais cette méthode rend la tendue de la pantière plus longue et moins simple, et nuit par conséquent au succès de la chasse où on l'emploie.

La manière que nous allons indiquer, et qui convient à la pantière simple comme à la pantière contre-maillée, nous paraît plus expéditive et plus commode.

Pour tendre ce filet, comme l'indique la *fig.* 3, *pl.* 36, il faut trouver, dans l'endroit que l'on a jugé convenable, deux arbres suffisamment élevés et à une distance commode. Il est souvent nécessaire d'élaguer les plus longues branches qui, s'avançant vers l'intervalle que doit occuper la pantière, pourraient l'empêcher de tomber librement. A la hauteur nécessaire, on attache, à une branche de chacun de ces arbres, deux perches qui aient entre elles une distance telle, que la pantière tendue la remplisse, et soit éloignée de leur extrémité de 8 à 10 pouces; leur élévation est combinée de manière que, dans le même cas, la pantière ait sa lisière inférieure soutenue à 4 pieds environ de terre. Au bout saillant de chacune de ces perches, on lie, pour servir de poulie, un anneau en fer du diamètre de 9 lignes. Ces anneaux ont la forme d'une porte d'agrafe, *fig. a*, *Pl.* 36, qui représente un bout de perche garni de son anneau. On fait de ces anneaux en corne et en verre soufflé; ces derniers sont préférables en ce qu'ils n'ont rien à redouter de l'humidité, et qu'ils offrent un frottement moins dur aux cordes qui y passent. On attache solidement, aux boucles de ficelle qui se trouvent aux coins supérieurs de la pantière, deux cordes grosses comme le petit doigt, et parfaitement câblées, dont la longueur (supposant la dimension de la pantière de 100 pieds sur 36) doit être au moins de 100 pieds. Ces deux cordes sont passées chacune dans un des anneaux liés aux perches, et sont ensuite nouées ensemble. Une troisième corde de même grosseur est liée à la jonction des deux premières, et vient aboutir à une loge ou hutte que le chasseur se prépare derrière la pantière, à une vingtaine de pieds environ. A cet effet, il creuse un peu la terre, et s'abrite au moyen de branchages dont il entoure le trou, pour se dérober le plus possible à la vue de la bécasse, qui devient plus perçante au crépuscule. Cette corde a une longueur telle, qu'elle permet à la pantière de tomber jusqu'à terre; et que le bout resté auprès du chasseur lui sert ensuite à la relever. Le bas de la pantière est fixé par deux cordes, qui attachent ses coins inférieurs à deux piquets à crochet, comme celui *fig. b*, plantés en terre, de manière que la partie inférieure de la pantière refuse, et que le haut soit plus avancé du côté où doivent venir les bécasses.

Pour s'éviter la peine de soutenir la pantière, en tenant dans sa main la corde qui sert à l'élever, le chasseur plante devant lui un piquet, long de 15 à 18 pouces, qu'il enfonce en terre jusqu'à moitié, pour qu'il y soit solidement fixé. Ce piquet, *fig. c*, est garni, à son extrémité supérieure, au point *i*, *fig.* 3, d'une espèce de croissant en fer, *fig. d*, dont la partie inférieure est une vis que l'on enfonce diamétralement dans l'épaisseur du piquet. Ce croissant a ses cornes un peu inclinées vers la terre. Sous ses cornes, le chasseur place un petit bâton, *fig. e*, qui est lié par son milieu à la corde de tirage de la pantière. Ce petit bâton, retenu par le croissant, maintient la pantière tendue. L'autre bout de la corde est tenu par le chasseur, qui tire à lui lorsqu'il voit une bécasse donner dans le filet. Ce mouvement fait échapper le petit bâton de dessous les cornes du croissant, et la pantière tombe aussitôt.

On peut se faire un abri derrière la pantière, et se placer dans les arbres à droite ou à gauche, en employant le moyen suivant : à 1 pied en arrière du piquet, *fig. c*, planté pour tenir la pantière tendue au moyen du croissant de fer dont il est armé, on fiche en terre un second piquet, *fig. f*. Ce piquet est de la même longueur que le premier, et sa tête est garnie d'un piton en fer, dont l'œillet a environ 6 lignes de diamètre. Dans cet œillet, on fait passer un bout de la corde de tirage qui se prolonge jusqu'à l'endroit où est le chasseur ; ce bout est garni d'un anneau ou d'un morceau de bois qui ne puisse pas passer dans l'œillet du piton. Dans cet état, dès que le chasseur voit une bécasse donner dans le filet, il tire la corde vivement à lui ; le bâton, pris sous les cornes du croissant, se dégage, et la pantière tombe. La longueur de la corde est calculée de manière à ce que l'anneau ou le bâton qui la termine vienne s'arrêter contre l'œillet du piton, *fig. f*, quand la pantière est entièrement à terre. Pour la retendre, le chasseur revient auprès de ses piquets ; il relève le filet, engage le bâton sous le croissant, après s'être emparé de sa proie, emporte avec lui le bout de la corde, et recommence à guetter le gibier. Cette disposition peut se voir par la *fig.* 3 de la *Pl.* 36. A est la pantière contre-maillée ; BB sont les perches liées aux branches d'arbres ; c c sont les anneaux de fer ou de verre, dans lesquels passent les deux cordes d d, qui viennent se réunir en E, où est liée la corde de tirage ; f f sont les piquets à crochet, qui fixent les coins inférieurs de la pantière ; i i représentent le piquet garni du croissant, et la poignée liée à la corde de tirage et passée sous les cornes du croissant ; H est le piquet à piton, dans l'œillet duquel passe la corde de tirage K K, qui se prolonge à gauche, vers la retraite du chasseur.

Dans le cas où le chasseur veut se construire une hutte, elle est placée à l'endroit de la *fig.* 3 où sont les lettres i i, H.

On a, dans cette figure, représenté une pantière contre-maillée, quoiqu'on tende la pantière simple de la même manière. Cependant la première offre sur la seconde l'avantage d'embarrasser davantage le gibier par les bourses qu'elle forme. (*Extr. de la ch. aux piéges.*)

PANTIÈRE. Sac à mailles qui sert aux chasseurs à mettre leurs provisions de bouche, et pour rapporter le gibier qu'ils ont pris : on la porte ordinairement en écharpe.

PANTOIMENT. Nom d'une maladie qui survient aux oiseaux de proie, c'est l'asthme.

PANTOIS. Autre maladie qui survient à la gorge, aux reins, aux rognons des faucons. Cet oiseau, dit-on, a le *pantois*.

PAON SAUVAGE DES PYRÉNÉES. Dénomination donnée au coq de bruyère.

PARAMOND. Sommet de la tête du cerf.

PARAMOND ou PARAMONT. On disait autrefois : *Ce cerf porte quatre ou six de paramond*, c'est à dire quatre ou six andouillers à chaque empaumure. On ne se sert plus aujourd'hui de ce terme.

PARC. Mot que quelques étymologistes font venir du saxon *pearroc* ou du flamand *peark*, mais qu'il serait plus raisonnable de faire dériver du latin *parcere, parc*, épargner, réserver, ou de *pasure*, paître, par la raison que les parcs sont des espèces de réserves établies pour la pâture des animaux.

Un parc est une grande étendue de terrain, entourée le plus souvent de murs, pour la conservation des bois, pour le plaisir de la chasse, ou pour la promenade. C'est aussi un pâtis entouré de fossés, où l'on met des bœufs pour les engraisser, ou une enceinte formée par des claies et destinée à renfermer les moutons, quand ils couchent dans les champs.

Il y a des parcs pour la chasse et des parcs pour la pêche.

PARC DE CHASSE, en allemand *thiergarten*, jardin pour les animaux. C'est une enceinte d'une certaine étendue, plantée en bois, et entourée d'un mur ou d'une palissade, dans lequel on entretient du gibier, gros ou menu, tel que des cerfs, des daims, des chevreuils, des lapins.

Nous diviserons cet article en deux sections : l'une contiendra tout ce qui a rapport à la formation et à l'entretien des parcs, et l'autre les dispositions réglementaires sur ces établissemens.

PREMIÈRE SECTION. — *Des parcs, de leur objet, de leur formation, de leur entretien, etc.*

Les avantages des parcs destinés à renfermer le gibier consistent à l'empêcher de se porter sur les fonds d'autrui, à l'avoir toujours sous la main, à le défendre contre la dent des loups et des renards et contre les entreprises des braconniers.

Aujourd'hui que le droit exclusif de la chasse est aboli, l'établissement des parcs est presque le seul moyen qu'ont les grands propriétaires de conserver le gibier. C'est un moyen qui est très employé en Angleterre et en Allemagne. Il l'est moins en France, parce que la révolution a divisé les grandes propriétés.

L'art de former des parcs et d'y entretenir le gibier exige des connaissances dont nos auteurs ne paraissent pas s'être occupés, avec autant de soin, que des autres parties de la chasse. Cependant l'art de conserver est aussi important pour l'amateur de la chasse que l'art de prendre ou de tuer les animaux.

Les Allemands sont plus amateurs que nous des parcs de chasse : ils y donnent plus de soins et ils en tirent de plus grands avantages.

Nous croyons donc faire plaisir à nos lecteurs, en traduisant les instructions de M. Hartig sur ces établissemens.

CHAPITRE PREMIER. — DES PARCS EN GÉNÉRAL.

Plusieurs objets sont à considérer pour l'établissement d'un parc :

1°. Le choix du gibier dont on veut peupler le parc;

2°. L'étendue de l'emplacement, qui doit être proportionnée au nombre de bêtes qu'on y veut entretenir;

3°. Le choix d'un local convenable.

Il convient de présenter des observations sur ces différens objets, avant de passer aux détails propres à chaque espèce de parc.

1°. *Du choix du gibier dont on veut peupler le parc.*

Les animaux sauvages que l'on renferme ordinairement dans les parcs sont : les *cerfs*, les *daims*, les *chevreuils*, les *sangliers*, avec lesquels on renferme aussi des *lièvres* et des *faisans*. On trouve dans presque toutes les localités des endroits convenables pour y former des parcs destinés au gibier à poil; mais toutes les localités ne sont pas propres à y entretenir des faisans. On peut donc, à l'égard du gibier à poil, donner à son choix une grande liberté, soit que l'on veuille entretenir telle ou telle espèce, soit que l'on veuille renfermer ensemble plusieurs espèces. Toutefois l'expérience apprend qu'un petit parc convient très bien au daim, tandis que le chevreuil y est fort mal. Le parc le plus agréable est sans contredit celui qui renferme des *animaux de plusieurs espèces.* Dans ce cas, il faut qu'il soit d'une certaine étendue, afin que les différentes espèces puissent se séparer et se cantonner suivant leurs goûts naturels. Les cerfs, les daims, les chevreuils et les lièvres se plaisent bien ensemble dans un grand parc; mais les sangliers ne conviennent point dans cette réunion, parce qu'ils culbutent les meilleurs pacages, et que d'ailleurs il n'est pas rare qu'ils dévorent les jeunes faons des cerfs et des chevreuils, ainsi que les lièvres. Il faut donc mettre à part les sangliers, soit dans un parc particulier, soit dans une partie séparée d'un même parc; et ce dernier moyen est plus économique, puisqu'il évite des frais considérables de clôture et de surveillance; il offre d'ailleurs l'avantage de pouvoir, lorsqu'on juge convenable, lâcher les sangliers dans le grand parc et en faire la chasse.

2°. *De l'étendue d'un parc où l'on veut exploiter ou tuer, chaque année, un certain nombre de pièces de gibier.*

Lorsqu'on a déterminé l'espèce de gibier dont on veut peupler son parc, et le nombre de pièces qu'on en veut tuer chaque année, et que l'on connaît d'ailleurs dans quelle proportion chaque espèce se multiplie, et enfin l'espace de terrain qu'il faut à chaque individu, selon sa nature et les localités, pour pourvoir à sa nourriture, il est alors facile de calculer l'étendue à donner au parc, et, pour cet effet; on peut établir les bases ci-après:

1°. Supposé, par exemple, qu'on veuille avoir un parc peuplé de cerfs, de daims et de chevreuils, mêlés de lièvres, et que l'on désire pouvoir tuer chaque année cinquante cerfs, cent daims, soixante chevreuils et mille lièvres.

2°. Supposé encore que l'on puisse obtenir, comme c'est le cas le plus ordinaire, une multiplication annuelle qui soit dans la proportion suivante:

1 jeune sur 3 cerfs;
1 *id.* sur 2 daims;
3 *id.* sur 5 chevreuils;
8 *id.* sur 12 lièvres;

Et que la population, pour qu'elle puisse fournir, sans nuire à la conservation, le nombre de pièces que l'on veut tuer, doive être, au printemps, du nombre de pièces ci-après:

Cerfs. 150
Daims 200
Chevreuils . . 100
Lièvres. . . . 250 (1);

3°. Supposé que le gibier doive trouver sa nourriture, pendant tout l'été, dans le parc, et qu'on ne soit obligé de pourvoir à ses besoins que pendant l'hiver;

4°. Supposé enfin que le canton de la forêt où l'on veut établir le parc soit composé de bois feuillu de différentes espèces, parmi lesquelles il y ait beaucoup de chênes et de hêtres; que le sol soit d'assez bonne qualité, et planté assez clairement pour que la moitié de sa surface puisse se couvrir d'une bonne herbe, et que le parc soit traversé par une vallée en nature de prairie.

D'après ces données, on doit fixer de la manière suivante le nombre d'hectares qu'il faut pour chaque espèce de gibier, les lièvres compris, en prenant la population à l'époque du printemps (2).

	Bois.		Prairie.	
	hect.	ares.	hect.	ares.
Pour chaque cerf. . .	2	40	»	05
Pour chaque daim. . .	1	60	»	03
Pour chaque chevreuil. .	1	20	»	02

---

(1) On suppose, pour les lièvres, cent vingt-cinq hases et cent vingt-cinq bouquins. Il ne faut sans doute pas autant de bouquins que nous le supposons; mais on ne peut admettre une autre proportion, parce que, dans une chasse, il n'est pas possible de distinguer les mâles des femelles; ainsi, il restera probablement chaque année, pour l'entretien de la population, autant de mâles que de femelles.

(2) M. Hartig établit ses calculs en arpens du Rhin, qui valent 40 ares 34 centiares. Nous réduisons ces arpens, en arrondissant un peu les sommes. Ainsi, les 2,000 arpens du Rhin, qu'il donne au parc qu'il prend pour exemple, valent 806 hectares 80 ares; nous portons 800 hectares.

Ainsi, il faut que le parc contienne :

	Bois. hect.	Prairie. hect.	ares.
1°. Pour 150 cerfs. . . .	360	7	50
2°. Pour 200 daims. . .	320	6	00
3°. Pour 100 chevreuils. .	120	2	00
Total. . . .	800	15	50

D'après ce calcul, il y aurait 450 têtes de gros gibier sur 815 hectares, ce qui ferait un peu moins de 2 hectares par tête.

Lorsqu'on ne trouve pas dans le parc une étendue aussi considérable de prairie, il faut suppléer à ce qui manque par des cultures artificielles, qu'on renouvelle de temps en temps, ainsi que nous l'expliquerons plus loin (1).

On voit, par ce calcul, qu'un canton de forêt d'une étendue qui n'est pas très considérable, employé comme parc, ne laisse pas que de procurer un produit assez fort en gibier. L'établissement d'un tel parc permet aussi de restreindre le nombre du gibier qui vit en liberté, parce que l'on y place le gibier surabondant qui se trouve dans les forêts ouvertes, ce qui prévient les dégâts qu'il commettrait infailliblement sur les récoltes des champs riverains; et le chasseur le plus passionné trouvera toujours, dans un parc d'un millier d'hectares, de quoi satisfaire son goût, parce que le gibier y reste presque aussi sauvage que s'il vivait en pleine liberté, et si d'ailleurs ce parc offre des mouvements de terrain assez multipliés pour que le plaisir de la chasse soit le même que dans les réserves de chasses non closes. Observons encore que, dans un grand parc, peuplé comme nous venons de le dire, les frais pour la nourriture des animaux sont beaucoup moins considérables, proportion gardée, que dans un petit parc, ou dans un grand dont la population est trop forte, parce que l'on peut y récolter les herbes et les grains qui ne sont point consommés, ce qui économise la moitié des frais de nourriture pour l'hiver. Lorsque les parcs ont peu d'étendue ou qu'ils sont trop peuplés, le gibier y est toujours faible et maigre, et les dépenses qu'occasione sa nourriture dépassent de beaucoup la valeur des animaux. Outre cela, le gibier s'apprivoise petit à petit, et l'on éprouve à le chasser plus de pitié que de plaisir, parce qu'on le considère jusqu'à un certain point comme un animal domestique. Celui donc qui voudra jouir réellement du plaisir de la chasse dans un parc doit consacrer à l'étendue de ce parc environ 1,000 hectares et plus, s'il est possible, et ne jamais y laisser accroître la population avec excès. Il faut, dans les grands parcs, moins de fourrage pour l'hiver, ainsi que nous l'avons déjà fait observer, et d'un autre côté les frais de clôture et de surveillance sont, proportionnellement, bien moins considérables que pour un ou plusieurs petits parcs.

Relativement aux frais de clôture, il est facile de démontrer qu'ils sont bien plus considérables pour les petites surfaces que pour les grandes. En effet, supposons que l'on veuille clore un carré dont l'un des côtés soit de 500 mètres de long; les quatre côtés formeront une longueur de 2,000 mètres, et la surface sera de 25 hectares. Si le prix de la clôture est de 2 francs par mètre, la dépense sera de 4,000 francs. Cela fait 160 francs par hectare. Mais que l'on entoure une surface carrée dont l'un des côtés ait 2,000 mètres, et dont les quatre côtés forment, par conséquent, 8,000 mètres de longueur, il n'en coûtera que 16,000 francs, et l'on aura une enceinte de 400 hectares, qui n'auront coûté pour leur clôture qu'à raison de 40 francs chacun. On pourrait, en augmentant ainsi les surfaces, trouver des économies bien plus considérables encore. Il est inutile d'observer que l'on doit tracer, pour l'établissement d'un parc, une figure qui se rapproche le plus possible de la figure carrée, puisque c'est celle qui renferme la surface la plus considérable.

3°. *Du choix d'un emplacement convenable pour l'établissement d'un parc.*

Plusieurs circonstances sont à examiner dans le choix de l'emplacement d'un parc; il faut :

Que, dans l'intérêt des plaisirs du propriétaire, le lieu soit rapproché le plus possible de son habitation ;

Ou que, dans l'intérêt du produit, le parc soit à proximité d'une grande ville, qui promette un débit suffisant et avantageux du gibier ;

Que l'emplacement présente, s'il est possible, quelques coteaux ou montagnes, et surtout des expositions au midi, et qu'il y ait aussi des rochers et quelque fond un peu humide ou marécageux ;

Que le parc soit traversé par un beau ruisseau, ou au moins qu'on puisse y former un étang ;

Qu'il ne soit pas coupé par une grande route, mais que cependant le chemin qui y conduit ne soit point incommode, et que la situation soit, en général, agréable et pittoresque;

Que le sol, recouvert d'une population d'arbres un peu claire, produise de l'herbe en abondance ;

Qu'on puisse renfermer dans le parc de bonnes prairies et quelques champs labourables ;

Que le bois soit composé d'espèces variées, mais, par préférence, de chênes et de hêtres portant des fruits ; que l'âge du bois soit également varié, et qu'il y ait, par conséquent, des massifs de différentes épaisseurs ;

Que l'état du bois ne soit point mauvais, et qu'il soit tel que, dans la plus grande partie du canton destiné à former le parc, on n'ait, à l'exception des coupes par éclaircie, à y faire, pendant plusieurs années, aucune opération forestière, c'est à dire aucune coupe définitive ; mais que cependant on puisse, de temps en temps, et au plus tard tous les dix ans, exploiter quelques parties de coupes, que l'on clora séparément pour en protéger le recru ;

Enfin, l'on doit avoir égard aux constructions qui

---

(1) Comme dans les forêts d'arbres résineux, il croît moins d'herbes que dans celles des bois à feuilles, il faut calculer 1 hectare et demi de bois résineux pour 1 hectare de bois à feuilles.

pourraient exister dans les environs, telles que maisons de chasse ou maisons forestières, et les faire entrer dans l'emplacement du parc.

Telles sont les différentes circonstances qu'il faut examiner pour le choix d'un emplacement destiné à former un grand parc de chasse. La localité sera d'autant plus belle et plus utile qu'elle réunira mieux ces diverses conditions.

CHAPITRE II. — Établissement, population, entretien et exploitation d'un grand parc de cerfs, daims, chevreuils et lièvres.

Comme il y a ici beaucoup d'objets à traiter, il convient de les classer d'après leur importance et de les examiner chacun séparément.

De l'établissement d'un grand parc.

Lorsqu'on a fait choix d'un emplacement, d'après les règles que nous avons posées dans le chapitre précédent, et qu'on en a déterminé l'étendue et fait lever le plan, on procède à l'examen des objets ci-après :
1°. Les moyens de clôture ou sûreté du parc ;
2°. Les moyens de surveillance ;
3°. Les moyens d'entretien ou de nourriture du gibier ;
4°. La facilité de la chasse.
Nous allons traiter de chacun de ces objets en particulier.

I. *Des moyens de clôture.*

Dans la clôture d'un parc, on doit faire en sorte que le gibier qui s'y trouve renfermé n'en puisse sortir, et que les animaux dont on veut le défendre n'y puissent entrer ; il faut que cette clôture ne soit pas très dispendieuse, et que cependant elle soit durable, et on doit y établir un nombre suffisant de portes, non seulement pour y entrer et en sortir, mais encore lorsqu'il y a du gibier hors du parc, pour pouvoir le prendre.

La clôture peut se faire en pierres, en terre ou en bois. Quant aux haies vives et aux fossés, ils sont insuffisans, parce que les haies ne sont jamais assez hautes et assez garnies dans toutes leurs parties, et que les fossés, quand même ils n'auraient pas l'inconvénient de se combler, auraient celui de se remplir de neige pendant l'hiver. La clôture la plus solide est celle des murs en pierres ou en briques ; mais ils sont trop coûteux, et on ne les emploie guère pour les parcs d'une très grande étendue. Il ne reste donc à choisir qu'entre la clôture en terre et celle en bois.

Des clôtures en terre ou argile.

Lorsqu'on trouve de l'argile en suffisante quantité sur tous les points où la clôture doit être établie, il est très important d'employer cette matière, pour économiser le bois que nécessiterait une palissade. On mêle l'argile avec du foin ou de la paille hachée, du chaume, des menues pailles, de la mousse, des herbes sèches prises dans les forêts, etc., pour lui donner plus d'adhérence, et on en forme des carreaux avec des moules de bois ayant 8 pouces de long, 5 pouces de large et 2 pouces et demi de haut. On fait sécher ces carreaux à l'air et au soleil, et on les emploie à former un mur auquel on donne 16 pouces d'épaisseur.

Mais pour rendre cette clôture durable, on l'établit sur un mur en pierres liées avec de l'argile, ayant de 8 à 12 pouces de fondation et 18 pouces de haut, et l'on recouvre la partie supérieure du mur d'argile par un petit toit en paille ou en planches, auquel on donne 6 pouces de saillie sur le côté le plus élevé du mur, et 12 pouces sur le petit côté qui fait face au parc ; on l'affermit au moyen de bâtis en bois fixés dans le mur. Ces bâtis sont placés à 8 pieds de distance les uns des autres, et ont la figure suivante :

On y attache des lattes pour fixer le toit en paille, ou bien on y cloue des planches.

Ce mur doit avoir, y compris le toit, au moins 8 pieds et demi de haut, s'il renferme des cerfs, qu'on soit dans le cas de chasser avec des chiens courans, mais il suffit qu'il ait 7 pieds de haut, si le parc n'est destiné qu'au daim et au chevretil.

Lorsque ces murs en terre sont établis sur des fondations en pierres, et formés avec de l'argile bien adhérente, et qu'on a l'attention d'en entretenir le toit, ils durent presque aussi long-temps que ceux en pierres.

Clôtures en bois.

Ces sortes de clôtures peuvent se pratiquer partout et elles sont d'ailleurs promptement confectionnées. Il y en a de plusieurs espèces. Il faut qu'elles aient au moins 8 pieds de hauteur pour les cerfs et les daims, 7 pieds pour les chevreuils, et 6 pieds pour les sangliers.

Des palis.

Les palis exigent beaucoup de bois et sont par conséquent assez coûteux.

Duhamel, dans son *Traité des semis et plantations*, pag. 308, donne la figure d'un palis en charpente. En voici la description : on emploie, pour ce palis, des planches ou pales de chêne, de 1 pouce d'épaisseur et de 7 pieds de longueur, appointies par le bout supérieur. Ces pales sont solidement établies sur des travées de charpente de 9 pieds de longueur, formées par deux poteaux de bois carrés et assemblés à mortaises au milieu d'un patin, aussi de bois carré, posé horizontalement sur le terrain. L'assemblage du poteau avec le patin est affermi par deux liens. Deux lisses, ou fortes membrures, de 9 pieds de longueur, posées horizontalement, l'une à 1 pied, l'autre à 6 pieds du terrain, sont assemblées à mortaises dans les deux poteaux qui terminent les travées ; enfin, les pales ou planches, étant clouées sur les lisses, forment la fermeture des travées.

M. Hartig indique une autre sorte de palis, qui

diffère de celle-ci en ce que les planches, au lieu d'être placées verticalement, sont posées horizontalement les unes au dessus des autres. En voici la description : on établit, à 8 ou 10 pieds de distance, des poteaux de chêne, de 11 pieds et demi de longueur, dans lesquels on a pratiqué une rainure de 3 pouces de profondeur et de 1 pouce et demi de large; les pieds de ces poteaux doivent être un peu charbonnés et goudronnés, pour résister plus long-temps à la pourriture. On les enfonce en terre de 2 pieds et demi de profondeur (1), et on les affermit solidement. On assemble, entre ces poteaux et dans leurs rainures, des planches refendues que l'on superpose les unes sur les autres, jusqu'à la hauteur de 6 pieds, sans laisser d'intervalle entre elles; alors on laisse un intervalle de 6 pouces pratiqué au moyen d'un coin placé dans la rainure de chaque poteau, et c'est à cette distance qu'on place une planche de la largeur de 10 à 12 pouces; enfin, à une égale distance, on met la dernière planche, qui doit avoir environ 6 pouces de largeur, et que l'on fixe avec des chevilles aux deux poteaux.

Toutes ces planches peuvent être de sapin ou de hêtre, de peuplier, etc.; cependant il est bon, pour prolonger la durée de la clôture, que la planche d'en bas soit en bois de chêne. On assure la solidité du palis, en affermissant chaque poteau par un arc-boutant d'une force suffisante, appuyé sur une pierre enfoncée dans la terre, ou sur des pieux de chêne. Dans l'intérieur des forêts, on place ces arcs-boutans alternativement en dehors et en dedans de l'enceinte; et, quand la clôture traverse des terres ou des places vides exposées aux vents, on soutient chaque poteau par deux arcs-boutans, placés, l'un en dedans, et l'autre en dehors.

Autre clôture en planches.

Les deux clôtures que nous venons de décrire, et qui consistent à employer des bois de refente, exigent une grande quantité de bois de cette nature. Quand on veut économiser sous ce rapport, on emploie des planches; mais il y a plus de main-d'œuvre. Les planches qu'on emploie doivent avoir 1 pouce d'épaisseur et 16 pieds de longueur; on les cloue sur des poteaux placés à 8 pieds de distance, et alternativement d'un côté et de l'autre, comme dans cette figure :

Du reste, on procède comme pour la clôture précédente.

Palissades.

La hauteur des palissades doit être la même que pour les autres clôtures en bois, c'est à dire de 9, 8 ou 7 pieds, suivant les espèces d'animaux à renfermer dans le parc. On les établit de la manière suivante : on place, de 8 à 12 pieds de distance, des poteaux dont on a charbonné et goudronné le bout inférieur sur une longueur de 4 pieds, et on les enfonce en terre à 2 pieds et demi de profondeur; on les soutient par des arcs-boutans, comme il a été dit précédemment (1). Entre les poteaux, on creuse un fossé de 12 pouces de large sur 8 pouces de profondeur, et on y place verticalement des palissades de chêne, dont on a brûlé le bout inférieur jusqu'à 2 pieds de hauteur; ces palissades se dressent, soit à 2 pouces de distance, soit tout près l'une de l'autre. On remplit le fossé avec la terre qu'on a jetée des deux côtés, et on la bat solidement; puis on attache, avec des clous, sur les poteaux et les palissades, des traverses, à la distance de 18 pouces, depuis le haut jusqu'en bas.

Cette clôture, pour laquelle on peut employer des vieux chênes dont l'intérieur serait gâté, a une longue durée; et lorsqu'elle se pourrit au dessus de terre, on peut la restaurer et la faire servir encore presque aussi long-temps que la première fois. Pour cet effet, on enlève avec la scie toute la partie pourrie des poteaux et des palissades; on en brûle le pied de nouveau, et on redresse la clôture, en procédant comme nous venons de le dire. Mais comme, dans cet état, la clôture est trop basse, on lui procure de l'exhaussement, en faisant, à la scie, une entaille cunéiforme à la partie supérieure de chaque poteau, sur une profondeur de 8 pouces et 3 pouces d'ouverture, dans laquelle on implante un bout de poteau taillé en coin, et de 3 pouces d'épaisseur, 5 pouces de large et d'une longueur suffisante; on le fixe avec deux chevilles au poteau sur lequel il est greffé. Ensuite, on attache avec des clous, sur les poteaux ainsi allongés, une planche de sapin qui passe au dessus des palissades, et si cela ne suffit pas, on ajoute au dessus quelques fortes lattes.

Le chêne, à raison de sa longue durée, doit être préféré, pour cette clôture dans les pays où il n'est pas d'un très haut prix; celles qu'on fait en sapin ne durent que de six à huit ans. Cette sorte de clôture est celle qui convient le mieux pour les parcs de sangliers; mais, dans ce cas, il faut que les palissades soient rapprochées tout près l'une de l'autre, et enfoncées en terre de 18 pouces à 2 pieds, parce qu'autrement les sangliers pourraient les rompre.

Telles sont les espèces de clôtures les plus praticables pour l'établissement des parcs de chasse. Les autres méritent moins d'être recommandées; c'est pourquoi nous n'en parlerons point.

Des portes.

Il faut qu'un parc soit pourvu d'un nombre de grandes et de petites portes suffisant pour la commodité des personnes qui doivent le fréquenter. Les premières peuvent rester fermées, et leur nombre n'a point par conséquent d'influence sur la sûreté du

---

(1) En donnant aux poteaux une longueur de 2 pieds de plus, on se ménage la ressource de pouvoir les faire servir par la suite, lorsque le pied sera pourri, en les raccourcissant.

(1) Lorsque la clôture n'a que 7 pieds de haut, il suffit que les arcs-boutans aient 2 pieds au dessus de terre.

parc; quant aux autres, qui doivent rester ouvertes et être gardées par des personnes à gages, il faut que le nombre en soit restreint autant que possible.

Quand la clôture du parc est un mur ou un palis, les portes grandes ou petites peuvent être faites en planches; mais si elle consiste en une palissade ou en un treillage, on doit les construire avec de forts échalas espacés à 2 pouces. Les grandes portes, auxquelles on donne 10 à 12 pieds de largeur et une hauteur proportionnée à la clôture, doivent s'ouvrir en dedans du parc, afin qu'étant fermées, le gibier ne puisse les ouvrir en les poussant. Elles doivent joindre très exactement le seuil, qui est en pierre ou en bois, et avoir une pente suffisante pour se refermer d'elles-mêmes, quand on les pousse avec la main. Quant aux petites portes, qui sont destinées aux gens à pied ou à cheval, on ne leur donne ordinairement que 4 pieds d'ouverture, et on les dispose de manière qu'au moyen d'un poids suspendu, elles se referment d'elles-mêmes.

Sauts-de-loup.

Quand il y a du gibier sauvage autour d'un parc, et qu'on désire lui en faciliter l'entrée, il faut, dans l'endroit où ce gibier a l'habitude de s'approcher de la clôture, et où il peut voir paître les animaux du parc, que la clôture, dans cet endroit, soit un mur de même hauteur et de 12 à 16 pieds de longueur. Derrière ce mur, et par conséquent hors du parc, on élève le sol à une hauteur suffisante pour que le gibier extérieur puisse, sans difficulté et sans être remarqué, s'approcher du mur qui doit être couvert par de courtes broussailles. Alors, on forme, dans l'intérieur du parc et à 8 pieds du mur, une butte oblongue de 3 pieds d'élévation, afin que le gibier du dehors puisse sauter dans l'intérieur sans se blesser. Ces sauts-de-loup servent à prendre, notamment dans le temps du rut, plusieurs cerfs, daims et chevreuils mâles, parmi ceux qui se trouvent dans les environs du parc, et quelquefois même des femelles; mais, si on avait à craindre qu'ils ne servissent à introduire des loups ou des renards, il est évident qu'on ne devrait pas en établir.

II. *De la surveillance du parc.*

Il faut que le parc soit soumis à une surveillance spéciale, et qu'il y ait quelqu'un chargé de veiller à ce que les portes ne restent point ouvertes; à ce que les dommages faits aux clôtures soient promptement réparés; à ce que les délits de chasse et de bois soient prévenus ou réprimés; à ce que le gibier soit pourvu de nourriture, et, en général, à ce que tout ce qui concerne sa conservation soit ponctuellement exécuté. On choisit, pour ce poste, un homme robuste, soigneux, courageux et d'honneur, à qui on donne un traitement suffisant, et qu'on loge près de la grande porte, dans une petite maison, construite partie en dedans, partie en dehors du parc, pour qu'il puisse exercer sa surveillance sur les passans, et avoir toujours l'œil sur la porte.

Ce gardien fera tous les jours deux tournées, l'une le matin, et l'autre le soir, pour examiner s'il n'est pas arrivé quelque accident à la clôture, et si rien ne trouble la tranquillité du gibier.

Quand le parc est trop considérable pour un seul surveillant, il faut en établir plusieurs, et même, lorsque les circonstances l'exigent, y bâtir une maison pour un chasseur, auquel on confie la haute surveillance de l'ensemble du service.

III. *De la nourriture et de l'entretien des animaux.*

Lorsqu'on a pourvu à la clôture et à la garde du parc, on doit s'occuper de pourvoir à la nourriture et à l'entretien des animaux. Pour cet effet, il faut

Mettre quelques parties du parc en nature de terre labourable;

Établir et entretenir des prairies d'une étendue suffisante;

Favoriser la croissance du gazon dans le bois;

Entretenir un grand nombre d'arbres propres à fournir de la glandée et des fruits;

Se procurer de l'eau de bonne qualité et en quantité suffisante;

Établir des souilles;

Préparer des *saunières* ou *pains salés*;

Se pourvoir d'un approvisionnement suffisant de fourrage d'hiver;

Disposer des places commodes pour nourrir les animaux pendant l'hiver.

L'expérience apprend que le gibier prospère dans les lieux où il a une grande variété de nourriture.

Champs en culture.

Le moyen le plus facile de procurer au gibier une grande variété de nourriture est de former des cultures dans le parc. Pour cet effet, on ménage dans un ou plusieurs endroits du parc, et, autant que possible, à la proximité de la clôture, de petits espaces destinés à recevoir des cultures, que l'on divise en plusieurs parties par des clôtures de 7 pieds de hauteur, et qu'on dispose de manière à ce que chaque portion puisse, au moyen de claies mobiles, être ouverte et fermée à volonté. Ces réserves seront cultivées, partie en seigle, et partie en avoine, pois, vesce, sarrasin, trèfle, raves, etc.; et alternativement ouvertes et fermées aux animaux. On doit cultiver de préférence le seigle, l'avoine et le trèfle, parce que le gibier les aime beaucoup, et qu'après avoir été broutés, ils repoussent encore.

Si, par exemple, on sème du seigle de bonne heure en automne, on pourra, dès l'hiver, et lorsque la terre sera gelée, y introduire le gibier, qui y trouvera une bonne nourriture, et au printemps suivant cette culture offrira des ressources encore, si on la livre au pâturage dès que le seigle aura de 10 à 12 pouces de haut. L'avoine peut également être broutée de bonne heure, et si ensuite on la fauche en totalité, elle repousse promptement, et fournit une seconde fois la ressource d'un léger pâturage; le trèfle, qui est une nourriture très saine pour le gibier, offre l'avantage de pouvoir être mangé en vert et en sec.

Prairies.

Il faut aussi établir des prairies dans les parcs de chasse, avoir soin d'en faciliter l'irrigation, et y répandre des cendres pour en obtenir une plus grande quantité et une meilleure qualité de fourrage. A l'époque des foins, on en fauche la moitié, et quand l'herbe est un peu repoussée on fauche l'autre moitié, afin de ne point priver le gibier de sa nourriture. Si le foin qu'on a coupé est propre à servir de fourrage d'hiver, on le conserve; mais lors même qu'il ne serait bon qu'à servir de litière, il faudrait encore le couper, parce que l'herbe repoussera mieux, et qu'elle fournira une nourriture très recherchée par le gibier.

Herbage dans le bois.

Il faut aussi favoriser la croissance des herbes dans le bois, en éclaircissant, sinon les jeunes taillis, au moins les bois de moyen âge et les grands bois; et quand il se trouve de petites clairières, on les traite comme les prairies, en les nettoyant chaque année au printemps, et en y répandant des cendres, pour y faire croître de l'herbe de bonne qualité. Si on ne peut y en obtenir, on les cultivera, on y semera du sainfoin, ou de la luzerne ou du trèfle, et on les garantira de l'approche des animaux, en les tenant couvertes d'une grande quantité de branches d'épine, jusqu'à ce que les plantes recouvrent le sol et soient bien enracinées.

Arbres propres à donner des fruits.

On doit s'occuper de la multiplication de ces arbres, et, pour effet, planter des chênes déjà un peu forts, des châtaigniers à fruits doux et à fruits sauvages, des pommiers et des poiriers. Ces plantations doivent se faire dans les clairières, particulièrement dans les places où les animaux viennent prendre leur repas, dans les chemins et les carrefours; on les préserve de la dent du gibier jusqu'à ce qu'ils soient assez forts pour n'en plus éprouver de dommages.

L'un des arbres dont on doit le plus recommander la plantation dans les parcs de chasse, est le chêne d'Amérique connu sous le nom de chêne Banistéri, *quercus banisteri*, qui forme constamment le buisson, et se charge d'une prodigieuse quantité de glands, dès sa quatrième ou cinquième année. Cet arbre est déjà répandu en France, et M. Michaux, à qui l'on doit l'introduction de nombreuses espèces d'Amérique, peut en procurer des glands en quantité suffisante pour cet objet.

Eau.

Ce qu'on doit désirer le plus est un ruisseau traversant le parc. Mais, à défaut de cette ressource, on doit chercher à se procurer une eau toujours fraîche et pure, par l'établissement soit d'un étang, soit d'un petit lac, soit de tuyaux. On a soin, pendant l'hiver, de casser la glace sur le bord de l'étang, en y pratiquant des rigoles étroites, afin que le gibier ne puisse y tomber et y périr.

Souilles.

Les souilles sont nécessaires dans les parcs où il y a des cerfs et des sangliers. On les établit dans les lieux humides en creusant un peu le sol où l'eau se rassemble promptement; on peut aussi creuser légèrement plusieurs espaces, de quelques verges de superficie, près des étangs ou ruisseaux, dans lesquels on fait couler un peu d'eau, de manière à y former une fange de peu d'épaisseur, où le gibier se rafraîchit et se vautre plus volontiers que dans l'eau.

Pains salés.

On en établit dans les parcs où il y a des cerfs, des daims et des chevreuils, parce que ces animaux, de même que les brebis, aiment extraordinairement le sel, et que cette substance les entretient en bonne santé. Le lieu le plus propice pour cet objet est une petite place en nature de pré, ou une petite clairière couverte d'un bon gazon. Dans le milieu de cet emplacement, on forme un carré de 3 à 4 pieds, avec des pièces de bois de chêne refendues, de 15 à 18 pouces d'épaisseur, et recouvertes de leur écorce à l'extérieur; on peut aussi le former avec des morceaux de bois fixés les uns sur les autres, ou bien avec des planches de 3 pouces d'épaisseur. Enfin on peut, au lieu de cet espace carré, donner au pain salé la forme d'un gros tronc d'arbre pourri. On l'établit dans cet espace en procédant de la manière suivante.

On prend de l'argile qui soit bien douce, ou que l'on passe à la claie; on la mouille un peu et on en met dans l'espace ou cadre qu'on a préparé une couche de 4 pouces d'épaisseur, et par dessus on répand une couche de sel de 1 pouce d'épaisseur; puis on établit une nouvelle couche d'argile de 4 pouces d'épaisseur, on remue et on mélange le tout ensemble, et on continue ainsi jusqu'à ce que l'espace soit comblé en forme de dôme. On bat et on affermit solidement cette composition, et on répand du sel sur sa surface. Ce pain salé, ainsi établi, est bientôt visité par les animaux, si sa forme extérieure ne présente rien qui puisse leur donner de l'inquiétude.

Pour mieux reconnaître la trace des animaux qui visitent le pain salé, on a soin de remuer un peu la terre à quelques pas autour de ce dépôt, et de l'entretenir dans cet état; et toutes les fois qu'on y vient on efface avec les pieds les traces que l'on remarque sur le sol. On ne doit pas négliger non plus, lorsque le pain salé est établi dans un lieu du parc fréquenté par les bestiaux, de leur en interdire l'accès au moyen d'une clôture grossière que l'on établira à quelque distance, et à laquelle on ne donnera qu'une hauteur suffisante pour les arrêter, et qui puisse être franchie par les animaux sauvages.

Provision de fourrages de l'hiver.

Nous ne nous sommes occupés jusqu'à présent de la nourriture des animaux que pour le printemps, l'été et l'automne; mais, si on ne veut pas s'exposer à les voir dépérir pendant les neiges et les grands froids, il faut faire des approvisionnemens pour l'hiver. La meilleure nourriture pour le cerf et le daim est un foin tendre, du trèfle sec, ou des feuilles sèches (1), et, tant qu'il ne gèle pas, des fruits sauvages, des glands, des châtaignes et des pommes de terre; on donne aux chevreuils des gerbes d'avoine non battues, mêlées avec un peu de trèfle et de foin, des feuilles sèches et des glands; quant aux sangliers, on leur donne, dans les temps doux de l'hiver, des glands, des faînes, des fruits sauvages, des pommes de terre, des carottes, et quand il gèle, ou quand on ne peut rien se procurer à meilleur marché, des féveroles, des pois gris, de l'avoine, de la drèche, et d'autres grains. On nourrit les lièvres avec de bon foin et des choux que l'on plante dans un endroit fermé, et à la clôture duquel on ménage une ouverture suffisante pour l'introduction de ces animaux, et qui ne puisse donner accès aux autres bêtes.

On ne peut pas déterminer d'une manière absolue la quantité de fourrage nécessaire pour chaque espèce d'animal, parce que cela dépend de la nature du parc, des ressources naturelles qu'il présente, de sa contenance et de la température de l'hiver. Mais si le parc contient 800 hectares, et qu'il soit peuplé dans la proportion que nous avons indiquée au chapitre Ier, on peut calculer l'approvisionnement, pour un hiver ordinaire, de la manière suivante:

	Livres de foin.	Bottes de feuilles sèches ou ramée.	Bottes d'avoine
Pour chaque cerf.	300	50	»
Ou sans ramée.	500	»	»
Pour chaque daim.	150	25	»
Ou sans ramée.	255	»	»
Pour chaque chevreuil.	25	10	5
Ou sans ramée.	25	»	10

Quant à l'approvisionnement des lièvres, il consiste dans quelques voitures de mauvais choux qu'on a arrachés avec leurs racines et qu'on leur jette par portions dans un lieu clos; et, au besoin, on leur donne aussi quelques cents de foin. Ils n'ont pas besoin d'autre chose, parce qu'ils ramassent très exactement, dans les places à fourrage, ce que les autres animaux y ont laissé tomber.

Des places à fourrage.

Ces places sont celles où l'on donne à manger aux animaux; elles doivent être en nombre suffisant et disposées de manière qu'ils soient abrités des vents pendant l'hiver, qu'ils jouissent du soleil dans les jours sereins, et qu'ils aient un espace suffisant pour manger.

Pour les cerfs et les daims, on construit des hangars d'environ 30 pieds de long sur 20 pieds de large, et 9 pieds de hauteur, avec six ou huit colonnes qui supportent un toit en paille de 8 pieds de haut, et à deux pentes. Sous ce hangar, on établit un double râtelier pour y placer le fourrage, et l'on fixe, à chaque colonne, quatre crochets en bois pour pouvoir y pendre autant de bottes de feuilles sèches, de manière que la pointe de ces bottes ou bourrées touche presqu'à terre.

Indépendamment de ces hangars, on établit, dans plusieurs endroits du parc, notamment sur le revers méridional des éminences, des pieux de chêne qui se divisent, à la hauteur de 3 pieds, en plusieurs branches, ayant 2 pieds et demi de longueur, et qui sont amincies par la pointe, pour y accrocher, lorsqu'il fait beau, des bourrées de feuilles sèches, et même des bottes de foin bien liées, que les animaux viennent manger. Ces pieux ont à peu près la figure suivante. Les animaux de chaque espèce aiment mieux prendre la nourriture suspendue à ces pieux en plein air, que celle renfermée sous les hangars. On peut aussi, dans les endroits où les chevreuils se tiennent le plus volontiers, établir des couverts en se servant de quatre jeunes tiges d'arbres, rapprochées et disposées de manière à former à peu près un carré, et sur lesquelles on place, à 8 pieds de hauteur, un toit grossier que l'on construit avec des perches, des ramilles, des roseaux, etc. On plante, sous ce couvert, un pieu à fourrage que l'on garnit, afin que les chevreuils qui n'aiment point à aller sous les hangars puissent y venir prendre leur nourriture.

Quant aux glands et aux fruits sauvages qu'on a ramassés hors du parc, pour la provision des animaux, et qu'on a conservés dans un lieu à l'abri de la gelée, comme il ne conviendrait pas de les leur donner par terre, on fait construire plusieurs auges, ou, ce qui est préférable, on enfonce en terre des pieux opposés l'un à l'autre dans un plan incliné, et, l'on forme, avec deux planches que l'on pose par dessus, une espèce d'auge; on l'abrite de la neige, etc., en élevant une planche au dessus.

Il ne faut pas se servir d'auges pour les sangliers, car même en les enfonçant en terre et les fixant fortement avec un pieu, elles seraient bientôt culbutées. On leur jette leur nourriture par terre, soit par petits tas, soit dans un grand rayon circulaire, soit sur une longue ligne, dont on a balayé la neige et les feuilles; de cette manière les jeunes sangliers ne sont point maltraités par les vieux.

IV. *Des moyens de facilité et d'agrément pour la chasse.*

Ces moyens consistent dans l'établissement des routes ou allées, des chemins, des sentiers, des huttes de chasse, des cabanes, des embuscades, d'une maison de chasse et d'un beau jardin.

Des routes ou allées.

Il est nécessaire d'établir des routes dans un grand parc, pour pouvoir y aller en voiture et à cheval, et y tirer commodément dans les battues, en même temps que pour y placer avantageusement l'équipage de chasse. La largeur de ces routes ne peut être moindre de 14 pieds, et, lorsqu'il est possible, on lui

---

(1) Ce sont des ramilles chargées de leurs feuilles, que l'on coupe en août, à la longueur de 3 à 5 pieds, sur des chênes, charmes, ormes, frênes, tilleuls, châtaigniers, etc., dont on forme de petites bottes, et que l'on fait sécher au soleil.

donne de 18 à 24 pieds. Il faut avoir soin de les établir sur un sol ferme, de les rendre commodes pour la chasse, et faciles pour le cheval et les voitures, de les ouvrir sur de beaux points de vue, et, d'éviter autant que possible, qu'elles se rapprochent trop de la clôture, afin que l'on puisse y jouir d'une vue étendue. On ne doit point tenir à ce que toutes les routes ou allées soient droites : un mélange de routes droites et de quelques allées courbes est plus agréable.

Des chemins.

Indépendamment des routes principales, on établit des chemins propres à aller en voiture et à cheval. Il suffit qu'ils aient la largeur nécessaire pour le passage d'une voiture. On leur donne une forme largement sinueuse ou à grands arcs, et on les dirige dans le voisinage de tous les points où le gibier a l'habitude de se tenir ou de venir manger, pour pouvoir le tirer à cheval ou en voiture.

Des sentiers.

Lorsqu'on se propose de chasser à pied le gros gibier, on pratique des sentiers de 2 pieds et demi à 3 pieds de large. On les dirige en lignes sinueuses dans tous les cantons du parc, et notamment vers les endroits où les chemins n'ont pu, à cause de la localité, être pratiqués ; on les tient constamment nettoyés de feuilles, d'herbes et de branches mortes, afin de pouvoir y passer sans faire le moindre bruit et le plus commodément possible.

Huttes de chasse.

Il est très agréable d'avoir quelques points d'où l'on puisse, sans être aperçu, observer de près les animaux, soit dans les prés, soit sur les places à fourrage, et de pouvoir les compter, de tirer une pièce de gibier, lorsqu'on le désire. Pour cet effet, on pratique des huttes de chasse : ces niches se construisent sur de gros arbres voisins des endroits qu'on veut observer ; on les fait avec des planches de 7 pieds de haut, ou avec des bourrées bien épaisses, et on y place un siége garni d'appuis et d'une capacité suffisante pour contenir plusieurs personnes. Un escalier dérobé conduit à la niche.

Cabanes.

Mais comme on ne peut pas établir partout les huttes dont nous venons de parler, et que d'ailleurs il n'est pas agréable de s'y placer pendant l'hiver, on construit des cabanes près des pains salés, des champs cultivés, et des principales places à fourrage. On leur donne seulement 6 à 8 pieds de long et autant de large sur 7 pieds de hauteur ; les murs doivent être épais et garnis de plusieurs fenêtres à coulisse. Leur forme extérieure est celle soit d'une pile de bûches, soit d'un tas de branchages, soit de gros arbres rompus, ou d'une pile de bois à charbon. On y arrive, sans être aperçu, par un sentier placé derrière, et garni de planches ou de buissons épais.

Embuscades.

Tous les objets dont nous avons, jusqu'à présent, donné le détail sont utiles et même nécessaires dans tous les parcs de chasse ; mais dans ceux où l'on doit donner des chasses d'apparat, il est encore très avantageux d'établir des embuscades aux endroits propres au courre ou au tir (1) : on leur donne la forme d'un petit temple ou toute autre que l'on juge convenable d'adopter.

Maison de chasse.

Enfin, si le propriétaire du parc n'a pas sa maison d'habitation près de ce parc, il est utile qu'il y fasse construire une petite maison pourvue de chambres, d'une cuisine, d'une cave, d'une écurie et d'une remise.

Jardin.

L'établissement d'un joli jardin est une chose aussi utile qu'agréable. Le soin de cet établissement doit être confié à un bon jardinier.

Du peuplement d'un grand parc.

La saison la plus convenable est la fin de l'automne, parce qu'alors le gibier éprouve moins d'accidens pour être pris et transporté, et que la température favorise ces opérations.
Lorsque des forêts touchant au parc renferment le gibier dont on veut le peupler, on fait des battues pour l'y chasser, en le renfermant dans de longues enceintes garnies de toiles, que l'on resserre de plus en plus, et auxquelles on donne la forme d'un entonnoir qui aboutit au parc. Cette manière est la plus commode et la plus facile d'amener le gibier. Mais quand ce moyen n'est point praticable, il faut se procurer ailleurs les animaux dont on a besoin, et les faire transporter dans des caisses. (*Voyez* le mot *Caisse*.) Dans ce cas, il est doublement nécessaire de procéder en automne et avant l'hiver, attendu que, si la saison était plus avancée, on pourrait faire avorter les femelles pleines, en les prenant, et que si l'on procédait en été, on pourrait occasioner la perte des jeunes faons encore trop faibles pour être pris. — Il est généralement avantageux de peupler le parc de suite et complètement, lorsqu'on en a la possibilité, parce que c'est le moyen de le rendre utile et de pouvoir y jouir, sans retard, du plaisir de la chasse. Quant au nombre de bêtes de chaque espèce dont le parc doit être peuplé, nous l'avons indiqué dans le chapitre premier de cet article.

De l'entretien d'un grand parc.

Après avoir établi et peuplé un grand parc, l'on doit pourvoir aux moyens de l'entretenir dans le

---

(1) Voyez au mot *Cerf*, § XIV, la description de ces embuscades.

meilleur état possible. Pour cet effet, l'on veille à ce que les dégradations qui arrivent aux clôtures, aux bâtimens, aux routes et chemins, soient réparées sans aucun retard, et l'on fait des approvisionnemens suffisans de matériaux, dans le parc même, pour pouvoir en disposer au besoin.

On a soin aussi de tenir prêtes quelques toiles pour fermer les trous qui se font çà et là aux clôtures. On se pourvoit des vivres nécessaires, afin de pouvoir en donner exactement tous les jours aux animaux, dès que les circonstances l'exigent; il faut, au moins tous les dix ans, faire une coupe dans un canton d'une étendue suffisante, que l'on défend par une bonne clôture, pour que les bois s'y rétablissent et forment de nouveaux fourrés, et l'on veille à ce que la population du gibier se maintienne et ne diminue pas au dessous de ce qu'elle doit être à l'époque du printemps. Ce n'est que par un tel entretien, confié à la surveillance d'un bon agent, que l'on parvient à obtenir d'un grand parc tous les avantages qu'on s'en promet, c'est à dire l'*utilité* et l'*agrément*.

De l'exploitation du parc.

Pour que l'exploitation d'un parc soit conservatrice et avantageuse, on doit ne tuer, chaque année, qu'un nombre de bêtes, tel qu'à chaque printemps, la population soit constamment la même que celle qu'on a une fois déterminée. Il faut aussi que la proportion qui doit exister entre les femelles et les mâles ne soit pas dérangée d'une manière notable; enfin on ne doit tuer le gibier que dans la saison où il est le plus profitable. Pour exploiter un parc de cette manière, il faut, avant toute chose, dresser un état aussi complet que possible de tous les animaux qui existent dans le parc, et sur lequel on porte non seulement le nombre des bêtes de chaque espèce, mais encore celui des faons, des biches, des brehaignes, des daguets et des cerfs gros et moyens; s'il y a des chevreuils, le nombre des faons, des chevrettes et des brocards; enfin, à l'égard des sangliers, le nombre des marcassins, des ragots, des tiers-ans, des quartans, des laies et des vieux sangliers. Ce tableau ou registre de chasse se rectifie tous les hivers; et, quand les femelles ont mis bas, on y ajoute le nombre des jeunes faons et marcassins. En comparant l'état primitif et l'accroissement de la population avec le nombre des animaux qu'on a tués, et qui est porté sur un registre particulier, on a, dans tous les temps, la situation aussi exacte que possible de la population actuelle. Au moyen de ce calcul, on peut fixer, chaque année, le nombre et la qualité des bêtes qu'on devra tuer. Le nombre des bêtes à tuer dépend de celui des bêtes existantes; quant à celui des bêtes de chaque qualité, il se détermine d'après les règles suivantes :

1°. A l'égard des cerfs et des daims, le nombre des gros mâles, dans le temps du rut, doit être, relativement à celui des autres bêtes, dans le rapport de 1 à 6; à l'égard des chevreuils, le nombre des brocards doit être, à la même époque, avec celui des chevrettes (*voyez* ce que nous disons à cet égard au mot *Chevreuils*), dans le rapport de 1 à 3, et à l'égard des sangliers, le rapport des grands animaux de l'espèce doit être, avec celui des laies, comme 1 à 6.

2°. Le nombre des vieilles biches, à l'époque du rut, doit être, pour les cerfs, au moins d'un sixième plus fort que celui déterminé sur le registre de chasse pour être tué chaque année; mais, à l'égard des daims, le nombre des femelles doit être d'un sixième plus faible que celui des bêtes de l'espèce que l'on doit tuer.

3°. On doit tuer de préférence les cerfs, les daims, les chevreuils et les sangliers qui sont parvenus à tout leur accroissement, ainsi que les très vieilles biches, toutes les bêtes qui ont reçu des coups ou sont estropiées, et les jeunes faons tardifs.

4°. Les cerfs, les daims et les chevreuils doivent être tués à l'époque où leur peau a le plus de prix : les sangliers, quand ils sont le plus en graisse; et les lièvres, dans les mois de novembre, décembre et janvier : on ne doit tuer, dans les intervalles de ces époques, que les pièces dont on peut avoir besoin, en en restreignant le nombre autant que possible. Nous avons indiqué, au mot *Chasse*, les autres objets relatifs à l'exploitation de la chasse. (*Voyez* ce mot.)

CHAPITRE III. — DE L'ÉTABLISSEMENT D'UN PARC DESTINÉ PARTICULIÈREMENT POUR LE CERF, OU POUR LE DAIM, OU POUR LE CHEVREUIL.

Comme on a traité, dans le chapitre précédent, de l'établissement d'un grand parc pour les cerfs, les daims et les chevreuils à la fois, et que les mêmes principes peuvent s'appliquer à l'établissement d'un parc particulier pour le cerf, ou pour le daim, ou pour le chevreuil, il est inutile de les rappeler ici. Nous ferons seulement remarquer que la clôture d'un parc pour le cerf ou pour le daim doit avoir de 8 à 9 pieds de haut, et pour le chevreuil 7 pieds, et que dans un petit parc fortement peuplé il faut avoir des provisions de vivres dans toutes les saisons. Les parcs de cette espèce ne procurent jamais les véritables agrémens de la chasse, parce que le gibier, resserré dans une enceinte trop étroite, y devient à demi privé.

D'un autre côté, la dépense pour les provisions de vivres est proportionnellement bien plus considérable que pour un grand parc. En effet, on calcule ainsi ces provisions :

Pour chaque cerf ou biche :

	Livres d'avoine.	Livres de foin.
Pendant les 6 mois d'été. .	50 à 75	300 à 500
Pendant les 6 mois d'hiver.	75 à 100	500 à 700
Total pour l'année.	125 à 175	800 à 1200

Pour chaque daim :

Pendant les 6 mois d'été. .	30 à 40	180 à 250
Pendant les 6 mois d'hiver.	40 à 60	280 à 350
Total pour l'année. .	70 à 100	460 à 600

Pour chaque chevreuil :

Pendant les 6 mois d'été. .	15 à 20	90 à 120
Pendant les 6 mois d'hiver.	20 à 25	140 à 175
Total pour l'année. .	35 à 45	230 à 295

Quand il y a des glands, des faînes ou d'autres ressources naturelles, les proportions doivent être moins fortes.

A l'égard du chevreuil, il faut remarquer qu'il préfère une nourriture naturelle à celle qu'on lui donne, et que, par conséquent, il est assez difficile d'apprécier la quantité de sa nourriture artificielle.

CHAPITRE IV. — De l'établissement, du peuplement, de l'entretien et de l'exploitation d'un parc de sangliers.

On sait que les sangliers qui vivent en liberté dans les forêts causent des dommages considérables à l'agriculture; et nous avons fait remarquer aussi qu'on ne les plaçait pas avantageusement dans les parcs avec les autres animaux, parce qu'ils fouillent les endroits gazonnés et ruinent les cultures qu'on fait dans ces parcs; ils sont d'ailleurs dangereux pour les jeunes faons et pour les lièvres. Ainsi, pour avoir des sangliers qui causent le moins de dommage possible, il faut les placer dans un parc particulier. Ce parc, s'il s'agit d'y renfermer un nombre un peu considérable de sangliers, que l'on veut abandonner à eux-mêmes, sans leur donner leur nourriture chaque jour, doit avoir une grande étendue, parce qu'un sanglier, dans l'état de liberté, a besoin d'un grand espace, même lorsqu'il est placé favorablement sous le rapport de la glandée, pour trouver de quoi subsister. Il faut donc faire clore un canton de forêt très étendu, même pour un nombre borné de sangliers, si l'on veut éviter les frais qu'exige leur nourriture; ce qui, d'un autre côté, donne lieu à une dépense considérable pour l'établissement et l'entretien des clôtures. Ainsi, comme il n'y a, d'aucune manière, avantage d'entretenir des sangliers sauvages, ni même possibilité d'éviter les dommages notables qu'ils causent; il faut ou renoncer tout à fait à ce gibier, ou se résigner à le nourrir, sans interruption, dans une petite remise de 15 à 20 hectares.

Mais comme l'on ne peut prendre aucun plaisir à chasser dans un espace aussi resserré, l'on cherche ordinairement à rattacher cette remise de sangliers à un grand parc, afin de pouvoir, au moyen d'une porte à coulisses, faire entrer dans ce dernier les sangliers que l'on veut chasser. Cette disposition présente encore l'avantage d'éviter les frais d'une surveillance spéciale pour la remise, et de faire servir à la clôture de ce petit parc une partie de celle du grand.

Lorsqu'on veut procéder à l'établissement d'une remise de ce genre, on fait choix, à l'attenance du grand parc, d'un canton de bois d'une étendue suffisante, peuplé d'un grand nombre d'arbres portant fruit, notamment de chênes, et d'un taillis épais, et particulièrement garni de coudriers; il est bon aussi qu'il renferme quelques jeunes arbres, pins ou sapins; enfin, ce canton doit présenter quelques endroits marécageux et garnis de bois, être pourvu d'eau, ou dans le cas d'en recevoir à peu de frais. On entoure ce canton d'une palissade. Il faut que cette palissade soit bien serrée, enfoncée de 1 pied et demi à 2 pieds en terre, et haute de 6 pieds. Cette remise doit être traversée par des allées en croix ou formant l'étoile; et l'on construit dans le milieu, ou dans un autre endroit convenable, une petite maison de chasse, pourvue d'un cellier, pour la conservation des vivres destinés aux sangliers, et, à sa partie supérieure, d'une chambre propre à recevoir une société, afin que de cette chambre on puisse voir les sangliers qui viennent tous les jours prendre leur nourriture, et pour pouvoir aussi en tuer, lorsqu'on le désire.

Si l'on veut se ménager un moyen facile de faire entrer dans le grand parc les sangliers d'une certaine grosseur, ou de les prendre dans des caisses, on établit dans la remise, et près de la clôture commune, une enceinte ou chambre de cinquante pas en carré avec des palissades; on y laisse une porte de 5 pieds de large, et l'on construit, à l'angle où l'un des côtés de cette enceinte aboutit à la clôture du grand parc, une loge de laquelle on puisse, au moyen d'un cordon, tirer la porte dont nous avons parlé. On fait faire aussi, sur la clôture commune du grand parc et de la chambre, quatre petites portes à coulisses, de 2 pieds et demi de large sur 3 pieds et demi de haut; et de l'autre côté, c'est à dire dans le grand parc, on place en face de chaque ouverture une forte caisse de mêmes hauteur et largeur, ayant 7 ou 8 pieds de long, qui se ferme à sa partie postérieure par une porte à coulisse, formée de fortes barres de fer à la distance de 3 pouces les unes des autres.

On donne constamment à manger aux sangliers dans la petite enceinte ou chambre, et quand on veut en faire passer quelques uns dans le grand parc, l'on saisit le moment où ceux que l'on y destine soient entrés dans la petite enceinte pour y prendre leur nourriture, et l'on ferme la porte. Ensuite, des hommes vont se placer de chaque côté de la clôture devant les portes à coulisses des caisses, et lèvent les portes d'entrée qui sont en bois, de manière que la clôture paraît alors percée de plusieurs trous à jour, à travers lesquels les sangliers cherchent à pénétrer dans le parc. Lorsqu'un sanglier que l'on veut y faire entrer est arrivé dans la caisse, on laisse tomber la porte d'entrée, et on lève la grille de fer qui forme la porte de sortie; mais si le sanglier, qui a pénétré dans la caisse, ne convient point pour le grand parc, on ne lève point la grille : il rebrousse bien vite voyant un obstacle à sa sortie.

Lorsqu'une remise à sangliers est disposée, on s'occupe de la peupler en raison de son étendue, et de manière à avoir chaque année de forts sangliers à faire passer dans le grand parc pour la chasse. Quoique dans une remise de 15 à 20 hectares on puisse entretenir de soixante à cent sangliers, en leur donnant de la nourriture pendant toute l'année, il vaut mieux et il est plus économique d'en borner le nombre à cinq pour 2 hectares (1). Ainsi, une remise de 20 hectares doit contenir, à chaque printemps, cinquante sangliers, et, pour commencer,

---

(1) M. Hartig borne le nombre à un sanglier par arpent du Rhin, contenant 40 ares 34 centiares; ce qui fait à peu près 5 pour 2 hectares.

vingt mâles depuis l'âge du marcassin jusqu'à un âge plus avancé, et cinq laies de deux à quatre ans. Si l'on conseille de le peupler d'abord d'un nombre aussi fort de sangliers mâles, c'est pour qu'on puisse tous les ans en faire passer plusieurs de différens âges dans le grand parc, pour la chasse. Supposez maintenant que chaque laie donne, terme moyen, cinq marcassins par an, l'on aura un accroissement annuel de vingt-cinq animaux, qui formera l'objet de l'exploitation en gros et petits sangliers. Il faudra cependant retrancher les jeunes laies qui seraient en nombre surabondant à l'automne, et épargner les jeunes mâles, parce que la chasse de ceux-ci procurera plus de plaisir par la suite.

Il n'est pas facile de prévoir si les frais d'entretien d'une semblable remise seraient en rapport avec les produits; cependant il y aura incontestablement économie sur la nourriture dans les années fécondes en glands et en faînes, les animaux trouvant alors leur nourriture dans le parc, ou bien les forêts voisines fournissant les moyens de leur en procurer. Dans tout autre temps, il faudra leur donner à manger deux fois par jour; savoir, dans les temps doux, des pommes de terre, des carottes et des fruits sauvages, que l'on entremêle avec des féveroles, des pois gris, de l'avoine, de la drèche, etc., et divers autres fruits. Dans les gelées, on ne leur donne que du grain, parce que les fruits des arbres et les légumes geleraient, et que dans cet état ils sont malsains. Quand le terrain de la remise produit une grande quantité de vers, de chrysalides, etc., que les sangliers recherchent avec avidité, cela contribue encore à l'économie de la nourriture et à la santé des animaux; mais cette ressource n'empêche point qu'on ne doive, dans les années où il n'y a pas de glands, calculer, de la manière suivante, la quantité de nourriture nécessaire à chaque animal.

AGES DES ANIMAUX.	GRAINS pendant		POMMES DE TERRE pendant	
	l'été.	l'hiver.	l'été.	l'hiver.
	livres.	livres.	livres.	livres.
Marcassin de moins d'un an........	90	180	»	»
ou........	60	120	100	200
Sanglier au dessus d'un an, jusqu'à deux ans.......	180	360	»	»
ou........	120	240	200	420
Grand sanglier....	360	550	»	»
ou........	240	370	420	630

Ainsi, il faudra pour l'année :

	Grains purs.	Grains et pommes de terre.	
	liv.	liv.	liv.
1°. Pour un marcassin au dessous d'un an....................	270	ou 180 et	300
2°. Pour un sanglier au dessus d'un an...........	540	ou 360 et	620
3°. Pour un grand sanglier......	910	ou 610 et	1050
Totaux........	1720	ou 1150 et	1970

En supposant que chaque âge forme le tiers de la population, chaque animal consommera 540 livres de grains purs, ou 383 livres de grains, et 657 livres de pommes de terre. La population moyenne étant de cinquante bêtes, il en résultera une consommation de 270,000 livres de grains purs, ou de 191,500 livres de grains et de 328,500 livres de pommes de terre.

Si l'on estime maintenant la valeur de cette nourriture d'après les prix locaux, et si, en y ajoutant les autres frais, on en compare le montant avec le produit du parc, nul doute que l'on ne trouve un déficit considérable; mais ce déficit diminue, et même il y a avantage, si l'on calcule les dommages que les sangliers qu'on entretient dans une forêt ouverte causent aux récoltes et aux prairies qui les avoisinent, et dont, en France, le propriétaire de la forêt serait passible, d'après la jurisprudence actuelle. (Voyez *Lapin*.)

On trouvera au mot *Chasse* et *Faisanderie* le complément de cet article.

Section II.
Dispositions réglementaires concernant les parcs.

L'ordonnance de 1669, art. 24 du titre XXX, faisait défenses à toutes personnes de faire aucuns parcs ou clôtures en maçonnerie dans l'étendue des plaines des maisons royales, sans permission expresse de Sa Majesté. Mais aujourd'hui que tout propriétaire peut employer son terrain à l'usage qu'il juge convenable, la défense portée par l'ordonnance de 1669 est anéantie.

Elle faisait aussi défenses à ceux qui avaient des parcs, jardins, vergers et autres héritages dans l'étendue des capitaineries royales, de faire aux murailles aucuns trous, coulisses ni ouvertures qui puissent donner entrée au gibier, autres que les chantepleures et ventouses servant à l'écoulement des eaux, à peine de 10 livres d'amende. (*Art.* 21 et 22 *du titre* XXX.)

Sur cet article, nous ferons observer que tout moyen qui tend à s'approprier le gibier renfermé dans un parc est une tentative de vol, et que le propriétaire du parc a le droit de s'y opposer. Mais si les ouvertures dont parle l'ordonnance ne sont pas dans le cas de procurer l'évasion du gibier, on ne voit pas que le propriétaire du parc soit en droit de les faire boucher.

Par arrêt du Conseil du 17 octobre 1707, il avait été fait défenses à tous ceux qui avaient des parcs dans l'étendue des capitaineries royales d'y chasser, sous quelque prétexte que ce soit, sans une permission expresse de Sa Majesté ou du capitaine. Le même arrêt enjoignait aux seigneurs hauts justiciers de souffrir les visites que les capitaines pourraient faire ou faire faire par leurs officiers, gardes, pour la conservation du gibier; sauf aux propriétaires de faire accompagner lesdits officiers ou gardes dans leurs visites. Enfin il permettait aux capitaines de tirer dans l'étendue desdits parcs, quand bon leur semblerait, sans néanmoins que les autres officiers des chasses puissent user de cette liberté, qui était réservée aux seuls capitaines, à la charge encore d'en user modérément.

Mais le même principe, qui veut qu'un propriétaire fasse de sa chose l'usage qui lui convient, s'oppose aujourd'hui à l'application de l'arrêt ci-dessus.

Les nouvelles lois laissent donc la liberté, même aux propriétaires des terrains situés dans l'étendue des chasses royales, d'y former des parcs et d'y chasser quand bon leur semble.

L'article 391 du *Code pénal* répute *parc* ou *enclos* tout terrain environné de fossés, de pieux, de claies, de planches, de haies vives ou sèches, ou de murs, de quelque espèce de matériaux que ce soit, quelles que soient la hauteur, la profondeur, la vétusté, la dégradation de ces diverses clôtures, quand il n'y aurait pas de porte fermant à clef ou autrement, ou quand la porte serait à claire-voie et ouverte habituellement.

Ainsi tout enlèvement frauduleux commis dans un parc est considéré comme vol commis dans un enclos, et doit être puni suivant les circonstances avec lesquelles il a eu lieu. S'il est commis sans aucune circonstance aggravante, il est puni comme simple vol ; s'il est commis à l'aide d'un des moyens énoncés dans le n° 4 de l'article 381 du même Code, il est puni de la peine des travaux forcés. (*Voyez* l'article 384 de ce Code.)

Mais ces dispositions s'appliquent-elles au vol de gibier dans un parc ? L'affirmation ne paraît point douteuse, puisque ce gibier est la propriété du possesseur du parc, comme un troupeau de moutons est la propriété de celui qui le renferme dans un parc mobile. Enfin ce gibier est dans un terrain clos, il y a été renfermé par le propriétaire, il y est nourri et entretenu à ses frais. Les animaux de ce parc sont devenus des animaux domestiques, puisque le propriétaire serait responsable des dégâts qu'ils pourraient commettre en s'échappant ; il est juste qu'il trouve dans la loi une garantie plus forte que s'ils étaient libres dans une forêt non close. L'ordonnance de 1669, titre XXX, art. 10, considère d'ailleurs comme voleur celui qui détruit les rabouillères dans une garenne ; l'on doit donc, et à plus forte raison, considérer comme tel celui qui prend dans un parc des animaux de plus grande valeur. (*Voyez*, au surplus, ce que nous avons dit à cet égard au mot Garenne.)

PARC. On appelle ainsi l'enceinte des toiles dans lesquelles on enferme les bêtes noires pour les courir ou pour les tuer. (*Voyez* Loup, Sanglier.)

PARCHASSER. C'est chasser une bête avec les chiens courans lorsqu'il y a deux ou trois heures qu'elle est passée ; ce que l'on appelle aussi *rapprocher*. On dit encore : les chiens *parchassent* ; nous n'avons fait que *parchasser*, lorsque les chiens crient peu, qu'ils mettent le nez à terre long-temps sans en reprendre avec ardeur, et qu'ils suivent une voie sans la goûter.

PARÉ. Pied paré : pied usé, parce que l'animal a vécu dans un terrain dur et pierreux ; ce qui lui a usé le pied plus que le comporte son âge.

PAREMENT. En fauconnerie, c'est le nom de diverses mailles ou couleurs qui parent les ailes des oiseaux de proie.

En vénerie, c'est le nom d'une certaine chair rouge, qui est attachée à la nappe ou peau du cerf.

PARIADE. Terme employé pour signifier le temps de l'accouplement des perdrix pendant lequel on ne doit point chasser.

PARLER AUX CHIENS. On ne dit pas *crier aux chiens*, ni *après les chiens*, on dit *parler aux chiens*. Lorsqu'on parle aux chiens, il faut allonger la prononciation des mots, en décomposer les syllabes, et pour ainsi dire les chanter, comme, par exemple : *au-coute ; a-o-coute ; ha-va mo-dor, hâ-mu-ti-na-au*. Il faut en général que les mots soient sonores et la prononciation claire.

PARONS ou PAIRONS, ou PERRONS. Pères et mères de tous les oiseaux de proie.

PASSAGE. (Chasse). Oiseaux de passage. On appelle ainsi les oiseaux qui ne restent pas toute l'année dans un pays, tels que les *bécasses*, les *vanneaux*, les *pluviers*, les *grues*, les *cigognes*, les *sarcelles*, les *oies* et *canards sauvages*, les *cailles*, le *biset*, le *rollier*, la *fauvette*, le *loriot*, le *rossignol*, etc. Les oiseaux sédentaires sont ceux qui ne quittent point le pays, tels que les *moineaux*, les *pinsons*, les *verdiers*, les *linottes*, les *pies*, les *gros-becs*, les *mésanges*, les *chardonnerets*, etc.

PASSÉE. C'est un grand filet, ou espèce de pantière à prendre les bécasses ; on le dit aussi de l'endroit où passent les oiseaux voyageurs, et de la trace du pied d'une bête. On le dit également de la place où les animaux ont coutume de passer. On dit : *Etre à la passée, heure de la passée*.

PASSE LE CERF, PASSE, PASSE, PASSE, PASSE. Termes dont les piqueurs se servent lorsqu'ils voient le cerf, après avoir rappelé les chiens.

PASSEREAU. C'est ainsi qu'on nommait autrefois le *moineau franc*.

PASSEREAU SAUVAGE. L'oiseau qu'on appelle ainsi, en Provence, est, selon Buffon, une simple variété du *friquet passercau*, ordre d'oiseaux qui se divise en quatre sections, la première comprenant le *gros-bec*, le *bruant*, le *pinson* ; la deuxième, l'*hirondelle*, l'*engoulevent*, etc. ; la troisième, la *grive*, le *gobe-mouche*, etc. ; la quatrième, l'*étourneau*, l'*alouette*, le *hoche-queue*.

PASSERON. C'est, en Provence, le *moineau franc*.

PASSERON DE MURAILLE. Nom du *friquet*, en Provence.

PASSE-SOURDE. C'est la fauvette d'hiver.

PASSETEAU. Nom vulgaire du friquet.

PASSETIER, PASSERET, ou PRENEUR DE PASSE. Dénominations vulgaires de l'*émérillon* en quelques cantons de France.

PASSIÈRE. C'est le moineau franc en Saintonge.

PASTER ou PATER. On dit, en terme de vénerie, qu'un lièvre a pâté, quand il emporte la terre avec ses pieds dans les lieux que la pluie a rendus humides.

PAT. C'est ainsi qu'on appelle la nourriture des oiseaux de fauconnerie.

P<small>AT</small>. Mélange de farine et de son, que l'on détrempe dans des lavures pour nourrir les chiens.

PATAUD. Jeune chien qui a de grosses pattes.

PATTE. C'est le pied du loup qui consiste dans le talon, les doigts, les ongles et la fossette qui est dans le milieu, et qui en forme la connaissance sur la terre.

PAUFORCEAU. Piquet dont se servent les oiseleurs et preneurs de pluviers, pour soutenir avec force le filet tendu pour attraper des oiseaux.

PAUMILLE. Machine composée de plusieurs pièces, dont les oiseleurs se servent, et où ils mettent un oiseau en vie pour appeler. Cet oiseau s'appelle *moquette*.

PAUMURE. Sommet de la tête du cerf, où il se fait plusieurs divisions de son bois.

PAVILLON. C'est la grande ouverture de la trompe ou cor de chasse, par laquelle sortent les sons.

PAYS. En termes de chasse, on dit: *Grand pays*, *grand bois*, pour dire une grande étendue de terrain dans laquelle on chasse.

PEINES pour contravention aux réglemens sur la *chasse*, le port d'armes et le *braconnage*. (*Voyez* ces mots dans le présent Dictionnaire, et les mots *Amende*, *Délit*, *Confiscation*, *Récidive*, dans le *Dictionnaire des forêts*.)

PELAGE, du latin *pelus*, poil. C'est la principale couleur de certains animaux. L'hermine, la marte ont le *pelage* fin et soyeux; le cerf l'a ordinairement couleur de fauve. On dit: *Voilà un chien d'un pelage gris ; un cerf d'un pelage brun ou blond*, et non pas d'un poil *brun ou blond*.

PÉLERIN (Fauconnerie). C'est le faucon passager. (Voyez *Faucon*.)

PÉLICAN, *pelicanus albus*, Lath. Oiseau de mer dont le bec est en forme de cognée de 9 à 10 pouces de long; il égale le cygne en grosseur, mais ses ailes ont beaucoup plus d'envergure, son vol est plus aisé, plus soutenu; tantôt il s'élève à une hauteur prodigieuse, tantôt il rase la surface des eaux pour se précipiter d'à-plomb sur sa proie.

Quand son sac ou sa poche est rempli de poissons, il se retire sur quelques pointes de rocher pour manger et digérer à son aise. Il presse cette poche contre sa poitrine, pour en faire regorger le poisson ; c'est sans doute ce qui aura donné lieu à la fable qui le représente se déchirant le sein pour en nourrir ses petits.

Les pélicans sont d'une si grande voracité, qu'un seul engloutit dans une seule pêche autant de poissons qu'il en faudrait pour le repas de six hommes. En captivité, il mange les rats et autres petits quadrupèdes.

Ils sont répandus dans toutes les contrées méridionales de notre continent ; mais ils sont rares en France. On en voit quelquefois sur les étangs et les lacs, en Languedoc et en Provence.

La chair du pélican est de mauvais goût, grasse et huileuse.

Quelques sauvages ont réussi à dresser le pélican à la pêche, et à l'obliger à partager sa proie avec eux.

PELOTÉE. Lice *pelotée* ou couverte par un chien.

PELOUSE. Terrain où il n'y a que de l'herbe.

PELURES. (Voyez *Perlures*.)

PENNAGE, du latin *penna*, plume, plumage. Ce mot se dit, en général, des plumes qui recouvrent tout le corps d'un oiseau; mais l'on s'en sert plus particulièrement pour désigner le plumage des oiseaux de proie. On dit : *Pennage blond, pennage cendré, moucheté*, etc.

PENNES, du latin *penna*, plume. Les *pennes* sont les grandes plumes des ailes et de la queue des oiseaux de proie. Aujourd'hui, on emploie cette expression pour désigner les mêmes plumes dans tous les oiseaux.

Les fauconniers regardent comme un signe de la beauté d'un oiseau de vol d'avoir les pennes croisées ; ils appellent aussi celles de la queue le *balai*.

PÉPIE. Maladie des oiseaux de vol et des volailles ; le manque d'eau, l'eau sale ou bourbeuse, la chair salée ou corrompue en sont la cause ordinaire. Cette maladie se manifeste par une petite peau blanche qui couvre la langue des oiseaux, et elle se guérit en arrachant cette peau ; on lave ensuite la langue avec du vin ou avec un peu d'eau et de sel.

PERCER. On dit qu'un cerf a *percé* dans un bois quand il tire de long et qu'il va sans s'arrêter. On dit aussi que les piqueurs doivent *percer* dans le fort, s'ils veulent détourner le chevreuil.

Percer au fort, piquer au fort, c'est passer à travers les endroits les plus fourrés.

Lorsqu'en chassant, les chiens traversent une route ou un chemin. On dit, en leur parlant : *Perce, perce!* et on nomme les chiens de tête : *Ah! Thibau, oh! Belau, perce!*

PERCHANS. Oiseaux que l'on emploie pour attirer ceux qui volent en liberté autour d'eux, et les prendre dans des filets. (Voyez *Appelant*.)

PERCHE. On nomme *perche* la tige du bois ou de la tête du cerf, du daim et du chevreuil où sont attachés les andouillers.

PERCHES ou PLIANS. C'est ainsi qu'on nomme les branches qu'on élague et qu'on plie dans les avenues des pipées pour y tendre des gluaux.

PERCHOIR. Lieu où se perchent les oiseaux de proie.

PERÇOIR. Instrument dont se servent les *oiseleurs*. (*Voyez* ce mot.)

PERCHEUSE. Dénomination sous laquelle on connaît la *farlouse* dans quelques parties de la France, à cause de l'habitude qu'a cet oiseau de se percher, quoique difficilement, sur les arbres. (Voyez *Farlouse*.)

PERENOPTÈRE. C'est une espèce de *vautour*. (*Voyez* ce mot.)

PERDREAU. Nom que l'on donne aux perdrix dans leur jeune âge.

PERDRIX, *perdix*. Genre d'oiseaux de l'ordre des gallinacés, qui renferme un grand nombre d'espèces dont quatre ou cinq seulement fréquentent nos contrées.

La PERDRIX GRISE, *perdix cinerea*, Lath. (*Pl.* 16, *fig.* 2), est un oiseau qui appartient à la petite chasse.

Description. Longueur, 12 à 13 pouces; grosseur, 18 pouces; poids, 1 livre et demie à 2 livres; bec couleur de corne, de 9 lignes de long, un peu recourbé en dessus; iris d'un rouge brun; yeux entourés d'un cercle rouge, nu et mamelonné; queue très courte; jambes de 2 pouces de haut, nues jusqu'aux genoux; pennage d'un fond gris, marqué de points bruns et noirs, et relevé par des lignes transversales, tête d'un roux clair, mêlé de gris; queue d'un brun roussâtre avec une bande ponctuée de noir; ventre cendré; poitrine de même couleur avec une large tache de couleur marron en forme de croissant.

Le mâle se distingue de la femelle par sa tête d'un roux plus prononcé, par un cercle plus large et plus vif autour des yeux, par un ergot obtus, et une large tache en fer à cheval et d'un brun foncé, qui recouvre sa poitrine, tandis que la femelle n'a, sur cette partie, que quelques plumes brunes, irrégulièrement placées. Les jeunes coqs ne prennent ce fer à cheval que vers l'arrière-saison. Les perdrix, dans leur premier âge, sont d'un jaune verdâtre, et elles deviennent ensuite d'un gris foncé. On trouve aussi, quoique rarement, des variations dans les nuances et la distribution des couleurs: il y a, par exemple, des perdrix couleur de crème, d'autres à collier blanc ou brunes; ou à menton et collier roux, ou variées de blanc ou totalement blanches.

Le vol de la perdrix se fait avec beaucoup de bruit; il n'est ni très prompt, ni élevé, ni de longue durée; mais, en revanche, cet oiseau court très vite. Le cri de la perdrix est aigre et imite assez bien le bruit d'une scie.

Habitation. Les perdrix grises se trouvent presque partout en Europe, mais en très petit nombre dans les pays froids du nord. Elles se plaisent dans les champs de grande étendue, où il y a beaucoup de buissons, des boqueteaux ou des remises où elles se retirent quand elles sont poursuivies; elles aiment aussi les campagnes bornées de bois, de vignes. Jamais elles ne s'éloignent du canton où elles sont nées; seulement elles se rapprochent en automne et pendant l'hiver des lieux où elles peuvent trouver de la nourriture. Si, à ces époques, elles sont trop tourmentées, elles s'en écartent quelquefois d'une lieue pour chercher un endroit plus tranquille. On sait qu'elles ne se reposent ni sur les arbres ni sur les buissons; elles se tiennent toujours à terre.

Nourriture. Les graines de toute espèce de plantes, surtout le blé, le sarrasin, le millet, l'orge, l'avoine, l'épeautre, les feuilles tendres des céréales, le gazon, les herbes, les baies de genièvre, le raisin, les vers, les insectes et les chrysalides des fourmis, qu'on appelle aussi *œufs ou larves de fourmis*, sont la nourriture qu'elles préfèrent. Elles avalent aussi de petites pierres. C'est le matin qu'elles cherchent leur nourriture. La compagnie se lève dès la pointe du jour de l'endroit où elle a passé la nuit, fait une traite, se repose et en fait ordinairement encore quelques unes pour s'abattre enfin dans le lieu où elle doit passer toute la journée. Chaque levée est annoncée par le cri des vieilles perdrix. Le soir, le même cri rassemble la compagnie, qui, après une ou plusieurs traites, se pose dans l'endroit où elles doivent passer la nuit.

Propagation. Les perdrix vivent en famille jusqu'à la fin de février ou au commencement de mars, suivant que la température est plus ou moins froide; et, à cette époque, elles se divisent par paires, qui restent unies jusqu'à la mort. Après l'accouplement, qui commence avec les premiers beaux jours du printemps, la femelle construit son nid avec un peu de paille ou d'herbe grossièrement arrangée, dans les blés ou les prairies, ou bien encore sous un petit buisson. Sa ponte est de douze à vingt œufs, de la grosseur de ceux de pigeon, et d'un gris verdâtre. La ponte des jeunes perdrix et celle des toutes vieilles sont les moins nombreuses, ainsi que les secondes couvées, qui ont lieu lorsque les premières n'ont pas réussi. On appelle ces secondes couvées des *recoquées* ou *recoquetages*. L'incubation est de vingt et un jours. La femelle se charge seule de couver, et, pendant ce temps, le mâle se tient constamment auprès du nid, et suit sa compagne lorsqu'elle se lève pour chercher sa nourriture. Les petits courent aussitôt qu'ils sont éclos, et suivent le père et la mère qui les mènent en commun, les réchauffent, les appellent sans cesse et leur montrent la nourriture qui leur convient, laquelle consiste en œufs de fourmis, en petits insectes et en vermisseaux, qu'ils leur découvrent en grattant la terre. A cette époque, on détermine difficilement le mâle et la femelle à partir; mais, lorsqu'ils y sont forcés, c'est toujours le mâle qui part le premier, en poussant des cris qu'il ne fait entendre que dans cette circonstance: il ne fuit pas, il n'abandonne pas sa famille, il ne cherche qu'à tromper son ennemi; il vole pesamment, en traînant l'aile, se pose à une petite distance et ne s'éloigne qu'à pas lents. La femelle, qui part un instant après lui, s'éloigne beaucoup plus, et toujours dans une autre direction; à peine s'est-elle abattue, qu'elle revient en courant le long des sillons, et s'approche de ses petits qui se sont blottis dans les herbes, chacun de son côté, les rassemble promptement, et s'enfuit avec eux.

Les perdreaux ont les pieds jaunes en naissant, et le corps d'un gris rougeâtre. Ils se couvrent de plumes en peu de semaines, de manière à pouvoir voler avec le père et la mère; en automne, ils ont pris tout leur accroissement. Lorsqu'un nid a été détruit au printemps, ce qui arrive assez souvent dans les pays où il y a beaucoup de prairies artificielles, la femelle en construit quelquefois un second, mais dans lequel elle ne dépose, comme nous l'avons dit, que peu d'œufs. Dans la règle, la ponte n'a lieu qu'une fois par an, et il n'en résulte que de dix à quinze perdreaux, qui forment une compagnie. Cependant il arrive que, dans l'arrière-saison et en hiver, on rencontre des compagnies de vingt quatre perdrix et plus; cela vient de ce qu'une compagnie, ayant perdu ses chefs, a été adoptée par une autre. Il naît, dans cette espèce, plus de mâles que de femelles, et il importe, pour la réussite des couvées, de détruire les mâles surnuméraires. On les prend au filet, en les faisant rappeler, au temps de la pariade, par une femelle apprivoisée, qu'on appelle *chanterelle*.

Toutes les années ne sont pas favorables à la propagation. En général, lorsqu'une année est sèche pendant le temps de l'incubation, de l'éclosion et durant les premiers jours que les perdreaux sont *en traîne*, c'est à dire depuis les premiers jours de mai jusqu'au 15 juin environ, il y a beaucoup de perdrix.

Quand les pluies tombent en abondance au moment où les perdreaux sortent de la coque, ou lorsqu'ils sont *en traîne*, beaucoup de ces nouveaux nés se trouvent noyés. A cette dernière époque, la sécheresse même, lorsqu'elle est à un certain degré, leur est nuisible, non seulement parce qu'elle les prive d'une nourriture abondante, composée d'une foule de petits insectes qui ne sortent de la terre que lorsqu'elle est humectée par la pluie, mais encore parce que la terre se fend, forme des crevasses où ils tombent et périssent, étant trop faibles pour s'en tirer. Il faut donc un temps très favorable pour que la ponte des perdrix prospère. Un nid de perdrix est d'ailleurs exposé à une foule de dangers depuis le moment de la ponte jusqu'à la naissance des petits. Quelques auteurs fixent la durée de la vie des perdrix à sept ans.

Ennemis. Les renards, les chats, les martes, les belettes et tous les oiseaux de proie sont les ennemis des perdrix, qui ont encore à redouter les chiens de bergers, les bergers eux-mêmes, les enfans et les femmes qui ramassent de l'herbe dans les champs, et les faucheurs qui détruisent beaucoup de nids.

Qualités utiles et nuisibles. La chair de la perdrix est délicate, de bon goût, saine et par conséquent très estimée. Le tort que les perdrix peuvent causer est insensible.

Manière de peupler un canton en perdrix grises. (*Voyez* le mot *Chasse*, chap. IV, § 17.)

La PETITE PERDRIX GRISE , *perdix damascena*, Lath., ressemble à la perdrix commune par la couleur de son plumage; mais elle en diffère par sa taille plus petite, par son bec plus allongé et par la couleur jaune de ses pieds. Elle est de passage dans plusieurs contrées de la France; elle y paraît en grandes troupes, mais de loin en loin, et seulement pendant quelques jours. M. Sonnini l'a trouvée en grand nombre dans l'Orient, et sur les sables échauffés de l'Égypte. Le même savant dit en avoir vu des bandes très nombreuses en Lorraine, pendant l'hiver de 1783. Il en passe quelquefois dans la Brie et en Beauce, on en a vu, aux environs de Montbard, une volée de cent cinquante à deux cents, qui ne fit que passer; elle est aussi connue dans la Normandie, aux environs de Rouen; mais là, comme ailleurs, son passage n'a rien de constant ni de réglé.

La PERDRIX GRECQUE. (*Voyez Bartavelle*.)

La PERDRIX DE MONTAGNE, *perdix montana*, Lath. (*Pl.* 16, *fig.* 3), est plus rare que la perdrix grise : on la trouve sur les montagnes, d'où elle descend quelquefois dans la plaine et se mêle avec les autres. Sa taille est plus petite que celle de la perdrix grise; une teinte fauve est répandue sur la tête, la gorge, le haut du corps, et un marron clair sur le bas du cou, la poitrine, le haut du ventre, les côtés et les couvertures inférieures de la queue; cette couleur domine sur les parties supérieures et se rembrunit sur le contour de chaque plume; un gris brun colore les grandes pennes des ailes, et nué de roussâtre sur le bord extérieur; les moyennes sont pareilles à la poitrine et variées sur leurs bords de quelques traits gris et blancs; les six pennes intermédiaires de la queue sont d'un marron brun, et ont leur extrémité variée de gris et de blanchâtre; les latérales d'un marron clair; le bec et les pieds d'un gris brun.

La PERDRIX DE ROCHE, *perdix petrosa*, Lath., qui, ainsi que l'indique son nom, se plait dans les rochers, a le plumage d'un brun obscur, avec une tache rougeâtre sur la poitrine; les pieds, le bec et le tour des yeux rouges. Elle est moins grosse que la perdrix rouge; mais elle a la même forme; sa chair est excellente. Elle court très vite, et retrousse sa queue en courant.

La PERDRIX ROUGE D'EUROPE , *perdix rufa*, Lath., est représentée *Pl.* 16, *fig.* 4.

Description. Elle est un peu plus petite que la *bartavelle*; sa longueur ordinaire est de 12 pouces; mais elle n'est pas d'une grosseur égale dans tous les pays; elle est plus grosse en général dans les cantons montueux que dans les plaines, sur les terrains secs que sur ceux qui sont humides, dans les contrées méridionales que dans les septentrionales. Cette espèce a le bec, l'iris et les pieds rouges; le front d'un gris brun; la tête d'un brun roux, varié de taches noires obliques sur les plumes de l'occiput; la gorge d'un blanc pur encadré de noir; une bande blanche au dessus des yeux; le dessus du cou et les côtés cendrés, avec deux taches noires sur chaque plume; le dos, les couvertures des ailes et le croupion d'un brun verdâtre; la poitrine d'un cendré pâle; les parties postérieures rousses; les flancs variés de lunules noires et orangées; les pennes des ailes d'un gris brun et bordées de jaunâtre; la queue composée de seize pennes, dont les quatre intermédiaires sont pareilles à celles des ailes; les plus proches ont leur bord extérieur roux, et les cinq plus extérieures sont de cette couleur sur les deux côtés. Le mâle se distingue de la femelle par un tubercule sur chaque pied. On reconnaît les jeunes de l'année à la forme pointue de la première penne de l'aile, et à la teinte blanchâtre de son extrémité.

Habitation. Cette espèce est répandue dans les pays montagneux de l'Europe, de l'Asie et de l'Afrique; elle est très commune dans divers cantons de la France, et est très rare dans d'autres. Les perdrix rouges se plaisent sur les terrains élevés, sur le penchant des collines et des montagnes; on les trouve dans les vignes, en plaine et sur les lisières des bois, où elles se cachent dans les bruyères et les broussailles. Leur vol, quoique pesant, est raide; si on les surprend sur les lieux escarpés, elles plongent dans les précipices; si on les poursuit dans la plaine, elles gagnent le sommet des montagnes; lorsqu'elles sont suivies de trop près et poussées vivement, elles se réfugient dans les bois, à portée desquels elles ont coutume de se tenir; elles s'enfoncent dans les halliers, se perchent même sur les arbres et se terrent quelquefois, habitudes que n'ont pas les perdrix grises. Elles sont moins sociables que celles-ci; et leur naturel est plus sauvage. Elles se réunissent par compagnie, se tiennent plus éloignées les unes des autres, ne partent pas toutes à la fois, prennent souvent leur essor de différens côtés, et montrent beaucoup moins d'empressement à se rappeler. Elles fréquentent, pendant l'hiver, les coteaux exposés au midi, et se réfugient la nuit sous des avances de rochers ou parmi les broussailles.

Nourriture. Elles se nourrissent de grains, d'herbes, de limaces, d'œufs de fourmis, et d'une foule de petits insectes.

Propagation et chasse des mâles. Chaque couple s'isole au printemps; mais lorsque les mâles ont satisfait à la loi de la nature, et que les femelles couvent, ils les laissent seules chargées du soin de la famille, et se réunissent par compagnies fort nombreuses; on peut donc tirer sur ces bandes sans craindre de détruire l'espèce, et s'il s'y trouve quelques femelles, qui sont toujours plus petites que les mâles, ce sont celles qui ont passé l'âge de se reproduire. Le temps de cette chasse est depuis la fin de juin jusqu'à la fin de septembre; après cette époque, elles se mêlent aux nouvelles couvées. Les femelles construisent leur nid dans les bruyères, les broussailles et les blés qui sont à la proximité des bois; la ponte est de quinze à vingt œufs, qui sont d'un blanc sale et tachetés de points roussâtres.

Ennemis. Elles ont pour ennemis les mêmes animaux que les perdrix grises, mais elles sont moins exposées à leurs attaques, à raison des lieux qu'elles habitent.

Multiplication des perdrix rouges dans les parcs. Nous en avons parlé au mot *Chasse*, chap. 4, § 17. Nous nous bornerons ici à faire observer que les perdrix rouges, étant plus sauvages que les grises, sont plus difficiles à élever que celles-ci; cependant on y parvient en suivant la méthode que nous avons indiquée au mot *Faisanderie.*

Mais il est bien difficile de les fixer dans un parc, si le sol ne leur convient pas; aussitôt qu'elles ont *de l'aile,* elles fuient le lieu où on les a placées, et voyagent jusqu'à ce qu'elles aient trouvé un canton qui leur plaise : alors elles s'y fixent et ne s'en éloignent plus.

Qualités. La chair de la perdrix rouge est d'un goût exquis.

Variétés. Comme dans l'espèce de la perdrix grise, il y a dans celle-ci des variétés accidentelles : les unes sont totalement blanches, avec une nuance roussâtre sur quelques parties du corps, et il y en a d'autres dont le plumage est varié de blanc par plaques plus ou moins grandes.

Chasse des perdrix.

Pour procéder avec ordre, nous diviserons cette partie de notre article en plusieurs paragraphes. Nous parlerons : 1° du temps où l'on fait la chasse aux perdrix; 2° de la manière de s'assurer de l'endroit où elles se tiennent; 3° de la chasse où l'on emploie le fusil; 4° de celle où l'on fait usage des filets; 5° de celle qui consiste à employer d'autres pièges; 6° de la chasse *à la course.*

§ Iᵉʳ. — *Du temps où l'on fait la chasse aux perdrix, et de la distinction des perdreaux.*

Dans les terres bien gardées, on cesse, dès les premiers jours de mars, de chasser la perdrix, et bien qu'à la fin de juin les perdreaux commencent à voler (d'où vient le proverbe : à la Saint-Jean, *perdreaux volans*), on ne les tire ordinairement que vers la mi-août, époque à laquelle ils sont *brèches,* ce qui veut dire, lorsqu'ils commencent à perdre leur première queue, et à pousser ce qu'on appelle du *revenu,* c'est à dire, des plumes de la seconde queue. Tant que cette seconde queue n'a pas acquis toute sa longueur, on dit que les perdreaux ont un doigt, deux doigts de *revenu;* et lorsqu'elle a pris toute sa crue, on dit qu'ils sont *revenus de queue.* A mesure que la nouvelle queue pousse et s'allonge, les premières plumes du dessous de la gorge et du jabot, qui étaient d'un blanc sale ou jaunâtre, sont remplacées par des plumes mouchetées de gris; et lorsque ces plumes sont entièrement poussées, ce qui a lieu vers la mi-septembre, plus tôt aux uns, plus tard aux autres, on dit que les perdreaux sont *maillés.* Viennent ensuite les plumes rouges sur la tête, puis ce rouge que les perdrix ont aux tempes, entre l'œil et l'oreille, ce qu'on appelle *pousser le rouge.* Enfin, des plumes rousses et noirâtres commencent à former le fer à cheval sur l'estomac des mâles, bien moins marqué chez la femelle, ce qui arrive au commencement d'octobre; c'est alors que les perdreaux sont vraiment perdrix, et ce qui a donné lieu au dicton : *A la Saint-Remi, tous perdreaux sont perdrix.* A cette époque, on ne distingue plus les jeunes perdrix d'avec les vieilles que par la première plume du fouet de l'aile, qui finit en pointe et représente une lancette, au lieu que les perdrix qui ne sont pas de l'année ont cette plume arrondie à son extrémité. Cette différence subsiste jusqu'au temps de la première mue, c'est à dire jusqu'au mois de juillet de l'année suivante. On les distingue encore à la couleur des pieds : les jeunes les ont jaunâtres, les vieilles les ont gris.

Tant que les perdrix grises ne sont encore que perdreaux, c'est à dire jusque vers la fin de septembre, il est facile d'entuer dans un pays qui en est un peu garni; mais ce temps passé, et surtout aux approches de la Toussaint, dès qu'elles ont mangé le blé qui commence à pousser, elles partent de fort loin, et il est difficile de les joindre; on ne parvient à les séparer qu'à force de les tourmenter et de les rabattre, particulièrement dans les plaines rases, où il n'y a point de fourrés, ni remises; et ce n'est qu'en les partageant qu'on peut espérer d'en tuer, car tant qu'elles restent en compagnie, il est bien rare de pouvoir en approcher à portée de les tirer. C'est là particulièrement, plus qu'en toute autre chasse, qu'un chasseur a besoin d'avoir *bon pied, bon œil*; bon pied, pour la fatigue, et les obliger à se disperser, en les poursuivant sans relâche, et bon œil, pour les bien remarquer.

Chasse en temps de neige. En temps de neige, il est aisé de tuer des perdrix à terre, attendu que leur couleur qui tranche avec la blancheur de la neige les fait apercevoir au premier coup-d'œil, et c'est alors que les braconniers ont beau jeu, surtout s'il fait clair de lune, et s'ils placent une chemise sur leur habit, et un bonnet blanc sur leur tête. Comme à cette époque les perdrix sont rassemblées en pelotons, se touchant les unes les autres, il arrive souvent que d'un coup de fusil ou détruit la moitié d'une compagnie. La neige est en général un temps funeste aux perdrix : si elle dure long-temps, elle les fait périr de faim, comme cela est arrivé dans l'hiver de 1783 à 1784, où elle a couvert la terre pendant plus de six semaines, hiver à jamais mémorable pour la destruction du gibier. On les a vues alors si exténuées de faim, qu'elles se laissaient prendre à la main après le premier vol ; et que les corneilles, qui, en tout autre temps, ne les attaquent point, tombaient sur elles et les mangeaient.

L'hiver de 1829 à 1830 a été aussi très funeste aux perdrix, à cause de la neige et des froids rigoureux qui ont régné pendant cet hiver.

Temps et manière de tuer ou de prendre les coqs. Nous avons dit que, dans l'espèce de la perdrix grise, il naissait plus de mâles que de femelles. On évalue l'excédant à un tiers. Il en résulte qu'au temps de la pariade plusieurs coqs se disputent la même poule, qui, à force d'être tourmentée, déserte souvent le canton; ou si elle y reste, étant obligée de courir sans cesse, pour se dérober aux poursuites des mâles qu'elle a rebutés, elle pond un œuf dans un endroit et un œuf dans un autre, de telle sorte qu'à la fin, il ne lui reste qu'un coq, et point de nid. Il est donc très utile, pour la multiplication des perdrix, de tuer une partie des coqs, lorsqu'elles commencent à s'apparier, c'est à dire, depuis le commencement de mars jusques vers la mi-avril; mais il faut prendre garde de tuer les poules, au lieu des coqs, et pour ne pas s'y tromper, on doit savoir que le coq part toujours le dernier, si c'est au commencement de la pariade; et que sur la fin d'avril, c'est tout le contraire, la poule partant alors la dernière. Si on aperçoit un couple à terre, en y prenant garde, on verra que la poule a la tête rase, et que le coq la porte haute et relevée.

Nous parlerons plus loin de la chanterelle et des appeaux dont on se sert pour prendre les coqs.

§ II. — *De la manière de s'assurer de l'endroit où se tiennent les perdrix.*

Quelle que soit la chasse qu'on se propose de faire, il est utile, lorsqu'on ne veut pas s'exposer à battre la plaine au hasard, de s'assurer, avant de chasser, de l'endroit où se tiennent les perdrix. Pour cet effet, on se rend le soir, depuis le soleil couché jusqu'à la nuit tombante, au milieu d'une plaine, au pied d'un arbre ou d'un buisson, et là on attend que les perdrix se mettent à chanter ; ce qu'elles ne manquent pas de faire à cette heure, soit pour se rassembler, soit même sans qu'elles se trouvent dispersées. Après avoir chanté quelque temps, elles font un vol plus ou moins long. On remarque l'endroit où elles tombent, et l'on peut s'assurer qu'elles y passeront la nuit, à moins que quelque chose ne les effraie et ne les fasse partir. On retourne sur les lieux le lendemain, à la pointe du jour, et l'on s'arrête de même au pied de l'arbre ou près du buisson, auquel on attache son chien, à moins qu'il ne soit bien à commandement. On entend le même chant et l'on voit le même vol que la veille, c'est à dire qu'on aperçoit les perdrix se poser à peu de distance, et quelquefois après un second chant, tenter un second vol. Alors, dès que le soleil est près de se lever, et que le jour permet de tirer, on peut commencer la chasse, bien assuré de trouver le gibier, et de ne pas perdre ses pas.

§ III. — *De la chasse où l'on emploie le fusil.*

La chasse au fusil se fait avec le chien d'arrêt, avec la vache artificielle et avec la hutte ambulante.

Chasse au fusil avec chien d'arrêt. Cette chasse est la plus agréable, la plus prompte et la plus sûre, lorsque le chasseur est sage, adroit, habile à manier son arme, et qu'il est accompagné d'un bon chien d'arrêt, dressé comme nous l'avons indiqué au mot *Chien*. L'époque la plus convenable pour cette chasse est depuis le commencement de septembre jusqu'à la fin d'octobre; avant ce temps, on nuirait aux récoltes; d'ailleurs, les perdreaux seraient trop faibles (on leur donne alors le nom de *pouillards*); et après le mois d'octobre, les perdrix ne tiennent plus aussi bien. Elle se fait depuis neuf heures jusqu'à midi, et depuis deux heures jusqu'à quatre. Dans les autres heures de la journée, c'est à dire le matin, à midi et le soir, la chasse serait moins sûre, parce que les perdrix relèvent pour manger, et qu'alors elles sont presque toujours en mouvement.

Pour réussir, il faut que le chasseur, marchant, autant que possible, contre le vent, suive lentement son chien, ait toujours l'œil fixé sur lui, et n'en soit jamais éloigné de plus de vingt-cinq pas. Lorsque le chien tombe en arrêt, et s'il a besoin d'être affermi, on prononce d'une voix ferme les mots *tout beau* ; on s'en approche, et si l'on veut tirer à terre, on tourne autour de son chien en diminuant le circuit, et en tâchant de découvrir le gibier qu'il tient en arrêt ; si on ne parvient pas à le voir, il faut le faire partir soi-même, et non crier *pille*, pour que le chien se précipite dessus. Beaucoup de chasseurs ont, à la vérité, cette habitude ; mais, selon nous, elle est vicieuse, car elle a l'inconvénient très grave d'habituer le chien à forcer son arrêt, qui doit toujours être ferme, même après le départ de la pièce. Nous devons faire observer que si ce sont des perdreaux qu'on fait lever, il faut, pour se former à bien tirer, en ajuster un seul, et ne pas faire feu précipitamment et au hasard au milieu de la compagnie.

Si une perdrix part seule à la distance de quelques pas, on doit la laisser filer jusqu'à vingt pas environ; mais si elle se lève à cette dernière distance, le chasseur doit tirer au moment où, après s'être élevée à quelques pieds, elle décrit un demi-cercle pour prendre son vol horizontal. Un point essentiel et difficile à obtenir constamment, à moins que le chien ne soit très sage et parfaitement dressé, c'est qu'après la détonation, il ne se livre pas à son ardeur, ne poursuive le gibier et ne le force à se remiser fort loin.

Après avoir rapporté à son maître la pièce qui est tuée, et durant que celui-ci recharge son arme, il faut que le chien se couche à ses pieds, parce qu'en quêtant il pourrait faire lever d'autre gibier avant que le chasseur fût prêt à tirer.

Lorsque l'arme est chargée, le chasseur se dirige à bon vent vers la remise des perdrix, et fait quêter son chien. Il doit battre exactement et lentement le terrain, parce que, surtout dans la primeur, les perdreaux, après avoir été levés, une fois, tiennent mieux, et se laissent pour ainsi dire marcher sur le corps. La compagnie, après avoir été levée plusieurs fois, finit par se disperser, c'est à dire que les perdrix vont se poser isolément çà et là. C'est une circonstance heureuse pour le chasseur, parce qu'alors elles tiennent si ferme devant le chien et malgré le bruit que peut faire le chasseur, qu'il est facile de tirer jusqu'à la dernière, sans parcourir beaucoup de terrain.

Quand plusieurs personnes font cette chasse ensemble, il faut qu'en parcourant les plaines ou les broussailles elles forment une ligne droite, pour éviter un malheur qui pourrait arriver de la part des tireurs, s'ils étaient différemment placés. Quand un chien est en arrêt, elles doivent également s'arrêter en droite ligne dans les endroits par où les perdrix ne doivent point passer, et ne jamais former le cercle autour du chien, parce que dans cette position un chasseur trop ardent pourrait faire courir de grands dangers à la société. Pour éviter que plusieurs chasseurs ne tirent sur la même perdrix dans une compagnie, on doit convenir que ceux de la droite tireront celle qui passera à leur droite, que ceux de la gauche en feront de même pour celle qui passera à leur gauche, et que ceux du centre tireront dans le milieu de la compagnie; et que si une seule perdrix se lève, ce sera le chasseur le plus près qui la tirera.

Lorsque huit ou dix personnes chassent ensemble dans un canton abondant en gibier, il n'est pas d'usage, après avoir fait partir une compagnie de perdrix, d'aller aussitôt la relever à sa remise, parce qu'il est probable qu'on en fera relever d'autres avant d'y être arrivé. Mais dans les contrées peu giboyeuses, et quand on chasse seul ou deux ensemble, il est important d'aller de suite à la remise des perdrix, parce qu'il y a moins d'apparence qu'on en rencontrera d'autres, et qu'il est avantageux de séparer la compagnie.

Il faut aussi, quand la saison s'avance et que les perdrix partent de loin, poursuivre celles qu'on fait lever afin de les séparer; car, tant qu'elles sont réunies en compagnie, il est difficile de les approcher, et, par conséquent, de les atteindre. Aussi, après la Toussaint, cette chasse devient très pénible, et il faut, à cette époque, bien remarquer les remises pour s'y diriger de suite, notamment quand on chasse dans une plaine découverte.

Il est utile d'être averti de la chasse la veille du jour où elle doit avoir lieu, et si on doit en procurer le plaisir à quelque personne de marque, il est nécessaire de s'assurer le matin de l'endroit où les perdrix se seront fait entendre. Nous avons dit, § 2, comment il fallait s'y prendre. Par ce moyen, on va droit au champ où elles se tiennent, sans être obligé de chercher long-temps. Mais comme il est possible que quelque accident les ait fait lever avant l'arrivée de la société, il est prudent de se faire précéder par deux chasseurs, qui iront aux écoutes. L'un des deux viendra faire son rapport, et l'autre demeurera sur les lieux pour voir si une compagnie se lève et où elle se posera. Il est également utile, et quelquefois indispensable de placer, dans la plaine où l'on chasse, et sur une élévation, un ou deux chasseurs, qui puissent faire connaître au besoin les lieux où les compagnies vont se reposer, après avoir été chassées.

Si l'on chasse la perdrix rouge, il ne faut pas oublier que les individus de cette espèce se tiennent plus écartés les uns des autres que les perdrix grises, et que bien rarement la compagnie se lève à la fois, même au premier vol. Ainsi, lorsqu'une perdrix rouge part seule, il faut avoir grand soin de battre exactement le terrain aux environs de l'endroit où elle s'est levée : faute de cette précaution, on risquerait de laisser derrière soi le reste entier de la compagnie.

L'habitude des perdrix rouges de ne point se réunir comme les grises, de tenir davantage et de partir en détail, fait que cette chasse est bien plus sûre, plus agréable et moins pénible pendant l'hiver, si ce n'est dans les pays de montagnes où elles volent d'un coteau à l'autre.

La *bartavelle*, espèce de perdrix rouge, ne descend des montagnes et des bois du Dauphiné que vers le temps des neiges, et c'est alors qu'il est facile de la trouver dans les petits bois, les bruyères, les lavandes et les broussailles où elle se tient cachée. On n'en tue guère dans la belle saison, parce que les montagnes coupées de ravins et de précipices qu'habite alors ce gibier en rendent la chasse aussi pénible que dangereuse. On ne la prend guère à cette époque qu'avec des pièges.

De la chasse au fusil, en se servant de la vache artificielle.

Comme nous donnons la description de cette machine sous les mots *Vache artificielle*, et la manière de s'en servir, nous renvoyons à ces mots. (*Voyez*, d'ailleurs, ci-après ce que nous disons encore en parlant de la tonnelle.)

Hutte ambulante.

Nous renvoyons également aux mots *Vache artificielle*, pour l'emploi de la hutte ambulante.

Chasse avec le cheval. (*Voyez* au mot *Cheval*.)

§ IV. *De la chasse aux perdrix dans laquelle on fait usage des filets.*

On fait usage du hallier, de la pochette, du traîneau, de la tirasse et de la tonnelle pour prendre les perdrix, et l'on emploie divers moyens pour les attirer, tels que la chanterelle, l'appeau, les appâts, etc. Nous allons exposer ces différens procédés, dont la plupart seront extraits du *Traité de la chasse aux piéges*.

Hallier à perdrix. Nous avons décrit ce filet au mot *Hallier*. (*Voyez* ce mot.)

On le tend dans les champs de blé, dans les chaumes, dans les prairies artificielles, dans les cantons de broussailles, près des bois où les perdrix se retirent, et partout où l'on sait qu'il y en a. On tâche d'en dérober la vue autant que possible, et le chasseur doit se ménager une retraite propre à le cacher. Enfin le hallier s'emploie avec la chanterelle ou l'appeau, avec le chien couchant.

Hallier avec la chanterelle. On appelle *chanterelle* une perdrix femelle qu'on renferme dans une cage, et à la voix de laquelle accourent les mâles lorsqu'ils l'entendent chanter. Cette chasse se fait non seulement dans le temps des amours, mais encore depuis le milieu de janvier jusqu'à la fin d'août, et pour y procéder avec succès, on choisit le temps de deux crépuscules.

Lorsqu'on veut se servir de la chanterelle, on la met dans une cage faite exprès ; il y en a de plusieurs façons : la plus commode et la plus portative se fait avec une calotte de chapeau, clouée par les bords sur une planche à peu près de la même grandeur : au milieu de cette légère planche, se trouve une ouverture carrée, se fermant avec une petite porte qui sert à introduire la *perdrix* dans la cage : au fond de la calotte se pratique un trou, par lequel elle peut passer la tête pour chanter. Il faut encore adapter au dessous de la cage une cheville pointue, qui, se fichant en terre, l'arrête, et la retient en place.

Voici une autre disposition de cage : le fond est une petite planche mince, ayant la forme d'un demi-ovale, de la longueur de 1 pied sur une largeur de 8 pouces. La hauteur des côtés, également en planches, est de 9 pouces. A la face plate de la cage est pratiquée une petite porte pour faire entrer la chanterelle ; sur un des côtés est un auget, saillant extérieurement, et destiné à recevoir de l'eau et de la graine. Le dessus est formé d'une toile tendue, clouée sur l'épaisseur des planches des côtés. Au milieu de cette toile se trouve un trou par lequel la chanterelle passe sa tête pour appeler les coqs. Cette cage est montée sur trois piquets, qui la débordent inférieurement d'environ 6 pouces, et qui servent à la fixer en terre. On a de ces cages de couleur verte ou brune, pour s'en servir suivant le terrain sur lequel on chasse.

Il faut habituer la chanterelle à cette cage, en l'y mettant de temps en temps, afin qu'arrivée sur le terrain, elle ne soit pas étonnée de s'y trouver, et ne refuse pas de chanter.

On prétend que les vieilles perdrix que l'on prend au filet, ou qu'on démonte d'un coup de fusil, sont les meilleures ; que pour pouvoir s'en servir, il suffit de leur faire passer une nuit dehors, enfermées dans une cage avec de quoi boire et manger ; et que si on les porte le lendemain sur les lieux, le matin, au lever du soleil, elles ne manquent pas de chanter.

Quand on a une chanterelle tout à fait privée, on se sert d'un appareil qui la laisse entièrement découverte, ce qui est plus avantageux. On attache, au dos de la chanterelle, un anneau de rideau, au moyen d'un ruban de soie étroit dont on passe deux brins sous les ailes, et deux par dessus les côtés du col, et on les lie ensemble sous le ventre. A cet endroit, est attachée une ficelle de 2 pieds de longueur qui a, à son extrémité, un autre anneau dans lequel on passe une corde d'une longueur de 3 toises environ, soutenue, à 1 pied de terre, par deux piquets plantés à chaque extrémité. De cette manière, la chanterelle peut se promener le long de la corde ; seulement, pour l'empêcher de tourner les piquets, on place, à 2 pieds de chaque extrémité de la corde, une boucle qui arrête l'anneau qui ne peut aller plus loin. Cette manière de disposer la chanterelle est préférable, parce que les mâles l'aperçoivent mieux ; mais il faut une grande attention et une bonne vue pour ne pas se tromper et ne pas tuer la chanterelle au lieu du coq.

Quand on connaît un canton fréquenté par les perdrix, on s'y rend de très grand matin, avec des halliers et avec la chanterelle, que l'on emporte dans une calotte de chapeau surmontée d'un filet en forme de sac. Arrivé sur le terrain, on choisit un chaume ou un blé, et en général, une place découverte. On préfère un emplacement voisin d'un bois, d'une vigne, ou d'une haie, qui offre des abris pour s'y cacher. On écoute attentivement si l'on entend le chant du coq, et dans ce cas, on approche autant que possible de l'endroit où on l'a entendu ; et, ayant placé la chanterelle dans la cage que l'on pique en terre, on plante les halliers à l'entour, de manière à ne laisser aucun vide, car les mâles, accourant à l'appel de la femelle, pourraient profiter du moindre intervalle, et rendre par ce moyen la tendue inutile. Les halliers doivent être éloignés de la cage d'au moins 3 toises, et peuvent être tendus en rond ou en carré. Dans la *Pl.* 37, *fig.* 5, on voit un hallier *d d*, qui n'est tendu que d'un côté. La cage *a* est du côté opposé à celui d'où viennent les coqs ; mais il est préférable que le hallier entoure la cage. Lors même que la chanterelle ne serait point en cage, et serait attachée à une corde, il faudrait que cette chanterelle fût au milieu du hallier. Elle ne tarde pas à appeler les mâles qui accourent à la fois, et se disputent à qui passera le premier ; le plus empressé se prend dans le filet ; mais le chasseur ne doit pas sortir de sa retraite pour aller s'en emparer, parce que les autres s'envoleraient. Il faut attendre patiemment, et cette attente est ordinairement récompensée.

On peut, lorsqu'on a une maison isolée dans les champs, et entourée de haies, garnir ces haies de halliers, et entretenir quelques chanterelles dans des cages accrochées au dehors de la maison. Leur chant, dans la saison des amours, attirera, le matin et le soir, quelques coqs dans les halliers.

Hallier avec appeau. Il y a des appeaux pour les perdrix grises et pour les perdrix rouges. Les appeaux à perdrix grises sont figurés, *Pl.* 33, *fig.* 5, 6, 7 et 8. (Voyez *Appeau.*) Cet instrument, avec lequel on imite l'appel de la femelle ou poule de la perdrix, remplace la femelle elle-même ou la chanterelle.

Dans cette chasse, on tend les halliers pendant la même saison et aux mêmes heures que dans la chasse précédente; mais au lieu de les disposer en rond ou en carré, comme on le fait pour entourer la chanterelle, on les étend déployés, *Pl.* 37, *fig.* 5, pour qu'ils occupent un plus grand espace, et barrent le passage. Le chasseur se tapit derrière le hallier, ou bien il se couche à plat ventre dans une luzerne à douze ou quinze pas. Dans cette attitude, il appelle, avec l'appeau, les coqs qu'il entend, mais doucement; et s'il en vient un, il répond par un seul coup d'appeau à chacun de ses chants. Empressé de joindre la femelle qu'il croit entendre, le coq se précipite dans le hallier où il reste pris.

Comme il arrive quelquefois que le mâle, au lieu de donner dans le hallier, passe à côté, il est avantageux, si l'emplacement où l'on se trouve le permet, de tendre un hallier de chaque côté de l'abri qu'on s'est choisi, afin que si le coq l'a dépassé sans s'y prendre, on puisse repasser de l'autre côté, et recommencer à l'appeler pour essayer de le prendre à l'autre hallier en le faisant revenir sur lui-même.

Hallier avec un chien couchant. Il faut un chien bien dressé à la quête, avec lequel on se rend dans un champ où l'on sait qu'il y a des perdrix. Aussitôt que le chien en a fait lever une compagnie, on le rappelle, et on l'attache s'il n'est pas assez obéissant. Ensuite on fait un grand tour, et on va tendre les halliers à deux ou trois cents pas de l'autre côté de l'endroit où se sont posées les perdrix. On dispose les halliers à peu près en demi-cercle, et de manière à occuper la plus grande étendue possible. Ensuite, étant revenu de l'autre côté, on marche en silence et lentement vers la remise, en poussant les perdrix sur le hallier. Il faut éviter de les chasser trop brusquement, parce qu'elles s'envoleraient; on doit, au contraire, s'avancer en serpentant, de manière qu'elles se retirent en marchant et vont donner dans le hallier. Cette chasse, qui se fait après la moisson, exige le concours de plusieurs personnes.

Chasse à la bourrée avec les halliers. On fait encore, au moment de la moisson, une chasse aux perdrix que l'on nomme la *bourrée,* parce que l'on bourre effectivement le gibier dans les filets. Cette chasse consiste à barrer en travers, avec des halliers, les sillons d'un champ à moitié récolté. Quand le filet est tendu, on se transporte à l'autre extrémité du champ, et l'on se dirige vers lui en marchant à pas lents, et jetant à gauche et à droite des poignées de terre pour faire fuir les perdrix. On réussit mieux à cette chasse lorsqu'on est plusieurs à battre le terrain. Elle est assez destructive en ce que l'on prend pêle-mêle les coqs et les poules; mais un propriétaire qui veut conserver sa chasse doit rendre la liberté aux femelles, dont chacune, l'année suivante, procurera une compagnie de perdrix.

Tout ce qu'on vient de dire s'applique particulièrement aux perdrix grises.

Chasse des perdrix rouges avec le hallier et l'appeau. Les perdrix rouges, préférant les terrains unis à une terre raboteuse, poursuivent ordinairement les femelles dans les sentiers qui coupent les champs et les bois. C'est dans ces sentiers qu'il faut tendre les halliers, quand on veut les prendre avec l'appeau. Aussitôt que, caché dans les herbes qui avoisinent les petits chemins où l'on a tendu les halliers, le chasseur imite le cri de la perdrix rouge, il voit accourir le coq qui, arrivé jusqu'au hallier, s'arrête pour le considérer. Il faut alors l'appeler de nouveau, et bientôt il n'hésite plus à se jeter dedans. On se sert de l'appeau, *Pl.* 33, *fig.* 9 et 10.

Chasse aux perdrix rouges avec des pochettes et l'appeau. La pochette est un filet qui a la forme d'une bourse, qui a 3 pieds entre chaque boucle. On fait les mailles en losanges, et on leur donne 2 pouces de diamètre. Le fil qu'on y emploie est retors en trois brins; c'est du fil de Flandre n° 12. On s'en sert pour prendre les perdrix rouges dans les sentiers et clairières. Pour tendre ce piége, on a une baguette de coudrier ou de tout autre bois flexible, moins grosse que le petit doigt et longue de 4 à 5 pieds. Muni de cet instrument, on procède à cette chasse, le matin à la pointe du jour, à midi ou au coucher du soleil, et dès qu'on entend quelques mâles chanter dans une vigne ou dans un taillis, on se place dans quelque petit chemin ou sentier, où il y ait un endroit pour se cacher. Alors on tend le filet au travers du chemin ou sentier, de manière que rien ne puisse passer sans donner dedans. Pour tendre ce filet, on plante les deux extrémités de la baguette aux bords du sentier, de manière à ce qu'il forme l'arc. Auprès de chacune de ces extrémités, on plante un piquet qui tient à une ficelle fixée à l'œillet opposé de la pochette. Un des bords traîne à terre, et l'autre est relevé sur l'arc où il n'est que posé pour tomber aisément. De cette manière, le sentier est exactement fermé, et rien ne peut y passer sans toucher au filet. Si celui-ci était moins large que le sentier, il faudrait planter de chaque côté quelques petits rameaux qui fassent garniture et forcent l'oiseau à donner dans le piége.

Le chasseur se couche sur le ventre, la tête sur le bord du chemin, à 2 ou 3 toises du filet, du côté opposé à celui par où le coq doit arriver; il demeure immobile et caché de manière que l'oiseau ne puisse rien découvrir.

Dès qu'il chante, le chasseur donne deux ou trois coups d'appeau faibles, lents, et précisément pour être entendus; l'oiseau vole sur-le-champ à vingt pas du chasseur, et se jette dans le chemin pour écouter, puis il chante un peu. On lui répond d'un petit coup d'appeau seulement; à ce cri, il accourt le long du chemin jusqu'auprès du fil qu'il considère d'abord; chante de nouveau, puis donne dans la pochette, dont le bord relevé sur l'arc retombe et l'enferme. On l'en retire pour tendre de nouveau, s'il y a d'autres perdrix.

Chasse des perdrix avec le traîneau. Nous donnons la description du traîneau sous ce mot. (Voyez *Traîneau*, et la *Pl.* 37, *fig.* 1, 2 et 4.) La chasse qu'on fait avec ce filet peut avoir lieu toute l'année; on la pratique dans les nuits obscures, et c'est surtout vers la fin de la moisson qu'elle est avantageuse.

Après avoir reconnu l'endroit où se tiennent les perdrix, et l'avoir indiqué par quelques branches d'arbre plantées dans la direction qu'il faudra prendre, on s'y rend dès que la nuit est sombre; et là, on étend le filet à terre, dans un endroit propre pour que rien ne s'attache aux mailles; on le garnit des bâtons qui servent à le porter, et des bouchons de paille ou des petites branches qui doivent pendre à un des côtés, pour traîner et faire lever le gibier. Après cela, les deux hommes qui doivent le manœuvrer prennent chacun une des perches, et élèvent le filet en le tirant à eux, de manière à le faire tendre. Alors, soutenant le devant à 6 ou 7 pieds de terre, les deux chasseurs laissent tomber le derrière à environ 2 pieds. Dans cette position, ils marchent à pas lents vers la remise. Les bouchons de paille, qui traînent derrière le filet, forcent les perdrix à se lever, surtout les perdrix rouges, qui sont paresseuses. Au moindre bruit que fait entendre le gibier, les deux chasseurs lâchent le filet qui, tombant à terre, couvre les perdrix, et quelquefois la compagnie entière.

Lorsqu'il arrive qu'ayant parcouru le champ dans sa longueur on n'a rien entendu, c'est le cas de faire un second tour, et, pour cet effet, l'un des deux hommes pivote sur lui-même, et attend que son compagnon, ayant achevé sa conversion, soit arrivé à sa hauteur; ensuite ils reviennent en marchant de la même manière, et, couvrant une étendue de terrain, ils battent ainsi toute une pièce de terre jusqu'à ce qu'ils aient réussi.

Si les perdrix s'envolaient avant d'avoir été couvertes par le traîneau, il faudrait attendre une ou deux heures pour leur donner le temps de se rendormir. Ensuite, guidé par le bruit qu'elles ont fait entendre en volant, on marche dans la direction qu'elles ont prise, et il est rare qu'on ne les atteigne pas bientôt, attendu que ces oiseaux ne volent pas loin pendant la nuit.

Cette chasse est un objet de spéculation pour les braconniers, qui la pratiquent souvent. Ils ont des traîneaux faits de deux pièces, qu'ils portent dans leur chapeau, et qu'ils réunissent, pour s'en servir, au moyen d'un troisième bâton. Voici les signaux qu'ils emploient pour s'entendre :

Un coup de sifflet		signifie baisser.
Deux coups	id.	étendre.
Trois	id.	lever.
Quatre	id.	qu'il y a un obstacle qui arrête le filet.
Cinq	id.	qu'on entend quelqu'un.

Les braconniers employaient autrefois à cette chasse des lanternes en fer-blanc, qui, portées devant eux, ne les gênaient nullement. La clarté qu'elles répandaient faisait croire aux perdrix que c'était le jour; elles agitaient bientôt leurs ailes et se décelaient elles-mêmes. Mais comme les lumières indiquaient la marche des braconniers, et pouvaient servir de point de mire aux coups de fusil, ils y ont renoncé, et ce moyen n'est plus guère usité.

Les propriétaires qui craignent les braconniers pour les perdrix qui se remisent sur leurs terres peuvent s'en garantir en faisant jeter ou planter çà et là des épines qui, se prenant dans le filet, le déchirent, et comme la réparation coûte souvent plus cher que n'a valu la chasse, les braconniers y renoncent bientôt.

Quand un braconnier craint d'être vendu par son compagnon, il fait cette chasse seul, en se servant du traîneau portatif (*Pl.* 37, *fig.* 4), qu'il porte devant lui. Il marche à pas lents, en suivant les sillons d'un champ, et posant à sa droite et à gauche le bord supérieur du filet sans l'abandonner, à moins qu'il n'entende les perdrix dessous; dans ce cas, il le laisse tomber. Si, après avoir parcouru la longueur du champ, il n'a pas rencontré de gibier, il continue à battre le reste de la pièce de terre, en s'écartant du lieu par où il a déjà passé de deux fois la longueur de son filet, afin d'aller toujours en le posant à droite et à gauche.

Chasse à la tirasse. Nous avons donné la description de ce filet sous le mot *Tirasse*. (*Voyez* ce mot et la *Pl.* 48, *fig.* 1.)

Il faut pour cette chasse deux hommes et un chien couchant bien dressé et bien sage, qui ne s'emporte point. Les braques sont les chiens qui conviennent le mieux. Elle ne se fait qu'à la fin d'août et au commencement de septembre; car, après que les perdreaux sont maillés, il est difficile de les approcher. Les prairies naturelles et les luzernes sont les endroits que l'on choisit de préférence.

Lorsqu'on s'est assuré qu'un terrain est fréquenté par des perdrix, on s'y rend, et après avoir pris le vent, on met son chien en quête. Aussitôt qu'on le voit former un arrêt, on le tourne, et en face de lui, on déploie la tirasse dans sa largeur. Chaque chasseur prend un bout de la corde qui sert à la traîner, et s'avance en silence jusqu'à ce que le chien soit couvert. Si, dans cet instant, le gibier ne se montre pas, on jette dans la tirasse quelques mottes de terre pour le décider à s'envoler. Aussitôt que les perdrix prennent leur vol, elles rencontrent la tirasse qui les retient, et on se hâte de les saisir pour ne pas leur laisser le temps de filer sous la nappe. Il est bon, lorsqu'elles sont couvertes, de jeter sur elles son habit ou autre chose semblable, pour qu'elles ne se débattent point et qu'elles ne crèvent pas le filet.

Chasse à la raie. Cette chasse, que l'on ne fait que quelques instants, à l'époque où finit la moisson, est celle que les bergers pratiquent particulièrement.

Ils étendent, à l'extrémité d'un champ qu'ils ont remarqué être la remise des perdrix, un filet semblable au précédent. Ils chargent le derrière de ce filet de quelques mottes de terre, et ils soutiennent le devant, élevé à 1 pied du sol, à l'aide de trois piquets, longs de 18 pouces à 2 pieds, qu'ils plantent, l'un au milieu et les deux autres aux deux extrémités de la nappe. Ils lient à ces piquets la corde qui borde la tirasse. Ils ont soin de couvrir particulièrement le grand sillon du milieu du champ, parce qu'ils savent que les perdrix le fréquentent ordinairement, et c'est de là que cette chasse a pris le nom de *chasse à la raie*. Tout cela, ainsi disposé, ils dirigent lentement leurs moutons du côté de cette tendue; les perdrix se retirent peu à peu et vont donner dans le filet, où ils s'empressent de les prendre.

On peut, sans moutons, pratiquer cette chasse, en s'entourant de paille, ou marchant derrière une claie qui en est couverte. On chasse ainsi lentement les perdrix vers le filet où quelquefois toute la compagnie se trouve prise. On pourrait encore se servir de la vache artificielle.

Chasse des perdrix avec la tonnelle. Nous avons donné la description de ce filet au mot *Tonnelle*. (*Voyez* ce mot et la *Pl.* 37, *fig.* 3.)

La chasse avec la tonnelle est l'un des moyens les plus avantageux de prendre les perdrix; mais elle n'est pas sans quelques difficultés.

On la fait ordinairement en automne, dans les chaumes, dans les pièces isolées de grains ou de légumes, près des broussailles et des remises, et généralement dans les terrains peu couverts et qui permettent d'apercevoir les perdrix. Cette chasse se fait pendant le jour, quand on a un chien couchant avec soi; mais on n'y va qu'à la pointe du jour si on n'a pas de chien. Lorsqu'on s'est assuré de l'endroit où se tient une compagnie de perdrix qui n'ait pas encore été chassée, ou du moins qu'il ne l'ait pas été souvent, on s'y rend avec son équipage, qui consiste dans la tonnelle, les halliers et une *vache artificielle*. (*Voyez* ce mot.)

Masqué par cette vache, le tonneleur s'avance doucement de côté et d'autre, en regardant par les yeux de la vache, jusqu'à ce qu'il ait aperçu la compagnie de perdrix.

Quand le gibier est découvert, on étend son filet contre le vent, et de manière que les sillons des champs soient dirigés dans le sens du filet, qui doit reposer dans l'un de ces sillons. Si les perdrix se tiennent dans un champ de grains ou de légumes, ou dans une remise, il faut que les halliers embrassent une partie du champ ou de la remise; mais lorsqu'elles se tiennent dans un terrain découvert, on tend le filet à environ cent ou cent cinquante pas d'elles; l'on ne doit point oublier que l'habitude des perdrix n'est pas d'aller en montant, et qu'elles vont plus volontiers en suivant la pente du terrain; on se rappellera aussi qu'elles courent dans le même sens, et que s'il se trouve un bois dans le voisinage, elles s'y retirent volontiers le matin et à midi, tandis que, le soir, elles quittent plus volontiers le bois pour la plaine, et qu'enfin elles retournent, le soir, à l'endroit qu'elles ont quitté.

Pour tendre la tonnelle, on commence par en fixer la queue par un piquet, on déploie le surplus de la tonnelle, on en tend l'ouverture bien solidement avec deux piquets, puis on développe les halliers. Cela fait, on étend sur la tonnelle quelques fanes de pomme de terre, ou des branches vertes, ou autres choses semblables.

Après ces arrangemens, le chasseur reprend sa vache, s'écarte et va derrière les perdrix; il s'en approche ensuite doucement et avec précaution, va de côté et d'autre, imitant une vache qui broute et regardant par les yeux de sa machine. Quand il est proche de la compagnie, il en observe les mouvemens, et si les oiseaux s'arrêtent et lèvent la tête, c'est une preuve qu'ils s'effarouchent; il doit alors s'arrêter ou se reculer un peu, et même se coucher à la façon d'une vache. Quand les perdrix sont rassurées, ou si elles n'ont pas témoigné l'inquiétude dont nous venons de parler, le tonneleur s'avance vers elles et les fait aller dans le filet, en les excitant par un léger bruit qu'il fait en toussant, sifflant ou imitant le mugissement d'une vache. Si quelques perdrix s'écartent, il est facile de les ramener à la compagnie, et de les pousser dans le filet. Dès que le gibier est entré dans la tonnelle, ce qu'on remarque au mouvement des cercles qui la tendent, on quitte son masque et on va fermer l'entrée de la tonnelle; puis on recouvre avec un habit la partie postérieure de la tonnelle, où les perdrix se pressent, afin de les apaiser.

Si on veut les emporter vivantes, on se sert d'un sac de grosse toile de 2 pieds à 2 pieds et demi de long, dont le fond, ayant 2 pieds de diamètre, est tendu et garni d'un carton recouvert par une peau. La gueule de ce sac se serre par le moyen d'un lacet comme une bourse à tabac. Les côtés sont percés de quatre œillets de 2 pouces en carré et traversés en croix par deux cordes, pour donner de l'air aux oiseaux. Ce sac est très commode pour transporter, sans aucun danger pour la vie des oiseaux, une compagnie de perdrix tout entière.

On se sert aussi du cheval pour prendre les perdrix à la tonnelle. (*Voyez Cheval*.)

Chasse à la tonnelle de Sardaigne. La tonnelle de Sardaigne est employée en Espagne, en Sardaigne et en Corse, où l'on ne connait que les perdrix rouges, qui sont si abondantes dans cette île, qu'un habitant de la campagne peut en prendre, en peu de temps, jusqu'à cinq cents avec cette tonnelle. Deux hommes se réunissent; l'un a soin de remarquer, à la chute du jour, l'endroit où une compagnie de perdrix doit passer la nuit: il y revient durant son obscurité, et s'approche du gibier, armé d'un tison enflammé de bois résineux, et suivi, à quelques pas de distance, par son compagnon qui porte, au bout d'une perche de 8 à 10 pieds, un filet monté sur un cerceau de 3 à 4 pieds de diamètre, en forme de poche. Le porteur du flambeau s'approche peu à peu et sans bruit de la compagnie, qui, bientôt réveillée et tremblante à cette lueur, se tapit et demeure immobile. Approché à la distance convenable, il s'arrête; l'autre chasseur arrive, aperçoit les perdrix, et quand le premier se baisse pour le laisser opérer, il jette son filet sur les perdrix, dont à peine, sur dix ou douze, il s'en peut échapper deux ou trois.

Cette espèce de chasse se pratique aussi en Italie où, au lieu d'un tison brûlant, les chasseurs portent une espèce de lanterne de fer-blanc, bien étamée à l'intérieur, pour mieux réfléchir la lumière d'une forte mèche dont elle est garnie.

Chasse des perdrix avec un appât. L'appât est un moyen qu'on emploie pour attirer les perdrix dans un piége.

On recommandait autrefois un appât qu'on préparait ainsi : on faisait bouillir une mesure de graine de cumin dans 2 ou 3 pintes d'eau, avec 1 livre de sucre et un peu de cannelle. On jetait cinq ou six poignées de cette graine dans l'endroit où l'on voulait attirer le gibier, et l'on répétait cette amorce deux ou trois fois, après quoi les perdrix, disait-on, venaient sans crainte dans le piége qu'on leur avait tendu.

Aujourd'hui on a abandonné ces amorces coûteuses, et dont le succès était assez incertain. On se contente de répandre, dans les lieux que les perdrix fréquentent, des poignées de blé, d'avoine ou d'orge, dont on forme des traînées pour les attirer à l'endroit où l'on veut établir un piége. Lorsqu'on a formé ces traînées et que l'on s'est aperçu que les perdrix y ont donné, c'est le cas de placer le piége.

Celui qu'on emploie consiste en un châssis de bois un peu lourd, formé de quatre bâtons, d'un pied de hauteur, de la grosseur du petit doigt, et distans de 4 pieds les uns des autres. On place ce châssis dans le lieu où les perdrix ont pris l'habitude de venir. On relève l'un de ses côtés au moyen d'un piquet planté en terre, afin que les perdrix puissent pénétrer dans le châssis. On y met en tas plusieurs poignées de grains, et l'on fait, à partir de cet endroit et jusqu'à une certaine distance, de nouvelles traînées en différens sens en répandant du grain. Le lendemain, on va visiter ce piége, et si l'on remarque que le grain a été mangé, c'est une preuve que le châssis n'a point effrayé les perdrix ; alors on le couvre d'un filet à mailles carrées, d'une dimension plus grande, que l'on soutient par deux cerceaux ajustés au moyen du châssis. Dans cet état, on ôte le piquet, et on tend le piége au moyen d'un quatre de chiffre dont la marchette se prolonge jusqu'à un petit monceau de grains que l'on a soin de renouveler. Les perdrix habituées à trouver des alimens dans cet endroit ne manquent pas d'y revenir, et, en mangeant le grain, l'une ou l'autre touche à la marchette et fait tomber le filet sous lequel la compagnie se trouve prise.

Comme il convient de disposer ce piége auprès d'un buisson ou au bord d'une vigne, au lieu d'employer le quatre de chiffre, on peut soutenir le châssis au moyen d'un piquet que l'on fait porter par en bas sur une tuile. On attache à ce piquet une ficelle qui se prolonge jusqu'à l'endroit que l'on a choisi pour se cacher, et d'où l'on peut voir ce qui se passe, et l'on attend en silence que les perdrix soient venues manger le grain. Lorsqu'elles sont sous le filet, on tire la ficelle, qui fait tomber le piquet et le châssis.

» On remplace quelquefois le filet par une mue d'osier que l'on dispose de la même manière, et que l'on couvre de menues branches pour moins effrayer le gibier. On a soin, dans ce cas, de charger la mue d'une grosse pierre, pour que les perdrix, en se débattant, ne puissent pas la renverser.

Ce piége réussit beaucoup mieux en hiver où le grain est rare.

On peut, par ce moyen, prendre les faisans dont on veut peupler les parquets, en tendant plusieurs de ces piéges dans les endroits que ce gibier fréquente, et où d'ailleurs on a su l'attirer en y répandant du grain.

§ V. *De la chasse des perdrix au trébuchet et aux lacets ou collets.*

Chasse au trébuchet. Cette chasse a beaucoup de rapports avec celle dont nous venons de parler. La seule différence qui la distingue est dans la construction des piéges, qui, au lieu d'être recouverts par un filet, sont formés par une suite de bâtons placés les uns au dessus des autres et d'une longueur qui va toujours en diminuant, de manière à former une espèce de cône. (*Voyez* la *Pl.* 39, *fig.* 1 et 2, le mot *Trébuchet,* et le § *IV.*) On tend ce piége, comme celui de l'article précédent, dans les bois, les vignes, ou tous autres endroits fréquentés par les perdrix, en observant que, dans un champ, il faut trouver un buisson ou une haie, pour cacher le trébuchet ; dans une vigne, on choisit un endroit près d'un buisson, d'une haie ou d'une touffe d'osier, afin de cacher à tous les yeux le piége, et de pouvoir seul en recueillir le fruit, et en même temps pour ne point épouvanter le gibier.

Quand on s'est assuré qu'un endroit est fréquenté par les perdrix, on prépare quelques poignées d'orge ou de froment frit à sec dans la poêle, et on en fait, de distance en distance et d'assez loin, une espèce de traînée, pour attirer les perdrix au monceau de grain qu'on a déposé à l'endroit où doit être placé le trébuchet.

Lorsque les fientes prouvent qu'elles y sont venues, on tend le piége au lieu même où elles ont mangé, avec la précaution de le couvrir de feuillage, de genêt ou de feuilles de vigne, et après avoir mis dessous sept ou huit poignées de grain qui se lient à une longue traînée.

Les perdrix, affriandées par l'appât les jours précédens, ne manquent pas de revenir, et se jettent précipitamment en foule sous la cage pour manger. Naturellement gourmandes, et sautant les unes sur les autres pour prendre le grain, elles marchent nécessairement sur le bâton ou sur la marchette qui tient la machine suspendue, font détendre le trébuchet et s'enferment elles-mêmes.

Il paraît essentiel, pour ne pas être frustré de ses peines, que le chasseur en tendant ce piége, si la cage est légère et la compagnie de perdrix nombreuse, charge le haut du trébuchet d'une pierre assez forte pour que la charge empêche qu'une seule perdrix ne le fasse détendre ; sans cela, on risquerait de n'en prendre qu'une ou deux.

Quelques chasseurs n'emploient qu'un panier d'osier, au haut duquel est une ouverture fermée de quelque pièce mobile et par laquelle on retire le gibier. Ce panier se tend comme le trébuchet et avec les mêmes bâtons. A mesure qu'on tire les perdrix, on les met dans des cages préparées pour les transporter vivantes, si l'on veut en peupler un autre canton, mais qui devrait être éloigné du lieu où les perdrix auraient été prises, parce qu'elles ne manqueraient pas d'y revenir.

Cette méthode peut aussi servir à conserver ce gibier dans une terre, en ne mangeant l'hiver que les mâles, et en nourrissant les femelles jusqu'au mois de mars ; où on leur rend la liberté.

On peut, sans inconvénient, tendre plusieurs fois de suite le trébuchet ou le panier au même endroit; car si la compagnie est nombreuse, et que toutes n'aient pu entrer avant le jeu de la machine, celles qui ont échappé, attirées par la traînée et l'appât, ne manqueront pas de revenir au piége.

Chasse des perdrix aux collets ou lacets. Ces piéges, que nous avons décrits sous le mot *Collet*, se tendent dans les vignes, les bois taillis, et les bruyères, aux endroits où l'on a remarqué que se tiennent les perdrix. Si c'est dans un taillis, on fait un grand cercle ou circuit, de vingt ou trente pas de rayon ; entre les cépées des taillis qui forment cette enceinte, on plante de petites haies d'un demi-pied de haut, avec des genêts et de petites branches piquées en terre, ne laissant au milieu, de distance en distance, que l'espace où une perdrix peut passer.

Aux deux côtés de ces ouvertures ou passées, on plante un piquet gros comme le doigt, auquel est attaché un collet de crin de cheval, qui demeure ouvert et qui est à la hauteur du cou de la perdrix. En se promenant pour chercher de la nourriture, elle veut passer ; la tête s'avance, et en tentant de poursuivre sa route, elle serre le lacet et se trouve prise.

Lorsqu'on tend ce piége dans une bruyère, et qu'il y a de petits sentiers ou des clairières par où les perdrix ont coutume de courir, on pratique une petite haie, comme dans le bois, et on y laisse des passées garnies de collets, qu'il faut visiter régulièrement à une heure après midi, et le soir au coucher du soleil, pour ne pas laisser enlever le gibier. Il est à propos de garnir ces passées et les alentours de quelques poignées de froment ou d'autres grains.

Cette chasse est encore plus sûre lorsque la terre est couverte de neige, parce qu'alors le gibier affamé cherche partout les endroits découverts, au pied des arbres touffus, et même autour des maisons où la neige est plus tôt fondue ou enlevée qu'ailleurs.

Dans cette saison, le chasseur, ayant remarqué quelques perdrix dans un champ couvert de neige, va le soir dans cet endroit, qui est presque toujours une pièce de blé ensemencée, et avec une pelle de bois, il découvre une place de 3 ou 4 toises en carré. Quand la neige est bien rangée, il fait, au milieu de la place, une petite haie de 1 pied et demi de haut, qui la traverse tout entière ; il laisse au milieu du fond de chaque raie du champ, dans la partie déblayée, la passée d'une perdrix, et y place un piquet auquel est attaché un collet de crin à la hauteur du cou d'une perdrix, puis il jette du grain des deux côtés de la haie, pour attirer le gibier, et l'engager à la passer. Le matin, voyant cet endroit découvert, les perdrix ne manquent pas d'accourir, et après avoir mangé le grain qui se trouve en dehors de la haie, apercevant celui qui est de l'autre côté, elles se décident à passer et rencontrent le piége qui les arrête.

Les lacets réussissent encore fort souvent dans les saisons où les perdrix s'*adoucent* ou s'*accouplent*, c'est à dire au premier dégel. Alors, on les voit courir les unes après les autres, le soir et le matin, surtout lorsqu'une gelée blanche a rendu le terrain un peu plus ferme ; elles suivent ordinairement les raies qui se trouvent autour des blés verts.

Quand on a remarqué un champ où les perdrix ont beaucoup couru, on se rend le soir aux environs, et à partir de vingt ou vingt-cinq pas, on forme de petites haies, dans le milieu desquelles on place des lacets aux endroits où l'on a laissé des passées. Ces lacets ne s'établissent pas tout droit comme ceux dont on vient de parler ; on les place de façon que le bout d'en haut penche à moitié sur la passée, parce qu'autrement les perdrix courant la tête levée, elles éviteraient le collet qu'elles dérangeraient avec l'estomac en passant ; au lieu que si le piquet avance dans la passée, la perdrix est obligée de baisser la tête pour passer par dessous, et alors elle se prend au collet.

On emploie aussi les collets traînans. On attache de 2 en 2 pouces, sur une ficelle longue de 20 ou 30 pieds, des collets faits seulement de deux crins de cheval, avec un certain nombre de ficelles de la même longueur ; on en garnit les raies des champs fréquentés par les perdrix, après les avoir semés d'un peu de grain répandu de loin en loin : bientôt elles arrivent attirées et conduites par ces petites traînées, et se prennent au piége par les pieds. Pour que les perdrix prises ne puissent déranger les collets, on assujettit les ficelles qui les tiennent au moyen de petits piquets à crochet plantés en terre. Cette chasse n'offre de grandes chances de succès que dans les pays où les perdrix abondent. (Voyez *Bartavelle*.)

§ VI. *Chasse des perdrix à la course.*

Cette chasse, qui a lieu dans le département de l'Hérault, aux environs de Mèze, Pézenas, Marseille, etc., a, dit-on, un grand succès pour prendre les perdrix rouges. Elle se fait après les semailles. Une partie des chasseurs se rend aux remises connues ; et aussitôt qu'ils ont fait lever une compagnie, les autres la font partir, et ainsi de suite, de façon qu'elles sont bientôt essoufflées et haletantes, et qu'on peut les prendre à la main. On prétend que ces perdrix, ainsi fatiguées, sont plus succulentes que celles tuées au fusil.

On fait aussi une chasse à la course avec des chiens dressés à cet effet, et qui doivent avoir les qualités des chiens d'arrêt, et quelques unes des chiens courans. Ils doivent être de taille médiocre. On monte à cheval, et, accompagné de trois ou quatre personnes, on se rend avec ses chiens dans une plaine où l'on sait trouver des perdrix ; un des chasseurs met les chiens en quête en leur faisant prendre le vent, et il a soin de les suivre. Aussitôt que les chiens ont fait lever une compagnie, le chasseur crie aux autres chasseurs de remarquer la remise, et il enlève ses chiens au grand trot pour aller relever le gibier. Après avoir fait cette manœuvre trois ou quatre fois, les perdrix, essoufflées et rendues, se laissent prendre à la main. Il faut que les chiens dressés pour cette chasse soient habitués à bien quêter, sans se suivre, les uns les autres. Ils doivent aussi attendre le commandement du chasseur pour faire partir le gibier, et ne pas le poursuivre de toutes leurs forces.

Dispositions réglementaires.

Les anciens réglemens contenaient des dispositions sévères sur la chasse aux perdrix.

La liberté de tirer en volant, accordée aux seigneurs et gentilshommes, par les art. 16 et 17 du tit. XXX de l'ordonnance de 1669, ne devait s'entendre à la rigueur que des oiseaux et gibiers de passage, et non des faisans et perdrix, pas même des lièvres et levrauts, qui étaient exceptés par les ordonnances de 1600, 1601 et 1607, auxquelles il n'avait point été dérogé, et ce n'était par tolérance que les seigneurs, gentilshommes et nobles tiraient dessus, ou tout au plus c'était un droit qui leur était personnel, ne pouvant en faire tuer par personne, même sur leurs terres et fiefs.

Pour conserver les couvées de perdrix, l'art. 23 du même tit. XXX défendait de faucher les îles, prés et bourgognes sans clôture, dans l'étendue des capitaineries royales, avant la Saint-Jean-Baptiste. Et l'art. 8 dudit titre défendait d'en prendre les œufs, ainsi que ceux de faisans et cailles, en quelque lieu que ce fût, sous peine de 100 livres d'amende pour la première fois, du double pour la seconde, et du fouet et du bannissement à six lieues pendant cinq ans pour la troisième.

Ces dispositions, comme toutes celles qui avaient pour objet la multiplication excessive du gibier, causaient la ruine des champs ensemencés, dont les perdrix mangeaient les semences, le blé en herbe et le grain, avant et depuis sa maturité jusqu'à sa rentrée dans la grange. Des cultivateurs évaluent à 6 francs par an le tort que cause chaque perdrix, et l'on sait que, terme moyen, une perdrix ne se vend que 75 centimes ou 1 franc. Il est vrai que ce dommage n'est point sans compensation : les perdrix mangent les graines des mauvaises herbes. Mais il doit dépendre des propriétaires de régler sur leurs champs la multiplication de ces oiseaux et de toute autre espèce de gibier.

C'est ce qu'a fait la loi du 30 avril 1790, qui permit à tout propriétaire de chasser et détruire toute espèce de gibier sur ses terres, en se conformant aux règles qu'elle a établies, et aux réglemens d'administration publique.

PERDRIX BLANCHE. Belon appelle ainsi le lagopède dans son habit d'hiver. (Voyez *Lagopède.*)

PERDRIX DES CHAMPS. C'est la perdrix grise.

PERDRIX DE MER, *glareola austriaca*, Lath. Oiseau de l'ordre des *échassiers* et du genre *glaréole*, qui fréquente les rivages de la mer et les bords des rivières et des ruisseaux, pour y chercher les vermisseaux et les insectes qui forment sa nourriture. Il a la taille du merle, et 9 pouces de longueur; les parties supérieures d'un brun grisâtre, une grande tache blanche sur la gorge; le dessous d'un gris roux; le croupion et les couvertures supérieures de la queue blancs; les pennes des ailes et de la queue noirâtres; la queue très fourchue et les pieds rouges. Cet oiseau se trouve en France, mais il y est très rare : il est commun, au contraire, dans les déserts de la Tartarie et en Sibérie.

La PERDRIX DE MER A COLLIER, *glareola austriaca*, Lath., est une variété de l'espèce précédente qui habite l'Allemagne, et qu'on trouve aussi dans les Vosges. Elle niche sur les bords des rivières, et fait entendre la nuit un petit cri, *tul, tul*. Cette variété est très petite.

PERDRIX ROUGE. (Voyez *Perdrix*.)

PERLURES. Les chasseurs donnent ce nom aux inégalités que l'on remarque le long du merrain et des andouillers de la tête des cerfs, des daims et des chevreuils.

PERMISSIONS DE CHASSE *dans les forêts*. (Voyez au mot *Chasse*, réglement du 20 août 1814.)

PESER. Ce mot se dit, en terme de chasse, des traces que les bêtes ont laissées de leurs pieds sur la terre humide, en *pesant* dessus. Les cerfs *pèsent* en raison de leur vieillesse, et on dit qu'un cerf *pèse* et qu'il est de grand corsage, quand ses pieds enfoncent de beaucoup dans la terre.

PETIT DUC. (Voyez *Duc*.)

PETIT HIBOU. C'est la *chevêche* dans Edwards.

PETIT MOINE ou MOINETON. C'est l'une des dénominations vulgaires de la *charbonnière* ou *grosse mésange*.

PETIT MOINEAU. C'est le *friquet*.

PETIT MOUCHET. C'est le traîne-buisson ou la fauvette d'hiver, suivant Belon.

PETIT TOURD. C'est, en quelques parties de la France, le nom de la *grive*.

PETITE FAUVETTE ou PASSERINETTE. (Voyez *Fauvette*.)

PETRAC ou PÉTRAT. C'est le nom que les Orléanais donnent au *friquet*.

PHAISAN. (Voyez *Faisan*.)

PHÈNES. Nom grec de l'*orfraie*. (Voyez ce mot.)

PIC, *picus*. Genre d'oiseaux de l'ordre des *pies*, dont le caractère est d'avoir le bec droit, fort, angulaire, et terminé en forme de coin; la langue très longue, grêle, cylindrique, osseuse et hérissée à son extrémité de petites dents; deux doigts en avant, deux en arrière; la queue composée de dix pennes raides et pointues. Ce genre renferme un grand nombre d'espèces dont la plupart sont étrangères. Nous ne parlerons que des espèces d'Europe.

Le PIC NOIR, *picus martius*, Lath., est le plus gros oiseau du genre des pics.

Description. Taille du choucas; longueur, 18 pouces, y compris la queue, qui a 6 pouces de long; bec couleur de corne, pointu, en forme de coin, et de 2 pouces 3 lignes; iris d'un jaune pâle; pieds couleur de plomb et couverts de plumes dans la moitié de leur longueur; plumage noir, excepté sur le front et l'occiput, qui sont d'un rouge cramoisi. Les vieux mâles ont aussi quelquefois du rouge sur le ventre.

La femelle n'a de rouge que sur l'occiput, et la couleur de son plumage est en général moins noire que dans le mâle.

Le pic noir, comme tous les oiseaux de ce genre, a une grande aptitude à grimper, et à cet égard, il est particulièrement favorisé par la construction de ses pieds et par les plumes fermes et élastiques de sa queue. Il est extraordinairement sauvage.

Habitation. Il n'est pas connu dans la plupart de nos départemens; on le trouve dans les grandes forêts, notamment celles de bois résineux, et plus particulièrement en Suisse, dans les Vosges et dans le midi de l'Allemagne; on en rencontre cependant des individus isolés dans toutes les parties de l'Allemagne. C'est, comme tous les pics, un oiseau sédentaire; il ne fait que quelques courtes excursions en hiver dans les climats plus tempérés qu'il a adoptés.

Nourriture. Elle consiste en insectes parfaits, en chenilles, en larves et en chrysalides, qu'il saisit sous l'écorce des arbres avec sa langue allongée et hérissée de pointes. Lorsque le besoin le presse, il mange aussi des graines de pin et d'autres arbres.

Propagation. Il niche dans le creux des arbres; la femelle dépose trois ou quatre œufs blancs, qu'elle couve pendant dix-huit jours.

Qualités. Ses qualités utiles consistent à diminuer le nombre des insectes qui causent des dommages aux forêts, et à donner l'éveil au forestier dans celles d'arbres résineux où il existe des dermestes. Sa chair n'est d'ailleurs pas désagréable, et comme il ne tire sa nourriture que des arbres malades, sans attaquer ceux qui sont sains, on ne peut pas le regarder comme nuisible; il mérite donc d'être conservé. Cependant il cause, dans les forêts du nord de l'Europe, en Russie, par exemple, du tort aux propriétaires d'abeilles qui déposent des ruches dans les forêts, en ce qu'il peut percer ces ruches pour manger les abeilles. On ne parvient à s'en garantir qu'en garnissant les ruches d'épines et de branches.

Le PIC-VERT, *picus viridis*, Lath. Ce pic (*Pl.* 12, *fig.* 13), le plus commun en Europe, y est très connu, mais sous divers noms, tirés de ses couleurs, de son cri et de ses habitudes, tels que ceux de *pic-vert jaune*, de *pic pluvial*, de *procureur de meunier*, en Bourgogne; de *picosseau*, en Poitou; de *picotot*, en Périgord; de *bivai*, en Guienne; de *becquebo* ou *becbois* en Picardie; de *pleu-pleu* ou *plui-plui*, en Normandie, etc.

Description. Il a à peu près la grosseur du choucas; 12 pouces de longueur, y compris la queue qui a 4 pouces; le bec couleur de corne, en forme de coin tranchant, et de 1 pouce 6 lignes de long; l'iris verdâtre; les pieds de 1 pouce 3 lignes de haut, d'un gris verdâtre mêlé de brun, et garnis d'un peu de plumes en dessous; le dessus de la tête jusqu'à la nuque d'un beau rouge cramoisi; le plumage du dessus du corps d'un vert plus ou moins olivâtre et jaune; la poitrine d'un gris mêlé de vert. La femelle a les couleurs moins vives et moins de rouge sur la tête.

Ce pic fait retentir les forêts de ses cris aigus et durs, *tiacacan, tiacacan*, qu'on entend de loin, et qu'il jette surtout en volant. Il a de plus que ce cri ordinaire une sorte d'appel d'amour, qui ressemble en quelque sorte à un éclat de rire bruyant et continu, *tio, tio, tio, tio, tio*, répété jusqu'à trente et quarante fois de suite. Enfin on lui en connaît encore un autre très différent de sa voix ordinaire, *plieu, plieu, plieu*, d'où lui est venu le nom de *pleu-pleu, plui-plui*. Ce cri plaintif et traîné annonce, dit-on, la pluie, ce qui lui a valu le nom d'*oiseau pluvial*, *oiseau de pluie*, et en Bourgogne celui de *procureur de meunier*. Son vol est par élans et par bonds; il plonge, se relève, et trace en l'air des arcs ondulés, ce qui ne l'empêche pas de s'y soutenir assez longtemps, car il franchit d'assez grands intervalles pour passer d'une forêt à l'autre. Au printemps et en été, il se tient souvent à terre pour manger des fourmis. Dans les autres saisons, il grimpe continuellement contre les arbres, les frappe à coups de bec redoublés, qu'on entend de très loin. C'est le moment où il est plus facile de l'approcher; mais il se dérobe à la vue du chasseur en tournant autour de la branche, et se tenant sur la face opposée. Lorsqu'il a frappé quelques coups, il va de l'autre côté de l'arbre pour saisir les insectes qu'il a mis en mouvement.

Habitation. On trouve le pic-vert dans presque toutes les forêts de la France, et il paraît préférer les bois à feuilles. Quoique les oiseaux de cette espèce demeurent pendant l'hiver, et même en assez grand nombre dans les grandes forêts, cependant une partie voyage en même temps que les autres oiseaux de passage.

Nourriture. La même que celle du pic noir; mais comme cette espèce est moins sauvage, elle se rapproche, pendant l'hiver, des habitations, pour manger les insectes qui sont cachés dans les murs.

Propagation. C'est toujours au cœur d'un arbre vicié et vermoulu que le pic-vert place son nid; plus souvent il choisit les arbres de bois tendre, tels que les trembles, marsaults et hêtres; mais rarement les chênes et autres arbres à bois dur. La femelle et le mâle travaillent alternativement à percer la partie vive jusqu'à ce qu'ils rencontrent le centre carié, rejetant en dehors des ruches et des copeaux. Ils font quelquefois un trou si oblique et si profond, que la lumière du jour ne peut y percer; ils y entrent et en sortent en grimpant. Le nid est composé de mousse et de laine. La ponte est de quatre à six œufs verdâtres avec de petites taches noires. Pendant le temps des couvées, le mâle et la femelle ne se quittent point, se couchent de bonne heure et restent dans leur trou jusqu'au jour.

Qualités. Elles sont les mêmes que celles du pic noir.

Le PIC VARIÉ ou l'ÉPEICHE, *picus major*. C'est le pic rouge dans plusieurs contrées.

Description. Ce pic (*Pl.* 11, *fig.* 2) a 9 pouces 3 lignes de longueur, y compris la queue, qui a 3 pouces et demi; le bec noirâtre, de 11 lignes de long; l'iris rougeâtre; les pieds couleur de plomb, et de 1 pouce de haut; les ongles bruns; la couleur dominante du corps, noire, mélangée de blanc; l'occiput d'un rouge cramoisi; le croupion d'un rouge ponceau; la queue étagée de noir sur un fond blanc rougeâtre. La femelle n'a point de rouge sur l'occiput; elle a le dessous du corps d'un blanc plus pur; les jeunes lui ressemblent.

L'épeiche a les mêmes habitudes que le pic-vert : comme lui, elle grimpe contre les arbres; mais son cri est très différent; elle semble prononcer *tre, re, re, re, re*, d'un ton enroué; elle frappe contre les arbres des coups plus vifs et plus secs, et elle est plus défiante; si quelque chose lui porte ombrage, elle ne s'enfuit pas, mais se tient immobile derrière une branche, toujours l'œil sur l'objet qui l'inquiète; si l'on tourne autour de l'arbre, elle tourne de même autour de la branche, et toujours de manière qu'elle se cache aux yeux du chasseur; c'est pourquoi il est difficile de l'ajuster.

Habitation. Cet oiseau se tient dans les forêts pendant l'été; et l'hiver il se retire quelquefois dans les jardins plantés d'arbres.

Nourriture. Il se nourrit d'insectes, de larves et de chrysalides, de la semence de quelques espèces de bois, et même de noisettes.

Propagation. Il fait son nid dans des trous d'arbres, et y dépose de quatre à six œufs, d'un blanc grisâtre mélangé de petites taches noirâtres. L'incubation dure quatorze jours.

Qualités. Les mêmes que celles du pic noir.

LA PETITE ÉPEICHE, *picus minor*.

Description. Longueur totale, 5 pouces et demi; le bec d'un noir verdâtre et de 6 lignes de long; l'iris rougeâtre; les pieds de 5 lignes de haut; le dessus du corps, bigarré de blanc et de noir; le dessous d'un blanc sale; le sommet de la tête rouge dans les mâles.

Habitation. Il est rare en France.

Nourriture. Elle consiste en fourmis, que cet oiseau cherche dans la terre, en insectes et larves qu'il prend sous l'écorce des arbres.

Propagation. Il niche dans le creux des arbres; la ponte est de quatre à cinq œufs blancs; l'incubation dure quatorze jours.

Qualités. Les mêmes que celles du pic-noir.

Chasse des pics.

On prend ces oiseaux à la pipée, où on les fait venir en se servant de l'instrument représenté *Pl.* 34, *fig.* 1, qui est composé d'une lame et d'un petit marteau : on imite avec ce marteau le bruit qu'ils font lorsqu'ils frappent un arbre. On peut aussi les attirer en frappant avec tout autre instrument, pourvu qu'on imite le bruit qu'ils font. On peut également les attirer à la portée du fusil, en se servant d'un œuf de bois creux avec lequel on frappe sur la crosse.

On les tue à coups de fusil, lorsqu'on parvient à les découvrir, en allant à l'endroit où on les entend rapper.

On les prend avec des raquettes que l'on tend dans les bois qu'ils fréquentent, et on attache sur la marchette quelque insecte qui ronge les arbres, et dont ils sont friands.

Le pic-vert et la petite épeiche, qui recherchent les fourmis pendant l'été, peuvent se prendre avec des collets traînans que l'on tend à plat sur les fourmilières.

Enfin, on peut en prendre avec des collets pendus après les grosses branches d'arbres qui sont vermoulues, et où les pics trouvent plus d'insectes.

Mais aucune de ces chasses n'est d'un grand intérêt, ni pour le gibier, ni pour la conservation des arbres, puisque ces oiseaux ne sont pas très recherchés pour leur chair, et que le prétendu tort qu'ils causent aux arbres, dont ils n'attaquent que ceux qui sont viciés, est bien compensé par la destruction qu'ils font d'une foule d'insectes.

PICAVERET. C'est, suivant Belon, le *cabaret*, petit oiseau semblable à la linotte.

PIE, *pica*. Nom d'une famille d'oiseaux du genre corbeau, et de l'ordre des pies.

La PIE, *corvus pica*, Lath. (*Pl.* 10, *fig.* 6), est connue dans quelques provinces sous les noms de *damo-margot*, d'*agasse*, de *jacquette*. Elle a 18 pouces de longueur, à partir du bout du bec jusqu'à l'extrémité de la queue, qui a 8 pouces et demi, et qui est recouverte par les ailes sur une longueur de 4 lignes; le bec long de 1 pouce 2 lignes, noir, fort et un peu recourbé; l'iris brun, les pieds noirs et de 1 pouce 9 lignes de haut; la tête, le cou, le dessus des ailes, la gorge et la poitrine d'un noir velouté; le dos et la queue noirs avec reflets verts, le ventre, les pennes primaires des ailes dans une partie de leur longueur d'un beau blanc, et une grande tache blanche ovale sur les dernières plumes des ailes. Le cri de la pie est généralement connu. Son vol est court et d'arbre en arbre; et lorsqu'elle est à terre, elle va toujours par sauts.

Habitation. Elle est commune dans toute l'Europe; elle se tient ordinairement dans les bois et dans les parcs, ou dans le voisinage des champs et des prairies. En automne, les pies vont en petite compagnie dans les environs des cantons qu'elles ont adoptés; mais elles ne sont point voyageuses, et ce n'est que dans les temps de grandes neiges et de froids rigoureux, qu'elles semblent vouloir s'éloigner un peu.

Nourriture. Elles se nourrissent de charogne, de vers, de limaçons, d'insectes et de larves, d'œufs et de jeunes oiseaux, de souris, de mulots et même de jeunes lapereaux, des baies et des boutons de plusieurs sortes d'arbres, de pois, de fèves et d'autres fruits.

Propagation. Les pies construisent leurs nids sur la cime des plus hauts arbres, ordinairement près des villages et des villes; elles les couvrent avec des épines pour abriter leurs petits contre le vent et le mauvais temps. L'entrée est toujours placée de côté, et à l'opposé des vents de pluie. La ponte est de trois à cinq œufs d'un vert bleu, semés de taches brunes et grises; l'incubation est de seize jours. Il y a deux couvées par an, surtout quand la première a été troublée.

Qualités. Leur chair n'est pas bonne, et l'on n'est

pas dans l'usage de la manger. Cependant les habitans de la campagne ne dédaignent pas la chair rôtie des jeunes.

Les pies s'apprivoisent facilement et deviennent familières. Elles jacassent beaucoup et apprennent à prononcer quelques mots.

Les pies sont utiles par la destruction qu'elles font d'insectes et d'animaux nuisibles à l'agriculture; mais elles causent aussi beaucoup de dégâts dans les vignes et dans les champs plantés de pois, de fèves et d'autres légumes, et elles mangent les œufs des perdrix, des cailles et des faisans.

Chasse de la pie.

Les pies sont très défiantes, et il est très difficile de les approcher. Cependant on parvient à les attirer avec une chouette ou un hibou, autour duquel elles viennent voler, et on peut les tirer en s'embusquant à portée.

On les prend avec le *trébuchet à ressort de cordes* (*voyez* ces mots), qu'on appâte avec un petit morceau de viande à demi gâtée. On les prend aussi aux gluaux et à la pipée; mais c'est à regret qu'on les voit venir à la pipée, parce qu'elles peuvent détendre tout l'arbre avec leur queue. On leur tend encore avec avantage, en plain champ, des lacets de crin attachés à deux piquets enfoncés en terre, et autour desquels on jette çà et là des pois et des fèves qu'on a fait tremper dans de l'eau; enfin on les empoisonne, de même que les corbeaux et les corneilles, avec des yeux d'écrevisse réduits en poudre et mêlés avec de la graisse.

On prétend qu'on peut les éloigner des champs où elles font du dégât en suspendant plusieurs pies mortes à des pieux fichés en terre. (Voyez, au surplus, les articles Corbeau et Oiseau de proie, où sont indiqués plusieurs moyens de destruction applicables aux pies.)

PIE DE BOULEAU. C'est le rollier d'Europe.

PIE DE BUISSON. C'est la pie-grièche. (*Voyez* ce mot.)

PIE DE MER. C'est le nom vulgaire de l'huîtrier. (*Voyez* ce mot.)

PIE-GRIÈCHE, *lanius*. Genre d'oiseaux de l'ordre des pies, qui renferme un très grand nombre d'espèces étrangères, et quelques espèces d'Europe. Le bec des oiseaux de ce genre est plus ou moins courbé à sa pointe et échancré près de sa partie supérieure.

LA PIE-GRIÈCHE ÉCORCHEUR, *lanius collurio*, Lath., a 7 pouces de longueur totale; le bec noir; le dessus de la tête et du cou, de la partie inférieure du dos, le croupion, les couvertures du dessus de la queue et les jambes cendrés; la partie supérieure du dos rousse; de chaque côté de la tête une large bande noire; la gorge, le devant du cou blancs; la poitrine, le ventre et les côtés d'une couleur de rose pâle; les couvertures du dessus des ailes et de la queue blanches; les pennes brunes, avec leur côté extérieur bordé de roussâtre; les deux intermédiaires de la queue noirâtres, les latérales de cette teinte à leur bout, et blanches à leur origine; les pieds bruns et les ongles noirâtres.

La femelle est un peu plus petite que le mâle; sa tête et le dessus du corps sont d'un brun roussâtre; le dessous est blanchâtre et très légèrement teinté de rose.

Il y a une variété de cette espèce qui n'est pas plus grosse qu'une alouette : elle a le bec, les pieds et l'iris des yeux noirs; la tête et le haut du cou, le croupion et les couvertures supérieures de la queue bleus; le bas du cou, la poitrine et le dessous des ailes d'un blanc vineux; le ventre et le dessous de la queue jusqu'aux deux tiers de sa longueur blancs; dans tout le reste, elle ressemble à l'écorcheur. Cet oiseau a été tué en Lorraine, où l'on en voit très rarement.

Habitation. L'écorcheur n'entre point dans les grands bois; il en fréquente les lisières, suit les longues haies, et se plaît sur les grands buissons. Il a les mêmes habitudes et le même genre de vie que la pie-grièche rousse, et comme elle, il a le vol court et peu élevé.

Nourriture. Il fait la chasse aux petits oiseaux et aux insectes; et, comme la pie-grièche rousse, il imite le cri des oiseaux pour les attirer.

Propagation. Il place son nid dans les buissons et les haies, à la partie la plus touffue et la plus élevée de la terre. Ses œufs, au nombre de cinq à six, sont tachetés de brun et de bleuâtre sur un fond blanc; la femelle fait deux pontes par an.

Habitation. Les pies-grièches voyagent en famille; elles arrivent chez nous au printemps et nous quittent à l'automne.

L'espèce est répandue dans le nord et le midi de l'Europe. Elle se montre en plus grand nombre en Lorraine.

Chasse. Les oiseleurs prennent beaucoup d'écorcheurs à l'automne, surtout des jeunes, aux *lacets* et à la *sauterelle*.

LA PIE-GRIÈCHE COMMUNE OU GRISE, *lanius excubitor*, Lath., a de 8 à 9 pouces de longueur totale; la queue arrondie et de 4 pouces de long; le bec de 8 lignes de longueur, noir, comprimé sur les côtés; l'iris d'un noir brun; les pieds couleur de plomb foncée et de 1 pouce de haut; le dessus du corps d'un gris cendré clair et le dessous blanc; une large bande noire, qui, partant de l'angle des mandibules, passe au dessus des yeux et s'étend vers le commencement du cou; les grandes couvertures des ailes et la queue noires, avec des bandes blanches.

La femelle est plus petite que le mâle; le gris du dos est plus clair, et la poitrine est marquée de quelques lignes demi-circulaires d'un brun pâle, que l'on remarque aussi chez les jeunes jusqu'à la première mue.

Le cri de cet oiseau est *trouï, trouï*.

Habitation. La pie-grièche grise est répandue en Europe et très commune en France où elle reste toute l'année; elle se tient sur les lisières des bois, sur les arbres isolés, dans les haies près des habitations, et dans les champs, où elle se pose ordinairement sur les plus hautes sommités.

Nourriture. Elle se nourrit de petits oiseaux, de mulots, de hannetons, et d'autres insectes et de vermisseaux. Si elle aperçoit sa proie au dessous d'elle, elle voltige dans l'air assez long-temps et sans changer de place, à la manière des oiseaux de proie, et elle s'abat subitement sur elle.

Propagation. Cet oiseau place son nid ordinairement sur les branches des grands arbres et dans les haies touffues et épineuses. La femelle y dépose de quatre à six œufs grisâtres, tachetés de vert olive ; l'incubation dure quatorze jours.

Qualités. La chair de la pie-grièche ne se mange pas ; mais cet oiseau est utile à l'agriculture par la quantité de mulots et d'insectes qu'il détruit.

La PIE-GRIÈCHE BLANCHE, qu'on rencontre dans les Alpes, est de la même taille que la grise ; elle est totalement blanche, avec le bec et les ongles noirs et les pieds jaunâtres.

La PIE-GRIÈCHE D'ITALIE, *lanius minor*, a 7 pouces et demi de longueur, y compris la queue de 3 pouces ; le bec noir, de 7 lignes de long et très fort ; l'iris brun ; les pieds noirs, de 1 pouce de haut et armés de fortes griffes ; une bande noire passant sur les côtés de la tête et s'étendant sur le front ; les ailes et la queue noires avec des bandes blanches. C'est un oiseau très peureux et très défiant ; il sait imiter le cri de plusieurs autres oiseaux pour les faire tomber dans ses serres. S'il se trouve mêlé avec des espèces étrangères, son cri particulier est *gac, gac, gac.* Son vol est rapide, droit et soutenu comme celui d'un faucon.

Habitation. On le trouve en Italie; en Espagne, en Allemagne et en Russie. Il est rare en France ; cependant on le rencontre quelquefois aux environs de Paris ; mais il n'y fait que passer.

Nourriture. La même que celle de la pie-grièche grise.

Propagation. Il niche ordinairement sur les arbres fruitiers dans les champs et dans les jardins, où la femelle dépose cinq ou six œufs allongés, verdâtres, marqués en croix, vers leur centre, de taches grises et brunes ; l'incubation dure quatorze jours.

Qualités. Les mêmes que celles de l'espèce précédente.

La PIE-GRIÈCHE ROUSSE, *lanius rutilus*, Lath., est un peu plus grosse que l'*écorcheur*; elle a 6 pouces de longueur totale ; l'iris d'un gris jaunâtre ; la gorge, le dessous du corps et les couvertures inférieures d'un blanc un peu jaunâtre ; les plumes scapulaires, le croupion, la naissance des pennes primaires, l'extrémité des quatre secondaires, la pointe et la base des quatre pennes les plus extérieures de la queue, d'un blanc pur ; le dessus de la tête et du cou d'un roux vif ; le front, les joues, les côtés du cou, le dos, en grande partie, les ailes et la queue, noirs, ainsi que le bec et les pieds ; le bas du dos d'un brun ardoisé. La femelle est plus grosse que le mâle, et ses couleurs sont moins vives. Cette pie-grièche imite aussi le cri des petits oiseaux pour les attirer.

Habitation. Elle est répandue en Europe, quitte en automne nos contrées septentrionales, et y revient au printemps.

Nourriture. La même que celle des autres oiseaux de ce genre.

Propagation. Elle niche dans les buissons et les haies, en plaine campagne ou à la rive des jeunes taillis, mais jamais dans les bois. Sa ponte est de cinq à six œufs de couleur blanchâtre, tachés de brun ou de fauve.

Qualités. Les mêmes que celles des autres espèces.

Chasse. On tue les pies-grièches à coups de fusil, quand l'occasion s'en présente ; on peut les attirer au moyen d'une chouette, et on en prend aussi aux pièges ; mais ces oiseaux doivent être conservés, à cause de leur utilité et attendu d'ailleurs que leur chair n'est pas bonne à manger.

PIÈCES. En terme de chasse, on dit qu'un chien, un oiseau sont *tout d'une pièce*, quand ils n'ont qu'une couleur. On dit : *Les pièces et pans d'un rets.* (Voyez *Panneaux.*)

PIED, *pes.* C'est le membre qui sert aux animaux pour marcher.

PIED DU CERF. Il est composé des pinces, des côtés, de la sole, du talon et des os (voyez la *Pl. 3, fig. 14*). Les *pinces*, 1, 1, sont les deux extrémités antérieures du pied, le *talon*, 3, l'extrémité postérieure ; les *côtés* sont les parties représentées par 4, 4 ; la *sole*, 2, est le dessous du pied renfermé entre les pinces, le talon et les côtés, les *os*, 5 et 6, sont les ergots ; séparément ils se nomment *os* ; ensemble on les nomme la jambe ; ils sont placés à environ un pouce au dessous du talon, ou plutôt des éponges qui sont la partie postérieure du talon. Il y a de plus la *comblette*, qui est l'intervalle des deux parties du talon, à la naissance de la fourche. Toutes ces pièces font juger un cerf, parce qu'elles s'usent à mesure que l'animal acquiert de l'âge.

Les pinces deviennent plus rondes, quoique la totalité du pied prenne plus de volume, et le talon diminue ; les côtés et les os s'usent pareillement ; et par le poids de l'animal la jambe se rapproche du talon.

Pied de gondole. On nomme ainsi le pied des cerfs qui habitent les bois humides, et dont la sole se retire, tandis que les côtés restent tranchans.

Pied paré ou *pied usé.* C'est le pied de l'animal qui a vécu sur un terrain dur et pierreux ; ce qui a hâté la diminution du volume des parties de son pied.

Pied creux. C'est la même chose que le pied de gondole ou en gondole.

Pied du chien. On dit le *pied du chien* et non la patte. Des chiens sont de même pied quand ils chassent bien ensemble.

PIED D'UN FILET. C'est le bas du filet lorsqu'il est tendu verticalement.

PIED-VERT. (Voyez *Bécasseau*.)

PIÉGE. Mot qui vient du latin *pedica*, formé de

pes, pied. On appelle ainsi toute machine, tout instrument, tout artifice dont on se sert pour prendre des animaux, et c'est sans doute parce qu'un grand nombre de ces moyens saisissent, arrêtent ou embarrassent les animaux par les pieds, qu'on les a compris tous sous la dénomination commune de *piéges*; mais ils se distinguent ensuite par des noms particuliers, suivant leur forme et leur destination.

Les piéges se divisent en deux grandes classes : la première comprend tous ceux qui sont employés contre les quadrupèdes, et la seconde renferme les piéges destinés à prendre des oiseaux.

On range dans la première classe les *traquenards*, les *hameçons*, le *piége de fer*, le *hausse-pied*, les *assommoirs*, les *trébuchets*, les *collets*, les *chambres et enceintes*, les *trappes*, les *panneaux*, les *toiles*.

Dans la seconde classe se trouvent les *filets*, les *collets*, les *lacets*, les *trébuchets*, les *hameçons*, le *brai*, les *gluaux*, les *tendues d'hiver*.

Pour attirer les animaux aux piéges, on se sert d'*appâts*, d'*appeaux*, d'*appelans*, de *perchans*, de *miroirs*.

La plupart des piéges, des appâts, appeaux et appelans se divisent en plusieurs espèces. Nous les indiquons dans les articles de ce Dictionnaire consacrés à chaque genre, et nous les décrivons sous les dénominations qui leur sont propres dans des articles spéciaux. L'atlas qui termine l'ouvrage en représente les figures. Enfin nous faisons connaître, en parlant de chaque espèce de quadrupède et d'oiseau, les piéges qu'on a coutume de leur tendre pour les surprendre, les captiver ou les détruire, et la manière de se servir de ces piéges.

Dispositions réglementaires concernant l'usage des piéges.

La tendue des lacs, lacets, collets et autres piéges est défendue dans les forêts soumises au régime forestier par l'art. 12 du titre XXX de l'ordonnance de 1669, conforme à la disposition des ordonnances de 1600 et de 1601, art. 9.

D'après l'art. 15 de la loi du 30 avril 1790, il est libre, en tout temps, au propriétaire, et même au fermier, de détruire le gibier dans ses récoltes même non closes, en se servant de filets ou autres engins qui ne puissent pas nuire aux fruits de la terre.

Il n'y a même plus d'exception à cet égard pour le cerf, la biche et le faon; car les lois du 4 août 1789 ont rendu à tout propriétaire le droit de détruire ou faire détruire sur ses possessions toute espèce de gibier.

Sur la question de savoir si une personne qui a obtenu la permission de chasser sur une terre ou dans un bois a la faculté d'y tendre des lacs ou autres piéges, Henriquez fait observer que cette méthode étant très destructive, elle ne peut être comprise tacitement dans la permission de chasse; il faut qu'elle y soit exprimée. S'il en était autrement, il arriverait que celui auquel on aurait accordé la permission de chasser serait le maître d'en user d'une manière contraire à la volonté du propriétaire qui l'aurait donnée, et cela serait contre la raison qui veut que dans l'usage d'une chose on se renferme dans les bornes prescrites par celui qui l'a accordée.

S'il ne s'agissait cependant que d'oiseaux de passage, tels que les bécasses, grives, canards, etc., dont le séjour n'est que momentané dans une terre, Henriquez pense que la permission de chasse comprendrait celle de prendre ces sortes de gibier avec des lacs, étant très ordinaire de se servir de cette méthode, à moins toutefois que le propriétaire n'y eût pas consenti. (Voyez *Chasse*.)

PIÉGE DE FER. Ce piége, qui a été fort vanté et qui est encore employé avec succès en Allemagne, n'est plus très en usage en France, parce qu'il est d'un emploi difficile et qu'il est moins avantageux que le traquenard. Il y en a de deux sortes : des grands pour prendre les loups et les renards, et des petits pour prendre les fouines, les putois et les oiseaux de proie.

Ce piége, qui est décrit dans le *Dictionnaire des chasses de l'Encyclopédie*, et dans le *Dictionnaire d'histoire naturelle*, au mot *Loup*, se compose d'un assez grand nombre de pièces.

Il faut d'abord deux pièces de fer longues de 2 pouces et demi, larges d'un seul, et de 3 lignes d'épaisseur, ayant chacune à ses extrémités une double charnière percée d'outre en outre, pour y mettre une cheville de fer : ces deux morceaux de fer se mettent en croix, et s'arrêtent par une cheville de fer, d'un pouce de long, rivée et garnie d'une boucle.

Outre ces deux pièces, on en prend deux autres qui ont 6 pouces de long, 1 de large et 2 lignes d'épaisseur; à chaque bout on y fait une mortaise longue d'un pouce, et large d'environ 4 lignes : ensuite on croise ces deux pièces, en y mettant une cheville de fer, faite en flèche ou langue de serpent.

Il faut encore quatre branches de fer longues chacune de 18 pouces, et épaisses de 2 ou 3 lignes en carré, excepté vers la dernière dent où elles doivent avoir 5 ou 6 lignes de largeur seulement, du côté où sont les dents. Ce même bout doit être rond, accompagné d'une charnière simple percée au milieu; pour l'autre extrémité, elle sera faite dans la forme d'un crampon, avec deux branches longues de 2 pouces.

Quand toutes les pièces de fer sont fabriquées, on les rassemble en croix; le bout de la cheville doit être dans les trous pour river les deux bandes croisées de manière qu'elles ne remuent point. On prend ensuite la flèche qu'on fait entrer par force dans une ouverture qui est au milieu de la croisée du piége; on fait ensuite passer l'autre bout de la flèche dans une des mortaises dont on a déjà parlé, et de là dans les charnières des premières pièces de fer : on met surtout une cheville de fer rivée; on observe les mêmes dispositions pour trois autres branches, de manière que les pointes des crampons soient toujours en haut, et le piége est monté.

Il ne reste plus que d'apprendre la manière de le tendre.

On cherche un endroit où il se trouve quelque cadavre d'animal récemment tué, et on s'y transporte avant le coucher du soleil avec une corde de la grosseur du petit doigt, et longue de 2 pieds, un gros piquet, un marteau et son piége.

Quand on est arrivé, on observe avec soin le côté par où le loup peut venir à l'appât; on s'écarte d'environ cinquante ou soixante pas du côté de la voie de la bête, et on fait une fosse ronde et de la largeur du piége; quand il est ouvert, cette fosse doit être, dans le milieu, profonde d'un demi-pied, et aller en diminuant du côté de la circonférence.

Au milieu de la fosse, il faut enfoncer un crochet pour attacher la corde, qui sera liée à la boucle du piége ouvert dans la fosse, de manière que cette boucle tienne fortement avec la corde et le crochet du piquet.

Quand la machine est ainsi préparée, on coupe un morceau de l'animal mort dont nous avons parlé, de la grosseur de la tête, et on choisit un côté où il n'y a point d'os; on met ce quartier de chair sur la flèche, en le faisant entrer aussi avant qu'il est possible, et on en frotte la corde et le piquet.

Il faut avoir, outre cela, la précaution de couper un autre morceau de chair, de le lier avec une corde, de le faire traîner aux environs de la machine, afin d'en laisser des traces, et que l'odeur qui s'en exhale amène sûrement la bête dans le piége.

Ce qui reste du corps de l'animal mort doit être suspendu au premier arbre avec un papier blanc à l'extrémité, afin que le loup, venant de nuit à l'appât, n'approche pas du cadavre. Cependant, cet animal, qui est affamé, ne trouvant aucun péril à dévorer le quartier de chair qui se trouve sur la flèche du piége, s'élancera dessus; mais les dents du piége, qui se détendront, le saisiront au corps, et le serreront d'autant plus qu'il tirera davantage: ainsi il sera captif, et on pourra le tuer sans peine.

On peut tendre trois ou quatre de ces piéges, autour de la même chair, et les laisser en place huit à dix jours, et tant que les restes de la charogne subsisteront dans le voisinage; mais il faut avoir la précaution d'empêcher, pendant le jour, les chiens et les oiseaux carnassiers d'y toucher.

Au lieu de tuer sur place le loup qui sera pris, il vaut mieux lui passer dans le cou un nœud coulant pour le retirer du piége, ensuite le faire combattre loin de là, et l'étrangler par des chiens; car si on répand le sang du loup sur place, on peut être assuré que, de long-temps, aucun autre n'approchera, quelque affamé qu'il puisse être.

PIÉNU. C'est, en Sologne, le cujelier.

PIERRE A FEU. (Voyez *Fusil*, § XXVI.)

PIERRE GARRIN, ou GRANDE HIRONDELLE DE MER, *sterna hirundo*, Lath. Oiseau de l'ordre des palmipèdes, et du genre de l'hirondelle de mer.

Description. Longueur, 14 pouces; la queue fourchue et dépassée par les ailes d'environ 5 pouces; le bec de 1 pouce 9 lignes de long, mince, très pointu, rouge, ainsi que les pieds, dont la hauteur est de 9 lignes; le derrière de la tête noir; le dessus du corps d'un gris cendré; tout le reste bleu. Cet oiseau, comme tous ceux de son genre, vole constamment au dessus des eaux, et ne nage que quand il veut reposer.

Habitation. Cette hirondelle habite nos côtes maritimes, remonte dans les terres en suivant les grandes rivières, et s'arrête sur les lacs et les étangs. Elle arrive en France au mois d'août.

Nourriture. Des petits poissons et des insectes ailés. Pour saisir le poisson, le pierre-garrin s'élance comme un trait sur l'eau.

Propagation. La femelle dépose, dans un petit creux sur le rivage, de trois à quatre œufs d'un vert olivâtre, tiquetés de noir, qu'elle couve pendant trois semaines.

Ennemis. Les petits quadrupèdes voraces et les oiseaux de proie.

Utilité. La chair de cet oiseau est dure; on la mange rarement.

PIERROT. Nom vulgaire du moineau.

PIERRURES. C'est ainsi qu'on appelle l'espèce de fraise en forme de petites pierres qui entoure les meules de la tête du cerf, du daim et du chevreuil.

PIÉTER. C'est ce que fait une caille ou une perdrix lorsqu'elle avance quelques pas sous l'arrêt du chien.

PIETTE. (Voyez *Harle*.)

PIEU. C'est un bâton pointu par un de ses bouts, dont les oiseleurs se servent pour faire agir leurs piéges.

PIEUX ou ÉPIEUX. Ce sont les bâtons dont on frappe les bêtes noires. (Voyez *Épieu*.)

PIEUX FOURCHUS. Ce sont ceux dont on se sert pour tendre et attacher les toiles.

PIGACHE. Trace du pied d'un sanglier dont une pince est plus longue que l'autre. On dit, dans ce cas, que l'animal a le pied *pigache*.

PIGARGUE. (Voyez *Pygargue*.)

PIGEON, *columba*. Genre d'oiseaux qui, suivant Brisson et plusieurs ornithologistes, renferme cinq espèces: 1° le *pigeon domestique*; 3° le *pigeon romain*; 4° le *pigeon biset*; 5° le *pigeon de roche*; 6° le *pigeon sauvage*. Mais Buffon ne voit qu'une espèce composée de deux races dans les deux premiers, quoique différens par la taille et le plumage, parce qu'ils produisent ensemble des individus féconds; et il ne voit de même, dans les trois autres, qu'une espèce, celle du *biset*, dans laquelle le *pigeon de roche* et le *pigeon sauvage* ne sont que des variétés très légères, parce qu'ils sont tous trois de la même grandeur, et qu'ils ont le même naturel et les mêmes mœurs. Il ne reste donc, suivant lui, que deux espèces, le *biset* et le *pigeon domestique*. L'opinion de Buffon est celle qui a été adoptée par les ornithologistes modernes, et en dernier lieu par M. Vieillot.

Le PIGEON BISET, *columba livia*, Lath. (*Pl.* 14, *fig.* 11), a 14 pouces de longueur totale; le plumage d'un cendré bleuâtre; des reflets vert doré autour de la gorge; le croupion blanc; deux bandes noires transversales sur les ailes; le bec d'un rouge pâle; les pieds d'un rouge plus vif; les ongles noirs; quatre doigts, trois antérieurs et un postérieur. Son vol est rapide, et on le voit toujours en bande. Son cri est un roucoulement qu'il fait entendre, principalement quand il est en amour.

Habitation. Le biset est un oiseau de passage qui arrive dans nos bois à la fin de l'hiver, et qui repart en novembre, en prenant sa route vers le midi. On assure qu'il ne se trouve pas dans nos régions froides, et que les pigeons sauvages qu'on y rencontre sont des pigeons de colombier retournés à l'état de liberté.

Nourriture. Elle consiste en grains de toute espèce, en graines d'arbres résineux, glands, faînes et baies.

Propagation. Le pigeon biset a été regardé comme la souche primitive dont on aurait tiré, par la domesticité, les races secondaires et leurs variétés. Mais aujourd'hui les naturalistes pensent que les innombrables variétés que nous possédons sont plutôt le résultat des mélanges du biset avec les pigeons des autres contrées du monde.

Cette espèce niche dans le creux des arbres; elle fait deux pontes par an, une au printemps, et l'autre en été. Chaque ponte est de deux œufs blancs, que le mâle et la femelle couvent alternativement pendant vingt et un jours, et qui produisent ordinairement un mâle et une femelle. Les deux époux nourrissent en commun leurs petits, en introduisant dans leur bec des grains macérés qu'ils font remonter de leur jabot. Peu d'oiseaux partagent plus également les peines et les soins du ménage; ils ne se quittent que lorsque la mort les sépare.

Qualités utiles et nuisibles. La chair des jeunes bisets est tendre et de bon goût; mais celle des vieux est sèche et dure. Cette espèce, ainsi que toutes les autres espèces ou variétés de pigeons, font un grand dégât dans les nouveaux semis d'arbres résineux, dont elles mangent les semences; elles causent aussi du dommage dans les champs nouvellement semés et dans les grains, à l'époque de la maturité.

Le PIGEON DOMESTIQUE. (*Voyez* à la fin de l'article.)

Le PIGEON DE MONTAGNE et le PIGEON DE ROCHE, *columba rupicola, columba saxatilis,* sont, ainsi que nous l'avons déjà fait observer, considérés comme des variétés du biset.

Le PIGEON SAUVAGE, *columba œnas,* est aussi regardé comme une variété du biset. Cette espèce a de 13 à 14 pouces de longueur; la tête et la gorge cendrées; le dessus et les côtés du cou à reflets vert doré; le dessus du corps d'un cendré obscur; le croupion d'un cendré clair; le devant du cou et de la poitrine vineux; le reste du dessous du corps d'un cendré clair; la queue cendrée et terminée par du noir; deux taches noires sur chaque aile; les pieds rouges et les ongles noirs. Ce qui paraît distinguer le pigeon sauvage du biset, c'est la couleur bleue du croupion, tandis que le biset l'a constamment blanc.

Habitation. Le pigeon sauvage paraît en France au printemps, et repart en troupes nombreuses vers l'automne. Il habite les lisières des bois, et notamment celles où il y a des vieux chênes et des arbres creux, dans lesquels il puisse nicher.

Nourriture. La même que celle du biset.

Propagation. Les pigeons sauvages s'apparient dès leur retour au printemps, construisent leur nid dans le creux des arbres, et la femelle y dépose deux œufs blancs, qu'elle couve alternativement avec le mâle pendant dix-huit jours. Il y a deux pontes par année.

Qualités utiles et nuisibles. Comme pour le biset.

Le PIGEON RAMIER, *columba palumbus*, Lath. (*Pl.* 14, *fig.* 12), a 17 à 18 pouces de longueur, y compris la queue, qui a 6 pouces, et dont la moitié est couverte par les ailes; le bec de 9 lignes de long, droit, un peu recourbé vers la pointe; la membrane des narines rouge, et couverte d'une poussière blanchâtre; les pieds rouges et garnis de plumes presque jusqu'à l'origine des doigts; les ongles noirs; l'iris jaunâtre; la tête d'un cendré foncé; les côtés et le dessous du cou d'un vert doré, changeant en bleu ou en couleur de cuivre de rosette; un croissant blanc sur chaque côté du cou; le haut du dos et les couvertures supérieures des ailes d'un cendré brun; le bord du dos, le croupion et les couvertures du dessus de la queue d'un cendré clair; la poitrine d'une teinte vineuse, et le dessous du corps d'un gris blanc. La femelle est un peu plus petite que le mâle, d'un plumage plus pâle, et elle n'a point sur le cou les jolies couleurs changeantes qui brillent sur le mâle. Le ramier est très craintif; il se plaît dans la solitude, où il fait entendre son roucoulement.

Habitation. On trouve le ramier dans presque toutes les forêts où règne la tranquillité, mais nulle part en grand nombre. Il se plaît, de préférence, sur les lisières des bois pour être à portée des champs. C'est un oiseau de passage qui arrive dans le mois de février et disparaît à la fin d'octobre. Il en reste cependant quelques individus pendant l'hiver.

Nourriture. Elle est la même que celle du biset. Il avale des graviers pour faciliter sa digestion. Il recherche aussi les compositions salées (voyez *Pains salés*) que l'on place dans les parcs à gibier, et que les Allemands appellent *salzlecken.*

Propagation. Les ramiers s'apparient dès leur arrivée au printemps; ils construisent sur les arbres un nid plat, avec des branches sèches, dans lequel ils déposent deux œufs blancs qu'ils couvent pendant dix-huit jours. Il y a deux pontes par année. Cette espèce ne se reproduit point en captivité.

Qualités utiles et nuisibles. Les mêmes que celles du biset. Les ramiers se jettent en bandes nombreuses sur les moissons que les mauvais temps ont versées, et y causent beaucoup de dégâts.

Chasse des pigeons biset, sauvage et ramier.

Quoique les pigeons soient en général méfians, et qu'on les approche difficilement, surtout quand ils sont en bande, on parvient néanmoins à les prendre de plusieurs manières. Les filets, le fusil, les collets, les gluaux sont les moyens que l'on emploie.

I. *Chasse aux filets.*

Les pays de la France où l'on prend le plus de ramiers et de bisets sont les ci-devant provinces de la Navarre, le Béarn, la Bigorre et autres que borde la chaîne des Pyrénées. On les prend aux filets, lors de leur passage à l'embouchure de certaines gorges de montagnes, dans des emplacemens disposés avec beaucoup d'art et avec un appareil tout particulier. Cette chasse très curieuse a été décrite dans l'*Encyclopédie méthodique* par l'auteur du *Traité de la chasse au fusil*, qui n'a négligé aucun détail pour la bien faire connaître. Elle a été reproduite dans le *Dictionnaire des chasses de l'Encyclopédie*, qui n'est guère qu'une copie de cet ouvrage. Voici comment on procède à cette chasse.

Manière de prendre aux filets des ramiers et des bisets, dans les vallées de la Basse-Navarre, de la Soule, du Béarn, de la Bigorre et autres contrées voisines des Pyrénées.

Toute l'étendue de pays qui borde la racine des Pyrénées, depuis Saint-Jean-Pied-de-Port, dans la Basse-Navarre, jusqu'à Saint-Girons, dans le Couserans, se trouve coupée par un grand nombre de vallées, dont le fond aboutit à quelque issue praticable, appelée *col* ou *port*, par laquelle on peut franchir la chaîne des Pyrénées, et passer en Espagne. Les montagnes et coteaux qui se trouvent des deux côtés de ces vallées, et qui ne sont autre chose que la croupe des Pyrénées mêmes, prolongée vers la plaine par un abaissement insensible, ces montagnes s'ouvrent en certains endroits, et forment des gorges, ou petits vallons incultes, peu profonds, et dont le niveau est beaucoup plus élevé que celui de la vallée. C'est à l'embouchure de ces gorges qu'il se prend, tous les ans, dans le temps de leur passage, une prodigieuse quantité de ramiers et de bisets.

1°. *Chasse des ramiers.* Dans la Basse-Navarre, la Soule, le Béarn, la Bigorre et autres provinces bornées par la grande chaîne des Pyrénées, les ramiers sont connus sous le nom de *palomes*, du mot latin *palumbus*; et l'on y appelle indistinctement *bisets* ou *ramiers* tous les autres pigeons sauvages. Il est bien vrai qu'on y prétend que la palome est différente de nos ramiers des provinces septentrionales; mais comme, suivant l'observation de Buffon, les ramiers sont plus gros dans certains climats que dans d'autres, il y a apparence que les palomes sont de très gros ramiers. À l'égard des bisets, on en distingue trois espèces, qui diffèrent par la taille et quelque variété dans le plumage. Cette division peut bien n'être pas conforme à celle des ornithologistes, mais on la donne ici telle qu'elle est reçue parmi les chasseurs du pays.

Le passage des palomes commence aux environs de la Notre-Dame de septembre, et dure jusque vers le 20 novembre, quelques jours de plus ou de moins, cela dépend de la température de l'automne : s'il est pluvieux et froid, il finit plus tôt, mais jamais avant la Saint-Martin. Dès que ces oiseaux commencent à se montrer, on s'apprête, et l'on prépare tout l'attirail nécessaire pour commencer les chasses à la Saint-Michel. Les palomes, dans ce passage, vont toujours de l'orient au couchant. Pendant les mois de février et de mars, elles repassent du couchant à l'orient, et alors on ne les chasse qu'à terre et avec les filets à nappes.

Les bisets sont plus précoces; ils se font voir dès la Notre-Dame d'août, et l'on commence à les chasser vers le 10 septembre : leur passage dure, comme celui des palomes, jusqu'après la Saint-Martin, et se fait dans la même direction. Ils repassent de même aux approches du printemps.

La chasse des palomes ne peut se faire que dans les lieux où il y a des gorges, ce qui ne se rencontre guère que dans les montagnes; mais toutes les gorges n'y sont pas propres, vu qu'il faut nécessairement qu'à leur embouchure il se trouve un espace en plaine d'environ quatre-vingts pas, tant en longueur qu'en largeur, et qu'à la suite de cette planimétrie le terrain s'abaisse et forme une pente assez rapide, appelée *fonte* dans le pays. Telle doit être la disposition d'une gorge pour y établir une *palomière*, nom que l'on donne aux lieux où se font ces sortes de chasses, et il s'en trouve d'établies, de toute ancienneté, dans presque tous les lieux qui en sont susceptibles. Mais pour former ces palomières, il a fallu encore ajouter plusieurs accessoires à la disposition naturelle du terrain, et d'abord planter des arbres à l'extrémité du plateau pour y suspendre les filets, ce qui se fait ainsi.

On commence par en planter un qui se nomme l'*aiguillon*, et à la distance de 4 ou 5 toises, allant vers le nord, deux autres séparés par un espace de 3 à 4 pieds seulement; puis deux autres à la même distance de 4 toises, et séparés par le même intervalle, et ainsi de suite, autant que la gorge a d'étendue. Ces arbres ne sont en état de servir que lorsqu'ils ont atteint la hauteur de 70 pieds, attendu que les poulies qui servent à hisser les filets en l'air, doivent y être attachées à celle de 60 pieds. Chaque filet tendu occupe donc en hauteur un espace d'environ 9 toises, sur une largeur de 4 à 5, qui est la distance entre chaque arbre. Le nombre des filets, ainsi tendus à la suite l'un de l'autre, varie, suivant l'étendue de la gorge, depuis huit jusqu'à quatorze. À l'égard de la manière de les tendre, c'est à peu près la même que pour les pantières simples, dont on se sert pour prendre les bécasses le soir à la sortie des bois. On attache près des poulies, à la corde qui soutient le filet de chaque côté, des pierres de 10 à 12 livres, et à ces pierres on lie les deux coins d'en haut du filet, afin que sa chute soit plus preste lorsqu'on lâche la corde qui le retient, et que les palomes ne s'y enveloppent ne puissent se soulever pour s'échapper, et l'on arrête l'extrémité d'en bas par les coins et le milieu, avec plusieurs piquets ou petites gaules aiguisées par les deux bouts, que l'on fiche en terre, les pliant en demi-cercle. On a soin d'ébrancher les arbres du côté du filet, de crainte qu'il ne s'accroche en tombant. Il faut observer que ces filets ne sont pas tendus perpendiculairement, mais qu'on leur donne à peu près l'inclinaison d'un toit.

Au devant de chaque espace qui se trouve entre deux filets, on forme, avec des pieux fichés en terre, et entrelacés de branchages, une petite haie en demi-cercle, appelée *emparence*, de 5 à 6 pieds de hauteur, derrière laquelle se tient un chasseur, qui peut lâcher à volonté l'un ou l'autre de ces filets, ou tous les deux à la fois, suivant l'occurrence, au moyen d'une machine de détente appelée *gaillot*, à laquelle sont fixés les bouts des cordes qui soutiennent les filets en l'air; en sorte que s'il y a douze filets, il faut six hommes pour les manœuvrer.

On n'a parlé jusqu'ici que des filets simples et formant une seule nappe; mais dans toutes les palomières, outre ceux-là, il y en a d'autres, et même en plus grand nombre, appelés *filets en cage*, parce qu'en effet ils forment une cage ouverte par devant. Ils se placent dans les endroits où les palomes sont le plus sujettes à passer, et ce sont ceux où se font les captures les plus abondantes. C'est un assemblage de quatre filets joints ensemble par des ficelles qu'on passe dans leurs bords; savoir, un dans le fond, qui s'appelle la *tête*, deux aux côtés, appelés *filets de côté*, et un quatrième en haut, qu'on nomme le *ciel*. Ce dernier est beaucoup plus élevé sur le devant que sur le derrière. On fait la cage, dont l'entrée ne dépasse pas les autres filets, plus ou moins profonde, suivant le local, mais toujours plus profonde que large, par la raison que plus le filet du fond est éloigné de l'entrée, moins les palomes l'aperçoivent, et qu'elles y entrent plus facilement. Ce filet se lève au moyen de quatre cordes liées aux quatre coins, et passées dans autant de poulies attachées aux branches des arbres, tant sur le devant que sur le derrière. Si le lieu ne fournit pas d'arbres pour les poulies du derrière, on y en plante exprès de la hauteur convenable.

On commence toujours par lever le filet du fond, ou la *tête* jusqu'aux deux poulies; et là, on le fixe en arrêtant la corde à un piquet fiché en terre. Ce filet est à la hauteur de 25 à 30 pieds; ensuite on lève le devant, de même, jusqu'aux deux poulies, à la hauteur de 40 ou 45 pieds, plus ou moins, de façon que la cage forme la figure d'un toit en appentis. Les extrémités des trois filets perpendiculaires qui forment les murs de cette chambre sont arrêtées par en bas avec plusieurs petites gaules passées dans les mailles, et fixées par des crochets de bois piqués en terre de distance en distance. Lorsqu'on lâche ce filet, il n'y a que le *ciel*, et les deux *filets de côté* qui s'abattent; la *tête* reste en place pendant toute la journée, et ne se met à bas que le soir, lorsqu'on détend toute la chasse. Le filet abattu sur les palomes, il reste en dedans un espace assez considérable, dans lequel elles voltigent de côté et d'autre. Alors les chasseurs entrent dans cet espace, en jetant par dessus leur corps les filets qui traînent à terre, et prennent les palomes qu'ils mettent dans un sac, ou un panier d'osier à claire-voie, fait exprès.

Il ne suffit pas, pour former une palomière, d'avoir planté les arbres auxquels doivent être suspendus les filets. Les palomes ne s'y prendraient pas, s'ils n'étaient masqués par une seconde rangée d'arbres, qui se plantent en même temps, à la distance d'environ 2 toises des premiers. Sans cette précaution, en apercevant de loin les filets, elles s'enlèveraient pour passer par dessus. On a soin seulement de les ébrancher à 12 ou 15 pieds de terre, afin de laisser aux palomes le passage libre pour donner dans les filets, lorsque, effrayées par le stratagème dont il sera parlé tout à l'heure, elles ne peuvent plus les éviter. Ces arbres, ainsi que ceux des filets, sont des chênes qu'on préfère pour l'ordinaire. Au surplus, il est rare, lorsqu'on établit une palomière, qu'on se trouve obligé de planter tous les arbres nécessaires pour la chasse, surtout ceux destinés à cacher les filets. La nature y a pourvu, en grande partie, dans presque toutes les gorges, qui sont ordinairement couvertes de bois. On conserve ceux qui se trouvent placés à propos; on supprime ceux qui peuvent nuire, ou sont inutiles, et on supplée à ceux qui manquent par de jeunes arbres plantés à la main.

Sur le derrière de l'emplacement des filets, est une cabane à demeure et construite à chaux et sable, qui sert à réunir tous les ustensiles de la chasse, et d'abri aux chasseurs dans le mauvais temps. Dans quelques palomières, au lieu de cette cabane, se trouve une petite maison avec cuisine, chambres à coucher et autres commodités. Il est à propos que cette maison soit placée à l'écart, sur la droite ou sur la gauche, de manière qu'elle ne puisse être aperçue des palomes; et, pour le mieux, qu'elle soit couverte par des arbres.

On a dit plus haut qu'à l'extrémité de la gorge devait se trouver un espace de terrain uni et découvert, de l'étendue d'environ quatre-vingts pas. Cette plaine est ordinairement couverte de fougère qu'on ne coupe qu'après la saison des chasses. Vers son milieu, un peu sur la droite, venant de l'orient, à soixante pas en avant des filets, se place le *trépe*, l'un des principaux agens de la chasse des palomes. On appelle de ce nom l'assemblage de trois arbres ébranchés, de la longueur de 80 à 90 pieds, qu'à l'aide d'un cric on dresse et plante dans des trous de 4 pieds et demi au moins de profondeur, en triangle, à la distance de 18 à 20 pieds l'un de l'autre, et qu'on lie ensuite par le haut, à 4 ou 5 pieds de leur cime, avec une chaine de fer. L'espace au dessous de la chaîne sert à construire une cabane avec des branches d'arbres garnies de leur feuillage, où un homme puisse se tenir caché. L'un des trois arbres est traversé, du haut en bas, par des chevilles de cœur de chêne, qui servent d'échelons pour monter à cette cabane. S'il se trouve sur le lieu un arbre de la hauteur requise, et placé à propos, on s'en sert à la place de la machine que l'on vient de décrire, et cela vaut mieux.

Lorsque le chasseur, qui doit être posté sur la *trépe*, y est monté, on le munit, au moyen d'une corde qu'il tient, et d'un sac ou panier attaché à l'autre bout, d'un certain nombre de raquettes de bois blanchies avec de la chaux, de 1 pied de long, y compris une queue ou manche pour les empoigner, et de l'épaisseur de 1 pouce, ayant à peu près la forme d'un battoir de blanchisseuse. Ces raquettes, simulacre grossier et mal imité d'un épervier, mais qui n'en réussit pas moins à effrayer les palomes, dont cet oiseau est la terreur, sont appelées en béarnais *matous*. L'usage que le chasseur doit en faire est de

DICT. DES CHASSES. 74

les lancer fortement vers les bandes de palomes, lorsqu'elles passent à sa proximité, dirigeant leur vol vers les filets, plus tôt lorsqu'elles sont élevées au dessus de la *trèpe*, et plus tard, lorsqu'elles sont à sa hauteur.

Plus loin, dans les parties les plus élevées de la gorge, sont établies par intervalles, à droite et à gauche, quelques cabanes semblables à celle de la *trèpe*, sur des arbres qui se sont trouvés placés à propos, ou qu'on y a autrefois plantés à dessein. On appelle ces cabanes *battes*. Il n'y a pas de palomière qui n'en ait au moins quatre avant la *trèpe*, et quelques unes en ont jusqu'à dix. Elles sont occupées par d'autres chasseurs également munis de raquettes; et lorsqu'une volée de palomes paraît dans la gorge, ils les effraient, en leur jetant une ou deux, et quelquefois davantage de ces raquettes, tantôt devant elles, tantôt à côté, ce qu'on appelle les *battre sur l'aile*, tantôt derrière, ce qui se dit les *battre en queue*. Si elles volent trop haut, les raquettes lancées vers elles les font baisser et fondre quelquefois jusqu'à terre. Si l'effroi qu'elles leur causent les fait s'écarter à droite ou à gauche de la gorge, par cette manœuvre bien entendue, elles sont ramenées et contenues dans la direction des filets. C'est ainsi que les chasseurs des cabanes se les renvoient de l'un à l'autre, en s'avertissant progressivement, du premier au dernier, du vol bas ou élevé des palomes; qu'elles arrivent à tel endroit, qu'elles s'écartent de tel ou tel côté, etc. C'est celui qui vient de les battre qui parle; celui qui suit garde le silence, jusqu'à ce qu'il les ait battues à son tour. Elles arrivent enfin sur la place où est la *trèpe* : le chasseur hutté dans cet arbre est le dernier qui les bat; et ce poste doit être occupé par un homme exercé et intelligent: c'est lui qui, par son jeu, doit précipiter les palomes dans les filets; et pour cela, il faut qu'il les fasse fondre presque jusqu'à terre. Mais s'il les a précipitées trop tôt, elles se relèvent et passent par dessus les filets : si, au contraire, il les a battues trop tard, elles ne fondent qu'après avoir passé les filets. Le chasseur de la *trèpe* ne doit jamais battre les palomes qu'en queue.

Outre les chasseurs des arbres, il y en a encore quelques autres postés à terre dans des cabanes couvertes de fougère, sur les coteaux qui forment la gorge, à une certaine distance les uns des autres. Ceux-ci, qu'on nomme *chatars*, sont munis d'un bâton de 6 à 7 pieds, garni en haut de grandes plumes d'oie blanches fichées en travers, ou, au défaut de ces plumes, d'un linge blanc. Lorsqu'ils aperçoivent des palomes qui s'écartent de la direction des filets, en se jetant d'un côté ou de l'autre de la gorge, ils courent à l'endroit où elles font mine de vouloir passer, en agitant avec violence cet épouvantail, et ordinairement ils parviennent à les détourner, et à leur faire prendre la route des filets. Par ce moyen, on prend souvent des volées de palomes, qui auraient passé fort loin des filets, si on les eût laissées tranquilles. On voit, par ce détail, que ces sortes de chasses exigent beaucoup de monde : on y emploie depuis douze jusqu'à vingt-quatre chasseurs, ce qui dépend de l'étendue et de la disposition des lieux.

Il ne faut pas croire aux relations exagérées qu'on entend faire quelquefois à des personnes mal instruites, de la chasse des palomes. Suivant ces relations, il s'en prend très souvent plusieurs centaines d'un coup de filet. La vérité est que les bandes de ces oiseaux sont de quinze, vingt, trente, quelquefois de cinquante, et rarement de cent, dont quelques uns s'échappent le plus souvent, lorsque la bande vient à donner dans les filets.

La chasse des palomes se fait toute la journée. Elle est très amusante les jours où il y a beaucoup de passage; mais il se rencontre aussi certains jours où elle est fort ennuyeuse, et où de cinquante volées qui passent, il ne s'en prend pas une. Un temps sombre et froid est le plus favorable; les jours clairs et sereins, les palomes se prennent plus difficilement. La pluie n'empêche point de chasser; mais s'il s'élève un grand vent, on cesse la chasse, et les filets se mettent bas.

Ces chasses occasionent souvent des parties de plaisir, suivies de repas champêtres sous une loge de feuillages; repas dont les palomes, mises à la broche en sortant du filet, font les principaux frais, et qui sont assaisonnées de toute la gaîté naturelle aux habitans du pays. Cette même gaîté anime singulièrement toutes les manœuvres, les cris et les signaux des chasseurs; ce qui, joint à quelque chose de grand et d'imposant que présente l'appareil de cette chasse, produit une sensation ravissante chez tous ceux qui la voient pour la première fois.

Il se prend des bisets, plus ou moins, dans toutes les palomières, en même temps que des palomes; cela dépend de l'élévation du terrain. Il s'en prend très peu dans celles qui sont situées sur de hautes montagnes; et, au contraire, dans celles qui sont basses, il se prend beaucoup plus de bisets que de palomes. Il est bon d'observer que le nom de *palomières* ne se donne qu'aux chasses où il ne se prend que des palomes, et quelques bisets seulement de temps en temps, et que celles où il ne se prend que des bisets, point ou très peu de palomes, sont appelées *pantières*. La disposition des pantières est la même que celle des palomières, excepté qu'on n'y emploie au plus que huit filets, qu'on ne s'y sert point de filets en cage, et qu'on peut s'y passer de cette seconde rangée d'arbres au devant des filets, attendu que les bisets ont la vue moins subtile que les palomes.

2°. *Chasse des bisets.* Il y a une manière de chasser les bisets seulement, qu'on appelle chasse à *l'appeau*, pour la distinguer de celle connue sous le nom de chasse à *la force*, et parce qu'on y emploie des bisets vivans pour attirer ceux qui passent vers les filets. Il n'est pas nécessaire, pour la réussite de celle-ci, qu'elle se fasse dans une gorge : elle peut se faire en plaine, en choisissant un endroit où les bisets passent le plus fréquemment, pourvu néanmoins qu'il s'y trouve une fonte ou une pente derrière les filets, et au couchant, ce qui est absolument indispensable. Voici quel est l'appareil de cette chasse.

Il ne faut que quatre filets, ou tout au plus six; et il n'est pas besoin d'une seconde rangée d'arbres pour les masquer. On élève, sur la place qui est au devant des filets, deux trépieds semblables de tout point à celui de la chasse des palomes, et avec des cabanes pour y poster des chasseurs. Ils sont placés à droite et à gauche, à soixante pas des filets, et reculés de quelques pas sur les côtés. On bâtit de même sur lieu une cabane à chaux et sable, pour y resserrer les filets et autres instrumens de chasse, au devant de laquelle on en forme une autre avec des branchages assez spacieuse pour y placer une table de dix ou douze couverts, pour des occasions où il prend envie aux curieux des environs de venir s'égayer à cette chasse. On laisse à cette cabane de branchages une ouverture ou petite porte, du côté par où viennent les bisets; et, à 2 ou 3 pieds de distance, on forme avec des pieux de la longueur de 8 pieds, piqués en terre en demi-cercle, une *emparence*, ou haie, semblable à celle dont on a parlé pour la chasse des palomes, si ce n'est qu'elle est unique et beaucoup plus étendue, ayant 18 ou 20 pieds de contour. Cette haie doit être à la hauteur des yeux du chasseur, et l'on y pratique encore de petites ouvertures, par lesquelles il peut voir venir les bisets, faire mouvoir les appeaux, et saisir l'instant de lâcher les filets à propos. Cela fait, le chasseur élève, à trente pas de cette *emparence*, une petite motte de terre d'un pied de haut, et d'environ 4 pieds de circonférence, pour y placer un appeau sur une palette. Mais, avant d'aller plus loin, il est à propos d'expliquer ce que c'est que cet appeau et la palette sur laquelle il est posé. L'appeau est un biset aveugle, et l'on appelle palette ou chémère d'appeau un bâton de 4 pieds de long, de la grosseur du doigt du milieu, percé à l'une de ses extrémités de cinq trous, distans d'un pouce l'un de l'autre, dans lesquels se passent cinq petites traverses, qu'on entrelace de menus osiers, ce qui forme une espèce de raquette ou palette, d'où l'instrument a pris son nom, et sur laquelle doit être posé le biset aveugle, qui y est contenu par les jambes avec deux petites courroies de chamois, de manière néanmoins qu'il ne soit pas trop gêné, et qu'il ait la liberté de voltiger un peu sur la palette.

Pour arranger cette machine comme elle doit l'être, et de manière que la palette repose sur la motte de terre, on adapte le bout opposé à une traverse de 15 pouces de longueur, dont les deux extrémités entrent dans les trous de deux petites planches étroites fichées en terre, et de la hauteur de 10 à 12 pouces. Environ à moitié de distance entre ces planches et la motte de terre, se plantent à droite et à gauche deux piquets, auxquels vient s'arrêter une ficelle nouée au bâton vers son milieu, pour le contenir. On attache ensuite, à même hauteur, au bâton, une longue ficelle, qui arrive jusqu'à l'*emparence*, derrière laquelle est le chasseur, qui, en la tirant doucement, fait lever la palette, et voltiger le biset de temps en temps. Ce premier appeau placé à l'orient, à trente pas du chasseur, est appelé l'*appeau de la cabane*. A trente pas plus loin, dans la même direction, on en place un autre qu'on appelle *appeau de la place*, et enfin un troisième, toujours à l'orient et à trente pas du second, c'est à dire à quatre-vingt-dix pas du chasseur; celui-ci est nommé l'*appeau de devant*. A soixante pas de ce troisième appeau, non pas en avant, mais sur les côtés, à droite et à gauche, c'est à dire vers le midi et le nord, se placent deux autres appeaux; ce qui fait en tout cinq appeaux, tous placés à terre sur des palettes. Des cinq, le chasseur de la cabane en fait jouer deux, à l'aide des ficelles dont on a parlé; savoir, celui de la cabane et celui de la place. Quant aux trois autres, c'est l'affaire des chasseurs huttés sur les trépieds. Le trépied de la droite en conduit deux, qui sont l'appeau du devant et celui du côté droit. Le trépied de la gauche est seulement chargé de faire jouer celui du côté opposé. Et, pour faciliter le jeu de ces trois appeaux, qui se fait de haut en bas, et empêcher que la ficelle ne paraisse en se levant en l'air, ce qui pourrait effaroucher les bisets, on a soin de faire passer cette ficelle par dessous une petite gaule pliée en demi-cercle, et fichée en terre par les deux bouts, au bas et tout près du trépied.

Enfin, outre ces cinq appeaux, il y en a encore quatre qu'on appelle *appeaux volans*, aveugles comme les autres. On leur attache aux jambes une petite courroie de chamois, qui laisse entre deux un intervalle de quatre doigts, et l'on noue, au milieu de cette courroie, une ficelle suffisamment longue pour permettre à l'oiseau de prendre un bon essor. Chaque chasseur des trépieds est muni d'un de ces appeaux; celui de la cabane en a deux. Il faut observer, pour ceux-ci, que la ficelle doit être fixée à un piquet sur la place qui est au devant des filets, et que la longueur de cette ficelle doit être compassée de façon qu'elle ne dépasse point la cabane de branchages; parce que si l'appeau, qui est aveugle, venait à prendre son vol du côté de la cabane, il s'empêtrerait dans les branches, et ferait manquer l'objet qu'on se propose.

Les appeaux, tant volans que de terre, servent tantôt pour attirer les bisets qui passent au dessus de la chasse, et les faire descendre à la hauteur convenable; tantôt pour détourner ceux qui passent sur les côtés, et leur faire prendre la direction des filets. C'est surtout dans ce dernier cas qu'on lâche les appeaux volans. Les bisets qui les aperçoivent en l'air viennent à eux, et alors, en faisant jouer les appeaux de terre, ils sont conduits, de proche en proche, vers l'appeau de la cabane. C'est lorsqu'ils sont à peu près au dessus de celui-ci que les chasseurs des trépieds leur décochent ces raquettes dont il a été parlé ci-devant, en les huant et poussant de grands cris, et, par ce moyen, les précipitent dans les filets. A observer qu'on ne hue jamais les palomes: les cris, au lieu de les abattre, les feraient s'enlever.

Chaque chasseur tend ses appeaux le matin, lorsque les filets sont dressés, et les retire le soir, après leur avoir donné à manger; ce qu'il a eu soin de faire aussi le matin, avant de les placer. Leur nourriture est du blé d'Inde, du millet ou du froment.

Ici, un seul chasseur peut, sans bouger de place, gouverner quatre filets à volonté, au lieu que dans les palomières il faut un homme pour chaque deux filets; il peut les lâcher, ou séparément, ou tous à la fois, suivant l'occurrence; savoir, deux de la main droite, et deux de la gauche. Il peut même, en cas de besoin, en lâcher un cinquième avec le pied, ce qui dépend des volées de bisets plus ou moins nombreuses qui se présentent. On remarquera que, dans les palomières, il y a plusieurs emparences ou petites haies, à chacune desquelles viennent aboutir les cordes de détente de deux filets, en sorte que, s'il y a quatorze filets, il faut sept emparences, et sept chasseurs pour les manœuvrer; tandis que dans les pantières à l'appeau, il n'y a qu'une grande emparence, où viennent se rendre toutes les cordes de détente des quatre ou six filets dont elles sont composées, et un, ou au plus deux chasseurs derrière cette emparence, qui sont chargés en même temps de conduire les appeaux et de lâcher les filets.

On ne tue point, pour l'ordinaire, les palomes et bisets pris, si ce n'est ceux qu'on veut manger sur les lieux dans quelques parties de plaisir qui s'y font : on les retire vivans des filets, pour les mettre ensuite dans des volières, où on les conserve une partie de l'année.

3°. *Autre chasse des palomes au filet à nappes.* Dans un bois isolé et tranquille, on choisit une place pour y tendre un filet à nappes, tel que celui dont on se sert pour les alouettes, ortolans et pluviers, et qui n'en diffère que par la largeur de la maille. Cette place doit être un peu plus grande que l'espace que doit couvrir le filet. On y laboure la terre en carré, ayant soin d'en ôter les racines, et tout ce qui pourrait faire obstacle au jeu du filet. Lorsqu'on veut chasser les palomes, on sème sur cet emplacement du blé d'Inde, du gland et de la faîne. On élève au milieu une petite motte de terre, pour y placer une palome aveugle sur une palette, de la même manière qu'il a été expliqué ci-dessus pour la chasse des bisets à l'appeau. A quelque distance de la place, on construit avec des branchages et de la fougère une cabane bien fermée, et on y ménage quelques petites ouvertures, par lesquelles le chasseur peut suivre de l'œil les palomes qui viennent se percher dans les arbres qui doivent être aux environs de la place. Outre l'appeau placé à terre, on en pose encore trois autres sur trois arbres voisins, et telle est la manière dont cela se fait. On commence par ajuster une palette semblable à celle dont on se sert pour les appeaux de terre, excepté que le bâton est un peu plus long, ayant environ 4 pieds et demi. On se procure ensuite une perche de 15 à 16 pieds, à une extrémité de laquelle on forme, avec une scie, un entre-deux en façon de mortaise, de la profondeur de 3 pouces. On échancre en talus, d'un côté, le fond de la mortaise avec une gouge, de manière que le bâton de la palette qu'on fixe dans cet entre-deux par une petite cheville de fer qui le traverse vers un milieu puisse s'élever en l'air, en tirant une ficelle attachée d'un bout à l'extrémité du bâton opposée à la palette, et de l'autre venant rendre à la cabane, et qu'il reste dans une position horizontale lorsqu'on le laisse retomber. On attache ensuite à la perche, avec deux clous, un crochet de bois vers le haut. Le chasseur monte dans l'arbre, au moyen d'une échelle dont il s'est pourvu, tirant à lui la perche et la palette sur laquelle est posée la palome aveugle, arrêtée par les pieds avec deux petites courroies de chamois de la manière ci-devant expliquée, et il suspend cette perche par le crochet à une des plus hautes branches, l'ajustant de façon que la palome ait l'air de s'être posée naturellement à la cime de l'arbre. S'il ne se présente pas une branche propre pour cela, il accroche la perche à une seconde perche plus légère qu'il place en travers d'une branche à l'autre; et il a soin, en même temps, de la lier par le bas à une branche inférieure, afin qu'elle soit ferme et ne remue pas, lorsqu'il s'agit de faire voltiger l'appeau en tirant d'en bas la ficelle attachée à l'extrémité du bâton de la palette.

Lorsque le chasseur, en faisant jouer les appeaux des arbres, est parvenu à faire poser sur les arbres les palomes qui passent en l'air, alors il fait voltiger celui qui est sur la motte de terre, en lui donnant de légères saccades avec la ficelle, ce qui détermine les palomes perchées à descendre sur la place les unes après les autres. Le chasseur attend que toute la troupe ou la majeure partie soit descendue pour renverser son filet sur elle.

Il arrive quelquefois que les palomes qui, sans doute, ne sont pas affamées, ne descendent point sur la place. En ce cas, le chasseur a recours à une autre ruse pour les y déterminer. Il est muni, dans sa cabane, d'une palome qui voit et a ses ailes. Ses jambes sont attachées par une petite courroie semblable à celle des appeaux volans de la grande chasse aux bisets; et cette courroie tient à cette ficelle qui de l'autre bout s'arrête à une branche de la cabane. On appelle cette palome *chapon*. Le chasseur, qui a eu soin de pratiquer dans la cabane, à droite et à gauche, un petit canal ou rigole, aboutissant vers la place, pose dans cette rigole le chapon, qui, en la suivant, arrive peu à peu sur la place, et se met à manger avec d'autant plus d'appétit, qu'on a eu soin de le laisser à jeun. A cette vue, les palomes perchées sur les arbres se déterminent à descendre pour partager le déjeûner du chapon, et alors le chasseur fait jouer son filet.

Cette chasse a lieu pendant les mois de février et mars. On la fait aussi en automne, mais avec moins de succès.

4°. *Chasse singulière.* La *Pl. 38, fig. 5*, représente une chasse particulière des bisets, ramiers et tourterelles. On tend un filet A, un peu penché par sa partie supérieure; derrière ce filet, il y a un chasseur C, prêt à le laisser tomber; au devant un autre chasseur B, juché dans une machine telle qu'on la voit. Lorsque les oiseaux passent, celui-ci lance une flèche O, qu'ils prennent pour un oiseau ; alors ils s'abattent de frayeur et donnent dans le piège A.

II. *Chasse au fusil.*

Diverses méthodes sont employées pour cette chasse.

1°. Pendant le printemps et en été, on peut chasser les ramiers dans les bois, depuis le lever du soleil jusqu'à huit ou neuf heures du soir, et depuis quatre ou cinq heures de l'après-midi jusqu'à la nuit. Ils sont alors perchés sur quelques branches sèches de grands arbres, où ils font entendre leur roucoulement de moment à autre. Guidé par ce roucoulement, le chasseur peut les approcher à portée du fusil, en marchant pendant qu'ils chantent et s'arrêtant chaque fois que le roucoulement cesse.

Les jeunes ramiers ou ramereaux se laissent approcher plus facilement.

2°. Quelques chasseurs, qui savent imiter le roucoulement de la femelle ou qui se servent de l'appeau décrit au mot *Appeau*, et représenté *Pl.* 23, *fig.* 2, se tiennent sous un arbre où ils font venir quelques mâles à portée d'être tirés. Il faut choisir un jour serein; les ramiers ne roucoulent point pendant la pluie ni pendant l'hiver.

3°. Les ramiers sont très friands de merises, et, dans la saison de ces fruits, on peut les attendre sous les merisiers.

4°. Lorsque les grains sont en maturité, ils y donnent beaucoup, principalement si les blés sont versés; c'est là qu'il est plus aisé de les surprendre que partout ailleurs.

5°. Dans l'arrière-saison, il fait bon les attendre au déclin du jour dans les bois de haute futaie, sous les chênes et les hêtres, où l'on a remarqué qu'ils venaient se percher pour y passer la nuit.

6°. Sur la fin de l'automne, les ramiers se rassemblent par bandes dans les taillis surmontés par des futaies de chêne, lorsque la glandée est abondante. Il est alors facile d'en tuer une certaine quantité, si plusieurs chasseurs concourent à cette chasse. Les uns se placent au pied des grands chênes, tandis que les autres battent les environs du bois et font partir les ramiers, qui vont se remettre sur les chênes où les premiers chasseurs les attendent et les tirent. Ces oiseaux s'envolent encore et gagnent la plaine ou quelque autre partie du bois. Les chasseurs, épars çà et là, ont soin de remarquer l'endroit où ils se posent, et continuent à les poursuivre. Il est important, pour le succès de cette chasse, de bien connaître le bois dans lequel elle se fait. Elle ne réussit pas aussi bien pour les bisets, qui sont plus difficiles à surprendre que les ramiers, et dont le vol est plus étendu et plus élevé. Cette manière de chasser les ramiers est en usage sur les rives de la forêt de Chinon, département d'Indre-et-Loire, et plus encore dans celle de Séévole, près Mirebeau, dans le département de la Vienne.

7°. Dans les Pyrénées, où, comme nous l'avons dit, on prend beaucoup de ramiers, qu'on appelle *palomes*, on les chasse au fusil, de la manière suivante. En automne, dans un bois où les palomes ont coutume de passer, on choisit une petite éminence où il se trouve au moins cinq à six grands chênes. On établit dans celui du milieu, en se servant d'une échelle, une cabane propre à contenir deux ou trois chasseurs; en forme de branchages qu'on attache solidement aux grosses branches de l'arbre, et que l'on garnit bien de fougères, afin que les ramiers, qui sont très défians, ne puissent apercevoir les chasseurs. Ensuite on place sur ce même arbre, à l'extrémité d'une des plus hautes branches, un et quelquefois deux appeaux, de la même manière que pour la chasse aux filets dont nous avons parlé. La cabane où se tiennent les chasseurs a plusieurs ouvertures pour voir venir les ramiers, les suivre de l'œil et leur donner l'appeau à temps. Donner l'appeau, c'est faire voltiger la palome, en tirant la ficelle, qui répond à la palette. On a observé que si on le fait lorsqu'elles sont très près, elles s'effraient et fuient; et, en ce cas, on dit qu'elles ont *pris l'épervier*. Ces ouvertures servent en même temps à passer le fusil, lorsque l'occasion se présente de tirer sur les palomes, qui, attirées par l'appeau, viennent se percher sur les arbres voisins. Alors, les chasseurs s'accordent pour tirer ensemble tout d'un temps sur la bande, afin de faire un plus grand abatis.

D'autres font une cabane à terre, au pied de l'arbre où sont posés les appeaux, et deux ou trois autres à portée des arbres voisins. Mais si l'on ne fait point de cabane sur l'arbre des appeaux, il en faut nécessairement une sur un arbre qui domine tous les autres, et d'où un chasseur, qui s'y place sans appeau ni fusil, puisse, avec un sifflet, avertir ses camarades qu'il arrive des palomes, du moment où il faut leur abandonner l'appeau, et quand on doit cesser. Chaque chasseur a aussi son sifflet pour avertir les autres qu'il voit des palomes; et lorsque la bande est posée sur un arbre, tous se mettent en joue, et ne lâchent leur coup qu'au signal que donne l'un d'eux par un coup de sifflet.

8°. *Chasse des bisets en plaine avec le fusil.* On choisit, en plaine campagne, un chaume assez spacieux de millet ou de froment, où il y a passage de bisets, lesquels arrivent par bandes, le matin et le soir, et quelquefois toute la journée. On y creuse un trou en rond, d'environ 5 pieds de diamètre, à la hauteur du genou, en forme d'un grand cuvier à lessive, et on entoure ce trou avec des branches d'arbre, et pour le mieux de chêne, bien garnies de feuilles, qu'on enfonce dans la terre; ce qui forme une cabane à laquelle on pratique plusieurs ouvertures: l'une sert de porte pour y entrer et en sortir; d'autres, plus petites, servent à observer les bisets qui passent et à tirer sur eux lorsqu'ils sont posés à terre. A vingt-cinq ou trente pas de la cabane, on place un biset aveugle sur une palette, de la même manière que pour la chasse au filet, et avec un petit cordeau pour le faire jouer de la cabane. Il est bon, pour cette chasse, si l'on n'a pas un fusil double, d'avoir deux fusils. On en laisse un en dehors, sur la droite de l'entrée de la cabane; et lorsque le chasseur a tiré sur les bisets que le jeu de l'appeau a fait descendre à terre, il sort précipitamment de sa cabane, et tire un second coup sur la bande qui vient de s'envoler. On peut tuer à cette chasse trente à quarante bisets les jours où il y a beaucoup de passages.

On peut, sans appeau et sans cabane, se mettre aussi, en plaine campagne, à l'affût aux bisets, pour les tirer au vol dans le temps du passage, le matin et le soir, en se couvrant de quelque arbre, haie ou buisson. Un temps sombre et couvert est le plus favorable, parce qu'alors les bisets volent plus bas. Cette chasse et la précédente sont fort usitées en Béarn et dans les autres provinces voisines des Pyrénées.

III. *Chasse aux collets et aux gluaux.*

On pend des collets aux branches des plus grands arbres, et on les garnit d'un appât convenable. On se cache ensuite dans une loge de feuillage, et on appelle les ramiers avec l'appeau à tourterelle, *fig*. 23, *Pl*. 2. Les ramiers, apercevant l'appât, veulent s'en emparer, et se prennent au collet.

On peut aussi engluer un chêne peu éloigné des autres arbres, et placer à son sommet un ramier comme perchant. Lorsqu'on voit passer des ramiers, on fait lever la *montre*; ceux-ci s'abattent et se prennent aux gluaux.

PIGEON DOMESTIQUE OU DE COLOMBIER, *columba domestica*, Lath. C'est, de tous les descendans du *biset*, celui qui y tient de plus près par la taille et par les couleurs. Buffon a divisé les pigeons domestiques en douze races, et chaque race se compose d'un grand nombre de variétés.

Comme ce pigeon appartient à l'économie rurale et domestique et qu'il n'entre point dans la classe des oiseaux de chasse, nous renvoyons au *Dictionnaire d'agriculture* et à celui d'*histoire naturelle* pour tout ce qui a rapport à sa description et à son éducation; nous nous bornerons à parler des dispositions réglementaires qui le concernent.

I. *Droit d'avoir des pigeons.* Avant la révolution, il n'était pas libre à toutes personnes d'avoir des pigeons; cependant le droit d'en nourrir n'était pas considéré partout comme un droit seigneurial ou de haute justice, puisqu'un roturier, possédant un certain domaine, pouvait, dans quelques provinces, avoir une volière ou fuie de plusieurs centaines de boulins.

La loi du 11 août 1789, sanctionnée les 21 septembre et 3 novembre suivans, a aboli le droit exclusif des fuies et des colombiers; de sorte qu'aujourd'hui toute personne peut avoir des pigeons.

II. *Des peines contre ceux qui prennent ou tuent des pigeons. — Quand permis de les tuer.* L'ordonnance de 1607, art. 12, défendait à toutes personnes, de *quelque état et qualité qu'elles fussent*, de tirer sur les pigeons, à peine de 20 livres d'amende.

Suivant la coutume d'Étampes, art. 193, toute personne prenant, en quelque part que ce fût, vieux pigeons à trape, filets ou collets, était punissable comme ayant commis larcin.

Suivant la coutume de Bretagne, tit. XVIII, art. 390, on ne devait tirer ni tendre aux pigeons de colombier avec filets, glu, cordes, laçons ni autrement, si on n'avait droit de ce faire, sur peine de punition corporelle.

Suivant la coutume de Bordeaux, chap. XII, art. 112, ceux qui dérobaient les fuies et colombiers, ou qui y prenaient à rets, filets, bourres et appâts héronniers, étaient punis, pour la première fois, d'une amende de 60 sous tournois, et, pour la seconde, fouettés, et, outre lesdites peines, condamnés à payer le dommage donné.

Deux arrêts du parlement, des 24 octobre 1731 et 27 mars 1733, ont condamné des particuliers qui avaient tué des pigeons, savoir : le premier, en 3 livres d'aumône, 100 livres de dommages et intérêts et aux dépens; et le second, au blâme, 10 livres d'amende et 400 livres de réparations civiles, et tous deux ont fait défense de récidiver sous peine de punition corporelle.

Il résulte de ces arrêts et de l'opinion unanime des anciens jurisconsultes, que ceux qui tiraient sur les pigeons ou les prenaient aux piéges étaient coupables de larcin, et devaient être punis comme tels. Il n'était même pas permis de tuer les pigeons qui auraient fait dégât.

Aujourd'hui, les pigeons doivent être renfermés aux époques fixées pour la clôture des colombiers, et, durant ce temps, ils sont regardés comme gibier, et chacun a le droit de les tuer sur son terrain.

Mais, hors ce temps, les anciens réglemens qui défendent, sous différentes peines, soit de tirer sur les pigeons d'autrui, soit de les prendre avec des piéges ou de toute autre manière doivent continuer d'être exécutés pour les cas qui ne seraient pas prévus par le *Code rural* et le *Code pénal*.

III. *Quelle peine encourt le propriétaire qui laisse divaguer ses pigeons aux époques prohibées?* L'art. 2 de la loi des 21 septembre et 3 novembre 1789 (décret des 4 et 14 août) ne prononce, contre le défaut de clôture des colombiers, pendant le temps fixé par les conseils généraux des communes, d'autre peine que d'exposer les pigeons à être tués par chaque propriétaire, sur son terrain; et il n'est pas permis d'étendre cette peine et d'en prononcer une autre quelconque. (*Arrêts de la Cour de cassation des 27 juillet 1820 et 27 septembre et 5 octobre 1821.*)

IV. *A qui appartient-il de connaître des actions concernant les pigeons?* Les officiers des maîtrises étaient chargés de toutes les actions concernant les colombiers, volières, attrapes et larcins de pigeons. (*Édit de novembre 1554, pour la Bretagne, et arrêts du Conseil des 15 avril 1636 et 1er mars 1641.*)

Cependant si quelqu'un tirait sur des pigeons domestiques près des colombiers, comme c'était plutôt un vol qu'un délit de chasse, la connaissance en appartenait aux juges ordinaires. (*Arrêt du parlement de Dijon, du 6 août 1732, conforme à d'autres arrêts.*)

Aujourd'hui la compétence se règle d'après la nature du délit et la peine à prononcer. Si le fait est qualifié simple délit, c'est aux tribunaux correctionnels à en connaître; mais s'il s'agit d'un fait qualifié vol par les anciens réglemens ou les nouvelles lois, c'est aux cours d'assises à juger.

V. *Des pigeons considérés comme meubles ou immeubles.* D'après les coutumes, les pigeons des colombiers à pied étaient immeubles, au contraire de ceux en volière, qui étaient réputés meubles. (Voyez *Ferrière* sur la coutume de Paris, et le *Répertoire de jurisprudence*, au mot *Colombier*.)

L'art. 524 du *Code civil* met les *pigeons des colombiers* au rang des immeubles par destination, quand ils ont été placés par le propriétaire pour le service et l'exploitation du fonds.

Mais, observe M. Merlin, qu'entend-il par *colombier*? Restreint-il la signification de ce mot aux retraites à pigeons qui forment bâtimens séparés, et ont des boulins dans toute leur hauteur? Je ne le pense pas; et je crois qu'il est dans l'esprit de cet article de réputer immeubles tous les pigeons que le propriétaire est dans l'habitude de laisser sortir à leur volonté.

VI. *De la propriété des pigeons qui passent dans un autre colombier.* Suivant l'art. 564 du Code civil, les pigeons qui passent dans un autre colombier appartiennent au propriétaire de celui-ci, pourvu qu'ils n'y aient pas été attirés par fraude ou par artifice.

PIGEONNEAU. Jeune pigeon.

PIGEONNIER. C'est le lieu où l'on tient des pigeons.

PILARD. Nom du bouvreuil dans le Brabant.

PILLART. Chien hargneux et querelleur.

PILLE! Cri au chien d'arrêt pour l'exciter à se jeter sur le gibier.

PILLER. Se dit des chiens qui se jettent sur la bête, la mordent et la foulent. On dit aussi qu'un chien en a *pillé* un autre, lorsqu'il s'est jeté dessus pour le mordre.

PILET, *anas acuta*, Lath. Espèce de canard, qui tient autant de la sarcelle que du canard, par la forme de son bec et la distribution de ses couleurs. La dénomination de *canard pointu*, qui lui a été donnée, ne peut s'appliquer qu'à sa queue à demi retroussée et terminée par deux filets étroits, comme ceux de l'hirondelle. On l'appelle aussi *canard-faisan, faisan de mer, canard paille-en-queue*, et avec plus de justesse, *canard à longue queue*; il est connu sous les noms de *pilet* et de *pennard*, sur nos côtes de l'Océan.

Son bec, plus étroit et plus allongé que celui des autres canards, lui donne beaucoup de ressemblance avec la sarcelle, dont il se rapproche d'ailleurs par des proportions généralement moins épaisses, son cou plus aminci et la petitesse de sa tête. Cet oiseau a de 23 à 24 pouces de longueur totale; le plumage fort joli, blanc sous le corps, rayé en dessus de brun et de cendré; la tête et le haut du cou bruns, le derrière de la tête à reflets métalliques; une bande noire entre deux bandes blanches sur les côtés du cou; sur chaque aile, une plaque ou miroir couleur de cuivre, bordée de fauve en dessus et d'une bande noire liserée de roux en dessous; la queue noire et blanche; le bec et les pieds noirâtres, et l'iris brun.

La femelle, qui est moins longue que le mâle, a les plumes de la queue presque égales; la tête et le cou d'un roussâtre clair, pointillé de noir; des croissans irréguliers sur les parties supérieures, et une teinte jaunâtre parsemée d'un brun clair sur les parties inférieures, et le miroir des ailes d'une couleur terne. Les jeunes ont la tête d'un brun roux tacheté de noir, le ventre jaunâtre, et le miroir d'un vert olivâtre sans reflets.

Le pilet a des formes plus sveltes et plus élancées que le canard sauvage; il a aussi plus de vivacité dans les mouvemens, une marche moins embarrassée, et un vol plus soutenu et plus aisé. Son cri, que l'on entend d'assez loin, est un sifflement aigu et sonore, terminé par un ton grave.

Habitation. Le pilet est un grand voyageur, qui parcourt les régions du nord de notre continent et de l'Amérique. Il arrive en France au mois de novembre; il s'y présente en troupe, principalement sur les rivages de la Picardie, à l'embouchure de la Somme, et se répand depuis Amiens jusqu'à Saint-Valery. Plus l'hiver est rude, plus il s'avance dans l'intérieur des terres, et jusque sur les grands étangs des Vosges lorraines. Au dégel, ces canards regagnent la mer pour se rendre dans des pays plus septentrionaux.

Nourriture. La même que celle du canard sauvage.

Propagation. La ponte n'a lieu que dans les pays froids.

Qualités. C'est un excellent gibier, préférable au canard sauvage, et comme il passe pour un mets de carême, les chartreux en faisaient une grande consommation.

Chasse. Le temps de l'arrivée des pilets et de leur départ est le plus favorable pour la chasse qu'on leur fait. On en apporte alors beaucoup à Paris des environs d'Abbeville. Quant aux moyens de leur faire la chasse, ils sont les mêmes que pour le *canard sauvage*. (*Voyez* ce mot.)

PINCE. Bout du pied de certains animaux, et notamment des bêtes fauves. Lorsque les pinces sont usées, c'est un signe de vieillesse. (*Voyez* la *Pl.* 3 pour les pinces du cerf, la *Pl.* 4 pour les pinces du chevreuil, et la *Pl.* 5 pour celles du sanglier.)

PINCE. Instrument dont on se sert pour prendre des animaux. On connaît les deux sortes de pinces ci-après:

I. La *pince à blaireau*, figurée Pl. 20, *fig.* 7, est employée pour saisir et retirer les renards et les blaireaux de leurs trous. Elle consiste en deux tiges de fer de 2 pieds et demi à 3 pieds de long, garnies d'une poignée en bois, et attachées par une broche à 1 pied de l'extrémité. Les tiges ou bras de la pince sont terminés par des demi-cercles en fer, qui ont, chacun, une pointe de 2 pouces de long. Le diamètre du demi-cercle ne doit pas avoir plus de 4 pouces, afin que l'animal, étant saisi par le cou, ne puisse retirer sa tête. (Voyez *Blaireau*.)

II. La *pince d'Elvaski*. C'est un piège que l'on tend avec un grand succès pour prendre des canards sauvages et d'autres oiseaux aquatiques. Il est représenté tendu, Pl. 40, *fig.* 9. C'est un ressort de fil de fer, qui a à peu près la forme de la pince employée par les fumeurs pour prendre le charbon avec lequel ils allument leur pipe. Ce fil de fer, de la grosseur d'une plume à écrire, est contourné quatre fois sur lui-même pour former la spirale *a* dont le diamètre est de 3 pouces; il forme ensuite les branches *pp*, dont la longueur, depuis la spirale jusqu'au premier coude *c*, est de 13 pouces; ce coude, jusqu'à celui *bb*, a 6 pouces, et de là jusqu'à l'extrémité, la longueur est de 5 pouces. Ordinairement la partie intérieure des branches *ss* est légèrement dentelée. On conçoit qu'en rapprochant les branches *pp*, on donne aux portions de ces branches *b s* un écartement suffisant, et que si on abandonne ces branches à elles-mêmes, les parties *b s* se resserreront l'une contre l'autre, surtout en ayant soin de maintenir ces branches au moyen d'un anneau en fil de fer, semblable à celui *fig.* 12, et qui a ses deux extrémités contournées comme une porte d'agrafe. On passe une ficelle dans les deux œillets de cet anneau pour le tenir fermé, après qu'on l'a placé en *c, fig.* 9. Sans cet anneau, les branches, cédant à l'impulsion que leur communique la spirale *a*, s'écarteraient tout à fait.

Pour maintenir les branches écartées et faire produire au ressort l'effet que l'on désire, on se sert d'une détente, *fig.* 10, qui n'est autre chose qu'un petit morceau de bois dur, aplati, long de 4 pouces et demi et large de 6 à 7 lignes. On plante verticalement, à 4 lignes de ses extrémités, deux pointes de fer 1, 2, qui servent d'arrêts. Ces pointes doivent avoir assez de force pour résister à l'élasticité du piège. On attache la détente à la spirale avec un fil *h*. Dans le milieu de la détente est fixé un fil de fer *ll*, long d'environ 6 pouces, et de moitié moins gros que celui qui forme la pince, lequel soutient la marchette *dd*, formée d'un bois léger, tel qu'une branche de sureau, de la longueur d'environ 9 pouces sur 2 à 3 lignes de diamètre.

La *fig.* 10 est celle d'une détente vue à part.

Pour tendre la pince, on serre entre ses mains les branches *pp*, de manière qu'elles puissent se placer entre les pointes de fer 1, 2, qui les retiennent, et procurent aux branches *b s* l'écartement convenable; dans cet état, la détente se trouve soutenue par la pression des branches *pp* sur les pointes 1, 2, et la marchette *dd* se prolonge entre les branches *ss* de la pince, de façon que le moindre choc qu'elle reçoit la fait baisser; alors les pointes de fer, laissant échapper les branches, la pince se serre fortement et arrête l'oiseau qui a touché à la marchette.

La *fig.* 11 représente une autre marchette qui, au lieu de se placer sous les branches de la pince, se place par dessus. La détente est semblable à la première; elle s'attache de même par une ficelle. On voit en dessous l'extrémité des pointes 1, 2, destinées à retenir les branches de la pince. Le fil de fer *ll*, au lieu de soutenir la marchette *dd*, est terminé par un crochet auquel on attache une amorce. L'oiseau, en saisissant cet appât, enlève la détente, et les branches de la pince se serrent aussitôt.

La pince, en se détendant, prend souvent les oiseaux par le cou, parce qu'elle s'élève; il faut avoir la précaution de l'assujettir avec un crochet qu'on fiche en terre, après l'avoir passé dans la spirale. Ce crochet s'oppose à ce que la pince ne s'élève trop et à ce qu'elle soit entraînée par l'oiseau. Il faut aussi avoir soin que la marchette ne touche pas la terre.

On assujettit quelquefois la pince sur une base, qui est une pièce de bois plate, longue de 10 pouces, large de 4, et épaisse de 15 lignes, et dans laquelle on fait un trou pour y passer un piquet destiné à maintenir le piège. On cache cette base avec de la vase ou des joncs, de manière à ne pas gêner le jeu de la pince. On emploie plusieurs de ces pièges que l'on distribue sur les bords des étangs et des marais, et qu'on appâte convenablement sous la marchette.

On se sert aussi, avec avantage, de la pince d'Elvaski pour prendre des petits oiseaux aux abreuvoirs, dans les passages, pendant l'hiver et dans une infinité d'autres occasions; mais on lui donne des dimensions moins grandes qu'à celle employée pour les canards, et on emploie du fil de fer plus petit.

PINSON, *fringilla*. Genre de l'ordre des passereaux, qui renferme un assez grand nombre d'espèces dont plusieurs paraissent dans nos contrées.

Le PINSON COMMUN, *fringilla calebs*, Lath. Pl. 12, *fig.* 1, est l'espèce la plus répandue; elle est connue sous les noms de *pinçard*, en Guienne; *pinchard*, en Picardie; *pinchon* et *gloumet*, en Normandie; *huit*, *pichot*, *guignot*, *riche-prieur*, à Orléans.

Description. Cette espèce a 6 pouces 4 lignes de longueur, y compris la queue de 2 pouces 9 lignes; le bec fort, de 5 lignes de long, blanc en hiver et brun en été; l'iris brun; les pieds noirâtres et de 8 lignes de haut; le front noir; le dessus de la tête et du cou d'un cendré bleuâtre; les côtés de la tête, la gorge et le devant du cou rougeâtres; le dos marron; le croupion olivâtre; la poitrine et les autres parties inférieures de couleur vineuse; une grande tache blanche sur les petites couvertures des ailes, et une bande transversale sur les grandes; les pennes noires et bordées de jaunâtre; la queue pareille aux ailes et fourchue. La femelle a les couleurs moins vives, la poitrine d'un gris rougeâtre et le dessous du corps d'un blanc sale. Les jeunes lui ressemblent.

Il y a plusieurs variétés dans les pinsons, telles que les *pinsons blancs* ou *variés de blanc*, ceux *à ailes et queues noires*, le *pinson à collier*, le *pinson blanc et gris de fer*, et celui à *dos jaunâtre*.

Le cri du pinson est variable; il est plaintif dans les temps pluvieux, et ressemble assez à ces mots : *trief, trief;* son cri d'appel est *fink, fink...* Outre ces cris, il a un ramage très diversifié et agréable dans les bois, mais un peu fort et mordant dans un appartement. Cet oiseau anime tous les lieux qu'il habite par sa vivacité et la gaîté de son chant.

Habitation. Les pinsons arrivent dans le mois de mars, les mâles les premiers, et les femelles quinze jours après; ils se répandent partout, dans les taillis, sur les lisières des bois et dans les jardins; ils nous quittent en octobre, mais il en reste beaucoup dans nos climats.

Nourriture. Elle se compose de faînes, de graines de pin et d'autres arbres, de froment et autres grains, de vers, de chenilles, de mouches, etc.

Propagation. Les pinsons font deux couvées par an; la femelle construit sur les arbres un nid d'une forme élégante et d'un tissu très solide, dans lequel elle dépose quatre à cinq œufs gris bleuâtre, ponctués de brun, qu'elle couve pendant quatorze jours.

Qualités utiles et nuisibles. La chair de cet oiseau n'est point mauvaise, mais elle n'est point non plus recherchée. Les pinsons rendent des services en détruisant les insectes; mais s'ils tombent en grandes bandes dans les champs, ils y causent du dommage. M. Hartig observe qu'ils font aussi du dégât dans les terrains nouvellement semées de graines d'arbres résineux, et dans les coupes de futaies de hêtres destinées à se repeupler par les ensemencemens naturels, parce qu'ils font une grande consommation de faînes.

Les petits pris dans le nid, et même au filet, s'accoutument à l'esclavage; ils sont susceptibles d'imiter le chant d'autres oiseaux et surtout celui du serin : on leur fait même prononcer quelques mots. Ils chantent mieux lorsqu'ils ont perdu la vue; ce qui fait que quelquefois on les rend aveugles, en leur passant devant les yeux un fil de fer rougi au feu; on emploie surtout ce moyen pour en faire de bons *appelans*. Du reste, pour les faire chanter aux époques de la chasse, on leur fait passer la mue dans une chambre obscure.

Le PINSON DES ARDENNES, *fringilla montifringilla*, Lath. (*Pl.* 12, *fig.* 2), est connu sous différens noms : on l'appelle *arderet*, en Sologne; *pichot mondain* ou *de mer*, à Orléans; *pinson d'Artois*, *moineau de bois*, *ébourgeonneau*. Cette espèce a 6 pouces de longueur, y compris la queue, qui a 2 pouces de long, et qui est un peu fourchue; le bec épais, cunéiforme, et de 6 lignes de long; l'iris brun; les pieds de 9 lignes de haut; la tête, la gorge et le dos d'un noir lustré et varié de jaunâtre; le cou et les côtés de la tête très ponctués; le ventre blanc, les pennes noires et bordées de blanc jaunâtre, et la queue noire. La femelle a des couleurs plus pâles, et elle est brune aux endroits où le mâle est noir.

Le chant de cet oiseau est un ramage faible et monotone, un gazouillement qu'on n'entend que de très près. Le cri qu'il jette en volant ressemble à celui d'un chat.

Habitation. Ces pinsons habitent les pays septentrionaux et les hautes montagnes. Ils arrivent en France à l'automne, y restent l'hiver, et en partent au printemps. Ils se tiennent en troupes plus ou moins nombreuses, auxquelles se réunissent des pinsons communs et autres petits granivores.

Nourriture. La même que celle du pinson commun.

Propagation. Ce pinson ne niche point en France; il se retire dans les forêts du nord, où il construit son nid sur les sapins, à une assez grande hauteur; la femelle y dépose quatre ou cinq œufs jaunâtres et tachetés, qu'elle couve pendant quatorze jours.

Qualités. La chair de cet oiseau, d'un goût un peu amer, n'est cependant pas désagréable. Son caractère est plus doux que celui du pinson commun, et il supporte plus facilement la servitude. Ces pinsons, lorsqu'ils restent jusqu'à la fin de mars, deviennent très nuisibles, ainsi que les bouvreuils, en mangeant les bourgeons des arbres fruitiers, principalement des pruniers. M. Hartig les regarde comme très nuisibles aux nouveaux semis de pins et sapins, et aux coupes de réensemencement dans les forêts de hêtres où ils se jettent en bandes nombreuses pour en manger les semences.

Chasse aux pinsons.

Le pinson est un oiseau de pipée; il vient en faisant un cri auquel les autres répondent et qui les attire. (*Voyez Pipée*.) On le prend aussi, avec différentes sortes de filets, aux *trébuchets*, en se servant d'un *appelant*, aux *raquettes*, aux *rejets*, aux *tendues d'hiver*, à la *chouette*, à l'*arbret*, au *rets saillant*, à l'*assommoir du Mexique*. (*Voyez* ces différens mots.)

Le filet à alouette est employé à cette chasse, qui a lieu en automne ou pendant l'hiver, lorsque ces oiseaux volent en troupes nombreuses. On choisit, autant que possible, pour tendre le filet, un bosquet de charmille, à portée des vignes et des chenevières; l'homme qui tient la corde du filet se tient dans une loge à l'une des extrémités; les appelans sont dans l'espace qui est entre les deux nappes; plusieurs autres pinsons en cage sont répandus dans le bosquet : cela s'appelle une *pinsonnière*. Il faut beaucoup d'attention à cacher l'appareil, attendu que le pinson, qui est défiant et rusé, est d'autant plus difficile à attirer dans le piége qu'il trouve sur les lieux une nourriture plus abondante. Un temps calme et pluvieux est très favorable à cette chasse, parce qu'alors ces oiseaux volent bas et entendent mieux les appelans. On en prend considérablement, dans le midi de la France, avec un filet nommé aussi *pinsonnière*; c'est un grand hallier ou toile d'araignée, haut d'environ 3 ou 4 pieds, et d'une longueur proportionnée à l'emplacement où il doit être tendu ; c'est ordinairement entre deux rangs de vignes.

PINSON D'AUVERGNE. Nom que l'on donne, en Saintonge, au *bouvreuil*.

PINSON A GROS BEC. C'est le *gros bec*.

PINSON MAILLÉ. C'est le nom du *bouvreuil* en Sologne.

PINSON MONTAIN. (Voyez *Pinson des Ardennes*.)

PETIT PINSON DES BOIS. C'est le *bec-figue* en Lorraine.

PINSON D'ARTOIS. M. Salerne donne ce nom au *pinson des Ardennes*.

PINSON DORÉ. Dénomination vulgaire du chardonneret dans quelques parties de la France.

PINSONNÉE. C'est une chasse de nuit qui se fait pour tuer des oiseaux. On se transporte dans un taillis où le long des haies, qui servent de retraite aux oiseaux. Les chasseurs sont munis chacun d'un bâton de 2 pieds et demi de long, terminé au bout par une palette en forme de battoir à pousser à la paume, longue de 6 pouces et large de 4 ; ils portent sur le bras droit cette espèce de massue dont le manche doit être assez fort pour être empoigné à pleine main. Chaque chasseur porte de la main gauche un corps lumineux et combustible. On fait du bruit; les oiseaux partent de dessus les arbrisseaux où ils reposent, accourent à l'éclat des lumières, se posent sur des branches qu'on leur présente, et on les tue à coups de palette.

PIOCHET. C'est le *grimpereau*.

PION ou PIONE. Nom du bouvreuil en Lorraine.

PIPEAU. (Voyez *Appeaux* et la *Pl.* 33, *fig.* 13, 15, 16 et 19.) C'est un petit chalumeau dont se servent les chasseurs pour contrefaire les cris des oiseaux, et les attirer sur des arbres chargés de gluaux.

Le pipeau est ordinairement un petit bâton fendu par un bout, et dans la fente duquel on met une feuille d'une espèce particulière, suivant le cri qu'on veut imiter. Ainsi une feuille de laurier, placée dans un pipeau, contrefait le cri des vanneaux; celle du porreau imite celui du rossignol; celle du chiendent contrefait le cri de la chouette.

PIPÉE. Mot qui vient du saxon *pipe*, flûte, ou de *pipeau*. C'est une chasse dans laquelle en contrefaisant, avec un appeau, le cri de certains oiseaux, on les attire dans un arbre dont les branches sont garnies de gluaux où ils se prennent.

Cette chasse, amusante et lucrative, n'entraîne presque aucune dépense; mais elle exige beaucoup de précautions et d'habitude. Elle a pour objet de s'emparer d'une foule d'oiseaux qui échappent à une chasse régulière, de nous procurer une chair délicate, de diminuer la quantité des oiseaux qui nuisent aux récoltes, de détruire des oiseaux de proie qui font la guerre au gibier, et de procurer aux personnes amies des récréations paisibles un amusement qui peut se répéter souvent.

On sait que la plupart des oiseaux, notamment parmi ceux qui se perchent, ont une antipathie très forte contre les hiboux et les chouettes, et que leur haine contre ces oiseaux de nuit les porte, si par hasard une chouette se montre, dans le jour, à s'appeler par leurs cris, à se réunir en foule et à assaillir de leur multitude, leur ennemi commun, qui ne pouvant supporter l'éclat de la lumière, est forcé de fuir des agresseurs dont il était l'effroi pendant la nuit. C'est à cette disposition naturelle qu'est dû le succès de l'espèce de chasse dont il s'agit, et dans laquelle on emploie, soit la chouette, soit le hibou ou moyen duc. Cette chasse se trouve décrite d'une manière à peu près uniforme, dans le *Traité de la pipée*, dans l'*Aviceptologie*, dans le *Dictionnaire des chasses* de l'*Encyclopédie*, dans le *Dictionnaire d'histoire naturelle*, au mot *Rouge-gorge*, et dans le *Traité de la chasse aux pièges*. Mais le plan ou la distribution des matières, observé dans ce dernier ouvrage, nous paraît plus conforme à l'ordre naturel. C'est celui que nous suivrons.

Des saisons, des temps et des heures convenables aux pipées. La saison la plus favorable est l'automne, car on ne réussit guère au printemps et en été. D'ailleurs, on ne pourrait prendre que les pères et mères, et ce serait anéantir l'espoir de l'arrière-saison, puisqu'en les détruisant on détruit leurs couvées.

On distingue cependant trois époques pour les pipées: les *pipées précoces*, les *pipées de saison* et les *pipées tardives*.

Les premières sont celles dont nous venons de parler; elles ont lieu en juillet, époque de la maturité des cerises; elles produisent le moins de gibier, parce qu'alors les dernières couvées viennent d'éclore, et que les pères et mères sont plus occupés des soins qu'exige leur famille, que de satisfaire à la haine qu'ils portent à la chouette. D'un autre côté, les jeunes, trop faibles encore, n'y donnent point non plus; et le peu de gibier qu'on y prend est maigre et mauvais à manger.

Les *pipées de saison* ont lieu pendant tout le temps de la maturité du raisin, époque où les oiseaux, nourris de ce fruit, acquièrent de l'embonpoint et de la délicatesse. C'est aussi le moment du passage des grives et des rouges-gorges, qui, réunis en troupes nombreuses, donnent facilement à la pipée, et procurent à l'oiseleur une abondance de gibier.

Les *pipées tardives* se font dans le mois de novembre; on n'y prend que peu de rouges-gorges; mais les geais et les draines, dont le passage a lieu à cette époque, y donnent en grand nombre. Il faut, dans les pipées tardives, avoir soin de regarnir la cabane avec des branches pour suppléer les feuilles qui sont tombées.

Il n'y a que deux époques dans la journée pour piper; c'est le matin et le soir.

Dans la pipée du matin, il faut avoir tendu avant l'aurore, et commencer à appeler dès que l'on commence à distinguer les objets. Si l'on commençait trop tard, la plupart des oiseaux seraient dispersés dans les champs. Cette pipée doit être détendue à huit heures, parce qu'alors il ne reste plus guère d'oiseaux dans les bois, et que d'ailleurs le soleil devient trop ardent pour les gluaux.

Pour la pipée du soir, il faut avoir tendu une heure avant le coucher du soleil, et attendre, pour piper, l'arrivée des oiseaux, qui, tous les soirs, se rendent au bois pour y passer la nuit. Si l'on commençait à piper trop tôt, ils entendraient l'appel de trop loin, se familiariseraient avec ce cri, et éviteraient de donner dans le piège. Il suffit qu'un oiseau, qui a reconnu la ruse, pousse un cri pour faire fuir tous les autres. La pipée du soir est la plus productive, parce que les oiseaux ne sont point, comme le matin, pressés de satisfaire à leurs besoins, et qu'ils se rassemblent plus volontiers. On pipe pendant la nuit pour attirer les hiboux et les chouettes, s'il y en a aux environs.

Tous les temps ne conviennent pas pour la pipée: trop de chaleur rend la glu coulante, et par conséquent plus aisée à détacher des plumes; le froid la durcit; la pluie ou un brouillard humide l'empêche de s'attacher; un vent fort rend la tendue des gluaux difficile, en les faisant tomber, inconvénient qu'on ne peut éviter qu'en les enfonçant beaucoup, d'où résulte un autre inconvénient, celui de ne pouvoir être emportés par les oiseaux, qui parviennent à s'en détacher; enfin, la force du vent, agitant les feuilles et emportant le son des appeaux d'un seul côté, un grand nombre d'oiseaux ne l'entend pas.

Le temps le plus propice est un temps calme et sans pluie, ou un temps couvert et sans humidité, parce que, dans cette dernière circonstance, les oiseaux, redoutant la pluie, s'éloignent peu du bois, qui leur offre un abri. Cependant il fait bon piper après une pluie douce et chaude, lorsque les arbres sont suffisamment égouttés, parce qu'alors les oiseaux, rassemblés dans les bois, reprennent leur vivacité et voltigent d'arbre en arbre; s'ils entendent le son des appeaux, ils viennent donner en foule sur les gluaux, et tomber aux pieds du pipeur.

Dans les pipées tardives, une petite gelée blanche le matin est une circonstance favorable pour y prendre des pinsons et des grives.

Il faut éviter de piper trop souvent, parce que les oiseaux s'accoutumeraient aux coups d'appeaux, et se contenteraient de criailler de loin; un intervalle de sept à huit jours d'une pipée à l'autre est recommandé comme une précaution utile. On doit également éviter de placer deux pipées l'une près de l'autre, et de manière à ce que le son des appeaux puisse être entendu du même point.

De la glu. (*Voyez* ce mot.)

Des gluaux. (*Voyez* également ce mot.)

Choix de l'emplacement d'une pipée. C'est particulièrement du choix d'un emplacement convenable que dépend le succès d'un pipeur. Il fera la reconnaissance des lieux, pour s'assurer de ceux que préfèrent les oiseaux, en ne perdant point de vue que ces lieux sont ordinairement ceux qui sont tranquilles et éloignés du passage des hommes, les lisières des bois, les endroits à proximité des eaux, des vignes et des champs ensemencés. Il évitera de s'établir dans les situations élevées, dans celles qui sont exposées aux vents, et dans les lieux environnés d'échos, parce que les endroits escarpés ne forment pas le séjour ordinaire des oiseaux, et que les vents, en agitant les branches, troublent leur repos et les éloignent; et que, d'un autre côté, un coup de vent peut démonter une pipée et renverser les gluaux, parce que les échos, en répétant les sons, peuvent détourner l'attention des oiseaux. Il recherchera le voisinage des merisiers pour les pipées précoces, et celui des cornouillers, des genièvres et autres arbustes chargés de baies pour les pipées d'automne; et, lorsqu'il aura trouvé un canton convenable sous ces divers rapports, il établira sa pipée dans un jeune taillis de cinq ou six ans, pas trop enfoncé dans le bois, et dans une place où se trouvera un arbre touffu et d'une hauteur suffisante, sans cependant être trop élevé, et qui sera isolé et éloigné, autant que possible, des autres grands arbres.

Plan d'une pipée, loge du pipeur, et avenues. Ce plan est représenté dans la *Pl.* 45, *fig.* 7. Quoiqu'il soit régulier, on ne doit point s'astreindre à le suivre servilement dans la pratique. La loge ou hutte doit se trouver au centre de la pipée, et placée à une vingtaine de pas de l'arbre, de manière à voir ce qui s'y passe. Bulliard, dans son *Traité de la chasse aux oiseaux*, blâme avec raison l'usage où l'on est de former la loge au pied même de l'arbre, comme elle est représentée *fig.* 9 et 10 : 1° parce qu'il ne s'y trouve pas assez de branches vives pour la composer et lui donner l'apparence d'un buisson naturel; 2° parce qu'elle ne laisse pas la liberté de monter commodément sur l'arbre; 3° parce que les oiseaux, en tombant avec les gluaux qui s'attachent aux branches de cette loge, parviennent souvent à se débarrasser en y laissant leurs plumes.

On choisit, pour construire cette loge, un endroit touffu, garni de branches bien feuillées et à peu près au centre de la pipée. On la forme avec des brins de taillis, et l'on coupe intérieurement, et rez-terre, toutes les branches pour faire une place nette et assez grande pour contenir les pipeurs; l'extérieur doit avoir la forme d'un grand buisson isolé et naturel. Il faut éviter de donner à cette hutte une forme trop régulière; et pour qu'elle cache bien les personnes qui s'y retirent, on garnit les endroits clairs avec les branches que l'on a coupées dans l'intérieur, et celles que l'on a occasion de couper ensuite. On y laisse deux entrées opposées, dont l'une en face de l'arbre, et des jours avantageusement ménagés pour voir tout ce qui se passe dans la pipée.

Quant à l'arbre, l'important est qu'il se trouve dans l'enceinte de la pipée, soit dans la première, la seconde ou même dans la troisième avenue circulaire et à la jonction de cette avenue avec une avenue transversale, et que le bas de cet arbre soit dégarni de branches et entouré d'une espèce de haie faite avec tous les petits rameaux qu'on y a coupés.

Les avenues droites viennent aboutir à la loge et forment l'étoile; une de ces avenues conduit directement à l'arbre de pipée, qui doit être bien découvert. Le nombre de ces avenues dépend de l'étendue du terrain et de la disposition des lieux : quelquefois on ne dispose point d'allées, surtout quand on ne tend que l'arbre de pipée. Mais ordinairement on pratique cinq de ces allées, et si l'arbre est trop petit ou trop écrasé, ou d'une forme désavantageuse, on en forme six ou sept en observant de leur donner 5 pieds de large à leur extrémité 1, 2, 3, 4, 5, au lieu de 3 qu'elles ont à leur entrée. Outre ces allées droites ou transversales, on en pratique de circulaires : la première *a*, qui environne la loge, doit être la plus longue; elle a 6 ou 7 pieds; la seconde, *b*, n'en a que 3, et la troisième, *c*, en a 4 et même plus.

On prépare toutes ces avenues en élaguant les brins de taillis et en relevant et fixant avec des harts les branches qui avancent dans la route; et comme l'uniformité de ces chemins n'est d'aucune importance, on doit, pour ménager le taillis, mettre à profit toutes les clairières qui s'y rencontrent. Les auteurs du *Traité de la chasse aux piéges* conseillent également, dans la vue de ménager le taillis, de former seulement une avenue circulaire autour de la loge, et dans le cas encore où cette loge n'est pas suffisamment isolée, regardent comme inutiles les autres allées circulaires, puisque de la loge on ne peut voir ce qui s'y passe; que d'ailleurs on peut communiquer avec toutes les avenues droites par le secours de cette seule allée circulaire, et qu'enfin il se trouve toujours quelques claires-voies suffisantes au passage d'une personne.

Des perches ou plians. On appelle ainsi des brins de bois vivans ou plantés exprès, disposés à 3 ou 4 pieds de distance les uns des autres, sur les bords de toutes les allées, et qui sont destinés à être garnis de gluaux, de même que les branches de l'arbre de pipée. Ces plians doivent avoir, au plus, les plus grands, 6 pieds de hauteur, et les plus petits 4 pieds. Pour les rendre plus visibles et inviter les oiseaux qui s'approchent de la loge où ils croient entendre leur ennemi, à s'y reposer, il faut qu'ils soient un peu écartés de la bordure des allées. Quand les perches vivantes qu'on veut faire servir sont trop grosses pour être inclinées dans l'avenue, on leur donne un léger coup de serpe à la hauteur de 3 à 4 pieds et demi, ce qui donne la facilité de les abaisser. Si on n'a pas de perches voisines de l'avenue qu'on puisse plier, on emploie les branches qu'on a coupées, soit sur l'arbre de pipée, soit pour former les allées, et on les fixe solidement en terre, en leur donnant toujours une certaine inclinaison. Lorsque les plians sont disposés, on y fait des entailles pour y placer les gluaux, en se servant à cet effet d'une serpette légère et bien acérée; ou en donne de 2 en 2 pouces, de petits coups obliques, observant d'en élever un peu le dos au moment où on la retire de chaque entaille, ce qui l'empêche de se refermer. Un couteau suffit pour les petits plians.

Choix et préparation de l'arbre. Il est important que l'arbre ait une belle disposition naturelle, qu'il soit isolé des autres d'au moins quatre-vingts pas, qu'il ne surpasse guère que de moitié la hauteur du taillis et qu'il soit garni de branches; surtout à la cime. Le chêne doit être préféré, parce que ses branches, quoique petites, offrent un meilleur soutien au pipeur, lorsqu'il tend ses gluaux. Une douzaine de branches tenant au tronc, pas trop grosses, bien distribuées et se divisant en plusieurs autres branches, sont suffisantes pour la tendue des gluaux. La *Pl.* 45, *fig.* 8, représente un arbre dont la disposition est très avantageuse.

Pour disposer l'arbre, le pipeur jette un coup-d'œil sur ce qu'il y a à ménager, à rejeter et à étêter; il y monte armé de sa serpe, à l'aide d'une corde à nœuds, dont il a lancé un des bouts, lié à une grosse pierre par dessus une grosse branche et qu'il a solidement fixé ensuite. Il commence par la cime sur laquelle il étête deux branches *a a*, qui servent ordinairement à prendre les corbeaux, les pies, les buses et autres gros oiseaux qui ne se posent que sur le haut des arbres. Il ne doit point dégarnir la partie supérieure de l'arbre, parce que les oiseaux, voyant de loin les gluaux, les éviteraient en se posant sur les extrémités des branches. Il examine alors celles qui lui paraissent les plus favorablement disposées, et il coupe, toujours en descendant, celles qui ne peuvent que nuire, ayant soin de laisser, tenant au tronc, une longueur de 6 pouces, afin de s'en servir comme d'échelons pour tendre et détendre son arbre. Toutes les extrémités des branches préparées pour recevoir les gluaux restent garnies d'un bouquet de feuilles. Il est bon d'étêter une ou deux branches *b*, de manière à les tendre jusqu'à leurs extrémités: c'est là que l'on prend des draines, et les chouettes dans les temps obscurs.

Lorsque l'arbre est ainsi préparé et que chacune des branches choisies est élaguée de tous ses petits rameaux feuillés jusqu'à la distance du tronc où le pipeur peut atteindre, il s'occupe d'y faire des entailles de 3 lignes au plus de profondeur, pour y placer les gluaux, et il procède comme nous l'avons dit pour les plians.

On emploie à garnir les endroits clairs de la loge les branches abattues sur l'arbre.

La *fig.* 9 de la *Pl.* 45 représente cette loge au pied de l'arbre; mais nous avons déjà rapporté les motifs qui doivent déterminer à l'en séparer. Les entrées se couvrent avec de petites portes faites de branchages, disposées en forme de claie. La *fig.* 10 de la même planche est celle d'une échelle faite d'un arbre ébranché; mais il vaut mieux se servir d'une corde à nœuds.

Lorsqu'on ne trouve pas un arbre convenable, on en prend deux et même trois petits, mais dont on ne laisse pas de préparer et de tondre les branches; et s'il n'y en a pas du tout, et que l'endroit soit peuplé d'oiseaux, on se borne à pratiquer les routes ou allées en étoile dont nous avons parlé, mais en plus grand que pour la pipée ordinaire.

De la tendue de la pipée. Pour les pipées du matin, on commence ordinairement par placer les gluaux sur l'arbre, et on les pose ensuite sur les plians; le soir, c'est par les plians que l'on commence. Quand il s'agit de détendre, c'est toujours par l'arbre que l'on commence. Cette pratique est fondée sur le raisonnement suivant: le matin, les oiseaux étant encore au bois, il faut profiter du crépuscule pour tendre l'arbre sans être vu par eux, tandis que, pour tendre les plians, le pipeur, avec un peu de précaution, peut se dérober à leur vue. Le soir, on tend l'arbre le dernier, parce que, toute la tendue devant être terminée au moins une heure avant le coucher du soleil, celui-ci pourrait nuire aux gluaux exposés à son action; les plians, au contraire, mieux abrités, peuvent être tendus les premiers sans que cet accident soit à craindre. Enfin, si, lorsqu'il s'agit de détendre, soit le matin, soit le soir, on commence par l'arbre, c'est parce que, le matin à l'heure où finit la pipée, le soleil peut nuire aux gluaux, et que, le soir, il est dangereux pour le pipeur de monter sur l'arbre dans l'obscurité. Ces précautions peuvent être bonnes; mais dans une grande pipée, où il faut que plusieurs personnes travaillent à la fois, il ne serait pas possible de les observer.

Les gluaux se placent de la manière suivante: Après que le pipeur les a englués, comme nous l'avons dit au mot *Gluaux*, et renfermés dans son carquois, il monte, muni de ce carquois, sur l'arbre de pipée au moyen de l'échelle de corde, et arrivé, à la cime, il tend les branches supérieures et ensuite les autres en descendant. Il place dans chaque entaille le coin qui termine le gros bout du gluau, de façon que ce dernier soit soutenu obliquement, et que la branche tendue offre à peu près la disposition des arêtes qui garnissent l'un des côtés de l'épine dorsale d'un poisson. Les gluaux les plus grands se placent sur l'arbre, les autres sur les plians où on les couche davantage, quoiqu'en les arrangeant de la même manière; en général, chaque gluau doit couvrir un tiers de celui sur lequel il est couché.

Manière de piper et de frouer; conduite à tenir pendant la pipée. En restreignant à sa propre signification le mot *piper*, c'est l'art d'appeler les oiseaux avec un appeau qui imite le cri de la chouette, ou celui des autres oiseaux. Ainsi, on dit, dans ce sens, qu'un oiseleur *pipe* bien quand, au moyen des *appeaux* à piper (*voyez* ces mots) ou d'une feuille de chiendent, il imite bien la chouette, et qu'il réussit à attirer un grand nombre d'oiseaux ; mais cet art est très difficile, et si l'imitation n'est point parfaite, les oiseaux ne s'y laissent point tromper. Il faut que le pipeur ait appris de la chouette même à imiter son cri.

Lorsque l'oiseleur a terminé tous ses préparatifs, il rentre dans sa loge avec ses aides et les personnes qui doivent assister à sa chasse. Un vêtement sombre et peu apparent est celui qui convient le mieux à ceux qui doivent se montrer, et le silence le plus profond est de rigueur. Avant d'imiter le cri de la chouette, il excite la curiosité des oiseaux en frouant doucement à l'aide de la feuille de lierre (voyez *Appeaux*); il exprime d'abord le cri des petits oiseaux, parce que d'après l'instinct de la nature, qui leur fait connaître l'inégalité de leurs forces, ce sont eux qui appellent les plus forts. Attentifs à ces premiers sons, qui doivent être assez forts pour être entendus de loin, et baisser ensuite à mesure que les oiseaux approchent, ceux-ci ne tardent point à y répondre; et il arrive même quelquefois que l'oiseleur n'a pas besoin de piper, et que le seul appel fait avec l'appeau à frouer suffit pour attirer et prendre beaucoup d'oiseaux. Il imite successivement le cri du geai, cet ardent agresseur de la chouette, et au cri duquel les autres oiseaux se rallient, celui de la pie, du merle, de la grive, du pinson, de la mésange et des autres espèces les plus hardies et les premières arrivées, lorsqu'il s'agit de combattre. Mais lorsqu'il a entendu les oiseaux répondre à ses sons, il fait entendre quelques légers cris de la chouette, au moyen de l'appeau ou de l'herbe à piper.

Peu à peu les sons qu'il tire de la feuille de lierre deviennent plus forts et plus précipités, les cris de la chouette qu'il entremêle deviennent aussi plus aigus; il s'agit de peindre le moment où les oiseaux s'enhardissent à attaquer leur ennemie et où celle-ci cherche à fuir, en les menaçant par ses cris. Si on avait alors quelques oiseaux vivans, il faudrait les faire crier, en leur serrant un peu les ailes ; ce qui amène ceux de leur espèce et en fait venir d'autres. On a remarqué que le rouge-gorge, qui fait peu de bruit, attire presque toutes les espèces; que le pinson attire les grives, les merles, les geais et les pies, et qu'enfin les geais font accourir les pies, outre leur propre espèce.

Lorsque le pipeur s'aperçoit que les oiseaux sont en foule autour de la loge, il fait entendre plus rarement et d'une manière plus faible et plus lugubre les cris de la chouette, comme si elle était alors réduite à l'extrémité ; les oiseaux croient que leur ennemi va succomber, cherchent à la découvrir pour achever sa défaite, et voltigeant sans cesse de branche en branche, rencontrent les funestes gluaux. Quelques auteurs conseillent de casser la cuisse à une chouette et d'agiter de temps en temps l'os fracturé pour la faire crier ; c'est alors que la pipée devient productive, et que la terre se couvre d'oiseaux qui se précipitent à l'envi. Ce succès a valu à ce moyen le nom de la *pièce de victoire*; mais il n'est pas toujours possible de se procurer une chouette pour chaque pipée, et l'on réussit sans avoir recours à ce moyen barbare.

On conseille aussi de s'emparer promptement des premiers oiseaux qui tombent à la proximité de la loge, et de les faire crier, en leur cassant une mandibule du bec, après quoi on leur retrousse les ailes sur le dos. Ce moyen n'est pas souvent nécessaire, parce que les oiseaux qui se sont abattus à terre avec les gluaux font entendre assez de cris pour le rendre inutile.

Oiseaux qui se prennent à la pipée. Les rouges-gorges, les roitelets, les mésanges sont les premiers à répondre au frouement ; c'est alors, ainsi qu'on l'a déjà dit, que l'on imite le cri de la chouette ; les premiers coups de l'appeau doivent avoir une demi-heure d'intervalle, ensuite on pipe et on froue alternativement. Bientôt paraissent les pinsons, les geais, les merles, les grives, les draines, les picverts, les fauvettes, les verdiers, les bruans, les moineaux, les rossignols, les gros-becs, etc. ; les corbeaux, plusieurs espèces d'oiseaux de proie diurnes et nocturnes et généralement toutes les espèces qui se perchent et répondent à l'appeau. On n'y prend que rarement des ramiers, des tourterelles des linottes, des chardonnerets.

Lorsque l'heure de terminer la pipée est arrivée, les chasseurs sortent de la loge et vont ramasser les oiseaux ; il est rare qu'il s'en échappe, car ils s'entortillent tellement dans les gluaux qu'ils ne peuvent souvent faire aucun mouvement. On doit se méfier de certains oiseaux qui pincent très serré.

Manière de détacher la glu du plumage des oiseaux. Le moyen suivant est indiqué comme propre à détacher la glu qui tient au plumage des oiseaux que l'on désire conserver : on saupoudre de cendres et de sable tamisés la partie du plumage qui est engluée, et on laisse l'oiseau une nuit dans cet état. Le lendemain, on bat deux jaunes d'œufs, et on en couvre l'endroit endommagé avec le bout d'une plume. Cet appareil doit rester le jour et la nuit suivante. Le jour suivant, on graisse le plumage avec une mixture de beurre et de lard fondus ensemble ; trois ou quatre heures après, on le lave avec de l'eau tiède, on l'essuie ensuite avec un linge doux et propre, et l'oiseau est parfaitement déglutiné.

La chasse à l'arbret a quelques rapports avec la pipée. (Voyez *Arbret*.)

PIQUER. (Terme de fauconnerie.) Quand le fauconnier suit l'oiseau, on dit qu'il *pique après la sonnette*.

PIQUER. Piquer à la queue des chiens, c'est le suivre d'assez près pour les aider et les faire manœuvrer à la chasse.

PIQUEUR. C'est un veneur qui appuie et suit les chiens de près, qui a soin de la meute et conduit la chasse.

PISTE. C'est la trace ou le sentiment que laissent les bêtes sur leur passage.

Ce mot est synonyme de *voie* pour le cerf, et de *race* pour le sanglier.

PISTOLET. Arme à feu dont le mécanisme est le même que celui du fusil. Le mot *pistolet* vient de *Pistoie*, petite ville près Florence, en Italie, où l'on fabriquait d'abord de petits poignards, qui furent appelés, en France, *pistoyers* ou *pistoliers*, et enfin *pistolets*. Quelque temps après, on inventa de petites arquebuses, auxquelles on transporta le nom de ces poignards.

PISTOLET DE BOTTE. Petit fusil dont la crosse est brisée, et que les piqueurs du *vautrait* portent dans la botte.

PITCHOU, *motacilla provincialis*, Linn. Oiseau de l'ordre des passereaux et du genre de la fauvette, qui a 5 pouces 4 lignes de longueur; le bec noirâtre à sa pointe, blanchâtre à sa base; la tête et tout le dessous du corps d'un cendré foncé; les grandes pennes des ailes et celles de la queue d'un cendré clair à l'extérieur, et noirâtres du côté interne; la gorge et tout le dessous du corps ondés de roux varié de blanc, et les pieds jaunes. Cet oiseau se trouve en Provence et en Angleterre.

PITRI ou PITRIOU. C'est, en Touraine, la *crécerelle*.

PIVANE. (Voyez *Bouvreuil*.)

PIVE. (Voyez *Bouvreuil*.)

PIVERT. (Voyez *Pic-vert*.)

PIVERT D'EAU, PIVERT BLEU. Dénominations du *martin-pêcheur* dans divers cantons.

PIVOINE. (Voyez *Bouvreuil*.)

PIVOTS. Ce sont deux os saillans sur l'os frontal du cerf, du daim et du chevreuil, et qui portent le merrain.

PIVOTE ORTOLANE, *sylvia maculata*, Lath. Oiseau du genre de la fauvette, qu'on trouve en Provence, et dont le nom provient de ce qu'il est toujours avec les ortolans.

Il a la taille du *fist* de Provence; le plumage brun en dessus avec des taches noires; les pennes bordées de blanchâtre; le dessous du corps de cette dernière couleur; la queue noire, et blanche à son origine.

PIVOTON. C'est le nom de la farlouse, en Provence.

PLAIN, (Fauconnerie.) Un oiseau *va de plain* quand il se soutient en l'air sans mouvement apparent des ailes, en un mot, quand il plane.

PLAISIRS DU ROI. Ce sont les cantons réservés près les maisons royales, pour le plaisir de la chasse du roi.

Il était expressément défendu à tous seigneurs, gentilshommes et nobles, de chasser au menu gibier, même dans leurs propres forêts, garennes et plaines, à une lieue près des plaisirs du roi, et aux chevreuils et bêtes noires, à trois lieues, etc. (*Art.* 14 et 15 du tit. XXX de l'ordonn. de 1669.)

Il leur était également défendu de tirer au vol à trois lieues près des plaisirs du roi, à peine de 200 livres d'amende pour la première fois, du double pour la seconde, du triple et du bannissement à perpétuité du ressort de la maîtrise pour la troisième fois. (*Art.* 16 du même titre.)

Aujourd'hui, chacun a le droit de détruire le gibier sur sa propriété, et les chasses royales sont renfermées dans les parcs, forêts et autres domaines de la couronne et de l'État. (Voyez *Capitaineries* et *Chasse*.)

PLANER. Ce mot se dit des oiseaux de proie, qui se soutiennent en l'air, sans daguer et sans presque remuer les ailes.

PLATE-LONGE. Longue bande de cuir que l'on attache au collier des chiens pour les retenir. On la nomme aussi *bricole*. On s'en sert pour conduire le limier, ou pour dresser le chien couchant.

PLATEAU. Les fumées ou fientes des bêtes fauves en *plateaux* sont celles qui sont plates et rondes. (Voyez *Fumées*.)

PLATINE. C'est la partie de l'arme à feu à laquelle sont attachés le chien, le bassinet, la batterie, les ressorts, la noix, la gâchette et la détente. (Voyez *Fusil*, paragraphes XXI et XXII et la *Pl.* 20, *fig.* 1 et 2.)

PLIANT. On appelle plians ou perches les branches qu'on a fichées en terre et garnies de gluaux dans les pipées. (Voyez *Pipée*.)

PLEU-PLEU ou PLUI-PLUI. Nom donné au pic-vert, d'après un de ses cris.

PLOMB. (Chasse.) On appelle plomb les balles et grains de plomb dont on se sert à la chasse. (Voyez *Fusil*.)

PLONGEON, *colymbus*. Genre d'oiseaux de l'ordre des palmipèdes, qui a reçu ce nom à cause de la promptitude avec laquelle les oiseaux qui le composent disparaissent dans l'eau, et savent éviter le plomb du chasseur. C'est pour cette raison qu'en Picardie on les appelle *mangeurs de plomb*. Aussi, pour pouvoir tirer ces oiseaux, il faut adapter au fusil un morceau de carton, qui, en laissant la mire libre, dérobe le feu à l'œil de l'oiseau; ou, ce qui vaut mieux encore, se servir d'un fusil à système. Mais ils marchent sur terre avec beaucoup de difficultés, d'après la position de leurs jambes, qui les force à se tenir debout, dans une situation droite et tellement gênante, qu'ils peuvent à peine maintenir l'équilibre de leurs mouvemens, aussi passent-ils la plus grande partie de leur vie dans l'eau; et ce n'est guère qu'en volant, qu'ils vont d'un canton à l'autre.

Les caractères de ce genre sont d'avoir le bec fort, droit et pointu; la mandibule supérieure plus longue que l'inférieure; les narines linéaires; la partie supérieure divisée par une petite membrane; la langue longue, pointue, crénelée à sa base sur chaque côté; les pieds minces et aplatis; quatre doigts; le postérieur petit, et les autres unis par une membrane entière; la queue courte et composée de vingt plumes. Leur nourriture se compose de poissons, et leur habitation favorite est sur les rivières, les lacs et les étangs des climats tempérés et froids.

Les espèces de plongeons que l'on voit en France sont: le *plongeon commun*, le *plongeon cat-marin*, le *grand plongeon*.

Le PLONGEON COMMUN, *colymbus striatus*, Lath. (*Pl.* 19, *fig.* 2), qu'on appelle aussi *petit plongeon*, par opposition au grand plongeon, qu'on ne voit guère en France, a 25 pouces de longueur depuis la pointe du bec jusqu'au bout des ongles; les plumes de la tête et du cou cendrées et bordées de gris blanc ; tout le dessus du corps d'un cendré brun, varié de deux lignes blanchâtres sur chaque plume ; la gorge blanche ; le cou de cette couleur et nué de cendré clair ; le reste du dessous du corps d'un beau blanc ; les pennes des ailes brunes ; cette teinte prend une nuance cendrée sur les secondaires, qui ont chacune une ligne blanchâtre placée obliquement sur chaque côté vers leur extrémité ; la queue d'un cendré brun, le bec gris brun ; les pieds et les membranes bruns, avec une teinte rougeâtre sur le côté interne des pieds et des doigts.

Habitation. Cette espèce est répandue dans e nord de l'Europe, et on la trouve aussi dans les parties septentrionales de l'Asie et de l'Amérique. Elle est commune sur nos étangs, qu'elle quitte, lorsqu'ils sont glacés, pour se transporter sur les rivières et les ruisseaux d'eau vive ; mais ce n'est que pendant la nuit que cet oiseau s'éloigne de son domicile habituel.

Nourriture. Des petits poissons, du frai, des insectes aquatiques.

Propagation. Sa ponte est de trois à quatre œufs, d'un ovale parfait, ressemblant à ceux de l'oie et un peu tachés de noir. Les chasseurs assurent que, quand on approche du nid, la mère se précipite et se plonge, et que les petits tout nouvellement éclos se jettent à l'eau pour la suivre.

Qualités. La chair des plongeurs ne paraît pas être un très bon manger.

Le PLONGEON CAT-MARIN est connu, sur les côtes de Picardie, sous le nom de *cat-marin* (chat de mer), parce qu'il mange et détruit beaucoup de poissons. Il y arrive avec les macreuses, et se prend souvent dans les filets que les pêcheurs tendent à ces oiseaux.

Description. Il ressemble beaucoup à notre petit plongeon d'eau douce dont nous venons de parler. Le mâle a 2 pieds 3 pouces de longueur depuis la pointe du bec jusqu'au bout des ongles. La femelle est d'environ 2 pouces plus petite. Le plumage des jeunes, jusqu'à la mue, est d'un noir enfumé, sans aucune des taches blanches dont le dos des vieux est parsemé.

Buffon rapporte à cette espèce le *plongeon tacheté* de Brisson, qui a 2 pieds 5 pouces de longueur ; la tête, la gorge et le cou d'un noir brillant ; une bande transversale composée de raies longitudinales blanches et noires sur la partie inférieure du cou ; le dessous du corps noirâtre et varié de taches blanches assez larges, les unes presque carrées, les autres petites et rondes ; la poitrine, le ventre, les jambes d'un beau blanc ; les flancs mouchetés de cette couleur sur un fond noirâtre ; cette dernière teinte couvre les ailes, la queue, les pieds, les membranes et le dessus du bec, dont le dessous est blanchâtre.

Ce plongeon, comme les autres espèces du même genre, est dans l'impuissance de s'élever par le vol ; il ne peut même courir que sur les vagues de la mer, qu'il effleure rapidement dans une attitude droite, et la partie postérieure du corps plongée dans l'eau.

Habitation. Cet oiseau fréquente les côtes de la Picardie, surtout en hiver. Il y arrive en automne, et s'en éloigne pendant la belle saison. Quelques individus cependant nichent dans les Sorlingues, sur des rochers où ils ne peuvent arriver qu'en partant de l'eau par un effort de saut, aidés du mouvement des vagues. Il entre, avec la marée, dans les embouchures des rivières, et il se tient sur le bord de ces rivières et sur les rivages de la mer.

Nourriture. Les petits merlans, les frais de l'esturgeon et du congre sont ses mets de préférence ; comme il nage presque aussi vite que les autres oiseaux volent, il a tous les avantages possibles pour se saisir de cette proie fugitive ; les jeunes, moins adroits et moins exercés, ne mangent que des chevrettes ; cependant les uns et les autres, dans toutes les saisons, sont extrêmement gras. C'est, comme nous l'avons dit, la grande destruction que fait cet oiseau des poissons de mer et du frai, qui lui a fait donner, en Picardie, son nom de *cat-de-mer* (chat de mer).

Le GRAND PLONGEON, *colymbus immer*, Lath., est à peu près de la grosseur de l'oie : il a 2 pieds 7 pouces de long, et près de 4 pieds d'envergure ; le dessus de la tête et du cou brun ; les joues variées de petites taches blanches ; une bande transversale noirâtre sur les côtés du cou ; le dos et le croupion d'un brun foncé ; chaque plume bordée de cendré ; la gorge, le devant du cou et le dessous du corps d'un beau blanc ; cependant on remarque quelques taches brunes sur le devant du cou ; les couvertures inférieures de la queue, variées de brun et de blanc ; le bec d'un cendré brun ; les pieds, les doigts, les membranes et les ongles noirâtres. La femelle se distingue par sa couleur entièrement brune sur les parties supérieures, par le blanc sombre des parties inférieures, et les taches des côtés du cou qui sont beaucoup plus rares.

Cette espèce est très connue dans le nord, et paraît quelquefois dans nos contrées à l'époque des grands froids. Elle fait son nid dans les roseaux et le place sur l'eau.

Chasse aux plongeons.

On fait la chasse aux plongeons de diverses manières, *au fusil*, *à la hutte ambulante*, *au tramail*, *à la ligne dormante*, amorcée avec de petits poissons, et avec les moyens indiqués pour la chasse au canard. (Voyez ce mot.)

Comme ils plongent avec une grande promptitude, il est presque impossible de les atteindre avec le plomb, si l'on n'a pas le soin de leur cacher la lumière que jette l'amorce en s'enflammant. Pour cet effet, on se sert de la hutte ambulante, ou bien le chasseur adapte à son fusil un morceau de carton, qui, en laissant la mire libre, dérobe l'éclair de l'amorce à l'œil de l'oiseau. Les fréquentes non-réussites à cette chasse ont fait donner aux plongeons le nom de *mangeurs de plomb*.

Les nouvelles platines qu'on amorce avec du muriate suroxigéné de potasse peuvent être utiles à cette chasse, parce que la lumière que produit cette amorce est moins vive que celle produite par la poudre ordinaire.

PLUMAGE. On désigne par ce mot l'ensemble de toutes les plumes dont le corps des oiseaux est revêtu. Ses couleurs varient suivant le sexe, l'âge, le climat, l'état de domesticité ou de liberté, de santé ou de maladie, la diversité des alimens, l'état de race pure ou croisée.

PLUME. Les plumes dont les oiseaux sont revêtus sont de différentes sortes, et désignées par des noms particuliers. Les *plumes proprement dites* sont celles du corps; les *pennes*, celles de l'aile et de la queue; les *couvertures*, celles qui recouvrent le dessus et le dessous de ces pennes dans une partie de leur longueur; les *scapulaires*, celles qui naissent à l'insertion de l'aile au corps, et qui se trouvent par leur position entre celle-ci et le dos; enfin le *duvet*, qui est à la surface du corps.

Les *plumes proprement dites* qui couvrent la tête, le cou, le dessus et le dessous du corps jusqu'à la queue sont ordinairement plus petites au sommet de la tête, et plus grandes à proportion qu'elles sont placées plus près de la queue.

Les *pennes* des ailes se divisent en *grandes* et *moyennes*. Les grandes, ou *primaires*, occupent le pli de l'aile jusqu'à son extrémité; ces plumes sont les plus fortes de toutes. Les *moyennes*, ou *secondaires*, naissent à la partie postérieures de l'aile, ont plus de largeur que les *primaires*, dont elles recouvrent la plus grande partie lorsque l'aile est en repos.

Les *pennes de la queue* ont plus de largeur que celles des ailes, sont droites et à barbes égales de chaque côté. Les oiseaux ont encore une sorte de *fausse-aile*, dont les plumes, au nombre de quatre à cinq, sont raides, taillées en lame, un peu courbées du côté interne, à barbes fermes, longues à l'intérieur et fort courtes à l'extérieur. Ces plumes sont attachées à un appendice situé au-dessous du pli, vers l'origine et le côté externe de la première des pennes extérieures.

Les *couvertures des ailes* sont les plumes qui revêtent l'aile depuis son insertion avec le corps jusqu'au pli qui répond au poignet. Les supérieures se divisent en *petites*, *moyennes* et *grandes*. Les inférieures couvrent le dessous de l'aile.

Enfin, les *scapulaires* sont dirigées selon la longueur du corps, et flottantes entre l'aile et le dos.

PLUME. (Fauconnerie.) Donner *la plume* à un oiseau de vol, c'est lui présenter la curée emplumée.

PLUVIER, *charadrius*. Genre d'oiseaux de l'ordre des échassiers, qui renferme un grand nombre d'espèces, dont quelques unes sont de passage en France.

Le PLUVIER proprement dit ou PLUVIER DORÉ, *charadrius pluvialis*, Lath. (*Pl.* 18, *fig.* 3), est de la grosseur d'une tourterelle, et a 10 pouces environ de longueur, y compris la queue; le bec de près d'un pouce de long, droit et noirâtre; l'iris d'un rouge foncé; les pieds d'un pouce et demi de haut et d'un gris foncé; le haut du front tacheté de blanc et de brun; le sommet de la tête marqué de noir et de jaune; le cou d'un brun foncé avec des taches rouges; le dessus du corps tacheté d'un beau jaune verdâtre sur un fond noir; le ventre blanc; les grandes pennes des ailes noirâtres; la queue rayée de jaune sombre et de noirâtre. On trouve des vieux mâles qui ont le dessous du corps presque entièrement noir, et en général le mâle varie beaucoup dans ses couleurs suivant les saisons. Les femelles ont les couleurs moins brillantes, et les jeunes sont tout gris dans leur premier âge. Ces oiseaux courent et volent assez vite, et ils font entendre en volant, et quelquefois étant posés, un cri qui peut être exprimé par le mot : *tia*.

Habitation. Les pluviers habitent les prairies humides, les marais et les rivages des étangs et des rivières, et ils donnent aussi dans les champs ensemencés. Ils arrivent en troupes nombreuses en automne, et nous quittent dans le mois d'avril, pour aller multiplier dans les régions septentrionales.

Nourriture. Elle consiste en vermisseaux, insectes et plantes herbacées.

Propagation. Ils s'apparient au mois d'avril; la femelle dépose dans un petit enfoncement en terre quatre œufs longs de 2 pouces, très pointus, d'un cendré olivâtre pâle, marqués de taches noirâtres. L'incubation dure trois semaines.

Ennemis. Les renards, les chats sauvages, les martes, les putois, les belettes et tous les oiseaux de proie font la guerre aux pluviers, dont ils dérobent les œufs.

Qualités. Le pluvier est un mets savoureux.

Le PLUVIER A COLLIER, *charadrius triaticula*, Lath., est de la grosseur de l'alouette, et a 7 pouces et demi de longueur, y compris la queue; le bec de 8 lignes de long, droit, un peu plus épais et noir à la pointe, et d'un jaune orangé à la base; l'iris brun et les pieds d'un pouce de haut, de couleur jaune orange, et les ongles noirs; la tête ronde; le front blanc; un bandeau noir sur le sommet de la tête, auquel succède une calotte d'un gris brun qui s'étend jusque sur la nuque; une bandelette noire, qui prend sur le bec et s'avance sur les joues en passant sous l'œil; la gorge blanche et un collier de cette couleur qui entoure le cou; un plastron noir sur le haut de la poitrine; le manteau noir; le croupion gris blanc; le dessous du corps d'un blanc de neige; les grandes pennes noires, avec du blanc sur leur côté interne; celles de la queue presque noires; les latérales blanches, et les autres plus ou moins tachetées de cette couleur. La femelle a le bec noir, les pieds jaunes et le cou brun; elle diffère encore du mâle en ce que la couleur noire de son plumage a moins d'étendue, qu'il y a plus de blanc sur les ailes, et une teinte plus cendrée sur le reste du corps.

Ce pluvier est un oiseau solitaire, craintif, qui court très vite sur la grève, fait de petits vols et toujours en criant, ce qui lui a valu le nom de *criard* dans quelques cantons. On l'appelle aussi *gravière*. Lorsqu'il est posé, il remue la queue comme le hoche-queue. Le cri qu'il fait entendre en volant et dans le temps de la pariade est un cri monotone : *cu, cu, touï, touï.*

Habitation. Cette espèce, commune aux deux continens, arrive en automne et repart au mois de mars ou d'avril. Elle se montre particulièrement sur les côtes maritimes de la Picardie et de la Normandie. Les bords sablonneux de la mer, les étangs et les rivières sont les lieux qu'elle fréquente, et le plus souvent dans l'obscurité.

Nourriture. Des insectes aquatiques et des vermisseaux composent sa nourriture.

Propagation. La femelle dépose sur le sable de la mer ou sur le bord des rivières quatre à cinq œufs très gros pour l'espèce, bleus et marqués d'un grand nombre de petites taches noires. L'incubation dure trois semaines. Les jeunes quittent le nid peu de temps après qu'ils sont éclos, et le père et la mère les nourrissent long-temps et jusqu'à ce qu'ils puissent pourvoir eux-mêmes à leurs besoins.

Ennemis. Les mêmes que pour l'espèce précédente.

Qualités. Ce pluvier est recherché comme un bon gibier; mais sa chair a un fumet qui n'est pas du goût de tout le monde. Au reste, il n'est bon que lorsqu'il est gras.

Le PLUVIER GUIGNARD. (Voyez *Guignard*.)

Le GRAND PLUVIER, *otis œdicnemus*, Lath. (*Pl.* 18, *fig.* 4), que quelques naturalistes ont regardé comme une espèce d'*outarde*, et que d'autres ont appelé *courlis de terre*, d'après son cri *turrlui, turrlui*, est, suivant Buffon, un véritable pluvier. Sa dénomination latine *œdicnemus*, *jambe enflée*, lui vient de ce qu'il a le haut du pied très gros.

Description. Cet oiseau, beaucoup plus grand que le pluvier doré et plus gros que la bécasse, a 17 pouces de longueur; le bec d'un pouce et demi de long, droit, jaunâtre à la base et noirâtre vers la pointe; l'iris et la prunelle jaunes; la queue de 5 pouces de long et recouverte jusqu'aux deux tiers par les plumes des ailes; les pieds jaunes, de 2 pouces et demi de haut, nus à 1 pouce au dessus du genou qui est très gros, les ongles courts et noirs; la tête grosse, ronde et d'un brun tanné avec des traits noirâtres, ainsi que le dessus du cou et du corps; le dessous pareil avec des nuances plus pâles; le haut de la gorge, le ventre, le bas-ventre et les couvertures inférieures d'un blanc jaunâtre; deux traits de blanc roussâtre passant au dessus et au dessous de l'œil; une bande blanchâtre traversant les ailes dont les pennes sont noires; la queue a les six pennes intermédiaires rayées de brun transversalement, les six autres blanches et rayées de noirâtre; toutes, excepté les deux du milieu, terminées par du noir.

La manière de vivre de cet oiseau le place entre l'outarde et le pluvier. Il est extrêmement peureux; sa voix, qu'il fait entendre pendant la nuit, est forte et plaintive; dans les temps de la pariade et par les changemens de temps, elle est plus aiguë, et c'est alors que ce pluvier est particulièrement inquiet et en mouvement. Si on le fait lever pendant le jour, il vole en rasant la terre; sa marche est très vive et il court dans les champs aussi vite qu'un chien, ce qui lui a fait donner le nom d'*arpenteur* dans la Beauce. Mais, dès que le jour baisse, il commence à s'agiter et à se répandre çà et là, en jetant de grands cris, s'approche même des habitations, et ne cesse de crier pendant la plus grande partie de la nuit.

Habitation. Cette espèce, répandue dans l'ancien continent, paraît dans plusieurs parties de la France dès avant le printemps, et les quitte en novembre pendant les premières pluies d'automne. On en voit des bandes considérables dans le Berry, la Sologne, la Beauce, la Champagne et la Bourgogne. A l'époque du départ, qui se fait pendant la nuit, ces pluviers se réunissent en troupes de trois à quatre cents. Les endroits qu'ils fréquentent sont le plateau des collines, les terrains pierreux, sablonneux et secs.

Nourriture. Leur nourriture est les insectes, les scarabées et grillons, les vermisseaux, les jeunes grenouilles, les petits limaçons, les lézards, les petites couleuvres, le froment et les jeunes pousses des grains ensemencés.

Propagation. Ces oiseaux s'apparient au mois de mai; la femelle dépose de deux à quatre œufs d'un blanc sale, tachetés d'un brun olivâtre, dans une petite excavation de forme elliptique, sur la terre nue, dans le sable, et elle les couve pendant trente jours. Le mâle ne quitte pas la femelle pendant l'éducation des petits. Ceux-ci suivent leurs père et mère peu de temps après qu'ils sont nés; mais ils n'acquièrent que fort tard la faculté de voler, et ne sont, pendant long-temps, couverts que d'un duvet épais de couleur grise.

Ennemis. Les ennemis de cet oiseau sont les mêmes que ceux du pluvier doré.

Qualités. La chair des jeunes est délicate; mais celle des vieux n'est pas très bonne; cependant on la mange.

Le PLUVIER-VANNEAU. C'est le *vanneau-pluvier*. (Voyez *Vanneau*.)

Le PETIT PLUVIER. (Voyez *Guignard*.)

Chasse aux pluviers.

Comme le grand pluvier, l'*œdicnème*, dont nous venons de parler, a des habitudes différentes des autres espèces, et qu'il ne fréquente pas les mêmes lieux, la manière de le chasser est aussi différente. On ne peut guère le tirer au fusil, à cause de sa grande défiance qui le fait partir de fort loin. Cependant on parvient quelquefois à l'approcher vers le crépuscule du soir. On le prend aussi avec des collets traînans, disposés dans les endroits qu'il fréquente, et l'on assure d'autant plus le succès de cette méthode si on a l'attention de jeter çà et là sur les collets quelques poignées de vers de terre.

A l'égard des autres espèces, telles que le *pluvier doré*, le *pluvier guignard* et le *pluvier à collier*, on emploie diverses méthodes pour leur faire la chasse, et qui s'appliquent également aux *vanneaux* avec lesquels les pluviers se mêlent et dont ils partagent les habitudes et la nourriture. On se sert même de vanneaux vivans pour attirer les pluviers.

DICT. DES CHASSES.

Ces oiseaux vont toujours en bandes nombreuses, restent peu en place et volent depuis le matin jusqu'au soir. Ils se tiennent rarement plus de vingt-quatre heures dans le même endroit, leur grand nombre ayant bientôt épuisé la nourriture qu'ils y viennent chercher, et ils passent continuellement d'un canton à un autre. Dans les grandes gelées, ils vont chercher les pays qui bordent la mer, et au dégel ils cherchent d'autres pays. C'est dans ces temps de dégel, et surtout par une petite pluie douce, qu'il est plus facile de les prendre au filet pendant l'hiver.

La chasse aux pluviers se fait à leur arrivée en septembre, et à leur passage au mois de mars; mais la saison la plus favorable est l'automne, parce que c'est dans cette saison qu'ils sont le plus gras et qu'on les trouve en quantité dans les plaines basses et humides qui avoisinent les rivières, tandis que dans la saison des amours ils sont plus solitaires. Le temps doux et pluvieux est, comme nous venons de le dire, le plus propice.

De la chasse au fusil.

Comme les pluviers et vanneaux sont toujours en mouvement et très défians, il est fort difficile de les approcher; cependant on y parvient dans les grands vents, parce qu'alors ils ont plus de peine à s'enlever.

On a remarqué que, quand on tuait un pluvier, toute la bande voltigeait pendant quelques instans autour de celui qui avait succombé; ce qui donne la facilité de tirer un second coup.

I. Dans les grandes plaines, telles que celles de la Champagne, de la Beauce et autres pays, où les bandes de pluviers abondent, plusieurs chasseurs se réunissent pour cette chasse. Dès qu'ils ont aperçu une bande posée, ils la cernent, en se plaçant à une très grande distance les uns des autres, dans une direction tout à fait opposée, les uns au midi, les autres au nord, ceux-ci au levant et ceux-là au couchant. Ensuite, l'un des chasseurs se détache et fait lever la bande; ceux vers lesquels elle se dirige et va se poser la relèvent de nouveau; en continuant cette manœuvre, et en se renvoyant ainsi la bande, des uns aux autres, pendant une ou deux heures, on parvient à lasser les pluviers, et on peut alors les approcher assez facilement pour les tirer.

II. Pour la chasse au fusil, on emploie aussi des *appelans*, des *entes*, des *appeaux*. Les appelans sont des vanneaux vivans qu'on apporte dans des cages. Ces oiseaux sont très recherchés pour cet objet, parce qu'ils sont faciles à nourrir. On prend, pour les attacher, des verges, dites *verges de meute*, ce sont de petites baguettes, longues de 2 pieds et demi, ayant, au gros bout inférieur, un petit piquet, long de 4 ou 5 pouces, attaché avec une ficelle au corps de la baguette. On pique ces verges de meute à 4 ou 5 pieds de distance, en attachant au bout de chacune un vanneau vivant avec une ficelle, qui donne dans la loge des chasseurs. L'appeau leur sert à imiter le cri du pluvier ou celui du vanneau (voyez *Appeau à pluvier*). Les entes sont des pluviers empaillés qu'on fait tenir sur terre par le moyen d'un piquet placé sous le ventre, et de manière à faire croire que l'oiseau est sur pied. Les *entes* se placent à 2 ou 3 pieds l'un de l'autre.

Les chasseurs, après avoir posé les *appelans* et les *entes*, se retirent à 40 pieds environ dans le buisson qui leur sert de loge, ou derrière quelques branches piquées en terre, et qu'on transporte aisément où l'on veut; là, ils attendent qu'ils aient découvert une bande de pluviers. Aussitôt ils les attirent par le son de l'appeau et en faisant jouer les *appelans* et les *entes*, par le moyen des ficelles auxquelles ils sont attachés. Les pluviers, attirés par ce manége, s'abattent; un ou deux chasseurs sortent du côté opposé de dessous les branches, tournent les pluviers, en marchant courbés et à pas lents, et s'en approchent jusqu'à portée de fusil; au moment où ils tirent, les autres chasseurs quittent leur loge et tirent également sur la bande, dès qu'elle prend son vol. Après cela, on change de place, et on continue la même manœuvre. Cette chasse demande un silence profond, et il est bon, pour se placer, d'observer le vent, parce que les pluviers volent toujours le vent au nez.

III. On emploie aussi, pour la chasse au fusil, la *vache artificielle*. (*Voyez* ce mot.)

IV. On peut également faire la chasse aux pluviers en construisant une hutte de feuillage dans un endroit convenable sur le bord de l'eau, et en inondant les alentours de cette hutte par une saignée pratiquée à la rivière. Le chasseur se renferme dans cette hutte muni d'un appeau, au moyen duquel il appelle les vanneaux qui passent en l'air, et les attend, le matin, lorsqu'ils viennent à l'eau se laver les pieds et le bec, après qu'ils ont toute la nuit cherché des vers dans les terrains marécageux.

V. Enfin, on peut chasser les pluviers au fusil pendant la nuit, à la faveur du feu. Pour réussir à cette chasse, on va le long des chemins et auprès des champs semés d'avoine; deux hommes traînent ensemble le filet ou le traîneau, et au moindre bruit qu'ils entendent, ils présentent le feu aux pluviers. Ces oiseaux alors étendent l'aile et se rassemblent. On choisit le moment où ils sont à portée pour tirer sur eux. La chasse est d'autant plus productive, que les chasseurs sont en plus grand nombre, et armés de fusils doubles. On observe d'ailleurs le plus grand silence.

De la chasse aux piéges.

Le *Traité de la chasse aux piéges* indique les méthodes suivantes:

I. On emploie, pour prendre les pluviers, des nappes semblables à celles décrites pour la chasse aux alouettes; la force du fil et la dimension seules varient. Ces vcts saillans doivent avoir une longueur de 60 pieds et une hauteur de 9 à 10 pieds. Au lieu de les disposer vis à vis l'un de l'autre, on les réunit par chacun un bout, comme pour la chasse à la *ridée*, et le mécanisme qui les fait mouvoir est absolument le même. On tend ordinairement ces rets saillans dans les prairies, les champs de blés verts, en choisissant, autant que possible, un lieu voisin de quelque ruisseau, parce que les pluviers s'y rassemblent deux ou trois fois par jour pour se laver le bec et les pieds; après avoir mangé des vers. On a soin de tendre le matin, avant le jour, pour être prêt à l'heure du rassemblement des pluviers. Il faut de plus avoir soin de ne pas tendre par le vent du nord et du nord-est; et, par tout autre vent, il faut disposer le filet de manière qu'il s'abatte dans le sens du vent, et non contre sa direction, parce que les pluviers, ainsi qu'on l'a déjà dit, volent toujours contre le vent.

Il faut encore, à cette chasse, se servir des *appelans*, des *entes* ou *moquettes* et de l'appeau dont nous avons parlé plus haut, en traitant de la chasse au fusil. Les entes ou moquettes, dont le nombre est indéterminé, sont placées au bas de la forme, la tête tournée contre le vent, à 1 pied ou 2 les unes des autres, et sur les espaces que les filets doivent couvrir.

Lorsqu'il a tendu ses nappes, le chasseur conduit la corde de tirage, ainsi que les lignettes pour faire mouvoir les appelans, à la place qu'il s'est choisie et qu'il a disposée de la même manière que dans la chasse aux alouettes, ou celle aux petits oiseaux. Aussitôt qu'il entend une bande de pluviers, il saisit son appeau (voyez *Appeau à pluvier*), et répond à leurs cris; en même temps, il tire les lignettes pour faire voltiger les vanneaux. Il faut qu'en commençant, il siffle fortement, et qu'à mesure que les oiseaux s'approchent, il diminue le son de son appeau. Il faut également alors moins agiter les perchans pour ne pas faire découvrir le piége. Les pluviers, trompés par cette manœuvre, viennent s'abattre auprès des appelans et donnent dans le filet qui tombe en même temps.

Il convient d'être deux à cette chasse, parce que si les pluviers s'abattent hors de la portée du filet, et qu'après quelques instans, ils ne s'approchent point des appelans, alors un des chasseurs se lève, les tourne, en marchant courbé, et parvient, en s'y prenant adroitement, à les pousser sous le filet.

On écrase la tête des pluviers pris, on nettoie la place des plumes qui peuvent être restées, et l'on retend.

II. On tend encore, pour prendre les pluviers, des nappes de la même manière que la pantière. Cette tendue se fait, pendant la nuit, sur les bords d'un champ où l'on a remarqué que couchaient les pluviers. Le matin, à l'heure du rassemblement de ces oiseaux, on se rend sur les lieux. Il faut être assez de monde pour entourer le champ. Lorsque ces oiseaux se sont rassemblés, les chasseurs, qui étaient couchés, se lèvent tous à la fois, en poussant de grands cris, et chassent les pluviers vers la tendue.

III. Comme ces oiseaux ont l'habitude d'aller aux mares d'eau, le matin et le soir, on peut encore en prendre, en plaçant aux environs, à l'époque des passages, une grande quantité de collets traînans et à piquets.

POCHES et POCHETTES. On appelle ainsi les filets qui ont la forme d'une poche, d'une bourse ou d'un sac lorsqu'ils sont fermés. Il y en a de différentes sortes, suivant les animaux contre lesquels on les emploie.

Dans la fabrication des poches, on commence par la levure, à laquelle on donne une quantité de mailles proportionnée à la largeur que doit avoir le filet, et on poursuit jusqu'à la longueur qu'on veut avoir. Quand on a achevé de mailler, on assemble toutes les dernières mailles de chaque bout pour en faire une boucle. Lorsque les deux boucles sont achevées, on lie à l'une d'elles une ficelle, que l'on passe dans toutes les mailles d'un côté, et que l'on fait ressortir par l'autre boucle; et, à cette dernière boucle, on lie une seconde ficelle, qui passe dans toutes les mailles de l'autre côté de la poche et va ressortir par la première boucle, de sorte qu'en tirant le bout de chacune de ces ficelles, la poche se ferme comme une bourse.

Poche à prendre les blaireaux. Cette poche a de 3 à 3 pieds et demi de long, et 2 pieds et demi du diamètre à sa partie supérieure, et elle est terminée à sa partie inférieure par un anneau en fer de la grosseur d'un tuyau de pipe, et de 3 pouces d'ouverture. Elle est en fil fort, de la grosseur d'un tuyau de paille, et à mailles de 1 pouce 9 lignes à 2 pouces. La corde qui passe dans les dernières mailles, et qui est destinée à fermer le filet, a la grosseur d'un tuyau de plume, et 16 pieds de longueur.

Les extrémités des cordes réunies sont fixées à un piquet de bois dur de la longueur de 1 pied 3 pouces, au moyen d'un trou dans lequel on passe les deux bouts de ces cordes, que l'on arrête par un nœud de chaque côté du trou. On attache ensuite aux dernières mailles de la circonférence du filet, et à une distance égale, huit petits piquets de 4 pouces de long.

On se sert de ce filet pour prendre les blaireaux à leur rentrée dans le terrier; et, à cet effet, on le développe dans toute son étendue sur le trou du terrier, et, au moyen de petits piquets, on le fixe, autant que cela est nécessaire, dans sa circonférence; puis on plante, à une distance convenable, le piquet qui tient le bout des cordes, ou bien on l'attache à une racine d'arbre, à un brin de bois ou à toute autre chose solide. On se pourvoit de sept à huit filets semblables, pour en avoir suffisamment dans tous les cas. (Voyez, pour les cas où l'on fait usage de ce filet, le mot *Blaireau*.)

Poche à prendre les lapins. Cette poche est absolument dans la même forme que celle que nous venons de décrire; mais elle en diffère en ce qu'elle n'a que 2 pieds de long et 18 pouces de large, et en ce que les mailles, qui sont d'un fil plus fin, sont aussi un peu plus étroites. Il n'y a point d'anneau, et tout ce qui sert à la tendue est dans des dimensions plus petites. On étend cette poche devant les gueules des terriers, et on l'attache comme celle à blaireau, pour que le lapin, chassé du terrier par le furet, puisse s'y envelopper. Comme les lapins font un grand nombre de gueules à leurs terriers, le chasseur doit se pourvoir de douze à dix-huit poches ou *bourses*.

Poche à prendre des loutres. Ce filet consiste en deux ailes de 6 pieds de hauteur, terminées par une poche de 6 pieds de largeur et de 16 pieds de longueur; laquelle est traversée dans son milieu par une longue corde. Le tissu est en fil très fort et à mailles de 18 lignes de diamètre; la corde qui borde le bas du filet est, comme dans les filets de pêche, garnie de plomb ou de morceaux de fer, et la corde d'en haut, de morceaux de liége. On établit ce filet en travers dans les ruisseaux ou les petites rivières, et, quand une loutre vient se jeter dans la poche, on la retire avec la corde, et on rejette la loutre sur terre, où on la tue. (Voyez *Loutre*.)

Poche à perdrix. Elle a 3 pieds de longueur; les mailles sont en losange, de 2 pouces de diamètre, et en fil de Flandre, n° 12, retors en trois brins.

Poche à faisans. Même longueur, mailles de 3 pouces, fil de Flandre, n° 8.

POIL (Fauconnerie). Mettre un oiseau *à poil*, c'est le dresser au vol du lièvre et du lapin.

POING (Fauconnerie). Un oiseau de poing est un oiseau de proie qui, étant réclamé, revient sans leurre sur le poing du fauconnier. *Voler de poing en fort*, c'est jeter l'oiseau de dessus le poing pour le faire voler après le gibier. On dit : *Porter un oiseau de poing*, *chasser avec un oiseau de poing*.

POINTE. On dit qu'un animal fait une pointe orsqu'il perce très loin devant lui sans se détourner.

POINTE (Fauconnerie). On dit qu'un oiseau fait pointe quand il s'élève ou descend d'un vol rapide.

POINTER. Se dit des oiseaux qui s'élèvent perpendiculairement. Un oiseau blessé mortellement, surtout à la tête, pointe le plus ordinairement, puis tombe tout à coup. Il y a des oiseaux qui pointent si haut, qu'on les perd de vue en un moment.

POIVRER (Fauconnerie). Poivrer l'oiseau, c'est le laver avec de l'eau et du poivre quand il a la gale ou de la vermine, ce qu'on fait aussi pour l'assurer quand il est farouche.

POLTRON (Fauconnerie). On donne ce nom à un oiseau auquel on a coupé les ongles pour lui ôter le courage et l'empêcher de voler le gros gibier. On donne aussi ce nom au faucon que l'on ne peut ni dresser ni affaîter.

PORCHAISON. C'est l'état du sanglier dans la saison où il est le plus gras et le meilleur à manger. A la fin de septembre, les sangliers sont en *porchaison*.

PORT D'ARMES. C'est l'action ou le droit de porter des armes. (*Voyez* le mot *Arme*.)

PORTÉ PAR TERRE. Cela se dit d'un cerf que les chiens ont forcé et fait tomber.

PORTÉE. Ce mot, en terme de chasse, se dit du cerf et signifie l'endroit le plus haut où le bois du cerf a porté et atteint en passant dans un taillis dont il a fait plier les branches par où l'on connaît la grandeur ou la petitesse du cerf. Les portées sont les branches mêmes que le cerf a pliées ou rompues avec sa tête. On dit : *Les portées nous ont donné connaissance du cerf.*

PORTÉE, *ventrée*. Totalité des petits que les femelles des animaux portent et mettent bas en une fois. Il y a des chiennes qui font jusqu'à neuf, dix et jusqu'à seize chiens d'une portée, ou en une *portée*. On dit : *Ces chiens sont de la même portée*.

PORTÉE DU FUSIL. (Voyez *Fusil*, § X, XI, XII.)

PORTER. Lorsqu'un cerf pousse sa nouvelle tête, on dit qu'il *porte quatre*, *six ou huit de refait*. Il porte *quatre*, quand il a dehors un bout de perche et un tout petit andouiller; il porte *six* quand il a un petit surandouiller de plus; il porte *huit*, ou *mi-tête* lorsque chaque perche porte un andouiller, ce qui arrive vers la mi-mai.

PORTER LA HOTTE. Cela se dit d'un lièvre mal mené, dont le dos est arrondi : c'est un signe qu'il va finir.

PORTER LE PLOMB. On dit qu'un fusil porte bien son plomb quand, en le tirant, tout le plomb qui y est ne s'écarte point trop, qu'il est poussé droit au but. (Voyez *Fusil*.)

PORTER LE TRAIT. Cela se dit d'un limier qui va devant assez pour faire tendre le trait.

PORTIÈRE. Une lice portière est une chienne dont on tire des élèves.

POSTE. Se dit de petites balles de plomb dont on charge un fusil, un pistolet, etc. Son plus grand usage est au pluriel. On dit : Son fusil était chargé de *douze ou quinze postes*. On se sert de *postes* pour tirer le gros gibier à poil.

POSTER. *Se poster, se placer* pour tirer quelque gibier, soit à l'affût, soit devant les chiens ou en battues.

POUDRE. C'est une composition de soufre et de salpêtre mêlés avec du charbon, laquelle s'enflamme aisément et sert à charger les canons, les fusils et autres armes à feu. La poudre la plus fine qui sert à la chasse s'appelle *poudre à giboyer* et plus communément *poudre à tirer*. (Voyez *Fusil*.)

POUDRER. On dit qu'un animal *poudre* quand on le chasse par un temps de sécheresse et qu'il fait voler la poussière; ce qui recouvre ses voies et en diminue le sentiment. Il est alors difficile aux chiens de garder le change.

POUDRETTE (faire la). C'est l'action du gibier à plume, lorsqu'il débat ses ailes dans le sable fin ou la terre en poussière.

POUILLOT, *sylvia trochilus*, Lath. Oiseau du genre de la *fauvette* et de l'ordre des *passereaux*, que l'on connaît aussi sous les noms de *chantre*, de *fifi*, de *fenerotet* ou *frétillet*, de *tuit*, de *frélot*, de *fouillet*, tous noms qui lui viennent de son chant, de sa taille ou de sa vivacité.

Description. C'est un des plus petits oiseaux d'Europe; il a 4 pouces de longueur, dont 1 pouce 9 lignes appartiennent à la queue; le bec mince, de 4 lignes de long, et d'un brun foncé, ainsi que l'iris et les jambes, qui ont 8 lignes de haut; le dessus du corps d'un gris rougeâtre, mêlé d'un vert olivâtre; un trait jaune sur les yeux; les joues brunes; le dessous du corps d'un blanc sale, avec des taches roussâtres; les pennes alaires et caudales brunes et bordées de gris; les couvertures inférieures des ailes roussâtres.

Ce petit oiseau n'est point farouche; il voltige sans cesse sur les buissons et furette partout pour chercher les insectes et leurs œufs. Son cri de rappel est *tuit, tuit.*

Habitation. Il arrive dans nos climats vers les premiers jours de mars, et nous quitte au mois d'octobre; il se tient dans les bois, et de préférence dans ceux qui sont composés d'arbres résineux; on le voit aussi sur la fin d'août et au mois de septembre, dans les haies et les oseraies.

Nourriture. Il se nourrit de petits insectes et de leurs œufs; et au besoin, il mange aussi des baies de sureau.

Propagation. Il construit un nid en forme de boule, dans la mousse, sous un buisson épais. La ponte est de quatre à six œufs très petits, blancs et piquetés de rougeâtre. L'incubation dure quinze jours.

Qualités. Il détruit des insectes nuisibles.

Le POUILLOT FITIS, *sylvia fitis*, a 4 pouces 3 lignes de longueur totale, le bec grêle et pointu, de 5 lignes de long et brun; l'iris de même couleur, ainsi que les jambes, qui ont 8 lignes de haut; le dessus du corps d'un olive foncé; un trait jaunâtre sur les yeux, traversé par une ligne brune presque imperceptible; une tache d'un gris rougeâtre aux oreilles; les joues jaunes; la gorge et la poitrine d'un blanc jaunâtre, avec des marques jaunes; les pennes alaires et caudales d'un brun foncé et bordées de verdâtre. Le cri de rappel de cet oiseau est *fit, fit.*

Tout ce que nous avons dit de l'espèce précédente s'applique à celle-ci.

Le POUILLOT SYLVICOLE, *sylvia silvicola*, a 4 pouces 4 lignes de longueur totale. Il arrive vers la fin d'avril, se tient dans les bois et les taillis, ne fréquente point les buissons ni les haies; son chant a de l'analogie avec celui du bruant commun; il place son nid à terre dans les racines des grands arbres; la ponte est de cinq à sept œufs blancs, couverts de taches et de points d'un roux foncé.

Le POUILLOT A VENTRE JAUNE habite les bois pendant l'été, et les quitte en septembre pour fréquenter les jardins. Son cri exprime la syllabe *tuit.*

Chasse des pouillots. Comme ces oiseaux ont à peu près les mêmes mœurs et les mêmes habitudes que les fauvettes, et qu'ils se nourrissent de même, on emploie pour les prendre les mêmes moyens, et on leur fait surtout la chasse aux abreuvoirs et avec la chouette.

POULE. C'est la femelle d'un genre d'oiseaux domestiques très varié et très multiplié dans toutes les parties du monde. On appelle aussi *poule* la femelle du *faisan* et de la *perdrix.*

POULE D'EAU, *gallinula.* Oiseau de l'ordre des échassiers et du genre des *gallinules*, dont les caractères distinctifs sont d'avoir un bec plus court que la tête, droit, épais à sa base, un peu renflé vers la pointe en dessous, la mandibule supérieure inclinée au bout et recouvrant les bords de l'inférieure; le front nu; quatre doigts, les trois antérieurs longs, aplatis en dessous et bordés d'une membrane étroite, le doigt postérieur posant presque entièrement sur la terre.

La POULE D'EAU COMMUNE, *gallinula chloropus*, Lath. (*Pl.* 18, *fig.* 7), a de 13 à 14 pouces de longueur totale, et à peu près la grosseur d'un poulet de six mois; le bec d'environ 1 pouce de long, d'un vert jaunâtre vers la pointe, et d'un rouge orangé sur ses bords et dans les autres parties; l'iris d'un rouge brun; les pieds de 2 pouces 3 lignes de haut, d'un vert olivâtre; le haut de la partie des jambes dénué de plumes et entouré d'un cercle rouge; les plumes de la tête et de la gorge veloutées et noires; le cou et la poitrine d'un cendré très foncé; le dessus du corps luisant et d'un brun olivâtre; le bord des ailes blanc. La femelle est plus petite que le mâle; elle a des teintes plus claires, et la membrane du front d'un vert olivâtre. Les jeunes ont leur plaque frontale couverte d'un duvet semblable à des poils. La poule d'eau est un oiseau craintif, qui a le triple avantage de se dérober facilement en nageant, en plongeant et en volant.

Habitation. Les poules d'eau sont répandues dans toutes les parties du monde; elles habitent le bord des lacs, des étangs et des rivières, ainsi que les marais où il y a beaucoup de roseaux, de joncs, ou autres plantes aquatiques dans lesquelles, ainsi que sous les racines des arbres, elles se tiennent cachées pendant la plus grande partie du jour. Elles quittent en octobre les pays froids et les montagnes pour passer la mauvaise saison dans les lieux tempérés, où elles recherchent les sources et les eaux qui ne gèlent pas. Ce sont les seuls voyages qu'elles se permettent, et dans ce changement de demeure elles suivent régulièrement la même route, et reviennent toujours faire leur ponte au même lieu.

Nourriture. Elles se nourrissent de petits poissons, d'insectes et de plantes aquatiques.

Propagation. Elles s'apparient au mois d'avril, et placent leur nid dans les roseaux ou sous une touffe de plantes au bord de l'eau. La femelle y dépose cinq à six œufs d'un vert olive clair, marqués de taches d'un brun rougeâtre ou violettes, qu'elle couve pendant trois semaines. Dès que les petits sont éclos, ils suivent leur mère.

Ennemis. Les renards, les chats sauvages, les martes, les putois, et tous les oiseaux de proie, sont les ennemis des poules d'eau dont ils dérobent les œufs.

Qualités. La chair de la poule d'eau a un goût fort, qui ne plaît pas à beaucoup de personnes.

Chasse. Quoique la chair de ces oiseaux soit un manger médiocre et peu recherché, on leur fait la chasse de diverses manières. On les guette le soir lorsqu'ils quittent leur asile pour courir sur le rivage ou se promener sur l'eau, et on profite de ce moment pour les tirer.

Mais la chasse aux pièges est celle qui présente le plus d'avantages. On les prend avec le hallier, de la même manière que le *râle.* (*Voyez* ce mot.) La pince d'Elvaski et le collet à ressort peuvent également être employés avec succès. (Voyez *Canard*, *Collet* et *Pince*.)

POULETTE D'EAU, *gallinula fusca*, Lath., est une espèce plus rare que la poule d'eau ordinaire; elle a 1 pied de longueur, et n'en diffère par conséquent que très peu par la taille, quoique son nom semble donner une autre idée; elle se tient dans les mêmes lieux, a les mêmes habitudes, mais vit constamment séparée, et ne se mêle jamais avec l'autre. Son cri s'exprime par les syllabes *bri*, *bri*, *bri*, souvent répétées. Elle a la tête et le dessus du corps d'un brun olivâtre; le dessous cendré; la queue d'un brun olivâtre, bordé de blanc; les ailes noirâtres avec un liseré blanc; la plaque frontale jaune olivâtre; l'iris rouge et jaune dans quelques individus; le bec et les pieds d'un vert d'olive, les ongles d'un vert brunâtre.

Chasse. On chasse cette espèce de la même manière que la précédente.

POULE DE BOIS. On dénomme ainsi le coq de bruyère dans plusieurs parties de la France.

POULE DE BRUYÈRE. (Voyez *Tétras*.)

POULE DES COUDRIERS. (Voyez *Gélinotte*.)

POUPE. On appelle quelquefois ainsi la tête des femelles des animaux carnassiers, et plus particulièrement celle de l'ourse.

POURCHASSER. C'est suivre le gibier avec opiniâtreté, avec ardeur, jusqu'à ce qu'il soit pris.

POURCHASSER signifie aussi rapprocher un animal qui a beaucoup d'avance, ou qui a été forlongé par quelque chien. (Voyez *Parchasser*.)

PRAYER. (Voyez *Proyer*.)

PRENDRE LES DEVANTS. C'est faire un tour avec les chiens pour requêter et retrouver la voie d'un animal.

PRENEUR DE MULOTS. C'est, en Beauce, la dénomination vulgaire de la *crécerelle*. (*Voyez* ce mot.)

PRÉSAIE. En Poitou, c'est le nom de la *hulotte*. (*Voyez* ce mot.)

PRÊTRES. La chasse et le port d'armes leur sont défendus. (Voyez *Armes*, *Chasse*.)

Les délits de chasse dont ils se rendent coupables sont punis des mêmes peines et amendes que ceux commis par les séculiers. (Ordonn. de 1600 et 1601, art. 21.)

Un arrêt du parlement de Toulouse, du 15 janvier 1743, rapporté par Dénizart au mot *Chasse*, porte que la contrainte par corps n'avait pas lieu contre un prêtre pour le paiement de l'amende encourue pour fait de chasse, à cause de la dignité de son caractère. Aujourd'hui nos lois ne font point de distinction.

PREYER. Nom vulgaire du *proyer*. (*Voyez* ce mot.)

PROIE. C'est ce que les animaux carnassiers ravissent pour le manger.

On appelle *oiseaux de proie* les oiseaux qui donnent la chasse au gibier et qui s'en nourrissent.

PROPAGATION DU GIBIER. (Voyez *Gibier*.)

Nous faisons connaître à l'article de chaque animal sa manière de se propager.

PROYER, *emberiza miliaris*, Lath. Oiseau du genre du *bruant*, et de l'ordre des *passereaux*.

Description. Cet oiseau (*Pl.* 11, *fig.* 12) a 7 pouces et demi de longueur; le bec de 5 lignes de long, gros à la base, aigu à la pointe; les jambes de 10 lignes de haut et d'un gris brun; les couleurs des plumes semblables à celles de l'alouette. Son cri lui a fait donner le nom de *drüe*, d'*alouette-drüe*.

Habitation. Les proyers arrivent en France dès les premiers jours du printemps, et s'établissent dans les prairies naturelles et artificielles, les buissons et les haies près des champs; ils nous quittent en automne avec les autres bruants, ou en bandes séparées.

Nourriture. Des insectes, des chenilles, du grain et des menues semences.

Propagation. Ils construisent leur nid dans les buissons, les herbes et les blés; la ponte est de quatre à six œufs obtus, d'un gris cendré avec des points bruns-rougeâtres, des taches et traits sinueux d'une teinte noirâtre. L'incubation dure quatorze jours.

Qualités. La chair de ces oiseaux est délicate; cependant, celle du vieux est sèche, si elle n'est grasse. Ils sont susceptibles d'être engraissés comme l'ortolan. Chez les Romains, on en faisait beaucoup de cas, et on les nourrissait avec du millet.

Chasse. On les prend à leur arrivée et à leur départ, avec les nappes aux alouettes. On les prend aussi avec des gluaux, en se servant d'appelans.

PUPE. L'un des noms vulgaires de la *huppe*.

PUANT. (Voyez *Martin-Pêcheur*.)

PUANTES (bêtes). On appelle ainsi les renards, les blaireaux, les putois, etc.

PUTOIS, *mustela putorius*, Lath. Quadrupède du genre des martes, qu'on appelle aussi, dans les campagnes, *puant*, *panoisot*, à cause de son odeur fétide.

Description. (*Voyez* la *Pl.* 6, *fig.* 7.) Il y a peu de différence de grosseur entre le putois et la fouine, à laquelle il ressemble d'ailleurs beaucoup par la forme et la couleur; cependant le putois est un peu plus petit et sa tête est plus allongée; ses poils longs, durs, lustrés et d'un brun foncé sont implantés dans un duvet jaune; et il n'a point de tache à la gorge; mais, en revanche, il a le tour de la bouche, le menton et le bord des oreilles blancs, et un trait de même couleur depuis les yeux jusqu'aux oreilles. Tout l'animal a une odeur insupportable, produite par une matière renfermée dans deux vésicules placées près de l'anus. Cette odeur se conserve longtemps sur sa fourrure, ce qui en diminue beaucoup le prix. Les putois sont aussi rusés que les martes, mais ils n'ont pas la même agilité pour courir, sauter, ni grimper. Leur cri est une sorte de murmure sourd ou de grognement semblable à celui de l'écureuil. On voit, mais bien rarement, des putois blancs ou gris.

Habitation. On trouve le putois dans toutes les parties tempérées de l'Europe. Il habite également les forêts et les champs, les villes et les villages; il se tient ordinairement dans le creux des arbres, les fentes des rochers, les trous en terre, les décombres de murailles, les amas de bois et dans les granges remplies de foin et de paille. Il aime particulièrement les endroits fréquentés, et on le trouve rarement dans le fond des forêts.

Nourriture. C'est un grand destructeur de volailles, et il se nourrit aussi de leurs œufs et d'oiseaux de toute espèce, de rats, de souris, de hamsters, de limaçons, de scarabées, de grenouilles et même de poissons. Il s'introduit dans les terriers à lapins et y fait une grande destruction, surtout de lapereaux. Il est arrivé souvent qu'en furetant un terrier, un putois, effrayé par le furet, est venu se bourser. D'autres fois des furets ont été étranglés dans des terriers par des putois, ou en ont reçu de graves blessures.

Le putois détruit aussi beaucoup de levrauts, il recherche également le miel des abeilles et les fruits secs. S'il pénètre dans un poulailler ou dans un colombier, il ne tue qu'un animal à la fois et l'emporte, plus sobre en cela que la fouine, qui, si elle a le temps, égorge un grand nombre de volailles et se contente de leur manger la tête et d'en sucer le sang.

Propagation. Les putois entrent en amour au mois de février; la gestation dure neuf semaines; la portée est depuis trois jusqu'à six petits, qui restent les yeux fermés pendant quatorze jours; ils parviennent à leur entier accroissement à la deuxième année, mais dès la première, ils sont aptes à la propagation.

Propriétés remarquables. Le putois ne peut supporter le bruit que l'on fait en battant ou en aiguisant un instrument de fer; principalement la faux; et il fuit aussi le bruit du tambour. Les chasseurs se servent de ces instrumens, pour l'obliger à quitter son trou et pour le tirer. Lorsqu'un putois est pris à un piége par la patte il arrive quelquefois qu'il se la coupe pour recouvrer sa liberté.

Qualités utiles ou nuisibles. La peau de cet animal forme une belle fourrure, qui est d'un bon usage, mais qui, à raison de l'odeur dont elle est pénétrée et de la difficulté de sa préparation, n'est pas très estimée et ne se vend ordinairement que la moitié du prix de celle du renard.

Les dommages qu'il cause sont indiqués par sa manière de vivre.

Chasse. Les traces des putois sont toujours deux à deux, placées à côté l'une de l'autre, et un peu en biais; ses sauts sont moins écartés que ceux de la marte. Rarement ses traces sont en triangle; elles ne sont pas non plus aussi grandes et elles sont plus rondes que celles de la fouine.

Tous les moyens que nous avons indiqués pour la chasse aux *fouines* (*voyez* ce mot) s'appliquent à celle du putois.

QUE

QUACCENDRE. C'est le flux de ventre des chiens et des loups.

QUARRÉ (bonnet). Quand un cerf a du refait aussi haut que les oreilles, on dit : *Ce cerf a le bonnet quarré ou carré.*

QUARTAN ou QUARTANIER. Sanglier qui a quatre ans faits. On dit : *Ce sanglier est à son quartan,* pour dire, ce sanglier a quatre ans.

QUATRE DE CHIFFRE. C'est un petit instrument ayant la forme du chiffre 4, qui sert à tendre plusieurs piéges. (*Voyez*-en la description au mot *Mésangette,* et la *Pl.* 44, *fig.* 7.)

QUATRIÈME TÊTE. C'est celle d'un cerf ou d'un daim de cinq ans.

QUATROUILLÉ. Un poil *quatrouillé* est celui qui, dans un chien, est mêlé à sa couleur dominante.

QUERCERELLE. (*Voyez Crécerelle.*)

QUERELLEUR. On appelle ainsi un chien pillard et hargneux.

QUÊTE. C'est l'action du chasseur qui va détourner une bête, et aussi celle d'un chien qui cherche le gibier. On appelle également *quête* le canton dési-

QUI

gné à un valet de limier pour y trouver et détourner les bêtes. Quand on veut parler d'une manœuvre du valet de limier, on dit : *Aller en quête;* et si l'on veut parler de l'action du chien couchant qui cherche le gibier, on dit : *Une quête vive, une quête brillante, une quête haute, une quête basse; ce chien a la quête brillante, une fort belle quête; ce chien est trop vif, trop ardent, il n'est pas bon pour la quête.*

QUÊTER. C'est, pour le valet de limier, chercher et détourner une bête; pour le chien, c'est en rechercher les voies.

On dit : *Quêter un cerf, un sanglier, un lièvre, quêter des perdrix. Nous avons quêté tout le matin sans rien trouver. Un épagneul qui quête bien.*

QUÊTEUR. Chiens quêteurs, ceux qui quêtent, qui cherchent le gibier.

QUEUE DE POÊLE, ou de PELLE, ou de POÊLON. On nomme vulgairement ainsi la mésange à longue queue, en plusieurs lieux de la France. (*Voyez Mésange.*)

QUINÇON. (*Voyez Pinson.*)

QUINTEUX. (Fauconnerie.) On dit d'un oiseau qui s'écarte trop, qu'il est *quinteux;* on dit de même d'un chien capricieux.

RABAILLET. Dénomination vulgaire de la *crécerelle*, en Champagne. (*Voyez* ce mot.)

RABATTRE. C'est quand un limier ou un chien courant tombe sur les voies de la bête qui va de bon temps, et en donne connaissance à celui qui le mène. Quand on prend les devants et les arrières d'un défaut, et que les chiens trouvent leur cerf passé, on dit qu'ils *se rabattent*.

Les oiseaux de proie *se rabattent* sur le gibier.

On dit aussi, en parlant des traqueurs, qu'ils *rabattent* le gibier.

RABLE. On appelle ainsi, dans quelques animaux, la partie qui est depuis le bas des épaules jusqu'à la queue ; mais ce mot ne se dit guère que du lièvre et du lapin.

RABLU. Un lièvre *râblu* ou plutôt *râblé* est celui qui a le râble épais, qui est bien fourni de *râble*.

RABOUILLÈRES ou CATTEROLLES. Trous où les hases de lapins font leurs petits. Quand un bois est endommagé par les lapins, il faut détruire les *rabouillères*.

L'art. 10 du tit. XXX de l'ordonnance de 1669 punit comme voleurs ceux qui seraient convaincus d'avoir ouvert et ruiné les halots ou *rabouillères* dans les garennes du roi ; mais l'art. 11 du même titre ordonne aux officiers des chasses et des forêts de faire fouiller et renverser tous les terriers de lapins dans les forêts. (Voyez *Garenne* et *Lapin*.)

RACANETTE. Dénomination que les chasseurs donnent aux sarcelles. (*Voyez* ce mot.)

RACCOURCIR UN CERF. C'est donner un relais bas et raide, ou enlever les chiens pour les rapprocher de la bête qui a de l'avance.

RACCOURCIR UNE ENCEINTE. C'est la traverser pour rendre plus petite celle où se trouve le cerf.

RACCOUPLER. C'est remettre les lévriers ou les chiens courans en laisse ou couple.

RAFLE. C'est un filet auquel ce nom paraît avoir été donné, parce qu'il enlèverait tout sans rien laisser. Il est contre-maillé, et ne diffère de la *pantière* (*voyez* ce mot) que par les proportions. Ce filet, représenté Pl. 38, *fig*. 2, a, pour l'ordinaire, de 12 à 15 pieds de largeur sur 8 à 10 de hauteur. Les aumées sont à mailles carrées, d'un diamètre de 3 pouces, et d'un fil retors en trois brins, dit fil de Flandre, n° 12. La nappe (filet placé entre les deux aumées) a deux fois le diamètre de ces aumées, parce qu'elle doit faire la bourse; ses mailles sont en losange, et ont de 9 à 10 lignes de diamètre. On la fait en fil de Flandre, n° 36, et retors en deux brins. On attache ces trois filets ensemble, comme pour la pantière, et on le monte sur deux perches légères, longues de 15 à 16 pieds, que l'on attache de chaque côté, et qui servent à porter la *rafle*.

On se sert de ce filet pour prendre des grives, des merles et autres petits oiseaux.

La chasse à la rafle se fait pendant la nuit la plus obscure ; elle est d'autant plus avantageuse, qu'il fait moins de vent et plus de brouillard.

Quand on connaît quelques haies qui servent d'asile aux oiseaux pendant la nuit, on peut en prendre beaucoup pour peu qu'on entende la chasse avec la rafle. Il faut être au moins quatre personnes pour faire cette chasse ; l'une porte une torche allumée ; deux tiennent le filet, et l'autre traque les buissons. Le porte-torche se met environ à vingt pas du bout de la haie, où est tendue la rafle. Le traqueur commence par l'extrémité opposée de la haie, et amène le gibier à la rafle, que deux chasseurs tiennent à la hauteur convenable. Cela doit se faire d'un si grand accord, qu'on ne soit point obligé d'interrompre le silence si nécessaire dans cette occasion, et on doit observer de n'allumer la torche que lorsque le traqueur bat la haie.

On concevra, d'après cette description, que la rafle est entre le porte-torche et le traqueur, et que le gibier doit se trouver entre le traqueur et la rafle.

Le premier mouvement que font les oiseaux éveillés par le traqueur, c'est de fuir, en dirigeant leur vol du côté de la lumière, qu'ils aperçoivent au travers de la rafle, dans laquelle ils se jettent. On ne doit point abattre la rafle pour un oiseau seul, dans l'espérance qu'il en passera d'autres qui n'échapperont point au piége ; mais lorsqu'on voit approcher le traqueur, et qu'on n'espère plus rien prendre, on ploie alors le filet, qu'on abat pour en tirer les oiseaux pris. Il arrive souvent que les bécasses y donnent, puisque c'est dans le temps de leur passage qu'on fait plus fréquemment cette chasse ; et on prend, sur la fin de mars et pendant tout le mois d'avril, quantité de merles et de grives, qui couchent en troupe dans les haies, à l'abri du vent. C'est aussi dans ce temps que se fait la chasse à l'*araigne*. (*Voyez* ce mot.)

Il faut observer de placer, autant que possible, la rafle du côté où le vent, pour peu qu'il en fasse, bat le buisson ou la haie, car l'oiseau ne dort jamais que la tête au vent.

Il y a une autre *rafle* qu'on tend dans les greniers pour prendre les petits oiseaux. Ce second filet est un diminutif du premier ; on le fait de la même façon, à la réserve que les mailles des aumées n'ont qu'environ 2 pouces de large ; la toile doit être de fil délié retors en brins, ayant les mailles de la largeur d'un pouce ; la longueur et la largeur de tout le filet dépendent de l'étendue de la fenêtre où on veut le tendre ; on lui donne de la poche, et on l'attache avec des clous.

RAGE. Délire furieux, souvent sans fièvre, qui revient ordinairement par accès. C'est la même chose que l'*hydrophobie*.

Cette maladie survient d'elle-même aux chiens et à quelques autres animaux, et non aux hommes ; mais elle peut leur être communiquée par la morsure. Entre tous les animaux, le chien est le plus sujet à la rage. On appelle *rage blanche* la rage ordinaire où le chien enragé écume et mord, et *rage* mue la rage où l'animal atteint de cette maladie écume et ne mord pas. (*Voyez* l'article *Chien*, où il est traité fort en détail de la rage.)

RAGOT. C'est un sanglier qui a quitté les compagnies, mais qui n'a pas encore trois ans faits.

RAIDE. *Découpler raide.* C'est découpler les chiens d'un relais, aussitôt que l'animal est passé, sans attendre la meute.

RAILÉS. On dit que les chiens sont bien *railés*, lorsqu'ils sont tous de même taille.

RAIRE. Cri du cerf dans le temps du rut; ce cri est court et redoublé.

RALE, *rallus.* Genre d'oiseaux de l'ordre des *échassiers*, dont on connaît en France trois espèces : le *râle de terre* ou *de genêts*, le *râle d'eau*, et le *petit râle* ou la *marouette*.

Le RALE DE TERRE, *gallinula crex*, Lath., est connu aussi sous le nom de *roi des cailles*, ou de *crëk*, d'après son cri.

Description. Ce râle (*Pl.* 18, *fig.* 5) est un peu plus gros que la caille, et sa taille est plus allongée ; il a près de 10 pouces de longueur, y compris la queue, qui a 1 pouce 3 lignes ; le bec de près de 9 lignes de long, gris brun en dessus, et rougeâtre en dessous; les yeux de couleur noisette; les jambes d'un pouce et demi de haut et d'un gris brun ; la tête petite, aplatie, longue, brune et marquée de taches jaunes et noires ; la gorge, le cou et le ventre cendrés et nuancés de brun ; le dessus du corps roussâtre, avec des raies d'un brun foncé, noires et blanches. Cet oiseau vit solitaire ou par couple.

C'est le soir, et pendant la nuit, qu'il fait entendre son cri sec et rauque.

Habitation. Les râles se tiennent souvent cachés dans les herbes des prés, dans les grains, quelquefois dans les broussailles, et surtout dans les genêts à portée des champs et des prés ; ils arrivent avec les cailles dans les premiers jours de mai, et quittent nos contrées vers la fin de septembre. C'est à cette habitude qu'ils doivent le nom de *roi des cailles*. A leur arrivée, ils se répandent promptement jusqu'aux provinces les plus septentrionales. A leur départ, ils voyagent la nuit, et parviennent jusqu'aux côtes de la Méditerranée, qu'ils traversent à l'aide d'un vent favorable.

Nourriture. Ils se nourrissent de vermisseaux, d'insectes, de menues semences et d'herbe.

Propagation. Ils s'apparient dès leur arrivée, au printemps; la femelle place son nid dans une petite fosse, au milieu des prairies; la ponte est de huit à douze œufs, plus gros que ceux de la caille, d'un gris verdâtre et tachetés d'un brun clair; l'incubation dure trois semaines. Les petits naissent couverts d'un duvet noir, et suivent leur mère aussitôt qu'ils sont nés.

Ennemis. Les quadrupèdes et les oiseaux carnassiers.

Qualités. La chair du râle de terre est délicate et très grasse en automne.

Le RALE D'EAU, *rallus aquaticus*, Lath. (*Pl.* 18, *fig.* 6), a 9 pouces de longueur, et à peu près la grosseur du râle de terre ; le bec beaucoup plus long que ce dernier, rouge près de la tête dans sa partie supérieure, et noir à la pointe ; la mandibule inférieure entièrement rougeâtre; l'iris rouge; la partie nue des jambes, les pieds et les ongles d'un brun verdâtre ; la gorge et la poitrine d'un beau gris ardoisé ; le dessus du corps d'un roux brun olivâtre ; le ventre et les flancs rayés transversalement sur un fond noirâtre. Il a, dans ses habitudes, beaucoup de rapports avec le râle de terre ; il court avec autant de vitesse, et n'est pas moins rusé.

Habitation. Il ne se plaît que le long des eaux stagnantes, se tient caché dans les grandes herbes et les joncs ; il n'en sort guère que pour traverser les eaux à la nage, et pour ainsi dire à la course, puisqu'on en voit souvent courir légèrement sur les larges feuilles du nénuphar, qui couvrent les eaux dormantes. Il a, comme le râle de terre, son temps de migration marqué ; cependant, on en rencontre quelques uns dans nos contrées, pendant l'hiver, près des sources où l'eau ne gèle point.

Nourriture. La même que pour l'espèce précédente.

Propagation. La femelle construit son nid dans les grandes herbes aquatiques ; ses œufs ont 1 pouce et demi de long, sont jaunâtres et marqués de taches brunes.

Qualités. La chair du râle d'eau est moins délicate que celle du râle de terre ; elle a même un goût de marécage, à peu près pareil à celui de la poule d'eau.

Le PETIT RALE D'EAU. (Voyez *Marouette*.)

CHASSE DES RALES.

Le râle de terre et le petit râle d'eau, ou marouette, sont les deux espèces que l'on chasse de préférence, à cause de la délicatesse de leur chair. Quant au râle d'eau, qui est peu estimé comme gibier, on ne le tire guère que lorsqu'on le rencontre par hasard en chassant d'autres oiseaux.

La chasse des râles se fait de plusieurs manières, *au fusil, aux halliers, aux lacets.* L'époque la plus favorable est en août et septembre, où ils prennent beaucoup de graisse; cependant, on leur fait encore la chasse en mai et juin, mais on devrait s'en abstenir à cette époque, qui est celle des couvées, et où ils sont fort maigres.

I. *Chasse au fusil.*

Le *râle de terre* se tient, comme nous l'avons dit, caché dans les herbes des prairies, et après la fauchaison, dans les grains et les broussailles, sur les lisières des bois : on le chasse au chien couchant; mais il faut que le chien soit très sage, qu'il ne s'emporte pas, qu'il sache démêler les ruses du râle, en le suivant pied à pied. Les vieux chiens, et surtout ceux qu'on appelle *choupilles* et qui chassent le nez bas, sont les meilleurs pour cette chasse. Le râle, qui est rusé, fuit d'abord avec vitesse, et souvent il s'arrête dans sa fuite et se blottit, de sorte qu'un chien emporté par son ardeur ou qui quête le nez haut passe par dessus et perd la trace; le râle alors revient par le même chemin, et passe quelquefois entre les jambes du chasseur qui ne l'aperçoit pas, tant il s'allonge et s'effile. Lorsqu'on fait lever un râle, il est assez facile de le tirer parce qu'il vole non pesamment, mais lentement. Si on le manque, il s'abat à une petite distance, et souvent c'est inutilement qu'on va le chercher, car il est déjà à plus de cent pas lorsque le chasseur arrive. Il court, se coule par dessous les herbes et paraît glisser plutôt que marcher. Il arrive même, lorsque les genêts sont fort hauts, qu'il se perche à leur cime ou bien il gagne une haie voisine et s'y cache; c'est surtout quand il est gras qu'il a recours à cette dernière ruse. En général, le chien ne parvient à l'arrêter que lorsqu'il a le nez dessus, et le râle tient alors tellement qu'il se fait prendre à la main. On reconnaît qu'un chien rencontre un râle à la vivacité de sa quête, au nombre de faux arrêts et à l'opiniâtreté avec laquelle l'oiseau tient.

Le râle de terre a sa passée le soir et le matin, comme la bécasse, c'est à dire qu'il part le soir de l'endroit où il est cantonné, pour aller véroter pendant la nuit dans les champs.

Le râle d'eau fait dans les joncs des marais les mêmes fuites et emploie les mêmes ruses que le râle de terre dans les herbes et les genêts.

La marouette ou petit râle d'eau se trouve dans les prairies marécageuses. On la chasse avec un chien d'arrêt de la même manière que le râle de terre. Elle tient encore plus que lui devant le chien quand elle est serrée de près; elle cherche à éviter son ennemi en plongeant et souvent en nageant entre deux eaux. Quelquefois aussi, elle gagne le haut d'un buisson.

II. *Chasse aux halliers et nappes.*

La chasse aux halliers est plus sûre que celle au fusil.

Lorsqu'on veut prendre le *râle de terre* avec le hallier, on tend ce piége dans les herbes épaisses des prairies où l'on sait qu'il se trouve, et on l'attire dans le piége en se servant de l'appeau qui imite le *creck, créik, créik* de cet oiseau (voyez *Appeau à râle de genêt*), ou en frottant rudement une lame de couteau sur un os dentelé. On peut encore, avec le même appeau, les faire venir sous une nappe à caille; mais alors, dès qu'on s'aperçoit que l'oiseau est sous la nappe, il faut s'empresser de le prendre, car autrement il ne manquerait pas de s'échapper.

Les râles d'eau et les marouettes se prennent au moyen de halliers de 15 à 18 pieds de long et de quatre mailles de hauteur, chaque maille ayant au moins 2 pouces de large. On tend ces halliers dans les roseaux, au bord des eaux, en les attachant à des piquets placés de 2 pieds en 2 pieds, et assez longs pour pénétrer suffisamment dans la vase. On place plusieurs filets les uns au bout des autres pour occuper un plus grand espace. Quand ils sont ainsi disposés, on bat tout le terrain qui est en avant; les râles fuient devant le chasseur et cherchent à gagner les roseaux où ils se trouvent arrêtés par les halliers.

Quand le terrain le permet, on barre un marais avec deux halliers tendus vis à vis l'un de l'autre, à une certaine distance, et ensuite on bat tous les bords du marais en poussant autant que possible les râles vers les filets. On fait pricipalement cette chasse en mai et juin, époque où l'on trouve de jeunes râles. Mais, ainsi que nous l'avons déjà observé, il est préférable de la faire en août et septembre, parce qu'alors ils sont gras.

III. *Chasse aux lacets.*

Comme le râle d'eau fait des petites routes à travers les grandes herbes, on y tend des lacets, où il se prend d'autant plus aisément, qu'il suit constamment les mêmes coulées.

RALY. Lorsque les chiens ont été séparés et qu'ils rejoignent la chasse, on leur dit: *Raly, chiens, raly.*

RALLIER. C'est ramener les chiens qui ont pris du change vers ceux qui donnent sur la bonne voie. Il y a des chiens qui, sans qu'on les arrête, se *rallient* d'eux-mêmes.

RAMAGE. C'est le chant naturel ou le cri des oiseaux.

RAMAGE. (Vénerie.) Ce sont les branches des arbres.

RAMAGE. (Fauconnerie.) On nomme *épervier ramage* celui qui a volé dans les forêts.

RAMÉE. On appelle ainsi des menues branches qu'on a coupées avec leurs feuilles et qu'on a fait sécher pour les donner, comme fourrage, aux cerfs, daims et chevreuils pendant l'hiver. (Voyez *Parc.*)

RAMER. (Fauconnerie.) On dit, en parlant d'un oiseau, qu'il *rame,* quand il agite ses ailes comme des avirons.

RAMEREAU. Jeune ramier.

RAMEURS. (Fauconnerie.) On nomme ainsi les oiseaux de haute volerie, dont les ailes présentent une forme découpée propre à frapper l'air avec force et fréquence pour en vaincre la résistance.

RAMEUTER. C'est arrêter les chiens qui donnent trop en avant, et les obliger d'attendre ceux qui suivent de loin pour les faire chasser tous ensemble.

RAMIER. (Voyez *Pigeon ramier.*)

RAMIERS. On nomme ainsi les branchages coupés que le gibier à poil rouge dans les bois où il y a des ventes. (Voyez *Ramée.*)

RAMOLLIR. Rendre mou. En fauconnerie, on dit *ramollir,* ou éponger un oiseau, quand, avec une éponge trempée, on *ramollit* son pennage pour le dresser.

RAMURE. On nomme ainsi tout le bois du cerf, du daim, qu'on appelle également tête.

RANDONNÉE. C'est le circuit que fait autour du même lieu une bête, qui, après avoir été lancée, se fait chasser dans le même canton. On dit faire une grande, une longue *randonnée.* Les lièvres mâles font de plus grandes *randonnées* que les hases.

RANGIER. C'est le renne, en vieux français.

RAPPORT. C'est le compte que rend le valet de limier de ce qu'il a fait et rencontré dans sa quête. Le rapport se fait toujours au commandant, qui en fait part au grand veneur.

RAPPROCHER. Lorsque les chiens ont suivi longtemps la voie d'un animal passé de hautes erres, et qu'ils sont parvenus à le lancer, on dit : Les chiens font un beau *rapprocher*. Une des qualités du chien courant est d'avoir le nez assez fin pour bien *rapprocher*.

RAQUETTE. C'est un des plus anciens piéges à ressort que l'on connaisse. Il est désigné, dans les *Traités de chasse aux piéges*, sous plusieurs autres noms, tels que ceux de *rejet*, *repenelle*, *repace*, *sauterelle*, *volant*, etc. C'est le fléau des petits oiseaux. On l'emploie beaucoup dans les ci-devant provinces de la Champagne, de la Lorraine et de la Bourgogne. On le tend aux abreuvoirs, dans les chemins, sur les arbres, les haies, les buissons et dans les vignes.

I. La *fig.* 7, *Pl.* 42, représente une raquette tendue, et la *fig.* 8 une raquette détendue. A B, *fig.* 8, est un bâton de 2 pieds et demi de long sur 10 lignes environ de diamètre; son extrémité A est taillée en pointe et percée d'un trou *i*, comme on le voit par la *fig.* 9, qui représente, à part, son extrémité A; l'autre extrémité B est également pointue pour être plus facilement enfoncée en terre. Ce bâton sert à attacher, par son milieu, à environ 8 pouces de son extrémité B, une baguette C D de coudrier, ou d'autre bois souple et élastique, de 3 pieds et demi de longueur et de 7 à 8 lignes de diamètre à son plus gros bout. Pour fixer cette baguette, on fait, avec un couteau, deux ou trois crans au bâton et à la baguette, et on les lie ensemble avec du fil de fer. Le bout D de cette baguette est taillé en pointe. L'autre extrémité C, qui est vue à part, *fig.* 10, est également pointue; une entaille pratiquée dans son épaisseur y forme le rebord ou mentonnet *y*, qui sert de point d'appui à la marchette; à 2 lignes environ du mentonnet *y*, est percé un trou *r*.

On a un cordonnet de soie ou de fil de chanvre, dont les deux bouts sont passés l'un dans l'autre, comme on le voit en O, *fig.* 12, pour former un collet. On lie le bout *u* à l'extrémité D de la baguette C D, au moyen d'un nœud coulant. On passe ensuite le bout *v* dans le trou *i* du bâton A B, puis encore dans le trou *r* de l'extrémité C de la baguette C D, et on l'arrête au moyen d'un petit bâton de 9 lignes de longueur et de la grosseur d'une plume à écrire, qu'on lie au bout *v* du collet, *fig.* 12, et qui empêche le collet de repasser par le trou *r*. La baguette ainsi maintenue par le collet offre alors la *fig.* d'un U.

Pour tendre ce piége, comme il l'est dans la *fig.* 7, on enfonce en terre le bout B du piquet; on tire le bout *v* du collet, en rapprochant du piquet l'extrémité C de la baguette jusqu'à ce que la jonction *o* des deux cordonnets ait dépassé le trou *r*. Pour la maintenir dans cette position, on se sert de la marchette P, *fig.* 8, qui est liée par un fil au piquet A B. Cette marchette, dont la *fig.* 11 représente l'extrémité qui doit porter sur le mentonnet *y*, a, comme l'indique cette figure, deux de ses côtés taillés à plat. On pose sur le mentonnet *y* du bout C de la baguette le bout taillé à plat de la marchette. Celle-ci pince le nœud *o* des deux collets et le retient. On ouvre, sur la marchette, la partie *o v* du collet, et la raquette est tendue. Tout cela est disposé de manière que l'oiseau le plus léger, en se posant sur la marchette, la fait échapper; et alors la branche C, tendant à s'écarter, vient lui serrer les pattes entre elle et l'arrêt qui termine le collet.

Comme toutes les extrémités supérieures de la baguette et du piquet sont taillées en pointe, les oiseaux ne pourront s'y poser et ils se placeront alors sur la marchette qui semble leur offrir un point de repos commode.

II. On voit, par la *fig.* 1re, *Pl.* 43, une autre espèce de raquette tendue, qui n'a qu'une branche. Le bâton A B, de 3 pieds à 3 pieds et demi de longueur sur 1 pouce de diamètre, est percé d'un trou rond à 6 pouces de son extrémité supérieure pour le passage du collet, et, à 2 pieds ou ½ pieds et demi plus loin, d'un second trou plus grand, destiné à recevoir le bout *g* d'une baguette, de la grosseur du petit doigt et de la longueur d'environ 3 pieds, qu'on fait entrer de force pour qu'elle soit solidement fixée. Au petit bout *f* de cette baguette, on attache un collet *o*, fait de soie ou de filasse fine et suffisamment fort, que l'on fait passer par le trou pratiqué à l'extrémité A du piquet, en forçant la baguette *g f* à se courber, et on attache au bout du collet un petit morceau de bois pour servir d'arrêt.

Cette raquette ou rejet s'emploie plus particulièrement à prendre des geais. On attache le bâton A B à un arbre ou à la cime d'un buisson, de manière à ce qu'il soit toujours visible et à ce que rien ne gêne l'effet de la baguette *g f*; on peut également le tendre à terre en y enfonçant le bout B. Pour le tendre, on tire à soi le collet, en courbant la baguette, et au moyen d'une petite marchette *s*, liée par un fil au piquet, qui entre dans le trou rond par où sort le collet, on pince ce dernier pour l'empêcher de se retirer, et on l'ouvre sur la marchette. Si un oiseau vient à s'y poser, il la fait échapper, la baguette se retire, serre le collet contre le piquet A B, et celui-ci retient l'oiseau par les pattes. Comme on amorce quelquefois ce piége avec des fruits, on perce un petit trou rond au bout A du piquet, et on y passe un fil qui y suspend l'appât.

III. La *fig.* 2, *Pl.* 43, est celle d'une autre raquette qui sert pour les petits oiseaux. Sur un bâton P *q*, de 20 à 24 pouces de longueur, est fixé un fil de fer, à 4 pouces environ de sa pointe *q*, armée d'une douille de fer pour être plantée en terre. Ce fil de fer, de moyenne grosseur, contourné deux fois en *t*, forme un anneau en *x*, où s'attache un collet de soie *o*, passé dans un trou pratiqué à 2 pouces et demi de l'extrémité supérieure du bâton P *q*. On tend ce piège de la même manière que le précédent; et en lui donnant des dimensions plus grandes, et proportionnant la force du fil de fer, on peut l'employer à prendre de plus gros oiseaux.

RASER. Ce mot exprime l'action d'une perdrix, ou d'un lièvre qui se tapit le plus qu'il peut contre terre pour se cacher. Les perdrix *se rasent* quand elles aperçoivent l'oiseau de proie ou le chasseur; le lièvre *se rase* quand il entend les chiens. On dit : Ce lièvre était *rasé* dans son gîte.

RAT, *mus rattus*. Quadrupède de l'ordre des rongeurs, qui se loge dans nos habitations et y fait de grands dégâts, en mangeant les boiseries, les fruits, le grain, le pain, les légumes, les étoffes, les œufs de faisans et de perdrix, et en dévorant les pigeons, les poulets, les lapins domestiques et le jeune gibier. On prend les rats avec différens piéges, tels que les *quatre de chiffre*, les petits *traquenards et l'arbalète* (*voyez* ces mots); et pour que ces instrumens ne soient point imprégnés de l'odeur de l'homme qui les tend, il doit se frotter les mains avec de l'huile de *rhodium*, que les rats aiment beaucoup. Le moyen suivant est employé avec succès : l'on a un grand vase à demi plein d'eau et dont les parois soient inclinées vers le fond et très lisses, afin que les rats ne puissent s'y accrocher; une planchette posée sur le sol et le bord du vase offre à ces animaux le moyen de monter jusqu'à l'appât, fixé à la circonférence d'une autre planche très légère et coupée en rond; la partie opposée à l'appât, qui doit être à peu près au dessus du milieu du vase, est appuyée sur le haut de la planche destinée à servir de montant; deux petits liteaux s'avancent sur le vase, soutiennent la planchette ronde par deux pointes qui en forment l'axe, de sorte qu'elle fasse aisément la bascule. Le rat, attiré par l'odeur de l'amorce qui doit être du lard grillé, monte pour la prendre, fait tourner la bascule par son poids, et tombe dans l'eau. Les cris qu'il jette avant de se noyer attirent les autres rats, qui viennent se prendre de la même manière.

Quand on connaît leurs retraites ou les trous par lesquels ils ont l'habitude de passer, on les bouche avec du ciment composé de chaux, de bourre et de verre pilé.

On se sert aussi, pour détruire les rats, d'un mélange de farine et d'arsenic, ou d'une pâte faite avec de la mie de pain, du beurre et de l'arsenic; mais ces compositions sont dangereuses pour les animaux utiles et même pour les hommes. On peut empoisonner les rats, sans inconvéniens, avec du tartre émétique, dont on saupoudre l'intérieur de gros grains de raisins secs ou de pansi, et que l'on répand dans les lieux fréquentés par ces animaux.

RATER. Ce mot se dit d'une arme à feu qui manque à tirer, soit que l'amorce ne prenne point, soit que le coup ne parte pas.

RATIER. Nom de la *crécerelle* en Provence.

RAVALER. Lorsqu'un cerf est très vieux, il pousse des têtes irrégulières et basses; on dit pour lors, c'est un *cerf qui ravale*.

RAVAUX. Grandes perches garnies de branches, dont on se sert à la chasse au feu, pour abattre des oiseaux, que d'autres chasseurs, de l'autre côté d'une haie, font partir.

RAYER. Quand on revoit d'un animal, on fait une raie avec le soulier, auprès du pied, afin d'en retrouver plus facilement l'empreinte, quand on revient dans le même endroit, ou en cas qu'elle vienne à s'effacer; on *raie* le cerf devant le talon; et la biche, ainsi que les bêtes noires, devant les pinces.

REBATTRE. On dit qu'une bête chassée *rebat ses voies* quand elle passe et repasse plusieurs fois par les mêmes endroits. Un limier *rebat les voies*, lorsqu'ayant de la peine à suivre une voie, il revient plusieurs fois au même endroit. Les chiens courans *rebattent* quand ils prennent le contre-pied en criant, comme s'ils allaient dans le droit, ce qui est un grand défaut.

REBAUDIR. Les chiens *rebaudissent* quand ils ont la queue droite, le balai haut, et qu'ils sentent quelque chose d'extraordinaire. On dit aussi *rebaudir* pour caresser les chiens : *il faut rebaudir les chiens qui ont bien fait*.

REBUTÉ. On dit qu'un oiseau de proie qui a perdu courage, qui ne veut plus voler, est *rebuté*.

RECÉLER. Un animal se *recèle* quand il reste deux ou trois jours dans son fort sans en sortir; ce qui arrive quand il est malade, ou qu'il a été chassé, ou lorsque le mauvais temps l'empêche de sortir.

RECELEUR DE GIBIER. Suivant l'art. 14 de l'ordonnance de François Ier, donnée à Lyon au mois de mars 1515, les aubergistes, rôtisseurs et autres qui achetaient le gibier des braconniers, devaient être punis des mêmes peines que ces braconniers.

Aux termes de l'ordonnance d'Henry III, donnée à Paris au mois de décembre 1581, les habitans des faubourgs et autres, qui recélaient les armes et engins des chasseurs, devaient être punis de mort.

Aujourd'hui, les receleurs sont punis d'après les dispositions des art. 62, 63 et suivans du *Code pénal* de 1810. (*Voyez* le mot *Recélé*, dans le *Dictionnaire des forêts*.)

RECHASSER. C'est faire rentrer dans les forêts les bêtes qui en sont sorties et qui se sont écartées dans les buissons.

RECHASSEURS. C'étaient des officiers établis avec gages, pour nourrir des chiens courans et avoir soin de *rechasser* dans les forêts les bêtes fauves qui en sortaient.

RÉCLAME. Ce mot se dit, en terme de chasse, des pipeaux, sifflets et autres inventions avec lesquelles on attire les oiseaux pour les prendre dans les piéges.

En fauconnerie, on dit aussi *réclame*, *réclamer* des oiseaux de proie quand on les appelle avec le tiroir et la voix, pour les faire revenir sur le poing, excepté des faucons qui ne reviennent qu'au branle du leurre.

Réclamer les chiens, c'est leur sonner la retraite et les appeler à soi.

RECONNAITRE. On envoie *reconnaître* entre les chasses pour savoir s'il y a des cerfs courables dans un pays, ou bien dans les temps de sécheresse, parce qu'il est avantageux pour les valets de limier de savoir le jour de la chasse, à peu près ce qu'il y a de cerfs dans leur quête et de quel côté ils donnent.

RECOQUETAGE. C'est la seconde ponte ou couvée que fait le gibier à plume, lorsque la première a été détruite par quelque accident.

RÉCRIER, SE RÉCRIER. Lorsque les chiens chassent un animal forlongé, et qu'après l'avoir rapproché ils se relancent, ils se *récrient*, pour lors, et renouvellent de voie.

RECUL. C'est l'action d'un fusil qui repousse. (Voyez *Fusil*, § IX.)

REDONNER. (Terme de vénerie et de fauconnerie.) On *redonne* une bête aux chiens quand on la lance de nouveau. Un faucon *redonne* à propos quand il se remet sans peine à la poursuite du gibier.

REFAIRE SA TÊTE. Lorsqu'un cerf, un daim, etc., a mis bas, ou même quelque temps auparavant, il se retire dans un buisson pour y *refaire* et pousser tranquillement sa *tête* (son bois).

REFAIT. C'est la nouvelle tête du cerf, du daim et du chevreuil, jusqu'à ce qu'ils aient touché au bois. On dit qu'un cerf porte quatre ou six de *refait*.

REFOULER. C'est retourner sur ses pas.

REFUITE. On appelle ainsi l'endroit où une bête a coutume de passer lorsqu'on la chasse, on dit : Il y a tant de *refuites* dans cette forêt ; *il faut mettre des relais aux refuites*.

REFUITE. Se dit aussi des ruses d'un cerf qu'on chasse. Enfin, ce mot s'entend du trajet que fait une bête chassée; on dit : *Elle a fait une grande refuite*.

REFUIR. Ce mot se dit, en vénerie, du cerf et du gibier qui *fuit* devant les chasseurs, ou qui ruse, revient sur ses pas et refuit sur lui.

RÉGALIS. C'est la place où le chevreuil a gratté du pied.

REGUINDER. Un oiseau de fauconnerie se *reguinde* quand il s'élève en l'air par un nouvel effort.

REINTÉ. Un chien bien *reinté* est celui dont les reins sont larges et élevés en arc ; ce qui est un signe de vigueur.

REJETS. Ce sont des pièges du genre des collets à ressort, qui ont pour mobile une branche d'arbre que l'on pique en terre, ou un fil de fer qui fait l'office d'un ressort ; lequel, à raison de ce qu'il agit en se rejetant en arrière par la force de son élasticité, a reçu le nom particulier de *rejet* qu'on a appliqué à tout le piége. Voici les rejets dont l'usage est le plus commun.

I. *Rejet corde-à-pied.* C'est le piége le plus ordinairement employé contre les bécasses et celui qui leur est le plus funeste. On prétend que les deux tiers de celles qu'on vend à Paris ont été prises avec cet instrument. On y prend aussi beaucoup d'autres oiseaux.

La *fig.* 3, *Pl.* 43, est celle d'un rejet de cette espèce qui est détendu. Une branche A, de coudrier ou d'autre bois flexible et élastique, dont la longueur est de 3 pieds et la grosseur d'environ 1 pouce, est fichée en terre bien solidement par son bout qui est taillé en pointe. A son extrémité supérieure s'attache une ficelle qui est ordinairement du fouet. La marchette *dd* se voit au bas du piége où une bécasse est prise par les pattes.

La *fig.* 4 représente la détente, qui consiste dans un triquet ou morceau de bois, dans le milieu duquel un petit cran reçoit la ficelle en *o* ; son extrémité supérieure, *v*, est échancrée pour qu'elle puisse s'arrêter dans le pli du crochet *a*, *fig.* 5, et sa partie inférieure *i* est taillée en coin.

La *fig.* 5 est celle du piquet à crochet dont nous venons de parler; sa longueur est de 12 à 15 pouces.

La *fig.* 7 représente le rejet tendu ; mais avant de parler de la manière de le tendre, il convient d'indiquer les lieux les plus favorables à la tendue et les dispositions qu'il faut y faire. On sait que les bécasses vont, pendant la nuit, au bord des sources, des ruisseaux, des mares, et dans les sillons des champs voisins des eaux pour y véroter, et qu'elles vont ensuite se laver les pattes et le bec. Lorsqu'on a remarqué qu'elles fréquentent quelques uns de ces lieux, on y pratique de petites haies de 5 à 6 pouces de hauteur, à un demi-pouce de l'eau, avec des genêts et autres ramilles de bois, en laissant pour les passées des intervalles de 5 à 6 pieds, dans lesquels on établit les rejets.

On plante d'abord le rejet A, *fig.* 7, et les piquets *b c* sur la même ligne ; savoir le piquet *b* à 3 pieds du rejet, et à une profondeur telle qu'il ne s'élève au dessus du sol que de 4 à 5 pouces, et le piquet *c* à 6 ou 8 pouces du premier. On lie ensuite, à l'extrémité supérieure du rejet A, le fouet *g* qui attache la détente *k*. La longueur de ce fouet doit être proportionnée à l'élasticité du rejet ; plus il est court, plus le collet se serrera vivement. On pose ensuite la marchette qui est retenue horizontalement par son crochet au piquet *c*, et maintenue par la détente *k*, dont le coin *r* mord dans son cran *c*; on ouvre alors le collet, comme on le voit dans la figure, et le piége est tendu. Comme toutes les avenues sont fermées par les haies, et que l'intervalle qui se trouve entre le rejet et le premier piquet se trouve également garni de ramilles, la bécasse qui se présente est obligée de se diriger vers la marchette, qui, n'étant qu'à 2 pouces de terre, ne lui paraît pas un obstacle insurmontable ; elle pose les pattes sur cette marchette et la fait baisser ; la détente s'échappe de son cran, et le rejet qui n'est plus retenu, se redressant vivement, entraîne le collet qui se ferme aussitôt, serrant les pattes de l'oiseau contre le piquet à crochet.

II. *Du rejet portatif*. Ce rejet offre l'avantage de pouvoir être employé dans toutes les situations.

La *fig.* 8, *Pl.* 43, le représente tendu. Le ressort *aa* est un fil de fer de moyenne grosseur, et de 10 à 11 pouces de longueur. Son extrémité *b* est recourbée en anneau, afin de pouvoir jouer en manière de charnière avec un autre ressort qui se trouve par dessous ; l'extrémité *a* forme le crochet et sert d'attache à deux collets de crin ou de soie *oo*. La marchette n tient à une planchette où se trouve attaché le ressort; une autre pièce de bois m, qu'on appelle *chevalet*, parce qu'elle fait le même effet qu'un chevalet pour les cordes à violon, est fixée sur la planche et sert d'appui au fil de fer. Au bout de chaque marchette se fiche un bout de laiton, de 3 pouces de longueur, recourbé, ainsi qu'on le voit par la *fig.* 10, *dd*, et qui sert à tenir un collet suspendu, *d*, *fig.* 8, tandis que l'autre collet est tendu sur la marchette. Si un oiseau vient à toucher la marchette, les ressorts se relèvent et tirent vivement les collets qui serrent l'oiseau par le cou ou par les pattes.

La planche qui sert de base aux ressorts est vue en dessous dans la *fig.* 9. Un fil de fer de même grosseur que celui auquel les collets sont attachés fait l'office d'un second ressort *x*, qui empêche le retour du premier, quand une fois il est détendu. Ces deux ressorts s'entr'aident naturellement et contribuent également à tirer les collets. La planchette *p p* doit être proportionnée à la force des ressorts et à la grandeur du piège; on ne lui donne guère que 1 pouce et demi de largeur, quand le rejet n'a que 1 pied de long.

La marchette, *fig.* 10, qui a de 8 à 9 pouces de long, est aplatie sur une longueur de 1 pouce et demi; on l'assujettit à la planchette avec une goupille qui lui laisse la liberté de se mouvoir, lorsqu'elle reçoit le plus léger attouchement. Le cran sert à la tenir suspendue par le moyen de la détente *a k*, attachée à l'extrémité du ressort, *fig.* 13. Le fil de fer ou de laiton *d d*, *fig.* 10, est fiché dans l'épaisseur de cette marchette. La détente dont nous venons de parler est taillée en coin par un bout et creusée en croissant par le bout supérieur.

La *fig.* 11 représente l'extrémité du piège, à laquelle sont attachés la marchette et l'arrêt. Cet arrêt, *fig.* 12, est une petite lame de fer assez forte, de 2 pouces de haut, pourvue à son extrémité supérieure d'un trou *v*, dans lequel on passe le collet qui s'attache au grand ressort; l'autre collet est passé par dessous.

La *fig.* 14 représente un rejet tendu. La marchette, comme on le voit dans cette figure, ne porte sur aucun appui; ce qui lui donne la liberté de jouer. C'est à l'extrémité du premier ressort *q*, *fig.* 13, qu'est attachée la détente *a k*.

III. *Du rejet portatif de fil de fer.* Nous emprunterons au *Traité des chasses aux piéges*, la description de ce rejet dont l'invention est due à M. Nedey, médecin à Vesoul, et qui passe pour être d'un usage fort commode.

La *fig.* 10, *Pl.* 44, représente le ressort du fil de fer. On prend un bout de fil de fer de moyenne grosseur, et suffisamment long, pour, après avoir été contourné quatre fois en spirale au point A, avoir à sa branche C 1 pied de longueur, y compris l'anneau qui le termine, et 21 pouces 6 lignes à sa branche B, pour pouvoir la contourner comme on va le dire. (Les branches B C sont représentées interrompues dans leur longueur, pour ménager l'espace sur le papier.)

La branche B, à 1 pied de la spirale A, forme un anneau *d* de 6 lignes au moins de diamètre, et à 1 pouce plus loin, un autre anneau *e*, du même diamètre; de là le fil de fer descend carrément de la longueur de 1 pouce à 15 lignes jusqu'au point *f*, d'où il revient vers la spirale A jusqu'au point *g*, sur une longueur de 2 pouces. Il se relève alors directement, passe près et en dedans de la branche B, qu'il dépasse d'environ 4 lignes, et se recourbe encore une fois vers le dedans des branches de la longueur de 1 pouce, de *h* en *i*, où il est aplati.

La *fig.* 11 est celle de la marchette, qui a 1 pied de long, 4 à 5 lignes de diamètre, et qui est percée en *a* d'un trou rond pour le passage du fil de fer qui forme la branche B. A 2 pouces et demi environ de l'extrémité *a*, elle a une coche *b*, et à l'autre bout *d*, elle est traversée par un fil de fer, qui forme anneau en dessous du même côté que la coche. Dans cet anneau est passé un collet *o p*, en soie ou en filasse fine, long de 2 pieds et demi, dont le bout *o* est garni d'un petit anneau, et l'autre bout *p* se prolonge et s'attache à l'anneau de la branche C.

La *fig.* 12 est celle de la détente, longue de 3 pouces et demi, dont le bout inférieur est taillé en coin et encoché à 1 pouce de son extrémité supérieure pour s'appuyer sur le fil de fer. Cette extrémité supérieure est percée et reçoit un fil avec lequel on l'attache à l'anneau de la branche C.

La *fig.* 13 est celle de deux bouts d'un piquet employé dans certaines occasions pour tendre ce piège; il est pointu à ses deux bouts; sa grosseur doit être proportionnée à l'ouverture des anneaux *d* et *e* de la branche B, et sa longueur varie suivant les circonstances.

Pour mettre ce piège en état de servir, on passe l'extrémité *i* du fil de fer de la branche B, *fig.* 10, dans le trou *a* de la marchette, *fig.* 11, qui doit pouvoir glisser de *h* en *g*, de *g* en *f*, et de *f* en *e*, pour être, suivant les occasions, placée entre *e* et *f*, et dans d'autres, entre *g* et *h*. Son extrémité *d* doit être tournée en dehors; le collet, qui est fixé à l'anneau, dont cette extrémité est garnie, repasse dans le carré marqué B, et vient se lier par son bout *p* à l'anneau de la branche C, auquel on attache également, un bout de fil qui tient le triquet ou détente, *fig.* 12. Dans cet état, les deux branches sont plus rapprochées pour que le collet tende, et elles n'offrent qu'un écartement de 20 à 21 pouces.

Le piège, ainsi disposé, peut être tendu, suivant les occasions, de plusieurs manières différentes.

D'abord, on se sert d'un bâton semblable à celui de la *fig.* 13, long d'au moins 21 pouces. Ce bâton est passé dans l'anneau *e* de la branche B, près de la spirale A. On l'enfonce en terre d'environ 6 pouces, et de manière qu'il reste un intervalle de 2 pouces entre le sol et la courbure *e f* de la branche B. On fait glisser la marchette de manière à ce qu'elle se trouve entre *e* et *f*. On ramène la branche C vers celle B, on passe le triquet, *fig.* 12, par dessus le fil de fer *h g*, et on engage son extrémité taillée en coin dans la coche *b* de la marchette, qui se trouve soutenue à 2 pouces de terre. Dans cette tendue, la spirale A est en haut, et les branches B C sont près de terre. On ouvre le collet sur la marchette. Ce piège, ainsi tendu, fait le même effet que le rejet corde-à-pied, et peut être employé dans les mêmes occasions.

On peut le tendre encore en retournant le ressort

de fil de fer, c'est à dire en mettant en bas la spirale A, et en haut les branches B C ; alors le bâton *fig.* 13 est passé dans le même anneau *e*, mais dans un sens opposé. Sa longueur dépend, dans ce cas, de la hauteur que l'on veut donner à la marchette. Celle-ci est placée entre *g* et *h*, et la détente est prise dans sa coche en passant par dessus *e f*. Le piége, ainsi tendu, peut être employé dans les mêmes occasions que les autres rejets, et les raquettes.

En laissant toujours la spirale en bas, et la marchette entre *g* et *h*, on peut accrocher ce piége à une branche d'arbre disposée favorablement, que l'on passe dans l'anneau *d*, ou à un clou que l'on peut ficher dans un tronc d'arbre ou même contre un mur ; et enfin on peut, en passant le bout *i* de la branche B dans une fente faite à une branche d'arbre, donner au piége un point d'appui suffisant. Dans toutes ces tendues, il faut observer de ne jamais gêner le mouvement de la branche C qui fait le rejet, de placer toujours la marchette entre *g* et *h* quand la spirale se trouve en bas, et entre *e* et *f*, quand elle se trouve en haut, et de passer le triquet ou détente par dessus *e f*, quand la marchette est entre *g* et *h*, et réciproquement.

Ce piége, auquel on peut donner les dimensions que l'on désire, est d'un mécanisme fort simple, et peut à lui seul remplacer tous les autres.

Quand un oiseau se place sur la marchette, son poids fait échapper le triquet ; et la branche C, en se retirant vivement, serre le collet qui arrête les pattes de l'oiseau contre le petit anneau de fil de fer qui se trouve à l'extrémité *d* de la marchette.

IV. *Du rejet à ressort à boudin.* Ce rejet dont nous trouvons également la description dans le *Traité des chasses aux piéges*, est représenté par la *fig.* 9, *Pl.* 44 : *a a*, morceau de bois, de 4 pouces de long, de 2 pouces de large et de 1 pouce d'épaisseur, servant de support à un autre B, d'environ 1 pied de long et de 1 pouce d'équarrissage, qui est fixé dans la base, par un tenon fait à son extrémité inférieure, et introduit dans une mortaise pratiquée au support *a a*. Ce support a une entaille de 9 lignes de profondeur et de 2 pouces de long, pour recevoir un cylindre P de bois, de 6 lignes de diamètre, qui y est fixé au moyen d'une broche de fer qui le traverse et lui sert d'axe, et dont les deux bouts entrent dans les extrémités de l'entaille. Autour de ce cylindre sont contournés plusieurs fois deux bouts de fil de fer, dont deux extrémités sont fixées dans le cylindre, et les deux autres dans la base *a a*. Du milieu de ce cylindre, dans lequel il est solidement fiché, part un fil de fer *o o*, *fig.* 8, de moyenne grosseur, long de 9 à 10 pouces, et dont le bout supérieur forme un anneau, auquel on attache un collet de cordonnet de soie, terminé par un anneau qui l'empêche de sortir du trou pratiqué dans le montant B B.

Pour tendre ce rejet, comme on le voit dans la *fig.* 8, qui le représente de profil, tandis que la *fig.* 9 en offre le derrière, il suffit de tirer, par l'anneau, le collet *t t* ; ce qui force le fil de fer *o o*, qui, dans le repos du piége, est écarté du montant B B, de manière à former un angle avec lui, à se rapprocher du montant en opérant sur les fils de fer qui entourent le cylindre P un resserrement considérable.

Pour le maintenir dans cet état, on se sert d'une petite marchette *s*, qui porte sur le mentonnet de l'extrémité supérieure du montant B B, et pince le collet à l'endroit où est formé le nœud simple, et l'empêche de s'échapper. Le moindre attouchement opéré sur la marchette la fait tomber ; alors le fil de fer *o o*, n'étant plus retenu par aucune puissance, obéit à l'impulsion du ressort à boudin, qui tend à se desserrer, et entraîne avec lui le collet *t't*, qui retient par les pattes l'oiseau qui est venu se poser sur la marchette.

On peut donner à ce rejet de plus grandes dimensions, et l'employer avec avantage dans beaucoup de circonstances. On peut le tendre à terre, en y fixant sa base au moyen de deux piquets à crochet enfoncés dans les trous *i i* de la base *a a* ; *fig.* 9. On peut aussi le fixer sur des troncs d'arbres ou des grosses branches, en armant sa base d'une pointe de fer ; enfin, au moyen de cordes, on peut l'attacher sur la cime des buissons. (Voyez *Raquette*.)

REJOINDRE. On dit qu'un chien se *rejoint*, quand, au moment qu'il prend le sentiment de la bête, il s'arrête pour s'assurer qu'il le reconnaît.

RELAIS. Ce sont les hardes de chiens placées en différens endroits pour être découplées pendant la chasse. On dit : *Donner le relais*, pour dire lâcher les chiens d'un relais après la bête que l'on court. Il y a aussi des relais de chevaux.

RELAISSER. Un lièvre se *relaisse*, lorsqu'après avoir été long-temps couru, il s'arrête de lassitude, se tapit dans quelques broussailles et laisse passer les chiens qui le poursuivent.

RELANCER. Lorsque, dans le courant de la chasse, le cerf, le daim ou le chevreuil se met sur le ventre, et que les chiens le font repartir, on dit : L'animal s'est fait relancer, ou les chiens l'ont relancé.

En cette circonstance, on dit, en parlant aux chiens : *Y relance, mes amis, y relance, au coute, au coute.*

RELAYER. On ne dit pas, *relayer de chiens*, mais *donner ou découpler un relais de chiens*, on *relais de chevaux*.

RELEVÉ d'une bête fauve. C'est le moment où elle sort du lieu où elle a passé le jour pour aller se repaître. On dit : *Guetter, épier le relevé.*

RELEVER UN DÉFAUT. (Voyez *Défaut*.)

RELEVER. Les cerfs relèvent le soir pour aller au gagnage.

REMARQUE. Cri de celui qui mène les chiens quand il voit partir une compagnie de perdrix.

REMARQUEUR. C'est, en fauconnerie, celui que l'on mène à la chasse pour *remarquer* le départ des perdrix.

REMBUCHEMENT. C'est la rentrée du cerf dans son fort, dans son enceinte. Quand la bête fait quelques pas dans un fort, et qu'elle revient sur ses pas, ou qu'elle en sort pour aller dans un autre, on dit qu'elle a fait *un faux rembûchement.*

REMBUCHER UN CERF. C'est suivre la voie jusqu'à la coulée par laquelle il est rentré dans le bois.

Se rembûcher. Ce mot se dit des bêtes, lorsqu'elles rentrent dans le bois ; *la bête s'est rembûchée.*

REMETTRE. On dit, en termes de chasse, qu'une perdrix s'est *remise* ou se *remet* en tel endroit, pour dire qu'après avoir fait son vol, elle s'est abattue en tel endroit. *Elle vient de se remettre. Elle est remise* ou *elle s'est remise vers le bord du bois.*

REMISE. Lieu où le gibier s'arrête après qu'on l'a fait lever. On dit : *Tuer des perdrix à la remise; ce chien est excellent pour la remise.*

On appelle aussi *remise*, un taillis de peu d'étendue, planté dans une campagne, pour servir de retraite aux lièvres, aux perdrix, etc. Une *remise* doit être composée principalement d'arbrisseaux, afin qu'elle présente du couvert et du fourré.

REMONTER. (Fauconnerie.) C'est voler de bas en haut. On dit aussi *remonter l'oiseau*, quand on le lâche du haut d'un coteau. On se sert encore de cette expression quand on veut engraisser un oiseau de proie ; il faut, dit-on, *remonter ce faucon.*

REMONTRER. C'est donner connaissance des voies de la bête qui est passée ; il est, dit-on, essentiel, pour un bon piqueur, de savoir *remontrer* les voies d'une bête qu'on chasse, quand une fois on les a perdues. Les chiens *remontrent*, quand ils se rabattent de voies trop vieilles.

RENARD, *canis vulpes*, Linn. Quadrupède du genre et de la famille du chien.

Description. Le renard (*Pl.* 6, *fig.* 1), est un animal trop connu pour qu'il soit nécessaire d'en donner une description très détaillée. Sa longueur totale ne va guère au delà de 2 pieds, la hauteur de son train de derrière est d'environ 14 pouces, et celui de devant est un peu moins haut ; il a la tête un peu large, le museau effilé, les mâchoires armées de dents aiguës, les oreilles petites et pointues, les yeux plus inclinés que dans le chien, la queue longue, garnie d'un poil long et touffu, et il se fait reconnaître à une odeur très forte, qui lui est particulière, et qui est due à une matière grasse qui transsude d'une glande placée à trois doigts de la racine de la queue et recouverte de poils rudes. La couleur ordinaire du renard est d'un fauve plus ou moins foncé, et il a les lèvres, le tour de la bouche, la poitrine, le ventre et le bout de la queue blancs, et les oreilles et les pieds noirs en grande partie.

Le renard est une espèce des plus sujettes aux influences du climat, et l'on y trouve presque autant de variétés que dans les espèces d'animaux domestiques. Il y en a dont les couleurs sont, en général, plus sombres, et qui ont la poitrine et le ventre d'un gris foncé, la queue et les pieds noirs ; on les appelle *renards charbonniers.* Il s'en trouve, dans les pays du nord, de toutes les couleurs, des noirs, des bleus, des gris, des blancs, des roux, etc.

On connaît la finesse du renard, son adresse, l'excellence de sa vue, de son ouïe et de son odorat, et le courage avec lequel il sait combattre au besoin. Le cri du renard varie suivant les différens sentimens dont il est affecté. Pendant les grands froids, il fait entendre de temps en temps une espèce d'aboiement précipité, et dans le temps du rut, le ton de sa voix a beaucoup de rapport avec le cri du paon ou du faisan. S'il reçoit un coup de feu qui lui casse quelque membre, il jette un cri presque semblable à celui d'un jeune pourceau, et si on le réduit à l'extrémité ou si on l'irrite, quand même il serait privé, il crie et se défend avec une fureur qui ne peut se décrire.

Habitation. On trouve le renard dans toute l'Europe. Il aime les montagnes et les forêts situées au milieu de plaines cultivées, parce qu'il y trouve beaucoup de mulots, qui forment sa principale nourriture. Il préfère, en général, les forêts de bois à feuilles aux forêts d'arbres résineux ; et cependant il se tient volontiers dans les jeunes massifs de ces dernières essences, s'ils sont entourés de bois à feuilles. Par le beau temps et pendant la nuit, le renard se tient presque toujours couché à terre, et autant qu'il le peut dans un jeune massif touffu ; mais par le mauvais temps, il se tient soit dans le creux d'un arbre, soit dans le trou d'un rocher, soit dans un long terrier, pourvu de plusieurs issues, qu'il se construit lui-même, ou bien il partage la demeure d'un blaireau. C'est dans les forêts ou dans les lieux qui ont été autrefois en bois, que l'on trouve presque exclusivement les terriers des renards ; cependant M. Hartig en a vu dans des champs qui avaient été nouvellement construits. Mais ces terriers ne sont pas aussi profonds que ceux qui se trouvent dans les bois, et ils ne sont destinés qu'à servir de refuge au besoin.

Nourriture. Les renards mangent les faons des cerfs et des chevreuils nouvellement nés, les lièvres, les lapins, les taupes, les mulots, les hamsters, les rats, les oiseaux de toute espèce, les grenouilles, les poissons, les écrevisses, les scarabées, les limaçons, le miel des abeilles, les fruits, les fraises, les framboises, le raisin des bois, le raisin de vigne et autres fruits. Il mange aussi de la charogne, et, quand il a très faim, des excrémens humains. C'est pendant la nuit qu'il a coutume d'aller chercher sa nourriture ; mais, quand il est pressé par le besoin, on le voit quelquefois en plein jour chercher des mulots dans les champs, ou emporter des volailles pour les manger lui-même ou pour les donner à ses petits, qu'il nourrit jusqu'à ce qu'ils puissent eux-mêmes aller à la chasse.

Propagation. Dans nos climats, le renard entre en chaleur au mois de février, et si la température est douce, dès la seconde quinzaine de janvier. On entend alors ses cris rauques, semblables à ceux du paon, et il se tient, pendant le jour, plus souvent qu'à l'ordinaire, dans son terrier, où la plupart du temps se fait l'accouplement, et où aussi la femelle est quelquefois disputée par plusieurs concurrens. Les renards s'accouplent à la manière des chiens ; mais ils restent attachés moins long-temps. Neuf semaines après, la femelle dépose, dans la galerie de son terrier, de trois à six petits, rarement plus ou moins, qui restent les yeux fermés pendant neuf à dix jours. La mère, très attachée à sa progéniture, ne la quitte que bien rarement pendant les quinze premiers jours ; c'est le mâle qui pourvoit à sa nourriture. Mais, plus tard, la mère sort toutes les nuits; et dès que les petits ont besoin d'une nourriture plus abondante que celle du lait maternel, il y est pourvu par le père et la mère, qui leur apportent des petits animaux qu'ils ont soin de ne pas tuer, pour exercer leur jeune famille au carnage.

Lorsque les renardeaux ont acquis la grandeur d'un chat à la moitié de sa croissance, ils sortent de temps en temps du trou, et c'est ordinairement aux heures du matin, de midi et du soir; soit pour attendre la mère qui revient de la chasse, ou pour l'accompagner jusqu'à l'entrée du trou, soit pour se livrer à leurs petits ébats; mais lorsqu'ils sont parvenus à la moitié de leur grandeur, ils vont à la chasse avec leur mère, et s'il fait beau, ils restent avec elle, soit dans une pièce de blé, alors assez grand pour les cacher, soit dans un fourré de la forêt. Enfin, à l'automne, toute la famille se sépare, et il est rare alors de rencontrer ensemble plusieurs renards, jeunes ou vieux, bien que les jeunes se tiennent d'abord à peu de distance du lieu de leur naissance.

A la deuxième année, les renards ont acquis toute leur croissance, et ils sont aptes à la génération dès la première année.

Les renards pris jeunes s'apprivoisent aisément; mais ils conservent toujours leur inclination naturelle, et il est rare qu'on ne soit pas obligé de s'en défaire. On a aussi des exemples, mais rares, que des renards se sont accouplés avec le chien-loup; les animaux que produisent ces unions sont eux-mêmes en état de se reproduire.

Ennemis et maladies. Les renards n'ont rien à craindre des autres animaux, si ce n'est des chiens; mais ils sont souvent très tourmentés par les maladies; les plus dangereuses pour eux sont :

1°. *La gale*, qui, étant contagieuse, en fait périr beaucoup;

2°. *La phthisie*, qui les dessèche comme des squelettes, et les fait ordinairement mourir;

3°. *La rage*. M. Hartig rapporte que cette maladie a été presque générale parmi les renards, pendant quelques années, dans les environs du lac de Constance. Lorsque les renards en sont atteints, ils courent par les villages, mordent les bestiaux et même les chiens; on n'avait pas encore eu d'exemple, en 1811, époque où l'ouvrage de M. Hartig a été imprimé, que les bestiaux mordus par eux fussent devenus enragés; mais cet auteur a fait observer, par une note manuscrite sur l'exemplaire qu'il nous a envoyé, qu'aujourd'hui l'on a la preuve que quelquefois la morsure d'un renard enragé donne lieu à l'hydrophobie; d'où il suit que les précautions et le traitement prescrits dans le cas de morsure d'un chien enragé doivent être suivis lorsqu'on est mordu par un renard attaqué de la même maladie.

Propriétés remarquables. On pourrait, sous ce titre, rapporter bien des choses; mais on se bornera à ce qui peut intéresser la chasse.

1°. Le renard se tient presque toujours dans les lieux les plus fourrés, et s'il est chassé, il ne se hasarde pas volontiers à courir dans les endroits découverts.

2°. Lorsque la renarde ne croit pas ses petits en sûreté dans son terrier, elle les transporte, comme font les chattes à l'égard des leurs, dans un autre terrier, ou dans le creux d'un arbre, d'un rocher, etc.

3°. Quoiqu'un renard soit rassasié, il n'en continue pas moins, comme le chat, à prendre des mulots, des taupes, etc., comme par amusement.

4°. Lorsqu'un renard a enlevé un appât sans qu'il y ait soupçonné aucun piége, il y laisse presque toujours ses fientes.

5°. Si, sans faire le moindre bruit, on introduit un basset dans un terrier, le renard ne tarde pas ordinairement à en sortir; mais si on fait un grand bruit, le renard y reste, quoique l'on fouille le terrier.

6°. Un renard est-il pris par un membre à un traquenard, il le coupe lui-même pour se dégager.

7°. Lorsqu'un renard reçoit un coup de feu à la cuisse, il mord ordinairement la blessure ou sa queue, ce qui avait donné lieu à l'opinion ridicule qu'il cherchait à se conforter en respirant l'odeur particulière de la glande placée près de sa queue.

8°. Dans les battues, si le renard reçoit le vent du côté des tireurs, il va et vient dans l'espace qui sépare ceux-ci des traqueurs, jusqu'à ce qu'il puisse se glisser entre les uns ou les autres.

9°. Si l'on imite le cri d'un oiseau, d'un mulot, d'un lièvre pris au piége et mourant, le renard accourt, pourvu qu'il se croie en sûreté, et que tout soit tranquille autour de lui, et il s'approche à portée du fusil.

10°. Quand un renard est chassé par des chiens grands et vites, il arrive presque toujours qu'il se retire dans un terrier, parce qu'il croit y trouver un refuge assuré contre la meute; de même, lorsqu'il est poursuivi par des hommes, il tâche, quand il y a un terrier caché dans un fourré, de s'y rendre sans être aperçu.

11°. Si on tend un mauvais traquenard, il n'en prend point l'appât, mais il s'amuse, avec ses pattes de devant, à mettre à découvert une partie du piége, comme s'il voulait faire connaître qu'il est plus rusé que le chasseur.

12°. Enfin, on sait que cet animal a la vie très dure. Il arrive quelquefois qu'un renard, blessé d'un coup de fusil, tombe sur place sans faire aucun mouvement, et qu'après quelques minutes il se relève et part avec rapidité, ne laissant au chasseur que le spectacle de sa fuite : il faut donc, quand un renard tombe au premier coup de feu, et qu'il se relève, s'empresser de lui tirer un second coup, ou, si l'on peut l'approcher, de le frapper vigoureusement avec un bâton au dessous des yeux, ou, ce qui vaut mieux encore, sur le bout du nez; mais si, à raison de la promptitude qu'on est obligé d'y mettre, on ne pouvait employer ce moyen, il faudrait lui tenir le pied sur la gorge, et recharger son arme pour être prêt à tout événement.

Trace du renard. La trace du renard ressemble beaucoup à celle d'un chien-loup d'égale grandeur. (*Voyez* la *Pl.* 6, *fig.* 2.)

Qualités utiles et nuisibles. La peau du renard, depuis le mois d'octobre jusqu'au mois de mars, fait de bonnes fourrures; mais celle des renards qu'on tue en été, de même que la peau des jeunes renards, est peu estimée : on ne l'emploie que dans la chapellerie. La chair de cet animal est un mauvais manger; il est cependant des gens qui s'en accommodent surtout en automne, lorsqu'il s'est nourri de raisin. Pour faire perdre à cette viande sa mauvaise odeur, on l'expose à la gelée, ou bien on la fait mariner pendant plusieurs jours dans du vinaigre; elle devient alors un mets passable. On emploie la graisse pour amollir les abcès. Les dommages que causent les renards sont connus par leur manière de vivre; on ne saurait leur faire une guerre trop active et trop meurtrière, car ils détruisent un nombre considérable de quadrupèdes et d'oiseaux utiles à l'homme.

Chasse du renard.

L'une des chasses les plus agréables est celle du renard. Cet animal est d'autant plus aisé à découvrir, qu'il répand une odeur très forte. D'ailleurs ses ruses mettent en jeu toute la sagacité du chasseur, qui, s'il triomphe, attache un grand prix à sa victoire.

Les lieux les plus favorables sont les bois, les taillis, les boqueteaux qui avoisinent les villages et les fermes. C'est en janvier, février et mars, qu'il convient de faire la chasse aux renards, parce qu'on trouve alors plus facilement les terriers de ces animaux, et que leur peau est aussi dans sa plus grande valeur.

On leur fait la guerre de toutes les manières; mais les méthodes les plus usitées sont : 1° l'affût; 2° les battues; 3° la chasse avec des lévriers; 4° la chasse à courre; 5° la chasse au fusil et avec des chiens bassets; 6° la chasse sous terre; 7° la chasse avec des filets; 8° les piéges.

I. De l'affût.

On attend le renard 1° à son terrier, 2° à son passage, 3° à une traînée, 4° au carnage.

1°. L'affût au terrier a pour objet soit de tuer les vieux renards, soit de détruire les nouvelles portées. Dans le premier cas, on va le soir ou le matin, avant le jour, se placer près d'un terrier, de manière à pouvoir tirer sur les gueules qui sont les plus fréquentées. Dans le second cas, on s'établit près du terrier, par un beau temps, dans le mois de mai, époque où les renardeaux ont l'habitude de sortir du terrier vers midi pour aller jouer, et l'on peut en tuer plusieurs, quelquefois même toute la portée d'un coup de fusil. Comme les renards ne sortent jamais du terrier quand ils entendent du bruit, le chasseur doit observer le plus grand silence, et, à cette chasse comme aux autres, il doit toujours se placer à bon vent.

Quand un renard ou un blaireau, blessé à mort, parvient à gagner un terrier, il arrive presque toujours qu'au moment de mourir il se rapproche de l'entrée pour respirer un air plus frais, et si on y retourne quelques jours après, on le trouve mort à l'entrée d'une gueule.

2°. L'affût au passage consiste à se tenir le soir près d'un passage que l'on sait être fréquenté par un renard lorsqu'il se rend dans les champs, ou près d'un sentier qu'on a pratiqué soi-même dans la neige, et que le renard a adopté. On a soin de se placer à bon vent, et de se cacher autant que possible. On tire le renard au moment où il passe, mais s'il ne s'approche pas assez, on peut l'attirer à la portée du fusil en imitant le cri d'un lièvre, d'un mulot ou d'un oiseau, qui serait blessé; ce qu'on fait facilement en appliquant sa bouche sur son poing. Quand le chasseur n'a point cette habitude, il peut, suivant ce que dit M. Hartig, se servir de la petite trompette de Nuremberg; on la place dans sa main à demi fermée, on souffle, et en ouvrant et fermant la main on imite le cri de douleur du lièvre. Les ouvriers de Nuremberg fabriquent des appeaux à peine de 3 pouces de long, qui imitent parfaitement ce cri.

3°. L'affût à une traînée se fait ainsi : on attache à une corde les entrailles d'un lièvre nouvellement tué, ou du carnage, ou une fressure de mouton; on traîne cet appât vers le soir à travers le fourré où les renards se tiennent, et l'on se place à bon vent, non loin de l'appât, et en se cachant le mieux possible; le renard, conduit par la traînée, s'approche ordinairement de l'appât, et on le tire lorsqu'il est à la portée du fusil. Il faut choisir, pour cette chasse, une nuit où la lune soit sur l'horizon, parce qu'ordinairement les renards ne sortent que lorsqu'elle se lève un peu tard. Quand on veut assurer d'autant mieux la réussite de ce moyen, on jette de distance en distance, sur la traînée, des morceaux de pain gros comme le pouce, qu'on a fait frire dans de la graisse de volaille.

4°. L'affût au carnage. Cette chasse est très sûre, parce que les renards recherchent le carnage dans toutes les saisons de l'année, et notamment en hiver. On fait porter une bête morte dans un bois, sur une place vide, et on se place à bon vent, et par un clair de lune, à peu de distance de cet appât, en ayant toujours la précaution de se cacher le mieux possible, ou bien, ce qui est plus agréable, on y fait transporter la hutte ambulante, de laquelle on tire les renards. M. Hartig recommande, ainsi qu'il l'a déjà fait pour la chasse au loup, d'attacher la bête morte, par les pattes de derrière, à la hutte ambulante, en observant que si on oublie cette précaution il arrive que le renard, qui souvent se glisse dans le cadavre, se trouve abrité par les côtes de ce cadavre, et que si on le tire dans cette circonstance, il est rare qu'on l'atteigne, tandis que si la bête morte est suspendue, il est facile de tuer le renard.

On peut aussi attirer le renard à un affût disposé convenablement, avec une poule vivante que l'on attache à un arbre de manière qu'elle ne puisse pas échapper; on se porte à l'endroit qu'on a choisi, et au moyen de la ficelle attachée à la patte de la poule, et que l'on tient dans sa main, on la fait crier de temps en temps. Le renard ne manque pas d'accourir à ces cris, et l'on trouve occasion de le tirer.

II. Des battues pour la chasse au renard.

Ces battues ne doivent avoir lieu que par un beau

temps, parce que, dans les temps de pluie ou de neige, les renards ont l'habitude de se tenir dans leurs terriers. On observe, pour ces battues, toutes les règles que nous avons indiquées pour la chasse au lièvre, à l'exception seulement que les enceintes ne doivent pas être aussi petites, et que les traqueurs doivent faire beaucoup de bruit, afin de mettre sur pied le renard, qui, ordinairement, dort profondément. Dans cette chasse, le bon vent, le silence des tireurs et des traqueurs au moment où ils se placent, et une attention particulière de la part des uns et des autres sont des conditions essentielles pour le succès de la chasse.

Comme il arrive souvent que le renard, chassé par les traqueurs, se retire dans son terrier lorsqu'il croit pouvoir le faire sans être aperçu, il est utile de boucher, le matin, toutes les gueules qui existent dans les enceintes où doivent se faire les battues; on les bouche avec des bourrées d'épines, que l'on retire le lendemain après la chasse.

Quand on ne veut tirer que le renard, il ne faut employer que peu de traqueurs qui, durant la battue, doivent se borner à se parler les uns aux autres, à siffler de temps en temps, à tousser, et frapper sur les arbres, seulement pour mettre les renards sur pied, et les pousser devant eux. Cette manière réussit bien mieux que si l'on employait beaucoup de traqueurs, qui souvent font trop de bruit à chaque repos, et par là font fuir les renards hors des enceintes que l'on veut entourer.

Il faut aussi, lorsque cela est possible, laisser approcher le renard à une distance convenable, tâcher de le tirer à la tête ou à la poitrine, et si l'animal tombe, chercher à s'en emparer promptement. On n'a pas à craindre qu'il reprenne la fuite, si le sang lui sort de la gueule ou si on en aperçoit aux parties antérieures de son corps. Mais lorsqu'on ne voit pas où la bête a reçu le coup, il est prudent de lui frapper fortement sur le nez avec un bâton : deux coups suffisent pour le tuer.

Quand un renard fait un mouvement sur lui-même après le coup de feu, et cherche ensuite à s'échapper, il faut lui lâcher un second coup de fusil, ou bien, dans ce cas, de même que lorsqu'il a une patte cassée, le faire prendre par un chien courant, pourvu que le renard soit hors de l'enceinte où se fait la battue; il n'y a point une minute à attendre, car il cherchera à gagner le premier terrier, et s'il y parvient c'est une pièce perdue, à moins de défoncer le terrier, ce qui, dans certaines localités, exige beaucoup de peines et de temps.

Il est bon d'avertir les jeunes chasseurs qu'ils ne doivent point se servir de la crosse de leur fusil pour frapper un renard blessé : ils rompraient infailliblement le bois de leur arme, et feraient, selon l'expression consacrée par les chasseurs, *un jambon*, c'est à dire que la crosse serait tout à fait séparée du *fût*; il vaut mieux, comme nous l'avons dit, frapper fortement avec un bâton l'extrémité du nez de l'animal. Il faut surtout éviter de le prendre soit par la queue, soit par les pattes, car on courrait risque de recevoir des morsures d'autant plus graves que le renard ne lâche prise que lorsqu'on parvient à lui ouvrir la gueule avec un bâton ou un couteau de chasse.

III. *De la chasse du renard avec des lévriers.*

On doit se rappeler que les renards se tiennent ordinairement dans le bois pendant le jour, et que par le beau temps il est rare qu'ils gardent le terrier. C'est dans ces circonstances qu'on doit faire la chasse dont il s'agit. On place les chiens aux passages fréquentés par les renards, et tout près de la lisière du bois; on fait battre l'enceinte par des hommes ou par des bassets, et lorsque la bête est sortie, on lance les lévriers en plaine comme nous l'avons dit en parlant de la même chasse pour le lièvre. Seulement il faut attendre, pour lâcher les chiens, que le renard soit assez éloigné du bois, pour qu'on ne puisse craindre un retour. Si les chiens sont bons coureurs et ardens, le renard ne tarde pas à être pris. Lorsqu'on ne veut pas le laisser étrangler par les chiens, on le tue en le frappant sur le nez avec un bâton ou un manche de fouet de chasse.

IV. *De la chasse à courre.*

Cette chasse se fait en France, et beaucoup plus en Angleterre. Elle est amusante et n'exige pas autant de combinaisons que la chasse du cerf et du lièvre; l'odeur qu'exhale le renard le fait trouver facilement, et les chiens le tiennent toujours de fort près. Quand on veut forcer un renard, on le chasse avec des chiens courans, et ceux qu'on emploie sont ordinairement noirs, marqués de feu à la gueule et aux jambes; ces chiens sont vifs, vigoureux et entreprenans.

Comme un vieux renard est au moins aussi vigoureux qu'un cerf, il faut, quand on entreprend de le forcer, établir des relais sur la refuite probable que fera l'animal. Si le bois où l'on se propose d'attaquer est de médiocre étendue, il est presque sûr que le renard n'y tiendra pas long-temps, mais qu'il fuira vers un plus grand bois; et comme il arrive ordinairement que le renard se terre lorsqu'il est poursuivi avec ardeur et avec vitesse, il faut, pendant la nuit qui précède le jour de la chasse, ou dès le matin de ce même jour, boucher toutes les gueules des terriers dont on a fait la reconnaissance auparavant. On éboule la terre à l'ouverture, et on la bouche avec des bourrées d'épines noires, que l'on retire après la chasse. Il suffit de planter près des gueules du terrier deux petits bâtons en croix, après les avoir dépouillés de leur écorce; le renard, les prenant pour un piége, se garde d'en approcher. Mais il est plus sûr de boucher les trous.

Cette opération faite, on commence à quêter le renard dès l'instant où la rosée est passée, parce qu'on ne se donne pas la peine de le détourner. Cette quête a lieu dans les buissons qui avoisinent les villages et les fermes, dans les taillis et les bois, et toujours en culongeant les bords. Si un renard y a passé, les chiens emportent bientôt la voie et le rapprochent en peu de temps.

Dès que le renard est lancé, il n'y a, pour ainsi dire, rien à faire que d'appuyer les chiens de près, et de tâcher de pousser l'animal vers l'endroit où sont placés les relais. Il est rare que les chiens ne relèvent pas d'eux-mêmes tous les défauts, quand par hasard il s'en rencontre, et que le piqueur ait occasion de s'en mêler; on a donc soin de donner successivement les relais quand on le peut, en faisant découpler bien juste sur la voie et après que la meute est passée.

Lorsque le renard n'a plus de ressource et qu'il trouve de l'eau, il prend le parti de s'y jeter; il est aisé, en prenant les devants et les arrières, de s'assurer s'il en est sorti; et lorsque les chiens ne retrouvent pas la voie, on peut en conclure qu'il s'y est relaissé. Il faut, dans ce cas, chercher soigneusement dans toutes les cavités des bords, sous les racines d'arbres, sur les petites îles qui peuvent exister au milieu de l'eau. Mais il peut arriver qu'il se soit placé dans quelque cavité, où sous quelque racine, de façon qu'il ait tout le corps couvert, excepté la gueule, et qu'il se défende dans cette position, avec d'autant plus d'avantage que les chiens n'ont point de force en nageant; il faut, dans ce cas, chercher un moyen de le faire sortir, et les chiens l'auront bientôt étranglé.

Il ne se défend pas moins vigoureusement lorsqu'il est obligé de finir à terre; il se coule ordinairement sous quelque souche ou racine où il ne reste que sa tête à découvert. On ne réussit souvent à le faire sortir de ce retranchement où les chiens l'attaquent inutilement qu'en le brisant avec une hache; autrement il faudrait l'y assommer à coups de bâton. On le laisse fouler aux chiens et on en lève le pied droit. En général, on parle aux chiens et on les conduit à cette chasse comme à celle du loup.

V. *De la chasse du renard avec des chiens bassets.*

Peu de gens entreprennent de forcer les renards; mais beaucoup s'amusent à les tuer à coups de fusil devant quelques chiens. Dans le premier cas, il faut un équipage en règle, et tout le monde n'est pas en état d'en faire la dépense. Dans le second, une foule de petits propriétaires ou de rentiers ont assez d'aisance pour sacrifier à cet utile plaisir la nourriture de deux ou trois petits briquets, qui leur feront plus tuer de renards que s'ils avaient un très grand nombre de chiens; car tant qu'un renard ne sera pas mené vite et qu'il n'entendra pas un grand bruit après lui, il tiendra cinq ou six heures dans un même fort, passant et repassant dans un même endroit, ce qui le fait infailliblement tuer; tandis que s'il est mené vite et à grand bruit, il percera de fort en fort et gagnera un terrier avant qu'on ait pu trouver l'occasion de le tirer.

Lorsqu'on veut tuer un renard, il est donc à propos de boucher tous les terriers qui sont dans le bois où l'on a l'intention de chasser. Sans cette précaution, le renard se terre, plus d'espoir, par conséquent, de le tuer; en un mot, lui terré, la chasse est finie. Cette opération est l'affaire d'un moment; il ne s'agit que de rompre quelques petites branches, de la fougère, et de les mettre aux gueules du terrier: cela suffira pour empêcher le renard d'y entrer. Un autre moyen, qui n'est pas moins sûr, consiste à blanchir avec un couteau de petits morceaux de bois et à en faire des croix de la hauteur des gueules, à l'entrée desquelles on les plantera. On peut être assuré que le renard, apercevant ces petites machines, n'osera pas en approcher.

Ces dispositions étant faites, on *découple*, on *traule*, et enfin le renard est lancé. Il s'agit maintenant de savoir de quelle façon et où il faut se poster pour le tuer, car il n'y a que les chasseurs qui savent se placer convenablement qui peuvent espérer voir et tirer le renard. Pour y réussir il faut observer :

1°. Qu'à cette chasse, les vêtemens ne doivent jamais être d'une couleur apparente, telle que rouge ou blanche, parce que le renard est de tous les animaux celui qui a l'œil le plus perçant;

2°. Qu'il ne faut jamais se placer au dessus du vent; mais toujours à *vau-vent*, non seulement parce qu'étant au dessus du vent, on ne peut entendre les chiens et savoir où est la chasse, mais encore parce que le vent, allant du chasseur au renard, lui porte l'odeur de l'homme, ce qui l'empêche d'approcher à portée. Enfin, il faut avoir soin de se placer sur les doubles voies, parce qu'un renard qui a passé dans un endroit, sans y être tiré ou effrayé, y passera toujours tant qu'il ne changera pas de canton.

Il n'est pas moins intéressant de savoir qu'il y a des postes meilleurs et plus faciles à garder les uns que les autres, c'est à dire ceux par où le renard est forcé de passer : par exemple, dans une gorge qui sert de communication d'un bois à un autre, aux sorties, la tête couverte, d'un fort pour passer à un autre fort; en effet, un renard qui abandonne un bois, pour aller se faire battre dans un autre, ne traversera presque jamais les terres découvertes; mais il se dérobera le plus souvent par celles qui présenteront du couvert, comme des broussailles, des haies et même des fossés.

Dans tous les postes, il faut s'arranger de façon à pouvoir tourner son fusil dans toutes les directions sans toucher la plus petite branche, et se cacher le mieux qu'il sera possible. Quand, étant ainsi posté, l'on entend les pies, les geais agacer, et d'autres petits oiseaux faire: *Ki..., ki..., ki...,* il faut être sur ses gardes; car le renard est certainement là où ces oiseaux crient et agacent; ils le décèlent par haine et par crainte, parce que si quelques uns d'entre eux se perchent trop bas durant la nuit, cet animal, qui a le nez très fin, les saisit avec une adresse incroyable pendant qu'ils dorment. Au surplus, dans son poste, le chasseur ne doit, en aucun temps, faire le moindre bruit, surtout quand on vient de coucher le renard en joue, attendu qu'il a l'ouïe aussi excellente qu'il a l'œil bon, et qu'il ne manquerait pas de retourner sur lui-même si promptement, que le tireur le plus preste n'aurait pas le temps de l'ajuster.

Si, faute d'avoir bouché tous les terriers, le renard se terre, comme il serait possible que les chasseurs n'eussent ni chiens ni outils propres à le déterrer, voici ce qu'ils auront à faire : c'est de coupler leurs briquets, et de les éloigner à cent pas du terrier, pour venir s'y mettre à l'affût. Si le renard a couru long-temps, et qu'il soit échauffé quand il s'est terré, il ne tardera pas à sortir et à se faire tuer. S'il n'était pas échauffé au point d'être obligé de prendre l'air, on peut l'enfermer, et voici comment : on bouche toutes les gueules, à l'exception d'une seule, qui sera à l'extrémité du terrier, du côté d'où viendra le vent, et on les bouchera si exactement que la fumée ne puisse trouver par où sortir; ensuite, on mettra le feu à un morceau de drap soufré, qu'on aura eu la précaution de porter avec soi, et on le coulera à 1 pied de profondeur dans la gueule qui sera restée ouverte. Dès que le drap commencera à s'enflammer, on jettera dessus des feuilles ou des herbes, ce qui occasionera une épaisse fumée, que le vent fera pénétrer dans toute l'étendue du terrier. Lorsque cette fumée, après l'avoir rempli, rétrogradera sur elle-même, malgré le vent, on bouchera hermétiquement l'unique gueule restée ouverte, et le lendemain on trouvera le renard mort à l'entrée; mais il est indispensable que toutes les gueules soient bien fermées et chargées de terre, non seulement pour retenir la fumée en entier dans le terrier, mais aussi pour que le renard n'ait pas le temps de se faire jour avant d'être étouffé.

VI. *Chasse au renard sous terre ou dans son terrier.*

Cette chasse doit se faire durant les grosses pluies, les neiges abondantes ou le temps du rut. On prend avec soi un ou deux bassets dont on est sûr, et un ou deux hommes qui sont munis de pioches, de bêches, de pelles et d'une hache pour couper les racines. On apporte aussi le crochet à blaireau décrit au mot *Crochet*, et représenté *Pl*. 20, *fig*. 6, et la pince décrite au mot *Pince*, et figurée dans la même *Pl*., *fig*. 7.

Quand on est arrivé au terrier, on crie bien fort dans toutes les gueules, afin d'y retenir le renard par la crainte, et on y introduit ensuite les bassets. Quelques auteurs conseillent de leur mettre des colliers garnis de sonnettes, parce que les sonnettes font lever le renard plus promptement, et que les colliers sont pour les chiens une espèce de défense. Pendant qu'ils fouillent le terrier, on se tient tranquille jusqu'à ce qu'on entende crier les chiens. Il est bon qu'un chasseur fasse sentinelle autour du terrier, et soit prêt à tirer si un renard veut sortir; ce qui arrive quelquefois lorsque l'on fait trop de bruit sur le terrier.

Lors donc que les chiens donnent de la voix, on les encourage, en leur criant par les trous : *à moi, à moi, le renard,* et l'on cherche à s'assurer, en frappant fortement à l'endroit correspondant à celui où les chiens crient, si le renard peut encore reculer, ou s'il est acculé au fond de son terrier. Dans ce cas, on fait une tranchée d'environ 3 pieds de large et 5 pieds de long, que l'on dirige d'après la voix du chien, de manière à ce qu'elle tombe entre le chien et le renard. Lorsqu'on est sur le point d'atteindre la galerie souterraine, on fait attention de ne point blesser le chien avec la bêche ou la pioche; et lorsque cette galerie est découverte, on en retire le renard avec la pince, ou bien on commence par le tirer suffisamment avec le crochet pour pouvoir le saisir et le tuer avec la pince. On laisse reposer un peu les chiens, on leur donne du pain, et l'on visite encore une fois le terrier pour s'assurer s'il n'y a plus de renards. Lorsqu'on le trouve vide, on jette quelques morceaux de bois dans la tranchée qu'on a faite; puis on y place quelques ramilles, que l'on recouvre avec la terre extraite de cette tranchée, de manière à la boucher complétement. Moyennant cette attention, les terriers se conservent en bien meilleur état que si on laissait toutes les tranchées ouvertes.

VII. *De la chasse du renard aux filets.*

On se sert très avantageusement du filet dont nous allons donner la description, parce que le chasseur peut se passer d'adjoints et qu'il n'a besoin que d'un bon basset.

Ce filet a 5 pieds en carré; il est de fil fin, mais fort, et ses mailles ont 3 pouces d'un nœud à l'autre. Aux quatre angles sont attachées des cordes de 3 pouces de long, et à chacune de ces cordes une balle de plomb pesant 1 once.

Lorsqu'il fait très mauvais temps, époque où les renards sont au terrier, on se munit d'une douzaine de filets semblables, que l'on tend, en évitant le moindre bruit, aux différens trous du terrier, et l'on y introduit le chien, en l'empêchant de crier. On se place ensuite de manière à ne pouvoir être aperçu du renard au moment de sa sortie. L'animal, qu'aucun bruit n'a averti et qui ne soupçonne pas de piége, sort ordinairement avec vitesse et s'enveloppe dans le filet dont les plombs se réunissent, en battant derrière lui, et l'empêchent de se débarrasser. On le tue avec un bâton court, et, ensuite, on fait fouiller encore une fois le terrier. L'important, dans cette chasse, est de faire en sorte que le renard, dans son trou, ne puisse soupçonner qu'il y ait un homme sur le terrier; car, s'il s'en doute, il se décidera difficilement à sortir; il préférera se faire acculer dans sa galerie; auquel cas, il faut faire une tranchée, comme nous l'avons dit à l'article précédent.

On prend aussi les renards en tendant, autour des terriers, et dans le plus grand silence, des panneaux à lièvre (voyez *Filet*), et en faisant fouiller les terriers par des bassets.

VIII. *Des piéges de fer.*

Les différens piéges de fer qu'on emploie pour la destruction des renards sont : le *traquenard*, l'*assiette de fer* et le *hameçon*. Mais le traquenard est l'instrument dont on fait le plus d'usage.

1°. Le *traquenard*. Nous avons donné la description de cet utile instrument et la manière de le tendre. (Voyez *Traquenard*.) On s'en sert pour le renard, ordinairement sur l'arrière-saison et en hiver, par quelque temps qu'il fasse. Cependant, il est plus agréable de l'employer par un temps de neige, parce qu'alors on peut s'aider de la trace du renard, et qu'on est plus rassuré d'ailleurs contre le danger que les animaux domestiques et même les hommes peuvent courir en marchant sur le piége. On a remarqué aussi qu'un temps nébuleux et une petite pluie ou neige, sont des circonstances où les renards se laissent prendre plus facilement.

Quand on se propose de tendre les traquenards en hiver, on doit, dès l'automne, rechercher, à une distance qui ne soit pas trop éloignée du lieu habité par les renards, plusieurs places convenables pour les y établir ; on choisit celles qui peuvent être visitées, en allant par le même chemin ; et il faut, en outre, 1° que ces places soient près d'un endroit qui puisse servir d'abri pour attendre les renards ; 2° qu'elles soient dans une situation un peu élevée et sèche ; 3° qu'il ne se trouve, dans le voisinage, ni arbres, ni buissons, parce que les renards se laissent prendre plus facilement dans les champs ou dans les places vides ; 4° qu'il n'y ait, dans la proximité, aucun chemin fréquenté, et qu'en général elles soient peu dans le cas d'être visitées par les hommes et par les animaux domestiques. Quand on a fait choix de quatre à six places semblables, on tend chez soi le traquenard, et l'on forme, avec un petit cercle de tonneau, une figure qui représente la circonférence des branches du traquenard tendu et la détente qui s'avance au milieu de ce cercle. On se rend, avec ce moule, qui se transporte bien plus facilement qu'un traquenard, ou, si l'on ne veut pas se donner la peine de le faire, avec le traquenard lui-même, au lieu destiné à le placer. On trace, d'après le modèle, avec un couteau, sur le gazon, ou sur la terre, l'emplacement du traquenard. Il faut avoir soin de diriger la détente vers le nord-ouest, et de creuser la terre à 4 pouces de profondeur sous la détente, et à 2 pouces et demi de profondeur sur 3 pouces de largeur sous le cercle formé par les branches du traquenard. Quand on trace ainsi l'emplacement, on plante un rameau ou un petit bâton dans le milieu de la figure, pour pouvoir retrouver la place, dans le cas où la neige viendrait à remplir les lignes qu'on a tracées. On prépare ainsi, en automne, tous les emplacements où l'on se propose de placer des pièges pendant l'hiver.

M. Hartig, dont nous sommes ici l'interprète, conseille de commencer à tendre les pièges à l'époque où les bestiaux cessent de fréquenter les champs, et il assure avoir pris beaucoup de renards à cette époque. Plus tôt, il faudrait, dit-il, pour réussir, qu'il fît beau temps.

Voici une composition qu'il donne comme excellente, et qui est à peu près la même que nous trouvons dans l'*Encyclopédie*. On prend une demi-livre de graisse de porc, telle qu'on la trouve sur l'animal ; on la coupe par petits carrés, et on y mêle environ une demi-once d'oignon haché bien menu et un gros d'écorce fraîche de douce-amère (*solanum dulcamara*). On met le tout dans un petit pot de terre tout neuf, qui doit avoir un couvercle bien ajusté, et on place ce pot sur un feu doux de charbon, où il doit rester jusqu'à ce que la friture soit bien faite : alors on y met une demi-once de racine de violette en poudre, une cuillerée à bouche de miel, et gros comme une noisette de camphre pulvérisé ; on retire le mélange du feu et on le remue bien ; puis on applique sur le pot un linge bien propre et plié en quatre, et on le recouvre avec le couvercle.

Alors on coupe environ deux poignées de petits morceaux de pain bis, semblables à ceux qu'on fait frire pour les potages aux croûtons, et, avec la croûte, on forme sept à huit morceaux gros comme le doigt et de 2 pouces de long. On jette tous les morceaux de pain dans le pot, pendant que le mélange est encore chaud et liquide ; on remue le tout bien exactement, puis on y jette encore un linge propre de toile fine et plié en quatre, et on remue de nouveau ; enfin, après avoir bien couvert le pot, on laisse refroidir la composition.

Lorsqu'on a préparé cet excellent appât, on s'occupe d'attirer les renards aux emplacemens qu'on a précédemment déterminés pour y établir des pièges. On commence par remplir les petites tranchées où le traquenard doit être placé, avec de la semence de foin et de la menue paille de grain, bien propre ; qu'on entasse fortement dans ces tranchées ; on en recouvre aussi l'espace qu'elles renferment, et l'on y éparpille ensuite du crottin de cheval frais et bien écrasé, afin que le place ait l'apparence d'avoir été grattée par des corbeaux. Après cela, on y jette quelques petits os de veau, ou des peaux de saucissons, ou des petits morceaux de fressure d'un animal mort, ou de foie de veau, ou tout autre appât semblable, et l'on dépose, dans le milieu de l'emplacement, à l'endroit où devra être placée l'amorce, quelques boulettes de pain préparées comme on l'a dit plus haut ; enfin on jette autour de cet emplacement quelques petits morceaux du même pain, qu'on a apportés dans une boîte bien propre. On dispose de cette manière tous les emplacemens destinés aux pièges, et l'on place, à 3 pieds de distance du trou où devra être la gâchette, une baguette de 3 pieds de longueur, qui indique le milieu de l'emplacement, afin qu'on puisse le retrouver si la neige venait à le recouvrir.

Lorsque les emplacemens sont ainsi disposés, on porte des entrailles fraîches de lièvre, dont on a eu soin de se pourvoir, devant la forêt voisine ; et là on les attache à une corde ; on les traîne, derrière soi, vers l'emplacement du piége, en jetant, sur la traînée, de distance en distance, mais pas trop souvent, des morceaux de pain préparés, ou de fressure ; et quand on est arrivé à l'emplacement, on relève les entrailles pour les emporter de nouveau. On se rend sur les lieux, le lendemain matin, pour voir si les renards ont mangé les appâts, et dans le cas de l'affirmative, on les remplace, le soir, par de nouveaux appâts ; si, pendant la nuit suivante, ils sont encore enlevés, et, dans ce cas, il est ordinaire que le renard laisse ses fientes sur la place, on peut, dès le soir, tendre le traquenard.

On procède ainsi à cette opération : il faut que le traquenard soit bien propre et exempt de toute rouille, et, pour cet effet, on a dû le nettoyer avec du sable et de l'eau ; on prend, dans le pot qui renferme la composition, l'un des longs morceaux de pain qui s'y trouvent, et on le fixe, comme amorce, avec une ficelle, au trou de la gâchette, de manière que, lorsque le piége sera tendu, ce morceau de pain occupe le milieu du cercle ; puis on tend le piége, de la manière indiquée au mot *Traquenard*, après qu'on a eu soin d'en frotter toutes les pièces du ressort avec le linge déposé dans le pot dont nous avons parlé. On le fixe solidement, et l'on en frotte aussi, avec le même linge, les branches et le ressort.

On transporte ce piége ainsi tendu, après avoir rendu la gâchette immobile, par le moyen indiqué au mot *Traquenard*, et on se rend à l'emplacement préparé pour le recevoir ; cela se fait vers le soir : on emporte avec soi, dans un petit sac propre, quelques morceaux de tuile et d'ardoise, une demi-corbeille de semence de foin mêlée avec de la menue paille, c'est à dire avec des balles de grains, sept à huit crottins frais de cheval, une demi-feuille de fort papier blanc, une boîte contenant dix à douze morceaux de pain préparés, et le linge imbibé de la composition, enfin un couteau pour, au besoin, donner plus de largeur ou de profondeur aux petites tranchées destinées à recevoir le traquenard.

Alors on retire des tranchées la menue paille qu'on y avait déposée et qui se trouve ordinairement humide ; on y place le piége, on met un morceau de tuile ou d'ardoise, de la grandeur d'une carte à jouer, sous la détente ; on en place aussi sous les vis antérieures des branches du traquenard, sous le milieu de ces branches et sous la courbure du ressort, de manière que le piége, dans quelque endroit qu'on le presse, se trouve parfaitement solide, et enfoncé au dessous du niveau du sol d'environ un demi-pouce. On place l'amorce attachée à la ficelle dans le milieu du piége, et entre la menue paille, pour qu'elle ne s'attache pas au sol par l'effet de la gelée ; on couvre la détente avec un morceau de papier fort ou double de 6 pouces en carré, bien propre, qu'on a un peu graissé avec le linge imbibé de la composition ; on place aussi un petit morceau de ce papier sur les vis des branches du traquenard, et on remplit tous les vides des tranchées avec de la menue paille sèche, qu'on y entasse bien, afin que, dans aucun point, le piége ne puisse avoir de contact avec la terre ni s'y coller par l'effet de la gelée. Lorsque le piége est bien garni de menue paille, qu'il en est recouvert de l'épaisseur d'un demi-pouce, et qu'il est tellement disposé que, si, en appuyant le doigt dessus, les cercles ne bougent pas, on répand encore des balles de grains entre les cercles et l'amorce, et on éparpille plusieurs crottins de cheval ; de manière que toute la place semble avoir été grattée par des corbeaux. Il est sans doute inutile d'observer que les vis et le ressort ne doivent pas être recouverts d'une trop grande quantité de menue paille, parce qu'elle empêcherait le jeu des branches : celles-ci sont à la vérité un peu courbées, de manière qu'on peut sans inconvénient les entourer d'un peu de menue paille ; mais si la couverture est trop forte, cela devient nuisible.

Quand le piége, dont la gâchette est jusqu'alors demeurée immobile, par le moyen du crochet ou de la branche de fer dont nous avons parlé, est bien disposé, on retire la broche ou le crochet qui a servi à le fixer. S'il y a de la neige, on l'éparpille un peu avec quelques ramilles liées ensemble, on égalise aussi celle qui se trouve autour du piége et qui a pu être battue par les pieds, et on a soin de diriger vers l'amorce la baguette plantée dont nous avons parlé et dont le bout supérieur, qui est plié, doit indiquer la direction de la gâchette. Cette dernière disposition est très nécessaire pour pouvoir reconnaître le piége lorsqu'il tombe beaucoup de neige ; enfin on jette encore trois ou quatre petits morceaux de pain préparés sur le traquenard, et sept à huit autres morceaux autour de ce piége.

S'il vient un renard dans la nuit suivante, il est possible qu'il se prenne au piége dès cette première fois ; mais, dans le cas contraire, et si l'on s'aperçoit à la visite qu'on doit faire le matin qu'il ait enlevé les petits morceaux de pain répandus autour, il faut, pour que les corbeaux ou autres animaux ne puissent déranger ce piége, le couvrir avec quelques brins d'épines, qu'on enlève le soir et qu'on transporte à cent pas au delà, après qu'on a remplacé, par quelques nouveaux morceaux de pain, ceux qui ont été enlevés. Il est probable que, dans la nuit, il y aura un renard pris au traquenard ; cependant si cette attente était encore trompée et que l'animal se fût contenté, comme la première fois, de manger les morceaux de pain répandus, il faudrait alors en placer huit ou dix autour du piége, après avoir jeté sur chacun d'eux une goutte d'huile de jusquiame, dont l'odeur a, dit-on, la propriété d'attirer le renard ; enfin, si ce moyen ne réussit pas et qu'il se passe quatre ou cinq nuits sans que le renard donne dans le piége, c'est une preuve qu'il l'a éventé. Dans ce cas, il faut changer l'amorce et la remplacer par un morceau de lièvre, un moineau nouvellement tué, ou par un hareng frit dans du beurre. Pour cet effet, on détend le traquenard, en touchant l'amorce avec un bâton, ou bien on le fixe avec le crochet de sûreté ou la broche de fer, puis on le retire et on le nettoie bien : cela fait, on le replace avec soin, dès le soir même, muni de sa nouvelle amorce, et on ne répand plus de morceaux de pain. La nuit suivante, le renard viendra se faire prendre immanquablement *si on a observé dans le replacement du piége toutes les précautions de propreté et d'exactitude que nous avons indiquées précédemment, et si toutes les choses sont en général disposées d'après les règles établies* ; ajoutons qu'il faut toujours prendre le même chemin, c'est à dire celui qui conduit en face du ressort pour se rendre au piége ; se placer aussi de ce côté pour établir le piége, ne point cracher ni fumer auprès, et s'il y a de la neige, passer par le même sentier, à partir de cinquante pas au moins de distance du piége.

On réussit parfaitement à cette chasse quand on place des traquenards à cinq ou six pas d'une charogne. On n'a pas alors besoin d'appâts, pour établir les piéges dès qu'on s'aperçoit que les renards sont venus au carnage. M. Hartig rapporte que, dans sa jeunesse, il a pris, dès la première nuit, un renard à chacun des trois piéges qu'il avait tendus auprès d'une charogne ; l'un avait été étranglé sur place, et les deux autres étaient dans un fossé voisin, où ils s'étaient traînés avec le traquenard au cou. Il arrive quelquefois, ainsi que nous l'avons déjà dit, que le renard, pris par la jambe de derrière, se la coupe pour se débarrasser, et il arrive aussi que le traquenard manque son effet quand le ressort est trop faible.

Telles sont les règles indiquées par M. Hartig pour la chasse au piége du renard. Il recommande de mettre la plus grande exactitude et la plus grande propreté dans toutes les dispositions qu'on fait, et de prendre les précautions que la sûreté du chasseur et des autres hommes rend si nécessaires. Il faut aussi éviter que des chiens puissent se faire prendre au piége.

2°. *De l'assiette de fer.* C'est un piége allemand dont nous avons donné la description, d'après M. Hartig, aux mots *Assiette de fer*. Voici, suivant le même auteur, la manière de s'en servir. On place ce piége, après l'avoir bien nettoyé et l'avoir frotté avec un linge imbibé de graisse, dans un enfoncement d'une profondeur suffisante, qu'on a pratiqué à dessein à 2 pieds tout près d'une fourche de 2 pieds de haut, à laquelle on a suspendu des entrailles ou une fressure de lièvre, ou un chat grillé, ou tout autre appât, qu'on a traîné, au moyen d'une corde, depuis le bois jusqu'à l'emplacement du piége. Pour que le renard ne puisse venir que du côté où se trouve le piége, on répand en terre de l'autre côté des branches d'épines, et on dirige l'espace vide, de manière que le renard soit forcé, en voulant prendre l'appât, de marcher sur le piége et de s'y faire prendre. Si, la première nuit, il n'est pas pris, on renouvelle la traînée dès le soir même, et on répète cette opération les jours suivans jusqu'à ce que l'animal soit pris.

On peut aussi établir ce piége sur la passée d'un renard, dans une fourrée, en suspendant l'appât à 3 pieds au dessus de ce piége, et en garnissant les deux côtés avec des branches d'épines, de manière que le renard ne puisse éviter, en voulant prendre l'appât, de marcher sur l'assiette.

Enfin on peut attacher comme amorce sur l'assiette même, soit un morceau de pain semblable à celui dont nous avons indiqué l'usage pour appâter les traquenards, soit un petit oiseau, soit un hareng frit dans du beurre, soit un peu de fressure de lièvre, ou tout autre appât convenable, et attirer le renard au piége par les moyens déjà indiqués.

3°. *De l'hameçon.* (Voyez, pour la description de ce piége, le mot *Hameçon*.) On l'emploie de la manière suivante pour prendre des renards : on fait une traînée, le soir, dans le bois, avec des entrailles de lièvre, qu'on attache ensuite, avec la corde dont on s'est servi, à une branche basse d'un arbre, et à environ 3 pieds de hauteur. Si, le jour suivant, on trouve que le renard a enlevé l'appât, on renouvelle la traînée, et alors on attache l'hameçon à 4 pieds de haut, après l'avoir recouvert d'un peu d'entrailles pour amorce. Le renard qui se présente saute après l'amorce pour s'en saisir, et il la tire à lui : cet effort fait descendre les branches qui, au moyen du ressort, s'écartent aussitôt dans sa gueule et le retiennent suspendu.

On peut aussi attirer le renard avec un oiseau, en l'attachant à une branche, au lieu d'entrailles d'animaux. Lorsqu'il est enlevé par le renard, on garnit l'hameçon avec des entrailles d'oiseaux, et on le suspend, comme nous l'avons déjà dit, à 4 pieds de hauteur.

Nous ne terminerons pas cet article sans faire observer que les moyens indiqués pour détruire le loup (*voyez ce mot*) peuvent être employés pour le renard, mais que, cet animal préférant la chair fraîche et les animaux vivans à la chair corrompue des animaux morts, on n'emploie guère celle-ci, soit pour l'attirer, soit pour amorcer les piéges. Des poules vivantes, placées dans les chambres et enceintes à prendre les loups, sont encore un bon moyen de l'attirer et de le prendre ; mais il ne faut donner à la galerie circulaire de la double enceinte qu'un pied de largeur.

On se sert aussi de hausse-pieds et de lacets que l'on place près des terriers ; mais il faut rendre le piége invisible au renard, car s'il l'aperçoit il restera long-temps dans son terrier plutôt que de s'exposer. On en a vu y demeurer plusieurs jours, et n'en sortir que lorsque la faim allait les faire mourir. Il faut aussi que les lacets soient plus forts que ceux employés pour prendre des lièvres et des lapins, et qu'ils soient attachés par des fils de fer.

Enfin, on empoisonne les renards avec des gobes faites avec de la mie de pain, de la graisse d'oie, de la noix vomique, et du camphre en poudre que l'on jette dans leurs coulées ou près de leurs terriers ; mais ce moyen peut être dangereux pour les chiens, et ce motif doit le faire proscrire.

Il en est un qui est peu connu, et qui, sans présenter les mêmes inconvéniens, produit des résultats étonnans. C'est en en faisant usage qu'un riche propriétaire du département de la Sarthe est parvenu à détruire totalement les renards dont ses domaines étaient infestés à tel point qu'on n'y voyait plus de gibier. Ce moyen consiste à se procurer des taupes mortes ; on leur fait une incision sous le ventre avec un canif, et on y introduit de la noix vomique en poudre ; après quoi on coud la peau incisée. Lorsque l'on a ainsi préparé les taupes, on les jette près des terriers des renards, ou sur le bord des routes qui sillonnent les bois, en ayant soin de les placer sur les taupinières que l'on rencontre. Les renards, qui sont très friands de taupes, les avalent sans les mâcher, et ne peuvent échapper à la mort.

RENARDE. Femelle du renard.

RENARDEAU. Jeune renard.

RENCONTRER. Ce mot se dit des chiens qui commencent à trouver la piste du gibier. *Prenez garde, ce chien rencontre, le limier rencontre.*

RENDEZ-VOUS. Lieu indiqué où se rendent les veneurs et l'équipage, avant de commencer la chasse.

RENDRE. Une bête se rend lorsqu'elle commence à être mal menée, et à paraître sur ses fins.

RENTRÉE. C'est le retour des animaux dans le bois au point du jour. On dit : *Attendre le cerf, le sanglier à la rentrée ; aller à la rentrée.*

RENTRER. *Rentrer au fort.* C'est la même chose que se rembûcher.

RENDONNÉE. (Voyez *Randonnées*.)

REPAIRE. C'est la retraite des bêtes malfaisantes et féroces. On appelle aussi *repaire* les crottes des lièvres et des lapins.

REPAITRE. (*Voyez* FAUX-REPAITRE.)

REPOSÉE. Lieu où les bêtes fauves se *reposent* pendant le jour. La *reposée* du cerf se nomme aussi *lit et chambre*. On dit : *trouver le cerf à la reposée*.

On juge par la *reposée* de la grandeur du corsage de l'animal.

REQUÉRANT. On dit d'un chien qu'il est *requérant* lorsque, tombant à bout de voie, il retourne ou prend ses devants de lui-même, et qu'il fait, sans être aidé, tout ce qu'il faut pour retrouver son animal.

REQUÊTE. C'est une nouvelle *quête* que l'on fait du gibier quand on est en défaut, qu'on a perdu les voies, et qu'il faut recommencer. On dit, dans le même sens, *requêter* un cerf ou un chevreuil.

REQUÊTE. Ton de chasse pour appeler les chiens à soi.

RÉSEAU. Petit rets. Tendre un *réseau*, mettre des *réseaux* à l'entrée d'un terrier pour prendre les lapins. Dans ce dernier cas, les réseaux s'appellent *bourses*.

RESSUI. On dit qu'un cerf est au *ressui* lorsqu'il se met sur le ventre au milieu du bois pour y rester peu de temps. On dit encore qu'un cerf est au *ressui* lorsqu'il se repose et laisse sécher sa sueur. A l'égard du gibier à plume, on lui donne du *ressui* en le plaçant dans un parc où il trouve du sable.

RETIRÉ. Lorsqu'un cerf est forcé, il est, pour ainsi dire, desséché ; ce qui fait qu'il ne peut plus souffler ni tirer la langue. On dit alors : *Il est retiré, il sera bientôt pris*.

RETOUR. On appelle *retour de chasse* un repas que l'on fait après la chasse. On dit : *Il leur donne un retour de chasse magnifique*. En terme de vénerie, on appelle *retour* l'action du cerf qui revient sur lui-même, c'est à dire sur les mêmes voies, pour confondre et dérouter les chiens. Quand les chiens retrouvent la voie au bout du retour, on dit, en leur parlant : *Hà vlà retourne, vlà retourne ha merveillau, au coute, au coute!*

RETRAIT ou *retiré*. Lorsqu'un cerf est forcé, qu'il ne peut souffler ni tirer la langue, on dit alors qu'il est *retrait*, qu'il sera bientôt pris.

Retraite. Lorsque la chasse est finie, on sonne la retraite. M. de Dampierre a fait une fanfare qui se nomme *la retraite fanfarée* ou *la retraite prise*. Elle annonce que le cerf est porté par terre ou noyé. Il y a un ton de retraite qui annonce que le cerf est manqué, et qu'en conséquence on nomme *la retraite manquée*. On dit qu'un chien *est de bonne retraite* quand il rentre régulièrement au chenil les jours de chasse.

RETS-SAILLANT. C'est un filet dont on se sert pour prendre les *pluviers* et les *canards*, comme pour s'emparer des petits oiseaux, et il est toujours composé de mailles à losanges.

La maille du rets-saillant à *pluvier* et à *canard* doit avoir 2 pouces de large ; le fil doit être retors en deux brins, et formé du meilleur chanvre : la levure est de quatre-vingts mailles, elle compose la largeur du filet, dont la longueur est de 12 toises. Il faut l'enlarmer d'un côté avec une ficelle forte, de manière qu'on puisse passer une corde câblée dans les grandes mailles, qui sont faites de cette ficelle. Vers les deux bouts du filet, on fait le dernier rang des mailles sur un moule plus petit de la moitié que celui qui a servi à la fabrique du filet. Ce rets-saillant se teint en brun.

Le rets-saillant pour les petits oiseaux peut avoir entre 3 et 7 toises de longueur : on fait la levure de cinquante mailles, larges de 9 lignes, et l'on emploie du fil délié et retors en deux brins : on l'enlarme et on le teint comme le précédent.

REVENU. C'est le bois qui renaît à la tête du cerf, du daim et du chevreuil ; c'est aussi la nouvelle queue des perdreaux et des faisandeaux.

RÉVERBÈRE pour faire la chasse aux canards. (*Voyez Canard*.)

REVOIR. Revoir d'une bête, c'est en prendre connaissance, soit par la vue, soit par l'empreinte du pied. Quand le terrain est frais et garde l'empreinte du pied, on dit qu'*il fait beau revoir*, et s'il est sec et dur, qu'*il fait mauvais revoir*.

On revoit d'un cerf par le pied, les *fumées*, les *abatures*, les *portées*, les *foulées*, le *frayoir*, etc. Le *cerf a passé par ici*, *j'en revois*, *j'en ai revu*.

REVOULOIR. C'est le terme moyen entre *remontrer* et se *rabattre* ; il se dit d'un chien qui ne peut pas suivre les voies dont il se rabat, parce qu'elles sont trop vieilles.

On dit, lorsqu'un limier ou des chiens courans se rabattent d'un cerf ou d'une autre bête : *mon limier en reveut*, *nos chiens n'en reveulent pas*.

RHABILLER, raccommoder, radouber, ramander un filet ; tous ces termes sont synonymes, et signifient le raccommoder.

Rhabiller. (Fauconnerie.) *Rhabiller* un oiseau de proie, c'est raccommoder ses plumes.

RHÉE. Dans la Belgique, c'est le chevreuil. Ce mot vient de l'allemand *rhe*, qui veut dire aussi *chevreuil*.

RIDÉE. Chasse à la ridée, c'est celle qui se fait aux alouettes en hiver, lorsqu'elles s'élèvent peu et ne font que *rider* en terme d'oiseleur. (Voy. *Alouettes*.)

RIDÉES. Les fumées des vieux cerfs et des vieilles biches sont marquées par des raies, et on les appelle *fumées ridées*.

RIDENNE (*anas strepera*, Lath.), espèce de canard qu'on appelle, en Picardie, de ce nom de *ridenne* ou *ridelle*; en Normandie, *chipeau*, et en Bretagne et dans le Poitou, *rousseau*.

Description. Ce canard est moins gros que le canard sauvage ; sa longueur totale est d'environ 17 pouces. Il a le bec long, recourbé et noir ; l'iris d'un brun clair ; les pieds d'un jaune sale, et la membrane noire ; la tête finement mouchetée et comme piquetée de brun et de noir ; la teinte noirâtre dominant sur le haut de la tête et le dessus du cou ; la poitrine comme festonnée ou écaillée ; le dos et les flancs vermiculés de ces deux couleurs ; le miroir de l'aile formé de trois bandes, l'une blanche, l'autre noire, et la troisième d'un marron rougeâtre. Le ridenne conserve long-temps ses belles couleurs; mais enfin il prend, comme les autres, une robe grise après la saison des amours. Sa voix ressemble beaucoup à celle du canard sauvage, quoique Gesner semble vouloir distinguer cette espèce par le nom d'*anas strepera* (canard à voix criante).

La femelle est plus petite et moins belle que le mâle; elle a le dos d'un brun noirâtre, sans aucune raie sur cette partie; la poitrine d'un brun roussâtre avec des taches noires, et le dessous de la queue gris; elle prend beaucoup de roux en vieillissant.

Habitation. Ce canard, qui n'est pas moins voyageur que le canard sauvage, habite, pendant l'été, les contrées septentrionales, et arrive sur nos côtes de l'Océan dans le mois de novembre, et lorsque l'hiver est rude, il s'éloigne du voisinage de la mer, pour s'enfoncer dans l'intérieur des terres et jusqu'aux grands étangs des Vosges. Il se tient, pendant le jour, caché dans les roseaux, et cherche le matin et le soir sa nourriture. Il nous quitte dès le mois de février.

Nourriture. Elle consiste en plantes et insectes aquatiques.

Propagation. Cette espèce place son nid dans le creux des arbres; mais comme c'est dans le nord qu'elle s'occupe de sa reproduction, nous n'avons point un intérêt direct à la connaître.

Qualités. Celles des autres canards.

Chasse. Ce canard vole et nage avec beaucoup d'aisance, et plonge si habilement, qu'il sait éviter le coup de fusil en s'enfonçant dans l'eau aussitôt qu'il aperçoit le feu de l'amorce. Il est donc nécessaire de faire usage d'un fusil à système pour la chasse de cet oiseau. On le prend à l'appel des canards privés, de même que les canards siffleurs avec lesquels il vole en compagnie. (*Voyez*, pour les différentes méthodes de prendre les canards, l'article du *Canard sauvage.*)

RIDER. On dit qu'un chien ride quand il suit la voie d'un animal sans crier.

RIDES. Marques aux traces du sanglier entre le talon et les gardes.

RIVEREUX. Faucons propres à voler sur les rivières.

ROBE. Ce mot se dit de la couleur du poil de quelques animaux : *des chevaux de même robe*, c'est à dire de même poil; *ce chien a une belle robe*.

ROCHIER. L'un des noms donnés à l'*émérillon*. (*Voyez* ce mot.)

RODER. (Fauconnerie.) On dit : *L'oiseau rôde de bonne action.*

ROI BIDELET, ROI BERTRAND, ROI BÉRY, ROI BOULI. Ce sont des noms vulgaires qu'en divers pays on donne au *troglodyte*.

Roi des cailles. C'est le râle de terre. (Voyez *Râle.*)

Roi de froidure. C'est le troglodyte.

Roi des oiseaux. Belon désigne ainsi le grand aigle.

ROITELET, *sylvia regulus*, Lath. Oiseau de l'ordre des *passereaux* et du genre de la *fauvette*, que l'on confond souvent et qu'on ne doit pas confondre avec le *troglodyte*, autre petit oiseau qu'on appelle aussi *roitelet*, et qui ne quitte guère les habitations rurales.

Description. Le roitelet est le plus petit des oiseaux d'Europe; il n'a que 3 pouces 6 lignes de longueur, y compris la queue, qui a 1 pouce et demi; et il ne pèse guère que 96 à 100 grains. Cet oiseau a le bec effilé, très pointu, noir et de 4 lignes de long; l'iris brun; les jambes de même couleur et de 8 lignes de haut; le front d'un brun jaunâtre; un trait noir qui part du bec et s'étend jusqu'à l'œil, un autre trait blanc sur l'œil, avec un point blanc au dessus; une huppe sur le sommet de la tête, de couleur jaune safran, nuancée de jaune doré sur les côtés, et entourée d'une bande noire; les côtés de la tête gris cendré, et ceux du cou d'un jaune verdâtre; le dos couleur serin; les couvertures des ailes et de la queue d'un noir verdâtre; la gorge jaune et tout le dessus du corps d'un blanc sale.

Ce joli petit oiseau n'est point farouche; il se pend aux branches des arbres, comme la mésange, pour prendre les insectes et leurs œufs. Son cri de rappel est *zit*, *zit*; il fait entendre aussi un chant assez court, qui n'est point sans agrément.

Habitation. Les roitelets sont des oiseaux des pays froids; nous ne les voyons guère en France qu'à l'arrière-saison; ils se retirent pendant l'été dans les bois qui couvrent les montagnes de l'Allemagne et de l'Angleterre, et ils se plaisent surtout dans les bois résineux; mais au printemps et en hiver, on en voit quelquefois dans les jardins. Ils se mêlent ordinairement avec les mésanges et les grimpereaux, et voyagent avec eux.

Nourriture. Leur nourriture de préférence consiste en insectes et œufs d'insectes; mais, au besoin, ils mangent aussi des graines de pin.

Propagation. Ils ne nichent que dans quelques unes de nos provinces septentrionales; c'est ordinairement dans les bois résineux qu'ils construisent leur nid; ils le placent à l'extrémité d'une branche, et ne lui laissent qu'une petite ouverture sur le côté, vers le haut. La femelle y dépose de huit à dix œufs, très petits, presque ronds, couleur de chair, et les couve pendant quinze jours.

Qualités. Ces oiseaux nous rendent des services, en détruisant des insectes nuisibles. Ils deviennent gras en automne; et leur chair est un fort bon manger; mais ils sont si petits qu'on devrait les épargner.

Chasse. On les prend facilement aux pipées d'automne, dans lesquelles ils donnent avec ardeur; on les prend encore aux gluaux et à la chasse à l'arbret.

On leur tend avec succès la mésangette et le trébuchet couvert avec un filet à mailles assez étroites pour les retenir.

Comme le roitelet est peu méfiant, il se laisse approcher d'assez près pour qu'on puisse le tirer avec une sarbacane, seul moyen d'avoir la dépouille bien conservée, car le plomb le plus menu est trop fort; on peut cependant le remplacer avec du sable fin. On peut encore le tirer avec un fusil chargé d'eau, et, pour cet effet, on met d'abord une charge de poudre, puis un bout de chandelle d'un demi-pouce d'épaisseur, qui remplisse bien le calibre du canon; on l'appuie avec la baguette et on remplit le canon avec de l'eau. Il est évident qu'on ne peut tirer que de bas en haut; l'eau chassée par la poudre étourdit l'oiseau, et l'on s'en saisit de suite. Ce moyen peut s'employer quand on veut lui conserver son plumage.

ROMPRE LES CHIENS. C'est, en terme de chasse, les tirer des voies de la bête qu'ils poursuivent, les leur faire perdre en les en détournant; ce qui arrive quand un chasseur ou piqueur passe exprès, ou par maladresse, au travers des chiens lorsqu'ils courent. On *rompt* aussi les chiens en les arrêtant lorsqu'ils tournent au change. Enfin, on *rompt* les chiens pour les empêcher de continuer la chasse.

ROND. Le faucon vole en *rond* quand il tourne autour de sa proie.

RONDON. L'oiseau de proie fond en *rondon* quand il tombe avec impétuosité sur son gibier pour l'assommer.

RONGER. En vénerie, on dit que le cerf *ronge* quand il rumine.

ROQUET. Race de chiens provenant du petit danois et du doguin. Les *roquets* ont la taille petite, le museau court, le nez retroussé, le front haut, les yeux saillans, les oreilles courtes et pendantes en partie, les jambes grêles, la queue retroussée et inclinée en avant; enfin le poil court comme les petits danois auxquels ils ressemblent encore par les formes et les couleurs. (Voyez *Chien*.)

ROQUETTE. C'est le nom vulgaire de la petite perdrix grise. (Voyez *Perdrix*.)

ROLLIER, *coracias garrula*, Lath. Oiseau du genre et de l'ordre des pies, qui est très joli, et dont la longueur est de 12 pouces et demi. (*Voyez la Pl. 10, fig. 7.*)

Cet oiseau est encore connu sous le nom de *geai de Strasbourg* et de *perroquet d'Allemagne*. Il est oiseau de passage, et fort rare en France. Le rollier est à peu près de la grosseur d'un geai; mais il a le bec moins gros et les pieds beaucoup plus courts à proportion. Il a aussi les ailes plus longues. Son plumage est un mélange des plus belles nuances de bleu et de vert, avec du blanc, et d'autres couleurs plus obscures. Le rollier se mêle souvent avec les pies et les corneilles, dans les champs labourés qui se trouvent à portée des forêts qu'il habite; car il se tient toujours dans les bois les plus épais et les moins fréquentés. Il paraît au mois de mai, et s'en va en septembre. On le voit quelquefois en Lorraine, rarement dans le cœur de la France. Salerne parle d'un de ces oiseaux tué de son temps, près de Cléry, dans l'Orléanais, et dit qu'il n'est pas très rare d'en voir en Sologne.

ROSSIGNOL, *sylvia luscinia*, Lath. Oiseau du genre de la *fauvette* et de l'ordre des *passereaux*.

Description. Cet oiseau, un peu plus gros que la fauvette, a 5 pouces de long, y compris la queue, qui a 2 pouces et demi; le bec mince, pointu, de 7 lignes de long, et gris brun ainsi que l'iris; les pieds de 9 lignes de haut et couleur de chair; le dessus du corps gris brun, rayé de roux; la gorge et le ventre blancs, la poitrine et les flancs d'un gris cendré, et la queue d'un brun roux. La femelle a la gorge plus blanche, mais, du reste, elle est parfaitement semblable au mâle. Tout le monde connaît le chant admirable de cet oiseau.

Habitation. Cet aimable chanteur habite ordinairement les lisières des bois garnies de buissons, les bosquets et les haies, dans les lieux tranquilles. Il se plaît surtout dans les lieux fourrés, à la proximité des ruisseaux. Il nous quitte au mois de septembre pour revenir au mois d'avril.

Nourriture. Il se nourrit de vermisseaux, de toutes sortes d'insectes, d'œufs de fourmis, de groseilles, de baies de sureau, etc.

Propagation. Vers la fin d'avril et dans les premiers jours de mai, chaque couple s'occupe de la construction de son nid, qu'il place ordinairement près de terre, dans un buisson d'épines très épais, ou sur les branches basses de quelque arbre touffu; la femelle y dépose depuis quatre jusqu'à six œufs d'un brun verdâtre, qu'elle couve pendant quinze jours.

Qualités. Cet oiseau est utile par la destruction qu'il fait d'insectes nuisibles, et son chant le place au premier rang des chantres des forêts. Vers la fin d'août, les rossignols quittent les bois pour se rapprocher des haies vives, des terres nouvellement labourées, des jardins, où ils trouvent une nourriture plus abondante. C'est alors que leur chair prend beaucoup de graisse et acquiert cette délicatesse qui les fait rechercher, surtout en Gascogne.

Nous renvoyons, pour la manière d'élever cet oiseau en cage, au *Traité du rossignol* et à l'article qui traite du même objet, dans le nouveau *Dictionnaire d'histoire naturelle*.

Toutefois nous devons faire part au lecteur d'un essai que nous avons tenté et qui nous a parfaitement réussi, c'est de nourrir les jeunes rossignols avec des larves de fourmis jusqu'à ce qu'ils mangent tout à fait seuls. Non seulement cette nourriture leur plaît beaucoup, mais encore elle les fait développer promptement.

Chasse. Les rossignols, quoique timides, sont curieux et peu défians; ils donnent dans tous les pièges qu'on leur tend : on les prend à la pipée, aux gluaux, aux abreuvoirs et avec la chouette; mais le trébuchet œdonologique est l'instrument le plus commode et le plus en usage pour cette chasse, parce qu'il est très subtil, qu'il peut se mettre dans la poche et qu'il conserve les oiseaux qu'on veut mettre en cage. Voyez *Trébuchet œdonologique de Salerne*.

Le vrai temps de cette chasse est depuis la fin de

mars ou le commencement d'avril jusqu'au 25 de ce dernier mois; plus tôt on les prend, meilleurs ils sont, car ils chantent plus tôt et pendant plus longtemps; mais si on ne les prend que lorsqu'ils sont appariés, ils périssent ou chantent peu. L'heure la plus favorable est depuis le lever du soleil jusqu'à dix heures du matin, parce que c'est à cette époque du jour que le rossignol cherche sa pâture et qu'il se jette avec plus d'avidité sur les vers de farine qui servent d'appât. La veille du jour destiné pour la chasse, on se rend le soir dans le bois où l'on aura entendu chanter un rossignol; on remarque ses arbres favoris et l'endroit le plus propre pour tendre le trébuchet : après y avoir remué la terre, on y enfonce plusieurs petites baguettes longues d'environ 1 pied, à l'extrémité desquelles on attache quelques vers de farine le plus visiblement possible. Si, le lendemain matin, les vers ont été mangés, on y place le piège en remuant de nouveau la terre, ce qui attire le rossignol. On ne doit pas s'inquiéter s'il s'éloigne pendant qu'on tend le piège; on l'y attire bientôt en imitant le cri de rappel de la femelle, qui est le même que celui du mâle, mais sur un ton plus faible et plus doux; cependant s'il s'obstine à rester éloigné, on le tourne et on l'effraie en lui jetant une pierre. Ordinairement il vient par curiosité visiter l'endroit où la terre est fraîchement remuée, et il est rare qu'il n'attaque pas le ver fixé à l'extrémité de la détente. Pour s'assurer si c'est un mâle ou une femelle qu'on a pris, on reste environ une demi-heure dans le filet, et dès qu'on n'entend plus rien pendant cet espace de temps, on peut être certain de tenir le mâle; si, au contraire, on entend chanter un rossignol dans le même lieu, c'est une marque que l'on ne tient que la femelle : il faut alors tendre le piège de nouveau pour prendre le mâle.

Pour mieux réussir, on a une demi-douzaine de trébuchets, que l'on tend à la fois à quelque distance les uns des autres.

On retire l'oiseau du piège en le prenant d'une main au dessus du filet, de l'autre, en ouvrant le trébuchet; puis on le saisit par les pieds en le dégageant doucement des mailles dans lesquelles il pourrait être embarrassé. Dès qu'il est retiré, on le met dans un sac de taffetas fait exprès, qui doit avoir au moins 6 pouces de longueur sur 2 ou 3 de largeur, et s'ouvrir par les deux bouts comme une bourse : l'un des bouts reste fermé, et par l'autre on fait couler l'oiseau dans le petit sac, ayant soin de ne pas déranger les plumes, surtout celles des ailes et de la queue; ce qui retarderait son chant si elles étaient endommagées.

Lorsqu'on est de retour de la chasse, on le met avec précaution dans une cage qu'on a entourée d'une serge verte et, dont on a couvert le fond inférieur avec de la mousse. On place cette cage dans un endroit tranquille et à demi éclairé. On donne à boire à l'oiseau et on lui met cinq ou six vers de farine dans une soucoupe. Aussitôt qu'on s'aperçoit que ces vers sont mangés, on en met d'autres, et quand on a cinq ou six fois remplacé les vers mangés, on met dans la soucoupe, de la pâtée composée de cœur de bœuf cru, haché très menu et mêlé avec une pâte faite de pain de pavot râpé très fin,

et un peu de persil haché, puis on coupe six vers de farine en deux, que l'on met sur la pâtée. Lorsqu'on la renouvelle, on coupe les vers en quatre, et ainsi de suite, toujours de plus petits en plus petits, afin de forcer le rossignol à goûter la pâtée, en prenant les petits morceaux de ver. Lorsqu'on s'aperçoit qu'il mange de la pâtée, on diminue la quantité de vers progressivement, et on finit par donner la pâtée seule; ce qui a lieu vers le sixième jour; ensuite, quand on veut le régaler, on lui en présente un de temps en temps avec les doigts; on le rend ainsi moins farouche, et on parvient à l'apprivoiser tout à fait.

ROSSIGNOL D'HIVER. Nom vulgaire donné au *rouge-gorge* et à la *fauvette d'hiver*, parce qu'ils chantent dans cette saison.

ROSSIGNOL MONNET. Voyez *Bouvreuil*.
ROSSIGNOL DE MURAILLE. Voyez *Rouge-queue*.
ROSSIGNOLETTE. C'est la femelle du rossignol.

ROUÉE. *Tête rouée*, tête de cerf, daim ou chevreuil dont les merrains sont courbés en dedans; *rouée du haut*, quand la courbure est près de l'empaumure.

ROUGE. Maladie des chiens et des oiseaux.

ROUGE-GORGE. (*Sylvia rubecula*, Lath. Oiseau du genre de la *fauvette* et de l'ordre des *passereaux*.

Description. Le rouge-gorge (*Pl.* 14, *fig.* 5) est à peu près de la grosseur du rossignol; il a 5 pouces 9 lignes de longueur, dont 2 pouces 3 lignes appartiennent à la queue; le bec étroit, de 5 lignes de long et noirâtre; l'iris de même couleur; les jambes brunes et de 11 lignes de long; le front, les joues, la gorge, le devant du cou et le haut de la poitrine d'un roux orangé; le bas de la poitrine cendré sur les côtés, blanc dans le milieu; le ventre de cette dernière couleur; les flancs d'un brun olivâtre terne; les pennes des ailes d'un gris brun et olivâtre à l'extérieur; les grandes couvertures terminées par une petite tache rousse; les pennes de la queue d'un gris brun, avec une teinte olivâtre sur les deux intermédiaires. La femelle diffère peu du mâle; le rouge orangé tire plus au jaune et descend moins loin sur la poitrine. Le rouge-gorge est un oiseau gai, qui semble rechercher l'homme et se plaire à lui faire compagnie; il le suit ou précède dans les forêts, et se laisse approcher de si près que l'on croirait pouvoir le prendre à la main; mais qui va se poser plus loin, dès qu'on est à sa portée. Son chant n'est qu'un gazouillement pendant l'hiver; mais, dans le temps des amours, il lui donne plus d'étendue et le coupe par des accens gracieux; il le fait entendre dès l'aube du jour et le soir après le coucher du soleil. Il a différens cris : l'un, qu'on entend de loin, *tirit, tirit, tirititit*; surtout le matin et le soir, et lorsqu'il est ému par quelque objet nouveau; il le jette aussi, soit qu'il s'échappe de quelque piége, soit qu'on approche de son nid. Il en fait entendre un autre *uip, uip*, qui paraît être celui d'appel; car il suffit de l'imiter, en suçant le doigt, pour mettre en mouvement tous les rouges-gorges des environs.

Habitation. Le rouge-gorge est répandu dans toute l'Europe; la Lorraine et la Bourgogne sont, en France, les pays où on le trouve en plus grande quantité. Il habite, pendant l'été, les lisières des bois et les lieux humides; il s'approche pendant l'hiver des habitations, et se tient alors dans les haies et les jardins. Une partie des rouges-gorges, et c'est la plus grande, nous quitte en octobre, et revient dans le mois de mars : une autre partie reste sédentaire.

Nourriture. Cet oiseau se nourrit d'insectes, de vermisseaux et de baies tendres, de mûres, d'alizes et de raisin.

Propagation. Il place son nid dans le creux des arbres, dans un trou de muraille, dans des touffes de lierre ou dans un buisson très fourré. La ponte est de quatre à six œufs d'un jaune sale, tachetés de rougeâtre. L'incubation, qui est partagée par le mâle, dure quinze jours : il y a ordinairement deux couvées par an.

Qualités. Il détruit beaucoup d'insectes, et sa chair, lorsqu'elle est grasse, est un mets délicat.

Pris adulte, à l'arrière-saison et dans l'hiver, le rouge-gorge supporte volontiers la captivité et chante même peu de temps après la perte de sa liberté. On peut le conserver long-temps en lui donnant la même nourriture qu'au rossignol.

Chasse. Cet oiseau, peu défiant et naturellement curieux, donne dans tous les piéges qu'on lui tend, surtout si on les amorce avec les fruits dont il est friand. On le prend aux collets, à la sauterelle et surtout aux gluaux, presque aussitôt qu'on les a tendus. On les tend à la rive des bois sur des perches; mais on fait une chasse plus abondante avec les rejets et les sauterelles; il n'est pas même besoin d'amorcer ces petits piéges, il suffit de les tendre au bord des clairières ou dans le milieu des sentiers, de remuer un peu de terre, et sa curiosité l'y porte aussitôt.

Les rouges-gorges sont les premiers oiseaux qu'on prend à la pipée; la voix seule du pipeur ou le bruit qu'il fait en taillant les branches suffit pour les attirer : ils y viennent en faisant entendre de loin leur cri, *tirititi*, et voltigent partout avec agitation jusqu'à ce qu'ils soient arrêtés par les gluaux placés à la portée de leur vol; c'est à dire à 4 ou 5 pieds de terre. Voyez *Pipée*.

ROUGE-QUEUE A COLLIER, *sylvia erithacus*, Lath. Oiseau de l'ordre des *passereaux* et du genre de la *fauvette*, qui est un peu plus gros que le rossignol de muraille dont nous allons parler, et avec lequel on peut le confondre, mais qui en diffère dans son plumage et ses habitudes.

Description. Il a une tache brune sur le devant du cou, en forme de collier; le dessus de la tête et du corps brun; le croupion et les couvertures supérieures de la queue roux; les joues, la gorge et le dessous du corps d'un blanc sale, varié de taches brunes au bas des joues, sur la poitrine et les flancs; les pennes des ailes brunes, ainsi que les deux du milieu de la queue; les autres rousses dans les deux tiers de leur longueur; le bec noirâtre et les pieds bruns. La femelle a les parties supérieures grises; les inférieures d'un gris blanc mêlé de roux; les flancs et les couvertures inférieures de la queue roussâtres; les grandes couvertures supérieures des ailes d'un gris brun bordé de roussâtre; les pennes pareilles; la queue rousse; le bec et les pieds noirâtres.

Cet oiseau ne fait entendre qu'un petit cri flûté, *siiit*.

Habitation. On ne le voit guère en plaine qu'au passage de l'automne; il se tient dans les bois, et préfère ceux des pays de montagnes. Il quitte les contrées septentrionales à l'automne, et passe dans les pays méridionaux.

Nourriture. Les vermisseaux, les mouches et autres insectes sont sa principale nourriture.

Propagation. Le rouge-queue place son nid dans de petits buissons, et lui donne une forme sphérique; la femelle y dépose cinq à six œufs blancs variés de gris.

Qualités. Il est utile comme insectivore.

Le ROUGE-QUEUE OU ROSSIGNOL DE MURAILLE, *sylvia phœnicurus*, Lath. Oiseau qu'on a appelé *rossignol* seulement à cause de quelques rapports assez éloignés qu'on a trouvés dans son ramage avec celui du véritable rossignol.

Description. Longueur totale, 5 pouces 3 lignes; le bec étroit, terminé en pointe, de 5 lignes de long, et de couleur noire, ainsi que l'iris, les pieds et les ongles; le dessus de la tête blanc, le dessus du corps d'un gris foncé rayé de roux; la gorge noire, et la poitrine d'un roux vif; le ventre d'un jaune roux; la queue d'un roux vif, et brune dans le milieu. La femelle a les parties supérieures du corps d'un gris rougeâtre, la gorge blanche, et la poitrine d'un roux terne. Cet oiseau fait entendre, principalement le soir et le matin, un chant mêlé d'accens assez doux, mais un peu tristes. Il vole légèrement, et lorsqu'il est perché, il jette un petit cri, toujours accompagné d'un secouement de queue de droite à gauche.

Habitation. Il arrive dans nos climats vers les premiers jours d'avril, se fixe sur les lisières des bois et dans les jardins, et nous quitte au mois d'octobre.

Nourriture. Elle consiste en vermisseaux, insectes, raisin, baies de sureau, etc.

Propagation. Il fait son nid dans le creux des arbres, les fentes de rochers, les trous de murailles et sous les toits des maisons; la ponte est de cinq à huit œufs d'un vert bleuâtre, et l'incubation dure quinze jours. Il y a ordinairement deux couvées par an.

Qualités. Ce petit oiseau rend des services en diminuant le nombre des insectes nuisibles; on peut l'élever en cage, si on le prend jeune, et il paraît qu'il est susceptible d'éducation.

Le ROUGE-QUEUE TITHIS, *sylvia tithis*, a le plumage à peu près semblable à celui de l'espèce précédente, et sa longueur est de 4 pouces 5 lignes. Il place son nid dans les rochers les plus élevés, et sur les solives de la partie la plus haute des églises et des vieux châteaux ; ce nid est fait avec art, et la femelle y dépose quatre ou cinq œufs d'un beau blanc. Son ramage est assez agréable. Il jette un cri quand il se pose. On trouve cette espèce en Bourgogne, en Lorraine et dans le Languedoc; mais elle ne paraît jamais aux environs de Paris.

Chasse. Les rouges-queues donnent à la pipée; on leur fait, du reste, les mêmes chasses qu'aux fauvettes; et celle qui a lieu avec la chouette réussit le mieux.

ROUGEURS. On revoit d'un cerf par les *rougeurs*, c'est à dire par le sang que le bon refait laisse aux branches.

ROUPIE. Belon désigne sous ce nom le *rouge-gorge*.

ROUSSEAU. C'est le *ridenne* en Bretagne. (Voyez *Ridenne*.)

ROUSSELINE ou *alouette d'eau, alouette des marais, grande farlouse, grande sinsignotte, alauda mosellana*, Lath.

Description. Cette espèce d'alouette, d'une grosseur moyenne, entre l'alouette commune et la farlouse, a 6 pouces 3 lignes de longueur; le dessus de la tête et du corps varié de roux et de brun; les côtés de la tête roussâtres, marqués de trois raies brunes au dessous de l'œil ; le dessous du corps d'un roux tanné ; les pennes des ailes et de la queue noirâtres et bordées de roux, le bec et les pieds jaunâtres.

Habitation. La rousseline se plaît près des eaux, suivant quelques naturalistes, et on l'a nommée *alauda mosellana*, parce qu'elle serait abondante sur les bords de la Moselle; mais, suivant d'autres naturalistes, elle se plairait de préférence sur les collines pierreuses et sablonneuses. Les provinces où on la trouve le plus communément sont l'Alsace et la Lorraine, où elle paraît tous les ans en octobre.

Nourriture. Des insectes et des petites graines.

Propagation. Cette espèce place son nid au pied d'un buisson ou sous une motte de gazon. La femelle y dépose de quatre à six œufs, variés de petites lignes et de taches violettes, et d'un rouge foncé.

Qualités. Son ramage est fort agréable, et sa chair est un bon manger.

Chasse. Cette alouette n'est pas très sauvage; elle part d'assez près pour pouvoir être tirée. On la prend avec les lacets et les nappes à alouettes. (*Voyez* ce dernier mot.)

ROUSSEROLLE, *turdus arundinaceus*, Lath. Oiseau du genre de la fauvette, un peu plus gros que l'alouette, et qui a toutes les parties supérieures d'un brun roux, d'où lui est venu son nom. La *rousserolle* habite les marais et les bords des rivières; elle est plus répandue dans le midi de la France que dans les parties septentrionales. (*Voyez* la *Pl.* 12, *fig.* 9.)

ROUSSETTE. Nom que l'on donne à la *fauvette des bois*, à la *rousserolle* et au *bruant*.

ROUSSIGNEAU. C'est le rossignol en Provence.

ROUTAILLER. C'est suivre un sanglier ou un loup à trait de limier.

ROUTE. C'est, en vénerie, un grand chemin dans les bois. On dit qu'*une bête va la route* quand elle suit le grand chemin.

ROUX-VIEUX. (*Voyez* Maladie des chiens, au mot *Chien.*)

RUBICAN. Nom du *rouge-gorge* dans le Maine.

RUCHE. C'est le *rouge-gorge* en Poitou.

RUMINANS. On a donné ce nom à une famille de quadrupèdes vivipares, qui ont un estomac conformé d'une manière particulière, et qui font remonter les alimens qui y sont descendus, pour les mâcher une seconde fois. Ce sont les *chameaux*, les *chevrotains*, les *cerfs*, les *daims*, les *chevreuils*, les *chèvres*, les *brebis*, les *bœufs*, etc.

RUSER. Ce mot se dit du cerf, du lièvre, du renard, etc., qui se servent de toutes sortes de ruses, vont et viennent sur les mêmes voies pour se dérober aux chiens qui les poursuivent. On dit : *C'est un vieux cerf, un vieux lièvre, qui ruse. Le renard a long-temps rusé.*

RUT (on prononce le *t*). Ce mot vient du latin *rugitus*, qui signifie rugissement. Il se dit des cerfs et de quelques autres bêtes fauves quand elles sont en amour. Le besoin de se reproduire, que le mâle éprouve à cette époque, change presque totalement son caractère; ainsi le cerf, si timide hors le temps du rut, acquiert une sorte de courage, et il prend même une espèce de férocité, qui quelquefois n'est comparable qu'à celle que possèdent en tout temps les animaux les plus féroces.

Dans les quadrupèdes du genre des cerfs, le rut succède au *refait du bois*. Il commence en septembre pour le cerf, et dure trois semaines ; les jeunes n'y entrent qu'après les vieux. Les chevreuils entrent en rut au mois d'octobre, et cet état ne dure pour eux que douze à quinze jours.

Le mot *chaleur* est synonyme de celui de *rut*. La *chaleur* des lièvres a lieu ordinairement en décembre et janvier; celle des loups et des renards dure depuis la fin de décembre jusqu'au commencement de février. Le sanglier est en chaleur dans le mois de décembre.

SAC

SACRE, *falco sacer*, Lath. Oiseau de proie du genre des faucons, et qui, suivant plusieurs ornithologues méthodistes, ne serait même qu'une variété du faucon commun, mais qui, suivant Belon, est une espèce distincte.

Le sacre, aujourd'hui fort rare dans nos pays,

était autrefois employé dans les fauconneries comme un oiseau de haut vol, dont on se servait pour chasser le milan et toute espèce de gibier. C'était la femelle qui portait le nom de *sacre*, le mâle s'appelait *sacret*; il n'y a d'autre différence entre eux que dans la grandeur.

Cet oiseau passager paraît venir du nord pour se rendre dans des contrées méridionales, et y séjourner une partie de l'année. On le voit en Sardaigne, à Rhodes, dans l'île de Chypre, et dans plusieurs autres îles de l'archipel de la Grèce.

Si le corps du sacre n'était pas arrondi, il paraîtrait aussi grand que le faucon; mais ses jambes sont plus courtes, son bec et ses pieds sont bleus, et son plumage, teint de roux et de brun, ressemble à celui du milan.

SACRET. C'est le mâle de l'espèce du sacre.

SACCADE. Donner une *saccade au limier*, c'est tirer brusquement le trait lorsqu'il se rabat sur de mauvaises voies.

SAISON. Le chasseur doit savoir quelles sont les saisons favorables à certaines chasses. Nous les avons indiquées au mot *Chasse*.

SANGLIER, *sus aper*, *sus ferus*, en allemand, *schwarzwild* ou *wilde schwein*; en anglais, *wild-boar* et *wild-suine*; en italien, *porco silvatico*. C'est le cochon sauvage, c'est à dire tel qu'il existe dans la nature.

Le sanglier porte différens noms suivant son âge; il s'appelle *marcassin* jusqu'à six mois; *bête rousse*, depuis six mois jusqu'à un an; *bête de compagnie*, depuis un an jusqu'à deux; *ragot*, depuis deux ans jusqu'à trois; *sanglier à son tiers-an*, à trois ans; *quartanier* ou *quartan*, à quatre, et passé ce temps c'est un *vieux sanglier*, un *porc entier*. Dans quelques pays, on l'appelle encore *solitaire* et *vieil ermite*, quand il est très vieux. La femelle du sanglier se nomme *laie*.

Description. Le sanglier (*Pl. 5, fig. 1re*) est conformé comme le cochon domestique; mais il a la tête plus alongée, la partie inférieure du chanfrein plus arquée, les défenses plus grandes et plus tranchantes, les oreilles, que l'on nomme *écoutes*, un peu arrondies et plus courtes, les soies plus grosses et plus profondément implantées dans le cuir; la queue est courte et droite. Les défenses de la femelle sont beaucoup plus petites que celles du mâle. C'est depuis trois jusqu'à cinq ans que les sangliers sont le plus à craindre, parce qu'alors leurs défenses sont extrêmement tranchantes. Plus tard, ces défenses se courbent et coupent moins; ce que les chasseurs expriment par l'épithète de *mirés* qu'ils donnent alors aux sangliers.

Le sanglier a le même cri que le cochon domestique, et il en a d'ailleurs presque toutes les mœurs et les habitudes; toutefois il est plus courageux, plus rapide dans sa course, et pourvu d'une plus grande finesse dans l'ouïe, l'odorat et la vue. La durée de sa vie est de vingt à trente ans, et il parvient, comme le cochon, à un poids de 400 livres et plus.

La couleur du sanglier est généralement d'un noir brunâtre, et celle du dos d'un brun roussâtre, auquel se mêle du gris sur les flancs et sous le ventre. Mais on rencontre dans les forêts des sangliers tout noirs ou d'un brun jaunâtre, ou marqués de taches noires et brunes sur un fond blanc. Ces variétés, que M. Hartig a souvent trouvées dans les forêts du royaume de Wirtemberg, proviennent du croisement de la race sauvage et de la race domestique avec laquelle le sanglier s'accouple volontiers; cependant l'habitude de vivre dans les bois rend ces variétés aussi farouches que la race sauvage pure. Les soies du sanglier sont dures et raides, partagées à la pointe, serrées et courbées en arrière sur le dos; elles sont beaucoup plus minces en été qu'en hiver, et dans cette dernière saison elles sont mêlées d'un poil doux et frisé, à peu près comme de la laine, et qui tombe au printemps. Un pinceau de soie dure, qui se trouve sous le ventre, près du fourreau, et que l'on aperçoit à une certaine distance, peut servir à faire distinguer le mâle, lorsqu'il n'a pas encore de fortes défenses, ou lorsqu'on ne peut pas les voir.

Habitation. On trouve des sangliers dans toutes les parties de l'Europe. Ils se plaisent dans les grandes forêts des bois à feuilles, coupées par des marais, des prairies et des champs cultivés, surtout lorsque ces forêts présentent beaucoup de fourrés où ils peuvent se cacher. Quand, dans ces forêts, il se trouve quelques cantons plantés de jeunes arbres résineux, ils s'en accommodent fort bien, et c'est là qu'on les voit ordinairement, pendant l'hiver, couchés dans les endroits les plus épais et exposés au midi. Si on rencontre quelquefois des sangliers couchés sous des cépées isolées, dans une forêt clairement plantée, ce n'est que dans le dégel, lorsque la neige tombe des arbres, ou bien lorsqu'ils ont été troublés dans leur fort. Le soir, les sangliers vont aux *mangeures* (ce qu'on appelle le *gagnage*, à l'égard du cerf), et, le matin de très bonne heure, ils rentrent dans les bois.

Les vieux sangliers vivent toujours solitaires, hors le temps où ils sont en chaleur; et, à cette époque, ils se réunissent aux laies. Celles-ci forment, avec leurs marcassins d'un à deux ans, des troupes souvent nombreuses, et il y a aussi des troupes composées de ragots et de tiers-ans, qu'on appelle déjà *troupes de grosses bêtes*.

Les sangliers se pratiquent un enfoncement dans la terre pour s'y coucher plus commodément; et c'est ordinairement dans le lieu le plus tranquille de la forêt, sous d'épaisses broussailles ou cépées; ils se couchent de la même manière que les cochons. On appelle *bauge* la place où ils se couchent, *souille* l'endroit bourbeux où ils se vautrent; *boutis* les fouillures qu'ils font dans la terre pour chercher des racines, et *vermillis* les endroits de la terre qu'ils ne font qu'effleurer avec leurs boutoirs. Lorsqu'une bauge est située dans un lieu sûr et calme, les sangliers s'y rendent pendant long-temps, tous les matins, après avoir été au ━━━━, et les vieux sangliers portent dans leur bauge des brindilles et de la mousse, pour y reposer plus doucement. Mais si le lieu du repos vient à être troublé, les sangliers l'abandonnent pour toujours et vont s'établir dans l'endroit qui leur paraît offrir plus de sûreté.

Nourriture. La nourriture des sangliers se compose, suivant les saisons, d'herbes, de racines, de champignons, de fruits, de vers, de limaçons et d'autres petits animaux qu'ils peuvent prendre. Ils aiment particulièrement le laiteron, le jeune trèfle, les racines de cumin et de fougère, qu'ils fouillent à une telle profondeur, que souvent ils sont entièrement couverts par le trou qu'ils creusent; les truffes, les glands, les faînes, les châtaignes et les noisettes, les fruits sauvages de toute espèce, les raisins de bois et de vignes, les pommes de terre et les betteraves, les fèves, les pois et tous les fruits des champs mûrs ou mûrissans. Ils recherchent aussi, sous la mousse et à la surface de la terre, les vers et les larves d'insectes, et ils mangent avec avidité les limaçons et les salamandres. Ils dévorent quelquefois les souris, les jeunes oiseaux, les lapereaux, les levrauts, les jeunes faons des cerfs et des chevreuils et même les œufs de faisans et de perdrix. Ils ne dédaignent pas même la charogne, et il arrive quelquefois qu'on les tue, au moyen de la hutte ambulante, aux endroits où l'on a déposé du carnage pour le renard.

Les sangliers s'engraissent d'une manière particulière, dans les années abondantes en glands, faînes ou châtaignes; ils aiment tellement cette nourriture, qu'ils traversent des rivières fort larges pour aller gagner les forêts où ils croient la trouver.

Propagation. La chaleur du sanglier, que quelques chasseurs appellent aussi le *rut*, commence quelquefois dans la dernière quinzaine de novembre et dure jusqu'au mois de janvier; mais le plus ordinairement elle a lieu dans le mois de décembre, et il n'y a guère que les races bâtardes, dont nous avons parlé, qui entrent en chaleur un peu plus tôt, et qui, quoique rarement, éprouvent ce sentiment deux fois par an. Dès que les vieux sangliers se sentent aiguillonnés par le besoin de la reproduction, ils se mettent en mouvement, recherchent les troupes où se trouvent les laies, et attaquent les jeunes sangliers qui font partie de la troupe, et les blessent souvent très grièvement. A cette époque, le sanglier répand une odeur fade et désagréable, et sa chair a également un mauvais goût. Lorsque des mâles, dit M. Hartig, après avoir cherché long-temps une laie, n'en trouvent point, ils s'accouplent avec les truies domestiques qui se trouvent en glandée dans les forêts, et j'ai, ajoute-t-il, quelques exemples que ces animaux s'oublient quelquefois à un point, qu'ils se laissent renfermer, pendant la nuit, avec le troupeau de cochons, dans les étables construites en forêt.

Après la chaleur, les vieux sangliers abandonnent les laies, et celles-ci se réunissent de nouveau en troupes avec les jeunes sangliers, et y demeurent jusqu'au moment de mettre bas, ce qui a lieu quatre mois après. Alors, chaque laie se sépare de la troupe, recherche un fourré épais dans un lieu tranquille, y pratique une fosse un peu profonde qu'elle garnit de mousse, de longues herbes et de brindilles sèches. Elle y dépose, au mois de mars ou d'avril, suivant l'époque à laquelle s'est fait l'accouplement, depuis quatre jusqu'à dix marcassins, et quelquefois de dix à quinze, surtout après la première portée, qui est toujours la moins nombreuse. Ces jeunes marcassins restent plusieurs jours sans sortir, et lorsqu'ils sont assez forts pour suivre la mère, elle les conduit avec toute la prudence possible, les rappelle à elle s'ils s'écartent, et les défend courageusement, sans rien craindre pour elle-même, s'il se présente quelque danger. Le jeune marcassin est rayé de bandes longitudinales, alternativement d'un fauve clair et d'un fauve brun sur un fond mêlé de blanc, de brun et de fauve; c'est ce que les chasseurs nomment la *livrée* (voyez la *Pl.* 5, *fig.* 2); plus tard, il perd ces rayures, et, dès l'automne, sa couleur est un gris sale rayé de brun: il conserve, comme nous l'avons dit, son nom de marcassin jusqu'à six mois, et il prend ensuite les différentes dénominations que nous avons indiquées. Les marcassins, pris très jeunes, s'apprivoisent facilement; mais leur mauvaise odeur et leur excessive malpropreté en font des hôtes fort incommodes.

Ennemis et maladies. Comme les sangliers ont l'habitude, quand ils sont attaqués par de forts animaux, de se rassembler et de combattre réunis, il est rare qu'une bête sauvage se hasarde contre une troupe entière, et elle n'ose pas non plus attaquer un fort sanglier, parce que ses défenses et son courage le rendent lui-même redoutable; mais les vieux sangliers infirmes et les jeunes marcassins isolés deviennent quelquefois la proie des loups et des renards.

Quant aux maladies qui font périr beaucoup de cochons domestiques, elles attaquent rarement le sanglier; mais il y en a une qui est fort dangereuse: c'est l'esquinancie ou inflammation de la gorge, qui les fait mourir en peu de jours, de même que le cochon domestique.

Particularités remarquables. Parmi les particularités qui sont propres aux sangliers, on remarque qu'ils ne sont points sujets à la ladrerie; qu'ils font, en remuant la terre avec leur groin, des fouillures plus longues et plus droites que les cochons domestiques; que si un fort sanglier est coiffé par des chiens, il est très rare qu'il jette un cri, et qu'il ne le fait ordinairement que lorsqu'il reçoit une blessure dans les *suites* (testicules); que les vieux sangliers, chassés par de petits chiens, ne fuient point très promptement, et qu'ils s'arrêtent, au contraire, pendant un instant; que, dans cette situation, ils font claquer leurs défenses; que, lorsqu'ils sont blessés, ou coiffés par les chiens, ou enfin réduits à l'extrémité, ils attaquent eux-mêmes les hommes et les chiens; que les sangliers mâles, en passant, ne frappent ordinairement de leurs défenses que de bas en haut, tandis que les laies attaquent en mordant; que les sangliers, en général, se vautrent souvent dans la fange, et que, de même que les cochons domestiques, ils vont ensuite se frotter contre un arbre voisin (que les Allemands appellent *arbre de marque*, parce qu'il sert à faire juger la hauteur de l'animal); ils aiment surtout à se frotter contre les sapins qu'on a saignés pour en tirer de la résine, et c'est ce qui fait que les soies de leur dos sont souvent garnies d'une grande quantité de résine. Les Allemands désignent ces sangliers par le mot de *gepanzerte*, sangliers cuirassés. En effet, si on tire sur eux avec des chevrotines, à une certaine distance, le plomb ne peut les pénétrer; mais il n'est pas vrai, comme l'assurent quelques mauvais tireurs, qui, peut-être, ont manqué un sanglier aux abois, que la balle rebondisse. En général, il ne faut pas faire usage de chevrotines, surtout à l'égard des vieux sangliers. Cependant si, lorsque le fusil n'est chargé que de cette espèce de plomb, il se présente un vieux sanglier de très près, on peut le tirer derrière les oreilles, ou dans les flancs, parce que, dans ces deux endroits, la peau est plus mince. Dans le premier cas, le sanglier s'abat sur-le-champ; et, dans le second, il s'arrête subitement, et l'on peut le faire suivre à la trace de son sang par les chiens.

Qualités utiles et nuisibles. La chair du marcassin et du jeune sanglier d'un an est fine et délicate; celle du vieux sanglier est dure, sèche et pesante; la hure seule est très bonne. La graisse s'emploie aux mêmes usages que celle du cochon domestique. Aussitôt qu'un sanglier est tué, il faut lui couper les suites, sans quoi tout l'animal contracterait une odeur désagréable, et l'on ne pourrait en manger. La peau du sanglier non préparée sert à faire des havresacs, à monter des malles et des colliers de chevaux, et à plusieurs autres usages; et, lorsqu'elle est tannée, elle est employée aux mêmes ouvrages que le cuir. Les cordonniers et les fabricans de brosses font usage des soies du sanglier, et l'on emploie la laine qui se trouve entre les soies, à faire des bas, des gants, etc.

Le sanglier est un animal dévastateur; il mange beaucoup, et détruit plus encore qu'il ne consomme, en fouillant la terre, dans laquelle il cherche la plus grande partie de sa nourriture; l'économie rurale et l'économie forestière éprouvent également ses ravages.

Connaissances et demeures du sanglier.

Avant d'exposer les différentes manières de chasser le sanglier, nous devons indiquer les connaissances préliminaires qu'exige cette chasse, et les lieux où elle peut se faire suivant les saisons.

Connaissances du sanglier. Ces connaissances sont relatives à la trace du sanglier, à ses boutis, à ses souillures et à sa bauge. Elles servent à faire distinguer le sanglier du porc domestique, et l'âge et le sexe du sanglier.

L'empreinte des pieds du sanglier sur la terre ressemble beaucoup à celle du porc domestique (*Voyez* la Pl. 5, *fig.* 6); cependant, en l'examinant avec attention, on remarque les différences suivantes : le porc ne met point, comme le sanglier, la trace de derrière dans celle de devant; ses pinces 1, 1, sont plus rondes et plus écartées, les côtés 4, 4 plus usés, et ses gardes 6 (les os ou ergots au dessus du talon), touchent à peine la terre; le porc appuie plus du talon que de la pince, tandis que le sanglier appuie davantage de la pince que du talon; le sanglier fait ses boutis plus profonds, parce qu'il a la hure plus longue et plus forte; dans un champ, le sanglier vermille en fusée, toujours devant lui; le porc privé au contraire, vermille çà et là, un peu dans un endroit, un peu dans un autre. Si, dans le temps des grains, ils vont l'un et l'autre dans la même pièce, le sanglier abat le blé tout autour de lui, ce que ne fait pas le cochon domestique.

La *Pl.* 5, *fig.* 2, 3, 4, 5, 6 et 7, représente les traces du sanglier et de la laie à différens âges; et voici les caractères qui les distinguent. Le jeune sanglier (*fig.* 3) se distingue de la laie (*fig.* 5) du même âge, par la trace, en ce qu'il a celle de devant plus grande que celle de derrière, le talon plus large, les pinces plus rondes, les gardes mieux tournées, donnant toujours en terre, et la pointe un peu en avant et plus près du talon, les côtés plus usés et les allures plus larges; il pose le pied de derrière dans la trace de celui de devant, mais un peu à côté et en dehors de celle-ci, à cause de ses suites (testicules), qui commencent à prendre du volume, et l'obligent à marcher les cuisses un peu plus ouvertes que la laie, qui met sa trace de derrière exactement dans celle de devant.

La laie, au contraire, a la trace plus longue, les pinces plus aiguës ou pointues, le talon moins large, les côtés tranchans, les gardes aussi plus tranchantes et près l'une de l'autre; elle est plus haut-jointée, ce qui fait qu'elle marque rarement la terre de ses gardes; et, comme nous l'avons dit, sa trace de derrière est toujours dans celle de devant.

Le sanglier à son *tiers-an* se distingue par la trace du sanglier à son *quartan*, en ce qu'il a les pinces moins rondes, la sole et le talon moins larges, les côtés plus tranchans, les éponges moins au niveau de la sole, les gardes moins larges, moins usées et plus éloignées du talon que le sanglier à son *quartan*, dont les allures sont aussi plus larges, et qui donne toujours des gardes en terre.

Les mêmes connaissances font distinguer la *bête de compagnie* du *ragot*, et le ragot du tiers-ans, suivant la progression des années.

Lorsque les sangliers ont quatre ans et plus, leurs traces sont toujours plus larges et plus profondes, à cause de la pesanteur de leur corps, les pinces arrondies et grosses, les côtés usés, les gardes élargies, usées et près du talon; et s'il fait beau revoir, on remarque des rides entre les gardes et le talon. Les vieux sangliers, qu'on appelle *sangliers mirés*, ont les gardes encore plus grosses, plus larges, plus usées et plus près du talon, et ils sont bas-jointés.

Il y a des sangliers qui ont une pince beaucoup plus longue que l'autre, et recourbée. Ces sortes de pieds se nomment *pigaches*; ils sont utiles pour faire reconnaître le change.

Un boutis large et profond indique un sanglier grand et vieux dont la hure est forte.

La place de la *souille*, en offrant l'empreinte du sanglier, fait juger la grandeur de l'animal; et si l'on trouve des *souillures* (traces de boue) à une certaine hauteur sur les branches, ou contre les arbres où il va se frotter, on peut apprécier la hauteur de sa taille.

Enfin on juge par la *bauge* de la grandeur du sanglier : les vieux la font profonde, et quand ils en sortent, ils jettent tout auprès leurs *laissées* (fientes), qui sont d'autant plus grosses que la bête est vieille et grande.

Demeures. Nous avons fait connaître, en parlant de *l'habitation* du sanglier, les lieux où il se tient ordinairement; mais le chasseur ne doit point ignorer que, bien que les sangliers se tiennent presque toujours dans les endroits les plus fourrés et dans les *fraîchures*, ils changent néanmoins de demeures suivant les saisons. Ainsi, sur la fin de l'hiver, ils restent dans les forts de ronces et d'épines, où ils vivent de racines, de vers et du gland qui peut encore se trouver sous les arbres. En été, ils quittent les grands forts pour se mettre sur les bords des forêts, à portée des grains et de l'eau, ou bien ils gagnent le bois de moindre étendue; et comme ils sont dans cette saison, échauffés par le grain, ils donnent aux mares et aux *souillards* ou *souilles*. En automne, quand la terre est découverte et que la récolte est faite, ils se retirent dans les grands bois, près des hautes futaies, pour y trouver du gland, de la faîne, des noisettes, des fruits sauvages; cependant ils donnent aussi dans les vignes. Dans le mois de décembre, ils n'ont point de demeures, parce qu'ils sont en rut, et courent après les laies; et lorsqu'ils veulent se reposer, ils le font dans le premier endroit fourré qu'ils rencontrent, et où ils ne restent pas long-temps. En hiver, ils vont quelquefois au *carnage*, où l'on peut, comme nous l'avons dit, les tuer au moyen de la hutte ambulante.

Chasse du sanglier.

Il y a plusieurs manières de chasser ou de prendre les sangliers; les plus en usage sont : 1° l'affût, 2° la quête, 3° les traques ou battues, 4° la chasse avec des dogues et des lévriers pour les coiffer, 5° la chasse à courre, 6° les enceintes.

Comme ces différentes chasses ont déjà été décrites au mot *Cerf*, nous nous bornerons à indiquer les dispositions particulières qu'elles exigent pour le sanglier.

I. *De l'affût.* Cette chasse se fait le soir et le matin. On se place sur le passage des sangliers dans le bois, ou à la sortie du bois, en avant d'un champ, ou près d'une glandée, ou d'une souille, ou enfin de tout autre endroit fréquenté par les sangliers, et l'on observe toutes les règles que nous avons indiquées pour l'*affût* en parlant du *cerf*. (*Voyez* ce mot.)

Les endroits où l'on se place dépendent ordinairement des saisons. En été, quand les blés ou les seigles approchent de leur maturité, si l'on s'aperçoit qu'un champ est attaqué par les sangliers; on se met à l'affût à la sortie du bois, dans l'endroit par lequel ils entrent dans le champ; c'est sur un arbre, si l'on en trouve un favorablement situé, et dans le cas contraire, dans quelque enfoncement, à terre, et en se cachant le plus possible, que l'on doit se placer. Il suffit de s'y établir à neuf heures du soir, parce que les sangliers se rendent fort tard au champ; on les attend tranquillement et en silence; et comme ils sont très méfians, ils s'arrêtent ordinairement sur la lisière du bois avant d'entrer dans le champ, et cherchent à reconnaître s'ils n'ont aucun danger à courir. Quelquefois même, après s'être mis à manger, ils s'effraient d'eux-mêmes et prennent la fuite, puis ils reviennent Ces différens mouvemens donnent souvent l'occasion de tirer, surtout si plusieurs chasseurs se sont réunis pour se mettre à l'affût; mais lorsqu'on n'a pas trouvé l'occasion favorable de tirer, il faut leur donner le temps de se rassurer et de se remettre à manger : alors on se glisse le plus doucement possible, et en prenant le vent, le long d'un sillon ou de quelque endroit couvert, afin d'en approcher à portée du fusil. Là, on attend en silence qu'un sanglier se découvre de lui-même; ce qui ne tarde pas, parce que cet animal change continuellement de place.

En automne, à l'époque de la maturité des raisins, les vignes offrent encore des postes avantageux pour l'affût, parce que les sangliers aiment à s'y rendre. Dans la même saison, lorsque les glands commencent à tomber; on s'assure de l'endroit où la glandée est la plus abondante et si l'on aperçoit que les sangliers y donnent, on s'y rend d'assez bonne heure, le soir, parce que les sangliers, moins timides dans le bois qu'en plaine, se mettent à manger plutôt que dans les champs. On se place sur un arbre à portée de l'endroit fréquenté, et l'on peut même, si l'on trouve, près de cet endroit, une place commode pour l'affût, y faire tomber des glands et s'y embusquer.

A l'arrière-saison, et en hiver, quand la nourriture devient rare, et que les sangliers fouillent la terre pour en trouver, on peut les attirer dans les endroits où l'on a remarqué leur boutis, en y semant, pendant plusieurs jours de suite, quelques poignées de pois ou des glands et des faînes dont on a fait provisions, et on les y attend à l'affût.

Dans toutes les saisons, les sangliers vont dans les mares pour s'y désaltérer et prendre la souille; et l'on peut trouver de fréquentes occasions de les y tirer; mais c'est en été, et plus encore en automne, où ils la glandée et les approches du rut les échauffent, qu'ils y vont le plus souvent pour se rafraîchir. On peut les y attendre depuis midi jusqu'au soleil couchant, et si la mare que l'on a remarqué être fréquentée par eux est entourée de broussailles, il faut se frayer quelques sentiers pour pouvoir y arriver sans bruit et dans des directions différentes, afin de prendre toujours le vent.

Lorsqu'un sanglier est tombé sur le coup, il faut en approcher avec précaution, et éviter de le saisir par la nuque, parce qu'il pourrait se retourner brusquement et frapper de ses défenses; on lui plonge fort avant le couteau de chasse au défaut de l'épaule, ou bien on lui tire un second coup de fusil à la poitrine. On ne doit point, à moins de nécessité, tirer à la tête un sanglier qui est abattu. Il faut aussi, quand on se sert d'un chien pour suivre un sanglier qui n'est que blessé, user de beaucoup de précaution, sans cependant montrer de crainte. Le chasseur doit, lorsque le sanglier est arrêté par le chien, chercher à s'approcher sans être aperçu et assez près pour pouvoir lui donner encore un bon coup de fusil, et terminer ainsi un combat toujours dangereux pour le chien.

II. *La quête.* Cette chasse ne se fait ordinairement que le soir et le matin ; elle consiste à parcourir une enceinte pour surprendre les sangliers qui vont sous les arbres, et souvent à d'assez grandes distances, pour y ramasser des glands et des fruits. On observe toutes les règles que nous avons indiquées pour la même chasse à l'égard du *cerf* (*voyez* ce mot); mais c'est surtout le cas de prendre le vent en face et de marcher avec beaucoup de précaution, parce que le sanglier a les organes de l'odorat et de l'ouïe très fins, et que dès qu'il ne se croit plus en sûreté, il prend la fuite et gagne le fourré. On peut aussi, par un temps de neige et en suivant la trace du sanglier sans faire le moindre bruit, le surprendre et le tirer à sa bauge.

III. *Des traques ou battues.* Elles se font avec des hommes ou avec des chiens, en suivant les règles indiquées au mot *Cerf* pour la même espèce de chasse. Seulement il faut, quand on emploie des petits chiens pour lancer les sangliers, et que les petits chiens les attaquent dans leur bauge, comme cela arrive assez souvent, qu'il n'y ait que le chasseur chargé de diriger la battue, qui puisse se rendre au lieu où les sangliers tiennent aux chiens, sans qu'aucun des tireurs postés autour de l'enceinte puisse quitter sa place. En effet, si l'on permettait aux tireurs d'entrer de tous côtés dans l'enceinte, les sangliers ne tarderaient pas à les sentir, à prendre la fuite et à retourner sur leurs voies. D'ailleurs, le chasseur qui arriverait le premier pourrait, en tirant, faire courir de grands dangers aux traqueurs qui seraient dans le fourré.

On chasse encore le sanglier en le lançant à trait de limier, après que les tireurs se sont placés pour le tirer au passage. C'est ce qu'on appelle *routailler* le sanglier. Cette manière de chasser peut être employée contre toutes les bêtes fauves.

IV. *De la chasse avec des dogues et des lévriers.* Cette chasse est l'une des plus sûres, des plus promptes et des plus agréables pour prendre le sanglier. Elle consiste à le faire coiffer avec des dogues et des lévriers qu'on dispose, tenus en laisse par des valets de chiens, autour d'une enceinte où il a fait sa bauge, et on le pousse vers celui où sont placés les lévriers. Lorsqu'il débuche, les valets de chiens lâchent les lévriers qui l'ont bientôt joint, et le saisissent, soit par les écoutes, soit par les jarrets. Comme ils ne lâchent point prise, ils l'arrêtent court, et donnent ainsi aux chasseurs le temps d'arriver. Alors un piqueur lui plonge un couteau de chasse au défaut de l'épaule, et aussitôt les valets de chiens s'empressent de reprendre leurs lévriers.

Voici comment se fait cette chasse en Allemagne, d'après la description qu'en donne M. Hartig.

On y emploie des chiens dressés, comme nous l'avons indiqué sous le mot *Chien*, auquel nous renvoyons pour la connaissance des manœuvres. Toutes les personnes qui composent la chasse doivent être à cheval, à l'exception de ceux qui dirigent les limiers ou mâtins qui foulent l'enceinte pour lancer le sanglier, et des valets qui tiennent les lévriers et les dogues.

On place les chiens contre le vent, et toujours de manière à ce que les sangliers attaqués ne puissent se jeter promptement dans un fort voisin.

Quand on ne trouve point à une certaine distance de l'enceinte que l'on foule un endroit propre à dérober la vue des chiens, il faut les rapprocher tout près de l'enceinte, et faire tous ses efforts pour empêcher les chiens de faire le moindre bruit.

Lorsqu'un sanglier est coiffé par les chiens, et que le maître de la chasse (en allemand, *herr der jagd*) se réserve l'honneur de le tuer, il faut que quelques hommes forts se saisissent de l'animal, le soulèvent par les pieds de derrière, et le tiennent dans cette position jusqu'à l'arrivée du maître de la chasse, que l'on appelle avec le cor ; ou bien on traîne devant lui le sanglier qu'on s'est empressé de museler, et dont on a écarté les chiens. Il faut, pour cet effet, que les chasseurs soient toujours pourvus de bâtons à museler. Ces bâtons consistent en un morceau de bois rond, de 12 à 14 pouces de long et d'un pouce 3 lignes d'épaisseur, obtus par un bout, et percé à l'autre bout d'un trou dans lequel passe une corde de la grosseur d'un fort tuyau de plume, et de 6 pieds de long.

Quand on veut museler un sanglier, ce qui exige l'assistance de plusieurs hommes courageux, on le soulève par les pieds de derrière, puis on le saisit par les écoutes (oreilles), et on le renverse sur le côté, de la même manière que les bouchers couchent un porc qu'ils veulent tuer. On lui passe le bâton dans la gueule, derrière les défenses, et au moyen de la corde attachée à l'un des bouts de ce bâton, on lui lie fortement les deux mâchoires l'une contre l'autre ; puis on passe la corde des deux côtés du bâton, on la fait revenir par dessus les *écoutes* et autour des pieds, et on le porte ainsi garrotté au moyen du gros bâton qui traverse les ligatures, soit pour le faire tuer par le maître de la chasse, soit pour le placer vivant dans un caisson.

Voici maintenant la cérémonie dont les Allemands accompagnent la mort de l'animal, quand c'est un vieux sanglier. Les chasseurs se rassemblent, et pendant que le maître de la chasse lui donne le coup mortel, ils crient : *Hillo ! hillo ! hillo !* et l'on sonne une fanfare. Le commandant présente ensuite au maître de la chasse un rameau, et tous les chasseurs en arborent un semblable ; mais ordinairement ils ne le font que lorsque la chasse est finie, et il n'y a que celui dont les chiens ont coiffé un sanglier qui se décore du rameau pendant la durée de la chasse.

V. *De la chasse à courre.* Cette chasse se fait pour le sanglier à peu près comme pour le cerf (*voyez* ce mot), mais seulement avec un équipage particulier qu'on appelle *vautrait.* On ne court ordinairement que les grands sangliers et particulièrement les mâles.

De la manière de quêter le sanglier.

Un valet de limier doit connaître les demeures

des sangliers, suivant les saisons, et les traces qui distinguent l'âge et le sexe de ces animaux. Il faut qu'il soit matinal, parce que le sanglier se rembûche de meilleure heure que tout autre animal.

Le limier qu'on emploie pour détourner le sanglier doit être bien dressé, hardi et capable de ne pas se rebuter par l'odeur de l'animal ni par la difficulté des lieux fourrés et marécageux où il se retire. La manière de le mener est la même que pour le cerf, le daim et le loup. Les termes sont aussi les mêmes, si ce n'est qu'on y ajoute celui de *hou, hou,* qui anime davantage le chien.

Il y a, dit M. Desgraviers, des sangliers très hardis qui, en se rembûchant, donnent de leurs défenses contre les arbres qu'ils rencontrent; il faut les raccourcir davantage que les autres, et comme ils sont plus dangereux pour l'équipage, le valet de limier ne doit jamais oublier d'en faire rapport, afin qu'on prenne ses sûretés. Ils se rembûchent aussi plus tard; d'autres, plus craintifs, ne doivent pas être autant raccourcis, parce qu'ils pourraient prendre le vent et partir de leur bauge. Comme les sangliers sont méfians et entendent de loin, le valet de limier doit faire le moins de bruit possible, et circuler par les chemins les plus couverts. Il prêtera l'oreille, avant de briser un sanglier, pour s'assurer s'il ne l'entend pas souffler, ce qui indiquerait que l'animal a le vent du trait, et qu'il faut l'attaquer de suite, pour ne pas risquer de faire buisson creux. Enfin, il observera bien la trace, pour indiquer, dans son rapport, si la bête qu'il a détournée est un ragot ou un vieux sanglier, une laie seule ou accompagnée.

De la manière de forcer le sanglier.

Les chiens qu'on emploie à cette chasse étant destinés à aller dans les endroits les plus fourrés d'épines et de ronces, et à poursuivre un animal dangereux, doivent être forts, bien ramassés, d'une taille de 20 à 22 pouces au plus, couverts d'un poil rude qui les garantisse de l'atteinte des épines, et réunir, à ces qualités, du courage et de la hardiesse.

Lorsque le rapport du valet de limier est fait, on distribue les relais comme pour la chasse du cerf, avec cette différence que les relais pour le cerf se placent dans les endroits clairs et élevés, tandis que pour le sanglier on les établit à portée des forts et des endroits fourrés. Il est avantageux de lancer un sanglier avec un grand nombre de chiens, et de les appuyer de près avec la troupe, en leur criant d'une voix forte: *Hou, hou, valets!... Hou, hou, là dedans, hou, hou!...* Les piqueurs suivront les chiens jusqu'à la bauge, en continuant de sonner ferme et de crier souvent, car si on attaque à bas bruit, il est assez ordinaire que le sanglier tient aux chiens sur sa bauge et va se remettre lentement dans un fort voisin; ou bien il se fait chasser sous le nez des chiens, les chargeant de distance en distance et en en blessant un grand nombre.

Il peut arriver qu'un sanglier, en traversant différens forts, s'accompagne d'autres bêtes; mais il est rare que de bons chiens prennent le change, parce que le sanglier, à force d'aller, s'échauffe si fort, qu'il laisse beaucoup plus de sentiment que celui qui ne fait que de partir de la bauge; d'ailleurs le sanglier ne ruse guère et ne fait que percer droit devant lui. Cependant, quand cet accident arrive, il faut rompre sur le change et requêter le sanglier de meute, après avoir écouté s'il n'y a pas une partie des chiens qui le suive, parce qu'il est rare que toute la meute prenne le change.

Lorsqu'on voit le sanglier par corps, on sonne la vue; mais au lieu de crier *tayaux*, comme pour le cerf, on crie: *vloo, vloo...* Lorsqu'on revoit du pied, on ne crie pas non plus *volcelet*, mais *vel-ci-aller, vel-ci-aller.*

Le sanglier n'est pas aussi aisé à forcer que le cerf; et quelque bon que soit un équipage, il est rare d'en venir à bout en moins de quatre ou cinq heures, s'il n'est pas raccourci d'un coup de fusil, ou coiffé par des dogues et des lévriers. On a même vu des chasses durer trois ou quatre jours, et l'on a remarqué aussi qu'un sanglier qui avait été chassé et manqué était plus hardi que les autres. Il est donc très utile d'avoir des chiens et des chevaux propres à cette chasse.

Lorsqu'un sanglier est sur ses fins, il ne perce plus en avant; il se fait battre long-temps dans le même canton, écume beaucoup, et ne va plus que par sauts; souvent il se met le cul dans une cépée, ou bien il se jette dans une mare, charge les chiens avec une fureur incroyable, et punit les plus hardis de leur témérité. Les piqueurs doivent alors appuyer vivement les chiens pour tâcher de relancer le sanglier, mais s'il tient les abois, l'un d'eux descend de cheval, et doit s'en approcher avec précaution en tenant son couteau de chasse à la main pour le percer. C'est au défaut de l'épaule, sur le cœur, qu'il faut lui donner le coup, parce que si on le portait sur l'épaule la résistance serait telle que la lame du couteau se briserait, et que le piqueur courrait de grands dangers. Il faut aussi qu'après avoir porté le coup, le piqueur s'esquive légèrement du côté opposé, parce que le sanglier blessé se tourne du côté où il se sent frappé. Mais si le sanglier paraît trop dangereux, il vaut mieux le tuer d'un coup de fusil ou de pistolet que d'exposer sa vie. Cette action appartient, à titre d'honneur, au commandant de l'équipage. Quand le sanglier est mort, les piqueurs sonnent pendant qu'on le laisse fouler aux chiens; ensuite on leur donne à manger les dedans pour la curée; ce qui leur suffit, parce qu'ils ne sont pas très friands de sa chair.

Les piqueurs et les valets de chiens d'un équipage de sanglier doivent toujours porter sur eux des aiguilles et du fil, ou de la soie, pour recoudre sur-le-champ les chiens qui sont blessés.

VI. *Des enceintes pour prendre les sangliers.*

Ces enceintes sont formées par des toiles ou par des palissades.

1°. *Enceintes formées de toiles.* Nous avons décrit, d'après l'ouvrage allemand de M. Hartig, dans l'article *Cerf*, les grandes chasses qui se font en

Allemagne au moyen de toiles, de filets, de cordes, etc., et où l'on réduit les animaux répandus sur une grande surface, dans des enceintes qui se resserrent de plus en plus. Ces chasses, qui prennent différens noms, se font pour les sangliers comme pour les bêtes fauves, avec quelques légères différences que nous allons indiquer.

Les cordes inférieures des toiles doivent être tendues et fixées dès le commencement de la chasse, et il faut, aussitôt que l'enceinte se resserre, soutenir les toiles par des piquets placés de 3 pieds en 3 pieds, afin qu'elles ne soient pas renversées par les sangliers.

Les feux qu'on allume près des toiles, pendant la nuit, pour en écarter les sangliers, doivent être plus rapprochés que dans la même chasse pour le cerf.

On ne doit pas négliger de doubler les toiles avec des filets, quand l'enceinte est devenue un peu étroite.

Lorsque les animaux sont réduits dans la dernière enceinte que nous avons appelée le *tir*, en parlant du *cerf*, on les fait coiffer par de gros chiens au lieu de les tirer à coups de fusil, et l'on se sert aussi de l'épieu pour les tuer. (Voyez *Épieu*.)

Si l'on prend un sanglier vivant, c'est par les traces (pieds) de derrière qu'on le soulève, et on le saisit par les écoutes. Des hommes forts l'introduisent dans une caisse qu'on a fait apporter tout près, et si on n'a point de caisse (*voyez* ce mot), on le museille comme nous l'avons dit dans l'un des paragraphes précédens. (*Voyez*, pour les grandes chasses dont il s'agit, le mot *Cerf*, art. 15.)

Voici, au surplus, une manière de prendre les sangliers dans des toiles. On emploie de grandes pièces de forte toile, entourées de grosses cordes, que l'on dispose autour des enceintes où il y a des sangliers, et que l'on tend à petit bruit, avec des fourches qui les tiennent élevées, et des piquets qui les arrêtent par le bas, de manière qu'elles forment une espèce de muraille. Lorsque l'on a tendu ces toiles, et barré l'enceinte en différens endroits avec d'autres toiles couchées à terre pour les tendre lorsque les animaux les auront dépassées, on couvre, avec des feuilles mortes, ces dernières toiles de l'intérieur, pour que les animaux puissent passer par dessus sans les remarquer. Tout étant ainsi préparé, on entre par un des bouts de l'enceinte avec des traqueurs que l'on range, à peu de distance les uns des autres, sur une même ligne, depuis un côté des toiles jusqu'à l'autre ; ils avancent toujours en conservant la même ligne jusqu'à la première toile, que l'on dresse, comme les autres, dès que les traqueurs l'ont dépassée ; puis on avance, dans le même ordre, jusqu'à la seconde, qu'on relève de même, et ainsi des autres ; et lorsqu'on est arrivé à la dernière, qui ne forme plus qu'une petite enceinte, on cherche encore à la raccourcir si l'on peut, pour avoir plus de facilité à prendre les animaux, que l'on saisit par les jambes de derrière, et que l'on met dans des charrettes faites en forme de cabane, ou dans des caisses à jour, pour les transporter dans les endroits qu'on veut peupler. On peut mener avec soi des mâtins qui aident à prendre les animaux.

S'il y avait de grands sangliers dans les toiles, il faudrait y placer des tireurs pour les tuer ; car, outre qu'ils arracheraient souvent les toiles, et ouvriraient un passage à d'autres bêtes de compagnie qui s'y trouveraient, ils pourraient encore blesser beaucoup de monde.

On peut aussi prendre un sanglier dans sa bauge avec un panneau tendu en cercle autour de lui. Les chasseurs, après avoir tendu ce panneau, tiennent en l'air les cordes supérieures, et lorsque l'animal se lève, il va donner dans le filet. Cette opération, assure M. Hartig, n'est point aussi dangereuse qu'on pourrait le croire, car le chasseur sur lequel avance l'animal de le poursuivre, puisqu'il est retenu par le filet. Les chasseurs voisins, qui n'ont rien à craindre, laissent tomber le filet sur le sanglier, lorsqu'en poussant il s'est enveloppé.

2°. *Enceintes formées par des palissades.*

Ces parcs ou enceintes s'établissent dans un canton de forêt, au moyen d'une clôture à laquelle on adapte une porte à bascule, et on y attire les animaux par des appâts. La plupart de ces enceintes, telles qu'on les construit en Allemagne, sont disposées de manière à ce que les animaux attirés par les appâts s'y enferment eux-mêmes ; quant aux autres, elles exigent la présence d'un garde pour les fermer, et on ne peut s'en servir que dans les nuits éclairées par la lune ; elles sont donc moins avantageuses que les premières.

Enceintes où les sangliers se prennent d'eux-mêmes.

Dans les pays où il y a beaucoup de sangliers, on établit des parcs ou enceintes destinées à les prendre, soit pour les tuer de suite, soit pour les conserver dans l'une des enceintes jusqu'à ce qu'on veuille les chasser, soit enfin pour les transporter vivans dans de grands parcs. La *Pl.* 23, *fig.* 5, représente une des enceintes propres à ces différens objets. L'enceinte A est celle où les sangliers se prennent : c'est le *saufang* des Allemands ; elle a 150 pieds de long sur 200 pieds de large, et elle n'est plantée que de bois clair. L'enceinte B est contiguë à la première ; les Allemands l'appellent *beygarten*, jardin ou parc contigu ; elle a 300 pieds de long sur 200 pieds de large, et elle est peuplée de quelques broussailles. L'enceinte C est une pièce vide, de 450 pieds de long sur 250 pieds de large dans son milieu ; c'est le *lauf* ou *hetz platz* des Allemands, c'est à dire le lieu destiné à tuer ou à faire coiffer les sangliers. Toutes ces enceintes sont entourées de fortes palissades en chêne, bien serrées, de 8 pieds de haut, et enfoncées en terre à 2 pieds de profondeur. A l'entrée de l'enceinte A se trouve, en *a*, une porte à coulisse de 3 pieds de large et de 4 pieds de haut, en planches de chêne doubles, qui se hisse facilement dans les rainures pratiquées aux deux montans. Ces montans sont fixés à leur partie supérieure, en bas et dans le milieu par une traverse, et il y a, à la partie supérieure, une petite poulie dans laquelle passe la corde destinée à hisser la porte. La *fig.* 6 représente un appareil qui s'établit en *b* (*fig.* 5), et la *fig.* 7 le représente vu de côté. Cet appareil a 2 pieds de large et 3 à 3 pieds et demi de haut; il se compose ainsi: le cylindre l, le billot servant d'arrêt d, le bâton servant de détente e, le pivot f, la corde h, qui passe sur la poulie en i, et qui, soutenue par des fourches, vient s'attacher à la porte à coulisse placée en a (fig. 5), enfin la corde g servant de marchette. Cette corde s'attache à deux piquets de 1 pied et demi de haut, plantés en $k\,k$ (fig. 5), sur la même ligne que le pivot f; elle doit être tendue fortement, et de telle manière que la détente e soit perpendiculairement placée entre le pivot f et l'arrêt d (fig. 6). Lorsqu'on veut tendre l'appareil, on lève la porte à coulisse en a (fig. 5), et on place un billot dessous, pour qu'elle ne retombe point; on tourne le cylindre l (fig. 6) jusqu'à ce que la corde h soit bien tendue et presse fortement l'arrêt d qui se trouve dessous; puis on passe la détente e entre l'arrêt d et le pivot f, l'on retire le billot placé sous la porte à coulisse, et l'appareil est tendu. La plus petite pression contre la corde g fait partir la détente et tomber à l'instant la porte à coulisse placée en a.

Outre cette porte à coulisse, on en pratique deux autres en ll, dans la clôture qui sépare l'enceinte A de l'enceinte B (fig. 5), pour chasser dans cette dernière les sangliers pris dans la première, et pour leur porter à manger jusqu'à ce qu'on les chasse plus loin. On pratique une souille en m et un abreuvoir, que l'on garnit d'argile bien battue pour empêcher l'infiltration; et l'on a soin, d'ailleurs, d'y entretenir de l'eau tant qu'il n'y a pas de neige.

Pour séparer les sangliers qui doivent être l'objet d'une chasse dans l'enceinte C, de ceux auxquels on veut donner une autre destination, on établit, entre les deux maisons de chasse qui sont placées en nn (fig. 5), six chambres ou un plus grand nombre, auxquelles conduisent des portes à coulisse; chacune de ces chambres ou enceintes a 15 pieds de long sur 12 pieds de large, et se trouve pourvue de chaque côté, et dans la longueur de la grande chambre qui longe l'enceinte C, d'une porte à coulisse de 3 pieds de large et de 4 pieds de haut; cette grande chambre a aussi deux pareilles portes qq, destinées à faire passer les sangliers dans l'enceinte C. On ouvre les portes oo et celles des chambres qui se trouvent du même côté, et l'on ferme les deux portes qq de la grande chambre p. Quand les sangliers sont entrés dans les chambres, un chasseur, placé au dessus de chacune des portes oo, ferme ces portes, et il sépare les sangliers, suivant leur grandeur, dans les différentes chambres, en faisant tomber les portes à coulisses qui s'y trouvent. Ensuite on fait sortir des chambres ceux des sangliers que l'on veut dans la grande chambre p, et de là, par les portes qq, dans l'enceinte C; il faut aussi établir, derrière chacune des trois palissades qui forment les chambres, un chemin ou galerie en planches de 1 pied et demi de large, à la hauteur de 5 pieds, pour que les chasseurs puissent ouvrir ou fermer les portes à volonté, et opérer sans danger la séparation des sangliers. Enfin on creuse, dans l'enceinte C, un petit étang de 1 pied et demi de profondeur; on construit près des palissades plusieurs gradins où les chasseurs puissent se retirer, et en outre quelques maisons pour la société et les spectateurs, et desquelles on puisse entrer dans l'enceinte C. Cet appareil, avec tous les accessoires que nous venons de décrire, est coûteux et ne convient que dans des chasses réservées; mais, si on en supprime les enceintes B et C, avec les différentes constructions destinées à opérer la séparation des sangliers, la dépense se réduit beaucoup, et l'on peut, avec peu de frais, établir un ou plusieurs appareils de cette espèce dans les cantons de forêts où il y a suffisamment de sangliers.

Enceinte à prendre les sangliers, mais avec le secours d'un homme.

Avant qu'on eût inventé le piège que nous venons de décrire, on se contentait de former une enceinte dans une place vide ou plantée seulement de quelques arbres, et l'on adaptait à la clôture une ou plusieurs portes à coulisses: on attirait les sangliers dans l'enceinte par des appâts, et un chasseur, pendant les nuits claires, observait, d'une baraque dans laquelle il se renfermait, le moment où les sangliers entraient dans l'enceinte; après quoi, il en fermait la porte. Dans cette construction, la baraque du garde est ordinairement placée près de la porte et dans la clôture même; cette porte ou ces portes se ferment au moyen d'un cordon; le mécanisme en est très simple, peu coûteux, et d'un effet certain. (*Voyez* la *Pl.* 23, *fig.* 8.) A l'un des montants de la porte est attaché un morceau de bois de 8 à 10 pouces de long, formant une équerre, qui est mobile au point A; à l'autre côté de l'angle, se trouve un cylindre en bois, sur lequel repose, quand la porte est levée, une goupille de fer, qui est fixée à la porte même. A l'équerre est attaché un cordon qui aboutit dans la loge du garde; c'est au moyen de ce cordon que l'on déplace le côté inférieur de l'équerre avec le cylindre sous la goupille, pour faire tomber la porte.

Manière de faire usage des deux enceintes ci-dessus décrites.

On s'occupe, à commencer de la seconde quinzaine du mois d'octobre, d'attirer les sangliers dans les enceintes; et, pour cet effet, on creuse, à partir de l'enceinte, et dans la direction convenable, quelques rigoles de 3 pieds de large sur une longueur de plusieurs centaines ou milliers de pas. On répand dans ces rigoles, et un à un, des glands, ou des faînes, ou des fruits sauvages, ou des pommes de terre, et, s'il gèle, de l'avoine et d'autres grains peu coûteux. Cette traînée doit passer sous la porte à coulisse, et aller jusqu'à la corde g, servant de marchette (*Pl.* 23, *fig.* 6). On a soin que la traînée soit mieux fournie près de l'enceinte que plus loin, où il faut ne répandre que peu de nourriture, afin que les sangliers ne soient point rassasiés avant d'arriver au piège; c'est principalement en avant et au delà de la corde g qu'on doit répandre le plus de nourriture. Lorsqu'on s'aperçoit que les sangliers ont donné à la traînée, on dispose l'appareil. Ils suivent cette traînée sous la porte, et avancent jusqu'à la corde g pour avoir la nourriture qui se trouve dessous; ils la poussent et font détraquer la détente; la porte tombe, et ils se trouvent pris dans l'enceinte A (*fig.* 5).

Si on fait usage des enceintes sans appareil, un chasseur placé dans la loge dont nous avons parlé attend, pendant les nuits où il fait clair de lune, que les sangliers, conduits par la traînée, soient entrés, alors il tire le cordon pour faire tomber la porte. Quand les sangliers sont pris, on les tue à coups de fusil dans la première enceinte, ou bien on les chasse dans l'enceinte B, par les portes à coulisses *ll*, ou bien encore, on place devant ces portes des caisses, dans lesquelles on les enferme comme nous l'avons dit en parlant *des parcs à sangliers*. (*Voyez* ces mots.) On peut aussi les prendre avec des toiles ou des filets. (Voyez *Toiles*.)

SANSONNET. Nom donné à l'*étourneau*, d'après sa facilité à répéter les airs qu'on lui apprend. (Voyez *Étourneau*.)

SARBACANE. C'est une canne creuse d'environ 3 pieds 3 pouces de longueur, ordinairement en bambou, dont on se sert pour tirer des petits oiseaux. Elle est garnie intérieurement d'une lame de cuivre qui forme le tube, dont le diamètre doit être de 3 lignes et demie, et parfaitement poli. Les deux extrémités de la sarbacane sont garnies, l'une d'une pomme à vis, et l'autre d'un bout en cuivre également à vis. Lorsqu'on veut s'en servir, on retire la pomme et le bout en cuivre, on fait des petites balles de terre glaise avec un moule, dont on trempe les becs dans de l'huile, pour que la terre s'en détache bien; on fait sécher les balles; on en place une à l'entrée du tube, que l'on dirige vers l'oiseau, et on souffle fortement pour lancer la balle. On ne tue pas toujours l'oiseau, mais on l'étourdit assez pour le faire tomber et s'en emparer.

SARCELLE. Nom d'une famille de canards, les plus petits de tous, et qui ressemblent aux autres canards par les mœurs, par la conformation, par l'ordonnance du plumage, et par la grande différence des couleurs dans les deux sexes. Toutefois, les sarcelles diffèrent des canards, en ce qu'elles se réunissent par petites bandes, voyagent sans garder aucun ordre, et vivent une partie de l'année par couples isolés, tandis que les canards se réunissent en troupes nombreuses, s'y tiennent une grande partie de l'année, et voyagent dans un ordre régulier. La chair des sarcelles est aussi plus estimée que celle des canards. On a conseillé de les multiplier en domesticité, en faisant couver leurs œufs par des poules, et en privant les petits, provenant de la première génération, de la faculté de voler; c'est à dire en leur coupant le bout de l'aile. La famille des sarcelles est nombreuse; mais les espèces les plus répandues en Europe sont celles ci-après.

LA SARCELLE COMMUNE, *anas querquedula*, Lath. (*Pl.* 19, *fig.* 7 et 8), a la grosseur de la perdrix rouge, 16 pouces de longueur, y compris la queue, qui a 2 pouces et demi. Son envergure est d'environ 2 pieds, et son poids de 1 livre. Elle a le bec droit, de 1 pouce et demi de long, un peu aplati vers le front, de couleur noirâtre; l'iris d'un châtain foncé; les pieds de 1 pouce et demi de haut et de couleur de plomb, ainsi que les doigts et les membranes; le sommet et le derrière de la tête d'un brun noirâtre; deux bandes blanches sur les côtés du cou, qui passent en dessus et en dessous des yeux, et se réunissent vers l'occiput; les joues, la gorge, le haut du cou variés longitudinalement de lignes blanches sur un fond brun roussâtre; le devant du cou et la poitrine rayés finement de brun; les couvertures supérieures de la queue de cette même couleur et bordées de blanchâtre; le haut du ventre et les côtés blancs; ces derniers rayés transversalement de noirâtre; les couvertures inférieures de la queue tachetées de brun sur un fond blanchâtre; plusieurs des plumes scapulaires noirâtres et marquées d'une ligne blanchâtre le long de leur tige; les autres cendrées et bordées de blanc en dehors; les petites et moyennes couvertures des ailes cendrées; les grandes, les plus proches du corps, de la même teinte et terminées de blanc; les plus éloignées d'un cendré brun, et bordées de la même couleur à l'extérieur; les onze pennes primaires, d'un gris brun et frangées de blanc, les neuf suivantes d'un vert doré, brillant en dehors, liseré obliquement de blanc, ce qui forme deux bandes transversales; les secondaires d'un gris brun nuancé de vert obscur, et bordées extérieurement de blanc; celles de la queue d'un gris brun et à bord blanchâtre.

La femelle est plus petite que le mâle; ses couleurs sont ternes; le gris et le brun sont celles qui dominent, et le miroir de l'aile a moins d'éclat. La différence du plumage dans les deux sexes est aussi grande que dans les canards, et elle est telle, que les chasseurs peu expérimentés les méconnaissent, en leur donnant les noms impropres de *tiers, racanettes, mercanettes*.

Le mâle, au temps de la pariade, fait entendre un cri semblable à celui du râle.

La sarcelle est moins craintive que les autres canards. Elle vole et nage légèrement, et fait entendre, en nageant, un cri : *scheck, scheck*, ou *kneek, kneek*, d'où lui est venu son nom allemand *knekente*. Ce cri paraît être dû à la conformation de la trachée-artère de cet oiseau. Le mâle et la femelle vivent presque toujours ensemble, et il n'y a que les jeunes qui, au temps du départ, se réunissent en petites bandes.

Habitation. Les sarcelles communes sont répandues dans presque toutes les contrées de l'Europe et de l'Asie, et on les trouve aussi en Amérique. Elles habitent les lacs, les étangs et les rivières où il y a beaucoup de roseaux, de joncs et des places sèches sur leurs bords. Elles vivent isolées en Allemagne et en France. C'est en hiver, depuis le mois d'octobre, qu'on en trouve le plus; elles vont, surtout dans les montagnes, d'un endroit à l'autre, pour trouver des eaux non glacées. Lors des grands froids, elles se retirent vers les contrées méridionales. Dans le mois de mars, elles retournent dans les pays septentrionaux pour y passer l'été; cependant il en reste quelques unes dans nos climats, qui nichent dans les prairies marécageuses.

Nourriture. Ces oiseaux se nourrissent de plantes aquatiques et de graines, de petits poissons, de vermisseaux, d'insectes et de limaçons. Ils cherchent volontiers leur nourriture sur les bords des eaux.

Lorsqu'ils sont privés, ils mangent avec les canards domestiques. Il paraît qu'ils aiment à tremper dans l'eau la graine qu'on leur donne. On pourrait, à l'exemple des anciens, les amener à l'état de domesticité.

Propagation. Les sarcelles font leur nid sur une butte de gazon ou de jonc, où la femelle dépose de sept à douze œufs d'un vert jaunâtre. Les jeunes sont de couleur olive.

Ennemis. Elles ont pour ennemis les milans, les faucons et autres oiseaux de proie. Elles sont tourmentées par une espèce particulière de vermine.

Chasse. On les approche assez facilement pour les tirer, et on les prend d'ailleurs dans les pièges employés pour les canards.

Qualités. La chair de la sarcelle commune a le goût un peu fort; on la mange cependant volontiers. Les jeunes sont très gras en automne.

LA PETITE SARCELLE, *anas crecca*, Lath., est d'une taille inférieure à l'espèce précédente, que l'on a distinguée par l'épithète de *commune*, dénomination qui conviendrait mieux à celle-ci, puisqu'elle est nombreuse en France, tandis que l'autre ne fait guère qu'y passer.

La petite sarcelle a 14 pouces de longueur, y compris la queue, qui a près de 3 pouces de long; ses ailes déployées ont 22 pouces d'envergure; elle pèse trois quarts de livre et jusqu'à une livre. Elle a le bec de 1 pouce et demi de long et presque noir; l'iris d'un brun rougeâtre; les pieds de 1 pouce et demi de haut, et d'un gris cendré, ainsi que les doigts et les membranes; les ongles noirs; le sommet de la tête d'un marron brun bordé de roussâtre, qui s'étend sur la moitié du dessus du cou, en forme de bande, continué par un trait d'un noir de velours; une raie d'un blanc roussâtre sur chaque côté de la tête, et qui part de l'ouverture du bec, remonte vers le front, passe sur les yeux, et s'étend jusqu'à l'occiput; une large tache d'un vert doré derrière l'œil, et descendant le long du cou; une petite bande au dessous, passant sous l'œil, et s'étendant vers le derrière de la tête; les joues et le devant du cou de couleur marron; la gorge brune; le haut du cou rayé transversalement et en zigzag de lignes noirâtres et blanchâtres; les scapulaires de même couleur, avec quelques plumes bordées de blanc et de noir; quelques lignes transversales blanchâtres sur le fond brun du dos et du croupion; les couvertures du dessus de la queue noirâtres, bordées de roussâtre, et changeant en vert doré; le bas du cou et le haut de la poitrine variés de blanc et de roussâtre, et séparés par une tache noirâtre; le bas de la poitrine et le ventre blancs; les flancs rayés transversalement et en zigzags blanchâtres et noirâtres; les couvertures des ailes d'un cendré brun, et traversées par une bande de même couleur, et terminée de roussâtre; les pennes de diverses nuances, les unes d'un cendré brun, d'autres noirâtres et terminées de blanc, d'autres d'un vert doré, bordées de noir de velours dans toute leur longueur, et de blanc à leur extrémité; les pennes de la queue brunes et bordées de blanchâtre.

La femelle est plus petite que le mâle; elle a la tête et le cou variés de brun et de blanchâtre; les ailes semblables à celles du mâle; le bas du ventre totalement blanc, le bec olivâtre en dessus, et un peu tacheté de noir; le dessous de cette dernière couleur, et les pieds d'un gris brun.

La petite sarcelle n'est point un oiseau très farouche; mais son vol, quoique court, est rapide. Elle fait entendre, en volant, un cri qui peut être rendu par ce mot : *cruc*. Elle en fait entendre un autre, principalement dans le mois de mars, et qui est une sorte de sifflement : *vouiro, vouiro*.

Habitation. Les petites sarcelles habitent principalement les grands étangs des pays du nord, pendant l'été. Elles arrivent chez nous en automne, et souvent en société avec les autres canards, fréquentent nos étangs pendant l'hiver, et ne les abandonnent que dans les temps de gelée pour se rabattre sur les rivières et les fontaines dont les eaux ne gèlent point. Elles retournent dans le nord au printemps, mais il en reste beaucoup dans nos climats.

Nourriture. Elles se nourrissent de petits poissons, de vermisseaux, de limaçons, d'insectes, de cresson, de cerfeuil sauvage, de graines de joncs, et de jeunes plantes aquatiques.

Propagation. La pariade a lieu dans le mois de mars. A cette époque, la petite sarcelle construit son nid sur les bords d'un étang, dans les roseaux les plus élevés, sur quelque petite butte, ou sur une touffe de joncs; la femelle y dépose depuis huit jusqu'à douze œufs, de la grosseur de ceux du pigeon, et d'un blanc sale avec des petites taches brunes; elle les couve pendant trois semaines; les mâles, durant le temps de la couvée, se réunissent en petites bandes, et ne retournent à leurs familles qu'à l'automne, pour ne les quitter qu'au printemps suivant.

Ennemis. Les renards, les chats sauvages, les fouines, les putois, les belettes et les gros oiseaux de proie, leur font la guerre.

Qualités. La chair de cette sarcelle est un manger excellent, et préférable à celle du canard sauvage.

LA SARCELLE D'ÉTÉ, *anas circia*, Lath., est la plus petite des trois sarcelles qui fréquentent nos contrées. Elle est connue à Montreuil-sur-Mer, sous le nom de *criquart* ou de *criquet*. Elle a 13 pouces et demi de longueur totale; le bec de 1 pouce et demi de long, droit, d'un gris cendré, et noirâtre vers le bout; l'iris orangé, les pieds d'un cendré bleuâtre, et les jambes de 1 pouce 3 lignes de haut; les joues et la gorge d'un beau marron; les parties supérieures, depuis le front jusqu'à la queue, d'un cendré brun, varié du brun sur le dos; une bande blanche au dessus de l'aile; le devant du cou et la poitrine roux, avec le bord des plumes d'un brun foncé; le dessous du corps blanc, avec des taches noires à la poitrine et sur le bas-ventre; les petites et les moyennes couvertures des ailes cendrées, quelques unes des grandes terminées de blanc; les dix premières pennes brunes, bordées de blanc; les suivantes brunes en dedans et d'un vert doré brillant en dehors, bordé de noir et terminé de blanc; le miroir des ailes d'un vert foncé avec une bande noire et un liseré blanc en dessous ; la queue pointue et brune avec le rebord blanc. La femelle est un peu plus petite que le mâle ; elle a les joues et la gorge d'un roux clair et marqué de taches blanches, une ligne blanche au dessus des yeux, et le reste du plumage cendré et brun avec des raies roussâtres ; mais elle a le ventre d'un blanc roussâtre avec des taches brunes et le miroir vert, et bordé en dessous d'une bande blanche.

Du reste, tout ce que nous avons dit dans la description de l'espèce précédente appartient à celle-ci.

Habitation. Cette sarcelle ne vient point des pays septentrionaux : elle habite les climats tempérés ; on la voit paraître en France dès les premiers jours de mars, et on la trouve en automne et en hiver, sur les étangs et les rivières. Elle ne va jamais en bandes nombreuses.

Nourriture. La même que pour l'espèce précédente.

Propagation. Cette espèce s'apparie dans le mois de mars ; elle construit son nid dans les grosses touffes de joncs, et un peu au dessus du niveau du marais. La ponte est de dix à quatorze œufs d'un blanc sale, un peu rougeâtre, et l'incubation dure trois semaines. Le père et la mère conduisent à l'eau, dès les premiers jours, les petits qui cherchent leur nourriture dans l'herbe et sous la vase.

Ennemis. Les mêmes que ceux de l'espèce précédente.

Qualités. La chair de cet oiseau est de très bon goût.

Chasse des sarcelles.

Comme les sarcelles ont beaucoup des habitudes des canards, on emploie contre elles les mêmes moyens qui servent à la chasse de ces derniers. (Voyez *Canard.*)

SAUNIÈRE. Nous avons quelquefois traduit par ce mot l'expression allemande *salz lecke*, qui signifie *sel à lécher*, et qui est une composition d'argile et de sel que l'on place dans les parcs à cerfs, daims et chevreuils. Nous avons appelé aussi cette composition *pains salés*. (Voyez *Parc.*)

SAURAGE, première année d'un oiseau de proie, pendant toute laquelle il croît ; son premier pennage est roux.

SAUTERELLE. (Voyez *Raquette.*)

SAVAU. Lorsqu'on entre dans une enceinte pour la fouler, et que les chiens commencent à chasser, on dit, en leur parlant : *Savau, chiens, savau*.

SECONDE ou SECONDE VIEILLE MEUTE. C'est le relais qui se donne après la vieille meute. On dit des hommes, des chevaux et des chiens qui s'y trouvent : ils sont de *seconde*.

SECONDE TÊTE. Voyez *Tête*.

SEMÉ. On dit qu'un cerf porte dix ou douze, bien ou mal *semés*, selon que les andouillers des deux empaumures sont ou ne sont pas égaux en nombre. Ainsi, pour qu'un cerf, un daim, un chevreuil portent *bien semés*, il faut que le nombre des andouillers soit pair.

SEMER. On dit qu'un cerf sème ses fumées lorsqu'en marchant il les jette les unes après les autres.

SENTIMENT. Ce mot se dit de l'odorat des chiens. Ils ont le *sentiment* très fin, très subtil, mais quand ils ne peuvent suivre la piste du gibier, on dit qu'ils n'ont point de *sentiment*.

SÉPARER. On dit, en termes de chasse, que le cerf cherche par des bonds à se *séparer de sa voie*, ou simplement à *se séparer*, pour dire à interrompre la trace, les émanations odorantes qui dirigent les chiens. On dit encore, lorsqu'un cerf quitte les bêtes dont il s'est accompagné, qu'il *se sépare*, et si alors les chiens abandonnent le change pour suivre sa voie, on dit qu'ils l'ont bien *séparé*.

SÉPARER les quêtes, en terme de vénerie, c'est distribuer aux valets de limier les cantons de la forêt dans lesquels ils doivent aller en quête.

SÉPARER l'empaumure se dit d'un cerf dont les andouillers commencent à paraître.

SERRÉE, *tête*. (Voyez *Tête.*)

SERRES. Ongles, griffes des faucons, aigles et autres oiseaux de proie.

SERPE à l'usage des oiseleurs. (*Voyez* ce mot.)

SERPETTE. (*Voyez* le même mot.)

SIFFLASSON. Oiseau du lac de Genève, que Buffon croit être un bécasseau.

SIFFLEUR. Espèce de canard connu aussi sous le nom de *vingeon*. (*Voyez* ce mot.)

SIFFLEUR. C'est aussi le nom vulgaire du *bouvreuil* et du *mauvis*.

SILLER. (Terme de fauconnerie.) Il signifie coudre les paupières d'un oiseau de proie, afin qu'il ne se débatte point.

SITTELLE, *sitta europæa*, Lath. Oiseau qui a les habitudes communes avec les *pics*, les grimpereaux et les mésanges, et qui porte une infinité de noms, tels que ceux de *torche-pot*, *pic-cendré*, *pic-de-mai*, *pic-bleu*, *pic-maçon*, *picotelle*, *tape-bois*, *casse-noix*, *casse-noisette*, *grimpard*.

Description. La sittelle (*Pl.* 10, *fig.* 9) est à peu près de la grosseur de l'alouette ; elle a 6 pouces et demi de longueur, y compris la queue qui a 1 pouce et demi ; le bec, de 9 lignes de long, droit, fort, un peu aplati vers la pointe, et l'iris d'un gris brun ; les pieds gris et armés d'ongles robustes. Le mâle a le front bleu, une bande noire autour des yeux, le dessus du corps d'un gris bleu, les joues et la gorge blanchâtres, la poitrine et le ventre orangés, les plumes des ailes et de la queue noires avec un mélange de blanc et de bleu.

Ce petit oiseau n'est point très craintif ; il grimpe avec une grande facilité, et son cri ordinaire est *ti, ti, ti, ti*, dont il précipite la mesure de plus en plus. Outre ce cri et le son qu'il produit en frappant sur l'écorce, il fait, en mettant son bec dans une fente, un bruit *grrrrrro*, que l'on entend de très loin.

Habitation. Il habite de préférence dans les bois et s'approche des jardins pendant l'hiver; mais il ne s'éloigne jamais beaucoup du lieu qui l'a vu naître.

Nourriture. La sittelle se nourrit d'insectes, de noisettes, de faînes et de graines ou semences qu'elle prend sur les plantes ligneuses et les plantes herbacées, et dont elle forme des provisions dans le creux des arbres.

Propagation. Elle place son nid dans un tronc d'arbre, souvent dans un trou de pic abandonné, ou dans un trou qu'elle se pratique elle-même à coups de bec dans le bois vermoulu. Si l'ouverture en est trop grande, elle la rétrécit avec de la terre grasse, d'où lui est venue la dénomination de *torchepot* et de *pic-maçon*. La ponte est de cinq à six œufs d'un blanc sale et pointillés de roussâtre; l'incubation dure quinze jours. On n'est point d'accord sur le nombre des couvées; quelques naturalistes prétendent qu'il y en a rarement deux, et M. Hartig dit, au contraire, qu'il y en a souvent deux et jusqu'à trois.

Qualités. Cet oiseau détruit un grand nombre d'insectes nuisibles.

Chasse. On le prend par les moyens indiqués pour les pics et les mésanges.

SIX-CHIENS. Relais qui se donne après la seconde.

SIZERIN, *fringilla linaria*, Lath. Oiseau du genre du *pinson* et de l'ordre des *passereaux*.

Description. Cet oiseau, qui est de la grosseur de la linotte, a 5 pouces 3 lignes de longueur, dont 2 pouces 3 lignes appartiennent à la queue; le bec jaunâtre et seulement de 4 lignes de long; l'iris brun; les jambes de 9 lignes de haut; le sommet de la tête d'un beau rouge cramoisi; le dessus du corps d'un brun foncé, varié de blanc et de roussâtre; le croupion de couleur rosée; la gorge noire; le dessous du cou et la poitrine d'un rose vif, avec des plumes bordées de blanc; le reste de la partie inférieure du corps blanc; les plumes des ailes et de la queue d'un brun foncé, et deux raies blanches transversales sur les ailes. La femelle n'a point de rouge sur la poitrine, et celui de la tête est moins vif; de plus, ses couleurs sont ternes.

Habitation. Les sizerins habitent principalement les pays du nord, traversent l'Allemagne en automne et au printemps; mais ils n'arrivent pas toujours jusqu'aux environs de Paris, et ce n'est que dans les hivers rigoureux qu'on les voit en troupes nombreuses. Ils fréquentent les bois, se tiennent à la cime des arbres, s'y accrochent comme les mésanges, s'appellent sans cesse, et se rassemblent souvent sur le même arbre.

Nourriture. Ils se nourrissent de toutes sortes de petites semences, de celles d'aune et de pin, des boutons des jeunes branches de chêne, de bouleau, etc.

Propagation. Ils nichent dans les pays septentrionaux; c'est dans les buissons qu'ils placent leur nid; la ponte est de quatre à cinq œufs d'un vert bleuâtre, tachetés de rouge; l'incubation dure quinze jours.

Qualités. Les sizerins prennent beaucoup de graisse, et leur chair est délicate et de bon goût; mais s'ils se nourrissent de chenevis et de graines amères, leur chair contracte une grande amertume. On les conserve en cage, non à cause de leur chant qui est faible et moins agréable que celui de la linotte, mais à cause de leur familiarité et de la facilité de les apprivoiser.

Chasse. Comme ces oiseaux sont d'un naturel doux et peu méfiant, on les prend facilement aux pièges qu'on leur tend; on emploie les mêmes moyens que pour les cabarets et les linottes. Frisch prétend que le *tarin* peut servir d'appeau pour attirer le sizerin dans les pièges au temps du passage.

SOLART. (Voyez *Bécasse*.)

SOLE. On appelle ainsi la corne tendre qui est sous le pied du cheval. Les veneurs emploient le même mot pour désigner le milieu du dessous du pied du cerf, du chevreuil, du daim, et qui est renfermé entre les deux pinces, le talon et les côtés.

SOLITAIRE. On donne quelquefois ce nom au vieux sanglier.

SOMMÉES. Terme de fauconnerie, qui désigne les pennes d'un oiseau de vol qui ont atteint toute leur croissance.

SONNER. Ce mot se dit de l'action de donner du cor. On dit : *Sonner le débûcher, sonner le laisser courre, sonner le gros ton, sonner du grêle.* On emploie aussi le mot *sonner* seul.

On *sonne* du cor pour rappeler les chiens, les rassembler et les exciter.

On dit : *Sonner un mot ou deux du gros ton*, lorsque le piqueur fait signe à un de ses compagnons d'aller à lui.

SORS. (Fauconnerie.) On appelle faucon *sors* celui qui est encore dans sa première année et qui porte son premier pennage qui est roux. Cette épithète se donne aussi aux autres oiseaux de vol.

SOUBUSE, *falco cyanus*, Lath. (Pl. 8, *fig.* 6.) Oiseau de proie rangé avec beaucoup d'autres dans le genre du faucon. Plusieurs ornithologistes ont considéré l'*oiseau Saint-Martin* comme étant le mâle de cette espèce; mais Sonnini regarde l'*oiseau Saint-Martin* comme formant une espèce particulière et distincte de la soubuse. Voici, d'après cet auteur, la description de la soubuse.

Description. Le mâle est d'un tiers moins gros que la femelle, dont la longueur totale est d'un pied et demi. Tous deux ont les jambes longues et menues; mais ils diffèrent autant par les couleurs que par la taille. Le plumage de la femelle est d'un brun roussâtre sur la partie supérieure, et d'un blanc teinté de roux, avec des traits bruns et longitudinaux sur l'inférieure; une bande de plumes hérissées et étroites forme une espèce de bandeau roux et brun sur la tête; le côté extérieur des pennes des ailes d'un brun obscur; l'intérieur rayé transversalement de noirâtre et de blanc roussâtre; les deux pennes du milieu de la queue de la même couleur que le dos, et traversées par des bandes d'une nuance moins foncée; les autres pennes de la queue barrées de roux et de noirâtre; l'iris de l'œil et les pieds jaunes; le bec et les ongles noirs.

Le mâle n'a point de couronne sur la tête; ses teintes sont plus claires, et les traits oblongs du dessous de son corps sont d'un roux plus décidé.

La soubuse se rapproche des oiseaux de nuit par son habitude de voler et de chasser le soir et pendant la nuit. Son vol est rapide, mais rarement élevé.

Habitation. On voit la soubuse en France, en Angleterre et dans d'autres pays du nord de l'Europe et de l'Asie; elle se tient communément dans les bruyères et autour des marais.

Nourriture. Cet oiseau est l'un des ennemis les plus à craindre pour les poulets et les jeunes pigeons, qu'il enlève en s'introduisant dans les basses-cours et les colombiers. A la campagne, il fait la chasse aux petits oiseaux, aux mulots, aux campagnols, aux lézards.

Propagation. La soubuse fait son nid dans l'épaisseur des buissons, dans les joncs, dans les grains d'hiver, dans les hautes herbes. Sa ponte est de quatre à six œufs bleuâtres, qu'elle couve pendant trois semaines.

Qualités utiles et nuisibles. Elles résultent de sa manière de vivre. Les fauconniers comptent la soubuse au nombre des oiseaux de basse volerie ou ignobles.

Chasse. C'est le soir, sur la lisière des bois, qu'on trouve l'occasion de tirer la soubuse, lorsqu'elle fait la chasse aux petits oiseaux qui rentrent pour se coucher. Dans le jour, on la rencontre rarement.

SOUCHET, *anas clypeata*, Lath. Espèce de canard, que son large bec épaté, arrondi et dilaté par le bout en forme de cuiller, a fait nommer *canard-cuiller*, *canard-spatule*, *canard à long bec*. On l'appelle aussi le *rouge* ou *rouge à la cuiller* sur les côtes de la Picardie, dénomination qui lui vient de ce que sa chair est toujours rouge, quoique bien cuite.

Description. Le souchet est un peu moins grand que le canard sauvage; il a 20 pouces de longueur totale; le bec noir, de près de 3 pouces de long et conformé comme nous l'avons dit; l'iris jaune, les pieds d'un rouge orangé et les jambes de 1 pouce 9 lignes de haut; la tête et le haut du cou d'un vert brillant, à reflets violets; le reste du cou et la poitrine blancs; le ventre roux; le dessus du corps d'un noir verdâtre; les couvertures de l'aile, près de l'épaule, d'un bleu tendre, les suivantes blanches, et les dernières forment sur l'aile un miroir vert bronzé.

La femelle est plus petite; elle a le dessus du corps d'un gris brun; chaque plume bordée de roux; une bande blanche sur les ailes, et le miroir d'un vert bordé de blanc; la poitrine d'un blanc sale et le ventre d'un brun clair. Les jeunes souchets sont d'abord gris comme les femelles, et ce n'est qu'à la première mue qu'ils prennent leurs belles plumes.

Cette espèce offre différentes nuances dans le plumage, suivant l'âge des individus.

Le cri des souchets est une espèce de craquement, comparable à celui d'une crécelle à la main, tournée par petites secousses. Ces oiseaux sont très méfians.

Habitation. Ils arrivent sur nos côtes de l'Océan au mois de février, se répandent dans les marais, où l'on en tue beaucoup, principalement en Picardie, depuis la mer jusqu'à Soissons. Quelques uns s'avancent plus avant dans l'intérieur des terres, et l'on en voit de temps en temps jusque dans les Vosges. Ils disparaissent dès que le froid devient vif, et il est très rare d'en voir pendant l'hiver; ce qui a fait penser qu'ils craignent le froid: cependant on dit qu'ils habitent les lacs et les rivières des pays septentrionaux et le nord du nouveau continent.

Nourriture. Elle se compose de crustacés, de grenouilles, de vermisseaux, d'insectes aquatiques et de mouches, qu'ils attrapent en voltigeant sur l'eau.

Propagation. Quelques uns nichent dans nos contrées; ils s'apparient au mois de mars: les femelles font leurs nids dans des touffes de joncs, y déposent depuis huit jusqu'à quatorze œufs d'un roux pâle: l'incubation dure trois semaines.

Ennemis. Les mêmes que ceux du canard sauvage.

Qualités. La chair de ce canard est tendre et succulente: nous avons dit qu'elle était toujours rouge, quoique bien cuite. (*Voyez*, pour la chasse, l'article *Canard sauvage*.)

SOUCI, SOUCIE. (Voyez *Roitelet*.)

SOUFFLER. En termes de chasse, on dit qu'un chien a soufflé le poil à un lièvre, pour dire qu'il a presque appuyé le museau dessus et qu'il l'a manqué. On dit aussi qu'il *lui soufflait au poil*, pour dire qu'il le suivait de près.

SOUIL ou plutôt SOUILLE. Endroit bourbeux où le sanglier se vautre; la souille sert souvent à faire reconnaître la taille du sanglier. On dit aussi *souillard*, *souillure*.

SOULCIE, *fringilla petronia*, Lath. Petit oiseau qui a la forme du moineau, avec un peu plus de grosseur, et qu'on a souvent confondu avec ce dernier, quoiqu'il en diffère par son plumage et qu'il habite les bois; tandis que le moineau s'établit près des habitations. On l'appelle *moineau de bois*; il niche dans les trous d'arbres, ne fait qu'une couvée par an, composée de cinq à six œufs bruns, piquetés de blanc. L'espèce n'est pas nombreuse en France, cependant on la dit commune en Lorraine. Les *soulcies* sont défians, reconnaissent les pièges qu'on leur tend; mais on les prend facilement avec des filets.

SOURDE. C'est la petite bécassine. (Voyez *Bécassine*.)

SPATULE. Oiseau du genre de ce nom et de l'ordre des échassiers, ainsi nommé à cause de son bec, dont l'extrémité, en s'élargissant circulairement, présente la forme d'une spatule. Cette espèce est toute blanche comme le cygne, et elle est beaucoup plus grande que le héron gris; mais elle a le cou moins allongé, ainsi que les jambes, qui sont noires et couvertes d'une peau dure et écailleuse. Cet oiseau, qui vit de poisson, se trouve assez fréquemment sur les côtes marécageuses du Poitou, de la Bretagne et de la Picardie. Dans quelques provinces, on lui donne le nom de *cuiller*, à cause de la forme de son bec. Il fait son nid sur les grands arbres. Sa chair est bonne et n'a pas le goût huileux de la plupart des oiseaux de rivage.

SPIPOLETTE ou *alouette des friches*, *alauda campestris*, Lath.

Description. Longueur totale, 6 pouces et demi ; la tête et tout le dessus du corps d'un gris brun teinté d'olivâtre ; les sourcils, la gorge et tout le dessus du corps d'un blanc jaunâtre, avec des taches brunes oblongues sur le cou et la poitrine ; le bec noirâtre avec les coins jaunes ; les pieds bruns.

Habitation. Cette espèce d'alouette habite principalement sur les hautes montagnes du midi de la France ; elle se plait dans les friches et les bruyères ; on la voit en troupes nombreuses dans les champs d'avoine après les moissons ; elle arrive au printemps et part en automne.

Nourriture. Des insectes et des graines.

Propagation. Nid placé près de terre sur quelque genêt ou autre plante basse.

Qualités. On élève cet oiseau pour son chant, qui est assez agréable. Sa chair, à l'automne, est un très bon manger.

Chasse. On prend les spipolettes avec des nappes à alouettes et avec des gluaux dont on garnit les arbres sur lesquels on les voit se poser.

SUBTIL, MAL SUBTIL. (Fauconnerie.) C'est une maladie des oiseaux de vol, une espèce de *boulimie*, et dans laquelle ils sont toujours affamés.

SUCET. (Voyez *Roitelet*.)

SUIF. Nom que l'on donne, en terme de chasse, à la graisse des bêtes fauves. Celle du sanglier se nomme *sain* comme celle du cochon. On dit que le cerf pisse son *suif* au commencement du rut.

SUITE. Ce mot se dit de l'action de suivre le gibier qu'on a fait lever.

SUITE. C'est l'action du limier sur la voie du gibier qui va d'assurance. Donner des *suites* à un jeune chien, c'est lui faire suivre des voies au droit et au contre-pied pour le dresser.

SUITES. Ce sont les testicules du sanglier. Ce mot est une corruption de *luites*, qui est le véritable nom.

SUIVRE LA VOIE. Ce mot se dit d'un chien qui donne bien dans le droit sans s'écarter. Un limier suit une bête qui va d'assurance ; mais quand elle fuit, on dit qu'il la chasse.

SURALLER. Ce mot se dit d'un limier ou d'un chien courant qui passe sur la voie sans se rabattre et sans rien dire. *Se suraller* se dit d'une bête qui revient sur ses voies.

SURANDOUILLER. C'est un grand andouiller qui se rencontre à quelques têtes de cerfs, et qui excède en longueur les autres de l'empaumure.

SURMARCHER. C'est la même chose que *suraller*.

SURNEIGÉES. Ce sont les voies du gibier sur lesquelles la neige est tombée.

SURPLUÉES, *voies surpluées*. Voies lavées par la pluie depuis que l'animal est passé.

SURETÉ (chasser en). Les chiens *chassent en sûreté* lorsqu'ils suivent la même voie, le nez collé à terre, et crient également.

SUSBEC (Fauconnerie.) Pituite âcre que les oiseaux de proie jettent par le bec, et qui en fait mourir un grand nombre.

TADORNE, *anas tadorna*, Lath. Espèce de canard que les anciens désignaient sous le nom de *vulpanser* (oie-renard), et que les Allemands appellent *fuchs-ente* (canard-renard), parce que cet oiseau gîte, comme le renard, dans un terrier.

Description. Le tadorne est un peu plus grand que le canard commun ; il a les jambes un peu plus hautes, le bec plus relevé et le plumage revêtu de couleurs plus vives ; la tête et la moitié du cou d'un noir lustré de vert ; le bas du cou entouré d'un collier blanc ; une large zone de jaune cannelle sur la poitrine, et qui forme une bandelette sur le dos ; le bas-ventre de cette dernière couleur ; au dessous de l'aile, de chaque côté du dos, une bande noire sur un fond blanc ; les ailes noires, nuancées, vers le milieu, d'un vert lustré ; le bord extérieur des pennes voisines du corps d'un jaune cannelle, et le bord intérieur blanc ; les grandes couvertures noires et les petites blanches ; les pieds et leurs membranes couleur de chair ; le bec d'un rouge pâle ; l'onglet de ce bec et le tour des narines noirs ; un petit tubercule rougeâtre à la base du bec.

La femelle, beaucoup plus petite que le mâle, a les mêmes couleurs ; mais les reflets verdâtres de la tête et des ailes sont moins apparens.

Les jeunes, en naissant, ont le ventre blanc et le dos blanc et noir ; ils deviennent ensuite gris, et ne se parent des couleurs des adultes que vers le mois de septembre de la deuxième année.

Le cri du tadorne est assez semblable à celui du canard domestique.

Habitation. Les tadornes paraissent préférer les régions septentrionales ; ils arrivent en petit nombre, au printemps, sur nos côtes de l'Océan. Dès qu'ils sont arrivés, ils se répandent dans les plaines de sables et dans les garennes, où ils cherchent à se loger dans les terriers des lapins. Ils repartent à la fin de l'été. Cependant il en reste pendant l'hiver, et l'on en trouve plusieurs aux marchés de Paris, lorsque le froid est très rigoureux.

Nourriture. Elle se compose de vers de mer, de grenades ou sauterelles, de frai de poisson et de petits coquillages.

Propagation. Les tadornes ne font aucun nid ; la femelle dépose dans les terriers, sur le sable nu, depuis dix jusqu'à quatorze œufs presque ronds et d'un blond clair, et, après la ponte, elle les couvre de duvet ; les soins de l'incubation, qui dure trente jours, sont partagés entre le mâle et la femelle. Dès le lendemain du jour où les petits sont éclos, le père et la mère les conduisent à la mer, et ils ne reparaissent plus à terre.

Qualités. C'est un gibier savoureux et recherché, Pline en fait l'éloge, et dit que les anciens Bretons ne connaissaient pas de meilleur gibier. Les œufs de tadorne passent pour être excellens. Le duvet de cet oiseau est très fin et très doux.

Comme les tadornes sont peu sauvages, on peut les apprivoiser. La beauté de leur plumage et la délicatesse de leur chair en font une espèce qu'il serait utile et agréable d'avoir dans les basses-cours.

Chasse. Ces oiseaux sont rarement en troupe, on les voit le plus souvent par couple, et leur union paraît indissoluble. Ils sont peu sauvages ; mais le grand attachement de la mère pour ses petits lui fait employer une ruse singulière pour tromper le chasseur. C'est dans le voyage où, accompagnée du mâle, elle conduit sa couvée à la mer. Si un chasseur se présente, tous deux s'envolent ; et la mère affecte de tomber à cent pas, se traîne sur le ventre en frappant la terre de ses ailes, et, par ce moyen, attire le chasseur ; les petits demeurent immobiles jusqu'au retour de leurs conducteurs ; et on peut, si l'on tombe dessus, les prendre tous, sans qu'aucun fasse un pas pour fuir.

Quand, au printemps, on aperçoit un tadorne fixé sur une dune, on peut être assuré que c'est le mâle qui fait sentinelle près du nid ; on attend l'heure où il va au terrier pour remplacer la femelle, et c'est ordinairement le matin et le soir. Lorsqu'on a reconnu le terrier, on le creuse jusqu'au bout et on y trouve les œufs, qu'on emporte dans une étoffe de laine, couverts du duvet qui les enveloppe, et on les met sous une cane, qui élève les petits avec soin, pourvu qu'on ait l'attention de ne lui laisser aucun de ses œufs. (*Voyez*, pour les différentes méthodes de chasse, l'article *Canard sauvage*.)

TAMPON ou BOURRE. (*Voyez* au mot *Fusil*.)

TAISSON. Nom du blaireau, en vieux français. (Voyer *Blaireau*.)

TALON. C'est le derrière du pied des animaux. La connaissance du talon donne celle de l'âge de la bête. Dans le cerf, par exemple, plus le talon est rapproché des *os* ou *ergots*, plus l'animal est vieux ; il y a entre eux un espace de quatre doigts au pied des jeunes cerfs.

TANIÈRE. Retraite des bêtes sauva es dans l'épaisseur des forêts, au fond d'un rocher ou d'une cavité souterraine.

TAON. Espèce de ver blanc que les cerfs ont, pendant l'hiver, entre cuir et chair, et qui sort, au printemps, en perçant la peau ou la *nappe* de l'animal.

TAPE-BOIS. Nom vulgaire de la sittelle et de l'épeiche. (*Voyez* ces mots.)

TAPON. L'un des noms vulgaires du bouvreuil, suivant l'*Ornithologie* de Salerne.

TAQUET. (Fauconnerie.) Morceau de bois sur lequel on frappe pour faire revenir l'oiseau de vol, lorsqu'on juge qu'il a joui assez long-temps de sa liberté au soleil.

TARDORNE. (Voyez *Tadorne*.)

TARIER, *sylvia rubitra*, Lath. Petit oiseau de l'ordre des passereaux et du genre de la fauvette, qui a du rapport avec le traquet, mais qui en diffère par la distribution des couleurs de son plumage et par quelques habitudes. Il est aussi un peu plus grand que le traquet.

Description. Sa longueur totale est de 5 pouces 3 lignes. Il a tout le dessus du corps varié de roussâtre et de noirâtre ; une plaque noire sous l'aile, et une bande blanche sur la joue ; le haut de la gorge de même couleur, ainsi que deux bandes transversales sur l'aile ; la poitrine et les flancs roussâtres ; le ventre et les jambes d'un blanc teint de roux ; les pennes des ailes brunes, bordées de gris et de roussâtre ; le bec et les pieds noirs. La femelle a les couleurs plus pâles, les taches des ailes peu apparentes, et elle n'a point de plaque noire ni de bande blanche sur les côtés de la tête. Le chant du tarier est agréable et sonore, tandis que le traquet n'a aucun ramage.

Habitation. Cet oiseau se trouve dans toute l'Europe ; il arrive dans nos contrées, au printemps, avec les fauvettes, et nous quitte à l'automne. Il se plaît dans les prés en montagnes, dans les luzernes et les prairies ; il se tient le plus souvent à terre, se pose sur les taupinières et voltige sur les plantes et les buissons, d'où il fait entendre son chant ; après la récolte des foins, il se retire dans les terres en friche voisines des bois.

Nourriture. Les insectes, les vers et les mouches composent principalement sa nourriture.

Propagation. Au printemps, le mâle recherche une compagne ; et à cette époque seulement on le voit voler à la cime des arbres. Ils font leur nid, non dans des trous, comme le traquet, mais à terre, auprès d'une touffe d'herbe, dans quelque ornière, ou à l'abri d'une taupinière ; ils le construisent avec soin, et la femelle y dépose quatre ou cinq œufs bleus, avec quelques taches peu apparentes au gros bout. Cette espèce fait deux ou trois couvées par an.

Qualités. Le tarier est un oiseau utile comme insectivore ; et sa chair, à l'automne, est si grasse et si délicate, qu'elle ne le cède point à l'ortolan : aussi en porte-t-il le nom dans certains cantons.

Chasse. On lui tend des collets avec succès, surtout dans des sillons qu'on pratique en relevant le gazon de chaque côté. On le prend aussi avec des gluaux qu'on place çà et là sur les mottes de gazon et de terre, et sur des piquets de 18 pouces de haut. Enfin on l'attire au moyen de la chouette.

TARIN, *fringilla spinus*, Lath. Oiseau de l'ordre des *passereaux* et du genre du *pinson*, qui a une grande analogie avec le chardonneret dans la forme des mandibules et dans le naturel.

Description. Il a 4 pouces 9 lignes de longueur, y compris la queue d'un pouce 9 lignes de long; le bec semblable à celui du chardonneret, de 6 lignes de long, épais à sa base et effilé à sa pointe; l'iris des yeux brun et les jambes de 7 lignes de haut et de même couleur; le sommet de la tête et la gorge noirs; les joues, le cou et le dos verdâtres, avec des taches noires; le dessous du cou, la poitrine et le ventre d'un jaune verdâtre; les plumes des ailes et de la queue noires, avec des bordures d'un vert olivâtre. La femelle a les couleurs plus pâles, et la poitrine et le ventre gris.

Le chant de cet oiseau est agréable, et son cri de rappel est *tillai* ou *tarin*, qui serait devenu son nom.

Habitation. Le tarin est un oiseau de passage qui vient dans les climats tempérés en automne et en hiver; il se plaît dans les forêts d'arbres résineux et dans les lieux plantés d'aunes.

Nourriture. Il se nourrit des semences des arbres que nous venons de nommer et d'autres menues graines, et surtout de celles du chardon. On dit que, dans son passage du printemps, il pince les fleurs des pommiers.

Propagation. M. Sonnini assure que le tarin niche dans les hautes montagnes des Vosges, et il paraît qu'il niche aussi en Allemagne, car M. Hartig se borne à dire que cet oiseau place son nid sur le sommet des grands arbres, que la ponte est de quatre à six œufs d'un blanc grisâtre, avec des taches rousses, que l'incubation dure quinze jours, et qu'il y a deux couvées par an.

Qualités. La chair du tarin est très bonne.

Chasse. Comme cet oiseau n'est point méfiant, il donne facilement dans les pièges qu'on lui tend: on le prend à l'arbret, aux trébuchets, aux filets; mais on remarque qu'il ne donne point à la pipée.

On en prend beaucoup en Lorraine, à l'époque des passages et surtout en automne, avec un moyen très simple. On place un mâle de cette espèce dans une cage pour servir d'appelant; on l'entoure de plusieurs bâtons de 5 à 6 pieds de long, que l'on plante en terre verticalement, après qu'on y a pratiqué des entailles; on garnit ces bâtons de petits gluaux en les fixant dans les entailles. Le prisonnier, qui entend les oiseaux de son espèce, les appelle par ses cris; aussitôt la troupe s'abat, et la plupart se prennent aux gluaux. On met aussi des gluaux sur les têtes de chardons, où les tarins se prennent en venant s'y poser.

TARTARIEU. C'est le nom du *martin-pêcheur*, par contraction de son chant. (*Voyez* ce mot.)

TARTARIN. C'est, dans Belon, le *martin-pêcheur*; et, à Rouen, le nom que l'on donne au *sizerin.*

TAVELURES. (Fauconnerie.) Ce sont les bigarrures, taches ou mailles de différentes couleurs, qui se trouvent sur les pennes des oiseaux de proie.

TAYAU. Cri de chasse pour avertir que l'on a la bête en vue, qu'on la voit par corps.

TECT. (Voyez *Têt*.)

TEMPS. En vénerie, on dit: *Revoir de bon temps*, pour dire trouver une voie fraîche et de la nuit. Si la voie est d'un jour ou deux, on dit qu'elle est de *vieux temps. Aller de temps* se dit du chien quand la voie n'est pas ancienne et qu'il en remonte. On juge qu'une voie est de *bon temps* quand la partie creuse de l'empreinte est fraîche; mais s'il y a quelques légères toiles d'araignées, il est certain que la voie est vieille, et, par conséquent, n'est pas *de temps.*

TENDERIE. (Voyez *Tendue.*)

TENDEURS. Nom que l'on donne aux braconniers qui tendent des lacs, tirasses, tonnelles, traîneaux, bricoles, pans de rets, collets, colliers et halliers, pour prendre le gibier. (Voyez *chacun de ces mots*, et l'art. 12 du tit. XXX de l'ordonnance de 1669. *Voyez* aussi *Braconniers.*)

TENDUE. Ce mot se dit des pièges fixes ou mobiles que l'on tend aux oiseaux pour les prendre.

Tendues d'hiver. On comprend sous cette dénomination tous les pièges que l'on tend pendant l'hiver, lorsque la faim oblige les oiseaux à se rapprocher des habitations. De ce nombre sont les *fossettes*, les *sauterelles* et les *raquettes*, dont nous avons parlé. (*Voyez ces mots.*)

L'un des pièges les plus simples et les plus généralement employés par les habitans des campagnes est le suivant: lorsque la neige recouvre la terre depuis quelques jours, on nettoie un endroit dans un jardin, une cour, ou devant une grange. On y élève d'un côté, au moyen d'un bâton placé verticalement, une porte ou une claie dont le tissu est serré. À ce bâton est attachée une ficelle qui aboutit à une écurie, à une grange ou à tout autre endroit où le chasseur est retiré, et d'où il voit ce qui se passe. Lorsqu'il y a assez d'oiseaux rassemblés sous la porte ou la claie, il tire la ficelle et fait tomber la porte sous laquelle sont pris ou tués les oiseaux qui s'y étaient rendus pour manger le grain ou les mies de pain qu'on y avait semés. La *Pl.* 46, *fig.* 2, représente la porte tendue. Cette porte *mm* est soulevée avec un bâton de la longueur d'un pied; à l'extrémité *q* de ce bâton est attachée la ficelle *c a*, que l'on passe sous un crochet *o*, fiché en terre, pour que les oiseaux n'en aperçoivent pas le mouvement.

Voici la description d'un châssis qui est plus destructif.

La *fig.* 1 est celle d'un filet monté sur un châssis de bois 1, 2, 3, 4, qu'on fait ordinairement de 8 ou 9 pieds de long, sur 4 pieds et demi de large.

On attache quatre pieds *aaaa*, qui doivent être mobiles, et se plier aussitôt que le châssis perd son appui. Il y a un cinquième pied postiche *b*, portant d'un bout sur une brique *c*, et retenant légèrement de l'autre le châssis, toujours prêt à tomber, qui doit être tiré par le chasseur lorsqu'il le juge à propos. Le principal avantage de ce piége est qu'il ne cause pas de défiance aux oiseaux, et que, lorsqu'il perd son support, il tombe avec égalité et ne laisse rien échapper. Il y a des oiseleurs qui ne mettent que deux pieds au châssis; mais il arrive souvent qu'en se détendant, il touche terre devant, tandis qu'il en est encore bien éloigné derrière, ce qui permet aux oiseaux de s'échapper librement. Il faut préparer une place avant de tendre cette machine, dans laquelle on répand de la paille même et quelques grains de blé ; et on met sous chaque pied du piége une brique ou pierre, de crainte que, s'enfonçant trop dans la neige ou la terre, il ne tombe pas avec assez de précipitation.

La *fig.* 3 est celle d'un quatre-de-chiffre ordinaire. Il sert à tendre différens piéges de cette classe. Il est composé de trois pièces : l'une qu'on nomme *pivot*; l'autre, *support*; et la troisième, *traverse*. Le *pivot* 1 reste droit; le *support* 2 est toujours placé obliquement; c'est sur lui que pose immédiatement le piége; et la *traverse* 3 coupe ceux-ci d'une ligne horizontale : c'est cette pièce-ci qui doit être touchée par le gibier, pour que le piége se détende.

La *fig.* 4 est celle d'un nouveau quatre-de-chiffre, dont la traverse est une marchette que le plus léger oiseau peut faire tomber, puisqu'on adoucit à volonté la détente, en creusant plus ou moins les crans de la traverse, et en les proportionnant à la pesanteur du piége.

La *fig.* 5 est celle d'une traverse faite avec une branche pour servir de marchette. Elle a quelque avantage sur les autres, attendu qu'elle cause moins de défiance.

La *fig.* 6 représente la marchette qui peut servir de traverse à un quatre-de-chiffre : elle a deux coches assez profondes; la première *a* 2 reçoit l'extrémité *a* 1 du support (1); l'autre *b* reçoit, et est reçue par celle du pivot *c*, tandis que l'extrémité *t* de celui-ci est reçue dans la coche *t* du support ; ce qui forme parfaitement un quatre-de-chiffre, comme on le voit par les *fig.* 3 et 4.

C'est avec ces quatre-de-chiffre que les habitans de la campagne prennent des oiseaux de toute espèce quand ils se rendent à leurs nids : il faut pour cela que les nids soient construits sur la terre : ils se servent d'une pierre plate qu'ils posent sur un quatre-de-chiffre ; et si un oiseau vient à le détendre, il se trouve bientôt enfermé, et souvent écrasé dans son nid.

Pendant l'hiver, lorsque les oiseaux, pressés par la faim, pénètrent dans les greniers, dans les granges et dans les chambres mêmes, on profite de cette circonstance pour leur tendre toutes sortes de piéges dans les lieux où ils s'engagent. On place, en dehors d'une lucarne ou fenêtre, un filet en forme de poche allongée, et on laisse de l'autre côté du bâtiment une ouverture dont on garnit les dehors et le dedans de différentes sortes de grains. Lorsque les oiseaux attirés par cet appât sont entrés, on ferme l'ouverture et on les effarouche pour les forcer à s'engager dans le filet qui garnit la seconde ouverture.

On attire aussi les oiseaux dans des chambres vides en leur présentant de même une nourriture abondante. Ces chambres ont deux fenêtres ; l'une est fermée par un filet contre-maillé, et l'autre est ouverte pour l'entrée des oiseaux. Celle-ci est garnie de volets glissant entre des coulisses, et soutenue en l'air au moyen d'une corde et d'une poulie. Lorsqu'on voit une certaine quantité d'oiseaux dans la chambre, on fait tomber le volet et on y entre ensuite pour prendre les prisonniers, qui tombent au pouvoir du chasseur, ou se prennent, en voulant fuir, dans le filet contre-maillé.

TENEUR. (Fauconnerie.) C'est le nom de l'oiseau de vol qui donne la troisième attaque au héron ; on dit : Cet oiseau est bon *teneur*.

TENIR. (Fauconnerie.) Un oiseau *tient à mont* quand il se soutient en l'air, en attendant qu'il découvre quelque gibier.

TENIR AUX CHIENS. Une bête tient aux chiens quand elle est sur ses fins, et qu'elle se défend contre eux.

TENTE. Se dit, en terme de chasse, en parlant des filets que l'on tend pour prendre des bécasses et autres oiseaux de passage, ce que l'on exprime par *faire des tentes*.

TERCOT, TERCOU, TURCOT. Nom vulgaire du *torcol*. (*Voyez* ce mot.)

TERNIER. (Voyez *Grimpereau de muraille*.)

TERRES ENSEMENCÉES. L'ordonnance de 1669, titre XXX, art. 18, défendait à toutes personnes, même ayant droit de chasse, de chasser soit à pied ou à cheval, avec chiens ou oiseaux, sur les terres ensemencées, depuis que le blé est en tuyaux, et dans les vignes, depuis le premier jour de mai jusqu'après la récolte, à peine de privation de leur droit de chasse, de 500 livres d'amende et de tous dépens, dommages et intérêts. L'ouverture des chasses est aujourd'hui proclamée par l'autorité locale, et les peines, en cas de contravention, se trouvent déterminées par la loi du 30 avril 1790. (Voyez *Chasse*.)

TERRER. Se dit d'un animal qui rentre dans son terrier.

TERRIER. On nomme ainsi les trous que les renards, les blaireaux ou lapins se creusent pour leur servir de retraite. (Voyez *Halot*, *Rabouillères* et *Gibier*.)

TÊTE. Même chose que *test* : c'est la partie de l'os frontal, d'où sortent les perches des bêtes fauves.

TÊTE. On appelle ainsi le bois (les cornes) des

---

(1) *Nota*. Ce support, *fig.* 2, *t*, et le pivot *t*, *c*, se trouvent mal à propos séparés, sur la *Pl.* de la *fig.* 6. Ces deux petites figures sont à gauche et à droite de la *fig.* 10.

bêtes fauves. Elles la quittent tous les ans, ce qui s'exprime en disant qu'elles *la jettent* ou *la mettent bas*; et on dit qu'elles *font* ou *refont leur tête*, lorsque la nouvelle tête pousse. On connaît leur âge par la *tête*, et l'on dit qu'un cerf est à sa première *tête* lorsqu'il est encore jeune, et qu'il ne porte que des dagues (*voyez* ce mot et l'article du *Cerf*); qu'il est à *sa seconde tête* lorsqu'il prend trois ans; à *sa troisième tête* lorsqu'il prend quatre ans; enfin à *sa quatrième tête* lorsqu'il commence sa cinquième année; il est ensuite *dix cors jeunement*, et enfin dix cors.

On dit *une tête bien née* pour désigner la belle venue et la régularité du bois; *une tête portant brochures* est celle qui a trois ou quatre *chevilles*, *andouillers* ou *épois* à la sommité du *bois*; *une tête enfourchée* ou *bien chevillée*, celle dont les dards du sommet font la fourche; *une tête pommée*, celle qui représente à sa sommité une main ouverte; *une tête couronnée*, celle qui forme avec ses cors une espèce de couronne; *une tête faux-marquée*, celle dont les cors ne sont pas égaux en nombre de chaque côté, par exemple, quand il y en a six d'un côté et cinq seulement de l'autre, et, dans ce cas, le cerf porte quatorze *faux-marqués*, le plus emportant le moins; *une tête ouverte*, celle dont les perches sont écartées; *une tête serrée*, celle dont les perches sont rapprochées; *une tête droite*, celle qui n'est pas arrondie; *une tête rouée*, celle dont le merrain est courbé et forme, en quelque sorte, la roue.

TÊTE COUVERTE se dit d'un animal rembûché ou rentré dans ses demeures.

TÊTE (FAIRE). On dit qu'une bête fait *tête* aux chiens lorsqu'elle les attend et se défend contre eux.

TÊTE (FAIRE LA). On dit, en fauconnerie, *faire la tête* d'un oiseau, pour dire l'accoutumer au chaperon.

TÊTE-CHEVRE. Nom que l'on donne à l'*engoulevent*. (*Voyez* ce mot.)

TÊTE D'UN FILET. C'est sa partie supérieure lorsqu'il est tendu.

TÉTRAS, *tetrao*. Genre d'oiseaux de l'ordre des gallinacés, qui renferme les grand et petit coqs de bruyère. (*Voyez Coq de bruyère.*)

THÉREUTICOGRAPHE. On appelle *théreuticographes* les auteurs des traités sur la chasse. L'*École des chasses*, par le Verrier de la Conterie, imprimée à Rouen en 1763, est précédée d'une excellente bibliothèque historique et critique des *théreuticographes*.

THÉREUTICOGRAPHIE. C'est la description ds procédés de chasse.

THIERAN. (*Voyez Tiers-an.*)

TIERCELET. On appelle ainsi le mâle de toutes les espèces d'oiseaux de proie, parce qu'il est d'un tiers environ plus petit que la femelle; mais on le dit plus communément de l'épervier et de l'autour.

TIERS. C'est, dans Belon, le nom du *harle à manteau noir*.

TIENS. Dénomination que donnent les chasseurs aux *sarcelles*.

TIERS-AN. Nom du sanglier à trois ans faits.

TIOQUET. Nom vulgaire du *pinson des Ardennes*, en Bourgogne.

TIR. Ce mot désigne l'explosion de toute arme à feu, pointée dans une direction quelconque. On dit: *Ce fusil n'a pas le tir juste, il diverge*, pour dire qu'on n'est pas assuré de la direction. (*Voyez Fusil*, chap. 4.)

La *chasse à tir* est la chasse qui se fait avec le fusil sans employer de piéges, tandis que dans la chasse aux piéges on emploie quelquefois le fusil.

TIRASSE. Nom d'un filet qui sert à prendre les cailles, les perdrix, les faisans, les bécassines, mais plus particulièrement les deux premières espèces d'oiseaux.

Tirasse à prendre des cailles. Ce filet, que l'on nomme aussi nappe à cailles, n'est, en effet, qu'une nappe, dont les dimensions varient de 18 à 24 pieds, et dont les mailles, qui se font en carré, ont un diamètre de 15 lignes. Mais on regarde comme d'un service plus commode celle qui a 20 pieds en carré. On fabrique ce filet en fil de Flandre, n° 8; on en fait aussi avec de la soie, appelée dans le commerce *galette fine*.

La tirasse doit être enlarmée tout autour avec une ficelle fine et forte, quand elle est faite en fil, et avec un cordonnet de soie si elle est faite en soie. Quand on la destine à être traînée, on passe dans l'enlarmure d'un des côtés un cordeau fin, mais très solide, d'une longueur de 12 pieds de plus que le côté de la nappe, afin qu'il puisse la déborder de chaque côté d'environ 6 pieds. (*Voyez* la Pl. 38, fig. 1.)

Tirasse à perdrix. La forme est la même, et la dimension de 24 pieds en carré. On la fait toujours en fil, mais du double plus fort que celui employé pour la tirasse à cailles; les mailles sont carrées et de 2 pouces de diamètre. Ou la borde également d'une ficelle fine et forte; et, comme on l'emploie toujours en traînant, on la garnit d'une corde qui déborde de chaque côté de 6 pieds.

Autre tirasse plus grande. Les dimensions que nous venons d'indiquer, d'après le *Traité de la chasse aux piéges*, ne sont pas toujours celles qu'on observe, car on fait des tirasses qui ont depuis 40 jusqu'à 50 et 60 pieds de longueur sur une largeur de 30 à 40 pieds, et dont les cordeaux, de la grosseur d'un tuyau de plume, dépassent de 5 pieds de chaque côté du filet. Cette grande tirasse s'emploie en Allemagne à prendre également les perdrix, les faisans, les cailles et les bécassines.

Tirasse triangulaire. Cette espèce de tirasse est d'un emploi moins avantageux que les autres; mais une seule personne peut s'en servir, et même avec assez de succès, si elle a un bon chien. A l'une des extrémités de ce filet est attaché un poids quelconque destiné à l'étendre sur le gibier, tandis que le chien le tient en arrêt; et à chacun des deux autres angles est un long cordeau. On tient sous le bras ce filet plié, et lorsqu'on veut tirasser, on met le pied sur l'un des cordeaux, en tenant l'autre de la main gauche, et l'on jette de la droite, aussi loin qu'on le peut, le poids qui doit étendre le filet sur le gibier. Cette tirasse n'est bonne que pour faire la chasse aux cailles grasses, parce qu'elles tiennent mieux l'arrêt que les vertes. (*Voyez* les mots *Caille et Perdrix*.)

L'ordonnance de 1669, tit. 30, art. 12, prononçait la peine du fouet, et une amende de 30 livres pour la première fois, contre tous tendeurs de lacs, tirasses, etc., dans les bois, forêts et terres, soit du domaine, soit des ecclésiastiques, des communes et des particuliers; et, pour la seconde fois, le fouet, la flétrissure et le bannissement.

Aujourd'hui les propriétaires peuvent, en tout temps, détruire le gibier dans leurs récoltes, même celles non closes, en se servant de filets ou autres engins qui ne puissent nuire aux fruits de la terre; et, à l'égard de ceux qui chassent sans droit, la peine se réduit aux amendes prononcées par la loi du 30 avril 1790. (*Voyez* cette loi au *Recueil des réglemens forestiers*.)

TIRASSER. C'est chasser à la tirasse. On dit : *Tirasser des cailles*, *des alouettes*, *des perdrix*; ou *tirasser aux cailles*, *aux perdrix*.

TIRÉ. C'est la chasse au fusil. On dit : *Faire un beau tiré, on a fait un beau tiré.*

TIRE-BALLE. Instrument dont on se sert pour tirer d'un fusil ou d'une carabine la balle qui y est entrée de force.

TIRE-BOURRE. Instrument composé de deux fils de fer roulés en spirale, dont les extrémités forment deux crochets pointus, et qui, étant mis au bout de la baguette d'une arme à feu, sert à en tirer la bourre, afin qu'on puisse en ôter la charge.

TIRE D'AILE. Battement d'aile prompt et vigoureux que fait un oiseau quand il vole vite. On dit, en *fauconnerie*, qu'un oiseau vole à *tire d'aile* quand il vole avec vigueur.

TIRE-LANGUE. Nom vulgaire du *torcol* en Provence. (Voyez *Torcol*.)

TIRER. Ce mot se dit en parlant des armes de trait ou des armes à feu; et il s'emploie, soit comme verbe neutre, soit comme verbe actif. On dit : *Tirer de l'arc, tirer de l'arquebuse, tirer aux perdrix; il a tiré son fusil, son pistolet en l'air; tirer un coup de fusil; tirer à poudre, à plomb, à balle; tirer au vol ou en volant; tirer un oiseau, tirer un lièvre*. (*Voyez*, pour la manière de tirer la carabine, le fusil, le pistolet, au mot *Fusil*, chapitre IV.)

Tirer se dit aussi en parlant des animaux. *Une bête tire de long* quand elle fuit rapidement et en ligne droite devant les chiens.

Le limier qui trouve la voie et veut s'avancer *tire sur le trait.*

On dit aux chiens : *Tirez, chiens, tirez*, pour les faire suivre. Un chien *tire au vent* quand, en prenant les devants d'une bête, il en a le vent.

En fauconnerie, on dit qu'on fait *tirer* l'oiseau de vol, quand on lui fait becqueter un pât dur et nerveux pour exciter son appétit.

TIREUR. Ce mot se dit d'un chasseur qu'on entretient pour tuer du gibier. *Il a deux tireurs qui le fournissent de gibier.*

On dit d'un chasseur au fusil, que *c'est un bon tireur, un mauvais tireur.*

Tireurs se dit aussi en parlant de ceux qui, dans une battue, sont chargés de tirer, tandis que d'autres font la battue. *On place les tireurs autour de l'enceinte.* (*Voyez* le mot *Fusil*, § XXXIII.)

TIROIR (fauconnerie). C'est une paire d'ailes de chapon ou de poulet ajustée en façon d'oiseau, avec un petit morceau d'étoffe rouge, et dont les fauconniers se servent pour rappeler l'oiseau de proie sur le poing.

TITIT. Nom vulgaire de la fauvette d'hiver qui lui vient de son cri : *Titit*.

TITRE. En terme de chasse, c'est un relais où l'on place les chiens pour courir la bête à propos, quand elle passe. Bien placer les chiens pour courre, c'est les mettre en *bon titre*.

TOILES, bords. En terme de chasse, le mot *toiles*, au pluriel, signifie des pièces de toile avec lesquelles on fait une enceinte en forme de parc, pour prendre des sangliers, des loups, des cerfs, des daims, des chevreuils.

On appelle aussi *toiles* de grands filets ou panneaux que l'on tend pour prendre les mêmes animaux.

On se sert de toiles pour prendre le gros gibier à poil que l'on destine à peupler des parcs, ou, comme en Allemagne, dans le Hanovre et même en France, à devenir l'objet d'une chasse particulière dans une enceinte plus ou moins resserrée. (*Voyez Cerf*.)

La chasse avec des toiles exige le concours d'un grand nombre de personnes et un appareil très coûteux; elle est d'ailleurs très pénible, en ce qu'elle dure depuis le matin jusqu'au soir, et souvent pendant plusieurs jours de suite : l'on est même obligé d'employer des gardiens pendant la nuit, lorsque les toiles sont tendues.

Les toiles doivent avoir 9 pieds de hauteur quand elles sont tendues, afin que les animaux et surtout les cerfs ne puissent les franchir; elles sont garnies, à leurs bords supérieur et inférieur, d'une grosse corde bien câblée, qu'on appelle le *maître des toiles*, etc., qui sert à les tendre. A chaque bout des pièces de toile, il y a des œillets en corde; et, de plus, à l'un des deux bouts, un petit bâtonnet de 4 pouces de long, arrondi et fort, qui y est fixé à demeure. Lorsqu'on tend les toiles, on passe ce bâtonnet dans les œillets de la toile voisine, et l'on continue ainsi de suite de pièce en pièce, de manière à les réunir ou marier toutes ensemble solidement, et à en former une espèce de muraille. Le nombre des pièces dont on doit se pourvoir dépend de l'étendue de l'enceinte qu'on veut enclore; mais il vaut toujours mieux en avoir plus que moins.

Plusieurs objets sont nécessaires pour tendre les toiles : 1° des pieux d'environ 3 pouces de diamètre, de 12 à 13 pieds de hauteur, taillés en pointe par le bout inférieur, et pourvus, à l'autre bout, de 3 ou 4 clous à crochet placés à des hauteurs inégales, pour accrocher le *maître du haut de la toile*, suivant

DICT. DES CHASSES. 82

les inégalités du terrain ; ces pieux se placent de 12 pieds en 12 pieds (1) ; 2° des clous à crochet pour remplacer ceux qui manquent ; 3° plusieurs marteaux pour les enfoncer ; ce qu'on ne doit faire, à cause du bruit, que lorsque l'enceinte est close provisoirement ; 4° des piquets à crochet, de 18 pouces à 2 pieds de long, pour assujettir la corde du bas des toiles ; 5° des maillets pour les enfoncer, et quelques fortes masses pour frapper sur les pieux et les faire entrer en terre ; 6° des pioches pour planter les pieux dans les terrains durs et pierreux, et des pics de fer pour former des trous dans les terrains ordinaires ; 7° quelques échelles qui, par le moyen d'un pied fait en fourche par le haut et tenant à l'échelle par un boulon qui lui donne la facilité de tourner et de s'ouvrir à volonté, font l'usage d'une échelle double, sans en avoir le poids ; 8° enfin, des caisses ou des paniers en osier, avec un petit jour de chaque côté pour transporter les animaux vivans. (Voyez Caisses.)

Les panneaux dont on se sert pour prendre les animaux sont de 5 pieds de hauteur, en ficelle très forte, à mailles carrées de 3 à 4 pouces de diamètre, et bordés, en haut et en bas, d'une corde solide, d'un pouce de grosseur, passée dans l'enlarmure des mailles. On soutient ces panneaux avec des fourches de 6 pieds de hauteur. (Voyez au surplus, au mot Panneau, la description des filets de ce genre, qui sont propres à chaque espèce d'animal.

Quand on est pourvu de tous les objets dont nous venons de parler, et qu'on les a reconnus en bon état, on les charge sur des voitures, pour les conduire sur le terrain.

Nous avons indiqué avec beaucoup de détails, au mot *Cerf*, les chasses qui se font en Allemagne avec des toiles, des panneaux et des cordes garnies de plumes, et les moyens de transporter les animaux pris ; mais nous devons ici parler des procédés qu'on emploie en France pour ces différentes opérations ; et nous ne pouvons mieux faire que d'en emprunter les détails au *Traité général des chasses*, par M. Jourdain, puisqu'ils résultent de ce qui se pratiquait dans les chasses royales, et qu'ils sont d'ailleurs conformes à ceux donnés par M. Desgraviers, qui entendait parfaitement toutes les grandes chasses.

« La veille du jour choisi pour la chasse, le commandant de l'équipage assigne à chaque valet de limier le lieu de sa quête, et désigne le rendez-vous, qui doit être, autant que possible, au centre des quêtes.

» Pendant que les valets de limiers s'occupent à détourner les animaux, un veneur conduit les voitures au rendez-vous, où elles doivent être arrivées de bonne heure, et un autre y amène les hommes destinés à entourer l'enceinte pour y maintenir le gibier et aider à tendre les toiles. Aussitôt que le rapport est fait, le commandant désigne l'enceinte qu'il faut cerner ; il se décide ordinairement pour celle qui paraît contenir le plus d'animaux.

» Alors le valet de limiers qui a détourné conduit de suite les hommes vers son enceinte, et les place à l'entour, à environ vingt pas les uns des autres ; ils doivent contenir le gibier sans l'effrayer par des cris, mais seulement en agitant un mouchoir ou un chapeau, dans le cas où il se présenterait pour franchir l'enceinte avant que les toiles fussent tendues.

» On fait suivre en même temps les voitures chargées des ustensiles. On déploie et fait filer les toiles à terre, tout autour de l'enceinte ; on en fixe les extrémités au moyen des œillets et des bâtonnets qui s'y trouvent, pendant que d'autres s'occupent à planter les pieux à une distance d'une douzaine de pieds les uns des autres ; et, à mesure qu'ils sont plantés, on se hâte d'y accrocher la corde supérieure des toiles, au moyen des clous à crochet dont ils sont garnis. On commence toujours par clore le côté de l'enceinte sous le vent, afin de moins effrayer le gibier. Aussitôt que l'enceinte est close, on se hâte de consolider les pieux et les toiles ; on attache, autant que possible, les extrémités des cordes à des arbres, et on assujettit les cordes du bas au moyen de piquets à crochet plantés en terre, et dont le crochet est pris dans la corde.

» Dans cet état, on fait prendre quelque repos aux travailleurs.

» Ensuite on entre dans l'enceinte, et on y tend des panneaux dont on attache solidement à deux arbres la corde qui borde le haut, et on la soutient de distance en distance à l'aide des fourches dont nous avons parlé, en mettant toujours deux vis à vis l'une de l'autre, et les plaçant obliquement et de manière à ce qu'elles posent seulement à terre. Le maître du bas du panneau n'est pas assujetti, pour que cette partie reste libre. On place, près des panneaux, et de distance en distance, les veneurs et les gens le plus au fait des prises ; ils se cachent le plus possible au dedans du panneau, du côté où doivent venir les animaux.

» On fait alors entrer dans l'enceinte, pour la fouler, des batteurs conduits par trois gardes placés, l'un au centre et les deux autres aux ailes : ces batteurs marchent sans bruit, en poussant les animaux devant eux.

» Dès qu'un animal donne dans le panneau, il fait tomber les fourches, s'embarrasse dans le filet et tombe lui-même ; alors les veneurs les plus proches s'empressent de se jeter dessus.

» Si c'est un cerf, un daim ou un chevreuil, il faut le saisir à la tête, et le maintenir à terre jusqu'à ce que l'on soit assez d'hommes pour s'en emparer. Cinq hommes vigoureux, et habitués à ce genre de prise suffisent pour se rendre maîtres du plus gros cerf. (Voyez, à l'article du *Cerf*, la manière employée en Allemagne.)

» On scie la tête aux cerfs et aux daims jusqu'au premier andouiller, dont on scie également le petit bout, pour leur ôter la possibilité de blesser.

» Pour transporter les cerfs, les daims et chevreuils, on se sert de grands paniers d'osier fort. Ces paniers ont quatre barres en bois pour en soutenir

---

(1) Les auteurs du *Traité général des chasses* font observer qu'on n'emploie pas de pieux pour tendre les toiles dans l'équipage du roi. On se contente d'accrocher le maître des toiles à des branches d'arbres dont on coupe l'extrémité.

le cul, trois anneaux au couvercle pour le bien fermer, et quatre mains pour les transporter. A chaque côté du panier est pratiquée une petite fenêtre, pour que l'animal ait de l'air : ces paniers sont proportionnés à la grosseur de chaque animal, et on les y place couchés. Ils sont bien moins commodes que des caissons paillassonnés en dedans et établis sur des roues basses; on y met de suite les animaux que l'on conduit à leur destination, où un seul homme suffit pour les lâcher, puisqu'il n'a qu'à ouvrir les portes placées aux extrémités. Dans l'un et l'autre cas, il est bien de jeter un peu d'eau sur l'animal, afin de le rafraîchir.

» Lorsqu'on veut prendre des sangliers, il faut employer des panneaux faits avec une corde très solide; car cet animal, furieux et très fort, les romprait facilement. On peut néanmoins se servir des mêmes panneaux que pour le cerf. Aussitôt que l'animal est à terre, deux hommes le saisissent par les écoutes, deux autres par les traces de derrière, et un cinquième se met à genoux sur son corps; alors on lui passe un bâton que l'on serre bien autour de la hure, et on lui casse les défenses. (*Voyez*, pour plus de détails, l'article du *Sanglier*.)

» On se sert, pour le transporter, de caisses solidement construites en bois épais, et qui s'ouvrent en dessus pour pouvoir y introduire l'animal. Le couvercle est solidement fermé. (*Voyez* le mot *Caisses*.)

» On choisit ordinairement la nuit pour transporter les animaux pris ; on charge sur les voitures les paniers et les caissons que l'on place les uns sur les autres, et on les transporte le plus promptement possible.

» S'il arrivait qu'on ne pût prendre dans une journée tous les animaux contenus dans l'enceinte, il faudrait détendre les panneaux (mais laisser les toiles tendues), et allumer des feux aux quatre coins de l'enceinte pour éloigner les animaux auprès desquels il faut établir des gardiens.

» Lorsqu'on prend des loups dans le panneau, il faut les tuer avec le couteau de chasse, ces animaux n'étant bons à rien.

» Tels sont les moyens employés pour faire la chasse aux toiles…; mais nous allons indiquer une autre méthode moins coûteuse et qui mène à un résultat pareil.

» Lorsque l'on a connaissance que quelques cerfs, daims ou chevreuils sont dans une enceinte, on se hâte d'entourer trois des côtés de cette enceinte avec une corde que l'on attache aux arbres de distance en distance; cette corde est garnie, de 3 pieds en 3 pieds, de bouts de ficelle auxquels sont suspendues des plumes blanches de différens oiseaux, et même des feuilles de papier roulées et découpées à peu près comme les oreilles que les enfans mettent à leur cerf-volant. Ces plumes, que le moindre vent agite, suffisent pour empêcher les animaux qui sont enfermés dans l'enceinte d'en sortir. Sur l'autre face de l'enceinte qu'on a laissée libre, et qui est ordinairement sous le vent, on dispose deux cordes également garnies de plumes ; elles partent chacune de l'angle où finit la première corde et vont en diminuant, de manière à former une espèce d'entonnoir ; à leur extrémité la plus étroite se trouve une porte qu'un homme, placé auprès, peut fermer à volonté. Cette porte communique dans une enceinte d'une centaine de pieds de diamètre, que l'on clôt avec des toiles disposées comme celles dont nous venons de parler.

» Quand ces préparatifs sont achevés, plusieurs traqueurs entrent dans la première enceinte par le côté opposé à celui où sont placées les toiles, et chassent devant eux et sans bruit les animaux, qui s'y trouvent, et qu'ils poussent vers l'entonnoir qui doit les conduire à l'enceinte des toiles. Les animaux, effrayés par les plumes que le vent agite, n'osent pas franchir la corde qui les soutient et croyant trouver un passage, vont toujours en avant, et arrivent enfin dans la dernière enceinte. Une fois qu'ils y sont tous entrés, l'homme resté contre la porte la ferme.

» Pour prendre ensuite ces animaux vivans, on tend, à environ vingt-cinq pas de la porte, un panneau qui barre le passage, et contre lequel se cachent les hommes destinés à s'emparer des animaux ; on en tend également un à gauche et à droite pour fermer les deux côtés, afin que si l'animal faisait un détour, il ne puisse pas échapper. Dans cet état, l'homme placé auprès de la porte l'ouvre ; et les bêtes qui sont renfermées dans l'enceinte, apercevant une issue, se hâtent de sortir ; mais celui qui est auprès de la porte fait en sorte de n'en laisser sortir qu'un à la fois, qui vient se précipiter dans les panneaux et s'y faire prendre. Si les cerfs ou les daims faisaient difficulté de sortir, un homme, à l'aide d'une échelle, pourrait se montrer au dessus des toiles du côté opposé à la porte, et les effrayer assez, soit avec un mouchoir, soit en leur jetant quelques mottes de terre, pour les décider à sortir.

» Si l'on voulait prendre des sangliers, comme ces animaux sont moins faciles à effrayer que les cerfs, il faudrait placer des hommes, de distance en distance, le long des cordes garnies de plumes, pour les contenir dans la première enceinte, et former également, avec deux toiles, les ailes de l'enceinte où l'on veut les renfermer; la manière de les prendre est ensuite la même.

» Cette méthode exige beaucoup moins de dépenses, et permet, avec peu de monde, de prendre tous les animaux qui sont nécessaires pour peupler les parcs. On peut même remplacer les toiles par des filets faits en ficelle très forte et suffisamment grosse ; ils présentent assez de résistance pour contenir le gibier. »

TOMBERELLE. (Voyez *Tonnelle*.)

TONNELLE. C'est un filet propre à prendre des perdrix et des alouettes, qui a deux pans, que l'on tend en angle obtus, pour former une espèce de muraille de chaque côté du cul-de-sac du filet, dans lequel viennent se prendre les perdrix, que l'on y conduit en marchant à petits pas, et en portant ordinairement une figure de vache ou autre chose qui déguise l'homme, afin de ne pas effrayer les perdrix et de les faire courir à pied sans qu'elles s'envolent. (Voyez la *Pl.* 37, *fig.* 3.)

L'appareil se compose des pièces suivantes :

1°. *La poche* ou *le fond de la tonnelle*. C'est un filet de 15 à 20 pieds de long et quelquefois de 30 à 40 pieds, qui va toujours en diminuant jusqu'au fond, et dont le diamètre est de 18 à 20 pouces à son embouchure, et seulement de 6 pouces à l'autre extrémité. On fait ce filet en bon fil retors en trois brins, ou en fil de Flandre N° 24, et on donne aux mailles 18 lignes de large; mais, vers l'extrémité du filet, sur une longueur d'environ 4 pieds, on ne leur donne que la moitié de cette largeur. Le filet doit être teint en jaune ou en vert. Quand on travaille à cette tonnelle, il faut faire des *rapetisses* tous les cinq rangs, afin que le filet se rétrécisse par degrés et se trouve à la fin n'avoir plus que 8 ou 10 mailles de tour. Le filet est terminé par une corde d'un pied de long, que l'on attache à un piquet quand on place la tonnelle. Quand le filet est achevé, on passe dans les dernières mailles du bout le plus large une verge de bois unie et de la grosseur d'une baguette de fusil, on la plie en rond, et on attache ensemble les deux extrémités, afin de tenir le cercle en état. On met d'autres cercles plus petits à une distance proportionnée, environ 2 pieds, jusqu'au bout de la tonnelle. Pour les attacher au filet, on les fait passer dans un rang de mailles, et on en lie les extrémités, comme on a fait du premier. On attache aux deux côtés du cercle de l'entrée deux piquets longs d'un pied et demi, qui servent à tenir la tonnelle tendue en droite ligne, et on en met aussi un autre à la queue du filet, ce qui forme un triangle.

2°. *Les halliers*. On en place deux, l'un de chaque côté de la tonnelle, à partir de son embouchure (*fig.* 5 et 6). Ils sont à mailles carrées ou en losange; leur longueur est de 30 à 40 pieds, et leur largeur de 12 à 14 pouces. On attache à ces halliers, de 2 en 2 pieds, des piquets gros comme le petit doigt, longs d'un pied et demi, afin de les pouvoir tendre, lorsqu'on veut s'en servir.

3°. Dans la tonnelle murée, on attache aux derniers piquets qui soutiennent les halliers, quatre ou cinq longues ficelles (*fig.* 3 et 4), garnies de plumes, qu'on tend par de longs bâtons fichés en terre, de manière que le tout forme une grande enceinte; mais on ne se sert point de ces plumes pour la chasse aux perdrix. (*Voyez*, pour la manière de se servir de la tonnelle, les mots *Perdrix* et *Alouette*.)

On peut encore employer la tonnelle à prendre des canards sauvages dans les étangs où il y a beaucoup d'herbes, mais il faut que les halliers aient une hauteur double de ceux dont nous venons de parler, pour qu'ils s'élèvent suffisamment au dessus de l'eau.

TONNELLE. On appelle aussi *tonnelle* une figure de bœuf ou de cheval peinte sur la toile, ou une peau de ces animaux étendue sur une claie que le chasseur porte devant lui, ou dont il se couvre pour suivre le gibier sans l'effrayer et le faire entrer dans les filets. C'est à peu près la même chose que la *vache artificielle*. (*Voyez* ce mot.)

TONNELER. C'est chasser, prendre du gibier avec la tonnelle.

TONS DE CHASSE ou TONS DE LA TROMPE. Ce sont: le *requêté*, le *ton pour chiens*, le *ton grêle*; le *gros ton*, ou tout simplement le *gros* et les *fanfares*.

TONNELEUR. Chasseur qui prend des perdrix à la tonnelle.

TORCHEPOT. (Voyez *Sittelle*.)

TORCHES. (Vénerie.) Fumées du cerf à demi formées.

TORCOL, *yunx torquilla*, Lath. Oiseaux que les Provençaux appellent *languard*, *tire-langue*, et qui porte, en Dauphiné, le nom de *coutouille*, en Lorraine, celui de *torticolis*, et en différentes contrées, ceux de *trousse-col*, *tourne-col*, *longue-langue*, etc., et qui doit son nom à l'habitude qu'il a de tourner le cou en ramenant sa tête sur son dos.

Description. Le torcol (*Pl.* 11, *fig.* 1) a la grosseur d'une alouette, et 6 pouces et demi de longueur, y compris la queue, qui en a 3 et demi; le bec droit, pointu, de 9 lignes de long, couleur de plomb en été et olivâtre en automne; l'iris d'un jaune foncé; les jambes courtes et couleur de plomb; quatre ongles, deux extérieurs et deux antérieurs; le plumage d'un fond gris, varié de taches et de points d'un jaune noirâtre, roux et blancs; la queue grise avec des bandes transversales noirâtres: son cri est un sifflement aigu et prolongé *si*, *si*, *si*; il le fait entendre en étalant ordinairement sa queue: c'est un oiseau qui n'est pas très farouche.

Habitation. On trouve le torcol sur les haies dans les champs, dans les jardins et dans les bois; il arrive en avril et repart en automne.

Nourriture. Les insectes, leurs œufs et leurs larves forment sa principale nourriture: il aime beaucoup les œufs de fourmi.

Propagation. Il ne fait point de nid; la femelle pond dans des trous d'arbres, sur de la poussière de bois pourri, six à huit œufs blancs, qu'elle couve pendant quinze jours.

Qualités. Cet oiseau détruit un grand nombre d'insectes; il prend beaucoup de graisse sur la fin de l'été; ce qui lui a valu, dans certains cantons, le nom d'*ortolan*; mais sa chair contracte, dit-on, un goût de fourmi, que les chasseurs prétendent empêcher en arrachant la langue de l'oiseau aussitôt qu'il est pris.

Chasse. Comme cette espèce est peu nombreuse, elle ne présente pas de grands avantages pour la chasse; si on veut tuer les torcols à coups de fusil, on les cherche dans les bois et sur des fourmilières, au pied des arbres.

On en prend avec des collets traînans, que l'on place sur ces mêmes fourmilières; et si l'on veut les prendre vivans, il faut y tendre un trébuchet, que l'on maintient ouvert au moyen d'un quatre-de-chiffre, dont la marchette couvre la fourmilière.

TORSÉE. Un chien qui a l'oreille bien placée et qui la porte bien torse a l'oreille *torsée*.

TORTICOLIS. Nom du torcol en Lorraine.

TOUCHER AU BOIS ou FRAYER. C'est quand le cerf détache la peau velue qui couvre son bois ou sa *tête* nouvellement refaite. (Voyez *Cerf*.)

TOUCOY. (Voyez *Tout-Coi*.)

TOURCO. (Voyez *Litorne*.)

TOURD, TOURDE. Nom vulgaire des *grives*.

TOURDELLE. C'est la litorne. (*Voyez* ce mot.)

TOURET. Nom vulgaire du mauvis. (*Voyez* ce mot.)

TOURNAHAU ou **TOURNAU.** Lorque les chiens courans retournent en chassant, on dit en leur parlant : *Vlà retourné, valets, ha tournau, ha tournahau!*

TOURNEL. Nom vulgaire de l'*étourneau*.

TOURNE-MOTTE. Nom vulgaire du *motteux*.

TOURNER. *Tourner un bois*, un buisson, c'est en faire le tour. *Tourner* un lièvre, des perdrix, c'est décrire un cercle ou une portion de cercle pour tâcher de les apercevoir et de les tirer. *Tourner au change* se dit des chiens qui chassent une autre bête que celle de meute. *Tourner* se dit de la bête poursuivie par les chasseurs et qui fait un retour. On fait *tourner* les chiens, pour trouver le retour et le bout de la ruse.

TOURTE. L'un des noms de la *tourterelle* en vieux français.

TOURTEREAU. Nom par lequel on désigne les jeunes tourterelles.

TOURTERELLE, *columba turtur*, Lath.

Description. La tourterelle (*Pl. fig.* 1) est le plus petit des oiseaux du genre du *pigeon*, dont elle a d'ailleurs tout le naturel et les mœurs. (*Voyez* Pigeon.)

Cet oiseau a 11 pouces de longueur, y compris la queue, qui a 4 pouces, et qui est recouverte aux trois quarts par les ailes ; le bec, de 9 lignes de long, mince, d'un brun bleuâtre, et rougeâtre vers les narines ; l'œil entouré d'une peau nue et de couleur rougeâtre ; l'iris jaunâtre ; les pieds rouges ; le dessus de la tête et le haut du cou en arrière cendrés ; le reste du cou en dessus, le dos, le croupion et les couvertures du dessous de la queue de couleur brune, variés d'une teinte plus ou moins foncée, et de roux sur les couvertures des ailes, dont les pennes sont brunes et bordées de blanchâtre à l'extérieur ; le devant du cou et le haut de la poitrine de couleur vineuse ; le bas de la poitrine et les flancs d'un gris brun ; le ventre, les jambes et le dessous de la queue blancs ; un demi-collier noir sur chaque côté du cou. La femelle est un peu plus petite que le mâle ; ses couleurs sont plus pâles et son collier a moins de longueur. La tourterelle est moins farouche que le pigeon sauvage et le ramier. On la voit souvent dans les chemins les plus pratiqués, où elle se laisse approcher d'assez près ; ce qui, dans quelques contrées de l'Allemagne, lui a fait donner le nom de *pigeon des chemins*, *weetgtaube*.

Habitation. Elle recherche plus qu'aucun autre oiseau les lieux frais pendant l'été et la chaleur pendant l'hiver. On la trouve le plus communément sur la lisière des bois ; elle arrive en France dans le mois d'avril et nous quitte vers le mois de septembre, époque où elle voyage en troupe vers les pays chauds.

Nourriture. Elle mange de toutes les sortes de grains qui se trouvent dans les champs, et elle aime beaucoup les graines d'arbres résineux et les baies de myrtille : elle se porte aussi sur les *pains salés* qu'on entretient dans les parcs d'animaux.

Propagation. Les tourterelles s'apparient dès leur arrivée au printemps ; elles placent leur nid sur des arbres, ordinairement d'une moyenne hauteur ; elles le construisent tout plat avec quelques petites bûchettes, y déposent deux œufs blancs, qu'elles couvent pendant quinze jours. Elles ne font ordinairement qu'une couvée par an.

Qualités. La chair des jeunes tourterelles est délicate ; celle des vieilles est dure. Cet oiseau cause beaucoup de tort dans les terrains nouvellement semés d'arbres résineux, en en mangeant les semences, et de même dans les champs ensemencés et dans les moissons.

Chasse des tourterelles.

C'est principalement aux époques des passages, dans les mois d'avril et de septembre, que l'on fait la chasse aux tourterelles.

Chasse au fusil. Dans le mois d'août, pendant et après les récoltes, les tourtereaux sont répandus dans les champs et surtout dans les chaumes de blé, où ils trouvent une nourriture abondante qui les engraisse. C'est la saison la plus favorable pour les tirer. Lorsqu'ils sont couverts par les blés encore sur pied, on parvient quelquefois à les surprendre à portée convenable pour les tirer ; mais, dans les champs à découvert, il est difficile de les approcher, à moins qu'on ne trouve le moyen de se glisser derrière quelque haie et de les surprendre ; quelquefois on a l'occasion de les tirer au vol en passant, et l'on peut aussi en tuer en les abordant avec précaution, dans les arbres où ils vont se poser après s'être envolés : on peut aussi les chercher dans les bois, et les appeler avec l'appeau à tourterelle, en se cachant sous un arbre.

Chasse aux pièges. On les prend aux lacets de crin, de même que les grives, et avec des gluaux placés sur les chênes, où on les attire avec l'appeau. On se sert encore de filets à longues mailles, dans le genre de ceux employés à la chasse aux vanneaux ; à cet effet, on en chaperonne deux pour s'élever, et on lie les autres pour la montre.

Les tourterelles sont très friandes de millet, et l'on en voit beaucoup plus dans la partie méridionale du royaume que partout ailleurs. On en prend un grand nombre dans le Béarn, avec des filets à nappes tendus dans les chaumes de blé ou de millet, surtout dans ceux qui se trouvent près des boqueteaux ou entourés d'arbres ; et l'on se sert, pour cette chasse, d'appelans aveugles, posés à terre, comme pour les ramiers et bisets, en semant sur la place, entre les filets, quelques poignées de froment. Cette chasse commence avec le mois d'août, et dure jusqu'à la mi-septembre, époque où ces oiseaux disparaissent par bandes de dix à vingt.

On emploie, au surplus, contre les tourterelles la plupart des moyens que nous avons indiqués à l'article du *Pigeon*, pour prendre les ramiers et bisets.

TOURTOIRE. Houssine avec laquelle les chasseurs font les battues dans les buissons.

TOUT-COI, ou TOUT-COUAIS. Lorsqu'un limier ou des chiens courans veulent crier dans les voies, on leur dit : *Tout-coi, chiens, tout-coi!*

TOUTE-VIVE. En Sologne, c'est le *proyer*. (*Voyez* ce mot.)

TRACAS. Nom vulgaire du *traquet*, en Bourgogne.

TRACE. Marque ou empreinte du pied d'une bête sur la terre. On le dit particulièrement d'une bête noire. C'est aussi le pied du sanglier ; on dit même *prendre un sanglier par ses traces*, pour dire par *ses pieds*.

La Pl. 5, *fig.* 6, indique la *trace* ou le pied d'un vieux sanglier : les n°s 1,1, sont les pinces ; 2,2, la sole ; 3,3, le talon ou l'éponge ; 4,4, les côtés ; 5, les rides ; 6,6, les gardes.

TRAGE. (Voyez *Draine*.)

TRAIN. (Fauconnerie.) Le train d'un oiseau est son derrière ou son vol.

TRAINE. On dit des perdreaux, des faisandeaux, qu'ils sont en *traîne*, pour dire qu'ils ne peuvent pas encore voler, ni se séparer de leur mère.

TRAINE, TREICHE, TRIE, TRAC. Tous noms tirés du cri de la *draine*. (*Voyez* ce mot.)

TRAINE-BUISSON. On nomme ainsi la *fauvette d'hiver*, parce qu'elle a l'habitude de se couler au bas des haies et des buissons.

TRAINE-CHARRUE. Nom vulgaire du *motteux*.

TRAINEAU. C'est un genre de filet que l'on porte horizontalement pour en couvrir les oiseaux que l'on veut y prendre. On en connaît de trois sortes : le *traîneau simple*, le *traîneau composé* et le *traîneau portatif*. Ce genre de filet est employé à prendre des perdrix, des alouettes, des bécassines.

Le *traîneau simple* est à mailles carrées et en fil bien retors, connu sous le nom de fil de Flandre, n° 24. La longueur de ce filet varie beaucoup ; celle du traîneau à perdrix a depuis 60 jusqu'à 80. pieds et plus ; et , en Allemagne, on donne au traîneau à alouettes depuis 40 jusqu'à 60 pieds de longueur sur 24 à 30 pieds de largeur. Mais ; lorsque ces filets ont une trop grande longueur, ils sont fatigans pour les porteurs qui peuvent difficilement les empêcher de toucher à terre : aussi la longueur ordinaire du traîneau à perdrix est de 60 pieds sur 12 à 14 de largeur, et celle du traîneau à alouettes de 40 à 50 pieds sur 10 à 12 de largeur. Les mailles du premier ont 2 pouces de diamètre, et celles du second, 18 lignes. On borde les grands côtés de ce filet avec une ficelle de la grosseur d'un tuyau de plume à écrire, dont on laisse à chacun des coins un bout d'environ 1 pied. On passe aussi une petite corde dans les mailles des petits côtés, auxquels on attache des ficelles de 6 pouces en 6 pouces ; et à l'un des grands côtés, on en attache encore de 3 pieds en 3 pieds. C'est dans cet état qu'on porte le filet lorsqu'on veut s'en servir. Arrivé sur le terrain, on l'étend dans un endroit propre ; on lie, à chacun des petits côtés, au moyen des cordes et ficelles qui s'y trouvent, un bâton de 2 pouces d'épaisseur, et d'une longueur égale à la largeur du filet ; on attache aussi, aux ficelles qu'on a laissées à l'un des grands côtés, des bouchons de paille ou branches d'arbres, qui doivent pendre d'environ 2 pieds et demi. Deux hommes portent chacun l'un des côtés du filet, en le tenant par la perche qui y est attachée ; le devant est élevé d'environ 6 pieds, et le derrière, qui est garni de bouchons de paille, est à environ 2 pieds de terre, pour que ces mêmes bouchons, en traînant, engagent le gibier à se lever ; mais ces bouchons de paille sont inutiles quand la nuit où l'on chasse n'est pas très obscure.

La *fig.* 1, *Pl.* 37, représente un traîneau simple, garni de ses perches et bouchons de paille ou branches d'arbres, et prêt à servir.

Le *traîneau composé* a la même forme que le précédent ; mais on donne à la toile des dimensions plus grandes en tous sens, de façon qu'étant bordée par une ficelle de même longueur que celle du traîneau simple, elle fronce de tous côtés. Pour que cette ampleur ne se réunisse pas en un seul point, on lie à la ficelle qui borde un des petits côtés du filet, à la distance de 2 pieds en 2 pieds, d'autres ficelles qui, traversant le traîneau dans sa longueur, sont fixées à la ficelle qui borde le second petit côté, et forment des bourses également réparties. On monte ce traîneau comme le traîneau simple, et on en fait usage de la même manière ; mais les chasseurs ne s'arrêtent point pour le laisser tomber sur le gibier, comme ils le font pour le traîneau simple, parce que les bourses qu'il forme suffisent pour arrêter et embarrasser assez les alouettes, pour qu'on ait le temps de parcourir un long espace, ce que l'on fait le plus vite possible, avant que les premières prises puissent s'échapper. (*Voyez* la *fig.* 2 de la *Pl.* 37, qui représente ce filet.)

Le *traîneau portatif* est ainsi appelé, parce qu'un seul homme peut le manœuvrer. (*Voyez* la Pl. 37, *fig.* 4.) Il est fait à mailles en losange, du diamètre de 18 lignes, et avec le même fil que l'on emploie pour le traîneau simple. On le borde tout autour avec une forte ficelle ; et, pour s'en servir, on l'attache sur deux perches, plus grosses à un bout qu'à l'autre, et de la longueur d'environ 12 pieds. Ces perches sont liées aux deux grands côtés du traîneau par le moyen de ficelles que l'on y a fixées de 6 pouces en 6 pouces ; le gros bout de chacune est tourné vers le côté le plus étroit du traîneau, et dépasse la corde qui le borde d'environ 15 à 18 pouces. Pour porter ce traîneau, on appuie contre le ventre le côté A, et les extrémités BB des perches portent sur les hanches ; le chasseur, avec ses deux mains, les saisit le plus avant possible, ce qui lui donne plus de facilité. Il élève le côté C à la hauteur de 5 à 6 pieds de terre, et s'avance en portant ainsi le traîneau, et en posant de temps en temps, à droite et à gauche, le côté C du filet. De cette manière, il bat le terrain, et force le gibier à se lever ; aussitôt qu'il l'entend, il s'empresse de le couvrir de son traîneau, et s'en empare promptement.

Ce traîneau peut s'employer contre les perdrix et

les alouettes, mais plus communément contre les bécassines que l'on va chercher dans les roseaux sur le bord des marais.

TRAINEAU. (Fauconnerie.) Peau de lièvre arrangée pour leurrer les oiseaux de vol.

TRAINÉE. Petite quantité de certaines graines répandues en longueur, comme blé, avoine, etc.

TRAINÉE. Se dit aussi de la trace qu'on fait avec un morceau de charogne, pour attirer un loup dans le piége. La chasse que l'on fait par ce moyen s'appelle *traînée*. Les vieux loups, dit-on, *ne se prennent point à la traînée*. (Voyez *Loup*.)

TRAINER. En parlant des chiens de meute qui ne suivent pas le gros de la meute dans la chasse, on dit qu'ils traînent. *Dans toute sa meute, il n'y a pas un chien qui traîne.*

TRAINEUR. En terme de chasse, les *traîneurs* sont les chiens qui ne suivent pas le gros de la meute.

TRAIT. (Fauconnerie.) On dit de l'oiseau qui vole rapidement qu'il vole comme un *trait*.

TRAIT. Corde que l'on attache au collier du limier qu'on mène au bois, et du chien courant lorsqu'on le dresse.

Déployer le trait, c'est faire passer le limier devant, et commencer la quête. *Accourcir* ou *raccourcir le trait*, c'est le ployer plus ou moins, suivant le besoin, pour retenir le limier. *Alonger le trait*, c'est le déployer plus ou moins, pour laisser plus de liberté au limier. *Lancer à trait de limier*, c'est suivre une bête avec le limier, jusqu'à ce qu'elle soit debout. On dit qu'un limier *bande sur le trait*, lorsqu'étant près de la reposée du cerf, il fait effort pour s'avancer de ce côté-là. *Laisser aller un limier de la longueur du trait*, c'est déployer tout le trait.

TRALE ou TRASTE. Nom vulgaire du *mauvis*.

TRAMAIL. (Voyez *Hallier*.)

TRANCHANS (côtés). Ce sont les côtés du pied d'un cerf qui ne sont pas usés.

TRANCHÉE. Longue ouverture que l'on creuse pour fouiller et déterrer les renards et les blaireaux.

TRANLER. Expression dont on se sert quand on n'a point détourné le cerf, et qu'on est obligé de le quêter au hasard. (Voyez *Trôler*.)

TRAPPE. Ce mot vient du latin barbare *trappa*, dont on a fait attraper, pour tromper, faire tomber dans un piége.

En terme de chasse, ce mot se dit d'une sorte de piége pour prendre des bêtes dans un trou que l'on fait en terre, et que l'on couvre d'une bascule ou de branches et de feuillages, afin que la bête, venant à passer sur la bascule ou sur les branchages, tombe dans le trou. (*Voyez* la description de plusieurs espèces de trappes, au mot *Loup*.)

TRAQUE. (Voyez *Traquer*.)

TRAQUENARD. Mot qui paraît provenir du grec (*trachélos*, le cou), sans doute parce que l'instrument qu'il désigne sert à prendre les animaux par le cou.

Les latins l'appellent *pedicæ*, piéges, du mot *pes*, pied, probablement encore parce que cet instrument prend aussi les animaux par les pieds.

Il y a des traquenards de plusieurs grandeurs : les *grands*, qui servent à prendre les loups et les lynx ; les *moyens*, que l'on emploie de préférence pour les renards, les chats sauvages et les loutres ; les *petits*, qui servent à prendre les martes, les putois, etc.

Il y a aussi des traquenards de trois formes différentes : en voici la description et les figures, d'après l'*Encyclopédie* et le *Traité général des chasses à tir*.

1°. *Le traquenard double à bascule* est représenté détendu, dans la *Pl.* 20, *fig.* 8. Toutes les pièces sont en fer, excepté la bascule F, qui est en bois. Pour le tendre, il faut baisser les ressorts AA, dont l'œil *c* maintient les branches mobiles BB fermées. Comme ces ressorts opposent une grande résistance, on les serre au moyen des vis *nn*, qui donnent la faculté de tendre le piége sans danger. Les deux ressorts baissés, les deux branches mobiles BB tombent de chaque côté sur la bande de fer EE, qui forme la base du traquenard ; elles sont fixées dans les oreilles *dd*, au moyen de clous rivés sur lesquels elles tournent librement. Ces branches BB sont garnies, en dedans, d'une petite pièce de fer *i*, qui sert à les maintenir ouvertes, lorsqu'elle est engagée sous l'arrêt *k*, qui tient de chaque côté à l'axe de la bascule F. Une fois les deux branches bien assujetties, et un appât convenable attaché sur la bascule avec un clou, on desserre doucement les vis *nn*, et le piége est tendu.

Pour que la bascule F puisse tourner sur son axe, il faut creuser la terre sous le piége, de façon à lui donner tout le jeu nécessaire. On a encore l'habitude de faire une forme pour y loger le traquenard, afin qu'il soit de niveau avec le terrain.

Le loup, en voulant s'emparer de l'appât, ou en passant sur le piége, fait tourner la bascule ; les arrêts *kk* laissent échapper les branches BB, qui, n'étant plus contenues, obéissent à l'effort des ressorts, et se ferment avec violence en retenant l'animal par le cou ou par une jambe.

2°. *Le traquenard simple à bascule* (*Pl.* 20, *fig.* 9) ne diffère du précédent que parce qu'il n'a qu'un ressort A ; c'est, du reste, le même mécanisme, la même manière de le tendre, et son usage n'est pas moins commode. La *fig.* 9 le représente détendu, et on le voit tendu dans la *fig.* 10 de la même *Planche*.

Un crochet H, *fig.* 9, que l'on nomme *valet*, est rivé sur la bande de fer E, et se tourne librement ; il sert à maintenir le ressort lorsqu'on tend le piége, afin de pouvoir le faire sans danger.

Les branches BB du traquenard, double ou simple, sont quelquefois armées de pointes de fer, comme l'indique la *fig.* 10.

3°. *Le traquenard à queue* est représenté, *Pl.* 20, *fig.* 11 et 12. La *fig.* 11 le représente détendu ; on voit en *a* le ressort dessiné à part. Chacune de ses extrémités est engagée dans les branches mobiles du traquenard ; c'est cette pièce, dont les branches sont écartées de force pour tendre le piége, qui oblige le traquenard à se fermer aussitôt que le moyen qui maintient l'écartement a cessé.

Nous ne donnons pas la manière de tendre ce traquenard, parce qu'il nous paraît trop dangereux de se hasarder de le faire sur une simple description. Il faut voir opérer un homme habitué à manier ce piége.

On attache le traquenard à un arbre ou à un pieu avec une chaîne de fer, qui conserve moins l'odeur des mains qu'une corde de chanvre, et il est important aussi de déguiser l'odeur de l'homme quand on manie le piége, en se servant de gants frottés avec un hareng saur. Enfin, on conseille de se chausser avec des sabots quand on va tendre un piége, de revenir par le même chemin, et, en se retirant, d'effacer les traces des pas avec un râteau.

Pour maintenir le traquenard en bon état et l'empêcher de se rouiller, ce qui est très nécessaire pour conserver le jeu du ressort, on le frotte avec un morceau de drap pénétré de graisse de porc ou de volaille. On répète cette opération quand on veut se servir du piége; et, lorsqu'il est tendu, on l'essuie partout avec le même chiffon gras. Quand on veut nettoyer un traquenard, on le démonte et on frotte toutes les parties avec du sable mouillé, et on les lave ensuite dans de l'eau, de manière à emporter toute la rouille et la malpropreté : cette opération est très importante, surtout quand on emploie le piége pour prendre des renards; mais il faut prendre beaucoup de précautions en démontant le traquenard, pour ne pas se blesser.

Pour attirer l'animal plus sûrement vers le piége, on emploie les moyens que nous avons indiqués aux mots *Loup* et *Renard*. (*Voyez* ces mots.)

On tend les traquenards dans les bois et dans les terres labourées; on les cache dans les bois sous des feuilles et de l'herbe sèche, et dans les terres labourées on les recouvre de 2 ou 3 pouces de terre légère, que l'on dispose d'une manière semblable au terrain environnant. Il faut avoir la précaution de garantir la détente du piège de toute introduction de feuilles, d'herbe, de terre, ou de tout autre corps qui puisse en empêcher le jeu.

Si le traquenard est l'un des meilleurs piéges de fer que l'on puisse employer, c'est aussi l'un de ceux qui présentent le plus d'inconvéniens pour les animaux domestiques et même pour les hommes : il faut donc avoir soin de le tendre dans les endroits les plus écartés du passage des uns et des autres. Les traquenards doubles et simples à bascule, qui se détendent lorsqu'on marche dessus, présentent plus de danger que le traquenard à queue.

4°. *Traquenard à poteau*. (*Voyez* la description de ce piége aux mots *Oiseaux de proie*.)

TRAQUER. C'est entourer et faire battre par des hommes une enceinte dans un bois ou dans une plaine de manière qu'en resserrant toujours l'enceinte, on oblige les bêtes que l'on chasse d'entrer dans les toiles ou de passer sous les coups des chasseurs. On dit : *Traquer un bois pour prendre un loup*, *traquer un loup dans un bois*. (*Voyez* Battue, Cerf et Lièvre.) Il y a, sous ce dernier mot, un réglement important à observer dans les battues.

TRAQUET. C'est un piége que l'on tend aux bêtes puantes.

Traquet, *sylvia rubicola*, Lath. Oiseau de l'ordre des passereaux et du genre de la fauvette, et qui paraît avoir reçu son nom du mouvement continuel de ses ailes et de sa queue, que l'on a comparé à celui du traquet d'un moulin.

Description. Cet oiseau, un peu plus petit que le tarier, a de longueur totale 4 pouces 10 lignes. Le mâle a les parties supérieures variées de noir et de roux pâle; mais, sur la tête, le cou et la gorge le noir est pur; une tache blanche sur les côtés du cou; la poitrine baie-rouge, et une bande de même couleur sur l'aile, le croupion et le dessus de la queue; les pennes de la queue et des ailes noirâtres, et bordées de blanc roussâtre; les couvertures supérieures noires, bordées de roussâtre; le dessous du corps d'un blond roux; le bec et les pieds noirs. La femelle a la tête, les joues et la gorge d'un roussâtre rembruni; le corps pareil en dessus et blanchâtre en dessous; les couvertures du dessus de la queue rousses, tandis qu'elles sont blanches dans le mâle; la bande transversale des ailes blanche; le bec et les pieds bruns.

Cet oiseau se fait remarquer par sa vivacité et son agilité, voltigeant sans cesse de buisson en buisson, paraissant et disparaissant à tout moment, et agitant continuellement ses ailes et sa queue; il est encore facile à reconnaître à son cri, *ouistrata*, qu'il fait entendre à tout instant, surtout si on lui porte ombrage; il est ordinairement seul, si ce n'est au temps des amours.

Habitation. Le traquet est répandu en Europe; il arrive dans notre climat au printemps, et nous quitte en automne; il se plaît dans les landes arides et incultes, où il y a des broussailles et des buissons.

Nourriture. Des insectes, des vers, des mouches.

Propagation. Chaque couple place son nid au pied d'un buisson, sous les racines ou sous le couvert d'une pierre, et assez avant en terre. La ponte est de cinq à six œufs d'un vert bleuâtre, avec de légères taches rousses, principalement vers le gros bout. Le père et la mère nourrissent leurs petits de vers et d'insectes, et montrent pour eux une grande sollicitude, criant sans cesse lorsqu'on les approche, les ralliant par leurs cris et ne les quittant que lorsqu'ils peuvent se suffire à eux-mêmes.

Qualités. Ces insectivores sont utiles à l'agriculture; ils sont très gras à l'automne, et leur chair a la délicatesse de celle du bec-figue.

Chasse. Le traquet se laisse approcher de très près; mais il s'éloigne sans cesse par un petit vol sans paraître remarquer le chasseur; et, comme il est toujours solitaire, ce n'est point au fusil qu'il faut lui faire la chasse. On lui tend avec avantage des gluaux sur les branches les plus élevées des buissons, ou sur des piquets que l'on plante çà et là. La chasse à la chouette et aux gluaux présente aussi beaucoup d'avantage.

TRAQUEURS. On nomme ainsi les hommes que l'on emploie à traquer; ils sont ordinairement armés de bâtons pour battre les buissons et faire fuir le gibier.

TRAVAIL. Endroit où le sanglier a tourné et fouillé la terre.

TRAVAIL. (Fauconnerie.) Un oiseau de grand travail est celui qui a beaucoup de vigueur et de courage dans son vol.

TRÉBUCHETS. Ce sont des piéges qui se ferment sur l'animal qui s'y est introduit, attiré par l'appât qu'on y a placé. Il y en a qui sont employés principalement contre les quadrupèdes malfaisans, tels que les belettes, les putois, les fouines, les chats sauvages, les rats, etc., et d'autres contre les oiseaux. Nous parlerons d'abord des premiers.

Des trébuchets à prendre des quadrupèdes.

I. *Trébuchet simple.* (*Voyez* la *Pl.* 22, *fig.* 1re.) Ce trébuchet, que l'on nomme aussi traquenard, se tend comme les ratières. C'est une caisse dont le couvercle et la porte, maintenus ensemble, sont tenus ouverts par une ficelle qui s'attache à un petit bâtonnet placé dans l'ouverture b. A ce bâtonnet est attaché, en dedans du piége, un appât convenable pour l'animal qu'on veut prendre. Lorsqu'il est entré dans le piége, il attaque l'amorce et fait échapper le bâtonnet qui laisse refermer le couvercle.

II. *Trébuchet double.* (*Voyez* la *Pl.* 22, *fig.* 2.) Ce trébuchet ne diffère du précédent que parce qu'il a deux couvercles. Il est d'un effet plus certain, parce que l'animal, voyant du jour, pense pouvoir passer au travers, et s'y engage plus facilement. La longueur ordinaire de ce piége est de 3 pieds sur 10 à 12 pouces de hauteur et largeur. Les deux couvercles *a b*, qui servent en même temps de portes, sont tenus ouverts par les ficelles *c d*, qui se réunissent, en *e*, à une ficelle unique, attachée au bâtonnet. Lorsque l'animal touche à l'appât, les deux couvercles se ferment à la fois.

III. *Trébuchet à bascule.* (*Voyez* la *fig.* 3.) Ce trébuchet, qui a beaucoup de rapport avec les précédens, est employé à prendre des chats sauvages et des renards dans les parcs de chasse. C'est une espèce de ratière, qui se compose de quatre planches en chêne, de 3 pieds et demi à 4 pieds de long sur 14 pouces de large, assemblées en forme de caisse. L'un des bouts de la caisse, qui sont ouverts, se ferme avec une forte grille en fil de fer, et l'autre bout, qui sert d'entrée, est pourvu d'une porte aussi en chêne, engagée dans les rainures de deux montans de 32 pouces de hauteur, et joints à leur partie supérieure par une traverse. Cette porte doit glisser facilement dans ces rainures, de même que les anciennes fenêtres à coulisse; elle est terminée par une poignée en demi-cercle. Au milieu de l'une des planches des grands côtés, se trouve, comme dans les figures précédentes, une petite ouverture, qui a 1 pouce de large et 2 pouces et demi de haut, pour y placer la languette qui termine la marchette ou petite planche intérieure sur laquelle doit marcher l'animal. Cette ouverture se garnit en plomb à l'intérieur. La marchette, qui est placée de biais dans la caisse, a 12 pouces de longueur, 4 pouces de largeur et 6 lignes d'épaisseur; sa languette, qui a 3 pouces de long et 1 pouce de large, avance hors du trou percé dans la planche de côté, d'environ 2 pouces et demi. Cette languette a une coche pour recevoir le bout d'un bâtonnet, et l'on pratique aussi une entaille dans la planche au dessus du trou par où elle passe. Du dessus de la caisse s'élève une colonne de 20 pouces de hauteur et de 2 pouces d'épaisseur, qui est percée d'un trou à sa partie supérieure.

Lorsqu'on veut tendre ce piége, on attache une ficelle d'une grosseur suffisante à la poignée de la porte à coulisse; on la passe par dessus la traverse ou dans le trou qu'on y a pratiqué, puis dans le trou de la colonne, et on y attache en bas un petit bâton de 4 pouces de long et de 1 pouce de large. On tire cette ficelle qui fait monter la porte, on fixe le bâtonnet dans les entailles de la languette et de la planche, et le piége est tendu. La moindre pression qui agit sur la marchette de l'intérieur de la caisse opère le détraquement du piége, la porte tombe avec rapidité et la caisse est fermée.

Des trébuchets à prendre des oiseaux.

IV. *Trébuchet fait avec des bâtons.* (*Voyez* la *Pl.* 39, *fig.* 1 et 2.) Ce trébuchet est employé notamment contre les perdrix et autres oiseaux marcheurs.

On prend quatre bâtons, longs de 2 pieds et demi, et percés chacun, à 1 pouce de leur extrémité, d'un trou de la grosseur du doigt : on les place à terre en manière de carré; on a soin de faire à chaque bâton une entaille au droit des trous, de la profondeur de la moitié de l'épaisseur du bois, afin qu'ils tiennent deux ensemble par l'extrémité.

Dans un des coins du carré où il y a un trou, on met un morceau de bois, gros comme le doigt et long de 4 à 5 pieds, qui entre dedans comme une cheville, et qui passe d'un bout à l'autre d'angle en angle; ensuite on met encore un autre bâton, qui ait en tout les mêmes proportions, et qui, en traversant d'un autre angle à celui qui lui est opposé, forme une croix avec le premier.

Après cet arrangement, on prend plusieurs bâtons assez droits gros comme le doigt, et un peu plus courts les uns que les autres; il y en aura quatre de chaque façon. On les enfile dans les bâtons dont on a parlé, en sorte qu'ils croisent du bout les uns sur les autres jusqu'au sommet du trébuchet, où il y a une ouverture, par où l'on peut tirer les oiseaux quand ils sont pris.

La figure de la cage donne assez à connaître que devant toujours aller en rétrécissant par le haut, les plus longs bâtons doivent être mis par le bas, et continuer par degrés; on arrête ces bâtons avec de l'osier ou des ficelles.

Quand le trébuchet est ainsi ajusté, on prend un bâton, gros comme le petit doigt, aplati par les deux côtés, et long de 3 pieds, et on l'attache avec une petite ficelle à un angle du piége, auquel il tiendra par le moyen d'une petite coche; observez qu'il doit être mouvant et non arrêté.

Quand on veut tendre cette machine, on prend un

piquet long de 1 pied et demi, à l'extrémité supérieure duquel il y a une ficelle pour y attacher un petit bâton long d'un demi-pied, dont le bout inférieur est taillé en forme de coin à fendre le bois.

On fiche ce piquet en terre, en sorte que, la machine étant élevée, elle le froisse en tombant : quand il est planté, on lève un côté de la cage, et on met le gros bout du petit bâton dessous pour la soutenir, et l'autre dans la coche qui est au bout du bâton, gros comme le petit doigt, aplati des deux côtés et long de 3 pieds.

Il faut que le trébuchet pose légèrement dessus, et qu'il demeure tendu et élevé en l'air d'un côté, environ à la hauteur de 1 pied. Ce piége se place sur un monceau de grain, et on le couvre de feuillages.

C'est principalement, ainsi que nous l'avons dit, contre les perdrix que le chasseur fait usage du trébuchet : en effet, ces oiseaux se précipitent dessous la machine, se posent sur la marchette, font détendre tous les ressorts, et se trouvent enfermés.

V. *Trébuchet à prendre des oiseaux de proie.* Ce trébuchet se nomme aussi *cage*, parce qu'il a la forme d'une cage ; mais comme c'est moins la forme d'un piége, que son mécanisme, qui doit lui imposer un nom, on a avec raison placé parmi les trébuchets les cages dont nous allons parler.

Les *fig.* 3 et 4, *Pl.* 39, représentent deux trébuchets de cette espèce, l'un détendu et l'autre tendu. Par la *fig.* 3, qui est celle du trébuchet détendu, on voit que ce piége se compose de quatre montants en bois, *a a, a a*, et de quatre traverses à tenons en haut et en bas. Le fond inférieur est plein, et les quatre côtés, qui sont représentés ouverts, sont destinés à être fermés avec un filet. Une cage A, formée par un grillage en fil de fer, ayant une porte en *b*, sert à placer un oiseau pour appelant. Au milieu de la face antérieure du cadre, se trouve un cinquième montant *c*, ayant une mortaise *e*, par laquelle passe l'extrémité de la marchette B, qui y est maintenue par une broche de fer traversant le montant, et l'épaisseur de cette marchette ; cette broche forme le pivot sur lequel la marchette se meut facilement. L'autre extrémité de la marchette est armée de petites baguettes qui remplissent la capacité de la cage, de manière qu'un oiseau ne puisse y entrer sans y toucher. La partie supérieure de la cage est garnie de deux battans de bois de forme carrée, fixés au moyen de deux branches de fer *i i*, qui sont destinées à faire mouvoir ces battans et y sont attachées par un fort clou carré à ses deux bouts et rond au milieu pour tourner dans l'oreille *k*. On lie, aux extrémités inférieures des branches *i i*, deux cordes qui se réunissent à la planchette *f*, qui sert à tendre le piége. A cette planchette est attachée une forte corde soutenant un poids ou une grosse pierre assez lourde pour faire fermer les battans et les maintenir dans cet état.

Pour tendre ce trébuchet, on abaisse les battans sur les traverses supérieures de la cage, et on lève la marchette B, de manière que la coche qui se trouve en dessous de l'extrémité extérieure reçoive le petit côté de la planchette *f*, qui appuie de l'autre sur deux piquets implantés dans le montant *c*, et qui s'y trouve maintenue par la pesanteur du poids *g*. Ce trébuchet doit être suffisamment élevé sur 4 pieds pour que le poids puisse agir ; ou, si on le laisse à terre, il faut alors creuser un trou à l'endroit où doit tomber ce poids.

On met dans la cage inférieure un oiseau, ordinairement un pigeon blanc pour qu'il soit aperçu de plus loin. Quand l'oiseau de proie veut s'en emparer, il fond dessus, fait baisser la marchette B et échapper la planchette *f*, le poids *g*, n'étant plus soutenu, fait baisser les branches *i i*, qui, à leur tour, font fermer les deux battans, et l'oiseau se trouve pris.

La *fig.* 4, même planche, représente ce piége tendu.

VI. *Trébuchet à rideau, pour prendre également des oiseaux de proie.* Ce trébuchet, dont la *fig.* 5 ne représente que le plan de la partie supérieure, ne diffère du précédent que par la manière dont il se ferme. On voit, le long des traverses supérieures de droite et de gauche A A, deux tringles de fer un peu plus grosses qu'une plume à écrire, qui en soutiennent une troisième *o* de la même force, qui y glisse facilement au moyen d'un anneau qui termine chacune de ses extrémités. Sur cette dernière est fixé un filet B, d'une étendue suffisante pour couvrir la partie supérieure de la coche. Une corde *c c*, liée à chacune des extrémités de la tringle *o*, passe dans un trou pratiqué à la traverse supérieure du devant, et vient aboutir à la planchette *f*, qui entre dans la coche et soutient le poids *g* de la figure précédente. Dans cet état, un oiseau ne peut entrer dans la cage sans faire tomber la marchette ; la planchette *f* s'échappe, le poids entraîne la tringle, celle-ci fait développer le filet, et la cage se trouve fermée.

Les deux piéges dont nous venons d'offrir la description, en nous aidant de celle qui se trouve dans le *Traité des chasses à tir*, sont représentés revêtus de leurs filets dans le *Dictionnaire des chasses de l'Encyclopédie*. On les emploie avec avantage contre les éperviers, les émerillons, les hobereaux, les faucons, les autours et autres oiseaux de proie.

VII. *Trébuchet dit œdonologique de Salerne.* Ce trébuchet, que les anciens auteurs appellent *filet volant*, et qui se trouve décrit, avec quelques perfectionnemens, sous le nom de *trébuchet à filet et à ressort de corde*, dans le *Traité des chasses aux piéges*, est d'un mécanisme très simple et d'un succès certain : on l'emploie à prendre les rossignols, les moineaux, les mésanges, et autres petits oiseaux, et en lui donnant des dimensions convenables, on peut aussi l'employer à prendre des grives, des merles, des corbeaux, des corneilles, etc. ; en voici la description à peu près telle qu'elle est dans le traité que nous venons de citer.

La *fig.* 6 représente ce trébuchet détendu. Il se compose de deux demi-cercles en fil de fer, dont un *a a*, de moitié plus fort que celui *b b*, sert de ressort, est fixé sur une petite planche *c d*, au moyen de deux attaches en fil de fer ; le second *b b*, qui sert de battant, a ses extrémités contournées en angles, dont une branche est prise dans la corde E E.

La planchette *c d* dépasse le demi-cercle *a a* de

2 pouces, et le demi-cercle *b b* d'environ 1 pouce; sa largeur est de 15 lignes et son épaisseur dépend de la force du fil de fer que l'on emploie, attendu qu'elle doit être assez solide pour pouvoir tourner la corde. Deux trous *i i*, percés dans cette planchette, sont destinés à recevoir deux capucines de 4 à 5 pouces de longueur, pour assujettir le piége en terre.

La ficelle E E, mise en plusieurs doubles et tournée comme une corde qui sert à bander une scie, réunit les extrémités de deux demi-cercles; pour la tordre, on passe dans les boucles de ses extrémités les bouts du demi-cercle *a a*, ainsi que ceux du demi-cercle *b b*, et avec ces derniers on tord la corde dans les intervalles qui se trouvent entre les quatre bouts des demi-cercles, en passant le demi-cercle *b b* dans l'autre *a a*, un nombre de fois suffisant et de manière que les révolutions qu'on lui fait faire aient lieu en dessus de la ficelle de *d* en *c*. Ensuite, on passe la planchette *c d* dans le milieu des doubles de la ficelle, et on la tord en sens inverse à celui où on a tourné la première fois, c'est à dire, de *c* en *d*; lorsqu'elle est suffisamment tordue, le demi-cercle *b b*, qui fait battant, doit être fortement attiré vers *d*. On ajuste alors la planchette dans la position qu'elle doit occuper, et on y fixe le demi-cercle *a a* au moyen de deux attaches de fil de fer disposées de manière à pouvoir démonter le piége quand on le désire.

On attache ensuite sur les demi-cercles un filet H H, à mailles en losange, et d'une étendue suffisante pour qu'il puisse faire poche; ce filet est en soie et à mailles de 6 lignes de diamètre pour les petits oiseaux, et en fil de Flandre, à mailles de 15 à 18 lignes de diamètre, pour les corbeaux et autres gros oiseaux.

La détente, qui se compose de deux petits morceaux de bois *f*, *g*, est attachée, à l'extrémité *c* de la planchette, au point *i*, au moyen d'une ficelle fine et forte. Le morceau de bois *f* est percé de trois trous; le premier à son extrémité supérieure, dans lequel passe la ficelle qui le fixe au support du piége, et sur laquelle il peut monter et descendre; le second au milieu, et le troisième à son extrémité inférieure. Le second morceau de bois *g* est percé d'un seul trou par lequel passe la même ficelle terminée par un nœud. La longueur de la ficelle doit être telle, qu'elle aille jusqu'au second trou *i* de la planchette.

Pour tendre ce piége, comme le représente la *fig.* 7, on relève le demi-cercle *b b*, en le rapprochant du demi-cercle *a a*; on range tout autour le filet H, de manière à ce que rien ne l'accroche et ne l'empêche de se développer quand le battant s'abat; et, pour maintenir ce dernier dans cette position, on passe dans les mailles du filet le morceau de bois *f* de la détente, et, par dessus le battant, l'autre morceau *g*, dont l'extrémité taillée en pointe aiguë s'engage, pour les petits oiseaux, dans le trou placé à l'extrémité inférieure du morceau de bois *f*, et, pour les oiseaux plus forts, dans celui qui se trouve au milieu, parce qu'alors la détente est plus dure; dans cet état, le piége est tendu.

L'appât se place à l'extrémité du morceau de bois *f*, et on l'assujettit plus ou moins selon qu'on a disposé la détente; l'oiseau, venant à toucher l'appât, fait échapper le morceau de bois *g* du trou dans lequel il est engagé; et la corde, faisant effort pour ramener le battant, l'entraîne si vivement, que l'oiseau est aussitôt enveloppé sous le filet.

Il faut avoir la précaution, lorsqu'on tend ce piége, d'unir la terre sur laquelle on le pose, afin qu'il n'existe entre les demi-cercles et le sol aucun vide qui puisse favoriser la fuite de l'oiseau qui s'y trouvera pris.

VIII. *Trébuchet à rossignol.* Quoique le trébuchet dont nous venons de parler s'emploie principalement contre les rossignols, on en a inventé deux autres qui sont encore plus spécialement employés à prendre ces oiseaux, et qui ne diffèrent du précédent que par la forme et le ressort. (*Voyez* les *fig.* 8 et 9.) Le *Traité des chasses aux piéges* en donne la description suivante:

Dans la *fig.* 8, le trébuchet se compose d'un cadre en bois *a a*, de 11 pouces de long sur 7 et demi de large, formé de deux montans et de deux traverses en bois, de 6 lignes de largeur sur 4 d'épaisseur. Une serge verte B, clouée sous ce cadre, en forme le fond. Au milieu d'un des montans du cadre est ajusté un autre morceau de bois *c*, de la même largeur et épaisseur, et long de 3 pouces, qui sert de point d'appui à la détente. Ce cadre, ainsi disposé, forme le support du piége. Le battant du trébuchet est fixé sur un petit cylindre de bois *d d*, d'un diamètre de 4 lignes et d'une longueur égale à celle de l'intérieur du cadre. Ce cylindre est traversé, aux points *d d*, par les deux extrémités du battant formé d'un fil de fer gros comme une plume de corbeau, et tourné en carré un peu moins grand que le cadre en bois, mais assez cependant pour battre sur le bois. Un autre fil de fer plus fin est attaché de *d* en *d* aux extrémités du fil de fer qui forme le cadre, pour fermer le carré et donner la facilité de fixer le petit filet de soie à mailles en losange de 6 lignes de diamètre, que l'on coud sur ce carré de fil de fer pour couvrir le piége. Le cylindre qui porte le battant est assujetti, dans les traverses du cadre, par deux broches en fer qui lui servent d'axe, et sur lesquelles il tourne facilement.

Le ressort qui fait mouvoir le battant est un bout de fil de fer fixé sur le cylindre par un œillet formé au centre de sa longueur, et assujetti par un clou à tête implanté dans l'épaisseur du cylindre. Ses extrémités, après avoir fait chacune plusieurs révolutions dans le même sens autour du cylindre, sont tournées également en œillets et fixées par un clou à tête dessous le montant supérieur du cadre. Pour tendre le piége comme la *fig.* 8 le représente, il faut relever le battant que le ressort tend à faire serrer sur le cadre, et le maintenir au moyen de la détente *fig.* 10. Cette détente est la même que celle du piége précédent, avec la seule différence que la ficelle est plus longue, devant avoir la même hauteur que le battant de fil de fer; le morceau de bois *f* a 4 pouces de longueur, et celui *g* 3 et demi.

IX. *Autre trébuchet à rossignol.* La *fig.* 9 représente un trébuchet de même espèce, ayant une forme demi-circulaire. Le cylindre est en fer d'un diamètre de 2 à 3 lignes, et ses extrémités sont terminées par deux petites broches qui tournent chacune dans une petite plaque de fer percée d'un trou rond. Ces plaques *i i* sont assujetties avec deux vis sur le cadre en bois. Le ressort *d* est différent du précédent. Sur le cylindre est fixée, par une de ses extrémités, une bande d'acier mince et large de 5 lignes, faisant trois ou quatre révolutions sur elle-même, et l'autre extrémité est recourbée sur une petite plaque de fer percée carrément et fixée sur le dessus du cadre de bois au point *o*. Quand on veut tendre ce piége, la courbure de la petite bande d'acier qui fait ressort, empêchant celle-ci de suivre le mouvement du cylindre, appuie fortement sur la petite plaque de fer percée, ce qui fait serrer les révolutions qu'elle a formées sur le cylindre, et tend à ramener le battant contre le cadre. La petite plaque qui retient la courbure du ressort est percée d'un trou carré, pour recevoir l'extrémité de la petite plaque d'acier, lorsque le battant B est levé. La détente de ce piége et la manière de le tendre sont les mêmes que pour le précédent. Les appâts qui conviennent le mieux sont des teignes ou vers de farine, que l'on attache, avec une épingle ou avec un fil, à l'extrémité de la pièce *f* de la détente.

X. *Trébuchet à battant simple.* Ce trébuchet et les deux suivans sont faits en forme de cage; on les emploie à prendre des petits oiseaux, en se servant d'appelans que l'on enferme dans d'autres cages placées au dessous de celles qui servent de trébuchet.

La Pl. 40, *fig.* 1, représente un trébuchet à battant simple avec une cage d'appelant au dessous. Les dimensions de ce piége sont indéterminées : celui qui est représenté dans la figure est supposé avoir, à la partie inférieure A B qui forme la cage d'appelant, 6 pouces de longueur et de largeur, et 5 pouces de hauteur. La partie supérieure qui soutient le battant a 8 pouces et demi de C en D sur 6 de largeur et 3 de hauteur. Cette cage se compose de fils de fer passés à distances égales dans les montans et traverses en bois qui forment la charpente de la cage. La partie saillante G a son fond composé d'une petite planche formant une auge destinée à recevoir l'appât avec lequel on veut attirer l'oiseau. Le reste du fond, qui sépare les deux cages, est en fil de fer et à claire-voie.

Le dessus de la partie C D est à jour, et doit être couvert par le battant E, composé de trois montans en bois traversés par des fils de fer, et qui, en tombant, vient battre l'extrémité C du trébuchet. Ce battant est assujetti, aux deux côtés du trébuchet, par deux petites broches de fer sur lesquelles il se lève et se baisse, et qui sont placées à 2 pouces environ du point D. La partie F est une petite planche, large de 18 lignes et mince, qui, clouée sur les deux traverses qui forment la face D du trébuchet, descend jusqu'à la cage de l'appelant. Elle a deux usages différens : le premier est de servir à accrocher le trébuchet à un clou ou à une branche d'arbre, au moyen du trou placé à son extrémité supérieure, et qui est assez grand pour y passer un doigt; le second est de faire le point d'appui contre lequel porte la marchette H, à l'endroit marqué D, ce qui est nécessaire pour tendre le piége.

Cette marchette H, dont la forme est plus aisée à distinguer dans la *fig.* 2, a 8 pouces de longueur, c'est à dire un demi-pied de moins que la partie C D dans laquelle elle doit entrer. Sa partie supérieure *a*, *fig.* 2, est garnie de trois ou quatre fils de fer qui la traversent, et qui sont destinés à couvrir l'auge qui se trouve à l'extrémité C du trébuchet, afin d'empêcher les oiseaux d'atteindre à la graine sans toucher à l'un d'eux, et sans faire tomber le battant. A l'autre extrémité, elle est entaillée au point *b* pour recevoir la gâchette du battant, c'est à dire le montant qui est au milieu de ce battant, et dont l'extrémité inférieure est taillée en coin pour tenir dans l'entaille de la marchette H.

Le ressort K de ce piége, que l'on voit séparément, *fig.* 3, est un boudin de fil de fer, qui, fixé par le bout *d* à la traverse C D du trébuchet, est accroché, par l'autre bout, *o*, à un des fils de fer du battant E, mais de manière que, pour lever ce battant, comme l'indique la *fig.* 1, il faille que les révolutions du fil de fer qui forme le boudin s'écartent suffisamment. Comme elles tendent à se rapprocher aussitôt que la puissance qui les maintient a cessé, elles font abattre vivement le battant, et le tiennent assez serré contre les traverses du trébuchet, pour que l'oiseau qui s'y trouve pris ne puisse le soulever.

Pour tendre le piége, il faut donc lever ce battant E dans une position verticale, ce qui fait desserrer les révolutions du ressort K, passé dessous la marchette H, dont l'extrémité L vient se poser contre la planchette F qui se prolonge jusqu'à la cage de l'appelant, et sert de point d'appui à la marchette, et engager, dans la coche *b*, l'extrémité taillée en coin du montant *g*, qui occupe le milieu du battant. Dans cet état, le battant reste droit, et la marchette, soutenue en équilibre, couvre, au moyen des fils de fer qui garnissent son bout *a*, l'auge placée à l'extrémité C du trébuchet. Plaçant alors le trébuchet dans l'endroit que l'on juge convenable, après avoir enfermé dans la cage un appelant, auquel on a mis à manger dans l'auget vu auprès de B, et de l'eau dans une coquille de colimaçon, on conçoit que l'oiseau, attiré par l'appelant, viendra pour manger la graine qui lui est offerte, et ne pourra y atteindre qu'en touchant à la marchette : celle-ci, au moindre mouvement, dégage la gâchette du battant, qui, obéissant au boudin de fil de fer qui tend à se resserrer sur lui-même, s'abat vivement et enferme l'imprudent oisillon.

Si l'on veut un trébuchet sans cage d'appelant, il suffit de le faire semblable à la partie C D; mais alors le piége ne peut pas être employé contre tous les petits oiseaux.

On fait encore de ces trébuchets tout en bois; et quelques personnes, avec la même marchette, emploient, pour faire abattre le battant, une corde tordue comme celle avec laquelle on bande une scie, et, dans son milieu, elles engagent la gâchette du battant. L'un et l'autre de ces moyens sont bons : c'est au goût de la personne qui emploie le piége à décider auquel des deux elle donnera la préférence.

XI. *Trébuchet à battans doubles.* Il est représenté *fig.* 4 de la même planche. Une cage A se trouve entre les deux battans B B; l'appelant occupe cette cage. Ces battans peuvent agir comme dans le piége précédent, par le moyen d'une corde tordue autour d'un boudin de fil de fer. Les marchettes sont les mêmes. Les parties de ce trébuchet D D sont celles que doivent couvrir les battans, et au fond desquelles on place l'appât. Cette espèce de trébuchet est plus commode que l'autre pour être accrochée aux fenêtres des maisons voisines de quelques vergers ou exposées au passage des oiseaux. C'est principalement au printemps et en automne qu'on tend ce piége.

XII. *Trébuchet sans fin.* Ce piége, qui est représenté *fig.* 5, se nomme *trébuchet sans fin*, parce qu'il se retend de lui-même aussitôt qu'il a été détendu. Il offre tous les avantages des autres trébuchets, et il a de plus qu'eux celui de pouvoir faire un grand nombre de captures sans que l'oiseleur soit obligé d'y mettre la main. On y prend des tarins, des chardonnerets, des pinsons, des moineaux, des mésanges, etc., dans toutes les saisons ; mais la plus favorable est l'hiver.

Voici la description de ce trébuchet, d'après le *Traité des chasses aux piéges.*

Le trébuchet sans fin est une cage composée d'une carcasse en bois garnie de fil de fer, et dont la dimension peut varier à volonté : elle se partage en quatre parties, qui sont indiquées par les lettres A, B, C, D.

Le compartiment D, qui sert de cage à l'appelant, a une porte ; ses quatre côtés sont à claire-voie, et il est garni d'un auget et d'un vase pour placer le boire et le manger de l'oiseau.

La partie B a trois côtés et son fond est à claire-voie, excepté depuis B jusqu'au battant, où se trouve une petite planche dont les bords sont relevés, pour contenir le chenevis destiné à servir d'appât. Son côté vers A est fermé par le battant, et sa partie supérieure, qui est ouverte, offre un passage aux oiseaux. Près du fond qui sépare le compartiment B de celui D est une bascule E, représentée à part *fig.* 6 ; elle est soutenue par deux petites broches en fer *i i*, qui sont passées dans des œillets, qu'on fait former à cet effet par deux fils de fer : elle peut facilement tourner dans ces œillets au moyen de ces deux petites broches. Du milieu de cette bascule E part un fil de fer *f*, qui soutient un poids *g*, dont la pesanteur est combinée de manière que l'extrémité des branches en fil de fer de cette bascule n'engage qu'à 2 lignes environ les extrémités des fils de fer du battant, afin que la détente soit plus prompte. Ordinairement un fil de fer recourbé, placé au bord de l'auget, empêche cette bascule de se relever plus qu'à la hauteur qu'on vient d'indiquer ; mais il ne doit nullement la gêner pour se baisser. C'est sur cette bascule que l'oiseau est obligé de se poser quand il entre par l'ouverture B. Au milieu de cette bascule est un arrêt *y*, qui retient le fil de fer du milieu du battant, et un autre fil de fer, lié à l'une des branches de l'arrêt, forme un point de résistance à ce fil de fer qui y est engagé, pour empêcher le battant de revenir sur lui-même.

Entre A et B sont deux montans en bois *v x*, destinés à soutenir le battant. Ces montans partent de la traverse du milieu de la cage et s'élèvent assez au dessus de la traverse supérieure pour que l'extrémité inférieure des fils de fer d'un des côtés du battant vienne tomber à 2 lignes de la cloison qui sépare les compartimens B D. Le montant *x* est percé d'un trou à sa partie supérieure, pour recevoir la broche *i* de l'axe du battant, *fig.* 7. Le montant *v* est encoché également à sa partie supérieure pour recevoir la broche *s*, qui sépare l'axe du battant de la poulie T, *fig.* 7.

Ce battant, *fig.* 7, se compose d'un axe en bois *u*, traversé d'outre en outre par plusieurs fils de fer, qui sont assujettis les uns aux autres à un pouce de l'axe par un fil de fer plus fin, qui y est entrelacé en travers aux points *o*. Cet axe tourne dans le trou et la coche des montans *v*, *x* de la *fig.* 5, par le moyen des deux broches *i*, *s*, qui se trouvent à chaque extrémité. A la broche *s* est fixée la poulie T, qui tourne en dehors du montant *v* ; elle est garnie d'une ficelle d'une longueur indéterminée, qui porte un poids *n*, servant de mobile à tout le piége.

La *fig.* 8 représente la cloison à claire-voie qui recouvre le compartiment A. Les fils de fer qui la composent ont tout juste de longueur ce qu'il faut pour arriver dans les intervalles des fils de fer du battant, afin qu'il n'y ait point de vide. Ils sont également assujettis par l'entrelacement d'un fil de fer plus fin au point *m*, *fig.* 8.

La cloison qui sépare les compartimens A, C est une petite planche fixée dans les traverses du milieu de la cage, au moyen de deux petites broches en fer *a, a*, qui lui servent d'axe et sur lesquelles elle fait bascule ; mais la partie de cette planche du côté du battant est un peu plus lourde, pour qu'elle puisse reprendre sa position horizontale après que la cause qui lui fait faire bascule a cessé.

Enfin le compartiment C est destiné à recevoir les oiseaux qui se laissent prendre à ce piége.

En résumé, le trébuchet sans fin agit de cette manière : le poids *n* tend à faire tourner le battant, qui lui obéirait s'il n'était retenu par l'arrêt *y* de la bascule E, *fig.* 6. L'oiseau, venant à entrer par l'ouverture du compartiment B, se pose sur les branches de la bascule E : sa pesanteur, neutralisant l'action du poids *g*, fait baisser la bascule ; le battant, dégagé de l'arrêt *y*, obéissant à l'impulsion du poids *n*, tourne rapidement vers B, et pousse l'oiseau dans le compartiment A. Celui-ci, entraîné rapidement, arrive vers la cloison extérieure, et, chargeant la planche qui couvre le compartiment C, la fait baisser et tombe dans ce dernier compartiment, où il reste prisonnier, la bascule se refermant sur lui.

On conçoit bien maintenant que, tant qu'il y aura de la ficelle à dévider, ou que la hauteur où sera placé le piége permettra l'action du poids *n*, on n'aura pas besoin de le remonter, et que l'on pourra prendre plusieurs oiseaux sans s'en occuper.

TREICHE. (Voyez *Draine*.)

TREMBLEUR. C'est ainsi qu'on désigne la *hulotte*, en Champagne.

TRIE. Nom vulgaire de la *draine*.

TRIPE, TRIPAILLE, TRIPÉE. Ces mots se disent des entrailles de bœuf, avec lesquelles on fait la *mouée* aux chiens.

TRITRI. En Brie, c'est le *proyer*.

TRICTRAC. Nom vulgaire donné au *traquet*, d'après son cri.

TROCHES. Ce sont les fumées à demi formées, les fumées d'hiver.

TROCHURES. Quatrième andouiller de la tête du cerf, et qui est très rare, les cerfs n'ayant ordinairement que trois andouillers au dessous de l'empaumure.

TROGLODYTE, *sylvia troglodytes*, Lath. Oiseau de l'ordre des passereaux et du genre de la fauvette, connu vulgairement sous le nom de *roitelet*, quoique le véritable roitelet, que nous avons décrit sous ce nom, soit une espèce différente, et qui porte une sorte de couronne jaune. Le nom de troglodyte, que les anciens ont donné à l'espèce dont il s'agit ici, veut dire : *habitans des antres et des cavernes*.

Description. Le troglodyte est, après le roitelet, le plus petit des oiseaux de notre climat; il n'a que 3 pouces et demi de longueur, y compris la queue, qui a 1 pouce et demi de long; son bec est étroit, noirâtre en dessus, brun en dessous et de 5 lignes de long; il a l'iris brun, les jambes de même couleur et de 7 lignes de hauteur; le dessus du corps d'un brun tirant un peu sur le roux, coupé transversalement par de petites zones ondées et d'un brun foncé; une raie de blanc roussâtre sur les yeux; les couvertures supérieures des ailes d'un brun foncé et celles de la queue d'un brun plus roux, et rayées d'un brun pur; le reste du corps d'un gris rougeâtre, le ventre blanc, avec des raies noirâtres sur les côtés et le croupion.

Ce petit oiseau, toujours gai, ne cesse de s'agiter, parcourt les haies et les jardins, porte sa petite queue relevée, qu'il agite de droite à gauche. Sa voix est sonore, et il la fait entendre même au cœur de l'hiver, lorsqu'il fait un rayon de soleil. Son cri d'alarme est *tirit, tirit*.

Habitation. Le troglodyte est assez répandu en Europe; on le trouve au printemps, seul à seul, sur les lisières des bois et dans les haies; il reste dans nos climats pendant la saison rigoureuse, et cherche alors un abri dans les haies des jardins, sous les toits de chaume et dans les saules creux, où quelquefois on le voit en nombre.

Nourriture. Il se nourrit d'insectes, de chrysalides et d'œufs d'insectes; il mange aussi des baies de sureau.

Propagation. Il niche ordinairement près de terre, ou à terre même, sous des racines d'arbres, dans des trous, sous des buissons épais, et quelquefois sous le toit de chaume des habitations isolées. Son nid a une forme ovale avec une entrée très étroite et pratiquée de côté. La femelle pond de cinq à huit œufs, très petits, d'un blanc terne et pointillés de roussâtre, qu'elle couve pendant quinze jours.

Qualités. La destruction d'un grand nombre d'insectes nuisibles qui servent à la nourriture de cet oiseau témoigne son utilité, et dans beaucoup d'endroits on se fait un scrupule de le tuer et même de toucher à son nid.

Chasse. Le troglodyte est curieux, peu méfiant, et la vue de l'homme ne l'effraie nullement : on le prend de la même manière que le roitelet, et surtout à la pipée où souvent il pénètre jusque dans la cage du pipeur; on le prend encore avec un gluau fixé à l'extrémité d'une longue canne de pêcheur, à l'aide de laquelle on l'atteint lorsqu'il est perché; enfin on le prend facilement, dans les fortes gelées, sous les toits de chaume, pendant la nuit, en se servant d'une lanterne pour le découvrir.

TROLE. *Aller à la trôle.* C'est découpler des chiens courans dans un grand pays de bois pour quêter et lancer un animal, quand l'on n'a pas eu la précaution de le détourner avec un limier.

TROLER. C'est quêter au hasard dans une enceinte où l'on n'a pas fait détourner la bête.

TROMPE. Instrument de cuivre dont on se sert à la chasse, et que l'on appelle aussi *cor de chasse*. Les trompes étaient autrefois très grandes, et par conséquent incommodes pour les valets de chiens à pied surtout; elles n'avaient qu'un tour et demi. Celles dont on se sert aujourd'hui sont plus petites, et elles ont deux tours et demi, de sorte qu'il y a autant de matière à ces petites trompes qu'aux grandes.

L'embouchure de la trompe est d'argent, et se soude au bout du tuyau qu'on nomme *branche*. Le pavillon, qui est à l'autre extrémité, est rond et fort large; il est orné, en dehors, d'une guirlande de cuivre. On ressoude une trompe lorsqu'elle est percée, et on y met des viroles lorsque quelques branches sont cassées. Il faut, pour qu'une trompe soit bonne, qu'elle soit mince, bien proportionnée et nette en dedans; et il faut encore la sonner long-temps pour qu'elle parvienne à son point de perfection, parce qu'une trompe neuve est toujours dure et pleine de feu. On fait des trompes en argent.

TROUSSE-COL. Nom vulgaire du *torcol*.

TUIT. Nom du *pouillot* dans certains pays.

TURLU, TURLUI. Nom du *courlis* en Poitou et en Bourgogne.

TURLUT, TURLUTOIR, TRELUS. Dénomination de l'*alouette cujelier*.

TYON. (Voyez *Traquet*.)

USÉ

USÉ (pied). Pied d'un vieil animal, ou de celui qui habite les pays rocailleux.

VACHE ARTIFICIELLE, HUTTE AMBULANTE, CHARRETTE. Ce sont autant de machines dont on se sert pour approcher des oiseaux, sans leur inspirer de crainte.

La *Pl.* 35, *fig.* 3 et 7, représente la hutte ambulante et la vache artificielle.

Vache artificielle. Tous les auteurs de traités sur la chasse aux oiseaux parlent de la vache artificielle, qui paraît être d'un usage fort ancien ; mais elle n'a pas toujours eu le degré de perfection qu'elle a aujourd'hui.

Il paraît qu'on se contentait autrefois de revêtir le chasseur d'un habit de toile de couleur de poil de vache ; il se couvrait la tête d'un masque fait à l'imitation de celle de cet animal. Pour les chasses de tonnelle, on recommandait encore une autre espèce de vache faite également d'une toile peinte, attachée sur quatre bâtons croisés, dont le profil était celui d'une vache qui semblait être couverte d'un drap traînant à terre, de façon que l'on portait cela comme une bannière, à la faveur de laquelle on se cachait. Il est difficile de croire que les canards, les oies sauvages, et, en général, les oiseaux de cette espèce, qui se défient de leur ombre, fussent les dupes de cette supercherie monstrueuse : on doute même qu'on en approche les pluviers, vanneaux, étourneaux, grives, alouettes, etc., quoique familiers ; car souvent il arrive que ce qui fait illusion aux hommes ne le fait pas aux animaux.

Il y a une vache artificielle dont l'ingénieuse composition nous est venue de l'étranger ; elle se porte sur les épaules avec des bretelles, comme une hotte ; elle ne doit pas peser plus de 18 ou 20 livres : voici les moyens de la construire.

On commence par faire une cage ou châssis de bois léger, de la longueur d'une vache, en la mesurant depuis les épaules jusqu'à la queue ; au derrière de la cage et en dedans doivent être attachés deux morceaux de bois de la longueur et de la tournure des jambes d'une vache.

Les quatre membres principaux de la cage ont 2 pouces d'équarrissage, et les traverses sont proportionnées : tout doit être à tenons solidement emmanchés et collés, afin qu'en la portant on n'entende pas le moindre criaillement. On attache sur le châssis quatre cercles, dont le diamètre est égal à la grosseur d'une vache ; le premier doit être fort, et on le garnit de bourre pour que le porteur n'en soit point incommodé ; on couvre, après cela, d'une toile légère tout le corps de la vache, et on la coud après chaque cercle, ou bien on la colle seulement ; les cuisses et les jambes se garnissent de mousse ou de paille, et la queue se fait d'une corde effilée par un bout. Toute la machine doit être peinte à l'huile ; car, si elle l'était à la colle, les brouillards, rosées, etc., auxquels on est souvent obligé de l'exposer, en enlèveraient la couleur.

Le chasseur doit avoir un pantalon fait de toile de même couleur, sur la ceinture duquel doivent tomber les barbes du domino.

En effet, la tête de la vache doit se porter comme un domino ; elle se fait de carton, excepté ses côtés qui doivent être souples et flexibles, pour que le chasseur puisse ajuster son gibier sans trouver d'obstacles. Il faut, lorsqu'on est vêtu du domino, pouvoir découvrir, du premier coup-d'œil, le canon de son fusil, horizontalement d'un bout à l'autre. Toute la tête se recouvre d'une toile qu'on peint, comme on a fait de la vache. Le cou *b*, également de toile, doit être assez long pour pouvoir s'étendre de quelques pouces sur le dos, et les barbes *d*, sous lesquelles les bras du chasseur sont cachés, doivent passer la ceinture du pantalon. On peut y attacher des cornes naturelles, sans prendre la peine d'en faire d'artificielles.

Quoique la vache soit assez bien imitée pour faire illusion même aux hommes, on n'approcherait point encore le gibier, si on allait à grands pas et en direction de son côté ; il faut l'approcher en tournant, et souvent baisser la tête pour imiter une vache qui paît : on va d'autant plus doucement que l'on en est plus proche, surtout si c'est aux oies sauvages qu'on fait la chasse. On a soin de tourner le côté au gibier, plus souvent que la tête, parce que les grands yeux, qu'on est obligé de laisser, pourraient lui faire soupçonner quelque piége. Lorsqu'on est arrivé à portée du coup, on sort du corps de la vache le fusil que l'on conseille d'avoir double ; et tout en se retournant, sans marquer trop d'empressement et de précipitation, on peut tirer à coup sûr ou au vol ou à terre.

La *hutte ambulante* est ainsi appelée, parce qu'on peut la transporter partout. L'usage n'en est pas moins ancien que celui de la vache, sur lequel il a eu quelque avantage. Les braconniers, à la faveur de cette hutte, détruisent une infinité de perdrix, canards, morelles, plongeons, etc. Voici quelle est la manière de s'en servir pour chasser aux perdrix : lorsqu'on a découvert que quelques pelouses ou friches sont le passage ordinaire des perdrix grises, à la sortie des vignes ou d'un bois, où jamais la perdrix ne couche au bois, on porte dans ces endroits les huttes ; et, lorsque les perdrix passent, on tire sur elles. Quand on chasse aux plongeons, le porte-hutte se place à quelque distance des endroits où les plongeons chassés doivent venir se réfugier ; le soin de cet associé se borne à les traquer et à les amener à sa portée.

Rien n'est si commode que cette espèce de hutte pour tuer beaucoup de grives, surtout en automne. La grive, quand elle n'est pas absolument éloignée des bois, couche rarement dans les vignes, se retire sur la brune ; mais ce n'est jamais sans faire une ou deux poses sur les arbres. Trois ou quatre chasseurs peuvent tuer des grives en quantité, pour peu qu'ils entendent la chasse ; chacun a sa hutte campée près de l'arbre qui lui semble le plus avantageux, et la chasse est d'autant plus fructueuse et récréative, qu'on approche plus de la maturité des raisins.

C'est aussi à l'usage de cette hutte que les Bourguignons doivent le succès de la chasse au *brai*. Il y a encore mille occasions où la hutte ambulante est du plus grand secours : c'est à la sagacité de l'oiseleur de les saisir avantageusement.

La *fig.* 3, *Pl.* 35, est celle de la hutte ambulante. Elle doit être de 6 pieds et demi de hauteur ; on y laisse un jour *a*, par lequel on puisse découvrir le gibier et le tirer commodément.

La *fig.* 4 représente la base ou carcasse de cette hutte. Les quatre bâtons *o o o o* doivent avoir 6 pieds de long, et être solidement attachés à deux ou trois cercles *m m*, assez forts pour qu'on puisse y lier tous les branchages qui recouvrent la loge, et s'en servir comme d'anses pour le transporter. On doit entrelacer toutes ces branches, et imiter, autant que possible, un buisson naturel, en évitant de lui donner une rondeur qui le rendrait suspect au gibier.

Lorsqu'on veut approcher quelques oiseaux fuyards, il faut marcher si doucement qu'ils n'aperçoivent pas le buisson remuer ; car, autrement, ils prendraient la fuite.

Charrette. Pour approcher de certains oiseaux de passage, on peut aussi se servir d'une petite charrette, à laquelle on accroche tout autour et sur le devant des gerbes de paille, laissant entre celles du devant assez de jour pour pouvoir la conduire, et, en même temps, observer les oiseaux dont on se propose d'approcher. Cette charrette est traînée par un seul cheval, et deux hommes sont assis dedans, cachés par la paille dont elle est entourée, l'un pour la conduire, et l'autre armé d'un fusil. On avance, à bon vent, comme avec la vache artificielle, dirigeant sa marche obliquement ; et lorsqu'on est arrivé à la distance convenable, le chasseur se lève brusquement et tire son coup. C'est encore un des moyens dont on se sert en Champagne pour tirer les outardes.

On se sert aussi d'un cheval vivant pour approcher le gibier. (Voyez *Cheval*.)

VACHETTE. C'est la lavandière dans l'Orléanais.

VA-I-LA. (Voyez *Va-y-là*.)

VAINES (fumées). Les fumées vaines sont les fumées légères et creuses.

VALET DE LIMIER. On nomme ainsi celui qui va au bois avec un limier pour détourner les animaux.

VALETS DE CHIENS. Ce sont ceux qui sont chargés de soigner les chiens.

VALOIR LE CHANGE (faire). Les chiens font valoir le change, ou tournent au change, quand ils abandonnent la voie de la bête de meute, pour suivre celle du change.

VANELLE ou VANET. Nom vulgaire du vanneau.

VANNEAU, *tringa*. Genre d'oiseaux de l'ordre des *échassiers*, et qui a des rapports, dans la conformation du bec et le genre de vie, avec les pluviers. La famille des vanneaux est nombreuse et répandue dans les trois continens ; mais le *vanneau ordinaire*, le *vanneau pluvier* et le *vanneau suisse* sont les seules espèces que l'on voit en France.

Le VANNEAU ORDINAIRE, *tringa vanellus* (*Pl.* 18, *fig.* 1re), est à peu près de la grosseur du pigeon ; il a de 11 à 12 pouces de longueur, y compris la queue qui en a 4 ; le bec d'un pouce de long, presque cylindrique, et noir jusqu'à la pointe ; l'iris noisette et les jambes de 2 pouces de haut et d'un brun rougeâtre ; la tête, presque de forme carrée, d'un noir à reflets brillans de vert sur le sommet, et ornée d'une aigrette composée de cinq ou six brins délicats, effilés, inégaux, tombant en arrière et redressés vers la pointe ; une bande blanche au dessus des yeux, et les joues et les côtés du cou de même couleur ; les tempes et le derrière du cou cendrés et à reflets rougeâtres ; un trait noir au dessous des yeux, qui s'étend jusqu'à la nuque ; le dessus du corps, les scapulaires et les couvertures des ailes d'un noir à reflets métalliques, changeant en vert et rouge dorés ; les couvertures supérieures de la queue oranges ; la queue blanche, bordée de noir ; la gorge et la moitié de la poitrine noires ; le reste du dessous du corps d'un beau blanc. Le vanneau a le vol très aisé, s'élève fort haut, et fait, en volant, un bruit assez semblable à celui d'un van, d'où lui est venu son nom. On l'appelle aussi *paon sauvage* à cause de son aigrette, et *dix-huit* d'après son cri. Il court très vite et il est fort craintif et défiant.

Habitation. Les vanneaux sont répandus dans toute l'Europe ; ils arrivent dans nos contrées vers le commencement de mars, se tiennent en bandes souvent nombreuses, fréquentent les pâtis humides, les prairies marécageuses, les bords des rivières, et en général tous les lieux bas et frais ; ils nous quittent dans l'arrière-saison, mais il en reste quelques uns pendant l'hiver. Les pays de France où ils abondent sont la Beauce, l'Orléanais, la Sologne, le Berry, la Champagne et la Brie.

Nourriture. Ils se nourrissent de vers, de limaçons, de scarabées et autres insectes ; ils mangent aussi des plantes aquatiques tendres, comme le cresson de fontaine, etc.

Propagation. Ils s'apparient dans le mois d'avril. La femelle dépose, dans une touffe d'herbes, sur un terrain sec ou sur une motte de terre élevée, trois ou quatre œufs d'un vert sombre et tachetés de noir, qu'elle couve pendant trois semaines ; les jeunes suivent la mère dès qu'ils sont éclos. Les vieilles femelles font deux couvées dans l'été. Si un homme ou un animal s'approche de l'endroit où sont les œufs ou les petits, le père et la mère voltigent en faisant grand bruit autour de l'ennemi qui les inquiète, jusqu'à ce qu'il soit éloigné ; mais souvent leurs cris font découvrir l'endroit qui recèle les objets de leur sollicitude.

Ennemis. Les renards, les chats, les fouines, les putois, les belettes et tous les oiseaux de proie sont les ennemis des vanneaux, qui ont encore à redouter les corbeaux, les corneilles et surtout les pies qui enlèvent leurs œufs.

Qualités. Les vanneaux sont utiles à l'agriculture

en détruisant une grande quantité d'insectes. Leur chair, quoiqu'elle ne soit pas un mets très délicat, est cependant assez estimée, lorsqu'ils sont gras. Leurs œufs sont recherchés comme une chose exquise.

Chasse. La saison la plus favorable pour faire la chasse aux vanneaux est depuis la fin de juillet, époque où les petits sont adultes et rassemblés en plusieurs centaines, jusqu'à la fin de l'automne.

Il est difficile d'approcher des vanneaux lorsqu'ils sont en troupe; mais si on en tue un dans une volée, il est assez ordinaire que les autres suspendent leur vol, et tournent quelques instans autour du mort, ce qui donne au chasseur le temps de tirer un second coup.

Dans les grandes prairies bordées par une rivière, il y a un moyen sûr d'en tuer beaucoup. Vers le mois d'octobre, on choisit un endroit pour y établir une petite hutte ou cabane formée avec des branches et recouverte de gazon, autour de laquelle on inonde un certain espace de terrain, au moyen d'une saignée que l'on fait à la rivière; et comme ces oiseaux, après avoir véroté toute la nuit dans des terres limoneuses, cherchent l'eau pour se laver le bec et les pieds, comme font les bécasses, ils ne manquent pas de venir se poser sur les bords de ce terrain inondé, et le chasseur, posté dans sa hutte, les fusille tout à son aise. Il est bon qu'il soit muni d'un appeau de vanneau, qui peut, en quelques occasions, lui être utile pour les attirer, lorsqu'il les voit en l'air. Cet appeau n'est autre chose qu'un petit bâton de coudrier, de 3 à 4 pouces de long, et de la grosseur du petit doigt, que l'on fend jusqu'à moitié de sa longueur; on dégage un peu la partie d'en bas dans la fente, et l'on introduit une feuille de laurier : en posant cet instrument entre les lèvres, et soufflant légèrement sur la fente, on imite le cri du vanneau.

Dans les pays de la France que nous avons cités, il se prend une quantité considérable de ces oiseaux au filet, dans les terres ensemencées. Il y a deux saisons pour cette chasse, le mois de mars où ils arrivent et le mois d'octobre. Cette dernière saison est la meilleure, attendu que c'est le temps où ils sont le plus gras, la terre étant alors humide, et leur fournissant des vers en abondance.

Comme les vanneaux ont les mêmes habitudes que les pluviers avec lesquels ils sont presque toujours mêlés, on emploie contre eux les autres moyens que nous avons indiqués au mot *Pluvier.* (*Voyez* ce mot.)

Le VANNEAU-PLUVIER, *tringa squatarola* ou *tringa charadrius*, n'est connu dans les marchés à gibier que sous le nom de *pluvier*. Il a en effet la plus grande analogie avec les *pluviers dorés*. Cependant les *vanneaux-pluviers* forment des petites bandes à part, et on les trouve pendant l'hiver plus communément que les autres.

Description. Cet oiseau n'a point d'aigrette; il est un peu plus gros que le pluvier; sa longueur totale est de 10 pouces 6 lignes; il a le bec, les pieds et les ongles noirs; la tête, le derrière du cou et les parties supérieures du corps d'un gris brun; la gorge blanche; le devant du cou, la poitrine, le haut du ventre variés de blanc et de brun noirâtre; les ailes d'un brun sombre et la queue blanche, rayée transversalement de brun.

LE VANNEAU SUISSE, *tringa helvetica*, Lath., est à peu près de la grosseur du vanneau ordinaire; il a 10 pouces et demi de longueur; le bec et les pieds noirs; le dessous du corps varié transversalement de blanc et de brun; le devant noirâtre; le front, le ventre, les grandes pennes des ailes noirs; les cuisses blanches; la queue traversée de bandes brunes.

Cette espèce, moins commune que celle du vanneau ordinaire, ne se réunit pas, comme celle-ci, en troupes nombreuses; on la voit plus souvent par couple ou par famille de cinq à six individus. Elle paraît sur nos côtes au printemps et à l'automne; fréquente le bord des eaux, le rivage des lacs et de la mer, où elle se nourrit de baies, de vers et d'insectes.

VANNEREAU. (Voyez *Vanneau.*)

VANNES. (Fauconnerie.) Pennes des ailes des oiseaux de vol.

VA-OUTRE. Terme de vénerie employé par le valet de limier lorsqu'il est au bois, qu'il alonge le trait du limier, et qu'il met le chien devant lui pour le faire quêter.

VARENNE. On appelle ainsi des terrains incultes où les bestiaux trouvent quelque pâture et que le gibier fréquente. On donnait particulièrement ce nom à une certaine étendue de pays que le roi se réservait pour la chasse, comme la *varenne du Louvre.*

On appelait aussi la *varenne du Louvre* la juridiction qui connaissait des délits commis dans cette *varenne*. (Voyez *Capitainerie.*)

VAU-VENT. Aller à *vau-vent*, c'est avoir le vent par derrière.

VARI, RIVARI. Cri pour rappeler les chiens quand l'animal que l'on chasse a fait un retour.

VAUTOUR, *vultur.* Genre de l'ordre des oiseaux de proie, que l'on distingue de celui des aigles par plusieurs caractères : les vautours ont les yeux à fleur de tête, au lieu que les aigles les ont enfoncés dans l'orbite; la tête nue, le cou aussi presque nu, et couvert seulement d'un simple duvet ou de quelques crins épars, tandis que l'aigle a toutes ces parties bien couvertes de plumes; les ongles courts et moins courbés que dans l'aigle; l'attitude plus penchée que celle de ce roi des oiseaux, qui se tient fièrement droit et presque perpendiculaire sur ses pieds; les ailes pendantes et la queue traînante lorsqu'ils sont à terre; le vol pesant. Enfin ce sont les seuls oiseaux de proie qui volent et vivent en troupes.

Ils se distinguent encore des aigles par des caractères plus saillans dans leur genre de vie, leurs mœurs et leurs habitudes : ils sont lâches, infects, dégoûtans, bassement gourmands, voraces et cruels; ils ne combattent guère les animaux vivans que quand ils ne peuvent assouvir leur voracité sur les morts; encore se mettent-ils en nombre et plusieurs contre un. La corruption et l'infection les attirent, et ils s'acharnent sur les cadavres au point de les déchiqueter jusqu'aux os. S'ils sont pressés par la faim, ils descendent près des habitations et attaquent les timides habitans des basses-cours.

La famille des vautours est répandue dans les trois continens, mais elle est plus nombreuse dans les pays chauds, tels que l'Égypte, le Pérou, la Guiane, le Brésil, où ils sont d'une grande utilité, en nettoyant la surface de la terre des immondices et des débris d'animaux morts qui infecteraient l'atmosphère. Dans nos climats, les vautours habitent, durant la belle saison, les montagnes les plus élevées et les plus désertes; ils y bâtissent leurs aires dans des rochers escarpés et dans des lieux inaccessibles. Par une suite de leur conformation, ils ne portent point dans leurs serres la nourriture de leurs petits; ils en remplissent leur jabot, et la dégorgent ensuite dans le bec de chacun d'eux. En hiver, ils fuient les glaces et les neiges, et vont passer la saison sous un climat plus doux.

On trouve en France plusieurs espèces de vautours.

Le VAUTOUR proprement dit, ou le VAUTOUR CENDRÉ, *vultur cinereus*, Lath. (*Pl. 7, fig. 2*), est l'oiseau que Belon a improprement appelé le *grand vautour doré*, et que la plupart des naturalistes, après lui, ont nommé aussi improprement *vautour cendré*, puisqu'il est plus noir que cendré. La femelle de cette espèce a 3 pieds et demi de longueur, y compris la queue, qui a 1 pied 2 pouces; ses ailes, déployées, ont 8 pieds d'étendue ou d'envergure. Le mâle est, comme dans presque tous les oiseaux de proie, d'un tiers plus petit que la femelle. Le vautour cendré a le bec long de 4 pouces, très fort, droit, fortement recourbé vers la pointe, noirâtre et bleuâtre dans le milieu; l'iris noisette; les jambes roussâtres et couvertes de plumes jusque dans le milieu de leur longueur; la tête et le cou garnis d'un long duvet brun; une espèce de cravate blanche qui part des joues et qui borde de chaque côté le duvet brun et ras qui recouvre la partie antérieure du cou; une fraise sur le bas du cou, sous les deux ailes, formée par des plumes soyeuses d'un pouce de long et de couleur grise; tout le plumage du dessus du corps d'un brun sombre dans les individus, et noirâtre dans d'autres; celui du dessous plus clair; les doigts jaunes. La femelle a les couleurs plus sombres que le mâle. Cette espèce, contrairement à l'habitude des autres, vit toujours isolée par couple, et elle attaque volontiers les animaux vivans.

Habitation. Ce vautour habite les hautes montagnes, et on le voit rarement dans les pays cultivés.

Nourriture. La charogne forme sa nourriture ordinaire; mais il dérobe aussi les faons des cerfs, des chevreuils, les jeunes agneaux, les lièvres, etc. Il peut, comme tous les oiseaux de proie, jeûner long-temps.

Propagation. La femelle fait son aire dans les rochers inaccessibles; sa ponte est de deux œufs blancs et gros, qu'elle couve pendant trois semaines.

Le VAUTOUR A AIGRETTES, *vultur cristatus*, Lath., que les Allemands appellent *haasengeyer* (*vautour aux lièvres*), paraît être bien rare en France, puisqu'on ne cite qu'une époque (janvier 1513) où on l'a trouvé en Alsace. Quoi qu'il en soit, voilà la description qu'en donne M. Hartig :

Ce vautour a 3 pieds de longueur, y compris la queue, de 10 pouces de long; le bec noir; les pieds jaunes; la tête et le cou recouverts de plumes; les plumes de la tête redressées en forme d'oreilles quand il est en repos; le plumage du dessus du corps d'un brun foncé tirant sur le rougeâtre et celui du dessous d'un brun jaunâtre.

Habitation. Il habite les hautes montagnes, et il n'approche des lieux habités que pendant l'hiver.

Nourriture. Celle du vautour commun; mais il préfère les petits animaux vivans.

Propagation. La femelle fait son aire sur les grands arbres et les rochers inaccessibles, y dépose deux œufs blancs tachetés de rouge, qu'elle couve pendant trois semaines.

Le VAUTOUR DES ALPES. (Voyez *Vautour percnoptère*.)

Le VAUTOUR ARRIAN, *vultur arrianus*, Daudin, est un oiseau d'un port ignoble et dont le cou est arqué en avant; il a 3 pieds et demi de longueur et 8 pieds 6 pouces d'envergure; le plumage d'un brun très foncé, excepté les pennes des ailes et de la queue qui sont noires; le bec noirâtre; la tête couverte d'un duvet ras, brun, mélangé de roux; les oreilles découvertes; la gorge garnie de quelques poils longs et noirs; le cou nu jusque vers sa moitié, et l'autre partie entourée d'une sorte de fraise qui se jette en arrière et qui est composée de plumes longues et étroites; au dessous de cette fraise, le bas du cou garni d'un duvet long et épais par derrière, très ras et très foncé par devant; les pieds nus et bleuâtres. Ce vautour, quoique lâche, se défend avec opiniâtreté, lorsqu'il est attaqué. Il habite plusieurs contrées des Pyrénées.

Le VAUTOUR GRIFFON, *vultur fulvus*, que plusieurs auteurs ont appelé *vautour rouge*, *vautour jaune*, *vautour fauve*, a 3 pieds et demi de longueur totale et 8 d'envergure; la tête couverte de petites plumes blanches et effilées; celles du derrière de la tête et de la nuque de 1 pouce de long, et formant une espèce de huppe; le cou presque entièrement dénué de plumes; le bec long et crochu, noirâtre à son extrémité et bleuâtre dans le milieu; l'iris orangé; les pieds et les ongles noirâtres; les plumes du corps d'un gris roussâtre; les pennes des ailes et de la queue noires.

Cette espèce se trouve dans les Pyrénées et sur les hautes montagnes de plusieurs parties de l'Europe et de l'Asie.

Le VAUTOUR NOIR, *vultur niger*, Lath., est, suivant plusieurs naturalistes, une variété du vautour cendré ou commune. Il est totalement noir, excepté sur les ailes et la queue, qui sont brunes; les pieds sont couverts de plumes jusqu'aux doigts, et sa taille est celle du gypaète des Alpes. (*Voyez* ce mot.)

Le VAUTOUR PERCNOPTÈRE, *vultur percnopterus*, Lath., est un oiseau d'une figure vilaine et mal proportionnée, dégoûtant par l'écoulement continuel d'une humeur qui sort de ses narines et de deux autres trous qu'il a dans le bec, et qui, lorsqu'il est à terre, a, comme la plupart des autres espèces, l'habitude de tenir les ailes étendues.

Le mâle a 3 pieds 2 pouces de longueur et 8 pieds d'envergure; la femelle a 6 pouces de plus, et son envergure est de 9 pieds. L'un et l'autre sont de couleur différente; le mâle est blanc et la femelle brune, mais seulement dans l'état adulte. Ils ont les pennes des ailes et de la queue noires; la tête a ongée; les yeux petits, la tête et le cou dégarnis de plumes, mais couverts d'un duvet ras, épais et blanc; le duvet du jabot brun, encadré de blanc; une espèce de cravate composée de plumes longues et étroites; les pieds nus d'un gris plombé. Les jeunes sont d'une couleur pâle tachetée de jaune et de brun en dessus et jaunâtre en dessous.

Ce vautour, lâche et paresseux à la chasse, se laisse battre par les corbeaux; il est pesant au vol, toujours criant, se lamentant, et toujours affamé et cherchant les cadavres.

Il habite en troupes nombreuses sur les Alpes et les Pyrénées, qu'il abandonne pendant l'hiver.

Le PETIT VAUTOUR, *vultur leucocephalus*, Lath., est appelé *alimoche* dans le haut Comminges. Il a 2 pieds 2 pouces de longueur, 5 pieds d'envergure; le plumage d'un blanc sale mêlé de brun; les grandes pennes des ailes noires, les autres couleur de suie; la tête nue, jaune et parsemée d'un duvet blanc peu épais; le bec long de 2 pouces et demi et de couleur de corne; une protubérance nue sur l'estomac de couleur safran; les pieds nus, cendrés; les jambes déliées et plus longues que dans les autres espèces de vautours.

Habitation. Cette espèce habite le sommet des hautes montagnes de l'Europe, les Alpes et les Pyrénées, au moins pendant l'été; on la prend quelquefois à son passage au printemps dans les plaines de nos contrées méridionales.

Nourriture. L'alimoche s'accommode de toute espèce de nourriture; il fait la guerre aux lapins, aux rats, aux petits oiseaux et même à la volaille; il vit en société avec les autres vautours, et, comme eux, il se nourrit de charogne; il recherche même les excrémens de l'homme.

Chasse des vautours.

Il est fort difficile de chasser au fusil les vautours qui n'habitent que les lieux escarpés, et on ne les tue presque jamais que par hasard. (Voyez, pour la chasse aux pièges, les mots *Oiseaux de proie*.)

VAUTRAIT. On nomme ainsi l'équipage destiné à la chasse du sanglier; il forme une division distincte dans les grandes véneries, et il a des officiers, des employés et des gagistes particuliers. Les grands équipages du vautrait ont ordinairement une meute de trente à quarante chiens. En 1789, celui du roi était composé du personnel ci-après : un capitaine, un lieutenant en premier, un commandant en second, un piqueur cavalcadour, un maréchal expert, quatre piqueurs et deux valets de limiers.

Sous la restauration, l'équipage du vautrait n'a point été rétabli; l'infortuné duc de Bourbon était le seul prince qui se livrât à la chasse du sanglier. Il avait monté un équipage considérable qui, sous un si habile chasseur, ne pouvait manquer d'être excellent. Après la fin tragique du prince, son héritier a vendu en détail cet équipage, ainsi que celui du cerf.

VAUTROT. (Voyez *Geai*.)

VA-Y-LA. Cri dont se sert le valet de limier pour faire retourner le limier.

VEILLER. On dit, en fauconnerie, *veiller l'oiseau*, c'est à dire l'empêcher de dormir afin de le dresser.

VELAUT VLA-AU ou VLOO. On crie ainsi quand on voit, par corps, un sanglier, un loup, un renard, un blaireau ou un lièvre.

VELCI-ALLER. Mot dont se sert le valet de limier en parlant à son chien, pour l'obliger à suivre les voies d'une bête, quand il en a rencontré. On s'en sert aussi pour quêter et requêter les chiens courans.

VELCI-VA-VAU. Quand on suit un animal à trait de limier, on dit : *Velci-va-vau*, quand on en revoit; c'est une manière d'encourager le limier, en lui disant : *Après l'ami, après velci-va-vau*.

VELCI, REVARI, VOLCELEST. On crie ainsi quand, après avoir revu d'un animal, on en revoit du retour, c'est à dire quand on voit qu'il revient sur les mêmes voies.

VELE-LA. Terme qu'emploie le piqueur quand il voit le lièvre, le loup ou le sanglier.

VELESCY ALLÉ. Mots dont on se sert quand on revoit d'un sanglier.

VELUE. C'est, en terme de chasse, la peau qui est sur la tête des cerfs, daims et chevreuils, quand ils la poussent.

VENAISON, *venatio*. On appelle ainsi la chair du cerf, du daim, du chevreuil et du sanglier. Lorsqu'un cerf a beaucoup de venaison, c'est à dire d'embonpoint, il est plus facile à forcer et meilleur à manger. Les cerfs dix cors et les vieux cerfs sont ceux qui ont le plus de venaison; mais au temps du rut, elle contracte une odeur et un goût très désagréables.

On dit : *les cerfs, les sangliers sont en venaison*, pour dire qu'ils sont en graisse. On dit aussi : *envoyer de la venaison, un pâté de venaison*; cette viande *a un goût de venaison*.

VÉNERIE. Mot qui vient du latin *venari*, chasser, mais dont la signification propre s'applique à une seule espèce de chasse, à la chasse à courre : c'est l'art de chasser avec des chiens courans à toutes sortes de bêtes, et plus particulièrement aux bêtes fauves, telles que le cerf, le chevreuil, le daim. On dit dans ce sens, *entendre bien la vénerie, écrire sur la vénerie*.

Ce mot se dit aussi de tout ce qui compose le personnel et l'équipage de la vénerie, et c'est dans cette acception qu'on dit : *La vénerie est logée en tel endroit; un lieutenant de la vénerie, les chiens, les équipages de la vénerie.*

Enfin on appelle aussi *vénerie* le lieu même destiné à loger les officiers et tout l'équipage de la vénerie. On dit : *Il est logé à la vénerie du roi*.

Dans les grandes véneries, un équipage particulier est affecté à la chasse de chaque animal. Ainsi, il y en a un pour le cerf, un pour le daim, un pour le chevreuil, un pour le sanglier que l'on nomme *vautrait* et un pour le loup que l'on nomme *louveterie*. Voyez *Vautrait*, *Louveterie*.

La vénerie, considérée comme art, est fondée sur des principes et des règles que l'expérience a consacrés, et elle a ses termes propres, que l'on a respectés, malgré leur ancienneté.

La chasse à courre, qu'en Allemagne on appelle la *chasse française*, parce que c'est en France qu'elle a reçu le degré de perfection où elle est parvenue, fut long-temps celle que nos princes ont préférée; et, comme elle exige d'ailleurs un grand appareil et beaucoup de dépense, elle a été appelée *chasse royale*.

On pourra en juger par l'aperçu que nous en donnons ci-après :

En 1789, le roi de France avait réformé son équipage du vautrait; il ne restait plus que deux équipages : celui du cerf et celui du chevreuil; ils étaient composés ainsi qu'il suit; savoir :

ÉQUIPAGE DU CERF.

Service d'honneur.

1 commandant.
3 gentilshommes.
2 pages.

Chenil.

1 premier piqueur.
3 piqueurs piquans.
2 valets de limiers à cheval.
2 valets de limiers à pied.
3 valets de chiens à cheval.
7 valets de chiens à pied.
1 boulanger.
1 voiturier du cerf.
140 chiens, y compris les limiers.

Écurie.

1 piqueur.
1 sous-piqueur.
6 premiers palefreniers.
24 palefreniers.
1 maître-maréchal.
1 garçon-maréchal.
1 maître-sellier.
1 garçon-sellier.
120 chevaux.

ÉQUIPAGE DU CHEVREUIL.

Service d'honneur.

1 commandant.

Chenil.

2 piqueurs piquans.
2 valets de limiers à cheval.
1 valet de chiens à cheval.
5 valets de chiens à pied.
1 boulanger.
80 chiens, y compris les limiers.

Chenil neuf.

1 piqueur.
3 valets de chiens.
1 boulanger.
1 châtreur.

Écurie.

1 sous-piqueur.
6 palefreniers.
30 chevaux.

En 1814, la vénerie fut rétablie; mais le roi ne voulut avoir qu'un seul équipage, celui du cerf, et il fut composé à cette époque, comme il l'était encore en 1830, sauf quelques légères modifications. Nous en présentons l'état ci-après :

Service d'honneur.

1 premier veneur chargé du service du grand veneur.
1 lieutenant-commandant.
1 lieutenant.
1 premier page.
1 second page.

Chenil.

1 premier piqueur.
1 premier piqueur piquant.
2 piqueurs de vénerie.
2 valets de limiers à cheval.
4 valets de limiers à pied.
3 valets de chiens à cheval.
9 valets de chiens à pied.
1 id. id. surnuméraire.
1 boulanger.
140 chiens courans.
44 limiers.

Écurie.

1 premier piqueur.
1 sous-piqueur.
1 premier brigadier.
4 brigadiers.
19 palefreniers.
4 surnuméraires.
1 sellier.
6 postillons.
1 délivreur de fourrages.
2 conducteurs de voitures.
1 artiste-vétérinaire.
1 brigadier-infirmier.
90 chevaux.

La récapitulation des cerfs pris aux chasses à courre s'élevait ordinairement, chaque année, à cent.

Outre les qualités physiques et morales et les connaissances dont nous avons parlé, au commencement de l'article *Chasse*, il faut que les veneurs possèdent celles qu'exige spécialement la chasse à courre.

Le commandant de l'équipage doit avoir une grande habitude des chasses, du jugement et de l'activité pour réparer promptement les désordres d'une manœuvre; et il faut qu'il exerce une surveillance éclairée et soutenue sur toutes les parties de son administration et sur la conduite de ses subalternes.

Une bonne santé, de la vigueur, de l'activité et de la patience sont des qualités indispensables dans les veneurs.

L'emploi des termes techniques et l'exécution ponctuelle des usages admis dans la vénerie sont d'une stricte obligation pour un veneur; les fautes commises à cet égard se punissent partout plus ou moins sévèrement. En Allemagne, où tout ce qui tient aux règles et aux formes est rigoureusement observé, le veneur qui fait une faute contre le langage de la chasse ou contre le cérémonial prescrit reçoit, à genoux, et en présence de toute la chasse assemblée, quelques légers coups du plat du couteau de chasse; nous avons parlé de cette punition à l'article *Cerf*.

La vénerie a des réglemens spéciaux qui sont donnés par le souverain lui-même pour ses chasses, et par ses grands-officiers, auxquels il en confie la direction : le veneur doit les connaître, les exécuter et

Les animaux ne sont bien connus que des personnes qui font une étude particulière de leurs caractères, de leurs mœurs et de leurs habitudes. La connaissance des qualités physiques et morales de ceux que l'homme fait concourir aux manœuvres de la vénerie et de ceux qui en sont l'objet est donc nécessaire au veneur.

Il doit connaître les races de chevaux propres à la chasse, la manière de les élever, et, au besoin, de les traiter dans leurs maladies; il faut qu'il sache les manier habilement, les dresser aux airs d'équitation, les habituer au bruit des armes, au son du cor et à tout le fracas de la chasse. (Voyez *Chevaux*.)

Les chiens sont les instrumens indispensables et, pour ainsi dire, les premiers acteurs de la chasse à courre. Ce sont eux qui chassent réellement; l'homme n'est que leur guide et leur spectateur. Mais, pour qu'ils exécutent bien le rôle important qui leur est départi, il faut qu'ils soient de bonne race, bien instruits, bien assortis et toujours tenus en bon état. Ces conditions, c'est au veneur à les remplir. Il ne doit pas oublier que le succès des chasses dépend essentiellement de la bonne composition de la meute, et que la connaissance des races de chiens et de leurs qualités est au premier rang de ses obligations.

Le lieu où sont renfermés les chiens hors le temps de la chasse, et qu'on appelle *chenil*, influe beaucoup sur la santé de ces animaux; et il en est de même de la nourriture. En vain le propriétaire d'un équipage aura fait de grandes dépenses pour se procurer de bons chiens, si ces deux objets importans sont négligés ou mal entendus.

Les chiens, en général, sont sujets à de nombreuses maladies, qu'ils doivent en partie à leur état de domesticité; les chiens de chasse les éprouvent plus fréquemment, à raison de leur réunion, de leurs fatigues, des intempéries et des lieux difficiles qu'ils parcourent. Un veneur soigneux, prudent, instruit saura préserver une meute d'une foule d'accidens et de maladies, et il pourra, dans plusieurs cas, diriger le traitement des animaux malades. Cependant on ne peut, dans les grands équipages, se passer d'un médecin-vétérinaire, tant pour les chevaux que pour les chiens.

Les meutes doivent s'entretenir d'elles-mêmes, et il faut que les veneurs prennent soin de favoriser les accouplemens des bonnes races et des individus auxquels ils auront reconnu des qualités. Le soin des lices portières et des jeunes chiens complète, à cet égard, les obligations qu'ils ont à remplir.

C'est principalement dans l'éducation des jeunes chiens, et dans la conduite du limier que le veneur a besoin de montrer de l'intelligence, de la douceur et de la patience.

Le succès de la chasse dépend de la quête du limier, puisque c'est elle qui sert à faire reconnaître le lieu où repose la bête qu'on veut lancer. L'éducation et la conduite de ce chien exigent des connaissances et des soins particuliers, et le veneur qui en est chargé, et qu'on appelle *valet de limier*, a besoin, plus qu'aucun autre, d'expérience et d'activité. On pourrait dire que l'art de dresser et de faire manœuvrer le limier, de lui parler, de suivre et de marquer la voie de l'animal que l'on cherche à détourner, forme, dans la vénerie, un art particulier. D'Yauville, auteur d'un bon *Traité de vénerie*, imprimé en 1788, exige que le jeune valet de limier étudie cet art pendant deux ans au moins, et sous un bon maître, et qu'il s'essaie ensuite tout seul à détourner un cerf et à le lancer pour juger de ses manœuvres.

Les veneurs doivent s'attacher à connaître tous les chiens de la meute par leurs noms et leurs qualités; et, pour cet effet, ils doivent en avoir la liste, et les visiter souvent au chenil.

Enfin ils doivent savoir donner passablement du cor, et connaître les fanfares désignées pour chaque tête de cerf, et pour les différens événemens qui peuvent arriver à la chasse.

Les connaissances dont nous venons de présenter l'exposé ne forment, pour ainsi dire, que l'introduction à l'art de la vénerie. En effet, les chevaux et les chiens ne sont que les instrumens de la chasse; il faut connaître les animaux qui en sont l'objet, les caractères qui en distinguent les genres, les espèces, les variétés, les sexes et les âges; les lieux qu'ils fréquentent de préférence, leurs mœurs, leurs habitudes, leur nourriture, leur propagation, leurs qualités utiles ou nuisibles. L'ensemble de ces connaissances, qui appartiennent au domaine de l'histoire naturelle, doit être l'objet des études du veneur. Il est indispensable aussi que tout ce qui intéresse la conservation du gibier lui soit familier, car l'art de la chasse n'est pas toujours l'art de détruire; c'est aussi l'art de conserver. Le veneur n'ignorera donc point la manière de former des parcs pour l'entretien des animaux, la proportion des bêtes à y conserver d'après l'étendue et les circonstances de chaque localité.

Comme l'objet de la chasse à courre est de ne chasser qu'un animal dont on détermine d'avance l'espèce, et une fois qu'il est lancé, de ne point l'abandonner, le veneur a besoin de faire une étude approfondie des connaissances qui servent à juger l'espèce, l'âge et le sexe. Ainsi, à l'égard du cerf, du daim, du chevreuil, il faut qu'il puisse les juger par la connaissance du *pied*, de la *tête*, des *fumées*, des *portées*, etc.; à l'égard du sanglier, par celle des *traces*, des *boutis*, des *souillures*, de la *bauge*. Ces connaissances trouvent leur application à chaque instant, soit qu'il s'agisse de détourner une bête avant de l'attaquer, c'est à dire de reconnaître sa présence dans le canton où l'on veut chasser, soit qu'il s'agisse de la lancer et de la suivre pendant la chasse.

Enfin il y a des principes à observer et des défauts à éviter pour bien chasser; en voici l'analyse, d'après les meilleurs traités de chasse.

Les veneurs doivent surtout éviter le défaut trop commun de se laisser emporter à leur ardeur, de trop crier, de sonner trop souvent et mal à propos, défaut qui produit une foule de désordres, que D'Yauville a si bien retracés dans son *Traité de vénerie*, et dont Molière, avant lui, avait présenté le tableau dans sa comédie des *Fâcheux*.

Les moyens d'attaque doivent être proportionnés à la défense présumée de l'animal et aux difficultés des localités. Il faut donc, avant de lancer un cerf ou un sanglier, établir des relais sur les refuites supposées de la bête.

Les veneurs doivent connaître parfaitement leurs chiens, et en être connus; se tenir toujours près d'eux pour les appuyer au besoin et les aider dans l'occasion, en leur donnant le temps de manœuvrer d'eux-mêmes; les faire chasser le plus ensemble possible, et après avoir lancé la bête, ne jamais en quitter la voie, parce que c'est le meilleur moyen de ne pas perdre l'animal qu'on poursuit. Il faut relever tous les défauts par le moyen d'un cercle décrit avec les chiens autour de l'endroit où ils ont lieu (ce qu'on appelle prendre les devants et les arrières du défaut), et fouler soigneusement l'enceinte lorsque, par la première manœuvre, on a reconnu que l'animal n'a point passé.

Le plus fâcheux des événemens qui arrivent dans cette chasse, c'est le change; les chiens se séparent; il y a plusieurs chasses, et l'on ne sait quelle est la bonne. Il est donc bien important de bien observer les bons chiens qui ne tournent pas facilement au change, et de rompre ceux qui l'ont pris pour les rameuter aux premiers, lorsqu'on s'est assuré qu'ils ont dit vrai.

Marquer d'une brisée l'endroit d'un défaut, et celui où il paraît du change, pour pouvoir y ramener les chiens, est une précaution indispensable.

On force toujours le cerf; et jamais on ne le tire devant les chiens, excepté lorsqu'il tient les abois, et qu'il est encore assez vigoureux pour faire tête aux chiens; alors on le tire à bout portant, dans la crainte de blesser quelques chiens.

On force, et l'on tire devant les chiens, le daim, le chevreuil, le sanglier, le loup, le renard et le lièvre; on coiffe avec de forts lévriers, et quelquefois des mâtins, le sanglier et le loup.

Nous avons dit qu'un veneur devait savoir donner du cor passablement. Il faut aussi que ceux qui suivent une chasse connaissent les différens tons que l'on sonne pour indiquer les événemens qui ont lieu et pour diriger les chasseurs et les chiens.

La manière de parler aux chiens est déterminée par l'usage qui a consacré ces termes techniques; il est important de ne les employer que pour exprimer la chose convenue et de ne pas les faire servir à deux choses différentes, parce que les chiens, habitués à donner un sens déterminé à chacun de ces mots, tomberaient dans une hésitation qui nuirait à leur obéissance et à la promptitude de l'exécution.

Nous n'avons fait qu'indiquer les connaissances que doit avoir un veneur, et dont les développemens se trouvent dans le cours de ce dictionnaire, principalement aux mots *Cerf*, *Chasse*, *Chevaux*, *Chiens*, *Loups*, *Louveterie*, *Sanglier*.

On sent que, pour acquérir ces connaissances, il faut des études spéciales et beaucoup de pratique.

En Allemagne, où l'on est persuadé que la pratique sans la théorie n'est qu'une routine plus ou moins vicieuse, la chasse et l'économie forestière forment l'objet d'un enseignement particulier, du moins dans quelques parties de ce pays. Chez nous l'on est généralement porté à croire que la plupart des arts peuvent s'apprendre par la pratique seule; il y a, je crois, un juste milieu à observer. La science peut être un luxe inutile dans plusieurs professions; mais, dans beaucoup d'autres, elle est d'une grande utilité, et nous ne balançons pas à ranger dans cette classe la grande chasse ou la vénerie, et l'économie forestière.

M. Hartig conseille au jeune veneur de suivre un cours dans une école spéciale pour apprendre la théorie de son état, et de passer ensuite quelque temps sous un bon praticien pour en faire l'application. S'il n'y a point d'école, le jeune veneur prendra un bon maître qui lui enseignera à la fois la théorie et la pratique, et si une seule localité ne présente point toutes les circonstances dont il doit avoir connaissance, il se rendra dans plusieurs pays où il complétera la masse des connaissances théoriques et pratiques dont il a besoin.

VENEUR. C'est celui qui conduit la chasse et les chiens, qui quête, détourne, lance la bête, la laisse courre, la suit et la fait prendre.

Tous les officiers de la vénerie du roi sont commandés par le *grand veneur*.

Autrefois le *grand veneur* était en même temps *grand forestier* et *grand fauconnier*. (*Voyez*, pour les qualités que doit avoir un veneur, le mot *Vénerie*; voyez aussi *Chasse* et *Louveterie*.)

VENT. En terme de chasse, ce mot se prend en diverses acceptions.

En vénerie, il se dit souvent pour l'odeur qu'une bête laisse à son passage, et il est synonyme de *sentiment*. On dit: *Avoir le vent*, *le sentiment d'une bête*. — *Chasser au vent*, *prendre le vent*, *aller à bon vent*, c'est marcher sous le vent, avoir le vent en face. — *Aller au vent* se dit d'un chien qui va le nez haut, parce que le vent lui porte le sentiment des voies ou des animaux, qui sont près de lui. — *Tirer au vent*, c'est lorsqu'en prenant les devants d'un animal, le chien a le vent.

En fauconnerie, on dit *qu'un oiseau va à vau-le-vent*, quand il a la queue ou le balai au vent; *qu'il va contre le vent*, quand il a le bec au vent; *qu'un faucon va l'aile au vent*, quand il vole à côté du vent; *qu'il bande au vent*, quand il se tient sur les chiens faisant la crécerelle; *qu'il tient le bec au vent*, quand il y résiste, sans tourner la queue. — On doit éviter d'exposer au *vent* les oiseaux malades. — *Prendre le haut du vent* se dit d'un oiseau qui vole au desssus.

VENTOLIER. (Fauconnerie.) C'est un oiseau qui se plaît au vent, et qui, s'y laissant quelquefois emporter, se perd.

Un bon *ventolier* est celui qui résiste au vent le plus violent, qui se bande bec au vent, qui chevauche sur le vent sans jamais tourner la queue.

VERDAL, VERDAT. Noms vulgaires du *bruant* et du *verdier*. (*Voyez* ces mots.)

VERDANGE. Nom du bruant, en Périgord.

VERDAUGE. C'est le cochevis, en Périgord.

VERDELAT. (*Voyez Bruant*.)

VERDÈRE. (*Voyez Verdier*.)

VERDIER, *loxia chloris*, Lath. Oiseau de l'ordre des *passereaux* et du genre du *gros-bec*, que, dans plusieurs endroits, on confond avec le *bruant*, quoiqu'il en diffère par le plumage et les habitudes.

Description. Le verdier (*Pl.* 11, *fig.* 9) est de la grosseur du moineau franc; il a 6 pouces de longueur, y compris la queue de 2 pouces 3 lignes; le bec gros, de 5 lignes de long, et couleur de chair, ainsi que les pieds qui ont 8 lignes de haut, et l'iris brun. La couleur dominante de cet oiseau est un vert jaunâtre; les plumes scapulaires et la queue sont en partie jaunes et en partie noirâtres. La couleur de la femelle tire davantage sur le vert cendré. Le chant du verdier ressemble à celui de la linotte; cependant il est moins mélodieux.

Habitation. On trouve les verdiers dans les forêts, sur la lisière des bois et dans les vergers; une partie voyage à l'automne, et l'autre demeure pendant l'hiver.

Nourriture. Ils se nourrissent de baies de genièvre, des boutons des arbres, de différentes graines, etc.

Propagation. Cette espèce fait deux couvées par an; la femelle construit son nid sur les arbres touffus, et y dépose quatre ou cinq œufs d'un blanc argenté et tachetés de points bruns et violets, qu'elle couve pendant quinze jours.

Qualités. Les verdiers, d'un naturel doux et paisible, sont faciles à élever en cage. Leur chair est délicate, et cependant elle contracte quelquefois un goût d'amertume.

Chasse. On les prend avec des gluaux, des rejets et des raquettes, particulièrement à l'entrée des bois, pendant les mois d'août et de septembre. Ils donnent à l'arbret, si on y met des appelans de leur espèce, et ils viennent aussi à la pipée. Plus tard, on les prend aux tendues d'hiver. Enfin, on les chasse avec la chouette; on choisit pour cette chasse, qui se fait depuis le mois d'octobre jusqu'à la fin de l'hiver, un endroit où il y ait des haies, des bosquets où des buissons, et c'est là qu'on place la chouette à terre, et que l'on plante autour d'elle les perches ou plians garnis de gluaux. La chouette, en sautillant, attire les oiseaux; et si l'on s'aperçoit qu'elle ne fasse pas assez de mouvement, on la force de sautiller, soit en lui jetant des mottes de terre, soit en lui faisant signe de la main.

VERDIER BUISSONNIER OU TERRIER. (Voyez *Bruant.*)

VERDIÈRE. C'est le *verdier*, en Lorraine.

VERDIÈRE DES PRÉS. C'est le nom du *proyer* en Lorraine.

VERDIN. Nom du *bruant* et du *verdier* en différens pays.

VERDIRE. Dénomination vulgaire du *verdier* en quelques cantons de la France.

VERDOIE. Nom du *bruant* dans le Poitou.

VERDON, VERDONE, VERDUN. (Voyez *Verdier.*)

VERGE. (Fauconnerie.) On appelle *verge de huau* une verge que l'on garnit de quatre petits piquets, et à laquelle on attache les ailes d'un milan. On nomme aussi *verge de meute* une baguette que l'on garnit de trois piquets avec des feuilles, pour y attacher un oiseau vivant, qui, étant lié, s'appelle *meute*.

VERGUETTE. Nom de la *draine* dans le Bugey, où le gui, dont cet oiseau se nourrit, se nomme *verguet*.

VERMILLER. C'est, en terme de chasse, l'action du sanglier, qui, pour chercher des vers de terre, la remue avec son groin.

VERMILLONNER. C'est aussi, en terme de chasse, l'action du blaireau qui cherche des vers pour pâturer; ce que l'on connaît à la terre nouvellement remuée.

VERS. (Art. oublié au mot *Chien.*) Les chiens qui sont tourmentés par les vers ont des vertiges; ils se mordent sous le ventre, se trainent sur le derrière, et quelquefois ils ont des convulsions.

On distingue deux sortes de vers : les *vers ronds* et le *ver aplati*.

Cette dernière espèce, qu'on appelle aussi le *ver à ruban*, le *ténia*, et vulgairement le *ver solitaire*, est beaucoup plus rare que l'autre espèce de ver. Cependant il y a des pays, tels que la Suisse, l'Allemagne et l'Alsace, où les chiens ont fréquemment le ver solitaire. Ce ver sort par lambeaux de l'anus de l'animal, qui au surplus ne paraît pas en souffrir beaucoup, car il ne perd pas l'appétit, et n'éprouve aucun dérangement. On prétend qu'il y a peu de remèdes sûrs contre ce ver, et qu'il vaudrait mieux abandonner la cure à la nature que d'en essayer. Voici, au surplus, le traitement qu'indique M. Hartig : on fait bouillir une drachme de séné dans 4 onces d'eau; on passe, et on ajoute une drachme d'aloès succotrin en poudre, et une demi-once de casse. On donne de cette composition une cuillerée à bouche, chaque matin, jusqu'à ce que les fortes évacuations aient emporté le ver par morceaux.

Quant aux autres sortes de vers et aux vers filamenteux, le traitement consiste à faire prendre, tous les matins, au chien qui en est tourmenté, une drachme de *semen-contra* ou *sermentine* avec du lait, et par semaine une médecine composée de 25 grains de rhubarbe et de 10 grains de sel de Glauber, mêlés avec un peu de pâte de prunes. On emploie encore avec succès toutes les substances amères. Ainsi, l'absinthe et l'ail, bouillis ensemble dans un demi-setier d'eau, jusqu'à réduction à un verre, sont un très bon remède. Il en est de même de la camomille et du quinquina. Pendant le traitement, la viande crue est la nourriture la plus convenable.

VERVELLE. (Fauconnerie.) Petit anneau ou plaque qui s'attache au pied de l'oiseau de proie, sur lequel il y a l'empreinte des armes de son maître, ou autre marque qui sert à le faire reconnaître.

VESSIE. Maladie d'oiseau. Lorsqu'il arrive aux oiseaux de proie quelque vessie sous les pieds, il faut leur ôter les jets, et les mettre dans une chambre spacieuse, jusqu'à ce que la vessie soit desséchée, parce que, si on les porte au gibier, elle croîtra, saignera, et leur fera enfler les pieds.

VIANDER. Ce mot se dit, en vénerie, du cerf, du daim et du chevreuil, qui vont paître.

VIANDIS. C'est la pâture des bêtes fauves. On dit qu'un cerf va *viander* lorsqu'il va pâturer pendant la nuit dans les terres ensemencées qui, en terme de vénerie, se nomment *gagnages*.

VIDER. On dit que les chiens se vident, et non qu'ils font leurs ordures.

Vider l'enceinte se dit d'un animal qui, après y avoir été détourné, ne s'y trouve plus.

VIDER LE GIBIER. (Voyez *Gibier*.)

VIEIL ERMITE ou SOLITAIRE. Nom que l'on donne au sanglier lorsqu'il est très vieux.

VIEILLE MEUTE. On appelle ainsi les chiens avec lesquels on lance la bête.

VIEUX LOUP. Nom du loup après deux ans.

VIGNE. L'ordonnance de 1669, titre XXX, article 18, défendait de chasser dans les vignes depuis le premier jour de mai jusqu'après la récolte du raisin, à peine de 500 livres d'amende.

Aujourd'hui, l'ouverture et la durée de la chasse sont déterminées par des réglemens de l'autorité administrative, et les peines, en cas de contravention, sont prononcées conformément à la loi du 30 avril 1790.

VILAIN. (Fauconnerie.) Un oiseau vilain est celui qui ne suit le gibier que pour la cuisine, et qu'on ne peut venir à bout d'affaiter; tels sont les milans et les corbeaux qui ne combattent que des poulets.

VINETTE. Nom du *bec-figue*, en Bourgogne.

VINGEON ou GINGEON, *anas penelope*, Lath. Oiseau du genre du canard, plus connu sous celui de *canard siffleur*, et qu'on appelle aussi *oignard* en divers endroits, *oigne* en Picardie, *penru* en Basse-Bretagne, ce qui veut dire tête rouge.

Description. Longueur, 18 à 20 pouces; la tête ronde; le bec très court, n'ayant que 1 pouce 3 lignes, étroit, recourbé, couleur de plomb, et noir vers la pointe; le cou également court; les jambes de 1 pouce 4 lignes de haut, couleur de plomb foncée, ainsi que les membranes et les doigts; le sommet de la tête d'un fauve clair; le reste de la tête et le haut du cou tachetés de noirâtre sur un fond marron, cette dernière couleur sans mélange sur les côtés du cou; la gorge couleur de suie; la partie inférieure du cou, le dos, le croupion et les plumes scapulaires présentent un mélange agréable de lignes transversales, de zigzags, de traits blanchâtres et noirâtres; la poitrine et le ventre blancs; les flancs rayés de gris et de blanc; la queue d'un noir changeant en vert doré, avec un peu de blanc à la partie supérieure, et en dessous d'un noir foncé; les deux pennes latérales grises et bordées de blanc; les ailes variées de cendré brun et blanchâtre; le miroir d'un vert doré, encadré d'un noir de velours.

La femelle est un peu plus petite; elle a la tête, la gorge et le haut du cou tachetés de points noirâtres sur un fond roux; la poitrine et le ventre blancs; une teinte grisâtre dominant sur le reste du corps, et le miroir des ailes beaucoup moins large et moins vif que celui du mâle.

Le plumage des jeunes mâles diffère peu de celui des femelles; et même les vieux mâles prennent des couleurs analogues après les couvées.

La voix des vingeons est claire et sifflante, et comparable au son aigu d'un fifre. Ils la font entendre très fréquemment en volant.

Habitation. Les canards siffleurs arrivent du nord vers le mois de novembre; ils se dispersent dans quelques unes de nos provinces, même dans celles qui sont éloignées de la mer, la Lorraine, la Brie, etc.; mais ils sont plus nombreux sur les côtes maritimes, et notamment en Picardie. C'est surtout lorsque les vents du nord et du nord-est soufflent, qu'on les voit en grandes troupes. Ils nous quittent vers la fin de mars, et il n'en reste aucun dans nos parages.

Nourriture. Elle consiste en vermisseaux, limaçons, petits poissons et plantes aquatiques.

Propagation. Ils nichent dans les régions septentrionales; leurs œufs sont d'un brun pâle légèrement nué d'une teinte plus obscure.

Ennemis. Les mêmes que ceux du canard sauvage.

Qualités. La chair est délicate et d'un bon goût; les plumes sont employées, comme celles des oies, à faire des lits.

Chasse. (*Voyez*, pour cet objet, l'article du *Canard sauvage*.)

VITRU. Nom ancien du *motteux*.

VOIE. En terme de vénerie, on appelle *voie* l'endroit par où le gibier a passé, et qu'il a indiqué par la trace et l'empreinte de ses pieds, ou par l'odeur ou le sentiment qu'il a laissé en l'air. On appelle *voie de bon temps* la voie d'une heure ou de deux heures; *voie chaude*, *voie fumante*, *voie vive*, celle de l'animal qui vient de passer; *voie du relevé*, la voie de la veille; *voie de hautes erres*, la voie déjà vieille; *voie surpluée ou surneigée*, celle sur laquelle il a plu ou neigé; *voie doublée*, celle sur laquelle l'animal est revenu; *voie légère*, celle dans laquelle dansent les chiens, quand ils ont de la peine à la suivre. *Etre à bout de voie* se dit des chiens qui s'arrêtent et ne trouvent plus la voie.

VOIR. (Fauconnerie.) L'épervier veut *voir* par derrière, et le faucon par devant.

Il faut habituer les oiseaux de proie à *voir* les chiens, afin qu'ils se familiarisent avec eux.

VOL. Action de l'oiseau qui s'élance, se meut et se soutient en l'air : ce mot exprime aussi la durée de ce mouvement.

Vol, en fauconnerie, signifie l'équipage des chiens et des oiseaux de proie qui servent à prendre du gibier; c'est ce qu'on nomme aussi *chasse au vol*.

Pour voir faire bon *vol* à l'oiseau dressé et affaité pour voler en rivière, il faut le lâcher contre le vent au dessus du gibier.

On a des *vols* pour le héron, pour le milan royal, pour le milan noir, pour les buses, les faux perdreaux, les cercelles, les corbeaux, les choucas, les courlis, les canepetières et les lièvres.

On dresse aussi des éperviers pour le *vol* des merles et des perdrix, et des cormorans pour voler sur les rivières.

VOL

Le *vol* pour le gros est celui qui se fait sur les oiseaux de fort et de cuisine, comme oies, grues, etc.

Le *vol* du milan se fait avec quatre oiseaux; on lui donne d'abord un sacre, on en jette ensuite deux autres, et enfin un gerfaut.

Au *vol* du héron, on ne se sert que de trois oiseaux : le premier, qui se fait hausser, se nomme le *hausse-pied*; le second, qu'on jette au secours, s'appelle *tombisseur*; le troisième, *teneur*; c'est d'ordinaire un gerfaut.

Le *vol* se dit aussi de la manière de voler sur le gibier. Le vol à la toise se fait quand l'oiseau part du poing à tire d'aile en poursuivant la perdrix à la course.

Le *vol* à la source ou à lève-cul se dit quand la perdrix part, ou qu'on fait partir le héron.

Le *vol* à la renverse se dit au renverser des perdrix à vau-le-vent.

Le *vol* à la couverte se fait quand on approche le gibier à couvert derrière quelque haie.

VOLANT. On tire le gibier en *volant*; c'est une des chasses qui demandent le plus d'adresse.

On donne le nom de *volans* aux pliants des abreuvoirs, sur lesquels on tend des gluaux.

VOLCELEST. Cri pour annoncer qu'on revoit du cerf; c'est aussi le nom d'une fanfare qui indique qu'on revoit d'un animal.

VOLÉE. Course d'un oiseau sans s'arrêter; cet aigle a parcouru une lieue entière d'une *volée*.

VOLER. Terme de fauconnerie qui signifie poursuivre et prendre le gibier avec les oiseaux de proie. On dit *voler* le héron, la corneille, etc.

On dit *voler de poing en fort* quand on jette les oiseaux de poing après le gibier.

Voler d'amour, c'est laisser voler les oiseaux en liberté, afin qu'ils soutiennent les chiens.

Voler haut et gras, *voler bas et maigre*, et *voler de trait*, ne signifient que voler de bon gré.

Voler en troupe, c'est jeter plusieurs oiseaux à la fois.

Voler en rond se dit quand un oiseau vole en tournant au dessus de sa proie.

Voler en long, c'est voler en droite ligne, ce qui arrive quand l'oiseau a envie de dérober ses sonnettes.

Voler en pointe se dit quand l'oiseau va d'un vol rapide, soit en s'élevant, soit en s'abaissant.

Voler comme un trait est synonyme à *voler sans discontinuer*.

Voler à reprises est le contraire de *voler comme un trait*.

Voler en coupant se dit quand l'oiseau de proie coupe le vent en le traversant.

VOLERIE. Nom de la chasse qui se fait avec les oiseaux de proie.

La plus curieuse des *voleries* est celle du héron, et le faucon qu'on y affaîte doit être bien instruit à connaître le vif et à monter; quand une fois cet oiseau est dressé, il ne faut point lui faire exécuter d'autres voleries, afin qu'il ne s'abâtardisse pas en prenant du goût à une chasse facile et sans péril; il n'en est pas de même du sacre qui vole à toutes sortes d'oiseaux.

La volerie pour les champs ou le vol pour le gros ne s'exécute pas par les seuls oiseaux de proie; on les fait aider par des levrettes, des épagneuls et d'autres chiens dressés à cet exercice.

La basse volerie du bas vol est le lanier et le laneret; le tiercelet de faucon exerce aussi la basse volerie sur les faisans, les perdrix, etc.

VOLET ou VOLIÈRE. C'est une espèce de petit colombier, au haut d'une maison.

VOLEUR. En fauconnerie, on appelle *bon voleur*, *beau voleur*, un oiseau qui vole bien et sûrement.

VOLIÈRE. Endroit fermé où l'on retient plusieurs oiseaux par curiosité.

C'est aussi un petit colombier où l'on nourrit des pigeons domestiques sans sortir.

VOUGE. C'est un épieu de veneur qui a un large fer.

VRILLER. Ce mot a la même signification que *vermiller*.

VUE. On chasse à *vue*, quand on voit le gibier. Aller à la *vue*, c'est découvrir s'il y a des bêtes courables dans le pays.

VUE (la) est le nom d'une fanfare que l'on sonne, lorsque l'on voit l'animal par corps.

VUIDER. (Voyez *Vider*.) *Vuider un oiseau*, c'est le purger. On dit aussi faire *vuider* le gibier, pour dire le faire partir, quand les oiseaux sont montés et détournés.

WAN

WANRONET. Nom provençal de la *bergeronnette*.

YSA

YSARD. Vieux nom français du chamois.

FIN DU DICTIONNAIRE DES CHASSES.

www.ingramcontent.com/pod-product-compliance
Lightning Source LLC
Chambersburg PA
CBHW050058230426
43664CB00010B/1361